Großkommentare der Praxis

Handelsgesetzbuch

Großkommentar

Begründet von Hermann Staub

4., neubearbeitete Auflage

herausgegeben von

Claus-Wilhelm Canaris
Wolfgang Schilling †
Peter Ulmer

Dritter Band, 2. Teilband:
§§ 290–342 a

W DE G

2002

Walter de Gruyter · Berlin · New York

Zitiervorschlag z. B.: *Hüttemann* in Großkomm. HGB, § 325 Rdn. 41

Register: Rechtsanwalt Dr. Dr. *Volker Kluge*, Berlin

Die Deutsche Bibliothek – CIP-Einheitsaufnahme

Handelsgesetzbuch : Großkommentar / begr. von Hermann Staub. Hrsg. von Claus-Wilhelm Canaris ... – Berlin ; New York : de Gruyter
(Großkommentare der Praxis)
Bis 2. Aufl. u. d. T.: Kommentar zum Handelsgesetzbuch

Bd. 3
Teilbd. 2. §§ 290 – 342 a. – 4., neubearb. Aufl.. – 2002
ISBN 3-11-017378-6

Printed in Germany

Datenkonvertierung/Satz: WERKSATZ Schmidt & Schulz, Gräfenhainichen
Druck: H. Heenemann GmbH & Co., Berlin
Bindearbeiten: Lüderitz & Bauer GmbH, Berlin

Inhaltsübersicht

2. Teilband

Zweiter Unterabschnitt
Konzernabschluß und Konzernlagebericht

Erster Titel
Anwendungsbereich

Vorbemerkungen
Vor § 290

Übersicht

Schrifttum

S. zunächst das allgemeine Schrifttumsverzeichnis am Anfang dieses Bandes, ferner

Kommentare, Gesamtdarstellungen und Lehrbücher:

Albach/Klein (Hrsg.), Harmonisierung der Konzernrechnungslegung in Europa (1990); *Biener/Schatzmann* Konzernrechnungslegung (1983); *Bitz/Dellmann/Domsch/Wagner* Vahlens

Kompendium der Betriebswirtschaftslehre, Bd. 1, 4. Aufl. (1998); *Böhm* Der Konzerngewinn als Grundlage für Dividendenausschüttung und Steuerbemessung (1979); *Bores* Konsolidierte Erfolgsbilanzen und andere Bilanzierungsmethoden für Konzerne und Kontrollgesellschaften (1935); *Demming* Grundlagen der internationalen Rechnungslegung – Die Regelungen des IASC (1997); *Deutsche Bank* Das neue Bilanzrecht (1986); *Dörner/Menold/Pfitzer* Reform des Aktienrechts, der Rechnungslegung und Prüfung (1999); *Dreger* Der Konzernabschluß (1969); *Eisolt* US-amerikanische und deutsche Konzernrechnungslegung (1992); *Emmerich/Sonnenschein* Konzernrecht, 6. Aufl. (1997); *Faß* Konzernierung und konsolidierte Rechnungslegung (1992); *Frings* Die Handelsbilanz II (1994); *Fuchs/Gerloff* Die konsolidierte Bilanz (1954); *Glanz* Prinzipien der Konzernrechnungslegung (1997); *Gingele* Der konsolidierte Abschluß in den Vereinigten Staaten von Amerika (1989); *Großfeld* Bilanzrecht, 3. Aufl. (1998); *Helmrich* Bilanzrichtliniengesetz (1986); *Hohloch* EU-Handbuch Gesellschaftsrecht (1996); *Kropff* Aktiengesetz (1965); *Lehertshuber/Bonaventura* Unternehmensvertragsrecht und Konzernhandelsbilanz (1986); *Lutter* Europäisches Unternehmensrecht, 4. Aufl. (1996); *Niehues/Thyld* Konzernabschluß nach US-GAAP (1997); *Rost* Der internationale Harmonisierungsprozeß der Rechnungslegung: Theorie, Praxis, Perspektiven (1991); *Scherrer* Konzernrechnungslegung (1994); *Schildbach* Der Konzernabschluß nach HGB, IAS und US-GAAP, 5. Aufl. (1998); *K. Schmidt* Gesellschaftsrecht, 3. Aufl. (1997); *Schreiber* Konzernrechnungslegungspflichten bei Betriebsaufspaltung und GmbH & Co.KG (1989); *Wentland* Die Konzernbilanz als Bilanz der wirtschaftlichen Einheit Konzern (1979).

Aufsätze:

Adler Jahresabschlüsse für Konzerne in England und Amerika, WT 1935, 483; *Angermayer/Oser* Konzernrechnungslegung von Versicherungsunternehmen, VW 1996, 887, 955, 1037; *Baetge/Apelt* Konsequenzen des Verstoßes gegen die Offenlegungsvorschriften des HGB, DB 1988, 1709; *Baetge/Krumnow/Noelle* Das „Deutsche Rechnungslegungs Standards Committee" (DRSC), DB 2001, 769; *Ballwieser* Zum Nutzen handelsrechtlicher Rechnungslegung, Festschrift Clemm (1996) S. 1; *Barckow* Der Abschluß des Core Set of Standards durch das IASC – Inhalte, Bewertungen, Folgen, DB 1999, 1173; *Biener* Einzelne Fragen zur Rechnungslegung der GmbH & Co.KG nach dem Publizitätsgesetz, GmbHR 1975, 5, 30; *Biener* Die Konzernrechnungslegung nach der Siebenten Richtlinie des Rates der Europäischen Gemeinschaften über den Konzernabschluß, DB 1983, Beilage 19; *Biener* Die Rechnungslegungsempfehlungen des IASC und deren Auswirkungen auf die Rechnungslegung in Deutschland, BfuP 1993, 345; *Bihr* Der Entwurf des Kapitalgesellschaften- und Co-Richtlinie-Gesetzes (KapCoRiLiG) vom 13. 8. 1999, BB 1999, 1862; *Bitter/Grashoff* Anwendungsprobleme des Kapitalgesellschaften- und Co-Richtlinie-Gesetzes, DB 2000, 833; *Böcking/Orth* Offene Fragen und Systemwidrigkeiten bei den neuen Rechnungslegungs- und Prüfungsvorschriften des KonTraG und des KapAEG, DB 1998, 1873; *Bormann* Internationale Harmonisierung der Rechnungslegung, RIW 1996, 35; *Bruns* Der Gang an die New York Stock Exchange, Das Beispiel der Daimler-Benz AG, WPK-Mitt. Sonderheft Juni 1997, 31; *Budde* Konzernrechnungslegung nach IAS und US-GAAP und ihre Rückwirkung auf den handelsrechtlichen Einzelabschluß, Festschrift Beisse (1997) S. 105; *Buhleier/Helmschrott* Die neue Strategie der Europäischen Union zur Harmonisierung der Rechnungslegung und ihre möglichen Auswirkungen auf Deutschland, DStR 1996, 354; *Buhleier/Helmschrott* Auf dem Weg zu den Weltstandards bei der Konzernrechnungslegung? – Zur Anwendbarkeit der IAS und US-GAAP, BB 1997, 775; *Busse von Colbe* Vereinheitlichung des Konzernabschlusses in der EG, ZGR 1977, 662; *Busse von Colbe* Der Konzernabschluß als Bemessungsgrundlage für die Gewinnverwendung, Festschrift Goerdeler (1987) S. 61; *Busse von Colbe* Der befreiende Konzernabschluß nach international anerkannten Rechnungslegungsgrundsätzen, Dörner/Menold/Pfitzer (Hrsg.), Reform des Aktienrechts, der Rechnungslegung und Prüfung (1999) S. 401; *Claussen* Konzernabschluß versus Einzelabschluß der Muttergesellschaft, ZGR 2000, 604; *Christian/Waschbusch* Auswirkungen der EG-Bankbilanzrichtlinie auf die künftige Konzernrechnungslegung deutscher Kreditinstitute, BB 1987, 2335; *Claussen* Das Bilanzrichtliniengesetz – Praktische Folgerungen und erste Wertungen, AG 1986, 145; *Daehn* Das Problem der Konzernbilanz im Schrifttum, WT 1935, 504; *Dörner/Bischof* Zweifelsfragen zur Berichterstattung über die Risiken der künftigen Entwicklung im Lagebericht, WPg 1999, 445;

Dörner/Schwegler Anstehende Änderungen der externen Rechnungslegung sowie deren Prüfung durch den Wirtschaftsprüfer, DB 1997, 285; *Ehlig* Der Sanktionsmechanismus bei Nichtoffenlegung der Jahresabschlüsse von Kapitalgesellschaften aus Sicht der handelsrechtlichen Rechnungslegungszwecke und seine verfassungsrechtlichen Grenzen, WPg 1997, 513; *Eisolt/Verdenhalven* Erläuterung des Kapitalgesellschaften und Co-Richtlinie-Gesetzes (KapCoRiLiG), NZG 2000, 130; *Ernst* Überblick über die Änderungen des Handelsgesetzbuchs zu Rechnungslegung und Abschlußprüfung, Dörner/Menold/Pfitzer (Hrsg.), Reform des Aktienrechts, der Rechnungslegung und Prüfung (1999) S. 321; *Ernst* Die Grundzüge des Referentenentwurfs zum Kapitalgesellschaften & Co.-Richtlinie-Gesetz, DStR 1999, 903; *Ernst* EU-Verordnungsentwurf zur Anwendung von IAS: Europäisches Bilanzrecht vor weitreichenden Änderungen, BB 2001, 823; *Förschle/Glaum/Mandler* US-GAAP, IAS und HGB: Ergebnisse einer Umfrage unter deutschen Rechnungslegungsexperten, BfuP 1995, 392; *Gelhausen/Mujkanovic* Der Entwurf eines Kapitalaufnahmeerleichterungsgesetzes, AG 1997, 337; *Goebel* Konzernrechnungslegung nach den International Accounting Standards, DB 1994, 1733; *Goebel* Die Konzernrechnungslegung nach HGB, IAS und US-GAAP, DB 1995, 2489; *Goebel/Fuchs* Die Anwendung der International Accounting Standards in den Konzernabschlüssen deutscher Kapitalgesellschaften, DB 1995, 1521; *Goerdeler* Bilanzierung und Publizität im internationalen Vergleich, ZfbF 1982, 235; *Goerdeler* Rücklagenbildung nach § 58 Abs. 2 AktG 1965 im Konzern, WPg 1986, 229; *Göhner* Zur Anwendung der neuen Größenklassenkriterien nach dem Gesetzentwurf der Bundesregierung zum KapCoRiLiG, BB 1999, 1914; *Götz* Die Sicherung der Rechte der Aktionäre der Konzernobergesellschaft bei Konzernbildung und Konzernleitung, AG 1984, 85; *Großfeld* Bilanzrecht für Juristen – Das Bilanzrichtlinien-Gesetz vom 19. 12. 1985, NJW 1986, 955; *Großfeld* Internationale Standards der Rechnungslegung, NZG 1999, 1143; *Grund* Internationale Entwicklung und Bilanzrecht – Reform oder Resignation? DB 1996, 1293; *Grund* Zum Entwurf eines Gesetzes zur Kapitalaufnahmeerleichterung – Flucht oder Pflicht des Gesetzgebers? ZIP 1996, 1969; *Havermann* Der Konzernabschluß nach neuem Recht – ein Fortschritt? Festschrift Goerdeler (1987) S. 173; *Havermann* Die Handelsbilanz II – Zweck, Inhalt und Einzelfragen ihrer Erstellung, Festschrift Döllerer (1988) S. 185; *Havermann* Private Regelsetzung aus der Sicht des Handelsbilanzrechts, ZGR 2000, 693; *Havermann* Tendenzen zur Internationalisierung der deutschen Konzernrechnungslegung, Festschrift Baetge (1997) S. 519; *Hayn* Die International Accounting Standards, WPg 1994, 713, 749; *Heni* Transformation der GmbH & Co.-Richtlinie – Neuer Schub für die Konzernrechnungslegung, DStR 1999, 912; *Hennrichs* Ausbau der Konzernrechnungslegung im Lichte internationaler Entwicklungen, ZGR 2000, 627; *Hommelhoff* Anlegerinformationen im Aktien-, Bilanz- und Kapitalmarktrecht, ZGR 2000, 748; *Hommelhoff* Europäisches Bilanzrecht im Aufbruch, RabelsZ 62 (1998) S. 381; *Hüttche* International Accounting Standards in Deutschland – Aufbruchstimmung oder Abschiedsschmerz? RIW 1996, 1018; *van Hulle* Die Reform des europäischen Bilanzrechts: Stand, Ziele und Perspektiven, ZGR 2000, 537; *van Hulle* Die Zukunft der europäischen Rechnungslegung im Rahmen einer sich ändernden internationalen Rechnungslegung, WPg 1998, 138; *Kagermann* Umstellung auf internationale Standards in der Rechnungslegung bei der SAP AG, Festschrift Weber (1999) S. 343; *Kirchhof* Gesetzgebung und private Regelsetzung als Geltungsgrund für Rechnungslegungspflichten? ZGR 2000, 681; *Kirchner* Zur Funktion eines harmonisierten Konzernrechnungslegungsrechts für die Niederlassungsfreiheit in der Europäischen Gemeinschaft – Konsequenzen für die Interpretation von Konzernrechnungslegungsvorschriften, Festschrift Moxter (1994) S. 601; *Kirchner* Ökonomische Überlegungen zum Konzernrecht, ZGR 1985, 214; *Kirsch* Die „Anwendung" von International Accounting Standards in Konzernabschlüssen deutscher Mutterunternehmen, DB 1995, 1773; *Klein/Pötzsch* Referentenentwurf zum Kapitalgesellschaften & Co.-Richtlinien-Gesetz, DB 1999, 1509; *Kropff* „Verbundene Unternehmen" im Aktiengesetz und im Bilanzrichtlinien-Gesetz, DB 1986, 364 ff; *Kropff* Der Konzernabschluß – eine Randerscheinung im Gesellschaftsrecht? Festschrift Claussen (1997) S. 659; *Kübler* Fragen und Wünsche des Gesellschafts- und Kapitalmarktrechts an das Recht der Rechnungslegung, ZGR 2000, 550; *Küting* Die Quotenkonsolidierung nach der 7. EG-Richtlinie, BB 1983, 804; *Küting* Europäisches Bilanzrecht und Internationalisierung der Rechnungslegung, BB 1993, 30; *Küting/Harth* Vergleich der Kapitalkonsolidierung nach HGB, US-GAAP und IAS, BB 1999, 1370, 1424; *Küting/Hayn* Der internationale Konzernabschluß als Eintrittskarte zum weltweiten

Kapitalmarkt, BB 1995, 662; *Lück* Zur Harmonisierung nationaler Rechtsvorschriften bei der Zulassung als Abschlußprüfer in der EG, DB 1979, 317; *Lückmann* Mühsame Suche nach weltweit gültigen Bilanzierungsregeln, Handelsblatt 10./11.3.2000, Nr. 50, S. 23; *Lutter/Mertens/Ulmer* Die GmbH & Co KG und das Bilanzrichtlinie-Gesetz, BB 1983, 1737; *Lutter* Rücklagenbildung im Konzern, Festschrift Goerdeler (1987) S. 327; *Luttermann* Konzernrechnungslegung der Versicherungsunternehmen, BB 1995, 191; *Luttermann* Das Kapitalgesellschaften-und-Co.-Richtlinie-Gesetz, ZIP 2000, 517; *Luttermann* Verordnungsvorschlag der EU-Kommission über die Anwendung internationaler Rechnungslegungsgrundsätze, IWB 2001, Heft 6, Fach 11, Gruppe 3, S. 262; *Maas/Schruff* Der Konzernabschluß nach neuem Recht, WPg 1986, 201, 237; *Marx/Delp* Einbeziehung der GmbH & Co. KG in die Publizitäts- und Prüfungspflicht nach neuem Recht? DB 1986, 289; *Mayer-Wegelin* Weiterentwicklung des deutschen Bilanzrechts für Konzernabschlüsse, Festschrift Weber (1999) S. 525; *Moxter* Die Vorschriften zur Rechnungslegung und Abschlußprüfung im Referentenentwurf eines Gesetzes zur Kontrolle und Transparenz im Unternehmensbereich, BB 1997, 722; *Mujkanovic* Befreiende Konzernabschlüsse und Konzernlageberichte – Zweifelsfragen bei der Auslegung und Anwendung des Kapitalaufnahmeerleichterungsgesetzes, BB 1999, 999; *Niessen* Zu den jüngsten Entwicklungen des Bilanzrechts der Europäischen Gemeinschaft, WPg 1991, 193; *Ordelheide* Der Konzern als Gegenstand betriebswirtschaftlicher Forschung, BfuP 1986, 293; *Ordelheide* Konzernerfolgskonzeptionen und Risikokoordination, ZfbF 1987, 975; *Ordelheide* Internationalisierung der Rechnungslegung deutscher Unternehmen – Anmerkungen zum Entwurf eines Kapitalaufnahmeerleichterungsgesetzes, WPg 1996, 545; *Peemöller* Änderung des HGB durch das Kapitalaufnahmeerleichterungsgesetz, BBK Fach 15 (13/1998), 1097; *Peemöller/Finsterer/Neubert* Bilanzierung von Unternehmen des Neuen Markts nach IAS und US-GAAP, BB 1999, 1103; *Pellens/Fülbier*, Differenzierung der Rechnungslegungsregulierung nach Börsenzulassung, ZGR 2000, 572; *Pellens/Bonse/Gassen* Perspektiven der deutschen Konzernrechnungslegung, DB 1998, 785; *Perlet* Zur Umsetzung der Versicherungsbilanzrichtlinie in deutsches Recht, Festschrift Moxter (1994) S. 833; *Prahl* Die neuen Vorschriften des Handelsgesetzbuches für Kreditinstitute, WPg 1991, 401, 438; *Remme/Theile* Die Auswirkungen von „KonTraG" und „KapAEG" auf die GmbH, GmbHR 1998, 909; *Rixen* Änderung der Rechnungslegungsvorschriften für Kreditinstitute durch das Bankbilanzrichtlinie-Gesetz, WM 1991, 841; *Schaller* Die Nichteinbeziehung der GmbH & Co. KG in die strengeren Rechnungslegungsvorschriften des Bilanzrichtlinien-Gesetzes, RIW 1988, 632; *Schatzmann* Die Auswirkungen der Achten gesellschaftsrechtlichen Richtlinie auf die Bestellung zum Abschlußprüfer, RIW 1984, 614; *Scheffler* Internationale Rechnungslegung und deutsches Bilanzrecht, DStR 1999, 1285; *Scheffler* Neue Vorschriften zur Rechnungslegung, Prüfung und Offenlegung nach dem Kapitalgesellschaften & Co.-Richtlinie-Gesetz, DStR 2000, 529; *Schildbach* Der Konzernabschluß als Ausschüttungsbemessungsgrundlage, WPg 1993, 53, 94; *Schildbach* Rechnungslegung nach US-GAAP: Hoffnung und Wirklichkeit, DB 1999, 359, 411; *Schindler* Konsolidierung von Gemeinschaftsunternehmen: Ein Beitrag zu § 310 HGB, BB 1987, 158; *Schneider* Das Recht der Konzernfinanzierung, ZGR 1984, 497; *Schön* Gesellschafter-, Gläubiger- und Anlegerschutz im Europäischen Bilanzrecht, ZGR 2000, 706; *Spanheimer/Koch* Internationale Bilanzierungspraxis in Deutschland – Ergebnisse einer empirischen Untersuchung der Unternehmen des DAX und MDAX sowie des Neuen Marktes –, WPg 2000, 301; *Strobel* Anpassung des HGB-Bilanzrechts an EU-Vorgaben – Schwellenwerte, Offenlegungssanktionen, Kapitalgesellschaft & Co., BB 1999, 1054; *Strobel* Die neuen EU-Bilanzpflichten für Kapitalgesellschaften & Co. im Rahmen neuer Schwellenwerte und Offenlegungssanktionen, DB 1999, 1025; *Strobel* Der Regierungsentwurf des Kapitalgesellschaften und Co-Richtlinie-Gesetzes, DB 1999, 1713; *Thomas* Rücklagenbildung im Konzern, ZGR 1985, 365; *Zimmer* Das Gesetz zur Kontrolle und Transparenz im Unternehmensbereich, NJW 1998, 3521; *Zimmer/Eckhold* Das Kapitalgesellschaften & Co.-Richtlinie-Gesetz, NJW 2000, 1361.

I. Allgemeines zur Konzernrechnungslegung

1. Bedürfnis einer Rechnungslegung für Konzerne

1 Der Konzernabschluß soll unter Beachtung der Grundsätze ordnungsmäßiger Buchführung **ein den tatsächlichen Verhältnissen entsprechendes Bild der Vermögens-, Finanz- und Ertragslage des Konzerns** vermitteln. Unter Zugrundelegung dieser Maßgabe des § 297 Abs. 2 S. 2 ist zugleich das Bedürfnis nach eigenständigen Konzernrechnungslegungsvorschriften zu erklären. Trotz der Existenz umfangreicher Vorschriften zu Einzelabschlüssen von Kapitalgesellschaften[1] ermöglichen diese nämlich keinen der tatsächlichen Lage entsprechenden Einblick in die Wirtschaftseinheit des Konzerns. Die zentrale Funktion des Konzernabschlusses liegt darin, aus der Summe der Einzelabschlüsse diejenigen Daten und Vorgänge zu eliminieren, die bei Betrachtung des Unternehmensverbundes als wirtschaftliche Einheit nicht korrekt erfaßt sind.[2] Bis zur Umsetzung dieser Erkenntnis in gesetzliche Vorschriften bestand etwa das Problem, daß durch Lieferungen und Leistungen zwischen den Konzernunternehmen – ohne Verstoß gegen geltende Rechnungslegungsvorschriften – in den Einzelabschlüssen Gewinne ausgewiesen waren, die wegen fehlender Bestätigung durch den Markt von der wirtschaftlichen Einheit des Konzerns noch nicht realisiert waren.[3]

2 Die nach § 297 Abs. 3 S. 1 vorzunehmende **Konsolidierung** (zu deren Einzelausprägungen unten Rdn. 36) kann freilich im Ergebnis zu deutlichen Differenzen zwischen dem Konzernabschluß und der Summe der Einzelabschlüsse führen.[4] So ist es etwa in einem von *K. Schmidt* aufgezeigten theoretischen Extremfall möglich, mit einmal 100 000 DM das Mindestkapital von drei Aktiengesellschaften aufzubringen und die einzelnen Jahresbilanzen dieser Gesellschaften mit einem Aktivvermögen von jeweils 100 000 DM abzuschließen.[5] Hier verhelfen die Konzernbilanzvorschriften durch die vorzunehmende Kapitalkonsolidierung zu einem der wirtschaftlichen Verflechtung der verbundenen Unternehmen angemessenen und zutreffenden Einblick in die Lage des Konzerns.[6]

2. Zweck des Konzernabschlusses[7]

3 a) **Informationsfunktion.** Ebenso wie der Einzelabschluß bei einer wirtschaftlich und rechtlich selbständigen Unternehmung[8] zielt der Konzernabschluß bei konzerngebundenen Unternehmen vor allem darauf ab, den Interessenten im Hinblick auf ihre Entscheidungen nützliche Informationen zu vermitteln.[9] **Adressaten** des Konzernab-

[1] Vgl. auch § 264 Abs. 2 S. 1 als fast wortgleiche Vorschrift für den Einzelabschluß.

[2] *Busse von Colbe/Ordelheide* Konzernabschlüsse S. 19; *Emmerich/Sonnenschein* Konzernrecht § 30 III; Beck BilKomm-*Hoyos/Lechner* § 290, 1; *Küting/Weber* Der Konzernabschluß S. 56.

[3] BTDrucks. 4/171, S. 241: „Der Konzernabschluß soll die (…) Mängel der Einzelabschlüsse dadurch beseitigen, daß er die Einzelabschlüsse zusammenfaßt, und zwar nicht im Wege einer einfachen Addition, sondern unter weitgehender Ausschaltung innerkonzernlicher Beziehungen. Ein in dieser Weise bereinigter Konzernabschluß ist geeignet, die Vermögens- und Ertragslage des Konzerns wiederzugeben und darüber hinaus wertvolle Hinweise für die Beurteilung des einzelnen Konzernunternehmens zu liefern."

[4] Heymann/*Henssler* Rdn. 10.

[5] *K. Schmidt* Gesellschaftsrecht § 31 V 1.

[6] Vgl. Präambel der 7. EG-Richtlinie, abgedruckt Vor § 238.

[7] S. zum Zweck des handelsrechtlichen Konzernabschlusses etwa auch die ausführlichen Darstellungen von *Baetge* Konzernbilanzen S. 21 ff (Zwecke der Dokumentation, Rechenschaft, Information und Kompensation); *Schildbach* Der Konzernabschluß nach HGB, IAS und US-GAAP S. 15 ff.

[8] Vor § 238, 2 (*Hüffer*).

[9] EuGH, Urteil vom 4.12.1997, Rs. C 97/96 = EuGHE I 1997, 6843 Tz. 22 = NJW 1998, 129;

schlusses sind dabei die **Gesellschafter**, die ein Interesse daran haben, zu erfahren, wie mit ihrem der Gesellschaft zur Verfügung gestellten Geld gewirtschaftet worden ist und wie die Entwicklung ihres Unternehmens zu beurteilen ist.[10] Zum anderen werden auch Außenstehende wie etwa **Gläubiger**, **Abnehmer** oder **Lieferanten** über die Vermögens-, Finanz- und Ertragslage des Konzerns in Kenntnis gesetzt. Der Konzernabschluß enthält insoweit Angaben, die diesem Personenkreis Entscheidungshilfen im Hinblick auf Kreditgewährungen, Mitarbeit oder die Aufnahme anderer geschäftlicher Beziehungen bieten können.[11] Der Konzernabschluß macht jedoch die Einzelabschlüsse nicht überflüssig; vielmehr tritt er mit seiner Ergänzungsfunktion nur neben sie;[12] denn sowohl der konsolidierte Abschluß als auch der Einzelabschluß bieten für sich genommen keine ausreichende Informationsbasis.[13]

b) Gewinnverteilungsfunktion? Die aus den Ergebnissen des vergangenen Geschäftsjahres resultierenden und an die Eigner ausschüttbaren Beträge werden auch im Konzern weiterhin durch die Einzelabschlüsse festgelegt, § 174 Abs. 1 S. 1 AktG.[14] Kritische Stimmen vor allem aus dem wirtschaftswissenschaftlichen Schrifttum fordern demgegenüber, dem Konzernabschluß auch die Funktion einer Bemessungsgrundlage für Gewinnausschüttungen zuzuweisen.[15] So hat die Gesetzgebung tatsächlich den Kreis der konzernrechnungslegungspflichtigen Unternehmen in den vergangenen Jahren stark erweitert. Dies wirft die berechtigte Frage auf, ob nicht möglicherweise die aufwendig zu erstellenden Rechenwerke auch zur Lösung anderer Probleme herangezogen werden können. **4**

Die Diskussion hierzu ist auf dem Hintergrund der **Schwachpunkte** zu sehen, die die auf **Einzelabschlüsse** gestützte Ausschüttungsregelung bei Konzernen offenbart. Widersprüchlich ist etwa, daß auf der einen Seite die konsolidierten Abschlüsse als allein aussagekräftig betrachtet werden, über die wahre Vermögens-, Finanz- und Ertragslage des Konzerns Auskunft zu geben (oben Rdn. 1 f), ihnen aber gleichzeitig im Rahmen der Gewinnausschüttung diese Eignung als Bemessungsgrundlage aberkannt wird. Weitgehende Einflußmöglichkeiten der Konzernspitze bei der Gewinnausschüttung im Tochterunternehmen anhand des Einzelabschlusses unterstreichen diese Kritik. Konzerninterne Transaktionen bieten die Möglichkeit, unrealisierte Gewinne auszuschütten oder aber Gewinne zu unterdrücken.[16] **5**

Eine nähere Betrachtung der Alternative, den Konzernabschluß als **Bemessungsgrundlage** für die Gewinnausschüttung zugrundezulegen, zeigt jedoch, daß auch **6**

---

ebenso *Busse von Colbe/Ordelheide* Konzernabschlüsse S. 19 ff; Bonner HdR-*Hofbauer* Fach 3, C 20; *Ballwieser* FS Kropff 371, 379; *Siepe* FS Kropff 619, 630; *van Hulle* ZGR 2000, 537, 541; *Hommelhoff* ZGR 2000, 748, 771.

[10] *Emmerich/Sonnenschein* Konzernrecht § 30 III; *Claussen* ZGR 2000, 604, 615 f; KK-*Claussen/Scherrer* Rdn. 1; zu weiteren Interessenten (stakeholders) der Rechnungslegung und ihren Interessen vgl. *Glanz* Prinzipien der Konzernrechnungslegung S. 56 ff; LG Frankfurt a. M. NZG 1998, 640 (Auslage des Konzernabschlusses bei der Hauptversammlung des Mutterunternehmens).

[11] *Schildbach* Der Konzernabschluß nach HGB, IAS und US-GAAP S. 15.

[12] Vgl. die Begründung des RegE in BTDrucks. 4/171, S. 241.

[13] *Baetge* weist darauf hin, daß durch die Zusammenfassung der Einzelabschlüsse Daten der Einzelunternehmen – wie etwa besonders erfolgreiche Tochterunternehmen – verdeckt würden; s. *Baetge* Konzernbilanzen S. 33 f.

[14] ADS Rdn. 16; Heymann/*Henssler* Rdn. 9; *Scherrer* Konzernrechnungslegung S. 12.

[15] Vgl. etwa *Busse von Colbe/Ordelheide* Konzernabschlüsse S. 23; *Ordelheide* BfuP 1986, 293, 304; *Schildbach* WPg 1993, 53 ff, 94 ff.

[16] Näher Vahlens Kompendium-*Ordelheide* S. 557; vgl. im übrigen zur Uneinigkeit im juristischen Schrifttum über die Teilfrage, ob bei Berechnung des Anteils am Jahresüberschuß der Muttergesellschaft Gewinnthesaurierungen bei Tochterunternehmen zu berücksichtigen sind *Goerdeler* WPg 1986, 229 ff; *Götz* AG 1984, 85 ff; *Lutter* FS Goerdeler 327 ff; *Schneider* ZGR 1984, 497 ff; *Thomas* ZGR 1985, 365 ff.

diese Möglichkeit zum Teil **gravierende Schwächen** aufweist. Der radikalste und sich von der geltenden Regelung völlig abkehrende Vorschlag,[17] Konzernabschlüsse generell als Bemessungsgrundlage zu verwenden, ist abzulehnen, da er der Unterscheidung zwischen Vertragskonzernen und faktischen Konzernen nicht gerecht wird. Letzteren liegt der Gedanke zugrunde, daß keine Weisungsbefugnis des herrschenden Unternehmens gegenüber den abhängigen Unternehmen besteht und trotz Konzernbildung die verschiedenen Unternehmen gerade in ihrer Eigenständigkeit geschützt werden sollen.[18] Aber auch bei Vertragskonzernen würde eine Ausschüttungsregelung auf Grundlage des Konzernabschlusses[19] mit Problemen verbunden sein. So weist *Schildbach* mit Recht auf die Gefahr hin, daß die mit der Rechnungslegung befaßte Verwaltung aufgrund ihr durch Verträge und Satzungen zustehender Wahlrechte und Ermessensspielräume ihre eigenen Kompetenzen zu Lasten der Aktionäre ausweiten könnte.[20] Ob die zur Vermeidung dieser Gefahr notwendigen Änderungen in Verträgen und Satzungen – ganz abgesehen von den tatsächlichen Aussichten einer Durchführung – im Verhältnis zum verfolgten Zweck stehen, ist zu bezweifeln. Infolgedessen ist eine Änderung der Ausschüttungsregelung unter den gegebenen Voraussetzungen als wenig erfolgversprechend einzustufen. Die Schwachpunkte bei der Heranziehung der Einzelabschlüsse sind mangels geeigneter Alternativen hinzunehmen. Bedeutung für die Gewinnausschüttung des Mutterunternehmens sollte den Konzernabschlüssen aber im Rahmen einer Angemessenheitsprüfung durch die Gesellschafter des Mutterunternehmens bei der Beschlußfassung über den Gewinnverwendungsvorschlag in Fällen zukommen, in denen etwa der Konzernerfolg deutlich niedriger ist als der des Mutterunternehmens.[21]

3. Aufgabe des Konzernlageberichts

7 Der in § 315 normierte Konzernlagebericht, der nicht – wie etwa der Anhang (vgl. § 297 Abs. 1 S. 1) – zum Konzernabschluß zählt,[22] soll Informationen über die **Gesamtbeurteilung der Lage und der Entwicklung des Konzerns** vermitteln (näher Erl. zu § 315). § 315 ist nahezu wortgleich mit § 289, der die Grundzüge für Lageberichte von Kapitalgesellschaften enthält. Im Gegensatz zum vergangenheitsorientierten Konzernabschluß ist der Konzernlagebericht als gegenwarts- und zukunftsorientierte Berichterstattung teilweise von subjektiven Einschätzungen und Prognosen abhängig.[23] Diese lassen ihn zwar als schwerer nachprüfbar erscheinen; sie bieten aber bei ordnungsgemäßer Wahrnehmung der Informationsfunktion des Konzernlageberichts eine zusätzliche und umfassende Entscheidungshilfe für die Adressaten.[24]

---

[17] *Böhm* Der Konzerngewinn als Grundlage für Dividendenausschüttung und Steuerbemessung S. 11 ff; *Kirchner* ZGR 1985, 214, 233.

[18] HdKR-*Joost* II 423.

[19] Zu den mittlerweile geäußerten Vorschlägen vgl. etwa *Götz* AG 1984, 85, 94; *Lehertshuber/Bonaventura* Unternehmensvertragsrecht und Konzernhandelsbilanz S. 151 ff; *Ordelheide* ZfbF 1987, 975, 985.

[20] *Schildbach* WPg 1993, 94, 95.

[21] S. Begründung des RegE AktG 1965 bei *Kropff* Aktiengesetz S. 457; ferner ADS Rdn. 16; *Kropff* FS Claussen 659, 666; *Emmerich/Sonnenschein* Konzernrecht § 30 III; KK-*Claussen/Scherrer* Rdn. 11; MünchKomm-*Busse von Colbe* Rdn. 29.

[22] *Großfeld* Bilanzrecht Rdn. 673; Heymann/*Henssler* § 315, 1.

[23] *Küting/Weber* Der Konzernabschluß S. 421 ff; *von Wysocki/Wohlgemuth* Konzernrechnungslegung S. 334 f.

[24] Beck HdR-*Gzuk* C 610, Rdn. 2 f; *Schildbach* Der Konzernabschluß nach HGB, IAS und US-GAAP S. 357 f.

II. Historische Entwicklung der Konzernbilanzvorschriften

1. Gesetzeslage bis zum Bilanzrichtlinien-Gesetz

Anfang des 20. Jahrhunderts war in Deutschland nur für wenige Wirtschaftseinheiten die Erstellung einer konsolidierten Bilanz interessant. Lediglich bei einer Erweiterung des Tätigkeitsbereichs der Konzerne in die USA und der gleichzeitigen Konfrontation mit den dort geltenden, schon vor der Jahrhundertwende entstandenen amerikanischen Rechnungslegungsvorschriften konnten deutsche Unternehmen zur Aufstellung eines Konzernabschlusses verpflichtet werden.[25] 8

Erste Überlegungen zur Einführung einer Konzernbilanz wurden in Deutschland in den **20er Jahren des vergangenen Jahrhunderts** angestellt. Es wuchs die Erkenntnis, daß bei einer zunehmenden Verschachtelung der Unternehmen die Einzelbilanzen nur unzureichend ihren Zweck verwirklichten. Die Weltwirtschaftskrise trug zur Verstärkung dieser Einsicht bei. Vor allem das Schrifttum reagierte wegen der damit einhergehenden Konzernzusammenbrüche mit der Forderung nach einer gesetzlichen Verankerung der Konzernrechnungslegungspflicht.[26] Der Gesetzgeber beschritt diesen überwiegend befürworteten Weg der Normierung jedoch nicht.[27] In bezug auf Wirtschaftseinheiten verlangte er – mangels befriedigender Lösungen – mit der Aktienrechtsreform von 1931 lediglich die auf die Einzelabschlüsse beschränkte Offenlegung von Konzernbeziehungen.[28] Auch die durch § 134 AktG 1937 geschaffene Ermächtigung, „Vorschriften für Konzerngesellschaften über die Aufstellung des eigenen und über die Aufstellung eines gemeinschaftlichen Jahresabschlusses zu erlassen", wurde von der Reichsregierung nie aufgegriffen. 9

Da in den USA und in Großbritannien ein schon relativ ausgeprägtes Konzernbilanzrecht existierte und vor allem diesbezüglich langjährige Erfahrungen bestanden,[29] erließen die alliierten Besatzungsbehörden **nach dem zweiten Weltkrieg** auch in Deutschland – branchenspezifische – Vorschriften zur Aufstellung von Konzernabschlüssen.[30] Die westdeutschen **Montangesellschaften** und zum 31. Dezember 1954 auch erstmals die **bundeseigenen Konzerne**[31] wurden verpflichtet, dem Geschäftsbericht eine – vom Abschlußprüfer zu prüfende und zu bestätigende – konsolidierte Bilanz sowie eine Gewinn- und Verlustrechnung beizufügen. Nach Beendigung der alliierten Kontrolle eröffnete sich den betroffenen Aktiengesellschaften die Möglichkeit, durch Hauptversammlungsbeschluß der Verpflichtung zur Aufstellung eines Konzernabschlusses zu entgehen. Davon wurde jedoch kaum Gebrauch gemacht. Vielmehr dienten die so ins deutsche Bilanzrecht eingebrachten Grundsätze auch für Unternehmen anderer Wirtschaftszweige als Anstoß, konsolidierte Abschlüsse zu veröffentlichen.[32] 10

---

[25] ADS Rdn. 3.

[26] *Bores* Konsolidierte Erfolgsbilanzen S. 21, der insbesondere die Mängel der Einzelbilanzen untersucht und darauf die überraschenden Konzernzusammenbrüche stützt (Leipziger Bank – Treiber Konzern, Kreuger-Konzern); *Daehn* WT 1935, 504 ff; *Scherrer* Konzernrechnungslegung S. 2 mit Hinweis auf Nordwolle und Darmstädter Nationalbank Berlin.

[27] *Ausschuß für Aktienrecht der Akademie für Deutsches Recht* WT 1935, 326.

[28] § 260b Abs. 2 HGB i. d. F. d. G. v. 19. 9. 1931, RGBl. I S. 493.

[29] Vgl. *Adler* WT 1935, 483 ff; Überblick bei *Busse von Colbe/Ordelheide* Konzernabschlüsse S. 4 ff; näher auch *Glanz* Prinzipien der Konzernrechnungslegung S. 4 f.

[30] Vgl. Gesetz Nr. 27 des Rates der Alliierten Kommission zur Umgestaltung des Deutschen Kohlebergbaus und der Deutschen Stahl- und Eisenindustrie vom 16. 5. 1950, abgedruckt im ABl. der Alliierten Hohen Kommission für Deutschland Nr. 20 vom 20. 5. 1950; hierzu auch *Claussen* ZGR 2000, 604, 606 f.

[31] Vgl. BTDrucks. 1900, S. 285 (Vorbemerkungen zum Entwurf des Bundeshaushaltsplanes für das Rechnungsjahr 1956).

[32] ADS Rdn. 7.

11 Als Reaktion auf die steigende Anzahl von Wirtschaftseinheiten und die durch die freiwillige Rechnungslegung bekundete Akzeptanz enthielt **erstmals das AktG 1965** in den §§ 329–338 branchenunabhängige Regelungen zur Aufstellung handelsrechtlicher Konzernabschlüsse. Der Gesetzgeber ging dabei bewußt behutsam vor und beschränkte seine Regelungen auf bestimmte Anforderungen, um den Unternehmen ein reibungsloses Hineinwachsen in dieses Neuland zu ermöglichen.[33] Erweitert wurde die bis dahin auf AG, KGaA und GmbH (hier jedoch nur im seltenen Fall des § 28 EGAktG 1965) beschränkte Konzernbilanzpflicht durch das Gesetz über die Rechnungslegung von bestimmten Unternehmen und Konzernen (PublG v. 15.8.1969, BGBl. I S. 1189), welches die Lücke schließen sollte, die das AktG 1965 durch seine Rechtsformbezogenheit für Konzerne bestimmter Größenordnung offenließ.[34]

12 Im folgenden wurde die Rechnungslegung für die verbundenen Unternehmen zur Gewohnheit; die vom Gesetzgeber teilweise weitmaschig formulierten Vorschriften wurden von Praxis und Lehre – wenn auch oftmals unterschiedlich – konkretisierend ausgelegt.[35] **Kritik** ernteten die Regelungen jedoch vor allem bei den **weltweit tätigen deutschen Konzernen**. Deren Abschlüsse mußten – zur Erfüllung der nationalen Anforderungen – zwingend den Bestimmungen des AktG 1965 entsprechen. Nach internationalen Rechnungslegungsmethoden aufgestellte Weltabschlüsse konnten nicht von der Rechnungslegungspflicht des AktG 1965 befreien. Somit sahen sich die betroffenen Konzerne gezwungen, neben den Weltabschlüssen auch noch dem deutschen Recht entsprechende aktienrechtliche Konzernabschlüsse zu veröffentlichen.

2. Änderungen durch das BiRiLiG 1985 und ihre Auswirkungen

13 Mit dem Bilanzrichtlinien-Gesetz von 1985 wurden erhebliche Veränderungen der bis dorthin im AktG 1965 enthaltenen Vorschriften über die Rechnungslegung und Prüfung im Konzern vorgenommen. Durch die systematische Verortung in §§ 290 ff wurde das Konzernbilanzrecht zu einem **Teil des allgemeinen Handelsrechts** und aus seinem bisherigen Schattendasein herausgeführt.[36]

14 **a) EG-Bilanzrichtlinien als Grundlage für das BiRiLiG 1985.** Veranlaßt wurde der deutsche Gesetzgeber zu diesem Schritt aufgrund der Kompetenzwahrnehmung der Europäischen Gemeinschaft, durch den Erlaß von Richtlinien das Recht der Europäischen Mitgliedstaaten zu harmonisieren und einen Gemeinsamen Markt zu errichten (Art. 44 Abs. 2 lit. g EG). Im Rahmen der Rechnungslegung bestand insoweit die Pflicht, die 4., 7. und 8. EG-Richtlinie in nationales Recht umzusetzen, um bestehende Beschränkungen der Niederlassungsfreiheit zu beseitigen und den Fortgang der handelsrechtlichen Rechnungslegung zu fördern.

15 **aa) 4. EG-Richtlinie.**[37] Die 4. Richtlinie (**Bilanzrichtlinie**) v. 25.7.1978[38] behandelt den Jahresabschluß von Gesellschaften bestimmter Rechtsformen. Die eingehenden Bilanzierungs- und Publizitätsregeln orientieren sich allein an der Unternehmensgröße (größenspezifische Rechnungslegung) und verfolgen das Ziel eines möglichst sicheren Einblicks in die Lage der Gesellschaft („true and fair view").[39] Vgl. den Textabdruck Vor § 238.

---

33 Siehe Begründung des RegE in BTDrucks. 4/171, S. 241; *Claussen* ZGR 2000, 604, 607 f.

34 HdKR-*Ischebeck* Einf PublG, 1.

35 ADS Rdn. 8.

36 *Großfeld* NJW 1986, 955.

37 Eingehend hierzu Vor § 238, 3 ff (*Hüffer*); *Schön* ZGR 2000, 706, 715 ff.

38 ABl. EG v. 14.8.1978 Nr. L 222 S. 11.

39 *Lutter* Europäisches Unternehmensrecht S. 139 f.

bb) 7. EG-Richtlinie. Um nach Verabschiedung der 4. EG-Richtlinie dem Gedanken des „true and fair view" auch bei verbundenen Unternehmen gerecht zu werden, bedurfte es einer zusätzlichen Regelung über konsolidierte Abschlüsse (zum grundsätzlichen Bedürfnis o. Rdn. 1 f). Hierzu erging die 7. Richtlinie v. 13. 6. 1983 (**Konzernbilanzrichtlinie**),[40] Textabdruck Vor § 238. Vornehmlich auf dieser Richtlinie beruhen die §§ 290 ff. **16**

Obwohl im Zuge der Beratungen über eine Bilanzrichtlinie schon 1971 auch Wege konsolidierter Abschlüsse bei Konzernen erörtert wurden,[41] ließ die Verabschiedung einer Konzernbilanzrichtlinie nahezu 12 Jahre auf sich warten. Nach verschiedenen Vorentwürfen und ausgiebigen Diskussionen legte die Kommission dem Rat am 4. 5. 1976 einen ersten Vorschlag[42] vor, der sich in starkem Maße an den deutschen Vorschriften des AktG 1965 orientierte. Dieser rief jedoch ebenso wie nachfolgende Änderungsentwürfe schon in Grundsatzfragen vielerorts Ablehnung hervor. Die Erarbeitung eines Kompromißvorschlags wurde unter anderem dadurch erschwert, daß die **Rechtsordnungen Großbritanniens und Deutschlands** einerseits die Eckpfeiler der 7. Richtlinie bilden sollten, andererseits aber bereits **in Grundprinzipien voneinander abwichen.**[43] Insbesondere die sich gegenüberstehenden Vorstellungen hinsichtlich des Konzernbegriffs – auf der einen Seite das dem AktG 1965 entnommene Konzept der einheitlichen Leitung und auf der anderen das angelsächsische Control-Konzept – führten zur Aufgabe des ursprünglich verfolgten Ziels, in der Richtlinie auch eine Definition des Konzerns vorzusehen. Daß es schließlich nach weiteren Umgestaltungen 1983 doch zur Verabschiedung der 7. Richtlinie kam, ist sowohl auf den unbedingten Willen der Kommission und der Mitgliedstaaten als auch auf die den nationalen Gesetzgebern eröffneten Wahlrechte[44] bei der Umsetzung der Richtlinie zurückzuführen.[45] **17**

cc) 8. EG-Richtlinie.[46] Die 8. Richtlinie (**Prüferbefähigungsrichtlinie**) v. 10. 4. 1984[47] betrifft die Zulassung der mit der Pflichtprüfung der Rechnungsunterlagen beauftragten Personen. Sie gewährleistet die Qualität der durch die 4. und 7. Richtlinie vorgeschriebenen Prüfungen des Jahresabschlusses und Konzernabschlusses, indem sie spezifische Qualifikationserfordernisse der Prüfer normiert. **18**

b) Entstehungsgeschichte des BiRiLiG 1985.[48] Das Bilanzrichtlinien-Gesetz vereinigt die Umsetzung der drei soeben Rdn. 14 ff dargestellten Richtlinien einschließlich der Richtlinie v. 27. 11. 1984 zur Änderung der in ECU ausgedrückten Beträge der Bilanzrichtlinie.[49] Die zeitlich gestaffelte Verabschiedung der EG-Richtlinien führte dazu, daß nach verschiedenen Vorarbeiten und Entwürfen der erste Regierungsentwurf v. 10. 2. 1982[50] inhaltlich ausschließlich die Durchführung der 4. EG-Richtlinie vorsehen konnte. Bedingt durch den politischen Regierungswechsel verzögerte sich jedoch das weitere Gesetzgebungsverfahren, so daß die Bundesregierung erst im Laufe **19**

---

40 ABl. EG v. 18. 7. 1983 Nr. L 193 S. 1.

41 Dok. Nr. XI/533/71 (auf Bitten der Kommission ausgearbeiteter Vorschlag einer Arbeitsgruppe von Wirtschaftsprüfern und Vertretern der damaligen 6 Mitgliedstaaten der EWG).

42 ABl. EG v. 2. 6. 1976 Nr. C 121 S. 2.

43 Auch heute noch erschweren gerade die unterschiedlichen Sichtweisen einerseits der kontinentaleuropäischen und andererseits der angelsächsischen Rechnungslegungswerke die Harmonisierung; s. auch die vielsagende Stellungnahme von *Lückmann* Handelsblatt 10./11. 3. 2000, Nr. 50, S. 23 und die jeweiligen Anmerkungen in den nachfolgenden Vorschriften.

44 Übersicht über die Wahlrechte der 7. EG-Richtlinie bei HdKR-*Weber-Braun* I 7 ff.

45 *Biener* DB 1983, Beilage 19, S. 2.

46 S. etwa *Lück* DB 1979, 317 ff; *Schatzmann* RIW 1984, 614 ff.

47 ABl. EG vom 12. 5. 1984 Nr. L 126 S. 20.

48 Zum äußeren Gesetzgebungsablauf eingehend Vor § 238, 7 ff (*Hüffer*).

49 ABl. EG v. 4. 12. 1984 Nr. L 314 S. 28.

50 BTDrucks. 9/1878.

des Jahres 1983 einen neuen Entwurf[51] einbrachte, der sodann an die Ausschüsse überwiesen wurde. Durch die zwischenzeitlich auf europäischer Ebene verabschiedeten weiteren Richtlinien zur Angleichung des Gesellschaftsrechts kam die Umsetzung der 4. EG-Richtlinie erneut ins Stocken. Der Gesetzgeber verfolgte nun das Ziel, alle maßgeblichen Richtlinien in einem einheitlichen Gesetz umzusetzen. Daher wurden ab dem Frühjahr 1985 parallele Beratungen eines Regierungsentwurfs zur Umsetzung der 7. und 8. EG-Richtlinie geführt. Nach Überarbeitung beider Regierungsentwürfe durch die Ausschüsse legte der eigens gebildete „Unterausschuß – Bilanzrichtliniengesetz –" des Rechtsausschusses dem Deutschen Bundestag am 18.11.1985 einen Gesamtentwurf zur Umsetzung der 4., 7. und 8. EG-Richtlinie vor.[52] Die Verabschiedung erfolgte nach zweiter und dritter Lesung durch den Bundestag am 5.12.1985. Das Bilanzrichtlinien-Gesetz wurde am 19.12.1985 ausgefertigt und am 24.12.1985 im Bundesgesetzblatt verkündet.[53] Die so ins HGB aufgenommenen Rechnungslegungsvorschriften der §§ 290 ff galten zwingend erstmals für Geschäftsjahre ab dem 1.1.1990.

20 c) **Auswirkungen.** Aus der Fülle der Veränderungen, die das BiRiLiG für das deutsche Recht der Konzernrechnungslegung gebracht hat, ist zunächst die **Aufhebung des Grundsatzes der Maßgeblichkeit** der Einzelabschlüsse für den Konzernabschluß (§ 331 Abs. 1 Nr. 1 AktG a. F.) hervorzuheben, verbunden mit einer **Abkoppelung von der Steuerbilanz.**[54] Neu eingeführt wurden ferner das **Weltabschlußprinzip** (§ 294 Abs. 1), die **Equity-Bewertung** für assoziierte Unternehmen (§§ 311, 312) und die **Quotenkonsolidierung von Gemeinschaftsunternehmen** (§ 310). Generell ist festzustellen, daß der deutsche Gesetzgeber von einem großen Teil der nach der 7. EG-Richtlinie bestehenden Mitgliedstaatenwahlrechte Gebrauch gemacht und diese an die Unternehmen weitergegeben hat.[55] Da die anderen EG-Mitgliedstaaten ähnlich vorgingen, treten – obwohl der uneingeschränkt vergleichbare Konzernabschluß schon vor Verabschiedung der 7. Richtlinie unerreichbar erschien[56] – vermehrt Stimmen auf, die den Rechtsangleichungserfolg der Konzernbilanzrichtlinie generell in Zweifel ziehen.[57]

21 Zuzustimmen ist dieser Kritik insoweit, als den Mitgliedstaaten die Möglichkeit gegeben wurde, an ihren hergebrachten Bilanzierungsregeln festzuhalten und obendrein den an sich einzuengenden Rahmen der Rechnungslegung durch Ausübung der Wahlrechte zusätzlich auszuweiten.[58] Ebenso nachteilig betroffen ist die **Vergleichbarkeit** der Konzernabschlüsse.[59] Denn auf internationaler Ebene hemmen die nach wie vor abweichenden Rechnungslegungsvorschriften, und auch national erlauben die vielfachen Wahlrechte den Konzernen eine noch flexiblere Bilanzpolitik als unter dem AktG 1965. Es überrascht deshalb nicht, daß vielfach die in die neuen Rechnungslegungsvorschriften des HGB gesetzten Erwartungen enttäuscht wurden.[60] Obwohl vor diesem Hinter-

---

51 BTDrucks. 10/317.
52 BTDrucks. 10/4268.
53 BGBl. I S. 2355; zum BiRiLiG im übrigen *Claussen* AG 1986, 145; *Deutsche Bank* Das neue Bilanzrecht; ferner *Biener/Schatzmann* Konzernrechnungslegung; *Kropff* FS Claussen 659 ff; *Ulmer* FS Goerdeler 623 ff.
54 Heymann/*Henssler* Rdn. 8.
55 S. Begründung des RegE bei *Biener/Berneke* Bilanzrichtlinien-Gesetz S. 31.
56 S. etwa *Busse von Colbe* ZGR 1977, 662, 682; so auch *Havermann* FS Goerdeler 175, der darauf hinweist, daß allenfalls die weitgehende Gleichwertigkeit und nicht eine absolute Gleichheit angestrebtes Harmonisierungsziel war.
57 Etwa *Hommelhoff* RabelsZ 62 (1998) 381 ff; KK-*Claussen/Scherrer* Rdn. 35; *Küting* BB 1993, 30, 31 f.
58 *Rost* Der internationale Harmonisierungsprozeß der Rechnungslegung S. 188 f.
59 Gerade dieses Ziel sollte dagegen mit dem Erlaß der 4. und 7. EG-Richtlinie verwirklicht werden; s. *Ballwieser* FS Clemm 2.
60 So auch die Beurteilung von *Havermann* FS Goerdeler 197, der auf die Erwartungen von *Goerdeler* ZfbF 1982, 235, 248 reagiert.

grund von einer ausreichenden Anpassung der Rechnungslegung innerhalb der EG noch nicht gesprochen werden kann und zusätzlich die – aus Sicht der EG-Mitgliedstaaten möglicherweise größere – Gefahr[61] besteht, daß die Akzeptanz der EG-Abschlüsse gegenüber der Bilanzierung nach IAS und US-GAAP (dazu unten Rdn. 42 ff) weiter abnimmt, ist zu berücksichtigen, daß die Harmonisierungsmaßnahmen noch nicht abgeschlossen sind. Die den Mitgliedstaaten eingeräumten **Wahlrechte** dienten vor allem zur Konsensfindung zwischen den verschiedenen nationalen Ansätzen. Als vorläufig geltender Kompromiß sollten sie die Einarbeitung in ein für viele Länder und vor allem Unternehmen neues Rechtsgebiet erleichtern, bis sich durch ihre Anwendung allgemeine Erfahrungswerte herausgebildet haben. Es darf bei aller Kritik daher nicht außer Acht gelassen werden, daß sich die europäische Rechnungslegung noch in einer Entwicklungsphase befindet. Deren weiterer Weg wird vielmehr auch künftig kritisch zu verfolgen sein. Ebenso werden sich Literatur und Praxis vermutlich noch intensiv mit der damit zusammenhängenden Frage auseinanderzusetzen haben, welche Konsequenzen sich aus der – wohl auch weiterhin – vermehrten Ausrichtung der Unternehmen an internationalen Bilanzierungsmethoden ergeben (dazu auch unter Rdn. 47).[62]

3. Neuere Änderungen

Neuere Änderungen und Ergänzungen der Rechnungslegungs- und Prüfungsvorschriften ergaben sich im deutschen HGB – neben den hier nicht darzustellenden Auswirkungen des Euro-Einführungsgesetzes (Euro-EG)[63] – mit Inkrafttreten des Kapitalaufnahmeerleichterungsgesetzes und des Gesetzes zur Kontrolle und Transparenz im Unternehmensbereich. Obwohl Regelungsgehalt und Schwerpunkte der Gesetze unterschiedlich sind, verfolgen sie gemeinsam das **Ziel, den Kapitalmarkt Deutschland attraktiver zu machen**, die gesetzlichen Rahmenbedingungen für die Unternehmen zu verbessern sowie die Aussagekraft von Jahres- und Konzernabschlüssen zu steigern und an internationale Maßstäbe anzunähern.[64] Tiefgreifende Änderungen erfuhr das Konzernbilanzrecht mit Verabschiedung des längst überfälligen Kapitalgesellschaften & Co.-Richtlinie-Gesetzes.[65] 22

a) Kapitalaufnahmeerleichterungsgesetz.[66] Das Kapitalaufnahmeerleichterungsgesetz v. 20. 4. 1998 (KapAEG)[67] führte unter anderem zur Aufnahme des **§ 292a** in die Rechnungslegungsvorschriften. Durch die maßvolle Öffnung der deutschen Konzernrechnungslegung für international anerkannte Rechnungslegungsgrundsätze bietet es 23

---

[61] Zur Frage, ob die schon bestehenden und sich wohl weiter intensivierenden Einflüsse der US-GAAP und IAS auf die europäische Rechnungslegung wirklich als eine Gefahr anzusehen sind, vgl. unten Rdn. 51.

[62] Zum ganzen etwa *Bormann* RIW 1996, 35 ff; *Grund* DB 1996, 1293 ff; *Havermann* FS Baetge S. 519 ff; *Hüttche* RIW 1996, 1018 ff; *Küting/Hayn* BB 1995, 662 ff; *Mayer-Wegelin* FS Weber 525 ff; ferner auch die Untersuchungen von *Förschle/Glaum/Mandler* BFuP 1995, 392 ff; *Kagermann* FS Weber 343 ff; *Peemöller/Finsterer/Neubert* BB 1999, 1103 ff; *Spanheimer/Koch* WPg 2000, 301 ff, die die Umstellung der Rechnungslegung auf internationale Standards aus Sicht der Praxis darstellen.

[63] BGBl. I 1998 S. 1242; zu den Auswirkungen auf den Konzernabschluß s. *Scheffler* NJW 1998, 3174, 3177.

[64] *Ernst*, Dörner/Menold/Pfitzer (Hrsg.), Reform des Aktienrechts, der Rechnungslegung und Prüfung S. 323.

[65] Das Kapitalgesellschaften & Co.-Richtlinie-Gesetz ist die Reaktion des deutschen Gesetzgebers auf verschiedene EU-Richtlinien und Urteile des EuGH, welche ihn zu Neuregelungen im deutschen Rechnungslegungsrecht verpflichteten.

[66] Näher aus dem umfangreichen Schrifttum etwa *Böcking/Orth* DB 1998, 1873 ff; *Buhleier/Helmschrott* BB 1997, 775 ff; *Busse von Colbe*, Dörner/Menold/Pfitzer (Hrsg.) Reform des Aktienrechts, der Rechnungslegung und Prüfung S. 401 ff; *Grund* ZIP 1996, 1969 ff; *van Hulle* WPg 1998, 138 ff; *Mujkanovic* BB 1999, 999 ff; *Ordelheide* WPg 1996, 545 ff; *Peemöller* BBK Fach 15 (13/1998), 1097 ff; *Pellens/Bonse/Gassen* DB 1998, 785 ff.

[67] BGBl. I 1998 S. 707.

börsennotierten Unternehmen die Möglichkeit, sich von der Aufstellung und Prüfung des Konzernabschlusses nach deutschem Recht zu befreien. In Ergänzung bestehender Befreiungsnormen müssen die Unternehmen dazu einen Konzernabschluß nach den Rechnungslegungsmethoden aufstellen, die an dem ausländischen Kapitalmarkt vorgeschrieben sind, den sie in Anspruch nehmen. Ähnliche Regelungen gibt es in Belgien, Finnland, Frankreich, Italien, Luxemburg und Österreich.[68]

24 **b) Gesetz zur Kontrolle und Transparenz im Unternehmensbereich.**[69] Änderungen für das materielle Bilanzrecht brachte auch das am 6.3.1998 beschlossene Gesetz zur Kontrolle und Transparenz im Unternehmensbereich (KonTraG).[70] Es führte unter anderem zu der Verpflichtung für die gesetzlichen Vertreter eines börsennotierten Mutterunternehmens, den Konzernabschluß in Anpassung an die international üblichen Bilanzierungsregeln um eine **Kapitalflußrechnung** und **Segmentberichterstattung** zu erweitern (§ 297 Abs. 1 S. 2). Ferner ist innerhalb der Konzernlageberichterstattung nach § 315 Abs. 1 zur Betonung der **Zukunftsorientierung** fortan auch auf die Risiken der künftigen Entwicklung einzugehen.

25 **c) Kapitalgesellschaften & Co.-Richtlinie-Gesetz.**[71] Das zeitlich zuletzt in Kraft getretene Kapitalgesellschaften & Co.-Richtlinie-Gesetz v. 24.2.2000 (KapCoRiLiG)[72] löste die wohl umfangreichsten und bedeutendsten Änderungen im Rahmen der §§ 290 ff aus. Insgesamt liegt die Vermutung nahe, daß das KapCoRiLiG weitaus größere Auswirkungen auf die deutsche Konzernrechnungslegung haben wird als die in den letzten Jahren vollzogenen Internationalisierungsmaßnahmen.[73] Neben der **Erstreckung der Rechnungslegungspflicht auf Kapitalgesellschaften & Co.** (vgl. dazu auch unter Rdn. 33) und der Halbierung der **Schwellenwerte** des § 293 schuf das KapCoRiLiG auch für bestimmte nichtbörsennotierte Unternehmen die seit langem geforderte Möglichkeit,[74] **befreiende internationale Konzernabschlüsse** aufzustellen (näher Erl. zu § 292a). Insbesondere diese Entwicklung ist zu begrüßen. Immerhin wird durch die Bilanz und ihre Offenlegung in hohem Maße das Ansehen des Unternehmens in der Öffentlichkeit bestimmt. Diese Wirkung ist dabei nicht auf börsennotierte Unternehmen beschränkt. Auch nichtbörsennotierte Unternehmen haben hinsichtlich ihrer Unternehmenspolitik ein Interesse an einer mit der Neuregelung verbundenen gesteigerten Vergleichbarkeit ihrer Abschlüsse. Zudem führte das KapCoRiLiG – im Anschluß an die Daihatsu-Urteile des EuGH[75] – zu einer Vereinfachung der Sanktionsvorschriften. Werden Publizitätsvorschriften durch die gesetzlichen Vertreter verletzt, so folgt nunmehr zur Durchsetzung der Offenlegungspflichten ausschließlich ein antragsgebundenes Ordnungsgeldverfahren (§§ 335 ff n.F.).

---

[68] *van Hulle* ZGR 2000, 537, 540.

[69] S. zum KonTraG etwa *Dörner/Bischof* WPg 1999, 445 ff; *Moxter* BB 1997, 722 ff; *Remme/Theile* GmbHR 1998, 909 ff; *Scheffler* DStR 1999, 1285 ff; *Zimmer* NJW 1998, 3521 ff.

[70] BGBl. I 1998 S. 786.

[71] Das Kapitalgesellschaften & Co.-Richtlinie-Gesetz wurde im Zuge des Gesetzgebungsverfahrens in einigen Punkten geändert; zum Referentenentwurf s. *Ernst* DStR 1999, 903 ff; *Heni* DStR 1999, 912 ff; *Klein/Pötzsch* DB 1999, 1509 ff; *Strobel* BB 1999, 1054 ff; *Strobel* DB 1999, 1025 ff; zum Regierungsentwurf *Bihr* BB 1999, 1862 ff; *Göhner* BB 1999, 1914 ff; *Strobel* DB 1999, 1713 ff; zum verabschiedeten KapCoRiLiG näher *Bitter/Grashoff* DB 2000, 833 ff; *Eisolt/Verdenhalven* NZG 2000, 130 ff; *Luttermann* ZIP 2000, 517 ff; *Scheffler* DStR 2000, 529 ff; *Zimmer/Eckhold* NJW 2000, 1361 ff.

[72] BGBl. I 2000 S. 154.

[73] So auch die gleichlautenden Einschätzungen von *Heni* DStR 1999, 912; *Zimmer/Eckhold* NJW 2000, 1361.

[74] S. dazu die Kritik am KapAEG von *Budde* FS Beisse 112 f; *Gelhausen/Mujkanovic* AG 1997, 337, 339; ferner *BMJ* GmbHR 1999, 707.

[75] EuGH, Urteil vom 4.12.1997, Rs. C 97/96 = EuGHE I 1997, 6843 = NJW 1998, 129; Urteil vom 29.9.1998, Rs. C 191/95 = EuGHE I 1998, 5449 = GmbHR 1998, 1078.

III. Konsolidierungskonzepte

Mit Inkrafttreten der Regelungen des AktG 1965 und fortgeführt durch das BiRiLiG 1985 ist das **Spannungsverhältnis** zwischen der rechtlichen **Vielheit** und der wirtschaftlichen **Einheit** des Konzerns **aufgehoben** worden. Der Streit zwischen den Vertretern der Interessentheorie und denen der Einheitstheorie ist zur Ruhe gekommen. Trotzdem lohnt sich auch weiterhin eine zumindest zusammenfassende Betrachtung, um sowohl Verständnis als auch Einordnung der geltenden Regeln über den Konzernabschluß zu erleichtern. 26

1. Einheitstheorie

Nach der Einheitstheorie verbindet der Konzernabschluß die bereinigten Abschlüsse der rechtlich selbständigen Konzernunternehmen. Er stellt die am Konzern beteiligten Unternehmen als **wirtschaftliche Einheit** dar, die in Gestalt des Konzernabschlusses einen **eigenständigen Abschluß** aufstellt.[76] Aktiva und Passiva aller beteiligten Unternehmen sind zusammenzufassen, mit dem Ziel, keine Umsätze aus gegenseitigen Lieferungen oder Forderungen entstehen zu lassen.[77] Demzufolge sind Geschäftstätigkeiten für die Konzernbilanz erst dann zu berücksichtigen, wenn sie die wirtschaftliche Einheit des Konzerns verlassen haben.[78] Dabei werden die Interessen von Minderheitsgesellschaftern bei der Einheitstheorie vernachlässigt. Sowohl Minderheitsgesellschafter als auch Mehrheitsgesellschafter werden – unabhängig von ihrer jeweiligen Stellung – als Anteilseigner des Konzerns und somit konzernzugehörige Gesellschafter angesehen.[79] 27

2. Interessentheorie

Die vorwiegend im älteren Schrifttum vertretene Interessentheorie[80] hingegen sieht im Konzernabschluß lediglich einen **erweiterten Abschluß der Konzernobergesellschaft**, der die Zusammenfügung der Interessen des Mutterunternehmens offenlegen soll (kennzeichnend sind diesbezüglich die gegensätzlichen Interessen der Mehrheitsgesellschafter auf der einen Seite und der Minderheitsgesellschafter auf der anderen Seite). Innerhalb der auf das Mutterunternehmen ausgerichteten Gewinn- und Verlustrechnung sind die Vermögenswerte und Verbindlichkeiten sowie Aufwendungen und Erträge der Tochterunternehmen im Wege einer Quotenkonsolidierung nur mit dem sich aus der Beteiligungsquote ergebenden Teilbetrag in die Konzernbilanz zu übernehmen.[81] Die **Auswirkungen** zeigen sich insbesondere bei der Behandlung von **Minderheitsgesellschaftern.** Im Gegensatz zur Einheitstheorie, die ihnen die Stellung von Miteigentümern zuweist, behandelt die Interessentheorie sie als Konzernfremde, so daß konzerninterne Transaktionen in Höhe der Beteiligung der Minderheitsgesellschafter anteilig zu berücksichtigen sind.[82] 28

---

[76] ADS Rdn. 19; Beck HdR-*Hartle* C 10 Rdn. 90 ff.

[77] *Schildbach* Der Konzernabschluß nach HGB, IAS und US-GAAP S. 47 f.

[78] Im Ergebnis führt diese Behandlung zur Vermeidung der oben unter Rdn. 1 a. E. aufgeführten Mängel.

[79] Vgl. auch *Bores* Konsolidierte Erfolgsbilanzen S. 136; *Dreger* Der Konzernabschluß S. 41.

[80] So etwa *Fuchs/Gerloff* Die konsolidierte Bilanz S. 64; *Wentland* Die Konzernbilanz als wirtschaftliche Einheit Konzern S. 54 ff.

[81] *Scherrer* Konzernrechnungslegung S. 148; *von Wysocki/Wohlgemuth* Konzernrechnungslegung S. 6.

[82] ADS Rdn. 23.

3. Entscheidung des Gesetzgebers

29 Wie beim AktG 1965[83] hat auch der Gesetzgeber des BiRiLiG überwiegend den Weg der **Einheitstheorie** beschritten. Mit dem grundlegenden Prinzip der einheitlichen Leitung (§ 290, 19 ff) fließt bereits in die oberste Konsolidierungsnorm des § 297 Abs. 3 explizit die Leitidee von der Wirtschaftseinheit Konzern ein. Durch diese exponierte Stellung an den Anfang der Konsolidierungsvorschriften unterstreicht der Gesetzgeber zudem die Anwendung der Einheitstheorie als Richtlinie zur Ausfüllung von Gesetzeslücken.[84] Auch verschiedenen Einzelvorschriften – z. B. § 294 Abs. 1 (Prinzip des Weltabschlusses), § 299 Abs. 1 (einheitlicher Stichtag), §§ 301 und 303 (Kapital- und Schuldenkonsolidierung) oder §§ 300 und 308 (Grundsatz einheitlicher Bilanzierung und Bewertung) – liegt dieser Gedanke zugrunde.

30 Zuweilen läßt jedoch gerade das Spannungsverhältnis innerhalb des Konzerns zwischen Vielheit und Einheit die Einheitstheorie als einseitige Interpretation und drastisch vereinfachende Darstellung erscheinen.[85] Im Bewußtsein dieser Schwächen hat der Gesetzgeber daher die **Einheitstheorie nicht uneingeschränkt verwirklicht**. In Einzelfragen legt er auch ausschließlich Gedanken der Interessentheorie zugrunde. Eine Abkehr von der Fiktion einer rechtlichen Einheit ist aufgrund des § 297 Abs. 2 S. 2 immer dann geboten, wenn die Einbeziehung von Tochterunternehmen die Darstellung eines den tatsächlichen Verhältnissen entsprechenden Bildes der Vermögens-, Finanz- und Ertragslage verfälschen würde (§ 295). Vor diesem Hintergrund ist auch der Widerspruch zu erklären, daß etwa mit dem Gedanken des § 297 Abs. 3 und der in § 310 geregelten Quotenkonsolidierung von Gemeinschaftsunternehmen in den Rechnungslegungsvorschriften Elemente der Einheitstheorie und Interessentheorie nebeneinanderstehen. Der deutsche Gesetzgeber hat damit insgesamt der Konzeption der wirtschaftlichen Einheit des Konzerns zwar den Vorrang eingeräumt, bei Bedarf jedoch auch abweichende Regelungen für Einzelfragen getroffen.[86]

III. Inhalt der Konzernrechnungslegungsvorschriften

1. Gliederung des Zweiten Unterabschnitts

31 Innerhalb der durch das BiRiLiG 1985 eingeführten Vorschriften des Dritten Buchs über die Rechnungslegung finden sich – im Anschluß an die allgemeinen Regeln und die ergänzenden Vorschriften für Kapitalgesellschaften – die Normen zum Konzernabschluß und Konzernlagebericht in den §§ 290–315. Die §§ 290–293 haben den Anwendungsbereich der Konzernrechnungslegung einschließlich der Befreiungsmöglichkeiten der §§ 291–293 zum Gegenstand. Nach den Regelungen über die einzubeziehenden Unternehmen (Konsolidierungskreis: §§ 294–296) beschreiben die §§ 297–299 Inhalt und Form des Konzernabschlusses.[87] Es folgen in den §§ 300–312 die – zum Teil lückenhaften und auslegungsbedürftigen – Konsolidierungsmethoden, gegliedert in Vollkonsolidierung (§§ 300–307), Bewertungsvorschriften (§§ 308 und

[83] S. Begründung des RegE AktG 1965 bei *Kropff* Aktiengesetz S. 442 ff.

[84] Heymann/*Henssler* Rdn. 11; *Scherrer* Konzernrechnungslegung S. 146.

[85] *Schildbach* Der Konzernabschluß nach HGB, IAS und US-GAAP S. 48.

[86] Vgl. die kritische Betrachtung von *Küting* BB 1983, 804 ff und die Stellungnahme von *Schindler* BB 1987, 158, 163.

[87] Generalnorm in diesem Zusammenhang ist § 297 Abs. 2 S. 2: Abbildung der tatsächlichen Verhältnisse des Konzerns unter Beachtung der Grundsätze ordnungsmäßiger Buchführung.

309), anteilmäßige Konsolidierung bei Gemeinschaftsunternehmen (§ 310) und Equity-Prinzip bei assoziierten Unternehmen (§§ 311 und 312). Die Bestimmungen der §§ 313, 314 betreffend den Konzernanhang und § 315 zum Konzernlagebericht beschließen diesen 2. Unterabschnitt.

2. Anwendungsbereich

Die in § 290 geregelte Pflicht zur Aufstellung eines Konzernabschlusses und eines Konzernlageberichts trifft rechtsformabhängig inländische **Mutterunternehmen**, die **Kapitalgesellschaften** sind (d. h. AG, KGaA und – im Unterschied zum AktG 1965 – GmbH).[88] Der Begriff des **Tochterunternehmens** dagegen ist **nicht auf Kapitalgesellschaften begrenzt.** Jedes Unternehmen im Sinne des HGB[89] kann unabhängig von seiner Rechtsform Tochterunternehmen sein. Für andere Konzerne ist die Pflicht zur Rechnungslegung unter größenabhängigen Voraussetzungen weiterhin auf die Vorschriften des PublG (§§ 11 ff PublG) beschränkt. Durch die Verweisungen des PublG auf die Vorschriften des HGB wurde jedoch auch die Rechnungslegung für Nicht-Kapitalgesellschaften mittelbar durch die Umsetzung der EG-Richtlinien beeinflußt. **32**

Lebhafte Diskussionen hat lange Zeit die Frage hervorgerufen, inwieweit eine **Kapitalgesellschaft & Co.** rechnungslegungspflichtig ist.[90] Schon der Regierungsentwurf des 9. Bundestages zum BiRiLiG[91] sprach sich seinerzeit für eine Gleichbehandlung der GmbH & Co. KG mit der GmbH aus und unterstellte sie deshalb dem Anwendungsbereich der strengeren Bilanzvorschriften für Kapitalgesellschaften. Die neue Bundesregierung nahm von dieser Regelung jedoch Abstand und beseitigte die Anwendbarkeit der Durchführungsbestimmungen zur 4., 7. und 8. EG-Richtlinie auf diese – nach deutschem Verständnis als Personengesellschaft geltende – Gesellschaftsform.[92] Die EG-Kommission beanstandete diese restriktive Haltung des deutschen Gesetzgebers und erreichte schließlich die Verabschiedung der sog. GmbH & Co. KG – Richtlinie (90/605/EWG) vom 8. 11. 1990.[93] Die Art. 1 und 2 dieser Richtlinie erstrecken die Anwendung der 4. und 7. Richtlinie u. a. auf die offene Handelsgesellschaft und die Kommanditgesellschaft deutschen Rechts, sofern deren unbeschränkt haftende Gesellschafter sämtlich Kapitalgesellschaften sind (vgl. § 19 Abs. 2). Die Umsetzung dieser Richtlinie erfolgte in Deutschland – nach Verurteilung durch den EuGH im Vertragsverletzungsverfahren –[94] erst durch das am 9. 3. 2000 in Kraft getretene Kapitalgesellschaften & Co.-Richtlinie-Gesetz vom 24. 2. 2000 (BGBl. I S. 154; oben Rdn. 25).[95] Damit ist die oben erwähnte Streitfrage durch den Gesetzgeber entschieden worden, mit der Folge, daß viele bisher von der Konsolidierungspflicht ausgenommene Unternehmen neuerdings zur Aufstellung von Konzernabschlüssen ver- **33**

---

[88] Zu den sich auf den Anwendungsbereich der Konzernrechnungslegungsvorschriften erstreckenden Auswirkungen des schon oben unter Rdn. 25 erwähnten KapCoRiLiG s. Rdn. 33.

[89] Vgl. zum Begriff des Unternehmens § 290, 8 ff.

[90] Vgl. statt vieler *Biener* GmbHR 1975, 30, 33 ff; *Lutter/Mertens/Ulmer* BB 1983, 1737 ff; *Marx/Delp* DB 1986, 289 ff; *Schaller* RIW 1988, 632 ff; *Schreiber* Konzernrechnungslegungspflichten bei Betriebsaufspaltung und GmbH & Co.KG S. 119.

[91] BTDrucks. 9/878; zur Entstehungsgeschichte des BiRiLiG s. Rdn. 19.

[92] S. die Begründung der BReg zum Gesetzesentwurf in BRDrucks. 257/83.

[93] ABl. EG v. 16. 11. 1990 Nr. L 317 S. 60; umzusetzen bis zum 1. 1. 1993.

[94] EuGH, Urteil v. 22. 4. 1999, Rs. C-272/97 = EuGHE I 1999, 2175 = WM 1999, 1420.

[95] Der Anwendungsbereich des KapCoRiLiG ist sogar weiter gefaßt als es die EWG-Richtlinie 90/605 vorsah; neben Personenhandelsgesellschaften, bei denen Kapitalgesellschaften persönlich haftende Gesellschafter sind, werden auch Personenhandelsgesellschaften erfaßt, bei denen andere nicht natürliche Personen Komplementäre sind.

pflichtet sind. Der Anwendungsbereich des Ersten bis Fünften Unterabschnitts des Zweiten Abschnitts des Dritten Buches des HGB (§§ 264–330) erstreckt sich nach § 264a Abs. 1 jetzt auch auf OHG und KG, bei denen keine natürlichen Personen persönlich haftende Gesellschafter sind (insbesondere die GmbH & Co. KG).[96]

34 Abweichende **Sonderregelungen** über die Anwendung der handelsrechtlichen Rechnungslegungsvorschriften bestehen geschäftszweigspezifisch für **Kreditinstitute** (§§ 340i und j)[97] sowie **Versicherungsunternehmen** (§§ 341i und j).[98] Diese Unternehmen sind grundsätzlich – unabhängig von ihrer Rechtsform und Größe – zur Aufstellung eines Konzernabschlusses und Konzernlageberichts nach den Rechnungslegungsvorschriften der §§ 290 ff verpflichtet.[99]

3. Grundzüge der Konzernrechnungslegung

35 Mit der Regelvorschrift des § 290 stellt der Gesetzgeber eine Verpflichtung zur Konzernrechnungslegung für Kapitalgesellschaften auf, die die **einheitliche Leitung** über andere Unternehmen ausüben (Abs. 1) **oder** denen bestimmte **Kontrollrechte** in bezug auf andere Unternehmen (Abs. 2) zustehen. Die Rechnungslegungspflicht umfaßt die Aufstellung eines Konzernabschlusses und eines Konzernlageberichts und obliegt den gesetzlichen Vertretern des Mutterunternehmens, also dem Vorstand (§§ 76 ff AktG) oder den Geschäftsführern (§§ 35 ff GmbHG), im Falle einer Kapitalgesellschaft & Co. den Organpersonen der vertretungsberechtigten Gesellschaft (§ 264a Abs. 2). Der aufzustellende Konzernabschluß besteht nach § 297 Abs. 1 aus der Konzernbilanz, der Konzern-Gewinn- und Verlustrechnung und dem Konzernanhang, die eine Einheit bilden.

36 Da die bloße Zusammenfassung der Jahresabschlüsse der Konzernunternehmen kein wahrheitsgetreues Bild der Vermögens-, Finanz- und Ertragslage des Konzerns ergibt und eine eigenständige Konzernbuchführung hohe Kosten verursachen würde, stellt sich der Konzernabschluß als ein **konsolidierter Abschluß** dar. Darunter versteht man die Zusammenfassung der Einzelabschlüsse der einbezogenen Konzernunternehmen (Handelsbilanz I) unter Aufrechnung der Ergebnisse aus dem innerkonzernlichen Geschäftsverkehr, die sich in Vermögens-, Kapital- und Erfolgsgrößen niederschlagen können.[100] Diese Herausnahme konzern-interner Vorgänge erfaßt das Eigenkapital (Kapitalkonsolidierung), die konzerninternen Ausleihungen (Forderungen) und Schulden (Schuldenkonsolidierung), das Ergebnis (Behandlung der Zwischenergebnisse) und die Gewinn- und Verlustrechnung (Aufwands- und Ertragskonsolidierung).[101] Um die Konsolidierungspraxis zweckentsprechend zu gestalten, unterliegen die diesbezüglich zu ergreifenden Maßnahmen zudem bestimmten allgemeinen Grundsätzen (Vollständigkeit, Stetigkeit, Stichtagseinheitlichkeit, Wirtschaftlichkeit).[102] Durch die Erweiterung der Rechnungslegungspflicht auf die Einbezie-

---

[96] Vgl. auch die näheren Ausführungen in § 290, 71.

[97] Eingefügt durch das Bankbilanzrichtlinie-Gesetz vom 30. 11. 1990 (BGBl. I S. 2570) in Umsetzung der Richtlinie des Rates der Europäischen Gemeinschaften vom 8. 12. 1986 über den konsolidierten Abschluß von Banken und anderen Finanzinstituten (ABl. EG v. 31. 12. 1986 Nr. L 372 S. 1).

[98] Eingefügt durch das Versicherungsbilanzrichtlinie-Gesetz v. 24. 6. 1994 (BGBl. I S. 1377) in Umsetzung der Richtlinie des Rates der Europäischen Gemeinschaften über den Jahresabschluß und den konsolidierten Abschluß von Versicherungsunternehmen (ABl. EG v. 31. 12. 1991 Nr. L 372 S. 7).

[99] Vgl. näher Erl. zu §§ 340 i, 340 j, 341 i, 341 j.

[100] *von Wysocki/Wohlgemuth* Konzernrechnungslegung S. 3.

[101] *Großfeld* Bilanzrecht Rdn. 585 ff.

[102] Vgl. zu den einzelnen Konsolidierungsgrundsätzen die Darstellungen von *Busse von Colbe/Ordelheide* Konernabschlüsse S. 25 ff; Beck HdR-*Hartle* C 10 Rdn. 60 ff; MünchKomm-*Busse von Colbe* Rdn. 36 ff; *Scherrer* Konzern-

hung auch ausländischer Tochtergesellschaften kommt gerade dem der Einheitstheorie entsprechenden Grundsatz der einheitlichen Bewertung (§ 308) zunehmende Bedeutung zu. Aufgrund der in § 297 Abs. 2 geforderten Qualität des Konzernabschlusses sind infolgedessen ungleichartige Bewertungsmethoden und Rechengrößen eines Tochterunternehmens an die konzerneinheitlichen Bilanzierungs- und Bewertungsgrundsätze anzupassen (Handelsbilanz II).[103] Die sich anschließende Konsolidierung faßt dann die so vereinheitlichten vorbereitenden Ansätze der Handelsbilanz II unter Vornahme der notwendigen Korrekturen zum Konzernabschluß zusammen.[104]

V. Prüfung und Sanktionen

1. Abschlußprüfung des Konzernabschlusses

Vor der Offenlegung der Rechnungslegungsergebnisse trifft die Unternehmen eine **37** an die Konzernrechnungslegungspflicht gekoppelte Verpflichtung zur Prüfung des Konzernabschlusses. Ein Unternehmen wird generell zur Prüfung verpflichtet, wenn es nach den §§ 290 ff konzernrechnungslegungspflichtig ist und keine Befreiungstatbestände eingreifen.[105] Dabei hat der von dem Unternehmen zu bestellende Abschlußprüfer inhaltlich die **Vereinbarkeit des Abschlusses mit Gesetz und Satzung** zu beurteilen und den Einklang zwischen Konzernabschluß und Konzernlagebericht zu begutachten. Abzuschließen ist die Prüfung gemäß § 322 Abs. 1 mit der Erteilung des Bestätigungsvermerks.[106]

Dieses Prüfungsverfahren verfolgt primär das Ziel, das von den Adressaten in den **38** Konzernabschluß gesetzte **Vertrauen in ein wahrheitsgemäßes Informationsinstrument** zu rechtfertigen. Zudem wird durch den notwendigen Prüfungsvermerk aber auch dem Umstand Rechnung getragen, daß den Konzernrechnungslegungsvorschriften eine dem § 256 AktG entsprechende Vorschrift fremd ist, die die Nichtigkeit eines fehlerhaften Konzernabschlusses behandelt. Auch eine analoge Anwendung dieser Norm verbietet sich, da im Gegensatz zum Jahresabschluß der Konzernabschluß nicht festgestellt wird und keine rechtlichen Folgen entfaltet (o. Rdn. 4 ff).[107] Daher obliegt der Abschlußprüfung zusätzlich die Aufgabe, die Risiken möglicher grober und sanktionsloser Verstöße zu minimieren.

2. Straf-, Bußgeld- und Zwangsgeldvorschriften

Um die Verpflichtung zur Konzernrechnungslegung nicht wirkungslos erscheinen **39** zu lassen, beinhalten die Rechnungslegungsvorschriften zudem Regelungen über Rechtsfolgen bei Verletzung der Konzernabschlußpflichten. Neben den Sanktionsvorschriften der **§§ 331 ff HGB** für die zum handelsrechtlichen Konzernabschluß verpflichteten Unternehmen (s. Rdn. 32 ff) finden sich einzelne weitere Tatbestände in den Bestimmungen des OWiG, des StGB, des UWG und der WPO. Das auf die verschiedenen Verletzungshandlungen ausgerichtete und gestaffelte Rechtsfolgensystem reicht von der Festsetzung eines Zwangsgeldes zur Durchsetzung einer Handlung

rechnungslegung S. 139 ff; *Schildbach* Der Konzernabschluß nach HGB, IAS und US-GAAP S. 53 ff; *von Wysocki/Wohlgemuth* Konzernrechnungslegung S. 4 ff.

103 Näher zu den Handelsbilanzen II vgl. etwa *Frings* Die Handelsbilanz II; *Havermann* FS Döllerer S. 185 ff; *Maas/Schruff* WPg 1986, 237, 239.

104 Zu den möglichen Konsolidierungstechniken in Form der manuellen und der EDV-gestützten Konsolidierung s. ADS Rdn. 50 ff.

105 HdKR-*Baetge/Hense* II 1447.

106 Zum genaueren Ablauf der Prüfung s. Erl. zu §§ 316 ff.

107 ADS Rdn. 72; *Hüffer* § 256 AktG Rdn. 3.

über Bußgelder bei Ordnungswidrigkeiten bis zur Verhängung von Freiheitsstrafen und Geldstrafen, die insbesondere bei Vergehen im Sinne des § 12 Abs. 2 StGB in Betracht kommen.[108]

3. Praktische Bedeutung der Sanktionsvorschriften

40 Vor der auch zu einer Verschärfung der Sanktionen führenden Verabschiedung des KapCoRiLiG (Rdn. 25) kam den diesbezüglichen Vorschriften des HGB keine große praktische Bedeutung zu. Ein Anzeichen hierfür ist auch das nahezu vollständige **Fehlen von Rechtsprechung** zu §§ 290 ff.[109] Die Registergerichte wurden nach § 335 S. 2 Halbs. 2 a. F. nicht von Amts wegen, sondern abweichend vom Grundsatz des § 14 nur auf Antrag tätig. Der Kreis der in diesem Zusammenhang antragsberechtigten Personen war dabei nach § 335 S. 2 Halbs. 1 und S. 3 äußerst begrenzt und schloß allein Gesellschafter, Gläubiger und Gesamtbetriebsrat oder Betriebsrat des Mutterunternehmens sowie Gesellschafter und Gläubiger eines Tochterunternehmens und den Konzernbetriebsrat ein. Diese – auch schon in der Literatur kritisierte –[110] verhaltene Regelung forderte eine Reaktion der EG geradezu heraus. Der **EuGH** hatte mehrfach Gelegenheit zu der Feststellung, daß die vom deutschen Recht vorgesehenen Sanktionen hinter den Anforderungen des europäischen Gesellschaftsrechts zurückbleiben. Zum einen verurteilte er die Bundesrepublik Deutschland dazu, schärfere Offenlegungssanktionen zu erlassen[111] und zum anderen bemängelte er, daß das deutsche Recht dem Offenlegungsbegehren Dritter nicht richtlinienkonform Rechnung trägt.[112] Mit Verabschiedung des KapCoRiLiG erfüllte der deutsche Gesetzgeber seine EG-rechtliche Verpflichtung zur Nachbesserung und effektiveren Gestaltung des Sanktionsinstrumentariums. Seither schreiben § 335 (§ 335 S. 1 Nr. 1–5 a. F.) ein Zwangsgeldverfahren bei Verletzung der Pflicht zur Aufstellung des Konzernabschlusses und § 335a (§ 335 S. 1 Nr. 6 und 7 a. F.) ein Ordnungsgeldverfahren bei Nichtoffenlegung des Konzernabschlusses oder des Konzernlageberichts – bei gleichzeitiger Anhebung des Ordnungsgeldrahmens auf nun 2 500 bis 25 000 Euro – vor.[113]

VI. Rechnungslegung in den EG-Mitgliedstaaten

41 Die Umsetzung der Konzernbilanzrichtlinie 83/349/EWG durch die EG-Mitgliedstaaten ist inzwischen abgeschlossen.[114] Zu einer **völligen Angleichung** ist es aber **nicht gekommen**. Ebenso wie Deutschland haben die weiteren Mitgliedstaaten viel-

[108] S. die ausführliche Darstellung bei HdKR-*Maul* II Rdn. 1742 ff; im übrigen vgl. die Literaturhinweise in Beck HdR F Rdn. 40 ff.

[109] Dies dürfte darauf zurückzuführen sein, daß es an beschwerten Klägern fehlt, für die eine Berichtigung des Konzernabschlusses von Interesse sein könnte; Heymann/*Henssler* Rdn. 19.

[110] Allgemein *Baetge/Apelt* DB 1988, 1709 ff; ferner *Ehlig* WPg 1997, 513, 518 ff; *Großfeld* NJW 1986, 955, 960; *Niessen* WPg 1991, 193, 199.

[111] EuGH, Urteil vom 4.12.1997, Rs. C 97/96 = EuGHE I 1997, 6843 ff = ZIP 1997, 2155 ff; dazu etwa auch *Crezelius* ZGR 1999, 252 ff; *Hirte* NJW 1999, 36 ff; *Nassall* WM 1999, 657 ff; *Schön* JZ 1998, 194 f; *Schulze-Osterloh* ZIP 1997, 2157 f; *Weerth* BB 1998, 366 ff; *Wilken* DStR 1998, 215 f.

[112] EuGH, Urteil vom 29.9.1998, Rs. C 191/95 = EuGHE I 1998, 5449 ff = BB 1998, 2200 ff; Anmerkungen dazu von *Bohl* EuZW 1998, 762 f; *Gehringer* EWS 1999, 65 ff; *Nassall* WM 1999, 657 ff; *Schulze-Osterloh* ZIP 1998, 1721 f; *Weerth* BB 1998, 2204 f.

[113] Abweichend noch der Regierungsentwurf, der ein paralleles Zwangs- und Ordnungsgeldverfahren für die Verletzung von Publizitätspflichten vorsah, weil es nach seiner Meinung für eine effektive Durchsetzung der EU-rechtlichen Verpflichtung zur Verschärfung der Sanktionen erforderlich sei; vgl. BTDrucks. 14/1806, S. 42; *Zimmer/Eckhold* NJW 2000, 1361, 1366 ff; nach wie vor kritisch (und für eine aufsichtsrechtliche Lösung plädierend) *Hennrichs* ZGR 2000, 627, 648 f.

[114] Vgl. die Aufstellung bei *Hohloch* EU-Handbuch Gesellschaftsrecht, B Rdn. 32 ff und Anhang.

mehr von den durch die Richtlinie eröffneten Wahlrechten im Sinne ihrer Rechnungslegungstradition umfangreichen Gebrauch gemacht.[115] Infolgedessen ist man von einer Vergleichbarkeit der europäischen Abschlüsse noch weit entfernt.[116] Dies ist auch der Grund für die zum Teil vernichtende Kritik am europäischen Bilanzrecht.[117] Von einem Abschluß kann somit zwar hinsichtlich der formalen Umsetzungsmaßnahmen der Richtlinien gesprochen werden; für die Erreichung des mit ihnen verfolgten Zwecks muß man dies jedoch – zum jetzigen Zeitpunkt – ernüchternd verneinen.[118] Aufgrund der verfehlten Harmonisierung drängt sich zudem die – vor allem für die nationalen Gesetzgeber interessante und im Hinblick auf die weitere Bilanzierungspraxis der Unternehmen zu berücksichtigende – Frage auf, ob nicht zukünftig den IAS und US-GAAP größere Bedeutung für die internationale Rechnungslegung zukommt als dem europäischen Normengefüge (s. auch den nachfolgenden Abschnitt, Rdn. 42 ff).

VII. Internationalisierung der Konzernrechnungslegung

1. Allgemeines

Die deutsche Rechnungslegung wird zunehmend von Internationalisierungsgedanken geprägt, so daß ihre zukünftige Entwicklung insbesondere von der Beantwortung der schon oben aufgeworfenen Frage abhängig sein wird, wie sie den **interkontinentalen Verflechtungen der Kapitalmärkte** gerecht wird. Schon gegenwärtig drängen immer mehr deutsche Unternehmen auf internationale Kapitalmärkte und notieren an ausländischen Börsen. Welche Probleme sich für diese „Global Players“ ergeben können, wird besonders deutlich erkennbar am vielfach herangezogenen Beispiel der Daimler-Abschlüsse.[119] Während der nach europäischen Vorschriften erstellte Abschluß des Unternehmens einen Gewinn von 600 Mio. DM ergab, schloß die nach amerikanischen Regeln aufgestellte Bilanz mit einem Verlust von 1,8 Mrd. DM ab.[120] Erwartungsgemäß machte die New York Stock Exchange fortan die Zulassung ausländischer Aktien zum Börsenhandel von einem den US-amerikanischen Bilanzierungsregeln entsprechenden Konzernabschluß abhängig. Infolgedessen wurde den Global Players seitdem die Pflicht auferlegt, zwei separate Konzernabschlüsse aufzustellen, einen nach deutschen und einen zweiten nach amerikanischen Regeln. **42**

Erste Schritte zur **Beseitigung dieser Doppelbelastung** für die Unternehmen erfolgten mit der Verabschiedung des KapAEG (Rdn. 23)[121] und des KapCoRiLiG. Nach § 292a werden seit 1998 auch Konzernabschlüsse bestimmter deutscher Mutterunternehmen, die nicht nach dem HGB, sondern nach anderen Rechnungslegungsgrundsätzen aufgestellt wurden, als befreiend anerkannt, soweit die angewandten Regeln mit der 4. und 7. EG-Richtlinie vereinbar sind.[122] Obwohl die Bestimmung **43**

---

115 *Busse von Colbe/Ordelheide* Konzernabschlüsse S. 6 f; vgl. auch die Übersicht bei HdKR-*Weber-Braun* I 7 ff.

116 *Rost* Der internationale Harmonisierungsprozeß der Rechnungslegung S. 201.

117 Etwa *Hommelhoff* RabelsZ 62 (1998) 381, 403; *Küting* BB 1993, 30 ff.

118 Ebenso *Lanfermann*, *Niehus* und *Streim* Meinungsspiegel in BfuP 1992, 442 ff.

119 S. etwa *Bruns* WPK-Mitt. Sonderheft Juni 1997, 31 ff; *Ernst* Dörner/Menold/Pfitzer (Hrsg.), Reform des Aktienrechts, der Rechnungslegung und Prüfung S. 321, 324; *Hommelhoff* RabelsZ 62 (1998) 381, 382 f; *Mayer-Wegelin* FS Weber 525, 526.

120 Vertiefend *Buhleier/Helmschrott* DStR 1996, 354, 355.

121 Vgl. die Begründung des RegE zum KapAEG in BTDrucks. 13/7141; zu den Kosten der Rechnungslegung *Kübler* ZGR 2000, 550, 557 f.

122 Der deutsche Gesetzgeber duldet somit das Eindringen fremder Rechnungslegungsstandards, soweit sie sich in gewissen Grenzen bewegen (Grundsatz des „true and fair view“). Da sich dieser Einklang auf das europäische Verständnis der EG-Richtlinien bezieht, ist nicht zwingend

des Begriffs „international anerkannte Rechnungslegungsgrundsätze" noch nicht abschließend geklärt ist, sind in erster Linie die Rechnungslegungswerke der IAS und US-GAAP für die Nutzung der Befreiungsvorschrift des § 292a relevant.[123] § 292a tritt am 31. 12. 2004 außer Kraft (Art. 5 KapAEG). Im Zuge der „Neuen Rechnungslegungsstrategie" hat die **Europäische Kommission** zudem jüngst einen Verordnungsvorschlag[124] vorgelegt, nach dem bis 2005 alle börsennotierten EU-Unternehmen verpflichtet werden sollen, ihren konsolidierten Jahresabschluß gemäß den internationalen Rechnungslegungsgrundsätzen IAS zu erstellen. Ferner will die Kommission den Mitgliedstaaten die Möglichkeit eröffnen, auch von nichtbörsennotierten Unternehmen und für Einzelabschlüsse eine Bilanzierung nach IAS zu verlangen.[125]

2. IAS und US-GAAP und ihre Unterschiede zu deutschen Konzernrechnungslegungsvorschriften

44 Die International Accounting Standards (IAS) werden vom **International Accounting Standards Committee (IASC)** in London aufgestellt.[126] Das IASC, in dem sich **Berufsorganisationen der Wirtschaftsprüfer** zusammengeschlossen haben, beabsichtigt, im öffentlichen Interesse Grundsätze zu formulieren und zu veröffentlichen, die für die Aufstellung geprüfter Jahresabschlüsse beachtet werden sollen, und die Akzeptanz und Beachtung dieser Grundsätze weltweit zu fördern.[127] Die aufgestellten Vorgaben dienen den rechnungslegungspflichtigen Unternehmen ferner als Anhaltspunkt, nationale Wahlrechte zur internationalen Vergleichbarkeit der Konzernabschlüsse im Sinne der IAS auszuüben.[128] Inhaltlich orientieren sich die Regelungen des IASC stark am anglo-amerikanischen Rechnungslegungsverständnis.

45 In den USA enthalten neben den für börsennotierte Unternehmen geltenden Regelungen der amerikanischen Börsenaufsichtsbehörde Securities and Exchange Commission (SEC) die Generally Accepted Accounting Principles (GAAP) Vorgaben über konsolidierte Abschlüsse.[129] Die US-GAAP beruhen auf Beschlüssen des **Federal Accounting Standard Board (FASB)** und richten sich an alle privaten rechnungslegungspflichtigen Unternehmen.

46 Aufgrund der Einflüsse der SEC sowohl auf die IAS als auch auf die US-GAAP sind sich deren Inhalte überwiegend ähnlich. Weitaus größere Unterschiede – sowohl

eine Übereinstimmung mit dem deutschen Recht erforderlich, sondern vielmehr ausreichend, daß der Abschluß einem von der Kommission anerkannten Bilanzrecht irgendeines EG-Mitgliedstaates entspricht; die vielfach gewährten Mitgliedstaatenwahlrechte eröffnen den Unternehmen hier weitgehende Möglichkeiten; eingehend hierzu *Schön* ZGR 2000, 706, 721 ff; verfassungsrechtliche Bedenken bei *Hommelhoff* RabelsZ 62 (1998) 381, 391; *Kirchhof* ZGR 2000, 681 ff.

[123] Etwa *Gelhausen/Mujkanovic* AG 1997, 337, 339; Heymann/*Henssler* § 292a, 7; *Pellens/Bonse/Gassen* DB 1998, 785, 786; *Wiedmann* § 292a, 7.

[124] Der Text des Verordnungsvorschlags ist im Internet abrufbar unter http://europa.eu.int/comm/internal_market/de/company/account/news/ias.htm; dazu auch *Ernst* BB 2001, 823 ff; *Luttermann* IWB 2001, Heft 6, Fach 11, Gruppe 3, S. 262 ff; ferner die Mitt. in EuZW 2001, 355.

[125] NJW-EU-Nachrichten NJW 2000, Heft 27, LI; vgl. zu den Untersuchungen der EG-Kommission über die Konformität der IAS mit der 7. Richtlinie *van Hulle* ZGR 2000, 537, 541 mit Fn. 7.

[126] Näher *Baetge/Kleekämper/Dörner/Wollmert* Rechnungslegung nach International Accounting Standards; *Demming* Grundlagen der internationalen Rechnungslegung. Die Regelungen des IASC; *Goebel* DB 1994, 1733 ff; *Hayn* WPg 1994, 713 ff, 749 ff; zu aktuellen Verabschiedungen *Barckow* DB 1999, 1173 ff.

[127] Abs. 1 der Gründungsurkunde des IASC.

[128] *Biener* BfuP 1993, 345 ff; *Goebel/Fuchs* DB 1995, 1521 ff; *Kirsch* DB 1995, 1773 ff.

[129] S. die ausführlichen Darstellungen von *Eisolt* US-amerikanische und deutsche Konzernrechnungslegung; *Gingele* Der konsolidierte Abschluß in den Vereinigten Staaten von Amerika; *Niehues/Thyld* Konzernabschluß nach US-GAAP.

in Einzel- als auch in Grundsatzfragen – bestehen hingegen zwischen den IAS und US-GAAP einerseits und den handelsrechtlichen Bilanzvorschriften andererseits.[130] Diese Unterschiede beruhen weniger auf den Vorschriften zum Konzernabschluß als vielmehr auf den diesen zugrundeliegenden Regelungen zu Einzelabschlüssen.[131] Trotz weitgehender Wahlmöglichkeiten (vgl. Fn. 122) kann dies unter Umständen dazu führen, daß die für die Unternehmen als Befreiungstatbestand gedachte Vorschrift des § 292a gar nicht genutzt werden kann, da ein Abschluß nach den Grundsätzen der IAS oder US-GAAP nicht automatisch der 4. und 7. EG-Richtlinie gerecht wird. Weitere Angaben im Sinne des § 292a Abs. 2 Nr. 2b sind in solchen Fällen erforderlich.

3. Umstellung der Bilanzierungspraxis auf internationale Standards

Trotzdem haben mittlerweile schon viele Unternehmen ihre Bilanzierungspraxis auf **47**
US-GAAP oder IAS umgestellt. Zudem wird auch die durch das KapCoRiLiG erfolgte Änderung des § 292a, die bestimmten nichtbörsennotierten Unternehmen die Möglichkeit zu befreienden Konzernabschlüssen eröffnet, zu weiteren Umstellungen in der Praxis auf internationale Rechnungslegungsstandards führen. Gerade die **börsennotierten Unternehmen des DAX** tendieren schon jetzt verstärkt zur Rechnungslegung nach IAS oder US-GAAP. Haben im Geschäftsjahr 1997 noch 70 % der DAX-Unternehmen einen reinen HGB-Abschluß erstellt, orientierten sich im Geschäftsjahr 1998 – inspiriert durch die erstmalige Anwendungsmöglichkeit des § 292a – schon 53 % an internationalen Bilanzierungsgrundsätzen, sei es mit befreienden Abschlüssen oder mit HGB-Abschlüssen einschließlich einer Überleitungsrechnung auf IAS oder US-GAAP (nur noch 47 % schlossen ausschließlich nach HGB-Vorschriften ab). Im Geschäftsjahr 1999 schließlich wurde die Abkehr der Unternehmen von den deutschen Vorschriften besonders deutlich. Nur noch acht Unternehmen des DAX (27 %) bilanzierten nach HGB, demgegenüber immerhin schon 53 % rein nach IAS oder US-GAAP.[132]

Unausweichlich ist die **Umstellung der Bilanzierungspraxis** für Unternehmen, **48**
die einen **internationalen bzw. US-Börsengang** planen oder schon vollziehen.[133] Aber auch die **Förderung der internationalen Vergleichbarkeit** der Abschlüsse stellt für viele Unternehmen ein gewichtiges Motiv dar, um im Wettbewerb auf einem „Level Playing Field" mit den Konkurrenten zu stehen und die gleiche Qualität und Quantität an Informationen bieten zu können.[134] Ferner erwarten sich die Unternehmen von der Bilanzierung nach IAS oder US-GAAP etwa eine Verbreiterung der Investorenbasis und eine höhere Transparenz in der Finanzberichterstattung.[135] Auch Universitätsprofessoren aus dem Fachgebiet des externen Rechnungs- und Prüfungswesens standen den HGB-Rechnungslegungsvorschriften in einer Umfrage zurückhaltend gegenüber.[136] Der überwiegende Teil der Befragten maß den HGB-Vorschriften einen geringeren Informationswert als den US-GAAP zu, die Mehrheit trat für eine Orientierung des Konzernabschlusses an den IAS ein, und 71 % sahen in der Aufstellung eines Konzernabschlusses nach HGB im Hinblick auf eine internationale Streuung deutscher Aktien ein großes Hindernis.

---

[130] Vgl. zu den Unterschieden ADS Rdn. 93 ff; *Demming* Grundlagen der internationalen Rechnungslegung – Die Regelungen des IASC; *Goebel* DB 1995, 2489 ff; *Küting/Harth* BB 1999, 1370 ff; 1424 ff; HdKR-*Küting/S. Hayn* I 30 ff.

[131] *Schildbach* Der Konzernabschluß nach HGB, IAS und US-GAAP S. 369.

[132] Vgl. zu alledem die empirische Untersuchung von *Spanheimer/Koch* WPg 2000, 301 ff; ferner die Umfrage von *Förschle/Glaum/Mandler* BFuP 1995, 392 ff; *Pellens/Fülbier* ZGR 2000, 572, 575 f.

[133] Vgl. *Siemens* Geschäftsbericht 1999 S. 9.

[134] Vgl. z. B. die entsprechende Motivation der SAP AG, *Kagermann* FS Weber 344 f.

[135] Näher die gewonnenen Ergebnisse von *Spanheimer/Koch* WPg 2000, 301, 305 f.

[136] *Förschle/Glaum/Mandler* BFuP 1995, 393 ff.

4. Ausblick

49 Da eine erfolgreiche Verwirklichung des Internationalisierungsgedankens der deutschen Rechnungslegung nur mit einer Anpassung an die soeben skizzierten angloamerikanischen Vorschriften zu erreichen sein wird,[137] besteht die Hauptfrage der weiteren Harmonisierungsbestrebungen darin, wie es dem deutschen und in erster Linie dem europäischen Gesetzgeber gelingen wird, sich von bestimmten überkommenen Vorstellungen zu lösen.[138]

50 Die bisher getroffenen Maßnahmen können trotz allgemeiner – und auch berechtigter – Zustimmung[139] nur als Anfang bevorstehender umfangreicher Änderungen gesehen werden. Die bis zum Ablauf des Jahres 2004 begrenzte zeitliche Geltung[140] des § 292a (Rdn. 43) verdeutlicht überdies, daß auch der Gesetzgeber bis zu diesem Zeitpunkt eine **weitere Anpassung** der deutschen Konzernrechnungslegungsvorschriften an internationale Standards anstrebt.[141] Gerade die Verabschiedung des KapCoRiLiG vom 24.2.2000 (Rdn. 25) hat dieses Bestreben unterstrichen. Das Interesse nichtbörsennotierter Unternehmen an einer befreienden Rechnungslegung wurde berücksichtigt und für ausländische Anleger gleichzeitig die Lesbarkeit und Vergleichbarkeit der Bilanzen verbessert.[142]

51 Ferner hat der Gesetzgeber zur weiteren Verfolgung des Internationalisierungsgedankens mit der durch das KonTraG eingeführten Regelung des § 342 Abs. 1 dem Bundesministerium der Justiz die Möglichkeit eröffnet, eine privatrechtlich organisierte Einrichtung als **Rechnungslegungsgremium** anzuerkennen, welches bei Gesetzgebungsvorhaben einzubeziehen ist und die Vertretung Deutschlands in internationalen Standardisierungsgremien der Rechnungslegung übernehmen soll.[143] Zur Wahrnehmung dieser Aufgaben hat das Bundesministerium der Justiz am 3.9.1998 durch den Standardisierungsvertrag das Deutsche Rechnungslegungs Standards Committee (DRSC) anerkannt. Obwohl abzuwarten bleibt, inwieweit diese Vertretung im IASC auch deutsche Standpunkte durchsetzen kann – dies wird aufgrund der angloamerikanischen Dominanz nicht in jeder Frage einfach sein –, so ist doch ein Schritt in die richtige Richtung getan worden, um eine weitere Harmonisierung voranzutreiben.[144] Richtungweisend für die weitere Entwicklung des deutschen Konzernbilanzrechts ist auch der vom BMJ jüngst vorgelegte Entwurf eines Transparenz- und Publizitätsgesetzes (TransPublG)[144a], welcher einzelne punktuelle Änderungen – auch

---

[137] Freilich nicht unberücksichtigt bleiben dürfen dabei die Schwachpunkte der IAS und US-GAAP; trotzdem ist eine Anpassung an diese Rechnungslegungssysteme – unter Einbeziehung der durchaus auch in einigen Punkten vorzuziehenden kontinentaleuropäischen Vorstellungen – unausweichlich, schon allein, um die Vergleichbarkeit der Abschlüsse zu fördern.

[138] Insoweit wird von *Hommelhoff* RabelsZ 62 (1998) 381, 386 insbesondere auf die Unvereinbarkeit mit dem deutschen Vorsichtsprinzip hingewiesen.

[139] So etwa *Ernst* Dörner/Menold/Pfitzer (Hrsg.), Reform des Aktienrechts, der Rechnungslegung und Prüfung S. 321, 335; *Gelhausen/Mujkanovic* AG 1997, 337, 345; kritischer dagegen *Budde* FS Beisse 112 f und *Grund* ZIP 1996, 1969, 1973 f, die sogar die Verfassungsmäßigkeit des § 292a anzweifeln.

[140] *Großfeld* NZG 1999, 1143, 1144 spricht insoweit von einer „Experimentierphase".

[141] Beschlußempfehlung und Bericht des Rechtsausschusses zum Gesetzentwurf der BReg (BT-Drucks. 13/7141) in BTDrucks. 13/9909, S. 10.

[142] So auch schon *Dörner/Schwegler* DB 1997, 285; *Gelhausen/Mujkanovic* AG 1997, 337, 339; *Ordelheide* WPg 1996, 545, 550.

[143] Hierzu *Havermann* ZGR 2000, 693 ff; auf EU-Ebene ist ein derartiges Gremium nicht geplant, *van Hulle* ZGR 2000, 537, 547 f.

[144] Vgl. zur erfolgreichen Arbeit des – mittlerweile fest etablierten – DRSC *Baetge/Krumnow/Noelle* DB 2001, 769 ff; Überblick der bisher verabschiedeten DRS auch in MünchKomm-*Busse von Colbe* Rdn. 10.

[144a] Textabdruck des Referentenentwurfs mit der Begründung zu besonders wesentlichen Änderungen in ZIP 2001, 2192 ff; Gegenüberstellung zum geltenden Recht in DB 2002, 159 ff.

innerhalb der Rechnungslegungsvorschriften des HGB – vorsieht, um das deutsche Konzernbilanzrecht in einigen Bereichen näher an internationale Standards heranzuführen (näher Erl. zu §§ 290, 19; 291, 40; 296, 26).[144b] Vor einer völligen Übernahme der IAS- oder US-GAAP-Grundsätze sei jedoch gewarnt.[145] Die Internationalisierung der Rechnungslegung ist vielmehr als Chance für alle EG-Mitgliedstaaten anzusehen, einen größeren Einfluß auf die IAS auszuüben und somit auch eigene Interessen – sowohl deutsche als auch allgemein europäische – bei ihrer Formulierung einzubringen. Der Verordnungsvorschlag der EG-Kommission aus dem Jahre 2001, wonach bis 2005 alle börsennotierten Unternehmen mit Sitz in einem EU-Staat ihren konsolidierten Jahresabschluß nach internationalen Rechnungslegungsgrundsätzen erstellen müssen,[146] ist ein erster Schritt in diese Richtung.

§ 290

Pflicht zur Aufstellung

(1) Stehen in einem Konzern die Unternehmen unter der einheitlichen Leitung einer Kapitalgesellschaft (Mutterunternehmen) mit Sitz im Inland und gehört dem Mutterunternehmen eine Beteiligung nach § 271 Abs. 1 an dem oder den anderen unter der einheitlichen Leitung stehenden Unternehmen (Tochterunternehmen), so haben die gesetzlichen Vertreter des Mutterunternehmens in den ersten fünf Monaten des Konzerngeschäftsjahrs für das vergangene Konzerngeschäftsjahr einen Konzernabschluß und einen Konzernlagebericht aufzustellen.

(2) Eine Kapitalgesellschaft mit Sitz im Inland ist stets zur Aufstellung eines Konzernabschlusses und eines Konzernlageberichts verpflichtet (Mutterunternehmen), wenn ihr bei einem Unternehmen (Tochterunternehmen)
1. die Mehrheit der Stimmrechte der Gesellschafter zusteht,
2. das Recht zusteht, die Mehrheit der Mitglieder des Verwaltungs-, Leitungs- oder Aufsichtsorgans zu bestellen oder abzuberufen, und sie gleichzeitig Gesellschafter ist oder
3. das Recht zusteht, einen beherrschenden Einfluß auf Grund eines mit diesem Unternehmen geschlossenen Beherrschungsvertrags oder auf Grund einer Satzungsbestimmung dieses Unternehmens auszuüben.

(3) Als Rechte, die einem Mutterunternehmen nach Absatz 2 zustehen, gelten auch die einem Tochterunternehmen zustehenden Rechte und die den für Rechnung des Mutterunternehmens oder von Tochterunternehmen handelnden Personen zustehenden Rechte. Den einem Mutterunternehmen an einem anderen Unternehmen zustehenden Rechten werden die Rechte hinzugerechnet, über die es oder ein Tochterunternehmen auf Grund einer Vereinbarung mit anderen Gesellschaftern dieses Unternehmens verfügen kann. Abzuziehen sind Rechte, die
1. mit Anteilen verbunden sind, die von dem Mutterunternehmen oder von Tochterunternehmen für Rechnung einer anderen Person gehalten werden, oder
2. mit Anteilen verbunden sind, die als Sicherheit gehalten werden, sofern diese Rechte nach Weisung des Sicherungsgebers oder, wenn ein Kreditinstitut die

---

[144b] S. die Begründung des Referentenentwurfs: „(...) Den Unternehmen wird damit der in den nächsten Jahren bevorstehende Übergang zu einem stärker an internationalen Grundsätzen orientierten Konzernbilanzrecht erleichtert (...).“

[145] Ebenso *Schildbach* BB 1999, 359 ff, 411 ff.

[146] EuZW 2001, 355; hierzu *Ekkenga* BB 2001, 2362 ff.

Anteile als Sicherheit für ein Darlehen hält, im Interesse des Sicherungsgebers ausgeübt werden.

(4) Welcher Teil der Stimmrechte einem Unternehmen zusteht, bestimmt sich für die Berechnung der Mehrheit nach Absatz 2 Nr. 1 nach dem Verhältnis der Zahl der Stimmrechte, die es aus den ihm gehörenden Anteilen ausüben kann, zur Gesamtzahl aller Stimmrechte. Von der Gesamtzahl aller Stimmrechte sind die Stimmrechte aus eigenen Anteilen abzuziehen, die dem Tochterunternehmen selbst, einem seiner Tochterunternehmen oder einer anderen Person für Rechnung dieser Unternehmen gehören.

Übersicht

Schrifttum

S. zunächst die Nachweise vor § 290, ferner

Kommentare, Gesamtdarstellungen und Lehrbücher:

Emmerich/Habersack Aktienkonzernrecht (1998); *Frankenberg* Jahresabschlüsse im internationalen Vergleich (1993); *Geßler/Hefermehl/Eckardt/Kropff* Aktiengesetz (1973 ff); *Godin/Wilhelmi* Aktiengesetz 1965, Bd. I, 4. Aufl. (1971); Großkommentar zum Aktiengesetz, 3. Aufl. (1970 ff); *Habersack* Europäisches Gesellschaftsrecht (1999); *Hachenburg/Ulmer* GmbHG, Bd. 3, 8. Aufl. (1997); *Haller* Die Grundlagen der externen Rechnungslegung in den USA,

4. Aufl. (1994); *Hoffmann-Becking* Münchener Handbuch des Gesellschaftsrechts, Bd. 4 (Die Aktiengesellschaft), 2. Aufl. (1999); *Hüffer* Aktiengesetz, 4. Aufl. (1999); *Jonas* Der Konzernabschluß (1986); *Korth/Kasperzak* Konzernrechnungslegung nach HGB unter Berücksichtigung der Konzernöffnungsklausel und der Bilanzierung nach IAS (1999); *Lück* Rechnungslegung im Konzern (1994); *Pellens* Internationale Rechnungslegung, 2. Aufl. (1998); *Scheffler* Konzernmanagement – Betriebswirtschaftliche und rechtliche Grundlagen der Konzernführungspraxis (1992); WP-Handbuch-II, 9. Aufl. (1985/86); WP-Handbuch-I, 10. Aufl. (1992); WP-Handbuch-I, 11. Aufl. (1996); *Zöllner* Kölner Kommentar zum Aktiengesetz, Bd. 1 (1986).

Aufsätze:

Arbeitskreis „Externe Unternehmensrechnung" der Schmalenbach-Gesellschaft e.V. – Deutsche Gesellschaft für Betriebswirtschaft e.V. Aufstellung von Konzernabschlüssen, ZfbF 1987, Sonderheft 21; *Brauksiepe* Zum Unternehmensbegriff des neuen Aktienrechts, BB 1966, 869; *Burbach* Die Personenhandelsgesellschaft als Tochterunternehmen i.S.d. § 290 Abs. 2 HGB, WPg 1990, 253; *Busse von Colbe/Chmielewicz* Das neue Bilanzrichtlinien-Gesetz, DBW 1986, 289; *Dusemond* Zur Aufstellungsfrist von Konzernabschlüssen und Konzernlageberichten, BB 1994, 2034; *Eisolt* Der Konzernabschluß in Deutschland und den USA, RIW 1993, 309; *Früh/Klar* Joint Ventures – Bilanzielle Behandlung und Berichterstattung – Zur neuen HFA-Stellungnahme 1/1993 des IDW –,WPg 1993, 493; *Geßler* Probleme des neuen Konzernrechts, DB 1965, 1691; *Haeger/Zündorf* Abgrenzung des Konsolidierungskreises nach wirtschaftlicher Zugehörigkeit, DB 1991, 1841; *Haller* Das Verhältnis von steuerrechtlicher und handelsrechtlicher Rechnungslegung in den USA, DBW 1988, 723; *Hardach* Die „einheitliche Leitung" von Konzernen, ZhdlwF 1961, 713; *Havermann* Offene Fragen der Konzernrechnungslegung, IdW-Fachtagung 1986, 43; *Hoyningen-Huene* Der Konzern im Konzern ZGR 1978, 515; *IdW-SABI 1/88* Zur Aufstellungspflicht für einen Konzernabschluß und zur Abgrenzung des Konsolidierungskreises, WPg 1988, 340; *Janberg/Schlaus* Abstimmungsverträge nach neuem Aktienrecht unter Berücksichtigung des Rechts der verbundenen Unternehmen, AG 1967, 37; *Kellmann* Schadensersatz und Ausgleich im Faktischen Konzern, BB 1969, 1509; *Kirchner* Teilkonzernrechnungslegung – eine Regelung mit Funktionsmängeln, BB 1975, 1611; *Krag/Müller* Zur Zweckmäßigkeit von Teilkonzernabschlüssen nach der 7. EG-Richtlinie für Minderheitsgesellschafter, BB 1985, 307; *Kropff* Das Konzernrecht des Aktiengesetzes 1965, BB 1965, 1281; *Leo* Die Einmann-AG und das neue Konzernrecht, AG 1965, 352; *Luchterhandt* Der Begriff „Unternehmen" im AktG 1965, ZHR 132 (1969) S. 149; *Meier* Einheitliche Leitung im Konzern aus betriebswirtschaftlicher Sicht, WPg 1966, 570; *Möhring* Die gesetzliche Regelung der Unternehmensverbindungen im neuen Aktiengesetz, NJW 1967, 1; *Müller/Rieker* Der Unternehmensbegriff des AktG 1965, WPg 1967, 197; *Niessen* Grundsatzfragen der 7. Richtlinie über den konsolidierten Abschluß, WPg 1983, 653; *Niessen* Zur Angleichung des Bilanzrechts in der Europäischen Gemeinschaft, RabelsZ 48 (1984) S. 81; *Rehbinder* Publizität und Auslandsbeziehungen, Festgabe Kronstein (1967) S. 203; *Schäfer* Aktuelle Probleme des neuen Aktienrechts, BB 1966, 229; *Scheffler* Zur Problematik der Konzernleitung, Festschrift Goerdeler (1987) S. 469; *Schneider* Konzernleitung als Rechtsproblem, BB 1981, 249; *Schulze* Einheitliche Leitung durch mehrere Obergesellschaften und ihre Bedeutung für die Konzernrechnungslegung nach dem Aktiengesetz, WPg 1968, 85; *Semler* „Konzern im Konzern" – Organisationsmodell oder Rechtstatbestand? DB 1977, 805; *Stobbe* Zur Umsetzung der Art. 7 und 8 der 7. EG-Richtlinie, BB 1985, 1508; *Tillmann* Umwandlung auf doppelstöckige GmbH & Co.KG – Ein Ausweg aus der Publizitätspflicht der GmbH? DB 1986, 1319; *Ulmer* Aktienrechtliche Beherrschung durch Leistungsaustauschbeziehungen, ZGR 1978, 457; *Ulmer* Begriffsvielfalt im Recht der verbundenen Unternehmen als Folge des Bilanzrichtlinien-Gesetzes – Eine systematische Analyse –, Festschrift Goerdeler (1987) S. 623; *von Werder* Vorstands-Doppelmandate im Konzern – Bewertung und Gestaltungsalternativen aus organisatorischer Sicht, DBW 1989, 37; *von Wysocki* Konzernabschluß: Aufstellungs- und Einbeziehungspflichten nach neuem Recht, WPg 1987, 277; *Zilias* Zum Unternehmensbegriff im neuen Bilanzrecht, DB 1986, 1110.

I. Grundlagen

1. Zweispurige Anknüpfung der Konsolidierungspflicht

1 § 290 ist die Grundnorm innerhalb der Konzernrechnungslegungsvorschriften; sie verpflichtet die gesetzlichen Vertreter der in ihren Anwendungsbereich fallenden Unternehmen zur Aufstellung eines Konzernabschlusses und eines Konzernlageberichts. Die Vorschrift beruht auf der **Umsetzung von Art. 1 und 2 der 7. EG-Richtlinie**[1] durch das BiRiLiG v. 19. 12. 1985 (Vor § 290, 13 ff). Der deutsche Gesetzgeber hat dabei das Control-Konzept angelsächsischen Ursprungs übernommen, aber zusätzlich auch das Mitgliedstaatenwahlrecht des Art. 1 Abs. 2b aufgegriffen und das in Deutschland traditionell geltende und dem AktG 1965 entsprechende Konzept der einheitlichen Leitung aufrechterhalten. Seit Umsetzung der 7. EG-Richtlinie durch das BiRiLiG und der vollkommenen Gleichstellung von AG, KGaA und GmbH ist die Konzernrechnungslegungslegung zusammenhängend im HGB geregelt. Die spezialgesetzlichen Regelungen des AktG oder GmbHG enthalten seither keine eigenständigen Bestimmungen über die Konzernrechnungslegung mehr.

2 Als Kriterien für die Erstellung eines konsolidierten Abschlusses beinhaltet § 290 das **Konzept der einheitlichen Leitung (Abs. 1)** der Tochterunternehmen durch das Mutterunternehmen (Rdn. 19 ff) sowie das **Control-Konzept (Abs. 2)**, das die Konzernrechnungslegungspflicht an die in Nr. 1–3 genannten Rechtspositionen des Mutterunternehmens in Form von Kontrollrechten (Rdn. 34 ff) knüpft. Die Abs. 3 und 4 enthalten Bestimmungen zur – insbesondere bei mittelbaren Beteiligungsverhältnissen bedeutsamen – Be- und Zurechnung von Rechten innerhalb des Control-Konzeptes.

3 Die Rechnungslegungspflicht tritt bereits dann ein, wenn nur einer der beiden alternativen Tatbestände eingreift.[2] Beide Konzeptionen stehen mithin nebeneinander.[3] Dies verkennt etwa *Scherrer*, der dem Control-Konzept aus der 7. EG-Richtlinie eine vorrangige Stellung zuweisen will.[4] Zwar deutet Art. 1 Abs. 1 der 7. Richtlinie mit der Verpflichtung zur Einführung des Control-Konzeptes darauf hin, daß auch der europäische Gesetzgeber von diesem Konzept als Grundsatz ausging.[5] Mit Ausübung des Mitgliedstaatenwahlrechts hat der deutsche Gesetzgeber jedoch klargestellt, daß er bis zu einer weiteren Koordinierung der Vorschriften für diese befristete Zeit an dem traditionellen Prinzip der einheitlichen Leitung festhalten will.[6] In der praktischen Anwendung beider Konzeptionen ergeben sich – abgesehen von den Fällen hälftigen Anteilsbesitzes und von Minderheitsbeteiligungen bei Gemeinschaftsunternehmen[7] – keine großen Unterschiede. Bei Vorliegen einer **Kontrollrechtsstellung** nach Abs. 2 wird **regelmäßig auch** eine **einheitliche Leitung** nach Abs. 1 gegeben sein.[8]

4 Hinsichtlich der Handhabung stehen sich auf beiden Seiten **Vor- und Nachteile** gegenüber. Das Konzept der einheitlichen Leitung überzeugt durch seine theoretische Richtigkeit, indem es jede mögliche Beherrschungsform erfaßt; auf der anderen Seite besteht jedoch der Nachteil der rechtlichen Unbestimmtheit und der hieraus folgenden

1 Vgl. Text der 7. EG-Richtlinie Vor § 238.
2 *Haeger/Zündorf* DB 1991, 1841; *Schildbach* Der Konzernabschluß nach HGB, IAS und US-GAAP S. 74; HdKR-*Siebourg* Rdn. 4.
3 So auch ADS Rdn. 79; Beck BilKomm.-*Hoyos/Lechner* Rdn. 7; Beck HdR-*Odenwald* C 200 Rdn. 15.
4 *Scherrer* Konzernrechnungslegung S. 53 f.
5 Vgl. Art. 1 Abs. 1 der 7. EG-Richtlinie; auch HdKR-*Siebourg* Rdn. 4; WP-Handbuch 1996, I M 60.
6 Ebenso ADS Rdn. 14; Beck BilKomm.-*Hoyos/Lechner* Rdn. 7; HdKR-*Siebourg* Rdn. 4; ein ähnliches Wahlrecht wurde Frankreich durch Art. 1 Abs. 2a der 7. EG-Richtlinie zugestanden.
7 S. Begründung des RegE bei *Biener/Berneke* Bilanzrichtlinien-Gesetz S. 290 f.
8 *Baetge* Konzernbilanzen S. 85; *Dusemond* BB 1994, 2035; *Havermann* IdW-Fachtagung 1986, 45; MünchKomm-*Busse von Colbe* Rdn. 25.

Schwierigkeiten in der praktischen Handhabung.[9] Das Control-Konzept des Abs. 2 gilt hingegen aufgrund seiner klaren tatbestandlichen Voraussetzungen als leichter anwendbar und rechtlich bestimmter.[10] Allerdings führt es dabei nicht immer zu sachgerechten Lösungen.[11] Trotzdem dürfte sich vor allem aufgrund seiner einfacheren praktischen Umsetzung in der Zukunft das angelsächsische Control-Konzept – wie im übrigen auch in den IAS[12] – durchsetzen. Dementsprechend sieht auch der Entwurf eines TransPubG (s. Vor § 290, 51), welches noch innerhalb der 14. Legislaturperiode verabschiedet werden soll, die Abschaffung des Konzepts der einheitlichen Leitung vor.

2. Konzernbegriff

Außerhalb des HGB ist dem deutschen Recht der Begriff des Konzerns durchaus geläufig. Nach der Definition des **§ 18 Abs. 1 AktG** liegt ein Konzern vor, wenn ein herrschendes und ein oder mehrere abhängige Unternehmen unter der einheitlichen Leitung des herrschenden Unternehmens zusammengefaßt sind.[13] **5**

Obgleich das BiRiLiG und die §§ 290ff den Konzern in den Mittelpunkt ihrer Vorschriften stellen (s. die Bezeichnungen Konzernabschluß, Konzernlagebericht, Konzernanhang etc.), findet sich weder in der 7. EG-Richtlinie – abweichend vom ursprünglichen Vorschlag[14] – noch innerhalb der §§ 290 ff eine entsprechende Begriffsbestimmung.[15] Stattdessen enthält der Titel der 7. EG-Richtlinie die für die Aufstellung des Konzernabschlusses umschreibende Darstellung „Aufstellung eines konsolidierten Abschlusses"; eine Definition des Konzerns hatte man im Hinblick auf die hierzu bestehenden unterschiedlichen Vorstellungen der Mitgliedstaaten als nicht erreichbar und im übrigen für die Zwecke der Konzernrechnungslegung auch als nicht notwendig eingestuft.[16] Weitaus wichtiger als eine eingrenzende Konzerndefinition erschien demgegenüber das Ziel, in den Konzernabschluß alle Unternehmen einzubeziehen, die nach weltweit herrschender Auffassung der wirtschaftlichen Einheit Konzern zugerechnet werden.[17] Für das Konzept der **einheitlichen Leitung** (Abs. 1) folgt daraus, daß hinsichtlich der Bestimmung eines Konzerns weiterhin die Regelung des § 18 AktG heranzuziehen ist,[18] wonach ein Abhängigkeitsverhältnis zwischen einem herrschenden Unternehmen und einem oder mehreren abhängigen Unternehmen vorzuliegen hat (vgl. zum Konzernbegriff des Abs. 1 auch Rdn. 24ff).[19] Abweichungen von dieser Konzern-Umschreibung ergeben sich dagegen zwingend im Rahmen des angelsächsischen **Control-Konzepts** (dazu Rdn. 34 ff). Da dieses nicht an die tatsächliche Beherrschung, sondern an die rechtliche Befugnis zur Beherrschung anknüpft, kann eine Konzerndefinition für die Fälle des Abs. 2 nur zu **6**

---

9 *Busse von Colbe/Ordelheide* Konzernabschlüsse S. 45; *Havermann* FS Goerdeler 179; HdKR-*Siebourg* Rdn. 4; WP-Handbuch 1996, I M 15.

10 Beck BilKomm-*Hoyos/Lechner* Rdn. 6; *Niessen* WPg 1983, 653 ff.

11 *Niessen* RabelsZ 48 (1984) 92 f; *Schildbach* Der Konzernabschluß nach HGB, IAS und US-GAAP S. 74.

12 IAS 27 Tz. 1, 6.

13 Diese Definition weicht durchaus von den Vorstellungen des allgemeinen Sprachgebrauchs, der mit Konzernen volkswirtschaftlich bedeutsame Unternehmensgruppen verbindet, ab. § 18 AktG macht das Vorliegen eines Konzerns nämlich nicht von einer Mindestgröße abhängig, so daß auch kleinste Gebilde etwa mit einer Ober- und einer Untergesellschaft Konzerne sein können.

14 ABl. EG v. 2. 6. 1976 Nr. C 121 S. 2 ff.

15 Eine beabsichtigte Vereinheitlichung einer Konzerndefinition (Art. 1 Abs. 2 der 7. EG-Richtlinie: „... bis zu einer späteren Koordinierung ...") ist bisher noch nicht erfolgt.

16 ABl. EG v. 26. 3. 1977 Nr. C 75 S. 5 ff.

17 *Biener* DB 1983, Beilage 19, S. 3.

18 Vgl. *Biener/Berneke* Bilanzrichtlinien-Gesetz S. 290; Heymann/*Henssler* Rdn. 5.

19 S. zum Konzernbegriff des § 18 AktG im übrigen die einschlägige Literatur, etwa *Emmerich/Habersack* Aktienkonzernrecht § 18, 1ff; *Geßler/Hefermehl/Eckardt/Kropff* § 18, 6; *Godin/Wilhelmi* AktG § 18, 1 ff; *Hüffer* § 18, 2 ff; KK-*Koppensteiner* § 18, 2 ff; GroßKommAktG-*Würdinger* § 18, 1 ff.

unbefriedigenden Ergebnissen führen. Als Konzern im Sinne der Rechnungslegungsvorschriften ist daher rein deskriptiv – unter Berücksichtigung der unterschiedlichen Ansätze der Abs. 1 und 2 – die Gesamtheit der Unternehmen zu verstehen, die in einen konsolidierten Abschluß einzubeziehen sind.[20]

3. Mutter- und Tochterunternehmen

7 **a) Mutter-Tochter-Verhältnis.** Eine größere Bedeutung für § 290 und die nachfolgenden Konzernrechnungslegungsvorschriften gewinnen somit die Begriffe des Mutterunternehmens und des Tochterunternehmens. Im Gegensatz zum Konzernbegriff hat der Gesetzgeber zu diesem Punkt die Vorstellungen des europäischen Gesetzgebers aus der 7. EG-Richtlinie übernommen, ohne jedoch näher auf die Merkmale von Mutter- und Tochterunternehmen einzugehen. Diese ergeben sich aus dem jeweiligen Regelungszusammenhang der Normen (vgl. die rechtsformbezogene Vorschrift des § 290 und – davon abweichend – den weiteren Anwendungsbereich der §§ 291, 292).[21] Anknüpfungspunkt für das Vorliegen eines Mutter- und Tochterunternehmens ist grundsätzlich das Mutter-Tochter-Verhältnis. Ein solches liegt nach § 290 immer dann vor, wenn das Mutterunternehmen die einheitliche Leitung über Tochterunternehmen im Sinne einer Beteiligung nach § 271 Abs. 1 ausübt (Abs. 1) oder wenn das Mutterunternehmen die Möglichkeit hat, auf ein anderes Unternehmen einen beherrschenden Einfluß i. S. d. § 290 Abs. 2 Nr. 1–3 auszuüben.

8 **b) Begriff des Unternehmens. aa) Mutterunternehmen.** Auf eine Definition des Begriffs „Unternehmen" wurde im HGB – trotz unterschiedlicher, sich jeweils nach der Zweckbestimmung des betreffenden Gesetzes richtender Unternehmensbegriffe in anderen Rechtsgebieten[22] – verzichtet. Für die nach § 290 rechnungslegungspflichtigen Mutterunternehmen war eine gesetzliche Begriffsbestimmung auch nicht erforderlich. Entsprechend Art. 4 der 7. Richtlinie verpflichtet § 290 nämlich nur **Kapitalgesellschaften** zur Aufstellung eines Konzernabschlusses und eines Konzernlageberichts (s. auch Rdn. 13). Infolge dieser rechtsformspezifischen Eingrenzung der betroffenen Unternehmen kommt es daher für die rechnungslegungspflichtigen Muttergesellschaften sowohl nach Abs. 1 als auch nach Abs. 2 auf den Unternehmensbegriff nicht an. Zu den Kapitalgesellschaften zählen auch die in § 264a Abs. 1 bezeichneten Personengesellschaften. Verbände anderer Rechtsformen werden auch nicht über die Zurechnungsregeln des Abs. 3 (Rdn. 53 ff) zu Unternehmen i. S. d. 290.[23] Zur Unternehmenseigenschaft des Mutterunternehmens bei § 291 s. dort Rdn. 10 f.

9 **bb) Tochterunternehmen.** Bedeutsam wird die Frage dagegen im Rahmen der nach § 290 *einzubeziehenden* Tochterunternehmen.[24] Eine Beschränkung auf bestimmte Rechtsformen – entsprechend den Kriterien für Mutterunternehmen – besteht insoweit nicht. Daher ist die Ansicht des Rechtsausschusses verfehlt, auf den Begriff des Unternehmens könne aufgrund der vollzogenen Trennung zwischen den für alle Kaufleute geltenden Vorschriften und den ergänzenden Vorschriften für Kapitalgesellschaften verzichtet werden.[25] Entsprechend der allgemeinen Meinung, daß es

---

[20] Heymann/*Henssler* Rdn. 5; *Niessen* WPg 1983, 653.

[21] HdKR-*Sieburg* Rdn. 8.

[22] S. beispielsweise zum Unternehmensbegriff im Arbeitsrecht *Schaub* Arbeitsrechts-Handbuch S. 103; zu dem des Wettbewerbsrecht und Europäischen Kartellrechts *Baumbach/Hefermehl* WettbewerbsR, Allg 106 ff; *Müller-Henneberg/Schwartz/Hootz* § 1, 12 ff.

[23] Vgl. BGH ZIP 2001, 1323 (zu § 16 Abs. 4 AktG) – MLP.

[24] Zur Bedeutung des Unternehmensbegriffs vgl. ferner unter § 291, 10 f bezüglich des freiwilligen und befreienden Konzernabschlusses nach § 291 Abs. 1 S. 2.

[25] BTDrucks. 10/4268, S. 89, 95, 106.

keinen für die gesamte Rechtsordnung einheitlichen Unternehmensbegriff gibt, ist für Unternehmen innerhalb der §§ 290 ff von der Zweckbestimmung des HGB auszugehen (Rdn. 11 f).[26]

Im Schrifttum zum AktG 1965 wurden lange Zeit die unterschiedlichen Ansätze des funktionellen und des institutionellen Unternehmensbegriffs vertreten. Nach der enggefaßten **institutionellen Betrachtungsweise** war eine Einheit an sachlichen Mitteln notwendig, die in nach außen erkennbarer Weise der Verfolgung eigenständiger erwerbswirtschaftlicher Ziele gewidmet ist.[27] Zugrundegelegt wurden diesbezüglich die handelsrechtlichen Vorschriften zum Kaufmannsbegriff, so daß lediglich Gewerbetreibende nach den §§ 1 und 2 HGB sowie im Handelsregister eingetragene Kaufleute (§§ 5 und 6 HGB) einbezogen wurden. Die Vertreter des – weitgefaßten – **funktionellen Unternehmensbegriffs** stellten demgegenüber auf die Verfolgung unternehmerischer Interessen ab. Das entscheidende Merkmal, welches eine Wirtschaftseinheit zu einem Unternehmen machte, war danach die Ausübung unternehmerischer Planungs- und Entscheidungsgewalt.[28] Neben den schon vom institutionellen Unternehmensbegriff erfaßten Kaufleuten konnten daher ebenso Einzelunternehmer, die kein Handelsgewerbe betrieben, und Personenvereinigungen, die nicht ins Handelsregister eingetragen waren, Unternehmen darstellen. Diese Auseinandersetzung ist zwar noch nicht ganz abgeklungen, weitestgehend ist an ihre Stelle aber die Überzeugung getreten, daß zur Begriffsbestimmung auch innerhalb des AktG eine Orientierung am Gesetzeszweck notwendig ist. Demzufolge – und damit entsprechend der h. M. im Schrifttum und der Auffassung der Rechtsprechung – kann aber auch für die Unternehmenseigenschaft innerhalb der §§ 290 ff nichts anderes gelten und somit allein der Gesetzeszweck des HGB maßgeblich sein. Eine Bindung an den Unternehmensbegriff des AktG besteht nicht. Weder ist eine solche im HGB festgeschrieben, noch ergibt sie sich aus dem – nur – ähnlichen Regelungsinhalt, da die Definition der Unternehmensverbindungen in §§ 15 ff AktG nicht nur für die Zwecke der Rechnungslegung bestimmt waren.[29] **10**

Bestimmt man den Unternehmensbegriff streng im Sinne der Rechnungslegungsvorschriften, dann sind als Unternehmen im Sinne des HGB nur Kaufleute anzusehen, die – unabhängig von ihrer Tätigkeit – zur kaufmännischen Buchführung verpflichtet sind (§ 238), da nur auf diese Weise der Verpflichtung für Tochterunternehmen entsprochen werden kann, die Jahresabschlüsse beim Mutterunternehmen einzureichen (§ 294 Abs. 3).[30] Ein derartiger Gleichlauf von Kaufmanns- und Unternehmensbegriff bewirkt indes eine unangemessene Verengung des Konsolidierungskreises.[31] Auch nichtkaufmännische Unternehmen wie z. B. Arbeitsgemeinschaften oder nicht im Handelsregister eingetragene Betriebe der Land- und Forstwirtschaft (§ 3) können das Konzernergebnis maßgeblich beeinflussen und müssen deshalb im Hinblick auf die Informationsfunktion der Konzernbilanz (Vor § 290, 3) Berücksichtigung finden. **11**

---

26 HdKR-*Siebourg* Rdn. 14; WP-Hb 1992, I R 342; s. auch KG BB 1960, 385.

27 So etwa *Janberg/Schlaus* AG 1967, 37; *Luchterhandt* ZHR 132 (1969) 149 ff; *Müller/Rieker* WPg 1967, 201; *Schäfer* BB 1966, 229; WP-Handbuch 1985/86, I S. 1286.

28 Vgl. *Brauksiepe* BB 1966, 869; *Kellmann* BB 1969, 1509; *Kropff* BB 1965, 1285; *Möhring* NJW 1967, 1.

29 Ebenso *Zilias* DB 1986, 1110, 1111.

30 So *Zilias* DB 1986, 1111, der in diesem Zusammenhang darauf hinweist, daß Abschlüsse nur dann eingereicht werden können, wenn vorher den Tochterunternehmen eine derartige Verpflichtung auferlegt wurde; dies gelte jedoch nur für buchführungspflichtige Kaufleute; so auch WP-Hb 1985/86, II S. 711.

31 Ebenso *Scherrer* Konzernrechnungslegung S. 37; HdKR-*Siebourg* Rdn. 14.

12 Daher ist es zweckmäßiger, vom Kaufmannsbegriff ausgehend, jede Wirtschaftseinheit als Unternehmen i. S. d. §§ 290 ff anzusehen, die selbständiger Träger unternehmerischer Planungs- und Entscheidungsgewalt ist.[32] Die Rechtsform ist dabei gleichgültig.[33] Die **Unternehmenseigenschaft** liegt demnach bei **Kaufleuten** i. S. v. §§ 1–6 HGB vor, darüber hinaus auch bei Personenvereinigungen, die nicht in das Handelsregister eingetragen sind, wenn sie mittels einer nach außen in Erscheinung tretenden Organisation **Interessen kaufmännischer und gewerblicher Art** verfolgen[34] und BGB-Gesellschaften, wenn sie **selbständige wirtschaftliche Ziele** verfolgen.[35] Bei Unternehmen mit Sitz im Ausland ist zur Beurteilung der Unternehmenseigenschaft auf entsprechende, vergleichbare Rechnungslegungsvorschriften der Rechtsordnung abzustellen, die am Sitz des ausländischen Unternehmens gilt.[36]

4. Rechtsform des Mutterunternehmens

13 Die Vorschriften der Abs. 1 und 2 verpflichten die Vertreter einer inländischen **Kapitalgesellschaft** unter den dort näher bestimmten Voraussetzungen zur Konzernrechnungslegung. Das KapCoRiLiG v. 24. 2. 2000 hat – durch Einfügung eines neuen § 264a – den Kapitalgesellschaften **bestimmte Personengesellschaften** für die Zwecke der Rechnungslegung gleichgestellt. Dies betrifft OHGen und KGen, bei denen nicht wenigstens ein persönlich haftender Gesellschafter eine natürliche Person oder seinerseits eine Personengesellschaft mit einer natürlichen Person als haftender Gesellschafter ist.

14 Das BiRiLiG hatte den Kreis der rechnungslegungspflichtigen Mutterunternehmen nach § 290 noch rechtsformspezifisch auf Kapitalgesellschaften begrenzt. Ausschließlich Mutterunternehmen in den Rechtsformen einer **AG**, **KGaA** und **GmbH** mußten einen Konzernabschluß und einen Konzernlagebericht aufstellen. Diese Beschränkung des Anwendungsbereichs ergab sich schon aus dem Umstand, daß die 7. Richtlinie eine notwendige Ergänzung zur ebenso nur Kapitalgesellschaften erfassenden 4. Richtlinie darstellte. Auf eine Umsetzung des in Art. 4 Abs. 1 der 7. EG-Richtlinie enthaltenen Mitgliedstaatenwahlrechts, auch Mutterunternehmen in der Rechtsform einer **Nichtkapitalgesellschaft** zur Aufstellung eines Konzernabschlusses zu verpflichten, wenn deren Tochterunternehmen Kapitalgesellschaften sind, hatte der deutsche Gesetzgeber bewußt **verzichtet**.[37] Jedoch war schon seinerzeit die Ausklammerung der Nichtkapitalgesellschaften nach Ansicht der Kommission als Kompromiß nur vorübergehend hinzunehmen.[38] Auch im Schrifttum herrschte die Meinung, daß es auf lange Sicht im Interesse einer Stärkung der Infomationsfunktion der Konzern-

---

[32] So auch ADS § 271, 9; Beck BilKomm-*Hoyos/Gutike* § 271, 11; *Hüffer* § 15, 8; WP-Hb 1996, I R 41 ff.

[33] *Godin/Wilhelmi* AktG § 15, 2; *Küting/Weber* Der Konzernabschluß S. 8.

[34] Vgl. *Emmerich/Habersack* Aktienkonzernrecht § 15, 11; *Korth/Kasperzak* Konzernrechnungslegung nach HGB S. 3; Beck HdR-*Odenwald* C 200 Rdn. 28.

[35] Beck BilKomm-*Hoyos/Gutike* § 271, 12; *IdW-SABI 1/88* WPg 1988, 341; HdKR-*Siebourg* Rdn. 15.

[36] Heymann/*Henssler* Rdn. 10; *Zilias* DB 1986, 110, 1112.

[37] Vgl. dazu das Wahlrecht in Art. 4 Abs. 2 der 7. EG-Richtlinie; auch *Niessen* WPg 1983, 656, der insbesondere auf die Gründe, die zum Widerstand der Mitgliedstaaten gegenüber dem Vorschlag der Kommission geführt haben, eingeht; abweichend jedoch die Vorschrift des § 28 EGAktG a. F., wonach eine bergrechtliche Gewerkschaft als Spitze eines Konzerns zur Konzernrechnungslegung verpflichtet ist, wenn ein konsolidierendes Tochterunternehmen die Rechtsform einer Kapitalgesellschaft hat (diese Regelung hat jedoch keine Bedeutung mehr, da mit dem 1. 1. 1994 (Auflösungsfrist) die Existenz der bergrechtlichen Gewerkschaft entfallen ist).

[38] So Art. 50 der 7. EG-Richtlinie, wonach sich die Kommission vorbehält, die geltende Regelung zu überprüfen und bei Bedarf zu ändern.

bilanz nicht angehen kann, daß innerhalb eines Konzerns die weitgehende Freiheit besteht, die Kapitalgesellschaft nicht an der Spitze, sondern auf einer Stufe darunter anzusiedeln, womit die Konzernrechnungslegungsvorschriften jederzeit umgangen werden können.[39] Die Kommission reagierte und verabschiedete – gegen die Stimmen der Bundesrepublik Deutschland – die Richtlinie des Rates zur Änderung der Richtlinien 78/660/EWG und 83/349/EWG über den Jahresabschluß bzw. den konsolidierten Abschluß hinsichtlich ihres Anwendungsbereichs.[40] Mit Umsetzung der GmbH & Co-Richtlinie durch das KapCoRiLiG (s. Vor § 290, 25) ist damit nun auch die Kapitalgesellschaft & Co.KG als Mutterunternehmen rechnungslegungspflichtig, sofern die weiteren Voraussetzungen des § 290 Abs. 1 und 2 erfüllt sind.

Unabhängig von ihrer Rechtsform und Größe sind nach Umsetzung zusätzlicher 15
bereichsspezifischer Bilanzierungs-Richtlinien[41] **Kreditinstitute** und **Versicherungsunternehmen** zur Aufstellung eines Konzernabschlusses und eines Konzernlageberichts nach den §§ 290 ff verpflichtet (§§ 340i Abs. 1, 341i Abs. 1). Von der Konzernrechnungslegungspflicht werden auch Mutterunternehmen umfaßt, deren einziger Zweck darin besteht, Beteiligungen an Tochterunternehmen zu erwerben sowie die Verwaltung und Verwertung dieser Beteiligungen wahrzunehmen, sofern diese Tochterunternehmen ausschließlich oder überwiegend Kreditinstitute beziehungsweise Versicherungsunternehmen sind (§§ 340i Abs. 3, 341i Abs. 2).

Eine Konzernrechnungslegungspflicht für nicht als Kapitalgesellschaft organisierte 16
Mutterunternehmen, die auch nicht in den Anwendungsbereich der §§ 340i, 341i fallen, kann sich schließlich nach den **§§ 11 ff PublG** ergeben. Das Gesetz über die Rechnungslegung von bestimmten Unternehmen und Konzernen v. 15. 8. 1969 (PublG)[42] verpflichtet Konzerne mit einer Nichtkapitalgesellschaft als Spitze bei Überschreiten der festgelegten Größenmerkmale zur Aufstellung eines Konzernabschlusses und eines Konzernlageberichts.[43] Anknüpfungspunkt für die Konzernrechnungslegungspflicht ist somit die **Konzerngröße** und nicht, wie in den Vorschriften des HGB, die Rechtsform des Unternehmens. Das angelsächsische Control-Konzept hat im PublG – im Gegensatz zum HGB – keine Berücksichtigung erfahren, so daß der Tatbestand lediglich das Merkmal der einheitlichen Leitung enthält. Sofern ein Unternehmen nach den Vorschriften des PublG konsolidierungspflichtig ist, müssen die in diesem Bereich erstellten Abschlüsse nach Form und Inhalt den Anforderungen der 7. EG-Richtlinie entsprechen (§ 13 PublG).

5. Sitz des Mutterunternehmens

Um ein Mutterunternehmen zur Aufstelllung eines Konzernabschlusses und eines 17
Konzernlageberichts verpflichten zu können, muß es gemäß § 290 Abs. 1 und 2 seinen **Sitz im Inland** haben. Damit ist der *tatsächliche Verwaltungssitz* der Gesellschaft und nicht der Satzungssitz (§ 5 AktG; § 4a GmbHG) gemeint.[44] Unter Inland ist nach Art. 12 BiRiLiG der Geltungsbereich des Grundgesetzes zu verstehen. Verschiedentlich ist diese Regelung kritisiert worden. So sollen nach Ansicht des Schrifttums zum

---

[39] Zu der zum damaligen Zeitpunkt stark umstrittenen Frage, inwieweit die §§ 290 ff auf eine GmbH & Co.KG anzuwenden waren, etwa ADS Rdn. 118 ff; HdKR-*Siebourg* Rdn. 11; Beck BilKomm-*Hoyos/Lechner* Rdn. 63 ff.

[40] ABl. EG v. 16. 11. 1990 Nr. L 317/70.

[41] Bankbilanzrichtlinie-Gesetz v. 30. 11. 1990 (BGBl. I S. 2570) und Versicherungsbilanzrichtlinie-Gesetz v. 24. 6. 1994 (BGBl. I S. 1377).

[42] BGBl. I S. 1189.

[43] Vertiefend die Ausführungen in ADS §§ 1–15 PublG; HdKR-*Ischebeck* § 11–15 PublG.

[44] *Luchterhandt* Deutsches Konzernrecht bei grenzüberschreitenden Konzernverbindungen (1971) S. 46; *H.P. Westermann* ZGR 1975, 68, 80; *Neumayer* ZVglRWiss 83 (1984) 129, 175; WP-Handbuch II[9] S. 91 ff, 295 (*Havermann*); Münch-Komm-*Kindler* IntGesR Rdn. 609.

AktG auch weitere inländische Anknüpfungspunkte für die Verpflichtung zur Konzernrechnungslegung herangezogen werden, so etwa die Inanspruchnahme des deutschen Kapitalmarkts oder ein Tochterunternehmen mit Sitz im Inland.[45]

18 Der Sitz der **Tochterunternehmen** ist dagegen unerheblich. Nach § 294 Abs. 1 hat das Mutterunternehmen mit Einführung des **Weltabschlußprinzips** alle Tochterunternehmen – sowohl inländische als auch ausländische – in den Konzernabschluß einzubeziehen (näher unter § 294, 6 f).

II. Das Konzept der „einheitlichen Leitung" nach Abs. 1

1. Überblick

19 Die zur Konzernrechnungslegung in § 290 Abs. 1 normierte Anknüpfung an das Konzept der einheitlichen Leitung geht auf die deutsche Rechtstradition zurück (§ 329 AktG a. F.).[46] Ursprünglich hatte die Kommission den Vorschlag unterbreitet, die tatsächliche Beherrschung in Form der einheitlichen Leitung als einzig maßgebliches Kriterium für die Pflicht zur Aufstellung eines Konzernabschlusses und Konzernlageberichts zu behandeln.[47] Aufgrund der Unsicherheiten bei dessen praktischer Anwendung (oben Rdn. 4) wandte man sich jedoch schließlich dem **Control-Konzept als Grundtatbestand** der Konzernrechnungslegung zu (normiert in § 290 Abs. 2). Daß **daneben die einheitliche Leitung** in die Vorschriften des HGB übernommen werden konnte, ist auf die den Mitgliedstaaten durch Art. 1 Abs. 2b der Richtlinie eröffnete Möglichkeit zurückzuführen, bis zu einer weiteren Koordinierung an diesem Modell festzuhalten. Damit trug der europäische Gesetzgeber vor allem dem deutschen Konzernverständnis Rechnung. Der Referentenentwurf des TransPubG (s. Vor § 290, 51 und § 290, 4 a. E.) enthält anstelle des Konzepts der einheitlichen Leitung einen neuen Auffangtatbestand (§ 290 Abs. 1 Nr. 4 RefE), der zur Rechnungslegungspflicht ausreichen läßt, daß das Mutterunternehmen „tatsächlich einen beherrschenden Einfluß auf das Tochterunternehmen ausübt". Von dieser Ergänzung ist jedoch bereits – zu Recht – kritisch abgeraten worden[47a], da sie lediglich tatsächliche oder wirtschaftliche Herrschaftsmittel für den Nachweis der konzernrechtlichen Abhängigkeit genügen läßt und eine Beteiligung nicht zwingend gesellschaftsrechtlich vermittelt werden muß.[47b] Den US-GAAP und IAS ist ein Mutter-Tochter-Verhältnis in Form der einheitlichen Leitung dagegen unbekannt.

20 Eine Pflicht zur Rechnungslegung nach § 290 Abs. 1 ist gegeben, wenn eine **Kapitalgesellschaft** mit Sitz im Inland (Mutterunternehmen) die **einheitliche Leitung** über ein anderes Unternehmen ausübt **und** das Mutterunternehmen eine **Beteiligung** i. S. d. § 271 Abs. 1 an dem anderen Unternehmen (Tochterunternehmen) hält. Entscheidendes Kriterium für die Pflicht zur Aufstellung eines Konzernabschlusses und Konzernlage-

---

45 Vgl. GroßKommAktG-*Barz* § 329, 5; *Rehbinder* FG Kronstein, 223; entsprechend auch die Praxis der amerikanischen Börsenaufsichtsbehörde, die – den amerikanischen Kapitalmarkt in Anspruch nehmende – Konzerne verpflichtet, einen Konzernabschluß nach US-amerikanischem Recht aufzustellen.

46 Vgl. dazu das ältere aktienrechtliche Schrifttum, etwa *Baumbach/Hueck* AktG § 291; *Geßler/Hefermehl/Eckardt/Kropff* § 291; *Godin/Wilhelmi* AktG § 291; GroßKommAktG-*Würdinger* § 291.

47 Ursprünglicher Vorschlag für eine Siebente Richtlinie aufgrund von Art. 54 Abs. 3g des EWG-Vertrages über den Konzernabschluß: ABl. EG vom 2. 6. 1976 Nr. C 121 S. 2 ff.

47a Vgl. die Stellungnahme des DAV-Handelsrechtsausschusses zum RefE Transparenz- und Publizitätsgesetz, ZIP 2002, 186, 188.

47b Dies widerspricht jedoch zum einen der Rechtsprechung des BGH (BGHZ 90, 381, 395 f) und zum anderen dem Abhängigkeitsbegriff des § 17 AktG, der nicht die lediglich tatsächliche oder wirtschaftliche Abhängigkeit, sondern vor allem den Fall der sicheren Hauptversammlungsmehrheit erfassen soll.

berichts nach Abs. 1 ist damit die – unverändert aus dem AktG 1965 übernommene – einheitliche Leitung (s. auch § 11 PublG, o. Rdn. 16). Neu und bei Wahrnehmung des Wahlrechts aus Art. 1 Abs. 2 der 7. EG-Richtlinie vom europäischen Gesetzgeber vorgeschrieben ist die zudem erforderliche Beteiligung des Mutterunternehmens am Tochterunternehmen. Die praktische Bedeutung dieses Merkmals ist jedoch eher als gering einzustufen, da das AktG 1965 zwar keine Beteiligung vorsah, gleichgelagerte Fälle aber durch das Erfordernis eines Anteilsbesitzes von mehr als der Hälfte (§ 329 Abs. 2 S. 1 AktG 1965 a. F.) erfaßt wurden.[48] Im übrigen wird in der Regel das Mutterunternehmen oder ein von ihm abhängiges Unternehmen im Falle der tatsächlichen Ausübung der einheitlichen Leitung auch eine dem § 271 Abs. 1 entsprechende Beteiligung besitzen, so daß das Erfordernis der Beteiligung auch innerhalb des § 290 Abs. 1 keinen großen – beschränkenden – Einfluß hat.[49]

2. Begriff der einheitlichen Leitung

a) Grundsatz. Wie im AktG 1965 hat auch der Gesetzgeber des BiRiLiG auf eine Kodifizierung von Kriterien zur Feststellung der einheitlichen Leitung verzichtet. Zu einer tatbestandlichen Konkretisierung des Begriffs konnte sich der Gesetzgeber aufgrund der vielfältigen Formen der Konzernleitung, die sich in der Wirtschaft herausgebildet haben, und der damit einhergehenden strittigen theoretischen Erfassung nicht durchringen.[50] Auch in der aktuellen Literatur hat sich diesbezüglich noch keine volle Übereinstimmung herausgebildet. **21**

Da der Begriff der einheitlichen Leitung **wörtlich aus § 329 Abs. 1 AktG 1965** **22**
übernommen wurde, ist davon auszugehen, daß der Gesetzgeber ihn auch im Rahmen der Konzernrechnungslegungsvorschriften des HGB weiterhin in diesem Sinne verstanden haben will.[51] Allgemein wird deshalb auf die schon zum AktG 1965 hervorgebrachten Ansatzpunkte zurückgegriffen.[52] Danach muß eine Zusammenfassung unter einheitlicher Leitung bereits dann angenommen werden, wenn die Konzernleitung die Geschäftspolitik der Konzerngesellschaften und sonstige grundsätzliche Fragen ihrer Geschäftsführung aufeinander abstimmt.[53] Entscheidend sind dabei ausschließlich die tatsächlichen Verhältnisse. Die einheitliche Leitung i. S. d. § 290 Abs. 1 ist nur dann gegeben, wenn sie tatsächlich ausgeübt wird, gleichviel auf welcher rechtlichen oder faktischen Grundlage;[54] die bloß theoretische Möglichkeit der Leitungsausübung, von der kein Gebrauch gemacht wird, genügt nicht.

b) Mittel der einheitlichen Leitung. Wesentliches Merkmal der einheitlichen Lei- **23**
tung ist, daß das Tochterunternehmen seine Einzelinteressen den Konzerninteressen unterordnet.[55] Die Mehrheit der Stimmrechte oder eine Beherrschung sind zur Ausübung der einheitlichen Leitung ausreichend, aber nicht erforderlich; auch eine freiwillige Anpassung kann eine derartige Interessenunterordnung bewirken.[56] Als Maßstab muß jedoch das Kriterium des maßgeblichen Einflusses (§ 311 Abs. 1) als schwächere

---

48 So auch Bonner HdR-*Albrecht* Rdn. 12.

49 KK-*Claussen/Scherrer* Rdn. 38; HdKR-*Siebourg* Rdn. 16.

50 Begründung des RegE AktG 1965 bei *Kropff* Aktiengesetz S. 33.

51 Begründung des RegE BTDrucks. 10/3440, S. 32; *IdW-SABI 1/88* WPg 1988, 340.

52 ADS Rdn. 15; *Biener/Berneke* Bilanzrichtlinien-Gesetz S. 286; KK-*Claussen/Scherrer* Rdn. 16; Beck BilKomm-*Hoyos/Lechner* Rdn. 20; *Kropff* DB 1986, 365; *Maas/Schruff* WPg 1986, 202f; anderer Ansicht dagegen noch Beck BilKomm-*Sarx/Kemper*² Rdn. 23.

53 S. Begründung des RegE AktG 1965 bei *Kropff* Aktiengesetz S. 33; WP-Handbuch 1992, I R 163.

54 Bonner HdR-*Albrecht* Rdn. 13; *Habersack* Europäisches Gesellschaftsrecht Rdn. 294; Heymann/*Henssler* Rdn. 19; Beck HdR-*Odenwald* C 200 Rdn. 31.

55 ADS AktG § 18, 21.

56 HdKR-*Siebourg* Rdn. 18.

Form der Einflußnahme überschritten sein (zum Begriff des maßgeblichen Einflusses s. § 311, 12 ff).[57] Die Übergänge von der Ausübung eines maßgeblichen Einflusses zur einheitlichen Leitung sind freilich fließend. Bei einem Weisungsrecht des Mutterunternehmens gegenüber der Verwaltung einer Tochtergesellschaft, etwa nach Abschluß eines Beherrschungsvertrages (§ 308 AktG) oder bei eingegliederten Gesellschaften (§ 323 AktG), ist eine einheitliche Leitung gewiß zu bejahen.[58] Diese starke Form der Leitungsbefugnis ist jedoch nicht notwendige Voraussetzung für das Vorliegen der einheitlichen Leitung.[59] Auch die Ausgabe von grundsätzlichen Richtlinien über die zu verfolgende Unternehmenspolitik oder regelmäßige gemeinsame Beratungen („Konzernarbeitskreise") können die Annahme einer einheitlichen Leitung begründen.[60] Selbst Wünsche, Ratschläge oder Empfehlungen, deren Befolgung gesichert ist, können die Konzernrechnungslegungspflicht nach Abs. 1 auslösen.[61] Oftmals wird man die einheitliche Leitung auch auf personelle Verflechtungen (etwa durch eine gemeinsame Besetzung der Leitungsorgane) stützen können.[62] Nicht ausreichend ist dagegen eine bloße wirtschaftliche Abhängigkeit, da in diesem Fall für das Tochterunternehmen die Möglichkeit besteht, sich von derselben zu lösen.[63]

24 **c) Gegenstand der einheitlichen Leitung.** Innerhalb der zentralen unternehmerischen Bereiche, die die Konzernspitze einheitlich zu planen und bei den Konzerngliedern ohne Rücksicht auf deren Selbständigkeit durchzusetzen hat, wird im wesentlichen zwischen der Finanz-, Investitions-, Personal- und Absatz- bzw. Beschaffungsmarktpolitik differenziert. Übereinstimmung herrscht insoweit, als sich der Einfluß des Mutterunternehmens nicht notwendigerweise auf alle diese wesentlichen Bereiche der unternehmerischen Tätigkeit auswirken muß.[64] Uneinigkeit besteht hingegen, welche der einzelnen Merkmale mindestens von der einheitlichen Leitung umfaßt sein müssen. Zur Beantwortung dieser Frage werden gegenwärtig ein engerer und ein weiterer Konzernbegriff vertreten.

25 **aa) Engerer Konzernbegriff.** Nach dem im Vordringen befindlichen engeren Konzernbegriff, der auf einer wirtschaftswissenschaftlichen Betrachtungsweise basiert und den Konzern als wirtschaftliche Einheit auffaßt, ist in diesem Zusammenhang die zentrale Lenkung des **Finanzbereichs** maßgebend.[65] Die zur Annahme der einheitlichen Leitung geforderte Festlegung einer grundsätzlichen Geschäftspolitik zeige sich besonders deutlich, wenn das herrschende Unternehmen vorgibt, in welchem Umfang die einzelnen Konzernglieder zum wirtschaftlichen Gesamterfolg des Konzerns beitragen sollen.[66] Darunter fallen etwa Vereinbarungen, welcher Beitrag von jedem Unternehmen zum Konzernerfolg geleistet werden muß, über welche finanziellen Mittel die anderen Unternehmen verfügen dürfen und wie diese aufzubringen sind.[67]

---

[57] ADS AktG § 18, 16; Beck BilKomm-*Hoyos/Lechner* Rdn. 22.

[58] So *Emmerich/Sonnenschein* Konzernrecht § 4 II 3; *Godin/Wilhelmi* AktG § 18, 4; vgl. auch *Hardach* ZhdlwF 1961, 724; *Leo* AG 1965, 353, die zwar beide für den Fall eines Weisungsrechts ein Konzernverhältnis annehmen, dies allerdings – im Gegensatz zur herrschenden Auffassung – als zwingende Voraussetzung auffassen.

[59] BTDrucks. 4/171, S. 101; ferner *Baumbach/Hueck* AktG § 18, 5; *Emmerich/Sonnenschein* Konzernrecht S. 59 f; *Geßler* DB 1965, 1692; *Hüffer* § 18, 12.

[60] *Emmerich/Habersack* Aktienkonzernrecht § 18, 16; KK-*Koppensteiner* AktG § 18, 26; *Meier* WPg 1966, 572 f; GroßkommAktG-*Würdinger* § 18, 5.

[61] *Geßler* DB 1965, 1692; Begründung des RegE AktG 1965 bei *Kropff* Aktiengesetz S. 33.

[62] ADS § 18 AktG, 26; *von Werder* DBW 1989, 37.

[63] Vgl. BGHZ 90, 381, 395 f; *Hüffer* § 17, 8 (zum Abhängigkeitstatbestand).

[64] Begründung des RegE AktG 1965 bei *Kropff* Aktiengesetz S. 33; auch MünchHdbGesR-*Krieger* Bd. 4 § 68, 68; *Schneider* BB 1981, 250.

[65] So etwa Hachenburg/*Ulmer* GmbHG Anh. § 77, 37; *Hüffer* § 18, 11; KK-*Claussen/Scherrer* Rdn. 23; KK-*Koppensteiner* § 18, 19 ff.

[66] KK-*Koppensteiner* § 18, 21.

[67] Vgl. *Emmerich/Sonnenschein* Konzernrecht § 4 II 1a.

Nur ein solches Verständnis des Konzerns als wirtschaftliche Einheit und die unverzichtbare Koordination der Finanzpolitik könnten speziell das Erfordernis eines konsolidierten Abschlusses im Rahmen der Rechnungslegungsvorschriften erklären.[68]

bb) Weiterer Konzernbegriff. Beizutreten ist jedoch dem – zur Zeit überwiegend vertretenen – weiteren Konzernbegriff, der mit dem engeren insoweit übereinstimmt, als die Annahme des Merkmals der einheitlichen Leitung i. S. d. § 18 AktG zweifelsfrei durch eine Festlegung der Grundzüge der Finanzpolitik hergestellt werden kann. Darüber hinaus wird – im Gegensatz zum zuvor dargestellten wirtschaftswissenschaftlichen Ansatz – aber **auch** die Übernahme von Leitungsaufgaben **in anderen wesentlichen Entscheidungsbereichen** der unternehmerischen Tätigkeit als ausreichend angesehen, wenn die Koordinierung der Unternehmen Ausstrahlungen oder Rückwirkungen auf das Gesamtunternehmen hat.[69] Demnach kann auch die zentrale Lenkung der Bereiche „Investition, Absatz und Personal" zum Vorliegen eines Konzerns i. S. d. § 18 Abs. 1 AktG führen, zumal sich eine Betätigung in diesen Entscheidungsbereichen – in aller Regel – auch auf den finanziellen Bereich auswirken dürfte.[70] So stellt *Geßler* zur Bewertung beispielsweise darauf ab, ob „in einem zentralisierten Konzern die Leitungsaufgaben auf mindestens einem Entscheidungsbereich der Unternehmenspolitik durch die Konzernspitze selbst wahrgenommen oder in einem dezentralisierten Konzern ihre Wahrnehmung durch die Konzernunternehmen von der Konzernspitze über die Verwaltung der Konzernunternehmen nach Richtlinien der Konzernspitze kontrolliert und durchgesetzt werden".[71] Einige Autoren unterstreichen – ähnlich den Vertretern des engen Konzernbegriffs – die besondere Bedeutung der einheitlichen Finanzpolitik, lassen aber – anders als diese – ebenso die Lenkung eines anderen Bereichs der Unternehmenspolitik genügen, wenn dadurch die unternehmerische Tätigkeit entscheidend bestimmt wird.[72] Das Vorliegen einheitlicher Leitung kann daher umso eher bejaht werden, je mehr Unternehmensbereiche einheitlich gelenkt werden.[73] **26**

d) Anwendungsbereich: Unterordnungskonzern. Die Pflicht zur Konzernrechnungslegung nach Abs. 1 bezieht sich nach umstrittener, aber herrschender Ansicht nur auf Mutterunternehmen als Spitze eines Unterordnungskonzerns i. S. d. § 18 Abs. 1 AktG.[74] Kennzeichnend für Unterordnungskonzerne ist der in § 17 Abs. 1 AktG umschriebene Begriff der Abhängigkeit.[75] Demzufolge sind abhängige Unternehmen selbständige Unternehmen, auf die ein anderes Unternehmen unmittelbar oder mittelbar einen beherrschenden Einfluß ausüben kann (zum Problem der Aufstellung eines Konzernabschlusses und Konzernlageberichts durch Gleichordnungskonzerne s. unten Rdn. 74 ff). **27**

3. Vermutungstatbestände

Zur Bestimmung der einheitlichen Leitung i. S. d. § 290 Abs. 1 gelten auch weiterhin die widerlegbaren und unwiderlegbaren aktienrechtlichen Vermutungstatbestände der **28**

68 *Hüffer* § 18, 11; *Scheffler* FS Goerdeler 473.

69 Vgl. ADS § 18 AktG 32.

70 OLG Düsseldorf WM 1979, 956; *Emmerich/Habersack* Aktienkonzernrecht § 18, 13 f; *Geßler/Hefermehl/Eckardt/Kropff* § 18, 32; MünchKomm-*Busse von Colbe* Rdn. 14; *Semler* DB 1977, 808.

71 *Geßler/Hefermehl/Eckardt/Kropff* § 18, 34.

72 S. *Leo* AG 1965, 353, der ein Tätigwerden in mehreren Entscheidungsbereichen als unverzichtbar ansieht.

73 LG Mainz AG 1991, 30; so auch *Busse von Colbe/Ordelheide* Konzernabschlüsse S. 80.

74 *Biener* DB 1983, Beilage 19, S. 3; MünchKomm-*Busse von Colbe* Rdn. 9; *Ulmer* FS Goerdeler 623, 640; Heymann/*Henssler* Rdn. 6; *IdW-SABI 1/88* WPg 1988, 341; **a. A.** etwa ADS Rdn. 93 ff; *Baumbach/Hopt* Rdn. 5; *Früh/Klar* WPg 1993, 502.

75 BTDrucks. 10/4268, S. 113.

§§ 17 Abs. 2, 18 Abs. 1 S. 2 und 3 AktG.[76] Zwar hat der Gesetzgeber mit Umsetzung der 7. EG-Richtlinie nicht ausdrücklich auf die weitere Anwendung dieser Konzernvermutungen hingewiesen. Es ist jedoch entgegen einer teilweise vertretenen, aber wohl überholten Auffassung, die sich auf eben diese fehlende Verweisung und das Fehlen einer eigenen Regelung stützt – und damit im Ergebnis die Anwendung der Vermutungstatbestände ablehnt –,[77] vom gesetzgeberischen Willen auszugehen, dem Begriff der einheitlichen Leitung im HGB den gleichen Inhalt wie in § 18 AktG zu geben.[78]

29 Daraus folgt, daß Unternehmen, zwischen denen ein **Beherrschungsvertrag** besteht (§ 291 AktG) oder von denen das eine in das andere **eingegliedert** ist (§§ 319ff AktG), als unter einheitlicher Leitung zusammengefaßt anzusehen sind (§ 18 Abs. 1 S. 2 AktG).[79] Da bei einem Beherrschungsvertrag das herrschende Unternehmen an dem anderen Unternehmen nicht beteiligt sein muß, erstreckt sich die Vermutungswirkung in diesem Fall nur auf das Merkmal der einheitlichen Leitung und nicht – wie vereinzelt ausgeführt[80] – auch auf das Mutter-Tochter-Verhältnis i. S. d. § 290 Abs. 1.[81] Ein solches liegt vielmehr nur dann vor, wenn zusätzlich – was allerdings regelmäßig der Fall sein wird – eine Beteiligung nach § 271 Abs. 1 besteht.[82]

30 Anwendung findet auch weiterhin die Vermutungskette der §§ 16 Abs. 1, 17 Abs. 2 AktG, wonach ein im **Mehrheitsbesitz** stehendes Unternehmen von dem an ihm mit Mehrheit beteiligten Unternehmen abhängig ist. Von einem solchen abhängigen Unternehmen wird gemäß § 18 Abs. 1 S. 3 AktG vermutet, daß es mit dem herrschenden Unternehmen einen Konzern bildet. Beide zum Bestehen eines Mutter-Tochter-Verhältnisses führende Vermutungen können jedoch widerlegt werden, wenn nachgewiesen wird, daß das herrschende Unternehmen die Leitung nicht ausübt oder mögliche Einzelanweisungen des herrschenden Unternehmens nicht die Bedeutung einer einheitlichen Leitung haben. Eine Prüfung der tatsächlichen Verhältnisse läßt sich daher zwar – trotz der Vermutungswirkung – nicht ohne weiteres vermeiden; sie soll aber den Konzernabschlußprüfer bei seiner Entscheidung über den Konsolidierungskreis stärken.[83]

31 Die aktienrechtlichen **Vermutungstatbestände** haben mit Einführung des Control-Konzeptes an **Bedeutung verloren**, da die von ihnen erfaßten Fälle nunmehr gleichzeitig auch eine Verpflichtung zur Konzernrechnungslegung nach § 290 Abs. 2 (Nr. 3 für Beherrschungsvertrag und Eingliederung; Nr. 1 für die Vermutungskette der §§ 17 Abs. 1, 18 Abs. 1 S. 3 AktG) auslösen.[84]

4. Beteiligung nach § 271 Abs. 1

32 Nach Abs. 1 kann ein Mutter-Tochter-Verhältnis zudem nur dann bestehen, wenn dem Mutterunternehmen an dem Tochterunternehmen eine Beteiligung i. S. d. § 271 Abs. 1 gehört. Dieses dem AktG 1965 unbekannte Merkmal war für die Mitgliedstaaten bei Beibehaltung des Konzepts der einheitlichen Leitung nach **Art. 17 der 4. Richtlinie** umsetzungspflichtig (Vor § 290, 15). Gemäß § 271 Abs. 1 sind Beteiligungen Anteile an

---

[76] Bonner HdR-*Albrecht* Rdn. 13; *Busse von Colbe/Chmielewicz* DBW 1986, 327; Beck BilKomm-*Hoyos/Lechner* Rdn. 24; WP-Handbuch 1996, I R 16; *Hüffer* § 337, 3.

[77] So noch Beck BilKomm-*Sarx/Kemper*[2] Rdn. 23; WP-Handbuch 1985/86, II S. 695; bestätigt in WP-Handbuch 1992, I R 106; wohl auch *Habersack* Europäisches Gesellschaftsrecht Rdn. 294.

[78] Begründung zum Regierungsentwurf BTDrucks. 10/3440, S. 32.

[79] *Biener/Berneke* Bilanzrichtlinien-Gesetz S. 286; *Busse von Colbe/Ordelheide* Konzernabschlüsse S. 79; Beck BilKomm-*Hoyos/Lechner* Rdn. 23; *IdW-SABI 1/88* WPg 1988, 340; *Maas/Schruff* WPg 1986, 202 f; *Ulmer* FS Goerdeler 623, 641.

[80] So etwa WP-Handbuch 1992, I M 64.

[81] ADS Rdn. 80; HdKR-*Siebourg* Rdn. 30, 114.

[82] Vgl. HdKR-*Siebourg* Rdn. 30.

[83] Begründung des RegE AktG 1965 bei *Kropff* Aktiengesetz S. 33.

[84] ADS Rdn. 15, 77 f; Beck HdR-*Odenwald* C 200 Rdn. 40; allgemein zur Bedeutung des Abs. 1 Heymann/*Henssler* Rdn. 24.

anderen Unternehmen, die bestimmt sind, dem eigenen Geschäftsbetrieb durch Herstellung einer dauernden Verbindung zu jenen Unternehmen zu dienen.

Besitzt ein Mutterunternehmen Anteile an einer Kapitalgesellschaft von mehr als 20 v. H., so wird eine Beteiligung widerlegbar **vermutet** (§ 271 Abs. 1 S. 3). Aber auch bei gesellschaftsrechtlichen Kapitalanteilen von unter 20 v. H. wird – aufgrund der ohnehin erforderlichen einheitlichen Leitung – in der Regel gleichzeitig eine Beteiligung i. S. d. § 271 Abs. 1 vorliegen.[85] Die Höhe der Beteiligung ist daher ebenso ohne Bedeutung wie ihre Verbriefung (§ 271 Abs. 1 S. 2).[86] Materielle Änderungen gegenüber dem alten Recht des AktG 1965 sind daher – trotz des neuen Merkmals der Beteiligung – eher die Ausnahme (oben Rdn. 20). Auf die Berechnung der Anteilsquote ist § 16 Abs. 2 und 4 AktG entsprechend anzuwenden. Damit sind auch solche Anteile als dem Mutterunternehmen gehörend heranzuziehen, die einem vom Mutterunternehmen abhängigen Unternehmen gehören. Die Möglichkeit des **mittelbaren Beteiligungsbesitzes** läßt sich auch auf unteren Ebenen fortsetzen, so daß ebenso dem vom Mutterunternehmen abhängigen Unternehmen diejenigen Anteile zugerechnet werden können, die diesem an einem wiederum abhängigen Unternehmen gehören (Abs. 1 i. V. m. § 271 Abs. 1 S. 4). Entscheidend ist daher nicht die formale Gesellschafterstellung, sondern die wirtschaftliche Zugehörigkeit.[87] Die dienende Funktion der Beteiligung gegenüber dem Geschäftsbetrieb des Mutterunternehmens erfordert nicht die Absicht unternehmerischer Einflußnahme auf das Tochterunternehmen; ausreichend ist ein über die bloße Kapitalanlage hinausgehendes Interesse des Gesellschafters an Gewinnteilnahme.[88] 33

III. Das „Control"-Konzept nach Abs. 2

1. Überblick

Im Gegensatz zum Tatbestand des Abs. 1, welcher die tatsächliche Ausübung der einheitlichen Leitung voraussetzt (s. oben Rdn. 19 ff), knüpft das in Abs. 2 normierte und aus dem anglo-amerikanischen Recht stammende Control-Konzept die Verpflichtung zur Konzernrechnungslegung an die – wenn auch nur theoretisch bestehende – **Möglichkeit des Mutterunternehmens**, auf ein anderes Unternehmen **Einfluß auszuüben.**[89] Eine Kapitalgesellschaft mit Sitz im Inland ist danach zur Aufstellung eines Konzernabschlusses und eines Konzernlageberichts verpflichtet, wenn eine der folgenden, alternativ wirkenden Kontrollrechtsstellungen gegeben ist:[90] 34

- Dem Mutterunternehmen steht bei einem Tochterunternehmen die Mehrheit der Stimmrechte der Gesellschafter zu (Nr. 1), oder
- dem Mutterunternehmen steht das Recht zu, die Mehrheit der Mitglieder des Verwaltungs-, Leitungs- oder Aufsichtsorgans des Tochterunternehmens zu bestellen oder abzuberufen (Nr. 2), oder
- dem Mutterunternehmen steht bei einem Tochterunternehmen das Recht zu, einen beherrschenden Einfluß auf Grund eines Beherrschungsvertrags oder einer Satzungsbestimmung auszuüben (Nr. 3).

---

85 ADS Rdn. 25; *Wiedmann* Rdn. 12.

86 Heymann/*Henssler* Rdn. 22.

87 Heymann/*Henssler* Rdn. 23; MünchKomm-*Busse von Colbe* Rdn. 19; Begründung des RegE AktG 1965 bei *Kropff* Aktiengesetz S. 30; Beck HdR-*Odenwald* C 200 Rdn. 48.

88 *Ulmer* FS Goerdeler 623, 629.

89 *Busse von Colbe/Ordelheide* Konzernabschlüsse S. 49; *Scherrer* Konzernrechnungslegung S. 40; HdKR-*Siebourg* Rdn. 66; *Wiedmann* Rdn. 14.

90 Bonner HdR-*Albrecht* Rdn. 15; *Busse von Colbe/Ordelheide* Konzernabschlüsse S. 49; Beck BilKomm-*Hoyos/Lechner* Rdn. 35; WP-Handbuch 1996, I M 33; im deutschen Gesetzestext fehlt – offenbar versehentlich – zwischen Nr. 1 und 2 ein „oder", wie ein Vergleich mit Art. 1 der 7. EG-Richtlinie zeigt.

Die Aufzählung der genannten Tatbestandsmerkmale (Nr. 1–3) ist abschließend.[91] Liegt eine derartige rechtlich vermittelte Beherrschungsmöglichkeit vor, so wird das die Konzernrechnungslegungspflicht auslösende Mutter-Tochter-Verhältnis unwiderlegbar vermutet.[92]

2. Stimmrechtsmehrheit (Abs. 2 Nr. 1)

35 Nach Abs. 2 Nr. 1 trifft eine Kapitalgesellschaft mit Sitz im Inland grundsätzlich die Konzernrechnungslegungspflicht, wenn ihr an einem anderen Unternehmen die Mehrheit der Stimmrechte der Gesellschafter zusteht. Bemessungsgrundlage sind die Stimmen, die dem Gesellschafter eines Unternehmens bei Beschlußfassungen auf Hauptversammlungen oder Gesellschafterversammlungen zukommen. Ist eine Stimmrechtsmehrheit gegeben, so führt dies zur **unwiderlegbaren Annahme eines Mutter-Tochter-Verhältnisses.**[93] Bei diesem an die Mehrheit der Stimmrechte anknüpfenden Tatbestandsmerkmal handelt es sich um den am häufigsten vorkommenden Fall des Control-Konzeptes.[94]

36 Maßgeblich für die Beurteilung der Stimmrechtsmehrheit ist allein die **Anzahl der Stimmrechte**, obwohl sich diese in der Regel mit der Kapitalbeteiligung deckt. Die Stimmrechtsanzahl ist anhand der Regelungen in Abs. 3 und 4 zu berechnen, indem die Zahl der Stimmrechte, die das Unternehmen aus den ihm gehörenden Anteilen ausüben kann, ins Verhältnis zur Gesamtzahl der Stimmrechte gesetzt wird (näher unten Rdn. 53 ff). Bedeutung gewinnt die Abgrenzung zwischen Stimmrechten auf der einen und Kapitalbeteiligung auf der anderen Seite, wenn sie ausnahmsweise voneinander abweichen. In den Fällen der §§ 12 Abs. 1 S. 2, 20 Abs. 7, 134 Abs. 1 S. 2 AktG und § 28 WpHG kann es dazu kommen, daß trotz einer Kapitalbeteiligungsmehrheit keine Stimmrechtsmehrheit vorliegt. Vorzugsaktien etwa, die ohne Stimmrecht ausgegeben werden (§ 12 Abs. 1 S. 2 AktG), bleiben zur Bestimmung des Mutter-Tochter-Verhältnisses nach § 290 Abs. 2 Nr. 1 unberücksichtigt, es sei denn, die Vorzugsaktien ohne Stimmrecht sind im Fall von § 140 Abs. 2 AktG als stimmberechtigt einzurechnen. Auch umgekehrt können sich Unterschiede ergeben. Liegt etwa die Kapitalbeteiligung eines Unternehmens an einem anderen Unternehmen unter 50 v. H., so kann trotzdem eine Stimmrechtsmehrheit vorliegen, wenn in zulässiger Weise mit Aktien – weiterhin bestehende – Mehrstimmrechte verbunden sind (§ 12 Abs. 2 AktG, § 5 Abs. 1 EGAktG), die zu einer einfachen Stimmrechtsmehrheit führen. Die Höhe der Kapitalbeteiligung ist für die Bewertung somit als solche unbeachtlich.

37 Nicht erforderlich ist eine Stimmrechtsmehrheit in allen Entscheidungsbereichen des Unternehmens. Vielmehr reicht die **Möglichkeit der Einflußnahme in allen wesentlichen Entscheidungsbereichen** aus, wenn das Mutterunternehmen auf diese Weise die Geschäftspolitik des Unternehmens maßgeblich beeinflussen kann.[95] Daher hindert etwa eine vertragliche Beschränkung der Ausübung der Stimmrechtsmehrheit z. B. durch Stimmrechtsbindungs- oder Stimmrechtsausschlußvereinbarungen in einzelnen Entscheidungsbereichen die Annahme einer Stimmrechtsmehrheit i. S. v. Abs. 2 Nr. 1 nicht.[96]

38 Die Stimmrechtsmehrheit muß freilich **rechtlich abgesichert** sein. Eine – wenn auch über längere Zeit andauernde – Präsenzmehrheit in der Gesellschafterversamm-

---

[91] *Habersack* Europäisches Gesellschaftsrecht Rdn. 294; HdKR-*Siebourg* Rdn. 67; *von Wysocki/Wohlgemuth* Konzernrechnungslegung S. 33.

[92] Bonner HdR-*Albrecht* vor 16; *Maas/Schruff* WPg 1986, 203.

[93] ADS Rdn. 31; Beck HdR-*Odenwald* C 200 Rdn. 51; HdKR-*Siebourg* Rdn. 69; *Wiedmann* Rdn. 14.

[94] *Biener/Berneke* Bilanzrichtlinien-Gesetz S. 287.

[95] Vgl. ADS Rdn. 37; Beck BilKomm-*Hoyos/Lechner* Rdn. 43; *Wiedmann* Rdn. 17.

[96] *Ulmer* FS Goerdeler 623, 641 mit Fn. 50.

lung/Hauptversammlung begründet noch kein Mutter-Tochter-Verhältnis i. S. d. Abs. 2 Nr. 1.[97] Unberührt bleibt hingegen eine gegebenenfalls bestehende Konzernrechnungslegungspflicht nach Abs. 1.

Kontrovers diskutiert wird, ob einem Unternehmen auch dann die Stimmrechts- **39**
mehrheit im Sinne des Abs. 2 Nr. 1 zusteht, wenn in der **Satzung** niedergelegt ist, daß für bestimmte Beschlüsse **mehr als die einfache Stimmenmehrheit** erforderlich ist. Richtigerweise ist – im Einklang mit der herrschenden Meinung – auch in solchen Fällen das Tatbestandsmerkmal des Abs. 2 Nr. 1 als erfüllt anzusehen.[98] Wenngleich mit dem Kriterium der Stimmrechtsmehrheit grundsätzlich die Überlegung verbunden ist, daß es der Muttergesellschaft möglich sein soll, auf die Unternehmenspolitik entscheidend einzuwirken, so ist trotzdem eine Mehrheit nach formaler Inhaberschaft ausreichend. Insoweit ist der Wortlaut der § 290 Abs. 2 Nr. 1 eindeutig und eine Konzernrechnungslegungspflicht dem Grunde nach gegeben. Für dieses Verständnis des Begriffs der Stimmrechtsmehrheit spricht auch die Regelung des § 296 Abs. 1 Nr. 1. Würde man mit der Mindermeinung in derartigen Fällen die Stimmrechtsmehrheit i. S. d. Abs. 2 Nr. 1 schon dem Grunde nach verneinen, so käme dem Einbeziehungswahlrecht nach § 296 Abs. 1 Nr. 1 kein eigenständiger Regelungsgehalt mehr zu.[99] Mit § 296 Abs. 1 Nr. 1 hat der Gesetzgeber ersichtlich auch Fälle erfaßt, in denen trotz Stimmrechtsmehrheit eine Beherrschungsmöglichkeit nicht gegeben ist; zudem wird die Beherrschungsmöglichkeit tatbestandlich nicht explizit vorausgesetzt. Ist für die Wirksamkeit des Beschlusses die Zustimmung eines weiteren Gesellschafters erforderlich, so vermag auch dies an dem entscheidenden Merkmal der einfachen Stimmrechtsmehrheit nichts zu ändern. Infolgedessen ist das Mutterunternehmen auch dann konzernabschlußpflichtig, wenn ihm zwar die absolute Mehrheit der Stimmrechte zusteht, es wesentliche Entscheidungen aber nicht durchsetzen kann, weil dafür laut Satzung oder Gesellschaftsvertrag eine qualifizierte Mehrheit erforderlich ist. Ist das Mutterunternehmen in der Ausübung seiner Rechte erheblich und nachhaltig beeinträchtigt, so kann aber gemäß § 296 Abs. 1 Nr. 1 auf die Vollkonsolidierung des Tochterunternehmens verzichtet werden.

Ebenso abzulehnen ist die teilweise vertretene Auffassung, den freiwilligen vertrag- **40**
lichen Verzicht von Stimmrechten durch sogenannte **Entherrschungsverträge** im Rahmen des Abs. 2 Nr. 1 tatbestandsausschließend zu berücksichtigen.[100] Die Vereinbarung eines Stimmrechtsverzichts oder einer Stimmbindung durch Stimmrechtsbindungsverträge beseitigt die Möglichkeit der Stimmabgabe – zumindest nach dem

[97] Vgl. WP-Handbuch 1992, I M 38; im übrigen ausdrücklich auch der deutsche Gesetzgeber, der das Mitgliedstaatenwahlrecht des Art. 1 Abs. 1d (aa), welcher eine Konsolidierungspflicht im Falle der Hauptversammlungspräsenzmehrheit vorsah, nicht umgesetzt hat; zweifelhaft jedoch die RegBegr. in BTDrucks. 10/3440, S. 48, daß die Hauptversammlungs-Präsenzmehrheit in Deutschland keine wesentliche Bedeutung hat.

[98] ADS Rdn. 35 f; *Baetge* Konzernbilanzen S. 93; Beck BilKomm-*Hoyos/Lechner* Rdn. 45; WP-Handbuch 1992, I M 39; undeutlich hingegen die Empfehlungen des *Arbeitskreises „Externe Unternehmensrechnung" der Schmalenbach-Gesellschaft – Deutsche Gesellschaft für Betriebswirtschaft e. V.* ZfbF 1987, Sonderheft 21, S. 23, 30; *von Wysocki* WPg 1987, 278.

[99] Die Gegenmeinung stützt ihre Ansicht auf das international verstandene Control-Konzept, welches in diesen Fällen schon tatbestandsmäßig – ohne Rückgriff auf § 296 – eine Konsolidierungspflicht verneinen würde und damit einen – nach der herrschenden Ansicht notwendigen – zweiten Schritt vermeiden würde; s. etwa *Burbach* WPg 1990, 254; Heymann/*Henssler* Rdn. 27; HdKR-*Siebourg* Rdn. 70.

[100] Zutreffend ADS Rdn. 38; Beck BilKomm-*Hoyos/Lechner* Rdn. 46; *Ulmer* FS Goerdeler 641; **a. A.** dagegen *Baumbach/Hopt* Rdn. 3; *Biener/ Berneke* Bilanzrichtlinien-Gesetz S. 287; *Busse von Colbe/Ordelheide* Konzernabschlüsse S. 85; Beck HdR-*Odenwald* C 200 Rdn. 54; HdKR-*Siebourg* Rdn. 73 ff; *von Wysocki* WPg 1987, 278; offengelassen von *Maas/Schruff* WPg 1986, 203.

Verständnis des Abs. 2 Nr. 1 – nicht. Vielmehr schreibt Abs. 2 Nr. 1 auch hier die Konsolidierung vor, wenn nicht einer der Ausnahme- oder Befreiungstatbestände der §§ 291, 292, 293, 295, 296 eingreift. Unterstrichen wird dieses Verständnis durch die Regelung des Abs. 3 S. 2, die gerade nicht auf Abzüge hinsichtlich der Rechte des durch die Stimmbindung belasteten Unternehmens eingeht. Ferner wird diese Ansicht auch der Absicht des europäischen Gesetzgebers gerecht, der dem Control-Konzept aufgrund seiner leichteren Handhabung gegenüber dem Konzept der einheitlichen Leitung den Vorzug eingeräumt hat.

41 Zur **Zurechnung von Rechten** (Abs. 3) und der genauen **Berechnung der Stimmrechte** (Abs. 4) im Rahmen des Abs. 2 s. die Ausführungen unter Rdn. 53 ff.

3. Bestellungs- und Abberufungsrechte (Abs. 2 Nr. 2)

42 Die Verpflichtung zur Aufstellung eines Konzernabschlusses und eines Konzernlageberichts ergibt sich nach Abs. 2 Nr. 2 auch für eine Kapitalgesellschaft, der bei einem anderen Unternehmen das Recht zusteht, die **Mehrheit der Mitglieder des Verwaltungs-, Leitungs- oder Aufsichtsorgans** zu bestellen oder abzuberufen, und die gleichzeitig Gesellschafter ist.

43 Die Begriffe des Leitungs- und Aufsichtsorgans basieren auf dem „dualistischen System", welches dem deutschen Aktienrecht durch Aufteilung in Vorstand und Aufsichtsrat bekannt ist. Der Begriff des Verwaltungsorgans ist demgegenüber dem im anglo-amerikanischen Rechtskreis vorherrschenden „monistischen System" entnommen. Abs. 2 Nr. 2 wendet sich an alle Rechtsformen, die entsprechende Organe aufweisen. Darunter fallen sämtliche Vorstandsmitglieder, Geschäftsführer, Aufsichtsräte, Beiräte und sontige Institutionen, die vergleichbare Aufsichts- oder Kontrollaufgaben innehaben.[101]

44 Wie schon beim Merkmal der Stimmrechtsmehrheit (Abs. 2 Nr. 1) muß auch im Rahmen des Abs. 2 Nr. 2 die Möglichkeit der Abberufung oder Bestellung der Mehrheit der Organmitglieder durch das Mutterunternehmen **rechtlich gesichert** sein.[102] Die bloß faktische Möglichkeit hierzu durch eine dauernde Präsenzmehrheit in der Hauptversammlung ist nicht ausreichend.

45 Überwiegend ist mit dem Recht zur Besetzung der Mehrheit der Organmitglieder auch die Stimmrechtsmehrheit der Gesellschafter verbunden und somit eine Rechnungslegungspflicht bereits nach Abs. 2 Nr. 1 gegeben. Eigene Bedeutung erlangt Abs. 2 Nr. 2 nur dann, wenn einer Kapitalgesellschaft unabhängig von der Anzahl der Stimmrechte das Recht zusteht, die Mehrheit der Mitglieder eines der aufgeführten Organe im Tochterunternehmen zu bestellen oder abzuberufen. So kann aufgrund von **satzungsmäßigen Entsendungsrechten** oder aufgrund von – nach Abs. 3 S. 2 hinzuzurechnenden – **Vereinbarungen mit anderen Gesellschaftern** dem Mutterunternehmen das Recht zur Bestellung oder Abberufung der Mehrheit der Mitglieder zustehen, ohne daß es die Stimmrechtsmehrheit innehat.[103] Nicht erforderlich ist, daß diese Rechte auch tatsächlich ausgeübt werden.[104]

---

[101] Heymann/*Henssler* Rdn. 28; Beck HdR-*Odenwald* C 200 Rdn. 63; *Scherrer* Konzernrechnungslegung S. 46; WP-Handbuch 1996, I M 41.

[102] Vgl. Beck BilKomm-*Hoyos/Lechner* Rdn. 53; *Schildbach* Der Konzernabschluß nach HGB, IAS und US-GAAP S. 81; *Wiedmann* Rdn. 22; WP-Handbuch 1992, I M 43.

[103] Beck HdR-*Odenwald* C 200 Rdn. 64; *Scherrer* Konzernrechnungslegung S. 46; HdKR-*Siebourg* Rdn. 86; *von Wysocki/Wohlgemuth* Konzernrechnungslegung S. 36; vgl. BGH WM 1989, 250.

[104] ADS Rdn. 43; *Schildbach* Der Konzernabschluß nach HGB, IAS und US-GAAP S. 81; HdKR-*Siebourg* Rdn. 86; WP-Hb 1992, I M 43.

Die geforderte Mehrheit bezieht sich auf die **Gesamtzahl der Mitglieder** und nicht nur auf die von den Anteilseignern zu wählenden Mitglieder.[105] Können nur 50 v. H. der Mitglieder von der Anteilseignerseite bestimmt werden, so liegt keine Mehrheit vor. Etwas anderes gilt dagegen bei einem nach dem Mitbestimmungsgesetz paritätisch besetzten Aufsichtsorgan. Dort ist ein Bestellungs- und Abberufungsrecht für die Mehrheit der in Abs. 2 Nr. 2 genannten Organe auch bei einem Anteil von 50 v. H. zu bejahen, da bei Stimmengleichheit die Stimme des von der Anteilseignerseite bestimmten Vorsitzenden des Aufsichtsorgans entscheidet (§ 29 Abs. 2 MitbestG).[106] Entscheidend sind somit die Stimmrechte und nicht die Anzahl der Personen.[107] 46

Das konsolidierungspflichtige Unternehmen muß zudem **Gesellschafter** sein. Auch mittelbare Gesellschafterverhältnisse (indirekte Gesellschafterstellung) sind nach Abs. 3 S. 1 möglich. Das Merkmal des „Gesellschafters" ist unabhängig von einer kapitalmäßigen Beteiligung zu beurteilen.[108] Daher kann auch die **Komplementär-GmbH** in der GmbH & Co.KG – ohne Einlage – nach Abs. 2 Nr. 2 konzernrechnungslegungspflichtig sein. Geschäftsführungs- und Vertretungsorgan einer typischen GmbH & Co.KG ist allein die Kapitalgesellschaft. Zwar steht ihr nicht – wie von Abs. 2 Nr. 2 vorausgesetzt – das Bestellungsrecht für Leitungsorgane zu. Kraft Gesetz besitzt sie jedoch ein viel stärkeres Recht, weil sie selbst das Leitungsorgan ist. Daher ist es gerechtfertigt, auch die Komplementär-GmbH in der GmbH & Co.KG – wenn sie nach dem gesetzlichen Normalstatut ausgestaltet ist – zur Aufstellung eines Konzernabschlusses und eines Konzernlageberichts zu verpflichten.[109] 47

4. Vertrags- und Satzungsrechte (Abs. 2 Nr. 3)

Abs. 2 Nr. 3 verpflichtet Kapitalgesellschaften zur Konzernrechnungslegung, die auf ein anderes Unternehmen einen **beherrschenden Einfluß** aufgrund eines Beherrschungsvertrages oder aufgrund einer Satzungsbestimmung ausüben. Dieses auf Art. 1 Abs. 1c der 7. EG-Richtlinie zurückzuführende Tatbestandsmerkmal setzt freilich voraus, daß die genannten Verträge und Satzungsbestimmungen nach dem anwendbaren Gesellschaftsrecht wirksam sind.[110] 48

a) Beherrschungsvertrag. Der Begriff des „beherrschenden Einflusses" ist im HGB ebensowenig definiert wie im AktG 1965. Es besteht jedoch kein Anlaß, ihn nicht inhaltlich entsprechend den Vorstellungen zum AktG auszufüllen (dort § 17 AktG). Ein Einfluß ist daher als beherrschend anzusehen, wenn er seiner Art nach dem **Einflußpotential einer Mehrheitsbeteiligung** entspricht.[111] 49

Zwingende Voraussetzung des Abs. 2 Nr. 3 ist, daß der beherrschende Einfluß aufgrund eines Beherrschungsvertrages zustande kommt. Insoweit kann auf die Begriffs- 50

---

105 ADS Rdn. 46; *IdW-SABI 1/88* WPg 1988, 341; HdKR-*Siebourg* Rdn. 87.

106 *Busse von Colbe/Ordelheide* Konzernabschlüsse S. 86; Beck BilKomm-*Hoyos/Lechner* Rdn. 53; *Scherrer* Konzernrechnungslegung S. 47.

107 ADS Rdn. 46; Bonner HdR-*Albrecht* Rdn. 17; *Busse von Colbe/Ordelheide* Konzernabschlüsse S. 86; *IdW-SABI 1/88* WPg 1988, 340.

108 Beck BilKomm-*Hoyos/Lechner* Rdn. 56; Beck HdR-*Odenwald* C 200 Rdn. 65; *Scherrer* Konzernrechnungslegung S. 47; HdKR-*Siebourg* Rdn. 89; *Wiedmann* Rdn. 22.

109 So auch ADS Rdn. 123 ff; *Biener/Schatzmann* Konzern-Rechnungslegung S. 6; Heymann/*Henssler* Rdn. 28; *Maas/Schruff* WPg 1986, 204; *Tillmann* DB 1986, 1321; **a. A.** HdKR-*Siebourg* Rdn. 89.

110 Die Beherrschung einer Unternehmung durch einen Beherrschungsvertrag war zum Zeitpunkt des Erlasses der Konzernbilanzrichtlinie nur in Belgien und Deutschland möglich, s. *Jonas* Der Konzernabschluß S. 103; zum grenzüberschreitenden Beherrschungsvertrag MünchKomm-*Kindler* IntGesR Rdn. 566 ff.

111 *Ulmer* ZGR 1978, 457, 461; ADS § 17 AktG 13 ff; *Hüffer* § 17, 5; KK-*Koppensteiner* § 17, 19.

bestimmung des § 291 Abs. 1 S. 1 AktG unter Berücksichtigung der §§ 18 Abs. 1 S. 2, 291 Abs. 2, 304 Abs. 3 S. 1, 308 Abs. 1 AktG verwiesen werden, wonach der Beherrschungsvertrag ein Vertrag ist, durch den eine AG oder KGaA mit Sitz im Inland die Leitung ihrer Gesellschaft einem anderen Unternehmen beliebiger Rechtsform unterstellt. Wie bereits oben unter Rdn. 29 dargelegt, wird bei Vorliegen eines solchen Beherrschungsvertrages auch die Zusammenfassung unter einheitlicher Leitung im Sinne des Abs. 1 unwiderlegbar vermutet. Beide Merkmale stehen in diesen Fällen unabhängig nebeneinander.[112] Abweichend zu den vorigen Tatbestandsmerkmalen der Nr. 1 und 2 ist **keine Gesellschafterstellung oder Beteiligung des Mutterunternehmens vorgeschrieben**. Sie dürfte in der Praxis jedoch regelmäßig vorliegen.

51 Hinsichtlich einer näheren Auseinandersetzung mit den Anforderungen, die an das Vorliegen eines Beherrschungsvertrages geknüpft sind, sind Rechtsform und Sitz des Unternehmens zu berücksichtigen. **AG und KGaA mit Sitz im Inland** sind nur dann als unter beherrschendem Einfluß stehend anzusehen, wenn alle Voraussetzungen, die an die Wirksamkeit eines Beherrschungsvertrages gemäß §§ 291 ff AktG gestellt werden, gegeben sind.[113] Erfüllt der Vertrag die Voraussetzungen der §§ 291 ff AktG nicht, so kann sich daraus zwar ein Abhängigkeitsverhältnis i. S. v. § 17 AktG ergeben, nicht aber ein Fall der Beherrschung i. S. v. Abs. 2 Nr. 3. Auch bei der **GmbH** ist zur Ausübung beherrschenden Einflusses ein wirksamer Beherrschungsvertrag Voraussetzung, obwohl auch unwirksame Vereinbarungen – zumindest eher als bei der AG – eine Beherrschung ermöglichen.[114] Die Wirksamkeit von Beherrschungsverträgen mit **Tochterunternehmen**, deren **Sitz im Ausland** ist, richtet sich – neben den notwendigen Elementen des § 291 Abs. 1 AktG – nach dem Recht des Sitzlandes.[115]

52 **b) Satzungsbestimmung.** Ebenso besteht für eine Kapitalgesellschaft die Verpflichtung zur Konzernrechnungslegung nach Abs. 2 Nr. 3, wenn der beherrschende Einfluß aufgrund einer Satzungsbestimmung ausgeübt werden kann. Der Anwendungsbereich des Abs. 2 Nr. 3 ist dabei nicht ausschließlich auf Satzungen beschränkt.[116] Auch Statuten anderer Rechtsformen, die einer Satzung gleichstehen, können zu den vorausgesetzten Sonderrechten des Mutterunternehmens führen (insbesondere der Gesellschaftsvertrag). Durch die Bestimmung muß die **Beherrschung** des Unternehmens – in Anlehnung an die Regelung des Beherrschungsvertrages – jedoch **rechtlich gesichert** sein.[117] Diesbezügliche Anzeichen sind etwa Statuten, die Kriterien eines Beherrschungsvertrages enthalten (s. o. Rdn. 49 ff), weiter solche, die einen Einfluß auf die Bestellung und Abberufung von Verwaltungs-, Leitungs- oder Aufsichtsorganen vermitteln und schließlich satzungsmäßige Bestimmungen, die Weisungsrechte in wesentlichen Geschäftsbereichen vermitteln.[118] Derartige Satzungs-

---

[112] ADS Rdn. 78; *von Wysocki/Wohlgemuth* Konzernrechnungslegung S. 37.

[113] Vgl. dazu *Busse von Colbe/Ordelheide* Konzernabschlüsse S. 87; *IdW-SABI 1/88* WPg 1988, 341; Beck HdR-*Odenwald* C 200 Rdn. 67; *Wiedmann* Rdn. 24 f; **a. A.** hingegen *Biener/Berneke* Bilanzrichtlinien-Gesetz S. 288; HdKR-*Siebourg* Rdn. 91, die beide auf das entscheidende und ausreichende Kriterium der Beherrschung abstellen.

[114] Zu den einzelnen – umstrittenen – Wirksamkeitsvoraussetzungen und weiteren Literaturhinweisen s. nur *Emmerich/Sonnenschein* Konzernrecht § 25.

[115] MünchKomm-*Kindler* IntGesR Rdn. 579; *Busse von Colbe/Ordelheide* Konzernabschlüsse S. 87; GroßkommAktG-*Würdinger* § 291, 32.

[116] *IdW-SABI 1/88* WPg 1988, 341; *Schildbach* Der Konzernabschluß nach HGB, IAS und US-GAAP S. 82; HdKR-*Siebourg* Rdn. 92; WP-Handbuch 1996, I M 45; *von Wysocki/Wohlgemuth* Konzernrechnungslegung S. 37.

[117] *Baetge* Konzernbilanzen S. 95; HdKR-*Siebourg* Rdn. 92.

[118] ADS Rdn. 59; Beck BilKomm-*Hoyos/Lechner* Rdn. 60; WP-Handbuch 1996, I M 45.

bestimmungen werden in der AG meist an § 23 Abs. 5 AktG scheitern. Hauptanwendungsfälle von Abs. 2 Nr. 3 Fall 2 sind daher Beteiligungen an Gesellschaften mbH und an Personengesellschaften.[119]

IV. Hinzurechnungen und Abzug von Rechten (Abs. 3)

1. Überblick

Abs. 3 regelt, welche Rechte – über die von Abs. 2 erfaßten hinausgehend – als Rechte des Mutterunternehmens gelten und für die Anwendung des Control-Konzeptes (Abs. 2) zu berücksichtigen sind. Damit enthält Abs. 3 die notwendigen Berichtigungen für den Anwendungsbereich des Abs. 2, der – wie oben unter Rdn. 34ff dargelegt – an formale Rechtspositionen anknüpft. Die Regelung des Abs. 3 dient lediglich der **Korrektur von Abs. 2**; auf Abs. 1 ist Abs. 3 dagegen unanwendbar,[120] da Abs. 3 im wesentlichen auf der Umsetzung von Art. 2 der 7. EG-Richtlinie beruht, dessen Gegenstand ausschließlich das Control-Konzept ist. Zudem ergibt sich der beschränkte Anwendungsbereich des Abs. 3 S. 1 aus dessen eindeutigem Verweis auf Abs. 2 und für Abs. 3 S. 2 und 3 zumindest mittelbar aus dem Wortlaut, da nur Abs. 2 von Rechten handelt, nicht aber auch Abs. 1. 53

2. Zurechnung von dem Tochterunternehmen zustehenden Rechten (S. 1)

Die Vorschrift des Abs. 3 S. 1 ist **weitgehend deckungsgleich mit § 16 Abs. 4 AktG**, weicht jedoch zwingend in zwei Punkten von der aktienrechtlichen Regelung ab. Dem Control-Konzept folgend ordnet Abs. 3 S. 1 keine Anteile, sondern *Rechte* zu, und es wird nicht auf verbundene Unternehmen, sondern auf *Tochter*unternehmen abgestellt. 54

Dabei trifft Abs. 3 S. 1 eine Unterscheidung zwischen zwei unterschiedlichen Fällen der Hinzurechnung. Zuzurechnen sind sowohl Rechte von **Tochterunternehmen** als auch Rechte von **Personen, die für Rechnung von Mutter- oder Tochterunternehmen handeln**. In der ersten Fallgruppe stellt Abs. 3 S. 1 neben den unmittelbaren Tochterunternehmen auch auf die Rechte an mittelbaren Tochterunternehmen weiterer Ordnung ab. Da dem Mutterunternehmen in einem mehrstufigen Konzern somit auch die Rechte eines Tochterunternehmens an einem in der Konzernhierarchie weiter unten stehenden Tochterunternehmen zugerechnet werden, kann sich eine Kettenwirkung ergeben.[121] Ohne Einfluß ist in diesem Zusammenhang, ob die Tochterunternehmen, denen Rechte an weiteren Tochterunternehmen zustehen, selbst in den Konzernabschluß des Mutterunternehmens einbezogen werden (die Nichteinbeziehung kann etwa auf einem Einbeziehungsverbot nach § 295 oder einem Einbeziehungswahlrecht nach § 296 beruhen).[122] Die zweite Gruppe der dem Mutterunternehmen zuzurechnenden Rechte innerhalb des Abs. 3 S. 1 umfaßt Rechte, die einem Dritten für Rechnung des Mutterunternehmens oder eines Tochterunternehmens zustehen. Diesbezüglich müssen das wirtschaftliche Risiko und die Chancen aus diesen Rechten bei 55

---

119 KK-*Claussen/Scherrer* Rdn. 79.

120 ADS Rdn. 134; *Biener/Berneke* Bilanzrichtlinien-Gesetz S. 288; Heymann/*Henssler* Rdn. 32; Beck HdR-*Odenwald* C 200 Rdn. 72; *von Wysocki/Wohlgemuth* Konzernrechnungslegung S. 38.

121 Vgl. ADS Rdn. 138; Beck BilKomm-*Hoyos/Lechner* Rdn. 70; Beck HdR-*Odenwald* C 200, 73 f; *Scherrer* Konzernrechnungslegung S. 50 ff; *von Wysocki/Wohlgemuth* Konzernrechnungslegung S. 37 f.

122 Begründung des Rechtsausschusses (Gesamtentwurf zum Bilanzrichtliniengesetz) BTDrucks. 10/4268, S. 112.

dem Mutterunternehmen oder einem Tochterunternehmen liegen.[123] Derartige Rechte Dritter sind etwa die Verwaltungstreuhandschaft, die Sicherungstreuhand und echte Pensionsgeschäfte.[124] Für die Begründung der Unternehmenseigenschaft eines Gesellschafters ist Abs. 3 S. 1 nicht von Bedeutung.[125]

3. Zurechnung von Rechten aufgrund einer Vereinbarung (S. 2)

56 Die Zurechnung von Rechten aufgrund einer Vereinbarung beruht auf der Umsetzung von Art. 1 Abs. 1d (bb) der 7. EG-Richtlinie. Danach werden auch die Rechte zugerechnet, über die das Mutterunternehmen oder ein Tochterunternehmen auf Grund einer Vereinbarung mit anderen Gesellschaftern des Unternehmens verfügen kann. Anwendungsfälle sind vor allem Stimmrechtsbindungsverträge, Verwaltungsüberlassungsverträge, Pool-Verträge, Stimmrechtsüberlassungsverträge, Konsortialverträge und allgemein solche Verträge, die die Ausübung der Rechte des gebundenen Gesellschafters allein nach dem Willen des Unternehmens gewährleisten, dem die Rechte zugerechnet werden sollen.[126] Obwohl Abs. 3 S. 2 – im Gegensatz zur 7. EG-Richtlinie[127] – nicht ausdrücklich zu entnehmen ist, daß einem Gesellschafter das Recht allein zustehen muß, ist kein Grund ersichtlich, der handelsrechtlichen Rechnungslegungsvorschrift einen anderen Inhalt als der EG-Richtlinie zu geben.[128] Über den Anwendungsbereich des § 16 Abs. 3 AktG hinausgehend ist Abs. 3 S. 2 zudem – trotz der von *Kropff* geäußerten Bedenken[129] – auch zur Ermittlung der Mehrheit der Stimmrechte anzuwenden.[130]

57 Zwingende Voraussetzung im Rahmen des Abs. 3 S. 2 ist überdies, daß – im Gegensatz zu Abs. 3 S. 1 – sowohl die Person, die die Rechte überläßt, als auch die, die über die Rechte verfügt, **Gesellschafter** sind (s. zur Gesellschafterstellung auch unter Rdn. 47).

4. Abzug von Rechten (S. 3)

58 Um die Rechte dem wirtschaftlichen Inhaber und nicht dem juristisch Berechtigten zuzurechnen, sind von den dem Mutterunternehmen nach Abs. 2 unmittelbar zustehenden oder nach Abs. 3 kraft Fiktion mittelbar zugerechneten Rechten diejenigen abzuziehen, die **für Rechnung einer anderen Person** oder **nur zur Sicherheit** – und nach Weisung oder im Interesse des Sicherungsgebers – gehalten werden (Abs. 3 S. 3).[131] Die Abzugsregelungen bilden das Gegenstück zu den Hinzurechnungen des Abs. 3 S. 1 und 2. Es sind nur die Rechte abzuziehen, die mit Anteilen verbunden sind.

59 Spiegelbildlich zu Abs. 3 S. 1 sind nach Abs. 3 S. 3 Nr. 1 die Rechte abzuziehen, die dem Mutterunternehmen oder einem Tochterunternehmen für Rechnung einer ande-

---

123 *Scherrer* Konzernrechnungslegung S. 51 f; WP-Handbuch 1996, I R 91.

124 Vgl. näher etwa ADS § 290, 139; HdKR-*Siebourg* Rdn. 98 ff.

125 BGH ZIP 2001, 1323 (zu § 16 Abs. 4 AktG) – MLP.

126 ADS Rdn. 140; Beck HdR-*Odenwald* C 200 Rdn. 75; *Scherrer* Konzernrechnungslegung S. 52 f; WP-Handbuch 1992, I M 51.

127 S. Art. 1 Abs. 1d (bb) der 7. EG-Richtlinie.

128 So auch *Baumbach/Hopt* Rdn. 4; Konsequenz ist, daß Verträge, die lediglich einen paritätischen Einfluß vermitteln, in der Regel nicht unter Abs. 3 S. 2 subsumiert werden können; dagegen undeutlich *Maas/Schruff* WPg 1986, 204, die allgemein von Stimmbindungsverträgen sprechen.

129 Vgl. *Kropff* DB 1986, 368, der sich auf die Regelung des § 16 Abs. 3 AktG beruft, die nur auf Stimmrechte abstellt, die das Unternehmen aus ihm gehörenden Anteilen ausüben kann.

130 So auch ADS Rdn. 145.

131 Umsetzung von Art. 2 Abs. 2 der 7. EG-Richtlinie; s. auch die schematische Darstellung bei Heymann/*Henssler* Rdn. 32.

ren Person zustehen. Maßgeblich ist dabei ebenfalls die wirtschaftliche Inhaberschaft der Rechte (vgl. Rdn. 54 f).

Lediglich klarstellende Funktion – und keine eigenständige Bedeutung – hat die Regelung des Abs. 3 S. 3 Nr. 2. Da bei einem Handeln nach Weisung oder im Interesse einer Person (Abs. 3 S. 3 Nr. 2) gleichfalls von einem Tätigwerden für Rechnung einer anderen Person (Abs. 3 S. 3 Nr. 1) gesprochen werden kann, lassen sich die von Abs. 3 S. 3 Nr. 2 erfaßten Fälle auch der allgemeineren Aussage des Abs. 3 S. 3 Nr. 1 unterordnen.[132] Ob **sicherungsübertragene** Anteile bei einem Mutterunternehmen abzuziehen sind, hängt nach Abs. 3 S. 3 Nr. 2 schließlich davon ab, ob sie von einem Nicht-Kreditinstitut oder von einem Kreditinstitut gehalten werden. Sind im ersten Fall Rechte aus den Anteilen nur dann zu kürzen, wenn sie nach Weisung des Sicherungsgebers ausgeübt werden, so reicht zur Anwendung der Abzugsvorschrift des Abs. 3 S. 3 bei Kreditinstituten bereits ein Handeln im Interesse des Sicherungsgebers aus. 60

V. Berechnung der Stimmrechte (Abs. 4)

Die für die Anwendung des Abs. 2 Nr. 1 erforderliche Stimmrechtsmehrheit ist nach der Methode des Abs. 4 zu berechnen. Grundsätzlich ist gemäß Abs. 4 S. 1 die dem Unternehmen zustehende Zahl der Rechte ins Verhältnis zur Gesamtzahl aller Stimmrechte zu setzen. Von dieser Gesamtsumme sind nach Abs. 4 S. 2 die Stimmrechte aus Anteilen an Tochterunternehmen, die dem Tochterunternehmen selbst, einem seiner Tochterunternehmen oder einer anderen Person für Rechnung dieser Unternehmen gehören, abzuziehen. 61

Die 7. EG-Richtlinie enthält keine dem Abs. 4 S. 1 entsprechenden Vorgaben. Vielmehr beruht diese Vorschrift auf § 16 Abs. 3 AktG. Dabei ist die **Aussage des Abs. 4 S. 1** – trotz ihres eindeutigen Inhalts – verunglückt, da sie **nicht mit Abs. 2 Nr. 1 systemkonform** ist.[133] Im Gegensatz zu Abs. 2 Nr. 1, der auf das Zustehen von Rechten abstellt, bezieht sich Abs. 4 S. 1 auf den für Abs. 2 Nr. 1 als solchen unbeachtlichen Anteilsbesitz (vgl. Rdn. 36). Nach Abs. 4 S. 1 würden somit nur solche Stimmrechte als dem Mutterunternehmen zustehend zählen, die es aus ihm gehörenden Anteilen ausüben kann. Auch würden Stimmrechte eines Unternehmen aufgrund eines Stimmrechtsübertragungsvertrages nach Abs. 4 S. 1 unberücksichtigt bleiben, obwohl demgegenüber Abs. 3 S. 2 die Hinzurechnung solcher Stimmrechtsvereinbarungen (s. o. Rdn. 56) vorschreibt.[134] Daher ist die Beschränkung auf die Stimmrechte, die sich für das Mutterunternehmen aus den ihm gehörenden Anteilen ergeben, ohne Bedeutung.[135] 62

Wie bei § 16 Abs. 3 S. 1 AktG müssen nach Abs. 4 S. 1 die Stimmrechte dem Unternehmen **gehören**, verbunden mit der Möglichkeit, sie auszuüben.[136] Dabei sind auch Stimmrechte zu berücksichtigen, auf die durch schuldrechtliche Vereinbarung verzichtet wurde. Entherrschungsverträge oder Stimmrechtsbindungsverträge beseitigen nicht die Möglichkeit der Stimmabgabe, lassen die Stimmrechtsausübung somit im Sinne der Konzernrechnungslegungsvorschriften unberührt.[137] 63

---

132 *Scherrer* Konzernrechnungslegung S. 53; HdKR-/*Siebourg* Rdn. 110.

133 Vgl. dazu ADS Rdn. 152; MünchKomm-*Busse von Colbe* Rdn. 55; *Wiedmann* Rdn. 20.

134 *Wiedmann* Rdn. 20; WP-Handbuch 1996, I R 94.

135 Beck BilKomm-*Hoyos/Lechner* Rdn. 80; MünchKomm-*Busse von Colbe* Rdn. 55.

136 HdKR-*Siebourg* Rdn. 84; Beck BilKomm-*Hoyos/Lechner* Rdn. 80; damit entfallen Stimmrechte, die gemäß §§ 20 Abs. 7, 21 Abs. 4 oder 134 Abs. 1 AktG nicht ausgeübt werden können.

137 So auch ADS § 290, 153; *Geßler/Hefermehl/Eckardt/Kropff* § 16, 40; KK-*Koppensteiner* § 16,

64 Die so nach Abs. 4 S. 1 ermittelte **Gesamtzahl an Stimmrechten** des Mutterunternehmens ist schließlich nach Abs. 4 S. 2 **um die Anzahl an Stimmrechten aus eigenen Anteilen**, die dem Tochterunternehmen, einem seiner Tochterunternehmen (Enkelunternehmen) oder einer anderen Person für Rechnung dieser Unternehmen gehören, **zu mindern**.

VI. (Teil-)Konzernabschlüsse („Tannenbaumprinzip")

65 Da die Verpflichtung zur Aufstellung von Konzernabschlüssen und Konzernlageberichten jedes Mutterunternehmen im Sinne des § 290 trifft, fallen auch solche Mutterunternehmen in den Anwendungsbereich, die zugleich Tochterunternehmen sind. In derartigen **mehrstufigen Konzernen** muß jedes Tochterunternehmen, das im Verhältnis zu nachgeordneten Unternehmen ein Mutterunternehmen darstellt, für den ihm nachfolgenden Teil der einzubeziehenden Unternehmen einen Teilkonzernabschluß und Teilkonzernlagebericht aufstellen. Dieses sogenannte „Tannenbaumprinzip" hat seinen Ursprung in der internationalen Rechnungslegung[138] und ist mit dem Control-Konzept als umsetzungspflichtiger Teil der 7. EG-Richtlinie ins HGB eingeführt worden. Nach seiner Umsetzung ist die Teilkonzernabschlußpflicht im Schrifttum vielfach kritisiert worden. Zudem ist die Frage, ob das Tannenbaumprinzip auch bei Anknüpfung an das Merkmal der einheitlichen Leitung Anwendung findet, heftig umstritten.

1. (Teil-)Konzernabschlüsse nach Abs. 1

66 Die Anwendung des Tannenbaumprinzips wird bei einem mehrstufigen Konzern nach Abs. 1 überwiegend abgelehnt.[139] Es besteht keine Verpflichtung, neben dem konsolidierten Abschluß, der den gesamten Konzern darstellt, auch auf jeder unterhalb der Spitze des Konzerns gelegenen Stufe Teilkonzernabschlüsse zu erstellen. Nur diese Auffassung berücksichtigt, daß die einheitliche Leitung allein für den Gesamtkonzern betrachtet werden kann, da sie sich von der Gesamtkonzernspitze bis in die unterste Ebene der Tochterunternehmen erstreckt. Die **einheitliche Leitung** ist somit **unteilbar**; sie kann nur bei dem Mutterunternehmen liegen.[140]

67 Vereinzelt ist diese Auffassung auf **Ablehnung** gestoßen.[141] Von den Vertretern der Gegenansicht wird insbesondere auf die Begründung des RegE zum BiRiLiG verwiesen. Die unterbliebene Aufnahme einer dem § 330 AktG 1965 vergleichbaren Regelung, wonach eine Verpflichtung zur Aufstellung eines Teilkonzernabschlusses bei einheitlicher Leitung bestand, könne nur dahingehend zu verstehen sein, daß es wegen des Prinzips der Stufenabschlüsse einer besonderen Verpflichtung zur Aufstellung von Teilkonzernabschlüssen nicht bedürfe.[142] Zudem sei die dezentral organisierte einheitliche Leitung vor allem bei größeren Konzernen oftmals der einzig mögliche Weg der

34; MünchHdbGesR-*Krieger* § 68 AktG 32; *Ulmer* FS Goerdeler 623, 641.

138 Vgl. IAS 27 Tz. 7 ff.

139 So auch ADS Rdn. 72 ff; *Baetge* Konzernbilanzen S. 101; *Dusemond* BB 1994, 2038; Beck BilKomm-*Hoyos/Lechner* Rdn. 25; *Lück* S. 49; Beck HdR-*Odenwald* C 200 Rdn. 78; *Wiedmann* Rdn. 30; offengelassen von *Maas/Schruff* WPg 1986, 203.

140 Vgl. statt vieler KK-*Claussen/Scherrer* Rdn. 7; *Hoyningen-Huene* ZGR 1978, 525 ff; HdKR-*Siebourg* Rdn. 9, 19; *von Wysocki/Wohlgemuth* Konzernrechnungslegung S. 59.

141 *Busse von Colbe/Ordelheide* Konzernabschlüsse S. 50; *Havermann* IdW-Fachtagung 1986, 44 f; *Schulze* WPg 1968, 86; WP-Handbuch 1985/86, II S. 298 f; GroßKommAktG-*Würdinger* § 18, 8.

142 Vgl. *Biener/Berneke* Bilanzrichtlinien-Gesetz S. 291.

Konzernführung und eine Teilkonzernabschlußpflicht bei einem mehrstufigen Konzern nach Abs. 1 schon allein aufgrund ihrer großen praktischen Relevanz anzuerkennen.[143]

Dieser **Ansicht** kann jedoch **nicht gefolgt** werden. Zuzugeben ist zwar, daß die Regierungsbegründung insoweit widersprüchlich wirkt, als sie im Rahmen der Teilkonzernabschlüsse nicht zwischen Abs. 1 und 2 unterscheidet.[144] Gewichtiger als der Vergleich mit der früheren Regelung in § 330 AktG 1965 ist jedoch die Würdigung des geltenden Rechts, das in § 11 Abs. 3 PublG ausschließlich das Merkmal der einheitlichen Leitung verwendet. Dort ist – im Gegensatz zum HGB – ausdrücklich die Pflicht zur Aufstellung von Teilkonzernabschlüssen normiert. Dies legt die Schlußfolgerung nahe, daß Teilkonzernabschlüsse im Rahmen des § 290 Abs. 1 vom Gesetzgeber nicht gewollt waren.[145] Unberührt bleibt dabei freilich die – vor allem aus betriebswirtschaftlichen Gründen des Konzernmanagements sinnvolle – Möglichkeit für die Konzernspitze, Kompetenzen zu delegieren. Aber auch dann fungiert das Tochterunternehmen lediglich als ausführendes Organ des Mutterunternehmens.[146] Da für das ausschließlich an die einheitliche Leitung anknüpfende PublG eine ausdrückliche Regelung zur Aufstellung vom Teilkonzernabschlüssen besteht, wirkt sich diese Streitfrage im Ergebnis ohnehin nur in den – seltenen – Fällen aus, in denen ein Teilkonzern nicht schon aufgrund des Vorliegens von Kontrollrechten nach Abs. 2 rechnungslegungspflichtig ist.[147] Meist werden Abs. 1 und Abs. 2 zugleich tatbestandlich zutreffen (Rdn. 3 a. E.). 68

2. (Teil-)Konzernabschlüsse nach Abs. 2

Für nach dem Control-Konzept rechnungslegungspflichtige Unternehmen ist die Rechtslage dagegen eindeutig. Hier sind **Stufenabschlüsse** nach dem Tannenbaumprinzip **ausdrücklich vorgeschrieben**, da Abs. 2 – im Unterschied zu Abs. 1 – nicht an die Konzerneigenschaft, sondern an das bloße Vorliegen eines Mutter- und Tochterunternehmens anknüpft. Jedes Mutterunternehmen, welches zugleich Tochterunternehmen ist, hat für die nach Abs. 2–4 (vgl. oben Rdn. 34) untergeordneten Tochterunternehmen einen Teilkonzernabschluß und Teilkonzernlagebericht aufzustellen, es sei denn, die Befreiungsvorschriften der §§ 291–293 i. V. m. der KonBefrV vom 15. 11. 1991 (BGBl. I S. 2122; § 292, Anh.) kommen zur Anwendung. Die genannten Bestimmungen entbinden von der Teilkonzernrechnungslegungspflicht, wenn ein übergeordnetes Mutterunternehmen beliebiger Rechtsform und Größe einen Konzernabschluß und einen Konzernlagebericht, die die vorgegebenen Mindestanforderungen erfüllen, aufgestellt hat und wenn Minderheiten keinen Teilkonzernabschluß verlangen. 69

Während zu Abs. 1 Uneinigkeit darüber besteht, ob es bei Anknüpfung an das Merkmal der einheitlichen Leitung überhaupt eine Teilkonzernabschlußpflicht gibt (Rdn. 66 ff), wird im Rahmen der gesetzlichen Verpflichtung nach Abs. 2 die grundsätzliche Funktion und Eignung der zu erstellenden Teilkonzernabschlüsse bloß **rechtspolitisch** kritisch hinterfragt.[148] Ausgangspunkt ist dabei, daß die Teilkonzern- 70

---

143 MünchKomm-*Busse von Colbe* Rdn. 22; *Scheffler* Konzernmanagement S. 32 ff.

144 BRDrucks. 163/85, S. 49, 53; daher auch die unentschlossene Stellungnahme von *Maas/Schruff* WPg 1986, 203.

145 So auch ADS Rdn. 74.

146 KK-*Claussen/Scherrer* Rdn. 7.

147 ADS Rdn. 76; *Busse von Colbe/Ordelheide* Konzernabschlüsse S. 51; ebenso WP-Handbuch 1992, I M 32, wo auf den Fall der ständigen Hauptversammlungs-Präsenzmehrheit der Teilkonzernspitze ohne gleichzeitige Mehrheit der Stimmrechte verwiesen wird.

148 *Kirchner* BB 1975, 1611 ff; *Krag/Müller* BB 1985, 307 ff; *Stobbe* BB 1985, 1508 ff.

abschlußpflicht auf angelsächsischem Verständnis beruht. Da die anglo-amerikanischen Vorstellungen bezüglich der Rechnungslegung mit den kontinentaleuropäischen nicht ohne weiteres übereinstimmen,[149] ist die – wie hier erfolgte – reine Übernahme einer anglo-amerikanischen Regelung ohne Anpassung an den neuen rechtssystematischen Zusammenhang problematisch. Die Kritik konzentriert sich hier im wesentlichen auf die mit der Rechnungslegung verfolgten unterschiedlichen Zwecke. Die – grundsätzlich – der Einheitstheorie folgende deutsche Rechnungslegung soll dem Adressaten mit Hilfe des Konzernabschlusses zu einen möglichst genauen Einblick in die Vermögens-, Finanz- und Ertragslage der neu entstandenen Wirtschaftseinheit Konzern verhelfen (vgl. Vor § 290, 26). Der nach amerikanischem Verständnis nach der **Interessentheorie** aufgestellte Konzernabschluß dient hingegen als Informationsinstrument, um den Gläubigern und Anteilseignern eines Mutterunternehmens einen **erweiterten Abschluß des Mutterunternehmens** anzubieten.[150] Im Gegensatz zum ergänzenden konsolidierten Abschluß nach HGB stellt der Konzernabschluß in den USA mithin einen Ersatz für die Einzelabschlüsse dar. Unter Zugrundelegung des deutschen Rechnungslegungsverständnisses kommt dem Teilkonzernabschluß nur ein begrenzter Aussagewert zu. Vor diesem Hintergrund sind auch die dem anglo-amerikanischen Recht unbekannten umfangreichen Befreiungsmöglichkeiten zu verstehen. Sie sollen die mit der Aufstellung eines Teilkonzernabschlusses verbundenen erheblichen Kosten ins Verhältnis zum vergleichsweise geringen Informationswert setzen.[151]

VII. Sonderfälle

1. Gemeinschaftsunternehmen

71 a) **Begriff.** Das Gemeinschaftsunternehmen ist eine organisatorische Form, in der zwei oder mehrere rechtlich selbständige und wirtschaftlich voneinander unabhängige Unternehmen (Gesellschafterunternehmen) zur **Verfolgung gemeinsamer Zwecke** und zur **Ausführung von Aufgaben im gemeinsamen Interesse** in einem anderen Unternehmen zusammenwirken.[152] Eine umfassende gesetzliche Begriffsbestimmung des Gemeinschaftsunternehmens findet sich nicht; auch § 310 Abs. 1 setzt eine solche vielmehr voraus. Obwohl im Regelfall ein Gemeinschaftsunternehmen vorwiegend mit paritätischem Beteiligungsverhältnis der Gesellschafterunternehmen ausgestattet ist – etwa durch ein gemeinsames Führungsgremium oder durch eine vorgeschaltete Gemeinschaft bürgerlichen Rechts –, sind auch Gemeinschaftsunternehmen mit nicht paritätischem Anteilsbesitz möglich. **Entscheidend** ist, daß aufgrund von satzungsmäßigen Bestimmungen oder vertraglichen Vereinbarungen eine **gemeinsame Führung** (§ 310 Abs. 1) der Beteiligungsunternehmen sichergestellt ist.[153] Ebenso können an einem Gemeinschaftsunternehmen mehr als zwei Gesellschafterunternehmen beteiligt sein, etwa durch jeweils $^1/_3$ oder $^1/_4$-Beteiligung.[154]

---

149 S. auch die gleichlautende Feststellung von *Biener/Schatzmann* Konzern-Rechnungslegung S. 16.

150 Dazu näher *Eisolt* RIW 1993, 315 f; *Gingele* Der konsolidierte Abschluß in den Vereinigten Staaten von Amerika S. 102; *Pellens* Internationale Rechnungslegung S. 254.

151 *Busse von Colbe/Ordelheide* Konzernabschlüsse S. 52; *Schildbach* Der Konzernabschluß nach HGB, IAS und US-GAAP S. 88 f.

152 ADS Rdn. 90; *Emmerich/Sonnenschein* Konzernrecht § 3 III 1; HdKR-*Siebourg* Rdn. 38; *Scherrer* Konzernrechnungslegung S. 119.

153 *Scherrer* Konzernrechnungslegung S. 121.

154 HdKR-*Siebourg* Rdn. 48.

b) Konsolidierungsvarianten. aa) Grundsätzliches. Das Gesetz sieht für Beteiligungsunternehmen verschiedene Konsolidierungsmethoden vor. Besteht ein Mutter-Tochter-Verhältnis, so ist das Mutterunternehmen nach § 290 Abs. 1 oder Abs. 2 zur **Vollkonsolidierung** (§§ 300–307) verpflichtet. Erfüllt das Beteiligungsunternehmern hingegen die Merkmale eines Gemeinschaftsunternehmens i. S. v. § 310 Abs. 1, so muß sich das Gesellschafterunternehmen zwischen der **anteilmäßigen Konsolidierung** („Quotenkonsolidierung") nach dieser Vorschrift und der **Anteilsbewertung nach der Equity-Methode** (§§ 311, 312) entscheiden, da der Begriff der gemeinsamen Führung i. S. v. § 310 Abs. 1 stets einen maßgeblichen Einfluß i. S. v. § 311 Abs. 1 umfaßt.[155] Ob ein Beteiligungsunternehmen als Tochterunternehmen i. S. v. § 290 oder als Gemeinschaftsunternehmen i. S. v. § 310 Abs. 1 zu behandeln ist, richtet sich nach der **Intensität der Beherrschung**. Dabei ist zunächst das Vorliegen eines Mutter-Tochter-Verhältnisses nach Abs. 1 oder Abs. 2 zu prüfen, da bejahendenfalls ein Gemeinschaftsunternehmen schon begrifflich ausscheidet.[156] Bei der Abgrenzung insbesondere der gemeinsamen Führung nach § 310 Abs. 1 von der einheitlichen Leitung i. S. v. § 290 Abs. 1 ist zu beachten, daß die „Führung" unterhalb der Schwelle der „Leitung" angesiedelt ist.[157] Für die zutreffende Einordnung kommt es auf die nähere Ausgestaltung der Einflußmöglichkeiten im Gemeinschaftsunternehmen an. 72

bb) Einzelfälle. Eine Anwendung der **Vollkonsolidierung** über das **Control-Konzept** des Abs. 2 Nr. 1 und 2 kommt bei Gemeinschaftsunternehmen nicht in Betracht, da keinem der Gesellschafter die Mehrheit der Stimmrechte oder der Anteile zusteht. Nur bei einem **Mehrmütter-Beherrschungsvertrag** kommt die Vollkonsolidierung des Abs. 2 Nr. 3 zur Anwendung, da alleine auf die Konzernvermutung des § 18 AktG abgestellt wird.[158] Besitzt **eines der Gesellschafterunternehmen** gegenüber dem Beteiligungsunternehmen eine **vorherrschende Stellung** und liegen auch die übrigen Voraussetzungen des **Abs. 1** vor, so ist das Beteiligungsunternehmen in Wirklichkeit ein Tochterunternehmen des die einheitliche Leitung ausübenden Gesellschafterunternehmens und als solches **vollkonsolidierungspflichtig**. Dabei ist allerdings nicht allein die Beteiligung entscheidend. Selbst bei paritätischer Beteiligung kann ein tatsächliches Übergewicht eines Unternehmens bestehen, wenn diesem etwa allein die Geschäftsführung übertragen wurde oder Leitungsfunktionen tatsächlich ausgeübt werden.[159] Ist hingegen *keinem* der beteiligten Unternehmen die Ausübung der einheitlichen Leitung gegen den Willen eines anderen Unternehmens möglich (gemeinschaftliche einheitliche Leitung), so soll nach einer Ansicht im Schrifttum eine Vollkonsolidierung unzulässig sein; Gemeinschaftsunternehmen könnten lediglich nach § 310 oder §§ 311, 312 konsolidiert werden.[160] Nach einer anderen Ansicht ist auch für den Fall der **gemeinschaftlichen einheitlichen Leitung** die **Vollkonsolidierung** des § 290 Abs. 1 anzuwenden.[161] Dieser Ansicht ist beizutreten. Die Quotenkonsolidierung ist nicht als lex specialis zur Vollkonsolidierung anzusehen. Abs. 1 schreibt bei Vorliegen der einheitlichen Leitung zwingend die Vollkonsolidierung vor. Dies ergibt 73

---

155 Beck BilKomm-*Budde/Suhrbier* § 310 Rdn. 8.

156 Beck BilKomm-*Budde/Suhrbier* § 310 Rdn. 5; Heymann/*Henssler* § 310 Rdn. 7; ADS § 290 Rdn. 102 f. (hM); **a. A.** *Baumbach/Hopt* Rdn. 5; *Schindler* BB 1987, 158, 165; differenzierend *Hoffmann-Becking/Rellermeyer* FS Goerdeler 199 ff.

157 Vgl. zu diesem Stufenverhältnis § 310, 16, 22 (*Kraft*); Heymann/*Henssler* § 310, 5.

158 ADS Rdn. 105; *Hoffmann-Becking/Rellermeyer* FS Goerdeler 208.

159 HdKR-*Siebourg* Rdn. 42.

160 Etwa *Schindler* DB 1987, 158 ff; HdKR-*Siebourg* Rdn. 44.

161 Vgl. ADS Rdn. 102; *Busse von Colbe/Ordelheide* Konzernabschlüsse S. 86 ff; *Früh/Klar* WPg 1993, 502; *Maas/Schruff* WPg 1986, 244; WP-Handbuch 1996, I M 70 ff.

sich zum einen aus der Stellung der Normen im Gesetz und zum anderen unterscheidet der Gesetzestext auch begrifflich zwischen „Leitung" i. S. d. § 290 und „Führung" i. S. d. § 310.[162]

2. Gleichordnungskonzern

74 Nach § 18 Abs. 2 AktG wird eine Unternehmensgesamtheit als Gleichordnungskonzern bezeichnet, wenn rechtlich selbständige Unternehmen unter **einheitlicher Leitung** stehen, **ohne** daß zwischen ihnen ein **Abhängigkeitsverhältnis** i. S. d. § 17 AktG besteht. Das den Gleichordnungskonzern kennzeichnende und den Unterschied zum Unterordnungskonzern ausmachende Merkmal ist somit das fehlende tatsächliche oder rechtlich mögliche Beherrschungs- und Abhängigkeitsverhältnis zwischen den gleichgeordneten Unternehmen. Der deutsche Gesetzgeber hat von dem durch Art. 12 der 7. EG-Richtlinie eingeräumten Wahlrecht, auch Gleichordnungskonzerne generell zur Rechnungslegung zu verpflichten, keinen Gebrauch gemacht. Die Frage der Anwendbarkeit des § 290 auf Gleichordnungskonzerne läßt sich daher – mangels einer eigenen Regelung – nur anhand der allgemeinen Tatbestandsmerkmale der einheitlichen Leitung und des Control-Konzeptes beurteilen.[163]

75 Eine Verpflichtung zur Konzernrechnungslegung nach **Abs. 2** scheidet im Gleichordnungsverhältnis eindeutig aus, da die Anknüpfungsmerkmale des Control-Konzepts (Nr. 1–3) gerade auf eine Unterordnung in Form von rechtlich gesicherten Beherrschungs- und Abhängigkeitsverhältnissen abstellen.[164]

76 Dagegen sind Gleichordnungskonzerne nach dem Konzept der einheitlichen Leitung nicht grundsätzlich von der Pflicht zur Aufstellung eines Konzernabschlusses und Konzernlageberichts ausgenommen. Nur wenn keines der gleichgeordneten Unternehmen die einheitliche Leitung tatsächlich ausübt, so ist eine Konzernrechnungslegungspflicht auch nach **Abs. 1** zwingend zu verneinen.

77 Ob dies aber auch auf die Fallgestaltungen zutrifft, in denen eine **einheitliche Leitung auf freiwilliger Basis** praktiziert wird (z. B. mittels personeller Verflechtungen oder Errichtung einer gemeinsamen Leitungsgesellschaft),[165] kann dem Gesetz nicht eindeutig entnommen werden. Teilweise wird insoweit eine Pflicht zur Aufstellung eines Konzernabschlusses und Konzernlageberichts unter Hinweis auf die ansonsten vielfältig gegebenen Umgehungsmöglichkeiten angenommen.[166] Diese Literaturstimmen räumen freilich ein, daß die neben der einheitlichen Leitung zusätzlich erforderliche Beteiligung des konzernleitenden am gleichgeordneten Unternehmen (Rdn. 32 ff) überwiegend nicht gegeben sein wird und die praktische Bedeutung der Streitfrage daher gering ist.[167]

---

[162] So auch ADS Rd. 107 ff; vgl. ebenso § 310, 16 (*Kraft*).

[163] BTDrucks. 10/4628, S. 113; *Habersack* Europäisches Gesellschaftsrecht Rdn. 294.

[164] Unstreitig; s. HdKR-*Siebourg* Rdn. 117; WP-Handbuch 1996, I M 75; *Börg/Kölschbach* BB 2000, 607, 609.

[165] Zu weiteren Erscheinungsformen s. ADS Rdn. 86.

[166] S. *Busse von Colbe/Ordelheide* Konzernabschlüsse S. 48, die darauf hinweisen, daß auch bei einem Gleichordnungskonzern keine wirtschaftliche Autonomie der Einzelunternehmen besteht, wenn mehrere Gesellschafter an verschiedenen Unternehmen jeweils in gleichem Maße beteiligt sind und diese Gesellschafter mit Hilfe der Gesellschafterversammlungen und von weiteren Maßnahmen die Aktivitäten der verschiedenen Gesellschaften einheitlich leiten.

[167] ADS Rdn. 85 ff; Beck BilKomm-*Hoyos/Lechner* Rdn. 26; Beck HdR-*Odenwald* C 200 Rdn. 19; HdKR-*Siebourg* Rdn. 113 ff; zum Streitstand im Rahmen des § 329 AktG 1965, dem das Merkmal der Beteiligung unbekannt war, vgl. Groß-KommAktG-*Barz* § 329, 4 ff; ferner *Baumbach/Hueck* 1965 § 329, 1; *Godin/Wilhelmi* AktG § 329, 2.

Entgegen der soeben dargestellten Auffassung ist die **Konzernrechnungslegungspflicht** eines **Gleichordnungskonzerns** jedoch grundsätzlich **abzulehnen**. Der Wortlaut der 7. EG-Richtlinie läßt darauf schließen, daß Art. 1 nur für Unterordnungskonzerne Anwendung findet. Dieses Verständnis wird durch das für Gleichordnungskonzerne geltende Mitgliedstaatenwahlrecht des Art. 12 unterstrichen. Da der deutsche Gesetzgeber auf eine Umsetzung des Wahlrechts verzichtet hat, besteht eine Konzernrechnungslegungspflicht für Gleichordnungskonzerne de lege lata nicht.[168] 78

VIII. Aufstellungsfrist

Die Aufstellung des Konzernabschlusses und Konzernlageberichts hat durch die gesetzlichen Vertreter des Mutterunternehmens innerhalb der ersten **fünf Monate** des Konzerngeschäftsjahres für das vergangene Konzerngeschäftsjahr zu erfolgen (§ 290 Abs. 1). Ungeachtet des Gesetzeswortlauts, der die Aufstellungsfrist lediglich auf die nach Abs. 1 zu erstellenden Konzernabschlüsse bezieht, gilt die Fünf-Monats-Frist nach einhelliger Auffassung auch für konsolidierte Abschlüsse nach Abs. 2.[169] Die Fristbestimmung des § 290 Abs. 1 stimmt mit der aufgehobenen Regelung des § 329 Abs. 1 S. 3 AktG 1965 und dem für sonstige rechnungslegungspflichtige Unternehmen geltenden § 13 PublG überein. 79

Der Gesetzgeber des BiRiLiG (Vor § 290, 19) ging – entsprechend der bisherigen Rechtslage nach § 329 AktG – anscheinend davon aus, daß die in den Konzernabschluß einfließenden **Einzelabschlüsse** der Tochterunternehmen **bereits vorher geprüft und festgestellt** wurden.[170] Da bei einer strengen Beachtung dieses Grundsatzes Änderungen in den Einzelabschlüssen – nach deren Einbeziehung in den Konzernabschluß – ausgeschlossen sind, kann so auch das Ziel des true and fair view (Vor § 290, 15) aufrechterhalten werden. Für die Unternehmen entsteht jedoch gleichzeitig aufgrund der beschränkt zur Verfügung gestellten Zeit für die Aufstellung und Prüfung der Einzelabschlüsse und des Konzernabschlusses ein erheblicher Druck. Vor allem Konzernen mit vielen bedeutenden Tochterunternehmen fällt die Wahrung der Frist unter Einbeziehung bereits geprüfter und festgestellter Einzelabschlüsse oftmals schwer. Auch Konzerne mit kleinen Kapitalgesellschaften (§ 267 Abs. 1) als Tochterunternehmen können innerhalb der kurzen Frist nicht ausschließlich geprüfte und festgestellte Einzelabschlüsse berücksichtigen, da kleinen Kapitalgesellschaften – abweichend von der Fünf-Monats-Frist bei Konzernabschlüssen – nach § 264 Abs. 1 S. 3 sechs Monate zur Aufstellung der einzubeziehenden Jahresabschlüsse zur Verfügung stehen. Um dem Rechnung zu tragen, können in den Konzernabschluß – abweichend vom eben dargestellten Grundsatz – auch ausnahmsweise noch nicht festgestellte Einzelabschlüsse einbezogen werden. Bestehen begründete Zweifel an der unveränderten 80

[168] Vgl. BTDrucks. 10/4268, S. 113, jedoch mit kaum überzeugender Ausführung: „Der Ausschuß hat dem Vorschlag, auch Gleichordnungskonzerne in die Konzernrechnungslegung einzubeziehen, nicht entsprochen. Die Mitgliedstaaten der EG konnten sich auf diesen Vorschlag der Kommission nicht einigen, so daß Art. 12 der Siebenten Richtlinie nur ein Mitgliedstaatenwahlrecht enthält. Auch in der Bundesrepublik Deutschland ist die Frage umstritten, ob eine gesetzliche Verpflichtung zur Aufstellung von Gleichordnungskonzernabschlüssen zweckmäßig ist. Da insoweit keine Erfahrungen bestehen, sieht der Ausschuß zum jetzigen Zeitpunkt keine Veranlassung für eine gesetzliche Regelung."

[169] KK-*Claussen/Scherrer* Rdn. 105; *Wiedmann* Rdn. 38; Heymann/*Henssler* Rdn. 14; ADS Rdn. 157.

[170] ADS Rdn. 158; Heymann/*Henssler* Rdn. 15; *Wiedmann* Rdn. 38; zum zeitlichen Ablauf – bedingt durch die kurze Frist – s. GroßKomm-AktG-*Barz* § 329, 24.

Feststellung des Einzelabschlusses, so ist darauf im Konzernanhang (§§ 313, 314) hinzuweisen. Gegebenenfalls kann der Abschlußprüfer den Bestätigungsvermerk nach § 322 nur unter Vorbehalt erteilen.[171]

81 Für **Versicherungsunternehmen** ist abweichend von der allgemeinen Fristbestimmung die Regelung des § 341i Abs. 3 S. 1 maßgeblich. Danach sind der Konzernabschluß und der Konzernlagebericht innerhalb von zwei Monaten nach Ablauf der Aufstellungsfrist für den zuletzt aufzustellenden und in den Konzernabschluß einzubeziehenden Abschluß, spätestens jedoch innerhalb von zwölf Monaten nach dem Stichtag des Konzernabschlusses, für das vergangene Konzerngeschäftsjahr aufzustellen und dem Abschlußprüfer vorzulegen.

IX. Sanktionen bei Verstößen gegen die Aufstellungspflicht nach § 290

82 Verstöße gegen die Aufstellungspflicht des § 290 Abs. 1 und 2 werden durch die Vorschrift des § 335 S. 1 Nr. 2 sanktioniert. Das danach festzusetzende **Zwangsgeld** dient als Beugemittel zur Durchsetzung der Konzernrechnungslegung und kann vom Registergericht bis zur Höchstgrenze von jeweils 5 000 Euro festgesetzt werden. Da diese Grenze nur die einmalige Festsetzung betrifft, kann sie bei erneuter Festsetzung auch übertroffen werden.[172] Im Gegensatz zu § 11 PublG, nach dem das Registergericht bei Nichtbefolgung grundsätzlich von Amts wegen aktiv werden muß, erfolgt ein Einschreiten bei Verletzung der Pflicht aus § 290 nur auf Antrag, allerdings einer beliebigen dritten Person. § 335 wurde durch das KapCoRiLiG (Vor § 290, 25, 40) neu gefaßt.

X. Vergleichende Betrachtung zur Aufstellung eines konsolidierten Abschlusses nach den Grundsätzen der IAS und US-GAAP

83 Im Vergleich zum deutschen Konzernabschluß haben Konzernabschlüsse in den USA aufgrund ihrer vielfältigeren Aufgaben einen wesentlich höheren Stellenwert.[173] Der Konzernabschluß in den USA ergänzt grundsätzlich nicht den Einzelabschluß (so aber in Deutschland), sondern tritt an die Stelle der Einzelabschlüsse des Mutterunternehmens und der Tochterunternehmen. Auch inhaltlich sind Abschlüsse nach den US-GAAP umfangreicher. Besteht der Konzernabschluß nach HGB gemäß § 297 Abs. 1 aus der Konzernbilanz, der Konzern-Gewinn- und Verlustrechnung sowie dem Konzernanhang, so erfordern amerikanische Konzernabschlüsse zusätzlich eine **Cashflow-Rechnung**, ein separates Statement über die Entwicklung des **Konzerneigenkapitals**, eine umfangreiche **Segmentberichterstattung**, Angaben über den **Gewinn/Verlust der Aktien** und unter Umständen auch eine ergänzende **Inflationsrechnung**.[174] Auch der – nach beiden Rechtsordnungen erforderliche – Konzernlagebericht ist in den USA detaillierter und umfangreicher.

84 Können im HGB zwei Anknüpfungstatbestände, nämlich das Konzept der einheitlichen Leitung und das Control-Konzept, zur Konzernrechnungslegungspflicht füh-

---

171 Im gleichen Sinne Heymann/*Henssler* Rdn. 15.

172 S. *Wiedmann* § 335, 7.

173 Dabei ist beispielsweise auf die Maßgeblichkeit des Konzernabschlusses für die Dividendenpolitik und seine Funktion als Besteuerungsgrundlage hinzuweisen; näher dazu auch *Eisolt* RIW 1993, 309 ff; *Frankenberg* Jahresabschlüsse im internationalen Vergleich S. 39 ff; *Haller* DBW 1988, 723 ff.

174 Ausführlicher etwa *Eisolt* RIW 1993, 309 ff; *Haller* Die Grundlagen der externen Rechnungslegung in den USA S. 264 ff; *Pellens* Internationale Rechnungslegung.

ren, so machen demgegenüber sowohl die IAS als auch die US-GAAP diese Verpflichtung **ausschließlich** vom Vorliegen des **Control-Verhältnisses** abhängig. In den USA und nach IAS gibt es das Konzept der einheitlichen Leitung nicht. Daher können auch keine Gleichordnungskonzerne zur Konzernrechnungslegung verpflichtet werden, da sich die auf die Beherrschungsmöglichkeit abstellende Control-Definition und das Wesen des Gleichordnungskonzerns ausschließen (Rdn. 75).

Das im anglo-amerikanischen Rechtskreis ausschließlich geltende Control-Konzept geht in seinem Anwendungsbereich über das des HGB hinaus. Dies ergibt sich in subjektiver Hinsicht aus dem Prinzip der **Rechtsformneutralität**. Ferner sehen die US-GAAP die Möglichkeit einer **Beherrschung** auch schon bei bloßen **Minderheitsbeteiligungen** als gegeben an, wenn die Beherrschung durch begleitende Umstände sichergestellt ist. Nach IAS 27.6 liegt ein zur Rechnungslegungspflicht führender beherrschender Einfluß im Sinne des Control-Konzeptes vor, wenn das Mutterunternehmen die Macht hat, die Finanz- und Geschäftspolitik eines Unternehmens zu bestimmen und aus dessen Geschäftstätigkeit Vorteile zu erlangen. Dabei enthalten die IAS – ähnlich dem deutschen § 290 Abs. 2 – einen Katalog von Tatbeständen, die jeweils die Möglichkeit eines beherrschenden Einflusses vermuten.[175] 85

Unstrittig ist sowohl nach IAS als auch US-GAAP die Erstellung von Konzernabschlüssen auf **jeder Konzernstufe obligatorisch** (s. zu Teilkonzernabschlüssen nach HGB Rdn. 65). Grundsätzlich hat im anglo-amerikanischen Rechtskreis jedes Mutterunternehmen für seine Tochterunternehmen in Mehrheitsbesitz einen Konzernabschluß zu erstellen. Da der amerikanische Konzernabschluß einen erweiterten Abschluß des Mutterunternehmens darstellt und sämtliche Tochterunternehmen umfassen soll, die das Mutterunternehmen beherrschen kann, wäre es jedoch verfehlt, im anglo-amerikanischen Recht begrifflich von einem Teilkonzernabschluß zu sprechen. Konzernabschlüsse von Mutterunternehmen sind in den USA – auch auf verschiedenen Ebenen – vielmehr immer Gesamt-Konzernabschlüsse. 86

§ 291

Befreiende Wirkung von EU/EWR-Konzernabschlüssen

(1) Ein Mutterunternehmen, das zugleich Tochterunternehmen eines Mutterunternehmens mit Sitz in einem Mitgliedstaat der Europäischen Union oder in einem anderen Vertragsstaat des Abkommens über den Europäischen Wirtschaftsraum ist, braucht einen Konzernabschluß und einen Konzernlagebericht nicht aufzustellen, wenn ein den Anforderungen des Absatzes 2 entsprechender Konzernabschluß und Konzernlagebericht seines Mutterunternehmens einschließlich des Bestätigungsvermerks oder des Vermerks über dessen Versagung nach den für den entfallenden Konzernabschluß und Konzernlagebericht maßgeblichen Vorschriften in deutscher Sprache offengelegt wird. Ein befreiender Konzernabschluß und ein befreiender Konzernlagebericht können von jedem Unternehmen unabhängig von seiner Rechtsform und Größe aufgestellt werden, wenn das Unternehmen als Kapitalgesellschaft mit Sitz in einem Mitgliedstaat der Europäischen Union oder in einem anderen Vertragsstaat des Abkommens über den Europäischen Wirtschaftsraum zur Aufstellung eines Konzernabschlusses unter Einbezie-

175 IAS 27 (reformated 1994).

hung des zu befreienden Mutterunternehmens und seiner Tochterunternehmen verpflichtet wäre.

(2) Der Konzernabschluß und Konzernlagebericht eines Mutterunternehmens mit Sitz in einem Mitgliedstaat der Europäischen Union oder in einem anderen Vertragsstaat des Abkommens über den Europäischen Wirtschaftsraum haben befreiende Wirkung, wenn

1. das zu befreiende Mutterunternehmen und seine Tochterunternehmen in den befreienden Konzernabschluß unbeschadet der §§ 295, 296 einbezogen worden sind,

2. der befreiende Konzernabschluß und der befreiende Konzernlagebericht im Einklang mit der Richtlinie 83/349/EWG des Rates vom 13. Juni 1983 über den konsolidierten Abschluß (ABl. EG Nr. L 193 S. 1) und der Richtlinie 84/253/EWG des Rates vom 10. April 1984 über die Zulassung der mit der Pflichtprüfung der Rechnungslegungsunterlagen beauftragten Personen (ABl. EG Nr. L 126 S. 20) nach dem für das aufstellende Mutterunternehmen maßgeblichen Recht aufgestellt und von einem zugelassenen Abschlußprüfer geprüft worden sind,

3. der Anhang des Jahresabschlusses des zu befreienden Unternehmens folgende Angaben enthält:

a) Name und Sitz des Mutterunternehmens, das den befreienden Konzernabschluß und Konzernlagebericht aufstellt,

b) einen Hinweis auf die Befreiung von der Verpflichtung, einen Konzernabschluß und einen Konzernlagebericht aufzustellen, und

c) eine Erläuterung der im befreienden Konzernabschluß vom deutschen Recht abweichend angewandten Bilanzierungs-, Bewertungs- und Konsolidierungsmethoden.

(3) Die Befreiung nach Absatz 1 kann trotz Vorliegens der Voraussetzungen nach Absatz 2 von einem Mutterunternehmen nicht in Anspruch genommen werden, wenn Gesellschafter, denen bei Aktiengesellschaften und Kommanditgesellschaften auf Aktien mindestens zehn vom Hundert und bei Gesellschaften mit beschränkter Haftung mindestens zwanzig vom Hundert der Anteile an dem zu befreienden Mutterunternehmen gehören, spätestens sechs Monate vor dem Ablauf des Konzerngeschäftsjahrs die Aufstellung eines Konzernabschlusses und eines Konzernlageberichts beantragt haben. Gehören dem Mutterunternehmen mindestens neunzig vom Hundert der Anteile an dem zu befreienden Mutterunternehmen, so kann Absatz 1 nur angewendet werden, wenn die anderen Gesellschafter der Befreiung zugestimmt haben.

Übersicht

Schrifttum

S. zunächst die Nachweise vor und zu § 290, ferner

Kommentare, Gesamtdarstellungen und Lehrbücher:

Ensthaler Gemeinschaftskommentar zum Handelsgesetzbuch, 6. Aufl. (1999).

Aufsätze:

Busse von Colbe Der Konzernabschluß im Rahmen des Bilanzrichtlinie-Gesetzes, ZfbF 1985, 761; *Gerigk* Die rechtliche Bedeutungslosigkeit des § 291 Abs. 3 Satz 2 HGB für die Befreiung von der Pflicht zur Aufstellung eines Konzernabschlusses, DB 1986, 1375; *Görg/Kölschbach* Konzernabschluß des VvaG-Gleichordnungskonzerns – neue Perspektiven nach dem KapCoRiLiG, BB 2000, 607; *Gross* Teilkonzernabschlüsse als Mittel des Minderheitenschutzes? WPg 1976, 214; *Klar/Reinke* Der Spartenkonzern – Abgrenzung des Konsolidierungskreises, WPg 1991, 693; *Laupenmühlen/Voß* Internationale Rechnungslegungsprinzipien im Vergleich (Teil II), IStR 1994, 460; *Müller* Konzernrechnungslegung deutscher Unternehmen auf der Basis der 7. EG-Richtlinie, DBW 1977, 53; *Niehus* Konzernrechnungslegung in dem Einen Markt – Zu Auswertungen der Praxis von Konzernen in Deutschland, Frankreich und Großbritannien –, WPg 1994, 82; *Scholtissek* Der konsolidierte Abschluß in Frankreich, RIW 1985, 467; *Scholtissek* Ergänzung der Vorschriften über den Konzernabschluß in Frankreich, RIW 1987, 283, 762; *Scholtissek* Grundzüge der Konzernrechnungslegung in Griechenland, WPg 1989, 99; *Scholtissek* Überblick über die Konzernrechnungslegung in Großbritannien, RIW 1989, 797; *Scholtissek* Überblick über die Konzernrechnungslegung in Großbritannien, RIW 1990, 32; *Scholtissek* Konzernrechnungslegung in Belgien, RIW 1990, 646; *Scholtissek* Zur Konzernrechnungslegung in der Republik Irland, RIW 1993, 116; *Scholtissek* Die Rechnungslegungsvorschriften in Belgien, RIW 1993, 582.

I. Überblick

§ 291 enthält – neben den Tatbeständen der §§ 292 (i. V. m. der Konzernabschlußbefreiungsverordnung), 292a und 293 – Befreiungsmöglichkeiten von der durch § 290 begründeten Verpflichtung zur Aufstellung von Konzernabschlüssen und Konzernlageberichten. Die Regelungen der §§ 291, 292 **schränken** die **Teilkonzernabschlußpflicht ein**, die durch das BiRiLiG in Umsetzung der 7. EG-Richtlinie in die Konzernbilanzvorschriften eingeführt wurde. Grundsätzlich haben nach § 290 alle Mutterunternehmen, die die Voraussetzungen über die Konzernrechnungslegungs- 1 pflicht erfüllen, Konzernabschlüsse und Konzernlageberichte aufzustellen.[1] Da § 290 begrifflich nicht zwischen dem Konzernabschluß und einem Teilkonzernabschluß unterscheidet, werden auch solche Unternehmen erfaßt, die nicht an der Konzernspitze, sondern unterhalb derselben stehen und selbst eigene Tochterunternehmen haben (Tannenbaumprinzip; § 290, 65 ff). Um die mit dieser Regelung verbundene – und zu Recht kritisierte –[2] Ausuferung von Konzernabschlüssen zu verhindern, erlauben die §§ 291, 292 in Erweiterung des § 290 die Einbeziehung eines an sich zur Teilkonzernrechnungslegung verpflichteten Mutterunternehmens in einen – von einem *seiner* Mutterunternehmen offengelegten – befreienden Konzernabschluß. Dieser kann sowohl von der Konzernspitze (als Gesamtkonzernabschluß) als auch von einem Unternehmen, welches auf einer Konzernstufe zwischen der Konzernspitze und dem zu befreienden Mutterunternehmen steht (als Teilkonzernabschluß auf höherer Ebene), aufgestellt werden. Dabei unterscheiden die Befreiungstatbestände zwischen befreienden Mutterunternehmen mit Sitz im Inland, einem Mitgliedstaat der Europäischen Union oder einem anderen Vertragsstaat des Abkommens über den Europäischen Wirtschaftsraum (Anwendungsbereich des § 291)[3] und befreienden Mutterunternehmen aus Drittstaaten, die nicht Mitglied der Europäischen Union und auch nicht Vertragsstaat des Abkommens über den Europäischen Wirtschaftsraum sind (§ 292 i. V. m. der Konzernabschlußbefreiungsverordnung).[4]

2 **Vor Einführung der §§ 290 ff** in das HGB verfolgte das deutsche Bilanzrecht das System der **Gesamtkonzernrechnungslegung**. Nach § 330 Abs. 1 AktG 1965 a. F., § 28 Abs. 2 EGAktG 1965 a. F., § 11 Abs. 1 PublG 1969 a. F. sah es eine Teilkonzernabschlußpflicht nur als Ersatzlösung vor, wenn für das an der Konzernspitze stehende Mutterunternehmen keine Verpflichtung zur Gesamtkonzernrechnungslegung gemäß § 329 Abs. 1 AktG 1965 a. F., § 28 Abs. 1 EGAktG 1965 a. F., § 11 Abs. 1 PublG 1969 a. F. bestand. Der Teilkonzernabschluß im AktG diente vor allem als Druckmittel, um die Konzernleitung zu veranlassen, einen freiwilligen Gesamtkonzernabschluß aufzustellen.[5] Im übrigen hielt sich auch seinerzeit die Zustimmung zur Teilkonzernrechnungslegungspflicht in Grenzen, da der Teilkonzernabschluß eines Mutterunternehmens, welches zugleich auch Tochterunternehmen ist, nur einen Teil des Gesamtkonzernabschlusses erfassen kann. Mit seiner **geringen Aussagefähigkeit** weist der **Teilkonzernabschluß** damit die gleichen Mängel auf wie ein Jahresabschluß[6] und perpetuiert so die Nachteile, die mit Umsetzung der 7. EG-Richtlinie und Einführung der Konzernrechnungslegung gerade vermieden werden sollten.[7] Die Informationsfunktion eines Gesamtkonzernabschlusses kann der Teilkonzernabschluß daher bei weitem nicht erreichen. Darüberhinaus ist der Teilkonzernabschluß – freilich nun im Gegensatz zum Jahresabschluß – auch **rechtlich bedeutungslos**. Ebensowenig wie der Gesamtkonzernabschluß (Vor § 290, 7) kommt er als Grundlage der Gewinnverteilung in Betracht.

---

[1] Dazu näher § 290 Rdn. 69 ff; vgl. dort im übrigen auch zur umstrittenen Frage der Pflicht zur Teilkonzernrechnungslegung nach § 290 Abs. 1 (§ 290 Rdn. 65 ff).

[2] Zur angebrachten Kritik an der generellen Aussagekraft eines Teilkonzernabschlusses sowie den damit einhergehenden unverhältnismäßig hohen Kosten *Gross* WPg 1976, 214 ff; *Kirchner* BB 1975, 1611 ff; *Müller* DBW 1977, 53, 55.

[3] Die Erweiterung auch auf Vertragsstaaten des Abkommens über den Europäischen Wirtschaftsraum ist auf die Änderung des § 291 durch Art. 40 EWR-AusführungsG v. 27. 4. 1993 (BGBl. I S. 512) mit Wirkung zum 1. 1. 1994 zurückzuführen.

[4] Vgl. dazu die Erl. zu § 292.

[5] HdKR-*Siebourg* Rdn. 2; *von Wysocki/Wohlgemuth* Konzernrechnungslegung[2] S. 62.

[6] Bonner HdR-*Albrecht* Rdn. 4; *Müller* DBW 1977, 53, 55; *Wiedmann* Rdn. 2.

[7] S. schon vor 290, 1 ff.

Trotz aller berechtigter Kritik führte die 7. EG-Richtlinie dazu, daß **grundsätzlich** die **Teilkonzernrechnungslegung** in das nationale Recht der EG-Mitgliedstaaten umzusetzen war. Der deutsche Gesetzgeber konnte den damit verbundenen Nachteilen nur Rechnung tragen, indem er möglichst **viele Befreiungstatbestände** schuf. Vor diesem Hintergrund erklärt sich auch die äußerst zurückhaltende Umsetzung der Art. 7 und 8 der 7. EG-Richtlinie, mit dem alleinigen Ziel, der Gesamtkonzernrechnungslegung den Vorzug einzuräumen.[8] Der deutsche Gesetzgeber hat von den ihm eröffneten Wahlrechten zu diesem Zweck uneingeschränkten Gebrauch gemacht und sich mit seinem Vorgehen eindeutig – in Fortführung der aktienrechtlichen Vorschriften – zugunsten der Gesamtkonzernrechnungslegung und gegen die dem angelsächsischen Verständnis entsprechende Teilkonzernrechnungslegung ausgesprochen. Zu nennen sind insbesondere 3

- die fehlende Umsetzung des Art. 7 Abs. 3 der 7. EG-Richtlinie, wonach börsennotierte Unternehmen von der Befreiung hätten ausgenommen werden können,[9]
- mildere Befreiungsvoraussetzungen von der Teilkonzernrechnungslegung durch die Umsetzung des Mitgliedstaatenwahlrechts aus Art. 8 (entgegen der Regelung des Art. 7, wonach das befreiende Mutterunternehmen mindestens 90 v.H. der Anteile an dem befreiten Mutterunternehmen besitzen muß, berechtigten – unter den in Abs. 3 genannten Bedingungen – auch geringere Anteile des befreienden Mutterunternehmens zur Entbindung von der Teilkonzernrechnungslegung) und
- das Nichtaufgreifen der durch Art. 9 eröffneten Möglichkeit, die Befreiung von der Teilkonzernabschlußpflicht an weitere – über Art. 7 und 8 der Konzernbilanzrichtlinie hinausgehende – Voraussetzungen zu knüpfen (nur das zusätzliche Erfordernis für das befreiende Mutterunternehmen, den Konzernabschluß in deutscher Sprache offenzulegen, geht über die Anforderungen der 7. EG-Richtlinie hinaus).

Durch die alleinige Umsetzung der in der Richtlinie vorgesehenen Mindestvoraussetzungen wird das Bestreben des deutschen Gesetzgebers deutlich, an den oben Rdn. 2 dargestellten traditionellen nationalen Rechnungslegungsgrundsätzen festzuhalten.[10] Die praxisnahe Ausgestaltung der Befreiungstatbestände fördert diese Absicht.[11] Eine Verpflichtung zur **Teilkonzernrechnungslegung** gelangt in Deutschland im Ergebnis **nur dann** zur Anwendung, wenn **weder die Befreiungstatbestände der §§ 291, 292 noch** die Vorschrift über **kleine Konzerne** (§ 293) eingreifen. Da die HGB-Vorschriften die Einbeziehung in die befreiende Konzernrechnungslegung im Vergleich zum AktG 1965 nicht erschweren, ist eine steigende Anzahl von Teilkonzernabschlüssen nicht zu erwarten. Ausnahmsweise kann jedoch in den Fällen des Abs. 3 die Befreiung von der Teilkonzernabschlußpflicht – trotz Vorliegens der Voraussetzungen der Abs. 1 und 2 – hinter den Schutz der Informationsinteressen von Minderheitsgesellschaftern der zu befreienden Mutterunternehmen zurücktreten (s. näher unter Rdn. 39 ff). Die Regelung des Abs. 3 war nur teilweise durch zwingende Richtlinienvorgaben bedingt. 4

---

[8] Heymann/*Henssler* Rdn. 4; Beck BilKomm-*Hoyos/Lechner* Rdn. 1; HdKR-*Siebourg* Rdn. 2; *Wiedmann* Rdn. 2.

[9] Kritisch zum Verzicht auf die Umsetzung *Busse von Colbe* ZfbF 1985, 761 ff; ebenso von Wysocki im Rahmen der öffentlichen Anhörung 19/12, abgedruckt bei *Helmrich* Bilanzrichtliniengesetz S. 180 f.

[10] Dieses Anliegen überrascht nicht; vielfach herangezogenes – und abschreckend wirkendes – Beispiel ist eine Untersuchung der Bayer AG aus dem Jahre 1979, wonach diese bei konsequenter Anwendung des Stufenkonzeptes die Pflicht zur Aufstellung von 26 Teilkonzernabschlüssen getroffen hätte – freilich neben dem ohnehin erforderlichen Weltabschluß – (10 in Deutschland, 5 in Frankreich, 3 in Italien, je 2 in Belgien und Großbritannien und je einer in Dänemark, Irland, Luxemburg und den Niederlanden); vgl. *Biener* DB 1983, Beilage 19, S. 3.

[11] So auch HdKR-*Siebourg* Rdn. 12.

Abs. 3 S. 1 beruht auf der Ausübung eines Mitgliedstaatenwahlrechts (s. Art. 8 Abs. 1 der 7. EG-Richtlinie). Wäre das Ziel der Gesamtkonzernrechnungslegung konsequent verfolgt worden, so hätte der deutsche Gesetzgeber auf die Berücksichtigung dieses Minderheitenrechts verzichten können.[12]

5 Klarstellende Funktion für **Kreditinstitute** und **Versicherungsunternehmen** hat schließlich Abs. 2 S. 2,[13] nach dem auch Unternehmen dieser Wirtschaftszweige die Befreiungsvorschrift des § 291 in Anspruch nehmen können, wenn von ihnen gleichzeitig die Anforderungen der geschäftszweigspezifischen europarechtlichen Richtlinien 86/635/EWG (Kreditinstitute)[14] und 91/674/EWG (Versicherungsunternehmen)[15] beachtet werden.

6 Mutterunternehmen i. S. d. **PublG**, die nicht in den Anwendungsbereich des § 291 fallen, können die Möglichkeit der befreienden Rechnungslegung ebenso wahrnehmen. Nach § 11 Abs. 6 PublG gilt die Vorschrift des § 291 über befreiende Konzernabschlüsse und Konzernlageberichte sinngemäß.

II. Befreiungsvoraussetzungen des § 291

1. Überblick

7 Die Befreiungswirkung von EU-/EWR-Abschlüssen ist an die in § 291 normierten **Voraussetzungen** gebunden und kann nur bei **kumulativem Vorliegen** derselben in Anspruch genommen werden.[16] Im einzelnen verlangt das Gesetz:

- Das nach § 290 grundsätzlich zur Konzernrechnungslegung verpflichtete und schließlich zu befreiende Mutterunternehmen ist zugleich Tochterunternehmen eines Mutterunternehmens mit Sitz in einem Mitgliedstaat der EU oder des EWR (§ 291 Abs. 1),[17]
- das befreiende Mutterunternehmen legt einen Konzernabschluß und Konzernlagebericht nach deutschem Recht in deutscher Sprache vor (§ 291 Abs. 1 S. 1),[18]
- das zu befreiende Mutterunternehmen ist einschließlich seiner Tocherunternehmen unter Beachtung der Einbeziehungsverbote (§§ 295, 296) in den befreienden Konzernabschluß einbezogen worden (§ 291 Abs. 2 Nr. 1),[19]
- der befreiende Konzernabschluß und Konzernlagebericht sind im Einklang mit der 7. EG-Richtlinie nach dem Recht eines EU- oder EWR-Mitgliedstaates aufgestellt und in Übereinstimmung mit den Anforderungen der 8. EG-Richtlinie geprüft worden (§ 291 Abs. 2 Nr. 2)[20] und
- der Anhang des Jahresabschlusses des zu befreienden Mutterunternehmen enthält die erforderlichen Angaben über die Befreiung und über Namen und Sitz des befreienden Mutterunternehmens (§ 291 Abs. 2 Nr. 3).[21]

---

[12] Zudem erscheint es – gerade vor dem Hintergrund der oben Rdn. 2 geschilderten Kritik äußerst fraglich, ob die Aufstellung eines Teilkonzernabschlusses nach Abs. 3 Minderheitsgesellschaftern von Nutzen sein kann; vgl. dazu auch *Gross* WPg 1976, 214, 219; *Krag/Müller* BB 1985, 307, 309.

[13] Eingefügt durch das Kapitalaufnahmeerleichterungsgesetz v. 20. 4. 1998, BGBl. I 1998 S. 707; Vor § 290, 23.

[14] ABl. EG v. 31. 12. 1986 Nr. L 372 S. 1.

[15] ABl. EG v. 31. 12. 1991 Nr. L 372 S. 7.

[16] Bonner HdR-*Albrecht* Rdn. 9; *Busse von Colbe/Ordelheide* Konzernabschlüsse S. 55; GK-*Marsch-Barner* Rdn. 1; Beck HdR-*Odenwald* C 200 Rdn. 84; HdKR-*Siebourg* Rdn. 12.

[17] Rdn. 10 ff.

[18] Rdn. 22 ff.

[19] Rdn. 28 ff.

[20] Rdn. 30 ff.

[21] Rdn. 38.

Ausnahmen von der Befreiung können sich zum Zwecke des **Minderheitenschutzes** überdies noch aus den Regelungen des Abs. 3 ergeben. Unter den dort genannten Voraussetzungen wird Minderheitsgesellschaftern des zu befreienden Mutterunternehmens das Recht eingeräumt, die Aufstellung eines Teilkonzernabschlusses und Teilkonzernlageberichts zu verlangen. Eine befreiende Konzernrechnungslegung ist danach ausgeschlossen, wenn Minderheitsgesellschafter, denen bei einer AG und KGaA mindestens 10 v. H. beziehungsweise bei einer GmbH mindestens 20 v. H. der Anteile an dem zu befreienden Mutterunternehmen gehören, bis spätestens sechs Monate vor Ablauf des Geschäftsjahres die Aufstellung eines Teilkonzernabschlusses beantragt haben (§ 291 Abs. 3 S. 1).[22] Kommen den Minderheitsgesellschaftern auf der einen Seite weniger als 10 v. H. der Anteile und dem befreienden Mutterunternehmen auf der anderen Seite 90 v. H. oder mehr Anteile an dem zu befreienden Mutterunternehmen zu, so müssen die Minderheitsgesellschafter des zu befreienden Mutterunternehmens dem Verzicht auf einen Teilkonzernabschluß zugestimmt haben (§ 291 Abs. 3 S. 2).[23] 8

2. Anforderungen nach Abs. 1

a) Überblick. Die Anforderungen des Abs. 1 richten sich an das übergeordnete, den befreienden Konzernabschluß und Konzerlagebericht aufstellende Mutterunternehmen. Das befreiende Mutterunternehmen muß, neben seiner **Unternehmensqualität**, in einer **Mutter-Tochter-Beziehung** zum zu befreienden Mutterunternehmen stehen und seinen **Sitz in einem Mitgliedstaat der Europäischen Union** oder in einem anderen Vertragsstaat des Abkommens über den Europäischen Wirtschaftsraum haben. Zudem obliegt dem übergeordneten Mutterunternehmen nach Abs. 1 S. 1 die Verpflichtung, den befreienden Konzernabschluß und Konzernlagebericht in deutscher Sprache nach den Vorschriften **offenzulegen**, die für den andernfalls aufzustellenden Teilkonzernabschluß und Teilkonzernlagebericht gelten würden. 9

b) Begriff des Mutterunternehmens. Die Befreiungswirkung des § 291 kann nur in Anspruch genommen werden, wenn das befreiende Mutterunternehmen ein Unternehmen ist.[24] Anders als bei § 290 (s. dort Rdn. 8) ist dieses Erfordernis in § 291 Abs. 1 S. 2 ausdrücklich enthalten. Der Gesetzgeber wollte zur Förderung der Gesamtkonzernrechnungslegung möglichst vielen Unternehmen die Einbeziehung in den Konzernabschluß eines übergeordneten Mutterunternehmens ermöglichen[25] und lediglich solche Institutionen von der befreienden Rechnungslegung ausschließen, die keine Unternehmenseigenschaft haben können (Privatpersonen, Bund, Länder und Gemeinden).[26] Daher wurde auf eine **rechtsfombedingte Abgrenzung verzichtet**. Während § 290 seinen Anwendungsbereich auf Kapitalgesellschaften und Personengesellschaften nach § 264a beschränkt (s. § 290, 13 ff), kann das übergeordnete, den befreienden Konzernabschluß und Konzernlagebericht aufstellende Mutterunternehmen im Sinne von § 291 jede beliebige Rechtsform haben. Dies ermöglicht auch solchen Unternehmen eine **freiwillige Konzernrechnungslegung**, die nach § 290 nicht zur Aufstellung eines Konzernabschlusses und Konzernlageberichts verpflichtet sind. 10

---

[22] Rdn. 41 ff.

[23] Rdn. 43 ff.

[24] Dazu auch *Baetge* Konzernbilanzen S. 96; *Scherrer* Konzernrechnungslegung S. 61; WP-Handbuch 1996, I R 349.

[25] ADS Rdn. 7; Bonner HdR-*Albrecht* Rdn. 12; *Busse von Colbe/Ordelheide* Konzernabschlüsse S. 55; *Schildbach* Der Konzernabschluß nach HGB, IAS und US-GAAP S. 89.

[26] Bericht des Rechtsausschusses BTDrucks. 10/4268, S. 113; auch *Kropff* DB 1986. 364 ff, der sich auf Art. 41 der 7. EG-Richtlinie bezieht.

Um der befreienden Konzernrechnungslegung nicht im Wege zu stehen, ist auch die Größe des übergeordneten Mutterunternehmens unbeachtlich. So können selbst Mutterunternehmen, die die Größenkriterien des § 11 PublG nicht erfüllen oder die nach § 293 von der Aufstellungspflicht befreit sind, Konzernabschlüsse und Konzernlageberichte mit befreiender Wirkung erstellen. Und schließlich ist die Eigenschaft als Unternehmen nicht mit der Kaufmannseigenschaft gleichzusetzen, sondern wiederum alleine anhand der Zweckbestimmung des HGB zu bestimmen (zum Unternehmensbegriff im Rahmen der Rechnungslegungsvorschriften vgl. § 290, 8 ff, 12).

11 Ist das übergeordnete Mutterunternehmen eine **Kapitalgesellschaft**, so ist die Unternehmenseigenschaft ohne weiteres gegeben. Für Nicht-Kapitalgesellschaften beschränkt Abs. 1 S. 2 den Anwendungsbereich des § 291 auf Unternehmen, die, hätten sie die Rechtsform einer Kapitalgesellschaft, zur Konzernrechnungslegung unter Einbeziehung des zu befreienden Mutterunternehmens und seiner Tochterunternehmen verpflichtet wären. Dies bedeutet allerdings nicht, daß das Unternehmen in der Rechtsform einer Kapitalgesellschaft nach dem jeweiligen nationalen Recht geführt werden können muß.[27] Es soll lediglich klargestellt werden, daß das Bestehen eines Mutter-Tochter-Verhältnisses zwischen dem übergeordneten Mutterunternehmen und dem zu befreienden Mutterunternehmen notwendig ist (dazu unten Rdn. 13), und ausgeschlossen werden, daß ein Mutterunternehmen nach rein wirtschaftlichen Kriterien einbezogen wird.[28] An der Rechtsformunabhängigkeit des § 291 ändert dies freilich nichts. Damit können neben Kapitalgesellschaften **auch Personengesellschaften** und **BGB-Gesellschaften**, die die Unternehmensqualität besitzen, befreiende Konzernabschlüsse und Konzernlageberichte aufstellen.[29] Ebenso können **Körperschaften des öffentlichen Rechts**[30] und **Unternehmen der öffentlichen Hand**, die zur kaufmännischen Rechnungslegung verpflichtet sind,[31] Mutterunternehmen i. S. v. § 291 Abs. 1 S. 2 sein.

12 c) **Sitz des befreienden Mutterunternehmens.** Befreiende Konzernabschlüsse und Konzernlageberichte nach § 291 können nur von Mutterunternehmen aufgestellt werden, die ihren Sitz in einem Mitgliedstaat der Europäischen Union oder einem Vertragsstaat des Abkommens über den Europäischen Wirtschaftsraum haben (§ 291 Abs. 1 S. 1). Maßgeblich ist der **tatsächliche Verwaltungssitz**.[32] Die nachträglich – mit Wirkung zum 1. 1. 1994 – erfolgte Erweiterung des Anwendungsbereich des § 291 auch auf Vertragsstaaten des EWR-Abkommens basiert auf Art. 40 Nr. 4 des Gesetzes zur Ausführung des Abkommens v. 2. 5. 1992 über den Europäischen Wirtschaftsraum (EWR-Ausführungsgesetz) v. 27. 4. 1993.[33] Neben den Mutterunternehmen im Inland und denen in den EU-Mitgliedstaaten können somit auch in der Konzernhierarchie höherrangige Unternehmen mit Sitz in den EWR-Staaten Konzernabschlüsse und Konzernlageberichte mit befreiender Wirkung aufstellen. Zusätzlich zu den 15 EU-Mitgliedstaaten (Belgien, Bundesrepublik Deutschland, Dänemark, Finnland, Frankreich, Griechenland, Großbritannien, Irland, Italien, Luxemburg, Niederlande, Österreich, Portugal, Schweden und Spanien) unterliegen dem Anwendungsbereich des EWR-Abkommens Island, Norwegen und die Schweiz.[34] Hat das übergeordnete Unter-

[27] Die Regelung des § 291 Abs. 1 S. 2 ist daher zumindest mißverständlich.

[28] HdKR-*Siebourg* Rdn. 15.

[29] ADS Rdn. 8; Bonner HdR-*Albrecht* Rdn. 12; *Großfeld* Bilanzrecht Rdn. 532.

[30] Vgl. BGHZ 69, 334, 338 ff = NJW 1978, 104 (VEBA-Gelsenberg); BGHZ 135, 107, 113 = NJW 1997, 1855 (Volkswagen – Land Niedersachsen).

[31] HdKR-*Siebourg* Rdn. 14; *Ebenroth/Boujong/Joost/Kindler* § 1, 29.

[32] *Großfeld* Bilanzrecht Rdn. 532.

[33] BGBl. I 1993 S. 512, 530.

[34] Anmerkung: Die Schweiz hat nach derzeitigem Stand (4. 8. 2001) ihr Rechnungslegungsrecht noch nicht der 7. EG-Richtlinie angepaßt. Sie beabsichtigt nach Auskunft des eidgenössischen Justiz- und Polizeidepartements (Bundesamt für

nehmen seinen Sitz hingegen außerhalb des EU- und EWR-Gebiets, so kommt eine Befreiung nur nach § 292 in Betracht.

d) Mutter-Tochter-Verhältnis. aa) Allgemein. Das den befreienden Konzernabschluß und Konzernlagebericht aufstellende Unternehmen muß in einer Mutter-Tochter-Beziehung zum befreiten Unternehmen stehen. Die befreiende Wirkung tritt sowohl bei einem unmittelbaren als auch bei einem mittelbaren Mutter-Tochter-Verhältnis ein.[35] Es ist daher nicht zwingend erforderlich, daß das befreiende Mutterunternehmen auf der nächst höheren Stufe steht. Es können auch mehrere Stufen zwischen den beiden Unternehmen liegen. Die Aufstellung eines befreienden Konzernabschlusses und Konzernlageberichts ist somit auf jeder übergeordneten Stufe eines Konzerns möglich, da die Rechte des unmittelbaren Mutterunternehmens dem mittelbaren Mutterunternehmen nach § 290 Abs. 3 S. 1 (vgl. § 290, 54 f) zugeordnet werden.[36] 13

Das übergeordnete Mutterunternehmen muß auch nicht an der Konzernspitze stehen.[37] Steht es in der Konzernhierarchie unterhalb derselben, so stellen der befreiende Konzernabschluß mit Konzernlagebericht eine **Teilkonzernrechnungslegung auf höherer Ebene** dar, freilich ebenso mit befreiender Wirkung. 14

Die Frage, ob ein Mutter-Tochter-Verhältnis vorliegt, beurteilt sich nach dem Recht, welches für die befreiende Konzernrechnungslegung gilt. Maßgeblich ist also das umgesetzte Richtlinienrecht (Art. 1 der 7. EG-Richtlinie) des Staates, in welchem das befreiende Mutterunternehmen seinen Sitz hat.[38] Hat das übergeordnete befreiende Mutterunternehmen seinen Sitz im Inland, so tritt die Befreiung des untergeordneten Mutterunternehmens von der Verpflichtung zur Aufstellung eines Teilkonzernabschlusses und Teilkonzernlageberichts ein, wenn es gleichzeitig Tochterunternehmen des übergeordneten Mutterunternehmens nach § 290 Abs. 1 (Konzept der einheitlichen Leitung) oder § 290 Abs. 2 (Control-Konzept) ist. **Eine freiwillige Konzernrechnungslegung** eines inländischen Mutterunternehmens kann somit nur dann befreiende Wirkung haben, wenn sie mit den Anforderungen des § 290 übereinstimmt. Wird ein Unternehmen etwa nach § 11 PublG einbezogen, so entbindet dieser Abschluß nicht automatisch von der Verpflichtung zur Teilkonzernrechnungslegung, da § 11 PublG – im Gegensatz zu § 290 Abs. 1 – nicht das Merkmal der Beteiligung (§ 290, 32 ff) voraussetzt. Auch die vor allem nach wirtschaftlichen Kriterien erstellten Spartenabschlüsse haben nur dann befreiende Wirkung, wenn sie den gesetzlichen Kriterien des § 290 entsprechen.[39] Trotzdem kann die Veröffentlichung von Spartenkonzernabschlüssen selbst ohne befreiende Wirkung eine sinnvolle Ergänzung zu den 15

Justiz), das Bundesgesetz über die Rechnungslegung und Revision (RRG) den anerkannten Grundsätzen der Rechnungslegung, wie den Fachempfehlungen zur Rechnungslegung FER, den International Accounting Standards IAS und den Generally Accepted Principles GAAP der USA, anzupassen. Die maßgeblichen EG-Richtlinien werden als relativ starr und nicht mehr allen Anforderungen des Geschäftslebens entsprechend beurteilt. In einigen Punkten ist die einberufene Expertenkommission daher von den Vorschriften der EU abgewichen; Quelle: www.ofj.admin.ch.

[35] ADS Rdn. 10; GK-*Marsch-Barner* Rdn. 5; Beck HdR-*Odenwald* C 200 Rdn. 85; HdKR-*Siebourg* Rdn. 17; *Wiedmann* Rdn. 5.

[36] BTDrucks. 10/4268, S. 42.

[37] ADS Rdn. 10; Beck HdR-*Odenwald* C 200 Rdn. 85; *Großfeld* Bilanzrecht Rdn. 532; Beck BilKomm-*Hoyos/Lechner* Rdn. 4; HdKR-*Siebourg* Rdn. 17.

[38] *Großfeld* Bilanzrecht Rdn. 532; Heymann/*Henssler* Rdn. 6; Beck HdR-*Odenwald* C 200 Rdn. 87; HdKR-*Siebourg* Rdn. 15.

[39] So auch ADS Rdn. 10; *Klar/Reinke* WPg 1991, 693; HdKR-*Siebourg* Rdn. 15; anderer Auffassung hingegen *Haeger/Zündorf* DB 1991, 1841, 1848.

gesetzlich vorgeschriebenen Konzernabschlüssen sein, da ihre Sichtweise auf wirtschaftlichen Gesichtspunkten beruht und weitergehende Informationen bieten kann, die auch der Segmentberichterstattung des Konzerns dienlich sein kann.[40]

16 Hat das befreiende Mutterunternehmen seinen Sitz in einem anderen EU-Mitgliedstaat oder einem Vertragsstaat des EWR-Abkommens, so kann es aufgrund der vielen Wahlrechte, die den Mitgliedstaaten durch die 7. EG-Richtlinie eröffnet wurden, zu einer **unterschiedlichen Beurteilung eines Mutter-Tochter-Verhältnisses** kommen. Innerhalb des Konzernbegriffs (vgl. § 290, 19 ff) ist es durchaus möglich, daß eine Beziehung zweier Unternehmen nach ausländischem Recht als ein Mutter-Tochter-Verhältnis einzustufen ist, während das deutsche Recht ein solches verneinen würde.[41] Übt das übergeordnete Mutterunternehmen etwa eine andauernde Hauptversammlungspräsenzmehrheit aus, läge nach deutschem Bilanzrecht keine Mutter-Tochter-Beziehung vor; aus Sicht des maßgeblichen ausländischen Rechts mag hier jedoch eine befreiende Konzernrechnungslegung möglich sein. Auch umgekehrt kann der Fall eintreten, daß beispielsweise bei Ausübung der einheitlichen Leitung über das untergeordnete Unternehmen eine Mutter-Tochter-Beziehung nach deutschem Recht vorliegen würde (§ 290 Abs. 1), während nach ausländischem Recht aufgrund fehlender Umsetzung des Konzepts der einheitlichen Leitung die Konsolidierung verwehrt wird. Der deutsche Teilkonzern hätte in einem solchen Fall einen Teilkonzernabschluß und Teilkonzernlagebericht aufzustellen.

17 **bb) Mehrfache Konzernzugehörigkeit.** Ein Konzern kann auch **mehrere übergeordnete Mutterunternehmen** haben. Eine solche mehrfache Konzernzugehörigkeit kann bei Gemeinschaftsunternehmen (§ 310) und bei mehrfachem tatbestandlichen Eingreifen des § 290 Abs. 1 und 2 im Verhältnis zu verschiedenen übergeordneten Mutterunternehmen vorliegen. In diesen Fallgestaltungen stellt sich die Frage, in welchen Konzernabschluß das zu befreiende Mutterunternehmen einzubeziehen ist und wann die Befreiungswirkung eintritt.

18 Die den Konzernbegriff kennzeichnenden Merkmale der **einheitlichen Leitung** (§ 290 Abs. 1) und des **Control-Konzeptes** (§ 290 Abs. 2) stehen gleichwertig nebeneinander (§ 290, 3). Infolgedessen besteht auch **keine Rangfolge** zwischen den Mutter-Tochter-Verhältnissen zu den übergeordneten Mutterunternehmen. Die Befreiung von der Pflicht zur Teilkonzernrechnungslegung entsteht schon dann, wenn die zu befreiende Muttergesellschaft in einen einzigen der übergeordneten Konzernabschlüsse und Konzernlageberichte einbezogen wird.[42] Eine Konsolidierung in allen übergeordneten Abschlüssen ist aus Sicht des zu befreienden Unternehmens nicht erforderlich. Dagegen bleibt die Pflicht der übergeordneten Mutterunternehmen, alle Tochterunternehmen in ihre Rechnungslegung nach Maßgabe der §§ 290 ff einzubeziehen, unberührt.

19 Für die Frage, ob **Gemeinschaftsunternehmen** Berücksichtigung im Rahmen des § 291 Abs. 1 finden, kann wiederum nur das jeweilige Recht des Sitzstaates entscheidend sein. Gemeinschaftsunternehmen werden nach § 310 im Wege der Quotenkonsolidierung einbezogen.[43] Diese gesetzlichen Regelungen des deutschen Bilanzrechts schließen gleichzeitig die Möglichkeit aus, ein Mutterunternehmen als Gemeinschaftsunternehmen in einen befreienden Konzernabschluß und Konzernlagebericht einzu-

---

[40] ADS Rdn. 10; HdKR-*Siebourg* Rdn. 9.

[41] Vgl. nur beispielhaft die Wahlrechte der andauernden Hauptversammlungspräsenzmehrheit (Art. 1 Abs. 2 lit. a), welches in Deutschland nicht umgesetzt wurde, und des lediglich in Deutschland transformierten Konzepts der einheitlichen Leitung (Art. 1 Abs. 2 lit. b).

[42] ADS Rdn. 14.

[43] Vgl. ebenda.

beziehen.[44] Denn ein Konzernabschluß hat nur dann befreiende Wirkung, wenn das untergeordnete Unternehmen im Wege der Vollkonsolidierung einbezogen wird, und zudem kann die Quotenkonsolidierung nur dann zur Anwendung gelangen, wenn kein Mutter-Tochter-Verhältnis besteht.[45] Ohne ein Mutter-Tochter-Verhältnis ist § 291 Abs. 1 jedoch schon tatbestandlich nicht erfüllt, selbst dann nicht, wenn das zu befreiende Mutterunternehmen durch die Einbeziehung in verschiedene Konzernabschlüsse vollständig konsolidiert wird.[46]

cc) **Gleichordnungskonzerne.**[47] Der deutsche Gesetzgeber hat von der ihm eröffneten Möglichkeit, auch Gleichordnungskonzerne zur Konzernrechnungslegung zu verpflichten, keinen Gebrauch gemacht.[48] Aufgrund der fehlenden gesetzlichen Regelung ist umstritten, ob ein Konzernabschluß und Konzernlagebericht eines Gleichordnungskonzerns, welcher nach HGB-Vorschriften zu beurteilen ist, befreiende Wirkung haben kann. Eine Befreiung von der Teilkonzernrechnungslegung, die auf der freiwilligen Aufstellung eines Gleichordnungskonzernabschlusses beruht, wird überwiegend abgelehnt.[49] Der Konzernabschluß eines Gleichordnungskonzerns soll überhaupt nur dann befreiend wirken können, wenn die Voraussetzungen des § 290 Abs. 1 gegeben sind. Teilweise wird dies auch angenommen.[50] Dabei wird allerdings verkannt, daß das von Abs. 1 vorausgesetzte Mutter-Tochter-Verhältnis nur bei einem Unterordnungsverhältnis bestehen kann. Ein solches Unterordnungsverhältnis ist aber wegen der Merkmale eines Gleichordnungskonzerns bei diesem ausgeschlossen. Zudem hat der deutsche Gesetzgeber durch den Verzicht auf die Umsetzung des maßgeblichen Art. 12 der 7. EG-Richtlinie klar zu erkennen gegeben, daß er eine Konzernabschlußpflicht für Gleichordnungskonzerne – und damit auch die befreiende Wirkung solcher – nicht ins HGB einführen wollte.[51] Abschlüsse von unter einheitlicher Leitung zusammengefaßten Unternehmen, die nicht voneinander abhängig sind, können mithin nicht von der Pflicht zur Teilkonzernrechnungslegung befreien.[52] 20

Eine andere Beurteilung könnte jedoch bei **ausländischen Gleichordnungskonzernabschlüssen** erforderlich sein, wenn der betreffende EU-Mitgliedstaat oder Vertragsstaat des EWR-Abkommens Art. 12 der 7. EG-Richtlinie in sein nationales Recht umgesetzt hat. So läßt *Biener* dem Gleichordnungskonzernabschluß in einem solchen Fall befreiende Wirkung zukommen.[53] Zweifelhaft ist jedoch, ob selbst bei Vorliegen der Voraussetzungen des umgesetzten Art. 12 der Konzernbilanzrichtlinie die Pflicht aus Art. 1 zur Aufstellung eines Konzernabschlusses verdrängt wird. Denn nach Art. 12 Abs. 3 der Richtlinie finden die Art. 7–11 der Richtlinie auf den Gleichordnungskonzern keine Anwendung;[54] § 291 beruht auf Art. 7 und 8 der Richtlinie. 21

e) Offenlegung des befreienden Konzernabschlusses und Konzernlageberichts durch das befreiende Mutterunternehmen. aa) Offenlegung im Sinne der Rechnungslegungsvorschriften des HGB. Befreiender Konzernabschluß und Konzern- 22

---

[44] So auch ADS Rdn. 15; *Busse von Colbe/Ordelheide* Konzernabschlüsse S. 55; Heymann/*Henssler* Rdn. 10; Beck BilKomm-*Hoyos/Lechner* Rdn. 30; HdKR-*Siebourg* Rdn. 18; **a. A.** *Hoffmann-Becking/Rellermeyer* FS Goerdeler 199, 218 f.

[45] ADS Rdn. 15; HdKR-*Siebourg* Rdn. 18.

[46] ADS Rdn. 15; nicht so dagegen *Hoffmann-Becking/Rellermeyer* FS Goerdeler 199, 218 f.

[47] Zur Stellung von Gleichordnungskonzernen im Rahmen der Rechnungslegungsvorschriften s. auch schon § 290, 74 ff.

[48] Ein entsprechendes Mitgliedstaatenwahlrecht bestand nach des Art. 12 der 7. EG-Richtlinie.

[49] ADS Rdn. 16; HdKR-*Siebourg* Rdn. 23; *Görg/Kölschbach* BB 2000, 607, 609 (mit rechtspolitischer Kritik); für die befreiende Wirkung auch des freiwilligen Abschlusses hingegen *von Wysocki* WPg 1987, 277, 280.

[50] ADS Rdn. 16; HdKR-*Siebourg* Rdn. 23.

[51] Näher § 290, 77.

[52] So auch Beck BilKomm-*Hoyos/Lechner* Rdn. 34.

[53] *Biener/Berneke* Bilanzrichtlinien-Gesetz S. 297.

[54] Näher ADS Rdn. 18.

lagebericht sind nach den Vorschriften offenzulegen, die für die entfallende Rechnungslegung der befreiten (Teil-)Konzernmutter maßgeblich gewesen wären.[55] Für deutsche zu befreiende Mutterunternehmen sind somit die Offenlegungsregeln des HGB zu beachten. Davon unberührt bleibt dagegen der Inhalt des befreienden Konzernabschlusses und des Konzernlageberichts. Dieser ist nach den Bilanzierungsregeln des Sitzstaates des den befreienden Konzernabschluß aufstellenden Mutterunternehmens zu beurteilen (vgl. Abs. 2 Nr. 2; dazu auch unten Rdn. 30 ff).

23 Die für ein deutsches, die Befreiungsmöglichkeit des § 291 in Anspruch nehmendes Mutterunternehmen entscheidenden Offenlegungsvorschriften sind die §§ 325 ff. Der befreiende Konzernabschluß und Konzernlagebericht sind danach samt Bestätigungs- oder Versagungsvermerk des Abschlußprüfers im **Bundesanzeiger** bekanntzumachen; die Bekanntmachung ist unter Beifügung der notwendigen Unterlagen zum Handelsregister am Sitz des übergeordneten Mutterunternehmens einzureichen (§ 325 Abs. 3).

24 Schwierigkeiten für das übergeordnete Mutterunternehmen kann die **rechtzeitige Aufstellung** des befreienden Konzernabschlusses und Konzernlageberichts bereiten.[56] Nach § 291 Abs. 1 S. 1 i. V. m. § 325 Abs. 3 S. 1 müssen spätestens vor Ablauf des zwölften Monats des dem Konzernabschlußstichtag nachfolgenden Geschäftsjahres die betreffenden Unterlagen offengelegt worden sein.

25 Weichen die Abschlußstichtage der zu befreienden Muttergesellschaft und des übergeordeneten Mutterunternehmens voneinander ab, so ist der **Stichtag des** von der Teilkonzernrechnungslegung **zu befreienden Unternehmens** entscheidend.[57] Dadurch kann sich die zur Verfügung stehende Zeit bis zur Veröffentlichung des befreienden Konzernabschlusses und Konzernlageberichts erheblich verkürzen.[58] Für die betroffenen Unternehmen bietet es sich daher an, ihre Geschäftsjahre zur Wahrung der Offenlegungsfrist anzupassen.[59] Zur Fragestellung, ob einem Konzernabschluß und Konzernlagebericht auch dann die Befreiungswirkung von der Teilkonzernrechnungslegung zukommt, wenn er mit einem Versagungsvermerk versehen ist, s. Rdn. 37.

26 **bb) Offenlegung in deutscher Sprache.** Die Offenlegung des befreienden Konzernabschlusses und Konzernlageberichts einschließlich des Bestätigungsvermerks oder Versagungsvermerks muß in deutscher Sprache erfolgen. Hat das befreiende Mutterunternehmen seinen Sitz im Ausland und sind Konzernabschluß und Konzernlagebericht nicht in deutscher Sprache aufgestellt worden, so muß eine Übersetzung angefertigt werden. Die Umsetzung dieses Mitgliedstaatenwahlrechts aus Art. 7 Abs. 2 b) bb) S. 2 der 7. EG-Richtlinie bezweckt den wirksamen Schutz der Interessenten. Sie sollen in der gleichen Art und Weise vom Inhalt des befreienden Konzernabschlusses und Konzernlageberichts Kenntnis nehmen können, wie dies beim entfallenden Teilkonzernabschluß und Teilkonzernlagebericht möglich gewesen wäre.[60]

---

[55] Damit wurde Art. 7 Abs. 2 b) bb) S. 1 der Konzernbilanzrichtlinie umgesetzt.

[56] Zu diesem Problem vgl. auch ADS Rdn. 23; HdKR-*Siebourg* Rdn. 29.

[57] ADS Rdn. 23; Beck HdR-*Odenwald* C 200 Rdn. 97; HdKR-*Siebourg* Rdn. 29; *Wiedmann* Rdn. 15.

[58] Liegt etwa der Abschlußstichtag des zu befreienden Mutterunternehmens am 30. 9., der des übergeordneten, den befreienden Konzernabschluß und Konzernlagebericht aufstellenden Unternehmens jedoch erst am 31. 12., so tritt die befreiende Wirkung der Konzernrechnungslegung nur dann ein, wenn die übergeordnete Muttergesellschaft Konzernabschluß und Konzernlagebericht bis zum 30. 6. – d. h. innerhalb von sechs Monaten nach dem Abschlußstichtag des Unternehmens, um dessen Befreiung von der Konzernrechnungslegung es geht – im Bundesanzeiger bekanntmacht und zum Handelsregister einreicht.

[59] So auch Beck BilKomm-*Hoyos/Lechner* Rdn. 11; HdKR-*Siebourg* Rdn. 29.

[60] BTDrucks. 10/3440, S. 43.

Nicht umgesetzt wurde dagegen die den EU-Mitgliedstaaten ebenfalls eröffnete Möglichkeit, eine Beglaubigung der Übersetzung zu verlangen.[61] Der deutsche Gesetzgeber wollte den Unternehmen keine unnötigen Kosten auferlegen, da die Gefahr einer unrichtigen Übersetzung nicht zu befürchten sei.[62] Eine Umrechnung der ausländischen Währung in DM oder Euro ist ebenso nicht erforderlich.[63]

3. Anforderungen nach Abs. 2

a) Überblick. Neben den Anforderungen des Abs. 1 an das befreiende Mutterunternehmen müssen auch der befreiende Konzernabschluß und Konzernlagebericht sowie der Jahresabschluß des zu befreienden Mutterunternehmens verschiedenen, in Abs. 2 Nr. 1–3 genannten Erfordernissen genügen. Konzernabschluß und Konzernlagebericht eines Mutterunternehmens in einem EU- oder EWR-Vertragsstaat haben nur dann befreiende Wirkung, wenn das zu befreiende Mutterunternehmen nach den §§ 295, 296 einschließlich seiner Tochterunternehmen in den befreienden Konzernabschluß einbezogen wurde, dieser im Einklang mit der 7. EG-Richtlinie nach dem Recht eines EU- oder EWR-Mitgliedstaates aufgestellt und geprüft wurde und die notwendigen Angaben (lit. a–c) im Anhang des Jahresabschlusses des zu befreienden Mutterunternehmens enthalten sind. **27**

b) Konsolidierungskreis (Nr. 1). Abs. 2 S. 1 Nr. 1 bestimmt, daß das zu befreiende Mutterunternehmen und seine Tochterunternehmen unbeschadet der §§ 295, 296 in den befreienden Konzernabschluß aufzunehmen sind. Die Bestimmung ist für den Fall von Bedeutung, daß der Konsolidierungskreis des zu befreienden Teilkonzerns aus dem Blickwinkel des zu befreienden inländischen Mutterunternehmens anders definiert wird als aus der Perspektive des übergeordneten ausländischen Mutterunternehmens, z. B. weil die beteiligten Rechtsordnungen unterschiedliche Konzernbegriffe zugrundelegen oder weil die tatsächlichen Voraussetzungen für Einbeziehungsverbote und -wahlrechte auf den verschiedenen Konzernstufen im Hinblick auf einzelne Tochterunternehmen anders ausgestaltet sind. **28**

Die Verweisung durch Abs. 2 S. 1 Nr. 1 auf §§ 295, 296 ist mißverständlich, weil hierdurch für die Abgrenzung des Konsolidierungskreises auf Vorschriften des deutschen Rechts abgestellt wird. Dies ist bereits im Ansatz unrichtig, weil insofern das **Sitzrecht des befreienden ausländischen Mutterunternehmens** maßgeblich ist. Soweit es das Sitzrecht zuläßt, ist das ausländische Unternehmen frei darin, bestehende Wahlrechte neu auszuüben, und es ist andererseits zur Prüfung von Einbeziehungsverboten verpflichtet. Da § 291 Abs. 2 S. 1 Nr. 1 auf Art. 7 Abs. 2 lit. a der 7. Richtlinie beruht und dort die Einbeziehung des zu befreienden Mutterunternehmens und aller seiner Tochterunternehmen in den übergeordneten Konzernabschluß unter dem Vorbehalt der Einbeziehungswahlrechte und -verbote nach Art. 13, 14 und 15 der Richtlinie stehen, ist dieser Regelungsgehalt auch für die hier zu erläuternde Vorschrift des Abs. 2 Satz 1 Nr. 1 im Wege der richtlinienkonformen Auslegung zugrundezulegen. Anstelle der §§ 295, 296 sind deshalb die im Sitzrecht des befreienden ausländischen Unternehmens vorhandenen Durchführungsbestimmungen zu Art. 13, 14 und 15 der 7. Richtlinie heranzuziehen.[64] **29**

[61] Vgl. das Mitgliedstaatenwahlrecht des Art. 7 Abs. 2 b) bb) S. 2 a. E. der 7. EG-Richtlinie.

[62] BTDrucks. 10/3440, S. 43.

[63] *Biener/Schatzmann* Konzern-Rechnungslegung S. 17; Beck BilKomm-*Hoyos/Lechner* Rdn. 10; GK-*Marsch-Barner* Rdn. 3; WP-Handbuch 1992, I M 98.

[64] Heymann/*Henssler* Rdn. 14.

30 c) **Inhalt des befreienden Konzernabschlusses (Nr. 2). aa) Aufstellung nach dem Recht eines EU- oder EWR-Mitgliedstaates.** Ebenso wie im Rahmen der Abgrenzung des Konsolidierungskreises (s.o. Rdn. 9 ff) ist auch für den notwendigen Inhalt der befreienden Konzernrechnungslegung das Recht des Sitzstaates des aufstellenden Mutterunternehmens maßgeblich. Nach Abs. 2 Nr. 2 müssen der befreiende Konzernabschluß und der befreiende Konzernlagebericht dem Recht entsprechen, das für den Konzernabschluß des übergeordneten Mutterunternehmens gilt. Zudem kommt dem Abschluß nur dann befreiende Wirkung zu, wenn das anzuwendende nationale Recht des Sitzstaates an die 7. EG-Richtlinie angepaßt ist. Die Änderung des Abs. 2 Nr. 2 durch das KapAEG (Vor § 290, 23) hat lediglich klarstellende Funktion. Entscheidend ist, daß der Konzernabschluß und Konzernlagebericht inhaltlich mit dem Recht des Sitzstaates übereinstimmen; daß dieses zusätzlich den Richtlinien entspricht, wird nunmehr unterstellt.[65]

31 Handelt es sich bei dem den befreienden Konzernabschluß und Konzernlagebericht aufstellenden Mutterunternehmen um eine **inländische Kapitalgesellschaft**, so richten sich die inhaltlichen Anforderungen nach den Konzernrechnungslegungsvorschriften des HGB (§§ 297 ff). Genau wie bei **befreienden Mutterunternehmen mit Sitz in einem anderen EU-Mitgliedstaat**, die eine Rechtsform i. S. v. Art. 4 Abs. 1 der 7. EG-Richtlinie aufweisen, sind in diesen Fällen grundsätzlich die Voraussetzungen des § 291 erfüllt. Hat ein Vertragsstaat des EWR-Abkommens sein Recht noch nicht an die 7. EG-Richtlinie angepaßt, so kommt dem Wortlaut nach eine Konzernrechnungslegung mit befreiender Wirkung nicht in Betracht. Es besteht jedoch Einigkeit, daß dennoch für die Zeit bis zur Umsetzung die befreiende Wirkung nach § 291 eintritt, wenn das nationale Recht in den wesentlichen Grundzügen den Anforderungen der Konzernbilanzrichtlinie entspricht.[66] Sinngemäß ist in diesem Zusammenhang auf das Beurteilungsmerkmal der **Gleichwertigkeit** im Rahmen des § 292 zurückzugreifen (s. näher unter § 292, 9 ff).[67] Sollten in dem betreffenden Staat gar keine Bilanzierungsregeln bestehen, reicht auch die freiwillige Anpassung an die wesentlichen Aussagen der 7. EG-Richtlinie aus, um durch die übergeordnete Konzernrechnungslegung die Tochterunternehmen von der Pflicht zur Aufstellung eines Teilkonzernabschlusses und Teilkonzernlageberichts zu befreien.[68] Diese Handhabung sollte freilich nur für eine Übergangszeit gelten, bis das nationale Recht an die Anforderungen der 7. EG-Richtlinie angepaßt wird, da der Wortlaut des Abs. 2 Nr. 2 eindeutig auf das Recht des Mitgliedstaates verweist, in dem das befreiende Mutterunternehmen seinen Sitz hat (s. unten Rdn. 34).

32 Auch ein nach dem **PublG** bilanzierendes Mutterunternehmen kann befreiende Konzernabschlüsse und Konzernlageberichte aufstellen. Es ist jedoch daran gebunden, seine Rechnungslegung inhaltlich an die Voraussetzungen der Konzernbilanzrichtlinie anzugleichen.[69] Daher dürfen die Erleichterungen des § 13 Abs. 3 S. 1 und 2 PublG nur in Anspruch genommen werden, wenn das zu befreiende Mutterunternehmen diese für den Teilkonzernabschluß und Teilkonzernlagebericht auch hätte in Anspruch nehmen können (§ 13 Abs. 3 S. 3 PublG).

33 Umstritten ist, ob ein von einem **ausländischen Mutterunternehmen** aufgestellter Konzernabschluß und Konzernlagebericht auch dann befreiende Wirkung hat, wenn

---

[65] BTDrucks. 13/7141, S. 10.

[66] ADS Rdn. 38; Beck HdR-*Odenwald* C 200 Rdn. 93; *IdW-SABI 1/88* WPg 1988, 342; HdKR-*Siebourg* Rdn. 26.

[67] ADS Rdn. 38; GK-*Marsch-Barner* Rdn. 8.

[68] ADS Rdn. 38; *IdW-SABI 1/88* WPg 1988, 342.

[69] Beck HdR-*Odenwald* C 200 Rdn. 91; *Wiedmann* Rdn. 11.

er nicht dem Recht des Sitzstaates der Muttergesellschaft entspricht, sondern vielmehr **unmittelbar nach den Vorschriften des HGB** erstellt wurde.[70] Sinnvoll ist diese Vorgehensweise in der Praxis insbesondere für ein übergeordnetes Mutterunternehmen, welches nach den nationalen Vorschriften nicht zur Konzernrechnungslegung verpflichtet ist und seinen wirtschaftlichen Tätigkeitsschwerpunkt in Deutschland hat.[71] Gerade vor dem Hintergrund möglicher Harmonisierungsdefizite (soeben Rdn. 31) mag es auf den ersten Blick interessengerecht erscheinen, auch freiwillig nach HGB erstellte Konzernabschlüsse und Konzernlageberichte einer ausländischen Muttergesellschaft als befreiend anzusehen.[72] Sie sind für die Öffentlichkeit leichter lesbar und zudem informativer als ein nach ausländischen Vorschriften aufgestellter befreiender Konzernabschluß und Konzernlagebericht. Trotzdem kann der von einem ausländischen übergeordneten Mutterunternehmen nach deutschen Vorschriften erfolgten Konzernrechnungslegung keine befreiende Wirkung zukommen.[73] Die Aussage des Abs. 2 Nr. 2 ist dahingehend eindeutig, daß das jeweilige Recht des Sitzstaates entscheidend ist. Über den jede andere Auslegung ausschließenden Gesetzeswortlaut kann nicht hinweggegangen werden, selbst wenn zweifelhaft ist, ob so dem Zweck der Befreiungsregelung gedient ist und die Interessenlage ein anderes Ergebnis durchaus als wünschenswert erscheinen ließe. Gegen die befreiende Wirkung spricht zudem, daß Konzernabschluß und Konzernlagebericht von einem zuständigen Abschlußprüfer zu prüfen sind, dessen Qualifikation nach ausländischem Recht beurteilt wird (s. näher unten Rdn. 35 ff). Über eine ausreichende Kenntnis des deutschen Bilanzrechts wird ein ausländischer Abschlußprüfer nicht verfügen.[74] Infolgedessen ist es – den Wortlaut des Abs. 2 Nr. 2 treffend – zwingend erforderlich, daß ein ausländisches übergeordnetes Mutterunternehmen einen befreienden Konzernabschluß und Konzernlagebericht entsprechend den nationalen Rechnungslegungsvorschriften an seinem Sitz aufstellt. Zu Ersatzlösungen bei Fehlen derartiger Vorschriften oben Rdn. 31.

Da für die befreiende Konzernrechnungslegung das nationale Recht des Sitzstaates **34**
des befreienden Mutterunternehmens entscheidend ist, ergeben sich bei Gliederung und materiellem Inhalt des aufzustellenden befreienden Konzernabschlusses und Konzernlageberichts zwangsläufig vielfach **Unterschiede zur** entfallenden **Teilkonzernrechnungslegung nach HGB**. Die ungleiche Umsetzung der Mitgliedstaatenwahlrechte in den einzelnen EU-Mitgliedstaaten hat dazu geführt, daß die jeweiligen innerstaatlichen Konzernrechnungslegungsvorschriften zwar mit der 7. EG-Richtlinie, jedoch nicht automatisch mit den Vorschriften des HGB übereinstimmen.[75] Diese Abweichungen sind aber für die Frage der Befreiung unbeachtlich und, obwohl sie die Vergleichbarkeit der Konzernabschlüsse erschweren, hinzunehmen.[76]

---

70 Vgl. zu diesem Streit auch *Busse von Colbe/Ordelheide* Konzernabschlüsse S. 57; *Großfeld* Bilanzrecht Rdn. 533; *Schildbach* Der Konzernabschluß nach HGB, IAS und US-GAAP S. 91; HdKR-*Siebourg* Rdn. 26; *von Wysocki/Wohlgemuth* Konzernrechnungslegung S. 63.

71 *Schildbach* Der Konzernabschluß nach HGB, IAS und US-GAAP S. 91; HdKR-*Siebourg* Rdn. 26.

72 So auch *Baetge* Konzernbilanzen S. 106; *Busse von Colbe/Ordelheide* Konzernabschlüsse S. 57; WP-Handbuch 1996, I M 92.

73 Mit gleichem Ergebnis Beck BilKomm-*Hoyos/Lechner* Rdn. 22; Heymann/*Henssler* Rdn. 16; HdKR-*Siebourg* Rdn. 26; *von Wysocki/Wohlgemuth* Konzernrechnungslegung S. 63.

74 Ebenso *Großfeld* Bilanzrecht Rdn. 533.

75 WP-Handbuch 1996, I M 90; vgl. zu den unterschiedlichen Umsetzungen der 7. EG-Richtlinie etwa *Laupenmühlen/Voß* IStR 1994, 460 ff; *Niehus* WPg 1994, 82 ff; für Frankreich s. *Scholtissek* RIW 1985, 467 ff; *Scholtissek* RIW 1987, 283 ff, 762 ff; für Großbritannien vgl. *Scholtissek* RIW 1989, 797 ff; *Scholtissek* RIW 1990, 32 ff; zu Irland *Scholtissek* RIW 1993, 116 ff; für Belgien *Scholtissek* RIW 1990, 646 ff; *Scholtissek* RIW 1993, 582 ff; für Griechenland vgl. *Scholtissek* WPg 1989, 99 ff.

76 *Niehus* WPg 1994, 82 ff; *von Wysocki/Wohlgemuth* Konzernrechnungslegung S. 63.

35 **bb) Prüfung durch den Abschlußprüfer.** Der befreiende Konzernabschluß und Konzernlagebericht ist von einem zur Prüfung von Konzernabschlüssen zugelassenen Abschlußprüfer zu prüfen. Der Abschlußprüfer muß im **Sitzstaat des befreienden Mutterunternehmens** zugelassen worden sein und die diesbezüglich maßgeblichen nationalen Zulassungsvorschriften müssen mit der 8. EG-Richtlinie (Vor § 290, 18) übereinstimmen. Ist ein inländischer befreiender Konzernabschluß und Konzernlagebericht zu prüfen, so sind dazu nach deutschem Recht nur Wirtschaftsprüfer und Wirtschaftsprüfungsgesellschaften befugt (§ 319 Abs. 1 S. 1). Bei Konzernabschlüssen und Konzernlageberichten befreiender Mutterunternehmen mit Sitz in einem anderen EU-Staat oder einem Vertragsstaat des EWR-Abkommens richtet sich die Zulassung zur Prüfung nach dem jeweiligen Mitgliedstaatenrecht.

36 Die **Prüfung** selbst erfolgt nach den für das übergeordnete **Mutterunternehmen** einschlägigen **Prüfungsbestimmungen.** Bei Mutterunternehmen mit Sitz in Deutschland gelten die HGB-Regelungen der §§ 316 ff; Mutterunternehmen mit Sitz in EU- oder EWR-Staaten sind nach den dortigen nationalen Bestimmungen zu prüfen.

37 Die **Prüfung endet** entweder mit einem **Bestätigungsvermerk oder** der **Versagung des Bestätigungsvermerks** durch den Abschlußprüfer; sie muß – um durchgeführt zu sein – lediglich zu einem Ergebnis führen.[77] Abs. 2 S. 2 gibt keine Auskunft darüber, ob die Befreiungswirkung nur im Falle der Bestätigung des Konzernabschlusses und Konzernlageberichts eintritt oder auch dann, wenn diese versagt wurde. Da Abs. 1 jedoch auch dann zur Offenlegung der Rechnungslegung verpflichtet, wenn der Bestätigungsvermerk vom Abschlußprüfer versagt wurde, kann die fehlende Bestätigung der Rechnungslegung die Befreiung nicht ausschließen. Daraus folgt, daß die Entbindung von der Pflicht, einen Teilkonzernabschluß und Teilkonzernlagebericht aufzustellen, unabhängig vom Ergebnis der Abschlußprüfung eintritt. Dabei ist jedoch immer auf den Einzelfall abzustellen.[78] Grundsätzlich schadet weder die Versagung des Bestätigungsvermerks beim Konzernabschluß des zu befreienden Mutterunternehmens noch die beim Konzernabschluß des übergeordneten Mutterunternehmens.[79] Ist das Mutterunternehmen trotz Versagung des Bestätigungsvermerks zur Offenlegung des Konzernabschlusses und Konzernlageberichts nach nationalem Recht verpflichtet, dann wirkt die Rechnungslegung befreiend und entbindet von der Teilkonzernrechnungslegungspflicht des untergeordneten Mutterunternehmens. Sind die Versagungsgründe allerdings so gravierend, daß der befreiende Konzernabschluß nicht nach dem maßgeblichen, mit den Anforderungen der 7. EG-Richtlinie übereinstimmenden Recht aufgestellt wurde,[80] so entfällt die Befreiungswirkung. Damit werden an den befreienden Konzernabschluß keine größeren Anforderungen gestellt als an den entfallenden Teilkonzernabschluß. Nichts anderes kann für die Fälle gelten, in denen die Prüfung mit einer Einschränkung des Bestätigungsvermerks abschließt. Auch dann kommt dem Konzernabschluß und Konzernlagebericht grundsätzlich Befreiungswirkung zu, da es sich um einen weniger erheblichen Mangel handelt.[81]

38 **d) Erforderliche Angaben im Anhang des Jahresabschlusses des zu befreienden Mutterunternehmens (Nr. 3).** Das befreite Mutterunternehmen ist verpflichtet, die Öffentlichkeit über die Befreiung von der eigenen Konzernrechnungslegung zu infor-

---

[77] Heymann/*Henssler* Rdn. 17; Beck BilKomm-*Hoyos/Lechner* Rdn. 25.

[78] ADS Rdn. 41; Beck BilKomm-*Hoyos/Lechner* Rdn. 25; HdKR-*Siebourg* Rdn. 31.

[79] HdKR-*Siebourg* Rdn. 30.

[80] Daraus folgt, daß der Konzernabschluß nunmehr insgesamt nicht mehr den Anforderungen des Abs. 2 S. 2 gerecht wird.

[81] ADS Rdn. 41; Beck BilKomm-*Hoyos/Lechner* Rdn. 25; HdKR-*Siebourg* Rdn. 32; *Wiedmann* Rdn. 13.

mieren und einen Einblick in die befreiende Rechnungslegung des übergeordneten Unternehmens zu ermöglichen. Daher hat der Jahresabschluß des befreiten Mutterunternehmens nach Abs. 2 Nr. 3 Namen und Sitz des Mutterunternehmens, das den befreienden Konzernabschluß und Konzernlagebericht aufgestellt hat, und den Hinweis auf die Befreiung von der Verpflichtung, einen eigenen Konzernabschluß und Konzernlagebericht aufzustellen, zu enthalten. Seit Inkrafttreten des KapAEG[82] und der damit erfolgten Änderung des § 291 ist nach Abs. 2 S. 1 Nr. 3c) zudem vorgeschrieben, daß der Anhang eine Erläuterung der im befreienden Konzernabschluß angewandten Bilanzierungs-, Bewertungs- und Konsolidierungsmethoden, die vom deutschen Recht abweichen, enthalten muß. Dies soll zusätzliche Aufschlüsse über das Zustandekommen der befreienden Rechnungslegung geben und den Interessenten einen höheren Informationsgehalt bieten.[83] Ausreichend ist die Darlegung der wesentlichen Unterschiede.[84] Die nach Abs. 2 S. 1 Nr. 3 erforderlichen Angaben im Jahresabschluß des befreiten Unternehmens sind jedes Jahr neu zu erstellen.

4. Einschränkung der Befreiung zum Schutz von Minderheitsgesellschaftern (Abs. 3)

Abs. 3 gewährt **Minderheitsgesellschaftern** des zu konsolidierenden Unternehmens das Recht, abweichend von Abs. 1 und 2 die Aufstellung eines Teilkonzernabschlusses und Teilkonzernlageberichts zu erzwingen. Damit soll dem Interesse der Minderheitsgesellschafter Rechnung getragen werden, über die Vermögens-, Finanz- und Ertragslage des Teilkonzerns, an dem sie – über ihr Mutterunternehmen – beteiligt sind, umfassend informiert zu sein. Ob diese Verpflichtung zur Teilkonzernrechnungslegung jedoch weitergehende Informationen für die Minderheitsgesellschafter bieten kann, erscheint äußerst fraglich, wenn man sich die geäußerte Kritik an der generellen Aussagefähigkeit von Teilkonzernabschlüssen vergegenwärtigt.[85] 39

Zu unterscheiden sind **zwei Fälle**: Gehören dem befreienden Mutterunternehmen 40 **mindestens 90 v.H. der Anteile** an dem zu befreienden Mutterunternehmen, dann ist für die Befreiungswirkung die Zustimmung der anderen Gesellschafter erforderlich (Abs. 3 S. 2). Ist das übergeordnete Mutterunternehmen mit **weniger als 90 v.H.** an dem zu befreienden Teilkonzern beteiligt, so können Gesellschafter, denen bei einer AG oder einer KGaA mindestens 10 v.H. oder bei einer GmbH mindestens 20 v.H. der Anteile gehören, nach Abs. 3 S. 1 die Aufstellung eines Teilkonzernabschlusses und Teilkonzernlageberichts verlangen. Nach dem RefE des TransPubG (s. Vor § 290, 51) bleiben Nr. 1 und Nr. 2 inhaltlich unverändert, werden aber in Nr. 2 zusammengefaßt. Im Interesse transparenter Kapitalmärkte soll die Nr. 1 RefE neu eingefügt werden, die die Befreiung von der Konzernaufstellungspflicht nach Abs. 2 künftig auch einem Mutterunternehmen vorenthält, das selbst oder durch ein Tochterunternehmen Aktien mit amtlicher Notierung ausgegeben hat.

a) Gesellschafterantrag auf Aufstellung eines Teilkonzernabschlusses (S. 1). 41 Antragsberechtigt sind – einzeln oder gemeinsam – Gesellschafter, denen zusammen mindestens 10 v.H. der Anteile einer AG bzw. KGaA oder 20 v.H. der Anteile einer GmbH gehören. Diese **Mindestbeteiligungsschwellen** beruhen auf Art. 8 Abs. 1 S. 2 der 7. EG-Richtlinie.

Der Antrag muß spätestens **sechs Monate vor dem Ablauf des Konzerngeschäfts-** 42 **jahres** gestellt werden und ist an den Vorstand bzw. die Geschäftsführung des von der

[82] BGBl. I 1998 S. 707.
[83] BTDrucks. 13/7141, S. 10.
[84] Beck BilKomm-*Hoyos/Lechner* Rdn. 28.
[85] Vgl. § 290 Rdn. 65 ff; § 291 Rdn. 1 ff.

Befreiung (Abs. 1) ausgenommenen Unternehmens zu richten. Der Fristlauf beurteilt sich nach § 299 (Abschlußstichtag der betroffenen Gesellschaft).[86] Die Antragsvoraussetzungen sind nur dann erfüllt, wenn dem Minderheitsgesellschafter bzw. der Gruppe von Minderheitsgesellschaftern im Zeitpunkt des Ablaufs der Antragsfrist (§ 299) die nach Abs. 2 S. 1 erforderliche Mindestbeteiligung gehört. Veräußert ein Minderheitsgesellschafter nach fristgerechter Antragstellung so viele Anteile, daß die Beteiligungsschwellen nach Abs. 3 S. 1 unterschritten werden, so tritt die Befreiungswirkung nach Abs. 1 wieder ein, wenn der Erwerber den Antrag zurückzieht.[87]

43 b) **Zustimmung der Minderheitsgesellschafter zum Verzicht auf einen Teilkonzernabschluß (S. 2).** Das erst im Rechtsausschuß[88] eingeführte Zustimmungserfordernis soll kleine Minderheitsgesellschafter unterhalb der Beteiligungsschwellen des Abs. 3 S. 1 schützen. Gehören dem oberen Mutterunternehmen mindestens 90 v. H. der Anteile, so muß das untere Mutterunternehmen von sich aus tätig werden, um in den Genuß der Befreiung nach Abs. 1 zu kommen.[88a] Hierfür hat es die Zustimmung der anderen Gesellschafter einzuholen. Dies kann auch durch einen **Sonderbeschluß** (§ 138 AktG) der Minderheitsgesellschafter geschehen.[89] Die Gegenauffassung[90] verkennt, daß Abs. 3 S. 2 nicht die Zustimmung *aller* anderen Gesellschafter verlangt; daher kann der Sonderbeschluß mit einfacher Stimmenmehrheit getroffen werden.[91]

44 Nach allgemeinem Zivilrecht kann das **Schweigen** einer Person grundsätzlich nicht als Zustimmung gewertet werden.[92] Dies wird im betriebswirtschaftlichen Schrifttum weithin verkannt, wenn dort vorgeschlagen wird, die nach Abs. 3 S. 2 erforderliche Zustimmung sei durch eine entsprechende öffentliche Aufforderung zu erlangen, die mit dem Hinweis verbunden ist, daß das Schweigen der Gesellschafter nicht als Ablehnung gewertet werde.[93] Da die Gesellschafterstellung in der Kapitalgesellschaft nicht die Kaufmannseigenschaft des Gesellschafters begründet (s. nur § 1, 32), sind auch die im Handelsrecht für die Erklärungswirkung des Schweigens von Kaufleuten anerkannten Besonderheiten[94] nicht einschlägig.[95]

III. Sanktionen bei Verstößen gegen den Befreiungstatbestand des § 291

45 Liegen die Voraussetzungen des § 291 zur Befreiung von der Pflicht zur Aufstellung eines Teilkonzernabschlusses und Teilkonzernlageberichts nicht vor, so **bleibt** die grundsätzliche **Pflicht** nach § 290 **zur Teilkonzernrechnungslegung** eines jeden Mutterunternehmens einschließlich seiner Tochterunternehmen **bestehen.** Kommt das sodann konzernrechnungslegungspflichtige Mutterunternehmen seiner Verpflichtung nicht nach, so sind die Sanktionen bei Verletzung der Pflicht aus § 290 maßgeblich. Näher § 290, 81 ff.[96]

---

[86] Heymann/*Henssler* Rdn. 22.
[87] Heymann/*Henssler* Rdn. 23.
[88] BT-Drucks. 10/4268 S. 113.
[88a] Vgl. die Kritik des DAV-Handelsrechtsausschusses an Abs. 3 S. 2 und die Forderung nach einem ersatzlosen Streichen, ZIP 2002, 186, 188.
[89] Heymann/*Henssler* Rdn. 24; *Biener/Berneke* Bilanzrichtliniengesetz S. 297; HdKR-*Siebourg* Rdn. 37.
[90] Beck BilKomm-*Hoyos/Lechner* Rdn. 47; *v. Wysocki* Wpg 1987, 280.
[91] Heymann/*Henssler* Rdn. 24.
[92] *Larenz/Wolf* Allg. Teil des Bürgerl. Rechts § 28 Rdn. 46 ff.
[93] Unrichtig Beck BilKomm-*Hoyos/Lechner* Rdn. 45; *Maas/Schruff* Wpg 1986, 201, 205; Bonner HdR-*Hofbauer/Kupsch/Albrecht* Rdn. 19; wie hier Heymann/*Henssler* Rdn. 25.
[94] Hierzu etwa *Baumbach/Hopt* § 346, 30 ff.
[95] Heymann/*Henssler* Rdn. 25.
[96] Vgl. auch die ausführliche Darstellung bei HdKR-*Maul* II, 1742 ff.

IV. Vergleichende Betrachtung zu Teilkonzernabschlüssen nach den Grundsätzen der IAS und US-GAAP

1. International Accounting Standards

Die Regelungen zur Aufstellung von Konzernabschlüssen finden sich in den IAS 27 (Consolidated Financial Statements and Accounting for Investments in Subsidiaries, 1995). Danach muß im Grundsatz jedes Mutterunternehmen einen Konzernabschluß veröffentlichen.[97] Dies führt innerhalb eines mehrstufigen Konzerns zu einer **Rechnungslegungspflicht auf jeder Stufe**. Eine den §§ 291, 292 vergleichbare Befreiungsvorschrift, die nach dem Sitz des Mutterunternehmens unterscheidet, gibt es in den IAS aufgrund ihres globalen Wirkungskreises nicht. Nach IAS 27.8 ist eine **Befreiung** von der Teilkonzernrechnungslegung **nur** möglich, wenn ein untergeordnetes Mutterunternehmen **vollständig oder nahezu vollständig im Besitz eines übergeordneten Unternehmens** ist, welches selbst einen Konzernabschluß unter Einbeziehung des zu befreienden Unternehmens aufstellt und offenlegt. Entgegen den IAS 3 (Vorgänger der IAS 27), wonach untergeordnete Mutterunternehmen nur bei alleinigem Anteilsbesitz des höheren Mutterunternehmens von der eigenen Konzernabschlußpflicht befreit wurden (wholly owned subsidiary), reicht es nunmehr aus, daß das untergeordnete Mutterunternehmen nahezu vollständig von einem oberen Mutterunternehmen gehalten wird (virtually wholly owned subsidiary). Man beabsichtigte mit dieser Änderung, die IAS an die Vorstellungen der 7. EG-Richtlinie anzupassen. Als Maßstab gilt daher die auch vom europäischen Gesetzgeber festgelegte Untergrenze von 90 v.H. der Stimmrechte. Die Befreiung von der Teilkonzernrechnungslegung ist jedoch nur möglich, wenn die übrigen Gesellschafter – vergleichbar der HGB-Regelung – dieser zugestimmt haben. Besitzt das übergeordnete Unternehmen weniger als 90 v.H. der Stimmrechte, so ist zwingend ein Teilkonzernabschluß aufzustellen und offenzulegen. 46

Wird von der Befreiungsmöglichkeit Gebrauch gemacht, so hat das befreite Mutterunternehmen die Befreiung von der Verpflichtung zur Aufstellung eines Teilkonzernabschlusses zu **begründen** und über den Namen und Sitz des befreienden Mutterunternehmens **Auskunft** zu geben. Über die Anforderungen des HGB hinausgehend ist zudem die Methode, nach der die Tochterunternehmen im Jahresabschluß bilanziert werden, anzugeben.[98] 47

2. US-GAAP

In den USA gibt es **keine Regelung**, die mit **den §§ 291, 292 vergleichbar** wäre. Jedes Unternehmen, das an einer US-amerikanischen Börse notiert ist, trifft die Verpflichtung, einen Konzernabschluß für seine Tochterunternehmen aufzustellen und zu veröffentlichen. Nach amerikanischem Verständnis bedarf es auch keiner Befreiungstatbestände, weil der Konzernabschluß nicht, wie im deutschen Recht, als Ergänzung zum Jahresabschluß gilt, sondern in aller Regel an die Stelle des Jahresabschlusses des Mutterunternehmens tritt. Eine Aufteilung des Konzerns in verschiedene Einheiten ist aus dieser Sichtweise nicht zu erklären. Der nach kontinentaleuropäischem Verständnis aufzustellende Teilkonzernabschluß stellt sich aus anglo-amerikanischer Sicht immer als ein Gesamtkonzernabschluß dar. Daher verbietet sich schon dem Zweck nach der Verzicht auf einen Abschluß eines Mutterunternehmens, welches zugleich Tochterunternehmen eines weiteren Mutterunternehmens ist. 48

---

[97] IAS 27 Tz. 7; s. im übrigen *Demming* Grundlagen der internationalen Rechnungslegung – Die Regelungen des IASC.

[98] Vgl. Rdn. 2; ferner § 290, 65 ff.

§ 292

Rechtsverordnungsermächtigung für befreiende Konzernabschlüsse und Konzernlageberichte

(1) Das Bundesministerium der Justiz wird ermächtigt, im Einvernehmen mit dem Bundesministerium für Wirtschaft und Technologie durch Rechtsverordnung, die nicht der Zustimmung des Bundesrates bedarf, zu bestimmen, daß § 291 auf Konzernabschlüsse und Konzernlageberichte von Mutterunternehmen mit Sitz in einem Staat, der nicht Mitglied der Europäischen Union und auch nicht Vertragsstaat des Abkommens über den Europäischen Wirtschaftsraum ist, mit der Maßgabe angewendet werden darf, daß der befreiende Konzernabschluß und der befreiende Konzernlagebericht nach dem mit den Anforderungen der Richtlinie 83/349/EWG übereinstimmenden Recht eines Mitgliedstaates der Europäischen Union oder eines anderen Vertragsstaates des Abkommens über den Europäischen Wirtschaftsraum aufgestellt worden oder einem nach diesem Recht eines Mitgliedstaates der Europäischen Union oder eines anderen Vertragsstaates des Abkommens über den Europäischen Wirtschaftsraum aufgestellten Konzernabschluß und Konzernlagebericht gleichwertig sein müssen. Das Recht eines anderen Mitgliedstaates der Europäischen Union oder Vertragsstaates des Abkommens über den Europäischen Wirtschaftsraum kann einem befreienden Konzernabschluß und einem befreienden Konzernlagebericht jedoch nur zugrunde gelegt oder für die Herstellung der Gleichwertigkeit herangezogen werden, wenn diese Unterlagen in dem anderen Mitgliedstaat oder Vertragsstaat anstelle eines sonst nach dem Recht dieses Mitgliedstaates oder Vertragsstaates vorgeschriebenen Konzernabschlusses und Konzernlageberichts offengelegt werden. Die Anwendung dieser Vorschrift kann in der Rechtsverordnung nach Satz 1 davon abhängig gemacht werden, daß die nach diesem Unterabschnitt aufgestellten Konzernabschlüsse und Konzernlageberichte in dem Staat, in dem das Mutterunternehmen seinen Sitz hat, als gleichwertig mit den dort für Unternehmen mit entsprechender Rechtsform und entsprechendem Geschäftszweig vorgeschriebenen Konzernabschlüssen und Konzernlageberichten angesehen werden.

(2) Ist ein nach Absatz 1 zugelassener Konzernabschluß nicht von einem in Übereinstimmung mit den Vorschriften der Richtlinie 84/253/EWG zugelassenen Abschlußprüfer geprüft worden, so kommt ihm befreiende Wirkung nur zu, wenn der Abschlußprüfer eine den Anforderungen dieser Richtlinie gleichwertige Befähigung hat und der Konzernabschluß in einer den Anforderungen des Dritten Unterabschnitts entsprechenden Weise geprüft worden ist.

(3) In einer Rechtsverordnung nach Absatz 1 kann außerdem bestimmt werden, welche Voraussetzungen Konzernabschlüsse und Konzernlageberichte von Mutterunternehmen mit Sitz in einem Staat, der nicht Mitglied der Europäischen Union und auch nicht Vertragsstaat des Abkommens über den Europäischen Wirtschaftsraum ist, im einzelnen erfüllen müssen, um nach Absatz 1 gleichwertig zu sein, und wie die Befähigung von Abschlußprüfern beschaffen sein muß, um nach Absatz 2 gleichwertig zu sein. In der Rechtsverordnung können zusätzliche Angaben und Erläuterungen zum Konzernabschluß vorgeschrieben werden, soweit diese erforderlich sind, um die Gleichwertigkeit dieser Konzernabschlüsse und Konzernlageberichte mit solchen nach diesem Unterabschnitt oder dem Recht eines anderen Mitgliedstaates der Europäischen Union oder Vertragsstaates des Abkommens über den Europäischen Wirtschaftsraum herzustellen.

(4) Die Rechtsverordnung ist vor Verkündung dem Bundestag zuzuleiten. Sie kann durch Beschluß des Bundestages geändert oder abgelehnt werden. Der Beschluß des Bundestages wird dem Bundesministerium der Justiz zugeleitet. Das Bundesministerium der Justiz ist bei der Verkündung der Rechtsverordnung an den Beschluß gebunden. Hat sich der Bundestag nach Ablauf von drei Sitzungswochen seit Eingang einer Rechtsverordnung nicht mit ihr befaßt, so wird die unveränderte Rechtsverordnung dem Bundesministerium der Justiz zur Verkündung zugeleitet. Der Bundestag befaßt sich mit der Rechtsverordnung auf Antrag von so vielen Mitgliedern des Bundestages, wie zur Bildung einer Fraktion erforderlich sind.

Übersicht

Schrifttum

S. zunächst die Nachweise vor § 290 und zu §§ 290, 291, ferner

Kommentare, Gesamtdarstellungen und Lehrbücher:

Gersenich Konzernrechnungslegung in der Bundesrepublik Deutschland, Belgien und den Niederlanden (1993); *Claussen/Scherrer* Kölner Kommentar zum Aktiengesetz, Bd. 6, 2. Aufl. (2000).

Aufsätze:

Biener Können die IAS als GoB in das deutsche Recht eingeführt werden? Festschrift Ludewig (1996) S. 85; *Eisolt* Aktuelle Überlegungen zu befreienden Konzernabschlüssen nach § 292 HGB, BB 1995, 1127; *Havermann* Befreiende Konzernabschlüsse von Mutterunternehmen in der Schweiz, Festschrift Zünd (1988) S. 263; *Maas/Schruff* Befreiende Konzernrechnungslegung von Mutterunternehmen mit Sitz außerhalb der EG, WPg 1991, 765; *Meinhardt* Anforderungen an den Konzernabschlußprüfer aus der Sicht eines international tätigen Unternehmens, Festschrift Havermann (1995) S. 457; *Oser* Aktuelle Entwicklungen im Recht befreiender Konzernabschlüsse, DStR 1996, 34; *o. V.* Befreiung deutscher Tochterunternehmen mit ausländischen Mutterunternehmen vom Konzernabschluß, DB 1991, 2401; *Wollmert/Oser* Der IASC-Abschluß eines Drittlandsunternehmens als befreiender Konzernabschluß? DB 1995, 53.

I. Normzweck und Entstehungsgeschichte

1. Normzweck

§ 292 enthält – i. V. m. der auf seiner Grundlage ergangenen Konzernabschlußbefreiungsverordnung (KonBefrV) (s. Rdn. 6) – Befreiungsmöglichkeiten von der durch § 290 begründeten Verpflichtung zur Aufstellung von Konzernabschlüssen und 1

Konzernlageberichten. Wie § 291 **schränkt** auch die hier zu erläuternde Vorschrift die **Teilkonzernabschlußpflicht ein**, die sich grundsätzlich aus § 290 ergibt. Nach dem dort zugrundegelegten Tannenbaumprinzip unterstehen auch solche Mutterunternehmen der Konzernabschlußpflicht, die nicht an der Konzernspitze, sondern unterhalb derselben angesiedelt sind und selbst eigene Tochterunternehmen haben (näher § 291, 1 ff). Nach § 292 können Mutterunternehmen, die gleichzeitig Tochterunternehmen eines übergeordneten Mutterunternehmens sind, unter bestimmten Voraussetzungen von der Pflicht zur Aufstellung eines Teilkonzernabschlusses und Teilkonzernlageberichts auch in den Fällen befreit werden, in denen das die befreiende Konzernrechnungslegung aufstellende Mutterunternehmen seinen Sitz in einem Staat hat, der nicht Vertragsstaat des Abkommens über den EWR ist. Dahinter steht das Bestreben, Teilkonzernabschlüsse wegen ihrer beschränkten Aussagekraft soweit wie möglich zu vermeiden.[1] Hauptsächlicher *politischer* Beweggrund für die Schaffung von § 292 war das Bestreben, eine Diskriminierung der inländischen Tochtergesellschaften von Mutterunternehmen aus Drittstaaten auszuschließen.[2]

2 Durch § 292 wird der Gesetzgeber ermächtigt, die **Befreiungsmerkmale des § 291 auf Nicht-EU/EWR-Konzernabschlüsse zu erstrecken**, wobei die Gleichwertigkeit der Rechnungslegung (Abs. 1 S. 1) und die Gleichwertigkeit der Prüfung (Abs. 2) gewährleistet sein müssen. Die praktische Bedeutung der Vorschrift bestand anfangs in der Befreiungswirkung für deutsche Teilkonzerne von Unternehmensverbindungen, bei denen die oberste Muttergesellschaft ihren Sitz in den USA, Kanada oder Japan hat. Seit der Zulassung drittstaatlicher Konzernabschlüsse durch § 292a im Jahr 1998 (Vor § 290, 23; Erl. zu § 292a) ist die Bedeutung des § 292 und der KonBefrV indessen stark zurückgegangen.[3]

2. Entstehungsgeschichte und Vergleich mit dem früheren Rechtszustand

3 Unmittelbarer **Vorläufer** des erst 1985 durch das BiRiLiG (Vor § 290, 13 ff) in das HGB eingefügten § 292 war **§ 330 Abs. 2 AktG a. F.** Danach bestanden im Falle ausländischer Obergesellschaften geringere Anforderungen an den befreienden Konzernabschluß als bei einer inländischen Obergesellschaft (§ 330 Abs. 1 AktG a. F.). Während bei der inländischen Obergesellschaft die Rechnungslegung den §§ 329, 331 ff AktG a. F. *entsprechen* mußte, genügte bei § 330 Abs. 2 AktG a. F. die Aufstellung nach den „Grundsätzen" der §§ 331 ff AktG a. F., ferner die Prüfung durch Wirtschaftsprüfer und die Bekanntmachung im Bundesanzeiger. Die hauptsächliche Erleichterung gegenüber dem allgemeinen Recht bestand darin, daß ein Konzerngeschäftsbericht entfiel.[4]

4 **Art. 11 der 7. EG-Richtlinie** sieht für die EG-Mitgliedstaaten die Möglichkeit zur Befreiung von der Teilkonzernabschlußpflicht unter den folgenden – kumulativen – Voraussetzungen vor: Einbeziehung der befreiten inländischen Teilkonzernspitze mitsamt dessen Tochterunternehmen in einen übergeordneten Konzernabschluß (Abs. 1 lit. a); mindestens „Gleichwertigkeit" des ausländischen übergeordneten Konzernabschlusses mit einem nach der 7. EG-Richtlinie erstellten Abschluß (Abs. 1 lit. b); Prüfung des ausländischen übergeordneten Konzernabschlusses durch nach dem anwendbaren ausländischen Recht hierzu zugelassene Personen (Abs. 1 lit. c); Offenlegung des ausländischen übergeordneten Konzernabschlusses nach Art. 7 Abs. 2

[1] Heymann/*Henssler* Rdn. 1.
[2] *Niessen* WPg 1983, 657; *Biener/Schatzmann* Konzern-Rechnungslegung S. 21.
[3] KK-*Claussen/Scherrer* Rdn. 2.
[4] Einzelheiten GroßKommAktG-*Barz* 3. Aufl. (1975), § 330 a. F., 14 ff.

lit. b bb der Richtlinie (Abs. 2); bestimmte Pflichtangaben im Anhang des ausländischen Abschlusses nach Art. 7 Abs. 2 lit. c (Abs. 2). Bis auf die zuletzt genannte Befreiungsvoraussetzung deckt sich Art. 11 der Richtlinie damit im wesentlichen mit der früheren Regelung in § 330 Abs. 2 AktG a. F.

Der **deutsche Gesetzgeber** hat von dem Mitgliedstaaten-Wahlrecht des Art. 11 der Richtlinie Gebrauch gemacht und in § 292 die Grundlage dafür geschaffen, daß Konzernabschlüsse aus Nicht-EU/EWR-Staaten mit befreiender Wirkung für die grundsätzlich (§ 290 Abs. 1, 2) der Konzernrechnungslegungspflicht unterworfene inländische Teilkonzernspitze anerkannt werden. Die Vorschrift wurde seit ihrer Einfügung in das HGB (soeben Rdn. 3) **mehrfach geändert**. Durch Art. 40 Nr. 4 EWR-AusführungsG v. 27. 4. 1993 (BGBl. I S. 512) wurden Abs. 1 S. 1 und 2 sowie Abs. 3 dahin geändert, daß mit Wirkung zum 1. 1. 1994 die Mutterunternehmen mit Sitz in einem EWR-Staat vom Anwendungsbereich des § 292 ausgenommen sind; diese Unternehmen unterfallen seither dem ebenfalls 1993 neugefaßten § 291 (s. dort Rdn. 9, 12). Bloß formale Änderungen hatten sich für § 292 durch das KapAEG v. 20. 4. 1998 (Vor § 290, 23) ergeben. Das ursprüngliche Vorhaben, § 292 und die KonBefrV auch auf Jahresabschlüsse nach IAS und/oder US-GAAP zu erstrecken, hat sich durch den 1998 neugeschaffenen § 292a erledigt.[5] 5

II. § 292 als Rechtsverordnungsermächtigung

1. Verhältnis zur KonBefrV

Die Vorschrift des § 292 enthält selbst **keinen Befreiungstatbestand**, sondern lediglich eine Rechtsverordnungsermächtigung. Von dieser Ermächtigung hat das Bundesministerium der Justiz durch Erlaß der KonBefrV v. 15. 11. 1991 (BGBl. I S. 2122) Gebrauch gemacht. Die KonBefrV war erstmals auf Konzernabschlüsse und auf Konzernlageberichte für nach dem 31. 12. 1989 beginnende Geschäftsjahre anzuwenden, letztmals auf Konzernabschlüsse und Konzernlageberichte, für die das Geschäftsjahr zum 31. 12. 1992 endete. Die Verordnung ist mit der Ersten Verordnung zur Änderung der KonBefrV v. 9. 6. 1993 (BGBl. I S. 916) zunächst für das zum 31. 12. 1995 endende Geschäftsjahr verlängert worden. Die Befristung ist sodann mit der Zweiten Verordnung zur Änderung der KonBefrV des Bundesministeriums der Justiz v. 28. 10. 1996 (BGBl. I S. 1862) aufgehoben worden. Zuletzt wurde die KonBefrV durch Art. 3 KapAEG v. 20. 4. 1998 (BGBl. I S. 707) geändert. 6

2. Verfahren

Nach Abs. 1 S. 1 wird die Verordnung vom Bundesminister der Justiz im Einvernehmen mit dem Bundesminister der Finanzen und dem Bundesminister für Wirtschaft erlassen. Die Verordnung bedarf nicht der Zustimmung des Bundesrates; sie ist aber vor ihrer Verkündung dem Bundestag zuzuleiten (Abs. 4 S. 2), der sie durch Beschluß ablehnen oder verändern kann. Falls der Bundestag eine Änderung der Verordnung verlangt, so hat der Bundesminister der Justiz nur die Möglichkeit, ganz auf den Erlaß der Verordnung zu verzichten, wenn er das Änderungsverlangen nicht billigt. Anderenfalls ist der Bundesminister der Justiz bei der Verkündung an den Beschluß gebunden (Abs. 4 S. 4). Verschweigt sich der Bundestag, d. h. hat er sich nach Ablauf 7

[5] KK-*Claussen/Scherrer* Rdn. 2.

von drei Sitzungswochen seit Eingang der Rechtsverordnung nicht mit ihr befaßt, so darf der Bundesminister der Justiz die Verordnung nach Ablauf dieses Zeitraums unverändert verkünden (Abs. 4 S. 5).

III. Einzelne Befreiungsvoraussetzungen

1. Maßgeblichkeit der Befreiungsvoraussetzungen nach § 291

8 Der Abs. 1 des § 292 bindet den Verordnungsgeber zunächst an die Befreiungsvoraussetzungen des § 291. Daraus folgt namentlich, daß der ausländische Konzernabschluß und der Konzernlagebericht einschließlich des Bestätigungsvermerks oder des Vermerks über dessen Versagung in deutscher Sprache **offengelegt** werden müssen (vgl. § 291, 22 ff). Ferner sind die **Minderheitenschutzerfordernisse** nach § 291 Abs. 3 (s. dort Rdn. 39 ff) einzuhalten. Abweichend von § 291 wird für § 292 indessen nicht verlangt, daß der befreiende Konzernabschluß uneingeschränkt den Regelungen eines Umsetzungsgesetzes zur 7. EG-Richtlinie entspricht. Ähnlich wie bei § 330 Abs. 2 AktG a. F. (Rdn. 3) gilt insoweit statt dessen der Grundsatz der Gleichwertigkeit, bezogen auf die Rechnungslegung und auf die Prüfung.

2. Gleichwertige Rechnungslegung

9 a) **Vergleichsrechtsordnungen.** Die auf der Grundlage von § 292 ergehende Verordnung muß verlangen, daß der befreiende ausländische Konzernabschluß entweder **nach dem an die Konzernbilanzrichtlinie angepaßten Recht eines EU-Mitgliedstaates oder eines EWR-Vertragsstaates aufgestellt** wird **oder** – ersatzweise – einem Konzernabschluß **gleichwertig** sein muß, der nach einer solchen Rechtsordnung aufgestellt wurde. Entscheidend ist hierbei, daß Prüfungsmaßstab nicht die Vorschriften der 7. EG-Richtlinie als solche sind, sondern die innerstaatlichen Vorschriften eines der genannten Staaten, die zur Durchführung der Konzernbilanzrichtlinie ergangen sind.[6] Damit ist sichergestellt, daß als Prüfungsmaßstab eine Rechtsordnung ausscheidet, die von Wahlrechten nach der Richtlinie Gebrauch macht, von denen die Mitgliedstaaten selbst keinen Gebrauch gemacht haben.

10 Die Umsetzung dieser Vorgaben der Ermächtigungsgrundlage durch § 2 Abs. 1 Nr. 2 KonBefrV wird durch § 3 KonBefrV weiter dahin präzisiert, daß das Recht eines anderen Mitgliedstaates der Europäischen Union oder eines anderen Vertragsstaates des EWR einem befreienden Konzernabschluß und einem befreienden Konzernlagebericht nur dann zugrundegelegt werden kann, wenn diese Unterlagen in dem anderen Mitgliedstaat oder Vertragsstaat anstelle eines sonst nach dem Recht dieses Mitgliedstaates oder Vertragsstaates vorgeschriebenen Konzernabschlusses und Konzernlageberichts **offengelegt** werden. Diese auf § 292 Abs. 1 S. 2 beruhende Regelung stellt sicher, daß das Recht eines Staates nur dann als Vergleichsrechtsordnung herangezogen werden darf, sofern in diesem Mitgliedstaat/Vertragsstaat tatsächlich eine Offenlegung erfolgt ist. Obwohl Art. 11 der 7. EG-Richtlinie eine entsprechende Verengung des Kreises der Vergleichsrechtsordnungen nicht vorsieht, verstoßen weder § 3 KonBefrV noch § 291 Abs. 1 S. 2 HGB gegen europäisches Recht. Die in der Literatur teilweise vertretene andere Auffassung[7] verkennt, daß Art. 11 der Richtlinie *insgesamt* als Mitgliedstaatenwahlrecht ausgestaltet ist (o. Rdn. 4 f) und die Mitgliedstaaten deshalb bei Ausübung des Wahlrechts durchaus weniger großzügige Befreiungstatbestände normieren dürfen.

---

[6] Heymann/*Henssler* Rdn. 6.

[7] *Oser* DStR 1996, 34, 36.

b) **Gleichwertigkeitskriterien.** In der KonBefrV wird nicht näher bestimmt, anhand welcher Kriterien die Gleichwertigkeit des ausländischen Konzernabschlusses mit einem nach EU/EWR-Standards erstellten Konzernabschluß zu prüfen ist.[8] Die **EG-Kommission** hat in diesem Zusammenhang vorgeschlagen, für das Verständnis des Begriffs der „Gleichwertigkeit" i. S. d. Art. 11 Abs. 1 lit. b der Richtlinie diejenigen Vorschriften heranzuziehen, denen alle innerhalb der EG erstellten Abschlüsse entsprechen müssen, d. h. den **Mindeststandard**, der **unabhängig** von der Ausübung von **Mitgliedstaaten-Wahlrechten** europäisch vorgegeben ist.[9] Die Zugrundelegung eines derartigen Maßstabs erscheint sachgerecht, weil dieser den zwingenden Kernbereich des Europäischen Bilanzrechts widerspiegelt. Die Frage erscheint indessen praktisch kaum von Bedeutung, weil die Anerkennung ausländischer Abschlüsse sich in den allermeisten Fällen bereits aus § 292a ergeben wird (zum Bedeutungsverlust des § 292 vgl. bereits oben Rdn. 2). 11

3. Gleichwertige Abschlußprüfung

Nach Abs. 2 darf die Verordnung eine Befreiungswirkung nur unter der Voraussetzung anordnen, daß der ausländische Abschluß von einem **Abschlußprüfer** geprüft wurde, der eine den Anforderungen der 8. EG-Richtlinie (Vor § 290, 18) **gleichwertige Befähigung** besitzt, **und** der Abschluß tatsächlich in entsprechender Weise **geprüft worden** ist. In Anlehnung an die Maßstäbe zur Beurteilung der Gleichwertigkeit ausländischer Urkundspersonen[10] ist im vorliegenden Zusammenhang von der Gleichwertigkeit der Prüfung auszugehen, wenn der ausländische Abschlußprüfer nach Vorbildung und Stellung im Rechtsleben eine der Tätigkeit des deutschen Abschlußprüfers entsprechende Funktion ausübt und für die Prüfung Maßstäbe zu beachten hat, die wenigstens den tragenden Grundsätzen der Konzernabschlußprüfung nach deutschem Recht entsprechen. Diese Grundsätze sind der Gleichwertigkeitsprüfung nach § 2 Abs. 1 Nr. 3 KonBefrV zugrundezulegen. 12

Über den Wortlaut des § 292 Abs. 2 HGB und § 2 Abs. 1 Nr. 3 KonBefrV hinaus ist ferner zu verlangen, daß auch der **Konzernlagebericht** entsprechend geprüft worden ist.[11] 13

4. Gegenseitigkeit (fakultativ)

Nach Abs. 1 S. 3 kann die Rechtsverordnung die Befreiung davon abhängig machen, daß spiegelbildlich auch deutschen Unternehmen mit Tochtergesellschaften im Sitzstaat des ausländischen Mutterunternehmens eine entsprechende Befreiung eingeräumt wird. Diese Regelung ist mit Art. 11 der Richtlinie vereinbar, da Art. 11 insgesamt als Mitgliedstaatenwahlrecht ausgestaltet ist.[12] Die **KonBefrV** hat das **Gegenseitigkeitserfordernis nicht übernommen**. Die darin liegende einseitige Vorleistung des deutschen Gesetzgebers ist rechtspolitisch umstritten,[13] entspricht aber dem Bestreben, zu einer internationalen Vereinheitlichung der Konzernabschlüsse zu gelangen.[14] 14

---

[8] HdKR-*Siebourg* Rdn. 30; Heymann/*Henssler* Rdn. 8; Einzelheiten: ADS Rdn. 40 ff.

[9] Vgl. die Stellungnahme v. 15.3.1991 (XV/109/90-DE), Textabdruck in HdKR-*Siebourg* § 292 Anh.

[10] BGHZ 80, 76, 78 = NJW 1981, 1160.

[11] Heymann/*Henssler* Rdn. 9.

[12] Heymann/*Henssler* Rdn. 11; vgl. auch Rdn. 4 (zum Erfordernis der Offenlegung).

[13] Vgl. *Niehus* DB 1995, 937.

[14] Heymann/*Henssler* Rdn. 13.

IV. Anhang: Konzernabschlußbefreiungsverordnung

Verordnung über befreiende Konzernabschlüsse und Konzernlageberichte von Mutterunternehmen mit Sitz in einem Staat, der nicht Mitglied der Europäischen Union ist, zur Durchführung des Artikels 11 der Siebenten Richtlinie 83/349/EWG des Rates vom 13. Juni 1983 (Konzernabschlußbefreiungsverordnung – KonBefrV)

Vom 15. November 1991 (BGBl. I S. 2122, zuletzt geändert durch Gesetz zur Verbesserung der Wettbewerbsfähigkeit deutscher Konzerne an Kapitalmärkten und zur Erleichterung der Aufnahme von Gesellschaftsdarlehen (Kapitalaufnahmeerleichterungsgesetz – KapAEG) v. 20. 4. 1998 (BGBl. I 1998, 707)

§ 1

Ein Mutterunternehmen, das zugleich Tochterunternehmen eines Mutterunternehmens mit Sitz in einem Staat ist, der nicht Mitglied der Europäischen Union oder eines anderen Vertragsstaates des Abkommens über den Europäischen Wirtschaftsraum ist, braucht einen Konzernabschluß und einen Konzernlagebericht nicht aufzustellen, wenn es einen den Anforderungen des § 2 entsprechenden Konzernabschluß und Konzernlagebericht seines Mutterunternehmens einschließlich des Bestätigungsvermerks oder des Vermerks über dessen Versagung nach den für den entfallenden Konzernabschluß und Konzernlagebericht maßgeblichen Vorschriften in deutscher Sprache offenlegt. Ein befreiender Konzernabschluß und ein befreiender Konzernlagebericht können von jedem Unternehmen unabhängig von seiner Rechtsform und Größe aufgestellt werden, wenn das Unternehmen als Kapitalgesellschaft mit Sitz in einem Mitgliedstaat der Europäischen Union oder in einem anderen Vertragsstaat des Abkommens über den Europäischen Wirtschaftsraum zur Aufstellung eines Konzernabschlusses unter Einbeziehung des zu befreienden Mutterunternehmens und seiner Tochterunternehmen verpflichtet wäre.

§ 2

(1) Der Konzernabschluß und Konzernlagebericht eines Mutterunternehmens mit Sitz in einem Staat, der nicht Mitglied der Europäischen Union oder eines anderen Vertragsstaates des Abkommens über den Europäischen Wirtschaftsraum ist, haben befreiende Wirkung, wenn

1. **das zu befreiende Mutterunternehmen und seine Tochterunternehmen in den befreienden Konzernabschluß unbeschadet der §§ 295, 296 des Handelsgesetzbuchs einbezogen worden sind,**
2. **der befreiende Konzernabschluß und der befreiende Konzernlagebericht im Einklang mit der Richtlinie 83/349/EWG des Rates vom 13. Juni 1983 über den konsolidierten Abschluß (Abl. EG Nr. L 193 S. 1) nach dem Recht eines Mitgliedstaates der Europäischen Union oder eines anderen Vertragsstaates des Abkommens über den Europäischen Wirtschaftsraum aufgestellt worden sind oder einem nach diesem Recht aufgestellten Konzernabschluß und Konzernlagebericht gleichwertig sind,**
3. **der befreiende Konzernabschluß von einem in Übereinstimmung mit den Vorschriften der Richtlinie 84/253/EWG des Rates vom 10. 4. 1984 über die Zulassung der mit der Pflichtprüfung der Rechnungslegungsunterlagen beauftragten Personen (Abl. EG Nr. L 126 S. 20) zugelassenen Abschlußprüfer geprüft worden ist oder der Abschlußprüfer zumindestens eine den Anforderungen dieser Richtlinie gleichwertige Befähigung hat und der Konzernabschluß in einer den Anforderungen des Handelsgesetzbuchs entsprechenden Weise geprüft worden ist und**
4. **der Anhang des Jahresabschlusses des zu befreienden Unternehmens folgende Angaben enthält:**
   a) **Name und Sitz des Mutterunternehmens, das den befreienden Konzernabschluß aufstellt,**
   b) **einen Hinweis auf die Befreiung von der Verpflichtung, einen Konzernabschluß und einen Konzernlagebericht aufzustellen, und**

c) eine Erläuterung der im befreienden Konzernabschluß vom deutschen Recht abweichend angewandten Bilanzierungs-, Bewertungs- und Konsolidierungsmethoden.

Satz 1 gilt für Kreditinstitute und Versicherungsunternehmen entsprechend; unbeschadet der übrigen Voraussetzungen in Satz 1 hat die Aufstellung des befreienden Konzernabschlusses und des befreienden Konzernlageberichts bei Kreditinstituten im Einklang mit der Richtlinie 86/635/EWG des Rates vom 8. Dezember 1986 über den Jahresabschluß und den konsolidierten Abschluß von Banken und anderen Finanzinstituten (Abl. EG Nr. L 372 S. 1) und bei Versicherungsunternehmen im Einklang mit der Richtlinie 91/674/EWG des Rates vom 19. Dezember 1991 über den Jahresabschluß und den konsolidierten Jahresabschluß von Versicherungsunternehmen (Abl. EG Nr. L 374 S. 7) zu erfolgen.

(2) § 291 Abs. 3 des Handelsgesetzbuchs ist entsprechend anzuwenden.

§ 3

In den Fällen des § 2 Nr. 2 kann das Recht eines anderen Mitgliedstaates der Europäischen Union oder eines anderen Vertragsstaates des Abkommens über den Europäischen Wirtschaftsraum einem befreienden Konzernabschluß und einem befreienden Konzernlagebericht jedoch nur zugrunde gelegt oder für die Bestimmung der Gleichwertigkeit herangezogen werden, wenn diese Unterlagen in dem anderen Mitgliedstaat oder Vertragsstaat anstelle eines sonst nach dem Recht dieses Mitgliedstaates oder Vertragsstaates vorgeschriebenen Konzernabschlusses und Konzernlageberichts offengelegt werden. Dem befreienden Konzernabschluß ist eine Bestätigung über die erfolgte Hinterlegung in dem anderen Mitgliedstaat beizufügen.

§ 4

(1) Diese Verordnung tritt am Tage nach der Verkündung in Kraft.

(2) Die Verordnung ist erstmals auf Konzernabschlüsse und Konzernlageberichte für nach dem 31. Dezember 1989 beginnende Geschäftsjahre anzuwenden.

§ 292a
Befreiung von der Aufstellungspflicht

(1) [1]Ein Mutterunternehmen, das einen organisierten Markt im Sinne des § 2 Abs. 5 des Wertpapierhandelsgesetzes durch von ihm oder einem seiner Tochterunternehmen ausgegebene Wertpapiere im Sinne des § 2 Abs. 1 Satz 1 des Wertpapierhandelsgesetzes in Anspruch nimmt, braucht einen Konzernabschluß und einen Konzernlagebericht nach den Vorschriften dieses Unterabschnitts nicht aufzustellen, wenn es einen den Anforderungen des Absatzes 2 entsprechenden Konzernabschluß und Konzernlagebericht aufstellt und ihn in deutscher Sprache und Euro nach den §§ 325, 328 offenlegt. [2]Satz 1 gilt auch, wenn die Zulassung zum Handel an einem organisierten Markt beantragt worden ist. [3]Bei der Offenlegung der befreienden Unterlagen ist ausdrücklich darauf hinzuweisen, daß es sich um einen nicht nach deutschem Recht aufgestellten Konzernabschluß und Konzernlagebericht handelt.

(2) Der Konzernabschluß und Konzernlagebericht haben befreiende Wirkung, wenn

1. das Mutterunternehmen und seine Tochterunternehmen in den befreienden Konzernabschluß unbeschadet der §§ 295, 296 einbezogen worden sind,
2. der Konzernabschluß und der Konzernlagebericht

a) nach international anerkannten Rechnungslegungsgrundsätzen aufgestellt worden sind,

b) im Einklang mit der Richtlinie 83/349/EWG und gegebenenfalls den für Kreditinstitute und Versicherungsunternehmen in § 291 Abs. 2 Satz 2 bezeichneten Richtlinien stehen,

3. die Aussagekraft der danach aufgestellten Unterlagen der Aussagekraft eines nach den Vorschriften dieses Unterabschnitts aufgestellten Konzernabschlusses und Konzernlageberichts gleichwertig ist,

4. der Anhang oder die Erläuterungen zum Konzernabschluß die folgenden Angaben enthält:

a) die Bezeichnung der angewandten Rechnungslegungsgrundsätze

b) eine Erläuterung der vom deutschen Recht abweichenden Bilanzierungs-, Bewertungs- und Konsolidierungsmethoden, und

5. die befreienden Unterlagen von dem nach § 318 bestellten Abschlußprüfer geprüft worden sind und von dem Abschlußprüfer außerdem bestätigt worden ist, daß die Bedingungen für die Befreiung erfüllt sind.

(3) [1]Das Bundesministerium der Justiz kann im Einvernehmen mit dem Bundesministerium der Finanzen und dem Bundesministerium für Wirtschaft und Technologie durch Rechtsverordnung bestimmen, welche Voraussetzungen Konzernabschlüsse und Konzernlageberichte von Mutterunternehmen im einzelnen erfüllen müssen, um nach Absatz 2 Nr. 3 gleichwertig zu sein. [2]Dies kann auch in der Weise geschehen, daß Rechnungslegungsgrundsätze bezeichnet werden, bei deren Anwendung die Gleichwertigkeit gegeben ist.

Übersicht

Schrifttum

Adler/Düring/Schmaltz Rechnungslegung und Prüfung der Unternehmen – Kommentar zum HGB, AktG, GmbHG, PublG nach den Vorschriften des Bilanzrichtlinien-Gesetzes, Teilband 3, 6. Aufl. (1995); Baetge/Dörner/Kleekämper/Wollmert (Hrsg.), Rechnungslegung nach International Accounting Standards (IAS) – Kommentar auf der Grundlage des deutschen Bilanzrechts (1997); *Ballwieser* Grenzen des Vergleichs von Rechnungslegungssystemen – dargestellt anhand von HGB, US-GAAP und IAS, Forster/Grunewald/Lutter/Semler (Hrsg.), Aktien- und Bilanzrecht, Festschrift für Bruno Kropff (1997) S. 371 ff; *Ballwieser* Chancen und Grenzen einer Übernahme amerikanischer Rechnungslegung, Budde (Hrsg.), Handelsbilanzen und Steuerbilanzen, Festschrift für Heinrich Beisse (1997) S. 25 ff; *Ballwieser* HGB-Konzernabschlußbefreiung und privates Rechnungslegungsgremium, Küting (Hrsg.), Internationale Rechnungslegung, Festschrift für Claus Peter Weber (1999) S. 434 ff; *Berberich* Ein „Framework" für das DRSC – Modell einer verfassungskonformen gesellschaftlichen Selbststeuerung im Bilanzrecht (2001 im Erscheinen); *Biener* Rezeption der US GAAP über IOSCO und IASC? Förschle (Hrsg.), Rechenschaftslegung im Wandel, Festschrift für Wolfgang Dieter Budde (1995) S. 87 ff; *Biener* Können die IAS als GoB ins deutsche Recht eingeführt werden? Baetge (Hrsg.), Rechnungslegung, Prüfung und Beratung: Herausforderungen für den Wirtschaftsprüfer, Festschrift für Rainer Ludewig (1996) S. 85 ff; *Bruns* Der Gang an die New York Stock Exchange, Das Beispiel der Daimler-Benz-AG, WPK-Mitt. Sonderheft Juni 1997, 31 ff; *Budde* Konzernrechnungslegung nach IAS und US-GAAP und ihre Rückwirkungen auf den handelsrechtlichen Einzelabschluß, Festschrift für Beisse (1997) S. 105 ff; *Busse von Colbe* Internationalisierung der deutschen Konzernrechnungslegung als Kür oder Pflicht? – zum Regierungsentwurf eines KapAEG –, Festschrift für Kropff (1997) S. 417 ff; *Busse von Colbe* Der befreiende Konzernabschluß nach international anerkannten Rechnungslegungsgrundsätzen, Dörner/Menold/Pfitzer (Hrsg.), Reform des Aktienrechts, der Rechnungslegung und Prüfung (1999) S. 401 ff; *Delany/Adler/Epstein/Foran* GAAP 2000, Interpretation and Application of Generally Accepted Accounting Principles 2000 (2000); *Deutsches Rechnungslegungs Standards Committee (DRSC)* Deutscher Rechnungslegungs Standard Nr. 1 (DRS 1) – Befreiender Konzernabschluß nach § 292 a HGB, in der Fassung der Bekanntmachung nach § 342 Abs. 2 HGB vom 22. 7. 2000 durch das Bundesministerium der Justiz, Bundesanzeiger Nr. 136 a, S. 1 ff; *Ebke* Rechnungslegung und Abschluß im Umbruch, WPK-Mitt. Sonderheft Juni 1997, 12 ff; *Ernst* KonTraG und KapAEG sowie aktuelle Entwicklungen zur Rechnungslegung und Prüfung in der EU, WPg 1998, 1025 ff; *EU-Kommission* Mitteilung „Harmonisierung auf dem Gebiet der Rechnungslegung, Eine neue Strategie im Hinblick auf die internationale Harmonisierung", KOM (95) 508 v. 14. 11. 1995; *EU-Kommission* Vorschlag für eine Verordnung des Europäischen Parlaments und des Rates betreffend die Anwendung internationaler Rechnungslegungsgrundsätze, KOM Dok 501PC0080 v. 21. 5. 2001; *Hayn/Zündorf* Normierung der Rechnungslegung – Eine kritische Analyse der Anforderungen an das DRSC im internationalen Vergleich, Festschrift für Claus Peter Weber (1999) S. 481 ff; *Hellermann* Private Standardsetzung im Bilanzrecht – öffentlich-rechtlich gesehen, NZG 2000, 1097 ff; *Hommelhoff* IAS und Grundgesetz, Böttcher u. a. (Hrsg.), Festschrift für Walter Odersky (1996) S. 779 ff; *Hommelhoff* Zum Ersatz des deutschen Konzernabschlusses durch den internationalen Konzernabschluß, Baetge (Hrsg.), Aktuelle Entwicklungen in Rechnungslegung und Wirtschaftsprüfung (1997) S. 111 ff; *Hommelhoff* Europäisches Bilanzrecht im Aufbruch, RabelsZ 62 (1998) S. 381 ff; *Hommelhoff/Schwab* Gesellschaftliche Selbststeuerung im Bilanzrecht – Standard Setting Bodies und staatliche Regulierungsverantwortung nach deutschem Recht, BFuP 1998, 38 ff; *Hopt* HGB, 30. Aufl. (2000); *IDW HFA* Verlautbarung des HFA: Bestätigungsvermerk zu einem befreienden Konzernabschluß nach § 292 a HGB, WPg 1998, 428 f; *International Accounting Standards Committee (IASC)* International Accounting Standards 2000 (Deutsche Ausgabe) (2000); *Kirchhof* Gesetzgebung und private Regelsetzung als Geltungsgrund für Rechnungslegungspflichten? ZGR 2000, 681 ff; *Kontaktausschuß für Richtlinien der Rechnungslegung* Eine Überprüfung der Konformität der internationalen Rechnungslegungsgrundsätze (IAS) mit den europäischen Richtlinien der Rechnungslegung, DOK. XV/700396-DE Rev. 2; *Müller/Maul* Auslegungsprobleme im Rahmen der über § 292 a HGB zur Anwendung kommenden Normsysteme,

Breuninger (Hrsg.), Steuerrecht und europäische Integration, Festschrift für Albert Rädler (1999) S. 445 ff; *Peemöller/Kunowski* Aspekte im Rahmen der Prüfung befreiender Konzernabschlüsse gem. § 292 a HGB, Dörner/Menold/Pfitzer (Hrsg.), Reform des Aktienrechts, der Rechnungslegung und Prüfung (1999) S. 427 ff; *Schmalenbach-Gesellschaft* Vereinbarkeit internationaler Konzernrechnungslegung mit handelsrechtlichen Grundsätzen, Empfehlungen des Arbeitskreises „Externe Unternehmensrechnung" der Schmalenbach-Gesellschaft, Deutsche Gesellschaft für Betriebswirtschaftslehre e.V., zfbf Sonderheft 39/97 (1997); *Schwab* Rechtsfragen der Politikberatung im Spannungsfeld zwischen Wissenschaftsfreiheit und Unternehmensschutz (1999); *Tschesche* IAS-Konzernabschlüsse (2000); *van Hulle* Die Zukunft der europäischen Rechnungslegung im Rahmen einer sich ändernden internationalen Rechnungslegung, WPg 1998, 138 ff; *van Hulle* Die Reform des europäischen Bilanzrechts: Stand, Ziele und Perspektiven, ZGR 2000, 537 ff; *von Rosen* Harmonisierung internationaler Bilanzierungsstandards – Ein weiter Weg, Festschrift für Budde (1995) S. 505 ff; *Wollmer/Oser* Kap V: Der IAS-Abschluß als befreiender Konzernabschluß, in Rechnungslegung nach International Accounting Standards (IAS).

I. Entstehungsgeschichte

1. Gesetzgebung

1 Die Vorschrift ist durch das KapAEG[1] vom 20. 4. 1998 in das HGB aufgenommen und jüngst durch das KapCoRiLiG[2] vom 20. 3. 2000 markant in ihrem Anwendungsbereich ausgeweitet worden. Sie steht in engem, inhaltlichem Zusammenhang mit den durch das KonTraG[3] eingeführten §§ 342, 342 a HGB, welche die gesetzlichen Voraussetzungen zur Installation eines privaten Standardisierungsgremiums im Bereich der Konzernrechnungslegung geschaffen haben,[4] und begleitet als Vorstoß des deutschen Gesetzgebers die europäischen Tendenzen zur Fortentwicklung der externen Rechnungslegung.

2. Hintergründe

2 Ausgangspunkt der gesetzgeberischen Initiative war der fortschreitende **Ansehensverlust** des gemeinschaftsrechtlichen und speziell deutschen Bilanzrechts auf außereuropäischen Kapitalmärkten.[5] Besonders an der New York Stock Exchange, dem größten Kapitalmarkt der Welt, war mit deutschen, auf den europäischen Richtlinien[6]

---

[1] Gesetz zur Verbesserung der Wettbewerbsfähigkeit deutscher Konzerne an Kapitalmärkten und zur Erleichterung der Aufnahme von Gesellschafterdarlehen (Kapitalaufnahmeerleichterungsgesetz – KapAEG), BGBl. I 1998 v. 20. 4. 1998, S. 707–709.

[2] Gesetz zur Durchführung der Richtlinie des Rates der Europäischen Union zur Änderung der Bilanz- und der Konzernbilanzrichtlinie hinsichtlich des Anwendungsbereichs (90/605/EWG), zur Verbesserung der Offenlegung von Jahresabschlüssen und zur Änderung anderer handelsrechtlicher Bestimmungen (Kapitalgesellschaften- und Co-Richtlinie-Gesetz – KapCoRiLiG), BGBl. I 2000 v. 20. 3. 2000, S. 154–162.

[3] Gesetz zur Kontrolle und Transparenz im Unternehmensbereich (KonTraG), BGBl. I 1998 v. 27. 4. 1998, S. 786–794.

[4] Vgl. hierzu Beschlußempfehlung und Bericht des Rechtsausschusses, BT-Drucks. 13/9909 v. 12. 2. 1998, S. 10.

[5] Eingehend hierzu bereits *Hommelhoff* RabelsZ 62 (1998) S. 381, 382 f m. w. N.; *Oser* DStR 1996, 34; MünchKommHGB-*Busse von Colbe* § 292 a, 1.

[6] Dies sind im Ausgangspunkt die Vierte Richtlinie des Rates vom 25. 7. 1978 über den Jahresabschluß von Gesellschaften bestimmter Rechtsformen (78/660/EWG), ABl. EG L 222/11, sowie die Siebente Richtlinie des Rates vom 13. 6. 1983 über den konsolidierten Abschluß (83/349/EWG), ABl. EG L 193/1.

basierenden Konzernabschlüssen keine Börsenzulassung zu erreichen. Vielmehr verlangte die US-amerikanische Aufsichtsbehörde „Securities and Exchange Commission (SEC)" aufwendige Überleitungsrechnungen, in denen zentrale Bilanzgrößen wie etwa Konzerneigenkapital oder Konzernjahreserfolg unter Anwendung der dortigen Bilanzierungsregeln, der US-GAAP, umgerechnet werden mußten.

Da sogar die Bemühungen der EU-Kommission um wechselseitige Anerkennung der Konzernabschlüsse – amerikanische Bilanzen werden an europäischen Kapitalmärkten bereits seit längerem ohne Änderungen anerkannt – nicht von Erfolg gekrönt waren, andererseits eine Unterwerfung unter das Diktat der amerikanischen Börsenaufsicht mit seinem Zwang zur Anwendung der US-GAAP ebenfalls nicht in Betracht kam,[7] publizierte die Kommission im November 1995 eine **neue Strategie zur Rechnungslegung.**[8] In ihr wurde die Modernisierungsbedürftigkeit des europäischen Bilanzrechts erkannt;[9] dabei setzte die Kommission jedoch nicht auf die überkommene Entwicklung von Bilanzierungsregeln durch gemeinschaftliche Rechtsakte und mitgliedstaatliche Gesetzgebung, sondern auf die IAS:[10] die International Accounting Standards (IAS) des „International Accounting Standards Committee (IASC)", eines privaten „Standardsetters" (unten Anh § 292a, 2); sie haben den Vorteil, vom Zusammenschluß der weltweiten Börsenaufsichtsbehörden „International Organization of Securities Commissions (IOSCO)" anerkannt und so den nationalen Börsenaufsichten zur Börsenzulassung empfohlen zu werden; europäische Unternehmen, die an internationalen Märkten Kapital nachfragen, sollten, so die Kommissions-Strategie, ihre Konzernabschlüsse bald nach den IAS aufstellen dürfen. 3

Konsequent zielen die jüngsten Bemühungen der EU-Kommission[11] auf eine verbindliche Anwendung der IAS für alle börsennotierten europäischen Unternehmen in den Konzernabschlüssen bereits ab dem Jahr 2005 ab. Ohne den Umweg über nationale Transformations-Gesetzgebung sollen die IAS im Wege einer gemeinschaftsrechtlichen Verordnung unmittelbar für die Konzernabschlüsse börsennotierter Unternehmen in den Mitgliedstaaten gelten und durch diese Verpflichtung das überkommene Bilanzrecht ersetzend überlagern.[12] Darüber hinaus enthält der **Verordnungsvorschlag** ein Mitgliedstaatenwahlrecht, die Anwendung der IAS auch für Einzelabschlüsse sowie den Kreditinstituten und Versicherungen verpflichtend vorzuschreiben. 4

Schließlich ist man in der EU-Kommission (dem internationalen Trend folgend) ganz allgemein darum bemüht, auf gemeinschaftlicher und nationaler Ebene flexible und schnelle Regelsetzungsmechanismen unter Einbeziehung privater Sachverständigengremien zu installieren. Derartige **„Standardsetter"** in Bilanzierungsfragen sollen einerseits mit ihrer Sachkunde am Entstehungs- und Aushandlungsprozeß für neue IAS im IASC teilnehmen; andererseits sollen sie mit dazu beitragen, früher bereits erlassene IAS ohne den Umweg über Richtlinien und nationale Gesetze schnell und flexibel in private Rechnungslegungsregeln für die Unternehmen zu transferien und an die jeweils nationalen Besonderheiten anzupassen. Deshalb war bereits bei Erlaß des 5

---

[7] Vgl. *van Hulle* ZGR 2000, 544.

[8] Vgl. EU-Kommission, Mitteilung „Harmonisierung auf dem Gebiet der Rechnungslegung, Eine neue Strategie im Hinblick auf die internationale Harmonisierung", KOM (95) 508 v. 14. 11. 1995.

[9] Vgl. *van Hulle* ZGR 2000, 545.

[10] Vgl. *van Hulle* ZGR 2000, 543 f. Soweit solche im folgenden zitiert werden, ist die deutsche Ausgabe 2000 gemeint.

[11] Vgl. EU-Kommission, Vorschlag für eine Verordnung des Europäischen Parlaments und des Rates betreffend die Anwendung internationaler Rechnungslegungsgrundsätze, KOM Dok 501PC0080 v. 21. 5. 2001.

[12] Vgl. EU-Kommission, aaO, Abschnitt 3.2.

KapAEG an die Schaffung der gesetzlichen Rahmenbedingungen für ein Deutsches Rechnungslegungs Gremium nach dem Vorbild des § 342 HGB gedacht worden;[13] dazu ist es jedoch erst mit dem KonTraG gekommen.

3. Normzweck

6 Diesen europäischen Ansatz hat der deutsche Gesetzgeber aufgegriffen und mit § 292a HGB für die bis 2004 begrenzte Zeit den Geltungsanspruch deutschen Konzernabschlußrechts zurückgenommen. Vermeintlich als Befreiungstatbestand konstruiert,[14] erlaubt es diese Bestimmung jedem kapitalmarktorientierten Unternehmen, bei Einhaltung bestimmter Voraussetzungen einen Konzernabschluß nur nach **nichtdeutschen Bilanzierungsvorschriften** aufzustellen. Damit sollen deutsche Großunternehmen, die als internationale Kapitalnachfrager auf eine Börsenzulassung an globalen Finanzmärkten angewiesen und damit zu Abschlüssen nach IAS/US-GAAP gezwungen sind, schnell von den zusätzlichen Kosten eines traditionellen HGB-Konzernabschlusses entlastet und so in ihrer Wettbewerbsfähigkeit gestärkt werden.[15]

7 Der Gesetzgeber war sich bewußt, daß mittel- bis langfristig eine Öffnung des deutschen Bilanzrechts für internationale Gepflogenheiten unumgänglich ist. Indes fehlte in der laufenden Legislaturperiode die Zeit, um die notwendigen Prüfungen und Erörterungen abzuschließen;[16] diese sollten jedoch baldmöglichst in Angriff genommen werden. § 292a HGB ist daher nur als **Übergangsvorschrift**[17] konzipiert und bis zum Ende des Jahres 2004 befristet.[18] Bis dahin werden Vorschläge zur Überarbeitung des deutschen Rechts der Konzernrechnungslegung unter Einschaltung des auf der Basis des § 342 HGB gegründeten Deutschen Rechnungslegungs Standards Committee (DRSC) und seiner Arbeit erwartet. So befaßt sich insbesondere der am 22. Juli 2000 durch das Bundesjustizministerium bekanntgemachte[19] und dadurch mit den Rechtswirkungen des § 342 Abs. 2 HGB ausgestattete (vgl. § 342) Deutsche Rechnungslegungs Standard Nr. 1 (DSR 1) explizit mit den Anwendungsvoraussetzungen des § 292a HGB.

8 Im Gesetzgebungsverfahren war die Regelung in § 292a HGB wegen ihres **Anwendungsbereiches** sowie ihrer steuerlichen sowie gesellschaftsrechtlichen Auswirkungen kontrovers diskutiert worden. Da die begünstigten Unternehmen nach geltendem Recht jedoch nur von der Pflicht zur Aufstellung eines deutschen *Konzern*abschlusses befreit werden können,[20] sich dagegen der für Gewinnermittlung und Steuer maßgebliche *Einzel*abschluß immer noch nach deutschem Recht richtet, sind kurzfristig keine Auswirkungen zu befürchten.[21] Allerdings wird die Anwendung

---

13 Vgl. Beschlußempfehlung und Bericht des Rechtsausschusses, BT-Drucks. 13/9909 v. 12.2.1998, S. 11.

14 In Wirklichkeit handelt es sich um die Normierung einer Pflichtenalternative, da zumindest ein internationaler Konzernabschluß erstellt werden muß. *Kirchhof* ZGR 2000, 683 f; a. A. *Heintzen* BB 1999, 1051; *ders.* KoR 2001, 152. Kritisch auch *Budde* FS Beisse (1997) S. 111.

15 Vgl. Beschlußempfehlung und Bericht des Rechtsausschusses aaO S. 1; *Busse von Colbe* Befreiender Konzernabschluß 403. – Die Frage, ob der Vorteil weltweiten Kapitalmarkt-Zugangs nicht die Mehrkosten von Doppelabschlüssen samt Doppelprüfung rechtfertigt, hat sich der deutsche Gesetzgeber nicht gestellt.

16 Vgl. Beschlußempfehlung und Bericht des Rechtsausschusses aaO S. 11; *Ernst* WPg 1998, 1032.

17 Vgl. Beschlußempfehlung und Bericht des Rechtsausschusses aaO S. 10.

18 Vgl. Art. 5 des KapAEG, BGBl. I 1998 v. 20.4.1998, S. 709.

19 Vgl. DRS 1, Bundesanzeiger Nr. 136a v. 22.7. 2000, S. 1 ff Dazu auch MünchKommHGB-*Busse von Colbe* § 292a, 4 mit Abdruck des DRS 1 im Anhang.

20 Ausführlich MünchKommHGB-*Busse von Colbe* § 292a, 10 m. w. N.

21 Vgl. *Busse von Colbe* Befreiender Konzernabschluß 409; *Küting* DStR 2000, 42.

internationaler Rechnungslegungsgrundsätze mittelfristig über die materiellen Verbindungslinien zwischen Konzern- und Einzelabschlußrecht (§ 298 Abs. 1 HGB) auch den Einzelabschluß erfassen.[22]

II. Tatbestandsvoraussetzungen

1. Überblick

§ 292a Abs. 1 HGB erlaubt es Mutterunternehmen, die einen organisierten Kapitalmarkt in Anspruch nehmen, den nach den Bestimmungen der §§ 290ff HGB aufzustellenden Konzernabschluß nebst Konzernlagebericht durch eine Rechnungslegung nach internationalen Grundsätzen nach Maßgabe des § 292a Abs. 2 HGB zu ersetzen. Rechtsdogmatisch bilden diese Ersetzungsbefugnis und die Befreiung von der Pflicht zur Konzernrechnungslegungspflicht nach deutschem Recht eine untrennbare Einheit, da der Gesetzgeber die Befreiung an eine ganze Vielzahl in Abs. 2 präzise ausformulierter **Voraussetzungen** geknüpft hat. Er hat also mitnichten von einer Regelung der Konzernrechnungslegung bei börsennotierten Mutterunternehmen etwa deshalb Abstand genommen, weil dafür kein rechtspolitisches Regelungsbedürfnis bestünde. Vielmehr tritt die befreiende Wirkung erst bei kumulativer Erfüllung folgender **Tatbestandsmerkmale** ein: 9

- Inanspruchnahme eines organisierten Kapitalmarktes durch das Mutterunternehmen (§ 292a Abs. 1 Satz 1 HGB),
- Einbeziehung der Tochterunternehmen in den Konsolidierungskreis nach den deutschen Vorschriften der §§ 295, 296 HGB (§ 292a Abs. 2 Nr. 1 HGB),
- Aufstellung des Konzernabschlusses nach international anerkannten Rechnungslegungsgrundsätzen (§ 292a Abs. 2 Nr. 2a HGB), aber in deutscher Sprache und in Euro (§ 292a Abs. 1 S. 1 HGB)
- Einklang des Konzernabschlusses mit den europäischen Rechnungslegungsrichtlinien, insbesondere mit der 7. EG-Richtlinie sowie den Rechnungslegungsrichtlinien für Kreditinstitute[23] und Versicherungen[24] (§ 292a Abs. 2 Nr. 2b HGB),
- Gleichwertigkeit des Konzernabschlusses mit einem deutschen Konzernabschluß nach §§ 290 ff HGB und einem Konzernlagebericht nach § 315 HGB (§ 292a Abs. 2 Nr. 3 HGB),
- Bezeichnung der angewandten Rechnungslegungsgrundsätze und Erläuterung der Abweichungen vom deutschen Recht hinsichtlich Ansatz, Bewertung und Konsolidierung im Anhang oder in den Erläuterungen des Konzernabschlusses (§ 292a Abs. 2 Nr. 4a und b HGB),
- Prüfung und Bestätigungsvermerk durch den Abschlußprüfer auch hinsichtlich dieser Befreiungsvoraussetzungen (§ 292a Abs. 2 Nr. 5 HGB),
- Offenlegung des Konzernabschlusses nebst ausdrücklichem Hinweis auf die Tatsache, daß es sich dabei um einen nicht nach deutschem Recht aufgestellten Konzernabschluß und Konzernlagebericht handelt (§ 292a Abs. 1 Sätze 1 und 3 HGB).

---

[22] Ausführlich *Berberich* DRSC, § 5 B III m.w.N.; *Budde* FS Beisse (1997) 115ff; *Budde/Steuber* ST 1999, 506 m.w.N.; *Küting* DStR 2000, 42; *Zwirner* StuB 1999, 884.

[23] Richtlinie 86/635/EWG des Rates vom 8.12.1986 über den Jahresabschluß und den konsolidierten Abschluß von Banken und anderen Finanzinstituten, ABl. EG L 372.

[24] Richtlinie 91/674/EWG des Rates vom 19.12.1991 über den Jahresabschluß von Versicherungsunternehmen, ABl. EG L 374.

2. Persönlicher Anwendungsbereich

10 **a) Gesetzliche Entwicklung.** In den Genuß der Vergünstigungen aus § 292 a HGB kann nach Abs. 1 der Vorschrift allein ein Mutterunternehmen gelangen, das einen organisierten Kapitalmarkt i. S. d. § 2 Abs. 5 WpHG in Anspruch nimmt. Dieser persönliche Anwendungsbereich der Regelung hat bereits während des Gesetzgebungsverfahrens die erste Ausweitung erfahren[25] und gilt in der derzeitigen erneut erweiterten Fassung des KapCoRiLiG seit dem 9. 3. 2000.

11 Während noch der Regierungsentwurf[26] eine Erleichterung nur für solche Mutterunternehmen vorgesehen hatte, die auf einem ausländischen Kapitalmarkt auftreten, knüpfte bereits die durch das KapAEG in Kraft gesetzte Fassung an jede Börsennotierung schlechthin, also auch die in Deutschland an.[27] Der Rechtsausschuß des Deutschen Bundestages sah die Beschränkung auf ausländische Kapitalmärkte mit der Begründung als zu eng an, inländisch notierte deutsche Konzernmütter hätten von der Befreiungsvorschrift keinen Gebrauch machen können, obwohl sie auch an deutschen Börsen mit ausländischen Unternehmen im Wettbewerb um Kapital stünden;[28] am „Neuen Markt" herrsche ohnehin die Verpflichtung vor, nach IAS oder US-GAAP zu bilanzieren.[29] Der Bundestag wollte deshalb **allen börsennotierten Unternehmen** die Möglichkeit eröffnen, einen internationalen Konzernabschluß mit ersetzender Wirkung aufzustellen.[30]

12 **b) Kreis der begünstigen Unternehmen. aa) Kapitalmarktauftritt.** Das KapCoRiLiG hat den persönlichen Anwendungsbereich des § 292 a HGB doppelt erweitert. Einerseits wurde auch **nicht-börsennotierten Unternehmen** die Möglichkeit gegeben, Konzernabschlüsse mit ersetzender Wirkung nach internationalen Grundsätzen zu erstellen, sofern sie nur auf einem organisierten Kapitalmarkt (Rdn. 14–15) auftreten (Rdn. 16–18).[31] Jedes dies Merkmal erfüllende Unternehmen gelangt daher in den Genuß der Ersetzungsmöglichkeit, sofern es überhaupt zur Konzernrechnungslegung verpflichtet ist. Auf den Grund der Konzernrechnungslegungspflicht – § 290 HGB oder §§ 11 ff PublG – kommt es heute dagegen ebensowenig an wie auf die Rechtsform.[32] Begünstigt sind damit wie bisher börsennotierte Aktiengesellschaften und Kommanditgesellschaften auf Aktien, darüber hinaus aber auch Gesellschaften mbH, Kapitalgesellschaften & Co., Kreditinstitute und Versicherungen sowie nach dem PublG konzernrechnungslegungspflichtige Personenhandelsgesellschaften (vgl. § 11 Abs. 6 Nr. 2 PublG). Entscheidend ist nur noch die Inanspruchnahme eines organisierten Kapitalmarktes.[33] Damit sollte ausweislich der Gesetzesbegründung dem Umstand Rechnung getragen werden, daß „... insbesondere institutionelle Anleger von einem die organisierten Kapitalmärkte beanspruchenden Unternehmen zu-

---

[25] Instruktiv *Busse von Colbe* Befreiender Konzernabschluß 405 ff; *ders.* FS Kropff (1997) 424 f; MünchKommHGB-*Busse von Colbe* § 292 a, 3.

[26] Vgl. Gesetzesentwurf der Bundesregierung zum KapAEG, BT-Drucks. 13/7141 v. 6. 3. 1997, S. 5.

[27] Vgl. § 292 a HGB i. d. F. des KapAEG, BGBl. I 1998 v. 20. 4. 1998, S. 708.

[28] Vgl. Beschlußempfehlung und Bericht des Rechtsausschusses, BT-Drucks. 13/9909 v. 12. 2. 1998, S. 11. Dazu auch *Mujkanovic* BB 1999, 999, 1000 m. w. N.

[29] Vgl. Regelwerk Neuer Markt i. d. F. v. 9. 4. 2001, Abschnitt 2 – Zulassungsbedingungen für den Neuen Markt, 7.3.2 Absatz 1, S. 32.

[30] Vgl. Beck BilKomm-*Hoyos/Lechner* § 292 a, 6.

[31] Vgl. Gesetzentwurf der Bundesregierung zum KapCoRiLiG, BTDrucks. 458/99 v. 13. 8. 1999, S. 44.

[32] Da § 292 a HGB in der Fassung des KapAEG noch die Börsennotierung voraussetzte, konnten nur Aktiengesellschaften ersetzend nach internationalen Grundsätzen Rechnung legen, vgl. Beck BilKomm-*Hoyos/Lechner* § 292 a, 9.

[33] Vgl. MünchKommHGB-*Busse von Colbe* § 292 a, 6.

nehmend einen Konzernabschluß nach international anerkannten Rechnungslegungsstandards erwarten."[34]

bb) Mutter oder Tochter. Auf dem organisierten Kapitalmarkt können nach § 292a HGB in der derzeit geltenden Fassung sowohl von der Konzernrechnungslegungspflicht betroffene Mutterunternehmen auftreten, als auch konsolidierte Tochterunternehmen. Vor Inkrafttreten des KapCoRiLiG war noch die Börsennotierung des Mutterunternehmens zwingend erforderlich;[35] heute ist es dagegen für die Ersetzungswirkung eines internationalen Konzernabschlusses der Mutter ausreichend, wenn nicht diese, sondern eines ihrer Tochterunternehmen den Kapitalmarkt in Anspruch nimmt, vgl. § 292a Abs. 1 Satz 1 HGB. **13**

c) Organisierter Markt. § 292a Abs. 1 HGB knüpft mit explizitem Verweis an die Definition des § 2 Abs. 5 WpHG an. Ein Markt gilt demnach als organisiert, wenn er von staatlich anerkannten Stellen geregelt und überwacht wird, regelmäßig stattfindet und für das Publikum unmittelbar oder mittelbar zugänglich ist. In Deutschland sind solche Märkte mit unterschiedlicher Intensität in der Überwachung[36] insbesondere die Börsensegmente „amtlicher Handel" und „geregelter Markt" sowie der „Neue Markt",[37] da für den Auftritt auf diesem die vorherige Zulassung am geregelten Markt erforderlich ist.[38] Entgegen der ursprünglichen Absicht der Gesetzesverfasser genügt der Freiverkehr den Anforderungen an einen organisierten Markt mangels ausreichender Überwachung nicht.[39] **14**

Ersetzende Befreiung nach § 292a HGB können überdies auch deutsche Konzernunternehmen finden, die mit ihren Finanztiteln ausschließlich an **ausländischen Börsen** notiert sind – dies freilich allein dann, wenn der dortige Kapitalmarkt eine dem deutschen System vergleichbare Überwachung bietet.[40] Erforderlich ist wenigstens eine dem „Neuen Markt" entsprechende Anbindung an staatlich anerkannte Kontrollstellen;[41] eine rein privatrechtlich organisierte Börse vermag die Anforderungen an einen organisierten Markt i. S. d. § 292a Abs. 1 HGB nicht zu erfüllen. **15**

c) Auftritt. aa) Zeitpunkt. Das Gesetz verlangt die Inanspruchnahme eines organisierten Kapitalmarktes durch Wertpapiere i. S. d. § 2 Abs. 1 Satz 1 WpHG. Wie in § 292a Abs. 1 Satz 2 HGB nunmehr durch das KapCoRiLiG klarstellend ergänzt worden ist, genügt hierfür bereits der Antrag auf Zulassung zum Handel.[42] Diese Regelung war in der ursprünglichen Fassung des § 292a HGB nicht enthalten gewesen, obwohl der Regierungsentwurf des KapAEG sie noch vorgesehen hatte.[43] Sie ist wohl **16**

---

34 Gesetzentwurf der Bundesregierung zum KapCoRiLiG, BTDrucks. 458/99 v. 13. 8. 1999, S. 44.

35 Vgl. noch *Pellens/Bonse/Gassen* DB 1998, 786; Beck BilKomm-*Hoyos/Lechner* § 292a, 10 a. E.

36 Vgl. Beck BilKomm-*Hoyos/Lechner* § 292a, 7.

37 Vgl. *Hopt* § 292a, 2; Beck BilKomm-*Hoyos/Lechner* § 292a, 7; MünchKommHGB-*Busse von Colbe* § 292a, 8.

38 Vgl. Regelwerk Neuer Markt i. d. F. v. 9. 4. 2001, Abschnitt 2 – Zulassungsbedingungen für den Neuen Markt, 2.3 Absatz 1, S. 6.

39 Vgl. bereits den Gesetzesentwurf der Bundesregierung zum KonTraG, BTDrucks. 13/9712 v. 28. 1. 1998, S. 12 zum Begriff der börsennotierten Gesellschaft sowie insbesondere jüngst den Gesetzesentwurf der Bundesregierung zum KapCoRiLiG, BTDrucks. 458/99 v. 13. 8. 1999, S. 44. Vgl. auch *Küting/Hütten* WPg 1998, 12, 13; Beck BilKomm-*Hoyos/Lechner* § 292a, 7; MünchKommHGB-*Busse von Colbe* § 292a, 8.

40 So ausdrücklich der Gesetzesentwurf der Bundesregierung zum KonTraG, BTDrucks. 13/9712 v. 28. 1. 1998, S. 12 zum Begriff der Börsennotierung des § 3 Abs. 2 AktG, auf den § 292a HGB i. d. F. des KapAEG ursprünglich noch abstellte.

41 Wie hier insbesondere Beck BilKomm *Hoyos/Lechner* § 292a, 8, die ebenfalls die Überwachungsintensität am „Neuen Markt" als Vergleichsmaßstab und Untergrenze heranziehen.

42 Vgl. MünchKommHGB-*Busse von Colbe* § 292a, 8.

43 Vgl. Gesetzesentwurf der Bundesregierung zum KapAEG, BTDrucks. 13/7141 v. 6. 3. 1997, S. 5.

aufgrund eines Redaktionsversehens im Zuge der Erweiterung des persönlichen Anwendungsbereichs in § 292 a HGB versehentlich ausgemerzt worden.[44]

17 Die Literatur diskutierte in der Folgezeit die Frage kontrovers, ob die Vorbereitung eines Börsengangs für die Anwendbarkeit des § 292 a HGB ausreiche;[45] der Wortlaut setze nämlich gerade voraus, daß bereits an der Börse gehandelt werde.[46] Andererseits ziele die Vorschrift darauf ab, kapitalmarktorientierte Unternehmen von der aufwendigen und kostenträchtigen Pflicht zu entlasten, nötigenfalls zwei (unterschiedliche) Konzernabschlüsse aufstellen zu müssen. Würden im unmittelbaren Vorfeld zum Börsengang noch HGB-Abschlüsse gefordert, fände durch sie die komplette Anlegerinformation statt. Nach der Börseneinführung könnte das Unternehmen dann aber von § 292 a HGB Gebrauch machen und (nur noch) nach internationalen Rechnungslegungsgrundsätzen bilanzieren. Das Unternehmen würde sich plötzlich als völlig anderes präsentieren – die fundamentalen Unterschiede zwischen deutschen und internationalen Konzernabschlüssen hat das Daimler-Benz-Listing an der NYSE 1993 plastisch vor Augen geführt.[47] Eine nach Sinn und Zweck der Vorschrift fragende Interpretation kam daher schon damals nicht umhin, die nunmehr Gesetz gewordene vorsichtige **Vorverlagerung des Anwendungszeitraums** auf unmittelbar der Börseneinführung vorangehende und mit dieser in Bezug stehende Konzernabschlüsse zuzulassen;[48] rechtssicherer ist das formale Kriterium des Zulassungsantrags, das heute gilt, allemal.

18 **bb) Wertpapiere.** Auf dem Kapitalmarkt tritt das Unternehmen (oben Rdn. 13) mit Wertpapieren nach § 2 Abs. 1 Satz 1 WpHG auf; mit ihnen ist das Unternehmen schon zugelassen oder deren Zulassung hat es beantragt (Rdn. 16 f). Zu diesen Wertpapieren zählen Aktien, aktienvertretende Zertifikate, Schuldverschreibungen, Genußscheine, Optionsscheine sowie alle anderen mit Aktien oder Schuldverschreibungen vergleichbaren Wertpapiere, sofern sie an einem Markt gehandelt werden können. Durch diese zukunftsoffene Generalklausel werden ebenfalls noch zu entwickelnde Finanzierungsinstrumente erfaßt. Das Gesetz verlangt **kein Mindestfinanzierungsvolumen**, so daß grundsätzlich die Ausgabe einer einzigen Schuldverschreibung durch ein Tochterunternehmen genügt, die befreienden Wirkungen des § 292 a HGB für das Mutterunternehmen auszulösen.[49] Zu Informationsproblemen bei den Publizitätsadressaten führt dies insbesondere dann, wenn aufgrund der nur begrenzten Laufzeit derartiger Papiere die Befreiungsvoraussetzungen des § 292 a HGB wieder entfallen, so daß die Pflicht, nach dem HGB für den Konzern Rechnung zu legen, wieder auflebt und einen schnellen Wechsel der Rechnungslegungsgrundsätze zur Folge hat.

3. Anforderungen an den befreienden Konzernabschluß

19 **a) Konsolidierungskreis.** Nach § 292 a Abs. 2 Nr. 1 HGB richtet sich der Konsolidierungskreis des internationalen Konzernabschlusses nach deutschem Handelsrecht.

[44] Vgl. die redaktionellen Änderungen im Gesetzgebungsverfahren in BTDrucks. 13/9909 v. 12. 2. 1998, S. 6. Auch in der Begründung wurde die Streichung mit keinem Wort erwähnt, aaO, S. 10 ff.

[45] Vgl. etwa *Küting/Hütten* Wpg 1999, 12, 13; auch *Pellens/Bonse/Gassen* DB 1998, 785 sowie *Mujkanovic* BB 1999, 1000 und Beck BilKomm-*Hoyos/Lechner* § 292 a, 12 mit teleologischen Argumenten.

[46] So zu Recht Beck BilKomm-*Hoyos/Lechner* § 292 a, 11.

[47] Vgl. *Hommelhoff* RabelsZ 62 (1998) S. 383; *Buhleier/Helmschrott* DStR 1996, 357. Einzelheiten bei *Bruns* WPK-Mitt. Sonderheft Juni 1997, 31 ff; *Ebke*, WPK-Mitt. Sonderheft Juni 1997, 13 m. w. N.; *Küting* BFuP 1993, 369 ff.

[48] So wohl auch *Mujkanovic* BB 1999, 1000; Beck BilKomm-*Hoyos/Lechner* § 292 a, 12.

[49] Vgl. IDW, IDW-FN 1996, 397 ff.

Demnach sind in den befreienden Konzernabschluß neben dem Mutterunternehmen sämtliche Konzerntöchter einzubeziehen, sofern nicht das Konsolidierungsverbot des § 295 Abs. 1 HGB greift oder von den Konsolidierungswahlrechten nach § 296 HGB Gebrauch gemacht wird. Das im internationalen Kontext gebräuchliche „control concept" (§ 290 Abs. 2 HGB)[50] hat neben dem Prinzip der „einheitlichen Leitung" (§ 290 Abs. 1 HGB) ebenfalls im deutschen Recht seinen Niederschlag gefunden; deshalb werden bei der Bestimmung des Konsolidierungskreises in aller Regel deckungsgleiche Ergebnisse erzielt.

Diesen Gleichlauf durchbricht allerdings das **Konsolidierungsverbot** aus § 295 Abs. 1 HGB:[51] Ein Tochterunternehmen darf nach deutschem Recht dann nicht konsolidiert werden, wenn seine Tätigkeit sich von der der anderen einbezogenen Unternehmen derart unterscheidet, daß die Einbeziehung dieser Tochter das getreue Bild der Vermögens-, Finanz- und Ertragslage verfälschen würde. Demgegenüber verlangen IAS[52] und US-GAAP[53] zwingend auch in solchen Fällen die Einbeziehung in den Konzernabschluß,[54] da auf diese Weise die ökonomische Realität des Konzerns besser wiedergegeben werde; umgekehrt würde die Ausklammerung einer solchen Tochter den Informationsgehalt des Konzernabschlusses mindern.[55] Der als Ausnahmevorschrift vom grundsätzlichen Vollkonsolidierungsgebot (§ 294 Abs. 1 HGB) verstandene § 295 Abs. 1 HGB wird daher nach ganz einhelliger Meinung sehr restriktiv ausgelegt.[56] In der Praxis sind Konfliktfälle nur schwer vorstellbar;[57] in diesen seltenen Fällen können erläuternde Anhangsangaben erforderlich sein. 20

b) Anwendung internationaler Rechnungslegungsgrundsätze. aa) Problematik. Weitere Voraussetzung für den ersetzend-befreienden Konzernabschluß (Rdn. 9) ist gemäß § 292a Abs. 2 Nr. 2a HGB dessen Aufstellung nach international anerkannten Rechnungslegungsgrundsätzen. Bei wörtlicher Anwendung dieses in seiner Weite bemerkenswert unbestimmten Begriffs[58] wäre § 292a HGB völlig seines Anwendungsbereiches beraubt; denn international anerkannt sind gegenwärtig überhaupt keine Rechnungslegungsgrundsätze. Vielmehr konkurrieren momentan IAS und US-GAAP um die Vorherrschaft auf den Kapitalmärkten der Welt. Ausweislich der Regierungsbegründung wollte der Gesetzgeber deutschen Unternehmen während einer Übergangszeit die Anwendung beider Rechnungslegungssysteme, entweder der IAS oder der US-GAAP, ermöglichen. Im Gesetzgebungsverfahren[59] war eine Beschränkung auf IAS erwogen worden, um einerseits die Stellung des IASC gegenüber der IOSCO (oben Rdn. 3) zu stärken und andererseits dem europäischen Trend zu folgen. 21

---

50 Vgl. *Baetge/Schulze* Rechnungslegung nach IAS, Teil B IAS 27 Rdn. 23 ff.

51 So benennt auch der von der EU-Kommission eingesetzte Kontaktausschuß, der die Rechnungslegungsrichtlinien der EU auf ihre IAS-Kompatibilität hin untersuchen sollte, diesen auf Art. 14 der 7. EG-Richtlinie beruhenden Unterschied als echten Konfliktfall. Vgl. Dok. XV/7003/96-DE Rev. 2 v. 1.4.1996; dazu auch *IDW* HFA, IDW-FN 1998, 16; *van Hulle* WPg 1998, 141; *Busse von Colbe* Befreiender Konzernabschluß 409; MünchKommHGB-*Busse von Colbe* § 292a, 12.

52 Vgl. IAS 27.14; dazu *Baetge/Schulze* Rechnungslegung nach IAS, Teil B IAS 27 Rdn. 69 ff.

53 Vgl. SFAS 94.9.

54 *Adler/Düring/Schmaltz* § 295, 8 m. w. N.; Beck BilKomm-*Hoyos/Lechner* § 295, 9.

55 Vgl. DRS 1, Rdn. 6–8; *Adler/Düring/Schmaltz* § 295, 7.

56 Vgl. DRS 1, Rdn. 7; unten § 295, 5; *Adler/Düring/Schmaltz* § 295, 9; Beck BilKomm-*Hoyos/Lechner* § 295, 8; HdKR-*Sahner/Sauermann* § 295, 7; *Tschesche* IAS-Konzernabschlüsse 94 m. w. N.

57 Vgl. DRS 1, Rdn. 9; ebenso Beck BilKomm-*Hoyos/Lechner* § 292a, 17; *Tschesche* IAS-Konzernabschlüsse 94 m. w. N.

58 Kritisch auch Beck BilKomm-*Hoyos/Lechner* § 292a, 4; MünchKommHGB-*Busse von Colbe* § 292a, 13 f.

59 Vgl. Beschlußempfehlung und Bericht des Rechtsausschusses, BTDrucks. 13/9909 v. 12.2.1998, S. 12.

Da jedoch die Entwicklung der IAS noch nicht abgeschlossen und diese von der IOSCO noch nicht vollständig anerkannt waren, entschied man sich gegen eine so einseitige Fixierung auf die IAS.[60] Außerdem genügten die IAS nicht für die Börsenzulassung am US-amerikanischen Kapitalmarkt, weil die SEC (oben Rdn. 2) die IAS als nicht ausreichend erachtete.

22 **bb)** Daher sind **IAS und US-GAAP** international anerkannte Rechnungslegungsgrundsätze im Sinne des § 292a HGB.[61] Die Anwendung eines dritten, etwa eines fremdländischen Bilanzierungssystems als „international anerkannte Rechnungslegungsgrundsätze" ist zwar in der Praxis schwer vorstellbar, zumal schon die Richtlinien der EG als weltweit drittmächtigstes Rechnungslegungssystem keine uneingeschränkte internationale Anerkennung mehr genießen.[62] Aber gänzlich ausgeschlossen ist dies nach der Regelung in § 292a Abs. 2 HGB nicht; vor allem der Abschlußprüfer müßte sich dann hierzu im konkreten Einzelfall nach § 292a Abs. 2 Nr. 5 HGB äußern.[63]

23 Das fremde Bilanzierungssystem ist **in vollem Umfang** anzuwenden und zu bezeichnen; die Vermischung zweier Rechnungslegungssysteme innerhalb des Konzernabschlusses vermag die gewünschte Wirkung der ersetzenden Befreiung (Rdn. 9) nicht zu erzielen.[64] Allein falls das Einklangerfordernis mit den EG-Richtlinien nicht anderweit hergestellt werden kann, sind geringfügige Abweichungen ausnahmsweise zulässig, solange sie die gewählte Rechnungslegungskonzeption nicht generell beeinträchtigen.[65] Rahmengrundsätze wie etwa das *Conceptual Framework* der IAS sowie die *Statements of Concept* des FASB sind keine Rechnungslegungsgrundsätze ieS[66] und damit nicht von § 292a Abs. 2 Nr. 2a HGB erfaßt.[67] Werden die IAS gewählt, darf allerdings für ungeregelte oder nur lückenhaft erfaßte Sachverhalte unter den Voraussetzungen des IAS 1.22 ergänzend auf US-GAAP zurückgegriffen werden;[68] der Abschluß ist dann trotzdem als einheitlicher IAS-Abschluß anzusehen, selbst wenn in Einzelfragen über IAS 1.22 nach US-GAAP bilanziert wird. – Unabhängig von alldem ist auch der internationale Konzernabschluß in jedem Fall in deutscher Sprache und in Euro aufzustellen (§ 292a Abs. 1 S. 1 HGB).

24 **cc) Verfassungsmäßigkeit.** § 292a HGB war wegen der Anknüpfung an internationale Rechnungslegungsgrundsätze hinsichtlich seiner Verfassungsmäßigkeit umstritten.[69] Die Norm verweist im Widerspruch zum Demokratie- und zum Rechts-

---

60 Vgl. Beschlußempfehlung und Bericht des Rechtsausschusses aaO S. 12; *Ernst* WPg 1998, 1031.

61 Vgl. DRS 1, Rdn. 10; Beschlußempfehlung und Bericht des Rechtsausschusses aaO S. 12; *Ernst* WPg 1998, 1031; *Hauer/Meurer* WPg 1998, 277 f.

62 Anders aber *Busse von Colbe* Befreiender Konzernabschluß 410, der einen strikt nach den EG-Richtlinien aufgestellten, in Einzelheiten aber dem HGB widersprechenden Konzernabschluß als nach international anerkannten Rechnungslegungsgrundsätzen aufgestellt versteht.

63 Vgl. *Pellens/Bonse/Gassen* DB 1998, 787; *Hopt* § 292a, 5 u. 6. Kritisch MünchKommHGB-*Busse von Colbe* § 292a, 17 a. E.

64 Vgl. DRS 1, Rdn. 13; *Müller/Maul* FS Rädler (1999) S. 447; *Hopt* § 292a, 5. Zu den Schwierigkeiten bei der Prüfung vgl. *Böcking/Orth/Brinkmann* WPg 2000, 216 ff.

65 Vgl. DRS 1, Rdn. 12.

66 Vgl. für die IAS das Framework, para 2 for the Preparation and Presentation of Financial Statements.

67 Vgl. *Pellens/Bonse/Gassen* DB 1998, 787; dem folgend Beck BilKomm-*Hoyos/Lechner* § 292a, 19 a. E.

68 Vgl. *Hopt* § 292a, 5 a. E.

69 Kritisch bereits *Hommelhoff* FS Odersky (1996) S. 779 ff; *ders.* Konzernabschluß (1997) S. 115 ff; *ders.* IAS und Grundgesetz 780 ff; *Lutter* NJW 1996, 1946; *Budde* FS Beisse (1997) S. 112 f; *ders.* DStR 1998, 504 ff; *Budde/Steuber* ST 1999, 504; *Busse von Colbe* FS Kropff (1997) S. 421; *Grund* ZIP 1996, 1969, 1974 f; jüngst *Kirchhof* ZGR 2000, 681 ff; *Hellermann* NZG 2000, 1102 m. w. N.; a. A. aber *Biener* FS Ludewig (1996) S. 114; *Heintzen* BB 1999, 1050 ff; *Hopt* § 292a, 1 m. w. N.

staatsprinzip auf Recht, das von fremden außerstaatlichen und von deutscher Seite unbeeinflußbaren Organisationen gesetzt wird. Daß es sich dabei – wie im internationalen Kontext zunehmend üblich – bloß um „Soft Law" privater Vereinigungen handelt, ist für diese Bewertung ebenso unschädlich wie die rechtssystematische Einordnung der Norm bei den Befreiungsvorschriften: Von der Befreiung darf nämlich nur Gebrauch machen, wer einen Konzernabschluß und Konzernlagebericht nach Rechnungslegungsgrundsätzen aufstellt, auf deren Entstehen, Entwicklung und Wertungen der deutsche Gesetzgeber keinen Einfluß zu nehmen vermag.[70] Rechtsfunktional betrachtet ist diese Befreiung integraler Bestandteil und Kernstück der weitergehenden Ersetzungsmöglichkeit, die § 292a Abs. 1 HGB bestimmten Mutterunternehmen einräumt (oben Rdn. 9). Deshalb werden die internationalen Standards über § 292a HGB zu deutschem Recht, da der Gesetzgeber neben der grundsätzlichen Pflicht zur Konzernrechnungslegung nach § 290 HGB (HGB-Konzernabschluß und -Lagebericht) Pflichtalternativen normiert hat, die sich inhaltlich nur durch die Bezugnahme des § 292a Abs. 1/2 HGB auf nichtdeutsche Standards verstehen lassen.

Gewiß – auf die Entwicklung und Festsetzung der **IAS** wollen die Gemeinschafts- **25**
organe und der deutsche Gesetzgeber – dieser über das IDW und die WPK im angelsächsisch dominierten IASC (oben Rdn. 3) – künftig verstärkt Einfluß nehmen;[71] auf diesem Wege ließe sich die Frage der Verfassungsmäßigkeit ein gutes Stück, wenn auch nicht vollständig (unten Rdn. 26) entschärfen. Aber bei den **US-GAAP** gibt es rechtlich nichts zu rütteln: Die SEC[72] und das von ihr mit der Entwicklung der Rechnungslegungsstandards beauftragte Federal Accounting Standards Board (FASB)[73] sind rein US-amerikanische Einrichtungen, die sich gegen Einflußnahmen von außen abschotten und dies aufgrund ihrer Marktmacht – NYSE als größte Börse der Welt – auch effektiv können.

Mit der Ersetzungsmöglichkeit in § 292a HGB (oben Rdn. 9/24) hat der deutsche **26**
Gesetzgeber den **Geltungsanspruch** seines (freilich gemeinschaftsrechtlich vorgespurten) Konzernabschlußrechts partiell zurückgenommen,[74] ohne dabei aber durch flankierende Maßnahmen seinem von der Verfassung zugewiesenen Steuerungsauftrag nachgekommen zu sein.[75] Demgegenüber erlauben Erwägungen praktischer Art, etwa im Hinblick auf die Schnellebigkeit von Bilanzierungsstandards und deren flexiblere Umsetzung durch private Gremien, dem parlamentarischen Gesetzgeber keine Deregulierung durch Einsatz „privater Nebengesetzgeber", sondern erfordern umgekehrt, daß sich der Bundestag sachangemessen auf das wirklich unverzichtbar Wesentliche konzentriert.[76] Um das deutsche Bilanzrecht für internationale Gepflogenheiten aufzuschließen, hat er in einem ersten Schritt die Bestimmungen der §§ 292a, 342, 342a HGB geschaffen und sich selbst einen Regelungsauftrag für ein neues Bilanzrecht erteilt. Nunmehr muß er in einem zweiten Schritt das selbst gegebene Versprechen einlösen und sich auf die wesentlichen **Eckpunkte staatlicher Regu-**

70 Vgl. *Kirchhof* ZGR 2000, 685; *Hommelhoff* Konzernabschluß (1997) S. 116ff; jüngst *Hellermann* NZG 2000, 101 in anderem Zusammenhang.

71 Zu den gegenwärtigen Möglichkeiten *Pellens/Fülbier/Ackermann* DB 1996, 285 ff.

72 Zur Rolle der SEC in den USA *von Rosen* FS Budde (1995) S. 511ff.

73 Zur Arbeitsweise dieses Gremiums *Drescher* StuW 1998, 249 ff; *Haller/Eierle* DB 1998, 733 ff; *Hayn/Zündorf* FS Weber (1999) 486 ff; *Zitzelsberger* WPg 1998, 256 ff.

74 So auch *Pellens/Bonse/Gassen* DB 1998, 785 u. 788.

75 Die Entäußerung der staatlichen Rechtsetzungsgewalt zugunsten außerstaatlicher Stellen, die dem Bürger gegenüber weder demokratisch noch mitgliedschaftlich legitimiert sind, ist verfassungswidrig: BVerfGE 44, 322, 348; BVerfGE 33, 125, 158; BVerfGE 64, 208, 214; s. schon *Hommelhoff* IAS und Grundgesetz 790 ff.

76 Vgl. *Kirchhof* ZGR 2000, 689f; *Hellermann* NZG 2000, 1103.

lierungsverantwortung zurückziehen, diese dann aber auch tatsächlich festlegen. Um die deutsche Bilanzrechtskultur dauerhaft an internationale Trends anzubinden, muß nach verfassungskonformen Modellen der Einbindung privater Selbstregulierungsgremien in staatliche Letztkontroll- und Entscheidungszusammenhänge gesucht werden. Hierfür sind im Schrifttum erste Vorschläge unterbreitet worden.[77] Nur eines läßt sich schon jetzt mit Gewißheit sagen: Das entmaterialisierte **Übergangskonzept des § 292 a HGB** taugt für keine Zukunfts-offene Dauerlösung, die im Einklang mit deutschen Verfassungsprinzipien stehen muß.[78]

27 **c) Einklang mit EG-Richtlinien. aa) Sinn und Zweck.** Nach § 292 a Abs. 2 Nr. 2 b HGB hat der internationale Konzernabschluß im Einklang mit der Konzernabschlußrichtlinie der EG (83/349/EWG) sowie den ergänzenden Richtlinien für Versicherungen (91/674/EWG) und Kreditinstitute[79] (86/635/EWG) zu stehen; da die Konzernabschlußrichtlinie in Art. 17 Abs. 1 hinsichtlich der Ansatz-, Bewertungs- und Ausweisvorschriften auf die Jahresabschlußrichtlinie für den Einzelabschluß verweist, erstreckt sich das Einklangerfordernis auch hierauf, soweit deren Vorschriften für den Konzernabschluß gelten. Der deutsche Gesetzgeber kann zwar von der Anwendung deutschen Rechts Befreiungen erteilen, hat jedoch nicht die Rechtsmacht, von zwingendem Gemeinschaftsrecht zu dispensieren.[80]

28 **bb) Einklang.** Der internationale Konzernabschluß steht im Einklang, wenn er nicht zwingenden Vorschriften des Gemeinschaftsrechts widerspricht.[81] Zur Beurteilung dieser Frage ist jedoch nicht auf nationales Transformationsrecht abzustellen, in dem der Gesetzgeber von Mitgliedstaatenwahlrechten der Richtlinie Gebrauch gemacht hat;[82] Ebensowenig bestimmt die Auslegung des mitgliedstaatlich umgesetzten Rechts die Übereinstimmung. Vielmehr will das Einklangserfordernis in § 292 a Abs. 2 Nr. 2 b HGB sicherstellen, daß die europäischen Richtlinienvorgaben *insgesamt* beachtet worden sind. Damit kommt der Interpretation des EuGH die letztentscheidende Bedeutung zu; in Ermangelung einer dichten bilanzrechtlichen Judikatur muß aus Praktikabilitätserwägungen hilfsweise darauf abgestellt werden, wie die Richtlinienbestimmungen in den einzelnen Mitgliedstaaten umgesetzt und von der Europäischen Kommission über die Jahre hinweg als zulässige Richtlinienumsetzung anerkannt worden sind.[83]

29 **cc) Bilanzgliederung.** Die Kompatibilität zwischen IAS und EG-Richtlinien wurde in der Vergangenheit bereits mehrfach[84] mit divergierenden Ergebnissen[85]

---

[77] Grundlegend *Schwab* Politikberatung § 8 und § 17 sowie spezifisch bilanzrechtlich *Berberich* DRSC, im Erscheinen. Dahe ist der Annahme mit Nachdruck zu widersprechen, das Konzept des § 292a HGB ließ sich unverändert in die Zukunft fortschreiben (so aber *Heintzen* KoR 2001, 153).

[78] Ebenso MünchKommHGB-*Busse von Colbe* § 292 a, 5 a. E.

[79] Speziell zur Anwendung des § 292 a HGB auf einen nach IAS erstellten Konzernabschluß für Banken *Reker/Pahl/Löcke* WPg 1998, 527 ff.

[80] Vgl. *Biener* FS Ludewig (1996) S. 114; MünchKommHGB-*Busse von Colbe* § 292 a, 18.

[81] Zum Begriff des Einklangs instruktiv MünchKommHGB-*Busse von Colbe* § 292 a, 18 f.

[82] Vgl. DRS 1, Rdn. 21; Beck BilKomm-*Hoyos/Lechner* § 292 a, 20; *Ballwieser* FS Weber (1999) S. 437; MünchKommHGB-*Busse von Colbe* § 292 a, 20.

[83] Dahin geht auch der Ansatz in DRS 1, Rdn. 22, die Duldung einer Richtlinienumsetzung durch die Kommission, d. h. die längere Nicht-Einleitung eines Vertragsverletzungsverfahrens wegen fehlerhafter Richtlinienumsetzung gegen einen Mitgliedstaat, spräche für die Vermutung, die Umsetzung sei auch ordnungsgemäß. Kritisch zu diesem Ansatz unter Hinweis auf den zeitlichen Horizont eines Vertragsverletzungsverfahrens MünchKommHGB-*Busse von Colbe* § 292a, 20.

[84] Vgl. die Nachweise über die zahlreichen Untersuchungen des Kontaktausschusses der EU bei *van Hulle* ZGR 2000, 541 Fn. 7. Für die IAS vgl. *Tschesche* IAS-Konzernabschlüsse (2000).

[85] Vgl. Kontaktausschuß der EU, Dok. XV/7003/96-DE Rev. 2 v. 1. 4. 1996, der als echte Konfliktfälle nur die Behandlung des negativen goodwill (IAS 22.49 vs. Art. 31 a der 7. EG-Richtlinie) sowie das Vollkonsolidierungsverbot bei

untersucht; hinsichtlich der US-GAAP liegen lediglich Vergleiche mit der Rechnungslegung nach dem HGB, nicht aber mit der nach den Richtlinien vor.[86] Während Fragen des Ansatzes und der Bewertung, auf die sich das Einklangerfordernis in der Hauptsache erstreckt, noch Interpretationsspielräume bieten (vgl. Rdn. 28), bereitet der bilanzielle Ausweis, die Bilanzgliederung, größte Schwierigkeiten:[87] Während die 7. EG-Richtlinie über Art. 17 Abs. 1 auf die Gliederungsvorschriften der Artt. 9, 10, 23–26 der 4. EG-Richtlinie verweist und ein detailliert-zwingendes Gliederungsschema vorgibt, kennen IAS[88] und US-GAAP[89] derartige Vorschriften nicht.[90] In der Bilanzierungspraxis haben sich mit der Zeit Gliederungen herausgebildet, die jedoch von denen nach den Richtlinien abweichen.

Soweit das Problem in der Literatur zu § 292a HGB überhaupt behandelt wird, **30**
mißt man ihm keine große Bedeutung bei.[91] Der Einklang mit den europäischen Richtlinien sei bereits gegeben, wenn der internationale Konzernabschluß alle von der Richtlinie verlangten Informationen enthielte; auf die Reihenfolge, in der diese gegeben würden, komme es nicht an.[92] Aber diese Auffassung widerspricht wesentlich den Bilanzrichtlinien in ihrem Grundanliegen, für **vergleichbare Jahresabschlüsse in der Europäischen Union** zu sorgen.[93] Zwar ist dies nach heutiger Erkenntnis zumindest materiell aufgrund divergierender Rechnungslegungstraditionen und Auffassungen über den Stellenwert des Gläubigerschutzes nicht wirklich erreicht,[94] zumal in den Richtlinien die unterschiedlichen Bilanzkonzeptionen auf dem Kontinent und im angelsächsischen Raum in einem ausgehandelten Kompromiß ausgeglichen worden sind.[95] Da jedoch speziell die gemeinschaftsweit einheitliche Gliederung zu den Hauptерfolgen der europäischen Harmonisierung im Bilanzrecht zählt, konnte und wollte der deutsche Gesetzgeber hiervon auch nicht befreien. Konsequent gilt: Soll die ersetzende Befreiungswirkung eines internationalen Konzernabschlusses (Rdn. 9/24) nicht am Einklangerfordernis des § 292a Abs. 2 Nr. 2b HGB scheitern, kommt man nicht umhin, den internationalen Abschluß nach dem Gliederungsschema der durch Art. 17 Abs. 1 der 7. EG-Richtlinie in Bezug genommenen Artt. 9, 10, 23–26 der 4. EG-Richtlinie aufzustellen. Inwiefern dadurch der Auftritt deutscher Unternehmen auf den internationalen Kapitalmärkten gefährdet sein sollte, ist nicht ersichtlich.

---

abweichender Tätigkeit (IAS 27.13 vs. Art. 14 Abs. 1 der 7. EG-Richtlinie) nennt. Deutlich kritischer aber *van Hulle* WPg 1998, 140; *IDW* WPg 1998, 183ff; *GEFIU* DB 1995, 1137ff u. 1185ff; *Biener* FS Budde (1995) S. 95f; *Strobel* BB 1996, 1603f; *Ordelheide* WPg 1996, 548ff; *Kleekämper* BFuP 1995, 427ff; *Pellens/Bonse/Gassen* DB 1998, 788; *Wollmert/Oser* DB 1995, 56 sowie die *Schmalenbach-Gesellschaft* zfbf Sonderheft 39/97. – Zur Konvergenz zwischen IAS und US-GAAP sowie zu ihrem Ausmaß zuletzt *Feld* WPG 2001, 1025.

86 *Busse von Colbe* will die Kompatibilität prima facie sogar bezweifeln, vgl. MünchKommHGB-*Busse von Colbe* § 292a, 24 mit Beispielen.

87 Vgl. *Brakensiek/Hütten* BB 1999, 1108f; *van Hulle* WPg 1998, 142; *Busse von Colbe* Befreiender Konzernabschluß 414.

88 IAS 1 enthält lediglich im Anhang beispielhaft eine Darstellung der Gliederung von Bilanz und GuV, schreibt sie aber nicht verbindlich vor, da der Anhang nicht Teil der Vorschrift ist. Vgl. Anhang zu IAS 1, IAS 2000 S. 91 ff.

89 SFAS 6 des Conceptual Framwork enthält lediglich zehn grundlegende Elemente eines Jahresschlusses, sagt aber nichts über deren Reihenfolge in der Bilanz aus. Vgl. *Delany/Adler/Epstein/Foran* GAAP 2000, p. 30–32. Mithin ist die Bilanzgliederung in den GAAP nicht ausdrücklich geregelt, sondern historisch bzw. aus der Praxis gewachsen, vgl. *Delany et. al.*, p. 50–53 mit einem Beispiel. Allerdings existieren Gliederungsvorschriften der SEC, vgl. Rule 5-02 und 5-03.

90 Vgl. *Brakensiek/Hütten* BB 1999, 1108f; Beck BilKomm-*Hoyos/Lechner* § 292a, 23.

91 Vgl. Beck BilKomm-*Hoyos/Lechner* § 292a, 23.

92 Vgl. *Busse von Colbe* Befreiender Konzernabschluß 414, der auf diese Weise den Zweck befreiender Konzernabschlüsse nicht vereiteln will. Ebenso MünchKommHGB-*Busse von Colbe* § 292a, 25.

93 Vgl. *Brakensiek/Hütten* BB 1999, 1109.

94 So bereits *Hommelhoff* RabelsZ 62 (1998) S. 395f m.w.N.; *van Hulle* ZGR 2000, 538.

95 Instruktiv *van Hulle* ZGR 2000, 539.

31 **dd) Normenkollission. aaa) unechte.** Kollidieren Richtlinienbestimmungen mit internationalen Standards, so ist zunächst zu prüfen, ob der Einklang mit den EG-Richtlinien durch die Ausübung von Wahlrechten hergestellt werden kann. Sind beispielsweise die internationalen Bestimmungen zwingend und besteht nach den Richtlinien ein Wahlrecht, welches die zwingende Bilanzierung abdeckt, steht der internationale Abschluß ohne weiteres im Einklang mit den Richtlinien. Umgekehrt übt eine zwingende Richtlinienbestimmung über das Einklangerfordernis des § 292 Abs. 2 Nr. 2b HGB reflexiv Einfluß auf die Wahlrechtsausübung bei den internationalen Bilanzierungsstandards aus: Der deutsche Bilanzaufsteller, der von § 292a HGB Gebrauch machen möchte und dies nur kann, wenn der internationale Abschluß mit den Richtlinien kompatibel ist, wird bei mehreren ihm in IAS bzw. US-GAAP gewährten Bilanzierungsmöglichkeiten diejenige auswählen müssen, welche die europäischen Richtlinien als einzige zwingend vorgeben – so etwa bei der Bilanzgliederung (Rdn. 29f). Keinesfalls ist es gestattet, unter Hinweis auf das „true and fair view"-Gebot[96] oder gar dessen Ausgestaltung als „overriding principle"[97] von zwingenden Richtlinienbestimmungen abzuweichen, um internationalen Bilanzierungsgepflogenheiten nachzukommen.[98]

32 **bbb) echte)** Denkbar, wenn auch bislang offenbar noch nicht rechtspraktisch geworden sind **echte Normkollissionen**, wenn nämlich sowohl Richtlinien als auch das angewandte Regelwerk (IAS oder US-GAAP) jeweils zwingend nur eine Alternative zulassen, sich diese aber nicht entsprechen. Bei der Lösung dieses Problems läßt das Gesetz den Rechtsanwender allein. Bilanzaufsteller samt verantwortlichem Abschlußprüfer stehen damit vor dem Dilemma, entweder gegen die internationalen Standards zu verstoßen mit der Folge, daß der nach § 292a HGB aufgestellte Konzernabschluß zwar befreit, von den Kapitalmärkten aber sofort als zweitklassig eingestuft wird, oder aber konsequent das ausländische Recht anzuwenden und damit Gefahr zu laufen, mangels Einklangs mit den EG-Richtlinien keine Befreiungswirkung zu erzielen. Bei eher **nachgeordnet bedeutsamen Bilanzierungsregeln** wird man einer der beiden Regeln, also entweder der gemeinschaftsrechtlichen oder der internationalen den Vorrang einräumen können. Dabei verdient keineswegs die Anwendung der internationalen Regel pauschal den Vorzug;[99] vielmehr verdient ihn im konkreten Einzelfall jene Regel, bei deren Anwendung die Aussagekraft des Konzernabschlusses am relativ schwächsten beeinträchtigt wird. Unter dem Strich bzw. im Anhang ist dann die angewendete Regel aufzudecken und gleichzeitig darüber zu informieren, wie sich die Abschlußposition bei Anwendung der nicht gewählten Alternative darstellen würde.

33 Ist hingegen die **Einhaltung** der konkurrierenden Abschlußnorm für beide Regelsysteme **wesentlich**, so kann ein internationaler Konzernabschluß den nach HGB nicht befreiend ersetzen; bloße Anhangsangaben verbaler oder quantitativer Art genügen ebensowenig[100] wie Überleitungsrechnungen. In solchen Fällen, deren Häufig-

---

96 Art. 16 Abs. 3 der 7. EG-Richtlinie.

97 Art. 16 Abs. 5 der 7. EG-Richtlinie.

98 Vgl. *Pellens/Bonse/Gassen* DB 1998, 788. Unklar aber DRS 1, Rdn. 19f, der ein Abweichen von Richtlinienvorschriften im befreienden Konzernabschluß unter Hinweis auf Art. 16 Abs. 5 der 7. EG-Richtlinie für zulässig erachtet, ohne darauf einzugehen, ob die Voraussetzungen für eine Abweichung überhaupt vorliegen. Vgl. dazu auch die (unverbindlichen) Rdn. 24–27, in denen unter Verweis auf die aktuellen Bemühungen der Kommission für eine dynamische Richtlinienauslegung ohne Änderung derselben plädiert wird. Kritisch *Hommelhoff/Schwab* BFuP 1998, 52f.

99 So aber der Vorschlag von Beck BilKomm-*Hoyos/Lechner* § 292a, 24.

100 A. A. Beck BilKomm-*Hoyos/Lechner* § 292a, 24, die dem Bilanzleser auch in diesem Fall die mit einem zweiten Abschluß (angeblich) einhergehende Verwirrung ersparen wollen.

keit nach den verschiedenen Kompatibilitätsuntersuchungen (oben Fn. 84f) kontrovers beurteilt wird, muß das Mutterunternehmen konsequent zwei Konzernabschlüsse parallel aufstellen und publizieren. Eine Verwirrung der Abschlußadressaten ist von solchen Doppelabschlüssen nicht ernsthaft zu besorgen, da mittlerweile jedermann weiß, daß unterschiedliche Regelwerke zu unterschiedlichen Zahlen führen. Einem eventuell verbleibenden Rest an Verwirrungsrisiko ist durch entsprechende Erläuterung in den Konzernabschlüssen zu begegnen. Zugleich führen solche Fälle jedoch vor Augen, daß innerhalb des § 292a HGB unterschiedliche, nicht vollständig zur Deckung zu bringende Rechnungslegungssysteme aufeinanderprallen.

d) Gleichwertigkeit mit deutscher Konzernrechnungslegung. aa) Verordnungsermächtigung. Nach § 292a Abs. 2 Nr. 3 HGB muß die Aussagekraft des nach internationalen Rechnungslegungsgrundsätzen aufgestellten Konzernabschlusses der Aussagekraft eines deutschen Konzernabschlusses und -lageberichtes gleichwertig sein. Ferner enthält § 292a Abs. 3 HGB eine Verordnungsermächtigung für das Bundesjustizministerium, die Voraussetzungen näher zu bestimmen sowie insbesondere Rechnungslegungsgrundsätze zu benennen (vgl. § 292a Abs. 3 Satz 2 HGB), die gleichwertig im Sinne des § 292a Abs. 2 Nr. 3 HGB sind. Mit dieser Vorschrift wollte der Gesetzgeber eine Möglichkeit schaffen, den unbestimmten Rechtsbegriff der Gleichwertigkeit[101] zu standardisieren; von dieser Ermächtigung ist allerdings noch kein Gebrauch gemacht worden und solches zeichnet sich auch nicht ab.[102] 34

bb) Konzernabschluß. Werden IAS oder US-GAAP angewandt, so ist der danach erstellte Konzernabschluß als gleichwertig anzusehen.[103] Aber das Gleichwertigkeits-Erfordernis soll nicht zu einer abstrakt-generellen Bewertung der angewandten Rechnungslegungsstandards anhand des deutschen Rechts führen – aufgrund der Heterogenität der Publizitätsadressaten und deren Interessen ist die Favorisierung von kontinentalem Gläubigerschutz oder angelsächsischem Investorenschutz ohnehin eine Frage des individuellen Adressatenstandpunkts[104] –; vielmehr verlangt dies Erfordernis eine typisierende Betrachtung des ersetzend-befreienden Konzernabschlusses im konkreten Einzelfall. Der Gesetzgeber ging davon aus, mit der Zulassung der IAS oder US-GAAP das durch einen Konzernabschluß erreichbare Informationsniveau im Regelfall durchgehend anzuheben.[105] Sollten jedoch die internationalen Standards im Einzelfall hinter dem Informationsniveau des deutschen Konzernabschlußrechts zurückbleiben, stellt das Gleichwertigkeitserfordernis sicher, daß kompensatorisch **zusätzliche Angaben** aufgenommen werden müssen.[106] Der internationale Konzernabschluß ist einem HGB-Abschluß gleichwertig, wenn keine wesentlichen Informationsverluste im Vergleich zu diesem eintreten.[107] Bei Anwendung sonstiger Bilanzierungsregeln hat sich zunächst der Abschlußaufsteller selbst der Gleichwertigkeit im konkreten Einzelfall zu versichern[108] und danach der Abschlußprüfer sie gemäß § 292a Abs. 2 Nr. 5 HGB zu überprüfen und zu bestätigen. 35

---

[101] Instruktiv zum Gleichwertigkeitserfordernis *Oser* DStR 1996, 36; HdKR-*Siebourg* § 292, 21 ff; *Wollmert/Oser* Rechnungslegung nach IAS, Teil A Kap. V Rdn. 9–15.

[102] So auch die Einschätzung von MünchKomm-HGB-*Busse von Colbe* § 292a, 36.

[103] Vgl. Beschlußempfehlung und Bericht des Rechtsausschusses, BTDrucks. 13/9909 v. 12. 2. 1998, S. 12; *Müller/Maul* FS Rädler (1999) S. 455.

[104] Deshalb kann es eine „Gleichwertigkeit im strengen Sinne" nicht geben. Vgl. *Busse von Colbe* Befreiender Konzernabschluß 415 m. w. N.; MünchKommHGB-*Busse von Colbe* § 292a, 26.

[105] Nachweise zu empirischen Untersuchungen zu diesem Thema bei *Ballwieser* FS Beisse (1997) S. 36 ff; *ders.* FS Kropff (1997) S. 387 ff.

[106] Vgl. DRS 1, Rdn. 31 ff.

[107] Vgl. ADS § 292, 44; HdKR-*Siebourg* § 292, 33 f; *Wollmert/Oser* DB 1995, 56; Beck BilKomm-*Hoyos/Lechner* § 292a, 28 a. E.

[108] Vgl. Beck BilKomm-*Hoyos/Lechner* § 292a, 29; *Maas/Schruff* WPg 1991, 768 f; *Oser* DStR 1996,

36 cc) **Konzernlagebericht.** Da allerdings weder IAS noch US-GAAP ein dem deutschen Konzernlagebericht vergleichbares Informationsinstrument kennen (unten Anh § 292a, 22),[109] ist bei einem ersetzend-befreienden Konzernabschluß nach internationalen Grundsätzen ein deutscher Konzernlagebericht zu erstellen.[110] Dieser ist im deutschen Handelsrecht zu einem eigenständigen Informationsinstrument ausgestaltet worden;[111] gerade die verbale Darstellung der Vermögen-, Finanz- und Ertragslage des Konzerns sowie die Ausrichtung auf seine zukünftige Entwicklung bieten dem Abschlußleser wichtige Informationen über die Entwicklung der des Gesamtunternehmens. Auf diese Weise flankiert der Konzernlagebericht das Rechenwerk als aliud. Ein noch so ausführliches Zahlenmaterial vermag fehlende verbale Aussagen nicht zu kompensieren.

37 Dagegen reichen **verbale Informationen in Bruchstücken** nicht aus – etwa dergestalt, daß einige Zahlen im Rechenwerk erläutert werden. Einem deutschen Konzernlagebericht gleichwertig ist nur eine zusammenhängende Darstellung der in § 315 HGB genannten Inhalte.[112] Bei Beachtung des § 315 HGB steht der durch einen Lagebericht ergänzte internationale Konzernabschluß zugleich mit den Anforderungen der 7. EG-Richtlinie in Einklang.[113]

38 e) **Erläuterungen nach dem Gesetz. aa) Angewandte Rechnungslegungsgrundsätze.** Gemäß § 292a Abs. 2 Nr. 4a HGB sind die Rechnungslegungsgrundsätze zu bezeichnen, nach denen der ersetzend-befreiende Konzernabschluß (Rdn. 9/24) erstellt worden ist.[114] Rechtspraktisch bietet sich die Verknüpfung mit der in § 292a Abs. 1 Satz 3 HGB normierten Verpflichtung an, bei der Offenlegung ausdrücklich auf die Nicht-Anwendung deutschen Rechts hinzuweisen (Rdn. 48). Eine hinreichende Bezeichnung ist gegeben, wenn anhand der Angaben zuverlässig ermittelt werden kann, welche Rechnungslegungsstandards in welcher Fassung Grundlage für die Erstellung des Konzernabschlusses waren.[115]

39 **bb) Abweichungen vom deutschen Recht.** Nach § 292a Abs. 2 Nr. 4b HGB sind ergänzend die vom deutschen Recht abweichenden Bilanzierungs-, Bewertungs- und Konsolidierungsmethoden zu erläutern. Diese Pflicht tritt neben eine u. U. dem fremden Recht entstammende Pflicht[116] zur Erklärung der Ansatz-, Bewertungs- und Konsolidierungsmethoden. Zur Vermeidung einer undurchdringlichen Gemengelage aus Erläuterungen der internationalen Rechnungslegungsgrundsätze sowie Erläuterungen nach § 292a Abs. 2 Nr. 4b HGB, ist eine deutliche Trennung der jeweiligen Anhangsangaben erforderlich.

40 Daher ist in einem ersten Schritt der internationale Konzernabschluß so aufzustellen, wie es die angewandten Regeln verlangen. Falls **zusätzliche Erläuterungen** notwendig werden, müssen diese entsprechend den Gepflogenheiten der verwendeten Bilanzierungsregeln – regelmäßig im Anschluß an das Rechenwerk – gegeben werden. Nur so entsteht ein für den Abschlußprüfer prüfbarer (Rdn. 44f) internatio-

36 m. w. N.; *Wollmert/Oser* Rechnungslegung nach IAS, Teil A Kap. V Rdn. 12.

[109] Vgl. DRS 1, Rdn. 45.

[110] Vgl. *Küting* DStR 2000, 41 m. w. N.; *Küting/Hütten* Wpg 1999, 13; *Mujkanovic* BB 1999, 1003.

[111] Vgl. oben § 289 HGB, 12; ADS § 315, 4; Beck BilKomm-*Ellrott* § 315, 3; für den Lagebericht.

[112] Vgl. DRS 1, Rdn. 46. Weniger streng MünchKommHGB-*Busse von Colbe* § 292a, 29.

[113] Vgl. DRS 1, Rdn. 49f.

[114] Vgl. DRS 1, Rdn. 39.

[115] Vgl. DRS 1, Rdn. 40; *Busse von Colbe* Befreiender Konzernabschluß 416; MünchKommHGB-*Busse von Colbe* § 292a, 11 a. E. und 30.

[116] Beispielsweise verlangt IAS 1.97b eine Beschreibung jeder spezifischen Bilanzierungs- und Bewertungsmethode, die für ein richtiges Verständnis des Abschlusses notwendig ist, vgl. IAS 1999 S. 84.

naler Konzernabschluß, der auch seine Adressaten nicht durch unbekannte Teile verwirrt.[117]

Danach ist in einem separat überschriebenen, deutlich abgegrenzten Teil des Anhangs mit den ergänzenden Angaben nach § 292a Abs. 2 Nr. 4b HGB fortzufahren. Allein die vom deutschen Recht **abweichenden Rechnungslegungsgrundsätze** des gewählten internationalen Bilanzierungssystems sind zu erläutern, nicht dies selbst. Unterschiede können sich in der Bilanzierung dem Grunde nach (Ansatz), der Bilanzierung der Höhe nach (Bewertung) und bei der Konsolidierung ergeben. Stimmen Ansatz und Bewertung im ersetzend-befreienden Konzernabschluß (Rdn. 9/24) mit dem Ergebnis überein, das sich bei Anwendung des HGB ergäbe, bedarf es deswegen keiner Erläuterung mehr: ratio legis des § 292a Abs. 2 Nr. 4b HGB ist es, dem deutschen Bilanzleser die Besonderheiten des für ihn fremden Konzernabschlusses zu erklären. Folglich genügt ein bloßer Hinweis auf Abweichungen nicht.[118] 41

Die vom deutschen Recht **abweichenden Grundsätze** dürfen verbal erläutert werden;[119] eine quantitative Darstellung ist nicht erforderlich, da andernfalls in der Sache doch eine Rechnungslegung nach deutschem HGB verlangt würde. Vielfach ist gar kein Zahlenmaterial vorhanden, das als Basis dieser Informationen dienen könnte. Allerdings mag das gewählte internationale Konzernabschlußrecht im Einzelfall eine Überleitungsrechnung erfordern.[120] 42

f) Prüfung durch den Abschlußprüfer. aa) Umfang der Prüfungspflicht. Nach § 292a Abs. 2 Nr. 5 HGB bedarf (auch) der internationale Konzernabschluß der Prüfung durch den Abschlußprüfer; hierzu ist diesem zusätzlich aufgetragen, das Vorliegen der (ersetzenden) Befreiungsvoraussetzungen (vgl. Rdn. 9/24) zu bestätigen. Wie bereits aus dem Gesetz („außerdem") ersichtlich, tritt die Prüfung der Befreiungsvoraussetzungen zur Prüfung des internationalen Konzernabschlusses erweiternd hinzu;[121] eine Einschränkung des Prüfungsumfangs dahin, daß nur noch die Befreiungsvoraussetzungen zu prüfen wären, kann dem Gesetz nicht entnommen werden.[122] 43

bb) Prüfung des internationalen Konzernabschlusses. Der Abschlußprüfer hat daher zunächst zu beurteilen, ob der internationale Konzernabschluß nach den gewählten Rechnungslegungsgrundsätzen ordnungsgemäß aufgestellt ist. Dafür benötigt der Prüfer Kenntnisse der fremden Regeln;[123] spätestens am Ende der Übergangsfrist (Rdn. 7) wird man überdies hinreichende Erfahrungen mit der Anwendung dieser Regeln fordern müssen. Auf diese Prüfung finden grundsätzlich deutsche Prüfungsgrundsätze („Grundsätze ordnungsmäßiger Abschlußprüfung – GoA") Anwendung.[124] Soll hiervon abgewichen werden, etwa weil eine ausländische Börsenaufsicht zwingend die Anwendung anderer Prüfungsstandards verlangt, bedarf dies der Dokumentation im Prüfungsbericht sowie im Bestätigungsvermerk.[125] 44

Zielt das einen internationalen Konzernabschluß aufstellende Unternehmen (wie wohl regelmäßig) auf eine Notierung an einer bestimmten Auslandsbörse ab, 45

[117] Auf diese Gefahr weisen zu Recht Beck BilKomm-*Hoyos/Lechner* § 292a, 30 a. E. hin.

[118] Vgl. *Wollmert/Oser* Rechnungslegung nach IAS, Teil A Kap. V Rdn. 31; a. A. MünchKomm-HGB-*Busse von Colbe* § 292a, 34.

[119] Vgl. *Wollmert/Oser* aaO; Beck BilKomm-*Hoyos/Lechner* § 292a, 31.

[120] Beispielsweise aufgrund des SIC 8 zu IAS 1 zur Erstanwendung der IAS auf Konzernabschlüsse; vgl. dazu instruktiv *Löcke* DB 1998, 1777 ff m. w. N.

[121] Vgl. Beck BilKomm-*Hoyos/Lechner* § 292a, 35.

[122] In dieser Sorge aber noch *Ordelheide* WPg 1996, 548.

[123] Vgl. *IDW* IDW-FN 1996, 402.

[124] Vgl. *Peemöller/Kunowski* in Dörner/Menold/Pfitzer S. 427; *Böcking/Orth/Brinkmann* WPg 2000, 222.

[125] Zur Abfassung eines Bestätigungsvermerks zum befreienden Konzernabschluß nach § 292a HGB vgl. *IDW* HFA, WPg 1998, 428; näher *Böcking/Orth/Brinkmann* WPg 2000, 216 ff.

empfiehlt es sich, den Abschlußprüfer im **Prüfungsauftrag** zusätzlich auf die **Einhaltung der dortigen Voraussetzungen** zu verpflichten. Andernfalls läuft das Unternehmen Gefahr, zwar nach § 292a HGB von der Pflicht zur Aufstellung eines deutschen Konzernabschlusses frei, aber mit dem ersetzend-befreienden internationalen Konzernabschluß trotzdem nicht an der ausländischen Börse zugelassen zu werden. So können beispielsweise dem deutschen Recht unbekannte Ausschlußgründe[126] oder strengere Vorschriften zur Prüferunabhängigkeit bestehen; ein Verstoß gegen sie mag die Börsenaufsicht veranlassen, den geprüften Abschluß zu verwerfen und konsequent dem Unternehmen die Börsenzulassung zu versagen.[127]

46 **cc) Prüfung der Befreiungsvoraussetzungen.** Zusätzlich (oben Rdn. 43) hat der Abschlußprüfer nach § 292a Abs. 2 Nr. 5 HGB zu bestätigen und folglich zuvor zu prüfen, ob die Tatbestandsvoraussetzungen des § 292a HGB erfüllt sind, d. h. ob der internationale Konzernabschluß das Unternehmen tatsächlich von seiner Konzernabschlußpflicht ersetzend befreit. Dies erfordert zusätzlich Kenntnisse des Prüfers von den EG-Richtlinien, um das Einklangerfordernis des § 292a Abs. 2 Nr. 2b HGB (oben Rdn. 27ff) analysieren zu können, sowie des deutschen Konzernabschlußrechts für die Gleichwertigkeitsbeurteilung nach § 292a Abs. 2 Nr. 3 HGB (oben Rdn. 34ff). Bei der Auftragsannahme ist der Abschlußprüfer daher in erhöhtem Maße gehalten, seine Fähigkeiten (d. h. seine Kenntnisse und Erfahrungen, oben Rdn. 44) im Hinblick auf die kumulierten Anforderungen eines international ausgerichteten Prüfungsauftrages einzuschätzen und diesen abzulehnen; falls es ihm an diesen Fähigkeiten gebricht. All' dies hat einen nicht unproblematischen Sog in Richtung auf die großen international aufgestellten Prüfungsgesellschaften zur Folge.

47 **g) Offenlegung.** Anschließend ist der nach internationalen Rechnungslegungsgrundsätzen (in deutscher Sprache und Euro, oben Rdn. 23) aufgestellte, vom Abschlußprüfer geprüfte und testierte Konzernabschluß nach Maßgabe der §§ 325, 328 HGB offenzulegen (§ 292a Abs. 1 Satz 1 HGB). Systematisch bleibt der internationale Konzernabschluß ein ausländischer, an dessen Vorliegen § 292a HGB lediglich die ersetzende Befreiung anknüpft. Die Regelung hat hinsichtlich der Publizitätspflicht sowie der anzuwendenden Sprache und Währung konstitutive Wirkung, da für ein befreites Unternehmen weder § 325 Abs. 3 HGB noch der Verweis des § 298 Abs. 1 HGB auf § 244 HGB gilt.[128] Deutsch und Euro können sogar dann nicht ersetzt werden, wenn eine ausländische Börsenaufsicht anderes (z. B. englisch und US-Dollar) fordert. In diesem Falle muß der Konzernabschluß zusätzlich entsprechend umgestaltet werden.

48 Bei der Offenlegung ist ferner ausdrücklich auf die **Nicht-Anwendung deutschen Konzernabschlußrechts** hinzuweisen, § 292a Abs. 1 Satz 3 HGB. Erforderlich ist ein klarer, drucktechnisch eindeutig abgesetzter Hinweis, der auch mit der Benennung der angewandten Rechnungslegungsstandards verbunden werden kann (Rdn. 38). Eine bloße Erwähnung im Anhang oder in den Erläuterungen vermag die von § 292a Abs. 1 Satz 3 HGB intendierte Warnfunktion für den Bilanzleser nicht zu erfüllen, sehr wohl aber ein ausdrücklicher Hinweis zu Beginn der Konzernbilanz oder vor den Erläuterungen.

---

126 Das deutsche Recht verlangte bislang nicht die Teilnahme an einem anerkannten System der berufsständischen Qualitätskontrolle; dagegen ahndete die SEC deren Fehlen mit einem Ausschluß des Prüfers. Nicht zuletzt, um deutschen Prüfern die Anerkennung an internationalen Finanzmärkten zu sichern, wurden durch das 4. WPOÄG v. 19. 12. 2000, BGBl. I 2000, S. 1769 die neuen Ausschlußgründe der §§ 319 Abs. 2 Satz 2, 319 Abs. 3 Nr. 7 HGB eingeführt.

127 Vgl. *IDW* IDW-FN 1996, 400.

128 Wie hier Beck BilKomm-*Hoyos/Lechner* § 292a, 15.

III. Rechtsfolgen

Der ordnungsgemäß aufgestellte, geprüfte und veröffentlichte internationale Konzernabschluß hat zur **Folge**, daß dieser den HGB-Konzernabschluß ersetzt und die Pflicht zur Konzernrechnungslegung nach § 290 Abs. 1 HGB und das aufstellende Unternehmen befreiend entfällt (oben Rdn. 9/24). Fehlen einzelne Tatbestandsmerkmale der Befreiungsvorschrift, tritt diese Rechtsfolge nicht ein, so daß das Unternehmen nach allgemeinen Grundsätzen weiterhin zur Erstellung eines HGB-Konzernabschlusses und -lageberichtes verpflichtet bleibt. Hinzu tritt die Strafbewehrung in § 331 Nr. 3 HGB. **49**

IV. Zeitlicher Anwendungsbereich

1. Beginn

Die Vorschrift ist seit dem 24.4.1998 in der Fassung des KapAEG in Kraft, die Erweiterung des persönlichen Anwendungsbereichs (Rdn. 10 ff) durch das KapCoRiLiG gilt seit dem 9.3.2000. Demnach dürfen ersetzend-befreiende Konzernabschlüsse erstmals für Geschäftsjahre aufgestellt werden, die nach dem 24.4.1998 enden. **50**

2. Ende. Die Vorschrift tritt zum 31.12.2004 außer Kraft und ist letztmalig auf das Geschäftsjahr anzuwenden, welches spätestens zu diesem Datum endet, vgl. Art. 5 des KapAEG (oben Rdn. 7). **51**

3. Ausblick. Sofern die Pläne der EU-Kommission (Rdn. 4) umgesetzt werden, gelten ab dem 1.1.2005 die **IAS** für die Konzernabschlüsse aller börsennotierten Mutterunternehmen auf dem Gebiet der EU kraft Europäischer Verordnung **unmittelbar**. Es fiele dann mit § 292a HGB die bisherige Möglichkeit weg, ersetzend-befreiend nach US-GAAP zu bilanzieren. Wenn auch insoweit das letzte Wort rechtspolitisch noch nicht gesprochen ist, scheint eine solche Abschottung gegenüber US-amerikanischen Bilanzregen im Interesse der europäischen Rechnungsleger und ihrer Berufsausübung dennoch unverzichtbar. Andernfalls steht zu befürchten, daß auf den internationalen Kapitalmärkten über kurz und lang ausschließlich US-GAAP zur Anwendung kommen und daran sowie an deren Verarbeitung ebenso ausschließlich amerikanische Rechnungsleger beteiligt sind. **52**

Anhang zu § 292a HGB
Einführung in die Rechnungslegung nach IAS

Übersicht

Schrifttum

Achleitner/Wollmert/van Hulle Grundlagen der Bilanzierung, der Bewertung und des Ausweises, in Baetge/Dörner/Kleekämper/Wollmert (Hrsg.), Rechnungslegung nach International Accounting Standards (IAS) – Kommentar auf der Grundlage des deutschen Bilanzrechts (1997); *Baetge/Kirsch/Thiele* Bilanzen, 5. Aufl. (2001); *Berberich* Ein „Framework" für das DRSC – Modell einer verfassungskonformen gesellschaftlichen Selbststeuerung im Bilanzrecht (2001 im Erscheinen); *Böckli* Einführung in die IAS – International Accounting Standards knapp und deutsch (2000); *Breidenbach* Normensetzung für die Rechnungslegung (1997); *Havermann* Internationale Entwicklungen in der Rechnungslegung, in Ballwieser u. a. (Hrsg.), Bilanzrecht und Kapitalmarkt, Festschrift für Adolf Moxter (1994) S. 655 ff; *Hayn* Die International Accounting Standards (Teil I), WPg 1994, 713 ff; *Hayn* Die International Accounting Standards (Teil II), WPg 1994, 749 ff; *Hommelhoff* IAS und Grundgesetz, in Böttcher u. a. (Hrsg.), Festschrift für Walter Odersky (1996) S. 779 ff; *Hommelhoff* Zum Ersatz des deutschen Konzernabschlusses durch den internationalen Konzernabschluß, in Baetge (Hrsg.), Aktuelle Entwicklungen in Rechnungslegung und Wirtschaftsprüfung (1997) S. 111 ff; *Hommelhoff/Schwab* Zum Stellenwert betriebswirtschaftlicher Grundsätze ordnungsgemäßer Unternehmensleitung und -überwachung im Vorgang der Rechtserkenntnis, in ZfbF Sonderheft 36 (1996) 149 ff; *Hommelhoff/Schwab* Gesellschaftliche Selbststeuerung im Bilanzrecht – Standard Setting Bodies und staatliche Regulierungsverantwortung nach deutschem Recht, BFuP 1998, 38 ff; *International Accounting Standards Committee (IASC)* International Accounting Standards 2000 (Deutsche Ausgabe) (2000); *Kleekämper/Kuhlewind* Organisation, Entwicklung und Bedeutung des IASC, in: Baetge/Dörner/Kleekämper/Wollmert (Hrsg.), Rechnungslegung nach International Accounting Standards (IAS) – Kommentar auf der Grundlage des deutschen Bilanzrechts (1997); *Leffson* Grundsätze ordnungsmäßiger Buchführung, 7. Aufl. (1987); *Schmalenbach* Dynamische Bilanz, 11. Aufl. (1953); *Schön* Entwicklung und Perspektive des Handelsbilanzrechts: vom ADHGB zum IASC, ZHR 161 (1997) 133 ff; *Schwab* Rechtsfragen der Politikberatung im Spannungsfeld zwischen Wissenschaftsfreiheit und Unternehmensschutz (1999); *Siegel* Mangelnde Ernsthaftigkeit des Gläubigerschutzes als offene Flanke der deutschen Rechnungslegungsvorschriften, in Fischer, u. a. (Hrsg.), Jahresabschluß und Jahresabschlußprüfung: Probleme, Perspektiven, internationale Einflüsse, Festschrift für Jörg Baetge (1997) S. 117 ff; *Strobl* IASC-Rechnungslegung und Gläubigerschutzbestimmungen nach deutschem Recht, in Ballwieser/Moxter/Nonnenmacher (Hrsg.), Festschrift für Hermann Clemm (1996) S. 389 ff; *Tschesche* IAS-Konzernabschlüsse (2000); *van Hulle* Die Reform des europäischen Bilanzrechts: Stand, Ziele und Perspektiven, ZGR 2000, 537 ff; *Wollmert/Achleitner* Konzeption der IAS-Rechnungslegung, in Baetge/Dörner/Kleekämper/Wollmert (Hrsg.), Rechnungslegung nach International Accounting Standards (IAS) – Kommentar auf der Grundlage des deutschen Bilanzrechts (1997).

I. Allgemeines

1. Rechtsquelle der IAS

a) Geschichte des IASC. Unter den „International Accounting Standards" (IAS) versteht man die vom „International Accounting Standards Committee" (IASC) herausgegebenen Rechnungslegungsgrundsätze (abgedruckt in IASC, IAS 2000). Das 1973 in London[129] gegründete[130] IASC ist ein privates und unabhängiges Gremium mit den satzungsmäßigen Zielen, im Interesse der Öffentlichkeit Rechnungslegungsgrundsätze für die Aufstellung und Darstellung von Jahresabschlüssen zu entwickeln, deren weltweite Akzeptanz und Einhaltung zu fördern und auf diese Weise zur Harmonisierung der externen Rechnungslegung beizutragen.[131] Einst von den berufsständischen Vereinigungen der Rechnungsleger aus den Gründerländern Australien, Kanada, Frankreich, Deutschland, Japan, Mexiko, den Niederlanden, Großbritannien, Irland sowie den USA ins Leben gerufen, wurden seit 1983 darüber hinaus alle in der „International Federation of Accountants" (IFAC) organisierten Berufsverbände als Mitglieder im IASC aufgenommen. Seit dem 1. April 2001 werden die Aufgaben des IASC vom International Accounting Standards Board (IASB) übernommen, als dessen Trägerorganisation die neugegründete IASC Foundation fungiert. 1

b) Organe des IASC.[132] **aa) Board.** Zentrales Organ und Entscheidungsgremium des IASC ist das International Accounting Standards Board (IASB). Dies mit maximal 13 Berufsstandsvertretern[133] und vier Organisationen[134] besetzte Gremium führt die Geschäfte des IASC. Beobachterstatus haben darüber hinaus das amerikanische „Federal Accounting Standards Board" (FASB), die Europäische Kommission, die Volksrepublik China sowie die „International Organization of Securities Commissions" (IOSCO). Deutschland ist seit Gründung des IASC durch einen Delegierten im Board vertreten;[135] dessen Willensbildung wird national derzeit über den Ausschuß für internationale Zusammenarbeit (AFIZ) des IDW koordiniert.[136] Das Board führt die 2

[129] International Accounting Standards Committee, 166 Fleet Street, London EC4A 2DY, Großbritannien, Tel: +44 (171) 353-0565, Fax: +44 (171) 353-0562, http://www.iasc.org.uk .

[130] Zur Gründungsgeschichte vgl. *Bolin* WPg 1990, 482; *Kleekämper/Kuhlewind* Rechnungslegung nach IAS, Teil A Kap. I Rdn. 22–28; *Tschesche* IAS-Konzernabschlüsse 36.

[131] Vgl. die Satzung des IASC, abgedruckt in IAS 2000 S. 13.

[132] Vgl. *Bolin* WPg 1990, 482–484; *Haller* DB 1993, 1298 ff; *Kleekämper* BFuP 1995, 417 f; *Tschesche* IAS-Konzernabschlüsse 37–39. Zur aktuellen Umstrukturierung siehe noch IAS 2000 S. 1–3; zur neuen Organisationsstruktur seit dem 1. April 2001 vgl. *Baetge/Kirsch/Thiele* Bilanzen S. 45 f; *Baetge/Thiele/Plack* DB 2000, 1033 ff.

[133] Derzeit sind Australien, Kanada, Frankreich, Deutschland, Indien, Japan, Malaysia, Mexiko, die Niederlande, die Nordic Federation of Public Accountants, Südafrika, Großbritannien und die USA darin vertreten.

[134] Derzeit sind nur drei Organisationen Mitglied im Board: das International Coordinating Committee of Financial Analysts, die Federation of Swiss Industrial Holding Companies sowie die International Association of Financial Executives Institutes.

[135] Eine Liste der bisherigen Vertreter Deutschlands im IASC findet sich bei *Kleekämper/Kuhlewind* Rechnungslegung nach IAS, Teil A Kap. I Rdn. 36.

[136] Vgl. *Kleekämper* WPK-Mitt. 1993, 92.

Geschäfte des IASC, bestimmt dessen Geschäftspolitik, überwacht die Qualität der IAS, initiiert das Verfahren (Rdn. 7 f) zur Überarbeitung bestehender oder Generierung neuer Standards und beschließt letztlich die Verabschiedung eines IAS mit Dreiviertelmehrheit.

3 **bb) Standing Committee on Interpretations (SIC).** Das SIC wurde 1997 vom Board installiert und mit der Aufgabe betraut, zu Interpretations- und Auslegungsfragen der IAS zeitnah Stellung zu nehmen. Sein Ziel ist es, über generelle Leitlinien Unklarheiten oder Lücken in Standards zu beheben und dadurch die strenge Anwendung und weltweite Vergleichbarkeit von IAS-Abschlüssen zu gewährleisten.[137] Das SIC zählt bis zu 12 stimmberechtigte Mitglieder aus verschiedenen Ländern; IOSCO und EU-Kommission sind Beobachter ohne Stimmrecht. Seine Interpretationen bedürfen zu ihrer Wirksamkeit der Zustimmung des Board; dies stimmt hierüber mit Dreiviertelmehrheit seiner Mitglieder ab.[138]

4 **cc) Consultative Group.** Dies 1981 geschaffene Gremium steht dem Board beratend zur Seite; es soll nationale Normsetzungsinstitutionen in den Prozeß der IAS-Entwicklung miteinbeziehen und so für eine größere Akzeptanz der IAS sorgen. Zu diesem Zweck werden zweimal jährlich in Verbindung mit den Sitzungen des Board aktuelle Standards diskutiert sowie die Strategie in bezug auf künftige Vorhaben abgestimmt.

5 **dd) Advisory Council.** Ferner steht dem Board seit 1995 der mit hochrangigen Wirtschaftsvertretern besetzte Advisory Council als Beirat zur Seite, um die Glaubwürdigkeit und Akzeptanz der Arbeit des IASC vor allem bei den Unternehmen sicherzustellen und zu erhöhen.[139] Mit diesem Ziel überwacht der Advisory Council das Board, prüft dessen Strategie und Effizienz und kümmert sich um die Finanzierung des IASC.[140] Aber an den Entscheidungen des Board ist der Council nicht beteiligt und darf auch sonst keinen Einfluß auf sie nehmen.[141]

6 **ee) Steering Committee.** Neben diesen dauerhaft installierten Gremien existieren zeitlich begrenzt agierende Steuerungsausschüsse („steering committees"), welche vom Board zur Erarbeitung der inhaltlichen Probleme eines IAS eingesetzt werden und die eigentliche Facharbeit leisten.

7 **c) Due Process.** Bei der Entwicklung und Verabschiedung der IAS setzt das IASC nach angelsächsischer Tradition primär auf ein den Interessen aller Beteiligten Rechnung tragendes Verfahren, den „Due Process".[142] In ständigem Kontakt mit den Gremien des IASC, nationalen Standardsettern und weiteren interessierten Personen soll dies Verfahren sicherstellen, daß verabschiedete IAS einerseits qualitativ hochwertig sind, aber andererseits auch von den Aufstellern der Jahresabschlüsse akzeptiert werden.[143] Zu den Verfahrensschritten im Überblick:

8 Soll zu einem neuen Rechnungslegungsthema ein Standard erarbeitet werden, so setzt das Board (Rdn. 2) einen Steuerungsausschuß (Rdn. 6) ein, dem ein Mitglied des Boards vorsteht, der aber mit weiteren Berufsstandsvertretern oder sonstigen Experten besetzt ist. Dieser Steuerungsausschuß prüft anschließend alle mit diesem

---

137 Vgl. IAS 2000, SIC Vorwort Rdn. 1 und 6, S. 1017 f.

138 Vgl. IAS 2000, Einführung S. 8.

139 Vgl. *Böckli* IAS Rdn. 12.

140 Vgl. *Tschesche* IAS-Konzernabschlüsse 38.

141 Vgl. IAS 2000, Einführung S. 3 f.

142 Zum Due Process vgl. IAS 2000, Einführung S. 5 f; *Biener* BFuP 1993, 346; *Böckli* IAS Rdn. 9; *Bolin* WPg 1990, 484; *Breidenbach* Normensetzung S. 86 f; *Haller* DB 1993, 1300; *Kleekämper/Kuhlewind* Rechnungslegung nach IAS, Teil A Kap. I Rdn. 45–52; *Küting/Brakensiek* BB 1999, 678 f.

143 Vgl. IAS 2000, Einführung S. 5.

Thema zusammenhängenden Rechnungslegungsfragen, die Anwendbarkeit des IAS-Rahmenkonzepts („Framework", unten Rdn. 16), die Behandlung des Problems in nationalen und internationalen Rechnungslegungssystemen in Theorie und Praxis und legt schließlich dem Board einen ersten Entwurf („Point Outline") des künftigen IAS vor. Dieser wird diskutiert und um ein die vorgeschlagenen Rechnungslegungsgrundsätze erläuterndes und um Alternativlösungen angereichertes Diskussionspapier („Draft Statement of Principles") ergänzt. Der Zustimmung durch das Board folgt die Offenlegung dieser „Point Outline". Interessierten Gruppen wird Gelegenheit zur Stellungnahme innerhalb einer dreimonatigen Frist gegeben. Die Kommentare werden durch den Steuerungsausschuß aufgegriffen und eingearbeitet; auf diesem Wege entsteht das endgültige, ebenfalls der Öffentlichkeit zugängliche **„Statement of Principles"**. Nach erneuter Zustimmung des Board wird ein **„Exposure Draft"** entwickelt; er wird nach Beschlußfassung des Board mit Zweidrittelmehrheit veröffentlicht, um noch einmal Gelegenheit zur Stellungnahme zu geben. Kommentare werden wiederum vom Steuerungsauschuß ausgewertet und gehen in den Entwurf des neuen IAS ein; dessen endgültige Annahme bedarf einer Dreiviertelmehrheit der Board-Mitglieder. Nach erfolgreicher Schlußabstimmung wird der **Standard** zur Anwendung veröffentlicht.

2. Rechtsnatur der IAS

a) Geltungskraft. aa) de lege lata. Da die IAS Regeln eines privaten Sachverständigengremiums sind, kann ihnen in Deutschland von Verfassung wegen aus sich heraus keine normative Wirkung zukommen.[144] IAS sind vielmehr „Soft Law",[145] d. h. im Wege der Selbstregulierung durch ein außerstaatliches Gremium geschaffene Regeln. Ihre hohe Akzeptanz in der Praxis verleiht ihnen allerdings faktische Geltungskraft. Außerdem verpflichtet die Satzung des IASC (oben Rdn. 1) seine Mitglieder, in Deutschland also das IDW und die WPK, im Rahmen des ihnen Möglichen für effektive Anwendung der Standards in der Unternehmenspraxis zu sorgen. **9**

Im Rahmen der Befreiungsvorschrift des § 292a HGB jedoch bilden die IAS ein System international anerkannter Rechnungslegungsgrundsätze und gewähren somit den zur Konzernrechnungslegung verpflichteten Unternehmen eine ersetzende **Pflichtalternative** (vgl. § 292a Rdn. 22ff); im übrigen werden IAS über § 342 HGB künftig verstärkt Geltung erlangen: Das auf Basis des § 342 HGB gegründete Deutsche Rechnungslegungs Standards Committee (DRSC), welches ohnehin die Aufgabe hat, die Bundesrepublik Deutschland in internationalen Standardisierungsgremien wie dem IASC zu vertreten,[146] kann sich bei der Ausgestaltung seiner Empfehlungen zur Anwendung der Grundsätze über die Konzernrechnungslegung (in Form Deutscher Rechnungslegungs Standards)[147] inhaltlich von den IAS leiten lassen oder im Rahmen seiner Beratungsfunktion[148] sogleich auf eine entsprechende Gesetzgebung hinwirken. **10**

bb) de lege ferenda. Falls die Vorstellungen der EU-Kommission zu den Konzernabschlüssen börsennotierter europäischer Unternehmen[149] verwirklicht werden, **11**

---

[144] Vgl. *Hommelhoff/Schwab* BFuP 1998, 38f m. w. N.; *dies.* Grundsätze ordnungsgemäßer Unternehmensüberwachung 152 f m. w. N., *Tschesche* IAS-Konzernabschlüsse 48. Ausführlich auch *Schwab*, Politikberatung 400 ff.

[145] Vgl. *Böckli* IAS Rdn. 6.

[146] Vgl. § 342 I (1) Nr. 3 HGB.

[147] Vgl. § 342 I (1) Nr. 1 HGB.

[148] Vgl. § 342 I (1) Nr. 2 HGB.

[149] Vgl. EU-Kommission, Vorschlag für eine Verordnung des Europäischen Parlaments und des Rates betreffend die Anwendung internationaler Rechnungslegungsgrundsätze, KOM Dok 501PC0080 v. 21. 5. 2001.

erstarken die IAS ab dem 1.1.2005 kraft europäischer Verordnung direkt und ohne Transformation in Nationalrecht in für diese Unternehmen **rechtsverbindliche Regeln.** Ferner sieht der Verordnungsentwurf ein Mitgliedstaatenwahlrecht vor, auch für Einzelabschlüsse oder Kreditinstitute und Versicherungen die IAS verpflichtend vorzuschreiben. Obwohl dieser europäische Vertrauenserweis gewiß das IASC im Kampf um den internationalen Weltstandard der externen Rechnungslegung begrüßenswert stärken würde, stellt sich dennoch aus deutscher Sicht in aller Schärfe die Frage, ob nicht das „Maastricht"-Urteil des BVerfG[150] alledem für das deutsche Staatsgebiet Grenzen zieht; droht doch eine europäische Unterwerfungserklärung unter die Standards eines privaten Gremiums, des IASC, ohne hinreichende demokratische Legitimation. Wenn die private Standardsetzung bereits auf der nationalen deutschen Ebene verfassungsrechtliche Probleme von erheblichem Gewicht aufkommen läßt (oben § 292a Rdn. 24 ff),[151] dürften sich solche Probleme bei entsprechendem europäischen Vorgehen noch verschärfen.[152] Vermeiden ließe sich dies Legitimationsproblem freilich, wenn der EU-Ministerrat in dieser Verordnung zum Inhalt der Konzernrechnungslegung die notwendigen **Eckpunkte** festsetzen und im übrigen für ein Transformationsverfahren sorgen würde, das die IAS-Inkorporation in demokratische Legitimationsketten einbettet. Hierfür bedarf es in der gesamten EU sehr schnell eines intensiven Dialogs zwischen Europa-Verfassungs- und Bilanzrechtlern, soll das Recht nicht von der Macht der Tatsachen überrollt werden.

12 **b) Geltungsumfang.** Nach der Grundregel des IAS 1.11 darf ein Jahresabschluß nicht als mit den IAS übereinstimmend bezeichnet werden, falls nicht sämtliche Anforderungen jedes einzelnen Standards sowie jede dazu ergangene Interpretation des SIC eingehalten worden ist. Umgekehrt führt die Einhaltung dieser Voraussetzungen zur Verpflichtung, die Beachtung der IAS ausdrücklich zu verlautbaren. Auf diese Weise will das IASC sicherstellen, daß die Bilanzaufsteller nicht nur solche IAS auf ihre Abschlüsse anwenden, die ihnen genehm sind, aber vor unliebsamen aufwendigen Pflichten zurückschrecken. IAS unterscheiden nicht zwischen Einzel- und Konzernabschlüssen, wenngleich die umfangreichen Berichtspflichten in der Hauptsache allein für Konzernabschlüsse Sinn ergeben. Ebenso wird grundsätzlich – mit Ausnahmen im Detail[153] – nicht nach Branche, Rechtsform oder Größe des Rechnung legenden Unternehmens unterschieden.[154]

3. Konzeption

13 **a) Ziel der Rechnungslegung nach IAS.** Die IAS entspringen angelsächsischer Bilanzphilosophie. Im Gegensatz zum kontinentaleuropäischen Modell, das den Gläubigerschutz durch institutionalisierte Kapitalaufbringung und -erhaltung als wenigstens gleichbedeutendes Bilanzierungsziel bewertet,[155] ist die angelsächsische Rechnungslegung einseitig auf das Bestreben konzentriert, den Schutz der Publizitäts-

---

[150] Vgl. BVerfG v. 12.10.1993, 2 BvR 2134, 2159/92, BVerfGE 89, 155 („Maastricht").

[151] Dazu *Berberich* DRSC, im Erscheinen.

[152] Zu den verfassungsrechtlichen Problemen im Zusammenhang mit IAS-Abschlüssen vgl. schon *Hommelhoff* FS Odersky (1996) S. 779 ff; *ders.* Konzernabschluß (1997) S. 115 ff sowie eingehend *Budde/Steuber* DStR 1998, 504 ff m.w.N. in Fußnote 2.

[153] So existieren durchaus für Banken und Versicherungen spezielle Regelungen, vgl. IAS 2000, IAS 30; ebenso ist die Segementberichterstattung nicht für alle Unternehmen vorgeschrieben, vgl. IAS 2000, IAS 14.3. Dazu *Wollmert/ Achleitner* Rechnungslegung nach IAS, Teil A Kap. II Rdn. 15.

[154] Vgl. IAS 2000, IAS 1.3.

[155] Zum Stellenwert des Gläubigerschutzes im deutschen Bilanzrecht vgl. *Strobl* FS Clemm (1996) S. 393 ff; *Schön* ZGR 2000, 706 ff.

adressaten durch betriebswirtschaftliche Informationen zu gewährleisten.[156] Steuerliche Einflüsse sind IAS-Abschlüssen fremd, zumal die fiskalische Gewinnermittlung im angelsächsischen Raum von der Handelsbilanz völlig abgekoppelt ist.[157]

Konsequent ist die Rechnungslegung nach IAS allein **entscheidungsorientiert**: Aktuellen und potentiellen Investoren sowie Gläubigern (Arbeitnehmern, Kreditgebern, Lieferanten etc.)[158] soll der IAS-Abschluß sämtliche notwendigen Informationen an die Hand geben, um – vollständig über die finanzielle Situation des Unternehmens unterrichtet – über ihr zukünftiges Engagement bei ihm zu entscheiden.[159] Kernbereich der Information ist die Aussage über die Fähigkeit des Unternehmens, in der Zukunft Geld oder geldähnliche Werte zu schöpfen; aus diesen Finanzströmen werden letztendlich die Investitionserwartungen der Anleger sowie das Fremdkapital bedient. **14**

b) Normensystem. Das Regelwerk der IAS besteht aus drei Stufen, denen eine kurze Einführung („Preface") vorangestellt ist; diese beschreibt allgemein die Ziele des IASC und das Verhältnis der IAS zu nationalen Rechtsnormen, hat aber für die Auslegung der IAS keine Bedeutung.[160] **15**

aa) Framework. Konzeptionelle Basis der IAS ist das Rahmenkonzept („Framework"), das die Adressaten, Ziele, methodischen Grundannahmen sowie die qualitativen Anforderungen der IAS-Rechnungslegung festlegt.[161] In allgemeiner Form werden beispielsweise Fragen des Bilanzansatzes und der Bewertung geregelt (vgl. unten Rdn. 30 ff, 37 ff). Dabei kommt dem Framework einerseits die Aufgabe zu, den konzeptionellen Rahmen für die Entwicklung neuer IAS bereitzustellen; andererseits soll das Framework für Bilanzierungsfragen, die in den Einzelstandards ungeregelt geblieben sind, das Instrumentarium liefern, um Lösungsansätze für diese Frage deduzieren zu können.[162] Während sich Einzelstandards spezifischen Fragen der Rechnungslegung widmen, sind die Ausführungen im Rahmenkonzept sehr allgemein gehalten. Das Framework wurde erst 1989 vom IASC verabschiedet, als jedoch schon zahlreiche Einzelstandards existierten. Folglich können einzelne IAS durchaus im Widerspruch zu den Aussagen im Framework stehen, während umgekehrt in manchen Standards noch Grundaussagen enthalten sind, die nunmehr das Framework regelt. **16**

bb) Standards. Im Gegensatz zum allgemein gehaltenen Framework widmen sich die einzelnen IAS bestimmten Themenkomplexen. Die derzeit 34 IAS[163] folgen keiner einheitlichen Systematik; die Numerierung ist historisch gewachsen und basiert auf der Dringlichkeit, mit der das IASC die jeweilige Fragestellung beantworten mußte. Da manche IAS nach ihrem Erlaß überarbeitet wurden („revised"), kann von einer niedrigen Standardnummer nicht mehr zwingend auf das hohe Alter eines Standards geschlossen werden, während umgekehrt eine hohe Standardnummer nicht unbedingt Aktualität verspricht. **17**

---

[156] Vgl. *Küting* DStR 2000, 39 f; *Strobl* FS Clemm (1996) S. 392; *Baetge/Kirsch/Thiele* Bilanzen S. 118.

[157] Vgl. *Havermann* FS Moxter (1994) S. 662 f; *Strobl* FS Clemm (1996) S. 393; *Schön* ZGR 2000, 706, 738 f.

[158] Zu den Adressaten *Goebel/Fuchs* DStR 1994, 875.

[159] Vgl. *Böckli* IAS Rdn. 39.

[160] Vgl. *Hayn* WPg 1994, 718; *Wollmert/Achleitner* Rechnungslegung nach IAS, Teil A Kap. II Rdn. 7; *Baetge/Kirsch/Thiele* Bilanzen S. 46.

[161] Vgl. *Böckli* IAS Rdn. 35; *Tschesche* IAS-Konzernabschlüsse 44; *Baetge/Kirsch/Thiele* Bilanzen S. 46 f.

[162] Vgl. *Hayn* WPg 1994, 718; *Tschesche* IAS-Konzernabschlüsse 44.

[163] Eine Übersicht findet sich bei *Böckli* IAS S. V–VI; *Baetge/Kirsch/Thiele* Bilanzen S. 49–53.

18 Jeder Standard folgt mittlerweile[164] einer einheitlichen **Struktur**;[165] er beginnt mit der Zielsetzung („objective"), dem Anwendungsbereich („scope") und den terminologischen Grundlagen („definitions"). Der Hauptteil des Standards enthält die eigentlichen materiellen Regelungen, wobei zur bilanziellen Behandlung – sofern Wahlrechte bestehen – zwischen Regelfall („benchmark treatment") und zulässiger Alternative („alternative treatment") unterschieden wird.[166] Inkrafttreten („effective date") und Übergangsvorschriften („transitional provisions") findet man – falls vorhanden – am Ende des Standard.

19 **cc) Interpretations.** Als dritte Rechtsquelle[167] kommt neben Framework und Einzelstandards den Aussagen des SIC besondere Bedeutung zu. In IAS 1.11 für verbindlich erklärt, haben die „interpretations" die Aufgabe, Lücken zu füllen und Fehlinterpretationen der IAS in der praktischen Anwendung schnell und flexibel zu verhindern. So sind bereits zu zahlreichen IAS Auslegungsbeschlüsse des SIC ergangen;[168] sie sind neben den Standards zusätzlich zu beachten.

20 **dd) Hierarchie und Auslegung.** Die Bilanzierungsregeln des IASC sind historisch gewachsen und stehen in keinem klaren Verhältnis zueinander. Insbesondere die späte Installation des Framework führte dazu, daß sich dessen Regelungen und Einzelstandards inhaltlich überschneiden, ohne in der Sache stets völlig deckungsgleich zu sein. Deshalb existiert bis zum heutigen Tage kein methodisches Konzept, wie die IAS ganzheitlich auszulegen sind.[169] Ein gewichtiger Anhaltspunkt findet sich allerdings im Framework selbst:[170] Dies beansprucht nicht die Gültigkeit eines IAS und kann (entgegenstehende) Regelungen in Standards nicht verdrängen; daher sind Standard-Regelungen immer als speziellere zu beachten. Umgekehrt reicht es aber für die IAS-Konformität der Rechnungslegung aus, wenn alle IAS und alle SIC eingehalten sind; Beachtung des Framework scheint nach F.2 sowie IAS 1.11 nicht erforderlich.[171]

21 Enthalten die IAS jedoch für einen Rechnungslegungs-relevanten Sachverhalt **keine Regelung** oder erfaßt ein IAS den spezifischen Fall nicht, so ist offen, wie zu verfahren ist. Ein genereller Rückgriff auf nationale Vorschriften würde den Geist des IAS-Abschlusses mit anderen Bilanzierungsphilosophien infizieren und ist deshalb die am wenigsten geeignete Lösung. Auch Entwürfe oder verabschiedete Standards vor ihrem Inkrafttreten stellen nur eine scheinbar geeignete Lösung dar; denn während der Erarbeitungsphase eines Standard sind noch grundlegende Änderungen immer vorgenommen: Die Rechtslage bleibt in ständigem Fluß. Der Rechtsanwender ist dann bloß auf die unbefriedigende Möglichkeit verwiesen, sich entweder der feingesponneneren US-GAAP zu bedienen, denen die IAS im Grundkonzept systematisch nahestehen oder sich aus dem Framework heraus eine eigene, möglichst systemstimmige Lösung zu entwickeln – rechtssicher und anwenderfreundlich sind beide Varianten gewiß nicht, wenn auch letzterer Alternative aus Rechtsgründen der Vorzug zu geben ist.

---

164 Im Jahr 1995 wurden zahlreiche Standards überarbeitet und zur Vereinheitlichung an das heutige Schema angepaßt („reformatting"); vgl. *Wollmert/Achleitner* Rechnungslegung nach IAS, Teil A Kap. II Rdn. 13.

165 Dazu *Tschesche* IAS-Konzernabschlüsse 48 f.

166 Vgl. *Kleekämper* BFuP 1995, 424; *Wollmert/Achleitner* Rechnungslegung nach IAS, Teil A Kap. II Rdn. 14.

167 So wohl auch *Wollmert/Achleitner* Rechnungslegung nach IAS, Teil A Kap. II Rdn. 22.

168 Vgl. die Übersicht bei *Böckli* IAS S. VII.

169 Vgl. *Küting/Hayn* DStR 1995, 1642.

170 Vgl. IAS 2000, Framework, para 2.

171 Freilich sind die meisten elementaren Rechnungslegungsgrundsätze des Framework (para 22–45) in der Sache ohnehin auch in IAS 1 enthalten und auf diese Weise für den Abschlußersteller verbindlich.

c) Bestandteile eines IAS-Abschlusses. Nach IAS 1.7[172] bestehen IAS-Abschlüsse aus Bilanz („balance sheet"), Gewinn- und Verlustrechnung („income statement"), Eigenkapitalveränderungsrechnung („statement of movements in equity"), Kapitalflußrechnung („cash flow statement") sowie aus dem Anhang („notes"). Pflichtbestandteil des Anhangs ist die Erläuterung der Bilanzierungs- und Bewertungsmethoden („accounting policies"); er kann weitere ergänzende Aufstellungen und Erläuterungsmaterial („explanatory notes") enthalten[173] wie beispielsweise die Segmentberichterstattung („segment reporting") oder den Lagebericht[174] („discussion and analysis by management"). Dabei sind die verschiedenen Rechnungslegungsinstrumente gleichberechtigt, d. h. sie stehen in keinem qualitativen Stufenverhältnis zueinander; deshalb können fehlende oder falsche Angaben im Rechenwerk nicht durch Anhangsangaben kompensiert werden. 22

II. Grundlagen der Bilanzierung nach IAS[175]

1. Grundannahmen

Alle IAS unterstehen zwei zentralen Annahmen („underlying assumptions");[176] sollten diese ausnahmsweise nicht zur Anwendung kommen, so löst dies ergänzende Berichtspflichten aus. **Periodisierungsprinzip:** Herzstück jeder an betriebswirtschaftlichen Grundsätzen orientierten Rechnungslegung wie den IAS ist die Rechnungsabgrenzung[177] („accrual basis").[178] Die Unterteilung der Totalperiode eines Unternehmens in kleinere Berichts- und Abrechnungsperioden bringt die wertende Zurechnung und Periodisierung von Einzahlungen und Auszahlungen zu Erträgen und Aufwendungen mit sich, welche in Bilanz und GuV abgebildet werden. **Fortführungsprämisse:** Ferner ist Grundlage der mittels IAS gegebenen Informationen die Annahme, das Unternehmen werde zumindest für einen absehbaren Zeitraum fortgeführt[179] („going concern").[180] Kann davon aufgrund tatsächlicher Umstände nicht mehr ausgegangen werden, ist der Abschluß auf einer anderen Grundlage, etwa zu Zerschlagungswerten, aufzustellen; dies hat besondere Angabepflichten zur Folge. 23

2. Zentrale Rechnungslegungsgrundsätze

a) Getreues Bild der Vermögenslage. Jahresabschlüsse nach IAS liefern ein den tatsächlichen Verhältnissen entsprechendes Bild der Vermögens-, Finanz- und Ertragslage des Unternehmens („true and fair view", „fair presentation").[181] Obwohl dies Ziel nicht direkt – etwa als oberste Maxime der IAS oder dergleichen – angesteuert 24

---

172 Vgl. IAS 2000, Framework, para 7. Vgl. *Tschesche* IAS-Konzernabschlüsse 46.

173 Sehr ausführlich *Achleitner/Kleekämper* Rechnungslegung nach IAS, Teil B IAS 1 Rdn. 13 ff.

174 Eine dem deutschen Lagebericht vergleichbare zusammenhängende Darstellung mit den Berichtspflichten des § 289 HGB ist den IAS noch immer fremd, wenngleich Teilaspekte in einzelnen IAS berichtspflichtig sind. Vgl. dazu *Hayn* WPg 1994, 718; *Wollmert/Achleitner* Rechnungslegung nach IAS, Teil A Kap. II Rdn. 26 m. w. N. Zu den Folgen für befreiende IAS-Abschlüsse nach § 292a HGB vgl. oben § 292a Rdn. 36 f.

175 Einen graphischen Überblick bieten *Goebel/Fuchs* DStR 1994, 876. Vgl. auch *Baetge/Kirsch/Thiele* Bilanzen S. 119ff.

176 Vgl. *Hayn* WPg 1994, 719; ausführlich dazu *Niehus* DB 1997, 1421 ff.

177 Vgl. dazu im deutschen Recht § 252 Abs. 1 Nr. 5 HGB.

178 Vgl. IAS 2000, Framework, para 22.

179 Vgl. dazu im deutschen Recht § 252 Abs. 1 Nr. 2 HGB.

180 Vgl. IAS 2000, Framework, para 23.

181 Vgl. IAS 2000, Framework, para 46.

wird, geht das Framework pragmatisch davon aus, daß die Beachtung der dort niedergelegten grundlegenden qualitativen Anforderungen sowie der Einzelstandards ein derartiges Bild zu liefern im Stande ist.[182] Ihre Einhaltung soll im Interesse der Abschlußadressaten dafür sorgen, daß der Jahresabschluß für diese brauchbar ist; den ersten vier genannten kommt hierfür überragende Bedeutung zu.[183]

25 **b) Qualitative Anforderungen. aa) Verständlichkeit.** Die in IAS-Abschlüssen gegebenen Informationen sind für deren Adressaten nur dann wertvoll, weil brauchbar, wenn sie verständlich sind („understandability").[184] Einschränkend wird vom Bilanzleser allerdings verlangt, daß er seinerseits über Kenntnisse in Rechnungslegung und wirtschaftlichen Gegebenheiten verfügt und überdies gewillt ist, die Informationen mit der gebotenen Sorgfalt zu lesen.

26 **bb) Relevanz** („relevance") erlangen Informationen für die Adressaten der Rechnungslegung, wenn jene geeignet sind, deren Entscheidungen zu beeinflussen.[185] Erheblich in diesem Sinne sind nur wesentliche Informationen („materiality"), d. h. solche, deren Weglassen oder fehlerhafte Darstellung die wirtschaftlichen Entscheidungen der Adressaten beeinflussen könnten, welche diese aufgrund der gegebenen Informationen treffen.[186] Umfaßt sind Investitions- und Desinvestitionsentscheidungen der Anteilseigner ebenso wie Entscheidungen über die Entlastung oder Auswechselung des Managements, aber auch das Urteil der Gläubiger über die Fähigkeit des Unternehmens, künftig deren Forderungen bedienen zu können.

27 **cc) Verläßlichkeit** („reliability") einer Information ist gegeben, wenn sie keine wesentlichen Fehler enthält und die Adressaten nicht irreführt.[187] Um in dieser Weise verlässliche Informationen geben zu können, muß das Unternehmen größte Sorgfalt auf die Richtigkeit der publizierten Informationen verwenden; zugleich hat es sich in die Publizitätsadressaten zu versetzen und zu prüfen, ob die Information aus deren Sicht vernünftigerweise das vermittelt, was von ihr erwartet werden kann.[188]

28 **dd) Vergleichbarkeit.** Die IAS zielen auf Vergleichbarkeit der Rechnungslegungsinformationen ab. Der Bilanzleser soll einerseits instand gesetzt werden zu erkennen, wie die Lage des einen Unternehmens sich über die Jahre hinweg (zumeist in Schwankungen) entwickelt, aber auch ertüchtigt werden, die wirtschaftliche Leistungsfähigkeit („performance") eines Unternehmens mit der anderer Unternehmen zu vergleichen.[189] Dies erfordert einerseits, die verwendeten Bilanzierungs- und Bewertungsmethoden offenzulegen und darzustellen,[190] aber auch, sie über die Jahre hinweg stetig anzuwenden; es gilt der Stetigkeitsgrundsatz[191] („consistency").[192]

29 **ee) Sonstiges.** Darüber hinaus müssen IAS-Abschlüsse **vollständig** („completeness"),[193] **zeitnah** („timeliness")[194] und **neutral** („neutrality")[195] sein. Insgesamt gilt der Vorrang **wirtschaftlicher Betrachtungsweise** („substance over Form");[196] danach kommt es nicht allein auf die rechtliche Gestaltung eines Geschäftsvorfalles an,

---

[182] Vgl. IAS 2000, Framework, para 46; *Hayn* WPg 1994, 720. Unterschiede zum deutschen § 264 Abs. 2 HGB erläutern *Goebel/Fuchs* DStR 1994, 875 f.

[183] Vgl. IAS 2000, Framework, para 24.

[184] Vgl. IAS 2000, Framework, para 25. *Böckli* bezeichnet dies als „frommen Wunsch", vgl. *Böckli*, IAS Rdn. 47.

[185] Vgl. IAS 2000, Framework, para 26.

[186] Vgl. IAS 2000, Framework, para 30.

[187] Vgl. IAS 2000, Framework, para 31.

[188] Vgl. insbesondere *Böckli* IAS Rdn. 49.

[189] Vgl. *Böckli* IAS Rdn. 50; *Hayn* WPg 1994, 713 f.

[190] Vgl. IAS 2000, Framework, para 40.

[191] Vgl. dazu im deutschen Recht § 252 Abs. 1 Nr. 6, Abs. 2 HGB.

[192] Vgl. IAS 2000, Framework, para 39.

[193] Vgl. IAS 2000, Framework, para 38.

[194] Vgl. IAS 2000, Framework, para 43.

[195] Vgl. IAS 2000, Framework, para 36.

[196] Vgl. IAS 2000, Framework, para 35.

sondern vordringlich auf seine wirtschaftlichen Auswirkungen.[197] Schließlich kennen auch die IAS den Grundsatz **vorsichtiger Bewertung** („prudence");[198] er hat allerdings mit dem kontinentalen Vorsichtsgedanken nur wenig gemeinsam: Vorsicht in den IAS meint lediglich ein erhöhtes Maß an Sorgfalt im „Umgang mit dem Ungewissen"[199] durch zusätzliche Offenlegung, zurückhaltende Schätzungen und verstärkten Wertberichtigungsbedarf. Die Legung stiller Reserven – bewußt oder unbewußt – ist nach den IAS in jedem Fall verboten; andernfalls würde die Information die Grundsätze der Neutralität und Zuverlässigkeit der Informationen verletzen.[200]

III. Ansatz

1. Konzeption

Das Framework enthält grundlegende Aussagen zum Bilanzansatz, die sich teilweise in einzelnen Standards wiederfinden, teilweise aber auch von Sonderregelungen überlagert werden. Demnach wird über die Bilanzierungsfähigkeit, d. h. die Erfassung („recognition") einer Position („items") in Bilanz, GuV oder Kapitalflußrechnung im Rahmen einer **Zwei-Stufen-Prüfung** befunden: Erstens muß überhaupt eine Jahresabschlußposition („elements of financial statement") vorliegen, d. h. die definitorischen Voraussetzungen für einen Vermögensgegenstand, eine Schuld, Ertrag oder Aufwand müssem erfüllt sein (unten Rdn. 31 ff); zweitens müssen die spezifischen Ansatzkriterien („recognition criteria") der Jahresabschlußposition vorliegen (unten Rdn. 36).[201] **30**

2. Vorliegen eines Jahresabschlußpostens

a) Das IAS-Framework kennt fünf verschiedene Positionen.[202] **Vermögensgegenstände** („assets") sind aufgrund vergangener Ereignisse in die wirtschaftliche Verfügungsmacht des Unternehmens gelangte Ressourcen, die ein künftiges wirtschaftliches Nutzenpotential („future economic benefits") in sich bergen;[203] dies kann in Geld oder geldwerten Vorteilen oder in einem positiven Beitrag zur betrieblichen Wertschöpfung bestehen. Deutlich wird hierbei das den IAS zugrundeliegende dynamische Bilanzverständnis, wonach in den Aktivposten der Bilanz betriebliche Nutzenpotentiale zur Periodisierung erfasst werden;[204] somit unterscheidet sich das IAS-asset grundlegend vom handelsrechtlichen Vermögensgegenstand nach derzeit herrschendem Verständnis in Deutschland.[205] **31**

---

[197] Auch das deutsche Recht erkennt diesen Gedanken an, etwa beim „wirtschaftlichen Eigentum" im Steuerrecht, § 39 Abs. 2 AO, oder bei der wirtschaftlichen Betrachtungsweise hinsichtlich der Vermögenszurechnung in der Handelsbilanz (§ 246 Abs. 1 S. 2/3 HGB).

[198] Vgl. IAS 2000, Framework, para 37.

[199] *Böckli* IAS Rdn. 55.

[200] Vgl. IAS 2000, Framework, para 37 a. E.

[201] Vgl. *Achleitner/Wollmert/van Hulle* Rechnungslegung nach IAS, Teil A Kap. III Rdn. 16; ausführlich auch *Baetge/Kirsch/Thiele* Bilanzen S. 149–153. Zum Vergleich der Ansatzkonzeption zwischen IAS und HGB bei den Aktiva eingehend *Tschesche* IAS-Konzernabschlüsse 173–197.

[202] Ausführlich IAS 2000, Framework, para 47–80; *Goebel/Fuchs* DStR 1994, 878 ff sowie *dies.* DB 1995, 1524 f, die einen Vergleich mit dem deutschen Recht anstellen.

[203] Vgl. IAS 2000, Framework, para 49 a; *Achleitner/Wollmert/van Hulle* Rechnungslegung nach IAS Teil A Kap. III Rdn. 17–21; *Hayn* WPg 1994, 721; *Strobl* FS Clemm (1996) S. 396 f.

[204] Grundlegend *Schmalenbach* Dynamische Bilanz 59 (Bilanz als Kräftespeicher). Spezifisch für die IAS *Baetge/Beermann* BFuP 1998, 154 ff.

[205] Zur Unterscheidung instruktiv *Goebel/Fuchs* DB 1995, 1524; *Böckli* IAS Rdn. 66.

32 b) **Schulden** („liabilities") sind gegenwärtige, auf vergangenen Ereignissen beruhende Verpflichtungen des Unternehmens, deren Erfüllung künftig voraussichtlich zu einem Abfluß wirtschaftlich nützlicher Ressourcen führen wird.[206] Erfasst sind Verbindlichkeiten und Verbindlichkeitsrückstellungen, nicht aber Aufwandsrückstellungen als bloße Innenverbindlichkeiten.[207] Einklagbare Rechtspflichten sind für das Vorliegen einer „liability" nicht erforderlich, wenn sich das Unternehmen dem Ressourcenabfluß faktisch nicht entziehen kann.[208]

33 c) **Eigenkapital** („equity") stellt in den IAS eine bilanzielle Residualgröße dar, die als Differenz der Vermögensgegenstände abzüglich der Schulden verstanden wird.[209] Diese Definition gilt rechtsformunabhängig, wenngleich rechtsformspezifische Besonderheiten zu Untergliederungen zwingen können.

34 d) **Erträge** („income") sind auf Aktivenmehrungen oder Passivenminderungen beruhende Zunahmen des wirtschaftlichen Nutzens in der Berichtsperiode; sie führen zu einer Erhöhung des Eigenkapitals, ohne daß dies auf Einlagen der Anteilseigner beruht.[210] Erträge entstehen aus operativer Tätigkeit („revenues") oder in sonstiger Weise („gains").[211]

35 e) **Aufwendungen** („expenses") werden konsequent als auf Aktivenminderungen oder Passivmehrungen beruhende Abnahmen des wirtschaftlichen Nutzens in der Berichtsperiode verstanden, die zu einer nicht durch Ausschüttungen bedingten Verminderung des Eigenkapital geführt haben.[212] Auch sie entstehen operativ oder durch sonstige unternehmerische Tätigkeit („losses").[213]

3. Vorliegen der Ansatzkriterien

36 Streng vom Vorliegen einer Jahresabschlußposition zu unterscheiden ist die Folgefrage, ob die spezifischen Ansatzkriterien der jeweiligen Position erfüllt sind; erst das führt zur Erfassung („recognition") im Rechenwerk.[214] Ohne auf die zahlreichen Einzelfragen und ihre Detaillregelungen einzugehen,[215] sei dennoch festgehalten: Es muß (1) in Folge des bilanziell relevanten Sachverhalts wahrscheinlich („probable") zu einem künftigen Ab- oder Zufluß von ökonomischem Nutzen kommen, (2) dessen Wert sich zuverlässig messen läßt („measured with reliability").[216] Zur Beurteilung dieser zweigeteilten Voraussetzung ist auch auf den Grundsatz der Wesentlichkeit (vgl. oben Rdn. 26) abzustellen.[217]

---

206 Vgl. IAS 2000, Framework, para 49b; ausführlich *Achleitner/Wollmert/van Hulle* Rechnungslegung nach IAS, Teil A Kap. III Rdn. 22–28; *Tschesche* IAS-Konzernabschlüsse 198–205.

207 Vgl. *Goebel/Fuchs* DStR 1994, 879; *Achleitner/Wollmert/van Hulle* Rechnungslegung nach IAS, Teil A Kap. III Rdn. 24. Die IAS gehen nur von Drittverbindlichkeiten aus, IAS 2000, Framework, para 60–64.

208 Vgl. IAS 2000, Framework, para 60.

209 Vgl. IAS 2000, Framework, para 49c; dazu *Strobl* FS Clemm (1996) S. 399.

210 Vgl. IAS 2000, Framework, para 70 a.

211 Vgl. IAS 2000, Framework, para 74–77.

212 Vgl. IAS 2000, Framework, para 70b.

213 Vgl. IAS 2000, Framework, para 78–80.

214 Grundlegend IAS 2000, Framework, para 82.

215 So enthält das Framework für Vermögensgegenstände (para 89–90), Schulden (para 91), Erträge (para 92–93) und Aufwendungen (para 94–98) spezielle Ausprägungen dieses generellen Grundsatzes, die wiederum durch Einzelstandards verdrängt werden können.

216 Vgl. IAS 2000, Framework, para 83.

217 Vgl. IAS 2000, Framework, para 84.

IV. Bewertung

1. Konzeption

Den IAS liegt derzeit keine einheitliche Bewertungskonzeption zugrunde.[218] Zwar stellt das Framework[219] bereits Bewertungsmaßstäbe bereit, die für die praktisch häufigsten Fälle abstrakt normiert wurden. Diese sind allerdings nicht abschließend, sondern werden durch weitere Bewertungsdefinitionen in Einzelstandards mit Vorrang ergänzt.[220] 37

2. Wertansätze im Framework

a) **Historische Kosten** („historical cost") werden verwendet, wenn die IAS nichts anderes vorsehen.[221] Dies sind bei Vermögensgegenständen die zum Erwerbszeitpunkt aufgewendeten Kosten, d. h. der gezahlte Erwerbspreis (Anschaffungskosten, „cost of purchase") bzw. die mit der Herstellung direkt zusammenhängenden Kosten (Herstellungskosten, „cost of conversion").[222] 38

b) **Wiederbeschaffungskosten** („current cost") spiegeln den Betrag wieder, der für den Erwerb desselben oder eines entsprechenden Vermögensgegenstandes gegenwärtig gezahlt werden müßte bzw. der für die Begleichung einer Schuld derzeit aufzubringen wäre.[223] 39

c) **Veräußerungswert und Rückzahlungsbetrag.** Zum Veräußerungswert („realisable value") wird bewertet, wenn man ein Aktivum mit dem Betrag ansetzt, der bei einer Veräußerung im normalen Geschäftsbetrieb kurzfristig erzielbar wäre.[224] Konsequent ist der Rückzahlungsbetrag („settlement value") der nicht abgezinste Betrag, zu dem eine Schuld kurzfristig erfüllt werden kann.[225] 40

d) **Gegenwartswert** („present value") ist die Bewertung von Vermögenswerten oder Schulden zum (abgezinsten) Barwert.[226] 41

3. Wertansätze in IAS

Ohne Anspruch auf Vollständigkeit[227] sollen weitere Bewertungsdefinitionen in der gebotenen Kürze dargestellt werden, um die Kasuistik und die gelegentlich nur schwer verständlichen Unterschiede einzelner IAS darzulegen. **Verkehrswert** („fair value") oder beizulegender Wert bezeichnet den Betrag, zu dem ein Vermögensgegenstand zu Drittbedingungen („arm's length transaction") unter sachverständigen, informierten Vertragspartnern veräußerbar ist.[228] Diese Definition wird beispielsweise in IAS 16.6, IAS 18.7, IAS 21.7, IAS 25.4 und IAS 32.5 verwendet. **Marktwert** („market 42

---

218 Vgl. *Achleitner/Wollmert/van Hulle* Rechnungslegung nach IAS, Teil A Kap. III Rdn. 111 mit Verweis auf *Hayn* WPg 1994, 721. Zur Bewertung nach IAS instruktiv *Tschesche* IAS-Konzernabschlüsse 206–212; *Baetge/Kirsch/Thiele* Bilanzen S. 234ff.

219 Vgl. IAS 2000, Framework, para 100a–d.

220 Vgl. beispielsweise IAS 16 zur Bewertung des Sachanlagevermögens und IAS 36 zur Wertminderung von Vermögenswerten.

221 Vgl. *Böckli* IAS Rdn. 78.

222 Vgl. IAS 2000, Framework, para 100a.

223 Vgl. IAS 2000, Framework, para 100b.

224 Vgl. IAS 2000, Framework, para 100c. Zum modifizierten Begriff des Nettoveräußerungswertes in IAS 2, para 4 („net realisable value") vgl. *Böckli* IAS Rdn. 81.

225 Vgl. IAS 2000, Framework, para 100c.

226 Vgl. IAS 2000, Framework, para 100d.

227 Weitere Beispiele bei *Achleitner/Wollmert/van Hulle* Rechnungslegung nach IAS, Teil A Kap. III Rdn. 124; *Böckli* IAS Rdn. 86 ff sowie insbesondere *Hayn* WPg 1994, 749 ff mit ausgewählten IAS zu Ansatz und Bewertung. Instruktiv auch *Baetge/Kirsch/Thiele* Bilanzen S. 234–252.

228 Vgl. *Böckli* IAS Rdn. 83; *Achleitner/Wollmert/van Hulle* Rechnungslegung nach IAS Teil A Kap. III Rdn. 122.

value") meint dagegen den Betrag, der in einem aktiven Markt[229] aus dem Verkauf eines Finanzinstruments erzielbar bzw. für dessen Erwerb aufzuwenden wäre;[230] die Bewertung zum Marktwert ist u. a. in IAS 25.4, IAS 32.5 normiert.

V. Stellungnahme

43 Die Rechnungslegung nach International Accounting Standards ist ausschließlich auf die Vermittlung betriebswirtschaftlich relevanter Informationen und Steuerungsgrößen ausgerichtet; im Gegensatz zur deutschen, kontinental-europäisch geprägten Handelsbilanz versuchen IAS-Abschlüsse nicht, zwischen den beiden Zielen Kapitalerhaltung und Information zu vermitteln.[231] In dieser Ausrichtung sind sie deutschen Abschlüssen überlegen – falls man den Ausgangspunkt teilt, daß ein Schutz der Publizitätsadressaten allein durch Information diese tatsächlich in die Lage versetzt, sich wirksam selbst zu schützen.[232]

44 In der internationalen Auseinandersetzung um die Harmonisierung der externen Rechnungslegung geht der Trend deutlich erkennbar hin zu mehr **Information und Investorenorientierung**, während das überkommene Konzept des institutionellen Gläubigerschutzes durch Kapitalerhaltung unter Rechtfertigungszwang gerät.[233] Im Gegensatz zu den US-GAAP, die von der SEC gesteuert werden, amerikanische Interessen berücksichtigen und aufgrund der mächtigen Stellung der SEC als Hüterin des größten Kapitalmarktes der Welt gegen europäische Einflüsse abgeschottet werden, besteht im internationalen IASC zumindest in begrenztem Maße[234] die Chance, im Zusammenwirken kontinental-europäischer Staaten Einfluß zu gewinnen.[235] So gesehen ist die Entscheidung der EU hin zu den IAS begrüßenswert. Sollten die **IAS** – von der IOSCO (Rdn. 2) unterstützt[236] – wirklich eines Tages international als Grundlage der Börseneinführung zum Einsatz kommen, wäre die Vereinheitlichung der Rechnungslegung unter Gleichberechtigten glücklich gelungen.

§ 293
Größenabhängige Befreiung

(1) Ein Mutterunternehmen ist von der Pflicht, einen Konzernabschluß und einen Konzernlagebericht aufzustellen, befreit, wenn
1. am Abschlußstichtag seines Jahresabschlusses und am vorhergehenden Abschlußstichtag mindestens zwei der drei nachstehenden Merkmale zutreffen:

---

229 Zum Begriff des „aktiven Marktes" vgl. IAS 38.7; *Böckli* IAS Rdn. 84.

230 Vgl. IAS 2000, IAS 32.5.

231 Vgl. nur *Leffson* GoB 59 ff und *Schön* ZHR 161 (1997) S. 158 m. w. N.

232 Zu Recht kritisch unter Hinweis auf bestimmte Gläubigergruppen, denen dies nicht wirkungsvoll gelingt, *Siegel* BFuP 1998, 594 m. w. N.; *ders.* FS Baetge (1997) S. 135; *Schön* ZGR 2000, 727.

233 Vgl. *Havermann* ZGR 2000, 694 f; kritisch auch *Strobl* FS Clemm (1996) S. 408 f.

234 Auf „strategische Allianzen" der vier angelsächsischen Standard Setting Bodies weist *Kleekämper* BFuP 1995, 422 f hin. Zu den Mehrheiten im IASC vgl. *Pellens/Fülbier/Ackermann* DB 1996, 287.

235 Dies zu erreichen ist vordringliches Ziel der EU-Kommission; vgl. *van Hulle* ZGR 2000, 547 f.

236 Zur Zusammenarbeit dieser Gremien ausführlich *Tschesche* IAS-Konzernabschlüsse 39 ff.

a) Die Bilanzsummen in den Bilanzen des Mutterunternehmens und der Tochterunternehmen, die in den Konzernabschluß einzubeziehen wären, übersteigen insgesamt nach Abzug von in den Bilanzen auf der Aktivseite ausgewiesenen Fehlbeträgen nicht 16 500 000 Euro.

b) Die Umsatzerlöse des Mutterunternehmens und der Tochterunternehmen, die in den Konzernabschluß einzubeziehen wären, übersteigen in den zwölf Monaten vor dem Abschlußstichtag insgesamt nicht 33 000 000 Euro.

c) Das Mutterunternehmen und die Tochterunternehmen, die in den Konzernabschluß einzubeziehen wären, haben in den zwölf Monaten vor dem Abschlußstichtag im Jahresdurchschnitt nicht mehr als 250 Arbeitnehmer beschäftigt;

oder

2. am Abschlußstichtag eines von ihm aufzustellenden Konzernabschlusses und am vorhergehenden Abschlußstichtag mindestens zwei der drei nachstehenden Merkmale zutreffen:

a) Die Bilanzsumme übersteigt nach Abzug eines auf der Aktivseite ausgewiesenen Fehlbetrags nicht 13 750 000 Euro.

b) Die Umsatzerlöse in den zwölf Monaten vor dem Abschlußstichtag übersteigen nicht 27 500 000 Euro.

c) Das Mutterunternehmen und die in den Konzernabschluß einbezogenen Tochterunternehmen haben in den zwölf Monaten vor dem Abschlußstichtag im Jahresdurchschnitt nicht mehr als 250 Arbeitnehmer beschäftigt.

Auf die Ermittlung der durchschnittlichen Zahl der Arbeitnehmer ist § 267 Abs. 5 anzuwenden.

(2), (3) *(aufgehoben)*

(4) Außer in den Fällen des Absatzes 1 ist ein Mutterunternehmen von der Pflicht zur Aufstellung des Konzernabschlusses und des Konzernlageberichts befreit, wenn die Voraussetzungen des Absatzes 1 nur am Abschlußstichtag oder nur am vorhergehenden Abschlußstichtag erfüllt sind und das Mutterunternehmen am vorhergehenden Abschlußstichtag von der Pflicht zur Aufstellung des Konzernabschlusses und des Konzernlageberichts befreit war.

(5) Die Absätze 1 und 4 sind nicht anzuwenden, wenn das Mutterunternehmen oder ein in den Konzernabschluß des Mutterunternehmens einbezogenes Tochterunternehmen am Abschlußstichtag einen organisierten Markt im Sinne des § 2 Abs. 5 des Wertpapierhandelsgesetzes durch von ihm ausgegebene Wertpapiere im Sinne des § 2 Abs. 1 Satz 1 des Wertpapierhandelsgesetzes in Anspruch nimmt oder die Zulassung zum Handel an einem organisierten markt beantragt worden ist.

Übersicht

Schrifttum

S. zunächst die Nachweise vor § 290 und zu §§ 290, 291, 292, ferner

Aufsätze:

Ellerich Praktische Probleme bei erstmaliger Konzernrechnungslegung im GmbH-Konzern, BB 1990, 1377; *Klaus/Streim* Zur Rechnungslegung, Prüfung und Publizität der GmbH & Co.KG, BB 1994, 1109; *Kort* Zur Auslegung des HGB § 293 Abs. 5, EWiR 1996, 805; *Ulmer* Zur Berechnung der für die Anwendbarkeit des MitbestG auf Kapitalgesellschaften maßgebenden Arbeitnehmerzahl, Festschrift Heinsius (1991) S. 855.

I. Grundlagen

1 Wie § 292 beruht auch § 293 auf einem **Mitgliedstaatenwahlrecht** in der 7. EG-Richtlinie. Nach Art. 6 der Richtlinie steht es den Mitgliedstaaten frei, die Gesellschaften von der Verpflichtung, einen **konsolidierten Abschluß** und einen **konsolidierten Lagebericht** zu erstellen, zu **befreien**, wenn die zu konsolidierenden Unternehmen insgesamt aufgrund ihrer letzten Jahresabschlüsse bestimmte **Größenmerkmale nicht überschreiten**. Maßstab sind hierbei die in Art. 27 der 4. EG-Richtlinie (Vor § 290, 15) vorgegebenen Schwellen. Diese Merkmale wurden seit Erlaß der 4. Richtlinie mehrfach verändert, und zwar durch die Richtlinie Nr. 84/569/EWG v. 27. 11. 1984,[1] die Richtlinie Nr. 90/604/EWG (Mittelstandsrichtlinie) v. 8. 11. 1990,[2] und die Richtlinie Nr. 94/8/EG v. 21. 3. 1994.[3] Das Mitgliedstaatenwahlrecht in Art. 6 der 7. EG-Richtlinie wurde auf Drängen der BRepD geschaffen. Es soll die Mitgliedstaaten in den Stand versetzen, die Belastung ihrer Gesellschaften mit Rechnungslegungspflichten möglichst gering zu halten, und erfährt seine Rechtfertigung vor dem Hintergrund, daß die Rechnungslegung kleiner Konzerne nicht zwingend geboten erscheint.[4] Demgegenüber hatte die Mehrzahl der Mitgliedstaaten eine völlige Befreiung von Konzernen bestimmter Größe von der Konzernrechnungslegungspflicht abgelehnt und ursprünglich allenfalls eine Befreiung kleiner Konzerne mit den Größenmerkmalen des Art. 11 der 4. EG-Richtlinie zulassen wollen.[5] Wegen dieser Meinungsverschiedenheiten ließ die EG-Kommission in einer Protokollerklärung feststellen, daß das nach Art. 6 der Richtlinie eingeräumte Wahlrecht „nur im Interesse eines binnen vertretbarer Fristen zu überprüfenden Kompromisses zu rechtfertigen ist".[6] Zudem ist der Rat auf Vorschlag der Kommission nach Art. 50 der 7. EG-Richtlinie verpflichtet, unter Berücksichtigung der bei der Anwendung der Richtlinie gewonnenen Erfahrungen, der Ziele der Richtlinie und der wirtschaftlichen und monetären Lage u. a. auch Art. 6 zu prüfen und falls notwendig zu ändern.

2 Der deutsche Gesetzgeber hat sich zur Ausübung des in Art. 6 normierten Mitgliedstaatenwahlrechts entschieden, um eine **übermäßige Belastung der deutschen Wirtschaft** mit **Rechnungslegungspflichten zu vermeiden**.[7] Auf ähnlichen Erwägungen beruht § 267 mit den dort vorgesehenen Befreiungsmöglichkeiten für den Einzelabschluß.

3 Seit seiner Einfügung in das HGB durch das BiRiLiG (Vor § 290, 13 ff) ist § 293 **mehrfach geändert** worden. Die ursprünglich in Abs. 2 und 3 normierten Sonder-

---

[1] ABlEG Nr. L 314/28.
[2] ABlEG Nr. L 317/57.
[3] ABlEG Nr. L 82/33.
[4] BTDrucks. 10/3440, S. 43 f.
[5] *Biener* DB 1983, Beilage 19, S. 5.
[6] Protokollerklärung Nr. 1 zu Art. 4 Abs. 2 und Art. 6, zit. bei *Biener/Schatzmann* Konzernrechnungslegung S. 10.
[7] Vgl. nochmals BTDrucks. 10/3440, S. 43 f; KK-*Claussen/Scherrer* Rdn. 1.

regelungen für **Kreditinstitute** und **Versicherungsunternehmen** sind mit Wirkung v. 1.1.1991 durch das BankbilanzrichtlinienG v. 30.11.1990 (BGBl. I S. 2570) und mit Wirkung v. 1.7.1994 durch das VersicherungsrichtlinienG v. 24.6.1994 (BGBl. I S. 1377) aufgehoben worden. Das Konzernbilanzrecht der Unternehmen aus diesen Wirtschaftszweigen ist nunmehr in §§ 340i, 340j, 341i, 341j geregelt. Eine **erste Anpassung der Größenmerkmale** erfolgte durch Art. 2 Nr. 7 des Gesetzes zur Änderung des D-Marktbilanzgesetzes und anderer handelsrechtlicher Bestimmungen v. 25.7.1994 (BGBl. I S. 1682). Die danach in Abs. 1 Nr. 1 lit. a und b, Nr. 2 lit. a und b festgelegten Größenmerkmale durften nach Art. 5 des Gesetzes v. 25.7.1994 auf alle Geschäftsjahre angewendet werden, die nach dem 31.12.1990 beginnen. Zur Konsolidierungspflicht einer Vielzahl von Gesellschaften führte schließlich die zuletzt durch das Kapitalgesellschaften & Co.-Richtliniengesetz (Vor § 290, 25) vorgenommene **weitere Absenkung der Schwellenwerte** in Abs. 1 ab dem Geschäftsjahr 2000.[8] Die – rechtspolitisch umstrittenen –[9] Schwellenwerte sind für die meisten Unternehmen erst ab dem Jahre 2001 bedeutsam, weil sie an zwei Abschlußstichtagen nicht überschritten sein dürfen. Die Anpassung der Schwellenwerte an die Einführung des Euro erfolgte durch das Euro-Bilanzgesetz v. 10.12.2001 (BGBl. I S. 3414).

II. Methoden der Größenbestimmung (Abs. 1)

1. Wahlrecht der Gesellschaft

Die Befreiung von der Konzernrechnungslegungspflicht tritt ein, wenn die in Abs. 1 bestimmten **Größenmerkmale** durch den Gesamtkonzern **nicht überschritten** werden **und** dies an **zwei aufeinanderfolgenden Abschlußstichtagen** der Fall ist. Hinsichtlich der Größenmerkmale hat die Gesellschaft die Wahl zwischen zwei Ermittlungsmethoden: Bei der Bruttomethode (additive Methode) ist auf die Summe der Größenmerkmale aus allen Einzelabschlüssen des Konzerns abzustellen; bei der Nettomethode (konsolidierte Methode) richtet sich die Größenbestimmung nach dem (konsolidierten) Konzernabschluß. Nicht vorgesehen – und daher unzulässig – ist eine Verbindung der beiden Methoden etwa dergestalt, daß die Bilanzsumme nach der Bruttomethode und die Umsatzerlöse nach der Nettomethode berechnet werden.[10] Im Rahmen beider Methoden ist der Konsolidierungskreis maßgeblich, den das Mutterunternehmen festlegen würde, wenn es ohne die Rechtswohltat des § 293 Abs. 1 S. 1 zur Aufstellung eines Konzernabschlusses und eines Konzernlageberichts verpflichtet wäre.[11] Maßgeblich für die Abgrenzung des Konsolidierungskreises ist deshalb allein die tatsächliche oder fiktive Einbeziehung der Tochterunternehmen in den Konzernabschluß, nicht aber die bloße Pflicht zur Einbeziehung.[12] Daraus folgt, daß die Einbeziehungswahlrechte (§ 296) im Rahmen der Bruttomethode wie auch der Nettomethode derart zu berücksichtigen sind, wie sie das Mutterunternehmen bei Aufstellung des Konzernabschlusses ausüben würde.[13] 4

2. Bruttomethode (Abs. 1 Nr. 1)

Die durch Abs. 1 Nr. 1 zur Verfügung gestellte **Bruttomethode** ist in praktischer Hinsicht vorzugswürdig, weil sie eine (eventuell überflüssige) **Aufstellung eines Kon-** 5

---

[8] Übergangsregelung in Art. 49 EGHGB.
[9] *Zimmer/Eckhold* NJW 2000, 1361, 1366.
[10] Heymann/*Henssler* Rdn. 4.
[11] ADS Rdn. 17; KK-*Claussen/Scherrer* Rdn. 6.
[12] BTDrucks. 10/4268, S. 113 f.
[13] KK-*Claussen/Scherrer* Rdn. 6.

zernabschlusses zur Ermittlung des Befreiungsgrundes **erübrigt**. Dem steht freilich der Nachteil gegenüber, daß die Größenmerkmale der Bilanzsumme und der Umsatzerlöse jeweils rund 20 v.H. höher sind als im Rahmen der durch Abs. 1 Nr. 2 zur Verfügung gestellten Nettomethode.[14] Für die Unternehmenspraxis empfiehlt sich deshalb, zunächst eine Befreiung anhand der Bruttomethode zu prüfen; bei negativem Ergebnis ist die – aufwendigere, aber in den Befreiungsvoraussetzungen großzügigere – Nettomethode nach Abs. 1 Nr. 2 heranzuziehen.[15]

6 Abs. 1 Nr. 1 i.d.F. des Kapitalgesellschaften & Co.-Richtliniengesetzes v. 24.2.2000 (Rdn. 3) legt die Höchstgrenzen für die Befreiung anhand von drei Merkmalen fest, von denen – am Abschlußstichtag des Jahresabschlusses des Mutterunternehmens und am vorhergehenden Abschlußstichtag – mindestens zwei vorliegen müssen:

a) die addierten Bilanzsummen von Muttergesellschaft und allen Tochtergesellschaften übersteigen nach Abzug der in den Bilanzen ausgewiesenen Fehlbeträgen nicht den Betrag von **16 500 000 Euro**;[16]

b) die addierten Umsatzerlöse von Muttergesellschaft und allen Tochterunternehmen übersteigen in den letzten zwölf Monaten nicht den Betrag von **33 000 000 Euro**;[17]

c) in den letzten zwölf Monaten vor dem Abschlußstichtag waren im Konzern im Jahresdurchschnitt nicht mehr als **250 Arbeitnehmer**

beschäftigt.

7 3. Nettomethode (Abs. 1 Nr. 2)

Nach der ebenfalls mit Wirkung zum 1.1.2000 neugefaßten Regelung zur Größenbestimmung anhand der Nettomethode (Abs. 1 Nr. 2) müssen am Abschlußstichtag des Konzernabschlusses und am vorhergehenden Abschlußstichtag mindestens zwei der drei nachstehenden Merkmale erfüllt sein:

a) die Bilanzsumme im Konzernabschluß übersteigt nach Abzug des auf der Aktivseite ausgewiesenen Fehlbetrags nicht den Betrag von **13 750 000 Euro**;[18]

b) die Konzernumsatzerlöse übersteigen in den zwölf Monaten vor dem Abschlußstichtag nicht den Betrag von **27 500 000 Euro**;[19]

c) in den letzten zwölf Monaten vor dem Abschlußstichtag waren im Konzern im Jahresdurchschnitt nicht mehr als **250 Arbeitnehmer**

beschäftigt.

III. Merkmale der Größenbestimmung

1. Bilanzsumme

8 Die Ermittlung des Größenmerkmals der Bilanzsumme nach der **Bruttomethode** (Abs. 1 Nr. 1) erfolgt durch **Addition der Bilanzsummen** des Mutterunternehmens und der Tochterunternehmen, die in den Konzernabschluß einzubeziehen wären.

---

14 *Baumbach/Hopt* Rdn. 1.

15 Heymann/*Henssler* Rdn. 5.

16 Geändert durch das Euro-Bilanzgesetz (EuroBilG), BGBl. I 2001 S. 3414; vormals 32 270 000 DM.

17 Geändert durch das EuroBilG (s.o. Fn. 16); vormals 64 540 000 DM.

18 Geändert durch das EuroBilG (s.o. Fn. 16); vormals 26 890 000 DM.

19 Geändert durch das EuroBilG (s.o. Fn. 16); vormals 53 780 000 DM.

Hiervon sind die in concreto **nicht durch Eigenkapital gedeckten Fehlbeträge** (§ 268 Abs. 3) **abzuziehen**, soweit sie in den Einzelbilanzen auf der Aktivseite ausgewiesen werden. Schon aus dem Wortlaut des Abs. 1 Nr. 1 – und aus dem auf Arbeitsvereinfachung ausgerichteten Normzweck der Bruttomethode – folgt, daß die Bilanzsumme nicht auf der Grundlage konzerneinheitlicher Ansatz- und Bewertungsvorschriften ermittelt wird.[20]

Neben dem Abzug der Fehlbeträge ist ein weiterer **Abzug** der in den Einzelbilanzen enthaltenen **Rückstellungen und Verbindlichkeiten für Verbrauchsteuern und Monopolabgaben** von der Bilanzsumme **nicht statthaft**. Dies folgt im Gegenschluß aus § 1 Abs. 2 PublG, wonach für die hiervon erfaßten Unternehmen ein entsprechender Abzug zulässig ist.[21] **Unzulässig** ist die Verwendung einer von der Jahresabschlußbilanz abweichenden **Sonderbilanz**, in der **andere Bewertungswahlrechte** als im Jahresabschluß ausgeübt werden oder in Anspruch genommene Bilanzierungshilfen eliminiert werden.[22] Gleichfalls **unzulässig** ist die Verwendung von **Sonderbilanzen**, in denen **Bewertungen zu Wiederbeschaffungskosten oder inflationsbedingte Aufwertungen zurückgenommen oder** steuerliche **Sonderabschreibungen** i. S. d. § 281 Abs. 1 nunmehr **aktivisch abgesetzt** werden.[23] 9

Zur Ermittlung der Bilanzsumme nach der **Nettomethode** ist es zweckmäßig, eine Konzernprobebilanz nach den Vorschriften des HGB aufzustellen, wobei das Mutterunternehmen hierbei in der Ausübung von Wahlrechten keinerlei Bindung unterliegt. Von der derart ermittelten Konzernbilanzsumme ist sodann ein auf der Aktivseite ggf. ausgewiesener, nicht durch Eigenkapital gedeckter Fehlbetrag abzuziehen. Auch hierbei gilt – wiederum im Gegenschluß aus § 1 Abs. 2 PublG –, daß Rückstellungen und Verbindlichkeiten für Verbrauchsteuern und Monopolabgaben nicht abgesetzt werden dürfen.[24] Zur Vermeidung des mit der Erstellung einer Probekonzernbilanz verbundenen Arbeitsaufwands ist es in jedem Fall zweckmäßig, die Befreiungsmöglichkeit zuvor anhand der einfacher festzustellenden Größenmerkmale der Umsatzerlöse und der Arbeitnehmerzahl zu prüfen. 10

2. Umsatzerlöse

Die Umsatzerlöse nach der **Bruttomethode** ergeben sich aus der Zusammenrechnung der Umsatzerlöse des Mutterunternehmens und der Tochterunternehmen, die in den Konzernabschluß einzubeziehen wären. Maßgeblich sind hierbei die Umsatzerlöse in den zwölf Monaten vor dem Abschlußstichtag des Mutterunternehmens. Die in die Berechnung einzustellenden Zahlen sind den jeweiligen Gewinn- und Verlustrechnungen der Einzelunternehmen (§§ 275 ff) zu entnehmen.[25] 11

Als Umsatzerlöse nach der **Nettomethode** sind die Außenumsatzerlöse des Konzerns (§ 298 Abs. 1 i. V. m. § 277 Abs. 1) zugrundezulegen. 12

Dabei dürfen die hierin enthaltenen Verbrauchsteuern und Monopolabgaben nicht abgesetzt werden.[26] Nicht zu berücksichtigen sind – im Rahmen der Aufwands- und Ertragskonsolidierung (§ 305) – die Umsatzerlöse aus konzerninternen Geschäften.[27] Dies gilt gleichermaßen für die Ermittlung der Größenmerkmale nach der Bruttomethode und nach der Nettomethode. 13

---

[20] *v. Wysocki* ZfbF 1987, 274, 278.
[21] HdKR-*Siebourg* Rdn. 13.
[22] Heymann/*Henssler* Rdn. 8; HdKR-*Siebourg* Rdn. 10.
[23] HdKR-*Siebourg* Rdn. 10.
[24] HdKR-*Siebourg* Rdn. 14; ADS Rdn. 25.
[25] KK-*Claussen/Scherrer* Rdn. 5; HdKR-*Siebourg* Rdn. 15.
[26] ADS Rdn. 28.
[27] Heymann/*Henssler* Rdn. 9; HdKR-*Siebourg* Rdn. 16.

3. Zahl der Arbeitnehmer

14 Nach beiden Berechnungsmethoden kommt als drittes Merkmal für eine Befreiung die Arbeitnehmerzahl des Unternehmensverbunds in Betracht. Maßgeblich ist sowohl bei der Brutto- wie bei der Nettomethode die Zahl der Arbeitnehmer, die **im Durchschnitt** im Mutterunternehmen und in den Tochterunternehmen, die in den Konzernabschluß einzubeziehen wären, **beschäftigt werden**. Wie bei § 267 Abs. 5 ist für die Bestimmung der Arbeitnehmereigenschaft auf den allgemeinen arbeitsrechtlichen Arbeitnehmerbegriff abzustellen (näher § 267, 12). Da der Arbeitnehmerbegriff nicht europäisch definiert ist,[28] ist für die Beurteilung der Arbeitnehmereigenschaft auf das jeweils im Einzelfall anwendbare innerstaatliche Arbeitsrecht abzustellen. In Ermangelung einer Rechtswahl (Art. 27 EGBGB) im Arbeitsvertrag ist hierfür das Recht des Staates maßgeblich, in dem der Arbeitnehmer in Erfüllung des Vertrages gewöhnlich seine Arbeit verrichtet oder – falls der Arbeitnehmer seine Arbeit gewöhnlich nicht in ein und demselben Staat verrichtet – die Niederlassung, die den Arbeitnehmer eingestellt hat (Art. 30 Abs. 2 EGBGB). Die Maßgeblichkeit des § 267 Abs. 5 für die Ermittlung der durchschnittlichen Zahl der Arbeitnehmer wird durch Abs. 1 S. 2 ausdrücklich angeordnet.

IV. Zeitliche Erstreckung der Befreiung (Abs. 4)

1. Grundsatz

15 Nach **Abs. 1** ist ein Mutterunternehmen von der Konzernrechnungslegungspflicht befreit, wenn am Abschlußstichtag *und* am vorherigen Abschlußstichtag wenigstens zwei der drei – jeweils für die Bruttomethode oder die Nettomethode normierten – Größenmerkmale zutreffen. Daraus ergibt sich im Gegenschluß, daß bei nur einem Größenmerkmal die Größengrenze überschritten werden darf, ohne daß die Befreiungswirkung ausbleibt. Aus Abs. 1 ergibt sich weiterhin, daß bereits beim erstmaligen Überschreiten der Größengrenzen von nur zwei Größenmerkmalen die Verpflichtung zur Aufstellung eines Konzernabschlusses und eines Konzernlageberichts besteht. **Abweichend** hiervon ergibt sich aus **Abs. 4** unter bestimmten Voraussetzungen eine zeitliche Ausdehnung der Befreiungswirkung, um zu **verhindern**, daß ein **erstmaliges oder einmaliges Überschreiten der Größenvoraussetzungen die Konzernrechnungslegungspflicht auslöst.**[29] Abs. 4 bewirkt mithin, daß die Befreiung nur dann verloren geht, wenn die Größenmerkmale an zwei aufeinanderfolgenden Stichtagen überschritten werden.[30]

16 Nach Abs. 4 ist ein Mutterunternehmen von der Konzernrechnungslegungspflicht auch bei Nichtvorliegen der Befreiungstatbestände des Abs. 1 befreit, wenn es (a) die Größengrenzen nur an einem Abschlußstichtag einhält und (b) am vorhergehenden Abschlußstichtag von der Pflicht zur Aufstellung eines Konzernabschlusses und eines Konzernlageberichts befreit war. Für die unter (a) genannte Voraussetzung läßt Abs. 4 es ausreichen, daß die Nichtüberschreitung der Größengrenzen entweder an dem aktuellen oder an dem vorhergehenden Abschlußstichtag gegeben ist.

---

[28] Vgl. EuGH, Urt. v. 11.7.1985, Rs. 105/84 = EuGHE 1985, 2639, 2653 und hierzu *W.-H. Roth* FS Drobnig 135, 152.

[29] HdKR-*Siebourg* Rdn. 37.

[30] ADS Rdn. 37; schematische Darstellung der möglichen Fallkonstellationen bei ADS Rdn. 38 f; HdKR-*Siebourg* Rdn. 39 ff; KK-*Claussen/Scherrer* Rdn. 27.

2. Einzelne Fallgestaltungen

Für die Prüfung der Befreiungstatbestände lassen sich in der Zusammenschau von Abs. 1 und Abs. 4 **vier Fallgestaltungen** unterscheiden:[31] 17

a) Schon aus Abs. 1 folgt die Befreiung, wenn die Größenvoraussetzungen am aktuellen Abschlußstichtag *und* am vorhergehenden Abschlußstichtag erfüllt sind.

b) Sind die Größenvoraussetzungen des Abs. 1 für eine Befreiung am aktuellen Abschlußstichtag zwar erfüllt, waren sie aber am vorhergehenden Abschlußstichtag *überschritten*, ist zu prüfen, ob das Mutterunternehmen am vorhergehenden Abschlußstichtag nach Abs. 1 von der Konzernrechnungslegungspflicht befreit war. Bejahendenfalls ist das Mutterunternehmen auch für das aktuelle Konzerngeschäftsjahr nach Abs. 4 von der Pflicht zur Erstellung eines Konzernabschlusses und Konzernlageberichts befreit.

c) Die Befreiung nach Abs. 4 tritt ferner dann ein, wenn die Größenvoraussetzungen des Abs. 1 nur am aktuellen Abschlußstichtag und nicht auch am vorhergehenden Abschlußstichtag gegeben waren, weil am vorhergehenden Abschlußstichtag noch kein Mutter-Tochter-Verhältnis bestanden hat. Abs. 4 erfaßt somit auch den Fall der neu entstandenen Unternehmensverbindung.[32]

d) Überschreitet das Mutterunternehmen am aktuellen Abschlußstichtag die Befreiungsgrenzen des Abs. 1, so kommt es für eine Befreiung nach Abs. 4 darauf an, ob die Größenvoraussetzungen am vorhergehenden Abschlußstichtag erfüllt waren. Trifft dies nicht zu – d. h. bei einer Überschreitung der Größenvoraussetzungen – so ist das Mutterunternehmen zur Konzernrechnungslegung verpflichtet; Abs. 4 kommt nicht zur Anwendung. Trifft dies hingegen zu – d. h. die Größenvoraussetzungen waren erfüllt –, so ist zu prüfen, ob das Mutterunternehmen am vorhergehenden Abschlußstichtag von der Konzernrechnungslegung befreit war. Bejahendenfalls ergibt sich die Befreiung für das aktuelle Konzerngeschäftsjahr wiederum aus Abs. 4, und zwar auch für den Fall, daß am vorhergehenden Abschlußstichtag die Größenvoraussetzungen deshalb nicht erfüllt waren, weil zu diesem Zeitpunkt kein Mutter-Tochter-Verhältnis bestanden hat.

V. Keine Befreiung bei Börsennotierung oder Zulassung zum geregelten Markt (Abs. 5)

Nach Abs. 5 ist eine Befreiung nach Abs. 1, 4 ausgeschlossen, wenn Aktien oder andere Wertpapiere wenigstens eines der in den Konzernabschluß einbezogenen Unternehmen an der Börse eines Mitgliedstaates der EU oder eines Vertragsstaates des EWR zum amtlichen Handel zugelassen sind (vgl. § 3 Abs. 2 AktG); gleichgestellt ist die Zulassung zum geregelten Markt.[33] Für diese Unternehmen kommt eine Befreiung nach § 292a in Betracht. Eine Versagung der Befreiung durch Abs. 5 scheidet aus, wenn das börsennotierte Unternehmen aufgrund eines Einbeziehungsverbotes (§ 295) oder eines Einbeziehungswahlrechtes (§ 296) nicht in den Konzernabschluß einbezogen werden muß.[34] 18

---

[31] Hierzu HdKR-*Siebourg* Rdn. 39; schematische Darstellungen bei KK-*Claussen/Scherrer* Rdn. 27; Beck Bil-Komm-*Hoyos/Lechner* Rdn. 29.

[32] Heymann/*Henssler* Rdn. 13.

[33] Der Freiverkehr ist von Abs. 5 nicht betroffen, vgl. BTDrucks. 13/8933, S. 147.

[34] HdKR-*Siebourg* § 293 Rdn. 47.

VI. Vergleichende Betrachtung zu international anerkannten Rechnungslegungsgrundsätzen

19 Eine größenabhängige Befreiung von der Konzernrechnungslegung gibt es weder nach IAS noch nach US-GAAP.

Zweiter Titel
Konsolidierungskreis

§ 294
Einzubeziehende Unternehmen. Vorlage- und Auskunftspflichten

(1) In den Konzernabschluß sind das Mutterunternehmen und alle Tochterunternehmen ohne Rücksicht auf den Sitz der Tochterunternehmen einzubeziehen, sofern die Einbeziehung nicht nach den §§ 295, 296 unterbleibt.

(2) Hat sich die Zusammensetzung der in den Konzernabschluß einbezogenen Unternehmen im Laufe des Geschäftsjahrs wesentlich geändert, so sind in den Konzernabschluß Angaben aufzunehmen, die es ermöglichen, die aufeinanderfolgenden Konzernabschlüsse sinnvoll zu vergleichen. Dieser Verpflichtung kann auch dadurch entsprochen werden, daß die entsprechenden Beträge des vorhergehenden Konzernabschlusses an die Änderung angepaßt werden.

(3) Die Tochterunternehmen haben dem Mutterunternehmen ihre Jahresabschlüsse, Lageberichte, Konzernabschlüsse, Konzernlageberichte und, wenn eine Prüfung des Jahresabschlusses oder des Konzernabschlusses stattgefunden hat, die Prüfungsberichte sowie, wenn ein Zwischenabschluß aufzustellen ist, einen auf den Stichtag des Konzernabschlusses aufgestellten Abschluß unverzüglich einzureichen. Das Mutterunternehmen kann von jedem Tochterunternehmen alle Aufklärungen und Nachweise verlangen, welche die Aufstellung des Konzernabschlusses und des Konzernlageberichts erfordert.

Übersicht

Schrifttum

S. zunächst die Nachweise vor § 290 und zu §§ 290, 291, 292, 293, ferner

Kommentare, Gesamtdarstellungen und Lehrbücher:

AICPA Accounting Research Bulletin No. 51: Consolidated Financial Statements; *Albers* Der Bank-Konzernabschluß (1991); *FASB* Statements of Financial Accounting Standards No. 94, Consolidations of All Majority Owned Subsidiaries, Oktober 1987; *Gebhardt/Bergmann* Internationale Konzernabschlüsse, HdJ, Abt. V/7; *Gelhausen* Konsolidierungskreis, Prüfung in HWRev2, Sp. 1002; *IDW* (Arbeitskreis „Weltbilanz") Die Einbeziehung ausländischer Unternehmen in den Konzernabschluß (1977); *Pellens* Der Informationswert von Konzernabschlüssen (1989); *Schruff* Einflüsse der 7. EG-Richtlinie auf die Aussagefähigkeit des Konzernabschlusses (1984); *SEC* Rule 3A – 02 (a) Regulation S–X (i. d. F. vom 1. 4. 1989); Treuarbeit (Hrsg.) Konzernabschlüsse '89 (1990); *Wunderlin* Die Einbeziehung von ausländischen Unternehmen in den konsolidierten Abschluß (1967).

Aufsätze:

Bühner Aussagefähigkeit des Konzernabschlusses in der Management-Holding, DB 1994, 437; *Eisolt* Konsolidierungskreis deutscher und amerikanischer Konzernabschlüsse, BB 1994, 467; *Gotzen* Weisungsrecht und Informationspflicht gegenüber niederländischen Tochtergesellschaften multinationaler Konzerne, RIW 1988, 12; *Heydemann/Koenen* Die Abgrenzung des Konsolidierungskreises bei Kapitalgesellschaften in Theorie und Praxis, DB 1992, 2253; *IDW* Entwurf einer Verlautbarung des HFA: Konzernrechnungslegung bei Änderung des Konsolidierungskreises, WPg 1994, 327; *Möller* Zur Praxis der Konzernrechnungslegung im Geschäftsjahr 1983, ZfB 1987, 763; *Oessling/Wiesner* Zum Vorschlag einer siebten EG-Richtlinie über die Konzernrechnungslegung, AG 1977, 1, 40; *Pacter* Consolidations: an overview of the FASB DM, Journal of Accountancy, April 1994, 56; *Weimar* Regelungsbefugnis des Bilanzrichtlinien-Gesetzgebers für Auslandssachverhalte? DB 1987, 521; *von Wysocki* Zum Informationsgehalt von Weltbilanzen deutscher Obergesellschaften, WPg 1973, 26.

I. Normzweck der §§ 294–296

Wie schon aus der Überschrift des 2. Titels der konzernbilanzrechtlichen Vorschriften ersichtlich, bestimmen die §§ 294–296 den **Konsolidierungskreis**, d. h. diejenigen Unternehmen, die im Wege der Vollkonsolidierung (§§ 300–309) in den Konzernabschluß einzubeziehen sind. Während § 294 Abs. 1 positiv festlegt, welche Unternehmen grundsätzlich der Konsolidierungspflicht unterliegen, können sich aus dem Einbeziehungsverbot des § 295 und der Ausübung von Einbeziehungswahlrechten nach § 296 Einschränkungen ergeben. Dabei folgt die Konsolidierungspflicht nach § 294 Abs. 1 dem Grundsatz, daß alle in einem Mutter-Tochter-Verhältnis (§ 290, 7 ff) stehenden Unternehmen hiervon erfaßt werden. Die Ausnahmetatbestände rechtfertigen sich aus der Notwendigkeit, solche Tochterunternehmen auszuscheiden, deren Einbeziehung ein verzerrtes Bild der Vermögens-, Finanz- und Ertragslage des Konzerns vermitteln würde (§ 295), ferner solche, deren Einbeziehung mangels effektiver Ausübung von Leitungsmacht, aus Gründen der Zumutbarkeit oder wegen deren untergeordneter Bedeutung nicht zwingend für die Erstellung eines den tatsächlichen Verhältnissen entsprechenden Bildes (§ 297 Abs. 3 S. 2, 3) erforderlich erschien (§ 296). Die §§ 294–296 gelten nach § 13 PublG für die gemäß § 11 PublG zur Konzernrechnungslegung verpflichteten Mutterunternehmen entsprechend. Ferner erstreckt § 28 EGAktG die Anwendbarkeit der §§ 294–296 auf bergrechtliche Gewerkschaften, die zur Aufstellung eines Konzernabschlusses verpflichtet sind.[1] 1

[1] Zum Auslaufen der bergrechtlichen Gewerkschaft s. Art. 2 G. v. 20. 12. 1988, BGBl. I S. 2450.

2 Die Anwendung der in §§ 295, 296 normierten Ausnahmetatbestände kann die Konzernrechnungslegungspflicht insgesamt aufheben, wenn hiervon *sämtliche* Tochterunternehmen eines Mutterunternehmens betroffen sind. Hieran ändert auch die bei bestimmten befreiten Tochterunternehmen eingreifende Pflicht zum Beteiligungsausweis nach §§ 311, 312 nichts, weil diese Vorschriften die Aufstellung eines Konzernabschlusses voraussetzen, und somit mindestens *ein* der Vollkonsolidierung unterworfenes Tochterunternehmen i. S. d. §§ 290 ff, 294 Abs. 1 erfordern.[2]

II. Konsolidierungskreis (Abs. 1)

1. Mutter-Tochter-Verhältnis als Anknüpfungspunkt

3 Die Vorschrift des Abs. 1 erfaßt als „einzubeziehende Unternehmen" neben dem Mutterunternehmen sämtliche Tochterunternehmen des Mutterunternehmens, ferner *deren* Tochterunternehmen (Enkelunternehmen). Grundlage für § 294 Abs. 1 ist damit § 290, der das Mutter-Tochter-Verhältnis normiert (s. dort Rdn. 7 ff). Die Einbeziehung auch der **Enkelunternehmen** – als mittelbare Tochterunternehmen – folgt aus einer richtlinienkonformen Auslegung des Merkmals Tochterunternehmen in Abs. 1. Nach Art. 3 Abs. 2 der 7. EG-Richtlinie gilt für die Anwendung des Art. 3 Abs. 1 der Richtlinie – umgesetzt durch § 294 Abs. 1 – auch jedes Tochterunternehmen *eines Tochterunternehmens* als das des Mutterunternehmens, das an der Spitze der zu konsolidierenden Unternehmen steht. Nach dem Regelungskonzept der Richtlinie umfassen somit die Konzernabschlüsse **alle Ebenen eines mehrstufigen Konzerns**.[3] Zum gleichen Ergebnis kommt, wer die Umsetzung von Art. 3 Abs. 2 der Richtlinie bereits in § 290 Abs. 3 erblickt.[4]

4 Auch solche Unternehmen, deren konzernbilanziell maßgebliche (§ 290 Abs. 2) Anteile von **mehreren unmittelbaren Tochterunternehmen eines Mutterunternehmens** gehalten werden, sind einzubeziehen. Hierfür kommt es nicht darauf an, ob Anteile an dem mittelbaren Tochterunternehmen von einem Tochterunternehmen gehalten werden, welches selbst wegen der Ausübung eines Einbeziehungswahlrechts nach § 296 nicht in den Konsolidierungskreis einbezogen wurde.[5]

5 In der Praxis werden häufig Konzernabschlüsse erstellt, denen ein bloß **wirtschaftlich abgegrenzter Konsolidierungskreis** zugrunde liegt. Einbeziehungskriterium ist hierbei die *tatsächliche Führungsverantwortung*, was dazu führen kann, daß auch solche Unternehmen einbezogen werden, die zu dem aufstellenden Unternehmen in keinem Tochterverhältnis i. S. d. § 290 stehen.[6] In rechtlicher Hinsicht sind derartige „erweiterte Konzernabschlüsse" oder „Gruppenabschlüsse" nicht von Bedeutung. Ihnen kommt keine befreiende Wirkung i. S. d. § 291 zu; der Wortlaut des Bestätigungsvermerks (§ 322) hat dem Rechnung zu tragen.[7]

2. Weltabschlußprinzip

6 Da die Einbeziehung nach Abs. 1 ausdrücklich ohne Rücksicht auf den Sitz der Tochterunternehmen erfolgt, ist jeder Konzernabschluß „Weltabschluß". Das Welt-

---

[2] *Wiedmann* Rdn. 1.
[3] Heymann/*Henssler* Rdn. 3.
[4] So (in gewissem Widerspruch zu Rdn. 3) Heymann/*Henssler* Rdn. 3 Fn. 2; *Wiedmann* Rdn. 5; ADS Rdn. 7.
[5] *Scherrer* Konzernrechnungslegung S. 96 ff; Heymann/*Henssler* Rdn. 4.
[6] Zur Praxis näher *Haeger/Zündorf* DB 1991, 1841 ff.
[7] ADS Rdn. 10; Beck BilKomm-*Förschle/Deubert* Rdn. 6; Heymann/*Henssler* Rdn. 5.

abschlußprinzip ist in Art. 3 Abs. 1 der Richtlinie niedergelegt. Es trägt der Tatsache Rechnung, daß die ausländischen Vermögenswerte einen wesentlichen Teil des Gesamtkonzernvermögens ausmachen können. In der Praxis ergeben sich aus dem Weltabschlußprinzip für das Mutterunternehmen häufig **beträchtliche organisatorische und technische Anforderungen**, namentlich im Hinblick auf die notwendigen Bilanzierungs- und Bewertungsanpassungen (Handelsbilanz II) und – bei Tochterunternehmen mit Sitz außerhalb der Europäischen Währungsunion – im Hinblick auf die Fremdwährungsumrechnung (§ 298 i. V. m. § 253).

Ein **völkerrechtswidriger extraterritorialer Geltungsanspruch** des deutschen Rechts wird durch das Weltabschlußprinzip **nicht begründet.**[8] Denn anders als etwa im Falle der nach US-amerikanischem Recht normierten Lieferverbote und Zahlungsverbote an ausländische Tochterunternehmen US-amerikanischer Mutterunternehmen[9] ist Normadressat bei § 294 Abs. 1 nicht das ausländische Tochterunternehmen, sondern die im Inland ansässige Muttergesellschaft. Dies ergibt sich aus § 290 Abs. 1 und 2. Die rein privatrechtlichen Mitwirkungspflichten aller – und damit auch der auslandsansässigen – Tochterunternehmen nach § 294 Abs. 3 ändern an der Völkerrechtskonformität der hier erläuterten Vorschrift nichts. Im grenzüberschreitenden Konzern besteht naturgemäß eine Vielfalt innerkonzernlicher Rechte und Pflichten. Ein Eingriff in Hoheitsrechte des Sitzstaates der hierbei jeweils passiv-legitimierten Unternehmen ist damit im Regelfall nicht verbunden. 7

III. Herstellung der Vergleichbarkeit bei Änderung des Konsolidierungskreises (Abs. 2)

1. Normzweck und gegenständlicher Anwendungsbereich

Die Vorschrift des Abs. 2 ist Ausdruck des für das gesamte Recht der Rechnungslegung prägenden **Grundsatzes der Vergleichbarkeit.**[10] Nach Abs. 2 S. 1 ist das Mutterunternehmen zur Aufnahme zusätzlicher Angaben in den Konzernabschluß verpflichtet, wenn sich der Kreis der in den Konzernabschluß einzubeziehenden Unternehmen im Laufe des Geschäftsjahres (§ 240 Abs. 2) wesentlich verändert; durch diese zusätzlichen Angaben soll die Vergleichbarkeit von Konzernabschlüssen aufeinanderfolgender Jahre hergestellt werden. Für § 294 Abs. 2 bedeutsame Veränderungen im Konsolidierungskreis ergeben sich bei **Neuaufnahme oder Ausscheiden konsolidierungspflichtiger Tochterunternehmen**, wobei folgende Fälle im Vordergrund des praktischen Interesses stehen:[11] der Erwerb eines oder mehrerer Unternehmen bzw. zusätzlicher Anteile an einem Unternehmen; der Verkauf eines oder mehrerer Unternehmen bzw. der Verkauf von Anteilen an einem Unternehmen; die Veränderung der relativen Bedeutung eines Konzernunternehmens für die Vermögens-, Finanz- und Ertragslage des Konzerns; die Veränderung sonstiger Einbeziehungskriterien für die Konsolidierung, z. B.[12] der zulässige oder gebotene Wechsel von der Voll- zur Quotenkonsolidierung oder von diesen Konsolidierungsformen hin zur Equity-Konsolidierung bzw. Bewertung nach Anschaffungskosten und umgekehrt. Die Gleichstellung von Zugängen und Abgängen der quotal einbezogenen Gemeinschaftsunternehmen 8

[8] Zweifelnd *Großfeld* in Helmrich S. 192 f; eingehend *Weimar* DB 1987, 521 ff.

[9] Hierzu *von Hoffmann* IPR, 6. Aufl. (2000), § 1 Rdn. 103 f; *De Boer/Kotting* IPRax 1984, 104 ff; *Fuchs* IPRax 1990, 260 ff.

[10] ADS Rdn. 15; vgl. für den Einzelabschluß die §§ 265 Abs. 2, 284 Abs. 2 Nr. 3.

[11] Überblick bei ADS Rdn. 16.

[12] Hierzu Beck BilKomm-*Förschle/Deubert* Rdn. 9.

i. S. d. § 310 – nicht aber von Veränderungen im Bestand der assoziierten Unternehmen i. S. d. §§ 311, 312 – folgt aus § 294 Abs. 2. Denn diese Bestimmung macht – ebenso wie §§ 294 Abs. 1, 310 Abs. 1 – alle *einbezogenen* Unternehmen zum Gegenstand erweiterter Angabepflichten; in §§ 311, 312 fehlt eine entsprechende Wendung.[13]

9 Die Vorschrift des Abs. 2 entspricht nahezu wörtlich Art. 28 der 7. EG-Richtlinie. Das dort in S. 2 bestimmte **Mitgliedstaatenwahlrecht** zugunsten einer Herstellung der Vergleichbarkeit durch Vorlage einer geänderten Eröffnungsbilanz und einer geänderten Gewinn- und Verlustrechnung hat der Gesetzgeber in § 294 Abs. 2 S. 2 modifiziert – d. h. mit Bezug auf die vorausgegangene Schlußbilanz – wahrgenommen.[14]

2. Wesentlichkeitsschwelle

10 Indem Abs. 2 S. 1 nur bei *wesentlichen* Änderungen des Konsolidierungskreises eine Erweiterung der Angabepflichten gebietet, trägt der Gesetzgeber dem Umstand Rechnung, daß geringfügige Änderungen die Vergleichbarkeit der Konzernabschlüsse in der Zeit regelmäßig noch nicht beeinträchtigen. Überschritten ist die Wesentlichkeitsschwelle deshalb erst dann, wenn Änderungen die Vergleichbarkeit aufeinanderfolgender Konzernabschlüsse in bezug auf die Vermögens-, Finanz- und Ertragslage beeinträchtigen. Hierher gehört namentlich der Fall, daß die eigentliche Entwicklung des nach § 297 Abs. 3 zu fingierenden einheitlichen Unternehmens, die sich *ohne* die Änderung des Konsolidierungskreises im Geschäftsjahr ergeben hätte, ohne zusätzliche Erläuterungen nicht erkennbar ist.[15] **Anhaltspunkte** für die Festlegung der Wesentlichkeitsschwelle können aus der **Veränderung bestimmter Unternehmenskennzahlen** herangezogen werden. Aussagekräftig sind z. B. die Umsatzerlöse, das Jahresergebnis, die Bilanzsumme, die Zahl der Arbeitnehmer des Einzelunternehmens im Vergleich zu den entsprechenden Kennzahlen des Konzerns.[16] Die genannten Kennzahlen verwendet das Gesetz in § 293.[17]

3. Pflicht zur Herstellung der Vergleichbarkeit

11 **a) Zusätzliche Angaben im Konzernabschluß.** Zur Erhaltung der Vergleichbarkeit von Konzernabschlüssen aufeinanderfolgender Jahre bei Änderung des Konsolidierungskreises stehen dem Mutterunternehmen wahlweise zwei Verfahren zur Verfügung: die Angabe zusätzlicher Informationen im Konzernabschluß (insbesondere im Konzernanhang) oder die Anpassung der Vorjahreszahlen. Die erste Variante regelt Abs. 2 S. 1; danach ist das Mutterunternehmen zu Angaben verpflichtet, die es ermöglichen, die aufeinanderfolgenden Konzernabschlüsse sinnvoll zu vergleichen. Bei der Bestimmung des Umfangs dieser Informationspflichten sind zunächst die bereits im Rahmen der Berichterstattung nach § 313 Abs. 2 Nr. 1, 3 (Aufstellung der in den Konzernabschluß einbezogenen Tochterunternehmen und Gemeinschaftsunternehmen) und die in der Anteilsliste nach § 313 Abs. 2 Nr. 4 enthaltenen Angaben auszuscheiden.[18] Ferner enthält üblicherweise bereits der Konzernanhang Angaben über die Zusammensetzung des Konsolidierungskreises; dabei werden Angaben zur Anzahl der einbezogenen Unternehmen unter Hervorhebung der eingetretenen Veränderungen

---

13 ADS Rdn. 17; Beck BilKomm-*Förschle/Deubert* Rdn. 9; Verlautbarung des HFA (Entwurf), WPg 1994, 327, 328 (**h. M.**); **a. A.** wohl nur HdKR-*Sahner/Kammers* Rdn. 3.

14 Heymann/*Henssler* Rdn. 9.

15 Beck BilKomm-*Förschle/Deubert* Rdn. 10; *HFA* WPg 1994, 327, 328 (Verlautbarungsentwurf).

16 Näher *Heydemann/Koenen* DB 1992, 2253, 2257; ADS Rdn. 18.

17 Heymann/*Henssler* Rdn. 10.

18 Beck BilKomm-*Förschle/Deubert* Rdn. 14

und nach inländischen und ausländischen Tochterunternehmen getrennt gemacht (§ 313, 105 ff). Im Regelfall wird dabei die Anzahl der nicht mehr einbezogenen Unternehmen und die durch Verschmelzung erfolgte Verengung des Kreises der einbezogenen Unternehmen deutlich.[19]

Darüberhinaus sind **mindestens die im Gliederungsschema der Bilanz (§ 266 Abs. 2, 3) mit römischen Zahlen gekennzeichneten Posten** der Konzernbilanz und/oder der Konzern-Gewinn- und Verlustrechnung aufzuführen und die Änderung unter Verwendung von absoluten Zahlen ohne Prozentzahlen zu kennzeichnen; die erweiterte Angabepflicht erstreckt sich damit auf Außenumsatzerlöse, betriebliche Aufwendungen und Erträge, Finanz- und außerordentliches Ergebnis, Steuern vom Einkommen und Ertrag.[20] Hinsichtlich dieser Positionen besteht im Schrifttum Einigkeit darin, daß bloß verbale Angaben einen sinnvollen Vergleich mit dem Vorjahreskonzernabschluß nicht ermöglichen.[21] **12**

b) Anpassung der Vorjahreszahlen. Alternativ zu den zusätzlichen Angaben nach Abs. 2 S. 1 besteht für das Mutterunternehmen nach Abs. 2 S. 2 die Möglichkeit, die Vergleichbarkeit der Konzernabschlüsse durch Anpassung der Vorjahreszahlen herzustellen. Dies kann durch einen entsprechenden Vermerk im Konzernabschluß geschehen, der auch den **fiktiven Charakter der angepaßten Vorjahreszahlen** zum Ausdruck bringt.[22] Anstelle einer solchen Darstellung im sogenannten **Zweispaltenschema** ist für die Zwecke der Vergleichbarkeit das ebenfalls durch Abs. 2 S. 2 gedeckte, aufschlußreichere **Dreispaltenschema** vorzuziehen, obschon dessen Verwendung nicht gesetzlich vorgeschrieben ist.[23] Beim Dreispaltenschema werden die Vorjahreszahlen auf der Grundlage des Konsolidierungskreises des Vorjahres (Spalte 1), die Vorjahreszahlen auf der Grundlage des *neuen* Konsolidierungskreises (Spalte 2) und die Jahreszahlen ebenfalls auf der Grundlage des neuen Konsolidierungskreises (Spalte 3) einander gegenübergestellt.[24] Bei Verwendung des Dreispaltenschemas sind weitere Angaben im Konzernanhang entbehrlich.[25] **13**

Allerdings ist bei Einsatz des **Dreispaltenschemas** der Jahresabschluß **zusätzlich** auf der – zwischenzeitlich überholten – **Grundlage des Konsolidierungskreises im Vorjahr** zu erstellen (Spalte 1; Rdn. 13). Andererseits vermeidet die Verwendung des Zweispaltenschemas Kollisionen mit den Abschlußarbeiten für das laufende Konzerngeschäftsjahr.[26] Denn im Rahmen des Zweispaltenschemas ist der Jahresabschluß ein weiteres Mal – und völlig neu – neben dem eigentlichen Konzernabschluß auf der Grundlage des *veränderten* Konsolidierungskreises zu erstellen. Der Vorteil dieser Verfahrensweise besteht darin, daß hier der *fiktive* Vorjahresabschluß bereits während des laufenden Geschäftsjahres erstellt werden kann. Demgegenüber ist das Dreispaltenschema aus praktischer Sicht dann vorzugswürdig, wenn der Vorjahresabschluß unangetastet bleiben soll.[27] Hierbei werden auf der Grundlage der Daten des Abschlußjahres *zwei* Konzernabschlüsse mit unterschiedlichen Konsolidierungskreisen erstellt. **14**

Inhaltlich gilt für die Darstellung im Zweispaltensystem und im Dreispaltensystem gleichermaßen, daß die angepaßten **Vorjahresbeträge so anzugeben sind, als ob die** **15**

---

[19] Beck BilKomm-*Förschle/Deubert* Rdn. 14.
[20] Beck BilKomm-*Förschle/Deubert* Rdn. 15; ADS Rdn. 20.
[21] ADS Rdn. 20; Beck BilKomm-*Förschle/Deubert* Rdn. 15.
[22] ADS Rdn. 21.
[23] ADS Rdn. 22; graphische Darstellung beider Schemata bei Heymann/*Henssler* Rdn. 11.
[24] Vgl. auch *HFA* WPg 1994, 327, 328 (Verlautbarungsentwurf).
[25] ADS Rdn. 22.
[26] Heymann/*Henssler* Rdn. 13.
[27] Heymann/*Henssler* Rdn. 14.

Veränderung im Konsolidierungskreis bereits im Vorjahr eingetreten wäre. Zweckmäßig ist eine Anpassung der Vorjahreszahlen insbesondere bei Ausscheiden eines oder mehrerer Unternehmen aus dem Konsolidierungskreis; das Mutterunternehmen kann die hierfür erforderlichen Angaben aus den Buchungsunterlagen des Vorjahres entnehmen.[28] Demgegenüber ist die Anpassung der Vorjahreszahlen bei erstmals in den Konzernabschluß eingestellten Unternehmen nicht sinnvoll. Denn diese Zahlen könnten nur – im Wege der Addition – hinzugefügt werden; Konsolidierungsmaßnahmen müßten unterbleiben, da die Voraussetzungen hierfür noch nicht gegeben waren oder jedenfalls die Maßnahmen im laufenden Geschäftsjahr vorgenommen werden *müssen*.[29]

IV. Mitwirkungspflichten der Tochterunternehmen (Abs. 3)

1. Grundlagen

16 Das Mutterunternehmen ist zur Aufstellung eines vollständigen Konzernabschlusses nur in der Lage, wenn ihm alle hierfür erforderlichen Angaben zur Verfügung stehen. Deshalb räumt Abs. 3 dem Mutterunternehmen einen **einklagbaren Anspruch auf alle für die Erstellung des Konzernabschlusses bedeutsamen Unterlagen** ein. Die Vorlage- und Auskunftsverpflichtungen der Tochterunternehmen hängen nicht davon ab, ob der Abschluß des jeweiligen Tochterunternehmens tatsächlich in die Konzernrechnungslegung einbezogen wird, da die Voraussetzungen für ein Konsolidierungsverbot (§ 295) und die Zweckmäßigkeit der Inanspruchnahme eines Konsolidierungswahlrechts (§ 296) erst anhand der beim Mutterunternehmen einzureichenden Unterlagen beurteilt werden können.[30] Neben § 294 Abs. 3 treten Auskunfts- und Einsichtsrechte nach den allgemeinen gesellschaftsrechtlichen Vorschriften (insbesondere §§ 131 f AktG; 51a GmbHG).

17 Im **grenzüberschreitenden Konzern** besteht für die gerichtliche Geltendmachung der Vorlage- und Auskunftspflichten **kein internationaler Klägergerichtsstand** am Sitz des Mutterunternehmens. Als Gesellschafterin kann sie die Gesellschaft, an der sie beteiligt ist, grundsätzlich nur an *deren* Sitz verklagen (vgl. im deutschen innerstaatlichen Zivilprozeßrecht § 22 ZPO; ferner Art. 16 Nr. 2 EuGVÜ). Zur verbesserten Durchsetzung der Mitwirkungspflichten des Tochterunternehmens an der Erstellung des Konzernabschlusses wird sich daher die Aufnahme einer entsprechenden **Gerichtsstandsklausel** in den Unternehmensvertrag (vgl. § 290 Abs. 3 Nr. 3) oder den Gesellschaftsvertrag des ausländischen Tochterunternehmens empfehlen. Derartige Gerichtsstandsklauseln sind in der Rechtsprechung des EuGH anerkannt.[31]

18 Eine entsprechende – d. h. spiegelbildliche – Anwendung des § 294 Abs. 3 auf **Vorlage- und Auskunftsrechte ausländischer Konzernmütter** gegenüber ihren deutschen Tochtergesellschaften scheidet aus. Die gegenteilige, von *Emde* vertretene These ist in sich widersprüchlich, wenn sie die Analogie zu § 294 Abs. 3 damit rechtfertigt, daß das *ausländische* Gesellschaftsstatut des Mutterunternehmens von dem deutschen Tochterunternehmen eine derartige Mitwirkung an der Aufstellung des ausländischen

---

[28] ADS Rdn. 23.

[29] Vgl. wiederum ADS Rdn. 23 mit dem Hinweis, daß ersatzweise auch eine Anpassung der Beträge des aktuellen Konzernabschlusses an den Konsolidierungskreis des Vorjahres in Betracht kommen kann, im Anschluß an den Entwurf einer Verlautbarung des *HfA* WPg 1994, 327, 328; Beck BilKomm-*Förschle/Deubert* Rdn. 20.

[30] Beck BilKomm-*Förschle/Deubert* Rdn. 29.

[31] EuGH, Urteil v. 10.3.1992 – Rs. C-214/89, Slg. 1992-I, 1769 = NJW 1992, 1671.

Konzernabschlusses verlange.[32] Bei Maßgeblichkeit einer ausländischen Rechtsordnung stellt sich die Frage nach der entsprechenden Anwendbarkeit einer Vorschrift des deutschen Rechts nicht.

2. Vorlagepflicht

Gegenständlich bezieht sich die Vorlagepflicht nach Abs. 3 S. 1 auf die Jahresabschlüsse, Lageberichte, Konzernabschlüsse, Konzernlageberichte und – bei erfolgter Prüfung des Jahresabschlusses oder des Konzernabschlusses – die Prüfungsberichte, sowie – bei bestehender Verpflichtung zur Aufstellung eines Zwischenabschlusses (§ 299 Abs. 2 S. 2) – auf einen auf den Stichtag des Konzernabschlusses aufgestellten Zwischenabschluß.[33] Darüber hinaus kann das Mutterunternehmen die Vorlage derjenigen **Unterlagen** verlangen, die für die Aufstellung einer **Handelsbilanz II** (Vor § 290, 36; § 300, 18) notwendig sind.[34] Wird hingegen bereits auf der Ebene des Tochterunternehmens eine Handelsbilanz II aufgestellt und von dessen Abschlußprüfer geprüft, so erstreckt sich die Vorlagepflicht nach Abs. 3 S. 1 auf den derart abgezeichneten Formblattabschluß („package").[35] 19

Die Vorlagepflicht besteht – im Hinblick auf das betreffende Geschäftsjahr – auch bei **Ausscheiden des Tochterunternehmens** nach dem Konzernbilanzstichtag. In der Abwägung zwischen den insoweit denkbaren Geheimhaltungsinteressen des Tochterunternehmens und den durch die Vorschriften über die Konzernrechnungslegung geschützten Informationsinteressen ist letzteren der Vorzug zu geben; dafür spricht schon, daß es in den Fällen des Abs. 3 S. 1 ausschließlich um Daten aus dem Zeitraum vor dem Ausscheiden des Tochterunternehmens aus dem Unternehmensverbund geht.[36] 20

3. Auskunftspflicht

Die durch Abs. 3 S. 2 begründete Auskunftspflicht des Tochterunternehmens folgt im Grundsatz denselben Maßstäben, die vorstehend für die Vorlagepflicht dargelegt wurden. Auch die Auskunftspflicht ist deshalb im Zweifel weit zu verstehen; sie trifft jedes Tochterunternehmen unabhängig von seiner tatsächlichen Einbeziehung in den Konzernabschluß. Dabei rechtfertigt jeder auch nur mittelbare Zusammenhang zwischen der gewünschten Information und dem Abschluß- bzw. Lagebericht das Auskunftsbegehren.[37] 21

4. Zeitpunkt

Nach Abs. 3 S. 1 hat die Einreichung der für die Erstellung des Konzernabschlusses notwendigen Unterlagen **unverzüglich** zu erfolgen. Nach allgemeinem Zivilrecht (§ 121 Abs. 1 S. 1 BGB) ist das Tochterunternehmen somit verpflichtet, die Unterlagen **ohne schuldhaftes Zögern** einzureichen. Mittelbar ergeben sich in diesem Zusammenhang Vorlagefristen aus den Aufstellungsterminen für die Jahres- oder Konzernabschlüsse der Tochterunternehmen selbst (§ 243, 36 ff; § 264, 9f). Die Praxis arbeitet mit internen Rechnungslegungsrichtlinien, in denen die Einreichungsfristen festgelegt werden.[38] 22

---

[32] *Emde* ZIP 1998, 725, 726 f nach Fn. 16.

[33] ADS Rdn. 27.

[34] ADS Rdn. 27.

[35] ADS Rdn. 31; Beck BilKomm-*Förschle/Deubert* Rdn. 30.

[36] Heymann/*Henssler* Rdn. 16.

[37] Heymann/*Henssler* Rdn. 17.

[38] Heymann/*Henssler* Rdn. 18.

V. Vergleichende Betrachtung zu international anerkannten Rechnungslegungsgrundsätzen

1. International Accounting Standards

23 Wegen des **Weltabschlußprinzips**, d.h. der grundsätzlichen Verpflichtung, alle Tochterunternehmen unabhängig von deren Sitz oder Rechtsform in den Konzernabschluß einzubeziehen, bestehen hinsichtlich der räumlichen Erstreckung des Konsolidierungskreises keine Unterschiede zwischen IAS (27.11) und der Regelung in Abs. 1. Abweichungen bei der Bestimmung des Konsolidierungskreises können sich jedoch aufgrund der divergierenden Begriffsbestimmungen für Tochterunternehmen in IAS 27.6 ergeben (dazu § 290, 85), ferner im Hinblick auf Unterschiede bei den Konsolidierungsverboten (§ 295, 21) und den Konsolidierungswahlrechten (§ 296, 24 ff).

24 Überdies bestehen **Abweichungen bei der Darstellung der Auswirkungen von Veränderungen des Konsolidierungskreises.** Zwar existieren nach IAS 27.32 (b) (iv) nur für den Fall des Erwerbs oder der Veräußerung von Tochterunternehmen ergänzende Offenlegungspflichten – eben mit Blick auf die Auswirkungen dieser Veränderung auf die Vermögens- und Finanzlage des Konzerns am Konzernabschlußstichtag und den Erfolg des Konzerngeschäftsjahres; jedoch wird man davon auszugehen haben, daß entsprechende Angaben auch bei einer sonstigen Änderung des Vollkonsolidierungskreises (oben Rdn. 8) erforderlich sind.[39] Das gleiche gilt für die ebenfalls in IAS 27.32 (b) (iv) statuierte Verpflichtung zur Angabe entsprechender Beträge für das Vorjahr. Dabei kann eine Anpassung der originären Vorjahreszahlen (IAS 5.9) allerdings nicht aus IAS 27.32 (b) (iv) verlangt werden,[40] weshalb nur die Möglichkeit besteht, die angepaßten Vorjahreszahlen zusätzlich – etwa in einer dritten Spalte – in der Konzernbilanz und in der Konzern-Gewinn- und Verlustrechnung anzugeben.[41]

2. US-GAAP

25 Nach dem auch in den US-GAAP normierten **Weltabschlußprinzip** sind alle Tochterunternehmen unabhängig von ihrem Sitz in den Konzernabschluß einzubeziehen. Dies entspricht im Grundsatz der Regelung des § 294 Abs. 1 sowie den IAS (oben Rdn. 23). Unterschiede im Konsolidierungskreis können sich wiederum aufgrund der abweichenden Begriffsbestimmungen für Tochterunternehmen ergeben (dazu § 290, 85) und wegen Unterschieden bei den Konsolidierungsverboten (§ 295, 22) und den Konsolidierungswahlrechten (§ 296, 25).

26 Nach APB 20.34–35 sind Veränderungen im Konsolidierungskreis gesondert offenzulegen. Da die Abschlußerstellung in erster Linie **Informationsaufgaben** hat, müssen die Konzernabschlüsse in dieser Frage von Periode zu Periode vergleichbar sein.[42] Bei der Erstellung des Konzernabschlusses und den – zu Vergleichszwecken – offenzulegenden Konzernabschlüssen aus den Vorjahren haben die Verfasser deshalb zu unterstellen, daß der Konsolidierungskreis zum aktuellen Bilanzstichtag während der letzten drei Jahre unverändert bestanden hätte. Dabei werden Veränderungen zum Vorjahresergebnis in die Darstellung des Eigenkapitals aufgenommen.[43]

---

[39] Beck BilKomm-*Förschle/Deubert* Rdn. 43.
[40] Vgl. im deutschen Recht § 296 Abs. 2 S. 2.
[41] Hierzu wiederum Beck BilKomm-*Förschle/Deubert* Rdn. 43; Einzelheiten: *Eisolt* BB 1994, 467 ff; *Pellens* Internationale Rechnungslegung S. 180 ff.
[42] *Wiedmann* Rdn. 21.
[43] *Wiedmann* Rdn. 21.

§ 295

Verbot der Einbeziehung

(1) Ein Tochterunternehmen darf in den Konzernabschluß nicht einbezogen werden, wenn sich seine Tätigkeit von der Tätigkeit der anderen einbezogenen Unternehmen derart unterscheidet, daß die Einbeziehung in den Konzernabschluß mit der Verpflichtung, ein den tatsächlichen Verhältnissen entsprechendes Bild der Vermögens-, Finanz- und Ertragslage des Konzerns zu vermitteln, unvereinbar ist; § 311 über die Einbeziehung von assoziierten Unternehmen bleibt unberührt.

(2) Absatz 1 ist nicht allein deshalb anzuwenden, weil die in den Konzernabschluß einbezogenen Unternehmen teils Industrie-, teils Handels- und teils Dienstleistungsunternehmen sind oder weil diese Unternehmen unterschiedliche Erzeugnisse herstellen, mit unterschiedlichen Erzeugnissen Handel treiben oder Dienstleistungen unterschiedlicher Art erbringen.

(3) Die Anwendung des Absatzes 1 ist im Konzernanhang anzugeben und zu begründen. Wird der Jahresabschluß oder der Konzernabschluß eines nach Absatz 1 nicht einbezogenen Unternehmens im Geltungsbereich dieses Gesetzes nicht offengelegt, so ist er gemeinsam mit dem Konzernabschluß zum Handelsregister einzureichen.

Übersicht

Schrifttum

S. zunächst die Nachweise vor § 290 und zu §§ 290, 291, 292, 293, 294 ferner:

Kommentare, Gesamtdarstellungen und Lehrbücher:

FASB APB No. 18: The equity method of accounting for investments in common stock (März 1971); *FASB* Statement of Financial Accounting Standards No. 94, Consolidation of All Majority-Owned Subsidiaries (Oktober 1987); *Finke* Bedeutung, Aufstellung und Aussage des Konzernabschlusses der Versicherungsaktiengesellschaften (1971); *Gross/Schruff/von Wysocki* Der Konzernabschluß nach neuem Recht (1987).

Aufsätze:

Arbeitskreis Weltabschlüsse der Schmalenbach-Gesellschaft Aufstellung internationaler Konzernabschlüsse, ZfbF 1979, Sonderheft 9; *Bundesverband deutscher Banken* Bankkonzernbilanzierung nach neuem Recht, WPg 1994, 11; *Dusemond* Die Abgrenzung des Konsolidierungskreises im engeren und weiteren Sinne, DB 1994, 1733; *Kirchner* Konzernrechnungslegung in Europa, AG 1981, 325; *Kommission Rechnungswesen im Verband der Hochschullehrer für Betriebswirtschaft e. V.* Stellungnahme zur Umsetzung der 7. EG-Richtlinie (Konzernabschluß-Richtlinie), DBW 1985, 267; *Krawitz* Die Abgrenzung des Konsolidierungskreises, WPg 1996, 342; *Niehus* Heterogenität eines Konzernunternehmens als Grund für die Nichteinbeziehung von Tochterunternehmen in den Konzernabschluß? DB 1988, 869; *Niehus* Neues Konzernrecht für die GmbH, DB 1984, 1789; *Sahner/Kammers* Die Abgrenzung des Konsolidierungskreises nach der 7. EG-Richtlinie im Vergleich zum Aktiengesetz 1965 – Ein Fortschritt? DB 1983, 2149, 2209; *Zwingmann* Zur Einbeziehung von Tochterunternehmen in den Konzernabschluß – Kritik an den Vorschriften der §§ 295 und 296 HGB, DStR 1994, 1547.

I. Normzweck und Entstehungsgeschichte

1 Nach § 297 Abs. 2 S. 2 hat der Konzernabschluß unter Beachtung der Grundsätze ordnungsmäßiger Buchführung ein den tatsächlichen Verhältnissen entsprechendes Bild der Vermögens-, Finanz- und Ertragslage des Konzerns zu vermitteln. Das **Konsolidierungsverbot** des § 295 beruht auf der Annahme, daß diese Zielsetzung des § 297 Abs. 2 S. 2 verfehlt wird, wenn auch solche Tochterunternehmen in den Konsolidierungskreis aufgenommen werden, deren Geschäftstätigkeit für den Konzern *atypisch* ist. Deshalb darf nach Abs. 1 Halbs. 1 ein Tochterunternehmen dann in den Konzernabschluß nicht einbezogen werden, wenn sich seine Tätigkeit von der Tätigkeit der anderen einbezogenen Unternehmen derart unterscheidet, daß die **Einbeziehung** mit dem durch § 297 Abs. 2 S. 2 verfolgten **Informationszweck des Konzernabschlusses nicht vereinbar** ist.

2 § 295 tritt an die Stelle des früheren Einbeziehungsverbots in § 329 Abs. 3 S. 3 AktG a. F. Danach war von der Einbeziehung eines Konzernunternehmens dann abzusehen, wenn sie den Aussagewert des Konzernabschlusses beeinträchtigen würde. Im Unterschied zum jetzt geltenden Rechtszustand war zu § 329 AktG a. F. einhellig anerkannt, daß ein Konsolidierungsverbot nicht schon dann besteht, wenn im Konzernabschluß eine Zusammenfassung verschiedener Einzelabschlüsse branchenverschiedener Unternehmen erfolgte.[1]

3 Durch § 295 wird Art. 14 der 7. EG-Richtlinie umgesetzt. Die Richtlinienbestimmung beruht auf der Vorstellung, daß die Vollkonsolidierung von Industriebeteiligungen in Konzernabschlüssen von Banken- oder Versicherungskonzernen ein unzutreffendes Gesamtbild des Konzerns ergibt.[2] Über einen derart verstandenen Normzweck des Konsolidierungsverbots schießt der Wortlaut des Art. 14 der Richtlinie und des § 295 Abs. 1 freilich hinaus, wenn dort ganz generell **Tochterunternehmen mit atypischer Tätigkeit von der Konsolidierung ausgenommen** werden.

4 Nach § 13 Abs. 3 **PublG** gilt das Einbeziehungsverbot des § 295 sinngemäß für Konzernabschlüsse von Mutterunternehmen, die keine Kapitalgesellschaften sind, jedoch nach § 11 PublG der Konzernrechnungslegungspflicht unterliegen.

[1] KK-*Claussen/Scherrer* Rdn. 2.

[2] *Biener* DB 1983, Beilage 19, S. 4.

II. Einbeziehungsverbot bei Verfälschung des wirtschaftlichen Gesamtbildes des Konzerns (Abs. 1 Halbs. 1)

1. Enge Auslegung des Einbeziehungsverbots

Darüber, in welchen Fällen durch die Einbeziehung von Tochterunternehmen der Informationszweck der Konzernrechnungslegung vereitelt wird, gibt der Gesetzeswortlaut keinen Aufschluß. Nach den **Vorstellungen der Gesetzesverfasser** soll das Konsolidierungsverbot des Abs. 1 Halbs. 1 dann eingreifen, wenn Tochterunternehmen mit *grundsätzlich unterschiedlichen* Tätigkeiten in den Konzernabschluß einbezogen werden.[3] Im Rechtsausschuß hat man dies dahin spezifiziert, daß Tochterunternehmen, die überwiegend in grundsätzlich verschiedenen Bereichen tätig sind – nämlich im Bereich der Kredit- oder der Versicherungswirtschaft oder der Industrie –, nicht in einem einzigen Konzernabschluß zusammengefaßt werden dürfen; eine derartige **Vermischung** würde die **Aussagekraft** hinsichtlich der konzerntypischen Tätigkeiten **beeinträchtigen.**[4] 5

Ein derart weit gefaßtes Einbeziehungsverbot geht freilich an der wirtschaftlichen Wirklichkeit vieler Konzerne vorbei. Im **Schrifttum** ist deshalb anerkannt, daß die Aussagekraft des Konzernabschlusses bei Einbeziehung von Tochterunternehmen mit heterogener Tätigkeit nicht per se entfällt oder auch nur nennenswert beeinträchtigt wird.[5] Gerade im Mischkonzern *entspricht* es vielmehr dem true and fair view, die Heterogenität der Tätigkeiten im Konzernabschluß darzustellen. Insgesamt sprechen sogar die besseren Argumente *für* eine Einbeziehung von Tochterunternehmen mit heterogener Tätigkeit in den Konzernabschluß.[6] Gerade der Informationszweck der Konzernrechnungslegung nach § 297 Abs. 2 S. 2 verlangt daher eine enge Auslegung des Einbeziehungsverbots nach § 295. Daraus folgt vor allem, daß die **Branchenfremdheit** eines Tochterunternehmens **für sich genommen noch nicht den Tatbestand des Abs. 1 Halbs. 1 erfüllt;** stattdessen ist im Einzelfall zu prüfen, ob die Einbeziehung mit der generellen Zielsetzung der Konzernrechnungslegung zu vereinbaren ist.[7] 6

2. Kein Einbeziehungsverbot allein aufgrund unterschiedlicher Tätigkeit (Abs. 2)

a) Regelungsgehalt des Abs. 2. Die Vorschrift des Abs. 2 soll die Voraussetzungen für die Nichteinbeziehung nach Abs. 1 Halbs. 1 näher bestimmen und hierdurch eine enge Auslegung des Einbeziehungsverbots gewährleisten.[8] Indessen enthält Abs. 2 keine nähere Begriffsbestimmung für die Fälle der atypischen Geschäftstätigkeit des Tochterunternehmens, sondern – im Gegenteil – bloß einen Negativkatalog, wonach bestimmte unterschiedliche Tätigkeiten das Einbeziehungsverbot nicht auslösen.[9] Die Vorschrift des Abs. 2 ist deshalb nur begrenzt als Auslegungshilfe zur Bestimmung der Reichweite des Einbeziehungsverbots nach Abs. 1 Halbs. 1 geeignet. 7

b) Unterscheidung nach Konzerntypen? Der Regelungsgehalt des Abs. 2 kann nicht dadurch näher konkretisiert werden, daß man anhand der im praktischen Leben 8

[3] BTDrucks. 10/3440, S. 37.
[4] BTDrucks. 10/4268, S. 114.
[5] Heymann/*Henssler* Rdn. 1; KK-*Claussen/Scherrer* Rdn. 5; ADS Rdn. 5.
[6] Ganz herrschende Meinung; *Sahner/Kammers* DB 1983, 2211; *Maas/Schruff* WPg 1986, 208; *Niehus* DB 1988, 869f; *Busse von Colbe/Ordelheide* Konzernabschlüsse S. 88; *Grawitz* WPg 1996, 347; Beck BilKomm-*Förschle/Deubert* Rdn. 8; KK-*Claussen/Scherrer* Rdn. 5; Heymann/*Henssler* Rdn. 3.
[7] Heymann/*Henssler* Rdn. 1.
[8] BTDrucks. 10/3440, S. 37.
[9] KK-*Claussen/Scherrer* Rdn. 9.

vorkommenden Konzerntypen Fallgruppen bildet, in denen jeweils das Einbeziehungsverbot des § 295 unterschiedlich zu handhaben wäre. Ein derartiges Modell findet sich in der Begründung des Rechtsausschusses zum BiRiLiG, wonach drei Konstellationen zu unterscheiden sein sollen:[10] Danach dürfen Konzerne, die überwiegend in grundsätzlich verschiedenen Bereichen, d. h. im Bereich der Kredit- oder der Versicherungswirtschaft oder der Industrie tätig sind (**Mehrbereichskonzerne**), nicht in einem einzigen Konzernabschluß zusammengefaßt werden; durch eine derartige Vermischung werde die Aussagekraft des Konzernabschlusses hinsichtlich der konzerntypischen Tätigkeit beeinträchtigt. Demgegenüber seien Tochterunternehmen im **Mischkonzern** nach Maßgabe des Abs. 2 auch dann einzubeziehen, wenn sie die soeben angesprochenen unterschiedlichen Tätigkeiten ausüben. Dies betrifft Konzerne, bei denen kein Geschäftszweig überwiegt. Bei allen **übrigen Konzernen** soll schließlich von Fall zu Fall untersucht werden, ob die Einbeziehung eines Tochterunternehmens, das für den Konzern branchenfremd ist, mit der Aufgabe des Konzernabschlusses, ein den tatsächlichen Verhältnissen entsprechendes Bild der Vermögens-, Finanz- und Ertragslage des Konzerns zu vermitteln, vereinbar ist.

9 Eine derartige **Unterscheidung** in Mehrbereichskonzerne, Mischkonzerne und sonstige Konzerne ist für die Zwecke des Abs. 2 **abzulehnen.**[11] Sie verwendet kaum subsumtionsfähige Abgrenzungskriterien, da die Zuordnung zu den genannten Konzerntypen aufgrund der Komplexität der praktischen Verhältnisse oft nicht mehr nach rationalen Gesichtspunkten erfolgen kann. Hinzu tritt das Bedenken, daß die Konzernstrukturen der Gegenwart häufig unterschiedliche Tätigkeitsbereiche erfassen, ohne daß ein Mischkonzern im hergebrachten Sinne vorliegen würde.[12] Die nach der Vorstellung der Gesetzesverfasser vorzunehmende Dreiteilung verstellt den Blick auf das gemeinsame, kennzeichnende Element der hiervon betroffenen Konzerne: in allen Fällen handelt es sich gleichermaßen um die Zusammenfassung von Konzernunternehmen mit nicht homogenen Tätigkeiten.[13] **Maßstab** für die Beurteilung des Einbeziehungsverbots ist deshalb nicht die unterschiedliche Tätigkeit der Tochterunternehmen, sondern die mit ihrer Einbeziehung verbundene **Gefährdung der Informationsfunktion** des Konzernabschlusses. Zu fragen ist danach, ob im Einzelfall die Einbeziehung oder aber die Nichteinbeziehung von Tochterunternehmen unterschiedlicher Geschäftszweige eher ein den tatsächlichen Verhältnissen entsprechendes Bild vermittelt.[14] Die damit vorgegebene **enge Auslegung des Abs. 2** nimmt insbesondere solche Tochterunternehmen von dem in § 295 normierten Einbeziehungsverbot aus, die zwar branchenfremd tätig sind, innerhalb des Unternehmensverbundes aber Hilfsfunktionen wahrnehmen, wie dies z. B. auf Finanzierungsgesellschaften, Kreditinstitute im Versandhandel, gemeinnützige Unternehmen und Sozialeinrichtungen zutrifft.[15]

3. Einzelfälle

10 **a) Rechtlich selbständige Unterstützungskassen.** Rechtlich selbständige – als gemeinnützig anerkannte – Unterstützungskassen oder ähnliche Einrichtungen werden, wenn sie nicht schon kraft Kaufmannseigenschaft als Tochterunternehmen anzusehen sind (§ 290, 12), im Regelfall nicht in den Konsolidierungskreis fallen, da sie mangels

---

[10] BTDrucks. 10/4268, S. 114.
[11] Wie hier KK-*Claussen/Scherrer* Rdn. 11.
[12] Kritisch auch ADS Rdn. 13 ff.
[13] *Niehus* DB 1988, 869; KK-*Claussen/Scherrer* Rdn. 11.
[14] *Sahner/Kammers* DB 1983, 2211; KK-*Claussen/Scherrer* Rdn. 12; ADS Rdn. 15.
[15] Heymann/*Henssler* Rdn. 4.

eigener unternehmerischer Planungs- und Entscheidungsgewalt keine Tochterunternehmen i. S. d. § 290 sind.[16]

Auf die für das Einbeziehungsverbot maßgeblichen Tätigkeitsunterschiede (Rdn. 5 ff) kommt es daher im Regelfall nur bei Tochterunternehmen an, die diese Eigenschaft kraft ihrer Kaufmannsstellung besitzen. Derartige Unterstützungskassen – z. B. in der Rechtsform einer GmbH (§ 6 Abs. 1; § 13 Abs. 3 GmbHG) – werden freilich **meist dem Einbeziehungsverbot des § 295 unterfallen.** Die Aufnahme dieser Einrichtungen in den Konzernabschluß würde ein zu positives Bild von der Vermögenslage des Konzerns vermitteln, da mangels Bilanzierung der Verpflichtungen gegenüber den Renten- und Unterstützungsempfängern im Einzelabschluß der Kasse bei einer Konsolidierung das Reinvermögen des Konzerns zu hoch ausgewiesen würde.[17] Diese Vermögenswerte stehen indessen nicht dem Konzern zu, sondern den Unterstützungsberechtigten.[18] Im Einzelfall kommt auch für Tochterunternehmen die Anwendung des § 295 nicht in Betracht, wenn die Vermittlung eines den tatsächlichen Verhältnissen entsprechenden Bildes durch zusätzliche Angaben im Anhang sichergestellt werden kann.[19] Auch in diesem Fall verbleibt dem Mutterunternehmen das Wahlrecht nach § 296 Abs. 1 Nr. 1 (s. dort Rdn. 4 ff). 11

b) Lebens- und Sachversicherungsunternehmen. Wegen ihrer abweichenden Bilanzstruktur kann die Konsolidierung von Lebens- und Sachversicherungsgesellschaften den Aussagewert des konsolidierten Abschlusses von Versicherungskonzernen beeinträchtigen.[20] Dies ist im Einzelfall indessen anhand der jeweiligen **Bilanzstruktur** zu prüfen, und nicht schon aus dem bloßen Vorhandensein von Lebens- und Sachversicherern im selben Konzern zu folgern. Diese Betrachtungsweise deckt sich zudem mit einer Richtlinie des Bundesaufsichtsamtes für das Versicherungswesen für die Gliederung von Konzernabschlüssen; dort ist eine Gliederung der Konzernabschlüsse von Versicherungskonzernen vorgesehen, die sowohl Lebens- als auch Sachversicherer umfaßt.[21] Ein Einbeziehungsverbot nach § 295 kommt in dieser Fallgruppe nur dann in Betracht, wenn eine Beeinträchtigung der Informationsfunktion des Konzernabschlusses nicht schon durch zusätzliche Erläuterungen im Anhang oder die Aufnahme zusätzlicher Posten in die Gliederungsschemata der Konzernbilanz und der Konzern-Gewinn- und Verlustrechnung vermieden werden kann.[22] 12

c) Insolvenzverfahren und Insolvenzplan. Die Einbeziehung einer Konzerngesellschaft, über deren Vermögen das **Insolvenzverfahren** eröffnet worden ist, scheidet schon deshalb aus, weil es im Hinblick auf diese Gesellschaft an einem Mutter-Tochter-Verhältnis fehlt. Ein Mutter-Tochter-Verhältnis nach § 290 Abs. 1 kommt nicht in Betracht, weil mit der Bestellung des vorläufigen Insolvenzverwalters die Verwertungs- und Verfügungsbefugnis über das Vermögen des Schuldners auf diesen übergeht (§ 22 Abs. 1 InsO). Durch Eröffnung des Insolvenzverfahrens geht sodann das Verwertungs- und Verfügungsrecht an dem zur Masse gehörenden Vermögen auf den Insolvenzverwalter über (§ 80 Abs. 1 InsO). Damit ist die insolvente Konzerngesellschaft der konzernrechtlichen Leitung nach § 290 Abs. 1 entzogen. Das Verwertungs- und Verfügungsrecht des Insolvenzverwalters ist überdies mit der Annahme eines Beherrschungstatbestandes nach § 290 Abs. 2 unvereinbar. Beim Insolvenzverfahren 13

---

[16] *IdW-SABI 1/88*, WPg 1988, 340, 341; zustimmend ADS Rdn. 16; MünchKomm-*Pfaff* Rdn. 32.
[17] ADS Rdn. 16; Heymann/*Henssler* Rdn. 5.
[18] ADS Rdn. 16.
[19] ADS Rdn. 16; MünchKomm-*Pfaff* Rdn. 34.
[20] ADS Rdn. 18.
[21] Veröffentlichungen des Bundesaufsichtsamts für das Versicherungswesen (VerBAV), 1991 S. 81; ADS Rdn. 18.
[22] ADS Rdn. 18; Heymann/*Henssler* Rdn. 5.

einer Konzerngesellschaft kommt es mithin auf das Vorliegen der Konsolidierungsverbotsvoraussetzungen des § 295 nicht mehr an.

14 Zu prüfen ist § 295 hingegen beim Vorliegen eines **Insolvenzplans**, durch den die Befriedigung der Gläubiger, die Verwertung der Insolvenzmasse und deren Verteilung an die Beteiligten abweichend von den Vorschriften der Insolvenzordnung rechtsgeschäftlich geregelt wird. Denn die rechtskräftige Bestätigung des Insolvenzplans durch das Insolvenzgericht (§§ 248, 253 InsO) bewirkt die Aufhebung des Insolvenzverfahrens und damit das Erlöschen des Amtes des Insolvenzverwalters. Das Recht, über die Insolvenzmasse frei zu verfügen, fällt an den Schuldner zurück. Gleichermaßen leben die gesellschaftsrechtlichen Leitungs- und Beherrschungsmöglichkeiten nach § 290 Abs. 1, 2 wieder auf. Allein aufgrund der Insolvenz des Tochterunternehmens kommt ein Einbeziehungsverbot nach § 295 nicht in Betracht, weil sich die Geschäftstätigkeit des Unternehmens unter der Geltung des Insolvenzplans nicht grundlegend von der einer werbenden Gesellschaft außerhalb des Insolvenzverfahrens unterscheidet.[23]

III. Assoziierte Unternehmen (Abs. 1 Halbs. 2)

15 Aus § 311 kann sich die Einbeziehung von Tochterunternehmen unter Anwendung der Equity-Methode ergeben, selbst wenn diese gemäß Abs. 1 Halbs. 1 aus dem Kreis der vollkonsolidierten Unternehmen ausgeklammert wären. Dies folgt aus Abs. 1 Halbs. 2. Daß in dem Einbeziehungsverbot nicht zugleich auch ein Equity-Verbot liegt, ergibt sich zudem daraus, daß durch die Equity-Methode nicht zwangsläufig auch die Vermögens-, Finanz- und Ertragslage verfälscht wird. Denn bei Anwendung der Equity-Methode (§ 312) werden keine Einzelabschlußwerte in den Konzernabschluß übernommen.[24]

16 Greift § 295 ein, sind dennoch die Voraussetzungen des § 311 im Einzelfall zu prüfen; dies gilt namentlich für die *tatsächliche* Ausübung des maßgeblichen Einflusses durch das herrschende Unternehmen.[25] Ein **automatischer Ausweis als assoziiertes Unternehmen** kommt daher **nicht** in Betracht. In den Fällen des § 290 Abs. 1 und Abs. 2 Nr. 3 (einheitliche Leitung; Beherrschungsvertrag) ist der Assoziierungstatbestand des § 311 in aller Regel erfüllt. Denn die tatsächlich ausgeübte bzw. unwiderleglich nach § 18 Abs. 1 S. 2 AktG zu vermutende Ausübung der Beherrschungsmacht umfaßt die Ausübung eines maßgeblichen Einflusses. Eine inhaltliche Prüfung der tatsächlichen Ausübung der Kontrollbefugnis im Sinne des § 311 über die Geschäfts- und Finanzpolitik ist demgegenüber nur bei Mutter-Tochter-Verhältnissen nach § 290 Abs. 2 Nr. 1, 2 (Mehrheit der Stimmrechte; Organbestellungsrechte) erforderlich.[26] Vgl. näher § 311, 5.

---

[23] KK-*Claussen/Scherrer* Rdn. 16; **a. A.** Beck BilKomm-*Förschle/Deubert* Rdn. 15 (die allerdings für diesen Fall eine Anwendung des § 296 Abs. 1 Nr. 1 bevorzugen).

[24] HdKR-*Sahner/Sauermann* Rdn. 19.

[25] BTDrucks. 10/3440, S. 37; allg. Meinung: Heymann/*Henssler* Rdn. 8; ADS Rdn. 29; *Wiedmann* Rdn. 13 f; HdKR-*Sahner/Sauermann* Rdn. 19.

[26] Vgl. für die hier getroffene Unterscheidung Beck BilKomm-*Förschle/Deubert* Rdn. 18; Heymann/*Henssler* Rdn. 9; ADS Rdn. 29 ff.

IV. Berichtspflichten und Offenlegung (Abs. 3)

1. Angabe und Begründung im Konzernanhang

Nach Abs. 3 S. 1 ist im Konzernanhang die Anwendung des § 295 Abs. 1 anzugeben und zu begründen. Dabei ist das **betroffene Tochterunternehmen im Konzernanhang namentlich zu benennen.**[27] Wenn das betriebswirtschaftliche Schrifttum eine derartige Verpflichtung zur namentlichen Kennzeichnung der nicht einbezogenen Unternehmen ablehnt, weil sich diese ohnehin aus einem Vergleich der Aufstellung über alle Konzernunternehmen (§ 313 Abs. 2) mit den in den Konzernabschluß *einbezogenen* Unternehmen (§ 313 Abs. 2 Nr. 1) ergeben,[28] so kann dem nicht gefolgt werden. Das in § 297 Abs. 2 S. 1 enthaltene Gebot der Klarheit und Übersichtlichkeit des Konzernabschlusses spricht für eine namentliche Benennung der nicht einbezogenen Unternehmen; auf der anderen Seite sind Schutzinteressen des Mutterunternehmens nicht ersichtlich, an dieser Stelle des Konzernanhangs die Identität der nicht einbezogenen Tochterunternehmen zu verschweigen. 17

Die Vorschrift des Abs. 3 S. 1 verlangt darüber hinaus die Angabe der Gründe, welche das Mutterunternehmen zur **Anwendung des Einbeziehungsverbotes** bewogen haben. Dabei muß im einzelnen erläutert werden, weshalb eine Einbeziehung das tatsächliche Bild der Vermögens-, Finanz- und Ertragslage des Konzerns verfälscht hätte.[29] Da die Einbeziehung nach der Equity-Methode (§ 311; soeben Rdn. 15) eine Vollkonsolidierung nicht ersetzt, ist auch in diesem Fall eine entsprechende Erläuterung im Konzernanhang zu geben.[30] 18

2. Offenlegung

Nach Abs. 3 S. 2 sind die Jahresabschlüsse und Konzernabschlüsse von Unternehmen, die aufgrund von Abs. 1 nicht in den Konzernabschluß einbezogen und deren Abschlüsse nicht im Geltungsbereich des HGB offengelegt wurden, gemeinsam mit dem Konzernabschluß zum Handelsregister einzureichen. Zur Einreichung verpflichtet sind die **gesetzlichen Vertreter des Mutterunternehmens** (§ 325 Abs. 3). Der Gleichlauf mit der in § 325 Abs. 3 normierten Pflicht zur Einreichung des Konzernabschlusses bedeutet, daß die Einreichung der Jahresabschlüsse der nicht einbezogenen Tochterunternehmen **zeitgleich und am gleichen Ort mit dem Konzernabschluß** des Mutterunternehmens zu erfolgen hat.[31] Nur so ist gewährleistet, daß die Adressaten des Konzernabschlusses in der Lage sind, sich über die Bedeutung und die wirtschaftliche Lage der nach Abs. 1 nicht einbezogenen Tochterunternehmen zu unterrichten. Die Offenlegungspflicht nach Abs. 3 S. 2 erfaßt in der Praxis vornehmlich Abschlüsse ausländischer Tochterunternehmen, ferner die nicht offenlegungspflichtigen inländischen Tochterunternehmen (Personengesellschaften unterhalb der Größenkriterien des § 11 PublG und außerhalb von § 264a Abs. 1; ferner nach § 264 Abs. 3 befreite Kapitalgesellschaften).[32] 19

Weil Abs. 3 S. 2 die Offenlegung der dort genannten Jahresabschlüsse und Konzernabschlüsse zum Gegenstand der Offenlegungspflicht nach § 325 Abs. 3 macht, 20

---

[27] Heymann/*Henssler* Rdn. 10.

[28] Beck BilKomm-*Förschle/Deubert* Rdn. 23; ADS Rdn. 22; *Wiedmann* Rdn. 16; HdKR-*Sahner/Sauermann* Rdn. 15.

[29] Heymann/*Henssler* Rdn. 10.

[30] Heymann/*Henssler* Rdn. 10; ADS Rdn. 24 („sollte").

[31] Heymann/*Henssler* Rdn. 10.

[32] Beck BilKomm-*Förschle/Deubert* Rdn. 27; Heymann/*Henssler* Rdn. 10; ADS Rdn. 27; **a. A.** HdKR-*Sahner/Sauermann* Rdn. 18.

ergeben sich die Sanktionen im Falle der Nichtoffenlegung aus § 335a S. 1 Nr. 1. Danach hat das Registergericht auf Antrag ein **Ordnungsgeld** festzusetzen (Einzelheiten Erl. zu § 335a).

V. Vergleichende Betrachtung zu international anerkannten Rechnungslegungsgrundsätzen

1. International Accounting Standards

21 In Übereinstimmung mit der zu § 295 überwiegend vertretenen engen Auslegung des Einbeziehungsverbots (oben Rdn. 6) erklärt IAS 27 den **Verzicht auf die Konsolidierung von Unternehmen, die eine abweichende Tätigkeit ausüben**, für **nicht gerechtfertigt** (27.12). Deshalb erscheint es übertrieben, wenn die Praxis einen Konflikt zwischen den Rechnungslegungsstandards des IASC und den Vorschriften des § 295 annimmt, der der Aufstellung eines sogenannten dualen Konzernabschlusses entgegensteht.[33] Dem entspricht die Regelung in IAS 27.14, wonach in der abweichenden Tätigkeit eines Tochterunternehmens kein Grund für dessen Ausschluß von der Konsolidierung liegt.[34]

2. US-GAAP

22 Die Einbeziehung einer Tochtergesellschaft in den Konzernabschluß ist nach FAS 94 ausgeschlossen, wenn ein Mutterunternehmen über ein „controlling financial interest" verfügt und zudem (1) der maßgebliche Einfluß auf das Tochterunternehmen voraussichtlich nur vorübergehender Natur ist *oder* (2) der maßgebliche Einfluß tatsächlich nicht bei dem Mutterunternehmen besteht.[35]

23 Tochterunternehmen, die nach diesen Kriterien aus dem Konsolidierungskreis auszuscheiden sind, können **wahlweise** mit ihren **Anschaffungskosten** bewertet oder nach der **Equity-Methode** im Konzernabschluß ausgewiesen werden (FAS 94.15).

24 Hervorzuheben ist im Vergleich zu § 295, daß nach FAS 94 auch Unternehmen mit abweichender Geschäftstätigkeit zwingend in den Konzernabschluß einzubeziehen sind (z. B. Banken, Leasinggesellschaften und Versicherungen als Tochterunternehmen von Mutterunternehmen in der Investitionsgüterindustrie).[36]

§ 296

Verzicht auf die Einbeziehung

(1) Ein Tochterunternehmen braucht in den Konzernabschluß nicht einbezogen zu werden, wenn

1. erhebliche und andauernde Beschränkungen die Ausübung der Rechte des Mutterunternehmens in bezug auf das Vermögen oder die Geschäftsführung dieses Unternehmens nachhaltig beeinträchtigen,

---

[33] So aber der Hauptfachausschuß des Instituts der Wirtschaftsprüfer in Deutschland e. V., FN IdW 1998, 16; Vorstands-Arbeitskreis IdW, FN IdW 1998, 60; Beck BilKomm-*Förschle/Deubert* Rdn. 33.

[34] *Niehus* DB 1988, 869.

[35] Näher *Wiedmann* Rdn. 25 f.

[36] *Wiedmann* Rdn. 27.

2. die für die Aufstellung des Konzernabschlusses erforderlichen Angaben nicht ohne unverhältnismäßig hohe Kosten oder Verzögerungen zu erhalten sind oder
3. die Anteile des Tochterunternehmens ausschließlich zum Zwecke ihrer Weiterveräußerung gehalten werden.

(2) Ein Tochterunternehmen braucht in den Konzernabschluß nicht einbezogen zu werden, wenn es für die Verpflichtung, ein den tatsächlichen Verhältnissen entsprechendes Bild der Vermögens-, Finanz- und Ertragslage des Konzerns zu vermitteln, von untergeordneter Bedeutung ist. Entsprechen mehrere Tochterunternehmen der Voraussetzung des Satzes 1, so sind diese Unternehmen in den Konzernabschluß einzubeziehen, wenn sie zusammen nicht von untergeordneter Bedeutung sind.

(3) Die Anwendung der Absätze 1 und 2 ist im Konzernanhang zu begründen.

Übersicht

Schrifttum

S. zunächst die Nachweise vor § 290 und zu §§ 290, 291, 292, 293, 294, 295, ferner

Aufsätze:

Möhlmann/Diethard Zur Operationalisierung der untergeordneten Bedeutung in der Konzernrechnungslegung, BB 1996, 205; *Selchert/Baukmann* Die untergeordnete Bedeutung von Tochterunternehmen im Konsolidierungskreis, BB 1993, 1325; *Zimmerer* Bilanzrecht – Dekonsolidierung, Kreditwesen 1992, 883.

I. Normzweck

§ 296 bietet dem Mutterunternehmen – neben dem Einbeziehungsverbot des § 295 – 1
die zusätzliche **Möglichkeit**, auf die **Einbeziehung** von Tochterunternehmen in den Konzernabschluß und Konzernlagebericht zu **verzichten**, falls eine Berücksichtigung dieser Unternehmen im Konzernabschluß dem übergeordneten Ziel des § 297 Abs. 2 entgegenläuft, ein den tatsächlichen Verhältnissen entsprechendes Bild der Vermögens-, Finanz- und Ertragslage des Konzerns zu vermitteln. Damit stellt § 296 eine Ausnahme vom Gebot der Vollständigkeit (§ 294 Abs. 1) dar. Die Aufzählung der Voraussetzungen ist abschließend.[1] Ebenso wie im Rahmen des § 295 sind sie **eng auszulegen**[2] und auf das Ziel zu beschränken, ein möglichst genaues Bild der wirtschaft-

[1] HdKR-*Sahner/Sauermann* Rdn. 1; Beck Bil-Komm-*Förschle/Deubert* Rdn. 1.

[2] ADS Rdn. 2; *Wiedmann* Rdn. 3; *Maas/Schruff* WPg 1986, 201, 209.

lichen Einheit Konzern zu vermitteln und diejenigen Umstände auszuschließen, die zu einer falschen Beurteilung der Lage des Konzerns führen (s. schon Vor § 290, 1). Diese enge, an strengen Anforderungen orientierte Auslegung und die überdies obligatorische Begründung im Anhang (Abs. 3) vermeiden eine Aushöhlung des Gebotes der Vollständigkeit des Konzernabschlusses. Zu beachten ist im Interesse der Vergleichbarkeit der Konzernabschlüsse ferner der Grundsatz der Stetigkeit (§ 297 Abs. 3 S. 2), auch wenn die Prüfung für die Inanspruchnahme der Konsolidierungswahlrechte Jahr für Jahr erneut zu erfolgen hat.[3]

2 Die Konsolidierungswahlrechte des § 296 umfassen vier **Fallgruppen**, in denen der Verzicht auf eine Einbeziehung des Tochterunternehmens in den Konzernabschluß gestattet ist (vgl. Rdn. 4 ff). Im wesentlichen beruht § 296 auf der Umsetzung des Art. 13 der 7. EG-Richtlinie. Das deutsche Recht wurde damit an die schon in fast allen Ländern bestehenden Regelungen angepaßt.[4]

3 Geltung besitzen die Konsolidierungswahlrechte des § 296 **sowohl** für die Konzernrechnungslegungspflicht, die sich aus der **einheitlichen Leitung** des § 290 Abs. 1 ergibt, als auch für die Verpflichtung zur Aufstellung eines Konzernabschlusses nach dem **Control-Konzept** (§ 290 Abs. 2). Hauptanwendungsfall und damit von größerer Bedeutung in diesem Zusammenhang ist jedoch der Tatbestand des § 290 Abs. 2.[5] Da das der Rechtssicherheit dienende Control-Konzept nicht auf die tatsächliche Beherrschung, sondern auf die rechtliche Befugnis zur Beherrschung abstellt, sieht es grundsätzlich auch solche Unternehmen als konsolidierungspflichtig an, in denen zwar ein die Konzernrechnungslegungspflicht begründendes Mutter-Tochter-Verhältnis besteht, das Tochterunternehmen jedoch außerhalb der wirtschaftlichen Einheit des Konzerns steht. Dieser durch das starre Control-Konzept weit definierte Konsolidierungskreis soll durch § 296 auf diejenigen Tochterunternehmen beschränkt werden, die tatsächlich Teil der wirtschaftlichen Einheit Konzern sind (s. auch schon § 290, 4 und die dortige Einschätzung des Control-Konzeptes).[6]

II. Die einzelnen Konsolidierungswahlrechte des § 296

1. Beschränkungen in der Ausübung der Rechte (Abs. 1 Nr. 1)

4 Nach Abs. 1 Nr. 1 kann die Einbeziehung eines Tochterunternehmens in den Konzernabschluß unterbleiben, wenn erhebliche und andauernde Beschränkungen die Ausübung der Rechte des Mutterunternehmens in bezug auf das Vermögen oder die Geschäftsführung dieses Unternehmens nachhaltig beeinträchtigen.[6a] Überwiegend wird sich Abs. 1 Nr. 1 auf die von § 290 Abs. 2 erfaßten Tochterunternehmen beziehen, da bei den angesprochenen rechtlichen oder tatsächlichen Beschränkungen in der Regel eine einheitliche Leitung nach § 290 Abs. 1 nicht mehr möglich sein wird.[7] Ausnahmsweise kann aber auch ein Tochterunternehmen trotz einheitlicher Leitung des Mutterunternehmens dem Anwendungsbereich des Abs. 1 Nr. 1 unterfallen, wenn sich

[3] Bonner HdR-*Albrecht* Rdn. 29; HdKR-*Sahner/Sauermann* Rdn. 4; Beck BilKomm-*Förschle/Deubert* Rdn. 3; GK-*Marsch-Barner* Rdn. 1.

[4] *Maas/Schruff* WPg 1986, 201, 208.

[5] BTDrucks. 10/4268 S. 114.

[6] Beck BilKomm-*Förschle/Deubert* Rdn. 1; *Wiedmann* Rdn. 1; Heymann/*Henssler* Rdn. 2; kritisch dagegen zum Ausschluß unbedeutender Unternehmen aus dem Konzernkreis *Zwingmann* DStR 1994, 1547.

[6a] Der RefE des TransPubG (s. Vor § 290, 51) sieht für das bisher bestehende Wahlrecht des Abs. 1 Nr. 1 nunmehr ein Konsolidierungsverbot vor, da keine Beherrschung vorliegt und das Mutterunternehmen seine Rechte tatsächlich und auf Dauer nicht ausüben kann oder will.

[7] *Sahner/Kammers* DB 1983, 2211.

die für das Mutterunternehmen bestehende Beschränkung der Rechtsausübung einzig auf das Vermögen der Tochtergesellschaft bezieht, das Mutterunternehmen aber dennoch weiterhin die einheitliche Leitung – z. B. durch Besetzung von Geschäftsführungsorganen und dortige Einflußnahme auf Fortbestand und Entwicklung des Tochterunternehmens – ausüben kann.[8]

Die **Ausübung** der Rechte des Mutterunternehmens bezüglich des Tochterunternehmens muß **beschränkt** sein. Dabei ist jeweils im Einzelfall zu überprüfen, ob die notwendige Intensität erreicht ist. Bloße Behinderungen können nicht zu einem Einbeziehungswahlrecht führen. Es darf dem Mutterunternehmen nicht mehr möglich sein, das Tochterunternehmen sinnvoll in die Konzernpolitik einzubeziehen und in dem Sinne, wie es in einer wirtschaftlichen Einheit üblich ist, zu führen.[9] Die Beschränkungen können tatsächlicher oder rechtlicher (vertraglicher oder gesellschaftsrechtlicher) Natur sein.[10] Zudem müssen die Beschränkungen auch tatsächlich durchgeführt oder beachtet werden. Eine bloß freiwillige Nichtwahrnehmung von Rechten erfüllt die Voraussetzungen des Abs. 1 Nr. 1 nicht.[11] 5

Die Beschränkungen müssen sich auf das Vermögen und/oder die Geschäftsführung beziehen. In bezug auf das **Vermögen** müssen die Beschränkungen **Verfügungsrechte** über das Vermögen betreffen. Obwohl die Regelung auf das gesamte Vermögen abstellt, reicht eine Beschränkung hinsichtlich **wesentlicher Vermögensteile** des Tochterunternehmens aus, etwa Beschränkungen in bezug auf die Veräußerung von Vermögensteilen oder die Transferierung von Vermögensgegenständen.[12] Eine Beschränkung bezüglich einzelner Vermögensteile (etwa Sicherungsübereignungen) genügt den Anforderungen hingegen nicht.[13] Auch führt beispielsweise die Nichtverfügbarkeit über den Gewinn des Tochterunternehmens nicht per se zur Verfügungsbeschränkung über das Vermögen, wenn der Gewinn nicht transferiert werden soll, sondern in das Tochterunternehmen reinvestiert wird.[14] Dagegen kann ein **Insolvenzverfahren** über das Tochterunternehmen dann zur Anwendung des § 296 führen, wenn sich die Gläubigerversammlung auf einen Insolvenzplan geeinigt hat (ansonsten gilt das Konsolidierungsverbot des § 295). 6

Bezüglich der **Geschäftsführung** des Tochterunternehmens ist die Ausübung von Rechten des Mutterunternehmens beschränkt, wenn seine **Einflußnahme nachhaltig verhindert** wird. Dazu gehören z. B.[15] Entherrschungsverträge, durch die das Mutterunternehmen auf die Ausübung seiner Mehrheitsrechte verzichtet hat[16], behördliche Eingriffe in bestehende Rechte des Mutterunternehmens in bezug auf die Festlegung der Geschäftspolitik, das Verbot der Besetzung von Organen des Tochterunternehmens durch Repräsentanten des Mutterunternehmens oder im Gesellschaftsvertrag vorgesehene qualifizierte Mehrheiten bei wesentlichen Entscheidungen, wenn das Mutterunternehmen gleichzeitig nur über die einfache Mehrheit der Stimmrechte verfügt. Beeinträchtigungen, die nicht das Einbeziehungswahlrecht des § 296 auslösen, sind etwa der bestehende Rechtsrahmen, innerhalb dessen die Geschäftsführung 7

---

[8] So auch HdKR-*Sahner/Sauermann* Rdn. 7.

[9] Beck BilKomm-*Förschle/Deubert* Rdn. 7.

[10] Siehe ADS Rdn. 9 ff.

[11] Beck BilKomm-*Förschle/Deubert* Rdn. 6; *Maas/Schruff* WPg 1986, 208; Heymann/*Henssler* Rdn. 5.

[12] ADS Rd. 7; KK-*Claussen/Scherrer* Rdn. 5; Beck BilKomm-*Förschle/Deubert* Rdn. 8; Beck HdR-*Odenwald* C 210 Rdn. 56; WP-Handbuch 1996, I M 166.

[13] *Busse von Colbe/Ordelheide* Konzernabschlüsse S. 90.

[14] So auch KK-*Claussen/Scherrer* Rdn. 7; HdKR-*Sahner/Sauermann* Rdn. 10.

[15] Zu weiteren Anwendungsfällen vgl. etwa ADS Rdn. 12; Beck BilKomm-*Förschle/Deubert* Rdn. 11; KK-*Claussen/Scherrer* Rdn. 10.

[16] Näher *HFA* 3/1991, WPg 1992, 91 f.

ausgeübt werden muß, oder gesetzliche Bestimmungen oder Zwänge, die eine ganze Region oder Branche betreffen.[17]

8 Ferner müssen die Verfügungsbeschränkungen **andauernd** sein und die Rechtsausübung **nachhaltig** beeinträchtigen. Anhand dieses strengen Maßstabs und seiner restriktiven Auslegung werden geringfügige und vorübergehende Behinderungen dem Anwendungsbereich des Abs. 1 Nr. 1 entzogen und damit für die Begründung eines Einbeziehungswahlrechts als nicht ausreichend angesehen. Zur Klärung dieses Merkmals bedient man sich einer **zukunftsorientierten Sichtweise.**[18] Die Beschränkungen müssen während des Geschäftsjahres bis zum Stichtag für die Aufstellung des Konzernabschlusses (§ 299) bestehen, und es darf nicht damit zu rechnen sein, daß in mittelbarer Zukunft (allgemein bis zum nächsten Konzernbilanzstichtag) unter Würdigung aller bekannten Umstände eine Aufhebung der Beschränkung bevorsteht.[19]

2. Unverhältnismäßig hohe Kosten oder Verzögerungen (Abs. 1 Nr. 2)

9 Ebensowenig brauchen Tochterunternehmen in den Konzernabschluß einbezogen werden, wenn die für die Aufstellung des Konzernabschlusses erforderlichen Angaben nicht ohne unverhältnismäßig hohe Kosten oder Verzögerungen zu erhalten sind (Abs. 1 Nr. 2).[19a] Grund für dieses Einbeziehungswahlrecht sind vor allem wirtschaftliche Erwägungen.[20] Zudem wird gleichzeitig auch die Einhaltung der Aufstellungsfrist für den Konzernabschluß unterstützt. Durch die unbestimmten Rechtsbegriffe „hohe Kosten oder Verzögerungen" besteht jedoch die Gefahr einer übermäßigen Inanspruchnahme dieses Konsolidierungswahlrechts, um Tochterunternehmen der Konsolidierungspflicht zu entziehen.[21] Daher unterliegen die Voraussetzungen des Abs. 1 Nr. 2 äußerst hohen Anforderungen, und sie bedürfen einer restriktiven Auslegung, so daß die genannten Merkmale erst in krassen Ausnahmefällen erfüllt sind und – wenn möglich – nur für einen befristeten Zeitraum zuzulassen sind.[22] In jedem Fall ist zur Beurteilung jeweils auf den konkreten Einzelfall abzustellen und das Einbeziehungswahlrecht nur dann zuzugestehen, wenn die Nichteinbeziehung im Lichte des true and fair view (s. § 297 Abs. 2 S. 1, hierzu auch Rdn. 1 und Vor § 290, 1) unwesentlich ist. Insgesamt dürfte dem Abs. 1 Nr. 2 aus diesem Grund neben Abs. 2 **keine große eigenständige Bedeutung** zukommen und so auch die vereinzelt angeführte Kritik wegen Außerachtlassen des Vollständigkeitsgebots unbeachtlich sein.[23]

---

[17] ADS Rdn. 8; WP-Handbuch 1996, I M 166.

[18] Einer anderen Ansicht zufolge reicht es bereits aus, wenn die Beschränkung während des Geschäftsjahres bestand und bis zur Aufstellung des Konzernabschlusses fortdauert; so etwa *Biener/Schatzmann* Konzernrechnungslegung S. 25; Bonner HdR-*Albrecht* Rdn. 8; Heymann/*Henssler* Rdn. 7.

[19] Vgl. ebenso ADS Rdn. 13; HdKR-*Sahner/Sauermann* Rdn. 11; KK-*Claussen/Scherrer* Rdn. 8; Beck BilKomm-*Förschle/Deubert* Rdn. 10.

[19a] Nach dem RefE des TransPubG, (Vor § 290, 51) soll das Konsolidierungswahlrecht des Abs. 1 Nr. 2 entfallen, da es international unbekannt ist und der Tatbestand die grundsätzlich bestehende Konsolidierungspflicht zudem nicht einschränkt.

[20] So auch Bonner HdR-*Albrecht* Rdn. 10; ADS Rdn. 16; GK-*Marsch-Barner* Rdn. 6; Heymann/*Henssler* Rdn. 9; HdKR-*Sahner/Sauermann* Rdn. 13; kritisch jedoch durch Verweis auf das Gebot der Vollständigkeit KK-*Claussen/Scherrer* Rdn. 11; anders auch die Begründung des Unterausschusses, der die Möglichkeit schaffen wollte, „Tochterunternehmen, die außerhalb der wirtschaftlichen Einheit Konzern stehen, von der Einbeziehung in den Konzernabschluß auszunehmen", siehe BTDrucks. 10/4268 S. 114; diese Ausführungen sind äußerst zweifelhaft, da die unter einem hohen Kostenaufwand stehende Beschaffung von Unterlagen eines Tochterunternehmens nicht automatisch dafür spricht, daß das Tochterunternehmen auch außerhalb der wirtschaftlichen Einheit Konzern steht.

[21] Bonner HdR-*Albrecht* Rdn. 11; *von Wysocki/Wohlgemuth* Konzernrechnungslegung S. 88.

[22] ADS Rdn. 19; WP-Handbuch 1996, I M 173; *SABI* 1/1988 WPg 1988, 340, 342.

[23] Ähnlich Heymann/*Henssler* Rdn. 10; WP-Handbuch 1996, I M 173.

Zum einen kann das Einbeziehungswahlrecht des Abs. 2 Nr. 1 dadurch ausgelöst werden, daß die Beschaffung der für die Aufstellung des Konzernabschlusses erforderlichen Angaben über das Tochterunternehmen **unverhältnismäßig hohe Kosten** verursacht. Als Maßstab wird zum einen ein Vergleich mit den Kosten für die Konsolidierung eines vergleichbaren Unternehmens in vergleichbarer Lage vorgeschlagen.[24] Eine Einschätzung anhand dieser Regel ist jedoch objektiv nicht durchführbar.[25] Vielmehr erscheint es sinnvoll, den für die Beschaffung der Informationen entstehenden Kosten die Kosten für die Aufstellung des gesamten Konzernabschlusses gegenüberzustellen und ins Verhältnis mit dem dadurch zu erreichenden Informationswert des Konzernabschlusses zu setzen.[26] Nur wenn sich im Rahmen dieser Beurteilung ein auffälliges Mißverhältnis zeigt, sind die Kosten als unverhältnismäßig hoch anzusehen und das Einbeziehungswahlrecht kann als Folge in Anspruch genommen werden. 10

Auch die Abgrenzung zwischen hinnehmbaren **zeitlichen Verzögerungen** und solchen, die die Voraussetzung des Abs. 1 Nr. 2 erfüllen, unterliegt subjektiven Einschätzungen. Auch hier gebietet der Normzweck (Rdn. 1), den Zugriff auf das Einbeziehungswahlrecht lediglich in **Ausnahmefällen** zuzulassen. Daher darf sich der Konzernabschluß nicht innerhalb der vorgeschriebenen Aufstellungsfrist von fünf Monaten (§ 290 Abs. 1) erstellen lassen und zudem muß das betroffene Tochterunternehmen für den Gesamtkonzernabschluß von untergeordneter Bedeutung sein. Bloße Mängel im innerkonzernlichen Informationssystem rechtfertigen die Nichteinbeziehung hingegen nicht. Es kommen jedoch beispielsweise technische Störfälle wie der Zusammenbruch der Datenverarbeitung, politische Wirren, längere Streiks oder Naturkatastrophen in Betracht.[27] Ein weiterer Anwendungsfall sind erst kurz vorher, im Laufe des Geschäftsjahres erworbene Unternehmen, bei denen hinsichtlich des Rechnungswesens umfangreichere Umstellungs- und Anpassungsmaßnahmen vorzunehmen sind, um eine konzerneinheitliche Rechnungslegung zu erreichen.[28] 11

3. Absicht zur Weiterveräußerung (Abs. 1 Nr. 3)

Für den Fall, daß die Anteile des Tochterunternehmens vom Mutterunternehmen nur zum Zwecke ihrer Weiterveräußerung gehalten werden, begründet Abs. 1 Nr. 3 ein drittes Einbeziehungswahlrecht, auf Grund dessen das Tochterunternehmen ebenfalls nicht im Rahmen der Vollkonsolidierung in den Konzernabschluß einbezogen werden muß.[28a] Mit diesem Wahlrecht wird die **Vergleichbarkeit** aufeinanderfolgender Konzernabschlüsse **gefördert** und somit gleichzeitig auch der Grundsatz der **Stetigkeit** (§§ 294 Abs. 1, 297 Abs. 3 S. 2) durch eine vergleichbare Abgrenzung des Konsolidierungskreises **unterstrichen**, was zusätzlich zu einer Verbesserung der Darstellung der Vermögens-, Finanz- und Ertragslage des Konzerns beiträgt. 12

Abs. 1 Nr. 3 wendet sich ausschließlich an Mutter-Tochter-Verhältnisse nach dem **Control-Konzept** (§ 290 Abs. 2, dort Rdn. 34 ff), um den Konsolidierungskreis auf die wirtschaftliche Einheit Konzern zu beschränken. Ein Tochterunternehmen nach § 290 Abs. 1 kann wegen des Merkmals der Beteiligung und der damit erforderlichen 13

---

24 *HdKR-Sahner/Sauermann* Rdn. 16; WP-Hb 1996, I M 173.

25 ADS Rdn. 17; Beck BilKomm-*Förschle/Deubert* Rdn. 17.

26 ADS Rdn. 17; Heymann/*Henssler* Rdn. 9; *Biener/Berneke* Bilanzrichtlinie-Gesetz S. 317.

27 *Niehus* DB 1984, 1789, 1791; *Busse von Colbe/Ordelheide* Konzernabschlüsse S. 91.

28 Heymann/*Henssler* Rdn. 10; ADS Rdn. 18; HdKR-*Sahner/Sauermann* Rdn. 18.

28a Wie schon bei Abs. 1 Nr. 1 sieht der RefE des TransPubG auch für Abs. 1 Nr. 3 – in Angleichung an internationale Rechnungslegungsgrundsätze – eine Neuregelung in Form eines Konsolidierungsverbots vor.

dauernden Verbindung zwischen Mutter- und Tochterunternehmen nicht Gegenstand dieses Einbeziehungswahlrechts sein.[29] Wegen seiner wenig konkreten Formulierung wird auch das Wahlrecht nach Abs. 1 Nr. 3 immer am Einzelfall zu beurteilen sein und zunächst von der subjektiven Einschätzung der Geschäftsführung des Mutterunternehmens abhängen. Eine weitere Schwierigkeit liegt demgemäß auch hier in der wenig konkreten Formulierung des Tatbestandsmerkmals „Weiterveräußerungsabsicht", welches zur Verhinderung eines ausufernden Mißbrauchs anhand objektiver Hinweise einengend auszulegen ist, um den Gedanken des true and fair view (§ 297 Abs. 2 S. 1, hierzu auch Rdn. 1 und Vor § 290, 1) nicht zu gefährden.

14 Wenn Abs. 1 Nr. 3 auch von „den Anteilen" spricht, so ist allgemein anerkannt, daß **nicht notwendigerweise alle Anteile** in ihrer Gesamtheit veräußert werden müssen.[30] Vielmehr kann es sich auch um einen Teil der gehaltenen Anteile handeln, wobei diesbezüglich zu klären ist, ob der verbliebene Anteil zur Konsolidierung ausreicht bzw. das betroffene Unternehmen auch weiterhin als Tochterunternehmen i. S. d. § 290 einzubeziehen ist.[31] Auf eine Einbeziehung kann daher nicht verzichtet werden, wenn auch nach Durchführung der Weiterveräußerungsabsicht über 50 v. H. der Anteile beim Mutterunternehmen verbleiben.

15 Es muß sich um eine **Veräußerung aus der Sicht der wirtschaftlichen Einheit Konzern** handeln. Daher erlaubt die Absicht zur Weiterveräußerung an ein *anderes einzubeziehendes Tochterunternehmen* die Inanspruchnahme des Einbeziehungswahlrechts *nicht*.[32] Dem würde schon der in § 297 Abs. 3 S. 1 normierte Einheitsgrundsatz entgegenstehen. Zudem müssen die Anteile ausschließlich zum Zwecke ihrer Weiterveräußerung gehalten werden, und es ist der h. M. darin zu folgen, daß die Weiterveräußerungsabsicht schon im **Zeitpunkt des Anteilserwerbs** bestehen muß. Erfolgt der Entschluß zur Veräußerung erst, nachdem das Tochterunternehmen bereits seit geraumer Zeit einzubeziehendes Unternehmen ist, so kann das Konsolidierungswahlrecht des Abs. 1 Nr. 3 nicht zur Anwendung kommen und eine Einbeziehung des betroffenen Tochterunternehmens in den Konzernabschluß hat bis zum Ausscheiden aus dem Konsolidierungskreis zu erfolgen.[33]

16 Um einen exzessiven Gebrauch vom Wahlrecht nach Abs. 1 Nr. 3 zu verhindern, ist neben dem zunächst maßgeblichen subjektiven Willen der Geschäftsführung des Mutterunternehmens, die Anteile weiterzuveräußern (Rdn. 13), ein **objektiver Hinweis** erforderlich, der diese Einschätzung als nachvollziehbar erscheinen läßt.[34] Als Hinweise können etwa Vorverträge, unter Umständen aber auch bereits bestehende Verkaufsverhandlungen oder richtungsweisende Anweisungen des Aufsichtsrats gedeutet werden.[35] Eine zum Teil geforderte besonders intensiv verfolgte Veräußerungsabsicht

---

[29] *Wiedmann* Rdn. 17; KK-*Claussen/Scherrer* Rdn. 18; ADS Rdn. 23; HdKR-*Sahner/Sauermann* Rdn. 20.

[30] Vgl. KK-*Claussen/Scherrer* Rdn. 17; GK-*Marsch-Barner* Rdn. 11; Beck BilKomm-*Förschle/Deubert* Rdn. 26; ADS Rdn. 21; so auch die Protokollerklärung des Rates und der Kommission zu Art. 13 Abs. 3 c) der 7. EG-Richtlinie, nach der „die Erwähnung von Anteilen oder Aktien, die ausschließlich im Hinblick auf ihre spätere Übertragung gehalten werden, nicht besagt, daß alle Anteile oder Aktien der betreffenden Beteiligung zu diesem Zwecke gehalten werden müssen"; abgedruckt bei *Biener/Schatzmann* Konzernrechnungslegung S. 25.

[31] KK-*Claussen/Scherrer* Rdn. 17; ADS Rdn. 21; Beck BilKomm-*Förschle/Deubert* Rdn. 26; Heymann/*Henssler* Rdn. 11; *Biener/Schatzmann* Konzernrechnungslegung S. 25.

[32] Heymann/*Henssler* Rdn. 11; *Busse von Colbe/Ordelheide* Konzernabschlüsse S. 92; Bonner HdR-*Albrecht* Rdn. 18.

[33] So auch Beck BilKomm-*Förschle/Deubert* Rdn. 29; *HFA* 3/1995, WPg 1995, 698; sehr ausführlich dazu ADS Rdn. 23.

[34] *SABI* 1/1988, WPg 1988, 340; ADS Rdn. 26.

[35] KK-*Claussen/Scherrer* Rdn. 20; Beck BilKomm-*Förschle/Deubert* Rdn. 27; HdKR-*Sahner/Sauermann* Rdn. 23; Bonner HdR-*Albrecht* Rdn. 17.

als Voraussetzung für das Einbeziehungswahlrecht des Abs. 1 Nr. 3 erscheint dagegen als zu eng.[36] Jedoch ist es – auch wenn der Gesetzgeber keine zeitlichen Vorgaben normiert hat – sinnvoll, einen gewissen Zeitrahmen festzusetzen, innerhalb dessen die Weiterveräußerung durchgeführt werden muß, um so die Wahrnehmung des Einbeziehungswahlrechts auf eine bestimmte Zeit zu beschränken. Überschreitet das Unternehmen diesen Zeitrahmen, so kann grundsätzlich nicht mehr von einer Absicht zur Weiterveräußerung der Anteile ausgegangen werden.[37] Als Maßstab wird allgemein ein Zeitraum von etwa drei Jahren eingestuft.[38] Eine Berufung seitens des Mutterunternehmens auf Abs. 1 Nr. 3 erschiene nur noch dann akzeptabel, wenn dargelegt werden kann, daß bestimmte Schwierigkeiten bei der Veräußerung bestanden und diese zur Verzögerung der Veräußerung beigetragen haben.

4. Tochterunternehmen von untergeordneter Bedeutung (Abs. 2)

Abs. 2 gewährt schließlich die Möglichkeit, auf die Einbeziehung von Tochterunternehmen in den Konzernabschluß zu verzichten, die für die Vermittlung eines den tatsächlichen Verhältnissen entsprechenden Bildes der Vermögens-, Finanz- und Ertragslage des Konzerns nur von untergeordneter Bedeutung sind, und trägt damit dem **Grundsatz der Wesentlichkeit** Rechnung.[39] Um nicht den Gedanken des true and fair view (§ 297 Abs. 2 S. 2, hierzu auch Rdn. 1 und Vor § 290, 1) zu verfälschen, ist Abs. 2 – ebenso wie die anderen Einbeziehungswahlrechte – restriktiv auszulegen.[40] Zudem ist aufgrund der Anknüfung an den unbestimmten Begriff „untergeordnete Bedeutung" zwingend die jeweilige Beurteilung anhand der tatsächlichen Verhältnisse im Einzelfall geboten, und es ist grundsätzlich auf das Gesamtbild aller Umstände abzustellen.[41] **17**

Das betreffende Unternehmen muß **kumulativ** sowohl für die **Vermögens-**, als auch für die **Finanz- und Ertragslage** des Konzerns von untergeordneter Bedeutung sein.[42] Ist das Tochterunternehmen auch nur für einen dieser drei Bereiche von Bedeutung, so muß es einbezogen werden. Einzelne Posten des Abschlusses des Tochterunternehmens sind für die Beurteilung ebensowenig aussagekräftig wie starre Verhältniszahlen.[43] Auch wenn im ausländischen Bilanzrecht diese teilweise als maßgeblich angesehen werden,[44] würde eine solche Beurteilung im deutschen Recht aufgrund der flexiblen Gestaltung des Abs. 2 zu Zufallsergebnissen führen und dem Ziel, ein den tatsächlichen Verhältnissen entsprechendes Bild der Vermögens-, Finanz- und Ertragslage des Konzerns zu vermitteln, entgegenwirken. Verhältniszahlen können nur als Anhaltspunkte für die Bedeutung des Tochterunternehmens dienen.[45] Vielmehr ist **18**

---

[36] So auch Beck BilKomm-*Förschle/Deubert* Rdn. 27; WP-Handbuch 1996, I M 174; dies fordernd jedoch *Biener/Schatzmann* Konzernrechnungslegung S. 26.

[37] Vgl. *Busse von Colbe/Ordelheide* Konzernabschlüsse S. 92.

[38] Ebenso Heymann/*Henssler* Rdn. 12; ADS Rdn. 25; *von Wysocki/Wohlgemuth* Konzernrechnungslegung S. 57; kritisch dagegen Beck BilKomm-*Förschle/Deubert* Rdn. 27; KK-*Claussen/Scherrer* Rdn. 23.

[39] BTDrucks. 10/3440 S. 38.

[40] Heymann/*Henssler* Rdn. 14.

[41] *SABI* 1/1988, WPg 1988, 340, 343.

[42] Beck BilKomm-*Förschle/Deubert* Rdn. 34; *Busse von Colbe/Ordelheide* Konzernabschlüsse S. 93; ADS Rdn. 30.

[43] So die h. M., etwa Beck HdR-*Odenwald* C 210 Rdn. 87; ADS Rdn. 31; Bonner HdR-*Albrecht* Rdn. 22; Beck BilKomm-*Förschle/Deubert* Rdn. 34; *Wiedmann* Rdn. 21; *Möhlmann/Diethard* BB 1996, 206 ff.

[44] Siehe im US-amerikanischen Recht Regulation S–X der SEC, Article 1, Rule 1–62, (v) Significant Subsidiary).

[45] A. A. hingegen KK-*Claussen/Scherrer* Rdn. 26, die eine Beurteilung anhand dieser objektiven Daten vorziehen und somit die subjektiven Einflüsse bei der Einzelfallbeurteilung ablehnen.

entscheidend, inwieweit das Tochterunternehmen in den Konzernverbund integriert ist und welche Aufgabe ihm in der wirtschaftlichen Tätigkeit des Konzerns zukommt.[46] Trotz geringer Größe können damit etwa Tochterunternehmen für den Konzernabschluß von Bedeutung sein, die dem Mutterunternehmen die Möglichkeit zur Eliminierung von Zwischengewinnen bieten, die das Konzernergebnis strukturell mit Verlusten belasten oder die bestimmte Funktionen für den Gesamtkonzern erfüllen.[47]

19 Abs. 2 S. 2 stellt klar, daß bei **mehreren** in Betracht kommenden **Tochterunternehmen**, die isoliert betrachtet von jeweils untergeordneter Bedeutung sind, eine Inanspruchnahme des Einbeziehungswahlrechts nur dann erfolgen darf, wenn die Tochterunternehmen auch in ihrer **Gesamtheit** von untergeordneter Bedeutung sind. Diese Regelung entspricht § 329 Abs. 2 S. 2 AktG a. F. Demnach ist im Sinne des true and fair view eine zweistufige Betrachtungsweise vorzunehmen. Diese ist nicht auf die Fälle beschränkt – wie vereinzelt vorgeschlagen –, in denen Tochterunternehmen aus einer Spaltung hervorgegangen sind bzw. in denen die betreffenden Unternehmen sinnvollerweise zu einer Einheit zusammengefaßt werden könnten.[48] Auch die Beurteilung isoliert nebeneinander stehender Tochterunternehmen kann nur im Wege einer Gesamtbetrachtung erfolgen, da auch diese Unternehmen in ihrer Gesamtheit für die Informationsadressaten Bedeutung entfalten können.[49]

III. Begründungspflichten im Anhang (Abs. 3)

20 Abs. 3, der Art. 34 Abs. 2b der 7. EG-Richtlinie umsetzt, verlangt, bei Ausübung eines Konsolidierungswahlrechts des Abs. 1 oder Abs. 2 dessen Inanspruchnahme im Konzernanhang zu begründen. Auch wenn Abs. 3 nur von einer Begründungspflicht spricht, ohne diese inhaltlich zu umschreiben, so ist anerkannt, daß die **bloße Angabe der Nichteinbeziehung** samt Bezugnahme auf die gesetzliche Vorschrift **nicht ausreicht**. Vielmehr ist anzugeben, *welches* Einbeziehungswahlrecht in Anspruch genommen wird, *welche* Gründe die Inanspruchnahme eines Wahlrechts des Abs. 1 oder Abs. 2 rechtfertigen und *warum* die gesetzlichen Voraussetzungen im konkreten Fall vorliegen.[50] Die Schutzklausel des § 313 Abs. 3 S. 1 gilt dabei nicht.[51] Die Begründung muß für jedes nicht einbezogene Tochterunternehmen gegeben werden. Allerdings ist nicht erforderlich, daß bei der Anwendung eines Wahlrechts für mehrere Tochterunternehmen jeweils eine gesonderte Begründung für jedes einzelne Tochterunternehmen abgegeben werden muß.[52] Die Begründung kann vielmehr für die entsprechenden Tochterunternehmen zusammenfassend erfolgen.[53]

21 Im Gegensatz zu § 295 Abs. 3 S. 2 sind die **Jahresabschlüsse der Tochterunternehmen**, die in den Anwendungsbereich des § 296 fallen, bei Nichteinbeziehung

---

[46] Beck BilKomm-*Förschle/Deubert* Rdn. 34; HdKR-*Sahner/Sauermann* Rdn. 28.

[47] Vgl. dazu ADS Rdn. 31; HdKR-*Sahner/Sauermann* Rdn. 28; Beck BilKomm-*Förschle/Deubert* Rdn. 35.

[48] Wie hier ADS Rdn. 32; WP-Handbuch 1996, I M 179; *Scherrer* Konzernrechnungslegung S. 115; KK-*Claussen/Scherrer* Rdn. 27; HdKR-*Sahner/Sauermann* Rdn. 30; a. A. hingegen *Biener/Berneke* Bilanzrichtlinie-Gesetz S. 317, die allerdings keinen Hinweis darauf im Gesetz findet.

[49] Heymann/*Henssler* Rdn. 15; KK-*Claussen/Scherrer* Rdn. 27.

[50] So die h. M., vgl. ADS Rdn. 33; Beck BilKomm-*Förschle/Deubert* Rdn. 42; Beck HdR-*Odenwald* C 210, 96; HdKR-*Sahner/Sauermann* Rdn. 32; *SABI* 1/1988, WPg 1988, 342; a. A. hingegen Bonner HdR-*Albrecht* Rdn. 27.

[51] ADS Rdn. 33; WP-Handbuch 1996, I M 668.

[52] So aber HdKR-*Sahner/Sauermann* Rdn. 32; Heymann/*Henssler* Rdn. 17.

[53] Vgl. ADS Rdn. 33; KK-*Claussen/Scherrer* Rdn. 30.

in den Konzernabschluß **nicht offenlegungspflichtig** und brauchen damit nicht gemeinsam mit dem Konzernabschluß zum Handelsregister eingereicht zu werden.[54]

IV. Einbeziehung nach der Equity-Methode als assoziiertes Unternehmen

Wenn bei Vorliegen der Voraussetzungen des § 296 das Wahlrecht wahrgenommen und das Tochterunternehmen nicht im Wege der Vollkonsolidierung in den Konzernabschluß einbezogen wird, so stellt sich die Frage nach einer alternativen Einbeziehung der Tochtergesellschaft nach der Equity-Methode. Während § 295 Abs. 1 Halbs. 2 bei den Einbeziehungsverboten noch auf die Vorschrift des **§ 311** verweist (§ 295, 15 f), fehlt eine solche Regelung bei den Einbeziehungswahlrechten. Jedoch kann daraus nicht geschlossen werden, daß sich damit eine Anwendung des § 311 verbietet. Vielmehr ist es selbstverständlich, daß **auch im Rahmen des § 296** für nichteinbezogene Tochterunternehmen die Möglichkeit der Berücksichtigung als assoziiertes Unternehmen nicht ausgeschlossen ist.[55] Denn wenn dies schon für Tochtergesellschaften gilt, die im Wege der Vollkonsolidierung überhaupt nicht einbezogen werden dürfen, dann muß gleiches auch für Unternehmen gelten, für die lediglich ein Einbeziehungswahlrecht besteht.[56] 22

Folglich ist bei einem nach § 296 **nicht vollkonsolidierten Tochterunternehmen** zu **prüfen**, ob die Voraussetzungen des § 311 für eine Einbeziehung nach der **Equity-Methode** vorliegen, also das Bestehen einer Beteiligung und die Ausübung eines maßgeblichen Einflusses auf die Geschäfts- und Finanzpolitik der Tochtergesellschaft (s. näher § 311, 3 ff).[57] Trifft dies zu, so ist das Unternehmen als assoziiertes Unternehmen at equity einzubeziehen. Lediglich für den Fall der untergeordneten Bedeutung sehen sowohl § 296 Abs. 2 als auch § 311 Abs. 2 ein Einbeziehungswahlrecht vor, so daß in einem solchen Fall auch auf die Einbeziehung nach § 311 verzichtet werden kann. Für den Begriff der untergeordneten Bedeutung sind auch im Rahmen des § 311 die oben unter Rdn. 17 ff beschriebenen Anforderungen maßgeblich (vgl. § 311, 35 f). 23

V. Vergleichende Betrachtung zu international anerkannten Rechnungslegungsgrundsätzen

1. International Accounting Standards

Die Regelungen des IASC enthalten keine speziellen bzw. ausdrücklichen Einbeziehungswahlrechte.[58] Vergleichbar mit den Vorschriften des HGB sind jedoch die IAS 27.13 (a) und (b), allerdings mit dem Unterschied, daß sie bei Vorliegen der Abs. 1 Nr. 1 und 3 entsprechenden Voraussetzungen kein Einbeziehungswahlrecht, sondern 24

---

[54] Kritisch zur Nichtoffenlegung, vor allem aus Gründen der Rechtssicherheit und der Informationsfunktion der Konzernrechnungslegung etwa *Sahner/Kammers* DB 1983, 2209, 2211; *Schildbach* Der Konzernabschluß nach HGB, IAS und US-GAAP S. 107, der generelle Angabepflichten analog zu § 295 Abs. 3 S. 2 für wünschenswert hält.

[55] WP-Hb 1996, I M 181.

[56] Ebenso ADS Rdn. 34; Beck BilKomm-*Förschle/Deubert* Rdn. 46; KK-*Claussen/Scherrer* Rdn. 31; HdKR-*Sahner/Sauermann* Rdn. 33; GK-*Marsch-Barner* Rdn. 16.

[57] Zu den einzelnen Fallgruppen siehe etwa KK-*Claussen/Scherrer* Rdn. 32.

[58] Ausführlicher dazu etwa *Pellens* Internationale Rechnungslegung S. 181 f.

ein Konsolidierungsverbot vorschreiben. IAS 27.13 (a) enthält das Verbot, ein Tochterunternehmen in den Konzernabschluß einzubeziehen, welches mit Weiterveräußerungsabsicht erworben wurde und bei dem der beherrschende Einfluß des Mutterunternehmens mithin zeitlich begrenzt ist. Nach IAS 27.13 (b) dürfen Tochterunternehmen nicht konsolidiert werden, die dauerhaft erheblichen Beschränkungen unterliegen, so daß Zahlungen vom Tochterunternehmen an das Mutterunternehmen überwiegend nicht geleistet werden können. Im Gegensatz zu Abs. 1 Nr. 1 bezieht sich die internationale Regelung jedoch nur auf Beschränkungen in bezug auf das Vermögen und nicht auch auf die Geschäftspolitik. Wegen des Wesentlichkeitsgrundsatzes brauchen Tochterunternehmen von untergeordneter Bedeutung nur dann nicht konsolidiert zu werden, wenn sie für einen aussagefähigen Konzernabschluß von untergeordneter Bedeutung sind, also keine Änderungen in bezug auf die Vermögens-, Finanz- und Ertragslage des Konzerns mit sich bringen.[59] Tochterunternehmen, deren für die Konsolidierung notwendigen Informationen nur mit unverhältnismäßig hohen Kosten oder Verzögerungen zu erhalten sind, sind grundsätzlich einbeziehungspflichtig. Auch hier entfällt die Einbeziehungspflicht nur dann, wenn das Tochterunternehmen anhand des Wesentlichkeitsgrundssatzes zudem für die Beurteilung der Lage des Konzerns von untergeordneter Bedeutung ist.

2. US-GAAP

25 Ebenso wie den IAS sind auch den US-GAAP Einbeziehungswahlrechte grundsätzlich unbekannt. Lediglich die Regelung CON 2, die indes von untergeordneter Bedeutung im US-amerikanischen Bilanzierungsrecht ist, begründet ein Einbeziehungswahlrecht von Tochterunternehmen, wenn sich bei der für den Konzernabschluß notwendigen Informationsbeschaffung ein hoher Kostenaufwand und geringer Nutzen gegenüberstehen. Zudem brauchen aufgrund des Materiality-Grundsatzes solche Tochterunternehmen nicht in den Konzernabschluß einbezogen werden, die bei ihrer Einbeziehung hinsichtlich der Vermögens-, Finanz- und Ertragslage des Konzerns ein unverändertes Bild wiedergeben würden. Dieser Tatbestand ist jedoch äußerst restriktiv auszulegen.[60]

3. Gesamtbewertung

26 Insgesamt bestehen durchaus erhebliche Unterschiede zwischen den deutschen Vorschriften des HGB und den internationalen Regelungen der IAS und US-GAAP. Bis zur geplanten Angleichung durch das TransPubG (vgl. Fn. 6a, 19a, 28a) ermöglicht jedoch eine gezielte Ausübung der Konsolidierungswahlrechte des § 296, eine weitgehende Übereinstimmung mit diesen Grundsätzen herzustellen.[61]

---

59 *Wiedmann* Rdn. 28; Beck BilKomm-*Förschle/Deubert* Rdn. 53; *Goebel/Fuchs* DB 1995, 1521, 1525; HdKR-*Sahner/Sauermann* Rdn. 34.

60 *Wiedmann* Rdn. 31.

61 So auch Beck BilKomm-*Förschle/Deubert* Rdn. 53; HdKR-*Sahner/Sauermann* Rdn. 34.

Dritter Titel
Inhalt und Form des Konzernabschlusses

§ 297
Inhalt

(1) Der Konzernabschluß besteht aus der Konzernbilanz, der Konzern-Gewinn- und Verlustrechnung und dem Konzernanhang, die eine Einheit bilden. Die gesetzlichen Vertreter eines börsennotierten Mutterunternehmens haben den Konzernanhang um eine Kapitalflußrechnung und eine Segmentberichterstattung zu erweitern.

(2) Der Konzernabschluß ist klar und übersichtlich aufzustellen. Er hat unter Beachtung der Grundsätze ordnungsmäßiger Buchführung ein den tatsächlichen Verhältnissen entsprechendes Bild der Vermögens-, Finanz- und Ertragslage des Konzerns zu vermitteln. Führen besondere Umstände dazu, daß der Konzernabschluß ein den tatsächlichen Verhältnissen entsprechendes Bild im Sinne des Satzes 2 nicht vermittelt, so sind im Konzernanhang zusätzliche Angaben zu machen.

(3) Im Konzernabschluß ist die Vermögens-, Finanz- und Ertragslage der einbezogenen Unternehmen so darzustellen, als ob diese Unternehmen insgesamt ein einziges Unternehmen wären. Die auf den vorhergehenden Konzernabschluß angewandten Konsolidierungsmethoden sollen beibehalten werden. Abweichungen von Satz 2 sind in Ausnahmefällen zulässig. Sie sind im Konzernanhang anzugeben und zu begründen. Ihr Einfluß auf die Vermögens-, Finanz- und Ertragslage des Konzerns ist anzugeben.

Übersicht

Schrifttum

(Vgl. auch die Angaben bei § 301). *Baetge/Apelt* Bedeutung und Ermittlung der Grundsätze ordnungsmäßiger Buchführung (GoB), HdJ Abt. I/2, 2. Aufl. (1992); *Beisse* Normqualität und Normstruktur von Bilanzvorschriften und Standards, BB 1999, 2180; *Bernards* Segmentberichterstattung diversifizierter Unternehmen (1994); *Bieg* Die Kapitalflußrechnung nach dem neuen Deutschen Rechnungslegungsstandard Nr. 2, StuB 2000, 137; *Biener* Die Konzernrechnungslegung nach der Siebenten Richtlinie des Rates der Europäischen Gemeinschaften über den Konzernabschluß, DB 1983 Beilage 19; *Böcking/Benecke* Neue Vorschriften zur Segmentberichterstattung nach IAS und US-GAAP unter dem Aspekt des Business Reporting, WPg 1998, 839; *Claussen* Kapitalflußrechnung und Segmentberichterstattung, ZGR 1999, 499; *Coenenberg/Mattner* Segment- und Wertberichterstattung in der Jahresabschlußanalyse, BB 2000, 1827; *DRSC* Deutscher Rechnungslegungsstandard Nr. 2, DRS 2 Kapitalflußrechnung, BAnz 2000, Nr. 103, 10189; *DRSC* Deutscher Rechnungslegungsstandard Nr. 3, DRS 3 Segmentberichterstattung, BAnz 2000, Nr. 103, 10193; *DRSC* Deutscher Rechnungslegungsstandard, E-DRS 16 Aufstellung des Konzernabschlusses und Konsolidierungskreis (Stand 12. Dezember 2001); *Ernst/Seibert/Stuckert* KonTraG, KapAEG, EuroEG und StückAG (1998); *Gebhardt* Empfehlungen zur Gestaltung informativer Kapitalflußrechnungen nach internationalen Grundsätzen, BB 1999, 1314; *Gebhardt* Probleme der Aufstellung von Cash-Flow-Statements für internationale Konzerne, in Bilanzrecht und Kapitalmarktrecht, Festschrift für Moxter (1994) S. 551; *ders.* Empfehlungen zur Gestaltung informativer Kapitalflußrechnungen nach internationalen Grundsätzen, BB 1999, 1314; *Geiger* Segmentberichterstattung nach dem Deutschen Rechnungslegungsstandard Nr. 3 des DRSC (DRS 3), StuB 2000, 772; *Görges/Schulte* Publizitätspolitik börsennotierter Teilkonzerne, WPg 1994, 561; *Gross/Schruff/v. Wysocki* Der Konzernabschluß nach neuem Recht (1986); *Hacker/Dobler* Empirische Untersuchung der Segmentpublizität in Deutschland, WPg 2000, 811; *Haller/Jacobi* Verbreitung und Entwicklungsstand der Finanzierungsrechnung in Deutschland – eine empirische Analyse, DB 1994, 641; *Holzer/Häusler* Die moderne Kapitalflußrechnung und die internationale Konzernrechnungslegung, WPg 1989, 221; *Husmann* Segmentierung des Konzernabschlusses zur bilanzanalytischen Untersuchung der wirtschaftlichen Lage des Konzerns, WPg 1997, 349; *ders.* Würdigung der Segmentberichterstattung nach dem Management Approach auf der Basis der deutschen Bilanzierungspraxis, WPg 1998, 816; *IDW* HFA 1/1995 Die Kapitalflußrechnung als Ergänzung des Jahres- und Konzernabschlusses, WPg 1995, 210; *Kropff* Aktiengesetz (1965); *Kuhnberger/Schmidt* Der identische Gewinnausweis in Einzel- und Konzernabschluß – Zugleich Anmerkungen zum Beitrag von Küting in BB 1998, 887, 938, BB 1998, 1627; *Küting* Die Darstellung der Erfolgsverwendung im Konzernabschluß, (Teil 1) BB 1998, 887; (Teil 2) BB 1998, 938; *Küting/Dawo* Die Kapitalflußrechnung als neue Komponente der externen Rechnungslegung, StuB 1999, 169; *dies.* Aufstellung einer Kapitalflußrechnung – ein Beispiel, StuB 1999, 285; *Leffson* Zur Generalnorm und zum Bestätigungsvermerk des Vorentwurfs eines Bilanzrichtliniengesetzes, WPg 1980, 289;

Lingemann/Wasmann Mehr Kontrolle und Transparenz im Aktienrecht: Das KonTraG tritt in Kraft, BB 1998, 853; *Löcke* Der Materiality-Grundsatz bei Jahres- und Konzernabschlüssen nach International Accounting Standards, BB 1999, 307; *Mansch/Stolberg/v. Wysocki* Die Kapitalflußrechnung als Ergänzung des Jahres- und Konzernabschlusses, WPg 1995, 185; *Moxter* Bilanzlehre, 2. Aufl. (1976); *Mujkanovic* Die Vorschläge des Deutschen Standardisierungsrats (DSR) zur Segmentberichterstattung, AG 2000, 122 ff; *Naumann* Standardentwurf zur Segmentberichterstattung, BB 1999, 2288; *Ordelheide/Stubenrath* Segmentberichterstattung: US-GAAP im Vergleich mit HGB/DRS, Ballwieser (Hrsg.), US-amerikanische Rechnungslegung (2000) 379; *Padberg* Segmentpublizität und Analyse der Segmentinformationen von Kreditinstituten, FB 2001 Beil. 2, 71; *Pilhofer* Konzeptionelle Grundlagen des neuen DRS 2 zur Kapitalflußrechnung im Vergleich mit den internationalen anerkannten Standards; DStR 2000, 292; *Ruhnke* Erstellung einer internen Konzernrichtlinie, DB 1994, 893; *ders.* Prüfungsansätze bei standard software gestützter Erstellung des Konzernabschlusses, WPg 1994, 608; *Ruppert* Währungsumrechnung im Konzernabschluß (1993); *Schildbach* Der handelsrechtliche Konzernabschluß, 4. Aufl. (1996); *W. Schruff* Die internationale Vereinheitlichung der Rechnungslegung nach den Vorschlägen des IASC – Gefahr oder Chance für die deutsche Bilanzierung, BFuP 1993, 400; *Stahn* Die Kapitalflußrechnung in der aktuellen Berichterstattung deutscher Konzerne, BB 1997, 1991; *ders.* Der Deutsche Rechnungslegungsstandard Nr. 2 (DRS 2) zur Kapitalflußrechnung aus praktischer und analytischer Sicht, DB 2000, 233; *Strobel* Deutsches Rechnungslegungs Standards Committee: Der Standardentwurf E-DRS 3 zur Segmentberichterstattung, DB 1999, 2017; *Wentland* Die Konzernbilanz als Bilanz der wirtschaftlichen Einheit Konzern (1979); *Wehrheim* Krisenprognose mit Hilfe der Kapitalflußrechnung, DStR 1997, 1699; *v. Wysocki* Das Dritte Buch des HGB 1985 und die Grundsätze ordnungsmäßiger Konzernrechnungslegung, WPg 1986, 177; *v. Wysocki* DRS 2: Neue Regeln des Deutschen Rechnungslegungs Standards Committee zur Aufstellung von Kapitalflußrechnungen, DB 1999, 2373; *ders.* Die Kapitalflußrechnung nach SFAS Nr. 95 im Vergleich mit IAS 7, S6/HFA 1/1995 und DRS 2, Ballwieser (Hrsg.), US-amerikanische Rechnungslegung (2000) 407.

I. Normzweck und Allgemeines

1. Regelungsgegenstand und Entstehungsgeschichte

Entsprechend der Funktion des § 264 für den Jahresabschluß (vgl. Erl. zu § 264) entfaltet § 297 für den Konzernabschluß gleichfalls **Grundnormcharakter**. Die Vorschrift enthält die wesentlichen Vorschriften zu Form und Inhalt des Konzernabschlusses. Der Konzernabschluß, der nach Abs. 1 aus der Konzernbilanz, Konzern-Gewinn- und Verlustrechnung und dem Konzernanhang besteht, ist nach Abs. 2 Satz 1 klar und übersichtlich aufzustellen. Er hat ein den tatsächlichen Verhältnissen entsprechendes Bild von der Vermögens-, Finanz- und Ertragslage – hier des Konzerns – zu vermitteln. Gegebenenfalls ist dieses Bild durch zusätzliche Angaben im Konzernanhang herzustellen (*Generalnorm für den Konzern*; Abs. 2 Satz 2 und 3). Der für den Konzernabschluß erhebliche Maßstab wird durch Abs. 3 Satz 1 durch Festlegung auf den Einheitsgrundsatz fixiert; für die im Konzernabschluß angewandten Konsolidierungsmethoden gilt – mit den zugelassenen Ausnahmen – der *Stetigkeitsgrundsatz* (Abs. 3 Satz 2 bis 5). 1

Die Vorschrift setzt in Abs. 1 und 2 Art. 16 Abs. 1 bis 4 der **7. EG-Richtlinie** um; Abs. 3 beruht auf Art. 25 und 26 Abs. 1 der 7. EG-Richtlinie.[1] Die weiteren Bestimmungen in Art. 16 Abs. 5 und 6 der 7. EG-Richtlinie wurden nicht transformiert, da sie allgemeine Grundsätze des deutschen Rechts wiedergegeben oder nur klarstellende Bedeutung haben.[2] 2

Die für den Konzernabschluß grundlegenden Regelungen werden durch § 297 gegenüber § 329 AktG a. F. wesentlich erweitert und inhaltlich verändert. Wegen der 3

[1] Begr. Rechtsausschuß, BTDrucks. 10/4268, 115 mit Verweis auf § 275 HGB-EK und Begr. RegE, BTDrucks. 10/3440, 35.

[2] Begr. RegE BTDrucks. 10/3440, 35 zu § 275 HGB-EK.

Aufgabe des bisher geltenden Prinzips der **Maßgeblichkeit** des Jahresabschlusses für den Konzernabschluß (§ 331 Abs. 1 Nr. 1 AktG a. F.)[3] bedarf es der Festlegung allgemeiner Aufstellungsprinzipien auch für den Konzernabschluß. Ferner ist – wie beim Jahresabschluß – eine Veränderung eingetreten, daß der Konzernanhang nunmehr, anders als der Konzerngeschäftsbericht, Teil des Konzernabschlusses ist und mit der Konzernbilanz und Konzern-Gewinn- und Verlustrechnung eine Einheit bildet.[4]

4 § 297 Abs. 1 wurde durch das Gesetz zur Kontrolle und Transparenz im Unternehmensbereich (**KonTraG**)[5] geändert. Abs. 1 wurde ein Satz 2 angefügt, der börsennotierte Mutterunternehmen zur Erweiterung des Konzernanhangs um eine Kapitalflußrechnung und eine Segmentberichterstattung verpflichtet. Nach Art. 46 Abs. 1 S. 1 EGHGB ist die durch das KonTraG geänderte Fassung des § 297 Abs. 1 S. 2 spätestens auf das nach dem 31. Dezember 1998 beginnende Geschäftsjahr anzuwenden. Nach dem Entwurf eines Gesetzes zur weiteren Reform des Aktien- und Bilanzrechts, zu Transparenz und Publizität (Stand 26. November) des BMJ soll Abs. 1 Satz 2 durch eine Neuregelung ersetzt werden, die die bisher in Satz 2 enthaltene Verpflichtung börsennotierter Unternehmen auf jeden Fall der Ausgabe von Wertpapieren iSv § 2 Abs. 1 WpHG durch das Mutterunternehmen oder ein Tochterunternehmen ausdehnt und zusätzlich die Darstellung eines Eigenkapitalspiegels vorschreibt.

2. Normadressaten

5 Die Regelungen des § 297 sind bei der Aufstellung eines jeden Konzernabschlusses zu beachten. Sie beinhalten die formalen und inhaltlichen Konkretisierungen der in § 290 Abs. 1 und 2 enthaltenen Verpflichtungen zur Aufstellung eines Konzernabschlusses. Über die dort geregelten Vorschriften bestimmen sich **Grund** und **Inhalt** der Konzernrechnungslegung. Normadressaten sind die durch gem. § 290 zur Aufstellung eines Konzernabschlusses Verpflichteten, vgl. Erl. dort. Von der Beachtung der Vorschriften befreit § 292a, wenn der Konzernabschluß nach den dort zugelassenen Rechtsvorschriften aufgestellt wird.

6 Die Anwendung von Abs. 1 S. 2 ist auf den Konzernabschluß **börsennotierter** Mutterunternehmen beschränkt.

7 Über den Kreis der nach HGB zur Konzernrechnungslegung Verpflichteten gilt § 297 auch für Konzernabschlüsse nach § 13 PublG. Die Unternehmen, die nach **§ 11 PublG** einen Konzernabschluß aufzustellen haben, haben zwar nicht § 290, gem. der Verweisung in § 3 Abs. 2 Satz 1 PublG gleichwohl §§ 294 bis 314, somit auch § 297 anzuwenden.[6]

3. Allgemeine Grundlagen

8 **a) Wesen des Konzernabschlusses.** Der Konzernabschluß ist neben den Jahresabschlüssen der in den Konzernabschluß einbezogenen Unternehmen ein weiteres, aber selbständiges Instrument der Rechnungslegung. Er weist die gleichen Teilbestandteile auf wie der Jahresabschluß. Die Rechnungslegung der einbezogenen Unternehmen bleibt von der Aufstellung eines Konzernabschlusses unberührt.[7] Materielle Grundlage der Konzernrechnungslegung sind die Geschäftsvorfälle im Konzern. Der Kon-

---

[3] ADS § 331 AktG 70 ff.
[4] Begr. RegE, BTDrucks. 10/3440 zu § 275 HGB-EK, 35.
[5] G. v. 27. April 1998, BGBl I, 786 ff.
[6] WP-Handbuch 2000 I O 52.
[7] WP-Handbuch 2000 I M 1, 2.

zernabschluß hat die Aufgabe, die wirtschaftlichen Verhältnisse des Konzerns abzubilden, als ob die in den Konzernabschluß einbezogenen Unternehmen insgesamt ein einziges Unternehmen wären (Abs. 3 Satz 1). Bei der Konzernrechnungslegung ist das Bild der Einheit der einbezogenen Unternehmen zugrunde zu legen; die Vielheit der Unternehmen und die Besonderheiten der sie betreffenden Rechnungslegung im Jahresabschluß hat demgegenüber in den Hintergrund zu treten (Rdn. 63 ff).

b) Funktion des Konzernabschlusses. Der Konzern ist Gegenstand der Bericht- 9
erstattung im Rahmen der Konzernrechnungslegung. Sie dient der **Informationsvermittlung**; dieser hat der Konzernabschluß durch die Vermittlung eines den tatsächlichen Verhältnissen entsprechenden Bildes der Vermögens-, Finanz- und Ertragslage des Konzerns zu entsprechen (Abs. 2 Satz 2). Die Zusammenfassung von Informationen aus der größeren Gesamtheit „Konzern" führt zwar zu einem Verlust von Detailinformationen aus den einzelnen Unternehmen. Die Zusammenführung dieser Informationen auf der Ebene des Konzerns wird – in ihrer auf den Konzern ausgerichteten Gewichtung – indes zusätzliche Informationen bereitstellen können.[8]

Im **Unterschied** zum Jahresabschluß kommt dem Konzernabschluß weder eine 10
Ausschüttungsbemessungsfunktion, noch eine *Ausschüttungssperrfunktion* zu; der Konzernabschluß kann insofern lediglich Informationen zur Beurteilung der Angemessenheit von Ausschüttungen liefern. Der Konzernabschluß unterliegt keiner Feststellung durch die Gesellschafter oder durch Vorstand und Aufsichtsrat (§ 46 GmbHG, §§ 172, 173 AktG); der Informationsfunktion wird durch die Vorlage an Gesellschafter und Aufsichtsrat genügt (§ 42a Abs. 4 i.V.m. 1 GmbHG; § 337 AktG). Der Konzernabschluß hat keine Bedeutung für die Zuordnung von *Gläubigeransprüchen*, die stets gegen das einzelne konzernangehörige Unternehmen gerichtet bleiben. Ansprüche, die infolge der Konzernverflechtung auch gegen andere Konzernunternehmen geltend gemacht werden können, werden durch den Konzernabschluß weder begründet, noch beeinflußt. Die Indizwirkung des Konzernabschlusses für das Vorliegen eines aktienrechtlichen Konzerns und der an ihn geknüpften Wirkungen[9] bleibt unberührt.[10] Der handelsrechtliche Konzernabschluß hat keine unmittelbare Bedeutung für *steuerliche Zwecke*, da allein dem handelsrechtlichen Abschluß (entsprechend § 5 EStG) Maßgeblichkeit für die Steuerbilanz zukommt. Der Konzernabschluß und die verrechneten Innenbeziehungen können Hinweise für die Bedingungen konzerninterner Lieferungen und Leistungen geben.[11]

II. Bestandteile des Konzernabschlusses (Abs. 1)

1. Allgemeines

§ 297 Abs. 1 beruht auf **Art. 16 Abs. 1 der 7. EG-Richtlinie**, der nahezu wortgleich 11
transformiert wurde. Statt der in der Richtlinie verwendeten Begriffe des *„konsolidierten Abschlusses"*, der „konsolidierten Bilanz" und der „konsolidierten Gewinn- und Verlustrechnung", spricht Abs. 1 von *„Konzernabschluß"*, „Konzernbilanz" und

---

[8] BoHdR-*Hofbauer* Einf. C 18f; *Niehus/Scholz* GmbHG §§ 238–335 HGB 1076; ADS Vorbem. zu §§ 290–315, 15f; so bereits Begr. RegE zu §§ 329–338 AktG a. F., *Kropff* Aktiengesetz 436.

[9] Vgl. zu konzernrechtlich begründeten Haftungsbeziehungen BGHZ 122, 123 (TBB); dazu Baumbach/Hueck/*Zöllner* Schlußanh. I. 73; zu den Publizitätswirkungen *Hommelhoff* Gutachten G zum 59. Deutschen Juristentag 1992, DIT Verhandlungen Bd. I, München 1992, G 57 ff.

[10] Vgl. WP-Handbuch I 2000 M 2,3.

[11] Vgl. zur Vorlagenpflicht von Unterlagen, die den Konzernabschluß betreffen, gegenüber den Finanzbehörden vgl. § 60 Abs. 3 EStDV.

„Konzern-Gewinn- und Verlustrechnung".[12] Das verdeutlicht, daß der konsolidierte (Konzern-) Abschluß nicht allein die aufsummierte Zusammenfassung der Jahresabschlüsse der einbezogenen Unternehmen beinhaltet. Für das HGB blieb es bei der bereits im AktG 1965 a. F. verwendeten Terminologie. „Konzern" wird hier als handelsrechtlicher, rechnungslegungsbezogener Begriff verstanden, nicht als Konzern im aktienrechtlichen Sinne. Die Begriffe können abweichen; vgl. Erl. zu § 290. Der Kreis der in den Konzernabschluß einbezogenen Unternehmen kann kleiner sein als der aktienrechtliche Konzern, wenn Tochterunternehmen gem. § 290 infolge von §§ 295 oder 296 nicht in den Konzernabschluß einbezogen werden.[13] Abweichend hiervon verbleibt es bei Konzernabschlüssen gem. § 11 PublG bei dem Konzernbegriff des Aktienrechts, § 11 Abs. 1 PublG; § 290 Abs. 1 und 2 finden dort keine Anwendung.

12 Die Vorschrift zeigt Parallelen zur **Grundnorm** für den Jahresabschluß, § 264 Abs. 1. Die in § 264 Abs. 1 geregelte Pflicht zur Aufstellung sowie die dafür vorgesehene Frist sind für den Konzernabschluß nicht in § 297 Abs. 1, sondern in § 290 Abs. 1 enthalten (§ 290, 32). Regelungen über Erleichterungen für kleine Kapitalgesellschaften fehlen; statt dessen gilt die größenabhängige Befreiung von der Verpflichtung zur Aufstellung eines Konzernabschlusses gem. § 293 (vgl. Erl. zu § 293). Die Verpflichtung zur Aufstellung eines Konzernlageberichts ist nicht in § 297 Abs. 1, sondern in § 290 Abs. 1 geregelt (Erl. zu § 290 und § 315).

2. Bestandteile im einzelnen

13 a) **Konzernbilanz.** Die Konzernbilanz ist notwendiger Bestandteil des Konzernabschlusses. Für die Aufstellung gelten §§ 300–304, 306–312 sowie aufgrund der Verweisung in § 298 Abs. 1 die §§ 244–256, 266, 268–274, 279–283. Unternehmen, die nach § 11 PublG einen Konzernabschluß aufzustellen haben, sind gem. § 13 Abs. 3 Satz 1 PublG von der Anwendung der §§ 279 Abs. 1 und 280 befreit.

14 b) **Konzern-Gewinn- und Verlustrechnung.** Sie ist wesentlicher Bestandteil des Konzernabschlusses. Für ihre Aufstellung gelten §§ 300, 303 bis 312 sowie aufgrund der Verweisung in § 298 Abs. 1 die §§ 246–256, 265, 275–282. Unternehmen, die den Konzernabschluß nach § 11 PublG aufzustellen haben, brauchen § 279 Abs. 1 und § 280 nicht anzuwenden. Ist das Konzernmutterunternehmen Personengesellschaft, für das kein Abschluß nach § 264a oder § 264b aufgestellt wird oder Einzelkaufmann, kann das Unternehmen für den Konzernabschluß von der Erleichterung der § 5 Abs. 4 und 5 PublG Gebrauch machen. Bei Nichtanwendung von §§ 279 Abs. 1 und 280 und bei Anwendung von § 5 Abs. 5 PublG hat der Konzernabschluß befreiende Wirkung nach §§ 291, 292 jedoch nur, wenn zu den einbezogenen Unternehmen keine nach § 290 zur Aufstellung eines Konzernabschlusses verpflichtete Unternehmen gehören. Wird die Konzern-Gewinn- und Verlustrechnung zulässigerweise nicht nach § 9 PublG offengelegt, müssen die in § 5 Abs. 5 Satz 3 PublG vorgeschriebenen Angaben gemacht werden.

15 c) **Konzernanhang.** Wie der Jahresabschluß wird der Konzernabschluß um einen Anhang erweitert, der mit der Konzernbilanz und der Konzern-Gewinn- und Verlustrechnung eine Einheit bildet (Rdn. 34).[14] Der Konzernanhang tritt an die Stelle des Erläuterungsteiles des Geschäftsberichts gem. § 334 AktG a. F., geht aber mit seinen Angaben wesentlich über diesen hinaus[15] (§ 313, 7). Der Konzernanhang ist ein

---

[12] Vgl. Beck HdR-*J. Hartle* C 10, 25.
[13] HdKR-*Baetge/Kirsch* 5.
[14] Vgl. *Biener/Berneke* BiRiLiG 319.
[15] ADS 7.

eigenständiges Informationsinstrument des Konzernabschlusses, er ist nicht aus den Anhängen der in den Konzernabschluß einbezogenen Unternehmen abgeleitet und läßt deswegen für diese bestehende Erleichterungen bei der Aufstellung (z. B. für kleine und mittelgroße Kapitalgesellschaften) oder Befreiungen (z. B. für Personengesellschaften oder Einzelunternehmen gem. § 5 Abs. 2 PublG) unberührt. Seine Aufstellung richtet sich nach §§ 313, 314 sowie den auf den Anhang verweisenden Einzelvorschriften (z. B. §§ 297 Abs. 2, 298 Abs. 1 i. V. m. den ergänzend anwendbaren Vorschriften des Jahresabschlusses). Die Verpflichtung zur Aufstellung eines Konzernanhangs besteht auch für Unternehmen, die gem. § 11 PublG einen Konzernabschluß aufzustellen haben.

d) Kapitalflußrechnung und Segmentberichterstattung, Abs. 1 S. 2. 16

aa) Entstehung. Die Regelungen des Abs. 1 S. 2 wurden durch das KonTraG vom 27. April 1998[16] in das HGB eingefügt. Sie dienen dem mit dem KonTraG verfolgten Ziel, die Bilanzierungsregelungen für den Konzernabschluß bestimmter Unternehmen an international übliche Standards anzugleichen. Aus diesem Grunde wurde die in ausländischen und internationalen Vorschriften bereits bekannte **Segmentberichterstattung** und **Kapitalflußrechnung** vorgeschrieben.[17] Der Gesetzgeber hat eine inhaltliche Detaillierung der Anordnung unterlassen. Er sieht die Ausgestaltung der inhaltlichen Anforderungen an die Kapitalflußrechnung und Segmentberichterstattung als Aufgabe des nach § 342 privatrechtlich zu organisierenden Rechnungslegungsgremium, dessen Aufgabe es ist, Standards für die Rechnungslegung zu entwickeln.[18] Damit wird ferner die Erwartung verbunden, daß es dadurch den Unternehmen ermöglicht werde, bei der Ausgestaltung der Anforderungen auf internationale Standards, wie z. B. des IAS zurück zu greifen.[19]

Die Regelung ist von **börsennotierten Unternehmen** anzuwenden. Der Begriff dieser Unternehmen ist im HGB nicht definiert; die Begründung des Rechtsausschusses verweist auf § 3 Abs. 2 AktG. Börsennotiert sind danach alle Aktiengesellschaften, deren Aktien zu einem Markt zugelassen sind, der von staatlich anerkannten Stellen geregelt und überwacht wird, regelmäßig stattfindet und für das Publikum mittelbar oder unmittelbar zugänglich ist. Es handelt sich um die Marktsegmente des Amtlichen Handels (§§ 36 ff BörsG), des Geregelten Marktes (§§ 71 ff BörsG) und des Neuen Marktes (§ 66e Frankfurter Börsenordn.).[20] Eine vergleichbare Auslandszulassung genügt ebenso.[21] 17

bb) Segmentberichterstattung. Art und **Umfang** der Segmentberichterstattung sind durch Abs. 1 S. 2 nicht bestimmt. Die gesetzliche Regelung ist mit Blick auf die Entwicklungen der internationalen Rechnungslegung offen gelassen worden.[22] Im deutschen Recht finden sich Ansätze zu einer segmentierten Berichterstattung im Konzernabschluß in § 314 Abs. 1 Nr. 3. Danach sind die Umsatzerlöse nach Tätigkeitsbereichen und geographischen Märkten aufzuschlüsseln, wenn sich die Tätigkeitsbereiche und die geographisch bestimmten Märkte untereinander erheblich unterscheiden, § 314, 20 ff. Diese eingeschränkte Berichterstattung über Segmente der Geschäftstätigkeit konnte im internationalen Vergleich keinen Bestand haben.[23] Ihr 18

---

16 BGBl I 1998, 786 ff.

17 Begr. Rechtsausschuß, *Ernst/Seibert/Stuckert* KonTraG u. a., 93.

18 Heymann/*Henssler* HGB § 297, 9.

19 Begr. Rechtsausschuß, *Ernst/Seibert/Stuckert* KonTraG u. a., 93 zu § 297 HGB.

20 *Hüffer* § 3, 6; Begr. RegE. BTDrucks. 13/9712, 12.

21 *Lingemann/Wasmann* BB 1998, 853 (854).

22 Beck BilKomm-*Förschle/Lust/Kroner*, 100.

23 Heymann/*Henssler* HGB 9; *Husmann* WPg 1997, 349, 354; *Schruff* BFuP 1993, 420 f.

kommt für börsennotierte Unternehmen nunmehr keine inhaltliche Bedeutung mehr zu. Das nach § 342 eingerichtete Deutsche Rechnungslegungs Standards Committee (DRSC) hat die Aufgabe, dem BMJ Empfehlungen zur Interpretation von Rechnungslegungsnormen zu geben (vgl. Rdn. 16). Eine Arbeitsgruppe des DRSC hat einen Standard zur Segmentberichterstattung erarbeitet, der am 20. Dezember 1999 als Deutscher Rechnungslegungsstandard Nr. 3 (DRS 3) „Segmentberichterstattung" verabschiedet wurde.[24]

19 Das Bedürfnis zur Segmentberichterstattung ist aus der wachsenden Komplexität der Berichterstattung im Jahres- und Konzernabschluß entstanden. Die Diversifikation und die Globalisierung führen dazu, daß die Geschäftstätigkeit in den Segmenten unterschiedliche Rentabilität, Wachstumschancen und Zukunftsaussichten und damit unterschiedliche Chancen und Risiken aufweist. Die in den Abschlüssen stattfindende Aggregation von Daten hat zur Unübersichtlichkeit und zu Defiziten in der Vermittlung eines klaren Einblicks in die Risiken und Ertragsaussichten geführt.[25] **Gegenstand** und **Ziel** der Segmentberichterstattung ist es, durch die publizierten, disaggregierten Daten über die wesentlichen Geschaftsbereiche des Unternehmens oder Konzerns den Leser des Konzernabschlusses in die Lage zu versetzen, die **Chancen** und **Risiken** eines diversifizierten Unternehmens und damit zusammenhängend die Ertrags- und Finanzkraft aufgrund der zukünftigen Zahlungsmittelzuflüsse besser einschätzen zu können.[26]

20 Dazu ist die Aufgliederung in **Segmente** erforderlich, die als ein isolierbarer Bereich einer diversifizierten Wirtschaftseinheit verstanden werden, z. B. eine Gruppe von Produkten oder Dienstleistungen, ein Geschäftszweig oder eine Region.[27] DRS 3 sieht die Differenzierung nach **operativen Segmenten** vor. Hierbei handelt es sich um Teile des Unternehmens oder Konzerns, die eine Geschäftsaktivität entfalten, die tatsächlich oder potentiell zu Umsätzen oder Erträgen führt und regelmäßig von der Unternehmensleitung überwacht wird, um die wirtschaftliche Lage zu beurteilen und die Ressourcenallokation im Unternehmen oder Konzern zu steuern (DRS 3, 9, 10). Diese grundlegende Differenzierung hatte ansatzweise ihren Niederschlag auch in § 314 Abs. 1 Nr. 3 gefunden. Sie unterscheidet sich indes nach den Angaben, die ihm Rahmen der Segmentberichterstattung zu machen sind. Während § 314 Abs. 1 Nr. 3 sich auf die Angabe der Umsätze beschränkt, reichen die Angabepflichten, wie sie nach DRS 3, IAS 14 oder SFAS 131 vorgeschlagen werden, wesentlich weiter.[28]

21 Nach **IAS 14**[29] werden die für die Berichterstattung in Betracht kommenden Segmente unternehmensspezifisch abgegrenzt. Die wesentlichen Segmentierungsebenen sind die sachlichen Geschäftsfelder (industry segments) sowie die regionalen Geschäftsfelder (geographical segments). Andere Segmentierungen werden für zulässig gehalten. Die sachlichen Geschäftsfelder werden i. d. R. nach Geschäftsbereichssegmenten untergliedert, die regionalen nach den Orten der Ausführung der Unterneh-

---

[24] DRSC Deutscher Rechnungslegungsstandard Nr. 3, BAnz 2000, Nr. 103, 10193.

[25] *Pellens* Rechnungslegung International 291 f.

[26] *Haller* in Baetge/Dörner u. a., Rechnungslegung nach IAS, 475 zu IAS 14, 16; *Pellens/Bonse/Gassen* DB 1998, 785, 788; *Ordelheide/Stubenrath* US-amerikanische Rechnungslegung 379, 382; *Fey/Mujkanovic* DBW 1999, 261, 262.

[27] *Haller* in Baetge/Dörner u. a., Rechnungslegung nach IAS, 475 zu IAS 14, 11; *Husmann* WPg 1997, 349, 352.

[28] *Haller* in Baetge/Dörner u. a., Rechnungslegung nach IAS, 475 zu IAS 14, 15 ff; *Pellens* Internationale Rechnungslegung 293 ff.

[29] International Accounting Standard 14 „Financial Reporting for Segments of a Business Enterprise" (1997).

menstätigkeit oder des Absatzmarktes. Der Abgrenzung der jeweiligen Segmente nach Selbständigkeit, Bedeutung und Wesentlichkeit kommt erhebliche Bedeutung zu. Zu den Informationen, die für die gewählten Segmente anzugeben sind, gehören die Umsätze, das Segmentergebnis, das Segmentbruttovermögen sowie die Grundsätze der Preisfestsetzung bei Lieferungen zwischen den Segmenten (IAS 14.16).[30]

Nach den Grundsätzen von **SFAS 131** sind Segmentangaben nach dem management approach[31] für diejenigen Produkte und Dienstleistungen zu machen, die nach Zusammenfassung mit gleichartigen Produkten und Dienstleistungen als die wesentlichen Industriesegmente bestimmt wurden; eine Segmentierung nach geographischen Bereichen erfolgt zumindest nach In- und Ausland, wobei eine Unterteilung i. d. R. nach Gebieten mit Chancen und Risiken erfolgt. Die auf dieser Grundlage darzustellenden Angaben beziehen Umsätze aus externen Geschäften und Geschäften mit anderen Segmenten einschließlich der Angaben zu den Verrechnungsgrundlagen, das Betriebsergebnis, das zuzuordnende Vermögen, die Abschreibungen und Investitionen des jeweiligen Segmentbereichs ein.[32] **22**

Für das **deutsche Recht** werden durch DRS 3 Grundsätze entwickelt. Die Auslegung von unbestimmten Rechtsbegriffen anhand privatrechtlich gesetzter Standards oder internationaler Entwicklungen ist ein Novum für das deutsche Recht.[33] Folgende allgemeine Anforderungen an eine Segmentberichterstattung wurden formuliert: (1) es sind Segmente anhand der Tätigkeitsbereiche und der geographischen Ausbreitung der Geschäftstätigkeit zu bestimmen. Für die Segmente sind (2) hinreichende Angaben über segmentspezifische Informationen zu geben, wie z. B. Angaben zu Segmentumsätzen, Abschreibungen, Investitionen in das Sachanlagevermögen sowie in immaterielle Vermögensgegenstände, zum Segmentvermögen sowie zu den Segmentergebnissen.[34] Als weitere Angaben kommen Daten über Forschungsaufwendungen, Mitarbeiteranzahl, cash flow, Auftragseingang, Umsatz- oder Vermögensrendite in Betracht.[35] In DRS 3 zur Segmentberichterstattung[36] wird vorgeschlagen, über operative Segmente zu berichten (DRS 3.9), die sich aus der Organisations- und Berichtsstruktur des Unternehmens oder Konzerns ergeben. Zur Abgrenzung der Segmente ist es sachdienlich, Größenmerkmale festzulegen, bei deren Unterschreiten Angaben nicht gemacht zu werden brauchen. Insgesamt muß dennoch gewährleistet bleiben, daß die Berichterstattung einen Großteil der Geschäftstätigkeit des Unternehmens/Konzerns erfaßt. Daher muß durch die Berichterstattung zumindestens ein Geschäftsvolumen von 75 % der konsolidierten Umsatzerlöse erreicht werden. In diesem Rahmen können dann Segmente mit Erlösen, die 10 % der Gesamterlöse mit externen Kunden nicht erreichen, mit Ergebnissen, die 10 % der jeweils positiven oder negativen Gesamtergebnisse nicht erreichen oder Vermögen, das 10 % des Gesamtvermögens nicht erreicht, außer Betracht bleiben (DRS 3.15). Für die danach bestimmten Segmente, die auch in Segmentgruppen zusammengefaßt werden können, sind Angaben aufgrund einer einheitlichen Datenbasis und nach einheitlichen Grundsätzen zu erarbeiten. Anzugeben sind die Segmentumsatzerlöse oder -erträge, das Segmentergebnis mit den **23**

30 *Haller* in Baetge/Dörner u. a., Rechnungslegung nach IAS, 491 zu IAS 14, 65 ff.

31 *Ordelheide/Stubenrath* US-amerikanische Rechnungslegung 389 ff.

32 *Pellens* Internationale Rechnungslegung 293 ff; *Born* Rechnungslegung international 415 ff.

33 *Beisse* BB 1999, 2180 ff.

34 *Pellens/Bonse/Gassen* DB 1998, 785, 789; *Husmann* WPg 1998, 816, 817.

35 *Husmann* WPg 1998, 816.

36 DRSC BAnz. 2000, Nr. 103, 10193; WP-Handbuch 2000 I M 803 ff; *Böcking/Benecke* WPg 1999, 839, 844; *IDW* Stellungnahme zum Entwurf einer E-DRS 2 „Segmentberichterstattung", WPg 1999, 892.

darin enthaltenen Abschreibungen und anderen wesentlichen, nicht zahlungswirksamen Posten, die Zinserträge und Aufwendungen, die Ergebnisse von assoziierten Unternehmen des Segments sowie andere Erträge aus Beteiligungen, Aufwendungen und Erträge aus Ertragsteuern und die außerordentlichen Aufwendungen und Erträge. Die Angaben beziehen sich auf das Segmentvermögen einschließlich der Anteile an assoziierten Unternehmen und Beteiligungen, Investitionen in langfristiges Segmentvermögen, die Segmentschulden sowie die Anzahl der im Segment beschäftigten Mitarbeiter (vgl. DRS 3, 31). Weitere Angaben sind zur Beschreibung der Tätigkeit des Segments zu machen; hierbei ist die Bedeutung der geographischen Ausrichtung der Segmenttätigkeit zu berücksichtigen. Wird das Segment nicht produktorientiert abgegrenzt, sind ergänzend die produktorientiert abgegrenzten Angaben über Umsatzerlöse, Vermögen und der Investitionen in das langfristige Vermögen hinsichtlich der geographischen Regionen, z. B. nach den Standorten der Kunden oder des Vermögens anzugeben (DRS 3, 32–36). Weitere Angaben sind über die Abgrenzung und gegebenenfalls die Zusammenfassung operativer Segmente zu machen, ferner über die Grundlagen der Zusammenarbeit und der Bestimmung der Verrechnungspreise zwischen den Segmenten (DRS 3, 41 f). Vorjahresbeträge sind, auch bei der erstmaligen Anwendung anzugeben. Die Angaben unterliegen dem Grundsatz der Stetigkeit.

24 Die **Art der Darstellung** wird durch Abs. 1 S. 2 nicht geregelt. Die Klarheit und Übersichtlichkeit der geforderten Angaben verlangt zwangsläufig Angaben in quantitativen Größen, somit i. d. R. in absoluten Zahlen. Relative Daten wie Prozentzahlen können nur in kleinen und produktorientiert wie geographisch übersichtlich strukturierten Konzernen in Betracht kommen. Die Aufgliederung der Informationen in unterschiedliche Geschäftsfelder oder Regionen legt nahe, die Daten in Übersichten oder Tabellen zusammenzufassen.[37]

25 Abs. 1 S. 2 enthält keine **Befreiungsmöglichkeit**. Die Regelung weicht damit von § 314 ab, die für die Angabe nach Abs. 1 Nr. 3 eine Schutzklausel für den Fall enthält, daß durch die Aufgliederung einem in den Konzernabschluß einbezogenen Unternehmen erhebliche Nachteile drohen, Abs. 2. Wird aber § 314 Abs. 1 Nr. 3 als Vorstufe der Segmentberichterstattung verstanden, bietet sich an, im Sinne der Argumentation a maiore ad minus die Befreiung ebenfalls bei den im Einzelfall weiterreichenden Angaben, die damit ein höheres Nachteilspotential in sich tragen, ebenfalls zuzulassen.[38] Dem steht entgegen, daß IAS 14 eine Befreiungsklausel nicht enthält. Die Gefahr der Nachteilszufügung durch die Veröffentlichung von Segmentdaten wird im Bereich der IAS als gering eingeschätzt.[39] Das Vorbild dieser Regelungen und das Ziel der Vergleichbarkeit im internationalen Rahmen steht einer entsprechenden Anwendung von § 314 Abs. 2 entgegen. Angaben können nur dann unterlassen werden, wenn ihre Veröffentlichung die vertretungsberechtigten Organe sonst strafbar wegen des Verrats von Geheimnissen machen würde oder wenn die Angaben nur unter unverhältnismäßigen Kosten beschafft werden können.[40]

26 cc) **Kapitalflußrechnung.** Nach Abs. 1 S. 2 ist der Konzernanhang um eine Kapitalflußrechnung zu ergänzen. Inhalt und Umfang der Berichterstattung wird durch das Gesetz nicht vorgegeben; die Ausgestaltung der Kapitalflußrechnung ist Aufgabe des Rechnungslegungsgremiums nach § 342, die sich im übrigen an internationalen

---

37 Baetge/Dörner/*Haller* Rechnungslegung nach IAS, 505 zu IAS 14, 102 ff.

38 *Strobel* DB 1999, 2020; WP-Handbuch 2000 I M 839 f.

39 *Bernards* Segmentberichterstattung diversifizierter Unternehmen (1994) 136 f; zweifelnd auch *Haller/Park* ZfbF 1994, 503.

40 DRS 3, 28.

Standards orientieren wird. Im Bereich der internationalen Rechnungslegung gehört die Kapitalflußrechnung zu den üblichen Berichtsteilen. Die Publikation einer Kapitalflußrechnung ist sowohl nach IAS 7.1 als auch nach SFAS Nr. 95 vorgeschrieben.[41] Das Deutsche Rechnungslegungs Standards Committee hatte am 27. September 1999 einen überarbeiteten Entwurf des Deutschen Rechnungslegungsstandards Nr. 2 (DRS 2) „Kapitalflußrechnung" vorgelegt, der als Deutscher Rechnungslegungsstandard Nr. 2, DRS 2 Kapitalflußrechnung am 29. Oktober 1999 verabschiedet und veröffentlicht wurde.[42]

Begriffe. Eine Kapitalflußrechnung ist eine **liquiditätsbezogene Zeitraumrechnung**, in der, anders als in der zeitpunktbezogenen Bilanz, nicht Bestände an Vermögen und Schulden sowie Kapital, sondern Bestandsveränderungen oder die den Bestandsveränderungen zugrunde liegenden finanziellen Bewegungen ausgewiesen werden.[43] Im Gegensatz zur Gewinn- und Verlustrechnung wird nicht durch die Gegenüberstellung von Aufwendungen und Erträgen der Periodenerfolg dargestellt, sondern die Veränderungen in der Liquidität durch die Gegenüberstellung der in der Periode angefallenen Ein- und Auszahlungen,[44] die zur stärkeren Differenzierung nach Bereichen gegliedert werden können.[45] Ziel und Zweck dieser Rechnungen und ihrer Veröffentlichung ist es, den Adressaten (Investoren, Gläubiger, Öffentlichkeit) Informationen über die Fähigkeit des Unternehmens zu verschaffen, künftig Zahlungsmittel zu erwirtschaften und den Liquiditätsbedarf des Unternehmens abzuschätzen, aus dem Verbindlichkeiten getilgt, Dividenden bezahlt werden. Ferner sollen Divergenzen zwischen dem Jahresergebnis und den Zahlungsvorgängen sowie die Auswirkungen zahlungswirksamer und zahlungsunwirksamer Investitions- und Finanzierungsvorgänge erkennbar werden,[46] vgl. auch FASB, SFAS No. 95 par. 5. **27**

Einheitliche Grundlagen über die Inhalte, Abgrenzungen und die Terminologie bei Kapitalflußrechnungen sind noch nicht geschaffen worden. Für die deutsche Rechnungslegung wurden Grundsätze für eine Finanzierungsrechnung durch die *Schmalenbach Gesellschaft/Deutsche Gesellschaft für Betriebswirtschaft e.V.* und das *IDW* erarbeitet,[47] die weitestgehend mit den Grundsätzen von IAS 7 übereinstimmten. Nach **IAS 7** geht die Kapitalflußrechnung von Zahlungsmitteln aus, die an Kassenbestand oder Sichtguthaben oder Zahlungsmitteläquivalenten, somit kurzfristigen, äußerst liquiden Anlagen bestehen, IAS 7.6. Die Zahlungsströme werden getrennt nach laufender Geschäftstätigkeit, Investitionstätigkeit und Finanzierungstätigkeit aufbereitet und dargestellt (IAS 7.10). Eine bestimmte Gliederung ist nicht vorgeschrieben, doch erfolgt sie i. d. R. in einer Staffelform. Die Zahlungsströme werden, abgesehen von einigen Ausnahmen (IAS 7.22), unsaldiert ausgewiesen. Die Darstellung ist um verbale Angaben zu ergänzen, um z. B. zur Verfügung stehende Kreditlinien, cash-flows aus Gemeinschaftsunternehmen oder cash-flows aus Segmenten zu verdeutlichen (IAS 7.50).[48] **28**

Die durch **FASB, SFAS No. 95** als notwendige Ergänzung des Jahresabschlusses vorgeschriebene Kapitalflußrechnung ist, abgesehen von einzelnen Unterschieden, der **29**

---

41 *Pellens* Internationale Rechnungslegung 283 ff; Baetge/Dörner/*v. Wysocki* Rechnungslegung nach IAS, 258 zu IAS 7, 1, 2; *Haller/Jacoby* DB 1994, 641; *Dellmann* DBW 1987, 471 f.

42 *DRSC* Deutscher Rechnungslegungsstandard Nr. 2, BAnz 2000, Nr. 103, 10189; *Stahn* DB 2000, 233.

43 *Perridon/Steiner* Finanzwirtschaft der Unternehmung 580; ADS Ergbd. 9.

44 Beck BilKomm-*Förschle/Lust/Kroner* 25.

45 *Pellens* Internationale Rechnungslegung 280.

46 *v. Wysocki* in Baetge/Dörner u. a., Rechnungslegung nach IAS, 258 zu IAS 7, 2.

47 *IDW* HFA 1/1995, WPg 1995, 280 ff.

48 *v. Wysocki* in Baetge/Dörner u. a., Rechnungslegung nach IAS, Erl. zu IAS 7, 46 ff und 98 ff; *Born* Rechnungslegung international 225 ff.

nach IAS 7 ähnlich. In die Rechnung einzubeziehen sind flüssige Mittel (Kasse, Sichtguthaben bei Banken) sowie „cash-equivalents" (jederzeit in Geld umtauschbare risikolose Wertpapiere des Umlaufvermögens mit einer Laufzeit von bis zu drei Monaten, SFAS No. 95 par. 8, 9). Die Veränderungsrechnung ist in die drei Bereiche der gewöhnlichen Geschäftstätigkeit (No. 95 par. 21), der Investitionstätigkeit (No. 95 par. 15) und der Finanzierungstätigkeit (No. 95 par. 18 bis 20) zu unterteilen. Die Ermittlung der cash-flows soll grundsätzlich nach der direkten Methode erfolgen, auch wenn in der Praxis i. d. R. nach der indirekten Methode verfahren wird. Ein- und Auszahlungen sind grundsätzlich brutto zu erfassen. Die Darstellung der cash-flows muß einer Mindestgliederung folgen und muß eine Überleitung zum „net income" enthalten (SFAS No. 95 Par. 29).[49]

30 Für den Bereich des **deutschen Rechts** bestehen inhaltlich noch keine einheitlichen Regelungen. Eine gesetzliche Anforderung an eine Bewegungsbilanz findet sich in §§ 21 Abs. 1 Nr. 2, 23 BörsZulVO, die jedoch keine Detaillierung der Rechnung regeln.[50] Wesentliche Standards für die bislang freiwillige Angabe einer Kapitalflußrechnung ergeben sich aus der gemeinsamen Stellungnahme des Hauptfachausschusses des IDW und des Arbeitskreises „Finanzierungsrechnung" der Schmalenbach Gesellschaft/Deutsche Gesellschaft für Betriebswirtschaft e. V.[51] Diese Überlegungen wurden in DRS 2 (Kapitalflußrechnung) aufgegriffen und weiter entwickelt. Die Stellungnahme enthält eine an internationalen Standards orientierte Vorgehensweise. Die wesentlichen Regelungsbereiche sind die Art der Darstellung, die Abgrenzung der zu erfassenden Zahlungsströme, eine zweckmäßige Unterteilung in Tätigkeitsbereiche, die Behandlung besonderer Zahlungsvorgänge (auch konzerninterner Art) und schließlich die Notwendigkeit zu ergänzenden Angaben.

31 Die Kapitalflußrechnung hat die Aufgabe der Darstellung von **Zahlungsströmen**. Diese ergeben sich aus den dem Unternehmen zugeflossenen und der von ihm abgeflossenen Finanzierungsmittel. Die in den Zahlungsstrom einzubeziehenden Mittel hängen ab von einer Definition des Finanzmittelfonds.[52] Dieser umfaßt Zahlungsmittel und Zahlungsmitteläquivalente. Hierzu gehören die liquiden Mittel (Schecks, Kassenbestand, Bundesbankguthaben und Guthaben bei Kreditinstituten), soweit sie täglich oder sehr kurzfristig fällig sind. Zu den Zahlungsmitteläquivalenten gehören kurzfristige, äußerst liquide Finanzmittel, die jederzeit in Zahlungsmittel umgewandelt werden können.[53] In der Literatur werden darüber hinaus auch Wertpapiere einbezogen, die vom Tage der Anschaffung an gerechnet eine Restlaufzeit von nicht mehr als drei Monaten aufweisen.[54] Die Ermittlung der Zahlungssalden wird getrennt nach den Teilbereichen unternehmerischer Tätigkeit, hier nach der laufenden Geschäftstätigkeit, der Investitionstätigkeit (einschließlich Desinvestitionen) und der Finanzierungstätigkeit vorgenommen. Der cash-flow aus der laufenden Geschäftstätigkeit beruht auf der auf Erlöserzielung ausgerichteten Tätigkeit des Unternehmens; hierzu gehören diejenigen Zahlungsflüsse, die nicht der Investitions- oder Finanzierungstätigkeit zugeordnet werden. Erhaltene und gezahlte Zinsen sowie erhaltene Dividen-

---

[49] *Pellens* Internationale Rechnungslegung 283 ff; *Born* Rechnungslegung international 412 f; *KPMG* Rechnungslegung 147 ff; *Gebhardt* FS Moxter 551, 560 ff; *Holzer/Häusler* WPg 1989, 221, 223 ff.

[50] *Pellens* Internationale Rechnungslegung 288.

[51] *HFA* 1/1995, WPg 1995, 210 ff; ferner HdKR-*Küting/C.-P. Weber* I 409.

[52] WP-Handbuch 2000 I M 760; *v. Wysocki* US-amerikanische Rechnungslegung 404 (414 f); *Pilhofer* DStR 2000, 292.

[53] DRS 2, 5.

[54] Beck BilKomm-*Förschle/Lust/Kroner* 32; *Mansch/Stolberg/v. Wysocki* WPg 1995, 188.

den und übernommene Ergebnisse aus assoziierten Unternehmen und Beteiligungen sind der laufenden Geschäftstätigkeit zuzuordnen; gleiches gilt für Zahlungsströme aus außerordentlichen Geschäftsvorfällen.[55] Zur Detaillierung der in die Kapitalflußrechnung aufzunehmenden Posten vgl. DRS 2 (Kapitalflußrechnung) Anlage I und II.[56] Die Ein- und Auszahlungen sind grundsätzlich unsaldiert auszuweisen. Wechselkursbedingte Veränderungen des Finanzmittelfonds sind gesondert anzugeben, sofern es sich nicht um unwesentliche Beträge handelt.[57] In die Kapitalflußrechnung eines Konzerns sollen alle Unternehmen einbezogen werden, die in den Konzernabschluß einbezogen werden (DRS 2, 14). Die Zusammenfassung der Zahlungsströme im Konzern beruht auf der Fiktion der Einheit der einbezogenen Unternehmen und eliminiert die konzerninternen Zahlungsvorgänge.[58] Anteilmäßig einbezogene Unternehmen werden bei der Kapitalflußrechnung ebenfalls berücksichtigt; Unternehmen, deren Anteile nach der Equity-Methode bewertet werden, gehen nur mit den Zahlungsflüssen zwischen den rechtlichen Einheiten in die Berechnung ein (IDW HFA 1/1995 Abschn. 4.4).[59] Die Angaben der Kapitalflußrechnung sind im Konzernanhang weiter zu erläutern. Die Erläuterungen beziehen sich auf die gewählten Definitionen und Abgrenzungen sowie deren Veränderung im Zeitablauf, auf wesentliche zahlungsunwirksame Investitions-, Finanzierungs- und Geschäftsvorfälle sowie auf Erwerb oder Verkauf von Unternehmen oder sonstigen Geschäftseinheiten (DRS 2, 52).[60]

Die Art der **Darstellung** wird in Abs. 1 S. 2 nicht geregelt. Aus der Eigenart der Kapitalflußrechnung und aus Gründen der Klarheit und Übersichtlichkeit ist es erforderlich, die Rechnung mit absoluten Zahlen aufzustellen. Sie ist nach den Zahlungsströmen der gewöhnlichen Geschäftstätigkeit, des Investitionsbereichs und des Finanzierungsbereichs zu untergliedern. Entsprechend internationalen Standards ist eine Brutto-Darstellung i. d. R. in Staffelform geboten;[61] die Entscheidung zwischen der *direkten* oder *indirekten* Ermittlung der Zahlungsströme der laufenden Geschäftstätigkeit ist der weiteren Entwicklung von Grundsätzen vorzubehalten. Im Konzernanhang sind zusätzliche Erläuterungen erforderlich. Diese haben die Aufgabe, wegen des Fehlens eindeutiger Standards die angewendete Methode durch die Abgrenzung des Finanzmittelfonds, der Methode der Ermittlung der Zahlungsströme, insbesondere der Behandlung bestimmter Zahlungsvorgänge (allgemeiner oder außerordentlicher Art) zu beschreiben. Weitere Angaben betreffen Kreditlinien, Besonderheiten bei Zahlungsflüssen anteilmäßig konsolidierter Unternehmen, die Erläuterung von Ein- und Auszahlungen im Zusammenhang mit der Kapazitätserhaltung/-erweiterung sowie Angaben zur Segmentierung der Zahlungsflüsse entsprechend der Segmentberichterstattung (Rdn. 18 ff).[62] **32**

Die Anwendung einer **Befreiungsklausel** kommt bei der Aufstellung einer Kapitalflußrechnung nicht in Betracht. **33**

e) Einheit aus Konzernbilanz, Konzern-Gewinn- und Verlustrechnung sowie Konzernanhang. Die drei in Abs. 1 bestimmten **Pflichtbestandteile** des Konzern- **34**

---

[55] Beck BilKomm-*Förschle/Lust/Kroner* 35 ff; DRS 2, 36 ff.

[56] DRS 2, BAnz. 2000 Nr. 103, 10189; WP-Handbuch 2000 I M 784 ff.

[57] Beck BilKomm-*Förschle/Lust/Kroner* 40, 31.

[58] DRS 2, 13: wirtschaftliche Einheit; *IDW* HFA 1/1995 Abschn. 4.1: rechtliche Einheit, vgl. WPg 1995, 210 ff.

[59] Baetge/Dörner/*v. Wysocki* Rechnungslegung nach IAS, 280 ff, IAS 7, 74 ff; *Pellens* Internationale Rechnungslegung 288; *Mansch/v. Wysocki/Stolberg* WPg 1995, 197 ff.

[60] zu Zusatzangaben *v. Wysocki* DB 1999, 2373, 2375.

[61] ADS Ergbd., 16.

[62] Baetge/Dörner/*v. Wysocki* Rechnungslegung nach IAS, 291 f, IAS 7, 111 ff; ferner *IDW* HFA/Schmalenbach Gesellschaft/Deutsche Gesellschaft für Betriebswirtschaft e. V., 1/1995 Anlage, WPg 1995, 210 ff.

abschlusses bilden eine Einheit. Dies gilt für den Konzernabschluß, wie für den Jahresabschluß, auch wenn sich der Wortlaut von § 297 Abs. 1 von § 264 Abs. 1 Satz 1 geringfügig unterscheidet. Konzernbilanz, Konzern-Gewinn- und Verlustrechnung sowie Konzernanhang sind prinzipiell gleichrangig. Dies gilt insbesondere in formaler Hinsicht, da ein Konzernabschluß, dem einer dieser Bestandteile fehlt, unvollständig ist. Die drei Teilelemente des Konzernabschlusses unterliegen der Abschlußprüfung, zu der ein Bestätigungsvermerk zu erteilen ist. Der Konzernabschluß ist Gegenstand der Vorlage an Gesellschafter und Aufsichtsrat (§ 42a Abs. 4 i. V. m. 1 GmbHG; § 337 Abs. 1 AktG) und der Offenlegung (§ 325 Abs. 3). In materieller Hinsicht teilen die drei Bestandteile des Konzernabschlusses gleichrangig die Verantwortung für die Vermittlung des den tatsächlichen Verhältnissen entsprechenden Bildes des Konzerns. Führen besondere Umstände dazu, daß der Konzernabschluß das durch Abs. 2 Satz 1 geforderte Bild zu vermitteln nicht in der Lage ist, ist es nicht zulässig, Angaben in der Konzernbilanz oder Konzern-Gewinn- und Verlustrechnung anzupassen; das geforderte Bild ist vielmehr durch zusätzliche Angaben im Konzernanhang herzustellen (i. E. Rdn. 48 ff).[63]

35 **f) Gleichrangigkeit der Bestandteile des Konzernabschlusses.** Die Gleichrangigkeit von Konzernbilanz, Konzern-Gewinn- und Verlustrechnung sowie Konzernanhang macht die drei Bestandteile des Konzernabschlusses im Rahmen der GoB und der gesetzlichen Vorschriften zu durchgängigen Informationsträgern. Insbesondere hierauf gestützt dürfen bestimmte Angaben wahlweise im Konzernanhang oder je einem der beiden anderen Bestandteile gemacht werden.[64]

III. Anforderungen an den Konzernabschluß (Abs. 2)

1. Formelle Anforderungen

36 a) **Grundlagen.** Der Informationszweck des Konzernabschlusses bedingt die Einhaltung einiger bestimmender Grundsätze, deren Beachtung Voraussetzungen für die Erfüllung der bezweckten Informationsvermittlung ist. Sie gehören u. a. zu den Grundsätzen ordnungsmäßiger Buchführung und Bilanzierung. Im HGB sind diese für alle Kaufleute verpflichtende Grundsätze der formalen Ordnungsmäßigkeit geregelt für die Buchführung (§ 238 Abs. 1 Satz 2) und die Bilanzierung (§§ 243, 246, 247). Zu diesen gehört das Prinzip der **Bilanzklarheit** (vgl. § 243, 6, 9 und 26 ff).[65]

37 **b) Klarheit und Übersichtlichkeit des Konzernabschlusses (Abs. 2 Satz 1).** Der Konzernabschluß ist klar und übersichtlich aufzustellen. Abs. 2 Satz 1 verpflichtet das Mutterunternehmen zur Beachtung der Grundsätze der Klarheit und Übersichtlichkeit bei der Aufstellung von Konzernbilanz, Konzern-Gewinn- und Verlustrechnung sowie Konzernanhang. Der Grundsatz ist dem in § 243 Abs. 2 enthaltenen Aufstellungsgrundsatz für den Jahresabschluß nachgebildet; der Wortlaut des Abs. 2 Satz 1 unterscheidet sich indes geringfügig von § 243 Abs. 2. Die **formelle Ordnungsmäßigkeit** des Konzernabschlusses ergibt sich aus dessen äußerer Form und Art der Gestaltung. Das Prinzip ist für den Konzernabschluß nunmehr erstmals im Gesetz geregelt, kann jedoch bereits auf der Anerkennung zum aktienrechtlichen Konzernabschluß aufbauen.[66]

38 **aa) Allgemeines.** Das Gebot der Klarheit und Übersichtlichkeit des Konzernabschlusses gilt dessen äußerer Form. Es dient dem Ziel, daß der Konzernabschluß

---

[63] ADS § 264, 89.
[64] ADS 7.
[65] ADS 8, 9.
[66] ADS § 149 AktG 21; ADS 8.

materielle Klarheit über die Bilanzinhalte vermitteln kann. Es wird zum einen dadurch verwirklicht, daß die im Konzernabschluß erscheinenden Posten klar und verständlich sind, was voraussetzt, daß die Postenbezeichnungen zutreffend, unverwechselbar, hinreichend unterscheidend und nachvollziehbar sind (vgl. § 243, 27). Zum anderen bedarf der Konzernabschluß einer klaren und verständlichen Gliederung, d. h. der Aufnahme und der sinnvollen Folge und Anreihung aller Posten[67] (vgl. § 243, 28). Zum Prinzip der Bilanzklarheit gehören ferner die Grundsätze der Überschaubarkeit (§ 238 Abs. 1 Satz 2, § 243, 9) sowie das Verrechnungsverbot (§ 246 Abs. 2, für den Konzernabschluß i. V. m. § 298 Abs. 1; § 243, 9).[68]

bb) Aufstellung des Konzernabschlusses. § 297 Abs. 2 Satz 1 verpflichtet zur klaren und übersichtlichen **Aufstellung** des Konzernabschlusses und weicht damit vom Wortlaut des § 243 Abs. 2 ab, wonach der Jahresabschluß „klar und übersichtlich" sein muß und (Abs. 1) die Aufstellung den GoBil zu entsprechen, d. h. die Grundsätze der Klarheit und Übersichtlichkeit aus § 238 Abs. 1 Satz 2 sowie § 243 Abs. 2 zu beachten hat. Für den Konzernabschluß hat diese Differenzierung Bedeutung für den zu erstellenden Abschluß und den Erstellungsprozeß. Aufstellung des Konzernabschlusses bedeutet nach § 300 Abs. 1 Satz 1 die Zusammenfassung des Jahresabschlusses des Mutterunternehmens mit den Jahresabschlüssen der Tochterunternehmen. Bei der Konsolidierung der im Konzernabschluß zusammenzufassenden Jahresabschlüsse der einzubeziehenden Unternehmen (§ 300 Abs. 1 Satz 1) ist dem Gebot der Klarheit der Posten Rechnung zu tragen. Es ist z. B. sicherzustellen, daß sachlich zusammengehörige Posteninhalte aus den Jahresabschlüssen der einbezogenen Unternehmen zusammengefaßt und sachlich nicht zusammengehörige Posteninhalte differenziert werden (§ 243, 27 ff). Haben die Jahresabschlüsse der einbezogenen Unternehmen unterschiedlichen Rechnungslegungsnormen unterlegen, sind Überleitungs- oder Ergänzungsrechnungen erforderlich. Das gilt z. B. bei einzubeziehenden kleinen oder mittelgroßen Kapitalgesellschaften, wie auch bei Nichtkapitalgesellschaften und solchen, die nach dem PublG ihren Jahresabschluß erstellt haben.[69] Von besonderer Bedeutung ist dieser Grundsatz bei Einbeziehung von ausländischen Tochterunternehmen. Gelten bei diesen Gliederungs- und Bewertungsvorschriften, die von denen des deutschen Mutterunternehmens abweichen (vgl. § 300, 12), muß die Überleitung der nationalen Jahresabschlüsse auf die für den Konzernabschluß nach dem Recht des Mutterunternehmens geltenden Vorschriften[70] unter Beachtung der Zielsetzungen eines klaren und übersichtlichen Konzernabschlusses erfolgen. 39

cc) Klarheit und Übersichtlichkeit in Konzernbilanz und Konzern-Gewinn- und Verlustrechnung. Der Grundsatz der Klarheit und Übersichtlichkeit verlangt eine hinreichend übersichtliche **Gliederung** von Konzernbilanz und Konzern-Gewinn- und Verlustrechnung sowie klare **Postenbezeichnungen.** Diese Verpflichtung wird durch das Gesetz konkretisiert. Für Ausweis und Gliederung gelten die Vorschriften, die für große Kapitalgesellschaften anzuwenden sind (§§ 298 Abs. 1 i. V. m. 265, 266, 275). Die in der Konzernbilanz und Konzern-Gewinn- und Verlustrechnung anzusetzenden Posten sowie das Gliederungsschema sind damit bereits im wesentlichen vorgegeben. Abgesehen von Abweichungen, die sich aus der Rechtsform oder dem Geschäftszweig der einbezogenen Unternehmen ergeben können (vgl. § 298, 67 ff), ergeben sich ferner konzernspezifische Abweichungen aus der Verpflichtung 40

---

[67] *Leffson* GoB 207 ff, 218, 433;
[68] ADS 9 f.
[69] ADS 9 f; HdKR-*Baetge/Kirsch* 10.
[70] Vgl. zur Überleitungsrechnung oder Handelsbilanz II ADS Vorbem. zu §§ 290–315, 32 ff; HdKR-*Baetge/Kirsch* 3, 14.

zum Ausweis besonderer Posten im Konzernabschluß und deren Einbeziehung in die sonst vorgesehenen Gliederungsschemata. Konzernbilanz und Konzern-Gewinn- und Verlustrechnung sind unter sachgerechter und eindeutiger Bezeichnung an geeigneter Stelle um die Posten zu erweitern, die sich aus §§ 301, 302, 307, 309 und 312 ergeben (z. B. Unterschiedsbetrag aus der Kapitalkonsolidierung als Geschäfts- oder Firmenwert oder als passiver Unterschiedsbetrag, Ausgleichsposten für Anteile anderer Gesellschafter, Beteiligungen an assoziierten Unternehmen, Gewinnanteil anderer Gesellschafter; gegebenenfalls Ausgleichsposten mit Aufrechnungsdifferenzen aus der Schuldenkonsolidierung oder Währungsumrechnung); darüber hinaus sind die konzernspezifischen Auswirkungen auf die Inhalte anderer Posten zu beachten (z. B. Abschreibungen auf Unterschiedsbeträge.[71] Zur Anwendung von §§ 298 Abs. 1 i. V. m. 266 vgl. § 298, 68 ff).

41 **dd) Klarheit und Übersichtlichkeit im Konzernanhang.** Der Konzernanhang als Bestandteil des Konzernabschlusses ist in den Anwendungsbereich dieses Grundsatzes einbezogen. Für den Konzernanhang gelten keine durch das Gesetz vorstrukturierten Grundsätze über Posten oder Gliederung. §§ 313, 314 geben die Pflichtangaben vor, nicht jedoch die Reihenfolge ihrer Darstellung[72] (§ 313, 20 ff). Das Fehlen solcher Vorschriften verschafft dem allgemeinen Grundsatz der Klarheit und Übersichtlichkeit besondere Bedeutung. Der Konzernanhang kann die Funktion der Erläuterung der Darstellungen in der Konzernbilanz und Konzern-Gewinn- und Verlustrechnung nur erfüllen, wenn auch für ihn eine klare, d. h. eindeutige **Kennzeichnung** der einzelnen Angaben erfolgt und die sachlich zusammengehörenden Angaben gemeinsam, jedoch getrennt von den anderen Angaben dargestellt werden. Die Gliederung des Konzernanhangs soll übersichtlich sein, d. h. die sachlichen Zusammenhänge sollen erkennbar werden, ohne daß eine Reihenfolge vorgeschrieben ist (zur zweckmäßigen Gliederung § 313, 21). Eine allerdings nicht bindende Vorgabe folgt aus der Gliederung der zu erläuternden Posten der Konzernbilanz und Konzern-Gewinn- und Verlustrechnung sowie den durch das Gesetz vorgeschriebenen Angaben[73] (vgl. § 313, 38 ff, 57). Werden infolge der in den Einzelvorschriften eingeräumten **Wahlrechte** Angaben statt in der Konzernbilanz oder Konzern-Gewinn- und Verlustrechnung im Konzernanhang gemacht (§ 313 Abs. 1 Satz 1) (vgl. § 313, 58), so gelten die Vorschriften über z. B. Postenbezeichnungen, Postengliederungen, zusätzliche oder entfallende Kosten insoweit auch für den Konzernanhang. Von diesem Wahlrecht Gebrauch zu machen kann aus Gründen der Übersichtlichkeit des Konzernabschlusses zweckmäßig sein; wird von dem Wahlrecht Gebrauch gemacht, gebietet es der Grundsatz der Klarheit, daß die wechselseitige Inbezugnahme von Zahlenteil und Erläuterungen eine eindeutige Zuordnung und Referenzierung ermöglicht.[74]

42 **ee) Klarheit im Konzernlagebericht.** Der Konzernlagebericht ist kein Bestandteil des Konzernabschlusses i. S. v. § 297 Abs. 1 (Rdn. 12). Das Gebot der Klarheit und Übersichtlichkeit bezieht sich somit nicht auf den Konzernlagebericht. Er ist indes nicht aus dem Anwendungsbereich von Regelungen, die die formelle Gestaltung betreffen, ausgenommen. Auch losgelöst von der Geltung des § 297 Abs. 2 Satz 1 unterliegt der Konzernlagebericht als verbaler Erläuterungsteil über die Lage des Konzerns allgemeinen Grundsätzen über ordnungsmäßige Rechenschaftslegung und Berichterstattung. Hierzu gehören die Grundsätze über Vollständigkeit und Wahrheit sowie der Nachvollziehbarkeit von Annahmen. Im einzelnen vgl. § 315.

[71] ADS 11; HdKR-*Baetge/Kirsch* 17.
[72] ADS 13; Beck BilKomm-*Förschle/Lust/Kroner* 2.
[73] HdKR-*Baetge/Kirsch* 20.
[74] ADS 13.

ff) **Besondere Anwendungsfälle.** Das Gebot der Klarheit und Übersichtlichkeit betrifft die formale Darstellung der Konzernrechnungslegung. In einzelnen Ausprägungen erlangt das Gebot auch inhaltliche Bedeutung. Dies gilt z. B. für den Grundsatz der **Wesentlichkeit**, der für Konzernbilanz und Konzern-Gewinn- und Verlustrechnung Niederschlag z. B. in § 265 Abs. 7 gefunden hat; darüber hinaus wird dieser Grundsatz z. B. in §§ 298 Abs. 2, 303 Abs. 2, 304 Abs. 3, 305 Abs. 2, 308 Abs. 2 angesprochen (vgl. die Erl. der Einzelvorschriften). Für den Konzernanhang beinhaltet der Grundsatz die Verpflichtung, im Hinblick auf die sonst drohende Verunklarung übermäßige und nicht der Verhältnismäßigkeit entsprechende Angaben zu unterlassen (vgl. § 313, 30).[75] Für den Konzernabschluß hat sich in der Vergangenheit die Praxis herausgebildet, Betragsangaben auf Tausend-DM/Euro oder Millionen-DM/Euro zu runden. Der Grundsatz der Klarheit und Übersichtlichkeit läßt die *Rundung* von *Beträgen* zu, wenn diese aufgrund der Größenordnung aller in der Konzernbilanz oder Konzern-Gewinn- und Verlustrechnung auszuweisenden Postenbeträge in Betracht kommt.[76] Beträge, die bei dieser Vorgehensweise in der Konzernbilanz oder Konzerngewinn- und Verlustrechnung nicht ausgewiesen werden könnten, sind im Konzernanhang zu nennen; gleiches gilt für Betragsangaben, die ohne Bezugnahme auf die Wesentlichkeit in jedem Falle zu machen sind, so daß dies auch der Anwendung der Rundungsmöglichkeit entgegensteht.[77] 43

2. Materielle Anforderungen an den Konzernabschluß

Der Konzernabschluß hat eine Informationsfunktion zu erfüllen. Er kann diese Funktion – wie jeder Jahresabschluß – nur leisten, wenn er auch den wesentlichen, materiellen GoBil verschrieben bleibt. Hierzu gehören die **Bilanzwahrheit** im Sinne von Vollständigkeit und Richtigkeit, die *Konsolidierungs-, Bilanzierungs- und Bewertungsstetigkeit* sowie die über §§ 298 Abs. 1 i. V. m. 252 Abs. 1 in Bezug genommenen Bewertungsgrundsätze (vgl. § 243, 6 sowie § 298, 60). Wesentliche zusätzliche Anforderungen ergeben sich aus dem Gebot, durch den Konzernabschluß ein den tatsächlichen Verhältnissen entsprechendes Bild der Vermögens-, Finanz- und Ertragslage zu vermitteln (Abs. 2 Satz 2; vgl. Rdn. 48 ff) und dabei die in den Konzernabschluß einbezogenen Unternehmen als ein einziges Unternehmen zu verstehen (Abs. 3 Satz 1; Rdn. 63 ff). 44

IV. Lagedarstellung im Konzernabschluß (Abs. 2 Satz 2 und 3)

1. Grundlagen

a) **Allgemeines zur Generalnorm.** Der Konzernabschluß unterliegt wie der Jahresabschluß einer **Generalnorm.** Er hat unter Beachtung der Grundsätze ordnungsmäßiger Buchführung ein den tatsächlichen Verhältnissen entsprechendes Bild der Vermögens-, Finanz- und Ertragslage des Konzern zu vermitteln. Abs. 2 Satz 2 und 3 entsprechen § 264 Abs. 2; auf die Erläuterungen der Generalnorm des Jahresabschlusses wird verwiesen (§ 264, 39 ff). Für den Konzernabschluß hat die Generalnorm in verschiedenster Weise Bedeutung. Sie bezeichnet zum einen den *inhaltlichen Maßstab*, den die Rechnungslegung durch den Konzernabschluß zu erfüllen hat (vgl. Rdn. 48 ff). Das den tatsächlichen Verhältnissen entsprechende Bild von der Ver- 45

[75] HdKR-*Baetge/Kirsch* 21; *Löcke* BB 1999, 307.
[76] GEFIU DB 1988, 1078; ADS 14; enger: Beck Bil-Komm-*Budde/Karig* § 243, 64.
[77] ADS 14.

mögens-, Finanz- und Ertragslage stellt jedoch zugleich den Beurteilungsmaßstab dar, an dem zu messen ist, ob im Konzernabschluß – gestützt auf den Grundsatz der *Wesentlichkeit* – bestimmte Angaben unterbleiben dürfen. Dies gilt z. B. für die Abgrenzung des Konsolidierungskreises (§§ 295 Abs. 1, 296 Abs. 2), das Unterbleiben der Schuldenkonsolidierung (§ 303 Abs. 2), der Eliminierung der Zwischenergebnisse (§ 304 Abs. 3) und der Aufwands- und Ertragskonsolidierung (§ 305 Abs. 2), das Unterbleiben der einheitlichen Bewertung (§ 308 Abs. 2), das Unterbleiben der Bewertung nach § 312 (§ 311 Abs. 2) sowie das Unterlassen von Angaben (§ 313 Abs. 2 Nr. 4). Schließlich findet die Generalnorm Erwähnung im Prüfungsbericht des Konzernabschlußprüfers (§ 321 Abs. 2 Satz 2) sowie im Bestätigungsvermerk für den Konzernabschluß (§ 322 Abs. 1 Satz 3).

46 **b) Entstehungsgeschichte.** Für den Konzernabschluß schreibt § 297 Abs. 2 erstmals die Beachtung einer solchen Generalnorm vor. Für die Konzernrechnungslegung nach dem AktG 1965 a. F. bestand lediglich aufgrund der Verweisung in §§ 331 Abs. 4 und 332 Abs. 3 auf § 149 Abs. 1 Satz 2 AktG 1965 die Vorgabe, daß der Konzernabschluß einen möglichst sicheren Einblick in die Vermögens-, Finanz- und Ertragslage des Konzern zu geben habe. Die Fassung des § 297 Abs. 2 beruht auf der Transformation von Art. 16 Abs. 3 und 4 der **7. EG-Richtlinie.** Diese Richtlinienvorschrift entspricht – bis auf die konzernbezogenen Anpassungen – den Regelungen des Art. 2 Abs. 3 und 4 der 4. EG-Richtlinie, die in § 264 Abs. 2 transformiert wurde; auf die Erläuterungen hierzu wird verwiesen (§ 264, 25 ff).

47 Der Gesetzgeber hat auch bei Art. 16 der 7. EG-Richtlinie davon abgesehen, deren Abs. 5 zu transformieren. Die in diesem Absatz enthaltene Verpflichtung, bei **Kollisionen** von Einzelvorschriften der Richtlinie mit dem Einblickspostulat des Art. 16 Abs. 3 von den Einzelvorschriften abzuweichen, ist bewußt nicht in das deutsche Recht übernommen worden. Die amtliche Begründung des Gesetzesentwurfs führt dazu aus, daß mit Abs. 5 ein allgemeiner Grundsatz des deutschen Rechts wiedergegeben werde.[78] Der unmittelbare Rückgriff auf die EG-Richtlinie scheidet aus.[79]

2. Vermittlung des den tatsächlichen Verhältnissen entsprechenden Bildes der Vermögens-, Finanz- und Ertragslage des Konzerns

48 **a) Bedeutung des Lagebildes.** Nach Abs. 2 Satz 2 hat der Konzernabschluß auf der Grundlage der normierten Voraussetzungen ein Bild der Lage des Konzern zu vermitteln, welches den tatsächlichen Verhältnissen entspricht. Der Wortlaut der Vorschrift scheint damit über die nach § 149 Abs. 1 Satz 2 AktG a. F. bestimmten Vorgaben, daß der Abschluß „im Rahmen der Bewertungsvorschriften einen möglichst sicheren Einblick in die Vermögens- und Ertragslage der Gesellschaft" geben solle, hinauszugehen. Die Bedeutung der aktienrechtlichen Einblicknorm hatte stets hinter dem Primat der Bewertungsvorschriften zurückzustehen.[80] Die Transformation der 4. und 7. EG-Richtlinie ließ diesen Streit neu entbrennen (vgl. § 264, 23 ff). Der Konflikt zwischen den Einzelvorschriften oder der Generalnorm ist jedenfalls nicht im Sinne eines **overriding principle** der Generalnorm zu lösen. Das dem zugrunde liegende Prinzip kam in Art. 16 Abs. 5 der 7. EG-Richtlinie zum Ausdruck, wurde aber in

---

[78] Begr. RegE zu § 275 HGB-EK, BTDrucks. 10/3440, 35.

[79] ADS 18 ff mit zahlreichen Nachweisen.

[80] ADS § 264, 52 ff; ADS § 149 AktG Tz. 94; Hachenburg/*Goerdeler*/*Müller* GmbHG[7] § 42, 10; *IDW* NA St. 5/1966 Abschn. 1 WPg 1966, 677; *Döllerer* BB 1965, 1405 und BB 1966, 629; *Kropff* AktG § 149, 91 ff; KK-*Claussen* § 149, 9–11.

deutsches Recht nicht umgesetzt (vgl. Rdn. 47; ferner Protokollnotiz zur 7. EG-Richtlinie Nr. 10 zu Art. 16 Abs. 4 mit der Feststellung, daß es normalerweise ausreiche, die Richtlinie anzuwenden, damit das gewünschte, den tatsächlichen Verhältnissen entsprechende Bild entsteht). Für das deutsche Recht kommt der Generalnorm der Charakter einer **Auslegungsvorschrift** für die Einzelbestimmungen zu,[81] mit der Funktion, die Ausübung von **Wahlrechten** zu beeinflussen oder zur **Auslegung und Lückenfüllung** herangezogen zu werden[82] (§ 264, 27 ff). Schließlich dient die Generalnorm auch dazu, **Entwicklungstendenzen** im Mehrjahresvergleich aufzuzeigen.[83]

b) Inhalt des Lagebildes. Nach Abs. 2 Satz 2 ist es die inhaltliche Aufgabe des Konzernabschlusses, ein Bild der Vermögens-, Finanz- und Ertragslage des Konzerns zu vermitteln, welches unter Beachtung der GoBil ermittelt wurde und den tatsächlichen Verhältnissen des Konzerns zu entsprechen hat. Ziel der Generalnorm ist es, eine qualitative Aussage zu ermöglichen; diese Aussage wird dargestellt als Bild von der Lage des Konzerns, wie es sich unter Beachtung der GoBil ermitteln läßt. 49

aa) Konzernabschluß. Das den tatsächlichen Verhältnissen entsprechende Bild der Lage des Konzerns ist durch den **Konzernabschluß** zu vermitteln. Der Konzernabschluß wird in Abs. 1 definiert und setzt sich aus Konzernbilanz, Konzern-Gewinn- und Verlustrechnung sowie dem Konzernanhang zusammen, die eine Einheit bilden (Rdn. 34). Den drei Teilbestandteilen des Konzernabschlusses kommen dabei jeweils unterschiedliche Funktionen zu (vgl. Rdn. 11 ff), doch kann das durch Abs. 2 geforderte Bild nur aus der Gesamtsicht der Zahlenteile und des Erläuterungsteils entstehen. Das schließt die besondere Bedeutung des Konzernanhangs zur Erklärung von Abweichungen ein (Abs. 2 Satz 3, Rdn. 58). Abs. 2 Satz 2 verwendet, wie auch die anderen Regelungen in § 297, den Begriff des „Konzernabschlusses" und weicht damit von der Formulierung des Art. 16 Abs. 3 der 7. EG-Richtlinie ab, der sich auf einen „konsolidierten Abschluß" bezieht (Rdn. 11). Darin kann ein inhaltlicher Unterschied liegen, da sich der „Konzern" auf die Gesamtheit der – handelsrechtlich – zum Konzern gehörenden Unternehmen bezieht, während der „konsolidierte Abschluß" die Gesamtheit der in den Abschluß einbezogenen Unternehmen zum Gegenstand hat.[84] Diese Unterscheidung ist hier ohne Bedeutung. Konzernabschluß wie konsolidierter Abschluß vereinen Sachverhalte, die einer Konsolidierung unterlegen haben, wie auch solche, für die eine Konsolidierung nicht erforderlich war. Sie bezeichnen den (Konzern-)Abschluß, der die in den Konzernabschluß einzubeziehenden Abschlüsse konsolidiert enthält und Beteiligungen an anderen Unternehmen, die z. B. auch infolge von §§ 295, 296 nicht konsolidiert werden, entsprechend den dafür geltenden Grundsätzen abbildet. 50

bb) Vermögens-, Finanz- und Ertragslage des Konzerns. Die Abbildung des Lagebilds des Konzerns bezieht sich nicht auf die „Lage des Konzerns" im allgemeinen, so wie dies für den Lagebericht in § 315 Abs. 1 vorgeschrieben ist. Das Lagebild des § 297 Abs. 2 Satz 2 ist vielmehr aus drei Teilbestandteilen, nämlich der Vermögenslage, der Finanzlage und der Ertragslage zusammengesetzt. Dabei können sich Zielkonflikte zwischen dem Gesamtbild und dem Einzelbild der drei Lagen, aber auch 51

---

81 HdKR-*Baetge/Kirsch* 25.

82 ADS § 264, 59 und § 297, 15 ff; Beck BilKomm-*Förschle/Lust/Kroner* 136; HdR-*Küting/Weber/Baetge/Commandeur* § 264, 32; *Biener/Berneke* 132; *Schulze-Osterloh* ZHR 1986, 532; *Schildbach* BFuP 1987, 1; *Coenenberg* BFuP 1987, 71; *v. Wysocki* BFuP 1987, 74.

83 *Goerdeler* WPg 1973, 517; *Moxter* Bilanzlehre II 65 ff, 98 ff; ADS § 264, 59.

84 ADS 20; *Biener* DB 1983 Beilage 19, 3.

unter den drei Lagen ergeben.[85] Dies kann zu unterschiedlichen Interessen je nach abzubildender Lage führen. Die **Darstellungsmittel** zur Abbildung der drei Lagen sind die drei Teilbestandteile des Konzernabschlusses, wobei einzelne Informationen für mehrere Lagen herangezogen werden können und müssen. Grundlage der Darstellung der Lagen sind Konzernbilanz, Konzern-Gewinn- und Verlustrechnung sowie der Konzernanhang, so wie diese entsprechend den für sie geltenden Vorschriften (vgl. § 298 Abs. 1) aufzustellen sind.

52 Die **Vermögenslage** ergibt sich in erster Linie aus der Konzernbilanz durch die Gegenüberstellung des Vermögens und der Schulden[86] (vgl. § 264, 30 ff). Die Vermögenslage des Konzerns ergibt sich aus der Gesamtheit des Vermögens und der Schulden der in den Konzernabschluß einzubeziehenden Unternehmen; für Bilanzierung und Bewertung gelten *einheitlich* die nach dem Recht des Mutterunternehmens geltenden Bilanzierungs- und Bewertungsmethoden (§§ 300, 308; vgl. § 300, 29 ff und § 308, 7 ff) und nicht die Grundsätze aus den Jahresabschlüssen der einbezogenen Unternehmen. Die Konzernbilanz alleine kann die Vermögenslage jedoch nicht hinreichend umfassend abbilden; es bedarf ergänzender Informationen insbesondere aus dem Konzernanhang. Zum Verständnis der zeitbezogenen Angaben in der Bilanz sind ferner die zeitraumbezogenen Informationen aus der Konzern-GuV heranzuziehen. Die Darstellung der Posten und die Gliederung der Konzernbilanz entsprechend den gesetzlichen Vorschriften soll das bilanzielle Vermögen und die Schulden sowie deren Struktur und Fristigkeit erkennen lassen.[87] Die Darstellung der Vermögenslage wird durch die Anwendung unterschiedlicher Konsolidierungsmethoden beeinflußt. Das gilt für die Abgrenzung des Konsolidierungskreises unter Anwendung der §§ 290 ff, insbesondere der Vorschriften über die Nichtkonsolidierung in §§ 295, 296 wie auch für die Wahl der Konsolidierungsmethoden nach §§ 301, 302 und der dabei gegebenen Wahlrechte, die Methodik der Schuldenkonsolidierung nach § 303, der Behandlung der Zwischenergebnisse nach § 304, der Aufwands- und Ertragskonsolidierung nach § 305, einschließlich der dabei gegebenenfalls erforderlichen Behandlung von Unterschiedsbeträgen sowie für die Anwendung der Grundsätze über die konzerneinheitliche Bewertung nach § 308. Die Vermögenslage wird auch durch die Darstellung der Beziehungen zu den nicht in den Konzernabschluß einbezogenen Tochterunternehmen sowie den anderen nicht einbezogenen Unternehmen beeinflußt. Erkenntnisse über die Vermögenslage des Konzerns lassen sich auch aus der Ergebnisverwendung gewinnen, insbesondere, ob das Konzernjahresergebnis dem Jahresergebnis des Mutterunternehmens entspricht und ob und inwieweit der ausgeschüttete Bilanzgewinn des Mutterunternehmens aus dem Konzernjahresüberschuß oder aus Konzernrücklagen erzielt wurde.

53 Die **Finanzlage** des Konzerns wird durch § 297 Abs. 2 Satz 2 ausdrücklich angesprochen. Da die Finanzlage im allgemeinen als Bestandteil der Vermögenslage verstanden wird, ist damit gegenüber § 149 Abs. 1 AktG a. F. keine wesentliche Neuerung verbunden[88] (§ 264, 36). Die Finanzlage wird im wesentlichen durch die Konzernbilanz verlautbart; die dort gegebenen Informationen bedürfen aber der Ergänzung durch die Angaben aus dem Konzernanhang und der Konzern-GuV, um die zur Beurteilung notwendigen Hinweise über z. B. die Finanzstruktur, Deckungsverhältnisse oder Fristigkeiten zu geben.[89] Dazu dient auch die Kapitalflußrechnung. Die für die Darstellung

---

[85] ADS § 264, 60 f sowie § 297, 20.
[86] ADS § 264, 64.
[87] ADS § 264, 65 ff; HdKR-*Baetge/Kirsch* 32 f.
[88] ADS § 264, 69; HdKR-*Baetge/Kirsch* 30.
[89] *IDW* SABI 3/1986 Abschn. 2, WPg 1986, 670.

der Finanzlage relevanten Posten sind die gleichen, wie im Jahresabschluß[90] (§ 264, 36). Konzernspezifische Besonderheiten ergeben sich aus der Abgrenzung des Konsolidierungskreises, den Konsolidierungsmethoden sowie den Methoden für die einheitliche Bilanzierung und Bewertung im Konzern. Dabei spielt das Verhältnis zu nicht konsolidierten Tochterunternehmen sowie zu anderen nicht konsolidierten Unternehmen, mit denen ein Beteiligungsverhältnis besteht, eine wichtige Rolle.

Die Darstellung der **Ertragslage** des Konzerns hat die Aufgabe, Auskunft über die Erträge und über die dazu eingegangenen Aufwendungen zu geben. Dazu genügt es, wie im Jahresabschluß, indes nicht, Aufwendungen und Erträge zur Ermittlung eines Jahresergebnisses gegenüberzustellen. Die Ertragslage läßt sich vielmehr nur durch eine hinreichende Differenzierung der Aufwands- und Ertragsstruktur innerhalb des ordentlichen, aber auch in Abgrenzung zum außerordentlichen Ergebnis erkennen. Die wesentlichen Informationen hierzu ergeben sich aufgrund der vorgeschriebenen Gliederung der Konzern-GuV und dem Konzernanhang[91] (vgl. § 264, 37). Die Ertragslage des Konzerns wird durch die Methodik der Verrechnung des Zwischenergebnisses (§ 304) sowie der Aufwands- und Ertragskonsolidierung (§ 305) beeinflußt; Auswirkungen auf die Darstellung der Ertragslage haben ferner die an anderer Stelle ausgeübten Entscheidungen bei der Konsolidierung, die sich in Abschreibungen aus der Zuordnung von Unterschiedsbeträgen oder eines Geschäfts- oder Firmenwertes zeigen (vgl. § 301). 54

Die Vermittlung eines den tatsächlichen Verhältnissen entsprechenden Bildes der Vermögens-, Finanz- und Ertragslage des Konzerns darf sich nicht damit begnügen, jeweils eine dieser drei Lagekomponenten herauszuarbeiten. Für die Vermittlung des Bildes des Konzerns ist es vielmehr von Bedeutung, ein **Gesamtbild** des Konzerns herbeizuführen. Um dies zu erzielen, bedarf es im Rahmen der Anwendung der Rechtsvorschriften, die zur Herstellung des Bildes einer jeden einzelnen Lage führen, einer Lösung von Kollisionen (vgl. § 264, 39 ff). Im Konzernabschluß können sich Konflikte zwischen einzelnen Lagebestandteilen bei der Entscheidung über die Einbeziehung eines Tochterunternehmens ergeben (Bedeutung z. B. für die Darstellung der Vermögens-, u.U. aber nicht der Ertragslage); gleiches gilt bei der Entscheidung über die anzuwendende Konsolidierungsmethode (z. B. Aktivierung eines aktiven Unterschiedsbetrages aus der Kapitalkonsolidierung statt seiner Verrechnung mit den Rücklagen des Konzerns). Die in § 303 Abs. 2, § 304 Abs. 3, § 305 Abs. 2 und § 308 Abs. 2 gegebenen Wahlrechte zum Unterlassen von Konsolidierungsmaßnahmen setzen hingegen voraus, daß die sonst gebotene Anwendung der Konsolidierungsvorschrift für die Vermittlung des den tatsächlichen Verhältnissen entsprechenden Bildes der Vermögens-, Finanz- und Ertragslage nur von untergeordneter Bedeutung ist. Eine **Rangfolge** der einzelnen Lagen kann nicht festgestellt werden. 55

cc) Lage des Konzern. Die Anwendung der Generalnorm soll dazu beitragen, daß der Konzernabschluß ein den tatsächlichen Verhältnissen entsprechendes Bild der Lage des Konzerns vermittelt. Auf eine Legaldefinition des Begriffs „Konzern" für die Zwecke der Rechnungslegung hatte der Gesetzgeber verzichtet. Es bleibt offen, ob die Lagedarstellung die Gesamtheit der in den Konzernabschluß einbezogenen Unternehmen oder der verbundenen Unternehmen i. S. v. § 271 Abs. 2 zu umfassen hat.[92] Abweichungen des Konzernbegriffs in § 297 sind von § 18 AktG in den Fällen der Einbeziehung nach dem Control-Konzept nach § 290 Abs. 2 oder dann denkbar, wenn eine 56

[90] ADS § 264, 71 ff und § 297, 22.
[91] ADS § 264, 78; HdKR-*Baetge/Kirsch* 44.
[92] ADS § 297, 23, 25.

Nichteinbeziehung nach § 295 HGB geboten oder nach § 296 HGB zulässig ist, so daß „im Ergebnis" sich der Konsolidierungskreis insoweit im Verhältnis zum geltenden Recht (AktG 1965) nur in Ausnahmefällen ändern wird.[93] Hiernach stellt sich die Frage, ob im deutschen Recht eine Differenzierung zwischen Konzern im aktienrechtlichen Sinne und der Gesamtheit der einbezogenen Unternehmen geboten ist, auch wenn die in § 297 Abs. 2 getroffene Wortwahl diesen Unterschied gerade zu verwischen sucht, da sie auf den Konzern, nicht aber auf die Gesamtheit der eingezogenen Unternehmen, die die Begr. RegE beschreibt, abstellt. Aus Sinn und Zweck der Regelung, die unter Berücksichtigung der Systematik der Gesamtheit den Konzernabschluß betreffenden Regelungen gewonnen wird, ergibt sich, daß Konzern i. S. v. § 297 Abs. 2 Satz 2 als die **Gesamtheit** der in den Konzernabschluß **einbezogenen Unternehmen** zu verstehen ist.[94] Der Konzern umfaßt die im Konzernabschluß konsolidierten Unternehmen; die Lage des Konzerns bestimmt sich nicht nach der Vielheit der einbezogenen Unternehmen, sondern nach ihrer Gesamtheit, da sie eine gedachte Einheit bilden. Diese Überlegung unterstreicht auch § 297 Abs. 3 Satz 1, der verlangt, im Konzernabschluß die Vermögens-, Finanz- und Ertragslage der einbezogenen Unternehmen so darzustellen, als ob diese (einbezogenen) Unternehmen insgesamt ein einziges Unternehmen wären (vgl. Rdn. 63 ff). Die in dieser Bestimmung enthaltene **Einheitstheorie** kann nur für die einbezogenen Unternehmen Geltung haben. Der Konflikt, der dadurch entsteht, daß einzelne Tochterunternehmen in den Konzernabschluß nicht einbezogen werden dürfen oder können, sowie die Einbeziehung von gegebenenfalls nicht konzernangehörigen Unternehmen nach § 310 kann nicht zu Schwierigkeiten bei der Vermittlung des gebotenen Bildes führen, soweit die in diesen Fällen vorgeschriebenen Angaben gemacht werden. Mit dem durch die Gesamtheit vermittelten Bild von den tatsächlichen Verhältnissen ist es unvereinbar, ein Unternehmen einzubeziehen, dessen Tätigkeit sich von der Tätigkeit der anderen wesentlich unterscheidet (vgl. § 295 Abs. 1).

57 **dd) Beachtung der Grundsätze ordnungsmäßiger Buchführung.** Die Bezugnahme auf die GoBil bei der Vermittlung des Lagebildes findet in Art. 16 Abs. 3 der EG-Richtlinie zwar keine ausdrückliche Grundlage. § 297 Abs. 2 Satz 2 greift zurück auf § 149 Abs. 1 AktG, der das Einblickspostulat in den Rahmen der Bewertungsvorschriften stellte. Die Regelung entspricht § 264 Abs. 2 (vgl. § 264, 18). Die Beachtung der GoBil ist im Rahmen der Richtlinie Voraussetzung und Grenze für die Vermittlung des den tatsächlichen Verhältnissen entsprechenden Bildes. Über die für alle Kaufleute geltenden GoBil sind hier die konzernspezifischen Ebenen der GoBil angesprochen.[95] Das durch den Konzernabschluß zu vermittelnde Bild von der Vermögens-, Finanz- und Ertragslage beruht zunächst auf der Beachtung und Anwendung der GoBil für jeden in den Konzernabschluß einzubeziehenden Jahresabschluß. Im Konzernabschluß haben die GoBil indes auch die ordnungsmäßige Zusammenführung der in den Jahresabschlüssen enthaltenen Vermögens- und Schuldposten sowie der Aufwendungen und Erträge zu gewährleisten. Die allgemeinen Grundsätze sind für die Zwecke der Konsolidierung zu den **Grundsätzen ordnungsmäßiger Konsolidierung**[96] fortzuentwickeln. Sie haben die Funktion, zu gewährleisten, daß die in

[93] Begr. RegE zu § 329 AktG-EK, BTDrucks. 10/3440, 48.

[94] ADS 25; *Gross/Schruff/v. Wysocki* Der Konzernabschluß nach neuem Recht (1988) 88; *Niehus/Scholz* GmbHG §§ 238–335 HGB, 1076; HdKR-*Baetge/Kirsch* 49.

[95] Begr. RegE zu § 275 HGB-EK, BTDrucks. 10/3440, 35.

[96] ADS § 331 AktG, 242; Begr. RegE zu § 275 HGB-EK, BTDrucks. 10/3440, 35.

dem Konzernabschluß zusammenzufassenden Jahresabschlüsse der einzubeziehenden Unternehmen nach anerkannten Regeln aufbereitet und konsolidiert werden. Die Grundsätze ordnungsmäßiger Konsolidierung haben sich an den grundlegenden Zielsetzungen der Konzernrechnungslegung zu orientieren, soweit das Gesetz nicht selbst Abweichungen hiervon zuläßt. Solche Grundsätze sind bislang nicht umfassend kodifiziert worden, doch finden sich im Gesetz verschiedene Regelungen, die inhaltlich solchen Grundsätzen zugeordnet werden können (Rdn. 55). Wesentlich hierbei ist der Einheitsgrundsatz, der nur in den gesetzlich vorgesehenen Fällen durchbrochen werden darf[97] (vgl. § 297 Abs. 3 Satz 1; Rdn. 63 ff).

Ein geschlossenes System anerkannter Grundsätze ordnungsmäßiger Konsoli- 58
dierung hat sich nicht herausgebildet (zur Bildung von GoB im allgemeinen vgl. § 238, 35 ff).[98] Für Grundsätze ordnungsmäßiger Konsolidierung wurden **Merkmale** herausgearbeitet.[99] Zu den Grundlagen gehören die der Einheitstheorie entsprechende Vollkonsolidierung aller Anteile, die von einbezogenen Unternehmen gehalten werden (§ 301), die Konsolidierung der Schulden (§ 303), Zwischenergebnisse (§ 304) sowie Aufwendungen und Erträge (§ 305), und zwar unabhängig von der Beteiligungsquote an dem jeweils einzubeziehenden Unternehmen. Ferner gehört zu diesen Grundsätzen, daß die Jahresabschlüsse der einzubeziehenden Unternehmen auf einer einheitlichen Grundlage (§§ 300, 308) zusammenzufassen sind. Das bedeutet, daß die Grundregeln für diejenigen Maßnahmen, die getroffen werden (müssen), um die geforderte Einheitlichkeit herzustellen, eben diesen Grundsätzen ordnungsmäßiger Konsolidierung zu entsprechen haben. In diesem Rahmen kann die Vereinheitlichung der einzubeziehenden Jahresabschlüsse auf verschiedenen Wegen erreicht werden. In Betracht kommt die Verarbeitung aller Geschäftsvorfälle im Konzern nach einem einheitlichen Kontenplan, einheitlichen Kontierungsrichtlinien und Bilanzierung nach einheitlichen Bilanzierungs- und Bewertungsrichtlinien oder die Verarbeitung aller Geschäftsvorfälle in einer parallelen Buchführung, die an den einheitlichen Grundsätzen ausgerichtet ist. In der Praxis durchgesetzt hat sich indes die Methodik, die der Konsolidierung zugrunde gelegten Jahresabschlüsse mit Hilfe einer Überleitungsrechnung (i. d. R. Handelsbilanz II) aus den jeweiligen Jahresabschlüssen abzuleiten.[100] Die Grundsätze ordnungsmäßiger Konsolidierung haben Bedeutung schließlich bei der Behandlung gesetzlich nicht oder nicht eindeutig geregelter Sachverhalte. Zu diesen sind die gesetzlich nicht geregelten Bereiche z. B. der Währungsumrechnung (vgl. § 298, 20 ff) mit den Aspekten der anzuwendenden Methode oder der Behandlung der sich dabei ergebenden Umrechungsdifferenzen zu rechnen. Ferner gehören hierher die gesetzlich nicht abschließend geregelte Methodik der Behandlung von Unterschiedsbeträgen bei Konsolidierungsmaßnahmen oder die Verfahrensweise bei Dekonsolidierung (vgl. § 301, 208 ff).

ee) Bild der tatsächlichen Verhältnisse – Funktionsweise der Generalnorm. Die 59
Aufgabe der Konzernrechnungslegung ist es, Informationen über den Konzern zu vermitteln und Informationslücken zu schließen, die aus den Jahresabschlüssen der in den Konzernabschluß einbezogenen Unternehmen verbleiben.[101] Die Aufgaben der Gewinnermittlung vor dem Hintergrund der Ausschüttungsbemessung sowie des Gläubiger-

[97] ADS 39 ff.
[98] HdJ-*Baetge/Apelt* Abt. I/2, 22.
[99] *Busse v. Colbe/Ordelheide* Konzernabschlüsse 34 ff; *W. Schruff* Einflüsse der 7. EG-Richtlinie, 48 ff; *Schindler* Kapitalkonsolidierung nach dem BiRiLiG 65 ff; HdKR-*Trützschler* Kap. II, 999 ff; ADS 32 f und Vorbem. §§ 290–315, 32 ff.
[100] ADS Vorbem. zu §§ 290–315, 32 ff; *Busse v. Colbe/Ordelheide* Konzernabschlüsse 46 ff; *W. Schruff* Einflüsse der 7. EG-Richtlinie, 61.
[101] *B. v. Colbe/Ordelheide* Konzernabschlüsse 26; ADS 15 ff.

schutzes treten in den Hintergrund. Diese gegenüber dem Jahresabschluß modifizierte Aufgabenstellung führt auch für die **Funktionsweise** der **Generalnorm** zu einer, wenn auch nur geringfügig anderen Beurteilung. Das durch § 297 Abs. 2 Satz 2 geforderte, den tatsächlichen Verhältnissen entsprechende Bild ist in seiner inhaltlichen Ausgestaltung ausschließlich vor dem Hintergrund der Informationsvermittlungsfunktion zu verstehen. In konsequenter Fortentwicklung dieser Überlegung hätte es nahegelegen, der Generalnorm – anders als für den Jahresabschluß – für den Konzernabschluß den Charakter eines overriding principle einzuräumen. Der deutsche Gesetzgeber ist einer solchen Überlegung nicht gefolgt, sondern hat entsprechend den für den Jahresabschluß geltenden Grundsätzen auch für den Konzernabschluß bestimmt, daß das den tatsächlichen Verhältnissen entsprechende Bild durch den Konzernabschluß nach Maßgabe der GoBil und auf der Grundlage der für den Konzernabschluß maßgeblichen Vorschriften zu erstellen ist. Der Konzernabschluß ist unter dem Primat der Einzelvorschriften über Inhalt und Form aufzustellen; diese gehen der Generalnorm nach dem Grundsatz „lex specialis derogat leges generales“[102] vor. Der in Anwendung der geltenden Vorschriften erstellte Konzernabschluß vermittelt im Regelfall das den tatsächlichen Verhältnissen entsprechende Bild; zu den Konsequenzen bei Abweichungen vom sog. Normalbild vgl. Abs. 2 Satz 3 (Rdn. 61). Die Anwendung der konzernrechnungslegungsbezogenen Einzelvorschriften kann zu Kollisionen mit dem durch Abs. 2 Satz 2 geforderten Bild führen. Diese ergeben sich durch Anwendung einerseits der durch § 298 Abs. 1 in Bezug genommenen Vorschriften des Jahresabschlusses, andererseits durch die Vorschriften über den Konzernabschluß, wie z. B. §§ 301, 303 bis 305, 308 bis 310 und 312 und die darin eingeräumten Wahlrechte. Das den tatsächlichen Verhältnissen entsprechende Bild ergibt sich aus der Anwendung der gesetzlichen Vorschriften unter Beachtung für den maßgeblichen GoBil Konzernabschluß. Abs. 2 Satz 2 berechtigt nicht, mit dem Ziel der – vermeintlich – besseren Bildvermittlung von gesetzlichen Vorschriften für den Konzernabschluß abzuweichen.[103]

60 Die Funktionsweise der Generalnorm beschränkt sich somit darauf, eine **Auslegungshilfe** in Zweifelfragen zu geben.[104] Diese Hilfestellung bezieht sich auf die Auslegung unbestimmter Rechtsbegriffe sowie auf die gesetzesergänzende Auslegung zur Lückenfüllung. Im Hinblick auf die geringere gesetzliche Regelungsdichte für den Konzernabschluß kommt der Generalnorm hierfür eine besondere Bedeutung zu.[105] Soweit die Einzelvorschriften Wahlrechte bei der Konsolidierung, Bilanzierung und Bewertung eröffnen, kann deren Ausübung im Einzelfall durch das Postulat der Vermittlung des den tatsächlichen Verhältnissen entsprechenden Bildes beeinflußt werden. Allerdings ist das Primat der Einzelvorschrift zu beachten; sollte ohne die Erläuterung im Konzernanhang zur gewählten Methode die Wahlrechtsausübung im Hinblick auf das durch den Konzernabschluß zu vermittelnde Bild zu irreführenden Ergebnissen oder Aussagen führen, wäre die Wahlrechtsausübung gem. Abs. 2 Satz 2 vorzunehmen.[106] Diese Überlegung wird durch die Informationsfunktion des Konzernabschlusses bedingt; sie verlangt, daß insbesondere Entwicklungstendenzen aus dem gegebenenfalls mehrere Jahre umfassenden Vergleich der Abschlüsse erkennbar werden können.[107]

---

[102] *Larenz* Methodenlehre 255 ff; *Großfeld* Bilanzrecht 22; HdKR-*Baetge/Kirsch* 25; ADS 15.

[103] ADS 35.

[104] Beck BilKomm-*Förschle/Lust/Kroner* 137; ADS 28; *Schildbach* Der handelsrechtliche Konzernabschluß 57 ff.

[105] Begr. RegE. zu § 237 HGB-E, BTDrucks. 10/317, 76.

[106] Vgl. hierzu auch Beck BilKomm-*Förschle/Lust/Kroner* 137; HdKR-*Baetge/Kirsch* 59 ff; *Leffson* WPg 1980, 289.

[107] *Goerdeler* WPg 1973, 517, 524; *Moxter* Bilanzlehre II 65, 98; HuRB-*Leffson* 92; *Claussen* FS Goerdeler 79, 91.

3. Zusätzliche Angaben im Konzernanhang (Abs. 2 Satz 3)

a) **Voraussetzungen.** Zusätzliche Angaben im Konzernanhang werden durch Abs. 2 Satz 3 verlangt, wenn aufgrund **besonderer Umstände** der Konzernabschluß das durch Satz 2 geforderte Bild nicht vermittelt. Diese Ergänzung dient der Vermittlung einer dem true and fair view entsprechenden Information durch den Konzernabschluß, wenn dieser unter Anwendung der ihm maßgeblichen Vorschriften das den tatsächlichen Verhältnissen entsprechende Bild nicht zu vermitteln vermag. Eine Abweichung von den Einzelvorschriften zur Herstellung des geforderten Bildes ist nicht zulässig.[108] Die Regelung entspricht dem Grundsatz des § 264 Abs. 2 Satz 2, auf die Ausführungen dazu kann verwiesen werden (§ 264, 48 ff). Die Sachverhalte, die zu ergänzenden Angaben veranlassen, entsprechen denen, die auch für den Jahresabschluß von Bedeutung sind. Dabei geht es um die Korrektur eines durch den Konzernabschluß vermittelten zu günstigen oder zu ungünstigen Bildes von der Vermögens-, Finanz- oder Ertragslage des Konzerns sowie gegebenenfalls um gesellschaftsrechtlich veranlaßte Sonderfälle.[109] Besondere Umstände, die der Vermittlung des den tatsächlichen Verhältnissen entsprechenden Bildes des Konzerns entgegenstehen, können aus der Entscheidung über die Einbeziehung von Unternehmen in den Konzernabschluß, deren Konsolidierung oder die Bilanzierung oder Bewertung der in den Konzernabschluß zu übernehmenden Vermögensgegenstände und Schuldposten i. S. v. § 300 entstehen. Hierbei handelt es sich um Sachverhalte, die infolge der gesetzlich vorgeschriebenen Berücksichtigung oder Nichtberücksichtigung zu einer Verunklarung des an sich durch den Konzernabschluß zu vermittelnden Bildes führen, da die Eigenart dieser Sachverhalte durch die Normen des HGB nicht hinreichend erfaßt werden[110] und dies durch diese Normen bewußt in Kauf genommen wird. Im Hinblick auf die weithin ausfüllungsbedürftigen Vorschriften über die Konzernrechnungslegung kann es sich hierbei nur um außergewöhnliche Sachverhalte handeln; dies entspricht auch dem Regel-Ausnahme-Verhältnis von Abs. 2 Satz 3 zu den Einzelvorschriften.[111] Besondere Umstände können vorliegen, wenn z. B. durch ungewöhnliche, überwiegend bilanzpolitisch motivierte Maßnahmen die Voraussetzungen für die Konsolidierung geschaffen oder unterbunden werden.[112] Gleiches kann gelten, wenn die Einbeziehung erfolgt, obwohl ein schwebendes Kartellverfahren noch nicht abgeschlossen ist[113] und über diesen Sachverhalt nicht aus anderen Gründen hinreichend im Konzernanhang berichtet wird. Die Einbeziehung von Unternehmen aus Hochinflationsländern oder der Einfluß der Währungsumrechnung gehören nicht zu den nach § 297 Abs. 2 Satz 3 zusätzlich erläuterungspflichtigen Umständen, da im Konzernanhang hierzu ohnehin Erläuterungen zu geben sind.[114] Gleiches gilt für die erfolgsunwirksame Verrechnung des Geschäfts- oder Firmenwertes aus der Kapitalkonsolidierung mit den Rücklagen des Konzerns (§ 309 Abs. 1) oder der Verpflichtung zur Zwischeneliminierung bei assoziierten Unternehmen gem. § 312 Abs. 5 Satz 3;[115] diese Sachverhalte liegen innerhalb der gesetzlich vorgegebenen Gestaltungsmöglichkeiten, die im Rahmen der Konsolidierungsmethoden ohnedies zu erläutern sind. Ebenfalls im Sinne dieser Vorschrift ist der Vorschlag, bei wesentlichen Änderungen des Kon- 61

108 ADS 35; HdKR-*Baetge/Kirsch* 28; *Schildbach* Der handelsrechtliche Konzernabschluß 56.
109 ADS § 264, 116 bis 127.
110 HdKR-*Baetge/Kirsch* 59.
111 Vgl. auch Begr. RegE zu § 275 HGB-EK, BTDrucks. 10/3440, 36.
112 ADS § 264, 117 sowie § 297, 36.
113 Beck HdR-*Gzuk* C 600, 73; Beck-Bil.Komm-*Förschle/Lust/Kroner* 137.
114 Wie hier ADS 36; aM Beck HdR-*Hartle* C 10, 47; HdKR-*Baetge/Kirsch* 60.
115 Beispiele von *v. Wysocki* WPg 1986, 178; Beck BilKomm-*Förschle/Lust/Kroner* § 297 Anm. 136.

solidierungskreises im Laufe des Geschäftsjahres im Konzernanhang hat und Grund der Änderung sowie die Auswirkungen auf die Gewinnrücklagen, das Ergebnis nach Steuern und nach Anteilen anderer Gesellschafter, den Umsatz und bei börsennotierten Unternehmen das Ergebnis je Aktie anzugeben.[115a]

62 **b) Art und Umfang der Angaben.** Zusätzliche Angaben nach Satz 3 werden im Konzernanhang gemacht. Konzernbilanz und Konzern-GuV bleiben von Anpassungen an das den tatsächlichen Verhältnissen entsprechende Bild unberührt. Der Konzernanhang erfährt hierdurch eine wichtige Erläuterungsfunktion (vgl. § 313, 18; § 264, 55 ff). Art und Umfang der Angaben haben sich an der Notwendigkeit, das den *tatsächlichen Verhältnissen* entsprechende Bild herzustellen, auszurichten. Dazu werden vor allem verbale Erläuterungen zu geben sein; in Einzelfällen wird auf eine Konkretisierung durch Zahlen jedoch nicht verzichtet werden können, soweit es auf die Darstellung der Auswirkungen von bestimmten Maßnahmen ankommt. Die Angaben müssen so umfassend gestaltet werden, daß die sonst gegebene Informationslücke beseitigt wird.

V. Darstellung der Lage eines einheitlichen Unternehmens (Abs. 3 Satz 1)

1. Allgemeines

63 Die Vermögens-, Finanz- und Ertragslage der einbezogenen Unternehmen ist im Konzernabschluß so darzustellen, als ob diese Unternehmen insgesamt ein einziges Unternehmen wären, § 297 Abs. 3 Satz 1. Mit dieser Regelung sieht das Gesetz für die Generalnorm zum Konzernabschluß eine Ergänzung und Erweiterung vor, die über die Regelungen des § 264 Abs. 2 hinausgeht und eine **konzernspezifische Konkretisierung** enthält.[116] Die Darstellung, die der Konzernabschluß geben soll, ist demzufolge nicht allein aus der Sicht des den Konzernabschluß aufstellenden Mutterunternehmens zu geben. Der Konzernabschluß soll nicht ein um die Vermögensgegenstände und Schulden der einbezogenen Unternehmen erweiterter Abschluß des Mutterunternehmens sein, sondern die Lage der einbezogenen Unternehmen so darstellen, als ob sie ein einziges Unternehmen wären.[117]

64 Mit Abs. 3 Satz 1 wird Art. 26 Abs. 1 Satz 1 der 7. EG-Richtlinie transformiert. Die in der 7. EG-Richtlinie im Zusammenhang mit der Schuldenkonsolidierung, der Zwischengewinneliminierung sowie der Aufwands- und Ertragskonsolidierung getroffenen Regelung über die Darstellung, als ob die einbezogenen Unternehmen ein einziges Unternehmen wären, wird ihrem Charakter als **Grundlagenbestimmung** entsprechend in § 297 Abs. 3 Satz 1 herausgehoben. Die Bedeutung der Vorschrift für Konsolidierung, Bilanzierung, Bewertung und Gliederung im Konzernabschluß wird hierdurch verstärkt.

2. Hintergrund und Bedeutung der Regelung

65 Die Verpflichtung zur Darstellung der Vermögens-, Finanz- und Ertragslage der einbezogenen Unternehmen unter der Maßgabe, daß diese ein einziges Unternehmen wären, deutet eine **Konkretisierung** der Generalklausel nach Abs. 2 S. 2 an. Inhalt und

---

115a E-DRS 16, 19.

116 *Biener/Berneke* BiRiLiG, 320, Beck BilKomm-*Förschle/Lust/Kroner* 140 f.

117 Begr. RegE zu § 275 HGB-EK, BTDrucks. 10/3440, 36; *Biener/Berneke* BiRiLiG 320; ADS Vorbem. §§ 290–315, 18 ff sowie § 297, 39.

Bedeutung der Regelung im einzelnen, insbesondere die Reichweite des in der Formulierung zum Ausdruck kommenden Einheitsgrundsatzes ist hingegen umstritten.

Die Regelung greift Art. 26 Abs. 1 der 7. EG-Richtlinie nahezu wörtlich auf (vgl. **66**
Rdn. 68). Mit der Regelung wird ein Hinweis darauf gegeben, daß dem Konzept des Konzernabschlusses der **Einheitsgrundsatz** zugrunde liegt. Damit wird eines der theoretischen Modelle bezeichnet, die als Grundkonzeption des Konzernabschlusses dienen. Dem Modell liegt die Überlegung zugrunde, daß der Konzernabschluß aus den Jahresabschlüssen der rechtlich selbständigen Unternehmen entwickelt wird und einen eigenständigen Abschluß der Gesamtheit der Konzernunternehmen abbilden soll, der unbeschadet der rechtlichen Selbständigkeit der einbezogenen Unternehmen eine wirtschaftliche Einheit zum Gegenstand hat.[118] Diese Konzeption geht davon aus, daß das Mutterunternehmen die Kontrolle und Leitungsmacht über das Vermögen aller einbezogenen Tochterunternehmen ausübt und diese der wirtschaftlichen Disposition des Mutterunternehmens unterliegt; die Unternehmen nehmen deswegen wirtschaftlich den Charakter von unselbständigen Betriebsstätten ein.[119] Daraus folgt, daß im Konzernabschluß sämtliche Vermögensgegenstände und Schulden der einbezogenen Unternehmen insgesamt und nicht nur dem Anteil des Mutterunternehmens entsprechend anzusetzen sind; die Konzern-Gewinn- und Verlustrechnung hat die Aufwendungen und Erträge der einbezogenen Unternehmen ebenfalls ungeteilt abzubilden. Für den Anteil anderer Gesellschafter am Kapital der einbezogenen Tochterunternehmen wird ein Sonderausweis vorgenommen; damit wird dem von diesen Gesellschaftern den Konzernunternehmen zur Verfügung gestellten Eigenkapital Rechnung getragen.

Die Einheitstheorie steht im Gegensatz zur **Interessentheorie**. Nach der Modell- **67**
konzeption der Interessentheorie ist der Konzernabschluß am Interesse der Anteilseigner des Mutterunternehmens auszurichten. Der konsolidierte Abschluß ist ein Abschluß des Mutterunternehmens, der um die Vermögensgegenstände und Schulden der einbezogenen Unternehmen entsprechend dem Anteil erweitert wird, in dem das Mutterunternehmen an den Tochterunternehmen beteiligt ist. Andere Gesellschafter werden von diesem Blickwinkel aus als Fremdkapitalgeber betrachtet, die den Anteil der nicht auf die Gesellschafter des Mutterunternehmens entfallenden Anteile am Vermögen finanzieren.[120] Als konsequente Umsetzungsform der Interessentheorie wird die Quotenkonsolidierung verstanden, nach der die Vermögensgegenstände und Schulden des Beteiligungsunternehmens nur nach dem Anteil der Beteiligung des Mutterunternehmens in den Konzernabschluß übernommen werden.

Die Regelung in Art. 26 Abs. 1 der 7. EG-Richtlinie, die im deutschen Recht ihre **68**
Umsetzung in § 297 Abs. 1 S. 1 gefunden hat, schreibt vor, daß im Konzernabschluß die Lage der einbezogenen Unternehmen so dargestellt werden soll, als ob diese Unternehmen insgesamt ein einziges Unternehmen wären. Dies wird in der Literatur z. T. zum Anlaß genommen, hierin eine **Kodifikation** der **Einheitstheorie** zu sehen.[121] Diese Auffassung hat sich letztlich nicht durchsetzen können. Dies ergibt sich u. a. aus den übrigen gesetzgeberischen Festlegungen zum Konzernabschluß. Diese lassen

---

118 ADS Vorbem. §§ 290–315, 19; *B. v. Colbe/Ordelheide* Konzernabschlüsse 40; *Wentland* Die Konzernbilanz als Bilanz der wirtschaftlichen Einheit Konzern 54 ff.

119 ADS Vorbem. §§ 290–315, 19.

120 ADS Vorbem. §§ 290–315, 21 f; *Baetge/Kirsch/Thiele* Konzernbilanzen 10 ff.

121 *Havermann* FS Goerdeler 177, 179; *Niehus/Scholz* GmbHG §§ 41,42, 238–315 HGB, 1069; *Baetge/Kirsch/Thiele* Konzernbilanzen 56 m. w. N.

zwar in einer Vielzahl von Vorschriften erkennen, daß die Modellkonzeption der Einheitstheorie eine wesentliche Bedeutung gehabt hat. Auf die Einheitstheorie können zurückgeführt werden

- Kapitalkonsolidierung nach der Erwerbsmethode, § 301,
- Ausweis des auf andere Gesellschafter entfallenden Eigenkapitals in einem gesonderten Posten, § 307,
- Schuldenkonsolidierung, § 303,
- Verpflichtung zum Weglassen konzerninterner Zwischenergebnisse, § 304,
- Aufstellung einer Konzern-Gewinn- und Verlustrechnung in voll konsolidierter Form, § 305,
- Einheitliche Bilanzierung und Bewertung im Konzernabschluß, §§ 300, 308,
- Einbeziehung aller Tochterunternehmen ohne Rücksicht auf Rechtsform und Sitz, § 294.

Nicht mit der Einheitstheorie in Einklang gebracht werden können hingegen die Regelungen[122] über

- den Ausweis des nur auf das Mutterunternehmen entfallenden Teils des Geschäfts- oder Firmenwertes nach § 301 Abs. 3 i. V. m. Abs. 1,
- die anteilsmäßige Konsolidierung von Unternehmen nach § 310.

69 Hieraus folgt, daß die Regelungen der 7. EG-Richtlinie und demzufolge die Vorschriften des deutschen Rechts nicht allein der Einheitstheorie folgen. Die Regelungen lassen vielmehr unterschiedliche Regelungsansätze erkennen. Hinzu kommen die durch die neuere Literatur gewonnenen Erkenntnisse, die zu einer Annäherung der Einheitstheorie an eine Interessentheorie mit Vollkonsolidierung geführt haben.[123] Infolgedessen kann es nicht sachgerecht sein, die auf Einheitlichkeit zielenden Regelungen von Abs. 3 S. 1 allein als durch die Einheitstheorie begründet anzusehen. Vor dem Hintergrund dieser theoretischen Überlegungen ist der Regelung die Verpflichtung auf den **Einheitsgrundsatz** zu entnehmen, der losgelöst von einer strengen Festlegung auf methodische Grundüberlegungen richtungsweisend für Darstellungen im Konzernabschluß ist.[124]

3. Inhalt

70 Nach Abs. 3 S.1 besteht die Verpflichtung, im Konzernabschluß die Lage der einbezogenen Unternehmen so darzustellen, als ob sie ein einziges Unternehmen wären. Die Regelung enthält eine **Fiktion**, deren Inhalt und Reichweite zu bestimmen ist. Nach dem Wortlaut der Vorschrift gilt der Grundsatz bei den Darstellungen im Konzernabschluß. Der Gesetzgeber hat einen allgemeinen Begriff verwendet, ohne damit zu verdeutlichen, in welchem Rahmen er Anwendung finden soll. Im Konzernabschluß kann eine zweckorientierte Darstellung in allen Formen erfolgen, deren Inhalt nicht durch gesetzliche Vorschriften oder Grundsätze ordnungsmäßiger Buchführung bestimmt ist. Die Anwendung bezieht sich daher vor allem auf die Regelungen, deren Anwendung eine Auslegung von Begriffen oder Zusammenhängen erfordert; sie kommt ferner in Betracht, wenn es um die Ausfüllung von Lücken des Gesetzes geht.

71 Vor diesem Hintergrund kann dem Einheitsgrundsatz **nicht** die Bedeutung eines **overriding principle** beigemessen werden. Der Anwendungsbereich der Norm ist bestimmt und beschränkt durch die Regelungen, die sich aus den Einzelvorschriften über den Konzernabschluß ergeben. Demnach gehen die kodifizierten Regelungen

---

[122] *Baetge/Kirsch/Thiele* Konzernbilanzen 13 f.

[123] *Baetge/Kirsch/Thiele* Konzernbilanzen 13 f; *Ruppert* Währungsumrechnung 19 ff.

[124] *Baetge/Kirsch/Thiele* Konzernbilanzen 13 f, 56 ff; ADS 39.

vor, auch wenn sie im Einzelfall dem Einheitsgrundsatz sogar widersprechen sollten (z. B. § 300 Abs. 2 S. 3, § 308 Abs. 2 S. 2 ff, Abs. 3). Die Fiktion des Einheitsgrundsatzes ist jedoch als Richtlinie bei der Ausfüllung von Lücken heranzuziehen, wie sie insbesondere bei der Konsolidierung auftreten können.[125]

Die Regelung hat Bedeutung bei der Anwendung und **Auslegung** der Generalklausel in § 297 Abs. 2 S. 2. Orientiert am Wortlaut der Regelung ist es in der Tat naheliegend, sie im Zusammenhang mit der Darstellung der Vermögens-, Finanz- und Ertragslage anzuwenden. Sie steht zum einen in unmittelbarem Zusammenhang mit den Regelungen der Generalklausel. Diese haben Bedeutung als Auslegungshilfe sowie als Direktive für Darstellungen im Konzernanhang, die dann erforderlich werden, wenn das den tatsächlichen Verhältnissen entsprechende Bild bei Anwendung der gesetzlichen Vorschriften und der Grundsätze ordnungsmäßiger Buchführung nicht vermittelt werden konnte, Abs. 2 S. 3. **72**

Die Bedeutung von Abs. 3 S. 1 wird von einzelnen Autoren in **Zweifel** gezogen. Sie argumentieren insbesondere vor dem Hintergrund und der Stellung von Art. 26 Abs. 1 EG-Richtlinie, die den Hinweis auf den Einheitsgrundsatz im engen Zusammenhang mit Regelungen über Einzelfragen der Konsolidierung regelt. Hieraus wird geschlossen, daß sich die Bedeutung des Einheitsgrundsatzes in Regelungen über die Konsolidierung erschöpft.[126] Dieser Auffassung ist zwar weitgehend im Ergebnis, nicht aber in der Begründung zuzustimmen. Nach der oben (Rdn. 69) dargestellten Auffassung hat Abs. 3 S. 1 vorrangig Bedeutung in den gesetzlich nicht abschließend geregelten Bereichen, wie der Konsolidierung.[127] **73**

Die Regelung betrifft die Darstellung der **einbezogenen Unternehmen** im Konzernabschluß. Sie ist vor dem Hintergrund der Technik der Zusammenfassung der Jahresabschlüsse der rechtlich selbständigen Unternehmen in einem Konzernabschluß zu verstehen, für den die Zielrichtung formuliert wird, diese Zusammenfassung wie den Abschluß eines einzigen Unternehmens abzubilden. Vom Geltungsbereich der Norm werden deswegen nur die in den Konzernabschluß einbezogenen Unternehmen erfaßt. Das sind die Unternehmen, deren Abschlüsse im Wege der Konsolidierung im Konzernabschluß zusammengefaßt werden. Dies gilt für Unternehmen, die im Wege der Vollkonsolidierung einbezogen werden; die entsprechende Anwendung der Regelungen für Unternehmen, die anteilmäßig einbezogen werden, ist denkbar.[128] Der einbezogene Teil eines anteilig konsolidierten Unternehmens ist im Konzernabschluß so darzustellen, als ob es sich um ein einziges Unternehmen handelt. Die Bewertung der Anteile assoziierter Unternehmen unterliegt indes nicht Abs. 3 S. 1. **74**

Entsprechend der inhaltlichen Aussage der Fiktion haben die Darstellungen im Konzernabschluß das Bild eines **einzigen Unternehmens** zum Gegenstand. Die Fiktion regelt nicht, ob dabei vom Bild eines **wirtschaftlich** oder **rechtlich** einheitlichen Unternehmens auszugehen ist. Es ist überwiegende Auffassung, daß sich die Darstellung am Bild eines wirtschaftlich einheitlichen Unternehmens auszurichten habe.[129] Demgegenüber wird auch die Fiktion der rechtlichen Einheit vertreten.[130] Die Frage **75**

---

125 *Havermann* FS Goerdeler 173, 178; *B. v. Colbe* ZfbF 1985, 767; *Sahner* ZfbF 1981, 711, 714.

126 *Baetge/Kirsch/Thiele* Konzernbilanzen 57 f; *Ruppert* Währungsumrechnung 72 f.

127 ADS 39; weitergehend *Trützschler* Konsolidierungsgrundsätze 629 f.

128 so auch *Baetge/Kirsch/Thiele* Konzernbilanzen 58 f.

129 *B. v. Colbe/Ordelheide* Konzernabschlüsse 40 ff; *Wentland* Die Konzernbilanz als Bilanz der wirtschaftlichen Einheit Konzern 54 ff; ADS Vorbem. §§ 290–315, 19.

130 Bonner HdR-*Albrecht* 10 ff; *Niehus/Scholz* GmbHG §§ 238–335 HGB, 1069.

wird durch die Vorschriften über den Konzernabschluß beantwortet. Sie regeln die Zusammenfassung der Jahresabschlüsse rechtlich selbständiger Unternehmen unter der Vornahme von Konsolidierungsmaßnahmen und der einheitlichen Bilanzierung und Bewertung nach Maßgabe des Rechts, das auf den Jahresabschluß des Mutterunternehmens anzuwenden ist. Die Abschlüsse der einbezogenen Unternehmen werden dort mit dem Abschluß des Mutterunternehmens zusammengefaßt; in den zugrunde liegenden Vorschriften wird nicht unterstellt, daß ein Transfer von Vermögensgegenständen und Schulden zu einem einheitlichen Unternehmen erfolgte. Unter dieser Prämisse steht auch die Ermittlung der steuerlichen Belastung des Konzerns. Die Steuern ergeben sich aus den Jahresabschlüssen der einbezogenen Unternehmen, korrigiert um die Abgrenzung von Steuerbeträgen. Eine Steuerberechnung auf der fiktiven Grundlage der rechtlichen Einheit erfolgt nicht.[131]

VI. Stetigkeit der Konsolidierungsmethoden, Abs. 3 S. 2 bis 5

1. Stetigkeitsgrundsatz, Abs. 3 S. 2

76 Nach Abs. 3 S. 2 besteht die Verpflichtung, die auf den vorherigen Konzernabschluß angewandten Konsolidierungsmethoden beizubehalten. Die Regelung ist als „Soll"-Vorschrift ausgestaltet; die Ausnahmen sind in Satz 3 geregelt. Die Vorschrift dient dazu, die **Vergleichbarkeit** der aufeinander folgenden Konzernabschlüsse sicher zu stellen.[132] Die Konzernabschlüsse sind im Zeitablauf nur dann mit einander vergleichbar, wenn den Abschlüssen dieselben Methoden zugrunde gelegt wurden oder im Falle einer Abweichung die Tatsache der Abweichung und ihre Auswirkungen angegeben und erläutert werden. Dies ist durch Sätze 4 und 5 vorgeschrieben. Die Regelungen beruhen auf Art. 25 Abs. 1 und 2 der 7. EG-Richtlinie.

77 Gegenstand der Regelungen sind die **Konsolidierungsmethoden**. Für diese wird damit eine entsprechende Verpflichtung aufgenommen, wie sie für die Anwendung der Bilanzierungsmethoden aus §§ 298 Abs. 1 i.V.m. 265 Abs. 1, für die Anwendung der Bewertungsmethoden aus §§ 298 Abs. 1 i.V.m. 252 Abs. 1 Nr. 6 und Abs. 2 folgt.[133] Zu den Konsolidierungsmethoden gehören alle Vorschriften, Verfahren und Wahlrechte, die anzuwenden sind oder angewendet werden können, um die Einbeziehung von Unternehmen in den Konzernabschluß und die Zusammenfassung der Vermögensgegenstände und Schulden im Konzernabschluß erreichen zu können. Dazu gehören auch die vorgeschriebenen Konsolidierungsmaßnahmen.[134]

78 Zu den Konsolidierungsmethoden gehören im einzelnen die **gesetzlich definierten Methoden** über die Kapitalkonsolidierung (§§ 301, 302), die Schuldenkonsolidierung (§ 303), die Eliminierung der Zwischenergebnisse (§ 304) sowie das Weglassen von Aufwendungen und Erträgen aus konzerninternen Vorgängen (§ 305), die Behandlung von Unterschiedsbeträgen (§ 309) sowie die Konsolidierung von Gemeinschaftsunternehmen nach der Methode der anteilmäßigen Konsolidierung, § 310. Ferner gehören zu den Konsolidierungsmethoden alle **nicht geregelten Verfahren**, die bei der Aufstellung des Konzernabschlusses zur Anwendung kommen und ihre Grundlage im

[131] ADS 41; a.M. *Hennig* Bilanzierung latenter Steuern 248.

[132] ADS 45; Beck BilKomm-*Förschle/Lust/Kroner* 150.

[133] ADS 46; Beck-BilKomm-*Förschle/Lust/Kroner* 150.

[134] HdKR-*Baetge/Kirsch* 75 f; Beck HdR-*Hartle* C 10, 192; ADS 49.

Einheitsgrundsatz finden (Abs. 3 S. 1).[135] Nach überwiegender Auffassung gehört zu den Konsolidierungsmethoden auch die in § 312 geregelte Methode zur Bewertung der Anteile an assoziierten Unternehmen.[136] Dies wird damit begründet, daß auch die sog. Equity-Methode ein Verfahren bei Erstellung des Konzernabschlusses darstellt.[137] Folgerichtiger ist indes, die Anwendung der Equity-Methode dem Stetigkeitsgebot für Bewertungsvorschriften zu unterwerfen, da es bei Anwendung von § 312 nicht um die Einbeziehung eines Unternehmens durch Übernahme der Vermögensgegenstände und Schulden in den Konzernabschluß geht, sondern um eine an die Konsolidierungsvorschriften angenäherte Bewertung. Im Hinblick auf die weitgehend identischen Rechtsfolgen braucht dieser Differenzierung keine wesentliche Bedeutung beigemessen zu werden.

Abs. 3 S. 2 schreibt die Beibehaltung der auf den vorangehenden Konzernabschluß angewendeten Methoden vor. Er regelt damit die **Stetigkeit** im *zeitlichen Sinne*. Sie beinhaltet die Verpflichtung, die auf einen bestimmten Sachverhalt im Konzernabschluß des Vorjahres angewandte Konsolidierungsmethode beizubehalten und methodenkonform fortzuentwickeln. Abs. 3 S. 2 enthält keine Grundlage für die Stetigkeit im *sachlichen Sinne*, also mit dem Inhalt, in demselben Konzernabschluß vergleichbare Sachverhalte nach derselben Konsolidierungsmethode zu behandeln. Eine Verpflichtung hierzu kann nur dem allgemeinen Grundsatz, daß der Konzernabschluß ein den tatsächlichen Verhältnissen entsprechendes Bild der Vermögens-, Finanz- und Ertragslage zu vermitteln und dabei den Einheitsgrundsatz zu beachten hat, entnommen werden.[138] **79**

Der Stetigkeitsgrundsatz kommt bei Bilanzierungsentscheidungen zum Tragen, bei denen ein **Wahlrecht** zur Anwendung unterschiedlicher Methoden besteht. Ist die Anwendung einer bestimmten Konsolidierungsvorschrift zwingend vorgeschrieben, und muß deswegen im Zeitablauf von einer zuvor angewendeten Methode abgewichen werden, greift das Stetigkeitsgebot nicht ein. **80**

2. Abweichungen vom Stetigkeitsgebot, Abs. 3 S. 3

Abs. 3. S. 2 schreibt die Beachtung des Stetigkeitsgebots als Sollvorschrift vor. Nach allgemeinen Auslegungsgrundsätzen für Vorschriften der Rechnungslegung folgt aus einer Sollvorschrift eine Folgepflicht, wenn ihre Beachtung aufgrund der Umstände des Sachverhalts möglich ist. Diese Überlegung greift S. 3 mit der **Ausnahmeregelung** auf, Abweichungen von der Regelung in Abs. 3 S. 2 seien in Ausnahmefällen zulässig.[139] Die Zulassung von Abweichungen soll bei der Aufstellung des Konzernabschlusses eine gewisse Flexibilität gewähren, um auf mögliche Veränderungen reagieren zu können. Wird diese Regelung in Anspruch genommen, ist hierüber im Konzernanhang zu berichten, S. 4 und 5, vgl. Rdn. 84. **81**

Das Stetigkeitsgebot gilt bei der **Abweichung** in der Ausübung von Wahlrechten, die bei der Konsolidierung zur Verfügung stehen, wie z. B. für die Wahl der Methode bei der Kapitalkonsolidierung (Buchwertmethode oder Neubewertungsmethode) oder die Entscheidung über den Ansatz oder die Verrechnung eines verbliebenen oder entstandenen Unterschiedsbetrags. Ein weiteres Wahlrecht besteht z. B. bei der Anwendung der Methode zur anteilsmäßigen Konsolidierung nach § 310. Nicht zu den **82**

---

135 Beck BilKomm-*Förschle/Lust/Kroner* 150; ADS 52.
136 WP-Handbuch 2000 I M 710; Beck HdR-*Hartle* C 10, 192.
137 ADS 51.
138 WP-Handbuch 2000 I M 11; ADS 47; Beck BilKomm-*Förschle/Lust/Kroner* 151.
139 *Biener/Berneke* BiRiLiG 320.

Anwendungsfällen gehören Veränderungen der Lebenssachverhalte, die zur Anwendung unterschiedlicher Methoden veranlassen (Zuerwerb oder Veräußerung von Anteilen und Überschreiten einer konsolidierungsrechtlich relevanten Schwelle).

83 In Fällen, in denen das Stetigkeitsgebot zur Anwendung kommt, sind Abweichungen von den bisher angewandten Konsolidierungsmethoden nur im **Ausnahmefall** zulässig. Die Beschränkung auf Ausnahmefälle schließt die willkürliche Methodenentscheidung aus. Die Änderung ist nur zulässig, sofern sie durch wichtige Gründe verlangt wird; die Gründe sind nach Abs. 3 S. 4 im Konzernanhang anzugeben. Wichtige Gründe sind gegeben, wenn bei der Aufstellung des Konzernabschlusses für die Zukunft auf die Anwendung bisher verwendeter Erleichterungsvorschriften verzichtet wird, da dies der Verbesserung der Lagedarstellung im Konzernabschluß dient.[140] Da die Zulassung einer Stetigkeitsdruchbrechung einen Ausnahmefall darstellt, ist zu beachten, daß nur eine restriktive Anwendung der Vorschrift in Betracht kommt.[141]

3. Angaben und Begründung im Konzernanhang, Abs. 3 S. 4 und 5

84 Die Anwendung der Ausnahmevorschrift in S. 3 verpflichtet dazu, die Abweichungen im **Konzernanhang** anzugeben und zu begründen, S. 4. Der Einfluß der Abweichungen auf die Vermögens-, Finanz- und Ertragslage des Konzerns ist anzugeben, S. 5. Die Regelung dient der Erläuterung bei Stetigkeitsunterbrechungen, um damit die Vergleichbarkeit der nach unterschiedlichen Konsolidierungsmethoden aufgestellten Konzernabschlüsse zu ermöglichen.[142] Sie beinhaltet eine gewisse Überschneidung mit § 313 Abs. 1 S. 2 Nr. 3, der ebenfalls vorschreibt, daß Abweichungen von den angewendeten Methoden angegeben und begründet werden müssen und deren Einfluß auf die Lage des Konzerns gesondert darzustellen ist; vgl. § 313, 97. Die Grenzen der Erläuterungspflicht werden durch den Grundsatz der **Wesentlichkeit** bestimmt, nach dem es entbehrlich ist, über unwesentliche Sachverhalte zu berichten.[143]

85 Die gesetzliche Regelung verlangt zunächst die **Angabe** der Abweichung. Zum Begriff der Angabe vgl. § 313, 33. Die Angabe muß erkennbar machen, welche Methode bisher angewandt wurde und welche zukünftig angewendet werden soll, ferner, daß es sich um eine Abweichung von der Konsolidierungsmethode handelt. Betrifft die neue Methode nur einzelne Aspekte eines Sachverhalts oder einer Methode, ist ferner der Anwendungsbereich der neuen Methode kenntlich gemacht werden.

86 Die für die Anwendung von S. 3 erforderliche **Begründung** muß ebenfalls angegeben werden. Zum Begriff der Begründung vgl. § 313, 33. Begründung ist die Angabe der Gründe für die sachliche Rechtfertigung der vorgenommenen Änderung. Durch diese Erläuterung soll Inhalt und Tragweite der beiden Methoden und die Auswirkungen der Veränderung offen gelegt und nachvollziehbar gemacht werden.[144] Ein pauschaler Hinweis auf die Verbesserung der Darstellung der Vermögens-, Finanz- und Ertragslage alleine reicht i. d. R. als Begründung nicht aus.

87 S. 5 verlangt die Angabe des **Einflusses** der **Abweichung** auf die Vermögens-, Finanz- und Ertragslage des Konzerns. Die Angabe dient dazu, die wirtschaftlichen Auswirkungen der Methodenänderung nachvollziehbar zu machen. Diese werden durch die Beschreibung des Methodenwechsels allein nicht deutlich; es sind quantitative Angaben erforderlich, die die Auswirkungen auf die einzelnen Lagebestandteile

---

140 ADS 54; Bonner HdR-*Albrecht* 15.
141 HdKR-*Baetge/Kirsch* 82, 83.
142 *Biener/Berneke* BiRiLiG 320; WP-Handbuch 2000 I M 714; ADS 57.
143 ADS 59.
144 *Biener/Berneke* BiRiLiG 254; Bonner HdR-*Albrecht* 16.

verdeutlichen.[145] Ist die exakte Quantifizierung im Einzelfall nicht möglich, müssen hinreichend genaue Näherungswerte angegeben werden, die ein Bild davon vermitteln, wie sich die Lage des Konzerns bei Beibehaltung der Methode darstellen würde.[146] Für die Angabe sind Folgewirkungen (z. B. gegenläufige Ergebnisentwicklungen in den Folgejahren) oder Auswirkungen auf latente Steuern (§ 306) zu berücksichtigen.

Erfolgen im Konzernabschluß mehrere Abweichungen von bisher angewendeten Konsolidierungsmethoden, bietet sich die **Zusammenfassung** der Angabe, Begründung und der Darstellung der Auswirkungen an. Hierzu wird vorgeschlagen, die Auswirkungen aller Abweichungen zusammenzufassen und lediglich den Saldo anzugeben.[147] Eine solche Darstellung genügt indes nicht den Anforderungen von S. 5, die nicht erkennen läßt, daß das Gesetz sich mit der Angabe der insgesamt auftretenden Auswirkungen, gegebenenfalls dargestellt in einem Saldoposten begnügen wollte. Im Grundsatz ist daher von der Verpflichtung auszugehen, die Auswirkungen im einzelnen anzugeben. Dies wird insbesondere dann erforderlich sein, wenn es darum geht, die Auswirkungen gegenläufig wirkender Maßnahmen erkennbar zu machen. Im Hinblick auf den Grundsatz der Wesentlichkeit ist es vertretbar, im Einzelfall nicht wesentliche Auswirkungen in einem der drei Lagebereiche zusammengefaßt darzustellen. **88**

VII. Sanktionen

Die Verletzung von § 297 Abs. 2 und 3 ist durch § 334 Abs. 1 Nr. 2b als **Ordnungswidrigkeit** mit Bußgeld bedroht. Eine wortgleiche Sanktionsdrohung findet sich für den Bereich des PublG in § 20 Abs. 1 Nr. 2b PublG. Neben diese spezifische Androhung tritt die Strafandrohung nach § 331 Nr. 2, wenn die Verhältnisse des Konzerns im Konzernabschluß verschleiert werden. **89**

Im Gegensatz zum Jahresabschluß unterliegt der Konzernabschluß keiner allgemeinen zivilrechtlichen Sanktion bei Verstößen, wie sie für den Jahresabschluß durch die Vorschriften über die Nichtigkeit (§ 256 AktG) bestehen. **90**

§ 298

Anzuwendende Vorschriften. Erleichterungen

(1) Auf den Konzernabschluß sind, soweit seine Eigenart keine Abweichung bedingt oder in den folgenden Vorschriften nichts anderes bestimmt ist, die §§ 244 bis 256, §§ 265, 266, 268 bis 275, §§ 277 bis 283 über den Jahresabschluß und die für die Rechtsform und den Geschäftszweig der in den Konzernabschluß einbezogenen Unternehmen mit Sitz im Geltungsbereich dieses Gesetzes geltenden Vorschriften, soweit sie für große Kapitalgesellschaften gelten, entsprechend anzuwenden.

---

[145] HdKR-*Baetge/Kirsch* 85; Bonner HdR-*Albrecht* 17; ADS 61.

[146] WP-Handbuch 2000 I M 714; Beck BilKomm-*Förschle/Lust/Kroner* 153.

[147] ADS 63 unter Berufung auf *Biener/Berneke* BiRiLiG 255.

(2) In der Gliederung der Konzernbilanz dürfen die Vorräte in einem Posten zusammengefaßt werden, wenn deren Aufgliederung wegen besonderer Umstände mit einem unverhältnismäßigen Aufwand verbunden wäre.

(3) Der Konzernanhang und der Anhang des Jahresabschlusses des Mutterunternehmens dürfen zusammengefaßt werden. In diesem Fall müssen der Konzernabschluß und der Jahresabschluß des Mutterunternehmens gemeinsam offengelegt werden. Bei Anwendung des Satzes 1 dürfen auch die Prüfungsberichte und die Bestätigungsvermerke jeweils zusammengefaßt werden.

Übersicht

Schrifttum

(Vgl. auch die Angaben bei §§ 297 und 301). *Brakensiek/Hütten* Gliederung von Bilanz und GuV in einem befreienden Konzernabschluß, BB 1999, 1108; *B. v. Colbe* Die neuen Rechnungslegungsvorschriften aus betriebswirtschaftlicher Sicht, WPg 1987, 117; *ders.* Eigenkapitalveränderungsrechnung nach dem E-DRS 7, BB 2000, 2405; Deutscher Standardisierungsrat (DSR) Deutscher Rechnungslegungs Standard Nr. 7 (E-DRS 7), Darstellung des Konzerneigenkapitals (Stand: 2. 10. 2000); *Gelhausen/Gelhausen* Gedanken zur Behandlung des Eigenkapitals im Konzernabschluß, Festschrift für K.-H. Forster (1992) S. 215; *Harms* Ausweisfragen bei der Bewertung „at equity", BB 1987, 935; *IDW* Entwurf einer Stellungnahme: Zur Währungsumrechnung im Konzernabschluß, WPg 1998, 549; *IDW* HFA Entwurf einer Verlautbarung zur Währungsumrechung im Jahres- und Konzernabschluß, WPg 1984, 585; *IDW* HFA Geänderter Entwurf einer Verlautbarung zur Währungsumrechung im Jahres- und Konzernabschluß, WPg 1986, 664; *Klein* Die Aufwertung und das Realisationsprinzip, DB 1970, 1745; *Krumnow/Sprissler/Belavite-Hövermann/Steinbrücker* Rechnungslegung der Kreditinstitute (1994); *Küting/Brakensiek/Wirth* Außerplanmäßige Abschreibung: Neue Tendenzen in der US-amerikanischen Rechnungslegung, BB 2000, 2459; *Küting/Zündorf* Die Equity-Methode im deutschen Bilanzrecht, BB 1986 Beil. 7; *dies.* Die konzerninterne Verschmelzung und ihre Abbildung im konsolidierten Abschluß, BB 1994, 1383; *Lachnit/Ammann* Währungsumrechnung als Problem einer tatsachengetreuen Darstellung der wirtschaftlichen Lage im Konzernabschluß, WPg 1998, 751; *Lind/Faulmann* Die Bilanzierung von Eigenkapitalbeschaffungskosten nach IAS, US-GAAP und HGB, DB 2001, 601; *Lück* Die Umrechnung der Jahresabschlüsse ausländischer Konzerngesellschaften und die Behandlung von Umrechnungsdifferenzen für die Aufstellung internationaler Konzernabschlüsse (1974); *Maret/Wicher* Fremdwährungsumrechnung – Neues aus den USA, DB 1982, 1941; *K. Müller* Die Währungsumrechnung im Rahmen der internationalen Konzernrechnungslegung zur Entwicklung von Grundsätzen ordnungsmäßiger Währungsumrechnung und eines darauf aufbauenden Umrechnungsvorschlages unter Berücksichtigung der derzeitigen internationalen Diskussion (1985); *Mujkanovic/Hehn* Währungsumrechnung im Konzern nach International Accounting Standards, WPg 1996, 605; *Oser* Pflicht zur (Neu-)Bildung der Rücklage für eigene Aktien im Konzernabschluß, DB 1999, 1125; *Peemöller/Husmann* Stand und Entwicklung der Währungsumrechnung ausgewählter Konzerne in Deutschland, DB 1996, 101; *Rößler/Doetsch/Heger* Auslagerung von Pensionsverpflichtungen im Rahmen einer Bilanzierung gemäß SFAS bzw. IAS, BB 1999, 2498; *Ruppert* Währungsumrechnung im Konzernabschluß (1993); *Schülen* Die Aufstellung des Anhangs, WPg 1987, 223; *v. Treuberg/Angermeyer* Jahresabschluß von Versicherungsunternehmen (1995); *Tönnies/Schiersmann* Die Zulässigkeit von Bewertungseinheiten in der Handelsbilanz, DStR 1997 Teil I S. 714, Teil II S. 756; *Zilleisen* Zur Praxis der Währungsumrechung deutscher Konzerne – Ergebnisse einer empirischen Untersuchung, bewertet unter besonderer Berücksichtigung der aktuellen Entwicklung in den USA, DBW 1982, 533; *Zündorf* Der Anlagespiegel im Konzernabschluß (1990).

I. Grundlagen

1. Regelungsgegenstand und Zweck

1 Die Regelungen über Form und Inhalt des Konzernabschlusses enthalten keine eigenständigen Vorschriften über Bilanzansätze, die Bewertung oder die Gliederung. Für die Konzernrechnungslegung begnügt sich das Gesetz mit einer umfassend ausgestalteten **Verweisung** auf die Vorschriften für den **Jahresabschluß**. § 298 Abs. 1 ist die Grundlagenvorschrift für die Regelungen über die Bilanzierung, Bewertung und Gliederung des Konzernabschlusses zur Ausfüllung der Grundlagennorm über den Inhalt des Konzernabschlusses in § 297 Abs. 1.

2 Für den Konzernabschluß kommen die Vorschriften über den Jahresabschluß zur Anwendung, die in Abs. 1 abschließend aufgeführt und in Bezug genommen sind. Sie gelten für die Aufstellung des Konzernabschlusses entsprechend, soweit nicht die **Eigenart des Konzernabschlusses** eine Abweichung bedingt oder in den nachfolgenden Vorschriften über den Konzernabschluß etwas anderes bestimmt ist. Außer den Vorschriften über die Rechnungslegung in Bilanz und Gewinn- und Verlustrechnung kommen Vorschriften zur Anwendung, die für die Rechtsform und den Geschäftszweig der in den Konzernabschluß einbezogenen Unternehmen mit Sitz im Geltungsbereich des Gesetzes anzuwenden sind.

3 Maßgebend sind die für **große Kapitalgesellschaften** geltenden Vorschriften. Die Erleichterungsvorschriften für kleine und mittlere Kapitalgesellschaften sind in der Auflistung der anzuwendenden Vorschriften nicht enthalten.

4 Abs. 1 dient mit dem Verweis auf die Vorschriften für den Jahresabschluß einerseits der gesetzestechnischen **Vereinfachung**, eine selbständige Regelung der sonst regelungsbedürftigen Sachverhalte zu vermeiden. Das Gesetz selbst kann andererseits hierdurch übersichtlicher gestaltet werden. In materieller Hinsicht bewirkt diese Regelung eine **Vereinheitlichung** der Berichterstattung im Jahres- und Konzernabschluß. Die Vergleichbarkeit der Abschlüsse wird dadurch erhöht, ferner bauen die Abschlüsse formal und inhaltlich konsequent aufeinander auf.

5 Der eigenständige **Regelungsgehalt** von § 298 ist gering. Von Bedeutung ist der Vorbehalt einerseits der konzernspezifischen Sonderregelungen, die den Charakter von leges speciales aufweisen, andererseits die Anwendung der Normen über den Jahresabschluß unter Beachtung der Eigenart des Konzernabschlusses. Das bedingt, daß für die in Bezug genommenen Einzelvorschriften zu analysieren ist, inwieweit sie durch die Eigenart des Konzernabschlusses eine Anpassung erfahren.

6 **Abs. 2** enthält eine konzernrechtliche Sonderregelung, die **Vorräte** in einem Posten zusammen fassen zu dürfen. Die Abweichung vom Gliederungsschema des § 266 ist zulässig, sofern die Aufgliederung wegen besonderer Umstände mit einem unverhältnismäßigen Aufwand verbunden wäre (vgl. Rdn. 154 ff).

7 Der Vereinfachung der **Darstellung** dient die Regelung im **Abs. 3**. Die Zusammenfassung von Anhang und Konzernanhang vermeidet die Wiederholung von gegebenenfalls identischen Darstellungen im Jahres- und Konzernabschluß, S. 1. Wird von

diesem Recht Gebrauch gemacht, sind der Jahres- und Konzernabschluß gemeinsam nach § 325 offen zu legen. Macht das Mutterunternehmen von der Erleichterung nach S. 1 Gebrauch, ist der Abschlußprüfer berechtigt, die Prüfungsberichte und die Bestätigungsvermerke für den Jahresabschluß und den Konzernabschluß jeweils zusammen zu fassen. Die Regelung findet ihre Ergänzung in § 315 Abs. 3 mit dem Recht, den Lagebericht und den Konzernlagebericht zusammenzufassen.

2. Entstehungsgeschichte

Mit den Regelungen in § 298 werden Vorschriften der **7. EG-Richtlinie** in deutsches Recht transformiert. Abs. 1 beruht auf Art. 17 Abs. 1 sowie auf Teilen der Regelungen in Art. 29 Abs. 1 und 40 Abs. 1. Die Regelung ist für das deutsche Recht nicht neu; in § 331 Abs. 4 und § 332 Abs. 3 AktG 1965 waren entsprechende Verweisungen bereits enthalten. Die Bedeutung der Regelungen in Abs. 1 hat indes zugenommen, da die bisherige Maßgeblichkeit des Jahresabschlusses für den Konzernabschluß entfallen ist. 8

Abs. 2 beruht auf der Weitergabe des Mitgliedstaatenwahlrechts in Art. 17 Abs. 2 der 7. EG-Richtlinie. Mit dieser Regelung wurde die nach früheren deutschen Recht bestehende Erleichterung (§ 331 Abs. 4 S. 2 AktG 1965) aufrecht erhalten. Der im Regierungsentwurf zu § 276 Abs. 2 HGB-EK zunächst enthaltene S. 1 mit der Zusammenfassung von Grundstücken und Bauten in einem Posten konnte gestrichen werden, da diese Regelung auch für den Jahresabschluß vorgesehen ist.[1] Die Vorschriften des **Abs. 3** gehen nicht auf eine Bestimmung der 4. oder 7. EG-Richtlinie zurück, sondern beruhen auf Nr. 21 der Protokollerklärungen zur 7. EG-Richtlinie.[2] 9

3. Anwendungsbereich, Normadressaten

Die Regelungen des § 298 gelten für alle Mutterunternehmen, die nach den Vorschriften des **HGB** einen Konzernabschluß oder Teilkonzernabschluß aufzustellen haben. Sie gilt ferner für die Unternehmen, die nach **PublG** einen Konzernabschluß aufzustellen haben, § 13 Abs. 2 S. 1 PublG. 10

Eine **Ausnahme** gilt für den Konzern- oder Teilkonzernabschluß von *Kreditinstituten* und *Versicherungsunternehmen*, die zur Aufstellung eines solchen Abschlusses nach § 340i Abs. 1 oder § 341j Abs. 1 verpflichtet sind. Nach den jeweiligen Abs. 2 S. 1 verweisen diese Regelungen auf die von dem Mutterunternehmen jeweils anzuwendenden besonderen Bilanzierungs- und Bewertungsvorschriften. 11

II. Die anzuwendenden Vorschriften

1. Allgemeines

Abs. 1 listet diejenigen **Vorschriften** über den **Jahresabschluß** auf, die auf den Konzernabschluß entsprechend anzuwenden sind. Es handelt sich aus den für alle Kaufleute geltenden Vorschriften um die Regelungen über Sprache, Währung, Unterzeichnung, die Ansatzvorschriften und Haftungsverhältnisse sowie über die Bewertung, §§ 244 bis 256, ferner von den Regelungen für Kapitalgesellschaften diejenigen über die allgemeinen Bilanzierungsgrundsätze, die Gliederung von Bilanz und Ge- 12

---

[1] Vgl. Ber. Rechtsausschuß BTDrucks. 10/4268, 114 zu § 298 HGB.

[2] Abgedruckt bei *Biener/Berneke* BiRiLiG 855; ferner Begr. RegE BTDrucks. 10/3440, 36 zu § 276 HGB-EK.

winn- und Verlustrechnung sowie über den Inhalt bestimmter Posten der Bilanz und Gewinn- und Verlustrechnung, §§ 265, 266 und 268 bis 275, 277 bis 283.[3] Die Vorschriften über den Anhang und den Lagebericht (§§ 284 bis 289) sind nicht in Bezug genommen, da in §§ 313 bis 315 Sonderregelungen für den Konzernabschluß getroffen wurden.[4] Die allgemeinen Vorschriften über die Pflicht zur Aufstellung eines Jahresabschlusses, den allgemeinen Aufstellungsgrundsatz (§§ 242 und 243) und die Generalnorm für den Jahresabschluß, § 264, sind nicht erwähnt. Für den Konzernabschluß gilt § 297. Die aufgeführten Regelungen sind *abschließend*. Eine entsprechende Anwendung weiterer Vorschriften kommt nicht in Betracht.

13 Nicht in Abs. 1 aufgeführt sind alle Vorschriften, die **Erleichterungen** bei der Aufstellung von Bilanz oder Gewinn- oder Verlustrechnung für kleine und mittlere Kapitalgesellschaften beinhalten, wie z. B. §§ 267, 274a und 276. Für den Konzernabschluß sind die Vorschriften anzuwenden, die für *große Kapitalgesellschaften* gelten, so daß die für den Jahresabschluß vorgesehenen Erleichterungen keine Bedeutung haben. Die Vorschriften richten sich, ungeachtet der Größe, Rechtsform und des Sitzes der einbezogenen Unternehmen einheitlich nach den strengeren Anforderungen.[5]

14 Neben den Vorschriften des HGB sind die für die **Rechtsform** der in den Konzernabschluß einbezogenen Unternehmen mit Sitz im Inland geltenden Vorschriften anzuwenden. Dies sind, je nach Rechtsform der einbezogenen Unternehmen z. B. die Regelungen des HGB, GmbHG und AktG, soweit sie Regelungen über die Rechnungslegung beinhalten. Inhalt und Reichweite dieser Verweisung ist unklar; es bleibt offen, welche Vorschriften in Bezug genommen werden. Zu beachten ist, daß sich die für den Konzernabschluß maßgeblichen Regelungen nach dem Recht des Mutterunternehmens bestimmen, so daß rechtsformspezifische Regelungen einbezogener Tochterunternehmen nur eingeschränkt zur Anwendung kommen können (Rdn. 134 ff).

15 Die Verweisung auf die für den **Geschäftszweig** der einbezogenen Unternehmen geltenden Vorschriften betrifft Kreditinstitute und Versicherungsunternehmen. Mutterunternehmen mit einem dieser Geschäftszweige haben nach § 340i (Bankbilanz-Richtlinie) oder § 341i (Versicherungsbilanz-Richtlinie) einen Konzernabschluß nach den für Unternehmen dieser Geschäftszweige geltenden besonderen Vorschriften aufzustellen; § 298 Abs. 1 und 2 sind darin für nicht anwendbar erklärt. Auf die Sondernormen wird hier nicht eingegangen. Regelungen über bestimmte Geschäftszweige können dann von Bedeutung sein, wenn in den Konzernabschluß eines Unternehmens, das einem nicht geregelten Geschäftszweig angehört, ein Tochterunternehmen aus einem besonderen Geschäftszweig einbezogen wird. Sie finden dann mit den besonderen Vorschriften über den Ansatz und die Gliederung Anwendung; geschäftszweigspezifische Besonderheiten der Bewertung dürfen nach § 308 Abs. 2 S. 2 ohnehin beibehalten werden.[6]

16 Die aufgeführten Vorschriften über den Jahresabschluß gelten für den Konzernabschluß nicht unmittelbar, sondern *entsprechend* und unter der Voraussetzung, daß die **Eigenart des Konzernabschlusses** keine Abweichungen bedingt. Damit wird den Besonderheiten dieses Abschlusses Rechnung getragen. Der Begriff der „entsprechenden" Anwendung des Regelungen über den Jahresabschluß findet sich nicht in Art. 17 Abs. 1 der 7. EG-Richtlinie; es handelt sich um eine eigenständige Hinzufügung des

---

[3] Beck BilKomm-*Budde/Lust* 1; ADS 5.
[4] *Biener/Berneke* BiRiLiG 322.
[5] Beck BilKomm-*Budde/Lust* 3.
[6] ADS 6.

deutschen Gesetzgebers, der neben dem aus der 7. EG-Richtlinie stammenden Vorbehalt der Eigenart des Konzernabschlusses keine selbständige Bedeutung zukommt. Die in Bezug genommenen Vorschriften sind anzuwenden, wenn Besonderheiten des Konzernabschlusses dem nicht entgegen stehen.[7] Offen bleibt indes, *welche Besonderheiten* des Konzernabschlusses eine Abweichung von den allgemeinen Vorschriften über den Jahresabschluß bedingen können. Nach Art. 17 Abs. 1 der 7. EG-Richtlinie ergeben sich diese aus Anpassungen, die sich aus den besonderen Merkmalen eines konsolidierten Abschlusses im Vergleich zum Jahresabschluß zwangsläufig ergeben. Die Anpassungen ergeben sich aus der **Funktion** des Konzernabschlusses als konsolidierter Abschluß in Folge der Kapitalverrechnung und der sich nach §§ 301, 309 oder 307 ergebenden Posten. Die Eigenart des Konzernabschlusses verlangt Anpassungen entsprechend dem Einheitsgrundsatz (§ 297 Abs. 3 S. 1), der aber auf der Grundlage rechtlich selbständiger und nur wirtschaftlich zusammengehöriger Einheiten zu erstellen ist.[8] Das kann dazu führen, daß die wirtschaftliche Betrachtungsweise im Einzelfall die rechtliche Beurteilung dominiert. Schließlich verändert der Konzernabschluß die Beurteilungsmaßstäbe, die bei der Zuordnung (z. B. Entscheidung über die Bilanzierungsfähigkeit, Bilanzierungspflicht, Bewertung oder Ausweis)[9] oder der Ausübung von Ermessen und Ermessensspielräumen zu beachten sind. Diese sind an der Gesamtheit des Konzernabschlusses zu messen; das führt dazu, daß die Beurteilung der Bedeutung von Einzelmaßnahmen, wie z. B. der Beurteilung der materiality, aus der Sicht des Konzerns zu treffen ist und damit anders ausfallen kann, als wenn sie aus dem Blickwinkel des Jahresabschlusses getroffen wird.

Die **Sondervorschriften** für den **Konzernabschluß** gehen den Regelungen über 17 den Jahresabschluß vor. Diese Regelung hat klarstellenden Charakter. Abweichungen aus den Konzernabschluß spezifisch betreffenden Posten können sich aus den Vorschriften über die Kapitalkonsolidierung bei Einbeziehung von Unternehmen (§§ 301, 302, 307, 310) ergeben oder aus besonderen Regelungen über den Bilanzansatz (§ 300) und die Bewertung (§§ 308, 312). Weitere konzerntypische Abweichungen ergeben sich aus den Vorschriften über das Weglassen von Binnenbeziehungen des Konzerns (§§ 303, 304, 305). Soweit diese Regelungen Abweichungen von den allgemeinen Vorschriften bedingen, gehen sie diesen vor.

2. Allgemeine Vorschriften des HGB

a) Sprache, Währung, § 244

aa) Sprache. Der Konzernabschluß ist in deutscher Sprache und in Euro aufzu- 18 stellen. Das Gebot zur Aufstellung in **deutscher Sprache** gilt für den Konzernabschluß in allen Teilelementen einschließlich des Lageberichts, auch wenn für letzteren eine ausdrückliche gesetzliche Regelung fehlt.[10] Von dieser Verpflichtung wird auch dann nicht entbunden, sollte sich der überwiegende Teil der Konzernunternehmen im nicht deutsch sprachigen Ausland befinden.

bb) Währung. Die Pflicht zur Aufstellung des Konzernabschlusses in **Euro** hat 19 die bisherige Regelung mit der Benennung der Währung **Deutsche Mark** ersetzt. Die Änderung erfolgte durch Art. 4 § 1 Nr. 1 des Gesetzes zur Einführung des Euro (EuroEG).[11] Das Gesetz trat am 1. 1. 1999 in Kraft. Zur Anwendung der geänderten

[7] So auch ADS 7.
[8] ADS 8.
[9] WP-Handbuch 2000 I M 222 ff; Beck HdR-*Hartle* C 10, 90 ff; a. M. Bonner HdR-*Albrecht* 12.
[10] ADS 11.
[11] G. v. 9. Juni 1998, BGBl I, 1242 ff.

Denomination wurde § 2 EuroEG mit der Einfügung von Art. 42 EG-HGB geschaffen. Nach Art. 42 Abs. 1 ist die geänderte Fassung des § 244 HGB erstmals auf das nach dem 31. Dezember 1998 endende Geschäftsjahr anzuwenden.[12] Nach Art. 42 Abs. 1 S. 2 wird zugestanden, bis zu dem im Jahre 2001 endenden Geschäftsjahr letztmals den Konzernabschluß in Deutscher Mark aufzustellen. Die Umstellung darf auch für Geschäftsjahre, die vor dem 1. 1. 1999 enden, erfolgen. Auch für diese ist der nach Art. 191 Abs. 4 S. 1 des EG-Vertrages unwiderruflich festgelegte Umrechnungskurs zugrunde zu legen.[13]

20 cc) **Währungsumrechnung.** Die Pflicht zur Aufstellung des Konzernabschlusses in Euro oder Deutscher Mark zieht die Verpflichtung nach sich, die **Währung** von Abschlüssen einbezogener Unternehmen, die auf eine andere Währung lauten, **umzurechnen**. Die Währungsumrechnung ist Voraussetzung für die Kapitalverrechnung bei Einbeziehung und die Übernahme der Vermögensgegenstände, Schulden, Erträge und Aufwendungen in die Konzernbilanz und -Gewinn- und Verlustrechnung; sie erfolgt bei Jahresabschlüssen ausländischer Unternehmen grundsätzlich im Rahmen der Aufstellung einer Handelsbilanz II.[14]

21 Aufgabe der Währungsumrechnung ist es, die in einer fremden Währung bewerteten Aktiva und Passiva sowie die Posten der Gewinn- und Verlustrechnung in die für den Konzernabschluß maßgebliche Währung zu transferieren. Die Umrechnung hat auf den **Stichtag** des **Abschlusses** zu erfolgen (Rdn. 25 ff). Da außerhalb der Euro-Zone keine im Zeitablauf konstanten Umtauschverhältnisse bestehen, führt dies zu einer Vielzahl anzuwendender Umrechnungskurse, sofern für jeden Geschäftsvorfall der zum Zeitpunkt seiner Vornahme anzuwendende Wechselkurs zur Anwendung gebracht würde. Zu berücksichtigen ist, daß der Abschluß Posten mit unterschiedlichem Zeitbezug enthält, so daß Unterschiede aus dem Zeitpunkt des jeweiligen Geschäftsvorfalls und seiner Fortentwicklung im Zeitablauf ergeben können. Einheitliche Grundsätze für die Währungsumrechnung fehlen. Der Gesetzgeber hat sich einer Regelung enthalten, um den nationalen und internationalen Meinungsbildungsprozeß und die Entwicklung anzuwendender Methoden nicht zu beeinträchtigen; der deutsche Gesetzgeber hat deswegen die durch die 7. EG-Richtlinie offen gelassene Lücke nicht ausgefüllt.[15] Anerkannte und einheitliche Grundsätze haben sich nicht herausgebildet.[16] Das IDW läßt in einer neuen Stellungnahme die Hinwendung zur Methode der funktionalen Währung erkennen.[17]

22 Für die Währungsumrechnung stehen **verschiedene Methoden** zur Verfügung. Das Konzernmutterunternehmen darf zwischen den nach GoB vertretbaren Methoden wählen. Die in Betracht zu ziehenden Methoden stehen im allgemeinen in Einklang mit den deutschen Grundsätzen ordnungsmäßiger Buchführung. In Einzelfällen ist denkbar, daß Wertansätze bei Anwendung einer Methode von den Grundlagen für die Bewertung von Vermögensgegenständen und Schulden abweichen, da sie z. B. die

---

[12] Zur Umstellung auf Euro vgl. WP-Handbuch 1998 II N 112 ff; *Wiedmann* BilR § 314, 20.

[13] *Ernst/Seibert/Stuckert* KonTraG, KapAEG, StückAG, EuroEG (1998) 306; *IDW* Entwurf eines Positionspapiers des HFA zu wesentlichen Rechnungslegungsfragen im Zusammenhang mit der Einführung des Euro, WPg 1997, 400 ff.

[14] WP-Handbuch 2000 I M 287; *Baetge/Kirsch/Thiele* Konzernbilanzen 167 ff; ADS Vorbem. vor §§ 290–315, 43 ff.

[15] *Biener/Berneke* BiRiLiG 382.

[16] *Baetge/Kirsch/Thiele* Konzernbilanzen 167 f; *Wysocki/Wohlgemuth* Konzernrechnungslegung 234 ff; *B. v. Colbe/Ordelheide* Konzernabschlüsse 178; *Ruppert* Währungsumrechnung 89 f; *IDW* Entwurf einer Stellungnahme: Zur Währungsumrechnung im Konzernabschluß, WPg 1998, 549 ff; *Lachnit/Ammann* WPg 1998, 751 ff.

[17] *IDW* Entwurf einer Stellungnahme, WPg 1998, 549 ff als Neufassung der Entwürfe WPg 1986, 664 ff und 1984, 585 ff.

Anschaffungskostenobergrenze nicht einhalten. Hier ergeben sich Grenzen für die Anwendung einzelner Methoden. Ob die Wahlfreiheit darüber hinaus durch die Aufgabe des Konzernabschlusses, ein zutreffendes Bild von der Lage des Konzerns zu vermitteln, § 297 Abs. 2 S. 2, begrenzt ist, wird überwiegend bejaht,[18] ist aber nicht unumstritten, vgl. dort Rdn. 47 ff. Wählt das Mutterunternehmen eine Methode zur Währungsumrechnung, sollte die Methode hinreichend klar und bestimmt sein, um als Methode den Rahmen eines im vorhinein definierten Verfahrens geben zu können. Die angewandte Methode ist beizubehalten, da das Mutterunternehmen sowohl in zeitlicher als auch in sachlicher Hinsicht zur Stetigkeit verpflichtet ist. Nach § 313 Abs. 1 S. 2 Nr. 2 müssen im Konzernanhang die Grundlagen für die Umrechnung in Euro oder Deutsche Mark angegeben werden (§ 313, 77 ff).

Die **Unterschiede** der verschiedenen Methoden der Währungsumrechnung liegen im systematischen Ansatz und in der Auswahl der anzuwendenden Umrechnungskurse sowie der Anwendung auf die einzelnen Posten der Bilanz oder der Gewinn- und Verlustrechnung. Im Grundsatz unterscheiden sich die Methoden darin, ob sie als Transformationsvorgang verstanden werden, mit dem Beträge in fremder Währung in Euro überführt werden,[19] oder ob es um einen eigenständigen Bewertungsvorgang geht. Bei letzterem werden differenzierte Kurse verwendet, die der Dauer der Zugehörigkeit des Postens, seiner Liquidierbarkeit oder anderen Kriterien Rechnung tragen.[20] Mit der Wahl differenzierter Kurse wird versucht, den Währungsveränderungen im Zeitablauf gerecht zu werden. Dieser Methodenkategorie gehören die Fristigkeitsmethode, die Nominal-Sachwert-Methode und die Zeitbezugsmethode an. Alle diese Methoden versuchen, die Problematik der Währungsumrechnung durch Anwendung einer einzigen Methode zu lösen. Eine dritte Methodik verzichtet auf die Anwendung einer einheitlichen Methode und bestimmt die Umrechnung nach der sog. funktionalen Währung. **23**

Weitere Unterschiede liegen in der Wahl des maßgeblichen **Umrechnungskurses.** Abgesehen von der Auswahl des Kurses zu einem historischen Stichtag, dem Stichtag des Jahresabschlusses oder dem Durchschnittskurs eines bestimmten Zeitraums kann durch die Bestimmung eines zeitpunktbezogen unterschiedlichen Wechselkurses variiert werden. Als Wechselkurs kommen der Devisenkurs, der Geld-, Brief- oder Mittelkurs in Betracht; ferner ist die Unterscheidung nach Kassa- oder Terminkurs möglich. Nichtamtliche Kurse aus freien Geschäften oder sog. Schwarzmarktkurse sollten nur dann für die Währungsumrechnung in Betracht gezogen werden, wenn auf dieser Grundlage die wesentlichen Transaktionen zwischen dem Konzern und dem Tochterunternehmen durchgeführt werden. Ein Terminkurs wird bei der Währungsumrechnung regelmäßig nicht in Betracht kommen; es wird als zulässig angesehen, die Umrechnung zu einem Mittelkurs aus Geld- und Briefkurs vorzunehmen.[21] **24**

Stichtagskursmethode. Bei Anwendung der Stichtagskursmethode in ihrer reinen Ausgangsvariante werden alle Posten in der Bilanz und der Gewinn- und Verlustrechnung des einbezogenen Tochterunternehmens mit dem Wechselkurs zum Bilanzstichtag des Konzernabschlusses umgerechnet. Die Methode führt zur inhaltlich unveränderten Übertragung der Ansätze aus dem Jahresabschluß des Tochterunternehmens in den Konzernabschluß; eine Wertung oder Bewertung der Transformation unterbleibt. **25**

[18] *Baetge/Kirsch/Thiele* Konzernbilanzen 168; ADS, 13.

[19] Z.B. *v. Wysocki/Wohlgemuth* Konzernrechnungslegung 183.

[20] ADS 14, 18 ff; Beck BilKomm-*Budde/Lust* § 308, 59.

[21] *B. v. Colbe/Ordelheide* Konzernabschlüsse 126 f; WP-Handbuch 2000 I M 278; ADS 60.

Die Umrechnung nach dieser Methode läßt die Struktur der Bilanz und Gewinn- und Verlustrechnung des ausländischen Unternehmens unverändert.[22]

26 Die Methode wird in einer Variante als **modifizierte Stichtagsmethode** angewendet. Die Methode läßt die Umrechnung der Bilanzposten unberührt; die Posten der Gewinn- und Verlustrechnung werden hingegen im Hinblick auf den Zeitbezug der Stromgrößen mit Durchschnittskursen (Jahres-, Quartals- oder Monatsdurchschnitt) zum Zeitpunkt der Realisierung des Geschäftsvorfalls umgerechnet. Die sich hierbei ergebende Umrechnungsdifferenz soll unter den sonstigen betrieblichen Aufwendungen oder Erträgen ausgewiesen werden.[23]

27 Die Stichtagskursmethode führt, da sie lediglich eine lineare Transformation von Fremdwährungsbeträgen bewirkt, zur **Anwendung des Nominalwertprinzips** des umgerechneten Abschlusses. Sie hat den Vorteil der einfachen Handhabung,[24] ist jedoch nur mit Einschränkung bei Abschlüssen in Hochinflationsländern anzuwenden. Die Anwendung der Methode kann bei der Aufwertung der Auslandswährung zur Verletzung des Anschaffungskostenprinzips führen, wenn die zum Tageskurs umgerechneten Beträge die ursprünglichen Anschaffungskosten übersteigen.[25] Zu Folgeproblemen bei der Darstellung im Anlagespiegel vgl. das betriebswirtschaftliche Schrifttum.[26]

28 **Zeitbezugsmethode.** Von den Methoden, die die Währungsumrechnung auf der Grundlage differenzierter Kurse vornehmen, nimmt die Zeitbezugsmethode eine gewisse Vorrangstellung ein. Ziel der Methode ist es, den in Fremdwährung aufgestellten Jahresabschluß so umzurechnen, als wären die in ihm abgebildeten Sachverhalte und Rechtsgeschäfte unmittelbar in der Währung des Konzernabschlusses erfaßt worden.[27] Von den Methoden, die differenzierte Kurse verwenden, wird die Zeitbezugsmethode mit ihrer Zielsetzung und Umrechnungstechnik am ehesten dem Einheitsgrundsatz gerecht.[28] Die Methode erfordert, daß die Posten der Bilanz und Gewinn- und Verlustrechnung mit den Kursen umzurechnen sind, die sich auf den Zeitpunkt ihres Entstehens beziehen. Aktiva und Passiva sind mit individuellen **historischen Kursen** anzusetzen. Bei Gegenständen des Anlagevermögens sind das die Kurse zum Zeitpunkt der Anschaffung oder Herstellung, bei Passiva der Zeitpunkt der wirtschaftlichen Entstehung der Schuld. Geldforderungen und -verbindlichkeiten sowie andere liquide Mittel werden mit dem **Bilanzstichtagskurs** umgerechnet; das gleiche gilt für Vermögensgegenstände, die mit niedrigeren Tageswerten in Landeswährung angesetzt worden waren. Die Aufwendungen und Erträge der Gewinn- und Verlustrechnung, die sich auf Bilanzposten beziehen, sind mit historischen Kursen, oder aus Vereinfachungsgründen mit Durchschnittskursen umzurechnen; Abschreibungen und andere Wertänderungen von Vermögensgegenständen werden mit den historischen Kursen dieser Vermögensgegenstände umgerechnet.[29]

---

22 *Baetge/Kirsch/Thiele* Konzernbilanzen 179; *Zillessen* Praxis der Währungsumrechnung, DBW 1982, 533 (535); *IDW* HFA Entwurf Währungsumrechnung, WPg 1986, 666 sowie WPg 1998, 550.

23 *Baetge/Kirsch/Thiele* Konzernbilanzen 181; *IDW* HFA Entwurf Währungsumrechnung, WPg 1986, 666, sowie WPg 1998, 551.

24 ADS 35.

25 *B. v. Colbe* FS Wysocki 143, 153; BFH, DB 1990, 202, 203.

26 ADS 36.

27 *Baetge/Kirsch/Thiele* Konzernbilanzen 169 ff; *B. v. Colbe/Ordelheide* Konzernabschlüsse 178; *B. v Colbe* WPg 1987, 117, 124.

28 *B. v. Colbe* Umrechnung der Jahresabschlüsse ausländischer Konzernunternehmen 306 ff; *IDW* HFA Entwurf Währungsumrechnung, WPg 1986, 666 f und WPg 1998, 551; *K. Müller* Währungsumrechnung, 143 ff; BFH DB 1990, 202, 203.

29 ADS 29.

Nach der Umrechnung sind die Posten in einem **zweiten Kontrollschritt** an den handelsrechtlichen Bewertungsgrundsätzen der umgerechneten Bilanz zu überprüfen. Die Vermögensgegenstände werden einem doppelten Niederstwerttest, die Schulden einem doppelten Höchstwerttest unterzogen. Zum Ansatz kommt der niedrigere/höhere Wertansatz, der sich bei der Umrechnung mit dem historischen Kurs oder dem Stichtagskurs ergibt.[30] 29

Die Anwendung dieser Methode bringt einen hohen **administrativen Aufwand** mit sich, um die den einzelnen Vermögensgegenständen zuzuordnenden Wechselkurse erfassen und umrechnen zu können. Im Hinblick auf die verfügbare Unterstützung durch DV-Systeme erscheint diese Problematik beherrschbar, so daß das Verfahren ebenfalls wirtschaftlich angewendet werden kann.[31] Kritisiert wird in der Literatur die Notwendigkeit eines weiteren Niederstwerttests.[32] In Einzelfällen kann die Zeitbezugsmethode ein unzutreffendes Lagebild zeigen. Das gilt z. B. für Unternehmen, die im Ausland selbständig tätig sind. Die Auswirkungen von Veränderungen der Währungskursparitäten, die sich in der Umrechnung nach dem Zeitbezug ergeben, können dann nicht korrekt wiedergegeben werden.[33] Die Zeitbezugsmethode führt dann zu Ergebnissen, die mit der Generalnorm des § 297 Abs. 2 S. 2 nicht mehr in Einklang stehen, da ein zutreffendes Bild von der Lage des Konzerns nicht vermittelt wird.[34] 30

Fristigkeitsmethode. Die Methode unterscheidet zwischen Vermögensgegenständen und Schulden, die langfristig dem Unternehmen dienen und den kurzfristig gebundenen Vermögensgegenständen und Schulden. Die ersten werden mit den historischen Kursen der Anschaffung oder Herstellung umgerechnet, die letzteren mit dem Umrechnungskurs zum Bilanzstichtag. Das bilanzielle Eigenkapital wird ebenfalls mit historischen Kursen umgerechnet. Die Posten der Gewinn- und Verlustrechnung werden mit Durchschnittskursen umgerechnet, mit Ausnahme der Wertminderungen oder Abschreibungen auf Vermögensgegenstände oder Schulden, die mit historischen Kursen angesetzt werden. Die Unterscheidung zwischen den langfristig und den kurzfristig gebundenen Vermögensgegenständen erfolgt nach eher formalen Kriterien, wie der Zuordnung zu einzelnen Bilanzposten nach materiellen Kriterien.[35] Diese Methode hat ihre Berechtigung bei nur geringfügig schwankenden Wechselkursen. Sie hat daher, abgesehen von bestimmten Währungsrelationen, zunehmend an Bedeutung verloren.[36] 31

Bei stärker schwankenden Wechselkursen ist diese Methode mit einzelnen ihrer Ergebnisse **unvereinbar** mit den deutschen Rechnungslegungsgrundsätzen und mit § 297 Abs. 2 S. 2. Langfristige Forderungen werden bei der Aufwertung der ausländischen Währung tendenziell zu niedrig ausgewiesen, bei Abwertung zu hoch; der Ausweis von Verbindlichkeiten bei Aufwertung der ausländischen Währung mit einem niedrigeren Wert als dem Rückzahlungsbetrag ist mit § 253 Abs. 1 S. 2 nicht vereinbar.[37] 32

---

[30] ADS 30; *Baetge/Kirsch/Thiele* Konzernbilanzen 171 f; *K. Müller* Währungsumrechnung 149.

[31] *Lück* Umrechnung 51; *K. Müller* Währungsumrechnung 156 f.

[32] ADS 31m. w. N.

[33] Beispiel bei *Baetge/Kirsch/Thiele* Konzernbilanzen 181 ff.

[34] Beck HdR-*Gebhardt* C 310, 142 ff; *Ruppert* Währungsumrechnung 197 ff.

[35] WP-Handbuch 2000 I M 259; ADS 20.

[36] ADS 21 f; *B. v. Colbe/Ordelheide* Konzernabschlüsse 136 f; *Maret/Wicher* DB 1982, 1941, 1942.

[37] *B. v. Colbe/Ordelheide* Konzernabschlüsse 138; *Lück* Umrechnung 35; *Klein* DB 1970, 1745, 1750.

33 **Nominal-Sachwert-Methode.** Die Methode beruht auf einer Weiterentwicklung der Fristigkeitsmethode, um die bestehenden Schwächen im Bereich der Bewertung langfristig gebundenen Geldvermögens zu vermeiden. Nach der Methode erfolgt die Unterscheidung nach Sachwerten und Geldwerten. Alle Sachwerte werden unabhängig von ihrer Bindungsdauer nach dem historischen Kurs umgerechnet, alle Vermögensgegenstände und Schulden des Geldvermögens mit dem Stichtagskurs. In der Gewinn- und Verlustrechnung werden die auf Sachwerte bezogenen Posten (Abschreibungen, Materialverbrauch) mit historischen Kursen, die anderen Posten mit dem Durchschnittskurs umgerechnet.[38]

34 Die Methode führt zu sachgerechten Ergebnissen, wenn sie unter Beachtung der ihr zugrunde gelegten Prämissen angewendet werden kann. Das ist bei Abwertung der ausländischen Währung und entsprechend ausgleichender Erhöhung des Preisniveaus der Fall. Entsprechen sich diese Effekte nicht, kann bei stärkerem Verfall der Währung bei Bewertung der nicht in Geldvermögen bestehenden Sachwerte mit historischen Kursen ein Verstoß gegen das Niederstwertprinzip entstehen,[39] wenn die Preisentwicklung der Sachwerte dem nicht Schritt hält. In solchen Fällen bedarf auch diese Methode der **Korrektur** durch einen weiteren Niederstwerttest. Die Anwendung der Methode ist daher nur in bestimmten Sachverhalten sachgerecht.[40]

35 **Währungsumrechnung nach funktionalem Bezug.** Bei Anwendung der Methode der funktionalen Währung wird der Grundsatz aufgegeben, die Posten der Bilanz und Gewinn- und Verlustrechnung aufgrund einer einheitlichen Methode umzurechnen. Die Methode unterscheidet nach dem funktionalen Bezug der Währung für die Geschäftstätigkeit des Tochterunternehmens, dessen Geschäftsvorfälle umzurechnen sind. Zu unterscheiden sind Tochterunternehmen, die relativ selbständig operieren und deren Erfolg in der Währung zu messen ist, in der sie tätig sind, und Tochterunternehmen, deren Geschäftstätigkeit relativ abhängig von der Tätigkeit des Mutterunternehmens ist, die eher wie unselbständige Abteilungen des Mutterunternehmens operieren und deren Erfolg in der Währung des Mutterunternehmens zu messen ist.[41] Der maßgebende Währungsraum und damit die funktionale Währung bestimmt sich somit danach, wo das Tochterunternehmen überwiegend wirtschaftlich tätig ist und woher es seine Einnahmen erzielt.

36 Ist das Unternehmen relativ *selbständig* und verwendet es aufgrund seiner Geschäftstätigkeit die Landeswährung, geht die Methode von der Annahme aus, daß Zahlungsströme zwischen dem Unternehmen und dem Mutterunternehmen verhältnismäßig gering sind und daß sich das Risiko des Mutterunternehmens vor allem als Risiko des Nettoinvestment darstellt, dann ist die funktionale Währung diejenige des Sitzstaates des Tochterunternehmens. Die Währungsumrechnung ist in diesem Fall als lineare Transformation zu verstehen, für die die Umrechnung nach der **Stichtagskursmethode** erfolgt.[42] Bei wirtschaftlicher *Unselbständigkeit* wird das Tochterunternehmen wie ein ausgelagerter Tätigkeitsbereich des Mutterunternehmens angesehen. Das Unternehmen gilt als in den Konzern integriert. Dieser Funktion des Tochterunternehmens entspricht die Umrechnung der Posten und Geschäftsvorfälle mit dem Ziel, sie so darzustellen, als

---

38 *K. Müller* Währungsumrechnung 138; *IDW* Arbeitskreis Weltbilanz 53; ADS 23 f.

39 *Ruppert* Währungsumrechnung 175; *Lück* Umrechnung 38.

40 *Wysocki/Wohlgemuth* Konzernrechnungslegung 139; *B. v. Colbe/Ordelheide* Konzernabschlüsse 138 f; ADS 27.

41 WP-Handbuch 2000 I M 266; ADS 38 f.

42 *K. Müller* Währungsumrechnung 185 f; *Ruppert* Währungsumrechnung 114.

seien sie von Beginn an in der funktionalen Währung des Konzerns, also der Währung des Sitzlandes des Mutterunternehmens vorgenommen worden. Dieser Zielsetzung kommt die Anwendung der **Zeitbezugsmethode** am nächsten.[43]

Die Anwendung der Methode der funktionalen Währung hat im Rahmen der **internationalen Rechnungslegung** an Bedeutung gewonnen, nachdem die Methode in den USA durch SFAS 52 und durch IAS 21.17 und 18, 34 vorgeschrieben wurde.[44] Gegen die Anwendung der Methode wird eingewandt, daß durch die Wahl differenzierter Umrechnungsverfahren und insbesondere die Bewertung relativ selbständiger Tochterunternehmen das Prinzip der Einheitlichkeit des Konzernabschlusses aufgegeben werde. Diese Kritik erscheint formal, erkennt man die Methode insgesamt als tragfähig an und berücksichtigt man, daß die Anwendung der Methode der besonderen Funktion von Tochterunternehmen im Konzern gerecht wird, ohne damit den Konzern als Bezugseinheit der Rechnungslegung aufzugeben.[45] Ferner wird die durch die Methode vergrößerte Vielfalt der Verfahren beanstandet. Die Kritik kann letztlich nicht überzeugen, da die Währungsumrechnung auf komplexe Verfahren angewiesen ist, sollen die bei den anderen Verfahren dargestellten Mängel vermieden werden. Die Anwendung eines Verfahrens, das aus der sachlich begründeten Zusammensetzung verschiedener Verfahrenskomponenten besteht, ist insgesamt nicht zu beanstanden.[46] 37

Umrechnungsdifferenzen. Die Umrechnung von Posten der Bilanz mit differenzierten Kursen (z. B. historische Kurse und Stichtagskurse) führt zu **Differenzen** gegenüber dem mit einem Kurs umgerechneten Eigenkapital des Unternehmens. In der Gewinn- und Verlustrechnung ergeben sich aus der Anwendung unterschiedlicher Kurse ebenfalls Differenzen gegenüber dem mit einem bestimmten Kurs umgerechneten Jahresergebnis. Schließlich sind Differenzen zwischen dem Jahresergebnis aus der Gewinn- und Verlustrechnung und dem Bilanzgewinn denkbar. Eine einheitliche Behandlung dieser Umrechnungsdifferenzen ist nicht erkennbar. Es werden nach Herkunft und Inhalt des Betrages unterschiedliche, erfolgswirksame oder erfolgsneutrale Verrechnungen vorgeschlagen.[47] 38

Die Beträge, die aus der Umrechnung von Posten der Bilanz und der Gewinn- und Verlustrechnung als Umrechnungsdifferenzen zu der Umrechnung des Eigenkapitals oder Jahresergebnisses entstehen, werden als Korrekturposten zum Eigenkapital angesehen. In der Gewinn- und Verlustrechnung sollte der Betrag deshalb durch einen Ausgleichsposten (sonstige betriebliche Erträge oder Aufwendungen) neutralisiert werden.[48] Veränderungen aus den Unterschieden der Währungsumrechnung im Vergleich zum Vorjahr sollen im Grundsatz erfolgswirksam verrechnet werden.[49] Zulässig soll jedoch auch sein, einen solchen Differenzbetrag, der zu einer Ergebniserhöhung führen würde, durch Bildung einer Rückstellung für Währungsrisiken zu neutralisieren oder ihn erfolgsneutral mit dem Eigenkapital, beispielsweise den Gewinnrücklagen zu verrechnen.[50] 39

---

[43] *IDW* Entwurf einer Stellungnahme WPg 1998, 549.

[44] *Pellens* Internationale Rechnungslegung 227 ff zu SFAS, 427 ff zu IAS; *Baetge/Dörner/Kleekämper/Wollmert* Rechnungslegung nach IAS 725 ff; *Peemöller/Husmann* DB 1996, 101 ff; WP-Handbuch 2000 I M 274.

[45] *Ruppert* Währungsumrechnung 117 f.

[46] ADS 45 m. w. N.

[47] *IDW* HFA Entwurf Währungsumrechnung, WPg 1986, 666 f sowie WPg 1998, 550.

[48] ADS 48, 54; WP-Handbuch 2000 I M 267 und 270; *B. v. Colbe/Ordelheide* Konzernabschlüsse 33.

[49] *IDW* HFA Entwurf Währungsumrechnung, WPg 1986, 666; *IDW* Entwurf einer Stellungnahme, WPg 1998, 549, 550.

[50] *IDW* HFA Entwurf Währungsumrechnung, WPg 1986, 666.

40 Das Fehlen klarer Regelungen über die Währungsumrechnung und die Behandlung von Umrechnungsdifferenzen macht es unverzichtbar, die angewendete Methode und die Verfahrensweise bei Umrechnungsdifferenzen im **Konzernanhang** im Rahmen der Erläuterungen nach § 313 Abs. 1 S. 2 Nr. 2 deutlich zu machen.[51] Im einzelnen vgl. § 313, 77 ff.

41 Besonderheiten der Währungsumrechnung ergeben sich bei Jahresabschlüssen von Tochterunternehmen in sog. **Hochinflationsländern.** Vgl. hierzu das betriebswirtschaftliche Schrifttum.[52]

42 **b) Unterzeichnung, § 245.** Der Konzernabschluß ist durch den Kaufmann zu unterzeichnen. Beim Abschluß einer Kapitalgesellschaft erfolgt die Unterzeichnung durch die Mitglieder des zur gesetzlichen Vertretung der Gesellschaft berechtigten Organs. Zur Unterzeichnung sind, wie beim Jahresabschluß alle Mitglieder verpflichtet, gleichgültig, ob sie für das Geschäftsjahr, für das Bericht erstattet wird, bereits Organmitglied waren oder nicht (§ 245, 9). Die Unterzeichnung hat den gesamten Konzernabschluß zu umfassen. Sie erfolgt zum Ende des Konzernanhangs,[53] wenn dieser den abschließenden Teil darstellt. Die Unterzeichnung des Konzernlageberichts ist nicht vorgeschrieben (§ 245, 4). Werden der Konzernanhang und der Anhang des Jahresabschlusses nach Abs. 3 zusammengefaßt (Rdn. 154), genügt es, daß der zusammengefaßte Anhang/Konzernanhang einmal unterzeichnet wird. Die Unterschrift bezieht damit auch die übrigen Teile der Rechnungslegung mit ein, die nach Abs. 3 S. 2 gemeinsam offengelegt werden müssen.

3. Vorschriften über den Ansatz

43 **a) Vollständigkeit, Verrechnungsverbot, § 246.** Das **Vollständigkeitsgebot** des § 246 Abs. 1 S. 1 gilt für den Konzernabschluß nur, als nicht durch § 300 Abs. 2 abschließende Vorgaben geregelt wurden. Der Konzernabschluß ist nach den Vorschriften aufzustellen, die auf den Jahresabschluß des Mutterunternehmens anzuwenden sind. Für den Konzernabschluß von Bedeutung sind § 246 Abs. 1 S. 2 und 3 (z.B. Eigentumsvorbehalt, Sicherungsgut). Wenn das Sicherungsrecht zugunsten eines anderen, einbezogenen Unternehmens besteht, werden die entsprechenden Rechte und Pflichten nach § 303 konsolidiert.

44 Das **Verrechnungsverbot** aus § 246 Abs. 2 gilt auch für den Konzernabschluß. Es wird aber durch gesetzliche Vorschriften oder die Eigenart des Konzernabschlusses eingeschränkt. Nach § 301 Abs. 3 und § 309 Abs. 1 S. 3 wird die Verrechnung von aktiven und passiven Unterschiedsbeträgen oder von aktiven Unterschiedsbeträgen mit den Rücklagen des Konzerns zugelassen. Nicht unter das Verrechnungsverbot fällt die Zusammenfassung von Beträgen der aktiven und passiven Steuerabgrenzung sowie der Verrechnung von Steuerabgrenzungsbeträgen nach § 274 mit Beträgen nach § 306.[54] Eine aus der Eigenart des Konzernabschlusses herrührende Abweichung vom Verrechnungsverbot ist die Verrechnung von Beträgen im Rahmen der Kapital-, Schulden-, Zwischenergebnis- sowie Aufwands- und Ertragskonsolidierung. Die Verrechnung ist durch die Zielsetzung bedingt, den Konzernabschluß so aufzustellen, als ob für ein einziges Unternehmen Rechnung gelegt würde.

---

[51] *IDW* Entwurf einer Stellungnahme, WPg 1998, 549, 554.

[52] Z.B. *Ruppert* Währungsumrechnung 127 ff; *Wiedmann/Euler* BFuP 1991, 310, 324; *IDW* HFA Entwurf Währungsumrechnung, WPg 1986, 664 ff; *IDW* Entwurf einer Stellungnahme, WPg 1998, 549, 553; *Mujkanovic/Hehn* WPg 1996, 605, 613; WP-Handbuch 2000 I M 284.

[53] Beck BilKomm-*Budde/Lust* 7; ADS 61; HdKR-*Berndt* 8.

[54] ADS 67.

b) **Inhalt der Bilanz, § 247.** Die allgemeine Ausweisvorschrift in § 247 Abs. 1 wird für den Konzernabschluß durch die Gliederungsvorschriften des § 298 Abs. 1 i.V.m. §§ 266, 268 verdrängt. Von Bedeutung bleibt die Legaldefinition für das Anlagevermögen in Abs. 2. Die Gestattung des § 247 Abs. 3, Passivposten für Zwecke der Steuern vom Einkommen und Ertrag zu bilden, erfährt für den Konzernabschluß durch §§ 298 Abs. 1 i.V.m. 273 eine Einschränkung dahin, daß der Ansatz solcher Posten nur zulässig ist, wenn der handelsrechtliche Ansatz Voraussetzung für die steuerliche Anerkennung ist. Im Konzernabschluß dürfen solche aus den Jahresabschlüssen der einbezogenen Unternehmen übernommene Posten fortgeführt werden, § 308 Abs. 3. 45

c) **Bilanzierungsverbote, § 248.** Die sich aus dem auf den Jahresabschluß des Mutterunternehmens anzuwendenden Recht ergebenden Bilanzierungsverbote gelten für den Konzernabschluß, § 300 Abs. 2 S. 1. Die Eigenart des Konzerns (Einheitsgrundsatz) kann zu Änderungen des im Konzernabschluß anzusetzenden Mengengerüsts führen, § 300, 29 f. 46

d) **Rückstellungen, § 249.** Für den Konzernabschluß gilt das in § 300 Abs. 2 enthaltene Vollständigkeitsgebot. Über den Ansatz von Rückstellungen, für die ein Wahlrecht besteht, kann nach § 300 Abs. 2 i.V.m. § 249 Abs. 1 und 2 aus Sicht des Mutterunternehmens entschieden werden. Aus der Schuldenkonsolidierung nach § 303 können Einschränkungen der zu bildenden Rückstellungen folgen. 47

e) **Rechnungsabgrenzungsposten, § 250 i.V.m. § 268 Abs. 6.** Rechnungsabgrenzungsposten sind nach § 300 Abs. 2 zu bilden. Ein nach § 250 Abs. 3 als Disagio unter die Rechnungsabgrenzung aufgenommener Posten ist nach §§ 298 i.V.m. 268 Abs. 6 in der Konzernbilanz gesondert auszuweisen oder im Konzernanhang anzugeben. In den einbezogenen Jahresabschlüssen gebildete Posten können, soweit die Schuldenkonsolidierung zur Anwendung kommt, entfallen. 48

f) **Haftungsverhältnisse, § 251 i.V.m. § 268 Abs. 7.** Da Haftungsverhältnisse durch § 300 nicht angesprochen werden, ergibt sich aus §§ 298 i.V.m. 251, 268 Abs. 7 eine konstitutive Regelung für die Aufnahme solcher Posten. Sie sind unter der Konzernbilanz oder im Konzernanhang zu vermerken. Die Pflicht zur Aufgliederung, die für den Jahresabschluß großer Kapitalgesellschaften gilt, ist auf den Konzernabschluß ebenfalls anzuwenden. Auf Haftungsverhältnisse findet ebenfalls die Schuldenkonsolidierung nach § 303 Anwendung, § 303, 25 ff. 49

g) **Geschäfts- oder Firmenwert, § 255 Abs. 4.** Für den Geschäfts- oder Firmenwert gilt das Ansatzwahlrecht nach § 300 Abs. 2. Ansatzfähig ist ausschließlich der derivativ erworbene Geschäfts- oder Firmenwert. Sondervorschriften gelten nach § 301 und § 309 für den Ansatz von Geschäfts- oder Firmenwerten bei der Erstkonsolidierung. Ein Geschäfts- oder Firmenwert aus Anschaffungsvorgängen nach der Einbeziehung eines Tochterunternehmens wird weggelassen (§§ 304, 305), sofern es nicht um den Erwerb weiterer Anteile an dem Tochterunternehmen handelt.[55] 50

h) **Aufwendungen für die Ingangsetzung und Erweiterung des Geschäftsbetriebs, § 269.** Die Bilanzierungshilfe für Aufwendungen nach § 269 darf im Konzernabschluß aufgrund des in § 300 Abs. 2 gewährten Bilanzierungswahlrechts angesetzt werden. Der Anwendungsbereich und Inhalt der Norm ist aus der Sicht des Konzerns zu bestimmen; die Anforderungen an die Berechtigung eines solchen Postens ergeben sich aus Sicht des Konzerns. Die aus den Jahresabschlüssen der einbezogenen Unter- 51

[55] ADS 76.

nehmen übernommenen Posten müssen im Hinblick auf die Bedeutung der Aufwendungen für den Konzern qualifiziert werden. Dabei können Aufwendungen für die Ingangsetzung auch in Aufwendungen für die Erweiterung eines Geschäftsbetriebs verändert werden.[56] Die mit § 269 S. 2 verbundene Ausschüttungssperre ist für den Konzernabschluß, dem nicht die Bemessungsfunktion für eine Gewinnausschüttung zukommt, gegenstandslos. Die Anwendung von S. 1 wird nicht berührt; weitere Erläuterungspflichten sieht die Regelung nicht vor.

52 **i) Beteiligungen, § 271.** Beteiligungen kommen in der Konzernbilanz zum Ansatz, sofern es nicht Anteile an einbezogenen Unternehmen sind. Die Begriffe von § 271 Abs. 1 (Beteiligungen) und Abs. 2 (Verbundene Unternehmen) gelten im Konzernabschluß in gleicher Weise.

53 **j) Eigenkapital, §§ 272, 268 Abs. 1, 270.** Die Bestimmungen über das Eigenkapital und die Bildung von Posten des Eigenkapitals gelten auch für den Konzernabschluß. Das gezeichnete Kapital (§ 272 Abs. 1) bestimmt sich allein aus dem Jahresabschluß des Mutterunternehmens. Allein dessen *gezeichnetes Kapital* erscheint im Konzernabschluß. Gleiches gilt im Grundsatz für die *Kapitalrücklagen* (Abs. 2), deren Bildung und Bestand jedoch durch die Eigenart des Konzernabschlusses beeinflußt werden kann.

54 In die *Gewinnrücklagen* sind die Beträge einzustellen, die sich aus dem Ergebnis des Geschäftsjahres oder einem früheren Geschäftsjahr ergeben haben. Im Konzernabschluß fliessen die Erfolgsbeiträge des Mutterunternehmens und der einbezogenen Tochterunternehmen zusammen.[57] Auch im Konzernabschluß ist eine **Rücklage für eigene Anteile** nach § 272 Abs. 4 zu bilden, wenn einbezogenen Unternehmen Anteile an dem Mutterunternehmen gehören. Im Ausnahmefall kommt die Bildung auch bei Anteilen an einbezogenen Tochterunternehmen in Betracht, wenn die Anteile im Umlaufvermögen gehalten und nicht in die Kapitalkonsolidierung einbezogen werden;[58] dazu § 301, 29.[59]

55 Das **Konzernergebnis** wird in den Posten Bilanzgewinn/-verlust, Konzernjahresüberschuß/-fehlbetrag und Konzerngewinn-/-verlustvortrag ausgewiesen. Zu weiteren Besonderheiten des Eigenkapitalausweises vgl. die rechtsformspezifischen Vorschriften, Rdn. 137 ff.

56 **k) Sonderposten mit Rücklageanteil, § 273.** Sonderposten mit Rücklageanteil dürfen im Konzernabschluß nach § 300 Abs. 2 gebildet werden. Voraussetzung ist, daß der Posten bei der steuerlichen Gewinnermittlung nur anerkannt wird, wenn er im Jahresabschluß gebildet worden ist. Solche Ansätze dürfen in den Konzernabschluß übernommen werden; auf steuerlichen Sondervorschriften beruhende Bewertungen dürfen nach § 308 Abs. 3 fortgeführt werden.

57 Werden Sonderposten mit Rücklageanteil aufgelöst und in den Konzernabschluß nicht übernommen, ist in Höhe des Steueranteils eine **Rückstellung** für Steuern zu bilden; der Eigenkapitalanteil erhöht das Eigenkapital des entsprechenden Unternehmens und kann nur insoweit in die Kapitalverrechnung einbezogen werden.[60]

58 **l) Steuerabgrenzung, § 274.** Die Regelungen über die Steuerabgrenzung nach § 274 finden neben den Regelungen über die Steuerabgrenzung bei Konsolidierungs-

---

56 ADS 78; HdKR-*Berndt* 42.
57 ADS 81; HdKR-*Berndt* 44.
58 WP-Handbuch 2000 I M 417 ff; ADS 81.
59 Zur Behandlung von Kapitalbeschaffungskosten *Lind/Faulmann* DB 2001, 601.
60 Beck BilKomm-*Budde/Lust* 14; WP-Handbuch 2000 I M 346.

vorgängen nach § 306 Anwendung. § 274 betrifft die Auswirkungen von zeitlich begrenzten Ergebnisdifferenzen zwischen einerseits der Handelsbilanz I und der steuerlichen Ergebnisrechnung, andererseits der Handelsbilanz II infolge von Anpassungen nach §§ 300, 308 und der steuerlichen Ergebnisrechnung sowie von ergebniswirksam vorgenommenen Konsolidierungsmaßnahmen. Die Abgrenzungsrechnung erfolgt grundsätzlich in der Handelsbilanz II, sofern die Abgrenzung aus dem Jahresabschluß nicht unverändert übernommen werden kann.[61] Für dabei entstehende passive Abgrenzungsbeträge besteht Passivierungspflicht, für aktive Abgrenzungsbeträge besteht ein Aktivierungswahlrecht, das nach § 300 Abs. 2 S. 2 neu ausgeübt werden darf.

m) Steuern, § 278. Die Beträge für Steuern sind nach § 278 auf der Grundlage eines Beschlusses über die Verwendung der Ergebnisse zu berechnen. Diese Regelung findet auch auf den Konzernabschluß Anwendung, paßt indes nur für das Mutterunternehmen. Steuerbeträge der einbezogenen Unternehmen sind zunächst mit den in deren Jahresabschluß angesetzten Beträgen zu übernehmen. Aus Sicht des Konzerns sind bei unterschiedlichem Steuersatz für einbehaltene und ausgeschüttete Gewinne Korrekturen erforderlich, wenn der Steueraufwand des Tochterunternehmens im Hinblick auf eine Ausschüttung gemindert werden konnte, die Ausschüttung aber erst im Folgejahr erfolgt und in der Berichtsperiode zu einer höheren Steuerbelastung führt. Aus Sicht des Konzerns ist eine Steuerrückstellung zusätzlich zu bilden.[62] 59

4. Bewertungsvorschriften

a) Allgemeine Bewertungsvorschriften, § 252. Die Bewertungsvorschriften finden im Konzernabschluß nur subsidiäre Anwendung, da durch § 308 Abs. 1 die nach dem auf den Jahresabschluß des Mutterunternehmens anzuwendenden Recht maßgeblichen Bewertungsvorschriften für die Bewertung im Konzernabschluß heranzuziehen sind. Die allgemeinen Bewertungsvorschriften gelten auch für den Konzernabschluß. Das gilt z. B. für den Grundsatz der Bilanzidentität (§ 252 Abs. 1 Nr. 1), auch wenn er durch die Möglichkeit der Anpassung von Vorjahresbeträgen nach § 294 Abs. 2 S. 2 in formaler Hinsicht eine Durchbrechung erfährt.[63] Die übrigen Ziffern von § 252 Abs. 1 werden durch die nach § 308 Abs. 1 auf den Konzernabschluß anwendbaren Bewertungsregeln erfaßt. 60

b) Wertansätze der Vermögensgegenstände und Schulden, §§ 253, 254, 279, 280 und 281. Die Bewertungsvorschriften für den Jahresabschluß einer großen Kapitalgesellschaft sind nach § 308 Abs. 1 für die Bewertung im Konzernabschluß maßgeblich. Abweichungen vom Jahresabschluß ergeben sich nicht. Bewertungswahlrechte (z. B. §§ 253 Abs. 2 S. 3 i. V. m. 279 Abs. 1, 253 Abs. 3 S. 3) dürfen im Konzernabschluß neu und unabhängig von der Ausübung im Jahresabschluß ausgeübt werden. Wertansätze, die durch steuerliche Vorschriften bedingt sind, dürfen im Konzernabschluß beibehalten werden. 61

c) Anschaffungs- und Herstellungskosten, § 255 Abs. 1 bis 3. Die Anwendung der Grundsätze dieser Vorschriften ergibt sich aus § 308 Abs. 1. Die Eigenart des Konzerns bedingt Abweichungen, sofern Vermögensgegenstände auf Lieferungen oder Leistungen von einbezogenen Unternehmen beruhen. Es dürfen dann nur die Anschaffungs- oder Herstellungskosten angesetzt werden, die zur Anwendung kämen, 62

---

[61] ADS 84.
[62] Beck BilKomm-*Budde/Lust* 17.
[63] Beck BilKomm-*Budde/Lust* 19.

wenn die einbezogenen Unternehmen auch rechtlich Teil eines einheitlichen Unternehmens wären; vgl. § 304, 32 ff.

63 **d) Bewertungsvereinfachungen, § 256.** Die Vorschriften über Bewertungsvereinfachungen kommen im Rahmen von § 308 Abs. 1 S. 2 zur Anwendung; Abweichungen von der Anwendung in einem Jahresabschluß ergeben sich nicht.

64 **e) Abschreibungen des Geschäfts- oder Firmenwerts, § 255 Abs. 4 S. 2 und 3.** Die Anwendung der Regelung ergibt sich aus § 308 Abs. 1. Sie gilt für den von einbezogenen Unternehmen derivativ erworbenen Geschäfts- oder Firmenwert. Dieser ist von dem Geschäfts- oder Firmenwert aus der Erstkonsolidierung (§§ 301 Abs. 3, 309 Abs. 1) zu unterscheiden. Nur für letzteren gilt die Sonderregelung, die eine erfolgsneutrale Verrechnung mit den Rücklagen des Konzerns zuläßt.[64]

65 **f) Abschreibung der Aufwendungen für die Ingangsetzung und Erweiterung des Geschäftsbetriebs, § 282.** Die in § 282 enthaltenen Abschreibungsregelungen finden über § 308 Abs. 1 im Konzernabschluß Anwendung. Die Abschreibung der Aufwendungen erfolgt nach den gleichen Regeln wie im Jahresabschluß.

66 **g) Wertansatz des Eigenkapitals, § 283.** Der Ansatz des gezeichneten Kapitals mit seinem Nennbetrag gilt auch für den Konzernabschluß. Die Regelung ist nur für das gezeichnete Kapital des Mutterunternehmens anzuwenden; dieses ist wie im Jahresabschluß mit dem Nennbetrag anzusetzen.

5. Gliederungs- und Ausweisvorschriften

67 **a) Allgemeine Gliederungsvorschriften.** Für den Konzernabschluß bestehen besondere Vorschriften über die **Gliederung.** § 297 Abs. 2 S. 1 ist der allgemeine Grundsatz zu entnehmen, daß der Konzernabschluß *klar und übersichtlich* aufzustellen ist. Hieraus ergibt sich, daß eine übersichtliche Gliederung der Konzernbilanz und der Konzern-Gewinn- und Verlustrechnung unter hinreichend klarer Bezeichnung der eingestellten Posten vorhanden sein muß (§ 297, 36 ff). Dieser allgemeine, dem § 243 Abs. 2 nachgebildete Grundsatz wird durch die Verweisung im § 298 Abs. 1 ersetzt, die für den Konzernabschluß die Anwendung der für große Kapitalgesellschaften geltenden Regelungen über die Gliederung (§§ 265, 266, 268, 275, 277) vorschreibt (vgl. Gliederungsschema Rdn. 129 ff).

68 **b) Allgemeine Grundsätze für die Gliederung, § 265.** Nach § 298 Abs. 1 gelten die allgemeinen Grundsätze für die Gliederung des Jahresabschlusses für den Konzernabschluß. Die Form der **Darstellung** und die **Gliederung** der aufeinanderfolgenden Abschlüsse ist beizubehalten, sofern Abweichungen nicht in besonderen Fällen begründet sind, § 265 Abs. 1. Es gelten die gleichen Grundsätze wie für den Jahresabschluß. Nach Abs. 2 sind zu jedem Posten die *Vorjahresbeträge* anzugeben und bei Nichtvergleichbarkeit Angaben im Konzernanhang zu machen. Im Konzernabschluß hat Abs. 2 S. 3 eine größere Bedeutung, wenn der Verpflichtung zur Herstellung der Vergleichbarkeit bei abweichendem Konsolidierungskreis durch Anpassung der Vorjahreszahlen Rechnung getragen wird, § 294 Abs. 2 S. 2. Bei Abs. 3 gelten gegenüber dem Jahresabschluß keine Besonderheiten; der Ausweis von *eigenen Anteilen* am Mutterunternehmen wird durch § 301 Abs. 4 S. 2 gesondert angeordnet.

69 Nach der Eigenart des Konzernabschlusses ist § 265 Abs. 4 eine größere Bedeutung beizumessen. Die Einbeziehung von Unternehmen mit Tätigkeiten in unterschiedli-

---

[64] A.M. Beck BilKomm-*Budde/Lust* 24; ADS 77, 95.

chen Geschäftszweigen, zu denen auch Geschäftszweige gehören können, für die spezielle Gliederungsvorschriften gelten, machen i. d. R. die Anpassung des durch §§ 298 Abs. 1, 266 vorgegebenen Gliederungsschemas erforderlich.[65] Die Ergänzung der Gliederung ist im Konzernanhang anzugeben, Abs. 4 S. 2. Die Eigenart des Konzernabschlusses kann die weitere **Untergliederung** der Konzernbilanz oder -Gewinn- oder Verlustrechnung (§ 265 Abs. 5 S. 1) zur Verbesserung der Klarheit und Übersichtlichkeit (§ 297 Abs. 2 S. 1) erfordern. Die **Einfügung neuer Posten** (§ 265 Abs. 5 S. 2) ist geboten, wenn Abschlüsse einbezogener Unternehmen nach den für diese anzuwendenden Gliederungsvorschriften Posten beinhalten, die das Schema nach § 266 oder § 275 nicht aufführt und deren Inhalt nur unzureichend von vorhandenen Posten abgedeckt wird.

Das Gebot zur **Änderung** der Gliederung und der Bezeichnung von mit arabischen Ziffern versehenen Posten gilt auch im Konzernabschluß, sofern dies zur Verbesserung der Klarheit und Übersichtlichkeit des Abschlusses erforderlich ist, Abs. 6. **70**

Die **Zusammenfassung** des Ausweises von mit arabischen Ziffern versehenen Posten der Konzernbilanz und der Gewinn- und Verlustrechnung ist auch im Konzernabschluß gestattet, wenn die Posten einen Betrag enthalten, der für die Vermittlung eines den tatsächlichen Verhältnissen entsprechenden Bildes im Sinne von § 297 Abs. 2 S. 2 nicht erheblich ist (§ 265 Abs. 7 Nr. 1). Ferner müssen durch die Zusammenfassung die Klarheit der Darstellung vergrößert und die zusammengefaßten Posten im Konzernanhang aufgegliedert werden. Die Zusammenfassung ist nicht zulässig, wenn der Ausweis des Postens durch Formblätter vorgeschrieben ist. Formblattausweise, die für den Jahresabschluß von einbezogenen Tochterunternehmen vorgeschrieben sind und in den Konzernabschluß übernommen werden, dürfen dort jedoch mit anderen Posten zusammengefaßt werden.[66] **71**

Auch für den Konzernabschluß brauchen **Leerposten** nicht ausgewiesen zu werden, es sei denn, daß für den Posten für das Vorjahr ein Betrag ausgewiesen wurde, § 265 Abs. 8. **72**

c) Gliederung der Konzernbilanz

aa) Gliederung der Bilanz, § 266. Für die Konzernbilanz ist das Gliederungsschema aus § 266 Abs. 2 und 3 anzuwenden. Das gilt für den Konzernabschluß nach HGB; ist das Mutterunternehmen nach anderen Rechtsvorschriften als § 290 zur Aufstellung des Konzernabschlusses verpflichtet, hat es das Gliederungsschema des § 266 zu verwenden, wenn der Abschluß nach § 291 befreiende Wirkung haben soll. **73**

Das Gliederungsschema ist zu ergänzen, soweit dies durch die Eigenart des Konzernabschlusses und die auf diesen anzuwendenden besonderen Vorschriften bedingt ist. Zu den gesetzlich vorgeschriebenen besonderen Posten für die Konzernbilanz vgl. Rdn. 82 ff. Ein Gliederungsschema für die Konzernbilanz ist unter Rdn. 129 ff abgedruckt. **74**

Die Posten sind in der Konzernbilanz grundsätzlich mit den in § 266 angegebenen Postenbezeichnungen aufzuführen. Abweichungen gelten, wenn die Eigenart des Konzernabschlusses es erfordert. Dies gilt z. B. bei den Posten Gewinnvortrag/Verlustvortrag und Jahresüberschuß/Jahresfehlbetrag. Anstelle dieser Bezeichnungen sind im Konzernabschluß die Bezeichnungen Konzerngewinnvortrag/Konzern- **75**

---

[65] Beck BilKomm-*Budde/Lust* 26 f; ADS 103. [66] ADS 109.

verlustvortrag und Konzernjahresüberschuß und Konzernjahresfehlbetrag zu verwenden.[67]

76 **bb) Vorschriften für einzelne Posten der Konzernbilanz**

(1) Bilanzgewinn/Bilanzverlust, § 268 Abs. 1. Die Regelungen über die Aufstellung der Konzernbilanz unter Berücksichtigung der vollständigen oder teilweisen Ergebnisverwendung findet auf den Konzernabschluß Anwendung, auch wenn dieser nicht die Grundlage für die Ergebnisverwendung darstellt. Im Konzernabschluß kann gleichwohl die für das Mutterunternehmen vorgesehene Ergebnisverwendung dargestellt werden. Die Bezeichnung der Posten ist in Konzern(bilanz)gewinn/Konzern (bilanz)verlust anzupassen. Zur Herstellung gleicher Beträge im Jahresabschluß und Konzernabschluß wird es als zulässig angesehen, anteilige Jahresergebnisse der einbezogenen Tochterunternehmen mit den Konzernrücklagen zu verrechnen.[68]

77 **(2) Anlagespiegel zum Konzernabschluß.** Zum Anlagespiegel des Konzernabschlusses Rdn. 103 ff.

78 **(3) Nicht durch Eigenkapital gedeckter Fehlbetrag, § 268 Abs. 3.** Unter den gleichen Voraussetzungen wie im Jahresabschluß ist im Konzernabschluß ein nicht durch Eigenkapital gedeckter Fehlbetrag auszuweisen, wenn das Konzerneigenkapital durch Verluste aufgebraucht worden ist.

79 **(4) Vermerkspflichten bei Forderungen und Verbindlichkeiten, § 268 Abs. 4 und 5.** Für die Vermerkspflichten bei bestimmten Forderungen und Verbindlichkeiten sowie dem Sonderausweis von Anzahlungen auf Vorräte gelten die Grundsätze um Jahresabschluß entsprechend (§ 268, 26 und 32 ff).

80 **(5) Ausstehende Einlagen, § 272 Abs. 1 S. 2 und 3.** In der Konzernbilanz sind ausstehende Einlagen auf das gezeichnete Kapital des Mutterunternehmens in einem gesonderten Posten auszuweisen und zu bezeichnen; eingeforderte Einlagen sind besonders zu kennzeichnen. Die Regelung findet wie im Jahresabschluß Anwendung.

81 **(6) Sonderposten mit Rücklageanteil, § 273.** Zur Bildung des Postens vgl. Rdn. 56. Der Posten ist, wie im Jahresabschluß, auf der Passivseite vor den Rückstellungen auszuweisen.

82 **cc) Konzernabschluß – bedingte Abweichungen vom Gliederungsschema. (1) Gesetzlich vorgeschriebene zusätzliche Posten.** Die Gliederungsvorschriften für den Jahresabschluß einer großen Kapitalgesellschaft sind auf den Konzernabschluß anzuwenden, soweit in den Vorschriften über den Konzernabschluß nichts anderes bestimmt ist. Für die **Konzernbilanz** bestehen folgende Sonderregelungen:

83 **(1.1) Unterschiedsbetrag aus der Kapitalkonsolidierung, § 301 Abs. 3.** Ein bei der Kapitalkonsolidierung entstehender oder verbleibender Unterschiedsbetrag ist, sofern er auf der *Aktivseite* entsteht, als **Geschäfts- oder Firmenwert** und wenn er auf der *Passivseite* entsteht, als **Unterschiedsbetrag aus der Kapitalkonsolidierung** auszuweisen. Der Ausweis des Geschäfts- oder Firmenwerts unterbleibt, sofern der Unterschiedsbetrag offen mit den Rücklagen des Konzerns verrechnet wird, § 309 Abs. 1 S. 3. Unterschiedsbeträge auf der Aktivseite können bei dem vorgeschriebenen Ausweis mit anderen Beträgen, die als Geschäfts- oder Firmenwert ausgewiesen werden, zusammengefaßt ausgewiesen werden[69]. Ein passiver Unterschiedsbetrag wird

---

[67] ADS 113.

[68] Beck BilKomm-*Budde/Lust* 29; *v. Wysocki/Wohlgemuth* Konzernabschlüsse 252 ff; *B. v. Colbe/Ordelheide* Konzernabschlüsse 435; *Küting* BB 1998, 887 und 938 ff; *Kuhnberger/Schmidt* BB 1998, 1627.

[69] ADS 156; WP-Handbuch 2000 I M 360.

gesondert ausgewiesen. Für den Ausweis im einzelnen besteht keine gesetzliche Vorgabe. Die Behandlung dieses Postens sollte sich nach seinem Inhalt richten; danach kommt der Ausweis als besonderer Posten im Eigenkapital nach den Konzernrücklagen oder zwischen dem Konzerneigenkapital und den Rückstellungen in Betracht. Für die Auflösung dieses Posten bestehen keine besonderen Ausweisvorschriften; vgl. im übrigen § 301, 139 ff und § 309, 6 und 55 ff.

(1.2) **Ausgleichsposten für Anteile anderer Gesellschafter, § 307.** Für nicht dem Mutterunternehmen gehörende Anteile an in den Konzernabschluß einbezogenen Tochterunternehmen ist in der Konzernbilanz ein **Ausgleichsposten** für den Anteil anderer Gesellschafter am Kapital dieser Unternehmen zu bilden, vgl. § 307, 58 ff. Der Posten ist entsprechend der ausdrücklichen Regelung in § 307 Abs. 1 S. 1 innerhalb des Eigenkapitals auszuweisen und entsprechend zu bezeichnen. Die Darstellung innerhalb des Eigenkapitals ist nicht vorgeschrieben; da der Posten i. d. R. Anteile aus verschiedenen Posten des Konzerneigenkapitals enthält, bietet sich der Ausweis als letzter Posten des Konzerneigenkapitals an.[70] **84**

(1.3) **Beteiligungen an assoziierten Unternehmen, § 311 Abs. 1.** Anteile an assoziierten Unternehmen, die nach Maßgabe von § 312 bewertet wurden, sind nach § 311 Abs. 1 S. 1 in der Konzernbilanz unter einem besonderen Posten und entsprechender Bezeichnung auszuweisen. Der Posten steht in inhaltlichem Zusammenhang mit den Finanzanlagen des Konzerns und sollte vor den nicht unter § 311 Abs. 1 fallenden Beteiligungen ausgewiesen werden. Zum Sonderausweis nach § 311 Abs. 2 vgl. § 311, 33 f. **85**

(1.4) **Unterschiedsbetrag aus der Bewertung assoziierter Unternehmen, § 312 Abs. 1 S. 3.** Ein Unterschiedsbetrag aus der Anwendung der Equity – Methode nach § 312 Abs. 1 ist bei Verwendung der Buchwertmethode unter dem Posten „Beteiligungen an assoziierten Unternehmen" zu vermerken, bei Verwendung der Neubewertungsmethode in der Konzernbilanz (i. d. R. unter dem Posten „Geschäfts- oder Firmenwert") gesondert auszuweisen, sofern die Beträge nicht im Konzernanhang gesondert angegeben werden (§ 312, 43 und 58).[71] Diese Angabe wird nur im Jahr der erstmaligen Anwendung der Equity – Methode auf den Anteil an dem Unternehmen verlangt. Bei Entstehen eines passiven Unterschiedsbetrags ist ein gesonderter Ausweis in der Konzernbilanz nicht vorgesehen. Der Betrag ist den Aktiva oder Passiva zuzuordnen, die von diesem Betrag betroffen sind (§ 312, 42 und 55 ff). **86**

(2) **Umgliederungen in der Konzernbilanz.** Die Zusammenfassung der Vermögensgegenstände, Schulden und anderen Posten aus den Jahresabschlüssen der einbezogenen Unternehmen in der Konzernbilanz erfordert im Einzelfall Abweichungen bei der Zuordnung, die sich aus der Eigenart des Konzernabschlusses, insbesondere aus der Sichtweise des Konzerns ergeben. Hierzu gehören die Umgliederung von Gegenständen des Umlaufvermögens in das Anlagevermögen und umgekehrt, sofern nach dem Zweck des Konzernabschlusses die Gegenstände dazu bestimmt sind, dauernd dem Konzern zu dienen oder nicht.[72] Gleiches gilt für die Auswirkungen von Konsolidierungsmaßnahmen, die zum Weglassen von Posten oder der inhaltlichen Zuordnung eines Postens zu einem anderen Posten (z. B. bei Rückstellungen) führen können. **87**

Eine ausdrückliche Pflicht zur Umgliederung besteht für **eigene Anteile** am Mutterunternehmen. Werden solche Anteile von einbezogenen Tochterunternehmen **88**

[70] WP-Handbuch 2000 I M 392.
[71] WP-Handbuch 2000 I M 462 f; ADS 159.
[72] ADS 162 f.

gehalten, werden die Anteile am Mutterunternehmen nicht in die Konsolidierung einbezogen (§ 301, 156); die Anteile sind nach § 301 Abs. 4 S. 1 stets im Umlaufvermögen auszuweisen, als ob sie dem Mutterunternehmen zugerechnet würden. Hierzu gehört auch die Umgliederung einer Rücklage für Anteile am Mutterunternehmen in eine Rücklage für eigene Anteile nach § 272 Abs. 4.

89 **d) Gliederung der Konzern-Gewinn- und Verlustrechnung. aa) Gliederung, § 275.** Für die Konzern-Gewinn- und Verlustrechnung sind keine eigenständigen Regelungen vorgesehen. § 298 Abs. 1 verweist umfassend auf die Vorschriften über die Gliederung der Gewinn- und Verlustrechnung für den Jahresabschluß großer Kapitalgesellschaften. Danach kann die Konzern-Gewinn- und Verlustrechnung entweder nach dem **Gesamtkostenverfahren** (§ 275 Abs. 2) oder nach dem **Umsatzkostenverfahren** (§ 275 Abs. 3) aufgestellt und gegliedert werden. Bei der Entscheidung für eines der Gliederungsverfahren ist das Mutterunternehmen an die Gliederung der Gewinn- und Verlustrechnung in seinem Jahresabschluß nicht gebunden; die Zweckmäßigkeit sollte über die Darstellungsform entscheiden.

90 Posten und Posteninhalte der Konzern-Gewinn- und Verlustrechnung entsprechen denen des Jahresabschlusses. Zu Ergänzungen und Umgliederungen, die durch Vorschriften, die für den Konzernabschluß gelten oder durch die Eigenart des Konzernabschlusses bedingt sind, vgl. Rdn. 82. Die Posten der Konzern-Gewinn- und Verlustrechnung sind in Rdn. 132 dargestellt.

91 **bb) Vorschriften zu einzelnen Posten der Gewinn- und Verlustrechnung, §§ 277, 278. (1) Umsatzerlöse, § 277 Abs. 1.** Als Umsatzerlöse sind die Erlöse aus dem Verkauf und der Vermietung oder Verpachtung von für die gewöhnliche Geschäftstätigkeit des Konzerns typischen Erzeugnissen und Waren sowie typischen Dienstleistungen zu verstehen. Maßgebend sind die aus Sicht des Konzerns gewöhnlichen Geschäftstätigkeiten und die dafür typischen Erzeugnisse u. a. m. Die Zusammenfassung von Jahresabschlüssen von Tochterunternehmen mit unterschiedlicher Geschäftstätigkeit bedingt nicht notwendig, daß alle Aspekte der Geschäftstätigkeit zum gewöhnlichen Geschäft des Konzerns gehören. Erlöse aus Tätigkeiten in Randbereichen des Konzerns können dann nicht mehr zu den Umsatzerlösen, sondern zu den sonstigen betrieblichen Erlösen des Konzerns gehören.[73]

92 Der Gesamtbetrag der Umsatzerlöse wird durch die **Eliminierung** von konzerninternen Umsatzgeschäften beeinflußt, §§ 304, 305.

93 **(2) Bestandsveränderungen, § 277 Abs. 2.** Die Definition der Bestandsveränderung für den Jahresabschluß gilt entsprechend für den Konzernabschluß. Der Posten kann durch das Weglassen konzerninterner Lieferungen und Leistungen beeinflußt werden, § 304. In den Posten sind mengen- und wertmäßige Bestandsveränderungen einzubeziehen. Bei der Abgrenzung der üblichen und der nicht üblichen Abschreibungen, die unter Nr. 7b) auszuweisen sind, können sich bei Anwendung des Gesamtkostenverfahrens Unterschiede zwischen der Beurteilung im Jahres- und Konzernabschluß ergeben (vgl. § 277, 121).

94 **(3) Sonderausweis bestimmter Aufwendungen und Erträge, § 277 Abs. 3.** Für die durch § 277 Abs. 3 vorgeschriebenen Sonderausweise bestimmter Abschreibungen und anderer Aufwendungen und Erträge gelten die Grundsätze für den Jahresabschluß; vgl. § 277, 13 ff. Gleiches gilt für den Sonderausweis über die Erträge und Aufwendungen aus Gewinn- und Verlustübernahmen, sofern dieser in der Konzern-Gewinn- und Verlustrechnung nicht entfällt, da Unternehmen, mit denen solche

---

[73] ADS 168.

Vereinbarungen bestehen, nach § 290 Abs. 1 oder 2 regelmäßig in den Konzernabschluß einzubeziehen sind (§ 305, 54).

(4) **Außerordentliche und periodenfremde Erträge und Aufwendungen, § 277 Abs. 4.** Die nach diesen Regelungen gesondert auszuweisenden Posten bestimmen sich nach den Grundsätzen für den Jahresabschluß. 95

(5) **Steuern, § 278.** Die Berechnung des Steueraufwands in der Konzern-Gewinn- und Verlustrechnung faßt den Steueraufwand sowie die Erträge aus Steuererstattungen der in dem Konzernabschluß zusammengeführten Jahresabschlüsse zusammen. Der Betrag wird erhöht oder vermindert um Beträge, die sich aus der Bildung oder Auflösung von Steuerabgrenzungen aus der Handelsbilanz I oder II der einbezogenen Unternehmen und aufgrund von ergebniswirksamen Konsolidierungsvorgängen ergeben.[74] Da der Konzern nicht Zurechnungssubjekt einer steuerlichen Belastung ist, findet eine hypothetische Belastungsrechnung für Steuern des Konzerns nicht statt.[75] Die **Ertragsteuern** sind wie im Jahresabschluß auf der Grundlage des Beschlusses oder des Beschlußvorschlags für die Gewinnverwendung zu ermitteln. 96

Die Steuerberechnung für die in den Konzernabschluß **einbezogenen Tochterunternehmen** ist für deren Jahresabschluß i. d. R. auf der Grundlage einer Beschlußfassung oder vorgesehenen Beschlußfassung bemessen worden. Hierdurch sowie durch periodenverschobene Gewinnausschüttungen können Unterschiedsbeträge bei der Steuerbelastung entstehen, wenn unterschiedliche Steuersätze zur Anwendung kommen. Ein Unterschied entsteht nicht, sofern das Ergebnis des Tochterunternehmens z. B. aufgrund eines Ergebnisabführungsvertrags zeitgleich dem Mutterunternehmen zugerechnet wird, bei Beteiligungen an Personengesellschaften (Mitunternehmerschaften) oder bei der phasengleichen Vereinnahmung der zur (Voll-) Ausschüttung vorgesehenen Gewinnanteile beim Mutterunternehmen.[76] In diesen Fällen wird dem Mutterunternehmen das gesamte Ergebnis des Tochterunternehmens zugerechnet und dort der Besteuerung unterworfen. Bei Ausschüttungen kann ein zu niedriger Steuerbetrag ausgewiesen werden, wenn das ausschüttende Tochterunternehmen für die vorgesehene Ausschüttung die Ausschüttungsbelastung mit einem niedrigeren Steuersatz hergestellt hat, als er bei Thesaurierung zur Anwendung käme (z. B. § 27 Abs. 1 KStG i. d. F. v. 22. 4. 1999). Der auszuschüttende Betrag geht in das Konzernergebnis (gegebenenfalls Gewinnrücklage) ein; die Steuerbelastung im Jahresabschluß des Tochterunternehmens wird unter der Annahme der Ausschüttung ermittelt, losgelöst von der Verwendung dieses Gewinnanteils im Konzern. Ist der für die Ausschüttung an das Mutterunternehmen vorgesehene Betrag nicht sogleich zur Weiterausschüttung an die Gesellschafter des Mutterunternehmens vorgesehen, unterbleibt aufgrund des erst in der Folgeperiode für Steuerzwecke zu erfassenden Zuflusses der Dividende die Belastung eines Teils des Konzernergebnisses mit dem bei Thesaurierung vorgesehenen Steuerbetrag (§ 23 Abs. 1 und 2 KStG). Anderes gilt nur dann, wenn die Ausschüttung die steuerliche Belastung des Ausschüttungsbetrags nicht verändert (z. B. bei Ausschüttungen unter Verwendung von Eigenkapital iSv § 30 Abs. 2 Nr. 1 und 4 i. V. m. § 40 S. 1 Nr. 1 und 2 KStG). 97

Aus Gründen der Vollständigkeit des Konzernabschlusses ist es erforderlich, die aus Konzernsicht zutreffende Steuerbelastung darzustellen. Der bei vorgesehenen Gewinnausschüttungen periodenbezogen zu niedrige Steueraufwand ist durch Ein- 98

[74] ADS 173.

[75] WP-Handbuch 2000 I M 568.

[76] Tomberger Entscheidung, EuGH v. 27. 6. 1996 Rs C-234/94, DB 1996, 1400 mit Berichtigungsbeschluß v. 10. 7. 1997, DB 1997, 1513; BGH v. 12. 1. 1998, DB 1998, 567; demgegenüber BFH, Vorlagebeschluß v. 16. 12. 1995 I R 50/95; BFH GrS v. 7. 8. 2000 GrS 2/99, DB 2000, 1993.

stellung eines entsprechenden Betrags in die **Steuerrückstellung** auszugleichen.[77] Es entspricht sonst nicht der höheren Steuerbelastung des Konzerns.

99 Die gleiche Problematik entsteht bei der Ausschüttung von Dividenden von Tochterunternehmen in Ländern mit **niedrigeren** Steuersätzen an Unternehmen in Ländern mit einem höheren Steuerniveau. In diesen Fällen muß eine entsprechende Anpassung des Steueraufwands erfolgen.

100 **cc) Konzernabschluß – bedingte Abweichungen vom Gliederungsschema**

(1) Hinzufügung von Posten

(1.1) Ergebnisanteil anderer Gesellschafter, § 307 Abs. 2. Der auf andere Gesellschafter entfallende Anteil am Ergebnis von Tochterunternehmen, die in den Konzernabschluß einbezogen wurden, ist in der Konzern-Gewinn- und Verlustrechnung unter entsprechender Bezeichnung auszuweisen. Der Ausweis erfolgt nach dem Posten „Jahresüberschuß/Jahresfehlbetrag"; vgl. § 307, 74.

101 **(1.2) Ergebnisanteil aus Beteiligungen an assoziierten Unternehmen, § 312 Abs. 4 S. 2.** In der Konzern-Gewinn- und Verlustrechnung ist das auf assoziierte Beteiligungen entfallende Ergebnis unter einem gesonderten Posten auszuweisen. Auch ohne gesetzliche Anordnung ist es zweckmäßig, den Posten entsprechend zu bezeichnen. Der Posten ist im Zusammenhang mit den Erträgen aus Beteiligungen (§ 275 Abs. 2 Nr. 9, Abs. 3 Nr. 8) als gesonderter Posten auszuweisen. Zum Ergebnis an assoziierten Unternehmen gehört neben dem Ergebnisanteil im engeren Sinn auch der Anteil an der Abschreibung oder Auflösung von Unterschiedsbeträgen oder eines als Geschäfts- oder Firmenwert zu behandelnden Betrages. Bestehen im Konzern mehrere Beteiligungen an assoziierten Unternehmen, dürfen die anteiligen Ergebnisse unter diesem Posten zusammengefaßt werden. Negative Ergebnisanteile dürfen abgesetzt werden. Ausgeschüttete Dividenden sind von dem Ergebnisanteil erfolgswirksam abzusetzen; vgl. § 312, 86 ff.

102 **(2) Umgliederungen in der Konzern-Gewinn- und Verlustrechnung.** In der Konzern-Gewinn- und Verlustrechnung erfolgen, bedingt durch die Eigenart des Konzernabschlusses, Umgliederungen aus Anlaß der Eliminierung von Aufwendungen und Erträgen, die im Konzernabschluß nach §§ 304, 305 wegzulassen sind. Hierzu gehört z. B. das Weglassen von Beteiligungsergebnissen an einbezogenen Unternehmen sowie von Ergebnissen aus Zwischenerfolgen aus Geschäften zwischen einbezogenen Unternehmen; dazu § 305, 50 ff. Umgliederungen bei Posten, die nach Vornahme von Konsolidierungsmaßnahmen in die Konzern-Gewinn- und Verlustrechnung übernommen werden, ergeben sich z. B. bei der Umqualifizierung von Erlösen, die aus Sicht des Konzerns nicht Umsatzerlöse, sondern sonstige betriebliche Erlöse darstellen, Rdn. 76. Eine weitere Änderung ergibt sich bei Ausgleichszahlungen an andere Gesellschafter bei Bestehen eines Beherrschungs- oder Gewinnabführungsvertrages nach § 304 AktG. Im Konzernabschluß stellen diese Leistungen, gleichgültig, ob sie als „Rentengarantie" vom Mutterunternehmen oder als „Rentabilitätsgarantie" vom Tochterunternehmen bezahlt werden, Ergebnisanteile anderer Gesellschafter dar, die nach § 307 Abs. 2 gesondert auszuweisen und zu bezeichnen sind.[78]

103 **e) Entwicklung der Posten des Anlagevermögens des Konzerns (Konzernanlagespiegel), § 268 Abs. 2.** Nach §§ 298 Abs. 1, 268 Abs. 2 ist in der **Konzernbilanz** oder dem **Konzernanhang** die Entwicklung der einzelnen Posten des Anlagevermö-

[77] WP-Handbuch 2000 I M 624; ADS 175.

[78] WP-Handbuch 2000 I M 596 f; ADS 76 ff.

gens sowie des Postens „Aufwendungen für die Ingangsetzung und Erweiterung des Geschäftsbetriebs" darzustellen (S. 1). In der Darstellung sind wie im Jahresabschluß die Zugänge, Abgänge, Umbuchungen und Zuschreibungen des Geschäftsjahres sowie die Abschreibungen in ihrer gesamten Höhe (S. 2) und – als Ausweiswahlrecht ausgestaltet – die Abschreibungen des Geschäftsjahres (S. 3) aufzuführen. Das Wahlrecht, die Darstellung der Entwicklung des Anlagevermögens in der Konzernbilanz oder im Konzernanhang zu geben, wird in der Praxis veröffentlichter Konzernabschlüsse i. d. R. zugunsten des Konzernanhangs ausgeübt.[79]

Die Darstellung der Entwicklung des Anlagevermögens wird als **„Anlagespiegel"** oder **„Anlagegitter"**[80] bezeichnet, ohne daß es hierfür eine gesetzliche Grundlage gibt (vgl. auch § 268, 12). Im Konzernanlagespiegel sollen die zum Konzern gehörenden Vermögensgegenstände nach Posten gegliedert mit ihren historischen und aktuellen Werten in einer **Bruttodarstellung** angegeben werden. Das in die Darstellung einzubeziehende Mengengerüst ergibt sich, anders als im Jahresabschluß, nicht aus einem Inventar, sondern setzt sich aus den Inventaren aller einbezogener Unternehmen zusammen. Sofern hierfür im Rahmen der Zusammenführung der Konzerndaten keine Erfassung erfolgt, muß das Konzernanlagegitter aus dem in den Anlagegittern der Jahresabschlüsse angegebenen Mengengerüst entwickelt werden. Für die Übernahme in den Konzernabschluß sind Anpassungen erforderlich. Das Mengengerüst wird durch den einheitlichen Bilanzansatz (§ 300 Abs. 2 S. 1), durch Konsolidierungsvorgänge bei erstmaliger Einbeziehung (§ 301) und bei Geschäftsvorfällen zwischen den einbezogenen Unternehmen (§§ 304, 305) beeinflußt. Gegebenenfalls noch weitergehenden Veränderungen unterliegt die Wertbasis der Vermögensgegenstände. Die anzugebenden Werte sind anzupassen, soweit abweichende Konzernanschaffungs- oder -herstellungskosten zum Ansatz kommen, ferner infolge von Veränderungen durch konzerneinheitliche Bewertung (§ 308) und bei Konsolidierungsvorgängen (§§ 304, 305). Die vom Anlagespiegel des Jahresabschlusses abweichenden Werte finden, auch aufgrund ihrer Auswirkungen in den Folgejahren, ihren Niederschlag in allen Spalten des Anlagegitters.[81] **104**

Eine weitere durch die Eigenart des Konzernabschlusses bedinge Veränderung ergibt sich bei einer **Veränderung des Konsolidierungskreises**. Aus der Sicht des Konzerns stellt die Erweiterung oder Verkleinerung des Konsolidierungskreises den Zugang oder Abgang von Vermögensgegenständen dar. Diese können im Anlagespiegel gemeinsam mit den regelmäßigen Veränderungen des Konzernvermögens aus laufenden Geschäftsvorfällen dargestellt werden. Handelt es sich um wesentliche Veränderungen gegenüber dem Vorjahr, sind sie nach § 294 Abs. 2 S. 1 kenntlich zu machen.[82] Werden statt dessen nach § 294 Abs. 2 S. 2 die Vorjahreszahlen angepaßt, um die Vergleichbarkeit zu verbessern, wird es erforderlich, die hierdurch,[83] sofern nicht auch im Anlagespiegel die Vorjahresbeträge geändert werden; dann ist im Konzernanhang eine zusätzliche Angabe erforderlich. Bei den einzelnen Spalten des Konzernanlagegitters ergeben sich folgende durch den Konzernabschluß bedingte Abweichungen (§ 298 Abs. 1) gegenüber einem Anlagegitter für den Jahresabschluß: **105**

---

[79] hierzu Empfehlung von *Schülen* WPg 1987, 223, 229.

[80] ADS 115 ff; Beck BilKomm-*Budde/Lust* 30. Ergänzend wird eine entsprechende Darstellung der Entwicklung des Konzerneigenkapitals vorgeschlagen, E-DRS 7.

[81] HdKR-*Berndt* 35; *B. v. Colbe/Ordelheide* Konzernabschlüsse 431 f.

[82] *IDW* HFA 3/1995 WPg 1995, 697; Beck BilKomm-*Budde/Lust* 30; ADS 117.

[83] Empfehlung von *IDW* HFA 3/1995 Abschn. 4, WPg 1995, 697; einschränkend ADS 117.

106 Die **Anschaffungs- und Herstellungskosten** (historische Beträge) bestimmen sich nach Maßgabe von §§ 298 Abs. 1, 255. Anzusetzen sind jedoch nicht die ursprünglichen Anschaffungs- oder Herstellungskosten eines einbezogenen Unternehmens, sondern die Anschaffungs- und Herstellungskosten aus Sicht des Konzerns. Diese werden bei der erstmaligen Einbeziehung eines Unternehmens in den Konzernabschluß durch Neubewertung oder bei Anwendung der Buchwertmethode durch Zuordnung von Unterschiedsbeträgen ermittelt, § 301 Abs. 1.

107 In der Literatur werden **Anpassungen** für zulässig erachtet, wenn die tatsächlichen ursprünglichen Anschaffungskosten der Vermögensgegenstände der einbezogenen Unternehmen erheblich über den Konzernanschaffungskosten liegen und als Anschaffungs- und Herstellungskosten im Konzernanlagegitter die tatsächlichen (höheren) Beträge anzusetzen und entsprechend höhere Beträge in die Spalte für kumulierte Abschreibungen einzustellen.[84] Gleiches soll bei der erstmaligen Aufstellung eines Konzernabschlusses in Betracht kommen.[85] Diese Darstellung wird damit begründet, daß sonst der Einblick in die Altersstruktur des Konzernanlagevermögens beeinträchtigt wird. Diese Auffassung entbehrt einer gesetzlichen Grundlage und ist daher *abzulehnen*. Es ist unzulässig, im Konzernanlagespiegel hypothetische und aus Sicht des Konzernabschlusses gegen das Anschaffungskostenprinzip verstoßende Beträge anzusetzen. Das Anlagegitter als Teil der quantitativen Angaben in der Konzernbilanz entzieht sich einer willkürlichen Anpassung. Der befürchteten Beeinträchtigung der Aussagekraft der Zahlen in Konzernanlagegitter muß, wie in entsprechenden Fällen im Jahresabschluß durch ergänzende Erläuterungen im Konzernanhang nach § 297 Abs. 2 S. 3 Rechnung getragen werden.

108 Konzernabschluß – bedingte Abweichungen in der Darstellung der **Zugänge** ergeben sich bei konzerninternen Übertragungen. Diese sind aus Sicht des Konzerns ohne Bedeutung und können daher nicht in den Zugangs- und Abgangsspalten des Anlagegitters erscheinen. Führt die Eliminierung des Geschäftsvorfalls zu veränderten Konzernanschaffungskosten, sind sie als Zuschreibung oder Abschreibung anzugeben.[86] Das gleiche gilt bei konzerninternen Umwandlungen (Verschmelzung, Spaltung, Ausgliederung), wenn der übertragende und der übernehmende Rechtsträger zu den einbezogenen Unternehmen gehören.[87]

109 Die **erstmalige Einbeziehung** eines weiteren Unternehmens wird im Konzernanlagegitter als Zugang dargestellt. Zur Verbesserung der Vergleichbarkeit mit dem Vorjahresabschluß dürfen nach § 294 Abs. 2 S. 2 in wesentlichen Fällen die Vorjahresbeträge angepaßt werden. Für den Anlagespiegel wird in diesen Fällen vorgeschlagen, die historischen Vorjahresbeträge unangepaßt zu belassen und statt dessen eine separate Zugangsspalte einzufügen,[88] vgl. auch Rdn. 105.

110 Nach § 309 Abs. 1 S. 3 ist zugelassen, einen bei der Kapitalkonsolidierung entstehenden oder verbleibenden aktiven **Unterschiedsbetrag** offen mit den Konzernrücklagen zu verrechnen, vgl. § 309, 37. Erfolgt dies, wird der Unterschiedsbetrag nicht in der Konzernbilanz angesetzt; eine Darstellung im Konzernanlagegitter hat ebenfalls zu unterbleiben.[89] Dabei soll es zulässig sein, den verrechneten Betrag als Geschäfts- oder Firmenwert im Konzernanlagespiegel als Zugang und zugleich als Abgang, nicht jedoch als Abschreibung, zu zeigen. Diese Verfahrensweise hat nur im Jahr des Zu-

---

[84] ADS 119; Beck BilKomm-*Budde/Lust* 31.

[85] ADS 120.

[86] Beck BilKomm-*Budde/Lust* 31; ADS 121; teilw. a. M. *B. v. Colbe/Ordelheide* Konzernabschlüsse 427, nach denen ein Zugang auszuweisen ist.

[87] *Küting/Zündorf* BB 1994, 1383, 1386.

[88] *IDW* HFA 3/1995 Abschn. 4, WPg 1995, 697.

[89] ADS 126; *Zündorf* Konzernanlagespiegel 46.

gangs Bedeutung, da in den Folgejahren der Betrag infolge des Abgangs nicht fortgeführt wird. Der Vorschlag ist systematisch und von seinem Erkenntniswert zweifelhaft.

In der Spalte **Abgänge** wird die mengenmäßige Verringerung des Bestands an Vermögensgegenständen des Konzerns ausgewiesen. Sie umfaßt sowohl die Abgänge aus regulären Geschäftsvorfällen des Konzerns als auch den Abgang von Vermögensgegenständen einschließlich eines gegebenenfalls noch nicht verrechneten Geschäfts- oder Firmenwerts aus der Erstkonsolidierung aus Anlaß des Ausscheidens eines einbezogenen Unternehmens aus dem Konzern. Mit dem Abgang wird der unter den Anschaffungskosten aufgeführte Betrag verrechnet; der als Abgang auszuweisende Betrag umfaßt die gesamten (Konzern-) Anschaffungskosten für den Vermögensgegenstand. Ferner sind die auf die Vermögensgegenstände entfallenden Beträge der kumulierten Abschreibungen und der Wertstand zum Stichtag wegzulassen. **111**

Zu Abgängen bei konzerninternen Vorgängen Rdn. 111. Wird ein **Tochterunternehmen erstmals in** den Konzernabschluß einbezogen, ist die Verrechnung des Wertansatzes der Beteiligung als Abgang und die Einbuchung der Vermögensgegenstände als Zugang darzustellen.[90] **112**

Die Spalte **Umbuchungen** kann aufgrund von Anpassungen, die durch den Konzernabschluß bedingt sind, angesprochen werden, wenn ein Vermögensgegenstand nach einer konzerninternen Übertragung einem anderen Posten zuzuordnen ist, als bisher.[91] Im übrigen gelten die für den Jahresabschluß geltenden Regelungen (§ 268, 17). **113**

Zuschreibungen sind im Konzernanlagegitter unter den gleichen Voraussetzungen auszuweisen wie im Jahresabschluß. Veränderungen, die durch den Konzernabschluß bedingt sind, ergeben sich infolge der zusätzlichen Anschaffungskosten bei konzerninternen Übertragungen von Vermögensgegenständen. Die aus Konzernsicht aktivierungspflichtigen Aufwendungen führen zu einem höheren Wertansatz (vgl. auch Rdn. 119). **114**

Bei **Abschreibungen** ergeben sich im Konzernanlagespiegel keine Besonderheiten. Die Abschreibungen sind von den Konzernanschaffungs- oder Herstellungskosten unter Berücksichtigung der Auswirkungen der Zuordnung stiller Reserven, der einheitlichen Bewertung und konzerninternen Übertragungsvorgänge zu bemessen. Wie im Jahresabschluß werden Zuschreibungen im Folgejahr mit den kumulierten Abschreibungen verrechnet; bei dem Abgang von Vermögensgegenständen sind die auf diese entfallenden Abschreibungsbeträge wegzulassen. **115**

Der Konzernabschluß bedingt eine weitere Besonderheit für den Konzernanlagespiegel durch die Behandlung der **Beteiligungen an assoziierten Unternehmen**, die nach § 311 Abs. 1 S. 1 unter einem gesonderten Posten (im Anlagevermögen) auszuweisen sind. Anteile an diesen Unternehmen sind in das Konzernanlagegitter aufzunehmen. War der nach § 312 bewertete Anteil bereits zuvor als Beteiligung angesetzt, erscheint unter diesem Posten ein Abgang. Beim erstmaligen Ansatz einer Beteiligung an einem assoziierten Unternehmen ist hinsichtlich der Darstellung im Konzernanlagegitter nach Maßgabe der bei der Bewertung angewendeten Methode und der Verfahrensweise zur Angabe des als Geschäfts- oder Firmenwert zu behandelnden Unterschiedsbetrags zu unterscheiden. Erfolgt die Bewertung nach der Buchwertmethode, wird die Beteiligung mit dem Buchwert des Anteils angesetzt; der Vermerk des Unter- **116**

---

[90] ADS 130.

[91] WP-Handbuch 2000 I M 206; *B. v. Colbe/Ordelheide* Konzernabschlüsse 427.

schiedsbetrags hat keine Bedeutung für den Konzernanlagespiegel. Erfolgt die Bewertung nach der Neubewertungsmethode, wird der Anteil mit dem anteiligen Eigenkapital angesetzt, höchstens jedoch mit dem Buchwert der Beteiligung, § 312 Abs. 1 S. 3. Ein Unterschiedsbetrag kann bei dieser Methode gesondert ausgewiesen werden. Erfolgt der Sonderausweis nicht nur in Form eines „davon – Vermerks" bei der Beteiligung, muß ein Zugang im Konzernanlagegitter auch bei dem Posten (z. B. Geschäfts- oder Firmenwert), in den dieser Betrag eingestellt wurde, ausgewiesen werden.

117 Wertänderungen der Beteiligung an einem assoziierten Unternehmen durch **außerplanmäßige Abschreibungen** können aus Konzernsicht in Betracht kommen (§ 312, 104 ff). Die Abschreibung kann entweder die Beteiligung oder den als Geschäfts- oder Firmenwert zu behandelnden, noch nicht abgeschriebenen Unterschiedsbetrag oder beide Posten betreffen.[92] Die Abschreibung ist in der entsprechenden Spalte des Konzernanlagegitters auszuweisen.

118 Scheidet das assoziierte Unternehmen aus dem Konzern aus, sind die in diesen Posten geführten Anschaffungskosten unter Berücksichtigung der Wertentwicklung des Anteils als **Abgang** auszuweisen.

119 Eine Besonderheit der Bewertung der Anteile an assoziierten Unternehmen ist die durch § 312 Abs. 4 S. 1 vorgeschriebene Fortschreibung des Anteilswerts entsprechend der Entwicklung des anteiligen Eigenkapitals. Erhöhungen oder Verminderungen des Eigenkapitals führen zu entsprechenden Erhöhungen oder Minderungen des Wertansatzes für die Beteiligung (§ 312, 79 ff). Die **Wertveränderungen** sind im Konzernanlagegitter darzustellen; die Art der Darstellung ist umstritten. Für den Ausweis kommen entweder die Spalten „Zugang" und „Abgang" oder „Zuschreibung" und „Abschreibungen" in Betracht.[93] Der Ausweis unter den Spalten Zugang und Abgang ist jedenfalls dann zutreffend, sofern mengenmäßige Veränderungen des bewerteten Anteils zu der Veränderung geführt haben (z. B. Kapitalerhöhung, Kapitalherabsetzung).[94] Die Veränderungen infolge der Beteiligung an einem Jahresüberschuß oder Jahresfehlbetrag des assoziierten Unternehmens können hingegen nicht als Zugang/Abgang qualifiziert werden, da der mengenmäßige Bestand der Anteile an dem Unternehmen unverändert geblieben ist. Die Zuordnung des anteiligen Ergebnisses zum Mutterunternehmen führt zu einer Werterhöhung/Wertminderung, die ohne Aufwendungen des Mutterunternehmens erfolgt; sie hat demzufolge den Charakter einer Zuschreibung oder Abschreibung, da der Wert ohne Veränderung des Mengengerüsts verändert wurde.[95] In der Literatur wird zwar auch vertreten, die Veränderung als Zugang/Abgang zu zeigen. Als Begründung dient die Überlegung, daß die Bewertung nach der Equity-Methode auch auf die hinter.[96] Danach wird der Anteil am Jahresergebnis als ausgeschüttet und reinvestiert betrachtet. In der Literatur werden beide Auffassungen als zulässig erachtet.[97]

120 Um der Eigenart des Konzernabschlusses bei der Darstellung der Beteiligungen an assoziierten Unternehmen besser Rechnung tragen zu können, wird zugelassen, die Werterhöhungen und Wertminderungen in je einer **gesonderten Spalte** des Konzernanlagegitters auszuweisen.[98] Die Einrichtung besonderer Spalten kann beitragen, dem

---

[92] ADS 138; *Küting/Zündorf* BB 1986 Beil. 7, 12.

[93] ADS 139; *B. v. Colbe* ZfbF 1972, 145, 152; *Küting/Zündorf* BB 1986 Beil. 7, 11.

[94] WP-Handbuch 2000 I M 208; *Harms* BB 1987, 935, 936.

[95] WP-Handbuch 2000 I M 209; *Harms* BB 1987, 935, 936; *Küting/Zündorf* BB 1986 Beil 7, 12; *Havermann* WPg 1975, 233, 241.

[96] *B. v. Colbe/Ordelheide* Konzernabschlüsse 428 f.

[97] HdKR-*Küting/Zündorf* § 312, 111.

[98] *B. v. Colbe/Ordelheide* Konzernabschlüsse 428; ADS 141.

bei der Darstellung unter Zuschreibungen auftretenden Problem abzuhelfen. Die unter den Zuschreibungen ausgewiesenen Beträge werden sonst im Folgejahr mit den kumulierten Abschreibungen verrechnet. Bei Beteiligungen an assoziierten Unternehmen kann das dazu führen, daß negative Abschreibungen auszuweisen wären.[99] Diese Verfahrensweise ist mit der typischen Darstellungsweise im Konzernanlagegitter kaum in Einklang zu bringen.

Schüttet das assoziierte Unternehmen Gewinne an das Mutterunternehmen aus, ist die **Gewinnausschüttung** von dem infolge der Ergebniszuordnung bereits erhöhten Wertansatz der Beteiligung abzusetzen. Im Konzernanlagegitter muß dieser Vorgang zu einer Minderung des Anteilswerts führen. Die Wertminderung wird entweder als Abschreibung oder als Umbuchung ausgewiesen. Die Umbuchung führt zu keiner Gegenbuchung im Anlagegitter; der Ausgleich findet zum Umlaufvermögen statt. **121**

Ein weiteres Problem liegt darin, daß die Wertentwicklung des Postens „Beteiligungen an assoziierten Unternehmen" mehrere Anteile mit unter Umständen **gegenläufigen Wertentwicklungen** beinhaltet. Insgesamt kann für den Ausweis des Anteils am Ergebnis aus Beteiligungen an assoziierten Unternehmen eine Zusammenfassung erfolgen. Im Konzernanlagespiegel ist dann jedoch fraglich, ob ein Betrag als „Abschreibungen des Geschäftsjahres" ausgewiesen werden muß. Ferner muß eine Lösung für den Ausweis der kumulierten Zuschreibungsbeträge gefunden werden, die zweckmäßigerweise nicht als negative Abschreibungen fortgeführt werden sollten. Zur Lösung dieser Problematik werden, sofern die Wertveränderungen nicht ohnehin in gesonderten Spalten geführt werden, in der Literatur die folgenden Lösungen angeboten: **122**

Nettomethode: im Konzernanlagegitter werden unter den Spalten Abschreibungen/Zuschreibungen jeweils nur die auf das Geschäftsjahr entfallenden Beträge ausgewiesen. Im Folgejahr werden diese Beträge mit den historischen Anschaffungskosten der Beteiligung verrechnet, so daß als Anschaffungskosten stets der Wertansatz des zurückliegenden Stichtags ausgewiesen wird. Nachteil dieser Methode ist, daß die ursprünglichen Anschaffungskosten der Beteiligung aus dem Anlagegitter nicht mehr entnommen werden können. Da die Eigenart des Konzernabschlusses für diesen Posten in jedem Falle Abweichungen bedingt, um sonst entstehenden Fehlaussagen des Anlagegitters entgegen zu wirken, erscheint auch diese Behandlung vertretbar, sofern der Betrag der historischen Anschaffungskosten in der Konzernbilanz vermerkt wird.[100] **123**

Ausweis kumulierter Zuschreibungen: Zur Vermeidung von Informationsdefiziten der Nettomethode wird vorgeschlagen, in einer zusätzlichen Spalte die aufsummierten Jahresüberschüsse des assoziierten Unternehmens auszuweisen; unter der Spalte Zuschreibungen bleibt es beim Ausweis des jeweiligen Jahresbetrages. Die kumulierten Jahresfehlbeträge und Abzüge wegen Dividendenausschüttungen werden als kumulierte Abschreibungen ausgewiesen. Der Nachteil dieser Methode ist die Fortführung der kumulierten, nicht saldierten Veränderungsbeträge, die den Konzernanlagespiegel aufblähen.[101] **124**

Verkürzte Bruttomethode: Die kumulierten Wertveränderungen aufgrund von Ergebnissen und Ausschüttungen werden saldiert in einer Spalte ausgewiesen. Die Spalte wird entweder als Zuschreibung oder als Abschreibung geführt. Abschreibun- **125**

---

[99] Vgl. auch WP-Handbuch 2000 I M 212 ff; Ber. Rechtsausschuß, BTDrucks. 10/4268, 105 zu § 268 HGB.

[100] WP-Handbuch 2000 I M 214; ADS 144.

[101] *Küting/Zündorf* BB 1986 Beil. 7, 12;. HdKR-*dies.* 109; WP-Handbuch 2000 I M 213.

gen auf den Beteiligungswert oder den gesondert aktivierten Geschäfts- oder Firmenwert werden dagegen unter Abschreibungen dargestellt.[102]

126 **Aufgelaufene Wertänderungen:** Die Wertveränderungen aus Jahresüberschüssen und Jahresfehlbeträgen abzüglich der Gewinnausschüttungen werden im Konzernanlagegitter in einer Sonderspalte unter der Bezeichnung „aufgelaufene Wertänderungen" ausgewiesen. Werden die Jahresbeträge nicht in den Spalten Zuschreibungen/Abschreibungen ausgewiesen, müssen die auf das jeweilige Jahr entfallenden Beträge der Eigenkapitalveränderung im Konzernanhang gesondert angegeben werden.[103]

127 **Differenzierte Bruttodarstellung:** Eine zufriedenstellende Lösung kann nur gefunden werden, wenn die wesentlichen Grundlinien des Konzernanlagegitters erhalten bleiben. Dabei geht es um den Ausweis der Anschaffungskosten, der jährlichen Wertveränderungen und der gesondert geführten Kumulation der Veränderungsbeträge, sofern sie durch die Entwicklung des anteiligen Eigenkapitals des assoziierten Unternehmens oder Gewinnausschüttungen, die anteilig auf den Konzern entfallen, verursacht werden. Diesem Ziel kann nach der hier vertretenen Auffassung durch Ausweis der jährlichen Veränderungsbeträge unter den Zuschreibungen/Abschreibungen und den gesonderten Ausweis der kumulierten Veränderungsbeträge Rechnung getragen werden.

128 Das Fehlen klarer gesetzlicher Vorgaben gibt dem Mutterunternehmen das Wahlrecht zur Verwendung einer der dargestellten Varianten. Die Vielfalt der Möglichkeiten macht es erforderlich, daß im **Konzernanhang** erläutert wird, welche Art der Darstellung gewählt wurde und unter welchen Spalten die jährlichen und aufsummierten Veränderungsbeträge ausgewiesen werden.

129 **f) Gliederungsschema für Konzernbilanz und Konzern-Gewinn- und Verlustrechnung.** Das Gliederungsschema für die Konzernbilanz und die Konzern-Gewinn- und Verlustrechnung stellt sich unter Berücksichtigung der durch den Konzernabschluß bedingten Ergänzungen und Veränderungen nach den vorstehenden Ausführungen wie folgt dar:[104]

130 **aa) Konzernbilanz**

Aktivseite

Ausstehende Einlagen auf das gezeichnete Kapital
– davon eingefordert

A. Aufwendungen für die Ingangsetzung und Erweiterung des Geschäftsbetriebs.

B. Anlagevermögen:

I. Immaterielle Vermögensgegenstände
1. Konzessionen, gewerbliche Schutzrechte und ähnliche Rechte und Werte sowie Lizenzen an solchen Rechten und Werten
2. Geschäfts- oder Firmenwert
Geschäfts- oder Firmenwert aus der Voll- oder Quotenkonsolidierung oder Equity-Bewertung

II. Sachanlagen
1. Grundstücke, grundstücksgleiche Rechte und Bauten einschließlich der Bauten auf fremden Grundstücken

---

[102] *Küting/Zündorf* BB 1986 Beil. 7, 12.
[103] ADS 147.
[104] Beispiele für Gliederungsschemata finden sich bei ADS 113, 167; Beck BilKomm-*Budde/Lust* 27, 40; Hopt/*Kraft* Vertrags- und Formularbuch, III H 1, 2; *Baetge/Kirsch/Thiele* Konzernbilanzen 551 ff.

2. Technische Anlagen und Maschinen
3. Andere Anlagen, Betriebs- und Geschäftsausstattung
4. Geleistete Anzahlungen und Anlagen im Bau

III. Finanzanlagen
1. Anteile an verbundenen Unternehmen
2. Ausleihungen an verbundene Unternehmen
3. Beteiligungen an assoziierten Unternehmen
4. Sonstige Beteiligungen
5. Ausleihungen an Unternehmen, mit denen ein Beteiligungsverhältnis besteht
6. Wertpapiere des Anlagevermögens
7. Sonstige Ausleihungen.

C. Umlaufvermögen

I. Vorräte[105]
1. Roh-, Hilfs- und Betriebsstoffe
2. Unfertige Erzeugnisse, unfertige Leistungen
3. Fertige Erzeugnisse und Waren
4. Geleistete Anzahlungen;

II. Forderungen und sonstige Vermögensgegenstände[106]
1. Forderungen aus Lieferungen und Leistungen
2. Forderungen gegen verbundene Unternehmen
3. Forderungen gegen Unternehmen, mit denen ein Beteiligungsverhältnis besteht
4. Sonstige Vermögensgegenstände

III. Wertpapiere
1. Anteile an verbundenen Unternehmen
2. Eigene Anteile
3. Sonstige Wertpapiere

IV. Schecks, Kassenbestand, Bundesbankguthaben, Guthaben bei Kreditinstituten

D. Rechnungsabgrenzungsposten
Gegebenenfalls aktive latente Steuern

E. Nicht durch Eigenkapital gedeckter Fehlbetrag

Passivseite 131

A. Eigenkapital

I. Gezeichnetes Kapital
II. Kapitalrücklage
III. Gewinnrücklagen
1. gesetzliche Rücklage
2. Rücklage für eigene Anteile
3. satzungsmäßige Rücklage
4. andere Gewinnrücklagen

IV. Unterschiedsbetrag aus der Kapitalkonsolidierung[107]
V. Konzerngewinnvortrag/Konzernverlustvortrag (ohne Anteile anderer Gesellschafter)
VI. Konzern-Jahresüberschuß/Konzern-Jahresfehlbetrag (ohne Anteile anderer Gesellschafter)
VII. Ausgleichsposten für Anteile anderer Gesellschafter

---

[105] Vorräte dürfen nach Maßgabe von § 298 Abs. 2 zusammengefaßt werden; vgl. Rdn. 154.

[106] Gegebenenfalls Vermerk nach §§ 298 Abs. 1, 268 Abs. 4, 5.

[107] Ausweis unter der Prämisse des Eigenkapitalcharakters, sonst Ausweis als B. Unterschiedsbetrag aus der Kapitalkonsolidierung.

B. Sonderposten mit Rücklageanteil

C. Rückstellungen
1. Rückstellungen für Pensionen und ähnliche Verpflichtungen
2. Steuerrückstellungen
3. Sonstige Rückstellungen

D. Verbindlichkeiten
1. Anleihen
   Davon konvertibel
2. Verbindlichkeiten gegenüber Kreditinstituten
3. Erhaltene Anzahlungen auf Bestellungen
4. Verbindlichkeiten aus Lieferungen und Leistungen
5. Verbindlichkeiten aus der Annahme gezogener Wechsel und der Ausstellung eigener Wechsel
6. Verbindlichkeiten gegenüber verbundenen Unternehmen
7. Verbindlichkeiten gegenüber Unternehmen, mit denen ein Beteiligungsverhältnis besteht
8. Sonstige Verbindlichkeiten

   Davon aus Steuern
   Davon im Rahmen der sozialen Sicherheit

E. Rechnungsabgrenzungsposten

132 **bb) Konzern-Gewinn- und Verlustrechnung Gesamtkostenverfahren**
1. Umsatzerlöse
2. Erhöhung oder Verminderung des Bestands an fertigen und unfertigen Erzeugnissen
3. Andere aktivierte Eigenleistungen
4. Sonstige betriebliche Erträge
5. Materialaufwand
   a) Aufwendungen für Roh-, Hilfs- und Betriebsstoffe und für bezogene Waren
   b) Aufwendungen für bezogene Waren
6. Personalaufwand
   a) Löhne und Gehälter
   b) Soziale Abgaben und Aufwendungen für Altersversorgung und für Unterstützung
      Davon für Altersversorgung
7. Abschreibungen
   a) auf immaterielle Vermögensgegenstände des Anlagevermögens und Sachanlagen sowie auf aktivierte Aufwendungen für Ingangsetzung und Erweiterung des Geschäftsbetriebs
   b) auf Vermögensgegenstände des Umlaufvermögens, soweit diese die im Konzern üblichen Abschreibungen überschreiten
8. sonstige betriebliche Aufwendungen
9. Ergebnis aus Beteiligungen an assoziierten Unternehmen
10. Erträge aus übrigen Beteiligungen
    Davon aus verbundenen Unternehmen
11. Erträge aus anderen Wertpapieren und Ausleihungen des Finanzanlagevermögens
    Davon aus verbundenen Unternehmen
12. sonstige Zinsen und ähnliche Erträge
    davon aus verbundenen Unternehmen
13. Abschreibungen auf Finanzanlagen und auf Wertpapiere des Umlaufvermögens
14. Zinsen und ähnliche Aufwendungen
    Davon aus verbundenen Unternehmen
15. Ergebnis der gewöhnlichen Geschäftstätigkeit
16. Außerordentliche Erträge
17. Außerordentliche Aufwendungen
18. Außerordentliches Ergebnis

19. Steuern vom Einkommen und vom Ertrag
20. Sonstige Steuern
21. Jahresüberschuß/Jahresfehlbetrag
22. Anderen Gesellschaftern zustehender Gewinn
23. Auf andere Gesellschafter entfallender Verlust

Umsatzkostenverfahren 133

1. Umsatzerlöse
2. Herstellungskosten der zur Erzielung der Umsatzerlöse erbrachten Leistungen
3. Bruttoergebnis vom Umsatz
4. Vertriebskosten
5. Allgemeine Verwaltungskosten
6. Sonstige betriebliche Erträge
7. Sonstige betriebliche Aufwendungen
8. Ergebnis aus Beteiligungen an assoziierten Unternehmen
9. Erträge aus übrigen Beteiligungen
   Davon aus verbundenen Unternehmen
10. Erträge aus anderen Wertpapieren und Ausleihungen des Finanzanlagevermögens
    Davon aus verbundenen Unternehmen
11. sonstige Zinsen und ähnliche Erträge
    davon aus verbundenen Unternehmen
12. Abschreibungen auf Finanzanlagen und auf Wertpapiere des Umlaufvermögens
13. Zinsen und ähnliche Aufwendungen
    Davon aus verbundenen Unternehmen
14. Ergebnis der gewöhnlichen Geschäftstätigkeit
15. Außerordentliche Erträge
16. Außerordentliche Aufwendungen
17. Außerordentliches Ergebnis
18. Steuern vom Einkommen und vom Ertrag
19. Sonstige Steuern
20. Jahresüberschuß/Jahresfehlbetrag
21. Anderen Gesellschaftern zustehender Gewinn
22. Auf andere Gesellschafter entfallender Verlust

6. Vorschriften für die Rechtsform

a) **Allgemeines.** Auf den Konzernabschluß sind auch die Vorschriften über die Rechtsform der in den Konzernabschluß einbezogenen Unternehmen mit Sitz im Geltungsbereich des HGB entsprechend anzuwenden, § 298 Abs. 1. Die Anwendung steht unter dem Vorbehalt, daß die Eigenart des Konzernabschlusses keine Abweichungen bedingt oder in den §§ 299 bis 315 etwas anderes bestimmt ist. Die in Betracht zu ziehenden Rechtsvorschriften sind insbesondere die die Rechnungslegung betreffenden Vorschriften für **AG, KGaA** (teilweise) und **GmbH.** Hierbei handelt es sich um die folgenden Rechtsnormen: 134

- § 150 AktG: Gesetzliche Rücklage, Kapitalrücklage
- § 152 AktG: Vorschriften zur Bilanz
- § 158 AktG: Vorschriften zur Gewinn- und Verlustrechnung
- § 160 AktG: Vorschriften zum Anhang
- § 232 AktG: Einstellung von Beträgen in die Kapitalrücklage bei zu hoch angenommenen Verlusten
- § 240 AktG: Ausweis der Kapitalherabsetzung
- § 261 AktG: Ertrag aufgrund höherer Bewertung
- § 42 GmbHG: Bilanzierungsgrundsätze
- §§ 58b und 58c GmbHG: Bilanzierung bei Kapitalherabsetzung.

135 **b) Anwendbarkeit rechtsformspezifischer Vorschriften.** Die unter Rdn. 134 genannten Rechtsvorschriften sind nach Abs. 1 auf den Konzernabschluß anwendbar, soweit nicht die Vorschriften über den Konzernabschluß entgegenstehen oder der Konzernabschluß eine Abweichung bedingt. Im Grundsatz ist daher von der **Verpflichtung** zur Anwendung der in Bezug genommenen Vorschriften auszugehen. In der Literatur werden hingegen einzelne der zitierten Vorschriften aus dem Anwendungsbereich ausgenommen, da sie sich auf den Jahresabschluß beziehen und für den Konzernabschluß keine Bedeutung hätten.[108] Eine solche Beurteilung ist unzutreffend. § 298 Abs. 1 geht von der Anwendungspflicht aus. Die in Bezug genommenen Rechtsvorschriften sind, soweit eine unmittelbare Anwendung nicht in Betracht kommt, entsprechend anzuwenden, wodurch zunächst Anpassungen der auf den Jahresabschluß ausgerichteten Normen erforderlich werden. Wie bei den Normen für die Rechnungslegung ist die anzuwendende Norm aus der Sicht des Konzerns zu interpretieren und ihr auf das einzelne Unternehmen ausgerichteter Anwendungsbereich vor dem Hintergrund des Konzernabschlusses anzupassen.[109] Die Nichtanwendung einer Norm kommt erst dann in Betracht, wenn eine konzernbezogene Interpretation der Norm nicht möglich ist oder die durch die Norm zu treffende Aussage bedingt durch die Konzernabschlusses unzutreffend oder irreführend ist.

136 Eine weitere Problematik ergibt sich, wenn in einem Konzernabschluß Jahresabschlüsse von **Unternehmen** mit **unterschiedlicher Rechtsform** zusammen geführt werden. Fraglich ist, ob die rechtsformspezifischen Vorschriften aller in einem Konzernabschluß vertretenen Rechtsformen bei der Aufstellung des Konzernabschlusses berücksichtigt werden müssen. Nach dem Wortlaut von Abs. 1 kann auf die Anwendung aller für die Rechtsformen der in den Konzernabschluß einbezogenen Unternehmen maßgeblichen Vorschriften geschlossen werden. Dieser Regelung stehen im Grundsatz die §§ 300 Abs. 2 und 308 Abs. 1 entgegen, die die Aufstellung nach den Rechtsvorschriften, die für den Jahresabschluß des **Mutterunternehmens** gelten, vorsehen. Hiernach stehen der Anwendung bestimmter Vorschriften, abhängig von der Rechtsform des Mutterunternehmens, die Sondervorschriften über den Konzernabschluß entgegen. Soweit es um den Ausweis oder die Gliederung von Posten geht, besteht keine abschließende Regelung, so daß im Grundsatz die die Rechtsform von Tochterunternehmen betreffenden Vorschriften im Konzernabschluß zur Anwendung kommen können. Ausgehend von diesem Befund ist für Vorschriften, die durch die Rechtsform von Tochterunternehmen bedingt sind, zu prüfen, mit welchem Inhalt die Norm für den Konzernabschluß anzuwenden ist und ob die Eigenart des Konzernabschlusses eine Anpassung bedingt. Nach dem Wortlaut der Vorschriften sind die rechtsformbezogenen Vorschriften insgesamt anzuwenden. Die Anwendung erstreckt sich auf den Konzernabschluß; eine Beschränkung auf Sachverhalte nur des einer bestimmten Rechtsform unterliegenden Unternehmens erfolgt nicht. Die Übernahme solcher Angaben in den Konzernabschluß würde dazu führen, daß die Lage des Konzerns nicht zutreffend dargestellt wird, da Angaben gleichen Inhalts von Unternehmen mit anderer Rechtsform nicht zur Verfügung gestellt werden. Aus diesem Grunde scheidet die Übernahme der allein auf einzelne Unternehmen bezogenen Angaben in den Konzernabschluß aus. Um die Anwendungsmöglichkeit solcher Vorschriften für den Konzernabschluß zu erhalten, müßte Abs. 1 dahingehend ausgelegt werden, daß die rechtsformspezifischen Angaben für alle in den Konzernabschluß ein-

[108] ADS 192.
[109] Im Ergebnis ebenso WP-Handbuch 2000 I M 203.

bezogenen Unternehmen zu erheben wären, gleichgültig, welche Rechtsform das einbezogene Unternehmen aufweist. Mit einer solchen Auslegung wird der Sinn und Zweck der Regelung jedoch verfehlt. Aus Konzernsicht wären Angaben zu erheben, die im Einzelfall mit erheblichem Aufwand und insgesamt gegebenenfalls nur geringer Aussagekraft verbunden wären. Für solche Vorschriften, die die Rechtsform einbezogener Tochterunternehmen betreffen, ist von der Anwendung abzusehen, sofern die Übernahme der Angaben aus dem Jahresabschluß in den Konzernabschluß mit der Darstellung im Konzernabschluß insgesamt nicht vereinbar ist.

c) Rechtsvorschriften im einzelnen

aa) Gesetzliche Rücklage, Kapitalrücklage, § 150 AktG. Die Vorschriften über die Bildung und Auflösung der gesetzlichen Rücklage und der Kapitalrücklage sowie deren Bindung gehört zu den Vorschriften über die Kapitalerhaltung der AG. Sie beinhalten Verwendungsbeschränkungen für Ergebnis- und Rücklagenteile der Gesellschaft. Diese Vorschriften finden auf den Konzernabschluß keine Anwendung,[110] da der Konzernabschluß keinen Bestandteil des gesetzlichen Regelwerks zur Kapitalerhaltung darstellt. Auch eine entsprechende Anwendung durch nachrichtliche Wiedergabe der für den Jahresabschluß der AG als Mutterunternehmen geltenden Bindungen ist für die Eigenart des Konzernabschlusses unbehelflich, da die Rücklagen im Konzernabschluß aufgrund der am Jahresabschluß ausgerichteten Schutzwirkung keinen konzernspezifischen Verwendungsbeschränkungen unterliegen. 137

bb) Vorschriften zur Bilanz, § 152 AktG. Hat das Mutterunternehmen die Rechtsform einer AG, sind die Ausweis- und Vermerkspflichten von § 152 Abs. 1 zu beachten.[111] Die Angaben nach § 152 Abs. 2 und 3 AktG über die Entwicklung der Kapitalrücklage und der Gewinnrücklagen werden i. d. R. in einem **Rücklagenspiegel** zusammengefaßt. Die Angaben können durch das Mutterunternehmen in der Rechtsform einer **AG** gemacht werden;[112] eine Ausnahme besteht für die Angabe nach Abs. 3 Nr. 1 (Einstellung in die Gewinnrücklagen aufgrund eines Hauptversammlungsbeschlusses), da über die Gewinnrücklagen des Konzerns nicht durch Hauptversammlungsbeschluß verfügt wird. Für Mutterunternehmen in der Rechtsform der **GmbH** besteht keine Angabepflicht. Die Angabe stellt die Einstellungen und Entnahmen von Beträgen in die/aus den Kapitalrücklagen des Mutterunternehmens und Einstellungen und Entnahmen in die/aus den Gewinnrücklagen des Konzerns dar. Auf Rücklagenbewegungen in den Jahresabschlüssen der einbezogenen Unternehmen kommt es nicht an. Die Darstellung der Rücklagenentwicklung im Konzernabschluß wird in der Literatur im übrigen weitgehend abgelehnt.[113] Die dort dargestellten Überlegungen überzeugen im Hinblick auf die unter Rdn. 137 f vertretene Auffassung nicht. 138

Es ist mit der Eigenart des Konzernabschlusses nicht vereinbar, wenn die Angabe nur auf der Grundlage der **Rücklagenbewegungen** des Mutterunternehmens allein oder eines Tochterunternehmens in der Rechtsform der AG zu machen wäre.[114] 139

cc) Überleitungsrechnung zum Bilanzgewinn, § 158 AktG. § 158 Abs. 1 AktG verpflichtet Unternehmen in der Rechtsform einer AG, in der Gewinn- und Verlustrechnung eine Überleitungsrechnung vom Jahresüberschuß/Jahresfehlbetrag zum Bilanzgewinn/Bilanzverlust zu erstellen; die Angaben können auch im Anhang 140

---

[110] ADS 192; aM HdKR-*Berndt* 4.
[111] HdKR-*Berndt* 4.
[112] HdKR-*Berndt* 4.
[113] ADS 193; offener bei Beck BilKomm-*Budde/Lust* 44.
[114] Ebenso WP-Handbuch 2000 I M 202.

gemacht werden. Die Vorschrift ist auf den Konzernabschluß, dessen Mutterunternehmen diese Rechtsform aufweist, entsprechend anwendbar. Gegenstand der Darstellung ist nicht die Überleitungsrechnung aus dem Jahresabschluß, sondern – unter Berücksichtigung der Anteile anderer Gesellschafter am Ergebnis – die entsprechende Entwicklung auf der Grundlage des Konzernergebnisses. Sie ist insbesondere dann von Interesse, wenn, wie in der Praxis vielfach üblich, die Identität des Bilanzgewinns im Jahresabschluß des Mutterunternehmens und im Konzernabschluß hergestellt wird. Dies erfolgt i. d. R. durch die Anpassung der Gewinnrücklagen des Konzerns.[115] Die Gewinnrücklagen des Konzerns erhalten hierdurch, gegebenenfalls gemeinsam mit dem Ergebnisvortrag, eine besondere Speicherfunktion.[116]

Eine Überleitungsrechnung, die aus den Jahresabschlüssen der einbezogenen Unternehmen abgeleitet wird, kann aus Sicht des Konzerns zu unzutreffenden Ergebnissen führen. Zum einen sind lediglich Unternehmen mit der Rechtsform der AG zu einer derartigen Rechnung verpflichtet, zum anderen weicht das Konzernergebnis i. d. R. von der Summe der Jahresergebnisse der einbezogenen Unternehmen ab. Diese Abweichungen werden durch die Konsolidierungsvorgänge und ihre ergebniswirksamen Folgewirkungen, die einheitliche Bilanzierung und Bewertung sowie durch Konsolidierungsvorgänge bedingt. Die Eigenart des Konzernabschlusses erlaubt daher keine unmittelbare Anwendung von § 158 Abs. 1 AktG im Konzernabschluß.[117]

141 Nach § 158 Abs. 2 AktG ist der an außenstehende Gesellschafter zu leistende Ausgleich bei Bestehen eines Gewinnabführungs- oder Teilgewinnabführungsvertrages von dem aus diesen Verträgen erzielten Ertrag abzusetzen. Diese Regelung ist im Konzernabschluß anzuwenden, sofern das Unternehmen, das zur Gewinnabführung verpflichtet ist, nicht in den Konzernabschluß einbezogen wird. Der Betrag ist als Anteil anderer Gesellschafter am Ergebnis dieses Unternehmens auszuweisen; § 307 Abs. 2 geht § 158 Abs. 2 AktG vor. Die Vorschrift ist auch anzuwenden, wenn in den Konzernabschluß einer AG durch derartige Verträge verbundene GmbH einbezogen werden.[118]

142 **dd) Angaben im Konzernanhang, § 160 AktG.** Die durch § 160 vorgeschriebenen Angaben für den Anhang kommen für die Angabe im Konzernanhang ebenso in Betracht. Zwar verweist § 298 Abs. 1 in der Bezugnahme auf die Vorschriften des HGB nicht auf die Regelungen des Anhang, da §§ 313, 314 Sonderregelungen für den Konzernanhang vorsehen. Das schließt nicht aus, daß Angaben aus rechtsformbezogenen Vorschriften gleichwohl in den Konzernanhang aufzunehmen sind. Der Anwendungsumfang der Regelung für den Konzern ist umstritten. Einerseits wird die Anwendung der Regelung abgelehnt,[119] andererseits differenziert zugelassen.[120] Diese Auffassung wird auch hier vertreten; vgl. zur Anwendung der einzelnen Regelungen aus § 160 AktG § 313, 50.

143 **ee) Einstellung von Beträgen in die Kapitalrücklage bei Kapitalherabsetzung bei zu hoch angenommenen Verlusten, § 232 AktG, § 58c GmbHG.** Die Regelung schreibt vor, daß ein Betrag, der sich bei einer Kapitalherabsetzung über den angenommenen Betrag der Wertminderungen oder Verluste hinaus als Überschuß ergibt,

---

[115] *B. v. Colbe/Ordelheide* Konzernabschlüsse 433 ff; *v. Wysocki/Wohlgemuth* Konzernrechnungslegung 52 ff; *Schruff* Einflüsse 328 f; ADS 198.

[116] WP-Handbuch 2000 I M 653; kritisch *Gelhausen/Gelhausen* FS Forster 214, 225.

[117] *Wysocki/Wohlgemuth* Konzernrechnungslegung 252 ff; Beck HdR-*Bruns* C 450, 5; Beck Bil-Komm-*Budde/Lust* 45; WP-Handbuch 2000 I M 569 f.

[118] ebenso ADS 199.

[119] ADS 191.

[120] Beck BilKomm-*Ellrott* § 313, 36; HdKR-*Dörner/Wirth* §§ 313, 314, 35.

in die Kapitalrücklage einzustellen ist. Ihr kommt eine Funktion im Rahmen des Systems der Kapitalerhaltung bei der AG und GmbH zu. Diese Funktion ist im Konzernabschluß ohne Bedeutung. Wird das Kapital des Mutterunternehmens (AG) herabgesetzt und gilt für die Darstellung im Jahresabschluß § 232 AktG, besteht kein Sinn darin, die Norm im Konzernabschluß bei gegebenenfalls anders lautenden Beträgen ebenfalls anzuwenden; die Betragsgleichheit wäre zufällig. Diese Regelung kann aufgrund der Eigenart des Konzernabschlusses nicht sinnvoll zur Anwendung gebracht werden; entsprechendes gilt für § 58c GmbHG.

ff) Ausweis einer Kapitalherabsetzung, § 240 AktG, § 58b GmbHG. Wird das Kapital des Mutterunternehmens herabgesetzt, ergeben sich für den Konzernabschluß dieselben Ausweis- und Darstellungsfragen wie im Jahresabschluß. Die Vorschriften sind daher im Konzernabschluß im Grundsatz ebenfalls anwendbar.[121] Dies gilt für die Darstellung in der Konzern-Gewinn- und Verlustrechnung (§ 240 AktG) sowie für die Einstellung in die Kapitalrücklage (§ 58b GmbHG). Die Vorschriften über Verwendungsbeschränkungen der aus der Kapitalherabsetzung gewonnenen Beträge (§ 58b Abs. 3 GmbHG) sind für den Konzernabschluß jedoch ohne Belang. **144**

gg) Ertrag aus einer Sonderprüfung, § 261 AktG. Die Verpflichtung einer AG, nach einer durchgeführten Sonderprüfung nach §§ 258 ff. AktG die von den Sonderprüfern festgestellten Werte in den ersten Jahresabschluß, der nach Abschluß der Sonderprüfung aufgestellt wird, zu übernehmen, ist auf den Konzernabschluß nicht übertragbar. Gegenstand der Prüfung der Sonderprüfer sind Wertansätze im Jahresabschluß.[122] Im Konzernabschluß gelten davon gegebenenfalls abweichende Bedingungen, die durch die Bewertung bei Einbeziehung in den Konzernabschluß und andere Maßnahmen (§§ 300, 308, 304, 304) verursacht sind. Erweist sich infolge den Ergebnissen einer Sonderprüfung indes die Fehlerhaftigkeit eines Wertansatzes im Konzernabschlusses, hat das zur Aufstellung verpflichtete Organ bei der nächstfolgenden Aufstellung den fehlerhaften Wertansatz zu korrigieren. **145**

hh) Nachschüsse, Forderungen und Verbindlichkeiten gegenüber Gesellschaftern, § 42 Abs. 2 und 3 GmbHG. Nach § 42 Abs. 2 und 3 GmbHG gelten einzelne Sonderregelungen für den Jahresabschluß einer GmbH. Ist eine GmbH Mutterunternehmen, ist § 42 Abs. 2 S. 1 und 2 GmbHG über den Ausweis beschlossener **Nachschüsse** auch im Konzernabschluß anzuwenden. Gleiches gilt für den Ausweis des entsprechenden Betrags in der Kapitalrücklage, § 42 Abs. 2 S. 3 GmbHG. Nach § 42 Abs. 2 GmbHG sind **Forderungen** und **Verbindlichkeiten** gegenüber *Gesellschaftern* gesondert auszuweisen oder im Anhang anzugeben. Sind entsprechende Posten im Jahresabschluß des Mutterunternehmens vorhanden, sind diese unter entsprechender Kennzeichnung in den Konzernabschluß zu übernehmen.[123] **146**

Unklar ist die Anwendung der Vorschrift auf Forderungen und Verbindlichkeiten einbezogener GmbH gegenüber deren **Minderheitsgesellschaftern**; Forderungen und Verbindlichkeiten gegenüber ebenfalls einbezogenen Unternehmen werden weggelassen, § 303. Die Übernahme nur derjenigen Beträge, die im Jahresabschluß einbezogener GmbH gegenüber Drittgesellschaftern bestehen, ist mit der Eigenart des Konzernabschlusses nicht vereinbar, wenn damit nur ein Teil der insgesamt bestehenden Rechtsbeziehungen erfaßt werden. Dies ist der Fall, wenn auch Unternehmen mit anderer Rechtsform in den Konzernabschluß einbezogen werden; der Ausweis bleibt dann unvollständig und wird irreführend. Die Anwendung der Vorschrift auf alle in **147**

---

121 A. M. ADS 200.
122 ADS 200.
123 ADS 202; Beck BilKomm-*Budde/Lust* 47.

den Konzernabschluß einbezogenen Tochterunternehmen unabhängig von deren Rechtsform ist mit erheblichem Aufwand verbunden, wenn – bei offenem Gesellschafterkreis – überhaupt erreichbar. Auf einbezogene Tochterunternehmen ist die Vorschrift daher nur anzuwenden, wenn alle einbezogenen Unternehmen die Rechtsform der GmbH aufweisen oder im übrigen Unternehmen mit voraussichtlich nur unwesentlichen Forderungen und Verbindlichkeiten zu außenstehenden Gesellschaftern vorhanden sind.

7. Vorschriften für bestimmte Geschäftszweige

148 a) **Allgemeines.** Auf den Konzernabschluß sind die Vorschriften über den Geschäftszweig der in den Konzernabschluß einbezogenen Unternehmen mit Sitz im Geltungsbereich des HGB entsprechend anzuwenden, § 298 Abs. 1. Die Anwendung steht unter dem Vorbehalt, daß die Eigenart des Konzernabschlusses keine Abweichungen bedingt und die §§ 299 bis 315 nichts anderes bestimmen. Die in Betracht zu ziehenden geschäftszweigbezogenen **Vorschriften** ergeben sich vor allem für

– Kreditinstitute, §§ 340 ff HGB
– Versicherungsunternehmen, §§ 341 ff HGB.

Darüber hinaus gelten für Unternehmen bestimmter Geschäftszweige Vorschriften über die Verwendung von Formblättern:[124]

– Krankenhäuser
– Wohnungsunternehmen
– Verkehrsunternehmen
– Genossenschaften
– Sparkassen
– Kommunale Versorgungsbetriebe.

149 b) **Anwendbarkeit von Vorschriften über den Geschäftszweig.** In den Konzernabschluß können Unternehmen mit Tätigkeiten in unterschiedlichen Geschäftszweigen einbezogen werden. §§ 295 und 296 stehen der Zusammenfassung von Unternehmen mit verschiedenen Tätigkeitsgebieten nicht entgegen. Sofern für einzelne der Geschäftsbereiche Sondervorschriften gelten, sind die für den **Geschäftszweig** geltenden Vorschriften anzuwenden, Abs. 1, doch ist, um dadurch die Eigenart des Konzernabschlusses als Abschluß für die Gesamtheit der einbezogenen Unternehmen nicht zu gefährden, eine differenzierte Anwendung dieser Vorschriften auf den Konzernabschluß geboten.[125]

150 Unterliegt das **Mutterunternehmen** den Vorschriften über den besonderen Geschäftszweig, ist bei Zugehörigkeit des Mutterunternehmens zu den Geschäftszweigen der Kreditinstitute oder der Versicherungsunternehmen die Anwendung von § 298 Abs. 1 ausgeschlossen. Für *Kreditinstitute* ist in § 340i die Verpflichtung zur Aufstellung eines Konzernabschlusses geregelt; die Regelungen über die anzuwendenden Vorschriften ergeben sich aus § 340i Abs. 2. Diese beinhalten Sondervorschriften über die Bilanzierung, die Bewertung und durch die RechKredV über die Gliederung des Konzernabschlusses. Für *Versicherungsunternehmen* ist entsprechendes durch §§ 341i, 341j Abs. 1 angeordnet; auch diese enthalten Sondervorschriften über die Bilanzierung, Bewertung und durch die RechVersV auch für die Gliederung des konsolidierten Abschlusses.[126] Das Mutterunternehmen ist zur Anwendung dieser Vorschriften verpflichtet; ist in den Konzernabschluß ein Unternehmen einzubeziehen,

---

124 Beck BilKomm-*Budde/Lust* 20 f.
125 ADS 203; Beck BilKomm-*Budde/Lust* 48 f.
126 *Geib/König* WPg 1987, 661, 663.

welches den geschäftszweigbezogenen Vorschriften nicht unterliegt, sind gegebenenfalls Anpassungen erforderlich.

Finden auf den Konzernabschluß des Mutterunternehmens die Vorschriften einer **Formblattverordnung** Anwendung, hat das Mutterunternehmen seinen Konzernabschluß nach Maßgabe dieser Vorschriften zu gliedern.[127] Die Gliederung ist nach Maßgabe von § 265 Abs. 4 gegebenenfalls um abweichende Gliederungsvorschriften von Tochterunternehmen zu ergänzen. **151**

Ist das Mutterunternehmen bestimmten Formblattanforderungen nicht unterworfen, gehören aber zum Kreis der einbezogenen **Tochterunternehmen** Kreditinstitute, Versicherungsunternehmen oder Unternehmen, die nach einer Formblattverordnung zu gliedern haben, können die Bilanzansätze sowie Bewertungen, die sich nach den Sondervorschriften des Geschäftszweigs ergeben haben, nach § 300 Abs. 2 S. 3 und § 308 Abs. 2 S. 2 beibehalten werden. Für die Gliederung des Konzernabschlusses gilt § 265 Abs. 4. Danach bestimmt i. d. R. der wesentliche Geschäftszweig die Gliederung des Konzernabschlusses (vgl. § 265, 17). Entspricht die sich danach ergebende Gliederung nicht den Vorschriften, die auf den Jahresabschluß eines einbezogenen Tochterunternehmens anzuwenden sind, ist die Gliederung entsprechend den Besonderheiten des Geschäftszweigs anzupassen; gegebenenfalls sind zusätzliche Posten aufzunehmen, um den Besonderheiten des Ausweises des Geschäftszweigs Rechnung tragen zu können;[128] mindestens sind Erläuterungen im Konzernanhang geboten. Ist der Geschäftszweig eines oder mehrerer Tochterunternehmen, die besonderen Vorschriften unterliegen, für den Konzernabschluß prägend, sollte nach § 265 Abs. 4 der Abschluß entsprechend diesen Vorschriften aufgestellt und gegliedert werden. **152**

Auf die Anpassung der Gliederung oder die Hinzufügung von weiteren Posten in der Konzernbilanz und Konzern-Gewinn- und Verlustrechnung kann verzichtet werden, sofern die Posten nur von **untergeordneter Bedeutung** für den Konzern sind.[129] Für die Inhalte der Vorschriften über bestimmte Geschäftszweige sei auf das dazu erschienene Schrifttum verwiesen.[130] **153**

III. Zusammenfassung der Vorräte in einem Posten, Abs. 2

In der Konzernbilanz dürfen die zu den „Vorräten" gehörenden Posten zu einem Posten zusammengefaßt werden, wenn deren Aufgliederung wegen besonderer Umstände mit einem unverhältnismäßigen Aufwand verbunden wäre, Abs. 2. Die Regelung beinhaltet eine, an bestimmte Voraussetzungen gebundene Erleichterung. Sie geht auf Art. 17 Abs. 7 der 7. EG-Richtlinie zurück und war bereits in § 331 Abs. 4 S. 2 AktG 1965 enthalten.[131] **154**

Die Zusammenfassung betrifft innerhalb der Vorräte (§ 266 Abs. 2 B I) die Unterposten

1. Roh-, Hilfs- und Betriebsstoffe
2. Unfertige Erzeugnisse, unfertige Leistungen
3. Fertige Erzeugnisse und Waren
4. Geleistete Anzahlungen.

---

[127] ADS 205.

[128] Beck BilKomm-*Budde/Lust* 49; ADS 205.

[129] ADS 206.

[130] Z.B. *Krumnow/Sprissler/Belavite-Hövermann/Steinbrücker* Rechnungslegung der Kreditinstitute (1994); *v. Treuberg/Angermayer* Jahresabschluß von Versicherungsunternehmen (1995).

[131] Vgl. auch Begr. RegE, BTDrucks. 10/3440, 36 zu § 276 HGB-EK.

Die Zusammenfassung betrifft im Grundsatz alle der Posten 1 bis 4; hinsichtlich der geleisteten Anzahlungen werden die gesetzlichen Voraussetzungen für die Zusammenfassung allerdings i. d. R. nicht gegeben sein.[132] Bezieht sich der besondere Ermittlungsaufwand nur auf den Inhalt eines der vorgenannten Unterposten, ist allein dessen Zusammenfassung mit einem der anderen Posten geboten.

155 Voraussetzung für die Anwendung dieser Vorschrift ist, daß die Aufgliederung wegen **besonderer Umstände** mit unverhältnismäßigem Aufwand verbunden wäre. Haben die einbezogenen Unternehmen nach Vorschriften des HGB Rechnung zu legen, scheidet die Anwendung der Ausnahmeregelung des Abs. 2 in der Regel aus, da die Ermittlung und Zuordnung der Beträge zu den Posten dann mit angemessenem Aufwand zeitlicher und finanzieller Art vollzogen werden kann.[133] Denkbar ist die Anwendung der Erleichterung nur in einem vertikal weit gegliederten Konzern, wenn Teile des Vorratsvermögens mit unterschiedlichem Bestimmungszweck verwendet werden (z. B. Fertigerzeugnis für Dritte, Vorprodukt bei konzerninterner Weiterverarbeitung). Kann die Zuordnung dann nicht nach dem im Geschäftsjahr am häufigsten festgestellten Bestimmungszweck vorgenommen werden,[134] kann im Ausnahmefall die Anwendung der Erleichterung in Betracht kommen.

156 Die Aufgliederung muß einen **unverhältnismäßigen Aufwand** verursachen. Die Wortwahl läßt die Interpretation zu, daß die Vorschrift als Ausnahmeregelung verstanden werden soll und deswegen restriktiv auszulegen ist. Der Aufwand wird entweder in zeitlicher oder finanzieller Dimension zu messen sein. Es genügt nicht, daß durch die Aufgliederung ein Mehraufwand entsteht. Die Anwendung der Norm kommt vielmehr nur in Betracht, wenn der Aufwand ungewöhnlich groß ist, um die besonderen Schwierigkeiten bei der Differenzierung zu beseitigen.[135]

IV. Zusammenfassung von Konzernanhang und Anhang; Gemeinsame Offenlegung; Zusammenfassung von Prüfungsberichten und Bestätigungsvermerken, Abs. 3

1. Zusammenfassung von Konzernanhang und Anhang, Satz 1

157 Nach Abs. 3 S. 1 ist die **Zusammenfassung** des Konzernanhangs mit dem Anhang des Jahresabschlusses des Mutterunternehmens gestattet. Als Folge der Zusammenfassung verpflichtet S. 2 zur gemeinsamen Offenlegung des Konzernabschlusses und des Jahresabschlusses des Mutterunternehmens (dazu Rdn. 161). Die Regelung vereinfacht die Aufstellung von Anhang und Konzernanhang durch Vermeidung der sonst auftretenden Wiederholungen und inhaltlich parallelen Darstellungen. Die Regelung wird durch § 315 Abs. 3 ergänzt, die eine gleichlautende Vereinfachung für den Lagebericht und Konzernlagebericht vorsieht. Zu Sonderfällen vgl. Rdn. 165.

158 Zusammenfassung i. S. v. Abs. 3 S. 1 bedeutet mehr als die kumulative oder gliederungstechnische Zusammenführung der in sich geschlossen aufgestellten Bestandteile des Jahres- oder Konzernabschlusses. Sie beruht auf einer Entscheidung des zur Aufstellung von Jahresabschluß und Konzernabschluß zuständigen Organs; sie ist von

---

132 WP-Handbuch 2000 I M 216.

133 *Biener/Berneke* BiRiLiG 322; WP-Handbuch 2000 I M 216.

134 Protokollerklärung des Rats Nr. 11 zu Art. 17 der 7. EG-Richtlinie, abgedr. bei *Biener/Berneke* BiRiLiG 855.

135 Beck BilKomm-*Budde/Lust* 54; ADS 227.

der drucktechnischen Verbindung der Angaben in einem Druckstück (Geschäftsbericht) zu unterscheiden.[136] Mit dem Ziel der Vereinfachung führt die Zusammenfassung zur **Aufstellung eines integrierten Konzernanhangs/Anhang des Jahresabschlusses**, der nicht durch Auftrennen der jeweiligen Bestandteile in zwei separate Bestandteile zerlegt werden kann. Durch die Zusammenfassung wird ermöglicht, die Berichtsteile über Bilanzierungs-, Bewertungs- und Gliederungsmethoden einheitlich darzustellen, um dadurch Wiederholungen, die u. U. wortgleich sein könnten, zu vermeiden. Das betrifft die Darstellung der Währungsumrechnung oder die Angaben über den Beteiligungsbesitz, Zusatzangaben bei Forderungen und Verbindlichkeiten, Besicherungen, Haftungsverhältnissen oder den sonstigen finanziellen Verbindlichkeiten und Organbezügen.[137] Durch die Zusammenfassung entsteht ein Anhang/Konzernanhang, der in der zusammengefaßten Form Bestandteil sowohl des Jahresabschlusses des Mutterunternehmens als auch des Konzernabschlusses ist.

Über die **Form** des zusammengefaßten Anhangs/Konzernanhangs bestehen keine besonderen Vorschriften. Es gelten die Grundsätze, die für den Anhang und den Konzernanhang als allgemeine Vorgaben erarbeitet wurden. Ein zusammengefaßter Anhang/Konzernanhang setzt die Integration der Berichtssachverhalte und deren sachlogisch gegliederte, zusammengefaßte Darstellung voraus. Die rein kumulative Aneinanderreihung der Berichtsteile aus dem Anhang des Mutterunternehmens und des Konzernanhangs stellt keine Zusammenfassung nach § 298 Abs. 3 S. 1 dar.[138] Sofern sich die jeweilige Darstellung nur auf den Jahresabschluß oder den Konzernabschluß bezieht, muß der Bezug klar erkennbar gemacht werden. Bei Zahlenangaben kann die Zuordnung zum Jahresabschluß oder Konzernabschluß auch in Tabellenform dargestellt werden. 159

Der **Inhalt** des zusammengefaßten Anhangs/Konzernanhangs muß alle Berichtspflichten, die für den Jahresabschluß und für den Konzernabschluß vorgeschrieben sind, enthalten; ferner müssen diejenigen Angaben gemacht werden, die infolge eines jeweils für den Jahresabschluß oder den Konzernabschluß ausgeübten Wahlrechts im Anhang/Konzernanhang zu machen sind.[139] Zu den Einzelangaben vgl. Erl. zu § 284 und § 313. Zum Anhang und Konzernanhang gehört auch die Auflistung des Beteiligungsbesitzes, die nach § 287 und § 313 Abs. 4 auch in einer gesonderten Aufstellung gemacht werden kann. 160

2. Gemeinsame Offenlegung, Satz 2

Werden der Konzernanhang und der Anhang zum Jahresabschluß des Mutterunternehmens nach S. 1 zusammengefaßt, ist die gemeinsame **Offenlegung** von Konzernabschluß und Jahresabschluß vorgeschrieben. Sie trägt der inhaltlichen Verknüpfung von Jahresabschluß und Konzernabschluß bei zusammengefaßtem Anhang und Konzernanhang Rechnung. Hierdurch wird verhindert, daß der Jahresabschluß oder der Konzernabschluß selbständig bekannt gemacht werden und Unklarheiten durch das Fehlen des jeweils anderen Berichtsteils entstehen könnten. Zugleich wird klargestellt, daß für Zwecke der Offenlegung eine Trennung des zusammengefaßten Anhangs/Konzernanhangs ausgeschlossen ist. Die Regelung in S. 2 geht auf die Protokollnotiz Nr. 21 des Rates der Kommission zur 7. EG-Richtlinie zurück.[140] Die 161

136 A. M. ADS 231.

137 *Schmalenbach-Gesellschaft – Deutsche Gesellschaft für Betriebswirtschaft e. V.* Aufstellung von Konzernabschlüssen, ZfbF Sonderheft 21/1987, 159 f.

138 Weniger klar ADS 231.

139 WP-Handbuch 2000 I M 663.

140 Abgedruckt bei *Biener/Berneke* BiRiLiG 856.

Offenlegung erfolgt nach § 325. Bei der Offenlegung gelten die Vorschriften über die Offenlegung des Konzernabschlusses, die nach den Vorschriften für große Kapitalgesellschaften zu erfolgen hat, auch wenn für den Jahresabschluß des Mutterunternehmens Erleichterungen bei der Offenlegung des Jahresabschlusses in Anspruch genommen werden könnten. Geboten ist also die vollständige Bekanntmachung des Jahresabschlusses und Konzernabschlusses im Bundesanzeiger und die Einreichung zum Handelsregister am Sitz des Mutterunternehmens, § 325 Abs. 3.[141]

3. Zusammenfassung von Prüfungsberichten und Bestätigungsvermerken, Satz 3

162 Werden der Anhang des Jahresabschlusses des Mutterunternehmens und der Konzernanhang nach Abs. 3 S. 1 zusammengefaßt, dürfen die Prüfungsberichte und die Bestätigungsvermerke für den Jahresabschluß und den Konzernabschluß jeweils zusammengefaßt werden, S. 3. Die Regelung gewährt ein *Wahlrecht*. Eine Pflicht zur Zusammenfassung besteht nicht; durch die Zusammenfassung von Anhang/Konzernanhang wird indes eine wesentliche Voraussetzung dafür geschaffen, daß die Zusammenfassung von Prüfungsbericht und Bestätigungsvermerk überhaupt erfolgen darf. Es steht im Ermessen des Prüfers für den Jahresabschluß und den Konzernabschluß, ob er, bei Vorliegen der Voraussetzungen nach S. 1 die **Prüfungsberichte** und/oder die **Bestätigungsvermerke** zusammenfassen möchte. Eine Zusammenfassung ohne Vorliegen der Voraussetzungen nach S. 1 ist unzulässig. Trotz des gesetzestechnischen Zusammenhangs mit Regelungen, die die Aufstellung der Abschlüsse und damit die zur Vertretung berechtigten Organe betreffen, handelt es sich bei S. 3 um eine Vorschrift, die sich ausschließlich an den Abschlußprüfer wendet. Eine Zusammenfassung mit Prüfungsberichten oder Bestätigungsvermerken anderer in den Konzernabschluß einbezogener Unternehmen ist nicht statthaft, auch wenn es sich bei diesen um wesentliche Bestandteile des Konzernabschlusses handeln sollte.

163 Nach S. 3 dürfen die Prüfungsberichte (§ 321) und Bestätigungsvermerke (§ 322) **jeweils** zusammengefaßt werden. Die Ausübung des Wahlrechts kann auf die Zusammenfassung entweder der Prüfungsberichte oder der Bestätigungsvermerke beschränkt werden. Dem Abschlußprüfer steht es frei, bei getrennt erstatteten Prüfungsberichten gleichwohl einen zusammengefaßten Bestätigungsvermerk zu erteilen; ebenso ist es zulässig, in den zusammengefaßten Prüfungsbericht jeweils getrennte Bestätigungsvermerke aufzunehmen. Schließlich gestattet das Wahlrecht auch die Zusammenfassung von Prüfungsberichten und Bestätigungsvermerken, die nach § 322 Abs. 5 S. 2 in den (zusammengefaßten) Prüfungsbericht aufzunehmen sind.

164 Die jeweils zusammengefaßten Prüfungsberichte und Bestätigungsvermerke müssen alle **Bestandteile** enthalten, die nach § 321 oder § 322 vorgeschrieben sind. Der Prüfungsbericht muß entsprechend § 321 Abs. 1 S. 1 über Art und Umfang sowie über das Ergebnis der Prüfung sowohl des Jahresabschlusses als auch des Konzernabschlusses berichten. Auf die im Lagebericht und im Konzernlagebericht jeweils zu treffende Aussage über den Fortbestand und die zukünftige Entwicklung ist bei der Prüfung ebenfalls gesondert einzugehen.

165 **Sonderfälle** der Zusammenfassung ergeben sich, wenn der Jahresabschluß des Mutterunternehmens nach HGB, der Konzernabschluß bei Vorliegen der Voraussetzungen von § 292a z. B. nach den International Accounting Standards IAS oder

[141] *Biener/Berneke* BiRiLiG 322; WP-Handbuch 2000 I M 664.

Grundsätzen der amerikanischen Rechnungslegung erstellt wurden. Probleme können ferner entstehen bei Vorhandensein unterschiedlicher Prüfer für den Jahresabschluß und Konzernabschluß oder bei unterschiedlichen Prüfungsergebnissen. Vgl. hierzu die Erläuterungen zu § 321 und § 322.

V. Sanktionen

Die Verletzung der Regelungen von § 298 ist als **Ordnungswidrigkeit** mit Bußgeld bedroht, § 334 Abs. 1 Nr. 2b. Von dieser Norm werden Zuwiderhandlungen gegen §§ 298 Abs. 1 i.V.m. 244, 245, 246, 247, 248, 249 Abs. 1 S. 1 oder Abs. 3, § 250 Abs. 1 S. 1 oder Abs. 2 oder § 251 über Inhalt und Form erfaßt. Eine gleichartige Regelung gilt für den Bereich des PublG nach § 20 Abs. 1 Nr. 2b PublG. **166**

§ 299
Stichtag für die Aufstellung

(1) Der Konzernabschluß ist auf den Stichtag des Jahresabschlusses des Mutterunternehmens oder auf den hiervon abweichenden Stichtag der Jahresabschlüsse der bedeutendsten oder der Mehrzahl der in den Konzernabschluß einbezogenen Unternehmen aufzustellen; die Abweichung vom Abschlußstichtag des Mutterunternehmens ist im Konzernanhang anzugeben und zu begründen.

(2) Die Jahresabschlüsse der in den Konzernabschluß einbezogenen Unternehmen sollen auf den Stichtag des Konzernabschlusses aufgestellt werden. Liegt der Abschlußstichtag eines Unternehmens um mehr als drei Monate vor dem Stichtag des Konzernabschlusses, so ist dieses Unternehmen auf Grund eines auf den Stichtag und den Zeitraum des Konzernabschlusses aufgestellten Zwischenabschlusses in den Konzernabschluß einzubeziehen.

(3) Wird bei abweichenden Abschlußstichtagen ein Unternehmen nicht auf der Grundlage eines auf den Stichtag und den Zeitraum des Konzernabschlusses aufgestellten Zwischenabschlusses in den Konzernabschluß einbezogen, so sind Vorgänge von besonderer Bedeutung für die Vermögens-, Finanz- und Ertragslage eines in den Konzernabschluß einbezogenen Unternehmens, die zwischen dem Abschlußstichtag dieses Unternehmens und dem Abschlußstichtag des Konzernabschlusses eingetreten sind, in der Konzernbilanz und der Konzern-Gewinn- und Verlustrechnung zu berücksichtigen oder im Konzernanhang anzugeben.

Übersicht

Schrifttum

(Vgl. auch die Angaben bei §§ 297 und 301). *Biener/Schatzmann* Konzernrechnungslegung 7. EG-Richtlinie-Konzernbilanzrichtlinie (1983); *Busse v. Colbe* ZfbF 1985, 768; *Busse v. Colbe/Ordelheide* Konzernabschlüsse, 6. Aufl. (1993); *DRSC* Entwurf Deutscher Rechnungslegungsstandard E-DRS 16; *Haase/Lanfermann* Grundlegende und aktuelle Probleme bei der Erstellung von Zwischenabschlüssen, WPg 1970, 209; *Harms/Küting* Konsolidierung bei unterschiedlichen Stichtagen nach künftigem Konzernrecht, BB 1985, 432; *Havermann* Die Handelsbilanz II – Zweck, Inhalt, Einzelfragen ihrer Erstellung, in Handelsrecht und Steuerrecht, Festschrift für Döllerer (1988) 185; *Hütteke/Diemer* Fast Close – Ordnungsmäßigkeit eines verkürzten Aufstellungszeitraums, BB 2000, 2035; *IDW* HFA 4/1988 Konzernrechnungslegung bei unterschiedlichen Abschlußstichtagen, WPg 1988, 682; *Maas/Schruff* Unterschiedliche Stichtage im künftigen Konzernabschluß, WPg 1985, 1; *Niehus* Neues Konzernrecht für die GmbH, DB 1984, 1789; *Rätsch* BFuP 1981, 578; *Schildbach* Anmerkungen zu den neuen Konzernrechnungslegungsvorschriften, DBW 1987, 391; WPK/IDW Stellungnahme, WPg 1985, 537.

I. Normzweck und Allgemeines

1. Regelungsgegenstand

1 Die Entwicklung des Konzernabschlusses aus den Jahresabschlüssen der einbezogenen Unternehmen als Grundlage der Einbeziehung,[1] aber auch die Charakteristik des Konzernabschlusses als des Abschlusses der wirtschaftlichen Einheit „Konzern"

[1] § 300 Abs. 1

machen es erforderlich, für die Aufstellung des Konzernabschlusses Regelungen über den **Stichtag** zu treffen. Diese sind in § 299 zusammengefaßt. Die Vorschrift stellt den Zeitbezug zwischen dem Konzernabschluß und den Jahresabschlüssen der einbezogenen Unternehmen her. Sie fußt auf der den Regelungen über den handelsrechtlichen Konzernabschluß zugrundeliegenden Technik, den Konzernabschluß aus der Zusammenfassung des Jahresabschlusses des Mutterunternehmens mit denen der einbezogenen Tochterunternehmen zu erstellen; § 300 Abs. 1. Der Konzernabschluß ist nicht das Ergebnis einer eigenständigen Konzernbuchführung, aus der der Konzernabschluß entwickelt wird. Die Regelungen sind erforderlich, da die zum Konzernabschluß zusammenzufassenden Jahresabschlüsse der einzubeziehenden Unternehmen auf jeweils unterschiedliche Stichtage aufgestellt sein können und deswegen nicht ohne weiteres den maßgeblichen Stichtag des Konzernabschlusses erkennen lassen.[2]

Die Vorschrift regelt in Abs. 1, *welches der maßgebliche Stichtag* des Konzernabschlusses ist und wonach er sich bestimmt. Maßgeblich hierfür ist (1) der Stichtag des Jahresabschlusses des Mutterunternehmens oder der hiervon abweichende Stichtag der Jahresabschlüsse (2) der bedeutendsten oder (3) der Mehrzahl der in den Konzernabschluß einbezogenen Unternehmen. Die Vorschrift regelt weiterhin den Grundsatz der **Einheitlichkeit des Stichtages** für den Konzernabschluß mit der Vorgabe, daß die Jahresabschlüsse der einbezogenen Unternehmen auf den Stichtag des Konzernabschlusses aufgestellt werden sollen (Abs. 1 Satz 2); ist dies nicht der Fall, ist die Aufstellung von *Zwischenabschlüssen* vorgeschrieben, wenn der Abschlußstichtag des einbezogenen Unternehmens um mehr als drei Monate vor dem Konzernabschlußstichtag liegt, der dann die Grundlage für die Einbeziehung bildet (Abs. 2 Satz 2). Wird bei abweichenden Stichtagen kein Zwischenabschluß aufgestellt, wird durch Abs. 3 vorgeschrieben, daß *Vorgänge von besonderer Bedeutung* für die Vermögens-Finanz- und Ertragslage eines in den Konzernabschluß einbezogen Unternehmens, die zwischen dem Stichtag des Jahresabschlusses dieses Unternehmens und dem Stichtag des Konzernabschlusses eingetreten sind, Berücksichtigung in der Konzernbilanz und der Konzern- Gewinn- und Verlustrechnung finden müssen oder im Konzernanhang anzugeben sind.[3] 2

§ 299 konkretisiert den Grundsatz der Einheitlichkeit des Konzernabschlusses mit der **Sollvorgabe**, daß die Stichtage der Jahresabschlüsse der einbezogenen Unternehmen mit dem Stichtag des Konzernabschlusses übereinstimmen sollen. Abweichungen von diesem Grundsatz werden zugelassen: der Stichtag des Konzernabschlusses wird nicht zwingend durch den Stichtag des Mutterunternehmens bestimmt und die Einbeziehung kann auch auf der Grundlage eines zu einem abweichenden Stichtag erstellten Jahresabschlusses erfolgen. In bestimmten Fällen wird die Aufstellung eines Zwischenabschlusses erforderlich. 3

2. Normadressaten

Die Regelungen für den Stichtag des Konzernabschlusses richten sich in erster Linie an das für die Aufstellung zuständige Mutterunternehmen. § 299 ist bei der Aufstellung des Konzernabschlusses durch die nach § 290 Abs. 1 verpflichteten Organe zu beachten. Es liegt in der Kompetenz und Verantwortung der **Organe des Mutterunternehmens**, den Stichtag des Konzernabschlusses zu bestimmen[4] und damit den einzubeziehenden Unternehmen die sich aus § 299 ergebenden Pflichten aufzuerlegen. 4

[2] HdKR-*Trützschler* 4.
[3] Abs. 3 i. V. m. § 313 Abs. 1 S. 1.
[4] Vgl. Rdn. 18.

Abs. 2 beinhaltet die Rechtsgrundlage für die Verpflichtung von einbezogenen Unternehmen, einen Zwischenabschluß aufzustellen, wenn der Stichtag des Jahresabschlusses des betreffenden einzubeziehenden Unternehmens um mehr als drei Monate vor dem Konzernabschlußstichtag liegt.[5] Die Vorschrift gilt in allen Fällen der Einbeziehung von Unternehmen. Das betrifft konsolidierte Tochterunternehmen und Unternehmen, die nach den Grundsätzen der Quotenkonsolidierung (§ 310) einbezogen werden;[6] bei assoziierten Unternehmen gilt § 299 nicht, statt dessen findet § 312 Abs. 6 Anwendung.

5 Die Vorschriften gelten entsprechend für **Kreditinstitute**, § 340i Abs. 2 sowie für **Versicherungsunternehmen**, § 341j Abs. 1. Bei Versicherungsunternehmen ist durch § 341i Abs. 3 Satz 2 zugelassen, daß Tochterunternehmen mit abweichendem Stichtag ohne Aufstellung eines Zwischenabschlusses einbezogen werden dürfen, sofern der Stichtag nicht länger als 6 Monate vor dem Stichtag des Konzernabschlusses liegt.

6 § 299 enthält Regelungen, die sinngemäß für Unternehmen gelten, die nach **PublG** den Konzernabschluß aufzustellen haben, § 13 Abs. 2 Satz 1 PublG. Ist das Mutterunternehmen indes nicht zur Aufstellung eines Jahresabschlusses verpflichtet, bestimmt sich der Stichtag nach dem Abschlußstichtag des größten einbezogenen Unternehmens, § 11 Abs. 2 Satz 2 PublG.[7]

3. Entstehungsgeschichte

7 § 299 beruht auf **Art. 27 der 7. EG-Richtlinie**. Abs. 1 macht von dem Mitgliedstaatenwahlrecht des Art. 27 Abs. 1 und 2 Gebrauch, hinsichtlich des Stichtages des Konzernabschlusses auf den Stichtag des Jahresabschlusses des Mutterunternehmens oder des Jahresabschlusses der bedeutendsten oder der Mehrzahl der einbezogenen Unternehmen abzustellen. Abs. 2 beruht auf Art. 27 Abs. 3 der 7. EG-Richtlinie, der entsprechend der internationalen Praxis vorsieht, daß Zwischenabschlüsse nur dann aufzustellen sind, wenn die Abweichung des entsprechenden Jahresabschlusses zum Bilanzstichtag des Konzernabschlusses mehr als drei Monate beträgt. Die Regelung des Abs. 3 transformiert Art. 27 Abs. 2 Satz 3 der 7. EG-Richtlinie in deutsches Recht. Die im Gesetzgebungsverfahren[8] umstrittene Frage, ob bei abweichenden Stichtagen auf die Aufstellung von Zwischenabschlüssen verzichtet werden solle, wurde im Einklang mit den Wahlrechten des Art. 27 Abs. 2, 7. EG-Richtlinie entschieden, um das deutsche Recht insoweit den international üblichen Regeln anzupassen.[9] Der Entwurf des BMJ eines Gesetzes zur weiteren Reform des Aktien- und Bilanzrechts, zu Transparenz und Publizität (Stand 26. November 2001) sieht vor, in Abs. 1 vorzuschreiben, daß der Konzernabschluß auf den Stichtag des Jahresabschlusses des Mutterunternehmens aufzustellen ist. Abs. 2 soll korrespondierende Anpassungen erfahren.

8 Die mit dem BiRiLiG geschaffene Regelung für den Stichtag des Konzernabschlusses bedeutet gegenüber der nach § 331 Abs. 1, 3 AktG a. F. geltenden Regelung eine deutliche Erweiterung. Die bisher bei abweichendem Geschäftsjahr stets erforderliche Aufstellung von Zwischenabschlüssen[10] wurde bei der Neufassung zugunsten der flexibleren Regelung in § 299 Abs. 2 und 3 aufgegeben.[11] Die bisher in § 331 Abs. 3

[5] § 299 Abs. 2 i. V. m. § 294 Abs. 3 S. 1; vgl. auch § 294, 19.

[6] Vgl. § 310 Abs. 2.

[7] Beck BilKomm-*Budde*/*Lust* 28.

[8] Erl. zu § 299 HGB, BTDrucks. 10/4268, 115; § 277 HGB-EG, BTDrucks. 10/3440, 36.

[9] Vgl. Erl. zu § 299 HGB, Ber. Rechtsausschuß, BTDrucks. 10/4268, 115; zum Verzicht auf Zwischenabschlüsse vgl. Stellungnahme von WPK und IDW zum BiRiLiG, WPg 1985, 537, 454.

[10] § 331 Abs. 3 Satz 1 AktG, dazu Großkomm-AktG-*Barz* § 331 Anm. 54.

[11] *Biener*/*Berneke* BiRiLiG 324.

AktG a. F. vorgesehene Billigung des Zwischenabschlusses durch den Aufsichtsrat sowie die durch § 336 Abs. 3 AktG a. F. erforderliche Pflichtprüfung sind entfallen.[12]

4. Internationale Rechnungslegung

9 Die Regelungen nach **International Accounting Standards** gehen davon aus, daß der Stichtag für den Konzernabschluß mit dem Stichtag des Mutterunternehmens übereinstimmt. Die Jahresabschlüsse der einbezogenen Unternehmen sollen auf denselben Stichtag enden. Abweichend vom HGB läßt IAS aber auch die Einbeziehung von Unternehmen mit einem **nach** dem Stichtag des Konzernabschlusses endenden Geschäftsjahr zu, ohne einen Zwischenabschluß erforderlich zu machen.[13] Auf einen Zwischenabschluß darf verzichtet werden, wenn dessen Aufstellung unpraktikabel ist.[14] Für einen nach **US-GAAP** aufgestellten Konzernabschluß gilt die Maßgeblichkeit des Stichtags des Mutterunternehmens, APB 51.4. Die Abschlußstichtage von Tochterunternehmen haben dem im wesentlichen zu entsprechen. Ein Zwischenabschluß braucht nur dann nicht aufgestellt zu werden, wenn der Jahresabschlußstichtag des Tochterunternehmens um bis zu drei Monate vor dem des Konzerns endet. Über wesentliche Geschäftsvorfälle in dem Zwischenzeitraum ist in den „notes" zu berichten.[15]

II. Stichtag für den Konzernabschluß und Konzerngeschäftsjahr

1. Bestimmung des Stichtags für den Konzernabschluß

10 Der **Stichtag** für den *Konzernabschluß* des zur Aufstellung verpflichteten Mutterunternehmens ist nicht durch Gesetz oder Satzung/Gesellschaftsvertrag bestimmt. Anders als für den Jahresabschluß, der nach § 242 Abs. 1 und 2 für den Schluß eines jeden Geschäftsjahres aufzustellen ist, fehlt eine vergleichbare Regelung für den Konzernabschluß. Dauer und Ende des Geschäftsjahres der Kapitalgesellschaft werden durch deren Satzung oder Gesellschaftsvertrag bestimmt; fehlt eine Regelung, ist Geschäftsjahr das Kalenderjahr.[16] Die Dauer des Geschäftsjahres darf 12 Monate nicht übersteigen, § 240 Abs. 2 Satz 2.[17] Der *Jahresabschluß* ist auf den Zeitpunkt des Endes des Geschäftsjahres aufzustellen; dieser Zeitpunkt markiert den Stichtag des Jahresabschlusses.

11 Für den Konzernabschluß fehlt ein gesetzlich oder statuarisch bestimmtes Konzerngeschäftsjahr, dessen Ende den Stichtag des Konzernabschlusses ergibt. Die Festlegung des Stichtages des Konzernabschlusses hat daher eigenständige Bedeutung. Der dem Stichtag vorausgehende Zeitraum von höchstens 12 Monaten ist als **Konzerngeschäftsjahr** zu bezeichnen.[18] Das Konzerngeschäftsjahr wird auch durch § 290 Abs. 1 nicht bestimmt, sondern vorausgesetzt.

12 Der **Stichtag** für den Konzernabschluß wird von den gesetzlichen Vertretern des zur Aufstellung des Konzernabschlusses verpflichteten Mutterunternehmens bestimmt. Eine Festlegung in der Satzung des Mutterunternehmens ist nicht erforderlich. Die zur Wahl stehenden Stichtage werden durch § 299 Abs. 1 bestimmt, Rdn. 16 ff. Die Entscheidung über den Stichtag für die Aufstellung des Konzernabschlusses wird

[12] *Biener/Schutzmann* Konzernrechnungslegung (1983) 44; *Harms/Küting* BB 1985, 432.

[13] *Baetge/Scholz* IAS 27 Rdn. 99; *Wiedmann* BilR 29.

[14] Beck BilKomm-*Budde/Lust* 32.

[15] *Wiedmann* BilR § 299, 32.

[16] *Hüffer* AktG⁴ § 23 Rdn. 3; Baumbach/Hueck/*Schulze-Osterloh* § 41 Rdn. 38; ADS § 240, 71; vgl. § 240, 44 m. w. N.

[17] Vgl. § 240, 41 f.

[18] Vgl. hierzu auch *Biener/Berneke* BiRiLiG 324; WP-Handbuch 2000 I M 138.

bei der erstmaligen Aufstellung eines Konzernabschlusses getroffen.[19] Eine Bindung an den Stichtag für die Aufstellung des Jahresabschlusses und das Geschäftsjahr des Mutterunternehmens besteht nicht, auch wenn im Hinblick auf die Publizitätspflichten des Mutterunternehmens[20] die Übereinstimmung der Stichtage für den Jahresabschluß des Mutterunternehmens und für den Konzernabschluß empfehlenswert erscheint. Die Bestimmung des Stichtages für die Aufstellung des Konzernabschlusses hat – wenn auch in begrenztem Umfang – bilanzpolitische Bedeutung.[21]

2. Veränderung des Stichtages für die Aufstellung des Konzernabschlusses

13 Die Festlegung des Stichtages liegt im **pflichtgemäßen Ermessen** der gesetzlichen Vertreter des Mutterunternehmens. Die Entscheidung gehört nicht zu den Festlegungen über Konsolidierungs-, Bilanzierungs- oder Bewertungsmethoden, die im Hinblick auf die Aussagefähigkeit des Abschlusses dem gesetzlichen Stetigkeitsgebot unterliegen. Sie ist wie die Festlegung in der Satzung einer Gesellschaft über das Geschäftsjahr änderbar. Im Hinblick auf die Bedeutung einer Änderung für die externe Publizität des Konzerns und die mit einer solchen Entscheidung über die Änderung des Stichtages verbundenen Schwierigkeiten der Umstellung und deren organisatorischen Konsequenzen werden die gesetzlichen Vertreter des Mutterunternehmens von einer grundlosen Veränderung absehen, auch wenn sie aus Rechtsgründen nicht ausgeschlossen erscheint.[22]

14 Die **Veränderung** des Stichtages für die Aufstellung des Konzernabschlusses fällt in die *Zuständigkeit der gesetzlichen Vertreter* des zur Aufstellung verpflichteten Mutterunternehmens. Sie beruht auf einer einseitigen Festlegung; die Mitwirkung anderer Organe ist nach den rechtsformbezogenen Regelungen zu beachten. Die Veränderung kann zur Anpassung an oder zum Abweichen des Stichtags des Konzernabschlusses von dem des Jahresabschlusses führen. Außer den Gründen, die zu einer Änderung des Stichtags des Jahresabschlusses berechtigen, kommen diejenigen in Betracht, die zu einer vom Stichtag des Jahresabschlusses des Mutterunternehmens abweichenden Festlegung des Stichtages für die Aufstellung des Konzernabschlusses führen können, wie z. B. die Veränderung des Geschäftsjahres eines bedeutenden oder der Mehrzahl von einbezogenen Unternehmen oder der Zuerwerb und die anschließende Erstkonsolidierung eines gewichtigen Unternehmens. Gleiches gilt bei Konsolidierung eines einbezogenen Unternehmens, für das ein vom Stichtag des Konzernabschlusses abweichender Stichtag des Jahresabschlusses beschlossen wird. Die Umstellung des Geschäftsjahres des Mutterunternehmens und damit des Stichtags für die Aufstellung von dessen Jahresabschluß hat nicht notwendigerweise Einfluß auf den Stichtag des Konzernabschlusses; der Stichtag für die Aufstellung des Konzernabschlusses muß geändert werden, um den gleichen (übereinstimmenden) Stichtag zu behalten. Die Umstellung des Geschäftsjahres bei anderen einbezogenen Unternehmen bleibt ohne Einfluß auf den Stichtag für den Konzernabschluß, wenn durch die Veränderung die Voraussetzungen für die Wahl eines abweichenden Stichtages im Sinne des § 299 Abs. 1 nicht entfallen sind. Sind die Voraussetzungen für die Festlegung eines bestimmten Stichtages nach Abs. 1 infolge einer Änderung des Geschäftsjahres eines einbezogenen Unternehmens nicht mehr gegeben, muß der Stichtag für die Aufstellung des Konzernabschlusses geändert werden, wenn der abweichende Stichtag nicht aus anderen Gründen beibehalten werden darf.

---

19 HdKR-*Trützschler* 3.
20 Vgl. § 337 AktG, § 42a GmbHG.
21 Vgl. *Clemm/Wenzel* BFuP 4/1986, 341, 344.
22 Enger als hier ADS 13, 14 der nur sachlich begründete, nicht willkürliche Veränderungen zuläßt.

Wird der Stichtag für die Aufstellung des Konzernabschlusses geändert, darf die Dauer des entstehenden Konzerngeschäftsjahres – auch im Übergangszeitraum – einen Zeitraum von 12 Monate nicht übersteigen, so daß ein **Konzern-Rumpfgeschäftsjahr** entsteht. Es kann dahingestellt bleiben, ob sich dieser Grundsatz aus einer entsprechenden Anwendung von § 240 Abs. 2 Satz 2, auf den in den Konzernrechtsvorschriften nicht Bezug genommen wird, oder einem Grundsatz ordnungsmäßiger Buchführung ableiten läßt.[23] Die Veränderung des Stichtages hat zur Folge, daß erneut zu prüfen ist, für welche Jahresabschlüsse einzubeziehender Unternehmen, deren Jahresabschlußstichtag nunmehr von dem des Konzernabschlusses abweicht, ein Zwischenabschluß aufgestellt werden muß, § 299 Abs. 2 (Rdn. 38 ff). 15

III. Stichtage für die Aufstellung des Konzernabschlusses (Abs. 1)

1. Maßgebliche Stichtage, Grundsatz

Der Konzernabschluß kann auf den Stichtag des **Jahresabschlusses** des Mutterunternehmens aufgestellt sein, so daß Identität zwischen den Stichtagen für die Aufstellung von Jahres- und Konzernabschluß besteht. Das ist nach Abs. 1 der Ausgangsfall, doch kann ein abweichender Stichtag gewählt werden. Weitere maßgebliche Stichtage sind der Stichtag der Jahresabschlüsse des *bedeutendsten* oder der *Mehrzahl* der in den Konzernabschluß einbezogenen Unternehmen. 16

§ 299 Abs. 1 stellt die drei erwähnten Stichtage nebeneinander und vermittelt durch Wortlaut und Satzbau den Eindruck, als ob das Mutterunternehmen bei der Auswahl des Stichtages frei wäre.[24] Der in Art. 27 Abs. 1 der 7. EG-Richtlinie erkennbare Vorrang des Stichtages des Jahresabschlusses des Mutterunternehmens, auf den der konsolidierte Abschluß aufgestellt werden sollte, hat im Wortlaut der deutschen Vorschrift keinen Niederschlag gefunden. Dementsprechend wird eine einschränkende Auslegung von § 299 Abs. 1 i. S. v. Art. 27 Abs. 1 7. EG-Richtlinie empfohlen.[25] Der Zusammenhang der Regelungen in Abs. 1, den mit dem Jahresabschluß des Mutterunternehmens nicht identischen Stichtag als „abweichenden" zu bezeichnen und die Angabe und Begründung der Abweichung im Konzernabschluß vorzuschreiben, ergibt ein **Regel-Ausnahme-Verhältnis.** 17

Im Rahmen der Möglichkeiten des Abs. 1 besteht für das Mutterunternehmen Freiheit bei der Wahl des Stichtages für die Aufstellung des Konzernabschlusses. Die Wahl des Stichtags wird unter Beachtung des Regel-Ausnahme-Verhältnisses durch Überlegungen der Zweckmäßigkeit der Organisation der Aufstellung des Konzernabschlusses bestimmt sein; ergeben sich danach keine vorrangigen Gründe für die Festlegung eines abweichenden Stichtags, bleibt es bei dem Vorrang des Stichtags des Jahresabschlusses des Mutterunternehmens als Stichtag des Konzernabschlusses.[26] 18

---

[23] Vgl. zu § 240 Abs. 2 ADS 15; HdKR-*Trützschler* 4; zu GoB vgl. WP-Handbuch 2000 I M 141.

[24] IdS WP-Handbuch 2000 I M 142; Beck Bil-Komm-*Budde/Lust* 5; ohne Begr. enger ADS 2; dggü abw *DRSC* E-DRS 16 Tz. 15 mit der Beschränkung allein auf den Stichtag des Jahresabschlusses des Mutterunternehmens; so auch E-Transparenz- und Publizitätsgesetz § 299 Abs. 1.

[25] *Biener/Berneke* BiRiLiG 324; *IDW* HFA 4/1988 Abschn. 3; WPg 1988, 682; a. A. HdKR-*Trützschler* 5.

[26] *Biener/Berneke* BiRiLiG 324; WP-Handbuch 2000 I M 138.

2. Gleicher Stichtag für den Jahresabschluß des Mutterunternehmens und den Konzernabschluß

19 Der Konzernabschluß ist im Grundsatz auf den **Stichtag des Jahresabschlusses** des Mutterunternehmens aufzustellen (Abs. 1, 1. Variante). Endet das Geschäftsjahr aller in den Konzernabschluß einbezogenen Unternehmen zum selben Zeitpunkt, so muß der Konzernabschluß zu diesem Stichtag aufgestellt werden. Die Wahl eines anderen Stichtages, der nicht Stichtag des Jahresabschlusses von einbezogenen Unternehmen ist oder nach § 299 Abs. 1 nicht als abweichender Stichtag gewählt werden darf, darf nicht als Stichtag des Konzernabschlusses festgesetzt werden.[27] Das Mutterunternehmen kann auch dann einen identischen Stichtag wählen, wenn alle anderen einbezogenen Unternehmen einen davon abweichenden Stichtag für ihren Jahresabschluß haben.[28] § 297 Abs. 2 Satz 2 steht dem nicht entgegen.[29]

3. Abweichende Stichtage für die Aufstellung des Konzernabschlusses

20 a) **Grundlagen.** Der Konzernabschluß kann auf den, vom Stichtag des Jahresabschlusses des Mutterunternehmens **abweichenden Stichtag** des Jahresabschlusses des bedeutendsten oder der Mehrzahl der einbezogenen Unternehmen aufgestellt werden. Die Abweichung vom Stichtag des Jahresabschlusses des Mutterunternehmens ist im Konzernanhang anzugeben und zu begründen, Rdn. 27.

21 Die Aufstellung des Konzernabschlusses auf einen vom Stichtag des Jahresabschlusses des Mutterunternehmens abweichenden Stichtag, bedarf bei Vorliegen der Voraussetzungen nach Abs. 1 keiner besonderen Rechtfertigung.[30] Zwei Gründe, die der Vereinfachung der Aufstellung des Konzernabschlusses dienen sollen, hat Abs. 1 zugelassen. Andere Sachverhalte berechtigen nicht zur Wahl eines abweichenden Stichtages. Die Begründungs- und Rechtfertigungslast des Mutterunternehmens bezieht sich auf die Darlegung der Voraussetzungen, die zur Wahl eines abweichenden Stichtages geführt haben.

22 b) **Einbezogene Unternehmen.** Die Voraussetzungen für die Wahl eines abweichenden Stichtages ist durch die Abwägung der jeweils relevanten Merkmale bei allen in den Konzernabschluß einbezogenen Unternehmen zu prüfen. Die Beurteilung erfolgt anhand der Bedeutung der Tatbestandsmerkmale für das Mutterunternehmen und die Tochterunternehmen.[31] Bei dieser Abwägung sind auch Unternehmen zu berücksichtigen, die anteilmäßig einbezogen werden, § 310. Zulässig wäre es, den Stichtag für die Aufstellung des Konzernabschlusses nach dem Stichtag der Jahresabschlüsse von bedeutenden oder der Mehrzahl von Gemeinschaftsunternehmen auszurichten.[32] Assoziierte Unternehmen bleiben außer Betracht.

23 c) **Zulässige Stichtage.** Der Festlegung eines abweichenden Stichtages für den Konzernabschluß setzt voraus, daß der Jahresabschluß mindestens eines einbezogenen Unternehmens vom Stichtag des Jahresabschlusses des Mutterunternehmens abweicht. In Betracht kommen dann die Stichtage der **Jahresabschlüsse** der **einbezogenen Unternehmen**. Es ist nicht zulässig, einen Stichtag zu wählen, auf den kein Jahresabschluß eines einbezogenen Unternehmens aufgestellt wird oder die den

---

[27] *Maas/Schruff* WPg 1985, 1, 2; ADS 4; HdKR-*Trützschler* 11; Beck BilKomm-*Budde/Lust* 2.

[28] Zur Praxisrelevanz einer solchen Entscheidung vgl. Bonner HdR-*Albrecht* 6; ADS 3.

[29] HdKR-*Trützschler* 5, 6; Beck BilKomm-*Budde/Lust* 4; enger ADS 5.

[30] *Harms/Küting* BB 1985, 432, 434; ADS 6; abw *DRSC* E-DRS 16 Tz. 16.

[31] *Biener/Berneke* BiRiLiG 324.

[32] *Harms/Küting* BB 1985, 432, 440.

Jahresabschluß nur solcher Unternehmen betreffen, die nicht für die Wahl eines abweichenden Stichtages qualifizieren.[33]

d) **Das bedeutendste Unternehmen.** Die Festlegung eines abweichenden Stichtages für den Konzernabschluß ist zulässig, wenn das **bedeutendste** einbezogene **Unternehmen** seinen Jahresabschluß auf diesen abweichenden Stichtag erstellt. Die Bedeutung eines Unternehmens ist nicht mit absoluten Kriterien meßbar; sie wird durch den Vergleich und durch das Verhältnis dieses Unternehmens zu anderen einbezogenen Unternehmen gekennzeichnet. Das bedeutendste Unternehmen wird nach Merkmalen bestimmt, die für den Konzern so herausragend sind, daß vergleichbare Merkmale aller anderen Unternehmen – auch in ihrer Gesamtheit – demgegenüber zurücktreten. Zur Beurteilung der Bedeutung einbezogener Unternehmen für die Wahl des Stichtages ist es zulässig, Unternehmen mit demselben Abschlußstichtag als Gruppe zu betrachten. In diesem Falle ist die Gruppe dieser Unternehmen der Gesamtheit der übrigen einbezogenen Unternehmen gegenüberzustellen.[34] **24**

Welche **Kriterien** die Bedeutung der einbezogenen Unternehmen bestimmen, ist offen. Das Schrifttum schlägt vor, meßbare Kriterien wie z. B. Außenumsatz, bereinigte Bilanzsumme[35] oder vom Gesetz an anderer Stelle in Bezug genommene Merkmale, wie Bilanzsumme, Umsatz und Beschäftigungszahlen sowie Jahresergebnisse heranzuziehen.[36] Dabei stehen nicht starre Verhältniszahlen im Vordergrund, sondern es ist danach zu entscheiden, ob der Konzernabschluß die ihm nach § 297 Abs. 2 Satz 2 zugewiesene Aufgabe erfüllen kann, so daß es insbesondere auf die Bedeutung der Beeinflussung der Vermögens-, Finanz- und Ertragslage ankommt. Die Art der Geschäftstätigkeit des einzelnen Unternehmens ist nicht von Bedeutung.[37] **25**

e) **Die Mehrzahl der einbezogenen Unternehmen.** Die Auswahl eines vom Stichtag des Jahresabschlusses des Mutterunternehmens abweichenden Stichtages kann, unabhängig von der Bedeutung der einbezogenen Unternehmen, sich auch an der **Mehrzahl** der Unternehmen ausrichten, deren Jahresabschluß auf denselben Stichtag aufgestellt wird. Die Mehrzahl der Unternehmen ist arithmetisch festzustellen; die Feststellung bedarf keiner materiellen Wertung. Dabei ist es unerheblich, daß die Zahl der Unternehmen mit gemeinsamem Stichtag nicht mindestens die Hälfte der Gesamtzahl der einbezogenen Unternehmen ausmacht (relative Mehrzahl),[38] wenn die anderen in den Konzernabschluß einbezogenen Unternehmen ihren Jahresabschluß zu verschiedenen Stichtagen aufstellen. **26**

f) **Angabe und Begründung im Konzernanhang.** Wird der Konzernabschluß auf einen abweichenden Stichtag aufgestellt, ist die Abweichung im **Konzernanhang** anzugeben und zu begründen; § 299 Abs. 1, 2. Halbsatz. Die Angabe gehört zu den Pflichtangaben nach § 313 Abs. 1 Satz 1. Die Angabe schließt die Nennung der beiden Stichtage sowie den Tatbestand, auf den die Abweichung gestützt wird (Bedeutung oder Mehrzahl) und die Sachverhaltselemente, die diesen Tatbestand ausfüllen, ein. Soweit die Abweichung auf die Bedeutung gestützt wird, sind die Kriterien zur Beurteilung der Bedeutung anzugeben; wird die Abweichung auf die Mehrzahl der Unternehmen gestützt, sind die Zahlenverhältnisse zu nennen.[39] Die Begründung muß über **27**

---

[33] Z.B. wegen Bedeutungslosigkeit oder geringer Anzahl; ADS 7.

[34] ADS 9, jedoch mit a. M. zur relativ geringen Bedeutung gegenüber anderen Unternehmen oder Gruppen von Unternehmen; ferner Bonner HdR-*Albrecht* 9.

[35] HdKR-*Trützschler* 3.

[36] ADS 10; Bonner HdR-*Albrecht* 9.

[37] A. M. ADS 10.

[38] Wie hier *Lange* DStR 1993, 774, 776; a. M. ADS 11; Beck BilKomm-*Budde/Lust* 6 a. E., die nur die absolute Mehrzahl zulassen.

[39] ADS 12; weiter Beck BilKomm-*Budde/Lust* 9.

die Beschreibung des Sachverhalts hinaus erkennen lassen, aus welchen Gründen die gesetzlichen Vertreter des Mutterunternehmens sich für die Festlegung eines abweichenden Stichtages entschieden haben.[40] Zu den Gründen gehört die Klarheit und Übersichtlichkeit des Konzernabschlusses.[41] Zur Rechtfertigung dient insbesondere die Vereinfachung der Aufstellung des Konzernabschlusses oder die Vermeidung einer größeren Zahl von Zwischenabschlüssen.[42]

IV. Einheitlichkeit der Stichtage der Jahresabschlüsse der einbezogenen Unternehmen (Abs. 2)

1. Grundlagen

28 Die Jahresabschlüsse der in den Konzernabschluß einbezogenen Unternehmen sollen auf den Stichtag des Konzernabschlusses aufgestellt werden. Die **Einheitlichkeit** des Stichtages des Konzernabschlusses und der Jahresabschlüsse der einbezogenen Unternehmen wird als Grundsatz (Sollvorgabe) durch Abs. 2 Satz 1 geregelt. Während Abs. 1 die Regelungen für die Auswahl des zulässigen Stichtages für die Aufstellung des Konzernabschlusses enthält, und dazu auf den Stichtag des Jahresabschlusses des Mutterunternehmens oder des bedeutendsten oder der Mehrzahl der einbezogenen Unternehmen zurückgreift, beinhaltet Abs. 2 die Vorschriften über die Aufstellung des Konzernabschlusses bei Abweichungen des Stichtags der Jahresabschlüsse der einzubeziehenden Unternehmen. Stimmen die Stichtage des Konzernabschlusses und des Jahresabschlusses eines einbezogenen Unternehmens nicht überein, ist nach Abs. 2 Satz 2 die Aufstellung eines Zwischenabschlusses nur erforderlich, wenn der Stichtag des Jahresabschlusses des einbezogenen Unternehmens um mehr als drei Monate vor dem Stichtag des Konzernabschlusses liegt.[43]

2. Einheitlichkeit des Stichtages (Abs. 2 Satz 1)

29 **a) Stichtag von Konzernabschluß und Jahresabschlüssen.** Der Stichtag der **Jahresabschlüsse** der einbezogenen Unternehmen bestimmt sich nach Gesetz und deren Satzungen und Gesellschaftsverträgen. Für die Wahl eines bestimmten Stichtages zur Aufstellung des Jahresabschlusses gibt es verschiedene Gründe (z. B. produkt- oder produktionsbezogene Besonderheiten, Saisonbetriebe, Zugehörigkeit zu einer Unternehmensgruppe mit einheitlichem Stichtag; öffentlich-rechtliche Abrechnungszeiträume).[44] Die Zugehörigkeit eines Unternehmens zu einem Konzern läßt das Geschäftsjahr und den Stichtag für die Aufstellung des Jahresabschlusses unberührt.[45] Die Stichtage der Jahresabschlüsse und des Konzernabschlusses stimmen nicht notwendigerweise überein, auch wenn die Einheitlichkeit für den Konzernabschluß der Idealzustand ist.[46] Der Stichtag, auf den der Konzernabschluß aufgestellt wird, wird durch die gesetzlichen Vertreter des Mutterunternehmens nach § 299 Abs. 1 bestimmt (Rdn. 12).

---

40 HdKR-*Trützschler* 12.
41 § 329 Abs. 1 Satz 2 AktG a. F.
42 Zum früheren Recht GroßkommAktG-*Barz* § 329, 21; ADS § 329, 53.
43 Ber. Rechtsausschuß zu § 299 HGB, BTDrucks. 10/426, 115; Begr.RegE zu § 277 HGB-EK, BT-Drucks. 10/3440, 36, *Biener/Berneke* BiRiLiG Erl. zu § 299 HGB, 324.
44 ADS 19.
45 GroßkommAktG-*Barz* § 331, 54; ADS[4] § 331 AktG, 208; zum neuen Recht HdKR-*Trützschler* 14; ADS 18; WP-Handbuch 2000 I M 142.
46 Bereits *Kropff* AktG 1965, 445.

b) Einheitlichkeit des Stichtages als Sollvorgabe. Das Gesetz sieht in Abs. 2 Satz 1 die Übereinstimmung (Einheitlichkeit) des Stichtages der Jahresabschlüsse und des Konzernabschlusses als **Sollvorgabe** vor. Damit wird postuliert, daß die Jahresabschlüsse zum Stichtag des Konzernabschlusses aufgestellt werden sollen. Eine Rechtspflicht zur Umstellung abweichender Stichtage ist damit nicht verbunden. Stimmen die Stichtage der Jahresabschlüsse der einbezogenen Unternehmen und des Konzernabschlusses überein, besteht eine zeitlich kongruente Einbeziehungsbasis der Jahresabschlüsse aller Unternehmen; der Berücksichtigung zeitlicher Differenzen durch Zwischenabschlüsse oder einer zusätzlichen Berichterstattung bedarf es nicht. 30

Die Aufstellung der Jahresabschlüsse der einbezogenen Unternehmen und des Konzernabschlusses auf denselben Stichtag bedeutet die konsequente Umsetzung der Einheitstheorie für den Konzernabschluß, § 297 Abs. 3 Satz 2. Diesem Grundsatz ist es fremd, innerhalb eines (fiktiven) Unternehmens unterschiedliche Stichtage für Jahresabschlüsse zuzulassen. Weder Art. 27 Abs. 2 der 7. EG-Richtlinie noch der deutsche Gesetzgeber sind jedoch soweit gegangen, bindend vorzuschreiben, daß alle einbezogenen Unternehmen denselben Stichtag für ihren Jahresabschluß haben müssen. Gleichwohl wird mit Abs. 2 Satz 1 festgelegt, daß – mit der in Satz 2 und Abs. 3 geregelten Ausnahme – nur auf den Stichtag des Konzernabschlusses aufgestellte Abschlüsse der einbezogenen Unternehmen eine geeignete **Grundlage der Einbeziehung** darstellen (Rdn. 36 ff).[47] Werden die Jahresabschlüsse der einbezogenen Unternehmen auf den Stichtag des Konzernabschlusses aufgestellt, ist gewährleistet, daß die Aussagefähigkeit des Konzernabschlusses nicht durch das Abweichen der Rechnungslegungsperioden der Jahresabschlüsse beeinträchtigt wird. Auch ist es ausgeschlossen, daß sich zwischen den Stichtagen der Jahresabschlüsse und des Konzernabschlusses Geschäftsvorfälle von Bedeutung ergeben, die – wegen des zeitlichen Auseinanderfallens der Rechnungslegungsperioden – nur in einzelnen der einzubeziehenden Jahresabschlüsse oder gar nicht erfaßt sind. Die Einheitlichkeit des Stichtages dient der Klarheit und Ordnungsmäßigkeit des Konzernabschlusses.[48] 31

Die Verwendung des Terminus „sollen" beinhaltet eine gewisse Präferenz für die Einheitlichkeit des Stichtages, die Abweichungen zuläßt[49] sowie eine **Verhaltensempfehlung** an die Rechtsunterworfenen. Sie gibt vor, sich im Sinne der gesetzlichen Vorgabe zu verhalten, sofern dem nicht sachliche oder rechtliche Gründe entgegenstehen. Abweichungen von dem Grundsatz müssen gerechtfertigt werden können; beliebige oder willkürlich abweichend festgesetzte Stichtage sollen vermieden werden. Die Regelung in Abs. 2 Satz 1 spricht indirekt die gesetzlichen Vertreter des Mutterunternehmens in ihrer Eigenschaft als Gesellschafter von einzubeziehenden Unternehmen an, die entsprechenden Festsetzungen über das Geschäftsjahr der einzubeziehenden Unternehmen zu treffen. Dies gilt insbesondere bei neu gegründeten Gesellschaften, deren Anteile allein von einbezogenen Unternehmen gehalten werden. Eine Einwirkungspflicht besteht jedoch auch gegenüber anderen Gesellschaften, auch wenn diese bereits zum Konzern gehören oder Anteile hinzu erworben wurden.[50] Die Interessen von Minderheitsgesellschaftern sind zu berücksichtigen.[51] Im Interesse der Einheitlichkeit des Konzernabschlusses und der Zweckmäßigkeit und Vereinfachung seiner Aufstellung besteht, nicht zuletzt aus Kostengründen, die Verpflichtung, darauf hinzuwirken, die Stichtage der Jahresabschlüsse von Tochterunternehmen an den Stichtag 32

[47] Ferner ADS 16.

[48] Zum bisherigen Recht GroßkommAktG-*Barz* § 331, 54.

[49] HdKR-*Trützschler* 14; ADS 16.

[50] Weitgehend WP-Handbuch 2000 I M 142; HdKR-*Trützschler* 14; ADS 17; *Biener/Berneke* BiRiLiG 324.

[51] Beck BilKomm-*Budde/Lust* 10.

des Konzernabschlusses anzupassen.[52] Deswegen bedarf es besonderer Gründe dafür, daß die Vertreter des Mutterunternehmens in der Gesellschafterversammlung eines in den Konzernabschluß einbezogenen Unternehmens die Veränderung des Geschäftsjahres auf einen vom Stichtag des Konzernabschlusses abweichenden Stichtag beschließen.[53]

3. Abweichende Stichtage für Jahresabschlüsse einbezogener Unternehmen und Konzernabschluß

33 a) **Zugelassene Abweichung.** Der Verzicht des Gesetzgebers, einen einheitlichen Stichtag für die Jahresabschlüsse der einbezogenen Unternehmen und des Konzernabschlusses verbindlich vorzuschreiben, beinhaltet die Gestattung, den Konzernabschluß auf der Grundlage von Jahresabschlüssen zu erstellen, deren Stichtag vom Stichtag des Konzernabschlusses abweicht. Diese Regelung galt bereits für das frühere Recht, da für die „einbezogenen Unternehmen durchaus triftige Gründe für einen vom Konzernabschluß abweichenden Bilanzstichtag bestehen" konnten.[54] Durch die Änderung der Konzernrechnungslegung infolge der 7. EG-Richtlinie kommen weitere Gründe hinzu. Insbesondere bei der Aufstellung von Weltabschlüssen unter Einbeziehung von Unternehmen mit Sitz im Ausland wurde angenommen, daß ein einheitlicher Stichtag nicht immer durchgesetzt werden könnte.[55] Unerheblich ist hingegen, wenn der Jahresabschluß des einbezogenen Unternehmens – z. B. als Rumpfgeschäftsjahr – einen kürzeren Zeitabschnitt umfaßt als das Konzerngeschäftsjahr. Entstand das Rumpfgeschäftsjahr infolge der Veränderung des Geschäftsjahres dieses Unternehmens, so ist der in das Konzerngeschäftsjahr hinein reichende Teil des vorherigen Geschäftsjahres des einbezogenen Unternehmens ebenfalls zu berücksichtigen.

34 b) **Rechtsfolgen für die Rechnungslegung bei abweichenden Stichtagen.** Weichen die Stichtage der Jahresabschlüsse einbezogener Unternehmen von dem Stichtag des Konzernabschlusses ab, muß gewährleistet bleiben, daß der Konzernabschluß die Rechnungslegung und damit die Geschäftsvorfälle der einbezogenen Unternehmen für das Konzerngeschäftsjahr umfaßt. Abs. 2 Satz 2 sieht vor, daß der Jahresabschluß eines einbezogenen Unternehmens, der auf einen **mehr als drei Monate vor dem Stichtag** des Konzernabschlusses liegenden Stichtag aufgestellt wird, für die Konsolidierung nicht verwendet werden darf, sondern daß ein **Zwischenabschluß** auf den Stichtag des Konzernabschlusses erstellt werden muß, der dann die Grundlage der Einbeziehung bildet (Rdn. 39). Mit der auf denselben Stichtag aufgestellten Zwischenbilanz wird vermieden, daß durch unterschiedliche Bezugszeiträume Geschäftsvorfälle und andere die Rechnungslegung beeinflussende Sachverhalte nicht oder nur unvollständig erfaßt werden. Auf einen derartigen Zwischenabschluß kann dann **verzichtet** werden, wenn der Jahresabschluß des einbezogenen Unternehmens auf einen weniger als drei Monate vor dem Stichtag des Konzernabschlusses liegenden Zeitpunkt aufgestellt wird, § 299 Abs. 2 Satz 2 (Rdn. 38). In diesem Fall erfolgt die Einbeziehung auf der Grundlage dieses Jahresabschlusses. Die Regelung entspricht internationaler Praxis, insbesondere auch der angelsächsischen Rechnungslegung[56] (z. B. ARB 51.4[57], IAS 27.19).

---

[52] *Biener* DB 1983 Beil. 19, 8; *Niehus* DB 1984, 1789, 1792.

[53] *Busse v. Colbe/Ordelheide* Konzernabschlüsse 31; ADS 18, 19 mit Hinweisen zu weiteren gesetzlichen Voraussetzungen und sachlichen Gründen.

[54] GroßkommAktG-*Barz* § 331, 54.

[55] *Biener/Schatzmann* Konzernrechnungslegung (1983) 44; HdKR-*Trützschler* 16.

[56] *Harms/Küting* BB 1985, 432, 433; *Rätsch* BFuP 1981, 569, 578; Begr.RegE zu § 277 HGB-EK, BTDrucks. 10/3440, 36.

[57] *Wiedmann* BilR 32.

c) **Geltungsbereich.** Abs. 2 Satz 2 gilt für alle **einbezogenen Unternehmen**, deren Stichtag für die Erstellung des Jahresabschlusses um mehr als drei Monate vor dem Stichtag des Konzernabschlusses liegt. Dabei macht es keinen Unterschied, ob es sich um das Mutterunternehmen, ein Tochterunternehmen oder ein anteilmäßig konsolidiertes Unternehmen (§ 310) handelt. Die Verpflichtung zu Aufstellung eines Zwischenabschlusses bei Vorliegen eines Unterschieds der Stichtage von mehr als drei Monaten ist unabhängig von materiellen Gewicht des einbezogenen Unternehmens, deren Jahresabschluß auf einen abweichenden Stichtag aufzustellen ist; gleiches gilt für die Entbehrlichkeit des Zwischenabschlusses bei kürzerem Zeitunterschied. Der Grundsatz der **materiality** findet bei Abs. 2 keine Anwendung. 35

4. Einbeziehung in den Konzernabschluß bei abweichendem Stichtag des Jahresabschlusses

a) **Einbeziehungsgrundlagen.** Die Einbeziehung von Unternehmen in den Konzernabschluß erfolgt durch Zusammenfassung des Jahresabschlusses des Mutterunternehmens mit den Jahresabschlüssen der Tochterunternehmen unmittelbar, wenn der Stichtag der Jahresabschlüsse der Unternehmen mit dem Stichtag des Konzernabschlusses übereinstimmt (Regelfall des Abs. 2 Satz 1). Weichen die Stichtage der Jahresabschlüsse einbezogener Unternehmen vom Stichtag des Konzernabschlusses ab, so ist nach Abs. 2 Satz 2 zu differenzieren: 36

(1) Beläuft sich die Abweichung auf einen Zeitraum von **bis zu drei Monaten**, erfolgt die Einbeziehung des Unternehmens auf der Grundlage des – phasenverschoben – aufgestellten *Jahresabschlusses.*[58] In den Konzernabschluß für ein höchstens 12 Monate umfassendes Konzerngeschäftsjahr (z. B. 1. 1. 2001–31. 12. 2001) wird damit ein Unternehmen einbezogen, dessen Rechnungslegungsperiode teilweise außerhalb des Konzerngeschäftsjahres liegt (z. B. 1. 10. 2000–30. 9. 2001). Der durch die Rechnungslegung des einbezogenen Unternehmens abgedeckte Zeitraum umfaßt seinerseits zwar ebenfalls einen Zeitraum von höchstens 12 Monaten (§ 240 Abs. 2 Satz 2); die Höchstdauer des Konzerngeschäftsjahres wird nicht überschritten. Die zeitliche Inkongruenz wird in Kauf genommen. Zur Vermeidung von Lücken in der Berichterstattung ist durch Abs. 3 in diesen Fällen eine gesonderte Berichterstattung oder die Angabe von Vorgängen mit besonderer Bedeutung vorgeschrieben (vgl. Rdn. 67).

(2) Liegt der Stichtag des Jahresabschlusses eines einbezogenen Unternehmens jedoch um **mehr als drei Monate** vor dem Stichtag des Konzernabschlusses, muß das Unternehmen einen Zwischenabschluß auf den Stichtag des Konzernabschlusses und den Zeitraum des Konzerngeschäftsjahres erstellen. Die Einbeziehung des Unternehmens in den Konzernabschluß erfolgt auf der Grundlage des Zwischenabschlusses, Abs. 2 Satz 2. Der *Zwischenabschluß* umfaßt diejenigen Teilperioden der beiden Geschäftsjahre, die den Zeitraum des Konzerngeschäftsjahres decken. Der Zwischenabschluß bildet eine selbständige Grundlage für die Einbeziehung des Jahresabschlusses und schafft einen dem Konzerngeschäftsjahres entsprechenden Rechnungslegungszeitraum des Unternehmens mit abweichendem Geschäftsjahr.[59] Dauer und Ausmaß der Abweichung des Stichtages des Jahresabschlusses des einbezogenen Unternehmens vom Stichtag des Konzernabschlusses bestimmt sich stets im Vergleich zum Stichtag des Konzernabschlusses. Das gilt auch im mehrstufig aufgebauten Konzern, so daß die Drei-Monats-Frist aus Sicht des obersten Mutterunternehmens nicht auf

[58] Stellungnahme HFA 4/1988 Abschn. 5; WPg 1988, 682; WP-Handbuch 2000 I M 142.

[59] Vgl. WP-Handbuch 2000 I M 535; so auch *DRSC* E-DRS 16 Tz. 16.

jeder Stufe erneut beginnt. Dies kann dazu führen, daß für die Einbeziehung eines Unternehmens mit einem um mehr als drei Monate vor dem Stichtag des Konzerns liegenden Stichtag des Jahresabschlusses ein Zwischenabschluß bei Einbeziehung in den Konzernabschluß des obersten Mutterunternehmens aufzustellen ist, auch wenn dieser bei Erstellung eines Teilkonzernabschlusses – z. B. wegen identischer oder um weniger als drei Monate abweichender Stichtage – unterbleiben könnte.

37 Ein **freiwillig** und ohne gesetzliche Notwendigkeit erstellter Zwischenabschluß darf zur Grundlage für die Einbeziehung des betreffenden Unternehmens in den Konzernabschluß verwendet werden. Die Einbeziehung auf der Grundlage eines freiwillig erstellten Zwischenabschlusses entspricht Sinn und Zweck von Abs. 2 und bietet die Möglichkeit, trotz abweichender Stichtage den „Idealzustand" von Abs. 2 Satz 1 zu erreichen. Der Zwischenabschluß muß den Anforderungen an einen gesetzlichen Zwischenabschluß i. S. v. Abs. 2 Satz 2 genügen.[60]

38 **b) Einbeziehung auf der Grundlage eines stichtagsverschiedenen Jahresabschlusses.** Die Einbeziehung von Tochterunternehmen erfolgt auf der Grundlage von deren Jahresabschluß. Der Stichtag des Jahresabschlusses darf nur vor, nicht nach dem Konzernabschlußstichtag liegen. Das Geschäftsjahr des einbezogenen Unternehmens wird durch die erweiterte Berichterstattung nicht berührt. Durch die Berichterstattung nach Abs. 3 (Rdn. 59 ff) werden jedoch Sachverhalte erfaßt, die außerhalb des Geschäftsjahres des Unternehmens, jedoch innerhalb des Konzerngeschäftsjahres liegen. Damit wird der Berichtszeitraum faktisch auf bis zu 15 Monate ausgedehnt.[61] Grundlage für die Einbeziehung in den Konzernabschluß bildet der **stichtagsverschiedene Jahresabschluß** des Unternehmens.[62] Die Konsolidierung erfolgt, als ob der Stichtagsunterschied nicht vorhanden wäre. Zur Verrechnung kommen der Buchwert des Anteils des Mutterunternehmens an dem Tochterunternehmen zum Zeitpunkt des Konzernstichtags mit dem anteiligen Eigenkapital des Tochterunternehmens in dessen Jahresabschluß (§ 301). Gleiches gilt für die Schuldenkonsolidierung, § 303. Besonderheiten ergeben sich, wenn sich innerhalb dieses Zeitraums Veränderungen in den zu berücksichtigenden Ansätzen ergeben haben, wie z. B. durch die Veränderung der zu konsolidierenden Anteile (z. B. Einlagen, Zuerwerb oder Verkauf von Anteilen) oder Begründung oder Tilgung von Ansprüchen/Verbindlichkeiten zwischen den einbezogenen Unternehmen. Durch die nur einseitige Erfassung konzerninterner Vorgänge wird die Konsolidierung erschwert.[63] Die Konsolidierung des betreffenden Unternehmens auf der Grundlage des stichtagsabweichenden Jahresabschlusses schafft im Grundsatz die Möglichkeit zu Vermögensverschiebungen innerhalb des Konzerns. Berücksichtigungspflichtige Vorgänge werden durch Nachbuchung in der Handelsbilanz II oder im Konzernanhang erfaßt. Sind solche Vorgänge von Bedeutung, sind sie entweder in die Konzernbilanz und der Konzern-Gewinn- und Verlustrechnung einzubeziehen oder es ist darüber im Konzernanhang zu berichten.

39 **c) Aufstellung eines Zwischenabschlusses.** Liegt der Abschlußstichtag eines Unternehmens um mehr als drei Monate vor dem Stichtag des Konzernabschlusses, muß das Unternehmen einen Zwischenabschluß auf den Stichtag und den Zeitraum

[60] Vgl. hierzu Stellungnahme HFA 4/1988 Abschn. 4, WPg 1988, 682; ADS 62.

[61] Vgl. HdKR-*Trützschler* 30; ADS 60 ff; *Maas/Schruff* WPg 1985, 1, 3.

[62] Stellungnahme HFA 4/1988 Abschn. 5; WPg 1988, 682.

[63] Vgl. *Niehus* DB 1984, 1791; *Harms/Küting* BB 1985, 432, 439; *Maas/Schruff* WPg 1985, 1, 3; *Busse von Colbe* ZfbF 1985, 768 f; Stellungnahme WPK/IDW, WPg 1985, 544 f; HdKR-*Trützschler* 26 ff; Beck BilKomm-*Budde/Lust* 20; *Schildbach* Konzernabschluß 68.

des Konzernabschlusses aufstellen. Die Einbeziehung dieses Unternehmens in den Konzernabschluß erfolgt auf der Grundlage des Zwischenabschlusses; § 299 Abs. 2 Satz 2. Die **wesentlichen Funktionen** des Zwischenabschlusses sind damit umrissen: er soll bei einbezogenen Unternehmen, deren Jahresabschlußstichtag wesentlich vor dem Stichtag des Konzernabschlusses liegt, die auf den Zeitraum des Konzerngeschäftsjahres abgestimmten Einbeziehungsgrundlagen in den Konzernabschluß darstellen.

aa) Gesetzliche Vorschriften. Die Rechtsgrundlage und rechtlichen Rahmenbedingungen für den Zwischenabschluß sind nur lückenhaft geregelt. Das Gesetz regelt den Stichtag des Zwischenabschlusses (= Stichtag des Konzernabschlusses) sowie den Berichtszeitraum, der dem Zeitraum des Konzernabschlusses zu entsprechen hat. Sofern keine tatsächlichen oder rechtlichen Gründe entgegenstehen, entspricht der Zeitraum des Zwischenabschlusses dem Konzerngeschäftsjahr. Etwas anderes kann bei Gründung des einzubeziehenden Unternehmens oder Erwerb der zur Einbeziehung führenden Anteilsmehrheit (§ 290 Abs. 1 und 2) im Laufe des Konzerngeschäftsjahres gelten. Die auf einen Zwischenabschluß **anzuwendenden Vorschriften** sind aus Sinn und Zweck von Abs. 2 Satz 2 zu ermitteln. Der Zwischenabschluß muß so beschaffen sein, daß er die ihm durch das Gesetz zugedachte Funktion erfüllt, die Einbeziehung eines Unternehmens in den Konzernabschluß zu ermöglichen. Er hat die gleiche Bedeutung, die in anderen Fällen dem Jahresabschluß zukommt. Die Grundsätze ordnungsmäßiger Buchführung und andere Vorschriften über die Rechnungslegung sind zu beachten.[64] Er hat durch eine stichtagsbezogene Ermittlung eine vollständige und wahrheitsgemäße Aufstellung des Vermögens und der Schulden (Bilanz) sowie eine Gegenüberstellung der Aufwendung und Erträge des Berichtszeitraumes (Gewinn- und Verlustrechnung) zu enthalten (§ 242 Abs. 1 und 2 analog). Der Zwischenabschluß ist aus den Büchern des betreffenden Unternehmens abzuleiten. Für ihn gelten die Vorschriften über die Aufbewahrung von Unterlagen, § 257 Abs. 4 i. V. m. Abs. 1 Nr. 1. Er fußt auf den Bilanzierungs- und Bewertungsmethoden des jeweiligen Unternehmens. Zur Einbeziehung in den Konzernabschluß ist der Zwischenabschluß unter Beachtung der nach § 300 (einheitliche Bilanzansatzvorschriften) und § 308 (einheitliche Bewertungsvorschriften) für den Konzern geltenden Grundsätze aufzustellen.[65] Der Abschlußprüfer des Konzernabschlusses hat im Rahmen seiner Prüfung nach § 317 Abs. 3 Satz 1 festzustellen, daß der Zwischenabschluß den Grundsätzen ordnungsmäßiger Buchführung entspricht und ob die für die Übernahme in den Konzernabschluß maßgeblichen Vorschriften beachtet sind (Rdn. 42). 40

bb) Formelle Rahmenbedingungen des Zwischenabschlusses. Der Zwischenabschluß dient nur als Grundlage für die Einbeziehung des Unternehmens in den Konzernabschluß. Er ist nicht Gegenstand der Feststellung durch die Gesellschaftsorgane[66] und gewährt keinen Anspruch auf Teilhabe am oder auf eine Ausschüttung des ausgewiesenen Ergebnisses. Er ist auch nicht Bemessungsgrundlage für ergebnisabhängige Vergütungsansprüche von Organmitgliedern.[67] Der aufgestellte Zwischenabschluß bedarf nicht der Kenntnisnahme oder Billigung durch ein weiteres Organ der Gesellschaft.[68] 41

---

[64] Im Ergebnis wie hier ADS[4] § 331 AktG, 211; HdKR-*Trützschler* 19; Beck BilKomm-*Budde/Lust* 12.

[65] Vgl. Stellungnahme HFA 4/1988, Abschn. 3, WPg 1988, 682; *Havermann* FS Döllerer 185 ff; WP-Handbuch 2000 I M 540; ADS 31.

[66] Beck BilKomm-*Budde/Lust* 13.

[67] So bereits zum AktG a. F. GroßkommAktG-*Barz* § 331, 54.

[68] ADS 55.

42 Die **Prüfung** des Zwischenabschlusses ist nicht ausdrücklich vorgeschrieben; weder § 299 noch § 316 regeln eine Prüfungspflicht. Durch seine Funktion, der Einbeziehung eines Unternehmens in den Konzernabschluß zu dienen, wird der Zwischenabschluß jedoch im Rahmen der Prüfung des Konzernabschlusses prüfungspflichtig. Nach § 317 Abs. 3 Satz 1 hat der Prüfer des Konzernabschlusses auch die im Konzernabschluß zusammengefaßten Jahresabschlüsse darauf zu prüfen, ob sie den Grundsätzen ordnungsmäßiger Buchführung entsprechen und ob die für die Übernahme in den Konzernabschluß maßgeblichen Vorschriften beachtet wurden. Diese Bestimmung ist auch auf Zwischenabschlüsse entsprechend anzuwenden. Sind sie nicht freiwillig geprüft worden, unterliegen sie aufgrund dieser Vorschrift der gesetzlichen Prüfung.[69]

43 **cc) Inhaltliche Rahmenbedingungen des Zwischenabschlusses.** Der Zwischenabschluß enthält die **Vermögensgegenstände** und **Schulden,** die dem Unternehmen am *Abschlußstichtag* zuzuordnen sind. Er hat die Aufwendungen und Erträge aus dem Zeitraum zu umfassen, der dem Konzerngeschäftsjahr entspricht. Ein Quartalsabschluß in Verbindung mit einem Jahresabschluß genügt nicht.[70] Aufwendungen und Erträge aus den Teilen der Geschäftsjahre der einbezogenen Unternehmen, die vor oder nach dem Konzerngeschäftsjahr liegen, dürfen nicht berücksichtigt werden.[71] Dies ist notwendig, da diese Aufwendungen und Erträge in früheren oder späteren Konzernabschlüssen erfaßt werden.

44 Der Zwischenabschluß ist aus den Büchern ordnungsgemäß zu entwickeln. Im Hinblick auf den Charakter als Zwischenabschluß ist es nicht erforderlich, förmliche Abschlußbuchungen vorzunehmen. Die erforderlichen Abgrenzungen und Überleitungen müssen gleichwohl klar und übersichtlich vorgenommen werden. Insoweit ist für den Zwischenabschluß eine *statistische Entwicklung* genügend.[72] Zur ordnungsmäßigen Feststellung des Zwischenabschlusses gehört die vollständige und zutreffende Erfassung des **Inventars** und der Schulden. Die für den Jahresabschluß geltenden Inventurvereinfachungen (vor- oder nachverlagerte Stichtagsinventur, permanente Inventur) finden auf den Zwischenabschluß Anwendung. In der Literatur wird zugelassen, daß an Bestandsnachweise des Vermögens, insbesondere an die Aufnahme einer **Inventur des Vorratsvermögens** oder die Ermittlung des Mengengerüsts zur Berechnung der Pensionsrückstellungen geringere Anforderungen gestellt werden dürfen.[73] Vereinfachungen sind nach Maßgabe der Verfahren in § 241 denkbar. Weitergehende Erleichterungen finden im Gesetz keine Stütze. In der Praxis werden weitere Ausnahmen zugelassen, wenn der Stichtag des Zwischenabschlusses nur kurze Zeit von einem geprüften Jahresabschluß abweicht, so daß Vor- und bzw. Rückrechnungen zur Wertermittlung und Verprobung zuverlässig möglich sind und die jeweils betroffenen Posten im Zusammenhang der Zwischenabschluß ohne materielle Bedeutung sind. Eine solche Ausnahme kann nur mit dem Grundsatz der Wesentlichkeit und Wirtschaftlichkeit des Konzernabschlusses gerechtfertigt werden und somit nur dann zur Geltung kommen, wenn dadurch die Aussagefähigkeit des Abschlusses nicht beeinträchtigt wird.[74]

---

[69] Stellungnahme HFA 4/1988 Abschn. 8, WPg 1988, 682 (683); ADS, § 299, 56; WP-Handbuch 2000 I M 540.

[70] ADS 33.

[71] *Haase/Lanfermann* WPg 1970, 212; *Harms/Küting* BB 1985, 432, 434; Schmalenbach-Gesellschaft- Deutsche Gesellschaft für Betriebswirtschaft eV; ZfbF Sonderheft 21/1987, 34 f; ADS 33.

[72] WP- Handbuch 2000 I M 545; ADS 34; Beck Bil-Komm-*Budde/Lust* 13.

[73] ADS 32 zu Bestandsnachweisen und Pensionsrückstellungen, 35 f zur Inventur; WP-Handbuch 2000 I M 542; Beck BilKomm-*Budde/Lust* 13.

[74] ADS 36.

Die Aufstellung eines Zwischenabschlusses bedarf besonderer **Abgrenzungen**, die sich daraus ergeben, daß bestimmte Posten der Bilanz oder Gewinn- und Verlustrechnung nur zu Ende des Geschäftsjahres exakt ermittelt werden können, da sie von den Verhältnissen des Abschlußstichtages abhängen. Hierzu gehören die Ermittlungen der ertragsabhängigen Steuern, der latenten Steuern, die Behandlung der Ergebnisabführung und der Ergebnisverwendung (Gewinnverwendung). Die Behandlung dieser Posten im Zwischenabschluß ist ohne bestimmte Annahmen nicht möglich, da der Stichtag des Zwischenabschlusses nicht mit dem Stichtag des Geschäftsjahresendes zusammenfällt und die Ergebnisse des Zwischenabschlusses sich aus den Ergebnissen von zwei Teilperioden zusammensetzen, deren erste Bestandteil des letzten abgeschlossenen Geschäftsjahres des Unternehmens ist, deren zweite indes noch andauert. Zum Stichtag des Zwischenabschlusses kann deswegen noch nicht über das Eintreten oder Vorliegen von der Bilanzierung zugrunde gelegten Annahmen entschieden werden. Die Ergebnisse der zweiten Teilperiode stehen unter dem Vorbehalt, daß in dem folgenden Zeitraum des Geschäftsjahres keine gegenläufigen Entwicklungen eintreten, die z. B. einen Jahresüberschuß in einen Jahresfehlbetrag umkehren. Für die auf das Ergebnis bezogenen Aufwendungen (insbesondere Steuern) muß daher mit Annahmen gearbeitet werden, wobei zu entscheiden ist, ob 45

– die Anforderungen für die Periode des Zwischenabschlusses eigenständig (fiktiv) ermittelt oder
– der Berechnung der Aufwendungen im Zwischenabschluß die tatsächlich in den beiden Teilperioden der Einzelgeschäftsjahre angefallenen Aufwendungen zugrunde gelegt werden.[75]

Zur Ermittlung der **ertragsabhängigen Steuern** legt es der Zweck des Zwischenabschlusses, ausschließlich der Einbeziehung eines Unternehmens in den Konzernabschluß zu dienen, nahe, die Fiktion des einheitlichen Geschäftsjahres zugrunde zu legen.[76] In einer solchen Vorgehensweise liegt jedoch die Gefahr, die in der ersten Teilperiode, die in den Zwischenabschluß einzubeziehen ist, tatsächlich und rechtlich entstandenen Steuerlasten nicht zutreffend zu erfassen, sofern in der zweiten Teilperiode gegenläufige Entwicklungen eintreten. Ertragsabhängige Steuern sind demnach auf der Grundlage der für die erste Teilperiode berechneten (erklärten) Steuern zu ermitteln. Entsteht in der Folgeperiode erneut ein Jahresüberschuß, ist die Bemessungsgrundlage und damit der Steuerbetrag entsprechend zu erhöhen. Entsteht in der zweiten Teilperiode ein Verlust (nach Gewinn in der ersten Teilperiode), darf die Steuerlast im Zwischenabschluß nur gemindert werden, wenn eine tatsächliche Minderung (z. B. wegen Verlustrücktrags) voraussichtlich erzielbar ist; im übrigen ist die Minderung außer Betracht zu lassen. Bei dieser Betrachtung ist die voraussichtliche Geschäftsentwicklung des Unternehmens in der außerhalb des Konzerngeschäftsjahres liegenden Teilperiode zu berücksichtigen. Steuermindernde Effekte dürfen nur erfaßt werden, wenn sie im Hinblick auf den Jahresabschluß des Unternehmens hinreichend sicher erscheinen.[77] Folgt eine Gewinnperiode auf eine Verlustperiode, sind die Auswirkungen eines Verlustvortrages zu berücksichtigen. Bei Bestehen einer steuerlichen Organschaft[78] gelten Besonderheiten. Werden in solchen Fällen Steuern im Konzern nach einer Umlagevereinbarung verrechnet, ist diese der Steuerberechnung zugrunde zu legen. 46

[75] WP-Handbuch 2000 I M 544 f; HdKR-*Trützschler* 25; *Haase/Lanfermann* WPg 1970, 209, 253; *Busse* v. *Colbe/Ordelheide* Konzernabschlüsse 31 f.

[76] ADS 46, 51.

[77] Beck BilKomm-*Budde/Lust* 15; WP-Handbuch 2000 I M 547.

[78] § 2 GewStG § 14 KStG.

47 Die Berechnung des **Körperschaftsteueraufwands** setzt – unter der Voraussetzung gespaltener Steuersätze – Annahmen über die Verwendung des Jahresergebnisses voraus, wenn einbehaltene Gewinne und ausgeschüttete Gewinne unterschiedlich besteuert werden. Für den der ersten Teilperiode zuzurechnenden Ergebnisanteil ist der Steuersatz anzuwenden, der im Jahresabschluß des einbezogenen Unternehmens zur Anwendung kam. Der im Vorjahreskonzernabschluß für diese Teilperiode erfaßte Steueraufwand ist zu berücksichtigen. Für die zweite Teilperiode des Zwischenabschlusses fehlen Anhaltspunkte für die Bemessung des Steuersatzes. In Betracht kommt einerseits die Unterstellung, daß der Gewinn vergleichbar den Vorjahren verwendet wird.[79] Andererseits kann die Thesaurierung eines erzielten Jahresüberschusses unterstellt werden.[80] Hierfür spricht, daß über die Ausschüttung dieser Teilbeträge noch nicht entschieden worden ist, so daß bei vorsichtiger Betrachtung der höchstmögliche Steuerbetrag anzusetzen ist.

48 Für die **Abgrenzung latenter Steuern** gelten im Zwischenabschluß dieselben Grundsätze wie im Jahresabschluß.[81] Der Zwischenabschluß begründet keine zusätzlichen Sachverhalte, die eine Steuerabgrenzung nach sich ziehen.

49 Ist das einbezogene Unternehmen durch einen **Gewinnabführungsvertrag** mit einem herrschenden Unternehmen verbunden, fallen zum Stichtag der Zwischenbilanz die Ergebnisabführungsverpflichtung und das anteilige Ergebnis auseinander. Zum Stichtag der Zwischenbilanz kann das Unternehmen ein positives oder negatives Zwischenergebnis ausweisen, welches (noch) nicht der Abführung oder dem Ausgleich durch das Mutterunternehmen unterliegt. Der Zwischenabschluß umfaßt für die abgeschlossene Periode die im Jahresabschluß des Unternehmens ausgewiesene Ergebnisübernahme, die auch Ergebnisbestandteile einschließt, die den außerhalb des Konzerngeschäftsjahres liegenden Zeitraum betreffen. Die Zwischenbilanz darf lediglich das auf das Konzerngeschäftsjahr entfallende Ergebnis ausweisen. Der von der Ergebnisabführung erfaßte, aber den außerhalb des Konzerngeschäftsjahres liegenden Zeitraum des Geschäftsjahres betreffenden Ergebnisteil ist abzugrenzen. Aus Sicht des Konzernabschlusses handelt es sich um einen Ergebnisvortrag, der aus Vereinfachungsgründen mit den Gewinnrücklagen verrechnet wird. Das anteilige Ergebnis der zweiten Teilperiode, das als Jahresüberschuß dargestellt wird, wird nur in der Höhe ausgewiesen, daß Ergebnisabführung und Jahresergebnis in Summe dem der Berichtsperiode der Zwischenbilanz zuzuordnenden Ergebnis entsprechen. In den Konzernabschluß geht nur das auf das Konzerngeschäftsjahr entfallende Ergebnis ein.[82]

50 Die Zwischenbilanz ist keine Grundlage für die **Ergebnisverwendung**. Gleichwohl hat die Zwischenbilanz die in den letzten Jahresabschluß des einbezogenen Unternehmens verarbeitete Gewinnverwendung zu berücksichtigen. Aus Sicht der Zwischenbilanz geht es nur um die Zuordnung (Ausweis) von Beträgen zu den Gewinnrücklagen, dem Ergebnisvortrag und dem Bilanzgewinn sowie um die Berücksichtigung von Gewinnausschüttungen.[83] Werden die Anteile an dem einbezogenen Unternehmen zu 100 % im Konzern gehalten, kommt dem Ausweis nur eine nachran-

---

79 Beck BilKomm-*Budde/Lust* 15.

80 ADS 49; a. A. Beck BilKomm-*Budde/Lust* 15: Annahme eines kontinuierlichen Ausschüttungsverhaltens.

81 Beck BilKomm-*Budde/Lust* 15 a. E.; ADS § 299 Tz. 50 mit weiteren Hinweisen zur Steuerabgrenzung bei der Konsolidierung Tz. 51.

82 Vgl. die Beispiele bei ADS 44, 45.

83 Beck BilKomm-*Budde/Lust* 18; WP-Handbuch 2000 I M 549.

gige Bedeutung zu; erfolgte Gewinnausschüttungen auf der Grundlage des letzten Jahresabschlusses können als Vorabgewinnausschüttungen behandelt werden. Die Verrechnung des Gewinnanteils, der auf den Zeitraum außerhalb (vor) dem Konzerngeschäftsjahr bezogen ist, erfolgt mit den Gewinnrücklagen; der Teil des Ergebnisses der Zwischenbilanz, welcher noch in keinem Jahresabschluß ausgewiesen wurde, sollte als Jahresüberschuß/Bilanzgewinn gezeigt werden.[84] Der auf **andere Gesellschafter** entfallende Teilbetrag des Ergebnisses ist im Konzernabschluß gesondert auszuweisen, § 307. Wurden Gewinnanteile an andere Gesellschafter bereits ausgeschüttet, sind diese im Zwischenabschluß als Vorabausschüttung zu behandeln; im Konzernabschluß ist der Kapital- und Gewinnanteil anderer Gesellschafter entsprechend zu vermindern.[85]

V. Berichterstattung bei Unterbleiben eines Zwischenabschlusses (Abs. 3)

1. Grundlagen der Berichterstattung

a) **Überblick.** Weicht der Stichtag eines einbezogenen Unternehmens vom Stichtag ab, auf den der Konzernabschluß aufgestellt wird, und erfolgt die Einbeziehung dieses Unternehmens nicht auf der Grundlage eines auf den Stichtag des Konzernabschlusses aufgestellten Zwischenabschlusses, sondern auf der Grundlage des Jahresabschlusses dieses Unternehmens, so sind Vorgänge von besonderer Bedeutung für die Vermögens-, Finanz- und Ertragslage des in den Konzernabschluß einbezogenen Unternehmens, die sich zwischen den Abschlußstichtagen ereignet haben, zu berücksichtigen, Abs. 3. Die Berichterstattung erfolgt in der Konzernbilanz und der Konzern- Gewinn- und Verlustrechnung oder im Konzernanhang (vgl. Rdn. 66). Sie soll **Informationslücken** ausgleichen, die entstehen können, weil Sachverhalte innerhalb des Konzerngeschäftsjahres nicht in einem Jahresabschluß eines einbezogenen Unternehmens enthalten sind und deswegen im Konzernabschluß nicht ausgewiesen werden können. Anlaß für diese Art der Berichterstattung besteht bei abweichenden Abschlußstichtagen, wenn die Einbeziehung nicht auf der Grundlage eines Zwischenabschlusses erfolgt und Vorgänge von besonderer Bedeutung vorliegen. 51

b) **Abweichende Stichtage.** Nach Abs. 3 ist gesondert zu berichten, wenn der Zeitraum zwischen dem Stichtag des Jahresabschlusses des einbezogenen Unternehmens und dem Stichtag des Konzernabschlusses drei Monate nicht übersteigt. Ist der Zeitraum länger, darf die Einbeziehung des Unternehmens nur auf der Grundlage eines Zwischenabschlusses erfolgen, Abs. 2 Satz 1 (vgl. Rdn. 39). Wird ein **freiwilliger Zwischenabschluß** auf den Stichtag des Konzernabschlusses aufgestellt und der Konsolidierung zugrunde gelegt, entfällt die Notwendigkeit zur Anwendung von Abs. 3, da der Stichtagsunterschied entfällt. Wird ein Zwischenabschluß auf einen anderen Stichtag als den des Konzernabschlusses aufgestellt, kann er der Konsolidierung nicht zugrunde gelegt werden und befreit nicht von der Verpflichtung, besondere Vorgänge nach Abs. 3 zu berücksichtigen. 52

---

[84] Teilw. a. A. ADS 43 ff; Beck BilKomm-*Budde/Lust* 18; WP-Handbuch 2000 I M 549.

[85] ADS 40.

2. Vorgänge von besonderer Bedeutung

53 **a) Rechtsgrund der Berichterstattung.** Die Pflicht zur Berichterstattung nach Abs. 3 ist an das Vorliegen von Vorgängen von besonderer Bedeutung für die Vermögens-, Finanz- und Ertragslage eines in den Konzernabschluß einbezogenen Unternehmens gebunden. Es handelt sich um einen **unbestimmten Rechtsbegriff,** dessen Eingreifen Voraussetzung für die Rechtsfolge, die Berücksichtigung in Konzernbilanz und Konzern- Gewinn- und Verlustrechnung oder die Angabe im Konzernanhang ist. Den gesetzlichen Vertretern obliegt ein gewisser Beurteilungsspielraum bei der Einschätzung der Voraussetzungen.[86]

54 **b) Begriffsdefinitionen.** Die im Gesetz angesprochenen, berichtspflichtigen Vorgänge sind durch den Wortlaut der Vorschrift nur ungenügend konturiert. Dies gilt vor allem für den sachlichen Geltungsbereich. Allgemeingültige Konventionen zur Abgrenzung von für die Berichtspflicht relevanten Sachverhalten sind nicht entwickelt worden.[87] Von der Berichtspflicht werden nur Vorgänge erfaßt, die in dem – höchstens **drei Monate** dauernden – Zeitraum zwischen dem früheren, abweichenden Stichtag des Jahresabschlusses und dem Konzernabschluß eintreten.[88]

55 Unter die Berichtspflicht fallen nur Vorgänge von **besonderer Bedeutung,** wodurch entsprechend dem Grundsatz der materiality nur solche in Betracht kommen, die aus dem Rahmen der regulären Geschäftstätigkeit heraus fallen. Das Abstellen auf die „besondere Bedeutung" weist darauf hin, daß nicht die Anzahl der in dem Zeitraum anfallenden Vorgänge, sondern ihre Art und Umfang entscheidend sind. Mit dem Abstellen auf *„Vorgänge"* wird ein dem Bilanzrecht an anderer Stelle verwendeter Begriff aufgegriffen.[89] Es kommt nicht darauf an, ob ihnen Rechtsgeschäfte oder sonstige, die Buchführung des Unternehmens berührende Maßnahmen zugrunde liegen. Es genügt, daß sie Auswirkungen auf die Beurteilung der Lage des Unternehmens haben können.

56 Der Maßstab für die Bewertung der Bedeutung der Vorgänge ist die **Lage eines einbezogenen Unternehmens**. Damit wird ein Unterschied gemacht zu der sonst maßgeblichen Bedeutung für die Lage des Konzerns. Die Schwelle, mit deren Überschreiten einem Vorgang Bedeutung beizumessen ist, ist aber wesentlich niedriger.[90] Vorgänge werden im Konzernabschluß berichtspflichtig, die aus der Sicht eines sonst eher bedeutungslosen Unternehmens von besonderer Bedeutung sind.[91] Nach dem Gesetzeswortlaut muß ein Vorgang Bedeutung für die Vermögens-, Finanz- und Ertragslage eines einbezogenen Unternehmens haben. Unklar bleibt, welches einbezogene Unternehmen gemeint ist. Nach dem Sachzusammenhang in Betracht kommt allein das Unternehmen, dessen Stichtag vom Konzernabschluß abweicht. Von Bedeutung sind danach alle Vorgänge, die das Unternehmen mit abweichendem Stichtag berühren und sich innerhalb des Drei-Monats-Zeitraums ereignet haben, gleichgültig, von welchem Unternehmen der Vorgang ausgelöst wurde.[92]

57 Welche Vorgänge im einzelnen im Sinne der vorstehenden Erläuterung von Bedeutung für die Vermögens-, Finanz- und Ertragslage sind, ist stets nur **im Einzelfall** feststellbar. Die Bedeutung des Vorganges muß an den jeweils unterschiedlichen Maßstäben

---

86 Sinngem. HdKR-*Trützschler* 33.
87 Stellungnahme HFA 4/1988, WPg 1988, 682.
88 Stellungnahme HFA 4/1988, Abschn. 5, WPg 1988, 682; ADS 70.
89 § 289 Abs. 2, § 315 Abs. 2; Beck BilKomm-*Budde/Lust* 23; *Biener/Berneke* BiRiLiG 324.
90 Stellungnahme HFA 4/1988 Abschn. 5; WPg 1988, 682; WP-Handbuch 2000 I M 552; Beck HdR-*Czuk* C 600, 71.
91 *Harms/Küting* BB 1985, 434, 435.
92 ADS 71; Stellungnahme HFA 4/1988 Abschn. 5, WPg 1988, 682.

der drei Lagebestandteile gemessen werden, so daß eine Gesamtbetrachtung ausscheidet.[93] Zu besonders bedeutenden Vorgängen gehören zum einen wesentliche Geschäftsvorfälle und Maßnahmen gegenüber Konzernfremden, aber auch Geschäfte mit anderen einbezogenen Unternehmen, die über den gewöhnlichen Liefer- und Leistungsverkehr hinausgehen. Dabei handelt es sich um herausragende Einzelgeschäfte, aber auch wesentliche Veränderungen in einem sonst geübten Bezugs- oder Lieferverhalten.[94]

3. Art der Berücksichtigung

a) Grundlagen, Wahlrechte. Dem Mutterunternehmen steht für die Berichterstattung das **Wahlrecht** zu, die einzelnen Vorgänge in der Konzernbilanz und Konzern- Gewinn- und Verlustrechnung zu berücksichtigen oder im Konzernanhang anzugeben. Die durch das Gesetz vorgesehenen Möglichkeiten sind gleichwertig, da sie stets zur Berichterstattung im Konzernabschluß (§ 297 Abs. 1) führen. Die Entscheidung steht im *Ermessen* der gesetzlichen Vertreter des Mutterunternehmens. Es soll derjenige Weg gewählt werden, der ohne zusätzliche Angaben die notwendigen und zweckmäßigen Angaben leichter erkennen läßt.[95] 58

b) Berücksichtigung in der Konzernbilanz und Konzern-Gewinn- und Verlustrechnung. Berichtspflichtige Vorgänge können in der Konzernbilanz und Konzern-Gewinn- und Verlustrechnung zu berücksichtigt werden. Nähere Angaben über die Art und Weise der Berücksichtigung sind dem Gesetz nicht zu entnehmen. Eine Berücksichtigung im Zahlenwerk der Konzernbilanz und Konzern-Gewinn- und Verlustrechnung bedeutet die Berücksichtigung der quantitativen Auswirkungen. Diese setzt beim aufgestellten Jahresabschluß des einbezogenen Unternehmens an und führt zur Erfassung der bis zum Stichtag des Konzernabschlusses eingetretenen Vorgänge. Die Berücksichtigung der später entstandenen Vorgänge erfolgt durch Ergänzung der Rechnungslegung in geeigneter Weise. Die Ergänzung kann als Buchung in **Nebenrechnungen** erfolgen, doch kann es auch zweckmäßig sein, sie in Form von **Nachbuchungen** zur Handelsbilanz II des einbezogenen Unternehmens zu berücksichtigen, indem dort die Auswirkungen solcher Vorgänge erfaßt werden, als ob sie im Geschäftsjahr des Unternehmens eingetreten wären. Die Erfassung solcher Vorgänge unterliegt den Grundsätzen ordnungsmäßiger Buchführung und muß nachprüfbar und nicht zuletzt auch im Hinblick auf die korrespondierenden Korrekturen im Folgeabschluß auch nachvollziehbar sein.[96] Zu erfassen sind alle berichtspflichtigen Vorgänge; für jeden solchen Vorgang müssen die entsprechenden Buchungen vorgenommen werden. Bei einer großen Zahl von Nachbuchungen kann der hiermit verbundene Arbeitsaufwand dem entsprechen, der auch bei Erstellung eines Zwischenabschlusses anzuwenden ist, doch bleiben bei diesen Nachbuchungen alle anderen, nicht berichtspflichtigen Vorgänge unberücksichtigt.[97] Die berücksichtigten Vorgänge müssen dokumentiert sein, um im Zeitablauf verfolgt werden zu können. Der nächste Jahresabschluß des mit abweichendem Stichtag einbezogenen Unternehmens wird diese Vorgänge ausweisen. Im Konzernabschluß des Folgejahres müssen diese Vorgänge durch entsprechende umkehrende Buchungen eliminiert werden. 59

---

93 Ebenso WP-Handbuch 2000 I M 553; ADS 73.

94 Beispiele bei ADS 77 f.

95 Zu sonst ggf. notwendigen zusätzlichen Angaben Rdn. 61; im übrigen wie hier Stellungnahme HFA 4/1988 Abschn. 5, WPg 1988, 682, 683; ADS, 76 f; HdKR-*Trützschler* 39; WP-Handbuch 2000 I M 555.

96 Zur Berücksichtigung in Nebenrechnungen Stellungnahme HFA 4/1988, Abschn. 6, WPg 1988, 682, 683; zur Handelsbilanz II *Maas/Schruff* WPg 1985, 1, 3; ADS 78; WP-Handbuch 2000 I M 560.

97 *Harms/Küting* BB 1985, 432, 436; Stellungnahme HFA 4/1988 Abschn. 6, WPg 1988, 682, 683.

60 Zur Erfassung von Vorgängen von besonderer Bedeutung wird das Mutterunternehmen ein hinreichendes **Informations-** und **Berichtswesen** einrichten, dessen Aufgabe es ist, die ein Unternehmen mit abweichendem Jahresabschlußstichtag betreffenden Vorgänge, die für irgendein einbezogenes Unternehmen von besonderer Bedeutung sind, aufzuzeigen.[98]

61 Erfolgt die Berichterstattung durch Berücksichtigung der Vorgänge in der Konzernbilanz und Konzern- Gewinn- und Verlustrechnung, können **zusätzliche Angaben** im Konzernanhang erforderlich werden. Es gelten die allgemeinen Grundsätze, so daß insbesondere bei Anwendung von Bilanzierungs- oder Bewertungswahlrechten weitergehende Informationen geboten sein können. Rechtsgrundlage hierfür ist letztlich auch § 297 Abs. 2 Satz 3.[99]

62 Die Berücksichtigung von Vorgängen in der Konzernbilanz und der Konzern-Gewinn- und Verlustrechnung hat unterschiedlichen **Anforderungen** Rechnung zu tragen, je nachdem, ob es sich um Vorgänge gegenüber *Dritten* oder um Vorgänge gegenüber anderen, *einbezogenen Unternehmen* handelt. Bei Drittbeziehungen erfolgt die Berücksichtigung durch die buchungsmäßige Erfassung des Vorgangs in der Nebenrechnung (Handelsbilanz II), die je nach dem Charakter des Vorgangs erfolgsneutral (Erwerb oder Veräußerung von Gegenständen, Tilgung oder Aufnahme von Verbindlichkeiten) oder erfolgswirksam und damit auch in der Konzern-Gewinn- und Verlustrechnung abzubilden ist. Eine pauschalierte Erfassung ist, da es sich um Vorgänge von besonderer Bedeutung handelt, nicht zulässig.[100]

63 Bei konzerninternen Vorgängen sind zusätzlich die **Auswirkungen auf die Konsolidierung** des einbezogenen Unternehmens zu beachten. Die *Kapitalkonsolidierung* wird von Vorgängen betroffen, die Höhe oder Umfang des Anteilbesitzes oder des Grund-/Stammkapitals der Gesellschaft berühren (Kapitalerhöhung); hierbei wird es sich stets um Vorgänge von besonderer Bedeutung handeln, soweit nicht nur eine Umverteilung innerhalb der Kapitalposten des Unternehmens vorliegt. Durch die buchungsmäßige Berücksichtigung wird der temporäre Unterschied in Ausweis des Eigenkapitals (zum früheren Jahresabschlußstichtag) und des Beteiligungsbuchwertes (zum späteren Konzernabschlußstichtag) ausgeglichen.[101] Im Bereich der *Schuldenkonsolidierung* (§ 303) führen Vorgänge zu Besonderheiten, die zur Folge haben, daß an den Stichtagen des Jahresabschlusses und des Konzernabschlusses Rechtsbeziehungen in unterschiedlicher Weise erfaßt sind. Das ist der Fall bei Entstehen oder Wegfall von Rechtsbeziehungen, die der Schuldenkonsolidierung unterfallen, da diese dann nur einseitig erfaßt werden. In diesen Fällen bietet es sich an, der zum späteren Konzernabschlußstichtag geltenden Sach- und Rechtslage Rechnung zu tragen.[102]

64 Soweit der konzerninterne Liefer- und Leistungsverkehr zur Notwendigkeit der **Aufwands- und Ertragskonsolidierung** (§ 305) führt, sind die entsprechenden Geschäftsvorfälle in der Bilanz und der Gewinn- und Verlustrechnung in eine Nebenrechnung des einbezogenen Unternehmens nachzubuchen. Dabei ergeben sich unterschiedliche Auswirkungen danach, welches Unternehmen lieferndes oder leistendes

---

98 ADS 86.

99 Stellungnahme HFA 4/1988 Abschn. 5, WPg 1988, 682, 683; ADS 81; Beck BilKomm-*Budde/Lust* 26.

100 Offen in Stellungnahme HFA 4/1988 Abschn. 6, WPg 1988, 682, 683; WP-Handbuch 2000 I M 559; *Harms/Küting* DB 1985, 432, 435 ff; abl. ADS 84.

101 *Harms/Küting* BB 1985, 432, 438 f; ADS 86.

102 Zu den Maßgeblichkeiten der Schuldenkonsolidierung und weiteren Einzelheiten *Maas/Schruff* WPg 1985 1, 3 f; *Harms/Küting* BB 1985, 432, 436; ADS 94 f.

Unternehmen ist oder die Lieferung oder die Leistung (z. B. Miete, Pacht, Darlehen) erhalten hat. Mit der Nachbuchung werden die Voraussetzungen für die zweiseitige Konsolidierung geschaffen. Ob bei gleichbleibendem Liefer- und Leistungsverkehr von einer Nachbuchung oder Konsolidierung nach § 304 Abs. 2 abgesehen werden kann, ist eine Frage des Einzelfalles.[103]

Die Lieferung von Vermögensgegenständen zwischen den Abschlußstichtagen kann ferner die Notwendigkeit der **Zwischenergebniseliminierung** (§ 304) aufwerfen. Wird in dem Zeitraum zwischen den Stichtagen ein Vermögensgegenstand an ein Unternehmen geliefert, welches mit abweichendem Stichtag einbezogen wird, kann ein im Konzern eliminierungspflichtiges Zwischenergebnis entstehen. Das entsprechende Rechtsgeschäft ist – bei gegebener Bedeutung – nachzubuchen; die Notwendigkeit der Zwischenergebniseliminierung ist jedoch auch an den Ausnahmen nach § 304 Abs. 2, 3 zu messen.[104] **65**

Die Berücksichtigung von Vorgängen in der Konzernbilanz und Konzern-Gewinn- und Verlustrechnung kann **Folgemaßnahmen** nach sich ziehen. Dazu gehört die Berücksichtigung von Aufwendungen oder Steuern (vgl. auch § 306). Bei Veränderungen des Kapitals oder des Ergebnisses des einbezogenen Unternehmens sind auch Veränderungen bei den Anteilen anderer Gesellschafter (§ 307) zu berücksichtigen. **66**

c) **Angabe im Konzernanhang.** Entsprechend den in Abs. 3 eingeräumten Wahlrecht darf die Berücksichtigung der Vorgänge von besonderer Bedeutung auch ausschließlich im Konzernanhang erfolgen. Die Angabe im Konzernanhang besteht in erster Linie aus einer verbalen Beschreibung der berichtspflichtigen Vorgänge. Zur Erläuterung von Art und Umfang der Auswirkung ist eine quantitative Beschreibung unverzichtbar. Die Gesamtheit der Angaben muß umfassend genug sein, um die Zuordnung und das Ausmaß der Vorgänge auf die einzelnen Bestandteile des Konzernabschlusses und die Lage des Konzerns erkennbar zu machen;[105] sie hat sich auch auf die Folgeauswirkung (vgl. Rdn. 59, 66) zu erstrecken. Die Berichterstattung im Konzernanhang darf die Angaben zu verschiedenen, auf der Grundlage abweichender Stichtage einbezogenen Unternehmen zusammengefaßt darstellen; die von der Angabe betroffenen Unternehmen sollten genannt werden. Aus Gründen der Klarheit kann es geboten sein, wesentliche Einzelmaßnahmen gesondert anzugeben. **67**

Vierter Titel
Vollkonsolidierung

§ 300
Konsolidierungsgrundsätze. Vollständigkeitsgebot

(1) In dem Konzernabschluß ist der Jahresabschluß des Mutterunternehmens mit den Jahresabschlüssen der Tochterunternehmen zusammenzufassen. An die Stelle der dem Mutterunternehmen gehörenden Anteile an den einbezogenen

[103] *Harms/Küting* BB 1985, 432, 439; *Maas/Schruff* WPg 1985, 1, 4; ADS 93 f.

[104] ADS 94 f; *Harms/Küting* BB 1985, 432, 437; *Maas/Schruff* WPg 1985, 1, 3 f.

[105] Stellungnahme HFA 4/1988 Abschn. 7; WPg 1988, 692, 693; *Harms/Küting* BB 1985, 432, 435; *Maas/Schruff* WPg 1985, 1, 3; HdKR-*Trützschler* 40; Beck BilKomm-*Budde/Lust* 27; ADS 100 f.

Tochterunternehmen treten die Vermögensgegenstände, Schulden, Rechnungsabgrenzungsposten, Bilanzierungshilfen und Sonderposten der Tochterunternehmen, soweit sie nach dem Recht des Mutterunternehmens bilanzierungsfähig sind und die Eigenart des Konzernabschlusses keine Abweichungen bedingt oder in den folgenden Vorschriften nichts anderes bestimmt ist.

(2) Die Vermögensgegenstände, Schulden und Rechnungsabgrenzungsposten sowie die Erträge und Aufwendungen der in den Konzernabschluß einbezogenen Unternehmen sind unabhängig von ihrer Berücksichtigung in den Jahresabschlüssen dieser Unternehmen vollständig aufzunehmen, soweit nach dem Recht des Mutterunternehmens nicht ein Bilanzierungsverbot oder ein Bilanzierungswahlrecht besteht. Nach dem Recht des Mutterunternehmens zulässige Bilanzierungswahlrechte dürfen im Konzernabschluß unabhängig von ihrer Ausübung in den Jahresabschlüssen der in den Konzernabschluß einbezogenen Unternehmen ausgeübt werden. Ansätze, die auf der Anwendung von für Kreditinstitute oder Versicherungsunternehmen wegen der Besonderheit des Geschäftszweige geltenden Vorschriften beruhen, dürfen beibehalten werden; auf die Anwendung dieser Ausnahme ist im Konzernanhang hinzuweisen.

Übersicht

Schrifttum

(vgl. auch die Angaben bei § 297 und § 301). *Havermann* Die Handelsbilanz II – Zweck, Inhalt und Einzelfragen ihrer Erstellung, Festschrift für Döllerer (1988) 185; *Herrmann* Probleme der Übergangskonsolidierung im Konzernabschluß, WPg 1994, 821; *Krumnow/Sprißler/Bellavite-Hövermann/Steinbrücker* Rechnungslegung für Kreditinstitute, Kommentar zum Bankbilanzrichtlinie-Gesetz und zur RechKredV (1994); *Küting/Zündorf* Die konzerninterne Verschmelzung und ihre Abbildung im konsolidierten Abschluß, BB 1994, 1383; *Ordelheide* Bilanzansatz und Bewertung im Konzernabschluß, WPg 1985, 509; *Perlet* Zur Umsetzung der

Versicherungsbilanzrichtlinie in deutsches Recht, Festschrift für Moxter (1994) 833; *Schülen* Vereinheitlichung von Bilanzansatz und Bewertung im Konzernabschluß, Mellwig/Moxter/Ordelheide (Hrsg.), Einzelabschluß und Konzernabschluß (1988) 123; *Schruff* Einflüsse der 7. EG-Richtlinie auf die Aussagefähigkeit des Konzernabschlusses (1984); *Weirich* Die Bewertung im Konzernabschluß nach neuem Recht, WPg 1987, 77; *Wenzel* Konsolidierungssoftware für konzerngebundene Unternehmen, DB 1994, 490; *v. Wysocki* Das Dritte Buch des HGB 1985 und der Grundsatz ordnungsmäßiger Konzernrechnungslegung, WPg 1986, 176.

I. Normzweck und Allgemeines

1. Regelungsgegenstand und Zweck

§ 300 beinhaltet einige **grundsätzliche Regelungen** über die *Konsolidierung* von Jahresabschlüssen. Nach Art einer Legaldefinition wird festgelegt, daß „in dem Konzernabschluß [...] der Jahresabschluß des Mutterunternehmens mit den Jahresabschlüssen der Tochterunternehmen zusammenzufassen" ist, Abs. 1 Satz 1. Damit wird das Konsolidierungsverfahren im weitesten Sinne festgelegt. Das zur Konzernrechnungslegung verpflichtete Unternehmen hat den Konzernabschluß durch Zusammenfassung der Einzelabschlüsse des Mutter- und der Tochterunternehmen zu entwickeln. Dabei werden die beim Mutterunternehmen bilanzierten Anteile an den Tochterunternehmen – in gleicher Weise die einem Tochterunternehmen an dessen Tochterunternehmen zustehenden Anteile – durch den Ansatz der Vermögensgegenstände, Schulden, Rechnungsabgrenzungsposten, Bilanzierungshilfen und Sonderposten der Tochterunternehmen ersetzt. 1

Neben den *allgemeinen Grundsätzen*, die in Abs. 1 Satz 2 jedoch nicht abschließend enthalten sind[1] enthält die Vorschrift des § 300 besondere Grundsätze über die **Bilanzierung** der in den Konzernabschluß zu übernehmenden Posten. Für den Konzernabschluß gilt nach Abs. 2 Satz 1 das Gebot der **Vollständigkeit** (entsprechend § 298 Abs. 1 i. V. m. § 246 Abs. 1 Satz 1) nach Maßgabe der für den Konzernabschluß geltenden Besonderheiten. Für die Übernahme der Posten aus den Jahresabschlüssen gilt, daß alle nach dem Recht des Mutterunternehmens bilanzierungspflichtigen Posten zu übernehmen sind und die bilanzierungsfähigen Posten, für die keine Ansatzpflicht besteht angesetzt werden dürfen. Das gilt nicht, sofern die Eigenart des Konzernabschlusses Abweichungen bedingt oder in den Vorschriften über die Konsolidierung abweichendes geregelt ist, Abs. 1 Satz 2. Die Übernahme von Posten hat zu unterbleiben, wenn nach dem Recht des Mutterunternehmens ein Bilanzierungsverbot besteht; vom Vollständigkeitsgebot darf abgewichen werden, wenn nach dem Recht des Mutterunternehmens ein Bilanzierungswahlrecht besteht, Abs. 2 Satz 1. Bilanzierungswahlrechte dürfen im Konzernabschluß unabhängig von der Ausübung in den Jahresabschlüssen der einbezogenen Unternehmen ausgeübt werden, Abs. 2 Satz 2. Schließlich dürfen Ansätze, die auf der Anwendung der für Kreditinstitute oder Versicherungsunternehmen wegen der Besonderheiten des Geschäftszweiges geltenden Vorschriften beruhen, beibehalten werden. 2

Entstehungsgeschichte. Die allgemeinen Konsolidierungsgrundsätze des § 300 Abs. 1 Satz 1 fanden sich bereits in § 331 Abs. 1 AktG 1965 (a. F.).[2] In den einzelnen Konsolidierungsgrundsätzen weicht § 300 wesentlich von § 331 AktG (a. F.) ab. An die Stelle des Prinzips der Maßgeblichkeit des Einzelabschlusses[3] ist der Grundsatz der 3

[1] HdKR-*Trützschler* 3.

[2] Begr. RegE zu § 281 HGB-EK, BTDrucks. 10/3440, 37.

[3] ADS[4] § 331, 70 ff; *Barz* AktG § 331, 2.

einheitlichen Bilanzierung und Bewertung im Konzernabschluß getreten.[4] Dieser findet seine Grundlage in **Art. 18 und 29** der **7. EG-Richtlinie**, die die vollständige Übernahme der Vermögens- und Schuldposten sowie anderer Posten aus dem Jahresabschluß in den Konzernabschluß vorschreibt. Der Grundsatz der einheitlichen Bilanzierung wird aus Art. 29 Abs. 1 und 2 abgeleitet, auch wenn diese Regelungen lediglich den Grundsatz der einheitlichen Bewertung ausdrücklich ansprechen.[5] Der deutsche Gesetzgeber hat die wenig klaren Regelungen der 7. EG-Richtlinie in § 300 für die Frage des Bilanzansatzes und in § 308 für die Bewertung aufgeteilt.[6]

4 § 300 Abs. 2 wurde durch die Vorschriften zur Transformation der EG-Versicherungsbilanzrichtlinie (VersRiLiG v. 24. 6. 1994 BGBl. I, 1377) durch einen Satz 3 ergänzt, der die Beibehaltung der besonderen Ansätze für **Kreditinstitute** und **Versicherungsunternehmen** als Wahlrecht zuläßt. Die Norm beruht auf Art. 40 Abs. 1a der 7. EG-Richtlinie und Art. 66 Nr. 6 der Versicherungsbilanzrichtlinie.

5 **Zweck** der Vorschrift ist die Festlegung der für die Konsolidierung maßgeblichen Ansatz- oder Bilanzierungsgrundsätze. Hierzu zählen die Vollkonsolidierung als die Zusammenfassung der Jahresabschlüsse von Mutterunternehmen und Tochterunternehmen zum Konzernabschluß unabhängig vom prozentualen Anteil der Beteiligung des Mutterunternehmens. Dies gilt für den Regelfall der Konsolidierung; Abweichungen gelten im Falle der Quotenkonsolidierung nach § 310. Außerdem schreibt § 300 die Vollständigkeit und Einheitlichkeit der Bilanzierung im Konzernabschluß vor.

2. Anwendungsbereich

6 Die Vorschrift des § 300 gilt für alle Kapitalgesellschaften, die nach den Vorschriften des **HGB** einen Konzernabschluß aufzustellen haben. Für Mutterunternehmen, die nach den Vorschriften des **PublG** (§ 11 ff PublG) einen Konzernabschluß aufzustellen haben, gilt die Regelung sinngemäß, § 13 Abs. 2 Satz 1 PublG.[7]

7 Der sachliche Anwendungsbereich der Regelung betrifft die **Vollkonsolidierung,** d. h. die Zusammenfassung der Jahresabschlüsse der Tochterunternehmen mit dem Jahresabschluß des Mutterunternehmens zum Konzernabschluß, Abs. 1 Satz 1, durch Übernahme der Vermögens- und Schuldposten der einbezogenen Unternehmen anstelle der Anteile an diesen Unternehmen. Sie betrifft demzufolge die Vollkonsolidierung in Form der Kapitalkonsolidierung bei Erwerb nach § 301 oder bei Interessenzusammenführung nach § 302.

8 Entsprechende Anwendung findet § 300 bei Anwendung der Methode der **Quotenkonsolidierung,** § 310 Abs. 2. Auch bei dieser Art der Konsolidierung werden die Vermögens- und Schuldposten sowie anderen Posten der Jahresabschlüsse der anteilig – nach Quoten – einzubeziehenden Unternehmen in den Konzernabschluß anstelle der Anteile übernommen. Keine Anwendung findet § 300 bei der Einbeziehung **assoziierter Unternehmen,** §§ 311, 312. Bei assoziierten Unternehmen erfolgt keine Konsolidierung, d. h. es werden nicht die Vermögensgegenstände, Schulden und anderen Posten des assoziierten Unternehmens in den Konzernabschluß übernommen, sondern es erfolgt lediglich die Bewertung des Bilanzansatzes der Beteiligung „at equity" (§ 312, 6).[8]

---

[4] ADS 1.
[5] *Biener/Berneke* BiRiLiG 328.
[6] Beck BilKomm-*Förschle* 3; ADS 1.
[7] HdKR-*Trützschler* 4; Beck BilKomm-*Förschle* 55.
[8] Beck BilKomm-*Förschle* 1.

3. Internationale Rechnungslegungsgrundsätze

Dem nach den **International Accounting Standards** aufgestellten Konzernabschluß sind nach IAS 27.21 ebenfalls einheitliche Rechnungslegungsgrundsätze zugrunde zu legen, die auch den Bilanzansatz betreffen.[9] Die Bilanzansätze aus den Jahresabschlüssen für den Konzernabschluß sind zu vereinheitlichen. Ähnliche Regelungen gelten für den nach **US-GAAP** aufgestellten Konzernabschluß. Die im Konzernabschluß enthaltenen Ansätze haben den konzerneinheitlichen Bilanzierungsgrundsätzen zu entsprechen.[10] 9

II. Allgemeine Grundsätze für die Vollkonsolidierung

1. Grundsätze

Die Paragraphenüberschrift des § 300 deutet auf die Behandlung wesentlicher **Konsolidierungsgrundsätze** hin. Wie der Überblick über die Regelungen jedoch zeigt, sind mit ihr lediglich die Grundsätze der *Vollständigkeit* der Bilanzierung bei Übernahme der Posten in den Konzernabschluß und der *Einheitlichkeit* der Bilanzierung nach den für das Mutterunternehmen geltenden Vorschriften geregelt. Abweichend von der Begründung des RegE[11] sind weitere Konsolidierungsgrundsätze an anderer Stelle geregelt. 10

2. Vollkonsolidierung

§ 300 ist die erste Vorschrift des mit „Vollkonsolidierung" überschriebenen Vierten Titels. Der Begriff bezeichnet einen der wesentlichen Grundsätze für den Konzernabschluß und steht im Zusammenhang mit dem in § 297 Abs. 3 festgelegten Grundsatz des Konzerns als wirtschaftlicher Einheit (§ 297, 60 ff).[12] Die **Vollkonsolidierung** betrifft die Übernahme der Vermögensgegenstände, Schulden und anderen Bilanzposten der in den Konzernabschluß einzubeziehenden Unternehmen mit ihrem vollen Wert, d. h. nicht nur anteilig entsprechend der Beteiligungsquote des Mutterunternehmens an dem einzubeziehenden Tochterunternehmen. Die Beteiligung eines Dritten an dem einbezogenen Unternehmen hindert die vollständige und den vollen Wert umfassende Übernahme nicht. Der Anteil anderer Gesellschafter an den übernommenen Posten wird durch den Ausweis des auf andere Gesellschafter entfallenden Teils des Eigenkapitals berücksichtigt. 11

3. Allgemeine Grundsätze

Der Konzernabschluß ist unter Beachtung **allgemeiner Grundsätze** so aufzustellen. Dazu gehört, daß er ein den tatsächlichen Verhältnisses entsprechendes Bild der Vermögens-, Finanz- und Ertragslage des Konzerns zu vermitteln hat, als ob die in dem Konzernabschluß zusammengefaßten Unternehmen wirtschaftlich ein einziges Unternehmen wären (*Einheitsgrundsatz*, § 297 Abs. 3 S. 1). Der Grundsatz beeinflußt alle Konsolidierungsregelungen für den Konzernabschluß, ohne daß es sich um ein overriding principle handelte (§ 297, 62 ff). Der inhaltlichen Aussagekraft des Konzernabschlusses dient die Aufgabe, einen true and fair view zu vermitteln, § 297 Abs. 2 12

---

[9] *Baetge/Schulz* IAS 27, 114; Beck BilKomm-*Förschle* 61; *Wiedmann* BilR 15.

[10] *Wiedmann* BilR 17.

[11] Begr. RegE zu § 281 HGB-EK, BTDrucks. 10/3440, 36; dazu HdKR-*Trützschler* 2.

[12] ADS 3.

Satz 2. Der Realisierung dieses Gebots dient der Grundsatz der *Stetigkeit* der Konsolidierungs- und Bewertungsmethoden; für die Ansatzmethoden gilt dieser Grundsatz nur eingeschränkt. Die weitere Detaillierung dieses Grundsatzes enthält § 308 Abs. 1, der zur *einheitlichen Bewertung* im Konzernabschluß verpflichtet; er wird durch den Grundsatz der Bewertungsstetigkeit ergänzt (§§ 308, 298 Abs. 1 i. V. m. 252 Abs. 1 Nr. 6). Weitere Grundsätze für die Aufstellung des Konzernabschlusses sind das Gebot der **Klarheit und Übersichtlichkeit** der Darstellung, § 297 Abs. 2.

4. Weitergehende Konsolidierungsgrundsätze

13 Zu den Grundlagen der Vollkonsolidierung gehören neben den im HGB kodifizierten die nicht kodifizierten Grundsätze ordnungsmäßiger Konzernrechnungslegung, die die Grundsätze ordnungsmäßiger Buchführung konzernspezifisch ergänzen.[13] Zu den kodifizierten Grundsätzen gehört die Vollständigkeit des Konsolidierungskreises, § 294 Abs. 1, und der Einheitsgrundsatz nach § 297 Abs. 3 Satz 1. Diese Grundsätze werden durch nicht kodifizierte Grundsätze eingeschränkt, wie z. B. die Grundsätze der *Wesentlichkeit* (z. B. nach §§ 296 Abs. 2, 303 Abs. 2) oder der *Wirtschaftlichkeit* (z. B. nach §§ 291 Abs. 1, 293). Durch diese Prinzipien soll der auf Vollständigkeit ausgerichtete Konzernabschluß von unwesentlichen oder nur mit unwirtschaftlichem Aufwand erzielbaren Informationen befreit werden.

III. Grundlagen der Vollkonsolidierung

1. Konsolidierung – Zusammenfassung der Jahresabschlüsse zum Konzernabschluß (Abs. 1 Satz 1)

14 Der Konzern, für den nach §§ 290 ff ein Konzernabschluß aufzustellen ist, ist nicht selbst zur **Konzernrechnungslegung** verpflichtet. Die Verpflichtung trifft das Mutterunternehmen, die Jahresabschlüsse der einzubeziehenden Unternehmen zum Konzernabschluß zusammenzufassen. Der Konzernabschluß ergibt sich nicht – anders als der Jahresabschluß – aus der Buchführung der Einheit, die über ihre Geschäfte Rechnung zu legen hat. Der Konzernabschluß baut auf der Rechnungslegung der den Konzern bildenden einzelnen rechtlichen Einheiten auf, auch wenn die Empfehlung besteht, zur Erfassung und buchhalterischen Verfolgung bestimmter Vorgänge, die für den Konzernabschluß von Bedeutung sind, eine „Konzernbuchführung" einzurichten.[14]

15 § 300 Abs. 1 Satz 1 schreibt die **Zusammenfassung der Jahresabschlüsse** zum Konzernabschluß vor. Die Regelung ist indes ungenau, da sich die Zusammenfassung nur auf die Posten der Bilanzen und Gewinn- und Verlustrechnungen der einbezogenen Unternehmen bezieht. Aus diesen sind die für die Konzernbilanz und die Konzern-Gewinn- und Verlustrechnung relevanten Posten zu entnehmen.[15] Für den Konzernanhang gilt dies indes nicht. Der *Konzernanhang* ist ein selbständiges Informations- und Erläuterungsinstrument des Konzernabschlusses und kann demzufolge nicht durch Zusammenfassung der Anhänge der einbezogenen Unternehmen entwickelt werden. Der Konzernanhang ist selbständig unter Berücksichtigung der Konsolidierungs-, Bilanzierungs- und Bewertungsmethoden im Konzernabschluß zu

[13] Beck BilKomm-*Förschle* 5; *v. Wysocki* WPg 1986, 176; Beck HdR-*Hartle* C 10, 61.

[14] ADS Vorb. zu §§ 290–315, 63 und § 300, 4; *Biener/Berneke* BiRiLiG 327 f.

[15] ADS 5.

erstellen, wie sich dies aus den in §§ 313, 314 gesondert geregelten Angabepflichten und der fehlenden Bezugnahme von § 298 Abs. 1 auf §§ 284–288 ergibt.[16] Die Selbständigkeit des Konzernanhangs ist eine wichtige Voraussetzung dafür, daß der Konzernabschluß die ihm zugedachte selbständige Informationsfunktion erfüllen kann, die über die Informationsfunktion der Jahresabschlüsse der einbezogenen Unternehmen hinausgeht und bezogen auf die Gesamtheit des Konzerns ein den tatsächlichen Verhältnissen entsprechendes Bild der Lage vermitteln soll.[17]

Die **Zusammenfassung** der Jahresabschlüsse zum Konzernabschluß führt im Grundsatz zur Addition der in den Abschlüssen ausgewiesenen Posten. Die Anteile an den einbezogenen Unternehmen werden gegen das Eigenkapital der Unternehmen aufgerechnet; dazu vgl. § 301. Die übrigen Posten werden entsprechend ihrem materiellen Inhalt jeweils zusammengefaßt und als Summe der Posteninhalte aus den Jahresabschlüssen in den Konzernabschluß (Konzernbilanz oder Konzern-Gewinn- und Verlustrechnung) übernommen. Zur Eliminierung der Konzerninnenbeziehungen sind weitere Konsolidierungsschritte nach Maßgabe der §§ 303 ff erforderlich. **16**

Die Zusammenfassung der Jahresabschlüsse von Mutterunternehmen und Tochterunternehmen zum Konzernabschluß erfolgt unter der Voraussetzung, daß diese einen **Jahresabschluß** aufstellen. Unternehmen sind zur Aufstellung eines Jahresabschlusses verpflichtet. Nicht erforderlich ist, daß der Jahresabschluß in allen seinen Bestandteilen (d. h. einschließlich des Anhangs oder eines zu erstellenden Lageberichts) fertiggestellt oder daß die Feststellung erfolgt ist. Ist ein Jahresabschluß nicht aufgestellt oder ist ein einzubeziehendes Unternehmen nach den nationalen Rechtsvorschriften zur Aufstellung eines Jahresabschlusses nicht verpflichtet, enthält Abs. 1 Satz 1 keine Rechtsgrundlage für die Pflicht eines solchen Unternehmens zur Aufstellung eines Abschlusses.[18] In einem solchen, seltenen Fall sind die Vermögensgegenstände, Schulden und andere zu bilanzierende Sachverhalte unmittelbar den Büchern des Unternehmens zu entnehmen. Auch in solchen Fällen wird eine Art von Jahresabschluß als Grundlage für die Einbeziehung zur Verfügung stehen. Nur auf dieser Grundlage kann der Abschlußprüfer des Konzerns sich nach § 317 Abs. 2 Satz 1 davon vergewissern, daß die Grundsätze ordnungsmäßiger Buchführung und die für die Übernahme in den Konzernabschluß maßgeblichen Vorschriften beachtet worden sind.[19] **17**

Die **Übernahme** der Vermögensgegenstände, Schulden, Rechnungsabgrenzungsposten und der Ansatz von Bilanzierungshilfen und Sonderposten in der Konzernbilanz sowie der Aufwendungen und Erträge in der Konzern-Gewinn- und Verlustrechnung macht Anpassungen der Posten in den Jahresabschlüssen der einbezogenen Unternehmen an die nach dem Recht des Mutterunternehmens vorgeschriebenen Bilanzansätze und die Entscheidungen über die Ausübung von Bilanzansatzwahlrechten erforderlich. Zur Anpassung an die Regelungen u. a. des § 300 wird i. d. R. eine Handelsbilanz II erstellt.[20] In der Handelsbilanz II der einbezogenen Unternehmen werden die in den Konzernabschluß zu übernehmenden Posten dieses Unternehmens entsprechend den Vorschriften, die für das Mutterunternehmen gelten, angepaßt. Das betrifft die notwendigen Anpassungen an die Bilanzierungsge- und Verbote und die Ausübung der Bilanzierungswahlrechte, Abs. 2 Satz 2. **18**

---

[16] ADS 5 mit dem Hinweis, daß anderenfalls Angaben in den Anhängen der einbezogenen Unternehmen als Folge von Konsolidierungsvorgängen ebenfalls zu berichtigen wären.

[17] Beck BilKomm-*Förschle* 14; ADS 3; HdKR-*Trützschler* 10.

[18] *Biener/Berneke* BiRiLiG 327 f.

[19] ADS 4.

[20] WP-Handbuch 2000 I M 230.

2. Konsolidierung durch Ansatz der Vermögensgegenstände und Schulden statt der Beteiligung (Abs. 1 Satz 2)

19 Der Konzernabschluß beruht auf der **Zusammenfassung** der Aktiv- und Passivposten aus den Abschlüssen der einbezogenen Unternehmen, indem die den in den Konzernabschluß einzubeziehenden Unternehmen zuzuordnenden Posten – im Grundsatz insgesamt – in den Konzernabschluß übernommen werden. Die Übernahme der Bilanzposten der Tochterunternehmen tritt an die Stelle der dem Mutterunternehmen gehörenden Anteile an dem Tochterunternehmen. Abs. 1 Satz 2 modifiziert die in Satz 1 getroffene Grundaussage über die Zusammenfassung der Jahresabschlüsse. Es erfolgt keine additive Zusammenrechnung der Posten der Jahresabschlüsse des Mutter- und der Tochterunternehmen. Satz 2 schreibt vor, daß eine Verrechnung stattzufinden hat, um aus den Jahresabschlüssen den Konzernabschluß entwickeln zu können.[21] Dem dient die Konsolidierung, deren Aufgabe es ist, für die Darstellung im Konzernabschluß aus der schlichten Zusammenfassung der Jahresabschlüsse konzerninterne Rechtsbeziehungen, Vorgänge und Maßnahmen herauszurechnen.

20 Absatz 1 Satz 2 ist die **Grundnorm** für die **Kapitalkonsolidierung**. Der Betrag der Anteile des Mutterunternehmens ist mit dem Betrag des Saldos der dem Tochterunternehmen zugeordneten Vermögensgegenstände, Schulden und anderen Posten zu verrechnen. Das Eigenkapital der Tochterunternehmen erscheint nicht im Konzernabschluß. Die Methode der Kapitalaufrechnung richtet sich im einzelnen nach §§ 301, 302, die Konsolidierung der konzerninternen Beziehungen erfolgt nach Maßgabe der §§ 303 bis 306. Besteht an dem Tochterunternehmen eine unmittelbare Beteiligung eines nicht in den Konzernabschluß einbezogenen Unternehmens, ist der auf diese(n) Gesellschafter (Aktionär) entfallende Teil des Eigenkapitals des einbezogenen Tochterunternehmens als Sonderposten nach § 307 Abs. 1 Satz 1 anzusetzen und auszuweisen.

21 Der Grundsatz der **Vollkonsolidierung** hat zur Folge, daß die Übernahme der Posten nach Abs. 1 Satz 2 ohne Berücksichtigung des Beteiligungsanteils eines anderen Gesellschafters an dem Tochterunternehmen erfolgt. Die Bilanzposten sind zu ihrem vollen Wert anzusetzen; Besonderheiten ergeben sich bei der Aufdeckung und Zuordnung der stillen Reserven und des Geschäfts- oder Firmenwerts bei der Erstkonsolidierung nach der Erwerbsmethode des § 301 (§ 301, 86). Ausnahmen von diesem Grundsatz bestehen bei der Einbeziehung von Unternehmen bei der anteilsmäßigen Konsolidierung durch nur anteilige Übernahme der Posten in den Konzernabschluß (§ 310, 58 ff).

22 Abs. 1 Satz 2 schreibt vor, daß der Ansatz der in den Konzernabschluß zu übernehmenden Posten aus den Jahresabschlüssen sich nach dem **Recht** des **Mutterunternehmens** richtet. Die Entscheidung, ob ein Bilanzposten im Konzernabschluß anzusetzen ist oder angesetzt werden darf, richtet sich nach dem Recht des Mutterunternehmens. Für einen nach HGB aufgestellten Konzernabschluß sind das die Vorschriften für den Jahresabschluß einer großen Kapitalgesellschaft, § 298 Abs. 1. In dieser Regelung zeigt sich die Abkehr vom früher geltenden Grundsatz der Maßgeblichkeit der Ansätze im Einzelabschluß.[22] Die Maßgeblichkeit des Rechts des Mutterunternehmens steht unter dem Vorbehalt, daß

- die Eigenart des Konzernabschlusses oder
- die Vorschriften über die Konsolidierung

[21] ADS 6.

[22] *Biener/Berneke* BiRiLiG 328.

keine Abweichungen bedingen oder vorsehen, Abs. 1 Satz 2, 2. Halbsatz. Mit diesen Regelungen hat der Gesetzgeber Vorsorge dafür getroffen, daß weitere Konsolidierungsvorgänge (z. B. Schuldenkonsolidierung nach § 303) zum Wegfall von in den Jahresabschlüssen enthaltenen Aktiv- oder Passivposten oder von Aufwendungen oder Erträgen führen können. Außerdem können bestimmte Aktivposten aus Konzernsicht nicht angesetzt werden, wenn sie innerhalb des Konzerns, nicht jedoch von einem Dritten entgeltlich erworben wurden. Das Mengengerüst der in den Konzernabschluß aufzunehmenden Posten wird ferner davon betroffen, daß bestimmte Konsolidierungsvorgänge (z. B. die Kapitalkonsolidierung nach § 301) zum Entstehen von Posten führen kann, die in den Jahresabschlüssen nicht enthalten waren (z. B. Unterschiedsbetrag aus der Kapitalkonsolidierung).

IV. Grundsätze der Vollständigkeit und der einheitlichen Bilanzierung im Konzernabschluß (Abs. 2)

1. Vollständigkeitsgebot

Abs. 2 Satz 1 verknüpft zwei wichtige **Grundsätze** für den Konzernabschluß. Die Regelungen verpflichten zum einen zur Vollständigkeit der in den Konzernabschluß übernommenen Posten, zum anderen wird das für den Jahresabschluß des Mutterunternehmens geltende Recht als für den Konzernabschluß maßgebend erklärt (vgl. Rdn. 22). Die Bilanzansatzentscheidung wird im Konzernabschluß ferner unabhängig von der Ausübung in den Jahresabschlüssen der einbezogenen Unternehmen getroffen. 23

a) **Maßgeblichkeit des Konzernabschlusses.** Die Bilanzansatzentscheidung für die in den Konzernabschluß übernommenen Aktiva und Passiva richtet sich nach dem Recht des Mutterunternehmens. Damit wird für den Konzernabschluß der Grundsatz der **Einheitlichkeit der Bilanzierung** festgeschrieben. Der Ansatz richtet sich nicht mehr nach den für den Jahresabschluß des einbezogenen Unternehmens maßgebenden Recht.[23] 24

Die Bilanzierung im Konzernabschluß folgt nach Abs. 2 Satz 1 dem Recht des Mutterunternehmens, welches hierdurch zugleich zum **Recht des Konzernabschlusses** wird. Nach Maßgabe dieses Rechts wird über die abstrakte Bilanzierungsfähigkeit der aktiven und passiven Vermögensgegenstände und über das Vorliegen von Bilanzierungsverboten oder Bilanzierungswahlrechten entschieden. Die Ausübung dieser Entscheidungen ist unabhängig von der Bilanzierung in den Abschlüssen der einbezogenen Unternehmen, auch wenn diese denselben Rechtsvorschriften bei Erstellung ihres Jahresabschlusses unterlegen haben. Bilanzierungswahlrechte können unabhängig von der Ausübung im Jahresabschluß ausgeübt werden, Abs. 2 Satz 2 (Rdn. 42 ff). Dies gilt auch für Bilanzposten aus dem Jahresabschluß des Mutterunternehmens. 25

b) **Vollständigkeit, Abs. 2 Satz 1.** Das Vollständigkeitsgebot des Abs. 2 Satz 1 bezieht sich auf die Vermögensgegenstände, Schulden und Rechnungsabgrenzungsposten sowie Erträge und Aufwendungen der in den Konzernabschluß einbezogenen Unternehmen. Der Regelungsinhalt deckt sich mit dem durch § 298 Abs. 1 in Bezug genommenen Vollständigkeitsgrundsatz des § 246 Abs. 1.[24] Die Verweisung von § 298 26

---

[23] HdKR-*Trützschler* 15 f; ADS 1; *B. v. Colbe/Müller/Reinhard* Aufstellung von Konzernabschlüssen, Empf. des AK „Externe Rechnungslegung" der Schmalenbach-Gesellschaft/Deutsche Gesellschaft für Betriebswirtschaft e. V., ZfbF Sonderheft 21/1987, 40

[24] WP-Handbuch 2000 I M 227.

Abs. 1 auf § 246 Abs. 1 hat deswegen für den Konzernabschluß keine Bedeutung.[25] Das **Vollständigkeitsgebot** bezieht sich auf die Bilanz und die Gewinn- und Verlustrechnung der von den einbezogenen Unternehmen übernommenen Posten. Der Grundsatz gilt nicht für den Anhang, da für diesen im Konzernabschluß Vorschriften bestehen, die eine selbständige und eigenständige Aufstellung des Konzernanhangs erfordern (Rdn. 15).

27 Es ist die **Funktion** des Vollständigkeitsgebots, daß das zur Aufstellung des Konzernabschlusses verpflichtete Unternehmen sämtliche Aktiva und Passiva sowie Erträge und Aufwendungen ausweist, die dem Konzern als fiktiver wirtschaftlicher Einheit sachlich und zeitlich zuzuordnen sind.[26] Dabei gelten für den Konzernabschluß dieselben Grundsätze wie für den Jahresabschluß, jedoch mit Modifikationen und Ergänzungen. Die ergeben sich daraus, daß der Konzern, über den Rechnung zu legen ist, nicht rechtlich existiert, sondern als wirtschaftliche Einheit zu verstehen ist und daß die Entscheidungen über den Bilanzansatz einheitlich nach dem Recht des Mutterunternehmens zu treffen sind unter Berücksichtigung der Annahme, daß für die wirtschaftliche Einheit Rechnung gelegt wird. Für den Konzernabschluß sind originäre Bilanzansatzentscheidungen zu treffen, die das für den Konzern geltende Vollständigkeitsgebot zu beachten haben. Bilanzierungsentscheidungen in den Jahresabschlüssen der einbezogenen Unternehmen sind nicht bindend. Soweit zwingende Ansatzvorschriften bestehen, die durch die Eigenart des Konzerns keine Abweichung erfahren, gelten für den Jahres- und Konzernabschluß nach HGB dieselben Vorschriften über Ansatzgebote und -verbote. Für Jahresabschlüsse, die nach ausländischer Rechtsordnung erstellt wurden, können weitergehende Anpassungen erforderlich werden.

28 Der Grundsatz der Vollständigkeit findet seine **Grenze** an Regelungen über *Bilanzierungsverbote* sowie bei *Bilanzierungswahlrechten*. Soweit der Bilanzansatz eines Postens kraft Gesetzes freigestellt ist, kann durch den Vollständigkeitsgrundsatz ein Ansatz nicht erzwungen werden. Die Pflicht zur vollständigen Erfassung der Aktiva und Passiva beschränkt sich auf die im Konzernabschluß bilanzierungspflichtigen Posten. Infolgedessen fallen auch die in Abs. 1 Satz 2 weiterhin erwähnten *Bilanzierungshilfen* und *Sonderposten* nicht unter das Vollständigkeitsgebot. Die Nichterwähnung dieser Posten in Abs. 2 Satz 1 wird von der Begr. RegE besonders herausgestellt.[27] Diese Folge ergibt sich aus Abs. 2 Satz 1 ohnehin, da für die Bildung dieser Posten auch im Konzernabschluß ein eigenständiges Bilanzierungswahlrecht besteht.[28]

2. Einheitliche Bilanzierung nach dem Recht des Mutterunternehmens

29 Für die **Ansätze** der Vermögensgegenstände, Schulden und Rechnungsabgrenzungsposten sowie der Erträge und Aufwendungen gilt nach Abs. 2 Satz 1 das Recht des Mutterunternehmens für die Beurteilung der

- Bilanzierungsfähigkeit, Abs. 1 Satz 2, 1. Halbsatz;
- Abweichungen aufgrund der Eigenart des Konzernabschlusses und wegen anderer Bestimmungen über die Einbeziehung in den Konzernabschluß, Abs. 1 Satz 2, 2. Halbsatz;

[25] ADS § 298, 64.
[26] ADS 10.
[27] Begr. RegE. zu § 281 HGB-EK, BTDrucks. 10/3440, 38.
[28] *Biener/Berneke* BiRiLiG 328.

- Bilanzierungsverbote, Abs. 2 Satz 1;
- Bilanzierungswahlrechte, Abs. 2 Satz 1;
- Möglichkeiten zu der von den Jahresabschlüssen unabhängigen und gegebenenfalls abweichenden Ausübung von Bewertungswahlrechten, Abs. 2 Satz 2;
- Beibehaltung von Ansätzen, die durch den besonderen Geschäftszweig der einbezogenen Unternehmen (Kreditinstitute, Versicherungsunternehmen) bedingt sind, Abs. 2 Satz 3.

a) **Anzuwendende Vorschriften.** Die Bilanzierung im Konzernabschluß richtet 30 sich nach den Vorschriften, die das Mutterunternehmen in seinem **Jahresabschluß** anzuwenden hätte, §§ 300 Abs. 2 Satz 1 i. V. m. 298 Abs. 1. Ist das Mutterunternehmen eine Kapitalgesellschaft, gelten die Vorschriften, die für **große Kapitalgesellschaften** anzuwenden sind. Für die Bilanzierung im Konzernabschluß kommen die Ansatzvorschriften der §§ 246–251, 269, 273 und 274 zur Anwendung, ferner gilt die als Bewertungsvorschrift ausgestaltete Regelung über den Ansatz eines Geschäfts- oder Firmenwerts, § 255 Abs. 4.[29] Wurden diese Vorschriften bei der Aufstellung des Jahresabschlusses eines einzubeziehenden Unternehmens nicht beachtet, müssen Anpassungen an die für die Bilanzierung beim Mutterunternehmen geltenden Vorschriften vorgenommen werden; i. d. R. erfolgt dies in Form einer Handelsbilanz II (vgl. Rdn. 18).[30]

Ausnahmen von diesem Grundsatz bestehen nach Maßgabe der zum einen die für 31 die Konsolidierung maßgeblichen Vorschriften, denen ein Vorrang vor den Vorschriften über die Bilanzierungsfähigkeit zukommt, Abs. 1 Satz 2, 2. Halbsatz. Der Vorbehalt betrifft die Anwendung der Vorschriften über die Kapitalkonsolidierung, die Verrechnung der Schulden, der Zwischenergebnisse, der Aufwendungen und Erträge, die Steuerabgrenzung, den Ausweis der Anteile anderer Gesellschafter und den Ausweis der Anteile an assoziierten Unternehmen und deren Auswirkungen auf den Bilanzansatz.

b) **Einheitliche Bilanzierung im Konzernabschluß.** Die Bilanzansatzentschei- 32 dungen nach dem Recht des Mutterunternehmens bedingen in Einzelfällen **Anpassungen** von Bilanzansätzen der einbezogenen Tochterunternehmen. Abweichungen zwischen dem Jahresabschluß eines einbezogenen Unternehmens von den Bilanzansätzen, die nach dem Recht des Mutterunternehmens vorzunehmen sind, ergeben sich aus unterschiedlichen Rechtsregimen für den Jahres- und Konzernabschluß. Inländische Tochterunternehmen, die nicht Kapitalgesellschaft oder Kapitalgesellschaft & Co sind (z. B. OHG, KG), brauchen die für Kapitalgesellschaften geltenden Bilanzierungsvorschriften über die Bildung von Bilanzierungshilfen, § 269, oder die Abgrenzung von latenten Steuern unter Berücksichtigung der Gesamtdifferenzenbetrachtung, § 274, nicht anzuwenden. Anpassungen ergeben sich insbesondere bei *ausländischen Tochterunternehmen*, die ihren Jahresabschluß nach den von den deutschen Vorschriften abweichenden nationalen Vorschriften aufgestellt haben. So bestehen z. B. Unterschiede in den Vorschriften über den Bilanzansatz von Aufwendungen für Forschung und Entwicklung, die in anderen Mitgliedstaaten der EU teilweise zugelassen werden,[31] oder über die Bildung von Rückstellungen, die vielfach entsprechend den landesrechtlichen steuerlichen Vorschriften die Passivierung von Aufwendungen für ungewisse Verbindlichkeiten nicht zulassen.[32]

---

[29] HdKR-*Trützschler* 23.
[30] ADS 11; WP-Handbuch 2000 I M 230, 286 ff.
[31] ADS 13; *Weirich* WPg 1987, 77, 78 f; *Niehus* WPg 1987, 248, 250.
[32] Beck HdR-*Lederle* C 300, 72.

33 **c) Ansatzvorschriften des Mutterunternehmens.** Für den Konzernabschluß gelten folgende **Bilanzansatzgebote:**

§ 300 Abs. 2 Satz 1: vollständiger Ansatz sämtlicher Vermögensgegenstände, Schulden, Rechnungsabgrenzungsposten, Aufwendungen und Erträge, soweit nicht gesetzlich etwas anderes bestimmt ist;

§ 249 Abs. 1 Satz 1: Rückstellungen für ungewisse Verbindlichkeiten und für drohende Verluste aus schwebenden Geschäften;

§ 249 Abs. 1 Satz 2 Nr. 1: Rückstellungen für im Geschäftsjahr unterlassene Aufwendungen für Instandhaltung bei Nachholung innerhalb von 3 Monaten des folgenden Geschäftsjahres sowie für Aufwendungen für Abraumbeseitigung bei Nachholung innerhalb eines Jahres;

§ 249 Abs. 1 Satz 2 Nr. 2: Rückstellungen für Gewährleistungen ohne rechtliche Verpflichtung;

§ 250: sämtliche Rechnungsabgrenzungsposten;

§ 274 Abs. 1: Rückstellung für passive latente Steuern.

34 Als Angabe unter der Bilanz sind nach **§ 251** die Haftungsverhältnisse zu beachten.[33]

Die Anwendung der Ansatzvorschriften auf den Konzernabschluß hat zur **Folge**, die z.B. im Jahresabschluß eines ausländischen Unternehmens nicht angesetzten Posten nach dem auf den Konzernabschluß anzuwendenden Recht nunmehr als Vermögensgegenstand anzusehen und zu aktivieren oder als Schuldposten zu betrachten und zu passivieren sind. Der sich hieraus ergebende Unterschiedsbetrag erhöht oder vermindert das Eigenkapital des einzubeziehenden Unternehmens. Gleiches gilt für aktive oder passive Rechnungsabgrenzungsposten. Ferner ist das Saldierungsverbot zu beachten, § 246 Abs. 2, so daß Posten, die unter Verrechnung aktiver und passiver Posten oder von Aufwand oder Ertrag gebildet wurden, brutto auszuweisen sind.[34]

35 Von größerer Bedeutung sind die im deutschen Recht enthaltenen **Bilanzierungsverbote**, da aufgrund entsprechender Mitgliedstaatenwahlrechte der 4. oder 7. EG-Richtlinie innerhalb der EU abweichende Bilanzansätze zugelassen sind.[35] Im einzelnen gelten:

§ 248 Abs. 1: Verbot der Aktivierung von Aufwendungen für die Gründung des Unternehmens und die Beschaffung des Eigenkapitals;

§ 248 Abs. 2: Verbot der Aktivierung von immateriellen Vermögensgegenständen des Anlagevermögens, die nicht entgeltlich erworben wurden;

§ 249 Abs. 3: Verbot der Bildung von Rückstellungen für andere als in Abs. 1 und 2 genannte Zwecke;

§ 255 Abs. 4: Verbot der Aktivierung eines nicht entgeltlich erworbenen Geschäfts- oder Firmenwertes;

§ 273 Satz 1: Verbot der Bildung von Sonderposten mit Rücklageanteil, soweit das Steuerrecht die Anerkennung des Wertansatzes bei der steuerlichen Gewinnermittlung nicht von der Bildung des Sonderpostens in der Bilanz abhängig macht.[36]

Posten, die diesen Vorschriften zuwider im Jahresabschluß eines einzubeziehenden Tochterunternehmens angesetzt sind, dürfen nach Abs. 2 Satz 1 nicht in den Konzernabschluß übernommen werden.

---

[33] HdKR-*Trützschler* 23.

[34] *Biener/Berneke* BiRiLiG 329.

[35] Vgl. Art. 9 Aktiva B; Aktiva C I 1 und 2b; Art. 35 1d; Art. 39 Abs. 1c der 4. EG-Richtlinie.

[36] ADS 14; HdKR-*Trützschler* 25; *Biener/Berneke* BiRiLiG 328 f.

d) Abweichungen aus der Eigenart des Konzernabschlusses oder wegen der Konsolidierungsvorschriften. Die Posten aus den Jahresabschlüssen dürfen in den Konzernabschluß nur übernommen werden, soweit die Eigenart des Konzernabschlusses keine Abweichungen bedingt, Abs. 1 Satz 2. Dieser Grundsatz gilt für Bilanzposten und Aufwendungen und Erträge gleichermaßen, auch wenn Abs. 1 Satz 2 auf die Gewinn- und Verlustrechnung nicht ausdrücklich Bezug nimmt. Der Grundsatz, daß der **Eigenart** des **Konzernabschlusses** Rechnung getragen werden soll, überlagert den Grundsatz der Vollständigkeit des Abs. 2 Satz 1. Die Umsetzung des **Einheitsgrundsatzes** führt zur Veränderung der Qualifikation von Posten in den Jahresabschlüssen, die im Konzernabschluß infolge der Betrachtung als einheitliches Unternehmen nicht angesetzt werden dürfen. 36

Unter diese Ausnahme fallen zwei Gruppen von Sachverhalten. Zum einen geht es um die im Konzernabschluß (systembedingt) **nicht ansetzbaren Posten**. Posten, die durch konzerninterne Transfervorgänge entstanden sind, dürfen im Konzernabschluß nicht angesetzt werden. Hierzu gehören die immateriellen Vermögensgegenstände, die ein einbezogenes Unternehmen von einem anderen einbezogenen Unternehmen entgeltlich erworben hat, da sie aus der Sicht des Konzerns nicht von einem Dritten erworben wurden. Der Vermögensgegenstand ist im Anschaffungsjahr zu eliminieren, in den Folgeperioden sind die in der Gewinn- und Verlustrechnung des Jahresabschlusses eines einbezogenen Unternehmens enthaltenen Aufwendungen (z. B. Abschreibungen) herauszurechnen.[37] 37

Eine weitere Abweichung könnte in dem **erstmaligen Ansatz** von immateriellen Vermögensgegenständen im Konzernabschluß gesehen werden, die aus Sicht des Konzerns bei erstmaliger Einbeziehung nach der Erwerbsmethode des § 301 als erworben gelten, im Jahresabschluß des einbezogenen Unternehmens jedoch nicht angesetzt werden durften, da sie nicht entgeltlich erworben worden sind (§ 301, 52 f). Der im Jahresabschluß des Tochterunternehmens nicht bilanzierungsfähige Vermögensgegenstand wird aus Sicht des Konzernabschlusses bilanzierungsfähig, wenn er zum Zeitpunkt der erstmaligen Einbeziehung des Tochterunternehmens bereits vorhanden war und insofern bei Erwerb der Anteile an dem Tochterunternehmen entgeltlich erworben wurde. Der Ansatz eines solchen Postens erfolgt in der Praxis nicht bereits bei der Anpassung des Jahresabschlusses des Tochterunternehmens an die Bilanzierungsvorschriften des Mutterunternehmens im Rahmen der Handelsbilanz II (vgl. Rdn. 18). Der Posten entsteht bei der Verrechnung des Buchwerts des Anteils an dem Tochterunternehmen mit dem anteiligen Eigenkapital dieses Tochterunternehmens und der Zuordnung eines aktiven Unterschiedsbetrags bei Anwendung der Buchwertmethode oder im Rahmen der Neubewertung bei Anwendung der Neubewertungsmethode. 38

Die zweite Gruppe von Anpassungen wird durch die Anwendung der **Konsolidierungsvorschriften** bedingt. Hierzu zählen das *Weglassen* von Posten infolge der Vorschriften über die Schuldenkonsolidierung, § 303, die Behandlung der Zwischenergebnisse, § 304 oder das *Hinzufügen* von Posten insbesondere als Folge der Erstkonsolidierung bei dem Ansatz von Posten, die nach Maßgabe der Erwerbsmethode (§ 301 Abs. 1) als angeschafft gelten (z. B. immaterielle Vermögensgegenstände, Geschäfts- oder Firmenwert).[38] 39

e) Bilanzierungswahlrechte (Abs. 2 Satz 1 und 2). Das Vollständigkeitsgebot des Abs. 2 Satz 1 gilt vorbehaltlich des Bestehens eines **Bilanzierungswahlrechts.** 40

---

[37] ADS 15; Beck BilKomm-*Förschle* 39; *Havermann* FS Döllerer 192, 200.

[38] ADS 40.

Vemögensgegenstände, Schulden und Rechnungsabgrenzungsposten müssen in den Konzernabschluß nicht aufgenommen werden, soweit nach dem Recht des Mutterunternehmens ein Bilanzierungswahlrecht besteht. Dieses darf im Konzernabschluß unabhängig von seiner Ausübung in den, gegebenenfalls den gleichen Rechtsvorschriften unterliegenden Jahresabschlüssen der einbezogenen Unternehmen ausgeübt werden, Abs. 2 Satz 2. Damit kann für die Bilanzierung im Konzernabschluß festgehalten werden, daß bei bestehenden Wahlrechten in den Jahresabschlüssen angesetzte Posten in den Konzernabschluß *nicht übernommen* werden müssen und unabhängig von den Jahresabschlüssen im Konzernabschluß *neu angesetzt* werden dürfen.

41 **aa) Bestehende Bilanzierungswahlrechte.** Für den Konzernabschluß bestehen nach den auf das Mutterunternehmen anzuwendenden Vorschriften des HGB folgende Bilanzierungswahlrechte:

§ 247 Abs. 3, § 273: Bildung von Sonderposten mit Rücklageanteil;

§ 249 Abs. 1 i. V. m. Art. 28 EGHGB: Passivierungswahlrecht für (Alt-)Pensionsrückstellungen;

§ 249 Abs. 1 Satz 2 Nr. 3: Bildung von Rückstellungen für unterlassene Aufwendungen für Instandhaltung oder Abraumbeseitigung, soweit keine Passivierungspflicht bestand;

§ 249 Abs. 2: Bildung von Aufwandsrückstellungen;

§ 250 Abs. 3: Aktivierung eines Disagio;

§ 255 Abs. 4: Aktivierung des entgeltlich erworbenen Geschäfts- oder Firmenwerts;

§ 269: Ansatz einer Bilanzierungshilfe für Aufwendungen der Ingangsetzung oder Erweiterung des Geschäftsbetriebs;

§ 274 Abs. 2: Aktive Abgrenzung latenter Steuern als Bilanzierungshilfe.[39]

42 **bb) Ausübung der Bilanzierungswahlrechte.** Die nach dem Recht des Mutterunternehmens bestehenden Bilanzierungswahlrechte dürfen im Konzernabschluß unabhängig von ihrer Ausübung in den Jahresabschlüssen der in den Konzernabschluß einbezogenen Unternehmen ausgeübt werden, Abs. 2 Satz 2. Das Wahlrecht betrifft alle Bilanzansätze für Vermögensgegenstände, Schulden und Rechnungsabgrenzungsposten, für die ein **Ansatzwahlrecht** besteht, sowie die nach dem Recht des Mutterunternehmens ansatzfähigen *Bilanzierungshilfen* und *Sonderposten*. Bilanzierungshilfen dürfen im Konzernabschluß auch angesetzt werden, wenn das für den Jahresabschluß des Tochterunternehmens maßgebliche Recht einen solchen Posten nicht vorsieht. Sonderposten mit Rücklageanteil dürfen nach dem Recht des Mutterunternehmens nur angesetzt werden, wenn das Steuerrecht die Anerkennung des Wertansatzes bei der steuerlichen Gewinnermittlung von der Bildung dieses Postens im Jahresabschluß abhängig macht, § 273 Satz 1. Der Ansatz im Konzernabschluß kommt im Grundsatz nur bei nach deutschem Recht zulässigen Sonderposten in Betracht; der Ansatz eines nach ausländischem Recht gebildeten Postens ist regelmäßig ausgeschlossen.[40] Die Fortführung von nach nationalem, ausländischem Recht zulässigen steuerlichen Sonderposten ist durch die Sondervorschrift des § 308 Abs. 3 geregelt.

43 Das Wahlrecht nach Abs. 2 Satz 2 gibt die Möglichkeit, mit Bilanzposten, für die ein Ansatzwahlrecht besteht, wie folgt zu verfahren:

---

[39] *Biener/Berneke* BiRiLiG 329; HdKR-*Trützschler* 33 f.

[40] *Biener/Berneke* BiRiLiG 329.

- im Jahresabschluß gebildete Posten dürfen in den Konzernabschluß übernommen werden;
- im Jahresabschluß gebildete Posten können im Konzernabschluß weggelassen werden;
- im Jahresabschluß nicht gebildete Posten können im Konzernabschluß neu gebildet werden;
- im Jahresabschluß nicht gebildete Posten werden auch im Konzernabschluß nicht gebildet.

Die **Ausübung** dieser Wahlrechte unterliegt den Bindungen wie bei der Aufstellung eines Jahresabschlusses. Die Grundsätze schließen eine andersartige Ausübung im Konzernabschluß nicht aus. Anders als bei Bewertungswahlrechten gilt für Ansatzwahlrechte nicht der Grundsatz der **Stetigkeit** im Sinne einer einheitlichen und stets gleichbleibenden Ausübung. Wurde ein Posten indes angesetzt, gilt in den Folgeperioden die Bindung an die getroffene Ansatzentscheidung.[41] Es besteht keine Bindung, bei gleichen Sachverhalten die Ansatzentscheidung stets gleich auszuüben.[42] Gleichwohl liegt es im Interesse der Einheitlichkeit des Konzernabschlusses, die bestehenden Ansatzwahlrechte nicht willkürlich auszuüben, so daß eine einheitliche Ausübung sinnvoll erscheint.[43] Von dieser Empfehlung abgesehen ist es zulässig, die Ansatzwahlrechte bei der Übernahme von Posten für jeweils einzelne, einbezogene Unternehmen auch bei gleichen Sachverhalten unterschiedlich auszuüben.

Das Recht zu der von den einbezogenen Jahresabschlüssen unabhängigen Aus- **44**
übung von Bilanzierungswahlrechten im Konzernabschluß verleiht bei der Aufstellung des Konzernabschlusses einen Spielraum für **bilanzpolitische Entscheidungen**. Der Spielraum kann in weiterem Umfang als im Jahresabschluß genutzt werden, da die Ausübung des Wahlrechts weder Gewinnausschüttungsansprüche der Anteilseigner noch Steueransprüche des Fiskus berühren. Das Wahlrecht bietet die Möglichkeit, unterschiedliche bilanzpolitische Zielsetzungen bei den einbezogenen Unternehmen zu verfolgen und gleichwohl die Darstellung im Konzernabschluß zu vereinheitlichen.[44]

3. Beibehaltung von Bilanzansätzen nach den Vorschriften für Kreditinstitute und Versicherungsunternehmen (Abs. 2 Satz 3)

a) Wahlrecht. Durch die infolge der Umsetzung der Versicherungsbilanzrichtlinie **45**
(Rdn. 4) eingefügte Regelung besteht das weitere **Wahlrecht**, Bilanzansätze, die auf der Anwendung der für Kreditinstitute oder Versicherungsunternehmen wegen der Besonderheit des Geschäftszweigs geltenden Vorschriften beruhen, beizubehalten. Die Regelung entspricht der für die Bewertung geltenden Vorschrift des § 308 Abs. 2 Satz 2. Sie hat für den Konzernabschluß eines Mutterunternehmens Bedeutung, der ohne Berücksichtigung von Vorschriften, die den Geschäftszweig betreffen, aufzustellen ist, und ermöglicht die Beibehaltung von Posten einbezogener Unternehmen, die diesen Geschäftszweigen angehören (z. B. Absatzfinanzierungsinstitute im Konzernabschluß eines Handelsunternehmen oder Automobilherstellers).[45] Für *Kreditinstitute*

---

[41] ADS 20.

[42] *Ordelheide* WPg 1985, 509, 511; *Weirich* WPg 1987, 77, 79; Bonner HdR-*Scherrer* 32; HdKR-*Trützschler* 30; Beck HdR-*Lederle* C 300, 60; ADS 19; WP-Handbuch 2000 I M 239; a. M. *Schülen* in Mellwig/Moxter/Ordelheide Einzelabschluß und Konzernabschluß 123, 128.

[43] *E. Müller* DB 1985, 242; WP-Handbuch 2000 I M 239.

[44] *Schruff* Einflüsse der 7. EG-Richtlinie auf die Aussagefähigkeit des Konzernabschlusses 173; ADS 21.

[45] Beck BilKomm-*Förschle* 53; ADS 22.

sind zum einen Posten betroffen, für die § 340a Abs. 2 Satz 2 und 3 von den allgemeinen Ansatzvorschriften Abweichungen vorsieht. Dies gilt für den Ansatz bestimmter Posten nach der Formblattverordnung sowie für die Zulässigkeit von Saldierungen in bankrechtlichen Abschluß. Darüber hinaus räumt § 340g das Recht ein, einen „Sonderposten für allgemeine Bankrisiken" zu bilden, der eine offene Vorsorge für Geschäftsrisiken beinhaltet, wie sie für Unternehmen anderer Branchen nicht zulässig ist.[46] Bei *Versicherungsunternehmen* erfaßt die Regelung außer den für Risiken des Versicherungsgeschäfts zu bildenden Pflichtposten (§§ 341e ff HGB) z. B. die Bildung von „Schwankungsrückstellungen und ähnlichen Posten" nach § 341h Abs. 1 und 2. Für Versicherungsunternehmen ist diese Rückstellung als Pflichtposten ausgestaltet; für den Jahres- oder Konzernabschluß eines nicht den Vorschriften über Versicherungen unterliegenden Unternehmens geht die Ansatzpflicht indes über den durch § 249 Abs. 1 im allgemeinen bestimmten Rahmen hinaus.[47] Für den Konzernabschluß eines Versicherungsunternehmens gilt das weitere Wahlrecht, daß die Vorschriften über die Anpassung des Bilanzansatzes bei Versicherungsunternehmen außerhalb des Geltungsbereichs des HGB nicht angewendet werden müssen. Werden solche Unternehmen in den Konzernabschluß eines nicht den Vorschriften für Versicherungen unterliegenden Unternehmens einbezogen, gilt diese Ausnahme entsprechend.[48]

46 **b) Angabe im Konzernanhang.** Nach Abs. 2 Satz 3, 2. Halbsatz ist auf die Anwendung der Ausnahmevorschrift über die Beibehaltung von besonderen Ansätzen der Kreditinstitute und Versicherungsunternehmen im Konzernanhang hinzuweisen. Die Angabe der Anwendung der Vorschrift genügt; es ist nicht erforderlich, eine Begründung anzugeben oder die Auswirkungen darzustellen.[49]

V. Rechtsfolgen bei Nichtbeachtung

47 Die Nichtbeachtung der Vorschriften des § 300 über die Konsolidierungsgrundsätze oder das Vollständigkeitsgebot stellen nach § 334 Abs. 1 Nr. 2c) eine Ordnungswidrigkeit dar, die mit einer Geldbuße belegt werden kann. Die zutreffende Ausübung oder Nichtausübung von Wahlrechten ist indes nicht sanktioniert.[50]

§ 301
Kapitalkonsolidierung

(1) Der Wertansatz der dem Mutterunternehmen gehörenden Anteile an einem in den Konzernabschluß einbezogenen Tochterunternehmen wird mit dem auf diese Anteile entfallenden Betrag des Eigenkapitals des Tochterunternehmens verrechnet. Das Eigenkapital ist anzusetzen

1. entweder mit dem Betrag, der dem Buchwert der in den Konzernabschluß aufzunehmenden Vermögensgegenstände, Schulden, Rechnungsabgrenzungsposten, Bilanzierungshilfen und Sonderposten, gegebenenfalls nach Anpassung der Wertansätze nach § 308 Abs. 2, entspricht, oder

46 *Krumnow o. a.* Bankbilanz § 340g HGB, 3.
47 Beck BilKomm-*Förschle* 52.
48 ADS 22; *Perlet* FS Moxter 833, 858 f.
49 Beck BilKomm-*Förschle* 52.
50 Beck BilKomm-*Förschle* 58.

2. mit dem Betrag, der dem Wert der in den Konzernabschluß aufzunehmenden Vermögensgegenstände, Schulden, Rechnungsabgrenzungsposten, Bilanzierungshilfen und Sonderposten entspricht, der diesen an dem für die Verrechnung nach Absatz 2 gewählten Zeitpunkt beizulegen ist.

Bei Ansatz mit dem Buchwert nach Satz 2 Nr. 1 ist ein sich ergebender Unterschiedsbetrag den Wertansätzen von in der Konzernbilanz anzusetzenden Vermögensgegenständen und Schulden des jeweiligen Tochterunternehmens insoweit zuzuschreiben oder mit diesen zu verrechnen, als deren Wert höher oder niedriger ist als der bisherige Wertansatz. Bei Ansatz mit den Werten nach Satz 2 Nr. 2 darf das anteilige Eigenkapital nicht mit einem Betrag angesetzt werden, der die Anschaffungskosten des Mutterunternehmens für die Anteile an dem einbezogenen Tochterunternehmen überschreitet. Die angewandte Methode ist im Konzernanhang anzugeben.

(2) Die Verrechnung nach Absatz 1 wird auf der Grundlage der Wertansätze zum Zeitpunkt des Erwerbs der Anteile oder der erstmaligen Einbeziehung des Tochterunternehmens in den Konzernabschluß, oder, beim Erwerb der Anteile zu verschiedenen Zeitpunkten, zu dem Zeitpunkt, zu dem das Unternehmen Tochterunternehmen geworden ist, durchgeführt. Der gewählte Zeitpunkt ist im Konzernanhang anzugeben.

(3) Ein bei der Verrechnung nach Absatz 1 Satz 2 Nr. 2 entstehender oder ein nach Zuschreibung oder Verrechnung nach Absatz 1 Satz 3 verbleibender Unterschiedsbetrag ist in der Konzernbilanz, wenn er auf der Aktivseite entsteht, als Geschäfts- oder Firmenwert und, wenn er auf der Passivseite entsteht, als Unterschiedsbetrag aus der Kapitalkonsolidierung auszuweisen. Der Posten und wesentliche Änderungen gegenüber dem Vorjahr sind im Anhang zu erläutern. Werden Unterschiedsbeträge der Aktivseite mit solchen der Passivseite verrechnet, so sind die verrechneten Beträge im Anhang anzugeben.

(4) Absatz 1 ist nicht auf Anteile an dem Mutterunternehmen anzuwenden, die dem Mutterunternehmen oder einem in den Konzernabschluß einbezogenen Tochterunternehmen gehören. Solche Anteile sind in der Konzernbilanz als eigene Anteile im Umlaufvermögen gesondert auszuweisen.

Übersicht

Schrifttum

Allgemeine konzernrechtliche Literatur: *Adler/Düring/Schmaltz* Rechnungslegung und Prüfung der Unternehmen, Kommentar, 6. Aufl., 8 Teilbände (1995–2000); *Baetge/Kirsch/Thiele* Konzernbilanzen 5. Aufl. (2000); *Baetge/Dörner/Kleekämper/Wollmert* Rechnungslegung nach International Accounting Standards (IAS) (1997); Beck'scher Bilanz-Kommentar, 4. Aufl. (1999); Beck'sches Handbuch der Rechnungslegung, hrsg. *V. Castan/Heymann/Müller/Ordelheide/Scheffler* Loseblatt; *Baumbach/Hopt* Handelsgesetzbuch, 30. Aufl. (2000); *Baumbach/Hueck* Kommentar zum GmbH-Gesetz, 17. Aufl. (2000); *Biener/Berneke* Bilanzrichtlinien-Gesetz (1986); *Biener/Berneke* Bilanzrichtlinien-Gesetz (1986); *Biener/Schatzmann* Konzernrechnungslegung (1983); *Born* Rechnungslegung international, 2. Aufl. (1999); *Brönner* Die Bilanz nach Handels- und Steuerrecht, 9. Aufl. (1991); *Budde/Förschle* Sonderbilanzen, 2. Aufl. (1999); *Busse v. Colbe/Ordelheide* Konzernabschlüsse, 6. Aufl. (1993); *Heymann* Handelsgesetzbuch, 2. Aufl. Band 3 (1999); *Hofbauer/Kupsch* Bonner Handbuch Rechnungslegung, Loseblatt; *Hofbauer/Kupsch* Bonner Handbuch Rechnungslegung, 2. Aufl.; *IDW* Wirtschaftsprüfer-Handbuch (2000), Band I, 12. Aufl. (2000); *Küting/Weber* Der Konzernabschluß, 5. Aufl. (1999); *dies.* Handbuch der Konzernrechnungslegung, 2. Aufl. (1998); *dies.* Handbuch der Rechnungslegung, 3. Aufl. (1990); *dies.* Handbuch der Rechnungslegung, Band Ia, 4. Aufl. (1995); *Moxter* Bilanzlehre, Band I und II, 3. Aufl. (1984); *Schildbach* Der handelsrechtliche Konzernabschluß, 4. Aufl. (1996); *Schmalenbach Gesellschaft – Deutsche Gesellschaft für Betriebswirtschaft e.V.* ZfbF Sonderheft 21/1987, 2. Aufl.; *Schruff* Einflüsse der 7. EG-Richtlinie auf die Aussagefähigkeit des Konzernabschlusses (1984); *Wiedmann* Bilanzrecht (1999); *Winnefeld* Bilanzhandbuch, 2. Aufl. (1999); *v. Wysocki/Schulze-Osterloh* Handbuch des Jahresabschlusses in Einzeldarstellungen, Loseblatt Stand (1997); *v. Wysocki/Wohlgemuth* Konzernrechnungslegung, 4. Aufl. (1996).

Zur Kapitalkonsolidierung: *Baetge/Herrmann* Probleme der Endkonsolidierung im Konzernabschluß, WPg 1995, 225; *Biener* Die Konzernrechnungslegung nach der Siebenten Richtlinie des Rates der Europäischen Gemeinschaften über den Konzernabschluß, DB 1983 Beil. 19; *Bücking/Klein/Lapatta* Darstellung des E-DRS 4: Unternehmenserwerbe im Konzernabschluß, FB 2000, 433; *dies.* Der Entwurf des DSR zum Purchaser Accounting: Ein weiterer Schritt zur kapitalmarktorientierten Rechnungslegung, FB 2000 Beil. 1, 10; *dies.* Internationale Entwicklungen bei der Bilanzierung von Unternehmenszusammenschlüssen, FB 2001, Beil. 1, 17; *Deutsches Rechnungslegungs Standards Committee* Deutscher Rechnungslegungs Standard Nr. 4, DRS 4, Unternehmenserwerbe im Konzernabschluß, Nr. BAnz. 245 (2000) 24070; *ders.* Deutscher Rechnungslegungsstandard E-DRS 16, Aufstellung des Konzernabschlusses und Konsolidierungskreis; *ders.* Deutscher Rechnungslegungs Standard E-DRS 12, Latente Steuern im Konzernabschluß; *Duckstein/Dusemond* Aus der Währungsumrechnung resultierende Eigenkapitaldifferenzen in einem international tätigen Konzern, DB 1995, 1673; *Dusemond* Endkonsolidierung und erfolgsneutrale Verrechnung des Geschäfts- oder Firmenwerts, DB 1997, 53; *Ebling/Baumann* Konsolidierung mehrstufiger Konzerne nach der Methode der integrierten Konsolidierungstechnik, BB 2000, 1667; *Focken/Lenz* Kapitalkonsolidierung bei Beteiligungserwerb durch Anteilstausch, AG 2000, 97; *dies.* DB 2000, 2437; *Fülbier* Entwurf eines DRS 4 zur Bilanzierung von Unternehmenserwerben im Konzernabschluß, DB 2000, 1341; *Göth* Das Eigenkapital im Konzernabschluß (1997); *Hayn* Rechnungswesen auf dem Prüfstand (1997); *Hayn/Küting* Beendigung der Vollkonsolidierung von Tochterunternehmen, BB 1999, 2072; *Heuring* Kapitalkonsolidierungsmethoden für verbundene Unternehmen im Vergleich zwischen IAS und US-GAAP, DB 2000, 1773; *IDW* Stellungnahme zu dem Entwurf Deutscher Rechnungslegungs Standard Nr. 4 (E-DRS 4), WPg 2000, 615; *Krawitz/Klotzbach* Anwendungsvoraussetzungen und Aussagefähigkeit der Fresh-Start-Methode bei der Bilanzierung von Unternehmenszusammenschlüssen, WPg 2000, 1164; *Küting* Aktuelle Fragen der Kapitalkonsolidierung, DStR 1995, 192 und 229; *Küting/Brakensick/Wirth* Außerplanmäßige Abschreibung: Neue Tendenzen in der US-amerikanischen Rechnungslegung, BB 2000, 2459; *Küting/Göth* Negatives Eigenkapital von Tochterunternehmen in der Kapitalkonsolidierung und die Auswirkungen auf den Konzernabschluß, BB 1994, 2446; *Küting/Harth* Vergleich der Kapitalkonsolidierung nach HGB, US-GAAP und IAS, BB 1999, 1370 und 1424; *Küting/B. Hayn/Hütten* Die Abbildung konzerninterner Spaltungen im Einzel- und Konzernabschluß, BB 1997, 565; *Küting/Zündorf* Die konzerninterne Verschmelzung und ihre Abbildung im konsolidierten Abschluß, BB 1994, 1383; *Löhr* Zur Konsolidierung von Innenumsatzerlösen aus Lieferungen – eine Kritik, BB 1999, 835; *Maas/Schruff* Der Konzernabschluß nach neuem Recht, WPg 1986, 201 und 237; *Mujkanovic* Die Vorschläge des Deutschen Standardisierungsrates zur Abbildung von Unternehmenserwerben im Konzernabschluß, WPg 2000, 637; *Niehus* Zur Internationalisierung der deutschen Konzernrechnungslegung, DB 2002, 53; *Ordelheide* Anschaffungskostenprinzip im Rahmen der Erstkonsolidierung gem. § 301 HGB, DB 1986, 493; *Oser* Pflicht zur (Neu-)Bildung der Rücklage für eigene Aktien im Konzernabschluß, DB 1999, 1125; *Pawelzik/Theile* Eigenkapitalvernichtung im GmbH & Co. KG Konzernabschluß? DB 2000, 2385; *Peffekoven* Geht die Reform der Kapitalkonsolidierung in eine falsche Richtung? WPg 2001, 187; *Pellens/Sellhorn* Kapitalkonsolidierung nach der Fresh-Start-Methode, BB 1999, 2125; *dies.* Neue Goodwill-Bilanzierung nach US-GAAP, DB 2001, 713; *Peemöller/Beckmann/Geiger* Standardentwurf E-DRS 4 zu Unternehmenserwerben im Konzernabschluß, BB 2000, 1080; *Roß* Anteil am Nennkapital und Konsolidierungsquote: keine pauschale Gleichsetzung, BB 2000, 1395; *ders.* Gemeinschaftsunternehmen als Gesellschafterunternehmen im Konzernabschluß, WPg 1995, 617; *Santhoff* Zum bilanziellen Charakter negativer Firmenwerte im Konzernabschluß, BB 1997, 619; *Schildbach* Externe Rechnungslegung und Kongruenz-Ursachen für die Unterlegenheit deutscher verglichen mit angelsächsischer Bilanzierung? DB 1999, 1813; *Schindler* Kapitalkonsolidierung nach dem Bilanzrichtlinien-Gesetz (1986); *Schmidbauer* Der Deutsche Rechnungslegungs Standard Nr. 4 zur Bilanzierung von Unternehmenserwerben im Konzernabschluß, DStR 2001, 365; *Schulte* Konzernbilanzpolitik bei erstmaliger Einbeziehung von Tochterunternehmen, BB 1994, 153; *Simons* Bestimmung der effektiven Anteilsquoten für die Kapitalkonsolidierung bei wechselseitigen Beteiligungsformen mittels des Matrixverfahrens WPg 1999, 773; *Telkamp/Bruns* Pooling-of-interest-Methode versus Fresh-Start-Methode, WPg 2000, 744; *Veit/Focke* Die Behandlung von Anteilen an paritätischen BGB-Joint Ventures in Konzernbilanzen beider Partnerunternehmen, DB 1999, 496; *Weber/Zündorf* Die Erwerbsmethode im Konzernabschluß von Kreditinstituten, BB 1995, 297.

I. Grundlagen

1. Regelungsgegenstand

§ 301 ist die Grundnorm für die Kapitalkonsolidierung nach HGB. Sie schreibt die Methode für die Verrechnung des Anteilswerts mit dem anteiligen Eigenkapital des in den Konzernabschluß einzubeziehenden Tochterunternehmens vor. Die Vorschrift folgt dem Prinzip der **Erwerbsmethode**, die im angelsächsischen Rechtsbereich bereits vor Umsetzung der 7. EG-Richtlinie Grundlage der Konsolidierung war. Sie unterscheidet sich von dem im deutschen Recht nach § 331 Abs. 1 Nr. 3 AktG 1965 vorgeschriebenen Verfahren. Nach der damals geltenden „Stichtagsmethode" erfolgte die Verrechnung jeweils jährlich; der entstehende Unterschiedsbetrag wurde auf seinen materiellen Inhalt nicht analysiert und den Posten des Konzernabschlusses nicht zugeordnet oder mit ihnen verrechnet, sondern als aktiver oder passiver Unterschiedsbetrag aus der Kapitalkonsolidierung ausgewiesen.[1] Die Kapitalkonsolidierung nach der Erwerbsmethode ist dadurch gekennzeichnet, daß die Verrechnung des Anteilswerts mit dem anteiligen Eigenkapital des Tochterunternehmens erfolgsneutral zum Zeitpunkt des Erwerbs stattfindet (Erstkonsolidierung). Die Behandlung von Konsolidierungsmaßnahmen in den Folgeperioden führt regelmäßig zur erfolgswirksamen Abschreibung oder Auflösung der bei der Erstkonsolidierung aufgedeckten stillen Reserven und stillen Lasten sowie eines gegebenenfalls vorhandenen Geschäfts- oder Firmenwerts (Folgekonsolidierung). 1

Abs. 1 regelt die **Erstkonsolidierung**. Der Wertansatz der dem Mutterunternehmen gehörenden Anteile an dem Tochterunternehmen sind mit dem auf diese Anteile entfallenden Eigenkapital zu verrechnen. Für den Ansatz des Eigenkapitals sieht S. 2 Nr. 1 den Ansatz mit dem Betrag vor, der dem Buchwert der in den Konzernabschluß aufzunehmenden Vermögensgegenstände, Schulden, Rechnungsabgrenzungsposten, Bilanzierungshilfen und Sonderposten entspricht (*Buchwertmethode*); nach S. 2 Nr. 2 ist es der Betrag, der dem Wert der in den Konzernabschluß aufzunehmenden Posten beizulegen ist (*Neubewertungsmethode*). Der im Falle des Buchwertansatzes sich ergebende (aktive) Unterschiedsbetrag ist den Vermögensgegenständen und Schulden des jeweiligen Tochterunternehmens insoweit zuzuschreiben oder von ihm abzusetzen, als deren Wert höher oder niedriger ist als der bisherige Wertansatz, S. 3. Durch die Neubewertung nach Nr. 2 darf das anteilige Eigenkapital nicht mit einem Betrag angesetzt werden, der die Anschaffungskosten für die Anteile überschreitet, S. 4. Hierdurch wird auch bei einer Neubewertung eine Obergrenze für den Wertansatz im Konzernabschluß festgelegt, die durch die Anschaffungskosten der Anteile bestimmt wird.[2] Die für die Verrechnung anzusetzenden Werte sind auf den Zeitpunkt des Erwerbs (mit Besonderheiten bei sukzessivem Erwerb) oder der erstmaligen Einbeziehung zu ermitteln, Abs. 2 (Konsolidierungsstichtag). 2

Entsteht bei Anwendung von Abs. 1 S. 2 Nr. 2 oder verbleibt bei Anwendung von Abs. 1 S. 2 Nr. 1 ein **Unterschiedsbetrag**, schreibt Abs. 1 vor, daß dieser, wenn er auf der Aktivseite vorhanden ist, als Geschäfts- oder Firmenwert, wenn er auf der Passivseite vorhanden ist, als Unterschiedsbetrag aus der Kapitalkonsolidierung auszuweisen ist, Abs. 3 S. 1. Aktive und passive Unterschiedsbeträge dürfen miteinander verrechnet werden, S. 3. 3

Eigene Anteile an dem Mutterunternehmen dürfen nach Abs. 4 nicht in die Kapitalkonsolidierung einbezogen werden. Sie sind, gleichgültig, ob sie dem Mutter- 4

---

[1] *Biener/Berneke* BiRiLiG 331; GroßKommAktG-*Barz* § 331, 17.

[2] Begr. RegE. zu § 282 HGB-E, BTDrucks. 10/3440, 38.

unternehmen oder einem einbezogenen Tochterunternehmen gehören, als eigene Anteile im Umlaufvermögen auszuweisen, Abs. 4 S. 2.

5 Über die Anwendung der Regelungen über die Kapitalkonsolidierung sind zur Ausübung der in § 301 eingeräumten Wahlrechte Angabepflichten für den **Konzernanhang** vorgeschrieben, z. B. Abs. 1 S. 5, Abs. 2 S. 2, Abs. 3 S. 3 und 4.

6 Für die **Folgekonsolidierung** werden in § 301 keine Regelungen getroffen. Gesetzliche Vorgaben über die Behandlung von Posten aus der Kapitalkonsolidierung ergeben sich aus § 309 für die Behandlung eines aktiven oder passiven Unterschiedsbetrags (vgl. § 309, 6 ff und 55 ff). Für die Folgewirkungen bei anderen Posten muß auf die allgemeinen Vorschriften (insbes. § 298 Abs. 1 i. V. m. den Vorschriften über den Jahresabschluß) zurückgegriffen werden.

2. Entstehungsgeschichte

7 Die Regelungen des § 301 haben ihre Grundlage in Art. 19 der **7. EG-Richtlinie.** Art. 19 Abs. 1 schreibt die Verrechnung der Anteilswerte mit dem anteiligen Eigenkapital vor und gewährt das Wahlrecht zum Ansatz des Eigenkapitals mit dem Buchwert (Abs. 1 lit. a)) oder den zum Zeitpunkt des Erwerbs feststellbaren Werten (Abs. 1 lit. b)). Die Behandlung eines nach a) entstehenden oder nach b) verbleibenden Unterschiedsbetrags gibt Abs. 1 lit. c) vor. Die besondere Behandlung eigener Anteile an dem Mutterunternehmen wird durch Abs. 2 mit Verweis auf die 4. EG-Richtlinie vorgeschrieben.

8 Art. 19 der 7. EG-Richtlinie folgt dem angelsächsischen Konsolidierungsprinzip. Infolge der Umsetzung dieser Regelungen mußte das bisher geltende Stichtagsprinzip (Rdn. 1) des deutschen Rechts aufgegeben werden. Der Gesetzgeber folgte damit der Vorgabe der 7. EG-Richtlinie und berücksichtigte die Empfehlungen der Literatur, die ebenfalls die anglo-amerikanische Methode als betriebswirtschaftlich sinnvoller betrachtete.[3]

3. Anwendungsbereich, Normadressaten

9 Die Regelungen über die Vollkonsolidierung nach § 301 sind von allen Mutterunternehmen anzuwenden, die nach den Vorschriften des **HGB** einen Konzernabschluß aufzustellen haben. Sie gelten bei jeder Einbeziehung in den Konzernabschluß, sofern nicht die Pooling of interest-Methode nach § 302 angewendet wird. Bei der Quotenkonsolidierung gilt § 301 entsprechend, § 310 Abs. 2. Sie gelten uneingeschränkt auch für Kreditinstitute, § 340i Abs. 2, und Versicherungsunternehmen, § 341j Abs. 1.

10 Ist das Mutterunternehmen nach den Vorschriften des **PublG** zur Aufstellung eines Konzernabschlusses verpflichtet, sind nach § 13 Abs. 2 die Regelungen von § 301 ebenfalls anzuwenden.[4]

11 Die Vorschrift gilt für **Konzern- und Teilkonzernabschlüsse**. Bei befreienden Konzernabschlüssen findet § 301 Anwendung, wenn das Mutterunternehmen deutsches Recht anzuwenden hat. Bei nach fremdem Recht aufgestellten Konzernabschlüssen gelten die jeweils nationalen Vorschriften (vgl. §§ 291, 292 und 292a).

---

[3] ADS[4] § 331 AktG, 26; KK-*Kronstein/Kircher* § 331, 26.

[4] Beck BilKomm-*Förschle/Deubert* 300.

II. Kapitalkonsolidierung (Abs. 1)

1. Wesen der Verrechnung (Abs. 1 S. 1)

Die Regelungen über die Kapitalkonsolidierung in Abs. 1 beinhalten die **Grundlagen** über die Verrechnung des Wertansatzes des Mutterunternehmens an dem einbezogenen Tochterunternehmen mit dem auf diese Anteile entfallenden Eigenkapital des Tochterunternehmens. Hiermit werden wesentliche Komplementärregelungen zu den in § 300 Abs. 1 festgelegten Konsolidierungsgrundsätzen getroffen. 12

Das **Wesen** der Konsolidierung liegt in der Zusammenfassung der Jahresabschlüsse des Mutterunternehmens und der Tochterunternehmen im Konzernabschluß, § 300 Abs. 1 S. 1 (§ 300, 14 f). Hierzu werden die dem Mutterunternehmen gehörenden Anteile an dem Tochterunternehmen durch den Ansatz von deren Vermögensgegenständen, Schulden, Rechnungsabgrenzungsposten, Bilanzierungshilfen und sonstigen Posten der Tochterunternehmen ersetzt, § 300 Abs. 1 S. 2 (§ 300, 19 ff). Die schlichte Übernahme aller Posten in den Konzernabschluß ohne Verrechnung mit dem Anteilswert des Tochterunternehmens würde zu einer Doppelerfassung, nämlich der Anteilswerte und des übernommenen Vermögenssaldos führen.[5] 13

Das Wesen der *Kapitalkonsolidierung* liegt in der **Verrechnung** des Anteilsbuchwerts mit dem anteiligen Eigenkapital. Die beiden Posten unterscheiden sich in aller Regel der Höhe nach. Infolge der Verrechnung ergibt sich ein Unterschiedsbetrag, der, wenn der Anteilswert größer ist, aktiv oder bei größerem Eigenkapital passiv ist. In erster Linie bewirkt die Verrechnung die Beseitigung der Mehrfacherfassung von Vermögen und Kapitalanteil an dem einbezogenen Unternehmen und führt zu einer Verkürzung der Bilanzsumme im Vergleich zu einer additiv durchgeführten Zusammenfassung der Jahresabschlüsse. Bei Kapitalkonsolidierung nach der Erwerbsmethode ist der infolge der Verrechnung entstehende Unterschiedsbetrag auf seinen Charakter zu analysieren und zuzuordnen. Dem liegt der Leitgedanke zugrunde, daß aus Konzernsicht die Kapitalkonsolidierung wie ein Erwerb zu behandeln ist.[6] Wie bei dem Erwerb der einzelnen Gegenstände des Aktiv- und Passivvermögens eines Unternehmens sind die Gesamtanschaffungskosten den einzelnen Gegenständen zuzuordnen oder mit deren Werten zu verrechnen; übersteigen die Anschaffungskosten die Summe der Werte der einzelnen Aktiva abzüglich der Werte der Passivposten, entsteht ein Geschäfts- oder Firmenwert.[7] DRS 4[8] stellt in Rdn. 6 den Erwerb einer Kontrollmehrheit durch Anteilserwerb dem Erwerb von Vermögensgegenständen und Schulden oder der Verschmelzung gleich.[9] Bei Zugrundelegen der Erwerbsmethode ist diese Zuordnung erst- und einmalig zum Zeitpunkt des Erwerbs durchzuführen. Nach Maßgabe von § 301 Abs. 1 werden nicht die Buchwerte der Vermögensgegenstände, Schulden und anderen Posten aus den Jahresabschlüssen der einbezogenen Tochterunternehmen übernommen. Diese sind vielmehr auf den Zeitpunkt des Erwerbs zu bewerten (vgl. dazu S. 2 Nr. 1 und 2, Rdn. 51 ff und 57 ff). Mit diesen aus Sicht des Konzerns wirtschaftlich neu definierten Werten werden die Aktiva und Passiva in den Konzernabschluß übernommen.[10] Die Wertansätze beinhalten in einer ersten Stufe die 14

---

5 WP-Handbuch 2000 I M 334; Beck BilKomm-*Förschle/Deubert* 1.

6 Beck BilKomm-*Förschle/Deubert* 6; HdKR-*Dusemond/Weber/Zündorf* 1.

7 Vgl. Begr.RegE. zu § 282 HGB-E, BTDrucks. 10/3440, 38; *Biener/Berneke* BiRiLiG 332.

8 Deutscher Rechnungslegungs Standard Nr. 4: Unternehmenserwerbe im Konzernabschluß, BAnz. 2000, 24070; dazu *Krawitz/Klotzbach* WPg 2000, 1164, 1166; *Peemöller/Beckmann/Geiger* BB 2000, 1080.

9 In Anlehnung an IAS 22.19 f; *Fülbier* Entwurf eines DRS-4, DB 2000, 1341, 1342.

10 *v. Wysocki/Wohlgemuth* Konzernrechnungslegung 93; *Schildbach* Der handelsrechtliche Konzernabschluß 148; *Eisoldt* US-amerikanische

Zuordnung stiller Reserven und die Verrechnung stiller Lasten; in einer zweiten Stufe kommt ein Geschäfts- oder Firmenwert oder ein passiver Unterschiedsbetrag aus der Konsolidierung zum Ansatz, Abs. 3.

15 Für die Kapitalkonsolidierung wird daher zwischen der **Erstkonsolidierung**, die die Zuordnung der Verrechnungsunterschiede zum Zeitpunkt des Erwerbs zum Ziel hat, und der **Folgekonsolidierung**, die die Auswirkungen der getroffenen Zuordnungen in den Folgeperioden beschreibt, unterschieden. Die Maßnahmen der Folgekonsolidierung führen zur erfolgswirksamen Fortschreibung der Maßnahmen aus der Erstkonsolidierung, z. B. durch Abschreibung oder Auflösung der zugeordneten oder verrechneten Beträge (vgl. Rdn. 166 ff). Scheidet ein Unternehmen aus dem Konzernkreis aus, sind ferner die Maßnahmen der **Endkonsolidierung** zu beachten (vgl. Rdn. 208 ff).

2. Wertansatz der Anteile des Mutterunternehmens

16 **a) Anteile.** Für die Kapitalkonsolidierung sind alle dem Mutterunternehmen gehörenden (oder ihm zuzuordnenden) Anteile an einem in den Konzernabschluß einbezogenen Tochterunternehmen heranzuziehen. Anteile im Sinn von § 301 Abs. 1 sind Anteile am Kapital; der Wertumsatz der Anteile kann sich von den für die Aufstellung eines Konzernabschlusses und der Einbeziehung von Tochterunternehmen maßgeblichen Quote unterscheiden, vgl. § 290. Von Bedeutung sind nur die kapitalmäßigen Beteiligungen.

17 **aa) Rechtsformen.** Anteile an einer *AG* sind die Aktien, gleich welche Gattung sie haben. Zusätzlich kommen Zwischenscheine nach § 10 Abs. 3 AktG in Betracht. Bei KGaA sind Anteile die Kommanditaktien (vergleichbar bei AG) und die Einlage des persönlich haftenden Gesellschafters, die als dessen Kapitalanteil nach § 286 Abs. 2 S. 1 AktG ausgewiesen wird. Bei *GmbH* sind dies die Geschäftsanteile (§ 14 GmbHG). Ist eine AG, KGaA oder GmbH noch nicht im Handelsregister eingetragen und deswegen noch Vorgesellschaft, bestimmen sich die Anteile entsprechend. Anteile an einer *Personengesellschaft* (OHG, KG, GbR) ergeben sich aus dem Kapitalanteil, den der Gesellschafter aufgrund seiner Kapitaleinlagen, die ihren Niederschlag auf den Kapitalkonten finden, als Ausfluß seiner mitgliedschaftlichen Stellung erworben hat. Eine Beteiligung an einer stillen Gesellschaft verlangt eine weitergehende Differenzierung. Eine typische stille Beteiligung i. S. v. §§ 230 ff HGB genügt in der Regel nicht, um das Unternehmen, an dem die Beteiligung besteht, als Tochterunternehmen nach § 290 zu qualifizieren. Die stille Beteiligung ist dann nicht Kapitalanteil, sondern trotz der gesellschaftsrechtlichen Verbindung als Ausleihung oder sonstiger Vermögensgegenstand zu behandeln. Nach dem Grundsatz der Vertragsfreiheit ist es jedoch möglich, dem stillen Gesellschafter über die ihm typischerweise eingeräumte Rechtsstellung hinaus Vermögens- oder Mitgliedschaftsrechte einzuräumen. Er wird dann als atypisch stiller Gesellschafter bezeichnet.[11] Der Kapitalanteil eines atypischen stillen Gesellschafters kann wie der eines Kommanditisten als Anteil nach Abs. 1 behandelt werden.[12]

18 Besteht die Beteiligung an einem Unternehmen **ausländischen Rechts**, muß nach den für einen gesellschaftsrechtlichen Anteil typischen Kriterien die Anteilseigen-

---

und deutsche Konzernrechnungslegung (1992) 243.

[11] § 230 (*Zutt*) 30 ff.

[12] Offen bei HdKR-*Dusemond/Weber/Zündorf* 24, Beck BilKomm-*Förschle/Deubert* 10.

schaft festgestellt werden. Um als Anteil am Kapital der Gesellschaft beurteilt werden zu können, bedarf es der Feststellung, daß der Anteil als gesellschaftsrechtliches Mitgliedschaftsrecht einen Anteil am Gesellschaftsvermögen vermittelt, der den Anteil am Gewinn sowie einem Liquidationserlös bestimmt. Ein Mindestmaß an gesellschaftsrechtlicher Einflußnahmemöglichkeit (Informations- und Kontrollrechte) auf die Geschäftspolitik muß bestehen.

bb) Abgrenzungen. Da Anteile nur gesellschaftsrechtliche Beteiligungen am Kapital eines Unternehmens bezeichnen, scheiden **schuldrechtliche Rechtsbeziehungen** als Grundlage der Kapitalkonsolidierung aus. Dem Gesellschaftsrechtsverhältnis nahe Ausgestaltungen wie partiarische Darlehen oder Genußrechte sind keine Anteile, auch wenn sie einen Anteil am Gewinn des Unternehmens vermitteln.[13] Das gleiche gilt für Kapitalüberlassungen, die aufgrund Vereinbarung (z. B. Subordination) oder kraft Gesetzes (§§ 32a, 32b GmbHG) oder der Rechtsprechung[14] als eigenkapitalersetzend behandelt werden.[15] Besteht die Darlehensbeziehung zu einem einbezogenen Unternehmen, unterfällt sie der Schuldenkonsolidierung nach § 303. 19

Nicht zu den Anteilen gehören **Wandlungs-, Bezugs-** oder **Optionsrechte** auf bestehende oder zu schaffende Gesellschaftsrechte, gleichgültig, ob sie mit einer Anleihe (oder Schuldverschreibung) i. S. v. § 221 AktG verbunden sind, oder nicht. Steht dem Gesellschafter ein Ankaufs- oder Erwerbsrecht an Anteilen zu, wird festzustellen sein, ob die Anteilsrechte ihm wirtschaftlich bereits zuzurechnen sind. 20

cc) Konsolidierungspflichtige Anteile. Konsolidierungspflichtig sind im Grundsatz die Anteile, die dem Mutterunternehmen an dem Tochterunternehmen gehören. Die Anteile sind im Jahresabschluß des Mutterunternehmens z. B. unter folgenden Posten des Gliederungsschemas nach § 266 Abs. 2 ausgewiesen: Anteile an verbundenen Unternehmen (A III. 1), Beteiligungen (A III. 3), Wertpapiere des Anlagevermögens (A III. 5), Anteile an verbundenen Unternehmen im Umlaufvermögen (B III. 1) oder Sonstige Wertpapiere (B III. 3).[16] 21

Für die Konsolidierung sind alle Anteile unabhängig von dem Ausweis zu berücksichtigen. Grundsätzlich ohne Bedeutung ist auch, ob die Anteile auf Dauer gehalten werden oder zur kurzfristigen Veräußerung bestimmt sind. Liegt bei bestehender **Veräußerungsabsicht** ein Grund vor, das Tochterunternehmen ganz oder teilweise nicht zu berücksichtigen, bietet hierfür § 296 Abs. 1 Nr. 3 die Rechtsgrundlage für die (Nicht-)Einbeziehung des Tochterunternehmens, gilt aber nicht für die Festlegung der nach § 301 konsolidierungspflichtigen Anteile.[17] Es bestehen unterschiedliche Auffassungen darüber, ob dennoch die Einbeziehung auf der Grundlage des gesamten Anteilsbesitzes zu erfolgen hat. Nach einer engen Auffassung sollen Anteile nicht berücksichtigt werden, die das Mutterunternehmen nicht freiwillig hält. Der Sachverhalt kann bei Erwerb von Anteilen aufgrund eines freiwilligen oder gesetzlichen Übernahmeangebots eintreten, wenn das Mutterunternehmen die dadurch erreichte Anteilsquote nicht aufrechterhalten möchte.[18] Weitergehend wird zugelassen, die im Umlaufvermögen gehaltenen Anteile bei der Kapitalkonsolidierung unberücksichtigt zu lassen, wenn diese kurzfristig an nicht zum Konzern gehörende Dritte veräußert wer- 22

---

13 *IDW* HFA 1/1994, WPg 1994, 419.

14 BGHZ 31, 258, 268 ff; 90, 381, 388 f; 95, 192; Hachenburg/*Ulmer* GmbHG § 32a, 158 ff m. w. N.; Baumbach/Hueck § 32a, 72 ff; *Lutter/Hommelhoff* GmbHG, § 32a/b, 78 ff.

15 HdKR-*Dusemond/Weber/Zündorf* 16.

16 Beck BilKomm-*Förschle/Deubert* 10; HdKR-*Dusemond/Weber/Zündorf* 33; WP-Handbuch 2000 I M 341; ADS 12; *Baetge/Kirsch/Thiele* Konzernbilanzen 197 f.

17 ADS 13.

18 ADS 13.

den sollen.[19] Die erstgenannte Auffassung ist sehr restriktiv und kann durch die Einbeziehung von nicht dem Konzern zuzurechnenden Anteilen zu einem unzutreffenden Bild der Vermögens- und Ertragslage des Konzerns führen. Um eine willkürliche Beeinflussung der bei der Kapitalkonsolidierung zu berücksichtigenden Anteile zu verhindern, ist es sachgerecht, bei Vorliegen der Voraussetzungen von § 296 Abs. 1 Nr. 3 die konkret und ausschließlich der Veräußerungsabsicht unterliegenden Anteile nicht zu berücksichtigen.

23 **b) Anteile des Mutterunternehmens. aa) Unmittelbarer Anteilsbesitz.** Der Einbeziehung von Tochterunternehmen werden die Anteile zugrunde gelegt, die im Eigentum des Mutterunternehmens stehen. **Mutterunternehmen** ist das Unternehmen, welches den Konzernabschluß aufstellt. Es kann sich um ein sog. oberstes Mutterunternehmen handeln oder ein Mutterunternehmen, das zugleich Tochterunternehmen ist, aber selbst einen Teilkonzernabschluß aufstellt. Von Bedeutung sind die Anteile, die dem Mutterunternehmen *gehören*. „Gehören" bedeutet die zivilrechtliche Rechtsinhaberschaft an den Anteilen; es macht keinen Unterschied, ob die Anteile als Wertpapier verkörpert sind oder nicht. Ferner sind Anteile zu berücksichtigen, an denen das Mutterunternehmen das *wirtschaftliche Eigentum* innehat. Da es bei der Bilanzierung nicht nur auf das rechtliche, sondern auch auf das wirtschaftliche Eigentum ankommt (vgl. Erl. zu § 246), sind auch die beim Mutterunternehmen angesetzten, ihm aber nicht rechtlich gehörenden Anteile zu berücksichtigen. Einzubeziehen sind deswegen auch Anteile, die das Mutterunternehmen einem Dritten z. B. als Treuhänder übertragen hat, Anteile, die zur Sicherung übereignet wurden oder Anteile, die Gegenstand eines echten Pensionsgeschäfts sind, für das bestimmt wurde, daß der Pensionsgeber zu bereits festliegenden Bedingungen die Anteile zurück zu nehmen hat.[20] Bei unechten Pensionsgeschäften, die den Pensionsnehmer zur Rückgabe berechtigen, aber nicht verpflichten, kommt die Einbeziehung nicht in Betracht, da solche Anteile dem Mutterunternehmen als Pensionsgeber nicht zugerechnet werden.

24 **bb) Mittelbarer Anteilsbesitz.** Dem Mutterunternehmen werden auch diejenigen **Anteile** zugerechnet, die ihm nicht selbst gehören, aber von **Tochterunternehmen** gehalten werden, die in den Konzernabschluß einbezogen werden. Aus dem Wesen des Konzernabschlusses als der Zusammenfassung der Jahresabschlüsse des Mutterunternehmens und der Tochterunternehmen folgt, daß auch Anteile nachgeordneter Tochterunternehmen bei mehrstufigem Konzernaufbau dem Mutterunternehmen zugerechnet werden und als ihm gehörig zu betrachten sind. Dem Wortlaut von Abs. 1 S. 1 ist dies unmittelbar nicht zu entnehmen, da er nur die Berücksichtigung der dem Mutterunternehmen gehörenden Anteile vorschreibt. Art. 19 Abs. 1 S. 1 der 7. EG-Richtlinie ist offener formuliert und stellt auf die Buchwerte der Anteile oder Aktien am Kapital der einbezogenen Unternehmen ab. Auch die Verwendung des Plurals (Buchwerte, Anteile) vermag anzudeuten, daß es nicht allein auf die dem Mutterunternehmen gehörenden Anteile ankommt. Bei der Beurteilung sind verschiedene Fallgruppen zu unterscheiden: (1) Anteile an Tochterunternehmen von Tochterunternehmen, deren Anteile ausschließlich dem Mutterunternehmen gehören; (2) wie (1), aber mit Mehrheitsbeteiligung des Mutterunternehmens an dem oberen Tochterunternehmen; (3) mehrfache Anteilsbeziehung zum unteren Tochterunternehmen, wobei

---

19 HdKR-*Dusemond/Weber/Zündorf* 32; Beck HdR-*Ordelheide* C 401, 10; *Schindler* Kapitalkonsolidierung nach dem Bilanzrichtlinien-Gesetz 156.

20 ADS 14; HdKR-*Dusemond/Weber/Zündorf* 25, 27.

eine die für die Einbeziehung erforderliche Größenordnung aufweist; (4) wie (3) jedoch mit der Abweichung, daß die zur Einbeziehung erforderliche Quote nur durch Zusammenrechnen der Anteile zustande kommt; (5) wie vor, jedoch mit der Abweichung, daß das obere Tochterunternehmen anteilsmäßig (§ 310) einbezogen wird.

Über den rechtstechnischen Weg der **Zurechnung** von Anteilen, die anderen einbezogenen Unternehmen gehören, zum Mutterunternehmen herrscht keine Einigkeit. 25
Nach der wohl überwiegenden Auffassung in der Literatur gilt für die Zurechnung § 271 Abs. 1 i. V. m. § 16 Abs. 4 AktG. Danach gelten als Anteile des Mutterunternehmens auch Anteile, die von einem abhängigen Unternehmen gehalten werden. Diese Fiktion gilt in Fällen des § 290 Abs. 2 Nr. 3, da bei diesem Einbeziehungsgrund die Abhängigkeit nach § 17 AktG ebenfalls bejaht werden kann. Wird die Einbeziehung durch § 290 Abs. 2 Nr. 1 und 2 begründet, erfolgt die Zurechnung durch entsprechende Anwendung von § 290 Abs. 3. In allen Fällen ist es geboten, die Zurechnung auf die Anteile zu begrenzen, die von einbezogenen Unternehmen gehalten werden.[21] Nach einer anderen Auffassung kommt es auf die Zurechnung nach den genannten Vorschriften des HGB und AktG nicht an. Von Bedeutung sei alleine die Einbeziehung von Unternehmen in den Konzernabschluß.[22]

Stellungnahme: Die Analyse der vertretenen Standpunkte führt in der Tat zum Ergebnis, daß die rechtlichen Zurechnungsvorschriften für § 301 nicht passen. § 271 Abs. 1 i. V. m. § 16 Abs. 4 AktG hat eine, mit dem Wesen des Konzernabschlusses nicht vereinbare Funktion. Im *Jahresabschluß* geht es um das Kenntlichmachen von Vermögens- und Erfolgsverflechtungen zu bestimmten Unternehmen. Um diese für den Jahresabschluß sichtbar machen zu können, müssen die von abhängigen Unternehmen gehaltenen Anteile zugerechnet werden. Auch § 290 Abs. 3 verfolgt einen anderen Zweck. Nach dessen Regelung sollen für die Beurteilung der Frage, welche Unternehmen der Konsolidierungspflicht unterliegen (Tochterunternehmen i. S. v. § 290 Abs. 2), Rechte der Tochterunternehmen dem Mutterunternehmen zugerechnet werden. Diese Regelungen erstrecken sich auf (Tochter-)Unternehmen unabhängig von der Frage, ob diese in den Konzernabschluß einbezogen werden, so daß auch nach der oben erstgenannten Auffassung eine Einschränkung des Anwendungsbereichs erfolgen muß. Im *Ergebnis* ist somit der zweitgenannten Auffassung zuzustimmen. Die rechtlichen Zuordnungsbestimmungen sind zu unscharf und werden der für den Konzernabschluß gebotenen Abgrenzung nicht gerecht. Entscheidend ist die Zusammenfassung der Jahresabschlüsse der einbezogenen Unternehmen, §§ 297 Abs. 3, 300 Abs. 1. Dem Mutterunternehmen werden die Anteile zugerechnet, die von einbezogenen Unternehmen an nachgeordneten Unternehmen gehalten werden. Das beruht auf der Fiktion, als ob die einbezogenen Unternehmen ein einziges Unternehmen wären. Die Zurechnung hat zu berücksichtigen, mit welchen Anteilen das Mutterunternehmen an Tochterunternehmen beteiligt ist, die Anteile an weiteren Unternehmen halten. Das ist geboten, um bei mehrstufigem Konzernaufbau die Dilutionseffekte erfassen zu können. In den oben genannten Sachverhalten ist die Zuordnung bei (1) unproblematisch, in den Fällen (2) bis (4) erfolgt sie anteilig (zur Einbeziehung bei mittelbarem Anteilsbesitz Rdn. 226 ff), soweit die Voraussetzungen für ein Tochterunternehmen nach § 290 Abs. 1 oder 2 bejaht werden können. Anteile, die von nicht in den Konzernabschluß einbezogenen Unternehmen gehalten werden, sind von der Zurechnung ausgeschlossen. Das führt dazu, daß auch Anteile, die von solchen Unternehmen an anderen Unternehmen gehalten werden, nicht berücksichtigt werden dürfen. Das gilt auch

---

[21] Beck BilKomm-*Förschle/Deubert* 13; ADS 17, 18; Beck-HdR-*Ordelheide* C 401, 11.

[22] HdKR-*Dusemond/Weber/Zündorf* 25; kritisch *Roß* WPg 1995, 617, 622.

im Falle der *assoziierten Unternehmen*, die nach §§ 311, 312 bewertet, aber nicht in den Konzernabschluß einbezogen werden.

26 Werden Anteile von einem **anteilsmäßig einbezogenen Unternehmen** gehalten, greifen die Zuordnungsnormen (§ 271 Abs. 1, § 16 Abs. 4 AktG, § 290 Abs. 3) grundsätzlich nicht.[23] Nach der hier vertretenen Auffassung ist für die Zurechnung dieser Anteile zum Mutterunternehmen zu unterscheiden. Anteile des nach § 310 in den Konzernabschluß einbezogenen Gemeinschaftsunternehmens an anderen Unternehmen, an denen das Mutterunternehmen oder ein anderes einbezogenes Unternehmen nicht über Anteile verfügen, die zur Einbeziehung oder anteilsmäßigen Einbeziehung verpflichten oder berechtigen, können dem Mutterunternehmen zwar anteilig zugerechnet werden. Die Zurechnung führt nicht zur Verstärkung eines Beteiligungsverhältnisses, das zu diesen Unternehmen unmittelbar von einbezogenen Unternehmen aus besteht. Eine Addition der Beteiligungsquote für Zwecke der zu treffenden Beurteilung der Anteilsbeziehung (Vollkonsolidierung, anteilsmäßige Konsolidierung, Bewertung als assoziiertes Unternehmen oder als Beteiligung oder Anteil) findet nicht statt, die aus Sicht des Mutterunternehmens unverändert bleibt. Liegen die Voraussetzungen dafür vor, daß das Unternehmen, an dem das Gemeinschaftsunternehmen Anteile hält, in dessen Konzernabschluß einbezogen werden kann, verbleibt es für den Konzernabschluß des Mutterunternehmens bei der anteilsmäßigen Einbeziehung des konsolidierten oder anteilsmäßig einbezogenen Unternehmens. Sind aus der Sicht des Konzerns die Voraussetzungen für die Einbeziehung des nachgelagerten Unternehmens in den Konzernabschluß als Tochterunternehmen oder als anteilmäßig konsolidiertes Unternehmen gegeben, können die von dem Gemeinschaftsunternehmen gehaltenen Anteile anteilig berücksichtigt werden. Der dem Konzern zuzurechnende Anteil der Beteiligung an dem weiteren Tochterunternehmen verstärkt den dem Mutterunternehmen gehörenden Anteil; der Anteil anderer Gesellschafter vermindert sich entsprechend[24] (§ 307, 15 und 49 ff). Die Berücksichtigung der von anteilsmäßig konsolidierten Unternehmen gehaltenen Anteile wird kritisiert mit der Frage, ob von Gemeinschaftsunternehmen gehaltene Anteile als dem Mutterunternehmen *gehörend* qualifiziert werden dürfen.[25] Nach der hier vertretenen Auffassung kommt es auf die, die rechtlichen Zuordnungsvorschriften interpretierende Auslegung nicht an. Von Bedeutung ist, daß die von anteilsmäßig einbezogenen Unternehmen gehaltenen Vermögensgegenstände und Schulden anteilig in den Konzernabschluß übernommen werden dürfen (§ 310 Abs. 1 und 2). Es ist nicht konsequent, die sich hieraus ergebenden Folgerungen für die übernommenen Vermögensgegenstände und Schulden zu verneinen. Die Berücksichtigung der Anteile steht sowohl mit dem Einheitsgrundsatz (§ 297 Abs. 3 S. 1) als auch mit der Generalklausel für den Konzernabschluß (§ 297 Abs. 2 S. 2) im Einklang.[26] Im Falle (5) darf die anteilsmäßige Zurechnung stattfinden.

27 **c) Anteile an einbezogenen Tochterunternehmen.** Abs. 1 findet Anwendung auf Anteile an den **einbezogenen** Tochterunternehmen. Damit sind diejenigen Unternehmen gemeint, die nach § 301 vollkonsolidiert werden. Aufgrund der Verweisung des § 310 Abs. 2 sind Unternehmen, die anteilsmäßig konsolidiert werden, entsprechend den gleichen Regelungen einzubeziehen. Daraus ergibt sich im Umkehrschluß, daß

---

[23] Beck HdR-*Ordelheide* C 401, 11; insoweit inkonsequent ADS 20.

[24] HdKR-*Dusemond/Weber/Zündorf* 26; ADS 20; *Busse v. Colbe/Ordelheide* Konzernabschlüsse 294.

[25] *Roß* WPg 1995, 617, 621.

[26] ADS 20.

Anteile an Unternehmen, die nach §§ 311, 312 als assoziierte Unternehmen „at equity" oder als andere Unternehmen „at cost" bewertet werden, nicht als Anteile einbezogener Unternehmen gelten.

Von Bedeutung sind nur **Anteile an Tochterunternehmen**. Eigene Anteile am Mutterunternehmen, die dieses selbst oder eines der Tochterunternehmen hält, dürfen nicht verrechnet werden. Für solche Anteile gelten die Sonderregelungen in Abs. 4 (Rdn. 156 ff). 28

Eine vergleichbare Regelung wurde für **eigene Anteile** an Tochterunternehmen nicht vorgesehen; sie würde ausschließen, die Anteile in die Kapitalkonsolidierung einzubeziehen. Eigene Anteile an Tochterunternehmen können je nach Verwendungszweck einen unterschiedlichen Charakter aufweisen: Korrekturposten zum Eigenkapital oder Vermögensgegenstand. Eigene Anteile, die zum Zweck der Einziehung erworben wurden oder die vom Tochterunternehmen auf Dauer gehalten werden, weisen i. d. R. den Charakter eines *Korrekturpostens zum Eigenkapital*[27] auf. Sie werden mit der Rücklage für eigene Anteile verrechnet, die i. d. R. einen gleich hohen Betrag aufweist, wie die Anteile. Die Anteile werden im übrigen bei der Verrechnung nach Abs. 1 S. 1 nicht berücksichtigt. Werden die eigenen Anteile demgegenüber als *Vermögensgegenstand* behandelt, da sie z. B. als Gegenleistung für eine Akquisition oder zur Beteiligung der Mitarbeiter an der Gesellschaft ausgegeben werden sollen, wird der Bilanzansatz der eigenen Anteile in den Konzernabschluß übernommen. Gleiches gilt für die nach § 272 Abs. 4 gebildete Rücklage für eigene Anteile. Diese Rücklage ist nicht Bestandteil des konsolidierungspflichtigen Eigenkapitals des Tochterunternehmens; ein auf andere Gesellschafter entfallender Teil der Rücklage ist in den Ausgleichsposten für Anteile anderer Gesellschafter umzubuchen.[28] Der Ausweis der eigenen Anteile in der Konzernbilanz folgt den allgemeinen Vorschriften, § 298 Abs. 1 i. V. m. § 266 Abs. 2 B II. 4 und III. 2. Da diese Anteile eine materiell andere Funktion haben als die nach Abs. 4 anzusetzenden eigenen Anteile an dem Mutterunternehmen und zudem keine Beziehung zu dem in der Konzernbilanz ausgewiesenen gezeichneten Kapital des Mutterunternehmens haben, sollte der Ausweis unter entsprechender Kennzeichnung erfolgen.[29] Der Ansatz eigener Anteile eines erworbenen Unternehmens soll nach DRS 4 untersagt werden; die Anteile sind mit dem Eigenkapital des betreffenden Unternehmens zu verrechnen.[30] 29

d) Wertansatz der Anteile des Mutterunternehmens. aa) Anschaffungskosten. Einer der beiden wesentlichen Parameter für die Konsolidierung ist der Wertansatz der Anteile an dem einbezogenen Tochterunternehmen. Maßgebend ist der **Wertansatz** *bei Erwerb* oder zum *Zeitpunkt der erstmaligen Einbeziehung*. Die Anteile an den einbezogenen Tochterunternehmen sind bei der Erstkonsolidierung grundsätzlich mit ihren Anschaffungskosten anzusetzen, Anschaffungsnebenkosten sind zu berücksichtigen. Wurden die Anteile gemeinsam mit anderen Vermögensgegenständen und Rechten erworben, richtet sich der Wertansatz nach dem den Anteilen zuzuordnenden Teilbetrag der Gesamtanschaffungskosten; es gelten die allgemeinen Grundsätze über die Bestimmung von Anschaffungskosten (Erl. zu § 255). 30

[27] WP-Handbuch 2000 I M 413; ADS 23; *Busse v. Colbe/Ordelheide* Konzernabschlüsse 295; *v. Wysocki/Wohlgemuth* Konzernrechnungslegung 133 ff.

[28] WP-Handbuch 2000 I M 418; ADS 24; a. A. *Busse v. Colbe/Ordelheide* Konzernabschlüsse 297.

[29] WP-Handbuch 2000 I M 418; ADS 25.

[30] DRS 4, Rdn. 22 mit Anhang A 6; *Fülbier* DB 2000, 1341, 1343; *Peemöller/Beckmann/Geiger* BB 2000, 1080, 1082.

31 **Besonderheiten:** Wurden die Anteile zu *verschiedenen Zeitpunkten* oder verschiedenen *Anschaffungskostenbeträgen* erworben, sind die jeweiligen Teilbeträge zusammen zu rechnen. Darüber hinaus sind *nachträgliche* Anschaffungskosten zu berücksichtigen, wie sie bei Kapitalerhöhungen, Einlagen in die Rücklagen eines Tochterunternehmens oder Zuschüssen entstehen können. Bei der Kapitalerhöhung kommen *Bar-* oder *Sacheinlagen* in Betracht. Werden Sacheinlagen gewährt, ist es handelsrechtlich zulässig, den Buchwert(saldo) der eingebrachten Vermögensgegenstände als Anschaffungskosten der infolge der Einlage erlangten Anteile fortzuführen. Im Jahresabschluß des einbringenden Unternehmens werden stille Reserven aus dem eingebrachten Vermögen auf die Anteile an dem Unternehmen übertragen, welches dieses Vermögen übernimmt (vgl. Rdn. 205). Das gleiche kann der Fall sein, wenn die Beteiligung an dem einbezogenen Unternehmen im *Tausch* gegen andere Vermögensgegenstände des Mutterunternehmens erlangt und auch hier der Wertansatz der erworbenen Beteiligung auf der Grundlage der Buchwerte des weggegebenen Vermögens gewählt wurde. Insbesondere der letztgenannte Fall kann zum Entstehen eines passiven Unterschiedsbetrags aus der Kapitalkonsolidierung führen (Rdn. 145 ff sowie § 309, 55 ff). Hier fragt sich, ob der Kapitalkonsolidierung bei Verwendung des Anteilsbuchwerts aus dem Jahresabschluß des Mutterunternehmens überhaupt ein zutreffender Wert zugrunde gelegt wurde. Unter wirtschaftlicher Betrachtungsweise führt die Fortführung eines niedrigen Buchwerts der Anteile aus Konzernsicht zu einem niedrigeren aktiven oder gegebenenfalls sogar zu einem passiven Unterschiedsbetrag. Dieser beeinflußt das Konzernergebnis durch die Höhe der Abschreibungen oder Auflösungsbeträge mit der Folge, daß ein höheres Konzernergebnis ausgewiesen wird. Gleiches würde gelten, wenn ein passiver Unterschiedsbetrag nach § 309 Abs. 2 Nr. 2 erfolgswirksam als Gewinn ausgewiesen würde. Beide Effekte beeinträchtigen die Darstellung der Vermögens- und Ertragslage des Konzerns, da ein Gewinn aus der Zeit vor der Einbeziehung des Tochterunternehmens mittelbar als positives Konzernergebnis dargestellt werden kann. Dieser Effekt wird in der internationalen Rechnungslegung dadurch vermieden, daß eine nicht in Zahlungsmitteln oder Zahlungsmitteläquivalenten erbrachte Gegenleistung mit dem beizulegenden Wert (fair value) anzusetzen sind.[31] Nach deutschem Recht hat das Mutterunternehmen das Recht, Bewertungswahlrechte im Konzernabschluß unabhängig von deren Ausübung im Jahresabschluß auszuüben, § 308 Abs. 1 S. 2. Im Hinblick auf die negativen Auswirkungen auf die Darstellung der Lage des Konzerns wird das Mutterunternehmen als verpflichtet anzusehen sein, in solchen Fällen von diesem Wahlrecht Gebrauch zu machen.[32] Ein derartiger Vorgang bietet keinen Anlaß, den sich aus dem Tausch ergebenden Gewinn nach den Regelungen über die Eliminierung von Zwischengewinnen heraus zu rechnen. Ein Tausch mit einem Konzernfremden verpflichtet nach Wortlaut und Sinn nicht zur Anwendung von § 304; eine entsprechende Anwendung der Vorschrift infolge des inneren Zusammenhangs zwischen der Gewinnrealisierung durch Hingabe eines Vermögensgegenstands und dem Erwerb der Anteile an dem einzubeziehenden Unternehmen ist auch unter Beachtung des Einheitsgrundsatzes (§ 297 Abs. 3 S. 1) nicht geboten.

32 Erfolgte eine **konzerninterne Übertragung** von Anteilen an einem erstmals einbezogenen Unternehmen zwischen bereits zuvor in den Konzernabschluß einbezogenen Unternehmen, sind die Anschaffungskosten bei der Konsolidierung nicht die Wert-

[31] IASC, IAS 22.22; dazu *Baetge/Siefke* Rechnungslegung nach International Accounting Standards IAS 786.

[32] Im Ergebnis gleichlautend HdKR-*Dusemond/Weber/Zündorf* 35.

ansätze, wie sie aus dem Jahresabschluß übernommen werden, sondern die Wertansätze aus einer Handelsbilanz II, wie sie sich nach Aufdecken und Zuordnung von stillen Reserven bei der Erstkonsolidierung des Tochterunternehmens ergeben.[33]

bb) Anschaffungskosten bei Übertragungen im Konzern. Wurde der Wertansatz der Anteile durch konzerninterne Übertragungen beeinflußt, sind **Konzernanschaffungskosten** anzusetzen. Das gilt bei Erwerb der Anteile von einem anderen einbezogenen Unternehmen und wenn Anteile infolge einer Kapitalerhöhung gegen Sacheinlagen entstanden sind (dazu Rdn. 31). Wurden Anteile zwischen in den Konzernabschluß einbezogenen Unternehmen übertragen, sind Zwischenergebnisse nach § 304 Abs. 1 zu eliminieren. Die Verrechnung des Anteilswerts bei der Einbeziehung nach der Veräußerung erfolgt mit dem Betrag, zu dem das veräußernde Unternehmen die Anteile angesetzt hatte und die Verrechnung vorgenommen wurde. 33

Sind die Anteile infolge einer **Sacheinlage** in das Tochterunternehmen entstanden, sind Zwischenergebnisse herauszurechnen. Sie entstehen bei einer Kapitalerhöhung gegen Sacheinlagen, wenn die übertragenen Vermögensgegenstände, Schulden und anderen Posten bei der aufnehmenden Gesellschaft mit dem beizulegenden Wert angesetzt werden oder wenn das einbringende Mutterunternehmen die Anteile nicht mit dem Buchwertsaldo des übertragenen Vermögens ansetzt, sondern mit dem Zeitwert der Beteiligung.[34] Die übertragenen Vermögensgegenstände und Schulden sind nach § 304 Abs. 1 mit den Konzernanschaffungskosten anzusetzen, wodurch das Eigenkapital des Tochterunternehmens verringert wird. Zugleich ist der Wertansatz des Anteils erfolgsneutral abzustocken, und zwar entsprechend der Höhe des Saldo der Buchwerte der übertragenen Aktiva und Passiva; der höhere Wertansatz resultiert aus einer aus Konzernsicht nicht zulässigen Zuschreibung. Infolge dieser Korrekturen wird der Wertansatz des Anteils und des übertragenen Vermögens auf Buchwertbasis miteinander verrechnet; durch die Entstehung infolge der Sacheinlage des einbringenden Mutterunternehmens ergibt sich kein Unterschiedsbetrag.[35] 34

cc) Ansatz niedrigerer Werte. Der Buchwert eines Anteils kann auf einen **niedrigeren Wert** abgeschrieben worden sein. Dafür können ursächlich sein eine Abschreibung (Wertberichtigung) wegen einer möglicherweise vorübergehenden oder dauerhaften Wertminderung (§§ 298 Abs. 1 i.V.m. § 253 Abs. 2 S. 3), wegen niedrigerer Stichtagswerte oder zukünftiger Wertschwankungen bei Anteilen, die im Umlaufvermögen ausgewiesen werden (§ 298 Abs. 1 i.V.m. § 253 Abs. 3) oder wegen des Ansatzes von niedrigeren Wertansätzen, die nur nach steuerlichen Vorschriften zulässig sind (§ 298 Abs. 1 i.V.m. § 254, 279 Abs. 2). Abschreibungen auf einen nach vernünftiger kaufmännischer Beurteilung angemessenen Wertansatz (§ 253 Abs. 4) sind im Konzernabschluß nach den Vorschriften des HGB nicht zulässig, da sie im Jahresabschluß einer großen Kapitalgesellschaft nicht vorgenommen werden dürfen, §§ 298 Abs. 1, 279 Abs. 1. In einem nach PublG aufgestellten Konzernabschluß dürfen nach jener Vorschrift vorgenommene Abschreibungen beibehalten werden, § 13 Abs. 3 S. 1 PublG.[36] Nicht mit dem nach § 308 Abs. 1 maßgeblichen Recht des Jahresabschlusses des Mutterunternehmens und der einheitlichen Anwendung der Bewertungsmethoden vereinbare Maßnahmen sind in einer Handelsbilanz II zu berichtigen. 35

---

[33] ADS 30.

[34] ADS 31 f; HdKR-*Dusemond/Weber/Zündorf* 36.

[35] Zur technischen Umsetzung ergeben sich unterschiedliche Auffassungen bei ADS 32 und HdKR-*Dusemond/Weber/Zündorf* 36.

[36] ADS 34.

36 Fraglich ist, ob und inwieweit solche **Abschreibungen** den für die Konsolidierung maßgeblichen Wertansatz beeinflussen. Auf den Wertansatz bei Erstkonsolidierung können sich nur Abschreibungen auswirken, die *vor dem Stichtag* der Einbeziehung des Tochterunternehmens veranlaßt und vorgenommen wurden. In Betracht kommen im Einzelfall auch Abschreibungen aus Gründen, die nach dem Erwerb der Anteile, aber vor dem maßgeblichen Stichtag der Einbeziehung (vgl. Abs. 2 S. 1) eingetreten sind.[37] Die Notwendigkeit der Rücknahme von Abschreibungen wird in der Literatur unterschiedlich beurteilt. Zum einen wird es als Gebot aus der Erwerbsfiktion verstanden, Wertberichtigungen auf die zu konsolidierenden Anteile rückgängig zu machen, da nur dadurch der Konzernerfolg zutreffend dargestellt würde.[38] Diese Auffassung wird für dauerhafte Wertminderungen bestritten. Die Rücknahme einer Abschreibung führte im Konzernabschluß zu einem Ertrag, der aber i. d. R. zum Ansatz höherer Unterschiedsbeträge (Zuordnung stiller Reserven/Lasten) und dem Entstehen eines Geschäfts- oder Firmenwerts führen könnte, der bei andauernder Ertraglosigkeit des einbezogenen Tochterunternehmens jedoch sofort erfolgswirksam abzuschreiben wäre.[39] Der letztgenannten Auffassung ist zuzustimmen. Allein sie steht mit Wortlaut und Sinn von § 301 Abs. 1 S. 1 und Abs. 2 S. 1 im Einklang, der die Verrechnung auf der Grundlage des Wertansatzes der Anteile je nach Ausübung des gegebenen Wahlrechts zum Zeitpunkt des Erwerbs oder der erstmaligen Einbeziehung vorsieht. Danach sind die zu diesem Zeitpunkt angesetzten oder beizumessenden Wertansätze maßgeblich. Eine solche Interpretation steht im Einklang mit der Erwerbsfiktion, die ebenfalls nicht allein auf den Zeitpunkt des Zugangs der Anteile, sondern auf den Zeitpunkt der erstmaligen Einbeziehung abstellt.

37 Wertberichtigungen, die **nach** dem Zeitpunkt der **Erstkonsolidierung** vorgenommen werden, dürfen das Konzernergebnis nicht belasten und sind dem Konzernergebnis erfolgserhöhend hinzu zu rechnen.[40] Anderenfalls ergibt sich eine Mehrfacherfassung desselben Sachverhalts im Konzernabschluß, da die zur Wertberichtigung führenden Ereignisse sich auf das Ergebnis des Tochterunternehmens bereits ausgewirkt haben.

38 Niedrigere Wertansätze, die auf der Anwendung von Abschreibungsmöglichkeiten nach **steuerlichen Vorschriften** beruhen, dürfen im Konzernabschluß fortgeführt werden, § 308 Abs. 3 S. 1. Die Regelung ist auch auf konsolidierungspflichtige Anteile anzuwenden, auch wenn sie ihrem Wesen nach hierauf nicht paßt. Wurde der Wertansatz gemindert, folgt daraus eine wesentliche Auswirkung auf die Wertansätze für die aus dem Jahresabschluß des Tochterunternehmens zu übernehmenden Aktiva und Passiva hinsichtlich deren Ansatz (z.B. Geschäfts- oder Firmenwert) und deren Bewertung. Die Praxis behilft sich in diesen Fällen mit der Empfehlung, die steuerlich veranlaßte Sonderabschreibung (z. B. nach § 6b EStG) als Sonderposten mit Rücklageanteil zu passivieren, so daß der aktive Wertansatz des Anteils für die Verrechnung nach Abs. 1 ungemindert bleibt.[41] Diese Lösung vermag zwar in der praktischen Anwendung zu befriedigen, sie ist jedoch rechtlich und wirtschaftlich nicht vertretbar. Die Umgliederung des Abschreibungsbetrags in den Sonderposten und dessen Fortführung nach Einbeziehung des Tochterunternehmens in den Konzernabschluß unterstellt die Fortführbarkeit dieses Betrags unabhängig vom Schicksal des Aktivpostens.

---

[37] *IDW* SABI 2/1988, WPg 1988, 622; HdKR-*Dusemond/Weber/Zündorf* 38.
[38] HdKR-*Dusemond/Weber/Zündorf* 38.
[39] ADS 35; Beck BilKomm-*Förschle/Deubert* 20; WP-Handbuch 2000 I M 342.
[40] *Baetge/Kirsch/Thiele* Konzernbilanzen 198.
[41] ADS 36; Beck BilKomm-*Förschle/Deubert* 20; WP-Handbuch 2000 I M 343; HdKR-*Dusemond/Weber/Zündorf* 39.

Dieser scheidet jedoch infolge der Konsolidierung aus dem Konzernabschluß aus; spätestens zu diesem Zeitpunkt ist der Sonderposten nach §§ 298 Abs. 1 i.V.m. 281 Abs. 1 S. 3 aufzulösen. Eine Veränderung der Zuordnung als Sonderposten mit Bezug auf das Vermögen des Tochterunternehmens scheitert an § 308 Abs. 3. Der Ansatz der Anteile an einem einbezogenen Unternehmen zu einem nach steuerlichen Vorschriften geminderten Wert erscheint auch im Hinblick auf die Grundsätze der Erwerbsmethode fragwürdig. Die Vornahme steuerlich motivierter Abschreibungen steht in Widerspruch zur Erwerbsmethode; die Ausnahme, die die Übernahme solcher Wertansätze in die Konzernbilanz zuläßt (§ 308 Abs. 3), findet ihrem Wortlaut nach auf Anteile, die der Verrechnung unterliegen und deswegen in der Konzernbilanz überhaupt nicht anzusetzen sind, keine Anwendung. Nach der hier vertretenen Auffassung dürfen niedrigere Wertansätze der Anteile an dem einbezogenen Tochterunternehmen, die nur auf steuerlich begründeten Abschreibungen beruhen, der Verrechnung nicht zugrunde gelegt werden.

e) **Ausstehende Einlagen** eines einbezogenen Tochterunternehmens können den **39**
Charakter eines Korrekturpostens zum Eigenkapital aufweisen, wenn sie nicht eingefordert wurden, oder eine Forderung auf Leistung gegenüber dem Gesellschafter darstellen. Der Wertansatz des Anteils wird korrespondierend beeinflußt. Eine nicht eingeforderte Einlage ist beim Mutterunternehmen nicht angesetzt. Der Wertansatz wird nur durch die tatsächlichen Anschaffungskosten des Anteils bestimmt. Wird die Einlage eingefordert, verändert sich der Wertansatz, sobald die Einlageverpflichtung nicht mehr als schwebendes und darum nicht bilanzierungsfähiges Geschäft anzusehen ist, um den eingeforderten Betrag. Der erhöhte Wertansatz des Anteils ist der Konsolidierung zugrunde zu legen. Die zwischen den einbezogenen Unternehmen bestehende Forderung und Verbindlichkeit aus dem Einlagevorgang werden durch die Schuldenkonsolidierung nach § 303 Abs. 1 herausgerechnet. Zur Behandlung ausstehender Einlagen beim Tochterunternehmen Rdn. 46.

3. Ansatz des Eigenkapitals des Tochterunternehmens (Abs. 1 S. 2)

a) **Grundlagen.** Der Betrag des Eigenkapitals des einbezogenen Tochterunter- **40**
nehmens ist die zweite Verrechnungsgröße bei der Kapitalkonsolidierung. Für die Konsolidierung sieht Abs. 1 S. 2 eigenständige Ermittlungsvorschriften mit dem Recht zur Wahl zwischen zwei Methoden vor. Das Eigenkapital eines einbezogenen Unternehmens ist im Grundsatz eine Saldogröße, die sich nicht aus einer selbständigen Bewertung des Eigenkapitals ergibt. Es wird beeinflußt durch die Wahl des Wertansatzes der in den Konzernabschluß aufzunehmenden Vermögensgegenstände, Schulden und anderen Posten. Für deren Wertansatz läßt S. 2 Nr. 1 die Bewertung mit dem *Buchwert* oder S. 2 Nr. 2 die Bewertung mit dem den Aktiva und Passiva am gewählten Stichtag der Erstkonsolidierung *beizulegenden Wert* zu. Der durch diese Bewertung ermittelte Betrag des Eigenkapitals ist anteilig Gegenstand der Verrechnung mit dem Wertansatz des Anteils an dem Tochterunternehmen und damit Ausgangspunkt der weiteren Verwendung des entstehenden oder verbleibenden Unterschiedsbetrags.

b) **Abgrenzung des Eigenkapitals.** Der in Abs. 1 S. 1 und 2 verwendete Begriff **41**
des Eigenkapitals des Tochterunternehmens wirft die Frage auf, ob damit das Eigenkapital als bilanzrechtliche Kategorie des § 266 Abs. 3 (Passivseite) A gemeint ist oder als betriebswirtschaftlicher Begriff, der losgelöst von einer bilanziellen Gliederungssystematik verstanden werden kann. Die Frage geht einher mit der **Methode** der Ermittlung des maßgeblichen Eigenkapitalbetrags, die z.B. auch als *progressive (indi-*

rekte) oder *retrograde (direkte)* Ermittlungsmethode bezeichnet wird.[42] Der Wortlaut des Gesetzes läßt die Methode offen, auch wenn die Bestimmung des Eigenkapitals als Residualgröße aus dem Wertansatz von Aktiva und Passiva nach jeweils definierten Methoden für eine progressive (indirekte) Ermittlung zu sprechen scheint; anderenfalls hätte die Bestimmung des Eigenkapitals durch Verweisung auf die in § 266 Abs. 3 A vorgesehenen Eigenkapitalposten – insbesondere bei der Buchwertmethode – genügt.[43] Letztendlich kann diese Problematik offen bleiben, da die bei einer progressiven (indirekten) Ermittlung des Eigenkapitalbetrags sonst gegebenen Einschätzungsspielräume durch den Bewertungsrahmen in Abs. 1 S. 2 Nr. 1 oder durch Abs. 1 S. 4 hinreichend eingegrenzt werden.

42 Das Eigenkapital ist auf den nach Abs. 2 gewählten Stichtag zu ermitteln. Ausgehend von einer retrograden (direkten) Ermittlung gehört dazu das Eigenkapital im Sinne von § 247 Abs. 1 einschließlich eines gegebenenfalls vorhandenen Ergebnisvortrags aus dem Vorjahr sowie des Jahresergebnisses des laufenden Geschäftsjahres. Zur zeitlichen Abgrenzung Rdn. 116 ff. Eine Kapitalgesellschaft als einbezogenes Unternehmen hat in ihrem Jahresabschluß das Eigenkapital nach den in § 266 Abs. 3 (Passivseite) A bezeichneten **Posten** zu gliedern. Zum Eigenkapital gehören das gezeichnete Kapital, die Kapitalrücklage, die Gewinnrücklagen (zusammengesetzt aus gesetzlichen, satzungsmäßigen und anderen Rücklagen), ein Gewinn-/Verlustvortrag aus dem Vorjahr sowie der Jahresüberschuß/-fehlbetrag.[44] Bei vollständiger oder teilweiser Ergebnisverwendung kann an Stelle dieser Posten ein Bilanzgewinn/-verlust treten. Ebenfalls zum Eigenkapital gehören Vermögensmehrungen oder -minderungen infolge der Anwendung der einheitlichen Ansatz- und Bewertungsgrundsätze nach §§ 300, 308.[45]

43 Verfügt das einbezogene Tochterunternehmen über **eigene Anteile**, ist in dessen Jahresabschluß eine Rücklage für eigene Anteile zu bilden, § 272 Abs. 4. Die Übernahme und Fortführung dieser Rücklage hängt von der Funktion der eigenen Anteile des Tochterunternehmens ab. Sind diese zum dauerhaften Verbleib bestimmt, gelten sie als Korrekturposten zum Eigenkapital; der Wertansatz für die Anteile ist mit dem i. d. R. gleich hohen Ansatz der Rücklage zu verrechnen[46] (Rdn. 29 ff). Werden die Anteile als Umlaufvermögen in die Konzernbilanz übernommen, ist die Rücklage für eigene Anteile fortzuführen. Sie ist in diesem Fall kein Bestandteil des konsolidierungspflichtigen Eigenkapitals des Tochterunternehmens.[47]

43a Ist das Tochterunternehmen hingegen am Mutterunternehmen beteiligt (sog. **Rückbeteiligung**), bestimmt Abs. 4 S. 1, daß diese Anteile als Umlaufvermögen im Konzernabschluß angesetzt werden müssen. Strittig ist, ob hierfür eine Rücklage für eigene Anteile gebildet oder die bei dem Tochterunternehmen gebildete Rücklage in den Konzernabschluß zu übernehmen ist. Nach einer Auffassung ist die für die eigenen Anteile gebildete Rücklage in die Kapitalkonsolidierung einzubeziehen; sie muß in der Konzernbilanz nicht erneut gebildet werden.[48] Die überwiegende Auffassung verneint die Berücksichtigung dieser Rücklage bei der Konsolidierung und plädiert für die Übernahme in die Konzernbilanz, sieht aber ebenfalls keine Notwendigkeit, eine nicht gebildete Rücklage in der Konzernbilanz neu zu bilden.[49] Die Würdigung der beiden

---

[42] HdKR-*Dusemond/Weber/Zündorf* 41, vergleichbar Beck BilKomm-*Förschle/Deubert* 31.

[43] A. M. *Biener/Berneke* BiRiLiG 332.

[44] Zu den Posteninhalten vgl. Erl. zu §§ 266 und 272 HGB.

[45] HdKR-*Dusemond/Weber/Zündorf* 45; ADS 48, 49.

[46] *Baetge/Kirsch/Thiele* Konzernbilanzen 199 f.

[47] ADS 24; WP-Handbuch 2000 I M 419; *Baetge/Kirsch/Thiele* Konzernbilanzen 199 f.

[48] Beck BilKomm-*Förschle/Deubert* 35.

[49] ADS 211 ff; WP-Handbuch 2000 I M 417.

Auffassungen führt dazu, den auf angesetzte eigene Anteile entfallenden Teil des Eigenkapitals in die Kapitalverrechnung nicht einzubeziehen. Ist den Anteilen aus Sicht des Konzerns ein Wert beizumessen, dienen sie mittelbar der Kapitaldeckung. Die Rücklage für eigene Anteile hat die Funktion, der Kapitalerhaltung zum Zwecke des Gläubigerschutzes zu dienen. Auch wenn dies nicht der Funktion des Konzernabschlusses entspricht, wird gezeigt, daß durch Bildung der Rücklage Vermögen der Gesellschaft z. B. gegen Ausschüttungen gesichert und gebunden ist. Gleichwohl handelt es sich um Eigenkapital der Gesellschaft. Zur Bildung einer Rücklage für eigene Anteile in der Konzernbilanz vgl. Rdn. 162.

Ein **nicht durch Eigenkapital gedeckter Fehlbetrag** des Tochterunternehmens nach § 268 Abs. 3, ist bei der Konsolidierung zu berücksichtigen. Der Posten hat den Charakter von negativem Eigenkapital. Der auf der Aktivseite des Tochterunternehmens angesetzte Betrag ist dem Wertansatz des zu konsolidierenden Anteils hinzu zu setzen.[50] 44

Sind im Jahresabschluß des einbezogenen Tochterunternehmens **Sonderposten mit Rücklageanteil** gebildet worden, kann ebenfalls Interesse daran bestehen, diese zum Eigenkapital zu zählen. Sonderposten mit Rücklageanteil dürfen als Passivposten für Zwecke der Steuern vom Einkommen oder Ertrag gebildet werden, § 247 Abs. 3; nach dem Recht eines nach HGB zur Aufstellung des Konzernabschlusses verpflichteten Mutterunternehmen jedoch nur, wenn das Steuerrecht die Bildung des Postens bei der steuerlichen Gewinnermittlung davon abhängig macht, daß der Posten auch in der Handelsbilanz gebildet wurde, § 273. Ferner dürfen als Sonderposten auch die nach steuerlichen Vorschriften begründeten (Sonder-)Abschreibungen als passiver Wertberichtigungsposten ausgewiesen werden. Durch ihre steuerrechtliche Fundierung weisen diese Posten *Mischcharakter* auf, und zwar teilweise Eigenkapitalcharakter und teilweise Fremdkapitalcharakter (Rückstellung für Steuern vom Einkommen und Ertrag). Im Hinblick hierauf und auf die Fremdartigkeit dieses Postens im Konzernabschluß war vorgeschlagen worden, Sonderposten nicht anzusetzen und sie statt dessen entsprechend ihrem materiellen Charakter zuzuordnen.[51] Nach §§ 300 Abs. 1 S. 2, 308 Abs. 3 S. 1 besteht jedoch das Wahlrecht, Sonderposten in die Konzernbilanz zu übernehmen. Wird von diesem Recht Gebrauch gemacht, ist der Posten anzusetzen; eine Zurechnung zum Eigenkapital des Tochterunternehmens ist ausgeschlossen.[52] Erfolgt die Auflösung des Postens in der Handelsbilanz II, ist der Posten entsprechend seinem Charakter aufzuteilen. Der dem Eigenkapitalanteil entsprechende Betrag erhöht das Eigenkapital des Tochterunternehmens und ist bei der Konsolidierung zu berücksichtigen; für den Fremdkapitalanteil (Steueranteil) sind latente Steuern abzugrenzen, §§ 298 Abs. 1 i. V. m. 274. 45

Sind auf das gezeichnete Kapital des Tochterunternehmens noch nicht alle Einlagen geleistet, werden **ausstehende Einlagen** nach § 272 Abs. 1 S. 2 oder 3 ausgewiesen. Sind diese eingefordert, wird das Kapital unter Berücksichtigung der Einlage ausgewiesen, es erhöht die Verrechnungsbasis auf seiten des Tochterunternehmens bei der Konsolidierung.[53] Die aktivierte Forderung ist mit der entsprechenden Verbindlichkeit des Mutterunternehmens nach § 303 zu verrechnen; handelt es sich um Forderungen gegenüber anderen Gesellschaftern, ist die Forderung im Konzernabschluß auszu- 46

[50] ADS 53; HdKR-*Dusemond/Weber/Zündorf* 57.
[51] HdKR-*Dusemond/Weber/Zündorf* 58 m. w. N.
[52] H.M. WP-Handbuch 2000 I M 346; *Baetge/Kirsch/Thiele* Konzernbilanzen 200; ADS 54; Beck BilKomm-*Förschle/Deubert* 39.
[53] HdKR-*Dusemond/Weber/Zündorf* 52; *Baetge/Kirsch/Thiele* Konzernbilanzen 199 f.

weisen. Ein Ausweis einer Forderung gegen ein anderes einbezogenes Unternehmen auf Leistung der Einlage kommt nicht in Betracht. Ist die Einlage nicht eingefordert, ist der Aktivposten wie ein Korrekturposten zum Eigenkapital zu behandeln. Es empfiehlt sich, diese mit dem gezeichneten Kapital zu verrechnen (Rdn. 39).[54] Sind zur Einlage indes auch andere Gesellschafter verpflichtet, wird insoweit der Ausweis der Einlageforderung als zulässig angesehen, da in diesem Fall Eigenkapitalzuflüsse in den Konzern erwartet werden können.[55]

47 Die Ermittlung des Eigenkapitals von **Personengesellschaften** kann Besonderheiten bei der Abgrenzung der zum Eigenkapital gehörenden Teilbeträge erforderlich machen. Das Eigenkapital einer Personengesellschaft ist nach § 247 Abs. 1 in der Bilanz der Gesellschaft gesondert auszuweisen; die Gliederungsvorschriften der § 266 Abs. 3 (Passivseite) A gelten nur für bestimmte Personengesellschaften. Die Problembereiche bei Personengesellschaften ergeben sich aus unterschiedlichen Aspekten. Da es bei Personengesellschaften eine bezifferte Einlage nicht zu geben braucht (z. B. bei OHG), kann eine dem gezeichneten Kapital vergleichbare Bezugsgröße fehlen. Sind hingegen feste Kapitalkonten bestimmt, ist abzugrenzen, welche darüber hinaus bestehenden Kapitalkonten als Eigenkapital zu betrachten sind. Zum Eigenkapital sind diejenigen Konten (Posten) zu rechnen, die die Beteiligung des Gesellschafters am Vermögen zum Ausdruck bringen. Dazu gehören Kapitalkonten mit festen oder variablen Beträgen, mit denen vorhandene oder künftige Verluste der Gesellschaft verrechnet werden können und die keine Beträge beinhalten, die im Falle der Insolvenz der Gesellschaft als Forderung gegen sie geltend gemacht werden könnten. Das bezieht gesamthänderisch gebundene Rücklagen- oder Ergebnisvortragskonten ein; nicht zum Eigenkapital gehören jederzeit entnahmefähige Gewinnanteile oder Konten mit Darlehenscharakter.[56] Der Gesamtbetrag der Posten mit Eigenkapitalcharakter stellt das konsolidierungspflichtige Eigenkapital des Tochterunternehmens dar.

48 Vergleichbare Problemstellungen ergeben sich bei **ausländischen Unternehmen**. Eigenkapital dieser Unternehmen sind die Einlagen der Gesellschafter und andere Beträge, die deren Anteil am Vermögen der Gesellschaft ausmachen. Ansprüche mit schuldrechtlichem Charakter sind nicht zu berücksichtigen; steht diesen eine Forderung eines anderen einbezogenen Unternehmens gegenüber, unterliegen diese der Schuldenkonsolidierung nach § 303.

49 Der Umfang des Eigenkapitals hängt weiterhin davon ab, wie Kapitalbeiträge zu behandeln sind, die zwar auf schuldrechtlicher Grundlage beruhen, aber aufgrund von Besonderheiten der Ausgestaltung der Rechtsbeziehung und der kapitalähnlichen Haftung als Eigenkapital ausgewiesen werden dürfen. Hierzu zählt z. B. das **Genußrechtskapital**. Hat das Tochterunternehmen Genußrechtskapital aufgenommen, das die Voraussetzungen für die Behandlung als Eigenkapital erfüllt,[57] darf es im Jahresabschluß innerhalb der Postengruppe Eigenkapital in einem separaten Posten ausgewiesen werden. Damit wird der Gesamtbetrag des Eigenkapitals erhöht. Gleichwohl rechnet das Genußrechtskapital nicht zum konsolidierungspflichtigen Eigenkapital, da es nicht einem Kapitalanteil entspricht und Sonderrechte der Genußrechtsgläubiger bestehen. Der Ausweis dieses Kapitals als Eigenkapital macht es materiell nicht zu einem Anteil am Kapital der Gesellschaft. Es ist wie ein im Eigenkapital ausgewiesener

---

[54] WP-Handbuch 2000 I M 411; HdKR-*Dusemond/Weber/Zündorf* 53.

[55] S. auch *Busse v. Colbe/Ordelheide* Konzernabschlüsse 159.

[56] *IDW* HFA 2/1993, WPg 1994, 23; WP-Handbuch 2000 I M 345; ADS 52; HdKR-*Dusemond/Weber/Zündorf* 64.

[57] *IDW* HFA 1/1994, WPg 1994, 419 ff.

Schuldposten des einbezogenen Tochterunternehmens zu behandeln. Ist Genußrechtsinhaber ein anderes einbezogenes Unternehmen, unterfällt es der Schuldenkonsolidierung nach § 303 Abs. 1; stehen die Rechte nicht einbezogenen Personen oder Rechtsträgern zu, ist das Genußrechtskapital in der Konzernbilanz zu passivieren. Wird es in der Konzernbilanz als Eigenkapital ausgewiesen, bedarf es besonderer Posten des Ausgleichs für andere Gesellschafter. Das Genußrechtskapital ist entsprechend zu bezeichnen.

Weitere Besonderheiten ergeben sich aus den Eigenkapitalposten nach **DMBilG** sowie im Hinblick auf die Sonderrücklagen (Sonderverlustkonto, Beteiligungsentwertungskonto). Zur Behandlung dieser Posten im konsolidierten Abschluß sei auf die Literatur verwiesen.[58] 50

c) Ansatz des Eigenkapitals mit dem Buchwert (S. 2 Nr. 1). Nr. 1 gibt das Wahlrecht, das Eigenkapital des Tochterunternehmens mit dem Betrag anzusetzen, der dem Buchwert der in den Konzernabschluß aufzunehmenden Vermögensgegenstände, Schulden, Rechnungsabgrenzungsposten, Bilanzierungshilfen und Sonderposten entspricht. Der Wertansatz kann durch Bewertungsanpassungen nach § 308 Abs. 2 verändert worden sein; nach dieser Vorschrift sind Vermögensgegenstände und Schulden, die nicht nach den auf den Jahresabschluß des Mutterunternehmens anzuwendenden Methoden angesetzt worden sind, nach den für den Konzernabschluß geltenden Vorschriften neu zu bewerten; das gleiche gilt bei Vermögensgegenständen, die in Ausübung des Bewertungswahlrechts nach § 308 Abs. 1 S. 2 neu bewertet werden durften. DRS 4 sieht ohne Rechtsgrundlage vor, bei dem Erwerb von einhundert Prozent der Anteile eines Unternehmens nur die Neubewertungsmethode anzuwenden. Die Buchwertmethode wäre in den Fällen nicht mehr anzuwenden.[59] 51

Nach Abs. 1 S. 2 Nr. 1 ergibt sich das Eigenkapital aus dem Ansatz der in den Konzernabschluß zu übernehmenden Aktiva und Passiva mit dem Betrag, der dem **Buchwert** der Posten entspricht. Die Verwendung des Begriffs „Buchwert" unterstellt, daß die Wertansätze aus einem Buchwerk für Zwecke der Rechnungslegung abgeleitet werden. Die gesetzliche Regelung läßt indes offen, auf welches Buchwerk in diesem Fall abzustellen ist. Da § 300 Abs. 1 S. 1 den Konzernabschluß als die Zusammenfassung des Jahresabschlusses des Mutterunternehmens mit denen der Tochterunternehmen beschreibt, liegt es nahe, den maßgeblichen Buchwert aus dem Jahresabschluß des einbezogenen Tochterunternehmens zu entnehmen.[60] Der Buchwert der Vermögensgegenstände, Schulden und anderen Posten aus dem Jahresabschluß ist nach den für den Konzernabschluß maßgeblichen Vorschriften nicht stets der Wertansatz, der im Konzernabschluß wieder zu finden ist. Vielmehr sind die Regelungen von § 300 über die für den Konzern geltenden Ansatzgrundsätze sowie das Vollständigkeitsgebot, ferner nach § 308 die für den Konzern geltenden Vorschriften über die Bewertung und deren einheitliche Anwendung zu beachten. Abs. 1 S. 2 Nr. 1 bestimmt, daß Anpassungen der Wertansätze nach § 308 Abs. 2 zu berücksichtigen seien. Nach dem Gesetzeswortlaut bleibt Inhalt und Umfang der Regelung unklar. 52

Sinn und Zweck der Vorschrift sowie ihr Zusammenhang mit § 300 Abs. 2 lassen erkennen, daß die auf den Konzernabschluß bezogenen **Ansatzvorschriften** zu beachten sind. Für die in den Konzernabschluß aufzunehmenden Aktiva und Passiva 53

---

[58] Z.B. Beck BilKomm-*Förschle/Deubert* 38; *Budde/Forster* D-Markbilanzgesetz (DMBilG), Hauptband (1990) Ergänzungsband, 1991; WP-Handbuch 1992 II M 53 ff.

[59] DRS 4 Tz. 23; *Fülbier* DB 2000, 1341, 1342; *Mujkanovic* WPg 2001, 637, 642; kritisch *Peffekoven* WPg 2001, 187, 188.

[60] Beck BilKomm-*Förschle/Deubert* 51.

gilt § 300 Abs. 2. Danach ergibt das für den Jahresabschluß des Mutterunternehmens anzuwendende Recht die Regelungen für den Bilanzansatz. Die Posten sind vollständig, aber unter Beachtung der nach den auf den Abschluß des Mutterunternehmens anzuwendenden Rechtsvorschriften geltenden Bilanzierungsverbote oder Bilanzierungswahlrechte aufzunehmen, § 300 Abs. 2 S. 1: Bestehende Ansatzwahlrechte dürfen unabhängig von der Ausübung in den Jahresabschlüssen im Konzernabschluß neu ausgeübt werden. Das Mengengerüst der in den Konzernabschluß zu übernehmenden Posten weicht von dem Jahresabschluß des Tochterunternehmens ab, sofern Anpassungen erforderlich waren (z. B. Weglassen des Ansatzes selbst erstellter immaterieller Vermögensgegenstände) oder in Ausübung der bestehenden Wahlrechte zweckmäßig erschienen. Die Durchführung der Anpassungsmaßnahmen erfolgt i. d. R. in einer Handelsbilanz II des Tochterunternehmens. In dieser werden die Vermögensgegenstände, Schulden und anderen Posten des Tochterunternehmens nach den für das Mutterunternehmen anwendbaren Ansatzvorschriften angesetzt. Die Anwendung der Regelungen auf die Aktiva und Passiva des Tochterunternehmens erfolgt aus dem Blickwinkel des Tochterunternehmens; Bilanzansätze, die erst infolge der Einbeziehung des Tochterunternehmens möglich werden, weil nach der Erwerbsmethode z. B. selbst geschaffene immaterielle Vermögensgegenstände des Tochterunternehmens nunmehr als entgeltlich erworben betrachtet werden, dürfen in der Handelsbilanz II noch nicht angesetzt werden.[61] Die Gegenauffassung hierzu kann nicht überzeugen. Die Anwendung der Blickrichtung des Konzerns auf die Aktivierbarkeit von Vermögensgegenständen ist in der Phase der Ermittlung des der Konsolidierung zu unterwerfenden Eigenkapitals des Tochterunternehmens unzutreffend.[62] Diese Auffassung vermischt die Ermittlung der in den Konzernabschluß aufzunehmenden Posten nach Abs. 1 S. 2 Nr. 1 mit der Zuordnung der nach Verrechnung verbleibenden Beträge als stille Reserven. Bei Anwendung der Buchwertmethode nach Nr. 1 darf das zur Verrechnung mit dem Wertansatz des Anteils herangezogene Eigenkapital des Tochterunternehmens keine stille Reserven enthalten, die sonst bei Beteiligung anderer Gesellschafter in methodenfremder Weise deren Anteil am Kapital zugerechnet werden müßten.

54 Der nach Nr. 1 anzusetzende Buchwert der Posten ergibt sich *gegebenenfalls* nach **Anpassung der Wertansätze** nach § 308 Abs. 2. Danach sind Anpassungen geboten, wenn die nach § 300 Abs. 2 in den Konzernabschluß aufzunehmenden Vermögensgegenstände und Schulden des Tochterunternehmens in dessen Jahresabschluß nach Methoden *bewertet* wurden, die sich von denen unterscheiden, die auf den Konzernabschluß anzuwenden sind. Gleiches gilt, wenn Bewertungen in Anwendung eines nach dem für den Jahresabschluß des Mutterunternehmens geltenden Wahlrechts abweichend vorgenommen werden sollen. Abweichend bewertete Aktiva und Passiva sind neu zu bewerten, § 308 Abs. 2 S. 1 und 2. Der Begriff „gegebenenfalls" läßt Zweifel entstehen, ob es sich bei diesen Anpassungen um ein Wahlrecht oder eine verbindliche Regelung handelt. Nach der in der Literatur einhellig vertretenen Auffassung soll die Berücksichtigung dieser, gegebenenfalls nach § 308 Abs. 2 erforderlichen Anpassungen obligatorisch sein.[63] Dem ist zuzustimmen. Die Verwendung des Begriffs „gegebenenfalls" soll nicht ein Wahlrecht festlegen, sondern verdeutlichen, daß eine Veränderung nach § 308 Abs. 2 nur in den Fällen in Betracht kommt, in denen nach diesen Vor-

---

[61] ADS 56.

[62] Hierzu aber HdKR-*Dusemond/Weber/Zündorf* 62.

[63] ADS 55; HdKR-*Dusemond/Weber/Zündorf* 62; WP-Handbuch 2000 I M 344; *Maas/Schruff* WPg 1986, 237, 240.

schriften überhaupt eine Anpassung vorzunehmen war. Die Anpassung der Bewertung erfolgt ebenfalls in einer Handelsbilanz II. Die Bewertung erfolgt aus Sicht des Tochterunternehmens, jedoch in konzerneinheitlicher Anwendung des auf den Jahresabschluß des Mutterunternehmens anwendbaren Rechts.[64]

Das der Verrechnung nach Abs. 1 S. 1 zugrunde zu legende Eigenkapital des Tochterunternehmens ergibt sich bei Anwendung der Buchwertmethode nach Nr. 1 aus dem Buchwert der in den Konzernabschluß aufzunehmenden Posten, so wie er sich in Anwendung von §§ 300 Abs. 2 und 308 Abs. 2 ergibt. Der Buchwertansatz enthält das **Verbot**, im Rahmen dieser Bewertung **stille Reserven/Lasten** im Vermögen des Tochterunternehmens aufzudecken und zuzuordnen oder zu verrechnen. Durch die Anwendung von Ansatz- oder Bewertungswahlrechten können ebenfalls „stille Reserven/Lasten" im Vergleich zum Jahresabschluß des Tochterunternehmens zum Ausweis kommen. Das ist durch Abs. 1 S. 2 Nr. 1 nicht ausgeschlossen, vielmehr sogar erforderlich, um nach Anwendung der für den Konzernabschluß maßgeblichen Grundsätze auf den Jahresabschluß des Tochterunternehmens zum zutreffenden Wertansatz zu gelangen. Es gelten die allgemeinen Ansatz- und Bewertungsgrundsätze, wie z. B. die der Anschaffungskostenobergrenze, der planmäßigen Abschreibung abnutzbarer Vermögensgegenstände oder des Niederstwertprinzips. **55**

In Nr. 1 fehlt im Gegensatz zu Nr. 2 eine Regelung darüber, zu welchem **Zeitpunkt** der Buchwert zu bestimmen ist. Zur Bestimmung des maßgeblichen Zeitpunktes könnte Abs. 2 S. 1 herangezogen werden, doch wird dann unklar, weswegen Nr. 2 eine ausdrückliche Verweisung darauf vorsieht. Ursache für die Differenzierung könnte sein, daß bei Anwendung der Buchwertmethode die Verwendung eines Jahresabschlusses unterstellt wird, so daß eine gesonderte Wertbestimmung überflüssig zu sein scheint. Diese Überlegung ist letztlich jedoch nicht überzeugend, da die Erstkonsolidierung auf einen anderen Stichtag als das Ende eines Geschäftsjahres des Tochterunternehmens eine gesonderte Wertermittlung erfordert. Nach Art. 19 Abs. 1a) der 7. EG-Richtlinie soll die Verrechnung auf der Grundlage der Buchwerte zu dem Zeitpunkt, zu dem das Unternehmen erstmalig in den Konzernabschluß einbezogen wird, erfolgen. Der deutsche Gesetzgeber hat die Unterscheidung der maßgeblichen Zeitpunkte nicht übernommen (Rdn. 116) und beide Bewertungsmöglichkeiten des Abs. 1 als Wahlrecht vorgesehen.[65] Die Ermittlung des Eigenkapitals auf Buchwertbasis wird nach deutschem Recht gleichfalls zu einem der in Abs. 2 S. 1 genannten Zeitpunkte, nämlich dem des Zeitpunkts des Erwerbs der Anteile, der erstmaligen Einbeziehung oder bei sukzessivem Erwerb dem Zeitpunkt, zu dem das Unternehmen Tochterunternehmen geworden ist, erfolgen können. Das Fehlen eines ausdrücklichen Verweises auf Abs. 2 steht der Anwendung dieser Vorschrift nicht entgegen. **56**

d) Ansatz des Eigenkapitals mit dem beizulegenden Wert (Neubewertungsmethode, Abs. 1 S. 2 Nr. 2). Das für die Kapitalverrechnung heranzuziehende Eigenkapital des Tochterunternehmens darf nach Abs. 1 S. 2 Nr. 2 durch Ansatz der Vermögensgegenstände, Schulden, Rechnungsabgrenzungsposten, Bilanzierungshilfen und Sonderposten mit deren **beizulegendem Wert** ermittelt werden. Die Anwendung dieser Methode führt in den Grenzen des Abs. 1 S. 4 (Wertansatz des Anteils als Obergrenze) zu einer Neubewertung der Aktiva und Passiva des einzubeziehenden Tochterunternehmens auf den für die erstmalige Einbeziehung gewählten Zeitpunkt. **57**

[64] *IDW* SABI 2/1988, WPg 1988, 622; *Biener/Berneke* BiRiLiG 332.

[65] Begr. RegE. zu § 282 HGB-E, BTDrucks. 10/3440, 38.

58 **aa) Wesen der Neubewertungsmethode.** Das **Wesen** der Neubewertungsmethode liegt darin, die in den Konzernabschluß aufzunehmenden Vermögensgegenstände, Schulden und anderen Posten des einbezogenen Tochterunternehmens entsprechend den diesen Posten beizulegenden Werten neu zu bewerten. Die Bewertung im Jahresabschluß des einbezogenen Tochterunternehmens auf der Grundlage des Mengengerüsts der Handelsbilanz II ist nicht maßgeblich. Die Neubewertung erstreckt sich auf sämtliche Ansätze und Posten in dem zu konsolidierenden Abschluß. Das führt dazu, daß bei Anwendung der Neubewertungsmethode das Eigenkapital des Tochterunternehmens insgesamt auf der Grundlage der neuen Bewertung ermittelt wird, sich somit die Zuordnung oder Verrechnung von stillen Reserven/Lasten nicht allein auf den zu konsolidierenden Anteil am Eigenkapital beschränkt, wie dies bei der Zuordnung oder Verrechnung eines bei der Kapitalkonsolidierung sich ergebenden Unterschiedsbetrags bei der Buchwertmethode der Fall ist, Abs. 1 S. 3 (Rdn. 91 ff).[66]

59 Die Neubewertung erfolgt auf der **Grundlage** der **Handelsbilanz II** des einbezogenen Tochterunternehmens. Die aus dem Jahresabschluß dieses Unternehmens in den Konzernabschluß zu übernehmenden Vermögensgegenstände, Schulden und anderen Posten sind nach dem auf den Jahresabschluß des Mutterunternehmen anwendbaren Recht vollständig zu übernehmen; nach diesem Recht bestehende Ansatzwahlrechte dürfen unabhängig von der Ausübung im Jahresabschluß neu ausgeübt werden, § 300 Abs. 2.[67] Die angesetzten Aktiva und Passiva sind entsprechend § 308 zu bewerten; weichen Wertansätze der zu übernehmenden Posten von dem auf den Jahresabschluß des Mutterunternehmens anwendbaren Recht und dem Grundsatz der einheitlichen Bewertung (§ 308, 9 ff) ab, muß eine Anpassung durch Neubewertung erfolgen, die indes an die allgemeinen Bilanzierungsgrundsätze gebunden ist. Weitere Anpassungen ergeben sich bei Neuausübung von Bewertungswahlrechten.

60 Das durch die Handelsbilanz II definierte *Mengengerüst* der Aktiv- und Passivposten unterliegt der **Neubewertung.** Neubewertung bedeutet die Bewertung der Posten mit ihrem beizulegenden Wert, d. h. die Aufdeckung und Zuordnung stiller Reserven.[68] Als Vorfrage zu klären ist, ob die Neubewertung sich allein auf die in den Konzernabschluß aufzunehmenden Aktiva und Passiva beschränkt, wie sie durch die Handelsbilanz II nach Maßgabe von § 300 Abs. 2 vorgegeben ist, oder ob sie auch den Neu- oder Erstansatz von Posten einschließt, die im Jahresabschluß des einbezogenen Unternehmen nicht angesetzt werden durften, da die Ansatzvoraussetzungen nicht gegeben waren (z. B. selbsterstellte immaterielle Vermögensgegenstände), Verpflichtungen, die aus Konzernsicht geplant und mit dem Unternehmenserwerb verbunden sind oder aufgrund der Sichtweise eines Konzernabschlusses (Einheitsgrundsatz) nicht mehr angesetzt werden dürften, da innerhalb eines einheitlichen Unternehmens die Ansatzvoraussetzungen hierfür nicht gegeben wären (Erwerb selbsterstellter immaterieller Vermögensgegenstände zwischen Konzernunternehmen und dem einbezogenen Tochterunternehmen).[69] Nach der herrschenden Auffassung in der Literatur wird diese Frage bejaht. So sollen selbsterstellte immaterielle Vermögensgegenstände eines Tochterunternehmens, die bei diesem nach §§ 298 Abs. 1, 248 Abs. 2 nicht aktiviert werden dürfen, in der Konzernbilanz angesetzt werden können. Nach der

[66] Zur Präferenz der Neubewertungsmethode DRS 4 Tz. 23; *Fülbier* DB 2000, 1341, 1343; *Peemöller/Beckmann/Geiger* BB 2000, 1080, 1081; *IDW* Stellungnahme zu E-DRS 4, FN 2000, 329, 337.

[67] Beck BilKomm-*Förschle/Deubert* 60; HdKR-*Dusemond/Weber/Zündorf* 63.

[68] Nach *Baetge/Kirsch/Thiele* Konzernbilanzen 215 wird hierfür eine Handelsbilanz III aufgestellt.

[69] Vergleichbare Fragestellungen ergeben sich nach IASC IAS 22.27, *Baetge/Siefke* Rechnungslegung nach International Accounting Standards IAS 789 ff.

Erwerbsmethode gilt die Fiktion des Erwerbs der dem Tochterunternehmen gehörenden Vermögensgegenstände, Schulden und anderen Posten, die auch für die immateriellen Vermögensgegenstände aus Sicht des Mutterunternehmens zu einem entgeltlichen Erwerb führt,[70] sofern diese vor dem Stichtag der erstmaligen Einbeziehung erworben wurden. Die hiergegen vorgetragenen kritischen Stimmen haben sich nicht durchzusetzen vermocht.[71] Sie berufen sich auf den Gesetzeswortlaut, der in Nr. 2 wie in Nr. 1 auf die in den Konzernabschluß aufzunehmenden Vermögensgegenstände verweist, die neu zu bewerten, nicht aber neu anzusetzen sind. Diese Auffassung steht in konsequenter Übereinstimmung mit § 300 und § 301 Abs. 1 und versteht den Konzernabschluß als, wie es das Gesetz vorsieht, Zusammenfassung der Jahresabschlüsse des Tochterunternehmens mit dem des Mutterunternehmens. Sie steht auch mit dem Einheitsgrundsatz in § 297 Abs. 3 S. 1 in Einklang, der eine wirtschaftliche, nicht eine rechtliche Einheit fingiert. Die erstgenannte Auffassung läßt die Grundsätze der Erwerbsmethode dominieren und betrachtet die Einbeziehung als Erwerbsvorgang. Sie geht damit über das Gesetz hinaus. Die Erwerbsmethode hat zwar als Grundlage der Regelungen gegolten, sie kann indes nur insoweit Geltung beanspruchen, als sie in den gesetzlichen Regelungen ihren Niederschlag gefunden hat. Nach dem Wortlaut von §§ 300, 301 muß bezweifelt werden, ob die Erwerbsmethode eine Dominanz dahingehend erlangt hat, eine Umqualifikation von Vermögensgegenständen und Schulden zu bedingen.

Die herrschende Meinung erscheint nicht unproblematisch, kann aber angesichts **61**
ihrer weiten Verbreitung als in Entstehung befindlicher Grundsatz ordnungsmäßiger Konzernrechnungslegung nicht in Abrede gestellt werden. Daher wird sie auch der folgenden Kommentierung zugrunde gelegt. Es ist jedoch erforderlich, zu hinterfragen, welche Auswirkungen die Anwendung der Erwerbsmethode auf die Übernahme anderer Posten in den Konzernabschluß hat.

Nach der herrschenden Auffassung sind **stille Reserven** aufzudecken, die in Ver- **62**
mögensgegenständen liegen, die im Jahresabschluß oder der Handelsbilanz II nicht angesetzt werden dürfen, im Konzernabschluß infolge der Erwerbsmethode jedoch zum Ansatz gelangen. Die Auflösung und Zuordnung stiller Reserven ist eine Maßnahme der Kapitalkonsolidierung, da der Ansatz dieser Vermögensgegenstände bereits in der Handelsbilanz II methodisch unzulässig erscheint.[72]

Der Ansatz der Vermögensgegenstände und Schulden erfolgt mit dem ihnen im **63**
gewählten Zeitpunkt der Einbeziehung **beizulegenden Wert**. Der Begriff ist typisch bilanzrechtlicher Art. Er entspricht dem in § 253 Abs. 2 S. 3 verwendeten Terminus, doch reicht seine Bedeutung in Abs. 1 S. 2 Nr. 2 wesentlich weiter. Als beizulegender Wert gilt nicht ein niedrigerer Wertansatz, sondern ein Wertansatz, der den einzelnen Aktiva oder Passiva im maßgeblichen Zeitpunkt ohne Bindung an sonstige bilanzielle Bewertungsnormen beigemessen werden kann. Im Regelfall wird hierunter der **Zeitwert** der Gegenstände verstanden. Der Zeitwert ist anzusetzen für Vermögensgegenstände, deren Erwerb im Kaufpreis für die Anteile abgegolten wurde und denen dadurch ein Wert beigemessen wurde. Das sind z. B. die vom Tochterunternehmen selbst erstellten immateriellen Vermögensgegenstände, die aus Konzernsicht angesetzt werden dürfen, sofern mit hinreichender Konkretisierung Vermögensgegenstände

[70] *Biener/Berneke* BiRiLiG 333; *Ordelheide* DB 1986, 493 ff; WP-Handbuch 2000 I M 351; *Busse v. Colbe/Ordelheide* Konzernabschlüsse 221; ADS 80; Beck BilKomm-*Förschle/Deubert* 66; HdKR-*Dusemond/Weber/Zündorf* 76.

[71] Bonner HdR-*Scherrer* 28; *Biener* DB 1983 Beil. 19, 9.

[72] Wie hier ADS 104 i. V. m. 82; a. M. HdKR-*Dusemond/Weber/Zündorf* 76.

identifiziert werden können.[73] Bereits geleistete Aufwendungen für Forschung und Entwicklung sind als solche nicht ansatzfähig, soweit diese nicht zu einem individualisierbaren Vermögensgegenstand geführt haben. Gleiches gilt für andere erwartete Vorteile aus dem Erwerb des Tochterunternehmens, wie z. B. erkennbare Synergien oder die Möglichkeit zur Nutzung eines Verlustvortrags. Solche Vorteile dürfen nur im Rahmen des allgemeinen Geschäfts- oder Firmenwerts zum Ansatz kommen.

64 Für die in der Handelsbilanz II angesetzten Vermögensgegenstände und Schulden sowie anderen Posten führt die Ermittlung des beizulegenden Werts zu einer Neubewertung. Diese ist an die bilanzrechtlichen Vorschriften für die Bewertung der angesetzten Posten nicht gebunden, vielmehr ist die **Bewertung** vorzunehmen, als ob ein **Erwerb** der Gegenstände stattgefunden habe (zur Anschaffungskostenobergrenze Rdn. 75 f). Die Wertermittlung erfolgt unter der Prämisse, als ob die einzelnen Vermögensgegenstände des Tochterunternehmens durch den Konzern erworben worden wären. Das erfordert die Bewertung jedes Postens im einzelnen nach Maßgabe der Bewertungsgrundsätze des Beschaffungsmarkts.[74] Maßgeblich sind i. d. R. die Wiederbeschaffungs- oder Wiederherstellungskosten, die der Konzern für diese Gegenstände im Zeitpunkt der Erstkonsolidierung oder des Erwerbs hätte aufwenden müssen.

65 Bei der Übernahme von **Schulden** ist der Wert maßgeblich, den das Mutterunternehmen bei einer Schuldübernahme hätte aufwenden müssen. Nicht passivierte Pensionsverpflichtungen sind zu berücksichtigen, wenn ihr Wert, wie in der Regel, bei der Bestimmung des Erwerbspreises eine Rolle gespielt und zu einer Minderung des Erwerbspreises geführt hat.[75] In der Literatur wird vertreten, daß nicht passivierte Pensionsverpflichtungen, die bei der Kaufpreisbemessung keine Rolle gespielt haben sollten, in Ausübung des Wahlrechts nach Art. 28 EGHGB nicht passiviert werden müssen.[76] Der Auffassung ist nicht zuzustimmen. Wird ein Tochterunternehmen erworben, welches Altzusagen für Pensionsverpflichtungen nicht passiviert hat, übernimmt der Konzern infolge des Erwerbs eine Last, gleichgültig, ob diese bei Bemessung des Kaufpreises eine Rolle gespielt hat oder nicht. Aus Konzernsicht handelt es sich nicht um eine Altverpflichtung, so daß Art. 28 EGHGB nicht zur Anwendung kommen kann. Demgegenüber brauchen mögliche Aufwandsrückstellungen, die in der Handelsbilanz II nicht gebildet worden waren, als stille Last nicht aufgeholt zu werden. Das gilt auch für Lasten, die sich aus der Integration des einbezogenen Tochterunternehmens in den Konzern zukünftig möglicherweise ergeben werden. Passivierungspflicht für solche Lasten besteht nur, wenn sich die Maßnahmen weitgehend konkretisiert haben so daß auch aus der Sicht des Jahresabschlusses eine Rückstellung geboten ist.[77]

66 Die Neubewertung der Aktiva und Passiva ist durch die ursprünglichen Anschaffungskosten des einbezogenen Tochterunternehmens nicht begrenzt. Es erfolgt die **Neubestimmung** der **Anschaffungskosten** auf der Grundlage der Anschaffungskosten für die Anteile an dem einbezogenen Unternehmen. Die für den Jahresabschluß des Mutterunternehmens geltenden Bilanzierungsverbote gelten auch hier.

67 Mangels konkreter Anhaltpunkte ist der **Zeit-/Verkehrswert** der einzelnen Vermögensgegenstände, Schulden und anderen Posten durch Ableitung eines Einzelwerts aus einem Gesamtkaufpreis zu ermitteln. Den einzelnen Posten sind die jeweiligen

---

[73] ADS 81; HdKR-*Dusemond/Weber/Zündorf* 76.
[74] *Otte* BB 1988, 100, 102; *Ordelheide* DB 1986, 493, 496; Beck BilKomm-*Förschle/Deubert* 78.
[75] ADS 65.
[76] Beck BilKomm-*Förschle/Deubert* 78; *Busse v. Colbe/Ordelheide* Konzernabschlüsse 209.
[77] Beck BilKomm-*Förschle/Deubert* 68; *Busse v. Colbe/Ordelheide* Konzernabschlüsse 208.

Werte beizulegen; eine pauschale Wertzuordnung ist nicht genügend und daher unstatthaft. Wie die beizulegenden Werte gefunden werden, läßt das Gesetz offen. Es muß nach allgemein geltenden Grundsätzen für die jeweiligen Vermögensgegenstände und Schulden der beizulegende Wert gefunden werden. Anhaltspunkte hierfür können sich beim Erwerb der Anteile an dem einzubeziehenden Tochterunternehmen ergeben haben, wenn einzelne Aktiv- oder Passivposten einer individuellen Bewertung zugeführt wurden. Bei gebrauchten Gegenständen des Anlagevermögens bietet sich die Orientierung an fortgeschriebenen Neupreisen oder an Wiederbeschaffungskosten an; bei Anlagen, die der Konzern nicht nutzen wird, darf der Wertansatz den niedrigeren Einzelveräußerungswert nicht übersteigen. Bei der Bewertung einzelner Gegenstände des Anlagevermögens (z.B. vermietete Grundstücke, Patente, nicht konsolidierte Beteiligungen) sind ertragsorientierte Bewertungsansätze zu berücksichtigen. Zur Bewertung von Finanzanlagen und Gegenständen des Vorratsvermögens können, soweit vorhanden, Börsen- oder Marktpreise herangezogen werden; bei Gegenständen des Vorratsvermögens erfolgt im übrigen die Bewertung retrograd ausgehend vom erwarteten Verkaufserlös. Forderungen werden mit dem Nominalbetrag, niedrigverzinsliche Forderungen mit dem Barwert angesetzt. Niedrig- und unverzinsliche Verbindlichkeiten können ebenfalls mit dem Barwert angesetzt werden.[78] Wurde im Zusammenhang mit dem Erwerb der Beteiligung eine Unternehmensbewertung durchgeführt, können sich aus dieser Anhaltspunkte für die Bewertung der Posten ergeben, sofern die Bewertung auch die Substanzbewertung einzelner Vermögensgegenstände und Schulden zum Gegenstand hatte. War die Bewertung jedoch allein auf die Ermittlung des Unternehmenswerts im Ganzen angelegt, lassen sich hieraus keine Rückschlüsse für die Bewertung von einzelnen Aktiv- oder Passivposten ziehen.[79] Sind keine konkreten Anhaltspunkte für Wertansätze, z.B. aus Börsen- oder Marktpreisen oder Substanzbewertungen vorhanden, sind die Zeitwerte zu schätzen. Die der Schätzung zugrunde gelegte Methode muß plausible Annahmen enthalten und darf nicht nur die Inflationsentwicklung, sondern muß insbesondere branchenspezifische Besonderheiten sowie den technischen Fortschritt berücksichtigen. Die Grundlagen der Schätzung müssen dokumentiert und sachlich nachprüfbar sein.[80]

bb) Auswirkungen auf besondere Posten. Die Anwendung der beschriebenen **68** Grundsätze auf Vermögensgegenstände und Schulden führt i.d.R. zu plausiblen Ergebnissen. Nach Abs. 1 S. 2 Nr. 2 sind auch Rechnungsabgrenzungsposten, Bilanzierungshilfen und Sonderposten in die Neubewertung einzubeziehen. Darüber hinaus ist zu klären, ob der Ansatz von Vermögensgegenständen und Schulden mit neuen Werten zur Steuerabgrenzung veranlaßt (Rdn. 74).

Rechnungsabgrenzungsposten sind nach dem Wortlaut von § 300 Abs. 1 sowie **69** der Nr. 2 in den Konzernabschluß zu übernehmen. Bei Anwendung der Neubewertungsmethode ist der Posten einer neuen Bewertung zu unterziehen. Das bedeutet nach der hier vertretenen Auffassung die Anpassung des Rechnungsabgrenzungspostens an die veränderte Bewertung des in die Konzernbilanz übernommenen Hauptpostens, als dessen Ergänzung die Rechnungsabgrenzung vorzunehmen ist. Dies gilt

---

[78] Beispielskatalog bei Beck BilKomm-*Förschle/Deubert* 78. Zu den Schwierigkeiten bei der Wertermittlung ferner *Ordelheide* DB 1986, 493 ff; zur internationalen Rechnungslegung vgl. IASC IAS 22.38 f, dazu *Baetge/Siefke* Rechnungslegung nach International Accounting Standards IAS 794 ff.

[79] ADS 67; *Schruff* Einflüsse der 7. EG-Richtlinie auf die Aussagefähigkeit von Konzernabschlüssen 244 f; *Schindler* Kapitalkonsolidierung nach dem Bilanzrichtliniengesetz 145 ff.

[80] Beck BilKomm-*Förschle/Deubert* 75 f; ADS 68.

z. B. bei Zinsabgrenzungen (z. B. Disagiovereinbarung), wenn die Neubewertung zu einer Anpassung des Forderungs- oder Verbindlichkeitenpostens geführt hat. Bei strenger Anwendung der Erwerbsmethode ist bei der Erstkonsolidierung unter Anwendung der Neubewertungsmethode für die Übernahme eines Rechnungsabgrenzungspostens kein Raum. Dieser dient der Periodenabgrenzung von Zuflüssen, ist aber kein Gegenstand eines Unternehmenserwerbs unter der Fiktion des Einzelerwerbs.

70 **Bilanzierungshilfen** in der Handelsbilanz II des einzubeziehenden Tochterunternehmens können bei Anwendung der Neubewertungsmethode zu unveränderten Werten in den Konzernabschluß übernommen werden. Die nach den auf den Jahresabschluß des Mutterunternehmens anzuwendenden Vorschriften in Betracht kommenden Wahlrechte sind in der Handelsbilanz II ausübbar. Die Zuordnung stiller Reserven auf der Grundlage hypothetischer Wiederbeschaffungskosten scheidet aus; solche Mehraufwendungen stellen keine stillen Reserven der angesetzten Bilanzierungshilfe dar, sondern sind Bestandteil des Geschäfts- oder Firmenwerts.[81] Nach der Anwendung der Erwerbsmethode sollte der Ansatz von Bilanzierungshilfen grundsätzlich ausscheiden. Diese sind kein erwerbsfähiger Gegenstand und dürfen bei konsequenter Anwendung dieser Methode in den Konzernabschluß nicht übernommen werden. Als nicht konkretisierte und einzeln bewertbare Vorteile werden sie zum Bestandteil des Geschäfts- oder Firmenwerts. Der Ansatz wird nach h. M. gleichwohl zugelassen.[82]

71 **Sonderposten mit Rücklageanteil** dürfen im Konzernabschluß nur angesetzt werden, wenn der Ansatz in der Handelsbilanz Voraussetzung für die Anerkennung bei der steuerlichen Gewinnermittlung ist. Der Posten beruht auf der Inanspruchnahme von steuerlichen Vergünstigungen, die regelmäßig zu einem Aufschub der Versteuerung von stillen Reserven führen. Bei der Neubewertung des Vermögens des einbezogenen Tochterunternehmens muß ebenfalls geprüft werden, welche Auswirkungen sich aus Neubewertungen anderer Posten ergeben und ob für einen Sonderposten überhaupt noch ein Grund besteht. Auch hier ist darauf hinzuweisen, daß bei konsequenter Anwendung der Erwerbsmethode ein Sonderposten mit Rücklageanteil aufzulösen ist, da nach Neubewertung kein Anlaß für die Fortführung eines passiven Wertberichtigungspostens besteht. Rücklagen, die steuerlich begründete Mehrabschreibungen beinhalten, weisen i. d. R. auf stille Reserven hin. Im Rahmen der Neubewertung ist der Vermögensgegenstand mit dem ihm beizulegenden Wert anzusetzen; die in dem Sonderposten enthaltene Mehrabschreibung ist aufzulösen. Zur Berücksichtigung latenter Steuern Rdn. 74. Anderes kann nur für Sonderposten mit Rücklageanteil gelten, die auch zukünftig unabhängig von der Neubewertung die Inanspruchnahme des steuerlichen Vorteils ermöglichen (z. B. Rücklage nach § 6b EStG vor Zuordnung zu einer Neuinvestition; Sonderverlustkonto nach § 17 Abs. 4 DMBilG). Sie beinhalten stille Reserven durch Bindung eigenkapitalähnlicher Kapitalteile in einem Rücklagen-, statt in einem Eigenkapitalposten und sie können zur Ermittlung des neubewerteten Eigenkapitals herangezogen werden. Erfolgt dies, ist ein Betrag in Höhe des Steueranteils in die Steuerrückstellungen umzugliedern,[83] da der Sonderposten mit Rücklageanteil nur dem Steueraufschub dient und deswegen einen Fremdkapitalanteil in Höhe des Steueranteils aufweist.

---

[81] Beck BilKomm-*Förschle/Deubert* 69 (Bilanzierungshilfen).

[82] Beck BilKomm-*Förschle/Deubert* 69 (Bilanzierungshilfen); zu IAS vgl. *Kleekämper/Achleitner* Rechnungslegung nach International Accounting Standards IAS 238 f.

[83] ADS 99 ff mit Rechenbeispiel.

Maßnahmen der Neubewertung führen zu veränderten Wertansätzen, die anders als der tatsächliche Erwerb von einzelnen Vermögensgegenständen nicht zu einer veränderten **Abschreibungsbasis** für steuerliche Zwecke führt. Abschreibungen für die steuerliche Gewinnermittlung richten sich i. d. R. nach den unveränderten Werten (anders bei Erwerb einer Beteiligung an einer Personenhandelsgesellschaft (Mitunternehmerschaft)). Die Abgrenzung latenter Steuern ist vorzunehmen. 72

Die **Kapitalkonsolidierung** führt, da sie **ergebnisneutral** erfolgt, grundsätzlich nicht zu Ergebnisdifferenzen. Nach §§ 274, 306 besteht daher keine Möglichkeit zur Steuerabgrenzung, bei den ergebniswirksamen Maßnahmen der Folgekonsolidierung handelt es sich auch nicht um einen Umkehreffekt.[84] Das Außerachtlassen von Steuereffekten würde nicht gerechtfertigt sein, da die Gefahr besteht, daß mit der Neubewertung sonst in Verbindung stehende stille Lasten nicht berücksichtigt würden. Denn die Aufdeckung und Zuordnung stiller Reserven ist sonst mit der Realisierung einer Steuerlast verbunden, so daß ein Vermögensgegenstand, dessen Wertansatz unversteuerte stille Reserven enthält, unter Berücksichtigung der Steuerlast bewertet werden muß. Dies gilt insbesondere dann, wenn der höhere Wertansatz des Gegenstands für Zwecke der Besteuerung nicht zugrunde gelegt werden kann.[85] Bei der Bewertung der Vermögensgegenstände und Schulden geht es um die wirtschaftlich zutreffende Bemessung der stillen Reserven und Lasten.[86] 73

Zu Art und Umfang der **Steuerabgrenzung** bei der Kapitalkonsolidierung werden unterschiedliche Auffassungen vertreten.[87] Für die Kapitalkonsolidierung nach HGB wird es zur zutreffenden Zuordnung stiller Reserven und Lasten und der korrekten Bemessung eines Geschäfts- oder Firmenwerts als notwendig erachtet, eine Steuerabgrenzung auf die bei der Erstkonsolidierung aufgedeckten stillen Reserven/Lasten vorzunehmen. Entsprechend dem Ziel der zutreffenden Darstellung der neubewerteten Vermögensgegenstände, Schulden und anderen Posten darf die Berücksichtigung der Steuerabgrenzung nicht bei Bemessung des Wertansatzes des neubewerteten Postens, sondern in Form einer *Bruttodarstellung* durch Bildung einer Rückstellung für latente Steuern (bezogen auf stille Reserven) erfolgen.[88] Entsprechend der Entwicklung des neubewerteten Postens erfolgt im Rahmen der Folgekonsolidierung die ergebniswirksame Auflösung der Steuerabgrenzung. 74

cc) Obergrenze für neubewertete Wertansätze, Abs. 1 S. 4. Die Neubewertung von Vermögensgegenständen und Schulden sowie anderen Posten nach Nr. 2 erfolgt mit dem Ziel, den diesen Posten beizulegenden Wert zu ermitteln. Beschränkungen, die sich aus den Wertansätzen in dem Jahresabschluß des Tochterunternehmens oder der Handelsbilanz II ergeben könnten, sind im Hinblick auf die Neubewertung ohne Relevanz. Abs. 1 S. 4 bestimmt jedoch, daß bei Ansatz von beizulegenden Werten nach Abs. 1 S. 2 Nr. 2 das (anteilige) Eigenkapital nicht mit einem Betrag angesetzt werden darf, der die Anschaffungskosten des Mutterunternehmens für die Anteile an dem Tochterunternehmen übersteigt. Diese Regelung findet keine Grundlage in der 7. EG-Richtlinie, sondern ist durch den deutschen Gesetzgeber geschaffen worden, um eine über die Anschaffungskosten hinaus gehende Neubewertung bei der Anwendung der 75

---

[84] Beck BilKomm-*Förschle/Deubert* 80.

[85] *Busse v. Colbe/Ordelheide* Konzernabschlüsse 268 f; *Selchert* DStR 1994, 39; *Dusemond/Hayn* BB 1997, 983 f; Beck BilKomm-*Förschle/Deubert* 80; ADS 94.

[86] *Lanfermann* FS Goerdeler 300.

[87] HdKR-*Dusemond/Weber/Zündorf* 91 ff; *Schindler* Kapitalkonsolidierung nach dem Bilanzrichtlinien-Gesetz 251 f; zur Behandlung nach IAS *Baetge/Siefke* Rechnungslegung nach International Accounting Standards 837 f.

[88] ADS 95; Beck BilKomm-*Förschle/Deubert* 80; WP-Handbuch 2000 I M 355; *DRSC* E-DRS 12 Tz. 16.

Methode nach Nr. 2 auszuschließen. Einen Vorschlag des DRSC aufgreifend schlägt der Entwurf des Transparenz- und Publizitätsgesetzes (Stand 26. November 2001) die ersatzlose Streichung von Abs. 1 Satz 4 vor.[89]

76 Durch diese Regelung wird eine **mittelbare Anschaffungskostenobergrenze** bei der Neubewertung eingeführt, die sich aus den Anschaffungskosten für die Anteile an dem Tochterunternehmen ableitet. Hält das Mutterunternehmen alle Anteile an dem Tochterunternehmen, darf das nach Neubewertung entstehende Eigenkapital den Betrag der Anschaffungskosten nicht übersteigen. Sind an dem Tochterunternehmen andere Gesellschafter beteiligt, ist die Vergleichsrechnung anhand des dem Anteil des Mutterunternehmens entsprechenden Teils des Eigenkapitals und den Anschaffungskosten vorzunehmen. Für den Vergleich kommt es auf die historischen Anschaffungskosten an dem Anteil an; später vorgenommene Wertminderungen bleiben außer Betracht.

77 Übersteigt der Betrag des Eigenkapitals des einbezogenen Tochterunternehmens nach Neubewertung den Betrag des Wertansatzes für die Anschaffungskosten des Anteils an dem Tochterunternehmen, kommt entweder der Ansatz eines passiven Unterschiedsbetrags nach Neubewertung oder die Kürzung der durch die Neubewertung aufgedeckten und den einzelnen Vermögensgegenständen und Schulden zugeordneten oder mit ihnen verrechneten Beträge in Betracht, damit das Eigenkapital die Anschaffungskosten nicht mehr übersteigt. Nach dem Gesetzeswortlaut darf das **anteilige Eigenkapital** nicht mit einem oberhalb der Anschaffungskosten liegenden Betrag angesetzt werden. Das schließt aus, infolge der Neubewertung stille Reserven und Lasten in vollem Umfang aufzulösen und bei übersteigendem Eigenkapital einen passiven Unterschiedsbetrag zu bilden. In einem solchen Fall ist die Höhe der aufzulösenden stillen Reserven begrenzt; der Auflösungsbetrag (abzüglich der Bildung auflösungsbedingter Passivposten) darf nicht zu einem höheren Eigenkapitalbetrag führen. In diesem Fall dürfen die stillen Reserven nur anteilig im Verhältnis der vorhandenen zu den zulässigerweise auflösbaren Beträgen aufgelöst werden.[90]

77a Sind an dem einbezogenen Unternehmen **andere Gesellschafter** beteiligt, stellt sich die Frage, ob die Auflösung stiller Reserven auf die im Konzern gehaltenen Anteile begrenzt ist, so daß für den Teil des Eigenkapitals, der auf die anderen Gesellschafter entfällt, eine unbegrenzte Neubewertung erfolgen könnte, oder ob aus Abs. 1 S. 4 eine für die Bewertung des Eigenkapitals insgesamt geltende Regelung abgeleitet werden muß (auch § 307, 29 ff). Hierzu werden unterschiedliche Auffassungen vertreten. Eine erste Auffassung begrenzt die Beschränkung aus S. 4 auf die Anteile, die im Konzern gehalten werden. Die Neubewertung sei in vollem Umfang durchzuführen, aber nur für den auf das Mutterunternehmen entfallenden Anteile beschränkt.[91] Die Gegenauffassung sieht die Neubewertung für den Kapitalanteil anderer Gesellschafter in gleicher Weise begrenzt wie für die auf den Konzern entfallenden Anteile.[92] Dieser Auffassung wird zugestimmt. Zwar haben die Anschaffungskosten des Mutterunternehmens mit ihrer pagatorischen Wirkung grundsätzlich keine Bedeutung für die Anteile anderer Gesellschafter, deren Anschaffungskosten nicht bekannt und aus Konzernsicht irrelevant sind. Nach dem Charakter des Ausgleichspostens nach § 307 Abs. 1 als Abgrenzungsposten ist für den Anwendungsbereich des deutschen Rechts jedoch zu folgern, daß für eine eigenständige Ermittlung und Fortführung von

---

89 Begr. RegE. zu § 282 HGB-E, BTDrucks. 10/3440, 38; *Biener/Berneke* BiRiLiG 334; zum Änderungsvorschlag *Niehus* DB 2002, 53, 56.

90 *Biener/Berneke* BiRiLiG 334; ADS 107; Beck BilKomm-*Förschle/Deubert* 95 ff.

91 HdKR-*Dusemond/Weber/Zündorf* 102; *Reige* BB 1987, 1211, 1216; *ders.* BB 1988, 728 ff.

92 ADS 108; in dieser Richtung auch Begr. RegE. zu § 282 HGB-E, BTDrucks. 10/3440, 38.

Wertansätzen, die auf den Kapitalanteil anderer Gesellschafter entfallen, kein Raum ist. Nach § 307 Abs. 1 soll der im Rahmen einer einheitlichen Verfahrensweise bei Einbeziehung des Tochterunternehmens gefundene anteilige Betrag des Eigenkapitals gesondert ausgewiesen werden können. Die Begrenzung nach Abs. 1 S. 4 ist daher auf das gesamte Eigenkapital des einbezogenen Tochterunternehmens zu erstrecken. Eine gesonderte Neubewertung über den Konzernanteil hinaus findet nicht statt.

Eine ähnliche Problemstellung ergibt sich, wenn das **Eigenkapital** des einzubeziehenden Tochterunternehmens bereits vor Neubewertung den Wertansatz für den Anteil an diesem Unternehmen **übersteigt**. Hier stellt sich die Frage, ob die Anwendung der Methode nach Nr. 2 in solchen Fällen gänzlich ausgeschlossen sein soll oder ob eine Abstockung der Wertansätze in der Handelsbilanz II des Tochterunternehmens zu erfolgen habe, bis Abs. 1 S. 4 entsprochen wird. Als dritte Variante bleibt die Möglichkeit, die Neubewertungsmethode zur Anwendung zu bringen, und zwar entweder ohne Veränderung des Eigenkapitalbetrags oder ohne Veränderung der Wertansätze, allerdings dann mit der Folge, daß sie sich nicht von der Buchwertmethode unterscheidet. Eine einheitliche Betrachtung dieser Problematik ist nicht erkennbar. Die Anwendung der Neubewertungsmethode in diesem Fall wird verneint, da für eine Neubewertung der erforderliche Aufwertungsspielraum wegen Abs. 1 S. 4 nicht gegeben sei.[93] Nach einer weniger strengen Auffassung kann die Neubewertung hier dann und insoweit in Betracht kommen, als hohe stille Lasten das Eigenkapital unter den nach Abs. 1 S. 3 maßgeblichen Betrag gesenkt haben.[94] *Biener/Berneke* hingegen halten den Ansatz eines passiven Unterschiedsbetrags in Höhe des Differenzbetrags für geboten und wollen dadurch vermeiden, daß eine Wertabstockung in Betracht gezogen werden muß.[95] Ein passiver Unterschiedsbetrag kommt nach Auffassung des *IDW* jedoch nur zum Ansatz, wenn der zum Zeitpunkt der Kapitalverrechnung maßgebliche Buchwert der Anteile, nicht hingegen die Anschaffungskosten unter dem Betrag des anteiligen Eigenkapitals liegen.[96] Nach einer weiteren Auffassung ist bei Vorliegen eines negativen Unterschiedsbetrags zwischen dem Wertansatz des Anteils und dem anteiligen Eigenkapital der Wertansatz der Aktiva in der Handelsbilanz II des Tochterunternehmens insoweit zu kürzen, um den Betrag des Eigenkapitals dem Wertansatz des Anteils anzugleichen.[97] 78

Stellungnahme. Nach Nr. 2 i. V. m. Abs. 1 S. 4 besteht die Notwendigkeit, den beizulegenden Wert einerseits und die Wertobergrenze andererseits in solchen Fällen in Einklang zu bringen. Wird der Begriff des beizulegenden Werts im Sinne einer durch normative Vorgaben freien Wertermittlung mit dem Ziel, den Zeit-/Verkehrswert zu finden, verstanden, ist eine Anpassung im Falle des niedrigeren Anteilswerts unvereinbar. Bei einer solchen Interpretation scheidet die Anwendung der Neubewertungsmethode dennoch nicht aus. In konsequenter Anwendung der Erwerbsmethode sind die in die Konzernbilanz zu übernehmenden Vermögensgegenstände mit einem reduzierten Wert anzusetzen, wodurch ein Unterschiedsbetrag vermieden wird. Ein passiver Unterschiedsbetrag kommt nur zum Ansatz, wenn nach Ausnutzung aller Möglichkeiten zur Wertabstockung noch immer ein passiver Unterschiedsbetrag verbleibt.[98] Das Entstehen eines passiven Unterschiedsbetrags ist bei der Neubewer- 78a

---

[93] *Maas/Schruff* WPg 1986, 237, 241; *Schindler* WPg 1986, 588, 590.

[94] WP-Handbuch 2000 I M 370, das solche Fälle allerdings für selten hält.

[95] *Biener/Berneke* BiRiLiG 334.

[96] *IDW* SABI 2/1988, WPg 1988, 622; so auch DRS 4 Tz. 24.

[97] *Reige* BB 1987, 1211, 1217; HdKR-*Dusemond/Weber/Zündorf* 101.

[98] AICPA APB Opinion No. 16 §§ 87 ff; zu IAS 22.49 (rev. 1993).

tungsmethode nicht ausgeschlossen, wenn die Neubewertung im Sinne der Wertanpassung nach unten genutzt wird. Eine Unterscheidung zwischen den auf den Konzern entfallenden Anteilen und den Anteilen anderer Gesellschafter findet auch hier nicht statt (Rdn. 77).

79 **Aufdeckung stiller Reserven und stiller Lasten.** Die Neubewertung nach Nr. 2 führt i. d. R. zur Aufdeckung von stillen Reserven bei Vermögensgegenständen und Schulden, aber auch zur Identifizierung von stillen Lasten (z. B. nicht passivierte Pensionsrückstellungen). Stille Reserven führen im Ergebnis zu einer Vergrößerung des Eigenkapitals des Tochterunternehmens, stille Lasten zu einer Verringerung. Bei der Neubewertung des Vermögens des Tochterunternehmens sind stille Reserven und stille Lasten gleichermaßen aufzudecken und zuzuordnen oder zu verrechnen.[99] Bestehen bei der erstmaligen Einbeziehung eines Tochterunternehmens stille Reserven und stille Lasten, fragt sich, ob bei der Bemessung der Obergrenze nach Abs. 1 S. 4 allein die aufgedeckten stillen Reserven heranzuziehen sind oder ob auch die stillen Lasten berücksichtigt werden müssen. Die Verknüpfung der stillen Reserven und stillen Lasten hat zur Folge, daß im Ergebnis nur der **Saldo** der aufgedeckten stillen Reserven und der stillen Lasten das Eigenkapital beeinflußt, so daß rechnerisch ein höherer Betrag an stillen Reserven aufgedeckt werden kann, als bei Fehlen der stillen Lasten. Die Ermittlung des der Konsolidierung zu unterwerfenden Eigenkapitals hat Mehrungen und Minderungen zu berücksichtigen. Da das Eigenkapital eine Saldogröße darstellt, ist es kein Widerspruch zur Neubewertungsmethode, stille Lasten als Eigenkapitalminderungen abzusetzen. Bei Überdominanz von stillen Lasten kann dies im Ergebnis dazu führen, daß ein Firmenwert entsteht oder die Bewertungsobergrenze nach Abs. 1 S. 4 nicht erreicht wird.[100]

80 **dd) Stichtag der Bewertung.** Nach Nr. 2 wird der Zeitpunkt, zu dem die Neubewertung durchzuführen ist, gesondert geregelt. Der Gesetzeswortlaut schreibt vor, daß der beizulegende Wert auf den Zeitpunkt zu ermitteln ist, der nach Abs. 2 für die **Verrechnung** des **Wertansatzes** des Anteils mit dem Eigenkapital gewählt wird. Die Aufnahme einer solchen Regelung steht formal im Einklang mit Art. 19 Abs. 1 b der 7. EG-Richtlinie, inhaltlich weichen die getroffenen Regelungen von einander ab. Nach der 7. EG-Richtlinie ist die Bewertung auf den Zeitpunkt des Erwerbs der Anteile, oder bei Erwerb zu verschiedenen Zeitpunkten, zu denjenigen vorzunehmen, zu dem das Unternehmen Tochterunternehmen geworden ist. Eine solche Regelung findet sich in Abs. 2, jedoch erweitert um die Möglichkeit, auch den Zeitpunkt der erstmaligen Einbeziehung zu wählen, der nach Art. 19 Abs. 1a für die Anwendung der Buchwertmethode vorgesehen worden war. Abs. 2 greift beide Regelungen auf und gewährt ein Wahlrecht. Die nach deutschem Recht wählbaren Zeitpunkte für die erstmalige Einbeziehung bestimmen somit auch den Zeitpunkt der Bestimmung des beizulegenden Werts; vgl. Rdn. 166 ff zu Abs. 2.

81 **ee) Dokumentation der Zuordnung.** Die im Rahmen der Erstkonsolidierung aufgedeckten stillen Reserven und Lasten wirken sich in den Folgeabschlüssen des Konzerns infolge der geänderten Bemessungsgrundlagen für Abschreibungen, Wertberichtigungen oder der Auflösung von Posten aus. Es ist unverzichtbar, die aufgedeckten und zugeordneten Beträge zu jedem Posten im Rahmen der Konzernbuchführung zu dokumentieren, um die Fortschreibung der Wertansätze in den Folgeabschlüssen bis zum Ausscheiden des Gegenstands oder dem Ausscheiden des

---

[99] *IDW* SABI 2/1988, WPg 1988, 622; ADS 92 ff; Beck BilKomm-*Förschle/Deubert* 60 ff.

[100] So auch HdKR-*Dusemond/Weber/Zündorf* 133.

Tochterunternehmens aus dem Konzernkreis vornehmen zu können.[101] Das gleiche gilt bei der Analyse der verbleibenden Unterschiedsbeträge, die als Geschäfts- oder Firmenwert oder passiver Unterschiedsbetrag aus der Kapitalkonsolidierung in die Konzernbilanz zu übernehmen sind. Vor allem die erfolgswirksame Auflösung erfordert den Nachweis, daß die hierfür erforderlichen Bedingungen eingetreten sind (§ 309, 63 ff).

ff) Ausweis der Erstkonsolidierung. Die Vermögensgegenstände, Schulden und anderen Posten werden mit den ihnen infolge der Neubewertung beigelegten Wertansätzen in die Konzernbilanz übernommen. Aus Sicht des Konzernabschlusses handelt es sich um den unmittelbaren Zugang von Aktiva und Passiva. Die zugeordneten Werte gelten als historische Anschaffungskosten der Posten; mit diesen sind sie im Anlagespiegel zur Konzernbilanz als „Zugang" zu zeigen. Eine Überleitung von Wertansätzen aus dem Jahresabschluß oder der Handelsbilanz II findet nicht statt. Waren die Anteile an dem Tochterunternehmen vor dessen erstmaliger Einbeziehung in den Konzernabschluß bereits unter dem Finanzanlagen ausgewiesen, führt die erstmalige Konsolidierung zu einem „Abgang" der Anteile.[102] Zu den vorgeschriebenen Angaben im Konzernanhang Rdn. 111. 82

4. Kapitalverrechnung

a) Kapitalkonsolidierung nach der Erwerbsmethode. Das Wesen eines Konzernabschlusses besteht in der Zusammenfassung der Jahresabschlüsse des Mutterunternehmens und der Tochterunternehmen. An die Stelle der dem Mutterunternehmen gehörenden Anteile an den Tochterunternehmen treten die denen gehörenden Vermögensgegenstände, Schulden, Rechnungsabgrenzungsposten, Bilanzierungshilfen und Sonderposten. Dies erfolgt dadurch, daß der Wertansatz des Mutterunternehmens an den Tochterunternehmen mit dem auf die Anteile entfallenden Eigenkapital verrechnet wird; hierdurch wird vermieden, daß in der Konzernbilanz die Anteile an und zugleich das Vermögen der Tochterunternehmen ausgewiesen werden.[103] Da im Regelfall der Wertansatz der Anteile des Mutterunternehmens an den Tochterunternehmen von dem Betrag abweicht, der dem anteiligen Eigenkapital der Tochterunternehmen entspricht, entsteht ein Unterschiedsbetrag. 83

Die **Kapitalkonsolidierung** bedeutet die **Verrechnung** des Wertansatzes des Mutterunternehmens für die Anteile an dem Tochterunternehmen mit deren anteiligem, d. h. auf den Anteil des Mutterunternehmens entfallenden Eigenkapital. Die Verrechnung nach Abs. 1 S. 1 erfolgt nach der Umsetzung der 7. EG-Richtlinie jetzt nach dem Leitbild der *Erwerbsmethode*; die bis dahin in Deutschland übliche Stichtagsmethode mußte aufgegeben werden.[104] Die Einbeziehung eines Tochterunternehmens geht von der Vorstellung aus, daß die Erweiterung der wirtschaftlichen Einheit des Konzerns durch den Zuerwerb eines Tochterunternehmens wie der Erwerb eines unselbständigen Betriebsteils des Konzerns zu betrachten ist. Der Erwerb wird als Erwerb der einzelnen Vermögensgegenstände und Schulden sowie anderer Posten durch das Mutterunternehmen behandelt.[105] Nach den Regelungen von Abs. 1 S. 1 ist 84

---

[101] *IDW* SABI 2/1988, WPg 1988, 622, 624; ADS 73, 74.

[102] ADS 112 f.

[103] *Baetge/Kirsch/Thiele* Konzernbilanzen 192; WP-Handbuch 2000 I M 334.

[104] *Baetge/Kirsch/Thiele* Konzernbilanzen 192 f; *Schildbach* Der handelsrechtliche Konzernabschluß 142 ff; zum AktG a. F. GroßkommAktG-*Barz* § 331, 17.

[105] DRS 4 Tz. 8 ff; *Baetge/Kirsch/Thiele* Konzernbilanzen 193; *Ordelheide* WPg 1984, 240; *Schmalenbach-Gesellschaft/Deutsche Gesellschaft für Betriebswirtschaft e. V.* Arbeitskreis „Externe Unternehmensrechnung", ZfbF-Sonderheft 21/1987, 2. Aufl., 67.

die Verrechnung als einheitlicher Vorgang angelegt, auch wenn die durch das Gesetz zugelassenen Bewertungsmethoden bei der Ermittlung des in die Verrechnung einzubeziehenden Eigenkapitals des zu konsolidierenden Tochterunternehmens verfahrenstechnische Unterschiede bedingen. Nach Abs. 1 S. 1 erfolgt die Verrechnung des Wertansatzes an den Anteilen mit dem anteiligen Eigenkapital des Tochterunternehmens, das nach Maßgabe der Buchwertmethode (S. 2 Nr. 1, Rdn. 51 ff) oder der Neubewertungsmethode (S. 2 Nr. 2, Rdn. 57 ff) ermittelt worden war. Nach beiden Methoden erfolgt die Bewertung von Anteilen und des Eigenkapitals nur auf den Zeitpunkt der erstmaligen Einbeziehung des Tochterunternehmens, so daß zwischen einer *Erst-* und der *Folgekonsolidierung* zu unterscheiden ist. Durch die Erstkonsolidierung wird der bei erstmaliger Verrechnung entstehende oder verbleibende Unterschiedsbetrag ermittelt und, soweit er stille Reserven/Lasten enthält, den Vermögensgegenständen und Schulden zugeordnet oder mit ihnen verrechnet. Ein danach verbleibender Unterschiedsbetrag ist als Geschäfts- oder Firmenwert anzusetzen. Entsprechend der Fiktion der Erwerbsmethode, nach der bei einem gedachten Erwerb von einzelnen Aktiva und Passiva die Gesamtanschaffungskosten aufzuteilen wären, erfolgt diese Analyse und Zuordnung nur bei erstmaliger Einbeziehung des Tochterunternehmens. Hieraus ergeben sich die für den Konzern maßgeblichen *Anschaffungskosten* der angesetzten Vermögensgegenstände und Schulden.[106] Die Folgekonsolidierungen zeigen die erfolgswirksamen Veränderungen des im Konzernabschluß zusammen gefaßten Vermögens einschließlich der Fortentwicklung und Auflösung der bei der Erstkonsolidierung aufgedeckten stillen Reserven/Lasten sowie eines Geschäfts- oder Firmenwerts in den Folgeperioden.

85 Die nach der Erwerbsmethode nach Maßgabe von § 301 ansetzbaren Anschaffungskosten der zu übernehmenden Vermögensgegenstände und Schulden sind begrenzt. Die Obergrenze der Wertansätze insgesamt wird durch die **Anschaffungskosten der Anteile** an dem Tochterunternehmen bestimmt. Bei Anwendung der Buchwertmethode steht nur ein Unterschiedsbetrag zur Zuordnung zur Verfügung, wenn die Anschaffungskosten der Anteile den Betrag des anteiligen Eigenkapitals überstiegen haben, Abs. 1 S. 3; bei der Neubewertung des Vermögens des Tochterunternehmens zu Zweck der Einbeziehung darf ebenfalls der Betrag nicht überschritten werden, den das Mutterunternehmen als Anschaffungskosten für die Anteile angesetzt hatte. Durch diese Regelungen findet der Grundsatz der *Pagatorik* auch für die Wertansätze im Konzernabschluß seinen Niederschlag.[107]

86 Die Kapitalkonsolidierung nach Abs. 1 führt bei Anwendung der Buchwertmethode und der Neubewertungsmethode zu im wesentlichen **gleichen Ergebnissen**. Die unterschiedliche Vorgehensweise bei der Ermittlung des zu verrechnenden Eigenkapitals des Tochterunternehmens führt allerdings zu einem verbleibenden Unterschied. Das im Rahmen der neuen Bewertung (Nr. 2) der Vermögensgegenstände, Schulden und anderen Posten angesetzte Vermögen erhöht bei Vorhandensein stiller Reserven das gesamte Kapital des Tochterunternehmens. Das wirkt sich aus, wenn der Konzern nicht alle Anteile an dem einbezogenen Tochterunternehmen hält.[108] Bei Anwendung dieser Methode entfällt ein Teil der durch Neubewertung aufgedeckten stillen Reserven/Lasten auf die anderen Gesellschafter, deren Ausgleichposten nach § 307 Abs. 1 entsprechend aufzustocken ist. Die Anwendung der Buchwertmethode führt zur Auf-

---

[106] *IDW* SABI 2/1988, WPg 1988, 622, 623; *Biener/Berneke* BiRiLiG 332 f; *Ordelheide* WPg 1986, 493.

[107] *Baetge/Kirsch/Thiele* Konzernbilanzen 194 f; *Ordelheide* DB 1986, 493, 494.

[108] Beck BilKomm-*Förschle/Deubert* 125 ff.

deckung und Zuordnung stiller Reserven/Lasten nur in Bezug auf den Anteil des Mutterunternehmens am Eigenkapital; der Ausweis der den anderen Gesellschaftern gehörende Anteil beschränkt sich auf das Eigenkapital auf der der Konsolidierung zugrunde gelegten Buchwertbasis.[109]

b) Verrechnung des Anteilswerts mit dem anteiligen Eigenkapital. Abs. 1 S. 1 sieht die Verrechnung des Wertansatzes der dem Mutterunternehmen gehörenden Anteile an dem Tochterunternehmen mit dem auf diese Anteile entfallenden Betrag des Eigenkapitals des Tochterunternehmens vor. Das bedeutet die mathematische Verrechnung der beiden Beträge mit dem Ziel der Feststellung, ob bei Überwiegen des Wertansatzes des Anteils ein aktiver, bei Überwiegen des Betrags des anteiligen Eigenkapitals ein passiver Unterschiedsbetrag entsteht. 87

Die Verrechnung erfolgt mit dem auf diese **Anteile entfallenden Betrag** des Eigenkapitals. Bei nicht alleinigem Anteilsbesitz des Konzerns ist nur das anteilige Eigenkapital in die Verrechnung einzubeziehen. Der Wertansatz des Anteils repräsentiert die Investition in das anteilige Vermögen des Tochterunternehmens. Die Regelung dient dazu, ein entsprechendes Verhältnis zwischen Anteil und Eigenkapital herzustellen. Sie hat nicht zur Folge, daß die in die Konzernbilanz zu übernehmenden Vermögensgegenstände und Schulden nur mit anteiligen Wertansätzen zu übernehmen wären. Die Übernahme der Aktiva und Passiva erfolgt – vorbehaltlich Abs. 1 S. 3 – mit den Wertansätzen, die ihnen bei der Ermittlung des der Kapitalkonsolidierung zugrunde gelegten Eigenkapitals angesetzt worden waren. Die Verrechnung mit dem anteiligen Eigenkapital soll der zutreffenden Ermittlung der auf den Konzern entfallenden Unterschiedsbeträge dienen. 88

Der **Anteil des Konzerns** am Eigenkapital des Tochterunternehmens bestimmt sich nach dem Verhältnis der dem Konzern gehörenden Anteile zu dem insgesamt bestehenden gezeichneten Kapital des Tochterunternehmens. Vgl. Rdn. 24 und 226 ff. Gehören die Anteile an dem Tochterunternehmen nicht dem Mutterunternehmen, sondern anderen einbezogenen Tochterunternehmen, ist der auf diese Anteile entfallende Betrag des Eigenkapitals zu berücksichtigen. Sind an den anteilsbesitzenden Tochterunternehmen andere Gesellschafter beteiligt, ist der auf die anderen Gesellschafter entfallende Teil des Anteilsbesitzes wegzulassen (Rdn. 25); maßgeblich ist die sog. „durchgerechnete" Konzernquote der Beteiligung. 89

Eigene Anteile des Tochterunternehmens sind bei der Bemessung des auf den Anteil des Konzerns entfallenden Betrags des Eigenkapitals des Tochterunternehmens zu berücksichtigen. Eigene Anteile des Tochterunternehmens sind, gleichgültig, ob sie als Umlaufvermögen angesetzt oder als Korrekturposten zum Eigenkapital verrechnet wurden, nicht ohne weiteres der auf den Konzern entfallenden Anteilsquote zuzurechnen. Sind einbezogene Unternehmen die alleinigen Anteilseigner, sind die eigenen Anteile ebenfalls dem Konzern zuzurechnen, so daß die Verrechnung mit dem Eigenkapital insgesamt erfolgt. Werden Anteile an dem Tochterunternehmen auch von anderen Gesellschaftern gehalten, ist eine verhältnismäßige Aufteilung der eigenen Anteile auf die von einbezogenen Unternehmen und anderen Gesellschaftern gehaltenen Anteile geboten.[110] Eigene Anteile sind nicht als Anteile anderer Gesellschafter zu behandeln. Die verhältnismäßige Zurechnung führt zu einer der Anteilsquote der eigenen Anteile entsprechenden Vergrößerung des auf das Mutterunternehmen entfallenden Betrags des Eigenkapitals. 90

---

[109] ADS 40 ff.

[110] ADS 218 ff; WP-Handbuch 2000 I M 419.

91 **c) Kapitalverrechnung nach der Buchwertmethode (Abs. 1 S. 3). aa) Verrechnung.** Die Kapitalkonsolidierung bei Anwendung der Buchwertmethode führt zur Verrechnung des Wertansatzes des Anteils des Mutterunternehmens mit dem anteiligen Eigenkapitals des Tochterunternehmens, das sich aus dem Ansatz der in den Konzernabschluß aufzunehmenden Aktiva und Passiva mit dem Buchwert ergab. Der Buchwertansatz der Vermögensgegenstände und Schulden war anzupassen, soweit nach dem auf den Jahresabschluß des Mutterunternehmens geltenden Recht der Ansatz bestimmter Posten in der Bilanz vorgeschrieben oder untersagt oder wahlweise zulässig war, § 300 Abs. 2. In das Eigenkapital gehen ebenfalls die Maßnahmen zur Anpassung der Bewertung an die einheitliche Bewertung im Konzern sowie die Neuausübung von Bewertungswahlrechten ein, § 308 Abs. 2.

92 Die Verrechnung des Wertansatzes der Anteile mit dem auf diese Weise ermittelten, anteiligen Eigenkapital führt i. d. R. zu einem **Unterschiedsbetrag.** Dieser beinhaltet bei Anwendung der Buchwertmethode den Gesamtbetrag der noch nicht zugeordneten stillen Reserven, Lasten und eines möglichen Geschäfts- oder Firmenwerts. Die Behandlung eines aktiven oder eines passiven Unterschiedsbetrags ist zu unterscheiden. Liegt ein *aktiver* Unterschiedsbetrag vor, ist er nach Abs. 1 S. 3 den Wertansätzen der in die Konzernbilanz aufzunehmenden Vermögensgegenständen und Schulden zuzuschreiben oder mit ihnen zu verrechnen (dazu Rdn. 141 ff); ist der Unterschiedsbetrag *passiv*, gilt Abs. 3 S. 1, der verlangt, diesen als Unterschiedsbetrag aus der Kapitalkonsolidierung auszuweisen (Rdn. 145 ff).

93 **bb) Verrechnung eines aktiven Unterschiedsbetrags.** Nach Abs. 1 S. 3 ist ein bei Ansatz mit dem Buchwert (S. 2 Nr. 1) sich ergebender Unterschiedsbetrag den Wertansätzen von in der Konzernbilanz **anzusetzenden Vermögensgegenständen** und Schulden des jeweiligen Tochterunternehmens insoweit zuzuschreiben oder mit diesem zu verrechnen, als deren Wert höher oder niedriger ist als der bisherige Wertansatz. Die Regelung verlangt für die Zuordnung oder Verrechnung die Analyse der Herkunft und der Ursachen des Unterschiedsbetrags. Der Ansatz des Unterschiedsbetrags in einem Betrag ist nicht statthaft, es sei denn, daß einzeln zuordenbare stille Reserven nicht auffindbar sind, so daß der gesamte Unterschiedsbetrag als Geschäfts- oder Firmenwert anzusetzen ist.

94 Die Zuordnung oder Verrechnung setzt voraus, daß eine Abweichung zwischen dem Wert der anzusetzenden Vermögensgegenstände und Schulden und dem bisherigen Wertansatz besteht. Der **bisherige Wertansatz** ist als gesetzlicher Terminus nicht vorgegeben. Er leitet sich ab aus dem Gesamtverständnis der Regelung. Als bisheriger Wertansatz kann alleine derjenige von Bedeutung sein, der im Rahmen der Kapitalkonsolidierung und damit bei Entstehung des Unterschiedsbetrags Bedeutung hatte. Als Wertansätze kommen daher ausschließlich die in Betracht, die bei der Ermittlung des der Konsolidierung zugrunde gelegten Eigenkapitals angesetzt wurden, somit die nach dem Recht des Jahresabschlusses des Mutterunternehmens definierten Ansätze (§ 300 Abs. 2) und Bewertungen (§ 308 Abs. 2) der Vermögensgegenstände und Schulden des Tochterunternehmens in der Handelsbilanz II.[111] Die zweite Determinante für die Zuschreibung oder Verrechnung ist der *Wert* der anzusetzenden Aktiva und Passiva. Auch dieser Begriff ist nicht legal definiert. Es ergibt sich wiederum aus dem Kontext der Regelung, daß es sich hierbei nur um den Zeit- oder Verkehrswert handeln kann. Damit entspricht der Wert im Sinne von S. 3 inhaltlich dem Begriff des Werts, der den in den Konzernabschluß aufzunehmenden Vermögensgegenständen und

---

[111] Beck BilKomm-*Förschle/Deubert* 85; ADS 62.

Schulden in S. 2 Nr. 2 beizulegen ist. Der geringfügig unterschiedlichen Formulierung soll keine Bedeutung beigemessen werden. In beiden Fällen bestimmt der Zeit-/Verkehrswert die Obergrenze für den Wertansatz der aufzunehmenden Aktiva und Passiva in der Konzernbilanz.[112]

Nach S. 3 sind in die Analyse der Zuschreibung oder Verrechnung die Vermögensgegenstände und Schulden des jeweiligen Tochterunternehmens einzubeziehen. Damit weicht die Regelung von S. 2 Nr. 2 ab, als dort auch Rechnungsabgrenzungsposten, Bilanzierungshilfen und Sonderposten mit den ihnen beizulegenden Werten anzusetzen waren. In diesen **Posten** sind grundsätzlich keine stillen Reserven zu erwarten; Sonderposten, die steuerlich bedingte Mehrabschreibungen beinhalten, zeigen umgekehrt das Vorhandensein stiller Reserven und sind daher bei Zuordnung der stillen Reserven in aller Regel aufzulösen. Bei Anwendung strenger Prinzipien der Erwerbsmethode dürfte für die Fortführung dieser Posten bei der Konsolidierung ohnehin kein Raum sein. Gleichwohl wird es für zulässig erachtet, auch diesen Posten stille Reserven zuzuordnen oder mit den vorhandenen Wertansätzen zu verrechnen.[113] 95

Besteht ein aktiver Unterschiedsbetrag, ist nach Kriterien zu suchen, die die Verteilung und Zuordnung der stillen Reserven/Lasten regeln. Nach h. M. soll der Unterschiedsbetrag hinsichtlich seiner Ursachen und seiner Zusammensetzung analysiert werden.[114] Ein aktiver Unterschiedsbetrag kann seine **Ursachen** in stillen Reserven im Buchwert von Vermögensgegenständen und Schuldposten oder Sonderposten haben, er kann auf nicht aktivierten, aus Konzernsicht aber aktivierbaren Vermögensgegenständen beruhen oder einen Geschäfts- oder Firmenwert beinhalten.[115] Stille Reserven ergeben sich durch einen unter dem Zeit-/Verkehrswert liegenden Buchwertansatz infolge von Maßnahmen der Bewertung oder der Beachtung der gesetzlichen Wertobergrenze des Anschaffungskostenprinzips. Dieses Prinzip gilt bei Zuordnung oder Verrechnung von Unterschiedsbeträgen nicht. Die Zuschreibung darf zu einem die früheren Anschaffungskosten übersteigenden Wertansatz führen, der als Anschaffungskosten des einzelnen Vermögensgegenstands für die Konzernbilanz gilt. Nach S. 3 sollen die Zuschreibungs- und Verrechnungsmöglichkeiten ausgenutzt werden; nach nicht unumstrittener Auffassung soll nach S. 3 auch der Ansatz von Posten in Betracht kommen, die erst durch die Fiktion des Erwerbs auf der Ebene des Konzerns zu ansetzbaren Vermögensgegenständen führen. Hierzu gehört der Ansatz von selbstgeschaffenen immateriellen Vermögensgegenständen des Tochterunternehmens, die infolge der Fiktion der Erwerbsmethode aus Sicht des Konzerns als entgeltlich erworben und damit ansatzfähig werden.[116] Das *Mengengerüst* der in die Konzernbilanz zu übernehmenden Vermögensgegenstände und Schulden weicht von der Handelsbilanz II des jeweils einzubeziehenden Tochterunternehmens ab. In dieser nach Maßgabe des auf den Jahresabschluß des Mutterunternehmens anwendbaren Rechts aufgestellten Bilanz dürfen *selbsterstellte immaterielle Vermögensgegenstände* des Tochterunternehmens wegen Verstoßes gegen §§ 298 Abs. 1 i. V. m. 248 Abs. 1 nicht angesetzt werden. Die Erwerbsmethode führt dazu, daß mit der Einbeziehung des Tochterunternehmens in den Konzernabschluß solche sonst nicht ansetzbaren Posten ansetzbar 96

[112] *Biener/Berneke* BiRiLiG 333; ADS 62.
[113] ADS 62.
[114] *Baetge/Kirsch/Thiele* Konzernbilanzen 194 f; ADS 58 ff; Beck BilKomm-*Förschle/Deubert* 87 ff.
[115] ADS 60.
[116] Für den Ansatz im Rahmen der Aufdeckung stiller Reserven DRS 4 Tz. 18; *Fülbier* DB 2000, 1341, 1343; *Biener/Berneke* BiRiLiG 333; *Ordelheide* DB 1986, 493, 494; WP-Handbuch 2000 I M 351; ADS 80; Beck BilKomm-*Förschle/Deubert* 88; zu weitgehend HdKR-*Dusemond/Weber/Zündorf* 76, die bereits in der Handelsbilanz II von einer Ansatzpflicht ausgehen.

werden.[117] Soweit allerdings Bilanzierungsverbote greifen (Kosten für Forschung und Entwicklung, Aufwendungen für Gründung und Kapitalbeschaffung), scheidet auch für den Konzernabschluß ein Bilanzansatz aus.

97 Nicht zu den Posten, die bei Zuordnung stiller Reserven angesetzt werden dürfen, gehört ein **Geschäfts- oder Firmenwert**. Auch wenn er eine Ursache für das Entstehen eines Unterschiedsbetrages ist, darf eine Zuordnung von Beträgen zu diesem Posten nicht erfolgen. Der Geschäfts- oder Firmenwert darf in der Bilanz des einbezogenen Tochterunternehmens nicht angesetzt werden, es sei denn, er ist originär durch einen entgeltlichen Erwerb entstanden, den das Tochterunternehmen getätigt hat. Bei der Kapitalkonsolidierung bleibt der Geschäfts- oder Firmenwert erst dann zum Ansatz übrig, wenn alle übrigen stillen Reserven aufgedeckt und zugeordnet wurden. Ein verbleibender Unterschiedsbetrag ist nach Abs. 3 S. 1 als Geschäfts- oder Firmenwert anzusetzen.

98 Der Unterschiedsbetrag nach Abs. 1 S. 3 ist ein **Saldo** unterschiedlicher Teilbeträge. Außer den stillen Reserven und einem gegebenenfalls vorhandenen, aber nicht nach S. 3 zuzuordnenden Geschäfts- oder Firmenwert (Rdn. 97) können sich stille Lasten im Vermögen des einbezogenen Tochterunternehmen ergeben haben. Zwar ist das Vorkommen stiller Lasten nach deutschen Bilanzierungsvorschriften selten; es kann sich aber bei zulässigerweise nicht passivierten Lasten, wie z. B. bei sog. Altzusagen für Altersversorgung, Art. 28 Abs. 1 EGHGB ergeben. Nach der Erwerbsmethode sind übernommene Lasten Bestandteil der von Konzern aufgewandten Gegenleistung und führen nach der hier vertretenen Auffassung zur Ansatzpflicht im Konzernabschluß (Rdn. 94 f). Treffen bei der Zuordnung oder Verrechnung von Unterschiedsbeträgen stille Reserven und stille Lasten zusammen, führen stille Lasten zu einer rechnerischen Vergrößerung des Volumens der verteilbaren stillen Reserven. Nach S. 3 ist der Unterschiedsbetrag zuzuschreiben oder zu verrechnen; die Regelung schließt nicht aus, daß eine Beeinflussung durch stille Lasten stattfindet. Die Zuschreibung oder Verrechnung ist nicht auf den Nettobetrag des Aufrechnungsunterschieds beschränkt.[118]

99 Eine Zuschreibung von Beträgen zu Aktivposten oder eine Verrechnung mit Passivposten kommt nur in Betracht, soweit die einzelnen Posten **stille Reserven** aufweisen. Diese sind zum Zwecke der Zuordnung aufzuspüren und zu analysieren. Die Methoden und Möglichkeiten zur Ermittlung der vorhandenen Zuschreibungs- und Verrechnungspotentiale entsprechen denen bei der Neubewertungsmethode, wie z. B. Wertgutachten über den Substanzwert einzelner Posten oder der Vergleich mit Börsen- oder Marktpreisen. Ist eine direkte Feststellung eines höheren Werts nicht möglich, darf nach plausiblen Annahmen geschätzt werden. Ist zweifelhaft, ob der Unterschiedsbetrag auf eine zuordenbare stille Reserve oder einen Geschäfts- oder Firmenwert entfällt, ist die Zuordnung zu unterlassen und der Betrag als Geschäfts- oder Firmenwert auszuweisen.[119]

100 Übersteigt der verteilungsfähige Unterschiedsbetrag die Gesamtsumme der beim jeweiligen Tochterunternehmen vorhandenen stillen Reserven, ergeben sich für die Zuordnung auf die einzelnen Aktiv- oder Passivposten keine Probleme. Der Unterschiedsbetrag ist insoweit zuzuordnen oder zu verrechnen, als bei den einzelnen

---

117 Für diese Auffassung *Biener* DB 1983 Beil. 19, 9; Bonner HdR-*Scherrer* 28.

118 *IDW* SABI 2/1988, WPg 1988, 622; *Biener/Berneke* BiRiLiG 333; ADS 92 ff.

119 *Biener/Schatzmann* Konzernrechnungslegung 37; Beck BilKomm-*Förschle/Deubert* 89 f.

Posten Möglichkeiten zur Zuordnung oder Verrechnung bestehen. Nach Ausschöpfen dieser Möglichkeiten findet auf einen danach noch verbleibenden Unterschiedsbetrag Abs. 3 S. 1 Anwendung. Erreicht der Unterschiedsbetrag nicht die Summe der stillen Reserven, stellt sich die Frage nach der Methode der Zurechnung. Eine gesetzliche Regelung dieser Problematik ist nicht erfolgt. In der Literatur werden eine Vielzahl von **Zurechnungsmethoden** angeboten. Es wird für zulässig erachtet, den Unterschiedsbetrag proportional entsprechend dem Verhältnis der auflösbaren zu den insgesamt feststellbaren stillen Reserven vorzunehmen.[120] Nach einer anderen Auffassung soll die Bedeutung der einzelnen stillen Reserven den Ausschlag geben,[121] nach weiteren Auffassungen ist die Verweildauer des Gegenstands im Konzern[122] oder der Grad der Liquidierbarkeit[123] entscheidend. Weiteres Kriterium kann der Bestimmtheitsgrad[124] der stillen Reserven sein. Insgesamt herrscht die Auffassung vor, daß die Offenheit des Gesetzes jede Methode erlaubt, die zu einer zutreffenden Darstellung der Vermögenslage des Konzerns führt und mit den anwendbaren Bewertungsregelungen in Einklang steht.[125] Eine willkürliche und auf nicht nachprüfbaren Kriterien beruhende Zuordnung ist nicht zulässig.[126] Nach diesen Kriterien erscheinen Maßgrößen wie die Bedeutung, Verweildauer oder Bestimmtheit der stillen Reserven nicht überzeugend. Diese werden stark durch subjektive Einschätzungen oder Verwendungsabsichten geprägt; die Bestimmtheit des Vorhandenseins stiller Reserven ist eine allgemeine Voraussetzung für die Zuordenbarkeit und kein Kriterium an sich. Ernsthaft in Betracht gezogen werden dürfen nur Kriterien, die ein Mindestmaß an Objektivierbarkeit und Willkürfreiheit gewährleisten. Das ist der Fall bei der Zuordnung nach (abstrakter) Liquidierbarkeit oder bei einer proportionalen Zuordnung.[127] Die letztgenannte Methode ist insbesondere heranzuziehen, um einen Gesamtkaufpreis auf einzelne Vermögensgegenstände und Schulden zuzuordnen (Erl. zu § 255; ferner BFH DB 1994, 1756 ff). Sofern im Einzelfall kein anderer Verteilungsmaßstab als geeignet erscheint, sollte an diesem Verfahren für die Zuordnung festgehalten werden.[128] Soweit die Klarheit der angewendeten Methode darunter nicht leidet, können auch unterschiedliche Methoden zur Anwendung kommen.

Bei der Zuordnung von Unterschiedsbeträgen zu einzelnen Vermögensgegenständen **101**
und bei der Verrechnung mit Schulden kommen allgemeine Bewertungsgrundsätze zur Anwendung. Es gilt der **Grundsatz der Einzelbewertung**, nach dem stille Reserven bei einzelnen Vermögensgegenständen und Schulden zu identifizieren und entsprechend Unterschiedsbeträge zugeordnet werden sollen. Die Zusammenfassung von Gegenständen oder Posten kommt nur im Rahmen zulässiger Gruppenbildung bei gleichartigen Gegenständen in Betracht, soweit solche Vereinfachungen z. B. nach §§ 298 Abs. 1 i. V. m. 256, 240 Abs. 3 und 4 Anwendung finden können.[129]

---

[120] *Schruff* Einflüsse der 7. EG-Richtlinie auf die Aussagefähigkeit des Konzernabschlusses 213.

[121] Beck BilKomm-*Förschle/Deubert* 97 f.

[122] *Küting/Zündorf* BB 1985, 1307; Beck HdR-*Ordelheide* C 401, 37.

[123] *v. Wysocki/Wohlgemuth* Konzernrechnungslegung 101.

[124] *Wentland* Die Konzernbilanz als die Bilanz der wirtschaftlichen Einheit Konzern 205.

[125] Eine breite Übersicht über die Methoden findet sich in HdKR-*Dusemond/Weber/Zündorf* 106 ff.

[126] *Schindler* Kapitalkonsolidierung nach dem Bilanzrichtlinien-Gesetz 203; *Ordelheide* DB 1986, 493, 498.

[127] ADS 89; weniger einschränkend Beck Bil-Komm-*Förschle/Deubert* 98.

[128] *IDW* SABI 2/1988, WPg 1988, 622, 623; Beck BilKomm-*Förschle/Deubert* 98; ADS 90; HdKR-*Dusemond/Weber/Zündorf* 115; *Schindler* Kapitalkonsolidierung nach dem Bilanzrichtlinien-Gesetz 203; *Ordelheide* DB 1986, 493, 498.

[129] ADS 69; Beck BilKomm-*Förschle/Deubert* 90; Beck-HdR-*Ordelheide* C 401, 128 f.

102 Umfaßt der **Anteil** der einbezogenen Unternehmen an dem einbezogenen Tochterunternehmen **weniger als 100 %**, stellt sich die Frage, ob die Unterschiedsbeträge – entsprechendes verteilbares Volumen vorausgesetzt – bis zum vollen Zeit-/Verkehrswert des Gegenstands zugeordnet werden dürfen, oder ob die Zuordnung nur bis zur Höhe der auf den Konzern entfallenden stillen Reserven an dem jeweiligen Vermögensgegenstand erfolgen darf (Rdn. 86). Die Entscheidung hierzu wirkt sich auf die Höhe eines nach Zuordnung oder Verrechnung gegebenenfalls verbleibenden Unterschiedsbetrags aus, der nach Abs. 3 S. 1 als Geschäfts- oder Firmenwert anzusetzen wäre. Für eine vollständige Zuordnung könnte die Übernahme der Vermögensgegenstände und Schulden in den Konzernabschluß insgesamt und nicht nur in Anteilen sprechen.[130] Dem ist allerdings entgegen zu halten, daß der Kaufpreis für die Anteile nicht die vollständigen stillen Reserven im Vermögen des Tochterunternehmens vergütet hat, sondern nur den auf das Mutterunternehmen entfallenden Anteil. Aus Sicht der Erwerbsmethode wäre von einem anteiligen Erwerb der Vermögensgegenstände und Schulden einschließlich der anteiligen stillen Reserven auszugehen. Dieser Gedanke kommt der Funktion der Zuordnung oder Verrechnung des Unterschiedsbetrags nach Abs. 1 S. 3 am nächsten. Dabei geht es um die Verteilung der durch die Anschaffungskosten des Mutterunternehmens bezahlten stillen Reserven auf die einzelnen Vermögensgegenstände und Schulden. Verfügt das Mutterunternehmen nur über einen Anteil am Kapital das Tochterunternehmens, enthält der Kaufpreis und damit auch der nach Abs. 1 S. 3 verteilbare Unterschiedsbetrag nur die anteiligen stillen Reserven der Aktiva und Passiva. Die Zuordnung oder Verrechnung hat sich daher auf den durch das Anteilsverhältnis bestimmten Höchstbetrag der Anschaffungskosten aus Konzernsicht zu beschränken; anderenfalls würden Vermögensgegenstände und Schulden aus Konzernsicht zu einem nicht zutreffenden Wert ausgewiesen.[131] Dies zeigt sich letztlich bei einem Vergleich mit den Wertansätzen, wie sie bei Anwendung der Neubewertungsmethode zu finden wären. Dort werden stille Reserven in vollem Umfange aufgedeckt und der nicht auf den Konzern entfallende Teil als Anteil anderer Gesellschafter am Eigenkapital gezeigt. Dadurch wird die Vermögenslage des Konzerns wiederum zutreffend dargestellt.[132]

103 Der Ansatz der Vermögensgegenstände und Schulden mit einem durch Zuschreibung oder Verrechnung veränderten Wert beeinflußt durch dementsprechend geänderte Abschreibungen und Auflösungseffekte die Konsolidierung in den Folgeperioden und damit den Konzernerfolg. Die Bemessungsgrundlage für die steuerliche Gewinnermittlung bleibt hiervon unberührt, so daß in den Folgeperioden das handelsrechtliche (Konzern-)Ergebnis und das steuerliche Ergebnis differieren. Da die Auflösung stiller Reserven im Rahmen der Erstkonsolidierung erfolgt, ergeben sich keine Ergebniseffekte in der Periode der Erstkonsolidierung, so daß ein Grund für eine Steuerabgrenzung nach §§ 306 oder §§ 298 Abs. 1 i. V. m. 274 nicht besteht. Gleichwohl ist es h. M., daß im Rahmen der Erstkonsolidierung die wirtschaftlichen Lasten zutreffend dargestellt werden sollen.[133] Aus diesem Grunde sind die mit der Zuschreibung oder Verrechnung sonst verbundenen (steuerlichen) Lasten erkennbar zu machen und in Höhe des Steueranteils auf die Vermögensmehrung eine Abgren-

---

[130] Beck HdR-*Ordelheide* C 401, 51 ff.

[131] *IDW* SABI 2/1988, WPg 1988, 622, 623; *Biener/Berneke* BiRiLiG 333; *Schmalenbach-Gesellschaft – Deutsche Gesellschaft für Betriebswirtschaft e. V.* ZfbF Sonderheft 21/1987, 2. Aufl., 74 f; *Reige* BB 1987, 1211, 1214; *Küting* DStR 1988, Beil. zu Heft 13, 12; *Baetge/Kirsch/Thiele* Konzernbilanzen 234.

[132] Zur Behandlung nach IAS vgl. *Baetge/Siefke* Rechnungslegung nach International Accounting Standards IAS 797, zu IAS 22.31–34.

[133] *Lanfermann* FS Goerdeler 300.

zung **latenter Steuern** durch Rückstellungsbildung vorzunehmen. Dabei ist zu berücksichtigen, ob sich der Ergebnisunterschied voraussichtlich in überschaubarer Zeit umkehrt und auflöst; Posten mit permanenten oder quasi permanenten Unterschieden brauchen nicht berücksichtigt zu werden (Rdn. 94 f).

Die Beträge, die aus dem Unterschiedsbetrag nach S. 3 bei der Erstkonsolidierung den Bilanzansätzen zugeschrieben oder mit ihnen verrechnet wurden, beeinflussen das Konzernergebnis durch **Abschreibungen** und **Auflösungseffekte** (Rdn. 192 ff). Die Beträge sind ferner von Bedeutung bei Ausscheiden des Vermögensgegenstands oder Schuldpostens oder des Tochterunternehmens insgesamt aus dem Konzern. Daher ist geboten, eine *Dokumentation* der Zuordnung von Beträgen zu Bilanzposten vorzunehmen und fortzuschreiben, um über den Wertansatz des Bilanzpostens im Jahresabschluß des einbezogenen Tochterunternehmens oder seiner Handelsbilanz II die Entwicklung des Wertansatzes aus Konzernsicht eindeutig nachvollziehen zu können.[134] Verbleibt nach der Zuschreibung oder der Verrechnung mit den in der Konzernbilanz anzusetzenden Vermögensgegenständen oder Schulden ein Teilbetrag des Unterschiedsbetrags übrig, ist er als Geschäfts- oder Firmenwert nach Abs. 3 S. 1 zu aktivieren, Rdn. 141 ff. 104

cc) Verrechnung bei Bestehen eines passiven Unterschiedsbetrags. Übersteigt das zu Buchwerten nach Abs. 1 S. 2 Nr. 1 angesetzte Reinvermögen des Tochterunternehmens nach erfolgten Anpassungen an die für den Konzern vorgeschriebenen Bilanzierungs- und Bewertungsvorschriften (§§ 300 Abs. 2, 308 Abs. 2) den Wertansatz der dem Mutterunternehmen an dem Tochterunternehmen gehörenden Anteile, entsteht ein passiver Unterschiedsbetrag. Dieser folgt daraus, daß bei Übernahme der Vermögensgegenstände und Schulden und anderer Posten des Tochterunternehmens der Saldo der angesetzten Aktiva und Passiva den Betrag des entfallenden Anteilsbuchwerts übersteigt. Die Differenz wird durch Bildung des passiven Unterschiedsbetrags ausgeglichen. Die Wertansätze der in die Konzernbilanz aufzunehmenden Vermögensgegenstände dürfen nicht zugeschrieben werden, Verrechnungen haben zu unterbleiben. Abs. 3 kommt nicht zur Anwendung; ein verteilbarer Unterschiedsbetrag steht nicht zur Verfügung. Die Zuschreibung würde zur Vergrößerung des passiven Unterschiedsbetrags führen; dies ist durch § 301 Abs. 1 oder 3 nicht vorgesehen. 105

Bei einer konsequenten Anwendung der Erwerbsmethode auf die Erstkonsolidierung käme in solchen Fällen in Betracht, das unter Zugrundelegen der Buchwerte ermittelte Eigenkapital des Tochterunternehmens durch Abstocken der Buchwerte zu verringern, soweit dies die Wertansätze der abstockbaren Vermögensgegenstände zulassen. Eine **Abstockung** würde z. B. bei Gegenständen mit monetärem Charakter ausscheiden. Die Möglichkeit der Abstockung, die bei der Neubewertung des Vermögens des Tochterunternehmens in Erwägung gezogen werden kann, scheidet bei Anwendung der Buchwertmethode indes aus. Abs. 1 S. 2 Nr. 1 sieht bei Anwendung dieser Methodik keine Bewertung der Aktiva und Passiva vor. Der Unterschiedsbetrag läßt sich durch Maßnahmen der Bewertung nicht verringern. Es verbleibt allein die durch Abs. 3 S. 1 vorgesehene Möglichkeit zum Ausweis eines (passiven) Unterschiedsbetrags aus der Kapitalkonsolidierung, Rdn. 145 ff. 106

dd) Ausweis. Die Zuordnung und Verrechnung von Unterschiedsbeträgen aus der Kapitalverrechnung nach der Buchwertmethode dient der Ermittlung von zutreffenden **Anschaffungskosten** für die in der Konzernbilanz anzusetzenden Aktiva und 107

---

134 *IDW* SABI 2/1988, WPg 1988, 622, 624; ADS 73, 74.

Passiva. Bei Erstkonsolidierung eines Tochterunternehmens sind die Vermögensgegenstände und Schulden sowie anderen Posten mit den ihnen durch die Zuschreibung/Verrechnung beigelegten Werten anzusetzen. Dieser Wertansatz ist für Vermögensgegenstände des Anlagevermögens als Anschaffungskosten in den Anlagespiegel aufzunehmen.

108 **d) Kapitalverrechnung nach der Neubewertungsmethode.** Die Kapitalverrechnung bei Anwendung der Neubewertungsmethode erfolgt nach Maßgabe der Regelungen in Abs. 1 S. 1 und 2 Nr. 2. Der **Wertansatz** des **Anteils**, der dem Mutterunternehmen an dem einbezogenen Tochterunternehmen gehört, ist mit dem dem Anteil entsprechenden Teil des Eigenkapitals des Tochterunternehmens zu verrechnen. Das Eigenkapital ergibt sich aus dem Ansatz der in die Konzernbilanz aufzunehmenden Vermögensgegenstände, Schulden und anderen Posten mit dem beizulegenden Wert. Stille Reserven und stille Lasten werden bei dieser Methode bereits bei Ermittlung des konsolidierungspflichtigen Eigenkapitals aufgedeckt und zugeordnet.

109 Die Ermittlung des **Eigenkapitals** nach den Regelungen von S. 2 Nr. 2 führt zu einer neuen Bewertung der Aktiva und Passiva des Tochterunternehmens. Ihr Wertansatz wird der Höhe nach durch die Anschaffungskosten der Anteile an dem Tochterunternehmen begrenzt, Abs. 1 S. 4, Rdn. 75 f. Das Gesetz sieht weitere Maßnahmen der Bewertung oder der Anpassung von Wertansätzen nach Neubewertung nicht vor; daß sich aus der Neubewertung ergebende Eigenkapital ist unmittelbar mit dem Wertansatz der Anteile zu verrechnen. Die Verrechnung erfolgt wie bei der Buchwertmethode durch Verrechnung des Wertansatzes der Anteile an dem Tochterunternehmen mit dem auf diese Anteile entfallenden Eigenkapital. Zwar werden die stillen Reserven/Lasten bei dieser Methode in vollem Umfange aufgedeckt und nicht nur, wie bei der Buchwertmethode entsprechend der Anteilsquote des Konzerns. Durch die Beschränkung der Kapitalverrechnung auf das anteilige Eigenkapital des Tochterunternehmens ist gewährleistet, daß ebenfalls nur die auf die Anteile entfallenden stillen Reserven und Lasten Berücksichtigung finden. Der auf die anderen Gesellschafter entfallende Teil des Eigenkapitals, welches nach Aufdeckung der stillen Reserven ermittelt wurde, ist als Anteil anderer Gesellschafter im Ausgleichsposten nach § 307 auszuweisen (Rdn. 75 ff und § 307, 33 ff).[135]

110 Entsteht bei der Verrechnung ein *aktiver* **Unterschiedsbetrag**, ist er nach Abs. 3 S. 1 als Geschäfts- oder Firmenwert in der Konzernbilanz zu aktivieren. Entsteht ein *passiver* Unterschiedsbetrag, was bei Anwendung der Neubewertungsmethode nur in Fällen denkbar erscheint, in denen der verrechnete Buchwert der Anteile unterhalb der Anschaffungskosten liegt, ist er nach Abs. 3 S. 1 auf der Passivseite als Unterschiedsbetrag aus der Kapitalkonsolidierung auszuweisen. Vgl. hierzu auch Rdn. 145 ff.

5. Angaben im Konzernanhang

111 Abs. 1 S. 5 verpflichtet zur Angabe der angewandten Methode im Konzernanhang.[136] Die Regelung beruht auf Art. 19 Abs. 1c der **7. EG-Richtlinie**, die mehrere Sachverhalte regelt, die im Konzernanhang zu erläutern sind. Die im deutschen Recht enthaltene Regelung bleibt mit dem Wortlaut „Angabe" statt „Erläuterung" hinter der EG-rechtlichen Vorgabe zurück (vgl. zu den Begriffen § 313, 20 ff). Nach der Regierungsbegründung[137] wird indessen erkennbar, daß dem Wortlautunterschied keine

[135] *Biener/Berneke* BiRiLiG 333 f; ADS 103 f.
[136] DRS 4 Tz. 52 ff; *Peemöller/Beckmann/Geiger* BB 2000, 1080, 1085; *Mujkanovic* WPg 2000, 637, 646.
[137] Begr. RegE. zu § 282 HGB-E, BTDrucks. 10/3440, 38.

Bedeutung beizumessen ist, da der Gesetzgeber trotz der Wahl des Begriffs „Angabe" von einer Erläuterung der gewählten Methode ausgeht.

Gegenstand der Erläuterung ist die angewandte Methode. Sie bezieht sich auf die Wahl der durch S. 2 Nr. 1 und Nr. 2 verfügbaren Möglichkeiten der Ermittlung des Eigenkapitals. Nach dem Wortlaut des deutschen Gesetzes könnte es genügen, der Angabepflicht durch Nennen der gewählten Methode (Buchwert- oder Neubewertungsmethode) zu genügen.[138] Diese Auffassung wird im Hinblick auf die europarechtskonforme Auslegung der Regelung, die sich so ebenfalls in der amtlichen Begründung wieder findet, nicht geteilt. Eine dem Sinn und Zweck des Gesetzes entsprechende Angabe liegt erst dann vor, wenn neben der Angabe der gewählten Methode Erläuterungen zur Ausübung der wesentlichen, bei der Kapitalkonsolidierung auftretenden anderen Methodenwahlrechte gegeben werden und dabei z. B. erkennbar wird, ob bei der Verrechnung stille Reserven und stille Lasten aufgedeckt wurden oder nach welchen Kriterien die Zuordnung oder Verrechnung des Unterschiedsbetrags erfolgte. **112**

Die Angabe genügt den Anforderungen, wenn die Grundlagen der für die Kapitalverrechnung bedeutsamen Wahlrechtsausübungen nachvollzogen werden können. Eine **Begründung** der getroffenen Entscheidungen ist im Regelfall nicht zu geben.[139] **113**

Weitergehende Erläuterungen werden erforderlich, wenn die angewandten Konsolidierungsmethoden im Vergleich zum Vorjahr verändert worden sind. In diesem Fall ist auf die Abweichung hinzuweisen und diese zu begründen, § 297 Abs. 3 S. 3. Die Wahl der Buchwert- oder der Neubewertungsmethode unterliegt dem Gebot der **Stetigkeit.** Nach § 297 Abs. 3 S. 2 sind die auf den vorherigen Konzernabschluß angewandten Konsolidierungsmethoden beizubehalten (Stetigkeit im *zeitlichen* Sinn). Von diesem Grundsatz sind Ausnahmen nur im begründeten Ausnahmefall zulässig (§ 297, 74 ff)[140] und führen zur Verpflichtung, die Begründung im Konzernanhang wieder zu geben. **114**

Die Wahl der Methode unterliegt auch dem Gebot der **sachlichen** Stetigkeit. Danach dürfen gleiche oder gleichwertige Sachverhalte nicht unterschiedlich behandelt werden. Eine gewählte Konsolidierungsmethode bei verschiedenen Einbeziehungsvorgängen ist beizubehalten, so daß unterschiedliche Tochterunternehmen im Regelfall nicht nach unterschiedlichen Methoden einbezogen werden dürfen.[141] Das gilt auch bei Erwerb von weiteren Anteilen an einem bereits einbezogenen Tochterunternehmen. Die bei der erstmaligen Konsolidierung angewendete Methode ist danach auch bei der erstmaligen Einbeziehung der hinzuerworbenen Anteile anzuwenden. Zu den Ausnahmen von der Stetigkeit im sachlichen Sinne § 297, 79 ff. **115**

III. Zeitpunkt der Wertermittlung (Absatz 2)

1. Normzusammenhang

Die Regelungen des Abs. 2 bestimmen den **Zeitpunkt**, zu dem die der Verrechnung zugrunde gelegten **Wertansätze** der Anteile des Mutterunternehmens und des Eigenkapitals des einbezogenen Tochterunternehmens zum Zwecke der erstmaligen Einbeziehung in den Konzernabschluß bewertet werden. Die Vorschrift hat mittelbar **116**

[138] Beck BilKomm-*Förschle/Deubert* 120.

[139] WP-Handbuch 2000 I M 711; Beck BilKomm-*Förschle/Deubert* 120.

[140] ADS 44.

[141] Beck BilKomm-*Förschle/Deubert* 45; ADS 45; a. A. *Sahner/Häger* DB 1988, 405, 408.

Bedeutung für die Ermittlung von Unterschiedsbeträgen bei der Kapitalkonsolidierung. Für die Wertermittlung kommen nach Abs. 2 der Zeitpunkt des Erwerbs der Anteile an dem Tochterunternehmen, oder bei Erwerb der Anteile zu unterschiedlichen Zeitpunkten derjenige, zu dem das Unternehmen Tochterunternehmen geworden ist, in Betracht. Ferner wird die Möglichkeit eingeräumt, die Ermittlung auf den Zeitpunkt der erstmaligen Einbeziehung des Tochterunternehmens in den Konzernabschluß vorzunehmen. Die Regelungen fußen auf Art. 19 Abs. 1a und b der 7. EG-Richtlinie. Durch das BiRiLiG wurden die in der EG-Richtlinie eingeräumten Wahlrechte erweitert, indem die genannten drei Zeitpunkte bei gegebenen Voraussetzungen jeweils wahlweise bei Anwendung der Buchwert- (Abs. 1 S. 2 Nr. 1) oder der Neubewertungsmethode (Abs. 1 S. 2 Nr. 2) angewendet werden dürfen, während die EG-rechtliche Vorlage die Buchwertmethode mit dem Erwerbszeitpunkt (Abs. 1a) und die Neubewertungsmethode mit dem Zeitpunkt der erstmaligen Einbeziehung (Abs. 1b) verband. Der Gesetzgeber hat die in der 7. EG-Richtlinie geregelten Zeitpunkte umfassend aufgelöst und als **Wahlrechte** ausgestaltet.[142]

117 Nicht aus Abs. 2, sondern aus den allgemeinen Regelungen über die Einbeziehung in den Konzernabschluß, insbesondere § 290, bestimmt sich, zu welchem **Zeitpunkt** ein Tochterunternehmen in den Konzernabschluß einzubeziehen und die Kapitalkonsolidierung vorzunehmen ist.[143] Ob ein Tochterunternehmen *einzubeziehen* ist und zu welchem Zeitpunkt die Aufnahme in den Konzernabschluß zu erfolgen hat oder erfolgen darf, ergibt sich daraus, ob ein Unternehmen Tochterunternehmen geworden ist und wann dies erfolgt ist. Abs. 2 regelt hingegen, welcher Zeitpunkt bei der vorzunehmenden *Kapitalverrechnung* für die Ermittlung der maßgeblichen Wertansätze von Bedeutung ist. Das dient der zutreffenden Abgrenzung der in die Konzernbilanz aufzunehmenden Vermögensgegenstände und Schulden sowie deren zutreffender Bewertung. Der gewählte Zeitpunkt entscheidet darüber, welche Veränderungen des Mengengerüsts oder der Bewertung ausschließlich für die erstmalige Kapitalverrechnung und damit unmittelbar für das Konzernergebnis Auswirkungen haben. Die Entscheidung über den Zeitpunkt der Wertermittlung bei der Kapitalverrechnung bestimmt zugleich den Zeitpunkt, ab dem die Ergebnisse des Tochterunternehmens zum Konzernergebnis gehören und somit die Abgrenzung zwischen dem konsolidierungspflichtigen Eigenkapital und dem Ergebnis des Tochterunternehmens zu ziehen ist.

118 Die der Kapitalkonsolidierung zugrunde liegende Fiktion der Erwerbsmethode führt zu der Annahme, daß der erstmaligen Einbeziehung im Grundsatz die Wertverhältnisse zum **Erwerbszeitpunkt** zugrunde zu legen sind, so daß bei strenger Auslegung danach die Wertverhältnisse maßgeblich sind, die zum Zeitpunkt der Verschaffung der Verfügungsmacht über die Anteile maßgeblich sind.[144] Das gilt ab dem Zeitpunkt, in dem der Umfang der zu dem Mutterunternehmen gehörenden Anteile die Eigenschaft als Tochterunternehmen begründet. Die weiteren Möglichkeiten, die das Gesetz vorsieht, dienen der Vereinfachung der erstmaligen Einbeziehung.[145]

2. Wertansätze

119 Der Verrechnung liegen die Wertansätze der Anteile an dem Tochterunternehmen sowie das Eigenkapital des einbezogenen Tochterunternehmens zugrunde. Der **Wertansatz der Anteile** ergibt sich zum gewählten Zeitpunkt. Veränderungen der An-

---

142 Begr.RegE. zu § 282 HGB-E, BTDrucks. 10/3440, 38.

143 Insoweit ungenau Beck BilKomm-*Förschle/Deubert* 140 f.

144 *Biener/Berneke* BiRiLiG 334; DRS 4 Tz. 10.

145 WP-Handbuch 2000 I M 373.

schaffungskosten durch nachträgliche Erhöhungen oder Abschreibungen sind bis zu diesem Zeitpunkt zu berücksichtigen.

Das **Eigenkapital** des einbezogenen Tochterunternehmens ergibt sich zum Zeitpunkt aus der Bewertung der Vermögensgegenstände, Schulden und der anderen Posten, die nach Abs. 1 S. 2 Nr. 1 oder 2 mit dem Buchwert oder dem beizulegenden (Verkehrs-/Zeit-)Wert angesetzt werden. Wird die Buchwertmethode gewählt, ist derselbe Zeitpunkt auch für die Bestimmung der Wertansätze der Vermögensgegenstände und Schulden heranzuziehen, denen ein Unterschiedsbetrag nach Abs. 1 S. 3 zugeschrieben oder mit denen er verrechnet werden soll. Hierzu bedarf es in der Regel eines *Jahresabschlusses* des Tochterunternehmens, auf dessen Grundlage die für die Ermittlung des Betrags des Eigenkapitals erforderlichen Bewertungen sowie Bewertungsanpassungen (z. B. Handelsbilanz II mit Anpassungen nach §§ 300 Abs. 2 und 308 Abs. 2) vorgenommen werden können. Erfolgte der Erwerb oder die erstmalige Einbeziehung nicht auf den Stichtag eines Jahresabschlusses des Tochterunternehmens, muß ein *Zwischenabschluß* (Rdn. 124) aufgestellt werden;[146] auch § 299 Abs. 2 (§ 299, 29 ff). Der Zwischenabschluß hat die Funktion, die auf die Zeit der Zugehörigkeit zum Konzern entfallenden Ergebnisbestandteile abzugrenzen. Ein bis zum Zeitpunkt der Erstkonsolidierung entstandenes Jahresergebnis, das noch anderen Gesellschaftern zuzuordnen ist, ist durch eine entsprechende Verbindlichkeit abzugrenzen.[147] Zu weiteren Varianten der Ermittlung des Eigenkapitals Rdn. 40 ff. 120

3. Zeitpunkt des Erwerbs

a) Einbeziehung bei einmaligem Erwerbsvorgang. aa) Einbeziehung bei Erwerb. Die Ermittlung der Wertverhältnisse auf den Zeitpunkt des Erwerbs der Anteile gilt als Regelfall bei der Kapitalkonsolidierung.[148] Die Vornahme der Abgrenzungen auf den Tag des Erwerbs erreicht am deutlichsten die Zuordnung von Reinvermögen und Ergebnissen zum Konzern für die Zeiträume, für die die Zugehörigkeit des Tochterunternehmens zum Konzern besteht.[149] **Erwerb** im Sinne von Abs. 2 bedeutet zunächst die Verschaffung der zivilrechtlichen Anteilsinhaberschaft; für die Beurteilung der Voraussetzungen für die Einbeziehung in den Konzernabschluß und die dafür notwendigen Sachverhalte kann auch auf den Zeitpunkt der Erlangung des wirtschaftlichen Eigentums abgestellt werden können. Das ist der Zeitpunkt, ab dem das Mutterunternehmen die Anteile an dem Tochterunternehmen in seinem Jahresabschluß anzusetzen hätte.[150] 121

Im Sinne der Regelungen der Einbeziehung eines Unternehmens in den Konzernabschluß und dessen Kapitalkonsolidierung kann es nicht allein auf die Bilanzierungsfähigkeit der Anteile als maßgebliches Kriterium für einen Erwerb ankommen. Erwerb als Voraussetzung für die Einbeziehung eines Unternehmens in den Konzernabschluß erfordert zugleich die Erfüllung der tatbestandlichen Voraussetzungen von § 290 Erwerb iSv. Abs. 2 muß daher einher gehen mit der **Erlangung** der **Leitungsmacht** (§ 290 Abs. 1) oder der **Beherrschungsmöglichkeit** (§ 290 Abs. 2), da, sofern diese Zeitpunkte auseinander fallen, erst ab Bestehen der Einbeziehungspflicht wirt- 122

[146] Beck BilKomm-*Förschle/Deubert* 146; WP-Handbuch 2000 I M 373.

[147] *Busse v. Colbe/Ordelheide* Konzernabschlüsse 298; Beck BilKomm-*Förschle/Deubert* 146.

[148] DRS 4 Tz. 10; *Fülbier* DB 2000, 1341, 1342; Rechnungslegung nach internationalen Standards vgl. IAS 22.20 f; dazu *Baetge/Siefke* Rechnungslegung nach International Accounting Standards IAS 784 f; zu US-GAAP APB-Opinion No. 16 Tz. 93.

[149] Beck BilKomm-*Förschle/Deubert* 145.

[150] Beck HdR-*Ordelheide* in C 401, 110; ADS 114.

schaftlich die Vermögensgegenstände und Schulden sowie die Geschäftsvorfälle des Tochterunternehmens dem Konzern zugeordnet werden können.[151]

123 Erfolgt der Erwerb der Anteile auf einen Tag, der **Stichtag** des *Konzernabschlusses* und des *Jahresabschlusses* des einbezogenen Tochterunternehmens ist, lassen sich die zur erstmaligen Konsolidierung erforderlichen Abgrenzungen aus den Jahresabschlüssen (Handelsbilanz II) ableiten. Liegt der Erwerbstag am Stichtag des Jahresabschlusses des Tochterunternehmens, der nicht zugleich Stichtag des Konzernabschlusses ist, ist dies für die erstmaligen Kapitalverrechnung ebenfalls kein Problem. Die Ermittlung des Eigenkapitals des Tochterunternehmens ergibt sich aus dessen Jahresabschluß (Handelsbilanz II); die Kapitalverrechnung erfolgt mit dem Wertansatz des Anteils an dem Tochterunternehmen. Aus Sicht des Konzerns stellt dies einen Anschaffungsvorgang während des Konzerngeschäftsjahres dar. Für den nächsten Stichtag des Konzernabschlusses ist § 299 Abs. 2 für das Tochterunternehmen zu beachten.

124 Weicht der Tag des Erwerbs vom Stichtag des Jahresabschlusses des Tochterunternehmens ab, hat dieses für Zwecke der Erstkonsolidierung auf diesen Tag einen **Zwischenabschluß** zu erstellen, Rdn. 120. In der Literatur wird allerdings auch vorgeschlagen, statt einer Zwischenbilanz die Ermittlung des Eigenkapitals des Tochterunternehmens aufgrund anderer geeigneter Methoden zuzulassen. Vorschlagen wird insbesondere die zeitanteilige Zuordnung der in den Konzernabschluß zu übernehmenden Aufwendungen und Erträgen[152] entsprechend der Dauer der Zugehörigkeit zum Konzern. Diese Methode ist aus Gründen der Vereinfachung zuzulassen, sofern nachweisbar ist, daß die Aufwendungen und Erträge im Konzerngeschäftsjahr gleichmäßig verteilt angefallen sind.[153]

125 **bb) Einbeziehung bei zurückliegendem Erwerb.** Wurden die Anteile an einem Tochterunternehmen in einem abgeschlossenen Geschäftsjahr erworben, für das der Konzernabschluß bereits aufgestellt wurde, und wurde das Tochterunternehmen damals nicht einbezogen, weil z. B. ein Einbeziehungsverbot vorlag (§ 295) oder von einem Einbeziehungswahlrecht (§ 296) Gebrauch gemacht wurde, stellt sich die Frage nach der zutreffenden Einbeziehungsgrundlage, wenn zu einem späteren Zeitpunkt die Voraussetzungen für die Einbeziehung gegeben sind. Zwischen dem Zeitpunkt des Erwerbs und der tatsächlichen erstmaligen Einbeziehung kann u.U. ein mehrjähriger Zeitraum liegen. Nach dem Gesetz ist es dann zulässig, die Wertverhältnisse auf den Zeitpunkt der erstmaligen Einbeziehung zu ermitteln, Rdn. 131 ff.

126 Gleichwohl kommt in Betracht, die Wertverhältnisse zum **Zeitpunkt** des *Erwerbs* der Anteile zugrunde zu legen. Wird der Zeitpunkt des Erwerbs der Anteile als Zeitpunkt gewählt, sind die Vermögensgegenstände, Schulden und anderen Posten des einzubeziehenden Tochterunternehmens auf den (historischen) Stichtag zu bewerten und die Kapitalverrechnung nach Maßgabe der ermittelten Werte und der Methode nach Abs. 1 S. 2 Nr. 1 oder 2 durchzuführen. Die im Rahmen der Neubewertung ermittelten oder bei Anwendung der Buchwertmethode zugeschriebenen oder verrechneten Werte sowie ein gegebenenfalls angesetzter Geschäfts- oder Firmenwert ist für die Folgezeit *fortzuentwickeln*; die Beträge aus der Auflösung oder Abschreibung zugeordneter stiller Reserven/Lasten oder eines Geschäfts- oder Firmenwerts dürfen das

---

151 So auch IAS 22.21, vgl. *Baetge/Siefke* Rechnungslegung nach International Accounting Standards IAS 784.

152 *Schulte* DB 1994, 155; Beck BilKomm-*Förschle/Deubert* 146; HdKR-*Dusemond/Weber/Zündorf* 153.

153 *IDW* HFA 3/1995, WPg 1995, 697 Abschn. II.3; DRS 4, 11.

Konzernergebnis nicht belasten. Der Wertansatz der in den Konzernabschluß aufzunehmenden Vermögensgegenstände, Schulden und anderen Posten richtet sich nach dem fortgeschriebenen Wert, der zum Zeitpunkt der tatsächlichen erstmaligen Einbeziehung diesen Posten beizulegen ist.[154]

b) **Wertermittlung bei Erwerb der Anteile zu verschiedenen Zeitpunkten.** Werden die Anteile an dem Tochterunternehmen zu verschiedenen Zeitpunkten erworben, kommen für die Wertermittlung **unterschiedliche Zeitpunkte** in Betracht. Hierbei ist auf die Wertverhältnisse abzustellen, die – anteilig – bei den jeweiligen Erwerbszeitpunkten gegeben waren. Die Wertermittlung erfolgte dann entsprechend dem Verhältnis der erworbenen Anteile. Diese Methode erscheint im Hinblick auf die Erwerbsmethode formal zwar konsequent, materiell indes nicht, da hierdurch für die Kapitalkonsolidierung Wertverhältnisse berücksichtigt würden, die für Zeitpunkte Bedeutung haben, die vor dem Zeitpunkt liegen, zu dem das Unternehmen überhaupt erstmalig Tochterunternehmen geworden ist. 127

Abs. 2 sieht deswegen als weitere Möglichkeit[155] die Wertermittlung auf den Zeitpunkt vor, zu dem das Unternehmen **Tochterunternehmen geworden** ist. Für die Wertansätze der Anteile an dem Tochterunternehmen ergibt sich keine Veränderung; maßgebend ist die Summe der Anschaffungskosten der Anteile, gegebenenfalls gemindert um erfolgte Wertberichtigungen. Die Ermittlung des Eigenkapitals des Tochterunternehmens erfolgt unter Berücksichtigung der Wertverhältnisse (z. B. Verkehrsoder Zeitwerte) auf den Zeitpunkt, zu dem das Unternehmen Tochterunternehmen geworden und damit die Voraussetzungen für die Einbeziehung in den Konzernabschluß nach Maßgabe von §§ 290 ff erstmals gegeben waren. Für diese Betrachtung macht es keinen Unterschied, ob das Unternehmen zuvor als Beteiligung, als assoziiertes Unternehmen behandelt oder anteilsmäßig in den Konzernabschluß einbezogen wurde. Zur Behandlung von solchen Unternehmen bei der Kapitalkonsolidierung Rdn. 21 ff. Diese Methode erweist sich als vorteilhaft, da sie die u. U. aufwendige Ermittlung von Eigenkapitalanteilen zu unterschiedlichen Zeitpunkten und deren Zusammenfassung erspart.[156] 128

Erfolgt der Erwerb von Anteilen nicht über mehrere Geschäftsjahre, sondern innerhalb eines Geschäftsjahres, aber zu **unterschiedlichen Zeitpunkten**, kommt die vorgenannte Methode ebenfalls zur Anwendung. Es ist, abgesehen von unwesentlichen Zwerganteilen, nicht zulässig, den Erwerb fiktiv als zu einem Zeitpunkt erfolgt zu betrachten. Die Wertermittlung kann aber auf der Grundlage der unterschiedlichen Erwerbszeitpunkte erfolgen, da die Wertunterschiede sich in Grenzen halten werden.[157] Die Anteile am Ergebnis des Tochterunternehmens sind aufzuteilen in solche, die in das zu verrechnende Eigenkapital eingehen, solche, die dem Konzern z. B. aus der Beteiligung zustehen und denen, die in das Konzernergebnis einzubeziehen sind.[158] 129

Wahlweise neben diesen Methoden besteht auch die Möglichkeit, die Wertermittlung auf den Zeitpunkt der **erstmaligen Einbeziehung** in den Konzernabschluß vorzunehmen (Rdn. 131 ff).[159] 130

---

[154] Zur Technik der Fortentwicklung ADS 118; ferner *Schindler* Kapitalkonsolidierung nach dem Bilanzrichtlinien-Gesetz 184.

[155] Nach h. M. aus Vereinfachungsgründen, s. WP-Handbuch 2000 I M 372; ADS 122; Beck Bil-Komm-*Förschle/Deubert* 149; ferner *B. Hayn* Rechnungswesen auf dem Prüfstand 40, 41.

[156] HdKR-*Dusemond/Weber/Zündorf* 157; ADS 122.

[157] *Schindler* Kapitalkonsolidierung nach dem Bilanzrichtlinien-Gesetz 184.

[158] *IDW* HFA 3/1995, WPg 1995, 697, Abschn. II.2.

[159] H.M. WP-Handbuch 2000 I M 372; ADS 122; Beck BilKomm-*Förschle/Deubert* 150 f.

4. Wertermittlung zum Zeitpunkt der erstmaligen Einbeziehung

131 Abs. 2 S. 1 läßt als eine weitere Möglichkeit zu, die Wertermittlung auf den Zeitpunkt der erstmaligen Einbeziehung des Tochterunternehmens in den Konzernabschluß vorzunehmen. Diese Möglichkeit wurde aus Vereinfachungsgründen zugelassen, um die u. U. schwierigen Ermittlungen des Eigenkapitals des Tochterunternehmens zu verschiedenen oder zurückliegenden Zeitpunkten zu vermeiden.[160] Hierdurch kann es zwar zu Veränderungen der Verrechnungsgrundlagen bei der Kapitalverrechnung kommen, da nach Erwerb der Anteile an dem Tochterunternehmen erzielte Ergebnisse dieses Unternehmens sein Eigenkapital verändern und damit die Höhe eines Unterschiedsbetrags beeinflussen können. Art. 19 Abs. 1a der 7. EG-Richtlinie und ihr folgend der deutsche Gesetzgeber haben solche Beeinträchtigungen in Kauf genommen.[161]

132 Die Wertansätze werden auf den Zeitpunkt der **erstmaligen Einbeziehung** ermittelt. Der Begriff ist im Gesetz nicht definiert, so daß zu klären bleibt, ob der Zeitpunkt der rechtlichen Voraussetzungen für die erstmalige Einbeziehung oder die tatsächliche Einbeziehung, d. h. die erstmalige Verrechnung des Wertansatzes der Anteile und des darauf entfallenden Eigenkapitals gemeint ist. Nach ganz h. M. wird auf die tatsächliche erstmalige Einbeziehung abgestellt.[162] Diese muß entsprechend den gesetzlichen Vorschriften erfolgen; die Einbeziehung in den nächstfolgenden Konzernabschluß darf nur unterbleiben, sofern die Voraussetzungen der §§ 295, 296 gegeben sind.[163]

133 Die tatsächliche erstmalige Einbeziehung eines Tochterunternehmens erfolgt auf der Grundlage des Jahresabschlusses (Handelsbilanz II), der der Kapitalverrechnung zugrunde gelegt wird. Zeitpunkt der erstmaligen Einbeziehung ist somit i. d. R. der Stichtag eines Konzernabschlusses, in den das Tochterunternehmen auf der Grundlage eines Jahresabschlusses oder einer Zwischenbilanz (§ 299 Abs. 2) einbezogen wird. In der Literatur wird diskutiert, ob die Erstkonsolidierung in diesen Fällen zum Stichtag der Konzernbilanz oder auf den Beginn des „Konzern"-Geschäftsjahres erfolgt. Die Wertverhältnisse für die Kapitalverrechnung dürfen jedoch nicht auf einen Zeitpunkt ermittelt werden, der vor dem Zeitpunkt liegt, zu dem das Unternehmen Tochterunternehmen geworden und in den Konzernabschluß einzubeziehen ist. Somit ist bei Erwerb von konsolidierungspflichtigen Anteilen der früheste Zeitpunkt der erstmaligen Einbeziehung der Stichtag, auf den die Konzernbilanz aufgestellt wird. Hiernach erscheint es zulässig, ein Tochterunternehmen zum **Ende des Geschäftsjahres**[164] erstmals einzubeziehen, in dem die Anteile erworben wurden; nicht zulässig ist es, die erstmalige Einbeziehung auf den *Beginn* des nächstfolgenden Geschäftsjahres vorzunehmen.[165]

134 **Stellungnahme.** Nach der hier vertretenen Auffassung hat die Erstkonsolidierung grundsätzlich zum Zeitpunkt der Konzernbilanz zu erfolgen, die als erste auf den Zeitpunkt folgt, zu dem das erworbene Unternehmen Tochterunternehmen geworden ist. Zu diesem Zeitpunkt besteht nach § 290 ein Mutter-Tochterunternehmen-Verhältnis, daß zur Einbeziehung verpflichtet. Der zeitlich nächstgelegene Konzernabschluß ist der auf das Ende des Geschäftsjahres. Zu diesem Zeitpunkt sind die Wertansätze

---

160 *Biener/Berneke* BiRiLiG 334.

161 *Schulte* DB 1994, 156; *Biener/Berneke* BiRiLiG 334; abl. DRS 4, 13, der stets auf den Erwerbszeitpunkt abstellt.

162 ADS 120; Beck BilKomm-*Förschle/Deubert* 150 f.

163 WP-Handbuch 2000 I M 373.

164 WP-Handbuch 2000 I M 373.

165 A. M. ADS 120 f; Beck BilKomm-*Förschle/Deubert* 151.

von Eigenkapital und Anteilen zu ermitteln. Die Wahl des Zeitpunktes der Erstkonsolidierung für die Ermittlung der Wertverhältnisse enthält zugleich die Festlegung des Zeitpunktes für die Abgrenzung des Eigenkapitals, welches der Erstkonsolidierung zugrunde zu legen ist. Diese Festlegung bewirkt, daß das Jahresergebnis des Tochterunternehmens in das zu konsolidierende Eigenkapital einfließt und deswegen nicht als Saldo der Aufwendungen und Erträge als Konzernergebnis in der Konzern-Gewinn- und Verlustrechnung erscheinen darf. Dem wird am deutlichsten dadurch Rechnung getragen, daß die Aufwendungen und Erträge des einbezogenen Tochterunternehmens nicht in die Konzern-Gewinn- und Verlustrechnung aufgenommen werden.[166]

In der Praxis wird zugelassen, die **Aufwendungen** und **Erträge** des Tochterunternehmens in die Konzern-Gewinn- und Verlustrechnung aufzunehmen. Um zu verhindern, daß es dann zu einer Doppelerfassung der Jahresergebnisse einerseits bei der Kapitalverrechnung, andererseits als Konzernergebnis kommt, soll der entsprechende Teil des Jahresergebnisses durch einen Ausgleichsposten in der Konzern-Gewinn- und Verlustrechnung neutralisiert werden.[167] 135

Wird die erstmalige Einbeziehung auf den **Beginn** eines Geschäftsjahres vorgenommen, ergeben sich zwischen dem der Konsolidierung unterlegten Eigenkapital und dem Konzernergebnis bei kongruenten Geschäftsjahren keine Überschneidungen. Aufwendungen und Erträge des Tochterunternehmens werden erst im nächsten Konzernabschluß berücksichtigt. 136

5. Angaben im Konzernanhang

Abs. 2 S. 2 verpflichtet, den für die Ermittlung der Wertverhältnisse gewählten Zeitpunkt im Konzernanhang anzugeben. Die Angabe hat ihre Grundlage in Art. 19 Abs. 1c der 7. EG-Richtlinie, die allerdings nicht nur eine Angabe, sondern eine Erläuterung verlangt. Wie bereits an anderer Stelle ausgeführt, ist der Begriff der „Angabe" auch in Abs. 2 S. 2 im Sinne einer **Erläuterung** extensiv zu interpretieren (zur Begründung Rdn. 111). Es genügt nicht, allein den gewählten Zeitpunkt zu bezeichnen, vielmehr ist erforderlich, außer der Angabe des Zeitpunkts der Wertermittlung auf wesentliche Auswirkungen hinzuweisen, die sich aus der Wahl des jeweiligen Zeitpunkts ergeben haben.[168] Weitere Erläuterungen sind geboten, wenn ein Tochterunternehmen zum Ende eines Geschäftsjahres erstmals einbezogen wurde. Es ist dann zu erläutern, auf welche Weise die Doppelerfassung von Eigenkapital und Ergebnis des einbezogenen Tochterunternehmens verhindert wurde.[169] Eine Begründung der Wahl ist nicht geboten.[170] 137

Die Wahl des Zeitpunkts für die Wertermittlung unterliegt als Bestandteil der Konsolidierungsmethode dem **Gebot der Stetigkeit**. Von Bedeutung ist hier nicht die zeitliche Stetigkeit, da die Erstkonsolidierung nicht ein zu wiederholender Vorgang ist. Von Bedeutung ist die Stetigkeit im sachlichen Sinne. Wird bei der erstmaligen Einbeziehung verschiedener Tochterunternehmen jeweils eine andere Methode angewendet, stellt dies eine Durchbrechung des Grundsatzes dar und ist begründungspflichtig, § 297 Abs. 3 S. 4. 138

---

166 Beck BilKomm-*Förschle/Deubert* 151.

167 Kritisch *Schulte* DB 1994, 156f; weitergehend *Busse v. Colbe/Ordelheide* Konzernabschlüsse (1993), 415; *IDW* HFA 3/1995, WPg 1995, 697, Abschn. II.2.; ADS 121.

168 H.M., ADS 119; Beck-HdR-*Ordelheide* C 401, 114.

169 ADS 124, die diese Methode nur im Ausnahmefall für zulässig erachten.

170 Beck BilKomm-*Förschle/Deubert* 155.

IV. Behandlung von Unterschiedsbeträgen aus der Kapitalkonsolidierung (Abs. 3)

1. Entstehung und Funktion

139 Bei der Verrechnung des Wertansatzes von Anteilen mit dem auf diese Anteile entfallenden Anteil des Eigenkapitals ergibt sich häufig ein Unterschiedsbetrag. Die rechnerische Differenz kann sich, je nachdem, ob der Wertansatz der Anteile oder der Betrag des Eigenkapitals überwiegt, auf der Aktivseite oder der Passivseite ergeben. Ein **aktiver Unterschiedsbetrag** entsteht, wenn der Wertansatz der Anteile das bei Anwendung der Neubewertungsmethode (Abs. 1 S. 2 Nr. 2) ermittelte Eigenkapital übersteigt; ein aktiver Unterschiedsbetrag verbleibt, wenn bei Anwendung der Buchwertmethode nach Zuschreibung oder Verrechnung ein Teilbetrag eines Unterschiedsbetrags übrig bleibt. Der Betrag ist trotz Anwendung der Konsolidierungsmethoden in der Regel gleich hoch, da der Unterschiedsbetrag allein auf die dem Mutterunternehmen gehörenden Anteile entfällt. Nach Abs. 3 S. 1 ist ein Unterschiedsbetrag auf der Aktivseite als Geschäfts- oder Firmenwert auszuweisen, Rdn. 141 ff. Die Regelung beruht auf Art. 19 Abs. 1c der 7. EG-Richtlinie.

140 Ein **passiver Unterschiedsbetrag** entsteht, sofern das Eigenkapital den Wertansatz des Anteils bei der Kapitalverrechnung übersteigt. Abs. 3 S. 1 schreibt vor, daß dieser Betrag als Unterschiedsbetrag aus der Kapitalkonsolidierung auf der Passivseite gesondert ausgewiesen werden soll (Rdn. 145 ff). Die Regelung beruht auf Art. 19 Abs. 1c der 7. EG-Richtlinie.

2. Ausweis eines aktiven Unterschiedsbetrags

141 Ein **aktiver Unterschiedsbetrag** aus der Kapitalkonsolidierung ergibt sich, wenn für die Anteile an dem einzubeziehenden Tochterunternehmen höhere Anschaffungskosten aufgewandt wurden, als durch die Aufdeckung von stillen Reserven zugeordnet werden konnten. Der bei dem Erwerb eines Unternehmens über den Wert des Vermögens (abzüglich der Schulden) hinaus bezahlte Kaufpreis enthielte aus Sicht eines Jahresabschlusses bei Erwerb von einzelnen Vermögensgegenständen und Schulden einen Geschäfts- oder Firmenwert, der nach § 255 Abs. 4 aktiviert werden darf. Aus Sicht des Konzernabschlusses hat der aktive Unterschiedsbetrag nach der Erwerbsmethode denselben Charakter.

142 Bei Anwendung der **Buchwertmethode** (Abs. 1 S. 2 Nr. 1) verbleibt ein Unterschiedsbetrag, wenn der nach Kapitalverrechnung entstandene Unterschiedsbetrag durch Zuschreibung oder Verrechnung mit den in die Konzernbilanz aufzunehmenden Vermögensgegenständen und Schulden nicht verbraucht werden konnte. Der danach verbleibende Unterschiedsbetrag ist als Geschäfts- oder Firmenwert anzusetzen. Er resultiert aus der verbliebenen Differenz des Eigenkapitals nach Zuschreibung oder Verrechnung und dem Wertansatz der Anteile und ist ausschließlich dem Mutterunternehmen zuzuordnen; gegebenenfalls vorhandene andere Gesellschafter haben an diesem Betrag keinen Anteil. Bei Anwendung der **Neubewertungsmethode** entsteht ein aktiver Unterschiedsbetrag, wenn nach Ermittlung des Eigenkapitals auf der Grundlage der Wertansätze der Vermögensgegenstände, Schulden und anderen Posten mit dem Verkehrs-/Zeitwert der Wertansatz der Anteile an dem Tochterunternehmen nicht erreicht wird. Er hat den Charakter eines Geschäfts- oder Firmenwerts und steht auch hier ausschließlich im Zusammenhang mit dem durch Anschaffungskosten begründeten Wertansatz der Anteile und ist auch hier allein dem Mutterunternehmen zuzuordnen.

Abs. 3 S. 1 schreibt vor, daß der Unterschiedsbetrag als **Geschäfts- oder Firmenwert** auszuweisen ist. Die Bezeichnung geht nicht auf die EG-Richtlinie zurück, steht mit deren Verständnis jedoch im Einklang. Sie hatte nur vorgesehen, daß der Unterschiedsbetrag in einem gesonderten Posten auszuweisen sei. Nach deutschem Recht ist der Betrag auf der Aktivseite der Konzernbilanz nach §§ 298 Abs. 1 i. V. m. § 266 Abs. 2 (Aktivseite) I. 2. auszuweisen. Eine gesonderte Bezeichnung oder ein gesonderter Posten, gegebenenfalls als „davon"-Vermerk ist nicht vorgeschrieben. Der Betrag darf in der Konzernbilanz somit mit anderen, beim Mutterunternehmen aktivierten oder aus den Jahresabschlüssen der Tochterunternehmen übernommenen Geschäfts- oder Firmenwerten zusammengefaßt ausgewiesen werden. Im Hinblick auf die weitergehende Aufgliederungspflicht der 7. EG-Richtlinie wird eine Erläuterung im Konzernanhang für erforderlich gehalten.[171] Der aktivierte Betrag ist im Anlagespiegel nach §§ 298 Abs. 1 i. V. m. 268 Abs. 2 auszuweisen und fortzuentwickeln. **143**

Wird der Betrag in Ausnutzung des Wahlrechts in § 309 Abs. 1 S. 3 (vgl. § 309, 51) in der Konzernbilanz **nicht aktiviert**, sondern mit den Rücklagen des Konzerns verrechnet, entfällt auch die Aufnahme in den Anlagespiegel.[172] **144**

3. Ausweis eines passiven Unterschiedsbetrags

Entsteht ein Unterschiedsbetrag auf der Passivseite, ist er nach Abs. 3 S. 1 als **Unterschiedsbetrag aus der Kapitalkonsolidierung** auszuweisen. Ein passiver Unterschiedsbetrag entsteht, wenn bei der Kapitalverrechnung der Betrag des Eigenkapitals den Wertansatz der Anteile des Mutterunternehmens übersteigt. Er ergibt sich bei der Anwendung der *Buchwertmethode*, wenn ein Unterschiedsbetrag aus der Kapitalverrechnung auch nach Zuordnung stiller Reserven/Lasten auf der Passivseite verblieben ist.[173] Bei Anwendung der *Neubewertungsmethode* kann ein passiver Unterschiedsbetrag im Hinblick auf die durch Abs. 1 S. 4 festgelegte Wertobergrenze grundsätzlich nur entstehen, wenn das Eigenkapital des Tochterunternehmens zwar den Wertansatz der Anteile des Mutterunternehmens auf Buchwertbasis, nicht aber die Anschaffungskosten der Anteile übersteigt.[174] **145**

Abs. 3 S. 1 schreibt den **Ausweis** des Unterschiedsbetrags auf der Passivseite vor. Die Anordnung des Postens im Gliederungsschema ist nicht vorgegeben. Nach dem auf die Konzernbilanz anwendbaren Gliederungsschema ist er nicht vorgesehen (vgl. §§ 298 Abs. 1 i. V. m. 266 Abs. 3 (Passivseite), so daß ein zusätzlicher Posten eingefügt werden muß. Ort und Bezeichnung des Postens lassen sich nicht aus dem Gesetzeswortlaut ableiten.[175] Es ist geboten, den **Charakter** des Postens zur Entscheidung dieser Fragen heranzuziehen.[176] Ursachen für einen passiven Unterschiedsbetrag sind z. B. Wertminderungen des Vermögens des Tochterunternehmens, die den Kaufpreis, nicht aber das zu konsolidierende Eigenkapital berührt haben, ferner die ungünstige Ertragslage des Unternehmens oder zukünftig erwartete Aufwendungen (sog. bad will). Der Unterschiedsbetrag hat dann den Charakter einer Risikovorsorge für Aufwendungen und damit Rückstellungscharakter.[177] Beruht der Unterschiedsbetrag auf **146**

---

[171] *IDW* SABI 2/1988, WPg 1988, 622, 623; BeckHdR-*Ordelheide* C 401, 126; ADS 126.

[172] Nach DRS 4, 28 ist die erfolgsneutrale Verrechnung des goodwill mit den Rücklagen des Konzerns unzulässig; *Fülbier* DB 2000, 1341, 1344; *Mujkanovic* WPg 2000, 637, 644.

[173] ADS 129.

[174] ADS 136.

[175] Nach der Begr.RegE. zu § 282 HGB-E sollte allerdings ein gesonderter Ausweis erfolgen, vgl. BTDrucks. 10/3440, 38.

[176] *Küting/Dusemond/Nardmann* BB 1994 Beil. 8, 15 f; *Busse v. Colbe/Ordelheide* Konzernabschlüsse 221 f.

[177] WP-Handbuch 2000 I M 361; ADS 130.

einem günstigen Kaufvertragsabschluß, hat er materiell Eigenkapitalcharakter; resultiert er aus der Thesaurierung von Gewinnen des Tochterunternehmens nach Erwerb, aber vor erstmaliger Einbeziehung, stellt der Unterschiedsbetrag eine Gewinnrücklage dar.[178]

147 Der Posten ist als Unterschiedsbetrag aus der Kapitalkonsolidierung zu bezeichnen. Er beinhaltet die Beträge, die nach § 309 Abs. 2 erst bei Vorliegen bestimmter Sachverhalte erfolgswirksam aufgelöst werden dürfen. Er braucht Teilbeträge nicht zu enthalten, die eindeutig z. B. den Gewinnrücklagen des Konzerns zugeordnet werden können. In diesem Fall ist die erfolgsneutrale Umgliederung des entsprechenden Teilbetrags in die Rücklagen zulässig.[179] Die Anordnung des Postens innerhalb des **Gliederungsschemas** erfolgt nach Maßgabe des materiellen Posteninhalts.[180] Läßt sich eindeutig bestimmen, daß der Posten Rückstellungs- oder Eigenkapitalcharakter aufweist, hat der Ausweis unter der vorgeschriebenen Bezeichnung nächst den entsprechenden Posten des Gliederungsschemas zu erfolgen; es ist zulässig, den Posten unter der vorgeschriebenen Bezeichnung als Sonderposten innerhalb des Eigenkapitals auszuweisen. Verkörpert der Posten, wie im Regelfall, verschiedene Kriterien, bietet sich der Ausweis zwischen dem Eigenkapital und den Rückstellungen (nach den Sonderposten mit Rücklageanteil) an, doch sollte der Inhalt des Postens dann im Konzernanhang erläutert werden.[181] Im Hinblick auf die gesetzliche Vorgabe, *den Unterschiedsbetrag* auf der Passivseite auszuweisen, ist es nicht zulässig, den Posten aufzuteilen und an verschiedenen Stellen innerhalb der Bilanzgliederung auszuweisen.[182] Ergeben sich aus der Einbeziehung mehrerer Tochterunternehmen passive Unterschiedsbeträge, sind diese in dem Posten entsprechend dem materiellen Charakter der Beträge zusammenzufassen.

4. Verrechnung aktiver und passiver Unterschiedsbeträge

148 Bei der Einbeziehung mehrerer Tochterunternehmen können Unterschiedsbeträge sowohl auf der Aktiv- als auch auf der Passivseite entstehen. Abs. 3 S. 3 läßt zu, daß aktive und passive Unterschiedsbeträge miteinander verrechnet werden dürfen. Die Regelung beruht auf einem in Art. 19 Abs. 1c der **7. EG-Richtlinie** eingeräumten Wahlrecht.

149 Das Gesetz läßt die **Verrechnung** der Posten zu. Die Wirkungen der Verrechnung hängen davon ab, ob es sich um eine echte Saldierung aktiver und passiver Beträge handelt, die zu einem Posten mit Mischcharakter führt, oder ob lediglich die Zusammenfassung der Beträge gestattet ist, die zum Ausweis eines Unterschiedsbetrags allein auf der Aktiv- oder Passivseite führt, die materiellen Posteninhalte indes unangetastet läßt.

150 Nach zutreffender Auffassung handelt es sich um eine unechte Verrechnung, die lediglich zum zusammengefaßten **Ausweis** als Geschäfts- oder Firmenwert auf der Aktivseite oder als Unterschiedsbetrag aus der Kapitalkonsolidierung auf der Passivseite führt. Die einzelnen Unterschiedsbeträge, aus denen sich der Posten zusammensetzt, sind für jedes Tochterunternehmen fortzuführen. Aktive Unterschiedsbeträge sind z. B. nach Maßgabe von § 309 Abs. 1 abzuschreiben, passive Unterschiedsbeträge

---

[178] ADS 131; Beck BilKomm-*Förschle/Deubert* 162.

[179] Beck-HdR-*Ordelheide* C 401, 127; ADS 135.

[180] *IDW* SABI 2/1988, WPg 1988, 622, 624; zum gesonderten Ausweis DRS 4 Tz. 39.

[181] *IDW* SABI 2/1988, WPg 1988, 622, 624; ADS 133.

[182] *IDW* SABI, WPg 1988, 622, 624; Beck BilKomm-*Förschle/Deubert* 163; ADS 132.

nach § 309 Abs. 2 aufzulösen. Die getrennte Fortentwicklung der Einzelbeträge kann zu Verschiebungen der in die Verrechnung einzustellenden Beträge führen und zur Folge haben, daß der Ausweis des Unterschiedsbetrags von der Aktiv- auf die Passivseite oder umgekehrt wechselt.[183] Die sich aus der Fortentwicklung der Posten ergebenden Aufwendungen und Erträge sind in der Konzern-Gewinn- und Verlustrechnung unter den dafür maßgeblichen Posten unsaldiert auszuweisen.

5. Angaben im Konzernanhang (Abs. 3 S. 2 und 3)

Der Unterschiedsbetrag und die wesentlichen Veränderungen gegenüber dem Vorjahr sind im Konzernanhang zu erläutern, Abs. 3 S. 2. Nach S. 3 sind ferner die für Ausweiszwecke verrechneten Beträge der Aktiv- und Passivseite anzugeben. Die Regelungen beruhen auf Art. 19 Abs. 1c der **7. EG-Richtlinie**. **151**

Der Gesetzestext verpflichtet zu einer Erläuterung im Anhang. Nach der Terminologie des Gesetzes ist der Anhang des Jahresabschlusses nach § 264 Abs. 1 bezeichnet. Die Regelung ist systematisch unzutreffend und muß als redaktionelles Versehen des Gesetzgebers qualifiziert werden, der die Angabe für den **Konzernanhang** vorschreiben wollte. Dem abweichenden Wortlaut ist keine Bedeutung beizumessen. **152**

Gegenstand der **Erläuterung** sind der Unterschiedsbetrag sowie wesentliche Veränderungen gegenüber dem Vorjahr. Eine Angabe ist nicht genügend; entsprechend der EG-rechtlichen Vorgabe und dem Sinn und Zweck der Angabe ist eine Erläuterung vorgeschrieben. Beinhaltet der Posten nur einen *Geschäfts- oder Firmenwert*, soll die Angabe die Herkunft der Beträge z. B. von mehreren Tochterunternehmen sowie die Abschreibungsmethoden nach § 309 Abs. 1 erkennen lassen. Weitere Angaben sind geboten, wenn der Bilanzposten „Geschäfts- oder Firmenwert“ die aktiven Unterschiedsbeträge mit aktivierten Geschäfts- oder Firmenwerten, die aus dem Mutterunternehmen oder den Tochterunternehmen in den Konzernabschluß übernommen wurden, zusammenfaßt.[184] Wesentliche Veränderungen des Postens werden ihren Niederschlag im Anlagespiegel finden; die Erläuterung hat zu beschreiben, ob sie auf Zugängen, Abgängen oder außerplanmäßigen Abschreibungen beruhen, wenn nicht bereits andere Angabepflichten bestehen (z. B. §§ 298 Abs. 1 i. V. m. 277 Abs. 3 S. 1). **153**

Ist ein **passiver Unterschiedsbetrag** aus der Kapitalkonsolidierung ausgewiesen, hat sich die Erläuterung auf die unterschiedlichen Inhalte des Postens zu beziehen. Durch die Angabe soll deutlich werden, in welchem Umfang dem Posten Eigen- oder Fremdkapitalcharakter beizulegen ist[185] (Rdn. 146). Wesentliche Veränderungen können durch die Auflösung des Postens erfolgen; beruht diese auf der Anwendung von § 309 Abs. 2, sollte der erfolgswirksame Auflösungsbetrag angegeben werden. **154**

Erfolgt die **Verrechnung** aktiver und passiver Unterschiedsbeträge in der Konzernbilanz, sind im Konzernanhang die verrechneten Beträge anzugeben. Das erfordert, die aktiven und passiven Beträge jeweils unsaldiert zu erfassen und fortzuführen; der Gesamtbetrag der jeweiligen aktiven und passiven Beträge ist im Konzernanhang anzugeben. Die Angabe der aus der Einbeziehung verschiedener Tochterunternehmen jeweils resultierender Einzelbeträge ist nicht erforderlich. **155**

---

183 WP-Handbuch 2000 I M 363; *Schmalenbach-Gesellschaft – Deutsche Gesellschaft für Betriebswirtschaft e. V.* ZfbF Sonderheft 21/1987, 2. Aufl., 79.

184 *IDW* SABI 2/1988, WPg 1988, 622, 623; Beck-HdR-*Ordelheide* C 401, 126.

185 ADS 141.

V. Anteile an dem Mutterunternehmen (Abs. 4)

1. Eigene Anteile

156 Anteile an dem Mutterunternehmen erfahren nach Abs. 4 S. 1 eine **Sonderregelung**. Sie werden in die Kapitalkonsolidierung nach Abs. 1 nicht einbezogen. Die Anteile sind statt dessen als eigene Anteile im Umlaufvermögen gesondert auszuweisen, S. 2.[186]

157 Die Regelung betrifft Anteile an dem Mutterunternehmen, die von diesem oder einbezogenen Tochterunternehmen gehalten werden. Dies sind Anteile, die das Mutterunternehmen an sich selbst hält. Es werden alle **eigenen Anteile des Mutterunternehmens** erfaßt, gleichgültig, ob diese im Jahresabschluß aktiviert oder mit dem Eigenkapital verrechnet wurden.

158 **Mutterunternehmen** im Sinne von Abs. 4 ist nach dem Kontext des § 301 allein das Mutterunternehmen, das den Konzernabschluß aufstellt, in den die Tochterunternehmen einbezogen werden. Es handelt sich somit um das oberste Mutterunternehmen. Anteile an Tochterunternehmen, die ebenfalls Mutterunternehmen sind, sind insoweit ohne Belang und nach den allgemeinen Regelungen (Rdn. 90 ff) in die Kapitalkonsolidierung einzubeziehen.[187] Stellt ein Mutterunternehmen, das zugleich Tochterunternehmen eines weiteren Konzernkreises ist, einen (Teil-)Konzern auf, ist es Mutterunternehmen nach Abs. 4 für die in diesen Konzernabschluß einbezogenen Tochterunternehmen.

159 Die Regelung gilt auch für Anteile, die einbezogene **Tochterunternehmen** an dem (obersten) Mutterunternehmen halten (sog. Rückbeteiligungen).[188] Anteile von Tochterunternehmen, die nach §§ 295 oder 296 nicht einbezogen werden oder von assoziierten Unternehmen sind nicht zu berücksichtigen, da sie in der Konzernbilanz ohnehin nicht ausgewiesen werden.

2. Keine Berücksichtigung bei der Kapitalkonsolidierung

160 Anteile an dem Mutterunternehmen dürfen nach Abs. 4 S. 1 in die Kapitalverrechnung nicht einbezogen werden. Soweit Anteile im Besitz des Mutterunternehmens betroffen sind, findet eine **Kapitalverrechnung** nicht statt. Diese Anteile sind nach S. 2 als Umlaufvermögen auszuweisen. Dies gilt auch dann, wenn das Mutterunternehmen die Anteile nach § 71 Abs. 1 Nr. 6 oder 8 AktG[189] zum Zwecke der Einziehung erworben hat und sie deswegen im Jahresabschluß nicht aktivieren darf, sondern vom Eigenkapital offen abzusetzen hat. Hat das Mutterunternehmen für die eigenen Anteile eine Rücklage nach § 272 Abs. 4 gebildet, ist diese in die Konzernbilanz zu übernehmen. War der Wertansatz der eigenen Anteile mit dem Eigenkapital des Mutterunternehmens verrechnet worden, ist er nunmehr wieder zu aktivieren. Die Eigenkapitalmehrung ist in eine Rücklage für eigene Anteile einzustellen.

161 Anteile an dem Mutterunternehmen, die von einbezogenen **Tochterunternehmen** gehalten werden, könnten je nach deren bilanzieller Behandlung das Eigenkapital des Tochterunternehmens beeinflussen und damit Auswirkungen auf die Kapitalkonsolidierung haben. Die Verrechnung des Wertansatzes z. B. mit dem Eigenkapital des

---

186 So auch DRS 4, 22 und Anhang A6.

187 WP-Handbuch 2000 I M 415.

188 ADS 210 ff; Beck BilKomm-*Förschle/Deubert* 170 ff.

189 § 272 Abs. 1 HGB und § 71 Abs. 1 AktG i. d. F. des KonTraG vom 27. 4. 1998, BGBl I 1998, 786 ff; dazu *Escher-Weingart/Kübler* ZHR 162 (1998) 537 ff.

Mutterunternehmens kommt nicht in Betracht.[190] Für diese Anteile ist die Aktivierung und der Ausweis als Umlaufvermögen vorgeschrieben. Der Bilanzansatz ist in die Konzernbilanz zu übernehmen.

Im Jahresabschluß eines Tochterunternehmens, das Anteile an dem beherrschenden oder an ihm mit Mehrheit beteiligten Mutterunternehmen hält, ist ebenfalls eine **Rücklage für eigene Anteile** zu bilden, § 272 Abs. 4; nur wenn diese Voraussetzungen nicht gegeben waren, war von der Bildung der Rücklage abzusehen. In der Literatur besteht keine Einigkeit darüber, ob die Rücklage für eigene Anteile in die Kapitalkonsolidierung des Tochterunternehmens einzubeziehen ist oder nicht.[191] Nach der hier vertretenen Auffassung folgt aus der gesetzlichen Anordnung, daß eigene Anteile am Mutterunternehmen gesondert anzusetzen sind, die Beimessung des Vermögensgegenstandscharakters für die Anteile. Sie sind Teil der Kapitalverwendung. Die infolge des Erwerbs gebildete Rücklage für eigene Anteile ist bei der Bemessung des zu konsolidierenden Eigenkapitals zu berücksichtigen. **162**

In der Konzernbilanz ist eine übernommene Rücklage für eigene Anteile auszuweisen. Nach h. M. braucht für in die Konzernbilanz übernommene Anteile am Mutterunternehmen eine Rücklage nicht erneut gebildet zu werden.[192] Sind an dem Tochterunternehmen **andere Gesellschafter** beteiligt, ist in den Ausgleichsposten für andere Gesellschafter auch ein Anteil der Rücklage für eigene Anteile einzubeziehen und dort gesondert auszuweisen. **163**

Im Hinblick auf die unterschiedlichen Beträge für ausgewiesene eigene Anteile und eine Rücklage sollte, auch ohne gesetzliche Anordnung, eine Erläuterung der Bildung und Zusammensetzung der Posten im **Konzernanhang** erfolgen.[193] **164**

3. Ausweis

Die in die Konzernbilanz zu übernehmenden Anteile an dem Mutterunternehmen sind im **Umlaufvermögen** auszuweisen. Der Ausweis erfolgt im Gliederungsschema unter den Posten „sonstige Vermögensgegenstände" (§ 266 Abs. 2 B II. 4) oder „eigene Anteile" (§ 266 Abs. 2 B III. 2). In dem Posten ist die Zusammenfassung der vom Mutterunternehmen gehaltenen eigenen Anteile sowie der Rückbeteiligungen der einbezogenen Tochterunternehmen zulässig.[194] **165**

VI. Folgekonsolidierung

1. Grundlagen

Die Einbeziehung eines Tochterunternehmens beschränkt sich nicht auf die erstmalige Verrechnung des Wertansatzes der dem Mutterunternehmen gehörenden Anteils mit dem anteiligen Eigenkapital des Tochterunternehmens. Während dieser Vorgang insbesondere in §§ 301, 302 oder 307 weitgehend beschrieben ist, die für die Einbeziehungsmaßnahmen in **späteren Perioden** gesetzliche Anhaltspunkte nur vereinzelt erkennbar. Allein § 309 Abs. 1 und 2 regeln einzelne Auswirkungen aus der erstmaligen Einbeziehung für Folgeperioden; aus §§ 300, 303 bis 306 und 308 wird **166**

---

[190] WP-Handbuch 2000 I M 414.

[191] Für Einbeziehung Beck BilKomm-*Förschle/Deubert* 172; a. M. ADS 211; WP-Handbuch 2000 I M 417.

[192] Beck BilKomm-*Förschle/Deubert* 171 f; a. M. ADS 211.

[193] Beck BilKomm-*Förschle/Deubert* 175; a. M. ADS 213.

[194] WP-Handbuch 2000 I M 416.

erkennbar, daß sich Auswirkungen aus der fortdauernden Zugehörigkeit des Tochterunternehmens zum Konzern ergeben.

167 Aus § 301 folgt, daß die Einbeziehung des Tochterunternehmens in einen Konzernabschluß einer späteren Periode keine Erstkonsolidierung ist. Die Erstkonsolidierung nach dem Vorbild der Erwerbsmethode dient der einmaligen Ermittlung von Wertansätzen der in den Konzernabschluß aufzunehmenden Vermögensgegenstände und Schulden sowie anderen Posten auf den Zeitpunkt des Erwerbs oder der erstmaligen Einbeziehung (vgl. Abs. 2). Ein Unterschiedsbetrag aus der Kapitalverrechnung wird nicht jährlich neu entwickelt; dies entsprach der Verfahrensweise nach dem AktG 1965. Die bei erstmaliger Einbeziehung des Tochterunternehmens ermittelten Unterschiedsbeträge führen durch die Aufdeckung und Zuordnung stiller Reserven/Lasten und gegebenenfalls eines Geschäfts- oder Firmenwerts zu den für den Konzernabschluß maßgeblichen Anschaffungskosten der Aktiva und Passiva. Aufgabe der Folgekonsolidierung ist es, diese **Wertansätze fortzuentwickeln.**

168 Bei der *Folgekonsolidierung* sind ausgehend vom Jahresabschluß des einbezogenen Tochterunternehmens die **Auswirkungen der Anpassungen** an die konzerneinheitliche Bilanzierung und Bewertung (§§ 300 Abs. 2, 308 Abs. 2), die Zuschreibungen oder Verrechnungen aufgrund der Neubewertung oder der Zuordnung stiller Reserven/Lasten sowie eines gegebenenfalls angesetzten Geschäfts- oder Firmenwerts oder eines passiven Unterschiedsbetrags zu berücksichtigen.[195] Die sich bei der Erstkonsolidierung ergebenden Wertansätze sind in dem Folgekonzernabschluß erfolgswirksam fortzuentwickeln, d. h. z. B. abzuschreiben oder aufzulösen.[196] Auch der Wertansatz der dem Mutterunternehmen gehörenden Anteile kann durch Maßnahmen der Folgezeit betroffen werden. Auch solche Veränderungen sind bei der Folgekonsolidierung zu berücksichtigen (Rdn. 192 ff).

2. Veränderungen im Wertansatz der Anteile

169 **a) Allgemeines.** Der Wertansatz der Anteile des Mutterunternehmens ist eine für die Kapitalkonsolidierung wesentliche Verrechnungsgrundlage. Veränderungen des Wertansatzes oder Veränderungen der dem Mutterunternehmen gehörenden Anteile beeinflussen die Kapitalkonsolidierung.

170 **b) Zugänge. aa) Wertmäßige Zugänge, nachträgliche Anschaffungskosten.** Einlagen des Mutterunternehmens in das Tochterunternehmen nach der erstmaligen Einbeziehung, die keine neuen Anteile schaffen, können z. B. zur Sanierung oder aus anderen Zwecken geleistet werden. Beim Tochterunternehmen werden die **Einlagen** i. d. R. als Kapitalrücklage nach § 272 Abs. 2 Nr. 4 ausgewiesen. Bei der Folgekonsolidierung sind solche Maßnahmen als konzerninterne Vorgänge, die den Wertansatz des Kapitals und das Eigenkapital in gleicher Höhe beeinflussen, oder als Bestandteil der Aufwands- und Ertragskonsolidierung herauszurechnen. Sie führen nicht zu einer neuen Erstkonsolidierung.[197]

171 Erfolgt in einer Folgeperiode eine **Erhöhung** der Anschaffungskosten der durch das Mutterunternehmen erworbenen Anteile, wird die Basis für die Kapitalverrechnung bei erstmaliger Einbeziehung (nachträglich) verändert. Der nachträglich aufge-

---

[195] ADS 143 ff; HdKR-*Dusemond/Weber/Zündorf* 161.

[196] Beck HdR-*Ordelheide* C 401, 83; *Reige* BB 1988, 1354 f; *Biener/Schatzmann* Konzernrechnungslegung 36.

[197] ADS 181; HdKR-*Dusemond/Weber/Zündorf* 207.

wendete Betrag kann einen zunächst entstandenen aktiven Unterschiedsbetrag erhöhen oder einen passiven Unterschiedsbetrag verringern. Ein höherer aktiver Ansatz vergrößert das Volumen zuordenbarer stiller Reserven oder einen Geschäfts- oder Firmenwert.[198]

bb) Erwerb weiterer Anteile. Erwirbt das Mutterunternehmen weitere Anteile an einem Unternehmen hinzu, kann hierdurch die Pflicht zur Einbeziehung begründet oder die vorhandene Beteiligungsquote verstärkt werden. Werden Anteile hingegen von bereits einbezogenen Unternehmen erworben, ist dies ein konzerninterner Vorgang ohne Auswirkung auf die Erstkonsolidierung; §§ 304 und 305 sind zu beachten. **172**

Bei Zuerwerb der Anteile an einem bereits einbezogenen Tochterunternehmen von Konzernfremden (andere Gesellschafter) wird die Verrechnungsbasis für die Kapitalkonsolidierung verändert, so daß für die zuerworbenen Anteile eine **Erstkonsolidierung** durchzuführen ist.[199] Einzelheiten des Verfahrens sind in der Literatur umstritten. Die überwiegende Meinung hält für die zuerworbenen Anteile eine erstmalige Konsolidierung für notwendig. Der Erwerb der neuen Anteile wird wie ein Ersterwerb behandelt mit der Notwendigkeit, z. B. bei Anwendung der Buchwertmethode einen Unterschiedsbetrag zu ermitteln und zuzuordnen. Der Wechsel von einer Bewertungsmethode nach Abs. 1 S. 2 zu einer anderen ist nicht zulässig. Die unterschiedlichen, im Einzelfall sogar gegenläufigen Unterschiedsbeträge sind in der Folgezeit getrennt fortzuschreiben. Die wirtschaftliche Begründung dieses Verfahrens liegt darin, den Anteilserwerb wie eine nachträgliche Veränderung der Anschaffungskosten der erworbenen Vermögensgegenstände und Schulden zu betrachten.[200] Nach einer anderen Auffassung soll es zulässig sein, den Zuerwerb weiterer Anteile als einen nur die Kapitalseite betreffenden Vorgang zu behandeln, der nur das Verhältnis der Gesellschafter des Konzerns und der anderen Gesellschafter betrifft. In diesem Fall soll eine Zuordnung stiller Reserven/Lasten aus den neuen Anteilen entfallen; ein Unterschiedsbetrag wird mit dem Eigenkapital des Konzerns verrechnet oder ihm zugeschrieben.[201] Diese Vorgehensweise erscheint mit den Regelungen über die Kapitalkonsolidierung nicht vereinbar, da für einen Teil der Anteile und des Eigenkapitals des einbezogenen Tochterunternehmens eine Kapitalverrechnung mit dem Ziel der Ermittlung der Konzernanschaffungskosten nicht erfolgt. Zwar ist zutreffend, daß aus Konzernsicht ein Erwerb der Vermögensgegenstände und Schulden nicht mehr erfolgt, aber es bleibt sonst unbeachtet, daß sich die Anschaffungskosten der Aktiva und Passiva nachträglich verändern.[202] **173**

Für die Erstkonsolidierung der hinzuerworbenen Anteile sind die Wertverhältnisse auf einen nach Abs. 2 zu wählenden **Stichtag** zu ermitteln. Der Rückbezug des Erwerbs auf den Zeitpunkt der erstmaligen Einbeziehung des Tochterunternehmens ist nicht zulässig; aus Vereinfachungsgründen darf jedoch die Wertermittlung für die innerhalb eines Geschäftsjahres erworbenen Anteile auf einen Stichtag zusammengefaßt werden, wenn nicht ohnehin der Zeitpunkt der erstmaligen Einbeziehung dieser Anteile gewählt wird, Abs. 2.[203] **174**

---

[198] ADS 180; HdKR-*Dusemond/Weber/Zündorf* 208; nach DRS 4 Tz. 15 ausschließlich dem Geschäfts- oder Firmenwert zuzuordnen.

[199] WP-Handbuch 2000 I M 395; Beck BilKomm-*Förschle/Deubert* 191 f; ADS 176; HdKR-*Dusemond/Weber/Zündorf* 194 f.

[200] WP-Handbuch 2000 I M 395; Beck BilKomm-*Förschle/Deubert* 191 f; ADS 176 f.

[201] HdKR-*Dusemond/Weber/Zündorf* 196.

[202] Vgl. Fn. 199; vergleichbare Überlegungen werden in *IDW* HFA 2/1993, WPg 1993, 22, 24 angestellt.

[203] WP-Handbuch 2000 I M 395; Beck BilKomm-*Förschle/Deubert* 191; ADS 179; HdKR-*Dusemond/Weber/Zündorf* 194.

175 **c) Kapitalerhöhung bei dem Tochterunternehmen. aa) Kapitalerhöhung aus Gesellschaftsmitteln.** Eine Kapitalerhöhung aus Gesellschaftsmitteln verändert zwar die Struktur des Eigenkapitals des Tochterunternehmens, läßt aber den Wertansatz der Anteile, i. d. R. die Höhe der Beteiligung sowie die Höhe des anteiligen Eigenkapitals, insgesamt unberührt. Eine Kapitalkonsolidierung ist nicht erforderlich.

176 **bb) Kapitalerhöhung gegen Einlagen ohne Veränderung des Beteiligungsverhältnisses.** Wird das Kapital des Tochterunternehmens gegen **Bareinlagen** erhöht, die die Gesellschafter im Verhältnis ihrer bisherigen Beteiligung leisten, erhöht sich der Wertansatz der Anteile sowie das anteilige Eigenkapital um dieselben Beträge. Die neuen Anteile sind gegen das neue Eigenkapital zu verrechnen. Ein Unterschiedsbetrag kann sich nur ergeben, wenn mit der Kapitalerhöhung verbundene Anschaffungsnebenkosten in die Kapitalverrechnung einbezogen werden. Der Betrag wäre als Geschäfts- oder Firmenwert anzusetzen, Abs. 3 S. 1. In der Literatur werden berechtigt Zweifel geäußert, ob der Ansatz dieses Postens hier zutreffend ist. Statt dessen wird vorgeschlagen, den Betrag der Anschaffungskosten im Konzernabschluß zu Lasten der sonstigen betrieblichen Aufwendungen zu verrechnen.[204]

177 Werden **Sacheinlagen** geleistet, gelten die gleichen Grundsätze. Werden die erworbenen Anteile mit dem Buchwert des eingebrachten Reinvermögens angesetzt und wird für dieses ebenfalls der Buchwert beibehalten, besteht kein Unterschied zur Bareinlage. Werden die erworbenen Anteile hingegen mit dem Zeitwert angesetzt, ist der hierdurch erzielte Gewinn des Mutterunternehmens erfolgswirksam zu eliminieren, § 304. Wird beim Ansatz der übernommenen Aktiva und Passiva bei dem Tochterunternehmen der Betrag des bisherigen Reinvermögens überschritten, muß die Aufstockung aus Konzernsicht erfolgsneutral rückgängig gemacht werden, da die Aufstockung in keinem Jahresabschluß erfolgswirksam behandelt werden konnte.[205]

178 **Zeitpunkt** der erstmaligen Konsolidierung der Anteile ist der ihres rechtlichen Entstehens, bei Kapitalgesellschaften somit i. d. R. der Zeitpunkt der Eintragung der Kapitalerhöhung im Handelsregister.

179 **cc) Kapitalerhöhung gegen Einlagen mit Veränderung des Beteiligungsverhältnisses.** Nimmt das Mutterunternehmen an der Kapitalerhöhung nicht teil, folgt eine **Minderung** des Beteiligungsverhältnisses. Hierdurch ergibt sich die Notwendigkeit, die auf die anderen Gesellschafter entfallenden Anteile am erhöhten Eigenkapital neu zu ermitteln. Der Betrag ergibt sich als Anteil an dem erhöhten Eigenkapital des Tochterunternehmens. Weicht der von den anderen Gesellschaftern als Einlage geleistete Betrag von dem ab, den das Mutterunternehmen geleistet hatte, ergeben sich Folgewirkungen für die Kapitalverrechnung. Ist der durch die anderen Gesellschafter geleistete Betrag höher, ergibt sich für das Mutterunternehmen ein passiver Unterschiedsbetrag, ist er niedriger, ergibt sich ein aktiver Unterschiedsbetrag.[206] Die wirtschaftliche Begründung dafür ist, daß die anderen Gesellschafter den auf sie übergegangenen Teil der stillen Reserven zu vergüten hatten. Die Behandlung dieses Unterschiedsbetrags ist umstritten. Nach einer Auffassung soll ein Gewinn ausgewiesen und die entsprechenden Teile der stillen Reserven oder des Geschäfts- oder Firmenwerts als abgegangen behandelt werden.[207] Alternativ wird vorgeschlagen, eine Erstkonsolidierung durchzuführen, um den Unterschiedsbetrag zuordnen oder als passiven Unterschiedsbetrag ausweisen zu können.[208] Hiernach stellte sich die Kapital-

---

204 Beck BilKomm-*Förschle/Deubert* 192; ADS 184.

205 HdKR-*Dusemond/Weber/Zündorf* 226 f; Beck BilKomm-*Förschle/Deubert* 192; ADS 185; WP-Handbuch 2000 I M 402.

206 ADS 198.

207 *Baetge/Kirsch/Thiele* Konzernbilanzen 460 f.

208 ADS 199.

erhöhung als nachträgliche Korrektur einer früheren Erstkonsolidierung dar. Nach einer dritten Auffassung soll dieser Unterschiedsbetrag neutral behandelt und in die Rücklagen des Konzerns eingestellt oder mit ihnen verrechnet werden.[209] Dieser Auffassung ist zuzustimmen. Ein Anlaß für eine Kapitalverrechnung seitens des Mutterunternehmens ist bei diesem Vorgang nicht gegeben. Durch die Leistung der anderen Gesellschafter wird das Eigenkapital des Tochterunternehmens und damit mittelbar des Konzerns erhöht, ohne daß eine Veränderung der Anschaffungskosten des Konzerns an den Aktiva und Passiva des Tochterunternehmens eintritt. Dieser Beurteilung trägt die erfolgsneutrale Einstellung in die oder die Verrechnung mit den Konzernrücklagen Rechnung.

Führt die Kapitalerhöhung zu einer **Erhöhung der Beteiligungsquote** des Mutter- **180**
unternehmens, ist eine Kapitalverrechnung vorzunehmen. Entspricht der geleistete Betrag nicht dem bisherigen Anteil am Eigenkapital, führt die Kapitalkonsolidierung zu einem Unterschiedsbetrag, der auf neue stille Reserven, einen Geschäfts- oder Firmenwert oder einen passiven Unterschiedsbetrag zurückgeht. Der Unterschiedsbetrag ist wie beim Erwerb zusätzlicher Anteile des Mutterunternehmens zu ermitteln und zuzuordnen. Es gelten die unter Rdn. 173 ff dargestellten Grundsätze.[210]

d) Abgänge. aa) Wertmäßige Abgänge, Anschaffungskostenrückzahlungen. **181**
Ein Abgang vom Wertansatz der Anteile an dem Tochterunternehmen kann sich ergeben, wenn Eigenkapital (z. B. Rücklagen), das bei erstmaliger Einbeziehung vorhanden war, an das Mutterunternehmen ausbezahlt wird, ohne daß eine Veränderung der Anteilsrechte oder der Beteiligungsquote eintritt. Wirtschaftlich gesehen handelt es sich um eine Kapitalrückzahlung des Tochterunternehmens. Im Jahresabschluß des Mutterunternehmens kann dieser Vorgang als Abgang erfolgsneutral oder als Beteiligungsertrag, i. d. R. verbunden mit einer Abschreibung erfolgswirksam behandelt werden. Aus Sicht des Konzerns sind die Erfolgswirkungen nach § 305 herauszurechnen; die Kapitalverrechnung darf durch diesen konzerninternen Vorgang nicht beeinflußt werden.[211]

Erfolgt nach Maßgabe vertraglicher Vereinbarungen eine **Minderung** der Anschaf- **182**
fungskosten der Anteile an dem Tochterunternehmen, werden die Rechengrundlagen der Kapitalkonsolidierung betroffen. Die Kapitalkonsolidierung ist nachträglich zu verändern. Die Grundsätze für nachträgliche Anschaffungskostenerhöhungen gelten entsprechend (Rdn. 170).

bb) Veräußerung von Anteilen an (weiterhin) einbezogenen Tochterunterneh- 183
men. Die Veräußerung von Anteilen an einem einbezogenen Tochterunternehmen, welches weiterhin in den Konzernabschluß einbezogen bleibt, verändert die Rechengrundlagen für die Konsolidierung. Der Abgang der Anteile führt zu Anpassungen der im Konzernabschluß noch vorhandenen stillen Reserven, des Geschäfts- oder Firmenwerts oder des passiven Unterschiedsbetrags. Zwar bleibt die Konsolidierung des Tochterunternehmens im Grundsatz und damit auch die Übernahme der Vermögensgegenstände und Schulden in den Konzernabschluß unverändert. Der Abgang der Anteile führt zu einem Teilverkauf der zugeordneten stillen Reserven und des Geschäfts- oder Firmenwerts. Der Abgang der Anteile führt nicht zum Abgang der Vermögensgegenstände und Schulden aus der Konzernbilanz; der auf die verkauften Anteile

---

209 HdKR-*Dusemond/Weber/Zündorf* 228; *Göth* Das Eigenkapital im Konzernabschluß 196 ff.

210 ADS 200; Beck BilKomm-*Förschle/Deubert* 191 ff.

211 ADS 205; WP-Handbuch 2000 I M 405.

entfallende Betrag ist mit dem Buchwert oder dem beizulegenden Wert dem Ausgleichsposten für andere Gesellschafter zuzuweisen. Aus Sicht des Konzerns ergibt sich bei Anwendung der Buchwertmethode ein den veräußerten Anteilen entsprechender Abgang der aufgedeckten stillen Reserven und des Geschäfts- oder Firmenwerts, bei Anwendung der Neubewertungsmethode allein ein teilweiser Abgang des Geschäfts- oder Firmenwerts. Gleiches gilt für stille Lasten oder einen passiven Unterschiedsbetrag. Diese Beträge sind dem Buchgewinn/-verlust des Mutterunternehmens gegenüberzustellen.[212]

184 Als Folgemaßnahme sind die seit der erstmaligen Einbeziehung des Tochterunternehmens gebildeten **Gewinnrücklagen** entsprechend dem jetzt bestehenden Beteiligungsverhältnis dem Konzern und den anderen Gesellschaftern **zuzuordnen**. Der nach Veräußerung auf die anderen Gesellschafter zusätzlich entfallende Teil der seit Erstkonsolidierung gebildeten Gewinnrücklagen des Tochterunternehmens beeinflußt das aus Sicht des Konzerns erzielte Veräußerungsergebnis.[213]

185 **cc) Kapitalherabsetzung, Einziehung von Anteilen.** Eine **vereinfachte** Kapitalherabsetzung zum Zweck des Ausgleichs eines Verlustes oder der Erhöhung von Rücklagen führt nicht zu einer Veränderung der Beteiligungsquote der Gesellschafter, des Wertansatzes der Anteile oder des Eigenkapitals des einbezogenen Tochterunternehmens. Auswirkungen einer solchen Maßnahme auf die Kapitalverrechnung ergeben sich nicht.

186 Eine Kapitalherabsetzung mit dem Zweck der **Rückzahlung** von Eigenkapital bewirkt eine nur interne Kapitalverlagerung,[214] soweit durch die Maßnahme das Beteiligungsverhältnis nicht berührt wird. Es ergibt sich eine Minderung des Wertansatzes der Anteile in gleicher Höhe wie des anteiligen Eigenkapitals des Tochterunternehmens. Die Kapitalverrechnung führt daher nicht zu einem veränderten Unterschiedsbetrag. Nebenkosten der Maßnahme beeinflussen nicht den Wertansatz und sind als sonstiger betrieblicher Aufwand auszubuchen.

187 Der Erwerb eigener Anteile durch das Tochterunternehmen und deren **Einziehung** ist der Kapitalrückzahlung gleich zu behandeln, soweit das Beteiligungsverhältnis unberührt bleibt. Die Einziehung kann freiwillig oder zwangsweise erfolgen und die Gesellschafter unterschiedlich betreffen. Hieraus können sich Auswirkungen auf die Kapitalverrechnung ergeben. Wirtschaftlich ist der Sachverhalt zwar einer Anteilsveräußerung ähnlich, doch enthält er zugleich Elemente der Kapitalrückzahlung. Die disquotale Einziehung von Anteilen ergibt durch die Verminderung des Eigenkapitals eine veränderte Grundlage der Kapitalverrechnung. Hierdurch kann ein aktiver oder ein passiver Unterschiedsbetrag entstehen. Sinn und Zweck der Erstkonsolidierung entspricht das nur dann, wenn Anteile des Mutterunternehmens eingezogen werden, da dies wirtschaftlich einer Veräußerung von Anteilen entspricht (und damit den Anteilen an stillen Reserven und einem Geschäfts- oder Firmenwert). Die Einziehung von Anteilen anderer Gesellschafter ist als Zugang von Anteilen zu betrachten, die zu einer Erstkonsolidierung führen.[215]

188 **e) Abschreibungen auf den Wertansatz der Anteile.** Das Mutterunternehmen, dem die Anteile an dem einbezogenen Tochterunternehmen gehören, kann/muß bei gegebenen Voraussetzungen eine Abschreibung des Wertansatzes der Anteile vorneh-

---

212 *Baetge/Kirsch/Thiele* Konzernbilanzen 460; ADS 189; WP-Handbuch 2000 I M 396.

213 ADS 191.

214 HdKR-*Dusemond/Weber/Zündorf* 231; sinngem. auch WP-Handbuch 2000 I M 406.

215 A.M. HdKR-*Dusemond/Weber/Zündorf* 232, die eine erfolgsneutrale Verrechnung mit den Rücklagen vorziehen.

men. Die Abschreibung kann nach erstmaliger Einbeziehung des Tochterunternehmens in den Konzernabschluß nicht übernommen werden, da die Anteile an dem Tochterunternehmen im Konzernabschluß nicht angesetzt werden. Gründe, die zu der Abschreibung aus Sicht des Mutterunternehmens geführt haben, werden zu Wertberichtigungen der Wertansätze der Aktiva und Passiva des Tochterunternehmens, die in die Konzernbilanz übernommen werden, führen. Zur Vermeidung der **Doppelberücksichtigung** des durch die Abschreibung entstehenden Aufwands muß im Rahmen der Konsolidierung eine erfolgswirksame Eliminierung erfolgen.[216]

Statt der Abschreibung des Wertansatzes der Beteiligung sind Abschreibungen einzelner Vermögensgegenstände des Tochterunternehmens geboten. Diese erfolgen nach Maßgabe der Bewertungsvorschriften der §§ 298 Abs. 1 i.V.m. 253 Abs. 2, 3. Die Überleitung der Abschreibung des Wertansatzes der Anteile auf die Wertansätze des Tochterunternehmens ist nicht erforderlich; entsprechend den Ursachen der Abschreibung der Beteiligung kann die Abschreibung aufgedeckter stiller Reserven oder des Geschäfts- oder Firmenwerts geboten sein.[217] Letztere gilt insbesondere bei nachhaltiger Ertraglosigkeit des einbezogenen Tochterunternehmens. 189

f) Zuschreibungen auf Anteile des Mutterunternehmens. War auf den Wertansatz der Anteile an dem Tochterunternehmen *vor* dessen erstmaliger Einbeziehung in den Konzernabschluß eine Abschreibung vorgenommen worden, erfolgte die Kapitalverrechnung unter Verrechnung mit dem niedrigeren Wertansatz. Ist der Grund für die Abschreibung nach Einbeziehung entfallen, kann eine **Zuschreibung** im **Jahresabschluß** erfolgen. Aus Sicht des Konzernabschlusses führt die Zuschreibung zu einer nachträglichen Veränderung der Anschaffungskosten der Anteile, die eine Veränderung der Kapitalkonsolidierung nach sich zieht. Die Wertansätze der in die Konzernbilanz übernommenen Vermögensgegenstände und Schulden sind anzupassen, gegebenenfalls ist ein Geschäfts- oder Firmenwert anzusetzen oder zu erhöhen.[218] 190

Wurde die Abschreibung *nach* erstmaliger Einbeziehung vorgenommen, ist zu beachten, daß diese das Konzernergebnis nicht (unmittelbar) belasten durfte. Die Zuschreibung nach Wegfall des Grundes der Abschreibung muß ebenfalls als konzernfremder Vorgang bei der Konsolidierung herausgerechnet werden. Zugleich ist zu prüfen, ob **Zuschreibungen auf Vermögensgegenstände** vorzunehmen sind, die an Stelle der Anteile abgeschrieben wurden. Einer Zuschreibung steht § 280 Abs. 2 nicht entgegen, da die Beibehaltung des niedrigeren Wertansatzes in der Konzernbilanz keine Voraussetzung für die Beibehaltung des Wertansatzes in der Steuerbilanz ist, so daß im Konzernabschluß grundsätzlich ein Zuschreibungsgebot besteht, §§ 298 Abs. 1 i.V.m. 280 Abs. 1.[219] 191

3. Veränderungen des Eigenkapitals des einbezogenen Tochterunternehmens

a) Fortentwicklung der Wertansätze aus der Erstkonsolidierung. aa) Grundlagen. Gegenstand der weiteren Bewertung sind die Wertansätze der Vermögensgegenstände und Schulden sowie anderen Posten, die nach Anpassung an die Grundsätze der Bilanzierung und Bewertung im Konzern (§§ 300 Abs. 2, 308 Abs. 2) der Kapitalverrechnung zugrunde gelegt wurden. Im Rahmen der Kapitalkonsolidierung 192

---

216 WP-Handbuch 2000 I M 399; *Schindler* Kapitalkonsolidierung nach dem Bilanzrichtlinien-Gesetz 170 f.

217 WP-Handbuch 2000 I M 399; *Busse v. Colbe/Ordelheide* Konzernabschlüsse 239.

218 H.M. ADS 196; Beck BilKomm-*Förschle/Deubert* 202 f; *Weber/Zündorf* BB 1989, 1864.

219 WP-Handbuch 2000 I M 400; ADS 197.

wurden diese bei Anwendung der **Neubewertungsmethode** mit dem beizulegenden Wert angesetzt, so daß das Eigenkapital des Tochterunternehmens bis zum Betrag der Anschaffungskosten der Anteile des Tochterunternehmens aufgestockt werden konnte. Bei Anwendung der **Buchwertmethode** wird ein nach Kapitalverrechnung verbleibender Unterschiedsbetrag entsprechend den stillen Reserven/Lasten des Tochterunternehmens anteilsmäßig zugeschrieben oder verrechnet; im übrigen war ein Geschäfts- oder Firmenwert anzusetzen. Maßnahmen der Folgekonsolidierung betreffen die Abschreibung oder Auflösung der im Vergleich zur Handelsbilanz II veränderten Wertansätze, von denen bei der Neubewertungsmethode das auf alle Gesellschafter entfallende Ergebnis, bei der Buchwertmethode nur der auf den Anteil des Mutterunternehmens entfallende Teil des Konzernergebnisses betroffen ist.

193 Für die Fortentwicklung der Wertansätze fehlen besondere **Rechtsgrundlagen.** Eine gesetzliche Regelung besteht allein für die Abschreibung eines Geschäfts- oder Firmenwerts (§ 309 Abs. 1) und die Auflösung eines passiven Unterschiedsbetrags (§ 309 Abs. 2).

194 **bb) Fortentwicklung aufgedeckter stiller Reserven.** Die im Rahmen der Neubewertung aufgedeckten oder bei der Buchwertmethode nach Abs. 1 S. 3 zugeordneten stillen Reserven sind in den Folgeperioden nach allgemeinen Regelungen abzuschreiben oder aufzulösen. Dabei ist nach den Posten, denen Beträge zugeschrieben oder mit denen Beträge verrechnet wurden, zu unterscheiden. Wurden stille Reserven **abnutzbaren Gegenständen des Anlagevermögens** zugeordnet, sind diese nach Maßgabe der für diese Gegenstände anwendbaren *Abschreibungsmethode* planmäßig zu verringern. Die Methode richtet sich nach den für die Gegenstände des Anlagevermögens anwendbaren Bewertungsmethoden; eine Abschreibung nach unterschiedlichen Methoden ist nicht statthaft. Der entstehende Aufwand findet (nur) in der Konzern-Gewinn- und Verlustrechnung seinen Niederschlag.

195 Für alle Aktivposten der Konzernbilanz gilt das **Niederstwertprinzip.** Vermögensgegenstände des Anlage- oder Umlaufvermögens, die in der Handelsbilanz II mit dem niedrigeren beizulegenden Wert bewertet wurden, dürfen auch in der Konzernbilanz nicht zu einem höheren Wertansatz angesetzt werden. In diesem Fall muß eine *außerplanmäßige Abschreibung* auch den Betrag umfassen, um den bei der Erstkonsolidierung auf einen höheren Wertansatz zugeschrieben wurde. Liegt der niedrigere beizulegende Wert über dem Wertansatz der Handelsbilanz II, aber unterhalb der (fortgeschriebenen) Anschaffungskosten aus der Erstkonsolidierung, muß im Konzernabschluß gleichwohl eine außerplanmäßige Abschreibung erfolgen.

196 Die Zuordnung stiller Reserven beeinflußt auch die Höhe eines Veräußerungsgewinns/-verlusts bei **Abgang** eines Vermögensgegenstands. Dem Veräußerungserlös sind die Anschaffungskosten, bei abnutzbaren Vermögensgegenständen des Anlagevermögens die fortgeschriebenen Anschaffungskosten aus der Erstkonsolidierung gegenüber zu stellen.[220] Bei Vermögensgegenständen des Anlagevermögens ist der Abgang im Anlagespiegel anhand der Anschaffungskosten aus der Erstkonsolidierung darzustellen. Wurden Roh-, Hilfs- und Betriebsstoffen oder dem Vorratsvermögen stille Reserven zugeordnet, lösen sich diese mit Verbrauch oder Veräußerung auf. Bei diesen Posten ist es i. d. R. nicht feststellbar, ob der einzelne Gegenstand, dem stille Reserven zugeordnet wurden, den Konzern bereits verlassen hat. Die Auflösung der stillen Reserven kann entsprechend der Umschlagsgeschwindigkeit des Postens erfol-

---

[220] WP-Handbuch 2000 I M 375; Beck-HdR-*Ordelheide* C 402, 9.

gen; in geeigneten Fällen wird es als zulässig angesehen, die stillen Reserven im ersten Folgejahr nach der Erstkonsolidierung aufzulösen.[221]

Die Wertansätze der Vermögensgegenstände und Schulden, die im Rahmen der Erstkonsolidierung ermittelt wurden, stellen die Anschaffungskosten aus Konzernsicht dar. **Zuschreibungen** auf die Wertansätze dürfen die Konzernanschaffungskosten nicht überschreiten. Eine Zuschreibung, die eine vor der Erstkonsolidierung auf einen Wertansatz im Jahresabschluß (Handelsbilanz II) des einbezogenen Tochterunternehmens vorgenommene Abschreibung korrigieren soll, darf in den Konzernabschluß nicht übernommen werden. Durch die Zuschreibung im Jahresabschluß dürfen die Konzernanschaffungskosten nicht überschritten werden. Das gilt unabhängig davon, ob der Posten in der Konzernbilanz nach Zuordnung stiller Reserven zu einem höheren Wert angesetzt worden war oder nicht. Der Ertrag aus der Zuschreibung im Jahresabschluß ist bei der Konsolidierung herauszurechnen.[222] **197**

Werden **Sonderposten mit Rücklageanteil** in den Konzernabschluß übernommen, ist für deren Fortentwicklung nach dem Inhalt des Postens zu unterscheiden. Handelt es sich um eine passive Wertberichtigung nach § 281, folgt die Auflösung dieses Postens dem korrespondierenden Aktivposten. Unversteuerte Rücklagen (z. B. § 6b EStG) werden im Konzernabschluß entsprechend der Behandlung im Jahresabschluß übertragen oder aufgelöst. War die Rücklage in den Konzernabschluß bei Erstkonsolidierung nicht übernommen worden, muß deren Übertragung zu einem späteren Zeitpunkt bei der Konsolidierung ebenfalls herausgerechnet werden. Wird die Rücklage in einer Folgeperiode erfolgswirksam aufgelöst, muß der Ertrag aus dem Konzernergebnis eliminiert werden.[223] **198**

Wurden bei der Erstkonsolidierung im Zusammenhang mit der Zuordnung stiller Reserven Rückstellungen für **latente Steuern** gebildet, sind diese Beträge entsprechend der Abschreibung oder Auflösung der Posten, mit denen sie im Zusammenhang stehen, erfolgswirksam aufzulösen. **199**

cc) Fortentwicklung aufgedeckter stiller Lasten. Wurden bei der erstmaligen Einbeziehung des Tochterunternehmens stille Lasten aufdeckt und in der Konzernbilanz z. B. weitere Passivposten (z. B. Ansatz nicht passivierter Rückstellungen für Pensionsverpflichtungen) gebildet, sind diese in der Folgezeit entsprechend der Entwicklung der zugrunde liegenden Lebenssachverhalte fortzuentwickeln. Tritt das Risiko ein, dessentwegen die Rückstellung gebildet wurde, wird der Posten infolge der Inanspruchnahme verbraucht; stellt sich heraus, daß das Risiko nicht eintreten wird, ist der Posten aufzulösen. War der Posten im Jahresabschluß des einbezogenen Unternehmens nicht gebildet worden, verursacht der Eintritt des Risikos auf dieser Ebene Aufwand. Auf der Ebene des Konzerns wird der Aufwand durch Verbrauch der Rückstellung neutralisiert.[224] **200**

b) Veränderungen der Rücklagen des einbezogenen Tochterunternehmens. **201**
aa) Einstellungen. Die Einstellung von Beträgen in die Gewinnrücklagen nach dem Zeitpunkt der erstmaligen Einbeziehung des Tochterunternehmens verändert dessen Eigenkapital. Die Thesaurierung von Gewinnen des Tochterunternehmens darf sich aus Konzernsicht auf die Kapitalverrechnung jedoch nicht auswirken, da das durch das Tochterunternehmen erzielte Ergebnis unmittelbar Eingang in das Konzernergebnis, gegebenenfalls in den Anteil anderer Gesellschafter findet. Die Einstellung in die

---

221 ADS 163.

222 Beck BilKomm-*Förschle/Deubert* 202 f; ADS 166; *Reige* BB 1988, 1357.

223 ADS 154 f.

224 ADS 168 ff.

Gewinnrücklagen des Tochterunternehmens ist zugleich eine Einstellung in die Gewinnrücklagen des Konzerns.

202 **bb) Auflösung.** Werden **Rücklagenbeträge** aufgelöst, die *vor* der Erstkonsolidierung gebildet wurden, um sie an die Gesellschafter auszuschütten, stellt dies eine Kapitalrückzahlung dar. Die Auflösung hat i. d. R. keine Auswirkungen auf das zu konsolidierende Kapital, vgl. Rdn. 181 f. Die Auflösung von *nach* der erstmaligen Einbeziehung gebildeten Gewinnrücklagen zur Ausschüttung berührt das konsolidierungspflichtige Eigenkapital nicht. Die Maßnahme ist als Gewinnausschüttung zu behandeln; ein in den Jahresabschlüssen ausgewiesener Beteiligungsertrag muß im Konzernabschluß herausgerechnet werden. Die Auflösung von Rücklagen zum Zweck der *Verlustdeckung* im Jahresabschluß des Tochterunternehmens darf, gleichgültig, ob Rücklagenbeträge verwendet werden, die bei erstmaliger Einbeziehung vorhanden waren oder nicht, die Kapitalverrechnung nicht berühren. Der bei dem Tochterunternehmen eingetretene Verlust wirkt sich infolge der Konsolidierung unmittelbar im Konzernabschluß aus; die Auflösung der Rücklagen ist bei der Konsolidierung wieder heraus zu rechnen.[225]

4. Konzerninterne Umwandlungen

203 Die in einem Konzernabschluß abgebildeten Unternehmen eines Konzerns können von verschiedenen Maßnahmen der **Umstrukturierung** betroffen werden. Dazu gehören auch die *Verschmelzung* einbezogener Unternehmen, die *Aufspaltung* eines einbezogenen Unternehmens (§ 123 Abs. 1 UmwG) oder die *Abspaltung* von Teilen eines einbezogenen Unternehmens (§ 123 Abs. 2 UmwG) oder die *Ausgliederung* von Teilen eines einbezogenen Unternehmens (§ 123 Abs. 3 UmwG) jeweils in/mit andere(n) einbezogene(n) Tochterunternehmen. Sind an der Maßnahme keine anderen Gesellschafter beteiligt oder ergeben sich aus anderen Gründen keine Veränderungen der Beteiligungsverhältnisse, hat sich die wirtschaftliche Einheit des Konzerns nicht verändert. Die Auswirkungen auf die Konsolidierung sind gleichwohl unterschiedlich.

204 Bei einer **Verschmelzung** eines einbezogenen Tochterunternehmens mit einem anderen einbezogenen Unternehmen gehen die Anteile an dem übertragenden Rechtsträger sowie sein Eigenkapital unter, so daß eine Kapitalverrechnung zukünftig entfällt. Die übergehenden Vermögensgegenstände werden bei der aufnehmenden Gesellschaft mit Anschaffungskosten oder dem bisherigen Buchwert (§ 24 UmwG) angesetzt.[226] Für den Konzern dürfen sich hieraus keine Auswirkungen ergeben.[227] Die Konzernanschaffungskosten infolge der erstmaligen Einbeziehung des verschmolzenen Tochterunternehmens sind fortzuführen. Hierzu sind Anpassungen erforderlich; ferner ist ein Verschmelzungsgewinn/-verlust heraus zu rechnen.[228] Wird das Mutterunternehmen auf ein einbezogenes Tochterunternehmen verschmolzen, wird dieses zum Mutterunternehmen des Konzerns. Mit dem übertragenen Vermögen gehen i. d. R. die Anteile an anderen einbezogenen Unternehmen über. Aus rechtlicher Sicht hat dieses Unternehmen nun erstmals einen Konzernabschluß aufzustellen und die

---

[225] Vgl. jeweils auch mit Hinweisen zur Eliminierung einer Abschreibung auf den Beteiligungsbuchwert WP-Handbuch 2000 I M 403; Beck BilKomm-*Förschle/Deubert* 225 f; ADS 203.

[226] Vgl. statt vieler *IDW* HFA 2/1997, WPg 1997, 235, 238; für den Ansatz zu Verkehrswerten DRS 4, 23; *Fülbier* DB 2000, 1341, 1342; kritisch *IDW* Stellungnahme zu E-DRS 4, FN 2000, 329, 330.

[227] *Küting* DStR 1995, 229, 232.

[228] *B. Hayn* in Rechnungswesen auf dem Prüfstand 40, 61; HdKR-*Dusemond/Weber/Zündorf* 390.

Tochterunternehmen einzubeziehen. Aus wirtschaftlicher Sicht ist die „Konzerneinheit" weitgehend unverandert geblieben. Aus Sicht des Konzerns ist es nicht angebracht, eine neue erstmalige Einbeziehung der Tochterunternehmen vorzunehmen. Das neue Mutterunternehmen tritt in die Konzernstellung des übertragenden Mutterunternehmens ein. Die Konzernanschaffungskosten der in den Konzernabschluß aufgenommenen Aktiva und Passiva aus der erstmaligen Einbeziehung der Unternehmen bleiben unverändert. Das gilt auch für die Wertansätze des (neuen) Mutterunternehmens, die aus dessen früherer Erstkonsolidierung fortgeführt werden. Auch ein bei der erstmaligen Einbeziehung dieses Unternehmens entstandener Geschäfts- oder Firmenwert oder ein passiver Unterschiedsbetrag aus der Kapitalkonsolidierung ist fortzuführen.

Die **Aufspaltung** eines einbezogenen Unternehmens führt zu dessen Auflösung; 205
seine Vermögensgegenstände und Schulden werden von den aufnehmenden Unternehmen fortgeführt; die hierfür gewährten neuen Anteile an diesen Unternehmen gehören einbezogenen Unternehmen des Konzerns oder den Gesellschaftern des Mutterunternehmens. Erfolgt die Aufspaltung eines Tochterunternehmens und sind die aufnehmenden Rechtsträger ebenfalls in den Konzernabschluß einbezogen, dürfen sich Auswirkungen auf den Konzernabschluß nicht ergeben. Unabhängig von den Wertansätzen in den aufnehmenden Gesellschaften sind die Konzernanschaffungskosten fortzuführen. Der Sachverhalt ist einer Kapitalerhöhung gegen Sacheinlagen vergleichbar (Rdn. 176 f). Bei der Aufspaltung des Mutterunternehmens ergeben sich zukünftig zwei Rechtsträger, die Vermögen übernehmen und gegebenenfalls einen Konzernabschluß aufzustellen haben. Auch hier stellt sich die Frage, ob eine Erstkonsolidierung auf der Ebene der neuen Mutterunternehmen zu erfolgen hat, oder ob diese Unternehmen (anteilig) in die Konzernstellung des bisherigen Mutterunternehmens eintreten. Aus Sicht des Konzerns tritt für die jeweils entstandenen (Teil-) Konzerne im Grundsatz keine Veränderung ein, so daß entsprechend den zur Verschmelzung angestellten Überlegungen eine Erstkonsolidierung der übergehenden Anteile unterbleibt und für das übergegangene Vermögen die Konzernanschaffungskosten fortzuführen sind. In Folge der Aufspaltung eingetretene Gewinne oder Verluste sind auf Konzernebene zu eliminieren.

Die **Ausgliederung** von Vermögen auf ein anderes einbezogenes Unternehmen 206
gegen Gewährung von neuen Anteilen ist wie die Kapitalerhöhung gegen Sacheinlagen zu behandeln (Rdn. 176 f). Auswirkungen auf den Unterschiedsbetrag bei der Kapitalkonsolidierung ergeben sich nicht. Werden im Rahmen der Ausgliederung Anteile an anderen einbezogenen Unternehmen übertragen, ist eine Erstkonsolidierung durchzuführen. Hieraus dürfen sich für den Konzernabschluß keine Auswirkungen ergeben; die Konzernanschaffungskosten des ausgegliederten Vermögens werden unverändert fortgeführt. Bei der Konsolidierung sind Anpassungen der Wertansätze vorzunehmen; gegebenenfalls entstandene Zwischenergebnisse sind herauszurechnen.[229]

Sind an den Unternehmen, die von Umwandlungsmaßnahmen betroffen sind, 207
andere Gesellschafter beteiligt, können sich Veränderungen in den Beteiligungsverhältnissen an den einbezogenen Unternehmen ergeben. In diesen Fällen ergeben sich Auswirkungen auf die Kapitalverrechnung; auf die Grundsätze bei Kapitalerhöhungen mit Veränderung der Beteiligungsquote wird verwiesen (Rdn. 179 f).

---

[229] *Küting/B. Hayn/Hütten* BB 1997, 565, 574; HdKR-*Dusemond/Weber/Zündorf* 393.

5. Ausscheiden einbezogener Tochterunternehmen aus dem Konsolidierungskreis

208 a) **Grundlagen.** Das Ausscheiden eines Tochterunternehmens aus dem Konsolidierungskreis beendet die Voraussetzungen für die Kapitalverrechnung und die Übernahme von Vermögensgegenständen und Schulden in den Konzernabschluß. Gesetzliche Regelungen für die Beendigung der Konsolidierung und deren Darstellung im Konzernabschluß bestehen nicht. Voraussetzungen und Rechtsfolgen haben sich deshalb an den allgemeinen Bilanzierungsvorschriften zu orientieren; soweit die Kapitalverrechnung betroffen ist, sind die Grundsätze des § 301 entsprechend heranzuziehen.

209 Das **Ausscheiden** eines einbezogenen Tochterunternehmens aus dem Konsolidierungskreis beruht auf verschiedenen Ursachen. In Betracht kommen die Veräußerung von Anteilen insgesamt oder in einem Umfang, der zukünftig die Vollkonsolidierung nach § 301 ausschließt, das Eintreten eines Einbeziehungsverbots nach § 295 oder im Ausnahmefall die Ausübung des Wahlrechts zur Nichteinbeziehung nach § 296. Diesen Fällen ist gemeinsam, daß das Unternehmen nicht mehr Tochterunternehmen ist oder aus anderen Gründen nicht mehr in den Konzernabschluß einbezogen wird. Die Kapitalverrechnung ist zu beenden und die Vermögensgegenstände und Schulden des (ehemaligen) Tochterunternehmens dürfen im Konzernabschluß nicht mehr fortgeführt werden. Als Folge des Ausscheidens sind Anteile, die weiterhin einbezogenen Unternehmen gehören, zukünftig mit Anschaffungskosten oder dem anteiligen Eigenkapital (§§ 311, 312) zu bewerten oder als anteilmäßig konsolidiertes Unternehmen einzubeziehen.

210 Hat sich infolge des Ausscheidens eines Tochterunternehmens der **Kreis einbezogener Unternehmen** geändert, ist § 294 Abs. 2 zu beachten (Erl. zu § 294).[230]

211 b) **Abgang der Vermögensgegenstände und Schulden.** Aus dem Blick des Konzernabschlusses als dem Abschluß eines wirtschaftlich einheitlichen Unternehmens bedeutet das Ausscheiden eines Unternehmens aus dem Konsolidierungskreis den Abgang der Vermögensgegenstände und Schulden des Tochterunternehmens. Die Darstellung im Konzernabschluß erfolgt entsprechend einer Darstellung des Abgangs einzelner Vermögensgegenstände und Schulden in einem Jahresabschluß.[231]

212 aa) **Maßgeblicher Zeitpunkt.** Im Falle der Veräußerung von Anteilen wird der Zeitpunkt durch den **Übergang** des **rechtlichen**, gegebenenfalls des **wirtschaftlichen Eigentums** an den Anteilen bestimmt. Ohne Anteilsveräußerung kann das der Zeitpunkt des Verlusts des zur Konsolidierung notwendigen Einflusses (§ 290 Abs. 1, 2) oder der Eintritt des zur Nichteinbeziehung veranlassenden Ereignisses sein.[232] Der Zeitpunkt bestimmt entsprechend Abs. 2 den Stichtag der Bewertung der abgehenden Posten. Fällt der Zeitpunkt nicht auf das Ende eines Geschäftsjahres des Tochterunternehmens oder auf den Stichtag einer zu Konsolidierungszwecken aufgestellten Zwischenbilanz, ist die Aufstellung eines Zwischenabschlusses des Tochterunternehmens erforderlich, um eine zutreffende Abgrenzung der zum Konzernergebnis gehörenden Ergebnisanteile vornehmen zu können. Wird ein Zwischenabschluß nicht aufgestellt, steht als Grundlage für die Wertermittlung und Abgrenzung nur der letzte Jahresabschluß (unter Berücksichtigung der Anpassungen für die Einbeziehung in den Kon-

---

230 *IDW* HFA 3/1995, WPg 1995, 697.

231 *Ordelheide* BB 1986, 766; *v. Wysocki/Wohlgemuth* Konzernrechnungslegung 196 ff; *Busse v. Colbe/Ordelheide* Konzernabschlüsse 251 ff.

232 *Busse v. Colbe/Ordelheide* Konzernabschlüsse 256; *Baetge/Kirsch/Thiele* Konzernbilanzen 468 f; HdKR-*Dusemond/Weber/Zündorf* 365; ADS 274.

zern) des Tochterunternehmens zur Verfügung. Die Ergebnisse des Tochterunternehmens dürfen dann nur bis zu diesem Zeitpunkt in das Konzernergebnis einbezogen werden.[233] Als weiterer Zeitpunkt der Endkonsolidierung kommt der auf den Eintritt der vorgenannten Ereignisse folgende Stichtag des Konzernabschlusses in Betracht.[234] Dies scheidet allerdings aus, wenn die Angaben über den Jahresabschluß des Tochterunternehmens nicht mehr zur Verfügung stehen.[235]

bb) Konzernbilanz. Die Vermögensgegenstände und Schulden des ausscheidenden Tochterunternehmens dürfen in der Konzernbilanz nicht fortgeführt werden. Aus der Konzernbilanz erfolgt der Abgang mit den (fortgeschriebenen) Konzernanschaffungskosten, so daß die Buchwerte der Aktiva und Passiva aus dem Jahresabschluß bei Abgang anzupassen sind. Dem Vorgang liegt die Fiktion eines Einzelabgangs zugrunde.[236] Abnutzbare Vermögensgegenstände des Anlagevermögens sind bis zum Zeitpunkt, der der Endkonsolidierung zugrunde gelegt wird, planmäßig abzuschreiben. **213**

cc) Anlagespiegel. Das Ausscheiden der Aktiva und Passiva des Tochterunternehmens aus dem Konzernabschluß ist im Konzernanlagespiegel (§§ 298 Abs. 1 i.V.m. 268 Abs. 2) als **Abgang** zu zeigen. Die Angaben im Anlagespiegel beruhen auf den Konzernanschaffungskosten. In der Literatur wird vorgeschlagen, im Anlagespiegel durch eine separate Spalte zwischen Abgängen aus dem Konsolidierungskreis und anderen Abgängen zu unterscheiden.[237] Hierfür besteht keine sachliche Notwendigkeit; soweit dies im Einzelfall der Verbesserung der Klarheit dient, ist die Erweiterung der Gliederung zulässig. Die ebenfalls erwogene Saldierung von Zu- und Abgängen bei Veränderung des Konsolidierungskreises ist als Verstoß gegen das Saldierungsverbot unzulässig.[238] **214**

dd) Konzern-Gewinn- und Verlustrechnung. In der Konzern-Gewinn- und Verlustrechnung sind die **Erfolgswirkungen** aus dem Abgang der einzelnen Vermögensgegenstände und Schulden auszuweisen. Diese ergeben sich aus dem Unterschiedsbetrag aus einem Veräußerungserlös für die Anteile und den Werten, mit denen die abgehenden Vermögensgegenstände und Schulden zu dem für das Ausscheiden maßgeblichen Zeitpunkt angesetzt waren. Das erfordert, für die einzelnen abgehenden Aktiva und Passiva einen anteiligen Veräußerungserlös zu ermitteln und zuzuordnen. Fraglich ist, ob die Erlöse nach Art der unterschiedlichen Posten aufgeteilt und ausgewiesen werden müssen, wie z.B. Umsatzerlöse für ausscheidendes Vorratsvermögen, sonstige betriebliche Erträge für Buchgewinne bei anderen Vermögensgegenständen.[239] Diese Darstellung erscheint die Fiktion des Einzelabgangs zu überzeichnen und dadurch aus Sicht des Konzerns zu Unklarheiten der Darstellung zu führen. Das Ausscheiden eines einbezogenen Tochterunternehmens ist nicht die Veräußerung von Einzelposten, sondern stellt sich als Abgang eines Betriebsteils der wirtschaftlichen Einheit dar. Eine Unterscheidung der Erlöse nach Art der veräußerten Posten ist dabei nicht geboten, vielmehr sind die Posten mit den fortgeschriebenen Buchwerten auszubuchen und ist der Unterschiedsbetrag zu dem Veräußerungspreis der Anteile als sonstiger betrieblicher Ertrag/Aufwand auszuweisen.[240] **215**

---

[233] Beck HdR-*Ordelheide* C 403, 28; ADS 275.

[234] *Baetge/Kirsch/Thiele* Konzernbilanzen 468; nach *DRSC* E-DRS 16 Tz. 13 ist allein der Zeitpunkt des Anteilsabgangs maßgebend.

[235] *IDW* HFA 3/1995, WPg 1995, 697, 698.

[236] *Ordelheide* BB 1986, 766; *Schmalenbach Gesellschaft – Deutsche Gesellschaft für Betriebswirtschaft e.V.* ZfbF Sonderheft 21/1987, 2. Aufl., 83 f.

[237] ADS 261; Beck HdR-*Ordelheide* C 403, 3.

[238] ADS 261; Beck BilKomm-*Förschle/Deubert* 255; A.M. HdKR-*Dusemond/Weber/Zündorf* 374.

[239] Statt vieler s. ADS 267.

[240] ADS 268; HdKR-*Dusemond/Weber/Zündorf* 375.

216 Der im Jahresabschluß eines einbezogenen Unternehmens enthaltene **Gewinn/ Verlust** aus der Veräußerung der Anteile an dem Tochterunternehmen ist im Rahmen der Konsolidierung herauszurechnen.

217 Sind an dem ausscheidenden Tochterunternehmen **andere Gesellschafter** beteiligt, ist das Ergebnis des Ausscheidens anhand des auf den Konzern entfallenden Teils des Eigenkapitals zu ermitteln. Bei Anwendung der Buchwertmethode ist dies der auf den Anteil entfallende Teil des Vermögens und der Schulden zuzüglich des noch nicht verrechneten Teils des Unterschiedsbetrags (stille Reserven/Lasten, Geschäfts- oder Firmenwert). Der auf die anderen Gesellschafter entfallende Teil des Buchwerts wird erfolgsneutral mit dem Ausgleichposten für Anteile anderer Gesellschafter verrechnet. In der Konzern-Gewinn- und Verlustrechnung ist dem Veräußerungserlös nur der auf den Konzern entfallende Abgangswert gegenüberzustellen. Bei Anwendung der Neubewertungsmethode ist der Abgangswert mit dem anteiligen Wertansatz der Vermögensgegenstände und Schulden zuzüglich des noch nicht abgeschriebenen Teils des Geschäfts- oder Firmenwerts zu ermitteln.

218 **c) Sonderfragen. aa) Behandlung eines mit den Gewinnrücklagen verrechneten Geschäfts- oder Firmenwerts.** Nach § 309 Abs. 1 darf ein Geschäfts- oder Firmenwert nach § 301 Abs. 3 S. 1 erfolgsneutral mit den Rücklagen des Konzerns verrechnet werden. Erfolgt dies, wird das Konzernergebnis nicht durch die Abschreibungswirkungen belastet; wäre der Geschäfts- oder Firmenwert zum Zeitpunkt des Ausscheidens noch nicht vollständig abgeschrieben worden, wird das **Konzernergebnis** durch Ausscheiden des Tochterunternehmens verringert. Dieses Ergebnis wird für nicht sachgerecht erachtet, so daß in großen Teilen der Literatur verlangt wird, spätestens zum Zeitpunkt des Ausscheidens des Tochterunternehmens die erfolgsneutrale Verrechnung rückgängig zu machen und den Geschäfts- oder Firmenwert erfolgswirksam mit dem Veräußerungserlös zu verrechnen.[241] Nach einer Gegenmeinung wird diese Methode für unzulässig erachtet, da sie mit § 309 Abs. 1 S. 3 nicht im Einklang steht.[242] Danach ist die Verrechnung mit den Rücklagen als endgültig zu betrachten und die dadurch gegebene Abweichung der Ergebnisse zwischen den beiden Methoden über die Totalperiode in Kauf zu nehmen. Die letztgenannte Methode hat den Vorzug, sich auf die gesetzlichen Vorschriften stützen zu können. §§ 301, 309 geben keinen Anhaltspunkt für die These, daß ein Geschäfts- oder Firmenwert stets einmal zu Auswirkungen auf das Ergebnis geführt haben muß. Einbußen an Transparenz kann durch Angaben im Konzernanhang nach § 297 Abs. 2 S. 2 abgeholfen werden.[243] Dieser Auffassung steht allerdings entgegen, daß die nicht erfolgswirksame Behandlung eines Geschäfts- oder Firmenwerts von den sonst für den Jahresabschluß geltenden Vorschriften abweicht (vgl. § 255 Abs. 4) und mit Grundsätzen internationaler Rechnungslegung, die auch die 7. EG-Richtlinie geprägt haben, nicht im Einklang steht.[244] Bis zur weiteren Klärung der Rechtsentwicklung wird die Anwendung beider Verfahrensweisen für zulässig zu erachten sein.

219 **bb) Gewinnthesaurierung während der Konzernzugehörigkeit des Tochterunternehmens.** Wurden während der Zugehörigkeit des Tochterunternehmens zum Konzern **Einstellungen** in die Gewinnrücklagen des Tochterunternehmens vorgenommen, haben diese sich als Einstellungen in die Gewinnrücklagen des Konzerns

---

241 *Ordelheide* BB 1986, 766; *Baetge/Herrmann* WPg 1995, 225, 228; *Küting* DStR 1995, 229, 230; WP-Handbuch 2000 I M 430; Beck Bil-Komm-*Förschle/Deubert* 242; ADS 262.

242 HdKR-*Dusemond/Weber/Zündorf* 371.

243 *B. Hayn* in Das Rechnungswesen auf dem Prüfstand 40, 56 f; *Zielke* FS Havermann 829, 841 f; *Dusemond* DB 1997, 53, 56.

244 ADS 263.

ausgewirkt. Bei Ausscheiden des Tochterunternehmens verlassen diese Rücklagen den Konzern. Die Minderung der Rücklagen ist bei Ausscheiden des Tochterunternehmens erfolgswirksam als Abgang zu behandeln, der das Veräußerungsergebnis des Konzerns mindert.[245] In gleicher Weise sind Ergebnisauswirkungen z. B. aus der Währungsumrechnung auszugleichen.

6. Übergangskonsolidierung

Nach Ausscheiden aus dem Konsolidierungskreis kann das (ehemalige) Tochterunternehmen im Anteilsbesitz einbezogener Unternehmen verbleiben. In diesem Fall ist die Überleitung auf den Wertansatz einer Beteiligung oder auf die anteilmäßige Konsolidierung erforderlich. 220

a) Übergang auf die Bewertung zu Anschaffungskosten. Mit Ausscheiden der Vermögensgegenstände und Schulden aus dem Konzern sind bei Verbleib von Anteilen an dem Unternehmen die Anschaffungskosten zu ermitteln. Dabei stellt sich die Frage, ob bei der Endkonsolidierung ein Gewinn/Verlust realisiert werden darf/muß oder ob dies erst bei Veräußerung der Anteile erfolgt. Eine eindeutige Auffassung über die Behandlung des Übergangs zum Ansatz der Anteile mit Anschaffungskosten ist nicht erkennbar. Die Wertansätze für die Vermögensgegenstände und Schulden sind aus der Konzernbilanz auszuscheiden, Rdn. 211 ff. Werden Anteile veräußert, erfolgt die Ermittlung eines Gewinns/Verlusts beim Abgang; weitere Veränderungen des Konzernerfolgs ergeben sich aus der erfolgswirksamen Auflösung von thesaurierten Gewinnen. Verbleiben Anteile im Eigentum einbezogener Unternehmen, ist eine Ergebnisrealisierung nicht sachgerecht. Wirtschaftlich gesehen ist der Vorgang vergleichbar mit der Einbringung von konsolidiertem Vermögen in eine nicht konsolidierte Beteiligung. Aus Sicht des Konzerns bestimmen sich die Anschaffungskosten der Anteile nach dem Betrag des anteiligen Eigenkapitals des Tochterunternehmens, bemessen zu fortgeführten Konzernanschaffungskosten. Hierdurch wird gewährleistet, daß der Übergang auf den Ansatz der Anteile zu Anschaffungskosten **erfolgsneutral** erfolgt.[246] 221

Die h. M. in der Literatur läßt zu, daß die Aktiva und Passiva einschließlich der thesaurierten Gewinne zum fortgeschriebenen Wert abgehen. Die Anteile an dem (ehemaligen) Tochterunternehmen werden mit dem Wert der Beteiligung aus dem Jahresabschluß angesetzt.[247] Der Unterschied zwischen diesen Werten soll **erfolgswirksam** behandelt werden.[248] 222

b) Übergang auf den Ansatz mit dem anteiligen Eigenkapital. Erfüllt die Beteiligung an dem endkonsolidierten Unternehmen die Voraussetzungen von § 311, erfolgt die Bewertung mit dem anteiligen Eigenkapital nach Maßgabe von § 312. Die in den Konzernabschluß aufgenommenen Aktiva und Passiva des bisherigen Tochterunternehmens gehen erfolgswirksam aus dem Konzernabschluß ab. Die Anschaffungskosten des im Konzern verbliebenen Anteils sind zu ermitteln. Diese sollen dem anteiligen Eigenkapital des Unternehmens entsprechen, soweit die Anteile einbezogenen Unternehmen gehören. Der Übergang ist **erfolgsneutral**.[249] Nach der hier ver- 223

---

[245] *Busse v. Colbe/Ordelheide* Konzernabschlüsse 253; ADS 264; Beck BilKomm-*Förschle/Deubert* 263; *Küting* DStR 1995, 229; *Baetge/Herrmann* WPg 1995, 225, 227.

[246] So im Ergebnis auch DRS 4, 51; *Baetge* FS Budde 548; HdKR-*Dusemond/Weber/Zündorf* 88; *B. Hayn* in Rechnungslegung auf dem Prüfstand 40, 59.

[247] ADS 282; Beck BilKomm-*Förschle/Deubert* 263.

[248] Beck HdR-*Ordelheide* C 403, 47; Beck BilKomm-*Förschle/Deubert* 263.

[249] DRS 4, 51; ADS 285; Beck BilKomm-*Förschle/Deubert* 262; Beck HdR-*Ordelheide* C 403, 38; HdKR-*Dusemond/Weber/Zündorf* 386; *B. Hayn* in Rechnungslegung auf dem Prüfstand 40, 58.

tretenen Auffassung stimmt der Betrag der Anschaffungskosten bei Bewertung zu Anschaffungskosten oder mit dem anteiligen Eigenkapital überein, wie es den allgemeinen Grundsätzen entspricht.

224 Bei **assoziierten Unternehmen** ist es nicht vorgeschrieben, daß die einheitlichen Bewertungsmethoden des Konzerns (§ 308) angewendet werden, § 312 Abs. 5. Weicht die Methodik von der des Konzerns ab, kann sich eine gegenüber der bisherigen Bewertung veränderte Größenordnung des Unterschiedsbetrags ergeben.

225 **c) Übergang auf die anteilmäßige Konsolidierung.** Der Übergang von der Vollkonsolidierung zur **anteilmäßigen Einbeziehung** des Unternehmens nach § 310 Abs. 1 führt zu einem erfolgswirksamen Abgang von Teil-Wertansätzen der in den Konzernabschluß aufgenommenen Vermögensgegenstände und Schulden des Unternehmens. Soweit Aktiva und Passiva im Konzernabschluß verbleiben, ergeben sich keine Veränderungen gegenüber den Wertansätzen bei Vollkonsolidierung.[250]

VII. Sonderfragen der Kapitalkonsolidierung

1. Kapitalkonsolidierung im mehrstufigen Konzern

226 **a) Vorbemerkungen.** Das Normalbild der Kapitalkonsolidierung zeigt die Einbeziehung von Tochterunternehmen in den Konzernabschluß in einer einstufigen Anteilsbeziehung. Die gesetzlichen Regelungen umfassen indes auch die Einbeziehung von nachgeordneten Tochterunternehmen (auch Enkelunternehmen). Hierbei ergeben sich verschiedene Fragestellungen. Für die **Kapitalkonsolidierung** von Bedeutung ist die zutreffende Bemessung der Anteile des Mutterunternehmens an einem nachgeordneten Tochterunternehmen. Es ergeben sich Auswirkungen auf die der Kapitalverrechnung zugrunde zu legenden Größen (Wertansatz der Anteile; anteiliges Eigenkapital) und dadurch auf die auf den Konzernanteil entfallenden stillen Reserven/Lasten sowie den Geschäfts- oder Firmenwert. Die weitere Problematik gilt dem Verfahren der Kapitalverrechnung im mehrstufigen Konzern.

227 **b) Anteile des Konzerns.** Sind an den Tochterunternehmen der verschiedenen Stufen **andere Gesellschafter** beteiligt, muß die effektive Beteiligungsquote des Konzerns bestimmt werden (Rdn. 24 ff). Dies ist Voraussetzung für die zutreffende Verrechnung des Wertansatzes der Anteile mit dem anteiligen Eigenkapital, der Ermittlung und Zuordnung stiller Reserven/Lasten und korrespondierend dem zutreffenden Ausweis des Ausgleichspostens anderer Gesellschafter. Nach h. M. ist der Anteil des Konzerns nicht in additiver Weise, sondern multiplikativ zu ermitteln.[251] Das führt dazu, daß der Anteil anderer Gesellschafter auf nachgeordneten Stufen des Konzerns zu einer Verwässerung des Konzernanteils führen kann, der sogar unterhalb der Hälfte des gezeichneten Kapital liegen kann. Die additive Ermittlung, d. h. die Einbeziehung mit dem auf jeder Stufe tatsächlich vorhandenen Anteil an dem jeweiligen Tochterunternehmen würde aus Sicht des Konzerns die Anteilsquote zu hoch ausweisen. Das Vermögen und die Erträge der einbezogenen Tochterunternehmen würden nicht korrekt die Lage des Konzerns widerspiegeln. Die Folge der Anwendung dieser Methode ist eine im Vergleich zur multiplikativen Methode vergrößerte Verrechnungsbasis des Eigenkapitals und der Beteiligungsquote.

---

250 DRS 4, 50; ADS 288.

251 *Baetge/Kirsch/Thiele* Konzernbilanzen 245 f; *Küting/Weber/Dusemond* BB 1991, 1082, 1086 f; *Faß* BB 1989, 1161, 1166.

c) **Verfahren der Kapitalkonsolidierung.** Für die Kapitalkonsolidierung von Tochterunternehmen im mehrstufigen Konzern wird die **Kettenkonsolidierung** oder die Konsolidierung *in einem Schritt* (Simultankonsolidierung) vorgeschlagen. Die Kettenkonsolidierung beruht darauf, daß die Kapitalverrechnung bei dem Tochterunternehmen begonnen wird, welches in der Konzernstufung am weitesten vom Mutterunternehmen entfernt ist, so daß die meisten Konsolidierungsvorgänge durchlaufen werden müssen. Die Ergebnisse einer jeden Kapitalverrechnung werden dann bei der Konsolidierung auf der nächsten Stufe zugrunde gelegt.[252] Die Kapitalkonsolidierung in einem Schritt erfolgt auf der Grundlage von Gleichungssystemen und Matrizenrechnungen.[253] Dieses Verfahren wurde zur Kapitalkonsolidierung nach dem AktG 1965 entwickelt. Es setzt Anpassungen voraus, um auf die Erstkonsolidierung nach der Erwerbsmethode weiterhin angewendet werden zu können. In der Praxis kommt diesem Verfahren keine Bedeutung mehr zu, da es gegenüber dem Stufenverfahren keine Erleichterung mehr bietet.[254] 228

aa) **Kettenkonsolidierung nach der Buchwertmethode.** Die Kapitalverrechnung erfolgt in Stufen, beginnend mit dem untersten Tochterunternehmen in aufsteigender Reihenfolge. Auf jeder Stufe werden die **Unterschiedsbeträge** ermittelt, die zur Zuschreibung oder Verrechnung mit den Aktiva und Passiva des Tochterunternehmens zur Verfügung stehen oder als Geschäfts- oder Firmenwert anzusetzen sind. Die tatsächliche Zuordnung der Unterschiedsbeträge muß im Verfahren der Konsolidierung nicht bereits auf jeder Stufe erfolgen. Es ist zulässig, die Unterschiedsbeträge auf der Ebene des Mutterunternehmens zuzuordnen und bis dahin wie einen Korrekturposten zum Eigenkapital des nächst höheren Tochterunternehmen zu behandeln. Dabei ist zu beachten, daß die Zuordnung zu den Vermögensgegenständen und Schulden des Tochterunternehmens erfolgt, bei dessen Kapitalverrechnung der Unterschiedsbetrag entstanden ist. Eine Verrechnung von Unterschiedsbeträgen und Zuordnung des verbleibenden Betrags auf der letzten Konsolidierungsebene ist nicht statthaft.[255] Die Aufsummierung von Unterschiedsbeträgen und Zuordnung bis zur Konzernspitze bietet gegenüber dem Verfahren der unmittelbaren Zuordnung keine praktischen Vorteile, so daß der unmittelbaren Zuordnung der Vorzuge gegeben werden sollte.[256] 229

Sind an den einbezogenen Tochterunternehmen **andere Gesellschafter** beteiligt, können die Unterschiedsbeträge aus der Kapitalkonsolidierung nicht so übernommen und verrechnet werden, wie sie auf jeder Konsolidierungsstufe entstanden sind. Hierbei würde vernachlässigt, daß die dem Tochterunternehmen an dem nachgelagerten Tochterunternehmen gehörenden Anteile entsprechend dem Anteil anderer Gesellschafter an dem höheren Tochterunternehmen *mittelbare* oder *indirekte* Fremdanteile darstellen. Daraus folgt, daß bei Anwendung der Buchwertmethode die auf diese Anteile entfallenden stillen Reserven/Lasten nicht aufgedeckt und zugeordnet oder verrechnet werden dürfen. Der auf das nachgelagerte Tochterunternehmen entfallende Unterschiedsbetrag, der bei der Kapitalverrechnung dieses Unternehmens entsteht, ist entsprechend der Anteilsquote anderer Gesellschafter an dem höheren Tochterunternehmen zu reduzieren, da er insoweit nicht auf den Konzernanteil entfällt. Stille 230

---

252 WP-Handbuch 2000 I M 425; *Baetge/Kirsch/Thiele* Konzernbilanzen 246; ADS 220; Beck BilKomm-*Förschle/Deubert* 270.

253 *Forster/Havermann* WPg 1969, 1 ff.

254 *Busse v. Colbe/Ordelheide* Konzernabschlüsse 284 f; *Küting/Weber/Dusemond* BB 1991, 1082; *Baetge* FS Budde 39 f; *Ewert/Schenk* BB 1993 Beil. 14, 4; *Scherrer* Konzernrechnungslegung 304 ff.

255 ADS 224 ff.

256 *Baetge* FS Budde 29; *ders.* Konzernbilanzen 262; *Küting/Weber/Dusemond* BB 1991, 1082, 1085.

Reserven/Lasten und ein möglicher Geschäfts- oder Firmenwert werden bei Anwendung der Buchwertmethode nur entsprechend der Anteile des Konzerns am Eigenkapital des einbezogenen Tochterunternehmens aufgelöst. Bei der Kapitalkonsolidierung ist zu beachten, daß die Einbeziehung die Kapitalverrechnung aus Sicht des Mutterunternehmens bedeutet. Die Zuordnung stiller Reserven auf der Ebene von nachgeordneten Konsolidierungsschritten kann die Zuordnung auf der Ebene des Mutterunternehmens nicht vorbestimmen,[257] gleichwohl dürfen auf einer Konsolidierungsstufe entstandene Unterschiedsbeträge nicht auf einer anderen Stufe verrechnet werden, da dadurch gegen § 301 Abs. 1 verstoßen würde (vgl. auch § 307, 57).

231 **bb) Kettenkonsolidierung bei Anwendung der Neubewertungsmethode.** Wird die **Neubewertungsmethode** angewendet, bleiben die Grundbedingungen unverändert, daß das Tochterunternehmen nur entsprechend dem auf den Konzern unmittelbar entfallenden Anteil einbezogen werden darf. Die sich hieraus ergebenden Veränderungen beschränken sich auf einen bei der Kapitalverrechnung nach Abs. 1 S. 2 Nr. 2 entstehenden Unterschiedsbetrag, der nach Abs. 3 S. 1 als Geschäfts- oder Firmenwert auszuweisen ist. Die bei der Neubewertung aufgedeckten stillen Reserven bleiben, da eine Begrenzung der Aufdeckung auf den Konzernanteil nicht erfolgt, unverändert. Auswirkungen können sich für einen Geschäfts- oder Firmenwert ergeben, der entsprechend dem auf die anderen, indirekten Gesellschafter entfallenden Anteil zu reduzieren ist, da dieser Teil im Konzernabschluß nicht angesetzt werden darf.[258]

232 **cc) Passive Unterschiedsbeträge bei Kapitalkonsolidierung.** Entsteht bei der Kapitalverrechnung eines nachgeordneten Tochterunternehmens ein **passiver Unterschiedsbetrag**, ist umstritten, wie mit diesem bei der Einbeziehung des nächst höheren Tochterunternehmens zu verfahren ist. Einerseits wird vorgeschlagen, den passiven Unterschiedsbetrag auf der nächsten Stufe dem konsolidierungspflichtigen Kapital hinzuzurechnen.[259] Die Gegenauffassung läßt diese Verrechnung selbst dann nicht zu, wenn der Unterschiedsbetrag Eigenkapitalcharakter hätte. Die Verrechnung mit dem Konzerneigenkapital sei erst auf der Ebene der Konzernbilanz zulässig.[260] Die erstgenannte Auffassung erscheint zu weitgehend. Die Zuordnung des passiven Unterschiedsbetrags zum Eigenkapital könnte zur Verringerung oder Vermeidung eines sonst bei der Kapitalverrechnung auf dieser Stufe entstehenden Unterschiedsbetrags führen und damit in die Zuordnung von Unterschiedsbeträgen unzulässig eingreifen. Die zweite Auffassung ist demgegenüber zu eng, da sie die Zuordnung von eindeutig Eigenkapital aufweisenden Teilen des Unterschiedsbetrags zum Eigenkapital des nächst höheren Tochterunternehmens verneint. Letzteres ist nach der hier vertretenen Auffassung zuzulassen, soweit der Eigenkapitalcharakter außer Frage steht. In solchen Fällen ist die Unterstellung zutreffend, daß der Kaufpreis für ein anteilig erhöhtes Eigenkapital aufgewendet wurde. Im übrigen hat es bei der auf der Ebene des Tochterunternehmens getroffenen Zuordnung zu verbleiben.

233 **dd) Erwerb eines Teilkonzerns.** Wird ein **Tochterunternehmen** erworben, das **zugleich Mutterunternehmen** für weitere Tochterunternehmen ist und gegebenenfalls nach gesetzlichen Vorschriften einen Teilkonzernabschluß aufzustellen hat, ergibt sich die Überlegung, die zu dem Teilkonzern gehörenden Unternehmen nicht auf der Grundlage der Jahresabschlüsse (Handelsbilanz II), sondern auf der Grundlage des

---

[257] ADS 231; Beck BilKomm-*Förschle/Deubert* 273; *Küting/Weber/Dusemond* BB 1991, 1082, 1086; *Ewert/Schenk* BB 1993 Beil. 14, 4.

[258] ADS 232.

[259] ADS 230.

[260] *Baetge/Kirsch/Thiele* Konzernbilanzen 251 f.

Teilkonzernabschlusses des nachgeordneten Mutterunternehmens vorzunehmen.[261] Dies könnte zu Erleichterungen führen, wenn der Teilkonzernabschluß als Grundlage der Konsolidierung herangezogen werden könnte.

Hierdurch dürfen die allgemeinen Grundsätze der Kapitalkonsolidierung nicht verletzt werden. Aus Sicht des Mutterunternehmens sind wegen der Beteiligung anderer Gesellschafter u.U. andere Beteiligungsquoten der Kapitalverrechnung zu unterlegen, als im Teilkonzern. Aus der Sicht des erwerbenden Mutterunternehmens handelt es sich um eine **Erstkonsolidierung**, für die die Wertverhältnisse an einem nach Abs. 2 zu wählenden Zeitpunkt zu ermitteln sind. Der Zeitpunkt und die Bezugsgrößen, insbesondere der Wertansatz der Anteile an den Teilkonzernunternehmen bestimmt sich aus der Sicht des Mutterunternehmens. Zur Verrechnung ist das Eigenkapital der erworbenen Tochterunternehmen heranzuziehen, wie es sich nach Anwendung von § 301 Abs. 1 darstellt. Auf der Grundlage dieses Eigenkapitals ist der Anteil anderer Gesellschafter zu bestimmen und der Ausgleichsposten zu bilden. Im Ergebnis sind beim Teilkonzern eine große Zahl an Modifikationen vorzunehmen, um diesen für die Konsolidierung heranzuziehen. Bei Hinzuerwerb einer größeren Zahl von Beteiligungen oder bei komplexeren Strukturen kommt die Einbeziehung auf der Grundlage eines Teilkonzernabschlusses nicht in Betracht.[262] 234

ee) Konsolidierung in einem Schritt. Die Kapitalverrechnung in einem Schritt dient dem Ziel, die Konsolidierung der Tochterunternehmen und die Ermittlung der Ausgleichsposten anderer Gesellschafter durch Gleichungssysteme und eine Matritzenrechnung gleichzeitig vorzunehmen. Das Verfahren kann zu einer Vereinfachung der Ermittlung von Unterschiedsbeträgen führen, insbesondere auch bei unterschiedlicher Beteiligung anderer Gesellschafter. Es kann jedoch die Zuordnung von Unterschiedsbeträgen auf der Ebene eines jeden Tochterunternehmens nicht vermeiden. Die Modelle sind in der betriebswirtschaftlichen Literatur ausreichend beschrieben, so daß auf diese verwiesen werden kann.[263] 235

ff) Sprungkonsolidierung. Gehören Anteile an einem Unternehmen nicht einbezogenen (Tochter-)Unternehmen, werden diese und die darauf entfallende Quote des Eigenkapitals bei der Konsolidierung des Tochterunternehmens nicht berücksichtigt. Diese Regelungen gelten auch, wenn dem nicht konsolidierten Unternehmen alle Anteile an dem dritten Unternehmen gehören.[264] Sie haben dann Bedeutung, wenn die Anteile an dem dritten Unternehmen dem Mutterunternehmen nicht als mittelbare Anteile zugerechnet werden (Rdn. 25). 236

Zugelassen wird eine mittelbare Konsolidierung des nachgeordneten Unternehmens, vorausgesetzt, daß der Einbeziehung kein Konsolidierungsverbot entgegensteht, § 295. Wenn die Anteile an dem konsolidierten Unternehmen dem Mutterunternehmen nicht zugerechnet werden, scheidet die Einbeziehung in den Konzernabschluß grundsätzlich aus. Eine **Ausnahme** kommt bei besonderer Interessenlage und Förderung der Aussagefähigkeit des Konzernabschlusses in Betracht.[265] Da für die Kapitalverrechnung kein Wertansatz eines Anteils zur Verfügung steht, kommt die Aufdeckung stiller Reserven oder der Ansatz eines Geschäfts- oder Firmenwerts nicht in Betracht. Das Eigenkapital des einbezogenen Unternehmens ist im Ausgleichs- 237

---

[261] ADS 233 ff; HdKR-*Dusemond/Weber/Zündorf* 321 ff.

[262] Zweifel auch in HdKR-*Dusemond/Weber/Zündorf* 330 f; *Ewert/Schenk* BB 1993 Beil. 14, 7.

[263] HdKR-*Dusemond/Weber/Zündorf* 239 ff; ADS 236 f; *Forster/Havermann* WPg 1969, 1 ff.

[264] Beispiele bei ADS 239f; WP-Handbuch 2000 I M 427.

[265] HdKR-*Dusemond/Weber/Zündorf* 346.

posten für Anteile anderer Gesellschafter auszuweisen. Dabei ist es zulässig, die auf das nicht einbezogene Unternehmen entfallenden Anteile durch einen „davon"-Vermerk zu kennzeichnen.[266]

2. Kapitalkonsolidierung bei gegenseitiger Beteiligung

238 **a) Problemstellung.** Bestehen gegenseitige Beteiligungen zwischen Unternehmen, von denen mindestens eines in den Konzernabschluß einbezogen wird, ergeben sich für die Kapitalverrechnung **Sonderprobleme**. Die Behandlung der auftretenden Fragen ist im Gesetz nicht geregelt. Von Bedeutung sind alle gegenseitigen Beteiligungen; die Verflechtungsintensität einer wechselseitigen Beteiligung i. S. v. §§ 19, 328 AktG muß nicht erreicht sein. Gegenseitige Beteiligungen können auftreten zwischen dem Mutterunternehmen und einem Tochterunternehmen, zwischen mehreren Tochterunternehmen, und zwar in Form der Über-/Unterordnung oder der Gleichordnung der Unternehmen, oder zwischen einbezogenen Unternehmen und nicht einbezogenen Unternehmen.[267] Allein der Fall der gegenseitigen Beteiligung zwischen Mutterunternehmen und Tochterunternehmen ist gesetzlich geregelt. Die Anteile des Tochterunternehmens an dem Mutterunternehmen (sog. Rückbeteiligung, vgl. Rdn. 156 ff) sind nach § 301 Abs. 4 als eigene Anteile in der Konzernbilanz auszuweisen. Die Kapitalverrechnung erfolgt unter Berücksichtigung der eigenen Anteile an dem Mutterunternehmen. Besteht die Verflechtung zwischen einem einbezogenen und einem nicht einbezogenen Unternehmen, ergeben sich bei der Kapitalkonsolidierung ebenfalls keine Probleme. Die Kapitalverrechnung bei Einbeziehung des Tochterunternehmens erfolgt auf der Grundlage der dem Konzern gehörenden Anteile; die Anteile des nicht einbezogenen Unternehmens an dem einbezogenen Tochterunternehmen sind Anteile anderer Gesellschafter, die Anteile des Tochterunternehmens an dem anderen Unternehmen sind z. B. als Finanzanlage (gegebenenfalls Beteiligungsverhältnis nach § 271 Abs. 1) auszuweisen.

239 **b) Kapitalverrechnung bei gegenseitiger Beteiligung.** Die Problematik zeigt sich bei Beteiligungen zwischen **einbezogenen Unternehmen**, gleichgültig, ob diese in einem Abhängigkeits- oder Gleichordnungsverhältnis stehen. Die Erläuterung hat zu unterscheiden, ob an den Unternehmen andere Gesellschafter beteiligt sind.

240 **aa) Alleiniger Anteilsbesitz des Konzerns.** Sind an den gegenseitig beteiligten Tochterunternehmen **keine anderen Gesellschafter** beteiligt, stellt sich der Anteilserwerb des Konzerns wirtschaftlich wie der Erwerb aller Anteile dar; die bestehende gegenseitige Beteiligung wirkt wie eigene Anteile der einbezogenen Unternehmen.[268]

241 Hat das Mutterunternehmen Anteile an einem Tochterunternehmen erworben, welches Anteile an einem weiteren Tochterunternehmen hält, das eine Rückbeteiligung an dem erstgenannten Tochterunternehmen besitzt, sind diese Anteile aus Sicht des Mutterunternehmens wie **eigene Anteile** des höheren Tochterunternehmens zu behandeln. Bei diesen wird i. d. R. der Charakter als Korrekturposten zum Eigenkapital überwiegen, so daß die Verrechnung der Anteile mit der Rücklage für eigene Anteile nach § 272 Abs. 4 erfolgen kann. Reicht der Betrag der Rücklage für eigene Anteile für die Verrechnung mit dem Buchwert nicht aus, kommt die Kapitalverrechnung hinsichtlich dieser Anteile in Betracht.[269] Durch die Konsolidierung können sich, im

---

[266] ADS 240; *Busse v. Colbe/Ordelheide* Konzernabschlüsse 291 ff.

[267] Grundlegend *Ewert/Schenk* BB 1993 Beil. 14, 9 ff; *Eisele/Kratz* ZfbF 1997, 291, 303 ff.

[268] ADS 251 ff; HdKR-*Dusemond/Weber/Zündorf* 349 f.

[269] ADS 252; HdKR-*Dusemond/Weber/Zündorf* 350.

Vergleich zur Verrechnung der Anteile mit der Rücklage, auf die beiden zu konsolidierenden Tochterunternehmen unterschiedlich hohe, in der Summe indes gleiche Unterschiedsbeträge ergeben, so daß eine abweichende Zuordnung stiller Reserven/Lasten oder eines Geschäfts- oder Firmenwerts entstehen kann.

Wird der Anteil an dem höheren Tochterunternehmen erst zu einem **Zeitpunkt** nach erstmaliger Einbeziehung erworben, ist für diesen Anteil ebenfalls eine Erstkonsolidierung nach Maßgabe der Wertverhältnisse des Erwerbs (Abs. 2) vorzunehmen. **242**

Grundsätzlich in gleicher Weise zu verfahren ist bei gegenseitigen Beteiligungen **gleichgeordneter Unternehmen.** Bei diesen kann noch keine Notwendigkeit bestanden haben, eine Rücklage für eigene Anteile nach § 272 Abs. 4 zu bilden. Die dem jeweiligen Tochterunternehmen gehörenden Anteile sind in die Kapitalverrechnung nach allgemeinen Grundsätzen einzubeziehen. Gleiches gilt, wenn die gegenseitige Beteiligung erst nach der erstmaligen Einbeziehung der Tochterunternehmen entsteht.[270] **243**

bb) Gegenseitige Beteiligungen mit Anteilen anderer Gesellschafter. Sind an einem oder beiden einbezogenen Unternehmen, zwischen denen eine gegenseitige Beteiligung besteht, **andere Gesellschafter** beteiligt, wird die Kapitalkonsolidierung durch die Notwendigkeit der Ermittlung der auf die anderen Gesellschafter entfallenden Anteile verkompliziert. Außer dem unmittelbar durch die anderen Gesellschafter gehaltenen Anteil ergeben sich indirekte und weitere mittelbar indirekte Fremdanteile, da jede gesellschaftsrechtliche Beziehung zwischen den Unternehmen anteilig einen Fremdanteil vermittelt. **244**

Die Ermittlung erfolgt nach der **Methode** simultaner Gleichungen oder durch die Anwendung eines Matritzenverfahrens.[271] Vgl. zur Rechenmethodik die Nachweise der betriebswirtschaftlichen Literatur. **245**

c) **Ausweis.** Anteile aus gegenseitigen Beteiligungen erscheinen nicht im Konzernabschluß, wenn sie vor Konsolidierung mit der Rücklage für eigene Anteile oder mit dem anteiligen Eigenkapital des anderen einbezogenen Tochterunternehmens aufgerechnet wurden. Die Übernahme eigener Anteile in die Konzernbilanz erfolgt nur bei gesetzlicher Vorgabe (z. B. § 301 Abs. 4) oder sofern eine Kapitalverrechnung aus besonderen Gründen nicht erfolgen darf (z. B. beabsichtigter unverzüglicher Weiterverkauf). Die Anteile sind dann im **Umlaufvermögen** auszuweisen (§§ 298 Abs. 1 i. V. m. 266 Abs. 2 (Aktivseite) B III. 2). **246**

§ 302

Kapitalkonsolidierung bei Interessenzusammenführung

(1) Ein Mutterunternehmen darf die in § 301 vorgeschriebene Verrechnung der Anteile unter den folgenden Voraussetzungen auf das gezeichnete Kapital des Tochterunternehmens beschränken:

1. **die zu verrechnenden Anteile betragen mindestens neunzig vom Hundert des Nennbetrags oder, falls ein Nennbetrag nicht vorhanden ist, des rechnerischen Wertes der Anteile des Tochterunternehmens, die nicht eigene Anteile sind,**

---

[270] ADS 253 f; HdKR-*Dusemond/Weber/Zündorf* 352.

[271] WP-Handbuch 2000 I M 422; *Busse v. Colbe/Ordelheide* Konzernabschlüsse 283; HdKR-*Dusemond/Weber/Zündorf* 357 ff; *Ewert/Schenk* BB 1993 Beil. 14, 10 ff; *Lanfermann/Stolberg* WPg 1970, 356 ff.

2. die Anteile sind aufgrund einer Vereinbarung erworben worden, die die Ausgabe von Anteilen eines in den Konzernabschluß einbezogenen Unternehmens vorsieht, und

3. eine in der Vereinbarung vorgesehene Barzahlung übersteigt nicht zehn vom Hundert des Nennbetrags oder, falls ein Nennbetrag nicht vorhanden ist, des rechnerischen Wertes der ausgegebenen Anteile.

(2) Ein sich nach Absatz 1 ergebender Unterschiedsbetrag ist, wenn er auf der Aktivseite entsteht, mit den Rücklagen zu verrechnen oder, wenn er auf der Passivseite entsteht, den Rücklagen hinzuzurechnen.

(3) Die Anwendung der Methode nach Absatz 1 und die sich daraus ergebenden Veränderungen der Rücklagen sowie Name und Sitz des Unternehmens sind im Konzernanhang anzugeben.

Übersicht

Schrifttum

(vgl. auch die Angaben bei § 297 und § 301). Deutscher Standardisierungsrat (DSR) Entwurf Diskussionspapier zum Thema „Einheitliche Bilanzierung von Unternehmenserwerben" (E Disk. Nr. 1), Stand 23. 6. 1999; Deutsches Rechnungslegungs Standards Committee e.V. (Hrsg.) DRS 4, Unternehmenserwerbe im Konzernabschluß (2000); *Focken/Lenz* Spielräume der Kapitalkonsolidierung nach der Erwerbsmethode bei Beteiligungserwerb durch Anteilstausch, DB 2000, 2437; *Glinkemann* Konsolidierung nach der „Pooling of Interests" Methode, BB 1991, 2477; *Hoffmann* Die Kapitalkonsolidierung bei Interessenzusammenführung gemäß § 302 HGB

(1992); *Mujkanovic* Die Zukunft der Kapitalkonsolidierung – Das Ende der Pooling-of-Interests Methode? WPg 1999, 533; *Neye* Die Änderungen im Umwandlungsrecht nach den handels- und gesellschaftsrechtlichen Reformgesetzen in der 13. Legislaturperiode, DB 1998, 1649; *Niehus* Die 7. EG-Richtlinie und die „Pooling of Interests"-Methode einer konsolidierten Rechnungslegung, WPg 1983, 437; *Pawelzik/Theile* Eigenkapitalvernichtung im GmbH & Co. KG Konzernabschluß?, DB 2000, 2385; *Peemöller/Beckmann/Geiger* Standardentwurf E-DRS 4 zu Unternehmenserwerben im Konzernabschluß, BB 2000, 1080; *Peffekoven* Geht die Reform der Kapitalkonsolidierung in eine falsche Richtung?, WPg 2001, 187; *Pellens/Sellhorn* Kapitalkonsolidierung nach der Fresh-Start-Methode, BB 1999, 2125; *Rammert* Pooling of interests – die Entdeckung eines Auslaufmodells durch deutsche Konzerne? DBW 1999, 620; *Telkamp/Bruns* Pooling-of-interest-Methode versus Fresh-Start-Methode – ein Vergleich, WPg 2000, 744.

I. Grundlagen

1. Regelungsgegenstand und Zweck

§ 302 gewährt das **Wahlrecht** zur Kapitalkonsolidierung bei Interessenzusammenführung. Diese Methode darf anstelle der in § 301 Abs. 1 geregelten Methode der Kapitalkonsolidierung nach der sog. Erwerbsmethode gewählt werden. Es handelt sich um eine selbständige Konsolidierungsmethode, die im allgemeinen an die gleichen Voraussetzungen gebunden ist, wie die Kapitalkonsolidierung nach § 301 Abs. 1. Zur Anwendung von § 302 bedarf es der Erfüllung **zusätzlicher Voraussetzungen**, so daß das oben angesprochene Wahlrecht nur in den Fällen besteht, die die Tatbestandsvoraussetzungen beider Vorschriften erfüllen. 1

§ 302 regelt wie § 301 Abs. 1 eine Methodik zur **Vollkonsolidierung**, d. h. der Verrechnung des Anteilsbuchwerts des Mutterunternehmens mit dem anteiligen Eigenkapital des Tochterunternehmens. Die Vermögensgegenstände und Schulden der einzubeziehenden Tochterunternehmen sowie die anderen Posten werden vollständig in den Konzernabschluß übernommen.[1] Die Regelungen unterscheiden sich jedoch zum einen bei der Bemessung des konsolidierungspflichtigen Kapitals des Tochterunternehmens, zum anderen in der Behandlung des bei der Kapitalverrechnung entstehenden oder verbleibenden Unterschiedsbetrags. Nach Abs. 1 ist die Kapitalverrechnung auf das gezeichnete Kapital des Tochterunternehmens beschränkt; andere Eigenkapitalteile wie Kapital-, Gewinnrücklagen oder ein Bilanzgewinn gehen nicht in die Verrechnung ein, sondern beeinflussen den Unterschiedsbetrag. Der aktive Unterschiedsbetrag wird nach Abs. 2 nicht den Aktiv- oder Passivposten zugeschrieben oder mit ihnen verrechnet (Buchwertmethode, § 301 Abs. 1 S. 2 Nr. 1) und gegebenenfalls als Geschäfts- oder Firmenwert ausgewiesen (so ein verbleibender Unterschiedsbetrag bei der Buchwertmethode und entstehender Unterschiedsbetrag bei der Neubewertungsmethode nach § 301 Abs. 1 S. 2 Nr. 2), der passive Unterschiedsbetrag auf der Passivseite ausgewiesen (§§ 301 Abs. 3 S. 1, 309), sondern mit den Rücklagen verrechnet oder diesen hinzugerechnet. Die Methode hat zur Folge, daß im Konzernabschluß – unter Berücksichtigung der sonstigen Konsolidierungsvorgänge (dazu § 302, 38 ff) – additiv die Vermögensgegenstände und Schulden sowie die anderen Posten mit den Buchwerten übernommen werden und das Eigenkapital im Konzernabschluß ceteris paribus das kumulierte Eigenkapital von Mutter- und Tochterunternehmen nach Verrechnung von Anteilsbuchwert und Eigenkapital ausweist. 2

Grundlage der Anwendung dieser Konsolidierungsmethode ist ein Zusammenschluß von Unternehmen im Wege der Zusammenführung der jeweiligen unternehme- 3

[1] § 301, 12 f.

rischen Interessen. Die Voraussetzungen hierfür sind in *Abs. 1* geregelt. Erforderlich ist, daß das Mutterunternehmen mindestens neunzig vom Hundert der Anteile an dem Tochterunternehmen auf Grund einer Vereinbarung erworben hat, die die Ausgabe von Anteilen eines in den Konzernabschluß einbezogenen Unternehmens und eine Barzahlung von höchstens 10 von Hundert des Nennbetrags oder rechnerischen Werts der ausgegebenen Anteile vorsieht. Dem liegt die Vorstellung zugrunde, daß das Tochterunternehmen nicht von dem Mutterunternehmen erworben wird, sondern daß sich zwei Unternehmen zusammenschließen, wobei die rechtliche Selbständigkeit der zusammengeschlossenen Unternehmen erhalten bleibt.[2] Bei Vorliegen dieser Voraussetzungen steht nicht der Erwerb des anderen Unternehmens im Vordergrund, der zur Anwendung der Erwerbsmethode führen würde. Da es sich nicht um einen Erwerb im Sinne des Konzernrechts handelt, ist die Aufdeckung stiller Reserven und gegebenenfalls eines Geschäfts- oder Firmenwerts nicht erforderlich, da im Zusammenhang mit dem Zusammenschluß keine Ressourcen den Konzern verlassen.[3] Dieser Vorstellung entspricht die in § 302 Abs. 1 Nr. 2 geregelte Voraussetzung, daß der Zusammenschluß im wesentlichen unter Verwendung von Anteilen an einem einbezogenen Unternehmen erfolgt sein muß. Die Ausgabe von Anteilen erfolgt im **Tausch** gegen die Anteile an dem erworbenen Unternehmen, die das Ziel verfolgen, daß die Anteilseigner ihre Interessen (Anteile) zusammenführen, um dann in dem Konzern die zusammengeschlossenen Unternehmen gemeinsam fortzuführen. *Absatz 2* regelt die von § 301 Abs. 1, 3 abweichende Verrechnung eines bei der Kapitalverrechnung entstehenden Unterschiedsbetrags. *Absatz 3* verpflichtet zur Angabe im Konzernanhang über die Anwendung der Methode des § 302, über die sich dadurch ergebenden Veränderungen der Rücklagen sowie zur Angabe von Name und Sitz der nach dieser Methode einbezogenen Unternehmen.

4 Die **Bedeutung** von § 302 für Konzernabschlüsse in Deutschland ist gering geblieben.[4] Das liegt nicht daran, daß es keine Anwendungsfälle gegeben hätte, sondern beruht darauf, daß das deutsche Recht weitreichende Bewertungswahlrechte bei dem Ansatz von Beteiligungen einräumt, die auf Grund eines Anteilstauschs erworben werden. Ferner läßt das deutsche Recht die Verrechnung des nach § 301 Abs. 3 entstehenden oder verbleibenden Unterschiedsbetrags mit den Rücklagen des Konzerns zu, § 309 Abs. 1 S. 3. Hierdurch wird der Ansatz und die spätere (i. d. R. erfolgswirksame) Abschreibung eines Geschäfts- oder Firmenwerts vermieden, so daß das Interesse an einer Übernahme der Vermögens- und Schuldposten des einzubeziehenden Tochterunternehmens auf der Basis von Buchwerten nicht groß ist. Im internationalen Bereich werden Überlegungen erkennbar, die darauf hinauslaufen können, die „pooling of interests" Methode abzuschaffen und allein die „purchase" Methode verbindlich vorzuschreiben.[5]

2. Entstehungsgeschichte

5 Die Regelungen des § 302 beruhen auf **Art. 20 der 7. EG-Richtlinie**, die den Mitgliedstaaten das Recht einräumt, zu gestatten oder vorzuschreiben, daß der Buchwert der Anteile eines einbezogenen Unternehmens nur mit dem auf ihn entfallenden Anteil des Kapitals verrechnet wird, sofern die in Art 20 Abs. 1 lit a) bis c) enthaltenen, in § 302 Abs. 1 Nr. 1 bis 3 übernommenen Voraussetzungen erfüllt sind. Die Regelung über die

---

[2] WP-Handbuch 2000 I M 432.
[3] ADS 6; *Pawelzik/Theile* DB 2000, 2385, 2388.
[4] WP-Handbuch 2000 I M 433; *Rammert* DBW 1999, 620.
[5] IASC (Hrsg.) (1998) Par. 192 ff; *Rammert* DBW 1999, 620, 625 ff; vgl. auch Rdn. 11.

Verrechnung des Unterschiedsbetrags mit den Rücklagen geht auf Art. 20 Abs. 2 zurück, die Verpflichtung zu Angaben im Konzernanhang auf Art. 20 Abs. 3. Der deutsche Gesetzgeber hat die Regelungen der 7. EG-Richtlinie aufgegriffen und den Rechtsanwendern das Wahlrecht zugestanden, von dieser Methode Gebrauch zu machen.

Die Methode der Konsolidierung bei Interessenzusammenführung war für das deutsche Recht der Konzernrechnungslegung neu. Ein Vorläufer im **AktG 1965** fehlte. Die Formulierungen in § 302 lehnen sich eng an den Wortlaut von Art. 20 der 7. EG-Richtlinie an. Im Gesetzgebungsverfahren hat diese Regelung keine inhaltlichen Veränderungen erfahren.[6] 6

3. Anwendungsbereich, Adressaten

§ 302 gewährt ein Wahlrecht (dazu Rdn. 14). Dieses kann von allen Mutterunternehmen angewendet werden, die nach § 290 einen Konzernabschluß aufzustellen haben und bei denen die Voraussetzungen des Abs. 1 bei der Einbeziehung von Tochterunternehmen erfüllt sind. Die Regelung gilt nach § 340i Abs. 2 für Kreditinstitute, nach § 341j Abs. 1 auch für Versicherungsunternehmen. 7

Ist das Mutterunternehmen zur Aufstellung eines Konzernabschlusses nach den Vorschriften des **PublG** verpflichtet, berechtigt § 13 Abs. 2 S. 1 PublG ebenfalls zur Anwendung der Methode der Kapitalkonsolidierung bei Interessenzusammenführung. 8

Die Regelung ist bei **Konzern-** und **Teilkonzernabschlüssen** gleichermaßen anzuwenden. Bei befreienden Konzernabschlüssen gilt § 302, sofern das Mutterunternehmen bei der Aufstellung die deutschen Rechnungslegungsvorschriften anwendet. 9

II. Methode der Interessenzusammenführung nach IAS und US-GAAP

Die Kapitalkonsolidierung nach der Methode der Interessenzusammenführung ist angelsächsischen Ursprungs. Unter der Bezeichnung **„pooling of interests"** wurde sie zunächst in USA entwickelt. Nach den Rechnungslegungsgrundsätzen der **US-GAAP** war die Anwendung dieser Methode vorgeschrieben, wenn ein Zusammenschluß in der Weise erfolgt, daß die Anteilseigner von zwei bisher unabhängigen Unternehmen Anteilseigner eines (gemeinsam) zusammengeschlossenen Unternehmens werden. Zu diesem Zweck tauschen die Anteilseigner Anteilsrechte in dem Verhältnis, daß ihre jeweiligen Anteilsrechte an dem gemeinsamen Unternehmen gewahrt bleiben. Durch die Verlautbarung des FASB-Statements No. 141 wurde die Anwendung der Pooling of interest-Methode für Zusammenschlüsse nach dem 30. Juni 2001 abgeschafft. 10

Die Anwendung der Pooling of interests-Methode war an die Erfüllung von 12 **Voraussetzungen** gebunden,[7] bei deren Erfüllung die Anwendung der Methode zur Pflicht wird, bei Fehlen eines der Merkmale die Anwendung indes ausscheidet, APB 16.45.[8] Zwei Voraussetzungen betreffen den Zeitraum vor dem Zusammenschluß (APB 16.48a, b: Selbständigkeit und Unabhängigkeit der Unternehmen von einander; vorherige maximale Beteiligung 10 %). Der Durchführung des Zusammenschlusses gelten sieben weitere Voraussetzungen (APB 16.47a bis g: Durchführung innerhalb eines Jahres in einem Schritt oder aufgrund eines Gesamtplans; Erwerb von 90 % der 11

[6] Ber. Rechtsausschuß BTDrucks. 10/4268, 115; *Biener/Berneke* BiRiLiG 338.

[7] *Born* Rechnungslegung International 403 f.

[8] *Pellens* Internationale Rechnungslegung (1998) 264; *Wiedmann* BilR 23 ff.

stimmberechtigten Anteile; innerhalb von zwei Jahren keine Kapitalveränderung im Hinblick auf den Zusammenschluß; Beschränkungen des Erwerbs und der Verwendung eigener Anteile; keine Veränderung des Beteiligungsverhältnisses der jeweiligen Anteilseigner; Anteilstausch gegen Stimmrechtsanteile; Abschluß des Zusammenschlusses zum geplanten Zeitpunkt). Bestimmte Maßnahmen werden durch drei negative Voraussetzungen in der Zeit nach dem Zusammenschluß ausgeschlossen (APB 16.48a bis c: Verbot des Anteilsrückkaufs oder der Anteilseinziehung; Ausschluß von Vereinbarungen zur Sicherung von Anteilsrechten ehemaliger Anteilseigner; keine Veräußerung wesentlicher Vermögensgegenstände binnen zwei Jahren nach dem Zusammenschluß). Bei Durchführung des Zusammenschlusses nach der Pooling of interests-Methode werden Aktiva und Passiva zu Buchwerten übernommen und das Eigenkapital der zusammengeschlossenen Unternehmen zusammengefaßt.[9]

12 Die Kapitalkonsolidierung nach den Grundsätzen der **IAS** bietet nach dem derzeitigem Wortlaut von IAS 22.13 ebenfalls die Möglichkeit zur Anwendung einer Pooling of interests-Methode. Zur Zeit ist ein *exposure draft* des IASB in Vorbereitung, nach dem Unternehmenszusammenschlüsse zukünftig nur nach der Erwerbsmethode behandelt werden dürfen (IASB Insight, Oct. 2001, 5f). Nach den bisherigen Regelungen des IAS schließen sich wie in der US-Rechnungslegung die Anwendung der purchase method und der Pooling of interests method gegenseitig aus. Liegen die Voraussetzungen der Pooling of interests-Methode vor, ist diese zwingend anzuwenden, IAS 22.14 (revised 1998).[10] Die Voraussetzungen für die Anwendung dieser Methode[11] sind erfüllt, wenn die überwiegende Mehrzahl oder alle stimmberechtigten Anteile der zusammengeführten Unternehmen getauscht werden, der fair market value der zusammengeschlossenen Unternehmen etwa gleich hoch ist und die Anteilseigner der beiden Unternehmen im Verhältnis zueinander nach dem Zusammenschluß in etwa die gleichen Stimmrechte erhalten, IAS 22.16.[12] Die Anwendung der Interessenzusammenführungsmethode führt dazu, daß die Jahresabschlußposten einschließlich der Vorjahreszahlen so dargestellt werden, als habe der Zusammenschluß bereits zu Beginn des frühesten Vergleichsjahres bestanden, IAS 22.62. Die Vermögensgegenstände und Schulden sind zu Buchwerten zu übernommen, so daß ein (neuer) Geschäfts- oder Firmenwert nicht anzusetzen ist, IAS 22.63.[13]

III. Voraussetzungen für die Anwendung der Interessenzusammenführungsmethode, Abs. 1

1. Allgemeines

13 Die **Kapitalkonsolidierung** darf nach Abs. 1 statt nach den Regelungen des § 301 Abs. 1 auch nach der Methode der Interessenzusammenführung erfolgen. Auch im deutschen Rechtskreis hat statt dieser Bezeichnung auch die Bezeichnung als „Pooling of Interests"-Methode gleichbedeutend Eingang gefunden.[14] Voraussetzung ist im all-

[9] *Born* Rechnungslegung International 404; *Pellens* Internationale Rechnungslegung 264.

[10] *Born* Rechnungslegung International 211; *Pellens* Internationale Rechnungslegung 435; *Baetge/Kirsch/Thiele* Konzernbilanzen (1997) 287f. Neuere Überlegungen gehen dahin, die Anwendung dieser Methode einzuschränken, vgl. IASB Update July 2001, 3.

[11] Nach IAS: Uniting of Interests.

[12] *Born* Rechnungslegung International 211; *Pellens* Internationale Rechnungslegung 435; *Baetge/Kirsch/Thiele* Konzernbilanzen 288; *Focken/Lenz* DB 2000, 2435, 2438.

[13] *Born* Rechnungslegung International 211; *Pellens* Internationale Rechnungslegung 436; *Baetge* u. a. Rechnungslegung nach International Accounting Standards (IAS) 835.

[14] *Niehus* WPg 1983, 437; *Jonas* Der Konzernabschluß 233.

gemeinen, daß ein Mutterunternehmen zur **Aufstellung** eines Konzernabschlusses und zur **Einbeziehung** eines Tochterunternehmen nach §§ 290 ff verpflichtet ist. Die Einbeziehung hat, wie unter § 301 Abs. 1, nach den Grundsätzen der **Vollkonsolidierung** zu erfolgen (§ 301, 12 ff).[15] Abs. 1 regelt nicht selbständig, wie die Verrechnung des anteiligen Eigenkapitals des Tochterunternehmens mit dem Buchwert des Anteils an dem Tochterunternehmen zu erfolgen hat, sondern setzt die Anwendung von § 301 Abs. 1 voraus. Demnach beruht auch die Kapitalkonsolidierung nach der Methode der Interessenzusammenführung auf der Verrechnung des Wertansatzes der dem Mutterunternehmen gehörenden oder ihm zuzurechnenden Anteile an einem in den Konzernabschluß einbezogenen Tochterunternehmen mit dem Eigenkapital, hier jedoch allein mit dem gezeichneten Kapital des Tochterunternehmens (im einzelnen Rdn. 8 ff).

Die Anwendung der Methode der Interessenzusammenführung ist nach deutschem Recht als **Wahlrecht** ausgestaltet. Hierin unterscheidet sich die Regelung des § 302 wesentlich von den in Großbritannien, den USA oder nach internationalen Rechnungslegungsgrundsätzen geltenden Methoden. Liegen die besonderen, für pooling of interests qualifizierenden Merkmale vor, darf § 302 statt § 301 angewendet werden. Hierbei ist der Grundsatz der **Stetigkeit** für die im Konzernabschluß angewandten Konsolidierungsmethoden zu beachten, § 297 Abs. 3 S. 2 (§ 297, 79).[16] Die angewandte Konsolidierungsmethode ist beizubehalten; der Wechsel von der Methode der Interessenzusammenführung zur Erwerbsmethode oder umgekehrt ist nicht zulässig. Zur Stetigkeit bei der Einbeziehung anderer Tochterunternehmen, Rdn. 66. **14**

2. Maßgebender Beteiligungsumfang, Abs. 1 Nr. 1

a) Maßgebender Anteilsbesitz. Entsprechend der Vorgabe in Art. 20 Abs. 1 lit a der 7. EG-Richtlinie schreibt Abs. 1 Nr. 1 vor, daß zur Anwendung der Methode der Interessenzusammenführung die zu verrechnenden Anteile **mindestens 90 %** des Nennbetrags, oder falls wie z. B. bei Stückaktien oder bei Beteiligungen an Personengesellschaften ein Nennbetrag nicht vorhanden ist, des rechnerischen Werts der Anteile an dem Tochterunternehmen betragen müssen. **15**

Die Voraussetzung bezieht sich auf den Anteil am Eigenkapital des Tochterunternehmens, nach dem sich die Rechte der Gesellschafter bestimmen. Das dafür maßgebende Kapital bestimmt sich nach der Rechtsform des Tochterunternehmens. Das ist bei Kapitalgesellschaften das **gezeichnete Kapital** (§ 6 AktG, § 5 GmbHG), bei Personenhandelsgesellschaften der Teil des Eigenkapitals, der nach der Satzung maßgeblich für die Rechte der Gesellschafter ist.[17] Bestehen an einer Gesellschaft unterschiedliche Anteilsrechte, wie z. B. bei Gesellschaften in der Rechtsform der KGaA oder bei Beteiligung an einer GmbH & Co KG, ist für die Bestimmung der Anteilsquote der Anteil am gesamten Kapital der Gesellschaft maßgeblich.[18] Die Rechtsform des Tochterunternehmens ist für die Frage der Anwendung von § 302 ohne Belang.[19] **16**

Der Gesetzeswortlaut bestimmt, daß der Anteil des Mutterunternehmens 90 % der Anteile des Tochterunternehmens, die nicht eigene Anteile sind (dazu Rdn. 21), umfassen muß. Damit trifft das Gesetz keine ausdrückliche Regelung, ob sich der Anteilsbesitz auf das gesamte **Kapital** oder nur auf den Teil des Kapitals bezieht, der **Stimmrechte** vermittelt. Fraglich ist, ob nach unterschiedlichen Anteilsgattungen unterschieden **17**

---

[15] Beck BilKomm-*Förschle/Deubert* 30.
[16] ADS 6 a. E.
[17] *Baetge/Kirsch/Thiele* Konzernbilanzen 268.
[18] ADS 23.
[19] WP-Handbuch 2000 I M 436; ADS 14.

werden kann. Das ist nach dem Wortlaut von Abs. 1 Nr. 1 nicht der Fall; auch Art. 20 Abs. 1 (a) der 7. EG-Richtlinie enthält keine Differenzierung nach Gattungen. Für die Anwendung von Abs. 1 Nr. 1 kann es danach ausreichen, an einer AG alle stimmrechtslosen Vorzugsaktien und 80 % der Stimmrechtsaktien, somit insgesamt 90 % der Anteile der Gesellschaft zu erwerben (§ 139 Abs. 2 AktG)[20]. Bei Anteilen an Gesellschaften mbH oder Personengesellschaften, deren Gesellschaftsvertrag weitgehender Vertragsfreiheit unterliegt, kann der Anteil am stimmberechtigten Kapital noch niedriger liegen als bei einer AG. Damit weicht die nationale Regelung von den Vorschriften der internationalen Rechnungslegungsgrundsätze und den US-GAAP ab. Nach *IAS* 22.16 ist es erforderlich, daß sämtliche oder nahezu sämtliche Stimmrechtsanteile der zusammengeführten Unternehmen getauscht oder gepoolt werden.[21] Damit wird zwar kein konkret bestimmter Beteiligungsumfang genannt, aber erkennbar, daß ein signifikanter Teil des stimmberechtigten Kapitals getauscht werden muß[22]. Aus den allgemeinen Konsolidierungsvoraussetzungen folgt, daß die vollständige Kontrolle über die zusammengeführten „assets" gegeben sein muß, IAS 22.09. Nach den für die Rechnungslegung nach *US-GAAP* maßgeblichen Regelungen kommt es ebenfalls darauf an, daß die erwerbende Gesellschaft Anteile im Tausch gegen mindestens 90 % der stimmberechtigten Anteile des zu erwerbenden Unternehmens gewährt, vgl. APB 16.47b.[23] Nicht stimmberechtigte Anteile bleiben für die Beurteilung unberücksichtigt.

18 Für die Interpretation des Abs. 1 Nr. 1 ergibt sich angesichts des internationalen oder amerikanischen Rechts die Frage, ob eine einschränkende Interpretation des Begriffs „Anteile" geboten ist, da § 302 entsprechend der EG-rechtlichen Vorlage dem im angelsächsischen Recht bereits vorhandenen Institut nachgebildet wurde. Nachdem die 7. EG-Richtlinie indes davon abgesehen hat, eine entsprechende Einschränkung vorzusehen und die Regelungen über die Interessenzusammenführung im Zusammenhang mit den Konsolidierungsmethoden, nicht mit den Konsolidierungsvoraussetzungen getroffen wurden, spricht aus dem systematischen Zusammenhang mehr für eine Auslegung wie in § 301 Abs. 1, bei der ebenfalls auf Anteile am Kapital abgestellt wird. Eine einschränkende Auslegung von Nr. 1 in bezug auf Stimmrechte ist daher für das deutsche Recht nicht geboten.

19 In die Kapitalkonsolidierung nach der Methode der Interessenzusammenführung sind **alle Anteile** einzubeziehen, die dem Mutterunternehmen gehören oder ihm zugerechnet werden.[24] Zu berücksichtigen sind die Anteile, die dem Mutterunternehmen gehören sowie diejenigen, die von einbezogenen Tochterunternehmen gehalten werden. Zum Erwerb der Anteile durch das Mutter- oder ein Tochterunternehmen, Rdn. 28 ff.

20 **b) Nennbetrag oder rechnerischer Wert der Anteile.** Grundlage für die Bemessung des Anteils an dem Tochterunternehmen ist der Nennbetrag oder der rechnerische Wert der Anteile an diesem Unternehmen. Der Umfang der Anteile ergibt sich aus dem Verhältnis der dem Mutterunternehmen gehörenden oder ihm zugeordneten Anteile zum Nennbetrag oder rechnerischen Wert aller Anteile. Das Grundkapital

---

[20] *Baetge/Kirsch/Thiele* Konzernbilanzen 268; ADS 15.

[21] *Baetge/Siefke* Rechnungslegung nach International Accounting Standards IAS 777; *Born* Rechnungslegung International 211; ADS 17.

[22] „Substantial majority", vgl. IAS 22.16; *Baetge/Siefke* Rechnungslegung nach International Accounting Standards IAS 778.

[23] *Born* Rechnungslegung International 404 f; *Baetge/Siefke* Rechnungslegung nach International Accounting Standards IAS 778; ADS 17; *Wiedmann* BilR 25.

[24] ADS 19.

einer *AG* nach § 6 AktG oder das Stammkapital einer GmbH nach § 5 GmbHG muß auf einen Nennbetrag lauten. Ein **Nennbetrag** kann vorhanden sein bei Aktien; Stückaktien hingegen lauten nicht auf einen Nennbetrag. Bei Nennbetragsaktien bestimmt sich der Anteil am Grundkapital nach dem Verhältnis ihres Nennbetrags zum Grundkapital, bei Stückaktien, die nicht auf einen Nennbetrag lauten, nach dem **rechnerischen Wert**, hier der Zahl der Aktien, § 8 Abs. 4 AktG. Bei einer *GmbH* ergibt sich der Anteil eines Gesellschafters aus dem Verhältnis des Nennbetrags seines Geschäftsanteils, der durch die Stammeinlage bestimmt wird, zum Stammkapital, § 5 Abs. 3 GmbHG. Der Begriff des rechnerischen Werts könnte zu dem Mißverständnis Anlaß geben, daß der innere Wert des Anteils von Bedeutung sei. Dies ist unzutreffend. Mit dem rechnerischen Wert soll der Anteil des Gesellschafters an der Bemessungsgrundlage, nämlich der Gesamtheit, aus der sich die Rechte der Gesellschafter ableiten, ausgedrückt werden. Bei Anteilen an *Personengesellschaften* ist i. d. R. kein Nennbetrag des Kapitals oder der Anteile festgelegt. Die für Abs. 1 Nr. 1 maßgebliche Beteiligung bestimmt sich nach dem rechnerischen Wert der Anteile im Verhältnis zum Kapital der Gesellschaft. Der rechnerische Wert ermittelt sich hierbei im Grundsatz aus dem Verhältnis der Anteilsrechte der Gesellschafter zum Gesamtbetrag der Anteilsrechte. Die Einzelheiten ergeben sich aus den Regelungen des Gesellschaftsvertrags. Dabei ist grundsätzlich auf die Konten abzustellen, nach denen sich der Anteil der Gesellschafter am Gewinn, Liquidationserlös, Stimmrecht o. ä. ergibt (typischerweise das Kapitalkonto I).[25] Bestehen nach dem Gesellschaftsvertrag unterschiedliche Arten oder Gattungen der Beteiligung, ist anhand der Beteiligung an dem Bilanzgewinn und dem Liquidationserlös zu bestimmen, in welchem Umfang dem Gesellschafter Rechte zustehen.[26] Bei Anteilen an *KGaA* ermittelt sich der Anteil am Kapital der Gesellschaft aus dem Verhältnis der dem Anteilseigner zustehenden Rechte zur Gesamtsumme des Kapitals der Gesellschaft, bestehend aus dem Nennkapital (Kommanditaktien) und dem rechnerischen Wert der Anteile der persönlich haftenden Gesellschafter nach § 278 Abs. 1 AktG.

c) **Nichtberücksichtigung eigener Anteile.** Nach Abs. 1 Nr. 1 muß der zu verrechnende Anteil an dem Tochterunternehmen 90 % der Anteile, die nicht eigene Anteile sind, betragen. Hieraus folgt, daß eigene Anteile des nach § 302 zu konsolidierenden Unternehmens von der Gesamtzahl (Nennbetrag oder rechnerischer Wert) der Anteile abzusetzen ist. Die nach Nr. 1 geforderte Anteilsquote bestimmt sich nach dem Umfang der um die eigenen Anteile gekürzten Anteile an dem Tochterunternehmen.[27] **21**

3. Erwerb von Anteilen gegen Ausgabe von Anteilen, Abs. 1 Nr. 2

a) **Anteilstausch.** Die nach Abs. 1 Nr. 1 in die Verrechnung einzubeziehenden Anteile müssen nach Abs. 1 Nr. 2 aufgrund einer Vereinbarung erworben worden sein, die die Ausgabe von Anteilen eines in den Konzernabschluß einbezogenen Unternehmens vorsieht. Rechtsgrundlage des Erwerbs muß daher eine Vereinbarung sein, die einen **Tausch** der zu erwerbenden Anteile in Anteile an einem in den Konzernabschluß einbezogenen Unternehmens vorsieht[28]. Hierfür kommen verschiedene **Rechtsvorgänge** in Betracht: der typische Fall eines solchen Erwerbs ist der Aktientausch aufgrund eines Umtauschangebots des erwerbenden Unternehmens, Anteile **22**

---

[25] ADS 22.
[26] HdKR-*Eckes/C.-P. Weber* 10.
[27] Rechenbeispiel bei ADS 25.
[28] Beck BilKomm-*Förschle/Deubert* 18; 26; *Focken/Lenz* DB 2000, 2435, 2438 ff.

gegen Gewährung von Anteilen an dem eigenen Unternehmen zu erwerben. Zur Ausgabe der als Gegenleistung gewährten Anteile infolge einer Kapitalerhöhung oder infolge der Verwendung eigener Anteile vgl. Rdn. 23; Rechtsgrundlage in diesen Fällen ist entweder ein Tausch- oder Kaufvertrag oder eine Sacheinlagevereinbarung (z.B. § 183 AktG, § 56 GmbHG). Nach dem Wortlaut von Nr. 2 sind andere Erwerbsvereinbarungen, z.B. auf der Grundlage umwandlungsrechtlicher Regelungen nicht ausgeschlossen. Die Vereinbarung des Erwerbs von Anteilen gegen Gewährung von Anteilen kann auch bei dem Erwerb von Anteilen infolge einer *Aufspaltung*, *Abspaltung* oder *Ausgliederung* (§ 123 UmwG) begründet werden, sofern Gegenstand der Spaltung Anteile an einem anderen Unternehmen sind. Gleiches gilt bei vergleichbarer Struktur der Transaktion auch bei einer Verschmelzung. Bei der Verschmelzung (§ 2 UmwG) erhalten die Anteilsinhaber des übertragenden Rechtsträgers Anteile an dem übernehmenden Rechtsträger. Eine *Verschmelzung* ist insbesondere dann Anwendungsfall für die Interessenzusammenführungsmethode, wenn die Verschmelzung eines Holdingunternehmens mit Beteiligungsbesitz mit dem übernehmenden Rechtsträger erfolgt.[29]

23 Die Verwendung des Begriffs **Ausgabe** von Anteilen deutet darauf hin, daß der Gesetzgeber von der Vorstellung ausgegangen sein könnte, daß der Erwerb nur im Wege einer Sacheinlage gegen Gewährung neuer Anteile der aufnehmenden Gesellschaft erfolgen könne.[30] Eine in diesem Sinne einschränkende Auslegung von Nr. 2 ist jedoch nicht beabsichtigt gewesen. Es ist zulässig, daß die Anteile, die als Gegenleistung für die erworbenen Anteile gewährt werden, durch Erwerb eigener Anteile beschafft worden sind. Die Erweiterung der Möglichkeiten für die AG, eigene Aktien erwerben zu dürfen (§ 71 Abs. 1 Nr. 8 AktG), erfolgte nicht zuletzt auch in Hinblick auf das Bedürfnis, eigene Aktien als Gegenleistung bei Zusammenschlüssen verwenden zu können. Mit der h.M. ist daher anzuerkennen, daß auch eigene Anteile eine für die Anwendung der Interessenzusammenführungsmethode geeignete Gegenleistung darstellen, da es sich auch hier um einen reinen Anteilstausch handelt.[31]

24 Die Gegenleistung muß in **Anteilsrechten** bestehen, wie sie nach dem für die verpflichtete Gesellschaft maßgebenden Recht als neue oder vorhandene eigene Anteile auszugeben sind. Gegenleistungen anderer Art, die keine Anteilsqualität aufweisen, sind als Gegenleistung nicht geeignet[32] (zur Begrenzung einer Barzuzahlung vgl. Nr. 3, 34). Hierzu gehören auch sog. hybride Finanzinstrumente, die zwar einen Anteil am Jahreserfolg des Unternehmens gewähren, aber keine Anteilsrechte darstellen. Auch Wandelschuldverschreibungen oder Optionsanleihen, die das Recht beinhalten, in Anteile der aufnehmenden Gesellschaft zu wandeln oder Anteilsrechte zu beziehen, sind keine Anteile. Sie haben die Anteilsqualität selbst dann nicht, wenn das Wandlungs- oder Optionsrecht obligatorisch ausgeübt werden muß.

25 Abs. 1 Nr. 2 enthält keine Aussage zur Qualität (**Art** oder **Gattung**) der durch das Mutterunternehmen zu gewährenden Anteile. Die Regelung folgt der Vorgabe in Art. 20 der 7. EG-Richtlinie. Nach dem Wortlaut der Regelung kommt daher die Gewährung z.B. bei einer AG von Stammaktien oder von stimmrechtslosen Vorzugsaktien in Betracht. Sollte dies in der der Transaktion zugrunde liegenden Vereinbarung so vorgesehen sein, steht die Gewährung unterschiedlicher Rechte oder die

---

29 A.M. ADS 5.

30 *Baetge/Kirsch/Thiele* Konzernbilanzen 269; HdKR-*Eckes/C.-P. Weber* 17.

31 ADS 36; HdKR-*Eckes/C.-P. Weber* 17; Beck Bil-Komm-*Förschle/Deubert* 18; WP-Handbuch 2000 I M 440.

32 HdKR-*Eckes/C.-P. Weber* 18.

Gewährung von Anteilsrechten, die eine andere Gattung aufweisen als die hingegebenen Anteilsrechte, der Anwendung von § 302 nicht entgegen. Die Äquivalenz hingegebener und erhaltener Anteilsrechte ist insoweit nicht erforderlich.[33] Mit dieser Regelung weicht § 302 Abs. 1 Nr. 2 von den Anforderungen der Standards in USA und Großbritannien sowie von den IAS ab.[34] Nach US-Grundsätzen ist erforderlich, daß die erwerbende Gesellschaft zum Erwerb von 90 % des stimmberechtigten Kapitals ebenfalls Stimmrechtsanteile ausgibt.[35] Auch die Regelungen der IAS 22.15 lassen erkennen, daß die Anteilseigner der sich zusammenschließenden Unternehmen nach dem Zusammenschluß mit gleichen Stimmrechten und Anteilen an der aufnehmenden Einheit beteiligt sein müssen.[36] Aus der fehlenden Konkretisierung in der 7. EG-Richtlinie sowie in § 302 Abs. 1 Nr. 2 kann gleichwohl entnommen werden, daß eine Vorgabe zur qualitativen Gestaltung der Anteilsrechte als Gegenleistung nicht gemacht werden sollte (vgl. auch Rdn. 17).

b) Vereinbarung. Der Anteilstausch hat nach Abs. 1 Nr. 2 aufgrund einer Verein- **26**
barung zu erfolgen. Die Anteile, die nach Nr. 1 zur Einbeziehung in den Konzernabschluß unter Anwendung der Methode der Interessenzusammenführung anstehen, müssen aufgrund einer Vereinbarung durch das Mutterunternehmen erworben worden sein. Das bedeutet nicht, daß im rechtlichen Sinne nur eine einzige Vereinbarung abgeschlossen werden darf, da dann ein Aktientausch unter Beteiligung einer Vielzahl von Aktionären nicht zur Anwendung von § 302 berechtigen würde. Die Forderung, daß **eine Vereinbarung** zugrunde liegen muß, bedeutet vielmehr, daß die Transaktion aufgrund einer (Gesamt-)Vereinbarung durchzuführen ist, ihr somit ein **Gesamtplan** zugrunde liegt, dessen Gegenstand es ist, die nach Nr. 1 erforderliche Anzahl von Anteilen an einem Tochterunternehmen gegen Gewährung von Anteilen an einem einbezogenen Unternehmen zu erwerben. Der Wortlaut schließt aus, daß mehrere unabhängig voneinander durchgeführte Erwerbsvorgänge innerhalb eines Geschäftsjahres, die im Ergebnis dazu führen, daß das Mutterunternehmen über 90 % der Anteile verfügt, zur Anwendung der Interessenzusammenführungsmethode berechtigen. Der Erwerb der Anteile im Rahmen einer Gesamtvereinbarung, der sich indes über einen überschaubaren Zeitraum erstreckt, schließt die Anwendung von § 302 nicht aus, wie dies z. B. bei einem planmäßig sukzessiven Anteilstausch der Fall sein kann.[37] Der unzusammenhängende Erwerb von Anteilen kann jedoch auch dann nicht zur Anwendung der Pooling of interest-Methode führen, wenn die Transaktion innerhalb eines Geschäftsjahres abgeschlossen wird.[38] Diese Interpretation deckt sich weitestgehend mit den Voraussetzungen, die durch APB 16.47a statuiert werden.

Aus Abs. 1 Nr. 2 wird ein Postulat für einen bestimmten zeitlichen Zusammenhang **27**
bei Durchführung des Zusammenschlusses nicht erkennbar. Aus der Methodik der Kapitalkonsolidierung bei Interessenzusammenführung folgt indes, daß der **zeitliche Zusammenhang** der zu der Transaktion gehörenden Erwerbstatbestände nicht über das Ende eines Geschäftsjahres hinausreichen darf. Der Erwerb von Anteilen, die im äußeren zeitlichen Zusammenhang mit der Gesamttransaktion stehen, jedoch unabhängig von deren Abschluß bereits in einer vorherigen Periode erworben wurden und im Konzernabschluß zu berücksichtigen waren, zählt nicht zu den zur Anwendung von § 302 Abs. 1 Nr. 1 und 2 qualifizierenden Anteilen.[39] Demzufolge ist die Anwen-

[33] ADS 28; HdKR-*Eckes/C.-P. Weber* 19; *Baetge/Kirsch/Thiele* Konzernabschlüsse 271.
[34] *Glinkemann* BB 1991, 2477, 2479 ff.
[35] 16.47b der APB-Opinion; *Born* Rechnungslegung international 404.
[36] *Baetge/Siefke* Rechnungslegung nach International Accounting Standards 778 f.
[37] ADS 37; HdKR-*Eckes/C.-P. Weber* 16.
[38] A.M. HdKR-*Eckes/C.-P. Weber* 16 Anm. 2b.
[39] A.M. HdKR-*Eckes/C.-P. Weber* 16 Anm. 2a.

dung der Interessenzusammenführungsmethode auch ausgeschlossen, wenn das Mutterunternehmen bereits mehr als 10 % der Anteile an dem zu erwerbenden Tochterunternehmen besaß. Die Voraussetzung nach Nr. 1, nämlich der Erwerb von mindestens 90 % sowie die Voraussetzung nach Nr. 2, der Erwerb aufgrund einer Vereinbarung kann trotz eines gegebenenfalls bestehenden zeitlichen Zusammenhangs nicht erfüllt werden.[40] War das einzubeziehende Tochterunternehmen bereits zuvor konsolidiert oder als assoziiertes Unternehmen im Konzernabschluß abgebildet, kommt die Anwendung von § 302 nicht in Betracht.

28 c) **Anteile von einbezogenen Unternehmen.** Nr. 2 läßt zu, daß die als Gegenleistung gewährten Anteile solche eines in den Konzernabschluß einbezogenen Unternehmens sind, ohne weitere Anforderungen zu stellen. Damit kommt in Betracht, daß Anteile entweder an dem Mutterunternehmen oder einem Tochterunternehmen oder an mehreren Tochterunternehmen oder sowohl an Tochterunternehmen als auch am Mutterunternehmen gewährt werden könnten.[41] Ferner stellt sich die Frage, ob auch Anteile von anteilsmäßig einbezogenen Unternehmen in Betracht zu ziehen sind (§ 310 Abs. 1). Anteile von Unternehmen, die nach §§ 295, 296 nicht in den Konzernabschluß einbezogen werden, kommen als anteilsgewährende Einheiten nicht in Betracht.

29 Eine entscheidende Vorfrage für die Anwendung von Abs. 1 Nr. 2 ist, ob die gewährten **Anteile** an einem in den Konzernabschluß **einbezogenen Unternehmen** zu demjenigen Unternehmen gehören, welches die Anteile an dem nunmehr nach § 302 zu konsolidierenden Unternehmen erworben hat. Nach dem Wortlaut der Nr. 2 ist das nicht vorgeschrieben. Sieht man im Sinne der obigen Darstellung (Rdn. 26) den Erwerb der Anteile und die Gewährung von eigenen oder durch Kapitalerhöhung geschaffenen Anteilen als Bestandteil des **Synallagmas**, welches zur Anwendung von § 302 führen kann, scheidet die Hingabe von Anteilen an einem anderen, ebenfalls in den Konzernabschluß einbezogenen (Tochter-)Unternehmen des Mutterunternehmens aus. Es handelt sich nicht um einen Zusammenschluß mit dem Ziel der Interessenzusammenführung, sondern um eine Anteilsübertragung, deren Gegenleistung in im Tauschweg gewährten Anteilen aus dem Besitz des Mutterunternehmens besteht. Entgegen dem Wortlaut von Nr. 2 kann dieser Fall nach Sinn und Zweck der Interessenzusammenführung nicht genügen. Aus Sicht des Mutterunternehmens kommt somit nur die Gewährung von Anteilen an diesem in Betracht. Wird der Zusammenschluß mit einem in den Konzernabschluß einbezogenen Tochterunternehmen ausgeübt, welches auch danach Tochterunternehmen bleibt, sind die Voraussetzungen von Nr. 2 erfüllt, wenn Anteile des Tochterunternehmens gewährt werden. Die Einbeziehung des zuerworbenen Tochterunternehmens in Anwendung der Pooling of interest-Methode kommt sowohl in einem (Teil-)Konzernabschluß des Tochterunternehmens in Betracht, als auch bei Einbeziehung des zuerworbenen Tochterunternehmens durch das (oberste) Mutterunternehmen.[42] Das gleiche gilt, wenn für die Zusammenführung der Anteile bei einem einbezogenen Tochterunternehmen Anteile des (obersten) Mutterunternehmens gewährt werden.

30 Der Wortlaut von Nr. 2 deutet ferner darauf hin, daß die gewährten Anteile nur von einem in den Konzernabschluß **einbezogenen Unternehmen** stammen dürfen.

[40] Beck BilKomm-*Förschle/Deubert* 19; HdKR-*Eckes/C.-P. Weber* 6 Anm. 2a.

[41] Zu den Varianten ADS 30 ff.

[42] Nach der hier vertretenen Auffassung kommen von den bei ADS 33 dargestellten Beispielen lediglich die Fälle (1) und (2b) für die Anwendung von § 302 in Betracht; entspr. gilt die in HdKR-*Eckes/Küting* 23 Unterfall b) dargestellte Variante.

Dem Gesetzgeber dürfte der Normalfall einer Transaktion vor Augen gelegen haben. Der mit Recht herrschenden Auffassung zufolge sollte hierdurch keine Beschränkung festgelegt werden. Unter Beachtung der vorstehenden Bedingungen ist es daher auch zulässig, Anteile sowohl an einem Tochterunternehmen als auch an dem Mutterunternehmen zu gewähren, sofern hierdurch die Wahrnehmung der (gemeinsamen) Interessen gegenüber dem erworbenen Tochterunternehmen möglich ist. Nicht zulässig ist die Gewährung von Anteilen einerseits an transaktionsbefaßten Unternehmen, andererseits an anderen einbezogenen Unternehmen. Bei letzteren liegt zwar formal auch ein Anteilstausch vor, jedoch keiner, der materiell zur Interessenzusammenführung berechtigt.

Als in den Konzernabschluß einbezogen gelten auch sog. **Gemeinschaftsunternehmen**, die nach § 310 Abs. 1 einbezogen werden. Für die Anwendung der Pooling of interest-Methode unter Beteiligung solcher Unternehmen gelten im Grundsatz die gleichen Überlegungen wie bei einbezogenen Tochterunternehmen. Die Gewährung von Anteilen an einem Gemeinschaftsunternehmen als Gegenleistung für von dem Mutterunternehmen oder einem Tochterunternehmen erworbene Anteile an einem weiteren Tochterunternehmen gestattet nicht die Anwendung der Pooling of interest-Methode.[43] Erwirbt ein Gemeinschaftsunternehmen ein Tochterunternehmen unter Beachtung der Bedingungen des § 302, darf die Anwendung dieser Methode auch bei der Einbeziehung des Gemeinschaftsunternehmens in den Konzernabschluß der Mutterunternehmen berücksichtigt werden, sofern nach Erwerb die Voraussetzungen nach § 310 Abs. 1 weiterhin gegeben sind. 31

Die Gewährung von Anteilen an **assoziierten Unternehmen** berechtigt in keinem Fall zur Anwendung von § 302. 32

Die hier vertretene Auffassung folgt den US-Grundsätzen und den IAS geltenden Voraussetzungen. Nach den US-Grundsätzen in APB 16.47b ist erforderlich, daß das erwerbende Unternehmen neue oder eigene Aktien zur Verfügung stellt. Gleiches gilt nach IAS 22.15, wonach der Anteilstausch zwischen den am Zusammenschluß beteiligten Unternehmen erfolgen muß.[44] 33

4. Zulässigkeit einer Barabfindung

Nach Abs. 1 Nr. 3 darf eine vorgesehene **Barabfindung** zehn vom Hundert des Nennbetrags oder, falls ein Nennbetrag nicht vorhanden ist, des rechnerischen Werts der ausgegebenen Anteile nicht übersteigen. Barabfindungen, die sich innerhalb dieser Grenze halten, sind nach Nr. 3 z.B. zum *Spitzenausgleich* zulässig und stehen der Anwendung der Methode der Interessenzusammenführung nicht entgegen. Bezugsgröße ist der Nennbetrag der zur Durchführung des Zusammenschlusses ausgegebenen neuen oder eigenen Anteile. Werden nennbetragslose Stückaktien oder Geschäftsanteile an GmbH ausgegeben, ist deren rechnerischer Wert, also das Verhältnis der Barabfindung zum rechnerischen Wert, nicht hingegen zum Verkehrswert maßgeblich.[45] 34

Nr. 3 begrenzt eine Barabfindung, so daß sich die Frage stellt, ob **Abfindungen anderer Art** zulässig sind. Nach Sinn und Zweck der Regelung soll durch die Begrenzung einerseits verhindert werden, daß bisher beteiligte Anteilseigner ausgekauft werden, zum anderen soll das Vermögen der zusammengeschlossenen Unternehmen den 35

---

[43] Wie hier ADS 30; Beck BilKomm-*Förschle/Deubert* 21; a.M. HdKR-*Eckes/C.-P. Weber* 21.

[44] *Born* Rechnungslegung International 404; *Baetge/Siefke* Rechnungslegung nach International Accounting Standards 777 f.

[45] Beck BilKomm-*Förschle/Deubert* 27; ADS 38.

Anteilseignern möglichst ungeschmälert zur Verfügung stehen.[46] Dieser Zweck würde unterlaufen, könnte die aufnehmende Gesellschaft die Abfindung statt durch Barmittel durch Sachvermögen leisten. Das Volumen einer nicht in Anteilsrechten bestehenden Abfindungsleistung darf somit nicht durch Abfindungen anderer Art als einer Barleistung vergrößert werden.[47] Werden Sachgegenstände als Abfindung verwendet, ist deren tatsächlicher Wert, nicht der Buchwert zugrunde zu legen.

36 Der Zweck von Nr. 3 schließt aus, daß eine an dem Zusammenschluß beteiligte Gesellschaft in der Vereinbarung eine höhere Abfindung zusagt. Von dieser ratio nicht erfaßt wäre ein **Haupt-** oder bisheriger **Alleinaktionär** des Mutterunternehmens, der zur Förderung des Zusammenschlusses oder aus anderen Gründen den Anteilseignern des zu erwerbenden Tochterunternehmens eine Abfindung in Aussicht stellt. Erfolgt dies außerhalb der Zusammenschlußvereinbarung und wird das Vermögen der sich zusammenschließenden Unternehmen nicht berührt, besteht jedenfalls aus Sicht von § 302 Abs. 1 Nr. 3 kein Hinderungsgrund zur Anwendung der Interessenzusammenführungsmethode.

IV. Konsolidierung von Tochterunternehmen nach der Methode der Interessenzusammenführung

1. Fehlen einer eigenständigen Konsolidierungsmethode

37 Die Vorgehensweise bei der Konsolidierung von Tochterunternehmen, die nach der Methode der Interessenzusammenführung in den Konzernabschluß des Mutterunternehmens einbezogen werden sollen, ist durch § 302 Abs. 1 und 2 nur ansatzweise geregelt. § 302 Abs. 1 beschränkt sich darauf, vorzugeben, daß sich die nach § 301 Abs. 1 vorzunehmende Verrechnung der Anteile auf das **gezeichnete Kapital** des Tochterunternehmens beschränkt (Abs. 1). Der sich bei der Verrechnung ergebende **Unterschiedsbetrag** ist nach Abs. 2 mit den Rücklagen zu verrechnen oder ihnen hinzuzurechnen. Abs. 3 verlangt schließlich erläuternde Angaben zur Anwendung der Methode im Konzernanhang. Die Maßnahmen zur Einbeziehung eines Tochterunternehmens werden durch § 302 nicht abschließend beschrieben. Die Regelung setzt vielmehr die Anwendung der für die Einbeziehung von Unternehmen nach der Erwerbsmethode geltenden Grundsätze voraus und baut auf diesen auf. § 302 beschränkt sich darauf, die Pooling of interest-Methode durch Kennzeichnung der **Modifikationen** gegenüber der Erwerbsmethode zu beschreiben. Andere für die Konsolidierung bedeutsame Regelungen, wie z. B. die Bestimmung des Konsolidierungszeitpunkts, der einheitlichen Bilanzierung und Bewertung, der Schuldenkonsolidierung, Aufwands- und Ertragskonsolidierung sowie der Verrechnung der Zwischenergebnisse und die Maßnahmen der Folgekonsolidierung gelten entsprechend.[48]

2. Verrechnung der Anteile mit dem gezeichneten Kapital

38 a) **Allgemeines.** Nach Abs. 1 wird die Verrechnung der Anteile auf das gezeichneten Kapital des Tochterunternehmens beschränkt. Die Verrechnung setzt bei Anwendung der Methode der Interessenzusammenführung die Beachtung der Grundsätze über die **sonstigen Konsolidierungsmaßnahmen**, somit z. B. über die konzernein-

[46] *Baetge/Kirsch/Thiele* Konzernbilanzen 273.
[47] *Baetge/Kirsch/Thiele* Konzernbilanzen 273; HdKR-*Eckes/C.-P. Weber* 28.
[48] Beck BilKomm-*Förschle/Deubert* 30; ADS 41; HdKR-*Eckes/C.-P. Weber* 29; *Baetge* Konzernbilanzen 283.

heitliche Bilanzierung und Bewertung (§§ 300, 308) voraus. Gleiches gilt für die Maßnahmen der Schulden-, Aufwands- und Ertrags- und Zwischenergebniseliminierung (§§ 303 bis 305). Zur Durchführung und zur Verfolgung der gebotenen Maßnahmen ist auch bei Anwendung von § 302 die Aufstellung einer Handelsbilanz II erforderlich oder zweckmäßig.[49]

Im Unterschied zu § 301 Abs. 1 bezieht sich die Kapitalverrechnung nicht auf das **39** gesamte Eigenkapital, sondern nur auf das **gezeichnete Kapital**. Damit soll die Konsolidierung zu einem Ergebnis führen, als habe die Beteiligung seit der Gründung des Tochterunternehmens bereits bestanden.[50] Die Beschränkung auf das gezeichnete Kapital führt zur Notwendigkeit der Verrechnung von Beträgen mit den Rücklagen (vgl. Abs. 2), die die Beurteilung der Lage der im Konzernabschluß zusammengeführten Unternehmen beeinträchtigen kann.

b) **Wertansatz der Anteile an dem Tochterunternehmen.** Abs. 1 enthält keine **40** Vorschriften über den Wertansatz der Anteile an dem Tochterunternehmen. Hierzu ist auf die zu § 301 Abs. 1 dargestellten Überlegungen zu verweisen (vgl. § 301, 16 ff). Auszugehen ist von den Anteilen an dem Tochterunternehmen, die dem Mutterunternehmen gehören oder ihm zur Konsolidierung zugerechnet werden; der Anteilsbesitz von einbezogenen Tochterunternehmen ist zu berücksichtigen. Der Verrechnung sind die **Buchwerte** für die Anteile an dem Tochterunternehmen zugrunde zu legen. Anteile, die Gegenstand einer Sacheinlage waren, dürfen nach § 255 Abs. 1 mit einem unter ihrem tatsächlichen Wert liegenden Betrag angesetzt werden, wenn als Gegenleistung neue Anteile im Rahmen einer Kapitalerhöhung ausgegeben werden. Die **Anschaffungskosten** von Vermögensgegenständen, die durch eine Sacheinlage gegen Gewährung von Anteilen erworben werden, werden durch den Nennbetrag (oder höheren Ausgabebetrag) der Kapitalerhöhung bestimmt. Deswegen ist es denkbar, daß die erworbenen Anteile an dem Tochterunternehmen in Höhe des Nennbetrags der Kapitalerhöhung angesetzt werden.[51] Wurden hingegen eigene Anteile des Mutterunternehmens als Gegenleistung gewährt, bestimmen sich die Anschaffungskosten für die erworbenen Anteile zumindestens nach dem Buchwert der eigenen Anteile.[52] Es bestehen hierdurch Möglichkeiten, durch Bestimmung des Wertansatzes für die Anteile an dem Tochterunternehmen die Höhe eines Unterschiedsbetrags nach Abs. 2 zu begrenzen oder sein Entstehen zu vermeiden. Soweit jedoch der Buchwert das gezeichnete Kapital des Tochterunternehmens übersteigt oder unterschreitet, entsteht nach Abs. 2 ein zu verrechnender Unterschiedsbetrag (Rdn. 50 ff).

c) **Verrechnung mit dem gezeichneten Kapital des Tochterunternehmens.** Die **41** Kapitalverrechnung erfolgt nach Abs. 1 mit dem **gezeichneten Kapital**. Gezeichnetes Kapital ist bei AG das Grundkapital, bei GmbH das Stammkapital. Dieses ist mit dem Nennbetrag anzusetzen, § 283. Bei Gesellschaften in anderer Rechtsform ist das (Eigen-)Kapital heranzuziehen, nach dem sich die Beteiligung der Gesellschafter an Vermögen, Gewinn oder Stimmrechten in der Gesellschaft richtet und das der Gesellschaft durch die Gesellschafter auf Dauer gewidmet wurde. Ist bei Personengesellschaften eine Pflichteinlage im Gesellschaftsvertrag bestimmt, kann diese herangezogen werden.

---

49 ADS 45; *Biener/Berneke* BiRiLiG 338.

50 Beck BilKomm-*Förschle/Deubert* 32; Beck HdR-*Pfaff* C 410, 122.

51 Beck BilKomm-*Förschle/Deubert* 34; ADS § 255, 95 f; Stellungnahme *IDW* HFA 2/1997, WPg 1997, 235 ff Abschn. 32212; *Focken/Lenz* DB 2000, 2435, 2439.

52 ADS § 255, 89 f.

42 Zur Verrechnung der Anteile an dem Tochterunternehmen mit dem Buchwert des Mutterunternehmens ist, sofern die Beteiligung nicht das gesamte gezeichnete Kapital umfaßt, das **anteilige Eigenkapital** heranzuziehen.[53] Der Anteil bestimmt sich nach dem Verhältnis des Anteils des Mutterunternehmens am gezeichneten Kapital zum gesamten gezeichneten Kapital des Tochterunternehmens.

43 Die Verrechnung des Buchwerts der Anteile mit dem (anteiligen) Eigenkapital des Tochterunternehmens bezieht sich auf zwei konkrete Wertansätze. Anders als bei der Neubewertungsmethode nach § 301 Abs. 1 S 2 Nr. 2 ist bei der Konsolidierung nach § 302 eine gesonderte Ermittlung des der Verrechnung zugrunde zu legenden Eigenkapitals nicht erforderlich. Veränderungen der Wertansätze der in den Konzernabschluß zu übernehmenden Aktiva und Passiva z. B. durch Bilanzierungs- oder Bewertungsmaßnahmen oder durch Maßnahmen der Konsolidierung beeinflussen nicht das zu verrechnende Eigenkapital, sondern wirken sich allein auf den Unterschiedsbetrag aus (dazu Abs. 2, vgl. Rdn. 50).

44 **d) Übernahme der Vermögensgegenstände und Schulden des Tochterunternehmens in den Konzernabschluß.** Für die Konsolidierung bei Interessenzusammenführung ist nicht geregelt, mit welchen Wertansätzen die in den Konzernabschluß zu übernehmenden Posten anzusetzen sind. Eine Regelung, die vergleichbar § 301 Abs. 1 S. 2 Nr. 2 den Ansatz mit dem sich nach Neubewertung ergebenden Betrag oder dem nach § 301 Abs. 1 S. 3 sich nach der Zuordnung von Unterschiedsbeträgen ergebenden Betrag anordnet, fehlt. Aus Abs. 2 kann entnommen werden, daß eine Zuordnung von Unterschiedsbeträgen zu den in der Konzernbilanz anzusetzenden Vermögensgegenständen und Schulden unterbleibt. Es besteht kein Anlaß zur Aufdeckung stiller Reserven im Vermögen des Tochterunternehmens. Die Vermögensgegenstände und Schulden sind mit den sich aus den **Jahresabschlüssen ergebenden Wertansätzen** zu übernehmen, gegebenenfalls nach Anpassung an die Grundsätze der konzerneinheitlichen Bilanzierung und Bewertung.

45 Die Übernahme zu Buchwerten in den Konzernabschluß gilt, abgesehen vom gezeichneten Kapital, auch für die übrigen Eigenkapitalposten des Tochterunternehmens. Die beim Tochterunternehmen – nach Anpassung an **konzerneinheitliche Regelungen** und erfolgswirksame Konsolidierungsmaßnahmen, gegebenenfalls auch auf konsolidierter Basis – vorhandenen Kapitalrücklagen, Gewinnrücklagen sowie Ergebnisvorträge werden mit dem Stand zum Zeitpunkt der erstmaligen Einbeziehung in den Konzernabschluß übernommen.[54]

46 **e) Anteile anderer Gesellschafter.** Nach den Voraussetzungen für die Methode der Kapitalkonsolidierung bei Interessenzusammenführung (Abs. 1 Nr. 1) ist nicht ausgeschlossen, daß bis zu 10 % der Anteilsinhaber des einbezogenen Tochterunternehmens Gesellschafter dieses Unternehmens bleiben. Deren Anteile sind nach § 307 Abs. 1 als Anteile anderer Gesellschafter innerhalb des Eigenkapitals gesondert auszuweisen (§ 307, 58 f).[55] Bei Anwendung von § 302 ist zu klären, welche Beträge des Eigenkapitals in den Ausgleichsposten einzustellen sind. Der Ausweis kann sich auf den auf die anderer Gesellschafter entfallenden Anteil am gezeichneten Kapital oder auf den auf diese entfallenden Teil des Eigenkapitals beziehen. Der Unterschied dieser Methoden besteht im Umfang des Ausweises der anderen Gesellschaftern zuzuordnenden Anteile und einer entsprechenden Beeinflussung der Höhe des nach Abs. 2 mit

---

[53] *Baetge/Kirsch/Thiele* Konzernbilanzen 273.
[54] *Baetge/Kirsch/Thiele* Konzernbilanzen 273 f.
[55] WP-Handbuch I 2000 M 439; Beck BilKomm-*Förschle/Deubert* 36; ADS 65; Beck HdR-*Pfaff* C 410, 115.

den Rücklagen zu verrechnenden Unterschiedsbetrags. In der Literatur wird zutreffend die Bemessung des Ausweises nach § 307 Abs. 1 mit dem anteiligen Eigenkapital vertreten.[56] Der Betrag setzt sich aus dem nicht in die Kapitalverrechnung einbezogenen Anteil am gezeichneten Kapital und dem auf die anderen Gesellschafter entfallenden Anteil an dem übrigen, in den Konzernabschluß übernommenen Eigenkapital des Tochterunternehmens zusammen. Der Ausweis entspricht dann im wesentlichen dem, der bei Anwendung der Buchwertmethode bei der Kapitalkonsolidierung nach der Erwerbsmethode zu erfolgen hätte (arg. e § 307 Abs. 1 S. 2; vgl. § 307, 29 ff). Der Ausweis allein mit dem anteiligen gezeichneten Kapital würde das auf die anderen Gesellschafter entfallende Eigenkapital bei der Interessenzusammenführung nicht ausreichend berücksichtigen.

f) Ausweis im Konzernanlagegitter. Die bei Einbeziehung eines Tochterunternehmens unter Anwendung von § 302 in den Konzernabschluß zu übernehmenden Vermögensgegenstände und Schulden sind mit dem Anschaffungskosten aus Konzernsicht zu übernehmen. Dies sind auch diejenigen Werte, mit denen die Vermögensgegenstände des Anlagevermögens im Jahr der Erstkonsolidierung in der Zugangsspalte des Anlagegitters nach § 298 Abs. 1 i. V. m. § 268 Abs. 2 anzusetzen sind.[57] **47**

3. Zeitpunkt der Erstkonsolidierung

§ 302 enthält keine Regelung über die Bestimmung des **Zeitpunkts** der erstmaligen Einbeziehung von Anteilen bei Interessenzusammenführung. Ein ausdrücklicher Verweis auf die entsprechende Anwendung von § 301 Abs. 2 ist unterblieben, doch darf deswegen nicht auf die Nichtanwendung jener Regelungen geschlossen werden, da § 302 auch im übrigen keine in sich geschlossene Konsolidierungsmethode beschreibt, sondern sich auf Modifikationen zur Erwerbsmethode nach § 301 Abs. 1 beschränkt.[58] **48**

Die Bindung der Kapitalverrechnung bei der Erstkonsolidierung an die feststehenden Werte der Anteile und des gezeichneten Kapitals könnte zu der Annahme führen, daß die Bestimmung eines Zeitpunkts für die Kapitalverrechnung bei § 302 bedeutungslos ist.[59] Das ist jedoch nicht so, da durch den Zeitpunkt der Kapitalverrechnung bei Interessenzusammenführung weitere Posten beeinflußt werden, wie z. B. der Betrag der Ergebnisse des Tochterunternehmens, die im Konzernabschluß abgebildet werden. Durch die Statik der zu verrechnenden Posten spiegeln sich Eigenkapitalveränderungen bei dem Tochterunternehmen im übrigen ausschließlich in dem auf den Konzern entfallenden Anteil am Ergebnis des Tochterunternehmens wider. Die überwiegend in der Literatur vertretene Auffassung[60] hält es dennoch für zulässig, das im Geschäftsjahr erwirtschaftete Ergebnis des Tochterunternehmens vollständig dem Konzern zuzurechnen. Richtiger ist indes, wie in § 301 Abs. 2 nach dem Zeitpunkt des **Erwerbs** der Anteile zu unterscheiden und entweder auf den Zeitpunkt abzustellen, zu dem das Unternehmen Tochterunternehmen geworden ist oder auf den Zeitpunkt der erstmaligen Einbeziehung. Durch diesen Zeitpunkt ergibt sich der auf die Zeit der Zugehörigkeit zum Konzern entfallende Ergebnisanteil in Abgrenzung zu dem als Ergebnisvortrag darzustellenden Ergebnis aus der Zeit vor der Konzernzugehörigkeit. Wie unter Rdn. 46 dargelegt, beeinflußt dies auch den Ausweis des auf andere Gesellschafter entfallenden Anteils am Eigenkapital. **49**

---

[56] Beck BilKomm-*Förschle/Deubert* 36; Beck HdR-*Pfaff* C 410, 115.

[57] *B. v. Colbe/Ordelheide* Konzernabschlüsse 316; Beck BilKomm-*Förschle/Deubert* 37; Beck HdR-*Pfaff* C 410, 122.

[58] ADS 57.

[59] Beck BilKomm-*Förschle/Deubert* 35; ADS 58.

[60] WP-Handbuch 2000 I M 442; ADS 48; Beck BilKomm-*Förschle/Deubert* 35; HdKR-*Eckes/C.-P. Weber* 32.

4. Verrechnung des sich bei der Kapitalkonsolidierung ergebenden Unterschiedsbetrags, Abs. 2

50 **a) Allgemeines.** Nach Abs. 2 ist ein sich bei der Kapitalverrechnung ergebender Unterschiedsbetrag mit den Rücklagen zu verrechnen, wenn er auf der Aktivseite entsteht; entsteht er auf der Passivseite, ist er den Rücklagen hinzuzurechnen. Der Unterschiedsbetrag ergibt sich aus der Differenz von Anteilsbuchwert und gezeichnetem Kapital; der Betrag des Eigenkapitals des Tochterunternehmens im übrigen bleibt ohne Einfluß auf diesen Unterschiedsbetrag. Der **Unterschiedsbetrag** kann begründet sein im Vorhandensein von Rücklagen (Kapital- oder Gewinnrücklagen) oder einem Ergebnisvortrag des Tochterunternehmens, die bei der Kapitalverrechnung unberücksichtigt bleiben. Ferner kann er durch stille Reserven im Vermögen des Tochterunternehmens oder einem Geschäfts- oder Firmenwert begründet sein.[61] Für die Behandlung eines aktiven oder passiven Unterschiedsbetrags ist dies jedoch ohne Bedeutung.

51 **b) Behandlung eines aktiven Unterschiedsbetrags.** Ein aktiver Unterschiedsbetrag ist mit den **Rücklagen zu verrechnen.** Offen ist, ob eine Verwendungsreihenfolge für vorhandene Rücklagen festzustellen ist und ob die beim Tochterunternehmen vorhandenen Rücklagen, die in die Kapitalverrechnung nicht einbezogen werden, eine Reihenfolge der Verrechnung bestimmen können.

52 Der Gesetzeswortlaut gibt keinen Hinweis darauf, daß die Verrechnung mit **bestimmten Rücklagen** zuerst vorzunehmen ist.[62] Die Verrechnung hat mit den Rücklagen des Konzernmutterunternehmens zu erfolgen; das Verrechnungspotential ergibt sich allein aus den im Konzernabschluß vorhandenen Rücklagen. Welche Rücklagen des Konzerns zu verwenden sind, ist nach Abs. 2 nicht bestimmt. Von der Verrechnung ausgeschlossen sind Rücklagen, die kraft Gesetzes, wie z. B. bei Rücklagen für eigene Anteile (§ 298 Abs. 1 i. V. m. § 272 Abs. 4) für bestimmte Verwendungen gebunden sind.[63] Ob dies auch für satzungsmäßige Rücklagen oder die gesetzliche Rücklage nach § 150 Abs. 1 AktG gilt, ist umstritten, da nicht eindeutig geklärt ist, wie weit die entsprechende Anwendung der diesen Rücklagen zugrunde liegenden Vorschriften für den Konzernabschluß reicht;[64] letztendlich verlangt die Eigenart des Konzernabschlusses, daß auch diese Rücklagen für eine Verrechnung zur Verfügung stehen.

53 Fraglich bleibt, ob eine **Verwendungsreihenfolge** in der Weise besteht, daß zunächst die Gewinn- oder die Kapitalrücklagen zu verwenden sind. (1) Wird die Konsolidierung bei Interessenzusammenführung in erster Linie als die erfolgsneutrale Zusammenführung von Unternehmen verstanden, die auch durch Maßnahmen der Folgekonsolidierung keine Ergebnisauswirkungen zeigen soll, spricht die wirtschaftliche Vergleichbarkeit für eine Verrechnung mit den Gewinnrücklagen.[65] (2) Wird hingegen mit der Erwerbskonsolidierung nach § 301 Abs. 1 verglichen, zeigt sich, daß eine Verrechnung des Unterschiedsbetrags mit den frei verfügbaren Rücklagen erfolgen sollte. (3) Der rechtliche Hintergrund des Zusammenschlusses führt zu einem inneren Zusammenhang mit einer sonst erfolgenden Dotierung der Kapitalrücklagen, so daß die Verrechnung vorrangig mit diesen Rücklagen erfolgen sollte.[66] Die Auffassung (3) verdient den Vorzug, da die Verrechnung des Unterschiedsbetrags keinen

---

[61] ADS 49.
[62] Beck BilKomm-*Förschle/Deubert* 55.
[63] Beck BilKomm-*Förschle/Deubert* 55.
[64] ADS 50.
[65] ADS 51; kritisch dazu *B. v. Colbe/Ordelheide* Konzernabschlüsse 315.
[66] Nach APB 16.53 ist nach US-Grundsätzen die Verrechnung vorrangig gegen die Kapitalrücklagen vorzunehmen.

Niederschlag in den früheren Erfolgsbeiträgen des Konzerns findet, sondern vorrangig auf der Ebene der Gesellschafterbeiträge, und damit der Kapitalrücklagen abzuwickeln ist. Reichen die Kapitalrücklagen zur Verrechnung nicht aus, ist auf die Gewinnrücklagen, weiterhin auf einen Ergebnisvortrag zuzugreifen.[67]

Reichen die **Rücklagen** des Konzernmutterunternehmens insgesamt zur Verrechnung des Unterschiedsbetrags **nicht** aus, ist ebenfalls ungeregelt geblieben, wie mit einem verbleibenden Unterschiedsbetrag zu verfahren ist. Zunächst wird zu verlangen sein, daß alle verwendbaren Rücklagen der Konzernmutterunternehmens sowie die Rücklagen, die durch das nach § 302 einzubeziehende Tochterunternehmen in den Konzernabschluß übertragen werden, aufgelöst und verwendet werden. Ein danach nicht gedeckter Unterschiedsbetrag soll indes nicht als Jahresfehlbetrag oder Verlustvortrag im Konzernabschluß ausgewiesen werden,[68] da dies in Hinblick auf die Ursache dieses Betrags nicht sachgerecht ist. Vorzuziehen ist der Ausweis eines verbleibenden Unterschiedsbetrags als gesonderter negativer Posten innerhalb des Eigenkapitals, dessen Ursache im Konzernanhang zu erläutern ist.[69] 54

c) **Behandlung eines passiven Unterschiedsbetrags.** Ein passiver Unterschiedsbetrag ist den Rücklagen des Konzernmutterunternehmens hinzuzurechnen. Auch hier ist nicht geregelt, welchen Rücklagenposten der Unterschiedsbetrag zugeführt werden soll. Ein passiver Unterschiedsbetrag kann bei Anwendung von § 302 entstehen, wenn zum Erwerb der Anteile an dem nach § 302 zu konsolidierenden Tochterunternehmen neue Anteile des Mutterunternehmens ausgegeben werden, deren Nennbetrag den Nominalbetrag der erworbenen Anteile des Tochterunternehmens nicht erreicht. Das ist dann der Fall, wenn die Anteile des Mutterunternehmens zu einem höheren Kurs bezogen auf das gezeichnete Kapital bewertet werden, als die Anteile des Tochterunternehmens. Hier zeigt sich, daß die wertbestimmenden Faktoren unabhängig davon sind, ob das Tochterunternehmen Gewinnrücklagen gebildet hat oder nicht. Die Ursache ist vielmehr in dem gesellschaftsrechtlichen Vorgang des Zusammenschlusses zu suchen, der seinen Niederschlag in erster Linie in den **Kapitalrücklagen** findet. Es liegt nahe, eine sonstige Einlage der Anteilseigner des Tochterunternehmens anzunehmen mit dem Ziel, den Zusammenschluß zu ermöglichen, so daß die Einstellung in die Kapitalrücklagen nach § 298 Abs. 1 i. V. m. § 272 Abs. 2 Nr. 4 sachgerecht erscheint.[70] Die Hinzurechnung ausschließlich zu den Gewinnrücklagen wird im Ausnahmefall für zulässig angesehen, wenn erkennbar wird, daß der Unterschiedsbetrag ausschließlich auf Gewinnrücklagen des Tochterunternehmens zurück geführt werden muß.[71] 55

Die Anschaffungskosten der Anteile an dem Tochterunternehmen werden in aller Regel Nebenkosten enthalten, die aktivierungspflichtig waren. Bei Verrechnung des Unterschiedsbetrags entfällt ein Teil auf diese Aufwendungen. Die Hinzurechnung von **Anschaffungsnebenkosten** zu den Rücklagen des Konzerns wird als nicht sachgerecht erachtet, nicht zuletzt deshalb, weil bei der Konsolidierung bei Interessenzusammenführung nicht von einem Anschaffungsvorgang ausgegangen wird. Die Verrechnung dieser Aufwendungen soll in der Konzern-Gewinn- und Verlustrechnung zu Lasten des Periodenerfolgs erfolgen.[72] 56

---

67 HdKR-*Eckes/C.-P. Weber* 34; *B. v. Colbe/Ordelheide* Konzernabschlüsse 315.

68 ADS 54.

69 *Baetge* Konzernbilanzen 284; ADS 54; Beck BilKomm-*Förschle/Deubert* 56; HdKR-*Eckes/C.-P. Weber* 35.

70 ADS 55; Beck BilKomm-*Förschle/Deubert* 54; HdKR-*Eckes/C.-P. Weber* 34; *Niehus* WPg 1983, 441.

71 ADS 55.

72 ADS 56; HdKR-*Eckes/C.-P. Weber* 33; so auch die Behandlung nach US-Grundsätzen, vgl. APB

57 **d) Veränderungen des Buchwerts der konsolidierten Anteile oder des gezeichneten Kapitals.** Verändert sich nach dem Zusammenschluß der Buchwert der Anteile an dem Tochterunternehmen, z. B. durch eine **Abschreibung**, bleibt der bei der Erstkonsolidierung verrechnete Unterschiedsbetrag unberührt. In gleicher Weise wie bei der Konsolidierung bei der Erwerbsmethode ist jedoch zu prüfen, ob die Abschreibung, die im Konzernabschluß eliminiert wird, ihren Niederschlag in der Abschreibung von Vermögensgegenständen des Tochterunternehmens finden muß.[73]

58 Erwirbt das Mutterunternehmen **weitere Anteile** an dem Tochterunternehmen hinzu, wird der Unterschiedsbetrag aus der Erstkonsolidierung ebenfalls nicht berührt. Fraglich ist, ob die Einbeziehung der zuerworbenen Anteile in den Konzernabschluß ebenfalls nach der Methode der Interessenzusammenführung oder nach der Erwerbsmethode zu erfolgen hat. Für die Anwendung von § 302 werden die Voraussetzungen fehlen. Gleichwohl erscheint es wenig sachgerecht, die zuerworbenen Anteile nach einer anderen Konsolidierungsmethode zu behandeln. Aus Gründen des Sachzusammenhangs ist daher die Methode der Interessenzusammenführung anzuwenden.[74] Gleiches gilt auch bei einer *Kapitalerhöhung gegen Einlagen*. Im Grundsatz dürfte hierbei ein zusätzlicher Unterschiedsbetrag nicht entstehen, so daß die Kapitalerhöhung ohne Auswirkungen auf die Konsolidierung bleibt. Sollte dies im Einzelfall gleichwohl der Fall sein, sollte dennoch bei der Methode nach § 302 verblieben werden. Handelt es sich hingegen um eine *Kapitalerhöhung aus Gesellschaftsmitteln*, verändert sich zwar der Betrag des gezeichneten Kapitals, nicht aber der Anteilsbuchwert. Entsprechend verändern sich die Rücklagen, die durch die Konsolidierung des Tochterunternehmens in den Konzernabschluß übernommen werden. Diese Maßnahmen beeinflussen den Unterschiedsbetrag aus der Kapitalkonsolidierung, indem ein aktiver Unterschiedsbetrag vermindert oder ein passiver Unterschiedsbetrag erhöht wird.[75] Da in gleichem Umfang die übernommen Rücklagen verändert werden, bleibt die Kapitalerhöhung aus Gesellschaftsmitteln im Ergebnis auf das Konzerneigenkapital ohne Einfluß.

59 Werden Anteile an dem nach § 302 einbezogenen Tochterunternehmen **veräußert**, bleibt die Einbeziehung nach der Methode unangetastet, solange das Mutterunternehmen weiterhin über mindestens 90 % der Anteile verfügt. Der Unterschiedsbetrag sowie der Anteil anderer Gesellschafter ist entsprechend anzupassen. Sinkt die Beteiligungsquote unter die in § 302 Abs. 1 Nr. 1 verlangte Größenordnung ab, ist fraglich, ob die Konsolidierung nach der Methode der Interessenzusammenführung noch beibehalten werden darf. Die Auffassungen in der Literatur zu dieser Frage sind geteilt. Erfolgt die Veräußerung an außerhalb des Konzern stehende Dritte, soll die Konsolidierung nach § 302 bei Absinken der Beteiligungsquote unter 90 % nicht beibehalten werden können.[76] Nach der Gegenmeinung führt die Veränderung der Beteiligungsquote nicht zur Aufgabe der Interessenzusammenführung, wenn deren Voraussetzungen bei Eingehung der Zusammenarbeit vorgelegen haben.[77] Dieser Auffassung ist der Vorzug zu geben. Die Darstellung im Konzernabschluß und die Vermittlung eines zutreffenden Bildes von der Lage des Konzerns würde beeinträchtigt, wenn das Absinken der Beteiligungsquote die nachträgliche Veränderung der Einbeziehungsmethode zur Folge hätte. Solange das Tochterunternehmen die Voraussetzungen für die Vollkonsolidierung erfüllt, braucht von § 302 nicht abgewichen zu werden.

16.58, ferner IAS 22.66, dazu *Baetge/Siefke* Rechnungslegung nach International Accounting Standards 837.

[73] Enger ADS 63; Beck BilKomm-*Förschle/Deubert* 48; Beck HdR-*Pfaff* C 410, 139.

[74] ADS 61; so auch für das US-Recht APB 16.43.

[75] Beck BilKomm-*Förschle/Deubert* 49; ADS 64.

[76] Beck HdR-*Pfaff* C 410, 159; nicht eindeutig Beck BilKomm-*Förschle/Deubert* 41 i. V. m. 48.

[77] ADS 60; HdKR-*Eckes/C.-P. Weber* 11.

5. Folgekonsolidierung bei Interessenzusammenführung

Die Übernahme der Vermögensgegenstände und Schulden in den Konzernabschluß erfolgt mit den Werten, mit denen diese im Jahresabschluß (Handelsbilanz II) angesetzt wurden. Wertanpassungen nach § 301 Abs. 1 S. 2 und 3 erfolgen nicht. Das hat zur Folge, daß die Abschreibungsbasis für die in den Konzernabschluß übernommenen Vermögensgegenstände unverändert bleibt. Folgewirkungen aus der Erstkonsolidierung ergeben sich demzufolge nicht, so daß der Konzernabschluß von Erfolgswirkungen solcher Maßnahmen ebenfalls unberührt bleibt.[78] **60**

6. Endkonsolidierung bei Interessenzusammenführung

Sinkt die Beteiligungsquote an dem nach § 302 einbezogenen Unternehmen in dem Maße ab, daß eine Vollkonsolidierung nicht mehr in Betracht kommt, oder scheidet das Unternehmen aus dem Konzern aus, hat eine **Endkonsolidierung** zu erfolgen. Wie zu § 301 fehlen auch zu § 302 gesetzliche Vorgaben für die Herausnahme der Vermögensgegenstände, Schulden und Eigenkapitalposten aus dem Konzernabschluß. **61**

Eine weitere Frage ist, ob die Endkonsolidierung **erfolgsneutral** oder **erfolgswirksam** zu erfolgen hat und ob gegebenenfalls die erfolgsneutrale Verrechnung des Unterschiedsbetrags mit den Rücklagen nunmehr erfolgswirksam zu vollziehen ist. Die wohl herrschende Auffassung nimmt eine Unterscheidung danach vor, ob im Zusammenhang mit dem Ausscheiden des Tochterunternehmens die Zusammenführung der Interessen der Anteilseignergruppen beendet wird. Hierin liegt ein überlegenswerter Ansatz, auch wenn nach einer längeren Zeit eines durchgeführten Zusammenschlusses regelmäßig eine Rückabwicklung an die ehemaligen Anteilseignergruppen nicht mehr vollzogen werden kann. Dies ist bei börsennotierten Unternehmen mit wechselndem Kreis von Anteilseignern nicht mehr nachvollziehbar. Wenn im Einzelfall nachweisbar ist, daß das Ausscheiden des Tochterunternehmens mit einer **Auflösung** der ehemals eingegangenen Interessenzusammenführung verbunden ist, ist es folgerichtig, das Ausscheiden als gesellschaftsrechtlich veranlaßte Trennung der Unternehmenssphären (z.B. Spaltung, Realteilung) erfolgsneutral durchzuführen.[79] Die zu dem Tochterunternehmen gehörenden Posten der Konzernbilanz scheiden ohne Erfolgswirkung aus dem Konzernabschluß aus; gleiches gilt für die dem Tochterunternehmen zuzuordnenden Rücklagen und Ergebnisvorträge. Die Verrechnung des Unterschiedsbetrags aus der Kapitalkonsolidierung erfolgt gleichermaßen erfolgsneutral.[80] **62**

Scheiden die Anteile an dem Tochterunternehmen im Wege einer **Veräußerung** aus oder werden sie ihrerseits Gegenstand einer Einlage, die jedoch nicht die Anwendung von § 302 zur Folge hat, ist nach den für die Endkonsolidierung allgemein geltenden Grundsätzen eine erfolgswirksame Herausnahme der zu dem Tochterunternehmen gehörenden Aktiva und Passiva vorzunehmen. In diesen Fall besteht kein Unterschied zu anderen Maßnahmen der Endkonsolidierung, z.B. nach § 301 (§ 301, 208 ff), bei denen Vermögen die wirtschaftliche Einheit des Konzerns verläßt.[81] Es ist konsequent, in diesen Fällen die Endkonsolidierung nach allgemeinen Maßstäben erfolgswirksam durchzuführen. **63**

---

[78] ADS 47.

[79] Zur Spaltung vgl. LG Konstanz, DB 1998, 1177; *Neye* DB 1998, 1649, 1652.

[80] HdKR-*Eckes/C.-P. Weber* 42; Beck BilKomm-*Förschle/Deubert* 44; *B. v. Colbe/Ordelheide* Konzernabschlüsse 320.

[81] Beck-BilKomm-*Förschle/Deubert* 42 f; Beck HdR-*Pfaff* C 410, 201; kritisch HdKR-*Eckes/C.-P. Weber* 42.

V. Angaben im Konzernanhang (Abs. 3)

64 Abs. 3 verpflichtet, im Konzernanhang die Anwendung der **Methode nach Abs. 1** und die sich daraus ergebenden *Veränderungen der Rücklagen* sowie *Name und Sitz* des Unternehmens anzugeben. Die Regelung steht im Kontext mit § 301 Abs. 1 S. 5 oder § 313 Abs. 1 Nr. 3, nach denen die angewandte Konsolidierungsmethode oder deren Veränderung im Konzernanhang anzugeben sind. Eine Begründung für die getroffene Entscheidung ist nicht vorgeschrieben; es genügt die Angabe der durch Abs. 3 vorgeschriebenen Sachverhalte.

65 Die Anwendung der Methode der Interessenzusammenführung sowie der Name und Sitz der hiervon betroffenen Unternehmen stehen in inhaltlich engem Zusammenhang und können bei der Angabe **zusammengefaßt** werden. Nach § 313 Abs. 2 Nr. 1 sind Name und Sitz der vollkonsolidierten Unternehmen ohnedies anzugeben. Es genügt für die Angabe, wenn die nach § 302 einbezogenen Unternehmen kenntlich gemacht werden.[82] Die Angabe muß jedoch in jedem Fall im Konzernanhang enthalten sein; der Verweis auf die Aufstellung des Anteilsbesitzes ist nicht genügend.[83]

66 Für die Anwendung der Methode der Interessenzusammenführung besteht ein Wahlrecht. Die Ausübung dieses Wahlrechts braucht im Konzernanhang nicht besonders begründet zu werden. Für die Ausübung dieses Wahlrechts gilt indes § 297 Abs. 3 S. 2, der die **Stetigkeit der Anwendung** der auf den letzten Konzernabschluß angewendeten Methode vorschreibt. Eine Abweichung hiervon ist nur in Ausnahmefällen zulässig (§ 297, 79 ff). Danach ist es nicht zulässig, zwischen den Konzernabschlüssen verschiedener Perioden die Wahl der Methode zu verändern. Darf dies im begründeten Ausnahmefall erfolgen, ist nach § 297 Abs. 3 S. 4 und 5 die Angabe und Begründung der Entscheidung zum Wechsel im Konzernanhang erforderlich. Sind hingegen die Voraussetzungen für die Einbeziehung des Tochterunternehmens unter Anwendung von § 302 entfallen, liegt eine Veränderung des *Sachverhalts* vor, der zur Methodenabweichung zwingt und nicht dem Stetigkeitsgebot unterliegt.[84] Das Stetigkeitsgebot bindet nicht in sachlicher Hinsicht dahingehend, daß verschiedene Tochterunternehmen trotz gleichartiger Sachverhalte nach einheitlichen Methoden einbezogen werden müssen. Die Entscheidung zur Wahl einer Einbeziehungsmethode darf in jedem Einzelfall neu ausgeübt werden.

67 Eine weitere Angabepflicht gilt den **Veränderungen der Rücklagen**. Die Reichweite der Angabe ist jedoch unklar. Naheliegend ist, die Angabe auf diejenigen Veränderungen der Rücklagen zu beziehen, die sich durch die Anwendung der Methode der Interessenzusammenführung ergeben haben, somit die Angabe des Unterschiedsbetrags und dessen Verrechnung.[85] Werden mehrere Tochterunternehmen nach § 302 einbezogen, sind getrennte Angaben über die sich jeweils ergebenden Veränderungen der Rücklagen zu machen; die Zusammenfassung und Saldierung der Beträge ist nicht genügend.[86] Die Angabe ist im Konzernanhang im Jahr der erstmaligen Einbeziehung zu machen. Fraglich ist der Inhalt der Angabe in den Folgeperioden. Nach dem Gesetzeswortlaut ist die Angabe der Veränderung der Rücklagen gefordert. Da sich diese in den Folgejahren jedoch nicht verändern, erscheint die Angabe wenig sinnvoll; in der Literatur wird der Verzicht für zulässig gehalten.[87] Interesse besteht indes an der

---

[82] *Baetge/Kirsch/Thiele* Konzernbilanzen 280.

[83] Weitergehend WP-Handbuch 2000 I M 689; ADS 67.

[84] *Baetge/Kirsch/Thiele* Konzernbilanzen 278 f.

[85] ADS 68.

[86] *Baetge/Kirsch/Thiele* Konzernbilanzen 280; a. M. HdKR-*Eckes/C.-P. Weber* 41.

[87] ADS 68.

Angabe der unterschiedlichen Ergebnisentwicklung bei Anwendung der Methode der Interessenzusammenführung im Vergleich zur Erwerbsmethode. Diese zu verlangen geht über die Interpretation des Wortlauts, wie von Sinn und Zweck der Regelung hinaus; ist diese Angabe zur Vermittlung eines zutreffenden Bildes der Vermögens-, Finanz- und Ertragslage unerläßlich, ist diese Angabe nach § 297 Abs. 2 unverzichtbar.[88]

VI. Rechtsfolgen einer Pflichtverletzung

Die Nichtanwendung von § 302 bleibt **sanktionslos**, da es sich um eine Regelung handelt, die nur aufgrund eines Wahlrechts in Anspruch genommen wird.[89] Wird das Wahlrecht jedoch ausgeübt, unterliegt das Mutterunternehmen bei der Darstellung der Aktiva und Passiva im Konzernabschluß und der Berichterstattung im Konzernanhang sowie dem Konzernlagebericht den allgemeinen Vorschriften. **68**

Wird von der Anwendung der Methode der Interessenzusammenführung abgesehen, sind die Vorschriften über die Kapitalkonsolidierung bei Unternehmenserwerb (§ 301) anzuwenden. Es gelten dann die Vorschriften bei Nichtbeachtung dieser Regelungen. **69**

§ 303
Schuldenkonsolidierung

(1) Ausleihungen und andere Forderungen, Rückstellungen und Verbindlichkeiten zwischen den in den Konzernabschluß einbezogenen Unternehmen sowie entsprechende Rechnungsabgrenzungsposten sind wegzulassen.

(2) Absatz 1 braucht nicht angewendet zu werden, wenn die wegzulassenden Beträge für die Vermittlung eines den tatsächlichen Verhältnissen entsprechenden Bildes des Vermögens-, Finanz- und Ertragslage des Konzerns nur von untergeordneter Bedeutung sind.

Übersicht

[88] ADS 69; HdKR-*Eckes/C.-P. Weber* 48f; Heymann/*Henssler* 17.

[89] Beck BilKomm-*Förschle/Deubert* 66.

Schrifttum

(vgl. auch die Angaben bei § 297 und § 301). *Baetge/Kirsch/Thiele* Konzernbilanzen (2000); *Breitenstein* Das Wechselobligo in der Konzernbilanz, WPg 1968, 361; *Faß* Unterschiedsbeträge aus der Schuldenkonsolidierung und Zwischenerfolgseliminierung, BB 1990, 1303; *Heine* Vorbereitung und Aufstellung des Konzernabschlusses, WPg 1967, 113 ff und 146 ff; *Ordelheide* Zur Schuldenkonsolidierung von Fremdwährungsforderungen und -verbindlichkeiten, BB 1993, 1558; *Kaldenbach/Löhr* Bilanzierung stiller Beteiligungen bei negativem Kapitalkonto im Konzernabschluß, BB 1997, 1089; *Wohlgemuth* Die Schuldenkonsolidierung, HdJ Abt. V/4.

I. Normzweck und Allgemeines

1. Regelungsgegenstand und Zweck

1 § 303 gehört zu den Vorschriften über die Überleitung der Ansätze aus den Jahresabschlüssen in den Konzernabschluß. Für die in den Konzernabschluß einbezogenen Unternehmen gilt der Grundsatz der **wirtschaftlichen Einheit**, § 297 Abs. 3 Satz 1. Aus diesem Grund sind Ausleihungen und andere Forderungen, Rückstellungen und Verbindlichkeiten zwischen den einbezogenen Unternehmen sowie die entsprechenden Rechnungsabgrenzungsposten zu verrechnen. Aus der Sicht des Konzerns stellen sich Schuldverhältnisse zwischen den in den Konzernabschluß einbezogenen Unternehmen als „In-sich-Geschäfte" dar, die im Konzernabschluß nicht angesetzt werden dürfen.

2 Nach Abs. 1 knüpft die Schuldenkonsolidierung an bestimmte Bilanzposten an, wie Ausleihungen und Forderungen, Rückstellungen und Verbindlichkeiten sowie die entsprechenden Rechnungsabgrenzungsposten. Der durch Abs. 1 benannte Katalog ist nicht abschließend, da im Konzernabschluß **alle konzerninternen Schuldverhältnisse** zwischen einbezogenen Unternehmen zu verrechnen sind.[1]

3 Der Grundsatz von Abs. 1 wird durch Abs. 2 durch eine **materiality-Überlegung** eingeschränkt. Von der Verpflichtung zur Schuldenkonsolidierung wird befreit, wenn die wegzulassenden Beträge für die Vermittlung eines den tatsächlichen Verhältnissen entsprechenden Bildes von der Vermögens-, Finanz- und Ertragslage nur von untergeordneter Bedeutung sind.

2. Normadressaten

4 Zur Schuldenkonsolidierung nach Abs. 1 sind die nach Vorschriften des HGB zur Aufstellung eines Konzernabschlusses verpflichteten Unternehmen verpflichtet. Die

[1] Enger allerdings *Biener/Berneke* BiRiLiG 340, der die Schuldenkonsolidierung auf konzerninterne Schuldverhältnisse beschränkt wissen will.

Regelung betrifft die Rechtsverhältnisse zwischen allen in den Konzernabschluß einbezogenen Unternehmen. Sie gilt für alle Mutterunternehmen, die nach den Grundsätzen der **Vollkonsolidierung** (§§ 301, 302) einen Konzernabschluß aufstellen. Sie findet keine Anwendung auf Rechtsverhältnisse gegenüber Tochterunternehmen, die nach §§ 295, 296 nicht einbezogen werden. Entsprechende Anwendung findet § 303 bei Rechtsverhältnissen mit Unternehmen, die nach den Grundsätzen über die **Quotenkonsolidierung** anteilmäßig in den Konzernabschluß einbezogen werden.[2] Keine Bedeutung hat die Regelung bei Unternehmen, die nach §§ 311, 312 at equity bewertet werden, da in diesen Fällen keine Übernahme von Vermögensgegenständen, Schulden oder Rechnungsabgrenzungsposten in den Konzernabschluß erfolgt. Die Verrechnung der Schuldverhältnisse ist daher entbehrlich.[3]

Die Vorschrift gilt in gleicher Weise für den Konzernabschluß von **Kreditinstituten** (§ 340i Abs. 2 Satz 1) und von **Versicherungsunternehmen** (§ 341 Abs. 1 Satz 1). Die Regelung ist ebenfalls bei Aufstellung eines Konzernabschlusses nach den Vorschriften des **PublG** anzuwenden, § 13 Abs. 2 Satz 1 PublG. 5

3. Internationale Rechnungslegung

Die Schuldenkonsolidierung für die Rechnungslegung nach **International Accounting Standards** ergibt sich aus IAS 27.17. Danach sind Forderungen und Verbindlichkeiten zwischen Konzernunternehmen zu verrechnen; die Verrechnung braucht bei unwesentlichen Posten nicht vorgenommen zu werden. Die Behandlung nach IAS unterscheidet sich von § 303 Abs. 1 bei Unterschiedsbeträgen und Fremdwährungsposten.[4] Im übrigen bestehen keine wesentlichen inhaltlichen Unterschiede.[5] 6

Auch für die Rechnungslegung nach **US-GAAP** gilt der Grundsatz, daß Posten aus konzerninternen Transaktionen wegzulassen sind, ARB 51.6. Detaillierte Regelungen bestehen nicht; der materiality-Grundsatz entbindet von der Verpflichtung zur Verrechnung unwesentlicher Beträge.[6] 7

II. Entstehungsgeschichte

Mit § 303 werden die Vorschriften von **Art. 26 Abs. 1 Satz 2a** und **Abs. 3** der **7. EG-Richtlinie** in deutsches Recht transformiert. Der deutsche Gesetzgeber hat die Regelungen der 7. EG-Richtlinie übernommen und zur Vermeidung von Mißverständnissen erweitert und klarer gefaßt. Über den Wortlaut von Art. 26 Abs. 1 Satz 2a der 7. EG-Richtlinie hinaus, der nur für Forderungen und Verbindlichkeiten zwischen einbezogenen Unternehmen zur Schuldenkonsolidierung verpflichtet, wurde Abs. 1 auf andere Posten, die konzerninterne Rechtsbeziehungen enthalten können, ausgedehnt.[7] Im Gesetzgebungsverfahren zur Transformation der 4. und 7. EG-Richtlinie blieb § 303 unverändert. Überlegungen, die Ausnahmeregelungen des Abs. 2 nicht umzusetzen, wurden nicht aufgegriffen.[8] 8

Das Gebot der Schuldenkonsolidierung galt bereits für Konzernabschlüsse, die nach dem **AktG 1965 a. F.** aufzustellen waren, § 331 Abs. 1 Nr. 4 AktG 1965 (a. F.).[9] 9

---

[2] ADS 4.
[3] Beck BilKomm-*Budde/Dreissig* 3.
[4] Beck BilKomm-*Budde/Dreissig* 80.
[5] *Baetge/Schulz* IAS 27, 134 ff; *Baetge/Kirsch/Thiele* Konzernbilanzen 314; *Wiedmann* BilR 32.
[6] *Born* Rechnungslegung international 404; *Wiedmann* BilR 33.
[7] Begr. RegE zu § 284 HGB-EK, BTDrucks. 10/3440, 38.
[8] Antrag der SPD-Fraktion, BTDrucks. 10/4427; demgegenüber Ber. Rechtsausschuß zu § 303 HGB, BTDrucks. 10/4268, 115.
[9] GroßkommAkt-*Barz* § 331, 32 f; ADS[4] § 331 AktG 115 ff.

Der Wortlaut von § 303 Abs. 1 wurde gegenüber § 331 Abs. 1 Nr. 4 AktG 1965 a. F. erweitert, um festzulegen, daß alle Posten mit konzerninternen Rechtsbeziehungen in die Verrechnung einbezogen werden sollen.[10]

III. Konsolidierung von Schuldverhältnissen

1. Begriffe

10 **a) Konsolidierungspflichtige Posten.** Das Gesetz schreibt die Konsolidierung von Ausleihungen und anderen Forderungen, Rückstellungen und Verbindlichkeiten einschließlich der entsprechenden Rechnungsabgrenzungsposten zwischen den in den Konzernabschluß einbezogenen Unternehmen vor. Der **Wortlaut** der Vorschrift bezieht sich auf folgende Posten:

- *Ausleihungen* sind die unter den Finanzanlagen ausgewiesenen Ausleihungen an verbundene Unternehmen (§ 266 Abs. 2 A III Nr. 2) sowie die sonstigen Ausleihungen (§ 266 Abs. 2 A III Nr. 6);
- *Andere Forderungen* sind die als Umlaufvermögen ausgewiesenen Forderungen aus Lieferungen und Leistungen (§ 266 Abs. 2 B II Nr. 1), Forderungen gegen verbundene Unternehmen (§ 266 Abs. 2 B II Nr. 2) und die unter den sonstigen Vermögensgegenständen enthaltenen Forderungen (§ 266 Abs. 2 B II Nr. 4);
- *Rückstellungen* sind die unter den sonstigen Rückstellungen (§ 266 Abs. 3 B Nr. 3) ausgewiesenen Posten;
- *Verbindlichkeiten* sind die unter den Verbindlichkeiten ausgewiesenen Anleihen (§ 266 Abs. 3 C Nr. 1), gegebenenfalls Verbindlichkeiten gegenüber Kreditinstituten (§ 266 Abs. 3 C Nr. 2), erhaltene Anzahlungen auf Bestellungen (§ 266 Abs. 3 C Nr. 3), Verbindlichkeiten aus Lieferungen und Leistungen (§ 266 Abs. 3 C Nr. 4), Verbindlichkeiten aus der Annahme gezogener Wechsel und der Ausstellung eigener Wechsel (§ 266 Abs. 3 C Nr. 5), Verbindlichkeiten gegenüber verbundenen Unternehmen (§ 266 Abs. 3 C Nr. 6) und die im Posten „sonstige Verbindlichkeiten" enthaltenen konzerninternen Schuldverhältnisse (§ 266 Abs. 3 Nr. 8);
- *Rechnungsabgrenzungsposten* sind die mit anderen in die Schuldenkonsolidierung einbezogenen Posten zusammenhängenden aktiven (§ 266 Abs. 2 C) und passiven (§ 266 Abs. 3 D) Rechnungsabgrenzungsposten.

11 Die in die Konsolidierung einzubeziehenden Posten des Jahresabschlusses sind durch die Auflistung nicht abschließend bezeichnet.[11] Zu den übrigen zu berücksichtigenden Posten vgl. Rdn. 14 ff.

12 **b) Weglassen der Posten.** Mit der Vorschrift, die in die Schuldenkonsolidierung einzubeziehenden Posten „wegzulassen", bezeichnet Abs. 1 den Vorgang der Konsolidierung der konzerninternen Schuldverhältnisse. Die Regelung hat die **Verrechnung** (Aufrechnung) der korrespondierenden Ansprüche und Verpflichtungen in den Jahresabschlüssen der in den Konzernabschluß einbezogenen Unternehmen zum Gegenstand. Die Zusammenfassung der Jahresabschlüsse, die derartige Posten enthalten, zum Konzernabschluß darf nur unter Weglassen dieser Posten mit Forderungscharakter und der entsprechenden Posten mit Verbindlichkeitscharakter erfolgen. Es kommt nicht darauf an, daß die wegzulassenden Posten sich in den einbezogenen Jahresabschlüssen betragsgleich gegenüberstehen; zur Konsolidierung von Posten mit unterschiedlichen Beträgen Rdn. 35 ff. Die Durchführung der Schuldenkonsolidierung ist

[10] *Biener/Berneke* BiRiLiG 340.

[11] ADS 5.

davon unabhängig, daß sich in den Jahresabschlüssen Posten mit korrespondierenden Forderungen und Verbindlichkeiten gegenüberstehen. Die Schuldenkonsolidierung ist auch vorzunehmen, wenn ein Gegenposten fehlt, wie z. B. bei Rückstellungen, denen i. d. R. bei dem anderen einbezogenen Unternehmen kein entsprechender Forderungsposten gegenübersteht.[12]

Voraussetzung für das Weglassen von Posten ist stets, daß es sich um Rechtsverhält- 13
nisse zwischen **einbezogenen Unternehmen** handelt. Unternehmen, mit denen (lediglich) ein Beteiligungsverhältnis besteht oder die als assoziierte Unternehmen im Konzernabschluß auszuweisen sind, rechtfertigen nicht das Weglassen von Posten. Die Schuldenkonsolidierung kommt nur dann in Betracht, wenn das zu konsolidierende Schuldverhältnis zwischen Unternehmen besteht, die in den Konzernabschluß tatsächlich einbezogen werden. Unterbleibt die Einbeziehung z.B. wegen eines *Einbeziehungsverbots* (§ 295) oder infolge der Ausübung eines *Einbeziehungswahlrechts* (§ 296), darf das Schuldverhältnis nicht weggelassen werden. Bei Nichteinbeziehung des anderen Unternehmens wirkt sich das Weglassen von Posten einseitig aus und führt zu einer Unvollständigkeit der Konzernbilanz.[13] Es kann erforderlich sein, Verbindlichkeiten gegenüber solchen Unternehmen in der Konzernbilanz umzugliedern, wenn aus Konzernsicht der zutreffende Ausweis mit dem Ausweis im Jahresabschluß des einbezogenen Unternehmens nicht übereinstimmt.[14] In die Schuldenkonsolidierung dürfen ferner nur solche Schuldverhältnisse einbezogen werden, die nicht Gegenstand der Kapitalkonsolidierung nach § 301 sind, denn Rechtsbeziehungen zwischen den einbezogenen Unternehmen, die für die Verrechnung von Kapitalanteil und (anteiligem) Eigenkapital von Bedeutung sind, wird nicht Gegenstand der Schuldenkonsolidierung.

2. Andere konsolidierungspflichtige Schuldverhältnisse

Das Verständnis des Konzerns als einer wirtschaftlichen Einheit erfordert es, 14
grundsätzlich alle konzerninternen Schuldverhältnisse wegzulassen.[15] Gegenstand der Konsolidierung sollen **alle Posten** sein, die ihrer Natur nach Forderungen oder Verbindlichkeiten darstellen oder beinhalten. Trotz des Bemühens bei der Umsetzung der 7. EG-Richtlinie, zur Vermeidung von Mißverständnissen nicht nur Forderungen und Verbindlichkeiten aufzuführen, sondern alle Posten, die wegzulassen sind,[16] gehören zu den konzerninternen Schuldverhältnissen, die in die Schuldenkonsolidierung einzubeziehen sind, noch weitere, die in Abs. 1 nicht erwähnt werden:

- Ausstehende Einlagen auf das gezeichnete Kapital (§ 272 Abs. 1 S. 2)
- Geleistete Anzahlungen (§ 266 Abs. 2 A I Nr. 3, A II Nr. 4, B I Nr. 4)
- Sonstige Wertpapiere (§ 266 Abs. 2 B III Nr. 3)
- Schecks und Guthaben bei Kreditinstituten (§ 266 Abs. 2 B IV).

Bei der für Abs. 1 maßgeblichen weiten, nicht an bilanztechnischen Begriffen orien- 15
tierten Auslegung ist die Schuldenkonsolidierung nicht auf Bilanzposten beschränkt. Auch **Eventualverbindlichkeiten**, **Haftungsverhältnisse** und **sonstige finanzielle Verpflichtungen** sind im Konzernanhang wegzulassen, wenn die Schuldverhältnisse zwischen den in den Konzernabschluß einbezogenen Unternehmen bestehen;[17]

---

[12] WP-Handbuch 2000 I M 508.

[13] Beck HdR-*Fischer* C 420, 4.

[14] Vgl. SANA 2/1967 Abschn. IV. 1, WPg 1967, 489; HdKR-*Harms* 6.

[15] Vgl. bereits zum früheren Recht GroßkommAkt-*Barz* § 331, 33; ADS[4] § 331 AktG, 116; SANA 2/1967 Abschn. IV. 1, WPg 1967, 489.

[16] Begr. RegE., BTDrucks. 10/3440, 38 zu § 284 Abs. 1 HGB-EK.

[17] Beck BilKomm-*Budde/Dreissig* 7; HdKR-*Harms* 6; WP-Handbuch 2000 I M 507.

– Verbindlichkeiten aus der Begebung und Übertragung von Wechseln,
– Verbindlichkeiten aus Bürgschaften, Wechsel- und Scheckbürgschaften,
– Verbindlichkeiten aus Gewährleistungsverträgen,
– Haftungsverhältnisse aus der Bestellung von Sicherheiten für fremde Verbindlichkeiten,
– Finanzielle Verpflichtungen i. S. v. § 314 Abs. 1 Nr. 2.

3. Die wegzulassenden Schuldverhältnisse im einzelnen

16 **a) Ausleihungen, Forderungen, Verbindlichkeiten.** Die Ausleihungen und Forderungen an einbezogenen Unternehmen und die korrespondierenden Verbindlichkeiten des anderen einbezogenen Unternehmens sind in der Konzernbilanz wegzulassen. Stehen sich die Aktiv- und Passivposten in gleicher Höhe gegenüber, erfolgt die Schuldenkonsolidierung erfolgsneutral. Die Posten sind jedoch auch dann wegzulassen, wenn z. B. wegen einer Abschreibung auf eine Ausleihung oder wegen eines niedrigeren Wertansatzes einer unverzinslichen Forderung oder aus anderen Gründen (z. B. niedrig verzinslichen Forderung, bei zweifelhafter Bonität oder Einzel- oder Pauschalwertberichtigung) Disparitäten zwischen Aktiv- und Passivposten gegeben sind. Derartige Wertunterschiede durch Abschreibungen und gegebenenfalls später erfolgte Zuschreibungen (Wertaufholungen) sind zu eliminieren. Erfolgen die Abschreibungen im laufenden Geschäftsjahr, sind die Gegenposten in der Gewinn- und Verlustrechnung ebenfalls wegzulassen; in diesen Fällen erfolgt die Schuldenkonsolidierung ergebniswirksam. Zu den Einzelheiten und zur Behandlung der Unterschiedsbeträge Rdn. 35 ff. Wegzulassen sind ferner andere *korrespondierende Posten*, wie der Ausweis von Abschreibungen oder Zuschreibungen bei Ausleihungen im Anlagespiegel.[18] Gleiches gilt für die mit Ausleihungen, Forderungen oder Verbindlichkeiten in Einzelfällen verbundenen *Rechnungsabgrenzungsposten* (z. B. Disagio nach § 250 Abs. 3); dazu Rdn. 22.

17 Zu verrechnen sind alle aktivierten **Anspruchs-** und alle passivierten **Verbindlichkeitsposten**, unabhängig von ihrer bilanztechnischen Einordnung. Zu den Aktivposten gehören auch gesellschaftsrechtlich begründete Ansprüche wie z. B. auf Differenzhaftung (§ 9a GmbHG) oder Nachschußpflichten (§ 24 GmbHG), ferner die Aktiv- und Passivposten bei stillen Beteiligungen (§ 232 HGB). Die Verrechnung der Posten führt zugleich zum Wegfall der bei Ansatz der Ausleihungen, Forderungen und Verbindlichkeiten bisher bei der Bewertung zum Ausdruck gekommenen Risikobeurteilung, die mit dem konkreten Rechtsverhältnis verbunden ist.[19] Die Risikoeinschätzung muß in solchen Fällen bei der Übernahme der anderen Aktiva und Passiva des einbezogenen Unternehmens in den Konzernabschluß und bei deren Bewertung berücksichtigt werden.

18 **b) Ausstehende Einlagen.** Auf das gezeichnete Kapital eines in den Konzernabschluß einbezogenen Tochterunternehmens ausstehende Einlagen, die, soweit eingefordert, im Jahresabschluß nach § 272 Abs. 1 Satz 2 auf der Aktivseite vor dem Anlagevermögen gesondert auszuweisen sind, sind im Konzernabschluß mit den korrespondierenden Verbindlichkeiten des Mutterunternehmens zu verrechnen. Eingeforderte Einlagen haben den Charakter von Forderungen, bei den Verpflichtungen des

---

[18] Der Ausweis der Ausleihungen im Anlagespiegel des anderen einbezogenen Unternehmens entfällt in Beck BilKomm-*Budde/Dreissig* 12.

[19] Z.B. Abwertung einer Forderung wegen erhöhter Transfer- oder Länderrisiken, vgl. in Beck BilKomm-*Budde/Dreissig* 14.

Mutterunternehmens handelt es sich um „echte" Verbindlichkeiten.[20] Forderungen auf Kapitaleinzahlungen sind innerhalb der wirtschaftlichen Einheit des Konzerns nicht begründbar, soweit sie sich gegen einbezogene Unternehmen richten. Die Forderungen auf Einzahlung ausstehender Einlagen gegenüber konzernfremden Gesellschaftern bleiben bestehen.[21] Etwas anderes gilt, soweit die ausstehenden Einlagen nicht eingefordert wurden. Ist die Einforderung bislang unterblieben, besteht zwar die gesellschaftsrechtliche Verpflichtung des Gesellschafters (Mutterunternehmens) zur Einzahlung, die mangels des Einforderungsverlangens des Tochterunternehmens jedoch (noch) nicht konkretisiert ist. Eine „Forderung" des Tochterunternehmens kann nicht angesetzt werden, da sie noch nicht entstanden ist. Der Ausweis des nicht eingeforderten Kapitals hat vielmehr die Funktion eines Korrekturpostens zum Eigenkapital.[22] Dieser Posten ist bei der Schuldenkonsolidierung nicht zu berücksichtigen, sondern in die Kapitalkonsolidierung einzubeziehen (§ 301, 39 und 46).

c) **Anzahlungen.** Geleistete Anzahlungen sind im Jahresabschluß des leistenden Unternehmens zu aktivieren und unter den Posten der § 266 Abs. 2 A I Nr. 3, II Nr. 4 oder B I Nr. 4 auszuweisen. Erhaltene Anzahlungen auf Bestellungen sind unter § 266 Abs. 3 Nr. 3 zu passivieren, soweit nicht die Anzahlungen auf Vorräte von dem Posten „Vorräte" offen abgesetzt werden, § 268 Abs. 5 Satz 2. Anzahlungen an in den Konzernabschluß einbezogene Unternehmen sind wegzulassen, auch wenn es sich bei den Anzahlungen nicht um Geldforderungen und -verbindlichkeiten, sondern um **Waren- oder Lieferforderungen** und **-verbindlichkeiten** handelt. Stehen sich diese Aktiv- und Passivposten betragsgleich gegenüber, erfolgt die Verrechnung erfolgsneutral; im Fall von Betragsunterschieden ist die Differenz ergebniswirksam aufzulösen.[23] **19**

Zur Behandlung von Anzahlungen hatte sich in der Praxis zu § 331 Abs. 1 Nr. 4 AktG a. F. durchgesetzt, wegen der im Einzelfall unter Umständen schwierigen Abgrenzung von **Anzahlungen auf Anlagen im Bau** von einer Verrechnung konzernintern geleisteter Anzahlungen abzusehen.[24] Für die Rechnungslegung nach HGB gilt diese Überlegung wegen des nach § 266 Abs. 2 B II Nr. 4 zusammengefaßten Ausweises in gleicher Weise. Dennoch besteht kein Anlaß, von dem Verrechnungsgrundsatz des Abs. 1 abzurücken. Es bleibt mangels einer gesetzlichen Ausnahmeregelung bei dem Gebot der Schuldenkonsolidierung.[25] Nur unter den Voraussetzungen von Abs. 2 kann bei Anzahlungen zwischen einbezogenen Unternehmen von der Schuldenkonsolidierung abgesehen werden.[26] **20**

d) **Rückstellungen.** Die in den Jahresabschlüssen (Handelsbilanz II) der in den Konzernabschluß einbezogenen Unternehmen gebildeten Rückstellungen sind nach § 300 Abs. 1 vollständig in den Konzernabschluß zu übernehmen. Sie sind nach dem **Grund** ihrer Bildung und nach dem potentiell **Berechtigten** zu unterscheiden. Verpflichtungen gegenüber anderen einbezogenen Unternehmen werden zu Verpflichtungen gegenüber sich selbst. Rückstellungen wegen ungewisser Verbindlichkeiten, wegen drohender Verluste aus schwebenden Geschäften, Gewährleistungen oder Kulanzleistungen ohne rechtliche Verpflichtung entfallen infolge der Konsolidierung. **21**

[20] ADS 7; *Baetge/Kirsch/Thiele* Konzernbilanzen 294.

[21] Beck BilKomm-*Budde/Dreissig* 9; HdKR-*Harms* 17.

[22] ADS § 301, 242 ff; WP-Handbuch 2000 I M 407; HdKR-*Harms* 17.

[23] Beck BilKomm-*Budde/Dreissig* 10; HdKR-*Harms* 19; zur Verrechnung der Unterschiedsbeträge vgl. Rdn. 35 ff.

[24] GroßkommAktG-*Barz* § 331, 34; ADS[4] § 331 AktG 118.

[25] Wie hier ADS 8; Bonner HdR-*Scherrer* 12; a. M. Beck HdR-*Fischer* C 420, 6; *Niehus/Scholz* § 303, 7.

[26] Beck BilKomm-*Budde/Dreissig* 10; HdKR-*Harms* 19.

Rückstellungen, die Verpflichtungen gegenüber anderen einbezogenen Unternehmen beinhalten, sind nach Abs. 1 wegzulassen. Wenn das andere in den Konzernabschluß einbezogene Unternehmen keine korrespondierende Forderung angesetzt hat, führt das Weglassen des Passivpostens zu einem Ertrag.[27]

22 Wegzulassen sind z. B. diejenigen Rückstellungen, die ein einbezogenes Unternehmen im Hinblick auf die **drohende Inanspruchnahme** aus einer Bürgschaft zugunsten eines einbezogenen Unternehmens oder für das Risiko der wechselrechtlichen Haftung aus weitergegebenen, aber noch nicht eingelösten Wechseln gebildet hat, da die zugrunde liegende Verpflichtung gegenüber einem Konzernfremden im Konzernabschluß anzusetzen sind.[28] Die Schuldenkonsolidierung kann bei dem Weglassen von Rückstellungen dazu führen, daß in anderer Weise Vorsorge für ein bestimmtes Risiko getroffen wird. Es kann sein, daß die Außenverpflichtung sich in eine zur Rückstellungsbildung berechtigende oder verpflichtende Innenverpflichtung wandelt und für das bestehende Risiko eine Aufwandsrückstellung gebildet wird.[29] Eine Verpflichtung kann aus der Sicht des Konzerns einen anderen Inhalt erhalten, so daß deswegen eine Rückstellung in Betracht kommt.[30] Eine Rückstellung für *Gewährleistungsverpflichtungen* im Jahresabschluß eines einbezogenen Unternehmens kann sich aus Sicht des Konzerns als Risiko darstellen, für das eine Aufwandsrückstellung zu bilden oder eine außerplanmäßige Abschreibung auf einen bestimmten Vermögensgegenstand vorzunehmen ist.[31] Eine Rückstellung ist aus Sicht des Konzerns auch dann zu bilden oder beizubehalten, wenn die im Jahresabschluß gebildeten Rückstellung lediglich formal eine konzerninterne Verpflichtung, materiell jedoch eine Verpflichtung gegenüber einem Konzernfremden beinhaltet.[32] Das ist der Fall bei konzerninternen Lieferungen, für die das konzernintern liefernde Unternehmen eine Gewährleistungsrückstellung bildet, das Empfängerunternehmen bei Weiterveräußerung an den Konzernfremden eine entsprechende Rückstellung unterläßt, da es über gleichartige Rückgriffsansprüche verfügt. Hier muß bei Weglassen der die konzerninterne Lieferung betreffenden Rückstellung eine Rückstellung für das gegenüber dem Konzernfremden bestehende Risiko gebildet werden. Dieselbe Problematik kann sich auch bei Rückstellungen wegen drohender Verluste aus schwebenden Geschäften ergeben.[33]

23 e) **Rechnungsabgrenzungsposten.** Die nach § 250 gebildeten aktiven oder passiven Rechnungsabgrenzungsposten haben in folgenden Fallgruppen bei der Schuldenkonsolidierung Bedeutung:

- Vorausbezahlte Zinsen, Versicherungsprämien, Mieten oder Pachten aufgrund konzerninterner Dauerschuldverhältnisse,
- Vereinbartes Disagio (Agio) bei konzerninternen Darlehen.

Werden bei Dauerschuldverhältnissen wie Miete, Pacht oder Darlehen zwischen einbezogenen Unternehmen die Vergütungen für eine bestimmte Zeit nach dem Abschlußstichtag entrichtet, hat das zahlende Unternehmen einen aktiven (§ 250 Abs. 1), das die Zahlung erhaltende Unternehmen einen passiven (transitorischen) Rechnungsabgrenzungsposten (§ 250 Abs. 2) zum Zwecke der **Aufwands- oder Ertragsabgren-**

[27] HdKR-*Harms* 22.
[28] Beck BilKomm-*Budde/Dreissig* 25, 26 f; WP-Handbuch 2000 I M 511 f.
[29] *Biener/Berneke* BiRiLiG 341; Beck BilKomm-*Budde/Dreissig* 21.
[30] WP-Handbuch 2000 I M 512; zur früheren aktienrechtlichen Regelung GroßkommAktG-*Barz* § 331, 35.
[31] ADS 14.
[32] WP-Handbuch 2000 I M 511; HdKR-*Harms* 23.
[33] ADS 15; Beck BilKomm-*Budde/Dreissig* 22; *Baetge/Kirsch/Thiele* Konzernbilanzen 296 f; Arbeitskreis externe Unternehmensrechnung der Schmalenbach-Gesellschaft – Dt. Gesellschaft für Betriebswirtschaft e. V., 89.

zung zu bilden. Diese i.d.R. betragsgleichen Posten sind in die Schuldenkonsolidierung einzubeziehen. Dabei ist unerheblich, daß der Ausgleich von Anspruch und Verpflichtung nicht in Geld, sondern in anderer Weise zu erfolgen hat.[34]

Bestehen zwischen den in den Konzernabschluß einbezogenen Unternehmen Verbindlichkeiten, bei denen der Rückzahlungsbetrag höher ist als der Ausgabebetrag (z.B. Anleihen, Darlehen unter Vereinbarung eines Damnums), sind außer den Ausleihungen, den Forderungen oder Verbindlichkeiten auch die entsprechenden **Rechnungsabgrenzungsposten** zu verrechnen. Bei Vereinbarung eines Ausgabeaufschlags hat der Schuldner das Disagio wegzulassen, das als Unterschiedsbetrag zwischen dem (höheren) Rückzahlungsbetrag, der nach § 253 Abs. 1 Satz 2 zu passivieren ist, und dem Ausgabebetrag unter den Rechnungsabgrenzungsposten nach § 250 Abs. 3 Satz 1 aktiviert wurde.[35] Hat der Gläubiger die ihm zustehende Forderung mit dem Rückzahlungsbetrag aktiviert, hat er den Unterschiedsbetrag in den passiven Rechnungsabgrenzungsposten einzustellen.[36] Die aktiven und passiven Abgrenzungsbeträge werden im Jahresabschluß über die Laufzeit verteilt planmäßig abgeschrieben oder aufgelöst. Die zu verrechnenden Beträge der Rechnungsabgrenzungsposten sind beim Gläubiger und Schuldner i.d.R. gleich hoch, so daß die Verrechnung erfolgsneutral erfolgt. Das gleiche gilt, wenn der Gläubiger die Forderung mit dem Auszahlungsbetrag aktiviert hat und die Differenz zwischen Rückzahlungs- und Ausgabebetrag anteilig jährlich durch Aufstockung der Forderung vereinnahmt.[37] 24

Hat der Schuldner den Unterschiedsbetrag nicht als Rechnungsabgrenzungsposten aktiviert, sondern im Jahr der Entstehung der Verbindlichkeit als **Aufwand** behandelt, erfolgt die Verrechnung der Unterschiedsbeträge erfolgswirksam, da dem passiven Rechnungsabgrenzungsposten beim Gläubiger kein entsprechender Aktivposten beim Schuldner gegenübersteht.[38] In die Verrechnung einzubeziehen sind in den Folgejahren die Auflösungsbeträge, die die einzelnen Gewinn- und Verlustrechnungen der einbezogenen Unternehmen berührt haben, im Konzernabschluß indes zu eliminieren sind. 25

f) Haftungsverhältnisse. Das Weglassen von Haftungsverhältnissen i.S.v. § 251 ist in § 303 Abs. 1 nicht angesprochen. Die Notwendigkeit des Weglassens dieser Schuldverhältnisse folgt aus dem Grundsatz der wirtschaftlichen Einheit des Konzerns, § 297 Abs. 3 Satz 1. Bilanzvermerke und Anhangangaben sind wegzulassen, die mit dem Bild des Konzerns als wirtschaftlicher Einheit nicht vereinbar sind. Das gilt für Angaben zu konzerninternen Haftungsverhältnissen und Angaben über eine Mehrfachhaftung für im Konzernabschluß ohnehin bilanzierungspflichtige Schuldverhältnisse.[39] 26

Verbindlichkeiten aus der Begebung und Übertragung von **Wechseln** sind wegzulassen, wenn der von einem einbezogenen Konzernunternehmen ausgestellte oder indossierte Wechsel sich in der Hand eines anderen einbezogenen Unternehmens befindet. Die Angabe entfällt, wenn ein in den Konzernabschluß einzubeziehendes Unternehmen die Verbindlichkeit aus dem Wechsel auszuweisen hat, auch wenn ein anderes einbezogenes Unternehmen den Wechsel ausgestellt oder indossiert hat, selbst wenn die Kette der Indossamente auch konzernfremde Dritte enthält.[40] Verpflichtun- 27

---

[34] WP-Handbuch 2000 I M 513; Beck BilKomm-*Budde/Dreissig* 19; SANA 2/1967, WPg 1967, 489.

[35] Gleiches gilt bei Vereinbarung der Zahlung eines Aufgelds bei Fälligkeit des Darlehens, ADS § 250, 84, § 253, 77.

[36] WP-Handbuch 2000 I M 514; HdKR-*Harms* 21.

[37] *IDW* HFA 1/1986, WPg 1986, 248 z.B. zu Zero-Bonds.

[38] HdKR-*Harms* 21; ADS 12.

[39] ADS 18; WP-Handbuch 2000 I M 517.

[40] *Breitenstein* WPg 1968, 361; *Heine* WPg 1967, 113.

gen, die gegenüber nicht in den Konzernabschluß einbezogenen Tochterunternehmen bestehen, sind nach § 314 Abs. 1 Nr. 2 im Konzernanhang gesondert anzugeben (§ 314, 16).

28 Verbindlichkeiten aus Bürgschaften, Wechsel- und Scheckbürgschaften und Gewährleistungsverträgen müssen weggelassen werden, wenn sie die Verpflichtung eines in den Konzernabschluß einbezogenen Unternehmens gegenüber einem anderen einbezogenen Unternehmen zum Gegenstand haben. Dies gilt sowohl für die konzerninterne Besicherung einer konzerninternen Verbindlichkeit als auch für die konzerninterne Besicherung einer Verbindlichkeit, die gegenüber einem nicht in den Konzernabschluß einbezogenen Dritten besteht, da die Verbindlichkeit im Konzernabschluß passiviert wird. Aus Sicht des Konzernabschlusses kann in keinem dieser Fälle ein einbezogenes Unternehmen Ansprüche gegen ein anderes einbezogenes Unternehmen herleiten und diese bilanzieren oder vermerken.[41] Diese Überlegungen gelten entsprechend für **Gewährleistungsverträge** und als solche zu vermerkende **Patronatserklärungen**. Bei solchen Verträgen muß unterschieden werden, ob sie Versprechen enthalten, die über eine passivierte Verpflichtung (Hauptschuld) hinausgehen. Sie bleiben im Konzernabschluß angabepflichtig, wenn aus diesen Versprechen konzernfremde Dritte anspruchsberechtigt sind und die Reichweite des Versprechens über die im Konzernabschluß angesetzte Verbindlichkeit hinausgeht.[42]

29 Die Vermerke über Haftungsverhältnisse aus der Bestellung von **Sicherheiten für fremde Verbindlichkeiten** sind im Konzernabschluß wegzulassen, wenn sie Schuldverhältnisse zwischen einbezogenen Unternehmen betreffen oder aus Sicht des Konzerns der Sicherung einer Konzernverpflichtung dienen. Es ist gleichgültig, ob die Verpflichtung gegenüber einem einbezogenen Unternehmen oder gegenüber einem konzernfremden Dritten besteht. Hierher gehören insbesondere die Bestellung von Grundpfandrechten, Pfandrechten an beweglichen Sachen oder Sicherungsübereignungen oder -abtretungen. Besteht die Sicherheit für ein zwischen einbezogenen Unternehmen bestehendes Schulverhältnis, ist der Vermerk wegzulassen, da es sich um die Sicherung einer konzerninternen Schuld handelt, die wegzulassen ist. Betrifft die Sicherheit ein in den Konzernabschluß einbezogenes Unternehmen, welches die einem nicht einbezogenen Dritten gegenüber bestehende Verpflichtung passiviert, entfällt der Vermerk. Die für die Verbindlichkeit des einbezogenen Unternehmens gewährte Sicherheit ist nach § 314 Abs. 1 Nr. 1 und 2 im Konzernanhang anzugeben.[43] Sicherheiten, die für die Verpflichtungen von Dritten oder von nicht in den Konzernabschluß einbezogenen Unternehmen gewährt wurden, sind nach §§ 298 Abs. 1 i. V. m. 251 zu vermerken; ferner ist die Angabepflicht nach § 314 Abs. 1 Nr. 2, 2. Halbsatz zu beachten.

30 Sind mehrere in den Konzernabschluß einbezogene Unternehmen für dasselbe Risiko Haftungsverhältnisse eingegangen, ist festzustellen, ob und inwieweit die Verpflichtung im Rahmen der Schuldenkonsolidierung weggelassen werden kann. Bleiben die Verpflichtungen wegen eines im Konzernabschluß sonst nicht passivierten, einem Konzernfremden gegenüber bestehenden Risikos vermerkspflichtig, empfiehlt sich die zusammengefaßte Angabe hierüber mit eventueller Angabe der Mitzugehörigkeit der Verpflichtung an einer anderen Stelle.[44] Führt die **Mehrfachsicherung** zu einer Übersicherung, ist der Vermerk auf den Betrag zu beschränken, auf den die Konzernunternehmen im Höchstfalle haften.[45]

---

41 WP-Handbuch 2000 I M 521.

42 WP-Handbuch 2000 I M 520; ADS 20; HdKR-*Harms* 48; *Wohlgemuth* HdJ Abt. V/4, 94.

43 Vgl. § 314, 7, 14; ADS 24; HdKR-*Harms* 51.

44 HdKR-*Harms* 52.

45 WP-Handbuch 2000 I M 522.

g) **Drittschuldverhältnisse.** Liegen unterschiedliche Schuldverhältnisse (einerseits z. B. Ausleihungen oder Forderungen, andererseits Verbindlichkeiten) von zwei oder mehr in den Konzernabschluß einbezogenen Unternehmen gegenüber demselben Dritten vor (Fremdschuldverhältnisse), stellt sich die Frage der Anwendbarkeit von Abs. 1. Die gleiche Problematik besteht bei solchen Schuldverhältnissen gegenüber nicht einbezogenen Tochterunternehmen. Diese Schuldverhältnisse sind im Grundsatz in den Konzernabschluß zu übernehmen. Fraglich ist die **Anwendung** von § 303 Abs. 1, der zu dieser Problematik keine Aussage enthält. Aus dem Wortlaut und aus Sinn und Zweck der Regelung folgt, daß nur die „zwischen den in den Konzernabschluß einbezogenen Unternehmen" bestehenden Schuldverhältnisse wegzulassen sind. Schuldverhältnisse gegenüber demselben Drittbeteiligten bleiben hingegen unberührt. 31

Die Erörterung der Drittschuldverhältnisse im Zusammenhang mit der Schuldenkonsolidierung[46] ist irreführend, da es weder um das Weglassen von Schuldverhältnissen zwischen Konzernunternehmen noch um die Vermeidung von Mehrfachausweisen geht, sondern um die Zulässigkeit der Verrechnung **(Saldierung)** von Schuldverhältnissen, für die aus Konzernsicht die Identität von Gläubiger und Schuldner zu bestehen scheint. Die Zulässigkeit einer solchen Verrechnung ist nicht nach Grundsätzen über die Schuldenkonsolidierung, sondern nach Grundsätzen der Vollständigkeit des Konzernabschlusses und des Saldierungsverbots zu beurteilen (§ 298 Abs. 1 i. V. m. § 246 Abs. 2). Saldierungen von Forderungen und Verbindlichkeiten sind nur in engen Grenzen zulässig. Die Eigenart des Konzernabschlusses bedingt keine grundlegenden Abweichungen. Im Konzernabschluß besteht wie im Jahresabschluß nur die Möglichkeit zur Saldierung von Forderungen und Verbindlichkeiten, die sich aufrechenbar (§ 387 BGB) gegenüberstehen. Bei einer rechtlichen Beurteilung ergibt sich dann für den Konzernabschluß keine Erweiterung der Verrechnungsmöglichkeit, da die rechtliche Zuständigkeit der in den Konzernabschluß einbezogenen Unternehmen unberührt bleibt. Etwas anderes könnte gelten, wenn in Bezug auf die betreffenden Schuldverhältnisse eine Konzernverrechnungsabrede besteht oder eine zivilrechtliche Aufrechnungslage durch Vereinbarung zwischen den einbezogenen Gläubiger- und Schuldnerunternehmen und dem Dritten herbeigeführt wurde.[47] 32

Stellungnahme. Die Verrechnung von Drittschuldverhältnissen im Konzernabschluß ist abzulehnen. Sie ist, wie in Rdn. 31 gezeigt, rechtlich unzulässig. Sie ist zur Vermittlung des Bildes einer wirtschaftlichen Einheit der in den Konzernabschluß einbezogenen Unternehmen nicht geboten.[48] Zu beachten sind Probleme der praktischen Handhabung bei der Erfassung von Drittschuldverhältnissen im Konzern. Auch sie sprechen dafür, auf die Saldierung von Drittschuldverhältnissen zu verzichten.[49] 33

IV. Durchführung der Schuldenkonsolidierung

Die Regelung des § 303 Abs. 1 beschränkt sich darauf, das **Weglassen** der zwischen den einbezogenen Unternehmen bestehenden Schuldverhältnisse vorzuschreiben. Die Eliminierung erfolgt durch Korrekturbuchungen im Summenabschluß bei der Über- 34

---

46 ADS 29 f; Beck BilKomm-*Budde/Dreissig* 32; HdKR-*Harms* 25 ff; Bonner HdR-*Scherrer* 26; WP-Handbuch 2000 I M 523; *Busse v. Colbe/Ordelheide* Konzernabschlüsse 340.

47 Dazu bereits GroßkommAktG-*Barz* § 331 Anm. 37.

48 A. M. HdKR-*Harms* 26.

49 AK Externe Unternehmensrechnung der Schmalenbach-Gesellschaft/Deutsche Gesellschaft für Betriebswirtschaft e. V. (1987) 90; HdKR-*Harms* 26.

leitung der Bilanzen der in den Konzernabschluß einzubeziehenden Unternehmen, in denen die zu verrechnenden Aktiv- und Passivposten weggelassen werden, was zu einer Verkürzung der Konzernbilanzsumme im Vergleich zu dem Summenabschluß führt. Die konkreten Anforderungen zur Verrechnung müssen aus Sinn und Zweck der Regelung von Abs. 1 vor dem Hintergrund des Konzernabschlusses unter Berücksichtigung der Grundsätze ordnungsmäßiger Konsolidierung ermittelt werden. Wegen ihrer unterschiedlichen Auswirkungen auf die Darstellung der Lage des Konzerns sind die erfolgsneutrale und die erfolgswirksame Schuldenkonsolidierung zu unterscheiden. Die erfolgswirksame Schuldenkonsolidierung verlangt Regelungen über die Behandlung echter, unechter oder abschlußstichtagsbedingter Verrechnungsdifferenzen.

1. Erfolgsneutrale Schuldenkonsolidierung

35 Stehen sich die zu konsolidierenden Aktiv- und Passivposten **betragsgleich** gegenüber, erfolgt die Verrechnung (das Weglassen) der Schuldverhältnisse erfolgsneutral. Das Weglassen hat dann keine Auswirkungen auf die Höhe der Konzernergebnisses oder auf das Konzerneigenkapital.[50]

2. Erfolgswirksame Schuldenkonsolidierung

36 Das Weglassen von Ausleihungen, Forderungen, Verbindlichkeiten und der entsprechenden Rechnungsabgrenzungsposten erfolgt erfolgswirksam, wenn die zu verrechnenden Posten aus den Bilanzen der einzubeziehenden Unternehmen **unterschiedliche Beträge** aufweisen oder, wie z. B. bei Rückstellungen, ein aktiver Gegenposten fehlt. Das Weglassen der Posten mit unterschiedlichen Beträgen hat Auswirkungen auf das Konzernergebnis oder das Konzerneigenkapital. Die Unterschiedsbeträge müssen nach ihrer Entstehung und Herkunft analysiert werden. Dabei ist von Bedeutung, ob es sich um erstmals auftretenden Unterschiedsbeträge oder um Beträge, die in Vorjahren entstanden sind, handelt.

37 **a) Unechte Unterschiedsbeträge.** Differenzen aus der Schuldenkonsolidierung werden als unechte Unterschiedsbeträge bezeichnet, wenn sie ihre Ursache in Buchungsfehlern oder Buchungsversehen haben. Derartige „buchungstechnische Unebenheiten" sollen bereits bei der Aufstellung des der Konsolidierung zugrunde gelegten Jahresabschlusses beseitigt werden. Die Korrektur dieser Unterschiede ist nicht Gegenstand der Schuldenkonsolidierung nach Abs. 1. Je nach der Erfolgswirkung der fehlerauslösenden Buchung wird die Korrektur in entgegengesetzter Richtung ebenfalls erfolgswirksam durchgeführt.[51]

38 Dieser Fallgruppe unterfallen weiterhin Buchungen, die an sich korrekt sind, die sich bei den in den Konzernabschluß einbezogenen Unternehmen jedoch **zeitlich unterschiedlich** ausgewirkt haben. Beispiele sind z. B. Zahlungen auf konzerninterne Verbindlichkeiten, die beim Schuldner vor, beim Gläubiger nach dem Konzernabschlußstichtag gebucht werden, ferner zeitliche Unterschiede bei Warenversand und Wareneingang.[52] Die zeitlichen Buchungsunterschiede sind bei dem einen Unternehmen als antizipierende Buchung oder bei dem anderen als fiktive Rückgängigmachung, die den früheren Zustand wieder herstellt, auszuführen,[53] wobei sicher-

---

[50] WP-Handbuch 2000 I M 525; *Niehus/Scholz* § 303, 16.

[51] ADS 33; AK Externe Unternehmensrechung der Schmalenbach Gesellschaft/Deutsche Gesellschaft für Betriebswirtschaft e. V. 87.

[52] Beck BilKomm-*Budde/Dreissig* 51 mit weiteren Beispielen.

[53] HdKR-*Harms* 29.

zustellen ist, daß am Konzernabschlußstichtag sich entweder die Lage ohne die fehlerhafte oder verspätete Buchung oder unter Berücksichtigung der später erfolgenden Buchung ergeben würde.[54] Die Eliminierung der unechten Buchungsunterschiede kann je nach der Behandlung bei der den Unterschied auslösenden Buchung eine erfolgswirksame oder eine erfolgsneutrale Korrektur erforderlich machen. Die fiktive Rückbuchung erfolgt erfolgsneutral; gleiches gilt für die zeitlich vorgezogene Buchung beim konzerninternen Partner des Schuldverhältnisses.

b) **Stichtagsbedingte Unterschiedsbeträge.** Die Zulässigkeit der Aufstellung des 39
Konzernabschlusses auf der Grundlage von Jahresabschlüssen, die zu einem Stichtag von bis zu drei Monaten vor dem Konzernabschlußstichtag aufgestellt werden können (§ 299 Abs. 2), bedingt die Gefahr des Entstehens von Unterschiedsbeträgen zwischen den zu **unterschiedlichen Stichtagen** aufgestellten Jahresabschlüssen (Beispiel: Regulierung von Verbindlichkeiten im Zeitraum zwischen den Abschlußstichtagen der beiden in den Konzernabschluß einbezogenen Unternehmen). Der Jahresabschluß des Unternehmens mit dem vom Konzernabschlußstichtag abweichenden Stichtag weist ein Schuldverhältnis gegenüber einem anderen einbezogenen Unternehmen aus, welches bei Erstellung des Konzernabschlusses zu diesem Stichtag wegzulassen wäre. Gleiches gilt, wenn ein Schuldverhältnis innerhalb des Zwischenzeitraums begründet wurde und nur in dem Jahresabschluß, dessen Stichtag mit dem des Konzernabschlusses übereinstimmt, ausgewiesen wird. Der nur in dem einen der einzubeziehenden Jahresabschlüsse enthaltene Posten ist gleichwohl wegzulassen, es sei denn, daß die Ausnahme von Abs. 2 zur Anwendung kommt. Der Ausgleich der stichtagsbedingten Differenzen erfolgt i. d. R. durch die erfolgsneutrale Bildung eines aktiven oder passiven Gegenpostens.[55]

c) **Echte Unterschiedsbeträge.** In Einzelfällen bleiben beim Weglassen von Aktiv- 40
und Passivposten bei der Schuldenkonsolidierung Unterschiedsbeträge, die nicht in den Konzernabschluß übernommen werden dürfen. Diese Unterschiedsbeträge entstehen aus der Verrechnung (dem Weglassen) von Bilanzposten der einbezogenen Unternehmen, die unterschiedliche Beträge aufweisen. Die **Ursachen** für diese Beträge sind unterschiedlich. Sie sind zurückzuführen z. B. auf[56]

- *Fehlende Gegenposten*, z. B. bei Rückstellungen und Gewährleistungsverpflichtungen;
- Unterschiedliche Behandlung bei *Rechnungsabgrenzungsposten*, z. B. dem Ansatz einer Verbindlichkeit zum Rückzahlungsbetrag, der Forderung zum Ausgabebetrag;
- *Niedrigerer Wertansatz* einer Forderung als der korrespondierenden Verbindlichkeit, z. B. aufgrund von Einzel- oder pauschalen Wertberichtigungen oder dem Erwerb der Forderung unter pari;
- Unterschiedliche *Umrechnung von Fremdwährungsposten*, die bei Änderung der Währungsparität nach Erstverbuchung infolge des Imparitätsprinzips zu Disparitäten führt (Erfassung unrealisierter Kursverluste, Außerachtlassen unrealisierter Kursgewinne).

Entsteht der Grund für den Unterschiedsbetrag im Konzerngeschäftsjahr erstmals, 41
hat er im Jahresabschluß des einbezogenen Unternehmens den **Jahresüberschuß/-fehlbetrag** erfolgswirksam beeinflußt (z. B. durch Bildung einer Rückstellung, Abschreibung einer Forderung). Der Ausgleich des Unterschiedsbetrags im Konzernabschluß

[54] Beck HdR-*Fischer* C 420, 18.
[55] HdKR-*Harms* 29 mit Beispielen.
[56] WP-Handbuch 2000 I M 525; Beck BilKomm-*Budde/Dreissig* 53.

ist in diesen Fällen ebenfalls erfolgswirksam vorzunehmen, um die Ergebnisbeeinflussung aus dem Konzernergebnis ebenfalls zu eliminieren.[57]

42 **d) Behandlung von in Vorjahren entstandenen Unterschiedsbeträgen.** Die gesetzliche Vorgabe des „Weglassens" konzerninterner Schuldverhältnisse im Konzernabschluß nach Abs. 1 bezieht sich nicht nur auf die Periode der Entstehung, sondern gilt bis zum Erlöschen der Schuldverhältnisse. Das bedeutet, daß die gegebenenfalls unterschiedlich hohen Aktiv- und Passivposten **im Zeitablauf wiederkehrend** wegzulassen sind. Die erneute Schuldenkonsolidierung darf jedoch nicht dazu führen, daß in den Vorjahren ergebniswirksam verrechnete Unterschiedsbeträge erneut ergebniswirksam konsolidiert werden. Die einzelnen in die Schuldenkonsolidierung einbezogenen Sachverhalte sind für die Folgejahre nachzuhalten und ergebnisneutral zu behandeln. Im Jahresabschluß eines einbezogenen Unternehmen in den Folgejahren enthaltene ergebniswirksame Veränderungen sind ergebniswirksam zu verrechnen. Dies gilt z. B. für Veränderungen infolge der Aufzinsung nach erfolgter Abzinsung im Jahresabschluß eines einbezogenen Unternehmens, ferner z. B. bei Veränderungen der Währungsparität bei Fremdwährungsforderungen. Um den Konzernerfolg zutreffend ausweisen zu können, sind nur die Veränderungen der Unterschiedsbeträge aus dem jeweiligen Vorjahr maßgeblich, so daß das Konzernergebnis unverändert bleibt, wenn die Differenz aus der Verrechnung der in die Schuldenkonsolidierung einbezogenen Posten insgesamt unverändert geblieben ist (**Gesamtdifferenzenmethode**). Der Unterschiedsbetrag geht nur in Höhe der Differenz in das Konzernjahresergebnis ein.[58]

43 Die erfolgswirksamen Veränderungen der Aufrechnungsdifferenzen gegenüber dem Vorjahr beeinflussen das *Jahresergebnis* des Konzerns. Für die Behandlung der Gesamtdifferenzen nach dem Stand des Vorjahres, die im Konzernabschluß ergebnisneutral behandelt wird, werden verschiedene Möglichkeiten zum **Ausweis** angeboten. In Betracht kommen die Verrechnung mit den Gewinnrücklagen, mit dem Ergebnisvortrag des Konzerns oder die Einstellung in einen Ausgleichsposten.[59] Hier wird der Auffassung der Vorzug gegeben, den Unterschiedsbetrag nach dem Stand des Vorjahres mit den Gewinnrücklagen oder dem Ergebnisvortrag zu verrechnen oder in diese einzustellen.[60] Hiermit wird an die Behandlung der Unterschiedsbeträge in den Vorjahren angeknüpft, die sich i. d. R. als Ergebnis(-Vortrag) oder als Bestandteil der Gewinnrücklagen ausgewirkt haben.[61]

3. Schuldenkonsolidierung bei Eintritt in den Konzern und bei Endkonsolidierung

44 Wird ein Unternehmen **erstmals** in den **Konzernabschluß einbezogen**, sind die zwischen diesem Unternehmen und den anderen einbezogenen Unternehmen bestehenden Ausleihungen, Forderungen, Verbindlichkeiten sowie die entsprechenden Rechnungsabgrenzungsposten wegzulassen, Abs. 1, auch wenn sie in einer Zeit entstanden sind, in der das Unternehmen noch nicht zum Konzern gehörte. Für diese

---

57 WP-Handbuch 2000 I M 652; v. *Wysocki/Wohlgemuth* Konzernabschluß *173*; Beck BilKomm-*Budde/Dreissig* 54; a. M. *Biener/Berneke* BiRiLiG 342, der die Korrektur erfolgsneutral durch unmittelbare Verrechnung der anfallenden Aufrechnungsunterschiede mit dem Eigenkapital vornehmen will.

58 SANA 3/1968, Abschn. IV, WPg 1968, 133; WP-Handbuch 2000 I M 645; *v. Wysocki/Wohlgemuth* Konzernabschlüsse 226; ADS 42 ff; HdKR-*Harms* 33.

59 *Havermann* Bericht über die Fachtagung des IDW 37.

60 WP-Handbuch 2000 I M 645.

61 ADS 42; Beck HdR-*Fischer* C 420, 77; *Biener/Berneke* BiRiLiG 342.

Konsolidierungsmaßnahmen gelten die oben dargestellten Überlegungen (Rdn. 34 ff) entsprechend. Eine erfolgswirksame Verrechnung der Unterschiedsbeträge kommt jedoch nur dann in Betracht, wenn der zu korrigierende Aufwand oder Ertrag sich auf das Konzernergebnis ausgewirkt hat.[62] Haben sich der Aufwand oder Ertrag nur bei dem erstmals einzubeziehenden Unternehmen ausgewirkt, darf die Verrechnung des Unterschiedsbetrags keine Auswirkungen auf den Konzernerfolg haben. Solche Unterschiedsbeträge dürfen nicht Bestandteil des Jahresergebnisses sein. Kann sich die erstmalige Schuldenkonsolidierung in außergewöhnlichem Umfang auf das Konzernergebnis auswirken, so daß die Vergleichbarkeit mit den früheren Abschlüssen beeinträchtigt wird, ist es zulässig, den Unterschiedsbetrag nach dem Stand des Vorjahres erfolgsneutral in die Konzerngewinnrücklagen einzustellen oder mit diesen zu verrechnen. Erfolgswirksam werden nur die Veränderungen des Unterschiedsbetrags, soweit sie auf das Konzerngeschäftsjahr entfallen.[63]

Scheidet ein Unternehmen **aus dem Konsolidierungskreis aus**, sind die durchgeführten Maßnahmen der Verrechnung rückgängig zu machen. Die Verrechnungsunterschiede sind, soweit sie erfolgswirksam entstanden sind, ergebniswirksam aufzuheben, es sei denn, daß die Voraussetzungen für die erfolgsneutrale Verrechnung mit dem Eigenkapital nach § 294 gegeben sind. 45

4. Folgemaßnahmen der Schuldenkonsolidierung

Steuerabgrenzung. Die erfolgswirksame Schuldenkonsolidierung bei echten Verrechnungsdifferenzen führt zu einem höheren oder niedrigeren Jahresergebnis im Konzern, als es sich aus der Summe der Einzelergebnisse der in den Konzernabschluß einbezogenen Unternehmen ergibt. Dementsprechend ist der Steueraufwand, der sich für das Geschäftsjahr und für frühere Geschäftsjahre ergibt, entsprechend der Ergebnisabweichung entweder zu niedrig oder zu hoch. Nach § 306 Satz 1 ist in diesen Fällen der Steueraufwand durch Bildung einer Rückstellung nach § 249 Abs. 1 Satz 1 oder eines Abgrenzungspostens auf der Aktivseite anzupassen, soweit sich der zu hohe oder zu niedrige Steueraufwand in späteren Geschäftsjahren voraussichtlich ausgleicht. 46

Angaben im Konzernanhang. § 303 Abs. 1 und 2 versehen die Schuldenkonsolidierung nicht mit eigenständigen Berichtspflichten im Konzernanhang. Da § 313 Abs. 1 Satz 2 Nr. 1 Angaben zu den Konsolidierungsmethoden im allgemeinen nicht vorschreibt, sind Angaben zur Schuldenkonsolidierung gegebenenfalls im Rahmen der Darstellung der Bilanzierungs- und Bewertungsmethoden zu machen. Das gilt insbesondere für die Darstellung der Behandlung der Unterschiedsbeträge und deren Ausweis. Wird im Einzelfall von der bisher angewendeten Methode der Schuldenkonsolidierung abgewichen, sind die Angabepflichten nach § 313 Abs. 1 Satz 2 Nr. 3, § 297 Abs. 3 Satz 4 über Abweichungen von Bilanzierungs-, Bewertungs- und Konsolidierungsmethoden und deren Begründung zu machen (§ 313, 92). 47

---

[62] Beck HdR-*Fischer* C 420, 93 ff; *Baetge/Kirsch/Thiele* Konzernbilanzen 312 f.

[63] WP-Handbuch 2000 I M 531; Beck BilKomm-*Budde/Dreissig* 71.

V. Unterlassen der Schuldenkonsolidierung (Abs. 2)

1. Grundsatz der Wesentlichkeit

48 Abs. 2 gestattet die **Nichtanwendung** der Vorschriften über die Schuldenkonsolidierung, wenn die wegzulassenden Beträge für die Vermittlung eines den tatsächlichen Verhältnissen entsprechenden Bildes der Vermögens-, Finanz- und Ertragslage des Konzerns nur von **untergeordneter Bedeutung** sind. Die Regelung entspricht Art. 26 Abs. 3 der 7. EG-Richtlinie.[64] Sie beinhaltet eine Konkretisierung des Grundsatzes der Wesentlichkeit, den der Gesetzgeber als einen der anerkannten Grundsätze ordnungsmäßiger Buchführung sowohl für den Jahresabschluß als auch den Konzernabschluß anerkannt hat.

49 Abs. 2 gewährt das **Wahlrecht**, in Fällen von untergeordneter Bedeutung konzerninterne Schuldverhältnisse in den Konzernabschluß zu übernehmen. Die Durchbrechung des Grundsatzes der wirtschaftlichen Einheit des Konzerns nach § 297 Abs. 3 Satz 1 kann hingenommen werden, da die Möglichkeit nur dann eröffnet ist, wenn das durch den Konzernabschluß zu vermittelnde Bild der tatsächlichen Verhältnisse von der Lage des Konzerns nicht oder nur unwesentlich beeinflußt wird.

50 Die Beurteilung der untergeordneten Bedeutung wegzulassender Beträge wird im Einzelfall nach den **Bruttobeträgen** der wegzulassenden Schuldverhältnisse entschieden. Es kommt nicht auf den Gesamtbetrag der wegzulassenden Bruttobeträge insgesamt an. Ohne Bedeutung ist auch, ob der Saldo der insgesamt wegzulassenden Beträge von untergeordneter Bedeutung ist.[65] Die Ausnahmeregelung des Abs. 2 ist jedoch dann nicht anzuwenden, wenn die nicht zu eliminierenden Posten insgesamt in ihrer Auswirkung auf den Konzernabschluß nicht unwesentlich sind.[66]

51 Der **Maßstab** für die Beurteilung, ob die wegzulassenden Beträge von untergeordneter Bedeutung sind, ist das den tatsächlichen Verhältnissen entsprechende Bild der Vermögens-, Finanz- und Ertragslage des Konzerns. Nicht von untergeordneter Bedeutung ist alles, was die Vermittlung des Lagebildes beeinflussen kann. Unbedeutend sind (nur) diejenigen Posten, die auf die Vermittlung des Lagebildes keinen Einfluß nehmen können.[67] Hierfür können folgende Faktoren von Bedeutung sein:
- Die *Höhe* der nicht wegzulassenden Beträge,
- Die Auswirkungen der nicht wegzulassenden Beträge auf die *Konzernbilanzsumme*,
- Die Auswirkungen der nicht wegzulassenden Beträge auf die Darstellung der *Vermögens-* und *Finanzstruktur* des Konzerns,
- Die Auswirkungen der nicht wegzulassenden Beträge auf das *Konzernergebnis.*[68]

52 Die auf dem Grundsatz der Wesentlichkeit beruhenden Regelungen des Abs. 2 haben **Ausnahmecharakter** und sind eng auszulegen, § 297, 43. Die in Abs. 1 genannten Schuldverhältnisse sind grundsätzlich wegzulassen; die Ausnahme des Abs. 2 greift nur dann ein, wenn die Nichtanwendung des Abs. 1 wegen der untergeordneten Bedeutung der nach Abs. 1 wegzulassenden Beträge hingenommen werden kann.

---

[64] Vgl. Begr. RegE. zu § 284 HGB-EK, BTDrucks. 10/3440, 38 sowie Ber. Rechtsausschuß, BT-Drucks. 10/4268, 115.

[65] *Biener* DB 1983 Beil. 19, 11; ADS 48; Bonner HdR-*Scherrer* 34; *Baetge/Kirsch/Thiele* Konzernbilanzen 313.

[66] HdKR-*Harms* 57.

[67] Beck HdR-*Fischer* C 420, 92.

[68] Zu weiteren mit Abs. 2 nicht in Einklang stehenden Kriterien vgl. HdKR-*Harms* Rdn. 57 mit Hinweisen auf den Verwaltungsaufwand oder das Verhältnis des Eliminierungsvolumens zum unterlassenen Eliminierungsvolumen.

2. Verzicht auf Schuldenkonsolidierung

Die **Nichtanwendung** des Abs. 1 kann sich auf die Schuldenkonsolidierung insgesamt oder nur auf einzelne Maßnahmen im Rahmen der Schuldenkonsolidierung beziehen, wie z. B. die erfolgswirksame Verrechnung der Unterschiedsbeträge. Die Anwendungsmöglichkeiten stehen selbständig nebeneinander, wenn die Voraussetzungen hierfür gegeben sind. Der Verzicht auf die Schuldenkonsolidierung *insgesamt* kann sich auf Schuldverhältnisse von geringfügigem Umfang beziehen und dabei generell für alle einbezogenen Unternehmen oder für einzelne Gruppen von Unternehmen (z. B. Tochterunternehmen untereinander) zur Anwendung kommen. Er kann bestimmte Arten von Schuldverhältnissen, wie z. B. Forderungen oder Verbindlichkeiten aus Lieferungen und Leistungen zu Marktbedingungen zum Gegenstand haben. Eine gänzliche Unterlassung der Schuldenkonsolidierung für alle Schuldverhältnisse zwischen einbezogenen Unternehmen kommt wegen des Ausnahmecharakters der Norm nicht in Betracht.[69] 53

Bei Anwendung von Abs. 1 auf die Verrechnung von Schuldverhältnissen kann die Ausnahmeregelung nach Abs. 2 z. B. auf den Verzicht der **erfolgswirksamen** Schuldenkonsolidierung beschränkt werden. Der Verzicht bezieht sich darauf, die an sich gebotene erfolgswirksame Behandlung der echten Unterschiedsbeträge (Rdn. 40) zu unterlassen, wenn die zu verrechnenden Beträge für die Vermittlung des den tatsächlichen Verhältnissen entsprechenden Bildes insbesondere der Ertragslage des Konzerns von untergeordneter Bedeutung ist. Die Unterschiedsbeträge werden in diesem Fall – der Auffassung von *Biener/Berneke* entsprechend – erfolgsneutral mit dem Konzerneigenkapital verrechnet.[70] 54

Die Ausübung des Wahlrechts der Nichtanwendung von Abs. 1 unterliegt für den jeweiligen Einzelfall dem **Grundsatz der Stetigkeit**, § 297 Abs. 3 Satz 2, und ist grundsätzlich am folgenden Bilanzstichtag beizubehalten. Der Ausnahmecharakter der Norm untersagt jedoch die Anwendung des Grundsatzes der Stetigkeit im Sinn des Postulats, alle gleichartigen Fälle gleich zu behandeln. Eine willkürliche Ausübung oder Nichtausübung des Wahlrechts ist jedoch unzulässig.[71] 55

VI. Sanktionen, Nichtanwendungsfolgen

Die Verletzung der Vorschriften über die Schuldenkonsolidierung macht den Konzernabschluß fehlerhaft und kann in Fällen von Bedeutung zur Einschränkung oder Versagung des Bestätigungsvermerks führen. § 303 gehört **nicht** zu den Vorschriften, deren Nichtanwendung oder Zuwiderhandlung nach § 334 mit einem **Bußgeld** belegt ist. Die Sanktionen erfolgen allenfalls nach den Vorschriften über die Ordnungswidrigkeiten wegen Verletzungen der Generalnorm, § 297 Abs. 3 i. V. m. § 334 Abs. 1 Nr. 2b, oder den Strafvorschriften bei unrichtiger Darstellung im Konzernabschluß, § 331. 56

---

[69] Beck BilKomm-*Budde/Dreissig* 63.

[70] *Biener/Berneke* BiRiLiG 342; Beck BilKomm-*Budde/Dreissig* 65.

[71] Für den Jahresabschluß § 252 Abs. 1 Nr. 6; ADS § 252, 103 ff; HdKR-*Harms* 57.

§ 304

Behandlung der Zwischenergebnisse

(1) In den Konzernabschluß zu übernehmende Vermögensgegenstände, die ganz oder teilweise auf Lieferungen oder Leistungen zwischen in den Konzernabschluß einbezogenen Unternehmen beruhen, sind in der Konzernbilanz mit einem Betrag anzusetzen, zu dem sie in der auf den Stichtag des Konzernabschlusses aufgestellten Jahresbilanz dieses Unternehmens angesetzt werden könnten, wenn die in den Konzernabschluß einbezogenen Unternehmen auch rechtlich ein einziges Unternehmen bilden würden.

(2) Absatz 1 braucht nicht angewendet zu werden, wenn die Lieferung oder Leistung zu üblichen Marktbedingungen vorgenommen worden ist und die Ermittlung des nach Absatz 1 vorgeschriebenen Wertansatzes einen unverhältnismäßig hohen Aufwand erfordern würde. Die Anwendung des Satzes 1 ist im Konzernanhang anzugeben und, wenn der Einfluß auf die Vermögens-, Finanz- und Ertragslage des Konzerns wesentlich ist, zu erläutern.

(3) Absatz 1 braucht außerdem nicht angewendet zu werden, wenn die Behandlung der Zwischenergebnisse nach Absatz 1 für die Vermittlung eines den tatsächlichen Verhältnissen entsprechenden Bildes der Vermögens-, Finanz- und Ertragslage des Konzerns nur von untergeordneter Bedeutung ist.

Übersicht

Schrifttum

(vgl. auch die Angaben bei § 297 und § 301). *Busse v. Colbe/Ordelheide* Konzernabschlüsse, 6. Aufl. (1993); *Ebeling/Baumann* Konsolidierung mehrstufiger Konzerne nach der Methode der integrierten Konsolidierungstechnik BB 2000, 1667; *Dreger* Der Konzernabschluß (1969); *DRSC* Deutscher Rechnungslegungsstandard Nr. 12 E-DRS 12, Lantente Steuern im Konzernabschluß; *Dusemond* Konzernanschaffungs- und Konzernherstellungskosten nach § 304 HGB (1994); *Gelhausen/Gelhausen* Die Bilanzierung von Leasingverträgen, HdJ Abt. I/5; *Harms/Küting* Konsolidierung bei unterschiedlichen Bilanzstichtagen, BB 1985, 437; *Helmschrott* Einbeziehung einer Leasingobjektgesellschaft in den Konzernabschluß des Leasingnehmers nach HGB, IAS und US-GAAP, DB 1999, 1865; *Heine* Vorbereitung und Aufstellung des Konzernabschlusses, WPg 1967, 146; *Königsmaier* Zwischenergebniseliminierung und Endkonsolidierung, BB 2000, 191; *Küting/Dusemond* Die Auswirkungen der Bewertung nach § 304 Abs. 1 HGB auf das Konzerneigenkapital, BB 1995, 1466; *Richter/Treuberg* Rechnungslegung und Prüfung der Versicherungsunternehmen (1989); *W. Schruff* Einflüsse der 7. EG-Richtlinie auf die Aussagefähigkeit des Konzernabschlusses (1984).

I. Normzweck, Anwendungsbereich

1. Regelungsgegenstand und Zwecke

Die Zusammenfassung der Jahresabschlüsse der in den Konzernabschluß einbezogenen Unternehmen kann zur Folge haben, daß Vermögensgegenstände in diesen Bilanzen angesetzt und in den Konzernabschluß übernommen werden, die auf Lieferungen oder Leistungen anderer einbezogener Unternehmen beruhen. Die konzerninterne Lieferung und Leistung hat i. d. R. Auswirkungen auf das Ergebnis des liefernden oder leistenden Unternehmens durch Realisierung eines Gewinns oder Verlustes aus dem Geschäft. Der Ansatz von Vermögensgegenständen mit den Anschaffungs- oder Herstellungskosten aus dem Jahresabschluß auch im Konzernabschluß kann dazu führen, daß im Konzern positive oder negative Ergebnisbeiträge ausgewiesen werden, die bei einem konzerninternen Transfer nach dem Grundsatz der wirtschaftlichen Einheit (§ 297 Abs. 3 S. 1) nicht als realisiert angesehen werden dürfen.[1] Die Vorschrift dient der **Eliminierung von Gewinnen** und **Verlusten** aus Liefer- und Lei- 1

[1] WP-Handbuch 2000 I M 297; ADS 1, 7.

stungsvorgängen zwischen den in dem Konzernabschluß einbezogenen Unternehmen[2] und trägt dem Realisationsprinzip gemäß § 252 Abs. 1 Nr. 4 Rechnung, das den Ausweis nicht realisierter Gewinne – hier aus Konzernsicht – nicht gestattet.

2 § 304 Abs. 1 ist als vermögensbezogene **Bewertungsvorschrift** ausgestaltet worden. Die Vorschrift bestimmt, daß im Konzernabschluß Vermögensgegenstände, die auf konzerninternen Lieferungen und Leistungen beruhen, so anzusetzen (= zu bewerten) sind, wie sie das Unternehmen in seinem Jahresabschluß ansetzen könnte, wenn die in den Konzernabschluß einbezogenen Unternehmen **rechtlich** ein einziges Unternehmen darstellen würden. Auf der Grundlage der Fiktion des rechtlich einheitlichen Unternehmens wird dem den Vermögensgegenstand ansetzenden Unternehmens die Bewertung nach allgemeinen Grundsätzen, jedoch unter Berücksichtigung der wirtschaftlichen Einheit des Konzerns vorgeschrieben.

3 Dem das Konzernrecht des HGB durchziehenden **Grundsatz** der **Wesentlichkeit** entsprechend braucht Abs. 1 nicht angewendet zu werden, wenn die konzerninterne Lieferung oder Leistung zu üblichen Marktbedingungen durchgeführt worden ist und die Ermittlung des nach Abs. 1 vorgeschriebenen Wertansatz einen unverhältnismäßigen Aufwand verursachen würde, Abs. 2 S. 1. Von der Ermittlung der maßgeblichen Ansätze kann nach Abs. 3 auch dann abgesehen werden, wenn die Behandlung der Zwischenergebnisse für die Vermittlung eines den tatsächlichen Verhältnissen entsprechenden Bildes der Vermögens-, Finanz- und Ertragslage des Konzerns nur von untergeordneter Bedeutung ist.

2. Normadressaten

4 Zur Eliminierung von Zwischenergebnissen nach § 304 ist jedes **Mutterunternehmen** verpflichtet, das Jahresabschlüsse von Tochterunternehmen in einen Konzernabschluß einbezieht. Diese Verpflichtung bezieht sich auf alle Vermögensgegenstände, die auf Lieferungen und Leistungen ebenfalls einbezogener Unternehmen beruhen. Die Behandlung der Zwischenergebnisse erfolgt nicht im Verhältnis zu Unternehmen, die gemäß § 295 oder § 296 nicht in den Konzernabschluß einbezogen werden. Die Vorschrift findet auch auf Konzernabschlüsse Anwendung, die nach **PublG** aufgestellt werden, § 13 Abs. 3 PublG.[3] Die Vorschrift ist nach § 340j Abs. 2 auf den Konzernabschluß der *Kreditinstitute* und nach § 341j Abs. 1 der *Versicherungsunternehmen* anzuwenden, soweit die Eigenart dieser Abschlüsse keine Abweichungen bedingen; Abs. 2 Satz 1 ist durch Versicherungsunternehmen auch anzuwenden, wenn die Ermittlung des Wertansatzes keinen unverhältnismäßigen Aufwand verursachen würde (§ 341j Abs. 2).

5 § 304 ist entsprechend anzuwenden auf Unternehmen, die nach den Grundsätzen über die **Quotenkonsolidierung** anteilig in den Konzernabschluß einbezogen werden (vgl. § 310, 79). Keine Anwendung findet § 304 bei den Vermögensgegenständen, die auf Lieferungen und Leistungen beruhen, die an **assoziierte Unternehmen**, die gemäß §§ 311, 312 at equity bewertet werden, erbracht wurden; die Übernahme dieser Vermögensgegenstände in den Konzernabschluß unterbleibt.[4] Bei der Bewertung der von assoziierten Unternehmen erworbenen Vermögensgegenstände ist § 304 im Grundsatz zu berücksichtigen, § 312 Abs. 5 S. 3 (§ 312, 130 ff); die Zwischenergebnisse dürfen anteilig entsprechend den dem Mutterunternehmen gehörenden Anteilen am Kapital des assoziierten Unternehmens weggelassen werden, § 312 Abs. 5 S. 4.

---

[2] Vgl. Art. 26 Abs. 1 Buchst. c 7. EG-Richtlinie.

[3] ADS § 13 PublG, 24; Beck BilKomm-*Budde/Dreissig* 82.

[4] *Busse v. Colbe/Ordelheide* Konzernabschlüsse 351.

3. Entstehungsgeschichte

Die Regelungen des § 304 dienen der Transformation der durch die **7. EG-Richtlinie** vorgeschriebenen Ergebniseliminierung. Art. 26 Abs. 1 Buchst. c der 7. EG-Richtlinie schreibt vor, daß Gewinne und Verluste aus Geschäften zwischen den in die Konsolidierung einbezogenen Unternehmen, die in die Buchwerte der Aktiva eingehen, wegzulassen sind. Die Formulierung des Art. 26 Abs. 1 Buchst. c der 7. EG-Richtlinie ist am Ergebnis, dem Weglassen von Zwischenergebnissen oder -verlusten orientiert, gibt jedoch keine Definition für die zu eliminierenden Gewinne oder Verluste. Die in § 304 Abs. 1 enthaltene Regelung setzt dieses Ziel durch die Vorschrift einer konzernorientierten Bewertung der auf konzerninternen Lieferungen und Leistungen beruhenden Vermögensgegenstände um. Damit wurde weitgehend die Fassung des bisher maßgeblichen § 331 Abs. 2 AktG 1965 a. F. übernommen;[5] Änderungen im weiteren Gesetzgebungsverfahren ergaben sich zu Abs. 1 nicht.[6] 6

Von § 331 Abs. 2 **AktG a. F.** weicht § 304 Abs. 1 in mehrfacher Hinsicht ab. Die bisherige Regelung sah vor, daß Zwischenergebnisse nur dann zu eliminieren waren, wenn der Wertansatz den Konzernhöchstwert übersteigt; die Eliminierung war auf Zwischengewinne beschränkt.[7] § 304 Abs. 1 wurde jedoch offen formuliert; bei der Fassung war zu berücksichtigen, „daß in Zukunft auch konzerninterne Verluste wegzulassen sind; das Niederstwertprinzip ist aber zu beachten".[8] Die bisherigen Ausnahmen vom Eliminierungsgebot, wie der Erwerb von Vermögensgegenständen, die ohne oder nach Bearbeitung zur Weiterveräußerung bestimmt sind oder die außerhalb des üblichen Lieferungs- und Leistungsverkehrs erworben worden sind (§ 331 Abs. 2 Nr. 1 und 2 AktG 1965 a. F.), sind entfallen. 7

Abs. 1 schreibt die **vollständige Eliminierung** von Zwischengewinnen vor. Das in Art. 26 Abs. 1 S. 2 der 7. EG-Richtlinie enthaltene Wahlrecht, die Eliminierung von Zwischenergebnissen auf den vom Mutterunternehmen gehaltenen Anteil am Tochterunternehmen zu beschränken, wurde in deutsches Recht nicht übernommen. 8

Neu im deutschen Recht ist der **Wesentlichkeitsgrundsatz**, der als Grundsatz ordnungsmäßiger Buchführung für den Jahresabschluß, insbesondere aber auch für den Konzernabschluß gilt.[9] Mit Abs. 2 wird das in Art. 26 Abs. 2, mit Abs. 3 das in Art. 26 Abs. 3 der 7. EG-Richtlinie enthaltene Mitgliedstaatenwahlrecht umgesetzt. Abs. 2 gestattet das Absehen von der Eliminierung von Zwischenergebnissen, wenn die Lieferungen und Leistungen zu üblichen Marktbedingungen vorgenommen wurden und die Ermittlung des Wertansatzes Abs. 1 einen unverhältnismäßig hohen Aufwand erfordern würde. Abs. 3 befreit von der Zwischenergebniskonsolidierung in Fällen, in denen dies für die Vermittlung eines den tatsächlichen Verhältnissen entsprechenden Bildes der Vermögens-, Finanz- und Ertragslage nur von untergeordneter Bedeutung ist. Die hiergegen im Gesetzgebungsverfahren vorgetragenen Bedenken[10] wurden nicht aufgegriffen.[11] Der Entwurf des Transparenz- und Publizitätsgesetzes (Stand 26. November 2001) sieht vor, Abs. 2 ersatzlos zu streichen und folgt damit einem Vorschlag in DRS 4. 9

---

[5] Begr. RegE zu § 285 Abs. 1 HGB-EK, BTDrucks. 10/3440, 38.

[6] Ber. Rechtsausschuß zu § 304 HGB, BTDrucks. 10/4268, 115.

[7] § 331 Abs. 2 AktG 1965 a. F.; dazu Großkomm-AktG-*Barz* § 331, 39 ff; ADS[4] § 331, 184.

[8] Begr. RegE zu § 285 Abs. 1 HGB-EK BTDrucks. 10/3440, 38.

[9] Ber. Rechtsausschuß zu § 304 Abs. 2 HGB, BT-Drucks. 10/4268, 115.

[10] Antrag des SPD-Fraktion, BTDrucks. 10/4427.

[11] Ber. Rechtsausschuß zu § 304 HGB, BTDrucks. 10/4268, 115.

II. Internationale Rechnungslegung

10 Nach **International Accounting Standards** ist die Eliminierung von zwischengesellschaftlichen Transaktionen und Posten und der daraus entstandenen Zwischengewinne vorgeschrieben (IAS 27.17 und 18).[12] Sie darf nur unterlassen werden, wenn der Betrag unwesentlich ist.

11 Nach APB 51 gelten für die Rechnungslegung nach **US-GAAP** vergleichbare Grundsätze. Im Unterschied zu der nach § 304 vorgeschriebenen vollständigen Verrechnung erfolgt bei up-stream intercompany sales die Eliminierung nur entsprechend dem Anteil des Mutterunternehmens an dem betreffenden Tochterunternehmen.[13]

III. Voraussetzungen der Zwischenergebniseliminierung

1. Grundbegriffe

12 Die Behandlung von **Zwischenergebnissen** – Weglassen der Gewinne und Verluste aus Geschäften zwischen den in die Konsolidierung einbezogenen Unternehmen – gehört zu den wesentlichen Konsolidierungsmaßnahmen, die erforderlich sind, um die Jahresabschlüsse der einbezogenen Unternehmen so zusammenzufassen, daß der Konzernabschluß ein den tatsächlichen Verhältnissen entsprechendes Bild der Vermögens-, Finanz- und Ertragslage abgeben kann. Es handelt sich um eines der Prinzipien, durch die der Konzernabschluß in die Lage versetzt wird, den Konzern aus der Sichtweise eines (wirtschaftlich) einheitlichen Unternehmens darzustellen. Es entspricht dem Einheitsgrundsatz, die auf konzerninternen Lieferungen und Leistungen beruhenden Ergebnisse wegzulassen, da sie aus Konzernsicht nicht als realisiert angesehen werden können. Wird ein Konzern als wirtschaftliche Einheit betrachtet, so dürfen auch im Konzernabschluß nur die Gewinne und Verluste ausgewiesen werden, die sich aus dem Geschäftsverkehr mit Außenstehenden ergeben;[14] Abs. 1 konkretisiert für den Konzernabschluß das Realisationsprinzip und zwingt zu einer dementsprechenden Periodenabgrenzung der Erfolgsbeiträge.[15]

13 Gegenstand des § 304 ist, seiner Überschrift zufolge, die „Behandlung von Zwischenergebnissen". Dies entspricht der Regelungsvorgabe des Art. 26 Abs. 1 Buchst. c der 7. EG-Richtlinie. Der Begriff der Zwischenergebnisse ist im Gesetz nicht definiert. Er betrifft in erster Linie die bei konzerninternen Geschäften entstandenen **positiven** und **negativen** Erfolgsbeiträge, die durch die Verrechnung vereinbarter Lieferungs- oder Leistungsentgelte beim Erwerber/Empfänger als Anschaffungs- oder Herstellungskosten der Aktiva zum Ansatz kommen. Die Erfolgsbeiträge dürfen im Konzernabschluß nicht ausgewiesen werden. Sie würden durch die sonst zu übernehmenden Wertansätze Ergebnisbestandteile in den Konzernabschluß transferieren, die aus Konzernsicht nicht als realisiert betrachtet werden dürfen, da die diesen Geschäften zugrunde liegenden Lieferungen und Leistungen den Konzern noch nicht verlassen haben.[16]

14 Für die Zwecke eines Konzernabschlusses könnte es genügen, die konzernintern verrechneten Gewinne und Verluste wegzulassen; zur Umsetzung einer solchen gesetzgeberischen Vorgabe bedürfte es hingegen der Klarstellung, anhand welcher Krite-

[12] *Baetge/Schulz* in International Accounting Standards, IAS 27, 143 ff; Beck BilKomm-*Budde/Dreissig* 90.

[13] *Wiedmann* BilR 43.

[14] Bereits GroßkommAktG-*Barz* § 331, 39; ADS 7 f.

[15] Vgl. ADS 6 f; HdKR-*Weber* 3 f.

[16] Vgl. ADS 8, 9.

rien das Entstehen solcher konzerninterner Zwischenergebnisse gemessen werden kann. Die Regelungen des Abs. 1 gehen – in gewisser Abkehr von der durch die Überschrift gegebenen Zielsetzung – einen anderen Weg. Die „Behandlung der Zwischenergebnisse" wird als **Bewertung** der auf konzerninternen Lieferungen und Leistungen beruhenden Vermögensgegenstände verstanden.[17] Dies führt zu Auswirkungen, die über die Behandlung (= Eliminierung) von Zwischenergebnissen hinausgehen. Vorgeschrieben ist die Bewertung der „in der Konzernbilanz anzusetzenden Vermögensgegenstände" mit einem Betrag, zu dem die Vermögensgegenstände im Jahresabschluß des Unternehmens anzusetzen wären, wenn die konsolidierten Unternehmen rechtlich ein *einziges Unternehmen* bilden würden. In die Zwischenergebniseliminierung gehen alle diejenigen Beträge ein, die oberhalb oder unterhalb der für den Konzernabschluß maßgeblichen (denkbaren) Wertansätze liegen. Das betrifft einerseits alle aus Konzernsicht nicht aktivierungsfähigen Aufwendungen, andererseits jedoch auch alle aus Konzernsicht aktivierungspflichtigen Aufwendungen (Rdn. 35 ff).

Die systematische Einordnung des § 304 als Bewertungsvorschrift für auf konzerninternen Geschäften beruhende Vermögensgegenstände wirft die Frage auf, welchen **eigenständigen Regelungsbereich** die Norm besitzt. Bei konsequenter Anwendung des Einheitsgrundsatzes (§ 297, 60 ff) des § 297 Abs. 3 S. 1 und der nach § 298 Abs. 1 für den Konzernabschluß anzuwendenden Vorschriften für den Jahresabschluß, wäre § 304 Abs. 1 im Grunde redundant. Die Vorschriften über die Bewertung – §§ 252–256, 279–283 – und insbesondere die Grundsätze ordnungsmäßiger Buchführung – § 252 Abs. 1 Nr. 4 und 5 zu Realisationsprinzip und Periodenabgrenzung – verlangen, daß nur realisierte Gewinne am Abschlußstichtag ausgewiesen werden.[18] Die Beachtung des Einheitsgrundsatzes im Konzern bedeutet, daß nicht nur die aus Geschäften mit Dritten (noch) nicht realisierten Gewinne nicht ausgewiesen werden dürfen, sondern insbesondere auch nicht diejenigen, die bei konzerninternen Geschäften entstehen können. Abs. 1 hat keinen darüber hinausgehenden Regelungsinhalt. Er verdeutlicht diese Grundsätze für den Konzern und gibt eine Richtlinie zur Bewertung; die allgemeinen Regelungen gelten subsidiär weiter. 15

2. Anforderungen an die zugrundeliegenden Vermögensgegenstände

§ 304 findet auf Vermögensgegenstände Anwendung, die in der Konzernbilanz anzusetzen sind und auf Lieferungen und Leistungen zwischen den in den Konzernabschluß einbezogenen Unternehmen beruhen. 16

a) **Vermögensgegenstände.** Der Bewertung liegen Vermögensgegenstände aus konzerninternen Lieferungen und Leistungen zugrunde. Abs. 1 hat den Begriff des § 246 Abs. 1 übernommen und damit den pauschalen Begriff der „Aktiva" aus Art. 26 Abs. 1 Buchst. c der 7. EG-Richtlinie präzisiert. Nach der Terminologie des HGB werden nicht nur Sachen i. S. v. § 90 BGB und Rechte umfaßt, sondern alle abstrakt aktivierungsfähigen Posten.[19] Der Begriff des Vermögensgegenstandes braucht im Zusammenhang mit der Zwischenergebniseliminierung nicht problematisiert zu werden; das Vorliegen eines Vermögensgegenstandes beurteilt sich aus dem Jahresabschluß des einbezogenen Unternehmens und dem Grundsatz der Vollständigkeit und der Ansatzfähigkeit im Konzern, § 300. Dies hat Auswirkungen bei der Übertragung von selbst geschaffenen immateriellen Anlagegegenständen (zu Besonderheiten Rdn. 21). 17

[17] HdKR-*Weber* 4.
[18] *Baetge/Kirsch/Thiele* Konzernbilanzen 314 f.
[19] Zum Begriff der Vermögensgegenstände i. E. vgl. Anh. § 243, 13 ff; ADS, § 246, 15 ff jeweils m. w. N.; *Wysocki/Wohlgemuth* Konzernrechnungslegung 180.

Die Überschrift des § 304, „Behandlung der Zwischenergebnisse" legt nahe, darunter auch alle anderen Sachverhalte zu subsumieren, die zu Zwischenergebnissen im Konzern geführt haben. Der Anwendungsbereich des § 304 Abs. 1 ist beschränkt auf in den Konzernabschluß zu übernehmende Vermögensgegenstände, so daß Zwischenergebnisse, die auch auf Leistungen innerhalb des Konzerns beruhen, jedoch nicht zu einem aktivierungsfähigen Vermögensgegenstand geführt haben, nicht unter diese Vorschrift fallen. Für die Eliminierung von Zwischenergebnissen in diesen Fällen ist ausschließlich § 305 Abs. 1 heranzuziehen.[20]

18 § 331 Abs. 2 AktG 1965 a. F. beinhaltete in zwei Fällen **Ausnahmen** für die Bewertung von Vermögensgegenständen, die auf konzerninternen Geschäften beruhen.[21] Derartige Einschränkungen sind bei § 304 Abs. 1 nicht mehr gegeben, so daß – von den Ausnahmen der Abs. 2 und 3 abgesehen – alle in den Konzernabschluß zu übernehmenden Vermögensgegenstände nach den Konzerngrundsätzen zu bewerten sind.[22]

19 **b) Übernahme in den Konzernabschluß.** Die Behandlung von Zwischenergebnissen nach Abs. 1 ist beschränkt auf die Vermögensgegenstände, die in den Konzernabschluß zu übernehmen sind. Die Übernahme setzt voraus, daß die Vermögensgegenstände im Konzernabschluß angesetzt und nach dem Recht des Mutterunternehmens überhaupt bilanzierungsfähig sind, § 300 Abs. 1 S. 1 und 2. Werden bei Aufstellung des Konzernabschlusses im Rahmen einer HB II gemäß § 300 Abs. 2 S. 2 Bewertungswahlrechte nach dem Recht des Mutterunternehmens neu ausgeübt, ist dieser Ansatz und nicht der abweichende Ansatz aus dem Jahresabschluß maßgeblich für die Behandlung der Zwischenergebnisse.[23] Umgekehrt sind diejenigen Vermögensgegenstände aus der Zwischeneliminierung herauszulassen, die aus Konzernsicht nicht angesetzt werden dürfen (z. B. konzernintern geschaffene Patente; Rdn. 21 ff).

20 Besonderheiten ergeben sich bei Einbeziehung von Unternehmen in den Konzernabschluß aufgrund eines zulässigerweise auf einen vom Stichtag des Konzernabschlusses **abweichenden Stichtag** aufgestellten Jahresabschluß, § 299 Abs. 2. Die Eliminierung von Zwischenergebnissen ist in solchen Fällen nur erforderlich, wenn der Vermögensgegenstand aufgrund seiner Bilanzierung in einem Jahresabschluß in den Konzernabschluß zu übernehmen ist, selbst wenn er vor dem Konzernabschlußstichtag an konzernfremde Dritte veräußert worden sein sollte. Zu Einzelfragen hierzu Rdn. 63.[24] Für den Ansatz von Vermögensgegenständen im Konzernabschluß sind im Hinblick auf die Behandlung der Zwischenergebnisse folgende Besonderheiten zu beachten:

21 **aa) Immaterielle Vermögensgegenstände.** Im Konzernabschluß sind – den allgemeinen Vorschriften der §§ 298 Abs. 1, 248 Abs. 2 folgend – immaterielle Vermögensgegenstände des Anlagevermögens nur anzusetzen, wenn sie **entgeltlich** erworben wurden. Aus Sicht des Konzerns liegt ein entgeltlicher Erwerb bei Übertragung solcher immateriellen Werte (z. B. Patente, Lizenzen, Know-how u. a. m.) zwischen konsolidierten Unternehmen nicht vor; auf solchen Geschäften beruhende immaterielle Vermögensgegenstände dürfen im Konzernabschluß nicht angesetzt werden (vgl. § 300, 38), auch wenn sie im Jahresabschluß eines einbezogenen Unternehmens (notwendigerweise) aktiviert waren.[25] Auf nicht zu übernehmende Vermögensgegen-

---

20 ADS 42.
21 GroßkommAktG-*Barz* § 331, 41 und 42.
22 ADS 43.
23 Vgl. zur Bilanzierung § 300, 23 ff; wie hier HdKR-*Weber*, 11; ADS 44.
24 ADS 45, 129; HdKR-*Weber* 10.
25 Beck BilKomm-*Budde/Dreissig* 30; v. *Wysocki/Wohlgemuth* Konzernrechnungslegung 182.

stände findet § 304 Abs. 1 seinem Wortlaut und Sinn und Zweck nach keine Anwendung, da nicht angesetzte Vermögensgegenstände auch nicht dem hier vorgeschriebenen Bewertungsvergleich unterzogen werden können. Die bei den auf solche Geschäfte bezogenen Lieferungen und Leistungen entstehenden Zwischenergebnisse sind bei Ermittlung der in den Konzernabschluß zu übernehmenden Vermögensgegenstände festzustellen.[26]

bb) Sachanlagevermögen. Für die Bilanzierung des Sachanlagevermögens gelten keine Besonderheiten. Gehörte der beim erwerbenden Unternehmen als Sachanlagevermögen mit den Konzernanschaffungskosten bilanzierte Vermögensgegenstand beim veräußernden Unternehmen zum Umlaufvermögen (Vorratsvermögen), so sind die Zwischenergebnisse aus den Umsatzerlösen zu eliminieren; die Leistung ist zudem unter „andere aktivierte Eigenleistungen" (§ 298 Abs. 1, § 275 Abs. 2 Nr. 3; im einzelnen § 305, 17) umzugliedern. Gehörte der veräußerte Vermögensgegenstand beim veräußernden Unternehmen ebenfalls zum Anlagevermögen, sind die dabei realisierten Gewinne oder Verluste aus dem Verkauf von Gegenständen des Anlagevermögens in der Gewinn- und Verlustrechnung aus den Posten „sonstige betriebliche Erträge" oder „sonstige betriebliche Aufwendungen" (§ 298 Abs. 1, § 275 Abs. 2 Nr. 4, 8) wegzulassen.[27] Zur Verrechnung der im Vergleich zum konsolidierten Jahresabschluß unterschiedlichen Abschreibungsbeträge Rdn. 62. 22

cc) Finanzanlagen, Wertpapiere. Bei konzerninternen Geschäften mit Finanzanlagen und Wertpapieren des Umlaufvermögens, die nicht Anteile an einbezogenen Unternehmen darstellen, gelten die allgemeinen Grundsätze über die Behandlung von Zwischenergebnissen. Die Marktüblichkeit der einer konzerninternen Veräußerung zugrunde liegenden Bedingungen ist für sich genommen kein Grund, auf die Zwischenergebniseliminierung zu verzichten.[28] Werden Anteile an in den Konzernabschluß einbezogenen Tochterunternehmen zwischen den konsolidierten Unternehmen veräußert oder werden Anteile unter Gewinnrealisierung in ein anderes, einbezogenes Unternehmen eingebracht, besteht Anlaß, ein entstandenes Zwischenergebnis wegzulassen.[29] Dies erscheint bei formaler Betrachtung problematisch, da die Anteile an einbezogenen Unternehmen gemäß § 300 Abs. 1 S. 2 nicht zu den im Konzernabschluß zu übernehmenden Vermögensgegenständen gehören; an deren Stelle treten vielmehr die Vermögensgegenstände, Schulden u. a. m. der einbezogenen Tochterunternehmen (§ 300, 19 ff). Bei Erwerb der Anteile von konzernfremden Dritten würde sich der Erwerbspreis bei der **Kapitalkonsolidierung** niederschlagen; unter dem Blickwinkel des Einheitsgrundsatzes (§ 297 Abs. 3 S. 1) scheidet ein Einfluß auf die Konsolidierung bei solchen konzerninternen Vorgängen jedoch aus. Auf die Eliminierung des Zwischenergebnisses kann nicht verzichtet werden, da sonst die Grundlagen der Kapitalkonsolidierung und die Errechnung von Unterschiedsbeträgen nach § 301 beeinträchtigt werden können. Zudem muß der auf diesem Geschäft beruhende Aufwand oder Ertrag in der Gewinn- und Verlustrechnung berichtigt werden.[30] Unabhängig von der Anwendung von Abs. 1 ist es geboten, das bei Übertragung der Anteile entstandene Zwischenergebnis aus dem bei der erwerbenden Gesellschaft vorhandenen Buchwert herauszurechnen, so daß die Anteile mit dem der Konsolidierung 23

[26] Beck BilKomm-*Budde/Dreissig* 30. Gleiches gilt für einen konzernintern realisierten Geschäfts- und Firmenwert, der in einem Jahresabschluß eines einbezogenen Unternehmens nach § 255 Abs. 4 angesetzt ist.

[27] ADS 80 ff mit Beispielsrechnung; Beck BilKomm-*Budde/Dreissig* 33.

[28] *Richter/Treuberg* Rechnungslegung und Prüfung der Versicherungsunternehmen (1989) 583 ff.

[29] ADS 113 ff.

[30] ADS 114.

zugrunde gelegten (oder einem niedrigeren) Betrag angesetzt werden; mit diesem Betrag ist der Beteiligungsbuchwert mit dem anteiligen Eigenkapital des Unternehmens gemäß § 301 zu verrechnen.[31] Zu den **Auswirkungen** des konzerninternen Erwerbs zu einem unter dem bisherigen Buchwert liegenden Betrag (konzerninterner Verlust) bei bereits konsolidierten Unternehmen § 309, 33 ff.

24 dd) **Vorräte.** Konzernintern gelieferte Vorräte sind der Bewertung nach Abs. 1 zu unterziehen, wenn die Vorräte im Konzernabschluß angesetzt werden. Die Bewertung des auf konzerninternen Lieferungen beruhenden Vorratsvermögens setzt die Individualisierung der bezogenen Einzelerzeugnisse voraus. Das erfordert die konzerninterne, differenzierte **Erfassung** der Bestände nach Gegenständen, Art, Menge und Anschaffungspreisen; sind die Vorräte bei der Erstellung von Erzeugnissen verwendet worden, so sind die entsprechenden Angaben auch für unfertige und fertige Erzeugnisse zu ermitteln. Werden Bestandteile des Vorratsvermögens in gleicher Weise aus konzerninternen, wie konzernfremden Quellen bezogen, wird die produktindividuelle, direkte Feststellung des in den Konzernabschluß eingehenden Bestandes aus technischen, organisatorischen oder zeitlichen Gründen i. d. R. nicht möglich sein. In diesen Fällen sind die im Konzernabschluß anzusetzenden Bestände aus konzerninternen Lieferungen als Teilmenge des Gesamtbestandes durch Schätzung oder durch Anwendung geeigneter **Verbrauchsfolgeverfahren** nach § 256 zu ermitteln.[32] In Betracht kommen z. B. folgende Methoden:

- *Durchschnittsmethode* mit der Unterstellung, daß der Bestand sich im Verhältnis der konzerninternen und konzernexternen Zugänge zusammensetzt;
- *Lifo-Verfahren*, bei dem angenommen wird, daß die letzten Lagerzugänge jeweils als erste verbraucht werden;
- *Fifo-Verfahren*, bei dem angenommen wird, daß die ersten Lagerzugänge jeweils als erste verbraucht werden;
- *Kifo-Verfahren*, bei dem angenommen wird, daß die von einbezogenen Unternehmen gelieferten Lagerzugänge zuerst verbraucht werden;
- *Kilo-Verfahren*, bei dem angenommen wird, daß die von einbezogenen Unternehmen gelieferten Lagerzugänge als letzte verbraucht werden.

Die Anwendung der Kifo- und Kilo-Verfahren wird tendenziell dazu führen, daß am Bilanzstichtag des Konzerns keine (Kifo) oder ausschließlich (Kilo) Konzernbestände vorhanden sind; durch die Wahl des Verfahrens kann demnach die Konzernbilanz und das Konzernergebnis beeinflußt werden, was jedoch nicht zu willkürlichen Maßnahmen führen darf.[33] Die Anwendung der Verbrauchsfolgeverfahren setzt die getrennte Erfassung aller Bezüge von konsolidierten und dritten Unternehmen voraus (Erl. zu § 256). Die Anwendung der Verfahren ist nicht auf einzelne Roh- oder Hilfsstoffe oder Handelswaren beschränkt und kommt auch bei Gruppen einzelner Vermögensgegenstände in Betracht.

25 Gegenstände des Vorratsvermögens, die vor dem **Stichtag** des **Konzernabschlusses** und nach dem früheren Abschlußstichtag eines gemäß § 299 Abs. 2 einbezogenen Unternehmens veräußert wurden, sind nach Abs. 1 zu eliminieren. Durch die zwischen den Stichtagen liegende Zeitspanne kann es vorkommen, daß im Konzern Vermögensgegenstände aus konzerninternen Lieferungen angesetzt werden, für die

31 AK Externe Unternehmensrechnung der Schmalenbach Gesellschaft – Dt. Gesellschaft für Betriebswirtschaft e.V., ZfbF Sonderheft 21/1987 (1989) 97; *Busse v. Colbe/Ordelheide* Konzernabschlüsse 380; ADS 115.

32 Beck BilKomm-*Budde/Dreissig* 37; ADS 59 ff.

33 *Busse v. Colbe/Ordelheide* Konzernabschlüsse 362 ff; Beck HdR-*Klein* C 430, 104; ADS 61 ff; HdKR-*Weber* 75 ff.

der Gewinn in den einbezogenen Jahresabschluß nicht eingeflossen ist; ferner kann der Vermögensgegenstand bis zum Konzernabschlußstichtag an Dritte verkauft worden sein. In Fällen von Bedeutung sind Transaktionen in der Zwischenzeit in der Konzernbilanz und der Konzern-Gewinn- und Verlustrechnung zu berücksichtigen oder im Konzernanhang anzugeben, § 299 Abs. 3.

c) **Lieferungen oder Leistungen zwischen einbezogenen Unternehmen. aa) Lieferungen oder Leistungen.** Abs. 1 bezieht Vermögensgegenstände in die Zwischenergebnisse ein, die auf **Lieferungen** oder **Leistungen** zwischen einbezogenen Unternehmen beruhen. Die Begriffe sind im Gesetz nicht definiert. Sie zeigen eine Parallele zu den in § 3 UStG verwendeten Termini, die darauf angelegt sind, alle Transfers von Sachen, gleichgültig ob beweglich oder unbeweglich, ob materiell oder immateriell, oder von Rechten sowie von Leistungen, die in einem Tun, Dulden oder Unterlassen bestehen können, zu erfassen. Weder die causa der Übertragung, noch die Art des dinglichen Vollzugs ist entscheidend. Mit den Begriffen von Lieferungen und Leistungen soll die Gesamtheit aller Übertragungen, Abtretungen oder Zuwendungen unabhängig von ihrem zivilrechtlichen Rechtsgrund erfaßt werden.[34] **26**

bb) Zwischen einbezogenen Unternehmen. Die Lieferungen und Leistungen müssen ganz oder zum Teil konzernintern, somit von anderen **einbezogenen Unternehmen** bewirkt worden sein. Ohne die früher in § 331 Abs. 2 AktG 1965 a. F. ausdrücklich enthaltene Regelung sind Zwischenergebnisse auch bei solchen Vermögensgegenständen wegzulassen, die zum Teil auf Lieferungen einbezogener Unternehmen, zum Teil auf Lieferungen von Drittunternehmen beruhen.[35] Dies kann bei Vermögensgegenständen der Fall sein, die zum Teil aus Vorprodukten (Rohstoffe, unfertige Erzeugnisse) einbezogener und nicht einbezogener Unternehmen bestehen. **27**

Die relevanten Lieferungen und Leistungen müssen zwischen den Unternehmen, die in den Konzernabschluß einbezogen werden, erbracht worden sein. Lieferungen, Lieferbestandteile oder Leistungen **dritter Unternehmen** sind ohne Bedeutung. Das gleiche gilt bei Geschäften mit Tochterunternehmen, die nach §§ 295 oder 296 nicht in den Konzernabschluß einbezogen werden mußten oder durften; die von solchen Unternehmen gelieferten oder geleisteten Vermögensgegenstände sind wie Fremdlieferungen oder -leistungen zu behandeln.[36] Die Zwischenergebnisse aus Geschäften mit Unternehmen, die nach Quoten konsolidiert werden, § 310, sind anteilig zu eliminieren, § 310, 81 f; zur Behandlung bei Lieferungen und Leistungen assoziierter Unternehmen vgl. § 312, 130 ff. **28**

Die Voraussetzung des Erwerbs von einem einbezogenen Unternehmen ist nur dann erfüllt, wenn zwischen dem liefernden/leistenden Unternehmen und dem gleichfalls konsolidierten, die Lieferung oder Leistung erhaltenden Unternehmen **unmittelbare Rechtsbeziehungen** bestanden und ein direkter Leistungsaustausch erfolgte.[37] In diesen Fällen hat eine Bestätigung des Wertes des Geschäfts am Markt noch nicht stattgefunden. Fraglich ist, ob aus diesem Grund auch **Dreiecksgeschäfte** zur Zwischengewinneliminierung führen müssen, wenn die Lieferung oder Leistung eines konsolidierten Unternehmens zunächst an ein außerhalb des Konsolidierungskreises stehendes Unternehmen erfolgt (auch Tochterunternehmen, die nach §§ 295 oder 296 nicht konsolidiert werden) und von diesen an ein anderes einbezogenes Unternehmen **29**

---

34 Formulierung entspricht § 331 Abs. 2 AktG 1965 a. F.; Art. 26 Abs. 1 der 7. EG-Richtlinie verwendet den Begriff „Geschäfte".

35 ADS 48; zum AktG GroßkommAktG-*Barz* § 331, 40.

36 *v. Wysocki/Wohlgemuth* Konzernrechnungslegung 178.

37 GroßkommAktG-*Barz* § 331, 90; ADS 50; HdKR-*Weber* 14.

weiter veräußert (geleistet) wird. Bei solchen Geschäften handelt es sich um mittelbare Lieferungen und Leistungen. Sie führen nicht zur Zwischenergebniseliminierung, solange es sich nicht um Kommissionsgeschäfte oder Rechtsgeschäfte handelt, die rechtlich oder wirtschaftlich für Rechnung eines der einbezogenen Unternehmen erfolgte (z. B. Treuhandverhältnis). Der Einheitsgrundsatz (§ 297 Abs. 3 S. 1) steht dieser Betrachtung nicht entgegen, vorausgesetzt, daß es sich um ernstgemeinte, tatsächlich durchgeführte Geschäfte handelt, bei denen das „wirtschaftliche Eigentum“ an dem Vermögensgegenstand auf den Dritten übergegangen ist.[38] Solche Geschäfte sind für den Konzernabschluß in gleicher Weise zu berücksichtigen, als sie auch im Jahresabschluß eines Unternehmens als realisiert zu erfassen wären.[39] Die Grenze für die Anerkennung solcher Dreiecksgeschäfte innerhalb des Konzerns bildet die **mißbräuchliche Einschaltung** eines außenstehenden Unternehmens in einen wirtschaftlich als Einheit zu betrachtenden Vorgang. Das ist gegeben, wenn die Lieferung oder Leistung zwischen den einbezogenen Unternehmen nur oder in erster Linie deswegen über ein nicht konsolidiertes Unternehmen geleitet wurde, um Gewinne oder Verluste aus dem Geschäft nicht eliminieren zu müssen. In einem solchen Fall müssen unter Anwendung von § 304 Abs. 1 die sich aus dem Geschäft ergebenden Gewinne oder Verluste gleichfalls weggelassen werden.[40]

30 Nicht zu § 304 Abs. 1 gehört die Problematik, ob bei bestimmten, formal mit Dritten abgeschlossenen Geschäften im Konzernabschluß ein Ergebnis realisiert werden darf, wenn aufgrund der durch vertragliche Abreden bedingten **Verflechtung** zwischen dem Dritten und dem Konzern der wirtschaftliche Wert des Vermögensgegenstands weiterhin dem Konzern zugute kommt (z. B. sale and lease back-Geschäfte mit Leasingobjektgesellschaften oder asset backed securities-Strukturen mit special purpose vehicles (SPV), die durch den Konzern dominiert werden).[41] Hier steht die generelle Frage der Einbeziehung solcher SPV-Gesellschaften in den Konzernabschluß im Vordergrund; die Problematik der Gewinnrealisierung wird weitrangig.

31 Kein Grund gegen die Zwischenergebniseliminierung ist der **sukzessive Erwerb** eines Vermögensgegenstandes durch mehrere einbezogene Unternehmen nacheinander. Gehört der Gegenstand zu den in den Konzernabschluß zu übernehmenden Vermögensgegenständen, so ist die Anzahl der zuvor durchlaufenden Erwerbsstufen innerhalb des Konzerns gleichgültig.

3. Bewertung der Vermögensgegenstände im Konzernabschluß

32 **a) Bewertungsgrundlagen.** Es wurde bereits festgestellt, daß der Wortlaut des Abs. 1 den Begriff des Zwischenergebnisses nicht aufgreift (Rdn. 14). Statt dessen ist Abs. 1 als **Bewertungsvorschrift** ausgestaltet, die den Ansatz der Vermögensgegenstände mit einem Betrag vorschreibt, zu dem sie in der „Jahresbilanz dieses Unternehmens angesetzt werden könnten, wenn die in den Konzernabschluß einbezogenen Unternehmen auch rechtlich ein einziges Unternehmen“ darstellten. Die Bewertung richtet sich nach der Sichtweise des Konzerns, die vom Einheitsgrundsatz geprägt wird. Der tatsächliche Ansatz im Jahresabschluß des einbezogenen Unternehmens ist für die Bewertung im Konzern nicht von Bedeutung, sondern ausschließlich für den Vergleich des für den Konzern zulässigen Wertansatzes mit dem Wertansatz

---

[38] § 242, 16 ff; ADS § 246, 168 ff.

[39] ADS 49.

[40] ADS 51; AK *Externe* Unternehmensrechnung der Schmalenbach Gesellschaft – Dt. Gesellschaft für Betriebswirtschaft e. V., ZfbF Sonderheft 21/1987, 2. Aufl. (1989) 85; *v. Wysocki/Wohlgemuth* Konzernrechnungslegung 180.

[41] Vgl. SIC 12 zu IAS 27, IASC Insight, Dezember (1998) 2; *Helmschrott* DB 1999, 1865; HdJ-*Gelhausen/Gelhausen* Abt. I/5, 171; ADS § 290, 129.

im Jahresabschluß, um aus dem Unterschiedsbetrag das wegzulassende Zwischenergebnis zu ermitteln. Ein wegzulassender Zwischengewinn/-verlust ergibt sich, wenn der nach Konzerngrundsätzen ermittelte Wertansatz für den Vermögensgegenstand niedriger/höher als der Ansatz im Jahresabschluß des einbezogenen Unternehmens ist. Die in § 331 Abs. 2 AktG a.F. noch enthaltene Beschränkung auf den Konzernniederstwert und damit einen Zwischengewinn ist entfallen; nach § 304 Abs. 1 ist die Eliminierung von **Zwischengewinnen** und **Zwischenverlusten** geboten.

Das Konzernrecht des HGB schreibt die Bewertung der in den Konzernabschluß übernommenen Vermögensgegenstände nach den für das **Mutterunternehmen anwendbaren Methoden** einheitlich vor, § 308 Abs. 1 S. 1. Die Bewertung richtet sich im Konzern nach §§ 252–256, 279–283, vgl. § 298 Abs. 1 (bei Einzelunternehmen oder bestimmten Personenhandelsgesellschaften als Konzernspitze brauchen – bei Aufstellung des Konzernabschlusses nach PublG – gemäß § 13 Abs. 3 S. 1 PublG die §§ 279 Abs. 1 und 280 nicht angewendet zu werden). Die nach dem Recht des Mutterunternehmens bestehenden Bewertungswahlrechte können im Konzernabschluß neu und unabhängig von ihrer Ausübung in den Jahresabschlüssen der einbezogenen Unternehmen ausgeübt werden, § 308 Abs. 1 S. 2 (zu den Einzelheiten § 308, 13 ff). Bei Vermögensgegenständen, die auf Lieferungen und Leistungen konsolidierter Unternehmen beruhen, ist die Bewertung nach Abs. 1 unter Beachtung der Fiktion vorzunehmen, daß die in den Konzernabschluß einbezogenen Unternehmen auch rechtlich ein einziges Unternehmen bildeten. Dazu ist der Vermögensgegenstand im Jahresabschluß (HB II) des einbezogenen Unternehmens nach den für den Konzernabschluß geltenden einheitlichen Grundsätzen anzusetzen. Die Fiktion, daß die einbezogenen Unternehmen rechtlich ein einziges Unternehmen bilden würden, führt zur Behandlung des Transfers als unternehmens-(konzern)internen Vorgang, so daß die Wertveränderung infolge eines mit einem Externen abgeschlossenen Geschäfts durch die Berücksichtigung interner Maßnahmen ersetzt wird. An die Stelle von Anschaffungskosten im Jahresabschluß treten die Konzernanschaffungskosten oder Konzernherstellungskosten. Nach der Formulierung des Abs. 1 geht es um die Bewertung im Jahresabschluß des Unternehmens, jedoch unter Beachtung des am Einheitsgrundsatz des § 297 Abs. 3 Satz 1 ausgerichteten Primats der Bilanzierung (§ 300) und Bewertung (§ 308) nach dem für das Mutterunternehmen maßgeblichen Recht. Aus Sinn und Zweck des Konzernabschlusses und dem systematischen Verständnis des § 304 Abs. 1 sind der Interpretation dieser Vorschrift für die Bewertung von Vermögensgegenständen, die auf konzerninternen Lieferungen und Leistungen beruhen, die für den Konzern geltenden Bewertungsvorschriften zugrunde zu legen. 33

Die Anwendung der Bewertungsvorschriften auf die auf konzerninternen Lieferungen und Leistungen beruhenden Vermögensgegenstände im Konzernabschluß erfolgt unter der Maßgabe, daß die in den Konzern eingezogenen Unternehmen auch **rechtlich** ein **einziges Unternehmen** darstellen würden. Der Wortlaut von § 304 Abs. 1 verwendet ausdrücklich den Begriff „rechtlich“, wie er auch in § 331 Abs. 2 AktG 1965 a.F. enthalten war. Der Begriff verdeutlicht, daß über den Einheitsgrundsatz des § 297 Abs. 3 S. 1, der die rechtliche Selbständigkeit der einbezogenen Unternehmen voraussetzt und anerkennt, hinaus für Zwecke des Abs. 1 die bilanziellen Wirkungen eines externen Rechtsgeschäfts negiert werden sollen. Vor diesem Hintergrund sind für die in dem Konzernabschluß zu übernehmenden Vermögensgegenstände die Konzernanschaffungskosten und die Konzernherstellungskosten zu ermitteln. 34

b) Anschaffungskosten des Konzerns. Wurde ein Vermögensgegenstand durch ein einbezogenes Unternehmen erworben und ohne Be- oder Verarbeitung an ein an- 35 deres, einbezogenes Unternehmen geliefert, liegt aus Sicht des Konzerns eine **Anschaffung** vor; zum Zwecke der Bilanzierung sind die Anschaffungskosten als Konzernanschaffungskosten zu bestimmen. Nach Abs. 1 sind die Anschaffungskosten wie beim Ansatz bei dem einbezogenen Unternehmen, jedoch unter der Fiktion, daß das Unternehmen und der Konzern eine rechtliche Einheit bildeten, zu ermitteln. Gemäß § 298 Abs. 1 gelten für die Bestimmung der Anschaffungskosten die Bestimmungen für den Jahresabschluß, § 255 Abs. 1.[42] Grundlage der Bewertung im Konzernabschluß sind somit die Dritten gegenüber geleisteten Aufwendungen, um den Vermögensgegenstand zu erwerben und um ihn in einen betriebsbereiten Zustand zu versetzen. Die Anschaffungskosten sind um die dem Vermögensgegenstand einzeln (direkt) zuzuordnenden Gemeinkosten zu erhöhen. Weitere Bestandteile der Anschaffungskosten bilden die Anschaffungsnebenkosten (z. B. Frachtkosten) sowie nachträgliche Anschaffungskosten (§ 255 Abs. 1 S. 2); Anschaffungskostenminderungen sind abzusetzen, § 255 Abs. 1 S. 3 (vgl. Erl. zu § 255). Für die Bewertung sind aus Konzernsicht nur diejenigen Gemeinkosten anzusetzen, die dem Vermögensgegenstand einzeln zugeordnet werden können; dies gilt z. B. für direkt zuzuordnende konzerninterne Transport- oder Montagekosten. Werden solche Leistungen von anderen einbezogenen Unternehmen erbracht, so sind die darin enthaltenen Zwischenergebnisse zu eliminieren.[43]

36 Nicht zu den Konzernanschaffungskosten gehören **Aufwendungen**, die bei der Weiterlieferung des Vermögensgegenstandes **innerhalb des Konzerns** entstanden sind. Hierzu rechnen z. B. in dem konzerninternen Kaufpreis verrechnete Zinsen, konzerninterne Lizenz- oder Patentaufwendungen, Lager- oder Vertriebskosten des im Konzern liefernden Unternehmens. Diese Aufwendungen dürften aus Konzernsicht des einbezogenen Unternehmens nicht zu den aktivierungspflichtigen Aufwendungen gehören.[44]

37 Umstritten ist, wie **Aufwendungen** zu behandeln sind, die auf der **rechtlichen Selbständigkeit** der in den Konzernabschluß einbezogenen Unternehmen beruhen. Dies gilt insbesondere für Beurkundungskosten, Grunderwerbsteuer, Grundbuch- oder Registerkosten. Diese Aufwendungen können bei konzerninternen Geschäften mehrfach entstehen; handelte es sich bei dem Konzern jedoch um rechtlich nur ein Unternehmen, würden diese Aufwendungen nicht anfallen. Wird dem Wortlaut des Abs. 1, daß die Bewertung vorzunehmen sei, als ob es sich bei dem Konzern rechtlich um ein Unternehmen handelte, Bedeutung beigemessen, sind solche Aufwendungen, die bei rechtlicher Einheit nicht entstehen können, nicht zu den aktivierungsfähigen Aufwendungen zu rechnen.[45] Aus Sicht der wirtschaftlichen Einheit des Konzerns, § 297 Abs. 3 S. 1, erschiene es hingegen vertretbar, diese in der rechtlichen Selbständigkeit der Unternehmen begründeten Aufwendungen anzusetzen, da sie aus Konzernsicht nicht ignoriert werden könnten.[46] Da aber der Wortlaut des Abs. 1 die Bewertung der auf konzerninternen Lieferungen beruhenden Vermögensgegenstände unter der über § 297 Abs. 3 S. 1 hinausgehenden Fiktion der rechtlichen Einheit vorschreibt, müssen solche, im Jahresabschluß gem. § 255 Abs. 1 Satz 2 zwar anzusetzende Nebenkosten aus Konzernsicht weggelassen werden. Da es hier um die Frage der Ansatzfähigkeit von Aufwendungen geht, kann über die Niederstwertfeststellung i. S. v.

---

[42] Beck BilKomm-*Budde/Dreissig* 11; ADS 16; *Biener/Berneke* BiRiLiG 345.
[43] WP-Handbuch 2000 I M 304; ADS 16; HdKR-*Weber* 45.
[44] WP-Handbuch 2000 I M 306.
[45] *Biener/Berneke* BiRiLiG 345 f; *Niehus/Schulz* § 304, 16; wohl auch HdKR-*Weber* 47.
[46] ADS 18 ff; HdKR-*Weber* 47; *Busse v. Colbe/Ordelheide* Konzernabschlüsse 358.

§ 253 Abs. 2 und 3 keine Lösung gefunden werden. Die Aufwendungen sind aus Konzernsicht bei rechtlicher Betrachtung der Einheit nicht aktivierungsfähig und sind demzufolge ergebniswirksam zu eliminieren.[47]

Aufwendungen, die **zur Inbetriebnahme** eines beim liefernden Unternehmen bereits genutzten Gegenstandes des Anlagevermögens beim konzernintern erwerbenden Unternehmen entstehen, sind unter den selben Voraussetzungen wie bei Vorgängen innerhalb eines Unternehmens ansatzfähig. Aufwendungen dieser Art sind – wie bei Umsetzung einer Anlage innerhalb des rechtlich einheitlichen Unternehmens im Einzelfall als innerbetriebliche Transport- und Montagekosten – aktivierungsfähig.[48] In solchen Leistungen gegebenenfalls enthaltene Zwischenergebnisse sind herauszurechnen.[49] **38**

§ 298 Abs. 1 i. V. m. § 255 Abs. 1 und § 304 Abs. 1 räumen bei der Bewertung angeschaffter Vermögensgegenstände (auch) im Konzern keine weitergehenden **Bewertungswahlrechte** ein. Das bedeutet, daß die aus Konzernsicht anzusetzenden Höchst- und Mindestwerte identisch sind.[50] **39**

c) **Herstellungskosten des Konzerns.** Vermögensgegenstände, die im Konzern hergestellt oder nach Erwerb durch ein einbezogenes Unternehmen be- oder verarbeitet wurden, sind, soweit sie auf Lieferungen oder Leistungen anderer einbezogener Unternehmen beruhen, zu den **Konzernherstellungskosten** anzusetzen. Aus Sicht des den Vermögensgegenstand ansetzenden Unternehmens liegen, unter Beachtung der Konzernsicht, Herstellungskosten und nicht Anschaffungskosten vor, auch wenn im Jahresabschluß des einbezogenen Unternehmens der Vermögensgegenstand wegen der Lieferung eines anderen (einbezogenen) Unternehmens mit den Anschaffungskosten anzusetzen ist. Die Konzernherstellungskosten bestimmen sich nach Abs. 1 nach dem Ansatz, wie er bei dem einbezogenen Unternehmen zulässig wäre, wenn die in den Konzernabschluß einbezogenen Unternehmen rechtlich ein einziges Unternehmen darstellen würden. Für die Bewertung sind gem. § 298 Abs. 1 die Regelungen des § 255 Abs. 2 und 3 heranzuziehen, da für den Konzern keine eigenständigen Bestimmungen zur Ermittlung der Herstellungskosten bestehen. Der Ansatz des Vermögensgegenstandes im Jahresabschluß ist für die Bewertung nach Abs. 1 unerheblich.[51] Die Bewertung richtet sich danach, ob die Herstellung eines Vermögensgegenstandes vorliegt; dabei sind die Bestandteile der Herstellungskosten und der zu beachtenden Herstellungskostenmehrungen und -minderungen zu bestimmen. Der Grundsatz der einheitlichen Bewertung im Konzernabschluß ist zu beachten (§ 308, 17 ff).[52] **40**

Die Herstellungskosten setzen sich aus den aus Konzernsicht **aktivierungspflichtigen** und den wahlweise aktivierten, **aktivierungsfähigen Aufwendungen** zusammen; die aus Konzernsicht nicht aktivierungsfähigen Aufwendungen dürfen nicht in die Herstellungskosten einbezogen werden. Herstellungskosten von Bedeutung sind die Aufwendungen, die durch den Verbrauch von Gütern und die Inanspruchnahme von Diensten für die Herstellung, Erweiterung oder wesentliche Verbesserung eines Vermögensgegenstandes anfallen, § 255 Abs. 2 S. 1. Dazu gehören als notwendige Bestandteile die Einzelkosten des Materials, der Fertigung und der Sonderkosten der Fertigung. Sind die aktivierungspflichtigen Einzelkosten bei mehreren einbezogenen Unternehmen angefallen, wie z. B. bei Fertigung in mehreren Stufen, so setzen sich die **41**

---

47 HdKR-*Weber* 47; *Dusemond* Konzernanschaffungs- und Herstellungskosten 140 ff.

48 Beck BilKomm-*Budde/Dreissig* 12; a. M. *Biener/Berneke* BiRiLiG 345 f.

49 WP-Handbuch 2000 I M 305.

50 *Coenenberg* Jahresabschluß und Jahresabschlußanalyse 428.

51 Vgl. Beck HdR-*Klein* C 430, 79.

52 Beck-BilKomm-*Budde/Dreissig* 14.

zumindestens anzusetzenden Herstellungskosten aus der Summe der im Konzern angefallenen Kosten dieser Arten zusammen.

42 In die Herstellungskosten können ferner angemessene Teile der notwendigen **Materialgemeinkosten, Fertigungsgemeinkosten** und des durch die Fertigung veranlaßten Werteverlusts des Anlagevermögens eingerechnet werden; ferner dürfen (brauchen aber nicht) die Kosten der allgemeinen Verwaltung, Aufwendungen für soziale Einrichtungen des Betriebs, freiwillige soziale Leistungen und für betriebliche Altersversorgung berücksichtigt werden. Dies gilt für diese Aufwendungen jedoch nur insoweit, als sie auf den Zeitraum der Herstellung entfallen, § 255 Abs. 2 S. 3 bis 5 (Erl. zu § 255).

43 Nach diesen Grundsätzen müssen in die Konzernherstellungskosten alle **aktivierungspflichtigen** Bestandteile eingehen; diese werden sich aus Sicht des Konzerns von denen der einbezogenen Unternehmen nicht nennenswert unterscheiden. Von größerer Bedeutung können sich bei Herstellungskosten Minderungen erweisen, wenn unter den *Sondereinzelkosten* der Herstellung konzerninterne Lizenzgebühren für Patente oder Know-how verrechnet werden und im Einzelabschluß angesetzt werden müssen.[53]

44 **Herstellungskostenmehrungen** und **-minderungen** aus Sicht des Konzerns kommen auch bei den *aktivierungsfähigen* Bestandteilen der Herstellungskosten in Betracht. Wird die Bewertung unter dem Blickwinkel des Konzerns angestellt, gehören konzerninterne Transportkosten einschließlich Verpackungsmaterial, Transportversicherung, Zölle und Kosten zu den aktivierungsfähigen Herstellungskosten,[54] auch wenn sie aus Sicht des konzerninternen Vorlieferanten zu den nicht aktivierungsfähigen Vertriebskosten gehören (aus Sicht des Unternehmens, welches den Vermögensgegenstand in seinem Jahresabschluß anzusetzen hat, sind diese Aufwendungen in die aktivierungspflichtigen Anschaffungs- oder Materialkosten eingegangen). In die Herstellungskosten können auch aus Konzernsicht höhere Anschaffungskosten eingehen, die auf der Zuordnung von Unterschiedsbeträgen aus der Kapitalkonsolidierung nach § 301 Abs. 1 auf bereits aktivierte Vermögensgegenstände oder auf der Abschreibung erstmals aktivierter Vermögensgegenstände (z. B. immaterielle Gegenstände des Anlagevermögens) beruhen.[55] Nicht in die Herstellungskosten einbezogen werden dürfen Gemeinkosten, wie z. B. konzerninterne Mieten oder Pachten, es sei denn, daß diesen Aufwendungen an Dritte verrechnete Kosten oder der aus Konzernsicht zu beachtende Werteverzehr gegenüberstehen.[56] Solche Aufwendungen dürfen nur in die Konzernherstellungskosten – abgesehen von den Voraussetzungen des § 255 Abs. 3 – eingehen, wenn sie auf einem konzernexternen Schuldverhältnis beruhen; Zinsen aus konzernintern bestehenden Kreditverhältnissen sind gemäß § 303 Abs. 1 im Konzernabschluß wegzulassen und dürfen nicht aktiviert werden.[57]

45 Nicht aktivierungsfähig sind **Vertriebskosten**, § 255 Abs. 2 S. 6. Dies gilt in jedem Fall für die Vertriebskosten des Unternehmens, welches den Vermögensgegenstand in seinem Jahresabschluß ansetzt, aber auch für diejenigen nach den vorstehenden Überlegungen nicht aktivierbaren Kosten der konzerninternen Vorlieferanten, die nicht als Gemeinkosten aus Konzernsicht angesetzt werden können.

---

[53] Z. B. Fertigungslizenzen, vgl. ADS 25; Beck Bil-Komm-*Budde/Dreissig* 15; WP-Handbuch 2000 I M 306.

[54] ADS 25; HdKR-*Weber* 43.

[55] WP-Handbuch 2000 I M 306.

[56] AK Externe Unternehmensrechnung, Schmalenbach-Gesellschaft, Dt. Gesellschaft für Betriebswirtschaft e. V., Sonderheft ZfbF 21/1987, 2. Aufl. (1989) 91.

[57] ADS 26.

Die Anwendung der für die Ermittlung von Herstellungskosten im Jahresabschluß geltenden Grundsätze auf die Bewertung von Vermögensgegenständen im Konzern führt auch bei Beachtung von Abs. 1 zum Bestehen einer Vielzahl von **Bewertungswahlrechten.** Dementsprechend besteht auch für die Bewertung dieser Vermögensgegenstände im Konzernabschluß eine Bandbreite. Die Untergrenze dieser Bandbreite, der *Konzernmindestwert* wird markiert durch die als Herstellungskosten zwingend aktivierungspflichtigen Aufwendungen, wie Materialkosten, Fertigungskosten und Sondereinzelkosten der Fertigung, wie sie sich aus Sicht des Konzerns ergeben. Die Obergrenze, der *Konzernhöchstwert*, wird gekennzeichnet durch die Summe der aus Konzernsicht aktivierbaren Aufwendungen, die sich aus aktivierungspflichtigen und fakultativ aktivierbaren Herstellungskosten i. S. v. § 255 Abs. 2 S. 2 einerseits, S. 3 bis 5 andererseits zusammensetzt.[58] Der dazwischen liegende Bewertungsspielraum wird durch die Ausübung der Wahlrechte zur Aktivierung von Material- und Fertigungsgemeinkosten, Abschreibungen, Verwaltungsgemeinkosten und Fremdkapitalzinsen (§ 255 Abs. 3) gekennzeichnet. 46

Die Wahlrechte bei der Zusammensetzung der aktivierten Konzernherstellungskosten werden für den Konzernabschluß unabhängig von der Ausübung in den Jahresabschlüssen ausgeübt, § 308 Abs. 1 (vgl. zu Einzelheiten und Ausnahmen § 308, 113 ff). Die Maßnahme unterliegt dem Grundsatz der einheitlichen Bewertung im Konzern, § 308 Abs. 1; die Anwendung der Vorschriften über den Jahresabschluß verpflichtet zudem zur Beachtung des Grundsatzes der Bewertungsstetigkeit, § 252 Abs. 1 Nr. 6 in zeitlicher und sachlicher Hinsicht;[59] der Konzernabschluß unterscheidet sich insofern nicht vom Jahresabschluß. 47

Je nach der **Ausübung** der bestehenden Bewertungswahlrechte sind die Herstellungskosten der Bestände des Konzerns zu ermitteln. Die Konzernleitung ist in der Entscheidung, ob durch entsprechende Ausübung von Bewertungswahlrechten die Konzernherstellungskosten eher zum Konzernmindestwert oder zum Konzernhöchstwert neigen, im Rahmen der Grundsätze einheitlicher Bewertung und der Stetigkeit frei.[60] 48

d) Niedrigere Wertansätze gemäß §§ 253 Abs. 2 und 3, 254. Der Wertansatz auch der konzernintern erworbenen Vermögensgegenstände im Konzernabschluß wird nicht nur durch die planmäßigen Abschreibungen bei abnutzbarem Anlagevermögen (§ 253 Abs. 2), sondern insbesondere durch **außerplanmäßige Abschreibungen** auf den niedrigeren beizulegenden Wert beeinflußt, § 253 Abs. 2 S. 3, Abs. 3 i. V. m. § 279. Liegen Sachverhalte vor, nach denen einem Vermögensgegenstand am Bilanzstichtag ein niedrigerer Wert beizumessen ist, ist dieser in den gesetzlich vorgeschriebenen Fällen zwingend der höchstzulässige Wert auch aus Konzernsicht. Wie bei der Bewertung im Jahresabschluß, jedoch unabhängig von dieser ist auch bei der Bewertung nach Abs. 1 der Vergleich zwischen dem nach Anwendung der für den Konzern geltenden Bewertungsgrundsätzen gefundenen Wert und dem gegebenenfalls niedrigeren beizulegenden Wert anzustellen. Der Ansatz mit den niedrigeren Konzernherstellungskosten geht einer ggf. erforderlichen Zwischengewinn/-verlusteliminierung vor.[61] Der Ansatz eines Vermögensgegenstands zu einem niedrigeren beizulegenden Wert (oder 49

---

[58] HdKR-*Weber* 44; ADS 28; WP-Handbuch 2000 I M 310.
[59] ADS § 252, 109 ff; § 255, 250.
[60] ADS 30.
[61] AK Externe Unternehmensrechnung der Schmalenbach Gesellschaft – Dt. Gesellschaft für Betriebswirtschaft e. V., Sonderheft ZfbF 21/1987, 2. Aufl. (1989) 88; ADS 34 ff; HdKR-*Weber* 48 ff mit Fallbeispielen.

niedrigeren Börsen-/Marktpreis) kann dem Betrag der Anschaffungskosten bei konzerninternem Erwerb entsprechen. Die Eliminierung eines beim Veräußerer entstandenen Zwischenverlusts kann dadurch entbehrlich werden.[62] Eine weitere Abweichung von den Konzernanschaffungs- oder Herstellungskosten ist gegeben, wenn Vermögensgegenstände zum niedrigeren Wertansatz angesetzt werden, der nach steuerlichen Vorschriften angesetzt werden kann und dessen Wertansatz in der Handelsbilanz Voraussetzung für die steuerliche Anerkennung ist, §§ 254, 279 Abs. 2. Solche Wertansätze, die durch die Inanspruchnahme steuerlicher Vergünstigungen gebildet wurden, dürfen nach § 308 Abs. 3 auch im Konzernabschluß angesetzt werden. Durch die in diesen Fällen gegebene Wertgleichheit der Ansätze in Jahres- und Konzernbilanz wird eine Zwischengewinneliminierung in aller Regel überflüssig; etwas anderes gilt, wenn der nach steuerlichen Vorschriften im Jahresabschluß anzusetzende Wert oberhalb der Konzernanschaffungs- oder Herstellungskosten liegt.[63]

50 e) **Durchlauf mehrerer Konzernstufen.** Wird der Vermögensgegenstand vor seiner Lieferung an das einbezogene Unternehmen, welches ihn in seinem Jahresabschluß anzusetzen hat, im Verlauf seiner Herstellung von **mehreren einbezogenen Unternehmen** be- oder verarbeitet, gelten für die Bewertung keine Besonderheiten. Die Konzernanschaffungs- oder Herstellungskosten setzen sich aus den aus Konzernsicht insgesamt aktivierungspflichtigen und aktivierungsfähigen Bestandteilen zusammen, gleichgültig, bei welchen einbezogenen Unternehmen die Aufwendungen angefallen sind. Die unter Beachtung der obenstehenden Grundsätze ermittelten Anschaffungs- oder Herstellungskosten des Konzerns sind dem aus den einzelnen Liefer- und Leistungsvorgängen insgesamt entstandenem Zwischenergebnis, welches sich aus der Summe der einzelnen Zwischengewinne und Zwischenverluste zusammensetzt, gegenüberzustellen; dabei entstandene Gewinne und Verluste sind zu saldieren.[64] In der Praxis bedeutet das, daß das zu eliminierende Zwischenergebnis aus dem Vergleich der anzusetzenden Konzernanschaffungs- oder Herstellungskosten und dem Ansatz bei dem Unternehmen zu ermitteln ist, in dessen Jahresabschluß der Vermögensgegenstand am Konzernbilanzstichtag anzusetzen ist.[65]

IV. Behandlung der Zwischenergebnisse

1. Eliminierungsgrundlagen

51 a) **Feststellung der zu verrechnenden Zwischenergebnisse.** Die Regelungen des Abs. 1 haben den Zweck, daß im Konzernabschluß auch die auf konzerninternen Geschäften beruhenden Vermögensgegenstände so bewertet werden, als ob die in den Konzernabschluß einbezogenen Unternehmen rechtlich ein einziges Unternehmen darstellten. Sie gelten, solange der Vermögensgegenstand im Konzern verbleibt. Regelungen darüber, wie Zwischenergebnisse zu behandeln sind, sind durch den Wortlaut der Norm nicht vorgegeben.

52 Die Anwendung von Abs. 1 führt zur Aufdeckung von **Unterschiedsbeträgen** zwischen dem aus Konzernsicht anzusetzenden Wert und dem Wertansatz, mit dem der Vermögensgegenstand im Jahresabschluß des einbezogenen Unternehmens ange-

---

62 Beck BilKomm-*Budde/Dreissig* 18.

63 ADS 36, 37; HdKR-*Weber* 48.

64 Bereits zum AktG a. F. GroßkommAktG-*Barz* § 331, 48; zum HGB AK Externe Unternehmensrechnung der Schmalenbach Gesellschaft – Dt. Gesellschaft für Betriebswirtschaft e. V., Sonderheft ZfbF 21/1987, 2. Aufl. (1989) 89; *Dreger* Der Konzernabschluß 191; ADS 52 ff.

65 *Heine* WPg 1967, 146, 151, ADS 53 jeweils mit einem Beispiel.

setzt ist. Zur Behandlung dieser Unterschiedsbeträge, die in der Überschrift als „Zwischenergebnisse" benannt werden, bestehen keine Regelungen. Abs. 1 enthält zwar Vorschriften über das „ob" und das „wie" einer Bewertung, nicht aber über die Verwendung des Unterschiedsbetrags. Aus Sinn und Zweck der Vorschrift ergibt sich aber die Aufgabe, als Folge der Bewertung die Unterschiedsbeträge zu ermitteln und zu „behandeln". Die Aufgabe, den Konzernabschluß unter Beachtung des Grundsatzes der wirtschaftlichen Einheit des Konzerns zu erstellen (§ 297 Abs. 3 S. 1) und die aus konzerninternen Geschäften stammenden Vermögensgegenstände so zu bewerten, als ob die in den Konzern einbezogenen Unternehmen rechtlich ein einziges Unternehmen darstellen (§ 304 Abs. 1), verlangt, hiervon abweichende Wertansätze und Erfolgsbeiträge im Konzernabschluß zu korrigieren. Weder die Konzernbilanz noch die in der Konzern- Gewinn- und Verlustrechnung enthaltenen Aufwendungen und Erträge dürfen von den Auswirkungen konzerninterner Geschäfte beeinflußt werden.

Als Konsequenz dieser Überlegungen sind die Unterschiedsbeträge als Zwischenergebnisse im Konzernabschluß zu behandeln, d. h. zu **verrechnen**, so daß die Vermögens-, Finanz- und Ertragslage von den Auswirkungen konzerninterner Geschäfte unbeeinflußt dargestellt werden kann. Die Behandlung der Zwischenergebnisse ist eine typische Maßnahme der Konsolidierung.[66] **53**

b) Maßgebliche Wertansätze. Gegenstand der Verrechnung bei der Zwischenergebniseliminierung ist der Unterschiedsbetrag, der sich als positive oder negative Differenz zwischen dem nach Abs. 1 für den Konzernabschluß ermittelten Wertansatz und dem Wertansatz der Handelsbilanz der einbezogenen Unternehmen ergibt. Zu verrechnen sind sowohl positive (Zwischenverluste) als auch negative Unterschiedsbeträge (Zwischengewinne).[67] **54**

Der **Unterschiedsbetrag** ist als Differenz der Wertansätze im Konzernabschluß und im Jahresabschluß zu ermitteln. Maßgebliche Wertgrundlage aus Sicht des Jahresabschlusses ist nicht die Handelsbilanz, sondern der Wertansatz aus der Bilanz, die der Konsolidierung zugrunde gelegt wird.[68] In der Handelsbilanz II werden die Vermögensgegenstände im Jahresabschluß des einbezogenen Unternehmens nach den einheitlichen Methoden des Konzerns angesetzt und bewertet, ohne jedoch bereits Maßnahmen der Konsolidierung wie nach § 304 Abs. 1 zu enthalten. Die Anpassung der Bewertung an die konzerneinheitlichen Grundsätze kann dazu führen, daß Wertunterschiede zwischen Handelsbilanz II und Konzernabschluß ausgeschlossen werden, so daß sich die Eliminierung von Zwischenergebnissen nach Abs. 1 dann erübrigt.[69] **55**

Der aus Konzernsicht maßgebliche Wertansatz ist in Anwendung von § 304 Abs. 1 zu ermitteln. Grundlage für die Berechnung des Unterschiedsbetrages ist der im Rahmen der konzerneinheitlichen Bewertung **angesetzte Wert**, nicht jedoch ein aus Konzernsicht im allgemeinen sonst zulässiger Konzernhöchst- oder -mindestwert, soweit nicht dieser nach den Bewertungsrichtlinien für den Konzern maßgeblich ist.[70] **56**

2. Verrechnung der Unterschiedsbeträge

Aus den Wertansätzen in der Handelsbilanz II der einbezogenen Unternehmen für Vermögensgegenstände und den für den Konzernabschluß ermittelten Anschaffungs- oder Herstellungskosten ergibt sich ein Unterschiedsbetrag, um den das Ergebnis in **57**

---

66 ADS 55.
67 Vgl. *Biener/Berneke* BiRiLiG 345 ff.
68 ADS 52; HdKR-*Weber* 11.
69 HdKR-*Weber* 63 mit Beispiel; ihm folgend ADS 69.
70 HdKR-*Weber* 52; ungenau WP-Handbuch 2000 I M 300 ff.

der Konzernbilanz und Konzern-Gewinn- und Verlustrechnung zu korrigieren ist. Dabei ist zu differenzieren, auf welchen Posten zu übernehmender Vermögensgegenstände die Unterschiedsbeträge beruhen und wie sie im Jahr der erstmaligen Entstehung sowie in den Folgejahren zu verrechnen sind.

58 a) **Vermögensposten. aa) Immaterielle Gegenstände des Anlagevermögens.** Gehören durch einbezogene Unternehmen geschaffene oder von ihnen erworbene immaterielle Gegenstände zum Anlagevermögen eines einbezogenen Unternehmens, dürfen sie gemäß §§ 298 Abs. 1, 248 Abs. 2 im Konzernabschluß nicht angesetzt werden. Soweit dieser Sachverhalt überhaupt unter Abs. 1 zu subsumieren ist, ergibt sich aus der Verrechnung des Aktivpostens in der Handelsbilanz II und des Wertansatzes zu Null im Konzernabschluß stets ein Unterschiedsbetrag. Dieser Betrag ist nach der erstmaligen Aktivierung zu eliminieren; die Verrechnung ist ergebniswirksam. Die Korrektur ist in den Folgejahren ergebnisneutral zu wiederholen, bis der Vermögensgegenstand den Konsolidierungskreis verlassen hat.[71]

59 **bb) Abnutzbare Gegenstände des Anlagevermögens.** Die abnutzbaren Gegenstände des Anlagevermögens unterliegen gemäß § 253 Abs. 2 planmäßigen Abschreibungen, für die die jeweiligen Anschaffungs- oder Herstellungskosten Bemessungsgrundlage sind. Die in den Jahresabschlüssen enthaltenen **Abschreibungen** weichen in Fällen unterschiedlicher Wertansätze im Konzernabschluß voneinander ab. Außer den Unterschiedsbeträgen bei den Anschaffungs- und Herstellungskosten sind hier – in den Folgejahren gegenläufig – die unterschiedlichen Abschreibungsbeträge zu korrigieren. In Höhe der Differenz der unterschiedlichen Abschreibungsbeträge realisiert sich über die Abschreibungsdauer das Zwischenergebnis.[72] Der Unterschiedsbetrag im Jahr der konzerninternen Anschaffung oder Herstellung sowie die jährlichen Unterschiedsbeträge in den Abschreibungen sind jeweils erfolgswirksam zu verrechnen, da sie sich im jeweiligen Geschäftsjahr auf das Ergebnis des einbezogenen Unternehmens und damit auf das Ergebnis des Konzerns ausgewirkt haben. Die in den Vorjahren erfolgswirksam verrechneten Unterschiedsbeträge sind saldiert erfolgsneutral vorzutragen.[73]

60 **cc) Nicht abnutzbare Gegenstände des Anlagevermögens.** Die Lieferung und Leistung nicht abnutzbarer Gegenstände des Anlagevermögens führt zur erfolgswirksamen Verrechnung dabei entstandener Unterschiedsbeträge. Diese sind erfolgsneutral fortzuführen, solange der Gegenstand sich innerhalb des Konsolidierungskreises befindet.[74] Werden auf den Gegenstand **außerplanmäßige Abschreibungen** vorgenommen, so sind diese Auswirkungen auf einen vorhandenen Unterschiedsbetrag festzustellen und gegebenenfalls zu verrechnen; eine Abschreibung auf den niedrigeren beizulegenden Wert kann zum Ausgleich eines Unterschiedsbetrages führen.

61 **dd) Vorräte.** Bei konzernintern gelieferten Vorräten sind diese aus dem **Gesamtbestand** der Vorräte individuell, durch Schätzung oder auch durch Anwendung von Verbrauchsfolgeverfahren heranzurechnen (vgl. Rdn. 25). Die Bewertung erfolgt zu den Konzernanschaffungs- oder Herstellungskosten.

62 **b) Art der Verrechnung. aa) Aktivposten.** Der in den Konzernabschluß zu übernehmende Vermögensgegenstand ist in der Konzernbilanz mit dem nach den Richtlinien des Konzerns anzusetzenden **Konzernanschaffungs-** oder **-herstellungs-**

---

[71] AK Externe Unternehmensbewertung der Schmalenbach Gesellschaft – Dt. Gesellschaft für Betriebswirtschaft e.V., ZfbF Sonderheft 21/1987, 2. Aufl. (1989) 102; HdKR-*Weber* 53.

[72] ADS 80.

[73] ADS 81 mit einem Beispielsfall.

[74] ADS 87.

kosten zu aktivieren. Bei abnutzbaren Gegenständen des Anlagevermögens sind die fortgeschriebenen Anschaffungs- oder Herstellungskosten anzusetzen. Dies kann in der Weise erfolgen, daß in die Konzernbilanz die in einer eigenständigen Konzernanlagebuchführung ermittelten Werte angesetzt werden oder daß die im Jahresabschluß des jeweils einbezogenen Unternehmens angesetzten Werte für die betreffenden Vermögensgegenstände in Höhe des Unterschiedsbetrages korrigiert werden. Die konzerninterne Maßnahme wirkt sich auf die Konzern-Gewinn- und Verlustrechnung aus (z. B. Umsatzerlöse, sonstige betriebliche Erträge oder Aufwendungen),[75] vgl. Rdn. 66. Die Folgeauswirkungen auf andere Posten der Bilanz und Konzern-Gewinn- und Verlustrechnung (z. B. Abschreibungen, Rdn. 59) sind zu beachten.

bb) Gegenposten in der Konzernbilanz. Die Bewertung der Vermögensgegenstände zu Konzernanschaffungs- oder -herstellungskosten führt auf der Aktivseite zu höheren oder niedrigeren Wertansätzen im Vergleich zu den Jahresabschlüssen der einbezogenen Unternehmen. Die diesen Ansätzen korrespondierende Gegenbuchung ist durch Abs. 1 nicht normiert; sie richtet sich nach den „Grundsätzen ordnungsmäßiger Konsolidierung“, die für die zu eliminierenden Beträge zu unterscheiden haben, ob es sich um Lieferungen, Leistungen und/oder Folgemaßnahmen mit Auswirkung auf die Bewertung des laufenden Geschäftsjahres oder eines der Vorjahre handelt.[76] Die Bewertungsunterschiede haben erfolgswirksame und erfolgsneutrale Bestandteile. In beiden Fällen wirken sich die Bewertungsunterschiede, die zugleich eine Korrektur der aus Konzernsicht nicht realisierten Ergebnisbestandteile aus den Jahresergebnissen der einbezogenen Unternehmen bewirken, auf das **Konzerneigenkapital** aus, jedoch in unterschiedlichen Posten.[77] 63

Betrifft die Verrechnung der Unterschiedsbeträge, die **im Geschäftsjahr** erstmals entstanden sind oder aus der Realisierung von in den Vorjahren eliminierten Bewertungsunterschieden resultieren (z. B. Unterschiede aus Lieferungen und Leistungen des laufenden Jahres; Veräußerung von Vermögensgegenständen, die auf konzerninternen Geschäften beruhen; Abschreibungen bei unterschiedlichen Anschaffungs- oder Herstellungskosten), ist die Verrechnung **erfolgswirksam**. Die der Verrechnung zugrunde liegende Maßnahme ist im Jahresergebnis eines einbezogenen Unternehmens enthalten. Das Herausrechnen der Bewertungsunterschiede führt zu einer Verringerung des Konzernergebnisses bei der Verrechnung von Zwischengewinnen, zu einer Erhöhung bei der Verrechnung von Zwischenverlusten. Der Konzernjahresüberschuß/-fehlbetrag oder – bei Ausweis des Konzerneigenkapitals nach vollständiger oder teilweiser Gewinnverwendung – der Konzernbilanzgewinn/-verlust wird um den Saldo der neu entstandenen Bewertungsunterschiede niedriger oder höher ausgewiesen als die Summe der Einzelergebnisse der einbezogenen Unternehmen vor Behandlung der Zwischenergebnisse.[78] 64

Die in den **Vorjahren** durch Geschäfte zwischen einbezogenen Unternehmen entstandenen Bewertungsunterschiede sind, solange die Vermögensgegenstände bei einem Unternehmen innerhalb des Konsolidierungskreises anzusetzen sind, ggf. unter Berücksichtigung der vorzunehmenden Bewertungskorrekturen (z. B. Abschreibungen, Ansatz mit dem niedrigeren beizulegenden Wert, vgl. Rdn. 55, 59), in der Konzernbilanz fortzuführen. Die Übernahme dieser Bewertungsunterschiede, die in den Vorjahren erfolgswirksam verrechnet wurden, darf nicht nochmals zu einer Korrektur des Konzernergebnisses führen; in den Folgejahren weicht die Summe der Einzel- 65

---

[75] Beck BilKomm-*Budde/Dreissig* 50.
[76] HdKR-*Weber* 68.
[77] ADS 89.
[78] ADS 90; HdKR-*Weber* 65 ff insbes. 69.

ergebnisse der einbezogenen Unternehmen nicht vom Konzernergebnis ab. Die Übernahme der Vermögensgegenstände mit unterschiedlichen Wertansätzen führt zu einem abweichenden Gesamtbetrag des Eigenkapitals des Konzerns. Zur Anpassung an die Bewertungsunterschiede ist das Konzerneigenkapital in diesen Fällen **erfolgsneutral** zu **korrigieren**, soweit im Vorjahresabschluß bereits Unterschiedsbeträge enthalten waren[79]. Abs. 1 enthält keine Regelung darüber, in welchen **Posten des Eigenkapitals** diese Unterschiedsbeträge zu verrechnen sind. Wegen der in den Vorjahren erfolgswirksam durchgeführten Verrechnung der Unterschiedsbeträge waren diese Bestandteile der jeweiligen Vorjahresergebnisse geworden, die nunmehr im Ergebnisvortrag oder den Gewinnrücklagen enthalten sind. Die Ermittlung der verursachungsgerechten Verwendung dieser früheren Ergebnisbestandteile scheidet aus, da sie insgesamt Teil des (einheitlichen) Konzernergebnisses geworden sind.[80] Vereinfachend wird deswegen vorgeschlagen, den Saldo aus den Zunahmen und den Realisierungen der Zwischenergebnisse erfolgswirksam mit dem Konzernergebnis zu verrechnen, während der Betrag in den Vorjahren eliminierter Unterschiedsbeträge nach dem Stand am Ende des Vorjahres mit den Gewinnrücklagen oder dem Ergebnisvortrag ergebnisneutral verrechnet wird.[81] Der innerhalb des Konzerneigenkapitals zur Verrechnung heranzuziehende Posten[82] ist indes umstritten. Hier wird der Auffassung der Vorzug gegeben, die Verrechnung mit dem Konzernergebnis oder den Konzerngewinnrücklagen zuzulassen.[83]

66 **cc) Gegenposten in der Konzern-Gewinn- und Verlustrechnung.** Die Anwendung der durch Abs. 1 vorgeschriebenen bzw. zugelassenen Bewertungsmethoden hat **Auswirkungen** auf die Posten der Konzern-Gewinn- und Verlustrechnung. Betroffen sind insbesondere die Posten der *Umsatzerlöse* (Eliminierung der Innenumsätze), der *sonstigen betrieblichen Erträge* (Eliminierung der Innenerträge), der Bestandsveränderungen und aktivierten Eigenleistungen, Materialaufwendungen und sonstigen betrieblichen Aufwendungen in der Gewinn- und Verlustrechnung nach dem Gesamtkostenverfahren (§ 275 Abs. 2), die Herstellungskosten und sonstigen betrieblichen Aufwendungen/Erträge in der Gewinn- und Verlustrechnung nach dem Umsatzkostenverfahren.[84] Die Veränderungen betreffen **Umgliederungen** von Lieferungen und Leistungen, die in den zur Konzern-Gewinn- und Verlustrechnung zusammengefaßten Einzelposten der Gewinn- und Verlustrechnung der einbezogenen Unternehmen enthalten sind (§ 305, 128). Der Ansatz der Vermögensgegenstände nach den

---

[79] ADS 91; HdKR-*Weber* 70 ff.

[80] *Busse v. Colbe/Ordelheide* Konzernabschlüsse 435 ff; ADS 91 a. E.; Beck HdR-*Klein* C 430, 196 ff.

[81] Vgl. ADS 93 f; HdKR-*Weber* 71 f sowie Kap. II, 1362 ff; WP-Handbuch 2000 I M 639; *Busse v. Colbe/Ordelheide* Konzernabschlüsse 432; *v. Wysocki/Wohlgemuth* Konzernrechnungslegung 201 ff; *Groß/Schruff/v. Wysocki* Der Konzernabschluß nach neuem Recht 107; *W. Schruff* Einflüsse der 7. EG-Richtlinie auf die Aussagefähigkeit des Konzernabschlusses 264 ff.

[82] Zur Überlegung, den Unterschiedsbetrag in einem Sonderposten oder einer Rückstellung zu verrechnen WP-Handbuch 2000 I M 650f; *Albach/Forster/Geßler* NB 1968 Heft 3, 12 ff.

[83] Vgl. zum AktG *Haase* DB 1966, 1657, 1659; *Granobs* Zwischenergebnisse im aktienrechtlichen Konzernabschluß (1969) 48; *IDW* (SANA) Stellungnahme 2/1967 WPg 1967, 489; *Heine* WPg 1967, 152; *Koncok* DB 1968, 637; *Busse v. Colbe* WPg 1978, 652, 657; *Harms/Küting* DB 1979, 2333, 2338; AK Weltabschlüsse der Schmalenbach-Gesellschaft – Dt. Gesellschaft für Betriebswirtschaft e. V., ZfbF Sonderheft 9/1979, 51; zum HGB *Biener/Berneke* BiRiLiG 357; *Küting/Weber* in Albach/Forster, Beiträge zum Bilanzrichtliniengesetz 317; AK Externe Unternehmensrechnung der Schmalenbach-Gesellschaft – Dt. Gesellschaft für Betriebswirtschaft e. V., ZfbF Sonderheft 2/1987, 2. Aufl. (1989) 100; WP-Handbuch 2000 I M 644; ADS 250 ff; HdKR-*Küting/Weber* Kap. II, 1362 ff.

[84] WP-Handbuch 2000 I M 641 f; Beck BilKomm-*Budde/Dreissig* 50, 51.

Vorgaben des Abs. 1 hat betragsmäßige Veränderungen zur Folge, soweit die Unterschiedsbeträge im Geschäftsjahr entstanden und erfolgswirksam zu verrechnen sind.[85] Bei Lieferungen und Leistungen in das abnutzbare Anlagevermögen sind die Auswirkungen auf die Abschreibungen in den Folgejahren zu berücksichtigen. Bei den in Betracht kommenden, konzerninternen Lieferungen und Leistungen wirkt sich die Verrechnung der Unterschiedsbeträge wie folgt aus:

- bei *nicht abnutzbarem Anlagevermögen* werden Zwischengewinne gegen die sonstigen betrieblichen Erträge, Zwischenverluste gegen die sonstigen betrieblichen Aufwendungen verrechnet;
- bei *abnutzbarem Anlagevermögen* wird die Erhöhung von zu verrechnenden Zwischengewinnen oder Verlusten bei selbsterstellten Gegenständen mit dem anderer aktivierten Eigenleistungen, bei anderen Anlagen mit den sonstigen betrieblichen Erträgen/Aufwendungen verrechnet, die Verminderung von Zwischengewinnen und -verlusten wird in den Abschreibungen des Geschäftsjahres verrechnet;
- bei *Vorräten* erfolgt die Verrechnung bei Aufwendung des Gesamtkostenverfahrens mit der Betriebsveränderung, bei Anwendung des Umsatzkostenverfahrens wird die Erhöhung eliminierter Zwischengewinne und -verluste mit den Innenumsatzerlösen, die Verminderung von eliminierten Zwischengewinnen und -verlusten wird mit den Herstellungskosten der zur Erzielung der Umsatzerlöse erbrachten Leistungen verrechnet.[86]

V. Besondere Fälle bei der Behandlung von Zwischenergebnissen

1. Verrechnung der Unterschiedsbeträge bei unterschiedlichen Abschlußstichtagen

Nach § 299 Abs. 2 ist es zulässig, Unternehmen auf der Grundlage eines Jahresabschlusses in den Konzernabschluß einzubeziehen, deren **Stichtag** bis zu drei Monaten vor dem Stichtag des Konzernabschlusses lag, § 299 Abs. 2 Satz 3. Wird – zulässigerweise – auf die Aufstellung eines Zwischenabschlusses verzichtet, sind Fälle denkbar, in denen entweder konzernintern veräußerte Vermögensgegenstände nicht in den Konzernabschluß übernommen werden, auch wenn sie am Stichtag des Konzernabschlusses noch zum Vermögen des Konzerns gehören (Beispiel: Mutterunternehmen (Stichtag 31. 12. = Konzernabschluß) liefert an Tochterunternehmen (Stichtag 30. 09.) im November einen Vermögensgegenstand) oder konzernintern gelieferte Vermögensgegenstände noch angesetzt werden, obwohl sie am Stichtag des Konzernabschlusses bereits realisiert sind (Beispiel: Mutterunternehmen (Stichtag 31. 12. = Konzernabschluß) liefert an Tochterunternehmen (Stichtag 30. 09.) im Juli einen Vermögensgegenstand, der im November an Konzernfremde veräußert wird). Soll in derartigen Fällen Abs. 1 angewendet werden, wird die Anwendung im ersten Beispielsfall daran scheitern, daß kein Vermögensgegenstand im Konzernabschluß anzusetzen ist. Im zweiten Fall werden Unterschiedsbeträge verrechnet, obwohl der Gewinn/Verlust bereits durch Veräußerung an Dritte realisiert ist. In beiden Beispielen wären zudem die Auswirkungen auf die Gewinn- und Verlustrechnung zu korrigieren. In Fällen von Bedeutung ist § 299 Abs. 3 zu beachten. Danach sind Geschäfte, die zwischen dem Abschlußstichtag des Unternehmens und dem Abschlußstichtag des Konzerns ein- 67

[85] ADS 101.
[86] So auch ADS 103 mit Verweisen auf § 305, 9 ff, 15 ff und 47 ff.

getreten sind, in der Konzernbilanz und der Konzern-Gewinn- und Verlustrechnung zu berücksichtigen (nachzubuchen) oder im Konzernanhang anzugeben. Wird die Nachbuchung vorgenommen, kann die Bewertung nach Abs. 1 entsprechend den allgemeinen Regeln vorgenommen werden, es sei denn, daß dadurch die Behandlung von Zwischenergebnissen überflüssig wird (vgl. oben 2. Beispielsfall).[87]

2. Latente Steuern bei der Behandlung von Zwischenergebnissen

68 Ergebniswirksame Konsolidierungsmaßnahmen wie die Bewertung der in den Konzernabschluß zu übernehmenden Vermögensgegenstände nach Abs. 1 führen dazu, daß das im Konzernabschluß ausgewiesene **Jahresergebnis** niedriger oder höher als die Summe der Einzelergebnisse der in den Konzernabschluß einbezogenen Unternehmen ist. Infolge der rechtlichen Selbständigkeit der einbezogenen Unternehmen hat sich die konzerninterne Lieferung oder Leistung beim liefernden oder leistenden Unternehmen auf das Ergebnis und den Steueraufwand ausgewirkt; im Konzern bleibt das Ergebnis hingegen unverändert. In diesen Fällen ist nach § 306 Satz 1 der Steueraufwand anzupassen, da er im Verhältnis zum Jahresergebnis des Konzerns im Falle von Zwischenverlusten zu niedrig oder im Falle von Zwischengewinnen zu hoch ist, soweit sich der zu hohe oder zu niedrige Steueraufwand in späteren Geschäftsjahren voraussichtlich ausgleicht.

69 Diese Voraussetzungen sind bei der Anpassung des Wertes von Vermögensgegenständen, die auf konzerninternen Geschäften beruhen, jedenfalls in den Fällen gegeben, in denen es sich um **abnutzbare Gegenstände** des Anlagevermögens oder um Vorräte handelt; bei der Bewertung von konzernintern übertragenen nicht abnutzbaren Vermögensgegenständen ist demgegenüber zu prüfen, ob die Bewertungsunterschiede nicht voraussichtlich von Dauer sind, so daß wegen der dann vorliegenden permanent differences die Steuerabgrenzung zu unterbleiben hat.[88] In den anderen Fällen wird der Unterschiedsbetrag z. B. durch Abschreibung oder Veräußerung an Konzernfremde alsbald realisiert, so daß sich der Betrag der Ergebnisauswirkung umkehren wird (timing difference). Der Steueraufwand gleicht sich zu diesem Zeitpunkt wieder aus.[89] Zur Steuerabgrenzung bei Konsolidierungsmaßnahmen im einzelnen vgl. § 306, 20.

3. Erstmalige Behandlung von Zwischenergebnissen, Ausscheiden aus dem Konsolidierungskreis

70 **a) Eintritt in den Konsolidierungskreis, erstmalige Konsolidierung.** Ist ein Mutterunternehmen erstmals verpflichtet, einen Konzernabschluß aufzustellen oder wird der Konsolidierungskreis durch Aufnahme eines weiteren Tochterunternehmens erweitert (zu den Einzelheiten § 294), ergibt sich die Problematik, ob Abs. 1 auf **Erwerbsachverhalte** angewendet werden soll, die aus der Zeit **vor** Begründung der Aufstellungs- oder **Einbeziehungspflicht** resultieren.[90] Bei Unternehmen, die nach §§ 295, 296 zunächst nicht einbezogen werden durften oder sollten, geht es im Fall später erfolgender Einbeziehung um Geschäfte, die vor dem Zeitpunkt des Wegfalls der die Nichtkonsolidierung begründenden Umstände vorgenommen wurden. Die

---

[87] ADS 130; Beck HdR-*Klein* C 430, 183; für den Fall, daß eine Nachbuchung unterbleibt, empfehlen *Harms/Küting* BB 1985, 437 auch die Verrechnung der Unterschiedsbeträge in einem besonderen Ausgleichsposten.

[88] ADS 106 f, § 306, 32 f; *Wiedmann* BilR 17.

[89] HdKR-*Weber* 60 f mit einem Beispiel; *DRSC* E-DRS 12, 19.

[90] WP-Handbuch 2000 I M 331 f.

Lösung dieser Problematik muß sich am Wortlaut sowie Sinn und Zweck des Abs. 1 ausrichten. Nach dem Wortlaut sind die auf Lieferungen oder Leistungen zwischen den in den Konzernabschluß einbezogenen Unternehmen beruhenden Vermögensgegenstände einer besonderen Bewertung zu unterziehen. Nach dem Wortlaut geht es um Geschäfte zwischen den einbezogenen Unternehmen und es wäre bei weiter Auslegung gleichgültig, wann diese Geschäfte stattgefunden haben. Diese Beurteilung allein kann eine Entscheidung jedoch nicht tragen. Es kommt darauf an, ob die gesetzliche Vorschrift davon ausgeht, daß

- zwischen zwei oder mehreren, in den Konzernabschluß einbezogenen Unternehmen über einen Vermögensgegenstand zu *irgendeinem Zeitpunkt* ein Geschäft geschlossen wurde, oder
- das Geschäft über den in den Konzernabschluß zu übernehmenden Vermögensgegenstand zwischen zwei oder mehreren, in den Konzernabschluß (bereits) einbezogene Unternehmen während des *Zeitraums* ihrer *Konzernzugehörigkeit* abgeschlossen wurde.

71 Der **Wortlaut** des Abs. 1 läßt zu dieser Differenzierung keine Klarstellung erkennen. Aus dem Wortlaut könnte zunächst die Notwendigkeit abgeleitet werden, alle Vermögensgegenstände, die auf konzerninternen Maßnahmen beruhen, entsprechend Abs. 1 zu bewerten, d. h. auch auf Lieferungen und Leistungen aus vorkonzernbilanzrechtlicher Zeit zu erstrecken.[91] Die systematische Stellung der Norm als eine der Vorschriften über Konsolidierungsmaßnahmen, die – ungeschrieben – voraussetzen, daß es sich um einbezogene Unternehmen handelt, könnte indes dafür sprechen, der Konsolidierung nur solche Maßnahmen und Geschäfte zugrunde zu legen, die zwischen den – diese Eigenschaft bereits erfüllenden – einbezogenen Unternehmen durchgeführt werden.

72 Letztendlich sprechen **Sinn** und **Zweck** der Norm für eine Auslegung in dem Sinne, daß Abs. 1 auf Vermögensgegenstände, die auf Lieferungen oder Leistungen aus der Zeit vor der erstmaligen Einbeziehung beruhen, nicht angewendet zu werden brauchen. Diese Interpretation entspricht der Funktion des Konzernabschlusses, die Vermögens-, Finanz- und Ertragslage der einbezogenen Unternehmen so darzustellen, als ob diese Unternehmen insgesamt ein einziges Unternehmen darstellten, § 297 Abs. 3 S. 1. Korrekturen durch die Verrechnung von Unterschiedsbeträgen erscheinen nur geboten, um die Auswirkungen der verschiedenen Unternehmen auf die Darstellung eines zusammengefaßt einzigen Unternehmens zu beseitigen. In diesem Sinne verlangt Abs. 1, Bewertungen anzupassen und in der Folge die den Bewertungsunterschieden entsprechenden positiven oder negativen Erfolgsbeiträge wegzulassen. Bei einem einzigen Unternehmen gilt diese Betrachtung, soweit ihr unternehmensinterne Vorgänge zugrunde liegen; Vorgänge mit Dritten werden aus Sicht des einzigen Unternehmens als realisiert betrachtet, selbst wenn der Dritte zu einem späteren Zeitpunkt in das Unternehmen (resp. den Konzernabschluß) einbezogen wird.[92]

73 Die Nichtanwendung von Abs. 1 auf Vermögensgegenstände, die auf Lieferungen und Leistungen aus der Zeit vor der erstmaligen Einbeziehung beruhen, beeinträchtigt nicht die Vermittlung eines zutreffenden Bildes von der **Vermögens-** und **Ertragslage** der einbezogenen Unternehmen. Die Vermögensgegenstände werden mit Werten angesetzt, wie sie zwischen unabhängigen Dritten vereinbart und einem durchgeführten Geschäft zugrunde gelegt werden. Die aus diesen Geschäften resultierenden Erfolgsbeiträge müssen im Sinne von § 252 Abs. 1 Nr. 4 S. 2 als realisiert angesehen und

---

[91] ADS 122; *Dreger* Der Konzernabschluß 211.

[92] *Baetge* Konzernbilanzen 331.

belassen werden.[93] Die Ertragslage des Konzerns wird durch die erstmalige Einbeziehung eines weiteren Unternehmens nicht verändert; die erfolgswirksame Verrechnung von Unterschiedsbeträgen müßte ohnehin als der Darstellung der Ertragslage abträglich angesehen werden (in Betracht käme infolgedessen allenfalls die erfolgsneutrale Behandlung von Bewertungsunterschieden[94]). Für die erstmalige Aufstellung eines Konzernabschlusses und die erstmalige Einbeziehung eines weiteren Tochterunternehmens ist Abs. 1 auf Vermögensgegenstände, die auf Lieferungen oder Leistungen zwischen diesen und/oder dem erstmals einbezogenen Unternehmen in der Zeit vor Begründung der Einbeziehungspflicht nicht anzuwenden.[95]

74 Eine Ausnahme von diesem Grundsatz besteht für Vermögensgegenstände, die im Laufe des **Geschäftsjahres der erstmaligen Einbeziehung** geliefert oder geleistet wurden, es sei denn, daß die Erstkonsolidierung zum Ende des Geschäftsjahres vorgenommen wird und die Gewinn- und Verlustrechnung nicht in die Konzern-Gewinn- und Verlustrechnung übernommen wird.[96] Weitere Ausnahmen gelten bei der Vornahme von Geschäften vor der erstmaligen Einbeziehung eines Unternehmens, die allein den Zweck haben, die Vorschriften über die Behandlung von Zwischenergebnissen zu umgehen (zu den Mißbrauchsfaktoren in Drittgeschäften Rdn. 29).

75 **b) Veräußerung des Vermögensgegenstandes an Dritte.** Wird der Vermögensgegenstand, auf den Abs. 1 anzuwenden war, aus dem Konsolidierungskreis an einen Dritten veräußert, so führt die Maßnahme zu einem Erfolgsbeitrag für den Konzern, der von dem im Jahresabschluß des einbezogenen Unternehmens abweicht. Durch die **Veräußerung** wird der Zwischengewinn/-verlust endgültig realisiert. Die Veräußerung führt somit zu einer weiteren Ergebnisabweichung, die erfolgswirksam zu verrechnen ist.

76 **c) Ausscheiden eines einbezogenen Unternehmens aus dem Konsolidierungskreis.** Scheidet das Unternehmen, welches einen **Vermögensgegenstand angesetzt** hat, auf den Abs. 1 angewendet wurde, aus dem Konsolidierungskreis aus, kommt für die Zukunft eine weitere Bewertung des Gegenstands nach dieser Vorschrift nicht in Betracht. Mit dem Ausscheiden des Unternehmens geht der Vermögensgegenstand aus dem Konzern mit dem ihm beizulegenden Wert ab. Die Verrechnung eines Unterschiedsbetrags entfällt. Auswirkungen auf die Erfolgsrechnung des Unternehmens, welches den Gegenstand geliefert hat, ergeben sich nicht.

77 **Verbleibt** der Vermögensgegenstand im Konzern, scheidet jedoch das Unternehmen aus dem Konsolidierungskreis aus, welches den Gegenstand in den Vorjahren geliefert hatte, verbleibt es bei dem einbezogenen Unternehmen bei der bisherigen Bewertung zu Konzernanschaffungs- oder -herstellungskosten. Entsprechend den unter Rdn. 72 angestellten Überlegungen bleibt der Vermögensgegenstand einer, der auf Lieferungen oder Leistungen anderer einbezogener Unternehmen beruhte. Für eine Gewinn-/Verlustrealisierung im Konzern aus diesem Grunde besteht kein Raum.[97]

4. Weitere Sonderfälle

78 **a) Zwischenergebniseliminierung bei Quotenkonsolidierung und Equity-Bewertung.** Bei Quotenkonsolidierung sind die Vorschriften von § 304 entsprechend anwendbar, § 310 Abs. 2. Zu den Besonderheiten vgl. § 310, 81 f. Für assoziierte

[93] *Busse v. Colbe/Ordelheide* Konzernabschlüsse 391 f.
[94] ADS 123.
[95] Im Ergebnis gleichlautend ADS 126 f; HdKR-*Weber* 86.
[96] ADS 127.
[97] ADS 128.

Unternehmen enthält § 312 Abs. 5 Satz 3 Sonderregelungen. Im einzelnen vgl. § 312, 126 ff.

b) Veräußerung von Anteilen an einbezogenen Unternehmen innerhalb des Konsolidierungskreises. Werden Anteile an Unternehmen, die in den Konzernabschluß einbezogen werden, an andere, ebenfalls einbezogene Unternehmen veräußert, entsteht i. d. R. ein Zwischenergebnis. Dieses darf im Konzernabschluß nicht erscheinen. Auf die **Eliminierung** dieses **Zwischenergebnisses** ist Abs. 1 nicht unmittelbar anwendbar, da Anteile an in den Konzernabschluß einbezogene Tochterunternehmen nicht zu den in dem Konzernabschluß zu übernehmenden Vermögensgegenständen gehören.[98] Der sich nach der konzerninternen Transaktion ergebende Wert darf nicht der Konsolidierung des Tochterunternehmens nach § 301 Abs. 1 zugrunde gelegt werden. Der infolge der konzerninternen Transaktion veränderte Wertansatz ist entsprechend Abs. 1 zu modifizieren; das aus der Transaktion entstandene Zwischenergebnis ist aus dem Konzernergebnis herauszurechnen. 79

c) Besonderheiten bei Beteiligung anderer Gesellschafter an Tochterunternehmen. Sind an einem Tochterunternehmen andere Gesellschafter beteiligt, könnte die Überlegung aufkommen, Zwischenergebnisse i. S. v. Abs. 1 nur entsprechend der Konzernbeteiligungsquote herauszurechnen. Mit der auf Art. 26 Abs. 1c der 7. EG-Richtlinie beruhenden Regelung wurde in Abs. 1 – ohne Umsetzung des EG-rechtlichen Wahlrechts – der Grundsatz der **vollständigen Eliminierung** von Zwischenergebnissen unabhängig von der Beteiligungsquote zur Pflicht gemacht.[99] Diskutiert wurde, ob der bei Verrechnung der Zwischenergebnisse anfallende Betrag anteilig auf den Anteil anderer Gesellschafter am Kapital und Ergebnis bezogen werden könnte.[100] Diese Überlegung hat sich letztlich nicht durchgesetzt. Es ist überwiegende Auffassung, daß der Anteil anderer Gesellschafter von der Eliminierung von Zwischenergebnissen nicht betroffen wird.[101] 80

VI. Unterlassen der Behandlung der Zwischenergebnisse

1. Lieferungen oder Leistungen zu üblichen Marktbedingungen, Abs. 2

a) Gesetzliche Grundlagen. Die Vorschriften über die Bewertung der in den Konzernabschluß zu übernehmenden Vermögensgegenstände nach Abs. 1 brauchen nicht angewendet zu werden, wenn die zugrunde liegenden Lieferungen oder Leistungen zu *üblichen Marktbedingungen* vorgenommen worden sind und die Ermittlung des nach Abs. 1 vorgeschriebenen Wertansatzes einen unverhältnismäßig hohen Aufwand erfordern würde, Abs. 2 S. 1. Diese **Ausnahmeregelung** kodifiziert einzelne Regelungsaspekte des materiality-Grundsatzes; die Anwendung bestimmter Vorschriften über die Konsolidierung ist dann freigestellt, wenn das Ziel, einen dem § 297 Abs. 3 entsprechenden Konzernabschluß zu erstellen, auch durch Vornahme eines unverhältnismäßigen Aufwands nicht besser erreicht werden kann. Bei Lieferungen oder Leistungen zu Marktbedingungen wird der Zweck der Konsolidierung durch die Nichtanwendung der Bewertungsvorschriften des Abs. 1 nicht ernstlich gefährdet, so daß es angemessen ist, in diesem Falle dem Interesse der Unternehmen an einer möglichst geringen Kostenbelastung Vorrang einzuräumen.[102] 81

---

98 ADS 114.

99 *v. Wysocki/Wohlgemuth* Konzernrechnungslegung 203; ADS 108.

100 *Busse v. Colbe/Ordelheide* Konzernabschlüsse 450 f; *Busse v. Colbe* WPg 1978, 652, 658.

101 ADS 110; WP-Handbuch 2000 I M 302; *v. Wysocki/Wohlgemuth* Konzernrechnungslegung 204; a. M. Beck HdR-*Bruns* C 450, 45.

102 Vgl. Ber.Rechtsausschuß zu § 304 Abs. 2, BT-Drucks. 10/4268, 115, der einen auf Streichung

82 Abs. 2 ist nach ihrem Wortlaut und Regelungsbereich im Grundsatz auf alle Lieferungen oder Leistungen von Vermögensgegenständen innerhalb des Konzerns anwendbar, wenn **kumulativ** zwei **Voraussetzungen** vorliegen:[103]

- Lieferungen oder Leistungen zu üblichen Marktbedingungen
- unverhältnismäßig hoher Aufwand bei Ermittlung des Wertansatzes gemäß Abs. 1.

Das Kriterium der Lieferungen oder Leistungen zu üblichen Marktbedingungen beinhaltet einen unbestimmten Rechtsbegriff. Übliche **Marktbedingungen** sind dann gegeben, wenn die Lieferung oder Leistung zu Bedingungen erfolgt, wie sie – auch von anderen Unternehmen – am Markt üblicherweise verwendet werden; das Vorliegen eines Börsen- oder Marktpreises in Sinne von § 253 Abs. 2 S. 2 ist nicht gefordert. Nach Sinn und Zweck der Regelung darf auf die Behandlung der Zwischenergebnisse dann verzichtet werden, wenn durch die Nichtanwendung des Abs. 1 die Aussagefähigkeit des Konzernabschlusses nicht beeinträchtigt wird. Das wird dann der Fall sein, wenn sich die Liefer- und Leistungsbedingungen bei dem konzerninternen Geschäft mit den von anderen Marktteilnehmern verwendeten Bedingungen decken, so daß weder unter dem Aspekt der Darstellung der Vermögenslage – wegen des Ansatzes ggf. zu hoher Werte – noch der Ertragslage – wegen des Ausweises ggf. am Markt noch nicht realisierter Gewinne – Bedenken erhoben werden können. Fraglich ist indessen, ob bei Fehlen unternehmensexterner Vergleichsmöglichkeiten die Üblichkeit der Marktbedingungen auch dann zu bejahen ist, wenn die konzerninternen Lieferungen oder Leistungen zwischen den einbezogenen Unternehmen zu Bedingungen erfolgten, wie sie sich auch fremde Dritte am Markt üblicherweise einräumen. Ein solcher Vergleich scheidet aus, wenn es keinen externen Markt gibt; er kommt jedoch in Betracht, wenn externe Vergleichsmöglichkeiten bestehen, auch wenn Konzernunternehmen nicht an andere Marktteilnehmer liefern. Hier sind allerdings strenge Anforderungen an die Feststellung der Üblichkeit zu stellen.[104]

83 Auf die Anwendung von Abs. 1 darf auch bei Vorliegen von Transaktionen zu Marktbedingungen nur dann verzichtet werden, wenn die Ermittlung des nach Abs. 1 vorgeschriebenen Wertansatzes einen **unverhältnismäßigen Aufwand** erfordern würde. Mit dieser weiteren Voraussetzung wird der Anwendungsbereich von Abs. 2 S. 1 weiter eingeschränkt.[105] Von der Anwendung des Abs. 1 wird nur dann dispensiert, wenn der zur Ermittlung der entsprechenden Wertansätze erforderliche Aufwand unverhältnismäßig hoch ist;[106] es muß eine sachliche Verknüpfung zwischen der Ermittlung der Wertansätze und dem dafür vorzunehmenden Aufwand herzustellen sein. Unverhältnismäßiger Aufwand liegt vor, wenn die Ermittlung der Werte in sachlicher oder zeitlicher Hinsicht einen erheblich über dem Normalmaß des für die Erhebung derartiger Daten liegenden Aufwand erfordert. Dieser kann in der Ermittlung der der Bewertung nach Abs. 1 zu unterziehenden Bestände liegen; die Bewertung der Vermögensgegenstände selbst dürfte, da Bedingungen und Kalkulationen dem üblichen entsprechen, kein Problem darstellen. Zu beachten ist, daß für die Bestandsbewertung der auf konzerninternen Geschäften beruhenden Vermögensgegenstände

---

des Abs. 2 gerichteten Antrag ablehnte; vgl. Rdn. 9.

103 HdKR-*Weber* 18; Beck BilKomm-*Budde/Dreissig* 61; *Baetge/Kirsch/Thiele* Konzernbilanzen 358 f.

104 Z.B. Monopolfall; vgl. in *Niehus/Scholz* § 304, 27; HdKR-*Weber* 21 f; *Biener/Berneke* BiRiLiG 347; weiter als diese ADS 135; WP-Handbuch 2000 I M 319 ff.

105 *Busse v. Colbe* ZGR 1977, 673; *W. Schruff* Einflüsse der 7. EG-Richtlinie auf die Aussagefähigkeit der Konzernabschlüsse 269 f; *IDW/WPK* Stellungnahme zum Entwurf eines BiRiLiG WPg 1985, 537, 545; *Jöris* in Bericht über die IDW Fachtagung (1985) 235; ADS 135; WP-Handbuch 2000 I M 319.

106 *Biener/Berneke* BiRiLiG 347.

Näherungsverfahren und Schätzungen zugelassen werden, die i. d. R. eine hinreichende Genauigkeit aufweisen.[107] Die Anwendung der Ausnahmevorschrift kommt vorrangig bei Vermögensgegenständen des Vorratsvermögens in Betracht; Lieferungen in das abnutzbare oder nicht abnutzbare Anlagevermögen werden nur ausnahmsweise die Nichtanwendung von Abs. 1 rechtfertigen können.[108]

b) Angaben im Konzernanhang. Wird von der Ausnahmevorschrift des Abs. 2 S. 1 Gebrauch gemacht, ist das im **Konzernanhang** anzugeben und bei wesentlichem Einfluß auf die Vermögens-, Finanz- und Ertragslage des Konzerns zu erläutern, Abs. 2 S. 2. Die Angabe kann sich auf den **Hinweis** der Anwendung von Abs. 2 S. 1 beschränken, sollte indessen erkennen lassen, um welche Gruppen von Vermögensgegenständen es sich handelt. **84**

Im Konzernanhang muß die Anwendung der Ausnahme des Abs. 2 **erläutert** werden, wenn die Nichtanwendung von Abs. 1 wesentlichen **Einfluß** auf die **Vermögens-, Finanz- und Ertragslage** des Konzerns hat. Um dies festzustellen, ist es in jedem Falle der Anwendung dieser Ausnahmevorschrift unumgänglich, die Auswirkungen der Unterlassung der Bewertung nach Abs. 1 – zumindest überschläglich – zu ermitteln, um anhand dieser Feststellungen die Wesentlichkeit des Einflusses auf die Lage des Konzerns beurteilen zu können.[109] Die Entscheidung über die Wesentlichkeit kann nicht an abstrakt generellen Maßstäben gemessen werden, sondern erfordert eine Beurteilung im einzelnen Fall. Dabei ist der jeweilige Einzelfall, in dem Abs. 1 nicht angewendet werden soll, zu betrachten, aber auch der Gesamtbetrag der insgesamt im Geschäftsjahr weggelassenen Unterschiedsbeträge. Auf die Analyse des Einzelfalls kann wegen des Wortlauts des Abs. 2 S. 1 nicht verzichtet werden (Lieferungen oder Leistungen werden als Singular verwendet im Gegensatz zur Formulierung in Abs. 1); dies macht es indes nicht entbehrlich, die im Konzernabschluß insgesamt aufscheinenden Auswirkungen einer zusätzlichen Erläuterung zu unterziehen.[110] **85**

Die Erläuterungspflicht ist nur dann gegeben, wenn der **Einfluß** auf die Vermögens-, Finanz- und Ertragslage **wesentlich** ist. Es ist die relative Bedeutung der einzelnen Bewertungsunterschiede einerseits oder ihrer Gesamtheit andererseits für die Darstellung der Lage im Konzern zu vergleichen. Dabei kommt es auf Größe, Verhältnis und Bedeutung der Bewertungsunterschiede, auf die jeweiligen Bilanzposten oder bei erfolgswirksamer Behandlung der Bewertungsunterschiede auf das Verhältnis der Einzel- oder Gesamtunterschiede zum Konzernergebnis an.[111] **86**

Die nach Abs. 2 S. 2 erforderlichen Erläuterungen können **verbal** gemacht werden. Sie müssen jedoch eindeutig erkennen lassen, in welcher Weise die Unterlassung der Bewertung nach Abs. 1 sich auf die Darstellung der Lage ausgewirkt hat, so daß aus dem Anhang erkennbar wird, in welchem Ausmaß die Konzernbilanz, Konzern-Gewinn- und Verlustrechnung sowie das Konzernergebnis von der Unterlassung beeinflußt wurden. **87**

---

[107] Rdn. 25f; ferner *Jöris* in Bericht über die IDW-Fachtagung (1985) 235; auf die Relation des Aufwands zum zusätzlichen Erkenntniswert kommt es nach der hier vertretenen Auffassung hingegen nicht an; a.M. WP-Handbuch 2000 I M 320; *Biener/Berneke* BiRiLiG 347.

[108] WP-Handbuch 2000 I M 322.

[109] *Niehus/Scholz* § 304 Rdn. 29; Beck BilKomm-*Budde/Dreissig* 63.

[110] HdKR-*Weber* 27 f; ADS 139 a. E.

[111] AK Externe Unternehmensrechnung der Schmalenbach Gesellschaft Dt. Gesellschaft für Betriebswirtschaft e.V., ZfbF Sonderheft 21/1987, 49.

2. Behandlung von Zwischenergebnissen bei untergeordneter Bedeutung, Abs. 3

88 **a) Grundsatz der Wesentlichkeit.** Abs. 3 gestattet die Nichtanwendung der Vorschriften über die Bewertung von Vermögensgegenständen, die auf Geschäften zwischen in den Konzernabschluß einbezogenen Unternehmen beruhen, wenn die Behandlung der Zwischenergebnisse für die Vermittlung eines den *tatsächlichen Verhältnissen entsprechenden Bildes* der Vermögens-, Finanz- und Ertragslage des Konzerns nur von **untergeordneter Bedeutung** ist. Die Regelung geht auf Art. 26 Abs. 2 der 7. EG-Richtlinie zurück.[112] Abs. 3 konkretisiert den Grundsatz der Wesentlichkeit. Die durch die Nichtanwendung von § 304 Abs. 1 entstehenden Beeinträchtigungen des Lagebildes des Konzerns können hingenommen werden, da von der Ausnahmevorschrift nur Gebrauch gemacht werden darf, wenn die Auswirkungen hierfür unwesentlich sind. Die Vorschrift entspricht den in §§ 303 Abs. 2 und 305 Abs. 2 enthaltenen Regelungen. Zu den hierin zum Ausdruck kommenden Ausprägungen des Wesentlichkeitsgrundsatzes vgl. § 303, 48 ff.

89 **b) Verzicht auf die Behandlung von Zwischenergebnissen.** Die Nichtanwendung von Abs. 1 kann sich, entsprechend dem Regelungsgegenstand der Vorschrift, auf die Ermittlung und Verrechnung von Unterschiedsbeträgen aus der Bewertung konzernintern bezogener Vermögensgegenstände insgesamt oder auf **Teilbereiche**, wie auf die Ausnahme bei einzelnen Posten oder einzelnen Vermögensgegenständen oder auch nur auf die erfolgsneutrale Verrechnung der Unterschiedsbeträge beziehen, je nachdem, in welchem Umfang die Voraussetzungen des Abs. 3 erfüllt sind (vgl. § 303, 48 ff). Für die Ermittlung der Wesentlichkeit ist es erforderlich, die relevanten Bewertungsunterschiede durch betragsmäßige Schätzung festzustellen.[113] Die Anwendung von Abs. 3 zieht keine Angabe im Konzernanhang nach sich. Die Entscheidung über die Anwendung der Ausnahmeregelung steht im pflichtgemäßen Ermessen der Organe des Mutterunternehmens. Der Grundsatz der Stetigkeit ist zu beachten.

VII. Nichtanwendungsfolgen, Sanktionen

90 Die **Nichtanwendung** der Vorschriften über die Behandlung von Zwischenergebnissen macht den Konzernabschluß – bei Fehlen der Voraussetzungen von § 304 Abs. 2 oder 3 – fehlerhaft und wird in Fällen von Bedeutung zur Einschränkung oder Versagung des Bestätigungsvermerks zum Konzernabschluß führen.

91 § 304 wird in den Vorschriften, deren Nichtanwendung oder Zuwiderhandlung in § 334 mit einem Bußgeld belegt ist, nicht aufgeführt. Die Nichtbeachtung kann jedoch zugleich einen Verstoß gegen die Generalnorm des § 297 Abs. 3 darstellen (bußgeldbewehrt in § 334 Abs. 1 Nr. 2b) oder eine unrichtige Darstellung beinhalten, die gemäß § 331 mit Strafe bedroht ist.

[112] Zur Entstehungsgeschichte vgl. Rdn. 9; ferner Begr. RegE zu § 285 HGB-EK, BTDrucks. 10/3440, 38 sowie Ber. Rechtsausschuß zu § 304 Abs. 3 HGB, BTDrucks. 10/4268, 115.

[113] *Biener/Berneke* BiRiLiG 347; HdKR-*Weber* 34 ff.

§ 305

Aufwands- und Ertragskonsolidierung

(1) In der Konzern-Gewinn- und Verlustrechnung sind

1. **bei den Umsatzerlösen die Erlöse aus Lieferungen und Leistungen zwischen den in den Konzernabschluß einbezogenen Unternehmen mit den auf sie entfallenden Aufwendungen zu verrechnen, soweit sie nicht als Erhöhung des Bestands an fertigen und unfertigen Erzeugnissen oder als andere aktivierte Eigenleistungen auszuweisen sind;**
2. **andere Erträge aus Lieferungen und Leistungen zwischen den in den Konzernabschluß einbezogenen Unternehmen mit den auf sie entfallenden Aufwendungen zu verrechnen, soweit sie nicht als andere aktivierte Eigenleistungen auszuweisen sind.**

(2) Aufwendungen und Erträge brauchen nach Absatz 1 nicht weggelassen zu werden, wenn die wegzulassenden Beträge für die Vermittlung eines den tatsächlichen Verhältnissen entsprechenden Bildes der Vermögens-, Finanz- und Ertragslage des Konzerns nur von untergeordneter Bedeutung sind.

Übersicht

Schrifttum

(vgl. auch vor § 297 und § 301). *Löhr* Konsolidierung von Innenumsatzerlösen aus Lieferungen – eine Kritik, BB 1999, 835; *v. Wysocki* Die Konsolidierung der Innenumsatzerlöse nach § 305 Abs. 1 Nr. 1 HGB – Ein Vergleich der Konsolidierungsvorgänge in der Konzern-Gewinn- und Verlustrechnung nach dem Gesamtkostenverfahren und nach dem Umsatzkostenverfahren, in Bilanz- und Konzernrecht, Festschrift für Goerdeler (1987) 723.

I. Grundlagen

1. Normzweck und Regelungsgegenstand

1 Die Aufwands- und Ertragskonsolidierung nach § 305 ist eine der ergänzenden **Rechtsgrundlagen** für die Aufstellung der Konzern-Gewinn- und Verlustrechnung. Die Konzern-Gewinn- und Verlustrechnung beruht auf der Zusammenfassung des Jahresabschlusses des Mutterunternehmens mit denen der Tochterunternehmen, § 300 Abs. 1. Auf die Gewinn- und Verlustrechnung des Konzernabschlusses finden nach § 298 Abs. 1 die Vorschriften über die Gewinn- und Verlustrechnung für den Jahresabschluß einer großen Kapitalgesellschaft ohne größenabhängige Erleichterungen entsprechende Anwendung, soweit nicht die Vorschriften über die Konsolidierung etwas anderes bedingen. Zu diesen Vorschriften gehören die Zwischenergebniseliminierung, § 304, die Aufwands- und Ertragskonsolidierung, § 305, sowie die Steuerabgrenzung, § 306.

2 Der Konzernabschluß nach HGB darf durch die Aufwendungen und Erträge der in den Konzernabschluß einbezogenen Unternehmen nur die **Konzernaußenbeziehungen** widerspiegeln, da Konzerninnenfunktionen – wie Vorgänge zwischen unselbständigen Betriebsabteilungen, wie sich die einbezogenen Unternehmen aus Konzernsicht darstellten – für den Konzernabschluß irrelevant sind.[1] Die Aufwands- und Ertragskonsolidierung nach § 305 Abs. 1 vermeidet die Mehrfacherfassung von Aufwendungen und Erträgen, die bei konzerninternen Vorgängen im Jahresabschluß der betreffenden Unternehmen abgebildet werden. Abs. 1 sieht vor, daß in der Konzern-Gewinn- und Verlustrechnung bei den Umsatzerlösen die Erlöse aus Lieferungen und Leistungen mit den auf sie entfallenden Aufwendungen zu verrechnen sind, soweit nicht eine Zuordnung (Umgliederung) der Aufwendungen als Erhöhung des Bestands

[1] HdKR-*Telkamp* 3 ff; ADS 5.

an fertigen und unfertigen Erzeugnissen oder als aktivierte Eigenleistungen in Betracht kommen (Satz 1 Nr. 1). Die anderen Erträge aus Lieferungen und Leistungen sind mit den auf sie entfallenden Aufwendungen zu verrechnen, soweit sie nicht als andere aktivierte Eigenleistungen auszuweisen sind (Satz 1 Nr. 2). Diese *Verrechnungen* oder *Zuordnungen* sind – vorbehaltlich der Zwischenergebniskonsolidierung nach § 304 Abs. 1 – ergebnisneutrale Konsolidierungsvorgänge; ergebniswirksame Verrechnungen kommen bei der Konsolidierung von Beteiligungserträgen und Abschreibungen auf Anteile an einbezogenen Unternehmen in Betracht.[2]

Die Konsolidierung der Aufwendungen und Erträge darf nach § 305 Abs. 2 **unterlassen** werden, wenn die wegzulassenden Beträge für die Vermittlung eines den tatsächlichen Verhältnissen entsprechenden Bildes der Vermögens-, Finanz- und Ertragslage des Konzerns von *untergeordneter Bedeutung* sind. Mit dieser Regelung findet der materiality-Grundsatz auch in die Aufwands- und Ertragskonsolidierung Eingang und läßt zu, auf die Verrechnung unbedeutender Beträge zu verzichten (vgl. Rdn. 66). 3

2. Anwendungsbereich

a) Sachlicher Anwendungsbereich. § 305 bezieht sich auf die in den **Umsatzerlösen** enthaltenden Erlöse (Nr. 1) sowie die **anderen Erträge** (Nr. 2) aus Lieferungen und Leistungen zwischen den in den Konzernabschluß einbezogenen Unternehmen. Für die Aufwands- und Ertragskonsolidierung in Betracht kommen somit vor allem folgende Posten der Gewinn- und Verlustrechnung: 4

- Umsatzerlöse (§ 275 Abs. 2 Nr. 1, Abs. 3 Nr. 1)
- sonstige betriebliche Erträge (§ 275 Abs. 2 Nr. 4, Abs. 3 Nr. 6)
- Erhöhung oder Verminderung des Bestandes an fertigen und unfertigen Erzeugnissen (§ 275 Abs. 2 Nr. 2)
- andere aktivierte Eigenleistungen (§ 275 Abs. 2 Nr. 3)
- Materialaufwand (§ 275 Abs. 2 Nr. 5)
- Herstellungskosten (§ 275 Abs. 3 Nr. 2), Vertriebskosten (§ 275 Abs. 3 Nr. 4), allgemein: Verwaltungskosten (§ 275 Abs. 3 Nr. 7)
- sonstige betriebliche Aufwendungen (§ 275 Abs. 2 Nr. 8, Abs. 3 Nr. 7).

Die vorgenannten Posten enthalten die bei Lieferungen und Leistungen innerhalb des Konzerns entstehenden Aufwendungen und Erträge des liefernden/leistenden und des erhaltenden Unternehmens. Über diese Posten hinaus werden bei bestimmten Rechtsverhältnissen auch angesprochen:[3]

- Erträge aus Beteiligungen (§ 275 Abs. 2 Nr. 9, Abs. 3 Nr. 8)
- Erträge aus anderen Wertpapieren und Ausleihungen des Finanzanlagevermögens (§ 275 Abs. 2 Nr. 10, Abs. 3 Nr. 9)
- sonstige Zinsen und ähnliche Erträge (§ 275 Abs. 2 Nr. 11, Abs. 3 Nr. 10)
- Zinsen und ähnliche Aufwendungen (§ 275 Abs. 2 Nr. 13, Abs. 3 Nr. 12)
- Abschreibungen auf Finanzanlagen (§ 275 Abs. 2 Nr. 12, Abs. 3 Nr. 11).

Erträge aus **Beteiligungen** und **Wertpapieren** sowie Abschreibungen auf Finanzanlagen gehören dem Begriff nach zwar nicht zu den Erträgen aus Lieferungen und Leistungen. Um eine Doppelerfassung dieser Beträge – einerseits als Gewinn des einbezogenen Unternehmens, andererseits als Dividende oder abgeführtes Ergebnis – zu vermeiden, sind nach Sinn und Zweck der Regelung auch diese Leistungsbeziehungen zu erfassen.[4] 5

---

[2] Beck BilKomm-*Budde/Dreissig* 2.
[3] Beck BilKomm-*Budde/Dreissig* 11.
[4] Beck BilKomm-*Budde/Dreissig* 11.

6 Die Aufwands- und Ertragskonsolidierung mit dem Ziel der **Darstellung** nur der Konzernaußenbeziehungen hat der Eigenart des Geschäftsvorfalls zwischen den einbezogenen Unternehmen insoweit Rechnung zu tragen, als der Gegenstand der Lieferung und Leistung im Konzernabschluß zutreffend abgebildet werden muß: ist der Gegenstand beim liefernden oder leistenden Unternehmen hergestellt oder bearbeitet worden und wird er beim empfangenen Unternehmen als Anlagevermögen angesetzt, sind die Aufwendungen als aktivierte Eigenleistungen, bei Umlaufvermögen als Erhöhung der fertigen und unfertigen Erzeugnisse anzuweisen. Hier erfolgt statt einer Verrechnung aus Konzernsicht eine andere Zuordnung der Aufwendungen. Die Aufwendungen sind in die entsprechenden Posten umzugliedern. Die Aufwands- und Ertragskonsolidierung steht in sachlich engem Zusammenhang mit der Zwischenergebniseliminierung nach § 304 Abs. 1, ist materiell jedoch von dieser zu unterscheiden. Die Aufwands- und Ertragskonsolidierung ist auf jedes Lieferungs- und Leistungsverhältnis zwischen einbezogenen Unternehmen anzuwenden; zur Zwischenergebniseliminierung kommt es indes nur, wenn durch den Wertansatz eines Vermögensgegenstandes die Ober- oder Untergrenzen der Konzern-Anschaffungs- oder Herstellungskosten über- oder unterschritten werden.[5]

7 **b) Normadressaten, subjektiver Anwendungsbereich.** Die Regelungen über die Aufwands- und Ertragskonsolidierung nach § 305 sind bei der **Vollkonsolidierung** für jedes einbezogene Unternehmen zu beachten. Bei der anteiligen Einbeziehung von **Gemeinschaftsunternehmen** (§ 310) sind die Regelungen entsprechend anzuwenden.[6] Bei der Bewertung von Anteilen an **assoziierten Unternehmen** gelten diese Regelungen nicht; Aufwendungen und Erträge aus dem Verkehr mit diesen Unternehmen sind – anders als Zwischenergebnisse[7] – nicht zu verrechnen.[8] Die Vorschrift ist sinngemäß im Konzernabschluß von *Kreditinstituten*, § 340i Abs. 3 und von *Versicherungsunternehmen*, § 341j Abs. 1 anzuwenden. Sie gilt ferner auch für den Konzernabschluß nach *Publizitätsgesetz*, § 13 Abs. 2 S. 1 PublG.[9]

3. Entstehung

8 Mit den Vorschriften des § 305 werden die Regelungen von Art. 26 Abs. 1 S. 1 Buchst. b und Abs. 3 der **7. EG-Richtlinie** in deutsches Recht umgesetzt. Art. 26 Abs. 1 S. 1 Buchst. b der 7. EG-Richtlinie verpflichtet die Mitgliedstaaten, vorzuschreiben, daß Aufwendungen und Erträge aus Geschäften zwischen den in den konsolidierten Abschluß einzubeziehenden Unternehmen vollständig wegzulassen sind. § 305 Abs. 1 setzt diese Vorgabe vollständig um; die Regelung entspricht, bis auf redaktionelle Anpassungen, dem Vorschlag in § 286 Abs. 1 HGB-EK.[10] Die durch das BiRiLiG getroffene Regelung von Abs. 1 weicht in einzelnen Gesichtspunkten von § 332 Abs. 1 AktG a. F. ab.[11] Bei der Vollkonsolidierung nach HGB ist kein Raum mehr für die in § 332 Abs. 1 S. 1 Nr. 1 AktG a. F. zugelassene Teilkonsolidierung der Aufwendungen und Erträge; der entsprechende Sonderausweis entfällt.[12]

9 § 305 Abs. 2 enthält die Transformation von Art. 26 Abs. 3 7. EG-Richtlinie. In Ergänzung des AktG a. F. wurde damit der **Grundsatz** der **Wesentlichkeit** auch in die Vorschriften über die Aufwands- und Ertragskonsolidierung eingefügt.

---

5 § 304, 12 ff; ferner ADS 2.
6 Im einzelnen § 310, 81.
7 § 312 Abs. 5 (§ 312, 126 ff).
8 ADS 2; Beck BilKomm-*Budde/Dreissig* 3.
9 Beck BilKomm-*Budde/Dreissig* 52; ADS § 13 PublG 13, 24 ff.
10 Ber. Rechtsausschuß zu § 305, BTDrucks. 10/4268, 116.
11 *Biener/Berneke* BiRiLiG 349.
12 Begr. RegE zu § 286 Abs. 1 HGB-EK, BTDrucks. 10/3440, 39.

4. Internationale Rechnungslegungsregelungen

Für die Rechnungslegung nach **IAS** ist die Aufwands- und Ertragskonsolidierung in IAS 27.17 i. V. m. 18 geregelt.[13] Die Regelungen sehen vor, daß alle konzerninternen Transaktionen, wie z. B. Innenumsätze, Aufwendungen und Dividenden herauszurechnen sind. 10

Auch nach den für **US-GAAP** geltenden Grundsätzen sind Erträge und Aufwendungen, die nicht aus Transaktionen mit Unternehmen außerhalb des Konsolidierungskreises stammen, zu eliminieren.[14] 11

II. Konsolidierung der Umsatzerlöse (Abs. 1 Nr. 1)

1. Grundlagen

a) Grundsatz. Die Regelungen über die Aufwands- und Ertragskonsolidierung bezwecken die **Eliminierung** von Erlös- und Ertragsbestandteilen aus den Umsatzerlösen (Nr. 1) und den anderen Erträgen (Nr. 2) (Rdn. 4) der Konzern-Gewinn- und Verlustrechnung. Die in den Gewinn- und Verlustrechnungen der einbezogenen Unternehmen enthaltenen Erlös- und Ertragsbestandteile aus Lieferungen und Leistungen zwischen den in den Konzernabschluß einbezogenen Unternehmen müssen bei Erstellung der Konzern-Gewinn- und Verlustrechnung eliminiert werden. Die Konsequenzen der Eliminierung berühren unterschiedliche Posten der Konzern-Gewinn- und Verlustrechnung, je nachdem, ob die Rechnung nach dem *Gesamtkostenverfahren* (§ 298 Abs. 1 i. V. m. § 275 Abs. 2) oder nach dem *Umsatzkostenverfahren* (§ 298 Abs. 1 i. V. m. § 275 Abs. 3) aufgestellt wurde.[15] Die nachfolgenden Erläuterungen haben nach den beiden Verfahren der Aufstellung der Konzern-Gewinn- und Verlustrechnung zu unterscheiden (zum Gesamtkostenverfahren Rdn. 16 ff, zum Umsatzkostenverfahren Rdn. 30 ff). 12

b) Begriffe. aa) Innenumsatzerlöse. Erlöse aus Lieferungen und Leistungen nach Nr. 1 sind **Erlöse** aus **Geschäftsvorfällen**, an denen ausschließlich in den Konzernabschluß *einbezogene Unternehmen* beteiligt sind. Nicht zu verrechnen sind Umsätze mit nicht einbezogenen Unternehmen (sog. Außenumsatzerlöse). Das sind auch Umsatzerlöse mit assoziierten Unternehmen oder Unternehmen, bei denen von einer Konsolidierung nach §§ 295 oder 296 abgesehen werden muß oder darf.[16] Erlöse gegenüber Dritten, die wirtschaftlich dem Konzern zuzurechnen sind, gehören zu den Innenumsätzen. Rechtsgeschäfte, die über einen Dritten (nicht einbezogenes Unternehmen) an ein anderes einbezogenes Unternehmen geleitet werden (sog. Dreiecksgeschäfte), gehören zu den Innenumsätzen, soweit die Einbindung des Dritten aus formalen Gründen zur Vermeidung der Konsolidierung diente. Zur Behandlung von Umsatzerlösen mit einbezogenen Unternehmen aus der Zeit, bevor diese zum Konsolidierungskreis gehörten § 304, 70 ff. 13

bb) Verrechnung oder Umgliederung. Die Vermeidung der Mehrfacherfassung von Geschäftsvorfällen erfolgt im Rahmen der Konsolidierung i. a. R. durch Eliminierung in Form der **Verrechnung** sich entsprechender Posten. Diese Vorgehensweise ist indes nur angezeigt, wenn aus Konzernsicht der Sachverhalt zutreffend erfaßt wird. 14

---

[13] *Baetge/Schulz* International Acconting Standards, IAS 27 Tz. 154 ff; Beck BilKomm-*Budde/Dreissig* 60; *Wiedmann* BilR 36.

[14] *Wiedmann* BilR 38.

[15] Zu den Einzelheiten der Verfahren vgl. § 298, 98 ff; *v. Wysocki/Wohlgemuth* Konzernrechnungslegung 265.

[16] HdKR-*Telkamp* 9; ADS 9.

Gehört der Gegenstand der Lieferung oder Leistung noch zum Vermögen eines einbezogenen Unternehmens, erfolgt keine Verrechnung eines Erlöses mit einem Aufwandsposten, sondern sind die Erlöse entweder als Erhöhung des Bestandes an fertigen oder unfertigen Erzeugnissen (Umlaufvermögen) oder als andere aktivierte Eigenleistungen (Anlagevermögen) auszuweisen und dementsprechend **umzugliedern**. Der Gegenstand der Konsolidierung bestimmt sich in diesen Fällen nach Art und Verwendung des Gegenstands des konzerninternen Geschäftsvorfalls sowie seinem Verbleib im Vermögen des Empfängers.

15 **cc) Verrechnung mit Aufwendungen.** Die **Erlöse** sind, wenn nicht die Umgliederung in andere Posten in Betracht kommt, mit den auf die Lieferung oder Leistung entfallenden **Aufwendungen** zu verrechnen. Abs. 1 läßt sowohl in Nr. 1, als auch in Nr. 2 offen, ob es sich hierbei um die Aufwendungen des liefernden oder leistenden Unternehmens oder des Empfängers handelt. In der Konzern-Gewinn- und Verlustrechnung können nur die Aufwendungen entweder der liefernden/leistenden Unternehmen oder des empfangenden Unternehmens erscheinen; der zweifache Ausweis desselben Aufwands ist nicht korrekt. § 332 Abs. 1 S. 1 Nr. 1 und 2 AktG a. F. hatte diese Frage im Sinne der Aufwendungen des Empfängers entschieden. Nach dem Gesetzeswortlaut ist nunmehr die Verrechnung mit den Aufwendungen des einen oder des anderen Beteiligten zulässig. Die Offenheit des Gesetzes bedeutet jedoch kein Wahlrecht. Die Verrechnung hat jeweils mit denjenigen Aufwendungen zu erfolgen, die gewährleisten, daß der konzerninterne Geschäftsvorfall bei der Konzernrechnungslegung außer Betracht bleibt. Welche Aufwendungen für die Verrechnung heranzuziehen sind, ist im Einzelfall je nach Art des Geschäftsvorfalls zu entscheiden.[17]

2. Verrechnung der Umsatzerlöse im Gesamtkostenverfahren

16 **a) Verrechnung bei Lieferungen.** Bei den **Umsatzerlösen**[18] sind in der Konzern-Gewinn- und Verlustrechnung die Erlöse des liefernden Unternehmens aus konzerninternen Lieferungen wegzulassen. Der Betrag der auszuweisenden Umsatzerlöse ist um den Teil der auf konzerninternen Lieferungen beruhenden Erlöse zu kürzen. Die Bestimmung des für die Konsolidierung in Betracht kommenden Gegenpostens erfolgt danach, ob die Lieferung

- in das Anlage- oder Umlaufvermögen erfolgt,
- der Herstellung oder Bearbeitung des Gegenstands der Lieferung nachfolgte oder nicht,
- zum Stichtag des Konzernabschlusses im Vermögen des Empfängers verblieben ist oder nicht.

Hiernach ist zu beurteilen, ob die Erlöse in Bestandsveränderungen[19] oder andere aktivierte Eigenleistungen[20] umzugliedern sind oder ob eine Verrechnung mit dem Materialaufwand[21] vorzunehmen ist. Die Verrechnung der Erlöse mit dem auf sie entfallenden Aufwand ist in Abs. 1 Nr. 1 als Auffangklausel formuliert; sie kommt (erst) in Betracht, soweit eine Umgliederung in andere Posten der Konzern-Gewinn- und Verlustrechnung ausgeschlossen ist.

17 **aa) Andere aktivierte Eigenleistungen**. In der Konzern-Gewinn- und Verlustrechnung werden als andere aktivierte Eigenleistungen Erträge ausgewiesen, die bei der **Herstellung** oder **Bearbeitung** eines aktivierungspflichtigen Gegenstands des

---

17 I. E. Rdn. 4; siehe auch Übersicht bei ADS 10, 12.
18 §§ 298 Abs. 2 i. V. m. 275 Abs. 2 Nr. 1.
19 §§ 298 Abs. 1 i. V. m. 275 Abs. 2 Nr. 2.
20 §§ 298 Abs. 1 i. V. m. § 275 Abs. 2 Nr. 3.
21 § 298 Abs. 1 i. V. m. 275 Abs. 2 Nr. 5a.

Anlagevermögens entstehen, soweit die Aufwendungen aktiviert werden.[22] Aus Konzernsicht gehören zu diesen Posten nicht nur die in den Jahresabschlüssen der einbezogenen Unternehmen ausgewiesenen Erträge, sondern auch Lieferungen anderer einbezogener Unternehmen, die aufgrund der Einheitsbetrachtung des Konzerns ebenfalls als aktivierte Eigenleistungen zu qualifizieren sind. Wird ein von einem einbezogenen Unternehmen hergestellter oder be- oder verarbeiteter Gegenstand des Anlagevermögens an ein anderes einbezogenes Unternehmen veräußert, ist der im Jahresabschluß des liefernden Unternehmens ausgewiesene Umsatzerlös wegzulassen, da aus Sicht des Konzerns ein selbsterstellter Vermögensgegenstand vorhanden bleibt und ein Umsatzakt mit Konzernfremden nicht stattgefunden hat. Im Zugangsjahr sind beim leistenden Unternehmen die Erlöse umzugliedern und als andere aktivierte Eigenleistungen auszuweisen, soweit der Gegenstand zum Stichtag des Konzernabschlusses noch zum Anlagevermögen eines einbezogenen Unternehmens gehört.[23] Wurde bei der konzerninternen Lieferung ein Zwischengewinn oder -verlust realisiert, muß dieser eliminiert werden, § 304 Abs. 1 (dort z. B. Rdn. 22). Gehörte der gelieferte Gegenstand bereits am Stichtag des Vorjahresabschlusses zum Vermögen des Lieferers, führt die Lieferung zu einer Bestandsminderung in dessen Gewinn- und Verlustrechnung.[24] Die im Jahresabschluß ausgewiesenen Umsatzerlöse sind – bei Lieferung in das Anlagevermögen des Empfängers – in andere aktivierte Eigenleistungen umzugliedern.[25] Ist der Gegenstand bereits im Zugangsjahr aus dem Vermögen des Empfängers wieder ausgeschieden, erfolgt die Verrechnung der Erlöse mit den Aufwendungen (Rdn. 19 ff).

bb) Erhöhung des Bestands an fertigen und unfertigen Erzeugnissen. Dieser Posten der Konzern-Gewinn- und Verlustrechnung beinhaltet die mengen- und wertmäßige Veränderungen des Bestands an fertigen und unfertigen Erzeugnissen (Vorratsvermögen) der in den Konzernabschluß einbezogenen Unternehmen.[26] Außer den **Bestandsveränderungen** der einzelnen einbezogenen Unternehmen fallen hierunter auch diejenigen Bestände einbezogener Unternehmen, die auf Lieferungen anderer einbezogener Unternehmen beruhen, die diese Erzeugnisse hergestellt oder be- oder verarbeitet haben. Befinden sich solche Bestände zum Stichtag des Konzernabschlusses im Umlaufvermögen eines einbezogenen Unternehmens, handelt es sich aus der Sicht des Konzerns um selbsterstellte fertige oder unfertige Erzeugnisse. Die im Jahresabschluß des einbezogenen Lieferunternehmens ausgewiesenen Umsatzerlöse sind als Erhöhung des Bestands an fertigen und unfertigen Erzeugnissen auszuweisen und umzugliedern.[27] Wurde der Gegenstand der Lieferung vom Empfänger weiter be- oder verarbeitet, sind beim empfangenden Unternehmen die Anschaffungskosten für den Gegenstand in den Materialaufwand eingegangen, so daß hier eine Verrechnung der Umsatzerlöse mit dem Materialaufwand des Empfängers[28] zu erfolgen hat.[29] Zum Fall der Veräußerung des Gegenstands der Lieferung in derselben Periode vgl. Rdn. 22. Gehörte der gelieferte Vermögensgegenstand bereits zum vorhergehenden Stichtag des Konzernabschlusses zum Bestand (Umlaufvermögen) des liefernden Unternehmens, erfolgt aufgrund der konzerninternen Lieferung gleichfalls die 18

[22] Erl. zu § 275; *Baetge/Kirsch/Thiele* Konzernbilanzen 371.

[23] *v. Wysocki/Wohlgemuth* Konzernrechnungslegung 267; ADS 20; a. M. *Löhr* BB 1999, 835, der die Verrechnung der Umsatzerlöse mit der Bestandsveränderung vorschlägt.

[24] Beck BilKomm-*Budde/Dreissig* 18; ADS 11 (c).

[25] ADS 20.

[26] §§ 298 Abs. 1 i. V. m. 275 Abs. 2 Nr. 2, 277 Abs. 2.

[27] ADS 21 ff; Beck BilKomm-*Budde/Dreissig* 17; HdKR-*Telkamp* 16 ff.

[28] § 298 Abs. 1 i. V. m. § 275 Abs. 2 Nr. 5a.

[29] ADS 25 und 21.

Umgliederung der Umsatzerlöse in Bestandsveränderungen; die Bestandserhöhung gleicht die Bestandsminderung aus. War der Gegenstand beim Empfänger be- oder verarbeitet worden, erfolgt die Verrechnung mit dem Materialaufwand (Rdn. 24). Soweit bei Vorgängen Zwischengewinne oder -verluste realisiert wurden, sind diese zu eliminieren (§ 304 Abs. 1).

19 **cc) Verrechnung mit den auf die Lieferung entfallenden Aufwendungen.** Kommt die Umgliederung der Erlöse und der Ausweis unter aktivierten Eigenleistungen (Rdn. 17) oder Bestandsveränderungen (Rdn. 18) nicht in Betracht, erfolgt die Konsolidierung durch Verrechnung der Erlöse mit den auf sie entfallenden Aufwendungen. Dieser Variante liegen verschiedene Fallgruppen zugrunde.

20 (1) Wurde ein Vermögensgegenstand des **Anlagevermögens** von einem anderen einbezogenen Unternehmen ohne eigene Be- oder Verarbeitung im Jahr der Lieferung erworben, wird der Gegenstand beim empfangenden Unternehmen mit den Konzernanschaffungskosten angesetzt. Die Verrechnung der Umsatzerlöse des Lieferers erfolgt mit den Aufwendungen des Lieferers, die bei diesem als Materialaufwand[30] ausgewiesen sind; die Gewinn- und Verlustrechnung des erwerbenden Unternehmens wird durch diesen Vorgang nicht berührt.[31] Gehörte der Vermögensgegenstand bereits zum Zeitpunkt des Vorjahresabschlusses zum Umlaufvermögen des Lieferers, erfolgt die Verrechnung gegen die Bestandsminderung des Lieferers.

21 (2) Wird der aus einer konzerninternen Lieferung in das Anlagevermögen stammende Gegenstand des Anlagevermögens im Jahr des Zugangs beim Empfänger weiter veräußert, werden die Erlöse des Lieferers mit den Aufwendungen des Empfängers verrechnet.

22 (3) Veräußert das Unternehmen die aus einer konzerninternen Lieferung stammenden Gegenstände des **Umlaufvermögens** in der Periode des Erwerbs an einen konzernfremden Dritten, werden die Umsatzerlöse des Lieferunternehmens mit dem Materialaufwand des Empfängerunternehmens verrechnet. Hierbei macht es keinen Unterschied, ob die Gegenstände vom Lieferer hergestellt, be- oder verarbeitet oder fremdbezogen wurden.[32]

23 (4) Stammt der konzernintern gelieferte **Gegenstand des Umlaufvermögens** aus **Fremdbezug** des Lieferers und gehört er am Stichtag des Konzernabschlusses noch zum Vermögen eines einbezogenen Konzernunternehmens, findet die Verrechnung der Umsatzerlöse des Lieferers mit den Aufwendungen des Lieferers statt. Der Empfänger hat den Gegenstand mit den Konzernanschaffungskosten zu aktivieren; seine Gewinn- und Verlustrechnung wird im Zugangsjahr nicht berührt.[33]

24 (5) Werden fremdbezogene Gegenstände vom Lieferer an ein ebenfalls einbezogenes Unternehmen veräußert und von diesem nach Erwerb **be- oder verarbeitet,** werden die Umsatzerlöse des Lieferers mit den Materialaufwendungen des Erwerbers verrechnet, wenn der Gegenstand als Umlaufvermögen am Stichtag des Konzernabschlusses noch zum Vermögen eines Konzernunternehmens gehört. In der Konzern-Gewinn- und Verlustrechnung wird der Gegenstand dann als Erhöhung des Bestands an fertigen und unfertigen Erzeugnissen ausgewiesen.[34]

25 **b) Verrechnung bei Leistungen.** Entsprechend den Vorschriften über die Konsolidierung von Umsatzerlösen aus Lieferungen sind auch als Umsatzerlöse ausgewie-

---

[30] § 298 Abs. 1, § 275 Abs. 2 Nr. 5a.
[31] Beispiel bei ADS 30.
[32] Beispiel bei ADS 21 f, 34 f.
[33] Beispiel bei ADS 36.
[34] ADS 38.

sene **Leistungen** zu verrechnen, Abs. 1 Nr. 1. Umsatzerlöse aus Leistungen liegen vor bei Geschäftsvorfällen, die nicht den Verkauf von Erzeugnissen und Waren, sondern z. B. die Vermietung und Verpachtung von für die gewöhnliche Geschäftstätigkeit der Kapitalgesellschaft typischen Erzeugnissen und Waren und typische Dienstleistungen zum Gegenstand haben.[35] In Betracht kommt z. B. die Vermietung und Verpachtung von für die gewöhnliche Geschäftstätigkeit typischen Erzeugnissen (z. B. Telefonanlagen, Heizkostenverteiler, Kraftfahrzeuge u. ä.) oder die Einbringung von Dienstleistungen (z. B. Beratung, Ingenieurleistungen, Transportleistungen u. ä.). Soweit die Leistungen nicht als Umsatzerlöse ausgewiesen werden, sind die erzielten Erträge mit den auf sie entfallenden Aufwendungen zu verrechnen (Rdn. 36 ff). Werden derartige Leistungen zwischen in den Konzernabschluß einbezogenen Unternehmen erbracht, stehen den Erlösen des leistenden Unternehmens Aufwendungen des Empfängers in gleicher Höhe gegenüber, so daß die Erlöse mit den auf sie entfallenden Aufwendungen zu verrechnen sind. Soweit die Leistung einen beim Empfänger aktivierungspflichtigen Gegenstand betrifft, geht die Umgliederung und der Ausweis der entsprechenden Erlöse unter „Erhöhung des Bestands an fertigen und unfertigen Erzeugnissen" oder als „andere aktivierte Eigenleistungen" der Verrechnung mit den Aufwendungen vor. Es gelten im Grundsatz die gleichen Überlegungen wie bei den Umsätzen aus Lieferungen.

aa) Andere aktivierte Eigenleistungen. Leistungen gehören zu den **aktivierungspflichtigen Anschaffungs- oder Herstellungskosten**, wenn sie entweder unmittelbarer Bestandteil dieser Kosten sind oder als Nebenkosten ebenfalls zu aktivieren sind.[36] Zu den Leistungen dieser Art zählen z. B. Beratungs-, Ingenieur- oder Transportleistungen sowie z. B. aktivierungspflichtige Arbeiten an einem Gegenstand des Anlagevermögens.[37] Werden diese Leistungen zwischen in den Konzernabschluß einbezogenen Unternehmen erbracht, stellen sie im Konzern Eigenleistungen dar. Die als Erlöse ausgewiesenen Umsätze des leistenden Unternehmens sind in die „anderen aktivierten Eigenleistungen" umzugliedern. Sie sind als Anschaffungs- und Herstellungskosten des Gegenstands zu aktivieren; der Konzernhöchst-/-mindestwert ist zu beachten. Ist der Gegenstand, als dessen Anschaffungs- und Herstellungskosten die konzernintern erbrachte Leistung aktiviert wurde, bereits im Zugangsjahr der Leistung aus dem Vermögen des Empfängers ausgeschieden, erhöhen die Aufwendungen gleichwohl den Buchwert und vermindern bei Abgang den Konzerngewinn. War der Gegenstand noch nicht aktiviert worden, erfolgt die Verrechnung mit den Aufwendungen. 26

bb) Erhöhung des Bestands an fertigen und unfertigen Erzeugnissen. Werden Leistungen – z. B. als Nebenleistungen, wie Transportleistungen – auf Vermögensgegenstände des **Umlaufvermögens** erbracht, teilen sie die bilanzielle Zuordnung des Vermögensgegenstands. Eine Umgliederung der Umsatzerlöse solcher Leistungen in Bestandserhöhungen ist für diejenigen Leistungsbestandteile vorzunehmen, die auf am Stichtag des Konzernabschlusses als Umlaufvermögen aktivierte Gegenstände entfallen und vom Empfänger nicht weiter be- oder verarbeitet werden. Die Umgliederung hat in den Fällen zu unterbleiben, in denen auch die Umsatzerlöse der Lieferung nicht umgegliedert, sondern mit Aufwendungen verrechnet werden (Rdn. 28 f). 27

cc) Verrechnung mit den auf die Leistungen entfallenden Aufwendungen. Umsatzerlöse aus konzerninternen Leistungen werden mit den auf sie entfallenden Auf- 28

[35] WP-Handbuch 2000 I M 579; § 298 Abs. 1 i. V. m. §§ 275 Abs. 2 Nr. 1, 277 Abs. 1.

[36] § 298 Abs. 1 i. V. m. § 255 Abs. 1, 2.

[37] ADS 51.

wendungen in allen Fällen verrechnet, in denen eine **Umgliederung** in Bestandsveränderungen oder Eigenleistungen wegen der Besonderheiten des Geschäftsvorfalls nicht erfolgen kann oder in denen aktivierungsfähige Aufwendungen nicht vorliegen. Zur erstgenannten Fallgruppe gehören Leistungen, die im Zusammenhang mit Lieferungen stehen, bei denen ebenfalls die Umsatzerlöse mit den Aufwendungen verrechnet werden (vgl. Fälle (1)–(5), Rdn. 20 ff). Die Aufwendungen des Empfängers gehen in die Materialaufwendungen, die Aufwendungen für bezogene Leistungen oder die sonstigen betrieblichen Aufwendungen ein. Die *Verrechnung* erfolgt hier i. a. R. mit den Aufwendungen des Empfängers.

29 Handelt es sich bei den Leistungen um nicht aktivierungsfähige Vorgänge (z. B. Miete, Pacht, Beratung, sofern nicht Teil der Anschaffungs- oder Herstellungskosten), kann ausschließlich die Verrechnung der Umsatzerlöse mit den auf sie entfallenden Aufwendungen erfolgen. Die Gegenposten der **Verrechnung** finden sich betragsgleich in den Aufwendungen des Empfängers.[38] Waren die Leistungen unter Realisierung eines Gewinns oder Verlusts erbracht worden, muß das Zwischenergebnis eliminiert werden, § 304 Abs. 1, soweit nicht im Hinblick auf Abs. 2 und 3 hiervon abgesehen werden darf.

3. Verrechnung der Umsatzerlöse im Umsatzkostenverfahren

30 **a) Besonderheiten des Umsatzkostenverfahrens.** Wird die Konzern-Gewinn- und Verlustrechnung nach dem Umsatzkostenverfahren[39] aufgestellt, sind bei den Umsatzerlösen ebenfalls die sich auf Lieferungen und Leistungen zwischen einbezogenen Unternehmen beziehenden Erlöse wegzulassen. Aufgrund der systembedingten Eigenarten des Umsatzkostenverfahrens kommt für die Konsolidierung der Aufwendungen und Erträge ausschließlich die **Verrechnung mit Aufwendungen** in Betracht, da die Gewinn- und Verlustrechnung nach dem Umsatzkostenverfahren die sonst zu beachtenden Posten, die Erhöhung des Bestands an Erzeugnissen oder die aktivierten Eigenleistungen nicht kennt.[40] Den in der Konzern-Gewinn- und Verlustrechnung ausgewiesenen Umsatzerlösen stehen nur die Aufwendungen zur Erzielung dieser Umsatzerlöse gegenüber. In der Konzern-Gewinn- und Verlustrechnung darf nur der *Aufwand* ausgewiesen werden, der den in der *Periode* erzielten Umsatzerlösen zugeordnet ist. Aufwendungen für konzernintern erbrachte Lieferungen und Leistungen sind aus Konzernsicht nicht ansatzfähig, da die Lieferung und Leistung noch nicht an Dritte erbracht worden ist. Bestandsveränderungen innerhalb des Konzerns werden nicht erfaßt.[41] Da im Jahresabschluß der einbezogenen Lieferunternehmen die Umsatzerlöse und die auf sie entfallenden Aufwendungen ausgewiesen werden, müssen, wenn der Gegenstand der Lieferung und Leistung an Dritte noch nicht abgesetzt wurde, die Erlöse mit diesen Aufwendungen verrechnet werden. Bei der Aufwandsverrechnung ist zu beachten, daß die Gliederung der Aufwandsposten sich in der Gewinn- und Verlustrechnung nach Umsatzkostenverfahren von der nach Gesamtkostenverfahren unterscheidet. Die Verrechnung erfolgt mit den Herstellungskosten (§§ 298 Abs. 1 i. V. m. 275 Abs. 3 Nr. 2), ergänzend sind die Vertriebskosten (§§ 298 Abs. 1 i. V. m. 275 Abs. 3 Nr. 4) zu berücksichtigen.[42]

---

38 ADS 52 f; *v. Wysocki* FS Goerdeler 747; *Weirich* WPg 1966, 312.

39 §§ 298 Abs. 1, 275 Abs. 3.

40 § 275 Abs. 3; Beck BilKomm-*Budde/Dreissig* 20; WP-Handbuch 2000 I M 599; *Baetge/Kirsch/Thiele* Konzernbilanzen 376 ff.

41 Schmalenbach-Gesellschaft – Deutsche Gesellschaft für Betriebswirtschaft e.V., ZfbF Sonderheft 21/1987, 2. Aufl., 104; WP-Handbuch 2000 I M 599; ADS 12; HdKR-*Telkamp* 13.

42 *v. Wysocki* FS Goerdeler 723, 729; ADS 13.

b) Verrechnung bei Lieferungen. Bei der Lieferung eines Gegenstands an ein anderes Unternehmen werden die erzielten Umsatzerlöse im entsprechenden Posten (§ 275 Abs. 3 Nr. 1), die auf die **Lieferung** entfallenden Aufwendungen unter Herstellungskosten (§ 275 Abs. 3 Nr. 2) und ggf. unter Vertriebskosten (§ 275 Abs. 3 Nr. 4) ausgewiesen. Hierbei macht es keinen Unterschied, ob der Gegenstand der Lieferung selbst hergestellt, be- oder verarbeitet oder fremdbezogen wurde.[43] Gegenstände des Anlage- und Umlaufvermögens werden gleich behandelt. Wird der Gegenstand an ein anderes einbezogenes Unternehmen geliefert, gehören die bei diesem ggf. anfallenden Be- oder Verarbeitungskosten zu den Herstellungskosten, sofern der Gegenstand abgesetzt wurde. Für die Betrachtung im Rahmen der Konsolidierung ist wesentlich, ob der Gegenstand der konzerninternen Lieferung zum Stichtag des Konzernabschlusses noch zum Vermögen des Konzerns gehört oder nicht. 31

Wurde von einem einbezogenen Unternehmen an ein anderes einbezogenes Unternehmen ein Gegenstand geliefert, der dort als **Anlagevermögen** verbleibt, sind in der Konzern-Gewinn- und Verlustrechnung die Umsatzerlöse des Lieferers mit den auf sie entfallenden Herstellungs- und Vertriebskosten (z. B. Transportkosten) des Lieferers zu verrechnen. Aus Konzernsicht hat kein Umsatzakt stattgefunden, so daß die beim Lieferer ausgewiesenen Aufwendungen wegzulassen sind.[44] Für diese Behandlung ist es ohne Belang, ob der Gegenstand im Konzern hergestellt, be- oder verarbeitet wurde; in gleicher Weise ist zu verfahren.[45] Differenzbeträge bei Aktivierung des Gegenstands mit Teilkosten sollen bei den Herstellungskosten ausgewiesen werden.[46] Betrifft die konzerninterne Lieferung einen Gegenstand des **Umlaufvermögens**, gelten dieselben Überlegungen. Gehört der gelieferte Gegenstand zum Stichtag des Konzernabschlusses noch zum Umlaufvermögen des Empfängers, liegt aus Sicht des Konzerns kein Umsatzakt vor; Aufwendungen dürfen in der Konzern-Gewinn- und Verlustrechnung nicht erscheinen. Die den Gegenstand betreffenden Umsatzerlöse sind mit den auf sie entfallenden Herstellungskosten und Vertriebskosten zu verrechnen; auch hier kommt es nicht darauf an, ob der Gegenstand im Konzern hergestellt, be- oder verarbeitet wurde. Die Konzern-Gewinn- und Verlustrechnung bleibt von dem Vorgang unberührt.[47] Wurde der Gegenstand in der Bezugsperiode nach konzerninterner Lieferung vom Empfänger an Dritte abgesetzt, wird aus Konzernsicht erstmals ein Umsatzerlös realisiert. In der Konzern-Gewinn- und Verlustrechnung sind die darauf entfallenden Herstellungs- und Vertriebskosten auszuweisen. Die Umsatzerlöse aus der konzerninternen Lieferung sind mit den auf sie entfallenden *Aufwendungen des Empfängers* zu verrechnen. Aus Sicht des Konzerns wurde der abgesetzte Gegenstand in verschiedenen „Abteilungen" des Konzern hergestellt, in der Konzern-Gewinn- und Verlustrechnung sind die entstandenen Aufwendungen anzusetzen. Kosten des Transports innerhalb des Konzern gehören zu den Herstellungskosten. Gehörte der Gegenstand bereits am zurückliegenden Stichtag des Konzernabschlusses zum Vermögen des Konzerns, gilt das gleiche. Die Verrechnung der Umsatzerlöse erfolgt mit den Aufwendungen des Empfängers; die in der Bilanz angesetzten Anschaffungs- und Herstellungskosten werden zu Herstellungskosten des Konzerns in der Periode der Veräußerung.[48] 32

---

43 ADS 41.
44 WP-Handbuch 2000 I M 601; ADS 41 f.
45 Beispiel bei *v. Wysocki* FS Goerdeler 723, 744 ff.
46 *IDW* Stellungnahme SABI 1/1987 Abschn. III 1, WPg 1987, 141; ferner Beispiele bei *v. Wysocki* FS Goerdeler 723, 745 f; ADS 45; teilw. a. A. HdKR-*Telkamp* 18, 23.
47 ADS 47 ff.
48 ADS 46 und 49; WP-Handbuch 2000 I 602 a. E.

33 Lieferungen von Gegenständen, die aus Sicht des Konzerns **nicht aktivierungsfähig** sind, führen nach Abs. 1 Nr. 1 auch bei Anwendung des Umsatzkostenverfahrens zur Verrechnung der Umsatzerlöse mit den Herstellungskosten.

34 c) **Verrechnung bei Leistungen.** Umsatzerlöse aus der konzerninternen Erbringung von Leistungen sind bei Anwendung des Umsatzkostenverfahrens ebenfalls mit Aufwendungen zu verrechnen. Ein Ertragsausweis in der Konzern-Gewinn- und Verlustrechnung kommt nur bei außerhalb des Konzern erbrachten Leistungen in Betracht. Leistungen innerhalb des Konzerns dürfen weder als Umsatzerlöse, noch die zur Erzielung der Umsatzerlöse erbrachten Leistungen als Aufwendungen in der Konzern-Gewinn- und Verlustrechnung ausgewiesen werden. Zu den hier in Betracht kommenden Leistungen vgl. Rdn. 25. Werden derartige Leistungen zwischen Unternehmen, die in den Konzernabschluß einbezogen sind, erbracht, liegt keine Leistung gegenüber Dritten vor; der Umsatzausweis muß entfallen. Mit welchen **Posten** die Umsatzerlöse zu verrechnen sind, hängt davon ab, ob die Leistung für einen im Konzern verbleibenden Gegenstand erbracht wurde und als dessen Anschaffungs- und Herstellungskosten zu aktivieren ist. Wurde die Leistung auf einen zum Anlagevermögen gehörenden Gegenstand erbracht, als dessen Anschaffungskosten sie aktiviert werden, sind die Umsatzerlöse mit den Aufwendungen des Leistenden zu verrechnen; die Konzern-Gewinn- und Verlustrechnung bleibt von diesem Vorgang unberührt.[49] Gleiches gilt, wenn die Leistungen Gegenständen des Umlaufvermögens zuzuordnen sind, die in der Berichtsperiode noch nicht abgesetzt wurden; auch in diesen Fällen sind die Umsatzerlöse mit den Aufwendungen des Lieferers zu verrechnen. Geht die Leistung beim Empfänger jedoch in den Betriebs- oder Produktionsprozeß ein, dem das in der Periode abgesetzte Erzeugnisse zuzuordnen ist, sind die Umsatzerlöse mit den Aufwendungen des Empfängers zu verrechnen.[50]

35 Die Aufwands- und Ertragskonsolidierung kann auch bei einer nach dem Umsatzkostenverfahren erstellten Konzern-Gewinn- und Verlustrechnung mit einer **Zwischenergebniseliminierung** einher gehen, § 304 Abs. 1, sofern nicht die Ausnahmen nach Abs. 2 und 3 zur Anwendung kommen.

III. Verrechnung anderer Erträge (Abs. 1 Nr. 2)

1. Grundlagen

36 a) **Grundsätze.** Die Aufstellung der Konzern-Gewinn- und Verlustrechnung nach HGB verlangt, daß nicht nur Umsatzerlöse, sondern auch **andere Erträge** zwischen den in den Konzernabschluß einbezogenen Unternehmen verrechnet werden. Das Gesetz trägt dem in Abs. 1 Nr. 2 Rechnung. Auch andere Erträge aus Lieferungen und Leistungen zwischen den in den Konzernabschluß einbezogenen Unternehmen sind mit den auf sie entfallenden Aufwendungen des liefernden, leistenden oder des empfangenden Unternehmens zu verrechnen, wenn nicht eine Umgliederung und der Ausweis der Erträge unter den anderen aktivierten Eigenleistungen in Betracht kommt. Die Regelungen von Nr. 2 beziehen sich mit der Einbeziehung von Lieferungen und Leistungen auf alle Rechtsbeziehungen im Konzern (Rdn. 13); sie schließen nur diejenigen nicht ein, die unter den Umsatzerlösen (Abs. 1 Nr. 1) auszuweisen sind. Auf die Bezeichnung der Erträge in der Gewinn- und Verlustrechnung kommt es nicht an.[51]

---

[49] ADS 54; WP-Handbuch 2000 I M 603; Beck Bil-Komm-*Budde/Dreissig* 22.

[50] ADS 55.

[51] WP-Handbuch 2000 I M 582; ADS 58.

b) Begriffe. aa) Andere Erträge. Der Begriff der anderen **Erträge** ist im Gesetz nicht erläutert. Da er sich, anders als die Umsatzerlöse, nicht auf einen bestimmten Posten der Gewinn- und Verlustrechnung bezieht, ist der Anwendungsbereich offen. Mit dem Ziel der umfassenden Eliminierung von Konzerninnenbeziehungen hat der Begriff Auffangcharakter, der alle außerhalb der Umsatzerlöse bestehenden Ertragsposten einschließt.[52] Dabei bleibt jedoch außer Betracht, daß infolge der buchungstechnischen Behandlung bestimmter Vorgänge in der Gewinn- und Verlustrechnung nicht Erträge, sondern **Aufwendungen** ausgewiesen werden. So entstehen z. B. bei der Veräußerung von Gegenständen des Anlagevermögens gegebenenfalls Verluste, die in der Gewinn- und Verlustrechnung unter den sonstigen betrieblichen Aufwendungen ausgewiesen werden. In der Konzern-Gewinn- und Verlustrechnung dürfen solche Vorgänge aus konzerninternen Vorgängen nicht ausgewiesen werden. Aus diesem Grunde ist Abs. 1 Nr. 2 über den Gesetzeswortlaut hinaus nach Sinn und Zweck der Vorschrift auch auf „andere Aufwendungen" zu erstrecken.[53] Zu den Erträgen im einzelnen vgl. Rdn. 39 und 42. 37

bb) Umgliederung oder Verrechnung. Entsprechend der Systematik von Abs. 1 Nr. 1 sieht auch Nr. 2 vor, daß die anderen Erträge mit den auf sie entfallenden Aufwendungen zu **verrechnen** sind, soweit nicht die **Umgliederung** und der Ausweis als andere aktivierte Eigenleistung zu erfolgen hat, vgl. zu Nr. 1, Rdn. 14. Die Umgliederung nach Nr. 2 unterscheidet sich von der nach Nr. 1 insoweit, als die Umgliederung in den Posten „Erhöhung des Bestands an fertigen und unfertigen Erzeugnissen" nicht aufgeführt ist. Diese Abweichung entspricht den Regelfällen der Praxis, nach denen die Verrechnung von Lieferungen und Leistungen, die nicht unter den Umsatzerlösen auszuweisen sind, kaum in Betracht kommt. Sollte im Ausnahmefall eine andere Lieferung oder Leistung zu einer Aktivierung bei den fertigen und unfertigen Erzeugnissen (Umlaufvermögen) führen, ist, ebenfalls in einer entsprechend erweiternden Auslegung der Nr. 2, eine Umgliederung in Bestandsveränderungen vorzunehmen.[54] Zu den Einzelheiten der Verrechnung und Umgliederung vgl. Rdn. 16 ff. 38

2. Konsolidierung der anderen Erträge bei Gesamtkostenverfahren

a) Verrechnung bei Lieferungen. aa) Erträge. Andere Erträge aus konzerninternen Lieferungen werden bei der Übertragung von Gegenständen des Anlagevermögens oder des Umlaufvermögens erzielt. Werden Gegenstände des **Anlagevermögens** unter Realisierung eines sonstigen betrieblichen Ertrags veräußert, verbleibt nach Verrechnung etwaiger im Konzern realisierter Gewinne lediglich ein Unterschiedsbetrag zwischen dem ursprünglichen Bilanzansatz vor Übertragung und dem Konzernhöchstwert im Sinne von § 304 Abs. 1 (§ 304, 32 ff). Dieser Betrag hat innerhalb des Konzerns den Charakter einer Zuschreibung. In der Konzern-Gewinn- und Verlustrechnung geht ein nicht im Rahmen der Zwischenergebniskonsolidierung verrechneter Ertrag in die sonstigen betrieblichen Erträge ein, in denen er auch als konzerninterner Vorgang ausgewiesen werden darf. Einer Verrechnung bedarf es nicht. Für eine Umgliederung in aktivierte Eigenleistungen verbleibt kein Raum.[55] Erträge aus der Lieferung von Gegenständen des **Umlaufvermögens**, die nicht Umsatzerlöse darstellen, entstehen als Buchgewinne z. B. bei der Veräußerung von Forderungen, sonsti- 39

---

[52] Beck BilKomm-*Budde/Dreissig* 30; HdKR-*Telkamp* 36; ADS 58.

[53] WP-Handbuch 2000 I M 604; HdKR-*Telkamp* 36; ADS 58.

[54] HdKR-*Telkamp* 37; ADS 60.

[55] ADS 59; WP-Handbuch 2000 I M 584; HdKR-*Telkamp* 40.

gen Vermögensgegenständen oder Wertpapieren des Umlaufvermögens sowie Devisen. Soweit die Buchgewinne aus konzerninternen Übertragungen z. B. im Hinblick auf § 304 Abs. 2 und 3 nicht eliminiert werden müssen, erfolgt ebenfalls weder eine Verrechnung, noch eine Umgliederung; der Ertrag ist auch aus Konzernsicht als sonstiger betrieblicher Ertrag auszuweisen. Liegen diese Voraussetzungen nicht vor, sind die Erträge aus Lieferungen wie bei Konsolidierung von Umsatzerlösen zu behandeln und entweder in aktivierte Eigenleistungen umzugliedern oder mit den Aufwendungen des Empfängers zu verrechnen.[56]

40 **bb) Aufwendungen.** Entstehen bei der konzerninternen Übertragung von Gegenständen des **Anlagevermögens** Aufwendungen (Verluste) infolge einer den Buchwert nicht erreichenden Gegenleistung, handelt es sich aus Konzernsicht – unter Beachtung der Zwischenverlusteliminierung nach § 304 Abs. 1 – um eine *außerplanmäßige Abschreibung* auf einen im Konzernvermögen verbleibenden Gegenstand des Anlagevermögens. Die Aufwands- und Ertragskonsolidierung führt in solchen Fällen zu der Umgliederung des in der Gewinn- und Verlustrechnung ausgewiesenen Aufwands unter Abschreibungen (§§ 298 Abs. 1 i. V. m. 275 Abs. 2 Nr. 7a).[57]

41 Führt die konzerninterne Übertragung von **Umlaufvermögen** zu einem Verlust, wird der Aufwand in der Gewinn- und Verlustrechnung des Lieferers unter sonstigen betrieblichen Aufwendungen ausgewiesen. Die konzerninterne Übertragung eines solchen Gegenstands zieht i. d. R. die Zwischenverlusteliminierung nach § 304 Abs. 1 nach sich. Kann diese im Einzelfall nach § 304 Abs. 2 und 3 unterbleiben, ist z. B. bei Wertpapieren des Umlaufvermögens die Umgliederung des Aufwands und der Ausweis unter Abschreibungen (§§ 298 Abs. 1 i. V. m. 275 Abs. 2 Nr. 7a) geboten; bei anderen Gegenständen des Umlaufvermögens verbleibt es beim Ausweis sonstiger betrieblicher Aufwendungen, einer Verrechnung oder Umgliederung bedarf es dann nicht.[58]

42 **b) Verrechnung bei Leistungen.** Größere Bedeutung als den nicht als Umsatzerlöse ausgewiesenen Lieferungen kommt den Leistungen zu. Hierbei handelt es sich um diejenigen Geschäftsvorfälle, die z. B. die Vermietung oder Verpachtung von *nicht typischen* Erzeugnissen und Waren oder die Erbringung von für das Unternehmen nicht typischen Dienstleistungen zum Gegenstand haben.[59] Der gesetzlichen Vorgabe der Nr. 2 entsprechend sind bei konzerninternen Leistungen die Erlöse mit den auf sie entfallenden Aufwendungen zu verrechnen, soweit sie nicht als andere aktivierte Eigenleistungen auszuweisen sind. Werden von einem einbezogenen Unternehmen Leistungen erbracht, die bei diesem auf Gegenstände des **Anlagevermögens** zu aktivieren sind und auch aktiviert werden, ist der Ertragsausweis der liefernden Unternehmen durch Umgliederung in aktivierte Eigenleistungen zu beseitigen; aus Sicht des Konzerns liegt kein „Außenumsatz", sondern eine Verwendung auf einen zum Konzernvermögen gehörenden Gegenstand vor (z. B. Beratungskosten bei Anschaffung, Herstellung oder aktivierungspflichtigen Reparaturen). Eine Umbuchung und keine Verrechnung mit Aufwendungen kommt in Betracht, wenn die Leistung auf Gegenstände des **Umlaufvermögens** erbracht und dort aktiviert wird, und diese Gegenstände am Stichtag des Konzernabschlusses noch zum aktivierten Bestand gehören (z. B. langfristige Fertigung). Der Ausweis der Erlöse des leistenden Unternehmens erfolgt unter „Erhöhung des Bestandes aus fertigen und unfertigen Erzeugnissen", auch wenn

[56] WP-Handbuch 2000 I M 584; ADS 60.
[57] HdKR-*Telkamp* 40; WP-Handbuch 2000 I M 585; ADS 61 ff.
[58] ADS 65.
[59] § 298 Abs. 2 i. V. m. §§ 275 Abs. 2 Nr. 1, 277 Abs. 1; zur Abgrenzung ferner Rdn. 36 ff zur Konsolidierung der Umsatzerlöse.

dieser Posten durch Abs. 1 Nr. 2 nicht genannt wird. Wie dargestellt (Rdn. 38), wird die Aufzählung in Nr. 2 nicht als abschließender Katalog verstanden, so daß über den engeren Wortlaut hinaus dieser Posten gleichwohl anzusprechen ist.[60]

Dienen Leistungen des einen Unternehmens **nicht** unmittelbar **aktivierungsfähigen Gegenständen** des empfangenden Unternehmens, stehen die Erlöse aus der 43
Leistungserbringung betragsgleich den *Aufwendungen* des empfangenden Unternehmens gegenüber (z.B. Mieten, Pacht, Zins, Lizenzen, nicht aktivierungsfähige Dienstleistungen). Werden diese Leistungen zwischen einbezogenen Unternehmen erbracht, dürfen Erlöse und Aufwendungen – als Konzerninnenleistung – nicht zu einer Aufblähung und Verfälschung der Konzern-Gewinn- und Verlustrechnung führen; sie sind zu verrechnen. Die entsprechenden Posten, die sonstigen betrieblichen Erträge des Leistenden (§§ 298 Abs. 1, 275 Abs. 2 Nr. 4) und die sonstigen betrieblichen Aufwendungen des Empfängers (§§ 298 Abs. 1, 275 Abs. 2 Nr. 8) sind zu verrechnen.[61]

3. Konsolidierung der anderen Erträge im Umsatzkostenverfahren

a) **Grundsätze.** Die Konsolidierung der anderen Erträge in einer nach dem **Umsatzkostenverfahren** aufgestellten Konzern-Gewinn- und Verlustrechnung (§§ 298 44
Abs. 1 i.V.m. 275 Abs. 3) führt systembedingt ausschließlich zu Verrechnungen der Erlöse mit den entsprechenden Aufwendungen; die Umgliederung in Ertragsposten wegen aktivierter Eigenleistungen und Bestandsveränderungen ist im Gliederungsschema der Gewinn- und Verlustrechnung nicht vorgesehen. Zu den Grundlagen der Aufwands- und Ertragskonsolidierung vgl. Rdn. 30 ff. Anderes gilt, wenn eine Aktivierung der erbrachten Lieferung oder Leistung beim Empfänger erfolgt; dies ist bei den unter Nr. 2 fallenden Sachverhalten jedoch überwiegend nicht gegeben. Soweit dabei Erlöse mit Aufwendungen zu verrechnen sind, ist bei der Gliederung der Gewinn- und Verlustrechnung nach dem Umsatzkostenverfahren die unterschiedliche Postenzuordnung zu beachten, die in der Konzern-Gewinn- und Verlustrechnung eine Aufwandsumgliederung nach sich zieht, um die Aufwendungen in dem aus Konzernsicht zutreffenden Posten ausweisen zu können (ggf. Umgliederung von Aufwendungen aus Lieferungen von „sonstigen betrieblichen Aufwendungen" (§§ 298 Abs. 1 i.V.m. 275 Abs. 3 Nr. 7) in „Herstellungskosten" (§§ 298 Abs. 1 i.V.m. 275 Abs. 3 Nr. 2) oder „Abschreibungen" (§§ 298 Abs. 1 i.V.m. 275 Abs. 3 Nr. 11).[62]

b) **Verrechnung bei Lieferung. aa) Erträge.** Erträge aus der Lieferung von Ge- 45
genständen zwischen in den Konzernabschluß einbezogenen Unternehmen entstehen bei Veräußerung von **Anlagevermögen** in der Form von Zuschreibungen, die als sonstige betriebliche Erträge ausgewiesen werden (§§ 298 Abs. 1 i.V.m. 275 Abs. 3 Nr. 6). Eine Umgliederung dieser Erträge in andere Posten oder eine Verrechnung kommt aus Konzernsicht nicht in Betracht (zu den Einzelheiten Rdn. 39 m.w.N.). Handelt es sich um Gegenstände des **Umlaufvermögens**, so gelten, wenn die Gegenstände am Stichtag des Konzernabschlusses noch zum Vermögen des Konzerns gehören, dieselben Grundsätze (auch Rdn. 39). Wurden diese im Zugangsjahr weiterveräußert, sind die Erlöse des Lieferers mit den Aufwendungen des Empfängers zu verrechnen.[63] Je nach

60 ADS 68; WP-Handbuch 2000 I M 588 ff.

61 Schmalenbach-Gesellschaft, Deutsche Gesellschaft für Betriebswirtschaft e.V., ZfbF Sonderheft 21/1987, 105; *Busse von Colbe/Ordelheide* Konzernabschlüsse 402 ff; ADS 66.

62 ADS 63.

63 ADS 63.

Zuordnung der Veräußerung durch den Empfänger zu den geschäftstypischen Vorgängen sind die Aufwendungen aus Konzernsicht von den sonstigen betrieblichen Aufwendungen in Herstellungskosten umzugliedern.

46 **bb) Aufwendungen.** Bei Verlusten aus konzerninternen Lieferungen gelten die gleichen Überlegungen wie bei der Gewinn- und Verlustrechnung nach dem Gesamtkostenverfahren (Rdn. 40). Aus Konzernsicht kann jedoch die Umgliederung der in der Gewinn- und Verlustrechnung eines einbezogenen Unternehmens enthaltenen Aufwendungen (Verluste) in andere funktional zutreffende Posten notwendig werden, wie z. B. bei Verlusten aus der Lieferung von Wertpapieren des Umlaufvermögens von den sonstigen betrieblichen Aufwendungen (§§ 298 Abs. 1 i. V. m. 275 Abs. 3 Nr. 7) in Abschreibungen auf Finanzanlagen und Wertpapiere des Umlaufvermögens (§§ 298 Abs. 1 i. V. m. 275 Abs. 3 Nr. 11).[64]

47 **c) Verrechnung bei Leistungen.** Sind die konzernintern erbrachten Leistungen einem aktivierungspflichtigen Gegenstand des **Anlagevermögens** zuzuordnen und werden sie dort vom Empfänger aktiviert, wird aus Konzernsicht die Gewinn- und Verlustrechnung nicht berührt, da die Aufwendung nicht unmittelbar der Herstellung genutzter Produkte dient. Nach Abs. 1 Nr. 2 sind daher die anderen Erträge und die diesen entsprechenden Aufwendungen des Leistenden zu verrechnen. Gleiches gilt bei Gegenständen des **Umlaufvermögens**, in deren Herstellungskosten die Leistung einging, soweit die Gegenstände noch nicht abgesetzt wurden. Wurden die Gegenstände in derselben Periode abgesetzt, werden die Erträge mit den Aufwendungen des Empfängers verrechnet.[65]

48 Steht der Gegenstand der Leistungserbringung **nicht** mit **aktivierungsfähigen Aufwendungen** in Zusammenhang (vgl. Fallgruppe unter Rdn. 43), sind die anderen Erträge mit den Aufwendungen des Empfängers zu verrechnen. Die Verrechnung führt zum Weglassen der auf die Leistung entfallenden Beträge und damit zu einer Verkürzung der Konzern-Gewinn- und Verlustrechnung. Aus Konzernsicht kann eine Umgruppierung des Aufwands des Leistenden in der Konzern-Gewinn- und Verlustrechnung und der Ausweis unter funktional zutreffenden Posten geboten sein.

4. Sonderfälle

49 **a) Allgemeines.** Die Aufwands- und Ertragskonsolidierung nach Abs. 1 Nr. 2 wird als **Auffangtatbestand** verstanden. Nr. 2 dient als Rechtsgrundlage für die Konsolidierung auch solcher konzerninterner Rechtsbeziehungen, die nicht auf Liefer- und Leistungsbeziehungen im engeren Sinne beruhen, sondern ihre Ursache entweder in gesellschaftsrechtlichen Beziehungen oder anderen Vereinbarungen zwischen den einbezogenen Unternehmen haben. Hierzu kommt ferner die Risikovorsorge aus Rechtsgeschäften und Maßnahmen gegenüber anderen einbezogenen Unternehmen (Rückstellungsbildung). Rechtsverhältnisse und Maßnahmen wie diese werden vom Wortlaut des § 305 Abs. 1 Nr. 2 nicht erfaßt, da in diesen Fällen i. d. R. dem Ertragsposten kein Aufwandsposten gegenübersteht (z. B. Gewinnausschüttung, Rückstellungsbildung). Die Konsolidierung der Konzern-Gewinn- und Verlustrechnung verfolgt auch hier das Ziel, mit dem Einheitsgrundsatz nicht vereinbare Posten zu eliminieren.[66] Steht für eine Verrechnung kein Aufwands- oder Ertragsposten als Gegenposten

---

[64] *IDW* Stellungnahme SABI 1/1987 Abschn. III5, WPg 1987, 141 f; ADS 63, 65; Beck BilKomm-*Budde/Dreissig* 23.

[65] Zur Behandlung bei den Umsatzerlösen, Rdn. 42; ADS 69.

[66] Beck BilKomm-*Budde/Dreissig* 40; *Biener/Berneke* BiRiLiG 351.

zur Verfügung, wird die **Konsolidierung** infolge des Weglassens des einen Postens notwendigerweise **erfolgswirksam**. Die Verrechnung der hiermit in Zusammenhang stehenden Aufwendungen und Erträge entspricht der zu Nr. 2 dargestellten Konsolidierungstechnik (Rdn. 42 und 44).

b) Erträge aus Beteiligungen. Die in den Konzernabschluß einbezogenen Unter- 50
nehmen sind rechtlich selbständig; der in deren Jahresabschluß ausgewiesene Bilanzgewinn steht zur Ausschüttung an das Mutterunternehmen zur Verfügung. Im Konzernabschluß kann es dadurch zur **Doppelerfassung** des Ertrags kommen, daß dieser (1) als Jahresüberschuß des einbezogenen Tochterunternehmens und (2) als Ertrag aus Beteiligungen des Mutterunternehmens in das Konzernergebnis eingeht. Zur Vermeidung des Doppelerfassung ist § 305 Abs. 1 Nr. 2 entsprechend heranzuziehen (Rdn. 39 ff).

**aa) Vereinnahmung der Beteiligungserträge in der Periode der Gewinnerzie- 51
lung.** Erträge aus Beteiligungen können im Einzelfall in derselben Periode vom Mutterunternehmen vereinnahmt werden, in der sie von Tochterunternehmen erzielt wurden. Eine zeitgleiche Vereinnahmung erfolgt bei Beteiligungen an *Personenhandelsgesellschaften*, wenn der Gesellschafter z.B. einen Anspruch auf Entnahme des Gewinns besitzt.[67] Bei einer Beteiligung an einer *Kapitalgesellschaft* darf ein **Beteiligungsertrag** zeitgleich zur Periode der Gewinnentstehung als Forderung gegen das verbundene Unternehmen ausgewiesen werden, wenn entweder vor Ablauf des Geschäftsjahres ein Gewinnverwendungsbeschluß gefaßt worden ist oder eine Mehrheitsbeteiligung, die bei vollkonsolidierten Unternehmen in aller Regel vorliegt, besteht und die Voraussetzungen für die zeitgleiche Vereinnahmung nach dem BGH-Urteil v. 3. 11. 1975 vorliegen.[68] Zu den Voraussetzungen gehört, daß das Geschäftsjahr des Tochterunternehmens nicht nach dem des Mutterunternehmens endet, die Feststellung des Jahresabschlusses des Tochterunternehmens vor Abschluß der Prüfung des Jahresabschlusses des Mutterunternehmens erfolgt und ein entsprechender Gewinnverwendungsbeschluß vorliegt. Nach einem Vorlagebeschluß des EuGH[69] hat der BGH[70] entschieden, daß das Mutterunternehmen zur Aktivierung eines Anspruchs auf den Beteiligungsertrag unter bestimmten Voraussetzungen verpflichtet ist. Nach dieser Entscheidung muß der Anspruch aktiviert werden, wenn das Mutterunternehmen alle Anteile der Tochter-GmbH hält, das Geschäftsjahr der Tochter-GmbH nicht nach dem Stichtag des Jahresabschlusses des Mutterunternehmens endet, die Gesellschafterversammlung der Tochter-GmbH deren Jahresabschluß feststellt und über die Gewinnverwendung entschieden hat.[71] Darüber hinaus besteht die Verpflichtung auch bei Bestehen einer Mehrheitsbeteiligung, wenn die Voraussetzungen der Abhängigkeit im Sinne des § 17 Abs. 2 AktG und der Konzernzugehörigkeit im Sinne des § 18 Abs. 1 S. 3 AktG nicht widerlegt worden sind. Liegen diese Voraussetzungen nicht vor, verbleibt es bei dem Aktivierungswahlrecht im Sinne des BGH-Urteils vom 3. 11. 1975. Da der Jahresüberschuß des Tochterunternehmens infolge der Einbeziehung des Unternehmens auf der Grundlage des Jahresabschlusses bereits berücksichtigt ist, muß der Ertrag aus der Beteiligung eliminiert werden. Diesem Ertrag steht kein Aufwand eines anderen einbezogenen Unternehmens gegenüber, so

---

67 *IDW* Stellungnahme HFA 1/1991, Abschn. 3; WPg 1991, 334.

68 BGHZ 65, 230 = WPg 1976, 80 = DB 1976, 38.

69 Beschluß vom 27. 6. 1996, DB 1996, 1400 mit Ergänzungsbeschluß vom 10. 7. 1997, DB 1997, 1513 (Tomberger-Beschluß).

70 BGH v. 12. 1. 1998, DB 1998, 567 = BGHZ 137, 378; WP-Handbuch I 2000, F 438.

71 Urt. v. 12. 1. 1998, DB 1998, 567 = BGHZ 137, 378; a. M. zur steuerbilanziellen Aktivierung GrS BFH v. 7. 8. 2000, DB 2000, 1993; BMF v. 1. 11. 2000, DB 2000, 2298; *Groh* DB 2000, 2444.

daß die Verrechnung ergebniswirksam zu Lasten des Konzernergebnisses zu erfolgen hat.[72]

52 **bb) Vereinnahmung der Beteiligungserträge in Folgejahren.** Liegen die Voraussetzungen der periodengleichen Vereinnahmung nicht vor, fließt in das Konzernergebnis das vom Tochterunternehmen erwirtschaftete Jahresergebnis ein. Einer Konsolidierung bedarf es nicht. Erfolgt eine **Gewinnausschüttung** in einem späteren Geschäftsjahr, muß der daraus resultierende Beteiligungsertrag des Mutterunternehmens eliminiert werden, da er aus Konzernsicht bereits als Ertrag ausgewiesen wurde. Der erneute Ausweis als Ertrag ist wegzulassen; der Ertrag aus der Beteiligung ist in der Konzern-Gewinn- und Verlustrechnung mit dem Konzernergebnis zu verrechnen; in der Konzernbilanz erfolgt die Umbuchung aus dem Konzernergebnis in Gewinnrücklagen des Konzerns.[73]

53 **cc) Behandlung des körperschaftsteuerlichen Anrechnungsbetrags bei Ausschüttungen.** Nach den Bestimmungen des im allgemeinen 2001 letztmals zur Anwendung kommenden Körperschaftsteuerrechts[74] ist mit der Ausschüttung der Bardividende der Anspruch auf den Anrechnungsbetrag der Körperschaftsteuer (Ausschüttungsbelastung) verbunden.[75] Wird der im Geschäftsjahr erzielte Gewinn (insgesamt) ausgeschüttet, ergibt sich der Steueraufwand des Tochterunternehmens in Höhe der Ausschüttungsbelastung. Das Mutterunternehmen erhält den Anrechnungsanspruch[76] und muß – ceteris paribus – den erzielten Bruttobetrag mit dem individuellen Steuersatz – abhängig vom eigenen Ausschüttungsverhalten – versteuern. Der Anrechnungsbetrag aus der Körperschaftsteuer stellt aus Konzernsicht keinen Ertrag dar, genausowenig wie die Dividendenausschüttung eine weitere Steuerbelastung des Konzerns nach sich zieht. Der Ertrag aus der Körperschaftsteuer ist bei **zeitgleicher Aktivierung** durch das Mutterunternehmen mit dem auf die Ausschüttung entfallenden Steuerbetrag des Tochterunternehmens zu verrechnen.[77] Werden die Beteiligungserträge erst **in** einer **Folgeperiode** vereinnahmt, führt die Gewinnausschüttung beim Tochterunternehmen – ceteris paribus – zu einer Abstockung der Steuerlast auf die Ausschüttungsbelastung. Das Mutterunternehmen erhält den körperschaftsteuerlichen Erstattungsanspruch und hat den Beteiligungsertrag der für das Unternehmen geltenden Steuerbelastung zu unterwerfen. Die Verrechnung des Anrechnungsguthabens mit der „Steuerlast" des Tochterunternehmen kommt nicht in Betracht. Da das Ergebnis des Tochterunternehmens bereits im Jahr der Entstehung im Konzernsteueraufwand berücksichtigt wurde, ist jetzt allein die Verrechnung des Anrechnungsguthabens mit dem Steueraufwand des Mutterunternehmens sachgerecht.[78] Wurde die auf diesen Bestandteil des Konzernergebnisses entfallende Steuerbelastung mit dem Thesaurierungssteuersatz berechnet und diese Annahme nach Dividendenausschüttung beibehalten, ist aus Konzernsicht weiterhin die Verrechnung des Ertrags aus der Minderung der Körperschaftsteuer beim Tochterunternehmen mit dem Aufwand aus der zusätzlichen Körperschaftsteuer beim Mutterunternehmen geboten.[79] Zur Behandlung latenter Steuern vgl. § 306, 21.

---

72 Schmalenbach-Gesellschaft – Deutsche Gesellschaft für Betriebswirtschaft e.V., ZfbF Sonderheft 21/1987, 106; HdKR-*Telkamp* 42; ADS 71 f.

73 *v. Wysocki/Wohlgemuth* Konzernrechnungslegung 289; *Busse v. Colbe/Ordelheide* Konzernabschlüsse 439; *Havermann* Bericht über die IDW-Fachtagung 1971, 31, 36; WP-Handbuch 2000 I M 591 und 649 f; ADS 74; HdKR-*Telkamp* 43.

74 § 34 Abs. 1, 1a und 10 KStG i. d. F. des Gesetzes vom 23. 10. 2000.

75 § 49 Abs. 1 KStG i. d. F. i. V. m. § 36 Abs. 2 Nr. 3 EStG i. d. F. der Bekm. v. 22. 4. 1999.

76 I. d. R. als Ertrag; vgl. *IDW* HFA 2/1977 i. d. F. 1990 Abschn. 3; WPg 1977, 463 und 1980, 80.

77 WP-Handbuch 2000 I M 592; ADS 72; Beck HdR-*Riese* 470, 82.

78 ADS 75.

79 WP-Handbuch 2000 I M 592 sowie ADS 75; Beck BilKomm-*Budde/Dreissig* 46.

c) **Aufwendungen und Erträge aus Gewinnabführungsverträgen.** Das Bestehen eines den aktienrechtlichen Vorschriften entsprechenden Gewinnabführungsvertrags[80] verpflichtet das abhängige Unternehmen zur Abführung des sonst entstehenden Jahresüberschusses; die Verpflichtung zur Gewinnabführung wird als Aufwand in der Gewinn- und Verlustrechnung dieses Unternehmens und als Ertrag beim berechtigten Unternehmen erfaßt.[81] Im Falle des Verlustes des verpflichteten Unternehmens hat das berechtigte Unternehmen den sonst entstehenden Jahresfehlbetrag auszugleichen; § 302 Abs. 1 AktG. Die Behandlung als Ertrag und Aufwand erfolgt entsprechend; vgl. § 277 Abs. 3 S. 2. Im Rahmen der Aufwands- und Ertragskonsolidierung bereitet der **Gewinnabführungsvertrag** keine Schwierigkeiten, da sich Aufwand und Ertrag bei den am Unternehmensvertrag beteiligten Unternehmen in gleicher Höhe gegenüberstehen; die Posten sind zu verrechnen und werden nicht in die Konzern-Gewinn- und Verlustrechnung übernommen.[82] Dies gilt auch, soweit das verpflichtete Unternehmen nach § 300 AktG verpflichtet oder nach § 301 S. 2 AktG berechtigt ist, Rücklagen zu bilden oder im Falle von Verlusten wieder aufzulösen, § 302 Abs. 1 AktG. 54

Sind an dem durch den Gewinnabführungsvertrag verbundenen Tochterunternehmen **konzernfremde** (andere) **Gesellschafter** beteiligt, verpflichtet der Gewinnabführungsvertrag i. a. R. zur Zahlung eines Ausgleichs nach § 304 AktG. Zur Leistung dieser Ausgleichszahlung kann entweder das Tochterunternehmen so gestellt werden, daß es einen angemessenen Ausgleich *(Rentabilitätsgarantie)* leisten kann, oder der Ausgleich wird unmittelbar durch das Mutterunternehmen selbst entrichtet *(Rentengarantie).*[83] Leistet das Tochterunternehmen den Ausgleich selbst, vermindert sich die Ergebnisabführung oder erhöht sich eine Verlustübernahme. Die zur Verrechnung kommenden Beträge des Tochter- und des Mutterunternehmens bleiben unverändert. Der beim Tochterunternehmen zur Zahlung an die anderen Gesellschafter ausgewiesene Betrag (Aufwand oder Jahresüberschuß) erhöht das Konzernjahresergebnis und ist in den anderen Gesellschaftern zustehenden Gewinn nach § 307 Abs. 2 umzugliedern. Der Konzerngewinn/-verlust wird hierdurch nicht beeinflußt.[84] Ist das Mutterunternehmen zur Leistung der Ausgleichszahlung verpflichtet, mindert, soweit es sich bei dem Mutterunternehmen um eine AG handelt, die Ausgleichszahlung den Ertrag aus einem Gewinnabführungsvertrag oder erhöht die Aufwendung aus Verlustübernahme, §§ 298 Abs. 1 HGB i. V. m. § 158 Abs. 2 S. 1 AktG. Der auf die anderen Gesellschafter entfallende Betrag ist ergebniswirksam in der Konzern-Gewinn- und Verlustrechnung wegzulassen und unter dem Posten des anderen Gesellschafters zustehenden Gewinns nach § 307 Abs. 2 auszuweisen. Nach dieser Umbuchung stehen sich Aufwendungen und Erträge aus dem Unternehmensvertrag verrechenbar gegenüber. Die Eigenart des Konzernabschlusses bedingt hier eine Abweichung bei der Anwendung des § 158 Abs. 2 AktG im Konzern, § 298 Abs. 2.[85] 55

d) **Konzernumlagen.** Zwischen den in den Konzernabschluß einbezogenen Unternehmen werden häufig **Umlagen** verrechnet, die z. B. Dienstleistungen oder Leitungs- und Steuerungsaufgaben des Mutterunternehmens abgelten oder den vom Mutterunternehmen als steuerlicher Organträger getragenen Steueraufwand ver- 56

---

[80] § 291 Abs. 1 S. 1 AktG; zur Anwendung auf GmbH vgl. BGH v. 24. 10. 1988, BGHZ 105, 325 = DB 1988, 263.

[81] Ausweis in gesondertem Posten, §§ 278 Abs. 3 S. 2.

[82] *Wiedmann* BilR 23; ADS 76.

[83] *Hüffer* AktG § 304, 4; MünchHdb-*Krieger* AG § 70, 43.

[84] ADS 78; HdKR-*Telkamp* 41; *Busse v. Colbe/Ordelheide* Konzernabschlüsse 402 f.

[85] WP-Handbuch 2000 I M 598.

rechnen.[86] Der Abrechnung von Umlagen im Konzern liegen in aller Regel Vereinbarungen zwischen den betroffenen Unternehmen zugrunde; als Rechtsgrundlage für die Umlage kommen Umlagevereinbarungen oder die Belastung im Rahmen eines Gesamtschuldnerausgleichs in Betracht.[87] Die Umlagen im Konzern haben die Aufgabe, die einzelnen Konzernunternehmen im Hinblick auf die Belastung mit Aufwendungen so zu stellen, daß eine verursachungsgerechte Lastentragung erzielt wird. Zur Belastung wird der Konzernaufwand verteilt. Als Belastungsmaßstab dient die Fiktion, daß die Tochterunternehmen selbständige Unternehmen ohne Einbindung in den Konzern und/oder die steuerliche Organschaft wären.[88] Diese Darstellung hat jedoch nur für den jeweiligen Jahresabschluß ihre Berechtigung.[89] Aus Konzernsicht sind die mit Umlagen verbundenen Aufwendungen und Erträge zu konsolidieren. Die bei den einbezogenen Unternehmen gebuchten Erträge aus Umlagen sind mit den bei den belasteten Unternehmen gebuchten Aufwendungen zu verrechnen; die Beträge stehen sich jeweils in gleicher Höhe gegenüber. Durch die Verrechnung werden zugleich Erträge einzelner Unternehmen, die über den tatsächlichen Steueraufwand hinausgehen, eliminiert;[90] die Ermittlung der Steuerbelastung des Konzerns bleibt hiervon unberührt.

57 e) **Abschreibungen und Zuschreibungen auf Anteile an einbezogenen Unternehmen.** Im Jahresabschluß der rechtlich selbständigen, in den Konzernabschluß einbezogenen Unternehmen ist es bei gegebenen Voraussetzungen erforderlich, **außerplanmäßige Abschreibungen** oder Zuschreibungen (§§ 253 Abs. 2, 279 Abs. 1 und 280) auf den Wertansatz von Beteiligungen an Unternehmen vorzunehmen, die ebenfalls in den Konzernabschluß einbezogen werden. Ein Grund für Abschreibungen ist insbesondere bei nachhaltiger Ertragslosigkeit gegeben; ist der Grund später weggefallen, wird eine Zuschreibung erforderlich, § 280 Abs. 1. Der Aufwand aus der Abschreibung belastet das Jahresergebnis des einbezogenen Mutterunternehmes. In einem auf der Grundlage der Fiktion der wirtschaftlichen Einheit aufgestellten Konzernabschluß (§ 297 Abs. 3 S. 1) darf ein solcher Aufwandsposten (Ertrag bei Zuschreibung) nicht beibehalten werden. Zum einen wird die Beteiligung an dem einbezogenen Unternehmen im Konzernabschluß nicht mehr ausgewiesen, so daß der Gegenstand einer Wertänderung fehlt; zum anderen sind Abschreibung oder Zuschreibung mit der Vollkonsolidierung der einbezogenen Unternehmen nicht vereinbar (vgl. § 301, 188). Danach erfolgt eine Berücksichtigung des Beteiligungsbuchwerts des Mutterunternehmens nur bei der Erstkonsolidierung; Veränderungen des Beteiligungsbuchwerts in Form von Wertminderungen und späteren Wertaufholungen können sich nur in der Gestalt von Wertminderungen und Wertaufholungen der im Konzernabschluß bilanzierten Vermögensgegenstände widerspiegeln.[91] Der Aufwand/Ertrag aus der außerplanmäßigen Abschreibung oder Zuschreibung einer Beteiligung an einem einbezogenen Unternehmen darf in der Konzern-Gewinn- und Verlustrechnung nicht ausgewiesen werden. Er ist erfolgswirksam wegzulassen, soweit nicht der zur Wertkorrektur der Beteiligung führende Grund eine Wertkorrektur von im Konzernabschluß ausgewiesenen Vermögensgegenständen erfordert, wie z. B. der

[86] Zur steuerlichen Organschaft § 14 KStG.

[87] BGH, WM 1999, 850; zu § 426 BGB BGHZ 120, 50, 59 f.

[88] Zu Steuerumlagen *Jacobs* Internationale Unternehmensbesteuerung 921 ff; HdKR-*Telkamp* 44. Zur Umlage der Gewerbesteuer vgl. BGH, WM 1993, 219 und BGH, WM 1999, 850, nach denen im Konzern lediglich der entstandene Aufwand verteilt wird, nicht aber eine Belastung nach der Fiktion eines unabhängigen Unternehmens erfolgen darf.

[89] HdKR-*Telkamp* 44.

[90] Auch § 304, 21.

[91] *Biener* DB 1983, Beil. 19, 1, 12.

nicht zugeordnete aktive Unterschiedsbetrag, der als Geschäfts- oder Firmenwert in der Konzernbilanz ausgewiesen ist, § 301 Abs. 3. Wurde ein bei der Erstkonsolidierung nach § 301 Abs. 1 S. 2 Nr. 2 entstehender oder ein nach § 301 Abs. 1 S. 3 verbleibender Unterschiedsbetrag nach Zuordnung auf die in den Konzernabschluß aufzunehmenden Vermögensgegenstände, Schulden, Rechnungsabgrenzungsposten, Bilanzierungshilfen und Sonderposten als Geschäfts- oder Firmenwert ausgewiesen, wird die bestehende Notwendigkeit zur außerplanmäßigen Abschreibung der Beteiligung im Konzernabschluß einen Grund zur außerplanmäßigen **Abschreibung** des **Geschäfts- oder Firmenwerts** abgeben. Die Voraussetzungen hierfür sind im einzelnen zu prüfen.[92] Ist kein Geschäfts- oder Firmenwert (mehr) ausgewiesen, ist zu prüfen, ob der Abschreibung der Beteiligung durch Abschreibung anderer Vermögensgegenstände des einbezogenen Unternehmens Rechnung getragen werden kann, z. B. durch außerplanmäßige Abschreibung solcher Vermögensgegenstände, denen nach § 301 Abs. 1 bei der Erstkonsolidierung ein Unterschiedsbetrag zugeordnet wurde. Stehen auch derartige Beträge zur Abschreibung nicht zur Verfügung, sind soweit erforderlich, außerplanmäßige Abschreibungen auf die Wertansätze der Vermögensgegenstände vorzunehmen, wenn dies im Jahresabschluß des einbezogenen Unternehmens nicht bereits vollzogen wurde (§ 301, 189). Führt die außerplanmäßige Abschreibung der Beteiligung auf Konzernebene zu Abschreibungen von Vermögensgegenständen des einbezogenen Unternehmens, ist der entsprechende Aufwand in der Konzern-Gewinn- und Verlustrechnung umzubuchen und unter den entsprechenden Posten auszuweisen. Wurde den zur außerplanmäßigen Abschreibung der Beteiligung führenden Gründen bereits durch Abschreibungen im Jahresabschluß des einbezogenen Unternehmens Rechnung getragen und finden die niedrigen Wertansätze Eingang in den Konzernabschluß, ist die außerplanmäßige Abschreibung der Beteiligung im Konzernabschluß ergebniswirksam aufzulösen. Damit wird verhindert, daß Verlustursachen im Konzernabschluß mehrfach berücksichtigt werden.[93] Bei Zuschreibungen infolge von Wertaufholungen ist entsprechend zu verfahren.

f) Abschreibungen auf Forderungen zwischen einbezogenen Unternehmen. 58
Forderungen und Verbindlichkeiten zwischen einbezogenen Unternehmen sind nach § 303 Abs. 1 wegzulassen. Die Schuldenkonsolidierung erstreckt sich auch auf (echte) Bewertungsunterschiede (z. B. niedrigerer Wertansatz einer unverzinslichen Forderung); der in der Konzern-Gewinn- und Verlustrechnung sonst erscheinende Aufwand ist ebenfalls zu erfassen und zu verrechnen (§ 303, 12).[94] Wird eine Schuld nach § 303 Abs. 2 nicht weggelassen, verbleibt der Aufwand iaR nach § 305 Abs. 2 in der Konzern-Gewinn- und Verlustrechnung.

g) Rückstellungen. Unternehmen sind im Jahresabschluß zur Bildung von Rück- 59
stellungen, auch gegenüber Unternehmen verpflichtet, die in denselben Konzernabschluß einbezogen werden.[95] In Betracht kommen alle Arten von Rückstellungssachverhalten, insbesondere auch Rückstellungen wegen ungewisser Verbindlichkeiten oder drohender Verluste aus schwebenden Geschäften, § 249 Abs. 1. Aus Konzernsicht dürfen Rückstellungen nur für Verpflichtungen gegenüber Dritten gebildet werden, wenn nicht aus Konzernsicht eine Aufwandsrückstellung in Betracht kommt.[96]

---

92 *Busse von Colbe/Ordelheide* Konzernabschlüsse 239 ff; ADS 86 f; Beck BilKomm-*Budde/Dreissig* 49.

93 HdKR-*Telkamp* 45 f.

94 HdKR-*Telkamp* 47.

95 Zu den Rückstellungstatbeständen vgl. Erl. zu § 249.

96 Vgl. auch die Behandlung der Rückstellung bei der Schuldenkonsolidierung § 303, 20.

Handelt es sich um eine **konzerninterne Verpflichtung**, ist die Rückstellung und der durch sie verursachte Aufwand im Rahmen der Schuldenkonsolidierung wegzulassen. Das zur Rückstellungsbildung führende Risiko kann im Konzernabschluß in anderer Weise zu berücksichtigen sein, wie z. B. durch die Abschreibung von Vermögensgegenständen. Der Aufwand aus der Rückstellungsbildung ist in diesen Fällen in der Konzern-Gewinn- und Verlustrechnung umzubuchen und unter den zutreffenden Posten auszuweisen.

5. Aufwands- und Ertragsauswirkungen der Equity-Bewertung

60 **a) Grundlagen.** Anteile an **assoziierten Unternehmen** werden im Konzernabschluß nach der sog. Equity-Methode bewertet. Zu den Eigenarten dieser Methode gehört, abgesehen von der Zuordnung und Abschreibung von Unterschiedsbeträgen, § 312 Abs. 2, daß die Veränderungen des Eigenkapitals des assoziierten Unternehmens anteilig als Aufwand und Ertrag in der Konzern-Gewinn- und Verlustrechnung ausgewiesen werden, § 312 Abs. 4 S. 1 (i. E. § 312, 86 ff). Die bei dem Unternehmen eingetretenen **Eigenkapitalveränderungen**, wie z. B. der erzielte Gewinn oder Verlust, Gewinnausschüttungen und bestimmte Eigenkapitalzuführungen spiegeln sich in der Konzern-Gewinn- und Verlustrechnung wieder. Die Aufwands- und Ertragskonsolidierung bei assoziierten Unternehmen beschränkt sich auf diese Geschäftsvorfälle, da sie nicht nach den Grundsätzen der voll- und anteilsmäßigen Konsolidierung in den Konzernabschluß einbezogen werden und Aufwendungen und Erträge aus anderen Rechtsbeziehungen nicht zu konsolidieren sind.[97]

61 Der vom assoziierten Unternehmen erwirtschaftete **Gewinn** und **Verlust** wird – unter Berücksichtigung der Auswirkungen der Anteilsbewertung nach § 312 Abs. 1 und 2 – im Geschäftsjahr der Entstehung beim Unternehmen im Konzernabschluß erfaßt und als Ertrag oder Aufwand in der Konzern-Gewinn- und Verlustrechnung jeweils unter gesonderten Posten ausgewiesen, § 312 Abs. 4 S. 2 (vgl. Erl. zu § 312, 108). Der Ergebnisausweis im Konzernabschluß ist unabhängig von einer Gewinnausschüttung des assoziierten Unternehmens.

62 **b) Gewinnausschüttung.** Die in § 312 Abs. 4 S. 1 vorgesehene Behandlung von Gewinnausschüttungen assoziierter Unternehmen (vgl. § 312, 95) betrifft einerseits den **Ausweis** in der Konzernbilanz, andererseits sind vom Wertansatz der Beteiligung sind diese entfallende Gewinnausschüttungen abzusetzen. Für die Konzern-Gewinn- und Verlustrechnung ist zu berücksichtigen, daß die Gewinnausschüttung im Jahr der Vereinnahmung (bei Vorabgewinnausschüttung oder vorzeitiger Beschlußfassung auch früher) bei beteiligten Unternehmen als Ertrag ausgewiesen wird. Der Ertrag wird, wenn ein während der Zugehörigkeit zum Konzern erzielter Gewinn ausgeschüttet wird, doppelt erfaßt, da er zudem im Rahmen der Bewertung des Anteils an dem Unternehmen zu berücksichtigen war. Der Ausweis der Erträge aus der Gewinnausschüttung ist wegzulassen; der Ertrag ist gegen den Aufwand aus der Absetzung der auf die Beteiligung entfallenden Gewinnausschüttungen vom Wertansatz der Beteiligung zu verrechnen. Die Verrechnung bleibt im Konzernabschluß erfolgsneutral.[98]

63 Handelt es sich bei dem assoziierten Unternehmen um eine inländische Kapitalgesellschaft, sind zusätzlich die Auswirkungen des **körperschaftsteuerlichen Anrechnungsverfahrens** zu beachten. Die Dividendenausschüttung führt beim beteiligten

---

[97] Vgl. Rdn. 50 ff; ferner HdKR-*Telkamp* 49 a. E.; ADS 81 f.

[98] ADS 81.

Unternehmen zu einem Ertrag aus der Gutschrift der anrechenbaren Körperschaftsteuer; der Bruttobetrag der Gewinnausschüttung einschließlich Steuergutschrift geht in die Steuerbemessung des Mutterunternehmens ein. Da aus Konzernsicht die Gewinnausschüttung des assoziierten Unternehmens als solche ergebnisneutral ist, soll dieser Anrechnungsbetrag mit dem Steueraufwand des Konzerns verrechnet werden.[99] Eine Verrechnung mit dem Körperschaftsteueraufwand des assoziierten Unternehmens hat in jedem Fall auszuscheiden, da dieser Aufwand das Konzernergebnis nicht berührt.

Um zu verhindern, daß das Ergebnis assoziierter Unternehmen für die **Steuerberechnung** im Konzernabschluß unberücksichtigt bliebe, wird einerseits die Steuerabgrenzung,[100] andererseits die Einbeziehung des Anrechnungsbetrags in das nach § 312 Abs. 4 S. 1 anteilig auszuweisende Ergebnis vorgeschlagen und die Verrechnung des steuerlichen Anrechnungsbetrags mit den Steuern von Einkommen und Ertrag im Falle der späteren Ausschüttung empfohlen (hierzu § 312, 96).[101] Diese Auffassung wird wegen der klaren Darstellung bevorzugt. 64

IV. Konzern-Gewinn- und Verlustrechnung bei Veränderung des Konsolidierungskreises

In der Konzern-Gewinn- und Verlustrechnung sind die Aufwendungen und Erträge der in den Konzernabschluß einbezogenen Unternehmen für die Dauer ihrer Zugehörigkeit zum Konsolidierungskreis auszuweisen. Dieser Grundsatz gilt auch im Falle der **Veränderung** des **Konsolidierungskreises** durch Einbeziehung weiterer Unternehmen oder das Ausscheiden von Unternehmen aus dem Konsolidierungskreis.[102] Erfolgt die Veränderung innerhalb eines Geschäftsjahres, sind je nach dem für die erst-/letztmalige Konsolidierung gewählten Zeitpunkt Abgrenzungen vorzunehmen, um das der Konsolidierung unterliegende Eigenkapital und die in der Konzern-Gewinn- und Verlustrechnung dargestellten Erfolgswirkungen anzupassen. Erfolgt die erstmalige Einbeziehung des Tochterunternehmens entsprechend § 301 Abs. 2 auf den **Zeitpunkt**, zu dem das Mutter-/Tochterverhältnis begründet wird, sind durch einen Zwischenabschluß oder eine statistische Aufteilung das der Konsolidierung unterliegende Eigenkapital und die die Vorkonzernzeit betreffenden Erträge und Aufwendungen zu ermitteln.[103] Wird als Konsolidierungszeitpunkt zulässigerweise auf einen Konzernbilanzstichtag abgestellt, fließt das in dem Geschäftsjahr erzielte Ergebnis des Tochterunternehmens in das konsolidierungspflichtige Eigenkapital ein. Werden die Aufwendungen und Erträge des Unternehmens indes ab Beginn der Konzernzugehörigkeit in die Konzern-Gewinn- und Verlustrechnung aufgenommen, muß das auf diese Teilperiode entfallende Ergebnis neutralisiert werden.[104] Für das Ausscheiden eines Unternehmens aus dem Konsolidierungskreis gelten im Grundsatz dieselben Anforderungen.[105] 65

99 ADS 82; *Küting/Zündorf* BB 1986, Beil. 7, 1, 19.

100 *Stille* Latente Steuern, 149; *v. Wysocki/Wohlgemuth* 208.

101 ADS 83; Beck BilKomm-*Budde/Dreissig* § 312, 68, 69.

102 *IDW* WPg 1994, 328.

103 *Busse v. Colbe/Ordelheide* Konzernabschlüsse 414; ADS 93.

104 *IDW* WPg 1994 S. 329; HdKR-*Dusemond/Weber/Zündorf* § 301, 157 f; *Schindler* Kapitalkonsolidierung 183.

105 ADS 98 f.

V. Verzicht auf Aufwands- und Ertragskonsolidierung, Abs. 2

66 Wie alle Einzelbestimmungen über Konsolidierungsmaßnahmen im Recht des HGB enthält auch § 305 in Abs. 2 die Ermächtigung zugunsten des den Konzernabschluß aufstellenden Unternehmens, Aufwendungen und Erträge nicht wegzulassen, wenn die wegzulassenden Beträge für die Vermittlung eines den tatsächlichen Verhältnisses entsprechenden Bildes von der Vermögens-, Finanz- und Ertragslage des Konzerns nur von untergeordneter Bedeutung sind. Hiermit wird dem **Grundsatz der Materiality** Rechnung getragen. Die Regelung entspricht dem auch in § 303 Abs. 2 (§ 303, 48) und § 304 Abs. 3 (§ 304, 88 f) festgelegten Prinzip.

67 Von der **Ausnahme** des Abs. 2 darf Gebrauch gemacht werden, wenn die Aufwendungen und Erträge im Verhältnis zu dem durch den Konzernabschluß zu vermittelndem Bild von der Lage des Konzerns von **untergeordneter Bedeutung** sind. Damit werden nicht absolute Größenordnungen fixiert, deren Unterschreiten das Weglassen von Beträgen rechtfertigt, sondern auf die relative Bedeutung dieser Aufwendungen und Erträge abgestellt. Hierzu werden die jeweiligen Posten der Konzern-Gewinn- und Verlustrechnung, bei erfolgswirksamen Konsolidierungsmaßnahmen auch der Konzernjahresabschluß/-fehlbetrag, zum Vergleich heranzuziehen seien. In diesem Rahmen sind die einzelnen Beträge zum einen, diese als Teil der Gesamtheit der wegzulassenden Beträge zum anderen zu betrachten. Einzelne, für sich genommen nicht unwesentliche Beträge dürfen dann weggelassen werden, wenn die Gesamtheit der Beträge im Verhältnis zum Bild des Konzerns unbedeutend ist. Ist die Gesamtheit der wegzulassenden Beträge nicht von untergeordneter Bedeutung, so verpflichtet das nicht zum völligen Verzicht auf die Ausnahme, sondern dazu, die wesentlichen Beträge in die Konsolidierung einzubeziehen, bis der Gesamtbetrag nur noch von untergeordneter Bedeutung ist.

68 In der Literatur[106] wird vorgeschlagen, die nicht weggelassenen, nicht wesentlichen Beträge in Form eines Sonderausweises, gegebenenfalls als „davon-Vermerk" in der Konzern-Gewinn- und Verlustrechnung anzugeben. Dieses Postulat wird hier nicht geteilt. Da darauf verzichtet wurde, die Anwendung von Abs. 2 im Konzernanhang anzugeben,[107] erscheint es zu weitgehend, darüber hinaus die Ermittlung und Angabe nicht eliminierter Beträge in der Konzern-Gewinn- und Verlustrechnung vorzuschreiben.[108]

§ 306
Steuerabgrenzung

Ist das im Konzernabschluß ausgewiesene Jahresergebnis auf Grund von Maßnahmen, die nach den Vorschriften dieses Titels durchgeführt worden sind, niedriger oder höher als die Summe der Einzelergebnisse der in den Konzernabschluß einbezogenen Unternehmen, so ist der sich für das Geschäftsjahr und frühere Geschäftsjahre ergebende Steueraufwand, wenn er im Verhältnis zum Jahresergebnis zu hoch ist, durch Bildung eines Abgrenzungspostens auf der Aktivseite oder, wenn er im Verhältnis zum Jahresergebnis zu niedrig ist, durch Bildung

---

106 ADS 101.

107 Beck BilKomm-*Budde/Dreissig* 51.

108 ADS 102; Schmalenbach-Gesellschaft – Deutsche Gesellschaft für Betriebswirtschaft e.V., ZfbF Sonderheft 21/1987, 103.

einer Rückstellung nach § 249 Abs. 1 S. 1 anzupassen, soweit sich der zu hohe oder der zu niedrige Steueraufwand in späteren Geschäftsjahren voraussichtlich ausgleicht. Der Posten ist in der Konzernbilanz oder im Konzernanhang gesondert anzugeben. Er darf mit den Posten nach § 274 zusammengefaßt werden.

Übersicht

Schrifttum

(vgl. auch vor § 297 und § 301) *Baetge* Der negative Unterschiedsbetrag an der Kapitalkonsolidierung nach HGB, IAS und US-GAAP, Festschrift Kropff (1997) 347; *Baumann* Bilanzierung latenter Steuern nach neuem Recht, in Mellwig/Moxter/Ordelheide, Einzelabschluß und Konzernabschluß Bd. 1 (1988) 105; *Becker* Abgrenzung latenter Steuern im Rahmen der Konzernrechnungslegung, DB 1991, 1737; *Bömelburg* Prüfung latenter Steuern und Zwischenergebniseliminierung, BB 1994, 1250; *Coenenberg/Hille* Latente Steuern, HdJ Abt. I/13; *Coenenberg/Hille* Latente Steuern nach der neu gefaßten Richtlinie IAS 12, DB 1997, 537; *DRSC* Deutscher Rechnungslegungs Standard Nr. 12, E-DRS 12, Latente Steuern im Konzernabschluß (Stand 13. Juli 2001); *Ernsting* Auswirkungen des Steuersenkungsgesetzes auf die Steuerabgrenzung in Konzernabschlüssen nach US-GAAP und IAS, WPg 2001, 11; *Fuchs* Anwendungshinweise zu IAS 12 „Income Taxes", DB 2000, 1925; *Havermann* Die Handelsbilanz II – Zweck, Inhalt und Einzelfragen ihrer Erstellung, Festschrift Döllerer (1988) 185; *Heurung* Steuerabgrenzung nach dem Temporary Differences-Konzept im befreienden Konzernabschluß, BB 2000, 1340; *Heurung/Kurtz* Latente Steuern nach dem Temporary Differences-Konzept: Ausgewählte Problembereiche, BB 2000, 1775; *Hille* Latente Steuern im Einzel- und Konzernabschluß (1982); *IDW* RH HFA 1.002, Auswirkungen des gespaltenen Körperschaftsteuersatzes auf die Bilanzierung latenter Steuern nach IAS 12, WPg 2000, 937; *Küting/Zündorf* Die Equity-Methode im deutschen Bilanzrecht, BB 1986 Beil. 7; *Lochner* Latente Steuern im Einzel- und Konzernabschluß, BB 1990, 2289; *Pellens/Bonse/Schremper* Auswirkungen gespaltener Körperschaftsteuersätze nach HGB, IAS und US-GAAP, WPg 1998, 899.

I. Normzweck, Geltungsbereich

1. Regelungsgegenstand

1 Mit den Vorschriften über die Steuerabgrenzung im Konzernabschluß (§ 306) werden diejenigen Regelungen, die die Ermittlung des Steueraufwands im Konzernabschluß und den Ausweis der Posten über die Steuern betreffen, ergänzt um Regelungen über die Steuerabgrenzung. Für den Konzernabschluß wird die Steuerabgrenzung durch konzernabschlußbezogene Besonderheiten erweitert. Sie dienen der Berücksichtigung derjenigen Auswirkungen, die sich aus der **Anwendung der Konsolidierungsvorschriften** ergeben (Rdn. 14). Weicht nach deren Anwendung das im Konzernabschluß ausgewiesene Jahresergebnis von der Summe der Einzelergebnisse der in den Konzernabschluß einbezogenen Unternehmen ab, hat eine Steuerabgrenzung zur Anpassung des Steueraufwands stattzufinden. Damit wird der Steueraufwand an das im Konzernabschluß ausgewiesene Ergebnis angepaßt.

2 Abweichungen zwischen dem ausgewiesenen Jahresergebnis und dem der Ermittlung von Besteuerungsgrundlagen zugrunde gelegten Ergebnis werden zunächst auf der Ebene des *Jahresabschlusses* durch die **Steuerabgrenzung** nach § 274 berücksichtigt. In den Jahresabschlüssen der einbezogenen Unternehmen getroffene Abgrenzungsmaßnahmen werden in den Konzernabschluß übernommen, §§ 300, 308. Die Steuerabgrenzungen bleiben durch § 306 im Grundsatz unberührt. Das gleiche gilt für Maßnahmen der Steuerabgrenzung, die im Zusammenhang mit der Erstellung von Abschlüssen, die *einheitlichen Bilanzierungs- und Bewertungsvorschriften* im Konzern entsprechen (Handelsbilanz II), entstehen, auf die ebenfalls § 274 Anwendung findet, § 298 Abs. 1. Die Steuerabgrenzung nach § 306 gleicht auf der Grundlage der in den Konzernabschluß zusammengefaßten Jahresabschlüsse – und damit der darin bereits enthaltenen Maßnahmen der Steuerabgrenzung sowie der ausgewiesenen Ergebnisse – Unterschiede und Abweichungen aus, die infolge von Konsolidierungsmaßnahmen eintreten, die den *Konzernerfolg* betreffen. Erfolgsneutrale Konsolidierungsmaßnahmen führen nicht zu Ergebnisdifferenzen, Rdn. 18 f.[1] Die Technik der Steuerabgrenzung in § 306 entspricht im wesentlichen der des § 274.

3 Die Steuerabgrenzung erfolgt durch Bildung von **Abgrenzungsposten**. Ist das im Konzernabschluß ausgewiesene Ergebnis infolge von erfolgswirksamen Konsolidierungsmaßnahmen niedriger oder höher als die Summe der Einzelergebnisse der einbezogenen Konzernunternehmen, ist der Steueraufwand, soweit er im Verhältnis zum Jahresergebnis (des Konzerns) zu hoch ist, durch Bildung eines Abgrenzungspostens auf der *Aktivseite*, und, wenn er im Verhältnis zum Jahresergebnis (des Konzerns) zu niedrig ist, durch Bildung einer *Rückstellung* nach § 249 Abs. 1 S. 1 anzupassen. Voraussetzung für die Abgrenzung ist in beiden Fällen, daß sich der zu hohe oder zu niedrige Steueraufwand in späteren Geschäftsjahren voraussichtlich ausgleicht, es sich somit um sogenannte *temporäre Unterschiedsbeträge* handelt (Rdn. 13), S. 1.

4 Im Unterschied zur Steuerabgrenzung im Jahresabschluß ist die Steuerabgrenzung nach § 306 S. 1 **obligatorisch**. Der Ansatz eines aktiven Abgrenzungspostens ist nicht wahlweise, sondern pflichtgemäß vorzunehmen, Rdn. 31. Der sich ergebende Abgrenzungsbetrag ist in einem Posten auszuweisen; dieser Posten darf mit den Posten der Steuerabgrenzung nach § 274 zusammengefaßt werden, S. 3. Der Steuerabgrenzungsposten ist nach S. 2 in der Konzernbilanz oder im Konzernanhang gesondert anzugeben, um hierdurch die Bedeutung der Steuerabgrenzung erkennbar zu machen.

---

[1] ADS 1; Beck BilKomm-*Hoyos/Fischer* 2; HdKR-*Baumann* 2.

2. Normadressaten, Geltungsbereich

§ 306 gilt für alle Mutterunternehmen, die nach **HGB** einen Konzernabschluß aufzustellen und in diesen andere Unternehmen nach den Grundsätzen der *Vollkonsolidierung* einzubeziehen haben. Sie ist ebenso bei der Aufstellung von Konzernabschlüssen nach **PublG** anzuwenden; § 13 Abs. 2 S. 1 PublG nimmt § 306 in Bezug.[2] Soweit Unternehmen nach den Vorschriften über die *anteilsmäßige Konsolidierung* in den Konzernabschluß einbezogen werden, sind die Vorschriften über die Vollkonsolidierung entsprechend anwendbar, § 310 Abs. 2 (§ 310, 83); hier ist § 306 zu beachten. 5

Bei der Bewertung von Anteilen an **assoziierten Unternehmen** wird die Steuerabgrenzung nicht angesprochen, § 312 gehört nicht zu den in Bezug genommenen Vorschriften,[3] auch wenn bei Anwendung der Equity-Methode ebenfalls Zwischenergebnisse zu eliminieren sein können, wodurch sich Auswirkungen auf die periodengerechte Steuerbelastung ergeben können. Da diese Unternehmen in den Konzernabschluß nicht „einbezogen" werden und es daher nicht zu ergebniswirksamen Konsolidierungsmaßnahmen kommt, besteht in aller Regel keine Notwendigkeit zur Steuerabgrenzung. Abweichungen des Konzernergebnisses von der Summe der Einzelergebnisse der einbezogenen Unternehmen können sich z. B. bei der Vereinnahmung der auf das assoziierte Unternehmen entfallenden Ergebnisse ergeben, die in der Steuerberechnung der einbezogenen Unternehmen nicht berücksichtigt sind, vgl. § 312 Abs. 4 Satz 1 (dazu § 305, 53 sowie § 312, 97). Ferner können sich infolge der Eliminierung von Zwischenergebnissen aus Geschäften zwischen einbezogenen Unternehmen und dem assoziierten Unternehmen nach § 312 Abs. 5 Sätze 2 und 4 ergebniswirksame Abweichungen ergeben (vgl. § 312, 126 ff). Wegen der letztgenannten Abweichungen wird die Ausdehnung der Steuerabgrenzung auch auf solche Sachverhalte empfohlen.[4] 6

II. Entstehungsgeschichte

Mit der Regelung über die Steuerabgrenzung in § 306 werden Art. 29 Abs. 4 und Art. 34 Nr. 11 der **7. EG-Richtlinie** angesprochen. Art. 29 Abs. 4 ist weitergehend als § 306 S. 1. Die Regelung der 7. EG-Richtlinie umfaßt die Steuerabgrenzung für die Aufstellung des Konzernabschlusses insgesamt, schließt somit auch die Anpassung an die einheitliche Bilanzierung und Bewertung im Konzernabschluß ein, die nach der für das HGB geltenden Rechtslage mit §§ 298 Abs. 1 i. V. m. 274 erfaßt wird. Das Mitgliedstaatenwahlrecht des Art. 34 Nr. 11 der 7. EG-Richtlinie zur Zusammenfassung der die Steuerabgrenzung betreffenden Posten im Konzernabschluß wurde durch die Beschlußempfehlung des Rechtsausschusses in das Gesetzgebungsverfahren eingebracht.[5] Der in § 287 HGB-EK enthaltene Vorschlag umfaßte dieses Wahlrecht noch nicht. Zwischen den Entwürfen in § 306 HGB und § 287 HGB-EK vollzogen sich Änderungen. § 306 S. 1 ist nur auf die Konsolidierungsmaßnahmen des 4. Titels zu beziehen, während § 287 HGB-EK sich auf die Konsolidierungsmaßnahmen „dieses Abschnitts" bezog. Die Regelung von § 287 HGB-EK war bereits nach dem Vorbild von § 251 HGB-E (jetzt 274) konzipiert, indes auch mit der Abweichung der pflichtmäßigen aktiven Steuerabgrenzung.[6] 7

---

2 ADS 3 sowie § 13 PublG, 24.

3 Mit Überlegungen zur entsprechenden Anwendung ADS 7; HdKR-*Baumann*, 34; HdJ-*Coenenberg/Hille* Abt. I/13, 116.

4 HdJ-*Coenenberg/Hille* Abt. 1/13, 116; *Küting/Zündorf* BB 1986, Beil. 7, 1, 21.

5 Begr. Rechtsausschuß zu § 306 HGB, BTDrucks. 10/4268, 116.

6 Begr. RegE zu § 287 HGB-EK, BTDrucks. 10/3440, 99.

III. Steuerabgrenzung im Konzernabschluß nach § 306 S. 1

1. Grundlagen der Steuerabgrenzung

8 **a) Ziele.** Die Steuerabgrenzung im Konzernabschluß hat das Ziel, den im Verhältnis zum Konzernjahresergebnis zutreffenden, der Vermögens-, Finanz- und Ertragslage des Konzerns entsprechenden **Steueraufwand** auszuweisen, wenn dieser durch Konsolidierungsmaßnahmen beeinflußt wurde. Sie dient der periodengerechten Aufwandsverteilung angesichts der im Konzern gegenüber den Jahresabschlüssen der einbezogenen Unternehmen ggf. abweichenden zeitlichen Ertrags- und Aufwandszuordnung und führt zum vollständigen Ausweis von Vermögensgegenständen und Schulden im Konzernabschluß.[7]

9 **b) Methoden.** Die periodengerechte und vollständige Erfassung der steuerlichen Auswirkungen des Konzernerfolgs kann auf unterschiedlichen Wegen erreicht werden. Allerdings ist der Konzernabschluß ohne Bedeutung für die Ermittlung des steuerlichen Ergebnisses; **Steuerbemessungsgrundlage** ist keinesfalls der Konzernabschluß, sondern die Jahresabschlüsse der in den Konzernabschluß einbezogenen Unternehmen.[8] Eine konsolidierte Steuerberechnung[9] als Grundlage für die Ermittlung der steuerlichen Belastung wird in den nationalen Rechtsordnungen nur im Ausnahmefall zugelassen.[10] Für den handelsrechtlichen Konzernabschluß könnte der Grundsatz der wirtschaftlichen Einheit, § 297 Abs. 3 S. 1 dahingehend interpretiert werden, die Steuerbelastung im Konzern so zu ermitteln und darzustellen, als ob die einbezogenen Unternehmen ein (rechtliches) Unternehmen wären. Wird die wirtschaftliche Einheit des Konzerns als ein Unternehmen verstanden, wäre es konsequent, den Konzern als Steuersubjekt zu betrachten und für dieses fiktive Steuersubjekt eine Steuerberechnung vorzunehmen.[11] Für den handelsrechtlichen Konzernabschluß wurde dieser Weg nicht gegangen. Die Steuerberechnung im Konzernabschluß basiert statt dessen auf den Steuerposten der Jahresabschlüsse der einbezogenen Unternehmen. Die Maßnahmen der Steuerabgrenzung im Konzernabschluß ergeben sich aus der Anpassung der Jahresabschlüsse an Maßnahmen der Konsolidierung und die konzerneinheitlichen Bilanzierungs- und Bewertungsmethoden. Die Steuerberechnung wird nicht unter der Fiktion des Konzerns als Steuersubjekt vorgenommen, sondern nur an die Bilanzierungs- und Bewertungsmethoden des Konzerns angepaßt. Eine Anpassung der Steuerberechnung des einzelnen Unternehmens unterbleibt. Die Abgrenzung bezieht sich allein auf die Differenzen zwischen dem Konzernergebnis und der Summe der Jahresabschlüsse der einbezogenen Unternehmen; die Steuerabgrenzung nach S. 1 ist als *Differenzbetrachtung* zu verstehen. Für die nach S. 1 vorgesehene Behandlung ist der Einheitsgrundsatz somit nicht relevant.[12]

2. Steuerabgrenzung im einzelnen (Satz 1)

10 **a) Gesetzliche Voraussetzungen.** Die Steuerabgrenzung berührt nach S. 1 drei **Problembereiche.**[13] Der erste Komplex für die Steuerabgrenzung ist das *Abweichen*

[7] ADS 8; zur periodengerechten Aufwandsabgrenzung Beck BilKomm-*Hoyos/Fischer* 1.

[8] Zum deutschen Prinzip der Maßgeblichkeit der Handelsbilanz für die Steuerbilanz § 5 Abs. 1 EStG, *L. Schmidt* EStG § 5 Rdn. 26 ff.

[9] Zur steuerlichen Organschaft *Dötsch/Eversberg/Jost/Witt* Die Körperschaftssteuer § 14 KStG 3 und 20 ff.

[10] *Jacobs* Internationale Unternehmensbesteuerung (1999) 778 m. w. N.

[11] *Henning* Bilanzierung latenter Steuern 248 f.

[12] Wie hier ADS 11 f; weitergehend Beck BilKomm-*Hoyos/Fischer* 2; HdKR-*Baumann* 4.

[13] WP-Handbuch 2000 I M 620.

des im Konzernabschluß ausgewiesenen Jahresergebnisses von der Summe der Einzelergebnisse der in den Konzernabschluß einbezogenen Unternehmen aufgrund von Maßnahmen, die nach den Vorschriften des 4. Teils durchgeführt worden sind. Es sind nur solche Abweichungen von Bedeutung, die dazu führen, daß sich der unterschiedliche Steueraufwand in späteren Geschäftsjahren voraussichtlich wieder ausgleicht; erfaßt werden nur *temporäre Ergebnisdifferenzen*. Zweite Voraussetzung ist die Verursachung eines zu hohen oder zu niedrigen Steueraufwands infolge der *Konsolidierungsmaßnahmen*. Der dritte Problembereich betrifft den *Ausgleich* der Differenz des Steueraufwands durch Bildung eines aktiven oder passiven Ausgleichspostens.

b) Abweichendes Jahresergebnis. Der durch S. 1 anzupassende Steueraufwand bemißt sich nach dem Unterschied des im Konzernabschluß ausgewiesenen Jahresergebnisses und der Summe der Einzelergebnisse der in den Konzernabschluß einbezogenen Unternehmen. Das Konzernergebnis kann höher oder niedriger sein als die Summe der Einzelergebnisse. Die Art der Abweichung bestimmt die Art des Ausgleichs des Steueraufwands. Das Konzernergebnis wird als das Ergebnis des Konzerns nach Durchführung aller Konsolidierungsmaßnahmen mit Ausnahme der Steuerabgrenzung ermittelt; mit Durchführung der Steuerabgrenzung ergibt sich das endgültige Konzernergebnis. Die Summe der Ergebnisse der einzelnen einbezogenen Unternehmen berechnet sich aus der Addition der einerseits positiven, andererseits negativen Jahresergebnisse, die miteinander zu saldieren sind. Grundlage sind die in den Jahresabschlüssen der einbezogenen Unternehmen ausgewiesenen Jahresüberschüsse und -fehlbeträge nach Durchführung der Maßnahmen zur Anpassung der Jahresabschlüsse an die Richtlinien des Mutterunternehmens (Handelsbilanz II). Der Unterschiedsbetrag dieser Ergebnisse ist der *Ausgangsbetrag* für die Steuerabgrenzung nach S. 1. Das Konzernergebnis wird zusätzlich durch Konsolidierungsmaßnahmen beeinflußt (Rdn. 14). Soweit die Maßnahmen erfolgswirksam sind (z. B. Eliminierung von Zwischenergebnissen, § 304) tritt eine Veränderung des Konzernergebnisses ein. Die Auswirkungen der einzelnen Maßnahmen dürfen zusammengefaßt werden (Rdn. 35 f); die Verrechnung von positiven und negativen Ergebniswirkungen ist zulässig. Nach der durch S. 1 geregelten Methodik wird nicht die Betrachtung und Analyse der einzelnen Abweichungen zwischen den Handelsbilanzen und dem Konzernabschluß gefordert, sondern es genügt eine **Gesamtdifferenzenbetrachtung**.[14] Im Vergleich der aufeinanderfolgenden Konzernabschlüsse erscheint lediglich der Unterschiedsbetrag, der sich aus der Veränderung der Gesamtdifferenzen der einen zu der anderen Periode ergibt, als Steueraufwand oder -ertrag. Da in die Steuerabgrenzung jedoch nur Abweichungen fallen, die zu einem sich in späteren Geschäftsjahren voraussichtlich wieder ausgleichenden Steueraufwand führen, sind bei der Gesamtdifferenzenbetrachtung vorab diejenigen Unterschiedsbeträge zu ermitteln und auszuscheiden, die zu dauerhaften oder fast dauerhaften Abweichungen führen; solche Differenzen ziehen keine Steuerabgrenzung nach sich. 11

c) Zeitliche Ergebnisdifferenz aufgrund von Maßnahmen nach dem 4. Titel. Zur Steuerabgrenzung führen nur **Ergebnisunterschiede** aufgrund von Maßnahmen, die zur Folge haben, daß der Ergebnisunterschied sich in späteren Geschäftsjahren voraussichtlich ausgleicht. 12

aa) Zeitliche Ergebnisdifferenz. Wie bei der Steuerabgrenzung nach § 274 sind permanente Ergebnisdifferenzen nicht zu berücksichtigen. Für quasi permanente Ergebnisdifferenzen ist dies umstritten (§ 274, 20). Zu beachten ist, daß auch quasi 13

[14] ADS 13 f.

permanente Abweichungen im Zeitablauf zu temporären Differenzen und damit berücksichtigungspflichtig werden können. Die Berücksichtigung hängt ab von der Art und Dauer des Unterschieds. Die für Zwecke des Jahresabschlusses getroffene Differenzierung ist für den Konzernabschluß wegen der hier gegebenen Ansatzpflicht nicht übertragbar. Die infolge von Konsolidierungsmaßnahmen sich ergebenden Unterschiedsbeträge haben überwiegend temporären Charakter, Abweichungen mit quasi permanenten Abweichungen ergeben sich nur im Ausnahmefall.[15] Zu weiteren Einzelheiten Rdn. 18.

14 **bb) Vorschriften des 4. Titels.** Grundlagen der Steuerabgrenzung sind nur (Konsolidierungs-)Maßnahmen nach den Vorschriften des 4. Titels und damit nicht die Vorschriften über den Konzernabschluß und Konzernlagebericht insgesamt (Rdn. 7). Die in S. 1 enthaltene Eingrenzung auf die Vorschriften des 4. Teils beschränkt den **Anwendungsbereich** der Steuerabgrenzung auf §§ 300–307; andere Vorschriften, die Ergebnisauswirkungen nach sich ziehen können, bleiben außer Betracht. Die genaue Umschreibung des Anwendungsbereichs ist von Bedeutung, weil allein aufgrund der Steuerabgrenzung nach § 306 S. 1 die Bildung eines aktiven Steuerabgrenzungspostens zur Pflicht gemacht wird. Bei allen Maßnahmen der Steuerabgrenzung nach § 274 verbleibt es bei der obligatorischen Bildung nur eines passiven Abgrenzungspostens in Form von Rückstellungen, wie im Jahresabschluß oder in der Handelsbilanz II nach §§ 298 Abs. 1 i. V. m. 274. Nach dem Wortlaut des Gesetzes sind Anpassungen aufgrund von Maßnahmen nach folgenden Vorschriften in Betracht:

- § 300 Konsolidierungsgrundsätze, Vollständigkeitsgebot, Rdn. 16;
- § 301 Kapitalkonsolidierung, Rdn. 19;
- § 302 Kapitalkonsolidierung bei Interessenzusammenführung, Rdn. 22;
- § 303 Schuldenkonsolidierung, Rdn. 23;
- § 304 Behandlung der Zwischenergebnisse, Rdn. 25;
- § 305 Aufwands- und Ertragskonsolidierung, Rdn. 26;
- § 307 Anteile anderer Gesellschafter, Rdn. 28.

15 Nach § 306 S. 1 nicht abzugrenzen sind Maßnahmen, die der Vorbereitung und Anpassung des Jahresabschlusses zur Zusammenfassung im Konzernabschluß dienen. Hierzu gehören die Anpassungen nach Maßgabe von § 298 Abs. 1, wie z. B. die Währungsumrechnung (§ 244) oder die Auswirkungen von Anpassungsmaßnahmen an einen abweichenden Bilanzstichtag des Jahresabschlusses von einbezogenen Unternehmen, § 299. Ferner werden die Auswirkungen der Anwendung von § 308 über die einheitliche Bewertung, die Behandlung des Unterschiedsbetrags aus der Kapitalkonsolidierung nach § 309 und aus der Anwendung der Vorschriften über den Wertansatz der Beteiligung an assoziierten Unternehmen nach § 312 nicht erfaßt. Bei Maßnahmen nach § 298 Abs. 1 erfolgt die Steuerabgrenzung nach § 274.[16]

16 **cc) Einheitliche Bilanzansätze, § 300.** Bei der Zusammenfassung der Jahresabschlüsse der in den Konzernabschluß einbezogenen Unternehmen in den Konzernabschluß erfolgt die Übernahme der Bilanzansätze der Vermögensgegenstände, Schulden, Rechnungsabgrenzungsposten, Erträge und Aufwendungen nach den Rechtsvorschriften des Rechts des Mutterunternehmens, § 300 Abs. 2 S. 1. Nach diesem Recht bestehende Bilanzierungsverbote sind zu beachten, nach diesem Recht bestehende Bilanzierungswahlrechte dürfen neu und unabhängig von der Ausübung in den Jahresabschlüssen der einbezogenen Unternehmen ausgeübt werden. **Ergebniswirksame Abweichungen** aus der Anwendung dieser Vorschrift ergeben sich z. B. bei der

[15] ADS 16, 17.

[16] So auch ADS 21.

Nichtaktivierung von Aufwendungen infolge eines Bilanzierungsverbots, bei der Aktivierung von Aufwendungen nach Ausübung eines Bilanzierungswahlrechts sowie bei der Behandlung der Folgeauswirkungen (z.B. Abschreibungen) solcher Maßnahmen in den nachfolgenden Geschäftsjahren.

Dem Gegenstand seiner Regelungen entsprechend gehört § 300 nur formal zu den Rechtsvorschriften, die eine Steuerabgrenzung nach § 306 bei **erfolgswirksamen Konsolidierungsmaßnahmen** nach sich ziehen können. Nach Sinn und Zweck paßt § 300 nicht in den Regelungszusammenhang des § 306 S. 1. Um die Jahresabschlüsse der in den Konzernabschluß einzubeziehenden Unternehmen überhaupt vollkonsolidieren, d.h. die Verrechnung der Anteilsbuchwerte mit dem anteiligen Eigenkapital vorzunehmen zu können, ist die Anpassung der Jahresabschlüsse an das Recht des Mutterunternehmens erforderlich. Die Anpassung erfolgt in einer Überleitungsrechnung zum Jahresabschluß, der sogenannten Handelsbilanz II. Diese Anpassungen liegen außerhalb der Konsolidierung und führen auf der Ebene der Jahresabschlüsse zur Korrektur auch der Steuerabgrenzung nach §§ 298 Abs. 1, 274. Es gilt das Ansatzwahlrecht aus § 274 Abs. 2 für den Jahresabschluß, nach § 300 Abs. 2 für die Überleitungsrechnung zum Konzernabschluß.[17] Das sich nach dieser (und anderen) Anpassungen ergebende Jahresergebnis ist Grundlage für die Vergleichsregelung zum Ergebnis, das im Konzernabschluß ausgewiesen ist. Unter Berücksichtigung dieser Auslegung, die § 300 Abs. 2 gefunden hat, können ergebniswirksame Abweichungen des Ergebnisses zwischen Konzernabschluß und der Gesamtheit der Jahresabschlüsse der einbezogenen Unternehmen nicht entstehen, da wie dargestellt (Rdn. 2) das Ergebnis der Jahresabschlüsse auf der Grundlage der Handelsbilanz II in die Vergleichsrechnung nach § 306 S. 1 eingeht. Die Anwendung von S. 1 auf Maßnahmen nach § 300 Abs. 2 kommt allenfalls in Betracht, wenn auf der Ebene des Konzernabschlusses Ansatzwahlrechte neu ausgeübt werden. Da aber auch die Wahlrechtsausübung zur Anwendung der konzerneinheitlichen Bilanzierungsgrundsätze gehört, die bereits bei der Aufstellung der Handelsbilanz II berücksichtigt werden, ist der Anwendungsbereich von S. 1 nicht gegeben. 17

Mit dieser Auslegung wird zugleich die Diskrepanz beseitigt, daß erfolgswirksame Anpassungsmaßnahmen der Bilanzansätze der Steuerabgrenzung des § 306 S. 1 unterliegen sollen, erfolgswirksame Anpassungsmaßnahmen der **Bewertung** jedoch nicht, da § 308 nicht zu den in S. 1 genannten Vorschriften den 4. Titel gehören. Sowohl Bilanzierungs- als auch Bewertungsanpassungen können demnach als der Konsolidierung vorgelagert erfolgen; sie ziehen die Steuerabgrenzung nach §§ 298 Abs. 1 i.V.m. 274, 300 Abs. 2 nach sich.[18] 18

dd) Maßnahmen der Kapitalkonsolidierung, §§ 301, 302. Die bei der Kapitalkonsolidierung nach § 301 erfolgende Verrechnung des Wertansatzes der dem Mutterunternehmen gehörenden Anteile an einem einbezogenen Unternehmen mit dem auf diese Anteile entfallenden Betrag des Eigenkapitals ist i.d.R. erfolgsneutral, begründet aber durch die Zuordnung von Unterschiedsbeträgen oder aufgrund der Neubewertung Ursachen für Abweichungen zwischen dem Ergebnis des Konzerns und der Summe der Jahresergebnisse der einbezogenen Unternehmen. Hierbei sind **Erstkonsolidierung** und **Folgekonsolidierung** zu unterscheiden. Die Maßnahmen der Erstkonsolidierung führen zur Zuordnung und Verrechnung eines bei der Kapitalauf- 19

---

17 ADS 25; Beck BilKomm-*Hoyos/Fischer* 23; Beck HdR-*Debus* C 440, 112.

18 H. M., vgl. *Havermann* FS Döllerer 198 f; GEFIU, 42, WP-Handbuch 2000 I M 625; ADS 24 f; HdKR-*Baumann* 10; Beck BilKomm-*Hoyos/Fischer* 23 ff; Beck HdR-*Debus* C 440, 112; a. A. Bonner HdR-*Scherer* 13 ff; *Groß/Schruff/v. Wysocki* Konzernabschlüsse 214.

rechnung entstehenden oder verbleibenden Unterschiedsbetrags mit den in der Konzernbilanz anzusetzenden Vermögensgegenständen und Schulden sowie ggf. eines Geschäfts- oder Firmenwerts, § 301 Abs. 3. Diese Maßnahmen sind ergebnisneutral; sie erscheinen nicht in der Konzern- Gewinn- und Verlustrechnung und führen daher auch nicht zu den in § 306 S. 1 vorausgesetzten Abweichungen der Jahresergebnisse des Konzerns und der Summe der Einzelergebnisse der einbezogenen Unternehmen. Bei der Erstkonsolidierung kommt eine Steuerabgrenzung infolge fehlender Ergebnisunterschiede nicht in Betracht.[19] Auch in der Folgezeit unterbleibt die Steuerabgrenzung, da ausgeschlossen ist, daß sich der nunmehr zu hohe oder zu niedrige Steueraufwand in späteren Geschäftsjahren voraussichtlich ausgleicht. Die Ergebnisabweichung resultiert vielmehr aus dem Prozeß der Angleichung der Bewertungsunterschiede im Zeitablauf. Eine Steuerabgrenzung infolge dieser Abweichung ist ausgeschlossen.[20]

20 Angesichts dieser Problematik werden verschiedene Möglichkeiten diskutiert. So wird vorgeschlagen, im Rahmen der Zuordnung und Verrechnung des Unterschiedsbetrags bei der **Erstkonsolidierung** einen Posten der Steuerabgrenzung zu bilden oder die Vermögensgegenstände und Schulden entsprechend § 301 Abs. 1 S. 3 oder Abs. 2 unter Berücksichtigung der latenten Steuern zu bewerten,[21] § 301, 73 f. Im Rahmen der in den nachfolgenden Geschäftsjahren notwendigen **Folgekonsolidierung** wirkt sich die Abschreibung/Auflösung der bei der Erstkonsolidierung vorgenommenen Zuordnung und Verrechnung des Unterschiedsbetrags *ergebniswirksam* aus. Die zugeordneten stillen Reserven und stillen Lasten sowie der ggf. gebildete Geschäfts- oder Firmenwert werden erfolgswirksam abgeschrieben oder aufgelöst; das Jahresergebnis des Konzerns wird hierdurch beeinflußt und weicht deswegen von der Summe der Einzelergebnisse des einbezogenen Unternehmens ab. Wurde bei der Erstkonsolidierung ein Steuerabgrenzungsposten gebildet (§ 301, 73 f), so ist dieser entsprechend der Auflösung der zugeschriebenen stillen Reserven, stillen Lasten und des Geschäfts- oder Firmenwerts aufzulösen.[22] Nach einer anderen Auffassung kommt die Bildung eines aktiven Ausgleichspostens anläßlich der Folgekonsolidierung in Betracht, der den aus Konzernsicht zu hohen Steueraufwand kompensiert.[23] Dies führt allerdings zur Entwicklung eines aktiven Abgrenzungspostens über die Zeitdauer der Abschreibungen/Auflösungen, der sich erst bei Abgang der Beteiligung auflöst.

21 **Stellungnahme.** Das Absehen von einer Steuerabgrenzung bei der Erstkonsolidierung ist im Grundsatz zutreffend, führt indes bei der Folgekonsolidierung zur Darstellung eines unzutreffenden Steueraufwands. Dieser Mangel wird durch die erfolgsneutrale Steuerabgrenzung bei Erstkonsolidierung abgeholfen, die zum späteren erfolgswirksamen Ausgleich der Ergebnisdifferenzen führt. Beide Methoden sind im Ergebnis vertretbar. Die Bildung eines aktiven Abgrenzungspostens nur bei der Folgekonsolidierung ist nicht wünschenswert, da es die Darstellung der Vermögenslage beeinträchtigt; die Anwendung einer solchen Methode kommt daher nur im Ausnahmefall in Betracht.[24]

22 Wird die Kapitalkonsolidierung bei **Interessenzusammenführung** nach § 302 vorgenommen, entstehen weder bei der Erst- noch bei Folgekonsolidierung Ergebnis-

---

19 *v. Wysocki/Wohlgemuth* Konzernabschlüsse 207; *Stille* Latente Steuern im Einzel- und Konzernabschluß (1982) 133.

20 WP-Handbuch 2000 I M 618; Beck HdR-*Debus* C 440, 117 ff; Beck BilKomm-*Hoyos/Fischer* 1 ff.

21 ADS 27; Beck BilKomm-*Hoyos/Fischer* 11 f; jetzt auch E-DRS 12, 16.

22 Beck BilKomm-*Hoyos/Fischer* 13; ADS 27.

23 *Busse v.Colbe/Ordelheide* Konzernabschlüsse 270 f.

24 *Baetge/Kirsch/Thiele* Konzernbilanzen 494 f.

unterschiede, da eine Zuordnung oder Verrechnung des bei der Kapitalkonsolidierung sich ergebenden Unterschiedsbetrags zu/mit den in den Konzernabschluß übernommenen Vermögensgegenständen und Schulden unterbleibt. Eine Steuerabgrenzung kommt daher weder nach § 306 S. 1 noch entsprechend der zu § 301 angestellten Überlegungen in Betracht.[25]

ee) Schuldenkonsolidierung, § 303. Maßnahmen der Schuldenkonsolidierung nach § 303 Abs. 1 sind erfolgsneutral, wenn sich die zu verrechnenden Posten betragsgleich gegenüberstehen. Ist das nicht der Fall, führt die Schuldenkonsolidierung zu Ergebnisabweichungen.[26] Ursache für **Ergebnisabweichungen** sind z. B. folgende Sachverhalte 23

- Unterschiede bei der *Fremdwährungsumrechnung*, von Forderungen und Verbindlichkeiten
- *Abzinsung* unverzinslicher oder niedrig verzinslicher Forderungen
- *Abschreibung* von Forderungen
- unterschiedliche Behandlung eines *Disagios*
- *Rückstellungen* aufgrund von Risiken ausschließlich gegenüber anderen einbezogenen Unternehmen.[27]

Das Weglassen des entsprechenden Passivpostens im Rahmen der Schuldenkonsolidierung führt mangels eines ebenfalls wegzulassenden Aktivpostens bei dem anderen einbezogenen Unternehmen zu einer erfolgswirksamen Abweichung des Konzernergebnisses gegenüber den ausgewiesenen Jahresergebnissen. Aus Konzernsicht wird im Geschäftsjahr der Bildung der betreffenden Abweichung/des Postens ein verbessertes Ergebnis erzielt. Das Weglassen der entsprechenden Maßnahme führt stets zu temporären Abweichungen, da die Ergebnisunterschiede sich in allen Fällen in überschaubarer Zeit ausgleichen werden. Diese Auswirkungen der Schuldenkonsolidierung führen daher zur Steuerabgrenzung nach § 306 Satz 1.[28]

Ist der im Jahresabschluß eines einbezogenen Unternehmens einseitig gebildete Posten (z. B. Rückstellung) aus Konzernsicht in einen vergleichbaren Posten umzubuchen (Rückstellung wegen eines konzernextern bestehenden Risikos), bleibt die **Schuldkonsolidierung erfolgsneutral**, so daß eine Steuerabgrenzung entbehrlich ist. War die zur erfolgswirksamen Schuldkonsolidierung führende Maßnahme im Jahresabschluß nicht mit steuerlicher Wirkung vorgenommen worden (z. B. Nichtaktivierung eines Disagios; Abschreibung einer konzerninternen Forderung wegen Bonitätsrisiken), ist eine Steuerabgrenzung nach S. 1 materiell nicht gerechtfertigt, soweit die steuerlichen Auswirkungen nach § 274 bereits zutreffend im Jahresabschluß berücksichtigt wurden. Ist dies nicht erfolgt, ist die Korrektur des Steueraufwands in der Handelsbilanz II vorzunehmen.[29] Der Wegfall oder die Umkehrung des Grundes, der zu der Abweichung in der Folgezeit geführt hat, ist im Rahmen der Gesamtdifferenzenbetrachtung zu berücksichtigen (Rdn. 35). 24

ff) Behandlung der Zwischenergebnisse, § 304. Das Herausrechnen und Weglassen von Zwischengewinnen und Zwischenverlusten, die bei der Übertragung von Vermögensgegenständen zwischen einbezogenen Unternehmen entstanden sind, berührt das Konzernergebnis im Verhältnis zur Summe der Jahresabschlüsse der einbezogenen Unternehmen unmittelbar. Die in den Jahresabschlüssen realisierten Erfolgsbeiträge 25

---

[25] Ebenso ADS 30; *Baetge/Kirsch/Thiele* Konzernbilanzen 497.

[26] Vgl. § 303, 45; von Belang sind nur echte Differenzen; Beck BilKomm-*Hoyos/Fischer* 7 a. E.

[27] ADS 31; ferner E-DRS 12, 19.

[28] HdKR-*Baumann* 24 ff; ADS 31; Beck BilKomm-*Hoyos/Fischer* 5 ff; WP-Handbuch 2000 I M 623.

[29] ADS 31; Beck BilKomm-*Hoyos/Fischer* 7.

und Verluste dürfen in den Konzernabschluß nicht übernommen werden. Das Konzernergebnis wird durch die Zwischengewinneliminierung verringert oder durch die Zwischenverlusteliminierung erhöht. Betreffen die jeweils vorzunehmenden Ergebniskorrekturen Vermögensgegenstände des Umlaufvermögens oder des abnutzbaren Anlagevermögens, lösen sich diese Abweichungen in der Folgezeit durch konzernexterne Veräußerung oder Abschreibung auf, so daß zeitverschobene Ergebnisbeeinflussungen eintreten. Bei Vermögensgegenständen des nicht abnutzbaren Anlagevermögens liegen quasi permanente Differenzen vor, wenn aus Sicht des Konzerns nicht damit zu rechnen ist, daß diese Vermögensgegenstände innerhalb eines überschaubaren Zeitraums veräußert werden sollen.[30] Sind die Abweichungen temporärer Natur, ist nach § 306 Satz 1 eine Steuerabgrenzung vorzunehmen. Bei der Eliminierung von Zwischenergebnissen führt die aktive Steuerabgrenzung zum Ausgleich des sonst zu hohen Steueraufwands; bei Zwischenverlusteliminierung führt die Steuerabgrenzung zum Ausgleich des sonst zu niedrigen Steueraufwands durch die Bildung einer Steuerrückstellung.[31]

26 **gg) Aufwands- und Ertragskonsolidierung, § 305.** Die Verrechnung von Erträgen und Aufwendungen aus Geschäftsvorfällen zwischen einbezogenen Unternehmen führt sowohl bei der Umgliederung von Erlösen und Erträgen in andere Posten als auch bei der Verrechnung nicht zu erfolgswirksamen Auswirkungen auf das in der Konzern-Gewinn- und Verlustrechnung ausgewiesene Ergebnis (z. B. § 305, 16 ff). Erfolgswirksame Auswirkungen der Aufwands- und Ertragskonsolidierung treten indes ein bei

- Gewinnausschüttungen einbezogener Unternehmen,
- Behandlung des Körperschaftsteueranrechnungsguthabens bei Ausschüttungen im Konzern
- Abschreibungen auf Beteiligungen an einbezogenen Unternehmen,
- Bildung von konzerninternen Rückstellungen.

Soweit die Maßnahmen nicht bereits von der Schuldenkonsolidierung erfaßt wurden (z. B. Rückstellungen, § 305, 159) und entsprechend den dort ausgeführten Grundsätzen zur Steuerabgrenzung geführt haben, entstehen bei anderen Sachverhalten, die zu einer Ergebnisabweichung geführt haben (z. B. Gewinnausschüttung zwischen einbezogenen Unternehmen, die nicht in derselben Periode erfolgen; Abschreibungen auf Beteiligungen an einbezogenen Unternehmen), **dauerhafte Ergebnisunterschiede.** Die Gewinnausschüttung dupliziert auf der Ebene des jeweiligen Mutterunternehmens den Ertrag des Tochterunternehmens; ein Ausgleich dieses Ertrags in einer späteren Periode erfolgt nicht. Das gleiche gilt für Abschreibungen auf Beteiligungen, wenn diese nicht aus Konzernsicht als Abschreibung von Vermögensgegenständen des einbezogenen Unternehmens ausgewiesen werden; in diesen Fällen wirkt sich die Maßnahme auf das Ergebnis nicht aus (§ 305, 57). Bei dauerhaften Abschreibungen wie bei Gewinnausschüttungen (Verrechnung von Ertrag gegen Gewinn) und bei Abschreibungen von Beteiligungen (Aufwand ohne Ertragsposten bei anderen einbezogenen Unternehmen) darf eine Steuerabgrenzung nach § 306 S. 1 nicht erfolgen, da die Abweichungen sich in den Folgejahren nicht umkehren werden.[32]

27 Weitere Ergebnisabweichungen können infolge des Unterschieds zwischen der Körperschaftsteuerbelastung bei einer **Ausschüttung** und der Steuerbelastung bei **Thesaurierung** auf der Ebene des Mutterunternehmens eintreten. Lediglich im Falle

[30] ADS 33; GEFIU, 45; Beck BilKomm-*Hoyos/Fischer* 10; *Schindler* BB 1984, 1658.

[31] WP-Handbuch 2000 I M 622; Bonner HdR-*Scherer* 20; HdKR-*Baumann* 28 f.

[32] ADS 35; Beck HdR-*Debus* C 440, 181.

der Gewinnabführung oder der periodengleichen Vereinnahmung von Dividendenerträgen erfolgt die Verrechnung der Körperschaftsteuerlast des ausschüttenden Unternehmens zeitgleich und im Falle der Weiterausschüttung betragsgleich mit der Körperschaftsteueranrechnung des empfangenden Unternehmens,[33] ohne daß ein Ergebnisunterschied eintritt. Mangels Ergebnisabweichung ist eine Steuerabgrenzung nicht vorzunehmen. Bei zeitverschobener Ausschüttung ist damit zu rechnen, daß beim Mutterunternehmen infolge der Thesaurierung ein zusätzlicher Steueraufwand entsteht.[34] Dies ist bei regelmäßigen Gewinnausschüttungen (ohne zeitgleiche Vereinnahmung) infolge der Periodenverschiebung der Fall, ferner bei Ausschüttungen ausländischer Tochterunternehmen (z. B. aufgrund von Quellensteuern) oder bei der Hinzurechnungsbesteuerung nach § 7 AStG. In diesen Fällen handelt es sich jedoch weniger um Probleme der Steuerabgrenzung nach § 306 S. 1, sondern mehr um die vollständige und zutreffende Erfassung von Steuerrisiken im Konzern, die nach §§ 298 Abs. 1, 249 Abs. 1 S. 1 zu berücksichtigen sind.[35] Ergebnisabweichungen infolge von konzerninternen Gewinnausschüttungen, die nach § 305 Abs. 1 zu eliminieren sind, führen zu dauernden Abweichungen der Ergebnisse zwischen Konzern und der Summe der einbezogenen Unternehmen; eine Steuerabgrenzung nach § 306 S. 1 erfolgt deswegen nicht. Zu den Ergebnisunterschieden bei Anwendung der Equity-Methode für assoziierte Unternehmen (betreffend die Ermittlung des Unterschiedsbetrags, der Folgemaßnahmen, Behandlung von Gewinnausschüttungen und Zwischenergebniseliminierung) vgl. Erl. zu § 312.

hh) Anteile anderer Gesellschafter, § 307. Die ebenfalls im 4. Abschnitt enthaltenen Bestimmungen über den Ausweis der Anteile anderer Gesellschafter aus Eigenkapital und Ergebnis einbezogener Unternehmen sind für die Steuerabgrenzung nach § 306 S. 1 ohne Belang. Diese Regelungen ergeben keine Auswirkungen auf das Ergebnis einbezogener Unternehmen im Vergleich zum Konzernabschluß, die eine Steuerabgrenzung nach sich ziehen können. Die Behandlung von Gewinnanteilen anderer Gesellschafter bei Bestehen eines Gewinnabführungsvertrages erfordert keine Steuerabgrenzung, da die steuerliche Belastung der Ausschüttung im Jahresabschluß des Tochterunternehmens bereits erfaßt sind. 28

3. Ermittlung der Steuerabgrenzungsbeträge

a) Bestimmung des Steuersatzes. Weder § 274 noch § 306 enthält eine Regelung über die Bestimmung des für die Steuerabgrenzung maßgeblichen Steuersatzes. Es spricht vieles dafür, bei den beiden Regelungen die gleiche Methodik zu Anwendung zu bringen; aus den inhaltlichen Unterschieden der Normen ergibt sich keine Differenzierung.[36] Wie bei § 274 (Rdn. 25) kann jedes zu vernünftigen Ergebnissen führende Verfahren zur Anwendung kommen. Neben die Probleme der Steuerabgrenzung im Jahresabschluß, die die Wahl der Methode betreffen (liability method oder deferral method) und die Problematik der Bestimmung des zutreffenden Steuersatzes bei durch das Steuerrecht gegebenenfalls vorgegebenen unterschiedlichen (gespaltenen) Steuersätzen tritt im Konzernabschluß das Problem der Berücksichtigung der Steuersätze der einbezogenen Unternehmen. 29

Der Konzern ist nicht Steuersubjekt, der Konzernabschluß ist keine Grundlage der Steuerbemessung. Ein einheitlicher **Steuersatz** für den Konzern besteht nicht; für die 30

[33] § 305, 53; auch Beck BilKomm-*Hoyos/Fischer* 19.
[34] WP-Handbuch I 2000 M 624.
[35] Im Ergebnis ebenso HdKR-*Baumann* 33 f; Beck BilKomm-*Hoyos/Fischer* 19 f.
[36] HdKR-*Baumann* 43.

Steuerabgrenzung im Konzernabschluß muß deswegen ein Steuersatz ermittelt werden.[37] Für die Aufgabe der Steuerabgrenzung theoretisch zutreffend wäre die Berechnung nach dem Steuersatz, der auf die die Anpassung *auslösende Maßnahme* anzuwenden ist. Diese Methode hätte den Vorteil der relativ exakten Abgrenzung, würde indes zur Erfassung und Berücksichtigung der einzelnen, zur Anpassung führenden Vorgänge und der hierauf anzuwendenden unterschiedlichen Steuersätze der einbezogenen Unternehmen zwingen. Diese Methode wird aus Gründen der Wirtschaftlichkeit abgelehnt.[38] Statt dessen wird der Wahl eines *einheitlichen Steuersatzes* der Vorzug gegeben. Dieser kann entweder aus dem *Spitzensteuersatz* des Konzernmutterunternehmens abgeleitet werden;[39] sachgerechter ist indes, von einem *durchschnittlichen Konzernsteuersatz* auszugehen.[40] Der Steuersatz ergibt sich aus dem durchschnittlichen Steuersatz der einbezogenen Unternehmen und entspricht der längerfristig ermittelten und daher Sondereffekte ausschließenden Steuerlastquote des Konzerns. Diese Vorgehensweise vermeidet bei Bestehen eines gespaltenen Steuersatzes die Einschätzung des zukünftigen Ausschüttungsverhaltens (bei Anwendung der asset and liability method). Durch eine solche Methodik wird den unterschiedlichen Steuersätzen der in den Konzern einbezogenen Unternehmen und der z.T. gegebenen Möglichkeit zu steuerfreien Ausschüttungen Rechnung getragen.

31 Die weitere Problematik betrifft die Frage, ob der **aktuelle** oder der bei Umkehrung der Maßnahme anzuwendende, **zukünftige** Steuersatz heranzuziehen ist. Ferner ist unklar, ob zukünftige **Steuersatzänderungen** berücksichtigt werden dürfen oder müssen. Wird nach der *deferral method* vorgegangen, ist bei der Abgrenzung von dem bei Vornahme der Maßnahme geltenden Steuersatz auszugehen. Die Einschätzung des Steuersatzes bei Eintritt der Ergebnisumkehr ist im Konzernabschluß nämlich aufgrund der Vielzahl der anzuwendenden Steuersätze noch problematischer als im Jahresabschluß.[41] Die Methode vermeidet die Einschätzung zukünftiger Steuersätze der einbezogenen Unternehmen und erscheint für die Steuerabgrenzung im Konzernabschluß wirtschaftlicher. Eine Anpassung an zukünftige Änderungen der Steuersätze ist dadurch nicht ausgeschlossen; sie erfolgt durch Neubewertung des Abgrenzungspostens bei Veränderung des maßgeblichen Steuersatzes; nach E-DRS 12, 24 sind verabschiedete Gesetzesänderungen zu berücksichtigen.[42] Nach der *liability method* wird wie im Jahresabschluß bei Anwendung von § 274 auch im Konzernabschluß, der nach den Vorschriften des HGB aufgestellt wird, der Grundsatz der zutreffenden Erfassung der aktuell bestehenden Ansprüche und Verbindlichkeiten zugrunde gelegt. Die Steuerabgrenzung erfolgt nach der zukünftigen Be- oder Entlastung bei Auflösung des Abgrenzungspostens.[43] Diese Methode erfordert Korrekturen bei Erkennbarwerden zukünftiger Steuersatzänderungen; sie führt zu genaueren Ergebnissen jedoch nur, wenn die der Abgrenzungsmaßnahme zugrunde liegenden Maßnahmen einzeln fortgeschrieben und dementsprechend die Steuersatzänderungen im Zeitablauf verfolgt werden können. Im Hinblick hierauf erfordert dieses Verfahren einen größeren administrativen Aufwand.

32 **b) Steuerabgrenzung in Verlustsituationen.** Die Steuerabgrenzung nach S. 1 setzt voraus, daß durch Maßnahmen der Konsolidierung ein Jahresergebnis im Konzernabschluß ausgewiesen wird, welches höher oder niedriger ist, als die Summe der

37 Beck BilKomm-*Hoyos/Fischer* 42.

38 HdKR-*Baumann* 44; Beck BilKomm-*Hoyos/Fischer* 44; *Baetge/Kirsch/Thiele* Konzernbilanzen 514 f; anders jetzt E-DRS 12, 20 f.

39 Beck BilKomm-*Hoyos/Fischer* 45.

40 ADS 40; HdKR-*Baumann* 44; Beck BilKomm-*Hoyos/Fischer* 46; *Baetge/Kirsch/Thiele* Konzernbilanzen 515; HdJ-*Coenenberg/Hille* I/13, 117; aM E-DRS 12, 21.

41 *Baetge/Kirsch/Thiele* Konzernbilanzen 514.

42 *Hille* Latente Steuern im Einzel- und Konzernabschluß 216 f.

43 Beck BilKomm-*Hoyos/Fischer* 47 und § 274, 51.

Ergebnisse der einbezogenen Unternehmen. In diesem Fall ist der zu hohe oder zu niedrige Steueraufwand durch die Steuerabgrenzung auszugleichen, wenn er sich in späteren Geschäftsjahren voraussichtlich ausgleicht. In Geschäftsjahren mit einer **Verlustsituation** kann zum einen die Konsolidierungsmaßnahme ohne Auswirkung auf den Steueraufwand bleiben, da eine Steuerlast nicht anfällt; zum anderen kann in Geschäftsjahren, in denen sich der Steueraufwand ausgleichen soll, ein solcher Ausgleich unterbleiben, da infolge von Verlustvorträgen die Ergebnisumkehr ohne steuerliche Auswirkung bleibt. Diese Fragestellungen haben ihre Ursache in den Möglichkeiten über den steuerlichen Verlustrück- oder -vortrag (§§ 10d S. 1 EStG, § 8 Abs. 4 KStG). Diese sehen vor, daß der erlittene Verlust entweder mit Einkünften der Vorjahre oder der Folgejahre verrechnet werden kann, wodurch ein Ausgleich der Steuerbelastung eintritt. Im Jahresabschluß und Konzernabschluß ist ein Ausgleichsposten für die aus einem Verlustvortrag resultierende zukünftige Steuerersparnis nicht zulässig,[44] da es sich noch nicht um einen realisierbaren Anspruch auf Steuererstattung handelt. Nach IAS und den Vorschriften des FASB ist die Aktivierung grundsätzlich vorgeschrieben.[45]

Führt die Maßnahme im **Jahr** des **Entstehens** infolge eines Verlusts nicht zu einer Erhöhung oder Minderung des Steueraufwands, hat die Steuerabgrenzung zu unterbleiben. Eine gleichwohl erfolgende Abgrenzung hätte den Charakter der Aktivierung eines Verlustvortrags. Die gilt auch dann, wenn die übrigen Konzernunternehmen positive Ergebnisse erzielt haben; eine Minderung des Gesamtsteuerlast im Konzern ist in einem solchen Fall nicht eingetreten.[46] **33**

Besteht die Verlustsituation in späteren **Geschäftsjahren**, in denen sich der zu hohe oder zu niedrige Steueraufwand wieder **ausgleichen** sollte, unterbleibt die für die Steuerabgrenzung gegenläufige Be- oder Entlastung des Steueraufwands. Handelt es sich um ein einzelnes Verlustjahr eines betroffenen Unternehmens, unterbleibt die Anpassung des Steueraufwands. Befindet sich das Unternehmen in einer anhaltenden Verlustperiode oder kann es einen Verlustvortrag nutzen, ist ein Betrag der aktiven Steuerabgrenzung aufzulösen, wenn nicht damit zu rechnen ist, daß während der Abgrenzungsperiode ein Steueraufwand anfällt.[47] Das gleiche gilt, wenn der Konzern sich insgesamt in einer Verlustperiode befindet oder Verlustvorträge ausnutzen kann; auch dann kann es geboten sein, einen aktiven Steuerabgrenzungsposten aufzulösen, wenn die Erwartung der zukünftigen Entlastungswirkung entfallen ist.[48] **34**

c) Gesamtdifferenzenbetrachtung. Der Wortlaut von S. 1 stellt für die Ermittlung des Betrags der Steuerabgrenzung auf den Betrag des Unterschieds zwischen dem Konzernergebnis und der Summe der Ergebnisse der in den Konzernabschluß einbezogenen Unternehmen ab. Diese Regelung führt wie die Methode in § 274 zu einer **Gesamtbetrachtung**, bei der die einzelnen Maßnahmen, die zu Ergebnisunterschieden führen, im Grundsatz keine Bedeutung haben.[49] Einer gesonderten Betrachtung bedürfen indes stets die permanenten und quasi-permanenten Ergebnisabweichungen, die nicht zur Steuerabgrenzung berechtigen; ferner gilt der Grundsatz der Gesamtbetrachtung auch in Verlustsituationen nur eingeschränkt (Rdn. 32 f). **35**

---

[44] ADS 43; HdKR-*Baumann* 36; aM E-DRS 12, 11 f.

[45] IAS 12 (rev. 1996); SFAS 109, 80 ff; dazu *Coenenberg/Hille* in Rechnungslegung nach IAS, IAS 12, 85 ff.

[46] HdKR-*Baumann* 41; ADS 41.

[47] ADS 42.

[48] Beck BilKomm-*Hoyos/Fischer* 56; HdKR-*Baumann* 42.

[49] ADS 36; Beck BilKomm-*Hoyos/Fischer* 29; *Baetge/Kirsch/Thiele* Konzernbilanzen 516 f; *Biener/Berneke* BiRiLiG 353 f.

36 Grundlegend für die Steuerabgrenzung sind die Abweichungen der Ergebnisse zwischen einbezogenen Jahresabschlüssen und Konzernabschluß. Die Abgrenzung kann nicht an dem Ergebnisunterschied insgesamt ansetzen, sondern an den Ergebnisunterschieden, die durch Konsolidierungsmaßnahmen verursacht wurden. Erforderlich ist es daher, die sich aus diesen Maßnahmen ergebenden Unterschiedsbeträge – nach Berücksichtigung der unter Rdn. 35 aufgeführten Beträge – zu erfassen und fortzuschreiben.[50] Für die Ermittlung des Abgrenzungsbetrags für die Folgeperioden genügt die Betrachtung der Veränderung der zur Abgrenzung führenden Beträge des Berichtsjahres im Vergleich zum Vorjahr. Entsprechend der **Veränderung** der Gesamtdifferenz ist der Abgrenzungsbetrag aufzustocken oder aufzulösen.[51]

IV. Ausweis der Steuerabgrenzung

1. Ausweis in der Konzernbilanz

37 Der Steuerabgrenzungsposten ist nach Satz 2 in der Konzernbilanz oder im Konzernanhang gesondert anzugeben. Der Posten umfaßt den Saldo der im jeweiligen Konzernabschluß anzusetzenden Beträge der Steuerabgrenzung, bei dessen Ermittlung die aktiven und passiven Abgrenzungsbeträge verrechnet werden konnten. Es ist nicht erforderlich, die aktiven und die passiven Abgrenzungsbeträge nach Satz 1 in der Konzernbilanz einzeln anzusetzen.[52] Eine genaue Vorgabe über den Ausweis des Abgrenzungspostens im Konzernabschluß enthält Satz 1 nicht; wie bei § 274 Abs. 1 ist die passive Steuerabgrenzung durch Bildung einer **Rückstellung** nach § 249 Abs. 1 Satz 1 vorzunehmen, im Falle der aktiven Steuerabgrenzung ist nach Satz 1 ein **aktiver Abgrenzungsposten** zu bilden, über dessen Ausweis im Gliederungsschema das Gesetz keine Vorgaben macht. Im Gegensatz zu § 274 Abs. 2 ist die Bildung des aktiven Rechnungsabgrenzungspostens indes vorgeschrieben; es besteht *Aktivierungspflicht*[53]; die Pflicht zur Passivierung bei Überhang der passiven Abgrenzungsbeträge besteht wie im Jahresabschluß.

38 Für den Konzernabschluß besteht das Wahlrecht zur gesonderten Angabe in der **Bilanz** oder im **Anhang.** Wird im Falle eines aktiven Abgrenzungsbetrags der Posten nicht ohnehin gesondert in der Konzernbilanz angesetzt, ist es zulässig, in der **Konzernbilanz** den Betrag unter den Rechnungsabgrenzungsposten zu erfassen.[54] Die gesonderte Angabe des Abgrenzungsbetrags kann dann durch Angabe in einer Vorspalte oder als „davon"-Vermerk erfolgen. Der passive Abgrenzungsbetrag ist unter den Rückstellungen anzusetzen; der Abgrenzungsbetrag darf in den Posten „Steuerrückstellungen" einbezogen werden. Die gesonderte Angabe erfolgt dann auch hier durch Angabe in einer Vorspalte oder „davon"-Vermerk, wenn nicht unter den Rückstellungen der Posten gesondert ausgewiesen wird.

39 Statt dessen ist es zulässig, die auf die Steuerabgrenzung entfallenden Beträge im **Konzernanhang** gesondert anzugeben. Die Angabe im Konzernanhang ersetzt einen Sonderausweis in der Konzernbilanz.

40 Die Wahl der Darstellungsform steht im freien Ermessen. Die Entscheidung für die gewählte Ausweisform führt indes in der Folge zur Bindung durch den Grundsatz der

[50] Zur Technik ADS 37.
[51] *Baetge/Kirsch/Thiele* Konzernbilanzen 519 ff; *v. Wysocki/Wohlgemuth* Konzernrechnungslegung 204.
[52] Beck BilKomm-*Hoyos/Fischer* 57; ADS 36 f.
[53] ADS 44.
[54] WP-Handbuch 2000 I M 639.

Ausweisstetigkeit, §§ 298 Abs. 1 i. V. m. § 265 Abs. 1. Änderungen sind nur bei begründeten Umständen zulässig.

Im Falle der Steuerabgrenzung im Konzernabschluß nach § 306 besteht keine gesonderte Pflicht zur **Erläuterung** des gebildeten Postens, wie dies durch § 274 Abs. 2 Satz 2 vorgeschrieben ist. Für den Abgrenzungsposten gelten jedoch die allgemeinen Vorschriften zu Angaben und Erläuterungen im Konzernabschluß. Entsprechend § 313 Abs. 1 Satz 2 Nr. 1 gehört hierzu die Angabe der für die Bildung des Postens herangezogene *Methode* sowie die Verpflichtung zur Angabe und Begründung im Falle von Abweichungen, die nur im Ausnahmefall zulässig sind; §§ 297 Abs. 3 Satz 3, 313 Abs. 1 Satz 2 Nr. 3. **41**

2. Ausweis in der Konzern-Gewinn- und Verlustrechnung

Das Gesetz enthält keine Regelung zum Ausweis der Abgrenzungsbeträge in der Konzern-Gewinn- und Verlustrechnung. Dem Sinn und Zweck der Regelung wird es daher entsprechen, sie durch Ausweis der die Konzern-Gewinn- und Verlustrechnung berührenden Zuführungs- oder Auflösungsbeträge in den Posten „**Steuern vom Einkommen und vom Ertrag**" einzubeziehen. Die Zuführungs- oder Auflösungsbeträge werden mit dem tatsächlichen Ertragsteueraufwand verrechnet oder sie erhöhen ihn und führen dadurch zu einem periodengerechten Ausweis der Steuerbelastung.[55] **42**

3. Zusammenfassung mit den Posten nach § 274 (Satz 3)

Satz 3 gestattet die Zusammenfassung der Steuerabgrenzungsbeträge nach Satz 1 mit den Posten der Steuerabgrenzung nach § 274. Steuerabgrenzungsbeträge nach § 274 ergeben sich aus den in dem Konzernabschluß zusammengefaßten Jahresabschlüssen sowie aus den Anpassungen dieser Abschlüsse an die konzerneinheitlichen Bilanzierungs- und Bewertungsgrundsätze (Handelsbilanz II). Die aus den unterschiedlichen Gründen gebildeten Abgrenzungsposten dürfen nach Satz 3 zusammengefaßt werden. Zulässig ist, die sich aus dem Jahresabschluß und der Handelsbilanz II ergebenden oder die durch Konsolidierungsmaßnahmen bedingten Beträgen der Steuerabgrenzung aus teils aktiven, teils passiven Abgrenzungsposten zusammenzufassen. Diese dürfen nach Satz 3 verrechnet werden, so daß im Konzernabschluß bei Ausübung dieses **Wahlrechts** nur ein Steuerabgrenzungsposten zum Ansatz kommt. Die Zusammenfassung bezieht sich auch auf die Abgrenzungsposten, die nach § 274 gebildet wurden. Das Wahlrecht zur Aktivierung der aktiven Abgrenzungsbeträge bleibt durch Satz 3 unberührt. **43**

Die mit den Posten nach § 274 verbundene Pflicht zur Erläuterung gilt nach § 298 Abs. 1 i. V. m. § 274 Abs. 2 auch für den **Konzernanhang.** Die Angabe- und Erläuterungspflicht gilt ungeachtet einer Zusammenfassung mit der Steuerabgrenzung nach § 306 Satz 1;[56] die durch den Posten begründete Angabe entfällt nicht durch die Ausübung eines Wahlrechts zur Zusammenfassung. Anderes kann gelten, wenn die Angabe wegen Unwesentlichkeit für den Konzernabschluß keine Bedeutung hat. **44**

---

[55] WP-Handbuch 2000 I M 636; ADS 52; Beck HdR-*Debus* C 440, 36 f; E-DRS 12, 28 f.

[56] A. M. ADS 51.

§ 307

Anteile anderer Gesellschafter

(1) In der Konzernbilanz ist für nicht dem Mutterunternehmen gehörende Anteile an in den Konzernabschluß einbezogenen Tochterunternehmen ein Ausgleichsposten für die Anteile der anderen Gesellschafter in Höhe des Anteils am Eigenkapital unter entsprechender Bezeichnung innerhalb des Eigenkapitals gesondert auszuweisen. In den Ausgleichsposten sind auch Beträge einzubeziehen, die bei der Anwendung der Kapitalkonsolidierungsmethode nach § 301 Abs. 1 Satz 2 Nr. 2 dem Anteil der anderen Gesellschafter am Eigenkapital entsprechen.

(2) In der Konzern-Gewinn- und Verlustrechnung ist der im Jahresergebnis enthaltene, anderen Gesellschaftern zustehende Gewinn und der auf sie entfallende Verlust nach dem Posten „Jahresüberschuß/Jahresfehlbetrag" unter entsprechender Bezeichnung gesondert auszuweisen.

Übersicht

Rdn.

Schrifttum

(vgl. auch die Übersicht vor §§ 297 und 301) *Deutsches Rechnungslegungs Standards Committee* Deutscher Rechnungslegungsstandard Nr. 4 (DRS 4), Unternehmenserwerbe im Konzernabschluß, BAnz. Nr. 245 (2000) 24070; *Ebeling* Die Einheitsfiktion als Grundlage der Konzernrechnungslegung (1995); *Ebeling/Baumann* Konsolidierung mehrstufiger Konzerne nach der Methode der integrierten Konsolidierung, BB 2000, 1667; *Ewert/Schenk* Offene Probleme bei der Kapitalkonsolidierung im mehrstufigen Konzern, BB 1993 Beil. 14; *Küting/Göth* Negatives Eigenkapital von Tochterunternehmen in der Kapitalkonsolidierung und die Auswirkungen auf den Konzernabschluß, BB 1994, 2446; *dies.* Minderheitenanteile im Konzernabschluß eines mehrstufigen Konzerns, WPg 1997, 305; *Küting/Weber/Dusemond* Kapitalkonsolidierung im mehrstufigen Konzern, BB 1991, 1082; *Küting/Zündorf* Die Ermittlung der Minderheitenanteile im Rahmen der Buchwert- und Neubewertungsmethode des künftigen Bilanzrechts, DB 1985, 1166; *Küting* Zur Problematik des Ausgleichspostens für Anteile in Fremdbesitz im Rahmen des zukünftigen Konzernbilanzrechts, ZfB 1984, 548; *Lührmann/Schruff* Negative Minderheitenanteile im Konzernabschluß eines mehrstufigen Konzerns, WPg 1996, 261; *Oechsel/Schippe* Negative Fremdanteile im Konzernabschluß, WPg 1994, 344; *Ordelheide* Kapitalkonsolidierung nach der Erwerbsmethode, WPg 1984, 270; *Sahner/Tapprich* Zur Ermittlung der Anteile anderer Gesellschafter bei Anwendung der Buchwertmethode nach § 301 Abs. 1 Satz 2 Nr. 1 HGB, DB 1986, 2501; *Schindler* Kapitalkonsolidierung nach dem Bilanzrichtlinien-Gesetz (1986); *ders.* Der Ausgleichsposten für Anteile anderer Gesellschafter nach § 307 HGB, WPg 1986, 588; *Wentland* Die Konzernbilanz als Bilanz der wirtschaftlichen Einheit Konzern (1979).

I. Normzweck und Grundlagen

1. Regelungsgegenstand und Zweck, Entstehungsgeschichte

Regelungsgegenstand. Die Einbeziehung von Tochterunternehmen in den Konzernabschluß erfolgt unter Anwendung der Methode der Vollkonsolidierung. Nach § 300 Abs. 1 sind alle Vermögensgegenstände und Schulden des einbezogenen Tochterunternehmens in den Konzernabschluß zu übernehmen, unabhängig davon, ob dem Mutterunternehmen alle oder nicht alle Anteile am Kapital des Tochterunternehmens zustehen. Gehören dem Mutterunternehmen nicht alle Anteile an dem einbezogenen Unternehmen, ist eine Korrektur des Eigenkapitals sowie des Jahresergebnisses des Konzerns vorzunehmen. Nach § 307 Abs. 1 ist dafür ein **Ausgleichsposten für Anteile anderer Gesellschafter** in der *Konzernbilanz* zu bilden, nach Abs. 2 ist der auf die anderen Gesellschafter entfallende Gewinn oder Verlust in der *Konzern-Gewinn- und Verlustrechnung* gesondert auszuweisen. 1

Der Sonderausweis der auf andere Gesellschafter entfallenden Anteile am **Kapital** des einbezogenen Unternehmens ist geboten, da durch die Vollkonsolidierung sämtliche Vermögensgegenstände und Schulden des einbezogenen Tochterunternehmens in den Konzernabschluß übernommen werden. Hiermit wird auch der Teil des Eigenkapitals, der auf andere Gesellschafter entfällt, in die Konzernbilanz übernommen. Bei Verrechnung des Buchwerts der Anteile des Mutterunternehmens mit dem anteiligen Betrag des Eigenkapitals z. B. nach der Buchwertmethode des § 301 Abs. 1 S. 2 Nr. 1 verbleibt ein Restbetrag, der rechnerisch dem Anteil der anderen Gesellschafter am Kapital dieser Gesellschaft entspricht. Die Einbeziehung eines Tochterunternehmens in den Konzernabschluß zeigt dessen Vermögensgegenstände und Schulden in der vollständigen Verfügungsmacht des Konzerns. Die Anteile anderer Gesellschafter an einbezogenen Tochterunternehmen verlieren aber aus Sicht des Konzerns ihre Bedeutung nicht. Diese bleiben mit ihren Anteilsrechten am Konzernvermögen beteiligt, der von ihnen geleistete Beitrag zur Finanzierung der einbezogenen Gesellschaft und damit mittelbar des Konzerns bleibt erhalten. Die Mittel waren dem einbezogenen Unternehmen als Eigenkapital zur Verfügung gestellt worden, so daß auch aus Konzernsicht der Eigenkapitalcharakter erhalten bleibt. Das deutsche Recht trägt dem durch die Regelung eines Sonderausweises im Eigenkapital Rechnung (*Vollkonsolidierung mit Minderheitenausweis*).[1] Erfolgt die Einbeziehung des Tochterunternehmens 2

[1] Arbeitskreis Weltabschlüsse der Schmalenbach-Gesellschaft – Deutsche Gesellschaft für Betriebswirtschaft e. V., 55.

in den Konzernabschluß unter Anwendung der Neubewertungsmethode nach § 301 Abs. 1 S. 2 Nr. 2, berechnet sich das der Konsolidierung zugrunde gelegte Eigenkapital des Tochterunternehmens auf der Grundlage der aufgedeckten stillen Reserven und stillen Lasten;[2] der Anteil der anderen Gesellschafter bezieht sich dann auf das nach Neubewertung ermittelte Eigenkapital.

3 Nach Abs. 2 gilt entsprechendes für den Anteil anderer Gesellschafter am jährlichen **Konzernergebnis.**

4 Mit den Regelungen des § 307 wird eine weitere Konsequenz aus dem **Einheitsgrundsatz** und die Methode der **Interessenverbindung** abgelehnt. Bei der letztgenannten werden die Vermögensgegenstände und Schulden der einbezogenen Unternehmen nach dem Anteil des Mutterunternehmens an dem einbezogenen Unternehmen im Konzernabschluß angesetzt. Für einen Posten zum Ausweis von Anteilen in Fremdbesitz besteht nach dieser Methode kein Raum.

5 **Entstehungsgeschichte.** Die Regelungen unterscheiden sich nicht wesentlich von den Bestimmungen des AktG 1965.[3] Sie dienen der Transformation von Art. 21 der **7. EG-Richtlinie**, die den Ausweis in der Konzernbilanz regelt, sowie Art. 23 der 7. EG-Richtlinie für den Ausweis in der Konzern-Gewinn- und Verlustrechnung.[4]

2. Anwendungsbereich

6 § 307 Abs. 1 und 2 finden auf alle Tochterunternehmen Anwendung, die nach § 301 oder § 302 **vollkonsolidiert** wurden. Nach beiden Methoden werden das Vermögen und die Schulden der einbezogenen Tochterunternehmen ohne Berücksichtigung des Kapitalanteils des Mutterunternehmens in den Konzernabschluß übernommen. Bei der **anteilsmäßigen Konsolidierung** findet die Vorschrift nach § 310 Abs. 2 keine Anwendung. Diese Ausnahme ist folgerichtig, da bei anteilsmäßiger Konsolidierung Anteile anderer Gesellschafter bei der Einbeziehung durch den quotalen Ansatz von Vermögensgegenständen und Schulden eliminiert werden.

7 Ist das Mutterunternehmen zugleich Tochterunternehmen eines höheren Mutterunternehmens und stellt es aufgrund gesetzlicher Vorschriften oder freiwillig einen **Teilkonzernabschluß** auf, ist § 307 ebenfalls anwendbar. Zu berücksichtigen ist, daß die dem Mutterunternehmen und den anderen Gesellschaftern zuzuordnenden Anteile an den einbezogenen Gesellschaften sich ausschließlich aus der Sicht des Teilkonzern-Mutterunternehmens ergeben. Anteile, die von verbundenen Unternehmen des Gesamtkonzerns gehalten werden, die nicht zu diesem Mutterunternehmen gehören, sind als Anteile anderer Gesellschafter auszuweisen.[5]

8 Unternehmen, die den Konzernabschluß nach den Regelungen des **PublG** aufstellen, haben § 307 ebenfalls anzuwenden, § 13 Abs. 2 S. 1 PublG.[6] Für den Konzernabschluß eines **Kreditinstituts** gelten nach § 340i Abs. 2, für den eines **Versicherungsunternehmens** nach § 341j Abs. 1 keine Besonderheiten.

9 Keine Anwendung findet die Vorschrift bei § 312, da es auch bei der Bewertung **assoziierter Unternehmen** nicht zur Berücksichtigung des auf andere Gesellschafter entfallenden Kapitals ankommt.

---

[2] WP-Handbuch 2000 I M 391, *Gross/Schruff/ v. Wysocki* Der Konzernabschluß nach neuem Recht 146.

[3] §§ 331 Abs. 1 Nr. 2, 332 Abs. 3 S. 3, 333 Abs. 3 Nr. 18, 19 AktG 1965.

[4] Begr. RegE. zu § 288 HGB-E, BTDrucks. 10/ 3440, 39; *Biener/Berneke* BiRiLiG 356.

[5] ADS 12.

[6] Beck BilKomm-*Förschle/Hoffmann* 86; WP-Handbuch 2000 I O 83.

II. Regelungen für die Konzernbilanz (Abs. 1)

1. Wesen und Charakter des Postens

Nach Abs. 1 ist ein **Ausgleichsposten** zu bilden, der innerhalb des Eigenkapitals gesondert **auszuweisen** ist. Ohne eine Regelung, wie sie in Abs. 1 getroffen wurde, würde der aus der Konsolidierung resultierende Betrag ohne Differenzierung zusammengefaßt das von den Gesellschaftern des Mutterunternehmens und den außenstehenden Gesellschaftern der einbezogenen Tochterunternehmen aufgebrachte Eigenkapital angeben. Der Posten hat somit die Funktion, zwischen diesen Eigenkapitalanteilen zu differenzieren, ohne den Eigenkapitalcharakter dieser Art der Gesellschaftereigenfinanzierung in Frage zu stellen.[7] Der Posten hat die Aufgabe, zwischen den Kapitalanteilen der beiden Gesellschaftergruppen zu unterscheiden und abzugrenzen. Der Posten könnte statt als Ausgleichsposten auch als Abgrenzungsposten bezeichnet werden. 10

Nach der Festlegung des HGB hat der Posten **Eigenkapitalcharakter**.[8] Diese Vorgabe entstammt nicht Art. 21 der 7. EG-Richtlinie, die keine Festlegung auf das Eigenkapital beinhaltet; sie entspricht der früheren deutschen Bilanzierungspraxis. Diese Zuordnung ist rechtlich und wirtschaftlich begründbar, aber keineswegs zwingend. Aus Sicht des Konzerns ist fraglich, ob andere Gesellschafter einbezogener Unternehmen als Eigenkapitalgeber dargestellt werden können, da sich ihre Beteiligung nicht auf das Mutterunternehmen und damit den Gesamtkonzern bezieht. Sie sind daher in ihrer Rechtsstellung und wirtschaftlichen Bedeutung den Gesellschaftern des Mutterunternehmens nicht gleichgestellt. Dem auf die anderen Gesellschafter entfallenden Anteil am Kapital einbezogener Tochterunternehmen kann daher eine andere Qualität beigemessen werden. Das könnte es rechtfertigen, die Anteile anderer Gesellschafter entweder in einem Posten zwischen dem Eigenkapital und den Sonderposten mit Rücklageanteil/Rückstellungen auszuweisen.[9] Vertretbar erscheint aus Sicht des Konzerns als auf das Mutterunternehmen bezogene wirtschaftliche Einheit auch, den Anteil anderer Gesellschafter als Fremdkapital auszuweisen,[10] da es sich nicht um Eigenkapitalteile handelt, die durch die Gesellschafter des Mutterunternehmens dem Konzern zur Verfügung gestellt worden sind. Für das HGB wurde die Frage durch die Anordnung, im Eigenkapital einen Ausgleichsposten zu bilden, incident im Sinn der Zuordnung zum Eigenkapital entschieden. 11

Der Posten unterliegt keiner selbständigen **Bewertung**. Er gibt als Restgröße den je nach der angewendeten Methode der Konsolidierung ermittelten Betrag des auf die anderen Gesellschafter entfallenden anteiligen Betrags des Eigenkapitals an. Er unterliegt aus der Sicht der anderen Gesellschafter keiner Bewertung auf der Grundlage der Buchwerte der von ihnen gehaltenen Anteilsrechte. Zur Ermittlung des dem Ausgleichsposten zuzuordnenden Betrags bei Anwendung der *Buchwertmethode* Rdn. 29 ff, bei Anwendung der *Neubewertungsmethode* Rdn. 33 ff. 12

2. Nicht dem Mutterunternehmen gehörende Anteile

a) Anteilszurechnung zum Mutterunternehmen. Der Ausgleichsposten für Anteile anderer Gesellschafter ist für Anteile zu bilden, die nicht dem **Mutterunternehmen** gehören. Dem Mutterunternehmen gehören diejenigen Anteile, die unmittelbar 13

[7] *Wentland* Die Konzernbilanz 42, ADS 44.

[8] Ebenso DRS 4 Tz. 42.

[9] HdKR-*Weber/Zündorf* 1; *Ebeling* Die Einheitsfiktion als Grundlage der Konzernrechnungslegung (1995) 378.

[10] So nach der Parent company theory, die der Konsolidierung nach US-GAAP zugrundeliegt, *Pellens* Internationale Rechnungslegung (1998) 253 m. w. N.; KPMG Rechnungslegung nach US-amerikanischen Grundsätzen (1996) 132.

in seinem zivilrechtlichen Eigentum stehen oder ihm aufgrund der wirtschaftlichen Betrachtungsweise zugeordnet werden. Hierzu gehören Anteile, die dem Mutterunternehmen als Treugeber zuzurechnen sind oder für die es Pensionsgeber im Rahmen eines echten Pensionsgeschäfts ist.[11] Das gilt z. B. auch für Anteile, die für Rechnung des Mutterunternehmens gehalten werden. Außer Betracht bleiben Anteile, die zwar rechtlich, aber nicht wirtschaftlich dem Mutterunternehmen gehören, wie z. B. zur Sicherheit übereignete Anteile (§ 301, 23). Dem Mutterunternehmen werden ferner mittelbar die Anteile zugerechnet, die einem Tochterunternehmen zustehen, § 290 Abs. 3 S. 1, oder für dessen Rechnung gehalten werden. Das sind auch Anteile, die von einem Dritten, z. B. einem Treuhänder für das Tochterunternehmen gehalten werden.

14 Für die Bestimmung der dem Mutterunternehmen oder den **anderen Gesellschaftern** gehörenden Anteile i. S. v. § 307 Abs. 1 kann es indessen nicht allein auf die rechtliche oder wirtschaftliche Zuordnung ankommen. Aus der Funktion des Abs. 1 als eines Ausgleichspostens im Rahmen der Vollkonsolidierung folgt, daß als weitere Bezugsgröße die Einbeziehung des Tochterunternehmens in den Konzernabschluß zu beachten ist. Nur Anteile, die Gegenstand der Kapitalkonsolidierung sind, können im Umkehrschluß die Anteile anderer Gesellschafter bestimmen, da nur dann ein zutreffender Minderheitenausweis erfolgen kann. Demzufolge sind auch Anteile einbezogener Tochterunternehmen, die von nicht in den Konzernabschluß einbezogenen Tochterunternehmen gehalten werden, abweichend von § 290 Abs. 3 S. 1 für Abs. 1 nicht als Anteile des Mutterunternehmens zu betrachten.

15 Werden Anteile an einem einbezogenen Tochterunternehmen vom Mutterunternehmen und einem Unternehmen gehalten, das **anteilsmäßig** in den Konzernabschluß einbezogen wird, ist der Beteiligungsanteil des anderen Unternehmens (z. B. Gemeinschaftsunternehmen) nach der dargestellten Definition dem Mutterunternehmen nicht zuzurechnen. Infolge der anteilsmäßigen Einbeziehung des Gemeinschaftsunternehmens wird die dem Konzern gehörende Beteiligungsquote durch den dem Mutterunternehmen zugeordneten Teil des Nettovermögens des Gemeinschaftsunternehmens beeinflußt und in die Kapitalkonsolidierung mit einbezogen.[12] In einem solchen Fall sind die auf den/die Partner des Gemeinschaftsunternehmens entfallenden Anteile an dem einbezogenen Tochterunternehmen als Anteile anderer Gesellschafter auszuweisen.[13] Zur Art des Ausweises Rdn. 58.

16 Anteile an einbezogenen Unternehmen, die **assoziierten Unternehmen** gehören, die im Konzernabschluß nach § 312 bewertet werden, gehören nicht einbezogenen Unternehmen und können die Anteilsquote des Konzerns nicht erhöhen. Sie sind als Anteile anderer Gesellschafter auszuweisen.[14]

17 **b) Maßgebende Anteile.** Der Sonderposten hat den Anteil anderer Gesellschafter an dem einbezogenen Tochterunternehmen anzuzeigen. Der Begriff des Anteils ist in Abs. 1 nicht gesondert definiert, sondern bestimmt sich im Kontext der Auslegung dieses Begriffs in anderen, die Kapitalkonsolidierung betreffenden Vorschriften. Für die Auslegung ist insbesondere auf § 301 Abs. 1 zurückzugreifen. Danach kommt es auf diejenigen Anteile an, die aufgrund einer gesellschaftsrechtlichen Beteiligung einen kapitalmäßigen Anteil am Eigenkapital vermitteln.[15] Rechte, die lediglich einen

---

[11] ADS 14; HdKR-*Weber/Zündorf* 26, 27.
[12] Auch § 301, 26; ADS 13.
[13] Mit gleichlautender Empfehlung HdKR-*Weber/Zündorf* 4; Beck BilKomm-*Förschle/Hoffmann* 8; *Busse v. Colbe/Ordelheide* Konzernabschlüsse 294.
[14] Beck BilKomm-*Förschle/Hoffmann* 9.
[15] H.M. § 301, 21; ADS § 301, 11; WP-Handbuch 2000 I M 341.

schuldrechtlichen Anspruch vermitteln, haben außer Betracht zu bleiben, auch wenn sie gesellschaftsrechtsähnlichen Charakter haben (z. B. partiarisches Darlehen, stille Beteiligung) oder eigenkapitalähnlichen Bindungen aus Haftungsgründen unterliegen (z. B. kapitalersetzende Darlehen).

Sonderfälle. Die Anteile der einbezogenen Unternehmen sind zusammenzurechnen; zu Besonderheiten bei mehrstufigen Beteiligungsverhältnissen mit anderen Gesellschaftern Rdn. 20. Es macht keinen Unterschied, ob die Anteile im Anlage- oder Umlaufvermögen eines der einbezogenen Unternehmen ausgewiesen werden. 18

c) Besonderheiten. aa) Nicht konsolidierte Anteile. Hält das Mutterunternehmen oder ein einbezogenes Tochterunternehmen Anteile an einem einbezogenen Unternehmen, die der Konsolidierung nicht zugrunde gelegt wurden, ist fraglich, ob diese als Anteile des Mutterunternehmens behandelt werden können. Die Nichtberücksichtigung von Anteilen kann sich in Fällen ergeben, in denen das Mutterunternehmen in größerem Umfang Anteile erwirbt, als es dauerhaft zu halten beabsichtigt und konkret plant, einen Teil der Anteile wieder zu veräußern. Zwar sind im Grundsatz auch Anteile in die Kapitalkonsolidierung einzubeziehen, die nicht auf Dauer im Konzern gehalten werden sollen.[16] In Fällen, in denen die Veräußerung im Erwerbszeitpunkt bereits feststeht, soll hiervon jedoch eine Ausnahme zugelassen werden (§ 301, 22). Solche Anteile haben das der Kapitalkonsolidierung zugrundeliegende Eigenkapital nicht bestimmt. Aus Sicht des Konzerns werden sie wie Anteile anderer Gesellschafter behandelt, so daß ihre Einbeziehung in den Sonderposten dann geboten ist. Zum Ausweis Rdn. 58 ff. 19

bb) Fremdanteile bei mittelbarem Beteiligungsbesitz. Der Ausgleichsposten nach Abs. 1 ist für alle Anteile zu bilden, die nicht dem Mutterunternehmen unmittelbar oder mittelbar gehören oder zugerechnet werden. Das gilt auch für Anteile anderer Gesellschafter an einbezogenen Unternehmen, an denen das Mutterunternehmen einen **mittelbaren** Beteiligungsbesitz hält. Hier stellt sich die Frage, ob die Anteile anderer Gesellschafter nur bezogen auf deren Anteil an der jeweiligen Gesellschaft oder bezogen auf die Konzernspitze zu ermitteln ist. Im Falle von mehrstufigem Beteiligungsbesitz kann es bei unterschiedlicher Beteiligungsquote auf den einzelnen Konzernstufen zu einer Verwässerung kommen. 20

Verschiedene **Sachverhalte** sind zu unterscheiden. Hält ein Mutterunternehmen alle Anteile eines Tochterunternehmens, welches z. B. zu 60 % an einem weiteren Tochterunternehmen beteiligt ist, bestehen Anteile anderer Gesellschafter an dem weiteren Tochterunternehmen in Höhe von 40 %. Besteht eine 100 % Beteiligung eines Tochterunternehmens an einem weiteren Tochterunternehmen, ist das Mutterunternehmen jedoch nur zu z. B. 60 % an dem ersten Tochterunternehmen beteiligt, bezieht sich der Anteil anderer Gesellschafter in Höhe von 40 % auf das Eigenkapital der beiden Tochterunternehmen. Ist das Mutterunternehmen z. B. zu 80 % an einem ersten Tochterunternehmen, dieses zu 60 % an einem weiteren Tochterunternehmen beteiligt, bestehen Anteile anderer Gesellschafter an dem ersten Tochterunternehmen in Höhe von 20 %, am Eigenkapital des weiteren Tochterunternehmens im Verhältnis der beiden Beteiligungsquoten zueinander. 21

Für die Bemessung ist dieselbe Auffassung zu vertreten, wie zur Bestimmung der der Konsolidierung zugrunde zu legenden Anteile, vgl. § 301, 24 ff. Bei **mittelbarem Beteiligungsbesitz** sind dem Mutterunternehmen nur diejenigen Anteile zuzurech- 22

---

[16] ADS 13; a. M. *Schindler* Kapitalkonsolidierung 156.

nen, die auf die Beteiligung des Mutterunternehmens an dem Tochterunternehmen der ersten Stufe entfallen; entsprechendes gilt bei weiter mehrstufigem Konzernaufbau. Der Anteil anderer Gesellschafter an einem einbezogenen Unternehmen der zweiten Stufe erhöht sich im Verhältnis der Anteile anderer Gesellschafter an dem Tochterunternehmen der ersten Stufe.

23 Werden Anteile an einem einbezogenen Unternehmen auch von einem anteilsmäßig konsolidierten Unternehmen gehalten, gilt entsprechendes für den Teil des Eigenkapitals des einbezogenen Unternehmens, das auf die Beteiligung eines dritten Gesellschafters an dem anteilsmäßig konsolidierten Unternehmen entfällt. Auch wenn die dem **Gemeinschaftsunternehmen** gehörenden Anteile an dem einbezogenen Unternehmen dem Mutterunternehmen nicht gehören oder zugerechnet werden können, sind sie dennoch gleich zu behandeln, da sie in die Kapitalkonsolidierung des einbezogenen Tochterunternehmens eingerechnet werden.[17] Der auf den Konzern sowie auf die anderen Gesellschafter entfallende Teil ermittelt sich nach der unter Rdn. 13 ff dargestellten Berechnungsweise.

24 cc) **Eigene Anteile.** Werden eigene Anteile eines einbezogenen Tochterunternehmens als Vermögensgegenstände in die Konzernbilanz übernommen (vgl. § 301, 29), muß eine **Rücklage für eigene Anteile** gebildet werden. Diese Anteile gehören rechtlich nicht dem Mutterunternehmen, es handelt sich auch nicht um Anteile anderer Gesellschafter. Sie werden weder in die Kapitalkonsolidierung noch in die Bemessung des Anteils anderer Gesellschafter einbezogen. Der auf andere Gesellschafter entfallende Teil der Rücklage für eigene Anteile ist bei der Berechnung des Ausgleichspostens zu berücksichtigen.

25 Hält ein einbezogenes Tochterunternehmen Anteile am Mutterunternehmen (sog. Rückbeteiligung, dazu § 301, 160), werden auch diese in die Konzernbilanz übernommen. Gleiches gilt für die für diese Anteile gebildete Rücklage. Anderen Gesellschaftern des Tochterunternehmens steht ein ihrem Anteil am Kapital entsprechender Teil der Rücklage zu. Dieser ist als Teil des Ausgleichspostens darzustellen.[18]

3. Anteil am Eigenkapital

26 Der Ausgleichsposten für andere Gesellschafter wird durch den Umfang des **gesellschaftsrechtlichen Anteils** am Kapital des einbezogenen Unternehmens bestimmt. Der Berechnung zugrunde zu legen ist der sich nach den gesellschaftsrechtlichen Vereinbarungen ergebende Kapitalanteil. Im Regelfall umfaßt die Beteiligung am Kapital den entsprechenden Anteil am gesamten Eigenkapital. Sieht die gesellschaftsrechtliche Vereinbarung Abweichungen vor, wie z. B. die Vorabzuordnung bestimmter Eigenkapitalbestandteile, ist dies bei der Bemessung der Anteilsquote zu berücksichtigen.

27 Der **Anteil am Eigenkapital** besteht grundsätzlich aus dem der Beteiligungsquote entsprechenden Anteil an den Bilanzposten des Eigenkapitals nach § 266 Abs. 3 (Passivseite) A. Danach sind das gezeichnete Kapital, die Kapitalrücklage, die Gewinnrücklagen sowie der Gewinn-/Verlustvortrag und der Jahresüberschuß/-fehlbetrag zu berücksichtigen. Zur Rücklage für eigene Anteile Rdn. 24. Der Anteil anderer Gesellschafter ist aus der Summe dieser Posten zu errechnen. Wird der Konzernabschluß vor Ergebnisverwendung aufgestellt, kann der Posten „Jahresüberschuß/-fehlbetrag" Beträge enthalten, die den anderen Gesellschaftern zustehen. Wird das Jahresergebnis

---

[17] ADS 13.

[18] WP-Handbuch 2000 I M 390; Beck BilKomm-*Förschle/Hoffmann* 15; ADS 19.

des einbezogenen Unternehmens unverändert in den Konzernabschluß übernommen, ist der auf die anderen Gesellschafter entfallende Anteil gesondert auszuweisen, wenn er nicht vom Konzernergebnis gekürzt und als Bestandteil des Anteils anderer Gesellschafter gezeigt wird.[19]

4. Bemessung des Eigenkapitals

Der Ausgleichsposten ist in **Höhe des Anteils** anderer Gesellschafter **am Eigenkapital** des einbezogenen Unternehmens anzugeben. Das Eigenkapital ergibt sich aus dem Jahresabschluß des einbezogenen Unternehmens. Es wird beeinflußt durch die für die Vollkonsolidierung anzustellende Bewertung für die Einbeziehung nach der Buchwertmethode oder der Neubewertungsmethode. Bei Anwendung dieser Methoden ist ferner zwischen der erstmaligen Einbeziehung und der Folgekonsolidierung zu unterscheiden. Das Eigenkapital wird auch durch andere Konsolidierungsmaßnahmen beeinflußt. 28

a) Bewertung bei Anwendung der Buchwertmethode. aa) Erstkonsolidierung. Bei der erstmaligen Einbeziehung eines Tochterunternehmens in den Konzernabschluß wird der Wertansatz der dem Mutterunternehmen gehörenden Anteile an dem einbezogenen Unternehmen mit dem anteiligen Betrag des Eigenkapitals des Tochterunternehmens verrechnet. Bei Anwendung der Buchwertmethode nach § 301 Abs. 1 S. 2 Nr. 1 ist das Eigenkapital mit dem Betrag anzusetzen, der dem Buchwert der in den Konzernabschluß aufzunehmenden Vermögensgegenstände, Schulden, Rechnungsabgrenzungsposten, Bilanzierungshilfen und Sonderposten entspricht. Die in den Konzernabschluß aufzunehmenden Vermögensgegenstände und Schulden ergeben sich in Anwendung von § 300 Abs. 1. Sie sind nach Maßgabe des Rechts des Mutterunternehmens anzusetzen; es gilt das **Gebot der Vollständigkeit**, sofern nicht ein Bilanzierungswahlrecht oder ein Bilanzierungsverbot besteht. Von nach dem Recht des Mutterunternehmens bestehenden Bilanzierungswahlrechten darf erneut Gebrauch gemacht werden, § 300 Abs. 2 S. 2. Durch die Anwendung dieser Regelungen kann das Eigenkapital des einbezogenen Unternehmens für Zwecke der Einbeziehung von dem im handelsrechtlichen Jahresabschluß abweichen. Zur Vornahme der Anpassungen wird i. d. R. eine Handelsbilanz II aufgestellt. 29

Weitere Veränderungen des Eigenkapitals ergeben sich durch die Wahl **einheitlicher Bewertungen** im Konzern. Die Wertansätze der in den Konzernabschluß übernommenen Vermögensgegenstände und Schulden sind nach den auf den Jahresabschluß des Mutterunternehmens anzuwendenden Regelungen zu bewerten. Bewertungswahlrechte dürfen unabhängig von ihrer Ausübung in den Jahresabschlüssen ausgeübt werden. Abweichend bewertete Vermögensgegenstände und Schulden sind nach § 308 Abs. 2 neu zu bewerten (§ 308, 29 ff). Das gleiche gilt bei der Neuausübung von Bewertungswahlrechten. Auch diese Veränderungen vollziehen sich vor der Übernahme der Vermögensgegenstände und Schulden, in der Regel in der Handelsbilanz II.[20] 30

Nach Durchführung der Anpassungen nach §§ 300 Abs. 2, 308 Abs. 2 ergibt sich das der Konsolidierung zugrunde gelegte Eigenkapital des einbezogenen Tochterunternehmens. Der Anteil der anderen Gesellschafter ermittelt sich aus dem Verhältnis ihrer Anteile am Eigenkapital zum gesamten Eigenkapital. Der Anteil dieser Gesell- 31

[19] HdKR-*Weber/Zündorf* 6.

[20] *Ordelheide* WPg 1984, 270, 273; *Schindler* WPg 1986, 588, 589; ADS 23; Beck BilKomm-*Förschle/Hoffmann* 20; HdKR-*Weber/Zündorf* 7; Bonner HdR-*Scherrer* 13 f.

schafter enthält bei Anwendung der Buchwertmethode keinen Anteil an den aufgedeckten **stillen Reserven**, Lasten oder einem Geschäfts- oder Firmenwert. Diese kommen nur zugunsten des Mutterunternehmens zum Ausweis. Sie ergeben sich aus der Verrechnung des Wertansatzes des Mutterunternehmens für den Anteil an dem einbezogenen Tochterunternehmen und dem anteiligen Eigenkapital. Stille Reserven werden entsprechend der Konzernbeteiligungsquote nur anteilig aufgelöst und zugeordnet; ein danach verbleibender Restbetrag ist als Geschäfts- oder Firmenwert auszuweisen.[21] Die Vermögensgegenstände und Schulden des einbezogenen Unternehmens gelten nach der Erwerbsmethode als erworben, soweit die Beteiligungsquote reicht.

32 **bb) Folgekonsolidierung.** Der Anteil der anderen Gesellschafter ist auch nach der erstmaligen Einbeziehung auf jeden Stichtag des Konzernabschlusses neu zu ermitteln. Grund hierfür ist die Fortentwicklung der Handelsbilanz II für das Tochterunternehmen. Ohne **Auswirkungen** bleiben jedoch die stillen Reserven/Lasten sowie der Geschäfts- oder Firmenwert einschließlich der sich aus der Abschreibung/Auflösung ergebenden Ergebnisauswirkungen. Diese lassen den Anteil der anderen Gesellschafter bei Anwendung der Buchwertmethode unberührt, da ihr Kapitalanteil von der Zuordnung der stillen Reserven/Lasten und des Geschäfts- oder Firmenwerts unbeeinflußt geblieben ist. Kapitalveränderungen bei dem einbezogenen Unternehmen verändern den Ausgleichsposten ebenfalls, soweit sie auf den anderen Gesellschaftern zuzuordnende, erwirtschaftete Ergebnisse des Tochterunternehmens, Einstellungen von Rücklagen während der Zeit der Konzernzugehörigkeit oder auf Kapitalzuführungen der Gesellschafter beruhen.[22]

33 **b) Bewertung bei Anwendung der Neubewertungsmethode. aa) Erstkonsolidierung.** Bei Anwendung der Neubewertungsmethode nach § 301 Abs. 1 S. 2 Nr. 2 werden die dem Mutterunternehmen gehörenden Anteile an einem einbezogenen Tochterunternehmen mit dem auf die Anteile entfallenden Betrag des Eigenkapitals verrechnet. Dazu wird das Eigenkapital des Tochterunternehmens mit dem Betrag angesetzt, der dem Wert der in den Konzernabschluß aufzunehmenden Vermögensgegenstände, Schulden, Rechnungsabgrenzungsposten, Bilanzierungshilfen und Sonderposten entspricht, der diesen an dem für die Verrechnung gewählten Zeitpunkt beizulegen ist. Die Vermögensgegenstände und Schulden sowie die anderen Posten sind mit den Tageswerten anzusetzen. Auf der Grundlage der nach § 300 Abs. 1 in der Konzernbilanz ansetzbaren und unter Berücksichtigung des Neuansatzwahlrechts nach § 300 Abs. 2 angesetzten Vermögensgegenstände und Schulden und anderen Posten erfolgt die Neubewertung, bevor sie in den Konzernabschluß übernommen werden.[23] Das Eigenkapital des einbezogenen Tochterunternehmens wird unter **Auflösung** aller **stillen Reserven** und **Zuordnung** aller **stillen Lasten** ermittelt. Diese Eigenkapitalgröße findet Eingang in die Erstkonsolidierung und die Bestimmung des Betrags für den Ausgleichsposten anderer Gesellschafter. Der Anteil der anderen Gesellschafter am Eigenkapital enthält hier den auf diese entfallenden Anteil an den stillen Reserven und stillen Lasten.

34 Ein **Geschäfts- oder Firmenwert** kommt bei Anwendung der Neubewertungsmethode jedoch nur auf den Konzernanteil zum Ansatz, da § 301 Abs. 3 S. 1 vorschreibt, daß nur der nach Neubewertung bei der Verrechnung entstehende Unterschiedsbetrag

---

21 ADS 24; HdKR-*Weber/Zündorf* 8; a. M. *v. Wysocki* WPg 1986, 177, 180; *Sahner/Tapprich* DB 1986, 2501, 2503.

22 HdKR-*Weber/Zündorf* 8; ADS 34; WP-Handbuch 2000 I M 392.

23 *Schindler* WPg 1986, 588, 590; *Schruff* Einflüsse der 7. EG-Richtlinie auf die Aussagefähigkeit des Konzernabschlusses (1984) 217; *Küting/Zündorf* BB 1985, 1166, 1169.

in der Konzernbilanz ausgewiesen werden darf.[24] Das Gesetz unterscheidet in § 301 Abs. 1 S. 2 Nr. 2 und in Abs. 3 S. 1 zwischen den neu zu bewertenden Posten und dem Geschäfts- oder Firmenwert. Dieser gehört nicht zu den Posten nach Nr. 2, es sei denn daß er durch einen vom Erwerb der Anteile an dem einbezogenen Unternehmen unabhängigen Anschaffungsvorgang herrührt.[25]

Nach § 301 Abs. 1 S. 4 besteht eine **Obergrenze** für den Wertansatz des Vermögens 35
und der Schulden des einbezogenen Unternehmens, weil das anteilige Eigenkapital nicht mit einem Betrag angesetzt werden darf, der die Anschaffungskosten des Mutterunternehmens für die Anteile übersteigt. Die Begrenzung bezieht sich dem Wortlaut nach auf den Teil des Eigenkapitals, der dem Anteil des Konzerns entspricht. Damit ist keine Aussage darüber getroffen, ob für den Anteil der anderen Gesellschafter eine vergleichbare Beschränkung gilt, oder ob der Wertansatz für Vermögensgegenstände und Schulden unbegrenzt ist, so daß der Betrag des Eigenkapitals den anteiligen, tatsächlichen Wert widerspiegelt. Soweit es um den den anderen Gesellschaftern zuzuordnenden Teil des Eigenkapitals geht, könnte der Ansatz mit einem die Anschaffungskosten des Konzerns übersteigenden Wert denkbar sein.[26] Die Entscheidung dieser Problematik ist von Bedeutung, da in allen Fällen, in denen die Anschaffungskosten für die Konzernanteile den anteiligen Wert des Nettoreinvermögens des Tochterunternehmens nicht erreichen, die Neubewertung des gesamten Eigenkapitals begrenzt wäre. Diese Auffassung ist nicht unbestritten. Aus der Regierungsbegründung ergeben sich Anhaltspunkte, daß die Anschaffungskosten des Konzerns die Obergrenze für das Eigenkapital des einbezogenen Tochterunternehmens bilden, so daß der diese Anschaffungskosten als Determinante für das gesamte Eigenkapital des Tochterunternehmens zu gelten haben.[27]

Der pagatorische Charakter der Anschaffungskosten der Anteile an dem einbezo- 36
genen Unternehmen läßt sich auf die Anteile anderer Gesellschafter nicht unmittelbar übertragen. Die von diesen aufgewendeten Anschaffungskosten sind nicht bekannt. Sie sind für die Konsolidierung des Tochterunternehmens irrelevant. Die **Konzernanschaffungskosten** können demnach nur eine Indizwirkung[28] für eine Wertobergrenze für die Anteile der anderen Gesellschafter entfalten. Gleichwohl soll an der Auffassung festgehalten werden, daß die Begrenzung der Neubewertung auf den Betrag der Anschaffungskosten für die gesamte Beteiligung an dem Tochterunternehmen gilt. Es wäre sonst erforderlich, die in den Konzernabschluß zu übernehmenden Vermögensgegenstände, Schulden und anderen Posten nach unterschiedlichen Kriterien zu bewerten. Die Bewertung ein und desselben Vermögensgegenstands zu einem Teil begrenzt auf die anteilig auf ihn entfallenden Anschaffungskosten, zum anderen Teil unbegrenzt mit dem Zeitwert widerspricht dem Einheitsgrundsatz und ist im Hinblick auf die Erläuterungsnotwendigkeiten fragwürdig. Die Übernahme solcher Wertansätze in die Konzernbilanz würde die Vermögenslage des Konzern beeinflussen. Eine solche Betrachtung wird dem Charakter von § 307 Abs. 1 als Ausgleichsposten zur Abgrenzung der Eigenkapitalsphäre der Gesellschafter des Mutterunternehmens und der anderen Gesellschafter nicht gerecht. Der Posten hat nicht die Funktion, eigenständige Bewertungen zu veranlassen und das den anderen Gesell-

24 WP-Handbuch 2000 I M 390; ADS 31.

25 Kritisch zu der Differenzierung *v. Wysocki/Wohlgemuth* Konzernrechnungslegung 122; Kommission Rechnungswesen im Verband der Hochschullehrer für Betriebswirtschaft e.V., DBW 1985, 273 Tz. 21.

26 HdKR-*Weber/Zündorf* 9; *Reige* BB 1987, 1211, 1212.

27 Begr. RegE., BTDrucks. 10/3440, Begründung zu § 282 HGB-E, 38; *Biener/Berneke* BiRiLiG 356.

28 *Havermann* FS Goerdeler 173 spricht von einer Fiktion.

schaftern zugeordnete Vermögen mit konzernunabhängig ermittelten Werten anzusetzen. Das auf die anderen Gesellschafter entfallende Eigenkapital hat in seiner Bemessungsgröße dem Eigenkapital zu entsprechen, welches für die Kapitalverrechnung herangezogen wird. Die Obergrenze für den Wertansatz der in den Konzernabschluß zu übernehmenden Posten ergibt sich aus einer Umrechnung der Anschaffungskosten für den anteiligen Kapitalanteil in einen (hypothetischen) Betrag der Anschaffungskosten für alle Anteile.[29]

37 **bb) Folgekonsolidierung.** Die Neubewertung des gesamten Vermögens des einbezogenen Tochterunternehmens hat zur Folge, daß die **Fortentwicklung** der **Wertansätze** durch Abschreibung oder Auflösung das Konzernergebnis beeinflußt. Da das Eigenkapital des einbezogenen Unternehmens insgesamt auf den neubewerteten Wertansätzen beruht, wirken sich Abschreibungen und Auflösungen nicht nur auf den Ergebnisanteil des Konzerns, sondern auf das gesamte Konzernergebnis einschließlich des Anteils der anderen Gesellschafter aus.

38 Der Ausgleichsposten für die Anteile anderer Gesellschafter ist auch bei Anwendung der Neubewertungsmethode zum Stichtag des Konzernabschlusses zu ermitteln. Dafür ist die fortgeschriebene Handelsbilanz II zugrunde zu legen. Die bei der Erstkonsolidierung aufgelösten stillen Reserven werden in den **Folgeperioden** ergebniswirksam abgebaut; der Ausgleichsposten wird durch diese Ergebnisauswirkungen anteilig verringert.[30] Andere Auffassungen, den Anteil der anderen Gesellschafter an den Abschreibungen und Auflösungsbeträgen erfolgsneutral vom Ausgleichsposten abzuziehen oder ausschließlich dem Konzernergebnis zuzuordnen, haben sich wegen sonst gegebener Widersprüche zur Einheitstheorie oder im Hinblick auf die möglichen Verzerrungswirkungen nicht durchgesetzt.[31]

39 Andere Veränderungen des Eigenkapitals des einbezogenen Unternehmens wirken sich auf den Anteil der anderen Gesellschafter in gleicher Weise aus wie bei der Buchwertmethode, vgl. Rdn. 32.

40 **c) Auswirkungen anderer Konsolidierungsmaßnahmen.** Die weiteren Konsolidierungsmaßnahmen wie Schuldenkonsolidierung nach § 303, das Weglassen von Zwischenergebnissen nach § 304 und die Verrechnung von Aufwendungen und Erträgen aus Lieferungen und Leistungen im Konzern nach § 305 können **Auswirkungen auf den Konzernerfolg** haben. Sie ergeben sich z. B. aus dem Herausrechnen von Zwischenergebnissen, ferner kommen unechte Erfolgswirkungen bei der Schuldenkonsolidierung zur Geltung.

41 Fraglich ist, ob andere Konsolidierungsmaßnahmen die **Anteile am Kapital** der anderen Gesellschafter überhaupt berühren. Ausgehend vom Wortlaut des Abs. 1 sind Zweifel angebracht. Der Ausgleichsposten soll den Anteil der anderen Gesellschafter in Höhe ihres Anteils am Eigenkapital des einbezogenen Unternehmens darstellen. Bemessungsgrundlage für das Eigenkapital ist das nach § 301 Abs. 1 S. 2 Nr. 1 oder 2 bewertete Reinvermögen des Tochterunternehmens, i. d. R. ermittelt auf der Grundlage der der Erstkonsolidierung oder der Folgekonsolidierung zugrunde gelegten Handelsbilanz II. Aus Sicht der anderen Gesellschafter sind die weiteren Konsolidie-

---

[29] Beck BilKomm-*Förschle/Hoffmann* 27; ADS 28 f; *Biener/Berneke* BiRiLiG 334; *Schindler* WPg 1986, 588, 590; Schmalenbach Gesellschaft/Deutsche Gesellschaft für Betriebswirtschaft e. V., ZfbF Sonderheft 21/1987, 81.

[30] *Ordelheide* ZfbF 1987, 297 ff; Beck HdR-*ders.* C 402, 78; *Schindler* WPg 1986, 588, 591.

[31] Zur erfolgsneutralen Absetzung des Anteils der anderen Gesellschafter Beck HdR-*Ordelheide* C 402, 78; zur vollständigen Verrechnung im Konzernergebnis *Küting* ZfB 1984, 548, 560; wie hier Beck BilKomm-*Förschle/Hoffmann* 28 f; ADS 36.

rungsmaßnahmen Vorgänge, die daran anschließend im Konzernabschluß erfolgen. Sie stehen außerhalb der Beziehung der anderen Gesellschafter zum Eigenkapital an dem einbezogenen Unternehmen und sind durch die Zusammenfassung im Konzernabschluß aus Sicht des Mutterunternehmens zu verstehen. Der Anteil anderer Gesellschafter am Eigenkapital des einbezogenen Unternehmens und ihre Rechtsstellung gegenüber diesem Unternehmen mindert oder erhöht sich nicht dadurch, daß dieses Unternehmen in den Konzernabschluß einbezogen wird und die Einbeziehung dieses Unternehmens in den Konzernabschluß Eigenkapital- und Ergebniskorrekturen erforderlich macht.[32]

Demgegenüber wird unter Berufung auf den Einheitsgrundsatz und die durch die in § 307 Abs. 1 zum Ausdruck gekommene Gleichstellung der beiden Gruppen von Eigenkapitalgebern vertreten, daß die **Berücksichtigung der Auswirkungen** anderer Konsolidierungsmaßnahmen erforderlich ist. Dies wird im Schrifttum überwiegend vertreten.[33] Die Ansicht hat zur praktischen Konsequenz, daß die ergebniswirksamen Ergebnisunterschiede den betroffenen Unternehmen zuzuordnen und anschließend entsprechend dem Beteiligungsverhältnis zu gewichten sind.[34] Bei der Zwischenergebniseliminierung soll das Unternehmen belastet werden, welches den Vermögensgegenstand in seinem Bestand hat, nicht dagegen das liefernde Unternehmen, das den Zwischengewinn erzielt hat.[35] Hierdurch sind Ergebnisverzerrungen nicht ausgeschlossen, wenn das liefernde und das erhaltende Unternehmen einen unterschiedlich hohen Anteil anderer Gesellschafter aufweisen.[36] Ergebniskorrekturen aus der Schuldenkonsolidierung sollen den einbezogenen Unternehmen zugerechnet werden, die den Aufwand aus der Bildung einer konzerninternen Rückstellung oder der Wertberichtigung einer konzerninternen Forderung hatten. 42

Stellungnahme. Die erstgenannte Auffassung (Rdn. 41) stellt die Rechtsstellung der anderen Gesellschafter in den Vordergrund und hat damit der Interessentheorie vergleichbare Ergebnisse zur Folge. Nach der zweitgenannten Auffassung (Rdn. 42) ist die unternehmensspezifische Ermittlung der **Ergebnisunterschiede** aus anderen Konsolidierungsmaßnahmen zwar erforderlich und im Grundsatz theoretisch beherrschbar. Ungeklärt bleiben aber Fragen der Eliminierung von Zwischenergebnissen und der Ermittlung von Mehrungen und Minderungen bei Konzernanschaffungskosten.[37] Nach der vorherrschend vertretenen Auffassung soll von der Ergebniszuordnung aus praktischen und wirtschaftlichen Erwägungen abgesehen werden dürfen. Die Ermittlung der Ergebnisunterschiede bereitet im tiefer gestaffelten Konzern bei Vorliegen weitreichender Liefer- und Leistungsverflechtungen im Einzelfall erhebliche praktische Probleme und Kosten, so daß allgemein und im Hinblick auf den geringen Informationsgewinn auf die Verrechnung verzichtet werden kann.[38] 43

d) Ausgleichsposten im mehrstufigen Konzern. Der **Umfang** des Ausgleichpostens für Anteile anderer Gesellschafter wird durch die Quote der diesen Gesellschaftern zuzurechnenden Anteile bestimmt (Rdn. 26 ff). Bei einstufigen Gestaltungen ergibt sich die Quote unmittelbar aus dem Verhältnis der Anteilsquoten der Gesellschafter zum Gesamteigenkapital. Im mehrstufig aufgebauten Konzern ergeben sich Auswirkungen aus unterschiedlichen Beteiligungsquoten, je nachdem, ob die Anteile 44

[32] A.M. *Busse v. Colbe* WPg 1987, 658.

[33] Beck HdR-*Ordelheide* C 402, 61; Beck BilKomm-*Förschle/Hoffmann* 53 ff; *Busse v. Colbe* WPg 1987, 658; *Schruff* Einflüsse der 7. EG-Richtlinie auf die Aussagefähigkeit des Konzernabschlusses (1984) 263.

[34] HdKR-*Weber/Zündorf* 11.

[35] Beck BilKomm-*Förschle/Hoffmann* 54.

[36] Beispiel bei ADS 39.

[37] HdKR-*Weber/Zündorf* 11.

[38] Beck HdR-*Ordelheide* C 402, 61; ADS 39; HdKR-*Weber/Zündorf* 11.

anderer Gesellschafter additiv oder im Verhältnis der dem Mutterunternehmen gehörenden Anteile zu bestimmen sind. Auch die indirekt gehaltenen Anteile anderer Gesellschafter sind zu berücksichtigen.

45 Diese Frage war bereits unter dem AktG 1965 umstritten, jedoch letztendlich zugunsten der multiplikativen Ermittlung entschieden worden.[39] Nach Inkrafttreten des BiRiLiG bestehen **unterschiedliche Auffassungen**. Nach einer *ersten* Auffassung wird vertreten, daß bei Einbeziehung von Unternehmen in den Konzernabschluß auch im mehrstufigen Konzern sich der Ausgleichsposten für die Anteile anderer Gesellschafter stets nach dem Anteil bemißt, der den anderen Gesellschaftern auf der *einzelnen Stufe* an den einbezogenen Unternehmen zusteht. Das der Konsolidierung zugrunde gelegte Eigenkapital ergibt sich aus dem Eigenkapital der einbezogenen Unternehmen ohne Berücksichtigung des Ausgleichspostens für Anteile anderer Gesellschafter an den, dem zu konsolidierenden Unternehmen nachgeordneten Unternehmen. Die Ausgleichsposten in der Konzernbilanz resultieren aus den ohne Veränderung aus den Bilanzen der nachgeordneten Tochterunternehmen übernommenen Ausgleichsposten. Die Ermittlung des Ausgleichspostens für Anteile anderer Gesellschafter folgt damit nach der additiven Methode, die die auf den einzelnen Stufen berechneten Ausgleichsposten in der Konzernbilanz zusammenfaßt.[40] Nach einer *zweiten* Auffassung soll diese Betrachtung dann gelten, wenn ein Mutterunternehmen die Anteile an einem Tochterunternehmen erwirbt, das seinerseits Mutterunternehmen ist und einen (Teil-)Konzernabschluß aufstellt. Erwirbt in diesem Fall das Mutterunternehmen die Mehrheit der Anteile an einem Tochterunternehmen, das seinerseits die Mehrheit der Anteile an anderen Tochterunternehmen besitzt, werden die in dem Teilkonzernabschluß aufgedeckten stillen Reserven/Lasten und ein gegebenenfalls aufgedeckter Geschäfts- oder Firmenwert Gegenstand des entgeltlichen Erwerbs. Aus diesem Grunde kann von einer Korrektur dieser Wertansätze sowie von der Berücksichtigung der bei Mehrheitserwerb vorhandenen Anteile anderer Gesellschafter, die zu indirekten Fremdanteilen an den in den Teilkonzern einbezogenen Tochterunternehmen führen, abgesehen werden.[41] Einer *dritten* Auffassung zufolge soll die Bemessung des den anderen Gesellschaftern zuzuordnenden Anteils am Eigenkapital auf der Grundlage des dem Konzern als *wirtschaftlicher Einheit* zustehenden Anteils erfolgen. Das erfordert die Ermittlung der Beteiligungsverhältnisse unter Einbeziehung von indirekten Anteilen anderer Gesellschafter. Die Konzernbeteiligungsquote wird multiplikativ ermittelt, d. h. der Anteil am Eigenkapital eines nachgeordneten Tochterunternehmens wird nach der Multiplikation der Quoten berechnet, die einerseits der Konzern an dem oberen Tochterunternehmen und andererseits das obere Tochterunternehmen an dem nachgeordneten Tochterunternehmen hält.[42] Am Beispiel einer Beteiligung des Mutterunternehmens von 80 % am Tochterunternehmen (1) und dessen Beteiligung am Tochterunternehmen (2) mit 60 % ergibt sich durchgerechnet eine Konzernbeteiligungsquote von 48 % sowie eine Quote anderer Gesellschafter von 52 %. Entsprechend der Beteiligungsquote wird der Umfang der Anschaffungskosten angepaßt und abgestockt. Das hat zur Folge, daß die Grundlagen für die Verrechnung des Buchwerts des Anteils sowie der Betrag des anteiligen Eigenkapitals verändert werden, wodurch sich Auswirkungen auf den Umfang der aufzudeckenden oder

---

[39] Z.B. *Forster/Havermann* WPg 1969, 1 ff, *Lanfermann* WPg 1969, 451 ff; a. M. *Klook/Sabel* WPg 1969, 190, 199 f.

[40] Beck BilKomm-*Förschle/Hoffmann* 35.

[41] Beck BilKomm-*Förschle/Hoffmann* 37.

[42] Grundlegend *Lanfermann* WPg 1969, 451 ff; *Forster/Havermann* WPg 1969, 1 ff; ADS 46, 49; HdKR-*Dusemond/Weber/Zündorf* § 301, 269 ff, 272 ff.

zuzuordnenden stillen Reserven/Lasten und gegebenenfalls auf einen Geschäfts- oder Firmenwert ergeben. Der hierfür maßgebliche Unterschiedsbetrag fällt bei der dritten Methode grundsätzlich kleiner aus als bei der ersten und zweiten Methode.

Die **Beurteilung** dieser Methoden fällt unterschiedlich aus. Für die erstgenannten Methoden soll sprechen, daß die Einbeziehung der nachgeordneten Tochterunternehmen hier stets auf der Grundlage der tatsächlichen Anschafungskosten der Anteile erfolgt und diese mit dem anteiligen Eigenkapital verrechnet werden.[43] Die Gegenauffassung beanstandet bei diesen Methoden vornehmlich, daß durch die additive Methode die Vermögens- und Ertragslage des Konzerns unzutreffend dargestellt wird, da die Beteiligungsverhältnisse der unterschiedlichen Gruppen von Anteilseignern nicht korrekt abgebildet werden.[44] Dies beruht darauf, daß bei Außerachtlassen der indirekten Anteile anderer Gesellschafter die Konzernbeteiligungsquote und damit auch die Konzernanschaffungskosten zu hoch angesetzt werden. Hieraus folgt die Auflösung stiller Reserven/Lasten und gegebenenfalls der Ansatz eines Geschäfts- oder Firmenwerts, der nicht dem Konzern, sondern den anderen Gesellschaftern zugerechnet werden muß. Bei Anwendung der Buchwertmethode nach § 301 Abs. 1 S. 2 Nr. 1 sei dieses Ergebnis unzulässig, bei Anwendung der Neubewertungsmethode ergäbe sich daraus eine abweichende Verteilung der stillen Reserven/Lasten auf die unterschiedlichen Gesellschaftergruppen. Auch hier dürfte ein auf die anderen Gesellschafter entfallender Geschäfts- oder Firmenwert nicht angesetzt werden.[45] Die auf der additiven Methode beruhenden Konzernabschlüsse seinen folglich in allen konzerntypischen Posten fehlerhaft aufgestellt.[46] 46

Stellungnahme. Bei Gegenüberstellung der Methoden spricht für die erstgenannten Varianten, daß die Konsolidierung nachgeordneter Tochterunternehmen stets auf Basis der tatsächlichen Anschaffungskosten und der rechtlich am jeweiligen Tochterunternehmen bestehenden Beteiligungsquote erfolgen kann. Die Anwendung der Verfahrensweise ist einfacher, da Ausgleichsposten für Anteile anderer Gesellschafter sich unmittelbar aus den Abschlüssen nachgeordneter Unternehmen ergeben und keine Berechnungen zur Anpassung der Beteiligungsverhältnisse oder Wertgrundlagen zu erfolgen haben. Die *dritte* Auffassung überzeugt dennoch, da allein nach dieser Verfahrensweise die insgesamt bestehenden Anteile des Konzerns sowie der anderen Gesellschafter exakt berücksichtigt werden. Bei dieser Methodik wird auf das durchgerechnete Beteiligungsverhältnis abgestellt, welches der Fiktion entspricht, daß das den Konzernabschluß aufstellende Mutterunternehmen unmittelbar an jedem der einbezogenen Tochterunternehmen beteiligt ist. Diese Methode wird sowohl einer rechtlichen, als auch einer wirtschaftlichen Betrachtungsweise gerecht. Sie ist in rechtlicher Hinsicht korrekt, da die Vermögenszuordnung in Sinne eines Gläubigerbefriedigungspotentials zutreffend abgebildet wird. Auch in wirtschaftlicher Hinsicht ist diese Methode zutreffend, da sie den Anteil des wirtschaftlich zum Konzernmutterunternehmen gehörenden Vermögens kennzeichnet. Sie führt zu denselben Ergebnissen, wie sie bei Anwendung der Methoden der Stufenkonsolidierung (Kettenkonsolidierung) oder der Konsolidierung in einem Schritt (Simultankonsolidierung) ermittelt werden. Im mehrstufig aufgebauten Konzern ist der Einbeziehung eines nachgeord- 47

[43] Beck BilKomm-*Förschle/Hoffmann* 37; *Busse v. Colbe/Ordelheide* Konzernabschlüsse (1993) 280.

[44] *Forster/Havermann* WPg 1969, 1 (3); ADS[4] § 331 AktG (1965), 106.

[45] ADS 47; WP-Handbuch 2000 I M 425; HdKR-*Dusemond/Weber/Zündorf*, § 301, 270; *Baetge/Kirsch/Thiele* Konzernbilanzen (2000) 243 f; *Faß* BB 1989, 1161, 1166.

[46] *Scherrer* Konzernrechnungslegung (1994) 299.

neten Tochterunternehmens das auf die Konzernspitze bezogene Beteiligungsverhältnis zugrunde zu legen, das bei unmittelbarem Anteilsbesitz des Mutterunternehmens gelten würde. Entsprechend diesem Beteiligungsverhältnis sind die Anschaffungskosten/Buchwerte der zu konsolidierenden Anteile abzustocken und mit dem der Beteiligungsquote entsprechenden Eigenkapital des Tochterunternehmens zu verrechnen. Die Anpassung der Berechnungsgrundlagen für die Einbeziehung bewirkt, daß die Kapitalkonsolidierung nur die auf den echten Konzernanteil entfallenden stillen Reserven/Lasten aufdeckt und ein Geschäfts- oder Firmenwert nur den Anteil, der der Konzernquote entspricht, wiedergibt. Der Ausgleichsposten für den Anteil anderer Gesellschafter des nachgeordneten Tochterunternehmens berechnet sich dann nach der angepaßten Quote dieser Gesellschafter auf der Grundlage des für die Kapitalkonsolidierung maßgeblichen Kapitals.

48 Die Ermittlung des **Anteils anderer Gesellschafter** an dem ersten Tochterunternehmen bedarf bei dieser Methodik ebenfalls der (Folge-)Korrektur. Zur Berechnung ist der Anteil anderer Gesellschafter an diesem Unternehmen heranzuziehen. Da der Anteil am Vermögen des ebenfalls einbezogenen nachgelagerten Tochterunternehmens bereits bei diesem berücksichtigt worden ist, ist das Eigenkapital des ersten Tochterunternehmens um den Anteilswert der Beteiligung an dem Tochterunternehmen zu kürzen. Hieraus ergibt sich eine entsprechende Anpassung des Betrags des auf andere Gesellschafter entfallenden Anteils am Eigenkapital dieses Unternehmens. Die rechnerische Ermittlung ist in der betriebswirtschaftlichen Literatur ausreichend erläutert, so daß auf die Darstellungen dort verwiesen werden kann.[47]

5. Veränderung der Beteiligungsverhältnisse

49 **a) Erwerb von Anteilen.** Erwirbt das Mutterunternehmen oder ein in den Konzernabschluß einbezogenes Tochterunternehmen von Dritten Anteile an einem anderen Tochterunternehmen, das bereits in den Konzernabschluß einbezogen worden ist, ist für die hinzuerworbenen Anteile eine **Erstkonsolidierung** durchzuführen.[48] Hierbei ist zu unterscheiden, ob das Mutterunternehmen oder ein Tochterunternehmen die Anteile erwirbt und ob das nachgeordnete Tochterunternehmen nach der Buchwert- oder der Neubewertungsmethode einbezogen wird.

50 Die Anwendung der dargestellten Methoden führt zu unterschiedlichen Ergebnissen bei der **Ermittlung des Ausgleichspostens** für Anteile Dritter infolge der veränderten Beteiligungsquote. Werden die Anteile durch ein Tochterunternehmen erworben, an dem seinerseits Anteile anderer Gesellschafter bestehen, sind die sich hieraus ergebenden Besonderheiten zu beachten; hierzu Rdn. 44 ff. Nach der *ersten* und *zweiten* Auffassung ergibt sich die Beteiligungsquote allein aus dem auf jeder Stufe bestehenden Beteiligungsverhältnis; nach der *dritten* Auffassung folgt eine Veränderung der Quote, da den unmittelbar von anderen Gesellschaftern gehaltenen Anteilen diejenigen zugerechnet werden, die auf den Anteil anderer Gesellschafter an dem vom oberen Tochterunternehmen gehaltenen Anteil an dem nachgeordneten Tochterunternehmen entfallen. Weitere Änderungen ergeben sich je nach der Bewertung des der Konsolidierung zugrunde gelegten Eigenkapitals des Tochterunternehmens.

51 Bei Anwendung der **Buchwertmethode** muß eine Verrechnung des Buchwerts der neu erworbenen Anteile mit dem anteiligen Eigenkapital erfolgen, der zum Entstehen

[47] ADS 44, 45; HdKR-*Dusemond/Weber/Zündorf* § 301, 262 ff, 277 ff; *Faß* BB 1989, 1161, 1166; *Küting/Weber/Dusemond* BB 1991, 1082; *Ewert/Schenk* BB 1993 Beil. 14.

[48] § 301, 172; ADS 51; § 301, 176.

eines Unterschiedsbetrags führen kann, der nach § 301 Abs. 1 S. 3 zunächst als stille Reserven/Lasten zuzuordnen oder zu verrechnen und nur für einen übersteigenden Betrag als Unterschiedsbetrag nach § 301 Abs. 3 S. 1 anzusetzen ist. Der Ausgleichsposten für Anteile anderer Gesellschafter bleibt hiervon unberührt; er ist entsprechend der dann geltenden Beteiligungsquote dieser Gesellschafter auf der Grundlage des Eigenkapitals des einbezogenen Tochterunternehmens zu berechnen.[49]

Findet die **Neubewertungsmethode** Anwendung, ist das Vermögen des Tochterunternehmens zur Ermittlung des bei der Konsolidierung zu verrechnenden Eigenkapitals neu zu bewerten, § 301 Abs. 1 S. 2 Nr. 2. Die Neubewertung umfaßt an sich das gesamte Vermögen, die Schulden und anderen Posten des Tochterunternehmens, unabhängig davon, in welchem Umfang das Konzernmutterunternehmen an dem einbezogenen Unternehmen beteiligt ist. Eine Obergrenze für die Neubewertung bestimmt § 301 Abs. 1 S. 4. Werden nach bereits erfolgter Erstkonsolidierung weitere Anteile durch einbezogene Konzernunternehmen erworben, fragt sich, wie weit das Eigenkapital des einbezogenen Unternehmens von der Neubewertung berührt wird. Nach herrschender Auffassung[50] bleibt das Eigenkapital, das auf die bereits konsolidierten Altanteile entfällt, von der Neubewertung unberührt. Es bestehen darüber hinaus zwei Auffassungen darüber, ob sich die Neubewertung im übrigen allein auf die neu erworbenen Anteile bezieht oder auch auf die Anteile anderer Gesellschafter erstreckt. Wird in die Neubewertung allein der zuerworbene Anteil am Kapital des einbezogenen Unternehmens einbezogen, beschränkt sich die Neubewertung auf den Teil des Eigenkapitals, der diesem Anteil entspricht. Die sich aus der Neubewertung ergebenden Werte werden anteilig in den Konzernabschluß übernommen; übersteigen die Anschaffungskosten der Anteile den nach Neubewertung ermittelten anteiligen Betrag des Eigenkapitals, kommt ein Geschäfts- oder Firmenwert zum Ansatz. Für den Ansatz des Ausgleichspostens für Anteile anderer Gesellschafter bleibt diese Veränderung jedoch ohne Auswirkungen. Der Anteil dieser Gesellschafter am Eigenkapital bestimmt sich auf der Grundlage des fortgeschriebenen Eigenkapitals zum jeweiligen Stichtag des Konzernabschlusses. Die Aufstockung der Wertansätze der in die Konzernbilanz übernommenen Vermögensgegenstände und Schulden sowie anderer Posten beeinflußt lediglich den Anteil des Konzerns; der Anteil der anderen Gesellschafter bleibt hiervon unberührt. 52

Wird in die Neubewertung außer dem neu erworbenen Anteil auch der auf die anderen Gesellschafter entfallende Anteil einbezogen, verändern sich die in die Konzernbilanz zu übernehmenden Ansätze entsprechend dem Umfang dieser Anteile. Der **Ausgleichsposten** für Anteile anderer Gesellschafter verändert sich entsprechend dem auf diese Anteile nach der Neubewertung entfallenden Eigenkapitalanteil. Der Posten verändert sich danach zum einen durch das veränderte Mengengerüst der Anteile dieser Gesellschafter, zum anderen auch durch den Ansatz des Eigenkapitals mit dem veränderten Wert. 53

Stellungnahme. Die vorstehend beschriebenen Auffassungen werden beide für anwendbar gehalten.[51] Nach einer weiteren Auffassung soll allerdings nur die erstgenannte Variante zur Anwendung kommen dürfen. Die Begründung stellt darauf ab, daß aus Sicht des Konzerns bei Zuerwerb von Anteilen keine Veränderung der wirtschaftlichen Einheit eintritt, die bereits Gegenstand der Konsolidierung und damit 54

[49] ADS 52.
[50] HdKR-*Dusemond/Weber/Zündorf* § 301, 204; ADS 53.
[51] Insbes. HdKR-*Dusemond/Weber/Zündorf* § 301, 205.

Neubewertung war. Der Vorgang der Anschaffung des Vermögens des bereits einbezogenen Tochterunternehmens ist in der Vergangenheit erfolgt; der Zuerwerb berechtigt nur noch zu einer Aufstockung. Aus der Sichtweise eines einheitlichen Unternehmens stellt sich die Maßnahme wie die Abfindung eines Gesellschafters gegen Entgelt dar, die entsprechend dem erworbenen Anteil, nicht jedoch für noch nicht erworbene Anteile eine Veränderung der Wertbasis gestattet.[52] Dieser Auffassung ist zuzustimmen. Sie ist aus der Sicht der Einheitstheorie überzeugend, da sie vermeidet, stille Reserven im Vermögen des Konzerns ohne dazugehörigen Verkehrsvorgang aufzulösen.

55 b) **Erwerb eigener Anteile durch ein einbezogenes Unternehmen.** Der Erwerb eignerer Anteile durch ein einbezogenes Unternehmen verändert das Verhältnis der Beteiligung des Konzerns einerseits und der anderen Gesellschafter andererseits. Dabei kommt es darauf an, ob der Anteilserwerb von Konzernunternehmen oder von anderen Gesellschaftern erfolgt. Durch den Verkauf der Anteile verringert sich der diesem Gesellschafter zuzuordnende **Anteil am Eigenkapital** des einbezogenen Tochterunternehmens. Weiterhin ergibt sich eine Veränderung des Beteiligungsverhältnisses von Konzernunternehmen und anderen Gesellschaftern, da dies nunmehr auf der Grundlage der relativen Beteiligungsquote zu ermitteln ist.

56 Der Anteil der **anderen Gesellschafter** ist auf der Grundlage des nach dem Erwerb eigener Anteile vorhandenen Eigenkapitals zu bemessen. Werden die eigenen Anteile als Vermögensgegenstand aktiviert, ist eine Rücklage für eigene Anteile zu bilden und der Ausgleichsposten unter Berücksichtigung der Rücklage für eigene Anteile zu ermitteln.[53] Zu eigenen Anteilen im Konzern § 301, 90.

57 c) **Veräußerung von konsolidierten Anteilen.** Die Veräußerung von konsolidierten Anteilen an einem Tochterunternehmen, das auch nach der Veräußerung weiterhin konsolidiert wird, führt zur **Veränderung** der Beteiligungsverhältnisse der Konzernanteile und der Anteile anderer Gesellschafter. Der Ausgleichsposten ist zum Stichtag des nächsten Konzernabschlusses auf der Grundlage des geänderten Beteiligungsverhältnisses zu ermitteln. Der den anderen Gesellschaftern zuzuordnende Anteil am Eigenkapital der einbezogenen Gesellschaft setzt sich nach dem bei erstmaliger Einbeziehung vorhandenen sowie den während der Konzernzugehörigkeit zuerworbenen Eigenkapitalanteilen (Rücklagen, Anteile am Ergebnis) zusammen. Die bis dahin dem Konzern zugeordneten Eigenkapitalanteile sind im Umfang der Anteilsveränderung in den Ausgleichsposten für Anteile anderer Gesellschafter umzugliedern. Der Berechnung wird das nach Anteilsveräußerung bestehende Beteiligungsverhältnis und das Eigenkapital zugrunde gelegt, das sich zum Stichtag aus der fortentwickelten Handelsbilanz II ergibt.[54]

6. Ausweis des Ausgleichspostens

58 a) **Passiver Ausgleichsposten.** Für den Anteil anderer Gesellschafter am Eigenkapital einbezogener Unternehmen ist nach Abs. 1 ein Ausgleichsposten zu bilden, der unter **entsprechender Bezeichnung** im Eigenkapital **auszuweisen** ist. Im Regelfall handelt es sich um einen passiven Ausgleichsposten, der die den beiden Gruppen von Eigenkapitalgebern zuzuordnenden Anteile am Eigenkapital abgrenzt.

59 Abs 1 S. 1 regelt den **Ausweis** des Postens. Die Regelung gibt vor, daß der Posten innerhalb des **Eigenkapitals** darzustellen ist. Zur Charakterisierung des Postens und

---

52 ADS 57.
53 WP-Handbuch 2000 I M 390; ADS 60, 61.
54 ADS 59; WP-Handbuch 2000 I M 398.

seines Inhalts als Eigenkapital Rdn. 10 ff Art. 21 der 7. EG-Richtlinie hat den Ort des Ausweises nicht vorgeschrieben, sondern lediglich geregelt, daß ein gesonderter Ausweis mit entsprechender Bezeichnung zu erfolgen habe. Die Richtlinie trägt damit der Praxis der angelsächsischen Rechnungslegung Rechnung, die einen Ausweis außerhalb des Eigenkapitals vorsieht.[55] Der deutsche Gesetzgeber ist darüber hinausgegangen, um zu verdeutlichen, daß Minderheitsgesellschafter nicht konzernfremde Gesellschafter sind und das von ihnen eingezahlte Eigenkapital in gleicher Weise Eigenkapital des Konzerns ist.[56] Infolge der Offenheit der Richtlinienregelung ist diese Art der Transformation zulässig.

Das Gesetz verlangt den **gesonderten** Ausweis. Hierdurch wird der Ausweis in einem eigenen Posten verlangt, die Einbeziehung des Betrags in andere Posten und gegebenenfalls erfolgende Angaben im Konzernanhang genügen nicht. Dabei bleibt offen, ob der Anteil anderer Gesellschafter auf die einzelnen Bestandteile des Eigenkapitals aufgeteilt werden darf. Nach dem Wortlaut von Abs. 1 S. 1 ist lediglich ein Ausgleichsposten vorgeschrieben. In diesem dürfen die sich auf die einzelnen Eigenkapitalposten verteilenden Beträge zusammengefaßt werden. Die Aufteilung auf mehrere Posten ist gleichwohl zulässig und wird zur Erläuterung für sinnvoll gehalten.[57] Der Ort des Ausweises innerhalb des Eigenkapitals ist freigestellt. In der Praxis hat sich der Ausweis als letzter Posten im Eigenkapital als zweckmäßig erwiesen.[58] **60**

Der Posten ist „entsprechend" zu bezeichnen. Die **Bezeichnung** des Postens ist nicht geregelt. Die gesetzliche Vorgabe macht jedoch klar, daß durch die Bezeichnung des Postens auf den den anderen Gesellschaftern zustehenden Anteil am Eigenkapital hingewiesen werden muß. Der Posten ist danach als „Anteil anderer Gesellschafter" oder „Ausgleichsposten für Anteile anderer Gesellschafter" zu bezeichnen.[59] **61**

b) Aktiver Ausgleichsbetrag. Im Einzelfall kann es vorkommen, daß der Ausgleichsposten auf der Grundlage eines **negativen Eigenkapitals** des einbezogenen Tochterunternehmens zu ermitteln ist. Dies ist der Fall z. B. bei negativen Eigenkapitalkonten der Gesellschafter einer KG. Für die Behandlung eines derartigen Kapitalanteils sind zwei Möglichkeiten denkbar. Zum *ersten* bietet sich an, den aktiven Ausgleichsposten gesondert auf der Aktivseite der Konzernbilanz auszuweisen.[60] Die Darstellung könnte sich am Ausweis eines Postens für den nicht durch Eigenkapital gedeckten Fehlbetrag nach §§ 298 Abs. 1, 268 Abs. 3 orientieren. Die Bezeichnung des Postens wäre entsprechend anzupassen. Als *zweite* Möglichkeit kommt in Betracht, den aktiven Ausgleichsbetrag als Abzugsposten gesondert im Eigenkapital auszuweisen. Abs. 1 S. 1 enthält keine abschließende Aussage über die Darstellung. Nach Wortlaut, aber auch Sinn und Zweck der Vorschrift ist der *zweiten* Möglichkeit der Vorzug zu geben,[61] solange der Gesamtbetrag des Eigenkapitals zur Verrechnung ausreicht. **62**

c) Zusammenfassung aktiver und passiver Kapitalanteile. Ergeben sich aus der Einbeziehung verschiedener Tochterunternehmen sowohl passive als auch aktive Anteile am Kapital anderer Gesellschafter, stellt sich die Frage, ob diese Beträge für Zwecke des Ausweises zusammengefaßt werden dürfen. Diese Möglichkeit erscheint **63**

---

55 Nach IASC IAS 27.26 (reformatted 1994) ist der Sonderposten außerhalb von Eigen- oder Fremdkapital darzustellen; nach US-GAAP ist er als Fremdkapital auszuweisen.

56 *Biener/Berneke* BiRiLiG 356.

57 Beck HdR-*Ordelheide* C 401, 45; *Damm/Zündorf* DB 1984, 2631, 2633 f.

58 Erhebungen in *Treuarbeit* Jahres- und Konzernabschlüsse (1988) 166 f.

59 ADS 64.

60 *Schindler* WPg 1989, 588, 589.

61 *Oechsle/Schipper* WPg 1994, 344; *Küting/Göth* BB 1994, 2446, 2452.

durch das Gesetz, das den Ausweis in einem Ausgleichsposten anordnet, nicht ausgeschlossen. Diese Verfahrensweise wird daher überwiegend für zulässig angesehen.[62] Das Gesetz ordnet für diesen Fall auch nicht an, die jeweiligen aktiven und passiven Teilbeträge im Konzernanhang anzugeben (vgl. § 301 Abs. 3 S. 3). Die freiwillige Angabe ist aus Gründen der Klarheit des Konzernabschlusses bei wesentlichen Beträgen wünschenswert.[63]

III. Regelungen für die Konzern-Gewinn- und Verlustrechnung

1. Ergebnisanteil anderer Gesellschafter

64 a) **Grundlagen.** Das in der Konzern- Gewinn- und Verlustrechnung ausgewiesene Jahresergebnis des Konzerns faßt die Jahresergebnisse der in den Konzernabschluß einbezogenen Tochterunternehmen und des Mutterunternehmens – unter Beachtung von zum Teil erfolgswirksamen Konsolidierungsmaßnahmen – zusammen. Es repräsentiert das gesamte Jahresergebnis des Konzerns, das dem Mutterunternehmen rechnerisch ohne Berücksichtigung der Anteile anderer Gesellschafter einbezogener Unternehmen zusteht. Abs. 2 schreibt vor, daß der Anteil dieser Gesellschafter am Jahresüberschuß/-fehlbetrag nach dem Posten „Jahresüberschuß/Jahresfehlbetrag" gesondert auszuweisen ist. Mit dieser Maßnahme wird der auf andere Gesellschafter entfallende Ergebnisanteil in der Konzern-Gewinn- und Verlustrechnung zwar nicht herausgerechnet, aber durch den gesonderten Ausweis erkennbar gemacht, so daß dadurch eine sonst unzutreffende Darstellung der Ertragslage des Konzerns vermieden wird.[64]

65 Die Regelung beruht auf Art. 23 der 7. EG-Richtlinie, die zwar nicht den Ausweis als Teil des Konzernergebnisses vorschreibt, aber den gesonderten Ausweis unter entsprechender Bezeichnung verlangt (Rdn. 74 f). Mit der **Zuordnung** zum **Konzernergebnis** verfolgt der deutsche Gesetzgeber konsequent die in Abs. 1 erkennbare Linie, den Anteil anderer Gesellschafter am Eigenkapital und am Ergebnis des Konzerns der Eigenkapitalssphäre zuzuordnen. Es ist nicht zulässig, den Anteil dieser Gesellschafter als Aufwand oder Ertrag vor dem Jahresergebnis herauszurechnen.

66 b) **Anteil anderer Gesellschafter am Jahresergebnis.** Der Anteil der anderen Gesellschafter am Ergebnis des Konzerns bestimmt sich in der Regel nach dem Anteil dieser Gesellschafter am Kapital des einbezogenen Unternehmens. Zu dessen Ermittlung Rdn. 28 ff. Besonderheiten gelten, wenn der Anteil der Gesellschafter am Ergebnis abweichend vom Anteil am Kapital zu ermitteln ist (z. B. Mehr- oder Vorzugsgewinnanteil). In diesen Fällen ist der Zuordnung des Jahresergebnisses des einbezogenen Unternehmens zu den anderen Gesellschaftern die gesellschaftsvertraglich, satzungsmäßig oder durch Vereinbarung zwischen den Gesellschaftern festgelegte Ergebnisverteilung zugrunde zu legen. Hierbei kommt es nicht auf einen gesellschaftsrechtlich untermauerten Ausschüttungsanspruch an, sondern auf den abstrakten gesellschaftsrechtlichen Anspruch auf anteilige Beteiligung am Jahresergebnis.[65]

67 c) **Jahresergebnis.** Als Sonderposten anzugeben ist der auf die anderen Gesellschafter entfallende **Gewinn oder Verlust**, der im Jahresergebnis ausgewiesen ist.

---

[62] WP-Handbuch 2000 I M 393; Beck BilKomm-*Förschle/Hoffmann* 13; ADS 65; *Schindler* WPg 1989, 588, 589.

[63] WP-Handbuch 2000 I M 393; *Küting/Göth* BB 1994, 2446, 2456.

[64] *Biener/Berneke* BiRiLiG 357.

[65] Beck BilKomm-*Förschle/Hoffmann* 61; ADS 71; WP-Handbuch 2000 I M 615; a. M. Beck HdR-*Ordelheide* C 402, 80.

Diese ergeben sich aus den Anteilen dieser Gesellschafter am Jahresergebnis der in den Konzernabschluß einbezogenen Tochterunternehmen, an denen die Beteiligung der nicht konzernangehörigen Gesellschafter besteht. Je nach Ergebnis des einbezogenen Unternehmens kann es sich um einen anteiligen Jahresüberschuß oder Jahresfehlbetrag handeln. Der aus dem Konzernergebnis herauszurechnende Teil wird somit nicht als Teil dieses Ergebnisses, sondern additiv aus der Summe der positiven und negativen Ergebnisanteile an den einbezogenen Unternehmen zusammengesetzt.

Bezugsgröße für den Ergebnisanteil ist das Jahresergebnis des einbezogenen Unternehmens. Unterschiedliche Auffassungen bestehen, ob als relevantes Ergebnis das Jahresergebnis der Handelsbilanz I des einbezogenen Unternehmens[66] oder die Handelsbilanz II heranzuziehen ist. Wird auf letztere abgestellt, sind in dem Ergebnisanteil die Auswirkungen aus den Anpassungen an die Bilanzierungs- und Bewertungsgrundsätze des Konzerns (§§ 300, 308) bei Anwendung der Buchwertmethode zu berücksichtigen. Bei Anwendung der Neubewertungsmethode wäre die Ermittlung auf der Grundlage einer fortgeschrieben, neubewerteten Bilanz vorzunehmen, in die auch die Ergebnisauswirkungen der zusätzlichen Abschreibungen und der Auflösung von Posten Eingang finden.[67] Die Lösung läßt sich wie in Abs. 1 durch die Analyse des Postens nach Abs. 2 finden. Diesem kommt eine Abgrenzungsfunktion zu, die zum Ziel hat, das Jahresergebnis des Konzerns zutreffend darzustellen. Daher ist es geboten, die Faktoren, die das Konzernergebnis auf der Ebene des einbezogenen Unternehmens beeinflussen, zu berücksichtigen. Soweit die Anpassungs- und Bewertungsmaßnahmen das der Anteilszuordnung unterliegende Eigenkapital berührt haben, wie dies bei der Aufstellung einer Handelsbilanz II oder bei Neubewertungsmaßnahmen der Fall ist, sind die sich hieraus ergebenden Ergebniseffekte in der Folgezeit im Ergebnis des Tochterunternehmens zu berücksichtigen. Somit ist der Auffassung der Vorzug zu geben, die die Ergebnisermittlung auf der Grundlage der *Handelsbilanz II* oder einer fortgerechneten Bilanz vornimmt. 68

Wird der für die Ergebnisabgrenzung maßgebliche Abschluß unter **Berücksichtigung der Ergebnisverwendung** aufgestellt, wird im Jahresergebnis dieses Unternehmens lediglich der Bilanzgewinn/-verlust ausgewiesen. Für die Ermittlung des den anderen Gesellschaftern zuzuordnenden Ergebnisanteils ist diese Maßnahme ohne Bedeutung. Der Ergebnisanteil wird stets auf der Basis des nicht verwendeten Jahresergebnisses berechnet.[68] Der auf die Rücklagendotierung entfallende Betrag wird in der Konzern-Gewinn- und Verlustrechnung nicht ersichtlich. Der auf die anderen Gesellschafter entfallende Ergebnisanteil bleibt unverändert, unabhängig davon, ob die Konzernbilanz unter Berücksichtigung der Ergebnisverwendung aufgestellt wird oder nicht. Wird im Konzernabschluß die Ergebnisverwendung nicht berücksichtigt, führt der den anderen Gesellschaftern zuzuordnende Anteil am Jahresergebnis dazu, daß das in der Konzernbilanz und in der Konzern-Gewinn- und Verlustrechnung ausgewiesene Jahresergebnis (Gewinnvortrag/Verlustvortrag, Jahresüberschuß/Jahresfehlbetrag) nicht übereinstimmen. Das ist die Folge davon, daß das in der Konzern-Gewinn- und Verlustrechnung ausgewiesene Jahresergebnis des Konzerns die Ergebnisanteile der anderen Gesellschafter enthält, während diese in der Konzernbilanz dem Ausgleichsposten für Anteile anderer Gesellschafter bereits zugewiesen sind.[69] Mit Hilfe des in der Konzern-Gewinn- und Verlustrechnung gesondert ange- 69

[66] So wohl *Busse v. Colbe/Ordelheide* Konzernabschlüsse (1993) 451.

[67] WP-Handbuch 2000 I M 615; ADS 72; Beck Bil-Komm-*Förschle/Hoffmann* 61.

[68] Für eine gesonderte Bezeichnung in diesem Fall Beck BilKomm-*Förschle/Hoffmann* 61.

[69] ADS 73.

gebenen Ergebnisanteils dieser Gesellschafter kann die Überleitung jedoch nachvollzogen werden.

70 d) **Ergebnisanteil bei mehrstufigen Beteiligungsverhältnissen.** Besteht an einem einbezogenen Unternehmen ein Beteiligungsverhältnis, das über mehrere Stufen mit unterschiedlicher Beteiligungsquote des Konzerns vermittelt wird, sind nach der hier vertretenen Auffassung bei der Bemessung der Anteile anderer Gesellschafter nicht nur die unmittelbar gehaltenen, sondern auch die **indirekten Fremdanteile** zu berücksichtigen. Diese Überlegungen (Rdn. 44 ff) gelten bei der Berechnung des Anteils anderer Gesellschafter am Jahresergebnis entsprechend. Für die Bemessung des Ergebnisanteils sind auf der Stufe eines jeden einbezogenen Unternehmens die unmittelbaren Anteile anderer Gesellschafter sowie die anteilig auf den Konzernanteil an diesem Unternehmen entfallenden Anteile anderer Gesellschafter der höher stehenden Tochterunternehmen entsprechend dem dort bestehenden Anteilsbesitz anderer Gesellschafter zu berücksichtigen.

2. Ergebnisanteil in Sonderfällen

71 Wurde zwischen dem einbezogenen Tochterunternehmen, an dem der Anteil anderer Gesellschafter besteht, und einem anderen einbezogenen Unternehmen ein **Gewinnabführungsvertrag** abgeschlossen, demzufolge das Tochterunternehmen verpflichtet ist, seinen gesamten Gewinn an das andere Unternehmen abzuführen, besteht regelmäßig eine Verpflichtung, an die anderen Gesellschafter des verpflichteten Unternehmens eine Ausgleichszahlung zu leisten (§ 304 AktG). Die Ausgleichzahlung kann vom Mutterunternehmen oder vom Tochterunternehmen zu leisten sein.

72 Ist das **Mutterunternehmen** zur Leistung der *Ausgleichszahlung* verpflichtet, bleibt das Jahresergebnis des Tochterunternehmens hiervon unberührt. Der von dem Mutterunternehmen geleistete Betrag ist von dem abgeführten Gewinn abzusetzen oder einem übernommenen Verlust hinzuzurechnen. Das hierdurch rechnerisch entstehende Jahresergebnis des Tochterunternehmens ist als auf die anderen Gesellschafter entfallendes Jahresergebnis auszuweisen.

73 Hat das **Tochterunternehmen** die *Ausgleichsverpflichtung* selbst zu tragen, ist zu unterscheiden. Ist dieser Betrag als Jahresergebnis des Tochterunternehmens ausgewiesen, erfolgt keine Veränderung; der Betrag ist als Ergebnisanteil der anderen Gesellschafter als Sonderposten auszuweisen. Ist die Verpflichtung als Aufwand behandelt worden, muß dieser ergebniswirksam korrigiert werden. Der sich hierdurch ergebende Ergebnisanteil ist als besonderer Posten für den den anderen Gesellschaftern zuzuordnenden Ergebnisanteil auszuweisen.[70]

3. Ausweis in der Konzern-Gewinn- und Verlustrechnung

74 Der Anteil anderer Gesellschafter am Ergebnis ist in der Konzern-Gewinn- und Verlustrechnung unter **besonderer Bezeichnung** und **gesondert** auszuweisen. Abs. 2 schreibt vor, daß der Ausweis nach dem Posten „Jahresüberschuß/Jahresfehlbetrag" zu erfolgen hat. Es ist ein eigenständiger Posten zu schaffen, der den auf die anderen Gesellschafter wie ein „davon"-Vermerk darstellt.

75 Die **Bezeichnung** des Postens ist nicht vorgeschrieben. Abs. 2 verlangt aber, dem Posten eine „entsprechende" Bezeichnung zu geben. Nach der Vorgabe des Gesetzes

---

70 ADS 78.

sollte der Posten als „Anderen Gesellschaftern zustehender Gewinn" oder „Auf andere Gesellschafter entfallender Verlust" bezeichnet werden.

Auf der Ebene des Konzernabschlusses können aus verschiedenen Anteilen ande- 76
rer Gesellschafter an einbezogenen Unternehmen zum Teil positive, zum Teil negative Ergebnisbestandteil zum Ausweis kommen. Hier fragt sich, ob in der Konzern-Gewinn- und Verlustrechnung die positiven und negativen Ergebnisse zusammengefaßt werden dürfen oder unter unterschiedlicher Bezeichnung in getrennten Posten auszuweisen sind. Nach der in der Literatur vorherrschend vertretenen Auffassung soll in diesen Fällen nur ein **getrennter Ausweis** zulässig sein und nur unter den Voraussetzungen von §§ 298 Abs. 1 i. V. m. 265 Abs. 7 eine Zusammenfassung mit Aufgliederung im Konzernanhang erfolgen.[71] Eine solche Auffassung kann sich auf den Wortlaut von Abs. 2 berufen, der den anderen Gesellschaftern zuzuordnenden Gewinn oder Verlust jeweils anspricht. Dem ist entgegenzuhalten, daß Abs. 2 diese Auslegung insoweit nicht stützt, da im weiteren Verlauf der Begriff „Bezeichnung" im Singular und nicht im Plural angegeben wird. Aus Sinn und Zweck der Regelung ist vielmehr abzuleiten, daß der auf andere Gesellschafter entfallende **Ergebnisanteil zusammengefaßt** ausgewiesen werden darf. Die Zusammenfassung entspricht der konsequenten Verfolgung des Einheitsgrundsatzes bei Zuordnung der Ergebnisanteile dieser Gesellschafter zum Eigenkapital. Der Ergebnisanteil ist, wie auch das Konzernergebnis im übrigen, stets ein Saldoposten, der aus der Zusammenfassung diverser positiver und negativer Ergebnisanteile herrührt. Für den Anteil der anderen Gesellschafter braucht nichts anderes zu gelten als für das Konzernergebnis im übrigen.

Werden positive und negative Ergebnisse in der Konzern-Gewinn- und Verlust- 77
rechnung zusammengefaßt, muß die **Bezeichnung** des Postens als „Ergebnisanteil anderer Gesellschafter" gewählt werden.[72]

Fünfter Titel
Bewertungsvorschriften

§ 308
Einheitliche Bewertung

(1) Die in den Konzernabschluß nach § 300 Abs. 2 übernommenen Vermögensgegenstände und Schulden der in den Konzernabschluß einbezogenen Unternehmen sind nach den auf den Jahresabschluß des Mutterunternehmens anwendbaren Bewertungsmethoden einheitlich zu bewerten. Nach dem Recht des Mutterunternehmens zulässige Bewertungswahlrechte können im Konzernabschluß unabhängig von ihrer Ausübung in den Jahresabschlüssen der in den Konzernabschluß einbezogenen Unternehmen ausgeübt werden. Abweichungen von den auf den Jahresabschluß des Mutterunternehmens angewandten Bewertungsmethoden sind im Konzernanhang anzugeben und zu begründen.

(2) Sind in den Konzernabschluß aufzunehmende Vermögensgegenstände oder Schulden des Mutterunternehmens oder der Tochterunternehmen in den

[71] Beck BilKomm-*Förschle/Hoffmann* 64; ADS 79. [72] ADS 80.

Jahresabschlüssen dieser Unternehmen nach Methoden bewertet worden, die sich von denen unterscheiden, die auf den Konzernabschluß anzuwenden sind oder die von den gesetzlichen Vertretern des Mutterunternehmens in Ausübung von Bewertungswahlrechten auf den Konzernabschluß angewendet werden, so sind die abweichend bewerteten Vermögensgegenstände oder Schulden nach den auf den Konzernabschluß angewandten Bewertungsmethoden neu zu bewerten und mit den neuen Wertansätzen in den Konzernabschluß zu übernehmen. Wertansätze, die auf der Anwendung von für Kreditinstitute oder Versicherungsunternehmen wegen der Besonderheiten des Geschäftszweigs geltenden Vorschriften beruhen, dürfen beibehalten werden; auf die Anwendung dieser Ausnahme ist im Konzernanhang hinzuweisen. Eine einheitliche Bewertung nach Satz 1 braucht nicht vorgenommen zu werden, wenn ihre Auswirkungen für die Vermittlung eines den tatsächlichen Verhältnissen entsprechenden Bildes der Vermögens-, Finanz- und Ertragslage des Konzerns nur von untergeordneter Bedeutung sind. Darüber hinaus sind Abweichungen in Ausnahmefällen zulässig; sie sind im Konzernanhang anzugeben und zu begründen.

(3) Wurden in den Konzernabschluß zu übernehmende Vermögensgegenstände oder Schulden im Jahresabschluß eines in den Konzernabschluß einbezogenen Unternehmens mit einem nur nach Steuerrecht zulässigen Wert angesetzt, weil dieser Wertansatz sonst nicht bei der steuerrechtlichen Gewinnermittlung berücksichtigt werden würde, oder ist aus diesem Grunde auf der Passivseite ein Sonderposten gebildet worden, so dürfen diese Wertansätze unverändert in den Konzernabschluß übernommen werden. Der Betrag der im Geschäftsjahr nach Satz 1 in den Jahresabschlüssen vorgenommenen Abschreibungen, Wertberichtigungen und Einstellungen in Sonderposten sowie der Betrag der unterlassenen Zuschreibungen sind im Konzernanhang anzugeben; die Maßnahmen sind zu begründen.

Übersicht

Schrifttum

(vgl. auch Angaben vor §§ 297 und 301). *Budde/Steuber* Rückwirkung des Konzernabschlusses auf den Einzelabschluß, BB 2000, 971; *Clemm/Wenzel* Überlegungen zur Konzernbilanzpolitik, BFuP 1986, 341; *DRSC* Deutscher Rechnungslegungsstandard E-DRS 16, Aufstellung des Konzernabschlusses und Konsolidierungskreis (Stand 12. Dezember 2001); *Havermann* Der Konzernabschluß nach neuem Recht – ein Fortschritt? Festschrift R. Goerdeler (1987) 173; *ders.* Die Handelsbilanz II – Zweck, Inhalt und Einzelfragen ihrer Erstellung, Festschrift für G. Döllerer (1988) 185; *Hütteke/Diemer* Fast Close – Ordnungsmäßigkeit eines verkürzten Aufstellungszeitraumes, BB 2000, 2035; *IDW* Entwurf Stellungnahme zur Rechnungslegung: Änderung von Jahresabschlüssen und Anpassung der Handelsbilanz an die Steuerbilanz (IDW ERS HFA 6), WPg 2000, 613; *Küting/Haeger* Die Berücksichtigung steuerrechtlich bedingter Sachverhalte Im Konzernabschluß, BB 1987, 1285; *Niehus* Zur Internationalisierung der deutschen Konzernrechnungslegung, DB 2002, 53; *Pawelzik/Theile* Eigenkapitalvernichtung im GmbH u. Co. KG-Konzernabschluß, DB 2000, 2385; *Prahl* Die neuen Vorschriften des Handelsgesetzbuches für Kreditinstitute, WPg 1991, 401, 438; *Reintges* Die einheitliche Bewertung im Konzernabschluß, WPg 1987, 282; *Schulz* Der Stetigkeitsgrundsatz im Konzernabschluß, WPg 1990, 357; *Weirich* Die Bewertung im Konzernabschluß nach neuem Recht, WPg 1987, 77.

I. Grundlagen

1. Regelungsgegenstand und Zweck

1 Nach § 308 ist das zur Aufstellung eines Konzernabschlusses verpflichtete Mutterunternehmen zur Beachtung des Grundsatzes der **einheitlichen Bewertung** verpflichtet. Dem liegt nach Abs. 1 die Konzeption zugrunde, die in den Konzernabschluß übernommenen Vermögensgegenstände und Schulden nach einheitlichen Methoden zu bewerten. Maßgeblich sind die Bewertungsmethoden, die auf den Jahresabschluß des Mutterunternehmens anzuwenden sind. Dabei dürfen Bewertungswahlrechte für den Konzernabschluß unabhängig von deren Ausübung im Jahresabschluß des Mutterunternehmens ausgeübt werden. Diesen Bewertungsmethoden nicht entsprechende Bewertungen in den Jahresabschlüssen einzubeziehender Tochterunternehmen sind anzupassen. Anpassungen dürfen in Fällen untergeordneter Bedeutung oder in anderen Ausnahmefällen unterlassen werden, Abs. 2 S. 3 und 4. Von diesem Grundsatz abweichend dürfen Wertansätze, die auf der Anwendung der Vorschriften für **Kreditinstitute** und **Versicherungsunternehmen** beruhen, im Konzernabschluß beibehalten werden, Abs. 2 S. 2. Ferner dürfen Wertansätze beibehalten werden, die im Jahresabschluß gewählt wurden, um Vermögensgegenstände oder Schulden mit einem nur nach **Steuerrecht** zulässigen Wert anzusetzen, da dieser Wertansatz sonst bei der steuerlichen Gewinnermittlung nicht berücksichtigt würde, Abs. 3. Die Anwendung von Methoden, die vom Grundsatz des Abs. 1 S. 1 abweichen, führt regelmäßig zur Angabe und Begründung im Konzernanhang, vgl. Abs. 1 S. 3, Abs. 2 S. 4, Abs. 3 S. 2.[1]

2 Die Regelungen des § 308 beruhen auf Art. 29 Abs. 1 bis 3 und 5 der **7. EG-Richtlinie**, die durch § 308 in deutsches Recht transformiert wurden. Die unveränderte

[1] Zum Konzernanhang § 313, 60 ff.

Übernahme der für Kreditinstitute und Versicherungsunternehmen geltenden Regelungen beruht auf Art. 40 Abs. 1 a), dessen ursprüngliches Mitgliedstaatenwahlrecht durch Art. 66 Nr. 6 der Versicherungsbilanzrichtlinie[2] festgeschrieben wurde. Die Bewertungskonzeption der 7. EG-Richtlinie für den Konzernabschluß war für das nationale deutsche Recht neu und bedeutete eine wesentliche Veränderung gegenüber dem bisherigen Rechtszustand. Dieser war durch § 331 Abs. 1 Nr. 1 AktG a. F. geprägt, der die *Maßgeblichkeit* des Wertansatzes des Jahresabschlusses der einbezogenen Unternehmen für den Konzernabschluß festschrieb. Dieser Grundsatz wurde zugunsten des Grundsatzes der einheitlichen Bewertung im Konzern aufgegeben.[3]

3 Der Grundsatz der Einheitlichkeit findet seine Grundlage nun in § 300 Abs. 2 für die Einheitlichkeit des **Bilanzansatzes**[4] und in § 308 für die einheitliche **Bewertung**. Den Anwendern wird durch diese Vorschriften die Rechtsgrundlage für eine von den einbezogenen Jahresabschlüssen unabhängige Bilanzpolitik gegeben.[5]

2. Adressaten, Anwendungsbereich

4 Die Regelungen sind bei der Aufstellung des Konzernabschlusses nach den Vorschriften des **HGB** (§§ 290 ff) zu beachten. Sie sind auch bei der Aufstellung eines Konzernabschlusses für *Kreditinstitute* (§ 340i Abs. 2 i. V. m. § 340e) und *Versicherungsunternehmen* (§ 341j Abs. 1 i. V. m. § 341b) anzuwenden. Sie gelten auch bei der Aufstellung eines Konzernabschlusses nach § 13 **PublG**, jedoch mit der Maßgabe, daß die Bewertungsvorschriften für große Kapitalgesellschaften (§ 13 Abs. 1 S. 1 i. V. m. § 298 Abs. 1 HGB) und nicht die für den Jahresabschluß des nach PublG aufstellungspflichtigen Mutterunternehmens gelten.[6]

5 Der Grundsatz einheitlicher Bewertung gilt für die nach §§ 301, 302 im Wege der **Vollkonsolidierung** einbezogenen **Mutter-** und **Tochterunternehmen**. Die Regelungen gelten nach § 310 Abs. 2 entsprechend bei *anteilsmäßiger* Konsolidierung. Auf *assoziierte* Unternehmen nach § 311 findet § 308 hingegen keine unmittelbare Anwendung. Für diese enthält § 312 Abs. 5 besondere Regelungen für die Vereinheitlichung der Bewertung.[7]

3. Internationale Rechnungslegung

6 Für einen nach **IAS** aufgestellten Konzernabschluß gilt der Grundsatz der Anwendung einheitlicher Bilanzierung- und Bewertungsmethoden, IAS 27.21. Der Grundsatz verpflichtet zur einheitlichen Wahlrechtsausübung.[8] Für die Rechnungslegung nach **US-GAAP** fehlt ein allgemeiner Grundsatz über die Einheitlichkeit der Bewertung.

II. Einheitliche Bewertung

1. Bewertungsgegenstand

7 Die einheitliche Bewertung findet Anwendung auf die in den Konzernabschluß nach § 300 Abs. 2 übernommenen **Vermögensgegenstände** und **Schulden,** die nach Maßgabe des Vollständigkeitsgebots aufzunehmen waren, soweit nach dem Recht des

2 Versicherungsbilanzrichtlinie 91/674 EWG, Abl. Nr. L 374, 7.
3 *Biener/Bernecke* BiRiLiG 359.
4 Vgl. § 300, 29 ff.
5 *Havermann* FS Goerdeler 189; *Clemm/Wenzel* BFuP 1986, 341 ff; dazu auch E-DRS 16, 17.
6 ADS § 13 PublG, 26 f; a. M. Bonner HdR-*Scherrer* § 13 PublG 10.
7 § 312, 114 f; ADS § 312, 128, 136 ff.
8 Beck BilKomm-*Hoyos/Lechner* 70.

Mutterunternehmens nicht ein Bilanzierungsverbot oder ein Bilanzierungswahlrecht bestand und auch unabhängig davon, ob und wie diese in den Jahresabschlüssen der einbezogenen Unternehmen angesetzt waren.

Der Wortlaut von § 308 Abs. 1 S. 1 weicht von demjenigen des § 300 Abs. 2 S. 1 ab. **8**
Während § 308 Abs. 1 von Vermögensgegenständen und Schulden spricht, bezieht § 300 Abs. 2 zusätzlich Rechnungsabgrenzungsposten, Abs. 1 darüber hinaus noch Bilanzierungshilfen und Sonderposten mit ein. Die Nichterwähnung dieser **weiteren Posten** wirft die Frage auf, ob sie aus dem Anwendungsbereich des Grundsatzes einheitlicher Bewertung herausfallen soll. Für Posten, die einem Ansatzwahlrecht unterliegen, wie z. B. Bilanzierungshilfen für Aufwendungen der Ingangsetzung und Erweiterung, bestimmte Rechnungsabgrenzungsposten und Sonderposten gilt der Grundsatz der einheitlichen Bilanzierung nicht;[9] die einheitliche Bewertung wird indes nicht ausgeschlossen; bei vergleichbaren Sachverhalten (Rdn. 19 ff) kann einheitlich verfahren werden. § 308 ist auf alle in dem Konzernabschluß angesetzten Vermögensgegenstände, Schulden, Rechnungsabgrenzungsposten, Sonderposten und Bilanzierungshilfen anzuwenden.

2. Bewertungsgrundsätze für den Konzernabschluß

a) Anwendbare Bewertungsmethoden (Abs. 1 S. 1). Im Konzernabschluß sind im **9**
Grundsatz diejenigen Bewertungsmethoden anzuwenden, die im Jahresabschluß des Mutterunternehmens zur Anwendung kommen können. Die Bewertungsmethoden sind einheitlich anzuwenden (Rdn. 19 ff). Im Konzernabschluß sind die Bewertungsmethoden anwendbar, die für den Jahresabschluß einer großen Kapitalgesellschaft gelten, sofern nicht die Eigenart des Konzernabschlusses oder die konzernrechtlichen Vorschriften etwas anderes vorsehen, § 298 Abs. 1. Die anzuwendenden Bewertungsmethoden bestimmen sich daher vorrangig nach den *gesetzlichen Regelungen* in §§ 252–256, §§ 279–283 HGB. Damit gilt auch für den Konzernabschluß der Grundsatz der Bewertungsstetigkeit. Zu den Bewertungsmethoden gehören auch die Methoden zur *planmäßigen Abschreibung* abnutzbarer Vermögensgegenstände sowie die Grundsätze über die Umrechnung von Beträgen in *fremder Währung* in DM oder Euro.

Aus den für den Jahresabschluß des Mutterunternehmens geltenden Bewertungs- **10**
methoden ergibt sich das Bewertungsgerüst für den Konzernabschluß. Regelungen, die für den Jahresabschluß zwingend sind, haben für den Konzernabschluß ebenso bindenden Charakter. Soweit in den Jahresabschlüssen einbezogener Unternehmen nach anderen oder weniger strengen Regelungen bewertet werden konnte/mußte, als sie im Konzernabschluß gelten, ist eine Neubewertung erforderlich, vgl. Abs. 2 S. 1 (Rdn. 29 ff). Bewertungsmethoden, die nach dem Recht des Sitzes auf den Jahresabschluß eines einbezogenen Unternehmens angewendet werden, dürfen im Konzernabschluß nicht angewendet werden, weil hierfür nach **deutschem Recht** keine Rechtsgrundlage besteht. Ausnahmen hiervon sind selbst dann unzulässig, wenn es sich bei dem einbezogenen Unternehmen um einen wesentlichen Teil des Konzerns handeln sollte.

Nach § 298 Abs. 1 kommen ergänzend die Bewertungsvorschriften zur Anwen- **11**
dung, die an die **Rechtsform** oder den **Geschäftszweig** der einbezogenen Unternehmen anknüpfen. Nach Abs. 1 sind derartige Vorschriften über die Bewertung nur

[9] Beck BilKomm-*Hoyos/Lechner* § 300, 43; § 300, 50.

anwendbar, wenn sie auf den Jahresabschluß des Mutterunternehmens angewendet werden dürfen; zu Ausnahmen vgl. die Regelungen in Abs. 2 und 3. Rechtsformbezogene Bewertungsmethoden sieht das deutsche Recht nicht vor; zu den Besonderheiten des PublG Rdn. 12. Ist das Mutterunternehmen *Kreditinstitut* oder *Versicherungsunternehmen*, sind die für diese geltenden Sondervorschriften nach §§ 340e bis g und §§ 341b bis h im Konzernabschluß anzuwenden. Die Anwendung im Rahmen des § 308 Abs. 1 beschränkt sich jedoch auf die Vermögensgegenstände, Schulden und Sonderposten, die den besonderen Vorschriften über Kreditinstitute oder Versicherungsunternehmen unterliegen; die Anwendung dieser Regelungen auf Posten beispielsweise aus den Jahresabschlüssen von Industrie- und Handelsunternehmen ist ausgeschlossen.[10] Zur Anwendung der Sondervorschriften für Kreditinstitute und Versicherungsunternehmen bei einbezogenen Tochterunternehmen dieser Geschäftszweige Rdn. 44 ff.

12 Finden auf den Konzernabschluß die Vorschriften des **PublG** Anwendung, gelten nach § 13 Abs. 2 PublG im Grundsatz dieselben Vorschriften wie für den Konzernabschluß nach HGB. Auf den Jahresabschluß des Mutterunternehmens und die dafür geltenden Vorschriften kommt es nicht an. Im Konzernabschluß nach PublG brauchen indes §§ 279 Abs. 1, § 280 HGB nicht angewendet zu werden, § 13 Abs. 3 PublG. Soll dem nach PublG aufgestellten Konzernabschluß jedoch befreiende Wirkung nach § 291 für einbezogene Tochterunternehmen, die zugleich Mutterunternehmen sind, zukommen, muß dieses Mutterunternehmen die Befreiungen für seinen Konzernabschluß ebenfalls in Anspruch nehmen dürfen, § 13 Abs. 3 S. 3 PublG.

13 **b) Ausübung von Bewertungswahlrechten (Abs. 1 S. 2).** Nach Abs. 1 S. 2 dürfen die nach dem Recht des Mutterunternehmens bestehenden Bewertungswahlrechte im Konzernabschluß unabhängig von ihrer Ausübung in den Jahresabschlüssen der in den Konzernabschluß einbezogenen Unternehmen neu ausgeübt werden. Dieses **Neuausübungswahlrecht** hat unterschiedliche Facetten. Für den in den Konzernabschluß einbezogenen Jahresabschluß des Mutterunternehmens eröffnet Abs. 1 S. 2 das Recht zur Neuausübung von Wahlrechten. Eine Bindung an die Wahlrechtsausübung im Jahresabschluß des Mutterunternehmens besteht nicht. Zwar verlangt Abs. 1 S. 3 die Angabe solcher Abweichungen im Konzernanhang mit einer Begründung; die Ausübung des Wahlrechts ist aber nicht an das Vorliegen bestimmter Gründe gebunden.

14 Die für den Jahresabschluß des Mutterunternehmens geltenden **Bewertungswahlrechte** gelten auch für die Jahresabschlüsse der einbezogenen Tochterunternehmen. Von diesen Rechten kann unabhängig davon Gebrauch gemacht werden, ob das Wahlrecht dem Tochterunternehmen bei der Aufstellung seines Jahresabschlusses überhaupt zur Verfügung stand und wie es, wenn das Wahlrecht bestanden hatte, davon Gebrauch gemacht hatte. Die Regelung hat besondere Bedeutung für die Jahresabschlüsse von Unternehmen, die nach ausländischen Rechtsvorschriften aufzustellen sind. Die Ausübung der Wahlrechte erfolgt regelmäßig in einer Handelsbilanz II, die den Grundsätzen einheitlicher Bilanzierung und Bewertung Rechnung trägt (vgl. Abs. 2 S. 1, Rdn. 30).

15 Das **Neuausübungswahlrecht** gilt sowohl für die gesetzlichen Bewertungswahlrechte (z. B. § 255 Abs. 2) als auch für die sog. faktischen Bewertungswahlrechte, die sich aus der Offenheit einzelner, gesetzlich nicht abschließend beschriebener und daher nach den GoB ausfüllungsbedürftiger Bewertungsmethoden ergeben. Auch die Bestimmung von Rechenkomponenten oder Schätzparametern ist Bestandteil einer

---

[10] ADS 8, 9; Beck BilKomm-*Hoyos/Lechner* 4.

Bewertungsmethode und beinhaltet die Ausübung von in bestimmten Grenzen bestehenden Bewertungswahlrechten.[11]

Die Ausübung von Bewertungswahlrechten muß innerhalb der **gesetzlichen Grenzen** erfolgen. Diese liegen im Grundsatz der Stetigkeit (§ 298 Abs. 1 i.V.m. 252 Abs. 1 Nr. 6), der die Beibehaltung der auf den vorangehenden Konzernabschluß angewendeten Bewertungsmethoden verlangt. Methodenwahlrechte dürfen nicht in jedem Konzernabschluß neu ausgeübt werden. Dies gilt sowohl für Gegenstände, die am vorangegangenen Abschlußstichtag bereits angesetzt waren, als auch für neue Gegenstände und Schulden, wenn in vergleichbaren Fällen im vorangehenden Konzernabschluß eine bestimmte Bewertungsmethode bereits verwendet wurde. Die Einhaltung des Stetigkeitsgebots soll gewährleisten, daß die Konzernabschlüsse im Zeitablauf vergleichbar bleiben.[12] Abweichungen von diesem Grundsatz sind in den Grenzen von § 252 Abs. 1 Nr. 6, Abs. 6 in begründeten Ausnahmefällen zulässig. Die Abweichung von bisher angewendeten Bewertungsmethoden führt zur Angabe und Begründung im Konzernanhang nach § 313 Abs. 1 Nr. 3 (§ 313, 84 ff). 16

Eine weitere gesetzliche Einschränkung des Neuausübungswahlrechts ergibt sich aus dem in § 308 Abs. 1 S. 1 enthaltenen Grundsatzes der **Einheitlichkeit** der Bewertung im Konzernabschluß. Dazu Rdn. 19 ff. 17

c) **Bindung an Jahresabschluß des Mutterunternehmens.** Die Beachtung der auf den Jahresabschluß des Mutterunternehmens anwendbaren Bewertungsmethoden und die Ausübung der Bewertungswahlrechte erfolgt nach Abs. 1 S. 1 und 2 unabhängig von der Anwendung im Jahresabschluß des Mutterunternehmens. Eine Bindung der Bewertungsmethoden im Konzernabschluß an die Ausübung im Jahresabschluß des Mutterunternehmens besteht nicht. Nach Aufhebung des Prinzips der Maßgeblichkeit des Jahresabschlusses für den Konzernabschluß ist das Mutterunternehmen in den unter Rdn. 16 aufgezeigten Grenzen in der Anwendung der Methoden und der Ausübung von Bewertungswahlrechten frei. 18

3. Einheitliche Bewertung

a) **Voraussetzungen, Bedeutung.** Die Regelungen des Abs. 1 S. 1 verpflichten dazu, im Konzernabschluß die Vermögensgegenstände nach den auf den Konzernabschluß anwendbaren Bewertungsmethoden **einheitlich** zu bewerten. Das bedeutet, daß in demselben Konzernabschluß Bewertungsmethoden einheitlich anzuwenden sind; der Einklang mit den im Vorjahreskonzernabschluß angewendeten Methoden ist als Folge der Bewertungsstetigkeit nach § 298 Abs. 1 i.V.m. § 252 Abs. 1 Nr. 6 zu beachten. 19

Der Grundsatz einheitlicher Bewertung ist eine Konkretisierung des für den Konzernabschluß geltenden **Einheitsgrundsatz**. Nach § 297 Abs. 3 S. 1 ist im Konzernabschluß die Lage der einbezogenen Unternehmen so darzustellen, als ob diese ein einziges Unternehmen wären. Für die Anwendung von Bewertungsmethoden hat das zur Folge, daß im Konzernabschluß die Einheitlichkeit der Bewertung in vergleichbarer Weise wie im Jahresabschluß zu beachten ist. Strengere Anforderungen gelten für den Konzernabschluß nicht.[13] 20

---

[11] Beck BilKomm-*Hoyos/Lechner* 12; ADS 27; *Weirich* WPg 1987, 87.

[12] *Schulz* WPg 1990, 360; *Weirich* WPg 1987, 77, 80; *Biener/Berneke* BiRiLiG 360.

[13] HFA 3/1988, WPg 1988, 483; WP-Handbuch 2000 I M 246; *Baetge/Kirsch/Thiele* Konzernbilanzen 156.

21 Die Bewertung der Vermögensgegenstände und Schulden im Konzernabschluß muß unter Beachtung des **Einzelbewertungsgrundsatzes** erfolgen, §§ 298 Abs. 1 i. V. m. 252 Abs. 1 Nr. 3. Bei der Einzelbewertung kommen dieselben Bewertungsmethoden zur Anwendung. Hierzu ist das Mutterunternehmen bei Aufstellung des Konzernabschlusses nach § 308 Abs. 1 S. 1 verpflichtet. Sind zu bewertende Sachverhalte gleich oder gleichartig und weisen sie die gleiche Funktion unter den gleichen Bedingungen auf, zwingt der Grundsatz einheitlicher Bewertung zur einheitlichen Behandlung. Sachverhalte sind gleich bei identischen Vermögensgegenständen und Schulden, wenn diese den gleichen wertbestimmenden Faktoren unterliegen. Einheitlich und somit gleich zu behandeln sind jedoch auch nicht identische Sachverhalte, die aber gleichartig sind und in gleichem Funktionszusammenhang stehen. Das bedeutet, daß gleiche oder gleichartige Vermögensgegenstände bei gleichen Funktionsumständen derselben Bewertungsmethode unterliegen, die zur Anwendung derselben Methode z. B. bei der Bestimmung der Anschaffungs- oder Herstellungskosten oder der Nutzungsdauer bei planmäßiger Abschreibung führen.[14] Voraussetzung für die einheitliche Bewertung nach gleichen Methoden ist das Vorliegen gleicher wertbestimmender Faktoren. Diese richten sich nach dem rechtlichen Umfeld (z. B. einer Verbindlichkeit zugrundeliegende Vereinbarungen oder Rechtsverhältnisse) oder dem Einsatz- und Nutzungszusammenhang, in dem der Vermögensgegenstand steht oder aus dem sich der Schuldposten ergibt. Abweichende Rechtsverhältnisse oder Umfeldbedingungen können der Einheitlichkeit der Bewertung im Einzelfall entgegenstehen.

22 Der Begriff **„gleich"** im Zusammenhang mit diesen Sachverhalten ist restriktiv auszulegen.[15] Dadurch soll eine Vereinheitlichung unterschiedlicher Sachverhalte vermieden werden; das schließt nicht aus, daß ähnliche Sachverhalte nach angenäherten oder entsprechenden Methoden bewertet werden.

23 **b) Grenzen.** Einheitliche Bewertung kommt im Umkehrschluß zum vorstehenden nicht zur Anwendung, wenn Sachverhalte ungleich sind oder gleiche oder gleichartige Sachverhalte in einem unterschiedlichen rechtlichen oder sachlichen Umfeld bewertet werden müssen. Verschiedene Funktionszusammenhänge oder Einsatzbedingungen können sich z. B. bei Vermögensgegenständen und Schulden aus sachlich oder regional **unterschiedlichen Tätigkeitsgebieten** der Konzernunternehmen ergeben. In einem Konzern mit internationalem Tätigkeitsspektrum können sich ferner **länderspezifische Besonderheiten** bei der Bewertung ergeben, die andere Anforderungen an z. B. Abschreibungsmethoden, Währungsumrechnung nach sich ziehen.[16] Ferner sind die unterschiedlichen Rahmenbedingungen des politischen und sozialen Umfeld bei der Bewertung von Risiken zu beachten, die zur länderindividuellen Bewertung bei Wertberichtigungen, Abzinsungsfaktoren oder bei Rückstellungen z. B. für Gewährleistungsverpflichtungen zwingen.

24 Unterschiedliche Bewertungen kommen beispielsweise bei folgenden Bewertungsfragen in Betracht:

Bei Bemessung der **Herstellungskosten** von Vermögensgegenständen unterliegt die Abgrenzung der in die Herstellungskosten einzubeziehenden Aufwendungen dem Grundsatz der Einheitlichkeit, wenn die zu aktivierenden Vermögensgegenstände vergleichbar sind. Für eine unterschiedliche Berücksichtigung z. B. von Gemeinkosten können unterschiedliche Produktionsverfahren oder Produkte aus unterschiedlichen

---

[14] HFA 3/1988, WPg 1988, 483; *Reintges* WPg 1987, 285.

[15] *IDW* HFA 3/1988, WPg 1988, 483.

[16] ADS 15; *Müller* DBW 1977, 53, 58; *Weirich* WPg 1987, 77, 80; *Reintges* WPg 1987, 282, 286; *IDW* HFA 3/1988, WPg 1988, 483.

Tätigkeitsbereichen sprechen, ferner unterschiedliche Produktionsstandorte oder Absatzgebiete der hergestellten Erzeugnisse.

Die Bestimmung der **Abschreibungsmethoden** legt Art und Weise des planmäßigen Verfahrens der Wertminderung und die Abschreibungsdauer fest. Bei gleichen oder gleichartigen Vermögensgegenständen sind unterschiedliche Abschreibungsmethoden anzuwenden, wenn sich die Funktions- oder Nutzungsbedingungen unterscheiden. Diese sind in der Art und Dauer des Einsatzes, den klimatischen oder politischen Rahmenbedingungen begründet.

Die Inanspruchnahme von **Bewertungsvereinfachungen** liegt als Wahlrecht im pflichtgemäßen Ermessen. Die Anwendung von Vereinfachungsregelungen zwingt nicht zur einheitlichen Verfahrensweise im Konzernabschluß, wenn sich die zugrundeliegenden Sachverhalte sachlich unterscheiden, wie z.B. bei Unterschieden der Tätigkeitsbereiche des Konzerns. Zu den Voraussetzungen der Anwendung von Bewertungsvereinfachungen gehört die Erfüllung besonderer Voraussetzungen (z.B. bei Verbrauchsfolgeverfahren), die im Konzern nicht an jeder in Betracht kommenden Stelle erfüllt sind.

Die Bewertung von **Rückstellungen** hat die die Verpflichtung begründenden Parameter zu berücksichtigen. Eine Bewertung nach einheitlichen Grundsätzen kommt daher nur in Betracht, als gleiche Anspruchsvoraussetzungen vorliegen. Die Bewertung von Gewährleistungsverpflichtungen muß die regional und tätigkeitsbezogen unterschiedlichen Gewährleistungsbedingungen berücksichtigen; bei der Bewertung von Pensionsverpflichtungen sind u. U. regional unterschiedliche biometrische Wahrscheinlichkeiten zugrunde zu legen.

4. Angabe und Begründung einer vom Jahresabschluß abweichenden Bewertungsmethoden (Abs. 1 S. 3)

Für das Mutterunternehmen besteht keine Verpflichtung, für den Konzernabschluß die gleichen Bewertungsmethoden anzuwenden, die im Jahresabschluß angewendet worden sind. Weichen die für den Konzernabschluß angewandten Bewertungsmethoden von den auf den Jahresabschluß des Mutterunternehmens angewandten Bewertungsmethoden ab, sind die Abweichungen im **Konzernanhang** anzugeben und zu begründen. 25

Die Angabe- und Begründungspflicht entfällt, wenn das Mutterunternehmen in seinem Jahres- und Konzernabschluß dieselben Methoden anwendet. § 308 Abs. 1 S. 3 geht hiervon als Regelfall aus. Eine **Abweichung** liegt nicht vor, wenn durch die Übernahme von Vermögensgegenständen und Schulden aus den Jahresabschlüssen der einbezogenen Tochterunternehmen weitere Bewertungsmethoden zu Anwendung kommen, als sie im Jahresabschluß des Mutterunternehmen tatsächlich angewendet wurden. Zur Abweichung führt dagegen die Anwendung einer anderen Methode zur Bewertung eines Vermögensgegenstands oder Schuldpostens des Mutterunternehmens oder eines gleichen oder gleichartigen Vermögensgegenstands oder Schuldpostens eines einbezogenen Tochterunternehmens, die nach dem Grundsatz einheitlicher Bewertung mit der gleichen Methode zu bewerten wären.[17] 26

Das Mutterunternehmen darf über die Abweichung von der Bewertungsmethode seines Jahresabschlusses in den aufgezeigten Grenzen **frei entscheiden**. Die Anwen- 27

[17] ADS 29 und Beck BilKomm-*Hoyos/Lechner* 16 mit dem Hinweis, die Angabepflicht nur auf Methodenabweichungen bei Vermögensgegenständen und Schulden des Mutterunternehmens zu beziehen.

dung einer abweichenden Bewertungsmethode ist nicht von einem Ausnahmetatbestand abhängig.[18]

28 Im Konzernanhang ist die Abweichung **anzugeben** und zu **begründen**. Die Verpflichtung gilt für jede einzelne Abweichung; für die Erläuterung im Konzernanhang ist der Grundsatz der Wesentlichkeit zu beachten, so daß völlig unbedeutende Abweichungen zusammengefaßt dargestellt oder eine Berichterstattung unterlassen werden kann. Die Angabe muß erkennen lassen, auf welche Vermögensgegenstände und Schulden sich die Abweichung bezieht. Ferner ist anzugeben, welche Bewertungsmethode im Konzernabschluß abweichend vom Jahresabschluß tatsächlich angewendet worden ist. Die weiterhin erforderliche Begründung soll Ursachen und Motive der Abweichung erkennen lassen und zum Ausdruck bringen, daß die Abweichung nicht auf willkürlichen Überlegungen beruht. Die einfache Beschreibung der Abweichung genügt für eine Begründung nicht; gleiches gilt für pauschale Begründungen (z. B. „in Sonderfällen“).[19] Der Begriff „Begründung“ macht es jedoch nicht erforderlich, die Auswirkungen der Abweichung zu quantifizieren,[20] so daß zahlenmäßige Angaben nur im Zusammenhang mit der Erläuterung bei Abweichungen (Änderungen) der Bewertungsmethode nach § 313 Abs. 1 Nr. 3 erforderlich sind (313, 84 ff).

III. Neubewertung von Vermögensgegenständen und Schulden

1. Anpassung der Bewertung (Abs. 2 S. 1)

29 a) **Grundlagen.** Sind Vermögensgegenstände und Schulden oder andere Posten in den Jahresabschlüssen der einbezogenen Unternehmen nicht oder mit Werten, die von der konzerneinheitlichen Bewertung abweichen, angesetzt, ist eine Anpassung der Bewertung in Form einer Neubewertung erforderlich. Die Neubewertung betrifft alle abweichend bewerteten Vermögensgegenstände und Schulden, ferner diejenigen Vermögensgegenstände, Schulden und anderen Posten, die nach § 300 Abs. 2 in Ausübung der für das Mutterunternehmen des Konzerns geltenden Vorschriften neu anzusetzen waren oder in Ausübung eines Ansatzwahlrechts neu angesetzt wurden.[21] Für diese Posten handelt es sich zwar nicht um eine Anpassung der Bewertung, jedoch sind auch diese nach den auf den Konzernabschluß des Mutterunternehmens angewendeten Bewertungsmethoden zu bewerten.[22]

30 Für die **Anpassung der Bewertung** der in den Konzernabschluß zu übernehmenden Vermögensgegenstände und Schulden bietet sich die *Handelsbilanz II* an. Dort werden die aus den Jahresabschlüssen der einzubeziehenden Unternehmen stammenden Vermögensgegenstände und Schulden nach den für den Konzernabschluß anzuwendenden Bilanzierungs- und Bewertungsvorschriften angesetzt. Dabei sind die Folgewirkungen der konzerneinheitlich getroffenen Ansatz- und Bewertungsentscheidungen z. B. im Hinblick auf Ansatz und Bewertung der Posten der Steuerabgrenzung zu berücksichtigen.[23]

---

[18] *Biener/Berneke* BiRiLiG 360; ADS 29.

[19] ADS 30; Beck BilKomm-*Hoyos/Lechner* 17.

[20] ADS 30; Beck BilKomm-*Hoyos/Lechner* 15; Bonner HdR-*Scherrer* 18; Küting/Weber-HdKR-*Pohle* 31 unter Aufgabe der abw. Meinung der Vorauflage.

[21] *Baetge/Kirsch/Thiele* Konzernbilanzen 159 f; WP-Handbuch 2000 I M 248 f.

[22] Beck BilKomm-*Hoyos/Lechner* 18; Bonner HdR-*Scherrer* 21.

[23] *IDW* HFA 3/1988, WPg 1988, 483; ferner ADS 31; Beck BilKomm-*Hoyos/Lechner* 18; WP-Handbuch 2000 I M 292.

b) Neubewertung. Die Anpassung der Bewertung ist nach Abs. 2 S. 1 als Neubewertung der Vermögensgegenstände und Schulden durchzuführen. Sie sind zu bewerten, als ob sie unmittelbar durch den Konzern erworben worden und nach den auf den Konzernabschluß anzuwendenden Methoden anzusetzen wären. Die Neubewertung ist zwingend für alle abweichend bewerteten oder erstmals für den Konzernabschluß anzusetzenden Posten. Die Abweichung kann auf der Verwendung von aus Sicht des Mutterunternehmens unzulässigen Bewertungsmethoden beruhen oder in der Anwendung einer zwar zulässigen, mit dem Grundsatz einheitlicher Bewertung jedoch nicht vereinbaren Bewertungsmethode liegen. Zum Begriff der abweichend bewerteten Posten im übrigen Rdn. 26. Die Neubewertung betrifft Vermögensgegenstände und Schulden von einbezogenen Unternehmen, die bei der Bewertung die Vorschriften für Kapitalgesellschaften sowie bestimmte Personenhandelsgesellschaften (z. B. Unterlassen von Abschreibungen nach § 253 Abs. 4, Beachtung des Wertaufholungsgebots) nicht angewendet haben. Ferner gilt dies für Tochterunternehmen mit Sitz in einem Mitgliedstaat der EU, auf deren Jahresabschluß Vorschriften angewendet wurden, die zwar der 4. EG-Richtlinie, aber nicht den deutschen Vorschriften entsprechen, oder bei Unternehmen mit Sitz außerhalb der EU, deren Jahresabschluß deutschen Bewertungsvorschriften nicht entspricht.[24] 31

Die Anpassung der Bewertung und deren Fortschreibung kann besondere **organisatorische Vorkehrungen** zur Erstellung einer Handelsbilanz II erforderlich machen.[25] 32

§ 308 Abs. 2 trifft keine Regelung zur Behandlung der sich aus der Neubewertung ergebenden **Unterschiedsbeträge**. Bei der Erstkonsolidierung eines Tochterunternehmens, gehen die sich aus der Bewertungsanpassung ergebenden Beträge (saldiert) in das der Anteilsverrechnung entsprechende Eigenkapital des Unternehmens ein. Sie beeinflussen dadurch den sich aus der Kapitalverrechnung ergebenden oder verbleibenden Unterschiedsbetrag. Gehört das einbezogene Unternehmen bereits zum Konzern, ergeben sich Folgewirkungen aus Bewertungsanpassungen aus der Erstkonsolidierung und aus in der Folgezeit vorgenommenen Bewertungsanpassungen. Sind sie erfolgswirksam, können sie zur Folge haben, daß das Jahresergebnis des einbezogenen Unternehmens erheblich von dem Ergebnis nach der Handelsbilanz II abweicht. Wird durch derartige Veränderungen ein Jahresergebnis des einbezogenen Tochterunternehmens aufgezehrt, aus dem es eine Dividende an das Mutterunternehmen ausgeschüttet hat, ist der das verbleibende Ergebnis übersteigende Teil der Ausschüttung als Entnahme aus den Gewinnrücklagen zu behandeln und auch im Konzernabschluß zu berücksichtigen.[26] 33

2. Ausnahmen (Abs. 2. S. 3 und 4)

a) Auswirkungen von untergeordneter Bedeutung. Nach Abs. 2 S. 3 braucht die Anpassung der Bewertung im Sinne der Einheitlichkeit nach S. 1 nicht vorgenommen zu werden, wenn die Auswirkungen der Nichtanpassung für die Vermittlung eines den tatsächlichen Verhältnissen entsprechenden Bildes der Vermögens-, Finanz- und Ertragslage des Konzerns von **untergeordneter Bedeutung** ist. Diese Regelung stellt eine der gesetzlichen Ausprägungen des Wesentlichkeitsgrundsatzes dar. 34

---

[24] WP-Handbuch 2000 I M 248 f; ADS 32.

[25] ADS 35 und Vorbem. zu §§ 290–315, 43 ff; WP-Handbuch 2000 I M 286 ff; *Havermann* FS Döllerer 185, 195 ff.

[26] WP-Handbuch 2000 I M 293 ff; ADS 36; *Harms/Küting* BB 1984, 105, 111.

35 Gegenstand der Ausnahme ist die **einzelne Bewertungsmaßnahme**. Für diese sind die Auswirkungen auf das Lagebild des Konzerns zu prüfen. Die Feststellung der Unwesentlichkeit setzt voraus, daß die Auswirkungen der Bewertungsanpassung bekannt sind, so daß eine überschlägige Ermittlung der Auswirkungen im Vergleich zu den konzerneinheitlich angewendeten Methoden unverzichtbar ist. Erscheinen die Auswirkungen verschiedener Einzelfälle jeweils als unwesentlich, in ihrer Gesamtheit jedoch als wesentlich, ist erforderlich, die Anpassung in so vielen Fällen vorzunehmen, daß die verbleibenden Auswirkungen unwesentlich sind.[27]

36 Die Prüfung der Wesentlichkeit muß zu jedem Stichtag des Konzernabschlusses erneut vorgenommen werden. Veränderungen in der Zusammensetzung des Konzerns und Veränderungen der Auswirkungen können dazu führen, daß beachtliche Abweichungen unbeachtlich (oder umgekehrt) werden können. Die **Wesentlichkeit** der Auswirkungen kann nur dann verneint werden, wenn diese für keine der drei Lagebestandteile von Bedeutung ist.

37 Eine **Angabe** betreffend die Anwendung dieser Ausnahmeregelung im Konzernanhang ist für Abs. 2 S. 3 nicht vorgeschrieben.

38 **b) Abweichungen in Ausnahmefällen, Angabepflicht.** Abs. 2 S. 4 gestattet, von der Neubewertung in Ausnahmefällen abzusehen. Die Regelung läßt die Voraussetzungen im einzelnen und die Anwendungsfälle für die Ausnahme offen.

39 Nach dem Gesetzeswortlaut ist Bedingung für die Abweichung ein **Ausnahmefall**. Hieraus folgt im Umkehrschluß, daß das Gesetz die Bewertungsanpassung als den Normalfall betrachtet und die Ausnahme nur mit normabweichendem Verhalten begründet werden kann, welches in den Ausnahmetatbeständen des Gesetzes (Abs. 2 S. 2, 3 sowie Abs. 3) keine hinreichende Berücksichtigung erfahren hat. Vor diesem Hintergrund ist der h. M. Recht zu geben, die Abs. 2 S. 4 einer **restriktiven Auslegung** unterwirft.[28]

40 **Ausnahmen** können in folgenden Fällen denkbar sein:

Die Bewertungsanpassung ist aus tatsächlichen Gründen *unmöglich*. Ein solcher Fall ist in der Ausnahmegestaltung denkbar, daß konzerneinheitlich Einzelbewertung gilt, in einem einbezogenen Unternehmen hingegen ein Bewertungsvereinfachungsverfahren nach § 256 angewendet wurde und die Einzelwerte nicht zur Verfügung stehen.[29]

Die Neubewertung ist *wirtschaftlich unzumutbar* oder führt zu *unverhältnismäßigen Verzögerungen*. Dieser Grund lehnt sich an das Wahlrecht zur Nichteinbeziehung eines Tochterunternehmens i. S. v. § 296 Abs. 1 Nr. 2 an und kann als weitere Ausnahme im Sinne eines arg. e majore ad minus zugelassen werden. Die Einbeziehung des Tochterunternehmens unter Verzicht auf einheitliche Bewertung ist der Nichteinbeziehung und damit Unvollständigkeit des Konzernabschlusses im Hinblick auf dessen Aussagefähigkeit vorzuziehen.[30]

41 Die Ausnahmeregelung kann ferner in Betracht kommen, wenn dem einbezogenen Unternehmen durch die Anpassung der Bewertung sonst **erhebliche Nachteile** drohen würden. Dies wird z. T. bejaht, wenn durch die Anpassung Rückschlüsse auf

[27] *IDW* HFA 3/1988, WPg 1988, 484; Beck BilKomm-*Hoyos/Lechner* 31; ADS 45.

[28] WP-Handbuch 2000 I M 255; ADS 49; Beck BilKomm-*Hoyos/Lechner* 31; *Wohlgemuth* FS v. Wysocki 45 ff.

[29] Beck BilKomm-*Hoyos/Lechner* 32.

[30] *IDW* HFA 3/1988, WPg 1988, 483, 484; WP-Handbuch 2000 I M 256; Beck BilKomm-*Hoyos/Lechner* 32; *Biener* DB 1983 Beil. 19, 8.

bestimmte Sachverhalte im landesrechtlichen Abschluß zu befürchten sind.[31] Dieser Grund überzeugt nicht. Die Möglichkeit, durch die Anwendung der für den Konzernabschluß geltenden Rechtsvorschriften weitere Erkenntnisse auch über Ansatz- und Bewertungsmaßnahmen in den einbezogenen Unternehmen zu gewinnen, ist eine durch den Konzernabschluß bezweckte Folge und rechtfertigt demzufolge keine Ausnahme. Auch die Unvereinbarkeit von landesrechtlichen, den Jahresabschluß betreffenden Regelungen und den Vorschriften, die auf den Konzernabschluß anzuwenden sind, rechtfertigt keine Durchbrechung der nach § 308 Abs. 2 S. 1 vorzunehmenden Bewertungsanpassung.

Die Ausnahmefälle, die zu Abweichungen von Abs. 2 S. 1 führen, müssen im **Konzernanhang** angegeben und begründet werden. Die Angabe hat den einzelnen Ausnahmefall zum Gegenstand und muß erkennen lassen, ob, für welche Posten und aus welchen Gründen eine Ausnahme bejaht wurde. Pauschale Angaben und Begründungen sind unzureichend.[32] **42**

Nach Abs. 2 S. 4 ist die **Quantifizierung** der Angabe nicht vorgeschrieben. Stellt die Nichtanwendung von Abs. 2 S. 1 indes eine Abweichung von sonst angewendeten Bewertungsmethoden i. S. v. § 313 Abs. 1 Nr. 3 dar (dazu § 313, 97 ff), ist das Ausmaß der Abweichung zu erläutern. Ein solcher Fall ist regelmäßig bei erstmaliger Anwendung von S. 4 gegeben; in den Folgeabschlüssen entfällt die weitergehende Angabepflicht, wenn die Ausnahme zu den im Konzern angewendeten Bewertungsmethoden gehört, die nur nach § 313 Abs. 1 Nr. 1 anzugeben sind. **43**

IV. Übernahme besonderer Wertansätze nach Spezialvorschriften für Kreditinstitute und Versicherungsunternehmen in den Konzernabschluß (Abs. 2 S. 2)

1. Voraussetzungen

a) Allgemeines. Abs. 2 S. 2 findet Anwendung auf den Konzernabschluß eines Mutterunternehmens, das nicht selbst Kreditinstitut oder Versicherungsunternehmen ist, in seinen Konzernabschluß aber Tochterunternehmen mit Tätigkeiten aus diesen Geschäftszweigen einzubeziehen hat. Nach S. 1 sind Vermögensgegenstände und Schulden, die aus den einzubeziehenden Unternehmen in den Konzernabschluß zu übernehmen sind, nach den für das Mutterunternehmen geltenden Vorschriften zu bewerten; im Falle abweichender Wertansätze muß eine Neubewertung erfolgen (Rdn. 29 ff). Diese darf unterbleiben, wenn Wertansätze auf der Anwendung von für Kreditinstitute oder Versicherungsunternehmen wegen der Besonderheiten des Geschäftszweigs geltenden Vorschriften beruhen. Solche Vorschriften dürfen auf den Konzernabschluß sonst nicht angewendet werden, wenn das Mutterunternehmen nicht selbst zu den Unternehmen gehört, die zur Anwendung der Sondervorschriften berechtigt sind. Es handelt sich um eine **Ausnahmevorschrift**, deren Anwendungsbereich auf den gesetzlich beschriebenen Kreis von Tätigkeitsbereichen beschränkt ist und für die sich eine extensive Auslegung verbietet.[33] Vorschriften, die den Besonderheiten des Geschäftszweigs von Kreditinstituten und Versicherungsunternehmen Rechnung tragen, ergeben sich nach §§ 340a ff und §§ 341a ff. **44**

---

[31] ADS 51; Beck HdR-*Lederle* C 300, 120; Schmalenbach Gesellschaft – Deutsche Gesellschaft für Betriebswirtschaft e. V., ZfbF Sonderheft 21/1987, 40, 50.

[32] ADS 52; Beck BilKomm-*Hoyos/Lechner* 34; WP-Handbuch 2000 I M 716; *IDW* HFA 3/1988, WPg 1988, 483, 484.

[33] Beck BilKomm-*Hoyos/Lechner* 24.

45 Die Ausnahme nach S. 2 gilt für Wertansätze, die auf der Anwendung von Vorschriften mit geschäftszweigbezogenen Besonderheiten **beruhen**. Sie ist dadurch auf die durch die Sondervorschriften für Kreditinstitute und Versicherungsunternehmen geregelten Abweichungen von den allgemeinen Bilanzierungsvorschriften beschränkt. Soweit auch diese Unternehmen in besonderen Tätigkeitsbereichen die allgemeinen Vorschriften anzuwenden haben, besteht für eine Abweichung kein Raum.

46 **b) Wertbeibehaltung.** Auf der Anwendung geschäftszweigbezogener Sondervorschriften beruhende **Wertansätze** dürfen beibehalten werden. Für diese ist die Anpassung der Bewertung an die für den Konzernabschluß geltenden und einheitlich anzuwendenden Grundsätze nicht erforderlich. Die Vermögensgegenständen und Schulden sind mit den abweichenden Wertansätzen in den Konzernabschluß zu übernehmen.

2. Anwendbare Sondervorschriften

47 **a) Kreditinstitute.** Die Regelungen nach § 340a ff gelten für Kreditinstitute. Sie beruhen auf der EG-Bankbilanzrichtlinie (86/635/EWG, Abl. Nr. L372 1986, S. 1), welche durch das „Gesetz zur Durchführung der Richtlinie des Rates der Europäischen Gemeinschaften über den Jahresabschluß und den konsolidierten Abschluß von Banken und anderen Finanzinstituten" **(Bankbilanzrichtlinie-Gesetz)** vom 30. 11. 1990 (BGBl I 1990, S. 2570) transformiert wurde. Das Gesetz ist nach Art. 30 Abs. 1 EGHGB auf Geschäftsjahre anzuwenden, die nach dem 31. 12. 1992 begonnen haben. Für Kreditinstitute gelten nach §§ 340e bis g besondere Bewertungsvorschriften. Diese gestatten dem Kreditinstitut, bestimmte Forderungen mit einem niedrigeren als dem nach § 253 Abs. 1 S. 1, Abs. 3 vorgeschriebenen oder zugelassenen Wert anzusetzen, soweit dies nach vernünftiger kaufmännischer Beurteilung zur Sicherung gegen die besonderen Risiken des Geschäftszweigs des Kreditinstituts notwendig ist, § 340f Abs. 1 S. 1. Ein nach dieser Vorschrift begründeter Wertansatz darf beibehalten werden, auch wenn der Grund hierfür weggefallen ist; das Wertaufholungsgebot aus § 280 ist auf die Wertansätze nach § 340f Abs. 1 S. 1 nicht anwendbar, § 340g Abs. 2. Darüber hinaus darf ein Kreditinstitut auf der Passivseite einen Sonderposten zur Sicherung gegen allgemeine Bankrisiken bilden, § 340g Abs. 1.[34]

48 **b) Versicherungsunternehmen.** Die Regelungen nach § 341a ff beruhen auf der EG-Versicherungsbilanzrichtlinie (91/674/EWG, Abl. Nr. L374 1991, S. 7 ff), die durch das „Gesetz zur Durchführung der Richtlinie des Rates der Europäischen Gemeinschaften über den Jahresabschluß und den konsolidierten Abschluß von Versicherungsunternehmen" (**Versicherungsbilanzrichtlinie-Gesetz**) vom 24. 6. 1994 (BGBl I, S. 1377) transformiert wurde. Die Regelungen sind auf Jahresabschlüsse für nach dem 31. 12. 1994 beginnende Geschäftsjahre anzuwenden, Art. 32 Abs. 1 EGHGB. Das Gesetz enthält in §§ 341b bis d Sonderregelungen für die Bewertung bei Versicherungsunternehmen. Danach sind Kapitalanlagen stets nach den für Umlaufvermögen geltenden Vorschriften zu bewerten, § 341b Abs. 2. Weitere Abweichungen ergeben sich durch die Verpflichtung, nach §§ 341e ff versicherungstechnische Rückstellungen zu bilden, um die dauerhafte Erfüllbarkeit der Verpflichtungen aus den Versicherungsverträgen sicherzustellen (§ 341e Abs. 1 S. 1). Auch für die Bewertung der sonst zu bildenden Rückstellungen gelten Besonderheiten nach den Sondervorschriften für Versicherungsunternehmen.[35]

---

[34] *Krumnow* u. a. Bankbilanz § 340 f, 12 ff, 33 ff; *Prahl* WPg 1991, 438; ADS 38.

[35] Begr. RegE., BTDrucks. 12/5587, 27; *Perlet* FS Moxter 833, 844.

c) **Unternehmen mit Sitz im Ausland.** Für inländische Tochterunternehmen mit Tätigkeiten in diesen Geschäftszweigen gelten die gesetzlichen Vorschriften unmittelbar. Tochterunternehmen in diesen Geschäftszweigen mit Sitz im Ausland können bei Ansässigkeit in einem EU-Mitgliedstaat ähnlichen Regelungen unterworfen sein; für andere Tochterunternehmen gelten nationale Besonderheiten. Abs. 2 S. 2 gilt auch für Wertansätze nach solchen ausländischen Vorschriften, die den Besonderheiten dieser Geschäftszweige Rechnung tragen. Allerdings muß es sich um geschäftszweigspezifische Vorschriften handeln; die Anwendung der allgemeinen Bilanzierungsvorschriften berechtigt nicht zur Befreiung nach Abs. 2 S. 2. Es ist nicht erforderlich, daß solche Wertansätze z. B. nach den Grundsätzen der EG-Bankbilanz- oder Versicherungsbilanzrichtlinie neu bewertet werden.[36] 49

3. Hinweispflicht

Werden infolge der Anwendung der Ausnahme nach Abs. 2 S. 2, 1. Halbsatz Wertansätze nach Sondervorschriften für Kreditinstitute oder Versicherungsunternehmen beibehalten, ist hierauf im **Konzernanhang** hinzuweisen. Der Verpflichtung wird genügt, wenn angegeben wird, daß auf Vorschriften für Kreditinstitute und Versicherungsunternehmen beruhende Wertansätze beibehalten wurden. Die weitergehende Erläuterung, welche Posten, Vermögensgegenstände oder Schulden hiervon betroffen sind, ist nicht verlangt. Ebenso ist es nicht vorgeschrieben, daß durch quantitative Angaben Art und Umfang der Abweichung erkennbar gemacht werden.[37] 50

V. Übernahme von nach Steuerrecht zulässigen Wertansätzen (Abs. 3)

1. Grundlagen

Mit der Ausnahmeregelung in Abs. 3 S 1 wird der Grundsatz einheitlicher Bewertung ein weiteres Mal durchbrochen. Nach der Vorschrift dürfen Wertansätze, die im Jahresabschluß eines einbezogenen Unternehmens nach **steuerrechtlichen Regelungen** gebildet wurden, in den Konzernabschluß übernommen werden, wenn der Wertansatz Voraussetzung für die Berücksichtigung bei der steuerlichen Gewinnermittlung ist. Die Anpassung der Wertansätze an die Bewertungsmethoden für den Konzernabschluß kann insoweit unterbleiben. Die Regelung beruht auf dem Mitgliedstaatenwahlrecht in Art. 29 Abs. 5 der 7. EG-Richtlinie. Die Beibehaltung von Wertansätzen nach steuerlichen Vorschriften führt zu einer Beeinträchtigung der Darstellung der Vermögens-, Finanz- und Ertragslage des Konzerns, die durch die in S. 2 angeordnete Angabe- und Begründungspflicht ausgeglichen wird.[38] Die tatsächliche Bedeutung der Vorschrift nimmt ab. Die Übernahme steuerlich begründeter Wertansätze in den Konzernabschluß ist zweckfremd und behindert die Vergleichbarkeit mit Konzernabschlüssen im internationalen Vergleich. In der Praxis großer Konzerne wird auf die Anwendung dieser Ausnahme zunehmend verzichtet; der Entwurf eines Transparenz- und Publizitätsgesetzes (Stand 26. November 2001) sieht, einer Empfehlung des DRS 4 folgend, die Streichung von Abs. 3 vor.[39] 51

[36] Beck BilKomm-*Hoyos/Lechner* 24; für den Fall, daß ausländische Rechtsvorschriften den deutschen GoB widersprechen, hält Beck HdR-*Lederle* C 300, 116 die Beibehaltung des Wertansatzes für unzulässig.

[37] Beck BilKomm-*Hoyos/Lechner* 27; ADS 43; HdKR-*Pohle* 47.

[38] *Biener/Berneke* BiRiLiG 361.

[39] *Busse v. Colbe/Ordelheide* Konzernabschlüsse 109 f; *Schruff* Einflüsse der 7. EG-Richtlinie auf die Aussagefähigkeit des Konzernabschlusses 68; *Biener/Berneke* BiRiLiG 361; zum Änderungsentwurf *Niehus* DB 2002, 53, 57.

52 Die Inanspruchnahme der Regelungen beruht auf einem Wahlrecht. Das **Wahlrecht** kann nur im Einzelfall ausgeübt werden; die Grundsätze der Stetigkeit und der Einheitlichkeit der Bewertung ziehen Grenzen. Danach ist es nicht zulässig, bei vergleichbaren Sachverhalten in einzelnen Fällen Abs. 3 S. 1 anzuwenden, in anderen dagegen davon abzusehen. Zulässig ist jedoch die Unterscheidung nach Bilanzposten sowie nach steuerlichen Vergünstigungstypen.[40]

2. Wertansätze nach Steuerrecht

53 **a) Betroffene Posten.** Abs. 3 S. 1 bezieht sich auf Vermögensgegenstände, Schulden sowie Sonderposten mit Rücklageanteil, die im Jahresabschluß mit einem nur nach Steuerrecht zulässigen Wert angesetzt werden. Vorschriften für solche Wertansätze bestehen für **Vermögensgegenstände** und **Sonderposten**; Regelungen, die einen vom Handelsrecht abweichenden steuerlichen Wert für Schulden vorsehen, bestehen nach deutschem Steuerrecht nur im Hinblick auf die Abzinsungspflicht.

54 **b) Vorschriften des Steuerrechts.** Die Bewertung oder Bildung von Posten nach steuerlichen Vorschriften ist im handelsrechtlichen Jahresabschluß nur eingeschränkt möglich. In Betracht kommt die Vornahme von **Abschreibungen** bei Vermögensgegenständen des Anlage- und Umlaufvermögens, § 254 S. 1. Nach den Regelungen für Kapitalgesellschaften dürfen diese Abschreibungen nur insoweit vorgenommen werden, als das Steuerrecht ihre Anerkennung bei der steuerlichen Gewinnermittlung davon abhängig macht, daß sich die Abschreibung aus der Bilanz ergibt, § 279 Abs. 2. Die hiernach zulässigen Abschreibungen nach steuerlichen Vorschriften dürfen auch im Form der Bildung eines Sonderpostens mit Rücklageanteil vorgenommen und als Passivposten ausgewiesen werden, § 281 Abs. 1 S. 1.[41] Nach diesen Regelungen ist die Bemessung von Abschreibungen unter Berücksichtigung der steuerlichen Vorschriften über erhöhte Abschreibungen oder Sonderabschreibungen zulässig (zu den maßgeblichen Vorschriften des Steuerrechts Erl. zu § 254).

55 Keine im engeren Sinne steuerliche Vorschrift, mit diesen allerdings in engem Zusammenhang stehend, ist die Entbindung von der Beachtung des **Wertaufholungsgebots** nach § 280 Abs. 1, wenn die Beibehaltung des niedrigeren Wertansatzes bei der steuerlichen Gewinnermittlung die Beibehaltung des Wertansatzes auch in der Handelsbilanz verlangt, § 280 Abs. 2. Hierdurch braucht trotz Wegfall des Grundes für die Abschreibung eine Zuschreibung nicht vorgenommen zu werden, wenn anderenfalls eine Steuerfolge ausgelöst würde. Ist die Zuschreibung aus steuerrechtlichen Gründen nicht geboten, kann sie unterbleiben; soweit nach steuerlichen Vorschriften ein Zuschreibungsgebot gesteht, ist diese Ausnahme nicht von Bedeutung.

56 **Sonderposten mit Rücklageanteil**, die für Zwecke der Steuern vom Einkommen und Ertrag nach steuerlichen Vorschriften zulässig sind, dürfen als Passivposten gebildet werden, § 247 Abs. 3. Kapitalgesellschaften sowie bestimmte Personenhandelsgesellschaften ist die Bildung nur gestattet, wenn das Steuerrecht die Anerkennung des Wertansatzes bei der steuerlichen Gewinnermittlung davon abhängig macht, daß der Sonderposten in der Bilanz gebildet wird, § 273 S. 1 (z. B. Rücklage nach § 6b EStG). Zu den steuerlichen Vorschriften, nach denen solche Posten gebildet werden dürfen, Erl. zu § 247.

57 Die Vorschriften, die die Berücksichtigung **steuerlicher Wertansätze** im Jahresabschluß zulassen, gelten nicht nur bei nach deutschem Steuerrecht zugelassenen Wert-

---

[40] *Weirich* WPg 1987, 77, 82; ADS 67.

[41] ADS 54.

ansätzen. Beruhen Wertansätze einbezogener Tochterunternehmen mit Sitz im Ausland auf steuerlichen Vorschriften, können diese bei Erfüllung der weiteren Voraussetzungen ebenfalls in den Konzernabschluß übernommen werden.[42] Hierzu gehört insbesondere, daß der handelsrechtliche Wertansatz maßgeblich für die Berücksichtigung bei der steuerlichen Gewinnermittlung ist.

c) **Übernahme zulässiger Werte nach Steuerrecht.** Die **Übernahme** des Wertansatzes in den Konzernabschluß ist davon abhängig, daß im Jahresabschluß eines einbezogenen Unternehmens ein nur nach Steuerrecht zulässiger Wert gebildet wurde, Abs. 3 S. 1. Nicht zulässig ist die *Bildung* eines derartigen Wertansatzes, der nach dem auf den Jahresabschluß des Mutterunternehmens anwendbaren Recht zulässig wäre, im Jahresabschluß jedoch nicht gebildet wurde. 58

Ein **zulässiger Wertansatz** liegt nach steuerlichen Vorschriften nur dann vor, wenn die steuerlichen Vorschriften zur Bildung eines niedrigeren Wertansatzes berechtigen, als er nach handelsrechtlichen Vorschriften hätte gebildet werden können. Ist der Wertansatz nach Maßgabe des Handelsrechts zulässig, wie z. B. die sofortige Abschreibung sog. geringwertiger Wirtschaftsgüter (zur steuerlichen Regelung vgl. § 6 Abs. 2 EStG), kommt Abs. 3 S. 1 nicht zur Anwendung. 59

d) **Maßgeblichkeit des Wertansatzes für die steuerliche Gewinnermittlung.** Für die steuerliche Gewinnermittlung nach deutschen Vorschriften gilt, vorbehaltlich der Anwendung steuerlicher Sondervorschriften, der Grundsatz der **Maßgeblichkeit** der Handelsbilanz für die steuerliche Gewinnermittlung, § 5 Abs. 1 S. 1 EStG. Die Anerkennung steuerbilanzieller Vergünstigungen bei der steuerlichen Gewinnermittlung (steuerliche Wahlrechte) sind im Einklang mit der handelsrechtlichen Jahresbilanz auszuüben (*umgekehrte Maßgeblichkeit*), § 5 Abs. 1 S. 2 EStG. Nach dieser Regelung ist für alle bilanziell wirkenden Steuervergünstigungen der Ansatz im handelsrechtlichen Jahresabschluß Voraussetzung für die Anerkennung bei der steuerlichen Gewinnermittlung.[43] Ohne die Bildung der steuerlich motivierten Ansatzes im Jahresabschluß kann die Vergünstigung nicht in Anspruch genommen werden. 60

Wird der Jahresabschluß von einem Tochterunternehmen **anderer Rechtsform** oder einem Unternehmen mit **Sitz im Ausland** aufgestellt, ist die Bewertung nach steuerlichen Vorschriften und die Bildung von Sonderposten im handelsrechtlichen Jahresabschluß auch dann möglich, wenn der handelsrechtliche Ansatz für die steuerliche Gewinnermittlung ohne Belang ist. In diesen Fällen ist die Übernahme des Wertansatzes aus dem Jahresabschluß nach Abs. 3 S. 1 nicht zulässig, da von ihm die steuerliche Gewinnermittlung nicht abhängt. Die Bewertung nach solchen Vorschriften (z. B. auch § 253 Abs. 5) ist im Konzernabschluß nicht zulässig, da § 298 Abs. 1 die Beachtung der Vorschriften für große Kapitalgesellschaften erfordert. 61

Der Wertansatz im **Konzernabschluß** ist für die steuerliche Gewinnermittlung ohne Bedeutung, da der Konzernabschluß nicht maßgeblich für die Bemessung des zu versteuernden Gewinns ist. Die Bedeutung von Abs. 3 S. 1 liegt somit in der Übernahme im Jahresabschluß von Tochterunternehmen in der Rechtsform von Kapitalgesellschaften und von bestimmten Personenhandelsgesellschaften angewendeter Bewertungsmethoden und bedeutet nicht die fiktive Berücksichtigung steuerlicher Vergünstigungen, als ob der Konzernabschluß für ein rechtlich einheitliches Unternehmen aufgestellt wäre. 62

---

[42] WP-Handbuch 2000 I M 252; ADS 62; Beck BilKomm-*Hoyos/Lechner* 37; *Busse v. Colbe/Chmielewicz* DBW 1986, 289, 334; *Küting/Haeger* BB 1987, 1286; *v. Wysocki/Wohlgemuth* Konzernrecht 33.

[43] *L. Schmidt* EStG § 5, 26 ff.

63 e) **Folgen der Bildung, Auflösung.** Die Übernahme eines Wertansatzes nach Abs. 3 S. 1 in den Konzernabschluß ist dem aufstellenden Mutterunternehmen freigestellt und an keine sonstigen Voraussetzungen gebunden. Die Ausübung des Wahlrechts läßt keinen Unterschiedsbetrag bei der Ermittlung des Ergebnisses im Konzernabschluß und für steuerliche Zwecke entstehen. Die Abgrenzung latenter Steuern ist demzufolge nicht erforderlich.

64 Die Nichtanwendung von Abs. 3 S. 1 führt regelmäßig zu einer deutlichen Verbesserung der Eigenkapitalquote im Konzernabschluß.[44] Wird von der Anwendung dieser Regelung abgesehen und eine nach steuerlichen Vorschriften im Jahresabschluß vorgenommene Abschreibung oder ein gebildeter Sonderposten in den Konzernabschluß nicht übernommen, ist der Unterschiedsbetrag in einen Eigenkapitalanteil und einen Steueranteil (**Steuerabgrenzung** nach § 274 Abs. 1) aufzuteilen.[45]

3. Angabe und Begründung im Konzernanhang (Abs. 3 S. 2)

65 Bei Übernahme von Wertansätzen nach steuerlichen Vorschriften in den Konzernabschluß sind im Konzernanhang der Betrag der in den Jahresabschlüssen vorgenommenen Abschreibungen, Wertberichtigungen und Einstellungen in Sonderposten sowie der Betrag der unterlassenen Zuschreibungen anzugeben. Die Angabe nach S. 2 ergänzt die Erläuterung nach § 314 Abs. 1 Nr. 5 (§ 314, 32 f).

66 Der **Betrag** der vorgenommenen Abschreibungen und Wertberichtigungen sowie der gebildeten Sonderposten ergibt sich aus den Jahresabschlüssen der einbezogenen Unternehmen. Er setzt sich aus der Summe der für die einzelnen Sachverhalte vorgenommenen Maßnahmen zusammen. Dabei sind lediglich die im Geschäftsjahr **vorgenommenen Abschreibungen** und Wertberichtigungen und die gebildeten Abschreibungen anzugeben;[46] Effekte aus der Vornahme oder Bildung in den Vorperioden, die gegenläufigen Charakter haben, sind nicht zu berücksichtigen. Der anzugebende Betrag ermittelt sich aus dem Unterschiedsbetrag zwischen der Abschreibung, die handelsrechtlich vorzunehmen wäre, und dem Betrag der in Anwendung der steuerlichen Vorschriften vorgenommenen Abschreibung.[47]

67 Der Betrag der **unterlassenen Zuschreibungen** ist anzugeben. Der Wortlaut läßt unklar, ob es sich hierbei um Beträge handelt, die der Differenz zu den sonst nach Abs. 2 S. 1 anzusetzenden Werten entsprechen oder um solche, die trotz des Wegfalls des Grundes für die Maßnahme zur Aufrechterhaltung der steuerlichen Vergünstigung nicht aufgeholt wurden. Die Regelung gleicht der Angabepflicht nach § 280 Abs. 3, die sich ausschließlich auf aus steuerlichen Gründen unterlassene Zuschreibungen bezieht. Für die Auslegung von Abs. 3 S. 2 ist dasselbe Verständnis zugrunde zu legen. Indes stellt sich die Frage, ob allein die im Geschäftsjahr erstmals unterlassenen Zuschreibungsbeträge oder der Gesamtbetrag der im Geschäftsjahr und den Vorjahren insgesamt unterlassenen Zuschreibungsbeträge anzugeben ist. Der Wortlaut deutet auf die Beschränkung auf den Jahresbetrag hin; hierin entspricht § 308 Abs. 3 S 1 der Regelung in § 280 Abs. 3. Die hierzu vertretenen Auffassungen sind nicht einheitlich. Für die Angabe nur des im Geschäftsjahr unterlassenen Zuschreibungsbetrags wird auf Art. 39 Abs. 1 c) der 4. EG-Richtlinie sowie auf Praktikabilitätsüberlegungen verwiesen.[48] Die Gegenmeinung verweist auf sonst bestehende Informations-

---

[44] *Weirich* WPg 1987, 77, 82.

[45] WP-Handbuch 2000 I M 255.

[46] ADS 64; Beck BilKomm-*Hoyos/Lechner* 40; mit kritischen Anmerkungen zur Angabe nur des Jahresbetrags *Biener/Berneke* BiRiLiG 361.

[47] *Biener/Berneke* BiRiLiG 361.

[48] *IDW* HFA 3/1988, WPg 1988, 483, 484; ADS 65; HdKR-*Pohle*, 63; *Küting/Haeger* BB 1987, 1285, 1289.

lücken.[49] Beide Überlegungen erscheinen vertretbar. Im Hinblick auf die Offenheit der Regelung ist es geboten, bei der Angabe darauf hinzuweisen, ob sie den Jahresbetrag oder einen Gesamtbetrag beinhaltet.

Die Angabe der im Geschäftsjahr vorgenommenen Abschreibungen, Wertberichtigungen und der gebildeten Sonderposten darf **in einem Betrag zusammengefaßt** werden.[50] Nach Abs. 3 S. 2 ist die Angabe der steuerlichen Vorschriften, auf denen die Wertansätze beruhen nicht verlangt. Dies ist durch § 298 Abs. 1 i. V. m. § 281 Abs. 1 S. 2 geboten; die Angaben können zusammengefaßt werden. Eine Aufgliederung der Beträge auf einzelne Bilanzposten oder steuerrechtliche Vorschriften ist nicht erforderlich. **68**

Abs. 3 S. 2 verlangt eine **Begründung** der Maßnahmen. Es genügt, anzugeben, daß die Maßnahmen der Sicherung steuerlicher Vorteile dienen.[51] Aus Sicht des Konzernabschlusses ist dies nicht überzeugend, da die Beibehaltung der steuerlich motivierten Werte i. d. R. nicht der Sicherung steuerlicher Vorteile dient, weil diese an die Ansätze im Jahresabschluß gebunden sind. Für den Konzernabschluß geht es vielmehr um die Vermeidung von Unterschieden zum Jahresabschluß oder einer von diesem abweichenden Darstellung der Vermögens- oder Ertragslage. **69**

§ 309

Behandlung des Unterschiedsbetrags

(1) Ein nach § 301 Abs. 3 auszuweisender Geschäfts- oder Firmenwert ist in jedem folgenden Geschäftsjahr zu mindestens einem Viertel durch Abschreibungen zu tilgen. Die Abschreibung des Geschäfts- oder Firmenwerts kann aber auch planmäßig auf die Geschäftsjahre verteilt werden, in denen er voraussichtlich genutzt werden kann. Der Geschäfts- oder Firmenwert darf auch offen mit den Rücklagen verrechnet werden.

(2) Ein nach § 301 Abs. 3 auf der Passivseite auszuweisender Unterschiedsbetrag darf ergebniswirksam nur aufgelöst werden, soweit
1. **eine zum Zeitpunkt des Erwerbs der Anteile oder der erstmaligen Konsolidierung erwartete ungünstige Entwicklung der künftigen Ertragslage des Unternehmens eingetreten ist oder zu diesem Zeitpunkt erwartete Aufwendungen zu berücksichtigen sind oder**
2. **am Abschlußstichtag feststeht, daß er einem realisierten Gewinn entspricht.**

Übersicht

---

[49] Beck BilKomm-*Hoyos/Lechner* 40 mit Verweis auf § 280, 34.

[50] *IDW* HFA 3/1988, WPg 1988, 483, 484.

[51] *IDW* HFA 3/1988, WPg 1988, 483, 484; ADS 66; Beck BilKomm-*Hoyos/Lechner* 41.

Schrifttum

(vgl. auch die Angaben vor §§ 297 und 301) *Busse v. Colbe* Eigenkapitalveränderungsrechnung nach dem E-DRS 7, BB 2000, 2405; *Deutsches Rechnungslegungs Standards Committee* Deutscher Rechnungslegungsstandard Nr. 4 (DRS 4), BAnz. Nr. 245 (2000) 24070; *Dusemond* Endkonsolidierung und erfolgsneutrale Verrechnung des Geschäfts- oder Firmenwerts, DB 1997, 53; *Förschle/Kropp* Die Bewertungsstetigkeit im Bilanzrichtlinien-Gesetz, ZfB 1986, 873; *Fülbier* Entwurf eines DRS 4 zur Bilanzierung von Unternehmenserwerben im Konzernabschluß, DB 2000, 1341; *Gelhausen/Gelhausen* Gedanken zur Behandlung des Eigenkapitals im Konzernabschluß, Festschrift K.H. Forster 217; *Hayn/Küting* Beendigung der Vollkonsolidierung von Tochterunternehmen, BB 1999, 2072; *Küting* Aktuelle Fragen der Kapitalkonsolidierung, DStR 1995, 192 und 229; *ders.* Der Geschäfts- oder Firmenwert – ein Spielball der Bilanzpolitik in deutschen Konzernen, AG 2000, 97; *Küting/Dusemond/Nardmann* Ausgewählte Probleme der Kapitalkonsolidierung in Theorie und Praxis, BB 1994 Beil. 8; *Oser* Erfolgsneutral verrechnete Geschäfts- oder Firmenwerte aus der Kapitalkonsolidierung im Lichte der Endkonsolidierung, WPg 1995, 266; *Pawelzik/Theile* Eigenkapitalvernichtung im GmbH u. Co. KG-Konzernabschluß, DB 2000, 2385; *Peemöller/Beckmann/Geiger* Standardentwurf E-DRS 4 zu Unternehmenserwerben im Konzernabschluß, BB 2000, 1080; *Pellens/Sellhorn* Neue Goodwill-Bilanzierung nach US-GAAP, DB 2001, 713; *Sauthoff* Der Firmenwert im Konzernabschluß (1996); *ders,* Zum bilanziellen Charakter negativer Firmenwerte im Konzernabschluß, BB 1997, 619; *Weber/Zündorf* Geschäfts- oder Firmenwert im Konzernabschluß, DB 1989, 333; *Zündorf* Der Anlagespiegel im Konzernabschluß (1990); *Zwingmann* Der Geschäfts- und Firmenwert sowie der Unterschiedsbetrag aus der Kapitalkonsolidierung im Konzernabschluß, BB 1994, 2314.

I. Grundlagen

1. Regelungsgegenstand und Normzweck

§ 309 behandelt die Unterschiedsbeträge aus der Kapitalkonsolidierung. Entsteht bei der Verrechnung des Wertansatzes der Anteile des Mutterunternehmens an dem Tochterunternehmen mit dem auf die Anteile entfallenden Betrag des Eigenkapitals des Tochterunternehmens bei Anwendung der Neubewertungsmethode nach § 301 Abs. 1 S. 2 Nr. 2 ein **Unterschiedsbetrag** oder verbleibt bei Anwendung der Buchwertmethode nach § 301 Abs. 1 S. 2 Nr. 1 nach Zuschreibung oder Verrechnung ein Unterschiedsbetrag, ist dieser nach § 301 Abs. 3 S. 1 als Geschäfts- oder Firmenwert, wenn er auf der Aktivseite entsteht, oder als Unterschiedsbetrag aus der Kapitalkonsolidierung auszuweisen, wenn er auf der Passivseite entsteht. Es handelt sich um eine Folgeregelung zur Kapitalkonsolidierung nach dem Vorbild der purchase-method.[1] 1

Abs. 1 regelt die Behandlung des als **Geschäfts- oder Firmenwert** auszuweisenden aktiven Unterschiedsbetrag. Die Vorschrift bietet im Grundsatz drei Möglichkeiten an. Der aktivierte Geschäfts- oder Firmenwert unterliegt nach S. 1 einer festen Abschreibungsdauer von vier Jahren, wenn er nicht nach S. 2 planmäßig über die Geschäftsjahre verteilt wird, in denen er planmäßig genutzt wird. Nach S. 3 wird statt dessen zugelassen, daß der Geschäfts- oder Firmenwert offen mit den Rücklagen verrechnet wird. 2

Ein auf der **Passivseite** auszuweisender Unterschiedsbetrag ist dort fortzuführen, es sein denn, daß eine bei Erwerb der Anteile oder bei erstmaliger Konsolidierung erwartete ungünstige Entwicklung eingetreten oder zu diesem Zeitpunkt erwartete Aufwendungen entstanden sind (Abs. 2 Nr. 1) oder daß am Abschlußstichtag feststeht, daß es sich um einen realisierten Gewinn handelt (Abs. 2 Nr. 2). Der Passivposten darf dann (i. d. R. erfolgswirksam) aufgelöst werden. 3

2. Entstehungsgeschichte

Die Regelungen des § 309 und des § 301 über die Kapitalkonsolidierung sind für das deutsche Recht neu. Sie beruhen auf der Umsetzung der **7. EG-Richtlinie** in nationales Recht. Die Regelungen über die Abschreibung des Geschäfts- oder Firmenwerts hat ihre Grundlage in Art. 30 Abs. 1 der 7. EG-Richtlinie, die Verrechnung mit den Rücklagen in Art. 30 Abs. 2.[2] Die Vorschriften über die Behandlung eines passiven Unterschiedsbetrags entstanden aus der Transformation von Art. 31 der 7. EG-Richtlinie. 4

3. Anwendungsbereich

§ 309 findet Anwendung bei der *Kapitalkonsolidierung* nach HGB (**Vollkonsolidierung** von Tochterunternehmen). Bei Kapitalkonsolidierung nach der Methode der Interessenzusammenführung gelten nach § 302 Abs. 2 besondere Vorschriften. Auf die Regelungen von § 309 wird bei der **anteilmäßigen Konsolidierung** nach § 310 verwiesen (§ 310 Abs. 2), so daß sie dort ebenfalls zur Anwendung kommen. Entsprechend anwendbar sind sie schließlich bei der Bewertung *assoziierter Unternehmen* (§ 312 Abs. 2 S. 3), bei denen der Unterschiedsbetrag zwischen dem Anteilsbuchwert und dem anteiligen Eigenkapital ebenfalls zuzuordnen ist. Sie gelten uneingeschränkt 5

---

[1] *Biener/Berneke* BiRiLiG 363.
[2] *Biener/Schatzmann* Konzern-Rechnungslegung 48.

auch für den Konzernabschluß, den ein *Kreditinstitut* oder ein *Versicherungsunternehmen* aufstellt (vgl. §§ 340i Abs. 2, 341j), sowie für Konzernabschlüsse, die von Unternehmen nach den Regelungen des **PublG** aufzustellen haben (§ 13 Abs. 2 PublG).

II. Behandlung eines aktiven Unterschiedsbetrags (Abs. 1)

1. Grundsätze

6 **a) Herkunft und Charakter des Postens.** Ein Unterschiedsbetrag entsteht bei der Kapitalkonsolidierung aus der **Verrechnung** des Wertansatzes der dem Mutterunternehmen gehörenden Anteile an einem Tochterunternehmen mit dem auf die Anteile entfallenden Betrag des Eigenkapitals des Tochterunternehmens, § 301 Abs. 1 S. 1 (§ 301, 14). Ein aktiver Unterschiedsbetrag entsteht, wenn der Wertansatz der Anteile den Betrag des Eigenkapitals übersteigt. Wird der Kapitalkonsolidierung die Buchwertmethode zugrunde gelegt, ist der sich ergebende Unterschiedsbetrag (stille Reserven und stille Lasten) zunächst den Wertansätzen der in der Konzernbilanz anzusetzenden Vermögensgegenstände und Schulden des Tochterunternehmens insoweit zuzuschreiben oder mit ihnen zu verrechnen, als deren Werte höher oder niedriger als der Buchwert sind. Ein danach verbleibender Unterschiedsbetrag ist als Geschäfts- oder Firmenwert anzusetzen, § 301 Abs. 3 S. 1. Gleiches gilt bei Anwendung der Neubewertungsmethode für den bei der Verrechnung des Anteilsbuchwerts mit dem durch Neubewertung ermittelten Eigenkapital des Tochterunternehmens entstehenden Unterschiedsbetrag. Der Unterschiedsbetrag ist eine Restgröße aus der Kapitalkonsolidierung.[3]

7 Aus der Sicht des Konzerns entspricht der **Unterschiedsbetrag** bei der Kapitalkonsolidierung nach der Erwerbsmethode einem Unterschiedsbetrag, der sich bei einem Unternehmenserwerb zwischen dem Kaufpreis und den Buchwerten der erworbenen Vermögensgegenstände und Schulden ergibt. Er beinhaltet die mit dem Kaufpreis vergüteten stillen Reserven, die den Vermögensgegenständen und Schulden zuzuschreiben oder mit ihren Werten zu verrechnen sind. Ein verbleibender Restbetrag darf bei einem Unternehmenskauf als Geschäfts- oder Firmenwert aktiviert werden, § 255 Abs. 4. Er beruht regelmäßig auf einem Bündel verschiedener ertragswertbildender Faktoren (Kapitalisierungsmehrwert) und entspricht dem Betrag, der die über die bewertete Substanz hinausgehende Ertragserwartung widerspiegelt.[4] Dieser Regelung ist § 301 Abs. 3 S. 1 vergleichbar.

8 Wie bei dem durch Unternehmenskauf entstandenen Geschäfts- oder Firmenwert ist der **bilanzielle Charakter** unklar. Aus handelsrechtlicher Sicht kommt die Einordnung als *immaterieller Vermögensgegenstand* in Betracht. Hierfür sprechen Hinweise in der Begr. RegE zu Vorentwürfen des BiRiLiG[5], die allerdings in der vorgeschlagenen Form nicht Gesetz wurden. Gegen den Charakter als immaterieller Vermögensgegenstand spricht, daß der Geschäfts- oder Firmenwert nicht selbständig verkehrsfähig ist, da er nicht ohne die Anteile an dem Tochterunternehmen veräußerlich ist. Überdies widerspricht dem Vermögensgegenstandscharakter das Wahlrecht, den Wertansatz in Durchbrechung des Vollständigkeitsgrundsatzes nicht zu aktivieren,[6]

---

[3] ADS 7.

[4] WP-Handbuch 2000 I M 348; ADS 8; HdKR-*Weber/Zündorf* 3; Beck BilKomm-*Förschle/Hoffmann* 5.

[5] BTDrucks. 10/317, Begr. zu § 244 HGB-E, 81; *Biener/Berneke* BiRiLiG 66.

[6] ADS 9; Beck BilKomm-*Förschle/Hoffmann* 6; HdKR-*Weber/Zündorf* 7.

Rdn. 10. Statt dessen wird dem Geschäfts- oder Firmenwert auch der Charakter einer *Bilanzierungshilfe* beigemessen, da er nicht selbstandig bewertbar und nicht veräußerbar sei.[7] Auch dieser Lösungsansatz ist dogmatisch nicht einwandfrei, da dem die Regelung einer planmäßigen Abschreibung über die Nutzungsdauer widerspricht.[8] Überdies ist mit dem Ansatz eines Geschäfts- oder Firmenwerts nicht die mit Bilanzierungshilfen sonst verknüpfte Ausschüttungssperre verbunden. An eine solche Charakterisierung des konzernrechtlichen Geschäfts- oder Firmenwerts sind keine unmittelbaren Konsequenzen gebunden.

Hieraus folgt, daß die gängigen Kategorien zur Einordnung des Postens nicht unmittelbar passen. Entsprechend der Ausprägung, die der Geschäfts- oder Firmenwert durch Abs. 1 erfahren hat, weist der Posten eine **Doppelnatur** auf. Nach Abs. 1 S. 1 und 2 kann er angesetzt und abgeschrieben werden, wobei die Abschreibung sich nach der Nutzungsdauer bemessen kann. Damit weist er Elemente eines Vermögensgegenstands auf. Andererseits wird die Verrechnung des Postens mit den Rücklagen zugelassen, Abs. 1 S. 3, was der wirtschaftlichen Bewertung des Postens als kapitalisierte (zukünftige) Ertragserwartung entspricht. Hieraus leitet sich die Charakterisierung als Korrekturposten zum Eigenkapital ab. Es bietet sich daher an, ihn als *Posten eigener Art* anzuerkennen,[9] dem in Teilbereichen einerseits die Eigenschaft eines Vermögensgegenstands und andererseits die Funktion eines Korrekturpostens zum Eigenkapital beigemessen werden kann. 9

b) Allgemeine Grundsätze für die Aktivierung des Geschäfts- oder Firmenwerts. aa) Wahlrecht. Abs. 1 gewährt das **Wahlrecht**, einen aktiven Unterschiedsbetrag zu aktivieren (S. 1, 2) oder mit den Rücklagen zu verrechnen (S. 3).[10] Die Regelung überlagert § 301 Abs. 3 S. 1 und geht ihr vor, so daß jener der Charakter einer Ausweisvorschrift zukommt. In der Ausübung dieses Wahlrechts ist das Mutterunternehmen frei und an keine weiteren gesetzlichen Voraussetzungen gebunden (zum Stetigkeitsgebot Rdn. 13). Die Entscheidung über die Aktivierung ist im Zeitpunkt der Erstkonsolidierung des Tochterunternehmens zu treffen.[11] Wird der Unterschiedsbetrag aktiviert, besteht die Pflicht zur Abschreibung, wenn nicht zu einem späteren Zeitpunkt die Verrechnung mit den Rücklagen erfolgt (Rdn. 47). 10

bb) Zeitpunkt. Die Entscheidung für die Verrechnung des Unterschiedsbetrags ist für die **Dauer** der Zugehörigkeit des Tochterunternehmens zum Konzern nicht umkehrbar. Das Ansatzwahlrecht kann nur im Zeitpunkt des Erwerbs/der Erstkonsolidierung ausgeübt werden. Zur Verrechnung eines angesetzten Unterschiedsbetrags mit den Rücklagen Rdn. 46 ff. Die Nachholung der Aktivierung in späteren Perioden, z. B. eines Unterschiedsbetrags unter Berücksichtigung sonst abzusetzender Abschreibungsbeträge, ist ohne Änderung des Konzernabschlusses zum Zeitpunkt der Erstkonsolidierung unzulässig.[12] 11

cc) Teilbeträge. Die Regelung schließt nicht aus, einen Unterschiedsbetrag aus der Konsolidierung eines Tochterunternehmens in Teilbeträge aufzuteilen und **zum Teil zu aktivieren**, zum Teil **mit den Rücklagen zu verrechnen**.[13] Das Gesetz sieht das 12

---

[7] *Förschle/Kropp* WPg 1986, 155; *Weber/Zündorf* DB 1989, 333, 334; Beck BilKomm-*Förschle/Hoffmann* 6; HdKR-*Weber/Zündorf* 11 ff.

[8] ADS 10.

[9] *Baetge/Kirsch/Thiele* Konzernbilanzen 237; ADS 11 ff, insbes. 13, auch mit Hinweisen zu internationalen Rechnungslegungsgrundsätzen.

[10] Einschränkung des Wahlrechts durch DRS 4 Tz. 28.

[11] Beck BilKomm-*Förschle/Hoffmann* 20; ADS 41; *Küting* AG 2000, 97, 102 f.

[12] *IDW* St. SABI 2/1988, WPg 1988, 622, 624; ADS 50.

[13] Beck BilKomm-*Förschle/Hoffmann* 30; ADS 64; *IDW* St. SABI 2/1988, WPg 1988, 622, 624.

nicht ausdrücklich vor. Für die Praxis wird ein Bedürfnis für eine Aufteilungsmöglichkeit zur Reduktion der erfolgswirksam abzuschreibenden Geschäfts- oder Firmenwerte reklamiert. Die Zulässigkeit ist indes nicht unbestritten.[14] Ist die vollständige Verrechnung mit den Rücklagen gestattet, gilt das auch für einen Teil des Unterschiedsbetrags. Diese Lösung beeinträchtigt aber die Klarheit der Konsolidierungs- und Bilanzierungsentscheidung, da zwischen den gesetzlich zugelassenen Alternativen eine Vielzahl von Zwischenwerten geschaffen werden können. Die Ausnutzung einer solchen Bandbreite macht zusätzliche Angaben im Konzernanhang erforderlich, die Art und Umfang der getroffenen Ansatzentscheidung erkennen lassen. Eine derartige Angabepflicht sieht das Gesetz zwar nicht vor; die Angaben nach § 301 Abs. 3 S. 2 und § 313 Abs. 1 Nr. 1 dienen der Erläuterung im Normalfall. Ist jedoch bereits der Normalfall erläuterungsbedürftig, gilt dies umso mehr für die Ausübung einer weitergehenden Gestaltung.

13 **dd) Stetigkeit der Wahlrechtsausübung.** Die Wahlrechtsentscheidung nach Abs. 1 unterliegt keinen besonderen gesetzlichen Voraussetzungen. Gleichwohl gelten die Grundsätze der **Stetigkeit**, die nach § 297 Abs. 3 S. 2 die Anwendung der Konsolidierungsmethoden, nach § 298 Abs. 1 i. V. m. § 252 Abs. 1 Nr. 6 die Bewertungsmethoden umfassen. Die Frage der Stetigkeit stellt sich hier sowohl in sachlicher als auch in zeitlicher Hinsicht.

14 Stetigkeit in **sachlicher Hinsicht** betrifft die Frage der Ausübung der eingeräumten Wahlrechte in demselben Konzernabschluß auf gleiche oder gleichartige Fälle. § 309 räumt das Wahlrecht zur Aktivierung, zur Verrechnung mit den Rücklagen, zur teilweisen Verrechnung mit den Rücklagen und im Falle der Aktivierung die Entscheidung für die planmäßig pauschale oder planmäßig nutzungsdauerbezogene Abschreibung oder Verrechnung ein. Hinsichtlich dieser Wahlrechte ist zu unterscheiden. Das Wahlrecht der vollständigen oder teilweisen Aktivierung oder der Verrechnung mit den Rücklagen betrifft eine Entscheidung, die die Anwendung von Bilanzierungsmethoden zum Gegenstand hat. Für **Ansatzentscheidungen** gilt der Grundsatz der Stetigkeit nicht, sofern es nicht um willkürliche Wahlrechtsausübungen geht (vgl. § 300, 43). Dem Mutterunternehmen steht es frei, bei der Einbeziehung jeweils neu zu entscheiden, wie der Unterschiedsbetrag behandelt werden soll. Eine willkürlich unterschiedliche Behandlung ist nicht zulässig.[15] Soweit ein Unterschiedsbetrag als Geschäfts- oder Firmenwert angesetzt wird, ist die Wahl der Abschreibungsmethode als Ausübung einer **Bewertungsmethode** zu verstehen. Diese unterliegt § 252 Abs. 1 Nr. 6 i. V. m. § 298 Abs. 1. Dieser verlangt die Beachtung des Stetigkeitsgrundsatzes in sachlicher Hinsicht. Danach ist es geboten, aktivierte Geschäfts- oder Firmenwerte im Konzernabschluß nach gleichen Methoden abzuschreiben. Der Grundsatz der Einzelbewertung ist zu beachten.[16] Danach bestimmt sich, ob außerplanmäßige Abschreibungen erforderlich sind oder wie die Nutzungsdauer bei Abschreibungen nach Abs. 1 S. 3 zu bemessen ist. Gleiche oder gleichartige Sachverhalte sind im Konzernabschluß gleich zu behandeln. Sachverhalte sind gleich, wenn sie unter Berücksichtigung der Art und Funktion sowie der wertbestimmenden Bedingungen als gleich eingestuft werden können. Die Unterscheidung ist nach der Branchenzugehörigkeit, Größe oder Risikostruktur des einbezogenen Unternehmens zu treffen; sie beeinflußt die Analyse,

[14] *Busse v. Colbe/Ordelheide* Konzernabschlüsse 237.

[15] WP-Handbuch 2000 I M 366; weitergehend ADS 59 ff, die Abweichungen nur in Ausnahmefällen und unter Beachtung der Pflicht zur Angabe und Begründung gestatten.

[16] *Busse v. Colbe/Ordelheide* Konzernabschlüsse 237; HdKR-*Weber/Zündorf* 53.

welche Sachverhalte zur Entstehung des Geschäfts- oder Firmenwerts geführt haben,[17] vgl. Rdn. 28. Ergeben sich hieraus Sachverhalte, die, gemessen an einheitlichen Kriterien, zu einer unterschiedlichen Beurteilung führen, ist die Anwendung einer einheitlichen Methode nicht geboten. Sind die Sachverhalte hingegen vergleichbar, gebietet der Grundsatz der Stetigkeit die Anwendung der gleichen Methode.

Der Grundsatz der Stetigkeit in **zeitlicher Hinsicht** verlangt die Beibehaltung einer **15** im vorangehenden Konzernabschluß angewendeten Konsolidierungsmethode (§ 297 Abs. 3 S. 2) und Bewertungsmethode (§ 298 Abs. 1 i. V. m. § 252 Abs. 1 Nr. 6). Die Einhaltung des zeitlichen Stetigkeitsgrundsatzes ist im Hinblick auf die Vergleichbarkeit der Konzernabschlüsse unverzichtbar. Abweichungen sind nur in (begründeten) Ausnahmefällen zulässig. War ein Geschäfts- oder Firmenwert im Vorjahreskonzernabschluß bereits angesetzt, sind die Bewertungsmethoden fortzuführen. Der Wechsel von einer Abschreibungsmethode nach S. 1 zu einer Methode nach S. 2 ist nur im begründeten Ausnahmefall zulässig. Gleiches gilt für den Wechsel von der erfolgswirksamen Abschreibung zur erfolgsneutralen Verrechnung mit den Rücklagen. Dem Stetigkeitsgebot unterliegen auch die Parameter zur Bestimmung der planmäßigen Abschreibung nach S. 2 (z. B. Nutzungsdauer und Abschreibungssätze); nach der hier vertretenen Auffassung gilt gleiches auch bei der Bemessung der Abschreibungsrate nach S. 1[18] (Rdn. 20 ff). Nicht unter die Einschränkungen des Stetigkeitsgrundsatzes fällt die Beurteilung, ob ein niedrigerer Wert beigemessen werden muß und demzufolge eine außerplanmäßige Abschreibung in Betracht kommt.

c) Ansatz des Geschäfts- oder Firmenwerts. aa) Ausweis. Entscheidet sich das **16** Mutterunternehmen bei Aufstellung des Konzernabschlusses für die Aktivierung des aktiven Unterschiedsbetrags, ist dieser als Geschäfts- oder Firmenwert auszuweisen. Der Ausweis erfolgt als Anlagevermögen unter den immateriellen Vermögensgegenständen, §§ 298 Abs. 1 i. V. m. § 266 Abs. 2 Aktivseite A I 2. Der Posten enthält zusammengefaßt die Summe der aktiven Unterschiedsbeträge aus der Einbeziehung aller Unternehmen in den Konzernabschluß. Nach § 301 Abs. 3 S. 2 dürfen aktive und passive Unterschiedsbeträge aus der Konsolidierung verrechnet werden, hierzu Rdn. 86 f. Im Konzernabschluß erscheinen als Geschäfts- oder Firmenwert zusätzlich die aus den Jahresabschlüssen der einbezogenen Unternehmen resultierenden und nach §§ 300 Abs. 1, 298 Abs. 1 i. V. m. 255 Abs. 4 in die Konzernbilanz zu übernehmenden Geschäfts- oder Firmenwerte. Sie können mit den aktivierten aktiven Unterschiedsbeträgen nach § 301 Abs. 3 S. 1 zusammengefaßt werden; im Rahmen der nach § 301 Abs. 3 S. 3 vorgeschriebenen Erläuterung der Zusammensetzung des Postens ist aus Gründen der Klarheit eine Untergliederung zweckmäßig.[19]

Die Entwicklung eines aktivierten Geschäfts- oder Firmenwerts muß nach §§ 298 **17** Abs. 1 i. V. m. § 268 Abs. 2 S. 1 im Konzernanhang dargestellt werden **(Anlagespiegel)**. Die im Jahr der Erstkonsolidierung des Tochterunternehmens aktivierten Beträge sind als „Zugang“ anzugeben. Die Aktivierung und Darstellung im Anlagespiegel unterbleibt, soweit der Unterschiedsbetrag mit den Rücklagen verrechnet wird. Abschreibungen nach S. 1 und 2 werden als Abschreibungen des Geschäftsjahres und in ihrer gesamten Höhe ausgewiesen. Dies gilt auch, wenn im Zugangsjahr oder später eine Vollabschreibung vorgenommen wird. Wird der aktivierte Unterschiedsbetrag in Perioden nach der Erstkonsolidierung mit den Rücklagen verrechnet, ist die Verrechnung

---

[17] Mit weiteren Beispielen ADS 63.

[18] WP-Handbuch 2000 I M 363; ADS 55; HdKR-*Weber/Zündorf* 55.

[19] ADS 80; *Zündorf* Der Anlagespiegel im Konzernabschluß 45 ff.

im Anlagespiegel in Höhe des verrechneten Betrags als „Abgang" und nicht als Abschreibung zu zeigen.[20] Wurden Teilbeträge erfolgswirksam abgeschrieben, bleiben die hierauf entfallenden Beträge Bestandteil der (historischen) Anschaffungskosten sowie der kumulierten Abschreibungen (zu Einzelheiten des Anlagespiegels vgl. § 298, 103 ff sowie § 268, 12 ff).

18 Abschreibungen auf den Geschäfts- oder Firmenwert werden in der **Konzern- Gewinn- und Verlustrechnung** ausgewiesen. Der Betrag wird bei Anwendung des Gesamtkostenverfahrens nach §§ 298 Abs. 1 i. V. m. § 275 Abs. 2 unter dem Gliederungsposten 7a), bei Anwendung des Umsatzkostenverfahrens (§ 275 Abs. 3) als Bestandteil der sonstigen betrieblichen Aufwendungen ausgewiesen, es sei denn, daß er einzelnen betrieblichen Funktionsbereichen (Herstellung, Vertrieb, allgemeine Verwaltung) unmittelbar zugeordnet werden kann. Ein gesonderter Ausweis der auf die Abschreibung des Geschäfts- oder Firmenwerts aus der Kapitalkonsolidierung entfallenden Beträge ist nicht erforderlich, wird in der Literatur indes zur Verbesserung der Vergleichbarkeit der Konzernabschlüsse und des Einblicks in die Vermögens- und Ertragslage des Konzerns empfohlen.[21]

19 **bb) Höhe des Wertansatzes.** Der Wertansatz wird der Höhe nach durch den **rechnerischen, aktiven Unterschiedsbetrag** aus der Kapitalkonsolidierung bestimmt, § 301 Abs. 3 S. 1. Da es sich bei dem Betrag um eine Restgröße handelt, unterliegt er keinen besonderen Bestimmungen über die Bemessung des zu aktivierenden Betrages. Die Höhe des in der Konzernbilanz ausgewiesenen Gesamtbetrags von Geschäfts- oder Firmenwerten kann indes durch die Zusammenfassung mit Beträgen nach §§ 298 Abs. 1 i.V.m. 255 Abs. 4 oder durch die Verrechnung mit passiven Unterschiedsbeträgen nach § 301 Abs. 3 S. 2 beeinflußt sein.

2. Abschreibung des aktivierten Geschäfts- oder Firmenwerts

20 **a) Methoden.** Ein aktivierter Geschäfts- oder Firmenwert muß nach Abs. 1 S. 1 oder 2 durch Abschreibungen getilgt werden. Die Abschreibung ist zwingend; die unveränderte Fortführung des aktivierten Betrags ist nicht zulässig. Für die Tilgung stehen nach dem Gesetz zwei **Verfahren** zur Verfügung. Danach muß der Betrag nach S. 1 in jedem der erstmaligen Aktivierung folgenden Geschäftsjahr mindestens um *ein Viertel* abgeschrieben werden. Nach S. 2 ist es auch zulässig, den Geschäfts- oder Firmenwert über die *Dauer der Nutzung planmäßig* abzuschreiben. Neben der Abschreibung kommt die Verringerung des Betrags durch erfolgsneutrale Verrechnung mit den Rücklagen in Betracht (dazu Rdn. 49). Die Möglichkeiten der Tilgung nach Abs. 1 S. 1 und 2 sind mit den Regelungen für die Abschreibung eines Geschäfts- oder Firmenwerts im Jahresabschluß fast identisch. Vgl. deswegen auch Erl. zu § 255. Abs. 1 ist jedoch ausschließlich auf den aktiven Unterschiedsbetrag aus der Kapitalkonsolidierung anzuwenden.

21 **b) Abschreibung zu mindestens einem Viertel (Abs. 1 S. 1).** Nach der in S. 1 geregelten **Methode** ist der Geschäfts- oder Firmenwert in jedem folgenden Geschäftsjahr zu mindestens einem Viertel durch Abschreibungen zu tilgen. Die Regelung bietet Spielräume zur Ausgestaltung der Abschreibungsmethode unter der Voraussetzung, daß die Eckwerte der Regelung beachtet werden.

---

[20] *IDW* St. SABI 2/1988, WPg 1988, 622, 623; *Zündorf* Der Anlagespiegel im Konzernabschluß 46; ADS 81 ff; Ausweis unter Umbuchungen HdKR-*Weber/Zündorf* 66.

[21] ADS 90.

aa) Abschreibungszeitraum. Die Abschreibung hat spätestens im Geschäftsjahr nach der Erstkonsolidierung zu beginnen. In jedem folgenden Geschäftsjahr hat die Abschreibung mindestens ein Viertel zu betragen. Mit der Abschreibung darf unmittelbar im Geschäftsjahr der Erstkonsolidierung begonnen werden. Das Gesetz sieht diese Möglichkeit zwar nicht ausdrücklich vor. Es schließt den sofortigen Beginn mit der Vorgabe einer Mindestabschreibung in vier Jahren, beginnend mit dem Jahr nach dem Erwerb, aber auch nicht aus. Durch die früher einsetzende Abschreibung darf der sich bei Anwendung der gesetzlich vorgesehenen Abschreibung ergebende Mindestbetrag nicht unterschritten werden. Die **Dauer** der Abschreibung darf über das vierte Jahr, welches dem der Erstkonsolidierung folgenden Jahr nachfolgt, nicht hinausgehen. Eine Verkürzung der Abschreibungsdauer durch Abschreibungsbeträge, die ein Viertel übersteigen, ist zulässig.[22] **22**

bb) Abschreibungssatz. S. 1 schreibt für den gesetzlich definierten Abschreibungszeitraum einen Abschreibungssatz von mindestens einem Viertel vor. Das beinhaltet keinen feststehenden Satz, sondern eine **Mindestgröße.** Der Wortlaut läßt offen, ob der Abschreibungssatz eine lineare Bemessung der Beträge oder die Bemessung nach gleichen Sätzen, aber fallenden Beträgen voraussetzt. Auf der Grundlage von Art. 37 Abs. 2 und 34 Abs. 1 der 4. EG-Richtlinie sollen Geschäfts- oder Firmenwerte in nicht mehr als fünf Jahren abgeschrieben sein.[23] Bei Beginn der Abschreibung in dem auf den Erstansatz folgenden Jahr erfordert dies eine Abschreibung von jährlich mindestens einem Viertel, so daß der Mindestbetrag der jährlichen Abschreibung 25 % des aktivierten Ausgangsbetrags beträgt. **23**

Die Wahl **höherer gleichmäßiger Abschreibungssätze** als 25 % p. a. ist zulässig; sie führen zu einer Verkürzung des Abschreibungszeitraums, zumindest aber zu einer Verringerung des für das letzte Jahr zur Anwendung kommenden Abschreibungsbetrags. Wortlaut und Sinn der Vorschrift stehen dem nicht entgegen, auch wenn im letzten Jahr der Abschreibung dadurch ein niedrigerer Betrag, der jedoch den gesamten Restbuchwert umfaßt, getilgt wird. Fraglich ist, ob durch den Gesetzeswortlaut auch eine Vollabschreibung im Zugangsjahr oder dem Jahr, in dem erstmals die Mindestabschreibung vorzunehmen wäre, erfolgen kann. Wird die Regelung als verbindliche Vorgabe eines Mindestabschreibungssatzes verstanden, sind höhere Abschreibungen stets zulässig. Die sofortige Vollabschreibung entspricht einem Abschreibungssatz von 100 %. Eine so weit gehende Bewertungsfreiheit besteht bei Vermögensgegenständen des Anlagevermögens sonst nicht; die sofortige Abschreibung geringwertiger Vermögensgegenstände (entspr. § 6 Abs. 2 EStG) stellt eine Ausnahme dar. Der Geschäfts- oder Firmenwert nimmt unter den Gegenständen des Anlagevermögens eine Sonderstellung ein (Rdn. 8 f), die die Anwendung der sonst für abnutzbare Vermögensgegenstände zur Anwendung kommenden Regelungen einschränkt. Die sofortige, erfolgswirksame Abschreibung ist danach nicht zu beanstanden.[24] Diese Grundsätze gelten entsprechend für die Sofortabschreibung des Restbuchwerts vor Ablauf der Abschreibungsdauer. **24**

Da durch S. 1 eine bestimme Abschreibungsmethode nicht vorgeschrieben ist, kommt auch die Abschreibung mit **unterschiedlichen Sätzen** in Betracht. Hierbei kann es sich um eine Art der degressiven Abschreibung handeln, die in gleichmäßigen Sätzen, aber fallenden Beträgen tilgt. Eine solche Methode ist zulässig, wenn der Ab- **25**

---

[22] *IDW* St. SABI 2/1988, WPg 1988, 622, 624; ADS 15 und 17; HdKR-*Weber/Zündorf* 17 f.

[23] Bericht Rechtsausschuß, BTDrucks. 10/4268, zu § 255 HGB, 101; *Biener/Berneke* BiRiLiG 117.

[24] ADS 17; a. M. HdKR-*Weber/Zündorf* 20; *Weber/Zündorf* DB 1989, 335.

schreibungsbetrag in allen Jahren, mit Ausnahme des letzten Jahres oberhalb von einem Viertel liegt. Ferner kommt die Abschreibung nach unterschiedlichen Sätzen in Betracht, die nicht Bestandteil einer degressiven Methode sind (z. B. 60 %, 30 %, 10 %). Voraussetzung ist hier, daß die Abschreibungsbeträge mindestens ein Viertel des Ausgangsbetrags tilgen; eine Ausnahme gilt für das letzte Jahr der Abschreibung, wenn der Abschreibungsbetrag den gesamten Restbuchwert umfaßt.[25] Auch bei der Wahl variabler Sätze handelt es sich um die Festlegung einer Abschreibungsmethode. Der Stetigkeitsgrundsatz findet Anwendung; werden die Abschreibungssätze verändert, liegt eine Methodenabweichung vor, die zur Angabe nach § 313 Abs. 1 Nr. 3 führt.

26 **c) Planmäßige Verteilung auf die Nutzungsdauer (Abs. 1 S. 2).** S. 2 läßt die Abschreibung des Geschäfts- oder Firmenwerts wahlweise auch über die planmäßige Dauer seiner Nutzung zu. Die Regelung ist nahezu wortgleich mit § 255 Abs. 4 S. 2; dem Unterschied („genutzt werden *kann*" in Abs. 1 S. 2) ist inhaltlich keine Bedeutung beizumessen. Die planmäßige Verteilung auf die Geschäftsjahre der Nutzung beruht auf einem Abschreibungsplan. Dieser umfaßt die Festlegung der **Dauer** der **Nutzung** sowie die Art der **Verteilung** der Abschreibungsbeträge auf die Jahre der Nutzung.

27 Der Abschreibungsplan hat die **voraussichtliche Dauer** der Nutzung zu ermitteln. Der Plan ist *ex ante* festzulegen; er beruht auf den **Erkenntnissen** zum Zeitpunkt der Erstkonsolidierung. Später bekannt werdende Sachverhalte, die die geschäftswertbildenden Faktoren betreffen, können zur Änderung des Abschreibungsplans veranlassen Die Änderung kann zu einer Verlängerung oder Verkürzung der Nutzungsdauer und damit zu einer Beeinflussung der Abschreibungsbeträge oder auch zu außerplanmäßigen Abschreibungen (Rdn. 33) führen; die Änderung der festgelegten Parameter kann nur für die Zukunft wirken. Werden durch die Modifikation die methodischen Grundlagen der Abschreibung berührt, liegt eine nach § 313 Abs. 1 Nr. 3 angabe- und begründungspflichtige Änderung vor. Die Festlegung der Abschreibungsmethode hat das Gebot der Stetigkeit und die Grenzen der Willkür zu beachten.

28 Voraussetzung für die Anwendung von S. 2 ist die Möglichkeit, die **Dauer** der Nutzung des Geschäfts- oder Firmenwerts zu bestimmen.[26] Dazu wiederum ist es notwendig, die Bestimmungsgrößen für die Nutzungsdauer zu analysieren. Bereitet die Analyse Schwierigkeiten, kann die Nutzungsdauer auch aufgrund plausibler und nachvollziehbarer Daten geschätzt werden.[27] Eine Analyse hat das gegenwärtige Ertragspotential zu beurteilen, welches zur Bildung des Unterschiedsbetrags geführt hat. Dazu gehören z. B. Entwicklungsleistungen des Tochterunternehmens, der Produktlebenszyklus, abgeschlossene oder erreichbare langfristige Liefer- oder Abnahmeverträge. Nach IAS 22.44 (revised 1998) werden beispielhaft konkretisierte Bestimmungsfaktoren genannt, die bei der Bestimmung der voraussichtlichen Nutzungsdauer des Geschäfts- oder Firmenwerts zu berücksichtigen sind. Hierzu gehören z. B.

1. die voraussichtliche Lebensdauer des Geschäftszweiges oder der Industrie
2. die Produktalterung, Verschiebungen der Nachfrage oder andere ökonomische Faktoren,
3. die Restarbeitszeit von Schlüsselpersonen oder -gruppen von Angestellten,
4. erwartete Reaktionen von Wettbewerbern oder anderen Marktteilnehmern,

---

[25] *Zwingmann* BB 1994, 2314; ADS 18; Beck Bil-Komm-*Förschle/Hoffmann* 11; HdKR-*Weber/Zündorf* 18.

[26] ADS 20.

[27] *IDW* St. SABI 2/1988, WPg 1988, 622, 624.

5. rechtliche, behördliche oder vertragliche Bestimmungen, die die Nutzungsdauer des Geschäfts- oder Firmenwerts beeinflussen können.[28]

Aus diesen Prüfkriterien können **Anhaltspunkte** für die Beurteilung des Geschäfts- oder Firmenwerts gewonnen werden. Eine eindeutige Festlegung ist aus tatsächlichen Gründen in der Regel nicht möglich, da die Nutzungsdauer durch mehrere Kriterien bestimmt wird, die in ihrer Wertigkeit und den Umfeldeinflüssen sowie gegebenenfalls bestehenden Interdependenzen nicht eindeutig eingeschätzt werden können. Die Festlegung der Nutzungsdauer muß daher aus einer Gesamtbetrachtung der den Geschäfts- oder Firmenwert bildenden Faktoren abgeleitet oder geschätzt werden. Dieser Beurteilung sind nachvollziehbare Kriterien zugrunde zu legen.[29] Allgemeine Grundlagen für eine einheitliche Bestimmung der Nutzungsdauer lassen sich daher nicht treffen. Die angemessene Dauer der voraussichtlichen Nutzung zeigt eine, durch unterschiedliche Sachverhalte begründete große Bandbreite. Je nach dem zukünftigen Nutzen des Geschäfts- oder Firmenwerts kann sich dieser auf einen Zeitraum von z. B. fünf Jahren erstrecken. Nach IASC IAS 22.44 (revised 1998) soll eine Obergrenze bei 20 Jahren angenommen werden.[30] Der Rechnungslegungsstandard DRS 4 zur Bilanzierung von Unternehmenserwerben im Konzernabschluß geht ebenfalls von einer Höchstnutzungsdauer von 20 Jahren aus.[31] Ferner läßt DRS die Zuordnung des Goodwill zu verschiedenen Geschäftsbereichen des erworbenen Unternehmens und dementsprechend unterschiedliche Abschreibungsdauern zu.[32] Im Einzelfall wurden Nutzungszeiträume von 40 Jahren für noch angemessen, aber keinesfalls als überschreitbar angesehen; eine neueste Tendenz geht dahin, von der planmäßigen Abschreibung abzusehen und statt dessen einen periodischen Test der Werthaltigkeit des Postens durchzuführen.[33] **29**

Für die handelsrechtliche Praxis **indizielle Bedeutung** hat die fiktive Festsetzung der Nutzungsdauer eines Geschäfts- oder Firmenwerts in § 7 Abs. 1 S. 3 EStG. Sie beinhaltet eine nach steuerlichen Vorschriften getroffene Festlegung der Nutzungsdauer. Sofern keine anderen nutzungsdauerbestimmenden Faktoren bekannt sind, kann die in dieser Regelung bestimmte Nutzungsdauer auch für Zwecke des Konzernabschlusses anerkannt werden.[34] Die Wahl dieser Abschreibungsdauer allein aus steuerlichen Gründen ist für den Konzernabschluß nicht zulässig. **30**

Abs. 1 S. 2 enthält keine Festlegungen für die **Abschreibungsmethode**, verpflichtet aber dazu, mit der Verteilung auf die Geschäftsjahre dem Nutzungsverlauf zu entsprechen. Bei entsprechenden gesetzlichen oder vertraglichen Bedingungen kann dadurch der Abschreibungsverlauf determiniert werden. Im übrigen stehen die Methoden der **31**

---

28 *Baetge/Siefke* Rechnungslegung nach International Accounting Standards 805; ADS 20; DRS-4 Tz. 33; *Fülbier* Entwurf eines DRS-4 zur Bilanzierung von Unternehmenserwerben, DB 2000, 1341, 1344; *IDW* Stellungnahme zu DRS-4, FN 2000, 329, 338; *Peemöller/Beckmann/Geiger* Standardentwurf E-DRS 4 zu Unternehmenserwerben, BB 2000, 1080.

29 *IDW* St. SABI 2/1988, WPg 1988, 622, 623; Beck BilKomm-*Förschle/Hoffmann* 15.

30 Beispiele von Nutzungsdauerfestsetzungen in der Praxis bei HdKR-*Weber/Zündorf* 24 ff, insbes. 27; *Küting/Dusemond/Nardmann* BB 1994 Beil. 8, 14; *Küting* DStR 1995, 193.

31 *Baetge/Siefke* Rechnungslegung nach International Accounting Standards 805; ADS 20; DRS-4 Tz. 31; *Fülbier* Entwurf eines DRS-4 zur Bilanzierung von Unternehmenserwerben, DB 2000, 1341, 1344; *IDW* Stellungnahme zu DRS-4, FN 2000, 329, 338; *Peemöller/Beckmann/Geiger* Standardentwurf E-DRS 4 zu Unternehmenserwerben, BB 2000, 1080.

32 DRS 4 Tz. 30, 32.

33 APB Opinion No. 17 Tz. 29 (USA); ebenso St. SABI 2/1988, WPg 1988, 622, 624. Neue Überlegungen aus FASB 141, von einer planmäßigen Abschreibung des good will abzusehen, finden in § 309 Abs. 1 keine Rechtsgrundlage; so auch IASB Update (December 2001) zu Business Combinations.

34 *Wysocki/Wohlgemuth* Konzernrechnungslegung (1996) 110; Beck HdR-*Ordelheide* C 402, 33; Beck BilKomm-*Förschle/Hoffmann* 15; ADS 21.

planmäßig linearen oder degressiven Abschreibung zur Verfügung. Den Regelungen nach internationalen Rechnungslegungsgrundsätzen[35] (z. B. IAS 22.45) entsprechend sowie in Anlehnung an die in steuerlichen Vorschriften festgelegte Methode wird i. d. R. die **lineare** Abschreibungsmethode zur Anwendung kommen.

32 Der **Beginn** der Abschreibung ist bei planmäßiger Verteilung über die Nutzungsdauer nach S. 2, abweichend von S. 1 nicht bestimmt. Nach den zur Anwendung kommenden allgemeinen Grundsätzen ist mit der Abschreibung im Jahr des Zugangs, also der Erstkonsolidierung zu beginnen. Erfolgt der Zugang im Laufe des Konzerngeschäftsjahres, wird die Abschreibung pro rata temporis bemessen. Bei geringfügigen Abgrenzungen der Zeit oder der Höhe nach kann nach dem Wesentlichkeitsgrundsatz auf eine pro rata-Verteilung verzichtet werden.[36]

33 **d) Außerplanmäßige Abschreibungen.** § 309 Abs. 1 spricht außerplanmäßige Abschreibungen nicht an. Für diese gelten die allgemeinen **Grundsätze.** Liegen Gründe vor, sind außerplanmäßige Abschreibungen vorzunehmen, um den Wertansatz an einen niedrigeren, beizulegenden Wert anzupassen. Die Anpassung kann zur vollständigen oder teilweisen Abschreibung des verbliebenen Buchwerts führen. Die Bewertungsgrundsätze der §§ 253 Abs. 2 S. 3, 279 Abs. 1 S. 2 sind nach § 298 Abs. 1 anzuwenden; die Wertminderung muß nachhaltigen Charakter haben.

34 **Gründe** für die Notwendigkeit einer außerplanmäßigen Abschreibung liegen in der Wertminderung geschäftswertbegründender Faktoren. Zu diesen gehören z. B. die nachhaltige Ertragslosigkeit des Geschäftszweigs, der Verlust der rechtlichen Grundlagen zur Realisierung der erworbenen Geschäftschance oder der Weggang wesentlicher Teile der know-how tragenden Führungskräfte. Indiz für die außerplanmäßige Abschreibung des Geschäfts- oder Firmenwerts ist die Notwendigkeit der Wertberichtigung des Beteiligungsansatzes für das einbezogene Tochterunternehmen im Jahresabschluß, wenn diese nicht auf der Wertminderung anderer, auch im Konzernabschluß angesetzter Vermögensgegenstände oder dem Entstehen von Schulden beruht.[37] Gleiches gilt bei der außerplanmäßigen Realisierung einer mit der Akquisition bezweckten Geschäftschance, z. B. durch die einmalige oder vorzeitige und nicht reproduzierbare Realisierung stiller Reserven oder den Verbrauch eines in die Geschäftswertbemessung eingeflossenen steuerlichen Verlustvortrags. Die außerplanmäßige Abschreibung ist erforderlich, wenn diese Entwicklungen durch den Abschreibungsplan nicht oder nicht zutreffend berücksichtigt werden. Die Abschreibung führt zur Anpassung an den niedrigeren beizulegenden Wert, was im Einzelfall die Vollabschreibung des Geschäfts- oder Firmenwerts zur Folge haben kann.

35 **e) Zuschreibungen.** Bei Wegfall des Grundes für eine außerplanmäßige Abschreibung ist nach §§ 298 Abs. 1 i. V. m. 280 Abs. 2 eine Zuschreibung geboten; bei der Zuschreibung ist der planmäßige Abschreibungsverlauf zu berücksichtigen. Bei außerplanmäßigen Abschreibungen auf einen Geschäfts- oder Firmenwert gilt keine Ausnahme. Bei Zuschreibungen auf einen Geschäfts- oder Firmenwert müssen verschiedene Fallgruppen unterschieden werden. Erfolgt eine planmäßige Abschreibung und führt ein Ereignis zu einer außerplanmäßigen Abschreibung, deren Grund in späteren Jahren wieder wegfällt, findet das Gebot zur Zuschreibung Anwendung. War der Geschäfts- oder Firmenwert hinsichtlich des konsolidierten Tochterunternehmens bereits voll abgeschrieben, muß eine Zuschreibung nicht vorgenommen werden; sie darf

---

35 Vgl. *Baetge/Siefke* Rechnungslegung nach International Accounting Standards IAS (1997) 806.

36 Eine entsprechende Anwendung steuerlicher Vereinfachungsregelungen nach R 44 Abs. 2 EStR auf den Konzernabschluß scheidet aus; a. M. *Küting/Dusemond/Nardmann* BB 1994 Beil 8, 9; HdKR-*Weber/Zündorf* 28.

37 ADS 24 ff; HdKR-*Weber/Zündorf* 29.

nicht erfolgen, wenn der Geschäfts- oder Firmenwert planmäßig bereits abgeschrieben wäre.

Eine Zuschreibung kommt dem Grunde nach nicht in Betracht, wenn der Geschäfts- oder Firmenwert **„planmäßig"** sofort oder in hohen Abschreibungsraten getilgt wurde. Stellt sich im Vergleich zur tatsächlichen Nutzungsdauer diese Abschreibung später als überhöht dar, daß eine Zuschreibung nach § 280 Abs. 1 nicht vorgenommen werden.[38] Das gleiche gilt, soweit der Geschäftswert nach S. 3 mit den Rücklagen des Konzerns verrechnet wurde. Die Verrechnung kann nicht durch eine Zuschreibung rückgängig gemacht werden, da die getroffene Wahl der Nichtaktivierung unumkehrbar ist (Rdn. 37). **36**

3. Verrechnung mit den Rücklagen (Abs. 1 S. 3)

a) **Verrechnung.** Der Geschäfts- oder Firmenwert darf nach S. 3 mit den Rücklagen verrechnet werden. Hierdurch ergibt sich das **Wahlrecht**, den verbleibenden aktiven Unterschiedsbetrag entweder zu aktivieren und abzuschreiben oder zu verrechnen. Die Verrechnung vermeidet die Aktivierung und führt zu einer Bilanzverkürzung. Die materielle Bedeutung der Verrechnung geht aber darüber noch hinaus, da die Verrechnung erfolgsneutral erfolgt, während die Tilgung eines aktivierten Geschäfts- oder Firmenwerts erfolgswirksam zu Lasten der Ergebnisse der nachfolgenden Geschäftsjahre vorzunehmen ist. Die Ausübung des Wahlrechts ist endgültig und unumkehrbar. Es ist unzulässig, in späteren Geschäftsjahren den Posten anzusetzen und eine Einstellung in die Rücklagen vorzunehmen. **37**

Verrechnung bedeutet nach Wortlaut und Sinn der Vorschrift den Abzug eines aktivierbaren Betrags von den Rücklagen. Die für die Verrechnung zur Verfügung stehenden Rücklagen werden durch den Abzug des Betrags gekürzt. Die unmittelbare Verrechnung mit den Rücklagen berührt weder die Bilanz noch die Gewinn- und Verlustrechnung des Konzerns. Auswirkungen auf den Konzernerfolg durch die Verrechnung sind ausgeschlossen. **38**

Die Verrechnung ist rechtlich wie betriebswirtschaftlich begründbar durch die *Zweifel* bei der Einordnung eines Geschäfts- oder Firmenwerts als Vermögensgegenstand, so daß seine Nichtaktivierung Unklarheiten aus der Darstellung der Vermögens- und Ertragslage des Konzerns vermeidet.[39] Der Ausweis eines Postens, dessen Inhalt und Nutzungsdauer nicht eindeutig bestimmbar ist, beeinträchtigt die Darstellung der Vermögenslage, seine Abschreibung in der Folgezeit die Ertragslage. Gleichwohl wird gegen die Verrechnungsmöglichkeit in der Literatur Kritik geübt. In internationalen Rechnungslegungsgrundsätzen ist die Verrechnung ausgeschlossen.[40] Die für den Konzernabschluß zugelassene Verrechnung steht nicht im Einklang mit der für den Jahresabschluß nach § 255 Abs. 4 geltenden Möglichkeit zur erfolgswirksamen Nichtaktivierung oder den GoB.[41] Der Rechnungslegungsstandard DRS-4 lehnt die erfolgsneutrale Verrechnung mit den Rücklagen des Konzerns ab;[42] damit wird die kritische Einschätzung aufgegriffen.[43] Für den Konzernabschluß nach HGB steht die Zulässigkeit der Verrechnung aufgrund der gesetzlichen Regelung in S. 3 außer Zweifel. **39**

---

[38] Im Ergebnis gleichlautend *IDW* St. SABI 2/1988, WPg 1988, 622, 623; ADS 27 ff; Beck BilKomm-*Förschle/Hoffmann* 35; HdKR-*Weber/Zündorf* 32.

[39] Beck BilKomm-*Förschle/Hoffmann* 20.

[40] IASC IAS 22.40 (revised 1993); *Baetge/Siefke* Rechnungslegung nach International Accounting Standards IAS, 803.

[41] *Ordelheide* WPg 1987, 309, 311; *Busse v. Colbe* FS für K. H. Forster, 123, 130 ff; *Havermann* FS Goerdeler 192; *Niehus* WPg 1984, 323 ff; *v. Wysocki* WPg 1986, 177, 179.

[42] DRS 4, Tz. 28; *IDW* Stellungnahme zu E-DRS 4, FN 2000, 329, 338; *Fülbier* DB 2000, 1341, 1344.

[43] *Busse v. Colbe/Ordelheide* Konzernabschlüsse 237; HdKR-*Weber/Zündorf* 35 ff.

40 Die Verrechnung muß **offen** erfolgen. Das erfordert in der Konzernbilanz oder im Konzernanhang die erkennbare Absetzung der Verrechnungsbeträge. Die Publizität des abgezogenen Betrags dient der Klarheit des Konzernabschlusses.[44] Der offene Ausweis ist nur im Jahr der Verrechnung geboten (Rdn. 51 ff). Er bezieht sich auf den Betrag, der von den Rücklagen abgezogen wurde. Die Fortführung der Angabe über die insgesamt verrechneten Beträge ist nicht erforderlich.

41 **b) Rücklagen des Konzerns.** S. 3 schreibt die Verrechnung des Geschäfts- oder Firmenwerts mit den **Rücklagen** vor. Rücklagen definieren sich nach §§ 298 Abs. 1 i. V. m. §§ 266 Abs. 3 (Passivseite) A II bis IV, 272 Abs. 2 bis 4 als Kapitalrücklagen, Gewinnrücklagen und andere Rücklagen; zu den Gewinnrücklagen gehören die aus dem Gewinn gebildete gesetzliche Rücklage, die Rücklage für eigene Anteile und satzungsmäßige Rücklagen. Mit welchen dieser Rücklagenkategorien die Verrechnung zu erfolgen hat und ob dabei eine Verwendungsreihenfolge zu beachten ist, ist in S. 3 nicht geregelt.

42 Der Begriff Rücklagen in S. 3 bezieht sich auf die Rücklagen des **Konzerns**. Das sind zunächst die Rücklagen des Mutterunternehmens, die in den Konzernabschluß übergehen. Weiterhin gehören zu den Rücklagen diejenigen, die nach der erstmaligen Einbeziehung von Unternehmen in den Konzernabschluß durch deren Geschäftstätigkeit entstehen. Soweit Rücklagen auf außenstehende Gesellschafter entfallen, stehen sie zur Verrechnung im Konzern nicht zur Verfügung.

43 Zur Verrechnung kommen in erster Linie die **Gewinnrücklagen** und die **Kapitalrücklagen** in Betracht, jedenfalls soweit, als deren Verwendung nicht durch *Gesetz oder Satzung* ausgeschlossen ist.[45] Unter diesen Rücklagen soll die Verrechnung zunächst mit den sog. freien Gewinnrücklagen erfolgen, da diese für eine Verrechnung unbeschränkt zur Verfügung stehen und es sich bei der Verrechnung materiell um einen Vorgang aus der Geschäftssphäre und nicht der Außenfinanzierung handelt.[46] Gleichwohl kommt auch die Verrechnung mit Kapitalrücklagen in Betracht, da auch diese zur Verrechnung mit Jahresfehlbeträgen herangezogen werden können (für AG § 150 Abs. 2 AktG). Fraglich ist, ob zur Verrechnung auch *gebundene Rücklagen* herangezogen werden können. Bindungen bestehen bei gesetzlichen Rücklagen, Rücklagen für eigene Anteile und satzungsmäßigen Rücklagen. Bei diesen ist nach dem Zweck der Bindung zu unterscheiden. Bindungen, die eine Verpflichtung des Mutterunternehmens charakterisieren, stehen auch aus Sicht des Konzerns und stellen die entsprechenden Rücklagen für eine Verrechnung nicht zur Verfügung. Dies kann bei bestimmten satzungsmäßigen Rücklagen der Fall sein. Etwas anderes kann im Hinblick auf die Frage der Verrechnung gelten, wenn die Rücklagenbindung aus Gründen der Kapitalerhaltung oder zur Verhinderung von Leistungen an die Gesellschafter angeordnet ist. Diese Gründe haben ihre Berechtigung im Jahresabschluß, dem materiell und formell die Ausschüttungsbemessungsfunktion zukommt und für den Gläubigerschutz von Bedeutung ist. Insoweit unterscheiden sich die Eigenart des Jahresabschlusses und des Konzernabschlusses.[47] Da es sich bei S. 3 um eine Verrechnung, nicht aber um einen Mittelabfluß an Gesellschafter handelt, ist es zulässig, die Verrechnung auch gegen solche Rücklagenposten vorzunehmen. Für eine Verrechnung im Konzernabschluß kommen daher auch die Kapitalrücklagen und die gesetzliche

---

[44] Beck HdR-*Ordelheide* C 402, 34; Beck Bil-Komm-*Förschle/Hoffmann* 20.

[45] H.M. *IDW* St. SABI 2/1988, WPg 1988, 622, 624; *Biener/Berneke* BiRiLiG 264; ADS 35; Beck Bil-Komm-*Förschle/Hoffmann* 20.

[46] *Busse v. Colbe/Ordelheide* Konzernabschlüsse 237.

[47] *Gelhausen/Gelhausen* FS für K. H. Forster, 218, 227; ähnlich *Weber/Zündorf* DB 1989, 333, 337.

Rücklage in Betracht. Rücklagen für eigene Anteile, die auch im Konzernabschluß fortzuführen oder zu bilden sind (§ 301, 43) stehen zur Verrechnung nicht zur Verfügung. Werden gebundene Rücklagen in die Verrechnung einbezogen, müssen sie in den Folgejahren wieder aufgefüllt werden, soweit der Grund für die Bindung noch besteht. Zur Erläuterung der Verwendung solcher Rücklagen im Konzernanhang vgl. Rdn. 53.

Die Zulässigkeit der Verwendung von Rücklagenbeträgen aus unterschiedlichen Rücklagenkategorien führt zur Frage einer **Verwendungsreihenfolge**. Im Hinblick auf die unterschiedliche Qualifikation der Rücklagen und deren Verwendung im Jahresabschluß sollte auch im Konzernabschluß daran festgehalten werden, die Verrechnung zunächst mit den frei verfügbaren Rücklagenbeträgen vorzunehmen und erst danach die Rücklagenkategorien anzugreifen, die im Jahresabschluß Bindungen unterliegen. Als weitere Rücklagen kommen die auch im Jahresabschluß als nächst verwendbar vorgesehene Rücklagen in Betracht. **44**

Die **Höhe** des mit den Rücklagen **verrechenbaren Betrags** ist durch den Betrag der verfügbaren Rücklagen beschränkt. Eine Rücklagenverrechnung mit höheren Beträgen, die zu einem negativen Rücklagenbetrag führen würde, ist nicht zulässig. Reichen die in der Konzernbilanz ausgewiesenen Rücklagenbeträge einschließlich der im Konzernabschluß vorgesehenen Einstellungen in die Rücklagen der Höhe nach nicht aus, um den Betrag abzudecken, scheidet eine Verrechnung aus. In diesem Fall darf nur ein Teil des Unterschiedsbetrags aus der Kapitalkonsolidierung mit den Rücklagen verrechnet werden; der Mehrbetrag ist zu aktivieren und erfolgswirksam abzuschreiben. Sind die Rücklagen des Konzerns u. a. durch Verrechnung von Unterschiedsbeträgen aus der Konsolidierung verbraucht, werden in der Literatur unterschiedliche Varianten diskutiert, um Rücklagen für weitere Verrechnungen zu erschließen. Nach einer Auffassung soll es zulässig sein, in solchen Fällen weitere zur Verrechnung anstehende Beträge als „Ergebnisvortrag" auszuweisen.[48] Dies führte zum Ausweis eines Fehlbetrags aus der Kapitalkonsolidierung und stellt deshalb eine nicht systemgerechte Lösung dar. Ebenfalls soll der Ausweis eines negativen Korrekturpostens im Eigenkapital unter der Bezeichnung „In den Vorjahren mit den Rücklagen verrechneter Geschäfts- oder Firmenwert" zulässig sein.[49] Diese Lösung erscheint ebenfalls nicht sachgerecht, da sie dem Charakter der Verrechnung mit den Rücklagen als abgeschlossenem Vorgang widerspricht. Der Charakter des Postens bleibt unklar und schließt bei einer Gesamtbetrachtung der Rücklagenposten das Entstehen eines negativen Rücklagenbetrags nicht aus.[50] Diese Lösungsansätze sind daher abzulehnen. Sie stehen mit der durch das Gesetz zugelassenen Möglichkeit der Verrechnung mit den Rücklagen nicht in Einklang. Stehen für die beabsichtigte Verrechnung Rücklagen nicht in ausreichendem Umfang zur Verfügung, ist die Verrechnung unzulässig, so daß das Wahlrecht nach S. 3 dann nicht angewendet werden kann.[51] **45**

c) Zeitpunkt der Verrechnung. aa) Jahr der Entstehung. Das Wahlrecht zur Verrechnung des Geschäfts- oder Firmenwerts ist im Jahr der **Erstkonsolidierung** des Tochterunternehmens auszuüben. Im Zusammenhang mit der erstmaligen Einbeziehung des Unternehmens ist eine Entscheidung über die Verwendung des Unterschiedsbetrags zu treffen. Eine ausdrückliche Anordnung hierzu enthält S. 3 jedoch **46**

---

[48] HdKR-*Weber/Zündorf* 42; *Küting* DStR 1995, 195.

[49] ADS 87; HdKR-*Weber/Zündorf* 43.

[50] *Gelhausen/Gelhausen* FS Forster 221 ff.

[51] *Gelhausen/Gelhausen* FS Forster, 222; zu anderen Lösungen auch WP-Handbuch 2000 I M 381; *Küting/Dusemond/Nardmann* BB 1994 Beil. 8, 11.

nicht. Grundlage hierzu hätte Art. 30 Abs. 2 der 7. EG-Richtlinie sein können, der den *offenen und unmittelbaren* Abzug von den Rücklagen vorsah. Die zeitliche Dimension dieses Begriffs wurde bei der Umsetzung im Rahmen des BiRiLiG jedoch verkannt. Sie fußt auf dem angelsächsischen Hintergrund der Regelung, der auf die *sofortige* Verrechnung mit den Rücklagen hinausläuft. Die Verrechnung im Erstjahr ist als Regelfall zu betrachten.[52]

47 **bb) Verrechnung in späteren Perioden.** Wird das Wahlrecht zur Verrechnung mit den Rücklagen im Jahr des Zugangs nicht ausgeübt oder ist die Verrechnung infolge des Fehlens ausreichender Rücklagen nicht möglich, ist der Unterschiedsbetrag als Geschäfts- oder Firmenwert zu aktivieren. In diesem Fall stellt sich die Frage, ob eine **Verrechnung** zu einem späteren Zeitpunkt zulässig ist, und zwar in einem dem Erwerb **folgenden Jahr,**[53] insbesondere bei Anwendung von S. 1, der den Beginn der Tilgung durch Abschreibungen erst für das dem Zugang folgende Geschäftsjahr vorschreibt. Weiterhin kommt in Betracht, ob die Verrechnung unabhängig hiervon in späteren Perioden in Höhe des Restbuchwerts des angesetzten Geschäfts- oder Firmenwerts als Übergang von der erfolgswirksamen Abschreibung zur erfolgsneutralen Verrechnung erfolgen darf.[54] Ferner könnte die Verrechnung von Teilbeträgen, sei es in Form der ratierlichen Verrechnung[55] oder der Verrechnung in unterschiedlichen Beträgen, z. B. entsprechend verfügbaren Rücklagenbeträgen, erwogen werden.

48 **Kritik.** Die dargestellten Alternativen unterstellen die Zulässigkeit der vom Zugangsjahr abweichenden Verrechnung. Zwar beinhaltet § 309 Abs. 1 ein Ansatzwahlrecht. Die Entscheidung über den Ansatz ist einmalig und endgültig und bestimmt den Weg der weiteren Behandlung des Postens. Erfolgt die Aktivierung, richtet sich die Tilgung durch Abschreibungen nach Abs. 1 S. 1 und 2. Das Gesetz läßt eine erfolgsneutrale Verrechnung des aktivierten Betrags nicht ausdrücklich zu; Abs. 1 S. 3 stellt eine Tilgungsvariante zu S. 1 oder 2 dar. Da S. 1 die Abschreibung für das Zugangsjahr aussetzt, kann die Verrechnung auf das Folgejahr ausgedehnt werden.[56] Weiterhin soll es zulässig sein, den jeweiligen Restbuchwert mit den Rücklagen zu verrechnen. Für aktivierte Unterschiedsbeträge soll damit eine weitere Möglichkeit außer der Tilgung durch pauschale, planmäßige oder außerplanmäßige Abschreibungen zur Verfügung stehen. Dieser weitgehend vertretenen Auffassung ist zu widersprechen. Der Grundsatz der Klarheit und Willkürfreiheit des Konzernabschlusses steht entgegen, neben der Abschreibung die erfolgsneutrale Verrechnung zuzulassen.[57] Die sukzessive Verrechnung aktivierter Beträge in unregelmäßigen oder ratierlichen Beträgen scheidet aus. Die planmäßige Verteilung des Unterschiedsbetrags durch erfolgsneutrale Verrechnung mit den Rücklagen über die Zeitdauer der Nutzung widerspricht den GoB sowie Abs. 1 S. 2 und 3 und ist unzulässig; DRS 4 hat sie ebenfalls für unzulässig erklärt.[58] Die Vornahme einer unzulässigen Verrechnung beeinträchtigt die Darstellung der Vermögens- und Ertragslage des Konzerns und kann auch nicht durch die Angabe verrechneter Beträge im Konzernanhang geheilt werden (zur Verneinung der Heilungsfunktion des Konzernanhangs § 313, 18 am Ende).

49 **cc) Teilbeträge.** Eine weitere Ausnahme ist die Verrechnung von **Teilbeträgen** in Fällen, in denen die Rücklagen bei feststehender Verrechnungsabsicht nicht ausge-

---

52 ADS 41.
53 Helmrich/*Biener* BiRiLiG 214.
54 WP-Handbuch 2000 I M 381.
55 Beck HdR-*Ordelheide* C 402, 36; Beck Bil-Komm-*Förschle/Hoffmann* 21.
56 Beck BilKomm-*Förschle/Hoffmann* 21; ADS 43.
57 WP-Handbuch 2000 I M 381; ADS 44.
58 DRS 4 Tz. 29; *IDW* St. SABI, WPg 1988, 622, 624; HdKR-*Weber/Zündorf* 35. In der Praxis hat diese Methode keine erhebliche Verbreitung gefunden, *Küting* DStR 1995, 192, 193.

reicht haben. Diejenigen Beträge, die mangels verfügbarer Rücklagen nicht verrechnet werden konnten, müssen aktiviert werden (Rdn. 45). Im folgenden oder in den folgenden Jahren *muß* die Verrechnung mit den verfügbaren Rücklagen vorgenommen werden. Unterschreitet nach dem, dem Jahr des Zugangs folgenden Geschäftsjahr der Betrag, der verrechnet werden konnte, den Betrag, der bei planmäßiger Abschreibung zu tilgen gewesen wäre, muß für den nicht verrechneten Teilbetrag auf die Methode der Abschreibung nach S. 1 oder 2 übergegangen werden.

Ein anderer Fall liegt vor, wenn ein Unterschiedsbetrag im Zugangsjahr **zum Teil** 50 verrechnet und zum Teil aktiviert wird, obwohl die Verrechnungsmöglichkeit bestanden hätte. Die vorstehenden Grundsätze nach Rdn. 47 f gelten für den aktivierten Teilbetrag entsprechend.

d) Ausweis. Die Verrechnung des aktiven Unterschiedsbetrags mit den Rücklagen 51 läßt die Posten der **Konzernbilanz** außerhalb des Eigenkapitals unberührt. Da bei Verrechnung eine Aktivierung des Unterschiedsbetrags unterbleibt, wird der Konzern-Anlagespiegel nicht berührt. Die Verrechnung ist erfolgsneutral; Posten der Konzern-Gewinn- und Verlustrechnung werden nicht angesprochen.

Der Abzug von den Rücklagen hat **offen** zu erfolgen (Rdn. 40). Die Absetzung 52 kann in einer Vorspalte zu den Rücklagenposten erfolgen. Die Fortführung der verrechneten Beträge in den Folgeabschlüssen ist nicht erforderlich. Ist das Mutterunternehmen eine AG oder KGaA, muß es die Entwicklung der Rücklagen nach § 152 AktG gesondert darstellen. Es ist zulässig, die offene Absetzung des zu verrechnenden Betrags im Rahmen der Darstellung der Entwicklung der Rücklagen offen auszuweisen.[59]

Abs. 1 S. 3 schreibt spezifische Angaben für den **Konzernanhang** nicht vor. Die 53 angewendete Methode ist im Rahmen der Konsolidierungs-, Bilanzierungs- oder Bewertungsmethoden zu beschreiben. Werden zur Verrechnung eines aktiven Unterschiedsbetrags Rücklagenbeträge verwendet, die aus Sicht des Jahresabschlusses Einschränkungen in der Verwendung unterliegen, sollten die aus diesen Rücklagenkategorien verrechneten Teilbeträge angegeben werden.[60]

e) Folgewirkungen, Endkonsolidierung. Es entspricht der h. M., daß die Verrech- 54 nung eines Unterschiedsbetrags mit den Rücklagen nur solange erfolgsneutral bleibt, solange die Beteiligung, aus deren Konsolidierung der Unterschiedsbetrag stammt, zum Konsolidierungskreis gehört. Scheidet das Tochterunternehmen aus, soll spätestens zu diese Zeitpunkt die Aufholung der bisher erfolgsneutral verrechneten Rücklagen und deren ergebniswirksame Verrechnung bei den Maßnahmen der Entkonsolidierung erfolgen. Hiermit soll die Identität des Totalerfolgs über die Gesamtlebensdauer der Unternehmen hergestellt werden.[61] Zu Einzelheiten vgl. § 301, 218.

III. Passive Unterschiedsbeträge (Abs. 2)

1. Grundlagen

a) Herkunft und Charakter des Postens. Ein passiver Unterschiedsbetrag ent- 55 steht, wenn bei der Verrechnung des Wertansatzes an einem in den Konzernabschluß einbezogenen Unternehmen mit dem auf die Anteile entfallenden Betrag des Eigen-

[59] ADS 86.
[60] ADS 39, 49.
[61] Beck BilKomm-*Förschle/Hoffmann* 24; ADS 32.

kapitals ein **negativer Unterschiedsbetrag** verbleibt. Das ist dann der Fall, wenn das Eigenkapital des einbezogenen Unternehmens den Buchwert des Anteils des Mutterunternehmens übersteigt. Bei der Verrechnung ist das sich aus der Handelsbilanz II ergebende Eigenkapital zugrunde zu legen. Ein negativer, auf der Passivseite entstehender Betrag ist nach § 301 Abs. 3 S. 1 als Unterschiedsbetrag aus der Kapitalkonsolidierung auszuweisen.

56 Wie der aktive Unterschiedsbetrag entsteht auch der passive Betrag als Rest- oder Saldogröße bei der Kapitalkonsolidierung. Er kann auf unterschiedlichen wirtschaftlichen Ursachen beruhen. Wurden die Anteile an dem Unternehmen im zeitlichen Zusammenhang mit der Einbeziehung erworben, lagen die Anschaffungskosten unter dem Eigenkapital. Grund für einen Kaufpreisabschlag kann eine den Buchwert des Eigenkapitals nicht erreichende Ertragskraft sein, wie sie insbesondere gegeben ist, wenn negative Erfolgsbeiträge erwartet werden. Hierzu gehören auch ausstehende Sanierungsmaßnahmen oder die Kosten eines zur Herstellung der Ertragskraft erforderlichen Personalabbaus, soweit die Auswirkungen solcher Maßnahmen noch nicht im Jahresabschluß des Tochterunternehmens ihren Niederschlag gefunden haben. Der Kaufpreisabschlag hat in diesen Fällen den Charakter eine **bad will.**[62]

57 Hat der Erwerber in Ausnutzung einer überlegenen Verhandlungsposition ein besonders günstiges Ergebnis erzielt und die Anteile zu einem Kaufpreis unterhalb ihres Betrages des anteiligen Eigenkapitals erworben, kann ebenfalls ein negativer Unterschiedsbetrag entstehen, wenn das Eigenkapital des Unternehmens den Kaufpreis übersteigt. In diesem Falle liegt ein sog. **lucky buy** vor.[63]

58 Gehören die Anteile an dem Unternehmen bereits länger zum Konzern, ohne daß das Unternehmen in den Konzernabschluß einbezogen wurde, sind **weitere Ursachen** denkbar. Das Mutterunternehmen kann eine Abschreibung auf den Beteiligungsbuchwert vorgenommen haben, so daß das Eigenkapital den Buchwert nunmehr übersteigt. Ferner können in der Vergangenheit erwirtschaftete und thesaurierte Ergebnisse des Tochterunternehmens aus der Zeit vor erstmaliger Einbeziehung zu dem Unterschiedsbetrag geführt haben.[64]

59 Je nach seiner Ursache weist der passive Unterschiedsbetrag einen **unterschiedlichen bilanziellen Charakter** auf. Im Falle des negativen Geschäftswerts kann der Posten den Charakter eines Postens zur Ergebnisabgrenzung oder einer Rückstellung haben; bei einem lucky buy oder bei in der Vergangenheit thesaurierten Gewinnen des Tochterunternehmens stellt der Posten materiell eher eine Gewinnrücklage dar.

60 **b) Ansatz eines Passivpostens.** § 301 Abs. 3 S. 1 schreibt vor, in Höhe des passiven Unterschiedsbetrags einen Passivposten anzusetzen. Wegen seiner Herkunft als Saldoposten ist der Posten einer selbständigen Bewertung nicht zugänglich, im einzelnen § 301, 145 ff.

61 Nach **internationalen Rechnungslegungsgrundsätzen** (IAS 22.59 [revised 1998]) ist beim Entstehen eines passiven Unterschiedsbetrags zunächst vorgeschrieben, eine Abstockung von Vermögensgegenständen oder Aufstockung von Schulden in Höhe des Unterschiedsbetrags vorzunehmen.[65] Nur soweit eine Abstockung nicht möglich ist, muß ein verbleibender Betrag, als negativer good will bezeichnet, passiviert und

---

[62] *Busse v. Colbe/Ordelheide* Konzernabschlüsse 221; *Baetge/Kirsch/Thiele* Konzernbilanzen 241 ff; DRS 4 Tz. 40 f in Anlehnung an IAS 22.61 f.

[63] *Baetge/Kirsch/Thiele* Konzernbilanzen 241; *Fülbier* Entwurf von DRS-4, DB 2000, 1341, 1344.

[64] ADS 67.

[65] *Baetge/Siefke* Rechnungslegung nach IAS 808.

i. d. R. über einen Zeitraum von fünf Jahren aufgelöst werden.[66] Nach § 309 Abs. 2 ist die Anwendung einer solchen Methode nicht zulässig, es sei denn, daß es sich um die Zuordnung von stillen Reserven oder stillen Lasten handelt. In dem Bilanzposten sind alle passiven Unterschiedsbeträge zusammengefaßt auszuweisen.

c) **Ausweis.** Der passive Unterschiedsbetrag ist in der Konzernbilanz unter der nach § 301 Abs. 3 S. 1 vorgeschriebenen Bezeichnung auszuweisen. Die **Einordnung** in das Gliederungsschema nach §§ 298 Abs. 1 i. V. m. 266 ist nicht vorgeschrieben. Die Festlegung des zutreffenden Platzes hat dem Charakter des Posteninhalts Rechnung zu tragen. Werden in dem Posten die Unterschiedsbeträge aus der Einbeziehung verschiedener Tochterunternehmen zusammengefaßt, kommt ihm ein Mischcharakter zu. Für einen Posten dieses Inhalts bietet sich die Anordnung zwischen den Rücklagen (gegebenenfalls Sonderposten mit Rücklagenteil) und den Rückstellungen an.[67] Läßt sich der materielle Charakter des Postens eindeutiger zuordnen, kann der Ausweis nahe den verwandten Posten gewählt werden. Steht fest, daß es sich bei dem Betrag um gekaufte Gewinne handelt, kommt der Ausweis im Eigenkapital bei den Gewinnrücklagen in Betracht.[68] Steht der Unterschiedsbetrag hingegen für zukünftige Aufwendungen, z. B. für eine Sanierung, besitzt er materiell Rückstellungscharakter und ist bei den sonstigen Rückstellungen auszuweisen. Die Einstellung in den Posten ist erfolgsneutral ohne Berührung der Konzern-Gewinn- und Verlustrechnung. Zur Auflösung des Postens und der Auswirkungen auf die Konzern-Gewinn- und Verlustrechnung Rdn. 63 ff. 62

2. Auflösung des Postens nach Abs. 2

a) **Erfolgswirksame Auflösung.** Die Regelung nach Abs. 2 betrifft die **erfolgswirksame** Auflösung des Postens, die nur in den im Gesetz zugelassenen Fällen statthaft ist. Liegen diese nicht vor, bleibt der Betrag unverändert. Eine Veränderung des Postens kann im übrigen nur durch die erfolgsneutrale Umgliederung des Postens in das Eigenkapital (Rücklagen) erreicht werden. Dies ist zulässig, wenn sich erweist, daß der Unterschiedsbetrag auf thesaurierte Gewinne des Tochterunternehmens zurückzuführen ist (vgl. Rdn. 79). 63

Bei Vorliegen der **Voraussetzungen** nach Abs. 2 ist die **erfolgswirksame** Auflösung zwingend. Die Auflösung des Passivpostens führt zu einem Ertrag in der Konzern- Gewinn- und Verlustrechnung. 64

Die erfolgswirksame Auflösung ist an das Vorliegen der Voraussetzungen der Nr. 1 oder 2 geknüpft. Die Auflösung hat zu erfolgen, wenn die **sachlichen Bedingungen** erfüllt sind. Diese können den Gesamtbetrag umfassen, werden bei einem zusammengesetzten Posten i. d. R. jedoch nur einen Teilbetrag betreffen. Die Regelung hat darüber hinaus Bedeutung in **zeitlicher Hinsicht.** Die Auflösung hat zu erfolgen, sobald die sachliche Bedingung eingetreten ist. Die Beibehaltung des Postens nach Eintritt der Bedingung entspricht nicht der zutreffenden Darstellung der Vermögens- und Ertragslage des Konzerns, § 297 Abs. 2 S. 2. Die Wortwahl des Gesetzgebers, daß die Auflösung erfolgen „darf“, ist nicht präzise und bedarf der einschränkenden Auslegung im Sinne eines „muß“.[69] 65

---

[66] *IDW* Rechnungslegung nach IAS 293.

[67] DRS 4 Tz. 38 ff; *IDW* St. SABI 2/1988, WPg 1988, 622, 624.

[68] ADS 92; dem Ausweis bei den Gewinnrücklagen wird der Ausweis bei den Kapitalrücklagen vorgezogen; dafür WP-Handbuch 2000 I M 385; Beck BilKomm-*Förschle/Hoffmann* 55.

[69] H.M. *Ordelheide* WPg 1984, 237, 244; *Busse v. Colbe* ZfbF 1985, 761, 773; *Maas/Schruff* WPg 1986, 237, 242; *IDW* St. SABI 2/1988, WPg 1988, 622, 624; ferner DRS-4 Tz. 40 f in Anlehnung an IAS 22.64.

66 **c) Auflösung bei Eintritt einer ungünstigen Entwicklung oder der Berücksichtigung von Aufwendungen (Nr. 1) aa) Funktion.** Die erfolgswirksame Auflösung des Passivpostens läßt einen **Ertrag** entstehen. Der Ertrag dient dazu, einen sonst im Konzern entstehenden Aufwand zu neutralisieren und den Konzernerfolg von Belastungen freizuhalten, die bereits bei Erwerb oder erstmaliger Einbeziehung des Tochterunternehmens erkennbar waren und in einer Zeit entstanden sind, in der diese den Konzernerfolg noch nicht beeinträchtigen durften. Der Posten darf deswegen erst aufgelöst werden, wenn keine Zweifel an seinem **Erfolgscharakter** mehr bestehen.[70] Die erfolgswirksame Auflösung ist das Mittel, in diesen Fällen die erstmalige Einbeziehung des Tochterunternehmens in den Konzern konsequent erfolgsneutral zu gestalten. Die Belastungen durch eine ungünstige Entwicklung oder durch Aufwendungen konnten in diesen Fällen bei der Erstkonsolidierung des Unternehmens noch nicht durch Bildung eines Passivpostens erfaßt werden. Sachverhalte, die bei Erstkonsolidierung bereits als stille Lasten oder Schulden passiviert wurden, können nicht erneut zur Bildung eines passiven Unterschiedsbetrags führen.

67 Nach Nr. 1 wird die Auflösung durch den Eintritt einer erwarteten ungünstigen Entwicklung oder durch die Berücksichtigung erwarteter Aufwendungen begründet. Bei Eintritt dieser Ereignisse wird die Konzern-Gewinn- und Verlustrechnung durch Mindererlöse oder Aufwand belastet. Die Auflösung des passiven Unterschiedsbetrags in Höhe der eingetretenen ungünstigen Entwicklung oder der erwarteten Aufwendungen läßt einen Ertrag entstehen, der die Ergebniswirkung neutralisiert.

68 **bb) Voraussetzungen.** Die Auflösung eines passiven Unterschiedsbetrags hat zur Voraussetzung, daß eine bei Erwerb oder Erstkonsolidierung des Tochterunternehmens erwartete ungünstige Entwicklung eingetreten ist oder erwartete Aufwendungen zu berücksichtigen sind. Der passive Unterschiedsbetrag muß mit der Erwartung verbunden sein, daß das Unternehmen zukünftig eine bestimmte ungünstige Entwicklung oder bestimmte Aufwendungen vor sich hat. Das bedeutet, daß eine Vorstellung von zukünftigen Belastungen des Unternehmens vorgelegen haben muß, die eine hinreichend konkrete Zuordnung des Unterschiedsbetrags ganz oder zum Teil zu konkretisierbaren und quantifizierbaren Risiken ermöglicht. Diese müssen einzeln erfaßbar und bewertbar gewesen sein; ferner muß mit erheblicher Wahrscheinlichkeit davon ausgegangen worden sein, daß die Risiken zu künftigen Belastungen führen werden. Die Voraussetzungen sind eng auszulegen.[71] Eine Vorsorge für Ergebnisbelastungen infolge allgemeiner unternehmerischer Risiken eines Erwerbs darf nach Abs. 2 Nr. 1 nicht getroffen werden. Die erwarteten Belastungen müssen in der Folgezeit eingetreten oder als Aufwendungen zu berücksichtigen gewesen sein. Dies setzt die Kongruenz zwischen der seinerzeit erwarteten Beeinträchtigung und der nunmehr eingetretenen voraus. Um die Verifikation vornehmen zu können, ist es unumgänglich, daß das Mutterunternehmen eine Dokumentation über die Erwartung von und den tatsächlichen Eintritt der Risiken führt.[72] Die Beschreibung der erwarteten Risiken muß Unsicherheiten in der Planung und der Beurteilung zukünftiger Entwicklungen berücksichtigen. Die Anforderungen hieran dürfen nicht überspitzt werden, doch ist es unverzichtbar, daß die ungünstige Entwicklung oder die Aufwendungen dem Grunde nach dasselbe Risiko abbilden. Ein begrenzter Beurteilungsspielraum steht zur Verfügung.

---

70 *Biener/Berneke* BiRiLiG 364.

71 *IDW* St. SABI 2/1988, WPg 1988, 622, 624; ADS 72.

72 ADS 72; Beck BilKomm-*Förschle/Hoffmann* 46; HdKR-*Weber/Zündorf* 85; *Sauthoff* Der Firmenwert im Konzernabschluß (1996) 211.

Eine **ungünstige Entwicklung der Ertragslage** kann die Erlöse oder die Aufwendungen des einbezogenen Unternehmens betreffen. Sie kann z. B. durch eine Veränderung der Marktlage durch Wettbewerb oder reglementierende Einflußnahme verursacht werden; sie kann zukünftige Restrukturierungsmaßnahmen z. B. zur Integration des Unternehmens in den Konzern, Sanierungsmaßnahmen oder Aufwendungen eines Sozialplans zum Abbau des Personalstamms beinhalten. Die Entwicklung ist zu dem Zeitpunkt und in dem Umfang eingetreten, in dem aus dem *ex ante* angenommenen Grund die Erlöse ausgeblieben oder Aufwendungen entstanden sind. Gleiches gilt bei der Berücksichtigung von Aufwendungen. In diesen Fällen handelt es sich um Lasten, die aus der Sicht des Konzerns für das einbezogene Unternehmen in der Zukunft drohen, ohne daß für diese zum Zeitpunkt der Erstkonsolidierung Vorsorge durch Maßnahmen der Bewertung oder die Bildung von Rückstellungen getroffen werden konnte. 69

Eintritt von Entwicklungen oder **Berücksichtigung** von Aufwendungen kennzeichnen den konkretisierten Anlaß und Zeitpunkt für die Auflösung des Passivpostens. Eintritt bedeutet die Realisierung der ungünstigen Entwicklung in der Weise, daß sie jetzt Niederschlag im Konzernergebnis findet. Die Verifikation dessen erfolgt z. B. durch Vergleich der erwarteten und der tatsächlich eingetretenen Entwicklung. Im Fall der Berücksichtigung von Aufwendungen ist der Zeitpunkt maßgeblich, in dem die Aufwendungen Niederschlag in der Konzern-Gewinn- und Verlustrechnung gefunden haben. 70

Die Auflösung des Passivpostens erfolgt bei Vorliegen der Voraussetzungen nach Maßgabe des **Umfangs** der ungünstigen Entwicklung und der **Höhe** der Aufwendungen. In dem Maße, in dem das Konzernergebnis durch die Entwicklung beeinträchtigt wird, erfolgt die Auflösung zum Ergebnisausgleich. Liegt die ungünstige Entwicklung in der mangelnden Rentierlichkeit der Investition in die Anteile an dem Tochterunternehmen, wird auch die planmäßige Auflösung des Passivpostens über die Dauer der Unterverzinslichkeit zugelassen.[73] Diese Ausnahme bewirkt eine partielle Durchbrechung der strengen Zuordnung von eingetretenen zu erwarteten Risiken und deren Konkretisierung und darf deswegen nur in engen Grenzen in Anspruch genommen werden. 71

cc) Abweichungen von der Erwartung. Die tatsächliche Entwicklung kann von der erwarteten abweichen, wenn die erwarteten Risiken dem **Grunde** nach nicht oder in anderer Weise oder in anderer Höhe eintreten. Stellt sich heraus, daß eine erwartete ungünstige Entwicklung nicht eintritt, darf eine erfolgswirksame Auflösung des Passivpostens nicht erfolgen.[74] Das gleiche gilt, wenn das *erwartete* Risiko nicht, jedoch ein *anderes* eintritt, welches zum Zeitpunkt des Erwerbs oder der Erstkonsolidierung nicht vorhergesehen werden konnte. Bleibt die ungünstige Entwicklung oder der Aufwand hinter den Erwartungen zurück, darf die erfolgswirksame Auflösung nur die tatsächlich eingetretene Ergebnisminderung ausgleichen. Der gegebenenfalls übersteigende Restbetrag des Postens darf lediglich erfolgsneutral umgegliedert werden (Rdn. 81). Übersteigt die Einbuße aus der ungünstigen Entwicklung oder der Aufwand die Erwartung, kann der passive Unterschiedsbetrag entsprechend der Belastung des Konzernergebnisses und damit zügiger als erwartet aufgelöst werden. 72

c) Auflösung als realisierter Gewinn (Nr. 2). Ein passiver Unterschiedsbetrag, der aus einem Kaufpreis/Anteilsbuchwert resultiert, der den Betrag des anteiligen 73

---

[73] Beck BilKomm-*Förschle/Hoffmann* 47; ADS 73; *Otte* BB 1988, 100, 103.

[74] A.M. *Biener/Berneke* BiRiLiG 364, der die erfolgswirksame Auflösung zuläßt.

Eigenkapitals unterschreitet, ohne daß ungünstige Entwicklungen oder Aufwendungen drohen, wird als „lucky buy" bezeichnet, Rdn. 57.[75] Nr. 2 erfaßt indes nur einen kleinen Teil der denkbaren Fallgruppen.

74 aa) **Funktion.** Die Auflösung des Unterschiedsbetrags nach Nr. 2 führt zu einem **Ertrag** in der Konzern-Gewinn- und Verlustrechnung. Seine Auflösung zeigt an, daß während der Zeit der Zugehörigkeit des Tochterunternehmens zum Konzern ein Gewinn realisiert wurde, der das Konzernergebnis beeinflussen darf. Der Ertrag muß folglich auf den Geschäftsaktivitäten des Konzerns beruhen; da die Erstkonsolidierung des Tochterunternehmens nach der Erwerbsmethode erfolgsneutral erfolgt, darf es sich nicht um Erfolgsbestandteile handeln, die bei Erwerb oder Erstkonsolidierung bereits vorhanden waren.

75 bb) **Voraussetzungen der Auflösung.** Der Passivposten ist aufzulösen, wenn am Abschlußstichtag des Konzerns feststeht, daß er einem realisierten Gewinn entspricht. Der Posten hat eine **Speicherfunktion** für einen latent vorhandenen, jedoch noch nicht realisierten Gewinn. Der Gewinn muß Geschäftsvorfällen zugeordnet werden können, die das Ergebnis beeinflussen; er darf somit nicht mit Vorgängen in innerem Zusammenhang stehen, die bei der Erstkonsolidierung zum Ansatz eines Aktivpostens geführt haben.

76 In Betracht kommen **Geschäftsvorfälle**, die zum Zeitpunkt des Erwerbs oder der Einbeziehung des Tochterunternehmens noch nicht zur Realisierung eines Gewinns haben führen dürfen. Hierfür in Betracht könnte der Tausch von Beteiligungen an einbezogenen Unternehmen kommen, der aber in Anwendung der handelsrechtlichen Tauschgrundsätze (Erl. zu § 255) erfolgsneutral behandelt wurde. Hierdurch werden stille Reserven auf die Anschaffungskosten der Anteile an dem einbezogenen Unternehmen übertragen, die die Basis für die nach § 301 Abs. 1 vorzunehmende Verrechnung des Anteilsbuchwerts mit dem Eigenkapital des Tochterunternehmens beeinflussen.[76] Es erscheint jedoch fraglich, ob es sich hierbei um einen Sachverhalt handelt, der Sinn und Zweck von § 309 Abs. 2 Nr. 2 entspricht. In der Literatur wird er problematisiert, weil die Auflösung des Unterschiedsbetrags erst dann vorgenommen werden kann, wenn die Anteile veräußert würden, da erst dann feststeht, daß ein Gewinn realisiert werden konnte.[77] Nach einzelnen Auffassungen soll die Auflösung bereits dann möglich sein, wenn bei nachhaltig guter Ertragslage der Gewinn wirtschaftlich als realisiert angesehen werden kann.[78] Diese Auffassung geht jedoch von einer unzutreffenden Annahme aus. Die hier realisierte stille Reserve ist jedoch dem in Tausch hingegebenen Gegenstand zuzuordnen. Die Werte der mittels Tauschgeschäft ausgetauschten Vermögensgegenstände beeinflussen sich gegenseitig und bestimmten einerseits den Veräußerungspreis, andererseits die Anschaffungskosten. Der sich aus diesem Vorgang ergebende Gewinn ist bereits zum Zeitpunkt der Erwerbs oder der erstmaligen Einbeziehung realisiert und bereits dann als Ertrag zu behandeln. Ein Fall für die Anwendung von Nr. 2 liegt nicht vor, da es auf die stillen Reserven im Buchwert der Anteile an dem einbezogenen Unternehmen aus Konzernsicht nicht ankommen kann.

77 Die Realisierung eines Gewinns folgt aus Sachverhalten, z. B. Geschäftsvorfällen, die in der Zeit der **Zugehörigkeit** des Tochterunternehmens **zum Konzern** zum Ab-

---

[75] ADS 75; Beck BilKomm-*Förschle/Hoffmann* 50; HdKR-*Weber/Zündorf* 85; DRS 4 Tz. 41; *Fülbier* Entwurf DRS-4, DB 2000, 1341, 1344; *Peemöller/Beckmann/Geiger* Standardentwurf E-DRS 4, BB 2000, 1080, 1084.

[76] ADS 75; Beck BilKomm-*Förschle/Hoffmann* 50.

[77] *IDW* St. SABI , WPg 1988, 622, 624; ADS 76; a. M. Beck BilKomm-*Förschle/Hoffmann* 50.

[78] WP-Handbuch 2000 I M 385; HdKR-*Weber/Zündorf* 87; ADS 76.

schluß kommen, jedoch nicht zu einem Gewinn führen, da aufgrund gewählter Wertansätze der Geschäftsvorfall aus Konzernsicht erfolgsneutral zu behandeln war. Wurden bei Erstkonsolidierung des Tochterunternehmens erworbene stille Reserven aktiviert, führt die Veräußerung der Vermögensgegenstände nicht mehr zur Realisierung stiller Reserven. Die Auflösung des Passivpostens erhöht dadurch die Auflösung von realisierten stillen Reserven den Konzernerfolg. Waren die stillen Reserven bei erstmaliger Einbeziehung nicht in einem Aktivposten angesetzt worden, führt deren Realisierung zu einem Ertrag im Konzern; ein Passivposten konnte aus diesem Grunde nicht als zulässig angesehen werden. Der Sache nach wird der passive Unterschiedsbetrag inhaltlich als **passive Wertberichtigung** verstanden. Dieser Charakter kann dann angenommen werden, wenn ein Tochterunternehmen ohne das Risiko ertragsbeeinträchtigender zukünftiger Entwicklungen zu einem günstigen (Unter-)Preis erworben wurde. Der günstige Kaufpreis führt zu niedrigeren Anschaffungskosten der übernommenen Gegenstände; im Vergleich zu den Buchwerten im der Konsolidierung zugrunde gelegten Jahresabschluß des Tochterunternehmens erfolgt wirtschaftlich eine *Abstockung*. Diese ist nach deutschem Recht nicht vorgesehen; sie wird jedoch nach IASC IAS 22.59 (revised 1998) vorgeschrieben.[79] Im deutschen Recht wird die Funktion durch den passiven Unterschiedsbetrag nach Nr. 2 übernommen. Er ist dann und insoweit aufzulösen, als das Konzernergebnis durch die Mehraufwendungen der übernommenen höheren Wertansätze belastet ist; insoweit wird über die Dauer der Zugehörigkeit des Unternehmens zum Konzern der Unterschiedsbetrag ergebniserhöhend aufgelöst. **Zeitpunkt** und **Höhe** der Auflösung richten sich nach der Abschreibung, Veräußerung oder Auflösung der Bilanzposten des einbezogenen Tochterunternehmens. Ist die Zuordnung der Auflösung zu den Bilanzposten des einbezogenen Unternehmens nicht oder nur mit erheblichen Schwierigkeiten oder Unsicherheiten möglich, kann aus Vereinfachungsgründen eine planmäßige Auflösung des Postens über die sonst voraussichtlich zu beachtende Zeitdauer erfolgen. Die Auflösung könnte dann in Anlehnung an Grundsätze aus den IAS über eine Zeitdauer von fünf, in Ausnahmefällen bis zu zwanzig Jahren erfolgen.[80]

Eine vergleichbare Überlegung liegt dem **Rechnungslegungsstandard DRS 4**[81] **78**
zugrunde. Der nicht auf anderen Ursachen beruhende passive Unterschiedsbetrag ist ergebniswirksam über die gewichtete durchschnittliche Restnutzungsdauer der erworbenen abnutzbaren Vermögensgegenstände aufzulösen, soweit der Anteil des Unterschiedsbetrags die beizulegenden Zeitwerte der erworbenen nicht monetären Vermögensgegenstände nicht übersteigt. Der den beizulegenden Zeitwert übersteigende Teilbetrag soll zum Zeitpunkt der Erstkonsolidierung sofort als Ertrag vereinnahmt werden.[82] Das *IDW* hat den Entwurf kritisiert, da er nicht im Einklang mit § 309 Abs. 2 stehe.[83] Dem *IDW* ist Recht zu geben, soweit ein den beizulegenden Zeitwert übersteigender Betrag bei Erstkonsolidierung vereinnahmt werden soll. Das ist nicht zulässig, da dem übersteigenden Teilbetrag ein Geschäfts- oder Firmenwert entspricht, der ebenfalls (planmäßig) abzuschreiben ist. Die Vereinnahmung darf deswegen nur entsprechend der (Rest-)Nutzungsdauer der Vermögensgegenstände erfolgen.

Beruht der Unterschiedsbetrag auf **thesaurierten Gewinnen**, die das Tochter- **79**
unternehmen nach Erwerb, aber vor erstmaliger Konsolidierung erzielt hat, kommt

---

79 Vgl. *Baetge/Siefke* Rechnungslegung nach International Accounting Standards IAS 808 ff.

80 IASC IAS 22.49; vgl. auch *Baetge/Siefke* International Acounting Standards 811.

81 DRS 4 Tz. 41.

82 *Fülbier* Entwurf DRS 4, DB 2000, 1341, 1345; *Peemöller/Beckmann/Geiger* Standardentwurf E-DRS 4, BB 2000, 1080, 1085.

83 *IDW* Stellungnahme zu E-DRS 4, FN 2000, 329, 340.

die erfolgswirksame Auflösung eines passiven Unterschiedsbetrags nicht in Betracht.[84] In diesem Falle ist ausgeschlossen, daß der Posten einem realisierten Gewinn entspricht, da er in der Zeit vor der Konzernzugehörigkeit bereits entstanden ist. Der Unterschiedsbetrag kann hier bereits bei erstmaliger Konsolidierung in die Rücklagen des Konzerns umgegliedert werden.

80 Kein Fall der Nr. 2 ist es ebenfalls, wenn sich **nachträglich herausstellt**, daß dem passiven Unterschiedsbetrag der Vorsorgecharakter nach Nr. 1 nicht beigemessen werden muß, da z. B. das unterstellte Risiko nicht besteht.[85] Da das Konzernergebnis zu keinem Zeitpunkt durch die Bildung des Postens belastet wurde, darf eine erfolgswirksame Auflösung nicht erfolgen, vielmehr handelt es sich um die nachträgliche Korrektur einer anfangs getroffenen Fehleinschätzung. Der passive Unterschiedsbetrag ist dann neutral in die Rücklagen umzugliedern.[86]

81 **d) Erfolgsneutrale Auflösung.** Die Voraussetzungen für eine erfolgswirksame Auflösung des passiven Unterschiedsbetrags sind eng; wesentliche in der Praxis bedeutsame Sachverhalte fallen nicht unter Nr. 1 oder Nr. 2. Das gilt z. B. für Unterschiedsbeträge, denen **Vorsorgecharakter** nach Nr. 1 beigemessen wird, der sich später als nicht erforderlich herausstellt. Ferner gehört hierher der Fall von thesaurierten Gewinnen des Tochterunternehmens, die nach Anteilserwerb, aber vor erstmaliger Einbeziehung zum Entstehen eines passiven Unterschiedsbetrag geführt haben.

82 Nach dem Wortlaut des Gesetzes könnte es zulässig erscheinen, einen Unterschiedsbetrag in den Fällen des Abs. 2 nicht erfolgswirksam aufzulösen, sondern **erfolgsneutral** in die Rücklagen einzustellen. Damit wird das Bestehen eines Wahlrechts unterstellt. Dieser Überlegung wird hier nicht gefolgt. Soweit die Voraussetzungen nach Abs. 2 Nr. 1 oder 2 vorliegen, ist die erfolgswirksame Auflösung vorzunehmen.

83 **e) Nicht aufgelöster Unterschiedsbetrag bei Ausscheiden des Tochterunternehmens.** Scheidet das Tochterunternehmen aus dem Konsolidierungskreis aus, ist der Unterschiedsbetrag aufzulösen. Zu diesem Zeitpunkt ist nochmals sein Charakter zu überprüfen und gegebenenfalls eine Auflösung oder Umgliederung vorzunehmen. Ein noch nicht aufgelöster Unterschiedsbetrag ist erfolgswirksam aufzulösen.[87]

84 **f) Ausweis.** Der Ausweis der Beträge aus der Auflösung des Unterschiedsbetrags ist in Abs. 2 nicht geregelt. Für die Behandlung bietet sich eine der Auflösung von Sonderposten mit Rücklageanteil entsprechende Verfahrensweise an. Entsprechend §§ 298 Abs. 1 i. V. m. 281 Abs. 2 S. 2 Bei Auflösung infolge des Eintritts ungünstiger Entwicklungen oder der Berücksichtigung von Aufwendungen kommt der Ausweis im Zusammenhang mit den entstehenden Belastungen in Betracht; im Hinblick auf das Saldierungsverbot ist jedoch nur eine offene Absetzung bei dem entsprechenden Posten vertretbar. Gleiches gilt, sofern der Posten nach Nr. 2 wertberichtigenden Charakter bei niedrigem Erwerbspreis aufweist.

85 Ein Ausweis unter **„außerordentlichen Erträgen“**[88] kommt nach der hier vertretenen Auffassung nicht in Betracht, da die dafür ursächlichen Sachverhalte die erfolgswirksame Auflösung nicht rechtfertigen.

---

[84] WP-Handbuch 2000 I M 386; ADS § 301, 139.
[85] Beck BilKomm-*Förschle/Hoffmann* 50.
[86] HdKR-*Weber/Zündorf* 87.
[87] ADS 79; Beck HdR-*Ordelheide* C 403, 16.
[88] ADS 98.

IV. Verrechnung aktiver und passiver Unterschiedsbeträge

§ 301 Abs. 3 S. 3 läßt die Verrechnung aktiver und passiver Unterschiedsbeträge zu. **86** In der **Konzernbilanz** wird nur der aktive oder passive Saldo, der nach Verrechnung verbleibt, ausgewiesen (§ 301, 148 ff).

Die Verrechnung der Unterschiedsbeträge hat auf die Regelungen des § 309 keine **87** Auswirkungen. Es handelt sich um ein **Ausweis-**, nicht um ein Bewertungs**wahlrecht**. Die jeweils bestehenden aktiven und passiven Unterschiedsbeträge sind außerhalb der Konzernbilanz fortzuführen und nach Maßgabe der Regelungen in Abs. 1 bei aktiven und Abs. 2 bei passiven Unterschiedsbeträgen fortzuentwickeln.[89] Die Fortschreibung des Postens kann zur Folge haben, daß aktive oder passive Teilbeträge aufzulösen sind, so daß der Ausweis des Unterschiedsbetrags von der Aktiv- auf die Passivseite oder umgekehrt wechselt, ohne daß Veränderungen in der Zusammensetzung des Konsolidierungskreises eingetreten sind.

Sechster Titel
Anteilmäßige Konsolidierung

§ 310

(1) Führt ein in einen Konzernabschluß einbezogenes Mutter- oder Tochterunternehmen ein anderes Unternehmen gemeinsam mit einem oder mehreren nicht in den Konzernabschluß einbezogenen Unternehmen, so darf das andere Unternehmen in den Konzernabschluß entsprechend den Anteilen am Kapital einbezogen werden, die dem Mutterunternehmen gehören.

(2) Auf die anteilmäßige Konsolidierung sind die §§ 297 bis 301, §§ 303 bis 306, 308, 309 entsprechend anzuwenden.

Übersicht

[89] Beck BilKomm-*Förschle/Hoffmann* 60; ADS 84.

Schrifttum

(vgl. auch die Angaben zu § 297 und § 301) *Deutscher Standardisierungsrat* (DSR) Deutscher Rechnungslegungs Standard Nr. 9 (E-DRS 9), Bilanzierung von Anteilen an Gemeinschaftsunternehmen im Konzernabschluß, BAnz Nr. 231 v. 11.12.2001 (Beilage); *Eisele/Rentschler* Gemeinschaftsunternehmen im Konzernabschluß, BFuP 1989, 309; *Früh/Klar* Joint Ventures – Bilanzielle Behandlung und Berichterstattung – Zur neuen HFA Stellungnahme 1/1993 des IDW, WPg 1993, 493; *Hayn/Küting* Beendigung der Vollkonsolidierung von Tochterunternehmen, BB 1999, 2072; *Hoffmann-Becking/Rellermeyer* Gemeinschaftsunternehmen im neuen Recht der Konzernrechnungslegung, Festschrift für R. Goerdeler (1987) 199; *Krawitz* Quotenkonsolidierung für Gemeinschaftsunternehmen nach E-DRS 9, BB 2001, 668; *Pawelzik/Theile* Eigenkapitalvernichtung im GmbH u. Co. KG-Konzernabschluß, DB 2000, 2385; *Roß* Gemeinschaftsunternehmen als Gesellschafterunternehmen im Konzernabschluß – Zur Methode und zur Quote der Einbeziehung der Beteiligungsgesellschaft, WPg 1995, 617; *Schindler* Konsolidierung von Gemeinschaftsunternehmen: Ein Beitrag zu § 310 HGB, BB 1987, 158; *Sigle* Quotenkonsolidierung, Betriebswirtschaftliche Aspekte der ZfB 1987, Erg.heft 1, 321; *Veit/Focke* Die Behandlung von Anteilen an paritätischen BGB-Joint Ventures in Konzernbilanzen beider Partnerunternehmen, DB 1999, 496; *Zündorf* Quotenkonsolidierung versus Equity-Methode (1987); *ders.* Zum Begriff des Gemeinschaftsunternehmens in § 310 HGB, BB 1987, 1910; *ders.* Zur Problematik der Zwischenergebniseliminierung im Rahmen der Quotenkonsolidierung, BB 1987, 2125.

I. Grundlagen

1. Regelungsgegenstand

1 Mit § 310 wird die anteilmäßige Konsolidierung von Unternehmen zugelassen. Die Regelung stellt neben der Vollkonsolidierung nach §§ 301, 302 und der Bewertung assoziierter Unternehmen eine dritte Methode der Abbildung der Tätigkeit von anderen Unternehmen im Konzernabschluß dar. Die Einbeziehung von Unternehmen in den Konzernabschluß nach der Methode der anteilmäßigen Konsolidierung läßt eine **Stufenfolge** der Einbeziehungsmethoden erkennen, die dem Grad der Intensität der

Beeinflußbarkeit durch die Konzernspitze Rechnung trägt (Rdn. 22).[1] Die Methode der anteilmäßigen Konsolidierung unterscheidet sich von der Vollkonsolidierung dadurch, daß die Vermögensgegenstände und Schulden des einzubeziehenden Unternehmens nicht vollständig, sondern nur entsprechend dem Anteil des Konzerns in den Konzernabschluß übernommen werden; von der Methode zur Bewertung der Anteile an assoziierten Unternehmen unterscheidet sie sich dadurch, daß Vermögensgegenstände und Schulden übernommen werden und sich die Einbeziehung nicht auf eine besondere Bewertung des Anteils an dem Unternehmen beschränkt.

Bei **anteilmäßiger Konsolidierung** nach § 310 wird ein Unternehmen in den Konzernabschluß in der Weise übernommen, daß die in dessen Jahresabschluß ausgewiesenen Vermögensgegenstände, Schulden und anderen Posten entsprechend dem Anteil des Konzerns an diesem Unternehmen übernommen werden. Die Kapitalverrechnung beschränkt sich auf den Anteil des Konzerns. Anteile anderer Gesellschafter können danach nicht ausgewiesen werden. Aktiva und Passiva des Unternehmens werden nicht **voll**ständig, sondern nur **anteilig** im Konzernabschluß abgebildet. Die Regelung folgt einem anderen Verständnis des Konzernabschlusses, als es §§ 301 und 302 zugrunde liegt. Die Anwendung dieser Methode zeigt das so einbezogene Unternehmen und den Konzern nicht als wirtschaftliche Einheit, sondern entsprechend den durch den Anteil an diesem Unternehmen begründeten wirtschaftlichen Interessen. Damit kommen Regelungen zum Zuge, die auf Überlegungen der **Interessentheorie** aufbauen.[2] 2

An der Anwendung der Regelungen über die anteilmäßige Konsolidierung wird **Kritik** geübt, da die Anwendung unterschiedlicher Methoden im Konzernabschluß zu einer Beeinträchtigung des durch diesen vermittelten Bildes führte. Durch die parallele Anwendung sei der Bilanzleser nicht in der Lage, das Gewicht der Beeinflussung der Vermögens-, Finanz- und Ertragslage durch Vorgänge aus voll- oder nur anteilsmäßig konsolidierten Unternehmen zu erkennen. Dies ist deswegen von Bedeutung, weil anteilsmäßig konsolidierte Unternehmen einer geringeren Intensität der Beeinflußbarkeit und Kontrollierbarkeit durch die Konzernspitze unterliegen, als vollkonsolidierte Unternehmen.[3] Diesen Bedenken kann indes durch eine zusätzliche Berichterstattung Rechnung getragen werden, die die Bedeutung und die Beeinflussung der verschiedenen Elemente des Lagebilds bei anteilmäßiger Einbeziehung verdeutlicht; nach Maßgabe von § 297 Abs. 2 S. 3 sind weitergehende Erläuterungen im Konzernanhang ohnehin vorgeschrieben (§ 297, 58). Vor diesem Hintergrund wird die Zulassung der anteilmäßigen Konsolidierung befürwortet, da sie die Möglichkeit bietet, die wirtschaftliche Tätigkeit eines weiter gezogenen Kreises von Unternehmen im Konzernabschluß zu zeigen, als dies durch die Anteilsbewertung nach § 312 zu erreichen ist. Dem Leitbild der wirtschaftlichen Einheit der unter dem wirtschaftlichen Einfluß der Konzernspitze stehenden Unternehmen wird durch diese Methode verstärkt Rechnung getragen.[4] 3

Abs. 1 regelt die Voraussetzungen für die Anwendung der Methode der anteilmäßigen Konsolidierung. Erforderlich ist, daß eines oder mehrere in den Konzernabschluß 4

---

[1] *Baetge/Kirsch/Thiele* Konzernbilanzen 389; *Eisele/Rentschler* Gemeinschaftsunternehmen im Konzernabschluß, BFuP 1989, 311.

[2] *v. Wysocki/Wohlgemuth* Konzernrechnungslegung 217.

[3] *Kirchner* AG 1981, 325, 334; *Küting* BB 1983, 804, 813; *Busse v. Colbe/Ordelheide* Konzernabschlüsse 465; *v. Wysocki/Wohlgemuth* Konzernrechnungslegung 129.

[4] *Biener* DB 1983 Beil. 19, 22; *Bartholomew/Brown/Muis* Konzernabschlüsse in Europa 73.

einbezogene Unternehmen ein anderes Unternehmen gemeinsam mit einem oder mehreren, nicht in den Konzernabschluß einbezogenen Unternehmen führen. Nach **Abs. 2** finden bei einer Einbeziehung entsprechend den Anteilen am Kapital des Unternehmens die §§ 297 bis 301, §§ 303 bis 306, § 308 und § 309 entsprechende Anwendung.

2. Entstehungsgeschichte

5 Die Regelungen in § 310 beruhen auf Art. 32 der 7. EG-Richtlinie, die den Mitgliedstaaten die Möglichkeit einräumte, die anteilmäßige Konsolidierung in den nationalen Vorschriften vorzuschreiben oder wahlweise zuzulassen. Der deutsche Gesetzgeber hat das Mitgliedstaatenwahlrecht aufgegriffen und den Rechtsanwendern die Inanspruchnahme dieser Form der Einbeziehung freigestellt. Art. 32 Abs. 1 enthält die Voraussetzungen für die anteilmäßige Einbeziehung; Abs. 2 schreibt vor, daß auf die in Abs. 1 bezeichnete **Quotenkonsolidierung** die Regelungen der Art. 13 bis 31 (über die Vollkonsolidierung) sinngemäß Anwendung finden. Durch Abs. 3 wird darüber hinaus klargestellt, daß bei Anwendung von Art. 32 auf sog. assoziierte Unternehmen (Art. 33 der 7. EG-Richtlinie) Art. 33 keine Anwendung findet. § 310 setzt in Abs. 1 und 2 die Vorgabe des Europarechts um; auf eine Regelung, die Abs. 3 entspricht, wurde verzichtet, da sich dies aus dem Konkurrenzverhältnis von § 310 einerseits und §§ 311, 312 andererseits ohnehin ergibt. Die Methode der anteilmäßigen Konsolidierung hatte keinen Vorläufer im Recht der Konzernrechnungslegung nach AktG 1965.[5] Ohne Rechtsgrundlage war eine Einbeziehung von Unternehmen nach Beteiligungsquoten nur im Rahmen freiwilliger (Welt-)Abschlüsse zu beobachten.[6]

3. Anwendungsbereich, Adressaten

6 § 310 gewährt ein **Wahlrecht** (dazu Rdn. 55). Dieses kann von allen Unternehmen angewendet werden, die einen Konzernabschluß nach Vorschriften des HGB aufzustellen haben. Wird kein Konzernabschluß aufgestellt, ergibt sich aus § 310 hierzu keine Verpflichtung. Die Regelungen gelten uneingeschränkt auch für *Kreditinstitute*, § 340i Abs. 2, sowie für *Versicherungsunternehmen*, § 341j Abs. 1.

7 Ist das Mutterunternehmen nach den Vorschriften des **PublG** zur Aufstellung eines Konzernabschlusses verpflichtet, ist es nach § 13 Abs. 2 S. 1 PublG berechtigt, ein mit nicht konsolidierten Unternehmen gemeinsam geführtes Unternehmen anteilmäßig einzubeziehen.[7]

8 Die Regelung ist in Konzern- und **Teilkonzernabschlüssen** gleichermaßen anzuwenden. Bei befreienden Konzernabschlüssen gilt § 310, soweit das Mutterunternehmen dem Konzernabschluß die deutschen Rechnungslegungsvorschriften zugrunde legt.

4. Anteilmäßige Konsolidierung in der internationalen Rechnungslegung

9 Regelungen zu anteilmäßigen Einbeziehung von *jointly controlled entities* sind in **IAS 31.25** (revised 2000) enthalten. Gemeinsam geführte Gesellschaften dürfen (Wahlrecht) anteilig entsprechend der Beteiligung des Konzerns an dem Unternehmen in den konsolidierten Abschluß aufgenommen werden. Neben gemeinsam geführten

[5] Begr. RegE. zu § 291 HGB-EK, BTDrucks. 10/3440, 40.

[6] HdKR-*Sigle* 1.

[7] Beck BilKomm-*Budde/Suhrbier* 79.

Gesellschaften werden noch gemeinsam geführtes Vermögen und gemeinsam geführte Tätigkeiten unterschieden.[8]

10 Im Gegensatz zu den International Accounting Standards enthalten die Grundsätze der **US-GAAP** nach den Verlautbarungen der SEC oder des Statements des FASB keine Äußerungen über die Zulässigkeit einer anteilmäßigen Einbeziehung.[9]

II. Voraussetzungen der anteilmäßigen Einbeziehung

1. Begriffe

11 Nach § 310 Abs. 1 dürfen Unternehmen, die von einem in den Konzernabschluß einbezogenen Unternehmen gemeinsam mit einem oder mehreren nicht in den Konzernabschluß einbezogenen Unternehmen gemeinsam geführt werden, entsprechend den Anteilen am Kapital, die dem Mutterunternehmen gehören, in den Konzernabschluß einbezogen werden. Nach Abs. 2 wird diese Einbeziehungsmethode als **anteilmäßige Konsolidierung** bezeichnet. Auch wenn die Wortwahl des Gesetzgebers in Abs. 1 sich nicht wesentlich von der in § 301 Abs. 1 unterscheidet, wird dennoch eine unterschiedliche Methode vorgeschrieben. Sie bedeutet, daß Vermögensgegenstände und Schulden des Unternehmens nicht mit den aus dem Jahresabschluß dieses Unternehmens abgeleiteten Wert der gesamten Vermögens und aller Schulden angesetzt werden, sondern nur anteilig im Verhältnis der Beteiligungsquote des Mutterunternehmens zum gesamten gezeichneten Kapital. In Anlehnung an einen in Art. 32 Abs. 2 der 7. EG-Richtlinie verwendeten Begriff wird diese Konsolidierung auch als **Quotenkonsolidierung** bezeichnet.

12 Die Konsolidierungsmethode darf bei Unternehmen angewendet werden, die gemeinsam mit nicht in den Konzernabschluß einbezogenen Unternehmen geführt werden. In der Literatur hat sich als Bezeichnung für diesen Typus von Unternehmen der Terminus des **Gemeinschaftsunternehmen** herausgebildet.[10] Hierbei handelt es sich zwar nicht um einen Gesetzesbegriff, doch hat sich im Recht der verbundenen Unternehmen en solcher Begriff mit deutlichem rechtlichem Gehalt herausgebildet.[11] Er beschreibt ein Unternehmen, das für die (gemeinsamen) wirtschaftlichen Zwecke von zwei oder mehreren anderen Unternehmen eingesetzt wird. Gleichbedeutend werden solche Unternehmen auch als Joint Venture bezeichnet, die gemeinsame wirtschaftliche Kooperationen, insbesondere auch bei länderübergreifender Zusammenarbeit beschreiben.[12] Beruhen derartige Kooperationen allein auf schuldvertraglicher Grundlage, sind sie für die Beurteilung der Zuordnung eines Unternehmens zu einem Konzernabschluß i. d. R. nur von sekundärer Bedeutung. Maßgebend für die Einbeziehung eines Unternehmens in den Konzernabschluß sind die dem Mutterunternehmen zustehenden Rechte im Sinne gesellschaftsrechtlich vermittelter Leitungs- oder Kontrollmacht. Anteilmäßige Konsolidierung kommt daher nur bei gesellschaftsrechtlich begründeter gemeinsamer Führung in Betracht und kann nicht auf der Grundlage von schuldrechtlichen Vereinbarungen beruhen (Rdn. 24ff). Zur wirtschaftlichen Be-

---

[8] *Kleber* Rechnungslegung nach International Accounting Standards (IAS) 1241 ff; *Baetge/Kirsch/Thiele* Konzernbilanzen 417 ff.

[9] *Pellens* Internationale Rechnungslegung 438; ferner Nachweise bei *Kleber* in Rechnungslegung nach International Accounting Standards (IAS) 1241 ff.

[10] Z.B. ADS 8ff; Beck BilKomm-*Budde/Suhrbier* 10; WP-Handbuch 2000 I M 71; *Baetge/Kirsch/Thiele* Konzernbilanzen 389.

[11] BGHZ 62, 193; MünchHdb-*Krieger* AG § 68, 50, 75; *Hüffer* § 18, 16; WP-Handbuch 2000 I T 118 ff.

[12] IDW HFA 3/1993 Abschn. 1, WPg 1993, 441.

deutung von Gemeinschaftsunternehmen vgl. die Hinweise in der betriebswirtschaftlichen Literatur.[13]

13 Die Unternehmen, die zu dem Konsolidierungskreis des Konzernabschlusses gehören, in den das Gemeinschaftsunternehmen einbezogen werden soll, werden als **Gesellschafter- oder Stammunternehmen** bezeichnet;[14] das den Konzernabschluß aufstellende Unternehmen bezeichnet Abs. 1 als Mutterunternehmen. Das oder die anderen Unternehmen, mit denen gemeinsam die Führung des Gemeinschaftsunternehmens ausgeübt wird, werden als **Partner- oder Drittunternehmen** bezeichnet. Diese Begriffen sind keine rechtlich klar umschriebenen Termini; sie sollen helfen, die für die Einbeziehung eines Gemeinschaftsunternehmens relevanten Rechtsbeziehungen transparent zu machen.

2. Abgrenzung des Kreises einzubeziehender Unternehmen

14 **a) Abgrenzung zur Vollkonsolidierung.** Gemeinschaftsunternehmen stehen unter der gemeinsamen Führung von mindestens zwei Unternehmen. Damit ist ausgeschlossen, daß ein solches Unternehmen Tochterunternehmen im Sinne von § 290 Abs. 2 ist, da die Tatbestandsmerkmale des Tochterunternehmens nach dem Control-Konzept auf Gemeinschaftsunternehmen nicht angewendet werden können. Die Führung durch zwei Unternehmen widerspricht dem Control-Konzept, welches im Grundsatz die Beherrschung durch ein Unternehmen, nämlich das Mutterunternehmen voraussetzt.[15] Nach § 290 Abs. 2 liegt ein Tochterunternehmen vor, wenn dem Mutterunternehmen die Mehrheit der Stimmrechte (Nr. 1), das Recht zur Bestimmung des Verwaltungs-, Leitungs- oder Aufsichtsorgans (Nr. 2) oder das Recht zur Ausübung eines beherrschenden Einflusses (Nr. 3) zusteht. Als Gemeinschaftsunternehmen kommen Unternehmen in Betracht, an denen Konzernunternehmen in einem solchen Umfange Stimmrechte innehaben, die in Verbindung mit den Rechten, die anderen Gesellschaftern zustehen, die gemeinsame Führung dieses Unternehmens erlauben.

15 Dies schließt aus, daß Konzernunternehmen die **einheitliche Leitung** des Gemeinschaftsunternehmens zusteht, die nach § 290 Abs. 1 zur Einbeziehung dieses Unternehmens als Tochterunternehmen in den Konzernabschluß zwingen würde. Die einheitliche Leitung steht im Normalfall einem Unternehmen allein zu, und zwar der Konzernspitze. Einheitliche Leitung bedeutet die unternehmerische Leitung der wirtschaftlichen Einheit des Konzerns durch Koordinierung der wirtschaftlichen Aktivitäten aller Konzernglieder (§ 290, 21).[16] Die Leitungsmacht steht der Konzernspitze gegenüber einem Gemeinschaftsunternehmen nicht zu. Die einheitliche Leitung ist nicht teilbar, so daß es nicht ausreicht, wenn zwei Stellen mit dem Ziel der Umsetzung jeweils individueller Interessen zusammen wirken.

16 Fraglich ist die **Abhängigkeit** eines Gemeinschaftsunternehmen von mehreren Obergesellschaften und die Zulässigkeit einheitlicher Leitung durch mehrere Obergesellschaften. In der Vergangenheit wurde dies stark problematisiert, mittlerweile kann jedoch davon ausgegangen werden, daß bei Vorliegen weitgehender Koordinierung der Leitungsentscheidungen der beiden Konzernobergesellschaften in bezug auf das Gemeinschaftsunternehmen die **gemeinschaftliche einheitliche Leitung** anerkannt ist (zur Zulässigkeit § 290, 73).[17] Die sich hieraus für die Rechnungslegung ergebenden

---

[13] HdKR-*Sigle* 8 ff; ADS 9 ff.

[14] HdKR-*Sigle* 12; ADS 14.

[15] Begr. RegE. zu § 291 HGB-EK, BTDrucks. 10/3440, 41; Beck BilKomm-*Budde/Suhrbier* 5.

[16] *Hüffer* § 18, 11; *Emmerich* Aktienkonzernrecht § 18, 9 ff; ADS § 18 AktG, 17 ff.

[17] *Emmerich* Aktienkonzernrecht § 18, 18; *Hüffer* § 18, 16; ADS § 18 AktG, 49 ff; WP-Handbuch

Folgerungen sind indessen nicht unumstritten. Bei konsequenter Anwendung der Grundsätze des § 290 wäre in solchen Fällen die Einbeziehung des Gemeinschaftsunternehmens in den Konzernabschluß eines jeden Mutterunternehmens als Tochterunternehmen nach den Regeln der Vollkonsolidierung geboten. Liegen die Voraussetzungen des § 290 Abs. 1 vor, ist die Einbeziehung bei jedem der Mutterunternehmen zwingend, es sei denn, daß Ausnahmetatbestände der §§ 295 und 296 eingreifen. Es besteht kein Wahlrecht, zwischen der Vollkonsolidierung – mit Ausweis eines Ausgleichspostens für Anteile in Fremdbesitz – und der anteilmäßigen Konsolidierung zu wählen.[18] Liegen die Voraussetzungen für ein Mutter-/Tochterverhältnis i. S. v. § 290 auf Grund der mehrfach einheitlichen Leitung vor, wird nach einer anderen Auffassung die Einbeziehung eines Gemeinschaftsunternehmens nur oder auch nach den Regelungen des § 310 für zulässig erachtet (auch § 290, 73). Die Anwendung ausschließlich von § 310 in diesen Fällen wird mit der Sonderstellung dieser Unternehmen und dem Zweck der Einfügung der Vorschrift durch das BiRiLiG begründet;[19] das Wahlrecht zwischen Vollkonsolidierung und anteilmäßiger Einbeziehung soll demgegenüber einerseits dem Prinzip der einheitlichen Leitung, andererseits aber auch der durch § 310 geschaffenen Regelung gerecht werden.[20] Die erstgenannte Auffassung überzeugt und trägt dem Prinzip der abgestuften Zuordnung von Unternehmen nach dem Grad der Beeinflußbarkeit Rechnung. Liegen die Voraussetzungen für die (gemeinsame) einheitliche Leitung vor, ist die Einbeziehung des Unternehmens im Wege der Vollkonsolidierung geboten. Da § 290 Abs. 1 eine zwingende Regelung enthält, steht die anteilmäßige Konsolidierung dann nicht zur Verfügung. Erreicht die Koordinierung der Leitungsmacht der Gesellschafter nur den Grad der gemeinsamen Führung, ist die Einbeziehung des Gemeinschaftsunternehmens als Tochterunternehmen ausgeschlossen, da die Voraussetzungen für § 290 Abs. 1 nicht erfüllt werden. In diesem Fall ist die anteilmäßige Einbeziehung zulässig, die statt der Bewertung der Anteile nach §§ 311, 312 als assoziiertes Unternehmen gewählt werden darf.[21]

Liegen für ein Unternehmen die **Voraussetzungen** eines **Tochterunternehmens** 17
nach § 290 vor, sind aber die Rechte des Mutterunternehmens in Bezug auf das Vermögen oder die Geschäftsführung nachhaltig beeinträchtigt, braucht das Tochterunternehmen nach § 296 Abs. 1 Nr. 1 in den Konzernabschluß nicht einbezogen zu werden. Fraglich ist dann die Einbeziehung als assoziiertes Unternehmen oder Gemeinschaftsunternehmen. Die Einbeziehung nach diesen Vorschriften wird regelmäßig verneint, da die Beeinträchtigungen, die nach § 296 Abs. 1 zur Nichteinbeziehung berechtigen, auch die Anwendung von §§ 310 oder 311 ausschließen dürften.[22] Hierzu ist im Einzelfall eine differenziertere Betrachtung anzustellen. Entspricht die Beeinträchtigung der Rechtsstellung des Mutterunternehmens der konzernrechtlichen Stufenfolge der Einflußnahme (dazu Rdn. 22), wie z. B. bei gesellschaftsrechtlichen Stimmrechtsbeschränkungen, kann ein solches Unternehmen im Wege der anteilmäßigen Konsolidierung oder als assoziiertes Unternehmen einbezogen werden.

b) Abgrenzung zu assoziierten Unternehmen. Die Einbeziehung eines Ge- 18
meinschaftsunternehmens als Tochterunternehmen geht der Anwendung von § 310 vor. § 310 kommt zur Anwendung, wenn das Unternehmen nicht Tochterunter-

---

2000 I M 72; Ber. Rechtsausschuß zu § 310 HGB, BTDrucks. 10/4268, 116.

[18] *Biener/Berneke* BiRiLiG 365; WP-Handbuch 2000 I M 73; *IDW* HFA 1/1993 Abschn. 5, WPg 1996, 441, 444; *Maas/Schruff* WPg 1986, 244; *Früh/Klar* WPg 1993, 493 ff; *Nordmeyer* WPg 1994, 301 ff.

[19] Ber. Rechtsausschuß zu § 310 HGB, BTDrucks. 10/4268, 116.

[20] *Hoffmann-Becking/Rellermeyer* FS Goerdeler 199 ff, 216.

[21] ADS § 290, 109 f.

[22] ADS § 296, 34.

nehmen i. S. v. § 290 ist. Der Anwendungsbereich deckt sich somit mit dem der assoziierten Unternehmen, wenn die Tatbestandsvoraussetzungen beider Regelungskreise gegeben sind. Für assoziierte Unternehmen wird vorausgesetzt, daß von einbezogenen Unternehmen ein **maßgeblicher Einfluß** auf die Geschäfts- und Finanzpolitik ausgeübt wird (zum Begriff auch § 290, 23). Nach § 310 Abs. 1 wird gemeinsame Führung vorausgesetzt. Diese impliziert stets einen maßgeblichen Einfluß auf die Geschäfts- und Finanzpolitik, so daß im Regelfall Gemeinschaftsunternehmen zugleich zum Kreis der assoziierten Unternehmen gehören. Diese Annahme wird auch durch die Vermutungswirkung in § 311 Abs. 1 S. 2 gestützt. Ein maßgeblicher Einfluß wird bei Innehaben eines Stimmrechtsanteils von mindestens dem fünften Teil der Stimmrechte vermutet. Dieser Stimmrechtsanteil wird bei Gemeinschaftsunternehmen, bei denen eine **gemeinsame Führung** durch die Gesellschafterunternehmen erfolgt, i. d. R. überschritten sein. Die gemeinsame Führung unterscheidet sich vom maßgeblichen Einfluß in der Intensität der Beziehungen zum Mutterunternehmen.[23] Nur in Einzelfällen ist denkbar, daß die Voraussetzungen der Quotenkonsolidierung zu bejahen sind, ohne zugleich den maßgeblichen Einfluß i. S. v. § 311 Abs. 1 bejahen zu können.

19 Entscheidet sich das Mutterunternehmen zur Einbeziehung des Gemeinschaftsunternehmens im Wege der **anteilmäßigen Konsolidierung**, scheidet damit die Bewertung des Anteils an diesem Unternehmen nach Maßgabe von § 312 aus. Die Anwendung dieser Methoden schließt sich gegenseitig aus. An eine einmal getroffene Wahl ist das Mutterunternehmen für die Zukunft bei gleichbleibenden Voraussetzungen gebunden, § 297 Abs. 3 S. 2 (Rdn. 58 f). Macht das Mutterunternehmen von § 310 keinen Gebrauch, ist die Beteiligung an dem Unternehmen nach Maßgabe von § 312 at equity zu bewerten. Die Methode der Quotenkonsolidierung stellt nur eine Alternative zur Equity-Bewertung dar.[24] Zur Ausübung des Wahlrechts Rdn. 55 ff.

3. Gemeinschaftsunternehmen

20 Abs. 1 bestimmt keine besonderen Anforderungen an das Unternehmen, das Gegenstand der Einbeziehung im Wege der anteilmäßigen Konsolidierung werden soll. Es gelten keine Besonderheiten für die **Tätigkeit**. Es muß sich jedoch um ein Unternehmen i. S. v. § 290 handeln. Der Unternehmensbegriff erfaßt alle Formen wirtschaftlicher Tätigkeiten, die mit gewisser Nachhaltigkeit und nach außen erkennbar ausgeübt werden.[25] Aus dem Begriff auszuschließen sind Tätigkeiten, die in Form allgemeiner schuldrechtlicher Zusammenschlüsse ausgeübt werden oder die als reine Innengesellschaften nicht nach außen in Erscheinung treten (z. B. Poolvereinbarungen, Gewinngemeinschaften u. a. m.). Die **Rechtsform** des Gemeinschaftsunternehmens ist unerheblich; es kommen alle Rechtsformen des Handelsrechts oder Einrichtungen, die als Gesellschaft bürgerlichen Rechts oder Arbeitsgemeinschaft (Arge) geführt werden in Betracht (auch § 290, 11).[26]

---

[23] DRS 9, Tz. 5; *Krawitz* BB 2001, 668, 669.

[24] Ber. Rechtsausschuß zu § 310 HGB, BTDrucks. 10/4268, 116; ADS 6; *Zündorf* Quotenkonsolidierung versus Equity-Methode 19; *IDW* HFA 1/1993, WPg 1993, 441, 444.

[25] *Baetge/Kirsch/Thiele* Konzernbilanzen 391; *Früh/Klar* WPg 1993, 493, 502.

[26] IDW HFA 1/1993 Abschn. 1, WPg 1993, 441.

4. Gemeinsame Führung durch einbezogene und nicht einbezogene Unternehmen

a) Gemeinsame Führung. aa) Begriff. Die gemeinsame Führung eines Unternehmens durch andere in den Konzernabschluß einbezogene und nicht einbezogene Unternehmen ist der zentrale Begriff des Abs. 1. Der Gesetzgeber hat keine Definition vorgegeben; anders als in § 311 Abs. 1 S. 2 fehlt die Regelung eines Sachverhalts, bei dessen Vorliegen die gemeinsame Führung angenommen oder vermutet werden kann. 21

Die Gegenüberstellung der verschiedenen Begriffe, die in den Regelungen über den Konzernabschluß verwendet werden, zeigt eine **Stufenfolge** in den tatbestandlichen Einbeziehungsvoraussetzungen und den Rechtsfolgen der Konsolidierung. Hieraus ergibt sich, daß (1) einfache *Beteiligungen* i. S. v. § 271 Abs. 1 gegeben sind, wenn die Anteile dem Geschäftsbetrieb des Gesellschafters durch Herstellung einer dauernden Verbindung zu dienen bestimmt sind. Diese werden im Konzernabschluß mit ihren Anschaffungskosten angesetzt. (2) Besteht ein *maßgeblicher Einfluß* auf die Geschäfts- und Finanzpolitik, die ab einer Beteiligungsquote von einem Fünftel vermutet wird, erfolgt die Abbildung im Konzernabschluß nach der Equity-Methode, §§ 311 Abs. 1, 312. (3) Wird das Unternehmen durch einbezogene und nicht einbezogene Unternehmen *gemeinsam geführt*, darf es anteilmäßig einbezogen werden, § 310 Abs. 1. (4) Unterliegt das Unternehmen der *einheitlichen Leitung* oder steht es in der *Stimmrechtsmehrheit* eines Konzernunternehmens, wird es in dessen Konzernabschluß vollständig einbezogen, § 290 Abs. 1 und 2, §§ 301 ff. Die gemeinsame Führung beinhaltet danach mehr als nur einen maßgeblichen Einfluß, erreicht jedoch in Art und Umfang nicht eine Beherrschung oder die Ausübung einheitlicher Leitung. Die Abgrenzung der einheitlichen Leitung von der gemeinsamen Führung ist problematisch. Wird einheitliche Leitung i. S. v. § 18 Abs. 1 AktG verstanden als die Leitung der wirtschaftlichen Einheit des Konzerns (engerer Konzernbegriff, § 290, 25[27]), so unterscheidet sich hiervon die Führung eines Gemeinschaftsunternehmens, da es nicht in die wirtschaftliche Einheit *eines* Konzerns eingepaßt werden kann. Wird die einheitliche Leitung hingegen als die Planung, Durchführung und Kontrolle in wenigstens einem Bereich der unternehmerischen Tätigkeit (weiterer Konzernbegriff, § 290, 26[28]) verstanden, ist es nicht möglich, die Begriffe der *Leitung* einerseits und der *Führung* andererseits zu differenzieren. Denn es kann auch zum Wesen der Führung eines Gemeinschaftsunternehmens gehören, für wenigstens einen Bereich der unternehmerischen Tätigkeit eine Zielkonzeption zu entwickeln, durchzuführen und zu kontrollieren. Somit kann die Unterscheidung der Einflußnahmeintensität nicht alleine anhand der Art und Weise oder der Mittel der Führung, resp. Leitung gefunden werden. 22

Für die Unterscheidung bedeutsamer ist die **Wirkungsweise** der Einflußnahme auf das Unternehmen. Die Ausübung einheitlicher Leitung eines Konzernunternehmens dient der Ausrichtung auf die Zielkonzeption der Konzernspitze, die den Detailzielen der konzernangehörigen Unternehmen vorgelagert ist. Für das Gemeinschaftsunternehmen fehlt eine solche Ausrichtung. Keines der (gemeinsam) führenden Unternehmen verfügt über die Möglichkeit, einseitig gesetzte Konzernziele umzusetzen. Bei Gemeinschaftsunternehmen besteht eine Interessendivergenz der Gesellschafter. Sie haben sich zu dem Zweck zusammengeschlossen, um ihre Zielvorstellungen gegenüber dem gemeinsam geführten Unternehmen zum Ausdruck zu bringen. Die Gemein- 23

---

[27] *Hüffer* § 18 AktG, 9; *Emmerich* Aktienkonzernrecht § 18, 10 ff; KK-*Koppensteiner* AktG, § 18, 14 f; *Ulmer* Anh. § 105, 32.

[28] *Geßler* AktG, § 18, 7 ff; MünchHdb-*Krieger* AktG § 68, 68; *Emmerich* Aktienkonzernrecht § 18, 13 f.

samkeiten beschränken sich auf die Führung des Gemeinschaftsunternehmens; eine Koordination der jeweiligen Konzerninteressen findet nicht statt. Hierin liegt zugleich der Unterschied der gemeinsamen Führung gegenüber der gemeinsamen einheitlichen Leitung.[29] Letztere setzt voraus, daß die Gesellschafter ihre Konzerninteressen soweit koordinieren, daß sich das Gemeinschaftsunternehmen der gemeinsam ausgeübten einheitlichen Leitung gegenüber sieht, die nicht die Abstimmung über die gemeinsame Willensbildung gegenüber dem Gemeinschaftsunternehmen bedeutet.[30]

24 **bb) Rechtliche Grundlagen der gemeinsamen Führung.** Die einheitliche Leitung, die zur Einbeziehung in den Konzernabschluß verpflichtet, ist stets gesellschaftsrechtlich vermittelt oder beruht auf daraus abgeleiteten Rechtspositionen (z. B. § 290 Abs. 2 Nr. 2). Im Gegensatz zu § 290 Abs. 1 und 2 sowie zu § 311 Abs. 1 S. 2 enthält § 310 keine Regelung über das Erfordernis einer gesellschaftsrechtlich begründeten Rechtsmacht der gemeinsamen Führung. Zu dieser Frage ist zu unterscheiden zwischen der Rechtsstellung der Gesellschafter gegenüber dem Unternehmen und den Rechtsbeziehungen zwischen den Gesellschaftern, die die *gemeinsame* Führung bedingen.

25 Abs. 1 setzt nicht voraus, daß einem Unternehmen an einem anteilmäßig einzubeziehenden Unternehmen eine bestimmte Mindestquote der Anteile zusteht. Notwendig ist das Innehaben eines Kapitalanteils, da er allein die Grundlage der Einbeziehung des Gemeinschaftsunternehmens in den Konzernabschluß bildet. Allerdings ist die Größe dieses Anteils nicht festgelegt. Aus den Regelungen über die Vollkonsolidierung ergibt sich jedoch eine **Obergrenze** der möglichen Beteiligung. Da nach § 290 Abs. 2 Nr. 1 eine Beteiligung, die die Mehrheit der Stimmrechte umfaßt, ein Mutter-/Tochterverhältnis begründet, scheidet die Anwendung von § 310 aus; gleiches gilt bei Vorliegen einer Kapitalmehrheit, die als Grundlage der Vermutungskette für die einheitliche Leitung dient, vgl. § 290 Abs. 1 i. V. m. § 18 Abs. 1 S. 3 AktG. Liegen nicht besondere Umstände vor, wie z. B. die Vereinbarung eines oberhalb von 50 % liegenden Mehrheitserfordernisses, darf der Stimmrechtsanteil an einem Gemeinschaftsunternehmen **50 %** nicht übersteigen.[31] Die **Untergrenze** einer Beteiligung, die zur Quotenkonsolidierung berechtigt, ist offen. Aus § 311 Abs. 1 S. 2 kann als Indiz für eine Begrenzung entnommen werden, daß der Gesetzgeber bei einer Beteiligungsquote von unter 20 % nicht erwartet, daß ein maßgeblicher Einfluß ausgeübt werden kann. Deswegen wird vertreten, daß gemeinsame Führung mit einem unter 20 % liegenden Anteilsumfang des einzelnen Gesellschafters nicht erlangt werden kann. Das würde bedeuten, daß das Vorliegen einer Beteiligung i. S. v. § 271 Abs. 1 Voraussetzung auch für die Anwendung der Regelungen über die anteilmäßige Einbeziehung sei.[32] Dies erscheint nicht zwingend. Die Bedeutung eines Anteils mit einem Umfang von weniger als 20 % kann für den einzelnen Gesellschafter darin liegen, mit einem anderen Gesellschafter gemeinsam jenes Unternehmen zu führen; hieraus leitet sich die Qualifikation als Anteil im Sinne von § 271 Abs. 1 auch bei Nichterreichen der Vermutungsgrenze ab.[33] Die Mitwirkung an der gemeinsamen Führung eines Unternehmens ist möglich, auch wenn der Gesellschafter alleine nicht die Voraussetzungen für einen maßgeblichen Einfluß erreicht (Rdn. 51). Die Gemeinsamkeit der Führung mit anderen Unternehmen beeinflußt mittelbar auch die Tatbestandsvoraussetzungen der Führung.

---

[29] DRS 9, Anhang A 3 geben die Empfehlung, als Gemeinschaftsunternehmen von mehreren Unternehmen *gemeinsam beherrschte* Unternehmen anzusehen.

[30] *Lutter* in 25 Jahre Aktiengesetz (1991) 53, 70; ADS § 18 AktG, 51.

[31] *Baetge/Kirsch/Thiele* Konzernbilanzen 393; ADS 15.

[32] *Baetge/Kirsch/Thiele* Konzernbilanzen 393.

[33] So zu Recht Beck BilKomm-*Budde/Suhrbier* 20.

Die zur gemeinsamen Führung qualifizierende Rechtsmacht setzt eine **gesellschaftsrechtliche Grundlage** voraus. Führungsmacht auf der Grundlage anderer Rechtsverhältnisse, wie z. B. schuldrechtliche Vereinbarungen ohne gesellschaftsrechtlichen Hintergrund (z. B. Pool- oder Konsortialvereinbarungen) oder eine durch eine wirtschaftliche Machtstellung verursachte faktische Führungsfähigkeit, qualifizieren nicht zur Führung im Sinne von § 310 Abs. 1; die Voraussetzungen unterscheiden sich nicht von denen für § 290 Abs. 1.[34] Für die anteilsmäßige Einbeziehung ist das Vorhandensein von **Stimmrechten** unabdingbar.[35] Grundlage der Einbeziehung in den Konzernabschluß ist stets ein Kapitalanteil. Auch die Führung des Gemeinschaftsunternehmens leitet sich aus der Rechtsmacht der Stimmrechte eines Kapitalanteils des Gesellschafterunternehmens ab. Mittels eines solchen Postulats läßt sich die anteilsmäßige Konsolidierung widerspruchsfrei in das Stufenkonzept des HGB integrieren. 26

Verfügt eines der Gesellschafterunternehmen des Gemeinschaftsunternehmens über die **Mehrheit** der **Kapitalanteile** oder **Stimmrechte**, scheidet die anteilsmäßige Konsolidierung im Grundsatz aus, Rdn. 17. Im Ausnahmefall kommt indes nicht die Vollkonsolidierung nach § 290 Abs. 2, sondern die Quotenkonsolidierung in Betracht, wenn die Stimmrechtsmehrheit nicht zur Kontrolle des Unternehmens führt. Das ist der Fall, wenn die satzungsmässige Mehrheit oberhalb der einfachen Stimmenmehrheit liegt und der Gesellschafter diese qualifizierte Mehrheit nicht erreicht. Das gleiche gilt, wenn die Stimmrechtsmacht aufgrund von vertraglichen Regelungen (z. B. Entherrschungsvertrag) nicht ausgeübt werden darf; in diesen Fällen kann von der Vollkonsolidierung nach § 296 Abs. 1 Nr. 1 abgesehen werden. Führt dieses Unternehmen mit einem anderen gemeinsam das dritte Unternehmen, kommt die anteilsmäßige Einbeziehung in Betracht.[36] 27

cc) **Gegenstand** und **Mittel** der gemeinsamen Führung sind denen ähnlich, die bei der einheitlichen Leitung zum Einsatz kommen. Die schwächere Form der Einflußnahme ergibt sich nicht aus der Beeinflußbarkeit des Gemeinschaftsunternehmens durch die zusammenwirkenden Gesellschafter, sondern daraus, daß das Gemeinschaftsunternehmen nicht einseitig den Konzerninteressen des einen oder anderen Gesellschafters oder beider gemeinsam unterworfen ist. Die (regelmäßig) einstimmige Entscheidung der Gesellschafter über strategische Geschäftsentscheidungen sowie Entscheidungen zu Investitionen und Finanzierung zeigt gemeinsame Führung.[37] 28

Nicht erforderlich ist es, daß den gemeinsam führenden Unternehmen ein **Weisungsrecht** gegenüber dem Gemeinschaftsunternehmen zusteht.[38] Erforderlich ist, daß die gemeinsam führenden Unternehmen in der Lage sind, zumindest einen Geschäftsbereich des Gemeinschaftsunternehmens maßgeblich zu beeinflussen. Hierzu kommen die Mittel in Betracht, die im Konzern die einheitliche Leitung begründen können. 29

dd) Tatsächliche Ausübung. Der Führung, die zu einer bestimmten Konsolidierungsfolge führen soll, impliziert wie die einheitliche Leitung, daß nicht allein das Innehaben einer bestimmten Machtposition ausreicht, sondern erst deren tatsächliche 30

---

[34] Zur einheitlichen Leitung ADS § 290, 24.

[35] ADS 15, die auch vom Vorhandensein einer der Kapitalquote entsprechenden Stimmrechtsmacht ausgehen; ebenso *Baetge/Kirsch/Thiele* Konzernbilanzen 394.

[36] ADS 22, § 290, 36 ff; *Biener* DB 1983 Beil. 19, 12; *Zündorf* Quotenkonsolidierung versus Equity-Methode 13 f.

[37] DRS 9, Tz. 3.

[38] Vergleichbar der einheitlichen Leitung, dazu *Ulmer* Anh. § 105, 32; *Hüffer* § 18, 12; KK-*Koppensteiner* § 18, 18; ADS § 18 AktG, 20 ff.

Ausübung. Führung i. S. v. § 310 Abs. 1 ist nur bei einer tatsächlich ausgeübten Einflußnahme gegeben.[39] Das bedeutet das aktive Führen des Gemeinschaftsunternehmens, somit eine Einflußnahme, die über die schlichte Ausübung der Gesellschaftsrechte i. d. R. hinausgeht. Die kontinuierliche Beeinflussung der täglichen Führung des Gemeinschaftsunternehmens ist nicht erforderlich.[40] Die Entgegennahme von Berichten der Geschäftsführung oder die schlichte Mitwirkung an Gesellschafterentscheidungen ist hingegen nicht ausreichend.[41]

31 Die Art der Ausübung hängt ab von der **Rechtsform** des Gemeinschaftsunternehmens. Bei der GmbH bedeutet das die Einflußnahme auf die Geschäftsführung durch Gesellschafterbeschlüsse und die entsprechende Mitwirkung in Aufsichtsgremien. Bei einer AG erfolgt die Einflußnahme über die Wahl des Aufsichtsrats und über die Befugnis zur Bestellung und Abberufung des Vorstands sowie die Wahrnehmung dem der Aufsichtsrat zustehenden Mitwirkungs-, Prüfungs- und Kontrollrechte. Ferner ist die Einflußnahme in der Gesellschafter-/Hauptversammlung auf Entscheidungen über die Eigenkapitalausstattung, Rücklagenbildung und Gewinnausschüttungen von Bedeutung.[42]

32 **b) Gemeinsamkeit der Führung. aa) Art der Gemeinsamkeit.** Gemeinsame Führung eines anderen Unternehmens liegt vor, wenn die führenden Unternehmen gemeinschaftlich über den Gegenstand und die Mittel der Einflußnahme entscheiden. Das bedeutet ein **beabsichtigtes Zusammenwirken**; die zufällige gleichförmige Abstimmung in den Gesellschafterversammlungen ist nicht genügend.[43] Es bedeutet ferner insoweit ein einvernehmliches Verhalten gegenüber dem Gemeinschaftsunternehmen. Interessengegensätze zwischen den Partnerunternehmen werden zwischen diesen intern entschieden.

33 Die Gemeinsamkeit der Führung verlangt nicht, daß die Partnerunternehmen dem Gemeinschaftsunternehmen stets gleichförmig gegenüber treten. Auch wenn der **Konsens** in der Entscheidung unabdingbar ist, ist es nicht erforderlich, daß die beiden Unternehmen in allen Fragen der Geschäftspolitik stets gemeinsam die Führung innehaben. Die Gemeinsamkeit kann auch dadurch dokumentiert werden, daß die beiden Unternehmen im Rahmen intern festgelegter Zuständigkeiten (z. B. in kaufmännischen oder technischen Bereichen) jeweils einem von ihnen die Führung überlassen.[44]

34 **bb) Rechtsgrundlagen der Gemeinsamkeit.** Die Grundlagen des gemeinsamen Auftretens der Partnerunternehmen gegenüber dem Gemeinschaftsunternehmen sind nicht Gegenstand gesetzlicher Regelungen. Infolgedessen ist offen, ob und in welcher Weise die Partnerunternehmen sich untereinander koordinieren sollen, um die Voraussetzungen einer gemeinsamen Führung erfüllen zu können. Da die Verbindung der Partnerunternehmen nicht im Sinne eines gesellschaftsrechtlichen Über-/Unterordnungsverhältnisses ausgestaltet sein darf (dazu Rdn. 43 f), bedarf es anderer Instrumente der Koordinierung. Fraglich ist, ob hierfür eine vertragliche Grundlage gegeben sein muß. Vereinbarungen zur gemeinsamen Führung sind von Vereinbarungen, die zur gemeinsamen Beherrschung und einheitlicher Leitung führen, zu unterscheiden.[45] Ziel der letzteren ist, eine Grundlage für die Beherrschung oder einheitliche Leitung

---

[39] *Emmerich/Habersack* Aktienkonzernrecht § 18, 14; *Hüffer* § 18, 12; ADS § 18, 17; *Baetge/Kirsch/Thiele* Konzernbilanzen 393; HdKR-*Sigle* 24; DSR E-DRS 9, Tz. 3.

[40] *Sigle* Betriebswirtschaftliche Aspekte der Quotenkonsolidierung 325; Beck BilKomm-*Budde/Suhrbier* 15; ADS 23.

[41] ADS 23.

[42] HdKR-*Sigle* 28; ADS 23.

[43] *Hoffmann-Becking/Rellermeyer* FS Goerdeler 216.

[44] ADS 23.

[45] BGHZ 61, 193; MünchHdb-Krieger AG, § 68, 50, 75; *Hüffer* § 18 , 16.

zu schaffen. Die gemeinsame Führung beschränkt sich auf die (gemeinsame) Koordination der einzelnen Gesellschaftsinteressen. Eindeutige Antworten hierzu sind der Literatur nicht zu entnehmen.[46]

Eine rechtliche Verfestigung hat die Gemeinsamkeit der Führung, wenn in **vertraglichen Vereinbarungen**, wie z. B. einem Poolvertrag, Konsortialvertrag, Stimmbindungsvertrag, Gemeinschafts- oder Partnerschaftsvertrag sich die Gesellschafter zum Zusammenwirken verpflichtet haben. Solche Regelungen werden immer dann geboten sein, wenn an dem Gemeinschaftsunternehmen weitere Gesellschafter beteiligt sind, die über maßgebliche Einflußnahmemöglichkeiten verfügen, ihre Interessen jedoch nicht mit denen der anderen Gesellschafter zusammenfallen. Die Gemeinsamkeit hat eine ausreichende Grundlage auch ohne gesonderte vertragliche Festlegung bei echten **joint venture –** Gesellschaften, also Gesellschaften, an denen außer den Partnergesellschaften keine anderen Gesellschafter beteiligt sind, und zwar durch die Festlegung der Zweckbestimmung des Gemeinschaftsunternehmens in der Satzung, einer Grundlagenvereinbarung oder als **Geschäftsgrundlage** bei Gründung, Beteiligung oder Übernahme des Gemeinschaftsunternehmens.[47] Die Abstimmung und Koordinierung der Interessen der Partnerunternehmen muß somit eine gewisse Verfestigung erfahren haben. Gleichförmiges Verhalten genügt für die Gemeinsamkeit nicht, auch wenn es über längere Zeit beibehalten wird, da die zufällige und nicht abgestimmte Gleichheit der Interessen nicht ausreicht. 35

cc) Beteiligungsquote. Bei echten joint venture-Unternehmen ist eine Beteiligung der Partnerunternehmen mit einer gleichen Quote typisch, so daß zwei Gesellschafter mit je 50 %, 3 mit je 33,3 % oder 4 mit je 25 % beteiligt sind.[48] Eine notwendige Voraussetzung für die gemeinsame Führung ist dies nicht. Diese kann auch bejaht werden, wenn die Gesellschafter mit unterschiedlichen Quoten beteiligt sind (z. B. 40 %, 25 %, 20 % und 15 %).[49] Eine gemeinsame Führung kommt selbst dann in Betracht, wenn ein Gesellschafter allein über die Mehrheit der Stimmrechte verfügt, aufgrund von gesellschaftsvertraglichen Regelungen oder eines Stimmbindungsvertrags aber gehindert ist, durch die Stimmenmehrheit das Unternehmen zu leiten (z. B. 65 % und 35 %).[50] 36

Gemeinsame Führung setzt voraus, daß die Unternehmen, die an der gemeinsamen Führung beteiligt sind, insgesamt über eine **Stimmenmehrheit** an dem Gemeinschaftsunternehmen verfügen. Nur die Stimmenmehrheit verleiht den Unternehmen die gesellschaftsrechtliche Machtstellung, die für die Führung des Unternehmens erforderlich ist. Eine unterhalb der Stimmenmehrheit liegende Beteiligungsquote kann für die anteilsmäßige Konsolidierung nur dann die Grundlage bilden, wenn die übrigen Stimmrechte in der Hand einer Mehrzahl von Gesellschaftern liegen, die ihre Interessen nicht zusammengeschlossen haben, und wenn in den Gesellschafterversammlungen regelmäßig die Partnergesellschafter tatsächlich über die Mehrheit der Stimmrechte verfügen.[51] Das zufällige Erreichen der Mehrheit in der Gesellschafterversammlung genügt als Grundlage nicht. 37

c) Die gemeinsam führenden Unternehmen. aa) Einbezogene Unternehmen. 38
An der gemeinsamen Führung muß ein in den Konzernabschluß einbezogenes Mut-

---

[46] Beck BilKomm-*Budde/Suhrbier* 16; ADS 23.
[47] Beck BilKomm-*Budde/Suhrbier* 16.
[48] *Emmerich/Sonnenschein* Konzernrecht 54.
[49] *Baetge/Kirsch/Thiele* Konzernbilanzen 394.
[50] *Biener* DB 1983 Beil. 19, 12; *Gansweid* Gemeinsame Tochtergesellschaften im deutschen Konzern- und Wettbewerbsrecht 132; Beck Bil-Komm-*Budde/Suhrbier* 25.
[51] Vergleichbar der die Abhängigkeit begründenden „Hauptversammlungsmehrheit", KK-*Koppensteiner* § 17, 35; WP-Handbuch 2000 I T 115.

terunternehmen oder Tochterunternehmen beteiligt sein, § 310 Abs. 1. Die Regelung beinhaltet zum einen eine Selbstverständlichkeit, da nur bei Führung durch ein in den Konzernabschluß einbezogenes Unternehmen ein Anlaß besteht, das Gemeinschaftsunternehmen überhaupt anteilmäßig einzubeziehen. Zum anderen enthält die Regelung mittelbar die Aussage, daß ein Konzernabschluß aufgestellt werden muß; die Voraussetzungen nach § 290 müssen demnach für mindestens ein Tochterunternehmen gegeben sein und zur Aufstellung eines Konzernabschlusses geführt haben. Unterbleibt die Aufstellung des Konzernabschlusses, z. B. wegen Vorliegens von Gründen, die nach §§ 295, 296 die Nichteinbeziehung zur Folge haben können, besteht kein Anlaß zur Einbeziehung des Gemeinschaftsunternehmens.

39 **Ein einbezogenes Unternehmen** muß an der gemeinsamen Führung beteiligt sein. Es genügt nicht, daß das Unternehmen an einem von anderen gemeinsam geführten Unternehmen beteiligt ist, wenn das Konzernunternehmen nicht ebenfalls zu dem Kreis der gemeinsam Führenden gehört. Nach dem Wortlaut von Abs. 1 ist es ohne Belang, ob Partnerunternehmen das Mutterunternehmen oder ein Tochterunternehmen ist. Infolge der Anwendung dieser Methode nur für den Konzernabschluß kommt es darauf nicht an.

40 Halten mehrere Unternehmen des Konzerns Anteile an dem Gemeinschaftsunternehmen, werden im Rahmen der Konsolidierung die Anteile dieser Unternehmen zusammengerechnet; auch für Zwecke des Jahresabschlusses werden die Anteile, die abhängigen Unternehmen gehören, dem Mutterunternehmen zugerechnet, § 271 Abs. 1 S. 4 HGB, § 16 Abs. 4 AktG. Die Größe der Anteile der einbezogenen Unternehmen an dem Gemeinschaftsunternehmen ist unerheblich, auch spielt es keine Rolle, ob das Mutterunternehmen oder ein Tochterunternehmen den größeren Anteil innehat. Voraussetzung ist lediglich, daß eines der Konzernunternehmen mit einem Dritten gemeinsam führt.[52] Letztlich sind die Anteile der einzelnen einbezogenen Unternehmen nicht maßgebend, sondern die Gesamtheit der Anteile, mit denen Konzernunternehmen beteiligt sind. Die Voraussetzungen für ein Gemeinschaftsunternehmen nach Abs. 1 werden nicht dadurch gestört, daß **mehr als ein** in den Konzernabschluß einbezogenes Unternehmen an dem Gemeinschaftsunternehmen beteiligt ist und eines von ihnen an der gemeinsamen Führung mitwirkt.

41 Der Konzernanteil insgesamt darf jedoch **nicht** eine **Mehrheit** der Stimmrechte erreichen (§ 290 Abs. 2), da das Unternehmen dann nach § 301 nach den Regelungen der Vollkonsolidierung einzubeziehen ist.[53]

42 Gehören die nicht von einbezogenen Unternehmen gehaltenen Anteile an dem Gemeinschaftsunternehmen zu einem Unternehmen, das nach **§§ 295, 296** nicht in den Konzernabschluß einbezogen wird, ist die Zurechnung der Anteile zweifelhaft. Da ein nicht konsolidiertes Unternehmen Tochterunternehmen bleibt, werden die von diesem gehaltenen Anteile dem Konzern zugerechnet. Hat jedoch kein in den Konzernabschluß einbezogenes Unternehmen Anteile an dem Gemeinschaftsunternehmen und ist zur gemeinsamen Führung in der Lage, scheidet die Anwendung von § 310 Abs. 1 für dieses Gemeinschaftsunternehmen aus.[54]

43 **bb) Nicht einbezogene Unternehmen.** Gemeinsame Führung kommt nur bei Koordination der Einflußnahme mit nicht einbezogenen Unternehmen in Betracht, Abs. 1. Das sind Unternehmen, an denen einbezogene Unternehmen keine Anteile halten oder nur eine Anteilsquote, die nicht zur Einbeziehung in den Konzernab-

---

52 Beck BilKomm-*Budde/Suhrbier* 31.

53 ADS 17; Beck BilKomm-*Budde/Suhrbier* 30.

54 ADS 17; *Baetge/Kirsch/Thiele* Konzernbilanzen 397.

schluß verpflichtet. Dies beruht auf der Voraussetzung, daß die anteilmäßige Konsolidierung nur bei gemeinsamer Führung unabhängiger Gesellschafterunternehmen in Betracht kommt, die ihre eigenen Konzerninteressen verfolgen.

Fraglich ist, ob gemeinsame Führung mit Unternehmen ausgeübt werden kann, die selbst anteilmäßig einbezogen werden oder assoziierte Unternehmen darstellen. Zu den anteilmäßig einbezogenen Unternehmen Rdn. 46 ff. **Assoziierte Unternehmen** werden nicht in den Konzernabschluß einbezogen, so daß dem Wortlaut von Abs. 1 entsprochen würde. Gleichwohl wird in Frage gestellt, ob assoziierte Unternehmen die für die gemeinsame Führung erforderliche Konzernunabhängigkeit aufweisen.[55] Das ist trotz des nach § 311 Abs. 1 notwendigen maßgeblichen Einflusses der Fall, da dieser eine erheblich geringere Intensität der Beeinflussung vermittelt. Auch mit diesen Unternehmen gemeinsam geführte Unternehmen dürfen anteilmäßig konsolidiert werden.[56] 44

Unternehmen, die nach §§ 295, 296 in den Konzernabschluß **nicht einbezogen** werden, erfüllen dem Wortlaut von Abs. 1 nach die Voraussetzungen, als geeignetes Partnerunternehmen auftreten zu können. Sie bleiben Tochterunternehmen des Konzerns, so daß ihre Anteile an dem „Gemeinschaftsunternehmen" dem Mutterunternehmen zugerechnet und bei der Konsolidierung berücksichtigt werden. In solchen Fällen besteht i. d. R. ein Control-Verhältnis, das zur Vollkonsolidierung zwingt. Solche Unternehmen kommen als Partner für die Quotenkonsolidierung nicht in Betracht.[57] 45

cc) **Gemeinsame Führung mit Gemeinschaftsunternehmen.** Ist das Mutterunternehmen an dem zu beurteilenden Gemeinschaftsunternehmen (GU²) einerseits über Tochterunternehmen, andererseits über ein vorgelagertes Gemeinschaftsunternehmen (GU¹) beteiligt, richtet sich die Einbeziehung des GU² nach der für die Konzernrechnungslegung maßgeblichen Qualifikation von GU¹. Wird GU¹ seinerseits nach den Regelungen über die anteilmäßige Konsolidierung in den Konzernabschluß des Mutterunternehmens einbezogen, ist nach dem Wortlaut von § 310 Abs. 1 zweifelhaft, ob die Voraussetzungen für die gemeinsame Führung mit einem nicht in den Konzernabschluß einbezogenen Unternehmen vorliegen. Das GU¹ ist zwar nicht Tochterunternehmen, gleichwohl aber nach § 310 Abs. 1 in den Konzernabschluß einbezogen. Fraglich ist, ob die Qualifikation als **Tochterunternehmen** oder die der **Einbeziehung** überwiegt. Die Literatur stellt vorrangig auf den Begriff der Einbeziehung ab, läßt diesen aber aus Gründen der wirtschaftlichen Betrachtung[58] oder der geringeren Beherrschungsintensität[59] nicht durchgreifen. Dieser Beurteilung ist im Ergebnis, nicht jedoch in der Begründung zuzustimmen. Nicht die Technik der Darstellung im Konzernabschluß (= Einbeziehung) ist entscheidend, sondern die Tatsache, daß es sich bei dem GU¹ nicht um ein Tochterunternehmen i. S. v. § 290 handelt, somit ein Unternehmen, das durch das Mutterunternehmen kontrolliert wird. Anteile und Stimmrechte, die dem Unternehmen GU¹ gehören, können dem Mutterunternehmen nicht nach § 16 Abs. 2, 4 AktG zugerechnet werden. Nur mit einem nicht kontrollierten Unternehmen kann ein weiteres Unternehmen gemeinsam geführt werden. Bei kontrollierten Unternehmen ist eine gemeinsame Führung nicht möglich, da es an dem Interessengegensatz der Partnerunternehmen fehlt. Ein Gemeinschaftsunternehmen 46

---

[55] *Baetge/Kirsch/Thiele* Konzernbilanzen 397 f.

[56] *Baetge/Kirsch/Thiele* Konzernbilanzen 394; ADS 17 a. E.

[57] ADS 17; *Baetge/Kirsch/Thiele* Konzernbilanzen 394.

[58] ADS 18.

[59] Beck BilKomm-*Budde/Suhrbier* 34; HdKR-*Sigle* 38.

(GU[1]) ist nicht in den Kontrollbereich des Mutterunternehmens eingebunden. Hieraus folgt die Berechtigung, ein drittes Unternehmen anteilsmäßig einzubeziehen, sofern dieses von den Partnerunternehmen gemeinsam geführt wird.

47 Liegen aufgrund von Vereinbarungen oder der tatsächlich ausgeübten Machtstellung beim Mutterunternehmen die Voraussetzungen für die volle Einbeziehung von GU[1] oder GU[2] als **Tochterunternehmen** vor, z. B. weil das Mutterunternehmen bei GU[2] berechtigt ist, in der Gesellschafterversammlung nach „durchgerechneten Stimmrechten" abzustimmen, scheidet die anteilmäßige Konsolidierung aus. Gleiches gilt, wenn GU[1] unter der einheitlichen Leitung des Mutterunternehmens steht; in diesem Fall ist sowohl GU[1] als auch GU[2] nach § 290 voll zu konsolidieren.[60]

48 Die anteilmäßige Einbeziehung eines **weiteren Gemeinschaftsunternehmens** GU[2] in den Konzernabschluß des Mutterunternehmens ist zulässig, wenn der andere Partner, mit dem jenes gemeinsam geführt wird, ein Gemeinschaftsunternehmen (GU[1]) ist. Auf die formale Behandlung des Unternehmens im Konzernabschluß des Mutterunternehmens kommt es nicht an;[61] es macht keinen Unterschied, ob dieses nach § 310 anteilsmäßig konsolidiert oder als assoziiertes Unternehmen behandelt wurde.

49 **d) Sonderfragen. aa) Anzahl der Partnerunternehmen.** Das typische Bild eines Gemeinschaftsunternehmens zeigt eine Beteiligung von **zwei** Gesellschaftern mit i. d. R. gleichen Anteilen (Rdn. 52). § 310 Abs. 1 ist indes nicht zu entnehmen, daß die Anzahl der an einem Gemeinschaftsunternehmen zu beteiligenden Gesellschafterunternehmen beschränkt ist;[62] Voraussetzung ist lediglich die gemeinsam ausgeübte Führung.

50 Die Einordnung der anteilmäßigen Einbeziehung zwischen der Vollkonsolidierung und den assoziierten Unternehmen als den bindenden Rahmen für die Einbeziehung in den Konzernabschluß legt nahe, daß die **Größe** einer **Beteiligung** an einem Gemeinschaftsunternehmen typischerweise zwischen **20 und 50 %** liegt. Daraus folgte – bei der Annahme einer gleichmäßigen Beteiligungsquote der Gesellschafter – eine Gesamtzahl der Gesellschafter von 2 bis 5. Ob kleinere Beteiligungsquoten möglich und damit höhere Gesellschafterzahlen zulässig sind, ist fraglich. Für eine Limitierung spricht die in § 311 Abs. 1 S. 2 enthaltene Vermutungsregel, daß ein maßgeblicher Einfluß bei Innehaben eines Stimmrechtsanteils von einem Fünftel angenommen wird.[63] Der Nachweis einer niedrigeren Beteiligungs- und Stimmrechtsquote wird dadurch aber nicht ausgeschlossen. Die Anzahl der ein Gemeinschaftsunternehmen führenden Gesellschaftern kann somit über fünf hinausgehen.

51 Zur Stützung dieser Überlegung ist auf das Fehlen einer Regelung für Fälle von untergeordneter Bedeutung zu verweisen, wie sie in § 296 Abs. 1 oder § 311 Abs. 2 enthalten ist. Für die anteilmäßige Einbeziehung erscheint ein solches Kriterium entbehrlich, da bereits das Kriterium der **gemeinsamen Führung** der Berücksichtigung von kleinen Beteiligungsquoten entgegen steht. Der Festlegung einer Grenze einer maßgeblichen Beteiligungsquote bedarf es für § 310 Abs. 1 somit nicht.[64] Die Offenheit der Anzahl beteiligter Gesellschafter hat eher theoretische Bedeutung, da mit abnehmender Beteiligungsquote die Möglichkeit geringer wird, den Nachweis der

---

[60] So auch ADS 18 a. E.; *Zündorf* Quotenkonsolidierung versus Equity-Methode 8f will bei Beteiligung eines anderen Gemeinschaftsunternehmens stets die Vollkonsolidierung anwenden.

[61] A. M. ADS 18.

[62] Beck BilKomm-*Budde/Suhrbier* 26; ADS 15.

[63] Für eine Begrenzung hierauf Beck BilKomm-*Budde/Suhrbier* 26.

[64] A. M. Beck BilKomm-*Budde/Suhrbier* 27; zweifelnd ADS 15.

gemeinsamen Führung erbringen zu können. Dieser Befund gilt uneingeschränkt bei Unternehmen, an denen eine **Vielzahl** von Gesellschaftern mit **gleicher Beteiligungsquote** beteiligt sind. Die Voraussetzungen für die gemeinsame Führung (Rdn. 46 ff) werden i. d. R. fehlen, wenn die Anzahl der Gesellschafter größer als sechs ist, da dann die Einflußnahme im Sinne der gemeinsamen Koordinierung der Interessen der Gesellschafter nicht mehr nachweisbar sein wird, da sie sich inhaltlich von der Wahrnehmung der Gesellschafterrechte nicht mehr unterscheidet. Die Anzahl möglicher Gesellschafter wird dadurch aus tatsächlichen Gründen begrenzt. Die Größe des Anteils des einzelnen Gesellschafters ist demgegenüber zweitrangig. So kann der Zusammenschluß mehrerer Gesellschafter mit dem Ziel, gemeinsam die Mehrheit der Stimmrechte ausüben und gemeinsam führen zu können, auch durch Mitwirkung von Gesellschaftern mit einer unter 20 % liegenden Anteilsquote in Betracht kommen (Rdn. 36).

bb) Gleichheit der Beteiligungsquote? Abs. 1 regelt nicht die Notwendigkeit **52** einer gleich hohen Beteiligung der Gesellschafter am Kapital oder den Stimmrechten des Gemeinschaftsunternehmens. Die paritätische Beteiligung für bestimmte Arten von joint-venture Unternehmen ist zwar typisch, ergibt sich **kein** für die Auslegung von § 310 Abs. 1 prägendes **Kriterium.**[65] Erforderlich ist die Mitwirkung an der gemeinsam ausgeübten Führung. Dies spricht zwar für gleichartige Stimmrechtsverhältnisse, schließt aber das Zusammenwirken von Gesellschaftern mit unterschiedlicher Quote nicht aus, die dadurch die Voraussetzungen für die gemeinsame Führung erlangen und diese auch tatsächlich ausüben. So können sich – im Extremfall – zwei mit 49 % und 2 % beteiligte Gesellschafter zur gemeinsamen Führung zusammenschließen.

cc) Dauer. Die gemeinsame Führung nach § 310 Abs. 1 ist nicht auf **Dauer** vorge- **53** schrieben. Dennoch ist die Dauerhaftigkeit der Gemeinsamkeit von Bedeutung, da sie eines der Indizien ist, tatsächlich ausgeübte, gemeinsame Führung zu charakterisieren. Der Zeitdauer der Zusammenarbeit kommt eine Abgrenzungsfunktion zu. Nicht auf Dauer angelegte Zusammenarbeit von Gesellschaftern erreicht nicht die Intensität, die für die gemeinsame Führung erforderlich ist. Die zufällige oder nur punktuelle Abstimmung von gemeinsamen Interessen und dementsprechend gleichförmige Stimmrechtsausübung in der Gesellschafterversammlung genügt nicht zur Führung des Unternehmens.

In der Literatur wird unter dem Aspekt der Dauer der Zusammenarbeit meist die **54** Frage erörtert, ob die in dem Gemeinschaftsunternehmen verortete Aufgabenstellung und deren Durchführung auf Dauer angelegt sein muß. Dies wird bei unternehmerisch tätigen Einheiten, die nur für einen begrenzten Zeitraum gebildet werden, in Zweifel gezogen. Zu diesen Einheiten zählen i. d. R. die typischen **Arbeitsgemeinschaften** (Argen).[66] Nach der hier vertretenen Auffassung handelt es sich hier hingegen nicht um eine Frage der für die gemeinsame Führung erforderlichen Dauer der Zusammenarbeit, sondern um eine Frage der **Unternehmenseigenschaft.** Liegen die ein Unternehmen charakterisierenden Merkmale vor, wie z. B. die Verfolgung erwerbswirtschaftlicher Interessen, die ganz oder teilweise gesamthänderische Vermögensbindung und das eigenständige, nach außen erkennbare in Erscheinung treten der Einheit,[67] und ist diese selbständig bilanzierungspflichtig, ist die Dauer der Zusammenarbeit kein gesondertes Prüfkriterium mehr. Erfüllt die Zusammenarbeit diese

---

65 A. M. Beck BilKomm-*Budde/Suhrbier* 26.

66 *Eisele/Rentschler* BFuP 1989, 309, 310; *Zündorf* BB 1987, 1910, 1914; *Schindler* BB 1987, 158, 159; Beck BilKomm-*Budde/Suhrbier* 21 f; ADS 26.

67 IDW HFA 1/1993, WPg 1993, 441.

Kriterien, kommt die anteilmässige Konsolidierung wie bei jedem anderen Unternehmen in Betracht. Ist die Zusammenarbeit in dem Gemeinschaftsunternehmen nicht auf Dauer angelegt, kommt die Nichtberücksichtigung für den Konzernabschluß aus Gründen der fehlenden Wesentlichkeit in Betracht.[68]

5. Wahlrecht

55 Bei Vorliegen der Voraussetzungen des § 310 Abs. 1 besteht ein **Wahlrecht** zur anteilmäßigen Einbeziehung des Gemeinschaftsunternehmens. Das bedeutet, daß zuvor eine negative Abgrenzung zum Kreis der Unternehmen erfolgt ist, die nach § 290 nach Grundsätzen der Vollkonsolidierung in den Konzernabschluß einbezogen werden. § 310 Abs. 1 ist nicht lex specialis gegenüber der Vollkonsolidierung, sondern setzt voraus, daß deren Voraussetzungen gerade nicht erfüllt sind.[69]

56 Die Einräumung eines Wahlrechts erfolgt durch Verwendung des Wortes „darf" in Abs. 1 S. 1. Beteiligungen, die zur gemeinsamen Führung qualifizieren, erfüllen i. d. R. zugleich die Voraussetzungen des **maßgeblichen Einflusses**, der nach § 311 Abs. 1 zur Bewertung als assoziiertes Unternehmen verpflichtet.[70] Die Alternative zur anteilmäßigen Konsolidierung besteht grundsätzlich in der Bewertung nach §§ 311, 312, die bei Vorliegen der Voraussetzungen anzuwenden ist, soweit das Unternehmen nicht nach § 310 Abs. 1 einbezogen wird.[71]

57 Eine Beteiligung an einem Unternehmen, das für die Beurteilung des den tatsächlichen Verhältnissen entsprechenden Bildes der Vermögens-, Finanz- und Ertragslage von **untergeordneter Bedeutung** ist (§ 311 Abs. 2), braucht weder als assoziiertes Unternehmen bewertet noch anteilmäßig einbezogen zu werden.

III. Anteilmäßige Einbeziehung in den Konzernabschluß

1. Grundlagen der Einbeziehung

58 Nach § 310 Abs. 1 darf ein gemeinsam mit einem anderen Unternehmen geführtes Unternehmen entsprechend den Anteilen am Kapital, die dem Mutterunternehmen gehören, in den Konzernabschluß einbezogen werden. Die sich daraus ergebende Handlungsmöglichkeit bleibt indes unklar, denn auch § 301 Abs. 1 S. 1 bestimmt, daß die Verrechnung des Wertansatzes der Beteiligung mit dem anteiligen Eigenkapital erfolgt. Den wesentlichen Unterschied in der Methode der Einbeziehung gibt der Wortlaut des Gesetzes nicht her. Das **Wesen der Methode** der anteilmäßigen Einbeziehung ist, daß Vermögensgegenstände und Schulden sowie andere Posten des einzubeziehenden Unternehmens nicht vollständig, sondern nur anteilmäßig in den Konzernabschluß übernommen werden. Maßgeblich für die Bestimmung des Anteils an den einzelnen Aktiva und Passiva ist der Anteil am Kapital des Gemeinschaftsunternehmens, der dem Mutterunternehmen gehört oder ihm zugerechnet wird.

59 Die Methode hat die **Wirkung**, daß das Gemeinschaftsunternehmen mit seinen Aktiva und Passiva anteilig dem Konzern zugeordnet wird. In Höhe des Anteiles des Konzerns wird das Unternehmen in seiner Darstellung so behandelt, als ob es im allei-

[68] ADS 26; Beck BilKomm-*Budde/Suhrbier* 23.

[69] *Biener/Berneke* BiRiLiG 366; Beck BilKomm-*Budde/Suhrbier* 2; ADS 6.

[70] So für den Regelfall, *Havermann* in IDW (Hrsg.), Rechnungslegung und Prüfung in internationaler Sicht 405; *Zündorf* Quotenkonsolidierung versus Equity-Methode, 19; *Baetge/Kirsch/Thiele* Konzernbilanzen 394 f; DRS 9, Tz. 4; *Krawitz* BB 2001, 668, 669.

[71] *IDW* HFA 1/1993, WPg 1993, 441, 444.

nigen Anteilsbesitz des Konzerns steht. Der Sonderausweis von Anteilen anderer Gesellschafter am Eigenkapital oder dem Ergebnis unterbleibt.

Die Einbeziehung eines Gemeinschaftsunternehmens beruht auf derselben Technik, die der Einbeziehung eines Tochterunternehmens zugrunde liegt. Grundlage der Einbeziehung ist auch bei Gemeinschaftsunternehmen eine Handelsbilanz II, in der die Bilanzierung und Bewertung den Regelungen des Konzerns angepaßt wurde. Gemeinschaftsunternehmen können demzufolge gehalten sein, Handelsbilanzen II mehrfach, d. h. nach Maßgabe der Regelungen der verschiedenen Partnerkonzerne entsprechend aufzustellen. Der Einbeziehung kann entweder eine **Quotenbilanz**, die Aktiva und Passiva entsprechend der Konzernquote ausweist, oder eine Vollbilanz zugrunde liegen, die zunächst den Anteil anderer Gesellschafter gesondert ausweisen muß.[72] 60

2. Ermittlung der Anteilsquote

Für die Einbeziehung eines Gemeinschaftsunternehmens sind nach § 310 Abs. 1 die Anteile maßgeblich, die dem **Mutterunternehmen** gehören. Für die Konsolidierung ist auf den Anteil am Eigenkapital, nicht an den Stimmrechten abzustellen. Bei Kapitalgesellschaften bestimmt sich die maßgebliche Quote nach den Anteilen am gezeichneten Kapital, bei anderen Rechtsformen nach den Anteilen, die für die Bestimmung des Anteils am Gewinn oder Liquidationserlös entscheidend sind.[73] Das sind diejenigen Anteile, die dem Mutterunternehmen zivilrechtlich oder nach der für die Bilanzierung maßgeblichen wirtschaftlichen Betrachtungsweise zuzuordnen sind. Der Umfang der Beteiligung am Kapital braucht mit den Anteilen des Konzerns an den Stimmrechten, die für die Beurteilung von Bedeutung sind, ob ein Gemeinschaftsunternehmen vorliegen kann, nicht übereinzustimmen. 61

Verfügt lediglich das Mutterunternehmen über Anteile an dem Gemeinschaftsunternehmen, ergeben sich bei der Ermittlung des Anteilsverhältnisses keine Probleme. Maßgebend sind die Anteile, die dem Mutterunternehmen gehören. Sind andere einbezogene Unternehmen ebenfalls beteiligt, kommen zu diesen Anteilen diejenigen hinzu, die dem **Mutterunternehmen** nach § 290 Abs. 3 S. 1, § 16 Abs. 4 AktG[74] **zugerechnet** werden oder über die das Mutterunternehmen entsprechend § 290 Abs. 3 verfügen kann. Hierzu gehören Anteile, die *von Dritten* für *Rechnung* des Mutterunternehmens gehalten werden oder über die das Mutterunternehmen auf Grund einer **Vereinbarung mit einem Dritten** verfügen kann (§ 290 Abs. 3). 62

Strittig ist, wie bei Anteilen zu verfahren ist, die nach §§ 295, 296 **nicht** in den Konzernabschluß **einbezogenen Tochterunternehmen** gehören. Nach Maßgabe von § 290 Abs. 3, § 16 Abs. 4 AktG erfolgt die Zurechnung zum Mutterunternehmen, die nicht ausgeschlossen ist, wenn das betreffende Unternehmen nicht konsolidiert wird. Die Berücksichtigung solcher Anteile wird einerseits wegen des Fehlens eines konsolidierbaren Anteils abgelehnt,[75] andererseits im Hinblick auf die gesetzliche Anteilszurechnung bejaht.[76] Bei der Beurteilung dieser Problematik ist zu differenzieren. Die Prüfung, ob ein Unternehmen in den Konzernabschluß anteilmäßig konsolidiert werden soll/kann, hat unter Berücksichtigung der dem Konzern zugehörenden Stimm- 63

---

[72] Beck BilKomm-*Budde/Suhrbier* 54; *Baetge/Kirsch/Thiele* Konzernbilanzen 396; *Schindler* Konsolidierung von Gemeinschaftsunternehmen 160.

[73] ADS 29; Beck BilKomm-*Budde/Suhrbier* 55; HdKR-*Sigle* 37.

[74] ADS 30; Beck BilKomm-*Budde/Suhrbier* 55.

[75] HdKR-*Sigle* 39; Beck BilKomm-*Budde/Suhrbier* 55; Bonner HdR-*Scherrer* 17.

[76] ADS 30.

rechte, also denen, die dem Mutterunternehmen zugerechnet werden, zu erfolgen, da dies Auskunft über das Kontrollspektrum des Konzerns gibt. Die Entscheidung, auf der Grundlage welcher Kapitalanteile das jeweilige Unternehmen einzubeziehen ist, sind hingegen diejenigen Anteile zugrunde zu legen, die im Konzernabschluß bei Nichtkonsolidierung auszuweisen wären. Nur hierdurch erfolgt eine zutreffende Zuordnung des Vermögens des einzubeziehenden Unternehmens zum Konzernabschluß. Es bleibt unbenommen, im Konzernanhang auf das Vorhandensein weiterer Anteile beim nicht einbezogenen Tochterunternehmen hinzuweisen.

64 Anteile, die **assoziierten Unternehmen** gehören, werden dem Mutterunternehmen nicht zugerechnet. Auch diese sind bei der Bemessung der auf den Konzern entfallenden Anteile nicht zu berücksichtigen.[77]

65 Gleiches gilt im Grundsatz für Anteile, die **anteilmäßig konsolidierten Unternehmen** gehören. Diese werden dem Mutterunternehmen nicht nach § 290 Abs. 3, § 16 Abs. 4 AktG zugerechnet und bleiben bereits bei der Beurteilung, ob ein Gemeinschaftsunternehmen aus Sicht des Konzerns vorliegt, außer Betracht.[78] Gleichwohl spielen diese Anteile bei der Einbeziehung des nachgeordneten Gemeinschaftsunternehmens eine Rolle. Wird das obere Gemeinschaftsunternehmen anteilmäßig in den Konzernabschluß einbezogen, könnte es, wenn dieses das untere Gemeinschaftsunternehmen nicht anteilmäßig konsolidiert sondern die Beteiligung at equity bewertet, zum Ausweis von Anteilen an einem (anteilmäßig) einbezogenen Unternehmen kommen, was aus Sicht des Konzerns nicht sachgerecht erscheint.[79] Die dem Konzern über die anteilmäßige Einbeziehung des oberen Gemeinschaftsunternehmens zugeordneten Anteile an dem nachgeordneten Unternehmen berechtigen das Mutterunternehmen, die Einbeziehungsentscheidung des nachgeordneten Unternehmens zu übernehmen oder neu zu treffen und dieses unter Berücksichtigung der insgesamt bestehenden Anteilsquote anteilmäßig zu konsolidieren. Eine Veränderung der Einbeziehungsqualität hin zur Vollkonsolidierung darf nicht erfolgen. Bei der Einbeziehung des nachgeordneten Tochterunternehmens sind die jeweiligen Wertansätze der Anteile zu berücksichtigen.[80]

66 Verfügt das Gemeinschaftsunternehmen über **eigene Anteile**, ist mit diesen wie bei der Vollkonsolidierung nach § 301 Abs. 1 zu verfahren. Eigene Anteile werden bei der Einbeziehung herausgerechnet und der Anteil des Konzerns am Eigenkapital und den Aktiva und Passiva nach der Quote bemessen, die sich nach Abzug der eigenen Anteile vom Eigenkapital errechnet.[81]

67 Wird der Anteil an dem Gemeinschaftsunternehmen von einem Tochterunternehmen gehalten, an dem andere Gesellschafter beteiligt sind, sind auch in Bezug auf das durch Einbeziehung des Gemeinschaftsunternehmens übernommene Vermögen die **mittelbaren Anteile** in **Fremdbesitz** zu berücksichtigen. Im einzelnen vgl. § 301, 226 sowie § 307, 24. Der Anteil, der aus Sicht des Konzerns an dem Gemeinschaftsunternehmen besteht und der den Umfang des Anteils am Eigenkapital und dem Vermögen bestimmt, richtet sich nach dem Anteil, den das direkt beteiligte Tochterunternehmen an dem Gemeinschaftsunternehmen hält (z. B. 40 %). Sind an dem Tochterunternehmen andere Gesellschafter mit einem Anteil von beispielsweise 20 % beteiligt, wird das Gemeinschaftsunternehmen zwar auf der Grundlage eines 40 % Anteils einbezo-

77 ADS 30.
78 Hierzu *Roß* WPg 1995, 617, 619 ff.
79 Hierauf weisen zu Recht ADS 30 hin.
80 Im Ergebnis wie hier ADS 30 a. E.; weitergehend *Zündorf* Quotenkonsolidierung versus Equity-Methode 8; a. M. Beck BilKomm-*Budde/Suhrbier* 38; HdKR-*Sigle* 38.
81 Bonner HdR-*Scherrer* 17; ADS 30 a. E.

gen, von dem hierauf entfallenden Eigenkapital und Ergebnis sind indes ein Anteil von 20 %, somit insgesamt 8 % als Anteil der anderen Gesellschafter gesondert auszuweisen.

3. Entsprechende Anwendung der Vorschriften über die Vollkonsolidierung, Abs. 2

a) **Anzuwendende Vorschriften.** Abs. 2 schreibt die entsprechende Anwendung bestimmter, enumerativ aufgeführter Vorschriften über die Vollkonsolidierung vor. Im einzelnen werden in Bezug genommen: 68

§ 297: Inhalt, Aufstellungsgrundsätze, Stetigkeitsgrundsatz
§ 298: Verweisung auf die anzuwendenden Vorschriften über den Jahresabschluß, Gliederung
§ 299: Stichtag der einzubeziehenden Abschlüsse und des Konzernabschlusses
§ 300: Einbeziehungsgrundsätze, Vollständigkeitsgebot, Ansatzwahlrechte
§ 301: Kapitalkonsolidierung
§ 303: Schuldenkonsolidierung
§ 304: Behandlung der Zwischenergebnisse
§ 305: Aufwands- und Ertragskonsolidierung
§ 306: Steuerabgrenzung
§ 308: Bewertungsgrundsätze, Bewertungswahlrechte, steuerliche Vorschriften
§ 309: Behandlung des Unterschiedsbetrags bei der Kapitalkonsolidierung

Von der entsprechenden Anwendung **ausgenommen** sind §§ 302 und 307, ferner die Vorschriften über assoziierte Unternehmen sowie Konzernanhang und Konzernlagebericht. Für letztere bestehen für das Mutterunternehmen keine Besonderheiten bei Einbeziehung von Gemeinschaftsunternehmen. Ist das Gemeinschaftsunternehmen seinerseits an einem assoziierten Unternehmen beteiligt, das im (Teil-)Konzernabschluß dieses Unternehmens nach §§ 311, 312 bewertet wird, kann die Beteiligung entsprechend dem auf den Konzern entfallenden Anteil ebenfalls at equity bewertet werden. Die Anwendung der §§ 302, 307 ist ausgeschlossen, da diese Regelungen bei der anteilmäßigen Konsolidierung auch nicht entsprechend angewendet werden können, da die erforderlichen Voraussetzungen nicht erfüllbar sind.[82] 69

b) **Entsprechende Anwendung im einzelnen. aa) Grundlagen.** Abs. 2 nimmt Vorschriften über die Einbeziehung von Unternehmen in den Konzernabschluß unter Anwendung der Grundsätze über die Vollkonsolidierung in Bezug. Die Vorschriften sind **entsprechend anwendbar**. Abweichungen können sich daraus ergeben, daß das Gemeinschaftsunternehmen nur mit dem auf den Konzern entfallenden Anteil einbezogen wird, die Darstellung der dieser Art übernommenen Aktiva und Passiva jedoch so erfolgt, als ob der Konzern an diesem Teil des Gemeinschaftsunternehmen allein beteiligt ist. 70

bb) Inhalt, Aufstellungsgrundsätze, § 297. Die Pflichten des Mutterunternehmens bei der Aufstellung des Konzernabschlusses bleiben unberührt. Der Aufstellungsgrundsatz in § 297 Abs. 2 gilt auch bei Einbeziehung eines Gemeinschaftsunternehmens. Das Lagebild des Konzerns muß die dem Konzern zugeordneten Anteile des Vermögens und der Erträge des Gemeinschaftsunternehmens widerspiegeln. Der **Einheitsgrundsatz** von § 297 Abs. 3 S. 1, daß der Konzernabschluß die Lage der einbezogenen Unternehmen so darzustellen habe, als ob sie insgesamt ein (wirtschaftlich) 71

[82] Vgl. *Biener/Berneke* BiRiLiG 366.

einheitliches Unternehmen darstellten, hat auch das dem Konzern zugerechnete Gemeinschaftsunternehmen zu umfassen.[83]

72 **cc) Anzuwendende Vorschriften, Gliederung, § 298.** Die Regelungen über die aus dem Jahresabschluß anzuwendenden Vorschriften über Ansatz, Bewertung, Gliederung sowie allgemeine Aufstellungsregelungen (z. B. Aufstellung in DM/Euro, Währungsumrechnung) erfahren durch die Einbeziehung eines Gemeinschaftsunternehmens keine Veränderung. Die Regelungen sind, ebenso wie die Erleichterungen nach § 298 Abs. 2, auch auf anteilmäßig einbezogene Unternehmen anwendbar. Abs. 3 bleibt von § 310 unberührt.

73 **dd) Stichtagsregelungen, § 299.** Der Stichtag für die Aufstellung des Konzernabschlusses wird durch die Einbeziehung eines Gemeinschaftsunternehmens nicht beeinflußt. Der Stichtag für die Aufstellung des Konzernabschlusses nach § 299 Abs. 1 richtet sich nicht an anteilmässig einbezogenen Unternehmen aus, da diese die Pflicht zur Aufstellung des Konzernabschlusses nicht begründen. Nach § 299 Abs. 2 kann ein Gemeinschaftsunternehmen auch einbezogen werden, wenn sein Abschlußstichtag von dem Konzernabschlußstichtag abweicht. Liegt der Abschlußstichtag des Gemeinschaftsunternehmens um mehr als drei Monate vor dem Konzernabschlußstichtag, muß für jenes ein **Zwischenabschluß** aufgestellt werden.[84]

74 **ee) Einbeziehungsgrundsätze, Vollständigkeitsgebot, § 300.** Die Regelungen des § 300 sind auf anteilmäßig einbezogene Unternehmen dem Grunde nach uneingeschränkt anwendbar. Das gilt sowohl für die Übernahme der Vermögensgegenstände, Schulden, Rechnungsabgrenzungsposten, Bilanzierungshilfen und Sonderposten als auch für die Maßgeblichkeit des Rechts des Mutterunternehmens und die Möglichkeit, eingeräumte Bilanzierungswahlrechte neu und abweichend von der Ausübung beim Gemeinschaftsunternehmen auszuüben. Der Vollständigkeitsgrundsatz erfährt indes eine Einschränkung insoweit, als die Posten nur entsprechend dem auf den Konzern entfallenden Anteil übernommen werden dürfen.[85]

75 **ff) Kapitalkonsolidierung, Behandlung der Unterschiedsbeträge, §§ 301, 309.** Zur Einbeziehung des Gemeinschaftsunternehmens in den Konzernabschluß ist der Wertansatz der dem Mutterunternehmen gehörenden Anteile mit dem auf diese Anteile entfallenden (anteiligen) Eigenkapital zu verrechnen. Es findet die Erwerbsmethode Anwendung, die den Ansatz des Eigenkapitals bewertet nach der **Buchwertmethode** oder der **Neubewertungsmethode** zuläßt.[86] Der Unterschied zwischen den beiden Methoden betrifft den Umfang der Aufdeckung der im Vermögen des Gemeinschaftsunternehmens liegenden stillen Reserven in Höhe des auf den Konzern entfallenden Anteils oder in voller Höhe. Da bei der Einbeziehung von Gemeinschaftsunternehmen stets der alleinige Anteilsbesitz des Konzerns an dem einbezogenen Anteil unterstellt wird, ergibt sich wie bei der Einbeziehung eines im alleinigen Anteilsbesitz stehenden Tochterunternehmens bei Anwendung beider Methoden kein Unterschied.[87]

76 Die **Methode** der Kapitalverrechnung, die Ermittlung und Behandlung der Unterschiedsbeträge sowie die Festlegung des Zeitpunkts der erstmaligen Einbeziehung und der maßgeblichen Wertverhältnisse sind wie bei der Vollkonsolidierung anwendbar. Die Unterschiedsbeträge aus der anteilmäßigen Einbeziehung von Unternehmen kön-

---

83 *Baetge/Kirsch/Thiele* Konzernbilanzen 395 f.

84 *Baetge/Kirsch/Thiele* Konzernbilanzen 396; *Sigle* Quotenkonsolidierung 327.

85 ADS 34; *Baetge/Kirsch/Thiele* Konzernbilanzen 396.

86 Vgl. die Rechenbeispiele bei *Baetge/Kirsch/Thiele* Konzernbilanzen 400 sowie HdKR-*Sigle* 77.

87 HdKR-*Sigle* 76; ADS 35.

nen mit denen aus der Vollkonsolidierung zusammengefaßt oder verrechnet werden; die verrechneten Beträge sind nach § 301 Abs. 3 S. 3 im Konzernanhang anzugeben.

gg) Schuldenkonsolidierung, § 303. Die der Schuldenkonsolidierung nach § 303 unterliegenden Posten (§ 303, 16 ff) sind auch im Verhältnis zu anteilmäßig konsolidierten Unternehmen zu verrechnen.[88] Aktiv- und Passivposten des Konzerns nach § 303 Abs. 1 sind entsprechend dem **Anteil des Konzerns** an dem Gemeinschaftsunternehmen wegzulassen. Der verbleibende Teil der Posten bleibt z. B. als Forderung oder Verbindlichkeit gegenüber Konzernfremden bestehen.[89] Forderungen und Verbindlichkeiten zwischen zwei anteilmäßig einbezogenen Unternehmen sind anteilig wegzulassen; bei unterschiedlicher Einbeziehungsquote ist die niedrigere Anteilsquote maßgebend.[90] 77

Die Schuldenkonsolidierung macht die vorherige **Ermittlung** der jeweiligen Beträge der Forderungen oder Verbindlichkeiten notwendig. Die gegebenenfalls erforderliche erfolgswirksame Anpassung von Unterschiedsbeträgen erfolgt entsprechend dem Anteil des Konzerns an dem anteilmäßig einbezogenen Unternehmen; der Unterschiedsbetrag bleibt im übrigen bestehen.[91] 78

hh) Verrechnung der Zwischenergebnisse, § 304. Vermögensgegenstände, die auf konzerninternen Lieferungen und Leistungen zwischen den einbezogenen Unternehmen beruhen, sind nach § 304 Abs. 1 mit den Konzernanschaffungs- oder -herstellungskosten anzusetzen, § 304, 32 ff. Die Eliminierung des höheren Wertansatzes erfolgt mit der **Quote**, die dem Konzernanteil an dem anteilmäßig einbezogenen Unternehmen entspricht. Bei Lieferungen und Leistungen zwischen Konzernunternehmen und dem Gemeinschaftsunternehmen ist, gleichgültig, in welcher Richtung die Lieferung oder Leistung erfolgte, der Wertansatz um den die Konzernanschaffungs- oder -herstellungskosten übersteigenden Betrag zu kürzen, jedoch nur in Höhe des Anteils des Konzerns an dem Unternehmen.[92] Bei Lieferungen des Gemeinschaftsunternehmens an den Konzern wird in Analogie zu § 312 Abs. 5 S. 4 als Wahlrecht zugelassen, den Zwischengewinn nicht anteilig, sondern vollständig zu eliminieren.[93] Die Gegenmeinung hält die analoge Anwendung von § 312 Abs. 5 nicht für sachgerecht.[94] Letztere Auffassung ist überzeugender, da § 310 Abs. 2 keine entsprechende Anwendung von § 312 vorgesehen hat. Eine Ausnahme kommt allenfalls bei nicht wesentlichen Auswirkungen in Betracht. 79

Die vorgenannten Grundsätze gelten entsprechend bei der Eliminierung von **Zwischengewinnen** aus Lieferungen und Leistungen zwischen verschiedenen, anteilmäßig einbezogenen Unternehmen. Wie bei der Schuldenkonsolidierung ist auf den niedrigeren Konzernanteil der Beteiligungen an den anteilmäßig konsolidierten Unternehmen abzustellen.[95] 80

ii) Aufwands- und Ertragsverrechnung, § 305. Erlöse und Aufwendungen aus Lieferungen und Leistungen zwischen einbezogenen Unternehmen und dem anteilmäßig konsolidierten Unternehmen sind entsprechend dem Anteil des Konzerns an 81

---

88 *Baetge/Kirsch/Thiele* Konzernbilanzen 403.

89 Der Ausweis erfolgt unter Forderungen/Verbindlichkeiten gegenüber Unternehmen, mit denen ein Beteiligungsverhältnis besteht, Beck Bil-Komm-*Budde/Suhrbier* 63; ADS 38; HdKR-*Sigle* 6; Beck HdR-*Herrenberger* C 500, 18.

90 *Schruff* HWRev, Sp. 1592.

91 ADS 39; HdKR-*Sigle* 88; Beck BilKomm-*Budde/Suhrbier* 62; *Schruff* HWRev, Sp. 592.

92 Beispiel bei ADS 41; HdKR-*Sigle* 96 ff; DSR 9, Tz. 11 ff; *Krawitz* BB 2001, 668, 670.

93 HdKR-*Sigle* 100; Beck HdR-*Herrenberger* C 500, 24.

94 ADS 41; WP-Handbuch 2000 M 533; *Schruff* HWRev, Sp. 1593.

95 *Schruff* HWRev, Sp. 1593; *Zündorf* BB 1987, 2132; Beispiel bei ADS 42.

diesem Unternehmen herauszurechnen. Bei **Lieferungen und Leistungen** von Konzernunternehmen an das Gemeinschaftsunternehmen werden bei diesem Aufwendungen und Erträge entsprechend dem Anteil voll, bei den Konzernunternehmen in Höhe des Anteils verrechnet, so daß bei diesen in Höhe des nicht einbezogenen Teils des Gemeinschaftsunternehmens die Konzern-Gewinn- und Verlustrechnung berührt wird und ein Gewinn verbleibt. Bei Bezügen in der anderen Richtung wird die Berührung der Gewinn- und Verlustrechnung des Gemeinschaftsunternehmens entsprechend dem Anteil vollständig bereinigt; in der Konzern-Gewinn- und Verlustrechnung verbleiben die Beträge, die auf den Bezug von dem nicht einbezogenen Teil des Gemeinschaftsunternehmens stammen.[96] **Beteiligungserträge** der Konzernunternehmen von dem Gemeinschaftsunternehmen sind vollständig, d. h. mit dem anteilig auf das Konzernunternehmen entfallenden Betrag zu eliminieren.[97]

82 Hat das Gemeinschaftsunternehmen den Charakter einer **Betriebsstätte** des Konzerns, welche Vorprodukte des Konzerns weiter bearbeitet und an den Konzern zurückliefert, wird vorgeschlagen, die Aufwendungen und Erträge nicht anteilig, sondern vollständig herauszurechnen.[98] Diese Überlegung vernachlässigt indes die außerhalb des Konzerns erbrachte Wertschöpfung und ist systematisch nicht korrekt. Sind die Auswirkungen hieraus für die Vermittlung eines tatsächlichen Bildes von der Lage des Konzerns von Bedeutung, erscheint die Berichterstattung im Konzernanhang sachgerecht.

83 **jj) Steuerabgrenzung, § 306.** Die Steuerabgrenzung der Konsolidierungsvorgänge, die einen Umkehr- oder Auflösungseffekt im Zeitablauf nach sich ziehen, ist bei der anteilmäßigen Einbeziehung wie bei der Vollkonsolidierung vorzunehmen.

84 **kk) Einheitliche Bewertung, § 308.** Die in den Konzernabschluß (anteilig) zu übernehmenden Vermögensgegenstände, Schulden und anderen Posten des anteilmäßig einbezogenen Unternehmens sind einheitlich zu bewerten, § 308 Abs. 1.[99] Für die Bewertung gelten die Vorschriften, die auf den Jahresabschluß des Mutterunternehmens anzuwenden sind. Die Bewertungen des Gemeinschaftsunternehmens sind gegebenenfalls anzupassen, § 308 Abs. 2 S. 1. Bestehende Bewertungswahlrechte dürfen auch für die Aktiva und Passiva des anteilmäßig einbezogenen Unternehmens neu und abweichend vom Jahresabschluß ausgeübt werden. Wertansätze, die maßgeblich für die Bewertung in der Steuerbilanz sind, dürfen nach Abs. 3 beibehalten werden.

85 Die bei der Vollkonsolidierung anwendbaren **Erleichterungen** und **Ausnahmen** nach § 308 Abs. 2 S. 3 und 4 finden auch auf Gemeinschaftsunternehmen Anwendung.[100]

4. Angaben im Konzernanhang

86 § 310 Abs. 2 enthält keine Verweisung auf den Konzernanhang und regelt nicht, welche Angaben dort über anteilmäßig einbezogene Unternehmen zu machen sind. Die Regelungen über **Angaben** im **Konzernanhang** ergeben sich jedoch unmittelbar aus *§§ 313* und *314*. Diese Rechtsvorschriften beziehen alle gesetzlich vorgeschriebenen Angaben ein und sind unabhängig vom Rechtsgrund der Einbeziehung in den Konzernabschluß. Angaben, die sich aus anderen Vorschriften ergeben, sind, wenn sie auf Gemeinschaftsunternehmen anzuwenden sind, aufzunehmen. Die Angaben nach § 313 Abs. 1 S. 2 bleiben unberührt. Soweit sich aus der Art der Angabe nichts anderes

---

96 *Baetge/Kirsch/Thiele* Konzernbilanzen 404 ff.
97 H.M. ADS 46; HdKR-*Sigle* 109.
98 Beck HdR-*Herrenberger* C 500, 20.
99 *Baetge/Kirsch/Thiele* Konzernbilanzen 396 f.
100 ADS 50 f.

ergibt, ist sie nur im Hinblick auf die in den Konzernabschluß einbezogene Quote an dem Unternehmen zu machen (z. B. sonstige finanzielle Verpflichtungen, Aufgliederung der Umsatzerlöse).[101]

§§ 313 und 314 verpflichten zu Angaben über anteilmäßig einbezogene Unternehmen. Dazu gehören die Angaben über das anteilmäßig einbezogene Unternehmen nach § 313 Abs. 2 Nr. 3 (§ 313, 114 f), ferner sind Besonderheiten für die Angabe der von einem solchen Unternehmen beschäftigten Arbeitnehmer geregelt, § 314 Abs. 1 Nr. 4, 2. Halbsatz (gesonderte Angabe der von solchen Unternehmen beschäftigten Arbeitnehmern). Soweit sich Angabepflichten ausschließlich auf das Mutter- oder die Tochterunternehmen beziehen, wie bei der Angabe der Bezüge nach § 314 Abs. 1 Nr. 6, sind anteilmäßig einbezogene Unternehmen nicht zu berücksichtigen. **87**

Ist das anteilmäßig einbezogene Unternehmen selbst Mutterunternehmen und stellt einen Konzernabschluß auf, so sind die Angaben, die im Konzernanhang dieses Unternehmens zu machen sind, im übrigen anteilig auch im Konzernanhang der höheren Mutterunternehmens wieder zu geben.[102] **88**

5. Konzernlagebericht

Wird ein Unternehmen anteilmäßig in den Konzernabschluß einbezogen, hat sich die Darstellung im Lagebericht auch auf die **Bedeutung** dieses Unternehmens **für die Lage** des Konzerns zu erstrecken. Besondere Regelungen für die Berichterstattung über Gemeinschaftsunternehmen bestehen nicht; wegen der Besonderheiten dieser Unternehmen sollte auf die diese betreffenden Angelegenheiten gesondert eingegangen werden.[103] **89**

IV. Rechtsfolgen einer Pflichtverletzung

Die Nichtanwendung von § 310 bleibt sanktionslos, da es sich um eine Regelung handelt, die nur wahlweise angewendet wird.[104] Wird das Wahlrecht ausgeübt, unterliegt das Mutterunternehmen bei der Darstellung der Aktiva und Passiva im Konzernabschluß und der Berichterstattung im Konzernanhang und Konzernlagebericht den allgemeinen Vorschriften. **90**

Wird von der anteilmäßigen Einbeziehung abgesehen, ist die Beteiligung an dem Unternehmen i. d. R. nach §§ 311, 312 zu bewerten. Es gelten dann die Rechtsfolgen bei Nichtbeachtung dieser Vorschriften, § 312, 171. **91**

---

[101] HdKR-*Sigle* 128.
[102] ADS 56.
[103] HdKR-*Sigle* 130.
[104] Beck BilKomm-*Budde/Suhrbier* 80.

Siebenter Titel
Assoziierte Unternehmen

§ 311
Definition. Befreiung

(1) Wird von einem in den Konzernabschluß einbezogenen Unternehmen ein maßgeblicher Einfluß auf die Geschäfts- und Finanzpolitik eines nicht einbezogenen Unternehmens, an dem das Unternehmen nach § 271 Abs. 1 beteiligt ist, ausgeübt (assoziiertes Unternehmen), so ist diese Beteiligung in der Konzernbilanz unter einem besonderen Posten mit entsprechender Bezeichnung auszuweisen. Ein maßgeblicher Einfluß wird vermutet, wenn ein Unternehmen bei einem anderen Unternehmen mindestens den fünften Teil der Stimmrechte der Gesellschafter innehat.

(2) Auf eine Beteiligung an einem assoziierten Unternehmen brauchen Absatz 1 und § 312 nicht angewendet zu werden, wenn die Beteiligung für die Vermittlung eines den tatsächlichen Verhältnissen entsprechenden Bildes der Vermögens-, Finanz- und Ertragslage des Konzerns von untergeordneter Bedeutung ist.

Übersicht

Schrifttum

Kommentare, Gesamtdarstellungen und Lehrbücher:

Fricke Rechnungslegung für Beteiligungen nach der Anschaffungskostenmethode und nach der Equity-Methode (1983); *Kirsch* Die Equity-Methode im Konzernabschluß (1989); *Küting/Hayn* Zur Bilanzierung im Rahmen der Equity-Methode im Konzernabschluß (1989); *Schäfer* Bilanzierung von Beteiligungen an assoziierten Unternehmen nach der Equity-Methode (1982); *Zündorf* Quotenkonsolidierung versus Equity-Methode (1987).

Aufsätze:

Busse von Colbe Die Equity-Methode zur Bewertung von Beteiligungen im Konzernabschluß, Festschrift Grochla (1986) S. 249; *Harms* Ausweisfragen bei der Bewertung ‚at equity',

BB 1987, 935; *Harms* Das Aussetzen der Equity-Methode, BB 1987, 1426; *Havermann* Zur Bilanzierung von Beteiligungen an Kapitalgesellschaften in Einzel- und Konzernabschlussen, WPg 1975, 233; *ders.* Die Equity-Bewertung von Beteiligungen, WPg 1987, 315; *Hinrichs* Der „maßgebliche Einfluß" als Definitionskriterium assoziierter Unternehmen, DB 1989, 1733; *Husmann* Betriebswirtschaftliche Abgrenzung des Konsolidierungskreises zur konzernbilanzanalytischen Untersuchung, BB 1997, 2043; *Küting/Hayn* Zur Bilanzierung im Rahmen der Equity-Methode bei negativem Eigenkapital des assoziierten Unternehmens, BB 1997, 2419; *Küting/Zündorf* Die Praxis des Equity-Accounting, BB 1988, 872; *Ordelheide* in Meinungsspiegel BfuP 1989, 394; *Weber/Zündorf* Assoziierte Unternehmen im neuen Bankkonzernbilanzrecht, DB 1995, 233; *v. Wysocki* Zur Equity-Methode nach §§ 311 und 312 HGB, Baetge Konzernrechnungslegung und -prüfung (1990) S. 105.

I. Normzweck

Die Vorschrift legt den **Kreis der assoziierten Unternehmen** fest und begründet für das Mutterunternehmen die Pflicht, seine Beteiligungen an derartigen Unternehmen im Konzernabschluß **gesondert** auszuweisen. Dabei erfolgt die *Bewertung* der Beteiligungen mit dem anteiligen Eigenkapital (engl.: equity) anhand der sog. Equity-Methode (§ 312). § 311 beruht auf Art. 33 Abs. 1 S. 1, 2, Abs. 9 der 7. EG-Richtlinie (Vor § 290, 16 f). 1

Die Vorschrift erfaßt mit der von ihr umrissenen Kategorie der assoziierten Unternehmen eine dritte – und zugleich die schwächste – Form der Einflußmöglichkeit neben dem Mutter-Tochter-Verhältnis (§ 294) und der Führung eines Gemeinschaftsunternehmens (§ 310).[1] Bei den assoziierten Unternehmen erachtet das Gesetz den Einfluß und den Anteilsbesitz eines Konzernunternehmens aber immerhin als derart bedeutend, daß eine **Bewertung** dieser Beteiligung zu den **Anschaffungskosten** (§§ 253 Abs. 1, 255 Abs. 1) **kein den tatsächlichen Verhältnissen entsprechendes Bild** der Vermögens-, Finanz- und Ertragslage des Konzerns (§ 297 Abs. 2 S. 2) ergeben würde; dies ist der innere Grund, weshalb die Beteiligung an assoziierten Unternehmen gem. § 312 nach der Equity-Methode in Ansatz zu bringen ist.[2] Bei Anwendung dieses Verfahrens ist es möglich, die im Zuge der Anschaffungskostenmethode zwangsläufig durch einbehaltene Gewinne entstehenden **stillen Reserven zu vermeiden** (näher § 312, 11 f).[3] Freilich hat der deutsche Gesetzgeber die Verbreitung des aus der angloamerikanischen Bilanzpraxis stammenden Equity-Ansatzes auf das nach der Richtlinie erforderliche Mindestmaß beschränkt: Da das BiRiLiG nicht von dem Mitgliedstaaten-Wahlrecht des Art. 59 der 4. Richtlinie (Vor § 290, 15) Gebrauch gemacht hat, findet die Equity-Methode nur für den *Konzern*abschluß Verwendung; meist wird daher die Bewertung der von § 311 erfaßten Beteiligungen vom Einzelabschluß abweichen. Dort ist nach der Anschaffungskostenmethode (§§ 253 Abs. 1, 255 Abs. 1) zu bewerten.[4] 2

[1] Beck BilKomm-*Budde/Raff* Rdn. 1; HdKR-*Küting/Köthner/Zündorf* Rdn. 16.
[2] *Busse von Colbe/Ordelheide* Konzernabschlüsse S. 47; *Habersack* Europäisches Gesellschaftsrecht Rdn. 309; *Wiedmann* Rdn. 1.
[3] Grundlegend zu Gewinnthesaurierung und Substanzwertsteigerung *Busse von Colbe* ZfbF 1972, 145, 148; ferner etwa HdKR-*Küting/Zündorf* § 312, 2.
[4] ADS Rdn. 3; Heymann/*Henssler* Rdn. 6.

II. Kreis der assoziierten Unternehmen (Abs. 1)

1. Grundlagen

3 Abs. 1 S. 1 grenzt den Kreis der assoziierten Unternehmen anhand **zweier Merkmale** ein. Erforderlich ist zunächst, daß ein in den Konzernabschluß einbezogenes Unternehmen an einem anderen, nicht einbezogenen Unternehmen eine **Beteiligung i. S. d. § 271 Abs. 1** hält. Assoziiert i. S. d. § 311 Abs. 1 S. 1 ist ein derartiges anderes Unternehmen (Beteiligungsgesellschaft)[5] dann, wenn seine Geschäfts- und Finanzpolitik zudem dem **maßgeblichen Einfluß** des einbezogenen Unternehmens (Konzernunternehmen) unterliegt. Bei der Feststellung des maßgeblichen Einflusses greift die Vermutung nach Satz 2; danach besteht ein maßgeblicher Einfluß grundsätzlich dann, wenn ein Konzernunternehmen bei einem anderen Unternehmen, an dem es i. S. d. § 271 Abs. 1 beteiligt ist, mindestens 20 v. H. der Stimmrechte der Gesellschafter innehat.

2. Beteiligung an einem nicht einbezogenen Unternehmen (Abs. 1 S. 1)

4 **a) Beteiligungsgesellschaft. aa) Konzernfremde Gesellschaften.** Nach dem Gesetz kommt nur ein *nicht* in den Konzernabschluß einbezogenes Unternehmen (Beteiligungsgesellschaft) als assoziiertes Unternehmen i. S. d. § 311 in Betracht. Darunter fallen zunächst solche Unternehmen, die in keinem Mutter-Tochter-Verhältnis zu einem einbezogenen Unternehmen stehen, die mithin weder einheitlich geleitet (§ 290 Abs. 1), noch i. S. d. § 290 Abs. 2 beherrscht werden.

5 **bb) Tochterunternehmen bei Einbeziehungsverbot.** Darüber hinaus können dem § 311 aber auch solche Tochterunternehmen unterliegen, die nach § 295 wegen eines Einbeziehungsverbotes nicht in den Konzernabschluß einbezogen worden sind oder auf deren Einbeziehung das Mutterunternehmen nach § 296 verzichtet hat.[6] Für die Fälle des **§ 295** ergibt sich dies daraus, daß jene Vorschrift in Abs. 1 Halbs. 2 ausdrücklich einen **Vorbehalt zugunsten der Anwendbarkeit des § 311** enthält. Klargestellt wird dort, daß unter den eigenständig zu prüfenden[7] Tatbestandsvoraussetzungen des § 311 die Beteiligung am Tochterunternehmen nach der Equity-Methode zu bewerten ist. Meist wird in diesen Fällen eine konzernbilanzielle Behandlung nach §§ 311, 312 in Betracht kommen, da ein Mutterunternehmen auf die Geschäfts- und Finanzpolitik seines Tochterunternehmens i. S. d. § 290 typischerweise zumindest einen maßgeblichen Einfluß ausübt.[8] Da die einheitliche Leitung i. S. d. § 290 Abs. 1 ein Mehr im Verhältnis zum maßgeblichen Einfluß darstellt (oben Rdn. 2), dürfte dies jedenfalls in diesen Fallgestaltungen stets zutreffen. Anders liegt es bei Mutter-Tochter-Verhältnissen, die i. S. d. § 290 Abs. 2 auf eine bloß rechtliche Herrschaftsmacht gegründet sind, *ohne* daß das Mutterunternehmen diese Herrschaftsmacht auch *tatsächlich* zur maßgeblichen Beeinflussung des Tochterunternehmens nutzt. In diesen Fällen scheidet § 311 tatbestandlich aus, weil die Vorschrift die *tatsächliche* Ausübung des maßgeblichen Einflusses verlangt.[9]

6 **cc) Tochterunternehmen bei Einbeziehungswahlrecht.** Für die Fälle des § 296 ist ebenfalls anerkannt, daß **kein Verbot** für die Anwendung der **Equity-Methode** be-

---

[5] Vgl. zum Begriff *Busse von Colbe/Ordelheide* Konzernabschlüsse S. 476.

[6] Allg. Meinung; *Wiedmann* Rdn. 8; ADS Rdn. 59 ff; HdKR-*Küting/Köthner/Zündorf* Rdn. 100 ff; MünchKomm-*Pellens* Rdn. 23 ff.

[7] BTDrucks. 10/3440, S. 38.

[8] ADS Rdn. 59; Heymann/*Henssler* Rdn. 24.

[9] Heymann/*Henssler* Rdn. 24. Für Anwendbarkeit des § 311 im Falle der durch einen Beherrschungsvertrag vermittelten Kontrolle (§ 290 Abs. 2 Nr. 3) hingegen ADS Rdn. 60.

steht.[10] Zwar enthält § 296 im Unterschied zu § 295 keinen ausdrücklichen Vorbehalt zugunsten der Anwendbarkeit des § 311; und auch die dem § 296 zugrundeliegende Richtlinienbestimmung (Art. 13) enthält anders als die dem § 295 zugrundeliegende Vorschrift (Art. 14) keinen Vorbehalt zugunsten des Art. 33 der Richtlinie. Indessen folgt hieraus nicht, daß eine Einbeziehung „at equity“ von Tochterunternehmen, die nach § 296 aus dem Konsolidierungskreis ausgeschieden wurden, vom Gesetzgeber in keinem Fall gewollt wäre. Denn da das Gesetz bereits solche Tochterunternehmen, für die das Konsolidierungsverbot des § 295 gilt, ausdrücklich nicht dem Anwendungsbereich des § 311 entzieht, muß § 311 *erst recht* bei den wahlweise in den Konzernabschluß einzubeziehenden Tochterunternehmen zur Anwendung kommen, wenn die in § 311 hierfür bestimmten Voraussetzungen vorliegen.[11] Bei der Beurteilung von Tochterunternehmen anhand des § 311 ist danach zu unterscheiden, welche Art von Konsolidierungswahlrecht nach § 296 besteht.[12] Dabei sind die **vier Fallgruppen** des § 296 getrennt zu betrachten:

Der weite Begriff des Mutter-Tochter-Verhältnisses nach § 290 Abs. 2 und die hieraus folgende sehr weitgehende Konsolidierungspflicht erfährt durch § 296 Abs. 1 Nr. 1 eine erste Einschränkung. Die Vollkonsolidierung ist nach dieser Vorschrift dann bloß optional, wenn die **Ausübung der Herrschaftsrechte** i. S. d. § 290 Abs. 2 aufgrund tatsächlicher oder rechtlicher Hürden erheblich und andauernd beeinträchtigt ist. Für die Anwendbarkeit des § 311 ist in diesen Fällen besonders eingehend zu prüfen, ob trotz dieser Beeinträchtigungen noch ein maßgeblicher Einfluß in der Beteiligungsgesellschaft ausgeübt wird.[13] **7**

Nach § 296 Abs. 1 Nr. 2 darf die Vollkonsolidierung unterbleiben, wenn die für die Aufstellung des Konzernabschlusses erfoderlichen **Angaben** nicht ohne unverhältnismäßig hohe **Kosten** oder **Verzögerungen** zu erhalten sind. Können nicht einmal die für die Anwendung der Equity-Methode erforderlichen geringeren[14] Informationen beschafft werden, so wird es im Regelfall auch an einem maßgeblichen Einfluß auf die Beteiligungsgesellschaft i. S. d. § 311 Abs. 1 S. 1 fehlen.[15] **8**

In den Fällen des § 296 Abs. 1 Nr. 3 – Halten von Anteilen zur **Weiterveräußerung** – liegt keine Beteiligung i. S. d. § 271 Abs. 1 vor; es fehlt an einer dauerhaften Verbindung zur Förderung des Geschäftszwecks.[16] Da § 311 Abs. 1 S. 1 ein derartiges Beteiligungsverhältnis erfordert (dazu sogleich Rdn. 11), scheidet ein Wertansatz nach der Equity-Methode in dieser Fallgruppe aus. **9**

Tochterunternehmen, die unter dem Gesichtspunkt der *Vollkonsolidierung* von **untergeordneter Bedeutung** sind und die deshalb nicht in den Konzernabschluß einbezogen werden (§ 296 Abs. 2), sind erst recht für die Einbeziehung nach der Equity-Methode von untergeordneter Bedeutung. Denn hierbei kann nur auf das Eigenkapital, seine Veränderungen und das Ergebnis abgestellt werden; andere Indikatoren (Umsatz, Bilanzsumme) bleiben außer Betracht.[17] In diesen Fällen werden daher regelmäßig die Voraussetzungen des § 311 Abs. 2 erfüllt sein (Befreiung bei Beteiligungen **10**

---

[10] ADS Rdn. 61; Heymann/*Henssler* Rdn. 25; Beck BilKomm-*Budde/Raff* Rdn. 6; s. ferner die Nachw. in Fn. 6.

[11] Allg. Meinung; *Busse von Colbe* FS Grochla 249, 254; ADS Rdn. 61 und § 296 Rdn. 34.

[12] Vgl. die bei Heymann/*Henssler* Rdn. 25 ff herausgearbeiteten Unterscheidungen.

[13] Beck BilKomm-*Budde/Raff* Rdn. 6; ADS Rdn. 63; Heymann/*Henssler* Rdn. 26.

[14] ADS Rdn. 65.

[15] ADS Rdn. 58; a. A. Heymann/*Henssler* Rdn. 27, der sich den Fall vorstellen kann, daß trotz Unmöglichkeit der Informationsbeschaffung maßgeblicher Einfluß besteht.

[16] ADS Rdn. 66; Heymann/*Henssler* Rdn. 28.

[17] *Küting/Zündorf* BB 1988, 873; Beck BilKomm-*Budde/Raff* Rdn. 6.

von untergeordneter Bedeutung, unten Rdn. 35 f).[18] Unbedenklich ist es, wenn in der Praxis auf die Vollkonsolidierung von Tochterunternehmen i. S. d. § 296 Abs. 2 verzichtet wird, diese Unternehmen aber dennoch nach der Equity-Methode in den Konzernabschluß aufgenommen werden. Denn § 311 Abs. 2 beläßt dem Mutterunternehmen die Wahl, ob es eine Beteiligungsgesellschaft i. S. d. § 311 Abs. 1 bei untergeordneter Bedeutung in die Bewertung at equity einbezieht oder nicht.[19]

11 **b) Beteiligungsverhältnis.** Nach Abs. 1 S. 1 ist an den Beteiligungsbegriff des § 271 Abs. 1 anzuknüpfen. Erforderlich ist, daß mindestens ein in den Konzernabschluß einbezogenes Unternehmen an einem anderen Unternehmen eine qualifizierte Beteiligung i. S. d. § 271 Abs. 1 besitzt. Derartige Beteiligungen zeichnen sich dadurch aus, daß die hierbei gehaltenen Anteile eine **dauerhafte Verbindung** begründen müssen, die dem Gesellschafter dienlich ist. Die bloße Kapitalanlage zum Zwecke der Verzinsung des eingebrachten Kapitals erfüllt diese Voraussetzung nicht. Erforderlich ist statt dessen, daß das Konzernunternehmen über eine Stellung als passiver Investor hinaus positive geschäftspolitische Auswirkungen zu erreichen beabsichtigt.[20] Vgl. näher § 271, 2 ff.

3. Maßgeblicher Einfluß

12 **a) Begriff und Abgrenzung.** Steht fest, daß ein Konzernunternehmen eine Beteiligung i. S. d. § 271 Abs. 1 an einem nicht einbezogenen Unternehmen hält, so ist für die Behandlung als assoziiertes Unternehmen i. S. d. § 311 als zweite Voraussetzung zu prüfen, ob das Konzernunternehmen einen maßgeblichen Einfluß auf die Geschäfts- und Finanzpolitik des nicht einbezogenen Unternehmens ausübt.[21] Unter welchen Voraussetzungen ein derartiger maßgeblicher Einfluß besteht, wird in Abs. 1 S. 1 nicht näher bestimmt; S. 2 enthält lediglich ein Regelbeispiel in Gestalt einer widerlegbaren Vermutung (unten Rdn. 24 ff).

13 Nach der Subtraktionsmethode läßt sich jedenfalls mit einiger Bestimmtheit eine Aussage darüber treffen, welche **Merkmale** für den Begriff des maßgeblichen Einflusses **nicht konstitutiv** sind. Leitlinie einer derartigen Negativabgrenzung[22] ist zunächst das im Verhältnis zur einheitlichen Leitung nach § 290 Abs. 1 bestehende Rangverhältnis im Hinblick auf die Einfluß*intensität*. Allgemein anerkannt ist, daß der maßgebliche Einfluß i. S. d. § 311 Abs. 1 im Verhältnis zur einheitlichen Leitung nach § 290 Abs. 1 die schwächere Form der Einflußnahme darstellt (oben Rdn. 2). Die einheitliche Leitung ist im faktischen Unterordnungskonzern stets mit der Ausübung eines *beherrschenden* Einflusses verbunden (§ 290, 21 ff); demgegenüber hat der bloß maßgebliche Einfluß i. S. d. § 311 Abs. 1 S. 1 geringeres Gewicht, und es besteht eine geringere Intensität der Einflußnahme auf die Entscheidungen. Zudem erfordert ein maßgeblicher Einfluß – anders als der beherrschende Einfluß – nicht, daß sich bei allen unternehmerischen Entscheidungen in der Gesellschaft die Interessen des übergeordneten Konzernunternehmens durchsetzen.[23]

14 In **Abgrenzung zur gemeinsamen Führung** i. S. d. § 310 gilt, daß diese einen Unterfall des maßgeblichen Einflusses bildet.[24] Der maßgebliche Einfluß erfordert

---

[18] Heymann/*Henssler* Rdn. 29.

[19] HdKR-*Küting/Köthner/Zündorf* Rdn. 116; Heymann/*Henssler* Rdn. 29.

[20] Beck BilKomm-*Schnicke/Gutike* § 271 Rdn. 17; Heymann/*Henssler* Rdn. 10.

[21] Näher zum Begriff des maßgeblichen Einflusses bei § 315 *Hinrichs* DB 1989, 1733 ff.

[22] ADS Rdn. 15 ff; grundlegend *Busse von Colbe* FS Grochla 251 f.

[23] *Schäfer* Bilanzierung von Beteiligungen an assoziierten Unternehmen nach der Equity-Methode S. 210; HdKR-*Küting/Köthner/Zündorf* Rdn. 16.

[24] BTDrucks. 10/4268, S. 116; Heymann/*Henssler* § 310 Rdn. 1; *Krawitz* BB 2001, 668, 669.

demnach nicht – und es ist in Abgrenzung zu § 310 sogar ausgeschlossen –, daß das Konzernunternehmen zu einer mehr als paritätischen Mitwirkung bei den unternehmenspolitischen Entscheidungen der Beteiligungsgesellschaft im Stande ist.[25]

Umgekehrt liegt maßgeblicher Einfluß jedenfalls dann vor, wenn **Entscheidungen von grundsätzlicher Bedeutung** nicht ohne Mitwirkung und nicht gegen den Willen des beteiligten Unternehmens getroffen werden können.[26] **15**

Hinsichtlich der **positiven Merkmale** des maßgeblichen Einflusses besteht im Grundsatz Einigkeit darin, daß die Einwirkung des Konzernunternehmens auf die Geschäfts- und Finanzpolitik der Beteiligungsgesellschaft jedenfalls über den mit der Wahrnehmung von Gesellschafterrechten in einer Kapitalgesellschaft üblicherweise verbundenen Einfluß hinausgehen muß.[27] Weitere positive Anhaltspunkte für die Bestimmung des maßgeblichen Einflusses lassen sich – wegen der Herkunft des Begriffes aus der anglo-amerikanischen Bilanzierungspraxis –[28] den **Verlautbarungen des IASC** (Vor § 290, 44) entnehmen.[29] Im Anschluß an IAS 28.5 sprechen die nachfolgend genannten Indizien für einen maßgeblichen Einfluß des Konzernunternehmens auf die Geschäfts- und Finanzpolitik der Beteiligungsgesellschaft: **16**

- die Vertretung in Leitungsorganen des Unternehmens (Vorstand, Aufsichtsrat, Verwaltungsrat, Board of directors usw.),
- Mitwirkung in geschäftspolitischen Entscheidungsfindungsprozessen,
- wesentliche Lieferungs- und Leistungsbeziehungen,
- der Austausch von Führungskräften (interlocking directories),
- Know-how-Transfer in erheblichem Umfang oder von grundlegendem Charakter.

Dabei ist nicht erforderlich, daß sämtliche der soeben aufgeführten Anhaltspunkte zutreffen. Im Einzelfall kann durchaus auch schon das Vorliegen eines einzelnen der vorgenannten Merkmale, z. B. die Personalunion auf Vorstandsebene, einen maßgeblichen Einfluß begründen. Generell erfolgt die Beurteilung des maßgeblichen Einflusses anhand einer Gesamtwürdigung aller Umstände, die die rechtlichen und wirtschaftlichen Beziehungen zwischen dem Konzernunternehmen und der Beteiligungsgesellschaft ausmachen. Entscheidend ist hier nicht die Anzahl der zutreffenden Einzelmerkmale des oben umrissenen Einflußtatbestands, sondern das Gewicht des jeweiligen Einzelmerkmals. Graduell gesehen liegt hierbei der maßgebliche Einfluß in der Mitte zwischen einer „dauerhaften Verbindung“ i. S. d. § 271 Abs. 1 und der „einheitlichen Leitung“ i. S. d. § 290 Abs. 1.[30] **17**

Über den in IAS 28.5 enthaltenen Katalog hinaus wird man in Anlehnung an die APB-Opinion Nr. 18[31] einen maßgeblichen Einfluß dann annehmen können, wenn das Konzernunternehmen – auch nur mittelbar – Einfluß auf die **Gewinnverwendung** und somit auf die ihm selbst zufließenden Ausschüttungen hat.[32] **18**

b) Gegenstand der Einflußnahme. Eine Bewertung von Beteiligungen anhand der Equity-Methode setzt voraus, daß sich der Einfluß des Konzernunternehmens gerade auf die **Geschäfts- und Finanzpolitik der Beteiligungsgesellschaft** richtet. **19**

---

25 ADS Rdn. 16.
26 *Biener/Berneke* Bilanzrichtlinien-Gesetz S. 368; ADS Rdn. 17.
27 ADS Rdn. 18; WP-Hb 1996, I M 441; *Kirsch* Die Equity-Methode im Konzernabschluß S. 26.
28 Man spricht dort von „significant influence“, HdKR-*Küting/Köthner/Zündorf* Rdn. 15.
29 So schon *Havermann* WPg 1975, 233, 238; *Kirsch* (Fn. 25) S. 121; Beck BilKomm *Budde/Raff* Rdn. 15; Heymann/*Henssler* Rdn. 11.
30 Heymann/*Henssler* Rdn. 13.
31 Dabei handelt es sich um einen Rechnungslegungsstandard der US-amerikanischen Standesorganisation der Wirtschaftsprüfer (AICPA); Heymann/*Henssler* Rdn. 12.
32 Heymann/*Henssler* Rdn. 12.

Diese beiden Felder der Unternehmenspolitik stehen zueinander im Verhältnis zweier konzentrischer Kreise. Dabei bildet die Finanzpolitik den integralen Bestandteil einer weiter verstandenen Geschäftspolitik. Der Gesetzeswortlaut hat – in wortgetreuer Übernahme von Art. 33 Abs. 1 S. 1 der Richtlinie – lediglich die besondere Bedeutung der Finanzpolitik im Rahmen der Geschäftspolitik hervorheben wollen.[33] Daraus folgt, daß die Equity-Methode nicht deshalb außer Anwendung bleibt, weil nur die Geschäftspolitik oder nur die Finanzpolitik beeinflußt wird.[34]

20 Nach allgemeinem Verständnis erreicht der Einfluß des Konzernunternehmens u. U. auch schon dann die Maßgeblichkeitsschwelle des Abs. 1 S. 1, wenn nur **einzelne Bereiche** der Geschäfts- und Finanzpolitik hiervon erfaßt werden. Erforderlich ist dann, daß die betroffenen Bereiche innerhalb der Unternehmenspolitik insgesamt von herausragender Bedeutung sind und ferner eine gewisse Intensität und Regelmäßigkeit der Einflußnahme feststellbar ist.[35] Die Betriebswirtschaft rechnet zur **grundlegenden Unternehmenspolitik** in diesem Sinne namentlich die generelle Zielplanung sowie die gesamten Planungs-, Organisations- und Kontrollmaßnahmen des strategischen und operativen Managements.[36] Beispielhaft seien hier Entscheidungen über nachfolgende Sachverhalte erwähnt:
- die Festlegung der langfristigen Unternehmenspolitik,
- die Koordinierung betrieblicher Teilbereiche und Konzernunternehmen sowie Konzerngeschäftsfelder,
- die Entscheidung über geschäftliche Maßnahmen von besonderer Bedeutung,
- die Auswahl von Führungskräften,
- die Festlegung der Richtlinien der Beschaffungs-, Fertigungs- und Absatzpolitik,
- die grundlegende Forschungs- und Entwicklungspolitik.

21 Der durch das Gesetz besonders hervorgehobene Bereich der **Finanzpolitik** umfaßt alle notwendigen Entscheidungen zur Kapitalbedarfsplanung, Kapitalverwendung und Kapitalverwendungsplanung (unter Einschluß investitionspolitischer Entscheidungen). Ferner rechnet die Betriebswirtschaft hierzu die Kapitalstrukturpolitik, die Liquiditätspolitik, die Kapitalbeschaffungspolitik und die Kapitalanlagepolitik.[37]

22 **c) Tatsächliche Ausübung des Einflusses.** Anders als bei § 290 Abs. 2 muß der Einfluß zumindest in den grundsätzlichen Fragen auch tatsächlich ausgeübt werden. Deshalb scheidet eine Equity-Bewertung der Beteiligung dann aus, wenn die Leitung des Konzernunternehmens auf die Wahrnehmung ihrer Möglichkeiten freiwillig verzichtet oder Fremdeinwirkung – wie z. B. hoheitliche Maßnahmen – die Ausnutzung der Einflußmöglichkeit verhindern.[38]

23 **d) Einflußträger.** Der maßgebliche Einfluß muß nach Abs. 1 S. 1 durch „ein" in den Konzernabschluß einbezogenes Unternehmen ausgeübt werden. Dabei kann es sich sowohl um das Mutterunternehmen wie ein im Wege der Vollkonsolidierung einbezogenes Tochterunternehmen (§ 294) handeln. Abweichend vom Wortlaut des Abs. 1 S. 1 kann der maßgebliche Einfluß auch von **mehreren Konzernunternehmen gemeinsam** ausgeübt werden.[39] Kennzeichnend für diese Fallgestaltung ist die Zusammenfassung von zwei oder mehr beteiligten Tochterunternehmen unter der einheitlichen Leitung des Mutterunternehmens (§ 290 Abs. 1), wenn hierbei durch Gleich-

---

33 Heymann/*Henssler* Rdn. 14; ADS Rdn. 19.

34 Heymann/*Henssler* Rdn. 14.

35 HdKR-*Küting/Köthner/Zündorf* Rdn. 25; Heymann/*Henssler* Rdn. 14.

36 Hierzu und zum Folgenden HdKR-*Küting/Köthner/Zündorf* Rdn. 23.

37 HdKR-*Küting/Köthner/Zündorf* Rdn. 24.

38 Heymann/*Henssler* Rdn. 14; *Wiedmann* Rdn. 6.

39 ADS Rdn. 33, Beck BilKomm-*Budde/Raff* Rdn. 10.

schaltung der Tochterunternehmen eine Bündelung des Einflußpotentials erreicht wird. Die Stimmrechte der Tochterunternehmen sind in dieser Fallgestaltung für die Zwecke des Abs. 1 S. 2 (sogleich Rdn. 24 ff) dem vollkonsolidierten Mutterunternehmen zuzurechnen.[40]

e) **Vermutung eines maßgeblichen Einflusses (Abs. 1 S. 2). aa) Vermutungstatbestand.** Die Beurteilung, ob tatsächlich ein maßgeblicher Einfluß auf die Beteiligungsgesellschaft ausgeübt wird, fällt Außenstehenden naturgemäß schwer. Abs. 1 S. 2 enthält deshalb – in Umsetzung von Art. 33 Abs. 1 S. 2 der Richtlinie – eine widerlegliche Vermutung dahin, daß ein maßgeblicher Einfluß ausgeübt wird, wenn die in den Konzernabschluß einbezogenen Unternehmen über mindestens **20 v. H. der Stimmrechte** in der Beteiligungsgesellschaft verfügen. Grundlage dieser präsumtiven Maßgeblichkeit ist die **aktienrechtliche Sperrminorität** der Abberufung von Aufsichtsratsmitgliedern, bei satzungsändernden Entscheidungen, sowie bei der Auflösung der AG. Das deutsche Recht verlangt in diesen Fällen zwar einen Anteil von 25 v. H. der Stimmen (§§ 103 Abs. 1, 179 Abs. 2, 262 Abs. 1 Nr. 2 AktG), doch ergibt sich bei realitätsnaher Veranschlagung der Hauptversammlungspräsenz auf höchstens 80 v. H. aller Aktionäre, daß die Sperrminorität mit einem Stimmrechtsanteil von 20 v. H. in aller Regel erreicht wird.[41] 24

Die **Vermutung** des Abs. 1 S. 2 wirkt **nicht in umgekehrter Richtung.** Bei weniger als 20 v. H. der Stimmrechte ist deshalb ein maßgeblicher Einfluß des Konzernunternehmens auf die Beteiligungsgesellschaft nicht präsumtiv ausgeschlossen. Es bewendet in diesen Fällen lediglich bei der allgemeinen Regel des Abs. 1 S. 1, wonach anhand einer einzelfallbezogenen Gesamtwürdigung (oben Rdn. 17) das Vorliegen eines maßgeblichen Einflusses zu prüfen ist.[42] 25

Für die **Berechnung des Stimmrechtsanteils** von 20 v. H. sind § 290 Abs. 3 und 4 entsprechend anzuwenden (hierzu § 290, 53 ff).[43] Daher sind nicht nur die unmittelbar dem Mutterunternehmen zustehenden Stimmrechte zu berücksichtigen, sondern auch die einem Tochterunternehmen sowie die einem für Rechnung des Mutterunternehmens oder eines Tochterunternehmens handelnden Dritten zustehenden Stimmrechte heranzuziehen. Dies ergibt sich aus **Art. 33 Abs. 1 S. 3 i. V. m. Art. 2 der 7. EG-Richtlinie.** Die Regelung ist vom deutschen Gesetzgeber aufgrund eines redaktionellen Versehens nicht in das HGB übernommen worden.[44] Die Zurechnung der Stimmrechte gewährleistet, daß im Falle einer Aufteilung des Anteils- und Stimmrechtsbesitzes auf mehrere Tochterunternehmen eine Gesamtbewertung der tatsächlich gegebenen Einflußmöglichkeiten aus Konzernsicht erfolgt. 26

Der Zurechnung von Stimmrechten der Tochterunternehmen steht **nicht entgegen,** daß das Tochterunternehmen im Einzelfall **nicht** in den Konzernabschluß **einbezogen** wurde.[45] Dies gilt auch bei Nichteinbeziehung eines Tochterunternehmens wegen nachhaltiger Beschränkung der Rechte (§ 296 Abs. 1 Nr. 1). In dieser Fallgestaltung kann allenfalls eine wertende Betrachtung der bestehenden Beschränkungen zu einer Widerlegung der Vermutung des Abs. 1 S. 2 führen. 27

bb) Widerlegung der Vermutung. Zur Widerlegung der Vermutung des maßgeblichen Einflusses ist der Nachweis erforderlich, daß dem Konzernunternehmen ein solcher Einfluß in der Beteiligungsgesellschaft nicht oder allenfalls zufällig zukommt. 28

---

[40] Heymann/*Henssler* Rdn. 15.

[41] *Biener/Berneke* Bilanzrichtlinien-Gesetz S. 368; Heymann/*Hensler* Rdn. 16.

[42] *Wiedmann* Rdn. 9.

[43] ADS Rdn. 41; *Biener/Berneke* BiRiLiG S. 368.

[44] ADS Rdn. 41; WP-Handbuch 1996, I M 437.

[45] Beck BilKomm-*Budde/Raff* Rdn. 16; ADS Rdn. 42.

Die bloße Behauptung, maßgeblicher Einfluß bestünde nicht, genügt nicht, weil damit noch nicht die tatsächlichen Umstände benannt sind, die der aufgrund der Stimmrechtsverhältnisse präsumtiv gegebenen Einflußmöglichkeit entgegenstehen. Vor allem die drei nachfolgend genannten Umstände sind geeignet, die Vermutung des maßgeblichen Einflusses zu widerlegen:

29 Je stärker die übrigen – d. h. die nicht dem Konzernunternehmen zustehenden – Anteile konzentriert sind, desto geringer ist naturgemäß die Einflußmöglichkeit eines Konzernunternehmens, dessen Beteiligung über der Schwelle des Abs. 1 S. 2 liegt. Gleiches gilt bei Absprachen unter den Mitgesellschaftern, mit denen sich diese gegen das Konzernunternehmen verbünden. Und schließlich ist eine ähnlich **ungünstige Gesellschafterstruktur** dann gegeben, wenn bei nur zwei Gesellschaftern derjenige mit einem Stimmrechtsanteil in Höhe von 49 v. H. von den maßgeblichen Entscheidungen des Mitgesellschafters tatsächlich ausgeschlossen wird.[46] Umgekehrt kann bei breiter Streuung der übrigen Stimmanteile bereits ein Anteil von 15 v. H. einem Konzernunternehmen die maßgebliche Einflußnahme auf die Geschäfts- und Finanzpolitik der Beteiligungsgesellschaft sichern.

30 Ferner kommt es vor, daß das Konzernunternehmen sich selbst durch **vertragliche Abmachungen** von einer Einwirkungsmöglichkeit in der Beteiligungsgesellschaft ausschließt, z. B. durch Verzicht auf bestimmte Mitwirkungsrechte oder die Begründung von Mitwirkungsrechten für konzernfremde Dritte.[47]

31 Nach der Protokollerklärung Nr. 20 zu Art. 33 der 7. EG-Richtlinie[48] soll die Assoziierungsvermutung schließlich dann widerlegt sein, wenn das Konzernunternehmen die zur Durchführung der Equity-Methode notwendigen **Unternehmensdaten nicht** von der Beteiligungsgesellschaft **erhalten kann.**[49] Damit wollte der Richtliniengeber den praktischen Schwierigkeiten bei der Anwendung der Equity-Methode Rechnung tragen, weil hierfür insbesondere bei der erstmaligen Anwendung in ganz erheblichem Maße vertrauliche Angaben – z. B. über stille Reserven – heranzuziehen sind, auf die der Aktionär nach § 131 AktG keinen Anspruch hat. Besondere Vorlage- und Auskunftspflichten, wie sie nach § 294 Abs. 3 im Mutter-Tochter-Verhältnis bestehen, gibt es im Rahmen des Assoziierungsverhältnisses nicht.

32 Bei Licht besehen kann indessen von einer **Beweisregel nicht** ausgegangen werden, wonach die **Vorenthaltung** der für die Equity-Bewertung notwendigen Unternehmensdaten auf das **Fehlen eines maßgeblichen Einflusses** des Konzernunternehmens auf die Beteiligungsgesellschaft hindeutet. Schon wegen des Verzichts auf eine obligatorische einheitliche Bewertung der Vermögensgegenstände und Schulden in § 312 Abs. 5 ist diese Betrachtungsweise alles andere als zwingend.[50] Vor allem aber ist die automatische Widerlegung der Assoziierungsvermutung wegen zurückgehaltener Informationen deshalb wirklichkeitsfern, weil der vorhandene maßgebliche Einfluß genausogut dazu genutzt werden kann, die Beteiligungsgesellschaft zum *Zurückhalten* der erforderlichen Informationen zu veranlassen.[51]

---

[46] HdKR-*Küting/Köthner/Zündorf* Rdn. 79; Heymann/*Henssler* Rdn. 18.

[47] Näher HdKR-*Küting/Köthner/Zündorf* Rdn. 81.

[48] Textabdr. bei *Biener/Berneke* Bilanzrichtlinien-Gesetz S. 856.

[49] S. ferner BTDrucks. 10/3440, S. 42.

[50] Dies räumt auch *Henssler* Rdn. 21 ein, der der in Rdn. 31 zitierten Protokollerklärung in der Sache freilich folgt.

[51] So mit Recht *Wiedmann* Rdn. 9.

III. Rechtsfolge der Assoziierung: Sonderausweis im Konzernabschluß

Nach Abs. 1 S. 1 sind Beteiligungen an assoziierten Unternehmen in der Konzernbilanz gesondert auszuweisen. Als Beteiligung i. S. d. § 271 Abs. 1 erscheint das assoziierte Unternehmen unter den Finanzanlagen (§ 266 Abs. 2 A III); eine bestimmte **Postenbezeichnung** schreibt das **Gesetz** jedoch **nicht** vor. Aus Gründen der Übersichtlichkeit wird sich empfehlen, die Beteiligungen an assoziierten Unternehmen als solche zu kennzeichnen.[52] Der Standort dieses zusätzlichen Postens sollte zwischen den „Ausleihungen an verbundene Unternehmen" und den „Beteiligungen" sein.[53] **33**

Hält ein Konzernunternehmen **mehrere Beteiligungen** i. S. d. § 311, so können diese zusammen ausgewiesen werden. Gehören dazu auch Tochterunternehmen, die wegen eines Einbeziehungsverbotes (§ 295) oder der negativen Ausübung eines Einbeziehungswahlrechts (§ 296) unter § 311 fallen, so ist die Mitzugehörigkeit zum Posten „Anteile an verbundenen Unternehmen" zu vermerken.[54] **34**

IV. Befreiung bei Beteiligungen von untergeordneter Bedeutung (Abs. 2)

Für Beteiligungen von untergeordneter Bedeutung enthält Abs. 2 einen **Vorbehalt der Wesentlichkeit.**[55] Danach kann entgegen Abs. 1 auf die Anwendung der Equity-Methode verzichtet werden, wenn die Beteiligung für die Vermittlung eines den tatsächlichen Verhältnissen entsprechenden Bildes der Vermögens-, Finanz- und Ertragslage des Konzerns (§ 297 Abs. 2 S. 2) von untergeordneter Bedeutung ist. Dabei kommt es auf die Wesentlichkeit der Beteiligung für den Gesamtkonzern an (vgl. § 296, 17 ff.). Mehrere – für sich genommen – unbedeutende Beteiligungen sind einer Gesamtbeurteilung zu unterwerfen; ein Gegenschluß aus § 296 Abs. 2 S. 2 ist insoweit unzulässig, da diese Vorschrift nur klarstellende Bedeutung hat.[56] Der Hauptanwendungsfall des Abs. 2 liegt bei Tochterunternehmen, für die bereits ein Einbeziehungswahlrecht nach § 296 besteht.[57] **35**

Maßgeblich für die Beurteilung der untergeordneten Bedeutung einer Beteiligungsgesellschaft im Gesamtkonzern sind nicht nur die Anschaffungskosten oder der letzte Buchwert, sondern auch der Unterschied zum Reinvermögen (Equity). Dies gilt insbesondere dann, wenn zwischen dem Erwerb und der erstmaligen Einbeziehung des assoziierten Unternehmens in einen Konzernabschluß geraume Zeit verstrichen ist und aus diesem Grunde erhebliche Unterschiede bei den genannten Daten gegenüber dem Erwerbszeitpunkt eingetreten sind.[58] Dies gilt im Hinblick auf die Vermögenslage des betroffenen Konzerns. Demgegenüber ist bei der Prüfung der Bedeutung eines assoziierten Unternehmens für die Ertragslage das anteilig erzielte Ergebnis maßgeblich. Gewinnausschüttungen begünstigen die Finanzlage des Konzerns, Kapitaleinzahlungen bei assoziierten Unternehmen belasten die Finanzlage. **36**

---

[52] Beck BilKomm-*Budde/Raff* Rdn. 25.

[53] ADS Rdn. 71; a. A. Beck BilKomm-*Budde/Raff* Rdn. 25: in unmittelbarem Anschluß an den Bilanzposten „Beteiligungen"; ebenso *Wiedmann* Rdn. 14.

[54] *Wiedmann* Rdn. 15.

[55] Heymann/*Henssler* Rdn. 32.

[56] H.M. ADS Rdn. 76; HdKR-*Küting/Köthner/Zündorf* Rdn. 115; *Wiedmann* Rdn. 17; Heymann/*Henssler* Rdn. 32.

[57] HdKR-*Küting/Köthner/Zündorf* Rdn. 114; Heymann/*Henssler* Rdn. 32.

[58] Beck BilKomm-*Budde/Raff* Rdn. 21.

V. Publizitätsgesetz

37 Da assoziierte Unternehmen schon begrifflich (§ 311 Abs. 1) nicht unter der einheitlichen Leitung eines Mutterunternehmens im Inland oder Ausland i. S. d. § 11 PublG stehen können, ist für ihre Einbeziehung in einen Konzernabschluß nach dem PublG bei isolierter Betrachtung des § 11 PublG kein Raum. Nach § 13 Abs. 2 S. 1 PublG **gilt** indessen **§ 311 sinngemäß** auch für Konzernabschlüsse nach dem PublG. Daher müssen auch assoziierte Unternehmen in einem Konzernabschluß nach PublG „at equity" einbezogen werden, wenn die Voraussetzungen des § 311 Abs. 1 vorliegen. Hierdurch werden unterschiedliche Inhalte von Konzernabschlüssen vermieden, die Industrie- und Handelsunternehmen anderenfalls rechtsformabhängig entweder nach HGB oder nach PublG aufzustellen hätten.[59]

VI. Sanktionen

38 Nach § 334 Abs. 1 Nr. 2e sind Verstöße gegen §§ 311 Abs. 1, 312 mit einem **Bußgeld** bis zu 50 000,– DM bewehrt. Ein inhaltsgleicher Ordnungswidrigkeitstatbestand findet sich für den Bereich des PublG in § 20 Abs. 1 Nr. 2e PublG.

VII. Vergleichende Betrachtung zu international anerkannten Rechnungslegungsgrundsätzen

1. International Accounting Standards

39 Nach IAS 28.8 werden Beteiligungen an assoziierten Unternehmen im Konzernabschluß nach der **Equity-Methode** bewertet.[60] Eine Beteiligung erreicht die Stufe der Assoziierung, wenn auf das Beteiligungsunternehmen **maßgeblicher Einfluß (significant influence)** ausgeübt werden kann und wenn das Beteiligungsunternehmen weder ein Tochterunternehmen noch ein Gemeinschaftsunternehmen ist (IAS 28.3). Anders als nach § 311 Abs. 1 S. 1 kommt es nach IAS bloß auf die Möglichkeit an, einen maßgeblichen Einfluß ausüben zu können, nicht aber darauf, daß dieser tatsächlich ausgeübt wird.

40 Nach IAS 28.4 ist – ebenso wie nach § 311 Abs. 1 S. 2 – zu **vermuten**, daß ein maßgeblicher Einfluß ausgeübt werden kann, **wenn mindestens 20 v. H. der Stimmrechtsanteile** bei dem Konzernunternehmen liegen. Erreicht die Beteiligung nicht diese Schwelle, so ist significant influence im einzelnen anhand der oben Rdn. 16 bereits dargestellten Kriterien nachzuweisen (IAS 28.5).

41 Die **Anschaffungskostenmethode (cost method)** kommt zum Zuge, wenn die Beteiligung ausschließlich mit der Absicht einer kurzfristigen Weiterveräußerung erworben worden war (IAS 28.8 und 28.10); gleiches gilt im deutschen Recht, weil in diesen Fällen in Ermangelung einer dauerhaften Verbindung zur Förderung des Geschäftszwecks schon keine Beteiligung i. S. d. § 271 Abs. 1 vorliegt (vgl. oben Rdn. 11).

---

[59] Beck BilKomm-*Budde/Raff* Rdn. 30.

[60] Umfassend hierzu *Baetge/Dörner/Achleitner/Wollmert/Wätge/Bruns* IAS 28 Rdn. 18 ff; *Pellens* Internationale Rechnungslegung S. 432 ff.

2. US-GAAP

US-GAAP 18.17 regelt den Fall, daß das einbeziehende Unternehmen sowohl in operativer als auch in finanzieller Hinsicht **maßgeblichen Einfluß** auf die Unternehmenspolitik des einbezogenen Unternehmens nehmen kann, obgleich ihm weniger als 50 v. H. der Stimmrechte zustehen (exercise significant influence over operating and financial policies of an investee). Unabhängig von einer tatsächlichen Ausügung des Einflusses ist in einer derartigen Situation eine Beteiligung (investment) in der Konzernbilanz nach der **Equity-Methode („at equity")** zu verlautbaren. 42

Es besteht eine **Vermutung für maßgebliche Einflußmöglichkeiten** des Investors, wenn das Unternehmen im Board of directors des einbezogenen Unternehmens vertreten ist, an der Bestimmung der Unternehmenspolitik mitwirkt, erhebliche vertragliche Beziehungen zwischen den Unternehmen bestehen, Führungskräfte ausgetauscht oder grundlegende technische Kenntnisse weitergegeben werden (APB 18.17). Ausdrücklich vermerkt ist in APB 18.17, daß die Möglichkeit der Einflußnahme ganz wesentlich durch die Struktur der Mitgesellschafter (Streubesitz oder Konzentration bzw. Absprachen) determiniert wird; dem entspricht der zur Vermutung des § 311 Abs. 1 S. 2 anerkannte Widerlegungstatbestand der ungünstigen Gesellschafterstruktur (vgl. oben Rdn. 29). Ebenso wie IAS 28.4 und § 311 Abs. 1 S. 2 bestimmt APB, daß ein maßgeblicher Einfluß zu vermuten ist, wenn das einbeziehende Unternehmen 20 v. H. oder mehr der Stimmrechte an dem einbezogenen Unternehmen hält. Bei Unterschreiten dieser Grenze ist die Beteiligung zu Anschaffungskosten zu bilanzieren, wenn nicht nachgewiesen werden kann, daß dennoch maßgeblicher Einfluß ausgeübt wird (APB 18.17). 43

§ 312

Wertansatz der Beteiligung und Behandlung des Unterschiedsbetrags

(1) Eine Beteiligung an einem assoziierten Unternehmen ist in der Konzernbilanz

1. entweder mit dem Buchwert oder

2. mit dem Betrag, der dem anteiligen Eigenkapital des assoziierten Unternehmens entspricht,

anzusetzen. Bei Ansatz mit dem Buchwert nach Satz 1 Nr. 1 ist der Unterschiedsbetrag zwischen diesem Wert und dem anteiligen Eigenkapital des assoziierten Unternehmens bei erstmaliger Anwendung in der Konzernbilanz zu vermerken oder im Konzernanhang anzugeben. Bei Ansatz mit dem anteiligen Eigenkapital nach Satz 1 Nr. 2 ist das Eigenkapital mit dem Betrag anzusetzen, der sich ergibt, wenn die Vermögensgegenstände, Schulden, Rechnungsabgrenzungsposten, Bilanzierungshilfen oder Sonderposten des assoziierten Unternehmens mit dem Wert angesetzt werden, der ihnen an dem nach Absatz 3 gewählten Zeitpunkt beizulegen ist, jedoch darf dieser Betrag die Anschaffungskosten für die Anteile an dem assoziierten Unternehmen nicht überschreiten; der Unterschiedsbetrag zwischen diesem Wertansatz und dem Buchwert der Beteiligung ist bei erstmaliger Anwendung in der Konzernbilanz gesondert auszuweisen oder im Konzernanhang anzugeben. Die angewandte Methode ist im Konzernanhang anzugeben.

(2) Der Unterschiedsbetrag nach Absatz 1 Satz 2 ist den Wertansätzen von Vermögensgegenständen und Schulden des assoziierten Unternehmens insoweit

zuzuordnen, als deren Wert höher oder niedriger ist als der bisherige Wertansatz. Der nach Satz 1 zugeordnete oder der sich nach Absatz 1 Satz 1 Nr. 2 ergebende Betrag ist entsprechend der Behandlung der Wertansätze dieser Vermögensgegenstände und Schulden im Jahresabschluß des assoziierten Unternehmens im Konzernabschluß fortzuführen, abzuschreiben oder aufzulösen. Auf einen nach Satz 1 verbleibenden Unterschiedsbetrag und einen Unterschiedsbetrag nach Absatz 1 Satz 3 zweiter Halbsatz ist § 309 entsprechend anzuwenden.

(3) Der Wertansatz der Beteiligung und die Unterschiedsbeträge werden auf der Grundlage der Wertansätze im Zeitpunkt des Erwerbs der Anteile oder der erstmaligen Einbeziehung des assoziierten Unternehmens in den Konzernabschluß oder beim Erwerb der Anteile zu verschiedenen Zeitpunkten zu dem Zeitpunkt, zu dem das Unternehmen assoziiertes Unternehmen geworden ist, ermittelt. Der gewählte Zeitpunkt ist im Konzernanhang anzugeben.

(4) Der nach Absatz 1 ermittelte Wertansatz einer Beteiligung ist in den Folgejahren um den Betrag der Eigenkapitalveränderungen, die den dem Mutterunternehmen gehörenden Anteilen am Kapital des assoziierten Unternehmens entsprechen, zu erhöhen oder zu vermindern; auf die Beteiligung entfallende Gewinnausschüttungen sind abzusetzen. In der Konzern-Gewinn- und Verlustrechnung ist das auf assoziierte Beteiligungen entfallende Ergebnis unter einem besonderen Posten auszuweisen.

(5) Wendet das assoziierte Unternehmen in seinem Jahresabschluß vom Konzernabschluß abweichende Bewertungsmethoden an, so können abweichend bewertete Vermögensgegenstände oder Schulden für die Zwecke der Absätze 1 bis 4 nach den auf den Konzernabschluß angewandten Bewertungsmethoden bewertet werden. Wird die Bewertung nicht angepaßt, so ist dies im Konzernanhang anzugeben. § 304 über die Behandlung der Zwischenergebnisse ist entsprechend anzuwenden, soweit die für die Beurteilung maßgeblichen Sachverhalte bekannt oder zugänglich sind. Die Zwischenergebnisse dürfen auch anteilig entsprechend den dem Mutterunternehmen gehörenden Anteilen am Kapital des assoziierten Unternehmens weggelassen werden.

(6) Es ist jeweils der letzte Jahresabschluß des assoziierten Unternehmens zugrunde zu legen. Stellt das assoziierte Unternehmen einen Konzernabschluß auf, so ist von diesem und nicht vom Jahresabschluß des assoziierten Unternehmens auszugehen.

Übersicht

Schrifttum

(Vgl. auch die Angaben bei §§ 297 und 301) *Biener/Schatzmann* Konzernrechnungslegung (1983); *Busse v. Colbe* Die Equity-Methode zur Bewertung von Beteiligungen im Konzernabschluß, Festschrift für Grochla (1986) 249; *Busse v. Colbe/Chmiliewicz* Das neue Bilanzrichtliniengesetz, DBW 1986, 289; *Deutscher Standardisierungsrat* (DSR) Deutscher Rechnungslegungs Standard Nr. 8 (DRS 8), Bilanzierung von Anteilen an assoziierten Unternehmen im Konzernabschluß BAnz 98 v. 29.5.2001, Beilage, 10533; *Harms* Ausweisfragen bei der Bewertung „at equity", BB 1987, 935; *Havermann* Die Equity-Bewertung von Beteiligungen, WPg 1987, 315; *IDW* Stellungnahme zum E-DRS 8 „Bilanzierung von Anteilen an assoziierten Unternehmen im Konzernabschluß", FN 2001, 57; *Kessler* Zur konsolidierungstechnischen Umsetzung der Equity-Methode im Konzernabschluß nach HGB, BB 1999, 1750; *Küting/Hayn* Zur Bilanzierung im Rahmen der Equity-Methode bei negativem Eigenkapital des assoziierten Unternehmens, BB 1997, 2419; *Küting/Zündorf* Die Equity-Methode im deutschen Bilanzrecht, BB 1986 Beil. 7; *Littkemann/Nicnerski* Equity-Bewertung in Konzernabschlüssen, BB 1999, 1804; *Niehus* Zur Internationalisierung der deutschen Konzernrechnungslegung, DB 2002, 53; *Sahner/Häger* Zur Zwischenerfolgseliminierung beim Beteiligungsansatz „at equity", BB 1988, 1780; *Schäfer* Bilanzierung von Beteiligungen an assoziierten Unternehmen nach der Equity-Methode; *Schruff W.* Bilanzierung von Anteilen an assoziierten Unternehmen im Konzernabschluß nach dem E-DRS 8, BB 2001, 87; *Veit/Focke* Die Behandlung von Anteilen an paritätischen BGB-Joint Ventures in Konzernbilanzen beider Partnerunternehmen, DB 1999, 496; *Weber/Zündorf* Assoziierte Unternehmen im neuen Bankkonzernbilanzrecht, DB 1995, 233; *Zündorf* Der Anlagespiegel im Konzernabschluß (1990).

I. Grundlagen

1. Regelungsgegenstand und Zweck

1 § 312 ist eine wesentliche Ergänzungsnorm zu den Regelungen über die Darstellung von Beteiligungen im Konzernabschluß. Entsprechend dem abgestuften System der Einbeziehung von Unternehmen stellt die Bilanzierung **assoziierter Unternehmen** nach § 311 Abs. 1 die untere Stufe der konzernrechtlichen Regelungen dar. Nach der Einbeziehung von Unternehmen im Wege der Vollkonsolidierung, die zur Übernahme der Aktiva und Passiva des einbezogenen Unternehmens in den Konzernabschluß führt (§§ 301, 302 i. V. m. § 300) und der Methode der Quotenkonsolidierung, nach der die Aktiva und Passiva des einbezogenen Unternehmens entsprechend der Beteiligungsquote des Mutterunternehmens abgebildet werden (§ 310 Abs. 1), ist die Einbeziehung assoziierter Unternehmen nach der Equity-Methode die dritte Form der Abbildung von Unternehmen.[1] Bei dieser Methode werden nicht die Aktiva und Passiva des Beteiligungsunternehmens in den Konzernabschluß übernommen. Die in § 312 beschriebene Methode führt zu einer gegenüber dem Ansatz mit Anschaffungskosten modifizierten *Bewertung der Beteiligung* an dem assoziierten Unternehmen. Assoziierte Unternehmen sind Unternehmen, an denen Konzernunternehmen eine maßgebliche Beteiligung i. S. v. § 311 halten; dazu § 311 Rdn. 3 ff.

2 Eine besondere Bezeichnung für diese Methode hat sich in Deutschland nicht herausgebildet. Statt dessen wird die Methode als **Equity-Methode** bezeichnet, was auch mit Eigenkapitalmethode übersetzt werden könnte. Die Verwendung dieser, dem angelsächsischen Rechtskreis entnommenen Bezeichnung hat sich auch in Deutschland weitgehend durchgesetzt. Kennzeichen der Methode ist, daß die nicht konsolidierte Beteiligung nicht mit ihren Anschaffungskosten (at cost), sondern mit dem auf den Beteiligungsanteil entfallenden Eigenkapital ausgewiesen wird. Nach dem Grund-

---

[1] *Baetge/Kirsch/Thiele* Konzernbilanzen 421.

konzept wird der Beteiligungsansatz entsprechend der Entwicklung des Eigenkapitals fortgeschrieben, indem nicht ausgeschüttete Gewinne des Unternehmens dem Beteiligungsansatz zugeschrieben, Verluste abgeschrieben werden. Gewinnausschüttungen werden als neutraler Vorgang betrachtet, vgl. dazu i. E. Abs. 4, Rdn. 10.[2] Der Ansatz der Beteiligung an dem Unternehmen in der Konzernbilanz erfolgt bei Anwendung der Buchwertmethode nach Abs. 1 Nr. 1 mit dem Buchwert der Beteiligung, bei Anwendung der Neubewertungsmethode nach Abs. 1 Nr. 2 mit dem anteiligen, auf Grundlage einer Neubewertung ermittelten Eigenkapital und einem Sonderausweis des Unterschiedsbetrags (Rdn. 33 ff und 48 ff). Die Methoden werden in Abs. 1 und 2 beschrieben. Sie führen zu einem unterschiedlichen **Ausweis** im Konzernabschluß. Die Kapitalverrechnung, die Ermittlung des Unterschiedsbetrags und die Zuordnung stiller Reserven erfolgt vorwiegend in Nebenrechnungen.[3] Die für die Verrechnung maßgebenden Wertverhältnisse bestimmen sich nach den in Abs. 3 geregelten Zeitpunkten. Liegen die Voraussetzungen für assoziierte Unternehmen vor, ist die Bewertung der Beteiligung nach § 312 zwingend.

Die **Fortschreibung des Wertansatzes** an den assoziierten Unternehmen unter Berücksichtigung der Effekte aus der Kapitalverrechnung ergibt sich aus Abs. 4 S. 1; der gesonderte Ausweis des Ergebnisanteils in der Konzern-Gewinn- und Verlustrechnung ist durch S. 2 vorgeschrieben. Nach Abs. 5 S. 1 besteht das Wahlrecht zur konzerneinheitlichen Bewertung. Eine Verpflichtung besteht dazu nicht. Im Konzernanhang ist die Nichtanwendung der Vorschrift anzugeben. Die Herausrechnung von Zwischenergebnissen ist nach S. 3 vorgeschrieben, soweit die dafür relevanten Sachverhalte bekannt und zugänglich sind. Es ist zulässig, die Eliminierung der Zwischenergebnisse auf den dem Mutterunternehmen gehörenden Anteil zu beschränken, S. 4. Für die Bewertung nach § 312 ist der letzte, aufgestellte Jahresabschluß des Unternehmens heranzuziehen. Wird vom assoziierten Unternehmen ein Konzernabschluß aufgestellt, ist dieser maßgeblich. Die Aufstellung eines Zwischenabschlusses durch das Unternehmen ist somit durch Abs. 6 entbehrlich. 3

2. Entstehungsgeschichte

§ 312 beruht auf der Umsetzung von Art. 33 Abs. 2 bis 8 der **7. EG-Richtlinie**[4]. 4
Art. 33 Abs. 2 sieht die Anwendung der Buchwert- und der Kapitalanteilsmethode vor; der deutsche Gesetzgeber hat beide Möglichkeiten zur Wahl aufgenommen (Abs. 1 Nr. 1 und 2). Abs. 5 enthält die Vorgaben für die Verwendung eines entstehenden oder verbleibenden Unterschiedsbetrags. Die Regelungen über den maßgeblichen Zeitpunkt beruhen auf Abs. 2 lit. d), der Ansatz des fortgeschriebenen Anteilswerts in den Folgejahren ergibt sich aus Abs. 4, der gesonderte Ausweis des Ergebnisanteils in der Konzern-Gewinn- und Verlustrechnung folgt aus Abs. 6. Abs. 3 schreibt das Wahlrecht für die einheitliche Bewertung vor, die Regelungen über das Weglassen von Zwischenergebnisses hat in Abs. 7 ihre Grundlage. Das Abstellen auf einen aufgestellten Jahres- oder Konzernabschluß ergibt sich aus Abs. 8.

Der deutsche Gesetzgeber hat die europarechtlichen Vorgaben unter der möglichst 5
weitgehenden Erhaltung von **Wahlrechten** in das deutsche Recht übernommen.[5]

---

[2] *Busse v. Colbe*, ZfbF 1972, 145; *Baetge/Kirsch/Thiele* Konzernbilanzen 422; ADS 2.

[3] ADS 5.

[4] Richtlinie des Rates der Europäischen Gemeinschaften v. 13. Juni 1983, 83/349/EWG – ABl. EG Nr. L 193 v. 18. Juli 1983.

[5] Ber. Rechtsausschuß, BTDrucks. 10/4268, 312; § 293 HGB-EK vgl. Begr. RegE. 10/3440, 41; auch *Biener/Berneke* BiRiLiG 374.

Gegenüber der Fassung im Regierungsentwurf (§ 293 HGB-EK) wurde eine redaktionell überarbeitete und konsequent die Wahlrechte enthaltende Fassung in das Gesetz übernommen. § 312 ist seit dem BiRiLiG unverändert geblieben. Für die erstmalige Anwendung von § 312 bestimmte Art. 27 Abs. 3 EGHGB Übergangsregelungen.[6]

3. Anwendungsbereich, Normadressaten

6 Die Regelungen von § 312 sind von allen Mutterunternehmen anzuwenden, die nach § 290 einen Konzernabschluß oder Teilkonzernabschluß nach Vorschriften des **HGB** aufzustellen haben. Dies gilt auch für *Kreditinstitute* (§ 340i Abs. 2) und *Versicherungsunternehmen* (§ 341j Abs. 2). Sie sind stets auf die Bewertung von Anteilen an Unternehmen, für die die Voraussetzungen von § 311 Abs. 1 vorliegen, anzuwenden. § 312 gilt jedoch nicht unabhängig von der vollen Einbeziehung von Tochterunternehmen in den Konzernabschluß. Braucht mangels eines konsolidierungspflichtigen Tochterunternehmens ein Konzernabschluß nicht aufgestellt zu werden, z. B. weil § 296 zur Anwendung kommt, fehlt es auch an einer wesentlichen Voraussetzung für die Bewertung von Anteilen an Unternehmen nach § 312. Die Anwendung von § 312 setzt stets die durch andere Vorschriften begründete und wahrgenommene Pflicht zur Aufstellung eines Konzernabschlusses voraus.

7 In den Konzernabschluß sind die Unternehmen, bewertet nach § 312 aufzunehmen, an denen eine **maßgebliche Beteiligung** besteht. Das sind vorrangig Unternehmen, an denen der Besitzanteil des Konzerns mehr als 20 %, aber weniger als 50 % beträgt (§ 311, 24 ff). Übersteigt der Beteiligungsumfang 50 %, kommt i. d. R. die Einbeziehung nach den Regelungen der Vollkonsolidierung in Betracht, die der Anwendung von § 312 vorgeht. Die Beteiligung ist jedoch auch dann nach der Equity-Methode zu bewerten, wenn Gründe bestehen, derentwegen sie nicht in den Konzernabschluß einbezogen werden dürfen (z. B. Dritten zuzurechnende Stimmrechte nach § 290 Abs. 2 und 3) oder es sich zwar um ein Tochterunternehmen handelt, die aber infolge der Anwendung des Einbeziehungswahlrechts nicht einbezogen werden (§ 296) oder wegen des Konsolidierungsverbots nicht einbezogen werden dürfen (§ 295). Trotz der Konsolidierungshindernisse muß indes maßgebliche Einflußnahme i. S. v. § 311 bejaht werden können. Ist das der Fall, ist die Bewertung des Unternehmensanteils nach § 312 zwingend.[7]

8 § 312 kommt auch zur Anwendung, wenn bei Unternehmen, die von zwei Unternehmen gemeinsam geführt werden, von dem Wahlrecht zur Anwendung der **Quotenkonsolidierung** nach § 310 Abs. 1 kein Gebrauch gemacht wird (§ 310, 55).

9 Die Regelungen über die Bewertung *at equity* finden auch auf Konzernabschlüsse und Teilkonzernabschlüsse Anwendung, die nach **PublG** aufgestellt werden. Nach § 13 Abs. 2 S. 1 kommen die Vorschriften von §§ 311, 312 zur Anwendung.

II. Bewertung nach der Equity-Methode

1. Wesen der Equity-Methode

10 Die Regelungen über die Equity-Methode beinhalten ähnlich bedeutende Regelungen für die **Bewertung von Anteilen** der im Konzernabschluß angesetzten Beteiligungen, wie sie nach § 301 für vollkonsolidierte Unternehmen gelten.[8] Die Bewertung assoziierter Unternehmen ist der Vollkonsolidierung methodisch nachgebildet.

---

[6] IDW SABl 3/1987, WPg 1987, 50.

[7] *Baetge/Kirsch/Thiele* Konzernbilanzen 431.

[8] Zur Bedeutung vgl. *Littkemann/Nicnerski* BB 1999, 1804, 1806.

Das **Wesen** der Equity-Methode liegt im Wertansatz einer Beteiligung mit dem anteiligen Eigenkapital des assoziierten Unternehmens. Der Betrag des Buchwerts des Mutterunternehmens und des anteiligen Eigenkapitals des Unternehmens stimmen i. d. R. nicht überein; identische Beträge können sich nur bei neu gegründeten Unternehmen ergeben.[9] Die Beträge weichen schon deshalb ab, da im handelsrechtlichen Jahresabschluß Beteiligungen mit den Anschaffungskosten angesetzt werden und Ergebnisentwicklungen des Beteiligungsunternehmens im Jahresabschluß des beteiligten Unternehmens keinen (unmittelbaren) Niederschlag finden.[10] Eine weitere Ursache für Abweichungen ist ein das Eigenkapital übersteigender Kaufpreis beim Erwerb einer Beteiligung. In diesen Fällen besteht ein aktiver oder passiver Unterschiedsbetrag zwischen dem Beteiligungsbuchwert des Mutterunternehmens und dem Eigenkapital des Beteiligungsunternehmens. Nach § 312 Abs. 1 und 2 ist auf dem Weg zur Ermittlung des Wertansatzes für das Beteiligungsunternehmen der Buchwert des Mutterunternehmens mit dem anteiligen Eigenkapital des Beteiligungsunternehmens zu verrechnen und der dabei entstehende Unterschiedsbetrag auf seine Ursachen zu untersuchen. Es ist zu ermitteln, ob stille Reserven in den Aktiva und Passiva oder ein Geschäfts- oder Firmenwert des Beteiligungsunternehmens vorhanden sind.[11] Wie bei der Vollkonsolidierung ist auch bei der Bewertung assoziierter Unternehmen zwischen der *Erst-* und der *Folgebewertung* zu unterscheiden. Die Analyse des Unterschiedsbetrags ist bei Anwendung der Methode nach Abs. 1 S. 1 Nr. 1 für den Erstansatz der Beteiligung zwar nicht von Bedeutung, wirkt sich indes wie auch bei der Methode nach S. 1 Nr. 2 bei der Entwicklung des anteiligen Eigenkapitals in den Folgeabschlüssen aus. Die Erstbewertung ist stets erfolgsneutral. Je nach Zusammensetzung und Ursachen sind die Teilbeträge des Unterschiedsbetrags in den Folgejahren abzuschreiben, aufzulösen oder fortzuführen, woraus sich Auswirkungen für das Ergebnis des assoziierten Unternehmens ergeben, das im Konzernabschluß auszuweisen ist (Abs. 4). 11

§ 312 Abs. 1 stellt zwei Methoden zur **Wahl**. Das Mutterunternehmen hat das Wahlrecht zur Anwendung der sog. **Buchwertmethode** nach Abs. 1 S. 1 Nr. 1 oder der **Neubewertungsmethode** (auch Kapitalanteilsmethode) nach S. 1 Nr. 2.[12] Bei der Buchwertmethode wird das anteilige Eigenkapital des Beteiligungsunternehmens zunächst mit dem Buchwert des Anteils an dem Unternehmen ausgewiesen; die auf stille Reserven und einen Geschäfts- oder Firmenwert entfallenden Beträge wirken sich ausschließlich in den Folgejahren ergebniswirksam aus. Der Ansatz der Beteiligung nach der Neubewertungsmethode führt zu einer Aufteilung des Buchwerts an der Beteiligung. Die Beteiligung ist mit dem anteiligen Eigenkapital nach Neubewertung anzusetzen, somit unter Berücksichtigung der stillen Reserven und eines Geschäfts- oder Firmenwerts, der gesondert ausgewiesen werden kann (Abs. 1 S. 3). Auf diesen Unterschiedsbetrag findet § 309 Anwendung. Auch bei dieser Methode führen die auf diese Beträge entfallenden Fortschreibungen in den Folgejahren zur Beeinflussung des Ergebnisses. 12

Hat das Mutterunternehmen mehrere Beteiligungen nach der Equity-Methode zu bewerten, gilt das Prinzip der **sachlichen Stetigkeit**. Das Wahlrecht zur Anwendung einer der beiden Bewertungsmethoden darf bei vergleichbaren Sachverhalten nicht grundlos unterschiedlich ausgeübt werden, § 297 Abs. 2 S. 2.[13] Hat sich das Mutter- 13

---

9 ADS 12.

10 Das nach Art. 59 der 4. EG-Richtlinie bestehende Wahlrecht zur Zulassung der Equity-Methode auch im Jahresabschluß hat der deutsche Gesetzgeber nicht wahrgenommen.

11 Beck BilKomm-*Budde/Raff* 5 f.

12 Beck BilKomm-*Budde/Raff* 6; ADS 15; WP-Handbuch 2000 I M 463, 473; krit. zur Kapitalanteilsmethode DRS 8, 17; *Niehus* DB 2002, 53, 54.

13 Beck BilKomm-*Budde/Raff* 6; ADS 17.

unternehmen bei der Bewertung eines assoziierten Unternehmens für eine bestimmte Methode entschieden, ist es bei der Bewertung dieses Unternehmens in den Folgeabschlüssen an die Entscheidung gebunden, § 297 Abs. 3.[14]

14 Die für die Bewertung angewandte Methode der Bewertung ist im **Konzernanhang** anzugeben, Abs. 1 S. 4. Die Angabe ist bei erstmaliger Bewertung eines Unternehmens und in den Folgejahren erforderlich.

2. Buchwert der Beteiligung an dem assoziierten Unternehmen

15 a) **Allgemeines.** Der Buchwert einer Beteiligung an einem assoziierten Unternehmen hat Bedeutung als **Wertansatz** bei erstmaliger Bewertung nach Abs. 1 nach der Buchwertmethode, als Wertobergrenze bei erstmaliger Bewertung nach der Neubewertungsmethode sowie als Faktor bei der Verrechnung mit dem anteiligen Eigenkapital zur Ermittlung stiller Reserven und eines Geschäfts- oder Firmenwerts.

16 **b) Beteiligung.** Der Begriff der Beteiligung ergibt sich aus § 271 Abs. 1 (§ 271, 4 ff). Für Abs. 1 S. 1 ist der Wertansatz von im Konzernabschluß als Beteiligung auszuweisenden Anteilen an einem assoziierten Unternehmen von Bedeutung. Dabei kommt es nicht darauf an, welchem in den Konzernabschluß einbezogenen Unternehmen die Beteiligung gehört, da sie dem Mutterunternehmen zuzurechnen ist. Gleichgültig ist ferner, ob ein in den Konzernabschluß einbezogenes Unternehmen allein die Beteiligung hält oder ob die Anteile mehrerer einbezogener Unternehmen zusammengerechnet die nach § 311 Abs. 1 erforderliche Qualifikation und das Beteiligungsvolumen erreichen.[15] Im einzelnen § 311, 4 ff. Anteile, die von nach §§ 295 oder 296 nicht einbezogenen Unternehmen gehalten werden, dürfen nicht berücksichtigt werden. Auch die Zusammenrechnung mit Anteilen, die von einem anteilmäßig konsolidierten Unternehmen gehalten werden, ist nicht statthaft. Auch diese Anteile können nicht den maßgeblichen Einfluß auf das einbezogene Unternehmen i. S. v. § 311 Abs. 1 verstärken.[16] Vgl. dazu auch § 311, 5, 6.

17 Die Qualität einer Beteiligung haben Anteile an einem sonst als assoziiertes Unternehmen qualifizierenden Unternehmen nicht, die von einem in den Konzernabschluß einbezogenen Unternehmen ausschließlich zum Zwecke der Weiterveräußerung gehalten werden und deswegen im **Umlaufvermögen** in dessen Jahresabschluß ausgewiesen werden.[17] Bleibt diese Qualifikation aus Konzernsicht unverändert, können solche Anteile nicht zur Verstärkung des Beteiligungsbesitzes an einem assoziierten Unternehmen herangezogen werden.

18 c) **Buchwert.** Der Buchwert der Beteiligung ergibt sich aus den **Anschaffungskosten** der Anteile an dem assoziierten Unternehmen, die in den Konzernabschluß übernommen werden. Anschaffungskosten ergeben sich nach Maßgabe von § 255 Abs. 1 unter Berücksichtigung von Anschaffungsnebenkosten und Anschaffungskostenminderungen.[18] Abweichungen können sich u. a. aus Veränderungen des Wertansatzes seit dem Erwerb der Anteile ergeben haben, wenn die erstmalige Bewertung nach Abs. 1 nicht bereits zum Zeitpunkt des Erwerbs erfolgte (vgl. Abs. 3). Die Anschaffungskosten sind dann nicht maßgeblich, wenn die zu bewertenden Anteile ursprünglich von einem anderen einbezogenen Unternehmen erworben worden waren. Der Buchwert der Anteile ist in diesem Falle durch eine konzerninterne Veräußerung beeinflußt, deren Auswirkungen nach § 304 herauszurechnen sind. Als Anschaffungskosten

[14] ADS 16.
[15] ADS 24; HdKR-*Küting/Köthner/Zündorf* § 311, 118; Beck HdR-*Ordelheide* C 401, 11.
[16] Weitergehend ADS 27.
[17] § 311, 9; ferner ADS 26.
[18] HdKR-*Küting/Zündorf* 12 f.

sind hier die *Konzernanschaffungskosten* anzusetzen,[19] § 304, 23 f. Halten mehrere in den Konzernabschluß einbezogene Unternehmen Anteile an dem assoziierten Unternehmen, ergeben sich die Anschaffungskosten aus der Summe der Anschaffungskosten der Anteilsinhaber. Dies gilt dann, wenn das Unternehmen im Jahr des Erwerbs oder auf den Zeitpunkt, zu dem es assoziiertes Unternehmen geworden ist, erstmals als assoziiertes Unternehmen bewertet wird (dazu Abs. 3 S. 1, Rdn. 60 ff). Wird das Unternehmen auf der Grundlage der Wertverhältnisses zum Zeitpunkt des Erwerbs der Anteile bewertet, muß i. d. R. für einzelne Anteilstranchen eine separate Bewertung erfolgen, Rdn. 60 ff und 68.[20]

Ausstehende Einlagen des assoziierten Unternehmens sind in den Anteilsbuchwert einzubeziehen, wenn die Einlagen eingefordert sind. Die Einlageforderung ist beim Mutterunternehmen als Verbindlichkeit auszuweisen, der Buchwert des Anteils wird entsprechend erhöht. Sind die Einlagen nicht eingefordert, finden sie im Buchwert des Mutterunternehmens keinen Niederschlag und können nicht als Anteilsbuchwert ausgewiesen werden.[21] Die Verrechnung erfolgt auf der Grundlage des Buchwerts des Anteils und des Eigenkapitals ohne Berücksichtigung der ausstehenden Einlage. 19

Wurde auf den Buchwert der Beteiligung an dem assoziierten Unternehmen in der Zeit **vor** der erstmaligen Bewertung nach Abs. 1 eine **Abschreibung** vorgenommen, ist, wenn der Grund für die Abschreibung fortbesteht, von dem verringerten Anteilsbuchwert bei der Kapitalverrechnung auszugehen, sofern der Bewertung nicht nach Abs. 3 S. 1 die Wertverhältnisse bei Erwerb der Anteile zugrunde gelegt werden (Rdn. 69 ff). Wertminderungen auf der Grundlage von § 253 Abs. 4 sind in jedem Fall zurück zu nehmen. Zur Berücksichtigung von Abschreibungen oder Wertminderungen aus der Zeit nach erstmaliger Bewertung siehe Rdn. 104 f. 20

3. Eigenkapital des Beteiligungsunternehmens

a) Allgemeines. Das Eigenkapital des assoziierten Unternehmens ist die zweite Bezugsgröße bei der Bewertung dieser Unternehmen. Für den Wertansatz bei erstmaliger Bewertung nach Abs. 1 ist die betragsmäßige Ermittlung bei Anwendung der Neubewertungsmethode nach S. 1 Nr. 2 von unmittelbarer Bedeutung; bei Anwendung der Buchwertmethode ist der Betrag des Eigenkapitals festzustellen, um den gesondert auszuweisenden oder anzugebenden Unterschiedsbetrag nach Abs. 1 S. 3 ermitteln zu können. Zur Bewertung des Eigenkapitals bei Anwendung der unterschiedlichen Methoden Rdn. 33 ff und 48 ff. 21

b) Abgrenzung des Eigenkapitals. Der Begriff des Eigenkapitals ist durch § 312 Abs. 1 nicht bestimmt. Wie in § 301 Abs. 1 stellt sich die Frage der Bezugnahme von betriebswirtschaftlichen oder bilanziellen Eigenkapitalkategorien (§ 301, 41 ff). Letztendlich genügt es wie in § 301 Abs. 1, auf bilanzielle Eigenkapitaldefinitionen abzustellen, da die Eigenkapitalermittlungsmethoden in § 312 Abs. 1 die sonst gegebenen Beurteilungsspielräume hinreichend einschränken. 22

Das Eigenkapital ist auf den nach Abs. 3 bestimmten Stichtag zu ermitteln. Handelt es sich bei dem assoziierten Unternehmen um eine **Kapitalgesellschaft**, ergibt sich das Eigenkapital aus den Eigenkapitalposten nach § 266 Abs. 3 (Passivseite) A. Zum Eigenkapital gehören das gezeichnete Kapital, die Kapital- und Gewinnrücklagen sowie ein Ergebnisvortrag und das Jahresergebnis oder ein Bilanzgewinn/-verlust (§ 301, 23

---

19 ADS 23.
20 ADS 25.
21 ADS 21.

42).[22] Ein **nicht durch Eigenkapital gedeckter Fehlbetrag** ist als negativer Eigenkapitalposten zu berücksichtigen.

24 Das Eigenkapital einer **Personengesellschaft** bestimmt sich nach § 247 Abs. 1. Bei diesen Gesellschaften kann die Abgrenzung von Kapitalkonten mit Eigenkapitalcharakter von Konten mit schuldrechtlichen Charakter im Einzelfall Probleme bereiten. Zum Eigenkapital rechnen nur diejenigen Kapitalkonten, die den Anteil des Gesellschafters am Vermögen der Gesellschaft bestimmen. Hierzu können auch variable Kapitalkonten gehören, mit denen vorhandene oder künftige Verluste der Gesellschaft verrechnet werden können und die keine Beträge enthalten, die im Falle der Insolvenz der Gesellschaft als Forderungen gegen diese geltend gemacht werden können (§ 301, 47).[23]

25 Die Einordnung eines **Sonderpostens mit Rücklageanteil** nach § 247 Abs. 3, § 273 als Eigenkapital hängt von dessen bilanzieller Behandlung ab. Der Posten weist Mischcharakter auf, § 301, 45. Wird der Posten im Abschluß des assoziierten Unternehmens angesetzt und wird von dem Wahlrecht Gebrauch gemacht, den Posten nach Abs. 5 S. 1 i.V.m. §§ 300, 308 bei konzerneinheitlicher Bewertung nicht anzusetzen, sind die Teilbeträge entsprechend ihrem materiellen Charakter dem Eigenkapital und den Rückstellungen zuzuordnen; anderenfalls hat der Posten Bestand und kann als Eigenkapital keine Berücksichtigung finden.

26 **Ausstehende Einlagen** des assoziierten Unternehmens sind korrespondierend zur Berücksichtigung bei dem Mutterunternehmen anzusetzen. Sind die Einlagen eingefordert, ist von dem erhöhten Eigenkapital auszugehen. Nicht eingeforderte Einlagen sind als Korrekturposten zum Eigenkapital nicht anzusetzen.

27 Verfügt das assoziierte Unternehmen über **eigene Anteile**, für die nach § 272 Abs. 4 eine Rücklage im Jahresabschluß zu bilden ist, ist bei der Ermittlung des Betrags des Eigenkapitals eine Differenzierung erforderlich. Sollen die Anteile nicht nur kurzfristig gehalten werden, sind sie vom Eigenkapital der Gesellschaft abzusetzen (vgl. § 16 Abs. 1 S. 2 AktG), da es sich um einen Korrekturposten zum Eigenkapital handelt. Die eigenen Anteile und die Rücklage für eigene Anteile ist dann bei der Ermittlung des Eigenkapitals nicht zu berücksichtigen.[24] Werden die eigenen Anteile jedoch zum Zwecke der kurzfristigen Vermögensanlage gehalten, ist der Abzug des Aktivpostens und die Verringerung des Eigenkapitals nicht geboten. Für **Anteile am Mutterunternehmen** (sog. Rückbeteiligung) enthält § 312, anders als § 301 Abs. 4 S. 1, keine Regelung. Aus Sinn und Zweck der Sonderregelung für die Kapitalkonsolidierung folgt im Umkehrschluß, daß eine gleichartige Berücksichtigung bei assoziierten Unternehmen nicht geboten ist. Da das assoziierte Unternehmen kein abhängiges, in der Ausübung der Rechte aus diesen Anteilen beschränktes Unternehmen ist und nicht voll konsolidiert wird, besitzen die Anteile Vermögensgegenstandscharakter. Eine Kürzung des Eigenkapitals um diese Anteile ist nicht vorzunehmen.

28 Sonderfragen der Abgrenzung von Eigen- und Fremdkapital können sich bei **hybriden Formen** der **Finanzierung** des assoziierten Unternehmens ergeben. Zu diesen Instrumenten gehören Kapitalzuführungen, die je nach Ausgestaltung im Einzelfall als Eigen- oder Fremdkapital zu qualifizieren sind. Ein solcher Gestaltungsspielraum besteht vorwiegend bei *Genußrechten, stillen Beteiligungen* oder *partiarischen Darlehen*. Die Einbeziehung derartiger Kapitalteile in das Eigenkapital hängt davon ab, ob

[22] *Biener/Berneke* BiRiLiG 372; ADS 29.

[23] *IDW* HFA 2/1993 WPg 1994, 24; ADS 31.

[24] *Busse v. Colbe/Ordelheide* Konzernabschlüsse 295; ADS 30; nach DRS 8, 9 sind eigene Anteile stets mit dem Eigenkapital zu verrechnen.

der Finanzbeitrag im bilanzrechtlichen Sinn an gegenwärtigen und zukünftigen Verlusten des Unternehmens teilnimmt, langfristig gewährt wird und allenfalls ein nach Verlustverrechnung verbleibender Teilbetrag bei Fälligkeit als Forderung geltend gemacht werden kann.[25] Bei der Zuordnung solcher Instrumente zum Eigen- oder Fremdkapital sind die konzerneinheitlichen Beurteilungsmaßstäbe des Mutterunternehmens zugrunde zu legen.

Besteht die Beteiligung an einem **ausländischen assoziierten Unternehmen**, müssen die Posten des Eigenkapitals, die nach ausländischem Recht unterschiedlich qualifiziert und ausgewiesen werden können, nach dem Recht des Mutterunternehmens beurteilt und gegebenenfalls umgegliedert werden. Das Eigenkapital ist nach konzerneinheitlichen Grundsätzen zu ermitteln (Handelsbilanz II) und in Euro oder Deutsche Mark umzurechnen.[26] 29

c) Eigenkapital bei Bezugnahme auf einen Konzernabschluß. Als Besonderheit bei assoziierten Unternehmen läßt Abs. 6 S. 2 die Bewertung auf der Grundlage eines Konzernabschlusses des assoziierten Unternehmens zu. Maßgebend ist dann nicht das Eigenkapital des den Konzernabschluß aufstellenden Mutterunternehmens, sondern das sich aus dem Konzernabschluß des assoziierten Unternehmens ergebende Eigenkapital, hierzu Rdn. 152 f. Für die Zusammensetzung des Eigenkapitals gelten die in Rdn. 22 ff dargestellten Grundsätze entsprechend. Besonderheiten gelten für den im Konzernabschluß i. d. R. ausgewiesenen **Sonderposten** für **Anteile anderer Gesellschafter** nach § 307. Dieser Posten steht für den Anteil anderer Gesellschafter an einbezogenen Tochterunternehmen. Das Eigenkapital im Konzernabschluß des assoziierten Unternehmens umfaßt den Anteil des Mutterunternehmens an den einbezogenen Unternehmen. Das Eigenkapital ermittelt sich somit ohne Berücksichtigung des Anteils anderer Gesellschafter.[27] 30

d) Anteil am Eigenkapital. Der Anteil am Eigenkapital des assoziierten Unternehmens bestimmt sich bei **Kapitalgesellschaften** nach dem Anteil des Mutterunternehmens am Nennkapital des Unternehmens oder dem Verhältnis der von dem Mutterunternehmen gehaltenen Stückaktien zur Gesamtzahl der Aktien. Maßgeblich ist die Beteiligung am Vermögen des assoziierten Unternehmens; hiervon abweichende Regelungen über den Umfang des Stimmrechts sind ohne Bedeutung. Bei **Personengesellschaften** richtet sich der Anteil nach dem Verhältnis der Vermögensbeteiligung des Mutterunternehmens zum Gesamtvermögen. 31

Werden Anteile an dem assoziierten Unternehmen außer vom Mutterunternehmen auch von anderen einbezogenen Unternehmen gehalten, ist die Beteiligungsquote kumulativ aus den insgesamt gehaltenen Anteilen zu ermitteln. Bestehen **Anteile anderer Gesellschafter** an einem einbezogenen Unternehmen, ist deren Anteil am Eigenkapital des assoziierten Unternehmen außer Betracht zu lassen. Anteile, die von nicht einbezogenen Tochterunternehmen oder von anderen assoziierten Unternehmen gehalten werden, finden bei der Bemessung des Anteils am Eigenkapital keine Berücksichtigung.[28] 32

4. Ansatz des Eigenkapitals mit dem Buchwert, Abs. 1 S. 1 Nr. 1

a) Ansatz bei erstmaliger Bewertung. Dem Mutterunternehmen steht das Wahlrecht zu, die Beteiligung an dem assoziierten Unternehmen nach S. 1 Nr. 1 mit dem Buchwert oder nach S. 2 Nr. 2 mit dem neubewerteten Eigenkapital anzusetzen. Bei 33

[25] § 301, 149; ferner IDW HFA 1/1994 WPg 1994, 419 sowie 1998, 891.
[26] ADS 32.
[27] So auch ADS 33; HdKR-*Küting/Zündorf* 20.
[28] ADS 34.

Ansatz der Beteiligung mit dem Buchwert ergibt sich nach Nr. 1 zunächst keine Besonderheit, da der Ansatz mit dem Buchwert des Mutterunternehmens, bei Anteilsinhaberschaft mehrerer einbezogener Unternehmen mit dem aufsummierten Anteilswert zu erfolgen hat.[29] Anders als nach § 301 Abs. 1 S. 2 Nr. 1 erfordert die Ermittlung des Wertansatzes der Beteiligung hier zunächst keine Kapitalaufrechnung. Zur Aufteilung des Wertansatzes für die Beteiligung zwischen dem Eigenkapitalwert und dem Geschäfts- oder Firmenwert Rdn. 43.

34 **b) Ermittlung des anteiligen Eigenkapitals und des Unterschiedsbetrags. aa) Methodik der Kapitalverrechnung, Abs. 1 S. 2 und Abs. 2 S. 1.** Die Bewertung des assoziierten Unternehmens nach der Buchwertmethode erfordert bei erstmaliger Bewertung die Verrechnung des Buchwerts des Anteils des Mutterunternehmens und des Eigenkapitals des assoziierten Unternehmens, um den Unterschiedsbetrag zwischen dem Buchwert und dem anteiligen Eigenkapital nach Abs. 1 S. 2 in der Konzernbilanz vermerken oder im Konzernanhang angeben zu können. Abgesehen vom Fall der erstmaligen Bewertung des assoziierten Unternehmen nach seiner Gründung weichen diese Beträge regelmäßig voneinander ab. Hierzu ist eine Kapitalaufrechnung durchzuführen, die der Kapitalverrechnung bei § 301 Abs. 1 entspricht. Das Eigenkapital des assoziierten Unternehmens ist hierbei mit dem Buchwert anzusetzen. Zu Veränderungen des Buchwerts infolge des konzerneinheitlichen Ansatzes von Aktiva und Passiva sowie der wahlweise zulässigen konzerneinheitlichen Bewertung Rdn. 113 ff. Der sich aus der Verrechnung ergebende Unterschiedsbetrag kann aktiv oder passiv sein. Ein aktiver Unterschiedsbetrag ist nach Abs. 2 S. 1 den Wertansätzen von Vermögensgegenständen und Schulden des assoziierten Unternehmens insoweit zuzuordnen, als deren Wert höher oder niedriger ist als der Wertansatz in der Bilanz des assoziierten Unternehmens. Ein nach Zuordnung verbleibender Unterschiedsbetrag hat nach Abs. 2 S. 3 den Charakter eines Geschäfts- oder Firmenwerts. Zur Behandlung dieses Postens Rdn. 38.

35 Die Zuordnung des Unterschiedsbetrags zu den stillen Reserven und einem Geschäfts- oder Firmenwert erfolgt entsprechend dem Anteil des Mutterunternehmens an dem assoziierten Unternehmen **proportional** zum **Beteiligungsverhältnis**. Für die Kapitalverrechnung und die Zuordnung der stillen Reserven zu den einzelnen Aktiva und Passiva gelten die Grundsätze wie bei der **Vollkonsolidierung** entsprechend, § 301, 51 ff.

36 Der Wertansatz der Beteiligung und die Unterschiedsbeträge werden auf den nach Abs. 3 S. 1 gewählten **Zeitpunkt** ermittelt, der als Stichtag des Erwerbs der Anteile oder der erstmaligen Bewertung nach § 312 Abs. 1 zugrunde gelegt wird; i. e. Rdn. 60 ff.

37 Die **Ermittlung** der stillen Reserven und des Geschäfts- oder Firmenwerts setzt voraus, daß das Mutterunternehmen über hinreichende Informationen über die Zusammensetzung des Vermögens und die Verteilung der stillen Reserven erhält.[30] Bei Aktiengesellschaften ist die Erteilung der notwendigen Informationen an das beteiligte Unternehmen nach § 131 Abs. 4 S. 3 AktG zulässig und setzt nicht die Sanktionen bei Erteilung von Auskünften an Aktionäre außerhalb der Hauptversammlung in Gang. Kann das Mutterunternehmen die zur Zuordnung und Aufteilung des Unterschiedsbetrags erforderlichen Informationen nicht in Erfahrung bringen, können Zweifel bestehen, ob gegenüber dem Unternehmen maßgeblicher Einfluß ausgeübt

---

[29] *Baetge/Kirsch/Thiele* Konzernbilanzen 437 f; *Kessler* BB 1999, 1750, 1753.

[30] ADS § 311, 58.

wird. Die Ermittlung des Unterschiedsbetrags und seiner Zusammensetzung erfolgt bei assoziierten Unternehmen bei Anwendung der Buchwertmethode ausschließlich in einer **Nebenrechnung.**[31] Die Wertansätze in den Abschlüssen des Unternehmens bleiben unverändert. Da die einzelnen Aktiva und Passiva des assoziierten Unternehmens in die Konzernbilanz nicht übernommen werden, bleibt der Ansatz der Beteiligung bei erstmaliger Bewertung unberührt. Zum Ausweis oder zur Angabe des Betrags im Konzernanlagespiegel Rdn. 47.

bb) Verwendung des verbleibenden aktiven Unterschiedsbetrags. Auf einen nach Zuordnung nach Abs. 2 S. 1 verbleibenden Unterschiedsbetrag ist nach Abs. 2 S. 3 § 309 entsprechend anzuwenden. Ein verbleibender Unterschiedsbetrag ist als **Geschäfts- oder Firmenwert** zu behandeln. Dies gilt für den Ausweis dieses Betrags (Rdn. 43) und für die materielle Fortentwicklung des Postens in den Folgejahren. 38

Bei Anwendung der Buchwertmethode kommt in erster Linie die **Angabe** des Unterschiedsbetrags als Vermerkposten in der Konzernbilanz oder als Angabe im Konzernanhang in Betracht, Abs. 1 S. 2. Diese Angabe bezieht sich auf den gesamten Unterschiedsbetrag zwischen dem Buchwert des assoziierten Unternehmens und dem zu Buchwerten bemessenen, anteiligen Eigenkapital (weitere Hinweise unter Rdn. 43). 39

Die Bezugnahme von Abs. 2 S. 3 auf § 309 legt es nahe, den als Geschäfts- oder Firmenwert zu behandelnden Teilbetrag des Unterschiedsbetrags auch wie einen Geschäfts- oder Firmenwert i. S. v. § 301 Abs. 1 S. 3 zu behandeln. Hierzu wird in der Literatur für zulässig erachtet, auch bei Anwendung der Buchwertmethode den auf den Geschäfts- oder Firmenwert entfallenden Teilbetrag als Bestandteil des **Bilanzpostens** „Geschäfts- oder Firmenwerte" und nicht als Bestandteil des Postens „Beteiligungen an assoziierten Unternehmen" auszuweisen.[32] Diese Darstellung begegnet Bedenken. Sie stimmt mit der gesetzlichen Regelung über den Ansatz der Beteiligung in Abs. 1 S. 1 nicht überein und führt faktisch zu einem Ansatz in Höhe des Werts nach Abs. 1 S. 1 Nr. 2. Da das Gesetz diese Methodik eigenständig geregelt hat, ist eine Erweiterung des Ausweises bei Anwendung der Buchwertmethode wegen der sonst eingeschränkten Klarheit der Darstellung abzulehnen. 40

Nach § 309 Abs. 1 S. 3 ist es auch zulässig, den Geschäfts- oder Firmenwert offen mit den **Rücklagen des Konzerns** zu verrechnen, vgl. § 309, 37 ff. Diese Möglichkeit steht nach Abs. 2 S. 3 auch bei Anwendung der Buchwertmethode offen. Dies hat zur Folge, daß der Geschäfts- oder Firmenwert aus dem (sonst) einheitlichen Buchwertansatz der Beteiligung herauszurechnen und mit den Rücklagen zu verrechnen ist. Die Beteiligung an dem assoziierten Unternehmen wird dann mit dem um diesen Betrag verringerten Buchwert angesetzt. Wird von dieser Regelung Gebrauch gemacht, reduziert sich auch die Angabe des Unterschiedsbetrags nach Abs. 1 S. 2 um den mit den Rücklagen verrechneten Betrag.[33] Wird die Verrechnung mit den Rücklagen nicht vorgenommen, muß bei der Folgebewertung des Anteils die Abschreibung des Geschäfts- oder Firmenwerts zu mindestens einem Viertel oder über die Zeit der Nutzung berücksichtigt werden. 41

cc) Behandlung eines passiven Unterschiedsbetrags. Ein passiver Unterschiedsbetrag entsteht, wenn das anteilige Eigenkapital den Buchwert des Mutterunternehmens für den Anteil übersteigt. § 312 enthält keine Regelungen über die Behandlung eines passiven Unterschiedsbetrags; Abs. 2 S. 3 enthält lediglich den Hinweis auf die 42

---

[31] ADS 43.
[32] ADS 49.
[33] ADS 48.

entsprechende Anwendung von § 309 Abs. 2. Entsteht ein passiver Unterschiedsbetrag, ist dieser auf seine **Ursachen zu analysieren** und nach Abs. 2 S. 1 den Vermögensgegenständen und Schulden des Unternehmens insoweit zuzuordnen, als deren Wert höher oder niedriger ist als der bisherige Wertansatz. In Betracht kommt dies z. B. bei stillen Lasten, wie z. B. zulässigerweise nicht vollständig dotierten Passiva (Pensionsrückstellungen bei Anwendung von Art. 28 EGHGB).[34] Ein nach Zuordnung verbleibender passiver Unterschiedsbetrag wird außerhalb der Konzernbilanz fortgeführt. Eine Veränderung des Buchwerts der Beteiligung an dem assoziierten Unternehmen ist nicht zulässig. Der Betrag wird nicht in der Konzernbilanz angesetzt, sondern im Konzernanhang angegeben, Abs. 1 S. 2.[35] Der passive Unterschiedsbetrag wird außerhalb der Bilanz fortgeführt und entsprechend § 309 Abs. 2 in den Folgejahren erfolgswirksam aufgelöst, wenn bei der erstmaligen Bewertung erwartete Aufwendungen eingetreten sind (§ 309 Abs. 2 Nr. 1) oder feststeht, daß der Betrag einem realisierten Gewinn entspricht (§ 309 Abs. 2 Nr. 2). Zu den Voraussetzungen hierfür § 309, 55 ff. Ferner kommt wie in § 301 Abs. 3 die erfolgsneutrale Auflösung dieses Betrags in Betracht. Das gilt z. B. dann, wenn bereits bei der erstmaligen Bewertung der Beteiligung nach § 312 Abs. 1 feststeht, daß der Unterschiedsbetrag aus thesaurierten Gewinnen entstanden ist, die nach Erwerb, aber vor erstmaliger Bewertung als assoziiertes Unternehmen entstanden sind. In diesem Fall wird der Buchwert der Beteiligung um den Betrag aufgestockt, der zugleich in die Gewinnrücklagen des Konzerns einzustellen ist.[36]

43 c) **Ausweis und Angaben im Konzernanhang.** Die Beteiligung an dem assoziierten Unternehmen ist nach § 311 Abs. 1 S. 1 unter einem besonderen Posten auszuweisen. Bei Anwendung der Buchwertmethode werden andere Bilanzposten bei der erstmaligen Bewertung nicht angesprochen; ein gesonderter Ausweis des verbleibenden Unterschiedsbetrags als Geschäfts- oder Firmenwert kommt nicht in Betracht. Nach Abs. 1 S. 2 ist der **aktive** Unterschiedsbetrag zwischen dem Buchwert der Beteiligung und dem anteiligen, zu Buchwerten bewerteten Eigenkapital des Unternehmens in der Konzernbilanz zu vermerken oder im Konzernanhang anzugeben. Der Vermerk in der Konzernbilanz erfolgt als **davon-Vermerk** entweder in der Konzernbilanz oder in einer Fußnote. Diese Angabe bezieht sich auf den Gesamtunterschiedsbetrag, der nicht zwischen stillen Reserven und einem Geschäfts- oder Firmenwert unterscheidet. Etwas anderes gilt nur, wenn von der Wahlmöglichkeit nach Abs. 2 S. 3 Gebrauch gemacht und der auf den Geschäfts- oder Firmenwert entfallende Teilbetrag des Unterschiedsbetrags offen mit den Rücklagen verrechnet wird (Rdn. 41); der Vermerk oder die Angabe im Anhang beziehen sich dann nur auf den auf stille Reserven entfallenden Teil des Unterschiedsbetrags. Diese Angabe braucht nur im Jahr der erstmaligen Bewertung nach § 312 gemacht zu werden.[37] Der davon-Vermerk darf durch eine Angabe im **Konzernanhang** ersetzt werden.

44 Ein **passiver** Unterschiedsbetrag kann nicht in der Konzernbilanz vermerkt werden. Für diesen verbleibt allein die Möglichkeit zur Angabe im Konzernanhang. Im übrigen gelten die Erl. zum aktiven Unterschiedsbetrag entsprechend.

45 Abs. 1 S. 3 verpflichtet, die für die Bewertung **gewählte Methode** im Konzernanhang anzugeben. Die Angabe braucht nur im Jahr der erstmaligen Bewertung gemacht zu werden. Nach Abs. 3 S. 2 ist ferner der für die Bewertung gewählte Zeitpunkt anzugeben; im einzelnen Rdn. 60 ff.

---

[34] *Biener/Berneke* BiRiLiG 372.

[35] *Schäfer* Equity-Methode, 275; *Biener/Schatzmann* Konzern-Rechnungslegung 55; ADS 52.

[36] *Havermann* WPg 1987, 315, 320; ADS 53.

[37] *Biener/Berneke* BiRiLiG 372, Beck BilKomm-*Budde/Raff* 11; ADS 47, 81.

Werden **mehrere assoziierte Unternehmen** nach § 312 bewertet, können der Vermerk oder die Angaben im Konzernanhang zusammengefaßt werden. Die Entscheidung, für einzelne Unternehmen die Angaben zu vermerken und für andere im Konzernanhang anzugeben, ist wegen der Beeinträchtigung der Klarheit der Darstellung nicht statthaft. 46

Im **Konzernanlagespiegel** wird bei erstmaliger Bewertung nach § 312 die Beteiligung als assoziiertes Unternehmen als Zugang gezeigt.[38] Bei Anwendung der Buchwertmethode erfolgt allein ein einheitlicher Ausweis als Beteiligung; eine Aufteilung des Zugangs in Beteiligung und Geschäfts- oder Firmenwert erfolgt hier nicht. Eine Kürzung des Zugangsbetrags erfolgt nur dann, wenn entsprechend § 309 Abs. 1 S. 3 der Teilbetrag des Unterschiedsbetrags, der als Geschäfts- oder Firmenwert behandelt wird, offen mit den Rücklagen des Konzerns verrechnet wird. 47

5. Ansatz mit dem neubewerteten Eigenkapital

a) **Methodik.** Nach Abs. 1 S. 1 besteht das Wahlrecht, die Bewertung von Anteilen an assoziierten Unternehmen statt mit dem Buchwert des Anteils (S. 1 Nr. 1) mit dem Betrag vorzunehmen, der dem **anteiligen Eigenkapital** des assoziierten Unternehmens entspricht, S. 1 Nr. 2. Der Ansatz richtet sich in diesem Falle nach dem Eigenkapital dieses Unternehmens. Das Eigenkapital ist nach Abs. 1 S. 3 mit dem Betrag anzusetzen, der sich ergibt, wenn die Vermögensgegenstände, Schulden, Rechnungsabgrenzungsposten, Bilanzierungshilfen und Sonderposten des assoziierten Unternehmens mit dem Wert angesetzt werden, der ihnen zu dem Zeitpunkt, auf den die Bewertung nach Abs. 3 bezogen wird, beizulegen ist. Der Wertansatz darf den Buchwert des Anteils des Mutterunternehmens an dem Unternehmen nicht übersteigen. Diese Begrenzung findet keine ausdrückliche Grundlage in Art. 33 Abs. 2b der 7. EG-Richtlinie. Wie in § 301 Abs. 1 folgt dies auch hier aus dem Anschaffungskostenprinzip des Art. 32 der 4. EG-Richtlinie, die eine mittelbar wirkende **Obergrenze** für den Wertansatz festlegt.[39] 48

Die Beteiligung an dem assoziierten Unternehmen wird bei Anwendung der Neubewertungsmethode insgesamt im Konzernabschluß ebenfalls mit dem Buchwert des Anteils an dem Unternehmen ausgewiesen. Der nach Zuordnung der stillen Reserven sich ergebende Unterschiedsbetrag wird als Geschäfts- oder Firmenwert gesondert ausgewiesen oder bei Einbeziehung in den entsprechenden Bilanzposten im Konzernanhang angegeben (vgl. Rdn. 58 f). Der **Unterschied** zur *Buchwertmethode* liegt im *Ausweis* der Beteiligung, nicht in materiellen Auswirkungen.[40] Während bei der Buchwertmethode der Anteil insgesamt mit dem Buchwert der Beteiligung ausgewiesen wird, erfolgt hier die Aufteilung des Ausweises zwischen dem mit dem anteiligen Eigenkapital angesetzten Anteil und dem Geschäfts- oder Firmenwert. 49

b) **Wertansatz und Unterschiedsbetrag bei erstmaliger Bewertung. aa) Ermittlung des Wertansatzes.** Der Ansatz der Beteiligung an dem assoziierten Unternehmen mit dem Wert des anteiligen Eigenkapitals beruht auf der Ermittlung des den Aktiva und Passiva des Unternehmens beizulegenden Werts. Der Ansatz erfolgt nicht mit dem sich aus dem Jahresabschluß des Unternehmens ergebenden Betrag des Eigenkapitals, sondern mit dem **neubewerteten Wert** des Eigenkapitals, der sich nach dem Ansatz der Aktiva und Passiva mit dem beizulegenden Wert ergibt. Die Obergrenze 50

---

38 ADS 50.

39 ADS 59; *Baetge/Kirsch/Thiele* Konzernbilanzen 439 f.

40 ADS 59.

des Wertansatzes wird durch den Zeitwert der einzelnen Aktiva und Passiva und durch den Buchwert des Anteils, der durch den Betrag des anteiligen Eigenkapitals nicht überschritten werden darf begrenzt.[41] Die Methode entspricht weitgehend der Neubewertungsmethode in § 301 Abs. 1 (dort Rdn. 57 ff).

51 **Übersteigt der Buchwert** des Anteils das anteilige Eigenkapital nach Neubewertung, kommt ein Geschäfts- oder Firmenwert zum Ansatz. Die in den Vermögensgegenständen und Schulden sowie anderen Posten vorhandenen stillen Reserven und Lasten sind in vollem Umfang aufzulösen. Der Ansatz der Beteiligung erfolgt mit dem der Beteiligungsquote entsprechenden Teil des neubewerteten Eigenkapitals. Die Problematik einer vollständigen oder nur anteiligen Auflösung der stillen Reserven und Lasten ist hier unerheblich, da in der Konzernbilanz nicht die Vermögensgegenstände und Schulden, sondern der Anteil an dem assoziierten Unternehmen zum Ansatz kommt. Die Neubewertung und Feststellung stiller Reserven und Lasten erfolgt in einer **Nebenrechnung,** da nicht die einzelnen Wertansätze der Posten, sondern nur der Eigenkapitalsaldo für die Konzernbilanz von Belang sind. Liegt der Buchwert des Anteils über dem zu Buchwerten bewerteten Eigenkapital des Unternehmens, jedoch unter dem Wert, der dem anteiligen Eigenkapital bei Neubewertung entspricht, sind die stillen Reserven und Lasten nur bis zur Höhe des Unterschiedsbetrags[42] und im übrigen nur verhältnismäßig aufzustocken. Die Neubewertung erfolgt gleichmäßig in dem Verhältnis, in dem der mögliche Aufstockungsbetrag zum Gesamtwert nach Neubewertung steht. Eine selektive Zuordnung stiller Reserven und Lasten zu einzelnen Aktiva oder Passiva ist wie bei § 301 Abs. 1 nicht zulässig.

52 Die Neubewertung erfolgt auf der Grundlage der **Wertverhältnisse** der Beteiligung und der Aktiva und Passiva zu dem für die Bewertung nach Abs. 3 S. 1 gewählten Zeitpunkt (Rdn. 62 ff). Sie erfolgt in der Praxis in einer Handelsbilanz II des assoziierten Unternehmens. Zu den Anpassungen der Bilanzierungs- und Bewertungsgrundsätze an konzerneinheitliche Grundsätze Rdn. 114 ff.

53 **bb) Behandlung eines aktiven Unterschiedsbetrags.** Ein aktiver Unterschiedsbetrag entsteht, wenn nach Ansatz der Vermögensgegenstände, Schulden und der anderen Posten des assoziierten Unternehmens sich zwischen dem Buchwert der Beteiligung und dem sich nach Neubewertung des Eigenkapitals ergebenden Wert ein Unterschiedsbetrag ergibt. Dieser Unterschiedsbetrag wird als **Geschäfts- oder Firmenwert** behandelt. Er ist nach Abs. 1 S. 3 in der Konzernbilanz gesondert auszuweisen oder im Konzernanhang anzugeben. Auf den nach Zuordnung der stillen Reserven und Lasten zu den Aktiva und Passiva sich ergebenden Unterschiedsbetrag (Abs. 1 S. 3, zweiter Halbsatz) ist nach Abs. 2 S. 3 § 309 Abs. 1 entsprechend anzuwenden.

54 Für den **Ausweis** des Unterschiedsbetrags kommen **bei** Anwendung der **Neubewertungsmethode** verschiedene Möglichkeiten in Betracht. Der Ausweis in der Konzernbilanz erfolgt entweder gesondert unter dem Posten „Geschäfts- oder Firmenwert“[43] oder unter Einbeziehung in den Posten Geschäfts- oder Firmenwert, jedoch unter Angabe des Betrags im Konzernanhang bei erstmaliger Bewertung nach § 312. Infolge der Verweisung des Abs. 2 S. 3 auf § 309 Abs. 1 S. 3 ist es auch zulässig, den Geschäfts- oder Firmenwert offen mit den Rücklagen des Konzerns zu verrechnen. Ein Sonderausweis oder eine gesonderte Angabe im Konzernanhang erübrigt sich

[41] ADS 55.
[42] HdKR-*Küting/Zündorf* 34; WP-Handbuch 2000 I M 474.
[43] WP-Handbuch 2000 I M 474; ADS 58; HdKR-*Küting/Zündorf* 29; *Busse v. Colbe* FS Grochla, 249, 262.

dann.[44] In der Konzernbilanz wird die Beteiligung an dem assoziierten Unternehmen nur mit dem neubewerteten Wert des anteiligen Eigenkapitals angesetzt. Nach dem Wortlaut von Abs. 1 S. 3 kommt auch die Angabe des Unterschiedsbetrags im Konzernanhang in Betracht.[45] In diesem Fall verbleibt es beim Ansatz der Beteiligung des assoziierten Unternehmens mit dem Buchwert. Ein Unterschied zur Buchwertmethode liegt dann nur in der Höhe des Betrags, der im Konzernanhang anzugeben ist, da sich die Anwendung der Neubewertungsmethode nur auf den als Geschäfts- oder Firmenwert zu behandelnden Teil des Unterschiedsbetrags bezieht, während bei der Buchwertmethode der Gesamtbetrag anzugeben ist (Rdn. 43).

cc) **Behandlung eines passiven Unterschiedsbetrags.** Ein passiver Unterschiedsbetrag entsteht auch bei Anwendung der Neubewertungsmethode, wenn das anteilige Eigenkapital den Buchwert des Anteils an dem assoziierten Unternehmen unterschreitet. Ursache hierfür können, wie in § 309 ausgeführt (dort Rdn. 55 ff) entweder ein günstiger Erwerb der Anteile an dem assoziierten Unternehmen (sog. lucky buy), die Vornahme von Abschreibungen auf den Anteil an dem Unternehmen nach Erwerb, aber vor erstmaliger Bewertung nach § 312 oder das Vorhandensein stiller Lasten im Vermögen des assoziierten Unternehmens sein.[46] Der Ansatz der Beteiligung an dem assoziierten Unternehmen ist auf den Betrag des Buchwerts des Anteils beim Mutterunternehmen begrenzt; der Ansatz mit dem (höheren) Eigenkapitalwert ist ausgeschlossen. Ist Ursache des passiven Unterschiedsbetrags eine vor der erstmaligen Bewertung nach § 312 vorgenommene Abschreibung auf den Beteiligungsbuchwert, ist zunächst zu überprüfen, ob der niedrigere Wert noch beibehalten werden kann oder ob eine Wertaufholung geboten ist.[47] **55**

Der **Ansatz** der Beteiligung entspricht daher, wie bei Wahl der Buchwertmethode, dem Buchwert des Mutterunternehmens für die Beteiligung. Ein Sonderausweis des Unterschiedsbetrags in der Konzernbilanz kommt nicht in Betracht; es verbleibt bei erstmaliger Bewertung nach § 312 allein bei der Angabe des passiven Unterschiedsbetrags im Konzernanhang.[48] **56**

Nach Abs. 2 S. 3 ist auf einen passiven Unterschiedsbetrag **§ 309 Abs. 2 entsprechend** anzuwenden. Dies gilt für die erfolgswirksame Auflösung des Unterschiedsbetrags bei Eintritt der in § 309 Abs. 2 geregelten Alternativen. Statt dessen kommt die erfolgsneutrale Einstellung des passiven Unterschiedsbetrags in die Rücklagen des Konzerns und zugleich die entsprechende Aufstockung des Ansatzes der Beteiligung in Betracht, soweit der Unterschiedsbetrag auf Gewinnthesaurierungen in der Zeit vor der Bewertung des Anteils nach § 312 zurück zu führen ist. **57**

c) **Ausweis und Angabe im Konzernanhang.** Die Beteiligung an dem assoziierten Unternehmen ist auch bei Anwendung der Neubewertungsmethode in der Konzernbilanz unter einem gesonderten Posten auszuweisen, § 311 Abs. 1. Der Ansatz erfolgt mit dem anteiligen Eigenkapital, das sich auf Grund einer Neubewertung der Aktiva und Passiva des Unternehmens ergeben hat. Im Regelfall (Rdn. 53) wird der entstehende Unterschiedsbetrag als Geschäfts- oder Firmenwert gesondert ausgewiesen oder bei Einbeziehung in diesen schon bestehenden Bilanzposten im Konzernanhang angegeben. Hierin liegt der wesentliche Unterschied bei erstmaliger Anwendung von § 312 auf die Beteiligung an einem assoziierten Unternehmen. **58**

---

44 ADS 60.

45 WP-Handbuch 2000 I M 475; zweifelnd HdKR-*Küting/Zündorf* 31.

46 ADS 61; HdKR-*Küting/Zündorf* 39; WP-Handbuch 2000 I M 473.

47 Beck BilKomm-*Budde/Raff* 35.

48 ADS 62; HdKR-*Küting/Zündorf* 47.

59 Im Konzernanhang ist ferner die **Anwendung** der *Neubewertungsmethode* nach Abs. 1 S. 4 anzugeben, ferner nach Abs. 2 S. 3 der für die Bewertung gewählte *Zeitpunkt*. Im *Konzernanlagespiegel* ist der Zugang bei den Posten „Beteiligungen an assoziierten Unternehmen" und bei „Geschäfts- oder Firmenwert" auszuweisen. Wird der Geschäfts- oder Firmenwert mit den Rücklagen des Konzerns verrechnet, entfällt die Angabe eines Zugangs im Konzernanlagespiegel.[49]

III. Zeitpunkt der Wertermittlung, Abs. 3

1. Grundlagen, Wahlrecht

60 Die Ermittlung des Wertansatzes der Beteiligung und der Unterschiedsbeträge erfolgt auf der Grundlage der Wertansätze zu den in Abs. 3 S. 1 geregelten Zeitpunkten. Die Regelung stellt für die Bewertung bei der erstmaligen Ermittlung des Wertansatzes der Beteiligung verschiedene Wertansätze zur Verfügung. Dem Mutterunternehmen steht bei gegebenen Voraussetzungen das **Wahlrecht** zwischen den unterschiedlichen Zeitpunkten zu. Das Wahlrecht kann in den Grenzen von § 297 Abs. 2 S. 2 frei genutzt werden.[50] Sie alle dienen dem Ziel, die Ermittlung der maßgeblichen Wertansätze der Beteiligung an dem assoziierten Unternehmen einerseits, der Vermögensgegenstände und Schulden sowie anderen Bilanzposten dieses Unternehmens andererseits und auf dieser Grundlage des Unterschiedsbetrags zu einem einheitlichen Zeitpunkt vorzunehmen. Die Bewertung des Anteils zu einem, des Unterschiedsbetrags zu einem anderen Zeitpunkt kommt nicht in Betracht.

61 Das Gesetz stellt den Zeitpunkt des Erwerbs der Anteile, der erstmaligen Einbeziehung des assoziierten Unternehmens in den Konzernabschluß und bei Erwerb der Anteile zu unterschiedlichen Zeitpunkten den Zeitpunkt, zu dem das Unternehmen assoziiertes Unternehmen geworden ist, zur Auswahl. Die Vorschrift transformiert die in Art. 33 Abs. 2a) und b) i. V. m. d) der **7. EG-Richtlinie** vorgegebenen Möglichkeiten in das deutsche Recht.

2. Zeitpunkt des Erwerbs

62 **a) Ermittlung bei einmaligem Erwerbsvorgang.** Die Ermittlung der Wertansätze auf den Zeitpunkt des Erwerbs der Anteile gilt als Regelfall[51] der Bewertung. Maßgeblich ist der **Zeitpunkt des Erwerbs** der Anteile an dem Unternehmen, das als assoziiertes Unternehmen bewertet werden soll. Der Erwerb liegt vor, wenn das zivilrechtliche Eigentum an den Anteilen auf das Mutterunternehmen (oder ein in den Konzernabschluß einbezogenes Tochterunternehmen) übergegangen ist. Für die Bewertung nach § 312 genügt i. d. R. jedoch auch der Übergang des Eigentums der Anteile im wirtschaftlichen Sinne, also die Verschaffung der Verfügungsmacht und die Übertragung der Befugnis, Nutzen und Lasten aus den Anteilen ziehen zu können oder tragen zu müssen. Dies ist der Zeitpunkt, zu dem die Anteile im Jahresabschluß des erwerbenden Unternehmens frühestens angesetzt werden können.[52]

63 Diese Überlegungen kommen gleichermaßen zur Anwendung, wenn der Erwerb sich zwar nicht als einaktiger Vorgang, sondern durch Erwerb von einer **Mehrzahl**

[49] ADS 60; *Zündorf* Anlagenspiegel 46.
[50] Beck BilKomm-*Budde/Raff* 45.
[51] HdKR-*Küting/Zündorf* 55.
[52] S. auch § 301, 121 ff; ferner Beck HdR-*Ordelheide* C 401, 110; DRS 8, 14.

von Beteiligten vollzieht, aber zu demselben Zeitpunkt durchgeführt und abgeschlossen wird.

In der Literatur wird darüber hinaus vertreten, daß bei Erwerbsvorgängen mit **„Rückwirkung"**, insbesondere bei der Zuordnung des Gewinn des gesamten laufenden Geschäftsjahres zum Erwerber der Erwerbszeitpunkt auf einen zurückliegenden Tag, z.B. den Beginn des Geschäftsjahres des assoziierten Unternehmens verlagert werden könne.[53] Diese pragmatisch anmutende Interpretation ist bilanzrechtlich nicht vertretbar und abzulehnen. Die Wertverhältnisse sind bei Erwerb frühestens auf den Erwerbstag zu ermitteln, also den Tag, ab dem die Anteile frühestens angesetzt werden dürfen. Dieser Tag kann durch schuldrechtliche Vereinbarungen nicht zurückverlagert werden. In Fällen des Erwerbs innerhalb eines laufenden Geschäftsjahres ist es unumgänglich, die Wertermittlung auf den Erwerbstag vorzunehmen und das Ergebnis des laufenden Geschäftsjahres des Unternehmens in das erworbene Ergebnis, das in das zu verrechnende Eigenkapital eingeht, und das zum Konzern gehörige Ergebnis, das nach Abs. 4 S. 2 gesondert auszuweisen ist, zu unterscheiden. 64

Fällt der Erwerbstag in den Lauf eines Geschäftsjahres, muß das Eigenkapital des Unternehmens auf der Grundlage einer **Zwischenbilanz** ermittelt werden, da auf diesen Stichtag kein Jahresabschluß erstellt wird. Wird auf diesen Tag kein Zwischenabschluß erstellt, kann von den Wertverhältnissen des nächstfolgenden Jahresabschlusses zurück gerechnet werden; die sich hierdurch ergebenden Werte für den Unterschiedsbetrag und die zuzuordnenden stillen Reserven und Lasten sind mit ihren Folgewirkungen anteilig in das Jahresergebnis des assoziierten Unternehmens einzubeziehen.[54] 65

Wird aus Vereinfachungsgründen für das Jahr des Erwerbs die Kapitalverrechnung auf den **Beginn** des Geschäftsjahres des assoziierten Unternehmens vorgenommen, ist, wie bei der Vollkonsolidierung, zum Zeitpunkt des tatsächlichen Erwerbs eine Abgrenzung zwischen Erfolgswirkungen, die den Konzern nicht betreffen dürfen und solchen, die in die Konzernergebnisrechnung Eingang zu finden haben, vorzunehmen.[55] 66

b) Ermittlung bei zurückliegendem Erwerb. Die Bewertung auf den Zeitpunkt des Erwerbs kann auch gewählt werden, wenn die Anteile bereits länger einem Konzernunternehmen gehören, aber das Unternehmen nicht sogleich als assoziiertes Unternehmen bewertet wurde oder werden konnte. Das gilt z.B. für Beteiligungen, die für die Vermittlung eines den tatsächlichen Verhältnissen entsprechenden Bildes von untergeordneter Bedeutung waren, § 311 Abs. 2, oder für Beteiligungen, bei denen der erforderliche maßgebliche Einfluß zum Erwerbszeitpunkt noch nicht gegeben war. Liegen die Voraussetzungen für die erstmalige Bewertung der Anteile als assoziiertes Unternehmen zu einem späteren Zeitpunkt vor, kann der Wertansatz der Beteiligung und die Unterschiedsbeträge gleichwohl nach den Wertverhältnissen zum Zeitpunkt des Erwerbs ermittelt werden. Bei der Wahl des Zeitpunktes des Erwerbs ist die Feststellung der historischen Wertverhältnisse erforderlich. Diese bezieht sich sowohl auf den Anteil an dem Unternehmen als auch auf die Aktiva und Passiva und die Ermittlung eines Unterschiedsbetrags. Die stillen Reserven und Lasten sind nach den Verhältnissen des Erwerbstages festzustellen; auf dieser Wertgrundlage ergibt sich der Unterschiedsbetrag. Die auf historischen Daten begründeten Wertverhältnisse sind auf den Zeitpunkt der tatsächlichen erstmaligen Einbeziehung des Unternehmens in den Konzernabschluß fortzuschreiben, d.h. Posten einschließlich eines evtl. Ge- 67

[53] ADS 64.
[54] ADS 65.
[55] Unklar ADS 66.

schäfts- oder Firmenwerts sind abzuschreiben, aufzulösen oder fortzuführen. Ferner sind entsprechend Abs. 4 die seit dem Erwerbsstichtag erfolgten Gewinnausschüttungen und Kapitalzuführungen zu neutralisieren.[56] Diese Vorgehensweise zieht retroaktive Anpassungen nach sich, die den Anteil an dem assoziierten Unternehmen so darstellen, als ob er seit Erwerb nach Maßgabe dieser Methode bewertet worden sei.[57] Das kann zur Folge haben, daß der Anteil an dem Unternehmen in der Konzernbilanz zu einem über oder unter dem Buchwert des Anteils liegenden Wert anzusetzen ist.[58]

68 **c) Wertermittlung bei Erwerb der Anteile zu verschiedenen Zeitpunkten.** Werden die Anteile an dem assoziierten Unternehmen zu unterschiedlichen Zeitpunkten erworben, ist die Wertermittlung zu den jeweiligen, unterschiedlichen Zeitpunkten und den dann gegebenen Wertverhältnissen vorzunehmen. Die sich aus den einzelnen Zeitpunkten ergebenden, anteiligen beizulegenden Werte sowie die anteiligen verbleibenden oder entstehenden Unterschiedsbeträge sind zusammenzuführen und zur Grundlage der Abschreibung, Auslösung oder Fortführung dieser Posten zu machen. Zur Erleichterung ist in solchen Fällen die Bewertung auf den Zeitpunkt vorzunehmen, zu dem das Unternehmen assoziiertes Unternehmen geworden ist, Rdn. 73.

3. Wertermittlung zum Zeitpunkt der erstmaligen Einbeziehung

69 Die Ermittlung der Wertverhältnisse auf den Zeitpunkt der erstmaligen Einbeziehung des assoziierten Unternehmens in den Konzernabschluß kommt in Betracht, wenn die Anteile an dem Unternehmen bereits zu einem früheren Zeitpunkt erworben worden waren, die Einbeziehung indes unterblieben war. Die Regelung ist als Vereinfachung anzusehen, da sie die sonst bei der Bewertung auf den Erwerbszeitpunkt erforderlichen Anpassungen durch die Fortentwicklung der Wertansätze entbehrlich macht.[59] Die Bewertung wird hier unter der Fiktion vorgenommen, die Wertansätze der Anteile und der Unterschiedsbeträge zum Einbeziehungszeitpunkt seien diejenigen, wie zum Erwerbszeitpunkt. Es werden die Beteiligung und die Unterschiedsbeträge mit den Wertverhältnissen zum Zeitpunkt der Einbeziehung bewertet. Eine rückwirkende Anpassung findet, anders als in Rdn. 67 nicht statt.

70 Der Zeitpunkt der **erstmaligen Einbeziehung** des Unternehmens in den Konzernabschluß ist nicht genau umschrieben. Fraglich ist, ob damit der Zeitpunkt gemeint ist, an dem erstmalig die Voraussetzungen für die Einbeziehung gegeben waren, oder der Zeitpunkt, zu dem tatsächlich die Anteile erstmals einbezogen wurden. Nach h. M. ist hierfür der Zeitpunkt der tatsächlichen Einbeziehung maßgeblich (§ 301, 131 ff). In der Literatur wird hierzu diskutiert, ob der Stichtag der **Konzernbilanz** oder der **Beginn des Geschäftsjahres** gemeint ist.[60] In Betracht kommen der Stichtag der Konzernbilanz oder der Beginn des nächstfolgenden Geschäftsjahres, nachdem die Voraussetzungen für die Bewertung als assoziiertes Unternehmen gegeben waren. Der nächstliegende Konzernabschluß ist regelmäßig der zum Ende des Geschäftsjahres. Die an diesem Stichtag bestehenden Wertverhältnisse sind für die Bewertung maßgeblich, bis dahin erzielte Jahresergebnisse des Unternehmens gehen in das zu verrechnende Kapital, nicht aber in die Erfolgsrechnung ein. Dadurch wird verhindert, daß

---

[56] ADS 68; HdKR-*Küting/Zündorf* 56, 150 ff.

[57] WP-Handbuch 2000 I M 501; HdKR-*Küting/B. Hayn/Zündorf* 152 ff mit Beispiel.

[58] Zu Vorschlägen zur Behandlung der Unterschiedsbeträge HdKR-*Küting/B. Hayn/Zündorf* 154.

[59] ADS 70; Beck BilKomm-*Budde/Raff* 50.

[60] Dazu u. a. ADS 73 ff.

Teile des Jahresergebnisses doppelt, und zwar als Teil des Jahresergebnisses und als Eigenkapital in die Konzernbilanz eingehen.

In der Praxis wird auch die Einbeziehung auf den **Beginn** eines **Geschäftsjahres** zugelassen, um damit die im Geschäftsjahr erzielten Erfolge in der Konzern-Gewinn- und Verlustrechnung abbilden zu können. Die bei der Vollkonsolidierung praktizierte Herausrechnung anteiliger Jahresergebnisse wird bei der Bewertung assoziierter Unternehmen nicht für zulässig gehalten.[61] 71

Gehört eine Beteiligung bereits längere Zeit zu einem Konzern, ohne daß die Bewertung nach § 312 erfolgt war, kann infolge von **Gewinnthesaurierungen** bei dem Unternehmen seit dem Zeitpunkt des Erwerbs der Anteile bei der Verrechnung des Buchwerts der Anteile mit dem anteiligen Eigenkapital ein passiver Unterschiedsbetrag entstanden sein. Läßt sich feststellen, daß er ausschließlich auf Gewinnthesaurierungen in der Vergangenheit zurück zu führen ist, wird es für zulässig gehalten, den Unterschiedsbetrag erfolgsneutral in die Rücklagen des Konzerns einzustellen, da es sich aus Sicht des Konzerns um bereits erwirtschaftete Ergebnisbestandteile handelt.[62] Entsprechend dem in die Rücklagen einzustellenden Betrag ist der Wert des Anteils an dem Unternehmen aufzustocken. Hierdurch wird der Anteil an dem Unternehmen bewertet, als ob die Wertverhältnisse auf den Zeitpunkt des Erwerbs zurückverfolgt und entsprechend der Anteil angesetzt worden wäre. Diese Verfahrensweise ist zwar mit der Methodik der Bewertung auf den Einbeziehungsstichtag nicht vollständig im Einklang (Rdn. 67), doch kann die sich ergebende Ungenauigkeit hingenommen werden, da sie nicht zu anderen Ergebnissen führt, als sie bei Bewertung auf den Erwerbsstichtag erzielt worden wären. 72

4. Bewertung auf den Zeitpunkt der Assoziierung bei Erwerb zu verschiedenen Zeitpunkten

Werden die Anteile zu unterschiedlichen Zeitpunkten erworben, ist außer der Bewertung zu den unterschiedlichen Zeitpunkten des Erwerbs die Wertermittlung zu dem Zeitpunkt zulässig, zu dem das Unternehmen **assoziiertes Unternehmen** geworden ist. Diese Möglichkeit steht als zusätzliche Wahl bei sukzessivem Anteilserwerb zur Verfügung.[63] 73

Der Zeitpunkt, zu dem die Voraussetzungen des § 311 Abs. 1 erfüllt werden, wird durch den Zeitpunkt bestimmt, zu dem das Mutterunternehmen durch **Zuerwerb** von weiteren Anteilen über ein Anteilsvolumen verfügt, das ihr die Ausübung eines maßgeblichen Einflusses ermöglicht. Diese Variante kommt somit nicht in Betracht, wenn trotz gegebenen Anteilsbesitzes das Mutterunternehmen noch nicht in der Lage ist, maßgeblichen Einfluß auszuüben; hier steht die unter Rdn. 67 beschriebene Alternative der Bewertung zur Verfügung. Sie schafft eine weitere Erleichterung, die die Bewertung zu unterschiedlichen Zeitpunkten und gegebenenfalls unterschiedlichen Werten entbehrlich macht. Sie kommt daher insbesondere in Betracht, wenn Anteile über mehrere Perioden hinweg auf der Grundlage unterschiedlicher Wertverhältnisse erworben wurden. 74

Der Zeitpunkt des Erwerbs von Anteilen, die zur Qualifizierung als assoziiertes Unternehmen führen, wird i. d. R. nicht auf einen Bilanzstichtag fallen. Bei Bewertung 75

---

61 ADS 74; nach DRS 8, 14 ist diese Methode nicht mehr zulässig.

62 ADS 71f unter Bezug auf *Havermann* WPg 1987, 315, 320.

63 *Biener/Berneke* BiRiLiG 373, WP-Handbuch 2000 I M 500; Beck BilKomm-*Budde/Raff* 53.

auf diesen Zeitpunkt ist es erforderlich, durch eine **Zwischenbilanz** die Werte der Aktiva und Passiva des Unternehmens zu ermitteln. Steht diese Möglichkeit nicht zur Verfügung, bleibt dem Mutterunternehmen nur die Wahl eines anderen der in Abs. 3 S. 1 geregelten Zeitpunkte.

5. Angabe im Konzernanhang

76 Der nach Abs. 3 S. 1 gewählte Zeitpunkt ist nach S. 2 im Konzernanhang anzugeben. Sie muß den gewählten Zeitpunkt und bei unterjährigen Stichtagen Angaben über die Behandlung der Jahresergebnisse enthalten. Die **Angaben** bei der Einbeziehung von mehreren assoziierten Unternehmen dürfen zusammen gefaßt werden, wenn gleiche Methoden zu Anwendung kamen. Die Wahl des Zeitpunkts unterliegt dem Gebot der Stetigkeit (§ 297 Abs. 2 S. 2) und darf nicht willkürlich getroffen werden. Bei Erwerb von Anteilen zu unterschiedlichen Zeitpunkten können sachliche Gründe des Einzelfalls dafür sprechen, in verschiedenen Fällen unterschiedliche Zeitpunkte zu wählen. Die Angabe braucht nur im Jahr der erstmaligen Einbeziehung des assoziierten Unternehmens gemacht zu werden.[64]

IV. Bewertung der Anteile in Folgeperioden

1. Grundlagen

77 Sinn und Zweck der Bewertung der Anteile an assoziierten Unternehmen mit dem anteiligen Eigenkapital ist die Fortschreibung des Wertansatzes in den Folgeperioden. Im Gegensatz zu einem allein mit den Anschaffungskosten bewerteten Anteil spiegelt der *at equity* bewertete Anteil die anteilige **Entwicklung des Eigenkapitals** des Unternehmens, an dem die Beteiligung besteht, wider. § 312 gibt zwei Regelungen vor, aus denen die Grundlagen für die Fortschreibung des Wertansatzes entnommen werden können. Zum einen bestimmt Abs. 2 S. 2 i. V. m. 3 die Fortschreibung, Abschreibung oder Auflösung von Unterschiedsbeträgen, die bei Anwendung der Buchwertmethode zugeordnet wurden oder der Wertansätze, die bei der Neubewertungsmethode den Aktiva und Passiva des Unternehmens beigelegt wurden. Ferner sind die Auswirkungen der Anwendung von § 309 auf einen verbleibenden oder entstehenden Unterschiedsbetrag zu berücksichtigen.

78 Aus Abs. 4 S. 1 ergibt sich die Verpflichtung, den Wertansatz an dem assoziierten Unternehmen um die Veränderungen des Eigenkapitals, also den Betrag der **Eigenkapitalmehrungen oder -minderungen** zu erhöhen oder zu vermindern. Zur Vermeidung von Doppelzählungen sind auf die Beteiligung entfallende Gewinnausschüttungen herauszurechnen. Der Betrag der anteiligen Veränderung des Eigenkapitals des assoziierten Unternehmens, die ihren Niederschlag in dem Wertansatz für die Beteiligung finden soll, setzt sich somit aus den Folgewirkungen der Erstbewertung (Abs. 2, Rdn. 79 ff) und den unmittelbar das Eigenkapital des assoziierten Unternehmens betreffenden Veränderungen (Abs. 4 S. 1, Rdn. 86 f) zusammen.

2. Fortentwicklung der Unterschiedsbeträge, Abs. 2 S. 2 und 3

79 **a) Allgemeines.** Aus der Verrechnung des Wertansatzes der Beteiligung an dem Unternehmen mit dem zu Buchwerten oder mit beizulegenden Werten der Aktiva und Passiva ermittelten Eigenkapital ergibt sich i. d. R. ein **Unterschiedsbetrag.** Soweit

[64] *Biener/Berneke* BiRiLiG 373; DRS 8, 20 ff.

dieser Unterschiedsbetrag nach Abs. 2 S. 1 den Wertansätzen von Vermögensgegenständen und Schulden zugeordnet werden konnte oder diese nach Neubewertung mit den beizulegenden Werten angesetzt wurden, ist er nach Maßgabe der Behandlung der Wertansätze der Vermögensgegenstände und Schulden im Jahresabschluß des assoziierten Unternehmens fortzuentwickeln. Für den verbleibenden oder entstehenden Unterschiedsbetrag, der als Geschäfts- oder Firmenwert behandelt wird, gilt § 309 entsprechend, Abs. 2 S. 3.

b) Behandlung bei Buchwertmethode. Bei Bewertung der Beteiligung nach der Buchwertmethode wird der Unterschiedsbetrag zunächst den Wertansätzen von **Vermögensgegenständen** oder **Verbindlichkeiten** des assoziierten Unternehmens zugeordnet, als deren Wert höher oder niedriger ist als der bisherige Wertansatz in der Bilanz des Unternehmens. Nach Abs. 2 S. 2 ist der insoweit zugeordnete Betrag entsprechend der Behandlung der Wertansätze der Vermögensgegenstände und Schulden im Jahresabschluß des assoziierten Unternehmens fortzuführen, abzuschreiben oder aufzulösen. **80**

Die Fortentwicklung des Unterschiedsbetrags, der auf zugeordnete **stille Reserven** und **stille Lasten** entfällt, richtet sich nicht nach einer einheitlichen oder pauschalen Verfahrensweise, wie sie für einen Geschäfts- oder Firmenwert in Betracht kommt. Für die Fortentwicklung ist die Behandlung der Aktiva und Passiva aus dem jeweiligen Jahresabschluß des assoziierten Unternehmens maßgebend, denen er (anteilig) zugeordnet worden war. Maßgebend ist die Behandlung im Jahresabschluß, gegebenenfalls einer für das Unternehmen aufgestellten Handelsbilanz II. Unterschiedsbeträge werden fortgeführt oder aufgelöst, wenn der zugrunde liegende Wertansatz dort unverändert fortgeführt oder aufgelöst wird. Die Abschreibung folgt dem Abschreibungsplan aus dem Jahresabschluß (z. B. Bestimmung der Nutzungsdauer, Abschreibungsverfahren, Sätze) Eine selbständige Ermittlung von Abschreibungs- oder Auflösungsgrundlagen ist nicht erforderlich. Die Fortführung des Unterschiedsbetrags dauert an, solange Bilanzposten vorhanden sind, denen bei erstmaliger Bewertung ein Teil des Unterschiedsbetrags zugeordnet wurde. **81**

Auf den nach Zuordnung verbleibenden **aktiven** Unterschiedsbetrag, der als Geschäfts- oder Firmenwert behandelt wird, ist § 309 entsprechend anzuwenden. Dieser Teil des Unterschiedsbetrags ist entsprechend § 309 Abs. 1 S. 1 beginnend mit dem auf den Erstansatz folgenden Geschäftsjahr pauschal zu je einem Viertel oder nach S. 2 planmäßig über die Nutzungsdauer abzuschreiben (i. E. § 309, 20 ff). Die erfolgswirksame Abschreibung unterbleibt, wenn der Geschäfts- oder Firmenwert offen mit den Rücklagen des Konzerns verrechnet wurde. Für einen **passiven** Unterschiedsbetrag gilt § 309 Abs. 2, dazu dort Rdn. 55 ff.[65] **82**

Die Ermittlung der Folgewirkungen aus der Auflösung und Abschreibungen von Unterschiedsbeträgen erfolgt in einer **Nebenrechnung.**[66] Die veränderten Wertansätze werden weder in der Konzernbilanz, noch im Jahresabschluß des assoziierten Unternehmens dargestellt. Der sich aus der Auflösung und Abschreibung des Unterschiedsbetrags ergebende Betrag vermindert oder erhöht das dem Mutterunternehmen zuzuordnende Ergebnis des assoziierten Unternehmens. **83**

c) Behandlung bei Neubewertungsmethode. Die Bewertung des Anteils an dem assoziierten Unternehmen nach der Neubewertungsmethode setzt die Bewertung des anteiligen Eigenkapitals des Unternehmens mit dem Betrag voraus, der sich ergibt, wenn die Vermögensgegenstände und Schulden und anderen Bilanzposten des asso- **84**

---

[65] ADS 86; WP-Handbuch 2000 I M 471.

[66] ADS 83; WP-Handbuch 2000 I M 468.

zierten Unternehmens mit dem Wert bewertet werden, der ihnen an dem nach Abs. 3 bestimmten Zeitpunkt beizulegen ist. Der sich hierbei ergebende Betrag des Eigenkapitals ist nach Abs. 2 S. 2 entsprechend der Behandlung der Wertansätze der Vermögensgegenstände und Schulden im Jahresabschluß des assoziierten Unternehmens fortzuführen, abzuschreiben oder aufzulösen. Die Behandlung im Jahresabschluß, gegebenenfalls Handelsbilanz II des Unternehmens ist maßgeblich für die **Fortentwicklung des Wertansatzes**; eine selbständige Ermittlung von Bewertungsgrundlagen ist insofern entbehrlich. Der Ansatz von Vermögensgegenständen mit dem beizulegenden Wert kann erforderlich machen, Niederstwertprüfungen anzustellen, die aus Sicht des Jahresabschlusses des Unternehmens wegen der dort vorhandenen niedrigeren Wertansätze nicht erforderlich sind. Das anteilige Ergebnis des Unternehmens wird durch die Abschreibungs- und Auflösungseffekte beeinflußt.[67] Zu den übrigen Auswirkungen Rdn. 98 f.

85 Entsteht nach Bewertung der Aktiva und Passiva mit dem beizulegenden Wert ein **aktiver** Unterschiedsbetrag, ist § 309 Abs. 1 entsprechend anzuwenden. Dieser als Geschäfts- oder Firmenwert zu behandelnde Betrag ist in den Folgeperioden abzuschreiben, sofern er nicht erfolgsneutral mit den Rücklagen verrechnet wurde, Rdn. 53. Zu einem **passiven** Unterschiedsbetrag Rdn. 55.

3. Eigenkapitalveränderungen, Abs. 4 S. 1

86 a) **Fortschreibung des Eigenkapitals.** Nach Abs. 4 S. 1 ist der Wertansatz der Beteiligung an einem assoziierten Unternehmen in den Folgejahren um den Betrag der **Eigenkapitalveränderungen,** soweit sie auf den dem Mutterunternehmen gehörenden Anteil am Kapital dieses Unternehmens entfallen, zu erhöhen oder zu vermindern. Abgesehen von den unter Rdn. 80 ff dargestellten Folgewirkungen aus der erstmaligen Bewertung der Beteiligung ergeben sich hieraus wesentliche Abweichungen bei der fortgeschriebenen Bewertung des Anteils an dem assoziierten Unternehmen. Damit sollen die sich aus der Geschäftstätigkeit des Unternehmens ergebenden Jahresüberschüsse oder Jahresfehlbeträge erfaßt werden, ohne daß es einer Ausschüttung oder Ergebnisabführung/-übernahme bedarf.[68] Um Doppelerfassungen zu vermeiden, ist in Abs. 4 S. 1 bestimmt, daß Gewinnausschüttungen des assoziierten Unternehmens vom Wertansatz des Anteils und als Ertrag des Konzerns abzusetzen sind. Aus dem gleichen Grunde müssen auch andere Eigenkapitalveränderungen, wie Kapitalerhöhungen oder Kapitalherabsetzungen, Einlagen oder Entnahmen gesondert betrachtet werden.

87 b) **Anteil am Jahresergebnis. aa) Jahresüberschuß.** Der Wertansatz der Beteiligung an dem assoziierten Unternehmen erhöht sich um den **anteiligen Jahresüberschuß** des Unternehmens, der auf den Anteil des Mutterunternehmens entfällt. Der Jahresüberschuß ergibt sich im Grundsatz aus dem Jahresabschluß des assoziierten Unternehmens; er wird beeinflußt durch Ergebnisauswirkungen, die sich aus einer Handelsbilanz II für das Unternehmen oder aus den Ergebniswirkungen der Fortentwicklung der Unterschiedsbeträge nach Abs. 2 S. 2 und 3 ergeben können.[69] Der Jahresüberschuß des Unternehmens versteht sich nach Vornahme aller Abzüge für Aufwendungen, die das Unternehmen zu tragen hat, somit auch für die auf dem Ergebnis lastenden Ertragsteuern. Ergebniswirkungen, die sich aus der Vermittlung von Steuer-

---

67 WP-Handbuch 2000 I M 476; ADS 87.

68 ADS 97 f; Beck BilKomm-*Budde/Raff* 60.

69 ADS 107.

anrechnungsansprüchen bei Gewinnausschüttungen des Unternehmens an das Mutterunternehmen ergeben können, lassen das anteilige Jahresergebnis des assoziierten Unternehmens unberührt. Zur Verrechnung einer Gewinnausschüttung Rdn. 95 f.

Der auf das Mutterunternehmen entfallende Anteil an dem Jahresüberschuß er- **88** höht, nach Vornahme gegebenenfalls erforderlicher Korrekturen den **Buchwert des Anteils** des Mutterunternehmens an dem assoziierten Unternehmen. Der Erhöhungsbetrag entspricht zugleich dem Ertrag, der in der Konzern-Gewinn- und Verlustrechnung ausgewiesen wird. Zu Fragen des Ausweises Rdn. 108 f.

bb) Jahresfehlbetrag. Negative Jahresergebnisse vermindern den Wertansatz des **89** Mutterunternehmens an dem assoziierten Unternehmen. Ein **Jahresfehlbetrag** bewirkt eine Minderung des Eigenkapitals des Unternehmens, und zwar unabhängig davon, wie im Jahresabschluß des assoziierten Unternehmens der Jahresfehlbetrag behandelt, d. h. gegebenenfalls mit Rücklagen oder einem positiven Ergebnisvortrag verrechnet wird.[70] Maßgebend für die Minderung des Wertansatzes ist zunächst der im Jahresabschluß des assoziierten Unternehmens ausgewiesene Jahresfehlbetrag, soweit er auf den Anteil des Mutterunternehmens entfällt. Der Jahresfehlbetrag kann ebenfalls durch Ergebniswirkungen aus der Fortentwicklung einer Handelsbilanz II und der Unterschiedsbeträge beeinflußt werden. Die Minderungswirkung tritt im Jahr der Verlustentstehung bei dem Tochterunternehmen ein.[71]

Die nachhaltige Entstehung von Verlusten kann dazu führen, daß der Wertansatz **90** der Beteiligung an dem assoziierten Unternehmen durch Verluste aufgezehrt wird.[72] Der **Beteiligungswert** kann hierdurch bis **auf Null** absinken. Umstritten war, ob der Wertansatz bei darüber hinaus gehenden Verlustbeträgen unter Null absinken konnte oder ob mit Erreichen des Null-Wertes die Anwendung dieser Bewertungsmethode auszusetzen war. Einen Anhaltspunkt für die Behandlung solcher Verlustbeträge gibt § 312 nicht. Der Vergleich mit der internationalen Rechnungslegungspraxis, in der die Bewertung von Anteilen *at equity* bereits länger verbreitet ist, zeigt, daß ein negativer Wertansatz einer Beteiligung nicht in Betracht gezogen wird, sondern die Bewertung bei Erreichen eines Null-Wertes ausgesetzt wird.[73] Dieser Auffassung hat sich die Kommentarliteratur zu § 312 angeschlossen.[74] Danach wird der Wertansatz der Beteiligung durch Verluste nur bis zu einem Erinnerungsbetrag vermindert; ein negativer Buchwert der Beteiligung kommt nicht in Betracht. Der Wertansatz erfolgt mit dem Erinnerungswert so lange, bis das anteilige Eigenkapital des Unternehmens wieder einen positiven Betrag erreicht hat. In der Zwischenzeit ist der Wertansatz der Beteiligung statistisch fortzuführen. Hierbei sind auch die Auswirkungen aus einer Handelsbilanz II und der Fortentwicklung von Unterschiedsbeträgen zu berücksichtigen.

Die Anwendung der Buchwert- und der Neubewertungsmethode kann bei **Ver-** **91** **lusten** zu unterschiedlichen Wertansätzen für die Beteiligung führen. Der nach der Buchwertmethode ermittelte Wertansatz ist regelmäßig höher, da er den noch nicht abgeschriebenen Teilbetrag des Geschäfts- und Firmenwerts enthält, der bei Bewertung nach der Neubewertungsmethode i. d. R. gesondert ausgewiesen wird. Bei andauernden Verlusten kann in beiden Fällen geboten sein, den auf den Geschäfts- oder Firmenwert entfallenden Teilbetrag des Unterschiedsbetrags außerplanmäßig abzuschreiben.[75]

---

[70] ADS 108, 110.

[71] Beck BilKomm-*Budde/Raff* 61; Bonner HdR-*Scherrer* § 312, 49.

[72] ADS 111 ff; Beck BilKomm-*Budde/Raff* 63.

[73] APB 18.18 sowie IAS 28.22 (revised 2000), dazu *Born* Rechnungslegung International 408 zu US-GAAP und 220 f zu IAS.

[74] ADS 112; Beck BilKomm-*Budde/Raff* 63; WP-Handbuch 2000 I M 487 f; jetzt auch DRS 8, 27.

[75] ADS 112.

92 Die **Aussetzung der Bewertung** mit dem anteiligen Eigenkapital bei negativem Eigenkapital des assoziierten Unternehmens entspricht zwar nicht der typischen Fortentwicklung der Equity-Methode, die eine Bindung an das anteilige Eigenkapital beinhaltet. Damit wird indes ein vertretbarer Kompromiß gefunden, der zu berücksichtigen hat, daß mit dieser Methode nicht ein Unternehmen nach Grundsätzen der Vollkonsolidierung einbezogen wird, sondern der Anteil an einem Unternehmen zu bewerten ist. Negative Beteiligungswerte sind dem deutschen Recht der Rechnungslegung unbekannt.

93 Abweichendes gilt, sofern das Mutterunternehmen die Verpflichtung trifft, die bei dem assoziierten Unternehmen entstandenen **Verluste auszugleichen**. In diesen Fällen wird vorgeschlagen, einen negativen Beteiligungswert zuzulassen, der die Verpflichtung des Mutterunternehmens zum Verlustausgleich widerspiegelt.[76] Bestehen weitere finanzielle Verpflichtungen gegenüber dem assoziierten Unternehmen, kommt die Bildung einer Rückstellung in Betracht.

94 **cc) Jahresergebnis bei Gewinnabführungsvertrag.** Besteht zwischen dem assoziierten Unternehmen und einem dritten, nicht zum Konzern gehörenden Unternehmen ein **Gewinnabführungsvertrag**, demzufolge das Unternehmen verpflichtet ist, seinen sonst entstehenden Jahresüberschuß abzuführen und berechtigt ist, den Ausgleich eines sonst entstehenden Jahresfehlbetrags verlangen zu können, ist das Jahresergebnis des Unternehmens ausgeglichen, da infolge der bestehenden Ergebnisausgleichsvereinbarung alle sonst entstehenden Ergebnisse dem dritten Unternehmen zustehen. Als Ergebnisanteil des Mutterunternehmens kommt nur eine Ausgleichszahlung, sofern nach z. B. § 304 AktG vereinbart, zum Tragen. Die Ausgleichszahlung hat keine Veränderung des Eigenkapitals des assoziierten Unternehmens zur Folge; der Wertansatz der Beteiligung bleibt unverändert.[77]

95 **dd) Verrechnung von Gewinnausschüttungen.** Abs. 4 S. 1 regelt, daß Gewinnausschüttungen, die auf die Beteiligung entfallen, abzusetzen sind. Diese Regelung ist erforderlich, um zu verhindern, daß eine **Gewinnausschüttung**, die im Regelfall erst im Folgejahr durchgeführt wird, beim Mutterunternehmen erneut zu einem Ertrag aus der Beteiligung führt. Bei Unternehmen, die vollkonsolidiert werden, werden Gewinnausschüttungen nach § 305 **herausgerechnet** (§ 305, 55 ff). Ergebniswirkungen assoziierter Unternehmen müssen nach Abs. 4 S. 1 eliminiert werden, da die Berücksichtigung der Eigenkapitalmehrung infolge eines Jahresüberschusses in der einen Periode und des Beteiligungsertrags infolge der Gewinnausschüttung in der anderen Periode im Konzern zu einem doppelten Ertragsausweis bei dem Mutterunternehmen führt. Erfolgt die Gewinnausschüttung periodengleich zur Gewinnerzielung des assoziierten Unternehmens, kann sich keine doppelte Berücksichtigung des Ertrags ergeben. Erfolgt die Gewinnausschüttung in der Folgeperiode, wird der Ansatz der Beteiligung, bewertet mit dem anteiligen Eigenkapital, erfolgswirksam erhöht. Die Gewinnausschüttung im Folgejahr führt erneut zu einem Beteiligungsertrag, der durch die Minderung des Anteils an dem assoziierten Unternehmen kompensiert wird.

96 Das Gesetz schreibt vor, „Gewinnausschüttungen abzusetzen". Die Korrektur setzt folglich beim Ertragsausweis beim Mutterunternehmen an. Als Gegenposten wird der Beteiligungsansatz an dem assoziierten Unternehmen vermindert.[78] Diese Verringerung ist wirtschaftlich zutreffend, da die Gewinnausschüttung bei dem assoziierten Unternehmen zu einer Eigenkapitalverringerung geführt hat.

---

[76] ADS 115; Beck BilKomm-*Budde/Raff* 63; *Fricke* Rechnungslegung 242.

[77] ADS 102.

[78] ADS 123.

Werden durch die Gewinnausschüttung **Steueranrechnungsansprüche** vermittelt, die das Mutterunternehmen berechtigen, von dem assoziierten Unternehmen entrichtete Ertragsteuern geltend zu machen und gegen die eigene Steuerschuld zu verrechnen (z. B. Körperschaftsteueranrechnungsguthaben), sind die sich hieraus ergebenden Erträge zu berücksichtigen. Zu verrechnen ist die für Rechnung des Mutterunternehmens einbehaltene Kapitalertragsteuer, die eine Vorauszahlung auf die eigene Steuerschuld des Mutterunternehmens darstellt.[79] Es ist zu unterscheiden, ob das assoziierte Unternehmen in seinem Abschluß die *Minderung der Körperschaftsteuer* infolge der Ausschüttung bereits berücksichtigt hat oder nicht. Wurde der Betrag nach Maßgabe der Ausschüttungsbelastung ermittelt, ist die Kürzung infolge Gewinnausschüttung an das Mutterunternehmen mit dem Betrag der Bardividende zu kürzen; war das Eigenkapital unter Zugrundelegen der **Thesaurierungsbelastung** ermittelt worden, ist bei einem zur Anrechnung berechtigten Mutterunternehmen die nach Steuern des Mutterunternehmens ermittelte Dividende abzusetzen. Die anrechenbare Körperschaftsteuer bleibt außer Betracht; ihr steht im Ergebnis die Steuerbelastung des Mutterunternehmens gegenüber. Wird hingegen die Eigenkapitalmehrung des assoziierten Unternehmens unter Hinzurechnung des Anrechnungsguthabens bemessen, was nach der hier vertretenen Auffassung nicht zulässig ist, ist nach erfolgter Gewinnausschüttung der Betrag der Bruttodividende zu kürzen. 97

4. Andere Eigenkapitalveränderungen beim assoziierten Unternehmen.

Der Wertansatz des Anteils an dem assoziierten Unternehmen kann durch Eigenkapitalveränderungen beeinflußt werden, die nicht als Mehrung oder Minderung des Wertansatzes zu Ertrag oder Aufwand des Mutterunternehmens führen dürfen. Dazu Rdn. 86 ff. Zu einer Mehrung oder Minderung des Eigenkapitals führen hingegen Einlagen oder Entnahmen anderer Gesellschafter des assoziierten Unternehmens, die entsprechend den zugrunde liegenden Vereinbarungen das Eigenkapital insoweit verändern, als es anteilig auf das Mutterunternehmen entfällt. 98

a) Kapitalmehrungen. aa) Einlagen. Leistet das Mutterunternehmen Einlagen in das assoziierte Unternehmen, verändert sich der Unterschiedsbetrag nicht, wenn alle Gesellschafter gleichmäßig an der Einlage teilhaben oder das Mutterunternehmen hierdurch das ihm allein zugeordnete Rücklagenkonto dotiert. Solche **Mehrungen** des Eigenkapitals sind neutral zu behandeln; der Wertansatz des Anteils hat sich durch die Einlage in gleicher Weise wie das Eigenkapital erhöht. Kommt die Einlage infolge unterschiedlicher Beteiligungen der Gesellschafter anderen Gesellschaftern zugute, tritt eine Veränderung des Unterschiedsbetrags ein, da dem Buchwert des Mutterunternehmens nunmehr ein veränderter Betrag des Eigenkapitals gegenüber steht. In einem solchen Fall ist zu unterscheiden, ob es sich um nachträgliche Anschaffungskosten handelt, die zu einer Erhöhung des Unterschiedsbetrags führen; hat die Einlage den Charakter einer Zubuße, wird der über die Anteilsquote hinaus geleistete Betrag i. d. R. als Aufwand zu behandeln sein. 99

bb) Kapitalerhöhungen. Erwirbt das Mutterunternehmen aus einer **Kapitalerhöhung mit Einlagen** neue Anteile an dem assoziierten Unternehmen, ist hinsichtlich dieser Anteile eine Kapitalverrechnung durchzuführen, Rdn. 99. Bei der Kapitalerhöhung entstehende Anschaffungsnebenkosten führen nicht zu einem aktiven Unterschiedsbetrag, sondern sind erfolgswirksam auszubuchen.[80] Ein Unterschiedsbetrag kann bei Kapitalerhöhungen mit Sacheinlagen entstehen, wenn der Inferent oder das 100

[79] Zutreffend ADS 126.

[80] ADS 118.

assoziierte Unternehmen das erhaltene Vermögen im Unterschied zu den jeweils anderen Beteiligten mit dem Buchwert oder einem höheren Wert ansetzt. § 304 steht dieser Behandlung bei einer Beteiligung an einem assoziierten Unternehmen nicht entgegen. Ein entstehender aktiver Unterschiedsbetrag ist nach Abs. 1 zuzuordnen; ein passiver Unterschiedsbetrag stellt aus Sicht des Mutterunternehmens einen realisierten Gewinn dar, so daß dieser Betrag erfolgsneutral in die Gewinnrücklagen eingestellt und der Wertansatz des Anteils entsprechend aufgestockt werden darf.

101 Eine **Kapitalerhöhung aus Gesellschaftsmitteln** erfolgt ohne Kapitalzuführung und läßt den Betrag des Eigenkapitals sowie die bestehenden Beteiligungsverhältnisse unberührt. Aus dieser ergeben sich keine Auswirkungen auf den Beteiligungsansatz oder die Unterschiedsbeträge.

102 Nimmt das Mutterunternehmen an einer bei dem assoziierten Unternehmen durchgeführten Kapitalerhöhung nicht oder nicht im Umfang der bestehenden Beteiligung teil, **verringert** sich die **Beteiligungsquote** und je nach Ausgabekurs der neuen Anteile das auf das Mutterunternehmen entfallende anteilige Eigenkapital.[81] Die anteilige Mehrung oder Minderung kann zu Ertrag oder Aufwand führen; die Veränderung der Beteiligungsquote zieht eine anteiligen Auflösung und Abschreibung noch nicht verrechneter Unterschiedsbeträge aus der erstmaligen Bewertung nach § 312 nach sich. Die Abschreibung oder Auflösung erfolgt erfolgswirksam.

103 b) **Kapitalminderungen.** Minderungen des anteiligen Eigenkapitals des assoziierten Unternehmens treten außer durch Gewinnausschüttungen (Rdn. 95 f.) durch Entnahmen oder durch Kapitalherabsetzungen ein. **Entnahmen** von Vermögensgegenständen aus dem Unternehmen verringern das anteilige Eigenkapital und sind als Aufwand zu berücksichtigen, wenn sie nicht mit der Minderung des Anteils des Mutterunternehmens einher gehen. Erfolgt die Entnahme durch das Mutterunternehmen, führt sie wie eine Dividendenausschüttung zu einer erfolgsneutralen Minderung des Anteilsbuchwerts. Bei **Kapitalherabsetzungen** gelten die zu Kapitalerhöhungen dargestellten Grundsätze entsprechend.

5. Andere Beeinflussungen des Wertansatzes an dem assoziierten Unternehmen

104 Die Beteiligung an einem assoziierten Unternehmen unterliegt, wie jeder andere Vermögensgegenstand im Jahresabschluß des Mutterunternehmens, der Bewertung nach § 253. Der nach allgemeinen Vorschriften gefundene Wertansatz gilt nach § 298 Abs. 1 i.V.m. § 253 auch für den Konzernabschluß. Kommt eine **außerplanmäßige Abschreibung** in Betracht, ist diese im allgemeinen auch in den Konzernabschluß zu übernehmen.[82] Der Ansatz der Beteiligung an einem assoziierten Unternehmen mit einem abgeschriebenen Wert kann indes zu einer Kollision mit den Bewertungsregelungen des § 312 führen, der die Bewertung der Beteiligung im Konzernabschluß an das anteilige Eigenkapital bindet. Der abgeschriebene Buchwert und der Wertansatz nach Maßgabe des anteiligen Eigenkapitals stimmen i.d.R. nicht überein.

105 Eine außerplanmäßige Abschreibung wäre unzulässig, sollte § 312 gegenüber den allgemeinen Bewertungsregeln als **lex specialis** anzusehen sein. Hierfür spricht der Charakter als besondere Bewertungsvorschrift. Nach h.M. schließt der Vorrang des § 312 vor § 253 nicht aus, auf den nach § 312 ermittelten Wertansatz eine außerplanmäßige Abschreibung vorzunehmen. Die Übernahme eines nach § 253 außerplan-

---

[81] ADS 120 f; *Fricke* Rechnungslegung 198 ff. HdKR-*Küting/Zündorf* 80 f; *DSR* E-DRS 8, Tz. 31.

[82] H.M. ADS 195; WP-Handbuch 2000 I M 490;

mäßig abgeschriebenen Wertes in die Konzernbilanz ist zulässig.[83] Die außerplanmäßige Abschreibung soll im Konzernabschluß jedoch vorrangig auf den Teil des Unterschiedsbetrags verrechnet werden, der als **Geschäfts- oder Firmenwert** behandelt wird.[84]

Als Folge der **außerplanmäßigen Abschreibung** können der Wert des Anteils im Konzernabschluß und der Betrag des anteiligen Eigenkapitals voneinander abweichen, wenn die Abschreibung nicht zugleich einen gegebenenfalls vorhandenen Geschäfts- oder Firmenwert reduziert. Da der außerplanmäßigen Abschreibung regelmäßig antizipativer Charakter beizumessen ist, ist in der Folgezeit zu beachten, daß der Eintritt von Verlusten/Vermögensminderungen beim assoziierten Unternehmen nicht zu einer Doppelerfassung des Aufwands führt. Die Wertminderungen des Eigenkapitals des assoziierten Unternehmens dürfen den Konzernerfolg nur insoweit vermindern, als die Verringerung durch die außerplanmäßige Abschreibung nicht bereits vorweggenommen war. Die Abschreibung wird hierdurch in der Folgezeit mit eintretenden Wertminderungen anteilig verrechnet. **106**

Entfällt der Grund für die Vornahme der außerplanmäßigen Abschreibung später, ist der Wertansatz des assoziierten Unternehmens aufzuholen, § 298 Abs. 1 i.V.m. § 280. Nach Einführung des **Wertaufholungsgebots** in den steuerlichen Vorschriften (§ 6 Abs. 1 Nr. 2 i.V.m. Nr. 1 S. 2 EStG i.d.F. des Steuerentlastungsgesetzes 1999/2000/2002[85]) ist der wesentliche Grund für die bisherige Wertbeibehaltung in § 280 Abs. 2 entfallen. Bei Wegfall des Grundes wird der Wertansatz wieder aufgestockt; hierbei muß eine Gegenrechnung der Beträge erfolgen, die den eingetretenen Vermögensminderungen/Verlusten entsprechen.[86] **107**

6. Ausweis

a) Konzern-Gewinn- und Verlustrechnung, Abs. 4 S. 2. Das auf den Anteil an dem assoziierten Unternehmen entfallende Ergebnis ist nach Abs. 4 S. 2 in der Konzern-Gewinn- und Verlustrechnung unter einem besonderen Posten auszuweisen. Das Mutterunternehmen weist das Ergebnis aus assoziierten Unternehmen gesondert von anderen Erträgen aus Beteiligungen in einem eigenen Posten aus, der i.d.R. als „Ergebnisse aus Beteiligungen an assoziierten Unternehmen" bezeichnet wird.[87] Das auf assoziierte Unternehmen entfallende Ergebnis ist indes aus verschiedenen Faktoren zusammengesetzt. Außer dem Ergebnisanteil im engeren Sinne beinhaltet es die Ergebniswirkungen aus einer Handelsbilanz II, der Fortentwicklung der Unterschiedsbeträge, soweit sie auf stille Reserven und Lasten entfallen, sowie aus der Abschreibung eines Geschäfts- oder Firmenwertes oder gegebenenfalls die Auswirkungen der erfolgswirksamen Auflösung eines passiven Unterschiedsbetrags. **108**

Nach dem Gesetzeswortlaut ist das **Ergebnis** unter einem gesonderten Posten auszuweisen. Das spricht für die Zusammenfassung aller Ergebnisbestandteile in einem Posten. Dieser Ausweis ist materiell sachgerecht. Die Ergebnisauswirkungen aus einer Handelsbilanz II oder der Abschreibung und Auflösung von Unterschiedsbeträgen sind Bestandteile des Ergebnisses des assoziierten Unternehmens, die als Korrekturbeträge Folge der Bewertung nach § 312 Abs. 1 sind.[88] Der Ausweis von Auflösungs- oder Abschreibungsbeträgen unter anderen Posten der Konzern-Gewinn- und Ver- **109**

---

[83] WP-Handbuch 2000 I M 490; ADS 197; HdKR-*Küting/Zündorf* 81, 82.
[84] ADS 199; HdKR-*Küting/Zündorf* 83.
[85] G. v. 24.3.1999, BGBl I, 402.
[86] HdKR-*Küting/Zündorf* 87.
[87] ADS 98; *Harms* BB 1987, 935, 938.
[88] ADS 89.

lustrechnung wäre unzutreffend, da es sich nicht um Ergebnisauswirkungen der Fortentwicklung von Aktiva oder Passiva handelt, die in der Konzernbilanz ausgewiesen werden. Anderes gilt, wenn z. B. bei Bewertung nach der Neubewertungsmethode, der entstehende Unterschiedsbetrag nach Abs. 1 S. 3 als Bestandteil des Geschäfts- oder Firmenwerts oder gesondert in der Konzernbilanz ausgewiesen wird. Die auf diesen Teil des Unterschiedsbetrags entfallenden Ergebniswirkungen sind dann nicht in den Posten „Ergebnisse aus Beteiligungen an assoziierten Unternehmen" einzubeziehen, sondern als Abschreibungen auf den Geschäfts- oder Firmenwert unter dem Posten „Abschreibungen immaterieller Vermögensgegenstände" nach § 275 Abs. 2 Nr. 7 a bei Anwendung des Gesamtkostenverfahrens oder als Bestandteil der „sonstigen betrieblichen Aufwendungen" nach § 275 Abs. 3 Nr. 7 bei Anwendung des Umsatzkostenverfahrens zu erfassen.[89]

110 **Negative Jahresergebnisse** aus assoziierten Unternehmen werden ebenfalls in den Sonderposten der Konzern-Gewinn- und Verlustrechnung einbezogen (gegebenenfalls unter der Bezeichnung „Aufwendungen aus der Beteiligung an assoziierten Unternehmen"). Treffen positive und negative Ergebnisse aus mehreren Beteiligungen an assoziierten Unternehmen zusammen, ist die **Zusammenfassung** der Ergebnisanteile in einem Posten der Konzern-Gewinn- und Verlustrechnung zulässig.[90]

111 **b) Konzernanlagespiegel.** Anteile an assoziierten Unternehmen werden auch im Konzernanlagespiegel unter einem gesonderten Posten ausgewiesen. Die Fortschreibung des Buchwerts des Anteils entsprechend der Entwicklung des anteiligen Eigenkapitals macht es notwendig, diese Veränderung auch im Konzernanlagespiegel darzustellen. Es bleibt jedoch offen, ob die Veränderung als **Zu-/Abgang** oder **Zu-/Abschreibungen** zu erfassen ist. Eine eindeutige Zuordnung zu Mehrungen oder Minderungen des Mengengerüsts oder des Werts ist nicht möglich, da der Ergebnisanteil sich aus unterschiedlichen Faktoren zusammensetzt. Die Kommentarliteratur hält jede der Ausweisarten für zulässig, verlangt indes, daß die Darstellung einheitlich und jeweils unter den zusammengehörenden Posten erfolgt.[91] Abweichend hiervon wird auch vorgeschlagen, die Ergebnisanteile assoziierter Unternehmen im Konzernanlagespiegel in einer Sonderspalte anzugeben.[92] Da es an einer klaren gesetzlichen Regelung mangelt und eine eindeutige Zuordnung auf Grund der Heterogenität des Ergebnisanteils nicht möglich ist, erscheinen beide Auffassungen vertretbar; § 298, 119 ff.

112 Anderes gilt für die Darstellung der Abschreibungen eines gesondert ausgewiesenen, als **Geschäfts- oder Firmenwert** behandelten Teils des Unterschiedsbetrags. Dieser wird im Konzernanlagespiegel ebenfalls gesondert ausgewiesen. Die auf diesen Posten entfallenden Abschreibungen sind in der entsprechenden Spalte als Abschreibungen aufzuführen. Die Summe der Abschreibungen ist als kumulierte Abschreibung anzugeben.[93]

---

[89] Die Einbeziehung dieser Aufwendungen unter das Ergebnis assoziierter Unternehmen wird von der h. M. für zulässig gehalten, vgl. WP-Handbuch 2000 I M 609; ADS 93; *Harms* BB 1987, 935, 939.

[90] H.M. WP-Handbuch 2000 I M 609; ADS 109; Beck BilKomm-*Budde/Raff* 65; a. M. *Harms* BB 1987, 935, 938.

[91] ADS 90.

[92] Verband der Chemischen Industrie, Konzernabschluß 59; ferner *Littkemann/Nicnerski* BB 1999, 1804, 1809.

[93] ADS 90, 92.

V. Einheitliche Bewertung der Vermögensgegenstände und Schulden assoziierter Unternehmen, Abs. 5 S. 1 und 2

1. Grundlagen

Assoziierte Unternehmen können in ihrem Jahresabschluß Bewertungsmethoden anwenden, die von denen des Konzernabschlusses abweichen. Abs. 5 S. 1 regelt, daß vom Konzernabschluß abweichend bewertete Vermögensgegenstände und Schulden für Zwecke der Bewertung des Anteils an dem assoziierten Unternehmen nach Abs. 1 bis 4 nach den auf den **Konzernabschluß** angewandten **Bewertungsmethoden** bewertet werden können. Erfolgt dies nicht, ist im Konzernanhang die Nichtanpassung anzugeben. Die Regelung trägt dem Charakter assoziierter Unternehmen Rechnung, die im Konzernabschluß nicht konsolidiert, sondern deren Anteile nach einer besonderen Methodik bewertet werden. Das deutet darauf hin, daß das Regel-/Ausnahmeverhältnis hinsichtlich der Anwendung einheitlicher Bewertungsgrundsätze bei assoziierten Unternehmen anders ausgestaltet ist, als bei vollkonsolidierten Unternehmen. Auszugehen ist davon, daß das assoziierte Unternehmen in seinem Jahresabschluß Methoden anwendet, die vom Konzernabschluß abweichen; nach S. 1 kann die Methodik angepaßt werden. Zur Vermeidung von Unterschieden in den Bewertungsmethoden und damit von Auswirkungen auf den Konzernabschluß ist die Vereinheitlichung der Bewertung zweckmäßig.[94] Im Hinblick auf die mit der Anpassung verbundenen Schwierigkeiten und den Aufwand hat der Gesetzgeber die Anpassung nicht zur Pflicht gemacht, was durch Art. 33 Abs. 3 S. 3 der 7. EG-Richtlinie auch zugelassen war, sondern entsprechend der Grundsatzregelung in Art. 33 Abs. 3 S. 1 und 2 das Wahlrecht zur Anpassung übernommen.[95] **113**

2. Einheitliche Bewertung

a) **Grundlagen.** Abs. 5 S. 1 räumt dem Mutterunternehmen das **Wahlrecht** zur Bewertung der Vermögensgegenstände und Schulden des assoziierten Unternehmens nach konzerneinheitlichen Grundsätzen ein. Es steht im Ermessen des Mutterunternehmens, die Anpassung vorzunehmen oder es bei der Bewertung im Jahresabschluß des assoziierten Unternehmens zu belassen. Die Ausübung des Wahlrechts hängt auch davon ab, ob dem Mutterunternehmen die für die Vornahme einer Vereinheitlichung der Bewertung erforderlichen Informationen und Daten über die Zusammensetzung von Bilanzposten, die Abschreibung von Vermögensgegenständen oder die Bedeutung von steuerlichen Vorschriften auf den Jahresabschluß verfügbar sind.[96] Nach handelsrechtlichen Vorschriften ist das Mutterunternehmen nicht in der Lage, die entsprechenden Angaben von dem assoziierten Unternehmen zu verlangen; § 294 Abs. 3 findet keine Anwendung. Das Mutterunternehmen ist auf allgemeine, gesellschaftsrechtliche Informationsmöglichkeiten (z. B. § 51a GmbHG) angewiesen. **114**

Wird die Bewertung nicht vereinheitlicht, erfolgt die Ermittlung des nach § 312 Abs. 1 maßgeblichen Wertansatzes auf der Grundlage des Jahresabschlusses des assoziierten Unternehmens. Anpassungen des Jahresabschlusses des assoziierten Unternehmens unterbleiben; bei Beträgen in fremder Währung verbleibt die Notwendigkeit **115**

---

94 Beck BilKomm-*Budde/Raff* 75; ADS 128; weitergehend Schmalenbach Gesellschaft – Deutsche Gesellschaft für Betriebswirtschaft e. V., Aufstellung von Konzernabschlüssen, ZfbF Sonderheft 21/1987, 134.

95 Begr. RegE., BTDrucks. 10/3440, 41 f zu § 293 HGB-EK; *Biener/Berneke* BiRiLiG 374; *Baetge/Kirsch/Thiele* Konzernbilanzen 447 f.

96 ADS 139; Beck BilKomm-*Budde/Raff* 75.

der Währungsumrechnung. Demgegenüber wird verlangt, daß im Jahresabschluß des assoziierten Unternehmens die deutschen Grundsätze ordnungsmäßiger Buchführung beachtet worden sind.[97] Grundlage dafür sei die Generalnorm aus § 297 Abs. 2 S. 2. Diese Auffassung ist zu weitgehend und verkennt die Bedeutung von § 297 Abs. 2 S. 2 für assoziierte Unternehmen. Die Regelung bezieht sich auf den Konzernabschluß und die dort angesetzten Vermögensgegenstände und Schulden. Sie gilt für den Ansatz der Beteiligung an dem assoziierten Unternehmen, nicht für die Bilanzierung und Bewertung der Posten im Jahresabschluß dieses Unternehmens. Für den Konzernabschluß kann hieraus allenfalls die Orientierung entnommen werden, im Falle der Möglichkeit zur Anpassung der Bewertung zugleich auch § 297 Abs. 2 S. 2 zu beachten.

116 Abs. 5 S. 1 berechtigt zur Vereinheitlichung der **Bewertung**. Zum Inhalt der Regelungen über die konzerneinheitliche Bewertung vgl. § 308, 29 ff. Nach § 308 Abs. 2 S. 1 besteht für voll konsolidierte Tochterunternehmen die Pflicht, für assoziierte Unternehmen das Wahlrecht, Vermögensgegenstände und Schulden neu zu bewerten und mit den neuen Wertansätzen der Ermittlung des Eigenkapitals des Unternehmens zugrunde zu legen. Das in § 308 Abs. 2 S. 1 eingeräumte Wahlrecht zur Anwendung bestimmter Methoden, für deren Anwendung ein Wahlrecht besteht, ist auf assoziierte Unternehmen zu übertragen. Für das assoziierte Unternehmen gelten keine anderen Grundsätze als für Tochterunternehmen.

117 § 308 Abs. 2 S. 2 bis 4 sieht Regelungen über **Ausnahmen** vom Grundsatz der konzerneinheitlichen Bewertung vor. Diese gehören normimmanent zu den gesetzlichen Regelungen über die einheitliche Bewertung im Konzern. Die Inanspruchnahme dieser Wahlrechte bei der Bewertung der Aktiva und Passiva eines assoziierten Unternehmens stellt gleichwohl eine Anpassung der Bewertung dar, so daß insofern die Angabe der Nichtanwendung von S. 1 nach S. 2 im Konzernanhang entfällt.[98] Soweit das für die Wertansätze des assoziierten Unternehmens von Bedeutung ist, können Wertansätze, die auf der Anwendung von für *Kreditinstitute* oder *Versicherungsunternehmen* wegen der Besonderheiten des Geschäftszweigs geltenden Vorschriften beruhen, nach § 308 Abs. 2 S. 3 beibehalten werden. Ebenso darf die Anpassung nach § 308 Abs. 2 S. 4 unterlassen werden, soweit dies für die Vermittlung eines den tatsächlichen Verhältnissen entsprechenden Bildes der Vermögens-, Finanz- und Ertragslage des Konzerns *von untergeordneter Bedeutung* ist. Weiterhin darf nach § 308 Abs. 2 S. 4 in weiteren *Ausnahmefällen* von der Anpassung abgesehen werden.[99]

118 Nach § 308 Abs. 3 dürfen im Konzernabschluß Wertansätze beibehalten werden, mit denen Vermögensgegenstände oder Schulden nach **steuerlichen Vorschriften** angesetzt wurden, wenn der Wertansatz für die steuerliche Gewinnermittlung zu berücksichtigen ist. Dieses für einbezogene Unternehmen geltende Recht ist auf Aktiva und Passiva assoziierter Unternehmen entsprechend anzuwenden. Nach solchen Vorschriften angesetzte Vermögensgegenstände und Schulden dürfen mit diesen Werten bei der Ermittlung des Eigenkapitals des Unternehmens berücksichtigt werden.[100]

119 Die Anwendung des Wahlrechts aus Abs. 5 S. 1 unterliegt im Grundsatz der **Methodenstetigkeit**, soweit diese bei den Besonderheiten der Bewertung assoziierter Unternehmen eingehalten werden kann. Der Grundsatz gilt uneingeschränkt in zeit-

---

[97] *Busse v. Colbe/Chmielewicz* Das neue Bilanzrichtlinien-Gesetz, DBW 1986, 289, 342; Schmalenbach Gesellschaft – Deutsche Gesellschaft für Betriebswirtschaft e.V., Aufstellung von Konzernabschlüssen, ZfbF Sonderheft 21/1987, 134.

[98] ADS 140.

[99] ADS 141–143.

[100] ADS 144.

licher Hinsicht, so daß für dasselbe assoziierte Unternehmen im Zeitablauf nicht oder nur aus wichtigem Grund die Methode verändert werden darf. In sachlicher Hinsicht ist für die Aktiva und Passiva eines Unternehmens in den Grenzen von § 308 Abs. 2 einheitlich zu verfahren. Im Vergleich mit anderen assoziierten Unternehmen sollte einheitlich verfahren werden, soweit die Besonderheiten des Einzelfalles keine Abweichungen bedingen.[101]

Die Herstellung der einheitlichen Bewertung setzt regelmäßig die Aufstellung einer **Handelsbilanz II** des assoziierten Unternehmens voraus. Es ist eine Frage des Einzelfalles, ob der durch die Anteile vermittelte maßgebliche Einfluß des Mutterunternehmens ausreicht, die hierfür erforderlichen Angaben zu erhalten.[102] Gelingt es nicht, die Informationen zu erhalten, ist allein dies jedoch kein Grund, den für die Anwendung von § 311 Abs. 1 maßgeblichen Einfluß zu verneinen. **120**

b) Einheitliche Bilanzierung? Abs. 5 S. 1 trifft Regelungen über die Vereinheitlichung der Bewertung. Regelungen über die Anpassung der Grundsätze über die **Bilanzierung** wurden nicht getroffen. Weder das deutsche noch das europäische Recht regeln die einheitliche Bilanzierung bei assoziierten Unternehmen.[103] Deswegen ist fraglich, ob die Nichtregelung als Entscheidung für ein Anpassungsverbot oder als inzidente Zulassung zu interpretieren ist. Angesichts des materiellen Zusammenhangs von Bilanzansatz- und Bewertungsregelungen erschiene es ungewöhnlich, die Bewertungsfragen zu regeln, die Bilanzierungsentscheidung indes ungeregelt zulassen. Nach Sinn und Zweck der Bilanzierungs- und Bewertungsregelungen stellt sich die Nichtregelung der Bilanzierungsfragen in Abs. 5 S. 1 eher als Lücke denn als bewußte Ausklammerung der Bilanzierung im Sinne eines Anpassungsverbots dar.[104] **121**

Die Höhe des Eigenkapitals des assoziierten Unternehmens sowie dessen Veränderungen hängen außer von der Bewertung von der Bilanzierung der Vermögensgegenstände und Schulden ab. Es ist daher zulässig und in Verbindung mit der Ausübung des Wahlrechts zur **Vereinheitlichung** der Bewertung sogar geboten, die Bilanzansätze im Jahresabschluß des assoziierten Unternehmens an die Ansatzgrundsätze des Mutterunternehmens entsprechend § 300 Abs. 2 anzupassen. Die Ansatzwahlrechte kommen wie bei voll konsolidierten Unternehmen zur Anwendung. **122**

c) Angaben im Konzernanhang. Unterbleibt die Anpassung der Bewertung, ist durch Abs. 5 S. 2 eine entsprechende Angabe im Konzernanhang vorgeschrieben. Anzugeben ist, daß die Anpassung an **konzerneinheitliche Bewertungsgrundsätze** unterblieben ist; eine Begründung oder eine Erläuterung der Gründe ist, anders als nach § 313 Abs. 1 S. 2 Nr. 3 nicht erforderlich. Angaben über die Bilanzierung und Bewertung im Jahresabschluß des assoziierten Unternehmens sind nicht vorgeschrieben; § 313 Abs. 1 S. 2 ist hierauf auch nicht entsprechend anwendbar. Die Angabe ist im Konzernanhang in **jedem Jahr** zu machen.[105] **123**

Die Angabe bezieht sich auch auf **Bilanzierungsmethoden**, die von denen abweichen, die nach dem Recht des Mutterunternehmens anzuwenden sind oder angewendet werden dürfen. Die Angabe ergibt sich zwar nicht aus dem Wortlaut der Vorschrift, ist aber als Folge der Anpassung an konzerneinheitliche Bilanzierungsmethoden geboten.[106] **124**

---

101 Beck BilKomm-*Budde/Raff* 79.
102 Beck BilKomm-*Budde/Raff* 75; ADS 128, 138; *Havermann* WPg 1987, 315, 318.
103 ADS 135.
104 Beck BilKomm-*Budde/Raff* 77; ADS 134.
105 Beck BilKomm-*Budde/Raff* 75; ADS 147.
106 WP-Handbuch 2000 I M 464; Beck BilKomm-*Budde/Raff* 85; ADS 146.

125 Werden die Methoden über die Bilanzierung und Bewertung in dem der Equity-Bewertung zugrunde gelegten Abschluß ganz oder teilweise **angepaßt**, können Angaben infolge von § 308 Abs. 2 S. 2 erforderlich werden. Im übrigen entfällt die Angabepflicht.[107]

VI. Behandlung von Zwischenergebnissen, Abs. 5 S. 3 und 4

1. Grundlagen

126 Die Behandlung von **Zwischenergebnissen** aus Lieferungen und Leistungen zwischen Konzernunternehmen und dem assoziierten Unternehmen wird in Abs. 5 S. 3 durch Verweisung auf die für die Vollkonsolidierung geltenden Vorschriften geregelt. Danach ist § 304 entsprechend anzuwenden, soweit die für die Beurteilung maßgeblichen Sachverhalte bekannt oder zugänglich sind. Zwischenergebnisse ergeben sich bei Lieferungen oder Leistungen von Unternehmen, die hieraus einen Gewinn oder Verlust erzielen. Nach Maßgabe von § 304 Abs. 1 werden Vermögensgegenstände, die ganz oder teilweise auf Lieferungen oder Leistungen zwischen Konzern- und dem assoziierten Unternehmen beruhen, in der Konzernbilanz mit einem Betrag angesetzt, der anzusetzen wäre, wenn die Unternehmen auch ein rechtlich einheitliches Unternehmen darstellen würden. Durch diesen Wertansatz werden die durch die konzerninterne Lieferung oder Leistung entstandenen Ergebnisauswirkungen eliminiert (§ 304, 51 ff).

127 Die Eliminierung von Zwischenergebnissen wird dem Mutterunternehmen nach Abs. 5 S. 3 zur **Pflicht** gemacht, wenn die gesetzlichen Voraussetzungen gegeben sind.

128 Nach Abs. 5 S. 4 ist es zulässig, die Zwischenergebnisse **anteilig** entsprechend den dem Mutterunternehmen gehörenden Anteilen am Kapital des assoziierten Unternehmens wegzulassen.

129 Die Regelungen über die **Zwischenergebniseliminierung** haben ihre Grundlage in der Einheitstheorie. Nach dieser Theorie wird der Konzernabschluß unter der Zielsetzung aufgestellt, die tatsächlichen Verhältnisse des Konzerns so darzustellen, als ob es sich um ein einheitliches Unternehmen handelte. Bei dieser Betrachtung ist es ein Fremdkörper, Ergebnisse, die durch Maßnahmen zwischen den Teileinheiten erzielt werden, anzuerkennen. Soweit sie zwischen den Einheiten erzielt werden, die zu dem Unternehmensverbund gehören, werden sie heraus gerechnet, § 304 Abs. 1.[108] Im Verhältnis zu assoziierten Unternehmen, deren Anteile mit dem anteiligen Eigenkapital bewertet werden, gilt die Einheitstheorie nicht, so daß die Anwendung derselben Grundsätze einen Widerspruch darstellt.[109] Die Unterlassung einer Zwischenergebniseliminierung bei assoziierten Unternehmen, deren anteiliges Eigenkapital und seine Entwicklung infolge der Anteilsbewertung unmittelbar den Konzernerfolg beeinflussen, wäre jedoch ein Verstoß gegen das Realisationsgebot, wenn Ergebnisanteile aus Geschäften, die den um assoziierte Unternehmen erweiterten Konzernkreis noch nicht verlassen haben, bereits als realisiert betrachtet werden.[110] Im Hinblick auf die Ergebniswirkungen bei assoziierten Unternehmen ist es gerechtfertigt, die Zwischenergebnisse auch bei Lieferungen und Leistungen mit assoziierten Unternehmen herauszurechnen.

---

107 Beck BilKomm-*Budde/Raff* 85.

108 Zur grundsätzlichen Kritik ADS 151; HdKR-*Küting/Zündorf* 230.

109 ADS 151.

110 *Bühner/Hille* WPg 1980, 261, 263; *Harms/Küting* BB 1982, 2150, 2159; *Haase* BB 1985, 1702, 1703; *Küting/Zündorf* BB-Beilage 7/1986, 18; *Sahner/Häger* BB 1988, 1780.

2. Herausrechnen der Zwischenergebnisse

a) Voraussetzungen der entsprechenden Anwendung von § 304. Die Regelungsvorgabe aus Art. 33 Abs. 7 i. V. m. Art. 26 Abs. 1c der **7. EG-Richtlinie** sieht vor, daß Gewinne und Verluste aus Geschäften zwischen einbezogenen Unternehmen und assoziierten Unternehmen weggelassen werden. Im deutschen Recht ist diese Regelung als Bewertungsvorschrift umgesetzt worden, die jedoch dazu führt, daß Ergebniseffekte aus solchen Geschäften im Konzernabschluß keinen oder nur anteiligen Niederschlag finden. Nach § 304 Abs. 1 sind Zwischenergebnisse aus in den Konzernabschluß zu übernehmenden Vermögensgegenständen herauszurechnen, indem die Vermögensgegenstände mit den sog. Konzernanschaffungskosten angesetzt werden (dort Rdn. 35 f). Bei entsprechender Anwendung bezieht sich die Regelung auf Lieferungen und Leistungen des assoziierten Unternehmens an Konzernunternehmen (sog. *Aufwärtslieferung*, dazu Rdn. 132), von Konzernunternehmen an das assoziierte Unternehmen (sog. *Abwärtslieferung*, dazu Rdn. 133) und von assoziierten Unternehmen untereinander (sog. *Querlieferung*, dazu Rdn. 136).[111] Nach dem Wortlaut von § 304 Abs. 1 bezieht sich die Zwischenergebniseliminierung auf Vermögensgegenstände, die im Konzernabschluß anzusetzen sind. Bei wörtlicher Anwendung der Regelung auf Geschäftsbeziehungen mit assoziierten Unternehmen wäre die Herausrechnung nur in den Fällen geboten, in denen der Vermögensgegenstand *im Konzernabschluß* anzusetzen wäre. Zur Tragweite dieser Überlegung vgl. unten. 130

Voraussetzung für die Eliminierung ist in allen Fällen, daß die für die Beurteilung maßgeblichen **Sachverhalte bekannt** oder **zugänglich** sind. Diese Voraussetzungen haben für die einzelnen Liefer- und Leistungsbeziehungen unterschiedliche Bedeutung. Im allgemeinen kommt es darauf an, daß die zur Beurteilung erforderlichen Kalkulationsdaten zur Ermittlung z. B. der Konzernanschaffungskosten oder der zum Bilanzstichtag bei dem assoziierten Unternehmen aktivierten Bestände vorliegen.[112] Sind die dafür erforderlichen Daten nicht ermittelbar, kann von der Zwischenergebniseliminierung abgesehen werden. Sind die Angaben nicht vollständig, kann versucht werden, den Zwischenergebnisanteil sachverständig zu schätzen oder durch Pauschalsätze auszugleichen.[113] Sind die benötigten Informationen nicht bekannt oder ermittelbar, ergibt sich aber aus anderen Informationen, daß der Leistungsaustausch zwischen Konzern und assoziiertem Unternehmen von wesentlicher Bedeutung für die Lage des Konzerns ist, sind nach § 297 Abs. 3 S. 3 bis 5 zusätzliche Angaben im Konzernanhang zu machen.[114] 131

b) Behandlung bei Aufwärtslieferungen. Erfolgt eine Lieferung des assoziierten Unternehmens an ein in den Konzernabschluß einbezogenes Unternehmen, und ist der Vermögensgegenstand zum Stichtag des Konzernabschlusses noch im Bestand des konzernangehörigen Unternehmens, ist der Vermögensgegenstand nach § 304 Abs. 1 mit einem Betrag anzusetzen, mit dem er anzusetzen wäre, wenn der Konzern und das assoziierte Unternehmen ein einziges Unternehmen bilden würden. Das bedeutet den Ansatz mit den Anschaffungskosten, mit denen der Vermögensgegenstand bei (konzern-)unternehmensinterner Lieferung oder Leistung an dem Stichtag angesetzt werden könnte.[115] Das Konzernunternehmen benötigt hierzu Informationen über die Anschaffungs- und Herstellungskosten des assoziierten Unternehmens sowie über die aus Sicht des Konzerns aktivierbaren Nebenkosten, die als Obergrenze der Konzern- 132

---

[111] Beck BilKomm-*Budde/Raff* 91.
[112] Beck BilKomm-*Budde/Raff* 94; ADS 165 ff.
[113] ADS 168.
[114] Beck BilKomm-*Budde/Raff* 94.
[115] Beck BilKomm-*Budde/Raff* 95; ADS 155 und 166; WP-Handbuch 2000 I M 482, 485.

anschaffungskosten gelten.[116] Zur Bewertung des Wertansatzes im übrigen § 304, 35 ff. Sind die benötigten Informationen nicht bekannt oder zugänglich, unterbleibt die Eliminierung der Zwischenergebnisse; auf die Bewertung der Beteiligung als assoziiertes Unternehmen im übrigen hat das keinen Einfluß.

133 c) **Behandlung von Abwärtslieferungen.** Das Herausrechnen der Zwischenergebnisse erfolgt nach § 304 Abs. 1 durch die **Bewertung** des in der Konzernbilanz anzusetzenden Vermögensgegenstands mit den Konzernanschaffungskosten. Bei Lieferungen und Leistungen an assoziierte Unternehmen ist die Vorschrift entsprechend anzuwenden. Die Vorgabe der entsprechenden Anwendung verlangt, die anzuwendende Regelung auf die Besonderheiten des regelungsbedürftigen Sachverhalts anzupassen. Die Anpassung muß dem Umstand Rechnung tragen, daß Lieferungen und Leistungen der Konzernunternehmen nicht an ein anderes einbezogenes Unternehmen erfolgen, sondern an ein Unternehmen, das nicht voll konsolidiert wird, sondern dessen Anteile Gegenstand der Bewertung nach dem anteiligen Eigenkapital sind. Befinden sich die aus Lieferungen der Konzernunternehmen an assoziierte Unternehmen stammenden Vermögensgegenstände zum Stichtag des Jahresabschlusses, der der Bewertung des Anteils an dem assoziierten Unternehmen zugrunde liegt noch im Vermögen des assoziierten Unternehmens, sind sie mit dem Betrag anzusetzen, der angesetzt werden könnte, wenn das Unternehmen ein einbezogenes Unternehmen bilden würde. Die Bewertung erfolgt in einer Nebenrechnung für das assoziierte Unternehmen und dient der Ermittlung des Eigenkapitals und seiner Veränderungen im Zeitablauf; als Gegenbuchung wird das bei dem Konzernunternehmen entstandene Zwischenergebnis betroffen. Bei der Ermittlung des anteiligen Eigenkapitals des assoziierten Unternehmens ist das Zwischenergebnis herauszurechnen. Für das Unternehmen bleibt die Eliminierung erfolgsneutral; die Eliminierung wirkt sich indes bei dem liefernden oder leistenden Konzernunternehmen aus, bei dem der Zwischengewinn vollständig oder anteilig das Konzernergebnis beeinflußt.[117] Hierfür ist es wiederum erforderlich, daß die zur Beurteilung notwendigen Sachverhalte bekannt oder zugänglich sind. Aus Sicht des Konzerns sind dies die Anschaffungsnebenkosten des assoziierten Unternehmens sowie die Tatsache, ob der Vermögensgegenstand weiter zum Bestand dieses Unternehmens gehört.

134 Eine in der Literatur vertretene Auffassung steht demgegenüber auf dem Standpunkt, daß Zwischenergebnisse bei **Abwärtslieferungen** nicht heraus zu rechnen seien. Sie begründet dies mit dem Fehlen des Ansatzes eines Vermögensgegenstandes in der Konzernbilanz, der unabdingbare Voraussetzung für die Anwendung von § 304 Abs. 1 sei;[118] Zwischenergebnisse aus Lieferungen und Leistungen an assoziierte Unternehmen werden danach realisiert. Diese Auffassung folgt einem sehr formalen Ansatz, der an die Ansetzbarkeit eines Vermögensgegenstands in der Konzernbilanz anknüpft. Sie setzt sich damit nicht mit der Notwendigkeit der entsprechenden Anwendung auf andere regelungsbedürftige Sachverhalte auseinander. Die entsprechende Anwendung auf den Ansatz von Vermögensgegenständen bei assoziierten Unternehmen ist möglich und verhilft, ebenso wie bei Aufwärtslieferungen zu einer Korrektur der Darstellung der Lage des Konzerns. Mit der begrifflich formalen Argumentation greift die Auffassung demgegenüber zu kurz und ist als unzutreffend abzulehnen.[119] Für eine einschränkende

---

116 Beck BilKomm-*Budde/Raff* 95; ADS 162.

117 Beck BilKomm-*Budde/Raff* 103; Bonner HdR-*Scherrer* 56.

118 So z. B. *Havermann* WPg 1987, 315, 319; *Busse v. Colbe*, ZfbF 1976, 667, 675; *Sahner/Häger* BB 1988, 780, 1783; ADS 156 f; WP-Handbuch 2000 I M 482; diese Auffassung ist nach DRS 8, 30 überholt.

119 Im Ergebnis wie hier *Schäfer* Bilanzierung von Beteiligungen 99; Beck BilKomm-*Budde/Raff* 103; HdKR-*Küting/Zündorf* 217.

Interpretation ergeben sich keine Anhaltspunkte aus dem Gesetz oder der 7. EG-Richtlinie. Insbesondere letztere verwendet eine offene Formulierung, die verlangt, Gewinne und Verluste aus Geschäften zwischen dem Konzern und den assoziierten Unternehmen heraus zu rechnen.[120]

Nach der hier vertretenen Auffassung folgt aus § 312 Abs. 5 S. 3 i. V. m. § 304 Abs. 1 die Verpflichtung, aus allen Geschäften zwischen dem Konzern und assoziierten Unternehmen **Zwischenergebnisse herauszurechnen**. Die entsprechende Anwendung der für einbezogene Unternehmen geltenden Grundsätze auf assoziierte Unternehmen verlangt konsequenterweise die Zwischeneliminierung auch bei Abwärtslieferung. Eine Differenzierung und Ausnahme von sog. Abwärtslieferungen ist nicht erkennbar.[121] **135**

d) Behandlung von Querlieferungen. Zwischenergebnisse können auch bei Lieferungen und Leistungen zwischen zwei assoziierten Unternehmen desselben Konzerns entstehen. Fraglich ist, ob auch diese von der Verpflichtung zur **Herausrechnung** betroffen werden. Nach dem Wortlaut des Gesetzes ist es nicht ausgeschlossen, die entsprechende Anwendung auf mehrere assoziierte Unternehmen zu erstrecken; bei diesen wirkte sich die Eliminierung über den Betrag des anteiligen Eigenkapitals aus. In der Literatur wird die Anwendung von § 304 Abs. 1 auf sog. Querlieferungen weitestgehend abgelehnt. Die Ablehnung wird zum einen auf die formale Argumentation gestützt, Vermögensgegenstände bei assoziierten Unternehmen unterlägen nicht der Bewertung nach § 304 Abs. 1. Ferner wird darauf hingewiesen, daß der maßgebliche Einfluß eines Mutterunternehmens regelmäßig nicht ausreiche, die Geschäftsbeziehungen zwischen zwei assoziierten Unternehmen zu beeinflussen.[122] Es erscheint fraglich, hierauf die Ablehnung der Behandlung von Zwischenergebnissen zwischen assoziierten Unternehmen stützen zu wollen. Die Möglichkeit der Beeinflussung der Geschäftsbeziehungen ist kein relevantes Merkmal für die Zwischenergebniseliminierung; § 304 Abs. 2 und 3 enthalten vielmehr eigenständige Regelungen, bei deren Vorliegen von der Zwischenergebniseliminierung abgesehen werden darf. Im Grundsatz ist vielmehr daran festzuhalten, daß auch bei assoziierten Unternehmen die entsprechende Anwendung von § 304 Abs. 1 in Betracht kommt. Dies gilt vor allem bei Unternehmen, die Tochterunternehmen sind, aber wegen §§ 295 oder 296 nicht in den Konzernabschluß einbezogen wurden und statt dessen mit dem anteiligen Kapital bewertet werden.[123] **136**

Bei Querlieferungen kann sich die Beschaffung der für die Beurteilung maßgeblichen **Informationen** und Daten als schwieriger herausstellen, da für die sachgerechte Ermittlung Daten der Geschäftsbeziehung beider Unternehmen erforderlich sind. Sind diese nicht bekannt oder zugänglich, ist auf die Herausrechnung der Zwischenergebnisse zu verzichten. **137**

e) Herausrechnung der Zwischenergebnisse. aa) Vollständige Eliminierung. Die Eliminierung von Zwischenergebnissen nach Abs. 5 S. 3 erfolgt, wie sich aus dem Gegenschluß zu S. 4 ergibt, im Grundsatz vollständig. S. 4 gewährt das **Wahlrecht**, die Zwischenergebnisse entsprechend dem Anteil des Mutterunternehmens an dem assoziierten Unternehmen wegzulassen. Die vollständige Herausrechnung des Zwischenergebnisses erfolgt bei einer Aufwartslieferung als Korrektur entweder des Wertansat- **138**

---

[120] *Schruff* 7. EG-Richtlinie 297; *Harms/Küting* BB 1983, 1891; *Haase* BB 1985, 1702.

[121] So jetzt auch DRS 8, 30 ff; IDW Stellungnahme, FN 2001, 57, 62; *Schruff* BB 2001, 87 ff.

[122] ADS 154; Beck BilKomm-*Budde/Raff* 107.

[123] HdKR-*Küting/Zündorf* 217: Wahlrecht.

zes für die Beteiligung an dem assoziierten Unternehmen oder des Wertansatzes für die Vorräte, die sich im Bestand des einbezogenen Unternehmens befinden.[124] Die Gegenbuchung erfolgt beim Ergebnisanteil des assoziierten Unternehmens.

139 Die **vollständige Eliminierung** des Zwischenergebnisses führt bei Aufwärtslieferungen zu der bemerkenswerten Folge, daß das herausgerechnete Zwischenergebnis den Ergebnisanteil des Konzernunternehmens in vollem Umfang mindert, obwohl der Ergebnisanteil die Ergebniswirkungen des Geschäfts nur anteilig enthält.[125] Die Verrechnung nach dieser Methodik gelangt zu wenig sachgerechten Ergebnissen.

140 Bei der **Abwärtslieferung** wirkt sich die Minderung des Ansatzes des Vermögensgegenstands bei dem assoziierten Unternehmen als Minderung des Eigenkapitals aus, die im Konzernabschluß entsprechend der Methodik der Anteilsbewertung nur mit dem auf den Konzern entfallenden Anteil zu Buche schlägt. Um zur vollständigen Eliminierung des Zwischenergebnisses zu gelangen, sind weitere Korrekturen auf der Ebene des Mutterunternehmens erforderlich. Soll das durch die Lieferung oder Leistung entstandene Zwischenergebnis vollständig weggelassen werden, bedarf es der Bildung eines Ausgleichspostens. Der Ausgleichsposten ist aufzulösen, wenn der Vermögensgegenstand den Konzern oder das assoziierte Unternehmen verlassen hat.[126]

141 **bb) Anteilige Eliminierung, Abs. 5 S. 4.** Das Gesetz gewährt das **Wahlrecht**, die Zwischenergebnisse anstelle der vollen Eliminierung anteilig entsprechend den dem Mutterunternehmen gehörenden Anteilen am Kapital des assoziierten Unternehmens wegzulassen. Gemessen am Charakter der Equity-Bewertung erscheint die Eliminierung allein nach Maßgabe des Anteils am Kapital des Unternehmens sachgerecht, um die Vermögens- und Ertragsauswirkungen für den Konzern zutreffend wieder zu geben. Bei Aufwärtslieferungen wird das Zwischenergebnis entsprechend dem Anteil des Mutterunternehmens am Kapital weggelassen, wodurch sich der Anteil am Ergebnis des assoziierten Unternehmens entsprechend mindert. Eines Ausgleichspostens bedarf es dann nicht. Bei Abwärtslieferungen erfolgt ebenfalls nur eine anteilige Minderung des Anteilswerts des Unternehmens; die Minderung des Ergebnisses des Mutterunternehmens entspricht dann dem Anteil am Eigenkapital dieses Unternehmens. Ein Ausgleichsposten ist entbehrlich. Bei dieser Behandlung wird der auf den Anteil Dritter an dem assoziierten Unternehmen entfallenden Anteil am Eigenkapital das Ergebnis realisiert.[127]

142 Das Wahlrecht zur anteiligen Eliminierung ist grundsätzlich **frei ausübbar.** In Fällen von Tochterunternehmen, die nicht einbezogen und deren Anteile nach § 312 Abs. 1 bewertet werden, kann sich im Hinblick auf die zutreffende Darstellung der Lage des Konzerns (§ 297 Abs. 2 S. 2) die Notwendigkeit ergeben, Zwischenergebnisse vollständig wegzulassen.[128]

143 **f) Vereinfachungen, Ausnahmen.** Zwischenergebnisse brauchen nur dann weggelassen zu werden, wenn die für die Beurteilung maßgeblichen Sachverhalte bekannt oder zugänglich sind. Die Voraussetzungen wurden unter Rdn. 131 dargestellt.

144 Weitere **Ausnahmen** und Vereinfachungen stehen nach § 304 Abs. 2 und 3 zur Verfügung. Die Eliminierung nach § 304 Abs. 1 braucht nicht vorgenommen zu werden, wenn die Lieferung oder Leistung *zu üblichen Marktbedingungen* vorgenommen

---

[124] HdKR-*Küting/Zündorf* 218; ADS 173.

[125] Beispielsrechnung bei ADS 173.

[126] Zu den Verrechnungstechniken ferner HdKR-*Küting/Zündorf* 218 ff; *Schäfer* Bewertung von Beteiligungen 297; *Haase* BB 1985, 1703 f.

[127] Beck BilKomm-*Budde/Raff* 110.

[128] Hierzu WP-Handbuch 2000 I M 485; Beck BilKomm-*Budde/Raff* 112.

wurde und die Ermittlung des zutreffenden Wertansatzes einen *unverhältnismäßig hohen Aufwand* erfordern würde, § 304 Abs. 2. Diese Vereinfachung gilt auch bei der Behandlung von Unterschiedsbeträgen bei assoziierten Unternehmen.[129] Sie überschneidet sich inhaltlich teilweise mit den in Abs. 5 S. 3 vorgeschriebenen Voraussetzungen für die Anwendung von § 304 Abs. 1;[130] ihr wird deswegen im Rahmen der Bewertung der Beteiligung an assoziierten Unternehmen keine Bedeutung beigemessen. Nach § 304 Abs. 3 gilt eine weitere Ausnahme, sofern die Herausrechnung der Zwischenergebnisse für die Vermittlung eines den *tatsächlichen Verhältnissen entsprechenden Bildes* von der Lage des Konzerns nur von untergeordneter Bedeutung ist. Für die Praxis wird hieraus geschlossen, daß eine Behandlung nach § 304 nur bei erheblichen Auswirkungen in Betracht kommen könne.[131]

Wird von der Ausnahme des § 304 Abs. 2 S. 1 Gebrauch gemacht, ist die Pflicht zur Angabe und gegebenenfalls Erläuterung im **Konzernanhang** nach S. 2 zu beachten. **145**

VII. Maßgeblicher Abschluß des assoziierten Unternehmens, Abs. 6

1. Jahresabschluß, Abs. 6 S. 1

Der Ermittlung der Wertansätze und Unterschiedsbeträge zur Bewertung mit dem anteiligen Eigenkapital ist nach Abs. 6 S. 1 der **letzte Jahresabschluß** des assoziierten Unternehmens zugrunde zu legen. Von Bedeutung ist der Abschluß bei der erstmaligen Bewertung nach § 312 Abs. 1 auf den in Abs. 3 bestimmten Zeitpunkt sowie für die Folgebewertungen zur Ermittlung des Betrags der Veränderung des anteiligen Eigenkapitals. **146**

Aus Abs. 6 S. 1 ergibt sich für die Bewertung von Anteilen an assoziierten Unternehmen insofern eine **Erleichterung**, als es auch bei abweichenden Stichtagen nicht geboten ist, einen Zwischenabschluß für das Unternehmen aufzustellen, wie dies nach § 299 bei Unternehmen, die in den Konzernabschluß einzubeziehen sind, sonst der Fall wäre.[132] Damit wird dem Umstand Rechnung getragen, daß der maßgebliche Einfluß eines Gesellschafterunternehmens i. d. R. nicht ausreichen dürfte, um eine Angleichung von gegebenenfalls unterschiedlichen Abschlußterminen zu erreichen oder die Arbeiten zur Ermittlung der für den Konzernabschluß bedeutsamen Sachverhalte zu beschleunigen. **147**

Die Regelung gilt bei der Bewertung aller Beteiligungen an **assoziierten Unternehmen** des Konzerns. Auch wenn die Beteiligungsquote bei *Tochterunternehmen*, die nach §§ 295, 296 nicht einbezogen werden, ausreicht, um eine Angleichung der Abschlußstichtage zu erreichen und der durch § 294 Abs. 3 vermittelte Einfluß zur Verfügung steht, die maßgeblichen Sachverhalte bei diesen Unternehmen in Erfahrung zu bringen, ändert dies nichts an der durch Abs. 6 S. 1 zugelassenen Erleichterung.[133] **148**

Der Bewertung ist der letzte **Jahresabschluß** zugrunde zu legen. Das Gesetz regelt nicht, welchen inhaltlichen und formalen Anforderungen der Jahresabschluß zu entsprechen hat. Der Begriff des Jahresabschlusses wird im dritten Buch des HGB unabhängig von gesellschaftsrechtlichen Formanforderungen verstanden. Er wird inhaltlich zu Definitionszwecken oder als Bezugsgröße verwendet; der Inhalt des Begriffs **149**

---

[129] H. M. ADS 152; Beck BilKomm-*Budde/Raff* 93; *Biener/Berneke* BiRiLiG 374.
[130] ADS 170; WP-Handbuch 2000 I M 484.
[131] *Biener/Berneke* BiRiLiG 374.
[132] IDW HFA 4/1988 Nr. 9, WPg 1988, 682; Beck BilKomm-*Budde/Raff* 116.
[133] ADS 187; Beck BilKomm-*Budde/Raff* 116.

ist i. d. R. aus dem Normzweck heraus zu definieren. Im Kontext von § 312 dient die Verwendung eines Jahresabschlusses zum einen der Erleichterung, zum anderen soll damit für eine zuverlässige Datenbasis Sorge getragen werden. Jahresabschluß i. S. v. S. 1 kann somit nur der durch die zuständigen Organe des assoziierten Unternehmens aufgestellte und als maßgeblich anerkannte Abschluß verstanden werden. Das ist zweifelsohne bei einem geprüften und festgestellten Jahresabschluß gegeben. Fehlen die Feststellung und/oder die Prüfung, ist fraglich, ob ein solcher Abschluß gleichwohl der Bewertung nach § 312 zugrunde gelegt werden kann. Die Feststellung des Abschlusses wird in der Literatur ohne weitere Begründung für entbehrlich gehalten;[134] auch auf die Prüfung soll verzichtet werden können.[135] Der Gesetzeswortlaut von S. 1 gibt für diese Auslegung zwar keine Anhaltspunkte, doch ist die Auffassung im Hinblick auf die Funktion des Jahresabschlusses bei der Aufstellung des Konzernabschlusses vertretbar. Unabdingbar ist jedoch, daß der Jahresabschluß aufgestellt ist, d. h. von den zuständigen Organen als für sie verbindlich angesehen wird. Demnach kann ein nur vorläufig aufgestellter Jahresabschluß nicht herangezogen werden.[136]

150 Das Gesetz läßt den **Stichtag**, auf den der Jahresabschluß des assoziierten Unternehmens aufgestellt sein soll, ungeregelt. Für eine solche Regelung besteht kein Bedürfnis, da der Jahresabschluß des Unternehmens, anders als für einbezogene Unternehmen nach § 299 Abs. 2 nicht mit dem Stichtag, auf den der Konzernabschluß aufgestellt wird, übereinstimmen muß. Stimmen die Stichtage überein, ist i. d. R. auf den Jahresabschluß des assoziierten Unternehmens abzustellen, der auf den Konzernabschlußstichtag aufgestellt worden ist. Ist dieser Abschluß nicht rechtzeitig verfügbar, muß auf den **Vorjahresabschluß** des Unternehmens abgestellt werden.[137] Weichen die Stichtage von Jahresabschluß und Konzernabschluß ab, ist der letzte aufgestellte Jahresabschluß des assoziierten Unternehmens maßgeblich. Die Aufstellung eines *Zwischenabschlusses* durch das assoziierte Unternehmen ist nicht verlangt; Überleitungsrechnungen sind nicht vorgesehen. Abs. 6 S. 1 ist lex specialis zu § 299, der von der Aufstellung eines Zwischenabschlusses befreit. Ein freiwillig aufgestellter Zwischenabschluß ist für die Bewertung des assoziierten Unternehmens auch dann nicht heranzuziehen, wenn er geprüft worden sein sollte.[138]

151 Wird bei der Bewertung eines Anteils an einem assoziierten Unternehmen zunächst auf einen Jahresabschluß des Vorjahres abgestellt, da aktuellere Angaben nicht zu erlangen sind, und wird zu einem späteren Zeitpunkt auf den Jahresabschluß des laufenden Jahres umgestellt, werden die Veränderungen im Eigenkapital des assoziierten Unternehmens für einen Zeitraum von bis zu 24 Monaten im Konzernabschluß erfaßt. Hierin liegt kein Widerspruch zu § 240 Abs. 2, da nicht die Dauer des Geschäftsjahres, sondern nur der Bezugszeitraum zur Darstellung von Ergebnisauswirkungen den zwölf-Monats-Zeitraum überschreitet. Die Veränderung des anteiligen Eigenkapitals kann in einem Betrag nach Abs. 4 S. 2 ausgewiesen werden.

---

134 IDW HFA 4/1988 Nr. 9, WPg 1988, 682.

135 So ADS 182; a. M. Beck BilKomm-*Budde/Raff* 118.

136 Beck BilKomm-*Budde/Raff* 118; *Maas/Schruff* WPg 1985, 1, 6.

137 WP-Handbuch 2000 I M 492; Beck BilKomm-*Budde/Raff* 118; ADS 183.

138 A. M. IDW HFA 4/1988 Nr. 9, WPg 1988, 682; WP-Handbuch 2000 I M 493; Beck BilKomm-*Budde/Raff* 119; einschränkend ADS 186. Wird hiernach verfahren, ist ein Zwischenabschluß auch für die Folgejahre wegen des Gebots der Methodenstetigkeit aufzustellen.

2. Konzernabschluß

Steht das assoziierte Unternehmen als Mutterunternehmen an der Spitze eines Konzerns und stellt selbst einen Konzernabschluß auf, ist bei der Bewertung von diesem und nicht von dem Jahresabschluß des assoziierten Unternehmens auszugehen, Abs. 6 S. 2. Die Regelung von S. 2 ist **zwingend**; bei Aufstellung eines Konzernabschlusses wird der Jahresabschluß des assoziierten Unternehmens gegenstandslos. Wird ein Konzernabschluß aufgestellt und sind dem Mutterunternehmen die für die Beurteilung der (vielfältigeren) Sachverhalte notwendigen Informationen aber nicht bekannt oder zugänglich, verbleibt es bei der Bewertung auf der Grundlage des Jahresabschlusses, wenn für diesen die Daten verfügbar sind. **152**

Die Maßgeblichkeit des Konzernabschlusses wirft hier die Frage auf, ob nur ein auf Grund **gesetzlicher Vorschriften** geforderter oder auch ein **freiwillig** aufgestellter Konzernabschluß als Grundlage nach S. 2 dienen kann. Der Gesetzeswortlaut enthält hierzu keine Aussage. Die Formulierung ist offen und verlangt nur einen aufgestellten Konzernabschluß; danach wäre gleichgültig, ob es sich um einen auf Grund gesetzlicher Vorschriften angeordneten oder freiwillig aufgestellten Konzernabschluß handelt.[139] Ist das assoziierte Unternehmen zur Aufstellung eines Konzernabschlusses verpflichtet, gilt Abs. 6 S. 2 uneingeschränkt. Liegt nur ein freiwilliger Konzernabschluß vor, ist Abs. 6 S. 2 einschränkend auszulegen und eine Rechtspflicht nur bei Vorliegen weiterer Voraussetzungen anzunehmen. Soll auf der Grundlage eines freiwillig aufgestellten Konzernabschlusses bewertet werden, muß eine hinreichende Sicherheit dafür vorhanden sein, daß das Unternehmen auf denselben Stichtag des Folgejahres erneut einen Konzernabschluß aufstellt. Ist dies nicht gewährleistet, ist im Hinblick auf die Stetigkeit der Bewertung, vom Jahresabschluß auszugehen. **153**

Der **Stichtag** des Konzernabschlusses ist unbeachtlich. Wie bei dem Jahresabschluß kommt es auf den letzten aufgestellten Konzernabschluß an, der von den zuständigen Organen als verbindlich anerkannt worden ist und nach Möglichkeit geprüft sein sollte. **154**

Wird der Konzernabschluß der Bewertung zugrunde gelegt, ergeben sich Folgewirkungen. In entsprechender Anwendung von Abs. 5 S. 1 können außer den Methoden für die Bilanzierung und die Bewertung die **Konsolidierungsmethoden** vereinheitlicht werden. Entsprechend den Überlegungen, die Vereinheitlichung des Bilanzansatzes zuzulassen, ist die entsprechende Anwendung auch für die Konsolidierungsmethoden denkbar. Hierfür sind allerdings weitergehende Kenntnisse über die in dem Konzernabschluß angewendeten Methoden und die zugrunde liegenden Sachverhalte erforderlich. Eine besondere Bedeutung für die Praxis ergibt sich hieraus nicht.[140] In entsprechender Anwendung von Abs. 5 S. 3 ist auch zu prüfen, ob **Zwischenergebnisse** aus Geschäftsvorfällen mit in den Konzernabschluß einbezogenen Unternehmen weggelassen werden müssen. Die nach Sinn und Zweck gebotene Eliminierung muß nur erfolgen, wenn die maßgeblichen Sachverhalte bekannt oder zugänglich sind. **155**

Bei der erstmaligen Bewertung auf der Grundlage eines Konzernabschlusses sind zur Ermittlung der Unterschiedsbeträge nach Abs. 1 und 2 die Sonderposten des Eigenkapitals des assoziierten Konzerns zuzuordnen. Ein **Ausgleichsposten für Anteile anderer Gesellschafter** nach § 307 ist in das zu verrechnende Eigenkapital nicht einzubeziehen. Anteile anderer Gesellschafter an konsolidierten Tochterunternehmen sind dem auf den Anteil an dem assoziierten Unternehmen entfallenden Eigenkapital **156**

[139] Weitergehend ADS 189.

[140] ADS 191.

nicht zuzuordnen, da sie Kapitalanteile repräsentieren, die von dem Mutterunternehmen nicht mit erworben wurden.[141]

157 Ein **passiver Unterschiedsbetrag** ist auf seine Ursachen und Zusammensetzung zu analysieren. Entsprechend der Einschätzung dieses Postens kann bei der erstmaligen Bewertung eine Umgliederung in das Eigenkapital oder zu Verbindlichkeiten erfolgen. Ein sich aus der Kapitalaufrechnung ergebender **aktiver Unterschiedsbetrag** ist den Vermögensgegenständen und Schulden des Konzerns zuzuordnen oder mit ihnen zu verrechnen. Die Ermittlung und Fortführung zugeordneter Beträge erfordert weitgehende Informationen über den Konzernabschluß und dessen Posten. Die praktische Handhabung macht die Vornahme von pauschalierten Annahmen oder von Gruppenbildungen im Einzelfall erforderlich.[142]

VIII. Erwerb und Veräußerung von Anteilen an assoziierten Unternehmen, Statuswechsel

1. Erwerb zusätzlicher Anteile an assoziierten Unternehmen

158 Der Erwerb zusätzlicher Anteile, abgesehen von einer Kapitalerhöhung, Rdn. 100, an dem assoziierten Unternehmen zur Erhöhung der Beteiligung, ohne daß es zu einer Veränderung des Status des assoziierten Unternehmens kommt, führt hinsichtlich der zuerworbenen Anteile zu einer **erneuten Kapitalverrechnung** und der Ermittlung von weiteren Unterschiedsbeträgen i. S. v. Abs. 1 und 2. Der Zuerwerb unterscheidet sich nicht von der erstmaligen Kapitalverrechnung. Die neuen Anteile sind entsprechend der Buchwert- oder der Neubewertungsmethode zu bewerten; von der bei der Erstbewertung angewendeten Methode darf ohne wichtigen Grund nicht abgewichen werden. Die erneute Kapitalverrechnung führt zu weiteren Beträgen, die als stille Reserven den Vermögensgegenständen und Schulden des Unternehmens zugeordnet oder mit ihnen verrechnet werden sowie gegebenenfalls zu einem weiteren Teilbetrag, der als Geschäfts- oder Firmenwert zu behandeln ist. Die dabei ermittelten Beträge sind, da sie i. d. R. eine unterschiedliche Verteilung und Zuordnung zu Vermögensgegenständen und Schulden aufweisen sowie eine unterschiedliche (Rest-) Nutzungsdauer des Geschäfts- oder Firmenwerts haben, getrennt von den bisherigen Unterschiedsbeträgen fortzuentwickeln.[143]

159 Sind die **Auswirkungen** eines Neuerwerbs auf den Unterschiedsbetrag im Einzelfall ausnahmsweise ohne Bedeutung, soll der Unterschiedsbetrag insgesamt als Geschäfts- oder Firmenwert behandelt werden dürfen.[144]

2. Veräußerung von Anteilen an assoziierten Unternehmen; Endkonsolidierung

160 Werden Anteile an dem assoziierten Unternehmen veräußert, wodurch sich die Beteiligungsquote verringert, ohne daß jedoch ein Statuswechsel eintritt, wird das Unternehmen weiterhin nach § 312 bewertet. Der Verkauf führt zu einem **Abgang** in Höhe der veräußerten Beteiligungsquote.[145] Die Veräußerung ist erfolgswirksam zu behandeln. Der Veräußerungserlös wird dem auf den Anteil entfallenden Buchwert und dem gegebenenfalls noch vorhandenen Anteil am Geschäfts- oder Firmenwert gegenüber gestellt; hieraus ergibt sich ein Veräußerungsgewinn oder -verlust. Zur Behandlung

[141] *Fricke* Rechnungslegung 118; WP-Handbuch 2000 I M 497; Beck BilKomm-*Budde/Raff* 120; ADS 192.

[142] WP-Handbuch 2000 I M 497; ADS 194.

[143] ADS 203; HdKR-*Küting/B. Hayn/Zündorf* 138; DRS 8, 35.

[144] HdKR-*Küting/B. Hayn/Zündorf* 144; ADS 205.

[145] ADS 207 f; Kessler BB 1999, 1750, 1756 f.

eines Geschäfts- oder Firmenwerts, der erfolgsneutral mit den Rücklagen des Konzerns verrechnet wurde, § 301, 218.

Die Veräußerung **aller Anteile** an dem assoziierten Unternehmen führt in Höhe des Betrags, um den der Veräußerungserlös den bisherigen Buchwert der Beteiligung zuzüglich eines noch vorhandenen Geschäfts- oder Firmenwerts übersteigt oder unterschreitet, zu einem Veräußerungsgewinn oder -verlust.[146] Zum mit den Rücklagen verrechneten Geschäfts- oder Firmenwert Rdn. 160. 161

3. Anteilsveränderungen verbunden mit einem Statuswechsel

Anteilsveränderungen können einen Wechsel des konzernrechtlichen Status des betrachteten Unternehmens zur Folge haben. Sie können mit oder ohne einem Erwerb oder einer Veräußerung von Anteilen an dem Unternehmen verbunden sein. Statusänderungen ohne Anteilserwerb oder -veräußerung treten ein bei Erlangung oder Verlust der Möglichkeit, z. B. einheitliche Leistung, eine gemeinsame Führung oder einen maßgeblichen Einfluß ausüben zu können. Die hierfür bedeutsamen Umstände können durch Veränderung der gesellschaftsrechtlichen Rahmenbedingungen und unabhängig von einer Veränderung der Anteilsquote eintreten. In Betracht kommt der Übergang von der Bewertung *at equity* zur Voll- oder Quotenkonsolidierung oder von der Voll- oder Quotenkonsolidierung zur Bewertung *at equity* und von dieser zur Bewertung mit Anschaffungskosten. 162

a) Übergang zur Quoten- oder Vollkonsolidierung. Infolge des Übergangs von der Bewertung *at equity* zur Voll- oder Quotenkonsolidierung scheidet der Ansatz der Beteiligung an dem Unternehmen aus dem Konzernabschluß aus; statt dessen werden die Vermögensgegenstände und Schulden des Unternehmens vollständig oder anteilig in den Konzernabschluß übernommen.[147] Zu den Wertverhältnissen des nach § 301 Abs. 2 bestimmten Zeitpunkts findet die erstmalige Verrechnung des Eigenkapitals mit dem Buchwert der Beteiligung statt. Der Übergang zur Voll- oder Quotenkonsolidierung wird erfolgsneutral durchgeführt.[148] Werden anläßlich des Übergangs keine Anteile hinzu erworben, ergibt sich bei Kapitalverrechnung auf einen historischen Stichtag kein abweichender Unterschiedsbetrag. 163

b) Übergang von der Voll- oder Quotenkonsolidierung zur Equity-Bewertung. Werden Anteile veräußert oder wird aus anderen Gründen die Möglichkeit zur Beherrschung nach § 290 oder gemeinsamen Führung eines Unternehmens nach § 310 beeinträchtigt, können die jeweiligen Methoden zur Einbeziehung in den Konzernabschluß nicht weiter angewendet werden. Das Unternehmen ist zu endkonsolidieren; anstelle der Vermögensgegenstände und Schulden wird die Beteiligung an dem Unternehmen angesetzt. Bei Vorliegen der Voraussetzungen ist nach § 312 Abs. 1 und 2 zu bewerten. Zur Endkonsolidierung vgl. § 301, 211 ff. Werden Anteile veräußert, ist die Maßnahme erfolgswirksam, als der auf die veräußerten Anteile entfallende Veräußerungspreis den anteiligen Buchwert der Vermögensgegenstände und Schulden sowie einen noch vorhandenen Geschäfts- oder Firmenwert übersteigt oder unterschreitet. 164

Das Ausscheiden der Vermögensgegenstände und Schulden ist als **Abgang**, der Ansatz der Beteiligung als **Zugang** darzustellen.[149] Soweit keine Anteile veräußert 165

---

[146] ADS 213; HdKR-*Küting/Zündorf* 120 ff; DRS 8, 36.

[147] Zu den Auswirkungen auf die Informationsrechte Beck BilKomm-*Budde/Raff* 57; DRS 8, 33 f.

[148] ADS 206.

[149] ADS 215 f.

werden, erfolgt der Übergang von der Voll- oder Quotenkonsolidierung **erfolgsneutral**. Der Saldo der Buchwerte der angegangenen Aktiva und Passiva entspricht dem anteiligen Eigenkapital des assoziierten Unternehmens.

166 Der **Übergang** zur Bewertung mit dem anteiligen Eigenkapital kann zur Veränderung der Bewertungsmethoden führen, wenn für das Unternehmen nicht entsprechend Abs. 5 S. 1 die einheitlichen Methoden des Konzerns fortgeführt werden. Die Anpassung des anteiligen Eigenkapitals an die veränderte Methodik ist erfolgswirksam vorzunehmen.[150]

167 **c) Übergang von der Bewertung mit dem anteiligen Eigenkapital zu den Anschaffungskosten.** Mindern sich der Umfang der Beteiligung oder die Rechte oder Möglichkeiten zur Einflußnahme, so daß ein maßgeblicher Einfluß nicht mehr ausgeübt werden kann, ist von der Bewertung **at equity** zur Bewertung zu **Anschaffungskosten** überzugehen.[151] Zu den Auswirkungen der Veräußerung von Anteilen Rdn. 161.

168 Werden keine Anteile veräußert, ist der Wertansatz der Beteiligung umzustellen. Hierfür werden mehrere Verfahrensweisen für zulässig gehalten. In Betracht kommt die **erfolgsneutrale** Verrechnung eines Unterschiedsbetrags zwischen dem Equity-Ansatz im Konzernabschluß und dem Ansatz zu Anschaffungskosten in der Bilanz des Jahresabschlusses mit den Rücklagen des Konzerns.[152]

169 In Abweichung dazu wird auch die **erfolgswirksame** Anpassung für zulässig angesehen. Der Unterschiedsbetrag zwischen den nach den beiden Methoden bewerteten Ansätzen wird als Abschreibung auf Finanzanlagen oder als Zuschreibung (sonstige betriebliche Erträge) behandelt.[153] Eine eindeutige Präferenz für die eine oder andere Methode ist nicht zu erkennen.

170 Eine weitere Methode herrscht in den **internationalen Grundsätzen** der Rechnungslegung vor. Nach APB 18 Abs. 19.1 sowie nach IAS 28 Tz. 11 wird die Fortführung des bisherigen, auf der Grundlage des anteiligen Eigenkapitals ermittelten Wertansatzes als Betrag der Anschaffungskosten der Beteiligung nach dem Statuswechsel zugelassen.[154] Da ein auf Rechtserwerb gerichteter Vorgang nicht erfolgt, ist diese Methodik wirtschaftlich und bilanziell überzeugend. Für die Anwendung nach deutschen GoB ist indes zu beachten, daß der Betrag der Anschaffungskosten der Beteiligung nicht überschritten wird.[155] Kann der Betrag, mit dem der Anteil nach der Equity-Methode zuletzt bewertet wurde, nicht als Betrag der fortgeschriebenen Anschaffungskosten verstanden werden, was vertretbar erscheint, kommt die Anwendung dieser Methode im Konzernabschluß nach HGB nur bei einem die Anschaffungskosten nicht erreichenden Equity-Ansatz in Betracht.

IX. Sanktionen

171 Verstöße gegen § 312 unterliegen den allgemeinen Sanktionen bei Zuwiderhandlungen gegen Vorschriften über den Konzernabschluß.[156] Verstöße gegen die zwingenden Regelungen des § 312 sind nach § 334 Abs. 1 Nr. 2e mit **Bußgeld** bedroht (gleichlautende Regelung in § 20 Abs. 1 Nr. 2e PublG).

---

150 ADS 218.
151 Beck BilKomm-*Budde/Raff* 58; ADS 210 f.
152 WP-Handbuch 2000 I M 505; Beck BilKomm-*Budde/Raff* 58; ADS 211.
153 HdKR-*Küting/Zündorf* 164 f mit Rechenbeispiel.
154 *Born* Rechnungslegung International 407; ADS 212; HdKR-*Küting/Zündorf* 167.
155 HdKR-*Küting/Zündorf* 167.
156 Beck BilKomm-*Budde/Raff* 125.

Achter Titel
Konzernanhang

§ 313

Erläuterung der Konzernbilanz und der Konzern-Gewinn- und Verlustrechnung. Angaben zum Beteiligungsbesitz

(1) In den Konzernanhang sind diejenigen Angaben aufzunehmen, die zu einzelnen Posten der Konzernbilanz oder der Konzern-Gewinn- und Verlustrechnung vorgeschrieben oder die im Konzernanhang zu machen sind, weil sie in Ausübung eines Wahlrechts nicht in die Konzernbilanz oder in die Konzern-Gewinn- und Verlustrechnung aufgenommen wurden. Im Konzernanhang müssen

1. die auf die Posten der Konzernbilanz und der Konzern-Gewinn- und Verlustrechnung angewandten Bilanzierungs- und Bewertungsmethoden angegeben werden;
2. die Grundlagen für die Umrechnung in Euro angegeben werden, sofern der Konzernabschluß Posten enthält, denen Beträge zugrunde liegen, die auf fremde Währung lauten oder ursprünglich auf fremde Währung lauteten;
3. Abweichungen von den Bilanzierungs-, Bewertungs- und Konsolidierungsmethoden angegeben und begründet werden; deren Einfluß auf die Vermögens-, Finanz- und Ertragslage des Konzerns ist gesondert darzustellen.

(2) Im Konzernanhang ist außerdem anzugeben:

1. Name und Sitz der in den Konzernabschluß einbezogenen Unternehmen, der Anteil am Kapital der Tochterunternehmen, der dem Mutterunternehmen und den in den Konzernabschluß einbezogenen Tochterunternehmen gehört oder von einer für Rechnung dieser Unternehmen handelnden Person gehalten wird, sowie der zur Einbeziehung in den Konzernabschluß verpflichtende Sachverhalt, sofern die Einbeziehung nicht auf einer der Kapitalbeteiligung entsprechenden Mehrheit der Stimmrechte beruht. Diese Angaben sind auch für Tochterunternehmen zu machen, die nach den §§ 295, 296 nicht einbezogen worden sind;
2. Name und Sitz der assoziierten Unternehmen, der Anteil am Kapital der assoziierten Unternehmen, der dem Mutterunternehmen und den in den Konzernabschluß einbezogenen Tochterunternehmen gehört oder von einer für Rechnung dieser Unternehmen handelnden Person gehalten wird. Die Anwendung des § 311 Abs. 2 ist jeweils anzugeben und zu begründen;
3. Name und Sitz der Unternehmen, die nach § 310 nur anteilmäßig in den Konzernabschluß einbezogen worden sind, der Tatbestand, aus dem sich die Anwendung dieser Vorschrift ergibt, sowie der Anteil am Kapital dieser Unternehmen, der dem Mutterunternehmen und den in den Konzernabschluß einbezogenen Tochterunternehmen gehört oder von einer für Rechnung dieser Unternehmen handelnden Person gehalten wird;
4. Name und Sitz anderer als der unter den Nummern 1 bis 3 bezeichneten Unternehmen, bei denen das Mutterunternehmen, ein Tochterunternehmen oder eine für Rechnung eines dieser Unternehmen handelnde Person mindestens den fünften Teil der Anteile besitzt, unter Angabe des Anteils am Kapital sowie der Höhe des Eigenkapitals und des Ergebnisses des letzten Geschäftsjahres, für das ein Abschluß aufgestellt worden ist. Ferner sind anzugeben alle Beteiligun-

gen an großen Kapitalgesellschaften, die andere als die in Nummer 1 bis 3 bezeichneten Unternehmen sind, wenn sie von einem börsennotierten Mutterunternehmen, einem börsennotierten Tochterunternehmen oder einer für Rechnung dieser Unternehmen handelnden Person gehalten werden und fünf vom Hundert der Stimmrechte überschreiten. Diese Angaben brauchen nicht gemacht zu werden, wenn sie für die Vermittlung eines den tatsächlichen Verhältnissen entsprechenden Bildes der Vermögens-, Finanz- und Ertragslage des Konzerns von untergeordneter Bedeutung sind. Das Eigenkapital und das Ergebnis brauchen nicht angegeben zu werden, wenn das in Anteilsbesitz stehende Unternehmen seinen Jahresabschluß nicht offenzulegen hat und das Mutterunternehmen, das Tochterunternehmen oder die Person weniger als die Hälfte der Anteile an diesem Unternehmen besitzt.

(3) Die in Absatz 2 verlangten Angaben brauchen insoweit nicht gemacht zu werden, als nach vernünftiger kaufmännischer Beurteilung damit gerechnet werden muß, daß durch die Angaben dem Mutterunternehmen, einem Tochterunternehmen oder einem anderen in Absatz 2 bezeichneten Unternehmen erhebliche Nachteile entstehen können. Die Anwendung der Ausnahmeregelung ist im Konzernanhang anzugeben.

(4) Die in Absatz 2 verlangten Angaben dürfen statt im Anhang auch in einer Aufstellung des Anteilsbesitzes gesondert gemacht werden. Die Aufstellung ist Bestandteil des Anhangs. Auf die besondere Aufstellung des Anteilsbesitzes und den Ort ihrer Hinterlegung ist im Anhang hinzuweisen.

Übersicht

Schrifttum

(vgl. auch die Angaben bei §§ 297 und 301) *Baetge/Herrmann* Probleme der Endkonsolidierung im Konzernabschluß, WPg 1995, 225; *Biener* Die Konzernrechnungslegung nach der Siebenten Richtlinie des Rates der Europäischen Gemeinschaften über den Konzernabschluß, DB 1983 Beil. 19; *Breker/Gebhardt/Pape* Das Fair-Value-Projekt für Finanzinstrumente, WPg 2000, 729; *Busse v. Colbe* Eigenkapitalveränderungsrechnung nach E-DRS 7, BB 2000, 2405; *Deutscher Standardisierungsrat* (DSR) Deutscher Rechnungslegungs Standard Nr. 7 (DRS 7), Darstellung des Konzerneigenkapitals; BAnz 79 v. 26.4.2001, Beilage 7937; *ders.* Deutscher Rechnungslegungs Standard Nr. 4 (DRS 4), Unternehmenserwerbe im Konzernabschluß, BAnz 245 v. 30.12.2000, 24070; *ders.* Deutscher Rechnungslegungs Standard E-DRS 16, Aufstellung des Konzernabschlusses und Konsolidierungskreis (Stand 21. Dezember 2001); *Dusemond* Die Abgrenzung des Konsolidierungskreises im engeren und weiteren Sinne, DB 1994, 1733; *Ernst/Seibert/Stuckert* KonTraG, KapAEG, StückAG, EuroEG (1998); *Findeisen/Roß* Wirtschaftliche Zurechnung und Anhangangabe bei Asset-Backed Securities, DB 1999, 1077; *Fülbier* Entwurf eines DRS 4 zur Bilanzierung von Unternehmenserwerben im Konzernabschluß, DB 2000, 1345; *Gebhardt* Empfehlungen zur Gestaltung informativer Kapitalflußrechnungen nach internationalen Grundsätzen, BB 1999, 1314; *Harms/Küting* Der Konzernanhang nach künftigem Recht, BB 1984, 1980; *Havermann* Offene Fragen zum Konzernabschluß, in IDW, Bericht über die Fachtagung des IDW (1986) 43; *Holzer/Häusler* Die moderne Kapitalflußrechnung und die internationale Konzernrechnungslegung, WPg 1989, 221; *Hopt* Vertrags- und Formularbuch zum Handels-, Gesellschafts-, Bank- und Transportrecht, 2. Aufl. (2000); *IDW* HFA 1/1994, Zur Behandlung von Genußrechten im Jahresabschluß von Kapitalgesellschaften, WPg 1994, 419 und 1998, 891; *dies.* 3/1988, Einheitliche Bewertung im Konzernabschluß, WPg 1988, 482; *dies.* HFA-E Zur Währungsumrechnung im Konzernabschluß, WPg 1998, 549; *dies.* Entwurf IDW Stellungnahme zur Rechnungslegung: Bilanzierung von Kreditderivaten (IDW ERS BFA1), WPg 2000, 721; *Löcke* Der Materiality-Grundsatz bei Jahres- und Konzernabschlüssen nach International Accounting Standards, BB 1999, 307; *Mansch/Stolberg/v. Wysocki* Die Kapitalflußrechnung als Ergänzung des Jahres- und Konzernabschlusses, WPg 1995, 185; *Niehus* Freiwillige, nicht GoB-konforme Angaben im Anhang und Bestätigungsvermerk des Abschlußprüfers, WPg 1988, 93; *Pawelzik/Theile* Konzernrechnungslegungspflicht und Ausweis der Anteile anderer Gesellschafter im Konzernabschluß der GmbH und Co. KG, DStR 2000, 2145; *Scharpf* Bilanzierung von Finanzinstrumenten nach dem Vorschlag der EG-Kommission, DB 2000, 629; *Selchert/Karsten* Inhalt und Gliederung des Konzernanhangs, BB 1986; 1258; *Strobel* die Neuerungen des KapCoRiLiG für den Einzel- und Konzernabschluß, DB 2000, 53; *Wehrheim* Angaben zum Anteilsbesitz im Einzel- und Konzernanhang, BB 1995, 454; *Wollmert/Oser* Befreiender internationaler Konzernabschluß (§ 292a HGB), DB 2000, 729; *Zander* Bilanzierung derivativer Finanzinstrumente nach US-GAAP, DB 2000, 985.

I. Normzweck und Grundlagen

1. Regelungsgegenstand und Zweck

1 Der Konzernabschluß besteht aus der Konzernbilanz, der Konzern-Gewinn- und Verlustrechnung und zusätzlich aus dem Konzernanhang, § 297 Abs. 1, die insgesamt eine Einheit bilden. Ein handelsrechtlicher Konzernabschluß ohne diese Teilelemente ist nicht denkbar. In den Konzernanhang sind nach Abs. 1 diejenigen Angaben aufzunehmen, die zu den Posten der Konzernbilanz oder der Konzern-Gewinn- und Verlustrechnung vorgeschrieben sind oder im Konzernanhang angegeben werden dürfen, weil sie in Ausübung des gesetzlichen Wahlrechts nicht in die Konzernbilanz oder die Konzern-Gewinn- und Verlustrechnung aufgenommen wurden (Rdn. 58). Zum Inhalt des Konzernanhangs gehören diejenigen sonstigen Angaben, die, ohne eine Erläuterung der Konzernbilanz und der Konzern-Gewinn- und Verlustrechnung darzustellen, zusätzlich zu machen sind, wie z. B. die Angaben nach §§ 313 Abs. 2, 314. **Regelungsgegenstand** von § 313 sind Angaben, die pflichtgemäß oder in Ausübung eines Wahlrechts aufzunehmen sind. Als integrierter, wesentlicher Teil des Konzernabschlusses unterliegt der Konzernanhang einem dichten Regelwerk notwendiger oder fakultativer, die Konzernbilanz oder Konzern-Gewinn- und Verlustrechnung entlastender und ergänzender Angaben. Die Vergleichbarkeit der Konzernabschlüsse erfordert die Einhaltung nahezu standardisierter Angaben mit Hinweisen auf die im Konzernabschluß angewandten Konsolidierungs-, Bilanzierungs- und Bewertungsmethoden.

2 Als notwendiger Bestandteil des Konzernabschlusses unterliegt der Konzernanhang in vollem Umfang der **Abschlußprüfung** (§ 316 Abs. 2) sowie der Pflicht zur **Offenlegung**, § 325 Abs. 3. Im Rahmen der durch den Konzernabschluß insgesamt zu erfüllenden Informationsfunktion kommt dem Konzernanhang die Aufgabe der Erläuterung des Rechenwerks in Konzernbilanz und Konzern-Gewinn- und Verlustrechnung sowie der Entlastung dieser beiden Teile des Konzernabschlusses zu.

3 Abs. 1 Satz 2 sowie Abs. 2 enthalten Pflichtangaben. Abs. 1 Satz 2 entspricht im wesentlichen den Regelungen von § 284 Abs. 2, jedoch ergänzt um konzernspezifische Besonderheiten. **Abs. 2** verpflichtet zu Angaben über die im Konzernabschluß zusammengeschlossenen Unternehmen, aufgeteilt in Tochterunternehmen, anteilmäßig einbezogene oder assoziierte Unternehmen sowie Unternehmen, mit denen ein Beteiligungsverhältnis besteht. **Abs. 3** enthält Erleichterungsvorschriften zur Unterlassung von Angaben nach Abs. 2 im Falle drohender erheblicher Nachteile. **Abs. 4** räumt das Wahlrecht zur Aufstellung einer Liste des Anteilsbesitzes ein.

4 Die Regelungen des § 313 für den Konzernanhang sind **nicht abschließend**. Die Vorschrift faßt in Abs. 1 S. 1 die sich aus anderen Normen ergebenden Angabepflichten und Angabemöglichkeiten deklaratorisch zusammen. Zu den weiteren Rechtsgrundlagen Rdn. 57. Die weiteren Regelungen in Abs. 1 S. 2 sowie in den folgenden Absätzen beinhalten i. V. m. § 314 die wesentlichen Kernangaben des Konzernanhangs.

5 In einzelnen Regelungen wird verlangt, im Konzernanhang auch dann Angaben vorzunehmen, wenn nach den gesetzlichen Vorschriften ein **Konzernabschluß** und damit ein Konzernanhang **nicht aufzustellen** ist. Dies ergibt sich aus § 291 Abs. 2 Nr. 3, § 2 Abs. 1 Nr. 4 KonBefrV, der bei Vorliegen aller Befreiungsvoraussetzungen zur Angabe des Namens und Sitzes des Mutterunternehmens verpflichtet, das den befreienden Konzernabschluß aufstellt. Hat das Mutterunternehmen nur ein weiteres Tochterunternehmen, das nach §§ 295, 296 nicht in einen Konzernabschluß einbezo-

gen zu werden braucht, sind die aus diesem Anlaß erforderlichen Angaben nach §§ 295 Abs. 3 Satz 1, 296 Abs. 3 i. V. m. § 313 Abs. 2 Nr. 1 Satz 2 im Anhang des Mutterunternehmens zu geben.[1]

2. Entstehung

Die Vorschriften über den Konzernanhang gehen zurück auf Art. 16 Abs. 1 und 34 der 7. EG-Richtlinie, der für den konsolidierten Abschluß die Erstellung eines Anhangs vorschreibt. Grundlage für die durch das BiRiLiG umgesetzten Regelungen des § 313 sind für 6

§ 313 Abs. 1 S. 1	Art. 34 S. 1
§ 313 Abs. 1 S. 2 Nr. 1	Art. 34 Nr. 1
§ 313 Abs. 1 S. 2 Nr. 2	Art. 34 Nr. 1
§ 313 Abs. 1 S. 2 Nr. 3	Art. 25 Abs. 2
§ 313 Abs. 2 Nr. 1	Art. 34 Nr. 2a, b
§ 313 Abs. 2 Nr. 2	Art. 34 Nr. 3a, b
§ 313 Abs. 2 Nr. 3	Art. 34 Nr. 4
§ 313 Abs. 2 Nr. 4	Art. 34 Nr. 5 i. V. m. Art. 35 Abs. 1b
§ 313 Abs. 4	Art. 34 Nr. 2–5 i. V. m. Art. 35 Abs. 1a.

Mit dem Konzernanhang wurde der aktienrechtliche **Konzerngeschäftsbericht** ersetzt, der u. a. Erläuterungen des Konzernabschlusses enthielt und die AG dazu verpflichtete, Angaben zum Geschäftsverlauf und zur Lage des Konzerns zu machen. Die letztgenannten Angabepflichten sind Bestandteil des Konzernlageberichts; vgl. dazu Erl. zu § 315. Die übrigen Angaben im Konzernanhang sind mit denen des früheren Konzerngeschäftsberichts nur eingeschränkt zu vergleichen. Zwar enthielt der Konzerngeschäftsbericht Erläuterungen der wesentlichen Abschlußposten; die Angaben des Konzernanhangs sind mit der eindeutigen Vorgabe von Angaben indes zielgerichteter auf die Vermittlung des den tatsächlichen Verhältnissen entsprechenden Bildes der Vermögens-, Finanz- und Ertragslage des Konzerns bezogen. 7

§ 313 wurde in Abs. 1 Satz 2 durch das **EuroEG** vom 9. Juni 1998 (BGBl. I S. 1242 ff) geändert. Durch die Regelungen des Art. 4 § 1 Nr. 2 waren in Abs. 1 Satz 2 Nr. 2 die Wörter „Deutsche Mark" durch das Wort „Euro" zu ersetzen. Infolge der Änderung von § 244 sind in einem Konzernabschluß, der für ein nach dem 31. Dezember 1998 endendes Geschäftsjahr aufgestellt wird, die Angaben über die Grundlagen für die Umrechnung von Posten, die auf fremde Währung lauten, zukünftig in Euro zu machen. Nach der Übergangsregelung des Art. 42 Abs. 1 Satz 2 EGHGB ist es gestattet, von der Anwendung dieser Regelung abzusehen und für einen Konzernabschluß für ein spätestens in 2001 endendes Geschäftsjahr die Angaben in Deutscher Mark zu machen.[2] § 313 Abs. 2 Nr. 4 S. 2 wurde durch Art. 1 Nr. 1 des Kapitalgesellschaften- und Co-Richtliniengesetzes (**KapCoRiLiG** v. 24. 2. 2000)[3] eingefügt. Nach Art. 48 Abs. 1 S. 2 EGHGB ist die Regelung erstmals auf Konzernabschlüsse für das nach dem 31. Dezember 1998 beginnende Geschäftsjahr anzuwenden. Die Regelung verpflichtet börsennotierte Unternehmen zu zusätzlichen Angaben. Durch das Euro-Bilanzgesetz (**EuroBilG** v. 10. 12. 2001) wurde eine Korrektur in Abs. 2 Nr. 4 Satz 2 vorgenommen.[3a] 8

---

[1] Beck BilKomm-*Ellrott* 6; ADS 103; WP-Handbuch 2000 I M 681.

[2] *Ernst/Seibert/Stuckert* KonTraG, KapAEG, StückAG, EuroEG, 312 f.

[3] BGBl I 2000, 154.

[3a] BGBl I 2001, 3414.

3. Normadressaten

9 Zur Erstellung eines Konzernanhangs nach § 313 ist jedes Mutterunternehmen verpflichtet, das einen Konzernabschluß aufzustellen hat. Das gilt für alle Unternehmen, die nach den Vorschriften des **HGB** zur Konzernrechnungslegung verpflichtet sind, vgl. i. E. §§ 290 ff, wie Kapitalgesellschaften und bestimmte Personenhandelsgesellschaften (§ 290 Abs. 1), auf die die Vorschriften des Zweiten Abschnitts des Dritten Buchs des HGB anwendbar sind. Genossenschaften, auf die zwar die für Kapitalgesellschaften geltenden Vorschriften über den Jahresabschluß und Lagebericht anzuwenden sind, brauchen nach HGB keinen Konzernabschluß aufzustellen. Zur Aufstellung verpflichtet ist das Organ, welches die externe Rechnungslegung der Gesellschaft zu verantworten hat. Das ist bei der GmbH die Geschäftsführung (§ 37 GmbHG), bei der AG der Vorstand (§ 91 AktG).

10 Ohne Bedeutung ist dabei, ob der Konzernabschluß durch ein sog. **„oberstes"** Mutterunternehmen oder ein Mutterunternehmen auf nachgeordneter Ebene aufgestellt wird. Auch ein Konzernabschluß eines Mutterunternehmens, welches zugleich Tochterunternehmen eines anderen Mutterunternehmens ist, hat nach § 297 Abs. 1 einen Konzernanhang zu enthalten. Der Konzernanhang bezieht sich dann auf den beschränkten Konsolidierungskreis; die Verpflichtung zur Aufstellung eines Konzernabschlusses – und damit eines Konzernanhangs – ist durch die Befreiungsregelungen der §§ 291, 292 i. V. m. KonBefrV eingeschränkt.

11 Im Rahmen der Konzernrechnungslegung bestehen **keine größenabhängigen** Erleichterungen bei Aufstellung und Offenlegung. § 293 befreit sog. kleine Konzerne vollständig von der Verpflichtung, einen Konzernabschluß aufzustellen (vgl. Erl. zu § 293). Jenseits der dort festgelegten Größenordnungen (Bilanzsummen < Euro 16 500 000,–, konsolidiert < Euro 13 750 000,–; Umsatz < Euro 33 000 000,–, konsolidiert < Euro 27 500 000,–; insgesamt weniger als 500 Arbeitnehmer) haben Mutterunternehmen den Konzernabschluß stets nach denselben Vorschriften aufzustellen.

12 Unternehmen, die zur Rechnungslegung nach den Vorschriften des **PublG** verpflichtet sind, haben nach § 11 PublG ebenfalls einen Konzernabschluß aufzustellen. Dazu gehören die in § 3 PublG aufgelisteten Unternehmen (z. B. Personenhandelsgesellschaften, die nicht nach HGB Rechnung legen und Einzelkaufleute, rechtsfähige Stiftungen des bürgerlichen Rechts u. a. m.), die die in § 11 Abs. 1 PublG geregelten Größenmerkmale übersteigen (Bilanzsumme > Euro 65 000 000,–, Umsatz > Euro 130 000 000,–, mehr als 5 000 Arbeitnehmer) und alle Rechtsträger, die Unternehmenseigenschaft aufweisen und nicht bereits nach anderen Vorschriften zur Konzernrechnungslegung verpflichtet sind.[4] Zu diesen Unternehmen gehören auch Genossenschaften, die nach HGB keinen Konzernabschluß aufzustellen haben. In den Konzernabschluß des Unternehmens, das an der Spitze dieses Konzerns steht, sind nach § 11 Abs. 1 PublG diejenigen Unternehmen einzubeziehen, die unter der einheitlichen Leitung[5] des Mutterunternehmens stehen. Zur Aufstellung des Konzernabschlusses sind nur Unternehmen mit Sitz im Inland verpflichtet. Die Regelungen des PublG sind insoweit durch die Veränderungen, die die Konzernrechnungslegung infolge der 7. EG-Richtlinie erfahren hat, unberührt geblieben. Eine Angleichung der Vorschriften erfolgte indessen bei den Vorschriften über die Aufstellung des Konzernabschlusses und Konzernlageberichts, § 13 PublG. Auch der Konzernabschluß eines nach PublG konzernrechnungslegungspflichtigen Unternehmens muß einen Konzernan-

---

[4] ADS § 11 PublG, 3.

[5] § 18 Abs. 1 AktG.

hang enthalten, vgl. § 13 Abs. 2 S. 1 PublG, auf den §§ 313 und 314 anzuwenden sind. Ausnahmen gelten für alle Unternehmen, die bei der Aufstellung des Konzernanhangs die Angaben nach § 314 Nr. 5, 6 nicht zu machen brauchen. Eine Befreiung von der Verpflichtung, einen Konzernanhang zu erstellen, besteht für Personenhandelsgesellschaften und Einzelkaufleute anders als in § 5 Abs. 2 S. 1 PublG nicht. Nach § 13 Abs. 3 S. 2 i.V.m. § 5 Abs. 4, 5 PublG könne diese für ihren Konzernabschluß gewisse Erleichterungen in Anspruch nehmen.[6]

Unternehmen bestimmter Branchen haben bei der Aufstellung des Konzernanhangs **Sondervorschriften** zu beachten. Dies gilt zunächst für *Kreditinstitute*. Nach den für diese geltenden Vorschriften braucht der Konzernanhang die Angaben nach § 314 Abs. 1 Nr. 1, 3 und 6 c nicht zu enthalten.[7] Ist ein *Versicherungsunternehmen* zur Aufstellung eines Konzernabschlusses verpflichtet, braucht es in seinen Konzernanhang die Angaben nach § 314 Abs. 1 Nr. 3 nicht aufzunehmen.[8] Ferner brauchen die Angaben über die „Sonstigen finanziellen Verpflichtungen" die im Versicherungsgeschäft entstehenden Verpflichtungen nicht zu enthalten.[9] 13

II. Grundlagen für den Konzernanhang

1. Funktion des Konzernanhangs

Der Konzernanhang ist Teil des Konzernabschlusses (§ 297, 15) und dient mit seinen Erläuterungen der Zielsetzung des Konzernabschlusses, ein den tatsächlichen Verhältnissen entsprechendes Bild der Vermögens-, Finanz- und Ertragslage des Konzerns aufzuzeigen. Das durch § 297 Abs. 2 S. 2 verlangte Bild kann erst durch die verbalen Erläuterungen des Konzernanhangs hergestellt werden. Der Konzernanhang übernimmt einen wichtigen Teil der **Informationsfunktion** des Konzernabschlusses. Der Konzernanhang soll diejenigen Informationsdefizite ausgleichen, die sich durch die zahlenmäßigen Darstellungen in der Konzernbilanz und der Konzern-Gewinn- und Verlustrechnung ergeben, die sich nach den Grundsätzen ordnungsmäßiger Buchführung ergeben. Die durch das geltende Bilanzrecht eingeräumten Bilanzierungs- und Bewertungswahlrechte, die im Konzern durch die Gestaltungsmöglichkeiten der Konsolidierung noch erweitert werden, werden für den Bilanzleser erst aufgrund der ergänzenden verbalen Angaben im Konzernanhang nachvollziehbar. Erst diese Angaben ermöglichen die externe Vergleichbarkeit von Konzernabschlüssen. 14

Die **Informationspflichten** bestehen in erster Linie gegenüber dem *Aufsichtsrat* und den *Gesellschaftern* des den Konzernabschluß aufstellenden Unternehmens. Bei einer AG ist der Vorstand verpflichtet, den Konzernabschluß dem Aufsichtsrat vorzulegen; zusammen mit dem Bericht des Aufsichtsrats ist der Konzernabschluß der Hauptversammlung zur Kenntnis zu bringen, § 337 Abs. 2 AktG. Der Konzernabschluß ist nicht Gegenstand einer Feststellung, er stellt indes eine wichtige Informationsquelle der Gesellschafter bei der Entgegennahme des Jahresabschlusses des Mutterunternehmens und der Entscheidung über die Gewinnverwendung dar. Für GmbH gelten nach § 42a Abs. 4 i.V.m. 1 GmbHG sowie § 52 Abs. 1 GmbHG i.V.m. § 337 AktG für Gesellschafterversammlung und Aufsichtsrat entsprechende Regelungen. 15

---

6 WP-Handbuch 2000 I M 664.

7 § 340i Abs. 2 S. 2; andererseits sind Angaben z. B. zu derivativen Finanzinstrumenten in Diskussion, vgl. IDW ERS BFA 1, WPg 2000, 721; *Scharpf* DB 2000, 629, 633; *Zander* DB 2000, 985, 989; *Breker/Gebhardt/Pape* WPg 2000, 729, 735.

8 § 341j Abs. 1 S. 2.

9 §§ 341j Abs. 1 S. 2, 3 i.V.m. § 314 Abs. 1 Nr. 2.

Das Interesse an den Informationen über die Lage des Konzerns und der einbezogenen Unternehmen reicht über diese Gruppen hinaus. Zu den am Konzernabschluß interessierten Gruppen gehören auch die *Arbeitnehmer*, die gegenwärtigen oder zukünftigen Gläubiger, der *Fiskus* und die Träger der Sozialversicherungen sowie die sonstige *Öffentlichkeit*.

16 Zur Befriedigung dieser Informationsbedürfnisse schreibt § 313 unter Bezugnahme auf die in den **Einzelvorschriften** des HGB über die Aufstellung von Konzernbilanz und Konzern-Gewinn- und Verlustrechnung und die in rechtsformbezogenen Sondervorschriften enthaltenen Erläuterungspflichten Angaben über die Methoden der Konsolidierung, Bilanzierung und Bewertung sowie bei Veränderungen der gewählten Verfahrensweisen vor. Dazu gehören auch Angaben über die in den Konzernabschluß einbezogenen Unternehmen einschließlich der Erläuterung von Veränderungen des Konsolidierungskreises, § 294 Abs. 2; ferner sind die assoziierten und nach Quoten einbezogenen Unternehmen zu benennen sowie diejenigen, die nicht in den Konzernabschluß einbezogen wurden. Diese Angaben werden ergänzt durch die Pflichtangaben des § 314. Darüber hinaus sind ergänzende Angaben zu machen, wenn der Konzernabschluß das geforderte, den tatsächlichen Verhältnissen entsprechende Bild von der Vermögens-, Finanz- und Ertragslage nicht vermitteln kann, § 297 Abs. 2 S. 2.

17 Die **Entlastungsfunktion** des Konzernanhangs folgt aus der Verlagerung von Informationen und Angaben, die im Konzernabschluß gegeben werden müssen, in den Konzernanhang, soweit sie in Ausübung von Wahlrechten statt in der Konzernbilanz oder der Konzern-Gewinn- und Verlustrechnung dort gemacht werden dürfen. Dieses Wahlrecht dient dem Ziel einer klaren und übersichtlichen Darstellung, indem Konzernbilanz und Konzern-Gewinn- und Verlustrechnung von bestimmten Einzelangaben entlastet werden. Dies betrifft z. B. sonst in der Konzernbilanz oder -Gewinn- und Verlustrechnung vorzunehmende Aufgliederungen und die Angabe von „davon"-Vermerken. Durch die Angabe im Konzernanhang gehen wegen der Gleichrangigkeit der Konzernabschlußbestandteile keine Informationen verloren.[10]

18 Von weitergehender Bedeutung ist die **Erläuterungsfunktion**. Es ist die wesentliche Aufgabe des Konzernanhangs, Angaben zu machen, die zum Verständnis der anderen Teile des Konzernabschlusses beitragen und damit insgesamt ein den tatsächlichen Verhältnissen entsprechendes Bild von der Lage des Konzerns vermitteln.[11] Zur Erfüllung dieser Aufgabe sind bestimmte gesetzlich vorgeschriebene Angaben (Pflichtangaben, Rdn. 57), Angaben, bei denen ein Wahlrecht besteht (Wahlpflichtangaben, Rdn. 58) und bestimmte zusätzliche Angaben zu machen, die ausnahmsweise dann erforderlich werden, wenn das durch § 297 Abs. 2 S. 2 verlangte Bild von der Lage des Konzerns durch die vorhandenen Informationen nicht vermittelt wird.[12] Die Angaben dienen der *Abgrenzung* des Inhalts des Konzernabschlusses und damit der Verdeutlichung der Reichweite der Berichterstattung. Hierzu gehören Angaben über die einbezogenen Unternehmen (§ 313 Abs. 2), die den Konsolidierungskreis erkennen lassen. Dieser Angabe kommt im Konzern große Bedeutung zu, da der Konzern im Sinne der Rechnungslegung keine abgeschlossene und festgefügte, rechtliche Größe darstellt, so daß die Aussagefähigkeit des Konzernabschlusses nur gegeben ist, wenn die in die fiktive, wirtschaftliche Einheit einbezogenen Einheiten abgegrenzt werden und erkennbar sind.[13] Dasselbe gilt bei Veränderungen des Konsolidierungs-

---

[10] ADS 10; Beck HdR-*Gzuk* C 600, 1; WP-Handbuch 2000 I M 658.

[11] *Baumbach/Hopt* 2.

[12] Angaben zur Herstellung des true and fair view, Rdn. 39 ff und § 297, 61 f.

[13] ADS 16.

kreises.[14] Als weiteres Mittel tragen *Erklärungen* zu Posten der Konzernbilanz und Konzern-Gewinn- und Verlustrechnung durch die Angabe der Konsolidierungs-, Bilanzierungs- und Bewertungsmethoden zum Verständnis des Abschlusses und dadurch zur Vermittlung des Lagebilds bei. Die Angaben zur Lage des Konzerns werden durch *Hinweise* ergänzt, die einzelne Gesichtspunkte der Vermögens-, Finanz- oder Ertragslage betreffen, wie z. B. die Angaben nach § 314 sowie Aufgliederungen, davon-Vermerke oder Fristengliederungen nach §§ 298 Abs. 1 i. V. m. 268 (§ 298, 68 f, 79). Eine weitere Funktion wird durch § 297 Abs. 2 S. 3 vorgegeben. Der Konzernanhang hat, wie der Anhang zum Jahresabschluß, die Aufgabe der *Richtigstellung*, wenn der Konzernabschluß bei Beachtung der Grundsätze ordnungsmäßiger Buchführung ein den tatsächlichen Verhältnissen entsprechendes Bild nicht zu vermitteln vermag.[15] Es handelt sich nicht um eine Korrekturfunktion mit deren Hilfe der Konzernanhang Ansätze, Bewertungen oder Ausweise, die den gesetzlichen Vorschriften oder den GoB nicht entsprechen, berichtigen könnte; die Heilung unzulässiger Bilanzierungsmaßnahmen durch den Konzernanhang ist unzulässig.

§ 313 gibt für den Konzernanhang eine **eigenständige Rechtsgrundlage** ab und **19** verweist nicht, wie z. B. § 298 Abs. 1 für die auf die Bilanzierung und Bewertung auf die für den Jahresabschluß geltenden Vorschriften. §§ 313 und 314 entsprechen inhaltlich zwar weitgehend den §§ 284, 285. Die selbständige Regelung bringt indes zum Ausdruck, daß der Konzernanhang nicht die Zusammenfassung der Anhänge der in den Konzernabschluß einbezogenen Unternehmen darstellt, sondern aus den durch diese Unternehmen zur Verfügung gestellten Informationen eigenständig zu erstellen ist.

2. Allgemeine Berichtsgrundsätze

a) Form und Gliederung. Gesetzliche Vorschriften über die Form und Gliede- **20** rung des Konzernanhangs bestehen nicht. Dies gilt sowohl für die Darstellung des Konzernanhangs im Rahmen des Konzernabschlusses als auch für Gliederung und Aufbau des Konzernanhangs. § 297 Abs. 1 schreibt lediglich vor, daß der Konzernabschluß einen Konzernanhang zu enthalten hat, der mit der Konzernbilanz und der Konzern-Gewinn und Verlustrechnung eine Einheit bildet. Im Konzernabschluß stellt der Konzernanhang einen selbständigen, wenn auch integrierten Berichtsteil dar. Er ist mit den gesetzlich vorgeschriebenen Mindestangaben (Rdn. 39) als abgegrenzter Teil der Rechnungslegung darzustellen.[16] In der Praxis wird der Konzernanhang als dritter Teil des Konzernabschlusses getrennt von den anderen Bestandteilen des Konzernabschlusses dargestellt.

Für die Konkretisierung des **Gestaltungsspielraums** für Aufbau und Gestaltung **21** des Konzernanhangs haben sich gewisse Grundsätze im Rahmen der Grundsätze ordnungsmäßiger Bilanzierung (GoBil) und Konsolidierung (GoK) herausgebildet.[17] Der Ermessensspielraum zur Gestaltung ist seit Inkrafttreten des BiRiLiG zunehmend in bestimmter Weise ausgeübt worden, so daß die Praxis zur Entwicklung allgemeiner Grundsätze beigetragen hat. Sie hat zu einer systematischen Anordnung von Angaben im Konzernanhang geführt. Das gilt für in den Konzernabschluß einzubeziehende Unternehmen und die Methoden ihrer Einbeziehung, die Angaben über die Bilanzierung, Bewertung und Währungsumrechnung sowie sonstige Angaben, die

---

[14] Erl. zu § 294.
[15] § 297, 8 f; ADS 20.
[16] ADS 34.
[17] Beck BilKomm-*Ellrott* 19.

nach den gesetzlichen Angabepflichten im Konzernanhang darzustellen sind. Hieraus ergibt sich das folgende **Gliederungsschema:**[18]

I. Allgemeine Angaben zum Konzernabschluß
II. Angaben zur Konsolidierung, insbesondere zum Konsolidierungskreis und den Konsolidierungsmethoden
III. Angaben zu den Bilanzierungs- und Bewertungsmethoden einschließlich der Währungsumrechnung
IV. Erläuterungen der Konzernbilanz und der Konzern-Gewinn- und Verlustrechnung
V. Sonstige Angaben im Konzernanhang

22 Wegen des Fehlens gesetzlicher Vorgaben über **Form** und **Aufbau** des Konzernanhangs sind die aus den allgemeinen Vorschriften ableitbaren Grundsätze auch für die Aufstellung des Konzernanhangs heranzuziehen. Der Grundsatz der **Klarheit** und **Übersichtlichkeit** nach § 297 Abs. 2 S. 1 gilt auch für den Konzernanhang.[19] Die Übersichtlichkeit des Konzernanhangs wird durch seine Gliederung verwirklicht; die Angaben über darzustellende Sachverhalte müssen unter klaren Bezeichnungen erfolgen. Der Konzernabschluß kann nur dann das durch § 297 Abs. 2 S. 2 verlangte Bild von der Lage des Konzerns vermitteln, wenn die dazu vorgeschriebenen Informationen übersichtlich und verständlich präsentiert werden.[20]

23 Die gewählte Art der Darstellung ist beizubehalten. Zwar gilt für die Gliederung und den Aufbau des Konzernanhangs nicht das materielle Stetigkeitsgebot aus § 252 Abs. 1 Nr. 6, noch gilt der Grundsatz der **formellen Darstellungsstetigkeit** aus § 265 Abs. 1. Der Wechsel der Darstellungsart und der gewählten Bezeichnungen widerspricht der gebotenen Klarheit und Übersichtlichkeit und vermag den verlangten Einblick in die Lage des Konzerns nicht zu vermitteln.[21] Die Grenzen des formalen Stetigkeitsgebots werden durch Zweck und Funktion des Konzernanhangs bestimmt.

24 Die Klarheit und Übersichtlichkeit des Konzernanhangs verlangt die **deutliche Abgrenzung** von anderen Berichtsteilen des Konzernabschlusses und Konzernlageberichts sowie von gegebenenfalls vorhandenen freiwilligen Berichtsteilen. Zur Zulässigkeit von freiwilligen Angaben im Konzernanhang Rdn. 39 ff. Die Vermischung von Berichtssachverhalten aus den unterschiedlichen Bestandteilen des Konzernabschlusses ist nicht zulässig, soweit nicht durch gesetzliche Vorschriften die Darstellung bestimmter Angaben statt in der Konzernbilanz oder Konzern-Gewinn- und Verlustrechnung im Konzernanhang gestattet sind. Zulässig und für die Übersichtlichkeit der Darstellungen im Konzernabschluß insgesamt zweckmäßig sind Verweise, z. B. durch Textziffern oder Fußnoten, die Berichtsteile des Konzernanhangs mit Posten der Bilanz oder Gewinn- und Verlustrechnung verknüpfen.[22]

25 **b) Inhaltliche Anforderungen an die Berichterstattung.** Das Gebot der Klarheit und Übersichtlichkeit, das nach § 297 Abs. 2 S. 1 auch für den Konzernabschluß gilt, beinhaltet nicht nur formale Aspekte.[23] Der Konzernabschluß kann durch seine drei Bestandteile unter Beachtung der Grundsätze ordnungsmäßiger Buchführung ein den tatsächlichen Verhältnissen entsprechendes Bild der Vermögens-, Finanz- und Er-

---

[18] ADS 37; Beck BilKomm-*Ellrott* 19; *Harms/Küting* BB 1984, 1980; *Selchert/Karsten* BB 1986, 1258.

[19] Zu den allg. Grundsätzen § 243, 26; Beck Bil-Komm-*Ellrott* 19.

[20] ADS 26.

[21] I. E. str.; wie hier Beck BilKomm-*Ellrott* 19; ADS 31; krit. *Biener/Berneke* BiRiLiG 377; HdKR-*Dörner/Wirth* 4; Bonner HdR-*Scherrer* 9.

[22] *Hopt/Kraft* Formularkommentar HGB Form III H 3.

[23] So auch Beck BilKomm-*Ellrott* 13.

tragslage des Konzerns nur vermitteln, wenn der Konzernanhang in seinem Inhalt ebenfalls allgemein geltenden Grundsätzen unterworfen ist. Die für den Konzernabschluß kodifizierten Grundsätze gelten entsprechend auch für die verbale Berichterstattung im Konzernanhang.

aa) Vollständigkeit und Richtigkeit. Für den Konzernanhang gilt der Grundsatz der **Wahrheit**, der seine Konkretisierung in den Grundsätzen der **Vollständigkeit** und **Richtigkeit** erhalten hat.[24] Die Vollständigkeit des Konzernanhangs ist nicht ausdrücklich gesetzlich angeordnet, wie dies für die Konzernbilanz und Konzern-Gewinn- und Verlustrechnung in § 300 Abs. 2 S. 1 erfolgt ist. Für den Konzernanhang gilt dieses Prinzip mit dem Inhalt, daß alle gesetzlich vorgeschriebenen Angaben und die berichtspflichtigen Sachverhalte vollständig abgebildet werden. Der Konzernanhang ist nur vollständig, wenn keine Angaben unterlassen werden, die für die Vermittlung des den tatsächlichen Verhältnissen entsprechenden Bildes geboten sind; unter diesen Voraussetzungen sind nach § 297 Abs. 2 S. 2 gegebenenfalls zusätzliche Angaben im Anhang zu machen. Der Grundsatz der Vollständigkeit aus § 300 Abs. 2 S. 1 gilt, wenn im Konzernanhang in Ausübung des durch §§ 298 Abs. 1 i. V. m. 265 Abs. 7, 268, 277 gegebenen Wahlrechts Posten angegeben werden, die sonst in der Konzernbilanz oder Konzern-Gewinn- und Verlustrechnung anzugeben wären. 26

Für den Konzernanhang ist die Angabe von **Vergleichszahlen** des Vorjahres nicht vorgeschrieben. Diese Verpflichtung besteht für die Konzernbilanz und die Konzern-Gewinn- und Verlustrechnung.[25] Im Konzernanhang sind Vergleichszahlen nur dann anzugeben, wenn infolge des Ausweiswahlrechts Angaben aus den anderen Teilen des Konzernabschlusses in den Konzernanhang verlagert werden. Ein weitergehendes Interesse an der Angabe von Vorjahreszahlen besteht in Fällen der Veränderung des Konsolidierungskreises. 27

Die Angaben im Konzernanhang müssen **richtig** sein, d. h. müssen sachgerecht die nach den gesetzlichen Vorschriften verlangten Informationen enthalten. Dies folgt aus der Notwendigkeit der „getreuen und gewissenhaften Rechenschaftslegung", zu der die bilanzaufstellungspflichtigen Organe verpflichtet sind. Richtig sind die Angaben nur dann, wenn sie der Wahrheit entsprechen. Unwahre Angaben sind zu unterlassen, unvollständige oder mißverständliche Angaben sind so zu ergänzen, daß die Berichterstattung den verlangten Einblick vermitteln kann. Letzteres ist insbesondere dann von Bedeutung, wenn das Unterlassen von Hinweisen zu einem unvollständigen Bild von der Lage des Konzerns führen kann.[26] 28

Unter Berücksichtigung dieses Grundsatzes ist unklar, ob im Konzernanhang **Leerposten** anzugeben sind. Für die Konzernbilanz und Konzern-Gewinn- und Verlustrechnung ist dies nicht vorgeschrieben.[27] Für den Konzernanhang gilt dies in gleicher Weise. Für die durch §§ 313, 314 verlangten Angaben ist im Einzelfall zu entscheiden, ob die Angabe entfallen kann oder der Hinweis erforderlich ist, daß berichtspflichtige Sachverhalte nicht vorliegen.[28] 29

Infolge des Grundsatzes der **Wesentlichkeit** können im Einzelfall Angaben unterlassen werden können, die nicht von Bedeutung sind. Dieser Grundsatz hat in zahlreichen Vorschriften seinen Niederschlag gefunden, wie z. B. in §§ 299 Abs. 3, § 301 Abs. 3 S. 2, § 304 Abs. 2; für den Konzernanhang wird er ausdrücklich in § 313 Abs. 2 und § 314 Abs. 1 Nr. 2, 3 angesprochen. Die h. M. räumt dem, dem angelsächsischen 30

---

24 Vgl. § 243, 6 ff.

25 §§ 298 Abs. 1, 265 Abs. 2.

26 ADS 28.

27 §§ 298 Abs. 1 i. V. m. 265 Abs. 8.

28 Weniger weitgehend Beck BilKomm-*Ellrott* 15.

Rechtskreis entstammenden Wesentlichkeitsgrundsatz eine über den Einzelfall hinausreichende Bedeutung ein.[29] Für die Konzernrechnungslegung kann von der Entwicklung eines GoBil ausgegangen werden. Bei Anwendung dieses Grundsatzes sind die Handlungspflichten aus den Grundsätzen der Vollständigkeit und Wahrheit gegen den Grundsatz der Wesentlichkeit abzuwägen. Die Entscheidung hat die Bedeutung des Einzelsachverhalts im Kontext der Berichterstattung über den Konzern zu berücksichtigen und das relative Gewicht der Einzelinformation vor dem Hintergrund der Lage des Konzerns zu würdigen.

31 **bb) Jährlichkeit der Angaben.** Die Angaben im Konzernanhang sind **jährlich** zu machen. Die Bezugnahme oder Verweisung auf Darstellungen in einem früheren Geschäftsjahr sind bei den vorgeschriebenen Angaben nicht zulässig; anderes gilt bei allgemeinen Hinweisen auf Sachverhalte, die sich über mehrere Geschäftsjahre erstrecken. Die Angaben müssen in jedem Konzernanhang aus sich heraus verständlich sein.

32 Maßgeblich für die Angaben im Konzernanhang sind die Verhältnisse am **Stichtag** des Konzernabschlusses, dessen Bestandteil er ist. Der Stichtag bestimmt die Angaben zu den in der Konzernbilanz und Konzern-Gewinn- und Verlustrechnung enthaltenen Posten; soweit bei diesen wertaufhellende Erkenntnisse zu berücksichtigen waren, hat die Darstellung im Konzernanhang dem zu entsprechen. Das Stichtagsprinzip gilt auch für die sonstigen Angaben im Konzernanhang; Ausnahmen bestehen nur für solche Angaben, die keinen unmittelbaren Bezug zu den Posten von Konzernbilanz und Konzern-Gewinn- und Verlustrechnung zu deren Erläuterungen haben, ferner für die anderen Angaben, die für die Vermittlung des zutreffenden Lagebildes von Bedeutung sind. Eine Fortentwicklung im Zeitablauf darf z. B. die Angabe zu den Organen der Gesellschaft enthalten; personelle Veränderungen auch nach dem Bilanzstichtag sind anzugeben.

33 **cc) Terminologie.** Angaben im Konzernanhang werden in den einzelnen Vorschriften durch verschiedene **Begriffe** verlangt. Hierdurch wird eine abgestufte Intensität und Qualität der Berichterstattung zum Ausdruck gebracht. Diese Abstufung erfolgt nicht zufällig, sondern verlangt differenzierte Informationen.[30] Die wesentlichen verwendeten Begriffe und ihre Bedeutung sind:

Angabe	Benennung eines Postens, Betrags oder Sachverhalts
Hinweis	Benennung eines Sachverhalts
Darstellung	über die Benennung hinausgehende Beschreibung von Posteninhalten, Beträgen oder Sachverhalten
Erläuterungen	über die Benennung hinausgehende quantitative oder qualitative Beschreibung von Posteninhalten, Beträgen oder Sachverhalten
Begründung	Mitteilung von Entscheidungsgrundlagen und Beweggründen für Bilanzierungsentscheidungen, ggf. Abgrenzung zu Entscheidungsalternativen.

34 **c) Angaben in deutscher Sprache und Euro (deutscher Mark).** Der Konzernanhang ist in **deutscher Sprache** zu erstellen, §§ 298 Abs. 1 i. V. m. 244. Dieser Grundsatz gilt auch für die Offenlegung befreiender Konzernabschlüsse von Unternehmen mit Sitz außerhalb Deutschlands.

---

[29] Bericht Rechtsausschuß, BTDrucks. 10/4268, 115; *Biener* DB 1983 Beil. 19, 8; Schmalenbach-Gesellschaft – Deutsche Gesellschaft für Betriebswirtschaft e. V., Aufstellung von Konzernabschlüssen, ZfbF Sonderheft 21/1987, 156 ff; ADS 29; Beck BilKomm-*Ellrott* 13; Beck HdR-*Gzuk* C 600, 14; HdKR-*Dörner/Wirth* 5 f; *Löcke* BB 1999, 307, 311.

[30] ADS 23; Beck HdR-*Gzuk* C 600, 2.

Die für den Konzernabschluß maßgebende Währungseinheit ist seit Inkrafttreten von Art. 4 (Rdn. 8) § 1 Nr. 2 des EuroEG der **Euro**.[31] In anderer Währung lautende Beträge sind in Euro umzurechnen. Dies gilt z. B. für Angaben nach § 313 Abs. 2 Nr. 4 über Unternehmen, die in den Konzernabschluß weder vollständig oder nach Quoten einbezogen noch als assoziierte Unternehmen behandelt werden. Hiervon darf im Konzernanhang abgewichen werden.[32] Die Angaben zu diesen Unternehmen werden in Landeswährung zugelassen, vorausgesetzt, daß ein Umrechnungskurs dieser Währung in Euro angegeben wird. Nach der *Übergangsregelung* in Art. 42 EGHGB (eingefügt durch Art. 4 § 2 EuroEG) dürfen Währungsangaben im Konzernabschluß weiterhin in Deutscher Mark angegeben werden, letztmals jedoch für das im Jahr 2001 endende Geschäftsjahr. 35

Durch § 328 Abs. 4, der Art. 8 und 9 der **Mittelstandsrichtlinie**[33] umsetzte, war zugelassen worden, im Konzernabschluß – und damit auch im Konzernanhang – Angaben in Europäischer Währungseinheit zu machen. Als Umrechnungskurs ist der Kurs am Bilanzstichtag zugrunde zu legen; dieser Kurs ist auch im Konzernanhang anzugeben.[34] Die Vorschrift wurde durch das EuroEG mit Wirkung zum 1. 1. 1999 aufgehoben; zu den Übergangsregelungen Rdn. 35. 36

d) Schutzklausel. Gesetzliche Vorschriften über eine **allgemeine Schutzklausel**, Angaben im Interesse der Bundesrepublik Deutschland oder eines ihrer Länder zu unterlassen, wie sie für den Anhang des Jahresabschlusses in § 286 Abs. 1 geregelt ist, fehlen für den Konzernanhang. Es ist nicht erkennbar, ob es sich hierbei um ein Redaktionsversehen oder eine bewußte Unterlassung handelt. Da die Ausnahmeregelung zum Anhang nicht auf der 4. EG-Richtlinie beruht, läßt das Fehlen für den Konzernanhang eher auf ein planwidriges Versehen schließen. Vereinzelt wird daher die Regelung zum Anhang in Analogie für den Konzernanhang anwendbar gehalten.[35] Für den Konzernanhang bedarf eine derartige Ausnahme der Erweiterung, da bei Einbeziehung von Unternehmen mit Sitz im Ausland Sachverhalte berührt sein können, die über den Regelungsbereich einer nationalen Gemeinwohlklausel hinausgehen. Solche Angaben werden, soweit es sich um schutzwürdige Sachverhalte handelt, einem Veröffentlichungsverbot unterliegen, dessen Verletzung für die bilanzaufstellenden Personen Sanktionen, auch strafrechtlicher Art, nach sich ziehen kann. Die Unterlassung von Angaben ist in solchen Fällen eher durch eine übergesetzliche Notstandssituation zu rechtfertigen. 37

3. Pflichtangaben und freiwillige Angaben

Pflichtangaben im Konzernanhang sind die durch §§ 313, 314 einschließlich der dort in Bezug genommenen Vorschriften **vorgeschriebenen Angaben**. Hierzu kommen die Angaben, die im Konzernanhang anstelle der Konzernbilanz oder der Konzern-Gewinn- und Verlustrechnung aufgrund eines Wahlrechts gemacht werden können. Dieses Wahlrecht ergibt sich aus den Vorschriften über die Konzernrechnungslegung, aber auch aus den durch § 298 Abs. 1 in Bezug genommenen Vorschriften über den Jahresabschluß.[36] Zu einer Zusammenstellung der maßgeblichen Vorschriften Rdn. 57, 58. 38

Die gesetzlich vorgeschriebenen Angaben werden als Katalog von **Mindestangaben** verstanden. Die zulässigen Angaben im Konzernabschluß sind nicht abschließend 39

[31] §§ 298 Abs. 1 i. V. m. 244.
[32] ADS 30.
[33] Gesetz zur Umsetzung der sog. Mittelstandsrichtlinie v. 25. 7. 1994; BGBl I, 1682.
[34] § 328 Abs. 4 S. 2.
[35] Beck BilKomm-*Ellrott* 5; ADS 124.
[36] WP-Handbuch 2000 I M 665.

geregelt; das HGB untersagt nicht, über die Pflichtangaben hinaus weitere Informationen im Konzernanhang zu geben. Ohnehin ist die Generalnorm für zusätzliche Angaben im Konzernanhang, § 297 Abs. 2 S. 2 offen, so daß eine abschließende Festlegung und Abgrenzung vorgeschriebener oder zulässiger zusätzlicher Angaben nicht denkbar ist. Die Materialien zum BiRiLiG lassen erkennen, daß der Gesetzgeber von einer abschließenden Normierung Abstand genommen hat.[37] Die 7. EG-Richtlinie hatte eine derartige Beschränkung nicht verlangt.[38] Infolge der Offenheit der gesetzlichen Regelungen sind **freiwillige Zusatzangaben** im Konzernanhang in den Grenzen von Rdn. 42 zulässig.[39]

40 Zulässige **Zusatzangaben** beinhalten weitergehende Angaben, Erläuterungen oder Begründungen, die über die gesetzlich vorgeschriebenen Standards hinausgehen. Ferner gehören hierher alle weiteren Angaben, die dazu beitragen, die Darstellung eines den tatsächlichen Verhältnissen entsprechenden Bildes von der Vermögens-, Finanz- und Ertragslage des Konzern zu vermitteln. Bis zur Änderung von § 297 Abs. 1 Satz 2 gehörten hierher z. B. Nebenrechnungen zur Erläuterung von Angaben, insbesondere aber auch eine *Kapitalflußrechnung*[40] in Anlehnung an die Rechnungslegungsgrundsätze von IAS 7 „Cash Flow Statements" des IASC.[41] Ferner kommen *inflationsbereinigte Rechnungen, Eigenkapitalveränderungsrechnungen*[42], *Angaben bei Unternehmenserwerben*[43] oder zu *derivativen Finanzinstrumenten*[44] in Betracht.

41 Freiwillige Angaben unterliegen den für den Konzernanhang geltenden Aufstellungsgrundsätzen, der **Prüfungspflicht** (§ 316 Abs. 2) und der **Offenlegung** (§ 325 Abs. 3). Sie müssen, wie andere Angaben im Konzernanhang von Angaben abgegrenzt werden, die nicht Bestandteil des Konzernanhangs, sondern andere Berichtsteile darstellen. Eine solche Grenze ist dann zu ziehen, wenn die Gesellschaft in einem *(Konzern-)Geschäftsbericht* neben den Pflichtbestandteilen des Konzernabschlusses und dem Konzernlagebericht weitere Informationen gibt. Diese gehören nicht zur externen Rechnungslegung und dürfen deswegen zur Vermeidung von Überschneidungen nur Ausführungen enthalten, die nicht zur Vermittlung des den tatsächlichen Verhältnissen entsprechenden Bildes von der Vermögens-, Finanz- und Ertragslage vorgeschrieben sind. Eine Vermischung von Darstellungen an Stellen mit unterschiedlichem Charakter ist unzulässig.[45]

42 Aus Gründen der *Klarheit* und *Übersichtlichkeit* des Konzernanhangs findet die Ergänzung des Konzernanhangs ihre **Grenze**, wo Informationen gegeben werden, die im Hinblick auf die Verhältnisse des Konzerns unbedeutend und unwesentlich sind. Ferner darf nicht durch eine Vielzahl detaillierter Einzelangaben der Blick von den gesetzlich vorgeschriebenen Angaben abgelenkt werden; zusätzliche Angaben haben dann zu unterbleiben.

---

[37] Bericht Rechtsausschuß, BTDrucks. 10/4268, 117 zu § 314 HGB.

[38] *Biener/Berneke* BiRiLiG 377.

[39] ADS 43; Beck BilKomm-*Ellrott* 49; HdKR-*Dörner/Wirth* 4.

[40] Die Kapitalflußrechnung als Ergänzung des Jahres- und Konzernabschlusses, Gemeinsame Stellungnahme des Hauptfachausschusses und des Arbeitskreises „Finanzierungsrechnung" der Schmalenbach-Gesellschaft/Deutsche Gesellschaft für Betriebswirtschaft e. V., WPg 1995, 210 ff.

[41] *Mansch/Stolberg/v. Wysocki* WPg 1995, 185 ff, *Holzer/Häusler* WPg 1989, 221, 222 f.

[42] DRS 7; *Busse v. Colbe* BB 2000, 2405.

[43] *Fülbier* DB 2000, 1345 ff.

[44] IDW ERS BFA 1, WPg 2000, 721; *Scharpf* DB 2000, 629, 633.

[45] ADS 45; HdKR-*Dörner/Wirth* 4; *Niehus* WPg 1988, 93, 97.

4. Anhang und Konzernanhang

a) Abgrenzung. Der Anhang des Jahresabschlusses und der Konzernanhang beruhen auf unabhängigen Rechtsgrundlagen, die z.T. unterschiedliche Angabepflichten vorsehen. Im Konzernanhang fehlt die Angabepflicht, die Bilanzierungs- und Bewertungsunterschiede zwischen der Handels- und der Steuerbilanz zu erläutern.[46] Aus Sicht des Konzernabschlusses wesentliche Angaben enthält der Anhang zum Jahresabschluß in Fällen eines *befreienden Konzernabschlusses* durch ein ausländisches Unternehmen, aufgrund dessen das deutsche Mutterunternehmen nach §§ 291, 292 von der Pflicht zur Aufstellung eines Konzernabschlusses befreit wird. Der **Anhang** des Jahresabschlusses des Mutterunternehmens muß dann Namen und Sitz des Mutterunternehmens, das den befreienden Konzernabschluß aufstellt und einen Hinweis auf die Befreiung von der Verpflichtung, einen Konzernabschluß und Konzernlagebericht aufzustellen, enthalten, § 291 Abs. 2 Nr. 3. Im Falle der Befreiung nach § 292a ist ferner dessen Abs. 2 Nr. 4 zu beachten. 43

Die Angaben im **Konzernanhang** werden durch §§ 313, 314 vorgeschrieben. Eine Bezugnahme auf den Anhang des Jahresabschlusses und die für diesen geltenden Vorschriften (§§ 284, 285) ist nicht vorgesehen. Der Konzernanhang wird nicht durch „Konsolidierung" der Anhänge der einbezogenen Unternehmen erstellt, sondern nach den für ihn geltenden Vorschriften auf der Grundlage der für den Konzern relevanten Informationen und Daten aufgestellt (§ 297, 16). 44

b) Zusammenfassung von Anhang und Konzernanhang. Der Anhang des Mutterunternehmens und der Konzernanhang dürfen zusammengefaßt werden.[47] Die Zusammenfassung führt zur **gemeinsamen Berichterstattung** im Anhang/Konzernanhang. Die Zusammenfassung führt nicht zu einem Weniger an Angaben; vorgeschriebene Informationen dürfen nicht verloren gehen. Durch die Zusammenfassung soll eine übersichtlichere Darstellung der Informationen erreicht werden, die durch die sonst in Teilbereichen unabdingbare Wiederholung von Darstellungen beeinträchtigt werden kann. Das erhöht die Übersichtlichkeit und Klarheit für den Konzernanhang eines Mutterunternehmens, in dessen Konzernanhang nur wenige über den Anhang hinausgehende Informationen erforderlich sind. Entsprechendes gilt bei einer Konzernholding, deren Darstellungen zur Lage von den Informationen aus den in den Konzernabschluß einbezogenen Unternehmen geprägt ist. 45

Für die Aufstellung eines zusammengefaßten Anhangs/Konzernanhangs gelten die **Grundsätze** für den Anhang und Konzernanhang nebeneinander. Die für den Jahresabschluß und den Konzernabschluß verlangten Angaben sind vollständig darzustellen. Sollen in der (Konzern-)Bilanz oder (Konzern-)Gewinn- und Verlustrechnung vorzunehmende Aufgliederungen in den (Konzern-)Anhang verlagert werden,[48] muß das im Jahresabschluß gleichermaßen erfolgen. Die Darstellungen für den Jahresabschluß und den Konzernabschluß müssen ausgewogen sein. Die Berichterstattung über den Konzern darf nicht so dominant sein, daß die Lage des Mutterunternehmens nicht mehr deutlich wird.[49] 46

Die Zusammenfassung kann dazu führen, daß **Informationen** aus dem **Jahresabschluß** im Vergleich zum Konzernabschluß als **nicht wesentlich** erscheinen. Der 47

---

[46] Z.B. § 285 Nr. 6; eine Übersicht der Unterschiede enthält Beck BilKomm-*Ellrott* 24 ff.

[47] § 298 Abs. 3 S. 1 (zur Erl. der Möglichkeit der Zusammenfassung von Prüfbericht und Bestätigungsvermerk vgl. dort).

[48] §§ 298 Abs. 1 i.V.m. 265 Abs. 7, 268, 277.

[49] ADS 39; Beck BilKomm-*Ellrott* 28.

Wesentlichkeitsgrundsatz erfährt jedoch bei einem zusammengefaßten Anhang keine inhaltliche Veränderung, so daß Angaben zu machen sind, wenn sie für die Vermittlung des Lagebildes des Mutterunternehmens wesentlich, für den Konzernabschluß indes unwesentlich sind. Diese Überlegung wird aber dadurch begrenzt, daß der zusammengefaßte Anhang nicht durch Informationen überfrachtet und dadurch in seiner Aussagekraft beeinträchtigt werden darf. In Fällen, in denen eine unauflösbare Kollision der Grundsätze eintritt, wird das die Abschlüsse aufstellende Organ im Rahmen seines pflichtgemäßen Ermessens von einer Zusammenfassung absehen.

III. Allgemeine Angaben im Konzernanhang, § 313 Abs. 1 Satz 1 HGB

1. Pflicht- und Wahlpflichtangaben

48 **a) Allgemeines.** Abs. 1 S. 1 schreibt in allgemeiner Form die Angaben im Konzernanhang vor. Abgesehen von den Angaben, die in den Spezialvorschriften für den Konzernanhang vorgeschrieben sind (§§ 313, 314 HGB), sind dies diejenigen Angaben, die zu einzelnen *Posten* der *Konzernbilanz* oder der *Konzern-Gewinn- und Verlustrechnung* vorgeschrieben oder im Konzernanhang in **Ausübung** eines **Wahlrechts** zu machen sind. Der Vorschrift kommt insoweit deklaratorische Bedeutung zu.

49 **Angabepflichten** für den Konzernanhang resultieren aus Vorschriften des *HGB* (Rdn. 57 f) sowie aus Sondervorschriften, die die *Rechtsform* oder die *Branche* des Unternehmens betreffen (§ 284, 26 ff).

50 **b) Rechtsformspezifische Angabepflichten.** Nach § 298 Abs. 1 sind die für die Rechtsform der in den Konzernabschluß einbezogenen Unternehmen mit Sitz im Geltungsbereich des HGB geltenden Vorschriften anzuwenden. Rechtsformbezogene Angaben ergeben sich beispielsweise aus §§ 58, 152, 158, 160 AktG oder §§ 29, 42 GmbHG. Angaben sind im Konzernanhang zu machen, soweit sich nicht aus der Eigenart des Konzernabschlusses eine Abweichung ergibt oder die Vorschriften über den Konzernabschluß (§§ 299–314 HGB) anderes bestimmen.[50] Für die einzelnen Vorschriften ist die Angabepflicht im Konzernanhang umstritten.[51] Bei der Auslegung der Vorschrift ist unklar, ob alle Angaben entsprechend der Rechtsform *einbezogener Unternehmen* oder entsprechend der Rechtsform des *Mutterunternehmens* zu machen sind. Die Anwendung der Vorschriften entsprechend der Rechtsform der einbezogenen Unternehmen ist mit der Einheitlichkeit der Darstellung nicht vereinbar, da die rechtsformbezogenen Vorschriften zu Angaben nur für einen Teil der einbezogenen Unternehmen vorschreiben, während gleiche Sachverhalte bei Unternehmen anderer Rechtsform in demselben Konzernabschluß unerwähnt blieben. Den umgekehrten Weg, alle Angabepflichten nur nach den für das Mutterunternehmen geltenden Vorschriften vorzusehen, ist das HGB nicht gegangen.[52] Gleichfalls ist es zu eng, die Angabepflichten allein für die das Mutterunternehmen betreffenden Angaben vorzusehen,[53] da hierdurch Angaben, die die anderen einbezogenen Unternehmen betreffen, unberücksichtigt blieben.

51 **Stellungnahme.** Die Problemlage ist unter Berücksichtigung der ratio des § 298 Abs. 1 (§ 298, 135 ff) und des Inhalts des Konzernabschlusses zu entscheiden. Hierfür ist auch auf die Grundsätze der Einheitstheorie (§ 297, 63 f) zurückzugreifen. Danach

[50] ADS § 298, 191; WP-Handbuch 2000 I M 201; *Havermann* Offene Fragen (1986) 43, 48.

[51] ADS § 298, 191 ff; HdKR-*Dörner/Wirth* 34 ff; Beck BilKomm-*Ellrott* 35.

[52] A.M *Selchert/Karsten* BB 1986, 1259.

[53] *Biener/Berneke* BiRiLiG 380.

ist für jede vorgeschriebene Angabe zu klären, ob sie unter Beachtung der Eigenart des Konzernabschlusses zu beachten ist. Die Eigenart des Konzernabschlusses schließt ferner aus, Angaben zu Sachverhalten zu machen, die im Konzernabschluß z. B. infolge der Schulden- oder Zwischenerfolgseliminierung nicht dargestellt werden.

Folgerungen. Entbehrlich sind Angaben über die *Kapitalverhältnisse* einbezogener Tochterunternehmen, soweit die Angaben auf konsolidierte Kapitalanteile entfallen. Angaben nach §§ 150, 160 Abs. 1 Nr. 1–4, 7, 8, 232 AktG bei einem einbezogenen Tochterunternehmen in der Rechtsform der AG sind gegenstandslos. Für Mutterunternehmen in der Rechtsform der AG gilt dasselbe. Angaben zum gezeichneten Kapital, den Kapitalrücklagen und der Einstellung von Beträgen in diese beziehen sich auf den Jahresabschluß und haben für den Konzernabschluß keine Bedeutung. Mit der Eigenart des Konzernabschlusses ebenfalls nicht zu vereinbaren sind rechtsformspezifische Angaben über die *Gewinnverwendung*, da aus der Rechtsform des Mutterunternehmens, die aus Konzernsicht allein für eine Gewinnverwendung maßgeblich sein könnte, keine Anhaltspunkte für die Gewinnverwendung der einbezogenen Unternehmen gewonnen werden können und der Konzernabschluß keine Grundlage für die Ergebnisverwendung (im Rechtssinne) bildet.[54] Dies betrifft Angaben nach §§ 29 Abs. 4 S. 1 GmbHG, 58 Abs. 2a S. 2, 152 Abs. 2 und 3, 158 Abs. 1, 240 S. 3, 261 AktG. Zur freiwilligen Darstellung von Rücklagenbewegungen im Konzerneigenkapital § 298, 138. 52

Pflichtangaben aus rechtsformbezogenen Vorschriften bleiben Angaben nach § 298 Abs. 1 i. V. m. § 160 Abs. 1 Nr. 5 AktG zu **Bezugsrechten** nach § 192 Abs. 2 Nr. 3 AktG, **Wandelschuldverschreibungen** und **vergleichbaren Wertpapieren.** Die Angaben beziehen sich auf in den Konzernabschluß einbezogene AG, gleichgültig, ob es sich um das Mutterunternehmen oder ein Tochterunternehmen handelt. Von der Angabe ausgeschlossen sind indes Rechtsverhältnisse zwischen einbezogenen Unternehmen.[55] 53

Anzugeben sind ferner **Genußrechte, Rechte aus Besserungsscheinen** und **ähnliche Rechte,** § 298 Abs. 1 i. V. m. § 160 Abs. 1 Nr. 6 AktG, sofern solche Rechte von einbezogenen AG/KGaA gegenüber Dritten gewährt worden sind. Fraglich ist, ob über solche Rechte auch rechtsformunabhängig berichtet werden muß.[56] Die Frage ist für solche Rechte zu bejahen, die nicht als Verbindlichkeit, sondern im Eigenkapital ausgewiesen werden (z. B. Besserungsrechte und als Eigenkapital ausgewiesene Genußrechte). Es ist deutlich zu machen, für welche Dauer gewährleistet ist, daß die Kriterien der Nachrangigkeit und der vollen Verlustteilhabe und der Erfolgsabhängigkeit der Vergütung gegeben sind.[57] Eine rechtsformübergreifende Anwendung von § 160 Abs. 1 Nr. 6 AktG ist indes mit § 298 Abs. 1 nicht vereinbar. Sollte im Einzelfall derartigen Rechten bei einbezogenen Nicht-Aktiengesellschaften eine besondere Bedeutung für die Darstellung der Vermögens-, Finanz- und Ertragslage zukommen, führte dies zu ergänzenden Angabe nach § 297 Abs. 2 S. 3. 54

c) Branchenbezogene Angabepflichten. Branchen- oder geschäftszweigbezogene Angabepflichten bestehen, wenn ein einbezogenes Unternehmen solche Sondervorschriften anwendet, § 298 Abs. 1. Zu den Besonderheiten der Einbeziehung von Unternehmen unterschiedlicher Branchen in den Konzernabschluß § 298, 148 f. 55

Gehört ein **Kreditinstitut** oder ein **Versicherungsunternehmen** zu den einbezogenen Unternehmen, sind §§ 340a ff und §§ 341a ff zu beachten. § 298 Abs. 1 erfor- 56

---

[54] Beck BilKomm-*Ellrott* 35; WP-Handbuch 2000 I M 573; *Havermann* Offene Fragen 48; a. M. Beck HdR-*Gzuk* C 600, 110.

[55] Beck BilKomm-*Ellrott* 36.

[56] Dafür HdKR-*Dörner/Wirth* 35.

[57] IDW HFA 1/1994, WPg 1994, 421.

dert dann die branchenbezogene Ergänzung der Anhangangaben auch im Konzernabschluß, der nach Vorschriften für Industrieunternehmen aufgestellt wird[58]. Werden nach § 308 Abs. 2 S. 2 Wertansätze von einbezogenen Kreditinstituten oder Versicherungsunternehmen beibehalten, ist die Anwendung dieser Ausnahmeregelung im Konzernanhang anzugeben. Die sonderrechtlich gegebenen Ausnahmen von Angabepflichten, wie z. B. in § 340 f Abs. 2 S. 2 oder Abs. 4, dürfen beibehalten werden. Die durch die branchenbezogenen Sondervorschriften vorgesehenen zusätzlichen Angaben müssen ergänzend im Konzernanhang angegeben werden. Ein Verzicht auf solche Angaben nach dem Grundsatz der **Wesentlichkeit** ist im Ausnahmefall zulässig, wenn er im Hinblick auf deren untergeordnete Bedeutung für die Vermögens-, Finanz- und Ertragslage des Konzerns vertretbar ist.[59]

2. Pflichtangaben nach HGB, EGHGB

57 In den Konzernanhang sind alle Angaben aufzunehmen, die zu den einzelnen Posten der Konzernbilanz oder der Konzern-Gewinn- und Verlustrechnung vorgeschrieben sind. Zu diesen Angaben gehören zum einen diejenigen, die sich aus den auf den Konzernabschluß bezogenen Vorschriften ergeben, ferner diejenigen, die durch die Verweisung des § 298 Abs. 1 auf §§ 244 bis 256, 265, 266, 268 bis 275, 277 bis 283 im Konzernabschluß ebenfalls entsprechend seiner Eigenart zur Anwendung kommen. Zu den Pflichtangaben im Konzernanhang gehören:

§ 295 Abs. 3 S. 1: Angabe und Begründung bei Nichteinbeziehung von Tochterunternehmen;

§ 296 Abs. 3: Begründung des Verzichts auf Einbeziehung von Tochterunternehmen;

§ 297 Abs. 2 S. 3: Zusätzliche Angaben, wenn aufgrund besonderer Umstände der Konzernabschluß ein den tatsächlichen Verhältnissen entsprechendes Bild der Vermögens-, Finanz- und Ertragslage des Konzerns nicht vermittelt;

§ 297 Abs. 3 S. 4 und 5: Angabe und Begründung der Abweichung von Konsolidierungsmethoden, die auf den vorherigen Konzernabschluß angewendet wurden, und Angabe des Einflusses der Änderungen auf die Vermögens-, Finanz- und Ertragslage des Konzerns;

§ 298 Abs. 1 i. V. m.

- **§ 265 Abs. 1 S. 2:** Angabe und Begründung der Abweichung in der Form der Darstellung der aufeinanderfolgenden Konzernbilanzen und Konzern-Gewinn- und Verlustrechnungen;
- **§ 265 Abs. 2 S. 2 und 3:** Angabe und Erläuterung bei nicht vergleichbaren Vorjahresbeträgen oder der Anpassung des Vorjahresbetrags;
- **§ 265 Abs. 4 S. 2:** Angabe und Begründung der Ergänzung der Gliederung im Konzernabschluß bedingt durch mehrere Geschäftszweige um Gliederungsposten der weiteren Geschäftszweige;
- **§ 268 Abs. 4 S. 2:** Erläuterung der unter den Vermögensgegenständen ausgewiesenen größeren Beträge, die erst nach dem Konzernabschlußstichtag entstehen;
- **§ 268 Abs. 5 S. 3:** Erläuterung der unter den Verbindlichkeiten ausgewiesenen größeren Beträge, die erst nach dem Konzernabschlußstichtag entstehen;
- **§ 269 S. 1:** Erläuterung der in der Konzernbilanz ausgewiesenen „Aufwendungen für die Ingangsetzung und Erweiterung des Geschäftsbetriebs";

[58] ADS § 298, 213, 220.

[59] ADS § 298, 213, 220.

- **§ 274 Abs. 2 S. 2:** Erläuterung der gesondert auszuweisenden Posten für aktive Steuerabgrenzung;
- **§ 277 Abs. 4 S. 2:** Erläuterung der unter den Posten „außerordentliche Erträge" und „außerordentliche Aufwendungen" ausgewiesenen Posten nach Beträgen und Art, sofern sie für die Beurteilung der Ertragslage nicht von untergeordneter Bedeutung sind;
- **§ 277 Abs. 4 S. 3:** Erläuterung der für die Beurteilung der Ertragslage nicht unbedeutenden periodenfremden Erträge und Aufwendungen;
- **§ 280 Abs. 3:** Angabe und hinreichende Begründung der aus steuerrechtlichen Gründen unterlassenen Zuschreibungen;

§ 299 Abs. 1, 2. Halbsatz: Angabe und Begründung der Wahl eines vom Abschlußstichtag des Mutterunternehmens abweichenden Stichtags für den Konzernabschluß;

§ 300 Abs. 2 S. 3, 2. Halbsatz: Hinweis auf im Konzernabschluß beibehaltene Ansätze aufgrund der Anwendung von Sondervorschriften für Kreditinstitute und Versicherungsunternehmen;

§ 301 Abs. 1 S. 5: Angabe der Anwendung der Buchwert- oder Neubewertungsmethode bei der Kapitalkonsolidierung;

§ 301 Abs. 2 S. 2: Angabe des für die Erstkonsolidierung gewählten Zeitpunkts;

§ 301 Abs. 3 S. 2 und 3: Erläuterung des Unterschiedsbetrags aus der Kapitalkonsolidierung und wesentlicher Veränderungen gegenüber dem Vorjahr sowie Angabe der Verrechnung aktiver und passiver Unterschiedsbeträge;

§ 302 Abs. 3. Angabe der Methode der Kapitalkonsolidierung bei Interessenzusammenführung, der sich daraus ergebenden Veränderungen der Rücklagen und Name und Sitz des konsolidierten Unternehmens;

§ 304 Abs. 2 S. 2: Angabe der Unterlassung der Eliminierung von Zwischengewinnen und Erläuterung bei wesentlichem Einfluß auf die Vermögens-, Finanz- und Ertragslage des Konzerns;

§ 308 Abs. 1 S. 3: Angabe und Begründung der Abweichungen von den auf den Jahresabschluß des Mutterunternehmens angewendeten Bewertungsmethoden;

§ 308 Abs. 2 S. 2, 2 Halbsatz: Hinweis auf die Beibehaltung von Wertansätzen, die auf der Anwendung der Vorschriften für Kreditinstitute und Versicherungsunternehmen beruhen;

§ 308 Abs. 2 S.4, 2. Halbsatz: Angabe und Begründung für Abweichungen vom Grundsatz der einheitlichen Bewertung in Ausnahmefällen;

§ 308 Abs. 3 S. 2: Angabe und Begründung der im Konzernabschluß aus steuerlichen Gründen vorgenommenen Abschreibungen, Wertberichtigungen, Einstellungen in Sonderposten oder unterlassenen Zuschreibungen;

§ 310 i. V. m. den dort in Bezug genommenen Vorschriften: Erläuterungen nach Maßgabe der Einzelvorschriften bei Anwendung der anteilsmäßigen Konsolidierung;

§ 312 Abs. 1 S. 4: Angabe der Anwendung der Buchwert- oder der Kapitalanteilsmethode bei Bewertung assoziierter Unternehmen;

§ 312 Abs. 3 S. 2: Angabe des gewählten Zeitpunkts für die erstmalige Einbeziehung des assoziierten Unternehmens;

§ 312 Abs. 5 S. 2: Angabe der Nichtanpassung der Bewertung an konzerneinheitliche Grundsätze;

§ 312 Abs. 5 S. 3: Angabe bei Verzicht auf Eliminierung von Zwischenergebnissen;

§ 313 Abs. 1 S. 2 Nr. 1: Angabe der angewandten Bilanzierungs- und Bewertungsmethoden;

§ 313 Abs. 1 S. 2 Nr. 2: Angabe der Grundlagen für die Umrechnung von Währungsbeträgen in DM oder Euro;

§ 313 Abs. 1 S. 2 Nr. 3: Angabe und Begründung der Abweichungen von Bilanzierungs-, Bewertungs- und Konsolidierungsmethoden und Darstellung des Einflusses auf die Vermögens-, Finanz- und Ertragslage des Konzerns;

§ 313 Abs. 2 Nr. 1: Angaben zu in den Konzernabschluß einbezogenen oder nach §§ 295, 296 nicht einbezogenen Tochterunternehmen;

§ 313 Abs. 2 Nr. 2: Angaben zu assoziierten Unternehmen und deren Nichteinbeziehung;

§ 313 Abs. 2 Nr. 3: Angaben zu anteilsmäßig konsolidierten Unternehmen;

§ 313 Abs. 2 Nr. 4: Angaben zu anderen Unternehmen, an denen einbezogene Unternehmen mindestens den fünften Teil der Anteile halten;

§ 313 Abs. 3 S. 2: Angabe der Unterlassung von Angaben wegen sonst drohender Nachteile;

§ 313 Abs. 4 S. 3: Hinweis auf die Aufstellung des Anteilsbesitzes außerhalb des Konzernanhangs;

§ 314 Abs. 1 Nr. 1: Angabe des Gesamtbetrags der Verbindlichkeiten mit mehr als fünfjähriger Restlaufzeit sowie der gesicherten Verbindlichkeiten unter Art und Form der Sicherheit;

§ 314 Abs. 1 Nr. 2: Angabe des Gesamtbetrags der für die Beurteilung der Finanzlage des Konzerns bedeutenden sonstigen finanziellen Verpflichtungen und gesonderte Angabe der finanziellen Verpflichtungen und Haftungsverhältnisse gegenüber nicht in den Konzernabschluß einbezogenen Tochterunternehmen;

§ 314 Abs. 1 Nr. 3: Aufgliederung der Umsatzerlöse;

§ 314 Abs. 1 Nr. 4: Angabe der durchschnittlichen Zahl der Arbeitnehmer und der sonst nicht gesondert ausgewiesenen Personalaufwendungen; gesonderte Angabe der durchschnittlichen Zahl der Arbeitnehmer anteilsmäßig einbezogener Unternehmen;

§ 314 Abs. 1 Nr. 5: Angabe des Ausmaßes der Beeinflussung des Konzernergebnisses durch frühere Vornahme oder Beibehaltung von Abschreibungen nach steuerlichen Vorschriften oder der Bildung steuerlicher Sonderposten sowie des Ausmaßes künftiger Belastungen für den Konzern aus solchen Bewertungen;

§ 314 Abs. 1 Nr. 6a): Angabe der Gesamtbezüge der Organe des Mutterunternehmens;

§ 314 Abs. 1 Nr. 6b): Angabe der Gesamtbezüge früherer Organmitglieder des Mutterunternehmens und der für diese Personengruppe gebildeten Rückstellungen für Pensionen;

§ 314 Abs. 1 Nr. 6c): Angaben zu Krediten und Vorschüssen sowie eingegangene Haftungsverhältnisse für Organmitglieder;

§ 314 Abs. 1 Nr. 7: Bestand an eigenen Anteilen des Mutterunternehmens;

§ 314 Abs. 2 S. 2: Angabe der Anwendung der Schutzklausel bei Aufgliederung der Umsatzerlöse;

Art. 28 Abs. 2 EGHGB: Angabe des Betrags der in der Konzernbilanz nicht gebildeten Rückstellung für Pensionen und ähnliche Verpflichtungen.

3. Wahlpflichtangaben nach HGB

58 In den Konzernanhang sind ferner diejenigen Angaben aufzunehmen, die infolge eines **Wahlrechts** nicht in die Konzernbilanz oder Konzern-Gewinn- und Verlustrechnung aufgenommen wurden. Das Wahlrecht hierzu wird durch gesetzliche Vorschriften eingeräumt. Wird es im Sinne des Nichtausweises in der Konzernbilanz oder der Konzern-Gewinn- und Verlustrechnung ausgeübt, wird die Angabe im Konzernanhang zur Pflicht. Die Angabe beruht dann auf folgenden Vorschriften:

§ 294 Abs. 2 S. 1: Angaben zur Herstellung der Vergleichbarkeit aufeinanderfolgender Konzernabschlüsse bei Änderung der Zusammensetzung der einbezogenen Unternehmen;

§ 298 Abs. 1 i. V. m.

- **§ 265 Abs. 3 S. 1:** Angabe der Mitzugehörigkeit eines Vermögensgegenstands oder einer Schuld bei Ausweis unter einem Posten zu anderen Posten;
- **§ 265 Abs. 7 Nr. 2:** Ausweis von Posten des Konzernabschlusses, die zur Vergrößerung der Klarheit zusammengefaßt wurden, im Konzernanhang;
- **§ 268 Abs. 1 S. 2, 2. Halbsatz:** Angabe eines Ergebnisvortrags aus dem Vorjahr bei Aufstellung der Konzernbilanz unter Berücksichtigung der Ergebnisverwendung;
- **§ 268 Abs. 2 S. 1:** Darstellung der Entwicklung der Posten des Anlagevermögens und des Postens für „Aufwendungen für die Ingangsetzung und Erweiterung des Geschäftsbetriebs" (Anlagespiegel);
- **§ 268 Abs. 2 S. 3:** Angabe der Abschreibungen des Geschäftsjahres entsprechend der Gliederung des „Anlagespiegels";
- **§ 268 Abs. 6:** Angabe von in die Rechnungsabgrenzung aufgenommenen Disagiobeträgen;
- **§ 268 Abs. 7:** Angabe der jeweiligen Haftungsverhältnisse und der dafür bestehenden Sicherheiten;
- **§ 273 S. 2, 2. Halbsatz:** Angabe der Vorschriften, nach denen Sonderposten mit Rücklageanteil gebildet wurden;
- **§ 274 Abs. 1 S. 1:** Gesonderte Angabe der zur Steuerabgrenzung passivierten Beträge;
- **§ 277 Abs. 3 S. 1:** Angabe der außerplanmäßigen Abschreibungen;
- **§ 281 Abs. 1 S. 2:** Angabe der steuerlichen Vorschriften, nach denen Wertberichtigungen gebildet wurden;
- **§ 281 Abs. 2 S. 1:** Angabe des Betrags der allein nach steuerlichen Vorschriften gebildeten Abschreibungen;
- **§ 281 Abs. 2 S. 2:** Angabe der Erträge aus der Auflösung des und der Aufwendungen aus der Einstellung von Beträgen in den Sonderposten mit Rücklageanteil;

§ 299 Abs. 3: Angabe von Vorgängen mit besonderer Bedeutung bei Einbeziehung von Unternehmen mit unterschiedlichen Abschlußstichtagen;

§ 306 S. 2: Angabe der Steuerabgrenzung auf Konsolidierungsvorgänge;

§ 310 Abs. 2 i. V. m. den in Bezug genommenen Vorschriften: Angaben nach Maßgabe der Einzelvorschriften;

§ 312 Abs. 1 S. 2 und 3: Angabe der Unterschiedsbetrags bei Bewertung von assoziierten Unternehmen.

IV. Besondere Pflichtangaben im Konzernanhang, § 313 Abs. 1 S. 2, Abs. 2

1. Pflichtangaben

Nach § 313 Abs. 1 S. 2 und Abs. 2 sind Angaben vorgeschrieben, die zur Vermittlung eines zutreffenden Bildes von der Vermögens-, Finanz- und Ertragslage des Konzerns **unverzichtbar** sind. Die Angaben beinhalten Erläuterungen zu den Bilanzierungs- und Bewertungsmethoden einschließlich der Grundlagen der Währungsumrechnung sowie bei Veränderung der angewandten Methoden. In Verbindung mit einzelnen der nach § 313 Abs. 1 S. 1 zu beachtenden Angabepflichten sollen sich hieraus die Grundlagen der Konsolidierungs- und Bilanzpolitik des Konzerns ergeben. 59

2. Angabe der Bilanzierungs- und Bewertungsmethoden (Abs. 1 S. 2 Nr. 1)

60 **a) Angabe.** Die auf die Posten der Konzernbilanz und Konzern-Gewinn- und Verlustrechnung angewandten Bilanzierungs- und Bewertungsmethoden sind im Konzernanhang anzugeben. Die Angabe ist **Pflichtbestandteil** eines jeden Konzernabschlusses. Sie entspricht der Angabe für den Jahresabschluß nach § 284 Abs. 2 Nr. 1.

61 Die **angewandten Methoden** sind durch gesetzliche Vorschriften entweder fest vorgegeben oder als Wahlrechte ausgestaltet. Die Angabepflicht bezieht sich auf beide Möglichkeiten, macht jedoch für Methoden keinen Sinn, die durch gesetzliche Vorschriften abschließend vorgegeben sind und die keine Alternativen zulassen (z. B. Aktivierungsgebote nach dem Vollständigkeitsprinzip oder Aktivierungsverbote, z. B. § 248 Abs. 2). Die Wiedergabe solcher Methoden würde auf die Notwendigkeit der Wiederholung zwingender Bilanzierungs- und Bewertungspflichten hinauslaufen.[60] Daher ist eine **einschränkende Auslegung** geboten. Angaben zu Bilanzierungs- und Bewertungsmethoden sind nur erforderlich, wenn das Gesetz Wahlmöglichkeiten zwischen mehreren Methoden oder zwischen unterschiedlichen Ausgestaltungen einer Methode einräumt. Die Beschränkung auf diese Angaben dient dem Gebot der Klarheit.

62 Die Pflicht zur Angabe der Methode ist auf die **Beschreibung** der jeweils getroffenen Bilanzansatz- oder Bewertungsentscheidung beschränkt. Die Erläuterung der Posten ist durch Nr. 1 nicht vorgeschrieben; insbesondere sind Angaben zu Posteninhalten oder deren Veränderung gegenüber dem Vorjahr nicht verlangt. Erläuterungen dieser Art können durch andere Vorschriften angeordnet sein; zu den Einzelangaben Rdn. 57 f sowie § 297 Abs. 2 S. 2. Werden innerhalb eines Bilanzpostens Vermögensgegenstände nach unterschiedlichen Methoden behandelt, sind alle Methoden anzugeben.

63 Die Angabe bezieht sich auf die **Posten des Konzernabschlusses.** Darzustellen ist die Methode, aufgrund der die Posten im Konzernabschluß angesetzt und bewertet wurden. Die Ableitung der Posten aus den Jahresabschlüssen der einbezogenen Unternehmen und deren Überleitung in den Konzernabschluß (z. B. Aufstellung einer Überleitungsrechnung als Handelsbilanz II) ist nicht berichtspflichtig, sofern sich nicht aus §§ 300 oder 308 besondere Berichtspflichten ergeben.[61] Über die angewandten *Konsolidierungsmethoden* ist nicht nach § 313 Abs. 1 S. 2 Nr. 1, sondern ausschließlich nach Maßgabe der Einzelvorschriften zu berichten (Rdn. 92 ff).

64 Werden der **Anhang** des Jahresabschlusses und der **Konzernanhang** zusammengefaßt, sind gesonderte Angaben zu Bilanzierungs- und Bewertungsmethoden nicht erforderlich, wenn die Methoden im Konzernabschluß mit den Methoden für Ansätze und Bewertungen im Jahresabschluß übereinstimmen.

65 **b) Bilanzierungsmethoden.** Die Angabe beinhaltet die Beschreibung der Methode(n), nach der/den die Vermögensgegenstände, Schulden, Rechnungsabgrenzungsposten, Bilanzierungshilfen und Sonderposten nach steuerlichen Vorschriften in dem Konzernabschluß angesetzt werden. Der für den Ansatz maßgebliche Rechtsrahmen ergibt sich aus § 300. **Bilanzierungswahlrechte** nach dem Recht des Mutterunternehmens sind zu beachten und können neu ausgeübt werden. Zum Ansatz gesetzlich vorgeschriebener Posten sind Angaben entbehrlich. Zu den Bilanzierungswahlrechten für den Jahresabschluß vgl. § 284, 32 f.

---

[60] ADS 59; WP-Handbuch 2000 I F 571.

[61] WP-Handbuch 2000 I M 699 f; ADS 60.

Die Angabe bezieht sich auf die **Ansatzentscheidung** des **Mutterunternehmens.** 66
Es muß angegeben werden, in welcher Weise Wahlrechte ausgeübt wurden. Eine Begründung für die Ausübung des Wahlrechts ist nicht vorgeschrieben. Ferner hat sich die Angabe auf die besonderen Posten zu beziehen, die sich aus der Eigenart des Konzernabschlusses ergeben. Hierzu gehören z. B. Posten, die die Unterschiedsbeträge aus der Kapitalkonsolidierung beinhalten, also z. B. ein infolge der Konsolidierung gebildeter good will oder Anteile in Fremdbesitz, ferner Posten, die latente Steuern nach § 306 ausweisen.[62] Darüber hinaus ist auf Ansätze hinzuweisen, die sich aus der zulässigen Beibehaltung von *geschäftszweigbezogenen Ansätzen* in einem Konzernabschluß ergeben, der nicht denselben Sondervorschriften unterliegt, § 300 Abs. 2 S. 3. Die Angabe muß erkennbar machen, ob die angewandte Methode im Konzernabschluß einheitlich Verwendung gefunden hat oder in welchem Umfang davon abgewichen wurde. Da Ansätze im Konzernabschluß nicht stets einheitlich gewählt werden müssen, sind die anderen Methoden ebenfalls anzugeben (§ 300, 46).

c) Bewertungsmethoden. Als Bewertungsmethode gilt jedes den GoBil entspre- 67
chende, in seinem Ablauf definierte **Verfahren** der **Wertfindung.** Das trifft für Verfahren zu, die durch Anknüpfen an bestimmte, für die Bewertung relevante Merkmale dazu dienen, nach Maßgabe gesetzlicher Vorgaben einen bestimmten Wertansatz zu bestimmen.[63] Zu einer Methode gehören das Verfahren und die Festlegung bestimmter methodenausfüllender Meßgrößen. Zu den Bewertungsmethoden gehören die Abschreibungsmethoden als die Verfahren und Parameter der planmäßigen Wertminderung abnutzbarer Vermögensgegenstände (§ 284, 35 ff).

Die zugelassenen Bewertungsmethoden ergeben sich aus § 308. Nach § 308 Abs. 1 68
S. 1 sind die im Konzernabschluß nach § 300 Abs. 2 angesetzten Vermögensgegenstände und Schulden nach den auf den Jahresabschluß des Mutterunternehmens anwendbaren Methoden zu bewerten. Die **Bewertung** muß im Konzernabschluß *einheitlich* erfolgen (§ 308 Abs. 1 S. 1);[64] Ausnahmen von diesem Grundsatz sind nach Abs. 2 S. 3 zulässig, aber im Konzernanhang anzugeben und zu begründen. Die nach dem Recht des Mutterunternehmens zugelassenen *Bewertungswahlrechte* dürfen, unabhängig von ihrer Ausübung in den Jahresabschlüssen der einbezogenen Unternehmen neu ausgeübt werden. Abweichungen von der Bewertung im Jahresabschluß des Mutterunternehmens sind anzugeben und zu begründen, § 308 Abs. 1 S. 3.

Wertansätze, die auf der Anwendung der für **Kreditinstitute** oder **Versicherungs-** 69
unternehmen geltenden Vorschriften beruhen, dürfen im Konzernabschluß beibehalten werden; auf die Anwendung dieser Ausnahme ist im Konzernanhang hinzuweisen (§ 308 Abs. 2 S. 2).

Der **Inhalt** der Angaben zu den im Konzernabschluß ausgewiesenen Vermögens- 70
gegenständen und Schulden entspricht dem zu den Posten des Jahresabschlusses, § 284 Abs. 2 Nr. 1 (dazu § 284, 39 ff). Die Angaben sind zu ergänzen um die Besonderheiten des Konzernabschlusses. Für börsennotierte Unternehmen schreibt DRS 4, 52 ff im Jahr des Erwerbs eines Tochterunternehmens auch Angaben über den Zeitpunkt des Erwerbs, die Höhe des erworbenen Anteils, die Anschaffungskosten und Zahlungsverpflichtungen vor. Wird bei der Vollkonsolidierung die Neubewertungsmethode (§ 301 Abs. 1 S. 2 Nr. 2) oder bei der Bewertung assoziierter Unternehmen die Kapitalanteilsmethode (§ 312 Abs. 2 Nr. 2) angewendet, sind außer der Wahl des Verfahrens die Grundsätze, nach denen der „beizulegende Wert" i. S. v. § 301 Abs. 1 S. 2 Nr. 2 für Ver-

[62] ADS 63.
[63] ADS § 284, 60.
[64] IDW HFA 3/ 1988, WPg 1988, 482.

mögensgegenstände, Schulden und andere Posten ermittelt wurde, anzugeben.[65] Weitere Angaben sind über planmäßige Abschreibungen oder die Auflösung von Beträgen zu machen, sofern diese nicht mit den sonst einheitlich im Konzern angewandten Methoden übereinstimmen. Für Unterschiedsbeträge nach § 301 Abs. 3 sind Angaben zur Abschreibung bei aktiven und zur Auflösung bei passiven Unterschiedsbeträgen (§ 309 Abs. 1, 2) zu machen.

71 Zu den **Besonderheiten des Konzernabschlusses** gehört die Eliminierung von Zwischenergebnissen (§ 304) und konzerninternen Schulden (§ 303). Zu den Bewertungsmethoden rechnen auch die Angaben zur Durchführung der Konsolidierung, der Ermittlung von Konzernanschaffungskosten oder die Behandlung der sich hieraus ergebenden Unterschiedsbeträge. Bei der **Steuerabgrenzung** (§ 306) ist der Steuersatz anzugeben. Die wesentlichen Bestimmmungsgrößen hierfür sind die Anwendung der „deferral" oder „liability"-Methode und die Auswirkungen von gespaltenen Steuersätzen bei Thesaurierung oder Ausschüttung. Nach § 306 S. 1 ist ferner der nach Anwendung dieser Vorschrift sich ergebende Betrag anzugeben; dieser ist aus dem Gesamtbetrag der Steuerabgrenzungsbeträge, die sich aus der Anwendung von §§ 274 und 306 sowie der Aufstellung einer Handelsbilanz II ergibt, herauszurechnen. Eine Aufgliederung der einzelnen Rechnungsgrößen oder eine Aufteilung der aktiven und passiven Steuerabgrenzungsbeträge ist nicht erforderlich.[66]

72 Angaben sind erforderlich, wenn im Konzernabschluß Vermögensgegenstände oder Schulden eines einbezogenen Unternehmens zulässigerweise mit einem nur nach **steuerlichen Vorschriften** zulässigen Wert angesetzt werden; gleiches gilt bei der Übernahme eines Sonderpostens (§ 308 Abs. 3). Der Betrag der im Geschäftsjahr in den Jahresabschlüssen vorgenommenen Abschreibungen, Wertberichtigungen oder Einstellungen in einen Sonderposten sowie der Betrag einer unterlassenen Zuschreibung sind anzugeben und die Maßnahme zu begründen.

73 Bestehen im Konzern Pensionszusagen oder ähnliche Zusagen, die spätere Vergütungsbestandteile beinhalten (deferred compensation), sind Angaben über die Bildung und Bewertung von **Pensionsrückstellungen** oder Rückstellungen für vergleichbare Verpflichtungen zu machen. Diese sind im Konzern einheitlich zu bewerten; die im internationalen Konzern anzutreffenden Differenzierungen in der Ausgestaltung nach dem jeweiligen Landesrecht sind zu berücksichtigen. Die Bewertung bei den unterschiedlichen Gestaltungsformen ist anzugeben. Den unterschiedlichen Auswirkungen der angenommenen biometrischen Wahrscheinlichkeiten, des Fluktuationsverhaltens und der Zinssätze ist Rechnung zu tragen.[67]

74 Die Bewertung **assoziierter Unternehmen** zieht nach § 312 eine Vielzahl von Angaben nach sich, die die Bewertung nachvollziehbar gestalten sollen. Außer der Bewertungsmethode (§ 312 Abs. 1) sind die Behandlung des Unterschiedsbetrags (§ 312 Abs. 2, 3) und die Bewertung der Vermögensgegenstände und Schulden der assoziierten Unternehmen nach konzerneinheitlichen Grundsätzen (§ 312 Abs. 5) anzugeben.

75 Zu den empfohlenen Angaben gehört die Erläuterung des **Konzernergebnisses**.[68] Eine gesetzliche Vorgabe findet sich hierfür nicht. Das Fehlen gesetzlicher Regelungen für die Verwendung oder Behandlung von Unterschiedsbeträgen oder ergebniswirksamen Konsolidierungsvorgängen führt i. V. m. den Grundsätzen ordnungsmäßiger Konzernrechungslegung faktisch zu einem Wahlrecht, über dessen Ausübung An-

---

65 Zu Methoden ADS 64; WP-Handbuch 2000 I M 700.

66 ADS 66; Beck BilKomm-*Ellrott* 77; WP-Handbuch 2000 I M 702.

67 ADS 67; *Luik* WPg 1987, 733, 744; *IDW* HFA 2/1988, WPg 1988, 403, 405.

68 WP-Handbuch 2000 I M 703; ADS 68; HdKR-*Dörner/Wirth* 261.

gaben zu machen sind. Der h. M. ist, allerdings im Sinne einer Pflichtangabe, zuzustimmen.

Ebenfalls nicht geregelt ist die Methode zur Behandlung des **Ausscheidens** eines Unternehmens **aus dem Konsolidierungskreis**. Die Angabepflichten nach § 294 Abs. 2 tragen den hiermit verbundenen Fragestellungen nicht Rechnung, da ihr Ziel die Herstellung vergleichbarer Konzernabschlüsse ist. Die Endkonsolidierung erfolgt nach nur wenig verfestigten Regelungen;[69] je nach Wahl eines Verfahrens ergeben sich erhebliche Auswirkungen auf die Darstellung der Vermögens- und Ertragslage. Zu den Angaben zu den Bilanzierungs- oder Bewertungsmethoden gehören auch Hinweise auf die Bewertung, die Abschreibung, Wertberichtigung oder Auflösung von Posten und die Behandlung der sich daraus ergebenden Auswirkungen. Im einzelnen § 301, 208 ff.[70] 76

3. Angabe der Grundlagen der Währungsumrechnung (Abs. 1 S. 2 Nr. 2)

Nach § 313 Abs. 1 S. 2 Nr. 2 sind im Konzernanhang die Grundlagen für die Umrechnung in **Deutsche Mark/Euro** anzugeben, sofern der Konzernabschluß Posten enthält, denen Beträge zugrunde liegen, die auf fremde Währung lauten oder ursprünglich auf fremde Währung lauteten. Zur erstmaligen Anwendung vgl. Rdn. 8 und 35. 77

Der Konzernabschluß ist in Deutscher Mark/Euro aufzustellen, §§ 298 Abs. 1, 244 (§ 298, 19). Die Angaben im Konzernanhang sind in der gleichen Währung zu machen. Im Konzernabschluß enthaltene Posten, die auf **fremde Währung** lauten oder lauteten, sind in Deutsche Mark/Euro umzurechnen. Die Angabe im Konzernanhang dient der Erläuterung dieser Umrechnung. Die Angabe entspricht inhaltlich § 284 Abs. 2 Nr. 2; zu weiteren Einzelheiten vgl. § 284, 43 ff. 78

Eine Vorschrift, die die **Grundsätze der Währungsumrechnung** regelt, fehlt. Für Kreditinstitute enthält § 340h Grundsätze, die indes nicht verallgemeinert werden können. Die 4. oder 7. EG-Richtlinie und der deutsche Gesetzgeber haben sich einer Regelung enthalten, um den im internationalen Bereich noch laufenden Prozeß der Methodenfindung nicht zu beschränken; die Entwicklung bleibt damit weiterhin den GoBil vorbehalten (§ 298, 20 ff).[71] Die Angabe im Konzernanhang hat größere Bedeutung als im Jahresabschluß, da nicht nur die Fremdwährungsposten in den einbezogenen Unternehmen aus dem Währungsbereich von Deutscher Mark/Euro, sondern auch die Posten der Jahresabschlüsse der außerhalb der Euro-Zone ansässigen und einbezogenen Tochterunternehmen betroffen sind, § 294 Abs. 1.[72] 79

Gegenstand der Angabe sind die angewandten Methoden der Währungsumrechnung. Das Fehlen einer gesetzlichen Normierung schließt aus, durch die schlichte Bezeichnung eines Verfahrens die geforderte Klarheit der Angabe zu verschaffen. Außer der *Bezeichnung* der Methode ist ihr *Inhalt* zu beschreiben und die im Konzernabschluß gewählte Verfahrensweise zu erklären. Für den Konzernabschluß besteht *Freiheit* in der Auswahl der Methode (dazu § 298, 22 ff). Wegen der Methodenvielfalt sind die grundlegenden Parameter der angewandten Methode zu beschreiben. Funktion des Konzernanhangs, ein den tatsächlichen Verhältnissen des Konzerns entsprechendes Bild der Vermögens-, Finanz- und Ertragslage zu vermitteln, wird nur erfüllt, wenn mindestens folgende Angaben gemacht werden:[73] 80

---

[69] *Baetge/Herrmann* WPg 1995, 225 ff; dazu jetzt DRS 4, 61.
[70] Zur Angabepflicht im Anhang ADS 69.
[71] ADS 71; HdKR-*Dörner/Wirth* 264; WP-Handbuch 2000 I M 259 ff.
[72] Beck BilKomm-*Ellrott* 92.
[73] IDW HFA-Entwurf, WPg 1998, 554.

81 **Umrechnungsmethode:** die die Methode bestimmenden Grundannahmen sind anzugeben. Inhalt und Umfang der Angabe bestimmen sich nach der Eigenart der gewählten Methode (§ 298, 20 ff). Bei Anwendung der Methode der *funktionalen Währung* gilt das z. B. für die Prinzipien der Auswahl der Währung. Auf Besonderheiten der Währungsumrechnung bei Jahresabschlüssen aus Hochinflationsländern ist einzugehen.

82 **Wahl des Umrechnungskurses:** es ist anzugeben, ob Stichtagskurs oder historische Kurse zur Anwendung kommen. Ferner ist die Bestimmung des maßgeblichen Kurses anzugeben (z. B. Durchschnittskurs, Geld-, Brief- oder Mittelkurs). Die Angabe muß die Umrechnungsgrundsätze enthalten (z. B. Niederstwertprinzip, Stichtagsprinzip).

83 **Umrechnungsdifferenzen** aus der Anwendung der gewählten Methode (Erträge, Aufwendungen) unterliegen keiner vorgeschriebenen Behandlung; § 298, 38 ff. Daher ist anzugeben, ob Unterschiedsbeträge ergebniswirksam in die Konzern-Gewinn- und Verlustrechnung einbezogen, mit dem Konzerneigenkapital verrechnet, in Ausgleichsposten eingestellt, imparitätisch behandelt oder den Vermögensgegenständen des Konzerns zugeschrieben wurden.[74] Die betragsmäßigen Auswirkungen sind anzugeben, wenn die Auswirkungen von Veränderungen der Wechselkurse für die Ertragslage des Konzerns von wesentlicher Bedeutung sind.[75] Vergleichbare Angaben verlangt IASC 21 Tz. 42 ff.[76]

4. Abweichungen von Bilanzierungs-, Bewertungs- und Konsolidierungsmethoden; Einfluß auf die Ertragslage (Abs. 1 S. 2 Nr. 3)

84 Abs. 1 Nr. 3 verpflichtet, **Abweichungen** von Bilanzierungs-, Bewertungs- und Konsolidierungsmethoden im Konzernanhang anzugeben und zu begründen. Der **Einfluß** dieser Abweichungen auf die Vermögens-, Finanz- und Ertragslage des Konzerns muß gesondert dargestellt werden. Die Angabepflicht entspricht § 284 Abs. 2 Nr. 3 (§ 284, 46 ff). Wegen der Besonderheiten des Konzernabschlusses ist für den Konzernanhang die Berichterstattung auf Abweichungen von den *Konsolidierungsmethoden* ausgedehnt worden.

85 a) **Abweichungen von Methoden.** Die Angabepflicht besteht bei Abweichungen von Methoden der Bilanzierung, Bewertung und Konsolidierung. Durch die Angabe sollen **Veränderungen** erkennbar gemacht werden, deren Auswirkungen – unter Umständen beabsichtigt – die Vermögens- und Ertragslage des Konzerns berühren und damit wesentlich für die Vermittlung eines den tatsächlichen Verhältnissen entsprechenden Bildes sind.

86 Der Begriff der **Abweichung** ist nicht festgelegt. Abweichung bedeutet die Veränderung eines angewandten Verfahrens oder die Veränderung gegenüber einem bisher geübten Verfahren. Die Abweichung beinhaltet einen *sachlichen* und einen *zeitlichen* Aspekt. In zeitlicher Hinsicht sind Abweichungen gegenüber dem Vorjahreskonzernabschluß gemeint. Sie liegen vor, wenn die Methode, die auf einen im Vorjahreskonzernabschluß bereits vorhandenen Sachverhalt angewandt wurde, verändert wurde.

---

74 ADS 74; Beck BilKomm-*Ellrott* 96; HdKR-*Dörner/Wirth* 267; WP-Handbuch 2000 I M 706.

75 ADS 75; WP-Handbuch 2000 I M 705; Beck BilKomm-*Ellrott* 96.

76 Z.B. Betrag der Kursdifferenzen, Beträge, die in das Eigenkapital eingestellt oder im Buchwert eines Vermögensgegenstands enthalten sind; dazu GEFIU, DB 1993, 745 ff; *Schruff* BFuP 1993, 400 ff.

Sie betrifft ferner die Veränderung der Methode gegenüber dem Vorjahreskonzernabschluß, unabhängig von der Anwendung auf einen im Vorjahr bereits vorhandenen Sachverhalt (*Stetigkeit*).[77] In sachlicher Hinsicht liegen Abweichungen bei der Anwendung anderer Methoden auf neue Sachverhalte vor, wenn damit die Einheitlichkeit der Methodenanwendung durchbrochen wird (sog. *Teilbereichsabweichung*).[78]

Die Abweichung von angewandten Methoden setzt voraus, daß bei Aufstellung des Konzernabschlusses Freiheit in der **Methodenwahl** besteht. Die Anwendung gesetzlicher Methoden ohne Wahlmöglichkeit ist keine Methodenabweichung, auch wenn das zur Wertfindung angewandte Verfahren im Einzelfall verändert wird oder auf anderen Rechtsgrundlagen beruht (z. B. bei Vornahme außerplanmäßiger Abschreibungen). Keine Abweichungen von einer Methode i. S. v. Abs. 1 Nr. 3 sind ferner methodenimmanente Veränderungen, die aufgrund der Anwendung von feststehenden Parametern einer Methode zu Veränderungen z. B. im Verfahren der Wertfindung führen (z. B. der planmäßige Übergang von Abschreibungen nach fallenden Sätzen zu gleichbleibenden Sätzen).[79] **87**

b) Bilanzierungsmethoden. Die für den Konzernabschluß maßgeblichen Bilanzierungsmethoden ergeben sich aus § 300 Abs. 2 S. 1, § 298 Abs. 1 i. V. m. den allgemeinen Vorschriften (§ 284, 51 ff; § 298, 43 ff). Abweichungen ergeben sich bei Nichtanwendung der bisher angewandten Methoden (§ 300 Abs. 2 S. 1) oder der Neuausübung von Wahlrechten.[80] Die Angabe- und Begründungspflichten aus Nr. 3 sind zu beachten, wenn zu einer bislang als einheitlich dargestellten Praxis der Methodenanwendung weitere Verfahren treten. **88**

Zu den Abweichungen von Bilanzierungsmethoden zählt auch die Veränderung der Anwendung von Vorschriften, die für **Kreditinstitute** oder **Versicherungsunternehmen** gelten, § 300 Abs. 2 S. 3. Dies betrifft allerdings nicht die erstmalige Anwendung dieser Vorschrift; die Angabe dazu fällt unter Abs. 1 Nr. 1 (Angabe der angewandten Methode). **89**

c) Bewertungsmethoden. Für den Konzernabschluß sind die nach §§ 308, 298 Abs. 1 i. V. m. den allgemeinen Vorschriften bestehenden Bewertungsmethoden zugelassen (§ 284 Rdn. 54 ff; § 298, 60 ff); Abweichungen von Bewertungsmethoden sind nach Maßgabe des Stetigkeitsgebots (§§ 298 i. V. m. 252 Abs. 1 Nr. 6) und des Grundsatzes einheitlicher Bewertung im Konzernabschluß (§ 308) zugelassen. Zur Anwendung des Stetigkeitsgrundsatzes und der seine Durchbrechung zulassenden Ausnahmen vgl. Erl. zu § 252 und § 284, 56. Zugelassene Durchbrechungen sind anzugeben und unter Einschluß der die Durchbrechung tragenden Überlegungen zu begründen. **90**

Für die Bewertung im Konzernabschluß ergeben sich Besonderheiten aus § 308. Nach § 308 Abs. 1 dürfen Bewertungswahlrechte zwar unabhängig von der Entscheidung in den Jahresabschlüssen der einbezogenen Unternehmen getroffen werden, bei Abweichung von den auf den Jahresabschluß des Mutterunternehmens angewandten Methoden ist jedoch eine Angabe und Begründung erforderlich. Nach § 308 Abs. 1 S. 1 muß die Bewertung im Konzernabschluß **einheitlich** erfolgen, soweit nicht Ausnahmen nach § 308 Abs. 2 oder 3 eingreifen. Abweichungen von Bewertungsmethoden im Konzernabschluß liegen somit auch dann vor und sind anzugeben und zu begründen, wenn von den angewandten Grundsätzen der einheitlichen Bewertung, der Berücksichtigung der Methoden, die auf den Jahresabschluß des Mutterunternehmens ange- **91**

---

[77] WP-Handbuch 2000 I M 711; HdKR-*Dörner/Wirth* 271.
[78] WP-Handbuch 2000 I M 715.
[79] ADS 80.
[80] Beck BilKomm-*Ellrott* 109.

wandt wurden oder von Bewertungsmethoden nach branchenbezogenen Sondervorschriften oder steuerlichen Vorschriften abgewichen wird. Die Berichterstattung hierzu kann mit der nach anderen Vorschriften geforderten Angabepflicht (z. B. §§ 308 Abs. 1 S. 3, Abs. 2 S. 2 und 4, Abs. 3 S. 2) zusammengefaßt werden.

92 d) **Konsolidierungsmethoden.** Abweichungen von Konsolidierungsmethoden sind anzugeben und zu begründen. Abs. 1 S. 2 Nr. 3 bezieht die Konsolidierungsmethoden abweichend von Abs. 1 Nr. 1 in die Angabepflicht ein; Angaben zu den angewandten Methoden sind i. d. R. nach Maßgabe der Vorschriften über die einzelnen Konsolidierungsmaßnahmen erforderlich. Die Konsolidierungsmethoden ergeben sich aus folgenden Rechtsgrundlagen:

- Vorschriften über die Abgrenzung des Konsolidierungskreises, §§ 295 Abs. 3, 296 Abs. 3
- Abweichungen vom Abschlußstichtag, § 299
- Kapitalkonsolidierung, §§ 301, 302
- Anteilmäßige Konsolidierung, § 310
- Assoziierte Unternehmen, § 312
- Schuldenkonsolidierung, § 303
- Behandlung der Zwischenergebnisse, § 304
- Aufwands- und Ertragskonsolidierung, § 305
- Steuerabgrenzung, § 306
- Behandlung von Unterschiedsbeträgen, § 309
- andere Konsolidierungsmaßnahmen, z. B. die Behandlung von Unterschiedsbeträgen aus Konsolidierungsmaßnahmen oder Vorgänge der Endkonsolidierung.

93 Die Anwendung der Konsolidierungsmethoden unterliegt dem **Stetigkeitsgrundsatz**; nach § 297 Abs. 3 S. 2 gilt, daß die auf den vorhergehenden Konzernabschluß angewandten Konsolidierungsmethoden beibehalten werden sollen. Abweichungen von S. 2 sind in (begründeten) Ausnahmefällen zulässig; sie sind im Konzernanhang anzugeben und zu begründen.[81] Nr. 3 dupliziert den bereits in § 297 Abs. 3 S. 4 enthaltenen Grundsatz. Im Konzernabschluß hat die Stetigkeit eine große Bedeutung, da die gesetzlich geregelten Konsolidierungsmethoden eine Vielzahl von Wahlmöglichkeiten gewähren, die durch Wahlrechte nach GoBil noch erweitert werden (zu Einzelheiten § 297, 76 ff).

94 Eine Abweichung liegt vor, wenn im nachfolgenden Konzernabschluß auf **gleiche Sachverhalte andere Methoden** angewandt werden; hierfür wird ein begründeter Ausnahmefall nur selten in Betracht kommen. Von weiterreichender Bedeutung ist, daß neue, aber vergleichbare Sachverhalte aufgrund abweichender Methoden behandelt werden. Der Stetigkeitsgrundsatz im weiteren Sinne gilt auch in diesen Fällen.

95 Keine Abweichung ist hingegen die **Veränderung** des zugrundeliegenden **Sachverhalts**, der die Anwendung einer abweichenden Methode nach sich zieht.[82] Dieser Fall liegt vor bei Statusänderungen, wie z. B. bei Zuerwerb von Kapitalanteilen an einem Gemeinschaftsunternehmen, das nach § 312 bewertet oder nach § 310 anteilsmäßig konsolidiert wurde und nunmehr die Methode der Vollkonsolidierung anzuwenden ist.

96 Die Angabe hat die **angewandte Methode** zu bezeichnen und so zu beschreiben, daß die Art der Abweichung erkennbar wird. Die Begründung muß Auskunft über die der Methodenänderung zugrundeliegenden Gründe geben können, ohne die

[81] Beck BilKomm-*Ellrott* 127; WP-Handbuch 2000 I M 714.

[82] ADS 87.

die gesetzlichen Voraussetzungen für eine Methodenänderung nicht bejaht werden könnten.[83]

e) **Darstellung des Einflusses auf die Lage des Konzerns.** Die Auswirkungen der Abweichungen von den Bilanzierungs-, Bewertungs- und Konsolidierungsmethoden auf die Vermögens-, Finanz- und Ertragslage des Konzerns muß gesondert dargestellt werden, Abs. 1 Nr. 3, 2. Halbsatz. Die Regelung verfolgt den Zweck, die **Auswirkungen** von Methodenänderungen transparent zu machen. Da das Gesetz Abweichungen allgemein oder im begründeten Ausnahmefall zuläßt, soll die Tragweite der nicht durch Geschäftsvorfälle, sondern Bilanzierungsmaßnahmen herbeigeführten Vermögens- und Ergebnisauswirkungen erkennbar werden. 97

Den „Einfluß darstellen" bedeutet vorrangig eine **verbale Berichterstattung.**[84] Die Wirkungen der Veränderung sind so deutlich zu beschreiben, daß die dadurch veranlaßten Erhöhungen oder Minderungen von Bilanzposten oder des Konzernergebnisses erkennbar werden. Dazu wird regelmäßig eine betragsmäßige Angabe unverzichtbar sein. 98

Das Gesetz läßt offen, ob der Einfluß **einzelner Methodenabweichungen** genannt werden muß oder ob es genügt, die Auswirkungen der Methodenänderungen z. B. für die Bilanzierung, die Bewertung oder die Konsolidierung insgesamt anzugeben. Bei der Zusammenfassung von mehreren Methodenänderungen kann es zu kompensatorischen Effekten kommen, die den Einfluß der Einzelmaßnahme in ihrer Bedeutung verschleiern können. Die Beurteilung dieser Problematik muß anhand des Materiality-Grundsatzes erfolgen. Damit müssen Methodenänderungen, die nicht unwesentlich sind, einzeln dargestellt werden.[85] Die Auswirkungen der Methodenänderungen auf die drei Lagen sind getrennt darzustellen. Nach Abs. 1 Nr. 3 ist eine gesonderte Darstellung verlangt.[86] 99

V. Angaben zu einbezogenen Unternehmen und Beteiligungen (Abs. 2)

1. Allgemeines

Im Konzernanhang sind **Name und Sitz** der Unternehmen anzugeben, die zum Konsolidierungskreis gehören oder in anderer Weise im Konzernabschluß dargestellt werden. Die Angaben beziehen sich auf einbezogene Unternehmen (§ 294), Nr. 1, auf nicht einbezogene Tochterunternehmen (§§ 295, 296), Nr. 1, auf assoziierte Unternehmen, (§ 312), Nr. 2, auf anteilmäßig einbezogene Unternehmen (§ 310), Nr. 3 und auf Unternehmen, bei denen einbezogene Unternehmen insgesamt mindestens den fünften Teil der Anteile besitzen, Nr. 4. Weitere Angaben sind für börsennotierte Unternehmen vorgeschrieben. 100

Zweck der Regelung ist die sachliche Abgrenzung des Kreises von Unternehmen, auf den sich die Rechnungslegung im Konzernabschluß bezieht. Da sich der Konzernabschluß nicht auf ein durch eine bestimmte rechtliche Einheit abgegrenztes Mengengerüst bezieht, ist die Beschreibung des Umfangs des Konsolidierungskreises und anderer Beteiligungsunternehmen unverzichtbar. Die Angabe dient der Herstellung der **Vergleichbarkeit** der Konzernabschlusse im Zeitablauf sowie gegenüber anderen Konzernen.[87] 101

[83] Beck BilKomm-*Ellrott* 127.
[84] So die h. M., ADS 90; Beck BilKomm-*Ellrott* 136.
[85] ADS 91.
[86] Beck BilKomm-*Ellrott* 136; HdKR-*Dörner/Wirth* 279.
[87] *Dusemond* DB 1994, 1733, 1739.

102 Die Angaben beziehen sich auf unterschiedliche Typen von **Unternehmen**. Der Begriff des Unternehmens ist hier gleichbedeutend wie in § 271; auf die Rechtsform und den Sitz des Unternehmens kommt es nicht an. Maßgeblich ist allein die Unternehmenseigenschaft im Sinne des Handelsbilanzrechts.[88] Maßgeblicher Zeitpunkt für die Angabe ist der Stichtag für den Konzernabschluß, da sich nach diesem die für die Einbeziehung relevanten Eigenschaften bestimmen.

103 Die Unternehmen sind nach Abs. 2 **vollständig** anzugeben, soweit nicht die Ausnahmen nach Abs. 3 (dazu Rdn. 122 ff) greifen. Es sind auch die Unternehmen anzugeben, die nach § 296 Abs. 2 wegen Bedeutungslosigkeit nicht einbezogen zu werden brauchen. Der materiality-Grundsatz entbindet nicht von der Angabepflicht.[89]

104 Eine bestimmte **Form** ist nicht vorgeschrieben. Abs. 2 legt durch seine Gliederung nahe, bei der Darstellung zwischen den durch das Gesetz vorgesehenen Gruppen von Unternehmen zu unterscheiden und dies durch Abschnitte und deren Überschriften zum Ausdruck zu bringen. Die Art der Angabe macht eine *Auflistung* empfehlenswert, in der die verlangten Angaben in Spaltenform angegeben werden können. Wird diese Form gewählt, ist es nicht zweckmäßig, damit Angaben zur Veränderung des Konsolidierungskreises nach § 294 Abs. 2 zu verbinden. Angaben dieser Art beinhalten u. a. die Darstellung von Auswirkungen der Veränderung oder die Erläuterung von Anpassungen; für diese eignet sich die listenartige Darstellung nicht.[90]

2. Angaben zu Tochterunternehmen (Nr. 1)

105 **a) Einbezogene Unternehmen.** Nach Nr. 1 muß der Konzernanhang Angaben zu einbezogenen Unternehmen enthalten. Das sind alle diejenigen Unternehmen, die nach §§ 290, 291 oder 292 in den Konzernabschluß einzubeziehen sind. Die Einbeziehung (Konsolidierung) erfolgt nach den Vorschriften über die Vollkonsolidierung (§ 301) oder nach der Methode der Interessenzusammenführung (§ 302).

106 Anzugeben sind **Name** und **Sitz** der Unternehmen. Dies sind die Bezeichnungen, die im Rechtsverkehr maßgeblich sind. Sie ergeben sich aus der Satzung/dem Gesellschaftsvertrag und müssen der Eintragung im Handelsregister entsprechen. Hiervon abweichende, im Geschäftsverkehr verwendete Bezeichnungen sind nicht maßgeblich; ihre Hinzufügung ist zulässig, um dadurch den Informationsgehalt der Darstellung zu erhöhen. Sitz ist der statutarische Sitz, nicht der davon ggf. abweichende Ort der Geschäftsleitung. Bei Unternehmen mit Sitz im Ausland ist gleichermaßen der nach den Statuten verbindliche Name und Sitz, die ggf. in öffentlichen Registern eingetragen sind, anzugeben. Fehlen öffentliche Register, ist die Bezeichnung und Lokalisierung nach der letztgültigen Fassung der Satzung heranzuziehen.

107 Der **Anteil am Kapital** des einbezogenen Unternehmens richtet sich nach dem Verhältnis der den einbezogenen Unternehmen gehörenden Anteile am Kapital zum gesamten Kapital des Unternehmens. Kapital ist das **gezeichnete Kapital** des Unternehmens. Ist ein gezeichnetes Kapital nicht vorhanden, ist das Eigenkapital maßgeblich, nach dem sich die Rechte der Gesellschafter bestimmen. Zur Ermittlung des Kapitalanteils werden die Anteile, die dem Mutterunternehmen und die Anteile, die einbezogenen Tochterunternehmen gehören, zusammengezählt. Hieraus ergibt sich die Konzernbeteiligungsquote; eine Unterscheidung nach Anteilen, die den verschiedenen einbezogenen Unternehmen gehören, ist nicht erforderlich. Die Quote wird durch Anteile erhöht, die von einer für Rechnung dieser Unternehmen handelnden

---

[88] Beck BilKomm-*Ellrott* 152.
[89] ADS 93; Beck BilKomm-*Ellrott* 146.
[90] Erl. zu § 294; hierzu ADS 92.

Person gehalten werden (z. B. Treuhandanteile). Zu dieser Quote rechnen jedoch nicht die Anteile, über die ein Unternehmen aufgrund einer Vereinbarung mit anderen Gesellschaftern verfügen kann (Anteile nach § 290 Abs. 3 S. 2). Solche Anteile können zwar dem Konzern zustehen und daher für die Konsolidierung von Bedeutung sein (Rdn. 108), sie gehören jedoch nicht den einbezogenen Unternehmen. Anteile anderer Unternehmen bleiben außer Betracht, auch wenn diese nach Nr. 2 bis 4 ebenfalls anzugeben sind.

Weiterhin ist der **zur Einbeziehung** in den Konzernabschluß **verpflichtende Sachverhalt** anzugeben, wenn die Einbeziehung nicht auf einer der Kapitalbeteiligung entsprechenden Mehrheit der Stimmrechte beruht. Dies ist der Fall bei einer Einbeziehung nach § 290 Abs. 1, wenn die einheitliche Leitung bereits bei einer die Mehrheit nicht erreichenden Beteiligungsquote bejaht wird, ferner nach § 290 Abs. 2 Nr. 2 oder 3; bei Nr. 1 ist dies bei Mehrheitsstimmrechten oder stimmrechtslosen Vorzugsaktien/-geschäftsanteilen denkbar.[91] Hierher gehört auch der Fall, daß einbezogene Unternehmen aufgrund einer Vereinbarung mit den Gesellschaftern über weitere Anteile verfügen (§ 290 Abs. 3 S. 2) und ihnen diese daher zugerechnet werden. 108

b) Nicht einbezogene Unternehmen. Unternehmen dürfen nach § 295 und brauchen nach § 296 nicht in den Konzernabschluß einbezogen werden (vgl. Erl. zu § 295 und § 296). Die Gründe für die Nichteinbeziehung müssen angegeben werden. Abs. 2 Nr. 1 verlangt die Angabe von Name und Sitz, Anteil am Kapital und den zur Begründung der Einbeziehungspflicht sonst führenden Sachverhalt, der nicht eine den Kapitalverhältnissen entsprechende Mehrheit der Stimmrechte ist (Rdn. 107 f). 109

Die Anteile an diesen Unternehmen können im Konzernabschluß nach § 312 bewertet sein. Die Angaben richten sich dennoch nach Abs. 2 Nr. 1, nicht nach Nr. 2.[92] Um den Konzernkreis gleichwohl zutreffend abzugrenzen, ist die Angabe der Mitzugehörigkeit zu den Unternehmen, die nach § 312 bewertet werden, geboten. 110

3. Assoziierte Unternehmen (Nr. 2)

Assoziierte Unternehmen werden in der Konzernbilanz mit einem nach § 312 zu ermittelnden **Wertansatz** angesetzt. Die Voraussetzungen hierfür bestimmen sich nach § 311 Abs. 1. Die Angabe bezieht sich auf alle Unternehmen, auf die diese Voraussetzungen zutreffen, unabhängig davon, ob sie tatsächlich als assoziierte Unternehmen bewertet werden oder ob dies nach § 311 Abs. 2 unterbleibt. Eine Angabe unter Nr. 2 unterbleibt jedoch für diejenigen Unternehmen, die Tochterunternehmen sind, aber nach §§ 295, 296 nicht in den Konzernabschluß einbezogen wurden. 111

Anzugeben sind **Name** und **Sitz** (Rdn. 106), ferner der Anteil am Kapital, der vom Mutterunternehmen oder einem anderen einbezogenen Unternehmen gehalten wird. Anteile nicht einbezogener Unternehmen bleiben außer Betracht, es sei denn, daß sie nach § 271 Abs. 1 i. V. m. § 16 Abs. 2 S. 3, Abs. 4 AktG dem Mutterunternehmen oder einem Tochterunternehmen zugerechnet werden. 112

Wird das Unternehmen nicht nach § 312 bewertet, weil die Beteiligung an dem Unternehmen für die Vermittlung eines den tatsächlichen Verhältnissen entsprechenden Bildes der Vermögens-, Finanz- und Ertragslage des Konzerns von **untergeordneter Bedeutung** ist, ist die Angabe nach Nr. 2 um den Hinweis auf die Anwendung 113

---

[91] ADS 100; *Biener/Schatzmann* Konzernrechnungslegung 61.

[92] Beck BilKomm-*Ellrott* 160.

dieser Ausnahme (§ 311 Abs. 2) zu ergänzen. Bei einer listenartigen Aufstellung der Angaben nach Abs. 2 ist an anderer Stelle im Konzernanhang die Begründung für die Ausnahme zu geben.

4. Anteilmäßige Einbeziehung von Unternehmen (Nr. 3)

114 Die anteilmäßige Einbeziehung von Unternehmen (Quotenkonsolidierung) erfolgt unter den Voraussetzungen von § 310. Wird von diesem Wahlrecht Gebrauch gemacht und werden Unternehmen anteilmäßig einbezogen, sind für diese nach Nr. 3 Angaben zu machen. Die **Angaben** betreffen Name, Sitz und Anteil am Kapital dieser Unternehmen, die einbezogenen Unternehmen gehören oder für deren Rechnung gehalten werden, Rdn. 108.

115 Für diese Unternehmen ist ferner der **Tatbestand**, aus dem sich die Anwendung von § 310 ergibt, anzugeben. Gemeint ist der Sachverhalt, der zur **Anwendung von § 310 Abs. 1** führt. Das sind die rechtlichen (z. B. Konsortien, Stimmbindungsverträge) oder tatsächlichen Verhältnisse zwischen den Gesellschaftern, die die Annahme der gemeinsamen Führung begründen. Nicht erforderlich, wenn auch wünschenswert, ist die Angabe der anderen, nicht einbezogenen Unternehmen, mit denen das Unternehmen gemeinsam geführt wird.[93]

5. Andere Unternehmen (Nr. 4)

116 a) **Angabepflichten.** Angaben zu **anderen** als den nach Nr. 1 bis 3 bezeichneten **Unternehmen** sind für Unternehmen zu machen, an denen Konzernunternehmen oder Dritte für deren Rechnung mindestens den fünften Teil der Anteile besitzen. Die Angaben betreffen Name und Sitz sowie den Anteil am Kapital (dazu vgl. Rdn. 106 f); ferner sind anzugeben die Höhe des Eigenkapitals und das Ergebnis des letzten Geschäftsjahres.

117 Die Angabe betrifft Unternehmen, an denen von oder für Konzernunternehmen mindestens **20 % der Anteile** an dem Unternehmen gehalten werden. Sie ist der Angabe zu Beteiligungsunternehmen nach § 285 Nr. 11 vergleichbar (§ 285, 82 ff). Die Berechnung der zu berücksichtigenden Anteile weicht in Nr. 4 von § 285 Nr. 11 ab. Für die Angabe hier von Bedeutung sind Anteile, die vom Mutterunternehmen, einem Tochterunternehmen oder von Dritten für deren Rechnung gehalten werden. Nach dem Gesetzeswortlaut scheint es auf den **Besitz** anzukommen, womit auf das Erfordernis der tatsächlichen Gewalt abgestellt würde. Für Anteile an anderen Unternehmen handelt es sich, abgesehen von Anteilen, die in Wertpapieren verbrieft sind, um ein untaugliches Kriterium. Statt auf Besitz ist in Nr. 4 auf das Eigentum an den Anteilen abzustellen.[94] Eine Verweisung auf § 16 Abs. 2 und 4 AktG ist unterblieben. Aus Konzernsicht bestimmt sich der Kreis der anzugebenden Unternehmen nach Maßgabe der von den bezeichneten Unternehmen insgesamt gehaltenen Anteile, wobei diese zusammenzurechnen sind.[95] Durch die Inbezugnahme von Tochterunternehmen i. S. v. § 290 Abs. 1 und 2 ist regelmäßig ein weitgehend deckungsgleicher Kreis von Unternehmen im Vergleich zu § 16 Abs. 2 und 4 AktG erfaßt, so daß die Verweisung an dieser Stelle verzichtbar ist.[96] Es sind Anteile von Tochterunternehmen zu berücksichtigen, gleichgültig, ob diese in den Konzernabschluß einbezogen werden oder nicht; die

---

93 ADS 109; Beck BilKomm-*Ellrott* 204; WP-Handbuch 2000 I M 676.

94 Beck BilKomm-*Ellrott* 174.

95 WP-Handbuch 2000 I M 679; ADS 112.

96 § 271, 17; WP-Handbuch 2000 I T 8 ff; ADS Vorb. §§ 15–18 AktG, 2 ff.

hierzu gehörenden Unternehmen ergeben sich aus Nr. 1 (Rdn. 105 ff). Das Unternehmen, an dem der Anteilsbesitz besteht, muß keine **Beteiligung** i. S. v. § 271 Abs. 1 sein.

Die **Höhe des Eigenkapitals** bestimmt sich nach den Posten des Eigenkapitals aus dem Jahresabschluß des Unternehmens (s. §§ 247 Abs. 1, 266 Abs. 3 (Passivseite) A). Abzustellen ist auf das Eigenkapital, nicht nur das gezeichnete Kapital. Anzugeben ist ferner das **Ergebnis des letzten Geschäftsjahres**, für das ein Abschluß aufgestellt worden ist (§ 285, 88). Der Zeitraum, für den ein solcher Abschluß aufgestellt wurde, kann vom Konzerngeschäftsjahr abweichen. **118**

b) Zusatzangaben bei börsennotierten Unternehmen. Durch das KapCoRiLiG wurde in Nr. 4 ein neuer Satz 2 eingefügt (Rdn. 8). Sie entspricht der Angabepflicht nach § 285 Nr. 11 (§ 285, 89). Die Angabe betrifft Beteiligungen an großen Kapitalgesellschaften, die nicht unter Nr. 1 bis 3 fallen. Sie muß gemacht werden, wenn dem börsennotierten Mutterunternehmen, einem börsennotierten Tochterunternehmen oder eines für deren Rechnung handelnder Dritter mehr als 5 vom Hundert der Stimmrechte an einer solchen Kapitalgesellschaft hält. Zum Begriff des börsennotierten Unternehmens vgl. § 3 Abs. 2 AktG. Beteiligungen i. S. v. Nr. 4, die von börsennotierten Mutter- und Tochterunternehmen gehalten werden, sind zusammen zu rechnen; § 16 Abs. 2 und 4 AktG sind anzuwenden. **119**

c) Befreiung von der Angabepflicht. Nr. 4 enthält, anders als die Nr. 1 bis 3 eine eigenständige Befreiungsregelung. Angaben nach S. 1 und 2 brauchen nicht gemacht zu werden, wenn sie für die Vermittlung eines den tatsächlichen Verhältnissen entsprechenden Bildes von der Lage des Konzerns von **untergeordneter Bedeutung** sind. Die Vorschrift entspricht § 286 Abs. 3 Nr. 1 (§ 286, 15). Die Bedeutung (materiality-Grundsatz) ist an der Gesamtheit des Konzerns zu messen. Nach dem Gesetzeswortlaut ist unklar, ob sich die Befreiung stets auf alle Angaben bezieht oder auf einzelne beschränken kann. Nach Sinn und Zweck der Vorschrift soll der Anhang von unwesentlichen Angaben befreit bleiben. Das ist dann der Fall, wenn keine der nach Nr. 4 erforderlichen Angaben zur Vermittlung des zutreffenden Lagebildes beitragen kann. Ist dies der Fall, sind alle geforderten Angaben zu unterlassen.[97] Das Unterlassen von Angaben ist jedoch dann nicht zulässig, wenn die Unternehmen insgesamt nicht von untergeordneter Bedeutung sind.[98] **120**

Eigenkapital und **Ergebnis** brauchen bei Anteilsbesitz des Konzerns an nicht publizitätspflichtigen Unternehmen, an denen der Konzern weniger als 50 % der Anteile hält, nicht angegeben zu werden. Die Regelung entspricht § 286 Abs. 3 S. 2 (§ 286, 17). **121**

VI. Befreiung bei Nachteilszufügung (Abs. 3)

1. Anwendungsbereich

a) Allgemeines. Abs. 3 enthält eine **Schutzklausel**, die von der Angabepflicht befreit, soweit durch die Angaben einem Unternehmen i. S. v. Abs. 2 ein erheblicher Nachteil entstehen kann. Die Regelung entspricht § 286 Abs. 3 S. 1 Nr. 2. Zur Erläuterung der Voraussetzungen § 286, 16. In den Anwendungsbereich sind das Mutterunternehmen und alle nach Abs. 2 anzugebenden Unternehmen einbezogen. Die Befreiung gilt jedoch nur für die nach Abs. 2 vorgeschriebenen Angaben; andere Angabeerfordernisse (z. B. § 295 Abs. 3, § 296 Abs. 3) werden durch Abs. 3 nicht be- **122**

---

97 Teilw. abw. ADS 115.

98 ADS 115; Beck BilKomm-*Ellrott* 213.

rührt. Zurückgehend auf einen Vorschlag des DRSC sieht der Entwurf eines Transparenz- und Publizitätsgesetzes (Stand 26.11.2001) vor, Abs. 3 ersatzlos zu streichen.

123 **b) Keine Angaben bei Nachteilen.** Erhebliche Nachteile bestehen bei ungünstigen Veränderungen des wirtschaftlichen oder rechtlichen Umfelds der geschützten Unternehmen. Diese allerdings müssen eine kausale Folge der Veröffentlichung sein, so daß der Einritt der Entwicklung durch die Inanspruchnahme der Befreiung verhindert werden kann. In Betracht zu ziehen sind nur erhebliche Nachteile; Nachteile mit geringfügigen Auswirkungen sind in Kauf zu nehmen. Die Einschätzung über das Entstehen eines erheblichen Nachteils muß nach **vernünftiger kaufmännischer Beurteilung** getroffen werden.

124 Die Befreiung nach Abs. 3 reicht nur **soweit**, als mit einem erheblichen Nachteil gerechnet werden muß. Anders als § 286 Abs. 3 stellt der Wortlaut hier engere Voraussetzungen auf. Die Befreiung steht in einem unmittelbaren Zusammenhang mit dem durch die Angabe sonst hervorgerufenen Nachteil. Das Kriterium des Nachteils muß für jede einzelne Angabe geprüft und festgestellt werden. Angaben dürfen demzufolge nur dann und insoweit unterlassen werden, als durch ihre Veröffentlichung sonst der Nachteil zu entstehen droht. Die Befreiung ist auf einzelne Angaben, wie z. B. den Namen oder das Ergebnis eines Unternehmens beschränkt.[99]

125 Die Schutzklausel bezieht, ebenfalls anders als § 286 Abs. 1, das **öffentliche Wohl** der Bundesrepublik Deutschland oder eines ihrer Länder nicht ein. Das Unterlassen von Angaben ist auch für den Konzernanhang jedoch geboten, sofern die Veröffentlichung von Angaben gegen andere gesetzliche Vorschriften, wie z. B. des StGB verstoßen würde.[100]

2. Angabe im Konzernanhang

126 Die Anwendung der **Ausnahmeregel** nach Abs. 3 S. 1 muß im Konzernanhang angegeben werden, vgl. S. 2. Die Angabe beschränkt sich auf den Hinweis, daß in einem oder mehreren Fällen infolge von Gründen, die unter die Schutzklausel fallen, Angaben unterlassen wurden. Eine Begründung ist nach S. 2 nicht vorgeschrieben.

VII. Aufstellung des Anteilsbesitzes (Abs. 4)

1. Funktion und Inhalt

127 Die Angaben nach Abs. 2 Nr. 1 bis 4 dürfen in einer **Aufstellung des Anteilsbesitzes** gemacht werden, anstatt unmittelbar in den Anhang aufgenommen zu werden. Statt dessen wird im Konzernanhang auf die Aufstellung verwiesen, Rdn. 129. Abs. 4 S. 1 beinhaltet ein Wahlrecht. Die Aufstellung hat sämtliche Angaben zu enthalten, die nach Abs. 2 sonst im Anhang zu machen wären; sie unterliegt dem Vollständigkeitsgebot. Es ist nicht zulässig, Angaben zu einem Teil im Konzernanhang, zu einem anderen Teil in der Aufstellung zu machen.[101] Die Aufstellung bedeutet eine örtliche Verlagerung von Angaben, ohne deren inhaltliche Qualität zu verändern. Die Regelung entspricht § 287 für die Anteilsliste zum Jahresabschluß (§ 287, 2 f). Infolge der gleichartigen Angaben, die nach Abs. 2 zu den Gruppen einbezogener und anderer Unternehmen zu machen sind, bietet sich die listenartige Aufstellung zur Entlastung des

---

[99] ADS 125; Beck BilKomm-*Ellrott* 219.
[100] WP-Handbuch 2000 I M 684; Beck BilKomm-*Ellrott* 220.
[101] So aber Beck BilKomm-*Ellrott* 225.

Anhangs an. In die Aufstellung des Anteilsbesitzes darf auch die Angabe der Befreiung der Tochterunternehmen von der Aufstellung des Jahresabschlusses nach bestimmten Vorschriften nach § 264 Abs. 3 Nr. 4 aufgenommen werden.[102]

Die Aufstellung ist **Bestandteil des Konzernanhangs,** Abs. 4 S. 2. Sie unterliegt den Anforderungen für den Konzernanhang; für die Angaben gelten die gleichen Sanktionsnormen. Sie unterliegt in gleicher Weise der Prüfung durch den Konzernabschlußprüfer. Für die Aufstellung gelten Erleichterungen bei der Offenlegung. Sie muß zum Handelsregister eingereicht werden, eine Veröffentlichung im Bundesanzeiger ist nicht erforderlich, § 325 Abs. 3 S. 2. Die gesellschaftsrechtlichen Vorlagepflichten z. B. nach § 337 Abs. 1 AktG gegenüber dem Aufsichtsrat, § 337 Abs. 2, 3 AktG gegenüber der Hauptversammlung bleiben unberührt.[103] **128**

2. Angabe im Konzernanhang

Werden die Angaben nach Abs. 2 in einer Aufstellung des Anteilsbesitzes gemacht, verpflichtet Abs. 4 S. 3 dazu, im Konzernanhang einen **Hinweis** auf die besondere Aufstellung des Anteilsbesitzes zu geben. Ferner muß im Konzernanhang angegeben werden, bei welchem Handelsregister die Aufstellung hinterlegt wird (Ort der Hinterlegung). Die Angabe des Ortes sollte um die Angabe der HR-Nummer ergänzt werden. **129**

3. Zusammengefaßte Aufstellung des Anteilsbesitzes

Nach § 298 Abs. 3 dürfen der Anhang des Jahresabschlusses und der Konzernanhang zusammengefaßt werden (§ 298, 157 f). Eine gesonderte Erwähnung hat die Aufstellung des Anteilsbesitzes nicht erfahren. Als Bestandteil des Konzernanhangs gilt für die Aufstellung jedoch dieselbe Möglichkeit. Danach ist es zulässig, die Aufstellung des Anteilsbesitzes zum Jahresabschluß und Konzernabschluß zusammenzufassen. Das gilt auch ohne daß Anhang und Konzernanhang als solche zusammengefaßt werden, sofern die übrigen Voraussetzungen hierfür gegeben sind.[104] Bei der Zusammenfassung dürfen die einerseits für den Anhang, andererseits für den Konzernanhang vorgeschriebenen Angaben zusammengefaßt werden, soweit sie deckungsgleich sind. Bei einzelnen Angaben (z. B. Anteil am Kapital) können die für den Konzernanhang vorgeschriebenen Angaben abweichen; in diesen Fällen sind beide Angaben erforderlich. **130**

VIII. Rechtsfolgen eines Verstoßes

Wird ein Konzernanhang fehlerhaft oder überhaupt nicht aufgestellt, ist die externe Rechnungslegung fehlerhaft. Damit sind Einwendungen begründet, die zur Einschränkung des Bestätigungsvermerks führen, § 322 Abs. 4. Da der Konzernabschluß nicht der Feststellung durch den Aufsichtsrat oder die Hauptversammlung unterliegt, ist er trotz Fehlerhaftigkeit nicht von der Nichtigkeit i. S. v. § 256 AktG bedroht. **131**

Die unrichtige Wiedergabe oder Verschleierung der Verhältnisse des Konzerns ist nach § 331 Nr. 2 HGB strafbar. Fehlende oder unzutreffende Angaben im Konzernanhang können den Tatbestand erfüllen. Die Zuwiderhandlung gegen die Vorschriften des § 313 ist eine Ordnungswidrigkeit, die nach § 334 Abs. 1 Nr. 2 f) HGB mit Bußgeld bedroht ist. Ein strafbares Bilanzdelikt i. S. v. § 283 StGB wird durch die Verletzung von § 313 HGB nicht begangen. **132**

[102] *Dörner/Wirth* Befreiung von Tochterkapitalgesellschaften nach § 264 Abs. 3 HGB; DB 1998, 1525, 1529.

[103] ADS 129; Beck BilKomm-*Ellrott* 225.

[104] ADS 130; Beck BilKomm-*Ellrott* 229; GEFIU Bd. 1, 28.

§ 314
Sonstige Pflichtangaben

(1) Im Konzernanhang sind ferner anzugeben:

1. der Gesamtbetrag der in der Konzernbilanz ausgewiesenen Verbindlichkeiten mit einer Restlaufzeit von mehr als fünf Jahren sowie der Gesamtbetrag der in der Konzernbilanz ausgewiesenen Verbindlichkeiten, die von in den Konzernabschluß einbezogenen Unternehmen durch Pfandrechte oder ähnliche Rechte gesichert sind, unter Angabe von Art und Form der Sicherheiten;
2. der Gesamtbetrag der sonstigen finanziellen Verpflichtungen, die nicht in der Konzernbilanz erscheinen oder nicht nach § 298 Abs. 1 in Verbindung mit § 251 anzugeben sind, sofern diese Angabe für die Beurteilung der Finanzlage des Konzerns von Bedeutung ist; davon und von den Haftungsverhältnissen nach § 251 sind Verpflichtungen gegenüber Tochterunternehmen, die nicht in den Konzernabschluß einbezogen werden, jeweils gesondert anzugeben;
3. die Aufgliederung der Umsatzerlöse nach Tätigkeitsbereichen sowie nach geographisch bestimmten Märken, soweit sich, unter Berücksichtigung der Organisation des Verkaufs von für die gewöhnliche Geschäftstätigkeit des Konzerns typischen Erzeugnissen und der für die gewöhnliche Geschäftstätigkeit des Konzerns typischen Dienstleistungen, die Tätigkeitsbereiche und geographisch bestimmten Märkte untereinander erheblich unterscheiden;
4. die durchschnittliche Zahl der Arbeitnehmer der in den Konzernabschluß einbezogenen Unternehmen während des Geschäftsjahres, getrennt nach Gruppen, sowie der in dem Geschäftsjahr verursachte Personalaufwand, sofern er nicht gesondert in der Konzern-Gewinn- und Verlustrechnung ausgewiesen ist; die durchschnittliche Zahl der Arbeitnehmer von nach § 310 nur anteilsmäßig einbezogenen Unternehmen ist gesondert anzugeben;
5. das Ausmaß, in dem das Jahresergebnis des Konzerns dadurch beeinflußt wurde, daß bei Vermögensgegenständen im Geschäftsjahr oder in früheren Geschäftsjahren Abschreibungen nach den §§ 254, 280 Abs. 2 oder in entsprechender Anwendung aufgrund steuerrechtlicher Vorschriften vorgenommen oder beibehalten wurden oder ein Sonderposten nach § 273 oder in entsprechender Anwendung gebildet wurde; ferner das Ausmaß erheblicher künftiger Belastungen, die sich für den Konzern aus einer solchen Bewertung ergeben;
6. für die Mitglieder des Geschäftsführungsorgans, eines Aufsichtsrats, eines Beirats oder einer ähnlichen Einrichtung des Mutterunternehmens, jeweils für jede Personengruppe:
   a) die für die Wahrnehmung ihrer Aufgaben im Mutterunternehmen und den Tochterunternehmen im Geschäftsjahr gewährten Gesamtbezüge (Gehälter, Gewinnbeteiligungen, Bezugsrechte, Aufwandsentschädigungen, Versicherungsentgelte, Provisionen und Nebenleistungen jeder Art). In die Gesamtbezüge sind auch Bezüge einzurechnen, die nicht ausgezahlt, sondern in Ansprüche anderer Art umgewandelt oder zur Erhöhung anderer Ansprüche verwendet werden. Außer den Bezügen für das Geschäftsjahr sind die weiteren Bezüge anzugeben, die im Geschäftsjahr gewährt, bisher aber in keinem Konzernabschluß angegeben worden sind;
   b) die für die Wahrnehmung ihrer Aufgaben im Mutterunternehmen und den Tochterunternehmen gewährten Gesamtbezüge (Abfindungen, Ruhegehälter, Hinterbliebenenbezüge und Leistungen verwandter Art) der früheren Mitglieder der bezeichneten Organe und ihrer Hinterbliebenen; Buchstabe a

Satz 2 und 3 ist entsprechend anzuwenden. Ferner ist der Betrag der für diese Personengruppe gebildeten Rückstellungen für laufende Pensionen und Anwartschaften auf Pensionen und der Betrag der für diese Verpflichtungen nicht gebildeten Rückstellungen anzugeben;

c) die vom Mutterunternehmen und den Tochterunternehmen gewährten Vorschüsse und Kredite unter Angabe der Zinssätze, der wesentlichen Bedingungen und der gegebenenfalls im Geschäftsjahr zurückgezahlten Beträge sowie die zugunsten dieser Personengruppen eingegangenen Haftungsverhältnisse;

7. der Bestand von Anteilen an dem Mutterunternehmen, die das Mutterunternehmen oder ein Tochterunternehmen oder ein anderer für Rechnung eines in den Konzernabschluß einbezogenen Unternehmens erworben oder als Pfand genommen hat; dabei sind die Zahl und der Nennbetrag oder rechnerische Wert dieser Anteile sowie deren Anteil am Kapital anzugeben.

(2) Die Umsatzerlöse brauchen nicht nach Absatz 1 Nr. 3 aufgegliedert zu werden, soweit nach vernünftiger kaufmännischer Beurteilung damit gerechnet werden muß, daß durch die Aufgliederung einem in den Konzernabschluß einbezogenen Unternehmen erhebliche Nachteile entstehen. Die Anwendung der Ausnahme ist im Konzernanhang anzugeben.

Übersicht

Schrifttum

(vgl. auch vor §§ 297, 301 und 313) *Baumann* Die Segmentberichterstattung im Rahmen der externen Finanzpublizität, Festschrift für R. Goerdeler (1987) 1; *Biener* Die Transformation der Mittelstand- und der GmbH & Co-Richtlinie, WPg 1995, 707; *Esterer/Härteis* Bilanzierung von Stock Options in der Handels- und Steuerbilanz, DB 1999, 2073; *Feige/Ruffert* Zur Bedeutung der Ausnahmeregelung des § 286 Abs. 4 HGB, DB 1995, 637; *H. F. Gelhausen/Hönsch* Bilanzierung aktienkursabhängiger Entlohnungsformen, WPg 2001, 69; *Herzig/Lochmann* Bilanzierung von Aktienoptionsplänen und ähnlichen Entlohnungsformen, WPg 2001, 82; *Hüffer* Aktienbezugsrechte als Bestandteil der Vergütung von Vorstandsmitgliedern und Mitarbeitern – gesellschaftsrechtliche Analyse, ZHR 1997, 214; *Klatte* Möglichkeiten des Verzichts auf Angabe von Organbezügen und Ergebnisverwendung, BB 1995, 35; *Löw/Roggenbuch* Neue Publizitätsanforderungen zu Anteilsbesitzverhältnissen für den Jahresabschluß 1999, DB 1999, 2481; *Lutter* Aktienoptionen für Führungskräfte – de lege lata und de lege ferenda, ZIP 1997, 1; *E. Müller* Der Konzernabschluß im Konfliktfeld, Der Jahresabschluß im Widerstreit der Interessen, hrsg. v. Baetge (1983) 213; *Pellens/Crasselt* Bilanzierung von Stock Options, DB 1998, 217; *Peltzer* Steuer- und Rechtsfragen bei der Mitarbeiterbeteiligung und der Einräumung von Aktienoptionen (Stock Options), AG 1996, 307; *Pfizer/Wirth* Die Änderungen des Handelsgesetzbuchs, DB 1994, 1937; *Simons* Erfolgsneutrale oder erfolgswirksame Buchung von Aktienoptionsprogrammen? WPg 2001, 90; *Selchert* Die Aufgliederung der Umsatzerlöse im Konzernanhang, BB 1992, 2032; *ders.* Die Aufgliederung der Umsatzerlöse gemäß § 285 Nr. 4 HGB, BB 1986, 560; *Theile* Auswirkungen beim Jahresabschluß der GmbH & Co. KG nach neuem Recht, BB 2000, 555.

I. Grundlagen

1. Regelungsgegenstand und Zweck

1 § 314 regelt weitere Pflichtangaben für den Konzernanhang. **Inhalt und Umfang** der Angabepflichten bleiben hinter denen in § 285 für den Anhang des Jahresabschlusses vorgeschriebenen zurück.[1] Die vorgeschriebenen Angaben dienen nicht der Darlegung der Methodik von Bilanzierung oder Bewertung im Konzernabschluß oder der Erläuterung einzelner Posten der Bilanz oder Gewinn- und Verlustrechnung. Sie beinhalten sonstige Angaben zur Erläuterung der tatsächlichen Verhältnisse und damit der Darstellung eines zutreffenden Lagebildes.

2 Die Angaben sind **vollständig** in jedem Konzernanhang zu machen. Die Bezugnahme auf eine in früheren Konzernabschlüssen erfolgte Berichterstattung ist nicht zulässig. Liegen berichtspflichtige Sachverhalte nicht vor, unterbleibt die Angabe; eine Fehlanzeige ist nicht erforderlich. Vorjahreszahlen sind für diese Angaben im Konzernanhang nicht vorgeschrieben, wenn auch bei den Angaben nach Nr. 1 bis 4 in der Praxis weitgehend üblich.[2]

3 Für die Art der **Darstellung** gelten die für den Konzernanhang allgemein geltenden Grundsätze, vgl. § 313, 20 ff. Die Tatbestände des § 314 verlangen eine teils verbale Angabe, teils Zahlenangaben. Die Erheblichkeit und Wesentlichkeit angabepflichtiger Sachverhalte ist vor dem Hintergrund des Konzerns zu beurteilen.[3] Für die Angaben nach Nr. 1 und 2 bietet sich eine Tabellenform an. Die Reihenfolge der Pflichtangaben in § 314 bedeutet keine Gliederungsvorgabe für die Darstellung. Die Gliederung und Art der Darstellung steht im freien Ermessen der gesetzlichen Vertreter des den

---

[1] Zu den im Anhang nicht erforderlichen Angaben vgl. Beck BilKomm-*Ellrott* 2.

[2] Beck BilKomm-*Ellrott* 1.

[3] *Biener/Berneke* BiRiLiG 390.

Konzernabschluß aufstellenden Mutterunternehmens. Angaben, die inhaltlich zu bestimmten Posten gehören, sollten aus Gründen der Klarheit und Übersichtlichkeit der Darstellung zusammengefaßt werden.

2. Entstehung

Die Angabepflichten aus Abs. 1 beruhen – mit der Ausnahme von Nr. 2 und 8 – auf der Umsetzung von Art. 34 Nr. 6 bis 13 der **7. EG-Richtlinie**. Die Angabe aus Nr. 2 ergibt sich aus Art. 14 der 4. EG-Richtlinie i. V. m. Art 17 Abs. 1 der 7. EG-Richtlinie. Die Angabe nach Nr. 8 beruht auf Art. 36 Abs. 2d der 7. EG-Richtlinie. Die Erleichterungsregelung aus Abs. 2 setzt Art. 35 Abs. 2 der 7. EG-Richtlinie um. Durch das **StückAG** (vom 25. 3. 1998, BGBl I S. 590) wurde in Abs. 1 Nr. 7 der Wortlaut des Gesetzes um die Wörter „oder rechnerische Wert" ergänzt. Die Änderung stellt eine Folgeänderung der Zulassung nennbetragsloser Aktien dar. Die Vorschrift ist ab dem 1. April 1998 anzuwenden. Abs. 1 Nr. 6 lit. a Satz 1 wurde durch Art. 1 Nr. 12 **KapCoRiLiG** (Gesetz vom 24. 2. 2000, BGBl I, 154) geändert. Nach dem Wort „Gewinnbeteiligungen" wurde das Wort „Bezugsrechte" eingefügt. Mit der Änderung werden die Angabepflichten für den Konzernabschluß an die des Jahresabschlusses angeglichen.[4] Die Regelung ist nach Art. 48 Abs. 1 EGHGB erstmals auf den Konzernabschluß anzuwenden, der für das nach dem 31. Dezember 1998 beginnende Geschäftsjahr aufgestellt wird. 4

3. Anwendungsbereich

§ 314 gilt für alle Unternehmen, die einen Konzernabschluß nach **HGB** aufzustellen haben (§ 313, 9 ff). Einzelne Angabepflichten entfallen jedoch bei Unternehmen, die den Konzernabschluß nach Vorschriften des PublG oder als Kreditinstitut oder Versicherungsunternehmen aufzustellen haben. Für nach PublG publizitätspflichtige Mutterunternehmen ist Abs. 1 Nr. 5 und 6 nicht anzuwenden. Kreditinstitute brauchen im Konzernanhang die Angaben nach Abs. 1 Nr. 1, 3 und 6c) nicht zu machen (§ 340i Abs. 2); Versicherungsunternehmen sind nach § 341j Abs. 1 von der Angabepflicht aus Nr. 3 und aus Nr. 2 für sonstige finanzielle Verpflichtungen, die im Rahmen des Versicherungsgeschäfts entstehen, befreit. 5

II. Pflichtangaben nach Abs. 1

1. Gesamtbetrag der ausgewiesenen Verbindlichkeiten und der gewährten Sicherheiten (Nr. 1)

a) **Grundlagen.** Nach Nr. 1 sind im Konzernanhang der **Gesamtbetrag** der in der Konzernbilanz ausgewiesenen **Verbindlichkeiten** und der gewährten Sicherheiten anzugeben. Die Regelung beruht auf Art. 34 Nr. 6 der 7. EG-Richtlinie. Sie entspricht § 285 Nr. 1 für den Anhang (vgl. zu Einzelheiten § 285, 6 ff). 6

b) **Anzugebende Verbindlichkeiten.** Grundlage der Angabe sind die in der Konzernbilanz nach § 298 Abs. 1 i. V. m. § 266 Abs. 3 (Passivseite) C ausgewiesenen Verbindlichkeiten. Das sind die aus Konzernsicht bestehenden Außenverbindlichkeiten; hierzu gehören nicht die Verbindlichkeiten der einbezogenen Mutter- und Tochterunternehmen untereinander, die durch die Schuldenkonsolidierung (§ 303) zu elimi- 7

---

[4] Begr. RegE, BTDrucks. 458/99, 45 f.

nieren sind. Verbindlichkeiten gegenüber nicht einbezogenen Tochterunternehmen sind in die Angabe einzubeziehen;[5] Verbindlichkeiten, die nach § 303 Abs. 2 nicht eliminiert wurden, sind infolge ihrer Unwesentlichkeit in die Angabe hingegen nicht einzubeziehen.

8 Von Bedeutung sind Verbindlichkeiten mit einer **Restlaufzeit** von **mehr als fünf Jahren**. Zur Abgrenzung vgl. § 285, 8 ff. Der Gesamtbetrag der aus den Jahresabschlüssen der einbezogenen Unternehmen sich ergebenden Verbindlichkeiten mit entsprechender Restlaufzeit ist zu ermitteln. Als Angabe ist der Gesamtbetrag der Verbindlichkeiten verlangt. Eine Aufgliederung in Einzelposten, wie nach § 285 Nr. 2 vorgeschrieben, ist für den Konzernanhang nicht verlangt; diese Vorschrift wird durch § 298 Abs. 1 nicht in Bezug genommen.

9 **c) Anzugebende Sicherheiten.** Werden Verbindlichkeiten, die in der Konzernbilanz ausgewiesen werden (vgl. Rdn. 7), durch Pfandrechte und ähnliches gesichert, ist der Gesamtbetrag der **gesicherten Verbindlichkeiten** anzugeben. Zu den Pfandrechten oder ähnlichen Rechten vgl. § 285, 11 ff. Die Angabe bezieht sich auf die Gesamtsumme der gesicherten Konzernverbindlichkeiten; eine Postenaufgliederung oder eine Aufgliederung nach Sicherungsgebern ist nicht verlangt.

10 Die **Sicherungsrechte** müssen von Unternehmen gewährt worden sein, die in den Konzernabschluß einbezogen wurden. Die Angabe erstreckt sich daher auf die Sicherheiten, die ein einbezogenes Schuldnerunternehmen an seinem Vermögen gewährt hat. Sicherungsrechte bezüglich einer Schuld gegenüber einem einbezogenen Unternehmen sind nicht anzugeben.[6] Gesicherte Verbindlichkeiten, deren Gläubiger ein nicht einbezogenes Tochterunternehmen ist, sind hier anzugeben. Pfandrechte und ähnliche Rechte die zur Sicherung von Verbindlichkeiten nicht einbezogener Unternehmen oder zur Sicherung von Verpflichtungen eines Dritten gewährt wurden, bleiben unberücksichtigt; sie fallen unter Nr. 2 (vgl. 13 ff).

11 **Art** und **Form** der gewährten Sicherheiten sind anzugeben. Vgl. § 285, 13.

12 **d) Darstellung.** Nr. 1 schreibt eine bestimmte Form der Angabe nicht vor. Eine Aufgliederung der Verbindlichkeiten und der gewährten Sicherheiten nach den einzelnen Posten der Verbindlichkeiten ist, anders als im Jahresabschluß, nicht erforderlich. Im übrigen besteht im Konzernanhang die Wahlmöglichkeit zwischen allen zweckmäßigen Darstellungsformen. Dabei können die Angaben über Restlaufzeiten von bis zu einem Jahr (§§ 298 Abs. 1, 268 Abs. 5 S. 1) mit der Angabe nach Nr. 1 in einem Verbindlichkeitenspiegel zusammengefaßt werden; wird eine zusammengefaßte Darstellungsform gewählt, bietet sich die Aufstellung eines Verbindlichkeitenspiegels mit gegebenenfalls freiwillig erweiterten Angaben an.[7] Entsprechendes gilt bei Zusammenfassung von Anhang und Konzernanhang (§ 298 Abs. 3) für die Zusammenführung der Angaben zu Verbindlichkeiten des Mutterunternehmens und des Konzerns.

2. Sonstige finanzielle Verpflichtungen und Haftungsverhältnisse (Nr. 2)

13 **a) Grundlagen.** Die Angabepflicht nach Nr. 2 transformiert Art. 34 Nr. 7 der 7. EG-Richtlinie in Halbsatz 1 vollständig und Halbsatz 2 teilweise. Die Regelung entspricht § 285 Nr. 3 (§ 285, 18 ff).

---

[5] ADS 6; Beck BilKomm-*Ellrott* 9; WP-Handbuch 2000 I M 719.

[6] Beck BilKomm-*Ellrott* 10.

[7] ADS 8; Beck BilKomm-*Ellrott* 11.

b) **Angaben zu sonstigen finanziellen Verpflichtungen.** Die Angabe betrifft den **Gesamtbetrag** von sonstigen Verpflichtungen von in den Konzernabschluß einbezogenen Unternehmen gegenüber Dritten. Dritte können auch nicht konsolidierte Tochterunternehmen sein. Verpflichtungen zwischen den einbezogenen Unternehmen sind aus Konzernsicht jedoch ohne Belang und nach § 303 wegzulassen, so daß sie auch für die Angabe nach Nr. 2 keine Rolle spielen. Die hier anzugebenden Verpflichtungen sind in der Konzernbilanz nicht als Rückstellungen oder Verbindlichkeiten ausweispflichtig und gehören auch nicht zu den Haftungsverhältnissen, die nach §§ 298 Abs. 1, 251 gesondert angegeben werden müssen. Zur Abgrenzung § 285, 20. 14

Ist der Betrag von sonstigen Verpflichtungen, die aus den Jahresabschlüssen der einbezogenen Unternehmen in den Konzernanhang übernommen werden müssen, für die Beurteilung der Finanzlage des Konzerns von **untergeordneter Bedeutung**, braucht die Angabe nicht gemacht zu werden. Die Befreiung bezieht sich auf Verpflichtungen, die aus Konzernsicht unwesentlich sind; diese Beurteilung wird von der nach § 285 Nr. 3 aus Sicht des Anhangs zu treffenden Beurteilung regelmäßig abweichen. Maßgeblich ist die Bedeutung der einzelnen Verpflichtung, die bei Unwesentlichkeit entfallen kann; es kommt nicht darauf an, ob der Gesamtbetrag der sonstigen Verpflichtungen von Bedeutung ist. Verpflichtungen, die aus Sicht des einbezogenen Unternehmens nicht von Bedeutung sind, sind auch aus Sicht des Konzerns nicht von Bedeutung, auch wenn der Gesamtbetrag der insoweit nicht wesentlichen Verpflichtungen eine gewisse Bedeutung erlangt.[8] 15

c) **Verpflichtungen und Haftungsverhältnisse gegenüber nicht einbezogenen Tochterunternehmen.** Von den sonstigen finanziellen Verpflichtungen nach Nr. 2 und Haftungsverhältnissen nach §§ 298 Abs. 1, 251 sind nach Abs. 2, 2. Halbsatz diejenigen gesondert anzugeben, die gegenüber nicht einbezogenen Tochterunternehmen bestehen. Die Angabe bezieht sich auf Verpflichtungen einbezogener Unternehmen gegenüber den nicht einbezogenen Unternehmen nach § 313 Abs. 2 Nr. 1. Soweit es sich um verbundene Unternehmen handelt, deckt sich die Angabepflicht mit der nach § 298 Abs. 1 i. V. m. § 268 Abs. 7 S. 2. 16

Entfällt die Angabe nach Nr. 2, 1. Halbsatz wegen **fehlender Bedeutung** für die Finanzlage des Konzerns, braucht auch die Zusatzangabe nicht gemacht zu werden. 17

d) **Darstellung.** Eine besondere Art der Angabe ist durch Nr. 2 nicht vorgeschrieben. Aus Gründen der Klarheit hat sich für die Praxis die Empfehlung herausgebildet, die anzugebenden sonstigen finanziellen Verpflichtungen und Haftungsverhältnisse nach sachlichen Gruppen und Fristigkeiten zu unterteilen und gegebenenfalls Angaben zur Wertermittlung zu machen.[9] Die gesonderten Angaben zu solchen Verpflichtungen gegenüber nicht einbezogenen Unternehmen können, ebenso wie die Sonderangabe zu solchen Verpflichtungen gegenüber verbundenen Unternehmen nach §§ 298 Abs. 1, 268 Abs. 7 S. 2, als „davon"-Vermerk gemacht werden. 18

e) **Pensionsverpflichtungen.** Art. 34 Nr. 7 der 7. EG-Richtlinie schreibt den gesonderten Ausweis von Pensionsverpflichtungen vor. Diese Vorgabe wurde nicht in § 314 Abs. 1 Nr. 2 übernommen, da solche Verpflichtungen nach deutschem Recht in der Konzernbilanz auszuweisen sind (§ 298, 47), soweit es sich um **Neuzusagen** handelt. Für Altzusagen enthält Art. 28 Abs. 1 EGHGB ein Ausweiswahlrecht, das bei Inanspruchnahme indes zur Angabe des nicht in der Konzernbilanz ausgewiesenen Betrags im Konzernanhang verpflichtet, Art. 28 Abs. 2 EGHGB. 19

---

[8] ADS 12; *Biener* DB 1983 Beil 19, 15; a. M. Beck BilKomm-*Ellrott* 17.

[9] ADS 13 f; Bonner HdB-*Scherrer* 14; Beck HdR-*Gzuk* C 600, 124.

3. Aufgliederung der Umsatzerlöse (Abs. 1 Nr. 3, Abs. 2)

20 a) **Grundlagen.** Die Regelung geht auf die Vorgabe in Art. 34 Nr. 8 der 7. EG-Richtlinie zurück. Sie entspricht inhaltlich § 285 Nr. 4. Zu den Begriffen der Umsatzerlöse, der Tätigkeitsbereiche und der geographisch bestimmten Märkte vgl. § 285, 30 ff. Zur Aufgliederung kommen die Außenumsatzerlöse des Konzerns, wie sie nach § 298 Abs. 1 i. V. m. § 275 Abs. 2 Nr. 1, Abs. 3 Nr. 1, § 277 Abs. 1 auszuweisen sind. Die Angabe bezieht sich somit allein auf Umsatzerlöse mit Dritten; Lieferungen und Leistungen zwischen den in den Konzernabschluß einbezogenen Unternehmen, die nach § 305 Abs. 1 Nr. 1 wegzulassen sind, bleiben außer Betracht, selbst wenn sie für die Geschäftstätigkeit insgesamt von Bedeutung sind.[10] Die Angabe hat im Hinblick auf die Verpflichtung börsennotierter Unternehmen, eine Segmentberichterstattung in den Konzernanhang aufzunehmen, für diese an Bedeutung verloren (§ 297, 18 ff).

21 b) **Aufgliederung.** Nach Nr. 3 ist die Aufgliederung der Umsatzerlöse nach bestimmten im Gesetz vorgegebenen **Kriterien** vorgeschrieben. Dies sind die Tätigkeitsbereiche, ferner geographisch bestimmte Märkte, soweit sich, unter Berücksichtigung der Organisation des Verkaufs von für die gewöhnliche Geschäftstätigkeit des Konzerns typischen Erzeugnissen und Dienstleistungen, die Tätigkeitsbereiche und die geographisch bestimmten Märkte erheblich voneinander unterscheiden. Eine über die Tätigkeitsbereiche hinausgehende Aufgliederung ist nur dann geboten, wenn die regionale Umsatzstruktur erheblich von der durch die Tätigkeitsbereiche bestimmten abweicht. In diese Betrachtung sind die Umsatzerlöse aller einbezogenen Unternehmen in allen Tätigkeitsbereichen und Märkten einzubeziehen.

22 Dem Gesetzeswortlaut ist nicht klar zu entnehmen, ob für die Aufgliederung eine **produktionsbezogene** (Umsatzherkunft) oder eine **absatzbezogene Segmentierung** zugrunde zu legen ist. Für die Angabe im Anhang wird regelmäßig nach dem Absatzmarkt untergliedert.[11] Für den Konzernanhang sind allerdings die Umsatzerlöse aus allen, gegebenenfalls weltweit erstellten Erzeugnissen und Dienstleistungen zusammenzufassen. Die absatzmarktorientierte Segmentierung würde den Umsatz nach Absatzgebieten losgelöst vom Produktionsstandort abbilden und damit mögliche wirtschaftliche Risiken nicht erkennen lassen. In der Literatur werden Aufgliederungen nach beiden Grundlagen für zulässig gehalten.[12] Die Differenzierung bei der Aufgliederung zwischen Tätigkeitsbereichen und geographisch bestimmten Märkten hat die **Organisation des Verkaufs** zu berücksichtigen. Das Gesetz selbst gibt einen Hinweis zur Absatzorientierung der Angabe. Hiernach hat die Aufgliederung der geographisch bestimmten Märkte nach Verkaufs-/Absatzgebieten zu erfolgen.[13] Ist diese Angabe im Hinblick auf die Komplexität der Liefer- und Leistungsstrukturen des Konzerns nicht genügend, um ein den tatsächlichen Verhältnissen des Konzerns entsprechendes Bild zu vermitteln, ist die Angabe entsprechend § 297 Abs. 2 S. 3 zu ergänzen. In deren Rahmen können Besonderheiten aus Sicht der Produkterstellung dargestellt werden.[14]

23 c) **Darstellung.** Die Art der Darstellung ist nicht vorgeschrieben. Die durch Nr. 3 geforderte Aufgliederung hat entsprechend dem Verhältnis der Umsatzerlöse in Tätigkeitsbereichen und regionalen Märkten zum Gesamtumsatz in absoluten Zahlen oder unter Angabe von Prozentzahlen zu erfolgen.

---

[10] H.M. vgl. ADS 21; Beck BilKomm-*Ellrott* 25; WP-Handbuch 2000 I M 722; *Biener/Schatzmann* Konzernrechnungslegung 61; zu Innenumsätzen a.M. *Baumann* FS Goerdeler 22; *Selchert* BB 1992, 2035.

[11] WP-Handbuch 2000 I M 725.

[12] *Baumann* FS Goerdeler 21 f; *Selchert* BB 1986, 560, 561; *E. Müller* Der Konzernabschluß im Konfliktfeld 213, 234.

[13] *Biener/Berneke* BiRiLiG 390; Beck BilKomm-*Ellrott* 26.

[14] Zum Streitstand ADS 22, 23.

d) **Unterlassung der Angabe, Absatz 2.** Die Aufgliederung der Umsatzerlöse und deren Angabe im Konzernanhang kann unterbleiben, soweit nach vernünftiger kaufmännischer Beurteilung damit gerechnet werden muß, daß durch die Aufgliederung einem einbezogenen Unternehmen erhebliche Nachteile entstehen. Diese Schutzklausel geht zurück auf Art. 35 Abs. 2 der 7. EG-Richtlinie. Sie entspricht § 286 Abs. 2 (§ 286, 9 ff). Die Angabe darf unterbleiben, soweit durch die Aufgliederung einem einbezogenen Unternehmen erhebliche Nachteile drohen. Können diese dadurch abgewendet werden, daß die Aufgliederung weniger tief erfolgt, muß die Angabe in dieser veränderten Form gemacht werden. Die Anwendung der Schutzklausel ist im Konzernanhang anzugeben, Abs. 2 S. 2. Einem Vorschlag des DRSC folgend sieht der Entwurf eines Transparenz- und Publizitätsgesetzes (Stand 26.11.2001) vor, Abs. 2 zu ändern und nur diejenigen Mutterunternehmen von der Angabe nach Abs. 1 Nr. 3 zu befreien, die ihren Konzernabschluß um eine Segmentberichterstattung erweitert haben. 24

4. Angaben zur Anzahl der Arbeitnehmer und zum Personalaufwand (Nr. 4)

a) **Grundlagen.** Die Angabepflicht beruht auf der Umsetzung von Art. 34 Nr. 9a) und b) der 7. EG-Richtlinie. Die Regelungen entsprechen § 285 Nr. 7. Zu Einzelheiten der Begriffe der Arbeitnehmer, der durchschnittlichen Zahl und der Gruppen und der zur Ermittlung angewandten Methoden vgl. § 285, 59. 25

b) **Arbeitnehmeranzahl.** Nach Nr. 4 wird die Angabe der Anzahl der in den einbezogenen Unternehmen durchschnittlich beschäftigten Arbeitnehmer verlangt. Maßgeblich für die Bemessung sind die in den nach §§ 301, 302 konsolidierten Unternehmen, die nach § 313 Abs. 2 Nr. 1 genannt werden, beschäftigten Arbeitnehmer. Die Angabe ist entsprechend der Anzahl der in den einbezogenen Unternehmen beschäftigten Arbeitnehmer zu machen; die Berücksichtigung der Beteiligungsquote und eine entsprechende anteilige Reduktion der Anzahl ist unzulässig. Arbeitnehmer in anteilsmäßig konsolidierten Unternehmen (§ 310) sind als Gesamtzahl gesondert anzugeben (Rdn. 29); die Anzahl der in assoziierten Unternehmen oder anderen Unternehmen i. S. v. § 313 Abs. 2 Nr. 4 beschäftigten Arbeitnehmer ist nicht anzugeben. 26

Als Besonderheit bei der Ermittlung der Anzahl sind bei einbezogenen Unternehmen mehrfach beschäftigte Arbeitnehmer wegzulassen; hierbei kommt es, wie bei der Eliminierung nach § 304 Abs. 2 oder § 305 Abs. 3 auf nicht wesentliche Zahlen nicht an. Bei der Ermittlung des **Durchschnitts** der Arbeitnehmerzahl sind Veränderungen in der Zusammensetzung des Konzerns zu berücksichtigen. Ungeachtet dessen, ob die Vorjahreszahlen entsprechend § 294 Abs. 2 in diesen Fällen angepaßt werden, ist die Anzahl der Mitarbeiter neu hinzugekommener oder endkonsolidierter Unternehmen ab dem Zeitpunkt zu berücksichtigen, ab dem das Unternehmen einbezogen/nicht mehr einbezogen und der Personalaufwand in der Konzern-Gewinn- und Verlustrechnung berücksichtigt wird. 27

Die Kriterien der **Gruppen** der Arbeitnehmer sind im Grundsatz entsprechend § 285 Nr. 7 zu bestimmen. Danach wird z. B. nach Angestellten/Arbeitern oder männlichen/weiblichen Arbeitnehmern unterschieden. Weitere Differenzierungskriterien können sich aus landesrechtlichen Besonderheiten ergeben. Aus Konzernsicht kommt darüber hinaus eine nach regionaler Zuordnung der Beschäftigungsverhältnisse bestimmte Gruppenbildung in Betracht. 28

Die Anzahl der Arbeitnehmer von **anteilsmäßig einbezogenen Unternehmen** ist gesondert anzugeben.[15] Vermögensgegenstände, Schulden, Aufwendungen und Erträge 29

---

[15] WP-Handbuch 2000 I M 744.

von nach § 310 konsolidierten Unternehmen sind nur mit der auf den Konzern entfallenden Quote einzubeziehen (§ 310, 58). Nr. 4 sieht nicht die quotale Angabe der Mitarbeiteranzahl vor, sondern verlangt die gesonderte Angabe der bei diesen Unternehmen insgesamt Beschäftigten.[16] Die Anzahl der Arbeitnehmer bei mehreren quotal einbezogenen Unternehmen ist zusammenzuzählen. Zulässig ist es, diese Angabe als „davon“-Vermerk zur Angabe der Arbeitnehmerzahl zu machen. Für die bei diesen Unternehmen beschäftigten Arbeitnehmer ist die Aufgliederung nach Gruppen nicht verlangt.

30 c) **Personalaufwand.** Wird die Konzern-Gewinn- und Verlustrechnung nach dem Umsatzkostenverfahren aufgestellt, §§ 298 Abs. 1 i. V. m. 275 Abs. 3, ist der in dem Geschäftsjahr verursachte Personalaufwand nicht erkennbar. Für diesen Fall schreibt Nr. 4, 1. Halbsatz, die Verpflichtung zur Angabe des Personalaufwands vor. Der Personalaufwand umfaßt nach § 275 Abs. 2 Nr. 6 **Aufwendungen** für **Löhne** und **Gehälter**, soziale Abgaben und Aufwendungen für Altersversorgung und für Unterstützung, darunter mit „davon“-Vermerk die Aufwendungen für Altersversorgung. Anders als nach § 285 Nr. 8 ist in Nr. 4 die Aufgliederung in die Posten nach § 275 Abs. 2 nicht vorgeschrieben. Für den Konzernanhang genügt somit die Angabe des Gesamtbetrags der sonst in diesen Posten auszuweisenden Beträgen.[17]

31 Die Angabe ergibt sich aus der **Gesamtsumme** der Personalaufwendungen der nach den Regeln der Vollkonsolidierung in den Konzernabschluß einbezogenen Unternehmen unter Berücksichtigung der Eliminierung von Beträgen nach § 305 Abs. 1; der Betrag umfaßt auch die anteiligen Personalaufwendungen der anteilsmäßig in den Konzernabschluß einbezogenen Unternehmen. In Fremdwährung ausgewiesene Personalaufwendungen sind nach der nach § 313 Abs. 1 Nr. 2 anzugebenden Methode umzurechnen.

5. Beeinflussung des Konzernjahresergebnisses durch steuerlich bedingte Bewertungsmaßnahmen (Nr. 5)

32 a) **Grundlagen.** Die Regelung transformiert Art. 34 Nr. 10 der 7. EG-Richtlinie. Sie entspricht weitgehend § 285 Nr. 5. Zu den auf den Konzernabschluß anzuwendenden Regelungen zum Jahresabschluß vgl. § 285, 37 ff.

33 b) **Einfluß durch Abschreibungen und Sonderposten.** Das Jahresergebnis des Konzerns wird durch die Bildung **steuerlich bedingter Sonderposten** und die Vornahme und Beibehaltung steuerlich motivierter Abschreibungen beeinflußt. Sie führen i. d. R. zu einer zeitlichen Verzögerung in der steuerlichen Belastung und damit zu temporären Steuerbelastungsdifferenzen. Die Übernahme von Sonderposten ist nach § 300 Abs. 2, die Vornahme und Beibehaltung von solchen Abschreibungen nach § 308 Abs. 3 S. 1 auch im Konzernabschluß zulässig. Die Bildung von Sonderposten ist nach § 273, die Vornahme von Abschreibungen ist im Jahresabschluß, der nach den Regelungen des HGB aufgestellt wird, nach §§ 254 und 280 Abs. 2 zulässig, soweit das Steuerrecht die Anerkennung des Postens bei der steuerlichen Gewinnermittlung davon abhängig macht, daß der Posten auch im handelsrechtlichen Abschluß gebildet wird (umgekehrte Maßgeblichkeit, § 5 Abs. 2 EStG; zu den Vorschriften § 285, 43). Werden inländische Unternehmen einbezogen, sind die in Nr. 5 genannten Regelungen, nach denen steuerlich bedingte Wertansätze gebildet werden dürfen, unmittelbar anwendbar. Werden ausländische Unternehmen einbezogen, beruhen bei diesen steu-

---

[16] ADS 31; weitergehend zur Angabe einer quotalen Anzahl Beck BilKomm-*Ellrott* 35.

[17] ADS 34; WP-Handbuch 2000 I M 728.

erlich begründete Wertansätze nicht auf §§ 254, 273 oder 280 Abs. 2; durch nationale Rechtsvorschriften kann aber vergleichbares vorgeschrieben sein. Durch die Regelung der entsprechenden Anwendung der inländischen Vorschriften ist die Angabe für ausländische Unternehmen in gleicher Weise zu machen, wenn die Inanspruchnahme steuerlicher Vergünstigungen davon abhängig gemacht ist, daß sie im handelsrechtlichen Abschluß erkennbar werden.[18]

Voraussetzung der Angabe nach Nr. 5 ist, daß im Konzernabschluß steuerlich 34
veranlaßte Wertansätze enthalten sind. Diese ergeben sich aus den Jahresabschlüssen der einbezogenen vollkonsolidierten Unternehmen (§§ 301, 302), ferner ergeben sich Ergebnisauswirkungen bei anteilsmäßig einbezogenen (§ 310) und bei assoziierten Unternehmen (§ 312). Für die Angabe nach Nr. 5 sind indes nur diejenigen Auswirkungen relevant, die die Konzern-Gewinn- und Verlustrechnung unmittelbar berühren. Dies gilt für Unternehmen, die nach §§ 301, 302 und 310 einbezogen werden, nicht jedoch für assoziierte Unternehmen, da bei diesen die Vornahme steuerlich motivierter Maßnahmen das Konzernergebnis nicht unmittelbar, sondern über die Ergebniszuordnung nur mittelbar betrifft.[19] Führt die Inanspruchnahme von Steuererleichterungen zu einer Minderung der Steuerlast, ohne daß die handelsrechtlich gebotenen Wertansätze beeinflußt werden, besteht kein Grund für eine Angabe nach Nr. 5; eine Abgrenzung latenter Steuern kann in Betracht kommen.

Eine Beeinflussung des Jahresergebnisses des Konzerns durch steuerlich bedingte 35
Bewertungsmaßnahmen im **Zeitablauf** ist unterschiedlich. Sie ergibt sich aus dem unterschiedlichen Abschreibungsverlauf einer handelsrechtlichen Abschreibung im Vergleich zur vorgenommenen oder beibehaltenen Abschreibung nach steuerlichen Vorschriften. Bei Vornahme der steuerlich bedingten Abschreibung tritt im Geschäftsjahr eine Ergebnisbelastung ein, die sich bei abnutzbaren Vermögensgegenständen über die Zeit der planmäßigen Abschreibung durch einen Umkehreffekt im Zeitablauf neutralisiert. Im Konzernanhang sind die Einflüsse aus dem **Primäreffekt** und dem **Umkehreffekt** darzustellen. Die im Konzern vorgenommenen Maßnahmen und ihre Ergebniswirkungen sind zusammenzufassen. Das Ausmaß der Beeinflussung wird als Nettoeffekt dargestellt.[20] Verändert sich die Zusammensetzung des Konsolidierungskreises, gelten Besonderheiten bei Unternehmen, die erstmals oder letztmals einbezogen werden. Werden nach erstmaliger Einbeziehung eines Unternehmens in früheren Geschäftsjahren vorgenommene oder beibehaltene steuerliche Wertansätze nach § 308 Abs. 3 S. 1 im Konzernabschluß übernommen und fortgesetzt, fällt der sich hieraus ergebende Ergebnisunterschied nicht unter den Betrag nach Nr. 5, da der steuerliche Wertansatz nicht in der Zeit der Konzernzugehörigkeit gebildet wurde. Scheidet ein Unternehmen aus dem Konzernkreis aus, sind Ergebnisunterschiede bei der Endkonsolidierung anzugeben, als sie sich in der Konzern-Gewinn- und Verlustrechnung ausgewirkt haben.[21]

c) Ausmaß erheblicher künftiger Belastungen. Die Angabepflicht entspricht der 36
in § 285 Nr. 5. Zur Ableitung von Belastungswirkungen aus der Vornahme oder Beibehaltung von Abschreibungen oder der Bildung von Sonderposten nach steuerlichen Vorschriften und der Ermittlung des Ausmaßes § 285, 49 ff. Künftige Belastungen des Jahresergebnisses des Konzerns kommen ausschließlich bei Wegfall der steuerlichen Begünstigung und dem sich daraus ergebenden steuerlichen Aufwand in Betracht.

---

[18] Beck BilKomm-*Ellrott* 45; WP-Handbuch 2000 I M 730; ADS 38.
[19] ADS 39.
[20] ADS 40; WP-Handbuch 2000 I M 730.
[21] Beck BilKomm-*Ellrott* 48 mit abw. M. bei Endkonsolidierung.

6. Organbezüge, Organkredite und andere Rechtsverhältnisse (Nr. 6)

37 **a) Grundlagen.** Nr. 6 verpflichtet zur Angabe der Bezüge der aktiven Organe (lit. a)), der Bezüge früherer Organmitglieder (lit. b)) sowie zur Angabe von Vorschüssen, Krediten und bestimmten anderen Rechtsverhältnissen (lit. c)). Die Verpflichtungen nach Nr. 6 a) und b) gehen zurück auf Art. 34 Nr. 12, die nach Nr. 6 c) auf Art. 34 Nr. 13 der 7. EG-Richtlinie. Sie entsprechen weitgehend den Regelungen in § 285 Nr. 9 a) bis c) (vgl. zu Einzelheiten § 285, 66). Im Konzernabschluß eines Kreditinstituts braucht die Angabe nach Nr. 6 c) nicht gemacht zu werden, § 340i Abs. 2 S. 2. Anders als § 285 Nr. 9 war Nr. 6 durch das KonTraG in seinem Wortlaut zunächst unverändert geblieben. Durch das KapCoRiLiG (vgl. Rdn. 4) wurde auch in Nr. 6 das Wort „Bezugsrechte" eingefügt. Der Entwurf eines Transparenz- und Publizitätsgesetzes (Stand 26. 11. 2001) sieht vor, Nr. 6 zu ändern und statt auf „Bezugsrecht" auf aktienbasierte Vergütungen einschließlich der daraus erzielten Gewinne abzustellen.

38 **b) Relevante Personengruppe.** In die Angaben sind die Bezüge (dazu Rdn. 39 ff) der **aktiven** (Nr. 6 a)) und der **früheren** (Nr. 6 b)) **Mitglieder** des Geschäftsführungsorgans, eines Aufsichtsrats, eines Beirats oder einer ähnlichen Einrichtung des Mutterunternehmens einzubeziehen. Zur Abgrenzung i. E. § 285, 69. Maßgeblich ist die Zugehörigkeit zu einem dieser Organe beim Mutterunternehmen. Für die Angabe irrelevant sind die Gesamtbezüge der Mitglieder von Organen in Konzernunternehmen, soweit diese nicht auch in einer Organfunktion des Mutterunternehmens stehen. Mutterunternehmen ist i. d. R. das Unternehmen, das den Konzernabschluß aufstellt. Wird auf nachgeordneter Stufe ein Teilkonzern aufgestellt, ist auch das den Teilkonzern aufstellende Unternehmen Mutterunternehmen. Wird ein befreiender Konzernabschluß nach § 291 von einem Mutterunternehmen in einem Mitgliedstaat der EU aufgestellt, richtet sich die Angabepflicht nach dem für den Abschluß geltenden nationalen Recht, das aufgrund der Mitgliedstaatenwahlrechte in Art. 34 Nr. 12 und 13 von Nr. 6 abweichen kann. Bei einem nach § 292 aufgestellten befreienden Konzernabschluß gilt das Recht dieses Abschlusses, ergänzt um § 2 Abs. 1 Nr. 4 der KonBefrV[22]; bei befreiender Wirkung eines nach international anerkannten Rechnungslegungsgrundsätzen aufgestellten Konzernabschlusses ist § 292a Abs. 2 Nr. 3 und 4 zu beachten. Übt eine Person Mehrfachfunktionen im Konzern aus, wird die Angabepflicht durch die Funktion in Organen des Mutterunternehmens begründet; die sonstigen Bezüge werden der dort ausgeübten Tätigkeit zugeordnet. Die Wahrnehmung von Organfunktionen bei Tochterunternehmen durch Personen, die nicht zugleich Organmitglied des Mutterunternehmens sind oder waren, begründet keine Angabepflicht.[23]

39 **c) Gesamtbezüge für tätige Organmitglieder.** Anzugeben sind die Gesamtbezüge, die für die Wahrnehmung ihrer Aufgaben im Mutterunternehmen und in den Tochterunternehmen im Geschäftsjahr gewährt wurden. Die Bezüge aus der Tätigkeit bei verschiedenen Konzernunternehmen sind zusammenzurechnen und als Bezüge des Organs in seiner Funktion im Mutterunternehmen anzugeben; dabei ist ohne Belang, ob die unterschiedlichen Funktionen in den Tochterunternehmen ausgeübt werden[24] (z. B. Vorstand des Mutterunternehmens zugleich Aufsichtsrat eines Tochterunternehmens).

40 Von Bedeutung sind Bezüge für die Wahrnehmung von Aufgaben im Mutterunternehmen und in **Tochterunternehmen**. Der Begriff „Aufgaben" ist weit gewählt und unterscheidet nicht nach verschiedenen Arten von Tätigkeiten. Die Aufgaben müssen nicht gleichartig sein, sondern können bei den Konzernunternehmen unterschied-

22 ADS 47; WP-Handbuch 2000 I M 748.
23 Beck BilKomm-*Ellrott* 58.
24 ADS 43; *Biener/Berneke* BiRiLiG 390.

lichen Charakter aufweisen. Verbindendes Element ist die Wahrnehmung von Organfunktionen.[25] Nicht mit der Wahrnehmung von Aufgaben im Zusammenhang steht z. B. die Wahrnehmung von Aufgaben in einem besonderen Dienstverhältnis i. S. v. § 114 AktG oder der Erhalt von Ruhegehaltsbezügen einer Person für eine frühere Tätigkeit für Konzernunternehmen, die im Geschäftsjahr als aktives Mitglied z. B. einem Aufsichtsorgan angehört.

Tochterunternehmen i. S. v. Nr. 6 sind Unternehmen, die nach § 290 Abs. 1 und 2 in den Konzernabschluß einbezogen werden können, auch wenn die Einbeziehung nach §§ 295 oder 296 unterbleibt. Anteilmäßig einbezogene Unternehmen und assoziierte Unternehmen zählen nicht dazu, so daß von diesen gewährte Bezüge nicht anzugeben sind. Bezieht sich die Angabe nach Nr. 6 auf einen Teilkonzern, setzen sich die Bezüge aus den von dem Teilkonzernmutterunternehmen und seinen Tochterunternehmen gewährten Beträgen zusammen. Bezüge von anderen Konzernunternehmen, die nicht derselben Teilkonzernspitze unterstehen, bleiben außer Betracht. Verändert sich die Zusammensetzung des Kreises der einbezogenen Unternehmen, sind Bezüge von hinzukommenden oder wegfallenden Unternehmen zeitanteilig zu berücksichtigen. Bezüge, die für eine frühere Tätigkeit gewährt werden, während der das (neu) einbezogene Unternehmen noch nicht Tochterunternehmen war, gehören nicht zu den Bezügen nach Nr. 6 a). **41**

Maßgebend sind die im Geschäftsjahr gewährten Bezüge. Maßgebliches **Geschäftsjahr** für die Angabe nach Nr. 6 ist der Zeitraum, für den der Konzernabschluß aufgestellt wird. Nach § 299 darf der Zeitraum vom Geschäftsjahr des Mutterunternehmens abweichen (vgl. § 299, 10 ff). **42**

Zum Begriff der Bezüge § 285, 70. Die Angabepflicht wurde durch das KapCoRiLiG um „Bezugsrechte" erweitert.[26] Zu den Bezügen gehören auch solche, die in **Ansprüche anderer Art** umgewandelt oder zu ihrer Erhöhung verwendet wurden. Ferner sind Bezüge angabepflichtig, die im Geschäftsjahr gewährt und bisher in keinem Konzernabschluß angegeben waren, § 285, 71. **43**

d) Bezüge früherer Organmitglieder. Die Angabe nach Nr. 6 b) bezieht sich auf die Bezüge ehemaliger Organmitglieder (vgl. Rdn. 45 ff) für deren *frühere* Tätigkeit in dem Mutterunternehmen und den Tochterunternehmen. Anknüpfungspunkt der Angabe ist die **Organfunktion**, die die Person früher im Mutterunternehmen ausgeübt hat. Werden an ein ehemaliges Organmitglied Bezüge im Hinblick auf seine frühere Aufgabenwahrnehmung bezahlt, sind diese angabepflichtig. Bezüge, die ein ehemaliges Mitglied eines Organs aufgrund eines fortbestehenden Dienstverhältnisses im Konzern oder als Ruhegehalt dafür erhält, sind nicht angabepflichtig (z. B. Ruhegehaltsbezüge eines früheren Arbeitnehmers aus seinem Dienstverhältnis nach Beendigung einer Mitgliedschaft im Aufsichtsrat). **44**

Die Angabepflicht bezieht sich auf **Bezüge**, die vom Mutterunternehmen, den Tochterunternehmen oder von Unterstützungseinrichtungen, die für diesen Zweck unterhalten werden, entrichtet werden. Bezüge von Dritten (Pensionskasse, Versicherungsunternehmen) sind nicht anzugeben, soweit dem Berechtigten ein unmittelbarer Rechtsanspruch gegenüber diesem zusteht. Sind Konzernunternehmen Anspruchsinhaber und leiten sie die Beträge an das ehemalige Organmitglied weiter, besteht die Pflicht zur Angabe fort.[27] **45**

---

[25] Beck BilKomm-*Ellrott* 63; *Biener/Berneke* BiRiLiG 390.

[26] Dazu vgl. *DRSC* Bilanzierung von Aktienoptionsplänen, Positionspapier Tz. 7.

[27] Beck BilKomm-*Ellrott* 72.

46 Die Angabe nach Nr. 6 b) ist zu ergänzen um die Angabe des Betrags der für diese Personengruppe gebildeten **Rückstellungen** für Pensionen und Anwartschaften auf Pensionen und den Betrag der für diese Verpflichtungen nicht gebildeten Rückstellungen; vgl. hierzu § 285, 74. Die Angabe hat sich aus den für die Verpflichtungen gegenüber früheren Organmitgliedern gebildeten Rückstellungen beim Mutterunternehmen und den Tochterunternehmen, unabhängig von deren tatsächlicher Einbeziehung in den Konzernabschluß zusammenzusetzen. Gleiches gilt für die Angabe nicht gebildeter Rückstellungen. Der anzugebende Betrag kann wegen des anders bestimmten Kreises der Tochterunternehmen von dem in der Konzernbilanz passivierten Betrag abweichen.[28] Die Verpflichtungen sind, unabhängig von der Art der Gewährung der Pension durch Unterstützungskasse oder Pensionskasse, einheitlich zu bewerten.

47 **e) Vorschüsse, Kredite und Haftungsverhältnisse.** Art und Inhalt der Angaben nach Nr. 6 c) entspricht der nach § 285 Nr. 9 c), vgl. § 285, 75 ff. Unter die Angabe fallen Vorschüsse, Kredite und Haftungsverhältnisse, die vom Mutterunternehmen und den Tochterunternehmen Organmitgliedern gewährt oder zu ihren Gunsten eingegangen wurden. Wie in § 285 Nr. 9 läßt der Gesetzeswortlaut unklar, ob sich die Angabepflicht nur auf die aktiven Organmitglieder oder auch auf die ehemaligen Organmitglieder bezieht. Wie zu § 285 Nr. 9 c) wird mit der h. M. im Hinblick auf den Wortlaut von Art 34 Nr. 12 der 7. EG-Richtlinie vertreten, die Angabe auf tätige Organmitglieder zu begrenzen.

48 Die von den einzelnen Konzernunternehmen gewährten Vorschüsse und Kredite sind jeweils zusammenzufassen. Eine **Saldierung** von Guthaben und Verpflichtungen gegenüber unterschiedlichen Unternehmen kommt nicht in Betracht, da die gewährten Beträge brutto darzustellen sind. Gleiches gilt auch für die Verrechnung von Ansprüchen und Verpflichtungen aus unterschiedlichem Rechtsgrund bei demselben Konzernunternehmen.

49 Ist das Mutterunternehmen **Kreditinstitut**, ist dieses von der Angabepflicht nach Nr. 6 c) befreit. Die Befreiung gilt für ein Mutterunternehmen, das nicht Kreditinstitut ist, wenn zu den einbezogenen Unternehmen ein Tochterunternehmen gehört, das Kreditinstitut ist. Gewährt das Kreditinstitut Organmitgliedern des Mutterunternehmens Kredit, entsteht eine Kollision zwischen der für das Kreditinstitut geltenden Befreiung und der für das Mutterunternehmen geltenden Angabepflicht. Für eine Befreiung auch des Mutterunternehmens von der Angabepflicht könnte sprechen, daß die Kreditvergabe an Organmitglieder bei einem Kreditinstitut der Aufsicht durch das Bundesaufsichtsamt unterliegt. Dies kann aber das Interesse der Gesellschafter und der Öffentlichkeit an der Berichterstattung über Verflechtungen zwischen der Gesellschaft und den Organen, die Auswirkungen auf die Beurteilung der Vermögens- und Finanzlage des Konzerns haben können, nicht überwiegen. Kredite eines konzernangehörigen Kreditinstituts an Organmitglieder sind angabepflichtig. Im Sinne einer teleologischen Reduktion des Anwendungsbereichs sind in solchen Fällen Ausnahmen zuzulassen bei laufenden Konten (Kontokorrent-Verhältnis), um den Konzernanhang von nicht aussagefähigen Angaben über Bewegungen auf solchen Konten zu entlasten.[29]

50 **f) Befreiung von der Angabe.** Mit § 286 Abs. 4 war durch das Gesetz zur Transformation von Vorschriften mit Erleichterungen für den Mittelstand (Art. 4 der EG-Mittelstandsrichtlinie) eine Ausnahmeregelung zum **Anhang** geschaffen worden, die

[28] Beck BilKomm-*Ellrott* 76; HdKR-*Csik* 388.

[29] ADS 49.

von der Angabepflicht nach § 285 Nr. 9 a) und b) befreit, wenn sich anhand der Angabe die Bezüge eines Mitglieds der Organe feststellen lassen. Für den Konzernanhang wurde eine vergleichbare Ausnahmeregelung nicht geschaffen.

Die Anwendung von § 286 Abs. 4 für den **Konzernanhang** ist umstritten. Für die Übertragung des der Regelung zugrundeliegenden Schutzgedankens auf den Konzernabschluß kann im Einzelfall ein Interesse bestehen, da sonst Angaben im Konzernanhang zu machen sind, von denen für den Jahresabschluß befreit wurde. In dieser Richtung ist auch das Schreiben des BMJ vom 6. 3. 1995 (Az. III A 3-3507/1-13 (D)-1 II -32-2014/94, abgedr. DB 1995, 639) zu verstehen, das dem Schutzgedanken einen weiten Geltungsbereich zuspricht.[30] Das Gesetz wurde gleichwohl an dieser Stelle nicht geändert; eine Verweisungsklausel fehlt. Das Vorliegen einer planwidrigen Lücke ist zweifelfhaft, da dem Gesetzgeber die Parallelität von Jahres- und Konzernabschluß bei Änderung von § 286 und Änderungen von § 314 bekannt war. Für die Nichtanwendung der Regelung spricht ferner, daß für den Konzernabschluß stets die Vorschriften für große Kapitalgesellschaften gelten und das mittelstandsorientierte Schutzprinzip in der Größenordnung des nach HGB aufzustellenden Konzernabschlusses keine Geltung beanspruchen kann. In der Praxis wird indes für den Konzernanhang – bei Vorliegen der Voraussetzungen von § 286 Abs. 4 – die Nichtangabe der Bezüge zumindest für vertretbar erachtet.[31] 51

7. Anteile an dem Mutterunternehmen (Nr. 7)

a) **Grundlagen.** Nach Nr. 7 ist im Konzernanhang der Bestand der in Händen einbezogener Unternehmen befindlicher Anteile an dem Mutterunternehmen anzugeben. Die Anteile werden bei der Vollkonsolidierung nicht berücksichtigt und sind in der Konzernbilanz im Umlaufvermögen gesondert auszuweisen, § 301 Abs. 4. Die Vorschrift beruht auf Art. 36 Abs. 2 d) der 7. EG-Richtlinie. Sie entspricht der für AG/KGaA vorgeschriebenen Angabe nach § 160 Abs. 1 Nr. 1 und 2 AktG, reicht in ihren Angabepflichten jedoch nicht so weit wie diese. Nr. 7 wurde durch Art. 3 § 1 Nr. 3 des StückAG vom 25. März 1998 (BGBl 1998 Teil I S. 590) als Folgeänderung aus der Zulassung nennbetragloser Aktien durch Einfügung des Begriffs „rechnerischer Wert" geändert. 52

b) **Anteile an dem Mutterunternehmen.** Die Angabe erstreckt sich auf Anteile an dem Mutterunternehmen, die dieses, ein Tochterunternehmen oder ein für Rechnung des Mutter- oder des einbezogenen Tochterunternehmens handelnder Dritter innehat. Mutterunternehmen und Tochterunternehmen sind Unternehmen i. S. v. § 290 Abs. 1 und 2. Nach dem Wortlaut der Vorschrift ist unklar, ob die Eigenschaft des Tochterunternehmens dadurch verlorengeht, daß das Tochterunternehmen nach § 295 oder § 296 nicht in den Konzernabschluß einbezogen wurde. Nach Sinn und Zweck der Regelung kann es bei Nr. 7 nur um „eigene" Anteile gehen, die **einbezogenen Unternehmen** zuzuordnen sind, da nur diese in der Konzernbilanz ausgewiesen werden. Anteile an dem Mutterunternehmen, die ein anteilmäßig einbezogenes Unternehmen oder ein assoziiertes Unternehmen halten oder für deren Rechnung gehalten werden, bleiben für Nr. 7 außer Betracht. Anteile, die von Dritten für Rechnung nicht einbezogener Unternehmen gehalten werden, sind ebenfalls nicht zu berücksichtigen.[32] 53

---

[30] *Biener* WPg 1993, 709; *Pfizer/Wirth* DB 1994, 1939; *Klatte* BB 1995, 37; *Feige/Ruffert* DB 1995, 637.

[31] ADS 50.

[32] ADS 52, 53; Beck BilKomm-*Ellrott* 85; WP-Handbuch 2000 I M 732.

54 Für die Angabe ist es unerheblich, ob die **gesetzlichen Voraussetzungen** für den Erwerb eigener Anteile (z. B. §§ 71 ff AktG, § 33 GmbHG) vorgelegen haben und der Erwerb oder die Pfandnahme infolgedessen erlaubt waren.

55 c) **Erwerb, Pfandnahme.** Die in Nr. 7 verwendeten Begriffe entsprechen dem Wortlaut des § 160 Abs. 1 Nr. 2 AktG. Damit würde die Angabe sich nur auf erworbene oder als Pfand genommene, bestehende Anteile erstrecken, während Anteile, die ein Dritter für Rechnung der Gesellschaft bei Gründung, Zeichnung oder in Ausübung eines bei einer bedingten Kapitalerhöhung eingeräumten Umtausch- oder Bezugsrechts übernommen hat, nicht erfaßt würden (sog. Vorratsaktien). Nach dem als Auslegungshilfe heranzuziehenden Wortlaut von Art. 36 Abs. 2 d) der 7. EG-Richtlinie kommt es auf das „**Halten**" von Anteilen an. Diese Formulierung ist offener als die in Nr. 7 gewählte und deckt die Fallgruppen des Erwerbs bestehender Anteile wie der Übernahme bei Gründung, Zeichnung oder ähnlichen Gründen ab. Erworbene Anteile i. S. v. Nr. 7 umfassen damit alle Erwerbsarten, so daß auch sog. Vorratsanteile nach § 160 Abs. 1 Nr. 1 AktG unter die Angabepflicht der Nr. 7 fallen.[33]

56 **Pfandnahme** bedeutet jede dingliche Belastung des Anteilsrechts mit einem Pfandrecht zugunsten des Mutterunternehmens, eines Tochterunternehmens oder eines Dritten, der für Rechnung der genannten Unternehmen handelt.

57 **Bestand, Zahl, Nennbetrag, rechnerischer Wert, Anteil am Kapital.** Nach Nr. 7 muß ferner der **Bestand** der Anteile an dem Mutterunternehmen angegeben werden. Die Angabe erfolgt durch Nennung der **Anzahl** der von Mutter- und Tochterunternehmen sowie für deren Rechnung insgesamt gehaltenen Anteile. Ferner ist anzugeben, auf welchen Nennbetrag die Anteile lauten oder bei nennwertlosen Anteilen, welcher rechnerische Wert diesen Anteilen zukommt. Bei Anteilen mit unterschiedlichen Nennwerten sind diese anzugeben; nicht vorgeschrieben, aber zweckmäßig ist die Angabe des Gesamtbetrags der auf die einzelnen Nennbetragsgruppen entfallenden Nennbeträge. Schließlich ist der **Anteil** der eigenen Anteile am Kapital des Mutterunternehmens anzugeben; dieser ergibt sich aus dem Verhältnis des Gesamtnennbetrags der eigenen Anteile zum gezeichneten Kapital des Mutterunternehmens. Weitere Angaben z. B. über Zeitpunkt und Gründe des Erwerbs oder Verwertung und Verwendung der Erlöse sind, anders als nach § 160 Abs. 1 Nr. 2 AktG, nach Nr. 7 nicht vorgeschrieben.

Neunter Titel
Konzernlagebericht

§ 315

(1) Im Konzernlagebericht sind zumindest der Geschäftsverlauf und die Lage des Konzerns so darzustellen, daß ein den tatsächlichen Verhältnissen entsprechendes Bild vermittelt wird; dabei ist auch auf die Risiken der künftigen Entwicklung einzugehen.

(2) Der Konzernlagebericht soll auch eingehen auf:

1. Vorgänge von besonderer Bedeutung, die nach dem Schluß des Konzerngeschäftsjahrs eingetreten sind;

---
[33] ADS 54; WP-Handbuch 2000 I M 732.

2. die voraussichtliche Entwicklung des Konzerns;
3. den Bereich Forschung und Entwicklung des Konzerns.

(3) § 298 Abs. 3 über die Zusammenfassung von Konzernanhang und Anhang ist entsprechend anzuwenden.

Übersicht

Schrifttum

S. zunächst die Nachweise zu § 289, ferner

Aufsätze:

Dörner/Bischof Aufstellung des Lageberichts und Konzernlageberichts, Dörner/Menold/Pfitzer (Hrsg.), Reform des Aktienrechts, der Rechnungslegung und -prüfung (1999) S. 369; *Holzer/Häußler* Die moderne Kapitalflußrechnung und die internationale Konzernrechnungslegung, WPg 1989, 221; *Kaiser* Der Lagebericht als Bestandteil der Rechenschaftslegung gegenüber Minderheitsaktionären in Mutter- und Tochterunternehmen, Festschrift Budde (1994) S. 327; *Küting/Hütten* Die Lageberichterstattung über Risiken der künftigen Entwicklung, AG 1997, 250; *Mansch/Stolberg/v. Wysocki* Die Kapitalflußrechnung als Ergänzung des Jahres- und Konzernabschlusses, WPg 1995, 185; *Moxter* Die Vorschriften zur Rechnungslegung und Abschlußprüfung im Referentenentwurf eines Gesetzes zur Kontrolle und Transparenz im Unternehmensbereich, BB 1997, 722; *Niehus* Freiwillige, nicht GoB-konforme Angaben im Anhang und Bestätigungsvermerk des Abschlußprüfers, WPg 1988, 93; *Ossadnik* Auswirkungen der Umrechnung von Fremdwährungsabschlüssen auf die Lagedarstellung des Konzerns, WPg 1991, 285, 327; *Risse* Segmentsberichterstattung: Neue Entwicklungen beim IASC und mögliche Auswirkungen auf Deutschland, DB 1995, 737; *Scheffler* Zur Entwicklung der Rechnungslegung in Deutschland, Festschrift Marcus Lutter (2000) S. 1613; *Selchert* Wird die Warnfunktion des Abschlußprüfers nach dem Bilanzrichtlinie-Gesetz ausgeweitet? DB 1985, 981; *v. Wysocki* Zur jüngeren Entwicklung der Kapitalflußrechnung in Deutschland, Festschrift Budde (1994) S. 681; *Wollmert/Oser* Der IASC-Abschluß eines Drittlandunternehmens als befreiender Konzernabschluß? DB 1995, 53.

I. Entstehungsgeschichte der Vorschrift und Normzweck

1. Der Konzerngeschäftsbericht nach § 334 AktG a. F.

1 Obwohl der Konzernlagebericht als Rechtseinrichtung in seiner heutigen Ausprägung erst 1985 durch das BiRiLiG (Vor § 290, 13 ff) in das HGB aufgenommen worden ist, handelt es sich dabei nicht um ein dem deutschen Recht völlig fremdes und neuartiges Institut. Schon nach dem AktG 1965 hatte ein zur Konzernrechnungslegung verpflichtetes Unternehmen neben dem Konzernabschluß einen eigenständigen Konzerngeschäftsbericht aufzustellen (§ 329 Abs. 1 S. 1 AktG a. F.).[1] Dessen **Aufgabe** war es, für die an der Rechnungslegung interessierten Kreise die **Vermögens- und Ertragslage des Gesamtkonzerns** und der in ihm miteinander verbundenen **Unternehmen offenzulegen.**[2] Den Kreis der Interessenten der Konzernrechnungslegung zog man schon im früheren Recht weit; nach allgemeinem Verständnis umfaßte er die Gesellschafter und Gläubiger der Konzernunternehmen, die Arbeitnehmer und ganz allgemein die Öffentlichkeit,[3] so wie dies spätestens seit dem Daihatsu-Urteil des EuGH dem europäischen Standard in der Rechnungslegungspublizität entspricht (vgl. § 289, 43).

2 Nach § 334 AktG a. F. bestand der Konzerngeschäftsbericht aus zwei Teilen: einem Bericht über den Geschäftsverlauf und die Lage des Konzerns sowie der in den Konzernabschluß einbezogenen Unternehmen, dem sog. Konzernlagebericht (Abs. 2) und einem hiervon getrennten, den Konzernabschluß erläuternden sog. Erläuterungsbericht (Abs. 3).

3 Die Aufgabe des Konzernlageberichts nach früherem Recht (§ 334 Abs. 2 AktG a. F.) bestand darin, aus Konzernsicht die **wirtschaftliche Gesamtbeurteilung** des Konzerns, seine wirtschaftlichen und finanziellen Verhältnisse, seine Lage am Markt, seine Ertrags- und Vermögenssituation, den Umfang und den Verlauf der Geschäfte des Konzerns im Geschäftsjahr sowohl im Rahmen des Wirtschaftszweiges wie auch im Vergleich zu den Vorjahren **darzustellen.**[4] Ausdrücklich hervorgehoben war die **Verpflichtung, größere Verluste**, die bei **nicht einbezogenen Konzernunternehmen** zu erwarten sind, gesondert **anzugeben**.

4 Der ebenfalls im Rahmen des Konzerngeschäftsberichts nach § 334 Abs. 3 AktG a. F. zu erstellende **Erläuterungsbericht** sollte den Konzernabschluß **mit Worten** erläutern, unter besonderer Hervorhebung der Abweichungen vom vorangegangenen Konzernabschluß. Besondere Angaben waren über Konsolidierungsausgleichsposten (§ 334 Abs. 3 S. 3 Nr. 1 AktG a. F.),[5] Haftungsverhältnisse (§ 334 Abs. 3 S. 3 Nr. 2 AktG a. F.)[6] und über die mit einem Konzernunternehmen verbundenen, aber nicht konzernangehörigen Unternehmen (§ 334 Abs. 3 S. 3 Nr. 3 AktG a. F.)[7] zu machen. Da im Konzernabschluß die Positionen nicht selbst bewertet wurden, sondern nach dem Maßgeblichkeitsprinzip die Ansätze der Einzelabschlüsse übernommen wurden (§ 331 Abs. 1 S. 1 AktG a. F.), mußte der Erläuterungsbericht keine genauen Angaben über Bewertungs- und Abschreibungsmethoden enthalten.[8]

---

[1] Zum Geschäftsbericht nach § 160 AktG als Vorläufer des heutigen Lageberichts des Einzelunternehmens nach § 289 s. dort Rdn. 3 ff.
[2] GroßKommAktG-*Barz* § 329 a. F., 18.
[3] GroßKommAktG-*Barz* § 329 a. F., 18.
[4] Einzelheiten: GroßKommAktG-*Barz* § 334 a. F., 8 ff.
[5] Vgl. heute § 307 HGB.
[6] Vgl. heute §§ 251, 268 Abs. 7, 298 Abs. 1 HGB.
[7] Vgl. heute § 271 Abs. 2 HGB.
[8] GroßKommAktG-*Barz* § 334 a. F., 11.

2. Die Aufgabe des Konzernlageberichts nach dem BiRiLiG 1985

Die 1985 in das HGB aufgenommene Vorschrift des § 315 beruht auf Art. 36 der 7. EG-Richtlinie. Lediglich die in Art. 36 Abs. 2 lit. d der Richtlinie vorgeschriebenen Angaben betreffend eigene Aktien hat der deutsche Gesetzgeber – unter Ausübung eines entsprechenden Wahlrechts in der Richtlinie – in den Konzern*anhang* verwiesen (§ 314 Abs. 1 Nr. 7). In der Sache bewirkte das BiRiLiG eine Verselbständigung und damit eine Aufwertung des Konzernlageberichts. Der Konzernlagebericht ist heute ein **eigenständiger Teil der Konzernrechnungslegung,** wohingegen der Konzernanhang (§§ 313, 314), d. h. der Nachfolger des Erläuterungsberichts (soeben Rdn. 4), als Bestandteil des Konzernabschlusses erscheint (§ 297 Abs. 1 S. 1).[9] 5

Der Begriff **Konzerngeschäftsbericht** findet sich **heute im Gesetz nicht mehr;** die Unternehmen dürfen ihn daher frei mit individuell bestimmtem Inhalt verwenden.[10] In der Praxis finden sich dort z. B. Konzern-Kapitalflußrechnungen, Konzern-Substanzerhaltungsrechnungen, Konzern-Wertschöpfungsrechnungen und Konzern-Sozialberichte.[11] Für börsennotierte Kapitalgesellschaften sind eine Konzern-Kapitalflußrechnung und eine Konzern-Segmentberichterstattung Pflichtbestandteile des Konzernanhangs (§ 297 Abs. 1 S. 2, dort Rdn. 16 ff). 6

Berichtspflichtig sind neben den **gesetzlichen Vertretern** von Kapitalgesellschaften (§ 290 Abs. 1, 2) und von diesen gleichgestellten Personenhandelsgesellschaften (§ 264a) auch die gesetzlichen Vertreter solcher Mutterunternehmen, die als Einzelunternehmen oder Personenhandelsgesellschaften nach §§ 11 ff PublG zur Konzernrechnungslegung verpflichtet sind (§ 13 Abs. 2 S. 3 PublG). Kreditinstitute oder Versicherungsunternehmen haben rechtsformunabhängig einen Konzernlagebericht zu erstellen (§§ 340i Abs. 1, 341i Abs. 1). 7

Tatbestandlich ergibt sich die Verpflichtung zur Aufstellung eines Konzernlageberichts aus § 290 Abs. 1, 2. Daneben tritt ergänzend die Vorschrift des § 315, die den zwingenden Mindest*inhalt* des Konzernlageberichts vorgibt. Da der Konzernlagebericht eine **Entscheidungshilfe bei der Beurteilung der wirtschaftlichen Lage und Entwicklung des Konzerns** sein soll,[12] zielt er inhaltlich darauf ab, dem Leser ein den tatsächlichen Verhältnissen entsprechendes Bild der Vermögens-, Finanz- und Ertragslage des Konzerns zu vermitteln (vgl. § 297 Abs. 2 S. 2 – true and fair view, Vor § 290, 1). Diese Informations- und Rechenschaftsfunktion[13] des Konzernlageberichts zeigt sich auch in der zeitlichen und inhaltlichen **Lückenlosigkeit** der Konzernlageberichterstattung: Der Konzernlagebericht ist in jedem Jahr dem Konzernabschluß beizufügen, und das Gesetz sieht keine Erleichterungen bei der Aufstellung des Konzernlageberichts vor. Eine der Schutzklausel des § 286 für den Anhang zum Einzelabschluß vergleichbare Regelung enthält § 315 nicht, es besteht auch keine derartige ungeschriebene Einschränkung der Berichtspflicht (eingehend hierzu § 289, 86 ff). 8

Da § 315 weitgehend der **Regelung des Lageberichts** im **Einzelunternehmen (§ 289) nachgebildet** ist, kann für die Auslegung der Vorschrift im allgemeinen auf die Erl. zu § 289 Bezug genommen werden. Die Kommentierung zu § 315 kann sich daher weitgehend auf konzernspezifische Gesichtspunkte beschränken.[14] 9

---

9 HdKR-*Lück* Rdn. 1.

10 *Biener/Berneke* Bilanzrichtlinien-Gesetz S. 247.

11 ADS Rdn. 9; umfassend HdKR-*Küting/Hütten* II, Rdn. 1686 ff.

12 HdKR-*Lück* Rdn. 14.

13 HdKR-*Lück* Rdn. 14; Heymann/*Henssler* Rdn. 1.

14 Ebenso z. B. ADS Rdn. 11 ff.

II. Allgemeine Grundsätze der Berichterstattung

1. Berichtsadressaten und Darstellungsniveau

10 Seit dem Daihatsu-Urteil des EuGH[15] steht fest, daß als Adressat der Rechnungslegungspublizität **jede an Information interessierte Person** in Betracht kommt, weshalb sogar ein berechtigtes Informationsinteresse der **Allgemeinheit** anzuerkennen ist (eingehend § 289, 43 ff). Der deutsche Gesetzgeber hat diesen Vorgaben durch § 335a S. 3 i. d. F. des KapCoRiLiG 2000 (Vor § 290, 25) Rechnung getragen. Danach kann das registergerichtliche **Ordnungsgeldverfahren** u. a. wegen Nichtoffenlegung des Konzernlageberichts (§ 335a S. 1 Nr. 1) von **jedermann** ohne den Nachweis eines berechtigten Interesses beantragt werden (näher Rdn. 31). Das Darstellungsniveau des Konzernlageberichts hat sich daher nicht am Verständnishorizont eines Wirtschaftsfachmanns auszurichten, sondern an der Auffassungsgabe einer durchschnittlich gebildeten Person.[16] Zur genaueren Bestimmung der Einzelanforderungen an eine allgemein verständliche Konzernlageberichterstattung kann an die noch zur alten Rechtslage entwickelten Grundsätze der Berichterstattung angeknüpft werden. Nach § 334 Abs. 4 S. 1 AktG a. F. mußte der Konzernlagebericht den Grundsätzen einer gewissenhaften und getreuen Rechenschaft entsprechen. Man hat dies seit jeher dahin verstanden, daß die Berichterstattung wahr, vollständig und klar zu sein hatte:[17]

2. Wahrheit

11 Der Grundsatz der Wahrheit beherrscht das gesamte Gebiet der Rechnungslegung. Er besagt, daß die in der Rechnungslegung enthaltenen Aussagen über Tatsachen mit der Wirklichkeit übereinstimmen müssen und daß wertende Aussagen (Einschätzungen, Meinungsäußerungen) nach bestem Wissen abzugeben sind.[18] Beim Widerstreit zwischen der Wahrheitspflicht und der Pflicht der Konzernleitung, das Interesse des Gesamtkonzerns zu wahren, gebührt ersterer der Vorzug. Deshalb ist es z. B. mit dem Grundsatz der Wahrheit unvereinbar, die wirtschaftliche Lage des Konzerns im Konzernlagebericht günstig darzustellen, obwohl sich der Konzern in einer Krise befindet.[19]

3. Vollständigkeit

12 Nach dem Grundsatz der Vollständigkeit sind alle Angaben zu erbringen, die für eine **Gesamtbeurteilung** des Konzerns **notwendig** sind.[20] Dabei hat die Auswahl der darzustellenden Tatsachen und abzugebenden Einschätzungen bzw. Meinungsäußerungen anhand einer wertenden Betrachtung zu erfolgen. Leitend ist hierbei die **Wesentlichkeit** der Information für die Beurteilung des Konzerns. Die Berichterstatter haben sich hierbei gedanklich in die Lage der Adressaten zu versetzen und alle aus dieser Perspektive bedeutsamen Tatbestände in den Konzernlagebericht aufzunehmen. Der Auswahl der zu veröffentlichenden Tatbestände ist die Beschaffung

---

15 EuGH Urt. v. 4. 12. 1997 – Rs. C-97/96, Slg. 1997, I-6858 Rdn. 17 ff. = NJW 1998, 129.

16 HdKR-*Lück* Rdn. 25; ebenso zum Lagebericht des Einzelunternehmens eingehend § 289, 33 f.

17 ADS (1968) § 160 AktG a. F. Rdn. 4 ff; HdKR-*Lück* Rdn. 18; Handlungsanleitungen für die Praxis ergeben sich aus dem IdW-Rechnungslegungsstandard HFA 1 Rdn. 51 ff und den Formularbüchern, z. B. bei *Kraft* in Hopt (Hrsg.), Vertrags- und Formularbuch zum Handels-, Gesellschafts-, Bank- und Transportrecht, 2. Aufl. (2000) Form III.H. 4; s.f. *Küting/Hütten* AG 1997, 250 ff.

18 Heymann/*Henssler* Rdn. 4; HdKR-*Lück* Rdn. 19 f.

19 HdKR-*Lück* Rdn. 20.

20 HdKR-*Lück* Rdn. 21.

und Verarbeitung der zugrundeliegenden Informationen zeitlich und logisch vorgelagert. In diesem Stadium erfordert der Grundsatz der Vollständigkeit, daß die Konzernleitung alle für sie erreichbaren Erkenntnisquellen nutzt und insbesondere jedem Verdacht auf solche Tatbestände nachgeht, die aus der Sicht des Publikums für die Einschätzung der wirtschaftlichen Lage des Gesamtkonzerns bedeutsam sein könnten.[21]

4. Klarheit

Nach dem Klarheitsgebot muß der Konzernlagebericht verständlich, genau, übersichtlich und vergleichbar sein.[22] **13**

III. Mindestinhalt

1. Lageberichtskreis

In Anwendung der durch § 297 Abs. 3 für die gesamte Konzernrechnungslegung leitenden Einheitstheorie (hierzu auch Vor § 290, 26 ff) hat sich der Konzernlagebericht auf den gesamten Konzern zu beziehen. Dabei wird der Konzern als einheitliches Unternehmen dargestellt, einschließlich der nicht in den Konzernabschluß einbezogenen Tochterunternehmen, sofern diese den Geschäftsverlauf und die Lage des Konzerns erheblich beeinflussen.[23] Die von § 315 verlangte **Konzerndimensionalität der Lageberichtserstattung** wird verfehlt, wenn der Bericht die Lageberichte der einzelnen Konzernunternehmen (§ 289) lediglich zusammenfaßt.[24] Stattdessen hat sich der Konzernlagebericht auf Berichtsgegenstände mit Konzernaußenwirkung zu konzentrieren; konzerninterne Rechtsbeziehungen und Geschäftsvorfälle können hingegen im Regelfall ausgespart werden.[25] **14**

2. Wirtschaftsbericht (Abs. 1 Halbs. 1)

Nach Abs. 1 Halbs. 1 sind im Konzernlagebericht zumindest der Geschäftsverlauf und die Lage des Konzerns darzustellen. Das Gesetz gibt keinen Aufschluß darüber, was unter dem Geschäftsverlauf und der Lage des Konzerns zu verstehen ist. Im Schrifttum besteht immerhin Einigkeit, daß über den Geschäftsverlauf ein dynamischer, zeitraumbezogener Überblick zu vermitteln ist, wohingegen die Darstellung der Lage des Konzerns mehr den Charakter einer Momentaufnahme zum Abschlußstichtag (§ 299) trägt,[26] freilich angereichert durch zukunftsbezogene Elemente nach Abs. 2 Nr. 2. Die Darstellung des **Geschäftsverlaufes** gliedert sich zweckmäßigerweise nach den **Organisationsbereichen** des Konzerns (Beschaffung, Produktion bzw. Leistung, Absatz, Investition und Finanzierung, Personal- und Sozialwesen), innerhalb dieser Bereiche sodann in einer weiter verfeinerten Struktur.[27] Bei der Darstellung der **Lage** des Konzerns geht es vordringlich um dessen **Stellung am Markt und im Verhältnis zu den Wettbewerbern**. Der Konzernlagebericht soll vor allem solche Einflüsse aufzeigen, die sich im Jahresabschluß selbst nicht niedergeschlagen haben.[28] Angaben über die zukünftige Entwicklung sind an dieser Stelle nach Maßgabe des Abs. 2 Nr. 2 **15**

---

21 HdKR-*Lück* Rdn. 22.
22 Einzelheiten bei HdKR-*Lück* Rdn. 24 ff.
23 ADS Rdn. 15, 18; Heymann/*Henssler* Rdn. 5.
24 *Biener/Berneke* Bilanzrichtlinien-Gesetz S. 394; Heymann/*Henssler* Rdn. 5.
25 ADS Rdn. 18.
26 HdKR-*Lück* Rdn. 37, 45.
27 Heymann/*Henssler* Rdn. 7; Einzelheiten z. B. bei HdKR-*Lück* Rdn. 37 ff.
28 HdKR-*Lück* Rdn. 45.

(unten Rdn. 23 ff) erforderlich; risikobehaftete Sachverhalte sind im Risikobericht (Abs. 1 Halbs. 2, unten Rdn. 16) darzustellen.[29] Bei der Darstellung der Lage des Konzerns sollte der Wirtschaftsbericht mindestens die folgenden Einzelthemen behandeln:[30] Konzernstruktur, Absatzlage, Vermögenslage, Finanzlage, Ertragslage, Liquiditätslage.

3. Risikobericht (Abs. 1 Halbs. 2)

16 Nach dem durch das KonTraG 1998 (Vor § 290, 24) in Abs. 1 eingefügten zweiten Halbsatz ist im Konzernlagebericht auch auf die Risiken der künftigen Entwicklung einzugehen. Dadurch soll die bereits in Abs. 2 Nr. 2 und 3 angelegte **Zukunftsorientierung der Konzernlageberichterstattung** unterstrichen werden.[31] Unter einem Risiko i. S. d. Abs. 1 Halbs. 2 ist die Gefahr ungünstiger zukünftiger Entwicklungen zu verstehen.[32] Nach einem in der Praxis entwickelten Standard ist die Auswirkung bestandsgefährdender oder wesentlicher Risiken für die Vermögens-, Finanz- und Ertragslage für einen überschaubaren Zeitraum (etwa zwei Jahre) darzustellen.[33] Die Risikoberichtserstattung muß auch eine knappe Beschreibung aller im Konzern getroffenen vorbeugenden Maßnahmen („**Risikomanagement**") umfassen. Dabei geht es im einzelnen um die Erfassung, Bewertung, Überwachung und die Maßnahmen zur Bewältigung der Risiken.[34]

4. Einzelangaben (Abs. 2)

17 **a) Verpflichtender Charakter.** Nach Abs. 2 „soll" der Konzernlagebericht auf bestimmte Sachverhalte eingehen. Da Soll-Vorschriften ein Tun oder Unterlassen grundsätzlich nur für den Regelfall, nicht aber zwingend vorschreiben,[35] beinhaltet Abs. 2 nach einer im Schrifttum vertretenen Auffassung insoweit ein **Wahlrecht** des Mutterunternehmens, bei Vorliegen gewichtiger Gründe auf die Darstellung der in Abs. 2 aufgeführten Sachverhalte zu verzichten.[36] Daraus soll insbesondere das Recht folgen, solche Berichtsgegenstände, die unter Abs. 2 fallen, nicht offenzulegen, wenn dies mit Nachteilen für die Gesellschaft verbunden wäre.

18 Teilweise wird Abs. 2 immerhin als „**Regelpflicht**" begriffen, die nur dann entfallen soll, wenn die entsprechenden Informationen für den Bilanzleser nicht wichtig sind.[37]

19 Richtigerweise ist Abs. 2 indessen mit der **h. M.** als **zwingende Berichterstattungspflicht** zu verstehen.[38] Der verpflichtende Charakter der Einzelangaben nach Abs. 2 folgt namentlich aus deren **Erläuterungsfunktion im Rahmen des Wirtschaftsberichts,** dessen Inhalt durch Abs. 1 Halbs. 1 durchgehend zwingend vorgegeben wird. Hieran knüpft Abs. 2 („auch") an (näher § 289, 105 ff für die Parallelvorschrift des § 289 Abs. 2).

20 Im Ergebnis wirkt sich der Meinungsstreit allein bei solchen Tatsachen aus, deren Offenlegung mit **Nachteilen für die Gesellschaft** verbunden ist. Derartige Sachver-

---

29 Für eine eingehende Darstellung künftiger Entwicklungen bereits in diesem Zusammenhang aber Heymann/*Henssler* Rdn. 7; HdKR-*Lück* Rdn. 46.

30 Näher HdKR-*Lück* Rdn. 47 f.

31 Heymann/*Henssler* Rdn. 8.

32 *Moxter* BB 1997, 722.

33 HFA WPg 1997, 329, 333, 334; auch eine DSR-Arbeitsgruppe ist mit der Ausformulierung eines Standards zur Risikoberichterstattung befaßt, vgl. *Scheffler* FS Lutter 1613, 1629.

34 *Scheffler* FS Lutter 1613, 1629.

35 Vgl. *Creifelds* Rechtswörterbuch, 16. Aufl. (2000) Stichw. „Soll-Vorschrift".

36 *Maul* WPg 1984, 187 ff.

37 *Baumbach/Hopt* § 289, 2 i. V. m. § 315, 1; ähnlich Beck BilKomm-*Ellrott* Rdn. 17.

38 HdKR-*Lück* Rdn. 36; *Wiedmann* Rdn. 8; ADS Rdn. 20; *Küting/Zündorf*, Stichwort „Konzernlagebericht", Lück (Hrsg.), Lexikon der Rechnungslegung und Abschlußprüfung, 3. Aufl. (1996) S. 451, 452; *Koller/Roth/Morck* § 289, 3 i. V. m. § 315, 1.

halte sind stets wesentlich, weil sie für Außenstehende die wirtschaftliche Gesamtbewertung des Unternehmens maßgeblich beeinflussen; sie sind daher sowohl nach der h. M. wie nach der Lehre von der „Regelpflicht" im Konzernlagebericht offenzulegen. Demgegenüber gestattet die Lehre vom Offenlegungswahlrecht bei nachteiligen Tatsachen dem Mutterunternehmen, hierauf im Konzernlagebericht nicht einzugehen (oben Rdn. 17); dieser Betrachtungsweise hat der Gesetzgeber indessen spätestens durch die Einfügung von Abs. 1 Halbs. 2 im Jahr 1998 (oben Rdn. 16) die Grundlage entzogen, denn nachteilige Tatsachen werden regelmäßig „Risiken der künftigen Entwicklung" i. S. d. Risikoberichterstattung in sich bergen.

b) **Nachträgliche Vorgänge (Abs. 2 Nr. 1).** Maßgeblicher Zeitpunkt für den Konzernlagebericht ist der Stichtag für den Konzernabschluß (§ 299). Nach Abs. 2 Nr. 1 muß der Konzernlagebericht auf Vorgänge von besonderer Bedeutung, die erst nach dem Stichtag eingetreten sind, eingehen. Die Auswahl der an dieser Stelle zu berichtenden Tatsachen hat sich vom Grundsatz der Konzernrelevanz (oben Rdn. 12, 14) leiten zu lassen. Bedeutsam in diesem Sinne sind daher nur solche Vorgänge, die für die Beurteilung der Verhältnisse des Konzerns insgesamt erheblich sind. Tatsachen, die bloß ein einzelnes Konzernunternehmen betreffen, sind daraufhin zu untersuchen, ob sie das Bild von der Lage des Konzerns insgesamt beeinflussen.[39] Obwohl Abs. 2 Nr. 1 die nach früherem Recht (§ 334 Abs. 2 S. 3 AktG a. F., oben Rdn. 3) bestandene Verpflichtung zur gesonderten Angabe größerer Verluste bei *nicht* einbezogenen Konzernunternehmen nicht übernommen hat, kann sich eine derartige Berichtspflicht auch unter der Geltung des Abs. 2 Nr. 1 ergeben, wenn anderenfalls kein den tatsächlichen Verhältnissen entsprechendes Bild (§ 297 Abs. 2 S. 3) des Konzerns entstünde.[40] 21

Besonders bedeutsam i. S. d. Abs. 2 Nr. 1 sind in jedem Fall **Entwicklungen, die von der im Konzernabschluß vorgezeichneten Entwicklung abweichen**, sofern sie zugleich das im Konzernabschluß gezeichnete Bild verändern können oder für die Beurteilung der Zukunft des Konzerns bedeutsam sind.[41] Dies gilt etwa für eine Veränderung in der Zusammensetzung des Konzerns, aber auch wirtschaftliche oder politische Ereignisse, die die Branche betreffen (z. B. verschärfte Exportvorschriften) oder den Geschäftsverlauf (z. B. Umsatzrückgänge).[42] Für die Darstellung der nachträglichen Ereignisse i. S. d. Abs. 2 Nr. 1 ist ein eigenständiger Nachtragsbericht vorzulegen, der äußerlich vom Wirtschaftsbericht (oben Rdn. 15) und vom Risikobericht (oben Rdn. 16) getrennt ist (vgl. § 289, 108). 22

c) **Voraussichtliche Entwicklung (Abs. 2 Nr. 2).** Nach Abs. 2 Nr. 2 hat der Konzernlagebericht einen Ausblick über die künftige Geschäftstätigkeit des Konzerns zu geben. Berichtspflichtig sind Sachverhalte, die nicht nur für die Zukunft einzelner Konzernunternehmen bedeutsam sind, sondern eine darüber hinausreichende **Bedeutung für den Gesamtkonzern als Einheit** haben. Die Berichtsverfasser stehen hierbei vor der Aufgabe, zwischen dem Informationsbedürfnis der Rechnungslegungsadressaten und dem Geheimhaltungsinteresse des Konzerns, der seine Position im Wettbewerb nicht durch zu weitgehende Preisgabe von geplanten Maßnahmen gefährden will, einen angemessenen Ausgleich zu erzielen.[43] Abwägungsfehler sowohl in die eine oder andere Richtung sind strafbedroht: Zu knapp oder undeutlich gehaltene Berichte können zu einer Strafbarkeit nach § 331 Nr. 2 führen (unrichtige Wiedergabe oder 23

[39] ADS Rdn. 22.
[40] ADS Rdn. 22.
[41] Heymann/*Henssler* Rdn. 10.
[42] ADS Rdn. 23; schematische Zusammenstellung der wichtigsten Gegenstände der Nachtragsberichterstattung bei HdKR-*Lück* Rdn. 53.
[43] HdKR-*Lück* Rdn. 57; Heymann/*Henssler* Rdn. 11.

Verschleierung der Verhältnisse des Konzerns im Konzernlagebericht), eine allzu offene Berichterstattung stellt unter den Voraussetzungen des § 404 StGB eine Verletzung der Geheimhaltungspflicht dar, u. U. mit den entsprechenden Haftungsfolgen (§ 404 StGB i. V. m. § 823 Abs. 2 BGB; § 93 Abs. 2 AktG).

24 Die Darstellung der künftigen Entwicklung hat naturgemäß **Prognosecharakter** und ist in der Form eines **Wortberichts** vorzulegen. Auf Zahlenangaben sollte weitgehend verzichtet werden, weil diese eine Genauigkeit suggerieren, die bei Vorhersagen naturgemäß nicht zu erreichen ist.[44] Da der Informationsgehalt einer Prognose mit der Dauer des Zeitraums wächst, auf den sie sich erstreckt, andererseits aber proportional hierzu die Unsicherheit der Prognose zunimmt, wird überwiegend ein auf zwei Jahre begrenzter Prognosezeitraum als sachgerecht angesehen.[45]

25 Wichtigster Berichtsgegenstand i. S. d. Abs. 2 Nr. 2 ist zunächst **jede Änderung der Konzerngeschäftspolitik**, und zwar selbst dann, wenn sie nur Teilbereiche oder einzelne Geschäftsfelder erfaßt. Dies gilt etwa für geplante wesentliche Veränderungen der Produkte und Produktionsverfahren. Ebenso bedeutsam können bestimmte konzernexterne Vorgänge sein, die zu einer Veränderung der wirtschaftlichen Rahmenbedingungen führen und deshalb die zukünftige geschäftliche Entwicklung im Konzern beeinflussen.[46]

26 **d) Forschung und Entwicklung (Abs. 2 Nr. 3).** Schließlich hat der Konzernlagebericht auf die für den Konzern insgesamt bedeutsamen Vorgänge im Bereich Forschung und Entwicklung einzugehen. Auch insoweit ist die **Berichtspflicht zukunftsgerichtet**, da die Forschungs- und Entwicklungstätigkeit über die künftige Wettbewerbsfähigkeit des Konzerns entscheidet. Da auch in diesem Zusammenhang nur über wesentliche Ereignisse zu berichten ist (vgl. oben Rdn. 12), besteht eine Berichtspflicht nach Abs. 2 Nr. 3 nur bei Konzernen, in denen tatsächlich Forschungs- und Entwicklungsarbeit in bedeutendem Umfang betrieben wird oder aber die – umgekehrt – Aktivitäten in diesem Bereich unterlassen, obwohl Forschung und Entwicklung bei anderen Unternehmen desselben Wirtschaftszweiges ernsthaft betrieben wird.[47] Zur Konkretisierung der unbestimmten Rechtsbegriffe Forschung und Entwicklung bietet es sich an, die OECD-Begriffsbestimmung heranzuziehen, die zwischen Grundlagenforschung, angewandter Forschung und experimenteller Entwicklung unterscheidet.[48]

IV. Äußere Gestalt

1. Gestaltungsspielräume

27 Anders als für die Konzernbilanz (§ 266 i. V. m. § 298 Abs. 1) und die Konzerngewinn- und Verlustrechnung (§ 275 i. V. m. § 298 Abs. 1) bestehen für den Konzernlagebericht **keine Gliederungsvorgaben**. Das Mutterunternehmen hat den hierdurch eröffneten Gestaltungsspielraum freilich insbesondere nach Maßgabe des **Grundsatzes der Klarheit** (oben Rdn. 13) auszufüllen. Denn ein unklar und unübersichtlich aufgebauter Konzernlagebericht ist nicht geeignet, zur Ermittlung eines den tatsächlichen Verhältnissen entsprechenden Bildes von der Lage des Konzerns beizutragen.[49]

---

[44] Heymann/*Henssler* Rdn. 12.
[45] Beck BilKomm-*Ellrott* § 289, 35 i. V. m. § 315, 20; Heymann/*Henssler* Rdn. 12.
[46] ADS Rdn. 25.
[47] *Forster* DB 1982, 1631, 1633; Beck BilKomm-*Ellrott* § 315, 22 i. V. m. § 289 Rdn. 40; Heymann/*Henssler* Rdn. 13.
[48] Vgl. OECD, Allg. Richtlinien für statistische Übersichten in Forschung und experimenteller Entwicklung (1971) S. 29; zit. bei HdKR-*Lück* Rdn. 66.
[49] ADS Rdn. 29; *Biener/Berneke* Bilanzrichtlinien-Gesetz S. 394.

2. Zusammenfassung mit dem Lagebericht des Mutterunternehmens (Abs. 3)

Nach Abs. 3 ist die Vorschrift des § 298 Abs. 3 über die Zusammenfassung von Konzernanhang und Anhang entsprechend anzuwenden (vgl. § 298, 157 ff). Die Berichterstattungserleichterungen nach Abs. 3 sind in der 7. EG-Richtlinie nicht ausdrücklich vorgesehen, lassen sich aber auf die Protokollerklärung Nr. 21 des Rates und der Kommission zu Art. 34 der Richtlinie stützen.[50] Hierdurch werden **Wiederholungen und Verweise** im Verhältnis zwischen den beiden Lageberichten **vermieden**. Soweit Geschäftsverlauf und Lage des Mutterunternehmens mit der des Gesamtkonzerns übereinstimmen und auf diese Tatsache ausdrücklich hingewiesen wird, muß daher insgesamt nur einmal berichtet werden.[51] 28

V. Verfahren nach Aufstellung des Konzernlageberichts

1. Prüfung

Ebenso wie der Konzernabschluß ist der Konzernlagebericht von einem Abschlußprüfer zu prüfen (§ 316 Abs. 2). Gegenstand der Prüfung ist die Vereinbarkeit des Konzernlageberichts mit dem Konzernabschluß und die Frage, ob der Konzernlagebericht eine insgesamt zutreffende Vorstellung von der Lage des Konzerns erzeugt (§ 317 Abs. 1 S. 3). Sofern keine Einwände zu erheben sind, stellt der Bestätigungsvermerk fest, daß der Konzernlagebericht insgesamt nach der Beurteilung des Abschlußprüfers eine zutreffende Vorstellung von der Lage des Konzerns vermittelt, wobei auch darauf einzugehen ist, ob die Risiken der künftigen Entwicklung zutreffend dargestellt sind (§ 322 Abs. 3). Näher Erl. zu §§ 316, 317, 322. 29

2. Offenlegung

Der Konzernlagebericht ist spätestens vor Ablauf des 12. Monats des dem Konzernabschlußstichtags (§ 299) folgenden Geschäftsjahres im Bundesanzeiger bekannt zu machen und zum Handelsregister des Sitzes des Mutterunternehmens einzureichen (§ 325 Abs. 3 S. 1). Vgl. Erl. zu § 325. 30

VI. Sanktionen

Der Verstoß gegen die Berichtspflichten nach § 315 ist gem. § 331 Nr. 2 HGB bzw. § 17 Nr. 2 PublG **strafbar** und wird als Ordnungswidrigkeit gem. § 334 Abs. 1 Nr. 4 sowie § 20 Abs. 1 Nr. 4, Abs. 3 PublG mit **Bußgeld** belegt. Die Behandlung von Konkurrenzen richtet sich nach § 21 Abs. 1 S. 1 OWiG. Die Vertreter des Mutterunternehmens, die eine aus § 290 Abs. 1, 2 bestehende Pflicht zur Aufstellung eines Konzernlageberichts nicht befolgen, werden hierzu vom Registergericht durch Festsetzung von **Zwangsgeld** angehalten. Die nach § 325 bestehende Offenlegungspflicht wird durch das Ordnungsgeldverfahren des § 335a durchgesetzt. Das Registergericht schreitet in den Fällen der §§ 335, 335a zwar nur auf Antrag ein, doch sieht das Gesetz keine Beschränkung der Antragsberechtigung vor. Antragsberechtigt ist demnach jede beliebige Person ohne besonderes berechtigtes Interesse (Jedermann-Verfahren); vgl. Erl. zu §§ 335, 335a. 31

---

[50] Textabdr. bei *Biener/Berneke* Bilanzrichtlinien-Gesetz S. 856; Art. 34 der Richtlinie bestimmt, daß bei gemeinsamer Veröffentlichung von Konzernabschluß und Jahresabschluß des Mutterunternehmens dieselbe Angabe im Anhang sich auf beide Abschlüsse erstrecken kann.

[51] ADS Rdn. 32.

VII. Vergleichende Betrachtung zu international anerkannten Rechnungslegungsgrundsätzen

1. International Accounting Standards

32 Die IAS schreiben **keinen** dem Konzernlagebericht nach Art. 36 der 7. EG-Richtlinie/§ 315 **vergleichbaren Bericht** vor. IAS 1.8 enthält lediglich die Anregung, Angaben zum Geschäftsverlauf und zur Lage des Konzerns zu machen (financial review). Ferner sind nach IAS aber immerhin die nachfolgend genannten Einzelangaben notwendig, die auch der Konzernlagebericht nach europäischem bzw. deutschem Handelsrecht zu enthalten hat:

- wesentliche wertbegründende Ereignisse nach dem Stichtag (IAS 20.28),
- eine Beschreibung der Forschungs- und Entwicklungsaktivitäten (IAS 31).

Weitergehende Anforderungen, z. B. betreffend die Darstellung des Geschäftsverlaufs und der Lage des Konzerns sowie die voraussichtliche Entwicklung des Konzerns sind nach IAS nicht erforderlich.[52]

2. US-GAAP

33 Nach US-GAAP **verdrängt der Konzernabschluß den Einzelabschluß**; Einzelabschlüsse, die in einen Konzernabschluß einzubeziehen sind, müssen weder aufgestellt noch offengelegt werden.[53] Da die US-GAAP nicht trennscharf zwischen Jahres- und Konzernabschluß unterscheiden, ist auch ein dem Konzernlagebericht vergleichbarer Berichtsteil nicht vorgesehen. Eine gewisse Verwandtschaft besteht allenfalls zu der für börsennotierte US-Gesellschaften erforderlichen „management's discussion and analysis of financial conditions and results of operations (MD & A)".[54]

Dritter Unterabschnitt
Prüfung

§ 316
Pflicht zur Prüfung

(1) Der Jahresabschluß und der Lagebericht von Kapitalgesellschaften, die nicht kleine im Sinne des § 267 Abs. 1 sind, sind durch einen Abschlußprüfer zu prüfen. Hat keine Prüfung stattgefunden, so kann der Jahresabschluß nicht festgestellt werden.

(2) Der Konzernabschluß und der Konzernlagebericht von Kapitalgesellschaften sind durch einen Abschlußprüfer zu prüfen.

(3) Werden der Jahresabschluß, der Konzernabschluß, der Lagebericht oder der Konzernlagebericht nach Vorlage des Prüfungsberichts geändert, so hat der Abschlußprüfer diese Unterlagen erneut zu prüfen, soweit es die Änderung erfordert. Über das Ergebnis der Prüfung ist zu berichten; der Bestätigungsvermerk ist entsprechend zu ergänzen.

---

52 *Wiedmann* Rdn. 12.
53 *Wiedmann* Rdn. 13 i. V. m. § 290 Rdn. 44.
54 Einzelheiten bei *Wiedmann* § 289 Rdn. 27 ff.

Übersicht

Schrifttum für den gesamten Unterabschnitt

Adler/Düring/Schmaltz Rechnungslegung und Prüfung der Unternehmen, 8 Teilbände, 6. Aufl. (1995–2000); *Biener/Berneke* Bilanzrichtlinien-Gesetz (1986); *Biener/Schatzmann* Konzern-Rechnungslegung (1983); *Bitter/Grashoff* Anwendungsprobleme des Kapitalgesellschaften- und Co.-Richtlinie-Gesetzes, DB 2000, 833; *Budde/Clemm/Ellrott/Förschle/Hoyos* Beck'scher Bilanz-Kommentar, 4. Aufl. (1999); *Budde/Förschle* Sonderbilanzen, 2. Aufl. (1999); *Budde/Schnicke/Stöffler/Stuirbrink* Beck'scher Versicherungsbilanz-Kommentar (1998); *Busse von Colbe/Ordelheide* Konzernabschlüsse 6. Aufl. (1993); *Castan/Heymann/Müller/Ordelheide/Scheffler* Beck'sches Handbuch der Rechnungslegung; *Dörner/Menold/Pfitzer* Reform des Aktienrechts, der Rechnungslegung und Prüfung (1999); *Dörner/Wirth* Die Befreiung von Tochter-Kapitalgesellschaften nach § 264 Abs. 3 HGB, DB 1998, 1525; *Erle* Der Bestätigungsvermerk des Abschlußprüfers (1990); *Geßler* Nichtigkeit und Anfechtung des GmbH-Jahresabschlusses nach dem Bilanzrichtlinien-Gesetz, Festschrift Goerdeler (1987) 127; *Glade* Rechnungslegung und Prüfung nach dem Bilanzrichtlinien-Gesetz (1986); *Großfeld* Bilanzrecht – Jahresabschluß, Konzernabschluß, Weltabschluß, 3. Aufl. (1997); *Hartmann* Das neue Bilanzrecht und der Gesellschaftsvertrag der GmbH (1986); *Helmrich* Bilanzrichtlinien-Gesetz (1986); *Hofbauer/Kupsch* Bonner Handbuch der Rechnungslegung (Loseblattwerk, zitiert Bonner HdR); *Hommelhoff* Die neue Position des Abschlußprüfers im Kraftfeld der aktienrechtlichen Organisationsverfassung, BB 1998, 2567 und 2625; *Klein/Pötzsch* Referentenentwurf zum Kapitalgesellschaften & Co.-Richtlinien-Gesetz, DB 1999, 1509; *Krumnow/Sprißler/Bellavite-Hövermann/Kemmer/Steinbrücker* Rechnungslegung der Kreditinstitute (1994); *Küting/Weber* Handbuch der Rechnungslegung (1990: zitiert HdR^3, 4. Aufl. seit 1995: zitiert HdR^4); *Leffson* Wirtschaftsprüfung, 4. Aufl. (1988); *Zimmer* Das Gesetz zur Kontrolle und Transparenz im Unternehmensbereich, NJW 1998, 3521; *ders./Eckhold* Das Kapitalgesellschaften & Co.-Richtlinie-Gesetz, NJW 2000, 1361.

Schrifttum zu § 316

Geschichte des Rechts der Abschlußprüfung. *Born* Die Weltwirtschaftskrise als zeitgeschichtlicher Hintergrund der Einführung der gesetzlichen Pflichtprüfung, Festschrift 75 Jahre Deutsche Treuhand-Gesellschaft (1965) 53; *Geßler* Der Bedeutungswandel der Rechnungslegung im Aktienrecht, Festschrift 75 Jahre Deutsche Treuhand-Gesellschaft (1965) 129; *Homburger* Aufsichtsrat und Bilanzprüfer im neuen Aktienrecht (1932); *Lehmann/Hirsch* Verordnung über Aktienrecht 2. Aufl. (1932); *Neufeld* Die aktienrechtlichen Vorschriften der Verordnung vom 19. September 1931 (1932); *Schlegelberger/Quassowski/Herbig/Geßler/Hefermehl* Aktiengesetz (1937); *Schlegelberger/Quassowski/Schmölder* Verordnung über Aktienrecht (1932); *Staub* HGB, 14. Aufl. 2 Bd. bearb. v. Pinner (1933).

I. Einführung: Entwicklung der Pflichtprüfung

1 In Deutschland besteht seit 1931 eine **gesetzliche Prüfungspflicht** für Unternehmen. Dieser unterlagen zunächst Versicherungsgesellschaften gemäß dem Gesetz zur Änderung des VAG vom 31. 3. 1931 (RGBl. I, 102) sowie gemeinnützige Wohnungsunternehmen gemäß VO des Reichspräsidenten vom 1. 12. 1930 (RGBl. I, 517 u. 593). Branchenunabhängig wurden Unternehmen erstmals durch die Notverordnung des Reichspräsidenten vom 19. 9. 1931 (RGBl. I, 493) zur Prüfung des Jahresabschlusses verpflichtet. Diese Prüfungspflicht galt zunächst nur für die AG sowie die KGaA, wobei infolge der geringen Zahl ausgebildeter Wirtschaftsprüfer die Einführung bis 1934 in einzelnen Etappen entsprechend den Größen der Gesellschaften erfolgte. Auslöser für die Einführung der Pflichtprüfung waren, nicht zuletzt vor dem Hintergrund der Weltwirtschaftskrise, Zusammenbrüche bedeutender deutscher Unternehmen sowie deren zunehmender Einfluß auf das Wirtschaftsleben und das Gemeinwesen.[1] Die Abschlußprüfung war von 1931 bis 1936 in den §§ 262 a–g HGB (1931) geregelt. Zu prüfen waren Jahresabschluß und Geschäftsbericht. Gem. §§ 262a Abs. 2, 262e erstreckte sich die Prüfung nicht nur auf die formelle Richtigkeit des Jahresabschlusses, sondern aufgrund entsprechender Verweisungen auch auf die Feststellung sämtlicher Geschäftsvorgänge nach Art, Umfang und Ergebnis, jedoch nicht auf die Zweckmäßigkeit der angewandten Geschäftsmethoden.[2] Obgleich die ursprünglichen Regelungen von den Gesetzesänderungen der Jahre 1937, 1965 und 1985 betroffen sind, finden sich Bestandteile der damaligen Vorschriften teilweise wörtlich in den heutigen §§ 316 ff.

2 Nach dem HGB von 1931 galt zwar, daß die Abschlußprüfung durchzuführen „ist" (§ 262 a), doch mußte sie gem. § 262 b Abs. 4 nicht stattfinden, wenn Vorstand, Aufsichtsrat und alle Aktionäre mit ihrem Unterbleiben einverstanden waren.[3] Während für die Prüfungspflicht nach dem HGB (1931) der **Schutz des Unternehmens** vor unternehmensgefährdendem Einfluß des Vorstandes ausschlaggebend[4] und damit ein einverständlicher Verzicht auf die Prüfung möglich war, wurde mit dem AktG von 1937 die *soziale Bedeutung* der Unternehmen vorrangig für die Prüfungsverpflichtung.[5] Nach § 135 AktG (1937) konnte der Jahresabschluß nur festgestellt werden, wenn zuvor eine Prüfung stattgefunden hatte; anderenfalls war der Feststellungsbeschluß nichtig. Eine Möglichkeit zur Vermeidung der Prüfung gab es daher von diesem Zeitpunkt an nicht mehr. Die Abschlußprüfung wurde zu einer echten Pflichtprüfung.

3 Durch das AktG von 1965 wurde die Prüfungspflicht nicht angetastet. Mit der Orientierung der Rechnungslegung an den Interessen der Aktionäre korrespondierte

---

[1] Hierzu eingehend *Born* FS 75 Jahre Dt. Treuhand-Gesellschaft S. 53 ff.

[2] *Staub/Pinner* HGB[14] § 262a, 11.

[3] Seinerzeit h. M. zur Auslegung des § 262 b Abs. 4 HGB (1931); vgl. *Staub/Pinner* HGB[14] § 262 a, 16; *Homburger* Aufsichtsrat und Bilanzprüfer im neuen Aktienrecht S. 85; *Lehmann/Hirsch* VO über Aktienrecht[2] § 262b, 5; **a. A.** schon damals *Schlegelberger/Quassowski/Schmölder* VO über Aktienrecht v. 19. 9. 1931 § 262 a, 6; *Neufeld* Die Aktienrechtlichen Vorschriften der VO v. 19. 9. 1931 § 262 a, 6.

[4] Vgl. auch *Neufeld* aaO Rdn. 5.

[5] Vgl. *Schlegelberger/Quassowski* AktG (1937) Übersicht vor § 135: „Im nationalsozialistischem Staat setzte sich die Erkenntnis durch, daß eine regelmäßige Prüfung der Rechnungslegung nicht nur im Interesse der Gesellschaft und ihrer Aktionäre, sondern vor allem im Interesse der Gläubiger und der *Allgemeinheit* liegt. (...) Das Aktiengesetz hat daher den Charakter der bisherigen Pflichtprüfungsvorschriften durch den grundlegenden Satz, daß *ein ohne vorherige Prüfung festgestellter Jahresabschluß nichtig ist, zu zwingenden öffentlich-rechtlichen Vorschriften erhoben* ...".

allerdings auch deren stärkere Berücksichtigung im Rahmen der Abschlussprüfung.[6] Die **Interessen der Allgemeinheit** an der Abschlußprüfung blieben aber weiterhin dominierend,[7] was sich an der Ausweitung der Prüfungspflicht durch das PublG von 1969 (BGBl. I 1189) auf Großunternehmen jeglicher Rechtsform zeigte.

Mit dem BiRiLiG vom 19.12.1985 (BGBl. I 2355) wurden die Vierte, die Siebente und die Achte EG-Richtlinie umgesetzt, die Regelungen zur Abschlußprüfung aus dem AktG herausgelöst und wieder in das HGB eingefügt. Gleichzeitig wurde die Prüfungspflicht **allen Kapitalgesellschaften** auferlegt, die bestimmte **Größenvoraussetzungen** erfüllen. Zugleich entfiel die zuvor bestehende Prüfungspflicht für Aktiengesellschaften, die nach den (Größen-) Kriterien des § 267 Abs. 1 als „kleine Kapitalgesellschaften" einzustufen sind. 4

Das **KonTraG** vom 27.4.1998 (Gesetz zur Kontrolle und Transparenz im Unternehmensbereich, BGBl. I 786) hat neue Anforderungen an die Abschlußprüfung gebracht: So ist der Abschlußprüfer nun bei Aktiengesellschaften, die Aktien mit amtlicher Notierung ausgegeben haben, zur Prüfung des nach § 91 Abs. 2 AktG vom Vorstand einzurichtenden Risikofrüherkennungssystems verpflichtet (§ 317 Abs. 4), der Katalog der Inkompatibilitätsgründe wurde ausgeweitet (§ 319 Abs. 2 Nr. 8, Abs. 3 Nr. 6), die an Prüfungsbericht und Bestätigungsvermerk gestellten Anforderungen wurden modifiziert (§§ 321, 322) und die in § 323 angeordnete Haftung erweitert.[8] Mit dem **KapCoRiLiG** (Kapitalgesellschaften und Co-Richtlinie-Gesetz, BGBl. I 2000, 154)[9] ist die Prüfungspflicht auf bestimmte offene Handelsgesellschaften und Kommanditgesellschaften ausgedehnt worden (vgl. Rdn. 6). Das Wirtschaftsprüferordnungs-Änderungsgesetz (BGBl. I 2000, 1769) hat eine Verpflichtung von Wirtschaftsprüfern und Wirtschaftsprüfungsgesellschaften eingeführt, sich im Abstand von drei Jahren einer Qualitätskontrolle (sog. peer review) zu unterziehen, wenn sie gesetzlich vorgeschriebene Abschlußprüfungen durchführen (§ 57a WPO). Ein Wirtschaftsprüfer bzw. eine Wirtschaftsprüfungsgesellschaft, welche(r) nicht über eine wirksame Bescheinigung über die Teilnahme an der Qualitätskontrolle verfügt, darf – wenn die Wirtschaftsprüferkammer keine Ausnahmegenehmigung erteilt hat – gemäß § 319 Abs. 2 S. 2, Abs. 3 Nr. 7 nicht Abschlußprüfer sein (hierzu § 319, 57a, 66a). Das **Euro-Bilanzgesetz** (BGBl. I 2001, 34/4) hat neben einer Anpassung bilanzrechtlicher Vorschriften an die neue Gemeinschaftswährung u. a. die Möglichkeit geschaffen, Rechnungslegungsunterlagen einer Kapitalgesellschaft mit Sitz in einem anderen EWR- Staat am Ort einer inländischen Zweigniederlassung in **englischer Sprache** zum Handelsregister einzureichen (§ 325a Abs. 1 S. 4). 4a

II. Prüfungspflicht hinsichtlich des Einzelabschlusses

1. Prüfungspflichtige Unternehmen

a) **Originärer Anwendungsbereich der §§ 316 ff.** Prüfungspflichtig sind alle **Kapitalgesellschaften**, also AG, GmbH und KGaA, soweit sie **nicht kleine Gesellschaften** i. S. v. § 267 Abs. 1 sind. Eine Ausnahme gilt unter gewissen Voraussetzungen auf der Grundlage der mit dem KapAEG[10] eingeführten Vorschrift des § 264 Abs. 3 5

[6] *Geßler* FS 75 Jahre Dt. Treuhand-Gesellschaft S. 149 f.

[7] **A. A.** offenbar MünchKommHGB-*Ebke* Rdn. 29, 31 f.

[8] Zusammenfassende Darstellung bei *Zimmer* NJW 1998, 3521–3534.

[9] Hierzu *Klein/Pötzsch* DB 1999, 1509; *Bitter/Grashoff* DB 2000, 833; *Zimmer/Eckhold* NJW 2000, 1361.

[10] Gesetz zur Verbesserung der Wettbewerbstätigkeit deutscher Konzerne an Kapitalmärkten und zur Erleichterung der Aufnahme von Gesellschafterdarlehen (Kapitalaufnahmeerleichterungsgesetz) vom 20.4.1998, BGBl. I 1998, 707.

für Tochterunternehmen. Zu diesen Voraussetzungen zählt, daß das Mutterunternehmen nach § 290 zur Aufstellung eines Konzernabschlusses verpflichtet ist, daß sämtliche Gesellschafter des Tochterunternehmens der Befreiung zugestimmt haben und daß eine gesetzliche oder freiwillige Verpflichtung des Mutterunternehmens zur Übernahme allfälliger Verluste des Tochterunternehmens besteht[11] (vgl. auch Rdn. 17, 20 zur Möglichkeit der Befreiung eines *Mutterunternehmens* von der Pflicht zur Prüfung des *Konzernabschlusses*). Aufgrund der Fiktion des § 267 Abs. 3 S. 2 unterliegen der Prüfungspflicht sämtliche *börsennotierten Kapitalgesellschaften*, d.h. solche, deren Aktien oder Wertpapiere in einem Mitgliedstaat der Europäischen Wirtschaftsgemeinschaft zum amtlichen Handel zugelassen sind oder für die eine entsprechende Zulassung beantragt ist; ferner Gesellschaften, deren Aktien resp. Wertpapiere in einem Mitgliedstaat der Europäischen Wirtschaftsgemeinschaft zum geregelten Markt zugelassen sind bzw. für die ein entsprechender Antrag gestellt ist.[12]

6 Mit Einfügung des § 264a durch das KapCoRiLiG sind **offene Handelsgesellschaften** und **Kommanditgesellschaften**, die nicht kleine Gesellschaften i.S.v. § 267 Abs. 1 sind und bei denen nicht wenigstens ein persönlich haftender Gesellschafter eine natürliche Person oder – im Falle mehrstufiger Gesellschaftsverhältnisse – wiederum eine OHG, KG oder andere Personengesellschaft mit einer natürlichen Person als persönlich haftenden Gesellschafter ist, in die Prüfungspflicht einbezogen worden (vgl. § 264a). Gemäß § 264b ist eine solche Personenhandelsgesellschaft aber dann von den Pflichten zur Aufstellung von Jahresabschluß und Lagebericht, zur Prüfung und zur Offenlegung befreit, wenn sie in den Konzernabschluß eines Unternehmens, das persönlich haftender Gesellschafter der Personenhandelsgesellschaft ist, oder in den Konzernabschluß eines anderen in- oder ausländischen Mutterunternehmens mit Sitz in einem EU- oder EWR-Staat einbezogen und der Konzernabschluß ordnungsgemäß aufgestellt, geprüft und offengelegt worden ist (vgl. § 264b).

7 Nach Einfügung des § 340k durch das Bankbilanzrichtliniengesetz vom 30.11. 1990[13] sind auch **Kreditinstitute** unabhängig von Rechtsform und Größe nach den §§ 316ff prüfungspflichtig;[14] zur Prüfungspflicht bei Finanzdienstleistungsinstituten vgl. § 340k Abs. 4. § 13 BausparkG legt besondere Pflichten bei der Prüfung des Jahresabschlusses einer Bausparkasse fest. Seit der in Erfüllung der EG-Versicherungs-Bilanzrichtlinie[15] erfolgten Änderung des VAG durch das Gesetz vom 24.6.1994[16] sind zudem **Versicherungsunternehmen** unabhängig von ihrer Größe nach den §§ 316ff prüfungspflichtig (§ 341k).[17] Besonderheiten hinsichtlich des Prüfungsumfangs sind in § 57 VAG geregelt. Versicherungsunternehmen, die nicht unter die in § 330 Abs. 4 genannten EG-Richtlinien fallen, können gem. § 330 Abs. 4 S. 1 von der Prüfungsverpflichtung ganz oder teilweise ausgenommen werden;[18] die Aufsichtsbehörde kann bestimmen, ob und wie solche Unternehmen zu prüfen sind (§ 64 S. 2 VAG).

---

11 Vgl. zur umstrittenen Reichweite der Regelung *Dörner/Wirth* DB 1998, 1525; Heymann/*Herrmann* § 264, 19; MünchKommHGB-*Ebke* Rdn. 7; MünchKommHGB-*Beater* § 264, 36 ff.

12 Zur Prüfungspflicht bei diesen Gesellschaften ADS Rdn. 24; KK-*Claussen/Korth* Rdn. 10; ferner MünchKommHGB-*Ebke* Rdn. 2.

13 BGBl. I 2570, geändert durch Gesetz vom 22.10. 1997, BGBl. I 2567.

14 Vgl. Erl. bei *Krumnow/Sprißler/Bellavite-Hövermann/Kemmer/Steinbrücker* Rechnungslegung der Kreditinstitute; ferner MünchKommHGB-*Böcking/Orth* § 340k, 1 ff.

15 19.12.1991, ABlEG 31.12.1991 Nr. L 374/7.

16 BGBl. I 1377.

17 Vgl. Erl. bei *Budde/Schnicke/Stöffler/Stuirbrink* Beck'scher Versicherungsbilanz-Kommentar.

18 Hierzu Beck BilKomm-*Förschle/Kofahl* Rdn. 3 und § 330, 55 ff.

Beim **Wechsel von Größenklassen** unterliegt das Unternehmen gem. § 267 Abs. 4 der Prüfungspflicht bereits beim zweiten Jahresabschluß, der vom Ergebnis her dem vorangegangenen bei der Größeneinstufung gleicht, also bereits ab dem Geschäftsjahr, in dem erstmalig zu Beginn und am Ende die Voraussetzungen der neuen Größenklasse erfüllt sind.[19] Keine Rolle spielt dabei, ob sich die Einstufungsmerkmale, die zu einer Änderung der Größe führten, qualitativ geändert haben.[20] Da sowohl mittelgroße als auch große Kapitalgesellschaften der Prüfungspflicht unterliegen, hat ein Wechsel zwischen diesen Größenklassen im Rahmen des § 316 keine Relevanz: die Gesellschaft ist schon dann prüfungspflichtig, wenn an den Abschlußstichtagen zweier aufeinanderfolgender Geschäftsjahre jeweils die Merkmale *einer* prüfungspflichtigen Größenklasse erfüllt waren.[21] 8

b) Anwendbarkeit aufgrund von Verweisungen. Prüfungspflichtig nach den §§ 316 ff sind neben kleinen und mittelgroßen Kapitalgesellschaften, kleinen und mittelgroßen OHG und KG i. S. d. § 264 a Abs. 1 sowie – unabhängig von ihrer Größe – Kreditinstituten und Versicherungsunternehmen (hierzu Rdn. 7) aufgrund von gesetzlichen **Verweisungen** folgende Unternehmen (Übersicht in WP-Handbuch I, D): 9

- nach dem PublG publizitätspflichtige Unternehmen (§ 6 PublG)
- Genossenschaften (§§ 53 ff GenG)
- Bausparkassen (§ 1 Abs. 1 BausparkG i. V. m. § 340 k)
- Kapitalanlagegesellschaften (§ 2 Abs. 1 KAGG i. V. m. § 340 k)

Weitere besondere Prüfungspflichten bestehen für gemeinnützige Wohnungsunternehmen, Beteiligungen von Gebietskörperschaften u. a.[22] Für ausländische Investmentgesellschaften vgl. § 7 Abs. 2 Nr. 5 AuslInvestmG.

c) Gesellschaften in Liquidation. Für Gesellschaften in Liquidation besteht die Prüfungspflicht fort. Allerdings eröffnen § 270 Abs. 3 AktG und § 71 Abs. 3 GmbHG dem Gericht die Möglichkeit, von der Prüfung zu **befreien**, wenn die Gesellschaftsverhältnisse überschaubar sind, insbes. wenn keine nennenswerte Geschäftstätigkeit mehr erwartet wird und keine Zweifel an einer ordnungsgemäßen Abwicklung bestehen.[23] 10

2. Abschlußprüfer

Die Abschlußprüfung erfolgt nach dem Wortlaut des Abs. 1 „durch einen Abschlussprüfer". Im Unterschied zu § 162 Abs. 1 AktG (1965) wird eine Prüfung durch **mehrere Abschlußprüfer** nicht erwähnt. Der Gesetzgeber ging aber von der Selbstverständlichkeit des Bestehens dieser Möglichkeit aus.[24] Werden mehrere Wirtschaftsprüfer zu Abschlußprüfern bestellt, so sind sie gemeinsam gesetzlicher Abschlußprüfer.[25] Eine Wirtschaftsprüfungsgesellschaft ist als solche Gesamtheit Abschlußprüfer (§ 319 Abs. 1 S. 1). Für die Prüfung mittelgroßer GmbH können gem. § 319 Abs. 1 S. 2 auch vereidigte Buchprüfer und Buchprüfungsgesellschaften bestellt werden. 11

---

[19] Vgl. auch den Bericht des Rechtsausschusses, BTDrucks. 10/4268 S. 104 zu § 267, wonach von § 236 Abs. 2 HGB-E, der dies explizit vorschrieb, nur in der Formulierung abgewichen wurde; ADS Rdn. 30.

[20] Bonner HdR-*Matschke* § 267, 29 ff.

[21] Mißverständlich ADS Rdn. 31, die von Identität der Größenklassen sprechen.

[22] Vgl. hierzu die ausführliche Übersicht in WP-Handbuch I D.

[23] Hierzu *Hüffer* § 270, 12; ferner LG Dresden ZIP 1995, 233.

[24] Vgl. Ber. Rechtsausschuß, BTDrucks. 10/4268 S. 117.

[25] Vgl. ADS Rdn. 42, die allerdings auch die Bestellung mehrerer je für sich prüfender Abschlußprüfer für möglich halten.

3. Prüfungsobjekt

12 Gegenstand der Abschlußprüfung nach Abs. 1 sind bei Einzelunternehmen der Jahresabschluß und der Lagebericht. Der Jahresabschluß umfaßt dabei gem. § 264 Abs. 1 S. 1 i.V.m. § 242 Bilanz, Gewinn- und Verlustrechung und Anhang. Der Prüfungspflicht unterliegen sämtliche Einzelabschlüsse, also auch die von **Rumpfgeschäftsjahren.**[26] Die Bestimmung des Prüfungsgegenstandes nach § 316 Abs. 1 ist indes nicht abschließend. Vielmehr ergeben sich aus § 317 weitere Prüfungsobjekte (vgl. Erl. § 317, 7 ff, 21 ff, 29 ff).

4. Rechtsfolgen bei fehlender Prüfung

13 Aus Abs. 1 S. 2 ergibt sich, daß ein nicht geprüfter Jahresabschluß nicht festgestellt werden kann. Bei AG und KGaA ist ein dennoch festgestellter Jahresabschluß gem. § 256 Abs. 1 Nr. 2 AktG **nichtig**. Für die GmbH fehlt eine entsprechende Vorschrift. Im (gescheiterten) Regierungsentwurf von 1971 war – „in Anlehnung an § 256 AktG"[27] – eine ausdrückliche Anordnung der Nichtigkeitsfolge vorgesehen (§ 203 RegE GmbHG 1971).[28] Auch im Regierungsentwurf zum BiRiLiG war in § 42 g GmbHG-E die Nichtigkeitsfolge vorgesehen, doch wurde im Gesetzgebungsverfahren darauf verzichtet, weil die Bestimmung der Voraussetzungen einer Nichtigkeit der Rechtsprechung überlassen werden sollte.[29] Da jedoch für AG und GmbH die gleiche Prüfungspflicht besteht, muß auch für beide Gesellschaften die gleiche Rechtsfolge gelten (Nichtigkeit für die GmbH analog § 256 Abs. 1 Nr. 2 AktG).[30] Für die nach dem PublG prüfungspflichtigen Unternehmen ordnet § 10 Abs. 1 Nr. 1 PublG bei fehlender Abschlußprüfung die Nichtigkeit an.

14 Im Gegensatz zu einer fehlenden Prüfung gilt die Nichtigkeitsfolge nach § 173 Abs. 3 S. 2 AktG nicht für die ersten zwei Wochen nach der Feststellung eines durch die Hauptversammlung **geänderten Jahresabschlusses**. In dieser Zeit ist der Feststellungsbeschluß der Hauptversammlung lediglich schwebend unwirksam, also nicht etwa rechtlich inexistent,[31] da sonst ein Wirksamwerden nicht möglich wäre.

15 Die Abschlußprüfung soll den Organen, die den Jahresabschluß feststellen, Unterstützung bieten. Sie muß stattgefunden haben, damit der Jahresabschluß festgestellt werden kann. Ihr Ergebnis wird im Prüfungsbericht, der Stellungnahme des Abschlußprüfers, deutlich (vgl. § 321 und Erl. hierzu). Daher ist es notwendig, daß der Prüfungsbericht den entsprechenden Gesellschaftsorganen vorliegt (vgl. § 171 Abs. 2 S. 3, 4 AktG: der Aufsichtsrat muß erst zu dem Ergebnis der Prüfung Stellung nehmen, bevor er erklärt, ob er den Jahresabschluß billigt). Die Prüfung ist deshalb erst mit Vorlage des Prüfungsberichts im Rechtssinn abgeschlossen.[32] Es kann auch unter Vorlage des Prüfungsberichtes nur derjenige Jahresabschluß festgestellt werden, der wirklich geprüft wurde. Entscheidend ist, daß **Identität** zwischen dem festzustellenden und dem geprüften Jahresabschluß besteht.[33] Demzufolge fallen Änderungen des Jahresabschlusses, die zwischen der letzten Prüfungshandlung und der Vorlage des Prüfungsberichts vorgenommen wurden, nicht unter diese Prüfung. Da der Jahresabschluß bis zu seiner Feststellung jederzeit, also auch zwischen Abschluß der letzten

---

[26] Beck BilKomm-*Förschle/Kofahl* Rdn. 15.
[27] Begr. RegE GmbHG 1971, BTDrucks. VI/3088 S. 194.
[28] Hierzu *Geßler* FS Goerdeler S. 133; zu den Gründen des Scheiterns des Entwurfes ebd. S. 130.
[29] Ber. Rechtsausschuß, BTDrucks. 10/4268 S. 130 f.
[30] Vgl. *Geßler* FS Goerdeler S. 136; *Lutter/Hommelhoff* Anh. § 47, 25 f.
[31] So aber Beck BilKomm-*Förschle/Kofahl* Rdn. 45.
[32] WP-Handbuch I Q 12; ADS Rdn. 48; KK-*Claussen/Korth* Rdn. 13.
[33] Vgl. ADS Rdn. 66.

Prüfungshandlung und der Vorlage des Prüfungsberichts, geändert werden kann, ist es möglich, daß der Prüfungsbericht sich auf einen anderen als den nunmehr maßgeblichen Jahresabschluß bezieht. Der Abschluß muß in diesem Fall erneut geprüft werden, wobei es sich um eine eigenständige Prüfung, nicht um eine Nachtragsprüfung handelt.[34]

Damit das Ergebnis der Prüfung erkennbar ist, muß entweder ein (ggf. mit Einschränkungen versehener) Bestätigungsvermerk oder ein Vermerk über seine Versagung erteilt werden (§ 322 und Erläuterungen hierzu).[35] Eine Versagung hindert die Feststellung des Jahresabschlusses nicht (§ 322, 3). Wegen der Bedeutung des festgestellten Jahresabschlusses sind die **qualitativen Mindestanforderungen** an die Prüfung im Interesse der Rechtssicherheit zu beschränken. Wie für die AG § 256 Abs. 1 Nr. 2, 3, Abs. 2 AktG zeigt, sollen nur erhebliche Mängel der Abschlußprüfung einer Nichtprüfung gleichgestellt werden.[36] Entscheidend ist, ob noch von einer sachverständigen Prüfungstätigkeit ausgegangen werden kann, die ein Urteil über die Rechnungslegung und die Lage des Unternehmens zulässt.[37] Der Prüfungsbericht muß den wesentlichen Anforderungen des § 321 genügen, wobei es auf die Einhaltung der materiellen Anforderungen ankommt.[38] **16**

III. Prüfungspflicht hinsichtlich des Konzernabschlusses

Abs. 2 ordnet die Prüfungspflicht für einen nach §§ 290–293 aufzustellenden Konzernabschluß und -lagebericht an. Ausnahmen gelten für die aufgrund ihrer Größe befreiten Konzerne (§ 293 Abs. 1). „Kleine" Konzerne sind aber nach § 293 Abs. 5 regelmäßig prüfungspflichtig, wenn Wertpapiere eines Konzernunternehmens (Mutter- oder Tochterunternehmens) an einer Börse in einem EU- oder EWR-Staat zum amtlichen Handel oder zum geregelten Markt zugelassen sind oder eine solche Zulassung beantragt ist. Prüfungspflichtig sind außerdem Konzerne, deren Mutterunternehmen keine der in §§ 264 ff erfaßten Rechtsformen aufweist, die jedoch die Größenkriterien des § 11 PublG erfüllen. Gem. § 14 Abs. 1 S. 2 PublG gelten dann die § 316 Abs. 3 und §§ 317 ff sinngemäß. Die Prüfungspflicht entfällt bei Offenlegung eines den Anforderungen des § 291 Abs. 2 genügenden **befreienden** Konzernabschlusses durch ein Mutterunternehmen i. S. d. § 290, das zugleich Tochterunternehmen eines Mutterunternehmens mit Sitz in einem Mitgliedstaat der EU bzw. des EWR ist (§ 291 Abs. 1). Nicht prüfungspflichtig sind ferner die Konzernabschlüsse eines Mutterunternehmens mit Sitz außerhalb eines EU- oder EWR-Staates, die nach § 292 i. V. m. der Konzernbefreiungsverordnung v. 15. 11. 1991[39] befreiende Wirkung entfalten.[40] **17**

Abschlußprüfer von Konzernabschlüssen und -lageberichten können nur **Wirtschaftsprüfer und Wirtschaftsprüfungsgesellschaften** sein (§ 319 Abs. 1 S. 1 und Erl. hierzu). **18**

Im Unterschied zum ungeprüften Jahresabschluß eines Einzelunternehmens (hierzu Rdn. 13) ist ein **ungeprüfter Konzernabschluß** nicht nichtig; wegen fehlender rechtlicher Bedeutung des Konzernabschlusses für die Gewinnverwendung[41] muß der **19**

34 Ebenso *Erle* 229; s. dazu Rdn. 28.
35 Vgl. auch KK-*Claussen/Korth* Rdn. 13.
36 WP-Handbuch I Q 12; KK-*Claussen/Korth* Rdn. 15.
37 *Kropff* in Geßler/Hefermehl/Eckardt/Kropff § 162, 7b.
38 Bonner HdR-*Grewe* Rdn. 30.
39 BGBl. 1991 I, 2122; letzte Neufassung: BGBl. 1998 I 707 (abgedruckt im Anhang zu § 292).
40 Vgl. *Baumbach/Hopt* § 292, 2; *Koller/Roth/Morck* § 292, 1.
41 *Busse v. Colbe/Ordelheide* Konzernabschlüsse 21.

Konzernabschluß nicht festgestellt werden. Ein nicht geprüfter Konzernabschluß entfaltet aber keine befreiende Wirkung i. S. d. §§ 291, 292.[42] Diese tritt nur dann ein, wenn Konzernabschluß und -lagebericht entsprechend der 7. und 8. EG-Richtlinie nach dem für das Mutterunternehmen maßgeblichen Recht aufgestellt und geprüft worden ist. In den Fällen des § 292 (vgl. Rdn. 17) reicht es aus, wenn Konzernabschluß und -lagebericht nach mit EU-Recht übereinstimmenden oder gleichwertigen Vorschriften aufgestellt und von einem nicht in einem EU- oder EWR-Staat ansässigen Abschlußprüfer, der eine dem EU-Recht entsprechende Befähigung besitzt, geprüft wurde; die Prüfungsqualität muß den Anforderungen der §§ 316 ff entsprechen (§ 292 Abs. 2).[43] Einem nach „international anerkannten Rechnungslegungsgrundsätzen" aufgestellten Konzernabschluß und -lagebericht kann bei einem deutschem Recht unterliegenden Mutterunternehmen befreiende Wirkung nach § 292a nur zukommen, wenn die Unterlagen von dem nach § 318 bestellten Abschlußprüfer geprüft worden sind und der Abschlußprüfer außerdem bestätigt hat, daß die Bedingungen für die Befreiung erfüllt sind (§ 292a Abs. 2 Nr. 5).

20 Um befreiende Wirkung nach §§ 291, 292 zu entfalten, ist auch in den Fällen eines **freiwillig** aufgestellten Konzernabschlusses eine Prüfung nach den Grundsätzen der §§ 316 ff erforderlich. Auch der freiwillig aufgestellte Konzernabschluß eines ausländischen Mutterunternehmens, auf das die deutschen Vorschriften grundsätzlich nicht anwendbar sind, muß diese Anforderungen erfüllen, um befreiende Wirkung zu erreichen.[44] Soll im Rahmen einer freiwilligen Prüfung ein Bestätigungsvermerk i. S. v. § 322 erteilt werden, muß die Prüfung nach Art und Umfang einer Pflichtprüfung entsprechen.[45]

21 Prüfungsobjekte sind nach Abs. 2 der Konzernabschluß und -lagebericht. **Gegenstand und Umfang** der Prüfungspflicht ergeben sich im weiteren aus § 317 (vgl. § 317, 21 ff).

IV. Nachtragsprüfung

1. Materielle und formelle Änderungen

22 Abs. 3 bezieht sich auf die Fälle einer **Änderung** von Jahresabschluß, Lagebericht, Konzernabschluß oder -lagebericht nach erfolgter Prüfung, d. h. nach Vorlage des Prüfungsberichtes. Bei einem nach erfolgter Prüfung geänderten Jahresabschluß handelt es sich nicht mehr um den ursprünglich geprüften Abschluß, so daß eine Feststellung nicht möglich ist.[46] Ein Bestätigungsvermerk, der sich auf den ursprünglichen Jahresabschluß bezieht, muß ergänzt werden, da es sich bei dem geänderten Abschluß um einen neuen, noch ungeprüften Jahresabschluß handelt (Abs. 3 S. 2).

23 Eine Änderung liegt vor, wenn materielle oder formelle Veränderungen des Jahresabschlusses, Konzernabschlusses oder der entsprechenden Lageberichte vorgenommen werden.[47] **Materiell** ist die Änderung, wenn Angaben inhaltlich geändert werden, z. B. die Bewertung von Einzelposten oder der wirtschaftlichen Lage, ferner Angaben tatsächlicher Art z. B. betreffend die Auflösung oder Einstellung von Rücklagen. Solche Änderungen sind grundsätzlich nachprüfungspflichtig. Davon ausgenommen sind Änderungen des Lageberichts, die allgemeine, z. B. wirtschaftspolitische Fragen be-

---

[42] HdR³-*Baetge/Fischer* Rdn. 23.
[43] Dazu *Koller/Roth/Morck* § 292 Rdn. 1.
[44] Vgl. BTDrucks. 10/3440 S. 44 f.
[45] ADS Rdn. 56.
[46] Vgl. MünchKommHGB-*Ebke* Rdn. 16; Bonner HdR-*Grewe* Rdn. 42.
[47] ADS Rdn. 65.

treffen und keinen Einfluß auf die Darstellung der Unternehmenslage haben.[48] Bei **formellen Änderungen** kommt es darauf an, ob Aussagen in bezug auf den Prüfungsgegenstand des § 317 geändert werden. Dies ist immer dann anzunehmen, wenn Angaben in Bilanz, GuV, Anhang oder Lagebericht geändert, hinzugefügt, weggelassen bzw. Posten aufgegliedert oder zusammengefaßt werden.[49] Änderungen in der Formulierung des Anhangs oder Lageberichts sind generell nachprüfungspflichtig.[50] Soweit sich die tatsächlichen Verhältnisse, die die voraussichtliche Entwicklung des Unternehmens berühren, geändert haben und deshalb eine Änderung des Lageberichts gem. § 289 Abs. 2 notwendig wird, ist dieser zu prüfen.[51]

Redaktionelle Änderungen sind nicht prüfungspflichtig, soweit sie lediglich die Berichtigung von Schreibfehlern zum Inhalt haben.[52] Bei Zahlenverwechslungen gilt dies jedoch nur dann, wenn sich die Verwechslungen nicht im weiteren Zahlenwerk ausgewirkt haben. Formelle Änderungen von Darstellungen, welche bereits bei der ersten Prüfung nicht Gegenstand der Abschlußprüfung waren, werden auch von der Nachtragsprüfung nicht umfaßt. **24**

Es ist unerheblich, ob die Änderungen wesentlich für das Prüfungsobjekt sind, da der GoB der Wesentlichkeit nicht für das Änderungsrecht gilt und der Wortlaut des Gesetzes keine abweichende Behandlung zuläßt.[53] Demzufolge erzwingt im Rahmen des bisher Gesagten auch eine **geringfügige Änderung** eine Nachtragsprüfung.[54] Damit die Entscheidung, ob eine Änderung die Prüfungspflicht auslöst, nicht von dem Organ getroffen wird, das die Änderung vorgenommen hat, muß diese Entscheidung ausschließlich von dem Abschlußprüfer getroffen werden.[55] **25**

2. Objekt und Umfang der Prüfung

Der Gegenstand der Nachtragsprüfung entspricht dem Gegenstand der Abschlußprüfung. Da die Nachtragsprüfung die Prüfung eines bereits geprüften Jahres- oder Konzernabschlusses darstellt, ist sie nur insoweit erforderlich, als die Änderungen sich auf den Abschluß oder Lagebericht **auswirken**. Dabei hat der Abschlußprüfer auch zu untersuchen, ob alle notwendig gewordenen Folgeänderungen vorgenommen wurden.[56] Von der Prüfung ausgenommen sind grundsätzlich alle Teile des Jahresabschlusses und Lageberichts, die offenkundig nicht von den Änderungen betroffen sind; der Abschlußprüfer ist bei dieser Beurteilung frei.[57] Die Nachtragsprüfung ist eine erneute Prüfung. Demzufolge ist für die Beurteilung der Rechnungslegung, insbesondere auch des Lageberichts, auf die Kenntnis des Abschlußprüfers zum Zeitpunkt der Nachtragsprüfung abzustellen. Entdeckt der Abschlußprüfer bei der Nachtragsprüfung in der ersten Prüfung übersehene Mängel in dem von der Änderung nicht betroffenen Teil des Jahresabschlusses, so muß er, da sich der Bestätigungsvermerk aufgrund der Nachtragsprüfung auf den gesamten Jahresabschluß bezieht, diese Mängel berücksichtigen.[58] Eine Beschränkung des Prüfungs- **26**

---

48 KK-*Claussen/Korth* Rdn. 20.
49 Ähnlich ADS Rdn. 65; MünchKommHGB-*Ebke* Rdn. 16.
50 *Erle* 232.
51 KK-*Claussen/Korth* Rdn. 20.
52 Als Maßstab kann dabei § 319 Abs. 1 ZPO gelten (ADS Rdn. 65), bei auch nur sprachlichen Verdeutlichungen ist diese Grenze aber schon überschritten (**a. A.** ADS aaO), da Verdeutlichungen immer eine subjektive Wertung enthalten (wie hier HdR³-*Baetge/Fischer* Rdn. 16; *Erle* 232).
53 Ähnlich KK-*Claussen/Korth* Rdn. 20.
54 **A. A.** offenbar Heymann/*Herrmann* Rdn. 5; wie hier ADS Rdn. 65.
55 Bonner HdR-*Grewe* Rdn. 47.
56 ADS Rdn. 67.
57 KK-*Claussen/Korth* Rdn. 21.
58 OLG Hamm GI 1999, 248; MünchKommHGB-*Ebke* Rdn. 17; HdR³-*Baetge/Fischer* Rdn. 18.

umfangs ist nicht möglich, da der Abschlußprüfer durch den Bestätigungsvermerk erklärt, daß der Jahresabschluß am Tag der Erteilung des Vermerks den gesetzlichen Vorschriften entspricht.[59]

3. Zeitpunkt der Änderung

27 Unter die Nachtragsprüfung fallen alle Änderungen, die **nach der Vorlage** des Prüfungsberichts des Abschlußprüfers vorgenommen werden. Als Prüfungsbericht gilt nur ein den Anforderungen des § 321 genügender Bericht, also nicht ein sog. Vorwegbericht.[60]

28 Änderungen, die noch **vor Abschluß** der Prüfungshandlungen erfolgen, werden generell von der ursprünglichen Prüfung erfaßt. Die Nachtragsprüfung setzt voraus, daß eine Prüfung bereits stattgefunden hat. Als erfolgte Prüfung kann nur eine solche bezeichnet werden, die die Feststellung des Jahresabschlusses möglich macht. Deshalb erfaßt Abs. 3 nicht den Fall, daß eine Änderung des Jahresabschlusses zwischen letzter Prüfungshandlung und Vorlage des Prüfungsberichts erfolgt.[61] Bis zur Vorlage des Abschlußberichts muß der Prüfer bei einer solchen Änderung erneut in die ursprüngliche Prüfung eintreten. Dies gilt auch für den Fall, daß die Änderung dem Abschlußprüfer erst nach Vorlage des Prüfungsberichts bekannt wird.[62] Praktische Auswirkungen hat die Einstufung von Änderungen in diesem Zeitraum jedoch nur, wenn man der – hier nicht vertretenen, Rdn. 26 – Auffassung folgt, der Prüfungsumfang sei bei der Nachtragsprüfung beschränkt.[63]

29 Das Erfordernis einer Nachtragsprüfung gilt für jede Änderung nach Vorlage des Prüfungsberichts, folglich neben Änderungen durch die Hauptversammlung (§ 173 Abs. 3 S. 1 AktG) auch für solche – soweit dies möglich ist[64] –, die nach der Feststellung des Jahresabschlusses vorgenommen werden.[65] Auch für diese Nachprüfung gelten die allgemeinen Regeln bzgl. der Nachprüfung gem. Abs. 3.[66] Eine Nachtragsprüfung ist nicht notwendig, wenn der Jahresabschluß aufgrund von Fehlern bei seiner Feststellung (§ 256 Abs. 2 und 3 AktG) für **nichtig** erklärt wird, es also nicht zu seiner Änderung kommt.

4. Rechtsfolgen

30 **a) Nachtragsprüfungsbericht.** Die Nachtragsprüfung beurteilt den zuletzt aufgestellten Jahresabschluß. Aufgrund der Koppelung an die ursprüngliche Prüfung reicht aber eine **Ergänzung** des bisherigen Bestätigungsvermerks aus. Der Prüfungsbericht muß sich ebenfalls nur auf die Änderungen beziehen. Nachtragsprüfung und ursprüngliche Prüfung wirken kumulativ.

31 Der Nachtragsprüfungsbericht ergänzt oder ändert den Bericht zur ursprünglichen Prüfung. Deshalb sind an ihn **gleiche Anforderungen** wie an den Hauptprüfungsbericht zu stellen.[67] Er ist ein eigenständiger Bericht, der sich auf das Ergebnis der

---

[59] Bonner HdR-*Grewe* Rdn. 52; **a. A.** ADS Rdn. 67: erneute Prüfung nur für Fälle zwischenzeitlich eingetretener Aufhellung von Vorgängen.

[60] ADS Rdn. 66.

[61] Heymann/*Herrmann* Rdn. 5; *Erle* 229; **a. A.** (h. M.) ADS Rdn. 66; HdR³-*Baetge/Fischer* Rdn. 15; KK-*Claussen/Korth* Rdn. 19; *Geßler/Hefermehl/Kropff* § 162 AktG (1965) 51; WP-Handbuch I Q 742 f; wohl auch Beck BilKomm-*Förschle/Kofahl* Rdn. 30.

[62] **A. A.** *Erle* 229.

[63] I. d. S. ADS Rdn. 67; s. zum Meinungsstand Rdn. 26.

[64] Vgl. zu den im einzelnen umstrittenen Rechtsfragen und zu nach Fallgruppen differenzierenden Antworten *Hüffer* § 172, 9 f.

[65] Bonner HdR-*Grewe* Rdn. 49.

[66] ADS Rdn. 78.

[67] HdR³-*Baetge/Fischer* Rdn. 19.

Nachtragsprüfung bezieht. Aus diesem Grunde muß er deutlich vom Hauptprüfungsbericht getrennt werden; eine Einbeziehung des früheren Prüfungsberichts zur Einarbeitung der Änderungen ist nicht möglich.[68] Eine andere Betrachtung erscheint nur für den Fall gerechtfertigt, daß der ursprüngliche Prüfungsbericht, soweit es nötig ist, um die Änderungen ergänzt wird und diese Ergänzung deutlich vom bisherigen Bericht getrennt wird. Durch die Trennung muß der Unterschied zwischen den Ergebnissen beider Prüfungen deutlich werden. Der Inhalt des ursprünglichen Prüfungsberichts muß erkennbar bleiben.[69] Wenn die Änderung des Jahresabschlusses keine Ergänzung des Prüfungsberichts notwendig macht, so ist zumindest durch Unterschrift mit dem neuen Datum festzustellen, daß es auch nach der Nachtragsprüfung bei der bisherigen Beurteilung bleibt. Die bisherigen Ausführungen müssen gewissermaßen auf das neue Datum bezogen werden. Mit der Aufnahme des Bestätigungsvermerks in den Prüfungsbericht (§ 322 Abs. 5 S. 2) ist über die Nachtragsprüfung ausreichend berichtet.

Da der Nachtragsprüfungsbericht im Fall geringfügiger Auswirkungen der Ände- **32**
rungen kurz ausfallen kann, ist seine Erteilung auch in Briefform zulässig.[70] Als zusammen mit dem Hauptprüfungsbericht vollwertiger Prüfungsbericht muß auch der Nachtragsprüfungsbericht vom Abschlußprüfer selbst **schriftlich** erstellt werden. Aus §§ 316 Abs. 3 S. 2 i.V.m. § 321 Abs. 1 und 5 ergeben sich keine Anhaltspunkte für eine Ausnahme.[71] Nach **a. A.**[72] soll es ausreichen, wenn der bei der Billigung des Jahresabschlusses anwesende Abschlußprüfer mündlich zustimmt, sofern die Änderungen keine Auswirkungen auf den Prüfungsbericht haben, weil anderenfalls der Prüfungsbericht im Hinblick auf die bereits erfolgte Feststellung des Jahresabschlusses nur verspätet erstellt werden könnte. Hiergegen spricht, daß ein geänderter Jahresabschluß ohne Nachtragsprüfung nicht festgestellt werden kann (s. Rdn. 35) und diese Prüfung erst mit Vorlage des Prüfungsberichts abgeschlossen ist (Rdn. 15).[73]

Teilweise wird vertreten, im Fall eines neuen, vom Hauptbericht getrennten **33**
Prüfungsberichts habe der Abschlußprüfer im Hauptbericht einen **Hinweis** auf den Nachtragsprüfungsbericht zu geben.[74] Ein solcher Hinweis erübrigt sich nach hier vertretener Auffassung, da der Hauptprüfungsbericht sich ausweislich seines Datums nur auf den ursprünglich erstellten Jahresabschluß bezieht.[75]

b) Bestätigungsvermerk. Der Bestätigungsvermerk bleibt trotz Nachtragsprü- **34**
fung wirksam.[76] Ergänzungen müssen immer Ort und Datum der erneuten Prüfung angeben, damit erkennbar wird, auf welchen Jahresabschluß der Bestätigungsvermerk sich bezieht.[77] Darüber hinaus gehende Änderungen sind erforderlich, wenn sich **Einschränkungen** des Bestätigungsvermerks ergeben, bisher vorliegende Einschränkungen sich durch die Änderung erledigt haben oder der bisherige Vermerk widerrufen wird.[78] Der Gegenstand der Änderung, der von wesentlicher Bedeutung für den Jahresabschluß bzw. Lagebericht ist, muß in den Bestätigungsvermerk aufgenommen werden.[79] Aus dem Zusammenhang mit der Datumsangabe der früheren Prüfung

[68] Vgl. Bonner HdR-*Grewe* Rdn. 55; Beck BilKomm-*Förschle/Kofahl* Rdn. 38: Rückforderung nur für Prüfungsberichtsentwürfe; **a. A.** h. M. ADS Rdn. 69; KK-*Claussen/Korth* § 321, 48; HdR³-*Breycha/Schäfer* § 321, 82.
[69] Insofern undeutlich KK-*Claussen/Korth* § 321, 48.
[70] WP-Handbuch I Q 288.
[71] So auch Beck BilKomm-*Förschle/Kofahl* Rdn. 39; vgl. auch *IDW* Prüfungsstandard 450 Rdn. 129.
[72] ADS Rdn. 70.
[73] HdR³ *Baetge/Fischer* Rdn. 21.
[74] Bonner HdR-*Grewe* Rdn. 56.
[75] Vgl. auch ADS Rdn. 69.
[76] MünchKommHGB-*Ebke* Rdn. 19.
[77] WP-Handbuch I Q 673 f; ADS Rdn. 73b, 74.
[78] HdR³-*Baetge/Fischer* Rdn. 21.
[79] WP-Handbuch I Q 667; mit Formulierungsvorschlag: HdR³-*Baetge/Fischer* Rdn. 20.

sowie der Angabe des Gegenstandes der Änderung wird deutlich, daß und welcher Teil der Prüfung bereits zu einem früheren Zeitpunkt abgeschlossen war.[80] Über die Notwendigkeit einer Ergänzung oder Änderung des Bestätigungsvermerks hat der Abschlußprüfer nach den allgemeinen Regeln über die Erteilung des Bestätigungsvermerks zu entscheiden (§ 322, 35 ff).

35 c) **Fehlen der Nachtragsprüfung.** Abs. 3 verweist nicht auf Abs. 1 S. 2, so daß die Rechtsfolge der Nichtigkeit der Feststellung des Jahresabschlusses bei nicht vorgenommener Nachtragsprüfung ausgeschlossen sein könnte. Damit würde allerdings der zwingende Charakter der Abschlußprüfung bzw. der Nachtragsprüfung leerlaufen, da mittels einer Änderung des Jahresabschlusses durch Eintritt in die Nachtragsprüfungspflicht Abs. 1 S. 2 umgangen werden könnte.[81] Zwar war in § 162 Abs. 3 AktG (1965) als Vorgängernorm die Nichtigkeit explizit festgelegt, doch sollte mit der Neufassung in § 316 Abs. 3 als einzige Abweichung gegenüber dem bisherigen Recht nur dafür Sorge getragen werden, daß der Bestätigungsvermerk nicht automatisch unwirksam, sondern lediglich ergänzungspflichtig wird.[82] Zudem wäre § 173 Abs. 3 AktG überflüssig, da die Feststellung bei fehlender Maßgeblichkeit des § 316 Abs. 1 S. 2 wirksam *wäre* und nicht erst wirksam *würde.*[83] Nach dem Gesagten kann der Jahresabschluß ohne erfolgte Nachtragsprüfung **nicht festgestellt** werden.

§ 317

Gegenstand und Umfang der Prüfung

(1) In die Prüfung des Jahresabschlusses ist die Buchführung einzubeziehen. Die Prüfung des Jahresabschlusses und des Konzernabschlusses hat sich darauf zu erstrecken, ob die gesetzlichen Vorschriften und sie ergänzende Bestimmungen des Gesellschaftsvertrags oder der Satzung beachtet worden sind. Die Prüfung ist so anzulegen, daß Unrichtigkeiten und Verstöße gegen die in Satz 2 aufgeführten Bestimmungen, die sich auf die Darstellung des sich nach § 264 Abs. 2 ergebenden Bildes der Vermögens-, Finanz- und Ertragslage des Unternehmens wesentlich auswirken, bei gewissenhafter Berufsausübung erkannt werden.

(2) Der Lagebericht und der Konzernlagebericht sind darauf zu prüfen, ob der Lagebericht mit dem Jahresabschluß und der Konzernlagebericht mit dem Konzernabschluß sowie mit den bei der Prüfung gewonnenen Erkenntnissen des Abschlußprüfers in Einklang stehen und ob der Lagebericht insgesamt eine zutreffende Vorstellung von der Lage des Unternehmens und der Konzernlagebericht insgesamt eine zutreffende Vorstellung von der Lage des Konzerns vermittelt. Dabei ist auch zu prüfen, ob die Risiken der künftigen Entwicklung zutreffend dargestellt sind.

(3) Der Abschlußprüfer des Konzernabschlusses hat auch die im Konzernabschluß zusammengefaßten Jahresabschlüsse, insbesondere die konsolidierungsbedingten Anpassungen, in entsprechender Anwendung des Absatzes 1 zu prüfen. Dies gilt nicht für Jahresabschlüsse, die aufgrund gesetzlicher Vorschriften nach diesem Unterabschnitt oder die ohne gesetzliche Verpflichtungen nach den

[80] Vgl. ADS Rdn. 74.
[81] KK-*Claussen/Korth* Rdn. 23.
[82] Vgl. Ber. Rechtsausschuß, BTDrucks. 10/4268 S. 117f, zu § 316 Abs. 3, i.V.m. der Begr. zum Gesetzentwurf der Bundesregierung, BTDrucks. 10/317 S. 95 zu § 275 Abs. 3 HGB-E.
[83] KK-*Claussen/Korth* Rdn. 23.

Grundsätzen dieses Unterabschnitts geprüft worden sind. Satz 2 ist entsprechend auf die Jahresabschlüsse von in den Konzernabschluß einbezogenen Tochterunternehmen mit Sitz im Ausland anzuwenden; sind diese Jahresabschlüsse nicht von einem in Übereinstimmung mit den Vorschriften der Richtlinie 84/253/EWG zugelassenen Abschlußprüfer geprüft worden, so gilt dies jedoch nur, wenn der Abschlußprüfer eine den Anforderungen dieser Richtlinie gleichwertige Befähigung hat und der Jahresabschluß in einer den Anforderungen dieses Unterabschnitts entsprechenden Weise geprüft worden ist.

(4) Bei einer Aktiengesellschaft, die Aktien mit amtlicher Notierung ausgegeben hat, ist außerdem im Rahmen der Prüfung zu beurteilen, ob der Vorstand die ihm nach § 91 Abs. 2 des Aktiengesetzes obliegenden Maßnahmen in einer geeigneten Form getroffen hat und ob das danach einzurichtende Überwachungssystem seine Aufgaben erfüllen kann.

Übersicht

Schrifttum

Vgl. die Angaben bei § 316, ferner

Baetge/Schulze Möglichkeiten der Objektivierung der Lageberichterstattung über „Risiken der künftigen Entwicklung", DB 1998, 937; *Baums* Stellungnahme zur Aktienrechtsreform 1997, AG-Sonderheft Aktienrechtsreform 1997, 26; *Böcking/Orth* Offene Fragen und Systemwidrigkeiten bei den neuen Rechnungslegungs- und Prüfungsvorschriften des KonTraG und des KapAEG, DB 1998, 1873; *Brebeck/Herrmann* Zur Forderung des KonTraG-Entwurfs nach einem Frühwarnsystem und zu den Konsequenzen für die Jahres- und Konzernabschlußprüfung, WPg 1997, 381; *Dörner* Ändert das KonTraG die Anforderungen an den Abschlußprüfer? DB 1998, 1; *Dörner/Oser* Erfüllen Aufsichtsrat und Wirtschaftsprüfer ihre Aufgaben? DB 1995, 1085; *Dörner/Schwegler* Anstehende Änderungen der externen Rechnungslegung sowie deren Prüfung durch den Wirtschaftsprüfer, DB 1997, 285; *Drygala/Drygala* Wer braucht ein Frühwarnsystem? ZIP 2000, 300; *Dücker* Das Gesetz zur Kontrolle und Transparenz im Unternehmensbereich, NWB 1998, 1709: *Forster* Abschlußprüfung nach dem Regierungsentwurf des KonTraG, WPg 1998, 41; *Gelhausen* Reform der externen Rechnungslegung und ihrer Prüfung durch den Wirtschaftsprüfer, AG-Sonderheft Aktienrechtsreform 1997, 73; *Giese* Die Prüfung des Risikofrüherkennungssystems einer Unternehmung durch den Abschlußprüfer gemäß KonTraG, WPg 1998, 451; *Jacob* KonTraG und KapAEG – die neuen Entwürfe des Hauptfachausschusses zum Risikofrüherkennungssystem, zum Bestätigungsvermerk und zum Prüfungsbericht, WPg 1998, 1043; *Klar* Auswirkungen des Gesetzesvorhabens zur Kontrolle und Transparenz im Unternehmensbereich (KonTraG) auf die Prüfung von Nicht-Aktiengesellschaften, DB 1997, 685; *Kohl* Die Prüfung des Jahresabschlusses unter Berücksichtigung von aktienrechtlichen Nachgründungstatbeständen, BB 1995, 139; *Korth* Kompendium für das Examen zum vBP/WP, Band 1 Wirtschaftliches Prüfungswesen (1995); *Kromschröder/Lück* Grundsätze risikoorientierter Unternehmensüberwachung, DB 1998, 1573; *Lotz* Die „befreiende" Einzelabschlußprüfung ausländischer Tochterunternehmen, WPg 1994, 453; *Metzger/Neubacher* Bewertungs- und Prüfungsrisiken bei Grundstücken durch Baulasten, BB 1995, 867; *Moxter* Die Vorschriften zur Rechnungslegung und Abschlußprüfung im Referentenentwurf eines Gesetzes zur Kontrolle und Transparenz im Unternehmensbereich, BB 1997, 722; *Peemöller/Keller* Änderungen der Überwachung in Kapitalgesellschaften – Der Entwurf eines Gesetzes zur Kontrolle und Transparenz im Unternehmensbereich, DStR 1997, 1986; *Reiche* Prüfung von Forderungen aus Lieferungen und Leistungen, BB 1993, 1247; *Remme/Theile* Die Auswirkungen von „KonTraG" und „KapAEG" auf die GmbH, GmbHR 1998, 909; *Rürup* Möglichkeiten verbesserter Kontrolle und Beratung der Geschäftsführung durch den Aufsichtsrat mit Hilfe des Wirtschaftsprüfers, AG 1995, 219; *Zimmer* Das Gesetz zur Kontrolle und Transparenz im Unternehmensbereich, NJW 1998, 3521.

I. Einführung

1. Normzweck

1 Nach der grundsätzlichen Beibehaltung der Bestimmung durch das BiRiLiG[1] 1985 erfolgte durch das KonTraG[2] eine inhaltliche **Neubeschreibung** der Prüfungstätigkeit. Die Änderungen sind auf eine stärkere Problemorientierung der Prüfung gerichtet und sollen dem Aufsichtsrat eine bessere Kontrolle der Tätigkeit des Vorstands ermöglichen.[3]

2 Nach der Änderung enthält § 317 eine Beschreibung des Prüfungsgegenstandes, die teilweise über § 316 hinausgeht. Die schon bisher genannte Einbeziehung der Buchführung in die Prüfung stellt allerdings lediglich eine Präzisierung des Prüfungsgegenstandes dar. Neben der Neueinführung der Prüfung des Risikofrüherkennungssystems (Abs. 4)[4] und der Ausweitung des Prüfungsumfangs hinsichtlich der Lageberichte (Abs. 2) hat der Gesetzgeber in Abs. 1 S. 3 auch eine **Ausübungsregelung** für die Prüfungstätigkeit geschaffen. Demgemäß ist die Prüfung so anzulegen, daß Verstöße gegen die in Satz 2 aufgeführten Bestimmungen bei gewissenhafter Berufsausübung erkannt werden. Teilweise wird diese Neufassung begrüßt, da mit ihr eine Wendung der in der Vergangenheit durchzuführenden Negativprüfung ins Positive erfolge.[5] Jedoch war auch bisher die auf Einhaltung der Gesetzmäßigkeit auszurichtende Abschlußprüfung in der Weise anzulegen, daß Unrichtigkeiten und Verstöße nicht unerkannt blieben. Es handelt sich insoweit bei Abs. 1 S. 3 um die gesetzliche Festschreibung eines selbstverständlichen Inhalts der Abschlußprüfung, mithin in der Vergangenheit regelmäßig angewandten Prüfungsmaßstabs.[6] Dies wird insbesondere bei der Betrachtung von § 323 Abs. 1 deutlich, wonach der Abschlußprüfer zu einer gewissenhaften Prüfung verpflichtet ist.

---

[1] Gesetz zur Durchführung der Vierten, Siebenten und Achten Richtlinie des Rates der Europäischen Gemeinschaften zur Koordinierung des Gesellschaftsrechts (Bilanzrichtliniengesetz) vom 19. Dezember 1985, BGBl. I 1985, 2355.

[2] Gesetz zur Kontrolle und Transparenz im Unternehmensbereich vom 27.4.1998, BGBl. I 786.

[3] Begr.RegE BTDrucks. 13/9712 S. 26.

[4] Kritisch in bezug auf eine Vergrößerung der Erwartungslücke *Böcking/Orth* DB 1998, 1877 ff.

[5] *Baums* AG-Sonderheft 1997, 32; vgl. dazu auch *Zimmer* NJW 1998, 3532.

[6] *Moxter* BB 1997, 724; *Dörner/Schwegler* DB 1997, 286; *Klar* DB 1997, 686; *Forster* WPg 1998, 45.

2. Einbeziehung von Entwicklungsrisiken

3 In dem neu angefügten Abs. 2 S. 2, dem zufolge auch zu prüfen ist, ob die Risiken der künftigen Entwicklung im Lagebericht zutreffend dargestellt sind, kann ebenfalls eine unnötige „Überregelung" gesehen werden. Die nach Abs. 2 S. 1 vorzunehmende sachgerechte Beurteilung, ob der Lagebericht eine zutreffende Vorstellung von der Unternehmenslage vermittelt, impliziert die Prüfung der **Entwicklungsrisiken.** Der Prüfungsteil umfaßt folglich bereits die Überprüfung dieser Risikodarstellung, so daß die zusätzliche Betonung keine eigenen Regelungsgehalt hat.[7]

3. Prüfungsgrundlagen

4 Der ausdrücklichen Hervorhebung bestimmter Bereiche der Prüfungselemente durch die Neuregelungen steht weiterhin keine eindeutige wörtliche Festlegung des Prüfungsumfangs gegenüber. Der **Prüfungsumfang** läßt sich aber aus dem Zusammenspiel von Gegenstand und Zweck der Prüfung sowie den Vorgaben für die Arbeitsweise der Prüfer ermitteln, die jeweils gesetzlich geregelt sind (vgl. §§ 316, 317, 321, 322, 323 Abs. 1). Danach ist in einem solchen Umfang zu prüfen, daß die Prüfungsergebnisse zutreffend ermittelt werden können. Der Prüfungsumfang wird dabei wesentlich bestimmt durch die vom Gesetz geforderten Aussagen des Abschlußprüfers über den Gegenstand der Prüfung.[8] Der Abschlußprüfer ist aufgefordert, so zu prüfen, daß er die Übereinstimmung des Jahresabschlusses und des Konzernabschlusses mit Gesetz, Gesellschaftsvertrag und Satzung beurteilen kann. Die Ermittlungstätigkeit umfaßt dabei auch die Feststellung, ob die Aufstellung eines Konzernabschlusses notwendig ist, wenn es sich um eine Konzernmuttergesellschaft handelt.[9]

5 Die Festlegung des Prüfungsgegenstandes und des zu prüfenden Umfangs (Rdn. 4) ist abschließend. Eine Einschränkung ist nicht zulässig. Bei einer **Erweiterung des Prüfungsauftrags** (§ 318, 29) gelten die Regelungen zur gesetzlichen Abschlußprüfung insoweit nicht[10] (§ 318, 19). § 317 gilt entsprechend den gesetzlichen Verweisungen (vgl. § 316, 5–10) auch für Kreditinstitute und Versicherungsunternehmen (§§ 340k; 341k) sowie für Prüfungen nach dem Publizitäts- und dem Genossenschaftsgesetz (§ 6 PublG; § 53 GenG).[11]

6 Hinsichtlich des zeitlichen Ablaufs der Prüfung, d.h. zum Prüfungszeitraum und zur Prüfungsdauer, enthält das Gesetz keine Vorgaben. Bei der AG und der KGaA ist jedoch der zur Verfügung stehende Zeitraum durch die gesetzlichen Bestimmungen zur Jahresabschlußaufstellung und Einberufung der Hauptversammlung begrenzt.[12] Über die Art und die Auswahl der vorzunehmenden **Prüfungshandlungen**, d. h. die zur Zielerreichung anzuwendende Prüfungstechnik, enthält das Gesetz ebenfalls unmittelbar keine Regelungen. Der damit bestehende Ermessensspielraum des Prüfers wird jedoch eingeschränkt durch die für den Berufsstand geltenden Grundsätze ordnungsmäßiger Berufsausübung sowie die fachlichen Verlautbarungen des Berufsstandes, nicht zuletzt bezüglich Art und Ziel der Prüfung.[13] Die Prüfungshandlungen sind vom Abschlußprüfer danach so zu bestimmen, daß unter Beachtung der

---

7 *Moxter* BB 1997, 724.

8 So auch HdR³-*Baetge/Fischer* Rdn. 3; ADS Rdn. 1; vgl. auch MünchKommHGB-*Ebke* Rdn. 21 ff.

9 Beck BilKomm-*Förschle/Kofahl/Peter* Rdn. 3.

10 Vgl. zur freiwilligen Prüfung § 318, 19 und § 322, 37.

11 Dazu ausführlicher ADS Rdn. 9 ff.

12 Zeitliche Übersicht bei Bonner HdR-*Grewe* Rdn. 17.

13 *Korth* vBP/WP-Komp. Bd 1 II F. 2, 2.

Grundsätze der Wesentlichkeit und der Wirtschaftlichkeit der Abschlußprüfung die gesetzlich geforderte Beurteilung der Prüfungsobjekte möglich ist.[14] Auswahlkriterien für die im Einzelfall anzuwendende Prüfungsmethode sind zum einen die organisatorischen Gegebenheiten des zu beurteilenden Unternehmens und die Relevanz des einzelnen Prüfungsgegenstandes für die Urteilsfindung sowie die Wahrscheinlichkeit von Fehlern bzw. Verstößen gegen die gesetzlichen Vorschriften, zum anderen die Ermittlung der Prüfungsergebnisse in zeit- und sachgerechter Weise. Sämtliche Auswahlfaktoren sind bedeutsam für die Identifizierung der Prüfungsgebiete, die Entwicklung einer Prüfungsstrategie sowie die Erstellung eines individuellen Prüfungsprogramms. Im Rahmen der Prüfungsmethoden kann grundsätzlich differenziert werden nach formellen und materiellen Prüfungen, lückenlosen und stichprobenweisen Prüfungen, progressiven und retrograden Prüfungen, direkten und indirekten Prüfungen sowie Verfahrens- und Einzelfallprüfungen.[15]

II. Prüfung des Jahresabschlusses und des Lageberichts

1. Gegenstand der Prüfung

7 a) **Übersicht.** Gegenstand der Abschlußprüfung sind

- der Jahresabschluß (Abs. 1 S. 1; § 316 Abs. 1), bestehend aus GuV und Bilanz (§ 242 Abs. 3) sowie dem Anhang (§ 264 Abs. 1 S. 1),
- die Buchführung und das Inventar (§§ 238 bis 241) und
- der Lagebericht (Abs. 2; § 289).[16]

Die Geschäftsführung ist nicht Gegenstand der Prüfung. Der Abschlußprüfer ist daher nicht berechtigt, im Rahmen der Prüfung **Sinn- und Zweckmäßigkeit** von Entscheidungen des Vorstandes oder der Geschäftsführung zur Wirtschaftlichkeit oder Rentabilität zu begutachten.[17] Daraus folgt, daß auch der Entlastungsvorschlag des Aufsichtsrats für die gesetzlichen Vertreter (§ 124 Abs. 3 i.V.m. § 119 Abs. 1 Nr. 3 AktG), sofern dieser von Ergebnissen der Prüfung beeinflußt wurde, sowie weiterhin der Gewinnverwendungsvorschlag (§ 170 Abs. 2 S. 1 AktG) nicht Gegenstand der Prüfung sind.[18]

8 b) **Jahresabschluß.** In die Prüfung des Jahresabschlusses ist die **Buchführung** einzubeziehen. Die Buchführung umfaßt die für die Rechnungslegung maßgebende Finanzbuchführung einschließlich vorhandener Nebenbuchführungen wie z. B. die Lohnbuchführung. Bei Aufstellung der GuV nach dem Umsatzkostenverfahren ist auch die in die Finanzbuchführung integrierte Kostenrechnung Prüfungsgegenstand.[19] Die Prüfung der Buchführung erstreckt sich auch auf das Inventar, da es die für die Bestandsermittlung maßgebenden Daten enthält und damit grundlegender Bestandteil der Buchführung ist.[20] Bei größeren Unternehmen besteht keine Verpflichtung des Abschlußprüfers zur ständigen Anwesenheit bei der körperlichen Bestandsaufnahme.[21]

---

[14] *IDW* Prüfungsstandard 200 Rdn. 9.
[15] Überblick bei *Korth* vBP/WP-Komp. Bd. 1 II F. 2, 2 ff.
[16] Vgl. zu den Anforderungen *Dörner/Schwegler* DB 1997, 285; MünchKommHGB-*Ebke* Rdn. 8 ff.
[17] Ähnlich ADS § 316, 38.
[18] KK-*Claussen/Korth* Rdn. 22.
[19] MünchKommHGB-*Ebke* Rdn. 8; KK-*Claussen/Korth* Rdn. 18; Beck BilKomm-*Förschle/Kofahl* Rdn. 5; ADS Rdn. 16.
[20] Baumbach/Hueck/*Schulze-Osterloh* § 41, 58.
[21] LG Frankfurt a. M. AG 1998, 144, 146. Zur Berücksichtigung von aktienrechtlichen Nachgründungstatbeständen *Kohl* BB 1995, 139 ff.

c) **Lagebericht.** § 317 Abs. 2 enthält detaillierte Bestimmungen zur Prüfung des Lageberichts. Danach ist eine sog. zweidimensionale **„Einklangprüfung“**[22], eine „Plausibilitätsprüfung“[23] der Berichtsangaben sowie eine „Risikoprüfung“ durchzuführen. Ziel der Einklangprüfung ist die Feststellung, ob der Bericht mit dem entsprechenden Abschluß und daneben mit den bei der Prüfung erlangten Kenntnissen des Prüfers in Einklang steht. Mit der gesonderten Plausibilitätsprüfung der Berichtsangaben soll ermittelt werden, ob der Bericht eine zutreffende Vorstellung von der Lage des Unternehmens vermittelt. Im Rahmen der Risikoprüfung ist festzustellen, ob die Risiken der künftigen Entwicklung zutreffend dargestellt sind.[24] Eine besondere Bedeutung der Risikoprüfung ergibt sich im weiteren aus der Verpflichtung zur Stellungnahme im Prüfungsbericht und Bestätigungsvermerk (§§ 321, 322; *IDW* PS 350 WPg 1998, 63). Die Lageberichtsprüfung erstreckt sich sowohl auf Pflicht- als auch auf freiwillige Angaben.[25] Zur Beurteilung aller Angaben des Lageberichts sind, soweit erforderlich, auch **unternehmensexterne Informationen** heranzuziehen (Rdn. 18, 20). 9

2. Prüfungsumfang

a) Jahresabschluß

Der Umfang der Prüfung des Jahresabschlusses ist im Gesetz nicht explizit geregelt. 10
Als Vorgabe für den Umfang ist in Abs. 1 S. 2 die Prüfung der Beachtung von Bestimmungen in Gesetz und Gesellschaftsvertrag oder Satzung angegeben. Damit sind primär Bestimmungen zur Rechnungslegung gemeint. Demzufolge handelt es sich innerhalb dieser Vorgaben lediglich um eine **Gesetz-, Satzungs- und Ordnungsmäßigkeitsprüfung** der Rechnungslegung.[26] Gesetze sind in erster Linie die Vorschriften zur Rechnungslegung im Dritten Buch des HGB sowie die §§ 150, 152, 158, 160 AktG.[27] Die Einhaltung der *Grundsätze ordnungsmäßiger Buchführung* (GoB) ist ebenfalls prüfungspflichtig, da nach § 243 Abs. 1 der Jahresabschluß unter ihrer Berücksichtigung aufzustellen ist.[28] Dazu gehören neben den kodifizierten GoB auch die sog. nicht kodifizierten GoB.[29] Die Prüfung der Einhaltung anderer gesetzlicher Vorschriften als derjenigen der Rechnungslegung ist vom Abschlußprüfer nur indirekt vorzunehmen. Die indirekte Prüfung erstreckt sich dabei auf diejenigen Bestimmungen, aus denen sich üblicherweise Rückwirkungen auf die Rechnungslegung ergeben. Es ist damit nicht Aufgabe des Prüfers, festzustellen, ob sämtliche Vorschriften des Steuer-, Sozialversicherungs- oder Arbeitsrechts etc. beachtet wurden. Sofern sich jedoch aus diesen Gesetzen mittelbare Auswirkungen auf den Jahresabschluß oder aus ihrer Nichtbeachtung Risiken ergeben, denen im Jahresabschluß Rechnung zu tragen ist, erstreckt sich die Abschlußprüfung auch auf die Einhaltung solcher Vorschriften.[30]

Abs. 1 Satz 3 formuliert den gesetzlichen Maßstab für die Durchführung der Prü- 11
fung. Die Prüfung ist danach auf das Erkennen von Unrichtigkeiten und Gesetzesverstößen, die sich auf die Darstellung der Vermögens-, Finanz- und Ertragslage des

[22] *Forster* WPg 1998, 45.
[23] BTDrucks. 13/9712 S. 72.
[24] Dazu ausführlich *Baetge/Schulze* DB 1998, 937; ferner MünchKommHGB-*Ebke* Rdn. 48 ff.
[25] KK-*Claussen/Korth* Rdn. 19.
[26] *Forster* WPg 1998, 44; ADS § 316, 16.
[27] Zu den einzelnen Vorschriften vgl. MünchKommHGB-*Ebke* Rdn. 32 ff; ADS Rdn. 24 ff; HdR³-*Baetge/Fischer* Rdn. 10 f; Bonner HdR-*Grewe* Rdn. 17.
[28] BTDrucks. 13/9712 S. 27; vgl. ADS Rdn. 26.
[29] HdR³-*Baetge/Fischer* Rdn. 22 f; ADS Rdn. 26.
[30] KK-*Claussen/Korth* Rdn. 24; *Koller/Roth/Morck* Rdn. 2.

Unternehmens wesentlich auswirken, auszulegen. **Unrichtigkeiten** sind insbesondere Fehler im Rahmen der Rechnungslegung.[31] Ob im Einzelfall eine wesentliche Unrichtigkeit vorliegt, ist in das Ermessen des Prüfers gestellt. Die Prüfung ist grundsätzlich auf eine Richtigkeit des Jahresabschlusses im ganzen anzulegen.[32]

12 Der Umfang der Prüfung bestimmt sich darüber hinaus nach dem Umfang der Berichtspflichten. Der Abschlußprüfer hat die Prüfung so vorzunehmen, daß er die im Prüfungsbericht und Bestätigungsvermerk erforderlichen Feststellungen korrekt treffen kann. Gleichzeitig sind diese Angaben auch für die Prüfungsausrichtung maßgebend. Daher ist im Rahmen der Prüfung, ob die für den Jahresabschluß geltenden Vorschriften aus Gesetz und Satzung eingehalten wurden, zu untersuchen, ob die konkrete Anwendung der Bestimmungen ein den **tatsächlichen Verhältnissen** entsprechendes Bild der Vermögens-, Finanz- und Ertragslage des Unternehmens nachzeichnet.[33] Dieses Erfordernis stellt keine Erweiterung des Prüfungsumfangs dar, es handelt sich vielmehr um das Postulat der besonderen Beachtung der Generalnorm des § 264 Abs. 2.[34] Mit Recht wird allerdings darauf hingewiesen, daß sich daraus keine Verpflichtung ergibt, den Jahresabschluß im Sinne eines uneingeschränkten Einblickgebots darzustellen.[35] Soweit bilanzpolitische Maßnahmen das Bild der Vermögens-, Finanz- und Ertragslage nicht unzutreffend beeinflussen, darf der Abschlußprüfer diese nur in seiner Beurteilung berücksichtigen, aber nicht kritisieren.[36]

13 Die Abschlußprüfung ist nicht eigens auf das Aufdecken von **Unterschlagungen** auszurichten.[37] Es besteht aber eine Verpflichtung zur Mitteilung, wenn solche Gesetzesverstöße bei Durchführung der Prüfung aufgedeckt werden (vgl. § 321, 25 ff). Aufgrund vertraglicher Vereinbarung kann eine Unterschlagungsprüfung gleichzeitig mit der Abschlußprüfung erfolgen, jedoch fällt eine solche Prüfung nicht in den Regelungsbereich der gesetzlichen Prüfung nach § 316 ff.[38]

14 **Bestimmungen des Gesellschaftsvertrags oder der Satzung** sind Ergänzungen der gesetzlichen Vorgaben zur Rechnungslegung. Ihre Anwendung ist nur zulässig, soweit sie nicht gegen zwingende gesetzliche Regelungen verstoßen. In Betracht kommen beispielsweise Bestimmungen über die Dotierung oder Verwendung von Gewinnrücklagen (hierzu § 58 Abs. 1 S. 1 AktG)[39] oder die Festlegung von gewinnabhängigen Bezügen.[40] Sind im Gesellschaftsvertrag oder in der Satzung derartige Bestimmungen enthalten, so hat der Abschlußprüfer Feststellungen zu ihrer Beachtung zu treffen.[41]

15 **b) Lagebericht. aa) Allgemeines.** Der Lagebericht ist darauf zu prüfen, ob er mit dem Jahresabschluß sowie mit den bei der Prüfung gewonnenen Erkenntnissen des Abschlußprüfers in Einklang steht, ob er insgesamt eine zutreffende Vorstellung von der Lage des Unternehmens vermittelt und ob die Risiken der künftigen Entwicklung zutreffend dargestellt sind, Abs. 2. Der Prüfungsumfang ist damit durch **drei Kriterien** vorgegeben (Rdn. 16, 17, 19):

---

31 *Peemöller/Keller* DStR 1997, 1989.
32 *Forster* WPg 1998, 45.
33 *Gelhausen* AG-Sonderheft 1997, 81.
34 KK-*Claussen/Korth* Rdn. 23, ähnlich Baumbach/Hueck/*Schulze-Osterloh* § 41, 60.
35 *Forster* WPg 1998, 45; *Moxter* BB 1997, 725.
36 *Rürup* AG 1995, 220.
37 *Peemöller/Keller* DStR 1997, 1989; *näher* dazu *Dörner/Oser* DB 1995, 1090 m.w.N.; kritisch *Lenz/Ostrowski* BB 1997, 1526 f.
38 WP Handbuch I A 440; vgl. auch Beck BilKomm-*Förschle/Kofahl* Rdn. 14 f.
39 Vgl. HdR³-*Baetge/Fischer* Rdn. 13.
40 Beck BilKomm-*Förschle/Kofahl* Rdn. 12.
41 Vgl. KK-*Claussen/Korth* Rdn. 25.

Im Rahmen der **Einklangprüfung** muß der Abschlußprüfer die Konsistenz des Lageberichts mit dem Jahresabschluß sowie seinen bei der Prüfung gewonnenen Erkenntnissen untersuchen.[42] Entgegen einer im Schrifttum vertretenen Ansicht ist keine Deckung oder Übereinstimmung der Angaben in Jahresabschluß und Lagebericht zu fordern.[43] Vielmehr ist zu beachten, daß die im Lagebericht getroffenen Aussagen, insbesondere soweit sie prognostischer Natur sind, mit den Angaben im Jahresabschluß nicht im Widerspruch stehen. Es unterliegt der Feststellung durch den Prüfer, ob die der Prognoseerstellung zugrundliegenden Angaben, Wirkungszusammenhänge und Qualität der Schätzungen im erforderlichen Umfang erläutert wurden.[44] Soweit Angaben im Lagebericht über die Anforderungen nach § 289 hinausgehen, besteht ebenfalls Prüfungspflicht.[45] Dementsprechend ist der Abschlußprüfer auch verpflichtet, den Lagebericht im Hinblick auf Angaben zu prüfen, die sich nicht im Jahresabschluß wiederfinden, nach seiner Ansicht jedoch aufgenommen werden müßten.[46] 16

Die Überprüfung des Lageberichts auf das **Wiedergeben einer zutreffenden Vorstellung** von der Lage des Unternehmens ist an den Erwartungen der Öffentlichkeit an den Lagebericht als Informationsinstrument auszurichten.[47] Es handelt sich dabei weitgehend um eine Plausibilitätsprüfung, die sich insbesondere darauf zu erstrecken hat, daß sämtliche verfügbaren Informationen verwendet wurden und die getroffenen Annahmen realistisch und in sich widerspruchsfrei sind.[48] Im Unterschied zur Einklangprüfung muß der Abschlußprüfer auch subjektive Wertungen der gesetzlichen Vertreter des Unternehmens in die Prüfung einbeziehen.[49] Eine globale Analyse der Lage des Unternehmens ist durchzuführen, wenn nur dadurch zuverlässige Aussagen gewonnen werden können.[50] Die Ausführungen im Lagebericht sind auch hinsichtlich einer ausreichend verständlichen Erläuterung von zugrunde liegenden Annahmen und den daraus gewonnenen Folgerungen zu prüfen. Der Abschlußprüfer hat sich überdies bei wertenden Aussagen über den Geschäftsverlauf davon zu überzeugen, daß durch die Form der Darstellung des Berichts – bei sachlich zutreffenden Einzelangaben – nicht ein falscher Eindruck vermittelt wird.[51] 17

Der Lagebericht ist nach den gleichen Grundsätzen und mit der gleichen Intensität zu prüfen wie der Jahresabschluß. Beide Prüfungen stehen in einem engen Zusammenhang. Den Prüfungshandlungen immanent ist **zukunftsorientierte Prüfung** des Lageberichts.[52] Im Rahmen dieser Prüfung darf der Abschlußprüfer nur Tatsachen zugrundelegen, die durch zuverlässige Unterlagen oder allgemeine Erwartungen und Analysen gestützt sind.[53] Für die Prüfung sind Planungsrechnungen heranzuziehen; hierbei kann auch eine Untersuchung dazu erforderlich werden, ob die Berechnungen realistisch sind.[54] 18

bb) Risikoprüfung. Der Lagebericht muß eine **Darstellung der Risiken** der zukünftigen Entwicklung enthalten (§ 289 Abs. 1 2. HS). Die vom Abschlußprüfer 19

---

[42] Vgl. zur Erforderlichkeit der Einklangprüfung auch § 289, 37 f (*Hommelhoff*).

[43] Näher § 289, 38 f (*Hommelhoff*: 2-Säulen-Modell); **a. A.** HdR³-*Baetge/Fischer* Rdn. 15 und bis zur 5. Auflage ADS (ADS Rdn. 105: Übereinstimmung; anders ADS Rdn. 164, wo der Unterschied zwischen der vergangenheitsorientierten Sichtweise des Jahresabschlusses und der zukunftsorientierten Sichtweise des Lageberichts betont wird).

[44] *IDW* Prüfungsstandard 350 Rdn. 3.

[45] *IDW* Prüfungsstandard 350 Rdn. 6.

[46] KK-*Claussen/Korth* Rdn. 28.

[47] Ähnlich *Forster* WPg 1998, 46.

[48] Stellungnahme *WPK* WPK-Mitt. 1997, 100.

[49] Vgl. zu Einzelheiten KK-*Claussen/Korth* Rdn. 27.

[50] HdR³-*Baetge/Fischer* Rdn. 18.

[51] *IDW* Prüfungsstandard 350 Rdn. 7 f.

[52] *IDW* Prüfungsstandard 350 Rdn. 10 ff.

[53] Ähnlich Bonner HdR-*Grewe* Rdn. 45.

[54] Vgl. hierzu *IDW* Prüfungsstandard 350 Rdn. 14 f; *Dörner/Schwegler* DB 1997, 286.

durchzuführende *Risikoprüfung* korrespondiert der von ihm im Rahmen der Jahresabschlußprüfung ohnehin vorzunehmenden Beurteilung, ob vom Fortbestand des Unternehmens auszugehen ist (§ 321 Abs. 1).[55] Die Risikoprüfung führt insoweit nicht zu einer Erweiterung, sondern stellt eine Konkretisierung des Prüfungsumfangs im Hinblick auf die Einschätzung der zukünftigen Entwicklungsrisiken des Unternehmens dar.[56] Das Gesetz enthält keine Angaben zum Konkretisierungsgrad der geforderten Risikodarstellung.

20 Es entspricht dem risikoorientierten Prüfungsansatz, daß der Prüfer sich zur Beurteilung der Risiken umfassend über die Lage des Unternehmens sowie aktuelle oder potentielle Gefährdungen informiert. Die **Informationsbeschaffung** erfolgt insbesondere anhand von Gesprächen mit den gesetzlichen Vertretern des Unternehmens und den benannten Auskunftspersonen. Zur ggf. erforderlichen Einholung von Informationen und Auskünften von unternehmensfremden Personen (z. B. Banken, IHK) ist der Prüfer ausschließlich in neutraler Form oder im Einvernehmen mit dem Unternehmen berechtigt.[57] Der Abschlußprüfer darf eine von ihm getroffenene Risikoprognose nicht an die Stelle derjenigen der gesetzlichen Vertreter des Unternehmens setzen.[58] Er muß vielmehr die – möglichst objektive – Darstellung und Bewertung durch die gesetzlichen Vertreter dahingehend beurteilen, ob diese sich innerhalb des gesetzlich festgelegten Rahmens bewegt.[59] Von der Objektivität der Risikoberichterstattung ist auszugehen, wenn das Urteil der gesetzlichen Vertreter über die künftigen Entwicklungsrisiken anhand von *Rating-Klassifikationen* auf der Basis von Planabschlüssen abgegeben und dieses dann vom Abschlußprüfer untersucht wird.[60] Im Rahmen der Risikoprüfung gehört es auch zu den Aufgaben des Prüfers, auf die Vollständigkeit der Angaben im Lagebericht zu achten.[61]

III. Besonderheiten der Konzernabschlußprüfung

1. Prüfungsobjekte

21 Die bisherigen Ausführungen gelten für die Prüfung des Konzernabschlusses sinngemäß. Allerdings bezieht die Prüfung sich hier im Schwerpunkt auf die **Ordnungsmäßigkeit der Konsolidierung.**[62] Gegenstand der Prüfung sind Konzernabschluß, Konzernlagebericht sowie die im Konzernabschluß zusammengefaßten Jahresabschlüsse, soweit keine Befreiung nach Abs. 3 S. 2 vorliegt. Daneben stellt Abs. 3 S. 1 klar, daß die Konzernabschlußprüfung auch die konsolidierungsbedingten Anpassungen umfaßt. Hierunter fallen sowohl die Maßnahmen der Konsolidierung als auch diejenigen Änderungen, die in der Handelsbilanz II wegen der Einheitlichkeit von Gliederung, Bilanzansatz, Bewertung und Währungsumrechnung im Konzernabschluß vorgenommen wurden.[63] Die Lageberichte der einzelnen Unternehmen als solche sind nicht zu prüfen.

---

[55] Hierzu *IDW* Prüfungsstandard 350 Rdn. 9.
[56] Ähnlich *Gelhausen* AG-Sonderheft 1997, 81; *Lenz/Ostrowski* BB 1997, 1527; *Peemöller/Keller* DStR 1997, 1989; **a. A.** *Forster* WPg 1998, 46, der eine Erweiterung des Aufgabengebiets des Prüfers annimmt.
[57] *Forster* WPg 1998, 46.
[58] Vgl. *Dörner* DB 1998, 2; *Dörner/Schwegler* DB 1997, 286.
[59] *Gelhausen* AG-Sonderheft 1997, 80.
[60] Näher dazu *Baetge/Schulze* DB 1998, 937.
[61] *Forster* WPg 1998, 46.
[62] ADS Rdn. 123.
[63] *Forster* WPg 1998, 47; WP-Handbuch I M 867; KK-*Claussen/Korth* Rdn. 45.

2. Prüfung der Einzelabschlüsse

Die Jahresabschlüsse der im Konzernabschluß zusammengefaßten Unternehmen unterliegen einer **Vollprüfung**, deren Umfang der Abschlußprüfung eines Einzelunternehmens entspricht, wobei allerdings Prüfungsbericht und Bestätigungsvermerk entfallen.[64] Der Prüfungspflicht unterliegen alle Konzernunternehmen unabhängig davon, ob sie als Einzelunternehmen der Prüfungspflicht unterliegen würden (hierzu § 316, 5). Dabei braucht der Abschlußprüfer jedoch solche Abschlüsse nicht zu untersuchen, die bereits aufgrund gesetzlicher Verpflichtung nach § 316 Abs. 1 S. 1 oder anderen Bestimmungen (vgl. § 316, 7–9) oder freiwillig nach Maßgabe der §§ 316 ff geprüft wurden (Abs. 3 S. 2). Befreiende freiwillige Prüfungen erfordern eine Beachtung aller Vorschriften der Abschlußprüfung.[65] Abs. 3 S. 2 will lediglich eine Doppelprüfung verhindern. Daher muß die freiwillige Prüfung qualitativ der gesetzlichen Prüfung entsprechen.[66] Die Voraussetzungen für eine Befreiung von der Prüfung sind für jedes Unternehmen gesondert zu prüfen. 22

Weicht der **Bilanzstichtag** eines in den Konzernabschluß einbezogenen Unternehmens von dem des Konzernabschlusses ab, so ist bei einer Abweichung um mehr als drei Monate ein Zwischenabschluß aufzustellen (§ 299 Abs. 2 S. 2), der der Prüfungspflicht unterliegt.[67] Der Zwischenabschluß ist ein Abschluß i. S. d. Abs. 3 S. 2. 23

Abschlüsse von Unternehmen, die **ausländischem Recht** unterliegen, befreien den Konzernabschlußprüfer nur von der Prüfungsverpflichtung, wenn der Prüfer dieser Unternehmen den Voraussetzungen des Abs. 3 S. 3 genügt: Der Abschlußprüfer muß von einem in Übereinstimmung mit der Prüferbefähigungsrichtlinie (Richtlinie 84/253/EWG) zugelassenen Abschlußprüfer oder von einem solchen Abschlußprüfer geprüft worden sein, der eine den Anforderungen der Richtlinie gleichwertige Befähigung hat und die Prüfung in einer den §§ 316 ff entsprechenden Weise vorgenommen hat.[68] Das Vorliegen dieser Voraussetzungen ist vom Konzernabschlußprüfer zu untersuchen.[69] 24

Würden Prüfungen des Konzernabschlußprüfers bei Einzelabschlüssen zu Einschränkungen oder zur Versagung des Bestätigungsvermerks für den Abschluß dieses Unternehmens führen oder hat der Konzernabschlußprüfer einen solchen Jahresabschluß aufgrund der Prüfungsbefreiung ohne eigene Prüfung in das Ergebnis der Konzernabschlußprüfung einbezogen, so hat er in gewissenhafter Anwendung pflichtgemäßen Ermessens festzustellen, ob diese Einschränkung oder Versagung **Auswirkungen** auf den Konzernabschluß hat.[70] 25

Die Einzelabschlüsse sind im Rahmen der Konzernprüfung daraufhin zu untersuchen, ob sie den Rechnungslegungsgrundsätzen der Muttergesellschaft entsprechen. Die im Hinblick auf die **Einheitlichkeit** der Rechnungslegung in der Handelsbilanz II ggf. vorzunehmenden Anpassungen sowie die sich daraus ergebenden erfolgswirksamen Differenzen, die eine Modifikation des Erfolgsausweises in der Handelsbilanz I zur Folge haben, unterliegen einer gesonderten Prüfungspflicht (sog. „Kernstück" der Konzernabschlußprüfung).[71] 26

---

[64] *Forster* WPg 1998, 47; MünchKommHGB-*Ebke* Rdn. 12.
[65] HdR³-*Baetge/Fischer* Rdn. 60.
[66] KK-*Claussen/Korth* Rdn. 47.
[67] HdR³-*Baetge/Fischer* Rdn. 59.
[68] Näher dazu ADS Rdn. 215; *Lotz* WPg 1994, 456.
[69] KK-*Claussen/Korth* Rdn. 49; ADS Rdn. 209.
[70] ADS Rdn. 211; Bonner HdR-*Grewe* Rdn. 67; Beck BilKomm-*Förschle/Kofahl* Rdn. 43; **a. A.** HdR³-*Baetge/Fischer* Rdn. 62, die bei einer Versagung die befreiende Wirkung ablehnen; noch weitergehend *Baumbach/Hopt* Rdn. 8.
[71] KK-*Claussen/Korth* Rdn. 54.

3. Umfang der Prüfung

27 Die Prüfung des Konzernabschlusses unterliegt den gleichen Vorschriften wie die Prüfung der einbezogenen Jahresabschlüsse. Der Abschlußprüfer hat festzustellen, ob der Konzernabschluß den für diesen geltenden gesetzlichen Vorschriften entspricht. Zu diesen Vorschriften gehören insbesondere die Regelungen des HGB über Inhalt und Form des Konzernabschlusses und -lageberichts, die Konsolidierung, die Bewertung sowie den Wertansatz für Beteiligungen an assoziierten Unternehmen. Zu prüfen ist auch, ob der Konzernabschluß ein den tatsächlichen Verhältnissen entsprechendes Bild der Vermögens-, Finanz- und Ertragslage vermittelt. Im Rahmen der **Konsolidierungsprüfung** sind der Konsolidierungskreis sowie die einzelnen Konsolidierungsbuchungen hinsichtlich ihrer Angemessenheit und Vollständigkeit prüfungspflichtig. Da für die Konzernabschlußprüfung selbst die Vorschriften des Abs.1 gelten, ist die Prüfung so anzulegen, daß Unrichtigkeiten und Verstöße bei gewissenhafter Berufsausübung erkannt werden.[72]

28 Zur Prüfung des **Konzernlageberichts** können als Informationsmaterial Lage- und Prüfungsberichte der Tochterunternehmen herangezogen werden, mit denen der Konzernlagebericht abzustimmen ist. Sofern ein Tochterunternehmen keinen oder einen nicht umfassenden Lagebericht erstellt, sind die zur Beurteilung des Konzernlageberichts erforderlichen Informationen durch den Prüfer einzuholen. Werden der Konzernlagebericht und der Lagebericht des Mutterunternehmens zusammengefaßt (§ 315 Abs. 3 i.V.m. § 289 Abs. 3), hat der Prüfer darauf zu achten, daß der Lagebericht sämtliche notwendigen Informationen zur Abbildung sowohl der Lage des Mutterunternehmens als auch der Konzernlage enthält.[73]

IV. Prüfung des Risikofrüherkennungssystems

1. Prüfungsgegenstand

29 Die nach § 91 Abs. 2 AktG vom Vorstand zu treffenden Maßnahmen mit dem entsprechenden System zu ihrer Überwachung bilden das Risikofrüherkennungssystem mit dem Ziel der Früherkennung von Umständen, die den Bestand des Unternehmens gefährden könnten. Die Vorschrift ist nach Maßgabe des Art. 46 Abs. 1 S. 1 EGHGB „spätestens auf das nach dem 31. Dezember 1998 beginnende Geschäftsjahr anzuwenden." Gegenstand der Prüfung sind sowohl die eingesetzten Maßnahmen zur Früherkennung bestandsgefährdender Entwicklungen als auch die Effizienz des Überwachungssystems.[74] Die Maßnahmen nach § 91 Abs. 2 AktG sowie das einzurichtende Überwachungssystem sind ausschließlich bei **Aktiengesellschaften mit amtlicher Notierung** Prüfungsgegenstand.[75] Damit unterliegt das Risikofrüherkennungssystem eines Unternehmens, dessen Aktien am geregelten Markt, Neuen Markt oder im Freiverkehr gehandelt werden, nicht der Prüfungspflicht i.S.d. Abs. 4.[76] Gleiches gilt für eine GmbH, unabhängig davon, ob auf der Grundlage einer Analogie zu § 91 Abs. 2 AktG oder aufgrund einer „Ausstrahlungswirkung" dieser Vorschrift mit Teilen des Schrifttums unter bestimmten Voraussetzungen auch bei dieser Rechtsform eine Pflicht zur Einrichtung eines Risikofrüherkennungssystems angenommen wird.[77]

---

72 *Forster* WPg 1998, 47.
73 *IDW* Prüfungsstandard 350 Rdn. 28.
74 *Dörner/Schwegler* DB 1997, 287.
75 Zum Inhalt der Maßnahmen und den Anforderungen an das Überwachungssystem vgl. *Kromschröder/Lück* DB 1998, 1574 ff; *Brebeck/Herrmann* WPg 1997, 381 ff.
76 *Böcking/Orth* DB 1998, 1873 f.
77 Vgl. BTDrucks. 13/9712 S. 15; *Drygala/Drygala* ZIP 2000, 300 ff; *Remme/Theile* GmbHR

Das Gesetz gibt in Abs. 4 keinen Aufschluß über eine mögliche Ausgestaltung des Risikofrüherkennungssystems. Eine Konkretisierung der rechtlichen Anforderungen an Art und Struktur eines den Kriterien des § 91 Abs. 2 AktG genügenden Systems ist anhand betriebswirtschaftlicher Aspekte vorzunehmen. Die dem Vorstand obliegenden Maßnahmen in bezug auf das Überwachungssystem sind Bestandteil des unternehmerischen Gesamt-Risikomanagements und insoweit abgrenzungsbedürftig. Das Gesamt-Risikomanagement ist definiert als die Summe der organisatorischen Maßnahmen und Regelungen zur Erkennung und zum Umgang mit den unternehmerischen Risiken sowie das System, das die Funktionalität der getroffenen Maßnahmen sicherstellt. **Risiken** sind dabei als Möglichkeiten ungünstiger Entwicklungen zu verstehen.[78] § 91 Abs. 2 AktG bezieht sich nur auf bestandsgefährdende Risiken.[79] Eine gesetzliche Definition des Begriffs Bestandsgefährdung existiert nicht. Die Gefährdung des Unternehmensbestands ist insbesondere anzunehmen bei drohender Insolvenz, d. h. gemessen an handelsrechtlichen Kriterien, bei Überschuldung oder bei Illiquidität. Zur Qualifizierung der Bestandsgefährdung besteht insoweit die Notwendigkeit der Risikoquantifizierung. Bestandsgefährdende Risiken können sich dabei allgemein als Folge von risikobehafteten Geschäften, Unrichtigkeiten der Rechnungslegung sowie Gesetzesverstößen mit Auswirkung auf die Vermögens-, Finanz- und Ertragslage der Gesellschaft ergeben.[80] Auch Umwelt- und Marktrisiken sowie politische und steuerliche Entwicklungen können zu Bestandsgefährdungen führen.[81] Nach der Art der zu erfassenden Risiken ist zwischen abwälzbaren und nicht abwälzbaren Risiken zu differenzieren. Risiken sind abwälzbar, wenn für sie entsprechender Versicherungsschutz oder eine anderweitige wirksame Absicherung (etwa durch Kurssicherungsgeschäft) besteht.[82] 30

Gegenstand der organisatorischen Regelungen ist nach dem insofern eindeutigen Gesetzeswortlaut ein System zur Früherkennung bestandsgefährdender Entwicklungen.[83] Weiterhin gehören der Sache nach dazu die Bewertung und Systematisierung von Risiken sowie die Weiterleitung risikobezogener Informationen an die zuständigen Entscheidungsträger: Bestandsgefährdende Entwicklungen werden nur „erkannt", wenn sie dem Vorstand bekannt werden.[84] Der Teil der Regelungen und Maßnahmen, der auf die Erfassung und Kommunikation latenter Risiken ausgerichtet ist, stellt das Früherkennungssystem dar.[85] Das damit als Prüfungsgegenstand definierte **Früherkennungssystem** dient zur Anzeige möglicher Gefährdungen für den Bestand des Unternehmens zu einem Zeitpunkt, in dem noch in geeigneter Weise reagiert werden kann.[86] 31

Zum Gesamt-Risikomanagement gehören auch die Reaktionen des Vorstands auf die vom Frühwarnsystem erfaßten und kommunizierten Risiken, mithin die Maßnahmen zur **Risikobewältigung.** § 91 Abs. 2 AktG verpflichtet den Vorstand jedoch lediglich zum Ergreifen von Risikofrüherkennungsmaßnahmen und nicht zur Bewältigung der Risiken.[87] Die Reaktionen bzw. Risikobewältigungsmaßnahmen stellen damit keine Maßnahmen i. S. d. § 91 Abs. 2 AktG dar und sind nicht Prüfungsobjekt. Bei der Prüfung nach Abs. 4 handelt es sich um eine Systemprüfung und nicht um eine 32

1998, 914; ferner *IDW* Prüfungsstandard 340 Rdn. 1.

[78] Vgl. *IDW* Prüfungsstandard 340 Rdn. 3.

[79] Vgl. *Hüffer* § 91 Rdn. 9 (mit Abgrenzung zum allgemeinen ‚risk management').

[80] Vgl. Amtl. Begr. BTDrucks. 13/9712 S. 36.

[81] Dazu *IDW* Prüfungsstandard 340 Rdn. 30.

[82] Vgl. *Giese* WPg 1998, 452.

[83] Insoweit übereinstimmend MünchKommHGB-*Ebke* Rdn. 57 (Überschrift) und 59.

[84] Vgl. *Hüffer* § 91 Rdn. 7.

[85] Ähnlich *Giese* WPg 1998, 452.

[86] *Giese* WPg 1998, 452 m. w. N.

[87] *Jacob* WPg 1998, 1045 m. w. N.

Prüfung der Geschäftsführung.[88] Ob die von nachgeordneten Entscheidungsträgern vorgenommenen Maßnahmen zur Risikobewältigung angemessen oder ökonomisch vertretbar sind, unterliegt ebenfalls nicht der Prüfungspflicht.[89]

33 Zweck des nach § 91 Abs. 2 AktG *zusätzlich einzurichtenden* **Überwachungssystems** ist die Sicherstellung der Einhaltung der Maßnahmen zur Früherkennung bestandsgefährdender Entwicklungen.[90] Darunter fällt auch die Kontrolle der *Funktionsfähigkeit* des Früherkennungssystems. Das Überwachungssystem ist nach Abs. 4 selbständiges Prüfungsobjekt im Rahmen der Abschlußprüfung.

2. Dokumentation

34 Das Gesetz statuiert nicht ausdrücklich die Verpflichtung zur Dokumentation des Risikofrüherkennungssystems.[91] Gleichwohl ist eine Verpflichtung zur **Dokumentation** im Sinne einer Prüfungsgrundlage anzunehmen, da ohne Dokumentation die Funktionsfähigkeit des Früherkennungssystems weder gesichert noch nachgewiesen werden kann.[92] Als Prüfungsgrundlage kann z. B. ein vom Unternehmen geführtes Risikohandbuch dienen, in dem sämtliche Risikofrüherkennungsmaßnahmen inventarisiert sind. Die Überprüfung der Einhaltung der getroffenen Maßnahmen läßt sich überdies durch Befragungen und Beobachtungen im Unternehmen vornehmen. Der Abschlußprüfer hat dabei zu untersuchen, ob der tatsächliche Ablauf dem dokumentierten System der Informationserhebung und -verarbeitung entspricht.[93] Ein ausschließlich aufgrund von Befragungen feststellbares Früherkennungssystem wird den Anforderungen nach § 91 Abs. 2 AktG nicht gerecht.[94]

3. Umfang der Prüfungspflicht

35 a) **Früherkennungssystem.** Zum Umfang der Prüfungspflicht bzgl. des Früherkennungssystems (Rdn. 31) enthält das Gesetz keine Angaben. Der Prüfungsumfang ist unter Berücksichtigung des Normzwecks, d.h. im Hinblick auf die Sicherstellung der Einhaltung des gesetzlichen Pflichtrahmens des Vorstands i. S. d. § 91 Abs. 2 AktG, anhand betriebswirtschaftlicher Kriterien festzulegen. Der Prüfer hat diejenigen Unternehmensbereiche abzugrenzen, aus denen bestandsgefährdende Risiken resultieren können. Hieran schließt sich die Feststellung an, ob ein Früherkennungssystem eingerichtet wurde und Maßnahmen zur Frühwarnung während des gesamten zu prüfenden Zeitraums ergriffen wurden. Der Abschlußprüfer hat sich ein genaues Urteil darüber zu bilden, ob das Frühwarnsystem geeignet ist, die gesetzlichen Anforderungen zu erfüllen.[95] Es handelt sich insoweit bei der Prüfung nach Abs. 4 um eine **Ordnungs- und Zweckmäßigkeitsprüfung**. Bei der Zweckmäßigkeitsprüfung sind insbesondere die individuellen Verhältnisse des Unternehmens zu berücksichtigen.[96] Festzustellen ist, ob alle bestandsgefährdenden Risiken vollständig und so rechtzeitig vom System erfaßt und bewertet werden, daß geeignete Gegenmaßnahmen zur

[88] MünchKommHGB-*Ebke* Rdn. 59; *IDW* Prüfungsstandard 340 Rdn. 19.
[89] *IDW* Prüfungsstandard 340 Rdn. 6.
[90] Vgl. § 93 Abs. 1 S. 3 des Referentenentwurfs (ZIP 1996, 2129 ff), von dem inhaltlich durch die kürzere Fassung des § 91 Abs. 2 nicht abgewichen werden sollte; vgl. auch DAV-Handelsrechtsausschuß ZIP 1997, 166 und *Hüffer* Rdn. 8. Anders z. B. MünchKommHGB-*Ebke* Rdn. 56, 59, der nicht zwischen Risikoerkennungssystem und Überwachungssystem unterscheidet.
[91] *Jacob* WPg 1998, 1046.
[92] Vgl. *Ludewig* WPg 1998, 599; *Dörner* DB 1998, 2; ferner Beck BilKomm-*Förschle/Peter* Rdn. 85: Maßnahmen und Überwachungssystem „sollten" angemessen dokumentiert werden.
[93] *Brebeck/Herrmann* WPg 1997, 390.
[94] *Giese* WPg 1998, 453; *Dörner* DB 1998, 2.
[95] *Giese* WPg 1998, 453.
[96] Vgl. *Gelhausen* AG-Sonderheft 1997, 80; *Forster* WPg 1998, 47; *Dörner* DB 1998, 2.

Sicherung des Fortbestandes der Gesellschaft möglich sind. Die Eignung der Maßnahmen ist oft nur aufgrund von Beurteilungen externer Sachverständiger feststellbar, z. B. bei Vorliegen von Umweltrisiken.[97] Das Früherkennungssystem ist stichprobenweise auf seine Wirksamkeit und seine kontinuierliche Anwendung im betreffenden Geschäftsjahr zu prüfen. Bei einer Wiederwahl desselben Abschlußprüfers hat dieser das System erneut vollständig zu beurteilen. Die Reduzierung des Prüfungsumfangs auf die Eignung des Systems für jährlich wechselnde Einzelrisiken oder neu entstandene Risiken ist unzulässig.[98]

b) Überwachungssystem. In welchem Umfang das Überwachungssystem (Rdn. 33) geprüft werden muß, ist im Gesetz ebenfalls nicht geregelt. Die Untersuchung des Überwachungssystems erstreckt sich nach Abs. 4 darauf, ob es die in § 91 Abs. 2 AktG genannte Aufgabe, die **Kontrolle** der Einhaltung von Früherkennungsmaßnahmen, erfüllen kann. Der Prüfer hat festzustellen, ob das System zur Sicherstellung der Einhaltung der Maßnahmen zur Früherkennung bestandsgefährdender Entwicklungen geeignet ist. Die Regeln zur Überwachung sind einer Wirksamkeitsprüfung zu unterziehen. Zu prüfen ist, ob die Regeln zur Kontrolle der Informationserfassung in den als besonders risikobehaftet definierten Unternehmensbereichen sowie der entsprechenden Informationsverarbeitung ausreichend sind. Hierunter fällt auch die Prüfung, ob in dem Unternehmen prozeßunabhängige Überwachung stattfindet. Der Prüfer hat sich zudem davon zu überzeugen, daß die im Rahmen des Frühwarnprozesses vorgeschriebene Risikoberichterstattung zeitnah und durch den Überwachten zeitlich nicht beeinflußbar kontrolliert wird. Er hat darauf zu achten, daß nach dem Grundsatz der funktionalen Trennung von Riskoerfassung und -verarbeitung die Auswahl der Kontrolleure durch das Überwachungssystem erfolgt.[99] Zu überprüfen ist auch die Qualität der Überwachungsorgane.[100] 36

4. Besonderheiten der Prüfung bei Konzernunternehmen

Im Rahmen der Konzernabschlußprüfung hat der Prüfer festzustellen, ob die vom Vorstand getroffenen Maßnahmen nach § 91 Abs. 2 AktG zu **Erfassung und Kommunikation bestandsgefährdender Entwicklungen** konzernweit erfolgt sind. Zu beurteilen ist, ob der Vorstand des Mutterunternehmens dafür Sorge getragen hat, daß bestandsgefährdende Entwicklungen im Konzern frühzeitig erkannt werden[101] und ein funktionsfähiges Beteiligungscontrolling eingerichtet ist, das sich sowohl auf die konsolidierten als auch auf die nicht konsolidierten Beteiligungen erstreckt.[102] Zu den Prüfungshandlungen gehört auch die Feststellung, ob in jedem Tochterunternehmen ein Früherkennungssystem eingerichtet ist, um die von einem Tochterunternehmen für das Mutterunternehmen ausgehenden bestandsgefährdenden Entwicklungen rechtzeitig erkennen zu können.[103] 37

---

97 *IDW* Prüfungsstandard 340 Rdn. 30.
98 So auch *Brebeck/Herrmann* WPg 1997, 390.
99 *Brebeck/Herrmann* WPg 1997, 387.
100 *Giese* WPg 1998, 458.
101 *Brebeck/Herrmann* WPg 1997, 386.
102 *IDW* Prüfungsstandard 340 Rdn. 37.
103 *IDW* Prüfungsstandard 340 Rdn. 37.

§ 318
Bestellung und Abberufung des Abschlußprüfers

(1) Der Abschlußprüfer des Jahresabschlusses wird von den Gesellschaftern gewählt; den Abschlußprüfer des Konzernabschlusses wählen die Gesellschafter des Mutterunternehmens. Bei Gesellschaften mit beschränkter Haftung und bei offenen Handelsgesellschaften und Kommanditgesellschaften im Sinne des § 264a Abs. 1 kann der Gesellschaftsvertrag etwas anderes bestimmen. Der Abschlußprüfer soll jeweils vor Ablauf des Geschäftsjahrs gewählt werden, auf das sich seine Prüfungstätigkeit erstreckt. Die gesetzlichen Vertreter, bei Zuständigkeit des Aufsichtsrats dieser, haben unverzüglich nach der Wahl den Prüfungsauftrag zu erteilen. Der Prüfungsauftrag kann nur widerrufen werden, wenn nach Absatz 3 ein anderer Prüfer bestellt worden ist.

(2) Als Abschlußprüfer des Konzernabschlusses gilt, wenn kein anderer Prüfer bestellt wird, der Prüfer als bestellt, der für die Prüfung des in den Konzernabschluß einbezogenen Jahresabschlusses des Mutterunternehmens bestellt worden ist. Erfolgt die Einbeziehung auf Grund eines Zwischenabschlusses, so gilt, wenn kein anderer Prüfer bestellt wird, der Prüfer als bestellt, der für die Prüfung des letzten vor dem Konzernabschlußstichtag aufgestellten Jahresabschlusses des Mutterunternehmens bestellt worden ist.

(3) Auf Antrag der gesetzlichen Vertreter, des Aufsichtsrats oder von Gesellschaftern, bei Aktiengesellschaften und Kommanditgesellschaften auf Aktien jedoch nur, wenn die Anteile dieser Gesellschafter zusammen den zehnten Teil des Grundkapitals oder den anteiligen Betrag in Höhe von einer Million Euro erreichen, hat das Gericht nach Anhörung der Beteiligten und des gewählten Prüfers einen anderen Abschlußprüfer zu bestellen, wenn dies aus einem in der Person des gewählten Prüfers liegenden Grund geboten erscheint, insbesondere wenn Besorgnis der Befangenheit besteht. Der Antrag ist binnen zwei Wochen seit dem Tage der Wahl des Abschlußprüfers zu stellen; Aktionäre können den Antrag nur stellen, wenn sie gegen die Wahl des Abschlußprüfers bei der Beschlußfassung Widerspruch erklärt haben. Stellen Aktionäre den Antrag, so haben sie glaubhaft zu machen, daß sie seit mindestens drei Monaten vor dem Tage der Hauptversammlung Inhaber der Aktien sind. Zur Glaubhaftmachung genügt eine eidesstattliche Versicherung vor einem Notar. Unterliegt die Gesellschaft einer staatlichen Aufsicht, so kann auch die Aufsichtsbehörde den Antrag stellen. Gegen die Entscheidung ist die sofortige Beschwerde zulässig.

(4) Ist der Abschlußprüfer bis zum Ablauf des Geschäftsjahrs nicht gewählt worden, so hat das Gericht auf Antrag der gesetzlichen Vertreter, des Aufsichtsrats oder eines Gesellschafters den Abschlußprüfer zu bestellen. Gleiches gilt, wenn ein gewählter Abschlußprüfer die Annahme des Prüfungsauftrags abgelehnt hat, weggefallen ist oder am rechtzeitigen Abschluß der Prüfung verhindert ist und ein anderer Abschlußprüfer nicht gewählt worden ist. Die gesetzlichen Vertreter sind verpflichtet, den Antrag zu stellen. Gegen die Entscheidung des Gerichts findet die sofortige Beschwerde statt; die Bestellung des Abschlußprüfers ist unanfechtbar.

(5) Der vom Gericht bestellte Abschlußprüfer hat Anspruch auf Ersatz angemessener barer Auslagen und auf Vergütung für seine Tätigkeit. Die Auslagen und die Vergütung setzt das Gericht fest. Gegen die Entscheidung ist die sofortige Beschwerde zulässig. Die weitere Beschwerde ist ausgeschlossen. Aus der rechts-

kräftigen Entscheidung findet die Zwangsvollstreckung nach der Zivilprozeßordnung statt.

(6) Ein von dem Abschlußprüfer angenommener Prüfungsauftrag kann von dem Abschlußprüfer nur aus wichtigem Grund gekündigt werden. Als wichtiger Grund ist es nicht anzusehen, wenn Meinungsverschiedenheiten über den Inhalt des Bestätigungsvermerks, seine Einschränkung oder Versagung bestehen. Die Kündigung ist schriftlich zu begründen. Der Abschlußprüfer hat über das Ergebnis seiner bisherigen Prüfung zu berichten; § 321 ist entsprechend anzuwenden.

(7) Kündigt der Abschlußprüfer den Prüfungsauftrag nach Absatz 6, so haben die gesetzlichen Vertreter die Kündigung dem Aufsichtsrat, der nächsten Hauptversammlung oder bei Gesellschaften mit beschränkter Haftung den Gesellschaftern mitzuteilen. Den Bericht des bisherigen Abschlußprüfers haben die gesetzlichen Vertreter unverzüglich dem Aufsichtsrat vorzulegen. Jedes Aufsichtsratsmitglied hat das Recht, von dem Bericht Kenntnis zu nehmen. Der Bericht ist auch jedem Aufsichtsratsmitglied oder, soweit der Aufsichtsrat dies beschlossen hat, den Mitgliedern eines Ausschusses auszuhändigen. Ist der Prüfungsauftrag vom Aufsichtsrat erteilt worden, obliegen die Pflichten der gesetzlichen Vertreter dem Aufsichtsrat einschließlich der Unterrichtung der gesetzlichen Vertreter.

Übersicht

Schrifttum

Vgl. Angaben bei § 316, ferner

Ebke/Jurisch Der unerwünschte Abschlußprüfer: Ersetzungsverfahren (§ 318 Abs. 3 HGB) versus Anfechtungsklage (§ 243 Abs. 1 AktG), AG 2000, 208; *Forster* Zur Bestellung und Abberufung des Abschlußprüfers, Festschrift Semler (1993) 819; *Gelhausen* Die Prüfung der kleinen AG nach Inkrafttreten des BiRiLiG, AG 1986, 67; *Hartmann* Das neue Bilanzrecht und der Gesellschaftsvertrag der GmbH (1986); *Homburger* Organe, Publizität und Pflichtprüfung, JW 1931, 2935; *Hommelhoff/Priester* BiRiLiG und GmbH-Satzung, ZGR 1986, 463; *Kerth* Bestellung und Abberufung von Abschlußprüfern, StB 1987, 337; *Lutter* Der doppelte Wirtschaftsprüfer, Festschrift Semler (1993) 835; *Mai* Rechtsverhältnis zwischen Abschlußprüfer und prüfungspflichtiger Kapitalgesellschaft (1993); *Mathews* Der berufliche Wirkungskreis des Wirtschaftsprüfers nach dem Inkrafttreten des BiRiLiG, BB 1987, 2265; *Niehus* Qualität der Jahresabschlußprüfung durch externe Kontrolle, Festschrift Semler (1993) 865; *Rittner* Der Widerruf des Abschlußprüfers (§ 318 Abs. 3 HGB) bei mittelständischen Gemeinschaftsunternehmen, Festschrift Rowedder (1994) 411; *Röhricht* Zur Frage der Abhängigkeit des Abschlußprüfers bei gleichzeitiger Prüfung von Darlehensgeber und Darlehensnehmer, DB 1984, 253; *Theisen* Vergabe und Konkretisierung des WP-Prüfungsauftrags durch den Aufsichtsrat, DB 1999, 341; *Ulmer* Begründung von Rechten für Dritte in der Satzung einer GmbH? Festschrift W. Werner (1984) 911; *Zöllner* Die Schranken mitgliedschaftlicher Stimmrechtsmacht bei den privatrechtlichen Personenverbänden (1963).

I. Einführung

1. Normzweck

1 § 318 regelt die **Bestellung und Abberufung der Abschlußprüfer** einschließlich der Konzernabschlußprüfer prüfungspflichtiger Gesellschaften. In ihren wesentlichen Teilen ist die Vorschrift trotz verschiedener Änderungen seit 1931 nahezu unangetastet geblieben.[1] Im Verlauf der Gesetzesentwicklung wurde aber die Bindung des Abschlußprüfers an die zu prüfende Gesellschaft verstärkt. Da der Abschlußprüfer nicht vorrangig im Interesse des Unternehmens tätig wird, soll durch eine enge rechtliche Bindung seine Unabhängigkeit und seine Stellung gegenüber dem Unternehmen gestärkt werden.[2] Gesellschaft und Abschlußprüfer sollen insbesondere auch dann zur weiteren Zusammenarbeit verpflichtet bleiben, wenn zwischen beiden Seiten Unstimmigkeiten bestehen.[3]

2. Anwendungsbereich

2 Die Vorschrift findet in Fällen der gesetzlich angeordneten **Pflichtprüfung** Anwendung. Bei freiwilligen, auf Gesellschaftsvertrag beruhenden Abschlußprüfungen sind die Verfahrensregeln zur gesetzlichen Abschlußprüfung, also auch § 318, grundsätzlich nicht anwendbar. Ob die Gesellschafter die Verfahrensbestimmungen des HGB durch Vereinbarung in Bezug nehmen wollten, ist eine Frage der Auslegung.

3 Aufgrund von **Verweisungen** kommen § 318 bzw. einzelne Absätze der Vorschrift auch außerhalb der §§ 316 ff zur Anwendung:

- für die Bestellung des Abschlußprüfers im Insolvenzverfahren gem. § 155 Abs. 3 S. 1 InsO,
- für Versicherungsunternehmen gem. § 341 k Abs. 2,

---

[1] Vgl. *Biener/Berneke* 407 ff; *Schönwandt* Neues und altes Aktienrecht, XV, 82 f.

[2] *Biener/Berneke* 409 f.

[3] *Forster* FS Semler S. 819.

- für die Ermittlung des maßgeblichen Umsatzes nach § 3 Abs. 2 Nr. 1 MontanMitbestErgG (§ 4 Abs. 1 S. 2 MontanMitbestErgG),
- Abs. 1 und 3 bis 7 gem. § 6 Abs. 1 S. 2 PublG für nach dem PublG prüfungspflichtige Unternehmen und § 318 im ganzen gem. § 14 Abs. 1 S. 2 PublG für nach dem PublG prüfungspflichtige Konzerne,
- Abs. 1 S. 2 für Erhöhungen des Stammkapitals einer GmbH (§ 57 f Abs. 3 S. 2 GmbHG),
- Abs. 1 S. 4 für den Bestellungszeitpunkt der Prüfer der zugrundegelegten Bilanz bei Kapitalerhöhungen aus Gesellschaftsmitteln; obwohl § 209 Abs. 4 S. 2 AktG auf Abs. 1 S. 3 verweist, ist dieser Verweis als ein solcher auf S. 4 zu verstehen, da der Gesetzgeber mit der Neufassung des § 209 AktG a. F., der auf § 163 Abs. 1 S. 3 AktG a. F. verwies, keine materielle Änderung herbeiführen wollte,[4]
- Abs. 1 S. 4, wenn das Versicherungsaufsichtsamt den Prüfer für das Versicherungsunternehmen bestimmt (§ 58 Abs. 2 S. 4 VAG),
- Abs. 5 für gerichtlich bestellteVertragsprüfer bei von einer AG als verpflichteter Vertragspartei geschlossenen Unternehmensverträgen (§ 293c Abs. 1 S. 5 AktG),
- Abs. 5 für Auslagen und Vergütung der vom Gericht bestellten Verschmelzungsprüfer gem. §§ 10 Abs. 1 S. 3, 60 Abs. 3 S. 3 UmwG,
- Abs. 5 für die Bestellung des Abschlußprüfers durch ein Gericht auf Antrag des Bundesaufsichtsamts für das Kreditwesen (§ 28 Abs. 2 S. 3 KWG).

II. Bestellung des Abschlußprüfers

1. Zuständigkeit

a) Grundsätzliches. Der **Abschlußprüfer** wird bei allen Gesellschaften grund- 4
sätzlich von den Gesellschaftern gewählt. Dadurch wird das Recht der Anteilseigner auf Teilhabe am Ergebnis und korrekte Information durch die Rechenschaftslegung gewährleistet.[5] Entscheidend dafür ist nicht die Bedeutung der Abschlußprüfung als öffentliche Aufgabe,[6] der eine prinzipielle Einsetzung des Abschlußprüfers durch das Gericht eher entsprechen würde. Vielmehr liegt darin häufig die einzige Möglichkeit der Gesellschafter, auf die Rechenschaftslegung der Vertretungsorgane der Gesellschaft Einfluß zu nehmen.[7] Demzufolge steht das **Wahlrecht** allen Gesellschaftern unabhängig von ihrem Haftungsstatus zu;[8] eine Besonderheit gilt für die KGaA, bei der die Komplementäre nicht stimmberechtigt sind (§ 285 Abs. 1 S. 2 Nr. 6 AktG; vgl. Rdn. 9).

b) AG. Bei der AG ist der Beschluß zwingend durch die **Hauptversammlung** zu 5
fassen (§§ 119 Abs. 1 Nr. 4; 23 Abs. 5 AktG). Dies kann auch bei einer außerordentlichen Hauptversammlung erfolgen. Die Hauptversammlung ist in ihrer Wahl autonom. Sie ist weder an Vorschläge des Aufsichtsrats gebunden, noch kann ihre Entscheidung von der Zustimmung anderer Organe abhängig gemacht werden.[9] Die formalen Voraussetzungen der ordnungsgemäßen Wahl bestimmen sich nach den §§ 121 ff AktG. Eine Wahl kann deshalb nur erfolgen, sofern ein entsprechender Tagesordnungspunkt mit dem **Wahlvorschlag des Aufsichtsrats** in die Einladung zur

[4] BegrRegE BiRiLiG BTDrucks. 10/317 S. 106; unklar ADS Rdn. 12; **a. A.** offenbar *Hüffer* § 209, 9; KK-*Lutter* § 209, 13.
[5] HdR³-*Baetge/Fröhlich* Rdn. 6.
[6] **A. A.** Bonner HdR-*Grewe* Rdn. 10.
[7] HdR³-*Baetge/Fröhlich* Rdn. 12.
[8] BGHZ 76, 338, 340 = NJW 1980, 1689.
[9] Vgl. MünchKommHGB-*Ebke* Rdn. 3; *Hüffer* § 119, 5; Beck BilKomm-*Budde/Steuber* Rdn. 5.

Hauptversammlung aufgenommen wurde (§ 124 Abs. 3, 4 AktG). Die Hauptversammlung kann aber auch einen Abschlußprüfer wählen, der bis zur Hauptversammlung noch nicht vorgeschlagen war, sofern er die Voraussetzungen des § 319 erfüllt.[10] Allerdings hat der Aufsichtsrat mindestens einen Wahlvorschlag zu machen, der den Voraussetzungen des § 124 Abs. 3 S. 3 AktG und des § 319 genügt. Anderenfalls ist die Wahl des Abschlußprüfers nicht ordnungsgemäß angekündigt und somit nach §§ 124 Abs. 4, 243 AktG anfechtbar.[11] Für Gegenvorschläge von Aktionären gilt grundsätzlich das gleiche.[12] Wahlvorschläge können nur von Aufsichtsrat und Aktionären gemacht werden, nicht dagegen vom Vorstand (§§ 124 Abs. 3 S. 1, 127 S. 1 AktG). Vorstandsmitglieder können selbst dann keine Wahlvorschläge unterbreiten, wenn sie Aktionäre sind.[13] Zwar steht ihnen in dieser Eigenschaft ein Stimmrecht bei der Wahl des Abschlußprüfers zu (anders bei der Wahl eines Sonderprüfers, § 142 Abs. 1 S. 2 AktG), doch bestünde andernfalls durch Kauf nur einer Aktie die Möglichkeit, § 124 Abs. 3 S. 1 AktG zu umgehen. Zur Wahl des Abschlußprüfers ist die einfache Mehrheit ausreichend, sofern nicht die Satzung der AG eine andere Bestimmung getroffen hat (§ 133 Abs. 2 AktG). Im Falle des Nichterreichens einer von der Satzung geforderten qualifizierten Mehrheit erfolgt die Einsetzung des Abschlußprüfers durch das Gericht.

6 c) **GmbH.** Vom Grundsatz der Wahl der Abschlußprüfer durch alle Gesellschafter kann bei der GmbH durch eine andere Bestimmung im Gesellschaftsvertrag abgewichen werden. Besteht keine abweichende Regelung, so beschließt die **Gesellschafterversammlung** mit einfacher Mehrheit (§ 48 Abs. 1 i.V.m. § 47 Abs. 1 GmbHG). Soweit der Geschäftsführer selbst Gesellschafter ist, ist auch er nach der gesetzlichen Regelung zur Mitwahl berechtigt. Ein Ausschluß des Stimmrechts nach § 47 Abs. 4 GmbHG kommt bei der Wahl des Abschlußprüfers nicht in Betracht, da die Abschlußprüfung nicht auf eine Beurteilung der Geschäftsführung, sondern auf die der Rechnungslegung abzielt.[14] Aus diesem Grunde ergeben sich auch keine Bedenken, wenn der Mehrheitsgesellschafter Geschäftsführer der GmbH ist.[15] Davon ausgenommen ist die Wahl von Abschlußprüfern bei Sonderprüfungen sowie Prüfungen, die der gerichtlichen Geltendmachung von Ersatzansprüchen dienen, da es sich insoweit zumindest auch um eine Prüfung der Geschäftsführungstätigkeit handelt.[16]

7 Abweichungen von der gesetzlichen Regelung sind gem. Abs. 1 S. 2 möglich. Es kann sowohl die erforderliche Mehrheit geändert als auch die Zuständigkeit auf ein anderes Organ der Gesellschaft übertragen werden. Neben einer Übertragung auf Minderheitsgesellschafter oder einen Aufsichtsrat erscheint auch die Übertragung auf eine dritte, von der GmbH unabhängige Person möglich.[17] Die Übertragung kann entsprechend dem eindeutigen Wortlaut nur durch den Gesellschaftsvertrag erfolgen, so daß ein Entzug dieser Kompetenz nur über eine Änderung des Vertrages durch die Gesellschafter erreicht werden kann. Damit bleibt der Einfluß der Gesellschafter auf die Wahl bestehen.

---

[10] Bonner HdR-*Grewe* Rdn. 13; HdR³-*Baetge/Fröhlich* Rdn. 14.

[11] ADS Rdn. 108; **a. A.** noch *Geßler/Hefermehl/Kropff* § 163, 8.

[12] Vgl. auch OLG Düsseldorf DB 1967, 2156.

[13] Vgl. auch *Hüffer* § 124, 13.

[14] H.M., vgl. MünchKommHGB-*Ebke* Rdn. 5; HdR³-*Baetge/Fröhlich* Rdn. 34; ADS Rdn. 118.

[15] Vgl. OLG Hamburg BB 1992, 1533; *Hommelhoff/Priester* ZGR 1986, 463, 485 m.w.N.

[16] So schon *Zöllner* S. 221 Fn. 44; HdR³-*Baetge/Fröhlich* Rdn. 34.

[17] MünchKommHGB-*Ebke* Rdn. 5; ADS Rdn. 124. Vgl. allgemein zur Begründung von Rechten für Dritte in der Satzung einer GmbH *Ulmer* FS Werner S. 911 ff; die von *Ulmer* im Grundsatz für zulässig erachtete Einräumung von Mitwirkungs- und Kontrollrechten außerhalb der Satzung durch schuldrechtlichen Vertrag kommt hier wegen Abs. 1 Satz 2 nicht in Betracht.

Umstritten ist allerdings die Möglichkeit der Übertragung des Wahlrechts auf die **Geschäftsführer** sowie geschäftsführende Mehrheitsgesellschafter.[18] Gegen eine irgendwie geartete Beschränkung der Dispositionsfreiheit des Gesellschaftsvertrages spricht der ausdrückliche Wortlaut des Gesetzes. Der erste Entwurf des § 42a Abs. 2 GmbHG-(RegE) sah als einzige Möglichkeit, eine von der Geschäftsführung unabhängige Prüfung zu gewährleisten, die zwingende Wahl der Abschlußprüfer durch die Gesellschafter[19] vor. Dieser Entwurf wurde aber nicht Gesetz. Grund hierfür war, daß andernfalls stets eine Wahl des Abschlußprüfers durch den Mehrheitsgesellschafter(-geschäftsführer) zu erwarten gewesen und dadurch die Möglichkeit einer von der Geschäftsführung unabhängigen Wahl unterbunden worden wäre.[20] Die Gesetz gewordene Fassung beruht maßgeblich auf dem Vorschlag der Centrale für GmbH,[21] den GmbH-Gesellschaftern weitgehende Gestaltungsmöglichkeiten zu lassen.[22] Dabei wurde der Vorschlag, das Wahlorgan grundsätzlich satzungsfrei bestimmen zu lassen und nur die Geschäftsführer auszuschließen, nicht übernommen. 7a

Stellungnahme. Vor dem Hintergrund der Stärkung der Unabhängigkeit der Abschlußprüfer, insbesondere im Interesse von Öffentlichkeit und Minderheitsgesellschaftern, ist die Übertragung der Wahl auf die Geschäftsführer zwar **bedenklich**. Aus dem Sinnzusammenhang der Normen zur Abschlußprüfung leitet daher eine starke Meinung im Wege der Gesamtanalogie einen Ausschluß dieser Möglichkeit her.[23] Die Übertragung des Wahlrechts auf die Geschäftsführer wird auch mit dem Hinweis auf einen Verstoß gegen das Wesen der GmbH als unzulässig abgelehnt, da es sich um ein unentziehbares Individualrecht des Gesellschafters handele.[24] Die beide Argumente stützende Vorschrift des § 318 gibt aber dem einzelnen Gesellschafter gleichzeitig die Möglichkeit, nach Abs. 3 die Wahl eines anderen Abschlußprüfers zu erreichen. Im Unterschied zur AG reicht bereits der Antrag eines einzelnen Gesellschafters aus, so daß nicht von einem Entzug von Individualrechten gesprochen werden kann. Soweit durch die Abschlußprüfung Interessen der Anteilseigner geschützt werden sollen, ergibt sich hier ein expliziter Schutz, der auf die Verhinderung der Wahl eines befangenen Abschlußprüfers zielt.[25] Gegen einen Ausschluß der Übertragungsmöglichkeit aus Gründen des öffentlichen Interesses spricht auch, daß das Gericht nach Abs. 3 nur auf Antrag von Gesellschaftsorganen handelt. Des weiteren vermag das Argument, eine Diskussion in der Gesellschafterversammlung biete auch in einer GmbH mit Mehrheitsgesellschafter-Geschäftsführer jedenfalls einen teilweisen Schutz außenstehender Dritter,[26] angesichts der Möglichkeit der schriftlichen Beschlußfassung gem. § 48 Abs. 2 GmbHG wenig zu überzeugen. Es ergeben sich nach alledem *keine zwingenden Gründe aus Gesetz oder Sinnzusammenhang* gegen eine Zulässigkeit der Übertragung des Wahlrechts auf die Geschäftsführer.[27] 8

d) KGaA. Für die Wahl der Abschlußprüfer bei der KGaA ist keine Ausnahme vom allgemeinen Grundsatz der Wahl durch die **Hauptversammlung** vorgesehen. Das Stimmrecht der Komplementäre ist jedoch ausgeschlossen (§ 285 Abs. 1 S. 2 Nr. 6 9

---

18 Vgl. Baumbach/Hueck/*Zöllner* § 47, 33.
19 BTDrucks. 10/317 S. 110.
20 *Mai* 27; *Kerth* StB 1987, 337, 342 f.
21 *Mai* aaO.
22 *Centrale für GmbH* GmbHR 1985, 317, 318.
23 *Mai* aaO 27 f; *Hommelhoff/Priester* BiRiLiG und GmbH-Satzung, ZGR 1986, 463, 485; Baumbach/Hueck/*Schulze-Osterloh* § 41, 64; *Kerth* aaO 343: „bedenklich"; Heymann/*Herrmann* Rdn. 1: „Besorgnis der Befangenheit"; Scholz/*Crezelius* Anh. § 42a, 256; noch anders Bonner HdR-*Grewe* Rdn. 19: Befangenheit wegen Verstoßes gegen Berufspflicht des Wirtschaftsprüfers nach § 43 Abs. 1 WPO.
24 *Lutter/Hommelhoff* Anh § 42, 13, Anh § 47, 17.
25 Ähnlich Rowedder/*Wiedmann* § 42a, 30.
26 *Hommelhoff/Priester* ZGR 1986, 463, 485; *Mai* aaO 28.
27 Im Erg. ebenso HdR³-*Baetge/Fröhlich* Rdn. 36; Rowedder/*Wiedmann* § 42a, 30; ADS Rdn. 85 f.

AktG). Der Ausschluß erstreckt sich auch auf die Übertragung ihrer Stimmrechte (§ 285 Abs. 1 S. 3 AktG). Die Regelung ist zwingend, da die Norm im öffentlichen Interesse besteht[28]. Dieser Ausschluß besteht neben dem ausdrücklich genannten Ausschluß bei der Wahl von Sonderprüfern (§ 285 Abs. 1 S. 2 Nr. 3 AktG). Mangels Alternative sind die Komplementäre dennoch stimmberechtigt, wenn sie zugleich alle Aktien der Gesellschaft halten.[29] Die Begründung des prinzipiellen Stimmrechtsausschlusses mit dem öffentlichen Interesse (s. o.) oder der Überwachung der Geschäftsleitung[30] findet hier ihre Grenze. Der Gesetzgeber hat bis heute darauf verzichtet, für diesen Fall stets eine Einsetzung durch die Gerichte zu normieren. Es gibt keine Interessenvertreter für die Überwachung der Geschäftsleitung.[31] Das öffentliche Interesse wird daher lediglich durch das Vertrauen in die Neutralität des Abschlußprüfers geschützt.[32]

10 Durch § 285 AktG werden nur das Wahlrecht und die nach Abs. 2 S. 1 erforderliche Zustimmung der **Komplementäre** zu Beschlüssen der Hauptversammlung ausgeschlossen.[33] Von § 285 Abs. 1 Nr. 6 AktG unberührt bleibt das Recht, gegen die Wahl des Abschlußprüfers Widerspruch zu erheben und die Bestellung des Prüfers im Wege des § 318 Abs. 3 zu betreiben bzw. nach §§ 241 oder 243 AktG vorzugehen. Dadurch kann einem Mißbrauch des Wahlrechts der Minderheitskommanditaktionäre begegnet werden.

11 **e) Gesellschaften anderer Rechtsform.** Bei Gesellschaften anderer Rechtsform, die dem **PublG** unterliegen, richtet sich die Wahl der Abschlußprüfer nach § 6 Abs. 3 PublG. Wegen der Bedeutung der Abschlußprüfung erstreckt sich das Wahlrecht stets auf alle Gesellschafter. Dies ist auch für diejenigen Personenhandelsgesellschaften anzunehmen, die nach § 264 a Abs. 1 der Prüfungspflicht unterliegen (vgl. § 316, 6). Bei der KG sind nicht nur die persönlich haftenden Gesellschafter, sondern auch die Kommanditisten wahlberechtigt, da es sich um ein Grundlagengeschäft handelt.[34]

2. Wahlbeschluß

12 **a) Wählbare Abschlußprüfer.** Zum Abschlußprüfer können nur Personen gewählt werden, die die **Voraussetzungen** des **§ 319 Abs. 1** erfüllen (vgl. § 319, 4–12). Für freiwillige Abschlußprüfungen gelten diese Einschränkungen nicht. Allerdings muß bei einer Veröffentlichung des Prüfungsergebnisses ggf. erkennbar sein, daß der Prüfer die Anforderungen des § 319 Abs. 1 nicht erfüllt hat. Bestimmt in den Fällen der Pflichtprüfung (§ 316, 5 ff, 17 ff) das Wahlorgan einen Prüfer, der die Voraussetzungen des § 319 Abs. 1 nicht erfüllt, so ist die Wahl des Abschlußprüfers nicht erfolgt. Ein entsprechender Beschluß ist gem. § 241 Nr. 3 AktG bzw. § 134 BGB nichtig.[35] Aus diesem Grunde erfolgt die Bestimmung des Abschlußprüfers gem. Abs. 4 S. 1 durch das Gericht.[36]

---

[28] Vgl. *Hüffer* § 285, 1; ADS Rdn. 112.
[29] KK-*Claussen/Korth* Rdn. 8.
[30] BGHZ 76, 338, 340 = NJW 1980, 1689 für die KG; HdR[3]-*Baetge/Fröhlich* Rdn. 20.
[31] HdR[3]-*Baetge/Fröhlich* Rdn. 21.
[32] § 43 Abs. 1 WPO; dazu *Niehus* FS Semler S. 865 f.
[33] HdR[3]-*Baetge/Fröhlich* Rdn. 22.
[34] BGHZ 76, 338, 342 = NJW 1980, 1689; LG Köln BB 1992, 181; vgl. auch MünchKommHGB-*Ebke* Rdn. 6.
[35] BGH WM 1992, 1148, 1149; OLG Düsseldorf AG 1991, 321; *Claussen* AG 1991, 323.
[36] Dazu unter Rdn. 67 ff; im Erg. ebenso ADS Rdn. 398 (unter Vorgabe der in den Vorauflage vertretenen Gegenmeinung); KK-*Claussen/Korth* Rdn. 12; **a. A.** h. M., die Abs. 4 S. 2 für anwendbar hält: *Geßler/Hefermehl/Kropff* § 163, 38; Baumbach/Hueck/*Schulze-Osterloh* § 41, 67 (unter Aufgabe bis zur 15. Aufl. vertretenen Ansicht).

Die *Satzung* bzw. der **Gesellschaftsvertrag** kann an den Abschlußprüfer Anforderungen stellen, die über diejenigen des Gesetzes hinausgehen.[37] Unzulässig ist insbesondere eine Verdichtung der geforderten Merkmale, die dem Verweis auf einen bestimmten Abschlußprüfer gleichbedeutend wäre.[38] Nach einer im Schrifttum vertretenen Ansicht ist bereits eine wesentliche Einschränkung der Auswahl nicht mehr mit Abs. 1 zu vereinbaren.[39] Da die Wahl der Abschlußprüfer durch die Gesellschafterversammlung (Hauptversammlung) erfolgt, müssen die Einschränkungskriterien für die Gesellschafter erkennbar sein. Die Möglichkeit, durch modifizierende Bestimmungen in der Satzung bzw. im Gesellschaftsvertrag Einfluß auf die Auswahl der Abschlußprüfer zu nehmen, darf nicht dazu führen, daß andere zwingende Normen des Gesellschaftsrechts ihre Wirkung verlieren. Eine Erhöhung der Anforderungen an die Qualifikation des Abschlußprüfers ist folglich jedenfalls dann unzulässig, wenn es dadurch einem Aktionär, der einen eigenen Wahlvorschlag einbringen möchte (§ 127 S. 1 AktG), unmöglich gemacht würde, einen Abschlußprüfer zu finden, der den Anforderungen der Satzung genügt. 13

b) Zeitpunkt der Wahl. Die Wahl der Abschlußprüfer **soll** vor Ablauf des zu prüfenden Geschäftsjahres erfolgen (Abs. 1 S. 3). Ist bis zum Ende des Geschäftsjahres kein Abschlußprüfer gewählt worden, so sind die gesetzlichen Vertreter verpflichtet, bei Gericht die Einsetzung eines Abschlußprüfers zu beantragen (Abs. 4 S. 3). Nachdem das Gericht einen Prüfer festgelegt hat, ist die Wahl durch die Gesellschaft ausgeschlossen. Demzufolge ist Wahlzeitraum zunächst das laufende Geschäftsjahr. Jedoch ist auch die Wahl nach Antragstellung, aber vor einer gerichtlichen Entscheidung in dem folgenden Geschäftsjahr möglich. Gleiches gilt, wenn der Antrag entgegen der gesetzlichen Pflicht nicht gestellt wurde (vgl. Rdn. 67, ferner Rdn. 70). Die Wahl des Abschlußprüfers erfolgt zur Prüfung des letztendlich festzustellenden Jahresabschlusses. Demzufolge erstreckt sie sich auch auf die Prüfung infolge eines Nachtrags (vgl. § 316, 22 ff) sowie auf den neu aufgestellten oder nach der Feststellung geänderten Jahresabschluß.[40] Eine Neuwahl ist nur im Rahmen der allgemeinen Regeln möglich, also bei Wegfall, Verhinderung (Rdn. 71) oder Kündigung aus wichtigem Grund i. S. d. Abs. 6 (Rdn. 80 ff). 14

Der Abschlußprüfer kann nur für („jeweils") **ein Geschäftsjahr** im voraus gewählt werden. Ausgeschlossen ist die Wahl für noch nicht angebrochene Geschäftsjahre, da anderenfalls die Möglichkeit der Wahl für eine längere Periode bestünde.[41] Damit soll dem Wahlorgan die Gelegenheit zur Berücksichtigung vorangegangener Prüfungen des Abschlußprüfers gegeben werden.[42] Anknüpfungspunkt ist ausschließlich das Geschäftsjahr. Deshalb scheidet auch im Fall eines Rumpfgeschäftsjahres eine Wahl für dieses und ein weiteres Geschäftjahr aus.[43] Unter Beachtung des Ausschlusses der Vorauswahl für mehr als ein Geschäftsjahr ist die **Wiederwahl** von Abschlußprüfern grundsätzlich unbeschränkt möglich. Nach der Neuregelung in § 319 Abs. 2 S. 2, Abs. 3 Nr. 6 ist bei Gesellschaften, die Aktien mit amtlicher Notierung ausgegeben haben, die Wiederwahl aber ausgeschlossen, wenn der Abschlußprüfer in den dem zu prüfenden Geschäftsjahr vorausgehenden zehn Jahren den Bestätigungsvermerk in mehr als sechs Fällen gezeichnet hat. Damit folgt der Gesetzgeber in gewissem Umfang Anregungen aus der Literatur zur Abwendung einer Befangenheit von Abschlußprüfern.[44] 15

---

37 ADS Rdn. 52; *Hartmann* 102.
38 Beck BilKomm-*Budde/Steuber* Rdn. 13.
39 *Glade* § 319, 6.
40 Rowedder/*Wiedmann* § 42a, 28.
41 *Lutter/Hommelhoff* Anh. § 42, 12, 16.
42 ADS Rdn. 138.
43 **A. A.** ADS Rdn. 55, 138; KK-*Claussen/Korth* Rdn. 9.
44 Vgl. zur bisherigen Diskussion *Kerth* StB 1987, 339, 345 f.

16 Die gesetzlichen Regelungen sind **Mindestvoraussetzungen.** Daher kann die Satzung bzw. der Gesellschaftsvertrag engere Grenzen für Zeitpunkt und Wiederwahl vorschreiben. Die Satzungsfreiheit für die GmbH nach Abs. 1 S. 2 bezieht sich nur auf S. 1, so daß die in Rdn. 14 f genannten Bedingungen auch bei der GmbH erfüllt sein müssen.[45] Eine Beschränkung der Wiederwahl ist nicht zulässig, wenn dadurch i.V.m. erhöhten Qualifikationsmerkmalen die Auswahl der Prüfer unzulässig eingeschränkt wird (vgl. Rdn. 13).

17 c) **Bezeichnung im Wahlbeschluß.** Der gewählte Abschlußprüfer ist **eindeutig** zu bezeichnen. Es muß den gesetzlichen Vertretern bzw. dem Aufsichtsrat aufgrund der Beschreibung möglich sein, den Prüfungsauftrag unverzüglich zu erteilen (vgl. Rdn. 22). Werden mehrere Abschlußprüfer gewählt, so muß deutlich gemacht werden, ob sie gemeinsam oder z.T. als Ersatzprüfer fungieren sollen (nachfolgend Rdn. 18). Eine Wahl mehrerer Prüfer mit der Maßgabe, daß einer von ihnen durch die gesetzlichen Vertreter zum Abschlußprüfer bestimmt wird, ist grundsätzlich unzulässig. Ein anderes kann nur bei der GmbH angenommen werden; die Gründe hierfür entsprechen denen, die für die Zulässigkeit einer Übertragung des Wahlrechts auf die Geschäftsführer angeführt werden können (hierzu Rdn. 7a).

18 d) **Mehrere Abschlußprüfer.** Die Wahl mehrerer Abschlußprüfer ist zulässig.[46] Diese sind dann **gemeinschaftlich** Abschlußprüfer. In jeder Person müssen die gesetzlichen Voraussetzungen vollständig erfüllt sein. Der Charakter der Abschlußprüfung wird durch die Wahl mehrerer Prüfer nicht verändert. Es werden weiterhin nur ein Prüfungsbericht und ein Bestätigungsvermerk erteilt. Ein Unterschied zum Normalfall der Prüfung durch nur einen Prüfer darf sich nicht ergeben. Dies wird in der Praxis nicht immer beachtet; hier wird mitunter die Bestellung eines zweiten Abschlußprüfers zum Zweck einer „selbständigen und zusätzlichen Prüfung" gefordert und beschlossen.[47] Nach dem Gesagten erscheint es mit dem Gesetz nicht vereinbar, daß das Testat nur von einem Prüfer unterzeichnet wird, während andere es verweigern bzw. bezüglich seines Inhalts abweichende Formulierungen gebrauchen.[48] Die gegenteilige Auffassung verkennt, daß es sich trotz mehrerer prüfender Personen um *eine* gesetzliche Abschlußprüfung handelt und deren Ergebnis nur *ein* Prüfungsbericht und *ein* Bestätigungsvermerk sein kann. Die Prüfung ist gesetzlich angeordnet, damit der Allgemeinheit ein abschließendes Urteil zugänglich gemacht wird. Das Vertrauen in die Abschlußprüfung beruht auf der Erwartung, jeder Abschlußprüfer würde bei der Prüfung zu demselben Ergebnis gelangen.[49] Eine Arbeitsteilung während der Prüfung begegnet keinen Bedenken, jedoch trägt jeder Abschlußprüfer die volle Verantwortung für die gesamte Prüfungstätigkeit.[50] Die Gesamtverantwortung bedingt, daß die Gesellschafter den Abschlußprüfern eine Arbeitsverteilung nicht vorgeben können. Die Abschlußprüfer sind in jeder Beurteilung als Einheit zu sehen. Der Wegfall eines Prüfers hat deshalb die Wirkung eines Wegfalls des einzigen Prüfers, denn die Gesellschafterversammlung hat mit der Wahl mehrerer Abschlußprüfer deutlich gemacht, daß sie deren gemeinschaftliches Tätigwerden wünscht.[51] Soweit die (unzulässige) Wahl einer Sozietät zum Abschlußprüfer in die Wahl von deren Mitglie-

---

45 Beck BilKomm-*Budde/Steuber* Rdn. 11.

46 Begr. BTDrucks. 10/4268 S. 117; *Lutter* FS Semler S. 835 f, 850 m. w. N.

47 Vgl. z.B. „Wie die KPMG im Sog der Holzmann-Krise ihr Mandat verlor", FAZ v. 15. 8. 2000, S. 24.

48 Beck BilKomm-*Budde/Steuber* Rdn. 12; ähnlich MünchKommHGB-*Ebke* Rdn. 13; **a. A.** ADS Rdn. 69; HdR³-*Baetge/Fröhlich* Rdn. 61.

49 Ähnlich *Mai* 41.

50 Vgl. MünchKommHGB-*Ebke* Rdn. 13; KK-*Claussen/Korth* Rdn. 16; *Kerth* StB 1987, 337, 344.

51 Vgl. ADS Rdn. 72, wonach das Wahlorgan auch etwas anderes bestimmen können soll; nach hier vertretener Auffassung wäre dies unzulässig (vgl. Rdn. 19).

dern umgedeutet werden kann (vgl. auch § 319 Rdn. 11), sind diese ebenfalls gemeinsam Abschlußprufer.

Aus der Unzulässigkeit divergierender Voten bei der gemeinsamen Prüfung ergibt sich auch die Unzulässigkeit von mehreren unabhängig voneinander, nebeneinander erfolgenden Abschlußprüfungen.[52] **Freiwillige Prüfungen** sind neben der gesetzlich angeordneten möglich. Die gesetzliche Auskunfts- und Vorlagepflicht nach § 320 besteht für erstere jedoch nicht. Außerdem dürfen die Ergebnisse der freiwilligen Prüfungen nicht im Zusammenhang mit denen der gesetzlichen Abschlußprüfung publiziert werden, da anderenfalls die Eindeutigkeit der Information in Frage gestellt wäre.[53] 19

Bei der Wahl eines **Ersatzprüfers** handelt es sich nicht um den Fall einer Bestellung mehrerer Prüfer, denn der Ersatzprüfer wird nur dann Abschlußprüfer, wenn der primär gewählte Prüfer wegfällt. Durch die Wahl des primären Abschlußprüfers und eines Ersatzprüfers auf der gleichen Hauptversammlung erübrigt sich im Falle des Wegfalls des gewählten Abschlußprüfers die erneute Einberufung einer Hauptversammlung. Die Wahl des Ersatzprüfers geht in diesem Fall der Einsetzungsbefugnis des Gerichts nach Abs. 4 vor (Rdn. 72).[54] Die Erteilung des Prüfungsauftrags erfolgt erst nach dem Wegfall des gewählten Prüfers. Da die Gesellschaft bis dahin einen Abschlußprüfer hat, liegt kein Verstoß des Vorstandes gegen Abs. 1 S. 4 vor.[55] Umstritten ist die Position des Ersatzprüfers im Fall eines Antrages nach Abs. 3. Teile des Schrifttums nehmen hier wie in den Fällen des Abs. 4 S. 2 (hierzu Rdn. 72) eine Bindung des Gerichts an die Wahl des Ersatzprüfers an.[56] Dem ist zu folgen, da das Gericht dem im Wahlbeschluß zum Ausdruck gebrachten Interesse der Gesellschaft folgen und selbst nur subsidiär tätig werden soll. Die Wahl *mehrerer* Ersatzprüfer ist zulässig, sofern die Eintrittsreihenfolge genau festgelegt ist. Die Wahl eines einzelnen Ersatzprüfers ist auch für mehrere gemeinsam agierende Abschlußprüfer möglich. Ebenso kann der Ersatzprüfer auch nur für einen von mehreren Prüfern, mehrere Ersatzprüfer für einen einzelnen bzw. einen von mehreren gemeinsamen Abschlußprüfern gewählt sein, da auch mehrere Abschlußprüfer immer als der eine gesetzliche Abschlußprüfer anzusehen sind (Rdn. 18). Die neu entstehende Zusammensetzung ist deshalb als vollständig neu eingetretener Ersatzprüfer anzusehen. 20

Abs. 3 ist **vor Wegfall** des primär gewählten Prüfers nicht auf den Ersatzprüfer anwendbar. Das Gericht soll im Wege von Abs. 3 nur sicherstellen, daß ein den gesetzlichen Anforderungen entsprechender Abschlußprüfer tätig wird. Es ist nicht Aufgabe des Gerichts, Eventualitäten vorzubeugen. Die nach Abs. 3 maßgebliche Frist beginnt erst mit dem Wegfall des Abschlußprüfers. Hierfür spricht, daß für die Bestimmung des in der Person des Ersatzprüfers liegenden Grundes auf den Zeitpunkt abgestellt wird, in dem er Abschlußprüfer wird.[57] 21

3. Prüfungsauftrag

a) **Zuständigkeit.** Nach der Wahl haben die gesetzlichen Vertreter unverzüglich dem gewählten Abschlußprüfer den Prüfungsauftrag zu erteilen. Bei der AG und der KGaA ist der **Aufsichtsrat** zur Erteilung des Prüfungsauftrages berufen (§ 111 Abs. 2 22

---

52 Str.; ebenso KK-*Claussen/Korth* Rdn. 17; MünchKommHGB-*Ebke* Rdn. 13; *Mai* 41; *Kerth* 344; **a. A.** HdR^3-*Baetge/Fröhlich* Rdn. 62; Beck BilKomm-*Budde/Steuber* Rdn. 12; ADS Rdn. 83 ff; *Lutter* FS Semler S. 835, 850 m. w. N. aus der älteren Literatur.

53 Ähnlich *Mai* aaO.

54 KK-*Claussen/Korth* Rdn. 18 m. w. N.

55 ADS Rdn. 94.

56 *Hartmann* 106; *Hommelhoff/Priester* ZGR 1986, 463, 488; **a. A.** *Geßler/Hefermehl/Kropff* § 163, 33; zweifelnd ADS Rdn. 95.

57 **A. A.** ADS Rdn. 97: Zeitpunkt der Wahl des Ersatzprüfers.

S. 3 AktG i. d. F. des KonTraG). Gleiches folgt aus § 52 Abs. 1 GmbHG i. V. m. § 111 Abs. 2 S. 3 AktG für eine GmbH, bei der ein Aufsichtsrat besteht. Verantwortlich für die Erteilung ist das zuständige Organ in seiner Gesamtheit. Unverzüglich bedeutet ohne schuldhaftes Zögern (§ 121 Abs. 1 S. 1 BGB). Die Pflicht zur unverzüglichen Auftragserteilung ist mit einem Zwangsgeld bewehrt (§ 335 S. 1 Nr. 3). Für die Wirksamkeit der Auftragserteilung ist die Mitwirkung der für die Vertretung erforderlichen Anzahl von Organmitgliedern ausreichend; möglich ist auch eine rechtsgeschäftliche Übertragung der Vertretungsbefugnis auf andere Personen.[58] Als Vertreter können auch Gesellschafter oder ein anderes als das durch das Gesetz bestimmte verantwortliche Organ fungieren.[59]

23 **b) Zustandekommen.** Die Auftragserteilung besteht darin, daß der gesetzliche Vertreter bzw. der Aufsichtsrat (Rdn. 22) dem gewählten Abschlußprüfer ein **Angebot** zum Abschluß des Prüfungsvertrages macht. Das Angebot darf nicht in solcher Weise nachteilig gestaltet werden, daß die Bereitschaft des Abschlußprüfers zur Übernahme des Mandats beeinträchtigt wird.[60] Zulässig ist die Erteilung des Prüfungsauftrages unter der auflösenden Bedingung, daß innerhalb der Zwei-Wochen-Frist des Abs. 3 S. 2 ein Antrag bei Gericht eingeht bzw. daß es im Rahmen eines laufenden Ersetzungsverfahrens zur Bestellung eines Prüfers durch das Gericht kommt. Die unverzügliche Erteilung des Auftrags ist u. U. nur durch Zulassung dieser Bedingung *ohne Nachteil* möglich, da die Gesellschaft sich anderenfalls gegenüber dem beauftragten Prüfer schadensersatzpflichtig machen könnte.[61]

24 Der Abschlußprüfer ist nicht verpflichtet, das Mandat anzunehmen. Er muß jedoch unverzüglich mitteilen, ob er den Auftrag annimmt; anderenfalls hat er einen aus der Verzögerung entstehenden Schaden zu ersetzen (§ 51 WPO).[62] Durch **Schweigen** auf das Angebot kommt der Vertrag nur unter den Voraussetzungen des § 362 zustande.[63] Bei einer Ablehnung ist eine Begründung nicht notwendig. Sofern die Ablehnung erfolgen muß, weil der Prüfer die Voraussetzungen des § 319 nicht erfüllt[64] oder aus seiner Sicht sonst befangen ist bzw. den Auftrag nicht ordnungsgemäß durchführen kann,[65] gilt gleiches (nach **a. A.** muß der Prüfer solche Gründe der Gesellschaft mitteilen[66]). Teilweise wird vertreten, daß der Prüfer das Angebot auch dann ohne Begründung ablehnen darf, wenn die zeitlichen Rahmenbedingungen objektiv zu eng sind bzw. die gesetzlichen Vertreter den Prüfungsauftrag zu spät erteilt haben.[67] In diesen Fällen besteht indes die Gefahr, daß die gesetzlichen Vertreter damit einem mißliebigen Abschlußprüfer die Annahme des Mandates erschweren (s. auch Rdn. 23). Aus diesem Grunde ist hier ausnahmsweise die Ablehnung gegenüber der Gesellschaft zu begründen.

---

58 **A. A.** für AG und KGaA ADS Rdn. 142: Ausschließliche Zuständigkeit des Aufsichtsrates.

59 ADS Rdn. 181.

60 KK-*Claussen/Korth* Rdn. 19.

61 Vgl. auch KK-*Claussen/Korth* aaO; teilweise **a. A.** ADS Rdn. 185 f; HdR³-*Baetge/Fröhlich* Rdn. 64; *Hartmann* 96; *Kerth* 346, wonach die gesetzlichen Vertreter zunächst die Zwei-Wochen-Frist verstreichen lassen bzw. den Ausgang des Verfahrens abwarten können.

62 Der Anspruch folgt direkt aus § 51 S. 2 WPO (**a. A.** KK-*Claussen/Korth* Rdn. 20 und MünchKommHGB-*Ebke* Rdn. 25, die den Anspruch nur i. V. m. culpa in contrahendo gewähren).

63 Vgl. hierzu – auch zu der Voraussetzung der Kaufmannseigenschaft des Adressaten – Beck BilKomm-*Budde/Steuber*, 15; Bonner HdR-*Grewe* Rdn. 25.

64 Für den nachträglichen Eintritt der Voraussetzungen vgl. Rdn. 51, HdR³-*Baetge/Fröhlich* Rdn. 197.

65 *Kerth* 347; ADS Rdn. 197; HdR³-*Baetge/Fröhlich* Rdn. 66 f.

66 LG Köln DB 1992, 265; Beck BilKomm-*Budde/Steuber* Rdn. 15.

67 *Kerth* aaO.

Infolge der **Ablehnung** des Mandats lebt das Wahlrecht der Gesellschafter wieder auf, es sei denn, es wurde bereits ein Ersatzprüfer für diesen Fall gewählt.[68] **25**

Eine Erteilung des Auftrages **ohne** vorherige **Wahl**, die nur zu einer schuldrechtlichen Bindung führen würde, ist ohne rechtliche Wirkung.[69] Die Gegenauffassung[70] verkennt, daß die freie Wahl durch die mit dem Vertrag begründeten finanziellen Verpflichtungen eingeschränkt würde.[71] Das Gesetz spricht deshalb auch ausdrücklich von der Bestellung nach der Wahl. **26**

Auch eine **Heilung** durch nachträgliche Wahl ist nach dem Gesagten nicht möglich.[72] Bestellt werden kann nur der Abschlußprüfer, und diese Eigenschaft erhält ein Wirtschaftsprüfer erst durch die Wahl. **27**

c) Rechtliche Einordnung. Die Einordnung des schuldrechtlichen Vertrages zwischen Abschlußprüfer und Gesellschaft ist seit Einführung der Pflichtprüfung umstritten.[73] Einigkeit besteht lediglich dahingehend, daß eine Geschäftsbesorgung nach § 675 BGB Gegenstand des Vertrages ist.[74] Umstritten ist die Natur des zugrundeliegenden Vertrages. Nach einer Ansicht handelt es sich um einen Dienstvertrag.[75] Danach soll der Schwerpunkt der Prüfungstätigkeit bei der Erbringung der Prüfungsleistung und erst in zweiter Linie bei der Ausfertigung von Prüfungsbericht und Bestätigungsvermerk liegen.[76] Dem stand bereits bisher entgegen, daß das Erlangen eines Gesamturteils über die Rechnungslegung des Unternehmens Ziel der Abschlußprüfung ist; dieser Gesichtspunkt hat durch die mit dem KonTraG erfolgte nähere Ausgestaltung von Prüfungsbericht und Bestätigungsvermerk noch an Bedeutung gewonnen. Die Abschlußprüfung ist um dieses Ergebnisses willen Pflichtprüfung. Die Herbeiführung eines bestimmten Arbeitsergebnisses bzw. Erfolges ist das Kennzeichen des Werkvertrages. Der Prüfungsauftrag ist folglich ein **Werkvertrag**, der eine Geschäftsbesorgung zum Inhalt hat.[77] **28**

d) Inhalt. Der **Mindestinhalt** des Prüfungsauftrags bestimmt sich nach den handelsrechtlichen und ggf. spezialgesetzlichen Vorschriften sowie der WPO. Die §§ 631 ff, 675 BGB gelten nur subsidiär[78] und treten insbesondere hinter den Schutz der Unabhängigkeit des Abschlußprüfers zurück. Durch Individualabreden kann der Prüfungsauftrag erweitert werden. Die Einschränkung des gesetzlichen Prüfungsinhalts ist dagegen nicht möglich. **29**

Der gewählte Abschlußprüfer muß die Prüfung **selbst** durchführen. Wurden mehrere Prüfer gewählt, so müssen alle an der Prüfung mitwirken. Wegen der zulässigen Arbeitsteilung reicht dafür jedoch bereits die Unterzeichnung von Prüfungsbericht und Bestätigungsvermerk aus (Rdn. 18). Die Übertragung des Mandats auf einen anderen Prüfer ist ausgeschlossen.[79] Das Hinzuziehen von Gehilfen ist möglich (§ 323 Abs. 1 **30**

---

68 *Glade*² aaO Rdn. 9.

69 Vgl. LG Berlin WPK-Mitt. 1995, 180; ferner Beck BilKomm-*Budde/Steuber* Rdn. 14.

70 ADS Rdn. 189; *Geßler/Hefermehl/Kropff* § 163, 17.

71 *Kerth* StB 1987, 337, 346 f; *Hartmann* 96; *Lutter/Hommelhoff* Anh § 42, 11; *Forster* FS Semler S. 819 f, der allerdings in Ausnahmesituationen den Beginn der Prüfung schon gestatten will, aber Ausfertigung von Prüfungsbericht und Bestätigungsvermerk in jedem Fall ablehnt.

72 LG Köln DB 1992, 265, 266; *Forster* aaO 820 f; **a. A.** *Geßler/Hefermehl/Kropff* § 163, 15.

73 Vgl. ausführlich *Mai* 244.

74 ADS Rdn. 101; *Lutter/Hommelhoff* Anh § 42, 11.

75 *Homburger* JW 1931, 2935, 2938; *Hartmann* 96 Fn. 161.

76 *Hartmann* aaO.

77 BGH NJW 2000, 1107; vgl. auch schon BGHZ 124, 27, 30 = NJW 1994, 323: das Gewährleistungsrecht des Werkvertrages sei „zumindest entsprechend" anwendbar; KK-*Claussen/Korth* Rdn. 21 f; *Baumbach/Hopt* Rdn. 3; GK-HGB⁶-*Marsch-Barner* Rdn. 3.

78 KK-*Claussen/Korth* aaO; vgl. auch Bonner HdR-*Grewe* Rdn. 26.

79 KK-*Claussen/Korth* Rdn. 23.

S. 1). Im Rahmen der gesetzlichen Prüfungsaufgaben handelt der Abschlußprüfer weisungsfrei. Festlegungen hinsichtlich Prüfungszeit und -objekt, die den Gang der Prüfung betreffen, sind zulässig, soweit damit nicht auf den Inhalt der Prüfung eingewirkt wird.[80] Lediglich im Rahmen der zulässigen Erweiterungen des Prüfungsauftrags sind Weisungen möglich, sofern sie nicht mit dem Grundsatz der Eigenverantwortlichkeit des Prüfers konfligieren.[81] Die Ergebnisse solcher Prüfungserweiterungen können nicht in den Prüfungsbericht aufgenommen werden, es sei denn, sie wirken sich auf den Gegenstand der Pflichtprüfung aus.[82]

31 Die zu prüfende **Gesellschaft** ist zur **Mitwirkung** an der Prüfung verpflichtet (§ 320). Dazu gehört auch das rechtzeitige Bereitstellen der erforderlichen Prüfungsobjekte sowie das Gewähren angemessener Arbeitsbedingungen. Die Verpflichtung ist mit einem Zwangsgeld bewehrt (§ 335 S. 1 Nr. 5). Dem Abschlußprüfer kann beim Unterlassen der Mitwirkung ein Entschädigungsanspruch aus § 642 BGB zustehen.[83]

32 Die **Vergütung** kann von den Vertragsparteien frei vereinbart werden. Es gibt keine gesetzliche Gebührenordnung. Demzufolge gilt bei fehlender Vereinbarung § 632 BGB (bzw. – bei Einordnung als Dienstvertrag – § 612 BGB, vgl. Rdn. 28). Meist wird auf das System der GebO für Pflichtprüfungen zurückgegriffen,[84] die durch Erlaß des Reichswirtschaftsministers vom 11.4.1939 eingeführt wurde.[85] Danach setzt die Vergütung sich zusammen aus dem Werthonorar, das sich an der Bilanzsumme des zu prüfenden Unternehmens orientiert und dem Zeithonorar, das sich an der benötigten Stundenanzahl orientiert.[86] Ist ein Stundenhonorar vereinbart, so ist der Einwand des geprüften Unternehmens beachtlich, es seien entweder mehr Stunden als geleistet abgerechnet worden oder die Prüfung sei, da zu aufwendig angelegt, mangelhaft durchgeführt worden.[87] Die freie Vereinbarung des Honorars findet dort ihre Grenze, wo nicht mehr der tatsächliche Prüfungsaufwand als Bestimmungsgröße ausschlaggebend ist. Daher sind Erfolgs- (§ 55a Abs. 1 WPO) und Pauschalhonorare grundsätzlich unzulässig.[88] Andernfalls besteht die Gefahr, daß die Prüfungsqualität infolge eines Interesses des Abschlußprüfers an der Minimierung des Prüfungsaufwandes sinkt. Die pauschale Vereinbarung von Stundensätzen ist dagegen zulässig.[89]

33 Die Vergütungsvereinbarung ist nur für das zu prüfende Geschäftsjahr zulässig,[90] da anderenfalls eine Tendenz zur Festlegung auf den Abschlußprüfer auch für zukünftige Prüfungen besteht. Neben dem Honorar kann der Abschlußprüfer, sofern keine besondere Vereinbarung getroffen wurde, einen Vorschuß (§ 9 Abs. 4 GebO von 1939; § 669 BGB) sowie Ersatz seiner **Aufwendungen** verlangen (§ 670 BGB). Im Zweifel ist anzunehmen, daß die Aufwendungen bereits in den Gebühren berücksichtigt worden sind.[91] Die Abtretung der Vergütungsforderung oder die Übertragung ihrer Einbeziehung an einen nicht als Wirtschaftsprüfer bestellten Dritten ist unzulässig, es

---

80 Vgl. ADS Rdn. 215.
81 HdR³-*Baetge/Fröhlich* Rdn. 77.
82 KK-*Claussen/Korth* aaO.
83 Vgl. auch KK-*Claussen/Korth* Rdn. 24; ADS Rdn. 218.
84 Abgedr. noch in WP-Handbuch 1985/86 S. 137.
85 WP-Handbuch I A 510; KK-*Claussen/Korth* Rdn. 26.
86 HdR³-*Baetge/Fröhlich* Rdn. 72.
87 BGH NJW 2000, 1107.
88 Vgl. aber ADS Rdn. 227 ff, die Pauschalhonorare neuerdings nur noch für „bedenklich", nicht mehr generell für unzulässig halten; vgl. *Leffson* 148 f, für Fälle, in denen eine Intensivierung der Prüfung erforderlich wird.
89 HdR³-*Baetge/Fröhlich* Rdn. 73; *Mai* 96.
90 KK-*Claussen/Korth* Rdn. 26.
91 *Geßler/Hefermehl/Kropff* AktG § 163, 20; differenzierend ADS Rdn. 231.

sei denn, die Forderung ist rechtskräftig festgestellt, ein erster Vollstreckungsversuch fruchtlos ausgefallen und die Pflicht zur Verschwiegenheit nicht beeinträchtigt (§ 55a Abs. 3 WPO).

e) **Widerruf.** Der Prüfungsauftrag kann weder von der Gesellschaft noch von dem Abschlußprüfer frei widerrufen oder gekündigt werden (Abs. 1 S. 5; Abs. 6 S. 1). Damit soll die Stellung des Abschlußprüfers gegenüber der Gesellschaft gestärkt werden.[92] Die Gesellschaft kann einen Wechsel des Abschlußprüfers nur nach dem Verfahren des Abs. 3 herbeiführen (dazu Rdn. 44 ff). Der Abschlußprüfer kann nur aus wichtigem Grund selbst kündigen (dazu Rdn. 80). Eine Besonderheit ergibt sich, wenn sich nach Bestellung des Abschlußprüfers herausstellt, daß die Gesellschaft **nicht prüfungspflichtig** ist, weil sie die Größenmerkmale des § 267 Abs. 1 unterschreitet (bei Liquidation vgl. § 316, 5). Grundsätzlich bestimmt sich die Prüfungspflicht erst zum Abschlußstichtag des zu prüfenden Geschäftsjahres. Dabei reicht es für das Entfallen der Prüfungspflicht nicht aus, wenn die Gesellschaft nur an einem von zwei aufeinanderfolgenden Geschäftsjahren die Voraussetzungen des § 267 Abs. 1 nicht erreicht (§ 267 Abs. 4). Demzufolge kann nach der Wahl des Abschlußprüfers, die während des zweiten möglicherweise nicht prüfungspflichtigen Geschäftsjahres erfolgt, das Entfallen der Prüfungspflicht erkennbar werden. Ein Festhalten am Widerrufsverbot führte dann zu einer Pflichtprüfung, an der kein Interesse besteht. Die §§ 316 ff gelten für kleine Kapitalgesellschaften nicht. Demzufolge gibt es auch keine Widerrufsbeschränkung. Entsprechendes ist anzunehmen, wenn das Gericht eine in Liquidation befindliche Gesellschaft gem. § 270 Abs. 3 AktG bzw. § 71 Abs. 3 GmbHG von der Pflicht zur Prüfung befreit (hierzu § 316, 10). Sobald als sicher anzusehen ist, daß die Prüfungspflicht entfällt, ist der Widerruf daher möglich.[93] Da die §§ 316 ff nicht mehr anwendbar sind, ist auch das Wahlorgan an der Entscheidung nicht zu beteiligen.[94] Die gesetzlichen Vertreter haben allerdings bei ihrer Entscheidung den mutmaßlichen Willen des Wahlorgans zu berücksichtigen. Bei einem Widerruf ist die Gesellschaft verpflichtet, dem Abschlußprüfer das Entgelt für den Prüfungsauftrag gleichwohl zu zahlen; davon abzuziehen ist der Betrag, den der Prüfer infolge des Widerrufs erspart (§ 649 BGB).[95] Bei Nichtigkeit der Wahl erhält der Abschlußprüfer nur dann eine Vergütung im Rahmen des § 649 BGB, wenn die Nichtigkeit für ihn nicht feststellbar war, da er anderenfalls nicht schutzwürdig ist. Der Prüfer muß über seine bisherige Tätigkeit berichten sowie alles herausgeben, was er zur Ausführung des Auftrags erlangt hat (§§ 675, 666, 667 BGB). 34

f) **Abschluß der Prüfung, Mängel.** Mit Abschluß der Prüfung und Vorlage des Prüfungsberichts ist der Auftrag erledigt. Der Abschlußprüfer hat den gesetzlichen Vertretern bzw. dem Aufsichtsrat den Bericht vorzulegen (§ 321 Abs. 5). Diese sind zur Abnahme verpflichtet (§ 640 BGB). Ist der Prüfungsbericht mangelhaft, so besteht ein Anspruch auf Mangelbeseitigung (§ 635 Abs. 1 S. 1 BGB). Die werkvertraglich bestehende Möglichkeit des *Rücktritts* ist jedoch *ausgeschlossen*. Der Rücktritt verstößt gegen das grundsätzlich bestehende zwingende Widerrufsverbot (vgl. Rdn. 34).[96] Dagegen wird die **Minderung** allgemein für zulässig erachtet.[97] Dem steht jedoch entgegen, daß mit der Vorlage eines die Voraussetzungen des § 321 nicht erfüllenden 35

---

92 Begr. RegE BiRiLiG BTDrucks. 10/317 S. 104.

93 *Gelhausen* AG 1986, 67, 73.

94 KK-*Claussen/Korth* Rdn. 27; **a. A.** *Gelhausen* aaO, 73 f; ADS Rdn. 241.

95 Hierzu *Lutter/Hommelhoff* Anh § 42, 19; **a. A.** HdR³-*Baetge/Fröhlich* Rdn. 200; ADS Rdn. 240 f; KK-*Claussen/Korth* Rdn. 29: Abwicklung nach § 628 BGB.

96 ADS Rdn. 248.

97 *Geßler/Hefermehl/Kropff* § 163, 23; ADS aaO; *Mai* 256.

Prüfungsberichts die Pflichtprüfung als nicht erfolgt angesehen werden muß. Das Ziel der Prüfung bzw. der vertragsgemäße Gebrauch i. S. d. § 633 BGB, der in der objektiven Beurteilung der Rechnungslegung des Unternehmens besteht, ist verfehlt. Ein mangelhafter Prüfungsbericht kann nicht als gesetzlich gewolltes Ergebnis einer Pflichtprüfung angesehen werden. Demzufolge ist der Prüfungsauftrag nicht erfüllt. Solange Mängel der Prüfungsleistung nicht behoben sind, steht der Gesellschaft die Einrede des nicht erfüllten Vertrages (§ 320 BGB) zu.[98] Die Zulassung der Minderung würde dazu führen, daß eine mangelhafte Prüfung von den gesetzlichen Vertretern akzeptiert werden kann, obwohl das Ziel der Prüfung in einer von den Interessen der Vertreter unabhängigen Beurteilung des Unternehmens besteht. Die Interessenzielsetzung der Pflichtprüfung erfordert, daß sich die außerhalb des Unternehmens stehenden Adressaten darauf verlassen können, daß eine den gesetzlichen Anforderungen genügende Prüfung stattgefunden hat. Demzufolge hat der Abschlußprüfer so lange nachzubessern, bis die Prüfung bzw. der Prüfungsbericht den gesetzlichen Bestimmungen entspricht. Erfolgt keine mangelfreie Prüfung, so ist der Abschlußprüfer als zur Prüfung nicht imstande anzusehen, so daß gem. Abs. 4 S. 2 vorzugehen ist. Davon bleibt ein allfälliger Anspruch auf Schadensersatz unberührt. Soweit die „Allgemeinen Auftragsbedingungen für Wirtschaftsprüfer und Wirtschaftsprüfergesellschaften" in Nr. 8 Abs. 1 die Minderung zulassen, kann dies nach dem hier eingenommenen Standpunkt nur für freiwillige Prüfungen gelten.

36 Der Abschlußprüfer hat alles, was er zur Ausführung des Auftrags erlangt hat, herauszugeben (§ 667 BGB). Dabei steht ihm für seine Honorar- und Aufwendungsersatzforderungen ein **Zurückbehaltungsrecht** zu (§ 273 BGB). Dieses erstreckt sich auf seine Arbeitsergebnisse[99] sowie auf die zur Prüfung erhaltenen Unterlagen.[100] Ausgeschlossen ist das Zurückbehaltungsrecht, wenn seine Ausübung unverhältnismäßig oder rechtsmißbräuchlich wäre. Da das Verhältnis von Gesellschaft und Abschlußprüfer aufgrund der jährlich erfolgenden Wahl des Abschlußprüfers kein Dauerschuldverhältnis ist, ergeben sich auch dann keine Besonderheiten, wenn der Abschlußprüfer in mehreren aufeinanderfolgenden Jahren tätig wird; das Zurückbehaltungsrecht bezieht sich daher nur auf die Unterlagen der Prüfung, aus der ein Vergütungsanspruch geltend gemacht wird. Im Insolvenzverfahren über das Vermögen des Mandanten entfaltet das Zurückbehaltungsrecht keine Wirkung mehr.[101]

III. Bestellung des Konzernabschlußprüfers

1. Allgemeines

37 Der Konzernabschlußprüfer wird von den Gesellschaftern der Muttergesellschaft gewählt (Abs. 1 S. 1 2. Halbsatz). Konzernabschlußprüfer können nur Wirtschaftsprüfer bzw. Wirtschaftsprüfungsgesellschaften sein (§ 319 Abs. 1 S. 1). Das Wahlverfahren ist mit dem des Einzelabschlußprüfers identisch. Die freie Bestimmung des Wahlorgans bei der GmbH (Rdn. 6) gilt auch für den GmbH-Konzern, und dies auch dann, wenn dieser über Tochtergesellschaften in der Rechtsform der AG verfügt. Wird

[98] BGHZ 124, 27, 30 = NJW 1994, 323; vgl. auch schon BGHZ 26, 337.

[99] BGH ZIP 1988, 442, 444 für einen Steuerberater.

[100] Insofern str., vgl. BGH ZIP 1988, 442, 444 – offengelassen –; ferner WP-Handbuch I A 418 ff; ADS Rdn. 254.

[101] OLG Hamm ZIP 1987, 1330 für einen Steuerberater; vgl. für eine auf der Grundlage von § 369 in Betracht kommende abweichende Beurteilung ADS Rdn. 255.

von der Konzernmutter kein Konzernabschlußprüfer gewählt, so gilt der Prüfer des Einzelabschlusses der Mutter als Konzernabschlußprüfer (Abs. 2 S. 1). Diese **Fiktion** greift jedoch nur ein, wenn der Prüfer des Abschlusses der Mutter die Voraussetzungen des § 319 Abs. 1 S. 1 erfüllt. § 319 Abs. 1 S. 2 erlaubt die Prüfung durch vereidigte Buchprüfer und Buchprüfungsgesellschaften nur für den Jahresabschluß und den Lagebericht mittelgroßer GmbH; das Gesetz verwendet den Begriff Jahresabschluß ausschließlich für den Einzelabschluß. Wird der Einzelabschlußprüfer gem. Abs. 3 vom Gericht bestimmt, so gilt die Fiktion des Abs. 2 nicht (str., vgl. Rdn. 41, 54). Ein speziell gewählter Konzernabschlußprüfer ist nicht von einer Ersetzung des Einzelabschlußprüfers betroffen.

2. Konzernabschlußprüfer kraft Wahl

Die Wahl eines Abschlußprüfers für den Konzernabschluß schließt die Fiktion des Abs. 2 S. 1 aus. Kann der gewählte Prüfer nicht tätig werden, so rückt ggf. zunächst ein gesondert gewählter **Ersatzprüfer** nach. Dies kann auch der Einzelabschlußprüfer sein, sofern er in diese weitere Funktion gewählt wurde. Wurde kein Ersatzprüfer gewählt, kommt Abs. 4 S. 2 zur Anwendung. Da die Wahl stets nur für ein Geschäftsjahr erfolgt, kann die Fiktion im darauffolgenden Jahr wieder eingreifen. Konzernabschlußprüfer wird dann der Prüfer des Einzelabschlusses der Mutter und nicht der des letzten Konzernabschlusses, selbst wenn das Wahlorgan erkennbar einen entgegenstehenden Willen hatte. **38**

Umstritten ist, wie lange die Wahlmöglichkeit vor dem Eingreifen der **Fiktion** besteht. Nach einer Ansicht ist nach der Wahl des Einzelabschlußprüfers keine Wahl des Konzernabschlußprüfers mehr möglich.[102] Mit dieser Wahl bringe das Wahlorgan zum Ausdruck, daß es auf eine besondere Wahl desselben Prüfers als Konzernabschlußprüfer verzichte. Die besseren Gründe sprechen für die Gegenansicht: der Wortlaut des Abs. 2 verlangt nur, daß die Fiktion eingreift, wenn kein anderer Prüfer „bestellt wird". Daher besteht die Möglichkeit, einen Konzernabschlußprüfer auch nach der Wahl des Einzelabschlußprüfers zu wählen.[103] Die Fiktion entfaltet demgemäß erst Wirkung, wenn bis zum Ende des Konzerngeschäftsjahres keine Wahl erfolgt ist. Bis zu diesem Zeitpunkt kann das Wahlorgan jederzeit noch einen Konzernabschlußprüfer bestimmen. Demzufolge erhält der gewählte Einzelabschlußprüfer zunächst nur den Prüfungsauftrag für den Abschluß des Mutterunternehmens. Zur Vermeidung dieses Schwebezustandes wird teilweise vertreten, daß die Wahl zwar noch nach der Wahl des Einzelabschlußprüfers erfolgen könne, jedoch nur auf der gleichen Sitzung des Wahlorgans.[104] Eine solche Einschränkung ist dem Gesetz jedoch nicht zu entnehmen. **39**

3. Konzernabschlußprüfer kraft Fiktion

Die Wahl des Einzelabschlußprüfers zum Konzernabschlußprüfer wird durch Abs. 2 S. 1 fingiert, wenn bis zum Ende des Konzerngeschäftsjahres (Rdn. 39) **kein anderer Prüfer** gewählt wurde. Die Fiktion ist ausgeschlossen, wenn bei der Wahl des Einzelabschlußprüfers ausdrücklich festgestellt wird, daß er nicht als Konzernabschlußprüfer fungieren soll.[105] Da die Fiktion die Wahlhandlung ersetzen soll, tritt sie auch **40**

---

[102] *Kerth* StB 1987, 337, 348; HdR³-*Baetge/Fröhlich* Rdn. 90, 101.

[103] KK-*Claussen/Korth* Rdn. 60.

[104] ADS Rdn. 287.

[105] KK-*Claussen/Korth* Rdn. 60.

nicht ein, wenn bei der GmbH die Wahl der Abschlußprüfer verschiedenen Organen zugewiesen ist. Aus dem gleichen Grunde beeinflußt die Nichtigkeit der Wahl zum Einzelabschlußprüfer die Stellung als Konzernabschlußprüfer aufgrund Fiktion nicht, sofern die Gründe für die Nichtigkeit nur den Einzelabschluß betreffen.[106] Die Bindung an den fingierten Prüfer tritt erst mit Ablauf des Konzerngeschäftsjahres ein. Im Unterschied zum ähnlich gelagerten Fall der bis zu einer Entscheidung des Gerichts möglichen Wahl auch nach Ablauf des Geschäftsjahres beim Einzelprüfer (Rdn. 14) ist hier keine Wahl mehr möglich, da die letzte reguläre Bestellungsmöglichkeit mit dem Stichtag endet und ein Konzernabschlußprüfer somit vorhanden ist.

41 Bei der **gerichtlichen Bestellung** des Einzelabschlußprüfers greift die Fiktion nicht.[107] Das Gericht ist ohne einen speziellen Antrag auf Bestellung des Konzernabschlußprüfers nicht zur Bestellung eines Prüfers berechtigt. Sofern sich der Antrag nur auf den Konzernabschlußprüfer bezieht, kann das Gericht nicht den bereits gewählten Einzelabschlußprüfer ersetzen (vgl. auch Rdn. 54).

42 Bei **Auseinanderfallen der Stichtage** von Einzel- und Konzernabschluß (§ 299 Abs. 2) gilt die Fiktion für den Abschlußprüfer, der den vor dem Stichtag des Konzernabschlusses liegenden Einzelabschluß des Mutterunternehmens geprüft hat (Abs. 2 S. 2). Die Wahl eines anderen Prüfers ist möglich.

4. Erteilung des Auftrags

43 Die gesetzlichen Vertreter des Mutterunternehmens haben dem Konzernabschlußprüfer den Prüfungsauftrag zu erteilen (Abs. 1 S. 4). Auch bei Eingreifen der Fiktion ist eine **separate Auftragserteilung** notwendig. Das gleiche gilt, wenn der Einzelabschlußprüfer durch einen besonderen Wahlakt zum Konzernabschlußprüfer gewählt wurde. Dagegen ist es dem Prüfer nicht möglich, nur einen der beiden Aufträge anzunehmen, wenn der Wille des Wahlorgans auf Identität der Prüfer angelegt war.[108] Ist hiervon nicht auszugehen, etwa weil das Wahlorgan verschiedene Ersatzprüfer gewählt hat oder anders zum Ausdruck gebracht hat, daß es ihm nicht auf die Identität ankommt, so ist die Annahme nur eines Auftrages möglich.

IV. Ersetzung des Abschlußprüfers (Abs. 3)

1. Allgemeine Voraussetzungen; Verhältnis zu § 243 AktG

44 Für das Ersetzungsverfahren nach Abs. 3 muß im Unterschied zum Verfahren nach Abs. 4 ein gewählter **Abschlußprüfer vorhanden** sein. Der Antrag kann sich vor Wegfall des primär gewählten Prüfers nicht gegen einen Ersatzprüfer richten (Rdn. 21). Durch die Ersetzung verliert der bisherige Prüfer seine Stellung als gesetzlicher Abschlußprüfer bzw. Konzernabschlußprüfer. Da Abs. 3 das Vorhandensein eines Abschlußprüfers voraussetzt, darf der Wahlbeschluß nicht nichtig sein (für diesen Fall gilt Abs. 4). Demzufolge steht bei Verstößen gegen § 319 Abs. 1 S. 1 (Rdn. 12) nur das Verfahren nach Abs. 4 zur Verfügung.

44a Eine Besonderheit ergibt sich, wenn der Wahlbeschluß gem. § 243 AktG (bei der GmbH: analog) **angefochten** wird. Grundsätzlich bestehen die Möglichkeit zur Anfechtung und das Verfahren nach Abs. 3 nebeneinander.[109] Dem Gesetz kann ein

---

[106] **A. A.** ADS aaO.

[107] **A. A.** ADS Rdn. 291.

[108] Vgl. HdR³-*Baetge/Fröhlich* Rdn. 109.

[109] OLG München DB 2001, 258; *Baumbach/Hopt* Rdn. 6; **a. A.** LG Köln AG 1997, 431 und LG München I DB 2000, 35: Vorrang des § 318

Vorrang des FGG-Verfahrens nicht entnommen werden, und es würde die Rechtsstellung des einzelnen Aktionärs unangemessen beeinträchtigen, wenn selbst bei einem Gesetzesverstoß die Anfechtung nach den Grundsätzen des Aktienrechts ausgeschlossen würde.[110] Wird vor Beendigung des Ersetzungsverfahrens der Anfechtungsklage rechtskräftig stattgegeben, so entfällt mit der Wahl auch die Grundlage für das Ersetzungsverfahren. Wird kein neuer Wahlbeschluß gefaßt, so verbleibt nur das Verfahren nach Abs. 4. Hat ein Antrag nach Abs. 3 Erfolg, so führt dies zur Erledigung der Anfechtungsklage.[111] Ein erteilter Prüfungsauftrag kann nur nach Bestellung eines anderen Prüfers widerrufen werden (Abs. 1 S. 5).

Sind **mehrere Prüfer** gemeinsam Abschlußprüfer (vgl. Rdn. 18), so erfordert die Berücksichtigung des Willens der Hauptversammlung, daß das Ersetzungsverfahren als Verfahren gegen alle Prüfer betrachtet wird. Insofern kann sich kein Unterschied zu dem Fall ergeben, daß nur ein Mitglied einer Wirtschaftsprüfungsgesellschaft befangen erscheint und damit der Befangenheitstatbestand dieser insgesamt zugerechnet wird.[112] Die Ausstrahlung der Befangenheit eines mitprüfenden Abschlußprüfers auf alle Prüfer zeigt sich auch in der mit dem KonTraG eingeführten Vorschrift des § 319 Abs. 3 Nr. 6. Das Gericht kann den Abschlußprüfer nur ersetzen, indem es allen bisherigen Prüfern das gemeinsame Mandat entzieht und in dem Unternehmen, das nunmehr keinen Prüfer mehr hat, einen neuen Abschlußprüfer einsetzt; es kann hierbei die Prüfer, bei denen kein Ersetzungsgrund besteht, als ‚neue' Prüfer einsetzen.[113] Der Antrag ist also auf Ersetzung aller Prüfer gerichtet, wobei sich aus seiner Begründung (Rdn. 53) ergeben muß, bei welchem Prüfer der Ersetzungsgrund vorliegt. Das Gericht ist nicht gehalten, mehrere Personen gemeinsam zum Abschlußprüfer zu bestellen (Rdn. 61). 45

2. Antragsberechtigte

Der antragsberechtigte Personenkreis wird durch Abs. 3 ausdrücklich bestimmt. In keinem Fall ist eine Einschränkung möglich,[114] da es der Unabhängigkeit der Abschlußprüfer dient, wenn ein möglichst weiter Personenkreis überprüfen lassen kann, ob der Prüfer den Anforderungen einer gesetzlichen Abschlußprüfung genügt.[115] Aus diesem Grund könnte sogar eine **Erweiterung** des Personenkreises als zulässig angesehen werden.[116] Dem kann jedoch entgegengehalten werden, daß das Gesetz in Abs. 3 S. 1–3 restriktive Voraussetzungen für die Antragsberechtigung aufstellt; ihm kann also keine auf eine Ausweitung des Kreises der Berechtigten gerichtete Wertung entnommen werden. Der Wahlbeschluß wird als autonome Entscheidung der Gesellschaft sicherer. Das Antragsrecht ist deshalb auch nicht übertragbar und geht folglich im Insolvenzverfahren über das Vermögen der Gesellschaft auch nicht auf den Insolvenzverwalter über.[117] 46

Die gesetzliche Beschränkung des Kreises der **Antragsberechtigten** knüpft an deren Stellung im Unternehmen an. Als *gesetzliche Vertreter* gelten unabhängig von der gesellschaftsvertraglichen Ausgestaltung ihrer Vertretungsmacht alle sich aus den 47

Abs. 3; ebenso MünchKommHGB-*Ebke* Rdn. 53.

110 **A. A.** *Ebke/Jurisch* AG 2000, 208, 213 ff.

111 *Lutter* FS Semler S. 835, 847.

112 Vgl. BayObLG WM 1987, 1361, 1365.

113 Vgl. Rdn. 61; **a. A.** HdR³-*Baetge/Fröhlich* Rdn. 125; ADS Rdn. 348, 379: Ersetzung einzelner Prüfer möglich.

114 HdR³-*Baetge/Fröhlich* Rdn. 110.

115 **A. A.** *Hommelhoff/Priester* ZGR 1986, 463, 488: Möglichkeit des satzungsmäßigen Ausschlusses des Antragsrechts eines Gesellschafters im Fall seiner Zustimmung.

116 So *Baetge/Fröhlich* aaO, allerdings abweichend in Rdn. 122; *Hartmann* 103.

117 Vgl. LG Hamburg ZIP 1985, 805 ff.

jeweiligen Spezialgesetzen ergebenden Vertreter. Für die Stellung als *Aufsichtsrat* ist es erforderlich, daß das Organ die wesentlichen Rechte und Pflichten eines für die AG und die KGaA angeordneten Aufsichtsrats (§§ 95 ff AktG) innehat (vgl. auch § 319, 31). Wenn ein fakultativer Aufsichtsrat in dem Unternehmen besteht, steht ihm daher das Antragsrecht nur zu, wenn er auch Überwachungsaufgaben hat.[118] Eine Ausdehnung auf nur beratende Aufsichtsräte würde den numerus clausus der Antragsberechtigten (Rdn. 46) verletzen. Auf die Bezeichnung als Aufsichtsrat kommt es nicht an,[119] da sonst die enge, durch die Aufzählung dokumentierte Beschränkung nicht aufrechterhalten werden könnte. Vorstand und Aufsichtsrat können den Antrag nur als Organ stellen.[120] Das Organ muß aufgrund eines Beschlusses tätig werden, so daß es nicht ausreicht, wenn lediglich eine vertretungsberechtigte Anzahl von Geschäftsführern den Antrag stellt.[121]

47a Jedem **Gesellschafter** steht aufgrund seiner Beteiligung am Unternehmen das Antragsrecht zu. Bei der AG und der KGaA ist eine Beteiligung der Antragsteller in Höhe von 10 % am Grundkapital oder ein Aktienbesitz im Nennbetrag von einer Million Euro erforderlich (Abs. 3 S. 1). Die Kapitalbeteiligung muß in der Summe von den antragstellenden Aktionären gemeinsam erreicht werden. Mit diesem Erfordernis soll verhindert werden, daß geringfügig beteiligte Aktionäre den ordnungsgemäßen Ablauf der Einsetzung des Prüfers behindern. Deshalb gilt die Einschränkung für Aktionäre einer KGaA gleichermaßen. Aufgrund ihrer Beteiligung am Kapital sind auch stimmrechtslose Aktionäre zur Antragstellung berechtigt.[122] Nach **a. A.** haben sie kein Antragsrecht, da sie sonst ein Ergebnis erreichen könnten, auf das sie beim normalen Verlauf der Bestellung keinen Einfluß hätten.[123] Da das Gericht aber in seiner Entscheidung frei ist, ist im Verfahren nach Abs. 3 eine direkte Einwirkung von Inhabern stimmrechtsloser Aktien auf die Bestellung ausgeschlossen. Die stimmrechtslose Einwirkung auf die Gesellschaft steht Aktionären grundsätzlich frei (vgl. § 140 Abs. 1 AktG). Ebenso steht dieses Recht den persönlich haftenden Gesellschaftern der KGaA zu, die gem. § 285 Abs. 1 Nr. 6 AktG von der Wahl des Abschlußprüfers ausgeschlossen sind.[124]

48 Teilweise wird das für Aktionäre bestehende Erfordernis des **Widerspruchs** (hierzu Rdn. 49) auf GmbH-Gesellschafter ausgedehnt.[125] Dem ist – wie im Zusammenhang einer Anfechtung von GmbH-Gesellschafterbeschlüssen analog § 243 AktG – zu widersprechen.[126] Der Wortlaut des Abs. 3 S. 2 2. Halbsatz ist abschließend („Aktionäre"). Der als Begründung für eine Ausdehnung des Widerspruchserfordernisses angeführte Bericht des Rechtsausschusses[127] kann bei genauer Lektüre nicht in diesem Sinne verstanden werden. Die Gefahr des Mißbrauchs des Antragsrechtes ist aufgrund der engeren Beziehung der GmbH-Gesellschafter zu ihrer Gesellschaft und der meist geringeren Streuung des Anteilsbesitzes weniger deutlich. Das Erfordernis eines Widerspruchs kann auch nicht durch Gesellschaftsvertrag eingeführt werden, da dadurch eine unzulässige Einschränkung in der formellen Antragsberechtigung hervorgerufen würde (Rdn. 46).

---

118 Ähnlich *Lutter/Hommelhoff* Anh § 42, 21; *Hartmann* 103.
119 Vgl. ADS Rdn. 323.
120 ADS Rdn. 324; HdR³-*Baetge/Fröhlich* Rdn. 115.
121 Beck BilKomm-*Budde/Steuber* Rdn. 18; nicht eindeutig *Lutter/Hommelhoff* Anh § 42, 21.
122 *Kerth* StB 1987, 337, 382.
123 KK-*Claussen/Korth* Rdn. 36.
124 *Kerth* StB 1987, 337, 382.
125 Hierfür offenbar *Hartmann* 104 f.
126 In gleichem Sinne bei einer Beschlußanfechtung analog § 243 AktG *Lutter/Hommelhoff* Anh. § 47, 62; *Roth/Altmeppen* § 47 122; im ganzen für Entbehrlichkeit der GmbH-rechtlichen Anfechtungsklage *Noack* Fehlerhafte Beschlüsse in Gesellschaften und Vereinen (1989) S. 113 ff; Hachenburg/*Raiser* GmbHG⁸ Anh. § 47, 9 ff.
127 BTDrucks. 10/4268 S. 118.

3. Besonderheiten bei der AG

a) **Widerspruch.** Aktionäre müssen bei der Beschlußfassung ihren Widerspruch erklärt haben (Abs. 3 S. 2, 2. Halbsatz). Damit das Antragsrecht der stimmrechtslosen Aktionäre nicht leerläuft, erwächst diesen – obwohl sie an der Wahl selbst nicht teilnehmen können – das Recht zum Widerspruch.[128] Der Widerspruch muß bei der Beschlußfassung erklärt werden. Entgegen dem Wortlaut reicht die Erhebung des Widerspruchs bis zum **Ende der Hauptversammlung** aus.[129] Diese Auslegung ist geboten, weil aufgrund des erhöhten Anteilserfordernisses den Aktionären die Möglichkeit gegeben werden muß, einen entsprechenden Anteilsbesitz zu vereinigen. Die Gleichsetzung mit dem Widerspruchszeitraum in den Fällen des § 245 AktG, in denen die Erhebung bis zum Ende der Hauptversammlung ausreicht,[130] erscheint auch deshalb angemessen, weil anderenfalls bei dem Beschluß nach Abs. 3 eine kürzere Frist gewährt würde als bei Beschlüssen von geringerer Tragweite. Aus dem zuerst genannten Grund folgt die Möglichkeit, Widerspruch trotz zuvor erteilter Zustimmung bei der Wahl einzulegen. Das Interesse an der Unbefangenheit des Abschlußprüfers ist höher zu bewerten als das Verbot widersprüchlichen Verhaltens.[131] Der Widerspruch muß ausdrücklich erklärt werden, ist aber formlos möglich.[132] Bloßes Gegenstimmen ist nicht ausreichend. Dagegen ist eine Begründung des Widerspruchs nicht erforderlich. Erst der Antrag vor Gericht erfordert eine Begründung. 49

b) **Drei-Monats-Besitzzeit.** Aktionäre können den Antrag nur stellen, wenn sie seit mindestens drei Monaten vor dem Tag der Hauptversammlung Inhaber der Aktien sind. Dieses Erfordernis gilt für **alle Aktien**, die in die Ermittlung der erforderlichen Beteiligungshöhe einfließen. Demzufolge reicht im Falle der Antragstellung mehrerer Aktionäre die längere Inhaberschaft nur eines Teils dieser Aktionäre nicht aus. Die Besitzzeit muß gegenüber dem Gericht glaubhaft gemacht werden. Dafür reicht die eidesstattliche Versicherung vor einem Notar (Abs. 3 S. 4), aber z. B. auch die Vorlage der Depotbescheinigung aus. 50

4. Antragsfrist

Der Antrag kann nur innerhalb einer Frist von **zwei Wochen** gestellt werden (Abs. 3 S. 2). Für die Berechnung gelten § 17 FGG; §§ 187 Abs. 1, 188 Abs. 2 BGB. Der Fristbeginn ist bei einer zur Zeit der Wahl bestehenden Kenntnis des Antragstellers von Umständen, die eine Ersetzung rechtfertigen könnten, unproblematisch: Die Frist beginnt am Tag der Wahl zu laufen (Abs. 3 S. 2). Daneben sind Fälle zu bedenken, in denen die Umstände zum Wahlzeitpunkt bereits vorlagen, aber der Antragsteller keine Kenntnis von ihnen hatte, oder in denen diese Umstände erst nach der Wahl eingetreten sind. Der Wortlaut des Gesetzes gibt für die Berücksichtigung dieser Gesichtspunkte keinen Raum. Demzufolge bliebe das Unternehmen an den Abschlußprüfer gebunden, obwohl dieser möglicherweise befangen ist, sofern er sich nicht seinerseits vom Auftrag löst (Abs. 6; Rdn. 80 ff). Dazu besteht eine Verpflichtung aus § 49 WPO, §§ 334 Abs. 2 i.V.m. 319 Abs. 2 und 3. Die h.M. sieht diese Pflicht des Prüfers aber 51

---

128 HdR³-*Baetge/Fröhlich* Rdn. 111.

129 Ohne Begr. im Erg. ebenso HdR³-*Baetge/Fröhlich* Rdn. 116; Beck BilKomm-*Budde/Steuber* Rdn. 18; KK-*Claussen/Korth* Rdn. 34; ADS Rdn. 337; noch weitergehend MünchKommHGB-*Ebke* Rdn. 45, der den Widerspruch sogar – abweichend vom Gesetzeswortlaut – für entbehrlich hält, wenn der in der Person des Prüfers liegende Grund bei der Beschlußfassung nicht erkennbar war.

130 *Hüffer* § 245, 14.

131 KK-*Claussen/Korth* Rdn. 34; **a.A.** ADS Rdn. 337.

132 Beck BilKomm-*Budde/Steuber* Rdn. 18.

nicht als ausreichend an und läßt die Antragsfrist erst bei Eintritt bzw. Erkennbarkeit des Grundes für den Antragsberechtigten beginnen.[133] Hierfür wird vorgebracht, die minderheitenschützende Funktion der Abschlußprüfung erfordere, daß Gesellschafter erst dann ihr Kontrollrecht verlören, wenn sie die Möglichkeit der Kontrolle erlangt und dennoch keinen Antrag gestellt hätten.[134]

52 **Stellungnahme.** Es muß bezweifelt werden, ob die von der h. M. (Rdn. 51) befürwortete Lockerung der gesetzlichen Zwei-Wochen-Frist mit dem Gesetz und seinen Zwecken zu vereinbaren ist. Gegen die Relativierung spricht zum einen der klare Wortlaut des Gesetzes: Gem. Abs. 3 S. 2 ist der Antrag binnen zwei Wochen „seit dem Tage der Wahl des Abschlußprüfers zu stellen." Eine Ausweitung kommt also nur auf der Grundlage einer Analogie in Betracht. Diese Analogie dürfte indessen mit den Zwecken des Gesetzes nicht vereinbar sein: Das BiRiLiG geht den Weg der Qualitätssicherung durch Stärkung der Stellung und Erweiterung der Unabhängigkeit des Abschlußprüfers gegenüber dem Unternehmen.[135] Die Unabhängigkeit des Prüfers wäre in Frage gestellt, wenn er *zu jedem Zeitpunkt* bis zum Abschluß der Prüfung mit Ersetzungsanträgen nach Abs. 3 zu rechnen hätte. Zu bedenken ist weiterhin, daß bei einem Verstoß gegen die speziellen Befangenheitstatbestände des § 319 Abs. 2 und 3 nach Änderung des § 256 Abs. 1 Nr. 3 AktG der so geprüfte Jahresabschluß nicht mehr nichtig ist (vgl. im Unterschied dazu § 256 Abs. 1 Nr. 3 AktG a. F. i. V. m. § 164 AktG a. F.)[136]. Soweit ein Ausschlußgrund nach § 319 Abs. 2 und 3 bereits zum Zeitpunkt der Wahl vorlag, ist demgenüber die Wahl ohnehin nichtig, so daß der Antrag auf Ersetzung nicht greifen würde[137] (vgl. § 319, 76). Sofern in diesem Fall kein anderer Prüfer gewählt wird, ist ein Verfahren nach Abs. 4 einzuleiten. Durch den Ausschluß des Antrags nach Fristablauf wird die Stellung des Abschlußprüfers, insbesondere seine Unabhängigkeit gestärkt. Diesem Anliegen wird nur die **wortlautgetreue Anwendung** des Abs. 3 S. 2 gerecht.[138]

5. Antragsbegründung

53 Der Antrag muß die Gründe für die Abberufung nennen. Nach Abs. 3 werden nur solche Gründe berücksichtigt, die „in der **Person** des Abschlußprüfers" liegen. Ausgeschlossen ist daher die Ersetzung eines Abschlußprüfers wegen der vermeintlich besseren Eignung eines anderen Prüfers.[139] Mit der Besorgnis der Befangenheit nennt das Gesetz selbst den praktisch wichtigsten Grund für eine Ersetzung des Prüfers. Als in der Person des Prüfers liegende Gründe kommen auch solche in Frage, die in dem Verhalten des Unternehmens gegenüber dem Prüfer ihre Grundlage haben und geeignet sind, die Objektivität des Prüfers zu gefährden. In der Begründung muß der Antragsteller lediglich darlegen, weshalb die Ersetzung notwendig erscheint. Er ist nicht gehalten, eine Befangenheit nachzuweisen,[140] da dies insbesondere Kleinaktio-

---

133 *Lutter/Hommelhoff* Anh 42, 23; GK-HGB⁶-*Marsch-Barner* Rdn. 6; Baumbach/Hueck/*Schulze-Osterloh* § 41, 66; MünchKommHGB-*Ebke* Rdn. 45; *Mai* 65; *Hartmann* 104; Beck BilKomm-*Budde/Steuber* Rdn. 20; *Baumbach/Hopt* Rdn. 6 sowie ADS Rdn. 346 nur für den Fall des nachträglichen Eintretens.

134 *Hartmann* 104.

135 Vgl. BTDrucks. 10/317 S. 95.

136 Zum Ganzen *Hüffer* § 256 Rdn. 14.

137 Vgl. *Lutter* FS Semler S. 835, 837; *Baumbach/Hopt* § 319, 2; ADS § 319, 251, 254; Baumbach/Hueck/*Schulze-Osterloh* § 41, 74; Beck BilKomm-*Budde/Steuber* Rdn. 22; Heymann/*Herrmann* Rdn. 4; **a. A.** *Mai* 86, ohne genügende Berücksichtigung des Unterschieds zwischen Nichtigkeit des Jahresabschlusses und der Wahl.

138 Im Erg. wie hier HdR³-*Baetge/Fröhlich* Rdn. 117; Bonner HdR-*Grewe* Rdn. 32; *Kerth* StB 1987, 337, 383.

139 Vgl. KK-*Claussen/Korth* Rdn. 37.

140 HdR³-*Baetge/Fröhlich* Rdn. 119.

nären kaum möglich wäre und damit das Antragsrecht ausgehöhlt würde (vgl. zu den Ersetzungsgründen Rdn. 55 ff).

6. Identität von Einzelabschlußprüfer und Konzernabschlußprüfer

Auch für den Konzernabschlußprüfer gelten im Grundsatz die hier getroffenen Aussagen. Richtet sich der Antrag sowohl gegen die Stellung als Einzelabschlußprüfer als auch gegen diejenige als Konzernabschlußprüfer, so ergeben sich außer der jeweils gesonderten Begründung, die auch durch eine Verweisung erfolgen kann, keine Besonderheiten. Problematisch ist lediglich der Fall eines Ersetzungsantrages bzgl. der Einzelabschlußprüfung, wenn der Konzernabschlußprüfer aufgrund der **Fiktion** des Abs. 2 S. 1 bestellt wurde. Diese Fiktion ersetzt jedoch nur den Bestellungsakt (Rdn. 40). Da das Gericht nur auf Antrag tätig wird, kann es den Prüfer nur so weit ersetzen, wie der Antrag reicht; die Stellung als Konzernabschlußprüfer bleibt, wenn insoweit kein Ersetzungsantrag gestellt ist, von der Ersetzung als Einzelabschlußprüfer unberührt.[141] Ob ein auf den Einzelabschlußprüfer bezogener Ersetzungsantrag sich auch auf die Stellung als Konzernabschlußprüfer bezieht, ist durch Auslegung zu ermitteln. **54**

7. Ersetzungsgründe

a) **Besorgnis der Befangenheit.** Das Gericht ist zur Ersetzung verpflichtet, wenn dies aus einem in der Person des Prüfers liegenden Grund geboten erscheint. Als Beispiel nennt das Gesetz den Fall einer Besorgnis der Befangenheit. Hierbei handelt es sich um eine generalisierende, von § 319 Abs. 2 und 3 unabhängige ergänzende Bestimmung. Befangenheit ist der Verlust der Objektivität aufgrund der Einwirkung von externen Einflüssen, Bindungen, Rücksichten, eigenen Interessen oder Gefühlen. Diese Einwirkungen müssen nicht zur Befangenheit führen; für Abs. 3 reicht es, daß ihr Vorliegen den **Verdacht** der Befangenheit erweckt.[142] Die Einwirkungen müssen eine Intensität erreichen, die zumindest ernsthafte Zweifel an der Objektivität aufkommen lassen. Hält der Prüfer sich selbst für befangen, so ist er bereits nach § 49 WPO zur Versagung der Prüfungstätigkeit verpflichtet. Im Rahmen des Abs. 3 ist bei der Feststellung, ob in der Person des Prüfers ein Anlaß zur Besorgnis der Befangenheit liegt, aus der objektiven Sicht eines verständigen Dritten zu urteilen.[143] Der Grund der Befangenheit ist für jeden Prüfer – obschon das Ersetzungsverfahren sich bei Prüfermehrheit gegen alle Prüfer richtet (Rdn. 45) – gesondert zu beurteilen. Besorgnis der Befangenheit ist bei Vorliegen der Ausschlußgründe des § 319 Abs. 2 und 3 immer gegeben. Werden die dort genannten Schwellenwerte nicht erreicht, so ist eine Einzelfallbetrachtung anzustellen; in solchen Fällen kann weder generell vom Fehlen noch pauschal vom Bestehen einer Besorgnis der Befangenheit ausgegangen werden.[144] **55**

Fälle möglicher Befangenheit: **56**

– Persönliche oder verwandtschaftliche Beziehungen zu gesetzlichen Vertretern oder nicht unbedeutende Loyalitäten (§ 21 der Berufssatzung der WPK).

---

141 Im Erg. ebenso GroßKomm.-AktG³-*Barz* § 336, 7; **a. A.** HdR³-*Baetge/Fröhlich* Rdn. 128; ADS Rdn. 305.

142 WP-Handbuch I A 234 f.

143 Näher hierzu ADS Rdn. 353; KK-*Claussen/Korth* Rdn. 40.

144 Ähnlich OLG Hamburg BB 1992, 1533; **a. A.** ADS Rdn. 355: Besorgnis der Befangenheit nur bei „Verbindung mit anderen Sachverhalten".

- Geschäftliche Beziehungen zu dem Unternehmen, die über die typische berufliche Sphäre hinausgehen[145] und nicht nur wegen des Erwerbs oder der Nutzung von dessen „Produkt“ bestehen; bei entsprechenden Beziehungen nur zu Organen oder Gesellschaftern wird Befangenheit allerdings nur in Ausnahmefällen anzunehmen sein.
- Besondere Verbindung zu Konkurrenzunternehmen oder nicht unerheblicher Anteilsbesitz an diesen.[146]
- Fehlende Vergewisserung des Prüfers über eine ordnungsgemäße Wahl.[147]
- Dagegen können die Grundsätze, die zu § 42 ZPO für eine Ablehnung von Richtern wegen Besorgnis der Befangenheit entwickelt wurden, in Anbetracht der Andersartigkeit der Rechtsbeziehung von Prüfer und Mandanten (Vergütungspflicht; Beratungsmöglichkeit) bei der Auslegung des Abs. 3 nicht generell herangezogen werden.[148]

57 In der Regel begründen **keine Befangenheit**:

- Prüfung früherer Jahresabschlüsse (beachte aber § 319 Abs. 3 Nr. 6).
- Beratungstätigkeit für das Unternehmen außerhalb der Tatbestände des § 319 Abs. 2 Nr. 5, da danach ausdrücklich nur eine als Mitwirkung bei Buchführung oder Abschlußerstellung anzusehende Tätigkeit zum Ausschluß führt.[149] Allerdings wird die beratende Tätigkeit zumindest in den Fällen zur Befangenheit führen, in denen sich direkte Auswirkungen auf den Prüfungsgegenstand ergeben[150] (vgl. auch § 319, 40 f).
- Prüfung von Konkurrenzunternehmen und Unternehmen, die in dauernder Geschäftsbeziehung zueinander stehen; nach der Erweiterung der Pflicht zur Prüfung des Lageberichts durch das KonTraG kann es mit Blick auf die Ziele des Gesetzes sogar vorteilhaft erscheinen, wenn der Prüfer weiterreichende Kenntnisse hat als die zu prüfende Gesellschaft;[151] die – strafrechtlich bewehrte – Pflicht zur Verschwiegenheit sichert die notwendige Geheimhaltung (§§ 323, 333).

Ein Abschlußprüfer ist nicht allein deshalb als befangen anzusehen, weil er einen Jahresabschluß prüft, bei dem gegen ihn selbst gerichtete Schadensersatzansprüche zu berücksichtigen sind, wenn er sich der Notwendigkeit einer Bewertung dieser Ansprüche durch einen mit dem zu prüfenden Unternehmen geschlossenen Vergleich entzieht.[152]

58 **b) Andere Ersetzungsgründe.** Neben einer Besorgnis der Befangenheit können andere persönliche Gründe zu einer Abberufung des Prüfers führen. Mangelnde **fachliche Qualifikation** ist als Ersetzungsgrund grundsätzlich ausgeschlossen, da mit der Bestellung zum Wirtschaftsprüfer bzw. vereidigten Buchprüfer die Berufsqualifikation nachgewiesen wurde.[153] Die h. M. nimmt aber gleichzeitig eine Ersetzungsmöglichkeit an, wenn der Prüfer nicht über darüber hinausgehende, für die Prüfung erforderliche Spezialkenntnisse verfügt.[154] Dem ist zu folgen. Die vom Gesetz vorgeschriebene

---

145 *Glade* Rdn. 28; eingehend ADS Rdn. 357 ff.

146 Vgl. HdR³-*Baetge/Fröhlich* Rdn. 142.

147 Vgl. auch LG Köln DB 1992, 265, 266 (noch auf der Grundlage der früheren Standesrichtlinien).

148 Vgl. auch ADS Rdn. 354 m. w. N.

149 BTDrucks. 10/4268 S. 118; BayObLG WM 1987, 1361, 1366; vgl. auch BGHZ 135, 260 = NJW 1997, 2178 und hierzu Erl. zu § 319, 40; ferner KK-*Claussen/Korth* Rdn. 41; Beck BilKomm-*Budde/Steuber* Rdn. 23; *Glade* Rdn. 28; **a. A.** Baumbach/Hueck/*Schulze-Osterloh* § 41, 66.

150 OLG Hamburg BB 1992, 1533: Gutachten führt zu erneuter Aufstellung des Jahresabschlusses; *Mathews* BB 1987, 2265, 2271; HdR³-*Baetge/Hense* § 319, 118.

151 Ähnlich ADS Rdn. 369; **a. A.** *Röhricht* DB 1984, 253.

152 OLG München DB 2001, 258.

153 H. M., vgl. HdR³-*Baetge/Fröhlich* Rdn. 144; ADS Rdn. 341.

154 Vgl. neben den Genannten (vorige Note) Ebd.; KK-*Claussen/Korth* Rdn. 42; *Lutter/Hommel-*

Qualifikation reicht nicht in allen Fällen aus, um eine fachkundige Prüfung zu gewährleisten. Fehlen dem Prüfer die für seine Beurteilung erforderlichen Kenntnisse, so würde der Bestätigungsvermerk – in Abweichung von dem der Vorschrift des § 322 zugrundeliegenden Gedanken – nur die Vornahme von Prüfungshandlungen und keine Prüfung im eigentlichen Begriffssinn testieren. Werden besondere Anforderungen an die Befähigung des Prüfers im Gesellschaftsvertrag statuiert, so ergibt sich hieraus eine weitere Möglichkeit des Vorgehens gegen einen nicht entsprechend qualifizierten Prüfer: In diesem Fall unterliegt der Wahlbeschluß wegen Verletzung der Satzung bzw. des Gesellschaftsvertrages der Anfechtung nach § 243 Abs. 1 AktG (bei der GmbH: analog § 243 Abs. 1 AktG). Als erforderliche Spezialkenntnisse kommen insbesondere Branchen-, EDV-, Gesetzes- oder Sprachkenntnisse in Betracht.

Ausnahmsweise können auch Mängel in der **sachlichen oder personellen Ausstattung** zur Ersetzung des Prüfers führen.[155] Eine Ersetzung kommt in Betracht, wenn der Prüfer trotz entsprechender Notwendigkeit keine weiteren Personen oder Sachmittel heranzieht.[156] In diesem Fall kann den Antragsberechtigten nicht zugemutet werden, eine Verzögerung der Prüfung hinzunehmen. Davon zu unterscheiden ist der Fall einer Verhinderung des Prüfers an einem rechtzeitigen Prüfungsabschluß, bei dem die Verhinderungsgründe nicht vom Abschlußprüfer zu beeinflussen sind; hier gilt Abs. 4 S. 2 (vgl. Rn 71).[157] 59

Unzuverlässigkeit und Pflichtverstöße bei anderen Prüfungen können nur ausnahmsweise ein Grund zur Ersetzung eines Prüfers sein. Die bloße Einleitung berufsgerichtlicher Verfahren (§ 68 WPO) kann nicht Ersetzungsgrund sein, wenn allenfalls eine Bestrafung zu erwarten ist, die nicht zum Berufsausschluß führen würde, da anderenfalls die Gefahr einer mißbräuchlichen Verfahrenseinleitung bestünde.[158] Dagegen kann die erfolgte Verurteilung im Zusammenhang mit der objektiv begründeten Besorgnis einer Wiederholung Ersetzungsgrund sein.[159] Gleiches gilt, wenn der Anlaß für ein entsprechendes Verfahren in der laufenden Prüfung durch den Abschlußprüfer gesetzt wurde, z. B. durch Verletzung der Verschwiegenheitspflicht.[160] Meinungsverschiedenheiten zwischen Unternehmen und Abschlußprüfer sind keine Ersetzungsgründe (vgl. auch Abs. 6 S. 2; hierzu Rdn. 82). 60

8. Verfahren

Über den Ersetzungsantrag entscheidet nach § 145 Abs. 1 FGG das **Amtsgericht**, in dessen Bezirk die Gesellschaft ihren Sitz hat, in den Fällen des § 145 Abs. 2 FGG das zuständige Registergericht. Für das Verfahren gelten die Vorschriften des FGG, so daß vom Grundsatz der Amtsermittlung (§ 12 FGG) auszugehen ist, der Antragsteller jedoch an der Aufklärung des Sachverhalts mitzuwirken hat. Das Gericht hat alle Beteiligten zu hören (Abs. 3 S. 1). Verfahrensbeteiligte sind für die Gesellschaft die gesetzlichen Vertreter, der Abschlußprüfer, auch wenn er den Auftrag noch nicht erhalten hat,[161] sowie der Antragsteller, soweit dieser nicht schon als gesetzlicher Vertreter Beteiligter ist. Die Aufsichtsbehörde (Abs. 3 S. 5) ist im Fall ihrer Antragstellung 61

hoff Anh. § 42, 22; *Kerth* StB 1987, 337, 385; Baumbach/Hueck/*Schulze-Osterloh* § 41, 66; vgl. auch Beck BilKomm-*Budde/Steuber* Rdn. 24.

155 Baumbach/Hueck/*Schulze-Osterloh* § 41, 66; *Kerth* StB 1987, 337, 385.

156 Vgl. Beck BilKomm -*Budde/Steuber* Rdn. 24; KK-*Claussen/Korth* Rdn. 42; ADS Rdn. 374.

157 Ähnlich ADS Rdn. 412; **a. A.** KK-*Claussen/Korth* Rdn. 43: auch hierfür Abs. 3.

158 **A. A.** HdR³-*Baetge/Fröhlich* Rdn. 147.

159 ADS Rdn. 373; KK-*Claussen/Korth* Rdn. 43; HdR³-*Baetge/Fröhlich* Rdn. 147.

160 ADS Rdn. 373.

161 KK-*Claussen/Korth* Rdn. 36.

verfahrensbeteiligt. Der vom Gericht eingesetzte neue Prüfer ist nicht Verfahrensbeteiligter. Sofern sich der Antrag nur auf Ersetzung eines von mehreren Prüfern richtet, sind alle Prüfer am Verfahren beteiligt, da sie nur gemeinsam Abschlußprüfer sein können (str., vgl. Rdn. 18, 45). Allerdings ist das Gericht berechtigt, Prüfer, bei denen kein Ersetzungsgrund besteht, als neue Prüfer einzusetzen. Hierbei handelt es sich um einen ‚neuen' Abschlußprüfer (vgl. Rdn. 45).[162] Das Gericht kann einen neuen Prüfer nur einsetzen, wenn es den bisherigen abberuft.[163] Bei der Abberufung ist das Gericht nur an die durch die Satzung erweiterten Qualifikationserfordernisse der Prüfer gebunden.[164] Dagegen ist es in der Bestimmung der Anzahl der Prüfer insofern frei, als es auch im Falle mehrerer Prüfer, die gemeinsam Abschlußprüfer sind, sowohl die Neueinsetzung nur eines als auch die mehrerer Prüfer vornehmen kann.[165] Dagegen ist das Gericht nicht befugt, mehr Prüfer einzusetzen, als durch die Hauptversammlung gewählt wurden,[166] damit dem Unternehmen nicht ungewollte Kosten aufgebürdet werden. Zulässig ist demgegenüber die Ersetzung eines einzelnen Wirtschaftsprüfers durch eine Prüfungsgesellschaft.

62 Bei einem Ersetzungsantrag für einen **Konzernabschlußprüfer** ist nach der Art der Bestellung zu differenzieren. Richtet sich der Antrag gegen einen Konzernabschlußprüfer, der nicht auch Einzelabschlußprüfer ist, so gelten die allgemeinen Regeln (Rdn. 61) uneingeschränkt. Allerdings lebt die Fiktion des Abs. 2 S. 1 nicht wieder auf, denn das Gericht kann nur durch Bestellung eines Prüfers einen gewählten Prüfer ersetzen.[167] Durch das Gericht kann auch der gewählte Einzelabschlußprüfer als Konzernabschlußprüfer bestellt werden. Besteht Identität, so berührt ein Ersetzungsantrag, der sich nur auf die Stellung als Konzernabschlußprüfer bezieht, nicht die Stellung als Einzelabschlussprüfer.[168] Gleiches gilt für den Fall, daß aufgrund der Fiktion des Abs. 2 S. 1 Personenidentität besteht und sich der Ersetzungsantrag nur auf die Stellung als Einzelabschlußprüfer bezieht, denn ohne einen auf die genaue Stellung des Prüfers bezogenen Antrag kann das Gericht keine Ersetzung vornehmen (vgl. Rdn. 54).[169] Richtet sich der Antrag gegen den Prüfer in beiden Funktionen, so kann das Gericht bei der Bestellung der neuen Prüfer den auf Personenidentität gerichteten Willen des Wahlorgans berücksichtigen.

63 Das Gericht ist im Fall einer Wahl von Ersatzprüfern in seiner Entscheidung gebunden: Es hat den bzw. die **Ersatzprüfer** einzusetzen (h. M.; vgl. zur Begründung Rdn. 20).

64 Die Entscheidung des Gerichts wird mit der Bekanntgabe an die Beteiligten wirksam (§ 16 FGG). Demzufolge ist die Bekanntgabe gegenüber dem neu eingesetzten Prüfer für die Wirksamkeit nicht vonnöten. Für die Wirksamkeit des amtsgerichtlichen Beschlusses ist auch ein Widerruf der Bestellung des gewählten Prüfers nicht erforderlich.[170] Die Entscheidung unterliegt der **sofortigen Beschwerde**, über die das LG zu entscheiden hat (Abs. 3 S. 6; § 19 FGG); die sofortige Beschwerde ist binnen zwei Wochen einzulegen (§ 22 Abs. 1 FGG). Da die Beschwerde keine aufschiebende Wirkung hat, sofern keine Anordnung nach § 24 Abs. 2, 3 FGG getroffen wird, ist sie

162 **A. A.** ADS Rdn. 379.
163 ADS Rdn. 378; **a. A.** KK-*Claussen/Korth* Rdn. 45.
164 Ähnlich HdR³-*Baetge/Fröhlich* Rdn. 154: Beachtung der besonderen Verhältnisse.
165 Ähnlich KK-*Claussen/Korth* Rdn. 45: keine Bindung an die Anzahl aufgrund von Satzungsbestimmungen; **a. A.** ADS Rdn. 378; HdR³-*Baetge/Fröhlich* Rdn. 151.
166 HdR³-*Baetge/Fröhlich* aaO.
167 **A. A.** HdR³-*Baetge/Fröhlich* aaO.
168 ADS Rdn. 380.
169 **A. A.** ADS Rdn. 380; *Kerth* StB 1987, 337, 385.
170 OLG Düsseldorf ZIP 1996, 1040.

entsprechend § 32 FGG unzulässig, wenn der neu eingesetzte Prüfer die Abschlußprüfung bereits beendet und das Testat erteilt hat.[171] Beschwerdeberechtigt ist jeder, dessen Recht durch die Entscheidung beeinträchtigt wurde (§ 20 Abs. 1 FGG). Davon ausgenommen ist der neu eingesetzte Prüfer, da er sich durch einfache Ablehnung des Mandats der Prüfung entziehen kann. Die Beschwerde kann sich auch gegen die Person des neuen Prüfers richten. Zwar tritt der neue Prüfer vollständig in die Stellung als Abschlußprüfer ein, so daß ein erneuter Antrag nach Abs. 3 erforderlich erscheinen könnte. Jedoch ergibt sich aus Abs. 3 S. 6, daß die Ersetzungsentscheidung des Gerichts, die auf der Einsetzung des neuen Prüfers basiert, der Beschwerde unterliegt; eine Einschränkung wie bei Abs. 4 S. 4 2. Halbsatz fehlt. Gegen die Entscheidung des LG ist die sofortige weitere Beschwerde zum OLG zulässig (§§ 27 ff FGG).

Für die **Kosten** des Verfahrens gilt § 13 a FGG. In der Regel sind sie bei einer ablehnenden Entscheidung dem Antragsteller aufzuerlegen,[172] auch wenn dies die Aufsichtsbehörde ist. Die Kosten eines Antrags von Gesellschaftsorganen trägt die Gesellschaft als primär Verpflichtete, soweit in Vertretung des Unternehmens gehandelt wurde.[173] Die Kosten eines stattgebenden Verfahrens trägt das Unternehmen. **65**

9. Rechtsstellung des ersetzten Abschlußprüfers

Mit der Abberufung des gewählten Abschlußprüfers ist dessen Verhältnis zum Unternehmen **beendet**. Aufgrund der Erfolgsbezogenheit der Prüfungstätigkeit (vgl. Rdn. 28) bestehen auch keine vertraglichen Ansprüche zwischen den Parteien, so daß im Unterschied zum kündigenden (Rdn. 89) den ersetzten Abschlußprüfer keine Pflicht zur Berichterstattung über die bisherige Prüfung trifft.[174] **66**

V. Außerordentliche Bestellung des Abschlußprüfers (Abs. 4)

1. Antragsvoraussetzungen

Die gerichtliche Bestellung nach Abs. 4 ermöglicht eine Abschlußprüfung in Fällen, in denen die Wahl eines Prüfers nicht (S. 1) oder nicht mit dem gewünschten Erfolg (S. 2) stattfindet.[175] Sie ist gegenüber der Wahl **subsidiär**, so daß selbst nach der Antragstellung ein Prüfer gewählt werden kann, solange eine Bestellung durch das Gericht noch nicht erfolgt ist. Mit der gerichtlichen Bestellung erlischt das Wahlrecht. Eine gleichwohl einberufene Gesellschafterversammlung kann aber einen Ersatzprüfer für den gerichtlich bestellten Prüfer wählen.[176] Das Gericht kann bei einem Wegfall des von ihm eingesetzten Prüfers erneut einen Abschlußprüfer bestellen. Die Möglichkeit der gerichtlichen Bestellung gilt sowohl für den Einzelabschlußprüfer als auch für den Konzernabschlußprüfer. **67**

Frühester **Zeitpunkt** für die Antragstellung ist aufgrund der Subsidiarität der gerichtlichen Bestellung grundsätzlich das Ende des Geschäftsjahres.[177] Selbst wenn **68**

---

171 OLG Düsseldorf ZIP 1996, 1040 f; **a. A.** LG Hamburg AG 1986, 54.

172 ADS Rdn. 384; HdR³-*Baetge/Fröhlich* Rdn. 157; **a. A.** KK-*Claussen/Korth* Rdn. 47; *von Godin/Wilhelmi* § 163, 5: das Unternehmen habe die Kosten als Prüfungskosten zu tragen, wenn der Antrag im Interesse der AG gestellt werde.

173 HdR³-*Baetge/Fröhlich* Rdn. 158; *Kerth* StB 1987, 337, 385; KK-*Claussen/Korth* Rdn. 47.

174 ADS Rdn. 378; **a. A.** Bonner HdR-*Grewe* Rdn. 35.

175 *Hartmann* 106; MünchKommHGB-*Ebke* Rdn. 62.

176 ADS Rdn. 405.

177 Vgl. Beck BilKomm-*Budde/Steuber* Rdn. 28; HdR³-*Baetge/Fröhlich* Rdn. 163; **a. A.** KK-*Claussen/Korth* Rdn. 49.

vorhersehbar ist, daß kein Abschlußprüfer vor dem Ende des Geschäftsjahres gewählt wird, ist nach dem eindeutigen Wortlaut des S. 1 eine gerichtliche Bestellung nicht möglich.[178] Gleiches gilt gem. Abs. 4 S. 2 für die Tatbestände der Ablehnung des Mandats (1. Alt.) und des Wegfalls des gewählten Prüfers (2. Alt.), da auch in diesen Fällen das Wahlorgan bis zum Ende des Geschäftsjahres einen neuen Prüfer wählen kann.[179] Der für die Gegenmeinung vorgebrachte Hinweis auf die hohen Kosten einer erneuten Einberufung des Wahlorgans[180] sowie das öffentliche Interesse an einer nicht durch zeitliche Restriktionen beeinflußten Prüfung[181] vermag nicht zu überzeugen, da beide Gesichtspunkte ohne Unterschied auch in den Fällen des S. 1 zum Tragen kommen müßten. Für diesen Fall ist unstreitig, daß vor Ablauf des Geschäftsjahres kein Antrag gestellt werden kann, selbst wenn abzusehen ist, daß eine Wahl nicht mehr zustande kommen wird. Vor Abschluß des Geschäftsjahres ist nach alledem nur in den Fällen der absehbaren Verhinderung am rechtzeitigen Abschluß der Prüfung (3. Alternative des Abs. 4 S. 2) der Antrag zulässig, da hier eine erneute Wahl nicht in Betracht kommt; das Rechtsverhältnis mit dem bisherigen Prüfer kann nur durch die gerichtliche Entscheidung gelöst werden (vgl. auch Rdn. 72).

2. Antragsgründe

69 a) **Fehlende Wahl.** Nur wenn kein Wahlbeschluß im laufenden Geschäftsjahr zustande gekommen ist, fehlt es an einer Wahl. Es besteht **keine Rechtspflicht**, auf die Herbeiführung eines solchen Wahlbeschlusses noch hinzuwirken. Insbesondere ist die kostenträchtige Einberufung einer außerordentlichen Gesellschafterversammlung nicht erforderlich.[182]

70 b) **Exkurs: Der doppelte Abschlußprüfer.**[183] Problematisch ist die gerichtliche Bestellung eines Abschlußprüfers trotz erfolgter Wahl. Hierzu kann es kommen, wenn die Wahl dem Gericht verborgen geblieben ist, z. B. weil sie erst nach Antragstellung erfolgte (vgl. Rdn. 14). Da die gerichtliche Entscheidung unanfechtbar ist, geht die h. M. davon aus, daß das Unternehmen nunmehr zwei Abschlußprüfer habe.[184] Die Besonderheit dieser Konstellation liegt darin, daß eine gemeinschaftliche Prüfung nicht gewollt und u. U. auch nicht möglich ist (vgl. Rdn. 18). Die im Schrifttum entwickelten Lösungsmöglichkeiten, nämlich Kündigungsmöglichkeit aus wichtigem Grund durch den gerichtlich bestellten Abschlußprüfer[185] oder Widerruf seiner Bestellung durch das Unternehmen,[186] sind nicht verpflichtend. Bei ihrer Nichtanwendung bestünde die unzulässige (Rdn. 19) Situation mehrerer, nebeneinander bestellter Abschlußprüfer. Für dieses Ergebnis bleibt indes kein Raum. Mit der Wahl des Prüfers und dessen Annahme wird für das entsprechende Geschäftsjahr zwischen dem Unternehmen und dem Wirtschaftsprüfer eine rechtliche Bindung begründet. Diese nimmt dem Unternehmen die Möglichkeit, weitere Abschlußprüfer für die Pflichtprüfung zu

---

178 ADS Rdn. 401 m. w. N.

179 Ähnlich *von Godin/Wilhelmi* § 163, 6; vgl. auch *Teichmann/Koehler* AktG[3] § 136, 2 c; **a. A.** für die Fälle des S. 2 die h. M. vgl. ADS Rdn. 416; HdR[3]-*Baetge/Fröhlich* Rdn. 173; *Mai* 85; offenbar auch GK-HGB[6]-*Marsch-Barner* Rdn. 10.

180 *Mai* aaO; HdR[3]-*Baetge/Fröhlich* Rdn. 172.

181 *Baetge/Fröhlich* aaO.

182 ADS Rdn. 402; KK-*Claussen/Korth* Rdn. 49.

183 Hierzu auch *Lutter* FS Semler S. 835 ff für den Fall, daß die Wahl des Abschlußprüfers angefochten wird.

184 HdR[3]-*Baetge/Fröhlich* Rdn. 171; *Kerth* StB 1987, 337, 386; ADS Rdn. 406; KK-*Claussen/Korth* Rdn. 51.

185 HdR[3]-*Baetge/Fröhlich* Rdn. 171; *Kerth* StB 1987, 337, 386 f.

186 ADS Rdn. 407; KK-*Claussen/Korth* Rdn. 51 für beide Möglichkeiten.

beauftragen. Die Einmaligkeit dieses Rechtsverhältnisses bedingt, daß es für die Dauer seines Bestehens nicht erneut geschaffen werden kann. Ein entsprechender Rechtsakt ist nur als Ersetzung der einen Partei des Rechtsverhältnisses möglich, weshalb für den Widerruf der Bestellung als Abschlußprüfer zuvor der neue Prüfer bestellt worden sein muß (vgl. Wortlaut Abs. 1 S. 5). Durch das Verfahren nach Abs. 4 kann aber kein Prüfer ersetzt werden. Demzufolge kann auch nicht auf das Rechtsverhältnis eingewirkt werden. Ein zweites, gleiches Rechtsverhältnis gibt es nach dem Konzept des Gesetzes nicht. Da das Unternehmen einen Abschlußprüfer hat, kann eine Entscheidung nach Abs. 4 in derartigen Fällen **keine Wirkung** entfalten.

c) **Andere Antragsgründe.** Das Gericht bestellt auch dann einen Abschlußprüfer, wenn der gewählte Prüfer **keine Prüfung** vornimmt. Dies kann bereits zu Beginn der Prüfung feststehen, wenn der Prüfer die Annahme des Mandats *abgelehnt* hat (Abs. 4 S. 2 1. Alt.). Voraussetzung dafür ist, daß die gesetzlichen Vertreter des Unternehmens ihm den Prüfungsauftrag erteilt haben. Zu einem *Wegfall* des Prüfers (Abs. 4 S. 2 2. Alt.) kann es dagegen vor und nach Annahme des Prüfungsauftrages kommen. Wegfall ist die dauernde Hinderung an der Ausübung des Mandats. Dazu zählen die Kündigung des Auftrags nach Abs. 6, Anfechtung oder Nichtigkeit[187] der Wahl (bei Verstoß gegen § 319 Abs. 2 u. 3 vgl. Rdn. 52), Verlust der Bestellung zum Wirtschaftsprüfer bzw. vereidigten Buchprüfer, Auflösung der Wirtschaftsprüfungsgesellschaft sowie Geschäftsunfähigkeit oder Tod des Prüfers. Soweit der Prüfer während der Prüfung einen Ausschlußgrund nach § 319 erfüllt, kann er durch eigene Kündigung wegfallen. Dem Unternehmen bleibt dagegen in einem solchen Fall nur der Weg des Ersetzungsantrags nach Abs. 3. Daneben kann sich während der Prüfung ergeben, daß der gewählte Abschlußprüfer nicht in der Lage sein wird, die Prüfung *rechtzeitig* abzuschließen (Abs. 4 S. 2 3. Alt.). Der Prüfer muß durch nicht von ihm behebbare Tatsachen an der Durchführung gehindert werden, z.B. Krankheit oder Ausfall von Mitarbeitern. Könnte der Prüfer durch Einstellung von (ggf.: weiteren) Gehilfen oder Ablehnung anderer Aufträge die rechtzeitige Durchführung gewährleisten und unterläßt er dies, so kann er nur nach Abs. 3 ersetzt werden (vgl. Rdn. 59). Der im Schrifttum[188] vorgeschlagenen Bestellung eines weiteren Prüfers durch das Gericht fehlt die gesetzliche Grundlage. Das Gericht kann den Prüfer nur ersetzen oder *den* Abschlußprüfer bestellen. Die Möglichkeit, *einen* weiteren Prüfer zu bestellen, besteht angesichts des klaren Wortlauts nicht (vgl. auch Rdn. 72). 71

d) **Ersatzprüfer.** Die gerichtliche Bestellung ist grundsätzlich ausgeschlossen, wenn das Unternehmen vor oder nach Eintreten der Antragsgründe einen Ersatzprüfer gewählt hat (Abs. 4 S. 2 letzter Halbsatz). Ein anderes gilt, wenn das Rechtsverhältnis mit dem gewählten Abschlußprüfer noch besteht, d. h. bei seiner (bloßen) Verhinderung an einem rechtzeitigen Abschluß der Prüfung (Abs. 4 S. 2 3. Alt.). In einem solchen Fall kann nur aufgrund einer gerichtlichen Entscheidung das Rechtsverhältnis mit dem bisherigen Prüfer gelöst und eine Bestellung eines anderen Prüfers erreicht werden. Bei der insoweit nach Abs. 4 S. 2 erforderlichen Bestellung ist eine **Bindung** des Gerichts an die Entscheidung des Wahlorgans für einen bestimmten Ersatzprüfer anzunehmen;[189] das Gericht hat diesen als Prüfer zu bestellen.[190] 72

187 *Baumbach/Hopt* Rdn. 7.

188 HdR³-*Baetge/Fröhlich* Rdn. 174; vgl. auch ADS Rdn. 413.

189 Ebenso *Mai* 85.

190 Vgl. zum Ganzen ADS Rdn. 414.

3. Antragsteller

73 Der Kreis der Antragsteller ist in Abs. 4 S. 1 **zwingend** bestimmt. Die Gesellschafter sind unabhängig von der Höhe ihrer Beteiligung und ihrer Stimmberechtigung antragsberechtigt (Gegenschluß aus Abs. 3 S. 1).[191] Da eine ausdrückliche Erwähnung der staatlichen Aufsichtsbehörde im Unterschied zu Abs. 3 S. 5 fehlt, kann diese hier keinen Antrag stellen.[192] Gleichermaßen ausgeschlossen sind nicht genannte Personen wie Inhaber von Schuldverschreibungen der Gesellschaft, Genußscheininhaber oder stille Gesellschafter.[193] Die gesetzlichen Vertreter können und müssen (S. 3) den Antrag als Organ stellen.[194] Die Gegenauffassung vermag angesichts des Wortlauts der Norm (Antrag der „gesetzlichen Vertreter") nicht zu überzeugen. Fraglich kann erscheinen, ob dem Insolvenzverwalter ein eigenes Antragsrecht zusteht. Nach einer im Schrifttum vertretenen Ansicht soll ihm jedenfalls dann ein Antragsrecht zustehen, wenn die Prüfung des Jahresabschlusses wegen § 316 Abs. 1 S. 2 Voraussetzung für das Entstehen eines Anspruchs der Gesellschaft aus § 302 AktG ist.[195] Dem steht indes entgegen, daß die Organstellung der gesetzlichen Vertreter und damit ihre Antragspflicht auch im Insolvenzverfahren bestehen bleibt. Den Antrag auf *Bestellung des Konzernabschlußprüfers* können nur die Organe und Gesellschafter des Mutterunternehmens stellen.[196]

4. Verfahren

74 Das gerichtliche Verfahren setzt den Eingang eines entsprechenden **Antrags** voraus (zum Zeitpunkt der Antragstellung vgl. Rdn. 68). Aus diesem muß sich ergeben, ob ein Einzel- oder Konzernabschlußprüfer eingesetzt werden muß. Sind mehrere Prüfer gemeinsam Abschlußprüfer, so muß deutlich gemacht werden, bei welchem Prüfer einer der Tatbestände des Abs. 4 S. 2 eingetreten ist. Der Wegfall eines von mehreren Prüfern bewirkt den Wegfall aller Prüfer;[197] zur Begründung ist auf die Ausführungen zur Prüferersetzung (Rdn. 45) zu verweisen. Hat die Gesellschafterversammlung separate Prüfer für Einzel- und Konzernabschluß gewählt, so lebt auch beim Wegfall des Konzernabschlußprüfers die Fiktion des Abs. 2 S. 1 nicht auf (vgl. zur entsprechenden Frage bei Abs. 3 und zum Meinungsstand Rdn. 54, 62). Es muß daher erneut ein Prüfer gewählt oder ein Antrag gestellt werden. Das Gericht ist bei seiner Entscheidung nicht an Vorschläge des Antragstellers gebunden; es kann daher den Einzelabschlußprüfer auch gegen den Willen des Antragstellers zum Konzernabschlußprüfer bestellen.[198]

75 Für das Verfahren gelten die zu Abs. 3 getroffenen Ausführungen (Rdn. 61 ff). Gegen die einen Antrag nach Abs. 4 ablehnende Entscheidung des Gerichts findet die **sofortige Beschwerde** statt (§ 318 Abs. 4 S. 4), gegen diejenige des Beschwerdegerichts (LG) die weitere Beschwerde zum OLG (§§ 27 ff FGG). Die *Bestellung* zum Abschlußprüfer ist dagegen *unanfechtbar* (Abs. 4 S. 4 2. Halbsatz). Wegen des er-

---

191 Heymann/*Herrmann* Rdn. 5.

192 Vgl. aber für Kreditinstitute und Versicherungsunternehmen die Sonderregelungen in § 28 KWG bzw. § 58 VAG.

193 KK-*Claussen/Korth* Rdn. 48; HdR³-*Baetge/Fröhlich* Rdn. 162.

194 HdR³-*Baetge/Fröhlich* Rdn. 160; Rowedder/*Wiedmann* § 42 a, 32; **a. A.** *Meyer-Landrut* GmbHG §§ 238–335, 1499: jeder Geschäftsführer; nicht eindeutig *Lutter/Hommelhoff* Anh § 42, 21: Geschäftsführer in vertretungsberechtigter Zahl.

195 So noch ADS⁵ Rdn. 217; in der 6. Aufl. wird diese Auffassung nicht mehr vorgetragen (vgl. ADS Rdn. 393).

196 ADS Rdn. 391; zweifelnd *Kerth* StB 1987, 337, 386 Fn. 133.

197 Vgl. *Teichmann/Koehler* AktG³ § 136, 2 c.

198 Unklar HdR³-*Baetge/Fröhlich* Rdn. 167.

heblichen Zeitdrucks – der Antrag kann erst nach Ablauf des Geschäftsjahres gestellt werden (Rdn. 68) – soll der bestellte Abschlußprüfer sofort mit der Prüfung beginnen können. Demzufolge bezieht sich die Beschwerdemöglichkeit nur auf die Fälle der Ablehnung einer Prüferbestellung durch das Gericht.[199]

Das Gericht kann nur einen Prüfer bestellen, der die Voraussetzungen des § 319 erfüllt. Bei einem Verstoß ist die Entscheidung des Gerichts **nichtig** (vgl. Rdn. 52).[200] **76**

VI. Rechtsstellung des gerichtlich bestellten Prüfers (Abs. 5)

1. Prüfungsvertrag

Mit der gerichtlichen Bestellung nach Abs. 3 oder 4 wird der Prüfer **Abschlußprüfer** des Unternehmens. Sowohl Wahl als auch Auftragserteilung werden durch sie ersetzt.[201] Allerdings muß der Prüfer, um den Vertrag zur Entstehung zu bringen, den Auftrag noch annehmen (vgl. Rdn. 23 f). Der bestellte Prüfer ist nicht zur Annahme des Mandats verpflichtet. Seine Annahmeerklärung ist formfrei möglich. **77**

Die **Rechtsstellung** des gerichtlich bestellten Prüfers entspricht der eines gewählten Prüfers. Dementsprechend kann auch der vom Gericht bestellte Prüfer nach Abs. 3 oder Abs. 4 S. 2 ersetzt werden.[202] **78**

2. Vergütung

Das **Gericht** setzt die Gebühren für den von ihm bestellten Abschlußprüfer auf Antrag fest (Abs. 5 S. 2). Für die Höhe und Aufteilung der Gebühren gelten die grundsätzlichen Ausführungen (Rdn. 32). Abs. 5 S. 1 steht einer vertraglichen Festlegung zwischen Abschlußprüfer und Unternehmen nicht entgegen.[203] Nach einer Einigung über die Gebühren kann der Abschlußprüfer nicht mehr den Weg über Abs. 5 S. 1 beschreiten.[204] Nur für durch das Gericht festgesetzte Gebühren kann nach Abs. 5 S. 5 die **Zwangsvollstreckung** betrieben werden. **79**

VII. Kündigung durch den Abschlußprüfer (Abs. 6)

1. Kündigungsgründe

a) **Allgemeines.** Wegen der im öffentlichen Interesse bestehenden Funktionen der Abschlußprüfung (vgl. § 316, 2 f) kann der Prüfer den Prüfungsauftrag nicht frei kündigen.[205] Mit der Regelung des Abs. 6 soll zudem verhindert werden, daß der Abschlußprüfer unter Umgehung einer gerichtlichen Entscheidung nach Abs. 3 oder Abs. 4 S. 2 3. Alt. zum Schutz seiner Reputation von sich aus kündigt.[206] Ein angenommener Prüfungsauftrag kann nach Abs. 6 S. 1 von dem Abschlußprüfer nur bei Vorliegen eines **wichtigen Grundes** gekündigt werden. Eine Lösung vom Vertrag aus anderen Gründen ist nicht möglich. Ein Kündigungsrecht steht **nur dem Abschlußprüfer** zu. Die Befugnis der Gesellschaft zur Lösung vom Vertrag ist in Abs. 1 S. 5 **80**

---

[199] Vgl. OLG Düsseldorf WM 1998, 2021; *Baumbach/Hopt* Rdn. 7.

[200] ADS Rdn. 421, 419; Baumbach/Hueck/*Schulze-Osterloh* § 41, 67; **a. A.** *Mai* 86; HdR³-*Baetge/Hense* § 319, 188.

[201] Vgl. HdR³-*Baetge/Fröhlich* Rdn. 176.

[202] *Mai* 86; ADS Rdn. 425 für Abs. 3.

[203] Vgl. MünchKommHGB-*Ebke* Rdn. 66; Beck BilKomm-*Budde/Steuber* Rdn. 32; *Kerth* StB 1986, 337, 387.

[204] **A. A.** ADS Rdn. 431.

[205] Vgl. Beck BilKomm-*Budde/Steuber* Rdn. 34.

[206] Begr. RegE BiRiLiG BTDrucks. 10/317 S. 95.

geregelt. Eine einverständliche Vertragsaufhebung ist auch bei Vorliegen der Voraussetzungen für die Kündigung nicht möglich.[207] Die Gegenmeinung verkennt, daß bei einer ex tunc wirkenden Vertragsaufhebung kein Rechtsgrund für die zwingende Vorlage des bisherigen Ergebnisses (Abs. 6 S. 4) bestünde.

81 Für das Merkmal des wichtigen Grundes kann zunächst auf die zu den Kündigungsvorschriften des BGB entwickelten Grundsätze verwiesen werden. Ein wichtiger Grund ist hiernach nur gegeben, wenn es dem Kündigenden unter Berücksichtigung aller Umstände **nicht zugemutet** werden kann, das Vertragsverhältnis fortzusetzen (vgl. § 626 Abs. 1 BGB, ferner § 543 BGB).

82 **b) Einzelne Kündigungsgründe.** Kein Kündigungsgrund sind **sachliche Differenzen** zwischen den Vertragspartnern. Zwar schließt Abs. 6 S. 2 dies nur für Meinungsverschiedenheiten bzgl. des Bestätigungsvermerks aus, doch wird aus der Fassung des § 324 für das Spruchstellenverfahren deutlich, daß damit nicht nur den Bestätigungsvermerk unmittelbar betreffende Meinungsverschiedenheiten gemeint sind.[208] Der Prüfer soll sich nicht durch die Kündigung eventuell auftretenden Schwierigkeiten bei der Durchführung des Auftrags entziehen können. Demzufolge berechtigen Streitigkeiten, die auf dem Prüfungsgegenstand fußen, grundsätzlich nicht zur Kündigung.

83 Auch bei Bestehen **persönlicher Differenzen** ist grundsätzlich keine Kündigung möglich.[209] Anderenfalls wäre die Möglichkeit eröffnet, eine Kündigung zu provozieren. Eine Behinderung der Prüfung durch die Organe des Unternehmens, z. B. bei Verletzung der Aufklärungs- und Nachweispflichten und Schaffung schlechter Arbeitsbedingungen (vgl. Rdn. 31), berechtigen ebenfalls nicht zur Kündigung; der Prüfer kann aber im Prüfungsbericht (§ 321 Abs. 3) sowie im Bestätigungsvermerk (§ 322 Abs. 1, 4) darauf hinweisen.[210]

84 Es ginge allerdings zu weit, die Kündigungsmöglichkeit auf ein Selbstablehnungsrecht des Abschlußprüfers bei Vorliegen von Gründen, die nach Abs. 3 zur **Ersetzung** Anlaß geben würden, zu begrenzen.[211] Anderenfalls wäre es einfacher gewesen, dem Abschlußprüfer zum Zwecke der Selbstablehnung ein eigenes Antragsrecht für das Verfahren nach Abs. 3 zu geben.[212] Teilweise wird vertreten, daß der Prüfer kündigen könne, wenn das Unternehmen sich weigert, die Tätigkeit angemessen zu vergüten.[213] Dem steht entgegen, daß der Prüfer seinen Vergütungsanspruch aus dem Prüfungsvertrag geltend machen kann (vgl. Rdn. 32). Erforderlichenfalls muß der Prüfer seinen Anspruch im Wege der Leistungsklage geltend machen. Erscheint ihm das angebotene Honorar bereits vor Auftragserteilung zu niedrig, so wird er den Auftrag ablehnen. Wurde der Prüfer vom Gericht bestellt, so kann er seinen Anspruch nach Abs. 5 festsetzen lassen und durchsetzen.

85 Davon zu unterscheiden ist der Fall, daß dem Prüfer bei Durchführung der Prüfung erkennbar wird, daß das Unternehmen nicht in der Lage sein wird, seine Leistung zu vergüten. Da der Abschlußprüfer nicht verpflichtet ist, die Leistung unentgeltlich zu erbringen, ist er bei Feststellung der **Zahlungsunfähigkeit** des Unternehmens zur Kündigung berechtigt.

---

207 Beck BilKomm-*Budde/Steuber* Rdn. 34; **a. A.** ADS Rdn. 434.
208 ADS Rdn. 438; HdR³-*Baetge/Fröhlich* Rdn. 190.
209 HdR³-*Baetge/Fröhlich* Rdn. 190; *Hartmann* 109, **a. A.** ADS Rdn. 437; MünchKommHGB-*Ebke* Rdn. 79; *Kerth* StB 1987, 337, 389. Auch nach dieser Auffassung ist nur in extremen Ausnahmefällen die Kündigung möglich. In solchen Fällen wird aber der Prüfer regelmäßig befangen sein, so daß kein Fall rein persönlicher Differenzen mehr vorliegt.
210 Vgl. HdR³-*Baetge/Fröhlich* Rdn. 191.
211 So aber *Hartmann* 109.
212 ADS Rdn. 436.
213 *Kerth* StB 1987, 337, 388 m. w. N.

Der Abschlußprüfer ist auch bei Vorliegen von Gründen, die nach Abs. 3 bzw. § 319 Abs. 2 und 3 zur **Ersetzung** bzw. zum **Ausschluß** führen würden, zur Kündigung berechtigt.[214] Kann der Ausschlußgrund umgehend beseitigt werden, z. B. durch die Veräußerung von Aktien oder den Abzug eines Mitarbeiters, bei dem die Ausschlußgründe vorliegen,[215] so ist die Kündigung ausgeschlossen. Die Beseitigung dieser Gründe muß dem Abschlußprüfer jedoch zumutbar sein. Wenn die Voraussetzungen des § 319 Abs. 2 oder 3 bei Erteilung des Bestätigungsvermerks bestehen, handelt der Abschlußprüfer nach § 334 Abs. 2 ordnungswidrig. 86

Mit dem **Verlust der Qualifikation** zum Wirtschaftsprüfer bzw. vereidigten Buchprüfer (§ 319 Abs. 1) verliert der Prüfer die Stellung als Abschlußprüfer. Er ist zur Kündigung des Prüfungsvertrages verpflichtet.[216] 87

2. Kündigungsverfahren

Die Erklärung der Kündigung als solche ist formlos möglich. Demzufolge ist die Kündigung auch nicht gem. § 125 BGB unwirksam, wenn die Erklärung nicht schriftlich erfolgt[217]. Ist der Prüfungsauftrag vom Aufsichtsrat erteilt worden, so ist die Kündigung diesem gegenüber zu erklären (Abs. 7 S. 5 i. d. F. des KonTraG). Abs. 6 S. 3 verschafft der Gesellschaft lediglich einen unverzichtbaren schuldrechtlichen Anspruch auf eine schriftliche **Begründung**,[218] dessen Nichterfüllung zu einer Schadensersatzpflicht führen kann.[219] Aus der Begründung muß hervorgehen, aus welchem Grund gekündigt wird. 88

3. Kündigungsfolgen

Mit seiner wirksamen Kündigung fällt der Prüfer i. S. d. Abs. 4 S. 2 weg (Rdn. 71). Eine weitere Handlung des Wahlorgans bzw. des Gerichts ist hierfür nicht erforderlich. Der Abschlußprüfer ist verpflichtet, alle erhaltenen Unterlagen zurückzugeben (zur Abwicklung vgl. Rdn. 36). Abs. 6 S. 4 begründet zudem eine Verpflichtung des Prüfers, über seine bisherige Tätigkeit einen **Prüfungsbericht** vorzulegen. Für diesen Bericht gilt, soweit entsprechende Angaben nach den ausgeführten Prüfungsarbeiten möglich sind, die Vorschrift des § 321. Der kündigende Prüfer hat insbesondere die Mitwirkung der Organe des Unternehmens darzustellen. Die Ausführungen haben sich auf den Stand der letzten Prüfungshandlung zu beziehen. Daneben ist der Prüfer verpflichtet, dem neuen Abschlußprüfer Auskunft über seine Tätigkeit zu geben. Damit entspricht er der dem Abschlußprüfer obliegenden Anwesenheitsverpflichtung bei der Aufsichtsratssitzung bzw. der Hauptversammlung (§§ 171 Abs. 1 S. 2 in der Fassung des KonTraG, 176 Abs. 2 AktG). 89

Dem aus wichtigem Grund kündigenden Prüfer steht nach dem Rechtsgedanken des § 628 Abs. 1 BGB (bzw. – bei Einordnung des Vertragsverhältnisses als Dienstvertrag – in direkter Anwendung der Vorschrift) ein Anspruch auf angemessene **Vergütung** für die bisher geleistete Arbeit zu. Dabei ist zu berücksichtigen, inwieweit der neue Abschlußprüfer auf den geleisteten Arbeiten aufbauen kann.[220] 90

---

214 ADS Rdn. 441; *Hartmann* 109.
215 HdR³-*Baetge/Fröhlich* Rdn. 197; ADS Rdn. 442.
216 HdR³-*Baetge/Fröhlich* Rdn. 195; vgl. auch ADS Rdn. 443.
217 ADS Rdn. 445; MünchKommHGB-*Ebke* Rdn. 82; **a. A.** *Lutter/Hommelhoff* Anh § 42, 17 (bei Fehlen einer schriftlichen Begründung).
218 *Hartmann* 110.
219 ADS Rdn. 445.
220 HdR³-*Baetge/Fröhlich* Rdn. 200.

4. Mitteilungs- und Vorlagepflichten (Abs. 7)

91 Die gesetzlichen Vertreter haben die Kündigung dem Aufsichtsrat und der nächsten Hauptversammlung bzw. – bei Gesellschaften mit beschränkter Haftung – den Gesellschaftern **mitzuteilen** (Abs. 7 S. 1). Ist der Prüfungsauftrag vom Aufsichtsrat erteilt worden (Rdn. 22), trifft diesen als Adressaten der Kündigung (Rdn. 88) die Pflicht zur Unterrichtung der Hauptversammlung bzw. der Gesellschafter und eine Pflicht zur Unterrichtung der gesetzlichen Vertreter (Abs. 7 S. 5 i. d. F. des KonTraG). Nur die Kündigung als solche muß mitgeteilt werden;[221] eine Mitteilung der Begründung ist nicht erforderlich.[222]

92 Den Bericht des bisherigen Abschlußprüfers haben die gesetzlichen Vertreter unverzüglich dem Aufsichtsrat **vorzulegen** (Abs. 7 S. 2). Nach der mit dem KonTraG erfolgten Neufassung des Abs. 7 S. 4 ist der Bericht jedem Aufsichtsratsmitglied oder, soweit der Aufsichtsrat dies beschlossen hat, den Mitgliedern eines Ausschusses auszuhändigen. Auch im Fall der Aushändigung (nur) an die Mitglieder eines Ausschusses hat gem. Abs. 7 S. 3 jedes Mitglied des Aufsichtsrates das Recht, von dem Bericht Kenntnis zu nehmen. Teilweise wird eine Vorlageverpflichtung entgegen dem Wortlaut auch gegenüber den Gesellschaftern einer prüfungspflichtigen GmbH angenommen.[223] Danach soll deren Nichterwähnung auf einem Redaktionsversehen des Gesetzgebers beruhen.[224] Für diese Deutung spricht, daß bei der Vorlage des ordentlichen Prüfungsberichts Aufsichtsrat und GmbH-Gesellschafter gleichgestellt sind (§ 170 Abs. 1 AktG; § 42 a Abs. 1 S. 2 GmbHG). Diese Gleichstellung erfolgte erst durch das BiRiLiG. § 42 a GmbHG sollte dabei die Regelungen entsprechend umsetzen, die bis dahin nur für die AG galten.[225] Da mithin vom Vorliegen einer planwidrigen Regelungslücke auszugehen ist und die Interessenlage in der prüfungspflichtigen GmbH derjenigen in der prüfungspflichtigen AG entspricht, erscheint die analoge Anwendung von Abs. 7 S. 3, 4 gerechtfertigt. Dementsprechend gelten die Aushändigungsrechte auch für die Gesellschafter. Der Prüfungsbericht und die Begründung der Kündigung gehören zu den Unterlagen, die dem neuen Prüfer vorzulegen sind.

§ 319
Auswahl der Abschlußprüfer

(1) Abschlußprüfer können Wirtschaftsprüfer und Wirtschaftsprüfungsgesellschaften sein. Abschlußprüfer von Jahresabschlüssen und Lageberichten mittelgroßer Gesellschaften mit beschränkter Haftung (§ 267 Abs. 2) oder von mittelgroßen Personenhandelsgesellschaften im Sinne des § 264 a Abs. 1 können auch vereidigte Buchprüfer und Buchprüfungsgesellschaften sein.

(2) Ein Wirtschaftsprüfer oder vereidigter Buchprüfer darf nicht Abschlußprüfer sein, wenn er oder eine Person, mit der er seinen Beruf gemeinsam ausübt,

1. **Anteile an der zu prüfenden Kapitalgesellschaft besitzt;**
2. **gesetzlicher Vertreter oder Mitglied des Aufsichtsrats oder Arbeitnehmer der zu prüfenden Kapitalgesellschaft ist oder in den letzten drei Jahren vor seiner Bestellung war;**

---

221 Bonner HdR-*Grewe* Rdn. 42.

222 **A. A.** *Glade* Rdn. 42.

223 *Hartmann* 110; vgl. auch *Lutter/Hommelhoff* Anh § 42, 19; **a. A.** Bonner HdR-*Grewe* Rdn. 43.

224 *Hartmann* 110 Fn. 216; ADS Rdn. 461.

225 Begr. RegE BiRiLiG BTDrucks. 10/317 S. 110.

3. gesetzlicher Vertreter oder Mitglied des Aufsichtsrats einer juristischen Person, Gesellschafter einer Personengesellschaft oder Inhaber eines Unternehmens ist, sofern die juristische Person, die Personengesellschaft oder das Einzelunternehmen mit der zu prüfenden Kapitalgesellschaft verbunden ist oder von dieser mehr als zwanzig vom Hundert der Anteile besitzt;
4. Arbeitnehmer eines Unternehmens ist, das mit der zu prüfenden Kapitalgesellschaft verbunden ist oder an dieser mehr als zwanzig vom Hundert der Anteile besitzt, oder Arbeitnehmer einer natürlichen Person ist, die an der zu prüfenden Kapitalgesellschaft mehr als zwanzig vom Hundert der Anteile besitzt;
5. bei der Führung der Bücher oder der Aufstellung des zu prüfenden Jahresabschlusses der Kapitalgesellschaft über die Prüfungstätigkeit hinaus mitgewirkt hat;
6. gesetzlicher Vertreter, Arbeitnehmer, Mitglied des Aufsichtsrats oder Gesellschafter einer juristischen oder natürlichen Person oder einer Personengesellschaft oder Inhaber eines Unternehmens ist, sofern die juristische oder natürliche Person, die Personengesellschaften oder einer ihrer Gesellschafter oder das Einzelunternehmen nach Nummer 5 nicht Abschlußprüfer der zu prüfenden Kapitalgesellschaft sein darf;
7. bei der Prüfung eine Person beschäftigt, die nach den Nummern 1 bis 6 nicht Abschlußprüfer sein darf;
8. in den letzten fünf Jahren jeweils mehr als dreißig vom Hundert der Gesamteinnahmen aus seiner beruflichen Tätigkeit aus der Prüfung und Beratung der zu prüfenden Kapitalgesellschaft und von Unternehmen, an denen die zu prüfende Kapitalgesellschaft mehr als zwanzig vom Hundert der Anteile besitzt, bezogen hat und dies auch im laufenden Geschäftsjahr zu erwarten ist; zur Vermeidung von Härtefällen kann die Wirtschaftsprüferkammer befristete Ausnahmegenehmigungen erteilen.

Ein Wirtschaftsprüfer oder vereidigter Buchprüfer darf ferner nicht Abschlußprüfer sein, wenn er
1. in entsprechender Anwendung von Absatz 3 Nr. 6 ausgeschlossen wäre;
2. über keine wirksame Bescheinigung über die Teilnahme an der Qualitätskontrolle nach § 57a der Wirtschaftsprüferordnung verfügt und die Wirtschaftsprüferkammer keine Ausnahmegenehmigung erteilt hat.

(3) Eine Wirtschaftsprüfungsgesellschaft oder Buchprüfungsgesellschaft darf nicht Abschlußprüfer sein, wenn
1. sie Anteile an der zu prüfenden Kapitalgesellschaft besitzt oder mit dieser verbunden ist oder wenn ein mit ihr verbundenes Unternehmen an der zu prüfenden Kapitalgesellschaft mehr als zwanzig vom Hundert der Anteile besitzt oder mit dieser verbunden ist;
2. sie nach Absatz 2 Nr. 6 als Gesellschafter einer juristischen Person oder einer Personengesellschaft oder nach Absatz 2 Nr. 5, 7 oder 8 nicht Abschlußprüfer sein darf;
3. bei einer Wirtschaftsprüfungsgesellschaft oder Buchprüfungsgesellschaft, die juristische Person ist, ein gesetzlicher Vertreter oder ein Gesellschafter, der fünfzig vom Hundert oder mehr der den Gesellschaftern zustehenden Stimmrechte besitzt, oder bei anderen Wirtschaftsprüfungsgesellschaften oder Buchprüfungsgesellschaften ein Gesellschafter nach Absatz 2 Nr. 1 bis 4 nicht Abschlußprüfer sein darf;
4. einer ihrer gesetzlichen Vertreter oder einer ihrer Gesellschafter nach Absatz 2 Nr. 5 oder 6 nicht Abschlußprüfer sein darf;

5. eines ihrer Aufsichtsratsmitglieder nach Absatz 2 Nr. 2 oder 5 nicht Abschlußprüfer sein darf oder

6. sie bei der Prüfung einer Aktiengesellschaft, die Aktien mit amtlicher Notierung ausgegeben hat, einen Wirtschaftsprüfer beschäftigt, der in den dem zu prüfenden Geschäftsjahr vorhergehenden zehn Jahren den Bestätigungsvermerk nach § 322 über die Prüfung der Jahres- oder Konzernabschlüsse der Kapitalgesellschaft in mehr als sechs Fällen gezeichnet hat;

7. sie über keine wirksame Bescheinigung über die Teilnahme an der Qualitätskontrolle nach § 57a der Wirtschaftsprüferordnung verfügt und die Wirtschaftsprüferkammer keine Ausnahmegenehmigung erteilt hat.

(4) Die Absätze 2 und 3 sind auf den Abschlußprüfer des Konzernabschlusses entsprechend anzuwenden.

Übersicht

Schrifttum

Vgl. Angaben bei § 316, ferner

Dörner Ändert das KonTraG die Anforderungen an den Abschlußprüfer? DB 1998, 1; *Eylmann* Bewegung im Berufsrecht der Notare, NJW 1998, 2929; *Forster* MG, Schneider, Balsam und die Folgen – was können Aufsichtsräte und Abschlußprüfer gemeinsam tun? AG 1995, 1; *Götz* Die Überwachung der Aktiengesellschaft im Lichte jüngerer Unternehmenskrisen, AG 1995, 337; *Harder* Die Steuerberatung durch den Abschlußprüfer, DB 1996, 717; *Hommelhoff* Abschlußprüfung und Abschlußberatung, ZGR 1997, 550; *Lutter* Der doppelte Wirtschaftsprüfer, Festschrift Semler (1993) 843; *Moxter* Zur Abgrenzung von unzulässiger Mitwirkung und gebotener Einwirkung des Abschlußprüfers bei der Abschlußerstellung, BB 1996, 683; *Röhricht* Beratung und Abschlußprüfung, WPg 1998, 153; *Seibert* Kontrolle und Transparenz im Unternehmensbereich (KonTraG), WM 1997, 1; *Simitis* Zur Unabhängigkeit der Abschlußprüfer, Festschrift Reinhardt (1972) 329; *Ulmer* Begriffsvielfalt im Recht der verbundenen Unternehmen als Folge des Bilanzrichtlinien-Gesetzes, Festschrift Goerdeler (1987) 623; *Weiland* Zur Vereinbarkeit von Abschlußprüfung und Beratung, BB 1996, 1211; *Wirtschaftsprüferkammer* Verlautbarung des Vorstands der Wirtschaftsprüferkammer zur Abgrenzung von Prüfung und Erstellung, DB 1996, 1434.

I. Einführung

1. Normzweck

§ 319 hat eine **Doppelfunktion**: Die Anforderungen in Abs. 1 dienen der *Sicherung der objektiven Qualität* der Abschlußprüfung. Bei Nichtvorliegen dieser Voraussetzungen ist der Prüfer von allen gesetzlichen Abschlußprüfungen ausgeschlossen. Für die öffentliche Bestellung und die Tätigkeit der Wirtschaftsprüfer bzw. vereidigten Buchprüfer gilt die WPO und damit deren Qualitätsanforderungen. Abs. 2 hat mit einem Ausschlußkatalog – neben der Befangenheitsprüfung nach § 318 Abs. 3 – die *subjektive Eignung* für die einzelne Prüfung zum Gegenstand. Der Katalog ist abschließend.[1] Die Regelungen in § 319 sind *zwingendes Recht*: Sie unterliegen nicht der Disposition der Gesellschafter. Soweit die Satzung höhere Anforderungen als das Gesetz an den Abschlußprüfer stellt, darf die Auswahlmöglichkeit des Wahlorgans nicht erheblich eingeschränkt werden (vgl. § 318, 13). Die Regelungsdichte ist Ausdruck des über das Unternehmen hinausgehenden Interesses an der *Unabhängigkeit und Unbefangenheit* des Prüfers.[2] Aufgrund der Erweiterung der Ausschlußgründe ist es für prüfungspflichtige Unternehmen schwieriger geworden, deren Bestehen festzustellen. Demzufolge wurde mit der Erweiterung durch das BiRiLiG die Nichtigkeitsfolge hinsichtlich des von einem nach Abs. 2 oder 3 ausgeschlossenen Prüfer geprüften Jahresabschlusses abgeschafft (vgl. § 318, 52). Die Überwachung der subjektiven Voraussetzungen obliegt damit stärker dem Prüfer bzw. der Prüfungsgesellschaft. Als Sanktion ist neben der bußgeldbewehrten Ordnungswidrigkeit nach § 334 Abs. 2, 3 die Nichtigkeit des Prüfervertrages nach § 134 BGB gegeben.[3] 1

2. Entstehung

Die objektive Beschränkung der Prüfungstätigkeit auf **Wirtschaftsprüfer** besteht bereits seit Einführung der Pflichtprüfung im Jahr 1931 (vgl. früheren § 262c HGB 2

---

[1] OLG Karlsruhe WM 1996, 481, 482; LG Köln WM 1997, 920; MünchKommHGB-*Ebke* Rdn. 15; vgl. aber Rdn. 15.

[2] BGHZ 118, 142, 148 = NJW 1992, 2021.

[3] BGHZ 118, 142, 148 f = NJW 1992, 2021.

1931). Die Wiederzulassung vereidigter Buchprüfer zu einer Prüfungstätigkeit[4] durch das BiRiLiG hat in der größer werdenden Anzahl von prüfungspflichtigen Unternehmen und in dem Bestandsschutz bestimmter Berufsgruppen (Steuerberater, Rechtsanwälte) ihre Gründe.[5] Die subjektiven Einzelfallbeschränkungen in Abs. 2 und 3 wurden dagegen mit dem BiRiLiG erweitert. Das KonTraG vom 6.3.1998[6] ergänzt den Katalog der Ausschlußgründe um die neuen Tatbestände des Abs. 2 Nr. 8, Abs. 3 Nr. 6; die Bestimmungen schließen bei der Prüfung einer Aktiengesellschaft, die Aktien mit amtlicher Notierung ausgegeben hat, den Einsatz eines Wirtschaftsprüfers aus, der in den dem zu prüfenden Geschäftsjahr vorausgehenden zehn Jahren in mehr als sechs Fällen den Bestätigungsvermerk über die Prüfung der Jahres- oder Konzernabschlüsse gezeichnet hat (hierzu Rdn. 55–57, 66).

3. Einschränkung des Anwendungsbereiches

3 An die Prüfung von Jahresabschlüssen und Lageberichten mittelgroßer **GmbH und Personenhandelsgesellschaften** i. S. v. § 264 a werden erleichterte objektive Anforderungen (vgl. §§ 5 ff und 131 ff WPO) gestellt: hier kann auch ein vereidigter Buchprüfer Abschlußprüfer sein (Abs. 1 S. 2). Diese Erleichterungen gelten jedoch nicht für *Kreditinstitute* (§ 340k Abs. 1 S. 1 2. Halbsatz) und für *Versicherungsunternehmen* (§ 341 k Abs. 1 S. 2). Kreditinstitute in der Rechtsform einer Genossenschaft oder eines rechtsfähigen wirtschaftlichen Vereins werden grundsätzlich von dem Prüfungsverband geprüft, dem sie angehören (vgl. § 340 k Abs. 2). Auch bei (anderen) **Genossenschaften** erfolgt die Prüfung abweichend von Abs. 1 durch den Verband (§ 55 GenG). Für gemeinnützige *Wohnungsunternehmen* gilt § 319 dagegen auch dann entsprechend, wenn sich das Unternehmen von dem Prüfungsverband prüfen läßt, dem es angehört (Art. 25 Abs. 1 S. 1 Nr. 2 EGHGB).

II. Abschlußprüferbefähigung (Abs. 1)

1. Der Wirtschaftsprüfer

4 Die **Qualifikation als Wirtschaftsprüfer** berechtigt zur Prüfung von Unternehmen jeglicher Rechtsform und Größe. Der Wirtschaftsprüfer wird öffentlich bestellt (§ 1 Abs. 1 S. 1 WPO). Voraussetzung ist das erfolgreiche Absolvieren des berufsbefähigenden Prüfungsverfahrens und damit der Nachweis der fachlichen und persönlichen Eignung. Die Zulassung zum Wirtschaftsprüferexamen erfordert den Abschluß eines wirtschaftswissenschaftlichen, rechtswissenschaftlichen, technischen, landwirtschaftlichen oder eines anderen wirtschaftswissenschaftlich ausgerichteten *Universitätsstudiums* (§ 8 Abs. 1 WPO). Unter bestimmten Voraussetzungen reicht eine gleichwertige andere Qualifikation aus (vgl. zu den Anforderungen im einzelnen § 8 Abs. 2 WPO). Neben dieser akademischen Vorbildung muß der Bewerber eine praktische Prüfungstätigkeit vorweisen können (§ 9 WPO). Einzelheiten der Zusammensetzung des Prüfungsausschusses und des Inhalts und Verfahrens der Prüfung sind in der Prüfungsverordnung für Wirtschaftsprüfer vom 31. 7. 1962,[7] zuletzt geändert durch Verordnung vom 22. 2. 1995,[8] geregelt. Nach bestandener Prüfung wird der Bewerber auf Antrag durch Aushändigung einer von der obersten Landesbehörde ausgestellten Urkunde als Wirtschaftsprüfer bestellt (§ 15 Abs. 1 WPO).

---

[4] Zum früheren Tätigkeitsfeld vgl. WP-Handbuch I C 1 ff.
[5] Vgl. dazu *Helmrich* BiRiLiG S. 29 f.
[6] BGBl. I S. 786.
[7] BGBl. I S. 529.
[8] BGBl. I S. 233.

Der Prüfer muß zu jedem **Zeitpunkt der Prüfung** Wirtschaftsprüfer sein. Der Zeitraum der Prüfung beginnt mit der Wahl und endet mit der Erteilung des Bestätigungsvermerks. Bei einem Verlust der Eigenschaft des Wirtschaftsprüfers ist der geprüfte Jahresabschluß nichtig (§ 256 Abs. 1 Nr. 3 AktG). Allerdings besteht nach § 256 Abs. 6 AktG eine Heilungsmöglichkeit. Da nur der Wirtschaftsprüfer zulässiges Wahlobjekt der Wahl des Abschlußprüfers ist (§ 318, 12), reicht es nicht, wenn der Prüfer erst zum Zeitpunkt der ersten tatsächlichen Prüfungshandlungen öffentlich zum Wirtschaftsprüfer bestellt ist.[9] 5

2. Der vereidigte Buchprüfer

Zu den beruflichen Aufgaben vereidigter Buchprüfer gehört es, die Prüfung des Jahresabschlusses von **mittelgroßen GmbH und Personenhandelsgesellschaften** i. S. v. § 264 a durchzuführen (§ 129 Abs. 1 S. 4 WPO). Dementsprechend sind vereidigte Buchprüfer (nur) zur Prüfung der Jahresabschlüsse solcher Gesellschaften berechtigt (Abs. 1 S. 2). Dies ist als abschließende Zuweisung eines Prüfungsobjektes zu verstehen; der Konzernabschluß einer mittelgroßen GmbH ist daher, wie aus der klaren sprachlichen Unterscheidung zwischen Jahres- und Konzernabschluß gefolgert werden kann (vgl. einerseits § 316 Abs. 1 S. 1, andererseits § 316 Abs. 2), von der Prüfungsberechtigung nicht umfaßt.[10] Die Qualifikation als vereidigter Buchprüfer setzt grundsätzlich voraus, daß der Bewerber bei Zulassung zur Prüfung Steuerberater oder Rechtsanwalt ist und mindestens fünf Jahre den Beruf eines Steuerberaters, Steuerbevollmächtigten oder Rechtsanwalts ausgeübt hat; weitere Voraussetzung ist der Nachweis einer mindestens dreijährigen Prüfungstätigkeit. Einzelheiten zu Zulassung, Prüfung und Bestellung als vereidigter Buchprüfer sind in §§ 131 ff WPO geregelt. 6

3. Prüfungsgesellschaften

Wirtschaftsprüfungs- und Buchprüfungsgesellschaften können in den **Rechtsformen** der AG, KGaA, GmbH, OHG, KG und Partnerschaftsgesellschaft betrieben werden (§§ 27 Abs. 1, 130 Abs. 2 WPO). Die Anerkennung erfolgt durch die oberste Landesbehörde (§ 30 Abs. 1 WPO). Die Anerkennung von OHG und KG setzt ihre Eintragung in das Handelsregister voraus (§ 27 Abs. 2 WPO). Von Prüfungsgesellschaften in diesen Rechtsformen sind Sozietäten in der Rechtsform der BGB-Gesellschaft und bloße Bürogemeinschaften zu unterscheiden (vgl. hierzu Rdn. 11 ff). Ausgeschlossen sind außerdem EWIV und stille Gesellschaft. Aufgrund ihrer eigenen (ggf.: Teil-) Rechtsfähigkeit sind Prüfungsgesellschaften selbst Abschlußprüfer. Gewählt werden also die Gesellschaften als solche und nicht die einzelnen Wirtschaftsprüfer. Die Buchprüfungsgesellschaft unterliegt den gleichen Beschränkungen in der gesetzlichen Prüfungstätigkeit wie der vereidigte Buchprüfer. 7

Damit die Berufspflichten der Wirtschaftsprüfer bzw. vereidigten Buchprüfer auch in den Prüfungsgesellschaften die Interessen bestimmen, müssen Personen dieser Berufsgruppen die Gesellschaft dominieren. Demzufolge sind die Mitglieder des Vorstands, der Geschäftsführung bzw. die persönlich haftenden Gesellschafter durch Wirtschaftsprüfer (§ 28 Abs. 1 WPO) oder vereidigte Buchprüfer und Steuerberater (§ 28 Abs. 2 WPO) zu stellen; allerdings kann die oberste Landesbehörde Ausnahmen gestatten (§ 28 Abs. 2 S. 2 WPO). Soweit Angehörige **anderer Berufe**[11] Gesellschafter 8

---

9 Vgl. ADS Rdn. 28.

10 Beck BilKomm-*Budde/Steuber* Rdn. 2; Heymann/*Herrmann* Rdn. 3.

11 Zulässig ist nach § 28 Abs. 4 S. 1 Nr. 1 WPO die Beteiligung von Wirtschaftsprüfern, Wirtschaftsprüfungsgesellschaften, vereidigten Buchprüfern,

der Prüfungsgesellschaft sind, muß – je nach Rechtsform – die Mehrheit der Anteile, Einlagen und Stimmrechte von Wirtschaftsprüfern oder Wirtschaftsprüfungsgesellschaften bzw. vereidigten Buchprüfern oder Buchprüfungsgesellschaften gehalten werden (vgl. im einzelnen § 28 Abs. 4 S. 1 Nr. 3–6 WPO).

9 Wirtschaftsprüfungs- und Buchprüfungsgesellschaften können selbst nicht Angehörige einer Prüfungsgesellschaft in der Rechtsform der **Partnerschaftsgesellschaft** sein, da nur natürliche Personen die Stellung eines Partners einnehmen können (§ 1 Abs. 1 S. 3 PartGG).

10 Prüfungsgesellschaften haben das Wort „Wirtschaftsprüfungsgesellschaft" bzw. „Buchprüfungsgesellschaft" in dieser Form in ihre **Firma** bzw. in ihren Namen aufzunehmen (§ 31 WPO).[12] Der Gebrauch eines Firmenzusatzes für andere Unternehmen ist ausgeschlossen. Das gilt nicht nur für den Begriff „Wirtschaftsprüfungsgesellschaft", sondern auch für den über die Qualifikation hinausgehenden Inhalt des Begriffs als Tätigkeitsbeschreibung. Gesellschaften, die nicht Prüfungsgesellschaften sind, dürfen keine Firma führen, die den Anschein der Prüfungstätigkeit im Bereich der Wirtschaftsprüfung erweckt.[13] Die Firmierung als Wirtschaftsprüfungsgesellschaft oder Buchprüfungsgesellschaft ist also entsprechend qualifizierten Gesellschaften vorbehalten.

4. Exkurs: Sozietät

11 Sozietäten sind Zusammenschlüsse von Angehörigen freier Berufe zum Zweck der gemeinsamen Berufsausübung in der Rechtsform der Gesellschaft bürgerlichen Rechts. Sozietäten können nicht wie Prüfungsgesellschaften (Rdn. 7) in dieser Eigenschaft als Abschlußprüfer gewählt werden (vgl. zu den insoweit in Betracht kommenden Rechtsformen §§ 27 Abs. 1, 130 Abs. 2 WPO); in Anbetracht der – auch von seiten des Gesetzgebers und der neueren Rechtsprechung erfolgten – weitgehenden Anerkennung der rechtlichen Verselbständigung der Gruppe im Rechtsverkehr („Teilrechtsfähigkeit"[14]) ist de lege ferenda die Aufnahme der Gesellschaft bürgerlichen Rechts in den Katalog der für Prüfungsgesellschaften in Betracht kommenden Gesellschaften zu befürworten. Möglich ist stets die Wahl ihrer **Mitglieder** als einzelne Prüfer, die gemeinsam gesetzlicher Abschlußprüfer sind (vgl. § 318, 18). Demzufolge kann das Prüfungsmandat unabhängig von der Sozietät einzelnen oder einem Teil der darin zusammengeschlossenen Wirtschafts- bzw. vereidigten Buchprüfer erteilt werden.

12 Die Sozietät kann zwischen Wirtschafts- bzw. vereidigten Buchprüfern oder auch mit Angehörigen **anderer freier Berufe** bestehen (vgl. im einzelnen §§ 43a, 44b WPO). Eine Ausnahme gilt gem. § 9 Abs. 1 BNotO für den sog. Nur-Notar: Ein zur hauptberuflichen Amtsausübung bestellter Notar darf sich nur mit an demselben Amtssitz bestellten Notaren zur gemeinsamen Berufsausübung verbinden oder mit ihnen gemeinsame Geschäftsräume haben. Anwaltsnotare dürfen sich dagegen miteinander, mit anderen Mitgliedern einer Rechtsanwaltskammer, Patentanwälten, Steuerberatern, Steuerbevollmächtigten, Wirtschaftsprüfern und vereidigten Buchprüfern zur gemeinsamen Berufsausübung verbinden oder mit ihnen gemeinsame Geschäfts-

---

Steuerberatern, Steuerbevollmächtigten, Rechtsanwälten und ausnahmsweise zugelassenen Personen nach § 28 Abs. 2 S. 2.

[12] Vgl. hierzu WP-Handbuch I A 127 mit Bsp.

[13] LG Essen Urt. v. 9.4.1992 Az: 43 O 26/92 = GI 1993, 44: „Revision" als unzulässige Firma für Steuerberatungsgesellschaft.

[14] Vgl. § 191 Abs. 2 Nr. 1 i.V.m. § 202 Abs. 1 Nr. 1 UmwG; § 11 Abs. 2 Nr. 1 InsO; aus der neueren Rechtsprechung BGH NJW 2001, 1056 und hierzu *K. Schmidt* NJW 2001, 993; Zusammenfassung der Entwicklung bei MünchKommBGB^3-*Ulmer* § 705, 130 ff.

räume haben (§ 9 Abs. 2 BNotO). Die mit dem Dritten Gesetz zur Änderung der BNotO vom 31. August 1998[15] in die BNotO aufgenommene ausdruckliche Zulassung der Verbindung von Anwaltsnotaren und Wirtschafts- oder vereidigten Buchprüfern geht auf eine Entscheidung des BVerfG vom 8.4.1998[16] zurück. Das BVerfG hat mit diesem Beschluß im Sinne der Freiheit der Bildung von Sozietäten zwischen Anwaltsnotaren und Wirtschaftsprüfern entschieden: Die entgegenstehende frühere Entscheidungspraxis der Gerichte[17] verstieß nach dem Beschluß des BVerfG in Ermangelung einer gesetzlichen Grundlage gegen Art. 12 Abs. 1 GG, ferner wegen einer sachlich nicht zu rechtfertigenden Ungleichbehandlung gegenüber dem Fall des – nach der Rechtsprechung zulässigen – Zusammenschlusses von Anwaltsnotaren mit Steuerberatern gegen Art. 3 Abs. 1 GG.[18] Zulässig ist nach einem aus dem Jahr 1999 datierenden Beschluß des BGH auch die Bildung einer sog. Sternsozietät, d. h. die Eingehung einer Sozietät durch einen Rechtsanwalt mit einem Angehörigen eines nicht anwaltlichen, aber gleichfalls sozietätsfähigen Berufes (im entschiedenen Fall mit einem Steuerberater und Wirtschaftsprüfer), der seinerseits mit anderen eine Sozietät eingegangen ist.[19]

III. Ausschlußgründe (Abs. 2 und 3)

1. Status der Unabhängigkeit

Die Ausschlußgründe sind Regeln, die die Unvereinbarkeit bestimmter Tatbestände mit dem Mandat des Abschlußprüfers festlegen. Allen Bestimmungen liegt der Gedanke zugrunde, daß die Unabhängigkeit und Unbefangenheit des Prüfers während der gesamten Prüfungsdauer gewährleistet sein soll. Die Ausschlußgründe zielen auf drei Bereiche der **Gefährdung**: 13

- Verbindung mit dem zu prüfenden Unternehmen
- Mitwirkung an der Erstellung des Prüfungsgegenstands
- Finanzielle Bedeutung des Unternehmens für den Prüfer.

In den Fällen der Abs. 2 und 3 kommt der Besorgnis, daß der Abschlußprüfer nicht unabhängig und unbefangen sein könnte, ein so hohes Gewicht zu, daß die *tatsächliche subjektive Haltung* des Prüfers – anders als bei § 318 Abs. 3 – *unbeachtlich* ist. Da mit Abs. 2 und 3 unabhängig vom tatsächlichen Nachweis einer Gefährdung die Berufsausübung des Prüfers eingeschränkt wird, sind die Tätigkeitsverbote restriktiv auszulegen, um grundrechtskonform zu sein. Dies gilt vor dem Hintergrund der Ordnungswidrigkeit nach § 334 Abs. 2 auch wegen des Bestimmtheitsgebotes nach Art. 103 Abs. 2 GG. Die mit der restriktiven Auslegung verbundene Erweiterung der Prüfungstätigkeit bei Umständen, die nicht mehr unter Abs. 2 und 3 fallen, wird durch § 318 Abs. 3, § 49 WPO sowie § 57 Abs. 3 und 4 WPO i.V.m. §§ 21 ff Berufssatzung der WPK korrigiert. Maßstab der Auslegung der Tätigkeitsverbote ist der objektivierte Verdacht eines Außenstehenden, daß der Prüfer nicht unabhängig und unbefangen sei.[20] Ob er tatsächlich unabhängig und unbefangen ist, bleibt im Rahmen der Abs. 2 und 3 außer Betracht.

---

15 BGBl. I S. 2585.

16 1 BvR 1773/96, abgedruckt in NJW 1998, 2269 und in JZ 1998, 1062.

17 Zuletzt BGH NJW-RR 1997, 311.

18 Vgl. zur bewegten Gesetzgebungsgeschichte der neuen Regelung *Eylmann* NJW 1998, 2929.

19 BGH JZ 2000, 416 mit Anm. *Becker-Eberhard* S. 418.

20 Ähnlich WP-Handbuch I A 251; MünchKomm-HGB-*Ebke* Rdn. 12; Beck BilKomm-*Budde/Steuber* Rdn. 7; HdR^3-*Baetge/Hense* Rdn. 38.

14 Die Ausschlußtatbestände in Abs. 2 und 3 sind selbständige Kriterien der **Befangenheit**. Sie sind nicht identisch mit den Tatbeständen der „Besorgnis der Befangenheit" nach § 318 Abs. 3 und § 49 WPO (hierzu § 318 Rdn. 55). Bei einer Unterschreitung von Grenzen einzelner Ausschlußgründe (z. B. Abs. 2 Nr. 2; Nr. 3; Nr. 4) ist im Rahmen des § 318 Abs. 3 eine Einzelfallbetrachtung anzustellen (str., vgl. § 318, 55).

15 Nach der Begründung des RegE erfaßt der Katalog des § 319 nicht alle unter dem Gesichtspunkt einer möglichen Befangenheit **problematischen Fallkonstellationen**. Mit Blick auf die Schwierigkeit einer präzisen sprachlichen Erfassung der bedenklich erscheinenden Fälle hat der Gesetzgeber beispielsweise darauf verzichtet, eine Tätigkeit von Angehörigen im zu prüfenden Unternehmen in den Katalog der Ausschlußgründe aufzunehmen.[21] Eine mögliche Befangenheit aufgrund der Nähe zu Angehörigen ist deshalb nur im Rahmen des § 318 Abs. 3, des § 49 WPO und des § 57 Abs. 3 und 4 WPO i. V. m. §§ 21 ff Berufssatzung der WPK von Belang (vgl. § 21 Abs. 2 Nr. 1 Berufssatzung der WPK; vgl. auch Rdn. 1).

2. Der erfaßte Personenkreis

16 **a) Grundsatz.** Ein Wirtschaftsprüfer oder vereidigter Buchprüfer ist von der Abschlußprüfung ausgeschlossen, wenn in seiner Person einer der Tatbestände des Abs. 2 vorliegt. Ihr Vorliegen bei Personen, mit denen der Prüfer seinen Beruf *gemeinsam ausübt* (Abs. 2 2. Alt.) oder die er bzw. eine Person, mit der er den Beruf gemeinsam ausübt, *bei der Prüfung beschäftigt* (Abs. 2 Nr. 7; Rdn. 46 f), strahlt auf ihn aus. Eine solche Person können auch juristische Personen und Personengesellschaften sein.[22] Zweck der Regelung ist zum einen die Verhinderung einer Umgehung von Tatbeständen, die zum Ausschluß des gewählten Prüfers führen, zum anderen die Berücksichtigung der Gleichrichtung von Interessen der verbundenen Personen.[23] Beide Merkmale sind ersichtlich nicht an das Tätigkeitsfeld der anderen Person geknüpft. Vielmehr beruhen sie auf der Erwartung Außenstehender, daß der Prüfer aufgrund von **Rücksichten** gegenüber dieser Person nicht unabhängig und unbefangen tätig wird. Demzufolge ist es für die gemeinsame Ausübung des Berufes nicht erforderlich, daß auch die andere Person Wirtschaftsprüfer bzw. vereidigter Buchprüfer ist.[24]

17 **b) Zurechnungstatbestände.** Für den Ausschluß des Abschlußprüfers ist die Verbindung mit solchen Personen bedeutsam, mit denen er seinen *Beruf gemeinsam ausübt*. Demzufolge sind in diesem Rahmen alle nicht-beruflichen Kontakte unbeachtlich. Die gemeinsame Berufsausübung gründet auf eine räumliche oder eine interessenbezogene Komponente; beide stehen alternativ nebeneinander. Ausnahmslos sind Personen in **Sozietäten** erfaßt.[25] Da bei Gleichrichtung der wirtschaftlichen Interessen eine räumliche Nähe nicht erforderlich ist, gilt das Verbot gleichermaßen für Sozien in überörtlichen Sozietäten. Die interessenbezogene Komponente ist nur gegeben, wenn die gemeinsame Berufsausübung der Schaffung und Erhaltung einer Lebensgrundlage dient und auf Dauer angelegt ist.[26] Demzufolge ist die gemeinsame

---

[21] Begr. RegE, BTDrucks. 10/317 S. 96, HdR³-*Baetge/Hense* Rdn. 41.

[22] Beck BilKomm-*Budde/Steuber* Rdn. 11.

[23] Begr. RegE BiRiLiG BTDrucks. 10/317 S. 96.

[24] ADS Rdn. 58; *Biener/Berneke* 415; HdR³-*Baetge/Hense* Rdn. 57; Beck BilKomm-*Budde/Steuber* Rdn. 11; anders *dies.* in Rdn. 16 Aber in Rdn. 16 ohne Begr. **a. A.** für Abs. 2 Nr. 2 mit Verweis auf LG Düsseldorf WPK-Mitt. 1988, 7, wo jedoch nur das Problem der Befangenheit im Rahmen von § 49 WPO erörtert wird.

[25] Begr. RegE BiRiLiG BTDrucks. 10/317 S. 96; *Leffson* 78.

[26] Maunz/Dürig/*Scholz* GG Art. 12, 18.

fachliche Tätigkeit in Verbänden oder der Wirtschaftsprüferkammer für Abs. 2 unschädlich.[27]

Die **Gleichrichtung** der Interessen aufgrund der beruflichen Zusammenarbeit verlangt weder eine Vergemeinschaftung der Einnahmen noch eine Abhängigkeit von Erfolg und Mißerfolg des Partners (str.).[28] Der Ausschlußkatalog orientiert sich an den objektiven Parteilichkeitserwartungen eines Außenstehenden (Rdn. 13). Im Zusammenhang des Abs. 2 2. Alt. ist entscheidend, ob ein Dritter bei vernünftiger Würdigung erwarten wird, daß die aus der beruflichen Verbindung rührenden Vorteile den Abschlußprüfer zur Rücksicht auf diese Verbindung anhalten werden. Das äußere Erscheinungsbild bewirkt also ggf., daß dem Prüfer eine Berücksichtigung der Interessen anderer Personen unterstellt wird, mit denen er in räumlicher oder fachlicher Nähe arbeitet. **18**

Zweifelhaft kann die rechtliche Einordnung von **Bürogemeinschaften** erscheinen. **19** Für Außenstehende ist ein Unterschied zur rechtlichen Verbindung in einer Sozietät häufig nicht erkennbar. Soweit – etwa durch Herausstellung des Begriffs Bürogemeinschaft – der rechtliche Unterschied kenntlich gemacht wird, werden häufig jedenfalls die wirtschaftlichen Konsequenzen für einen unbefangenen Außenstehenden nicht zu erkennen sein. Vielmehr liegt auch bei einer Verwendung des Begriffs Bürogemeinschaft für einen Dritten die Folgerung nicht fern, daß ein gewisses Maß an Interessenkongruenz – beispielsweise mit Blick auf die Fortsetzung der Tätigkeit eines die Kosten der Bürogemeinschaft mittragenden Kollegen – besteht.[29] Im Hinblick auf diese zumindest partielle Interessenkongruenz hat der Bundesgesetzgeber bei der Neuregelung der für Notare bestehenden Assoziierungs- und Kooperationsmöglichkeiten (vgl. schon Rdn. 12) Bürogemeinschaften den Sozietäten gleichgestellt.[30] Wird zudem in Rechnung gestellt, daß das Gesetz schon der Schaffung des äußeren Erscheinungsbildes einer Interessenübereinstimmung entgegenzuwirken sucht (Rdn. 18), sprechen die besseren Gründe für eine Erfassung von Bürogemeinschaften in § 319 Abs. 2. Sofern demgegenüber davon auszugehen ist, daß nach der nach außen erkennbaren Beendigung einer Sozietät oder Bürogemeinschaft dem Abschlußprüfer keine Vorteile aus der Berücksichtigung der anderen Personen mehr erwachsen, ist deren Verwirklichung von Tatbeständen des Ausschlußkatalogs fortan unbeachtlich.

Ebenso führt die nur **gelegentliche oder kurzzeitige** Zusammenarbeit nicht zu **20** einer gemeinsamen Berufsausübung i. S. v. Abs. 2.[31]

Nach der Begr. zum RegE fallen auch **abhängig beschäftigte** Wirtschaftsprüfer **21** bzw. vereidigte Buchprüfer unter die Sozietätsklausel.[32] Diese Auslegung läßt jedoch keinen Raum für einen selbständigen Regelungsgehalt von Abs. 2 Nr. 7.[33] Es ist auch nicht anzunehmen, daß der Wirtschaftsprüfer die Interessen aller seiner Angestellten berücksichtigt. Demgegenüber ist der angestellte Wirtschaftsprüfer, der in einer Nebentätigkeit selbständig tätig ist, von der Prüfung ausgeschlossen, wenn sein Arbeitgeber davon ausgeschlossen wäre.[34] Diese Unterscheidung beruht auf der Annahme

27 HdR[3]-*Baetge/Hense* Rdn. 57.

28 **A. A.** ADS Rdn. 58; HdR[3]-*Baetge/Hense* Rdn. 57.

29 Für eine Erfassung von Bürogemeinschaften auch Beck BilKomm-*Budde/Steuber* Rdn. 13; **a. A.** ADS Rdn. 62 (im Regelfall kein Ausschlußgrund); HdR[3]-*Baetge/Hense* Rdn. 67; zweifelnd *Biener/Berneke* BiRiLiG S. 416.

30 § 9 Abs. 1 und 2 der BNotO i. d. F. des Dritten Gesetzes zur Änderung des BNotO, BGBl. 1998 I S. 2585.

31 HdR[3]-*Baetge/Hense* Rdn. 57.

32 Begr. RegE BTDrucks. 10/317 S. 96; dem folgend HdR[3]-*Baetge/Hense* Rdn. 62 ff; Bonner HdR-*Grewe* Rdn. 17.

33 ADS Rdn. 64.

34 So auch HdR[3]-*Baetge/Hense* Rdn. 64; abweichend ADS Rdn. 65: Anwendbarkeit der Sozietätsklausel „zweifelhaft".

der erhöhten Loyalität des Angestellten gegenüber seinem Arbeitgeber, auch wenn er nicht in dessen Auftrag tätig wird.

22 Zur Ausübung des Berufs gehört auch die Tätigkeit als **gesetzlicher Vertreter** einer Prüfungsgesellschaft. Demzufolge ist ein selbständiger Wirtschaftsprüfer, der zugleich Mitglied des Vorstandes einer Prüfungsgesellschaft ist, von der Prüfungstätigkeit ausgeschlossen, wenn ein anderes Vorstandsmitglied nach Abs. 2 oder die Gesellschaft nach Abs. 3 ausgeschlossen ist.[35] Da davon auszugehen ist, daß die gesetzlichen Vertreter einer Gesellschaft neben den Interessen der Gesellschaft auch die Interessen der Gesellschafter berücksichtigen, ist der gesetzliche Vertreter auch dann als selbständig prüfender Wirtschaftsprüfer ausgeschlossen, wenn ein Gesellschafter von der Prüfung nach Abs. 2 ausgeschlossen ist.[36]

3. Die Ausschlußgründe des Abs. 2 im einzelnen

23 **a) Anteilsbesitz (Nr. 1). aa) Erfaßte Beteiligungen.** Der Anteilsbesitz am zu prüfenden Unternehmen führt zum Ausschluß des Prüfers (Abs. 2 Nr. 1). Anteile im Sinne dieser Vorschrift sind Beteiligungen am Grund- bzw. Stammkapital der Kapitalgesellschaft. Dazu gehören neben Aktien (AG bzw. KGaA) und GmbH-Anteilen auch Komplementäranteile bei der KgaA.[37] Die Stellung als Komplementär fällt außerdem unter Abs. 2 Nr. 2. Maßgebend für die Einordnung als Anteil ist die rechtliche Beteiligung am Grund- bzw. Stammkapital. Durch den Anteil muß eine **mitgliedschaftliche Stellung** geschaffen werden. Der Umfang und die Intensität der mit dem Anteil verbundenen mitgliedschaftlichen Rechte sind unbedeutend (vgl. auch Rdn. 27); sowohl Vorzugsaktien ohne Stimmrecht als auch Aktien bzw. Geschäftsanteile, auf die noch keine Einlage erbracht worden ist, sind zu berücksichtigen.[38] Die Außenbeziehung als Darlehensgeber genügt demgegenüber nicht. Dies gilt auch für partiarische Darlehen.[39]

24 Die Behandlung einzelner Formen der Kapitalüberlassung ist umstritten. Da ein Verstoß gegen Abs. 2 und 3 eine Ordnungswidrigkeit begründet (§ 334 Abs. 2), verbietet sich eine weite Auslegung des Anteilsbegriffs (Rdn. 13). Problematisch ist die Stellung als **stiller Gesellschafter**.[40] Der stille Gesellschafter ist nicht Gesellschafter der Kapitalgesellschaft, sondern bildet mit dieser Gesellschaft eine Personeninnengesellschaft. Eine solche Verbindung ist nicht Gegenstand der Regelung der Nr. 1, sondern derjenigen der Nr. 3 (vgl. daher Rdn. 36).

25 Bei der Einordnung von **Genußrechten** bzw. -scheinen ist nach deren Ausgestaltung zu unterscheiden. Soweit sie Eigenkapitalcharakter haben, stellen sie einen Anteil am Unternehmen dar, und ihr Besitz führt zum Ausschluß von der Prüfung.[41] Soweit Genußrechte dagegen den Charakter schuldrechtlicher Titel aufweisen, die beispielsweise mit einem festen Zinssatz ausgestattet sind,[42] ist ihr Inhaber nicht anders als der Gläubiger eines verzinslichen bzw. partiarischen Darlehens zu behandeln. Eine exten-

---

35 HdR³-*Baetge/Hense* Rdn. 65; KK-*Claussen/Korth* Rdn. 24.

36 *Leffson* 79.

37 ADS Rdn. 71.

38 HdR³-*Baetge/Hense* Rdn. 78.

39 HdR³-*Baetge/Hense* Rdn. 79; Beck BilKomm-*Budde/Steuber* Rdn. 14.

40 Für eine Behandlung als Anteil: MünchKommHGB-*Ebke* Rdn. 23; HdR³-*Baetge/Hense* Rdn. 80; KK-*Claussen/Korth* Rdn. 27 und 38; differenzierend in Beck BilKomm-*Budde/Steuber* Rdn. 14; vgl. auch ADS Rdn. 74 f mit Einschränkung für atypisch ausgestattete stille Beteiligung, § 271, 7; GK-HGB⁶-*Marsch-Barner* Rdn. 5; *Glade* Rdn. 18.

41 Mit dieser Unterscheidung auch HdR³-*Baetge/Hense* Rdn. 80; KK-*Claussen/Korth* Rdn. 27; ohne Differenzierung MünchKommHGB-*Ebke* Rdn. 23.

42 *Claussen* Bank- und Börsenrecht § 9, 172.

sive Auslegung des Anteilsbegriffes, die diesen Fall erfassen würde, ist aus den genannten Gründen (Rdn. 13) unzulässig.[43]

Schuldverschreibungen sowie **Wandel- und Optionsanleihen** fallen nicht unter den Anteilsbegriff.[44] Der Besitz dieser Papiere kann freilich aufgrund des damit verbundenen Interesses an einer positiven Entwicklung des Unternehmens die Besorgnis der Befangenheit (§ 318 Abs. 3) begründen. Diese Gefahr besteht insbesondere bei Papieren, deren Ertrag am Gewinn des Unternehmens orientiert ist. 26

Nach der Konzeption des Gesetzgebers genügt jegliche Beteiligung am Unternehmen unabhängig von ihrer Höhe zur Erfüllung des Tatbestands. Demzufolge kann schon die Beteiligung mit einer einzigen Aktie zum Ausschluß führen.[45] Diese dem Wortlaut entsprechende Auslegung beruht auf der Erwägung, daß der Verdacht einer Entstehung von Interessenkonflikten auch bei einer geringfügigen Beteiligung nicht auszuschließen ist.[46] Im Hinblick auf sog. **Kleinstbeteiligungen** ist die Verfassungsmäßigkeit der Regelung (Vereinbarkeit mit Art. 12 Abs. 1 S. 2 GG) in Frage gestellt worden.[47] Indessen kann, da der Abschlußprüfer durch Aufgabe der Beteiligung die aus § 319 Abs. 2 Nr. 1 rührende Beschränkung auszuräumen vermag, eine unverhältnismäßige Beeinträchtigung seiner Berufsausübungsfreiheit[48] nicht konstatiert werden. 27

bb) Erfordernis eigenen Anteilsbesitzes. Der Abschlußprüfer muß die Anteile selbst besitzen. **Besitz** i. S. d. Nr. 1 ist zu bejahen, wenn er entweder selbst über die Anteile verfügen kann oder diese in seinem Eigentum stehen. Es muß nur eine dieser Voraussetzungen erfüllt sein. Demzufolge ist sowohl das treugeberische als auch das treunehmerische Halten von Anteilen beachtlich.[49] Im Fall der Treunehmerschaft folgt der Interessenkonflikt nicht aus dem Anteilsbesitz als solchem, sondern beruht auf der Erwartung, daß der Prüfer in der Regel aufgrund des Treuhandvertrages die Interessen des Treugebers zu wahren hat und sich anderenfalls schadensersatzpflichtig macht. Ist der Prüfer Treugeber, so ist er auch dann von der Prüfung ausgeschlossen, wenn er keinen Einfluß auf den Anteilsbesitz hat, z. B. weil dieser sich in Vermögensverwaltung befindet oder zur Sicherheit abgetreten ist. Hier ist die wirtschaftliche Zuordnung maßgebend.[50] 28

Eine durch **Investmentanteile** vermittelte Beteiligung am zu prüfenden Unternehmen fällt nicht unter den Anteilsbegriff.[51] Eine Beteiligung an einer Investmentgesellschaft, von der der Prüfer weiß, daß sie Anteile des zu prüfenden Unternehmens in nicht unerheblichem Umfang hält, ähnelt zwar im Hinblick auf die involvierten Interessen dem soeben (Rdn. 28 a. E.) beschriebenen Fall der Vermögensverwaltung. Durch Auslegung des Abs. 2 Nr. 1 (Besitz von Anteilen der zu prüfenden Kapitalgesellschaft) ist aber der indirekte Anteilsbesitz nicht mehr zu erfassen. Die Bedeutung der Norm als Ordnungswidrigkeitenvorschrift steht einer analogen Anwendung ent- 29

---

[43] Ohne Unterscheidung gegen die Einordnung als Anteil: ADS Rdn. 76; GK-HGB[6]-*Marsch-Barner* Rdn. 5; differenzierend Beck BilKomm-*Budde/Steuber* Rdn. 14.

[44] H. M., ADS Rdn. 72; KK-*Claussen/Korth* Rdn. 29.

[45] H. M., ADS Rdn. 77; HdR[3]-*Baetge/Hense* Rdn. 83; *Glade* Rdn. 16; Heymann/*Herrmann* Rdn. 4.

[46] Begr. RegE BiRiLiG BTDrucks. 10/317 S. 96.

[47] Für den Fall der Unkenntnis des Abschlußprüfers KK-*Claussen/Korth* Rdn. 29.

[48] Hierzu und zu den Voraussetzungen einer zulässigen Einschränkung grundlegend BVerfGE 7, 377 ff = NJW 1958, 1035.

[49] Grundsätzlich ebenso KK-*Claussen/Korth* Rdn. 29; nur für den Fall der Treugeberschaft des Prüfers HdR[3]-*Baetge/Hense* Rdn. 84; für den Fall der Treunehmerschaft des Prüfers Beck BilKomm-*Budde/Steuber* Rdn. 14.

[50] Im Erg. ebenso HdR[3]-*Baetge/Hense* Rdn. 84.

[51] ADS Rdn. 72; KK-*Claussen/Korth* Rdn. 29.

gegen (vgl. Rdn. 13). Demzufolge bleibt auch hier nur die Möglichkeit der subjektiven Betrachtung im Rahmen der Befangenheitsbeurteilung nach § 318 Abs. 3 bzw. den standesrechtlichen Vorschriften.

30 **b) Tätigkeit für dasUnternehmen (Nr. 2).** Der Prüfer ist nach Abs. 2 Nr. 2 von der Tätigkeit ausgeschlossen, wenn er gesetzlicher Vertreter oder Mitglied des Aufsichtsrates oder Arbeitnehmer der zu prüfenden Kapitalgesellschaft ist oder in den letzten drei Jahren vor seiner Bestellung war. **Gesetzliche Vertreter** sind die Mitglieder des Vorstandes einer AG (§ 78 AktG), die Geschäftsführer einer GmbH (§ 35 GmbHG) sowie die Komplementäre einer KGaA (§ 278 Abs. 2 AktG i.V.m. §§ 170, 161 Abs. 2, 125 Abs. 1 HGB).

31 Für die Stellung als **Aufsichtsratsmitglied** ist die Bezeichnung dieses Organs unbedeutend. Neben dem gesetzlich vorgeschriebenen Aufsichtsrat unterfällt auch die Mitgliedschaft in freiwillig eingerichteten Gremien, die Aufgaben eines Aufsichtsrats erfüllen, diesem Begriff. Die Anwendung des Abs. 2 Nr. 2 setzt in solchen Fällen voraus, daß das Aufsichtsgremium Überwachungsaufgaben gegenüber Vorstand bzw. Geschäftsführung wahrnimmt;[52] der Unvereinbarkeitsbestimmung liegt der Gedanke zugrunde, daß *externe und interne Kontrollen einander ausschließen*. Eine lediglich beratende Tätigkeit ist hingegen nicht vom Aufsichtsratsbegriff umfaßt. Auch ist die Mitgliedschaft in einem als solchem bezeichneten Aufsichtsrat, der die genannten Kriterien nicht erfüllt, unschädlich.

32 Der praktische Anwendungsbereich des Ausschlusses von Abschlußprüfern, die **Arbeitnehmer** sind, ist wegen des grundsätzlich bestehenden Nebentätigkeitsverbotes für Wirtschaftsprüfer (§ 43 a Abs. 3 WPO) begrenzt. Allerdings darf ein freiberuflich tätiger Wirtschaftsprüfer in einem Anstellungsverhältnis zu einem anderen Wirtschaftsprüfungsunternehmen stehen (§ 43 a Abs. 1 WPO). Unterliegt dieses seinerseits der Prüfungspflicht nach §§ 316 ff, so ist der angestellte Prüfer nach Abs. 2 Nr. 2 von der Prüfung der Wirtschaftsprüfungsgesellschaft ausgeschlossen.[53] Erforderlich ist immer ein abhängiges Arbeitsverhältnis. Vorübergehende Tätigkeiten, die nicht zu einer engen wirtschaftlichen oder sozialen Verbindung führen (Praktikanten usw.), sind nicht erfaßt.[54] Wesentlich größere Bedeutung hat der Arbeitnehmerausschluß bei Personen, mit denen der Abschlußprüfer seinen Beruf gemeinsam ausübt oder deren er sich bei der Prüfung bedient. Diese unterliegen, wenn sie nicht Wirtschaftsprüfer sind, nicht dem Nebentätigkeitsverbot des § 43 Abs. 3 WPO. Bei gemeinsamer Berufsausübung mit einem Arbeitnehmer des zu prüfenden Unternehmens ist der Wirtschaftsprüfer von der Prüfung ausgeschlossen.[55] Für ein Tätigwerden von Gehilfen – etwa Angestellten – des Prüfers gilt Abs. 2 Nr. 7. Außerhalb von Abs. 2 Nr. 7 sind eigene Angestellte des Prüfers nicht erfaßt. Ist also ein Arbeitnehmer des zu prüfenden Unternehmens Angestellter des Prüfers, ohne in die Prüfung eines Arbeitgebers involviert zu sein, so führt dies nicht zum Ausschluß des Prüfers.

33 Die Tätigkeit für das Unternehmen ist nur beachtlich, wenn sie in den letzten drei Jahren vor der Bestellung[56] des Abschlußprüfers stattgefunden hat. Die Frist wird nach § 188 Abs. 2 BGB berechnet. In diesem Zeitraum sind auch zeitweilige Tätigkeiten schädlich (Ausnahmen: Rdn. 32). Problematisch ist die Tätigkeit für **Vorgänger** des prüfungspflichtigen Unternehmens. Diese Tätigkeit ist zu berücksichtigen, wenn

---

[52] H.M., vgl. ADS Rdn. 89; HdR³-*Baetge/Hense* Rdn. 90; KK-*Claussen/Korth* Rdn. 33.
[53] KK-*Claussen/Korth* Rdn. 35.
[54] Beck BilKomm-*Budde/Steuber* Rdn. 16.
[55] HdR³-*Baetge/Hense* Rdn. 91.
[56] *Obermüller/Werner/Winden* S. 275; HdR³-*Baetge/Hense* Rdn. 92; **a. A.** Beck BilKomm-*Budde/Steuber* Rdn. 17: Wahl.

das Unternehmen auf das zu prüfende Unternehmen im Wege der Gesamtrechtsnachfolge durch Verschmelzung oder übertragende Umwandlung übergegangen ist.[57]

34 c) **Besondere Stellung in verbundenem oder nahestehendem Unternehmen (Nr. 3).** Die Tatbestände in Nr. 3 beinhalten eine Erstreckung eines Teils der Ausschlußgründe von Nr. 2 auf die Tätigkeit in oder Beteiligung an mit der zu prüfenden Gesellschaft verbundenen Unternehmen. Der Vorschrift liegt die Annahme eines loyalen Verhaltens aufgrund einer starken **Interessenbindung** aus dem Näheverhältnis zugrunde.[58] Gleichzeitig wird damit auch eine Umgehung der Verbote nach Nr. 1 und 2 aufgefangen. Mit der Erfassung von mittelbaren Beteiligungen bzw. mittelbarem Einfluß geht eine Einschränkung der Tatbestände aufgrund des Erfordernisses der Verhältnismäßigkeit einher (vgl. Rdn. 13, 27). Deshalb sind frühere Tätigkeiten, Mitgliedschaft im Aufsichtsrat von Personengesellschaften[59] und Anteilsbesitz unter 20 % nicht erfaßt.

35 **Verbundene Unternehmen** sind solche nach § 271 Abs. 2; es gilt der Konzernbegriff der Rechnungslegung.[60] Für den Anteilsbesitz gelten die Ausführungen zu Abs. 2 Nr. 1 (Rdn. 25 ff), und zwar auch in bezug auf treuhänderisch gehaltene Gesellschafteranteile.[61]

36 Für die Eigenschaft als gesetzlicher Vertreter (Rdn. 30) und Aufsichtsratsmitglied einer juristischen Person (Rdn. 31) ergeben sich keine Unterschiede zu Nr. 2. Zu den Gesellschaftern einer Personengesellschaft zählen sowohl Komplementäre als auch Kommanditisten. Eine besondere Stellung nimmt der Wirtschaftsprüfer ein, der als **stiller Gesellschafter** an dem zu prüfenden Unternehmen beteiligt ist (vgl. Rdn. 24). Die stille Gesellschaft ist eine Personeninnengesellschaft, die nicht selbst Träger eines Unternehmens sein kann.[62] Unternehmensträger ist nur der Kaufmann, in der hier interessierenden Konstellation die zu prüfende Kapitalgesellschaft, an der der Wirtschaftsprüfer selbst nicht beteiligt ist (Rdn. 24). Mit diesem Unternehmen müßte die stille Gesellschaft verbunden sein. Dafür ist ein Mutter- und ein Tochterunternehmen i. S. d. § 290 notwendig.[63] Bei der Vereinbarung einer stillen Gesellschaft besteht aber nur ein Unternehmen. Demzufolge ist nicht die Personengesellschaft i. S. d. § 271 Abs. 2 mit dem Gesellschafter verbunden, der das Handelsgewerbe betreibt (§ 230), sondern der stille Gesellschafter selbst mit diesem verbunden. Es handelt sich also um eine engere Bindung an das prüfungspflichtige Unternehmen, als dies Nr. 3 fordert. Das Zwischenglied der mit der zu prüfenden Gesellschaft verbundenen Gesellschaft fehlt. Eine unmittelbare Anwendung des Abs. 2 Nr. 3 scheidet mithin, da der Tatbestand nach seinem Wortlaut nicht erfüllt ist, aus. Die ratio legis, der Ausschluß von der Prüfung bei einer starken Interessenbindung, spricht für eine analoge Anwendung der Vorschrift auf den als stiller Gesellschafter beteiligten Prüfer.[64] Dabei ist aber zu beachten, daß die Rechtsfolgen der Ordnungswidrigkeit nach § 334 Abs. 2 wegen des Bestimmtheitsgebotes (Rdn. 13) und des damit verbundenen Analogieverbotes nicht

---

57 In diesem Sinne *Geßler/Hefermehl/Kropff* § 164, 7; vgl. aber ADS Rdn. 92, die die Anwendbarkeit der Dreijahresfrist als zweifelhaft bezeichnen.

58 Begr. RegE, BTDrucks. 10/317 S. 97.

59 H. M., vgl. ADS Rdn. 96, 98; KK-*Claussen/Korth* Rdn. 37 f; Beck BilKomm-*Budde/Steuber* Rdn. 18.

60 H. M., vgl. z. B. KK-*Claussen/Korth* Rdn. 39; ferner *Ulmer* FS Goerdeler S. 623, 638 f; für Rückgriff auf § 15 AktG demgegenüber MünchKommHGB-*Ebke* Rdn. 25.

61 Vgl. Beck BilKomm-*Budde/Steuber* Rdn. 18.

62 Vgl. *K. Schmidt* GesR[3] § 62 I 1 c, d.

63 ADS § 271, 63.

64 Im Erg. wie hier: *Simitis* FS Reinhardt S. 338; KK-*Claussen/Korth* Rdn. 38; **a. A.** ADS Rdn. 100 (mit Einschränkung für Fälle einer atypischen stillen Beteiligung); *Glade* Rdn. 18; Bonner HdR-*Grewe* Rdn. 23.

eintreten: Einzige Rechtsfolge der Analogie ist daher die Nichtigkeit des Wahlbeschlusses und diejenige des Prüfungsvertrages (Rdn. 77, ferner § 318, 52).

37 Ein Wirtschaftsprüfer oder vereidigter Buchprüfer darf gem. Abs. 2 Nr. 3 auch dann nicht Abschlußprüfer sein, wenn er oder eine Person, mit der er seinen Beruf ausübt, Inhaber eines **Einzelunternehmens** ist, das mit der zu prüfenden Gesellschaft verbunden ist oder an dieser zu mehr als 20 % beteiligt ist. Die Vorschrift hat, da Wirtschaftsprüfern, vereidigten Buchprüfern und Personen, mit denen diese ihren Beruf gemeinsam ausüben dürfen, in Deutschland neben ihrer Berufsausübung eine gewerbliche Tätigkeit weitgehend versagt ist (vgl. für Wirtschaftsprüfer § 43 a Abs. 3 Nr. 1 WPO), nur geringe praktische Bedeutung.

38 **d) Arbeitnehmer in verbundenem oder nahestehendem Unternehmen (Nr. 4).** Arbeitnehmer ist, wer in einem Arbeitsverhältnis steht und daraus verpflichtet ist, fremdbestimmte, unselbständige, **weisungsabhängige Tätigkeiten** zu verrichten.[65] Da freiberuflich tätige Wirtschaftsprüfer nur ausnahmsweise Arbeitnehmer sein dürfen (§ 43 a Abs. 3 WPO), ist die Bedeutung von Nr. 4 sehr gering. Der Ausschlußgrund der Nr. 4 liegt vor, wenn Prüfungsgesellschaften oder Wirtschaftsprüfer, bei denen der Prüfer angestellt ist, die Voraussetzung der Unternehmensverbindung mit bzw. der Beteiligung an der zu prüfenden Kapitalgesellschaft erfüllen.[66] Freie Mitarbeiter sind grundsätzlich keine Angestellten.[67] Für den Status der Verbundenheit und des Anteilsbesitzes gelten die soeben getroffenen Aussagen (Rdn. 25 ff, 35 f).

39 **e) Mitwirkung an der Buchführung oder der Aufstellung des Jahresabschlusses (Nr. 5). aa) Allgemeines.** Der Abschlußprüfer ist gem. Abs. 2 Nr. 5 von der Prüfungstätigkeit ausgeschlossen, wenn er Gegenstände seiner Prüfung selbst miterstellt hat. Neben der Mitwirkung an der Buchführung ist davon diejenige an der Erstellung des Jahresabschlusses betroffen. Den Jahresabschluß bilden die Bilanz und die Gewinn- und Verlustrechnung (§ 242 Abs. 3). Im Unterschied zu § 316 Abs. 1 wird der **Lagebericht** nicht genannt. Teilweise wird die Vorschrift unter Hinweis auf den Regelungsgedanken auf jenen erstreckt.[68] Die unterschiedliche Wortwahl spricht aber gegen eine Erstreckung des Ausschlusses auf die Mitwirkung an der Erstellung des Lageberichts. Für diesen Fall besteht aus den zur Auslegung des § 319 genannten Gründen (Rdn. 13) nur die Möglichkeit eines Ausschlusses wegen Befangenheit nach § 318 Abs. 3.

40 **bb) Insbesondere: Beratungstätigkeit.** Das Gesetz geht davon aus, daß die eigene Leistung nicht unabhängig bei der Abschlußprüfung beurteilt werden kann. Problematisch ist dies, wenn der Prüfer auch *beratend* für das Unternehmen tätig geworden ist. Beratung bedeutet die Darstellung von Entscheidungmöglichkeiten, deren Vor- und Nachteilen sowie der Konsequenzen. Die beratende Tätigkeit ist grundsätzlich neben der Prüfungstätigkeit zulässig (vgl. Abs. 2 Nr. 8; ferner § 2 Abs. 2, Abs. 3 Nr. 2 WPO; § 27 Berufssatzung der WPK).[69] Allerdings darf sie **keine direkte Wirkung** auf den Inhalt des von dem Abschlußprüfer zu prüfenden Jahresabschlusses haben. Ausgenommen hiervon ist die Einwirkung im Rahmen der Prüfungstätigkeit. Wann die beratende Tätigkeit eine unzulässige Mitwirkung darstellt, ist heftig umstritten.

41 Eine Ansicht läßt bereits *erheblichen Einfluß* der Beratung auf die Darstellung im **Jahresabschluß** ausreichen.[70] Danach führt jenseits der zulässigen allgemeinen Bera-

---

65 Palandt/*Putzo* vor § 611, 7.

66 Beck BilKomm-*Budde/Steuber* Rdn. 20.

67 Palandt/*Putzo* vor § 611, 10; ADS Rdn. 108 m. w. N.

68 HdR[3]-*Baetge/Hense* Rdn. 110; Beck BilKomm-*Budde/Steuber* Rdn. 23.

69 Vgl. zur allg. Ansicht auch *Moxter* BB 1996, 683.

70 OLG Karlsruhe DB 1995, 2515; *Crezelius* ZIP 1996, 230; vgl. auch *Lutter/Hommelhoff* Anh § 42, 7; *Schulze-Osterloh* EWiR 1996, 129 f.

tung[71] insbesondere die **steuerliche Beratung** wegen der Verknüpfung von Handels- und Steuerbilanz aufgrund des Maßgeblichkeitsgrundsatzes (§ 5 Abs. 1 S. 1 EStG) bzw. der umgekehrten Maßgeblichkeit (§ 5 Abs. 1 S. 2 EStG) regelmäßig zur unzulässigen Mitwirkung an der Aufstellung des Jahresabschlusses.[72] Dem ist zu folgen. Die in jüngerer Zeit vom BGH vertretene Gegenansicht verkennt, daß Unternehmen sich bei der Ausübung der Wahlrechte zur Aufstellung der Handelsbilanz in der Regel an der Steuerbilanz orientieren.[73] Nicht zuzustimmen ist der Auffassung, die für eine zum Ausschluß führende Beratungstätigkeit einen *konkreten Auftrag zur Mitwirkung* an der Buchführung oder der Erstellung des Jahresabschlusses fordert.[74] Dem konkreten Auftrag gleichbehandelt werden soll nach jener Auffassung der Fall, daß der Wirtschaftsprüfer im Rahmen seiner beratenden Tätigkeit nicht nur eine Entscheidungshilfe anbietet, sondern die unternehmerische Entscheidung selbst trifft.[75] Dieser kunstvollen Gleichstellung bedarf es nicht, wenn – wie hier vertreten – ein erheblicher Einfluß der Beratungstätigkeit auf die Erstellung der Rechnungslegungsunterlagen für ausreichend erachtet wird (vgl. auch nachfolgend Rdn. 42).

Damit der Prüfer tätig werden kann, muß ein fertiggestellter Jahresabschluß vorliegen. Darunter ist ein feststellungsfähiger Abschluß zu verstehen.[76] Die Auswirkungen der Beratungstätigkeit dürfen sich darin nicht konkret widerspiegeln. Demzufolge ist zu unterscheiden; der Abschlußprüfer darf in der Beratung **Empfehlungen** dazu geben, wie der Jahresabschluß generell aussehen sollte (Sollobjekt); er darf aber nicht die Darstellung des vorliegenden Sachverhalts soweit konkretisieren, daß eine direkte Übernahme in den Jahresabschluß (Istobjekt) möglich ist.[77] Der Abschlußprüfer darf dem Unternehmen aber Alternativen aufzeigen, die zu einem dem Gesetz entsprechenden Jahresabschluß führen. Die einzelne unternehmerische Umsetzung, die auch bei einem alternativlosen Vorschlag gegeben ist,[78] ist dem Prüfer untersagt, denn Beratung ist nur der Beitrag zur Problemlösung und nicht die Lösung selbst.[79] Infolge der Beratung muß das Unternehmen in der Lage sein, selbst bzw. durch einen Dritten einen dem Sollobjekt entsprechenden Jahresabschluß zu erstellen, also eine eigene Leistung zu erbringen.[80] **42**

cc) Weitere Fälle. Mitwirkung bei der **Buchführung** i. S. d. Nr. 5 liegt nur vor, wenn sich aus der Tätigkeit des Abschlußprüfers materielle Auswirkungen ergeben. Die bloße Organisation des Rechnungswesens wird davon nicht erfaßt.[81] Demzufolge ist die Einrichtung oder das Zurverfügungstellen von geeigneter EDV im allgemeinen keine Mitwirkung.[82] Gleiches gilt, soweit die Tätigkeit sich nicht aus den besonderen Fachkenntnissen des Wirtschaftsprüfers ergibt, z. B. bei einer bloßen Eingabe von **43**

---

71 BGHZ 118, 142, 144 = NJW 1992, 2021–2023.

72 *Lutter/Hommelhoff* aaO; *Schulze-Osterloh* aaO; HdR³-*Baetge/Hense* Rdn. 120; ähnlich *Röhricht* WPg 1998, 153, 161 f; ausführlich *Hommelhoff* ZGR 1997, 550, 554 ff; **a. A.** BGHZ 135, 260, 263 ff = NJW 1997, 2178, 2179; ADS Rdn. 119 f; *Harder* DB 1996, 717, 720.

73 *Thiele* DB 1997, 1396, 1397.

74 So noch ADS⁵ Rdn. 62, 65; anders jetzt ADS Rdn. 123; vgl. auch BayObLG WM 1987, 1361, 1366, das nur bei Hinzutreten weiterer Merkmale Raum für die Besorgnis der Befangenheit i. S. d. § 318 Abs. 3 sieht.

75 BGHZ 135, 260, 263 ff = NJW 1997, 2178, 2179; (vgl. auch vorige Note) Zusammenstellung der Reaktion auf diese Entscheidung bei MünchKommHGB-*Ebke* Rdn. 31 f; vgl. ferner ADS⁵ Rdn. 63; im Ergebnis übereinstimmend ADS Rdn. 121.

76 Beck BilKomm-*Budde/Steuber* Rdn. 23.

77 HdR³-*Baetge/Hense* Rdn. 112; Beck BilKomm-*Budde/Steuber* Rdn. 24; KK-*Claussen/Korth* Rdn. 42; *Weiland* BB 1996, 1211, 1214.

78 HdR³-*Baetge/Hense* Rdn. 119; vgl. aber BGHZ 135, 260, 263 ff = NJW 1997, 2178, 2179; ferner ADS Rdn. 121; *WPK* DB 1996, 1434, 1435.

79 Vgl. *Leffson* 21.

80 HdR³-*Baetge/Hense* Rdn. 112, 119; **a. A.** *Moxter* BB 1996, 683, 684.

81 ADS Rdn. 127.

82 KK-*Claussen/Korth* Rdn. 43; Beck BilKomm-*Budde/Steuber* Rdn. 24.

Daten.[83] Da der Prüfer in diesen Fällen selbst keine intellektuelle Leistung erbracht hat, prüft er kein von ihm erstelltes Prüfungsobjekt.[84]

44 Der Abschlußprüfer darf bei der Prüfung eines Jahresabschlusses an dessen endgültiger Erstellung mitwirken. Dabei ist er auf die **Korrektur** von Fehlern und Unstimmigkeiten beschränkt, die den Jahresabschluß nicht ordnungsgemäß sein lassen,[85] denn den Interessenten des Jahresabschlusses ist an einem Abschluß gelegen, der dem Gesetz und den Grundsätzen ordnungsgemäßer Buchführung entspricht.[86] Dem Prüfer ist es jedoch nicht gestattet, einen Abschluß, der diese Voraussetzungen erfüllt, zu verändern, da insofern bereits eine Entscheidung durch das Unternehmen getroffen wurde und eine Veränderung konkrete Auswirkungen auf den Jahresabschluß hat.[87] Von Nr. 5 wird die *Gutachtertätigkeit* für das Unternehmen in Fällen, die sich nicht auf Jahresabschluß und Buchführung beziehen, grundsätzlich nicht berührt. Dies gilt auch für eine Gutachtertätigkeit in einem Verschmelzungsverfahren, die den Wert der beteiligten Unternehmen und die Berechnung des Umtauschverhältnisses der Anteile zum Gegenstand hatte.[88] Wenn sich aus der Gutachtertätigkeit Auswirkungen auf den Jahresabschluss ergeben, ist der Wirtschaftsprüfer jedoch von der Prüfungstätigkeit ausgeschlossen.[89] Im übrigen kann eine Gutachtertätigkeit für das zu prüfende Unternehmen die Besorgnis der Befangenheit begründen (hierzu § 318, 55 ff).

45 **f) Verflechtung mit einer/m nach Nr. 5 ausgeschlossenen Person/Unternehmen (Nr. 6).** Nach Abs. 2 Nr. 6 sind Prüfer ausgeschlossen, die eine der genannten Positionen bei einer gem. Nr. 5 ausgeschlossenen Person bzw. einem solchen Unternehmen innehaben. Der Regelungsinhalt beschränkt sich auf das **Verhindern einer Umgehung** des Ausschlusses wegen einer direkten Mitarbeit am Jahresabschluß nach Nr. 5[90] und deckt sich teilweise mit Nr. 7 (Rdn. 46). Für die Stellung als gesetzlicher Vertreter (Rdn. 21), Aufsichtsrat (Rdn. 31), Gesellschafter (Rdn. 23 ff; 36) und Arbeitnehmer (Rdn. 38) ergeben sich keine Besonderheiten.

46 **g) Beschäftigung ausgeschlossener Personen bei der Prüfung (Nr. 7).** Der Abschlußprüfer kann bei der Prüfung Mitarbeiter beschäftigen, die selbst eine berufs- bzw. zivilrechtliche Haftung trifft (vgl. § 323 Abs. 1). Die Gesamtverantwortung für die Abschlußprüfung obliegt allerdings immer gemeinsam den Prüfern, die den Bestätigungsvermerk unterzeichnen (vgl. § 318, 18). Abs. 2 Nr. 7 berücksichtigt die tatsächliche Einwirkungsmöglichkeit der eingesetzten Mitarbeiter im Rahmen ihrer Tätigkeit auf das Ergebnis der Prüfung. Da die Einwirkungsmöglichkeit unabhängig von einer rechtlichen Bindung an den Abschlußprüfer bestehen kann, ist das zwischen ihnen bestehende Rechtsverhältnis unbeachtlich. Freie Mitarbeiter sind ebenso wie Angestellte betroffen. Im Unterschied zum Ausschluß des Abschlußprüfers aufgrund der Mitwirkung von Personen, mit denen er seinen Beruf gemeinsam ausübt (Rdn. 17 ff), knüpft Nr. 7 an die **Motivlage** bei den Gehilfen selbst an. Das Gesetz geht nicht davon aus, daß der Wirtschaftsprüfer bei seiner Tätigkeit die Interessen seiner Mitarbeiter berücksichtigt, sondern davon, daß diese ihre Interessen selbst berücksichtigen und in diesem Sinn auf die Prüfung einwirken. Demzufolge betrifft der Aus-

---

83 **A. A.** *Claussen/Korth* aaO.

84 Zu weiteren Einzelfällen vgl. HdR³-*Baetge/Hense* Rdn. 113–115, Beck BilKomm-*Budde/Steuber* Rdn. 25 f und *Weiland* BB 1996, 1211, 1214 f.

85 HdR³-*Baetge/Hense* Rdn. 117.

86 *Leffson* 326.

87 **A. A.** für Verbesserungen *Moxter* BB 1996, 683, 684.

88 OLG München DB 2001, 258; ebenso Vorinstanz; LG München I DB 2000, 35 (betr. Hypo-Vereinsbank).

89 OLG Hamburg BB 1992, 1533.

90 Begr. RegE BTDrucks. 10/317 S. 97.

schluß nicht die Personen, die zwar im Rahmen der Prüfung beschäftigt sind, aber das Ergebnis nicht beeinflussen können, wie z. B. Schreibkräfte und Boten.[91]

Als Beschäftigung bei der Prüfung gilt jede Tätigkeit, die materielle **Auswirkungen** auf das Prüfungsergebnis oder den Prüfungsablauf[92] haben kann. Damit sind auch Teilaufgaben im Vorfeld der Prüfung erfaßt.[93] Der Umfang der Auswirkungen ist unerheblich. Die Tätigkeit muß nicht im zeitlichen Zusammenhang mit der Abschlußprüfung erbracht werden. Es genügt vielmehr, wenn sie sich in diesem Zeitraum auswirkt. 47

h) Wirtschaftliche Abhängigkeit (Nr. 8). aa) Allgemeine Voraussetzungen. Der Abschlußprüfer ist nach Abs. 2 Nr. 8 von der Prüfung ausgeschlossen, wenn das Unternehmen eine große wirtschaftliche Bedeutung für seine berufliche Tätigkeit hat. Diese Bedeutung muß sich in der Dauer und in der Höhe der erzielten **Einnahmen** manifestieren. Demzufolge tritt der Ausschluß erst ein, nachdem der Wirtschaftsprüfer fünf Jahre hintereinander und voraussichtlich auch im Prüfungsjahr *mehr als 30 % seiner Gesamteinnahmen* von der zu prüfenden Kapitalgesellschaft oder von Unternehmen, an denen diese mit mehr als 20 % beteiligt ist, bezogen hat. Die mögliche wirtschaftliche Abhängigkeit ist nur auf die berufliche Tätigkeit bezogen. Eine aus anderen Gründen bestehende wirtschaftliche Abhängigkeit ist folglich im Rahmen der Nr. 8 unbeachtlich.[94] Einnahmen, die nicht aus Beratung oder Prüfung erzielt wurden, also z. B. aus Treuhand- und Rechtsvertretungstätigkeit, sind nach der Nr. 8 unbeachtlich und dürfen nach hier vertretener Auffassung auch bei der Ermittlung der Gesamteinnahmen nicht berücksichtigt werden.[95] Eine aus anderen als den in Nr. 8 erfaßten Gründen bestehende wirtschaftliche Abhängigkeit kann aber die Besorgnis der Befangenheit des Prüfers nach § 318 Abs. 3 begründen (hierzu § 318, 55 ff). 48

Die dem Prüfer erstatteten **Auslagen** sind nicht Bestandteil der im Rahmen des Abs. 2 Nr. 8 zu berücksichtigenden Einnahmen.[96] 49

Einkünfte aus der bloßen **Beteiligung** an einer Prüfungs- oder Beratungsgesellschaft, in der der Prüfer selbst nicht tätig ist, werden nicht berücksichtigt.[97] Sie sind reine Kapitaleinkünfte. Etwas anderes gilt, wenn der Prüfer in einer solchen Gesellschaft tätig ist. In diesem Fall ist sein gesamtes dort bezogenes Einkommen zu berücksichtigen.[98] 50

Die Einnahmengrenze muß während der **vergangenen fünf Jahre** überschritten worden sein und voraussichtlich im laufenden Geschäftsjahr überschritten werden. Maßgebend ist die Sichtweise des ggf. Befangenen, so daß es auf das *Geschäftsjahr des Wirtschaftsprüfers* ankommt. Da nach § 319 Abs. 2 der Prüfer nicht Abschlußprüfer sein kann, wenn er eine der Voraussetzungen der Nr. 1 bis 8 erfüllt und die Stellung als Abschlußprüfer während der gesamten Prüfungstätigkeit besteht, darf die Umsatzabhängigkeit weder bei der Bestellung noch zu einem anderen Zeitpunkt bis zu der Erteilung des Bestätigungsvermerks vorliegen.[99] Weil der Abschlußprüfer auch bei 51

---

91 ADS Rdn. 144; KK-*Claussen/Korth* Rdn. 49.

92 HdR³-*Baetge/Hense* Rdn. 74.

93 ADS Rdn. 144.

94 Vgl. auch ADS Rdn. 160.

95 Insofern **a. A.** HdR³-*Baetge/Hense* Rdn. 139; wohl auch KK-*Claussen/Korth* Rdn. 53; im ganzen **a. A.** *Glade* Rdn. 24; *Biener/Berneke* 418; wohl auch MünchKommHGB-*Ebke* Rdn. 40; vgl. auch Begr. RegE, BTDrucks. 10/317 S. 97: „Einnahmen aus Mandatsverhältnissen".

96 HdR³-*Baetge/Hense* Rdn. 136; ADS Rdn. 158; *Glade* Rdn. 24; KK-*Claussen/Korth* Rdn. 53; Beck BilKomm-*Budde/Steuber* Rdn. 31.

97 HdR³-*Baetge/Hense* Rdn. 136.

98 Vgl. ADS Rdn. 160 auch zu der Behandlung einbehaltener Gewinne.

99 So auch HdR³-*Baetge/Hense* Rdn. 133; **a. A.** ADS Rdn. 157; KK-*Claussen/Korth* Rdn. 53; Beck Bil-Komm-*Budde/Steuber* Rdn. 32: Zeitpunkt der Bestellung.

anderen Ausschlußtatbeständen ständig auf deren Vorliegen zu achten hat (vgl. Rdn. 13), besteht für eine andere Handhabung kein Anlaß. Fällt, was regelmäßig der Fall ist, die Erteilung des Bestätigungsvermerks in das der Bestellung nachfolgende Geschäftsjahr des Prüfers, so ist die Berechnung nach Abs. 2 Nr. 8 zweimal anzustellen. Einnahmen werden bei jeder dieser Berechnungen dem Geschäftsjahr zugeordnet, in dem der Anspruch auf sie begründet wurde, denn die Abhängigkeit entsteht durch die wirtschaftliche Bedeutung der Kapitalgesellschaft für den Prüfer, und die wirtschaftliche Bedeutung wird für den Prüfer mit der Entstehung des Anspruchs begründet.[100]

52 **bb) Einzelfragen.** Einnahmen aus der Prüfung und Beratung von Unternehmen, an denen die Kapitalgesellschaft mit mehr als 20 % beteiligt ist, sind nur zu berücksichtigen, wenn die **Beteiligung** zum Zeitpunkt der Anspruchsbegründung bestand. Der Prüfer ist demnach auch dann ausgeschlossen, wenn er in den vergangenen fünf Jahren nur deshalb über der Ausschlußgrenze von 30 % gelegen hat, weil er auch Einnahmen aus der Prüfung und Beratung von solchen Beteiligungsunternehmen hatte und diese Beteiligungen im laufenden Geschäftsjahr nicht mehr bestehen, der Prüfer aber nunmehr allein von der zu prüfenden Kapitalgesellschaft oder von neu mit dieser verbundenen Unternehmen über 30 % der Einnahmen erzielt. Durch die Beteiligungsaufgabe werden also Einnahmen für die Berechnung nicht frei. Andererseits können auch Einnahmen aus der Prüfung und Beratung von Unternehmen für vergangene Geschäftsjahre, in denen eine Beteiligung der zu prüfenden Gesellschaft an diesen noch nicht bestand, nicht berücksichtigt werden.

53 Einnahmen, die in einer **Sozietät** anfallen, sind grundsätzlich zusammenzurechnen und den Gesamteinnahmen der Sozietät gegenüberzustellen.[101] Eine andere, auf die Teil- und Gesamteinnahmen des einzelnen Prüfers abstellende Betrachtung ist wegen der anders gearteten Abhängigkeitssituation anzustellen, wenn die aus einzelnen Mandaten resultierenden Sozietätseinnahmen im Innenverhältnis wieder dem bearbeitenden Prüfer zufließen.[102]

54 Die WPK kann zur Vermeidung von **Härtefällen** befristet Ausnahmegenehmigungen erteilen (Abs. 2 Nr. 8 2. Halbsatz). Damit kann der Situation von Berufsanfängern oder ihre Tätigkeit einstellenden Wirtschaftsprüfern Rechnung getragen werden. Daneben kann im Fall eines nur vorübergehenden Anstiegs der auf einen Mandanten entfallenden Einnahmequote, der z. B. aufgrund des Wegfalls eines anderen Mandats eintritt,[103] die Rechtsfolge des Abs. 2 abgewendet werden. Von der Möglichkeit zur Erteilung von Ausnahmegenehmigungen ist jedoch vor dem Hintergrund des öffentlichen Interesses an einer unabhängigen Abschlußprüfung zurückhaltend Gebrauch zu machen.

55 **i) Erteilung des Bestätigungsvermerks „in mehr als sechs Fällen".** Mit dem KonTraG (hierzu § 316, 4) hat der Gesetzgeber der Vorschrift des Abs. 2 einen zweiten Satz angefügt: Ein Wirtschaftsprüfer darf nicht Abschlußprüfer sein, wenn er in entsprechender Anwendung von Abs. 3 Nr. 6 ausgeschlossen wäre. Hiernach darf eine Wirtschaftsprüfungsgesellschaft nicht Abschlußprüfer sein, wenn sie bei der Prüfung einer Aktiengesellschaft, die Aktien mit amtlicher Notierung ausgegeben hat, einen Wirtschaftsprüfer beschäftigt, der in den dem zu prüfenden Geschäftsjahr vorhergehenden zehn Jahren den Bestätigungsvermerk über die Prüfung der Jahres- oder

---

100 **A. A.** ADS Rdn. 158; HdR³-*Baetge/Hense* Rdn. 133: Zeitpunkt des Einnahmenzuflusses.

101 Vgl. Beck BilKomm-*Budde/Steuber* Rdn. 31; ADS Rdn. 161.

102 Vgl. ADS Rdn. 161.

103 Vgl. HdR³-*Baetge/Hense* Rdn. 143.

Konzernabschlüsse der Kapitalgesellschaft in mehr als sechs Fällen gezeichnet hat. Der Gesetzgeber hat bei der Schaffung des Ausschlußgrundes des Abs. 3 Nr. 6 nicht im Sinne einer zwingenden ‚externen' Rotation (Auswechslung der Prüfungsgesellschaft) entschieden.[104] Hieraus ergeben sich auch Folgerungen für die Interpretation des Abs. 2 S. 2: Wenn Abs. 3 Nr. 6 der Zeichnung des Bestätigungsvermerks durch verschiedene für dieselbe Prüfungsgesellschaft tätige Wirtschaftsprüfer (‚interne' Rotation) nicht entgegensteht, so begegnet auch die Prüfung durch einen Wirtschaftsprüfer keinen Bedenken, welcher seinen Beruf **gemeinsam** mit einer Person ausübt (vgl. zur Sozietätsklausel Rdn. 16 ff), die in dem maßgeblichen Zehnjahreszeitraum ihrerseits in mehr als sechs Fällen den Bestätigungsvermerk erteilt hat. Diese Auslegung findet ihre Bestätigung im Wortlaut des Abs. 2 S. 2: Die Bestimmung schließt in ihrer Formulierung nicht an Abs. 2 S. 1 mit dem die Sozietätsklausel enthaltenden Vorsatz an, sondern setzt mit den Worten „Ein Wirtschaftsprüfer darf ferner nicht ..." neu an. Hiermit ist eine von S. 1 unabhängige Regelung geschaffen worden; sie ist erstmals auf das im Jahre 2002 beginnende Geschäftsjahr anzuwenden (Art. 46 Abs. 2 EGHGB).

Das Tatbestandsmerkmal der Ausgabe von Aktien mit **amtlicher Notierung** in **56**
Abs. 3 Nr. 6 bezieht sich seinem Wortlaut nach allgemein auf die Vergangenheit („ausgegeben hat"). Der kapitalmarktbezogene Schutzzweck des Abs. 2 S. 2 erlaubt eine konkretisierende Auslegung: Die Norm greift schon, aber auch nur dann ein, wenn Aktien der Gesellschaft in dem zu prüfenden Geschäftsjahr zum Handel mit amtlicher Notierung zugelassen waren. Mit Rücksicht auf die in Abs. 2 S. 2 besonders geschützten Kapitalmarktteilnehmer[105] ist ein Eingreifen der Norm unabhängig davon erforderlich, ob die Aktien der zu prüfenden Gesellschaft schon über einen längeren Zeitraum, etwa während des in der Norm in Bezug genommenen Zehnjahreszeitraums, zum amtlichen Handel zugelassen waren. Für den Kapitalmarkt ist nach der Entscheidung des Gesetzgebers wesentlich, daß bei einer Aktiengesellschaft, die das Kapitalmarktsegment des amtlichen Handels in Anspruch nimmt, die Unabhängigkeit des Abschlußprüfers nicht durch eine langjährige ausschließliche Geschäftsbezeichnung in Frage gestellt ist.

Abs. 2 S. 2 fordert einen Prüferwechsel, wenn der verantwortliche Prüfer innerhalb **57**
des dem zu prüfenden Geschäftsjahr vorausgehenden Zehnjahreszeitraums den Bestätigungsvermerk über die Prüfung des Jahres- oder des Konzernabschlusses in **mehr als sechs Fällen** gezeichnet hat. Der Formulierung kann entnommen werden, daß das Gesetz jeden Vorgang der Zeichnung des Bestätigungsvermerks hinsichtlich des Jahres- *oder* des Konzernabschlusses als eigenständigen „Fall" ansieht. Eine solche Interpretation erscheint gerechtfertigt, da der das Entstehen einer Abhängigkeit begünstigende Einnahmezufluß bei Prüfung beider Abschlüsse deutlich höher ist als im Fall der Prüfung nur des Einzel- oder nur des Konzernabschlusses. Hat beispielsweise ein und derselbe Prüfer in den vergangenen vier Jahren jeweils hinsichtlich des Jahres- und des Konzernabschlusses den Bestätigungsvermerk gezeichnet, so liegt nach hier vertretener Auffassung eine Zeichnung in acht „Fällen" vor. Der Prüfer ist gem. Abs. 2 S. 2 für die folgenden sieben Geschäftsjahre ausgeschlossen; denn noch im elften Geschäftsjahr gilt für den dem zu prüfenden Geschäftsjahr *vorausgehenden* Zehnjahreszeitraum, daß der Prüfer in mehr als sechs Fällen den Bestätigungsvermerk nach § 322 gezeichnet hat.

---

[104] Vgl. zu den mit einem zwingenden Wechsel der Prüfungsgesellschaft verbundenen Nachteilen *Dörner* DB 1998, 1, 6; *Forster* AG 1995, 1, 2 f; *Götz* AG 1995, 337, 341; *Seibert* WM 1997, 1, 6; für eine ‚externe' Rotation dagegen der Entwurf der Bundestagsfraktion der SPD, BTDrucks. 13/367 S. 3, 17.

[105] Begr. RegE, BTDrucks. 13/9712 S. 28.

57a **j) Fehlen einer Qualitätsprüfung nach § 57 a WPO.** Wirtschaftsprüfer, die gesetzlich vorgeschriebene Abschlußprüfungen durchführen, haben sich im Abstand von drei Jahren einer Qualitätskontrolle zu unterziehen (§ 57a Abs. 1 S. 1 WPO). Gleiches gilt gem. § 130 Abs. 3 S. 1 WPO für vereidigte Buchprüfer. Die Wirtschaftsprüferkammer kann „zur Vermeidung von Härtefällen" befristete Ausnahmegenehmigungen erteilen (§ 57a Abs. 1 S. 2 WPO). Mit diesen durch das Wirtschaftsprüferordnungs-Änderungsgesetz vom 19.12.2000 eingeführten Bestimmungen hat der Bundesgesetzgeber ein sog. **Peer-review-Verfahren** zur Sicherung des Qualitätsstandards der Abschlußprüfung geschaffen.[106] Einzelheiten ergeben sich aus § 57 a Abs. 2–8, §§ 57 b–57 h WPO: Ein Wirtschaftsprüfer, der nicht über eine wirksame Bescheinigung über die Teilnahme an der Qualitätskontrolle verfügt, darf, wenn die Wirtschaftsprüferkammer keine Ausnahmegenehmigung erteilt hat, gem. Abs. 2 S. 2 nicht Abschlußprüfer sein. Die erste Qualitätskontrolle muß bis zum Ablauf des Jahres 2005 bzw., wenn der Wirtschaftsprüfer die gesetzliche Abschlußprüfung einer Gesellschaft durchführt, die Aktien mit amtlicher Notierung ausgegeben hat, bis zum Ablauf des Jahres 2002 durchgeführt worden sein (§ 136 Abs. 1 WPO).

4. Ausschluß von Prüfungsgesellschaften nach Abs. 3

58 a) **Allgemeines.** Nach Abs. 3 sind Prüfungsgesellschaften unter bestimmten Voraussetzungen von der Abschlußprüfung ausgeschlossen. Die Ausschlußgründe knüpfen an zwei mögliche Quellen der **Befangenheit** an: Zum einen wird die Gesellschaft als eigenständige Person betrachtet. Demzufolge werden bei ihr selbst bestehende Merkmale berücksichtigt. Zum anderen wird dem Umstand Rechnung getragen, daß sie aus Personen besteht, die das Verhalten der Prüfungsgesellschaft beeinflussen können. Die prinzipielle Gleichstellung von Prüfungsgesellschaften mit Wirtschaftsprüfern bzw. vereidigten Buchprüfern wird an der Bezugnahme auf Tatbestandsmerkmale des Abs. 2 deutlich.

59 Im Unterschied zu Abs. 2 enthält Abs. 3 aber **keine Sozietätsklausel** (hierzu Rdn. 16 ff). Die Einbeziehung von Personen, mit denen die Prüfungsgesellschaft ihre Tätigkeit gemeinsam ausübt, also Sozietäten und Bürogemeinschaften, ist umstritten. Nach einer Ansicht[107] stellt es auch für Prüfungsgesellschaften einen Ausschlußgrund dar, wenn solche Personen einen Ausschlußtatbestand erfüllen. Hierfür wird angeführt, Prüfungsgesellschaften dürften gegenüber Einzelprüfern nicht besser gestellt werden.[108] Außerdem wird mit Recht darauf hingewiesen, daß bei einer gemeinsamen Berufsausübung regelmäßig eine Gleichrichtung der Interessen gegeben sein wird.[109] Wenn allerdings zugleich unter Hinweis auf die Begründung zum RegE[110] darauf verwiesen wird, daß der Personenkreis der mit dem Wirtschaftsprüfer bzw. vereidigten Buchprüfer zusammenarbeitenden Personen in Abs. 2 nicht abschließend geregelt sei, so folgt daraus nicht, daß als ein solcher Prüfer ohne weiteres auch Prüfungsgesellschaften anzusehen sind.[111] Nach anderer Auffassung sind die Ausschlußgründe des Abs. 3 in ihrer Personenbezogenheit auf die in ihm direkt genannten Personen ausreichend, so daß das Problem der Erweiterung sich nicht stelle.[112] Diese Gedanken-

[106] Vgl. zur Diskussion um die Einführung der Qualitätskontrolle *Marks/Schmidt* WPg 2000, 409; *Niehus* WPg 2000, 457; vgl. auch *IDW* Entwurf eines Prüfungsstandards 140: Die Durchführung von Qualitätskontrollen in der Wirtschaftsprüferpraxis.

[107] KK-*Claussen/Korth* Rdn. 57, 62; *Biener/Berneke* 416; HdR^3-*Baetge/Hense* Rdn. 157.

[108] *Biener/Berneke* 416.

[109] KK-*Claussen/Korth* Rdn. 57.

[110] Begr RegE, BTDrucks. 10/317 S. 96.

[111] So aber *Claussen/Korth* aaO.

[112] ADS Rdn. 172.

führung begegnet jedoch Zweifeln: Wenn beispielsweise eine aus zwei Wirtschaftsprüfern bestehende Prüfungsgesellschaft in einer Sozietät mit einer weiteren Person arbeitet, welche ihrerseits nach Abs. 2 ausgeschlossen ist, greift unmittelbar keiner der Ausschlußgründe des Abs. 3; das Bestehen einer Interessenverquickung ist in diesem Fall freilich nicht von der Hand zu weisen. Dennoch ist *im Grundsatz* der zweiten Ansicht zu folgen (zu Ausnahmen Rdn. 60). Es kann nicht davon ausgegangen werden, daß der Gesetzgeber diese Problematik übersehen hat. Zwischen den Ausschlußgründen nach Abs. 2 und Abs. 3 besteht ein erheblicher Unterschied. Im 1. Halbsatz von Abs. 2 wird nicht nur das Ausschlußobjekt genannt (der Wirtschaftsprüfer bzw. der vereidigte Buchprüfer), sondern auch die Variante, daß der Prüfer als solcher oder mit einer anderen Person den Beruf gemeinsam ausübt. Erst die weiteren Tatbestandsmerkmale werden in den einzelnen Nummern in Abs. 2 genannt. Demgegenüber ist der Aufbau in Abs. 3 ein anderer. Hier wird im 1. Halbsatz lediglich das Ausschlußobjekt ohne Sozietätsklausel genannt. Für diese unterschiedliche Formulierung können sprachliche Gründe nicht angeführt werden. Das ist bei Abs. 3 Nr. 1 und 2 offensichtlich. Aber auch für die anderen Tatbestände wäre innerhalb einer jeden Nummer durch die Voranstellung beispielsweise der Formulierung „einen gesetzlichen Vertreter hat, der" die sprachliche Gleichstellung mit Abs. 2 durch Aufnahme der Sozietätsklausel in den 1. Halbsatz leicht möglich gewesen. Da dies nicht geschehen ist, muß von einer unterschiedlichen Behandlung von Einzelprüfer und Prüfungsgesellschaft ausgegangen werden.

Bei den Tatbeständen des Abs. 3 wird teilweise auf **einzelne Ausschlußgründe** des **60** Abs. 2 verwiesen. Zu den Tatbeständen des Abs. 2 gehört auch der vorangestellte Satz zu Abs. 2 (Rdn. 58). Soweit in Abs. 3 auf Abs. 2 verwiesen wird, kann es daher zulässig erscheinen, die Sozietätsklausel durchgreifen zu lassen.[113] Hierbei ist jedoch zwischen den Fällen des Abs. 3 Nr. 2 und denen des Abs. 3 Nr. 3–5 zu unterscheiden: Bei Abs. 3 Nr. 2 ist die Prüfungsgesellschaft wegen eines in ihr selbst bestehenden Befangenheitsgrundes ausgeschlossen. Für diese Fälle „paßt" die Sozietätsklausel, wenn einer der Ausschlußgründe des Abs. 2 Nr. 5, 6, 7 oder 8 bei einer Person gegeben ist, mit der die Gesellschaft ihre Tätigkeit gemeinsam ausübt.[114] Dagegen würde es zu einer systemwidrigen Ausweitung der Ausschlußtatbestände führen, wenn die Sozietätsklausel auch in den Fällen des Abs. 3 Nr. 3–5 zur Anwendung käme. So würde es bei einer Anwendung der Sozietätsklausel im Rahmen des Abs. 3 Nr. 3 i. V. m. Abs. 2 Nr. 1 zum Ausschluß der Prüfungsgesellschaft führen, wenn einer ihrer gesetzlichen Vertreter oder ihr Mehrheitsgesellschafter unabhängig von seinem Engagement in der Prüfungsgesellschaft mit einer anderen Person (etwa einem Rechtsanwalt) in einer Sozietät verbunden wäre, welche ihrerseits in geringem Umfang Anteile an der zu prüfenden Kapitalgesellschaft hielte. Da selbst im Fall einer sozietätsmäßigen Verbindung der Prüfungsgesellschaft mit einem Gesellschafter der zu prüfenden Kapitalgesellschaft kein Ausschluß in Betracht kommt (vgl. zur Auslegung des nicht mit einer Sozietätsklausel versehenen Abs. 3 Rdn. 59), kann der ‚entferntere' Fall einer zwischen dem gesetzlichen Vertreter oder einem Mehrheitsgesellschafter der Prüfungsgesellschaft und einem Gesellschafter der zu prüfenden Kapitalgesellschaft bestehenden Sozietät nicht zum Ausschluß führen.[115]

---

[113] Vgl. HdR³-*Baetge/Hense* Rdn. 157; **a. A.** ADS Rdn. 173.

[114] Ebenso HdR³-*Baetge/Hense* Rdn. 157.

[115] Insofern übereinstimmend ADS Rdn. 173, die aber – weitergehend – die Sozietätsklausel offenbar auch im Fall des Abs. 3 Nr. 2 nicht für anwendbar halten; für Anwendung der Sozietätsklausel auch bei Abs. 3 Nr. 3–5 HdR³-*Baetge/Hense* Rdn. 168, 175 und 179.

61 b) **Anteilsbesitz oder Unternehmensverbindung.** Die Prüfungsgesellschaft ist von der Prüfung ausgeschlossen, wenn sie *Anteile* an der zu prüfenden Kapitalgesellschaft besitzt. Die Voraussetzungen sind mit denen in Abs. 2 Nr. 1 identisch, daher gelten die dort getroffenen Aussagen auch hier (Rdn. 23 ff). Des weiteren ist sie ausgeschlossen, wenn sie mit dem zu prüfenden Unternehmen verbunden ist. **Verbundenheit** liegt wie in den Fällen des Abs. 2 (Rdn. 34) nach § 271 Abs. 2 vor, wenn die Konzernmerkmale des § 290 erfüllt sind.[116] Die Stellung als Mutterunternehmen einer Prüfungsgesellschaft ist durch § 28 Abs. 4 WPO auf Wirtschaftsprüfer bzw. Wirtschaftsprüfungsgesellschaften beschränkt. Eine Besonderheit ergibt sich für Prüfungsgesellschaften, die vor dem 1. 1. 1986 anerkannt waren und an denen die öffentliche Hand beteiligt war, insbesondere in Gestalt von *Gebietskörperschaften*. Problematisch ist die Stellung dieser Körperschaften als Unternehmen. Bund, Länder und Gemeinden sind nach der Konzeption des Dritten Buches nicht zur Konzernrechnungslegung verpflichtet; sie scheiden daher – anders als im Konzerngesellschaftsrecht[117] – für das Konzernbilanzrecht als Mutterunternehmen aus.[118] Diese Begriffsbestimmung ist gem. § 271 Abs. 2 für das gesamte Dritte Buch maßgebend.[119] Danach wäre es möglich, daß eine mit einer Gebietskörperschaft verbundene Prüfungsgesellschaft ein anderes Unternehmen prüft, an dem die Gebietskörperschaft beteiligt ist.[120] Zu beachten ist aber die Anwendbarkeit von Abs. 3 Nr. 3 in solchen Fällen.[121] Auch *mittelbare Verbindungen* werden von Abs. 3 Nr. 1 erfaßt: Prüfungsgesellschaften sind ausgeschlossen, wenn sie mit einem Unternehmen verbunden sind, welches mit der zu prüfenden Kapitalgesellschaft verbunden ist oder mehr als 20 % ihrer Anteile hält. Für den Anteilsbesitz gelten die Ausführungen zu Abs. 2 Nr. 1 (Rdn. 23 ff).

62 c) **Ausschluß in den Fällen des Abs. 2 Nr. 5–8.** Abs. 3 Nr. 2 stellt **Prüfungsgesellschaften** in den Fällen des Abs. 2 Nr. 5–8 Einzelprüfern gleich. Für diese Tatbestände gelten die zu Abs. 2 Nr. 5–8 getroffenen Feststellungen (Rdn. 39–54). Nicht erforderlich ist, daß die bei der Prüfung mitwirkenden Abschlußprüfer in ihrer Person die Ausschlußgründe erfüllt haben.[122] Durch die Einbeziehung von Abs. 2 Nr. 6 wird auch der Fall erfaßt, daß die Prüfungsgesellschaft an einer anderen Prüfungsgesellschaft beteiligt ist, die an der Aufstellung des Jahresabschlusses mitgewirkt hat. Bei der Ermittlung der Umsatzabhängigkeit i. S. v. Abs. 2 Nr. 8 bleiben Umsätze von mit der Prüfungsgesellschaft verbundenen Unternehmen außer Betracht.[123] Hiervon zu unterscheiden ist der Fall, daß die *zu prüfende Kapitalgesellschaft* mehr als 20 % der Anteile an einem Unternehmen hält, von dem die Prüfungsgesellschaft Einnahmen bezieht, wenn sie unter Einrechnung dieser Einnahmen die Grenze des Abs. 2 Nr. 8 überschreitet.[124]

---

116 Beck BilKomm-*Hoyos/Gutike* § 271, 33 ff; HdR³-*Baetge/Hense* Rdn. 152; für eine Anwendung der Kriterien des § 15 MünchKommHGB-*Ebke* Rdn. 25 (im Zusammenhang des Abs. 2 Nr. 3); vgl. auch *Ulmer* FS Goerdeler S. 623, 638 f.

117 Vgl. BGHZ 69, 334 = NJW 1978, 104 (VEBA/Gelsenberg); BGHZ 105, 168, 176 f = NJW 1988, 3143 (HSW); BGHZ 135, 107, 113 = NJW 1997, 1855 (Volkswagen); aus dem Schrifttum *Hüffer* § 15, 13 m. w. N.

118 Vgl. Bericht des Rechtsausschusses, BTDrucks. 10/4268 S. 113.

119 Vgl. Bericht des Rechtsausschusses, BTDrucks. 10/4268, S. 113: „Diese Umschreibung hat auch für die Definition des verbundenen Unternehmens in § 271 Abs. 2 HGB Bedeutung".

120 Vgl. KK-*Claussen/Korth* Rdn. 60.

121 Vgl. ADS Rdn. 90 (Aussage in ADS Rdn. 176 nicht enthalten).

122 Vgl. HdR³-*Baetge/Hense* Rdn. 158.

123 Wie hier Beck BilKomm-*Budde/Steuber* Rdn. 38; **a. A.** ADS Rdn. 184, die darauf abstellen, ob die als Prüfer bestellte Wirtschaftsprüfungsgesellschaft in der anderen Gesellschaft eine berufliche Tätigkeit ausübt. Vgl. auch KK-*Claussen/Korth* Rdn. 62.

124 Vgl. Beck BilKomm-*Budde/Steuber* Rdn. 38.

d) Personelle Verflechtungen. Abs. 3 Nr. 3 berücksichtigt Verbindungen der die Prüfungsgesellschaft als Gesellschafter oder gesetzliche Vertreter dominierenden Personen. Besteht bei einer solchen Person einer der in Abs. 2 Nr. 1 bis 4 normierten Ausschlußgründe, so ist auch die Prüfungsgesellschaft ausgeschlossen. Da Hintergrund der **Zurechnung** der mögliche Einfluß auf die Prüfungsgesellschaft ist, erfordert die Zurechnung von Ausschlußgründen bei einem Gesellschafter einer Kapitalgesellschaft, daß dieser mind. 50 % der Stimmrechte besitzt. Anknüpfungspunkt ist dabei nicht der entsprechende Kapitalanteil an der Kapitalgesellschaft, sondern der *tatsächliche Stimmrechtsbesitz*, so daß auch übertragene Stimmrechte zu berücksichtigen sind.[125] Der Gesellschafter muß die Stimmrechte nicht in jedem Fall in seiner Person konzentrieren. Werden Stimmrechte über eine Sozietät gehalten, bei der sie gepoolt sind, so sind sie den Gesellschaftern jeweils zur Gänze zuzurechnen.[126] Die Mehrheitsbeteiligung einer anderen Prüfungsgesellschaft, deren Gesellschafter ihrerseits einen der Ausschlußtatbestände erfüllen, ist dagegen von Abs. 3 Nr. 3 nicht erfaßt.[127] 63

e) Ausschlußgründe bei gesetzlichen Vertretern oder Gesellschaftern. Haben gesetzliche Vertreter oder auch nur geringfügig beteiligte Gesellschafter der Prüfungsgesellschaft i. S. v. Abs. 2 Nr. 5 unmittelbar oder i. S. v. Abs. 2 Nr. 6 mittelbar bei der Buchführung oder der Aufstellung des Jahresabschlusses der zu prüfenden Kapitalgesellschaft **mitgewirkt** (Rdn. 39 ff), so ist die Prüfungsgesellschaft gem. Abs. 3 Nr. 4 von der Abschlußprüfung ausgeschlossen. Gesellschafter kann in diesem Fall auch eine andere Prüfungsgesellschaft sein.[128] Abs. 3 Nr. 2 i. V. m. Abs. 2 Nr. 6 greift in diesem Fall nicht ein, da darin nur Fälle einer Gesellschafterstellung der auszuschließenden Prüfungsgesellschaft berücksichtigt werden. Für den hiervon zu unterscheidenden Fall, daß eine dritte Prüfungsgesellschaft als Gesellschafter sowohl an der bei der *Aufstellung* des Jahresabschlusses mitwirkenden Prüfungsgesellschaft als auch an der diesen *prüfenden* – und ggf. auszuschließenden – Prüfungsgesellschaft beteiligt ist, gilt nur Abs. 3 Nr. 4. 64

f) Ausschlußgründe bei Aufsichtsratsmitgliedern. Das Vorliegen von Ausschlußgründen bei Mitgliedern des Aufsichtsrats einer Prüfungsgesellschaft führt nur unter engeren Voraussetzungen zum Ausschluß der Prüfungsgesellschaft. Abs. 3 Nr. 5 1. Alt. ordnet den Ausschluß der Prüfungsgesellschaft im Fall einer **personellen Verflechtung** mit der zu prüfenden Kapitalgesellschaft an: Der Ausschluß greift ein, wenn ein Aufsichtsratsmitglied der Prüfungsgesellschaft gesetzlicher Vertreter, Mitglied des Aufsichtsrats oder Arbeitnehmer der zu prüfenden Kapitalgesellschaft ist oder in den letzten drei Jahren vor der Bestellung der Prüfungsgesellschaft war (vgl. zur Auslegung der Tatbestandsmerkmale des Abs. 2 Nr. 2 Rdn. 30 ff). Nach Abs. 3 Nr. 5 2. Alt. führt auch die unmittelbare Mitwirkung des Aufsichtsratsmitglieds an der Aufstellung des Jahresabschlusses bzw. der Führung der Bücher der zu prüfenden Kapitalgesellschaft zum Ausschluß der Prüfungsgesellschaft. Als Aufsichtsrat gelten auch hier neben dem gesetzlich vorgeschriebenen Aufsichtsrat alle Gremien, die eine entsprechende Funktion ausüben;[129] der Gesetzgeber wollte mit Abs. 3 Nr. 5 die Umgehung von Abs. 2 Nr. 5 verhindern.[130] 65

---

125 HdR^3-*Baetge/Hense* Rdn. 165.

126 Vgl. ADS Rdn. 188.

127 Vgl. zum Ganzen auch HdR^3-*Baetge/Hense* Rdn. 169; ADS Rdn. 187.

128 Vgl. § 28 Abs. 4 S. 1 Nr. 1 WPO: andere Gesellschaften kommen nicht als Gesellschafter von Prüfungsgesellschaften in Betracht.

129 Vgl. Rdn. 31; HdR^3-*Baetge/Hense* Rdn. 177.

130 Begr. RegE, BTDrucks. 10/317 S. 98.

66 **g) Erteilung des Bestätigungsvermerks „in mehr als sechs Fällen".** Gem. Abs. 3 Nr. 6 darf eine Prüfungsgesellschaft nicht Abschlußprüfer sein, wenn sie bei der Prüfung einer Aktiengesellschaft, die Aktien mit amtlicher Notierung ausgegeben hat, einen Wirtschaftsprüfer beschäftigt, der in dem dem zu prüfenden Geschäftsjahr vorausgehenden Zehnjahreszeitraum den Bestätigungsvermerk über die Prüfung des Jahres- oder des Konzernabschlusses der zu prüfenden Gesellschaft in mehr als sechs Fällen gezeichnet hat. Das Gesetz folgt dem Prinzip der **‚internen Rotation'**: Es fordert nicht die Auswechslung der Prüfungsgesellschaft, aber diejenige des verantwortlichen Prüfers bzw. der verantwortlichen Prüfer. Wegen der Interpretation der einzelnen Merkmale wird auf die Ausführungen zu Abs. 2 S. 2 (Rdn. 55–57) verwiesen.

66a **h) Fehlen einer Qualitätsprüfung nach § 57 a WPO.** Auch Wirtschaftsprüfungsgesellschaften sind – wie Wirtschaftsprüfer in eigener Praxis – verpflichtet, sich im Abstand von drei Jahren einer Qualitätskontrolle zu unterziehen, wenn sie gesetzlich vorgeschriebene Abschlußprüfungen durchführen (§ 57a Abs. 1 S. 1 WPO). Gleiches gilt für Buchprüfungsgesellschaften (§ 130 Abs. 3 S. 1 WPO). Eine Wirtschaftsprüfungsgesellschaft bzw. Buchprüfungsgesellschaft darf, wenn sie nicht über eine wirksame Bescheinigung über die Teilnahme an einem **Peer-review-Verfahren** verfügt und die Wirtschaftsprüferkammer keine Ausnahmegenehmigung erteilt hat, nicht Abschlußprüfer sein (Abs. 3 Nr. 7). Wegen des Zeitpunktes der erstmaligen Durchführung der Qualitätskontrolle gilt das in Rdn. 57a Gesagte.

IV. Anwendung der Ausschlußtatbestände auf den Konzernabschluß (Abs. 4)

1. Allgemeines

67 Die für den Abschlußprüfer des Jahresabschlusses bestehenden **Ausschlußgründe** gelten entsprechend für den Abschlußprüfer des Konzernabschlusses (Abs. 4). Grundsätzlich kann auf die zu Abs. 1–3 getroffenen Aussagen verwiesen werden. Im folgenden werden nur die für die Prüfung eines Konzernabschlusses geltenden Besonderheiten dargestellt.

68 Bezugsobjekte für die Ausschlußgründe sind neben der Konzernmutter alle weiteren in den Konzernabschluß einbezogenen Unternehmen.[131] Das gilt jedoch nicht, soweit deren Jahresabschluß nach § 317 Abs. 3 S. 2 und 3 keiner eigenständigen Prüfung durch den Konzernabschlußprüfer bedarf: Zwar kann auch das Bestehen einer solchen Beteiligung die Neutralität des Konzernabschlußprüfers in Frage stellen; der Wortlaut der Ausschlußtatbestände, die auf die ‚zu prüfende Kapitalgesellschaft' abstellen, erlaubt aber keine Ausdehnung auf Tochterunternehmen, die nicht Gegenstand der Konzernabschlußprüfung sind.[132] In einem solchen Fall kann die Besorgnis der Befangenheit des Konzernabschlußprüfers gegeben sein (hierzu § 318, 55 ff). Der Verweis auf Abs. 2 umfaßt auch die **Sozietätsklausel**. Bei der in den Grenzen des § 317 Abs. 3 erforderlichen Prüfung der Abschlüsse ausländischer Tochterunternehmen greift die Sozietätsklausel auch bezüglich der im Ausland mit dem Konzernabschlußprüfer zusammenarbeitenden Personen. Dafür ist nicht erforderlich, daß zwischen den Wirtschaftsprüfern bzw. Wirtschaftsprüfungsgesellschaften eine Sozietät besteht; es genügt vielmehr, wenn bei der Prüfung international

---

131 KK-*Claussen/Korth* Rdn. 66 sprechen insofern von „Tiefenwirkung".

132 Vgl. auch Beck BilKomm-*Budde/Steuber* Rdn. 43;. **a. A.** HdR³-*Baetge/Hense* Rdn. 85.

tätiger Unternehmen so zusammengearbeitet wird, daß von einer gemeinsamen Ausübung der Prüfungstätigkeit gesprochen werden kann (vgl. zu den Kriterien Rdn. 17).[133]

2. Einzelne Tatbestände (Besonderheiten)

Beim Konzernabschlußprüfer sind im Rahmen von Abs. 2 Nr. 1 sowohl die an der Mutter- als auch die an Tochtergesellschaften gehaltenen **Anteile** zu berücksichtigen. Dies gilt nach dem Gesagten (Rdn. 68) nicht im Fall der Beteiligung des Konzernabschlußprüfers an einem Tochterunternehmen, welches gem. § 317 Abs. 3 S. 2 oder 3 einer Prüfung durch den Konzernabschlußprüfer nicht bedarf.[134] **69**

Die Innehabung einer der in Abs. 2 Nr. 2 genannten **Funktionen** in einem zum Konzern gehörenden Unternehmen führt grundsätzlich zum Ausschluß des Konzernabschlußprüfers; ein anderes gilt wiederum in den Fällen des § 317 Abs. 3 S. 2 und 3 (vgl. Rdn. 68).[135] Abs. 2 Nr. 3 bringt i.V.m. Abs. 4 gegenüber den schon von Nr. 2 i.V.m. Abs. 4 erfaßten Fällen einer Organmitgliedschaft des Konzernabschlußprüfers in Konzernunternehmen insofern eine Erweiterung, als auch die Stellung als gesetzlicher Vertreter, Mitglied des Aufsichtsrats oder Inhaber eines Unternehmens, welches *mehr als 20 % der Anteile eines Konzernunternehmens* besitzt, zum Ausschluß des Konzernabschlußprüfers führt.[136] Nach Abs. 2 Nr. 4 i.V.m. Abs. 4 ist ein Wirtschaftsprüfer zudem als Konzernabschlußprüfer ausgeschlossen, wenn er Arbeitnehmer einer Unternehmung oder einer natürlichen Person ist, welche an dem zu prüfenden Mutterunternehmen oder an einem anderen Konzernunternehmen mit mehr als 20 % beteiligt ist. Zu beachten ist, daß die Tatbestände auch bei ihrem Vorliegen während des Prüfungszeitraums (zum Begriff Rdn. 5) zum Ausschluß führen, während für die Ausschlußgründe des Abs. 2 Nr. 2 zusätzlich ein Zeitraum von drei Jahren vor der Bestellung maßgebend ist (vgl. Rdn. 30, 34). Ein Wirtschaftsprüfer ist als Konzernabschlußprüfer auch dann ausgeschlossen, wenn er an der Erstellung des Jahresabschlusses oder bei der Führung der Bücher eines Konzernunternehmens mitgewirkt hat: auch im Fall des Abs. 2 Nr. 5 ist Bezugsobjekt der Ausschlußgründe für den Konzernabschlußprüfer jedes in den Konzernabschluß einbezogene Unternehmen (vgl. Rdn. 68). Eine Ausnahme ergibt sich auch hier für den Fall, daß der Jahresabschluß eines Konzernunternehmens nach § 317 Abs. 3 S. 2 oder 3 von einem anderen Prüfer mit befreiender Wirkung geprüft wurde.[137] **70**

Die Vorschrift zur **Beschäftigung von Personen**, die nach Abs. 2 Nr. 1–6 nicht Abschlußprüfer sein dürfen (Abs. 2 Nr. 7), bezieht sich im Rahmen des Abs. 4 nur auf den Konzernabschluß. Die nach §§ 318f bestellten Abschlußprüfer des Jahresabschlusses eines Tochterunternehmens gelten aufgrund ihres eigenen Mandats nicht als bei der Konzernabschlußprüfung beschäftigte Personen.[138] **71**

Bei den im Rahmen des Abs. 2 Nr. 8 maßgebenden Einnahmen werden nur die **Einnahmen** aus der Prüfung und Beratung des Mutterunternehmens sowie der Unter- **72**

---

133 Insoweit **a. A.** *Budde/Steuber* aaO.

134 Ebenso ADS Rdn. 86; Beck BilKomm-*Budde/Steuber* Rdn. 44; **a. A.** HdR³-*Baetge/Hense* Rdn. 85.

135 Wie hier ADS Rdn. 93; **a. A.** HdR³-*Baetge/Hense* Rdn. 94.

136 HdR³-*Baetge/Hense* Rdn. 104; **a. A.** bzgl. Unternehmen, die lediglich an Tochterunternehmen beteiligt sind, ADS Rdn. 106.

137 HdR³-*Baetge/Hense* Rdn. 122.

138 HdR³-*Baetge/Hense* Rdn. 76; vgl. zum Fall einer Prüfung einbezogener Jahresabschlüsse durch bei der Konzernabschlußprüfung tätige Personen ADS Rdn. 147.

nehmen berücksichtigt, an denen das Mutterunternehmen mehr als 20 % der Anteile hält.[139] Einnahmen aus der Tätigkeit für Unternehmen, an denen lediglich Tochterunternehmen zu mehr als 20 % beteiligt sind, sind nicht einzurechnen.[140] Die Abhängigkeitssituation ist beim Konzernabschlußprüfer – der von den Gesellschaftern des Mutterunternehmens gewählt oder aufgrund der Fiktion des § 318 Abs. 2 S. 1 bestimmt wird – nicht grundsätzlich anders zu beurteilen als beim Abschlußprüfer des Jahresabschlusses des Mutterunternehmens. Daher ist davon auszugehen, daß die vom Gesetzgeber vorgenommene Abgrenzung des Kreises der Unternehmen, deren Honorare bei der Berechnung der nach Abs. 2 Nr. 8 maßgebenden Einkommensquote zu berücksichtigen sind, auch bei der Anwendung dieser Vorschrift auf den Konzernabschlußprüfer maßgebend ist.

73 Für **Prüfungsgesellschaften**, die Konzernabschlußprüfer sind, ergeben sich darüber hinaus keine Besonderheiten. Auch bei der entsprechenden Anwendung des Abs. 3 ist die „Tiefenwirkung" des Abs. 4 zu beachten (vgl. im Zusammenhang des Abs. 2 schon Rdn. 68). So kann beispielsweise der Ausschlußgrund des Abs. 3 Nr. 1 bei der Konzernabschlußprüfung bereits eingreifen, wenn die Wirtschaftsprüfungsgesellschaft Anteile an einem in den Konzernabschluß einbezogenen *Tochterunternehmen* des zu prüfenden Mutterunternehmens hält oder mit diesem verbunden ist. Wegen Einzelheiten zu den Ausschlußgründen bei der Konzernabschlußprüfung ist auf Rdn. 69 ff zu verweisen.

V. Rechtsfolgen bei Verstößen

1. Fehlen der erforderlichen Qualifikation

74 Die **Wahl bzw. die Bestellung** einer Person bzw. Personenvereinigung zum Abschlußprüfer, die nicht die für das jeweilige Prüfungsobjekt (Rdn. 4 ff) erforderliche Qualifikation als Wirtschaftsprüfer/Wirtschaftsprüfungsgesellschaft bzw. vereidigter Buchprüfer/Buchprüfungsgesellschaft aufweist, ist nichtig. Für die AG und die KGaA ergibt sich dies aus § 241 Nr. 3 3. Fall AktG, für die GmbH aus einer entsprechenden Anwendung der Vorschrift.[141] Für die Nichtigkeit des Beschlusses ist die Qualifikation des Prüfers in diesem Zeitpunkt entscheidend; durch nachträglichen Erwerb der Qualifikation tritt keine Heilung ein.[142] Umgekehrt wird ein Wahlbeschluß durch Wegfall der Qualifikation nicht nichtig.[143] Vielmehr ist der Abschlußprüfer in diesem Fall erneut zu wählen bzw. vom Gericht nach § 318 Abs. 4 S. 2 zu bestellen (vgl. § 318, 71).

Wurde die Abschlußprüfung durch einen nicht qualifizierten Abschlußprüfer
75 durchgeführt, so ist der festgestellte **Jahresabschluß** nichtig (§ 256 Abs.1 Nr. 3 AktG, analog für GmbH).[144] Die Nichtigkeit tritt ein, wenn der Abschlußprüfer nicht zu jedem Zeitpunkt der Prüfungstätigkeit die erforderliche Qualifikation besitzt.[145] Wird die Nichtigkeit nicht innerhalb von sechs Monaten nach der Bekanntmachung des Jahresabschlusses geltend gemacht, so ist sie geheilt (§ 256 Abs. 6 AktG).

---

[139] ADS Rdn. 164; HdR³-*Baetge/Hense* Rdn. 145 ff.
[140] Ebenso *Baetge/Hense* aaO.
[141] Vgl. BGHZ 51, 209, 210; Baumbach/Hueck/*Zöllner* Anh § 47, 24; **a. A.** HdR³-*Baetge/Hense* Rdn. 187: § 134 BGB.
[142] KK-*Claussen/Korth* Rdn. 13.
[143] HdR³-*Baetge/Hense* Rdn. 185.
[144] ADS Rdn. 248; HdR³-*Baetge/Hense* Rdn. 180.
[145] ADS aaO.

2. Verstoß gegen Ausschlußgründe

Die Ausschlußgründe in Abs. 2 bis 4 beinhalten **gesetzliche Verbote** im Sinne des § 134 BGB.[146] War einer dieser Gründe bereits zum Zeitpunkt der Wahl bzw. Bestellung des Abschlußprüfers gegeben, so ist diese nichtig (str.).[147] Nach dem Konzept des BiRiLiG erstreckt sich diese Nichtigkeit *nicht* auf den festgestellten Jahresabschluß (allg. Meinung).[148] Hierin liegt zwar eine Antinomie mit § 256 Abs. 1 Nr. 3 1. Fall AktG.[149] Der Gesetzgeber hat aber mit Blick auf die erhebliche Ausweitung der Ausschlußgründe und wegen der mitunter schwierigen Erkennbarkeit ihres Vorliegens davon abgesehen, auch die Tatbestände des § 319 Abs. 2 und 3 neben demjenigen des Abs. 1 in den Katalog der Nichtigkeitsgründe des § 256 AktG aufzunehmen.[150] **76**

Wegen des Verstosses gegen ein gesetzliches Verbot (Rdn. 76) ist im Fall des anfänglichen Vorliegens eines Ausschlußgrundes auch der **Prüfungsvertrag nichtig**. Demzufolge kann der Abschlußprüfer keine Vergütung verlangen. Auch Ansprüche aus GoA und ungerechtfertigter Bereicherung sind ausgeschlossen.[151] Vielmehr trifft den Abschlußprüfer neben den Folgen aus § 334 Abs. 2 (vgl. die Erläuterungen dort) gegebenenfalls eine gegenüber dem Unternehmen bestehende Schadensersatzpflicht aus § 823 Abs. 2 BGB i. V. m. § 319 HGB bzw. aus § 311a Abs. 2 BGB. **77**

Sind durch die **Satzung** bzw. durch den Gesellschaftsvertrag weitere Ausschlußgründe geschaffen worden, so führt ein Verstoß hiergegen nicht zur Nichtigkeit, sondern zur Anfechtbarkeit. Bei AG und KGaA ergibt sich dies aus § 243 Abs. 1 AktG,[152] bei der GmbH aus einer entsprechenden Anwendung dieser Vorschrift. **78**

§ 320

Vorlagepflicht. Auskunftsrecht

(1) Die gesetzlichen Vertreter der Kapitalgesellschaft haben dem Abschlußprüfer den Jahresabschluß und den Lagebericht unverzüglich nach der Aufstellung vorzulegen. Sie haben ihm zu gestatten, die Bücher und Schriften der Kapitalgesellschaft sowie die Vermögensgegenstände und Schulden, namentlich die Kasse und die Bestände an Wertpapieren und Waren, zu prüfen.

(2) Der Abschlußprüfer kann von den gesetzlichen Vertretern alle Aufklärungen und Nachweise verlangen, die für eine sorgfältige Prüfung notwendig sind. Soweit es die Vorbereitung der Abschlußprüfung erfordert, hat der Abschlußprüfer die Rechte nach Absatz 1 Satz 2 und nach Satz 1 auch schon vor Aufstellung des Jahresabschlusses. Soweit es für eine sorgfältige Prüfung notwendig ist, hat der Abschlußprüfer die Rechte nach den Sätzen 1 und 2 auch gegenüber Mutter- und Tochterunternehmen.

(3) Die gesetzlichen Vertreter einer Kapitalgesellschaft, die einen Konzernabschluß aufzustellen hat, haben dem Abschlußprüfer des Konzernabschlusses den Konzernabschluß, den Konzernlagebericht, die Jahresabschlüsse, Lageberichte

---

[146] BGHZ 118, 142, 145 m. w. N. = NJW 1992, 2021.
[147] Vgl. § 318, 52; Beck BilKomm-*Budde/Steuber* Rdn. 53 stützen dies auf § 139 BGB.
[148] Vgl. zu verschiedenen Begründungsansätzen ADS Rdn. 252 mit zahlreichen Nachweisen; HdR³-*Baetge/Hense* Rdn. 185.
[149] Hierzu *Geßler/Hefermehl/Hüffer* § 256, 59.
[150] Vgl. Begr. RegE, BTDrucks. 10/317 S. 96, 106.
[151] Vgl. dazu BGHZ 118, 142, 150 = NJW 1992, 2021; Beck BilKomm-*Budde/Steuber* Rdn. 54.
[152] KK-*Claussen/Korth* Rdn. 5.

und, wenn eine Prüfung stattgefunden hat, die Prüfungsberichte des Mutterunternehmens und der Tochterunternehmen vorzulegen. Der Abschlußprüfer hat die Rechte nach Absatz 1 Satz 2 und nach Absatz 2 bei dem Mutterunternehmen und den Tochterunternehmen, die Rechte nach Absatz 2 auch gegenüber den Abschlußprüfern des Mutterunternehmens und der Tochterunternehmen.

Übersicht

Schrifttum

Vgl. die Angaben bei § 316, ferner

Budde/Steuber Jahresabschluß – Was soll die Veranstaltung? Festschrift Claussen (1997) S. 583 ff.

I. Einführung

1. Normzweck

1 Die Vorlagepflicht und das Auskunftsrecht versetzen den Abschlußprüfer in die Lage, die Abschlußprüfung in der vom Gesetzgeber angestrebten Form als Prüfung im öffentlichen Interesse durchzuführen. Da der Prüfer im Prüfungsbericht mitzuteilen hat, ob die gesetzlichen Vertreter diese Pflicht ihm gegenüber erfüllt haben (§ 321 Abs. 2 S. 2), dokumentieren die Rechte des § 320 Unabhängigkeit und Stärke des Abschlußprüfers gegenüber dem Unternehmen. Gleichzeitig besteht eine **Verpflichtung** des Prüfers, sich ihrer zu bedienen, um seine Arbeit gewissenhaft (§ 42 Abs. 1 WPO) auszuführen. Ihm ist es somit versagt, sich ohne Ausübung dieser Rechte im Prüfungsbericht auf mangelnde Informationen zu berufen.

2 § 320 ist **zwingendes Recht**. Die an der Abschlußprüfung Interessierten müssen sich auf die Wahrnehmung dieser Rechte durch den Prüfer verlassen können. Die Interessen des Unternehmens an der Geheimhaltung der Informationen sind durch die Verschwiegenheitspflicht des Prüfers gewahrt (§ 333; § 67 WPO; § 203 Abs. 1 Nr. 3 StGB). Es besteht daher kein schutzwürdiges Bedürfnis, eine Befreiung von den Pflichten durch Beschluß oder Satzung zu erlauben.

2. Anwendungsbereich

Der **Anwendungsbereich** erstreckt sich auf jede Pflichtprüfung i. S. d. § 316. Demzufolge bestehen die Rechte des Abschlußprüfers auch bei Nachtragsprüfungen, und zwar insbesondere auch für bereits vorgelegte Unterlagen. Infolge von Verweisungen gilt § 320 auch für Pflichtprüfungen, die nicht in § 316 angeordnet werden (§ 340 k Abs. 1; § 341 k Abs. 1; §§ 6 Abs. 1, 14 PublG; vgl. § 316, 7–9). Bei freiwilligen Abschlußprüfungen ist die Anwendbarkeit davon abhängig, ob an deren Ergebnis die gleichen Erwartungen wie an gesetzliche Prüfungen gestellt werden (vgl. auch § 318, 2). Von echten freiwilligen Prüfungen sind solche zu unterscheiden, deren Prüfungsgegenstand ein freiwillig erstellter Konzernabschluß mit befreiender Wirkung ist (§ 316, 20). Solche Prüfungen unterliegen, wenn ihnen befreiende Wirkung zukommen soll grundsätzlich den gleichen Anforderungen wie eine Pflichtprüfung und fallen damit in den Regelungsbereich des § 320. 3

II. Einzelabschlußprüfung

1. Vorlagepflicht

Jahresabschluß und Lagebericht sind dem Abschlußprüfer unverzüglich vorzulegen. Unverzüglich bedeutet ohne schuldhaftes Zögern (§ 121 Abs. 1 S. 1 BGB). Die Frist beginnt mit der Fertigstellung eines feststellbaren Jahresabschlusses. Dieser ist wie der Lagebericht in den ersten drei Monaten nach Ablauf des Geschäftsjahres zu erstellen (§ 264 Abs. 1 S. 2). Ist nach Ablauf der drei Monate unter Verletzung des § 264 Abs. 1 S. 2 noch kein Jahresabschluß erstellt, so ist der Prüfer gleichwohl nicht berechtigt, Vorlage der *bisher erstellten* Unterlagen zu verlangen. Ausgenommen davon ist das zu jeder Zeit bestehende Recht aus Abs. 2 S. 2, Unterlagen anzufordern, soweit dies zur Vorbereitung der Prüfung erforderlich ist. Mit der Verpflichtung zur unverzüglichen Vorlage soll sichergestellt werden, daß der Abschlußprüfer genügend Zeit für eine ordnungsgemäße Prüfung hat. Der Jahresabschluß muß in einem **prüfungsfähigen Zustand** sein. Voraussetzung dafür ist, daß er aufgrund seiner Ausgestaltung theoretisch ohne Prüfung feststellungsreif ist.[1] Wie sich aus § 316 Abs. 3 ergibt, bedeutet Feststellungsreife nicht, daß der Jahresabschluß nunmehr nicht mehr geändert werden kann, sondern daß er aus Sicht der gesetzlichen Vertreter nicht mehr geändert werden müßte, um festgestellt werden zu können. Zur Vorlage verpflichtet sind die jeweiligen Leitungsorgane der zu prüfenden Kapitalgesellschaft, mithin deren gesetzlichen Vertreter. 4

2. Prüfungs- und Einsichtsrecht (Abs. 1)

a) Umfang der Prüfungsunterlagen. Der Prüfer untersucht den Jahresabschluß auf seine materielle und formelle Richtigkeit (vgl. dazu § 317). Nach allgemeiner Ansicht ist er daher berechtigt, die Bücher und Schriften einzusehen, die dem Jahresabschluß zugrunde liegen.[2] Diese Formulierung ist indes ungenau. Dem Jahresabschluß und dem Lagebericht liegen nur die Materialien zugrunde, die tatsächlich bei ihrer Erstellung berücksichtigt wurden. Unabhängigkeit des Prüfers bedeutet aber auch Unabhängigkeit von der Vorlage, die ihm die gesetzlichen Vertreter bieten. Maß- 5

---

[1] Vgl. OLG Köln v. 1. 7. 1992 BB 1992, 2108; Beck BilKomm-*Budde/Steuber* Rdn. 5.

[2] HdR³-*Baetge/Göbel* Rdn. 11; KK-*Claussen/Korth* Rdn. 4; ADS Rdn. 16.

stab für die Prüfung ist nicht die Übereinstimmung von Jahresabschluß und Lagebericht mit den ihnen zugrundeliegenden Materialien, sondern die Übereinstimmung mit den tatsächlichen Verhältnissen. Das Prüfungs- und Einsichtsrecht muß sich also auf **alle Unterlagen** beziehen, die dem Jahresabschluß und dem Lagebericht zugrundeliegen und *zugrundeliegen müßten*. Allerdings wird dem Abschlußprüfer auch kein Freibrief zum Anstellen übertriebener Nachforschungen im Unternehmen gewährt.[3] Maßstab ist deren Notwendigkeit für eine ordnungsgemäße, sorgfältige Prüfung.[4] Erst bei ernsthaften Zweifeln an der Vollständigkeit und Richtigkeit der vorgelegten Unterlagen bzw. gegebenen Erklärungen darf und muß der Abschlußprüfer eigene Untersuchungen anstellen. Allerdings darf er dazu nicht gegen den Willen der gesetzlichen Vertreter Unterlagen an sich nehmen.[5] In allen Fällen müssen die angeforderten Unterlagen wenigstens einen mittelbaren Bezug zu den Prüfungsobjekten haben.[6]

6 b) **Bücher und Schriften. Bücher** sind alle Handelsbücher des Unternehmens, die gem. §§ 238 bis 240 geführt werden müssen. Dazu gehören auch die diese erklärenden und ergänzenden Unterlagen wie Arbeitsanweisungen, Organisationsunterlagen, Nebenbuchhaltung u. dgl. Dabei sind nicht nur Bücher im klassischen Sinne erfaßt, sondern auch solche Unterlagen, die nunmehr als elektronische Daten an ihre Stelle getreten sind. Bei *gespeicherten Daten* wird das Einsichtsrecht erst mit dem Eröffnen der Möglichkeit des tatsächlichen Zugangs gewährt, also ggf. mit dem „Lesbarmachen".[7] Dafür ist dem Abschlußprüfer auch die notwendige Hardware zur Verfügung zu stellen.[8] Elektronische Daten müssen wie andere Unterlagen überprüfbar gehalten werden. Andererseits handelt es sich nicht um ein besonderes Entgegenkommen des Abschlußprüfers, wenn dieser EDV-Unterlagen überprüft. Dieses ist ihm grundsätzlich zumutbar, solange dadurch keine Beeinträchtigung der Prüfungstätigkeit eintritt.

7 Der frühere Ausschluß von auf die Zukunft bezogenen Unterlagen ist nunmehr ohne Relevanz.[9] Insbesondere durch die *durch das BiRiLiG* eingefügte Regelung in § 317 Abs. 2 wird erkennbar, daß auch **Planungsunterlagen** wie z. B. Investitions- und Finanzrechnungen für die Prüfung der Angaben im Anhang und im Lagebericht sowie ggf. der Fortführungsprognose Gegenstand der Prüfung sein müssen.[10] Auch Unterlagen aus früheren Geschäftsjahren sind vom Einsichtsrecht umfaßt.

8 Zu den von Abs. 1 S. 2 erfaßten **Schriften** zählen die nach § 257 Abs. 1 neben den Handelsbüchern aufzubewahrenden Unterlagen. Dazu gehörigen z. B. Inventare, empfangene Handelsbriefe, Wiedergaben abgesandter Handelsbriefe und Buchungsbelege. Darüber hinaus sollten Vertragsunterlagen, Protokolle, Kalkulationen, Statistiken, Organisationshandbücher und dergleichen dazu gerechnet werden, da sich auch aus ihnen Rückschlüsse auf die Ordnungsmäßigkeit der Rechnungslegung ergeben können.[11]

9 c) **Vermögensgegenstände und Schulden.** Der Abschlußprüfer ist berechtigt, die Vermögensgegenstände und Schulden des Unternehmens zu prüfen. **Vermögensgegenstände** sind die auf der Aktivseite der Bilanz aufgeführten Posten; Kasse, Wertpapiere und Waren sind insofern nur Beispiele.[12] Dementsprechend ist der Begriff der **Schul-**

---

[3] Vgl. auch *Budde/Steuber* FS Claussen S. 598 f.
[4] Rowedder/*Wiedmann* § 42 a, 35.
[5] KK-*Claussen/Korth* Rdn. 7.
[6] ADS Rdn. 19.
[7] Beck BilKomm-*Budde/Steuber* Rdn. 6.
[8] ADS Rdn. 23; vgl. auch MünchKommHGB-*Ebke* Rdn. 8
[9] Vgl. dazu auch HdR³-*Baetge/Göbel* Rdn. 13.
[10] Beck BilKomm-*Budde/Steuber* Rdn. 6; ADS Rdn. 18.
[11] Ähnlich Beck BilKomm-*Budde/Steuber* Rdn. 6; ADS Rdn. 17.
[12] Allg. A., MünchKommHGB-*Ebke* Rdn. 11; HdR³-*Baetge/Göbel* Rdn. 15; zu Einzelgegenständen vgl. § 266 Abs. 2.

den als Sammelbegriff für die Posten der Passivseite einschließlich des Eigenkapitals sowie der Bilanzvermerke i. S. d. § 251 zu verstehen.[13] In beiden Bereichen bezieht die Prüfung sich auch auf die tatsächliche Kontrolle. Der Abschlußprüfer ist somit berechtigt, Betriebsanlagen in Augenschein zu nehmen oder Vorräte zu überprüfen. Die Kontrolle findet daher als buchmäßige und körperliche Kontrolle statt.[14] Damit soll insbesondere ein Vergleich zwischen ausgewiesenem und tatsächlichem Wert bzw. Vorhandensein ermöglicht werden. Im Rahmen von Abs. 2 S. 2 kann es daher erforderlich sein, daß der Abschlußprüfer bereits an der körperlichen Bestandsaufnahme teilnimmt.[15] Dabei dürfen indes die Grenzen des § 319 Abs. 2 Nr. 5 nicht verletzt werden (vgl. dazu § 319, 43). Die Abschlußprüfung kann insbesondere bei der Prüfung von Passivposten nicht auf durch das Unternehmen zu erstellende Unterlagen beschränkt sein. Deshalb ist der Prüfer nach allgemeiner Ansicht berechtigt, Salden- und Transaktionsbestätigungen einzuholen.[16] Diese Berechtigung entspricht funktional der körperlichen Kontrolle von Vermögensgegenständen. In beiden Fällen werden Ist- und Sollobjekt von dem Prüfer einer Kontrolle unterzogen.

Das Einsichtsrecht beschränkt sich nicht auf den bloßen Augenschein. Der Abschlußprüfer ist berechtigt, Unterlagen zu **kopieren**. Dies ergibt sich einerseits aus dem Bedürfnis zur eigenen Dokumentation des Prüfungshergangs,[17] andererseits auch daraus, daß der Prüfer nicht berechtigt ist, Bücher und Unterlagen an sich zu nehmen. **10**

3. Auskunftsrecht (Abs. 2 S. 1)

Neben den Duldungspflichten der gesetzlichen Vertreter treffen diese auch Verpflichtungen zur aktiven **Unterstützung** des Abschlußprüfers **durch Aufklärung und Nachweise**. Das Auskunftsrecht nach Abs. 2 ergänzt die Prüfung anhand der Unterlagen. Grundsätzlich trifft die Verpflichtung nur die gesetzlichen Vertreter. Aus Zweckmäßigkeitsgründen werden Auskünfte in der Regel aber von Angestellten erteilt. Die Auskunftsverpflichtung wird erst mit der konkreten Erklärung durch einen Angestellten und nicht bereits mit dem Verweis des gesetzlichen Vertreters auf diesen erfüllt. Neben dem Abschlußprüfer sind auch die Gehilfen des Prüfers in dieser Eigenschaft berechtigt, Auskunft zu verlangen.[18] **11**

Aufklärungen sind (insbes. mündliche) Hinweise, Erklärungen, Verdeutlichungen und Begründungen. **Nachweise** sind schriftliche Unterlagen, die Aufklärungen unterstützen können, indem sie z. B. als Beweis dienen.[19] Aufklärungen und Nachweise ersetzen nicht die eigenen Prüfungs- und Untersuchungshandlungen des Abschlußprüfers. Voraussetzung für die Inanspruchnahme dieser Hilfsmittel ist die Prüfungsbezogenheit. Es ist jedoch nicht erforderlich, daß der Abschlußprüfer diese beweist. Vielmehr reicht es aus, wenn die Möglichkeit einer Relevanz für die Prüfung besteht. **12**

Eine besondere Form der Aufklärung ist die **Vollständigkeitserklärung**. Darin erklären die gesetzlichen Vertreter, daß die in den Büchern, im Jahresabschluß und Lagebericht erfaßten Geschäftsvorgänge sowie die erteilten Auskünfte und Nachweise vollständig sind.[20] Die Vollständigkeitserklärung umfaßt insbesondere Fälle, die der Abschlußprüfer im Rahmen der Prüfung nicht oder nicht umfassend ermitteln kann.[21] Dabei versichern die gesetzlichen Vertreter nicht nur die Vollständigkeit eigener **13**

---

13 Beck BilKomm-*Budde/Steuber* Rdn. 7.
14 ADS Rdn. 25.
15 Ähnlich ADS Rdn. 25.
16 HdR³-*Baetge/Göbel* Rdn. 16.
17 Beck BilKomm-*Budde/Steuber* Rdn. 9.
18 KK-*Claussen/Korth* Rdn. 12.
19 Vgl. Beck BilKomm-*Budde/Steuber* Rdn. 12.
20 ADS Rdn. 33.
21 *Leffson* Abschlußprüfung S. 272.

Angaben, sondern auch die der Angaben der von ihnen zur Information eingesetzten Mitarbeiter (Rdn. 11). Die Vollständigkeitserklärung befreit den Abschlußprüfer nicht von Nachforschungsverpflichtungen, denn er handelt unabhängig und eigenverantwortlich. Demzufolge ergibt sich aus der Vollständigkeitserklärung auch keine haftungsrechtliche Relevanz für den Prüfer. Neben einer psychologischen Komponente – den gesetzlichen Vertretern wird die Notwendigkeit einer vollständigen Erfüllung ihrer Auskunftspflicht vor Augen geführt[22] – hat die Vollständigkeitserklärung auch eine prüfungstechnische Bedeutung.[23] Der Abschlußprüfer kann im Regelfall annehmen, daß ein weiteres Auskunftsverlangen ergebnislos sein wird, da die Unterzeichner der Erklärung davon ausgehen, keine weiteren Kenntnisse zu haben oder aber diese zu verschweigen. Problematisch ist, ob ein Rechtsanspruch auf Erteilung der Vollständigkeitserklärung besteht. Die h. M. verneint einen solchen Anspruch unter Verweis auf den Wortlaut des § 320, spricht dem Abschlußprüfer aber die Berechtigung zu, das Nichtvorlegen der Erklärung im Prüfungsbericht zu vermerken.[24] Dem ist – obschon § 321 Abs. 2 S. 1 für den Prüfungsbericht nur eine Aussage dazu vorsieht, ob die gesetzlichen Vertreter die verlangen *Aufklärungen* und *Nachweise* erbracht haben – zu folgen; denn aus dem Fehlen einer Bereitschaft zur Abgabe einer Vollständigkeitserklärung können Schlüsse auf die Vollständigkeit der vorgelegten Bücher und Schriften und der erteilen Auskünfte und Nachweise gezogen werden.

4. Rechte vor Aufstellung des Jahresabschlusses (Abs. 2 S. 2)

14 Der Prüfer kann bereits vor der Vorlage des Jahresabschlusses mit Prüfungshandlungen beginnen. Soweit es die Vorbereitung der Abschlußprüfung erfordert, hat der Prüfer die Rechte nach Abs. 1 S. 2 und nach Abs. 2 S. 1 bereits vor Aufstellung des Jahresabschlusses (Abs. 2 S. 2). Die in diesem Stadium gewonnenen Prüfungsergebnisse können in vollem Umfang für die eigentliche Jahresabschlußprüfung verwendet werden. Die Prüfungstätigkeit muß allerdings zu jedem Zeitpunkt auf das Prüfungsobjekt bezogen sein. Daher darf der Abschlußprüfer nicht die Art und Weise der Erstellung der Unterlagen überwachen. Weiterhin muß die Prüfungshandlung für die Jahresabschlußprüfung **notwendig** sein, so daß der Abschlußprüfer zu einem beliebigen Erscheinen während des Geschäftsjahres, für das er gewählt wurde, nicht berechtigt ist.[25] Die Einschätzung der Notwendigkeit für die sorgfältige Prüfung liegt im pflichtgemäßen Ermessen des Abschlußprüfers. Sie findet ihre Grenze im Rechtsmißbrauch. Die gesetzlichen Vertreter sind berechtigt, die Einsicht in Unterlagen zu verweigern, soweit sie diese für die Erstellung des Jahresabschlusses selbst benötigen.[26]

5. Rechte gegenüber Mutter- und Tochterunternehmen (Abs. 2 S. 3)

15 Der Prüfer des Einzelabschlusses hat auch ein Auskunfts- und Nachweisrecht gegenüber den Mutter- und Tochterunternehmen des zu prüfenden Unternehmens. Mutter- und Tochterunternehmen sind solche nach § 290.[27] Begrifflich eingeschlossen sind – aufgrund der in § 320 Abs. 2 S. 3 verwendeten Pluralform („Mutter- und

[22] HdR³-*Baetge/Göbel* Rdn. 27.
[23] ADS Rdn. 34.
[24] ADS Rdn. 34; KK-*Claussen/Korth* Rdn. 11; Baumbach/Hueck/*Schulze-Osterloh* § 41, 78; ohne weitere Begründung Beck BilKomm-*Budde/Steuber* Rdn. 13; vgl. auch MünchKommHGB-*Ebke* Rdn. 16.
[25] KK-*Claussen/Korth* Rdn. 14.
[26] Beck BilKomm-*Budde/Steuber* Rdn. 14; ADS Rdn. 36.
[27] Beck BilKomm-*Budde/Steuber* Rdn. 16.

Tochterunternehmen“) – mittelbare Konzernunternehmen wie **Enkelunternehmen.**[28] Demgegenüber bestehen keine Auskunftsrechte gegenüber gleichstufigen Unternehmen.[29] Außerdem wird mit zunehmender Entfernung vom Prüfungsunternehmen der Maßstab für die Notwendigkeit des Auskunftsverlangens für eine sorgfältige Prüfung strenger. Der Einzelabschlußprüfer kann nicht die gleichen Nachforschungsrechte haben wie der Konzernabschlußprüfer.

Die Rechte des Prüfers gegenüber Mutter- und Tochterunternehmen sind durch **16**
den ausdrücklichen Bezug auf die **Notwendigkeit für die Einzelprüfung** beschränkt. Die Wahl zum Prüfer eines Einzelabschlusses wird auch durch Abs. 2 S. 3 nicht zu einer Prüfungsberechtigung für die verbundenen Unternehmen ausgedehnt. Insofern ist die sprachliche Fassung mißverständlich. Da S. 3 die Rechte aus S. 2 gewährt und dort auf das Prüfungsrecht aus Abs. 1 S. 2 verwiesen wird, hätte der Abschlußprüfer bei wortgetreuer Anwendung von Abs. 2 S. 3 gegenüber den Konzernunternehmen zwar ein Recht zur Prüfung von deren Unterlagen vor Vorlage des Jahresabschlusses des Unternehmens, für das er zum Abschlußprüfer bestellt wurde, jedoch kein solches Prüfungsrecht nach der Vorlage. Da der Einzelabschlußprüfer nur die Rechnungslegung des Unternehmens prüfen soll, für das er gewählt wurde, hat er die Beziehungen zu verbundenen Unternehmen nur insoweit betrachten, als diese Einfluß auf die Prüfungsobjekte haben. Daher hat der Abschlußprüfer kein selbständiges Prüfungsrecht gegenüber den **Konzernunternehmen.**[30] Dies gilt auch für das nach dem Wortlaut bestehende Recht zur Vorprüfung, da es für eine solche kein eigenständiges Bedürfnis gibt und die rechtliche Selbständigkeit des Konzernabschlußprüfers, wie sie auch in § 318 Abs. 2 zum Ausdruck kommt, gestört würde. Insbesondere würde ein Prüfungsrecht gegenüber der Konzernmuttergesellschaft auch gegen das Organisationsgefälle verstoßen.[31]

Im Rahmen der Nachweisverpflichtung kann auch verlangt werden, daß **Bücher** **17**
und Schriften der verbundenen Unternehmen vorgelegt werden. Der Prüfung unterliegen diese indes nur, wenn sie im Verhältnis zu prüfungsrelevanten Vorgängen im zu prüfenden Unternehmen stehen.[32] Wegen der Beweiskraft von **Prüfungsberichten** des anderen Unternehmens können auch diese herangezogen werden. Ihre Einbeziehung befreit den Einzelabschlußprüfer jedoch nicht von der eigenen Prüfungsverpflichtung bzgl. der im Prüfungsbericht dokumentierten Vorgänge. Die Verpflichtung zur Auskunft trifft sowohl die gesetzlichen Vertreter des zu prüfenden Unternehmens als auch die des verbundenen Unternehmens. Der Abschlußprüfer muß sich zunächst an die gesetzlichen Vertreter des zu prüfenden Unternehmens wenden.[33] Das Auskunftsverlangen gegenüber den gesetzlichen Vertretern eines Mutter- oder Tochterunternehmens ist nach dem Wortlaut des Abs. 2 S. 3 an das Erfordernis der Notwendigkeit für eine sorgfältige Prüfung gebunden. Darin ist nicht ausschließlich eine Wiederholung des Erfordernisses aus Abs. 2 S. 1 zu sehen.[34] In Abs. 2 S. 1 sind die Auskünfte und Nachweise Bezugsobjekt für die Notwendigkeit. Demgegenüber stellt S. 3 klar, daß auch eine Notwendigkeit für die Inanspruchnahme dieser Rechte gerade gegenüber den verbundenen Unternehmen bestehen muß. Im Unterschied zu Abs. 3 hat der

[28] ADS Rdn. 43; Beck BilKomm-*Budde/Steuber* Rdn. 16; zweifelnd Bonner HdR-*Grewe* Rdn. 30.

[29] ADS Rdn. 41: „in der Seitenlinie“.

[30] ADS Rdn. 46; Baumbach/Hueck/*Schulze-Osterloh* § 41, 77; KK-*Claussen/Korth* Rdn. 15; **a. A.** MünchKommHGB-*Ebke* Rdn. 18.

[31] Vgl. ausführlich HdR^3-*Baetge/Göbel* Rdn. 31 ff.

[32] ADS Rdn. 47.

[33] Im Erg. ähnlich unter Hinweis auf das Erfordernis der Wirtschaftlichkeit der Prüfung HdR^3-*Baetge/Göbel* Rdn. 40; ähnlich ADS Rdn. 53; Beck BilKomm-*Budde/Steuber* Rdn. 16.

[34] So aber HdR^3-*Baetge/Göbel* Rdn. 40.

Einzelabschlußprüfer keinen Anspruch auf Auskunft gegenüber den Abschlußprüfern der verbundenen Unternehmen. Die Möglichkeit der gesetzlichen Vertreter des verbundenen Unternehmens, Auskünfte von ihrem Abschlußprüfer einzuholen, wenn auf andere Weise keine Auskunft gegeben werden kann,[35] ist lediglich ein Mittel zur Erfüllung ihrer eigenen Verpflichtung, verfügbare Informationen zu geben.

18 Problematisch ist der Auskunftsanspruch gegenüber verbundenen Unternehmen mit **Sitz im Ausland**.[36] § 335 betrifft die Festsetzung von Zwangsgeld und findet dort keine Anwendung. Demgemäß bleibt dem Abschlußprüfer nur die Möglichkeit, den Anspruch über die gesetzlichen Vertreter des zu prüfenden Unternehmens durchzusetzen. Führt dies nicht zum Erfolg, so hat der Abschlußprüfer neben der entsprechenden Mitteilung im Prüfungsbericht i. S. e. ultima ratio den Bestätigungsvermerk insoweit einzuschränken, als aufgrund des Fehlens von Auskünften und Nachweisen die Prüfung erheblich beeinflußt wurde.[37] Der Prüfer, der die Auskunft ohnehin nur bei Notwendigkeit für die Prüfung verlangen durfte, hat die entsprechende Einschränkung in jedem derartigen Fall vorzunehmen. Lediglich das Ausmaß der Einschränkung ist somit dispositiv.

19 Es ist nicht notwendig, daß die konzernrechtliche Beziehung zum **Zeitpunkt** der Prüfungstätigkeit besteht. Dies gilt sowohl für Auskunftsverlangen während der Prüfung des aufgestellten Jahresabschlusses als auch bzgl. der Vorprüfung. Die verbundenen Unternehmen sind wegen der Möglichkeit von Auswirkungen auf den Jahresabschluß und den Lagebericht des zu prüfenden Unternehmens auskunftspflichtig. Deshalb ist jedes Unternehmen zur Auskunft verpflichtet, das im zu prüfenden Geschäftsjahr mit dem zu prüfenden Unternehmen verbunden war. Liegt die Verbindung länger zurück, so besteht aufgrund der rechtlichen Selbständigkeit dieser Unternehmen kein Auskunftsanspruch mehr. Der Abschlußprüfer bleibt bzgl. früherer Geschäftsjahre auf Informationen des zu prüfenden Unternehmens angewiesen (vgl. Rdn. 7). Mit Rücksicht auf die Pflicht zur Überprüfung der Darstellung der zukünftigen Risiken (§ 317 Abs. 2 S. 2) sind auch Unternehmen auskunftspflichtig, die erst nach Ablauf des Geschäftsjahres Mutter- oder Tochterunternehmen wurden.[38]

III. Konzernabschlußprüfung (Abs. 3)

20 Der Konzernabschlußprüfer hat prinzipiell gleiche Befugnisse wie der Einzelabschlußprüfer. Dazu kommen weitere Rechte, die sich aus dem größeren Umfang der Prüfungsobjekte ergeben. Eine Besonderheit ist das Auskunftsrecht gegenüber den *Einzelabschlußprüfern* des Mutter- und der Tochterunternehmen (Abs. 3 S. 2), soweit der Konzernabschlußprüfer nicht gleichzeitig Prüfer von deren Einzelabschlüssen ist. Damit soll für diesen Fall eine Informationsgleichstellung erfolgen. Bei **freiwillig** aufgestellten, nicht befreienden Konzernabschlüssen gilt § 320 nicht.

1. Vorlagepflicht

21 Die gesetzlichen Vertreter der Muttergesellschaft des zu prüfenden Konzerns (§ 290 Abs. 1) haben den Konzernabschluß und -lagebericht sowie die Einzelabschlüsse und Lageberichte aller Tochterunternehmen und die eigenen vorzulegen. Auch die

---

[35] ADS Rdn. 55.

[36] Vgl. hierzu MünchKommHGB-*Ebke* Rdn. 18; ADS Rdn. 26.

[37] ADS Rdn. 49.

[38] Ähnlich ADS Rdn. 50 f; für das frühere Recht HdR³-*Baetge/Göbel* Rdn. 39.

Abschlüsse nicht prüfungspflichtiger Gesellschaften sind vorzulegen. Sind die verbundenen Unternehmen prüfungspflichtig, müssen auch die Prüfungsberichte vorgelegt werden. Da der Abschlußprüfer zu untersuchen hat, ob die gesetzlichen Vorschriften eingehalten wurden, müssen ihm erforderlichenfalls auch Unterlagen solcher Unternehmen vorgelegt werden, die nicht in den Konzernabschluß einbezogen wurden. Die Vorlagepflicht umfaßt sämtliche für die Konsolidierung **relevanten Unterlagen** der Unternehmen, die gem. § 290 Abs. 2 in den Konzernabschluß einzubeziehen sind („Control-Konzept“) sowie die entsprechenden Unterlagen ausländischer Tochterunternehmen und – sofern existent – auch die Konzernbuchführung.[39] Der Abschlußprüfer ist berechtigt, bei Streitigkeiten über das Vorliegen der Konsolidierungspflicht die notwendigen Unterlagen anzufordern und sie eigenständig zu prüfen.[40] Außerdem sind auch Zwischenabschlüsse i. S. d. § 294 Abs. 3 vorlagepflichtig, soweit nach § 299 Abs. 2 S. 2 Aufstellungspflicht besteht.[41]

Abs. 3 enthält im Unterschied zu Abs. 1 **keine Fristbestimmung**. Nach einer 22
Ansicht, die von ihren Vertretern indes nicht begründet wird, gilt das Erfordernis der unverzüglichen Vorlage dennoch.[42] Die Aufstellungsfrist für den Konzernabschluß beträgt fünf Monate (§ 290 Abs. 2). Damit ist sie um zwei Monate länger als diejenige für den Einzelabschluß. Da der Konzernabschluß nicht festgestellt wird (vgl. § 316, 19), besteht kein entsprechend großes Bedürfnis für eine unverzügliche Vorlage wie beim Einzelabschluß. Insbesondere besteht kein Anlaß, aufgrund des Postulats der Unverzüglichkeit den gesetzlichen Vertretern die Möglichkeit zu nehmen, den erstellten Abschluß bis zum Ablauf der fünf Monate ggf. für Korrekturzwecke zurückzuhalten. Aus diesen Gründen ist nicht davon auszugehen, daß der Gesetzgeber hier eine Regelungslücke gelassen hat.[43]

2. Prüfungs- und Auskunftsrechte

a) Rechte gegenüber dem Mutter- und den Tochterunternehmen. Der Konzern- 23
abschlußprüfer hat prinzipiell die gleichen Rechte wie der Einzelabschlußprüfer. Die inhaltliche Identität ergibt sich aus dem Verweis auf Abs. 1 S. 2 und Abs. 2. Das Vorprüfungsrecht besteht auch gegenüber Tochtergesellschaften. Dies gilt auch für Unterlagen, in denen Konsortialvorgänge dokumentiert sind.[44] Der Prüfer ist nicht verpflichtet, bei Vorliegen von Einzelabschlüssen die notwendigen Informationen zunächst aus den Unterlagen bzw. dem Prüfungsbericht des Einzelabschlußprüfers zu gewinnen. Ihm steht ein **originäres Informationsrecht** zu. Auch dieses steht allerdings unter dem Rechtsmißbrauchsvorbehalt (vgl. Rdn. 14). Die Vollständigkeitserklärung ist bei der Konzernabschlußprüfung von doppelter Bedeutung. Neben der Erklärung zur inhaltlichen Vollständigkeit der vorgelegten Unterlagen (Rdn. 13) gibt sie auch Aufschluß über den Umfang der Unternehmen, auf die sich die Unterlagen beziehen. Dabei sind sowohl die Konzern- als auch die Konsortialunternehmen anzugeben.[45]

b) Rechte gegenüber den Einzelabschlußprüfern. Durch das Auskunftsrecht 24
gegenüber den Einzelabschlußprüfern wird der Konzernabschlußprüfer den Prüfern gleichgestellt, die sowohl die Einzelabschlüsse als auch den Konzernabschluß prüfen

---

39 Beck BilKomm-*Budde/Steuber* Rdn. 23.

40 ADS Rdn. 65; ähnlich KK-*Claussen/Korth* Rdn. 19: Nachweispflicht für die gesetzlichen Vertreter bzgl. des Nichtvorliegens der Voraussetzungen.

41 Allg. Ansicht, vgl. Beck BilKomm-*Budde/Steuber* Rdn. 23 m. w. N.

42 ADS Rdn. 61; HdR[3]-*Baetge/Göbel* Rdn. 46; Bonner HdR-*Grewe* Rdn. 40.

43 Im Erg. ebenso Beck BilKomm-*Budde/Steuber* Rdn. 23.

44 HdR[3]-*Baetge/Göbel* Rdn. 47.

45 HdR[3]-*Baetge/Göbel* Rdn. 47.

(Rdn. 20). Die Kumulierung der Einzelabschlüsse im Konzernabschluß fordert eine entsprechende Ausweitung der Informationsquellen. Die Rechte bestehen auch gegenüber dem Abschlußprüfer einer nicht prüfungspflichtigen Tochtergesellschaft, denn wenn eine freiwillige Prüfung nach den Grundsätzen des Dritten Unterabschnitts erfolgte, so steht diese gegenüber dem Konzernabschlußprüfer einer gesetzlichen gleich: der Konzernabschlußprüfer hat die im Konzernabschluß zusammengefaßten Jahresabschlüsse, soweit sie geprüft worden sind, keiner eigenen Prüfung zu unterwerfen (vgl. § 317 Abs. 3 S. 2). Für Prüfer ausländischer Unternehmen gelten keine Besonderheiten (bzgl. der Probleme bei der Durchsetzung gelten die Ausführungen unter Rdn. 18).

IV. Grenzen der Auskunftsrechte

25 Die gesetzlich geregelten Prüfungs- und Auskunftsrechte eröffnen dem Abschlußprüfer die Möglichkeit, das Unternehmen sehr weitgehend zu untersuchen. Zwar sind alle an der Abschlußprüfung beteiligten Personen zur Verschwiegenheit verpflichtet (§ 323 Abs. 1), wobei Verstöße empfindliche Sanktionen nach sich ziehen können (§ 333; § 67 WPO; § 203 Abs. 1 Nr. 3 StGB), doch müssen die gesetzlichen Vertreter keine Informationspreisgabe dulden, welcher der Bezug zur Abschlußprüfung fehlt. Dabei hat das **öffentliche Interesse** an einer sorgfältigen Abschlußprüfung Priorität gegenüber dem Unternehmensinteresse an Geheimhaltung.[46] Da die Verschwiegenheitspflicht und die Sanktionen für den gewählten Abschlußprüfer und dessen Gehilfen gleichermaßen bestehen (ausdrücklich § 203 Abs. 3 StGB), gibt es keinen gesetzlichen Grund zur unterschiedlichen Behandlung im Rahmen der Informationspreisgabe.[47] Bei der Prüfung von Banken gilt dem Abschlußprüfer gegenüber auch das Bankgeheimnis nicht.[48]

26 Die gesetzlichen Vertreter sind berechtigt, die Vorlage von Unterlagen und die Erteilung von Auskünften zu verweigern, sofern erkennbar kein Zusammenhang mit den Prüfungsgegenständen besteht. Das Fehlen eines Zusammenhangs muß jedoch gegenüber dem Abschlußprüfer zweifelsfrei dargestellt werden. Es gilt also der Grundsatz, daß die gesetzlichen Vertreter die **Unerheblichkeit** für die Abschlußprüfung darlegen müssen. Problematisch kann eine solche Darlegung ohne Vorlage der vom Abschlußprüfer gewünschten Informationen sein. Daher wurde nach früherem Recht ausnahmsweise eine Umkehr der Darlegungslast für Fälle angenommen, in denen trotz Vorlage von Unterlagen und entsprechenden Auskünften der Abschlußprüfer von der Prüfungsrelevanz der noch zurückgehaltenen Informationen ausging. Dem ist jedenfalls nach Erlaß des KonTraG nicht zu folgen: Da die Abschlußprüfung hiernach verstärkt risikoorientiert zu erfolgen hat, mithin auf Risikoaspekte (insbesondere Prüfung der Risiken der künftigen Entwicklung, § 317 Abs. 2 S. 2 sowie des Risikofrüherkennungssystems, § 317 Abs. 4) ausgerichtet ist, ist von der Berechtigung des Abschlußprüfers auszugehen, bspw. die Vorlage von Vorstands- und Aufsichtsratsprotokollen auch ohne dezidierte Darlegung von deren Relevanz für die Prüfung zu verlangen.[49]

---

46 Vgl. schon *Geßler/Hefermehl/Eckardt/Kropff* § 165, 15; ferner z.B. MünchKommHGB-*Ebke* Rdn. 22.

47 Differenzierter ADS Rdn. 72; HdR^3-*Baetge/Göbel* Rdn. 52.

48 ADS Rdn. 81; Beck BilKomm-*Budde/Steuber* Rdn. 31.

49 Beck BilKomm-*Budde/Steuber* Rdn. 30; vgl. zum früheren Recht schon ADS Rdn. 76 f.

Dem Konzernabschlußprüfer sind grundsätzlich keine engeren Grenzen gezogen als dem Einzelabschlußprüfer (Rdn. 23). Soweit er Einsicht und Auskunft bei Unternehmen verlangt, die bereits geprüft wurden (§ 317 Abs. 3 S. 2, 3), ist der Zweck der Konzernabschlußprüfung der relevante **Prüfungsmaßstab**. Es beschränken sich daher die Befugnisse gegenüber diesen Tochterunternehmen auf Unterlagen, die für die Konsolidierung von Bedeutung sind. Demgegenüber entsprechen die Rechte gegenüber nach § 317 Abs. 3 S. 1 zu prüfenden Tochterunternehmen in vollem Umfang denen des Einzelabschlußprüfers. **27**

Absolute Grenzen des Einsichts- und Auskunftsverlangen sind die Grundsätze von Treu und Glauben (§ 242 BGB) sowie das Schikaneverbot (§ 226 BGB). Dabei ist jedoch zu differenzieren, ob das Verlangen des Abschlußprüfers nur temporär oder dauerhaft gegen diese Prinzipien verstößt.[50] **28**

V. Mittel zur Anspruchsdurchsetzung

1. Direkte Zwangsmittel

Die Rechte aus § 320 sind nicht im Klagewege durchsetzbar. Der Abschlußprüfer wird im öffentlichen Interesse tätig und hat daher keine ihm persönlich zustehenden Ansprüche auf Auskunftserteilung. Dem öffentlichen Interesse kann durch Aufdeckung der Mängel Genüge getan werden (vgl. auch Rdn. 13). Die Möglichkeit der Anrufung des (Land-) Gerichts durch den Abschlußprüfer nach § 324 hat die Klärung von Meinungsverschiedenheiten zwischen ihm und den gesetzlichen Vertretern des zu prüfenden Unternehmens oder des Konzerns zum Gegenstand und ermöglicht nicht die **Durchsetzung** der Rechte nach § 320[51] (vgl. § 324, 4 und 9). **29**

Nach § 335 S. 1 Nr. 5 besteht die Möglichkeit, daß das Registergericht ein **Zwangsgeld** gegen die gesetzlichen Vertreter verhängt, sofern sie nicht ihre Pflichten gegenüber dem Abschlußprüfer erfüllen. Das Gericht wird nur auf Antrag tätig. Der Kreis der Antragsberechtigten ist aber mit dem KapCoRiLiG (hierzu § 316, 4) ausgeweitet worden: Während zuvor nur Gesellschafter, Gläubiger und (Gesamt) Betriebsrat ein Antragsrecht hatten, kann nun jedermann ein Zwangsgeldverfahren einleiten. Damit ist insbes. dem Abschlußprüfer – der nach § 335 a. F. kein Antragsrecht hatte[52] – ein Mittel in die Hand gegeben, die Erfüllung der Pflichten aus § 320 zu erzwingen. Wegen der Einzelheiten ist auf die gesetzlichen Regelungen in § 335 und in § 140 a Abs. 1 FGG zu verweisen.[53] **30**

2. Mittelbare Handlungsmöglichkeiten

Neben der Möglichkeit der Antragstellung nach § 335 steht dem Abschlußprüfer mit der (Pflicht zur) Mitteilung in Bestätigungsvermerk und Prüfungsbericht (dazu ausführlich §§ 321, 322) ein wirkungsvolles Instrument zum Erzwingen von Auskünften zur Verfügung. Insbesondere der Bestätigungsvermerk ist für die wirtschaftlichen Beziehungen des Unternehmens von großer Relevanz. Da der Prüfer nur Nachweise und Auskünfte verlangen darf, wenn er annimmt, daß diese für die Prüfung von Bedeutung sind, muß er bei deren Nichtvorlage den **Bestätigungsvermerk** zumindest einschränken.[54] Nach der Gegenmeinung ist dies nur bei einem wesentlichen Einfluß **31**

[50] Ähnlich in KK-*Claussen/Korth* Rdn. 13.

[51] HdR³-*Baetge/Göbel* Rdn. 56; zweifelnd KK-*Claussen/Korth* Rdn. 26; vgl. Erl. zu § 324.

[52] Vgl. zum früheren Rechtszustand Beck Bil-Komm-*Budde/Hense* § 335, 18 und 33.

[53] Vgl. auch § 335; zur entsprechenden Problematik bei den Offenlegungsvorschriften: § 325, 60.

[54] KK-*Claussen/Korth* Rdn. 22.

auf die Urteilsbildung des Abschlußprüfers zulässig.[55] Dem steht aber entgegen, daß der Prüfer im öffentlichen Interesse zumindest von der Möglichkeit ausgehen muß, daß die zurückgehaltenen Informationen für den Jahresabschluß von erheblicher Bedeutung sind. Die gesetzliche Abschlußprüfung soll nicht dokumentieren, daß Gesetz und Satzung im wesentlichen, sondern daß sie ohne Einschränkung beachtet worden sind.

32 Der Abschlußprüfer ist nicht berechtigt, aufgrund einer Verweigerung von Auskünften den Prüfungsvertrag zu kündigen;[56] die Auskunftsverweigerung stellt keinen Kündigungsgrund i. S. d. §§ 643, 626 BGB dar. Die Gegenmeinung geht davon aus, daß bei einer Mandatsniederlegung die Öffentlichkeit von der Verweigerungshaltung der gesetzlichen Vertreter erfährt;[57] dem steht allerdings entgegen, daß die Einschränkung des Bestätigungsvermerks in jedem Fall einen größeren Adressatenkreis erreicht und anderenfalls das Unternehmen einen neuen Abschlußprüfer beauftragen bzw. einsetzen lassen kann. Den gesetzlichen Vertretern würde eine Möglichkeit eröffnet, einen von den Gesellschaftern gewählten und ihnen nicht genehmen Abschlußprüfer durch unkooperatives Verhalten zur Aufgabe zu zwingen.

33 Der **Konzernabschlußprüfer** hat prinzipiell die gleichen Möglichkeiten wie der Einzelabschlußprüfer. Befindet sich ein auskunftspflichtiges Unternehmen im Ausland, so besteht die Möglichkeit, über die Festsetzung von Zwangsgeld zur Auskunft zu gelangen, nicht.

34 Ein indirektes Druckmittel des Abschlußprüfers ist die Sanktion des § 331 Nr. 4 für *wahrheitswidrige Angaben* der gesetzlichen Vertreter. Der Abschlußprüfer ist bei falschen Angaben und Verschleierungen berechtigt, **Anzeige** zu erstatten.

§ 321
Prüfungsbericht

(1) Der Abschlußprüfer hat über Art und Umfang sowie über das Ergebnis der Prüfung schriftlich und mit der gebotenen Klarheit zu berichten. In dem Bericht ist vorweg zu der Beurteilung der Lage des Unternehmens oder Konzerns durch die gesetzlichen Vertreter Stellung zu nehmen, wobei insbesondere auf die Beurteilung des Fortbestandes und der künftigen Entwicklung des Unternehmens unter Berücksichtigung des Lageberichts und bei der Prüfung des Konzernabschlusses von Mutterunternehmen auch des Konzerns unter Berücksichtigung des Konzernlageberichts einzugehen ist, soweit die geprüften Unterlagen und der Lagebericht oder der Konzernlagebericht eine solche Beurteilung erlauben. Außerdem ist darzustellen, ob bei Durchführung der Prüfung Unrichtigkeiten oder Verstöße gegen gesetzliche Vorschriften sowie Tatsachen festgestellt worden sind, die den Bestand des geprüften Unternehmens oder des Konzerns gefährden oder seine Entwicklung wesentlich beeinträchtigen können oder die schwerwiegende Verstöße der gesetzlichen Vertreter oder von Arbeitnehmern gegen Gesetz, Gesellschaftsvertrag oder die Satzung darstellen.

---

[55] HdR³-*Baetge/Göbel* Rdn. 61; ADS Rdn. 85.
[56] Beck BilKomm-*Budde/Steuber* Rdn. 34; differenzierend KK-*Claussen/Korth* Rdn. 27.
[57] HdR³-*Baetge/Göbel* Rdn. 62.

(2) Im Hauptteil des Prüfungsberichts ist darzustellen, ob die Buchführung und die weiteren Unterlagen, der Jahresabschluß, der Lagebericht, der Konzernabschluß und der Konzernlagebericht den gesetzlichen Vorschriften und den ergänzenden Bestimmungen des Gesellschaftsvertrags oder der Satzung entsprechen und ob die gesetzlichen Vertreter die verlangten Aufklärungen und Nachweise erbracht haben. Es ist auch darauf einzugehen, ob der Abschluß insgesamt unter Beachtung der Grundsätze ordnungsmäßiger Buchführung ein den tatsächlichen Verhältnissen entsprechendes Bild der Vermögens-, Finanz- und Ertragslage der Kapitalgesellschaft vermittelt. Die Posten des Jahres- und des Konzernabschlusses sind aufzugliedern und ausreichend zu erläutern, soweit dadurch die Darstellung des Vermögens-, Finanz- und Ertragslage wesentlich verbessert wird und diese Angaben im Anhang nicht enthalten sind.

(3) In einem besonderen Abschnitt des Prüfungsberichts sind Gegenstand, Art und Umfang der Prüfung zu erläutern.

(4) Ist im Rahmen der Prüfung eine Beurteilung nach § 317 Abs. 4 abgegeben worden, so ist deren Ergebnis in einem besonderen Teil des Prüfungsberichts darzustellen. Es ist darauf einzugehen, ob Maßnahmen erforderlich sind, um das interne Überwachungssystem zu verbessern.

(5) Der Abschlußprüfer hat den Bericht zu unterzeichnen und den gesetzlichen Vertretern vorzulegen. Hat der Aufsichtsrat den Auftrag erteilt, so ist der Bericht ihm vorzulegen; dem Vorstand ist vor Zuleitung Gelegenheit zur Stellungnahme zu geben.

Übersicht

Schrifttum

Vgl. die Angaben bei § 316 sowie § 317, ferner

Coenenberg/v. Wysocki Handbuch der Abschlußprüfung (1985); *Forster* MG, Schneider, Balsam und die Folgen – Was können Aufsichtsräte und Abschlußprüfer gemeinsam tun? AG 1995, 1 ff; *Hense* Der Prüfungsbericht hat zu viele Empfänger, FS Budde (1995) 287; *Hommelhoff* Die neue Position des Abschlußprüfers im Kraftfeld der aktienrechtlichen Organisationsverfassung, BB 1998, 2567 und 2625; *ders./Mattheus* Corporate Governance nach dem KonTraG, AG 1998, 249 ff; *Ludewig* Gedanken zur Berichterstattung des Abschlußprüfers nach der Neufassung des § 321 HGB, WPg 1998, 595; *Niehaus* Bedeutung und Inhalt des Berichts über die handelsrechtliche Jahresabschlußprüfung, DB 1988, 817; *Nonnenmacher* Abschlußprüfer und wirtschaftliche Lage des Unternehmens, FS Clemm (1996) 261; *Schindler/Rabenhorst* Auswirkungen des KonTraG auf die Abschlußprüfung, BB 1998, 1939; *Spieth/Förschle* Institutionen der Unternehmensüberwachung und bestehende Interdependenzen bei der Aktiengesellschaft, FS Ludewig (1996) 1049; *Steiner* Der Prüfungsbericht des Abschlußprüfers (1991).

I. Einführung

1. Normzweck

1 Mit dem Prüfungsbericht werden das Kontrollorgan des Unternehmens und dessen gesetzliche Vertreter über die Tätigkeit des Abschlußprüfers und damit die Erfüllung des Prüfungsauftrags unterrichtet. Die Vorschrift, die die formellen und materiellen Anforderungen an den Prüfungsbericht normiert, wurde mit dem KonTraG vollständig neu gefaßt. Entsprechend der Grundintention des KonTraG bzgl. der Vorschriften zur Abschlußprüfung soll mit der geltenden Fassung eine stärkere **Problemorientierung** des Prüfungsberichts erreicht werden.[1] Gegenstand des Prüfungsberichts sind Art und Umfang sowie das Ergebnis der Abschlußprüfung. Da seine Adressaten mit den gesetzlichen Vertretern bzw. dem Aufsichtsrat Organe des Unternehmens sind, enthält der Prüfungsbericht wesentlich mehr Informationen als der Bestätigungsvermerk, der sich an alle am Unternehmen Interessierten richtet und deshalb veröffentlicht werden muß (§ 325 Abs. 1 S. 1). Auch der Bestätigungsvermerk bzw. der Vermerk über seine Versagung ist in den Prüfungsbericht aufzunehmen, § 322 Abs. 5. Nach seiner Unterzeichnung durch diejenigen Personen, die das Mandat als Abschlußprüfer erhalten haben (Rdn. 46 ff), und seine Vorlage an die gesetzlichen Berichtsempfänger ist die Prüfung im Rechtssinne beendet.[2] Unabhängig davon bleibt allerdings die Verpflichtung des Abschlußprüfers zur Teilnahme an der Aufsichtsratssitzung und der Hauptversammlung sowie ggf. nachvertragliche Pflichten bzgl. der Einschränkung des Bestätigungsvermerks bestehen. Als Folge der fehlenden rechtlichen Beendigung hat die Abschlußprüfung im Sinne des § 316 Abs. 1 S. 2 ohne die entsprechende Berichterstattung noch nicht „stattgefunden", so daß der Jahresabschluß nicht festgestellt werden kann.

2 Mit der Ausrichtung auf eine stärkere Problemorientierung geht in Übereinstimmung mit anderen geänderten Normen (§§ 317, 322) eine Änderung der **inhaltlichen Anforderungen** an den Prüfungsbericht einher.[3] Diese beziehen sich insbesondere auf eine Vergrößerung des Berichtsumfangs durch die verstärkte Berücksichtigung der

---

[1] Vgl. Begr. RegE BTDrucks. 13/9712 S. 28.

[2] Vgl. Bonner HdR-*Grewe* § 316, 30; Beck Bil-Komm-*Förschle/Kofahl* § 316, 30; Beck Bil-Komm-*Budde/Kunz* Rdn. 1; ADS Rdn. 30.

[3] Hierzu auch MünchKommHGB-*Ebke* Rdn. 2.

gegenwärtigen und zukünftigen Lage des Unternehmens sowie auf die Beurteilung des Risikofrüherkennungssystems. Weiterhin werden die formalen Anforderungen erhöht. Diese werden verstärkt am „Kontroll"-Adressaten des Prüfungsberichts, dem Aufsichtsrat (Abs. 5), ausgerichtet. Dabei geht der Gesetzgeber davon aus, daß Aufsichtsräte nicht ausschließlich aus sachverständigen Personen zusammengesetzt sind[4]. Der Prüfungsbericht muß folglich verständlich abgefaßt werden. Dieses Gebot gilt für den gesamten Bericht, so daß auch die neu eingefügte Berichtspflicht über Gegenstand, Art und Umfang der Prüfung dem Aufsichtsrat die Möglichkeit geben kann, die Arbeit des Abschlußprüfers zu beurteilen.[5] Die besondere Bedeutung der Unternehmenslage wird mit der Aufnahme in eine Vorwegbeurteilung innerhalb des Prüfungsberichts unterstrichen. Damit soll der Aufsichtsrat sofort auf Risiken für den Fortbestand des Unternehmens aufmerksam gemacht und seiner Erwartungshaltung, die bisher durch eine vergangenheitsbezogene Darstellung nur unzureichend bedient wurde, im Rahmen einer *„großen Redepflicht"* entsprochen werden.[6]

2. Anwendungsbereich

Die Berichtspflicht ist unabdingbarer Bestandteil der Abschlußprüfung. Der Prüfungsauftrag muß keine Angaben dazu enthalten. Form und Inhalt sind nicht dispositiv. Mit der Erteilung des Prüfungsauftrags wird die Erstellung des Prüfungsberichts aber gleichwohl zur **Vertragspflicht**. 3

Der Prüfungsbericht ist bei allen **prüfungspflichtigen Unternehmen** (§ 316, 5 ff) zu erstellen. Ist eine Nachprüfung erforderlich, so lebt diesbezüglich auch die Berichtspflicht auf, § 316 Abs. 3 S. 2. Ein dem Prüfungsbericht entsprechender Bericht ist zu erstellen, wenn der Prüfer sein Mandat niedergelegt hat, § 318 Abs. 6 S. 4. Der Prüfungsbericht kann nicht durch die Erstellung von sog. management-letters ersetzt werden. In diesen kann der Abschlußprüfer gleichwohl neben dem Prüfungsbericht zusätzlich berichten.[7] 4

II. Grundsätzliche Anforderungen an den Prüfungsbericht

1. Schriftform

Die Berichterstattung muß gem. Abs. 1 S. 1 schriftlich erfolgen. Nur wenn ein schriftlicher Bericht vorliegt, der alle inhaltlichen Anforderungen erfüllt, ist die Prüfung rechtlich beendet. Der schriftliche Bericht muß aus sich heraus **verständlich** sein. Mündliche Erläuterungen, die der Abschlußprüfer in der Aufsichtsratssitzung gibt und die den Bericht erst verständlich machen, reichen nicht aus. Auch durch zusätzliche schriftliche Stellungnahmen wie Sonderberichte oder management-letters kommt der Abschlußprüfer seiner Verpflichtung zur vollständigen *schriftlichen Berichterstattung* nicht nach.[8] Der Bericht ist – obschon das Gesetz keine ausdrückliche Regelung hierzu enthält – grundsätzlich in deutscher Sprache abzufassen.[9] Ausnahmen sind mit Blick auf die Funktionen des Berichts (Rdn. 1) nur zuzulassen, wenn bei sämtlichen Adressaten (vgl. Rdn. 2, 11) davon auszugehen ist, daß der Bericht in der fremden 5

[4] BTDrucks. 13/9712 S. 28; kritisch *Moxter* BB 1997, 727; vgl. auch MünchKommHGB-*Ebke* Rdn. 4.

[5] BTDrucks. 13/9712 S. 29; 13/10038 S. 26.

[6] *Dörner* DB 1998, 3.

[7] Vgl. BTDrucks. 13/9712 S. 29; ferner MünchKommHGB-*Ebke* Rdn. 17.

[8] Vgl. ADS Rdn. 20.

[9] Vgl. Beck BilKomm-*Budde/Kunz* Rdn. 5; ADS Rdn. 21.

Sprache verstanden wird.[10] Es ist den Parteien des Prüfungsvertrages unbenommen, zusätzlich zur deutschen Fassung die Abfassung des Berichts in einer anderen Sprache zu vereinbaren.

2. Berichtsgrundsätze

6 a) **Klarheit.** Der Bericht muß in der gebotenen Klarheit abgefaßt werden, Abs. 1 S. 1. Dieses Erfordernis wurde durch das KonTraG in den Gesetzestext eingefügt. Der Gesetzgeber geht allerdings davon aus, daß es sich hierbei nicht um eine wirkliche Neuerung handelt.[11] Bereits vorher wurde eine allgemein verständliche und eindeutige Darstellung verlangt.[12] Nach der Gesetzesbegründung muß der Prüfungsbericht nunmehr so abgefaßt werden, daß er gegebenenfalls (vgl. Rdn. 7) auch von **nicht sachverständigen Aufsichtsratsmitgliedern** verstanden wird.[13] Die Darstellung muß zugleich in der Weise erfolgen, daß ein sachverständiges Aufsichtsratsmitglied in der Lage ist, die Tätigkeit des Vorstandes und des Abschlußprüfers zuverlässig zu beurteilen.[14] Der Abschlußprüfer darf davon ausgehen, daß der Aufsichtsrat als Organ aufgrund der Fähigkeiten seiner Mitglieder mit Unterstützung durch den Prüfungsbericht in der Lage ist, seiner Aufgabe in der Gesellschaft nachzukommen, und daß er folglich über ein gewisses Maß an Sachkenntnis verfügt.[15]

7 Der Prüfungsbericht muß übersichtlich gegliedert werden. Die Beurteilung hat in verständlichen Sätzen zu erfolgen. Dabei sind Fachtermini sowie wenig geläufige Fremdwörter grundsätzlich zu vermeiden.[16] Bei ihrer Verwendung sind sie ebenso wie Abkürzungen bereits im Bericht zu erläutern, da der Abschlußprüfer nicht davon ausgehen kann, daß der Aufsichtsrat bei fehlendem Verständnis entsprechende Fragen stellt.[17] Die Berichterstattung hat sich auf das Wesentliche zu beschränken. Statistiken und Tabellen sind, soweit nötig, als Anlagen beizufügen,[18] so daß das **Gesamtbild des Berichts verständlich** bleibt. Der Abschlußprüfer hat Formulierungen zu verwenden, die nicht mißverstanden werden können. Sachverhalte dürfen weder beschönigt noch verschleiert werden.[19] Die Ausführungen müssen in sich logisch sein und Fehlinterpretationen durch den Berichtsadressaten ausschließen. Unabhängig von der Abgabe des entsprechenden Bestätigungsvermerks dürfen keine Aussagen getroffen werden, die offen lassen, zu welchem Ergebnis die Prüfung der einzelnen Gegenstände geführt hat.[20] Der Abschlußprüfer darf sich bei seinen Ausführungen an den individuellen Kenntnissen der Aufsichtsratsmitglieder und der gesetzlichen Vertreter orientieren, denn gegenüber sachkundigen Berichtsempfängern entspricht auch ein fachspezifischer Prüfungsbericht der gebotenen Verständlichkeit. Der Bericht muß von allen Berichtsempfängern gleichermaßen verstanden werden können, so daß der Abschlußprüfer sich sozusagen am kleinsten gemeinsamen Nenner orientieren muß.

8 b) **Wahrheit.** Unrichtige Angaben im Prüfungsbericht stehen unter der Strafandrohung des § 332 HGB. Der Grundsatz der Wahrheit bezieht sich auf **alle Angaben** des Prüfungsberichtes. Damit sind Angaben über die Tätigkeit des Abschlußprüfers

---

[10] Enger Beck BilKomm-*Budde/Kunz* Rdn. 5: Fremdsprachiger Bericht nur in der Muttersprache aller Adressaten zulässig.

[11] BTDrucks. 13/9712 S. 28.

[12] *IDW* Fachgutachten 2/1988; *Niehaus* DB 1988, 818.

[13] BTDrucks. 13/9712 S. 28.

[14] *Moxter* BB 1997, 727.

[15] Vgl. *Dörner* DB 1998, 3; *Hommelhoff/Mattheus* AG 1998, 257; *Gelhausen* AG-Sonderheft 1997, 80 Fn. 68; vgl. auch *Rürup* AG 1995, 221.

[16] WP-Handbuch I Q 61.

[17] *Hommelhoff/Mattheus* AG 1998, 257.

[18] HdR³-*Breycha/Schäfer* Rdn. 10.

[19] Beck BilKomm-*Budde/Kunz* Rdn. 9.

[20] WP-Handbuch I Q 61.

bei der Prüfung mitumfaßt (Abs. 3). Werden im Prüfungsbericht Angaben gemacht, die über den gesetzlich verlangten Inhalt hinausgehen, so bezieht die Wahrheitspflicht sich auch auf diese. Der Inhalt des Prüfungsberichts muß der Überzeugung des Abschlußprüfers nach bestem Gewissen entsprechen. Die tatsächlichen Gegebenheiten müssen sich im Bericht widerspiegeln.[21] Das Erfordernis der Darstellung von Gegenstand, Umfang und Art der Prüfung (Abs. 3) verlangt, daß der Abschlußprüfer erkennbar macht, inwieweit seine Beurteilung auf eigener Prüfung oder Auskünften der gesetzlichen Vertreter, anderer Sachverständiger oder den Ergebnissen anderer Prüfungen (z. B. bei der Einbeziehung von geprüften Abschlüssen der Tochterunternehmen) beruht. Dabei darf nicht der Eindruck erweckt werden, ungeprüfte oder nur stichprobenartig geprüfte Sachverhalte seien einer vollständigen Prüfung unterzogen worden.[22] Ist eine abschließende Beurteilung einzelner Sachverhalte infolge mangelnder Aufklärbarkeit nicht möglich, so hat der Abschlußprüfer dies deutlich zu machen. Der Abschlußprüfer darf keine für die Beurteilung relevanten Erkenntnisse verschweigen (vgl. Rdn. 10).

Meinungsverschiedenheiten mit den gesetzlichen Vertretern, die sich auf die Prüfungstätigkeit oder -beurteilung ausgewirkt haben, sind darzustellen. Sind zu einzelnen Sachverhalten unterschiedliche Standpunkte vertretbar und besteht hierüber – insbesondere zwischen Personen, die gemeinsam Abschlußprüfer sind – Uneinigkeit, so sind die verschiedenen Ansichten darzustellen.[23] Maßstab für die Darstellung ist das Ermöglichen einer zuverlässigen Beurteilung des Unternehmens und der Tätigkeit des Abschlußprüfers durch den Berichtsempfänger. **9**

c) **Vollständigkeit.** Im Prüfungsbericht sind Feststellungen zu treffen, die sich aus den gesetzlichen und zusätzlichen vertraglichen Anforderungen ergeben.[24] Das Verschweigen erheblicher Umstände ist strafbar, § 332 HGB. Mit Rücksicht auf die Klarheit und die Verständlichkeit des Berichts beschränkt sich das Vollständigkeitserfordernis indes auf die wesentlichen Ergebnisse und Sachverhalte der Prüfung. Der Begriff der **Wesentlichkeit** ist dabei aus der individuellen *Empfängersicht zu bestimmen.*[25] Die Beurteilung aller für die Abschlußprüfung bedeutsamen Tatbestände muß durch *alle* Berichtsempfänger möglich sein. Die Ergebnisse der Abschlußprüfung müssen anhand des Berichts sinnvoll nachzuvollziehen sein. Insbesondere bei Angaben, die sich auf die Erteilung oder Einschränkung des Bestätigungsvermerks ausgewirkt haben, sind lückenlose Informationen erforderlich. Vorgänge, die als ordnungsgemäß festgestellt wurden, können kürzer dargestellt werden als solche, die zu Beanstandungen führten.[26] Fehlen gesetzlich vorgeschriebene Inhalte, so ist der Prüfungsbericht nicht ordnunggemäß erstellt und damit die Prüfung nicht „beendet". Hat das Unternehmen von der Schutzklausel nach § 286 Abs. 1 oder nach § 160 Abs. 2 AktG Gebrauch gemacht, so ist darauf im Prüfungsbericht einzugehen. Dabei sind alle Informationen zu geben, die zur Feststellung der Rechtmäßigkeit der Anwendung nötig sind.[27] **10**

Der Abschlußprüfer muß auch **vertrauliche Angaben** in den Bericht aufnehmen, soweit diese für den gesetzlich vorgeschriebenen Inhalt von Bedeutung sind. Im Unterschied zum Bestätigungsvermerk ist der Empfängerkreis des Prüfungsberichts beschränkt (Rdn. 49). Dem kleinen Adressatenkreis korrespondiert die Offenlegung **11**

---

[21] Ähnlich WP-Handbuch I Q 42; HdR[3]-*Breycha/Schäfer* Rdn. 9.
[22] ADS Rdn. 48.
[23] Ähnlich ADS Rdn. 49; WP-Handbuch I Q 42.
[24] *IDW* Prüfungsstandard 450 Rdn. 8.
[25] WP-Handbuch I Q 43.
[26] ADS Rdn. 42.
[27] WP-Handbuch I Q 46.

von vertraulichen Informationen im Prüfungsbericht. Das Verschwiegenheitsgebot bzgl. Betriebs- und Geschäftsgeheimnissen gilt nicht gegenüber dem Aufsichtsrat (§ 323, 16), denn das Kontrollorgan kann seiner Aufgabe nur gerecht werden, wenn es die gleichen Informationen wie die gesetzlichen Vertreter als Kontrollierte hat. Dabei hat der Prüfer davon auszugehen, daß die Aufsichtsratsmitglieder sich an ihre gesetzlich gebotene Schweigepflicht halten.[28]

12 Die Berichterstattung hat **einheitlich** zu erfolgen. Die Vorlage mehrerer Berichte, z.B. von „Vor"-[29], „Haupt"- oder „Zwischenberichten", berührt die Einheitlichkeit nicht, wenn sich aus der Art der Darstellung ihre Zusammengehörigkeit ergibt.[30] Im Hauptbericht ist auf alle anderen Berichte mit der Berichtspflicht unterfallenden Inhalten hinzuweisen.[31] Die festgestellten Ergebnisse sind in den Hauptbericht zu übernehmen.[32] Werden Jahresabschluß und Konzernabschluß von demselben Abschlußprüfer geprüft, so verlangt die Einheitlichkeit nicht die gemeinsame Abgabe oder Darstellung beider Berichte. Beide Prüfungen sind rechtlich eigenständig.

13 **d) Unparteilichkeit.** Der Abschlußprüfung ist der Grundsatz der Unparteilichkeit immanent (vgl. § 323 Abs. 1 S. 1; § 43 Abs. 1 S. 2 WPO). Für den Prüfungsbericht ergibt sich daraus, daß die **Berichterstattung objektiv** zu erfolgen hat. Danach darf der Abschlußprüfer den Sachverhalt beim Bestehen von Interessengegensätzen oder Meinungsverschiedenheiten zwischen den gesetzlichen Vertretern, dem Aufsichtsrat und dem Prüfer nicht einseitig darstellen. Abweichende Meinungen der gesetzlichen Vertreter sind darzustellen.[33] Der Prüfer hat sich auch persönlich wirkender Kritik zu enthalten.[34] Prüfungssachverhalte sind unter Heranziehung sämtlicher verfügbaren Informationen sachgerecht zu werten.[35]

3. Mindestgliederung

14 Die Verpflichtung zu einer übersichtlichen Gliederung des Prüfungsberichts ergibt sich aus dem Grundsatz der Klarheit (Rdn. 7). Mit dem KonTraG ist die gesetzliche Unterscheidung zwischen einem Vorwegberichtsteil (Abs. 1 S. 2), einem Hauptberichtsteil (Abs. 2), einem besonderen Berichtsteil (Abs. 3) und einem weiteren separaten Berichtsteil eingeführt worden, welcher Feststellungen zum Risikofrüherkennungssystem enthält (Abs. 4). § 321 gibt insoweit die **Struktur** des Berichts vor und legt eine gesetzliche Mindestgliederung fest.[36]

III. Vorwegberichtsteil (Abs. 1 S. 2 und 3)

1. Art und Umfang

15 Nach Abs. 1 S. 2 ist im Prüfungsbericht vorweg zur Beurteilung der **Lage** des Unternehmens oder Konzerns durch die gesetzlichen Vertreter Stellung zu nehmen, insbesondere zu deren Beurteilung des Fortbestands und der zukünftigen Entwicklung des Unternehmens. Die Stellungnahme gehört zu den gesetzlichen Mindestinhalten des Prüfungsberichts. „Vorweg" bedeutet nicht zwingend, daß der entsprechende

---

28 Vgl. dazu auch *Forster* AG 1995, 3.
29 Damit ist nicht die Vorwegbeurteilung nach Abs. 1 S. 2 gemeint.
30 Beck BilKomm-*Budde/Kunz* Rdn. 13; HdR³-*Breycha/Schäfer* Rdn. 8; ADS Rdn. 45; WP-Handbuch I Q 48.
31 Bonner HdR-*Grewe* Rdn. 33.
32 Beck BilKomm-*Budde/Kunz* Rdn. 13.
33 Beck BilKomm-*Budde/Kunz* Rdn. 14.
34 WP-Handbuch I Q 58.
35 ADS Rdn. 50.
36 *Koller/Roth/Morck* Rdn. 3.

Vorwegberichtsteil den Prüfungsbericht eröffnen muß.[37] Der Gesetzgeber verlangt mit der „Vorwegbeurteilung" vielmehr die Aufnahme der Feststellungen nach Abs. 1 S. 2 in einen eigenen, vom Hauptberichtsteil getrennten Berichtsteil.[38] Im Hinblick auf einen systematischen Aufbau des Prüfungsberichts und im Interesse der Klarheit der Berichterstattung sollte jedoch die Vorwegberichterstattung unmittelbar vor dem Hauptberichtsteil vorgenommen werden.

Im Vorwegberichtsteil ist nach Abs. 1 S. 3 ferner darzustellen, ob dem Prüfer im Rahmen seiner Tätigkeit Tatsachen bekanntgeworden sind, die den **Bestand** des Unternehmens gefährden oder seine Entwicklung wesentlich beeinträchtigen können. Es ist auch darüber zu berichten, ob schwerwiegende *Verstöße* der gesetzlichen Vertreter oder der Arbeitnehmer gegen Gesetz, Gesellschaftsvertrag bzw. Satzung festgestellt wurden (zu dieser „Redepflicht" Rdn. 25 ff). 16

2. Stellungnahme zur Beurteilung durch die gesetzlichen Vertreter

Der Abschlußprüfer hat im Rahmen des Vorwegberichtsteils zu der Beurteilung der zukünftigen **Entwicklung** des Unternehmens durch die gesetzlichen Vertreter Stellung zu nehmen. Mit dieser Änderung des Inhalts des Prüfungsberichts wird die Sicht der Adressaten des Berichts auf einen bedeutsamen Aspekt gelenkt; die Beurteilung des Fortbestandes und der zukünftigen Entwicklung des Unternehmens ist ein wesentlicher Aspekt bei der Ausübung der Überwachungsfunktion.[39] Gleichzeitig wird die Problemorientierung des Berichts durch Hervorhebung der Entwicklung des Unternehmens betont.[40] 17

Der Abschlußprüfer soll **keine eigene Einschätzung** der Lage des Unternehmens vornehmen, sondern lediglich die Prognose und Beurteilung der gesetzlichen Vertreter (§ 289 Abs. 1) überprüfen.[41] Die Begründung des Gesetzgebers ist insofern mißverständlich, als zum einen davon gesprochen wird, daß „der Prüfer nur die Beurteilung des Vorstandes überprüfen kann und soll", andererseits aber „eine selbständige Beurteilung durch den Abschlußprüfer" verlangt wird.[42] Die Stellungnahme des Abschlußprüfers reduziert sich auf eine Bewertung der Beurteilung durch die gesetzlichen Vertreter und bei entsprechendem Anlaß auf das „Setzen von Fragezeichen".[43] Mit der gesetzlichen Formulierung „soweit die geprüften Unterlagen und der Lagebericht oder der Konzernlagebericht solche Beurteilung erlauben" wird deutlich, daß der Prüfer nur die geprüften Unterlagen und den Lagebericht heranzuziehen verpflichtet ist und mit der Vorwegbeurteilung keine Erweiterung des Prüfungsumfangs verbunden ist. Die Beurteilung der Lage durch die gesetzlichen Vertreter wird folglich nicht insgesamt geprüft, sondern auf ihren Einklang mit den Prüfungsergebnissen aufgrund der Prüfungsobjekte nach § 317. Der Abschlußprüfer muß den Bericht nunmehr zusätzlich unter dem Blickwinkel der Lage- und Zukunftsbeurteilung abfassen.[44] 18

---

[37] **A. A.** *Schindler/Rabenhorst* BB 1998, 1939; zu Gestaltungsmöglichkeiten *Ludewig* WPg 1998, 595, 597 ff; MünchKommHGB-Ebke Rdn. 20 f.

[38] *Koller/Roth/Morck* Rdn. 3.

[39] Hierzu *Peemöller/Keller* DStR 1997, 1990.

[40] Begr. RegE, BTDrucks. 13/9712 S. 28.

[41] *Gelhausen* AG-Sonderheft 1997, 81; *Dörner* DB 1998, 3; *Peemöller/Keller* DStR 1997, 1990; **a. A.** offenbar *Hommelhoff* BB 1998, 2567, 2571 f; zur Gefahr einer neuen Erwartungslücke *Forster* FS Baetge S. 937, 944.

[42] Begr. RegE, BTDrucks. 13/9712 S. 28.

[43] Ebd.

[44] Ausführlich zur Lagebeurteilung *Forster* FS Baetge S. 937 ff.

3. Problemorientierte Redepflicht

19 Die auf das KonTraG zurückgehende Regelung des Abs. 1 S. 3 hat die zwar in Abs. 2 statuierten Anforderungen mit der Maßgabe übernommen, daß die Prüfung problemorientiert anzulegen sei.[45] Die neue Formulierung „bei Durchführung der Prüfung" stellt inhaltlich nur eine geringfügige Änderung im Vergleich zur „Wahrnehmung seiner Aufgaben" nach altem Recht dar. Die **Redepflicht** besteht, wenn

- Unrichtigkeiten,
- Verstöße gegen gesetzliche Vorschriften,
- Tatsachen, die den Bestand des Unternehmens bzw. des Konzerns gefährden oder seine Entwicklung wesentlich beeinträchtigen können,
- schwerwiegende Verstöße der gesetzlichen Vertreter oder von Arbeitnehmern gegen Gesetz, Gesellschaftsvertrag oder Satzung festgestellt werden. Wird keiner dieser Tatbestände festgestellt, so muß dies im Bericht erwähnt werden. Dieser Hinweis dient der **Prüfungsdokumentation** und dem Nachweis der vollständigen Berücksichtigung der gesetzlich geforderten Berichtstatbestände.

20 Der Abschlußprüfer muß nur darüber berichten, was er *bei der Durchführung* der Prüfung erfahren hat. Damit wird deutlich, daß es nicht Hauptaufgabe des Abschlußprüfers ist, Verstöße nach Abs. 1 S. 3 zu untersuchen. Die Abschlußprüfung muß nicht eigens auf das Aufspüren solcher Tatbestände angelegt werden. Der Prüfer hat sich an den Prüfungsobjekten des § 317 zu orientieren. Die Redepflicht ist demzufolge als eine zusätzliche Verpflichtung zu verstehen, die nur bei der Gelegenheit der Abschlußprüfung wahrgenommen werden muß. Da die Redepflicht im Interesse des Unternehmens besteht, ist der Prüfer – auch ohne Mitteilung an die gesetzlichen Vertreter, wenn der Zweck dies erfordert – berechtigt, die Prüfungstätigkeit auszuweiten.[46] Der Abschlußprüfer muß bereits bei aufkeimendem **Verdacht** weitere Prüfungen anstrengen.[47] Nach anderer Ansicht muß eine berichtsfordernde Tatsache mindestens wahrscheinlich sein, damit der Prüfer zu weiteren Nachforschungen verpflichtet sei.[48] Teilweise wird vertreten, daß die Nachforschungspflicht von der Größe des Risikos des Sachverhalts für das Unternehmen abhängig sei.[49] Beide Ansichten verkennen, daß die Entscheidung über die Ergreifung weiterer Maßnahmen bei den Empfängern des Prüfungsberichts liegt, diese also den vorgelegten Bericht bewerten müssen. Der Abschlußprüfer ist nicht berechtigt, selbst eine Vorauswahl zu treffen. Zu beachten ist, daß die Berichtspflicht ohnehin nur bei für das Unternehmen bedeutsamen Tatsachen besteht (hierzu Rdn. 23 ff). Der Abschlußprüfer ist nicht verpflichtet, Sonderprüfungen vorzunehmen, allerdings muß er ggf. den Aufsichtsrat oder die gesetzlichen Vertreter unter Hinweis auf seine Verdachtsmomente auf diese Möglichkeit aufmerksam machen.[50]

21 Der Abschlußprüfer ist grundsätzlich nicht verpflichtet, Sachverhalte in den Prüfungsbericht aufzunehmen, die zwar den Tatbestand von Abs. 1 S. 3 erfüllen, jedoch ausschließlich bei anderer Gelegenheit als der Abschlußprüfung festgestellt wurden.[51] Angesichts des eindeutigen Gesetzeswortlauts („bei Durchführung der Prüfung") ist

---

45 Begr. RegE, BTDrucks. 13/9712 S. 28.

46 Im Erg. ebenso Beck BilKomm-*Budde/Kunz* Rdn. 26; ähnlich für Fälle einer Bestandsgefährdung nach altem Recht: *Nonnenmacher* FS Clemm S. 261, 280.

47 *Leffson* 345; ähnlich KK-*Claussen/Korth* Rdn. 27; WP-Handbuch I Q 176.

48 Bonner HdR-*Grewe* Rdn. 75.

49 HdR^3-*Breycha/Schäfer* Rdn. 52 f.

50 Begr. RegE, BTDrucks. 13/9712 S. 28; *Peemöller/Keller* DStR 1997, 1990.

51 ADS Rdn. 70.

nicht davon auszugehen, daß der Gesetzgeber solche Fälle **anderweitiger Kenntniserlangung** erfassen wollte. Eine Offenbarungspflicht kann sich aber aus einer vertraglichen Treuepflicht des Abschlußprüfers gegenüber der Gesellschaft ergeben.[52]

Die Berichtspflicht besteht auch bei Sachverhalten, die den gesetzlichen Vertretern und dem Kontrollorgan **bekannt** sind,[53] und zwar selbst dann, wenn der Abschlußprüfer um diese Kenntnis weiß.[54] Die Darstellung redepflichtiger Sachverhalte muß zwingend im Rahmen des gesonderten Vorwegberichtsteils erfolgen, um ihre Bedeutung nachhaltig zu unterstreichen.[55] Dies gilt auch dann, wenn der entsprechende Sachverhalt bereits im Lagebericht oder Anhang dokumentiert ist.[56] Die Darstellung des Sachverhalts hat so zu erfolgen, daß dieser tatbestandsmäßig für den Berichtsadressaten erfaßbar ist und seine möglichen Auswirkungen nachvollziehbar sind. 22

4. Berichtspflichtige Tatsachen

a) **Bestandsgefährdung.** Unrichtigkeiten, Verstöße gegen das Gesetz und festgestellte Tatsachen sind im Rahmen der Redepflicht aufzuführen, wenn sie den Bestand des Unternehmens bzw. des Konzerns gefährden. Eine Bestandsgefährdung liegt vor, wenn damit zu rechnen ist, daß in absehbarer Zeit Anlaß zur Beantragung eines Insolvenzverfahrens oder zur Liquidation besteht, das Unternehmen mithin in seiner Existenz gefährdet ist.[57] Die Gefährdung der Existenz von Tochterunternehmen oder Zweigniederlassungen allein ist nicht ausreichend.[58] Über die Bestandsgefährdung ist unabhängig vom Ursprung des zugrunde liegenden Sachverhalts zu berichten, so daß auch zu außerhalb des Unternehmens liegenden Tatsachen Stellung zu nehmen ist, sofern sie sich in der Unternehmenssphäre unmittelbar auswirken.[59] Auf *allgemeine* politische und wirtschaftliche Gefahren ist aber nur bei der Beurteilung der Lage einzugehen. Eine Gefährdung der Existenz kann z. B. bei **Forderungsausfällen in erheblichem Umfang** durch die Insolvenz von Schuldnern, erheblichen laufenden Verlusten, Fehlmaßnahmen bei umfangreichen Investitionsprojekten, laufenden Liquiditätsengpässen, Wegfallen von Märkten, Lizenzen oder Schutzrechten anzunehmen sein.[60] Die Berichtspflicht setzt bereits ein, wenn der Sachverhalt geeignet ist, eine ernsthafte Gefährdung in der Zukunft zur Folge zu haben.[61] Daher wird es auch zu Überschneidungen mit der gleichfalls im Vorwegbericht erforderlichen Stellungnahme zur Beurteilung der zukünftigen Entwicklung kommen. Da dort jedoch nur „Fragezeichen“ zur Beurteilung durch die gesetzlichen Vertreter gesetzt werden (vgl. Rdn. 18), ist die ausführlichere Darstellung unter Berücksichtigung der eigenen Ansicht des Abschlußprüfers innerhalb der Redepflicht geboten. 23

b) **Beeinträchtigung der Entwicklung.** Der Abschlußprüfer hat auch über Unrichtigkeiten, Gesetzesverstöße sowie Tatsachen zu berichten, welche die Entwicklung des Unternehmens oder des Konzerns wesentlich beeinträchtigen können. Die Grenze zur Bestandsgefährdung ist fließend.[62] Nicht erforderlich ist, daß die Auswirkungen in gleichem Maße folgenreich sind wie bei der Bestandsgefährdung. Typische Indikatoren 24

---

[52] Vgl. ADS aaO.
[53] BGHZ 16, 17, 25.
[54] *Hense* FS Budde S. 309.
[55] Ähnlich zum alten Recht KK-*Claussen/Korth* Rdn. 28.
[56] *IDW* Prüfungsstandard 450 Rdn. 34.
[57] Ähnlich Beck BilKomm-*Budde/Kunz* Rdn. 36; *Nonnenmacher* FS Clemm S. 280.
[58] WP-Handbuch I Q 103; *Baumbach/Hopt* Rdn. 4.
[59] Ähnlich ADS Rdn. 75; Bonner HdR-*Grewe* Rdn. 81; **a. A.** HdR³-*Breycha/Schäfer* Rdn. 55.
[60] Vgl. zu weiteren Fällen: MünchKommHGB-*Ebke* Rdn. 26; ADS Rdn. 75; HdR³-*Breycha/Schäfer* Rdn. 55; WP-Handbuch I Q 104; Baumbach/Hueck/*Schulze-Osterloh* § 41, 87.
[61] ADS Rdn. 76.
[62] WP-Handbuch I Q 105; vgl. auch MünchKommHGB-*Ebke* Rdn. 26.

einer solchen Entwicklungsbeeinträchtigung sind die Erwartung nachhaltiger Verluste oder unzureichender Liquidität.[63] Da beim Vorliegen der Bestandsgefährdung regelmäßig auch eine wesentliche Beeinträchtigung der Entwicklung anzunehmen ist, verlangt die getrennte Aufführung beider Merkmale im Rahmen des Tatbestands des Abs. 1 S. 3 eine **Kenntlichmachung** innerhalb des Berichts, von welchem dieser Fälle der Abschlußprüfer ausgeht. Die Berichtspflicht besteht auch dann, wenn erst die kumulative Wirkung mehrerer Einzelsachverhalte zu einer wesentlichen Beeinträchtigung führt.[64] Mit der Anknüpfung an die **Entwicklung** des Unternehmens wird deutlich, daß durch den Bericht eine Möglichkeit geschaffen werden soll, den Prozeß aufzuhalten. Deshalb ist es geboten, so frühzeitig wie möglich zu berichten. Die Berichterstellung nach § 321 steht grundsätzlich erst am Ende der gesamten Abschlußprüfung. Gleichwohl kann aus dem Prüfungsauftrag eine Informationspflicht zu einem früheren Zeitpunkt folgen, wenn dies nötig erscheint. Dieser Verpflichtung kann durch mündliche Informationen, Sonderberichte oder management-letters nachgekommen werden.[65] Die Berichtspflicht im Prüfungsbericht wird dadurch nicht ersetzt.[66]

25 **c) Verstöße gegen Gesetz, Gesellschaftsvertrag oder Satzung. aa) Verstöße der gesetzlichen Vertreter.** Die Berichtspflicht über Verstöße der gesetzlichen Vertreter gegen Gesetz, Gesellschaftsvertrag oder Satzung dient in erster Linie der **Überwachung durch den Aufsichtsrat**. Die Verstöße müssen gesetzliche Regelungen betreffen, die den Vorstand oder gesetzlichen Vertreter als solchen verpflichten oder ein Verhalten im Rahmen der Tätigkeit für das Unternehmen regeln.[67] Darunter fallen Vorschriften des StGB (z. B. Unterschlagung, Untreue, Betrug), u. U. (vgl. zum Erfordernis des *schwerwiegenden* Verstosses Rdn. 26) auch des Handels- und des Gesellschafts-, ferner z. B. des Wettbewerbs-, des Steuer- oder des Umweltrechts.[68] Verstöße gegen schuldrechtliche Verpflichtungen des Unternehmens (Vertragsverstöße) sind nur berichtspflichtig, wenn dadurch eine Entwicklungsbeeinträchtigung oder Bestandsgefährdung ausgelöst werden kann.[69] Verstöße gegen die Satzung oder den Gesellschaftsvertrag können sich beispielsweise auf die dort geregelten Geschäftsführungsbefugnisse beziehen.

26 Nur über **schwerwiegende** Verstöße ist zu berichten. Für dieses Merkmal kann sowohl auf die Handlung, ihre Auswirkungen und auch auf die Intensität eines Vertrauensbruchs abgestellt werden. Zu berücksichtigen ist insbesondere das mit dem Verstoß für das Unternehmen verbundene Risiko.[70] Dabei ist auch der Ruf des Unternehmens zu beachten. Das Erfüllen strafrechtlicher Tatbestände, auch solcher außerhalb des StGB, ist regelmäßig ein schwerwiegender Verstoß. Es ist nicht erforderlich, daß dem Unternehmen ein Schaden entstanden ist. Ebenso kann auch die Feststellung schuldlosen Handelns zur Berichtspflicht führen. Selbst vorteilhafte Geschäfte, die nur unter der Voraussetzung von Gesetzes- oder Satzungsverstößen durchführbar waren, können eine Berichtspflicht auslösen.[71]

27 **bb) Verstöße von Arbeitnehmern.** Für Verstöße von Arbeitnehmern gelten die Ausführungen zu den gesetzlichen Vertretern sinngemäß (vgl. Rdn. 25 f). Der Abschlußprüfer hat unabhängig davon zu berichten, ob **Regreßansprüche** des Unternehmens gegen die Arbeitnehmer bestehen. Stellt der Prüfer einen Sachverhalt fest, der

---

63 Vgl. *Nonnenmacher* FS Clemm S. 260, 281.
64 HdR³-*Breycha/Schäfer* Rdn. 56.
65 So auch *IDW* Prüfungsstandard 450 Rdn. 37.
66 Im Ergebnis ebenso Bonner HdR-*Grewe* Rdn. 87.
67 ADS Rdn. 83 ff.
68 Vgl. auch MünchKommHGB-*Ebke* Rdn. 29.
69 ADS Rdn. 85.
70 HdR³-*Breycha/Schäfer* Rdn. 59; vgl. auch MünchKommHGB-*Ebke* Rdn. 29.
71 ADS Rdn. 86.

eine außerordentliche Kündigung des Arbeitsverhältnisses rechtfertigen würde, so ist er nicht schon unter dem Gesichtspunkt der Wahrung des Kündigungsrechts zu einer *sofortigen* Benachrichtigung der gesetzlichen Vertreter verpflichtet: hinsichtlich der maßgeblichen Kündigungsfrist kommt es nicht auf seine, sondern ausschließlich auf die Kenntnis des Arbeitgebers an (§ 626 Abs. 2 S. 2 BGB). Eine Verpflichtung zur unverzüglichen Unterrichtung des geprüften Unternehmens ist aber anzunehmen, wenn weitere Verstöße zu besorgen sind.

d) **Besonderheiten der Berichterstattung bei Konzernabschlußprüfungen.** Für den Konzernabschlußprüfer gelten grundsätzlich die gleichen Tatbestände der Redepflicht wie für den Einzelabschlussprüfer.[72] Werden in die Konzernabschlußprüfung bereits geprüfte Einzelabschlüsse einbezogen, so erstreckt sich die Redepflicht auch auf ggf. sich daraus ergebende Sachverhalte, sofern sie **Auswirkungen** auf den Konzernabschluß haben. Allerdings ist der Konzernabschlußprüfer berechtigt, auf die Darstellung im Einzelabschlußbericht zu verweisen, wenn in diesem die Redepflicht erfüllt wurde.[73] Unrichtigkeiten, Verstöße und Tatsachen müssen das in Abs. 1 S. 3 geforderte Gewicht (Bestandsgefährdung, Entwicklungsbeeinträchtigung, „Schwerwiegen" von Verstößen) im Verhältnis zum Konzern aufweisen, um die Redepflicht auszulösen. 28

IV. Hauptberichtsteil (Abs. 2)

1. Allgemeines

Der Hauptberichtsteil hat die Feststellung zu enthalten, ob die Buchführung und die übrigen geprüften Unterlagen, der Jahresabschluß, der Lagebericht, der Konzernabschluß und der Konzernlagebericht den gesetzlichen Vorschriften und den ergänzenden Bestimmungen von Gesellschaftsvertrag oder Satzung entsprechen und ob die verlangten Aufklärungen und Nachweise erbracht wurden. Diese „Pflichtfeststellung" in Abs. 2 S. 1 entspricht grundsätzlich den Regelungen des Abs. 1 S. 2 a. F. und versteht sich als redaktionelle Anpassung an §§ 317 Abs. 1, § 322 Abs. 1 S. 3, 264 Abs. 2 S. 1.[74] Die Feststellungen bilden den **Kern des Prüfungsberichts**. Zu jedem aufgeführten Prüfungsgegenstand ist ausdrücklich Stellung zu nehmen; aus der Stellungnahme zu den einzelnen Berichtsgegenständen muß eindeutig die Auffassung des Abschlußprüfers ableitbar sein.[75] Dabei darf der Prüfer sich auf wesentliche Aspekte beschränken (vgl. Rdn. 10). Geringfügige Fehler oder solche, die im Laufe der Prüfung behoben wurden und deren Kenntnis nach dem Ermessen des Abschlußprüfers für die Adressaten des Prüfungsberichts ohne Bedeutung sind, müssen nicht erwähnt werden.[76] Die Überprüfung erfolgt in bezug auf Gesetz und Satzung. Dabei hat der Prüfer ggf. auf in der Satzung enthaltene Gesetzesverstöße hinzuweisen. 29

2. Buchführung

Der Abschlußprüfer muß zur Buchführung und neuerdings auch zu den weiteren geprüften Unterlagen Stellung nehmen. Buchführung im Sinne des Abs. 2 ist grundsätzlich nur die **Finanzbuchführung**, nicht aber das gesamte Rechnungswesen.[77] Sah sich der Prüfer veranlaßt, andere Teile des Rechnungswesens zu überprüfen, so fallen 30

---

72 Vgl. ADS Rdn. 191.
73 So auch KK-*Claussen/Korth* Rdn. 45.
74 BTDrucks. 13/9712 S. 28; 13/10038 S. 26.
75 KK-*Claussen/Korth* Rdn. 6.
76 HdR³-*Breycha/Schäfer* Rdn. 13; teilweise **a. A.** Beck BilKomm-*Budde/Kunz* Rdn. 52.
77 ADS Rdn. 92; Beck BilKomm-*Budde/Kunz* Rdn. 48.

diese unter die berichtspflichtigen *weiteren geprüften Unterlagen.*[78] Neben den Aussagen zur Übereinstimmung mit Gesetz und Satzung ist auch über die Beachtung der Grundsätze ordnungsmäßiger Buchführung zu berichten. Daher sind auch Aussagen zum System oder zur Form der Buchführung, insbesondere zum EDV-Verfahren, notwendig.[79] Es ist keine ausführliche Darstellung erforderlich, es sei denn, es ergeben sich in diesen Bereichen Mängel. In diesem Fall sind die Mängel und ihre Auswirkungen auf das Rechnungswesen darzulegen.[80] Der Darstellungsumfang ist von der Wesentlichkeit abhängig. Demzufolge ist eine ausführliche Darstellung geboten, soweit Mängel Auswirkungen auf die Erteilung des Bestätigungsvermerks haben.[81]

3. Jahresabschluß und Konzernabschluß

31 Die Berichtspflicht im Hinblick auf den Jahresabschluß bezieht sich auf die Gewinn- und Verlustrechnung, die Bilanz und den Anhang. Abs. 2 S. 1 fordert Ausführungen zur **Übereinstimmung** mit gesetzlichen und satzungsrechtlichen Regelungen. Auch ist darüber zu berichten, ob die Bilanz sowie die Gewinn- und Verlustrechnung aus der Buchführung korrekt abgeleitet wurden.[82] Es ist auch über die formelle Richtigkeit, insbesondere über die Beachtung der Gliederungsvorschriften zu berichten.[83] Eine Verletzung der Aufstellungsfrist ist berichtspflichtig. Sind keine Beanstandungen zu erheben, so steht es dem Abschlußprüfer frei, im Rahmen der Berichterstattung die Bestandteile des Jahresabschlusses im einzelnen anzusprechen und einer Beurteilung zu unterziehen.[84]

32 Die Berichtspflicht umfaßt auch Ausführungen zu der Ausübung von **Wahlrechten**. Hat das Unternehmen von einer der Möglichkeiten des § 286 Abs. 2, 3 Gebrauch gemacht, so ist dies festzustellen und auf das Vorliegen der Voraussetzungen hinzuweisen.[85] Bei Anwendung des § 288 ist das Vorliegen der entsprechenden Größenklasse zu bestätigen.

4. Lagebericht und Konzernlagebericht

33 Über die gesetz- und satzungsgemässe Abfassung des Lageberichts bzw. des Konzernlageberichts ist zu berichten.[86] Im Hauptteil des Prüfungsberichts ist inbesondere zur formellen Richtigkeit der Angaben sowie zu den Ausführungen zur gegenwärtigen Lage und Angaben zum Geschäftsverlauf Stellung zu nehmen. Auf Ausführungen im Vorwegbericht darf Bezug genommen werden. Weiterhin ist darüber zu berichten, ob der Lage- bzw. Konzernlagebericht mit dem Jahres- bzw. Konzernabschluß in Einklang steht.[87] Aus dem Bericht muß hervorgehen, ob der Lagebericht ein den **tatsächlichen Verhältnissen** entsprechendes Bild vermittelt (§ 289 Abs. 1).[88] Der Abschlußprüfer muß insbesondere zu den im Lagebericht enthaltenen subjektiven Wertungen der gesetzlichen Vertreter Stellung nehmen.[89] Beschränkt sich der Lagebericht auf die Minimalausführungen nach § 289 Abs. 1, so ist darauf hinzuweisen, ob eine weitergehende Berichterstattung erforderlich gewesen wäre.[90]

---

[78] ADS Rdn. 93 m.w.N.
[79] Allg. A., vgl. HdR[3]-*Breycha/Schäfer* Rdn. 14; *Niehaus* DB 1988, 819.
[80] ADS Rdn. 95.
[81] Ähnlich WP-Handbuch I Q 170.
[82] KK-*Claussen/Korth* Rdn. 10.
[83] Vgl. dazu BGHZ 44, 35 ff = NJW 1965, 1661.
[84] HdR[3]-*Breycha/Schäfer* Rdn. 18.
[85] WP-Handbuch I Q 181.
[86] Ausführlich zur Abfassung: *Baetge/Schulze* DB 1998, 937 ff.
[87] HdR[3]-*Breycha/Schäfer* Rdn. 19; *Nonnenmacher* FS Clemm S. 270.
[88] Vgl. hierzu Bonner HdR-*Grewe* Rdn. 51.
[89] KK-*Claussen/Korth* Rdn. 12.
[90] Vgl. dazu ausführlich WP-Handbuch I Q 236 (zu § 289 a.F.).

Aus dem Gesetz ergibt sich keine Notwendigkeit, die Berichterstattung über den 34
Lage- bzw. Konzernlagebericht in einem besonderen Abschnitt des Hauptberichts vorzunehmen.[91] Der besonderen Bedeutung des Lageberichts für die Einschätzung der zukünftigen Entwicklung bzw. des Fortbestands des Unternehmens ist grundsätzlich bereits durch die Darstellung im Vorwegbericht Rechnung getragen worden. Hat der Abschlußprüfer **Einwendungen** gegen den Lage- bzw. Konzernlagebericht zu erheben, so muß er dies im Hauptberichtsteil eindeutig zum Ausdruck bringen.

5. Erfüllung der Aufklärungs- und Nachweispflichten

Im Hauptteil des Prüfungsberichts ist auch darzustellen, ob die gesetzlichen Ver- 35
treter die geforderten Aufklärungen nach Nachweise erbracht haben (Abs. 2 S. 1). Der Umfang der Aufklärungs- und Nachweispflichten ergibt sich aus § 320. Sind die **gesetzlichen Vertreter** ihren Verpflichtungen nachgekommen, so genügt diese Feststellung im Prüfungsbericht. Gegenstand der Berichterstattung ist nach dem eindeutigen Gesetzeswortlaut nicht die Erfüllung solcher Verpflichtungen nach § 320 Abs. 2 S. 3 durch Mutter- oder Tochterunternehmen (vgl. hierzu § 320, 15–17).[92] Wurden Auskünfte durch andere Personen erteilt (§ 320, 11), so bedarf es nicht deren namentlicher Aufführung im Prüfungsbericht.[93]

Die Berichterstattung über das Verhalten der gesetzlichen Vertreter bezüglich der 36
Aufklärungs- und Nachweispflichten stellt eine mögliches Kontrollinstrument für den Aufsichtsrat dar. Daraus ergibt sich, daß grundsätzlich auch über Verstöße geringfügiger Natur zu berichten ist.[94] Besteht der Verdacht, daß Auskünfte oder Nachweise unzutreffend sind, hat der Abschlußprüfer darzulegen, ob sich daraus Auswirkungen auf die Beurteilung der Berichtsgegenstände ergeben können.[95] Kommt es zu einer konkreten **Verweigerung** von Auskünften oder Nachweisen, ist der Gegenstand, auf den sich die Verweigerung bezieht, im Bericht anzugeben.

6. Übereinstimmung mit den tatsächlichen Verhältnissen

Der Abschlußprüfer muß nach Abs. 2 S. 2 mitteilen, ob der Abschluß insgesamt 37
ein den tatsächlichen Verhältnissen entsprechendes Bild der Vermögens-, Finanz- und Ertragslage des Unternehmens vermittelt.[96] Unter Abschluß im Sinne des S. 2 ist der Jahres- bzw. Konzernabschluß einschließlich des dazugehörigen Anhangs zu verstehen (§ 264 Abs. 1 S. 1). Die Lageberichte fallen nicht unter diese Regelung; über die sie betreffende Einhaltung der Generalnorm war bereits im Rahmen von Abs. 2 S. 1 zu berichten (vgl. Rdn. 33).[97] Intention der mit dem KonTraG eingeführten Vorschrift ist die Anpassung an § 264 Abs. 2 S. 1 und § 322 Abs. 1 S. 3.[98] Da der Abschlußprüfer schon zuvor darüber berichten mußte, ob der Jahresabschluß den gesetzlichen Vorschriften entspricht und damit auch § 264 Abs. 2 S.1 eingeschlossen war, ist der Regelung kein eigenständiger materieller Gehalt zu entnehmen. Gleichwohl ist Abs. 2 S. 2

---

91 Für eine separate Berichterstattung (h.M.) nach früherem Recht: KK-*Claussen/Korth* Rdn. 13; WP-Handbuch I Q 235 jeweils m.w.N.

92 **A.A.** zum früheren Rechtszustand HdR³-*Breycha/Schäfer* Rdn. 23; vgl. auch ADS Rdn. 105, die ausführen, daß die auf Einholung von Aufklärungen und Nachweisen bei Mutter- oder Tochterunternehmen hingewiesen werden sollte.

93 KK-*Claussen/Korth* Rdn. 14; ADS Rdn. 105.

94 Ähnlich WP-Handbuch I Q 157; **a.A.** ADS Rdn. 106; HdR³-*Breycha/Schäfer* Rdn. 23.

95 WP-Handbuch I Q 157.

96 Zur Entstehung einer Divergenz: *Nonnenmacher* FS Clemm S. 265 ff.

97 Im Ergebnis ebenso Beck BilKomm-*Budde/Kunz* Rdn. 56.

98 BTDrucks. 13/10038 S. 26.

als **Pflichtangabe** zu verstehen. Auch wenn keine Beanstandungen zu den in Abs. 2 S. 1 aufgeführten Prüfungsgegenständen bestehen, ist eine Aussage über die Erfüllung der Generalnorm geboten.[99]

7. Aufgliederung und Erläuterung der Posten

38 Die Pflicht, Einzelposten des Jahres- und Konzernabschlusses im Bericht aufzugliedern und zu erläutern, ist nach der Neuregelung des KonTraG auf Fälle der **wesentlichen Verbesserung** der Darstellung von Vermögens-, Finanz- und Ertragslage begrenzt. Eine weitere Einschränkung der Aufgliederungs- und Erläuterungspflicht besteht durch die zusätzliche gesetzliche Voraussetzung, daß der Anhang nicht bereits entsprechende Angaben enthält. Mit der Neuregelung ist die sog. „kleine Redepflicht" entfallen.[100] Maßstab der Darstellung ist die wesentliche Verbesserung der Darstellung. Eine wesentliche Verbesserung ist dann anzunehmen, wenn der Bericht ohne die Aufgliederung und Erläuterung eine ordnungsgemäße Beurteilung durch die Berichtsempfänger nicht erlaubt oder die Bedeutung der Einzelposten bei einer anderen Darstellung nicht ausreichend zum Ausdruck kommt. Der Aufsichtsrat, insbesondere nicht sachkundige Aufsichtsratsmitglieder müssen vor einem „information overkill" durch eine Fülle von Bilanzdaten geschützt werden.[101] Der Abschlußprüfer soll nicht das Zahlenwerk aus Bericht und Anhang wiederholen, sondern die für die notwendige Beurteilung erforderlichen Informationen wiedergeben.[102] Die eingeschränkte Darstellungweise steht nicht zur Disposition des Abschlußprüfers. Seinem Ermessen unterfällt lediglich die Beurteilung der Wesentlichkeit der Verbesserung. Dabei hat er zu berücksichtigen, daß die Aufgliederung und Erläuterung der Einzelposten nicht (mehr) der Beurteilung der Lage durch den Aufsichtsrat dienen soll.[103]

39 Die Pflicht zur Aufgliederung und Erläuterung beschränkt sich auf wesentliche Posten.[104] Es ist kaum denkbar, daß die Aufgliederung und Erläuterung eines unbedeutenden Postens zu einer wesentlichen Verbesserung der Darstellung führt. Die **Aufgliederung** umfaßt die verständliche Angabe des Inhalts eines heterogen zusammengesetzten Postens, um eine Beurteilung durch die Berichtsempfänger zu ermöglichen.[105] Dafür ist der Posten in seine Bestandteile zu zerlegen.[106]

40 **Erläuterungen** sind zusätzliche verbale Angaben, die die Aufgliederung erklären und den Inhalt verständlich darstellen. Dabei können Ansatz- und Bewertungsmethoden sowie -wahlrechte darzustellen und zu besprechen sein, wobei erforderlichenfalls auch auf Besonderheiten des Ausweises einzugehen ist.[107] Der Umfang der Erläuterungen ist so zu gestalten, daß die wesentliche Verbesserung der Darstellung nicht zu Lasten der Klarheit des Berichts geht.[108]

41 Die Aufgliederung und Erläuterung ist nur zulässig, wenn das **Verständnis** des Einzelpostens nicht bereits durch die Ausführungen im Anhang ermöglicht wird. Nach dem Gesetz besteht keine Notwendigkeit, Erläuterungen gerade im Zusammenhang der Berichterstattung über die Bilanz, den Anhang oder in einem gesonderten

---

99 Kritisch *Moxter* BB 1997, 727.
100 *Dörner/Schwegler* DB 1997, 287.
101 *Hommelhoff/Mattheus* AG 1998, 257.
102 *Spieth/Förschle* FS Ludewig S. 1049, 1069.
103 *Moxter* BB 1997, 727.
104 Beck BilKomm-*Budde/Kunz* Rdn. 60; ADS Rdn. 114.
105 WP-Handbuch I Q 159; ADS Rdn. 114.
106 KK-*Claussen/Korth* Rdn. 17.
107 HdR³-*Breycha/Schäfer* Rdn. 28.
108 Vgl. zu Einzelfragen der Erläuterung WP-Handbuch I Q 158 ff.

Erläuterungsteil vorzunehmen, wenn der Abschlußprüfer der Ansicht ist, die wesentliche Verbesserung der Darstellung an anderer Stelle des Berichts erreichen zu können.[109]

V. Besonderer Berichtsteil (Abs. 3)

Der Abschlußprüfer muß in einem besonderen Abschnitt des Berichts Gegenstand, Art und Umfang der Prüfung erläutern (Abs. 3). Diese Verpflichtung ist durch das KonTraG neu in das Gesetz aufgenommen worden. Teilweise wurde eine solche Berichtspflicht auch bisher für notwendig gehalten.[110] Die Erläuterung ist in einem Umfang vorzunehmen, der eine **Beurteilung der Prüfungsdurchführung** durch die gesetzlichen Vertreter und den Aufsichtsrat erlaubt.[111] Da eine ordnungsgemäße Prüfungsdurchführung den Aufsichtsrat von der Durchführung gleichartiger Prüfungshandlungen im Rahmen seiner Kontrollpflicht freistellt,[112] ist eine weitreichende Darstellung des Prüfungsvorgehens erforderlich.[113] Dabei ist allerdings entsprechend der Zielsetzung der besonderen Berichtspflicht zu berücksichtigen, daß eine Darstellung einzelner Prüfungshandlungen nicht geboten ist.[114] Die Darstellung muß umfangreicher als diejenige im Bestätigungsvermerk ausfallen.[115] 42

Gegenstand und Umfang der Prüfung ergeben sich aus § 317. Die tatsächlich vorgenommenen Handlungen sind zu erläutern, soweit dies für die Beurteilung der Prüfung notwendig ist.[116] Innerhalb der Prüfungsart sind die angewendeten Prüfungsmethoden und -techniken darzustellen. Auf Stichprobenprüfungen ist hinzuweisen.[117] Gleiches gilt, wenn der Prüfer bei der körperlichen Bestandsaufnahme nicht während der gesamten Zeit anwesend war.[118] Darüber hinaus sind Angaben zur Bestellung bzw. Beauftragung des Abschlußprüfers, zum Prüfungszeitraum sowie gegebenenfalls zu einer Berücksichtigung von Angaben der Innenrevision des Unternehmens erforderlich.[119] Bei der Darstellung der Art der Prüfung ist auf ungewöhnliche Umstände sowie auf Prüfungshemmnisse hinzuweisen. Dazu gehören auch wesentliche Meinungsverschiedenheiten zwischen gemeinsam prüfenden Abschlußprüfern, die nicht ausgeräumt werden konnten.[120] Ein Nachprüfungsbericht ist als solcher zu bezeichnen. Die entsprechenden Umstände sind zu verdeutlichen (vgl. Rdn. 3). 43

VI. Feststellungen zum Risikofrüherkennungssystem (Abs. 4)

Das Ergebnis der Prüfung eines Risikofrüherkennungssystems nach § 317 Abs. 4 ist in einem besonderen Teil des Prüfungsberichts darzustellen (Abs. 4 S. 1). Entsprechend § 317 Abs. 4 i. V. m. § 91 Abs. 2 AktG besteht die Berichtspflicht nur bei Aktiengesellschaften, die *Aktien mit amtlicher Notierung* ausgegeben haben. Der 44

[109] Vgl. *Schindler/Rabenhorst* BB 1998, 1939, 1941; *Wiedmann* BilanzR Rdn. 40.

[110] Vgl. ADS[5] Rdn. 71; *Gelhausen* AG-Sonderheft 1997, 81; abschwächend *Spieth/Förschle* FS Ludewig S. 1049, 1068 f.

[111] Vgl. Begr. RegE, BTDrucks. 13/9712 S. 29.

[112] H. M. *Spieth/Förschle* FS Ludewig S. 1049, 1066 m. w. N.

[113] Im Ergebnis ebenso *Gelhausen* AG-Sonderheft 1997, 81.

[114] Ähnlich zur alten Rechtslage *Coenenberg/v. Wysocki* S. 946; *Forster* WPg 1998, 52; zum neuen Recht z. B. *Koller/Roth/Morck* Rdn. 6.

[115] Begr. RegE, BTDrucks. 13/10038 S. 26.

[116] *Forster* WPg 1998, 52.

[117] Zur Zulässigkeit LG Frankfurt a. M. AG 1998, 144, 146; *Steiner* 467 f.

[118] Näher dazu *Forster* WPg 1998, 52.

[119] *Leffson* 347.

[120] Vgl. FA, Entwurf einer Verlautbarung zur Durchführung von Gemeinschaftsprüfungen, WPg 1998, 512, 514.

Abschlußprüfer muß zunächst den Ist-Zustand des Risikofrüherkennungssystems beschreiben. Eine ausführliche Darstellung des Früherkennungssystems im Sinne eines Organisationsgutachtens ist im Prüfungsbericht nicht geboten.[121] Werden die vom Vorstand getroffenen Maßnahmen sowie das eingerichtete Überwachungssystem den Anforderungen des § 91 Abs. 2 AktG nicht gerecht und sind demgemäß **Verbesserungsmaßnahmen** erforderlich, hat der Abschlußprüfer dies im Prüfungsbericht festzustellen. Die mit Mängeln behafteten Systembereiche sind darzustellen. Umstritten ist, ob der Abschlußprüfer konkrete Maßnahmen zur Verbesserung des Systems anzuführen hat. Nach der Gesetzesbegründung muß der Abschlußprüfer nicht nur darauf hinweisen, *daß* Maßnahmen erforderlich sind, sondern auch entsprechende benennen.[122] Nach einer zustimmenden Auffassung in der Literatur erfordert die Unterstützung des – in diesem Bereich infolge fehlender Kenntnis versagenden – Aufsichtsrats,[123] daß konkrete Verbesserungsvorschläge in den Prüfungsbericht aufgenommen werden.[124] Dem ist nach Wortlaut und Systematik des Gesetzes nicht zu folgen. § 321 Abs. 4 fordert allein die Feststellung des Prüfungsergebnisses und die Angabe, *ob* Maßnahmen zur Verbesserung erforderlich sind. Auch § 317 Abs. 4 – der den Rahmen der Prüfung vorgibt – fordert nicht mehr als eine Beurteilung, ob der Vorstand die ihm nach § 91 Abs. 2 AktG obliegenden Maßnahmen in geeigneter Form getroffen hat und ob das Überwachungssystem seine Aufgabe erfüllen kann. Bei dem Vorschlag konkreter Maßnahmen zur Verbesserung des Risikofrüherkenungssystems handelt es sich regelmäßig um eine über den Prüfungsauftrag hinausgehende Beratungstätigkeit. Sie ist nach § 321 Abs. 4 nicht Teil der Berichterstattungspflicht.[125]

45 Im Prüfungsbericht ist nur das **Ergebnis** der Beurteilung darzustellen. Es genügt, wenn das System in seinen wesentlichen Komponenten beschrieben und bewertet wird; für eine umfangreichere Beurteilung kann auf die Arbeitspapiere verwiesen werden.[126] Hat der Vorstand keine geeigneten Maßnahmen zur Risikofrüherkennung getroffen, insbesondere die Einrichtung eines Überwachungssystems versäumt, hat der Abschlußprüfer darauf im Prüfungsbericht hinzuweisen.[127]

VII. Unterzeichnung und Vorlage des Berichts (Abs. 5)

1. Pflicht zur Unterzeichnung

46 Der Abschlußprüfer muß den Prüfungsbericht persönlich unterzeichnen. Ohne die vorgeschriebene Unterschrift liegt ein Prüfungsbericht im Rechtssinne nicht vor.[128] Abschlußprüfer sind sämtliche als solche gewählten Wirtschaftsprüfer bzw. vereidigten Buchprüfer (§ 318, 18). Die Unterschrift muß **eigenhändig** erfolgen, § 321 Abs. 5 S. 1 HGB i.V.m. § 126 Abs. 1 BGB. Dies gilt nicht für Kopien des Prüfungsberichts.[129] Es besteht keine gesetzliche Verpflichtung, Zeit und Ort der Erstellung des Berichts anzugeben, da es an einer Regelung entsprechend § 322 Abs. 5 S. 1 fehlt.[130] Der Zeitpunkt der letzten Prüfungshandlung geht bereits aus dem Bericht selbst hervor.

---

121 *IDW* Prüfungsstandard 450 Rdn. 82.
122 BTDrucks. 13/9712 S. 29.
123 *Lenz/Ostrowski* BB 1997, 1527.
124 *Peemöller/Keller* DStR 1997, 1991.
125 Ähnlich *IDW* Prüfungsstandard 450 Rdn. 84; im Ergebnis ebenso *Dörner* DB 1998, 3; *Dörner/Schwegler* DB 1997, 287; MünchKommHGB-*Ebke* Rdn. 52; *Koller/Roth/Morck* Rdn. 7; vgl. auch *Gelhausen* AG-Sonderheft 1997, 81.
126 *Forster* WPg 1998, 52.
127 Weitergehend *Hommelhoff* BB 1998, 2625, 2629 (Verpflichtung des Abschlußprüfers zu „Sofortbericht" und „Nachbericht").
128 ADS Rdn. 161.
129 HdR^3-*Breycha/Schäfer* Rdn. 64; teilweise **a. A.** Beck BilKomm-*Budde/Kunz* Rdn. 131.
130 Bonner HdR-*Grewe* Rdn. 89; **a. A.** HdR^3-*Breycha/Schäfer* Rdn. 64.

Bei Wirtschaftsprüfungsgesellschaften und Buchprüfungsgesellschaften erfolgt die Unterzeichnung durch die **gesetzlichen Vertreter**. Ihre eigene Beteiligung an der Durchführung der Prüfung ist dafür nicht erforderlich. Das Unterzeichnungsverbot nach § 32 WPO für gesetzliche Vertreter, die nicht Wirtschaftsprüfer bzw. zur Erteilung befugte vereidigte Buchprüfer sind, gilt nur für den Bestätigungsvermerk.[131] Die Gegenauffassung[132] verkennt die unterschiedlichen Funktionen von Prüfungsbericht und Bestätigungsvermerk in diesem Zusammenhang. Die Unterzeichnung des Prüfungsberichts ist Ausdruck der Verantwortung der gesetzlichen Vertreter für den Vertragspartner des Unternehmens aus Vertrag und Gesetz. Außerdem zeigt der Abschlußprüfer mit der Unterschrift und der Vorlage an, daß die Prüfungshandlungen beendet sind. Auch dies ist ein Akt der Vertretung der Prüfungsgesellschaft. Demgegenüber ist es für den Bestätigungsvermerk bedeutsam, daß die gesetzlich verlangte Prüfungskompetenz zum Ausdruck kommt (vgl. § 319 Abs. 1). Innerhalb des Prüfungsberichts wird dies durch die Aufnahme des Bestätigungsvermerks in den Bericht gewährleistet (§ 322 Abs. 5 S. 2). Deshalb ist der Bestätigungsvermerk auch im Prüfungsbericht zu unterzeichnen.[133] In dem Fall, daß ein gesetzlicher Vertreter nicht die nach § 32 WPO für den entsprechenden Bestätigungsvermerk erforderliche Qualifikation besitzt, können die Unterschriften unter dem Prüfungsbericht und dem Bestätigungsvermerk folglich voneinander abweichen. 47

Neben der Unterschrift ist die Anbringung des **Siegels** erforderlich (§§ 48 Abs. 1, 130 WPO). 48

2. Vorlage an die gesetzlichen Vertreter oder den Aufsichtsrat

Der Prüfungsbericht ist grundsätzlich den **gesetzlichen Vertretern** vorzulegen (Abs. 5 S. 1). Auch bei Gesamtvertretung ist es analog § 78 Abs. 2 S. 2 AktG, § 35 Abs. 2 S. 3 GmbHG als ausreichend anzusehen, wenn der Bericht *einem* Mitglied des Vorstandes bzw. der Geschäftsführung zugeleitet wird.[134] Hat der Aufsichtsrat den Prüfungsauftrag erteilt (§ 318, 22), ist der Prüfungsbericht ihm vorzulegen (Abs. 5 S. 2). Allerdings ist den gesetzlichen Vertretern vor der Zuleitung Gelegenheit zur Stellungnahme zu geben. Diese Verpflichtung zur Einbeziehung der gesetzlichen Vertreter steht nicht in Widerspruch zur gesetzlichen Intention des KonTraG, die Kontrolle durch den Aufsichtsrat zu stärken.[135] Die Abschlußprüfung baut maßgeblich auf dem Vertrauen in die Unabhängigkeit des Abschlußprüfers auf. Da der Abschlußprüfer den Prüfungsbericht allein zu verantworten hat, ist davon auszugehen, daß er nur dann Änderungen aufgrund der Stellungnahme der gesetzlichen Vertreter vornimmt, wenn er diese für gerechtfertigt hält. Die Beeinflussung des Abschlußprüfers wäre unabhängig davon auch durch die Stellungnahme zu einem Zwischen- oder Vorabbericht möglich, so daß ein Verbot des Zuleitens des Prüfungsberichts an die gesetzlichen Vertreter aufgrund einer solchen Befürchtung ins Leere laufen müsste.[136] Die Stellungnahme des Vorstandes muß nicht schriftlich ergehen. Die Vorlage des Prüfungsberichts an den Aufsichtsrat ist bereits zulässig, wenn die gesetzlichen Vertreter signalisieren, daß es zu keiner eigenen Verlautbarung kommen wird. Wurde der Prüfungsbericht vor der Schlußbesprechung den gesetzlichen Vertretern 49

[131] HdR³-*Breycha/Schäfer* Rdn. 64; *Glade* BiRiLiG Rdn. 17; Bonner HdR-*Grewe* Rdn. 89.

[132] ADS Rdn. 164; Beck BilKomm-*Budde/Kunz* Rdn. 132; *Koller/Roth/Morck* Rdn. 8.

[133] **A. A.** ADS § 322, 348.

[134] ADS Rdn. 170; ebenso schon *Geßler/Hefermehl/Eckardt/Kropff* § 166, 37.

[135] Anders *Lenz/Ostrowski* BB 1997, 1524 f m. w. N.

[136] Ebenso *Schmidt* BFuP 1996, 63; *Lenz/Ostrowski* BB 1997, 1525.

zugeleitet und später nicht mehr geändert, so darf der Abschlußprüfer davon ausgehen, daß damit die Gelegenheit zur Stellungnahme gegeben wurde; das Gesetz verlangt nur, daß die Möglichkeit zur Stellungnahme „vor Zuleitung" an den Aufsichtsrat eingeräumt wird und begründet keine weitergehenden formalen oder verfahrensmäßigen Anforderungen.[137]

§ 322
Bestätigungsvermerk

(1) Der Abschlußprüfer hat das Ergebnis der Prüfung in einem Bestätigungsvermerk zum Jahresabschluß und zum Konzernabschluß zusammenzufassen. Der Bestätigungsvermerk hat neben einer Beschreibung von Gegenstand, Art und Umfang der Prüfung auch eine Beurteilung des Prüfungsergebnisses zu enthalten. Sind vom Abschlußprüfer keine Einwendungen zu erheben, so hat er in seinem Bestätigungsvermerk zu erklären, daß die von ihm nach § 317 durchgeführte Prüfung zu keinen Einwendungen geführt hat und daß der von den gesetzlichen Vertretern der Gesellschaft aufgestellte Jahres- oder Konzernabschluß aufgrund der bei der Prüfung gewonnenen Erkenntnisse des Abschlußprüfers nach seiner Beurteilung unter Beachtung der Grundsätze ordnungsmäßiger Buchführung ein den tatsächlichen Verhältnissen entsprechendes Bild der Vermögens-, Finanz- und Ertragslage des Unternehmens oder des Konzerns vermittelt.

(2) Die Beurteilung des Prüfungsergebnisses soll allgemeinverständlich und problemorientiert unter Berücksichtigung des Umstandes erfolgen, daß die gesetzlichen Vertreter den Abschluß zu verantworten haben. Auf Risiken, die den Fortbestand des Unternehmens gefährden, ist gesondert einzugehen.

(3) Im Bestätigungsvermerk ist auch darauf einzugehen, ob der Lagebericht und der Konzernlagebericht insgesamt nach der Beurteilung des Abschlußprüfers eine zutreffende Vorstellung von der Lage des Unternehmens oder des Konzerns vermittelt. Dabei ist auch darauf einzugehen, ob die Risiken der künftigen Entwicklung zutreffend dargestellt sind.

(4) Sind Einwendungen zu erheben, so hat der Abschlußprüfer seine Erklärung nach Absatz 1 Satz 3 einzuschränken oder zu versagen. Die Versagung ist in den Vermerk, der nicht mehr als Bestätigungsvermerk zu bezeichnen ist, aufzunehmen. Die Einschränkung und die Versagung sind zu begründen. Einschränkungen sind so darzustellen, daß deren Tragweite erkennbar wird.

(5) Der Abschlußprüfer hat den Bestätigungsvermerk oder den Vermerk über seine Versagung unter Angabe von Ort und Tag zu unterzeichnen. Der Bestätigungsvermerk oder der Vermerk über seine Versagung ist auch in den Prüfungsbericht aufzunehmen.

---
137 Ähnlich *Forster* WPg 1998, 53.

Übersicht

Schrifttum

Vgl. die Angaben bei §§ 316, 317 und 321, ferner

Böcking/Orth Kann das „Gesetz zur Kontrolle und Transparenz im Unternehmensbereich (KonTraG)" einen Beitrag zur Verringerung der Erwartungslücke leisten? – Eine Würdigung auf Basis von Rechnungslegung und Kapitalmarkt, WPg 1998, 351 ff; *Ernst* KonTraG und KapAEG sowie aktuelle Entwicklungen zur Rechnungslegung und Prüfung in der EU, WPg 1998, 1025 ff; *Goerdeler* Die freiwillige Prüfung von Jahresabschlüssen, Festschrift Fischer (1979) 149 ff; *IDW* Prüfungsstandard (EPS 400) Grundsätze für die ordnungsmäßige Erteilung von Bestätigungsvermerken bei Abschlußprüfungen, WPg 1998, 724 ff; *Kirsch* Erwartungslücke und Bestätigungsvermerk, Festschrift Baetge (1997) 966 ff; *Schulze-Osterloh* Zur öffentlichen Funktion des Abschlußprüfers, ZGR 1976, 411 ff.

I. Einführung

1. Normzweck

Der Bestätigungsvermerk ist die abschließende, nach außen dringende Aussage des Abschlußprüfers zum Ergebnis der Pflichtprüfung nach §§ 316 ff. Er richtet sich – durch Aufnahme in den Prüfungsbericht (Abs. 5 S. 2) – gleichermaßen an die gesetzlichen Vertreter bzw. gegebenenfalls den Aufsichtsrat, wie – im Wege der Veröffentlichung (§ 325 Abs. 1 S. 1) – an alle an dem Unternehmen Interessierten. Allerdings liegt seine Bedeutung vornehmlich in der Unterrichtung Externer, die – etwa als Gläubiger oder Aktionäre – den Prüfungsbericht (§ 321) nicht einsehen können (vgl. § 321, 11, 49). Die **wirtschaftliche Bedeutung** des Bestätigungsvermerks liegt in den Erwartungen der Öffentlichkeit begründet. Ein Bestätigungsvermerk ohne Einschränkungen (Abs. 1 S. 3) wurde zumindest in der Vergangenheit als Positivbefund verstanden.[1] Dagegen sind Einschränkungen oder gar die Versagung (Abs. 4) mit einem Verlust des Vertrauens in das Unternehmen verbunden, so daß dadurch die gesetzlichen Vertreter zu einer ordnungsmäßigen Rechnungslegung angehalten werden.[2] Die 1

[1] Vgl. ADS Rdn. 16.

[2] KK-*Claussen/Korth* Rdn. 5; *Erle* 73; Beck Bil-Komm-*Budde/Kunz* Rdn. 14, die auf die Möglichkeit der Nichtentlastung hinweisen.

Einschränkung oder Versagung kann aufgrund möglicher – für das Unternehmen nachteiliger – Reaktionen insbesondere von Gläubigern[3] bei börsennotierten Aktiengesellschaften zur Aussetzung des Handels führen (§ 43 BörsG).[4] Wegen der Kursrelevanz einer Nachricht über die Versagung des Bestätigungsvermerks kommt eine Verpflichtung zur Ad-hoc-Mitteilung nach § 15 Abs. 1 WpHG in Betracht. Die **rechtliche Bedeutung** liegt in dem nach außen sichtbaren Zeichen, daß die Abschlußprüfung vorgenommen wurde. Der Vermerk dokumentiert formell den Abschluß der Prüfungshandlungen durch den Abschlußprüfer. Dafür ist es unbeachtlich, ob der Bestätigungsvermerk erteilt oder versagt wurde (vgl. § 325 Abs. 1 S. 1). Da der Vermerk in den Prüfungsbericht aufgenommen wird, dieser folglich erst nach ihm fertiggestellt und den gesetzlichen Berichtsempfängern vorgelegt wird, ist mit der Erteilung oder Versagung des Bestätigungsvermerks die Prüfung rechtlich noch nicht beendet (vgl. § 321, 1).[5] Der Jahresabschluß kann nur festgestellt werden, wenn der Bestätigungsvermerk erteilt oder versagt wurde (vgl. § 256 Abs. 1 Nr. 2 AktG). Insbesondere deshalb hat das geprüfte Unternehmen einen Anspruch auf Erteilung eines Bestätigungs- oder Versagungsvermerks.[6]

2. Neufassung durch das KonTraG

2 Mit der Neufassung der Vorschrift durch das KonTraG[7] wurde der Wirkung des Bestätigungsvermerks auf Unternehmensexterne verstärkte Aufmerksamkeit gewidmet. Nach dem BiRiLiG[8] handelte es sich noch um einen echten Vermerk, der in vorgeschriebener Kurzform (sog. Formeltestat) die Übereinstimmung des Jahresabschlusses mit Gesetz und Satzung sowie Vermögens-, Finanz- und Ertragslage und den Einklang mit dem Lagebericht bestätigte. Diese Bestätigung wurde von der Öffentlichkeit im Sinne eines „Gesundheitstestats"[9] für das Unternehmen verstanden. Es entstand daher eine Diskrepanz zwischen dem Inhalt des Bestätigungsvermerks und seiner Interpretation durch die Adressaten – die sog. **Erwartungslücke.**[10]

3 Die Anforderungen an den Bestätigungsvermerk sind nunmehr so gestaltet, daß die Gefahr von Mißverständnissen über den Inhalt und das Ergebnis der Abschlußprüfung reduziert wird. Es erfolgt keine formelmäßige Bestätigung der Übereinstimmung mit den gesetzlichen Vorschriften, sondern die **Beschreibung** der durchgeführten Prüfung verbunden mit der Unterrichtung über das erzielte Prüfungsergebnis. Dem nicht-fachkundigen Adressaten ist zu verdeutlichen, worin sich die Aussagekraft des Bestätigungsvermerks erschöpft.[11] Die Erwartungslücke wird also nicht durch die Erfüllung der bestehenden Erwartungen geschlossen, sondern der Abschlußprüfer verpflichtet, die Erwartungen zu reduzieren, indem er den Gegenstand und Inhalt

---

3 Vgl. Bonner HdR-*Grewe* Rdn. 11.

4 Vgl. *Schwark* Börsengesetz² § 43, 5 mit Verweis auf den aufgehobenen § 44a BörsG.

5 ADS Rdn. 80; **a. A.** offenbar KK-*Claussen/Korth* Rdn. 4.

6 Im Erg. ebenso *Koller/Roth/Morck* Rdn. 2; *Erle* 55, 57; WP-Handbuch I Q 400; **a. A.** ADS Rdn. 355 ff; KK-*Claussen/Korth* Rdn. 4, die offenbar keinen Anspruch auf einen Versagungsvermerk annehmen.

7 Gesetz zur Kontrolle und Transparenz im Unternehmensbereich vom 27.4.1998, BGBl. I 1998, 786; vgl. schon § 316, 4a.

8 Gesetz zur Durchführung der Vierten, Siebenten und Achten Richtlinie des Rates der Europäischen Gemeinschaften zur Koordinierung des Gesellschaftsrechts (Bilanzrichtliniengesetz) vom 19.12.1985, BGBl. I 2355.

9 *Niehaus* BFuP 1996, 97; kritisch auch Beck Bil-Komm-*Budde/Kunz* Rdn. 9.

10 Dazu Begr. RegE, BTDrucks. 13/9712, 29; *Böcking/Orth* WPg 1998, 351 ff; *Gelhausen* AG-Sonderheft 1997, 81; *Nonnenmacher* FS Clemm S. 282 f; *Sarx* FS Clemm S. 339; *Dörner/Schwegler* DB 1997, 287; MünchKommHGB-*Ebke* Rdn. 4 ff.

11 Begr. RegE, BTDrucks. 13/9712 S. 29; *Gelhausen* AG-Sonderheft 1997, 81.

sowie das Ergebnis der Prüfung in unmißverständlicher Weise darstellt, die Verantwortung der gesetzlichen Vertreter für den Jahresabschluß aufzeigt und von derjenigen des Abschlußprüfers abgrenzt.[12] Des weiteren wird er verpflichtet, auf erkennbar gewordene Risiken hinzuweisen, über die im Lagebericht berichtet werden mußte.[13]

II. Einwendungsfreier Bestätigungsvermerk

1. Pflichtangaben

Sind keine Einwendungen zu erheben, so hat der Abschlußprüfer zu erklären, daß die von ihm nach § 317 durchgeführte Prüfung zu keinen Einwendungen geführt hat und daß der von den gesetzlichen Vertretern aufgestellte Jahres- oder Konzernabschluß aufgrund der bei der Prüfung gewonnenen Erkenntnisse des Abschlußprüfers nach seiner Beurteilung unter Beachtung der Grundsätze ordnungsgemäßer Buchführung ein den tatsächlichen Verhältnissen entsprechendes Bild der Vermögens-, Finanz- und Ertragslage vermittelt (Abs. 1 S. 3). Neben diesen **Kernaussagen** hat der Vermerk Angaben über die folgenden Bestätigungsobjekte zu enthalten: 4

- Gegenstand, Art und Umfang der Prüfung (Abs. 1 S. 2 1. Hs),
- Beurteilung des Prüfungsergebnisses (Abs. 1 S. 2 2. Hs)
- Gesondertes Eingehen auf Risiken, die den Unternehmensfortbestand gefährden (Abs. 2 S. 2)
- Übereinstimmung von Lagebericht bzw. Konzernlagebericht und tatsächlicher Lage (Abs. 3) und
- zutreffende Darstellung der Risiken zukünftiger Entwicklung im Lage- bzw. Konzernlagebericht (Abs. 3 S. 2).

Der Umfang dieser Ausführungen ist wesentlich geringer als die entsprechenden Angaben im Prüfungsbericht. Es muß sich aber inhaltlich um eine individuelle Beschreibung von konkreten Prüfungstatsachen handeln.[14] Der Begriff des Bestätigungsvermerks umfaßt damit nicht den im Umfang beschränkten Prüfungsbericht. Es handelt sich vielmehr um eine in Berichtsform zusammengefaßte (Abs. 1 S. 1) Bestätigung über die Vornahme und das Ergebnis der Abschlussprüfung.[15] Dabei kann der Kernsatz nach Abs. 1 S. 3 als Bestätigungsvermerk im engeren Sinn bezeichnet werden.

Als **Gegenstand** der Prüfung ist entsprechend §§ 316 anzugeben, welcher Jahres- bzw. Konzernabschluß und welcher Lage- bzw. Konzernlagebericht unter Einbeziehung der Buchführung (§ 317 Abs. 1) geprüft worden ist. Bei der Beschreibung von **Art und Umfang** der Prüfung ist darauf einzugehen, wie Auswahlverfahren und Stichprobenprüfungen vorgenommen[16] sowie in welchem Umfang die Ergebnisse anderer Abschlußprüfer verwertet wurden. Darüber hinaus sind Besonderheiten der Prüfung zu nennen, auch wenn sie nicht zu Einwendungen führen. Dazu gehören z. B. die fehlende Teilnahme des Abschlußprüfers an der Inventur[17] und nicht vorgenommene Prüfungshandlungen im Ausland.[18] 5

Im Bestätigungsvermerk muß zum Ausdruck gebracht werden, daß gegen die einzelnen Prüfungs-, d. h. Bestätigungsobjekte (vgl. Rdn. 4) keine Einwendungen be- 6

---

12 *Peemöller/Keller* DStR 1997, 1991; kritisch *Moxter* BB 1997, 729; *Böcking/Orth* WPg 1998, 356.
13 Begr. RegE, BTDrucks. 13/9712 S. 29.
14 Vgl. BTDrucks.13/9712 S. 29.
15 Vgl. auch § 2 WPO; ähnlich *Dörner* DB 1998, 4.
16 *Kirsch* FS Baetge S. 966 f; kritisch *Moxter* BB 1997, 729.
17 HdR^3-*Breycha/Schäfer* Rdn. 10.
18 KK-*Claussen/Korth* Rdn. 16.

stehen. Der Abschlußprüfer hat auch dann über **Risiken** bestandsgefährdender Natur gesondert zu berichten (Abs. 2 S. 2), wenn dazu bereits eine ausreichende Darstellung durch das Unternehmen im Lagebericht vorliegt. Ob die Risiken der künftigen Entwicklung – auch soweit sie nicht bestandsgefährdend sind – im Lagebericht bzw. Konzernlagebericht zutreffend *dargestellt* sind, ist gesondert festzustellen (Abs. 3 S. 2).[19] Der Abschlußprüfer hat jedoch darauf zu achten, daß seine Darstellung keine der tatsächlichen Situation unangemessenen Reaktionen der Adressaten des Bestätigungsvermerks hervorruft (Gefahr der self fulfilling prophecy).[20] Besondere Sorgfalt ist in den Fällen von bestandsgefährdenden Risiken (vgl. § 321, 23) geboten. Die Hervorhebung der Bestandsgefährdungen in einer gesonderten Aussage ist nicht im Sinne einer Einschränkung des Bestätigungsvermerks zu verstehen.[21] Aus der Darstellung muß hervorgehen, daß der Jahresabschluß zu keinen Einwendungen führt, die Erteilung des Bestätigungsvermerks aber auch die Bestätigung der im Lagebericht dargestellten Bestandsgefährdungen umfaßt. Sind die Risiken (noch) nicht exakt bestimmbar, so muß dies aus dem Bestätigungsvermerk hervorgehen. Zu beachten ist weiterhin, daß im Rahmen der Darstellung keine Informationen offenbart werden dürfen, die der Verschwiegenheitspflicht unterliegen (§ 323, 13 ff).[22]

2. Form

7 Im Unterschied zum früheren Recht, das ein Formeltestat vorgab, ist die Formulierung des Bestätigungsvermerks dem Abschlußprüfer durch das KonTraG **grundsätzlich freigestellt** worden. Eine wörtliche Übernahme der Kernaussagen ist nicht geboten.[23] Der Bestätigungsvermerk muß aber auch für nicht fachkundige Leser verständlich sein.[24] Die Formulierung steht im pflichtgemäßem Ermessen des Abschlußprüfers.[25] Im Unterschied zum Prüfungsbericht richtet der Bestätigungsvermerk sich an die Öffentlichkeit, so daß auch nicht ausnahmsweise eine fachspezifische Formulierung zulässig ist (vgl. zur Ausnahme beim Prüfungsbericht § 321, 7). Nach den vom Hauptfachausschuß des IDW vorgeschlagenen Gestaltungen und Formulierungen ist der Bestätigungsvermerk in drei Teile zu untergliedern: (1) den einleitenden Abschnitt, der den Gegenstand der Prüfung, das geprüfte Unternehmen, den Abschlußstichtag, das dem Jahresabschluß zugrundeliegende Geschäftsjahr sowie die Abgrenzung der Verantwortung des Abschlußprüfers von derjenigen der Geschäftsführung enthält, (2) den Abschnitt, der die Prüfung der Art und dem Umfang nach beschreibt sowie das Urteil des Prüfers, welches in einem separaten Abschnitt (3) abzugeben ist.[26]

3. Zeitpunkt

8 Der Bestätigungsvermerk darf erst erteilt werden, wenn die Prüfungshandlungen insgesamt **abgeschlossen** sind. Demzufolge müssen alle Prüfungsgegenstände vorliegen. Die Erteilung des Bestätigungsvermerks ist nicht zulässig, wenn lediglich ein vorläufiger Lagebericht vorliegt.[27] Die Gegenansicht betrachtet den in einem solchen Fall dennoch erteilten Bestätigungsvermerk im Hinblick auf den vorläufigen Lage-

---

[19] Vgl. auch *Peemöller/Keller* DStR 1997, 1991; MünchKommHGB-*Ebke* Rdn. 27.
[20] *Dörner* DB 1998, 4 f; ähnlich *Forster* Wpg 1994, 791.
[21] *IDW* Prüfungsstandard 400 Rdn. 77.
[22] Vgl. auch *Gelhausen* AG-Sonderheft 1997, 74; *Hense* FS Budde S. 305 ff.
[23] *Gelhausen* AG-Sonderheft 1997, 81.
[24] *Peemöller/Keller* DStR 1997, 1991.
[25] *Forster* WPg 1998, 53.
[26] *IDW* Prüfungsstandard 400 Rdn. 17 ff; *Jacob* WPg 1998, 1048.
[27] **A. A.** ADS Rdn. 81.

bericht als endgültig und hält bei einer Änderung des Lageberichts z. B. im Rahmen der Feststellung des Jahresabschlusses eine Nachtragsprüfung für erforderlich. Dem ist entgegenzuhalten, daß ein vorläufig aufgestellter Lagebericht nicht den gesetzlichen Vorschriften entsprechen kann. Die Voraussetzungen für die Erteilung eines einwendungsfreien Bestätigungsvermerks liegen damit nicht vor. Die Beurteilung und Testierung eines nur vorläufigen Lageberichts würde außerdem der durch das KonTraG gestärken Bedeutung der Lageberichtsbeurteilung (Abs. 3) nicht gerecht.

Der Prüfungsbericht muß bei Erteilung des Bestätigungsvermerks nicht zwingend vorliegen.[28] Ankündigungen, voraussichtlich einen bestimmten Bestätigungsvermerk zu erteilen, sind zulässig.[29] Es besteht kein Anspruch auf eine solche Erklärung. Der Abschlußprüfer ist nicht an diese Erklärung gebunden, allerdings kann er sich bei einer fehlerhaften Erklärung ggf. schadensersatzpflichtig machen.[30] 9

4. Unschädliche Beanstandungen

Der Bestätigungsvermerk darf nur dann ohne Einschränkung erteilt werden, wenn der Abschlußprüfer keine Einwendungen zu erheben hat. Dazu müssen nach den Erkenntnissen des Abschlußprüfers alle Geschäftsvorfälle in Buchführung und Jahresabschluß richtig, vollständig, willkürfrei und klar (zu diesen Grundsätzen vgl. § 321, 6 ff) in Übereinstimmung mit den Anforderungen des Gesetzes und der Satzung sowie den Grundsätzen ordnungsmäßiger Buchführung erfaßt und bewertet sein.[31] Für das Erheben von Einwendungen hat der Abschlußprüfer den Informationsbedarf der Öffentlichkeit zu berücksichtigen.[32] Aus dieser Zielsetzung ergibt sich, daß bei **unwesentlichen Verstößen** gegen gesetzliche Vorschriften, Satzung oder GoB der Bestätigungsvermerk uneingeschränkt erteilt werden darf. Der Abschlußprüfer ist allerdings berechtigt, auf aus unwesentlichen Verstößen resultierende Probleme hinzuweisen. 10

Der sog. Ergänzungsteil (§ 322 Abs. 2 a. F.) ist durch das KonTraG obsolet geworden. Die darunter verstandenen zusätzlichen Bemerkungen zum Formeltestat[33] sind nunmehr in der Beschreibung und der Beurteilung des Prüfungsergebnisses aufgegangen (vgl. Abs. 1 S. 1 und 2, Abs. 3). **Ergänzungsbedarf** kann sich ausnahmsweise aufgrund besonderer Sachverhalte ergeben, wie z. B. der bzgl. Beachtung einschlägiger Bestimmungen der Satzung oder des Gesellschaftsvertrages.[34] 11

Sind Ausführungen im Lagebericht oder Angaben im Jahresabschluß **mißverständlich**, so hat der Abschlußprüfer darzulegen, wie diese von ihm interpretiert wurden und daß der Bestätigungsvermerk unter dieser Prämisse erteilt wurde. Gleiches gilt für die Berücksichtigung nicht eindeutiger Rechnungslegungsvorgaben durch die Satzung.[35] Da sich der Bestätigungsvermerk insbesondere an unternehmensexterne Adressaten richtet, die keine Kenntnis von solchen Satzungsbestimmungen haben, ist auf deren Bestehen hinzuweisen. Voraussetzung dafür ist deren Wesentlichkeit für den Jahresabschluß. Hat der Prüfer festgestellt, daß Vorgaben der Satzung rechtswidrig sind und wurden diese deshalb bei der Aufstellung des Jahresabschlusses nicht berücksichtigt,[36] so ist eine Stellungnahme im Bestätigungsvermerk nicht erforderlich.[37] 12

---

[28] ADS Rdn. 78.

[29] Vgl. BGH NJW 1998, 1951 = JZ 1998, 1013 m. Aufs. *Ebke* 991 = JR 1999, 67 m. Anm. *Zimmer/Vosberg*; ADS Rdn. 75.

[30] Vgl. zu einer Haftung gegenüber Dritten insoweit BGH aaO.

[31] KK-*Claussen/Korth* Rdn. 8.

[32] Vgl. auch *Gelhausen* AG-Sonderheft 1997, 81 f.

[33] KK-*Claussen/Korth* Rdn. 12 ff; HdR³-*Breycha/Schäfer* Rdn. 10 ff.

[34] Vgl. näher Beck BilKomm-*Budde/Kunz* Rdn. 24; *IDW* Prüfungsstandard 400 Rdn. 70.

[35] Vgl. dazu *Erle* 189 f.

[36] Anderenfalls ist der Bestätigungsvermerk einzuschränken oder zu versagen, vgl. Rdn. 16.

[37] HdR³-*Breycha/Schäfer* Rdn. 26.

III. Einwendungen gegen die Bestätigungsobjekte

1. Begriff

13 Aus der Neufassung des Abs. 4 ergeben sich keine inhaltlichen Änderungen gegenüber der bisherigen Rechtslage.[38] Danach ist bei Einwendungen der Bestätigungsvermerk einzuschränken bzw. zu versagen. Der Begriff der Einwendungen ist im Gesetz nicht erläutert. Unter **Einwendungen** sind wesentliche Beanstandungen zu verstehen, die sich im Rahmen der Prüfungsdurchführung (vgl. § 321, 20f) gegen Inhalt oder Form einzelner Bestandteile der Buchführung, des Jahresabschlusses bzw. des Lageberichts ergeben haben.[39]

14 Das Merkmal der **Wesentlichkeit** von Beanstandungen ist vom Abschlußprüfer anhand von Kriterien festzulegen, für die allgemein geltende Rahmengrundsätze bestehen.[40] Danach ist von Bedeutung, in welcher Relation das Beanstandungsobjekt zu relevanten Kenngrößen des Unternehmens, wie z. B. dem Betrag der betroffenen Jahresabschlußposten, der Bilanzsumme, des Eigenkapitals, des Jahresergebnisses oder gesellschaftsrechtlich relevanten Grenzen steht (sog. quantitative Komponente).[41] Eine wesentliche Beanstandung wird regelmäßig beim Verstoß gegen bedeutsame Rechnungslegungsvorschriften vorliegen, so z. B. bei der Nichteinhaltung von Bestimmungen über die Bildung und Auflösung von Kapital- oder Gewinnrücklagen (sog. qualitative Komponente).[42] Unwesentliche Mängel führen nicht zu einer Einschränkung des Bestätigungsvermerks. Die Abgrenzung zwischen unwesentlichen und wesentlichen Mängeln ist vom Abschlußprüfer nach pflichtgemäßem Ermessen vorzunehmen.[43] Neben Fällen der besonderen Intensität eines Fehlers kommt eine Einschränkung in Betracht, wenn erst die Kumulation mehrerer geringfügiger Mängel zu einer Beanstandung mit Wesentlichkeitscharakter führt.[44]

15 Die wesentliche Beanstandung muß zum **Zeitpunkt** der Einschränkung oder Versagung des Bestätigungsvermerks noch bestehen. Die Einschränkung oder Versagung ist als ultima ratio[45] zu verstehen. Bis zum Zeitpunkt der Erteilung des Vermerks kann das Unternehmen den Anlaß der Beanstandung beseitigen. Spätere Änderungen sind im Rahmen einer Nachtragsprüfung zu berücksichtigen (§ 316, 34).

2. Gegenstand von Einwendungen

16 Einwendungen können sich aus **Verstößen** gegen Vorschriften ergeben, die sich direkt auf die formelle und materielle Darstellung von Sachverhalten und Angaben innerhalb der Buchführung und des Jahresabschlusses bzw. Lageberichts beziehen.[46] Werden zwingende gesetzliche Vorschriften aufgrund von abweichenden Bestimmungen der Satzung nicht eingehalten, so begründet dies ebenfalls eine Einwendung. Über Verstöße der gesetzlichen Vertreter oder Angestellten gegen steuer- oder strafrechtliche Vorschriften ist im Rahmen des Bestätigungsvermerks nicht zu berichten (anders im Prüfungsbericht: § 321, 25 ff). Allerdings können derartige Verstöße sich indirekt auf die Erteilung des Bestätigungsvermerks auswirken, wenn in Verbindung mit dem Ver-

[38] BTDrucks. 13/9712 S. 29.
[39] H. M. vgl. Beck BilKomm-*Budde/Kunz* Rdn. 39.
[40] *IDW* Prüfungsstandard 400 Rdn. 51.
[41] WP-Handbuch I Q 520; vgl. auch MünchKomm-HGB-*Ebke* Rdn. 22.
[42] Vgl. dazu im einzelnen WP-Handbuch I Q 522; *Erle* 153 ff.
[43] WP-Handbuch I Q 524.
[44] ADS Rdn. 222.
[45] ADS Rdn. 213.
[46] Vgl. dazu im einzelnen die Darstellungen bei WP-Handbuch I Q 556–571; ADS Rdn. 271–309; Beck BilKomm-*Budde/Kunz* Rdn. 63 ff.

stoß vorzunehmende Rückstellungen nicht gebildet werden oder eine im Rahmen des Lageberichts erforderliche Berichterstattung unterbleibt.[47] Soweit es sich um Verstöße gegen § 331 Nr. 1 und 2 HGB handelt, werden ebenso die tatbestandserfüllenden Sachverhalte ohnehin zu Einwendungen führen.[48]

Einwendungen können sich auch aus der **unzureichenden Aufklärung** und Nachweisbeschaffung durch die gesetzlichen Vertreter ergeben. Dabei ist es unbeachtlich, ob die Verweigerung seitens der gesetzlichen Vertreter des zu prüfenden Unternehmens oder der nach § 320 Abs. 2 S. 2 verpflichteten gesetzlichen Vertreter verbundener Unternehmen erfolgt. Der Abschlußprüfer hat bei seiner Entscheidung über die Einschränkung oder Versagung des Bestätigungsvermerks die Relevanz der fehlenden Nachweise für den Jahresabschluß bzw. Lagebericht in Rechnung zu stellen. Hiernach ist eine Einwendung nicht begründet, wenn der Abschlußprüfer die erforderlichen Informationen auf anderem Weg erlangt hat und somit bei der Prüfung berücksichtigen konnte[49] bzw. die Verweigerung nur zu einer unwesentlichen Beanstandung geführt hat. Andererseits muß der Abschlußprüfer selbst bei vollständiger Erfüllung der Auskunftspflichten den Bestätigungsvermerk einschränken, wenn die Aufklärung eines relevanten Sachverhalts objektiv nicht möglich war.[50] 17

Über das **Ergebnis der Prüfung** nach § 317 Abs. 4 ist im Bestätigungsvermerk nach dem Wortlaut des Gesetzes keine eigenständige Aussage zu treffen. Das Prüfungsergebnis ist ausschließlich im Rahmen des Prüfungsberichts Berichtsgegenstand (§ 321 Abs. 4). Ein anderes gilt aber, wenn die Prüfung nach § 317 Einwendungen ergeben hat (vgl. § 322 Abs. 1 S. 3, Abs. 3). Einwendungen können sich z. B. daraus ergeben, daß keine bzw. keine ausreichende *Dokumentation des Risikofrüherkennungs- und Überwachungssystems* vorliegt (vgl. § 317, 34), die unzureichende Erfüllung der Maßnahmen nach § 91 Abs. 2 AktG zugleich die Ordnungsmäßigkeit der Buchführung in Frage stellt oder die Darstellung im Lagebericht entsprechend beeinflußt.[51] 18

3. Abgrenzung zwischen Einschränkung und Versagung

Nach der Feststellung einer wesentlichen Beanstandung reduziert sich das pflichtgemäße Ermessen des Abschlußprüfers auf die Entscheidung zwischen Einschränkung und Versagung des Bestätigungsvermerks. Die Entscheidung ist dabei vom Einzelfall abhängig. Bei einer Einschränkung ist zu beachten, daß es sich damit noch um ein positives Gesamturteil handelt.[52] Daraus ergibt sich, daß der Bestätigungsvermerk zu versagen ist, wenn zu wesentlichen Teilen der Rechnungslegung ein **Positivbefund nicht mehr haltbar** ist.[53] Die Versagung kann auf einem einzigen gewichtigen Einwand oder auf mehreren kumulativ wirkenden Einwendungen beruhen. Dies ist in der Begründung näher auszuführen (vgl. Rdn. 25). Anlaß für erhebliche Beanstandungen bestehen für den Abschlußprüfer insbesondere dann, wenn Mängel und Ordnungswidrigkeiten in einem solchen Maße auftreten, daß von einer ordnungsmäßigen Buchführung nicht mehr gesprochen werden kann oder der Jahresabschluß dem Abschlußprüfer kein zuverlässiges Urteil mehr erlaubt.[54] Kein Anlaß zur Versagung ist regelmäßig gegeben, wenn es sich nur um formelle Mängel der Gliederung oder fehlerhafte Bezeichnungen im Anhang handelt. Für solche Fälle bietet die Berichts- 19

---

47 Ähnlich HdR³-*Breycha/Schäfer* Rdn. 32; Beck BilKomm-*Budde/Kunz* Rdn. 42.
48 Ebenso *Erle* 171 ff.
49 Ähnlich *Schulze-Osterloh* ZGR 1976, 424.
50 Vgl. ADS Rdn. 313.
51 *IDW* Prüfungsstandard 400 Rdn. 72.
52 *Koller/Roth/Morck* Rdn. 7.
53 *Baumbach/Hopt* Rdn. 9; HdR³-*Breycha/Schäfer* Rdn. 30.
54 *Leffson* Wirtschaftprüfung 365.

form des Bestätigungsvermerks die Möglichkeit einer klarstellenden Erläuterung durch den Abschlußprüfer. Der Bestätigungsvermerk ist auch zu versagen, wenn wesentliche Teile der Rechnungslegung nicht vorliegen. Dazu gehören als Gegenstände der Abschlußprüfung auch die Buchführung, der Lagebericht und der Anhang.[55] Darüber hinaus werden Bewertungsverstöße, die eine erhebliche Verfälschung der Ertragslage, etwa eine Umkehrung des Jahresergebnisses zur Folge haben, zu einer Versagung führen.[56]

20 Umstritten ist, ob das Vorliegen von **Nichtigkeitsgründen nach § 256 AktG** den Abschlußprüfer zur Versagung des Bestätigungsvermerks verpflichtet.[57] § 322 enthält dafür keine ausdrückliche Regelung. Bei der Lösung des Problems ist zu berücksichtigen, daß das Aktiengesetz mit der Nichtigkeitsklage nach § 256 Abs. 7 AktG ein besonderes Verfahren für die Feststellung des Vorliegens von Nichtigkeitsgründen vorsieht. Wäre der Abschlußprüfer bei von ihm angenommener Nichtigkeit des Jahresabschlusses zur Versagung des Bestätigungsvermerks verpflichtet, so könnte diese Entscheidung in Konflikt mit einem in anderen Sinne ergehenden gerichtlichen Urteil geraten. Der Versagungsvermerk erschiene, da auf die Nichtigkeit des Jahresabschlusses gegründet, inhaltlich falsch. Daher rechtfertigt nicht schon die Annahme des Vorliegens eines Nichtigkeitsgrundes nach § 256 AktG die Versagung des Bestätigungsvermerks. Der Abschlußprüfer hat vielmehr allein nach den Kriterien der §§ 317, 322 über die Erteilung eines uneingeschränkten oder eingeschränkten Bestätigungsvermerks bzw. über dessen Versagung zu entscheiden. In diesem Rahmen können Sachverhalte, die (zugleich) zur Nichtigkeit nach § 256 AktG führen, wie beispielsweise eine Überbewertung von Bilanzposten (§ 256 Abs. 5 S. 1 Nr. 1 AktG[58]), die Versagung des Bestätigungsvermerks nach § 322 Abs. 4 rechtfertigen. Diese Ermessensentscheidung des Abschlußprüfers wird – da auf eine andere Rechtsfrage bezogen – auch bei Mißerfolg einer Nichtigkeitsklage nicht in Frage gestellt.

21 Nach dem Gesagten wird beim Vorliegen von Fehlern im Jahresabschluß, die zugleich einen Nichtigkeitstatbestand erfüllen, oft eine Versagung oder mindestens Einschränkung des Bestätigungsvermerks in Betracht zu ziehen sein. Es ist aber nicht Aufgabe des Abschlußprüfers, durch Hinweis auf eine mögliche Nichtigkeit im Bestätigungsvermerk eine Prognose zum möglichen Ausgang eines Verfahrens nach § 256 Abs. 7 AktG abzugeben.[59] Aufgrund der Pflicht, die Einschränkung bzw. Versagung zu begründen (Abs. 4 S. 2), ist der Abschlußprüfer ohnehin gehalten, auf die Beanstandungen einzugehen (vgl. Rdn. 25). Ein Hinweis auf eine mögliche (Nichtigkeits-) Folge von Verstößen gegen Vorschriften der Rechnungslegung, wie sie in § 256 AktG statuiert wird, kann aber im **Prüfungsbericht** erfolgen.[60]

4. Formulierung

22 **a) Darstellung.** Die Einschränkung oder Versagung – diese Begriffe sind zu verwenden – ist **klar** und **verständlich** zu formulieren (vgl. Rdn. 7). Sie darf nicht im Gesamttext aufgehen, sondern ist durch die Art der Darstellung auffällig zu machen.

---

55 KK-*Claussen/Korth* Rdn. 25; **a. A.** zum Fehlen des Lageberichts *IDW* Prüfungsstandard 350 Rdn. 26.

56 KK-*Claussen/Korth* Rdn. 25.

57 Dafür: Baumbach/Hueck/*Schulze-Osterloh* § 41, 100; Bonner HdR-*Grewe* Rdn. 56; **a. A.** differenzierend auf den Einzelfall abstellend KK-*Claussen/Korth* Rdn. 23; Beck BilKomm-*Budde/Kunz* Rdn. 44; Heymann/*Herrmann* Rdn. 8; GK[6]-*Marsch-Barner* Rdn. 10; *Glade* BiRiLiG Rdn. 17; WP-Handbuch I Q 539 ff.

58 Vgl. zur Interpretation der Vorschrift – insbesondere zum Erfordernis einer wesentlichen Beeinträchtigung der Darstellung – BGHZ 83, 341, 347 = NJW 1983, 42–45 (für GmbH); *Hüffer* § 256, 25.

59 So aber Beck BilKomm-*Budde/Kunz* Rdn. 45 f.

60 So auch KK-*Claussen/Korth* Rdn. 23.

Mißverständliche ähnliche Begriffe dürfen in diesem Zusammenhang nicht benutzt werden. Dies gilt insbesondere, wenn tatsächlich weder eine Einschränkung noch eine Versagung vorliegt. Es ist nicht erforderlich, daß die Einschränkung im Text vom bestätigenden Berichtsteil abgesetzt wird.[61] Allerdings muß sich aus ihrer Stellung ergeben, worauf sie sich bezieht. Demzufolge erfordert die nicht-fachspezifische Darstellungsweise (Rdn. 7), daß die Einschränkung optisch und inhaltlich augenfällig ist.

Die Einschränkung muß ihre **Tragweite** erkennen lassen (Abs. 4 S. 4). Somit sind Angaben erforderlich, die verdeutlichen, welche Teile der Rechnungslegung als uneingeschränkt bestätigt angesehen werden können bzw. „inwieweit man sich auf das Testat noch verlassen kann".[62] Dazu müssen exakte Angaben zu jedem einzelnen Tatbestand gemacht werden, der Auslöser für wesentliche Beanstandungen war.[63] Dabei hat der Abschlußprüfer darzulegen, welche Auswirkungen der beanstandete Gegenstand auf die Rechnungslegung hat. Auf Konsequenzen für die Aussagefähigkeit des Lageberichts sowie die Vermittlung eines den tatsächlichen Verhältnissen entsprechenden Bildes der Vermögens-, Finanz- und Ertragslage ist besonders hinzuweisen. Gleiches gilt, wenn der beanstandete Sachverhalt Ursache solcher Risiken ist, die nach Abs. 2 S. 2 in den Bestätigungsvermerk aufgenommen werden mußten (bestandsgefährdende Risiken) oder die Gegenstand der Darstellung von Risiken im Lagebericht (Risiken der zukünftigen Entwicklung, § 289 Abs. 1 2. HS) sind.[64] Der Grundsatz der Klarheit der Einschränkung ist nicht erfüllt, wenn lediglich die verletzte Norm angegeben wird.[65] Wegen des Gebots der Verständlichkeit auch für Laien muß die Einschränkung aus dem Bestätigungsvermerk selbst heraus verständlich sein. Allerdings darf der Umfang der Darstellung nicht zu einem Verlust an Präzision führen. Grundsätzlich ist die Einschränkung kurz zu fassen.[66] Beruhen Einwendungen auf der Unterlassung von Angaben, so besteht für den Abschlußprüfer keine Verpflichtung, diese Angaben nachzuholen; es ist ausreichend, wenn er auf ihr Fehlen hinweist. Muß die Einschränkung erfolgen, weil die gesetzlichen Vertreter ihren Auskunftspflichten nach § 320 nicht nachgekommen sind, so ist neben dieser Tatsache nur der entsprechende Sachverhalt zu nennen. Die gesetzlichen Vertreter sind lediglich als solche zu bezeichnen; ihre namentliche Nennung ist unzulässig. Im Gegensatz zur Einschränkung sind bei der Versagung des Bestätigungsvermerks keine ausführlichen Erläuterungen erforderlich.[67] Das Gesetz fordert keine Ausführungen über die Tragweite einer Versagung.[68] 23

Die Bezeichnung des Bestätigungsvermerks im Fall der Einschränkung lautet unverändert „Bestätigungsvermerk". Die Erklärung nach Abs. 1 S. 3 ist lediglich einzuschränken (Abs. 4 S. 1). Der Begriff „Einschränkung" muß aber zur Sicherstellung der Allgemeinverständlichkeit der Ergebniszusammenfassung ausdrücklich im Text enthalten sein.[69] Die Formulierung kann z. B. lauten: „Meine/Unsere Prüfung hat mit Ausnahme der folgenden Einschränkungen zu keinen Einwendungen geführt: ...".[70] Abs. 4 S. 2 legt fest, daß ein Vermerk über die **Versagung** nicht mehr als „Bestäti- 24

[61] KK-*Claussen/Korth* Rdn. 19.
[62] Heymann/*Herrmann* Rdn. 8.
[63] Vgl. ADS Rdn. 235.
[64] **A. A.** zu § 322 a. F. KK-*Claussen/Korth* Rdn. 20 a. E.
[65] H.M. vgl. Bonner HdR-*Grewe* Rdn. 61; HdR^3-*Breycha/Schäfer* Rdn. 36.
[66] WP-Handbuch I Q 527; vgl. auch Beck BilKomm-*Budde/Kunz* Rdn. 49.
[67] Umkehrschluß aus Abs. 4 S. 3, 4; **a. A.** *IDW* Prüfungsstandard 400 Rdn. 67.
[68] Einschränkend ADS Rdn. 256.
[69] Im Ergebnis ebenso Beck BilKomm-*Budde/Kunz* Rdn. 57.
[70] *IDW* Prüfungsstandard 400 Rdn. 59; vgl. auch MünchKommHGB-*Ebke* Rdn. 24.

gungsvermerk" bezeichnet werden darf. Mit dieser gesetzlichen Anordnung wird der wesentliche Inhalt des Prüfungsergebnisses bereits in der Überschrift dem Adressaten vermittelt.[71]

25 **b) Begründung.** Begründung und die Ausführungen zur Tragweite einer Einschränkung (hierzu Rdn. 23) können ineinander übergehen, wenn der Sachverhalt und seine Bedeutung ausreichend verständlich werden. Der Versagungsvermerk, bei dem Ausführungen zur Tragweite nicht erforderlich sind, hat **zwingend** die wesentlichen Gründe für die Versagung zu enthalten. Nicht als Begründung der Einschränkung oder Versagung ausreichend ist ein Verweis auf den Prüfungsbericht, da dieser nicht für die Öffentlichkeit bestimmt ist.[72]

IV. Unterzeichnung und Aufnahme in den Prüfungsbericht

26 Der Bestätigungs- oder Versagungvermerk muß vom Abschlußprüfer unterzeichnet werden. Die Unterschrift muß durch den beauftragten Prüfer **eigenhändig** erfolgen (§ 322 Abs. 5 S. 1 HGB, § 126 Abs. 1 BGB). Wurden mehrere Personen gemeinsam zum Abschlußprüfer bestellt (§ 318, 18), so ist die Unterschrift eines jeden von ihnen erforderlich.[73] Ist eine Wirtschaftsprüfungsgesellschaft oder eine Buchprüfungsgesellschaft mit der Abschlußprüfung beauftragt worden, so hat die Unterschrift ausschließlich durch einen Wirtschaftsprüfer oder vereidigten Buchprüfer zu erfolgen, der gleichzeitig auch vertretungsberechtigt ist (§§ 32, 129 Abs. 1, 130 WPO). Im Fall der Gesamtvertretung ist die Zeichnung ausschließlich durch vertretungsberechtigte Berufsträger zulässig.[74] Der Abschlußprüfer kann sich nicht vertreten lassen.[75] Zur Unterzeichnung ist nur der Abschlußprüfer berechtigt und verpflichtet, der diese Stellung zum im Bestätigungsvermerk angegebenen Zeitpunkt innehat. Bei einem Wegfall des Abschlußprüfers vor Ausfertigung der Unterschrift ist nach § 318 Abs. 4 S. 2 ein neuer Prüfer zu bestellen.[76]

27 Der Abschlußprüfer hat neben seiner Unterschrift die **Berufsbezeichnung** anzugeben (§§ 18, 130 WPO). Außerdem ist das Siegel anzubringen (§§ 48 Abs. 1 S. 1, 130 WPO). Das Fehlen dieser berufsrechtlich erforderlichen Angaben hat keine handelsrechtlichen Folgen.[77]

28 Im Bestätigungs- bzw. Versagungsvermerk sind **Ort und Tag** seiner Erteilung anzugeben (Abs. 5). Diese Angaben sind verpflichtend. Das im Bestätigungsvermerk angegebene Datum darf frühestens das der letzten Prüfungshandlung sein, da sich bis dahin bei gewissenhafter Prüfungsdurchführung (§ 323 Abs. 1) noch neue Erkenntnisse ergeben können. Das Datum des Bestätigungsvermerks dokumentiert den Zeitpunkt, zu dem die Beurteilung durch den Abschlußprüfer abgeschlossen ist (sog. Beurteilungszeitpunkt[78]).

29 Der Bestätigungsvermerk ist in den **Prüfungsbericht** aufzunehmen (Abs. 5 S. 2). Dabei besteht der Vermerk als solcher unabhängig vom Prüfungsbericht; er ist aber nur in Verbindung mit dem Jahresabschluß verwendbar.[79] Erfolgt die Vorlage des

[71] Kritisch *Böcking/Orth* WPg 1998, 356.
[72] KK-*Claussen/Korth* Rdn. 20.
[73] HdR³-*Breycha/Schäfer* Rdn. 49.
[74] KK-*Claussen/Korth* Rdn. 26.
[75] ADS Rdn. 335.
[76] ADS Rdn. 335.
[77] KK-*Claussen/Korth* Rdn. 26; teilweise abweichend ADS Rdn. 337: Fehlen einer Berufsbezeichnung soll bei Erkennbarkeit für „die Adressaten" zur handelsrechtlichen Unwirksamkeit des Bestätigungsvermerks führen.
[78] Vgl. *IDW* Prüfungstandard 400 Rdn. 81.
[79] ADS Rdn. 349.

Prüfungsberichts zu einem späteren Zeitpunkt, bleibt das Datum des Bestätigungsvermerks und damit der Beurteilungszeitpunkt (Rdn. 28) unberührt (zur evtl. Notwendigkeit einer Nachtragsprüfung Rdn. 35 f, sowie § 316, 22 ff). Der Bestätigungsvermerk ist im Prüfungsbericht gesondert zu unterschreiben (vgl. § 321, 47).

V. Widerruf

1. Voraussetzungen

Der Widerruf ist im Gesetz nicht geregelt. Der Abschlußprüfer ist berechtigt und **verpflichtet**, den Bestätigungsvermerk zu widerrufen, wenn ihm nach dessen Erteilung Tatsachen bekannt werden, die als Einwendungen zu einer Einschränkung oder Versagung geführt hätten. Diese Entscheidung steht als solche nicht im Ermessen des Abschlussprüfers.[80] Ein anderes gilt nur für die *Wertung* neuer Tatsachen: diese sind nach pflichtgemäßem Ermessen zu werten, d. h. in gleicher Weise wie vor Erteilung des Bestätigungsvermerks. Stellt der Abschlußprüfer fest, daß wesentliche Mängel bestehen (Rdn. 14 ff), so ist der erteilte Bestätigungsvermerk objektiv falsch.[81] Ein falscher Bestätigungsvermerk darf wegen der von ihm ausgehenden Wirkungen (Rdn. 3) grundsätzlich nicht bestehen bleiben. Der Widerruf kann aber ausnahmsweise entbehrlich sein, wenn die Vermeidung eines falschen Eindrucks über das Prüfungsergebnis in anderer Weise sichergestellt ist, d. h. die Adressaten entsprechende Informationen erhalten, beispielsweise, indem ein korrigierter Folgeabschluß erstellt wird.[82] 30

Der Widerruf darf nur aufgrund neu bekanntgewordener Tatsachen erfolgen. Dazu zählen auch Fälle der Täuschung des Abschlußprüfers und des Übersehens von Sachverhalten.[83] Ob auch die Erkenntnis, daß er zutreffend wahrgenommene Tatsachen unzutreffend *gewertet* hat, den Abschlußprüfer zum Widerruf berechtigt,[84] kann zweifelhaft erscheinen; ausgeschlossen ist der Widerruf nach hier vertretener Auffassung jedenfalls dann, wenn die dem Bestätigungsvermerk zugrundeliegende Wertung nicht ermessensfehlerhaft war. Bei einem zu Unrecht unterlassenen oder einem unberechtigten Widerruf kommt grundsätzlich eine Verpflichtung zum **Schadensersatz** in Betracht (§ 323). 31

2. Form

Der Widerruf muß gegenüber dem Unternehmen ausdrücklich erklärt werden. Adressat ist dabei der Auftraggeber der Abschlußprüfung, d.h. die gesetzlichen Vertreter, bei Zuständigkeit des Aufsichtsrats dieser (§ 318 Abs. 1 S. 4; § 111 Abs. 2 S. 3 AktG). Da nach § 325 Abs. 1 S. 1 die Offenlegung des Jahresabschlusses mit dem entsprechenden Bestätigungs- oder Versagungsvermerk zwingend durch die gesetzlichen Vertreter des geprüften Unternehmens zu erfolgen hat, sind in jedem Fall auch die gesetzlichen Vertreter über den Widerruf zu unterrichten.[85] Der Abschlußprüfer hat 32

[80] Str., im Erg. wie hier MünchKommHGB-*Ebke* Rdn. 35; *Baumbach/Hopt* Rdn. 11; HdR[3]-*Breycha/Schäfer* Rdn. 51; *Baumbach/Hueck/Schulze-Osterloh* GmbHG[16] § 41, 106; ähnlich WP-Handbuch I Q 675 f; *Erle* S. 285 m. w. N.; vgl. für **a. A.** Beck BilKomm-*Budde/Kunz* Rdn. 115; Bonner HdR-*Grewe* Rdn. 77; *Glade* BiRiLiG Rdn. 22.

[81] Vgl. WP-Handbuch I Q 675, 677 f.

[82] *IDW* Prüfungsstandard 400 Rdn. 112.

[83] Vgl. WP-Handbuch I Q 677; Beck BilKomm-*Budde/Kunz* Rdn. 115.

[84] In diesem Sinne z. B. Beck BilKomm-*Budde/Kunz* Rdn. 115.

[85] Vgl. zu § 322 a. F. schon KK-*Claussen/Korth* Rdn. 34.

den Widerruf zu begründen. Für den Widerruf ist, da die widerrufene Erklärung formbedürftig war (Abs. 5 S. 1; hierzu Rdn. 26 ff), seinerseits **Schriftform** zu fordern.[86]

3. Rechtsfolgen

33 Mit Zugang des Widerrufs darf der bisherige Bestätigungsvermerk **nicht mehr verwendet** werden.[87] Demzufolge ist auch die Verwendung des Prüfungsberichts unzulässig, es sei denn, dies geschieht gleichzeitig mit der Widerrufsmitteilung.[88] Um einer mißbräuchlichen Verwendung des Prüfungsberichts entgegenzuwirken, sollte der Abschlußprüfer sämtliche ausgehändigten Prüfungsexemplare zurückfordern.[89]

34 Erfolgt der Widerruf vor der Feststellung des Jahresabschlusses, ist für die Feststellung des Jahresabschlusses die Erteilung eines neuen Bestätigungs- bzw. Versagungsvermerks erforderlich. Solange kein neuer Vermerk erteilt wurde, ist die Jahresabschlußprüfung noch nicht beendet und ein Feststellungsbeschluß insoweit nicht möglich.[90] Auf eine erfolgte Feststellung hat der Widerruf keine Auswirkungen, da diese auch bei Versagung des Bestätigungsvermerks möglich ist.[91] Ein zwischen Feststellung und Offenlegung des Jahresabschlusses erklärter Widerruf hindert die Erfüllung der Pflichten aus §§ 325 ff (vgl. § 325 Abs. 1 S. 1 1. HS); in diesem Fall sollte mit dem Widerruf zugleich ein neuer Vermerk (eingeschränkter Bestätigungsvermerk oder Versorgungsvermerk) erteilt werden, um die Erfüllung der Offenlegungspflichten zu ermöglichen.[92] Umstritten ist die Behandlung des **Widerrufs nach Offenlegung** des Jahresabschlusses (§ 325 Abs. 1 S. 1). Nach einer Ansicht hat der Abschlußprüfer dafür Sorge zu tragen, daß die Adressaten des Bestätigungsvermerks von dem Widerruf durch Veröffentlichung in den Gesellschaftsblättern und beim Registergericht in Kenntnis gesetzt werden.[93] Nach dieser Ansicht hat der Abschlußprüfer von der Gesellschaft die Bekanntgabe des Widerrufs zu verlangen; kommt diese dem Mitteilungsverlangen des Abschlußprüfers nicht nach, kann er selbst den Widerruf bekanntgeben[94]. Nach anderer Ansicht ist der Abschlußprüfer berechtigt, nicht aber verpflichtet, das Registergericht zu informieren.[95] Für die zuletzt genannte Auffassung spricht, daß die Offenlegung nach § 325 nicht Aufgabe des Abschlußprüfers ist.[96] Gleichwohl gebieten es die Stellung des Abschlußprüfers und die besonderen Wirkungen, die von einem Bestätigungsvermerk ausgehen (Rdn. 3), für die korrekte Unterrichtung der Öffentlichkeit zu sorgen, wenn dies auf anderem Weg nicht erreicht werden kann. Zu folgen ist daher der zuerst genannten Auffassung: der Abschlußprüfer hat von der Gesellschaft die Offenlegung des Widerrufs zu verlangen und erforderlichenfalls selbst für eine Unterrichtung der Öffentlichkeit zu sorgen.

---

86 *IDW* Prüfungsstandard 400 Rdn. 115; KK-*Claussen/Korth* Rdn. 34 empfehlen hierzu die Aufnahme des Widerrufs sowie der Begründung in einen „Widerrufsbericht“.

87 ADS Rdn. 372.

88 Beck BilKomm-*Budde/Kunz* Rdn 117.

89 ADS Rdn. 375 räumen dem Abschlußprüfer ausdrücklich ein Recht auf Rückgabe aller Exemplare des Prüfungsberichts ein.

90 WP-Handbuch I Q 684.

91 HdR³-*Breycha/Schäfer* Rdn. 54; ADS Rdn. 373.

92 Wie hier Beck BilKomm-*Budde/Kunz* Rdn. 118; vgl. auch *Leffson* Wirtschaftsprüfung 367.

93 ADS Rdn. 370 f; WP-Handbuch I Q 685.

94 *Coenenberg/v. Wysocki* Handbuch der Abschlußprüfung 968 f.

95 KK-*Claussen/Korth* Rdn. 34; *Mai* 137; ähnlich im Sinne einer ultima ratio *Erle* 286.

96 So auch KK-*Claussen/Korth* Rdn. 34.

VI. Nachtragsprüfung

Der Abschlußprüfer hat eine Nachtragsprüfung durchzuführen, wenn nach Vorlage des Prüfungsberichts der Jahresabschluß, Konzernabschluß, Lagebericht oder Konzernlagebericht geändert wurde (§ 316 Abs. 3 S. 1). Da die Nachtragsprüfung inhaltlich der ursprünglichen Abschlußprüfung entspricht und damit die diesbezüglichen Regelungen zu beachten sind, ist der bisherige Bestätigungsvermerk zumindest zu **ergänzen** (§ 316, 21). Kommt die Nachtragsprüfung zu neuen, abweichenden Ergebnissen; kann ein gesonderter (Nachtrags-) Bestätigungsvermerk angefertigt werden, wobei als Art der Prüfung (Abs. 1 S. 2) die Nachtragsprüfung anzugeben ist. Der neue Bestätigungsvermerk ist unter dem der Nachtragsprüfung entsprechenden Datum zu erteilen. Ergeben sich im Rahmen der Nachtragsprüfung Einwendungen, die zu einer Einschränkung oder Versagung des Bestätigungsvermerks führen, gelten die diesbezüglichen Ausführungen (Rdn. 14 ff). **35**

Der Bestätigungsvermerk bleibt im Fall der Nachtragsprüfung grundsätzlich wirksam. Wurden trotz der im Jahresabschluß oder im Lagebericht vorgenommenen Änderungen bei der Erstprüfung bestehende Einwendungen nicht beseitigt, ist in einem den ursprünglichen Bestätigungsvermerk ergänzenden Nachtrag zu vermerken, daß der Erstvermerk mit den aufgeführten **Einwendungen** erhalten bleibt.[97] Sind aufgrund der Änderungen des Jahresabschlusses bzw. Lageberichts Beanstandungen entfallen oder mit der Nachtragsprüfung neue wesentliche Mängel begründet worden, ist eine Ergänzung des Prüfungsurteils erforderlich. Einschränkungen oder Versagungen des Vermerks aufgrund nachträglicher Änderungen sind als solche zu bezeichnen.[98] Kann, entsprechend dem Ergebnis der Nachtragsprüfung, der ursprünglich erteilte uneingeschränkte Bestätigungsvermerk unverändert aufrecht erhalten werden, besteht kein Erfordernis der inhaltlichen Ergänzung des Bestätigungsvermerks. Gleiches gilt, wenn der Gegenstand der Nachtragsprüfung nur von geringer materieller Bedeutung ist. Ausreichend erscheint es in diesen Fällen, den Hinweis auf die Nachtragsprüfung durch zusätzliche Aufnahme von Ort und Datum der Nachtragsprüfung und neuerliche Zeichnung unter dem ursprünglichen Bestätigungsvermerk aufzunehmen.[99] **36**

VII. Freiwillige Abschlußprüfung

Die §§ 316 ff gelten **ausschließlich für Pflichtprüfungen**. Bei Gesellschaften, die nicht prüfungspflichtig sind (vgl. § 316, 5 ff), kann die Satzung bzw. der Gesellschaftsvertrag eine Jahresabschlußprüfung durch einen Abschlußprüfer anordnen.[100] Auch unabhängig von einer solchen Rechtspflicht kann eine Abschlußprüfung erfolgen, etwa weil Banken die Kreditgewährung von ihr abhängig machen.[101] Die Ausgestaltung der Abschlußprüfung steht dabei dem Unternehmen bzw. den Parteien frei. Zu beachten ist aber, daß ein Bestätigungsvermerk nur erteilt werden darf, wenn die Prüfung nach Art und Umfang der gesetzlichen Prüfung gem. § 317 entsprochen hat und ein schriftlicher Bericht über die Prüfung erstellt wurde.[102] Die Ausgestaltung des Bestätigungsvermerks ist in einer Mißverständnisse über den Charakter der Abschlußprüfung vermeidenden Weise vorzunehmen.[103] Soll ein Bestätigungsvermerk erteilt werden, so **37**

---

[97] Vgl. Beck BilKomm-*Budde/Kunz* Rdn. 110.
[98] *IDW* Prüfungsstandard 400 Rdn. 109; MünchKommHGB-*Ebke* Rdn. 32.
[99] Ähnlich WP-Handbuch I Q 673.
[100] Eingehend *Goerdeler* FS Fischer S. 149 ff.
[101] Vgl. Beck BilKomm-*Förschle/Kofahl* § 316, 60.
[102] So bereits *Goerdeler* FS Fischer S. 156; ferner z.B. ADS Rdn. 418; HdR³-*Breycha/Schäfer* Rdn. 63.
[103] KK-*Claussen/Korth* Rdn. 35.

obliegen dem Abschlußprüfer neben den berufsrechtlichen Pflichten für die gesetzlichen Abschlußprüfer auch diejenigen nach §§ 316 ff.[104] Die Bestellung des Prüfers muß nicht nach den handelsrechtlichen Vorschriften (hierzu § 318, 4 ff) erfolgen, sondern kann z. B. durch die gesetzlichen Vertreter vorgenommen werden[105]. Allerdings sind diese verpflichtet, sich bei der Bestellung an die Vorgaben der Satzung zu halten.[106]

VIII. Bestätigungsvermerk bei Konzernabschlußprüfungen

38 Die für die Erteilung eines Bestätigungsvermerks zum Einzelabschluß dargelegten Grundsätze gelten entsprechend für die Erteilung eines Vermerks zum Konzernabschluß. Der Bestätigungsvermerk ist jedoch, im Hinblick auf die Besonderheiten der Konzernabschlußprüfung, zu ergänzen um Hinweise auf die Prüfung der Abgrenzung des Konsolidierungskreises, der angewandten Konsolidierungsgrundsätze und der in den Konzernabschluß einbezogenen Jahresabschlüsse.[107] Andererseits ist eine Aussage zur Buchführung, da eine solche mit Bezug auf den Konzern nicht besteht, nicht zu treffen. Zusätzlich zu den in Rdn. 14 ff dargelegten Einwendungstatbeständen können sich Einwendungen gegen den Konzernabschluß oder -lagebericht z. B. beziehen auf die Abgrenzung des Konsolidierungskreises, die Wahl des Abschlußstichtages, die Aufbereitung der einbezogenen Jahresabschlüsse, Abweichungen von der Bewertung und Bilanzierung in einbezogenen Einzelabschlüssen, die Wertansätze von Beteiligungen an assoziierten Unternehmen sowie die anteilsmäßige Konsolidierung.[108] Bei der Ermittlung der Wesentlichkeit von Beanstandungen sind auch die Besonderheiten der Konzernrechnungslegung zu berücksichtigen.[109] Da nach §§ 298 Abs. 3, 315 Abs. 3 der Konzernanhang und der Anhang des Mutterunternehmens sowie der Konzernlagebericht und der Lagebericht des Mutterunternehmens zusammengefaßt werden dürfen, besteht bei Ausübung dieses Wahlrechts die Möglichkeit, auch die Prüfungsberichte und die Bestätigungsvermerke zusammenzufassen.[110] Auf die Ausübung des Wahlrechts ist im Bestätigungsvermerk hinzuweisen.[111]

IX. Rechtsfolgen bei Verstößen gegen § 322

39 Die Erteilung des Bestätigungsvermerks ist Bestandteil der gesetzlichen Prüfungstätigkeit des Abschlußprüfers. Daher kann die fehlerhafte Erteilung oder Versagung des Bestätigungsvermerks, sofern sie auf einem Verschulden des Prüfers oder seiner Gehilfen beruht, zu **Ersatzansprüchen** der geprüften Gesellschaft und u. U. eines verbundenen Unternehmens führen (§ 323 Abs. 1 S. 3). Wegen Einzelheiten und der Frage einer Haftung gegenüber Dritten wird auf die Erläuterungen zu § 323 verwiesen.

Die vorsätzliche Erteilung eines inhaltlich unrichtigen Bestätigungsvermerks ist darüber hinaus gem. § 332 **strafbar**. Der vorsätzlich falsche Widerruf als solcher ist demgegenüber, da es an einer entsprechenden Strafnorm fehlt, nicht strafbar. Die Strafbarkeit für die vorsätzlich falsche Erteilung eines neuen Bestätigungsvermerks bleibt hiervon unberührt.

---

104 Beck BilKomm-*Budde/Kunz* Rdn. 76.

105 ADS Rdn. 421.

106 *Centrale-Gutachtendienst* GmbH, GmbHR 1997, 544.

107 *IDW* Prüfungsstandard 400 Rdn. 91.

108 KK-*Claussen/Korth* Rdn. 29; vgl. detailliert: WP-Handbuch I Q 510–512.

109 KK-*Claussen/Korth* Rdn. 29; ähnlich *Erle* 303, der allerdings die Wesentlichkeitsschwelle abstrakt quantitativ und qualitativ anheben will.

110 Vgl. *IDW* Prüfungsstandard 400 Rdn. 96; 733; MünchKommHGB-*Ebke* Rdn. 31.

111 KK-*Claussen/Korth* Rdn. 30.

§ 323
Verantwortlichkeit des Abschlußprüfers

(1) Der Abschlußprüfer, seine Gehilfen und die bei der Prüfung mitwirkenden gesetzlichen Vertreter einer Prüfungsgesellschaft sind zur gewissenhaften und unparteiischen Prüfung und zur Verschwiegenheit verpflichtet; § 57b der Wirtschaftsprüferordnung bleibt unberührt. Sie dürfen nicht unbefugt Geschäfts- und Betriebsgeheimnisse verwerten, die sie bei ihrer Tätigkeit erfahren haben. Wer vorsätzlich oder fahrlässig seine Pflichten verletzt, ist der Kapitalgesellschaft und, wenn ein verbundenes Unternehmen geschädigt worden ist, auch diesem zum Ersatz des daraus entstehenden Schadens verpflichtet. Mehrere Personen haften als Gesamtschuldner.

(2) Die Ersatzpflicht von Personen, die fahrlässig gehandelt haben, beschränkt sich auf eine Million Euro für eine Prüfung. Bei Prüfung einer Aktiengesellschaft, die Aktien mit amtlicher Notierung ausgegeben hat, beschränkt sich die Ersatzpflicht von Personen, die fahrlässig gehandelt haben, abweichend von Satz 1 auf vier Millionen Euro für eine Prüfung. Dies gilt auch, wenn an der Prüfung mehrere Personen beteiligt gewesen oder mehrere zum Ersatz verpflichtende Handlungen begangen worden sind, und ohne Rücksicht darauf, ob andere Beteiligte vorsätzlich gehandelt haben.

(3) Die Verpflichtung zur Verschwiegenheit besteht, wenn eine Prüfungsgesellschaft Abschlußprüfer ist, auch gegenüber dem Aufsichtsrat und den Mitgliedern des Aufsichtsrats der Prüfungsgesellschaft.

(4) Die Ersatzpflicht nach diesen Vorschriften kann durch Vertrag weder ausgeschlossen noch beschränkt werden.

(5) Die Ansprüche aus diesen Vorschriften verjähren in fünf Jahren.

Übersicht

Schrifttum

Vgl. die Angaben bei § 316, ferner

U. Bosch Expertenhaftung gegenüber Dritten – Überlegungen aus der Sicht der Bankpraxis, ZHR 163 (1999) 274; *Brandner* Berufshaftung und Vertragsgestaltung der Wirtschaftsprüfer, ZIP 1984, 1186; *Canaris* Verstöße gegen das verfassungsrechtliche Übermaßverbot im Recht der Geschäftsfähigkeit und im Schadensersatzrecht, JZ 1987, 993; *ders.* Die Reichweite der Expertenhaftung gegenüber Dritten, ZHR 163 (1999) 206; *Czech* Die Haftung des Wirtschaftsprüfers gegenüber Dritten, BB 1975, 723; *Dörner* Ändert das KonTraG die Anforderungen an den Abschlußprüfer? DB 1998, 1; *Ebke* Wirtschaftsprüfer und Dritthaftung (1983); *ders.* Abschlußprüfer, Bestätigungsvermerk und Drittschutz, JZ 1998, 991; *ders.* Abschlußprüferhaftung im internationalen Vergleich, Festschrift Trinkner (1995) 493; *ders./Scheel* Die Haftung des Wirtschaftsprüfers für fahrlässig verursachte Vermögensschäden Dritter, WM 1991, 389; *Feddersen* Die Dritthaftung des Wirtschaftsprüfers nach § 323 HGB, WM 1999, 105; *Gloeckner* Die zivilrechtliche Haftung des Wirtschaftsprüfers (1967); *Götz* Die Überwachung der Aktiengesellschaft im Lichte jüngerer Unternehmenskrisen, AG 1995, 337; *Grunewald* Die Haftung des Abschlußprüfers gegenüber Dritten, ZGR 1999, 583; *E. Herrmann* Ökonomische Analyse der Haftung des Wirtschaftsprüfers (1997); *Hirte* Berufshaftung (1996); *Hopt* Die Haftung des Wirtschaftsprüfers. Rechtsprobleme zu § 323 HGB (§ 168 AktG a. F.) und zur Prospekt- und Auskunftshaftung, Festschrift Pleyer (1986), 341; *ders.* Dritthaftung für Testate, NJW 1987, 1745; *Land* Wirtschaftsprüferhaftung gegenüber Dritten in Deutschland, England und Frankreich (1996); *Lang* Die Rechtsprechung des Bundesgerichtshofs zur Dritthaftung des Wirtschaftsprüfers und anderer Sachverständiger, WM 1988, 1001; *Lenz/Ostrowski* Kontrolle und Transparenz im Unternehmensbereich durch die Institution Abschlußprüfung, BB 1997, 1523; *Nann* Wirtschaftsprüferhaftung – Geltendes Recht und Reformüberlegungen (1985); *Neuner* Der Schutz und die Haftung Dritter nach vertraglichen Grundsätzen, JZ 1999, 126; *Otto/Mittag* Die Haftung des Jahresabschlußprüfers gegenüber Kreditinstituten, WM 1996, 325 und 377; *Poll* Die Verantwortlichkeit des Abschlußprüfers nach § 323 HGB, DZWir 1995, 95; *Quick* Die Haftung des handelsrechtlichen Abschlußprüfers, BB 1992, 1675; *Schmidt* Überlegungen zur Erweiterung der gesetzlichen Regelungen über die Abschlußprüfung, BFuP 1996, 52; *H. Schneider* Reichweite der Expertenhaftung gegenüber Dritten, ZHR 163 (1999) 246; *Schüppen* Aktuelle Fragen der Wirtschaftsprüfer-Haftung, DB 1998, 1317; *Weber* Haftung des Abschlußprüfers gegenüber Dritten, NZG 1999, 1; *Zimmer* Das Gesetz zur Kontrolle und Transparenz im Unternehmensbereich, NJW 1998, 3521.

I. Einführung

1. Normzweck

1 Die Vorschrift ist die wichtigste **Schutznorm** für das geprüfte Unternehmen. Das von der Position des Abschlußprüfers als außenstehendem Informationsempfänger und mit Autorität versehenem Beurteiler für das Unternehmen ausgehende Gefährdungspotential wird durch sie begrenzt. Dazu dient zum einen die Pflicht zur gewissenhaften und unparteiischen Prüfung, die der Bedeutung der Abschlußprüfung für Unternehmen und außenstehende Adressaten angemessen ist. Damit versucht das Gesetz zu gewährleisten, daß die Prüfung sinnvoll und gewissenhaft vorgenommen wird. Zum anderen machen Verschwiegenheitsgebot und Verwertungsverbot das Eindringen eines Unternehmensfremden in Informationskerne des Unternehmens akzeptabel und fördern damit faktisch dessen Prüfungsbereitschaft.[1] Dementsprechend findet § 323 mitunter auch *außerhalb der Abschlußprüfung* Anwendung, so bei

[1] So auch *Mai* 141.

Gründungs- (§ 49 AktG), Nachgründungs- (§ 53 i.V.m. § 49 AktG), Sonderprüfung (§§ 144, 258 Abs. 5 S. 1 AktG) und bei der Prüfung anläßlich einer Kapitalerhöhung aus Gesellschaftsmitteln (§ 209 Abs. 4 S. 2 AktG, § 57 f Abs. 3 S. 2 GmbHG).[2]

2. Regelungstechnik und Reichweite der Norm

Durch § 323 werden die vertraglichen **Haftungsregelungen**, die aus dem Charakter des Prüfungsvertrages als Werkvertrag (§ 318, 28) folgen, modifiziert. Die Haftung bei der Abschlußprüfung wird einerseits in verschiedenen Hinsichten erweitert (zusätzliche Haftende Rdn. 35 f; Erweiterung des Kreises der Anspruchsberechtigten Rdn. 38; Dispositionsausschluß Rdn. 47), andererseits aber auch eingeschränkt (Höchstbetragsgrenzen nach Abs. 2 Rdn. 43 ff). Damit wird den Vorgaben für die Tätigkeit des Prüfers bei der gesetzlichen Abschlußprüfung Rechnung getragen. Der Gesetzgeber schließt einen Kompromiß, indem er für die der Prüfungspflicht unterliegenden Unternehmen eine Haftungsnorm schafft und zugleich das Risiko für die die Prüfung vornehmenden Personen summenmäßig begrenzt. Aus dem Gesagten folgt, daß die gesetzlichen Haftungsregelungen grundsätzlich keine Anwendung auf freiwillige Prüfungen sowie auf Prüfungshandlungen außerhalb des Pflichtprüfungsrahmens finden. Auch eine Haftung gegenüber Dritten (etwa gegenüber Personen, die im Vertrauen auf ein uneingeschränktes Testat dem geprüften Unternehmen Kredit gewährt haben) besteht – anders als z. T. in anderen Rechtsordnungen[3] – nach deutschem Recht grundsätzlich nicht (Rdn. 52; vgl. aber auch Rdn. 54 f, 57–59). Im Hinblick auf diese Unvollkommenheiten ist die gesetzliche Regelung in einer neueren Untersuchung zur ökonomischen Analyse des Rechts als ineffizient bezeichnet worden.[4] Der erste Vorschlag für eine 5. (Struktur-) Richtlinie des Rates sah eine unbeschränkte Haftung des Prüfers einer Aktiengesellschaft auch bei Fahrlässigkeit und auch gegenüber Dritten vor;[5] nach den Vorschlägen von 1983 und 1990 soll eine Dritthaftung dagegen nicht zwingend vorgeschrieben sein.[6] 2

II. Pflichten des Abschlußprüfers

1. Verpflichteter Personenkreis

Die Pflicht zur gewissenhaften und unparteiischen Prüfung trifft **Abschlußprüfer**, ihre **Gehilfen** sowie **gesetzliche Vertreter** einer Wirtschaftsprüfungsgesellschaft, soweit sie bei der Prüfung mitwirken. Abschlußprüfer ist der als solcher im Wahlbeschluß des Unternehmens Bezeichnete, auch wenn es sich um mehrere Personen (§ 318, 18 ff) oder eine Prüfungsgesellschaft handelt (§ 319, 7 ff), sowie der durch das Gericht i. S. d. § 318 Abs. 3 oder 4 bestellte Prüfer. Wirtschaftsprüfer bzw. vereidigte Buchprüfer, die selbst nicht Vertragspartner des Unternehmens sind, aber für diesen 3

---

[2] Vgl. die umfangreichen Ausführungen in ADS Rdn. 6 ff; Beck BilKomm-*Budde/Hense* Rdn. 4; MünchKommHGB-*Ebke* Rdn. 14.

[3] Vgl. *Ebke* FS Trinkner S. 493, 506 ff, 515 ff mit Nachweisen zu Urteilen US-amerikanischer Gerichte und zur Rechtslage in verschiedenen EU-Staaten; *Land* 116 ff (zum englischen Recht) und S. 149 ff (zum französischem Recht).

[4] In diesem Sinne *E. Herrmann* 249, 280 f, 286 f.

[5] Vgl. Art. 62 i.V. m. Art. 14 Abs. 2 des Vorschlages einer 5. Richtlinie des Rates über die Struktur der Aktiengesellschaft sowie die Befugnisse und Verpflichtungen ihrer Organe, ABl. EG 1972 Nr. C 131/19; zum Ganzen auch *Ebke* FS Trinkner S. 493, 512 und *E. Herrmann* 256 f.

[6] Vgl. Art. 62 des Geänderten Vorschlags vom 19. 8. 1983, ABl. EG 1983 Nr. C 240/2, 35 und den insoweit unveränderten Vorschlag vom 20. 12. 1990, ABl. EG Nr. C 7/4.

an der Abschlußprüfung mitwirken, können als Gehilfen oder gesetzliche Vertreter Adressaten der Vorschrift sein.

4 **Gehilfen** sind Personen, die bei der Prüfung mitwirken und nicht selbst Abschlußprüfer sind. Die Art der Tätigkeit ist dabei grundsätzlich nicht von Bedeutung.[7] Der Gegenmeinung zufolge sind Personen, die ausschließlich prüfungsunspezifische Tätigkeiten (z. B. Schreibarbeiten) erledigen, keine Gehilfen. Hierbei wird verkannt, daß in § 323 – im Unterschied zu § 319 Abs. 2 Nr. 7 – nicht nur die Möglichkeit der Einwirkung auf die Prüfung (vgl. dazu § 319, 46 f), sondern ebenso die der Verwertung von Informationen erfaßt ist. Nur solche durch den Abschlußprüfer beschäftigte Personen sind hiernach nicht als Gehilfen einzustufen, die im Grundsatz keinen Zugang zu extern nutzbaren Informationen haben. Das Büropersonal des Abschlußprüfers ist nach der hier vertretenen Auffassung zum Kreis der Gehilfen zu zählen.[8] Auch ein für die gewählte Prüfungsgesellschaft tätig werdender Wirtschaftsprüfer ist Gehilfe. Es muß kein festes Anstellungsverhältnis zwischen Abschlußprüfer und Gehilfen bestehen; eine Tätigkeit als freier Mitarbeiter reicht hierfür aus.[9]

5 Auch die bei der Prüfung mitwirkenden **gesetzlichen Vertreter** einer Prüfungsgesellschaft (zu den in Betracht kommenden Rechtsformen § 319, 7) sind Adressaten der Vorschrift. Die h. M. versteht das Tatbestandserfordernis der *Mitwirkung bei der Prüfung* in einem weiten Sinne und läßt die Auswahl von Mitarbeitern bzw. Gehilfen durch die gesetzlichen Vertreter für die einzelne Abschlußprüfung als Mitwirkungshandlung ausreichen.[10] Hiermit wird erreicht, daß auch die hieran mitwirkenden gesetzlichen Vertreter der Verschwiegenheitspflicht unterliegen. Der Wortlaut der Vorschrift ist mehrdeutig. Danach sind die bei der Prüfung mitwirkenden gesetzlichen Vertreter verpflichtet, gewissenhaft und unparteiisch zu prüfen. Prüfen ist grundsätzlich eigene Tätigkeit am Prüfungsobjekt. Die Auswahl der Gehilfen, insoweit die Aufgabenverteilung in der Prüfungsgesellschaft selbst, ist eine typische geschäftsführende, innerbetriebliche Handlung. Sie ist nicht Bestandteil der Abschlußprüfung im Sinne des § 323 Abs. 1. Für die Verschwiegenheitspflicht aller gesetzlichen Vertreter kann dies aber nicht die maßgebliche Auslegung sein. Sie würde zu einem bedenklichen Ergebnis führen. Vertrauliche Mitteilungen gegenüber denjenigen gesetzlichen Vertretern, die Prüfungsbericht, Bestätigungsvermerk und die Durchführung der Prüfung zu verantworten haben, müssen rechtlichen Schutz erfahren.[11] Dementsprechend reicht für das Merkmal der Mitwirkung bei der Prüfung jegliche im Rahmen seiner beruflichen Tätigkeit erfolgende Befassung eines gesetzlichen Vertreters einer Prüfungsgesellschaft mit einem Mandat der Gesellschaft.

2. Pflicht zur gewissenhaften und unparteiischen Prüfung

6 **a) Gewissenhaftigkeit.** Die beteiligten Personen sind zur gewissenhaften Durchführung der Prüfung verpflichtet. Mit Prüfung sind die eigentliche Prüfungstätigkeit (insbesondere §§ 317, 320) sowie die Erstellung von Prüfungsbericht und Bestätigungsvermerk gemeint.[12] Damit werden auch Handlungspflichten umfaßt, die sich erst

[7] Beck BilKomm-*Budde/Hense* Rdn. 62; *Poll* DZWir 1995, 95; *Koller/Roth/Morck* Rdn. 2, **a. A.** ADS Rdn. 16.

[8] Wie hier *Poll* DZWir 1995, 93; Beck BilKomm-*Budde/Hense* Rdn. 62; wohl auch *Ebke* Wirtschaftsprüfer und Dritthaftung 77.

[9] Beck BilKomm-*Budde/Hense* Rdn. 62; MünchKommHGB-*Ebke* Rdn. 15; *Koller/Roth/Morck* Rdn. 2.

[10] ADS Rdn. 19; Beck BilKomm-*Budde/Hense* Rdn. 63.

[11] *Poll* DZWir 1995, 97.

[12] Beck BilKomm-*Budde/Hense* Rdn. 10.

konkret aus der Prüfung ergeben. Demzufolge erstreckt sich das Gebot der Gewissenhaftigkeit auch auf die „Redepflicht" nach § 321 Abs. 1 S. 3 vor Erstellung des Prüfungsberichtes.[13] Zu einer gewissenhaften Prüfungsduchführung gehört auch die Prüfung, ob die persönlichen und sachlichen Voraussetzungen für die Annahme des Auftrags nach § 319 gegeben sind.

Die Pflicht zur gewissenhaften Prüfung wird oft umschrieben als die Verpflichtung, die eigene Tätigkeit nach bestem Wissen und Können auszuüben.[14] Dies suggeriert zu Unrecht, in § 323 herrsche ein subjektiver, an die individuellen Fähigkeiten des einzelnen Prüfers bzw. Gehilfen anknüpfender Sorgfaltsmaßstab. Eigene Unfähigkeit zur sorgfältigen Prüfung kann die bei der Abschlußprüfung tätig werdenden Personen nicht entlasten. Wie andere spezialgesetzliche Regelungen, die bestimmte Funktionsträger zu einer besonders sorgfältigen Ausübung ihrer Tätigkeit verpflichten (z. B. § 43 Abs. 1 GmbHG; § 93 Abs. 1 S. 1 AktG), begründet § 323 Abs. 1 eine **typisierte Sorgfaltspflicht** und konkretisiert damit den Sorgfaltsmaßstab des § 276 BGB[15]: Wer als Abschlußprüfer, Gehilfe oder gesetzlicher Vertreter einer Prüfungsgesellschaft an der Prüfung mitwirkt, hat diese Tätigkeit mit der Sorgfalt auszuüben, die ein gewissenhafter Prüfer, Gehilfe bzw. gesetzlicher Vertreter einer Prüfungsgesellschaft an den Tag legen würde.[16] Gewissenhafte Prüfung bedeutet hierbei die Verwendung aller objektiv erdenklichen Sorgfalt.[17] Die besondere Bedeutung dieses Sorgfaltsmaßstabes kommt auch darin zum Ausdruck, daß das Erfordernis der Gewissenhaftigkeit auch in § 43 Abs. 1 S. 1 WPO und (auf der Grundlage des § 57 Abs. 4 Nr. 1a WPO) in §§ 1, 4 und 39 der Berufssatzung geregelt ist.[18] 7

Erfordert eine Abschlußprüfung **spezifische Fachkenntnisse**, so erfüllt der Abschlußprüfer das Erfordernis der Gewissenhaftigkeit, wenn er sicherstellt, daß einzelne Aufgaben im Rahmen der Prüfung, die von ihm nicht persönlich erfüllt werden können, von Personen erledigt werden, die über entsprechende Fähigkeiten verfügen.[19] Davon unberührt bleibt eine Haftung nach §§ 278 bzw. 31 BGB für ein Verschulden dieser Personen (vgl. Rdn. 29). 8

Die Einhaltung der vom IDW herausgegebenen Verlautbarungen ist lediglich ein Indiz für die Qualität der Prüfung. Die dort wiedergegebene **Berufsauffassung** ermöglicht jedoch eine Konkretisierung des Grundsatzes der gewissenhaften Prüfung unter Berücksichtigung von Sinn und Zweck der Abschlußprüfung.[20] Es ist insoweit erforderlich, daß der Wirtschaftsprüfer bzw. vereidigte Buchprüfer die Verlautbarungen kennt und sich damit auseinandergesetzt hat. Fehlende Kenntnis kann bei Relevanz für eine einzelne Prüfung einen Mangel an Gewissenhaftigkeit bedeuten. 9

Das Gebot der Gewissenhaftigkeit bezieht sich auch auf die **Organisation** der Prüfung.[21] Daher ist die Planung so vorzunehmen, daß die Prüfungstätigkeit nicht durch Zeitmangel beeinträchtigt wird.[22] 10

b) Unparteilichkeit. Die Abschlußprüfung dient verschiedenen Interessen. Im Vordergrund stehen Belange der Allgemeinheit und solche der Gesellschafter (vgl. 11

[13] Beck BilKomm-*Budde/Hense* Rdn. 21.
[14] ADS Rdn. 21; ähnlich HdR³-*Puckler* Rdn. 3.
[15] Ähnlich für § 43 Abs. 1 GmbHG: Hachenburg/*Mertens* GmbHG⁸ § 43, 15 f und 55; für § 93 Abs. 1 AktG: *Hüffer* § 93, 4; vgl. für § 323 auch MünchKommHGB-*Ebke* Rdn. 39.
[16] Im Ergebnis wie hier (objektiver Sorgfaltsmaßstab) *Poll* DZWiR 1995, 95, 96; Beck BilKomm-*Budde/Hense* Rdn. 11.
[17] Wie hier *Poll* DZWiR 1995, 95, 96.
[18] Vgl. auch KK-*Claussen/Korth* Rdn. 4, wonach die allgemeinen Verantwortlichkeitsregeln überlagert werden.
[19] ADS Rdn. 27.
[20] *Koller/Roth/Morck* Rdn. 3; vgl. aber MünchKommHGB-*Ebke* Rdn. 27: Verlautbarungen haben keine Rechtsnormqualität.
[21] Vgl. § 37 Berufssatzung der Wirtschaftsprüferkammer und Begründung hierzu.
[22] Vgl. KK-*Claussen/Korth* Rdn. 5.

§ 316, 2 ff). Unparteilichkeit bedeutet, daß der Abschlußprüfer seine Tätigkeit nicht einseitig an Partikularinteressen ausrichten darf. Eine einseitige Orientierung des Prüfers an bestimmten Interessen bedeutet Parteilichkeit und damit Befangenheit.[23] Die Befangenheit ist nach § 318 Abs. 3 S. 1 zu beurteilen (§ 318, 55 ff).

12 Der Abschlußprüfer darf sich insbesondere **nicht** von den Organen der zu prüfenden Gesellschaft darin **beeinflussen lassen**, in welcher Weise er die Prüfung vorzunehmen hat. Prüfungsbegleitetende Handlungen wie das Vorlegen von „Lesestücken" des Prüfungsberichts[24] oder die Weitergabe von Informationen über die fortlaufende Prüfung[25] sind prinzipiell nicht geeignet, die Unparteilichkeit des Prüfers zu beeinträchtigen. Ein anderes kann gelten, wenn hierdurch die Möglichkeit geschaffen wird, Einfluß auf das Prüfungsergebnis zu nehmen, und eine unabhängige Beurteilung durch den Prüfer nicht mehr gewährleistet ist.[26]

3. Verschwiegenheit

13 **a) Verschwiegenheitspflicht. aa) Grundsatz.** Durch die Abschlußprüfung erhalten die mitwirkenden Personen umfangreiche Informationen über das zu prüfende Unternehmen (vgl. dazu § 320, 25). Da die Abschlußprüfung gesetzlich angeordnet ist und das Unternehmen sich ihr nicht entziehen kann, besteht ein Erfordernis für eine gesetzliche Konstituierung der Verschwiegenheitspflicht. Die in Abs. 1 S. 2 genannte Untersagung der Verwertung von Geheimnissen (Rdn. 21 ff) enthält eine Konkretisierung der in S. 1 allgemein formulierten Verschwiegenheitspflicht, so daß die Pflicht zur Verschwiegenheit über den Umfang des Verwertungsverbots hinausgeht.[27] Gegenstand der Verschwiegenheitspflicht sind daher neben den in Abs. 1 S. 2 und in der Strafvorschrift § 333 genannten Geheimnissen auch sonstige nicht allgemein bekannte Tatsachen und Umstände.[28]

14 Zu den **allgemein bekannten Tatsachen und Umständen** zählen solche, die das Unternehmen selbst freiwillig bzw. auf gesetzlicher Grundlage veröffentlicht.[29] Daher erstreckt sich die Verschwiegenheitspflicht nicht auf Angaben im Handelsregister und in den dort eingereichten Unterlagen, da diese jedermann ohne weiteres zugänglich sind.[30] Nicht als allgemein bekannt gelten dagegen z. B. durch das geprüfte Unternehmen nicht veranlaßte oder bestätigte Presseveröffentlichungen.[31] Informationen, die nur von einem bestimmten Personenkreis erlangt werden können, z. B. Grundbuchauszüge, § 12 Abs. 1 S. 1 GBO, unterliegen ebenfalls dem handelsrechtlichen Schweigegebot. Das Verschwiegenheitsgebot erstreckt sich nach einer Ansicht auf sämtliche im Rahmen der beruflichen Tätigkeit erlangten Informationen, die nicht allgemein zugänglich oder bereits bekannt sind.[32] Nach anderer Auffassung gilt dieses allgemeine Verschwiegenheitsgebot nur für die Umstände oder Tatsachen, die nach dem wirklichen oder mutmaßlichen Willen des Unternehmens nicht bekannt werden sollen.[33] Für eine solche restriktive Deutung besteht kein Anlaß. Die Möglichkeit einer Berufung auf das tatsächliche oder auch nur mutmaßliche Fehlen eines Geheim-

---

23 Begründung der Wirtschaftsprüferkammer zu § 20 Berufssatzung der Wirtschaftsprüferkammer.
24 Beck BilKomm-*Budde/Hense* Rdn. 26; MünchKommHGB-*Ebke* Rdn. 41.
25 ADS Rdn. 29.
26 Ähnlich *Poll* DZWir 1995, 96.
27 So auch ADS Rdn. 31.
28 Vgl. Beck BilKomm-*Budde/Hense* Rdn. 31; HdR[3]-*Puckler* Rdn. 6.
29 ADS Rdn. 36.
30 Beck BilKomm-*Budde/Hense* Rdn. 32.
31 Baumbach/*Hopt* Rdn. 2; vgl. auch MünchKommHGB-*Ebke* Rdn. 51.
32 WP-Handbuch I A 259; *Meyer-Landrut* GmbHG §§ 238–335, 1519.
33 Ähnlich KK-*Claussen/Korth* Rdn. 8; *Poll* DZWir 1995, 96; ADS Rdn. 31; Baumbach/Hueck/*Schulze-Osterloh* § 41, 110.

haltungswillens könnte eine bequeme Ausflucht zur Rechtfertigung von Indiskretionen eröffnen. Eine solche faktische Relativierung der Verschwiegenheitspflicht ist mit der zentralen Bedeutung, die ihr im System der gesetzlichen Pflichtprüfung zukommt (Rdn. 1), nicht zu vereinbaren. Eine Offenbarung von nicht allgemein bekannten Tatsachen, die den Adressaten des Abs. 1 gelegentlich der Prüfungstätigkeit (vgl. Rdn. 3–5) bekannt geworden sind, erscheint daher außer in den Fällen der gesetzlichen Durchbrechungen der Verschwiegenheitspflicht (Rdn. 16 ff) nur im Fall der ausdrücklichen Zustimmung der gesetzlichen Vertreter der zu prüfenden Gesellschaft zulässig.

Die Pflicht zur Verschwiegenheit ist **zeitlich unbegrenzt**. Sie besteht nach Beendigung des Mandats fort. Werden Tatsachen nach Beendigung des Mandats allgemein bekannt, so endet das Schweigegebot nur, wenn die Tatsachen von dem Unternehmen bekanntgemacht wurden oder allgemein als bewiesen angesehen werden können. Es ist davon auszugehen, daß die Bestätigung einer Tatsache durch die an der Prüfung mitwirkenden Personen zu jeder Zeit einen zusätzlichen Informationswert für die an der Information Interessierten hat.[34] Da das Schweigegebot im Interesse des geprüften Unternehmens besteht, kann dieses jederzeit von der Verschwiegenheitspflicht entbinden (vgl. Rdn. 14). Voraussetzung dafür ist die Disponibilität für das Unternehmen. **15**

bb) Durchbrechungen. Die Pflicht zur Verschwiegenheit bezieht sich auf das Verhältnis der Normadressaten zu „Außenstehenden“.[35] Keine Verschwiegenheitspflicht besteht gegenüber den **gesetzlichen Vertretern** des Unternehmens.[36] Diese sind aufgrund ihrer Verantwortung für das Unternehmen als die an sich „Wissenden“ zu betrachten, so daß es sich bei Informationen durch die prüfenden Personen nicht um Mitteilungen handelt, auf die sich die Schweigepflicht beziehen könnte.[37] Aus diesem Grunde besteht das Rederecht sowohl gegenüber dem Vertretungsorgan als auch gegenüber seinen Mitgliedern.[38] Auch gegenüber dem **Aufsichtsrat** des Unternehmens als Organ besteht keine Verschwiegenheitspflicht; Berichtspflicht und -recht folgen hier aus § 321 Abs. 5; § 171 Abs. 1 S. 2 AktG. Gegenüber den einzelnen Mitgliedern des Aufsichtsrats ist die Verschwiegenheitspflicht aber zu wahren;[39] sie sind nicht aus § 321 Abs. 5 bzw. aus § 171 Abs. 1 S. 2 AktG berechtigt. Gegenüber anderen Organen (Haupt- bzw. Gesellschafterversammlung) und ihren Mitgliedern ist grundsätzlich Verschwiegenheit zu wahren, soweit nicht Auskunftsrechte (§ 42 a Abs. 3 GmbHG; § 176 Abs. 2 S. 2 AktG) eingreifen. **16**

Zur Erfüllung ihrer gegenüber dem Abschlußprüfer bestehenden Auskunftspflichten können die gesetzlichen Vertreter der zu prüfenden Gesellschaft **Mitarbeiter** abstellen (vgl. § 320, 11). Sofern diese für einen bestimmten Prüfungsbereich, d. h. für im einzelnen benannte Prüfungsobjekte zur Verfügung stehen, darf der Abschlußprüfer davon ausgehen, daß gegenüber diesen Personen die Verschwiegenheitspflicht nicht besteht.[40] Anderenfalls käme es zu einer nicht hinnehmbaren Behinderung der Prüfung. Entsprechendes gilt für das Verhältnis unter den auf seiten des Abschlußprüfers tätigen, mit der Prüfung befaßten Personen. Da jede bei der Prüfung tätig werdende Person, unabhängig von ihrem Status (Rdn. 4), zur Verschwiegenheit verpflichtet ist, ist zwischen diesen Personen auch kein Rangverhältnis dergestalt anzunehmen, daß bestimmte „geheimere“ Informationen nicht an Gehilfen weitergegeben werden dürften.[41] Die entgegengesetzte Auffassung verkennt, daß mit einer Differenzierung **17**

---

34 *Poll* DZWir 1995, 96.

35 Beck BilKomm-*Budde/Hense* Rdn. 34.

36 *Poll* DZWir 1995, 97; HdR^3-*Puckler* Rdn. 6.

37 Ähnlich Beck BilKomm-*Budde/Hense* Rdn. 35.

38 Vgl. ADS Rdn. 44 f.

39 H. M.: vgl. Beck BilKomm-*Budde/Hense* Rdn. 36; *Baumbach/Hopt* Rdn. 2.

40 ADS Rdn. 48.

41 Zur Rechtslage grundsätzlich übereinstimmend, aber mit gegenteiliger Empfehlung Beck Bil-

zwischen den an der Prüfung Beteiligten die gesetzliche Regelung in die interne Berufsausübung und -organisation des gewählten Abschlußprüfers eingreifen würde. Die Ausdehnung der Schweigepflicht gerade auf die Mitarbeiter des Abschlußprüfers macht deutlich, daß der Gesetzgeber eine solche Einwirkung auf die Organisation der Prüfungstätigkeit nicht beabsichtigt hat.

18 Die Verschwiegenheitspflicht gilt auch gegenüber dem **Aufsichtsrat der zum Abschlußprüfer gewählten Prüfungsgesellschaft** (Abs. 3). Das Gesetz stellt die Interessen des zu prüfenden Unternehmens an der Geheimhaltung über das Kontrollinteresse innerhalb der Prüfungsgesellschaft.[42] Es sollen nicht mehr Personen als für die Durchführung der Prüfung erforderlich vertrauliche Informationen über das zu prüfende Unternehmen erhalten.

19 Die Schweigepflicht gilt nicht, soweit der zur Verschwiegenheit Verpflichtete **berechtigte Interessen** im Sinne der §§ 34, 193 StGB oder Mitteilungspflichten nach § 138 StGB wahrnimmt.[43] Eine Wahrnehmung berechtigter Interessen kommt insbesondere im Rahmen von Regreßprozessen, Honorarstreitigkeiten, straf- oder berufsgerichtlichen Verfahren gegen den Abschlußprüfer sowie bei Interventionspflichten bei einem Mißbrauch des von ihm erteilten Bestätigungsvermerks oder des Prüfungsberichts in Betracht.[44] In all diesen Fällen muß der Prüfer eine Abwägung seiner Rechte und Pflichten mit den Interessen des geprüften Unternehmens vornehmen. Dabei sind an die Zumutbarkeit für den Prüfer hohe Anforderungen zu stellen: eine Durchbrechung der Verschwiegenheitspflicht stellt die zu begründende Ausnahme dar.[45] Das Unternehmen ist grundsätzlich vorab über die Durchbrechung der Verschwiegenheitspflicht zu informieren. Diese Mitteilung ist entbehrlich, wenn die vorzeitige Information die Interessenwahrnehmung gefährden oder vereiteln würde.[46] Auch bei der Durchbrechung hat der Abschlußprüfer dafür zu sorgen, daß der Kreis der Empfänger vertraulicher Informationen so klein wie möglich bleibt. Im gerichtlichen Verfahren hat er deshalb auf einen Ausschluß der Öffentlichkeit hinzuwirken, sofern ein solcher möglich ist.[47]

20 Dem Abschlußprüfer können aus der Prüfung eines anderen Unternehmens Tatsachen bekannt sein, aus denen er ableiten kann, daß die ihm in der gegenwärtigen Prüfung vorgelegten Unterlagen oder Angaben **unvollständig oder unrichtig** sind. Da die Verschwiegenheitspflicht bezüglich der Informationen aus einer früheren Prüfung zeitlich nicht beschränkt ist (Rdn. 15), ist die Verwendung solcher Informationen nur zulässig, wenn das Geheimhaltungsinteresse des anderen Unternehmens gewahrt werden kann.[48] Der Abschlußprüfer ist aber gehalten, ohne Verstoß gegen das Verschwiegenheitsgebot auf den Widerspruch hinzuweisen.

21 **b) Verwertungsverbot.** Die an der Prüfung beteiligten Personen dürfen **Geschäfts- und Betriebsgeheimnisse** nicht unbefugt verwerten. Damit wird die Verschwiegenheitspflicht aus Abs. 1 S. 1 in den Fällen, in denen die Prüfenden daraus selbst *Nutzen ziehen* könnten, zu einem Verwertungsverbot. Mit der Beschränkung auf Geschäfts- und Betriebsgeheimnisse liegt nach dem Wortlaut eine Einengung des Tatbestandes gegenüber der Verschwiegenheitspflicht vor. Die darin liegende Präzisierung kor-

---

Komm-*Budde/Hense* Rdn. 37; MünchKommHGB-*Ebke* Rdn. 48; **a. A.** ADS Rdn. 49.

42 *Poll* DZWir 1995, 97.

43 MünchKommHGB-*Ebke* Rdn. 49f; Beck BilKomm-*Budde/Hense* Rdn. 47; ADS Rdn. 60 ff.

44 ADS Rdn. 61.

45 Vgl. *Poll* DZWir 1995, 97: MünchKommHGB-*Ebke* Rdn. 49 („ultima ratio“).

46 Ähnlich ADS Rdn. 61.

47 ADS Rdn. 61.

48 Vgl. auch KK-*Claussen/Korth* Rdn. 10.

korrespondiert der Strafandrohung nach § 333 Abs. 2 S. 2. Freilich erscheint eine weite Auslegung des Begriffs der Geschäfts- und Betriebsgeheimnisse angemessen.[49] Dementsprechend dehnt § 10 der Berufssatzung der Wirtschaftsprüferkammer das Verwertungsverbot auf alle Tatsachen und Umstände aus, die der Abschlußprüfer im Rahmen der Prüfung erfahren hat. Das Verwertungsverbot ist wie § 14 WpHG eine Ausprägung des Verbots des Ausnutzens von Insiderinformationen.[50] Es hat aber eine sehr viel größere Reichweite als diese Strafnorm, da es sich auf jegliche Verwertung von bei der Tätigkeit erlangten Informationen und nicht allein auf den Abschluß von Geschäften über börslich gehandelte Wertpapiere oder Wertpapierderivate bezieht. In der WPO ist das Verwertungsverbot des § 323 Abs. 1 S. 2 nicht ausdrücklich geregelt. Es stellt berufsrechtlich einen Bestandteil der Verschwiegenheitspflicht dar.[51] Ein Verstoß gegen das Verwertungsverbot begründet zugleich einen solchen gegen die Verschwiegenheitspflicht, wenn Geschäfts- oder Betriebsgeheimnisse im Rahmen der Verwertung Dritten bekanntgegeben werden.[52]

Verwertung ist die persönliche oder einem Dritten ermöglichte Nutzung der **22** Informationen.[53] Eigennützigkeit ist hierfür nicht zu fordern;[54] aus dem Blickwinkel des durch Abs. 1 S. 2 Geschützten – des zu prüfenden Unternehmens – bedeutet es keinen Unterschied, ob die Verwertung zum Nutzen eines der Normadressaten oder eines Dritten erfolgt.

Das Geheimnis muß der an der Prüfung beteiligten Person bei der **Prüfungstätig- 23** **keit** bekannt geworden sein.[55] Es ist nicht durch § 323 Abs. 1 S. 2 untersagt, Informationen, die auf anderem Wege erlangt werden, zu nutzen.[56] In diesem Fall kann jedoch ein Ausschlußgrund nach § 318 oder § 319 Abs. 2 vorliegen.

Die Verwertung des Geheimnisses muß **unbefugt** erfolgen. Unbefugt handelt, wer **24** kein Recht zur Verwertung hat. Umstritten ist, ob die gesetzlichen Vertreter des Unternehmens dem Abschlußprüfer eine *Nutzungsbefugnis* einräumen können. Nach einer Ansicht ist dies möglich, da die Verfügung über betriebsinterne Informationen – solange kein Verstoß gegen gesetzliche Regelungen zum Insiderrecht vorliegt (§ 14 WpHG) – dem Geheimnisgeschützten selbst zusteht.[57] Wegen des öffentlichen Interesses an einer unabhängigen, nicht unsachlich beeinflußten Prüfungsdurchführung und der in diesem Zusammenhang bestehenden Notwendigkeit, schon den Anschein einer Befangenheit zu vermeiden (§ 318, 55), muß jedoch die Einräumung besonderer Vorteile neben der vereinbarten Vergütung unzulässig erscheinen.[58] Demzufolge steht es den gesetzlichen Vertretern nicht zu, den an der Prüfung beteiligten Personen eine Verwertungsbefugnis zu erteilen. Durch die Erteilung dieser Befugnis wird insbesondere nicht die Geheimnis-Qualität der Information beseitigt.[59] Zum einen hat der Prüfer die Information bei der Prüfungstätigkeit erlangt, und deren Erkenntnisse bleiben der Allgemeinheit – abgesehen von der Aussage des Bestätigungsvermerks –

49 MünchKommHGB-*Ebke* Rdn. 56; *Baumbach/Hopt* Rdn. 5.

50 *Mai* 142; Begründung zu § 10 Berufssatzung der Wirtschaftsprüferkammer; *Baumbach/Hopt* Rdn. 5; *Koller/Roth/Morck* Rdn. 5.

51 Vgl. hierzu auch § 9 Berufssatzung.

52 Beck BilKomm-*Budde/Hense* Rdn. 51.

53 *Poll* DZWir 1995, 97; ADS Rdn. 64 ff.

54 Wie hier MünchKommHGB-*Ebke* Rdn. 57; Beck BilKomm-*Budde/Hense* Rdn. 53; *Koller/Roth/Morck* Rdn. 5; vgl. aber auch *Baumbach/Hopt* Rdn. 5: Hiernach soll die Weitergabe von Geheimnissen den Tatbestand des Abs. 1 S. 2 erfüllen, wenn sie „nicht völlig uneigennützig" erfolgt.

55 *Poll* DZWir 1995, 97.

56 Ähnlich ADS Rdn. 66 f.

57 Beck BilKomm-*Budde/Hense* Rdn. 55; im Erg. wohl ebenso *Koller/Roth/Morck* Rdn. 5; KK-*Claussen/Korth* Rdn. 11.

58 *Baumbach/Hueck/Schulze-Osterloh* GmbHG[16] § 41, 111; ferner *Mai* 143; Heymann/*Herrmann* Rdn. 5.

59 Unsicher Beck BilKomm-*Budde/Hense* Rdn. 55.

unbekannt, und andererseits fehlt, wie gezeigt, aufgrund des öffentlichen Interesses an einer unbeeinflußten Abschlußprüfung die Dispositionsbefugnis der gesetzlichen Vertreter.

III. Haftung

1. Tatbestand

25 a) **Pflichtenkreis.** Die an der Prüfung beteiligten Personen haften nach Abs. 1 S. 3 bei vorsätzlicher oder fahrlässiger Verletzung ihrer Pflichten auf Schadensersatz. Umstritten ist, ob mit diesen Pflichten ausschließlich diejenigen aus Abs. 1 S. 1 und 2 in Bezug genommen sind. Während Teile des Schrifttums eine solche Begrenzung des Tatbestands der Haftungsnorm annehmen,[60] sind nach der Gegenansicht[61] alle Berufspflichten des Abschlußprüfers davon erfaßt. Hiernach können beispielsweise Verletzungen der Redepflicht,[62] fehlerhafte Berichterstattung und Erteilung des Bestätigungsvermerks[63] sowie Verzögerungen bei der Durchführung der Prüfung[64] die Schadensersatzpflicht auslösen.[65] Nach hier vertretener Auffassung handelt es sich um ein Scheinproblem. Bei einer Verletzung von Berufspflichten, worunter die genannten Beispiele fallen, ist ein Verstoß gegen das Gebot der gewissenhaften und unparteiischen Prüfung,[66] also zugleich eine Verletzung der in Abs. 1 S. 1 genannten Pflichten gegeben.

26 Die zur Haftung führende Verletzung der Pflicht zur gewissenhaften und unparteiischen Prüfung umfaßt die **gesamte Prüfungstätigkeit** i. S. d. § 316 und damit die Tätigkeit, die erforderlich ist, damit eine Prüfung als die gesetzlich vorgesehene Abschlußprüfung anerkannt werden kann. Dazu gehört die gesetzlich vorgeschriebene Untersuchung der Prüfungsobjekte ebenso wie die korrekte Berichterstattung und die Erteilung des Bestätigungsvermerks.

27 Hiervon zu unterscheiden ist die Verletzung solcher Pflichten, die der Abschlußprüfer zusätzlich zum Inhalt der gesetzlichen Pflichtprüfung übernommen hat. Die §§ 316 ff beziehen sich nur auf die gesetzlich vorgeschriebene Abschlußprüfung. Übernimmt der Abschlußprüfer durch **Vertrag** besondere Pflichten beispielsweise zur Erstattung von Gutachten oder zur Erteilung bestimmter Auskünfte an Dritte (vgl. zu einem Fall dieser Art Rdn. 54), so kann die Verletzung dieser Pflichten seine Schadensersatzhaftung nach allgemeinen Grundsätzen des Vertragsrechts begründen. Entsprechendes gilt bei freiwilligen Prüfungen.[67]

28 b) **Verschulden.** Die an der Abschlußprüfung mitwirkenden Personen haften nur bei **Verschulden**, d. h. vorsätzlichem oder fahrlässigem Verhalten (zur Beweislast vgl. Rdn. 33). Die Verletzung ist vorsätzlich, wenn der Abschlußprüfer mit Wissen und Wollen gegen eine seiner Pflichten verstößt. Vorsatz liegt auch vor, wenn der Abschlußprüfer eine Pflichtverletzung als möglich erkennt und diese Möglichkeit in Kauf nimmt (bedingter Vorsatz). Fahrlässigkeit und kein Vorsatz ist anzunehmen, wenn der

[60] In diesem Sinne Beck BilKomm-*Budde/Hense* Rdn. 101; HdR[3]-*Puckler* Rdn. 8; *Koller/Roth/Morck* Rdn. 6; wohl ebenso *Poll* DZWir 1995, 97.
[61] BGHZ 16, 17, 26 f; MünchKommHGB-*Ebke* Rdn. 19; Baumbach/Hueck/*Schulze-Osterloh* § 41, 112; *Baumbach/Hopt* Rdn. 7; KK-*Claussen/Korth* Rdn. 15; *Quick* BB 1992, 1675 f; *Mai* 143.
[62] BGHZ 16, 17, 27.
[63] *Baumbach/Hopt* Rdn. 7.
[64] KK-*Claussen/Korth* Rdn. 15; *Quick* BB 1992, 1675 f.
[65] Weitere Beispiele bei ADS Rdn. 80 ff.
[66] Vgl. § 4 Berufssatzung der Wirtschaftsprüferkammer.
[67] Vgl. Beck BilKomm-*Budde/Hense* Rdn. 160 ff; ferner *Quick* BB 1992, 1675, 1680 ff.

Abschlußprüfer unter Außerachtlassung der im Verkehr erforderlichen Sorgfalt darauf vertraut, daß keine Pflichtverletzung vorliegt.[68] Umgekehrt liegt Vorsatz vor, wenn sich das Vertrauen nur auf den Nichteintritt des Schadens bezieht, die Pflichtverletzung aber als solche erkannt wird. Die Abgrenzung ist für das Eingreifen der Haftungsbegrenzung nach Abs. 2 bedeutsam (Rdn. 43, 45). Das Vorliegen von Fahrlässigkeit orientiert sich wie im Bürgerlichen Recht an einem objektiven, d. h. typisierten Sorgfaltsmaßstab, wobei dieser sich hier nach der Sorgfalt, mit der ein fachlich qualifizierter und gewissenhaft tätiger Abschlußprüfer vorgeht, bestimmt (vgl. Rdn. 7). Bei umstrittenen rechtlichen oder wirtschaftswissenschaftlichen Fragen ist der Abschlußprüfer nicht verpflichtet, sich an der herrschenden Meinung zu orientieren; seine Ansicht muß aber vertretbar erscheinen und dabei insbesondere in einer vernünftigen Relation zum Schadensrisiko stehen.[69]

Der gewählte Abschlußprüfer haftet für alle eigenen Pflichtverletzungen. Darüber **29** hinaus hat er die Pflichtverletzungen aller Personen zu vertreten, deren er sich zur Erfüllung des Prüfungsauftrags bedient, § 278 BGB.[70] Wirtschaftsprüfungsgesellschaften, die Abschlußprüfer sind, haften für ihre gesetzlichen Vertreter nach Maßgabe des § 31 BGB.[71] Die Pflichtverletzung kann auch darauf beruhen, daß Gehilfen fehlerhaft ausgewählt oder unzureichend überwacht wurden.[72]

c) **Schaden.** Durch die Pflichtverletzung muß ein Schaden entstanden sein, und **30** zwar entweder bei dem geprüften Unternehmen oder bei einem verbundenen Unternehmen. Die Ersatzpflicht umfaßt ausschließlich Vermögensschäden.[73] Der Vermögensschaden ist auf der Grundlage des § 249 S. 1 BGB nach der Differenzhypothese zu bestimmen.[74] Danach wird das Vermögen nach Eintritt der Pflichtverletzung mit der hypothetischen Alternativsituation verglichen, die bestünde, wenn es nicht zur Pflichtverletzung gekommen wäre.[75] Die bloße Gefährdung des Vermögens ist nicht ausreichend.[76] Wird die Prüfung mangelhaft durchgeführt, so entsteht dadurch allein noch kein Schaden. Wegen § 633 BGB ist der Abschlußprüfer aus dem Prüfungsvertrag weiterhin verpflichtet, die Prüfung fortzusetzen oder wieder aufzunehmen, bis seine Tätigkeit den Anforderungen des Abs. 1 genügt.[77] Da eine mangelhaft durchgeführte Prüfung nicht die Möglichkeit eines Auftragsentzuges bietet, hat der Abschlußprüfer grundsätzlich diejenigen Kosten, die durch die mangelhafte Tätigkeit verursacht werden, selbst zu tragen (vgl. auch § 318, 35).

Der Schaden muß auf eine pflichtwidrige Handlung (Rdn. 25 f) oder Unterlassung **31** der mitwirkenden Personen zurückzuführen sein. Entscheidend ist ein **ursächlicher Zusammenhang.**[78] Der Schadenseintritt darf zudem nicht völlig außerhalb der Lebenserfahrung liegen (adäquate Kausalität).[79] Ein fehlerhaft erstellter Prüfungsbericht bzw. erteilter Bestätigungsvermerk führt zwar nicht unmittelbar zu einem Schaden, wenn dafür noch Entscheidungen und Beschlüsse notwendig sind, die von den gesetzlichen Vertretern oder der Gesellschafterversammlung aufgrund dieser fehlerhaften Prüfungs-

[68] ADS[5] Rdn. 29.
[69] Ähnlich *Glade* Rdn. 12; **a. A.** *Poll* DZWir 1995, 98.
[70] ADS Rdn. 111.
[71] KK-*Claussen/Korth* Rdn. 19.
[72] Insoweit übereinstimmend ADS Rdn. 107 f.
[73] BGHZ 124, 27, 30 = NJW 1994, 323; *Koller/Roth/Morck* Rdn. 6; Beck BilKomm-*Budde/Hense* Rdn. 105.
[74] Vgl. allg. Palandt/*Heinrichs* vor § 249, 8; im hier gegebenen Zusammenhang *Quick* BB 1992, 1675, 1676; ADS Rdn. 98.
[75] Palandt/*Heinrichs* vor § 249, 8.
[76] BGHZ 124, 27, 30 = NJW 1994, 323.
[77] Ähnlich BGHZ 124, 27, 30 = NJW 1994, 323.
[78] ADS Rdn. 99; HdR[3]-*Puckler* Rdn. 8; enger *Koller/Roth/Morck* Rdn. 6: unmittelbare Ursächlichkeit.
[79] ADS Rdn. 99; *Koller/Roth/Morck* Rdn. 6.

ergebnisse gefällt werden. Da in der Regel die Ergebnisse der Prüfung jedoch Grundlage der Feststellung des Jahresabschlusses sind und darauf weitere Entscheidungen beruhen, kann eine ausreichende Kausalität für den Schadenseintritt bestehen. Ein Beispiel für einen auf einer Pflichtwidrigkeit des Abschlußprüfers beruhenden Schaden ist eine nach Erteilung des Bestätigungsvermerks erfolgte Gewinnausschüttung an Aktionäre, wenn diese wegen eines bei gewissenhafter Abschlußprüfung zutage getretenen tatsächlichen Jahresfehlbetrages hätte unterbleiben müssen und gem. § 62 Abs. 1 S. 2 AktG nicht von den Empfängern zurückgefordert werden kann.[80] Von der Kausalität sind auch Folgeschäden erfaßt, bei denen keine weiteren Handlungen des Unternehmens, sondern solche von Außenstehenden dazwischentreten, sofern diese auf Ergebnissen der Abschlußprüfung beruhen. Ein Beispiel ist die Schädigung infolge einer Kündigung von Krediten bei fehlerhafter Nichterteilung des Bestätigungsvermerks.[81]

32 Deckt der Prüfer **Pflichtwidrigkeiten von Mitarbeitern des zu prüfenden Unternehmens**, die im Rahmen einer ordnungsgemäßen Prüfung hätten erkannt werden müssen, nicht auf, so kann dies zu einer dem Abschlußprüfer zuzurechnenden Schädigung des Unternehmens führen. Dies kommt zum einen im Hinblick auf Schädigungen in Betracht, die Mitarbeiter im Zeitraum bis zur Durchführung der Abschlußprüfung verursacht haben, sofern bei Aufdeckung die rechtliche Geltendmachung von Schadensersatzansprüchen gegenüber den Schädigern möglich gewesen wäre. Zum anderen kommt eine Ersatzpflicht im Hinblick auf Schäden in Betracht, die pflichtwidrig handelnde Mitarbeiter dem Unternehmen nach Durchführung der Abschlußprüfung zufügen, wenn diese bei Aufdeckung früherer Pflichtverstösse – etwa durch außerordentliche Kündigung des Arbeitsverhältnisses oder andere Organisationsmaßnahmen – hätten vermieden werden können. Zu beachten ist aber, daß bei der Abschlußprüfung primär auf die Gesetz- und Satzungsmäßigkeit von Jahres- bzw. Konzernabschluß und Lage- bzw. Konzernlagebericht abzustellen ist (§ 317 Abs. 1 und 2). Die Abschlußprüfung ist also nicht primär an dem Ziel auszurichten, Pflichtwidrigkeiten von Mitarbeitern aufzudecken, soweit diese nicht zu Unrichtigkeiten bei der Rechnungslegung geführt haben (vgl. § 321, 20 und 25–27).

33 **d) Beweisrecht.** Das geprüfte bzw. das mit diesem verbundene Unternehmen trägt im Prozeß die Beweislast für die Entstehung und Höhe des Schadens sowie für Vorliegen und Kausalität der Pflichtverletzung.[82] Nach einer im Schrifttum vertretenen Auffassung sollen die Grundsätze des **Anscheinsbeweises** keine Anwendung finden, da typische Geschehensabläufe „wegen der komplexen Verhältnisse" bei der Abschlußprüfung nicht festgestellt werden könnten.[83] Dem ist nicht zu folgen. Dem Gesetz kann eine beweisrechtliche Privilegierung der Normadressaten des § 323 nicht entnommen werden, und die behauptete Komplexität der Abläufe bei der Abschlußprüfung steht einer Anwendung der Grundsätze über den Anscheinsbeweis nicht a priori entgegen. Vielmehr ist – wie auch sonst im Beweisrecht – davon auszugehen, daß aufgrund von Erfahrungssätzen über typische Geschehensabläufe von einer voll bewiesenen Tatsache auf das Bestehen des entscheidungserheblichen Tatbestandsmerkmals geschlossen werden darf.[84]

---

80 Vgl. BGHZ 124, 27, 31 f = NJW 1994, 323.
81 Beck BilKomm-*Budde/Hense* Rdn. 106.
82 *Quick* BB 1992, 1676.
83 Beck BilKomm-*Budde/Hense* Rdn. 103, 107; vgl. auch KK-*Claussen/Korth* Rdn. 18.
84 Vgl. BGHZ 39, 103, 107 = NJW 1963, 953; allgemein *Stein/Jonas/Leipold* ZPO[21] § 286, 87 ff; im Ergebnis ebenso im Zusammenhang des § 323 Abs. 1 S. 3 ADS Rdn. 101.

Umstritten ist auch die Beweislastverteilung für das Verschulden der prüfenden Personen. Grundsätzlich indiziert das Vorliegen einer Pflichtverletzung das Verschulden.[85] Dem wird im hier gegebenen Zusammenhang entgegenhalten, daß der Gesetzgeber in Kenntnis des Streits weder durch das BiRiLiG noch durch das KonTraG eine Änderung des § 323 herbeigeführt, also keine Anpassung an die Regelung des § 93 Abs. 2 S. 2 AktG vorgenommen habe; es sei daher davon auszugehen, daß der Anspruchsteller die anspruchsbegründenden Tatsachen beweisen müsse.[86] Diesem Plädoyer für eine beweisrechtliche Privilegierung der Normadressaten des § 323 ist nicht zu folgen. Es ist nicht ersichtlich, daß die an den genannten Gesetzgebungsverfahren Beteiligten die Frage des **Verschuldensbeweises** in § 323 überhaupt in Betracht gezogen haben; aus dem Fehlen einer besonderen gesetzlichen Regelung können daher keine besonderen Schlüsse gezogen werden. Vielmehr sprechen gute Gründe dafür, nach allgemeinen Grundsätzen beim Vorliegen einer Pflichtverletzung ein Verschulden zu vermuten. Der Abschlußprüfer wird anhand seiner Unterlagen die sorgfältige und gewissenhafte Durchführung der Prüfung leichter nachweisen können als das Unternehmen dem entgegenstehende Tatsachen.[87] 34

e) **Haftende Personen.** Nach Abs. 1 S. 4 haften **alle Normadressaten**, die durch eine schuldhafte Pflichtverletzung einen Schaden verursacht haben, als Gesamtschuldner. Die Haftung beruht nicht auf einer Verletzung des Prüfungsvertrages, sondern auf Verstößen gegen gesetzliche Vorgaben für die Abschlußprüfung (vgl. Rdn. 25). Diese können von allen an der Prüfung beteiligten Personen begangen werden. Damit bleibt unberücksichtigt, daß die in eine Prüfung involvierten Personen regelmäßig eine unterschiedliche Verantwortung für die Abschlußprüfung tragen. Das Gesetz legt nach dem Wortlaut die unmittelbare Außenhaftung jeder Person fest, die gegen die Verpflichtungen des Abs. 1 S. 1 und 2 verstößt. 35

Als schadensersatzpflichtige Personen kommen außer dem Abschlußprüfer seine Gehilfen und die bei der Prüfung mitwirkenden gesetzlichen Vertreter einer Wirtschafts- oder Buchprüfungsgesellschaft in Betracht. Für ein Verschulden seiner **Prüfungsgehilfen** haftet der Abschlußprüfer nach § 278 BGB, und zwar auch im Fall ihrer ordnungsgemäßen Auswahl und Überwachung (Rdn. 29). 36

Für den Ausgleich unter mehreren Verpflichteten gilt § 426 BGB, gegebenenfalls in Verbindung mit der aus einem zwischen ihnen bestehenden Vertragsverhältnis (insbesondere Arbeitsverhältnis) resultierenden Risikoverteilung.[88] Soweit sie hiernach (auch) im Innenverhältnis verpflichtet sind, schulden **Gesamtschuldner** demjenigen unter ihnen, der den Gläubiger befriedigt, Ausgleich (§ 426 Abs. 1 BGB). Zudem geht der aus § 323 Abs. 1 S. 3 HGB oder auf anderer Grundlage bestehende Schadensersatzanspruch insoweit auf den leistenden Gesamtschuldner über, als dieser nach § 426 Abs. 1 BGB von dem anderen Schuldner Ausgleich verlangen kann (§ 426 Abs. 2 BGB). 37

f) **Anspruchsberechtigte und Mitverschulden.** Die prüfenden Personen haften aufgrund der §§ 323 Abs. 1 S. 3, 316 ff dem geprüften Unternehmen und verbundenen Unternehmen, soweit solche geschädigt wurden (zur Haftung gegenüber Dritten vgl. 38

---

[85] Allg. MünchKommBGB-*Emmerich* § 282, 1; im hier gegebenen Zusammenhang *Gloeckner* 60 f; *Poll* DZWir 1995, 98.

[86] Beck BilKomm-*Budde/Hense* Rdn. 111; *Quick* BB 1992, 1676; ADS Rdn. 102 ff; KK-*Claussen/Korth* Rdn. 18, o. Begr.

[87] Wie hier *Gloeckner* aaO. Fn. 399; zur Verschuldensvermutung allgemein MünchKommBGB-*Emmerich* § 282, 1 ff.

[88] Zur Haftung von Arbeitnehmern im Verhältnis zum Arbeitgeber grundlegend BAG GS NJW 1995, 210 ff.

Rdn. 52 ff). § 320 Abs. 2 S. 3 gibt dem Abschlußprüfer das Recht, Unterlagen der verbundenen Unternehmen einzusehen und Auskünfte bei ihnen einzuholen. Das damit verbundene Schadensrisiko wird über den Schadensersatzanspruch der verbundenen Unternehmen ausgeglichen. Allerdings ist der Tatbestand nicht auf Pflichtverletzungen im Zusammenhang der Einsichtnahme und der Einholung von Auskünften bei dem geschädigten verbundenen Unternehmen begrenzt.[89] Der Abschlußprüfer erlangt bei der Prüfung eines Konzernunternehmens auch verwertbare Informationen über andere Konzernunternehmen. Auch durch die Verletzung von Prüfungspflichten beim auftraggebenden Unternehmen kann einem verbundenen Unternehmen daher ein Schaden entstehen, der zu einer unmittelbaren Haftung führt.[90] Entsprechendes gilt für eine Verletzung von Pflichten bei einem anderen mit der geprüften Gesellschaft verbundenen Unternehmen. Die verbundenen Unternehmen stehen deshalb als Anspruchsberechtigte dem geprüften Unternehmen gleich. Der **Begriff der verbundenen Unternehmen** erstreckt sich dabei auf alle Unternehmen i. S. d. § 271 Abs. 2, unabhängig davon, ob sie in einen Konzernabschluß einbezogen wurden.[91]

39 **Andere Personen** und Unternehmen (z. B. Gesellschafter und Gläubiger des geprüften Unternehmens) haben keinen Anspruch aus Abs. 1 S. 3. Diese Vorschrift regelt die Haftung für Pflichtverletzungen im Rahmen der gesetzlichen Abschlußprüfung. Außer dem geprüften und den verbundenen Unternehmen wird nach §§ 316 ff niemand besonderen Pflichten unterworfen, so daß für eine Einbeziehung Dritter in den Kreis der Anspruchsberechtigten des § 323 keine Veranlassung besteht.[92] Demzufolge können sich Ansprüche Dritter nur ergeben, wenn besondere Vereinbarungen oder Umstände hinzutreten, die eine besondere (quasi-) vertragliche oder deliktische Verantwortlichkeit diesen gegenüber begründen (Rdn. 53 ff).

40 Ein etwaiges **Mitverschulden** auf seiten des Unternehmens ist unter engen Voraussetzungen zu berücksichtigen. Danach ist die Haftung davon abhängig, inwieweit der Schaden von dem einen oder von dem anderen Teil verursacht worden ist. Im Rahmen der Abschlußprüfung ist es jedoch Aufgabe der prüfenden Personen, bestehende Mängel in der Rechnungslegung festzustellen und daraus ggf. resultierende Schäden für das Unternehmen abzuwenden. Soweit solche Mängel von dem Abschlußprüfer bei pflichtgemäßer Tätigkeit aufzudecken gewesen wären, kommt das Verschulden von Vertretern des Unternehmens daher grundsätzlich nicht als Mitverschulden i. S. d. § 254 in Betracht.[93] Hiervon bestehen jedoch Ausnahmen (Rdn. 41).

41 Haben Mitarbeiter des Unternehmens **vorsätzlich** Ursachen für die Schädigung gesetzt, so kann fahrlässiges Nichtaufdecken durch den Prüfer nicht zu einer Freizeichnung des Unternehmens führen.[94] Die Fahrlässigkeit des Abschlußprüfers tritt jedoch nicht notwendigerweise vollständig hinter die Vorsatztat zurück,[95] denn zu

---

[89] Vgl. KK-*Claussen/Korth* Rdn. 20; ADS Rdn. 154; *Poll* DZWir 1995, 98; **a. A.** Beck BilKomm-*Budde/Hense* Rdn. 119; HdR³-*Puckler* Rdn. 11.

[90] ADS Rdn. 154.

[91] Bonner HdR-*Grewe* Rdn. 22; KK-*Claussen/Korth* Rdn. 20.

[92] BGH NJW 1998, 1951 = JZ 1998, 1013 m. Aufs. *Ebke* 991 = JR 1999, 67 m. Anm. *Zimmer/Vosberg* = ZGR 1999, 583 (LS) m. Aufs. *Grunewald* 583; LG Frankfurt a. M. AG 1998, 144, 146; *Ebke/Scheel* WM 1991, 389, 395.

[93] Vgl. BGHZ 64, 52, 61 = NJW 1975, 975 (für die Gründungsprüfung); ähnlich *Hopt* FS Pleyer S. 341, 352; *Poll* DZWir 1995, 99; *Quick* BB 1992, 1675, 1676; Beck BilKomm-*Budde/Hense* Rdn. 121 f; vgl. auch MünchKommHGB-*Ebke* Rdn. 63. Noch enger *Kropff* in Geßler/Hefermehl/Eckardt/Kropff § 168, 27: Nach Treu und Glauben sei dem Abschlußprüfer die Berufung auf § 254 BGB grundsätzlich verschlossen.

[94] Im Erg. ebenso h. M. MünchKommHGB-*Ebke* Rdn. 62; Beck BilKomm-*Budde/Hense* Rdn. 122; *Gloeckner* 45; ADS Rdn. 134 ff; *Quick* BB 1992, 1675 f; GK-HGB-*Marsch-Barner* Rdn. 8; vgl. auch OLG Karlsruhe WPK-Mitt. 1999, 231, 233.

[95] Heymann/*Herrmann* Rdn. 8; *Baumbach/Hopt* Rdn. 7; *Mai* 146; **a. A.** WP-Handbuch I A 496.

Lasten des Prüfers muß infolge seiner Aufgabenstellung ein höherer Sorgfaltsmaßstab als für die Mitarbeiter des Unternehmens zugrunde gelegt werden.[96] Gleiches gilt für vorsätzliche falsche Auskünfte sowie im Fall der bewußten Irreführung des Prüfers durch Vertreter des Unternehmens.[97] Ein Mitverschulden von seiten des Unternehmens ist auch zu berücksichtigen, wenn Unternehmen *und* Abschlußprüfer vorsätzlich – ggf. kollusiv – gehandelt haben.[98] **Fahrlässiges** Handeln auf seiten des Unternehmens ist nach hiesigem Dafürhalten als Mitverschulden in Rechnung zu stellen, wenn die Fahrlässigkeit auf Fehlern des unternehmensinternen Kontrollsystems beruht, da die Abschlußprüfung dieses nicht ersetzen soll.[99]

Gegen die grundsätzliche **Nichtberücksichtigung einer bloß fahrlässigen Mitverursachung** auf seiten des Unternehmens kann nicht vorgebracht werden, es sei nicht Aufgabe des Abschlußprüfers und seiner Gehilfen, die Vertreter des geprüften Unternehmens von ihrer Verantwortlickeit zu entlasten.[100] Gesetzliche Vertreter und Mitarbeiter der geprüften Gesellschaft werden, soweit sie dieser zum Ersatz verpflichtet sind, durch eine Schadensersatzpflicht des Abschlußprüfers und ggf. seiner Gehilfen nicht entlastet. Vielmehr haften die an der Prüfung Beteiligten und die auf seiten des Unternehmens tätig werdenden Personen ggf. als Gesamtschuldner.[101] 42

2. Haftungsbegrenzung

a) **Gesetzliche Haftungsobergrenze.** Nach Abs. 2 wird die Haftung **für fahrlässige Pflichtverletzungen** der prüfenden Personen insgesamt auf eine Million Euro bei AGen, die Aktien mit amtlicher Notierung ausgegeben haben, auf vier Millionen Euro begrenzt. Die Haftungshöchstgrenze wurde durch das KonTraG mit Wirkung für die Prüfung des Abschlusses des nach dem 31. Dezember 1998 beginnenden Geschäftsjahres wesentlich angehoben.[102] Davor lag sie für alle Unternehmen bei DM 500 000,–. Die Haftung *für vorsätzliche Pflichtverletzungen* ist *unbegrenzt*. 43

Mit der Anhebung der Höchstgrenze ist der Gesetzgeber Stimmen aus der Literatur gefolgt, die die zuvor bestehende Haftungsbegrenzung als zu eng kritisiert hatten.[103] Eine in diesem Zusammenhang diskutierte unbegrenzte Haftung hat der Gesetzgeber mit der Begründung verworfen, daß die Risiken bei der gesetzlichen Abschlußprüfung für eine privatrechlich tätig werdende Person zu hoch seien.[104] Mit der feststehenden Summe soll insbesondere auch die **Versicherbarkeit** gewährleistet werden,[105] damit dem Unternehmen auch tatsächlich zumindest die gesetzlich bestimmte Summe zur Verfügung steht. 44

Die Haftungsbegrenzung gilt für jede Form von Fahrlässigkeit. Sie ist von der Anzahl der prüfenden Personen und ihrer Pflichtverletzungen unabhängig. Die 45

---

96 *Gloeckner* 45.

97 Vgl. OLG Köln NJW-RR 1992, 1184 (im Zusammenhang der Haftung eines Wirtschaftsprüfers nach §§ 823, 826 BGB für eine freiwillige Prüfung).

98 MünchKommHGB-*Ebke* Rdn. 62; Beck Bil-Komm-*Budde/Hense* Rdn. 122.

99 Ähnlich *Poll* DZWir 1995, 99; vgl. auch ADS Rdn. 136.

100 In diesem Sinne aber ADS Rdn. 135.

101 So auch BGHZ 64, 52, 61 = NJW 1975, 974; Beck BilKomm-*Budde/Hense* Rdn. 123; KK-*Kraft* § 49 AktG 36; ADS Rdn. 139; *Kropff* in Geßler/Hefermehl/Eckardt/Kropff § 168, 28; **a. A.** noch Schlegelberger/*Quassowski* AktG[3] § 141, 13.

102 Art. 46 Abs. 1 S. 2 EGHGB; zur Pflichtversicherung bis zu diesem Zeitpunkt vgl. *Schüppen* DB 1998, 1317 f.

103 Vgl. *Schmidt* BFuP 1996, 52, 55; *Dörner* DB 1998, 1, 7; *Götz* AG 1995, 337, 341; weitere Nachweise bei *Zimmer* NJW 1998, 3521, 3533; *Poll* DZWir 1995, 100; vgl. auch Begr. Gesetzesentwurf BTDrucks. 13/367 S. 17.

104 Begr. RegE BTDrucks. 13/9712 S. 29.

105 Ebd.; vgl. § 54 WPO: Haftpflichtversicherung.

gesamte Haftungssumme steht bei einer Abschlußprüfung nur einmal zur Verfügung, d. h. die Schadensersatzansprüche des geprüften Unternehmens und der verbundenen Unternehmen sind insgesamt auf diesen Betrag begrenzt. Einzelabschluß- und Konzernabschlußprüfung sind rechtlich zwei getrennte Prüfungen. Auch bei Durchführung beider Prüfungen durch denselben Prüfer steht im Hinblick auf jede Prüfung der volle Haftungsrahmen des Abs. 2 zur Verfügung.[106] Dies gilt auch, wenn der Konzernabschlußprüfer aufgrund der Fiktion nach § 318 Abs. 2 bestellt ist. Da Einzelabschluß- und Konzernabschlußprüfung rechtlich gesonderte Prüfungen darstellen, kann es zur **Verdoppelung der Haftungshöchstgrenzen** des Abs. 2 auch dann kommen, wenn nur eine Pflichtwidrigkeit vorliegt, diese sich aber auf Jahres- und Konzernabschluß auswirkt.[107] Die Haftungsbegrenzung wirkt innerhalb der Gesamtschuldnerschaft nur für die fahrlässig handelnden Personen (Abs. 1 S. 4 i. V. m. Abs. 2 S. 3). Ist ein Verschulden des Unternehmens nach § 254 BGB mit zu berücksichtigen (Rdn. 40 f), so ist bei der Ermittlung der *Verursachungsbeiträge* die gesetzliche Haftungsbegrenzung nicht in Rechnung zu stellen.[108]

46 Die Haftungsbegrenzung gilt für **alle Anspruchsgrundlagen**, aus denen sich eine Haftung für eine fahrlässige Verletzung von Pflichten bei Ausführung der gesetzlichen Pflichtprüfung ergeben kann (zur vertraglichen Erweiterung Rdn. 47). Für vorsätzlich handelnde Erfüllungs- bzw. Verrichtungsgehilfen haftet der fahrlässig oder schuldlos handelnde Abschlußprüfer nur beschränkt; ein anderes gilt, wenn bei der Auswahl des Gehilfen mindestens bedingter Vorsatz in bezug auf die Pflichtverletzung bestand.[109] Der vorsätzlich seine Pflichten verletzende Gehilfe haftet dagegen unbeschränkt; das Gesetz stellt für jeden Beteiligten auf den ihn treffenden Verschuldensgrad ab (Abs. 2 S. 3). Die Haftungsbegrenzung greift nicht zugunsten von Wirtschaftsprüfungsgesellschaften ein, wenn ein gesetzlicher Vertreter vorsätzlich gehandelt hat; nach § 31 BGB ist sein Verhalten der Gesellschaft zurechenbar.[110]

47 **b) Vertragliche Modifikationen.** Die Haftung für Pflichtverletzungen innerhalb der gesetzlichen Abschlußtätigkeit kann nicht ausgeschlossen oder beschränkt werden, Abs. 4 (vgl. auch § 54a Abs. 1 S. 1 und 2 WPO). Problematisch ist die Frage einer **Erweiterung der Haftung**. Sie ist durch Abs. 4 nicht ausgeschlossen. § 16 der Berufssatzung der Wirtschaftsprüferkammer bestimmt aber, daß eine gesetzliche Haftungsbegrenzung nicht abbedungen werden darf. Wirtschaftsprüfer und vereidigte Buchprüfer dürfen hiernach für den Fall einer fahrlässigen Verletzung von im Rahmen der Pflichtprüfung bestehenden Pflichten die summenmäßige Haftungsbegrenzung nach Abs. 4 nicht durch Vertrag aufheben. Diese wettbewerbsbeschränkende Regelung erscheint rechtspolitisch kritikwürdig,[111] ist aber durch die Satzungsermächtigung des § 57 Abs. 4 Nr. 1e) WPO gedeckt und damit verbindlich.[112] Dieses Ergebnis steht im Einklang mit der gesetzgeberischen Wertung, die Abs. 4 zugrundeliegt: die Haftungsbegrenzung ist auch im Interesse der Allgemeinheit angeordnet worden, denn mit der

---

106 ADS Rdn. 126; Beck BilKomm-*Budde/Hense* Rdn. 133.

107 Beck BilKomm-*Budde/Hense* Rdn. 133.

108 Vgl. ADS Rdn. 129.

109 Allgemeine Ansicht: *Poll* DZWir 1995, 100; *Quick* BB 1992, 1677; Bonner HdR-*Grewe* Rdn. 32.

110 Beck BilKomm-*Budde/Hense* Rdn. 132; *Quick* BB 1992, 1677; näher zur Abgrenzung des Personenkreises, dessen Handeln dem Unternehmen entsprechend § 31 zugerechnet wird, ADS Rdn. 132 f.

111 *Lenz/Ostrowski* BB 1997, 1523, 1528; anders z. B. *Forster* FS Werner, S: 148; *Quick* BB 1992, 1675, 1677.

112 Beck BilKomm-*Budde/Hense* Rdn. 136; vgl. ferner HdR³-*Puckler* Rdn. 15; ADS Rdn. 146 f; *Quick* BB 1992, 1678, die sich allerdings noch auf die früheren Berufsrichtlinien beziehen, die keine Rechtsnormqualität hatten.

Werbemöglichkeit einer unbeschränkten Haftung würde der Eindruck einer Garantiehaftung für den Fortbestand geprüfter Unternehmen entstehen.[113] Damit wird deutlich, daß ratio der Regelung nicht länger nur die Versicherbarkeit und der Schutz des Abschlußprüfers ist, sondern auch die Begrenzung der Erwartungen der Allgemeinheit, insbesondere von Gläubigern und Aktionären.

Ein **Verzicht** auf den Schadensersatzanspruch wird durch Abs. 4 nicht ausgeschlossen.[114] Der Verzicht darf aber erst nach Entstehung des Anspruchs erfolgen, da anderenfalls ein mit Abs. 4 unvereinbarer vorweggenommener Ausschluß der Haftung vorläge. Rechtliche Wirkung erlangt ein Verzicht zudem erst im Falle seiner Vereinbarung, nicht schon durch einseitige Erklärung. Verzichtet der Gläubiger vertraglich auf den Anspruch als solchen, so bringt der hierin liegende Erlaßvertrag das Schuldverhältnis zum Erlöschen (§ 397 Abs. 1 BGB). Wird demgegenüber nur der Verzicht auf die Geltendmachung des Anspruchs vereinbart, so begründet dieses pactum de non petendo im Prozeß eine Einrede.[115] **48**

Die Haftungsbegrenzung nach Abs. 2 bezieht sich nur auf die Haftung für Pflichtwidrigkeiten im Rahmen der gesetzlichen Pflichtprüfung. Sie limitiert, soweit mit dem Anspruch aus § 323 Abs. 1 S. 3 solche aus Vertrag oder Delikt konkurrieren, auch diese (Rdn. 46); anderenfalls liefe Abs. 2 entgegen der gesetzgeberischen Intention oft leer. Übernimmt der Abschlußprüfer dagegen durch Vertrag **besondere Pflichten** beispielsweise zur Erstattung von Gutachten oder zur Erteilung bestimmter Auskünfte an Dritte (vgl. Rdn. 27 und 54 f), so können bei einer in diesem Rahmen erfolgenden Pflichtverletzung die Haftungsgrenzen des Abs. 4 nicht eingreifen;[116] der Schadensersatzanspruch als solcher beruht in einem solchen Fall nicht auf § 323, sondern allein auf Vertrag und allenfalls auf einer unerlaubten Handlung i. S. d. §§ 823 ff BGB. Das Gesagte gilt auch in Fällen einer freiwilligen Jahresabschlußprüfung (vgl. Rdn. 27). Die Haftungsbegrenzung kann nach der Systematik des Gesetzes auch nicht auf solche Fälle von über die Pflichtprüfung hinausgehenden Handlungen erstreckt werden, die mit ihr „in Zusammenhang" stehen.[117] § 323 bezieht sich nur auf die §§ 316 ff und damit auf den hierdurch gezogenen Pflichtenkreis. Besteht bei der Übernahme weitergehender Pflichten ein Bedürfnis für eine Haftungsabgrenzung, so kann eine solche vereinbart werden. **49**

3. Verjährung

Ansprüche aus § 323 verjähren in **5 Jahren**, Abs. 5. Die fünfjährige Verjährungsfrist gilt für alle gegen die Normadressaten des § 323 gerichteten Schadensersatzansprüche, die auf im Rahmen der gesetzlichen Pflichtprüfung begangenen Pflichtverletzungen beruhen. Damit verjähren auch die mit § 323 Abs. 1 S. 3 konkurrierenden Ansprüche aus Vertrags- oder Deliktsrecht nach Abs. 5, nicht nach §§ 195 ff BGB.[118] Auf Ansprüche wegen der Verletzung von Pflichten bei der Erbringung zusätzlicher außerhalb des Rahmens der Pflichtprüfung liegender Leistungen (vgl. schon Rdn. 49) **50**

---

113 Begr. RegE. BTDrucks. 10/9712 S. 29.

114 Allgemeine Ansicht, *Poll* DZWir 1995, 100; Beck BilKomm-*Budde/Hense* Rdn. 135.

115 Vgl. BGH WM 1970, 548, 549; BGH NJW 1983, 2496, 2497 f; BGH NJW 1998, 2274, 2277.

116 Vgl. aber – teilweise abweichend – BGH NJW 1998, 1951 = JZ 1998, 1013 m. Aufs. *Ebke* 991 = JR 1999, 67 m. Anm. *Zimmer/Vosberg* = ZGR 1999, 583 (LS) m. Aufs. *Grunewald* 583. Hierzu Rdn. 54.

117 In diesem Sinne offenbar ADS Rdn. 150; vgl. auch *Quick* BB 1992, 1678.

118 H. M. KK-*Claussen/Korth* Rdn. 26; *Quick* BB 1992, 1679; Beck BilKomm-*Budde/Hense* Rdn. 141; *Poll* DZWir 1995, 100; *Glade* Rdn. 16; **a. A.** HdR³-*Puckler* Rdn. 18.

bezieht sich § 323, mithin auch Abs. 5 nicht. Aus der systematischen Stellung von Abs. 4 vor Abs. 5 kann gefolgert werden, daß das Verbot der Haftungsbeschränkung nicht für Vereinbarungen zur Verjährungsfrist gilt.[119] Ein anderes folgt auch aus § 51a WPO nicht. Dort wird für gegen Wirtschaftsprüfer gerichtete, aus Vertragsverhältnissen resultierende Schadensersatzansprüche eine fünfjährige Verjährungsfrist angeordnet, eine abweichende Individualvereinbarung (vgl. § 202 BGB) aber nicht ausgeschlossen.[120] Freilich kann bei der Beurteilung der Wirksamkeit der **Vereinbarung einer kürzeren Verjährungsfrist** in Allgemeinen Geschäftsbedingungen die gesetzgeberische Entscheidung in § 323 Abs. 5 und in § 51 a WPO zum Tragen kommen: Eine kürzere als die gesetzliche Verjährung kann eine unangemessene Benachteiligung der anderen Partei bedeuten, ihre Vereinbarung daher gem. § 307 BGB unwirksam sein. Der BGH hat dies für eine in Abweichung von der Verjährung nach § 51a WPO formularmäßig vereinbarte sechsmonatige Verjährungsfrist angenommen und deutlich gemacht, daß auch eine doppelt so lange Frist eine unangemessene Benachteiligung des Vertragspartners bedeuten würde.[121]

51 Die Verjährung **beginnt** mit der Entstehung des Anspruchs (§ 200 S. 1 BGB). Zu den Voraussetzungen der Anspruchsentstehung gehört bei Schadensersatzansprüchen, daß der Schaden eingetreten bzw. bereits für die Zukunft vorhersehbar ist.[122] Dafür genügt nicht, daß aufgrund eines erhöhten Risikos lediglich eine Gefährdung des Unternehmensvermögens besteht.[123] Nach anderer Ansicht entsteht der Anspruch bereits mit der Pflichtverletzung als solcher, spätestens jedoch mit der Vorlage des Prüfungsberichts.[124] Maßgebend dafür sei die Möglichkeit, bis zur Vorlage des Prüfungsberichts den Fehler beheben zu können, so daß die Pflichtverletzung nicht beendet sei.[125] Bei Verletzungen der Verschwiegenheitspflicht oder Verstößen gegen das Verwertungsverbot soll die Verjährung nach der hier referierten Ansicht mit Vornahme der Handlung beginnen.[126] Dem ist nicht zu folgen. Grundsätzlich erscheint es nicht gerechtfertigt, bei einem Schadensersatzanspruch die Verjährung beginnen zu lassen, bevor ein Schaden entstanden ist. Solange der Schadenseintritt nicht erfolgt ist, besteht lediglich ein Schadensrisiko. Es besteht kein Anlaß, zugunsten von Angehörigen bestimmter Berufsgruppen von den allgemeinen Regeln abzuweichen. Erst wenn die Kausalkette nicht mehr unterbrochen werden kann, d.h. der Schaden zwar möglicherweise noch nicht bezifferbar, jedoch unabwendbar ins Werk gesetzt ist, beginnt die Verjährung. Hat der Abschlußprüfer zu verantworten, daß ein nicht bestehender Gewinn bilanziell ausgewiesen wird, so beginnt die Verjährung des gegen den Prüfer gerichteten Schadensersatzanspruchs (erst) mit dem Gewinnverwendungsbeschluß der Hauptversammlung.[127] Die Verjährung beginnt unabhängig von einer Kenntnis des Unternehmens betreffend die Pflichtverletzung, den Schädiger und den Schaden.[128]

---

119 Beck BilKomm-*Budde/Hense* Rdn. 142; im Erg. ebenso ADS Rdn. 170; **a. A.** *Poll* DZWir 1995, 101.

120 MünchKommHGB-*Ebke* Rdn. 69; Beck Bil-Komm-*Budde/Hense* Rdn. 142.

121 BGH WM 1988, 54.

122 BGHZ 119, 69, 71 = NJW 1992, 2766; Palandt/*Heinrichs* § 198, 11.

123 BGHZ 100, 228, 232 = NJW 1987, 1887.

124 HdR³-*Puckler* Rdn. 18; *Gloeckner* 59; Bonner HdR-*Grewe* Rdn. 35; GK-HGB⁶-*Marsch-Barner* Rdn. 8; vgl. auch *Hopt* FS Pleyer S. 341, 352: fünf Jahre seit dem Verstoß.

125 GK-AktG³-*Brönner* § 168, 20.

126 Ohne Begr. *Brönner* aaO; ebenso *Poll* DZWir 1995, 101 mit Verweis auf die Eigenart des Anspruchs aus § 323 sowie die grundlegende Idee des Rechtsfriedens.

127 BGHZ 124, 27, 30 = NJW 1994, 323; ebenso die Vorinstanz OLG Hamm EWiR § 82 KO 3/1993, 797 m. krit. Anm. *Lüke*; vgl. auch BGHZ 119, 69, 71 = NJW 1992, 2766 (zur Haftung nach 68 StBerG); ferner ADS Rdn. 176; im Erg. ebenso Beck BilKomm-*Budde/Hense* Rdn. 140; *Braun* EWiR § 82 KO 2/1994, 173 f.

128 Vgl. § 200 S-1 BGB; ferner bereits ADS Rdn. 169.

4. Haftung gegenüber Dritten

a) **Keine Dritthaftung aus § 323.** Nach Abs. 1 S. 3 haften die prüfenden Personen nur dem zu prüfenden Unternehmen und den mit diesem verbundenen Unternehmen. Anderen Personen stehen Ansprüche aus § 323 nicht zu (vgl. auch Rdn. 2). Nach deutschem Recht begründet die gesetzliche Abschlußprüfung keine unmittelbaren Pflichten gegenüber Dritten.[129] Gegen die Dritthaftung wird rechtspolitisch eingewandt, sie mache entweder das Risiko des Abschlußprüfers unkalkulierbar oder schmälere – bei Maßgeblichkeit des Abs. 2 – die dem Unternehmen zur Verfügung stehende Haftungssumme.[130] Inwieweit Dritte auf anderer Grundlage zum Schadensersatz berechtigt sein können, ist umstritten. 52

b) **Ansprüche auf anderer Grundlage. aa) Vertragliche Haftung.** Im Rahmen der gesetzlichen Pflichtprüfung bestehen keine vertraglichen Beziehungen zu Dritten. Aus der Vorschrift des § 323 ist keine unmittelbare Dritthaftung abzuleiten (Rdn. 52). In Betracht kommt aber eine Einbeziehung Dritter in die Schutzwirkungen des zwischen dem Unternehmen und dem Abschlußprüfer geschlossenen Vertrages. Eine Heranziehung der Grundsätze des **Vertrages mit Schutzwirkung** für Dritte setzt im allgemeinen voraus, daß typischerweise eine Vertrags- oder Leistungsnähe des Dritten besteht.[131] Die Rechtsprechung nimmt eine Schutzwirkung für Dritte nur an, wenn der Gläubiger ein schutzwürdiges Interesse an der Einbeziehung des Dritten hat; ein solches Interesse besteht *typischerweise*, wenn der Gläubiger dem Dritten aufgrund eines personenrechtlichen, z. B. eines familien- oder arbeitsrechtlichen Verhältnisses zur Fürsorge verpflichtet ist.[132] Auf dieser Grundlage kommt eine Einbeziehung der Gläubiger einer Kapitalgesellschaft in den mit dem Abschlußprüfer geschlossenen Prüfungsvertrag nicht in Betracht. Die Gesellschaft hat typischerweise kein Interesse an einer Einbeziehung ihrer Gläubiger, und die Erstreckung der Schutzwirkung auf eine unbestimmte Vielzahl von Gläubigern würde dem mit § 323 verfolgten Zweck, das Haftungsrisiko des Abschlußprüfers angemessen zu begrenzen, zuwiderlaufen.[133] 53

Mit dem BGH ist aber davon auszugehen, daß auch bei Fehlen einer Einbeziehung Dritter aus dem Gesichtspunkt der typischen Interessenlage (Rdn. 53) noch eine **individuelle vertragliche Einbeziehung** eines Dritten in den Schutzbereich des Prüfungsvertrages möglich ist.[134] Diese Möglichkeit der individualvertraglichen Ausweitung der Schutzwirkungen des Prüfungsvertrages folgt aus dem in § 311 BGB zum Ausdruck kommenden Grundsatz der Privatautonomie. Eine Begrenzung der Vertragsfreiheit im Sinne eines *Verbots* der privatautonomen Erweiterung des Kreises der Schutzberechtigten kann § 323 nicht entnommen werden.[135] Der BGH hat in einem 54

---

[129] Zum Rechtsvergleich Fn. 3.

[130] Vgl. BGH NJW 1998, 1951 = JZ 1998, 1013 m. Aufs. *Ebke* = JR 1999, 67 m. Anm. *Zimmer/Vosberg* = ZGR 1999, 583 (LS) m. Aufs. *Grunewald* 583; LG Frankfurt a. M. AG 1998, 144, 146; ADS Rdn. 177 f; Beck BilKomm-*Budde/Hense* Rdn. 171; *Ebke/Scheel* WM 1991, 389, 394 f; HdR³-*Puckler* Rdn. 11; *Poll* DZWiR 1995, 98.

[131] Vgl. BGHZ 49, 350, 354; 70, 327, 329 = NJW 1978, 883; 129, 136, 167 = NJW 1985, 1739.

[132] Vgl. BGHZ 51, 91, 96 = NJW 1969, 269; 56, 269, 273 = LM Nr. 10 zu § 618 BGB, aus dem Schrifttum MünchKommBGB-*Gottwald* § 328, 88.

[133] BGH NJW 1998, 1951 = JZ 1998, 1013 m. Aufs. *Ebke* 991 = JR 1999, 67 m. Anm. *Zimmer/Vosberg* = ZGR 1999, 583 (LS) m. Aufs. *Grunewald* 583.

[134] BGH NJW 1998, 1951 = JZ 1998, 1013 m. Aufs. *Ebke* 991 = JR 1999, 67 m. Anm. *Zimmer/Vosberg* = ZGR 1999, 583 (LS) m. Aufs. *Grunewald* 583; ähnlich OLG Stuttgart WPK-Mitt. 1995, 222; vgl. ferner bereits BGH NJW 1984, 355; BGH NJW-RR 1986, 484; BGH NJW 1987, 1758, 1759.

[135] Vgl. aber zu der im Schrifttum vertretenen Auffassung, § 323 Abs. 1 S. 3 komme gegenüber ver-

Urteil vom 2.4.1998[136] eine solche Einbeziehung eines Dritten durch Individualabrede in einem Fall für möglich gehalten, in dem mit der Pflichtprüfung beauftragte Wirtschaftsprüfer gegenüber der zu prüfenden Gesellschaft und auf deren Veranlassung hin gegenüber einer zweiten Gesellschaft[137] die Auskunft erteilt hatten, der zu prüfende Jahresabschluß könne von ihnen bestätigt werden. Nachdem die zweite Gesellschaft hierauf sämtliche Anteile an der ersten erworben hatte, wurden Unregelmäßigkeiten in deren Buchführung aufgedeckt; der endgültige Jahresabschluß wies – anders als derjenige, dessen Bestätigung die Abschlußprüfer angekündigt hatten – keinen Überschuß, sondern einen Fehlbetrag in zweistelliger Millionenhöhe aus. Der BGH führte aus, die Grundsätze über den Vertrag mit Schutzwirkung für Dritte könnten auch zur Anwendung kommen, wenn ein mit der Pflichtprüfung betrauter Abschlußprüfer anläßlich der Prüfung eine besondere Leistung erbringe, von der ersichtlich gegenüber einem Dritten, der auf die Sachkunde des Prüfers vertraue, Gebrauch gemacht werde.

55 Der Entscheidung des BGH ist zuzustimmen. Die im Schrifttum vertretene Auffassung, § 323 Abs. 1 S. 3 entfalte gegenüber einer vertraglichen Dritthaftung des Abschlußprüfers eine Sperrwirkung, kann nicht überzeugen.[138] Es stünde auch im Widerspruch zum Grundsatz der Privatautonomie, wenn man die Möglichkeit zu einer Einbeziehung eines Dritten in die Schutzwirkungen des Vertrages für solche Fälle ausschließen wollte, in denen kein „direkter Kontakt" zwischen dem Abschlußprüfer und dem Dritten bestanden hat.[139] Auch die Forderung, in Pflichtprüfungsfällen nur eine ausdrückliche Einbeziehung eines Dritten in den Schutzbereich des Vertrages zu berücksichtigen,[140] findet im Gesetz keine Stütze. Ob ein Abschlußprüfer über den Pflichtrahmen der gesetzlichen Abschlußprüfung hinaus eine besondere Leistung (etwa: Auskunft oder gutachtliche Stellungnahme) zu erbringen hat und ob auch ein Dritter in den Schutzbereich dieser Abrede einbezogen werden soll, ist eine Frage der **Auslegung** der Erklärungen der Parteien. Von einer solchen drittschützenden Wirkung der Abrede wird man – in Übereinstimmung mit einer Reihe von Entscheidungen, die nicht zu Fällen einer gesetzlichen Pflichtprüfung, sondern zu auf freiwilliger Basis erstellten Gutachten, Zwischenbilanzen oder Abschlußprüfungen ergangen sind – ausgehen können, wenn die vom Auftragnehmer zu erbringende Leistung ersichtlich dazu bestimmt ist, einem Dritten als Entscheidungsgrundlage zu dienen.[141] Ist von einer individualvertraglichen Einbeziehung eines Dritten in die Schutzwirkungen des Vertrages auszugehen, so besteht keine Veranlassung dazu, die Lösung mit *Canaris* auf der Grundlage einer Dritthaftung aus *culpa in contrahendo*[142]

traglichen Ansprüchen Dritter eine „Sperrwirkung" zu, Rdn. 55.

[136] BGH (hier: Fn. 134).

[137] Die beklagten Wirtschaftsprüfer hatten die Auskunft per Telefax an das zu prüfende Unternehmen und an einen von der am Kauf dieses Unternehmens interessierten zweiten Gesellschaft hinzugezogenen Wirtschaftsprüfer übermittelt.

[138] Im Grundsatz wie hier *Hirte* Berufshaftung 62 f und *Otto/Mittag* WM 1996, 325, 331; dezidiert kritisch gegenüber der hier vertretenen Position *Ebke/Scheel* WM 1991, 389, 395 und *Feddersen* WM 1999, 105, 113 ff.

[139] Für einen derartigen Ausschluß offenbar LG Hamburg WM 1999, 139, 142; zustimmend *Feddersen* WM 1999, 105, 116.

[140] Hierfür *Ebke* JZ 1998, 991, 994.

[141] In diesem Sinne BGH NJW 1987, 1758, 1759 (Zwischenabschlußprüfung eines Steuerberaters zur Vorlage bei einem Kreditgeber); BGH NJW-RR 1989, 696 (Jahresabschlußprüfung eines Steuerberaters zur Vorlage bei einem Kreditgeber); BGH NJW 1995, 392, 393: Bausachverständigengutachten zur Verwendung auch gegenüber Kaufinteressenten; aus dem Schrifttum *Staudinger/Jagmann* BGB (2001), § 328, 89; MünchKommBGB³-*Gottwald* § 328, 111; eingrenzend *Hopt* NJW 1987, 1745, 1746.

[142] Hierfür *Canaris* ZHR 163 (1999) 206, 220 ff; ähnlich bereits in 2. FS Larenz (1983) 93 ff; JZ 1995, 443 ff und JZ 1998, 603 ff. Im Grundsatz zustimmend *Adolff* Die zivilrechtliche Verantwortlichkeit deutscher Anwälte bei der Abgabe

zu suchen: Eine bestehende Vertragsbeziehung geht Ansprüchen aus Quasikontrakt vor, und die Umstände, die nach *Canaris* die Dritthaftung begründen sollen, reichen für die Annahme einer Einbeziehung des Dritten in die Schutzwirkungen aus: Die nach seiner Gedankenführung erforderliche Inanspruchnahme besonderen persönlichen Vertrauens des Dritten soll im wesentlichen davon abhängen, daß die Expertise „die Funktion hat, eigene Untersuchungen des Dritten bzw. die Einholung einer weiteren Expertise durch diesen überflüssig zu machen“[143].

Nicht zu folgen ist dem BGH, soweit er bei einer mit dem Unternehmen vereinbarten besonderen Leistungserbringung, die zumindest auch einem Dritten zugute kommen soll, einen diesem Dritten ggf. zustehenden Schadensersatzanspruch der **Haftungsbegrenzung** nach Abs. 2 unterwirft.[144] Wenn – was nach der Gedankenführung des BGH Voraussetzung der Dritthaftung ist – der Abschlußprüfer eine besondere, über den Inhalt der Pflichtprüfung hinausgehende Leistung erbringt, so gelten für diese aufgrund besonderer Vereinbarung freiwillig erbrachte Leistung nicht die §§ 316 ff, folglich auch nicht die Haftungsbegrenzung nach § 323 Abs. 2.[145] Es besteht kein Anlaß, eine Haftung für privatautonome Individualvereinbarungen zu begrenzen, nur weil diese im Zusammenhang mit der Pflichtprüfung stehen. Die Entscheidung des BGH begegnet insoweit nicht nur im Hinblick auf ihre gedankliche (In-)Konsistenz, sondern auch wegen ihrer praktischen Konsequenzen Bedenken: Da die Haftungssumme des Abs. 2 bei einer Abschlußprüfung nur einmal zur Verfügung steht, könnte der für das geprüfte Unternehmen und evtl. geschädigte verbundene Unternehmen bestehende Fonds durch Ersatzansprüche Dritter empfindlich geschmälert werden. Diese Schmälerung würde auf einer rechtsgeschäftlichen Handlung der gesetzlichen Vertreter (Vereinbarung mit dem Abschlußprüfer, einem Dritten in den Schutzbereich des Vertrags einzubeziehen) beruhen; nach Abs. 4 können die gesetzlichen Vertreter aber nicht über den Ersatzanspruch disponieren. **56**

Hat der Abschlußprüfer unmittelbar mit einem Dritten vereinbart, daß er anläßlich der Abschlußprüfung diesem besondere Leistungen erbringt, die bereits in der direkten Zusendung von Prüfungsbericht oder Bestätigungsvermerk mit Zustimmung des Unternehmens liegen können, so kann dies unabhängig von § 323 und auch unabhängig von den Grundsätzen über Verträge mit Schutzwirkung für Dritte eine vertragliche Haftung des Abschlußprüfers gegenüber dem Dritten begründen. Auch in diesem Fall geht die vom Abschlußprüfer zu erbringende Leistung über den Aufgabenumfang der gesetzlichen Pflichtprüfung hinaus. Hier kann sich eine Haftung aus Vertragsrecht, insbesondere wegen Verletzung der Pflichten aus einem **Auskunftsvertrag** ergeben.[146] Ob von dem Zustandekommen eines Vertrages oder lediglich von einer unverbindlichen Auskunft auszugehen ist, ist durch Auslegung der Erklärungen der Parteien zu ermitteln.[147] Es besteht kein Anlaß zur Heranziehung der im Rahmen der gesetzlichen **57**

---

von Third Party Legal Opinions (1997) S. 118 ff; *H. Schneider* ZHR 163 (1999) 246, 253 f; vgl. auch *Neuner* JZ 1999, 126, 135.

143 *Canaris* aaO 233.

144 So BGH NJW 1998, 1951 = JZ 1998, 1013 m. Aufs. *Ebke* 991 = JR 1999, 67 m. Anm. *Zimmer/Vosberg* = ZGR 1999, 583 (LS) m. Aufs. *Grunewald* 583.

145 Ebenso *Canaris* ZHR 163 (1999) 206, 234; *Ebke* JZ 1998, 991, 996; *Grunewald* ZGR 1999, 583, 589; ferner *Zimmer/Vosberg* JR 1999, 70, 71.

146 Vgl. *Quick* BB 1992, 1683 f; *Schüppen* DB 1998, 1319 a. E.; HdR³-*Puckler* Rdn. 12; *U. Bosch* ZHR 163 (1999) 274, 282 (für Gutachten); ausführlich Beck BilKomm-*Budde/Hense* Rdn. 210 ff; im Ausgangspunkt übereinstimmend MünchKomm-HGB-*Ebke* Rdn. 101, der allerdings meint, die Voraussetzungen eines solchen Anspruchs würden in Pflichtprüfungsfällen „so gut wie nie vorliegen“.

147 Vgl. BGH WM 1985, 1531; BGH DB 1990, 2516; ferner schon BGH NJW 1973, 321, 323.

Haftung nach § 323 geltenden Haftungsgrenze (Rdn. 49), da die Dritthaftung hier auf einer eigenständigen vertraglichen Grundlage beruht (vgl. auch Rdn. 56). Wegen Einzelheiten ist auf das Schrifttum zum Recht des Auftrags zu verweisen.[148] Im übrigen kann in Fällen, in denen keine gesetzliche Pflichtprüfung zu erfolgen hat, ein Wirtschaftsprüfer sich aber durch Abschluß eines Dienst- oder Werkvertrages (vgl. schon § 318, 28) zur Erbringung einer Leistung verpflichtet, eine schuldhafte Verletzung von Vertragspflichten die Schadensersatzhaftung des Prüfers begründen. So haftet ein Wirtschaftsprüfer, der es im Rahmen eines Kapitalanlagemodells übernimmt, die Einzahlungen der Anleger und die Mittelverwendung zu überprüfen, im Fall einer schuldhaften Verletzung dieser Pflichten späteren Anlegern, die im Vertrauen auf die Richtigkeit der Bestätigungen des Prüfers Anlagegeschäfte getätigt haben, aus Verschulden bei Vertragschluß.[149]

58 **bb) Deliktische Haftung.** Die prüfenden Personen kann eine Schadensersatzpflicht gegenüber Dritten nach §§ 823 ff BGB treffen.[150] Die Anwendung der Vorschriften des BGB zu unerlaubten Handlungen ist durch § 323 nicht ausgeschlossen; sie steht insbesondere nicht in Widerspruch zur Haftungsbegrenzung des Abs. 2.[151] Freilich scheidet eine Haftung nach § 823 Abs. 1 BGB regelmäßig aus, da Handlungen des Abschlußprüfers und seiner Gehilfen meist nicht die dort in Bezug genommenen Rechte (insbes. Eigentum) berühren, sondern allenfalls zu – von § 823 Abs. 1 BGB nicht erfaßten – schlichten Vermögensschäden führen.[152] Eine Dritthaftung nach § 823 Abs. 2 BGB i.V.m. § 323 HGB scheidet nach ganz herrschender und zutreffender Auffassung ebenfalls aus, da diese handelsrechtliche Vorschrift kein **Schutzgesetz** darstellt.[153] Es kommt aber eine Haftung nach § 823 Abs. 2 BGB i.V.m. der Strafvorschrift des § 332 HGB in Betracht, wenn der Abschlußprüfer oder ein Gehilfe über das Ergebnis der Prüfung unrichtig berichtet, im Prüfungsbericht erhebliche Umstände verschweigt oder einen inhaltlich unrichtigen Bestätigungsvermerk erteilt.[154] Zudem kann eine Haftung wegen Kreditgefährung nach § 824 BGB bestehen, wenn der Wahrheit zuwider Tatsachen verbreitet werden, die geeignet sind, den Kredit eines anderen zu gefährden oder sonstige Nachteile für dessen Erwerb oder Fortkommen zu begründen;[155] bei fahrlässiger Unkenntnis kann sich der Prüfer ggf. jedoch auf § 824 Abs. 2 BGB berufen, wenn ein berechtigtes Interesse an der Mitteilung, z. B. an der Begründung der Einschränkung oder Versagung des Bestätigungsvermerks besteht.[156]

59 Eine Schadensersatzpflicht des Abschlußprüfers gegenüber Dritten nach § 826 BGB setzt voraus, daß in einer gegen die guten Sitten verstoßenden Weise einer anderen Person vorsätzlich Schaden zugefügt wird. Ein Abschlußprüfer handelt **sittenwidrig**, wenn er bewußt zu Unrecht den Bestätigungsvermerk einschränkt oder versagt oder einen unrichtigen Prüfungsbericht erstellt.[157] Auch andere Handlungen können die

---

[148] MünchKommBGB³-*Seiler* § 676, 11 ff; Soergel/*Häuser/Welter* BGB¹² § 676, 12 ff.

[149] BGH AG 2001, 129, 131.

[150] Zur Begründung eingehend *Ebke* Wirtschaftsprüfer und Dritthaftung S. 37–42; vgl. ferner ADS Rdn. 179; HdR³-*Puckler* Rdn. 13; KK-*Claussen/Korth* Rdn. 21; Baumbach/*Hopt* Rdn. 8.

[151] *Ebke* aaO 42; Beck BilKomm-*Budde/Hense* Rdn. 173; *Czech* BB 1975, 723.

[152] MünchKommHGB-*Ebke* Rdn. 76; ADS Rdn. 180; KK-*Claussen/Korth* Rdn. 21; *Czech* BB 1975, 725; *Quick* BB 1992, 1679.

[153] MünchKommHGB-*Ebke* Rdn. 79; Beck BilKomm-*Budde/Hense* Rdn. 176; ADS Rdn. 184 m. w. N.

[154] Vgl. hierzu und zu der Frage, welche weiteren Gesetze als Schutzgesetze in Betracht kommen Beck BilKomm-*Budde/Hense* Rdn. 175 ff; ferner schon eingehend *Ebke* Wirtschaftsprüfer und Dritthaftung 45 ff.

[155] Vgl. ADS Rdn. 189.

[156] Beck BilKomm-*Budde/Hense* Rdn. 182; ADS Rdn. 87.

[157] Beck BilKomm-*Budde/Hense* Rdn. 183.

Haftung nach § 826 BGB auslösen. In der Rechtsprechung ist anerkannt, daß auch Leichtfertigkeit und Gewissenlosigkeit einen Sittenverstoß begründen können.[158] Ein Wirtschaftsprüfer, der sich gewissenlos über erkannte Bedenken hinwegsetzt oder auf eine unerläßliche Prüfung von vornherein bewußt verzichtet, verstößt gegen den nach §§ 138, 826 BGB relevanten Verhaltensmaßstab.[159] Gleiches gilt für einen Abschlußprüfer, der sich bei der Erteilung eines uneingeschränkten Testates allein auf die Feststellungen eines Gehilfen verläßt.[160] Als Schuldform reicht bedingter Vorsatz bezüglich der die Sittenwidrigkeit begründenden Umstände[161] (Bewußtsein der Sittenwidrigkeit ist nicht erforderlich) und der Schädigung eines anderen aus.[162] Hierfür genügt die Vorstellung, der Abschluß könne bei Kreditverhandlungen verwandt werden und hierbei Verhandlungspartner zur Kreditgewährung veranlassen.[163]

§ 324

Meinungsverschiedenheiten zwischen Kapitalgesellschaft und Abschlußprüfer

(1) Bei Meinungsverschiedenheiten zwischen dem Abschlußprüfer und der Kapitalgesellschaft über die Auslegung und Anwendung der gesetzlichen Vorschriften sowie von Bestimmungen des Gesellschaftsvertrags oder der Satzung über den Jahresabschluß, Lagebericht, Konzernabschluß oder Konzernlagebericht entscheidet auf Antrag des Abschlußprüfers oder der gesetzlichen Vertreter der Kapitalgesellschaft ausschließlich das Landgericht.

(2) Auf das Verfahren ist das Gesetz über die Angelegenheiten der freiwilligen Gerichtsbarkeit anzuwenden. Das Landgericht entscheidet durch einen mit Gründen versehenen Beschluß. Die Entscheidung wird erst mit der Rechtskraft wirksam. Gegen die Entscheidung findet die sofortige Beschwerde statt, wenn das Landgericht sie in der Entscheidung zugelassen hat. Es soll sie nur zulassen, wenn dadurch die Klärung einer Rechtsfrage von grundsätzlicher Bedeutung zu erwarten ist. Die Beschwerde kann nur durch Einreichung einer von einem Rechtsanwalt unterzeichneten Beschwerdeschrift eingelegt werden. Über sie entscheidet das Oberlandesgericht; § 28 Abs. 2 und 3 des Gesetzes über die Angelegenheiten der freiwilligen Gerichtsbarkeit ist entsprechend anzuwenden. Die weitere Beschwerde ist ausgeschlossen. Die Landesregierung kann durch Rechtsverordnung die Entscheidung über die Beschwerde für die Bezirke mehrerer Oberlandesgerichte einem der Oberlandesgerichte oder dem Obersten Landgericht über-

158 Vgl. im hier gegebenen Zusammenhang BGH WM 1979, 326; BGH NJW 1986, 180, 181; allgemein auch schon BGHZ 10, 228, 233 = NJW 1953, 1665; BGH BB 1956, 865 = NJW 1956, 1595 (LS); BGH WM 1980, 933, 934f; BGH WM 1991, 2034, 2035.

159 Vgl. BGH NJW 1973, 321, 322; MünchKomm-HGB-*Ebke* Rdn. 88.

160 OLG Karlsruhe ZIP 1985, 409, 411 f.

161 Vgl. Palandt/*Thomas* § 826, 11; **a. A.** offenbar *Quick* BB 1992, 1675, 1680.

162 Vgl. BGH NJW 1986, 180, 182 zur Haftung eines Steuerberaters für falsche Auskünfte über Umsatz und Gewinn einer Handelsgesellschaft.

163 BGH WM 1987, 258; vgl. aber auch OLG Karlsruhe ZIP 1985, 409, 412ff: keine Haftung des Abschlußprüfers, wenn im Rahmen von Geschäftsbeziehungen, die auf der Grundlage seines Testats aufgenommen wurden, zu späterer Zeit strafbare Handlungen begangen werden.

tragen, wenn dies der Sicherung einer einheitlichen Rechtsprechung dient. Die Landesregierung kann die Ermächtigung durch Rechtsverordnung auf die Landesjustizverwaltung übertragen.

(3) Für die Kosten des Verfahrens gilt die Kostenordnung. Für das Verfahren des ersten Rechtszugs wird das Doppelte der vollen Gebühr erhoben. Für den zweiten Rechtszug wird die gleiche Gebühr erhoben; dies gilt auch dann, wenn die Beschwerde Erfolg hat. Wird der Antrag oder die Beschwerde zurückgenommen, bevor es zu einer Entscheidung kommt, so ermäßigt sich die Gebühr auf die Hälfte. Der Geschäftswert ist von Amts wegen festzusetzen. Er bestimmt sich nach § 30 Abs. 2 der Kostenordnung. Der Abschlußprüfer ist zur Leistung eines Kostenvorschusses nicht verpflichtet. Schuldner der Kosten ist die Kapitalgesellschaft. Die Kosten können jedoch ganz oder zum Teil dem Abschlußprüfer auferlegt werden, wenn dies der Billigkeit entspricht.

Übersicht

Schrifttum

S. die Angaben bei § 316.

I. Einführung

1. Normzweck

1 Die Vorschrift verkürzt das Verfahren bei Streitigkeiten zwischen Unternehmen und Abschlußprüfer. Da für die Abschlußprüfung bei AG und KGaA nur ein kurzer Zeitraum zur Verfügung steht (§ 317, 6), würde eine Verweisung auf den normalen Zivilprozeß die Durchführung der Prüfung unmöglich machen. § 324 erfaßt Meinungsverschiedenheiten über Auslegung und Anwendung von gesetzlichen oder gesellschaftsvertraglichen bzw. in der Satzung enthaltenen Vorschriften zur Rechnungslegung, d. h. insbesondere Auslegungsfragen zu §§ 242 bis 315 und zu entsprechenden oder ergänzenden Vertrags- bzw. Satzungsbestimmungen (vgl. Rdn. 4).

2. Praktische Bedeutung

2 Obwohl bereits § 135 Abs. 3 AktG 1937 i.V.m. der 1. DVO zum AktG 1937 ein verkürztes Verfahren – das sog. Spruchstellenverfahren – vorsah und dieses durch § 169 AktG 1965 der Kammer für Handelssachen bzw. der Zivilkammer des zuständigen Landgerichts übertragen wurde,[1] hat die Vorschrift in der Praxis **kaum Be-**

[1] KK-*Claussen/Korth* Rdn. 1.

deutung erlangt.[2] Tatsächlich werden Meinungsstreitigkeiten durch berufsständische Gremien oder die Einholung von Gutachten behoben.[3]

II. Gegenstand der Meinungsverschiedenheiten

1. Meinungsverschiedenheiten

Zwischen dem zu prüfenden Unternehmen und dem Abschlußprüfer müssen Meinungsverschiedenheiten bestehen. **Meinungsvertreter** des Unternehmens sind nur die Organe, die von der Tätigkeit des Abschlußprüfers betroffen sein können, d. h. Vorstand, Aufsichtsrat und Gesellschafterversammlung, soweit sie den Jahresabschluß feststellt.[4] Ist dem Abschlußprüfer im Rahmen der Auskunftspflicht ein Mitarbeiter des Unternehmens zugewiesen worden, der nicht gesetzlicher Vertreter ist (§ 320, 11), so wird bei einer Meinungsverschiedenheit diese dem gesetzlichen Vertreter zugerechnet. Damit wird berücksichtigt, daß die Auskunftspflicht nach § 320 durch Mitarbeiter erfüllt werden kann. 3

Mehrere Abschlußprüfer stellen gegenüber dem Unternehmen eine Einheit dar (§ 318, 18). Die Abschlußprüfer haben die Prüfung gemeinsam zu verantworten. Daher ist es ihre Pflicht, zunächst auf eine gemeinsame Meinungsbildung untereinander hinzuwirken. Auch § 324 bezieht sich nur auf *den* Abschlußprüfer. Sind mehrere Personen gemeinsam Abschlußprüfer, so treten sie auch nur in dieser Gesamtheit gegenüber dem Unternehmen auf. Es besteht aber die Möglichkeit, interne Meinungsverschiedenheiten dadurch gerichtlich beurteilen zu lassen, daß sich die Abschlußprüfer zunächst auf die vom Unternehmen nicht vertretene Meinung festlegen.

2. Einzelne Gegenstände

Die Meinungsverschiedenheiten müssen die Auslegung oder Anwendung von gesetzlichen oder gesellschaftsvertraglichen bzw. Satzungsvorschriften über die einzelnen Prüfungsgegenstände (§ 317, 7 und 21 f) betreffen. Gesetzliche Vorschriften über **Jahres- bzw. Konzernabschluß** und über **Lage- bzw. Konzernlagebericht** sind die allgemeinen Vorschriften der §§ 242 bis 315 sowie ihnen entsprechende oder sie ergänzende rechtsform- oder tätigkeitsspezifische Vorschriften.[5] Die Rechnungslegung betreffende Bestimmungen des Gesellschaftsvertrages bzw. der Satzung können sich z. B. auf die Bildung oder Auflösung von Gewinnrücklagen (§ 272 Abs. 3) beziehen. Durch die tatbestandliche Beschränkung des Abs. 1 sind Streitigkeiten über den Bestätigungsvermerk, den Prüfungsbericht, den Umfang der Prüfung und die Auskunfts- und Einsichtsrechte des Abschlußprüfers vom Verfahren grundsätzlich ausgenommen (vgl. auch Rdn. 9). 4

Von § 324 werden auch Meinungsverschiedenheiten über Regelungen erfaßt, die sich lediglich in **formellen Angaben** des Jahresabschlusses oder Lageberichts niederschlagen. Gegenstand einer Entscheidung nach § 324 können insoweit Meinungsverschiedenheiten über Gliederungsvorschriften, Bezeichnungen[6] und Angaben zu einzelnen Posten in der Bilanz, der Gewinn- und Verlustrechnung oder des Lageberichts sein. Auch über Bewertungsfragen kann das Gericht nach § 324 entscheiden. 5

---

[2] Vgl. aber für bekannt gewordene Verfahren BGHZ 44, 35 ff = NJW 1965, 1661 zum AktG 1937; MünchKommHGB-*Ebke* Rdn. 5.

[3] Vgl. *Koller/Roth/Morck* Rdn. 1.

[4] Vgl. ADS Rdn. 14 ff.

[5] Aufzählung bei Beck BilKomm-*Budde/Hense* Rdn. 11.

[6] Hierzu BGHZ 44, 35 ff = NJW 1965, 1661.

Bei der **Auslegung** von Vorschriften muß ein unmittelbarer Bezug zum Prüfungsgegenstand bestehen; das Verfahren nach § 324 dient nicht der abstrakten Klärung von Rechtsfragen.[7]

6 Um Meinungsverschiedenheiten über die **Anwendung** der Norm handelt es sich regelmäßig, wenn die Subsumtion des Sachverhalts unter ihre Voraussetzungen im Streit steht. Daher handelt es sich um zulässige Sachverhaltsprüfungen, wenn bspw. die Voraussetzungen der Pflicht zur Erstellung eines Abhängigkeitsberichts[8] umstritten sind, da die Klärung dieser Frage auch den Pflichtinhalt des Lageberichts betrifft (§ 312 Abs. 3 S. 3 AktG).[9]

3. Bedeutung für das Ergebnis der Abschlußprüfung

7 Das Verfahren darf nur eingeleitet werden, wenn die Meinungsverschiedenheit für das Ergebnis der Abschlußprüfung von Bedeutung ist. Nur bei einer solchen Relevanz besteht ein **Rechtsschutzbedürfnis.**[10] Ergebnis der Abschlußprüfung in diesem Sinne ist aber nicht nur die Entscheidung über Erteilung und ggf. Inhalt des Bestätigungsvermerks; Ergebnisse sind vielmehr auch der Inhalt des Prüfungsberichts und der Inhalt von Aussagen des Abschlußprüfers bei Aufsichtsratssitzungen oder bei Teilnahme an der Hauptversammlung; dies gilt namentlich im Hinblick auf einen möglichen Einfluß solcher Aussagen auf die Feststellung des Jahresabschlusses. Die für das Verfahren nach § 324 erforderliche Bedeutung hat eine Meinungsverschiedenheit also bereits, wenn ihr Gegenstand geeigneter Inhalt von Prüfungsbericht oder Aussagen des Abschlußprüfers bei Aufsichtsratssitzungen oder Hauptversammlung ist.[11]

8 Die Meinungsverschiedenheit muß Bedeutung für die **gegenwärtige Abschlußprüfung** erlangen. Daran fehlt es, wenn der zugrunde liegende Sachverhalt erst bei einer späteren Abschlußprüfung relevant wird, und zwar auch dann, wenn die Vertreter des Unternehmens damit rechnen, daß dann derselbe Abschlußprüfer tätig werden wird. Da das Gericht nach § 324 ohnehin nur mit Wirkung für die gegenwärtige Abschlußprüfung entscheidet, entstünde auch keine Bindungswirkung für spätere Prüfungen (vgl. auch Rdn. 13 ff).[12]

9 Differenzen über **Formulierungen** in Bestätigungsvermerk und Prüfungsbericht unterfallen grundsätzlich nicht § 324.[13] Der Abschlußprüfer muß seine Tätigkeit selbst verantworten, § 323. § 324 bezieht sich nicht auf Meinungsverschiedenheiten betreffend Auslegung und Anwendung der §§ 316 ff, sondern auf solche mit Bezug auf Bestimmungen über Jahres- bzw. Konzernabschluß und auf Lage- bzw. Konzernlagebericht.[14] Soweit derartige Meinungsverschiedenheiten Auswirkungen auf die Erteilung bzw. den Inhalt des Bestätigungsvermerks bzw. auf die Darstellung im Prüfungsbericht haben, kann eine gerichtliche Entscheidung nach § 324 sich auf deren Erteilung bzw. Formulierung auswirken.[15]

---

7 Beck BilKomm-*Budde/Hense* Rdn. 20.
8 §§ 312 f AktG; vgl. HdR³-*Wiedmann* Rdn. 10.
9 WP-Handbuch I F 921 m. w. N.
10 Beck BilKomm-*Budde/Hense* Rdn. 40.
11 Ähnlich HdR³-*Wiedmann* Rdn. 4; zweifelnd ADS Rdn. 36 f.
12 ADS Rdn. 35.
13 HdR³-*Wiedmann* Rdn. 5 zum alten Recht bzgl. §§ 321 f.
14 Vgl. schon Rdn. 4; ferner Beck BilKomm-*Budde/Hense* Rdn. 13; ADS Rdn. 27; teilweise **a. A.** KK-*Claussen/Korth* § 320, 26.
15 Zutreffend Beck BilKomm-*Budde/Hense* Rdn. 13; mißverständlich ADS Rdn. 27.

III. Verfahren

1. Antrag

Das gerichtliche Verfahren wird durch die Antragstellung des Abschlußprüfers oder der gesetzlichen Vertreter des Unternehmens eingeleitet. Die **gesetzlichen Vertreter** sind auf seiten des Unternehmens auch dann Antragsteller, wenn die Meinungsverschiedenheit mit einem anderen Organ des Unternehmens besteht. Sind mehrere Personen gemeinsam zum Abschlußprüfer bestellt, so sind sie in ihrer Gesamtheit Partei des Verfahrens und können nur gemeinsam den Antrag stellen.[16] Es besteht keine Antragspflicht; häufig werden Meinungsverschiedenheiten auf anderen Wegen beigelegt (vgl. Rdn. 2). 10

2. Zuständigkeit und Entscheidung

Der Ablauf des Gerichtsverfahrens ist in Abs. 2 weitgehend beschrieben; hierauf wird verwiesen.[17] Das Verfahren unterfällt den Regelungen des Gesetzes über die Angelegenheiten der freiwilligen Gerichtsbarkeit (FGG). In erster Instanz ist das **Landgericht** zuständig (Abs. 2 S. 2). Teilweise wird unter Bezugnahme auf § 132 Abs. 1 S. 2 AktG die Zuständigkeit einer ggf. gebildeten Kammer für Handelssachen angenommen.[18] Seit dem BiRiLiG fehlt es indes – anders als nach dem zuvor geltenden § 169 Abs. 1 AktG a. F. – an einer Verweisung auf diese Vorschrift. Es besteht daher keine Zuständigkeit der Kammer für Handelssachen.[19] 11

Das Gericht hat von Amts wegen die erforderlichen Ermittlungen anzustellen und Beweise zu erheben (§ 12 FGG). Es trifft seine Entscheidung aufgrund freier Beweiswürdigung.[20] In Einzelfällen kann die Einholung von Sachverständigengutachten oder sachverständiger Stellungnahmen bspw. der Berufsgremien erforderlich sein. Das Landgericht entscheidet nach Abs. 2 S. 2 durch **Beschluß**, gegen den die sofortige Beschwerde nach Abs. 2 S. 4 stattfindet. Das Landgericht soll sie nur zulassen, wenn die Klärung einer Rechtsfrage von grundsätzlicher Bedeutung zu erwarten ist (Abs. 2 S. 5). 12

3. Wirkung der Entscheidung

Im Unterschied beispielsweise zu § 99 Abs. 5 S. 2 AktG wirkt die Entscheidung nur zwischen den **Parteien**. Der Abschlußprüfer nachfolgender Prüfungen späterer Geschäftsjahre ist nicht an die Entscheidung gebunden. Die Bindungswirkung tritt nur mit Bezug auf die gegenwärtig durchgeführte Abschlußprüfung ein. Sollte es in einem späteren Geschäftsjahr mit demselben oder einem anderen Abschlußprüfer zur gleichen Frage eine Meinungsverschiedenheit geben, so ist folglich die Anrufung des Gerichts erneut möglich.[21] In diesem Fall kommt bei einer gleichlautenden Entscheidung die Anwendung der Kostenregelung des Abs. 3 S. 9 in Betracht. Für den Eintritt der Rechtskraft gelten die allgemeinen Regeln des FGG. 13

Mit **Rechtskraft** der gerichtlichen Entscheidung muß der Abschlußprüfer diese seiner Prüfung zugrundelegen. Er ist nicht berechtigt, seine abweichende Ansicht in 14

---

[16] **A. A.** ADS Rdn. 46; KK-*Claussen/Korth* Rdn. 7; HdR^3-*Wiedmann* Rdn. 14; vgl. auch § 318, 18 m. w. N.

[17] Zu Einzelheiten vgl. auch ADS Rdn. 50 ff.

[18] KK-*Claussen/Korth* Rdn. 8.

[19] **A. A.** KK-*Claussen/Korth* Rdn. 8 und ADS Rdn. 49; im Ergebnis wie hier dagegen noch ADS Rdn. 37.

[20] ADS Rdn. 50.

[21] Ähnlich HdR^3-*Wiedmann* Rdn. 16.

den Prüfungsergebnissen darzustellen oder vor dem Aufsichtsrat bzw. der Hauptversammlung zu erläutern. Berücksichtigt der Abschlußprüfer die Entscheidung des Gerichts nicht, liegt ein Verstoß gegen die Pflicht zur gewissenhaften Tätigkeit vor, so daß eine Ersatzpflicht nach § 323 Abs. 1 S. 3 in Betracht kommt. Das Unternehmen kann die Erteilung des Bestätigungsvermerks im Klageweg erreichen, wenn der Abschlußprüfer infolge der Nichtberücksichtigung der Entscheidung diesen nicht oder nur eingeschränkt erteilt[22].

15 Die gesetzlichen Vertreter des Unternehmens werden durch die Entscheidung des Gerichts auch im Fall ihres Unterliegens zu einer **Berichtigung** des Jahresabschlusses nicht verpflichtet. Allerdings kann die Verweigerung einer Berichtigung vom Abschlußprüfer im Prüfungsbericht festgehalten und – falls erforderlich – der Bestätigungsvermerk eingeschränkt oder versagt werden. Die Nichtigkeit des festgestellten Jahresabschlusses ergibt sich allerdings auch bei der Nichtbefolgung der Entscheidung nur unter den Voraussetzungen des § 256 AktG (gegebenenfalls analog).

4. Kosten

16 Die Kosten des Verfahrens trägt in der Regel das **Unternehmen**, da die Sicherstellung einer gesetz- und satzungsmäßigen Rechnungslegung in seinem Interesse liegt. Aus Billigkeitsgründen kann davon abgewichen werden (Abs. 3 S. 9). Eine Kostenentscheidung zu Lasten des Abschlußprüfers kommt beispielsweise in Betracht, wenn er eine Rechtsansicht vertreten hat, die mit einer gewissenhaften Berufsausübung nicht vereinbar ist (vgl. auch Rdn. 13).

Vierter Unterabschnitt

Offenlegung (Einreichung zu einem Register, Bekanntmachung im Bundesanzeiger), Veröffentlichung und Vervielfältigung. Prüfung durch das Registergericht

§ 325
Offenlegung

(1) Die gesetzlichen Vertreter von Kapitalgesellschaften haben den Jahresabschluß unverzüglich nach seiner Vorlage an die Gesellschafter, jedoch spätestens vor Ablauf des zwölften Monats des dem Abschlußstichtag nachfolgenden Geschäftsjahrs, mit dem Bestätigungsvermerk oder dem Vermerk über dessen Versagung zum Handelsregister des Sitzes der Kapitalgesellschaft einzureichen; gleichzeitig sind der Lagebericht, der Bericht des Aufsichtsrats und, soweit sich der Vorschlag für die Verwendung des Ergebnisses und der Beschluß über seine Verwendung aus dem eingereichten Jahresabschluß nicht ergeben, der Vorschlag für die Verwendung des Ergebnisses und der Beschluß über seine Verwendung unter Angabe des Jahresüberschusses oder Jahresfehlbetrags einzureichen; Angaben über

[22] ADS Rdn. 65.

die Ergebnisverwendung brauchen von Gesellschaften mit beschränkter Haftung nicht gemacht zu werden, wenn sich anhand dieser Angaben die Gewinnanteile von natürlichen Personen feststellen lassen, die Gesellschafter sind. Die gesetzlichen Vertreter haben unverzüglich nach der Einreichung der in Satz 1 bezeichneten Unterlagen im Bundesanzeiger bekanntzumachen, bei welchem Handelsregister und unter welcher Nummer diese Unterlagen eingereicht worden sind. Werden zur Wahrung der Frist nach Satz 1 der Jahresabschluß und der Lagebericht ohne die anderen Unterlagen eingereicht, so sind der Bericht und der Vorschlag nach ihrem Vorliegen, die Beschlüsse nach der Beschlußfassung und der Vermerk nach der Erteilung unverzüglich einzureichen; wird der Jahresabschluß bei nachträglicher Prüfung oder Feststellung geändert, so ist auch die Änderung nach Satz 1 einzureichen.

(2) Absatz 1 ist auf große Kapitalgesellschaften (§ 267 Abs. 3) mit der Maßgabe anzuwenden, daß die in Absatz 1 bezeichneten Unterlagen zunächst im Bundesanzeiger bekanntzumachen sind und die Bekanntmachung unter Beifügung der bezeichneten Unterlagen zum Handelsregister des Sitzes der Kapitalgesellschaft einzureichen ist; die Bekanntmachung nach Absatz 1 Satz 2 entfällt. Die Aufstellung des Anteilsbesitzes (§ 287) braucht nicht im Bundesanzeiger bekannt gemacht zu werden.

(3) Die gesetzlichen Vertreter einer Kapitalgesellschaft, die einen Konzernabschluß aufzustellen hat, haben den Konzernabschluß unverzüglich nach seiner Vorlage an die Gesellschafter, jedoch spätestens vor Ablauf des zwölften Monats des dem Konzernabschlußstichtag nachfolgenden Geschäftsjahrs, mit dem Bestätigungsvermerk oder dem Vermerk über dessen Versagung und den Konzernlagebericht im Bundesanzeiger bekanntzumachen und die Bekanntmachung unter Beifügung der bezeichneten Unterlagen zum Handelsregister des Sitzes der Kapitalgesellschaft einzureichen. Die Aufstellung des Anteilsbesitzes (§ 313 Abs. 4) braucht nicht im Bundesanzeiger bekanntgemacht zu werden. Absatz 1 Satz 3 ist entsprechend anzuwenden.

(4) Bei Anwendung der Absätze 2 und 3 ist für die Wahrung der Fristen nach Absatz 1 Satz 1 und Absatz 3 Satz 1 der Zeitpunkt der Einreichung der Unterlagen beim Bundesanzeiger maßgebend.

(5) Auf Gesetz, Gesellschaftsvertrag oder Satzung beruhende Pflichten der Gesellschaft, den Jahresabschluß, Lagebericht, Konzernabschluß oder Konzernlagebericht in anderer Weise bekanntzumachen, einzureichen oder Personen zugänglich zu machen, bleiben unberührt.

Übersicht

Schrifttum für den gesamten Unterabschnitt

Adler/Düring/Schmaltz Rechnungslegung und Prüfung der Unternehmen, 6. Aufl., 8 Teilbände (1995–2000); *Biener/Berneke* Bilanzrichtliniengesetz (1986); *Biener/Schatzmann* Konzern-Rechnungslegung (1983); *Budde/Clemm/Ellrott/Förschle/Hoyos* Beck'scher Bilanz-Kommentar, 4. Aufl. (1999); *Budde/Förschle* Sonderbilanzen, 2. Aufl. (1999); *Budde/Schnicke/Stöffler/Stuirbrink* Beck'scher Versicherungsbilanz-Kommentar (1998); *Castan/Heymann/Müller/Ordelheide/Scheffler* Beck'sches Handbuch der Rechnungslegung; *Dörner/Menold/Pfitzner* Reform des Aktienrechts, der Rechnungslegung und Prüfung (1999); *Glade* Rechnungslegung und Prüfung nach dem Bilanzrichtlinien-Gesetz (1986); *Großfeld* Bilanzrecht – Jahresabschluß, Konzernabschluß, Weltabschluß, 3. Aufl. (1997); *Hartmann* Das neue Bilanzrecht und der Gesellschaftsvertrag der GmbH (1986); *Krumnow/Sprißler/Bellavite-Hövermann/Kemmer/Steinbrücker* Rechnungslegung der Kreditinstitute (1994); *Küting/Weber* Handbuch der Rechnungslegung, 3. Aufl. (1990: zitiert HdR[3], 4. Aufl. seit 1995: zitiert HdR[4]); *Pellens* Internationale Rechnungslegung, 3. Aufl. (1999).

Schrifttum zu § 325

Assmann Prospekthaftung als Haftung für die Verletzung kapitalmarktbezogener Informationsverkehrspflichten nach deutschem und US-amerikanischem Recht (1985); *Bitter/Grashoff* Anwendungsprobleme des Kapitalgesellschaften- und Co.-Richtlinie-Gesetzes, DB 2000, 833; *Cox* Accounting Standards from an Economist's Perspective, 7 J. of Comparative and Capital Market Law (1985) 349; *Crezelius* Jahresabschlußpublizität bei deutscher Kapitalgesellschaft, ZGR 1999, 252; *Dörner/Wirth* Die Befreiung von Tochter-Kapitalgesellschaften nach § 264 Abs. 3 HGB, DB 1998, 1525; *Fama* Efficient Capital Markets: A Review of Theory and Empirical Work, 25 J. Fin (1970) 383; *Gilson/Kraakmann* The Mechanics of Market Efficiency, 70 Va.L.Rev. (1984) 549; *Givoly/Lakonishok* Market Efficiency, Quality of Information, and Investor's Sophisitication: The Case of the Israeli Capital Market, 4 J. of Comparative Law and Securities Regulation (1982) 215; *Grundmann* Deutsches Anlegerschutzrecht in internationalen Sachverhalten – Vom internationalen Schuld- und Gesellschaftsrecht zum internationalen

Marktrecht, RabelsZ 54 (1990) 283; *Hirte* Daihatsu – Durchbruch für die Publizität, NJW 1999, 36; *Hopt* Der Kapitalanlegerschutz im Recht der Banken – Gesellschafts-, bank- und börsenrechtliche Anforderungen an das Beratungs- und Verwaltungsverhalten der Kreditinstitute (1975); *ders.* Gutachten zu dem Thema: Inwieweit empfiehlt sich eine allgemeine gesetzliche Regelung des Anlegerschutzes? abgedruckt in den Verhandlungen des 51. deutschen Juristentages, Bd. I (1976) G 1; *Köstlin* Anlegerschutz und Auslandsbeziehungen – Eine vergleichende Untersuchung zum Recht des grenzüberschreitenden Kapitalmarkts unter Berücksichtigung des deutschen und US-amerikanischen Rechts und der europäischen Rechtsangleichung (1985); *Kohl/Walz* The German way towards disclosure, 1 J. of Comparative Corporate Law and Securities Regulation (1978), 69; *Leible* Bilanzpublizität und Effektivität des Gemeinschaftsrechts, ZHR 162 (1998) 594; *Lück* Offenlegungspflichten für die kleinen GmbH nach dem Bilanzrichtlinien-Gesetz, GmbH-Rdsch. 1987, 42; *Mendelson* Economics and the Assessment of Disclosure Requirements, 1 J. of Comparative Law and Securities Regulation (1978) 49; *Niehus* Heterogenität eines Konzernunternehmens als Grundlage für die Nicht-Einbeziehung von Tochterunternehmen in den Konzernabschluß, DB 1988, 869; *Rehbinder* Publizität und Auslandsbeziehungen – Eine rechtsvergleichende Skizze –, Festgabe Kronstein (1967) 203; *Reuter* Die Publizität der Kapitalgesellschaft nach neuem Bilanzrecht, Festschrift Goerdeler (1987) 427; *Schäfer* Emission und Vertrieb von Wertpapieren nach dem Wertpapierverkaufsprospektgesetz, ZIP 1991, 1557; *Schön* Anmerkung zu EuGH Urt. v. 4. 12. 1997 – Rs. C-97/96 Daihatsu, JZ 1998, 194; *Schulze-Osterloh* Jahresabschluß, Abschlußprüfung und Publizität der Kapitalgesellschaften nach dem Bilanzrichtliniengesetz, ZHR 150 (1986) 532; *Stützel* Bemerkungen zur Bilanztheorie, ZfB 37 (1967) 314; *Ulmer* Begriffsvielfalt im Recht der verbundenen Unternehmen als Folge des Bilanzrichtlinien-Gesetzes, Festschrift Goerdeler (1987) 623; *Zecher* An Economic Perspektive of SEC Corporate Disclosure, 7 J. of Comparative Business and Capital Market Law (1985) 307; *Zimmer* Internationales Gesellschaftsrecht (1996); *ders./Eckhold* Das Kapitalgesellschaften & Co.-Richtlinie-Gesetz, NJW 2000, 1361.

I. §§ 325 ff im System der Publizitätspflichten

§ 325 begründet eine Offenlegungspflicht für alle Formen von Kapitalgesellschaften des deutschen Rechts. Mit der rechtsformübergreifenden Ausgestaltung ist der frühere Rechtszustand überwunden, nach dem – abgesehen von den durch das Publizitätsgesetz geregelten Sonderfällen, hierzu Rdn. 3 und 41 ff – nur Aktiengesellschaften und Kommanditgesellschaften auf Aktien einer allgemeinen Publizitätspflicht unterlagen: §§ 177, 335 AktG 1965 verpflichteten (nur) die dem AktG unterliegenden Gesellschaften zur Bekanntmachung des Einzel- und ggf. eines Konzernabschlusses. An die Stelle dieser Regelung ist mit dem BiRiLiG vom 19. Dezember 1985[1] eine sämtliche Kapitalgesellschaften erfassende, aber nach den Größenklassen des § 267 abgestufte **Publizitätspflicht** getreten. Mit Einfügung des § 264a durch das KapCoRiLiG[2] ist der Anwendungsbereich der §§ 325 ff auf offene Handelsgesellschaften und Kommanditgesellschaften ausgedehnt worden, bei denen nicht wenigstens ein persönlich haftender Gesellschafter eine natürliche Person oder – im Falle mehrstufiger Gesellschaftsverhältnisse – wiederum eine OHG, KG oder andere Personengesellschaft mit einer natürlichen Person als persönlich haftendem Gesellschafter ist. Zugleich sind mit diesem Gesetz Verfahren und Rechtsfolgen bei Offenlegungsverstößen modifiziert worden (hierzu Rdn. 62). 1

Die Regelung des § 325 geht zurück auf die Vierte gesellschaftsrechtliche Richtlinie vom 25. Juli 1978.[3] Nach der Präambel der Richtlinie war eine Koordinierung unter 2

---

[1] BGBl. I 1985, 2355; hierzu die Erläuterungen von *Hüffer* vor § 238 Rdn. 3 ff.

[2] BGBl. I 2000, 154; hierzu *Bitter/Grashoff* DB 2000, 833; *Klein/Pötzsch* DB 1999, 1509; *Theile* GmbHR 2000, 215; *Zimmer/Eckhold* NJW 2000, 1361.

[3] Sog. Bilanzrichtlinie, ABl.EG Nr. L 222 vom 14. 8. 1978, 11 ff.

anderem des Rechts der Offenlegung bei den Kapitalgesellschaften „deswegen erforderlich, weil die Tätigkeit der betreffenden Gesellschaften einerseits häufig über das nationale Hoheitsgebiet hinausreicht und die Gesellschaften andererseits Dritten eine Sicherheit nur durch ihr Gesellschaftsvermögen bieten". Art. 47 Abs. 1 der Richtlinie ordnet an, daß der ordnungsgemäß gebilligte Jahresabschluß und der Lagebericht sowie der Bericht der mit der Abschlußprüfung beauftragten Person nach den Vorschriften der Ersten gesellschaftsrechtlichen Richtlinie vom 9. März 1968 (Publizitätsrichtlinie) offenzulegen sind. Hiernach sind die unter die Publizitätspflichten fallenden Urkunden bzw. Angaben bei einem – zentral oder dezentral geführten – Register zu hinterlegen und in einem Amtsblatt bekannt zu machen. Art. 47 Abs. 2 und 3 der Vierten Richtlinie gestattet den Mitgliedstaaten, bei kleinen und mittelgroßen Gesellschaften (im Sinne von Artt. 11 und 27 der Richtlinie, vgl. auch die hierauf beruhenden Abs. 1 und 2 des § 267) Erleichterungen zuzulassen.

3 Das Gesetz über die Rechnungslegung von bestimmten Unternehmen und Konzernen vom 15. 8. 1969 – das sog. **Publizitätsgesetz** –[4] gilt auch nach der mit dem BiRiLiG erfolgten Überführung der Offenlegungsregeln in das HGB fort. Allerdings ist das Publizitätsgesetz durch Art. 5 des BiRiLiG neu gefaßt und mit den HGB-Vorschriften abgestimmt worden. Großunternehmen sind nach dem Publizitätsgesetz unter gewissen Voraussetzungen, auch wenn sie nicht die Rechtsform einer Kapitalgesellschaft haben, zur Offenlegung ihrer Rechnungslegungsunterlagen verpflichtet; bei Unternehmen dieser Größenordnung ist – der Begründung zum PublG zufolge – ein berechtigtes Interesse der Beteiligten als Sammelbegriff für die gegenwärtigen und künftigen Lieferanten und Abnehmer, Geldgeber und alle Stellen, die wirtschafts- und sozialpolitische Entscheidungen mit Auswirkungen auf das Unternehmen zu treffen haben, anzuerkennen, sich über den Bestand des Unternehmens unterrichten zu können.[5] Voraussetzungen und Rechtsfolgen der Offenlegungspflichten nach dem Publizitätsgesetz werden in Rdn. 41 ff behandelt.

4 Neben den allgemeinen Pflichten zur Offenlegung nach § 325 und der besonderen, nur Großunternehmen treffenden Offenlegungspflicht nach dem PublG können Publizitätspflichten durch **Kapitalmarktvorgänge** ausgelöst werden. Die Inanspruchnahme bestimmter Segmente des Kapitalmarktes (Zulassung zum Börsenhandel mit amtlicher Notierung, Zulassung zum Geregelten Markt, Einbeziehung in den Freiverkehr, öffentliches Angebot von Wertpapieren) führt zu einmaligen oder auch laufenden Veröffentlichungspflichten (vgl. hierzu Rdn. 47 ff).

II. Übersicht über die Regelungen der §§ 325 ff

5 § 325 enthält die **Grundsatznorm** der ‚allgemeinen', nicht an die Inanspruchnahme des Kapitalmarktes geknüpften Pflicht der gesetzlichen Vertreter von Kapitalgesellschaften zur Offenlegung von Rechnungslegungsunterlagen. § 326 sieht Erleichterungen für kleine Kapitalgesellschaften i. S. d. § 267 Abs. 1 vor, § 327 solche für mittelgroße Kapitalgesellschaften i. S. d. § 267 Abs. 2. Regelungen betreffend Form und Inhalt der Unterlagen bei der Offenlegung, Veröffentlichung und Vervielfältigung sind in § 328 enthalten. § 329 beinhaltet Bestimmungen über die Prüfungspflichten des Registergerichts. Für inländische Zweigniederlassungen von Kapitalgesellschaften, die

---

[4] BGBl. I 1969, 1189; BGBl. I 1970, 1113, geändert durch Gesetz vom 2.3.1974, BGBl. I 1974, 469.

[5] So die Begründung BRDrucks. 296/68 S. 14.

nicht deutschem Recht, aber dem Recht eines anderen EU- oder EWR-Staates unterliegen, enthält § 325a eine besondere Regelung: Bei diesen Gesellschaften – die nicht unter § 325 fallen (vgl. zum internationalen Anwendungsbereich der Norm Rdn. 58 ff) – besteht eine Pflicht zur Offenlegung der Unterlagen der Rechnungslegung der Hauptniederlassung am Ort des für die Zweigniederlassung zuständigen Registergerichts (vgl. Erl. zu § 325 a).

III. Der Grundtatbestand des Abs. 1 – Pflicht zur Einreichung und Bekanntmachung von Unterlagen der Rechnungslegung

1. Zu publizierende Unterlagen der Rechnungslegung

a) Allgemeine Anforderungen. § 325 Abs. 1 enthält einen Katalog der offenzulegenden Unterlagen. Die Vorschrift bezieht sich auf Kapitalgesellschaften deutschen Rechts (zum internationalen Anwendungsbereich Rdn. 58 ff). Abs. 1 enthält den **Grundtatbestand**, die folgenden Absätze und die §§ 326 f Modifikationen für besondere Fälle (einzelne Größenklassen, Konzernsachverhalte). Nach Abs. 1 S. 1 sind offenzulegen: 6

- der Jahresabschluß (Bilanz, Gewinn- und Verlustrechnung, Anhang; vgl. §§ 242 Abs. 3, 264 Abs. 2 S. 1, 284);
- der Bestätigungs- bzw. Versagungsvermerk des Abschlußprüfers (bei prüfungspflichtigen Gesellschaften);
- der Lagebericht;
- der Bericht des Aufsichtsrats (für die GmbH vgl. Rdn. 9);
- der Vorschlag und der Beschluß über die Verwendung des Ergebnisses unter Angabe des Jahresüberschusses oder Jahresfehlbetrages, soweit diese sich nicht aus dem Jahresabschluß ergeben (zu einer Sonderregel für die GmbH vgl. Rdn. 10).

S. 3, 2. Hs. schreibt darüber hinaus die Offenlegung einer Änderung des Jahresabschlusses vor, wenn eine solche bei nachträglicher Prüfung oder Feststellung erfolgt.

Andere als die in Rdn. 6 genannten Unterlagen müssen nicht offengelegt werden. 7
So unterliegen **keiner Offenlegungspflicht** nach Abs. 1 die Niederschrift über die Hauptversammlung und ihre Anlagen (vgl. hierzu § 130 Abs. 5 AktG); diese Unterlagen müssen lediglich – in öffentlich beglaubigter Abschrift – zum Handelsregister eingereicht werden. Gleiches gilt für die nach § 40 Abs. 1 GmbHG zu erstellende Gesellschafterliste. Ferner gehören Sonderbilanzen wie beispielsweise Eröffnungs- oder Gründungsbilanzen, Umwandlungs- oder Verschmelzungsbilanzen nicht zu den nach Abs. 1 offenzulegenden Rechnungslegungsunterlagen.[6] Ein anderes gilt, sofern eine Sonderbilanz zugleich die Funktion einer zum Jahresabschluß zu rechnenden ordentlichen Bilanz übernimmt (z. B. der Jahresabschluß, der zugleich die Schlußbilanz einer übertragenden Gesellschaft ist).[7]

Zur vollständigen Offenlegung der in Rdn. 6 genannten Unterlagen sind nur große 8
Kapitalgesellschaften verpflichtet. Für mittelgroße Kapitalgesellschaften gelten die **Erleichterungen** des § 327 (verkürzte Bilanz, entsprechend gekürzte Angaben im Anhang), für kleine diejenigen des § 326 (Offenlegung nur der Bilanz, eines nach § 326

---

[6] Wie hier Beck BilKomm-*Ellrott/Spremann* Rdn. 9; vgl. auch MünchKommHGB-*Fehrenbacher* Rdn. 16; abschließende Aufzählung in Abs. 1 S. 1.

[7] *Ellrott/Spremann* aaO; hierzu auch *Budde/Förschle* Sonderbilanzen E 261 f, F 141, R 81, U 345 ff.

S. 2 verkürzten Anhangs sowie – soweit diese nicht aus Bilanz oder Anhang ersichtlich – des Jahresergebnisses nebst Verwendungsvorschlag und -beschluß). Für die Offenlegung der Konzernrechnungslegung enthält Abs. 3 besondere Regeln (Rdn. 28 ff).

9 **b) Besonderheiten bei der GmbH.** Für die **GmbH** kann eine Verpflichtung zur Offenlegung des **Berichts des Aufsichtsrates** (Abs. 1 S. 1, 2. Hs.) nur bestehen, sofern die Gesellschaft einen Aufsichtsrat hat und dieser zur Erstattung eines Berichts verpflichtet ist. Hier ist zwischen den Fällen eines obligatorischen Aufsichtsrates und denjenigen eines fakultativen Aufsichtsrates zu unterscheiden. Beim obligatorischen Aufsichtsrat, der bei mitbestimmungspflichtigen GmbH zu bilden ist (§ 77 Abs. 1 S. 1 BetrVG 1952, § 1 Abs. 1 i.V.m. § 6 MitbG, § 3 Abs. 1 Montan-MitbG, § 3 Abs. 1 S. 2 MitbErgG),[8] werden die Pflichten des Aufsichtsrates weitgehend durch Verweisungen auf das AktG bestimmt (§ 77 Abs. 1 S. 2 BetrVG 1952, § 25 Abs. 1 Nr. 2 MitbG, § 3 Abs. 2 Montan-MitbG, § 3 Abs. 1 S. 2 MitbErgG i.V.m. § 3 Abs. 2 Montan-MitbG). Nach Maßgabe des hierbei in Bezug genommenen § 171 Abs. 2 AktG ‚hat' der Aufsichtsrat über das Ergebnis der Prüfung schriftlich zu berichten. In der mitbestimmungspflichtigen GmbH besteht also eine Berichtspflicht des Aufsichtsrates, und die nach § 325 Abs. 1 bestehende Pflicht zur Offenlegung erstreckt sich auf diesen obligatorischen Bericht des Aufsichtsrates.[9] Bei der nicht mitbestimmungspflichtigen GmbH *kann* der Gesellschaftsvertrag nach Maßgabe des § 52 Abs. 1 GmbHG die Bildung eines Aufsichtsrates vorschreiben (sog. fakultativer Aufsichtsrat). Für diesen Fall verweist § 52 Abs. 1 S. 1 (u. a.) auf die Bestimmung des § 171 AktG, „soweit nicht im Gesellschaftsvertrag ein anderes bestimmt ist". Die Verpflichtung zur Erstattung eines Berichts über die Prüfung kann also im Gesellschaftsvertrag abbedungen werden mit der Folge, daß § 325 Abs. 1 insoweit – Offenlegung des Berichts – nicht zur Anwendung kommt. Bei Fehlen einer Regelung im Gesellschaftsvertrag wird im Schrifttum angenommen, daß der dann abzufassende Bericht offengelegt werden müsse.[10] Das Gegenteil erscheint einleuchtender: Wenn GmbH-Gesellschafter privatautonom die Einrichtung eines Aufsichtsrates beschließen, vermag dies am Umfang der gegenüber der Öffentlichkeit offenzulegenden Unterlagen nichts zu ändern. Erfordernisse des Rechts der Rechnungslegungspublizität lassen hier – bei Gesellschaften, für die die Errichtung eines Aufsichtsrates vom Gesetz nicht gefordert wird – die Publizität eines Berichts dieses Organs nicht erforderlich erscheinen. Der Bericht des Aufsichtsrates ist also in diesen Fällen – anders als beim obligatorischen Aufsichtsrat – den freiwillig zu publizierenden Unterlagen zuzurechnen.

10 Eine weitere Besonderheit für die Rechtsform der GmbH wird in Abs. 1 S. 1, 3. Hs. angeordnet: Angaben über die **Ergebnisverwendung** dürfen unterbleiben, wenn anhand dieser Angaben die Gewinnanteile von Gesellschaftern festgestellt werden könnten, die natürliche Personen sind. Die Erleichterung muß ihrem Zweck entsprechend bereits eingreifen, wenn nur *eine* natürliche Person Gesellschafter ist:[11] Auch hier könnten im Fall der Publikation der Ergebnisverwendung Außenstehende durch Einsicht in den beim Handelsregister hinterlegten Gesellschaftsvertrag und die Gesellschafterliste Aufschluß über den Gewinnanteil der einzelnen Gesellschafter – und damit ggf. der beteiligten natürlichen Person – erlangen. Die Erleichterung des

---

[8] Vgl. zur Reichweite des MitbErgG BVerfGE 99, 367 = NJW 1999, 1535.

[9] Beck BilKomm-*Ellrott/Spremann* Rdn. 12; *Koller/Roth/Morck* Rdn. 2; MünchKommHGB-*Fehrenbacher* Rdn. 25.

[10] ADS Rdn. 44; Beck BilKomm-*Ellrott/Spremann* Rdn. 12; *Koller/Roth/Morck* Rdn. 2; wohl auch MünchKommHGB-*Fehrenbacher* Rdn. 25.

[11] Gl. Ans. Beck BilKomm-*Ellrott/Spremann* Rdn. 21.

Abs. 1 S. 1, 3. Hs. muß auch einer GmbH zugute kommen, unter deren Gesellschaftern wenigstens eine Personengesellschaft ist, wenn eine Offenlegung der Gewinnverwendung bei der GmbH Aufschluß über die Gewinnanteile von natürlichen Personen ergäbe, die Gesellschafter der Personengesellschaft sind.[12]

2. Modalitäten der Offenlegung

Der mit dem BiRiLiG neugeschaffene Begriff der Offenlegung umfaßt – wie bereits der Überschrift des Vierten Unterabschnitts entnommen werden kann – die **Einreichung** der vom Gesetz geforderten Unterlagen „zu einem Register" und die Bekanntmachung im Bundesanzeiger. Reihenfolge und Umfang der Offenlegung sind von der Größe der Kapitalgesellschaft abhängig: Kleine und mittelgroße Kapitalgesellschaften (i. S. d. § 267 Abs. 1 und 2) haben die offenzulegenden Unterlagen zunächst zum Handelsregister einzureichen und im Anschluß hieran unverzüglich einen Hinterlegungshinweis im Bundesanzeiger bekanntzumachen (Abs. 1 S. 2). Große Kapitalgesellschaften haben die offenzulegenden Unterlagen zuerst vollständig (zu einer Ausnahme s. Rdn. 24) im Bundesanzeiger bekanntzumachen und sodann die Bekanntmachung unter Beifügung der bezeichneten Unterlagen zum Handelsregister einzureichen (Abs. 2; s. hierzu die Erläuterungen Rdn. 21 ff). 11

Nach Maßgabe von Abs. 1 S. 1 sind die Unterlagen zum Handelsregister des Sitzes der Gesellschaft einzureichen. Hat die Gesellschaft mehrere Sitze (zur gesellschaftsrechtlichen Zulässigkeit),[13] so sind die Unterlagen bei sämtlichen Sitzen zum Handelsregister einzureichen.[14] Bei Kapitalgesellschaften deutschen Rechts, die im Inland **Zweigniederlassungen** unterhalten, gilt § 13c Abs. 5 i.V.m. Abs. 1, 2. Hs.: Von den einzureichenden Schriftstücken sind so viele Exemplare bei dem Gericht des Sitzes einzureichen, wie Niederlassungen bestehen.[15] Das Gericht des Sitzes hat jeweils ein Stück der eingereichten Rechnungslegungsunterlagen an die Registergerichte der Zweigniederlassungen zu übermitteln (§ 13c Abs. 5 i.V.m. Abs. 3 S. 1). Durch die Möglichkeit der Einsichtnahme in die zum Handelsregister eingereichten Schriftstücke (§ 9 Abs. 1) wird dem Informationsinteresse des Rechtsverkehrs bei den Zweigniederlassungen, das in §§ 13–13 g besonderen Schutz erfährt, Genüge getan. Für ausländischem Recht unterliegende Kapitalgesellschaften mit inländischen Zweigniederlassungen vgl. § 325a und die Erläuterungen hierzu. 12

Der Jahresabschluß ist vollständig, unter Einschluß des Anhangs, zum Handelsregister einzureichen. **Inhalt und Form** richten sich nach den für die Aufstellung bei der jeweiligen Größenklasse maßgebenden Vorschriften (siehe im einzelnen § 328 und Erläuterungen hierzu). Auch der Lagebericht und – bei prüfungspflichtigen Gesellschaften – der Bestätigungs- bzw. Versagungsvermerk sind vollständig im Wortlaut wiederzugeben. Gleiches gilt, soweit sie von der Offenlegungspflicht erfaßt sind (hierzu Rdn. 6, 9 und 10), für den Bericht des Aufsichtsrates sowie den Vorschlag und den Beschluß über die Gewinnverwendung. Umstritten ist, ob die Unterlagen grundsätzlich in handschriftlich unterzeichneter Form resp. öffentlich beglaubigter Abschrift einzureichen sind[16]. Für das Erfordernis der Einreichung handschriftlich unterzeich- 13

[12] Vgl. Beck BilKomm-*Ellrott/Spremann* Rdn. 21.

[13] Vgl. die Erl. von *Hüffer* vor § 13, 25 ff; MünchKommHGB-*Bokelmann* § 13, 33 ff.

[14] Vgl. ADS Rdn. 68; Beck BilKomm-*Ellrott/Spremann* Rdn. 26; wohl auch MünchKommHGB-*Fehrenbacher* Rdn. 64.

[15] **A. A.** offenbar ADS Rdn. 69 und Beck BilKomm-*Ellrott/Spremann* Rdn. 26.

[16] Hierfür ADS Rdn. 70 und *Glade* § 328, 7; dagegen Beck BilKomm-*Ellrott/Spremann* Rdn. 32 und *Koller/Roth/Morck* § 245, 1.

neter Unterlagen können Bedürfnisse der Überprüfung und des Echtheitsbeweises angeführt werden; bei notwendiger Mitwirkung mehrerer Personen (s. sogleich) erleichtert die Einreichung handschriftlich unterzeichneter Unterlagen die Feststellung, ob alle Mitwirkungspflichtigen tatsächlich mitgewirkt haben. Im Grundsatz ist daher bezüglich des eingereichten Jahresabschlusses die Unterzeichnung durch die gesetzlichen Vertreter, d. h. bei Kapitalgesellschaften durch sämtliche Mitglieder (einschl. der stellvertretenden) des Vorstandes bzw. der Geschäftsführung der Gesellschaft (vgl. § 245),[17] bezüglich des Bestätigungs- bzw. Versagungsvermerks die Unterzeichnung durch den bzw. die Abschlußprüfer und bezüglich des Berichts des Aufsichtsrates die Unterzeichnung durch dessen Vorsitzenden (bei Verhinderung: durch den stellvertretenden Vorsitzenden) bzw. eine öffentlich beglaubigte Abschrift dieser Unterlagen zu fordern.[18]

14 § 8 a Abs. 4 eröffnet gegenüber dem bisher Gesagten (Rdn. 13) eine Möglichkeit der Erleichterung: Das Gericht kann gestatten, daß Jahres- und Konzernabschlüsse und die dazugehörigen Unterlagen sowie sonstige Schriftstücke als Wiedergabe auf einem Bildträger oder auf anderen **Datenträgern** eingereicht werden. Verlangen kann das Gericht nach dem eindeutigen Wortlaut der Vorschrift eine derartige Einreichung nicht.[19] Gestattet es die Einreichung der Rechnungslegungsunterlagen auf Datenträgern, so erübrigt sich die Vorlage der – unterzeichneten – Urschriften.[20]

15 Die gesetzlichen Vertreter kleiner und mittelgroßer Kapitalgesellschaften (i. S. d. § 267 Abs. 1 und 2) haben unverzüglich nach der Einreichung der Unterlagen zum Handelsregister im Bundesanzeiger bekanntzumachen, bei welchem Handelsregister und unter welcher Nummer die Unterlagen eingereicht sind (Abs. 1 S. 2). Die **Bekanntmachung** im Bundesanzeiger erfolgt in standardisierter Form. Neben den bereits genannten Angaben sind bei der Erteilung des Druckauftrags der Name und der Sitz der Gesellschaft sowie der Stichtag des Jahresabschlusses anzugeben. Die Angabe des Datums der Einreichung beim Handelsregister und des Umfangs der eingereichten Unterlagen wird vom Gesetz nicht gefordert, ist aber üblich.[21] Zum Inhalt der Bekanntmachung bei großen Kapitalgesellschaften (i. S. d. § 267 Abs. 3) Rdn. 11 und – eingehender – Rdn. 22–24.

3. Zeitpunkt der Offenlegung

16 Die gesetzlichen Vertreter von Kapitalgesellschaften haben die Unterlagen der Rechnungslegung **unverzüglich** nach ihrer Vorlage an die Gesellschafter, jedoch spätestens vor Ablauf des zwölften Monats des dem Abschlußstichtag nachfolgenden Geschäftsjahres zum Handelsregister einzureichen. Abs. 1 S. 1 stellt damit – anders als die Vorgängervorschrift des § 177 AktG – nicht auf die Feststellung des Jahresabschlusses ab. Mit der Abkoppelung von der Feststellung wird erreicht, „daß der Jahresabschluß im Zeitpunkt seiner Offenlegung nicht durch Zeitablauf seine Aussagekraft zumindest teilweise eingebüßt hat".[22]

---

17 Hierzu die Erl. von *Hüffer* zu § 245 Rdn. 10; *Koller/Roth/Morck* § 245 Rdn. 3.
18 Wie hier ADS Rdn. 70.
19 *Koller/Roth/Morck* § 8 a, 5.
20 *Koller/Roth/Morck* aaO; MünchKommHGB-*Bokelmann* § 8a, 6; **a. A.** offenbar Heymann/*Sonnenschein/Weitemeyer* § 8 a, 22; vgl. zu Form und Inhalt der Offenlegung im übrigen die Erläuterungen zu § 328.
21 Vgl. Beck BilKomm-*Ellrott/Spremann* Rdn. 27.
22 Begr. RegE BiRiLiG, BTDrucks. 10/317 S. 105 f – zu Nr. 28 – § 177 AktGE.

a) Unverzüglich nach Vorlage an die Gesellschafter. „Unverzüglich" bedeutet wie in § 121 Abs. 1 S. 1 BGB „ohne schuldhaftes Zögern". Referenzzeitpunkt ist bei der AG und bei der KGaA die **Vorlage** des Jahresabschlusses in der Hauptversammlung (§ 176 Abs. 1 S. 1 AktG).[23] Die zeitliche Abkoppelung der Offenlegungspflicht von der Feststellung kann insbes. bei der GmbH Schwierigkeiten aufwerfen. Hier erfolgt die Vorlage des Jahresabschlusses häufig außerhalb der Gesellschafterversammlung; die Feststellung (mitunter auch die Prüfung) findet oft erst geraume Zeit nach der Vorlage an die Gesellschafter statt. Bei wortgetreuer Anwendung folgt aus § 325 in vielen Fällen die Pflicht zur Offenlegung des Jahresabschlusses schon vor seiner Feststellung (und in manchen Fällen schon vor seiner Prüfung). Im Schrifttum ist vereinzelt vorgeschlagen worden, in extensiver Auslegung des Begriffs ‚unverzüglich' jede Offenlegung innerhalb der Maximalfrist von zwölf Monaten nach Vorlage zuzulassen.[24] Häufiger findet sich der Vorschlag, bei einer Feststellung innerhalb einer ‚angemessenen Zeit' nach Vorlage die unmittelbar auf die Feststellung folgende Offenlegung ausreichen zu lassen.[25] Eine derartige Flexibilisierung des Begriffs ‚unverzüglich' ist aber mit dem Gesetz nicht zu vereinbaren. Die Gesetzesverfasser haben die Publikationspflicht bewußt an den Zeitpunkt der Vorlage des Jahresabschlusses an die Gesellschafter geknüpft.[26] Das Problem der Erforderlichkeit einer Offenlegung ggf. vor Feststellung respektive Prüfung ist gesehen und in § 328 Abs. 1 Nr. 2 einer Lösung zugeführt worden: „Werden der Jahresabschluß oder Konzernabschluß zur Wahrung der gesetzlich vorgeschriebenen Fristen über die Offenlegung vor der Prüfung oder Feststellung, sofern diese gesetzlich vorgeschrieben sind, oder nicht gleichzeitig mit beizufügenden Unterlagen offengelegt, so ist hierauf bei der Offenlegung hinzuweisen." Die Gefahr einer Irreführung der Öffentlichkeit durch Publikation eines Jahresabschlusses, der letztlich keinen Bestand hat, wird hierdurch und durch die ergänzende Regel des § 325 Abs. 1 S. 3, letzter Hs. ausgeräumt: „(W)ird der Jahresabschluß bei nachträglicher Prüfung oder Feststellung geändert, so ist auch die Änderung nach S. 1 einzureichen." Jahresabschluß und – ggf. – Lagebericht sind also unmittelbar im Anschluß an ihre Vorlage an die Gesellschafter ohne schuldhaftes Zögern offenzulegen.[27] 17

b) Zwölf-Monats-Frist. Die offenzulegenden Unterlagen sind unabhängig von dem bisher Gesagten, d.h. von einer Vorlage an die Gesellschafter, spätestens vor Ablauf des **zwölften Monats** des dem Abschlußstichtag nachfolgenden Geschäftsjahres zum Handelsregister einzureichen (Abs. 1 S. 1). Mit dem KapCoRiLiG (hierzu Rdn. 1) sind die zuvor für kleine Kapitalgesellschaften (zwölf Monate) und für andere Kapitalgesellschaften (neun Monate) differierenden Fristen angeglichen worden. Ist bis zum Ablauf der Zwölf-Monats-Frist keine Feststellung respektive erforderliche Prüfung des Jahresabschlusses erfolgt, gilt das oben Rdn. 17 Gesagte entsprechend: Es ist – bei Hinzufügung eines entsprechenden Hinweises (§ 328 Abs. 1 Nr. 2) – der nicht festgestellte bzw. ungeprüfte Jahresabschluß vorab offenzulegen; noch fehlende Unterlagen sind bei ihrem Vorliegen unverzüglich nachzureichen (Abs. 1 S. 3, 1. Hs.). 18

---

[23] Vgl. den Bericht des Rechtsausschusses, BT Drucks. 10/4268, 119 f zu § 325.

[24] *Hartmann* 238; dagegen z.B. MünchKomm-HGB-*Fehrenbacher* Rdn. 52.

[25] ADS Rdn. 22; ähnlich *Biener/Berneke* BiRiLiG S. 439; Beck BilKomm-*Ellrott/Spremann* Rdn. 37; HdR³-*Müller* Rdn. 6.

[26] Vgl. den Bericht des Rechtsausschusses, BT-Drucks. 10/4268 S. 120.

[27] Vgl. auch *Lutter/Hommelhoff* Anh. § 42a, 8f; Scholz/*Crezelius* Anh. § 42a, 268; vgl. auch LG Berlin vom 12.9.1991 – 98 T 63 und 64/91 GmbHRdsch 1992, 55, das in einem Zwangsgeldverfahren offenbar davon ausgeht, eine Pflicht zur Offenlegung bestehe erst nach Prüfung des Jahresabschlusses.

Hierfür wird man es nicht allgemein ausreichen lassen können, wenn fehlende Unterlagen erst gesammelt und dann – bei Vollständigkeit – „in einem Block" offengelegt werden.[28] Ein solches Vorgehen genügt nur dann den Anforderungen des § 325 Abs. 1, wenn die Offenlegung der einzelnen Unterlagen noch als „unverzüglich" erscheint.[29] Bei dieser Beurteilung wird man auch die Verständlichkeit (oder Unverständlichkeit) einer isolierten Publikation einzelner Unterlagen berücksichtigen dürfen.[30] Im Fall nachträglicher Änderung des Jahresabschlusses ist nach § 325 Abs. 1 S. 3 letzter Hs. zu verfahren (s. schon Rdn. 17).[31]

19 **c) Zeitpunkt der Bekanntmachung im Bundesanzeiger.** Die gesetzlichen Vertreter kleiner und mittelgroßer Kapitalgesellschaften (i. S. d. § 267 Abs. 1 und 2) haben **unverzüglich** nach Einreichung der Unterlagen die Bekanntmachung im Bundesanzeiger herbeizuführen. Zum Inhalt der Bekanntmachung vgl. Rdn. 15; zu den Offenlegungsschritten bei großen Kapitalgesellschaften vgl. Rdn. 11 und – eingehender – 22–24.

4. Normadressaten

20 Abs. 1 S. 1 verpflichtet die **gesetzlichen Vertreter** der Gesellschaft zur Einreichung und Veranlassung der Bekanntmachung der Rechnungslegungsunterlagen. Bei der AG sind die Mitglieder des Vorstandes (§ 78 Abs. 1 AktG), bei der KGaA die persönlich haftenden Gesellschafter (§ 278 Abs. 2 AktG i. V. m. §§ 161 Abs. 2, 125 Abs. 1 HGB) Normadressaten. Bei der GmbH sind die Geschäftsführer als gesetzliche Vertreter (§ 35 Abs. 1 GmbHG) zur Offenlegung verpflichtet. Sämtliche Mitglieder des Vorstandes bzw. der Geschäftsführung sind verpflichtet, innerhalb der gesetzlichen Fristen (oben Rdn. 16–19) die ordnungsgemäße Offenlegung zu betreiben. Eine durch interne Geschäftsverteilung erfolgende Betrauung eines oder mehrerer Mitglieder des Kollegialorgans befreit die übrigen Verpflichteten nicht von ihrer gesetzlichen Pflicht, auf die Offenlegung hinzuwirken.[32] Das Ordnungsgeldverfahren nach § 335 a kann sich gegen jedes einzelne Mitglied des vertretungsberechtigten Organs der Gesellschaft richten (vgl. auch Rdn. 62 und die Erl. zu § 335 a). Als gesetzliche Vertreter von nach § 264 a Abs. 1 den Kapitalgesellschaften gleichgestellten offenen Handelsgesellschaften und Kommanditgesellschaften gelten die Mitglieder des vertretungsberechtigten Organs der vertretungsberechtigten Gesellschaft (§ 264 a Abs. 2); bei einer GmbH & Co. KG sind dies die Mitglieder der Geschäftsführung der Komplementär-GmbH.

IV. Sonderregeln für ‚große Kapitalgesellschaften' (Abs. 2)

21 In Umkehrung der in Abs. 1 angeordneten **Reihenfolge** der Offenlegungsschritte hat bei großen Kapitalgesellschaften (i. S. d. § 267 Abs. 3) zunächst eine Bekanntmachung im Bundesanzeiger und sodann eine Einreichung der Bekanntmachung unter Beifügung der Unterlagen zum Handelsregister zu erfolgen. Neben dieser Änderung der Reihenfolge begründet Abs. 2 auch inhaltliche Modifikationen für die einzelnen Elemente der Offenlegung.

---

28 Hierfür Beck BilKomm-*Ellrott/Spremann* Rdn. 43; ähnlich *Glade* Rdn. 18.

29 Wie hier ADS Rdn. 82.

30 Vgl. hierzu und zu hieraus folgenden weiteren Differenzierungen *Lutter/Hommelhoff* Anh. § 42 a, 17, 19, 25.

31 Ferner ADS Rdn. 27 ff.

32 ADS Rdn. 16; Beck BilKomm-*Ellrott/Spremann* Rdn. 28.

Bei großen Kapitalgesellschaften sind – abweichend von Abs. 1 – die Unterlagen der Rechnungslegung als solche ihrem Inhalt nach im Bundesanzeiger bekanntzumachen. Der Gesetzgeber erkennt hier – bei Unternehmen mit erheblicher wirtschaftlicher Bedeutung – ein gesteigertes **Informationsinteresse** der Öffentlichkeit an. Gegenstand der Bekanntmachung im Bundesanzeiger sind bei großen Kapitalgesellschaften der Jahresabschluß mit Bestätigungs- bzw. Versagungsvermerk, der Lagebericht, der Bericht des Aufsichtsrates sowie der Vorschlag und der Beschluß über die Ergebnisverwendung (zu einer Ausnahme vgl. Rdn. 10). Der nach Abs. 1 erforderliche Hinweis auf die – hier noch gar nicht erfolgte – Einreichung der Unterlagen zum Handelsregister entfällt (Abs. 2 S. 1 2. Hs.). 22

Für große **GmbH** gelten die in Rdn. 9f behandelten Besonderheiten: Eine Verpflichtung zur Bekanntmachung des Berichts des Aufsichtsrates besteht nach hier vertretener Ansicht nur bei der mitbestimmungspflichtigen GmbH, nicht bei der GmbH mit ‚fakultativem' Aufsichtsrat (oben Rdn. 9). Angaben über die Ergebnisverwendung dürfen unterbleiben, wenn anhand dieser Angaben die Gewinnanteile von Gesellschaftern festgestellt werden könnten, die natürliche Personen sind (vgl. Rdn. 10). 23

Die Aufstellung des Anteilsbesitzes (§§ 285 Nr. 11, 287) braucht nicht im Bundesanzeiger bekanntgemacht zu werden (Abs. 2 S. 2). Allerdings bedarf es im – bekanntgemachten – Anhang eines besonderen Hinweises auf die gesondert erfolgte Aufstellung und auf den Ort ihrer Hinterlegung (§ 287 S. 3). Es genügt also nicht, den Anhang bei der Bekanntmachung um die in § 285 Nr. 11 geforderten Angaben zu kürzen und sodann bei der Hinterlegung ungekürzt einzureichen.[33] Ein Vorgehen nach Abs. 2 S. 2 ist besonders bei Großunternehmen mit vielfältigem **Anteilsbesitz** sinnvoll, da anderenfalls – bei vollständigem Abdruck im Bundesanzeiger – die Bekanntmachung unübersichtlich würde. Hier kommt auch die Bekanntmachung einer gekürzten Aufstellung in Betracht, die nur die wesentlichen Beteiligungen enthält.[34] Allerdings muß sich in diesem Fall aus der bekanntgemachten Fassung ergeben, daß die Angaben unvollständig sind.[35] 24

Für die Wahrung der für die Bekanntmachung bestehenden **Fristen** (Rdn. 16–19) ist „der Zeitpunkt der Einreichung der Unterlagen beim Bundesanzeiger" maßgebend (Abs. 4). Es kommt also für die Fristwahrung nicht auf den Erscheinungstermin der Ausgabe des Bundesanzeigers an, in der der Abdruck erfolgt. Durch die Regelung des Abs. 4 wird erreicht, daß „Verzögerungen, die im technischen Ablauf des Offenlegungsverfahrens begründet sind, auf die die Gesellschaft keinen Einfluß hat, … ihr nicht zugerechnet werden".[36] 25

Die Einreichung der Rechnungslegungsunterlagen zum Handelsregister hat zu erfolgen, sobald die Gesellschaft Belegexemplare der Veröffentlichung im Bundesanzeiger erhalten hat.[37] Dies ergibt sich daraus, daß die Einreichung zum einen auch bei großen Kapitalgesellschaften unverzüglich erfolgen muß (Abs. 2 verweist im Grundsatz auf Abs. 1), und daß sie zum anderen „die Bekanntmachung" (unter Beifügung der in Abs. 1 genannten Unterlagen) zum Gegenstand haben muß. Bei Vorab-Veröffentlichung einzelner Unterlagen zum Zweck der Fristwahrung (Rdn. 18) sind die betreffenden Unterlagen jeweils nach ihrer Bekanntmachung – gemeinsam mit dem Text derselben – zum Handelsregister einzureichen.[38] 26

---

[33] Beck BilKomm-*Ellrott/Spremann* Rdn. 53.
[34] HdR³-*Müller* Rdn. 12; *Reuter* FS Goerdeler S. 427, 437; vgl. auch ADS Rdn. 96.
[35] Ähnlich ADS Rdn. 96.
[36] Begr. RegE BiRiLiG, BTDrucks. 10/317 S. 106 zu Nr. 28 – § 177 AktGE.
[37] Vgl. ADS Rdn. 92.
[38] ADS Rdn. 92.

27 Im übrigen gelten auch für große Kapitalgesellschaften die Regeln des **Abs. 1**. Somit kann, soweit sich aus dem Vorstehenden (Rdn. 21–26) keine Abweichung ergibt, auf die oben gegebenen Erläuterungen zum Kreis der offenzulegenden Unterlagen (Rdn. 6–10), zu den Modalitäten der Offenlegung (Rdn. 11–14), zum Zeitpunkt der Offenlegung (Rdn. 16–19) und zu den Normadressaten (Rdn. 20) verwiesen werden.

V. Sonderregeln für verbundene Unternehmen (Abs. 3)

1. Zu publizierende Unterlagen der Rechnungslegung

28 Die gesetzlichen Vertreter einer Kapitalgesellschaft, die einen Konzernabschluß aufzustellen hat (hierzu §§ 290 ff und die dort gegebenen Erläuterungen), haben
- den **Konzernabschluß** (Konzernbilanz, Konzern-Gewinn- und Verlustrechnung, Konzernanhang; vgl. § 297 Abs. 1);
- den Bestätigungs- oder Versagungsvermerk des Abschlußprüfers;
- den Konzernlagebericht (vgl. § 315)

offenzulegen (Abs. 3).

Auch hier gilt wie bei großen Kapitalgesellschaften (Rdn. 24) eine Sonderregel für die – grundsätzlich im (Konzern-)Anhang wiederzugebende (§ 313 Abs. 2) – Aufstellung des Anteilsbesitzes: Macht die zur Konzernrechnungslegung verpflichtete Gesellschaft von der Möglichkeit Gebrauch, diese Angaben in einer gesonderten Aufstellung zu vermitteln (§ 313 Abs. 4), so braucht die Aufstellung nicht im Bundesanzeiger bekanntgemacht zu werden (Abs. 3 S. 2); wegen der Möglichkeit einer Verkürzung der bekanntgemachten Aufstellung auf wesentliche Beteiligungen wird auf die Erläuterungen in Rdn. 24 verwiesen.

2. Modalitäten der Offenlegung

29 Die Pflicht zur Aufstellung eines Konzernabschlusses liegt beim „Mutterunternehmen" (vgl. § 290 Abs. 1 und 2);[39] mithin ist auch die Konzernpublizität am Sitz der **Konzernspitze** zu leisten. Die Reihenfolge der Offenlegungsschritte bestimmt sich nach der für große Kapitalgesellschaften vorgegebenen Regel: Die offenzulegenden Unterlagen sind zunächst im Bundesanzeiger bekanntzumachen; sodann ist die Bekanntmachung unter Beifügung der bezeichneten Unterlagen zum Handelsregister des Sitzes der Kapitalgesellschaft einzureichen.

3. Zeitpunkt der Offenlegung

30 Der Konzernabschluß ist nach Abs. 3 **„unverzüglich** nach seiner Vorlage an die Gesellschafter, jedoch spätestens vor Ablauf des **zwölften Monats** des dem Konzernabschlußstichtag nachfolgenden Geschäftsjahres" mit Bestätigungs- bzw. Versagungsvermerk und Konzernlagebericht im Bundesanzeiger bekanntzumachen und die Bekanntmachung unter Beifügung der Unterlagen zum Handelsregister am Sitz des zur Konzernrechnungslegung verpflichteten Mutterunternehmens einzureichen. Im Hinblick auf Konzernabschlüsse und -lageberichte hat die Zwölf-Monats-Frist häufiger Bedeutung als bei Einzelabschlüssen und -lageberichten: Nach § 337 Abs. 2 S. 2 AktG ist, wenn die Stichtage für Einzel- und Konzernabschluß differieren, der Konzern-

[39] Zum Begriff *Ulmer* FS Goerdeler S. 623, 629 ff.

abschluß und -lagebericht der Hauptversammlung vorzulegen, die den auf den Konzernabschluß folgenden Jahresabschluß entgegennimmt oder feststellen hat. Läuft die Zwölf-Monats-Frist vor dieser Hauptversammlung ab, so sind Konzernabschluß und -lagebericht schon vor der Vorlage an die Hauptversammlung offenzulegen.[40] Außerhalb des Anwendungsbereichs des Aktiengesetzes kommt der Zwölf-Monats-Frist geringere, der Pflicht zur unverzüglichen Offenlegung und Vorlage an die Gesellschafter größere Bedeutung zu: Ist eine GmbH Mutterunternehmen, so haben die Geschäftsführer den Konzernabschluß und -lagebericht unverzüglich nach Eingang des Prüfungsberichts des Abschlußprüfers (vgl. § 316 Abs. 2) den Gesellschaftern vorzulegen (§ 42a Abs. 4 i.V.m. Abs. 1 S. 2 GmbHG).[41] Auch bei einer Abweichung der Stichtage von Konzern- und Einzelabschluß wird also eine Vorlage an die Gesellschafter bei der GmbH – anders als nach § 337 Abs. 2 S. 2 AktG – in aller Regel vor Ablauf der Zwölf-Monats-Frist des Abs. 3 erfolgen; somit wird auch die Pflicht zur Offenlegung in der Regel noch innerhalb dieser Frist ausgelöst.[42]

Im übrigen ist für die Frage der Rechtzeitigkeit der Offenlegung auf die für den Zeitpunkt der Offenlegung von Einzelabschlüssen und -lageberichten gegebenen Erläuterungen zu verweisen (Rdn. 16–19). Da auch bezüglich der Konzernrechnungslegung volle Bundesanzeigerpublizität zu leisten ist, gilt die Anordnung des Abs. 4 auch hier: Wie bei der in Abs. 2 geforderten Bekanntmachung der Rechnungslegungsunterlagen großer Kapitalgesellschaften ist auch bei der Bekanntmachung der Unterlagen der Konzernrechnungslegung für die Wahrung der Fristen der Zeitpunkt der **Einreichung** beim Bundesanzeiger, nicht derjenige des Erscheinungstermins maßgebend (vgl. für große Kapitalgesellschaften Rdn. 25). 31

4. Normadressaten

Normadressaten der Pflicht zur Konzernpublizität sind nach Abs. 3 die **gesetzlichen Vertreter** derjenigen Kapitalgesellschaft, die einen Konzernabschluß aufzustellen hat. Wegen einer genauen Bestimmung des Kreises der verpflichteten „gesetzlichen Vertreter“ bei dieser Gesellschaft wird auf Rdn. 20 verwiesen. Sollen Aufstellung und Offenlegung eines Konzernabschlusses und -lageberichts eines in- oder ausländischen Mutterunternehmens i.S.d. § 291 Abs. 1 S. 1 befreiende Wirkung bezüglich eines inländischen Tochterunternehmens haben, das seinerseits Muttergesellschaft ist (Entfallen der Verpflichtung zur Aufstellung und Offenlegung eines Teilkonzernabschlusses und -lageberichts, s. Rdn. 35), so haben die gesetzlichen Vertreter dieses unteren Mutterunternehmens die inländische Offenlegung des befreienden Konzernabschlusses und -lageberichts zu veranlassen und nachzuweisen.[43] Dessen ungeachtet sind die gesetzlichen Vertreter des oberen Mutterunternehmens nach § 325 Abs. 3 zur Offenlegung des (befreienden) Konzernabschlusses und -lageberichts verpflichtet, wenn ihr Unternehmen deutschem Recht unterliegt; untersteht das obere Mutterunternehmen dem Recht eines anderen EU- oder EWR-Staates, so wird eine entsprechende Verpflichtung zur Offenlegung in diesem Staat aus der dem Abs. 3 entsprechenden Vorschrift des fremden Rechts folgen, die die Pflichten aus Art. 38 der Siebenten gesellschaftsrechtlichen Richtlinie (Konzernbilanzrechtlinie) umsetzt. Zur Bestimmung des auf die Gesellschaft anwendbaren Rechts Rdn. 58 ff. 32

[40] MünchKommHGB-*Fehrenbacher* Rdn. 97; vgl. auf der Grundlage der vor Inkrafttreten des KapCoRiLiG geltenden Neun-Monats-Frist des Abs. 3 S. 1 a.F. ADS Rdn. 105; Beck BilKomm-*Ellrott/Spremann* Rdn. 69.

[41] Vgl. *Lutter/Hommelhoff* § 42a, 13.

[42] Vgl. auch ADS Rdn. 105; Beck BilKomm-*Ellrott/Spremann* Rdn. 69.

[43] Vgl. *Biener/Schatzmann* S. 17, 6; ferner Beck BilKomm-*Ellrott/Spremann* Rdn. 58.

5. Jahresabschlüsse von nicht einbezogenen Tochterunternehmen

33 Besonderheiten gelten für die Offenlegung der Jahresabschlüsse von nicht in den Konzernabschluß einbezogenen Tochterunternehmen: Ein Tochterunternehmen darf in den Konzernabschluß nicht einbezogen werden, wenn sich seine Tätigkeit von der der einbezogenen Unternehmen derart unterscheidet, daß die Einbeziehung mit der Verpflichtung zur Vermittlung eines der Vermögens-, Finanz- und Ertragslage entsprechenden Bildes unvereinbar wäre (§ 295 Abs. 1 1. Hs.); die Beteiligung ist, wenn von einem einbezogenen Unternehmen ein maßgeblicher Einfluß auf das nicht einbezogene ausgeübt wird, in der Konzernbildung unter einem besonderen Posten auszuweisen (§ 295 Abs. 1 2. Hs. i. V. m. § 311 Abs. 1). Das Einbeziehungsverbot des § 295 Abs. 1 wird nur selten zur Anwendung kommen, etwa bei Beteiligung eines Handelsunternehmens an einer kleineren Bank.[44] *Soweit* § 295 Abs. 1 zur Anwendung gelangt – das Tochterunternehmen also nicht in den Konzernabschluß einbezogen wird – ist dies im Konzernanhang anzugeben und zu begründen (§ 295 Abs. 3 S. 1). Für die Publizität enthält § 295 Abs. 3 S. 2 eine Sonderregel: Wird der Jahresabschluß oder der Konzernabschluß eines nach § 295 Abs. 1 nicht einbezogenen Unternehmens im Geltungsbereich des HGB nicht offengelegt, so ist er gemeinsam mit dem Konzernabschluß zum **Handelsregister** einzureichen. § 295 Abs. 3 S. 2 verpflichtet einerseits zur Offenlegung der Jahresabschlüsse inländischer Tochterunternehmen, die für sich genommen – etwa weil es sich um Personengesellschaften handelt, die auch nicht die Größenmerkmale des PublG erfüllen – im Inland nicht publizitätspflichtig sind; zum anderen verpflichtet die Vorschrift zur Offenlegung der Jahresabschlüsse ausländischer Tochterunternehmen, die als solche nicht den Publizitätsbestimmungen des deutschen Rechts unterliegen.[45] Die Offenlegung erfolgt durch Einreichung zum Handelsregister; es bedarf nicht der Bekanntmachung der Rechnungslegungsunterlagen im Bundesanzeiger. Das Gesetz fordert die Einreichung des Jahresabschlusses des nicht in den Konsolidierungskreis einbezogenen Tochterunternehmens; handelt es sich bei diesem Tochterunternehmen seinerseits um ein Mutterunternehmen (i. S. d. § 290), so ist nach § 295 Abs. 3 S. 2 auch sein (Teil-)Konzernabschluß zum Handelsregister am Sitz seines Mutterunternehmens einzureichen. Die Verpflichtung bezieht sich auf den Jahres- bzw. Konzernabschluß in der Fassung und Sprache, in der er erstellt wurde; eine Anpassung an deutsche Rechnungslegungsstandards ist ebensowenig erforderlich wie die Einreichung einer Übersetzung.[46]

6. Besonderheiten für Konzernanhang und -lagebericht

34 § 298 Abs. 3 gestattet die Zusammenfassung des Konzernanhangs mit dem Anhang des Mutterunternehmens; entsprechend dürfen nach § 315 Abs. 3 auch Konzernlagebericht und Lagebericht des Mutterunternehmens zusammengefaßt werden. Geschieht dies, so ist der zusammenfassende (Konzern-)Anhang bzw. (Konzern-)Lagebericht nur einmal offenzulegen. Wird dieses Verfahren gewählt, so sind freilich auch Konzernabschluß und Jahresabschluß des Mutterunternehmens **gemeinsam** offenzulegen (§ 298 Abs. 3 S. 2). Das hat zur Folge, daß die ‚stärkere' Form der Publizität sich

[44] Vgl. auch *Biener/Berneke* § 295 S. 314; zur Konkretisierung Beck BilKomm-*Förschle/Deubert* § 295, 12 ff. *Niehus* DB 1988, 869, 871 hält die Vorschrift für überflüssig.

[45] Vgl. *Biener/Berneke* § 295 S. 314; zum internationalen Anwendungsbereich der deutschen Publizitätsvorschriften Rdn. 56 ff.

[46] Vgl. *Biener/Berneke* § 295 S. 314; Beck BilKomm-*Förschle/Deubert* § 295, 29.

durchsetzt: Auch wenn das Mutterunternehmen eine kleine oder mittelgroße Kapitalgesellschaft ist, unterliegt es im Fall der geschilderten Zusammenfassung im Hinblick auf seinen Einzelabschluß der – für die Konzernrechnungslegung ohnehin vorgeschriebenen (oben Rdn. 29) – vollen Bundesanzeigerpublizität.[47]

7. Befreiende Konzernabschlüsse

§ 291 Abs. 1 S. 1 befreit ein Mutterunternehmen, das zugleich **Tochterunternehmen** eines Mutterunternehmens mit Sitz **in einem Staat der Europäischen Union oder des EWR ist**, von der Pflicht zur Aufstellung eines (Teil-)Konzernabschlusses und (Teil-)Konzernlageberichts, wenn ein den Anforderungen des Abs. 2 entsprechender Konzernabschluß und -lagebericht seines Mutterunternehmens in deutscher Sprache „nach den für den entfallenden Konzernabschluß und Konzernlagebericht maßgeblichen Vorschriften" offengelegt wird. Für die Befreiung ist nicht erforderlich, daß das Mutterunternehmen, das Konzernabschluß und -lagebericht aufstellt, dem Recht eines *anderen* Staates unterliegt; auch die Konzernrechnungslegung einer deutschen Konzernspitze (oder Teilkonzernspitze) kann befreiende Wirkung haben. Indessen muß nach den für den entfallenden Konzernabschluß und -lagebericht maßgeblichen Vorschriften offengelegt werden. Die befreiende Konzernrechnungslegung ist also nach § 325 Abs. 3 im Bundesanzeiger bekanntzumachen und sodann (mit einem Belegexemplar der Bekanntmachung) zum Handelsregister am Sitz des befreiten Unternehmens einzureichen. 35

Zu beachten ist zudem die mit dem KapAEG vom 20.4.1998[48] geschaffene Bestimmung des § 264 Abs. 3: Von den Pflichten zur Aufstellung von Jahresabschluß und Lagebericht, zur Prüfung und Offenlegung werden Kapitalgesellschaften, die Tochterunternehmen von nach § 290 zur Aufstellung eines Konzernabschlusses verpflichteten Mutterunternehmens sind, unter gewissen Voraussetzungen **im ganzen** befreit. Zu diesen Voraussetzungen zählen die Zustimmung sämtlicher Gesellschafter und die gesetzliche oder freiwillige Verpflichtung zur Verlustübernahme; im Fall der freiwilligen Verpflichtung ist die Offenlegung der Erklärung des Mutterunternehmens nach § 325 erforderlich (§ 264 Abs. 3 Nr. 2). Wegen der umstrittenen Reichweite ist auf die Erläuterungen zu § 264 (dort Rdn. 62) und das neuere Schrifttum hierzu zu verweisen.[49] 36

Im Zusammenhang der mit dem KapCoRiLiG[50] in § 264 Abs. 1 erfolgten Einbeziehung gewisser Personenhandelsgesellschaften in den Anwendungsbereich der §§ 264–330 HGB (hierzu Rdn. 1) ist ein weiterer Befreiungstatbestand für Konzernsachverhalte geschaffen worden: § 264b befreit **Personenhandelsgesellschaften** i. S. d. § 264a Abs. 1 von den Pflichten zur Aufstellung von Jahresabschluß und Lagebericht, zur Prüfung und zur Offenlegung, wenn die Gesellschaft in den Konzernabschluß eines Unternehmens, das persönlich haftender Gesellschafter dieser Personenhandelsgesellschaft ist oder in den Konzernabschluß eines anderen in- oder ausländischen Mutterunternehmens mit Sitz in einem EU- oder EWR-Staat einbezogen ist, der Konzernabschluß ordnungsgemäß aufgestellt, geprüft und offengelegt worden ist (was die Einreichung der Unterlagen in deutscher Sprache zum Handelsregister des Sitzes der Personengesellschaft voraussetzt) und die Befreiung im Anhang des Konzern- 37

[47] HdR³-*Müller* Rdn. 17; Beck BilKomm-*Ellrott/Spremann* Rdn. 63.

[48] BGBl. I 1998, 707.

[49] *Dörner/Wirth* DB 1998, 1525 (mit verfassungsrechtlichen Bedenken); Heymann/*Herrmann* § 264, 19; *Wiedmann* § 264, 33; ferner MünchKommHGB-*Ebke* § 316, 7.

[50] BGBl. I 2000, 154; hierzu schon Rdn. 1.

abschlusses angegeben ist (§ 264 b Nr. 1–4). § 264 b ermöglicht – anders als § 264 Abs. 3 (Rdn. 36) – nicht nur die Einbeziehung in den Konzernabschluß eines Unternehmens mit Inlandssitz, sondern auch diejenige in den eines Mutterunternehmens mit Sitz in einem anderen EU- oder EWR-Staat.[51]

38 Nach der mit dem KapAEG eingeführten Vorschrift des § 292 a ist ein Mutterunternehmen, das durch von ihm oder durch ein Tochterunternehmen ausgegebene Wertpapiere einen organisierten Markt i. S. d. § 2 Abs. 5 WpHG in Anspruch nimmt, auch dann von der Verpflichtung zur Aufstellung eines Konzernabschlusses und -lageberichts nach HGB-Vorschriften befreit, wenn es einen nach **international anerkannten Rechnungslegungsgrundsätzen** aufgestellten, mit EG-Richtlinienrecht konformen Abschluß, dessen Aussagekraft der eines nach deutschem Recht erstellten Konzernabschlusses und -lageberichts entspricht, in deutscher Sprache und Euro nach §§ 325, 328 offenlegt.[52]

VI. Maßgeblichkeit des Zeitpunktes der Einreichung beim Bundesanzeiger (Abs. 4)

39 Das Gesetz fordert, wie bereits erläutert, in bestimmten Fällen die Veröffentlichung nicht nur eines Hinweises auf die Einreichung der Unterlagen zum Handelsregister, sondern – weitergehend – die Veröffentlichung der Unterlagen der Rechnungslegung im Bundesanzeiger: Dieser Pflicht zur ‚vollen' Bundesanzeigerpublizität unterliegen zum einen große Kapitalgesellschaften i. S. d. § 267 Abs. 3 (Abs. 2, hierzu Rdn. 21 ff), zum anderen Kapitalgesellschaften, die einen Konzernabschluß aufzustellen haben (Abs. 3, hierzu Rdn. 28 ff). Für beide Fälle ordnet Abs. 4 an, daß für die Wahrung der Fristen nach Abs. 1 S. 1 und Abs. 3 S. 1 „der Zeitpunkt der Einreichung der Unterlagen beim Bundesanzeiger maßgebend" ist. Abs. 4 schützt die zur Bundesanzeigerpublizität verpflichteten Unternehmen vor den Folgen von Vorgängen im technischen Ablauf des Offenlegungsverfahrens, auf die sie keinen Einfluß haben.[53] Für die Fristwahrung ist daher nicht der Erscheinungstermin der Ausgabe des Bundesanzeigers maßgebend, in der der Abdruck erfolgt, sondern allein der Einreichungszeitpunkt (s. Rdn. 25 und 31).

VII. Anderweitige Pflichten zur Rechnungslegungspublizität (Abs. 5)

40 Gem. Abs. 5 bleiben anderweitige, auf Gesetz, Gesellschaftsvertrag oder Satzung beruhende Pflichten der Gesellschaft zur Bekanntmachung, Einreichung oder Zugänglichmachung von Jahres- bzw. Konzernabschlüssen und Lage- bzw. Konzernlageberichten **„unberührt"**. In Betracht kommen (1.) Offenlegungspflichten nach dem PublG, (2.) Publizitätspflichten wegen der Inanspruchnahme bestimmter Segmente des Kapitalmarktes, (3.) auf Gesetz beruhende rechtsformabhängige Informationspflichten gegenüber Gesellschaftern und schließlich (4.) satzungsmäßig bzw. gesellschaftsvertraglich angeordnete Offenlegungspflichten. Für Genossenschaften vgl. § 339.

---

[51] Hierzu *Zimmer/Eckhold* NJW 2000, 1361, 1364.

[52] Vgl. zu den durch die Norm aufgeworfenen Auslegungsfragen – insbesondere zu der Frage, welche Rechnungslegungsgrundsätze im Sinne der Norm „international anerkannt" sind – *Busse von Colbe* in Dörner/Menold/Pfitzner, Reform des Aktienrechts, der Rechnungslegung und Prüfung, 401 ff; *Pellens* Internationale Rechnungslegung³ 533 ff.

[53] Begr. RegE BiRiLiG BTDrucks. 10/317 S. 106 – zu Nr. 28 – § 177 AktGE.

1. Offenlegungspflichten nach dem PublG

a) **Publizität von Großunternehmen.** Der erste Abschnitt des PublG bezieht sich seit der im Jahre 1985 mit dem BiRiLiG erfolgten Neufassung auf Personenhandelsgesellschaften (OHG, KG), Einzelkaufleute, ‚wirtschaftliche' Vereine, rechtsfähige Stiftungen des bürgerlichen Rechts, die ein Gewerbe betreiben, sowie auf Körperschaften, Stiftungen und Anstalten des öffentlichen Rechts, die Kaufleute i. S. d. § 1 sind oder als Kaufleute im Handelsregister einzutragen sind (§ 3 Abs. 1 PublG; s. hierzu und zu den Zwecken des Gesetzes schon oben Rdn. 3). Die Pflicht zur Rechnungslegung und zur Offenlegung nach dem PublG wird ausgelöst, wenn an drei aufeinanderfolgenden Abschlußstichtagen zwei der drei folgenden **Voraussetzungen** gegeben sind: 41

- die Bilanzsumme einer auf den Abschlußstichtag aufgestellten Jahresbilanz übersteigt den Betrag von 125 Mio. DM;
- die Umsatzerlöse der vor dem Abschlußstichtag liegenden 12 Monate übersteigen 250 Mio. DM;
- das Unternehmen hat in den zwölf Monaten vor dem Abschlußstichtag durchschnittlich mehr als 5 000 Arbeitnehmer beschäftigt.

Wichtige Rechtsfolgen des PublG sind die Pflicht der gesetzlichen Vertreter des Unternehmens zur Aufstellung von Jahresabschluß und Lagebericht (§ 5 PublG), das Erfordernis der Abschlußprüfung (§ 6 PublG) und die Pflicht zur Offenlegung des Jahresabschlusses und der sonstigen in § 325 Abs. 1 bezeichneten Unterlagen, soweit solche Unterlagen aufzustellen sind; für Gegenstand und Verfahren der Offenlegung wird auf § 325 Abs. 1, 2, 4, 5 und auf § 328 verwiesen (§ 9 Abs. 1 S. 1 PublG).

Da die Größenmerkmale des PublG diejenigen des HGB für große Kapitalgesellschaften (§ 267 Abs. 3) übersteigen, ist Rechnungslegungspublizität wie bei großen Kapitalgesellschaften nach dem **Verfahren** des § 325 Abs. 2 zu leisten.[54] Die offenzulegenden Unterlagen (hierzu Rdn. 6–10) sind also zunächst im Bundesanzeiger bekanntzumachen und sodann – unter Beifügung eines Belegexemplars des Bundesanzeigers – zum Handelsregister am Sitz des publizitätspflichtigen Unternehmens einzureichen (zu diesem Verfahren Rdn. 21–25). Für Unternehmen, die nicht im Handelsregister eingetragen sind, ist in § 9 Abs. 1 S. 4 PublG eine Sonderregelung enthalten: Für sie sind die Unterlagen bei dem für den Sitz des Unternehmens zuständigen Registergericht einzureichen.[55] 42

§ 9 Abs. 2 PublG begründet eine Erleichterung für Personenhandelsgesellschaften und Einzelkaufleute: Sie sind von der Verpflichtung zur Publikation der Gewinn- und Verlustrechnung, des Anhangs, des Lageberichts und des Ergebnisverwendungsbeschlusses befreit, wenn sie in einer Anlage zur Bilanz die nach § 5 Abs. 5 S. 3 PublG erforderlichen Angaben machen. Dies sind Angaben über 43

- die Umsatzerlöse i. S. d. § 277 Abs. 1 HGB,
- die Erträge aus Beteiligungen,
- die Löhne, Gehälter, soziale Abgaben sowie Aufwendungen für Altersversorgung und Unterstützung,
- die Bewertungs- und Abschreibungsmethoden einschl. wesentlicher Änderungen sowie
- die Zahl der Beschäftigten.

---

[54] ADS § 9 PublG 11; Beck BilKomm-*Ellrott/Spremann* Rdn. 79; HdR[3]-*Ischebeck* § 9 PublG 1.

[55] Hierzu ADS § 9 PublG 14.

Wird dieses Verfahren gewählt, so haben **Personenunternehmen**, die dem PublG unterfallen, nur die Bilanz mit der bezeichneten Anlage nebst Bestätigungs- resp. Versagungsvermerk des Abschlußprüfers im Bundesanzeiger bekanntzumachen und anschließend zum Handelsregister einzureichen. Gewinn- und Verlustrechnung, Anhang, Lagebericht und Ergebnisverwendungsbeschluß brauchen auch dann nicht offengelegt zu werden, wenn sie vorliegen.[56]

44 § 9 Abs. 3 PublG gestattet Personenhandelsgesellschaften darüber hinaus, bei der Offenlegung bestimmte Positionen unter dem Titel „Eigenkapital" **zusammengefaßt** auszuweisen. Hierunter fallen die Kapitalanteile der Gesellschafter, die Rücklagen, ein Gewinnvortrag und ein Gewinn unter Abzug der nicht durch Vermögenseinlagen gedeckten Verlustanteile von Gesellschaftern, eines Verlustvortrages und eines Verlustes. In den einheitlichen Ausweis dürfen Soll- und Habenposten verschiedener Konten, aber auch verschiedener Gesellschafter aufgenommen werden.[57]

45 **b) Konzernpublizität.** Das PublG begründet in seinem zweiten Abschnitt (§§ 11 ff) besondere Pflichten zur Konzernrechnungslegung und -publizität: Stehen in einem Konzern die Unternehmen unter der einheitlichen Leitung eines Unternehmens mit Sitz (Hauptniederlassung) im Inland, so ist dieses **Mutterunternehmen** nach dem PublG rechnungslegungs- und publizitätspflichtig, wenn für drei aufeinanderfolgende Konzernabschlußstichtage jeweils mindestens zwei von drei Größenkriterien erfüllt sind; die Größenmerkmale entsprechen – allerdings bezogen auf die Gesamtheit der in den Konsolidierungskreis einbezogenen Unternehmen – im wesentlichen denjenigen Kriterien, die auch bei Einzelunternehmen eine Rechnungslegungs- und Publizitätspflicht nach dem Publizitätsgesetz auslösen (hierzu Rdn. 41).[58] Zu beachten ist, daß für die §§ 11 ff nicht der numerus clausus der in § 3 aufgezählten Rechtsformen gilt. Der Pflicht zur Konzernrechnungslegung und -publizität unterliegen daher auch andere als die in Rdn. 41 genannten Unternehmen. Allerdings begrenzt das Gesetz den Kreis der erfaßten Mutterunternehmen in § 11 Abs. 5 durch verschiedene Ausschlußtatbestände: die Pflicht zur Konzernrechnungslegung und -publizität nach dem PublG tritt nicht ein, wenn das Mutterunternehmen eine AG, eine KGaA, eine GmbH, ein Kreditinstitut i. S. d. § 340 oder ein Versicherungsunternehmen i. S. d. § 341 ist (§ 11 Abs. 5 S. 1 PublG);[59] in diesen Fällen gehen die Regelungen des HGB vor. Ferner sind Personenhandelsgesellschaften und Einzelkaufleute von den Konzernrechnungslegungs- und Publizitätspflichten des Publizitätsgesetzes nicht erfaßt, wenn ihr Geschäftsbetrieb sich auf die Vermögensverwaltung beschränkt und sie nicht Aufgaben der Konzernleitung wahrnehmen (§ 11 Abs. 5 S. 2 PublG). Der Konsolidierungskreis ist im PublG enger gefaßt als im HGB: Der Konzernbegriff des PublG entspricht dem des AktG und schließt nicht die Fälle des § 290 Abs. 2 HGB (unabhängig von ‚einheitlicher Leitung' bestehende Pflicht zur Aufstellung eines Konzernabschlusses bei bestimmten Kontrollrechten) ein.

46 Die **Offenlegung** des nach PublG zu erstellenden Konzernabschlusses ist in § 15 PublG geregelt. Offenzulegen sind wie nach § 325 Abs. 3 der Konzern- bzw. Teilkonzernabschluß mit Bestätigungs- bzw. Versagungsvermerk sowie der Konzern-

---

56 Vgl. Begr. RegE BiRiLiG, BTDrucks. 10/317 S. 120 – zu Nr. 8 – § 9 PublG.

57 ADS § 9 PublG 37–40.

58 Vgl. im einzelnen ADS § 11 PublG 15–23; ferner MünchKommHGB-*Fehrenbacher* Rdn. 118 f.

59 Die Pflicht zur Konzernrechnungslegung und -publizität nach dem PublG findet nach § 11 Abs. 5 S. 1 PublG ferner auf die in § 2 Abs. 1 Nr. 1, 2 und 4 KWG genannten Personen, d. h. auf die Deutsche Bundesbank, die Sozialversicherungsanstalten und auf die Bundesanstalt für Arbeit, keine Anwendung.

bzw. Teilkonzernlagebericht (§ 15 Abs. 1 S. 1 PublG). Aus § 13 Abs. 2 PublG i.V.m. § 295 Abs. 3 S. 2 folgt, daß auch der Jahres- oder Konzernabschluß eines Unternehmens, das nach § 295 Abs. 1 nicht in den Konzernabschluß einbezogen werden durfte, zum zuständigen Register einzureichen ist, wenn der betreffende Abschluß nicht anderweit im Inland offengelegt wird;[60] vgl. auch – im Zusammenhang des § 325 Abs. 3 – Rdn. 33. Die in § 9 Abs. 2 und 3 für Einzelkaufleute und Personenhandelsgesellschaften vorgesehenen Erleichterungen (Rdn. 43 f) dürften – obschon das Gesetz keine Verweisungsvorschrift enthält – auch bei der Konzernrechnungslegung Anwendung beanspruchen.[61] Für das Verfahren verweist § 15 Abs. 1 PublG auf § 325 Abs. 3; auch hier ist also zunächst ‚volle' Bundesanzeigerpublizität zu leisten und sodann ein Belegexemplar der Bekanntmachung mit den offenzulegenden Unterlagen zum Handelsregister einzureichen (vgl. zur Konzernpublizität nach § 325 Abs. 3 Rdn. 29 f). An die Stelle des Handelsregisters tritt bei den – (nur) vom zweiten Abschnitt des PublG erfaßten – Genossenschaften das Genossenschaftsregister (§ 15 Abs. 1 S. 2 PublG). Ist das Mutterunternehmen nicht in das Handels- oder das Genossenschaftsregister eingetragen, so sind die Unterlagen – wie bei der Publizität einzelner Unternehmen (hierzu Rdn. 42) – bei dem für den Sitz des Unternehmens zuständigen Registergericht einzureichen (§ 15 Abs. 1 S. 3 i.V.m. § 9 Abs. 1 S. 4 PublG).

2. Publizitätspflichten wegen der Inanspruchnahme bestimmter Segmente des Kapitalmarktes

a) Zulassung von Wertpapieren zum amtlichen Handel an einer inländischen Börse. Die Zulassung von Wertpapieren zum Handel mit amtlicher Notierung an einer inländischen Börse setzt die Veröffentlichung eines **Emissionsprospektes** voraus, der „die erforderlichen Angaben enthält, um dem Publikum ein zutreffendes Urteil über den Emittenten und die Wertpapiere zu ermöglichen" (§ 36 Abs. 3 Nr. 2 BörsG). Private Emittenten haben den Jahresabschluß der letzten drei (bei Rentenemissionen der letzten zwei) Geschäftsjahre in vergleichender Form zu publizieren (§§ 21 Abs. 1 Nr. 1, 22 BörsZulVO). Daneben sind Herkunft und Verwendung der Mittel im Wege einer Finanzflußrechnung oder einer Bewegungsbilanz im Prospekt nachzuweisen (§ 23 BörsZulVO). 47

Nach erfolgter Zulassung besteht die Verpflichtung, das Publikum und die Zulassungsstelle „über den Emittenten und die zugelassenen Wertpapiere angemessen zu unterrichten" (§ 44 Abs. 1 Nr. 3 BörsG). Zur angemessenen Unterrichtung gehört insbes. die regelmäßige unverzügliche Hinterlegung von Jahresabschluß, Konzernabschluß und Lagebericht bei den Zahlstellen des Emittenten, soweit die betreffenden Unterlagen nicht in der Bundesrepublik veröffentlicht worden sind (§ 65 Abs. 1 und 2 BörsZulVO). Auch Emittenten, die einem fremden Recht unterliegen und von den laufenden Pflichten des § 325 nicht erfaßt sind, sind also bei Zulassung ihrer Papiere zum amtlichen Handel an einer inländischen Börse zur laufenden Publikation ihrer Rechnungslegungsunterlagen im Inland verpflichtet. Neben dieser jährlich zu erfüllenden Publizitätspflicht besteht bei amtlicher Notierung von *Aktien* die Pflicht zur Veröffentlichung wenigstens eines **Zwischenberichtes** während des Geschäftsjahres. Der Zwischenbericht muß eine Beurteilung ermöglichen, wie sich die Geschäftstätigkeit des Emittenten während der ersten sechs Monate des laufenden Geschäftsjahres entwickelt hat (§ 53 S. 1 BörsZulVO). Der Bericht hat mindestens die Umsatzerlöse und das Ergebnis (vor oder nach Steuern) i.S.d. handelsrechtlichen Rechnungs- 48

---

[60] ADS § 15 PublG 10.

[61] Eingehend ADS § 15 PublG 11–15.

legungsvorschriften auszuweisen, zu erläutern und in Bezug zu den Zahlen des Vorjahres zu setzen (vgl. im einzelnen §§ 54–56 BörsZulVO; zum Inhalt des Zwischenberichts bei besonderen Branchen § 57, bei Emittenten aus Nicht-EU- oder EWR-Staaten § 58, bei Zwischenberichtspublizität in mehreren EU- oder EWR-Staaten § 59 BörsZulVO). § 15 WpHG begründet zudem eine Verpflichtung zu einer sog. **Ad-hoc-Publizität**: Ein Emittent von zum börslichen Handel zugelassenen Wertpapieren ist zur unverzüglichen Veröffentlichung einer neuen, in seinem Tätigkeitsbereich eingetretenen Tatsache verpflichtet, wenn diese „wegen der Auswirkungen auf die Vermögens- und Finanzlage oder auf den allgemeinen Geschäftsverlauf des Emittenten geeignet ist, den Börsenpreis der zugelassenen Wertpapiere erheblich zu beeinflussen, oder im Fall zugelassener Schuldverschreibungen die Fähigkeit des Emittenten, seinen Verpflichtungen nachzukommen, beeinträchtigen kann".

49 **b) Zulassung von Wertpapieren zum Geregelten Markt.** Die zuletzt in Bezug genommene Verpflichtung zur unverzüglichen Publikation kursrelevanter Tatsachen nach § 15 WpHG besteht auch bei Inanspruchnahme des zweiten Segments des deutschen Börsenhandels, d. h. bei Zulassung von Wertpapieren zum Handel am sog. Geregelten Markt. Im übrigen bestehen hier – verglichen mit dem Marktsegment des amtlichen Handels – **abgeschwächte Publizitätspflichten**. Da der Geregelte Markt kleineren und mittleren Unternehmen den Zugang zum Börsenhandel ermöglichen soll, sind die an den bei der Emission zu fertigenden „Unternehmensbericht" gestellten Anforderungen deutlich geringer als diejenigen, die bei amtlicher Notierung an den dann erforderlichen Prospekt gestellt werden. Der Unternehmensbericht hat gem. § 73 Abs. 1 Nr. 2 BörsG „Angaben über den Emittenten und die Wertpapiere" zu enthalten, „die für die Anlageentscheidungen des Publikums von wesentlicher Bedeutung sind; insbesondere sind Angaben über die Entwicklung des Unternehmens, die laufende Geschäftslage und die Geschäftsaussichten sowie der letzte veröffentlichte Jahresabschluß aufzunehmen ...". Das gesetzgeberische Bestreben, den Aufwand für die Emittenten bei Zulassung zum Geregelten Markt in Grenzen zu halten, kommt auch darin zum Ausdruck, daß eine Verpflichtung zur Publikation von Zwischenberichten hier von Gesetzes wegen nicht besteht; allerdings sehen die Börsenordnungen eine solche Pflicht vor.[62]

50 **c) Einbeziehung von Wertpapieren in den Freiverkehr.** Bei Inanspruchnahme des dritten Marktsegments des Börsenhandels – des sog. Freiverkehrs – bestehen die genannten kapitalmarktrechtlichen Publizitätspflichten nicht. Wertpapiere, die in den Freiverkehr einbezogen werden sollen, können aber der **allgemeinen Prospektpflicht** nach dem Wertpapier-Verkaufsprospektgesetz unterliegen (hierzu Rdn. 51).

51 **d) Öffentliches Angebot von Wertpapieren.** Beim erstmaligen öffentlichen Angebot von Wertpapieren im Inland ist der Emittent auf Grund des sogen. Wertpapier-Verkaufsprospektgesetzes[63] zur Veröffentlichung eines **Verkaufsprospektes** verpflichtet. Ist ein Antrag auf Zulassung der Wertpapiere zur amtlichen Notierung oder zum Geregelten Markt an einer inländischen Börse gestellt, so muß der Inhalt des Verkaufsprospekts den insoweit bestehenden Anforderungen des BörsG und der BörsZulVO (Rdn. 47, 49) entsprechen (§ 5 Wertpapier-Verkaufsprospektgesetz). Für andere Fälle (bloßer öffentlicher Vertrieb, Einbeziehung in den Freiverkehr) bestimmt sich der notwendige Prospektinhalt nach § 7 des Wertpapier-Verkaufsprospektgesetzes, §§ 2–13 VerkaufsprospektVO. Die in

---

[62] Vgl. hierzu *Schwark* BörsG² § 76, 1; *Ledermann* in Schäfer, WpHG-BörsG-VerkprospG, § 76 BörsG, 2 f.

[63] Gesetz über Wertpapierverkaufsprospekte und zur Änderung von Vorschriften über Wertpapiere vom 13. 12. 1990, BGBl. I 2749.

diesen Normen statuierten Anforderungen entsprechen inhaltlich weitgehend denjenigen, die das BörsG an den bei der Zulassung von Wertpapieren zum Geregelten Markt zu erstellenden Unternehmensbericht stellt.[64] Laufende kapitalmarktrechtliche Publizitätspflichten werden beim bloßen öffentlichen Vertrieb von Wertpapieren ebensowenig begründet wie bei einer Einbeziehung in den Freiverkehr.

3. Auf Gesetz beruhende Informationspflichten gegenüber Gesellschaftern

Von § 325 bleiben ferner besondere Informationspflichten unberührt, die das Gesetz bei Gesellschaften bestimmter Rechtsformen anordnet. Dies gilt beispielsweise für das in § 131 Abs. 1 S. 1 AktG geregelte **Auskunftsrecht der Aktionäre**: Jedem Aktionär ist auf Verlangen in der Hauptversammlung vom Vorstand Auskunft über Angelegenheiten der Gesellschaft zu geben, soweit sie zur sachgemäßen Beurteilung des Gegenstands der Tagesordnung erforderlich ist. Macht eine kleine oder mittelgroße Aktiengesellschaft (i. S. d. § 267 Abs. 1, 2) von den Erleichterungen nach §§ 266 Abs. 1 S. 3, 276 oder 288 Gebrauch, so kann nach § 131 Abs. 1 S. 3 AktG jeder Aktionär zudem verlangen, daß ihm in der Hauptversammlung der Jahresabschluß in der Form vorgelegt wird, die er ohne Anwendung dieser Vorschriften hätte; für *dieses* Auskunftsrecht ist nicht Voraussetzung, daß die Vorlage für eine Beurteilung von Tagesordnungspunkten der Hauptversammlung erforderlich ist.[65] **52**

§ 325 läßt auch die nach § 51a GmbHG bestehenden **Informationsrechte von GmbH-Gesellschaftern** unberührt. Nach § 51a Abs. 1 haben die Geschäftsführer jedem Gesellschafter jederzeit auf Verlangen Auskunft über die Angelegenheiten der Gesellschaft zu geben und Einsichtnahme in Bücher und Schriften zu gestatten. Nach der Gesetzesfassung wird das – zwingend ausgestaltete (§ 51a Abs. 3 GmbHG) – Recht des GmbH-Gesellschafters nur begrenzt durch Abs. 2 der Vorschrift, dem zufolge Auskunft und Einsicht verweigert werden dürfen, wenn eine Verwendung der Information zu gesellschaftsfremden Zwecken und eine hieraus resultierende Schädigung der Gesellschaft oder eines verbundenen Unternehmens zu befürchten ist. Indessen ist heute anerkannt, daß die Ausübung der gesellschafterlichen Informationsrechte weiteren Bindungen unterliegt. Zum Teil wird für eine Anwendung des § 51a Abs. 1 das – ggf. vom Gesellschafter nachzuweisende – Bestehen eines ‚Informationsbedürfnisses' gefordert.[66] Andere schränken das Recht auf Auskunft und Einsichtnahme (nur) unter ‚funktionalen' Gesichtspunkten ein.[67] Zudem ist anerkannt, daß die Ausübung der Informationsrechte eine Grenze in mitgliedschaftlichen Treuebindungen des Gesellschafters findet.[68] **53**

4. Durch Satzung oder Gesellschaftsvertrag angeordnete Publizitätspflichten

Gesellschaftsvertrag oder Satzung können vorsehen, daß die Gesellschaft in **weitergehendem Umfang** Rechnungslegungsunterlagen publiziert, als dies vom Gesetz gefordert wird. So können die Gesellschafter einer kleinen oder mittelgroßen AG **54**

---

[64] Vgl. *Schäfer* ZIP 1991, 1557, 1563 f; zum Unternehmensbericht schon Rdn. 47.

[65] *Hüffer* § 131, 20; MünchHdbAG²-*Semler* § 37, 9.

[66] Scholz/*K. Schmidt* GmbHG⁸ § 51 a, 8, 44; vgl. auch OLG Köln GmbH-Rdsch. 1986, 385, 386; Baumbach/Hueck/*Zöllner* § 51 a, 20.

[67] *Mertens* FS Werner 557, 568 f; im Ergebnis zustimmend Hachenburg/*Hüffer* GmbHG⁸ § 51 a, 59.

[68] Aus der Rechtsprechung BayObLG WM 1988, 1789, 1791 f; vgl. auch KG GmbH-Rdsch. 1988, 221, 223 („Treu und Glauben"). Aus dem Schrifttum Hachenburg/*Hüffer* GmbHG⁸ § 51 a, 60 m. w. N.

(i. S. d. § 267 Abs. 1 und 2) durch Aufnahme einer entsprechenden Bestimmung in die Satzung festlegen, daß die Gesellschaft ungeachtet der von §§ 326 f gewährten Erleichterungen in vollem, für große Kapitalgesellschaften in § 325 Abs. 1 geforderten Umfang Publizität zu leisten hat. Ebenso kann gesellschaftsvertraglich bzw. durch Satzungsbestimmung eine weiterreichende Art der Veröffentlichung angeordnet werden. So können die Statuten bei kleinen und mittelgroßen Kapitalgesellschaften vorschreiben, daß der Jahresabschluß samt zugehöriger Unterlagen wie bei großen Kapitalgesellschaften im Bundesanzeiger bekanntzumachen ist.[69] Auch können die Statuten beispielsweise festlegen, daß der Jahresabschluß in bestimmten Tageszeitungen abzudrucken oder einem bestimmten Kreis von Personen (z. B. stillen Gesellschaftern oder den Inhabern von Genußrechten) zu übermitteln ist.[70] Gem. § 325 Abs. 5 werden solche Festlegungen in ihrer Wirksamkeit durch die gesetzlichen Offenlegungsvorschriften nicht berührt. § 328 Abs. 1 Nr. 1 stellt sie sogar, was bestimmte Fragen der Art und Weise der Veröffentlichung betrifft, den gesetzlichen Offenlegungspflichten gleich (vgl. die Erläuterungen zu § 328).

VIII. Besondere Offenlegungsvorschriften für einzelne Geschäftszweige

1. Sonderbestimmungen für Kreditinstitute (§ 340l)

55 Die Rechnungslegungspublizität der Kreditinstitute hat in § 340l eine besondere Regelung erfahren. Die Vorschrift, die auf das Bankbilanzrichtliniengesetz vom 30. 11. 1990[71] zurückgeht, ist an die Stelle des früheren § 25b KWG getreten. Kreditinstitute haben den Jahresabschluß, den Lagebericht sowie ggf. den Konzernabschluß und -lagebericht grundsätzlich nach den für große Kapitalgesellschaften geltenden Bestimmungen offenzulegen (§ 340l Abs. 1 S. 1 i. V. m. § 325 Abs. 2). Grundsätzlich ist also „volle" **Bundesanzeigerpublizität** zu leisten; § 340l Abs. 4 erlaubt aber die vereinfachte Offenlegung entsprechend § 325 Abs. 1 (Einreichung der Unterlagen zum Handelsregister, anschließende Bekanntmachung eines Hinweises im Bundesanzeiger), wenn die Bilanzsumme des Kreditinstituts am Bilanzstichtag einen Grenzwert (200 Mio. Euro) nicht übersteigt. Die weiteren größenabhängigen Erleichterungen der §§ 326 f sind in § 340l nicht in Bezug genommen; sie finden bei Kreditinstituten keine Anwendung.[72] Ist das Kreditinstitut eine Genossenschaft, so tritt an die Stelle des Handelsregisters das Genossenschaftsregister; im übrigen bleibt es bei der Anwendung der §§ 340l i. V. m. §§ 325, 328, 329 Abs. 1. Die für Genossenschaften geltende Vorschrift des § 339 kommt nicht zur Anwendung (§ 340l Abs. 3).

56 Kreditinstitute, die nicht selbst Zweigstellen sind, haben die genannten Unterlagen zusätzlich in allen anderen EU- oder EWR-Staaten offenzulegen, in denen sie **Zweigstellen** unterhalten; die Offenlegung hat jeweils nach den Bestimmungen des Staates zu erfolgen, in dem eine Zweigstelle besteht (§ 340l Abs. 1 S. 2 und 3). In Deutschland befindliche Zweigstellen von Kreditinstituten mit Sitz in einem anderen Staat haben die Unterlagen ihrer Rechnungslegung hier offenzulegen (vgl. § 340l Abs. 2 S. 1 und 2 und § 325a, 21 ff). Sind die Unterlagen nicht in deutscher Sprache erstellt, so ist eine Übersetzung in deutscher Sprache beizufügen (§ 340l Abs. 2 S. 3).

---

[69] Vgl. ADS Rdn. 130.
[70] Vgl. ADS § 328, 23.
[71] BGBl. I 2570.
[72] *Krumnow/Sprißler/Bellavite-Hövermann/Kemmer/Steinbrücker* Rechnungslegung der Kreditinstitute § 340l, 8; Beck HdR-*Osbahr* B 610, 43.

2. Sonderbestimmungen für Versicherungsunternehmen (§ 341l)

§ 341l regelt die Offenlegungspflichten von Versicherungsunternehmen. Wie bei den Kreditinstituten verweist das Gesetz auch für Versicherungsunternehmen auf § 325 Abs. 2 bis 5, §§ 328, 329 Abs. 1 und verpflichtet so zur ‚vollen' **Bundesanzeigerpublizität** (§ 341l Abs. 1 S. 1). Anders als bei Kreditinstituten (hierzu Rdn. 55) ist keine größenabhängige Ausnahme von diesem Prinzip vorgesehen. § 341l enthält aber in anderen Hinsichten Modifikationen der in §§ 325, 328, 329 Abs. 1 enthaltenen Regeln.[73] So ist die Zwölf-Monats-Frist des § 325 Abs. 2 S. 1 (Rdn. 18) für Rückversicherungsunternehmen auf den Zeitraum von 15 Monaten verlängert (§ 341l Abs. 1 S. 2). Für Versicherungsunternehmen, die nicht in das Handelsregister eingetragen sind, enthält § 341l Abs. 2 die aus dem PublG bekannte (Rdn. 42) Bestimmung, daß die Unterlagen der Rechnungslegung bei dem für den Sitz des Unternehmens zuständigen Registergericht einzureichen sind. Abweichend von § 325 Abs. 3 haben die gesetzlichen Vertreter eines Mutterunternehmens, das einen Konzernabschluß aufzustellen hat, unverzüglich nach der Hauptversammlung oder der dieser entsprechenden Versammlung der obersten Vertretung, welcher Konzernabschluß und -lagebericht vorzulegen sind, jedoch spätestens vor Ablauf des dieser Versammlung folgenden Monats die genannten Unterlagen nebst Bestätigung- bzw. Versagungsvermerk bekanntzumachen und die Bekanntmachung unter Beifügung der Unterlagen zum Handelsregister des Sitzes des Mutterunternehmens einzureichen (vgl. § 341l Abs. 3 und §§ 325a, 24 f). 57

IX. Internationaler Anwendungsbereich des § 325

Nach nahezu einhelliger Meinung sind ‚allgemeine', nicht an die Inanspruchnahme bestimmter Segmente des Kapitalmarktes oder an das Bestehen einer Niederlassung (hierzu § 325a) geknüpfte Publizitätsgebote wie diejenigen der §§ 325, 326ff dem **Gesellschaftsstatut** zuzuordnen.[74] Die §§ 325 ff sind hiernach auf Kapitalgesellschaften anzuwenden, die deutschem Recht unterliegen. Nur ganz vereinzelt ist erwogen worden, derartige Offenlegungsgebote einer kapitalmarktbezogenen Anknüpfung zu unterwerfen: *Rehbinder* hat sich im Jahre 1967 dafür ausgesprochen, eine solche Kollisionsrechtsbehandlung de lege ferenda in Betracht zu ziehen;[75] *Grundmann* hat im Jahre 1990 dafür plädiert, Publizitätsgebote bereits auf der Grundlage des geltenden Rechtszustandes an den ‚Plazierungsmarkt' anzuknüpfen.[76] 58

Für die kapitalmarktbezogene Betrachtung kann angeführt werden, daß von der Rechnungslegungspublizität **Kapitalmarktwirkungen** ausgehen: Unter Ökonomen besteht weitgehende Einigkeit darüber, daß Kapitalmärkte informationseffizient sind, d. h. daß öffentlich verfügbare Informationen in kürzester Frist Eingang in die Preise bzw. Kurse von Kapitalanlagen finden.[77] Will die Rechtsordnung die kapitalmarktrechtli- 59

[73] Eingehend *Budde/Schnicke/Stöffler/Stuirbrink* Beck-Versicherungsbilanz-Kommentar § 341l.

[74] Vgl. z. B. *Staudinger/Großfeld* BGB IntGesR Neubearbeitung 1998 Rdn. 362f; Hachenburg/*Behrens* GmbHG[8] Einl. 151; de lege lata ebenso GK-AktG[4]-*Assmann* Einl. 605ff, aber mit Sympathie für eine Anknüpfung an den Plazierungsmarkt (Rdn. 606, 698 ff).

[75] *Rehbinder* Festgabe Kronstein S. 203, 228–233; ähnlich *Köstlin* Anlegerschutz und Auslandsbeziehungen S. 200 ff.

[76] *Grundmann* RabelsZ 54 (1990) 283, 292ff.

[77] Sog. *efficient capital market hypothesis.* Hierzu grundlegend *Fama* 25 J. Fin (1970) 383; s. ferner *Mendelson* 1 J. of Comparative Law and Securities Regulation (1978) 49, 51f; *Givoly/Lakonishok* 4 J. of Comparative Corporate Law and Securities Regulation (1982) 215; *Cox* 7 J. of Comparative Business and Capital Market Law (1985) 349, 355; *Zecher* 7 J. of Comparative Business and Capital Market Law (1985) 307, 310; zusammenfassend: *Gilson/Kraakmann* 70 Va. L. Rev. (1984) 549, 640–41 m. w. N.

chen Ziele des Anleger- und des Marktfunktionsschutzes[78] verwirklichen, so muß sie Standards für das Ob und Wie der Zurverfügungstellung von Informationen setzen. Erst wenn die von verschiedenen Akteuren am Kapitalmarkt zur Verfügung gestellten Informationen aussagekräftig, vergleichbar und inhaltlich weitgehend zutreffend sind, ist ein Schutz von Anlegern vor informationsmangelbedingten Fehlentscheidungen gegeben. Zugleich wird die Funktionsfähigkeit der Kapitalmärkte – besonders der mit dem Stichwort der Allokationseffizienz angesprochene Fluß des Kapitals an den Ort seiner effizientesten Verwendung – gefördert. Gute Gründe sprechen also dafür, Publizitätsgebote grundsätzlich der Rechtsordnung des in Anspruch genommenen Kapitalmarktes zu entnehmen. Gleichwohl überwiegen die Gesichtspunkte, die für das gegenteilige Ergebnis – Maßgeblichkeit des Gesellschaftsstatuts – angeführt werden können. Pflichten zur Offenlegung dienen – wie die Pflichten zur Rechnungslegung als solche – nämlich *nicht nur* kapitalmarktrechtlichen Zwecken. Rechnungslegung und Publizität stehen auch im Dienst des Gläubigerschutzes;[79] weitergehend werden ihnen Funktionen im öffentlichen Interesse zugeschrieben.[80] Schließlich ist die Rechnungslegung als solche so eng mit zentralen Regelungen des Gesellschaftsrechts verwoben, beispielsweise über die Verpflichtung zur Bildung gesetzlicher Rücklagen und das Ausmaß der Berechtigung zur Bildung freier Rücklagen, daß eine Herauslösung der Materie aus dem Gesellschaftsstatut nicht möglich erscheint.[81] Den besonderen kapitalmarktrechtlichen Informationsbedürfnissen kann bei dieser Ausgangslage nicht durch kapitalmarktrechtliche Qualifikation der allgemeinen Publizitätsregeln, sondern nur durch einen Ausbau der spezialgesetzlichen, auf die Inanspruchnahme des heimischen Kapitalmarktes bezogenen kapitalmarktrechtlichen Publizitätsregeln (hierzu Rdn. 47–51) entsprochen werden.[82]

60 § 325 kommt demnach zur Anwendung (nur) bei Kapitalgesellschaften, die **deutschem Recht** unterliegen. Nach welchen Kriterien das Gesellschaftsstatut – also das für die gesellschaftsrechtlichen Beziehungen einer Personenvereinigung maßgebliche Recht – zu bestimmen ist, ist umstritten. Hier stehen Vertreter der sog. Gründungstheorie solchen der sog. Sitztheorie gegenüber. Nach der Gründungstheorie (auch Gründungsrechts-, Inkorporationstheorie) untersteht eine Personenvereinigung derjenigen Rechtsordnung, nach der sie gegründet worden ist.[83] Die Gründungstheorie geht damit vom Bestehen einer den Gründern bei Bildung der Personenvereinigung prinzipiell zukommenden Rechtswahlfreiheit aus. Die Sitztheorie unterwirft die gesellschaftsrechtlichen Beziehungen demgegenüber dem Recht des Staates, in dem sich der tatsächliche Verwaltungssitz der Personenvereinigung befindet.[84] Dies soll der Ort

---

[78] Zur doppelten Zielsetzung kapitalmarktrechtlicher Normen vgl. z. B. *Hopt* Kapitalanlegerschutz S. 49 ff, 336 f; *ders.* in Gutachten für den 51. Deutschen Juristentag (1976) S. G 47 ff; *Assmann* Prospekthaftung S. 24 ff; *Kübler* Gesellschaftsrecht[5] § 31 II.

[79] Vgl. die Erläuterungen zu § 242, 2 (*Hüffer*); ferner z. B. *Stützel* ZfB 37 (1967) 314, 323 f; *Grundmann* RabelsZ 54 (1990) 283, 288; *E. Reuter* FS Goerdeler 427, 431; *Kohl/Walz* 1 Journal of Comparative Corporate Law and Securities Regulation (1978) 69.

[80] Vgl. z. B. *E. Reuter* FS Goerdeler 427, 431; ferner z. B. *Großfeld* Bilanzrecht[3] Rdn. 16 (Interessen der Allgemeinheit); *Grundmann* RabelsZ 54 (1990) 283, 288 (das „allgemeine öffentliche Interesse"). Vgl. auch die Begründung zum Publizitätsgesetz BRDrucks. 296/68 S. 14 (hierzu Rdn. 3).

[81] Vgl. zu dieser Argumentation eingehend *Zimmer* Internationales Gesellschaftsrecht S. 181–183.

[82] Hierzu *Zimmer* Internationales Gesellschaftsrecht S. 120.

[83] Für ein Ausgehen von der Gründungstheorie in neuerer Zeit Hachenburg/*Behrens* GmbHG[8] Einl. 128; *Knobbe/Keuk* ZHR 154 (1990) 325 ff; *Neumayer* ZVglRWiss 83 (1984) 129, 137 ff. Ebenso bereits in früherer Zeit *Drobnig* ZHR 129 (1967) 93, 115; *Kötz* GmbH-Rdsch. 1965, 69, 70; *Koppensteiner* Internationale Unternehmen im deutschen Gesellschaftsrecht (1971) S. 105 ff; *Sturm* NJW 1974, 1036, 1037.

[84] Aus dem Schrifttum folgen der Sitztheorie z. B. GK-AktG[4]-*Assmann* Einl. 540–545, 550–552; MünchKommBGB[3]-*Kindler* IntGesR Rdn. 312 ff; *Ebke/Neumann* JZ 1980, 652; *Staudinger/Großfeld* BGB IntGesR Neubearbeitung 1998 Rdn.

sein, an dem die Verwaltung tatsächlich geführt wird[85] bzw. an dem die Willensbildung der Leitungsorgane erfolgt.[86] In jüngerer Zeit ist als Kriterium für die Bestimmung des Verwaltungssitzes darauf abgehoben worden, wo die ‚grundlegenden Entscheidungen der Unternehmensleitung in laufende Geschäftsführungsakte umgesetzt' werden.[87] Neben Gründungs- und Sitztheorie haben vermittelnde Konzepte im Schrifttum vereinzelt Zuspruch gefunden.[88]

Die deutsche **Rechtsprechung** bekennt sich zur Sitztheorie,[89] läßt aber bei der Ermittlung des effektiven Verwaltungssitzes oft genauere Feststellungen vermissen.[90] Bisweilen wird die Sitztheorie durch die Vermutung modifiziert, der Verwaltungssitz befinde sich in dem Staat, nach dessen Recht die Gesellschaft „erkennbar organisiert" sei; maßgebend sollen hiernach Satzungssitz oder Registrierungsort sein.[91] Ungeklärt ist bislang, inwieweit die auf der Grundlage der Sitztheorie ermittelten Ergebnisse durch divergierende Vorgaben der Artt. 43, 48 EG (früher Artt. 52, 58 EGV) überlagert werden. Der EuGH hat in seinem sog. Centros-Urteil vom 9. 3. 1999 ausgeführt, ein Mitgliedstaat verstoße gegen die Bestimmungen des Vertrages über die Niederlassungsfreiheit, wenn er die Eintragung der Zweigniederlassung einer Gesellschaft verweigere, die im Mitgliedstaat ihres Sitzes rechtmäßig errichtet worden sei, dort aber keine Geschäftstätigkeit entfalte.[92] Da hiernach offenbar das Bestehen eines statutarischen Sitzes – nicht des tatsächlichen Sitzes – in einem EU-Staat in Verbindung mit einer nach dessen Recht wirksam erfolgten Gründung reicht, um die Bestimmungen des Vertrages über die sekundäre Niederlassungsfreiheit in Anspruch zu nehmen, sprechen gute Gründe dafür, daß solchen Gesellschaften die Berechtigung zur Errichtung von Zweigniederlassungen und Tochtergesellschaften im Inland nicht unter Berufung auf die Sitztheorie abgesprochen werden kann.[93] 61

---

72 ff; Palandt/*Heldrich* Art. 12 EGBGB Anh. 2; Scholz/*Westermann* Einl. 86.

85 *Wiedemann* Gesellschaftsrecht § 14 II 1 a aa. *Wiedemann* spricht sich für eine fallgruppenorientierte Entscheidung aus, bei der zum Teil auf den Verwaltungssitz abgestellt wird (aaO, § 14 II 2 c bb).

86 Hierfür *Ebenroth/Sura* RabelsZ 43 (1979) 315, 324.

87 Auf der Grundlage der Sitztheorie folgen dieser – auf *Sandrock* zurückgehenden – Begriffsbestimmung in neuerer Zeit *Staudinger/Großfeld* BGB IntGesR Neubearbeitung 1998 Rdn. 228; MünchKommBGB³-*Kindler* IntGesR Rdn. 316. Der Bundesgerichtshof hat sich dem angeschlossen: BGHZ 97, 269, 272 = NJW 1986, 2194, 2195 = IPRspr. 1986 Nr. 19; in gleichem Sinne OLG Hamburg RIW 1988, 816 = IPRspr. 1987 Nr. 10 und OLG Frankfurt a. M. IPRax 1991, 403, 404 = NJW 1990, 2204 = IPRspr 1990 Nr. 21.

88 Vgl. zu einer Differenzierung nach Innen- und Außenverhältnis (Differenzierungslehre) *Grasmann* System des internationalen Gesellschaftsrechts § 11–16; zu einer Überlegung des Gründungsrechts durch zwingende Normen des Sitzrechts (Überlegungstheorie) *Sandrock* BDGesVR 18 (1978), 169 ff; zu einer Kombination von Elementen der Sitz- und der Gründungstheorie auf der Grundlage einer Einteilung nach Fallgruppen (Kombinationslehre) *Zimmer* Internationales Gesellschaftsrecht S. 219–240.

89 Auf den tatsächlichen Verwaltungssitz stellen z. B. ausdrücklich ab: BGHZ 53, 181, 183 = NJW 1970, 998 = IPRspr. 1970 Nr. 7; BGH WM 1979, 692; 693 = IPRspr. 1979 Nr. 5; BGH NJW 1984, 2762 = IPRspr. 1984 Nr. 121; BGHZ 97, 269, 271 = NJW 1986, 2194, 2195 = IPRspr. 1986 Nr. 19.

90 Vgl. die Analyse bei *Zimmer* Internationales Gesellschaftsrecht S. 234–238.

91 Vgl. OLG München DB 1986, 1767, 1768 = IPRspr. 1986 Nr. 21; OLG Oldenburg GmbHRdsch. 1990, 346, 347 = NJW 1990, 1422 = IPRspr. 1989 Nr. 26; OLG Hamm DB 1995, 137, 138 = IPRspr. 1986 Nr. 21.

92 EuGH, Urt. v. 9. 3. 1999 – Rs. C-212/97 (Centros Ltd./Erhvervsog Selskabsstyrelsen), Slg. 1999, I – 1459 ff = NJW 1999, 2027.

93 *Leible* NZG 1999, 298; 300 f; *Meilicke* DB 1999, 625; *Neye* EWiR 1999, 259 f; *G. H. Roth* ZIP 1999, 861; *Sedemund/Hausmann* BB 1999, 810; *Zimmer* ZHR 164 (2000) 23, 30 ff; vgl. zu Schutzinstrumenten gegen die aus der Geschäftstätigkeit von Scheinauslandsgesellschaften resultierenden Gefahren *Ulmer* JZ 1999, 662 ff. Keine Bedeutung wird dem Centros-Urteil für Staaten, die der Sitztheorie folgen, von *Ebke* JZ 1999, 656 ff, von *Kindler* NJW 1999, 1993 ff, *Lange* DNotZ 1999, 593 ff und von *W.-H. Roth* ZGR 2000, 311, 317 ff beigemessen.

X. Sanktionen bei Nichtbeachtung der Offenlegungspflichten und die Frage der pflichtgemäßen Umsetzung der EU-Richtlinien

62 Mit dem KapCoRiLiG ist das bei Offenlegungsverstößen vorgesehene Zwangsgeld – auf ein **Ordnungsgeldverfahren** umgestellt worden. Der EuGH hatte zuvor in zwei Urteilen auf die Unzulässigkeit des nach deutschem Recht bestehenden Sanktionsmechanismus erkannt.[94] Auch die in §§ 325 a enthaltene Neuregelung sieht aber – anders als der Referentenentwurf – nicht die Einleitung des Verfahrens von Amts wegen vor. Das Gericht leitet das Verfahren vielmehr nur auf Antrag ein. Antragsbefugt ist – anders als nach dem früheren Zwangsgeldverfahren, das nur Gesellschaftern, Gläubigern und Betriebs- bzw. Gesamtbetriebsrat ein Antragsrecht zubilligte – jedermann. Für Einzelheiten der Neuregelung – an deren Europarechtskonformität wiederum Zweifel bestehen können[95] – ist auf die Erläuterungen zu § 335a zu verweisen.

63 Gem. § 334 Abs. 1 Nr. 5, Abs. 3 kommt zudem die Verhängung einer **Geldbuße** in Betracht, wenn bei der Offenlegung, Veröffentlichung oder Vervielfältigung „einer Vorschrift des § 328 über Form oder Inhalt" zuwidergehandelt wird (vgl. Erl. zu § 334). Nach der Strafnorm des § 331 Nr. 3 kann mit **Freiheits-** oder **Geldstrafe** bestraft werden, wer als Mitglied des vertretungsberechtigten Organs einer Kapitalgesellschaft zum Zweck der Befreiung nach § 291 oder einer nach § 292 erlassenen Rechtsverordnung einen Konzernabschluß oder Konzernlagebericht, in dem die Verhältnisse des Konzerns *unrichtig* wiedergegeben oder verschleiert worden sind, vorsätzlich oder leichtfertig *offenlegt* (vgl. Erl. zu § 331). Eine Löschung der Kapitalgesellschaft von Amts wegen, wie sie bis 1994 bei einer Verletzung der Pflichten des § 325 zur Offenlegung ihrer Rechnungslegungsunterlagen in drei aufeinanderfolgenden Jahren vorgesehen war, kommt dagegen nach Aufhebung des Löschungsgesetzes durch Art. 2 Nr. 9 EGInsO nicht mehr in Betracht; die hier einschlägige Vorschrift des § 2 Abs. 1 S. 2 LöschG war bereits mit Verkündung des EGInsO am 18.10.1994 außer Kraft gesetzt worden (Art. 110 Abs. 3 S. 1 EGInsO).[96]

§ 325 a

Zweigniederlassungen von Kapitalgesellschaften mit Sitz im Ausland

(1) Bei inländischen Zweigniederlassungen von Kapitalgesellschaften mit Sitz in einem anderen Mitgliedstaat der Europäischen Wirtschaftsgemeinschaft oder Vertragsstaat des Abkommens über den Europäischen Wirtschaftsraum haben die in § 13e Abs. 2 Satz 4 Nr. 3 genannten Personen oder, wenn solche nicht angemeldet sind, die gesetzlichen Vertreter der Gesellschaft die Unterlagen der Rechnungslegung der Hauptniederlassung, die nach dem für die Hauptniederlassung maßgeblichen Recht erstellt, geprüft und offengelegt worden sind, nach den §§ 325, 328, 329 Abs. 1 offenzulegen. Die Unterlagen sind zu dem Handelsregister am Sitz der Zweigniederlassung einzureichen; bestehen mehrere inländische Zweig-

94 EuGH Urt. v. 4.12.1997 – Rs. C-97/96 (Verband deutscher Daihatsu-Händler e.V./Daihatsu Deutschland GmbH) Slg. 1997, I – 6843 = NJW 1998, 129; hierzu *Crezelius* ZGR 1999, 252; *Hirte* NJW 1999, 36; *Schön* JZ 1998, 194; EuGH Urt. v. 29.9.1998 – Rs. C 191/95 (Kommission/Deutschland) Slg. 1998, I – 5449 = NJW 1999, 2356 (LS).

95 Vgl. *Zimmer/Eckhold* NJW 2000, 1361, 1368.

96 Hierzu *K. Schmidt* GmbHR 1994, 829, 831 f.

niederlassungen derselben Gesellschaft, brauchen die Unterlagen nur zu demjenigen Handelsregister eingereicht zu werden, zu dem gemäß § 13e Abs. 5 die Satzung oder der Gesellschaftsvertrag eingereicht wurde. Die Unterlagen sind in deutscher Sprache einzureichen. Soweit dies nicht die Amtssprache am Sitz der Hauptniederlassung ist, können die Unterlagen auch in englischer Sprache oder in einer von dem Register der Hauptniederlassung beglaubigten Abschrift eingereicht werden; von der Beglaubigung des Registers ist eine beglaubigte Übersetzung in deutscher Sprache einzureichen. § 325 Abs. 2 ist nur anzuwenden, wenn die Merkmale für große Kapitalgesellschaften (§ 267 Abs. 3) von der Zweigniederlassung überschritten werden.

(2) Diese Vorschrift gilt nicht für Zweigniederlassungen, die von Kreditinstituten im Sinne des § 340 oder von Versicherungsunternehmen im Sinne des § 341 errichtet werden.

Übersicht

Schrifttum

Vgl. Angaben zu § 325, ferner: *Kindler* Neue Offenlegungspflichten für Zweigniederlassungen ausländischer Kapitalgesellschaften, NJW 1993, 3301; *Seibert* Neuordnung des Rechts der Zweigniederlassung im HGB, DB 1993, 1705.

I. Einführung

Die Vorschrift geht auf die Elfte gesellschaftsrechtliche Richtlinie vom 22.12.1989[1] zurück. Mit dem Gesetz zur Durchführung dieser Richtlinie[2] hat der Bundesgesetzgeber u. a. die §§ 13–13g in ihrer heutigen Form und § 325a geschaffen. Die Regelungen statuieren ein differenziertes System von Publizitätspflichten für Gesellschaften, die in der Bundesrepublik Zweigniederlassungen unterhalten.[3] Die Vorschriften der §§ 13–13c betreffen die registerrechtliche Behandlung von Unternehmen (unter Einschluß von Einzelkaufleuten und Personengesellschaften) mit Sitz bzw. Hauptniederlassung im Inland.[4] §§ 13d–13g haben Publizitätspflichten bei inländischen Zweigniederlassungen von Unternehmen mit Sitz bzw. Hauptniederlassung im Ausland zum Gegenstand. Die besondere Thematik der Offenlegung von Rechnungslegungsunterlagen ist in § 325a allein für die Konstellation der inländischen Zweigniederlassung einer Kapitalgesellschaft mit **Sitz in einem anderen EU- oder EWR-Staat** gesetzlich geregelt. Für Kapitalgesellschaften mit Inlandssitz folgt aber aus § 13c Abs. 5 1

[1] ABl. EG Nr. L 395 vom 30.12.1989 S. 36.
[2] BGBl. 1993 I S. 1282.
[3] Vgl. im einzelnen *Kindler* NJW 1993, 3301 ff; *Seibert* DB 1993, 1705 ff.
[4] §§ 13 ff nehmen bei juristischen Personen den Sitz, bei Einzelkaufleuten und Handelsgesellschaften die Hauptniederlassung in Bezug.

i.V.m. Abs. 1 2. Hs. die Pflicht zur Einreichung der Rechnungslegungsunterlagen in so vielen Exemplaren, wie Niederlassungen (unter Einschluß des Sitzes) im Inland bestehen (str., vgl. § 325, 12); das Gericht des Sitzes hat jeweils ein Stück der eingereichten Unterlagen an die Registergerichte der Zweigniederlassungen zu übermitteln (§ 13 Abs. 5 i.V.m. Abs. 3 S. 1). Ziel der neugeschaffenen Normen ist die EU-weite Koordinierung des Schutzes der Personen, die über eine Zweigniederlassung mit einer Gesellschaft in Beziehung treten.[5]

2 Unternehmen mit Sitz in einem **Drittstaat** (Nicht-EU- oder EWR-Staat) sind auch bei Bestehen einer inländischen Zweigniederlassung grundsätzlich nicht zur Offenlegung ihrer Rechnungslegungsunterlagen in der Bundesrepublik verpflichtet. Gleiches gilt für Unternehmen aus EU- oder EWR-Staaten, die nicht in der Rechtsform einer Kapitalgesellschaft (zu diesem Merkmal Rdn. 3) organisiert sind. Für all diese Unternehmen kann aber eine Pflicht zur Veröffentlichung von Rechnungslegungsunterlagen aus der Inanspruchnahme bestimmter Segmente des Kapitalmarktes folgen (hierzu § 325, 47ff).

II. Publizitätspflicht bei inländischen Zweigniederlassungen von Kapitalgesellschaften mit Sitz in einem EU- oder EWR-Staat

1. Erfaßte Rechtsformen

3 § 325a nimmt **Kapitalgesellschaften** mit Sitz in einem anderen Mitgliedstaat der EWG oder Vertragsstaat des EWR in Bezug. Systematische Gesichtspunkte sprechen dafür, als ‚Kapitalgesellschaft' nur Rechtsformen in Betracht zu ziehen, die den Rechtsformen der AG, der KGaA und der GmbH des deutschen Rechts entsprechen.[6] Hierfür kann der Sprachgebrauch in § 13e angeführt werden: Nach der gesetzlichen Überschrift bezieht sich § 13e auf Zweigniederlassungen von Kapitalgesellschaften mit Sitz im Ausland; die Regelungen als solche nennen (nur) Aktiengesellschaften, Gesellschaften mit beschränkter Haftung und – über eine in § 13f Abs. 8 enthaltene Verweisung – Kommanditgesellschaften auf Aktien.[7] Ob eine Kapitalgesellschaft ausländischen Rechts der Rechtsform der AG, der GmbH oder der KGaA des deutschen Rechts entspricht, ist anhand einer vergleichenden Betrachtung zu bestimmen.[8] Als typusbestimmende Merkmale dürfen bei der Aktiengesellschaft und bei der KGaA die Rechtsfähigkeit und die wertpapiermäßige Verbriefung von Mitgliedschaftsrechten gelten. Für die GmbH ist neben der Rechtsfähigkeit das bei sämtlichen Gesellschaftern bestehende Haftungsprivileg (Fehlen einer Außenhaftung) typusbestimmend. Bei Gesellschaften aus Mitgliedstaaten der EU kann zur Konkretisierung der erfaßten Gesellschaftsformen auf den Katalog des Art. 1 der Ersten gesellschaftsrechtlichen Richtlinie[9] in der jeweils geltenden Fassung verwiesen werden.[10] Nach hier vertretener Auffassung spricht nichts dagegen, darüber hinaus den Katalog der Vierten Gesellschaftsrechtlichen Richtlinie[11] sowie für eine Konkretisierung der der deutschen

[5] Vgl. BTDrucks. 12/3908 S. 1.

[6] Im Ergebnis ebenso Beck BilKomm-*Ellrott/Spremann* Rdn. 12.

[7] Hierzu *Kindler* NJW 1993, 3301, 3303.

[8] Vgl. zur Vorgehensweise bei der Substitution *Staudinger/Großfeld* IntGesR Neubearbeitung 1998 Rdn. 332ff; Heymann/*Sonnenschein/Weitemeyer* § 13e, 4.

[9] Publizitätsrichtlinie, Abl. EG 1968 Nr. L 65/8; zuletzt geändert durch Beitrittsakte 1994, ABl. EG 1994 Nr. C 241/194.

[10] Begründung zum Gesetzentwurf der Bundesregierung, BTDrucks. 12/3908 S. 15; vgl. zur Zulässigkeit dieses Vorgehens *Kindler* NJW 1993, 3301, 3303 f.

[11] Jahresabschlußrichtlinie, ABl. EG 1978 Nr. L 222/11, zuletzt geändert durch Beitrittsakte 1994, ABl. EG 1994 Nr. C 241/194.

GmbH entsprechenden Rechtsformen zusätzlich den Katalog der Zwölften gesellschaftsrechtlichen Richtlinie[12] heranzuziehen, der den aktuellen Rechtszustand in mehreren Mitgliedstaaten zuverlässiger wiedergibt als die „aktuelle“ Fassung der Ersten Richtlinie.[13] Mithin gehören zu den von § 325 a erfaßten Rechtsformen:

- in Belgien:
  la société anonyme
  la société en commandite par actions
  la société à responsabilité limitée;
- in Dänemark:
  aktieselskaber, kommanditaktieselskaber, anpartsselskaber;
- in Frankreich:
  la société anonyme, la société en commandite par actions, la société à res ponsabilité limitée;
- in Irland:
  public companies limited by shares or by guarantee, private companies limited by shares or by guarantee;
- in Italien:
  la società per azioni, la società in accomandita per azioni, la società a responsabilità limitata;
- in Luxemburg:
  la société anonyme, la société en commandite par actions, la société à responsabilité limitée;
- in den Niederlanden:
  de naamloze vennootschap, de besloten vennootschap met beperkte aansprakelijkheid;
- im Vereinigten Königreich:
  public companies limited by shares or by guarantee, private companies limited by shares or by gurantee;
- in Griechenland:
  ή ὰνώνυμη έταιϱία
  ή έταιϱίαπεϱιωϱισμ ένης εύθύνης
  ή έτεϱόϱϱυθμη κατά μετοχές έταιϱία;
- in Spanien:
  la sociedad anónima, la sociedad comanditaria por acciones, la sociedad de responsabilidad limitada;
- in Portugal:
  a sociedade anónima de responsabilidade limitada, a sociedade em comandita por accŏes, a sociedade por quotas;
- in Österreich:
  die Aktiengesellschaft, die Gesellschaft mit beschränkter Haftung;
- in Finnland:
  osakeyhtiö, aktiebolag;
- in Schweden:
  aktiebolag.

---

[12] Einpersonen-GmbH-Richtlinie, ABl. EG 1989 Nr. L 395/40, geändert durch Beitrittsakte 1994, ABl. EG 1994 1994 Nr. C 241/1960.

[13] Wie hier *Kindler* NJW 1993, 3301, 3303 f mit vergleichender Analyse der Richtlinien; MünchKommHGB-*Fehrenbacher* Rdn. 10; für eine Maßgeblichkeit der Vierten gesellschaftsrechtlichen Richtlinie auch Beck Bil-Komm-*Ellrott/Spremann* Rdn. 12.

4 § 325 a bezieht sich **nicht** auf diejenigen **Personengesellschaften**, die aufgrund der sog. GmbH & Co.-Richtlinie in ihren Sitzstaaten publizitätspflichtig sind: Die Vorschrift nimmt nur „Kapitalgesellschaften" in Bezug und aus § 264 a Abs. 1 ergibt sich nichts Abweichendes, da die Vorschrift die Anwendung des Ersten bis Fünften Unterabschnitts des Zweiten Abschnitts (§§ 264 bis 330) nur für solche Personengesellschaften anordnet, die deutschem Recht unterliegen.[14] Dieses Ergebnis – Nichtanwendung des § 325a auf Personengesellschaften ausländischen Rechts, bei denen es an persönlich haftenden natürlichen Personen fehlt – ist mit dem EU-Recht vereinbar: Die Elfte gesellschaftsrechtliche Richtlinie fordert in ihrem Art. 1 Abs. 1 eine Offenlegung nur bei Zweigniederlassungen von Gesellschaften, die der Ersten Richtlinie unterliegen, d.h. von den dort aufgeführten *Kapitalgesellschaften* (hierzu Rdn. 3); Art. 1 Abs. 1 Unterabsatz 2 der Vierten gesellschaftsrechtlichen Richtlinie,[15] in dem die Erweiterung von Publizitätspflichten auf haftungsbeschränkende ‚& Co'-Konstruktionen angeordnet wird, bezieht sich nur auf die „durch *diese* Richtlinie", d.h. durch die Bilanzrichtlinie vorgeschriebenen „Maßnahmen der Koordinierung" der Rechte der Mitgliedstaaten und damit *nicht* auf die Zweigniederlassungspublizität.

2. Sitz in einem EU- oder EWR-Staat

5 § 325 a nimmt nach seinem Abs. 1 S. 1 nur Kapitalgesellschaften mit Sitz in einem Mitgliedstaat der Europäischen Wirtschaftsgemeinschaft oder Vertragsstaat des Abkommens über den Europäischen Wirtschaftsraum in Bezug. Der Gesetzentwurf der Bundesregierung bezog noch allgemein alle Kapitalgesellschaften „mit Sitz im Ausland" ein und hatte damit einen weit größeren Anwendungsbereich als die Gesetz gewordene Fassung.[16] Den **Zwecken der Zweigniederlassungspublizität** (oben Rdn. 1) wurde der Entwurf besser gerecht als der heutige § 325 a. Die Verkleinerung des Anwendungsbereichs geht auf eine Intervention der betroffenen Wirtschaftskreise zurück.[17] Der Rechtsausschuß rekurriert zu ihrer Begründung darauf, daß die Elfte gesellschaftsrechtliche Richtlinie eine Zweigniederlassungspublizität lediglich bei Kapitalgesellschaften mit Sitz in einem EU- oder EWR-Staat fordere.[18] Ob dies der Systematik der Richtlinie gerecht wird, kann zweifelhaft erscheinen. Die Begründung zum Gesetzentwurf der Bundesregierung ging davon aus, daß die Richtlinie die Offenlegung der Rechnungslegungsunterlagen auch von Kapitalgesellschaften mit Sitz in Drittstaaten fordere, sofern keine gesonderte Rechnungslegung und Offenlegung für die Tätigkeit der Zweigniederlassung gefordert werde.[19]

6 Als maßgeblicher Sitz wird im Zusammenhang des § 325 a wie in jenem der §§ 13 d–g vielfach der tatsächliche Verwaltungssitz, nicht der Satzungssitz angesehen. Zum Teil wird dieses Ergebnis aus einem mit der internationalgesellschaftsrechtlichen Grundfragestellung bestehenden Zusammenhang hergeleitet: Entscheide man sich im Internationalen Gesellschaftsrecht für die Sitztheorie (vgl. § 325, 58–61), so sei auch bei § 325 a auf den tatsächlichen, nicht den statutarischen Sitz abzustellen.[20] Dies

---

14 Vgl. für den Vierten Unterabschnitt § 325, 58 ff.

15 Bilanzrichtlinie, ABl. EG 1978 Nr. L 222/11, zuletzt geändert durch Richtlinie 1999/60 EG, ABl. EG 1999 Nr. 162/65.

16 Vgl. Art. 1 Ziffer 6 des Gesetzentwurfs der Bundesregierung, BTDrucks. 12/3908 S. 7.

17 Vgl. den Bericht der Abgeordneten *Gres* und *Dr. Pick* BTDrucks. 12/5170 S. 15; vgl. auch unten Rdn. 11.

18 Vgl. den Bericht der Abgeordneten *Gres* und *Dr. Pick* aaO.

19 Vgl. Begr. zum Gesetzentwurf der Bundesregierung, BTDrucks. 12/3908 S. 19.

20 I.d.S. *Kindler* NJW 1993, 3301, 3304 f; MünchKommHGB-*Fehrenbacher* Rdn. 11; ähnlich Beck BilKomm-*Ellrott/Spremann* Rdn. 13.

erscheint folgerichtig: Folgt man im Internationalen Gesellschaftsrecht der Sitztheorie, so erscheint es konsequent, auch bei § 325a den **tatsächlichen**, nicht den statutarischen **Sitz** in Bezug zu nehmen. Freilich ist darauf hinzuweisen, daß bei der Konstellation, bei der die Auslegungsfrage eine Rolle spielt – bei einem Auseinanderfallen von Satzungs- und tatsächlichem Sitz – unter der Sitztheorie eine Anwendung des § 325a regelmäßig aus anderen Gründen ausscheidet: Die Nichtübereinstimmung von Gründungs- und Sitzrecht hat nach der Sitztheorie die Nichtanerkennung der Gesellschaft zur Folge; die Gesellschaft ist hiernach – bei Befolgung der Sitztheorie – nicht ‚Kapitalgesellschaft' i. S. d. § 325a. Eine Ausnahme gilt, wenn das am tatsächlichen Sitz geltende Recht seinerseits der Gründungstheorie folgt; in diesem Fall gehen Vertreter der Sitztheorie von einer relevanten Weiterverweisung auf das Gründungsrecht aus und kommen so – für diesen Fall – zu gleichen Ergebnissen wie die Vertreter der Gründungstheorie (vgl. zum Theorienstreit schon § 325, 58–61).

Die Gründungstheorie steht der Anerkennung einer nach einem anderen als dem Recht des tatsächlichen Sitzes gegründeten Kapitalgesellschaft nicht von vornherein entgegen. Bei Befolgung dieser Lehre kann – wenn die materiellrechtlichen Voraussetzungen des Gründungsrechts erfüllt sind – vom Bestehen einer Kapitalgesellschaft ausgegangen werden. Gute Gründe sprechen dafür, bei diesem Ausgangspunkt auf den **Satzungssitz** abzustellen. Hierdurch wird die Möglichkeit eröffnet, § 325a auch bei Gesellschaften zur Anwendung zu bringen, die – obschon nach einem fremden Recht gegründet – tatsächlich vom Inland aus verwaltet werden.[21] 7

Ob für Gesellschaften, die nach dem Recht eines EU-Staates wirksam gegründet werden, die Freiheit zu einer solchen Betätigung aus Artt. 43, 48 EG (früher Artt. 52, 58 EGV) folgt, ist umstritten; das sog. Centros-Urteil des EuGH vom 9. 3. 1999, das die Errichtung einer dänischen Zweigniederlassung durch eine private limited company englischen Rechts zum Gegenstand hatte, hat im Schrifttum unterschiedliche Deutungen erfahren (hierzu § 325, 59). Für § 325a ist bei dieser Auslegung oder bei Befolgung der Gründungstheorie nur maßgebend, daß der statutarische Sitz im EU/EWR-Ausland liegt; der tatsächliche Verwaltungssitz im Inland kann bei dieser Interpretation als publizitätsbegründende **Zweigniederlassung** angesehen werden.[22] Eine solche Interpretation steht im Einklang mit den Zielen des § 325a (hierzu oben Rdn. 1). Am Ort ihrer tatsächlichen Verwaltung wird eine Gesellschaft regelmäßig rechtlich relevante Außenbeziehungen unterhalten; der Schutz von Personen, die zu der Gesellschaft in Beziehung treten, fordert (gerade) am tatsächlichen Verwaltungssitz Publizität; gleiches gilt für das Informationsinteresse der Öffentlichkeit. Die hier vertretene These, daß auch am Ort der tatsächlichen Verwaltung eine publizitätsbegründende ‚Zweigniederlassung' bestehen kann, setzt freilich bei der Interpretation dieses Merkmals einen Verzicht auf das Merkmal der ‚Leitungsabhängigkeit' voraus: die tatsächliche Verwaltungsspitze einer Gesellschaft ist nicht ‚leitungsabhängig' (s. auch Rdn. 9). 8

3. Zweigniederlassung im Inland

Abs. 1 fordert das Bestehen einer ‚inländischen Zweigniederlassung'. Der **Begriff der Zweigniederlassung** ist im Ausgangspunkt nicht anders zu verstehen als in §§ 13ff Merkmale einer Zweigniederlassung sind hier – nach den im Schrifttum vertretenen Begriffsbestimmungen – eine *räumliche Trennung von der Hauptniederlassung, die* 9

[21] Zum Ganzen eingehend *Zimmer* Internationales Gesellschaftsrecht 184–186.

[22] Vgl. *Zimmer* Internationales Gesellschaftsrecht 184–186.

selbständige Teilnahme am Geschäftsverkehr und eine in personeller und sachlicher Hinsicht bestehende eigenständige Organisation.[23] Mitunter wird als weiteres Kriterium die Leitungsabhängigkeit der Zweigniederlassung genannt.[24] Im Zusammenhang des § 325a sprechen gute Gründe für einen Verzicht auf das zuletzt genannte Merkmal. Wie bereits ausgeführt, eröffnet ein solcher Verzicht die Möglichkeit, eine nach ausländischem Recht gegründete Personenvereinigung, die vom Inland aus verwaltet wird, der Publizitätspflicht des § 325a zu unterstellen (vgl. hierzu oben Rdn. 7). Daß der *Begriff* der Zweigniederlassung einer solchen Anwendung auf die tatsächlich leitende Einheit nicht entgegensteht, kann mit einer Parallele im europäischen Gemeinschaftsrecht belegt werden: Für die nach Art. 5 Nr. 5 EuGVÜ am Ort einer Zweigniederlassung bestehende Zuständigkeit der Gerichte für Streitigkeiten aus dem Betrieb der Zweigniederlassung hat der Europäische Gerichtshof in seiner ‚Rothschild'-Entscheidung anerkannt, daß (selbst) eine *Konzernmutter* ‚Zweigniederlassung' ihrer ausländischen Tochtergesellschaft sein kann.[25] Daß von einer organisatorischen Einheit Leitung ausgeht, steht ihrer Bezeichnung als Zweigniederlassung hiernach nicht entgegen. Da die Kommission in frühen Vorbereitungsunterlagen zur Definition des Begriffs der Zweigniederlassung in der Elften gesellschaftsrechtlichen Richtlinie u. a. die Rechtsprechung des EuGH zur Auslegung des Art. 5 Nr. 5 EuGVÜ in Bezug genommen hat,[26] erscheint es bei der Auslegung des § 325a erlaubt, für einen Verzicht auf das Merkmal der ‚Leitungsabhängigkeit' auf die Rechtsprechung des EuGH zu Art. 5 Nr. 5 EuGVÜ zu verweisen. Nach allem kann, wenn als Sitz resp. Hauptniederlassung einer Kapitalgesellschaft der Satzungssitz in Bezug genommen ist (hierzu Rdn. 7 f), als inländische Zweigniederlassung jeder räumlich hiervon getrennte Teil ihres Unternehmens gelten, welcher dauerhaft Geschäfte schließt und in sachlicher und personeller Hinsicht die dafür notwendige Organisation aufweist.[27] Zweigniederlassung i. d. S. kann auch diejenige Einheit sein, von der tatsächlich die Unternehmensleitung ausgeht.

4. Offenzulegende Unterlagen

10 Abs. 1 S. 1 verpflichtet seine Adressaten (Rdn. 3, 18) zur Offenlegung der Unterlagen der Rechnungslegung der Hauptniederlassung. Aus der Formulierung wird deutlich, daß die Unterlagen so offenzulegen sind, wie sie nach dem Recht **der Hauptniederlassung** erstellt, geprüft und offengelegt worden sind. Eine inhaltliche Anpassung an deutsche Rechnungslegungsstandards wird also nicht gefordert. Die Elfte gesellschaftsrechtliche Richtlinie geht von einer gewissen Vergleichbarkeit mit Abschlüssen inländischer Unternehmen aus, da die Rechnungslegung der erfaßten Kapitalgesellschaften aus anderen EU-Staaten nach Umsetzung der Vierten, Siebenten und Achten gesellschaftsrechtlichen Richtlinie harmonisiertem Recht unterliegt; für Unternehmen aus Vertragsstaaten des EWR gilt aufgrund einer Verpflichtung dieser Staaten zur Anpassung ihres Rechts an den Inhalt der EG-Richtlinien Entsprechendes[28]. Wie in § 325 für Kapitalgesellschaften mit deutschem Gesellschaftsstatut gefordert, sind daher auch bei den von § 325a erfaßten Gesellschaften Jahresabschluß (Bilanz, Gewinn- und Verlustrechnung,

---

23 Vgl. die Erläuterungen vor § 13, 10 ff (*Hüffer*); *Baumbach/Hopt* § 13, 3; Heymann/*Sonnenschein/Weitemeyer* § 13, 4–11.

24 Vgl. *Hüffer* aaO Rdn. 12; ferner Heymann/*Sonnenschein/Weitemeyer* aaO Rdn. 9 („Oberleitung" der Hauptniederlassung).

25 Urt. vom 9. 12. 1987 Rs. 218/86 (SAR Schotte/Parfums Rothschild); hierzu *Kronke* IPRax 1989, 81.

26 Vgl. *Kindler* NJW 1993, 3301, 3302 f.

27 Vgl. zur näheren Ausfüllung dieser Merkmale die Erläuterungen vor § 13, 10 ff (*Hüffer*).

28 Vgl. das Abkommen über den Europäischen Wirtschaftsraum, BGBl. 1993 II S. 267 nebst Anpassungsprotokoll S. 1295.

Anhang), bei Prüfungspflicht der Hauptniederlassung das Äquivalent des fremden Rechts zum Bestätigungs- bzw. Versagungsvermerk des Abschlußprüfers, ferner ggf. Lagebericht, Bericht des Aufsichtsrates sowie Vorschlag und Beschluß über die Verwendung des Jahresergebnisses offenzulegen.[29] Hat die Hauptniederlassung nach dem für sie maßgebenden Recht einen Konzernabschluß zu erstellen (vgl. die Siebente gesellschaftsrechtliche Richtlinie, die allerdings auf eine nähere Umschreibung des Konzernbegriffs verzichtet), so ist auch dieser gem. Abs. 1 S. 1 bei einer inländischen Zweigniederlassung offenzulegen.[30] Soweit nach dem Recht der Hauptniederlassung Änderungen des Jahres- oder Konzernabschlusses offenzulegen sind, ist dies auch bei der inländischen Zweigniederlassung erforderlich; dies folgt aus der in Abs. 1 S. 1 enthaltenen pauschalen Verweisung auf § 325, die Abs. 1 S. 3 der Vorschrift einschließt.

Zweifelhaft kann erscheinen, ob Abs. 1 S. 1 eine Pflicht zur Offenlegung von Unter- **11**
lagen begründet, die im Staat der Hauptniederlassung auf **freiwilliger Grundlage** offenbart worden sind. Hierfür könnte der Wortlaut des Abs. 1 S. 1 angeführt werden, der im Indikativ diejenigen Unterlagen der Rechnungslegung in Bezug nimmt, die nach dem für die Hauptniederlassung maßgeblichen Recht „erstellt, geprüft und offengelegt worden sind". Indessen deutet der Hinweis auf das für die Hauptniederlassung maßgebliche *Recht* auf die für die Hauptniederlassung bestehenden *Pflichten.* Zudem sprechen systematische Erwägungen gegen eine Wirkungserstreckung des § 325a auf im Land der Hauptniederlassung freiwillig publizierte Unterlagen: Mit der Elften gesellschaftsrechtlichen Richtlinie hat der Richtliniengeber nicht die Absicht verfolgt, im Staat einer Zweigniederlassung weitergehende Pflichten zu begründen, als im Staat der Hauptniederlassung bestehen. Maßgebend für den Inhalt der nach Abs. 1 S. 1 offenzulegenden Unterlagen ist also das Recht der Hauptniederlassung.[31]

Die nach dem Recht der Hauptniederlassung erstellten, geprüften und offengelegten **12**
Unterlagen sind gem. Abs. 1 S. 3 in deutscher Sprache einzureichen. Ist dies nicht die Amtssprache am Sitz der Hauptniederlassung, so können die Unterlagen auch in englischer Sprache oder in einer von dem Register der Hauptniederlassung beglaubigten Abschrift eingereicht werden. Wird der zuletzt bezeichnete Weg gewählt (Einreichung in der **fremden Sprache** der Hauptniederlassung), so ist gem. Abs. 1 S. 4 von der Beglaubigung des Registers eine beglaubigte Übersetzung in deutscher Sprache einzureichen. Anders als nach dem ursprünglichen Gesetzentwurf der Bundesregierung fordert das Gesetz also nicht die Einreichung einer deutschen Übersetzung der Unterlagen der Rechnungslegung. Mit dem Verzicht auf eine Übersetzung der Rechnungslegungsunterlagen soll dem Bericht des Rechtsausschusses zufolge die Belastung der von § 325a betroffenen Unternehmen gemildert werden; von seiten betroffener Unternehmen war im Gesetzgebungsverfahren geltend gemacht worden, der Aufwand einer Übersetzung der gesamten Unterlagen könne den Betrieb einer Zweigniederlassung in Deutschland unwirtschaftlich erscheinen lassen.[32] Mit der vom Gesetz nun stattdessen geforderten beglaubigten Übersetzung allein der Beglaubigung des ausländischen Registers soll das deutsche Registergericht Aufschluß darüber erhalten, ob es sich bei den in fremder Sprache eingereichten Schriftstücken um die von Abs. 1 S. 1 geforderten Unterlagen der Rechnungslegung handelt.[33]

---

[29] Beck BilKomm-*Ellrott/Spremann* Rdn. 32.

[30] Beck BilKomm-*Ellrott/Spremann* Rdn. 32.

[31] Ähnlich Beck BilKomm-*Ellrott/Spremann* Rdn. 32, die allerdings – im Unterschied zu dem hier eingenommenen Standpunkt – eine Verkürzung von im Land der Hauptniederlassung freiwillig erweiterten Unterlagen bei der Offenlegung in Deutschland nicht für zulässig halten.

[32] Vgl. den Bericht der Abgeordneten *Gres* und *Dr. Pick* BTDrucks. 12/5170 S. 15.

[33] Vgl. *Seibert* DB 1993, 1705, 1706.

13 Bei Einreichung resp. Bekanntmachung der Unterlagen in **deutscher Sprache** ist zu unterscheiden: Ist die Rechnungslegung ursprünglich in deutscher Sprache erstellt worden (Gesellschaften österreichischen Rechts), so reicht die inländische Offenlegung dieser Unterlagen aus. Sollen dagegen in fremder Sprache erstellte Rechnungslegungsunterlagen offengelegt werden, so sind – wenn nicht der Weg der Einreichung einer beglaubigten Abschrift des ausländischen Registers gewählt wird (Rdn. 12) – die Unterlagen in deutscher Übersetzung einzureichen bzw. bekanntzumachen. Ein Erfordernis der Mitwirkung eines vereidigten Übersetzers oder Dolmetschers kann dem Gesetz nicht entnommen werden.[34] Auch im Gesetzentwurf der Bundesregierung, der noch von einer generellen Verpflichtung zur Beifügung einer deutschsprachigen Übersetzung zu fremdsprachigen Rechnungslegungsunterlagen ausgegangen war, war die Mitwirkung eines vereidigten Übersetzers oder Dolmetschers nicht vorgesehen.[35]

5. Modalitäten und Zeitpunkt der Offenlegung

14 Für die Art der Offenlegung verweist Abs. 1 S. 1 auf die Regelung der §§ 325 und 328. Da die Bezugnahme auf die Vorschrift des § 325 (im Unterschied zu derjenigen auf § 329) keinen Absatz ausschließt, ist davon auszugehen, daß auch die **Differenzierung zwischen den Verfahren** der ‚vollen' Bundesanzeigerpublizität (§ 325 Abs. 2 für große Kapitalgesellschaften) und der ‚bloßen' Registerpublizität mit anschließender Bekanntmachung eines Hinterlegungshinweises (§ 325 Abs. 1 für kleine und mittelgroße Kapitalgesellschaften) von Kapitalgesellschaften ausländischen Rechts mit Inlandsniederlassung zu beachten ist.[36] Nach der mit dem Euro-Bilanzgesetz vom 10.12.2001 (§ 316, 4a) neu eingefügten Vorschrift des Abs. 2 S. 5 ist aber ‚volle' Bundesanzeigerpublizität nur zu leisten, wenn die Merkmale für große Kapitalgesellschaften (§ 267 Abs. 3) von der *Zweigniederlassung* überschritten werden.

15 Jahres- und ggf. Konzernabschluß sind so wiederzugeben, daß sie den für ihre Aufstellung maßgeblichen Vorschriften des **Rechts der Hauptniederlassung** entsprechen (Abs. 1 S. 1 i.V.m. § 328 Abs. 1 Nr. 1). Gleiches gilt für Lage- und ggf. Konzernlagebericht, Ergebnisverwendungsvorschlag und -beschluß und eine Aufstellung über den Anteilsbesitz (Abs. 1 S. 1 i.V.m. § 328 Abs. 3, Abs. 1 Nr. 1). Vgl. zu Form und Inhalt der einzureichenden Unterlagen im einzelnen die Erläuterungen zu § 328.

16 Unterhält eine Kapitalgesellschaft mit Sitz im Ausland **mehrere Zweigniederlassungen im Inland,** so gilt Abs. 1 S. 3: Die Unterlagen brauchen nur zu demjenigen Handelsregister eingereicht zu werden, zu dem gem. § 13e Abs. 5 die Satzung oder der Gesellschaftsvertrag eingereicht wurde. Im Fall einer solchen Wahl eines ‚Hauptregisters' oder ‚führenden Registers' ist bei den Handelsregistern der übrigen Zweigniederlassungen anzumelden, welches Register die Gesellschaft gewählt hat und unter welcher Nummer die Zweigniederlassung dort eingetragen ist (§ 13e Abs. 5 S. 2).[37]

17 Auch für den **Zeitpunkt** der Offenlegung gilt aufgrund der Verweisung des Abs. 1 S. 1 das zu § 325 Gesagte (vgl. § 325, 16–19, 25–27). Allerdings wird man eine Überschreitung der Offenlegungsfristen des § 325 zulassen müssen, solange die Offen-

[34] **A. A.** Beck BilKomm-Rdnr. 51: vereidigter Dolmetscher.

[35] Vgl. Art. 1 Ziffer 6 des Gesetzentwurfs der Bundesregierung, BTDrucks. 12/3908 S. 7.

[36] Vgl. zu den unterschiedlichen Verfahren § 325, 11, 15 und 21 f.

[37] Vgl. auch *Kindler* NJW 1993, 3301, 3305.

legung im Land der ausländischen Hauptniederlassung zulässigerweise noch nicht erfolgt ist.[38] Dies kann aus Abs. 1 S. 1 hergeleitet werden, wonach eine Offenlegung beim Register der inländischen Zweigniederlassung erst gefordert wird, wenn die Unterlagen nach dem für die Hauptniederlassung maßgeblichen Recht erstellt, geprüft und offengelegt worden sind. Wegen einer aufgrund nachträglicher Prüfung oder Feststellung u. U. erforderlichen Offenlegung in Stufen ist auf die Erläuterungen zu § 325 (dort Rdn. 17 f) zu verweisen.

6. Normadressaten

Normadressaten des § 325 a sind nach Maßgabe des Abs. 1 S. 1 der Vorschrift vorrangig die in § 13 e Abs. 2 S. 4 Nr. 3 genannten Personen. Dies sind Personen, die befugt sind, als **ständige Vertreter** für die Tätigkeit der Zweigniederlassung die Gesellschaft gerichtlich und außergerichtlich zu vertreten. Der Gesetzesbegründung zufolge ist an Filialprokuristen und Handlungsbevollmächtigte mit ständiger genereller Vertretungsmacht gedacht.[39] Der Kreis der Verpflichteten ist also anders gezogen als in § 325 Abs. 1 S. 1. Die dort in Bezug genommenen *gesetzlichen Vertreter der Kapitalgesellschaft* werden in § 325 a (wie in § 13 e Abs. 4) nur *ersatzweise* in die Pflicht genommen, soweit ständige Vertreter der Zweigniederlassung nicht angemeldet sind. Ob diese Regelung zweckmäßig ist, kann bezweifelt werden. Für die gesetzlichen Vertreter der Kapitalgesellschaft reicht die Anmeldung eines – nicht notwendigerweise in der Bundesrepublik residierenden – Generalbevollmächtigten für die Zweigniederlassung aus, um sich von der Offenlegungspflicht des § 325 a zu befreien. Größerer Eindruck könnte von einer Vorschrift ausgehen, die die ordnungsgeldbewehrte (vgl. § 335 a S. 1 Nr. 2) subsidiäre Verpflichtung der gesetzlichen Vertreter der Kapitalgesellschaft auf alle Fälle erstreckte, in denen die in § 13e Abs. 2 S. 4 Nr. 3 genannten Personen ihren Offenlegungspflichten nicht nachkommen. Wegen Einzelheiten wird auf die Erläuterungen zu § 325 (dort Rdn. 20, 62 f) und zu § 335 a verwiesen. **18**

7. Prüfungspflicht des Registergerichts

Abs. 1 S. 1 verweist für die Offenlegung auch auf § 329 Abs. 1. Hiernach hat das Registergericht allein zu prüfen, ob die zum Handelsregister eingereichten Unterlagen **vollzählig** sind **und,** sofern vorgeschrieben, **bekanntgemacht** worden sind. Sind die Unterlagen in deutscher Sprache eingereicht worden (hierzu Rdn. 12 f), so wird das Gericht selbst zur Beurteilung ihrer Vollzähligkeit in der Lage sein. Bei Einreichung fremdsprachiger Rechnungslegungsunterlagen in beglaubigter Abschrift aus dem Register der Hauptniederlassung dient das Erfordernis einer beglaubigten Übersetzung (allein) der ausländischen Registerbeglaubigung dem inländischen Gericht zur Feststellung der Vollzähligkeit der Unterlagen (vgl. Rdn. 12). Die Gesetzesverfasser gingen davon aus, daß eine Prüfung der Vollständigkeit der fremdsprachigen Unterlagen in diesem Fall nicht erforderlich sei, weil schon das ausländische Gericht die Ordnungsmäßigkeit der Einreichung geprüft habe.[40] **19**

[38] Ebenso Beck BilKomm-*Ellrott/Spremann* Rdn. 44.

[39] Vgl. Begr. zum Gesetzentwurf der Bundesregierung, BTDrucks. 12/3908 S. 16.

[40] Vgl. Bericht der Abgeordneten *Gres* und *Dr. Pick* BTDrucks. 12/5170 S. 16.

III. Besonderheiten für einzelne Geschäftszweige

20 Für inländische Zweigniederlassungen von **Kreditinstituten** und **Versicherungsunternehmen** mit Sitz im Ausland begründen §§ 340 l Abs. 2, 341 l Abs. 2 besondere Offenlegungspflichten. Die allgemeine Vorschrift des § 325 a findet bei diesen Unternehmen keine Anwendung (Abs. 2).

1. Sonderbestimmungen für Kreditinstitute

21 Die Rechnungslegungspublizität von Kreditinstituten hat in § 340 l eine besondere Regelung erfahren (vgl. § 325, 55). Für inländische Zweigstellen von Kreditinstituten mit Sitz im Ausland begründet Abs. 2 S. 1 der Vorschrift eine besondere Offenlegungspflicht. Im Unterschied zu § 325 a besteht die Publizitätspflicht aus § 340 l Abs. 2 S. 1 nicht nur bei Zweigstellen von Unternehmen mit Sitz in EU- oder EWR-Staaten, sondern auch bei Kreditinstituten mit Sitz in Drittstaaten. Die inländischen Zweigstellen haben – entsprechend dem zu § 325 a Gesagten – den Jahres- und ggf. Konzernabschluß, den Lage- und ggf. Konzernlagebericht und die anderen in § 325 bezeichneten **Unterlagen der Hauptniederlassung** offenzulegen (§ 340 l Abs. 2 S. 1 i. V. m. Abs. 1 S. 1). Wegen der Art und Weise der Offenlegung verweist § 340 l Abs. 2 S. 1 auf die §§ 325 Abs. 2–5, 328. Kreditinstitute haben also unabhängig von der Erfüllung von Größenmerkmalen stets ‚volle' Bundesanzeigerpublizität nach § 325 Abs. 2 zu leisten (vgl. zur entsprechenden Regelung für die inländische Hauptniederlassung eines Kreditinstituts § 325, 55). Mit dem KapCoRiLiG (hierzu § 316, 4) ist die zuvor in § 340 l Abs. 2 S. 3 begründete Verpflichtung zur Einreichung der Unterlagen in deutscher Sprache (d. h. erforderlichenfalls einer Übersetzung) durch eine § 325 a Abs. 1 S. 3, 4 entsprechende Regelung ersetzt worden: Die Unterlagen sind nunmehr in deutscher respektive englischer Sprache *oder* in beglaubigter Abschrift einzureichen; (nur) von der Beglaubigung des Registers ist eine beglaubigte Übersetzung in deutscher Sprache einzureichen (§ 340 l Abs. 2 S. 3, 4 n. F.). Im übrigen kann, da die Verweisung auf die §§ 325 Abs. 2–5, 328 und 329 Abs. 1 insoweit den gleichen Inhalt hat, auf die Erläuterungen zu § 325 a verwiesen werden (oben Rdn. 10 ff).

22 Neben der – zum Teil mit § 325a gleichlaufenden – Pflicht zur Offenlegung der Rechnungslegungsunterlagen der Hauptniederlassung unterliegen Zweigniederlassungen von Kreditinstituten mit Sitz in einem **Nicht-EU oder -EWR-Staat** einer Verpflichtung zur Erstellung einer auf ihre *eigene Tätigkeit* bezogenen Rechnungslegung. Dies ergibt sich aus § 340 Abs. 1 S. 1 i. V. m. § 53 Abs. 1 KWG; nach der zuletzt genannten Bestimmung gelten Zweigniederlassungen von Unternehmen mit Sitz in einem anderen Staat ihrerseits als Kreditinstitute, wenn sie Bankgeschäfte in dem in § 1 Abs. 1 KWG bezeichneten Umfang betreiben. Damit unterliegt die Zweigstelle eines Unternehmens mit Sitz in einem Nicht-EU oder -EWR-Staat ihrerseits auch der Verpflichtung aus § 340 l Abs. 1 zur Offenlegung ihrer eigenen Rechnungslegungsunterlagen (vgl. zu dieser Verpflichtung § 325, 56). Die Privilegierung von Unternehmen mit Sitz in einem EU- oder -EWR-Staat geht auf die EG-Bankzweigniederlassungsrichtlinie zurück.[41] Nach Art. 2 Abs. 3 der Richtlinie dürfen Zweigniederlassungen von Kreditinstituten mit Sitz in EU-Mitgliedstaaten nicht mehr dazu verpflichtet werden, einen auf die eigene Tätigkeit bezogenen Jahresabschluß offenzulegen. Dementsprechend

---

[41] Richtlinie des Rates über die Pflichten der in einem Mitgliedstaat errichteten Zweigniederlassung von Kreditinstituten und Finanzinstituten mit Sitz außerhalb dieses Mitgliedstaates zur Offenlegung von Jahresabschlußunterlagen vom 13. 2. 1989, ABl. EG 1989, Nr. L 44/40.

geht § 340l Abs. 2 S. 2 allein von einer fortbestehenden Pflicht von Kreditinstituten mit Sitz in Nicht-EU- oder EWR-Staaten zur Offenlegung solcher die Zweigniederlassung betreffenden Unterlagen aus; die Vorschrift begründet eine Ausnahme für Kreditinstitute aus solchen Drittstaaten, die bezüglich der nach § 340l Abs. 2 S. 1 ohnehin offenzulegenden Rechnungslegungsunterlagen der *Hauptniederlassung* Anforderungen stellen, die dem EU-Recht angepaßt oder gleichwertig sind.[42]

Ergänzend ist darauf hinzuweisen, daß Kreditinstitute mit **Sitz in Deutschland**, die nicht Zweigstellen sind, nach § 340l Abs. 1 S. 2 die Rechnungslegungsunterlagen ihrer Hauptniederlassung in allen EG- und EWR-Staaten offenzulegen haben, in denen sie Zweigstellen unterhalten; die Offenlegung richtet sich nach dem Recht des jeweiligen Mitglied- bzw. Vertragsstaates. Eine Sanktion zur Durchsetzung dieser die Hauptniederlassung betreffenden Verpflichtung, die auf Art. 44 Abs. 4 der EG-Bankbilanzrichtlinie zurückgeht, ist nicht vorgesehen.[43] 23

2. Sonderbestimmungen für Versicherungsunternehmen

§ 325a ist bei Versicherungsunternehmen i. S. v. § 341 nicht anwendbar (vgl. § 325a Abs. 2). Für die hier interessierende Konstellation eines Versicherungsunternehmens mit Sitz im Ausland, das im Inland eine Niederlassung unterhält, ist die Norm des § 341 Abs. 2 von Bedeutung: Versicherungsunternehmen i. S. d. § 341 Abs. 1 sind auch inländische Niederlassungen von Versicherungsunternehmen mit Sitz in einem anderen Staat, wenn sie zum Betrieb des Direktversicherungsgeschäfts der Erlaubnis durch die deutsche Versicherungsaufsicht bedürfen. Die hiervon erfaßten inländischen Niederlassungen unterliegen den Pflichten der §§ 341 ff. Sie sind daher zur Erstellung **eigener Rechnungslegungsunterlagen** verpflichtet und müssen diese nach § 341l offenlegen (vgl. zu dieser Vorschrift § 325, 57). Eine Verpflichtung zur Offenlegung der Rechnungslegung der Hauptniederlassung, wie sie für Kreditinstitute in § 340l Abs. 2 S. 1 vorgesehen ist, besteht für Zweigniederlassungen ausländischer Versicherungsunternehmen bisher nicht. Andererseits entfällt nach derzeitigem Rechtszustand bei Publikation der Rechnungslegung der Hauptniederlassung nicht die Pflicht der Zweigniederlassung zur Erstellung und Offenlegung von auf die eigene Tätigkeit bezogenen Rechnungslegungsunterlagen.[44] 24

Aus der Verweisung auf § 325 Abs. 2–5 folgt, daß Versicherungsunternehmen unabhängig von einer Erfüllung bestimmter Größenkriterien **‚volle' Bundesanzeigerpublizität** zu leisten haben. Dies gilt auch für inländische Niederlassungen ausländischer Versicherungsunternehmen, soweit sie aufgrund §§ 341l i.V.m. 341 Abs. 2 zur Offenlegung im Inland verpflichtet sind (hierzu soeben Rdn. 24). Wegen des Inhalts der Publizitätspflichten ist im übrigen auf die Erläuterungen zu § 325 zu verweisen (vgl. dort Rdn. 6 ff, 57). 25

---

[42] Vgl. im einzelnen *Krumnow/Sprißler/Bellavite-Hövermann/Kemmer/Steinbrücker* Rechnungslegung der Kreditinstitute, Kommentar zum Bankbilanzrichtlinie-Gesetz und zur RechKredV (1994) § 340l, 9 ff.

[43] Zu Einzelheiten vgl. *Krumnow/Sprißler/Bellavite-Hövermann/Kemmer/Steinbrücker* aaO § 340l Rdn. 86–90.

[44] Vgl. zu den Gründen *Geib/Ellenbürger/Kölschbach* WPg 1992, 177, 179; vgl. zur EG-Versicherungsbilanzrichtlinie ferner *Donath* EuZW 1992, 719; vgl. auch BeckVersBilKomm-*Seitz* (1998) § 341, 1.

§ 326
Größenabhängige Erleichterungen für kleine Kapitalgesellschaften bei der Offenlegung

Auf kleine Kapitalgesellschaften (§ 267 Abs. 1) ist § 325 Abs. 1 mit der Maßgabe anzuwenden, daß die gesetzlichen Vertreter nur die Bilanz und den Anhang einzureichen haben. Der Anhang braucht die die Gewinn- und Verlustrechnung betreffenden Angaben nicht zu enthalten.

Übersicht

Schrifttum

Vgl. Angaben zu § 325, ferner *Weirich/Zimmermann*, Aufstellung und Offenlegung des Jahresabschlusses kleiner Aktiengesellschaften, AG 1986, 265.

I. Einführung

1 Die Vorschrift erlaubt kleinen Kapitalgesellschaften i. S. d. § 267 Abs. 1 (unter Einschluß der ihnen nach § 264 a Abs. 1 gleichgestellten kleinen Personenhandelsgesellschaften), bei der Offenlegung ihres Jahresabschlusses gewisse **Erleichterungen** in Anspruch zu nehmen: Für kleine Kapitalgesellschaften gilt § 325 Abs. 1 mit der Maßgabe, daß die gesetzlichen Vertreter nur die Bilanz und den Anhang einzureichen haben (S. 1). Nicht einzureichen sind demnach Gewinn- und Verlustrechnung, Lagebericht, Bericht des Aufsichtsrates und Angaben zur Ergebnisverwendung. Für die Aufstellung des Jahresabschlusses und den Anhang gelten bereits aufgrund der §§ 266 Abs. 1 S. 3, 274 a, 276 und 288 S. 1 größenabhängige Erleichterungen. Zudem brauchen kleine Gesellschaften die die Gewinn- und Verlustrechnung betreffenden Angaben im Anhang nicht offenzulegen (S. 2).

2 § 326 begründet ein **Wahlrecht;** die Entscheidung über eine Inanspruchnahme der Erleichterungen liegt also bei der Gesellschaft. Allerdings kann sich aus den gesellschaftsrechtlichen Innenverhältnissen eine Verpflichtung der Geschäftsführung resp. des Vorstands zur Inanspruchnahme der Erleichterungen ergeben. Dies ist wegen der Pflichtenbindung der Organe anzunehmen, wenn eine freiwillige Veröffentlichung von Unterlagen den Interessen der Gesellschaft zuwiderliefe.[1]

3 Die Erleichterungen des § 326 **gelten nicht:**

– für Kapitalgesellschaften, die gem. § 267 Abs. 3 S. 2 trotz Erfüllung der Größenkriterien des § 267 Abs. 1 als große gelten, weil sie bestimmte Segmente des Kapital-

[1] Vgl. hierzu ADS Rdn. 10; ähnlich Beck BilKomm-*Ellrott/Spremann* Rdn. 1; **a. A.** offenbar Bonner HdR-*Langenmayr* Rdn. 6; unentschieden MünchKommHGB-*Fehrenbacher* Rdn. 5.

markts in Anspruch nehmen (Zulassung oder beantragte Zulassung von Aktien oder anderen Wertpapieren zum amtlichen Börsenhandel oder zum Geregelten Markt in einem EWG-Staat; vgl. hierzu auch § 325, 47 ff)
- für Kreditinstitute (vgl. hierzu § 325, 55)
- für Versicherungsunternehmen (vgl. hierzu § 325, 57)
- für einen Konzernabschluß (vgl. hierzu § 325, 28 ff).

II. Inhalt der Offenlegungspflichten für ‚kleine Kapitalgesellschaften'

1. Offenlegungserleichterungen

§ 326 modifiziert für kleine Kapitalgesellschaften den **Umfang** der nach § 325 Abs. 1 offenzulegenden Unterlagen. Kleine Kapitalgesellschaften haben lediglich die *Bilanz* und den *Anhang* offenzulegen (S. 1; hierzu schon Rdn. 1). S. 2 gestattet zudem die Offenlegung eines verkürzten Anhangs: Da kleine Kapitalgesellschaften die Gewinn- und Verlustrechnung nicht offenzulegen brauchen, kann der Anhang um die entsprechenden Angaben verkürzt werden. Daher brauchen die Angaben nach § 277 Abs. 4 S. 2 und 3 nicht offengelegt zu werden. Soweit sie sich auf die Gewinn- und Verlustrechnung beziehen, brauchen auch die Angaben nach § 265 Abs. 1 S. 2, Abs. 2 S. 2 und 3, Abs. 4 S. 2, Abs. 7 Nr. 2, § 284 Abs. 2 Nr. 1 und Nr. 2 nicht offengelegt zu werden.[2] 4

2. Aufstellungserleichterungen

Wegen des von kleinen Kapitalgesellschaften aufzustellenden und damit – abgesehen von den Erleichterungen des § 326 – offenzulegenden Jahresabschlusses ist zunächst auf § 266 zu verweisen. Danach kann die kleine Kapitalgesellschaft zwischen der Normalgliederung (§ 266 Abs. 2) und einer verkürzten Gliederung (§ 266 Abs. 1 S. 3) wählen. Weitere Aufstellungserleichterungen für kleine Kapitalgesellschaften sind in § 274 a, § 276 und § 288 S. 1 vorgesehen. Zu beachten ist, daß das Gesetz eine Reihe von **Sonderausweisen** von allen Kapitalgesellschaften fordert, ohne nach deren Größe zu differenzieren (vgl. z. B. § 268 Abs. 1 S. 2 Hs. 2, Abs. 3, Abs. 4 S. 1, Abs. 5 S. 1, Abs. 7; § 269 S. 1 Hs. 2; § 272 Abs. 1 S. 2 Hs. 2 und S. 3 Hs. 2; § 273 S. 2; § 274 Abs. 2 S. 2). Im Schrifttum ist vorgeschlagen worden, die Anwendbarkeit dieser in § 326 nicht in Bezug genommenen Vorschriften jeweils „nach dem Sinn und Zweck" der allgemeinen Erleichterungsnorm (hier des § 326) zu bestimmen. Zur Begründung wird darauf verwiesen, daß nach neuerer Rechtsprechung auch bei Ausnahmebestimmungen – hier den Erleichterungsbestimmungen – eine erweiterte Auslegung oder Analogie „statthaft oder gar geboten" sei.[3] Ein solches Vorgehen, das zur teilweisen Unanwendbarkeit der Sonderausweisbestimmungen führt, ist mit dem Gesetz nicht vereinbar. Die Erleichterungsnormen nennen die betreffenden Vorschriften nicht; das Ergebnis ihrer Unanwendbarkeit kann also nicht im Wege der Auslegung – die die Grenzen des Wortlauts nicht sprengen darf – gewonnen werden. Eine analoge Anwendung des § 326 käme nur in Betracht, wenn eine Regelungslücke bestünde. Der Gesetzgeber hat aber über die Anwendbarkeit der Vorschriften (auch) auf kleine Kapitalgesellschaften in bejahendem Sinne entschieden: Er hat sie innerhalb des Dritten Buches des HGB in 5

---

[2] Vgl. im einzelnen ADS Rdn. 28 f; Beck BilKomm-*Ellrott/Spremann* Rdn. 26.

[3] *Weirich/Zimmermann* AG 1986, 265, 267; ihnen im Ausgangspunkt folgend ADS Rdn. 23 f.

den Ersten Unterabschnitt des Zweiten Abschnittes aufgenommen und damit in den Zusammenhang derjenigen Vorschriften gestellt, die für alle Kapitalgesellschaften gelten.[4]

3. ‚Nachholung' von Aufstellungserleichterungen bei der Offenlegung

6 Hat eine Gesellschaft von den beschriebenen Aufstellungserleichterungen keinen Gebrauch gemacht, so stellt sich die Frage, ob die Erleichterungen bei der später erfolgenden Offenlegung geltend gemacht werden können. Anders gewendet: Hat eine kleine Kapitalgesellschaft so offenzulegen wie aufgestellt wurde; oder kann sie sich noch im Stadium der Offenlegung darauf berufen, daß anders hätte aufgestellt werden können? Die Frage hat Relevanz für die Möglichkeit zu einer Verkürzung der Bilanz nach § 266 Abs. 1 S. 3, für die vielfältigen Möglichkeiten des § 274 a zur Verkürzung des Anhangs und zum Teil der Bilanz sowie für die Möglichkeit zur Verkürzung des Anhangs nach § 288 S. 1. Die Bestimmung des § 276 (Zusammenfassung von Einzelposten der Gewinn- und Verlustrechnung zu einem ‚Rohergebnis') spielt demgegenüber in dem hier interessierenden Zusammenhang keine Rolle, da kleine Kapitalgesellschaften die Gewinn- und Verlustrechnung ohnehin nicht offenzulegen brauchen (vgl. schon Rdn. 1). Der Wortlaut des § 326 S. 1 spricht nicht gegen die Möglichkeit einer ‚Nachholung' der Aufstellungserleichterungen bei der Offenlegung.[5] Die Begriffe Bilanz und Anhang nehmen nicht notwendigerweise die Bestandteile (gerade) des festgestellten Jahresabschlusses in Bezug. Auch die Materialien zu § 326 sprechen dafür, die Nachholung **zuzulassen**. Die am Gesetzgebungsverfahren Beteiligten bezweckten eine möglichst vollständige Umsetzung derjenigen Mitgliedstaaten-Wahlrechte, die Erleichterungen für die mittelständische Wirtschaft zuließen.[6] Eine Interpretation des § 326, die die Inanspruchnahme von Aufstellungserleichterungen bei der Offenlegung ausschlösse, stünde im Widerspruch zu diesem Ziel;[7] Art. 47 Abs. 2 litt. a und b der Vierten gesellschaftsrechtlichen Richtlinie erlaubt die Inanspruchnahme der Erleichterungen auch bei der Offenlegung. Dementsprechend heißt es im Bericht des Rechtsausschusses: „Indem § 326 die Offenlegung der Bilanz und des Anhangs gestattet, so wie beide in verkürzter Form nach §§ 266 Abs. 1 S. 3, 288 S. 1 HGB aufgestellt werden dürfen, und von der Offenlegung von Gewinn- und Verlustrechnung, Lagebericht und Prüfungsvermerk freistellt, nutzt er die Mitgliedstaatenwahlrechte des Art. 47 Abs. 2 der Vierten Richtlinie aus".[8] Die Mitglieder des Rechtsausschusses gingen also nicht von einer Verpflichtung zur Offenlegung des Jahresabschlusses in der Form aus, in der er aufgestellt *worden ist*, sondern in der Form, in der Anhang und Bilanz *„aufgestellt werden dürfen"*. Neben diesem historischen Argument spricht schließlich auch ein teleologischer Gesichtspunkt dafür, die Nachholung zuzulassen: Informationsinteressen der Öffentlichkeit, die nur in den Grenzen des *aufzustellenden* Jahresabschlusses gesetzliche Anerkennung finden, stehen der hier befürworteten Nachholungsmöglichkeit nicht entgegen.[9]

---

[4] Im Ergebnis wie hier Beck BilKomm-*Ellrott/Spremann* Rdn. 20; MünchKommHGB-*Fehrenbacher* Rdn. 15–17.

[5] Abweichend ADS Rdn. 21, die aber im Ergebnis den hier vertretenen Standpunkt einnehmen.

[6] Vgl. den Bericht der Abgeordneten *Helmrich, Kleinert* und *Stiegler* BTDrucks. 10/4268 S. 86.

[7] Vgl. auch Bonner HdR-*Langenmayr* Rdn. 4, der allgemein auf „Sinn und Zweck der Publizitätsvorschriften" abhebt.

[8] Vgl. den Bericht der Abgeordneten *Helmrich, Kleinert* und *Stiegler* aaO (Fußn. 5) S. 121.

[9] Im Ergebnis wie hier Beck BilKomm-*Ellrott/Spremann* Rdn. 15; *Biener/Berneke* 452; *Lutter/Hommelhoff* Anh. § 42 a Anm. 11; Bonner HdR-*Langenmayr* Rdn. 4; HdR³-*Müller* Rdn. 2; ADS Rdn. 21; MünchKommHGB-*Fehrenbacher* Rdn. 11.

III. Geltung der §§ 325, 328

§ 326 berührt nicht die grundsätzliche Geltung der §§ 325, 328 für kleine Kapitalgesellschaften. Daher ist ergänzend auf die Erläuterungen zu diesen Vorschriften zu verweisen. Dies gilt namentlich für die Darlegungen zum **Verfahren** der Offenlegung (§ 325, 11ff und § 328, 10ff), zu den Adressaten der Offenlegungspflicht (§ 325, 20) und zu den Rechtsfolgen einer Verletzung der Offenlegungspflichten (§ 325, 62 f). 7

IV. Informationspflichten gegenüber Gesellschaftern

Die an anderer Stelle beschriebenen Informationspflichten von Kapitalgesellschaften gegenüber ihren Gesellschaftern (§ 325, 52f) werden durch § 326 nicht berührt.[10] Gem. § 175 Abs. 2 AktG sind der Jahresabschluß (der unter Inanspruchnahme der Aufstellungs-, nicht aber der Offenlegungserleichterungen erstellt sein kann), der Lagebericht, der Bericht des Aufsichtsrates und der Gewinnverwendungsvorschlag des Vorstandes von der Einberufung der Hauptversammlung an in dem Geschäftsraum der Gesellschaft zur Einsicht der **Aktionäre** auszulegen; auf Verlangen ist jedem Aktionär eine Abschrift der Vorlage zu erteilen. Nach § 131 Abs. 1 S. 3 AktG haben Gesellschaften, die von den Aufstellungserleichterungen der §§ 266 Abs. 1 S. 3, 276 oder 288 Gebrauch gemacht haben, in der Hauptversammlung Aktionären auf Verlangen den Jahresabschluß in der Form vorzulegen, die er ohne Anwendung dieser Vorschriften hätte. Anders als bei § 131 Abs. 1 S. 1 und 2 ist nicht Voraussetzung, daß die Vorlage für die Beurteilung von Tagesordnungspunkten erforderlich ist.[11] 8

Bei der **GmbH** sind den Gesellschaftern zum Zweck der Feststellung der vollständige Jahresabschluß, der Lagebericht und ggf. der Bericht des Aufsichtsrates vorzulegen (§ 42a Abs. 1 S. 1 GmbHG). Eine § 131 Abs. 1 S. 3 AktG entsprechende Vorschrift fehlt; bei der GmbH kann sich eine Verpflichtung zur Vorlage eines ohne die Aufstellungserleichterungen gefertigten Jahresabschlusses aber aus dem Gesellschaftsvertrag ergeben.[12] Im übrigen ist auf die nach § 51a GmbHG bestehenden Informationsrechte der Gesellschafter hinzuweisen (hierzu § 325, 53). 9

§ 327

Größenabhängige Erleichterungen für mittelgroße Kapitalgesellschaften bei der Offenlegung

Auf mittelgroße Kapitalgesellschaften (§ 267 Abs. 2) ist § 325 Abs. 1 mit der Maßgabe anzuwenden, daß die gesetzlichen Vertreter

1. die Bilanz nur in der für kleine Kapitalgesellschaften nach § 266 Abs. 1 Satz 3 vorgeschriebenen Form zum Handelsregister einreichen müssen. In der Bilanz

---

[10] *Biener/Berneke* 453.

[11] *Hüffer* § 131, 20; MünchHdbAG-*Semler* § 37, 9.

[12] Vgl. ADS Rdn. 33; noch weitergehend *Biener/Berneke* 453 (genereller Anspruch auf Vorlage ungekürzter Unterlagen); hiergegen HdR³-*Müller* § 327 Rdn. 2.

oder im Anhang sind jedoch die folgenden Posten des § 266 Abs. 2 und 3 zusätzlich gesondert anzugeben:

Auf der Aktivseite

A I 2	**Geschäfts- oder Firmenwert;**
A II 1	**Grundstücke, grundstücksgleiche Rechte und Bauten einschließlich der Bauten auf fremden Grundstücken;**
A II 2	**technische Anlagen und Maschinen;**
A II 3	**andere Anlagen, Betriebs- und Geschäftsausstattung;**
A II 4	**geleistete Anzahlungen und Anlagen im Bau;**
A III 1	**Anteile an verbundenen Unternehmen;**
A III 2	**Ausleihungen an verbundene Unternehmen;**
A III 3	**Beteiligungen;**
A III 4	**Ausleihungen an Unternehmen, mit denen ein Beteiligungsverhältnis besteht;**
B II 2	**Forderungen gegen verbundene Unternehmen;**
B II 3	**Forderungen gegen Unternehmen, mit denen ein Beteiligungsverhältnis besteht;**
B III 1	**Anteile an verbundenen Unternehmen;**
B III 2	**eigene Anteile.**

Auf der Passivseite

C 1	**Anleihen, davon konvertibel;**
C 2	**Verbindlichkeiten gegenüber Kreditinstituten;**
C 6	**Verbindlichkeiten gegenüber verbundenen Unternehmen;**
C 7	**Verbindlichkeiten gegenüber Unternehmen, mit denen ein Beteiligungverhältnis besteht;**

2. den Anhang ohne die Angaben nach § 285 Nr. 2, 5 und 8 Buchstabe a, Nr. 12 zum Handelsregister einreichen dürfen.

Übersicht

Schrifttum

Vgl. Angaben bei § 325.

I. Einführung

1 Die Vorschrift erlaubt mittelgroßen Kapitalgesellschaften i. S. d. § 267 Abs. 2 (unter Einschluß der ihnen nach § 264 a Abs. 1 gleichgestellten mittelgroßen Personenhandelsgesellschaften), bei der Offenlegung des Jahresabschlusses Erleichterungen in Anspruch zu nehmen. Anders als in § 326 für kleine Kapitalgesellschaften angeordnet, gestattet § 327 nicht den Verzicht auf einzelne Bestandteile des Jahresabschlusses. Mittelgroße Kapitalgesellschaften haben daher sämtliche in § 325 Abs. 1 genannten Unterlagen (Jahresabschluß; bei prüfungspflichtigen Gesellschaften Bestätigungs- bzw. Versagungs-

vermerk des Abschlußprüfers; Lagebericht; ggf. Bericht des Aufsichtsrates; Vorschlag und Beschluß über die Verwendung des Ergebnisses) offenzulegen (vgl. im einzelnen § 325, 6 ff). Die Vorschrift räumt den von ihr erfaßten Gesellschaften aber die Möglichkeit ein, Bilanz und Anhang bei der Offenlegung **inhaltlich anders auszugestalten** als in § 325 Abs. 1 gefordert.

§ 327 begründet wie § 326 ein **Wahlrecht;** die Entscheidung über eine Inanspruchnahme der Erleichterungen liegt also bei der Gesellschaft.[1] Wie bei § 326 kann sich aber auch hier aus dem gesellschaftsrechtlichen Innenverhältnis eine Verpflichtung des Vorstandes resp. der Geschäftsführung zur Nutzung der Erleichterungen ergeben (vgl. § 326, 2). 2

Die Vorschrift gilt für mittelgroße Kapitalgesellschaften i. S. d. § 267 Abs. 2. Bei Kapitalgesellschaften, die trotz Erfüllung der Größenkriterien des § 267 Abs. 2 als große Kapitalgesellschaften gelten, weil sie gewisse Segmente des **Kapitalmarktes** in Anspruch nehmen (Zulassung oder beantragte Zulassung von Aktien oder anderen Wertpapieren zum amtlichen Börsenhandel oder zum Geregelten Markt in einem EWG-Staat) findet § 327 keine Anwendung. Die Vorschrift ist ferner unanwendbar bei **Kreditinstituten** (vgl. hierzu § 325, 55 f) und bei **Versicherungsunternehmen** (vgl. hierzu § 325, 57). 3

II. Inhalt der Offenlegungspflichten für ‚mittelgroße Kapitalgesellschaften'

Die gesetzlichen Vertreter mittelgroßer Kapitalgesellschaften haben nach Maßgabe des § 325 Abs. 1 den Jahresabschluß (bestehend aus Bilanz, Gewinn- und Verlustrechnung und Anhang), den Bestätigungs- bzw. Versagungsvermerk des Abschlußprüfers (bei prüfungspflichtigen Gesellschaften), den Lagebericht, ggf. den Bericht des Aufsichtsrates und, falls sie sich nicht aus dem Jahresabschluß ergeben, den Ergebnisverwendungsvorschlag und -beschluß zum Handelsregister einzureichen (vgl. § 325, 6). § 327 gestattet aber die Offenlegung von Bilanz und Anhang in **verkürzter Form.** 4

Die **Bilanz** braucht nur in der für kleine Kapitalgesellschaften nach § 266 Abs. 1 S. 3 vorgeschriebenen Form eingereicht zu werden. Bei der Offenlegung reicht also eine Bilanz aus, in der nur die in § 266 Abs. 2 und 3 „mit Buchstaben und römischen Zahlen bezeichneten Posten gesondert und in der vorgeschriebenen Reihenfolge aufgenommen werden" (§ 266 Abs. 1 S. 3). § 327 modifiziert die Anforderungen an den offenzulegenden Jahresabschluß mittelgroßer Kapitalgesellschaften aber, indem – abweichend von § 266 Abs. 1 S. 3 – zusätzlich eine gesonderte Aufführung eines Teils der in § 266 Abs. 2 und 3 bezeichneten Posten in der Bilanz oder im Anhang verlangt wird. Es handelt sich hierbei im wesentlichen um den Firmen- oder Geschäftswert, um Positionen des Sachanlagevermögens und um Forderungen und Verbindlichkeiten im Verhältnis zu verbundenen Unternehmen oder Unternehmen, mit denen ein Beteiligungsverhältnis besteht; zudem sind ausgegebene Anleihen und Verbindlichkeiten gegenüber Kreditinstituten auszuweisen (vgl. im einzelnen die in Nr. 1 aufgeführten Positionen). Die Verpflichtung zum ungekürzten Ausweis der in § 266 Abs. 2 und 3 bezeichneten Posten bei der *Aufstellung der Bilanz* wird durch § 327 nicht berührt. Wie bei kleinen ist auch bei mittelgroßen Kapitalgesellschaften zu beachten, daß das 5

[1] Vgl. ADS Rdn. 8; Beck BilKomm-*Ellrott/Spremann* Rdn. 1.

Gesetz über die in § 266 Abs. 1 S. 3 (hier: i.V.m. § 327) geforderten Angaben hinaus aufgrund von Einzelvorschriften eine Reihe von Sonderausweisen fordert. Für eine Aufzählung dieser Positionen und für die Frage der Anwendbarkeit dieser Bestimmungen bei anderen als großen Kapitalgesellschaften wird auf die Erläuterungen zu § 326 (Rdn. 5) verwiesen.

6 Der **Anhang** darf ohne die Angaben nach § 285 Nr. 2, 5, 8 lit. a und 12 zum Handelsregister eingereicht werden. Entbehrlich ist demnach

- die Aufgliederung der Verbindlichkeiten mit einer Restlaufzeit von mehr als fünf Jahren und der durch Pfandrechte oder ähnliche Rechte gesicherten Verbindlichkeiten (§ 285 Nr. 2)
- die Angabe der Beeinflussung des Jahresergebnisses durch steuerliche Maßnahmen (§ 285 Nr. 5)
- im Fall der Anwendung des Umsatzkostenverfahrens die Angabe des Materialaufwandes (§ 285 Nr. 8 lit. a)
- die Erläuterung von Rückstellungen, die in der Bilanz unter dem Posten ‚sonstige Rückstellungen' erscheinen (§ 285 Nr. 12).

7 Wie in § 326 stellt sich für § 327 die Frage, ob Erleichterungen, die das Gesetz für die Aufstellung des Jahresabschlusses vorsieht, bei der Offenlegung ‚nachgeholt' werden können. Bei mittelgroßen Kapitalgesellschaften kommt dies im Hinblick auf die **Aufstellungserleichterungen** des § 276 (für die Gewinn- und Verlustrechnung) und des § 288 S. 2 (für den Anhang) in Betracht. Aus den zu § 326 entwickelten Gründen (§ 326, 6) ist die Nachholung auch im Zusammenhang des § 327 zu gestatten.[2]

III. Geltung der §§ 325, 328

8 Für mittelgroße Kapitalgesellschaften gelten – mit den Modifikationen des § 327 – die **allgemeinen Vorschriften** der §§ 325, 328. Daher kann ergänzend auf die Erläuterungen zu diesen Vorschriften verwiesen werden. Dies gilt im besonderen für die Darlegungen zum Verfahren der Offenlegung (§ 325, 11 ff und § 328, 10 ff), zu den Adressaten der Offenlegungspflicht (§ 325, 20), zu den Offenlegungsfristen (§ 325, 16 ff) und zu den Rechtsfolgen einer Verletzung der Pflichten (§ 325, 62 f).

§ 328

Form und Inhalt der Unterlagen bei der Offenlegung, Veröffentlichung und Vervielfältigung

(1) Bei der vollständigen oder teilweisen Offenlegung des Jahresabschlusses und des Konzernabschlusses und bei der Veröffentlichung oder Vervielfältigung in anderer Form auf Grund des Gesellschaftsvertrags oder der Satzung sind die folgenden Vorschriften einzuhalten:

1. Der Jahresabschluß und der Konzernabschluß sind so wiederzugeben, daß sie den für ihre Aufstellung maßgeblichen Vorschriften entsprechen, soweit nicht

[2] Im Ergebnis ebenso *Biener/Berneke* 455; Beck BilKomm-*Ellrott/Spremann* Rdn. 13 f; Bonner HdR-*Langenmayr* Rdn. 5; *Lutter/Hommelhoff* Anh. § 42 a Rdn. 11, 15; ADS Rdn. 11; MünchKommHGB-*Fehrenbacher* Rdn. 6.

Erleichterungen nach §§ 326, 327 in Anspruch genommen werden; sie haben in diesem Rahmen vollständig und richtig zu sein. Das Datum der Feststellung ist anzugeben, sofern der Jahresabschluß festgestellt worden ist. Wurde der Jahresabschluß oder der Konzernabschluß auf Grund gesetzlicher Vorschriften durch einen Abschlußprüfer geprüft, so ist jeweils der vollständige Wortlaut des Bestätigungsvermerks oder des Vermerks über dessen Versagung wiederzugeben; wird der Jahresabschluß wegen der Inanspruchnahme von Erleichterungen nur teilweise offengelegt und bezieht sich der Bestätigungsvermerk auf den vollständigen Jahresabschluß, so ist hierauf hinzuweisen.

2. Werden der Jahresabschluß oder der Konzernabschluß zur Wahrung der gesetzlich vorgeschriebenen Fristen über die Offenlegung vor der Prüfung oder Feststellung, sofern diese gesetzlich vorgeschrieben sind, oder nicht gleichzeitig mit beizufügenden Unterlagen offengelegt, so ist hierauf bei der Offenlegung hinzuweisen.

(2) Werden der Jahresabschluß oder der Konzernabschluß in Veröffentlichungen und Vervielfältigungen, die nicht durch Gesetz, Gesellschaftsvertrag oder Satzung vorgeschrieben sind, nicht in der nach Absatz 1 vorgeschriebenen Form wiedergegeben, so ist jeweils in einer Überschrift darauf hinzuweisen, daß es sich nicht um eine der gesetzlichen Form entsprechende Veröffentlichung handelt. Ein Bestätigungsvermerk darf nicht beigefügt werden. Ist jedoch auf Grund gesetzlicher Vorschriften eine Prüfung durch einen Abschlußprüfer erfolgt, so ist anzugeben, ob der Abschlußprüfer den in gesetzlicher Form erstellten Jahresabschluß oder den Konzernabschluß bestätigt hat oder ob er die Bestätigung eingeschränkt oder versagt hat. Ferner ist anzugeben, bei welchem Handelsregister und in welcher Nummer des Bundesanzeigers die Offenlegung erfolgt ist oder daß die Offenlegung noch nicht erfolgt ist.

(3) Absatz 1 Nr. 1 ist auf den Lagebericht, den Konzernlagebericht, den Vorschlag für die Verwendung des Ergebnisses und den Beschluß über seine Verwendung sowie auf die Aufstellung des Anteilsbesitzes entsprechend anzuwenden. Werden die in Satz 1 bezeichneten Unterlagen nicht gleichzeitig mit dem Jahresabschluß oder dem Konzernabschluß offengelegt, so ist bei ihrer nachträglichen Offenlegung jeweils anzugeben, auf welchen Abschluß sie sich beziehen und wo dieser offengelegt worden ist; dies gilt auch für die nachträgliche Offenlegung des Bestätigungsvermerks oder des Vermerks über seine Versagung.

(4) (aufgehoben)

Übersicht

Schrifttum

Vgl. die Angaben zu § 325.

I. Einführung

1 Die Vorschrift, die die früher in §§ 178, 338 Abs. 4 AktG enthaltenen Regelungen ablöst, geht auf Artt. 48 und 49 der Vierten gesellschaftsrechtlichen Richtlinie und auf Art. 38 Abs. 5 der Siebenten gesellschaftsrechtlichen Richtlinie zurück. Sie hat **Form und Inhalt** der Unterlagen zum Gegenstand, die nach den §§ 325 ff offenzulegen sind. § 328 bezieht sich aber nicht nur auf die gesetzlich geforderte Pflichtpublizität, sondern auch auf Fälle einer auf Grund von Bestimmungen der Satzung oder des Gesellschaftsvertrages erforderlichen Veröffentlichung oder Vervielfältigung. Darüber hinaus enthält die Vorschrift Bestimmungen über die freiwillige Veröffentlichung und Vervielfältigung von Rechnungslegungsunterlagen. Ein Hinweis auf Sanktionen, die eine Verletzung der aus der Vorschrift resultierenden Pflichten auslösen kann, findet sich bei den Erläuterungen zu § 325 (dort Rdn. 62 f).

2 Abs. 1 Nr. 1 spricht für die Fälle der von Gesetz oder Gesellschaftsvertrag/Satzung geforderten **Pflichtpublizität** den Grundsatz aus, daß Jahres- und Konzernabschluß, soweit keine Offenlegungserleichterungen in Anspruch genommen werden, in der für die Aufstellung maßgeblichen Form vollständig und richtig offenzulegen bzw. zu publizieren sind. Zudem sind das Datum der Feststellung und ggf. der Bestätigungs- bzw. Versagungsvermerk des Abschlußprüfers wiederzugeben. Abs. 1 Nr. 2 betrifft die Form der Offenlegung in Fällen, in denen sie zur Wahrung der gesetzlichen Fristen vor einer erforderlichen Prüfung oder Feststellung oder nicht gleichzeitig mit beizufügenden Unterlagen erfolgt.

3 Die **freiwillige**, d.h. weder von Gesetz noch von Gesellschaftsvertrag/Satzung geforderte Veröffentlichung oder Vervielfältigung von Rechnungslegungsunterlagen ist Gegenstand der Regelungen des Abs. 2. Die Bestimmungen dienen vornehmlich dem Schutz der Adressaten derartiger Publikationen bzw. Reproduktionen vor Gefahren einer Irreführung. Zudem soll das Publikum durch die ggf. erforderliche Angabe, bei welchem Handelsregister und in welcher Ausgabe des Bundesanzeigers eine vollständige Offenlegung erfolgt ist, die Möglichkeit des Einblicks in die Rechnungslegungsunterlagen in ungekürzter Form erhalten.

4 In Abs. 3 S. 1 wird eine entsprechende Anwendung der Regelungen von Abs. 1 Nr. 1 auf Lagebericht, Konzernlagebericht, Ergebnisverwendungsvorschlag und -beschluß sowie auf die Aufstellung des Anteilsbesitzes angeordnet. In Fällen der Pflichtpublizität (vgl. Rdn. 2) gilt also auch in bezug auf diese Unterlagen das Gebot der **vollständigen und richtigen Wiedergabe**. Abs. 3 S. 2 betrifft die Form der Offenlegung in Fällen, in denen die in S. 1 bezeichneten Unterlagen oder der Bestätigungs- oder Versagungsvermerk nicht gleichzeitig mit dem Jahres- bzw. Konzernabschluß offengelegt werden.

5 Abs. 4 enthielt Sonderbestimmungen für die Offenlegung, Veröffentlichung oder Vervielfältigung von Jahres- und Konzernabschlüssen, die Angaben nicht nur in DM, sondern auch in Europäischen Währungseinheiten enthalten. Die Vorschrift, die mit Gesetz vom 25.7.1994[1] angefügt wurde, ging auf Artt. 8 und 9 der sog. Mittelstandsrichtlinie zurück.[2] Sie ist durch das Euro-Einführungsgesetz mit Wirkung vom 1.1.1999 **aufgehoben** worden.

---

[1] BGBl. I S. 1682.

[2] Vgl. BTDrucks. 12/7912 S. 24 – zu Nr. 10.

II. Anwendungsbereich

§ 328 bezieht sich auf Kapitalgesellschaften und ihnen nach § 264 a Abs. 1 gleichgestellte Personengesellschaften, die **deutschem Recht** unterliegen (vgl. hierzu § 325, 58 ff); auf Grund von Verweisungen findet die Norm zudem bei der Zweigniederlassungspublizität ausländischer Kapitalgesellschaften (§ 325 a Abs. 1 S. 1), bei Genossenschaften (§ 339 Abs. 3), Kreditinstituten (§ 340 l Abs. 2) und Versicherungsunternehmen (§ 341 l Abs. 1) Anwendung. Auch auf die dem *Publizitätsgesetz* unterliegenden Unternehmen (hierzu § 325, 41 ff) sind auf Grund der in §§ 9 Abs. 1, 15 Abs. 2 PublG enthaltenen Verweisungen die Vorschriften des § 328 anwendbar. Dies ist auch für freiwillige oder auf Gesellschaftsvertrag/Satzung beruhende Veröffentlichungen oder Vervielfältigungen solcher Unternehmen anzunehmen, die nicht der Konzernabschlußpublizität des § 15 Abs. 2 PublG (für diese ist die uneingeschränkte Anwendbarkeit des § 328 unbestritten), sondern der Einzelabschlußpublizität nach § 9 Abs. 1 PublG unterliegen. Der Gegenmeinung ist zwar zuzugeben, daß in § 9 Abs. 1 PublG nur von der Offenlegung, nicht von Veröffentlichungen und Vervielfältigungen die Rede ist. Hieraus kann aber nicht geschlossen werden, daß die Bestimmung nur Fälle der gesetzlichen Pflichtpublizität in Bezug nehmen soll.[3] Gegen diese Folgerung spricht, daß in § 9 Abs. 1 (wie in § 15 Abs. 2) PublG auf die Vorschrift des § 328 im ganzen und damit auch auf diejenigen Bestimmungen verwiesen wird, die eine freiwillige Veröffentlichung und Vervielfältigung zum Gegenstand haben. Vor diesem Hintergrund kann der Verwendung des Begriffs „Offenlegung“ in § 9 Abs. 1 PublG keine limitierende Wirkung zugesprochen werden. Daß der Begriff der Offenlegung im PublG – anders als im HGB – nicht im streng begrenzten Sinn der gesetzlichen Pflichtpublizität gebraucht wird, zeigt sich an seiner Verwendung in § 15 PublG: Unter der amtlichen Überschrift „Offenlegung des Konzernabschlusses“ finden sich dort in Abs. 2 auch Bestimmungen über die freiwillige Veröffentlichung und Vervielfältigung des Konzernabschlusses, Teilkonzernabschlusses, Konzernlageberichts und Teilkonzernlageberichts. 6

Nicht von § 328 erfaßt sind *gesetzliche Pflichten* zur Veröffentlichung oder Vervielfältigung, die – wie die aus §§ 175 Abs. 2, 176 Abs. 1 S. 1 AktG (Verpflichtung zur Auslegung von Rechnungslegungsunterlagen in dem Geschäftsraum der Gesellschaft und zur Vorlage in der Hauptversammlung) und diejenigen aus § 36 Abs. 3 Nr. 2 BörsG i. V. m. §§ 13–47 BörsZulVO (Veröffentlichung eines Emissionsprospektes) – **keine ‚Offenlegung‘** i. S. d. §§ 325 ff zum Gegenstand haben. Im Schrifttum ist eine analoge Anwendung des Abs. 1 auf diese Pflichten befürwortet worden.[4] Die Annahme einer planwidrigen Regelungslücke innerhalb des Systems der §§ 325 ff muß aber angesichts des eindeutigen Inhaltes des Begriffs der Offenlegung in den §§ 325 ff Zweifeln begegnen. Einer Analogie bedarf es nach hier vertretener Auffassung nicht, wenn den spezialgesetzlichen Veröffentlichungs- oder Vervielfältigungsbestimmungen durch Auslegung entnommen wird, welche Form die Unterlagen aufweisen müssen und ob im Fall ihrer Unvollständigkeit bzw. des Fehlens von Feststellung oder Prüfung ein aufklärender Hinweis vonnöten ist. Dies wird mit Blick auf die den betreffenden Bestimmungen zugrundeliegenden Regelungszwecke regelmäßig anzunehmen sein. 7

---

[3] So aber ADS Rdn. 7; ADS § 9 PublG Rdn. 27; Beck BilKomm-*Ellrott/Spremann* Rdn. 4; Münch-KommHGB-*Fehrenbacher* Rdn. 2.

[4] ADS Rdn. 25.

8 Bei anderen als den unter Rdn. 6 in Bezug genommenen Unternehmen – beispielsweise bei Einzelkaufleuten oder Personengesellschaften, die nicht dem PublG unterfallen und nicht von § 264 a Abs. 1 erfaßt sind – beansprucht § 328 keine Anwendung. Zwar spricht Abs. 2 allgemein von Veröffentlichungen und Vervielfältigungen, die nicht durch Gesetz, Gesellschaftsvertrag oder Satzung vorgeschrieben sind. Aus der Stellung der Norm im Zweiten Abschnitt des Dritten Buches des HGB (Ergänzende Vorschriften für Kapitalgesellschaften) ergibt sich aber, daß neben Kapitalgesellschaften, den durch § 264 a Abs. 1 gleichgestellten Personengesellschaften und solchen Rechtsträgern, für die besondere Verweisungen auf § 328 bestehen, **keine weiteren Unternehmensträger** erfaßt werden. Dies kann nicht bedeuten, daß andere als die in Rdn. 6 bezeichneten Unternehmen ihre Rechnungslegungsunterlagen in beliebiger Form veröffentlichen oder vervielfältigen dürften. Auch bei ihnen ist – entsprechend dem Inhalt des § 328 Abs. 2 – dafür Sorge zu tragen, daß Verwechslungen zwischen einem vollständigen Abschluß und einer publizierten gekürzten Fassung ausgeschlossen werden.[5] Ein Bestätigungsvermerk darf auch bei diesen Unternehmen nur dann Gegenstand der Veröffentlichung sein, wenn der im gleichen Zusammenhang publizierte Jahresabschluß vollständig veröffentlicht wird. Unzulässig ist selbstverständlich auch die Publikation inhaltlich unrichtiger Unterlagen. Personen, die im Vertrauen auf die Richtigkeit Rechtsgeschäfte mit dem Unternehmen vorgenommen haben, können Ansprüche gegen die handelnden Personen aus den Gesichtspunkten der Deliktshaftung und des Verschuldens bei Vertragsschluß zustehen.[6]

9 Soweit § 328 sich auf Unternehmen bezieht, die der gesetzlichen Pflichtpublizität unterliegen, beansprucht die Vorschrift **zwingend** Geltung: Das Unternehmen kann nicht, etwa durch Satzungsbestimmung, die gesetzlichen Anforderungen an Form und Inhalt der offenzulegenden Rechnungslegungsunterlagen ändern oder abbedingen.[7] Dagegen entfaltet Abs. 1 bei einer allein durch Gesellschaftsvertrag/Satzung begründeten Pflicht nur in den durch den Vertrag bzw. die Satzung gezogenen Grenzen Wirkung: Durch entsprechende Vertrags- bzw. Satzungsbestimmung können die Pflichten aus Abs. 1 modifiziert (z. B. auf einen Teil der Unterlagen beschränkt) oder ausgeschlossen werden. Bei einer inhaltlich von Abs. 1 abweichenden Veröffentlichungs- oder Vervielfältigungspraxis ist nach Abs. 2 zu verfahren:[8] Es ist in einer Überschrift darauf hinzuweisen, daß die publizierten Unterlagen nicht in der nach Abs. 1 vorgeschriebenen Form wiedergegeben sind, und es darf kein Bestätigungsvermerk hinzugefügt werden (vgl. zu den Anforderungen des Abs. 2 unten Rdn. 24 ff).

III. Pflichtpublizität nach Abs. 1 (Jahresabschluß und Konzernabschluß)

1. Grundsatz der vollständigen und richtigen Wiedergabe (Nr. 1 S. 1)

10 Für die Fälle der gesetzlichen Pflichtpublizität ordnet Abs. 1 Nr. 1 das Prinzip der – vorbehaltlich einer Inanspruchnahme von Offenlegungserleichterungen – vollständigen und richtigen Wiedergabe von Jahres- und ggf. Konzernabschluß an. Auch bei

[5] Vgl. auch ADS Rdn. 8.
[6] Vgl. auch ADS Rdn. 8.
[7] Allgemeine Meinung; vgl. nur ADS Rdn. 12; Beck Bil-Komm-*Ellrott/Spremann* Rdn. 3; Bonner HdR-*Langenmayr* Rdn. 2.
[8] Vgl. auch ADS Rdn. 12; Beck BilKomm-*Ellrott/Spremann* Rdn. 3.

einer auf Grund von Gesellschaftsvertrag bzw. Satzung bestehenden, nicht weiter eingeschränkten (hierzu Rdn. 9) Pflicht zur Veröffentlichung oder Vervielfältigung von Rechnungslegungsunterlagen gilt nach Nr. 1 S. 1 für die Wiedergabe des Jahres- und des Konzernabschlusses das Prinzip der Vollständigkeit und Richtigkeit. Vergleichsmaßstab für die Beurteilung der Vollständigkeit und Richtigkeit sind dem Gesetzeswortlaut zufolge die für die Aufstellung von Jahres- und Konzernabschluß maßgeblichen Rechtsvorschriften. Teile des Schrifttums interpretieren die Vorschrift daher in dem Sinne, daß „Auslassungen" ggf. bei der Offenlegung zu berichtigen seien.[9] Diese Auffassung vermag nicht zu überzeugen. Ihre Befolgung würde dazu führen, daß ein Fehler, der eine Einschränkung des Bestätigungsvermerks des Abschlußprüfers zur Folge hat, bei der Offenlegung zu berichtigen wäre; Konsequenz wäre, daß ein berichtigter Jahresabschluß gemeinsam mit einem eingeschränkten Testat zu veröffentlichen wäre. Um eine solche inkonsistente Publikationspraxis zu vermeiden, erscheint es geboten, die **kongruente Wiedergabe der Vorlage** zu fordern; eine Ausnahme kann für offensichtliche Druck- oder Schreibfehler angenommen werden.[10] Mit der sprachlichen Fassung des Abs. 1 Nr. 1 (Vollständigkeit und Richtigkeit) ist das Prinzip der kongruenten Wiedergabe nicht unvereinbar, da den Verfassern des § 328 der Normalfall der gesetzestreuen Erstellung der Rechnungslegungsunterlagen vor Augen stand.[11]

Mit dem Prinzip der Vollständigkeit und Richtigkeit sind Kürzungen oder Zu- **11**
sammenfassungen grundsätzlich ebenso unvereinbar wie inhaltliche Abweichungen oder sprachliche Veränderungen. Eine Ausnahme gilt naturgemäß, soweit das Gesetz **Offenlegungserleichterungen** vorsieht. Soweit Erleichterungen nach §§ 326, 327 zulässigerweise in Anspruch genommen werden, kann also von einer kongruenten Wiedergabe des aufgestellten resp. festgestellten Abschlusses abgesehen werden. Auch ist zu beachten, daß bei der Offenlegung in gewissen Grenzen Aufstellungserleichterungen ‚nachgeholt' werden dürfen (vgl. hierzu § 326, 6 und § 327, 7). Bei Inanspruchnahme von Offenlegungserleichterungen bzw. Nachholung von Aufstellungserleichterungen verändert sich der von § 328 gesetzte Rahmen: Das Gebot der Vollständigkeit und Richtigkeit bezieht sich auf diejenigen Unterlagen, für die die Erleichterungen nicht in Anspruch genommen werden können.

Eine **Auf- oder Abrundung** der Zahlenangaben des Jahres- oder des Konzern- **12**
abschlusses auf volle Beträge ist bei der Offenlegung, Veröffentlichung oder Vervielfältigung nicht zulässig.[12] Jede im Stadium der Offenlegung, anderweitigen Publikation oder Reproduktion vorgenommene Veränderung der Abschlußangaben begründet einen Verstoß gegen das Gebot der vollständigen und richtigen Wiedergabe. Für die Gegenauffassung, die eine Rundung in Abhängigkeit von den Umständen des Einzelfalles zulassen möchte, mögen Gesichtspunkte der Praktikabilität sprechen. Gegen sie kann aber die eindeutige Fassung des § 328 Abs. 1 Nr. 1 angeführt werden; zudem fehlt es an eindeutigen Maßstäben dafür, wann eine Rundung verhältnismäßig und damit zulässig sein soll.

Die gesetzliche Pflichtpublizität nach §§ 325 ff erfolgt in **deutscher Sprache**. Das **13**
Gesetz ordnet dies explizit nur für die Offenlegung eines befreienden Konzern-

---

[9] Vgl. *Meyer-Landrut/Miller/Niehus* GmbHG §§ 238–335 HGB, 1549.

[10] Ähnlich ADS Rdn. 42; MünchKommHGB-*Fehrenbacher* Rdn. 17.

[11] Im Ergebnis wie hier ADS Rdn. 28 ff; Beck BilKomm-*Ellrott/Spremann* Rdn. 7.

[12] **A. A.** – in Abhängigkeit von den Umständen des Einzelfalles – ADS Rdn. 43. Unklar MünchKommHGB-*Fehrenbacher* Rdn. 17 sowie Beck BilKomm-*Ellrott/Spremann* Rdn. 9, die diese Auffassung noch in der Vorauflage für „bedenklich" gehalten hatten.

abschlusses an (§§ 264 b Nr. 3, 291 Abs. 1 S. 1, 292 a Abs. 1 S. 1), setzt aber im übrigen die Offenlegung in deutscher Sprache voraus.[13] Dagegen genügt bei Kapitalgesellschaften mit Sitz in einem anderen EU/EWR-Staat, die im Inland eine Zweigniederlassung unterhalten, gem. § 325 a Abs. 1 S. 3 die Einreichung einer beglaubigten Abschrift der Unterlagen der Rechnungslegung der Hauptniederlassung (zu Einzelheiten vgl. § 325 a, 12). Bei auf Gesellschaftsvertrag oder Satzung beruhender Veröffentlichungs- oder Vervielfältigungspflicht ist durch Auslegung zu ermitteln, ob die Publikation bzw. Reproduktion in deutscher Sprache zu erfolgen hat. Schweigt der Gesellschaftsvertrag bzw. die Satzung hierzu, so ist bei Gesellschaften, die deutschem Recht unterliegen (hierzu § 325, 58 ff), eine Pflicht zur Veröffentlichung bzw. Vervielfältigung in deutscher Sprache anzunehmen. Zur Zulässigkeit einer freiwilligen Publikation oder Reproduktion von Übersetzungen vgl. Rdn. 28, 30.

2. Angabe des Datums der Feststellung (Nr. 1 S. 2)

14 Das Datum der Feststellung ist bei der Offenlegung sowie bei einer durch Gesellschaftsvertrag bzw. Satzung angeordneten Veröffentlichung oder Vervielfältigung anzugeben, „sofern der Jahresabschluß festgestellt worden ist" (Nr. 1 S. 2). Die Vorschrift, die sich – da der Konzernabschluß nicht der Feststellung unterliegt – nur auf den Jahresabschluß bezieht, dient der **Information** der Adressaten über den Grad der Verbindlichkeit des offengelegten, anderweit publizierten oder reproduzierten Abschlusses: Ist der Jahresabschluß noch nicht festgestellt, so muß noch mit Änderungen gerechnet werden.[14] Wird der Jahresabschluß vor Feststellung offengelegt, anderweit publiziert oder reproduziert, so muß eine Angabe über eine später erfolgende Feststellung nicht nachgereicht werden.[15]

3. Wiedergabe des Bestätigungs- oder Versagungsvermerks (Nr. 1 S. 3)

15 Wurde der Jahres- oder der Konzernabschluß auf Grund gesetzlicher Verpflichtung von einem Abschlußprüfer geprüft, so ist dessen Bestätigungs- bzw. Versagungsvermerk vollständig wiederzugeben. Wie die Pflicht zur Angabe des Datums der Feststellung (hierzu Rdn. 14) dient auch die Wiedergabe des Testats der **Aufklärung** der Leser über den Grad der Verbindlichkeit des offengelegten, anderweit publizierten oder reproduzierten Jahresabschlusses. Anders als S. 2 bezieht S. 3 sich aber nicht allein auf den Jahres-, sondern ggf. auch auf einen Konzernabschluß, da auch dieser der Prüfung unterliegt (§ 316 Abs. 2).

16 Der Bestätigungs- bzw. Versagungsvermerk ist in seinem Wortlaut vollständig wiederzugeben. Enthält der Bestätigungsvermerk Ergänzungen i. S. v. § 322 Abs. 2, so sind diese wiederzugeben. Entsprechendes gilt für Einschränkungen i. S. d. § 322 Abs. 3.[16] Zur vollständigen Wiedergabe zählt auch die Wiedergabe der Namen der Unterzeichner; bei einer Prüfung durch eine Wirtschaftsprüfungsgesellschaft ist deren Firma vollständig anzugeben. Mit dem Erfordernis der vollständigen Wiedergabe im **Wortlaut** bringt das Gesetz den hohen Stellenwert zum Ausdruck, den es der Abschlußprüfung auch im Zusammenhang der Information der Öffentlichkeit und der Gesellschafter beimißt.

---

[13] Vgl. nur ADS Rdn. 46; Beck BilKomm-*Ellrott/Spremann* Rdn. 9.

[14] Vgl. auch die Begründung zum Gesetzentwurf der Bundesregierung, BTDrucks. 10/317 S. 99 – zu § 283.

[15] ADS Rdn. 50; Beck BilKomm-*Ellrott/Spremann* Rdn. 10.

[16] Vgl. ADS Rdn. 51; HdR³-*Müller* Rdn. 3.

Das Erfordernis der vollständigen Wiedergabe im Wortlaut besteht nach Nr. 1 S. 3 nur, soweit der Jahres- oder der Konzernabschluß „auf Grund **gesetzlicher Vorschriften** durch einen Abschlußprüfer geprüft" wurde. In Fällen, in denen die Prüfung nicht auf eine gesetzliche Verpflichtung zurückgeht, beansprucht Nr. 1 S. 3 keine Anwendung: Wird beispielsweise der Jahresabschluß einer kleinen GmbH (i. S. d. § 267 Abs. 1) auf Grund einer Bestimmung des Gesellschaftsvertrags oder auf Grund eines Beschlusses der Gesellschafter oder der Geschäftsführung geprüft, so steht der Gesellschaft die Entscheidung über eine Wiedergabe des Vermerks grundsätzlich frei. Allerdings wird, falls der Bestätigungsvermerk mit Ergänzungen oder mit Einschränkungen versehen worden ist, ein Abdruck des Vermerks nur in seiner vollständigen Fassung als zulässig angesehen werden können.[17] Ist der Vermerk versagt worden, so ist ein Abdruck des Jahresabschlusses nur unter Hinweis auf die Versagung als zulässig anzusehen.[18] 17

Nimmt eine Gesellschaft **Offenlegungserleichterungen** in Anspruch oder holt sie Aufstellungserleichterungen bei der Offenlegung nach (hierzu § 326, 6 und § 327, 7), so legt sie ihren Jahresabschluß nicht vollständig offen. Bei der Wiedergabe eines Bestätigungsvermerks, der sich auf den vollständigen Jahresabschluß bezieht, ist auf diese Diskrepanz hinzuweisen (Nr. 1 S. 3 Hs. 2): Für den Leser muß ersichtlich sein, daß der Bestätigungsvermerk sich auf eine andere als die im gleichen Zusammenhang wiedergegebene Fassung des Jahresabschlusses bezieht. 18

Vom Gesetz nicht vorgesehen, aber mit ihm vereinbar und daher zuzulassen ist die verbreitete Praxis einer **gesonderten Prüfung** der zur Offenlegung bestimmten Fassung des Jahresabschlusses durch den Abschlussprüfer.[19] Diese Prüfung kann zu der – bei der Offenlegung wiedergabefähigen – Feststellung des Abschlußprüfers führen, daß der zur Offenlegung bestimmte, verkürzte Jahresabschluß ordnungsgemäß aus dem vollständigen Jahresabschluß hergeleitet und nur unter Inanspruchnahme der zugelassenen Erleichterungen hergestellt worden sei, folglich den gesetzlichen Vorschriften entspreche. Eine solche für die Offenlegung erstellte Bescheinigung stellt keinen zweiten Bestätigungsvermerk dar.[20] Sie darf auch nicht durch entsprechende Formulierung den Eindruck erwecken, selbst das Testat darzustellen.[21] 19

Nr. 1 S. 3 Hs. 2 fordert seinem Wortlaut nach einen Hinweis auf die Nichtübereinstimmung des wiedergegebenen Jahresabschlusses mit demjenigen, auf den sich der Bestätigungs- oder Versagungsvermerk bezieht, nur bei der Offenlegung, also im Rahmen der gesetzlichen Pflichtpublizität. In **analoger Anwendung** der Vorschrift ist aber auch in den Fällen der auf Gesellschaftsvertrag oder Satzung beruhenden Veröffentlichung oder Vervielfältigung ein Hinweis auf die Nichtübereinstimmung zu fordern. Da Abs. 1 sich im ganzen auch auf diese Fälle bezieht und nicht anzunehmen ist, daß die Gesetzesverfasser die Fälle der auf Gesellschaftsvertrag oder Satzung beruhenden Veröffentlichung oder Vervielfältigung von Nr. 1 S. 3 Hs. 2 ausnehmen wollten, kann von einer Regelungslücke ausgegangen werden. Die Gefahr einer Irreführung der Öffentlichkeit und der Gesellschafter ist bei einer vertrags- oder 20

17 Vgl. ADS Rdn. 55; Beck BilKomm-*Ellrott/Spremann* Rdn. 13.

18 Vgl. Beck BilKomm-*Ellrott/Spremann* Rdn. 13.

19 Vgl. hierzu ADS Rdn. 59; vgl. auch den Bericht des Rechtsausschusses des Deutschen Bundestages, BTDrucks. 10/4268 S. 121 – zu § 327, wo – in Abweichung von der Gesetz gewordenen Fassung – sogar von einer Verpflichtung zu einer gesonderten Prüfung des verkürzten Abschlusses ausgegangen wird.

20 Wie hier ADS Rdn. 60; vgl. auch Beck BilKomm-*Ellrott/Spremann* Rdn. 12.

21 Vgl. im einzelnen ADS Rdn. 65.

satzungsbedingten Publikation oder Reproduktion in gleicher Weise gegeben wie in den Fällen der gesetzlichen Pflichtpublizität; eine analoge Anwendung der Vorschrift erscheint daher gerechtfertigt.[22] Für Fälle der freiwilligen Veröffentlichung oder Vervielfältigung von verkürzten Jahres- oder Konzernabschlüssen vgl. Rdn. 28.

4. Vorab-Offenlegung zur Fristwahrung (Nr. 2)

21 Abs. 1 Nr. 2 enthält eine Regelung zur sog. Vorab-Offenlegung, die auf Grund der Fristbestimmungen der §§ 325 Abs. 1 S. 1, Abs. 3 S. 1 und 326 Abs. 1 S. 1 erforderlich werden kann (hierzu § 325, 17 f): Werden der Jahres- oder Konzernabschluß zur Wahrung der gesetzlich vorgeschriebenen Fristen über die Offenlegung vor einer gesetzlich geforderten Prüfung oder Feststellung oder nicht gleichzeitig mit beizufügenden Unterlagen offengelegt, so ist hierauf bei der Offenlegung hinzuweisen. Der **Hinweis** ist sowohl bei der Einreichung der Unterlagen zum Handelsregister als auch bei der Bekanntmachung im Bundesanzeiger zu geben.[23] Er muß unmißverständlich zum Ausdruck bringen, inwieweit die eingereichten Unterlagen unvollständig sind, d. h. welche Rechtsakte oder Unterlagen fehlen.[24] Die Formel, Jahresabschluß und Lagebericht würden „vorab offengelegt“, reicht nicht aus.[25] Der Hinweis kann beispielsweise auf dem Deckblatt der zum Handelsregister einzureichenden Unterlagen sowie am Ende des Bekanntmachungstextes erfolgen.[26]

22 Ein Hinweis auf das Fehlen der Prüfung oder Feststellung ist nur gefordert, „sofern diese gesetzlich vorgeschrieben sind“; ein solcher auf das Fehlen von Unterlagen ist nur bezüglich „beizufügenden“, d. h. nach dem **Gesetz** offenzulegenden Unterlagen erforderlich. Daher erübrigt sich beispielsweise bei kleinen Kapitalgesellschaften ein Hinweis auf das Fehlen einer Prüfung (vgl. § 316 Abs. 1 S. 1). Bei der Offenlegung eines Konzernabschlusses erübrigt sich, da das Gesetz keine Feststellung durch die Gesellschafter fordert, ein Hinweis auf das Fehlen der Feststellung.

23 Für Fälle, in denen eine Veröffentlichungs- oder Vervielfältigungspflicht nicht auf gesetzlicher Grundlage, sondern auf dem **Gesellschaftsvertrag bzw. der Satzung** beruht, ist im Schrifttum eine analoge Anwendung des Abs. 1 Nr. 2 befürwortet worden.[27] Dem ist aus den zu Abs. 1 Nr. 1 entwickelten Gründen (Rdn. 20) zu folgen. Eine Pflicht zu einem Hinweis auf das Fehlen von Rechtsakten oder Unterlagen kann sich zudem aus dem Gesellschaftsvertrag bzw. der Satzung ergeben: Ordnen Vertrag bzw. Satzung die Veröffentlichung oder Vervielfältigung gewisser Unterlagen zum Zweck der Information von Öffentlichkeit und/oder Gesellschaftern an, so kann dem die Unzulässigkeit einer Irreführung der Adressaten durch Publikation oder Reproduktion unvollständiger Unterlagen entnommen werden.

---

22 Im Ergebnis ebenso ADS Rdn. 66; Baumbach/Hueck/*Schulze-Osterloh* § 41, 140.
23 Vgl. zu den unterschiedlichen Verfahren nach § 325 Abs. 1 S. 1 bzw. Abs. 2: § 325, 16 f, 27.
24 MünchKommHGB-*Fehrenbacher* Rdn. 26.
25 **A. A.** *Glade* § 325, 20.
26 Vgl. ADS Rdn. 71.
27 ADS Rdn. 72; Beck BilKomm-*Ellrott/Spremann* Rdn. 14.

IV. Freiwillige Publizität nach Abs. 2 (Jahresabschluß und Konzernabschluß)

1. Allgemeines

Der Tatbestand des Abs. 2 bildet das Gegenstück zu demjenigen des Abs. 1: Dort ging es um die gesetzlich geforderte Offenlegung und um die gesellschaftsvertraglich oder satzungsmäßig angeordnete Pflichtpublizität; hier – in Abs. 2 – sind die Fälle einer freiwilligen Veröffentlichung oder Vervielfältigung von Jahres- oder Konzernabschlüssen geregelt. Zu diesen Fällen **freiwilliger Publizität** zählen beispielsweise die Veröffentlichung von Jahres- oder Konzernabschlüssen in Presseorganen und die Publikation von Geschäftsberichten durch Kapitalgesellschaften, soweit sie auf freiwilliger Grundlage erfolgt; dient die Verbreitung eines Geschäftsberichtes demgegenüber auch der Erfüllung gesetzlicher Pflichten (etwa denjenigen aus §§ 175 Abs. 2, 176 Abs. 1 S. 1 AktG), so ist durch Auslegung der betreffenden Gesetzesvorschriften zu ermitteln, welche Form diese Unterlagen aufweisen müssen (vgl. Rdn. 7). **24**

Zweifelhaft kann die Anwendbarkeit des Abs. 2 bei der Veröffentlichung **einzelner Unternehmenskennzahlen,** z. B. in Werbeschriften, sein. Teile des Schrifttums möchten die gesetzliche Regelung in solchen Fällen nicht heranziehen,[28] andere nur in „ganz engen Grenzen" Ausnahmen von der Anwendung machen.[29] Ausgangspunkt für die Beantwortung der Frage muß der Begriff des Jahres- bzw. Konzernabschlusses in Abs. 2 sein: Werden lediglich einzelne Kennziffern wie beispielsweise das Jahresergebnis angegeben, so stellt dies keine Publikation des Jahres- bzw. Konzernabschlusses dar. Wird dagegen eine Zahlenaufstellung publiziert, die nach ihrem Erscheinungsbild für eine vollständige Bilanz und/oder Gewinn- und Verlustrechnung gehalten werden könnte, so ist, falls nicht die in Abs. 1 vorgeschriebene Form eingehalten ist, ein Hinweis nach Abs. 2 erforderlich. **25**

Abs. 2 S. 1 ist zu entnehmen, daß für die nicht durch Gesetz, Gesellschaftsvertrag oder Satzung vorgeschriebene Veröffentlichung oder Vervielfältigung von Jahres- oder Konzernabschlüssen **zwei Wege** offenstehen: Die Unterlagen können zum einen in der durch Abs. 1 vorgeschriebenen Form – also nach den für die Fälle der Pflichtpublizität geltenden Regeln – publiziert oder reproduziert werden; hierfür kann auf die Erläuterungen zu Abs. 1 (Rdn. 10–23) verwiesen werden. Werden Jahres- oder Konzernabschluß nicht in der durch Abs. 1 vorgeschriebenen Form wiedergegeben, so sind die im folgenden behandelten Regelungen des Abs. 2 zu beachten. **26**

Auch bei Ergehen eines Hinweises nach Abs. 2 dürfen **keine irreführenden Angaben** publiziert werden. Das Vorgehen nach Abs. 2 erlaubt bei freiwilliger Veröffentlichung oder Vervielfältigung Abweichungen von den die Form betreffenden Anforderungen des Abs. 1, z. B. die Publikation einer verkürzten Bilanz, gestattet aber nicht die Verbreitung unzutreffender oder anderweit irreführender Angaben.[30] **27**

2. Hinweis auf Abweichung von der gesetzlichen Form

Wird ein Jahres- oder Konzernabschluß in einer Veröffentlichung oder Vervielfältigung, die nicht durch Gesetz, Gesellschaftsvertrag oder Satzung vorgeschrieben ist, in **28**

[28] Vgl. KK-*Claussen* § 178, 2; zweifelnd *Richter* BB 1977, 1329, 1330.

[29] ADS Rdn. 82.

[30] Weitergehend – für eine Heranziehung des heute in §§ 243 Abs. 2, 264 Abs. 2 niedergelegten Rechtsgedankens des früheren § 149 Abs. 1 S. 2 AktG – *Geßler/Hefermehl/Kropff* § 178 Rdn. 14; zu Einzelheiten vgl. ADS Rdn. 86–88).

anderer als der in Abs. 1 bezeichneten Form wiedergegeben, so ist hierauf „jeweils in einer **Überschrift**" hinzuweisen (Abs. 2 S. 1). Aus dem Erfordernis eines „jeweils" zu gebenden Hinweises kann geschlossen werden, daß sowohl beim Jahres- als auch beim Konzernabschluß ein Hinweis erforderlich ist. Werden ganze Teile (z. B. der Anhang) nicht wiedergegeben, so muß hierauf in der Überschrift des Abschlusses hingewiesen werden (z. B.: „Jahresabschluß ohne Anhang"). Wird dagegen nur ein Teil des Jahresabschlusses, beispielsweise die Bilanz, in veränderter Form wiedergegeben, so ist dem Zweck des Abs. 2 Genüge getan, wenn in der Überschrift des betreffenden Teils hierauf hingewiesen wird (z. B.: „verkürzte Bilanz"); stattdessen kann der Hinweis aber auch in der Überschrift des Jahresabschlusses gegeben werden (z. B.: „Jahresabschluß mit verkürzter Bilanz").[31] Wird der Jahresabschluß in einer anderen als der deutschen Sprache wiedergegeben, so ist hierauf gleichfalls in der Überschrift hinzuweisen; da der Jahresabschluß in deutscher Sprache zu erstellen ist (§ 244), entspricht nur die deutschsprachige Publikation oder Reproduktion der Form des Abs. 1.

3. Wiedergabe des Inhaltes des Bestätigungs- oder Versagungsvermerks

29 Bei der Veröffentlichung oder Vervielfältigung eines Jahresabschlusses in anderer als der nach Abs. 1 vorgesehenen Form darf ein **Bestätigungsvermerk** nicht beigefügt werden (Abs. 2 S. 2). Die Adressaten der Publikation oder Reproduktion sollen nicht durch den Vermerk eines Abschlußprüfers, der sich auf eine andere als die wiedergegebene Fassung des Jahresabschlusses bezieht, in die Irre geführt werden.

30 Zweifelhaft kann erscheinen, ob bei der Veröffentlichung oder Vervielfältigung einer **Übersetzung** des Jahresabschlusses der Bestätigungsvermerk in übersetzter Fassung beigefügt werden darf. Da der Jahresabschluß in deutscher Sprache zu erstellen ist (§ 244), entspricht nur die deutschsprachige Publikation oder Reproduktion den Anforderungen des Abs. 1. Ist freilich die Übersetzung eines ungekürzten Jahres- oder Konzernabschlusses als solche gekennzeichnet (vgl. Rdn. 28), so wird ein gleichfalls übersetzter Bestätigungsvermerk beim Publikum keine Fehlvorstellungen hervorrufen. In diesem Fall erscheint eine teleologische Reduktion gerechtfertigt: Der Bestätigungsvermerk darf – in übersetzter Fassung – dem übersetzten Jahres- oder Konzernabschluß beigefügt werden.[32]

31 Bei den unter Abs. 2 fallenden freiwilligen Veröffentlichungen oder Vervielfältigungen ist, soweit eine gesetzliche **Pflichtprüfung** erfolgt ist, nach dem Wortlaut des Abs. 2 S. 3 eine Angabe zur Erteilung, Einschränkung oder Versagung des Bestätigungsvermerks erforderlich. Ist indessen der Bestätigungsvermerk ohne Einschränkung erteilt worden, so erscheint eine Publikation oder Reproduktion ohne einen entsprechenden Hinweis unbedenklich: Der Rechtsverkehr kann durch diese Wiedergabe nicht in relevanter Weise irregeführt werden, da der (in gekürzter oder anderweit modifizierter Form veröffentlichte oder vervielfältigte) Jahres- oder Konzernabschluß geprüft und ohne Einschränkung bestätigt worden ist. Für diese Fälle ist demgemäß der Anwendungsbereich des Abs. 2 S. 3 teleologisch zu reduzieren: Ein Hinweis auf die Prüfung ist entbehrlich.

32 Eine Veröffentlichung **vor Abschluß der Prüfung** ist nicht ausgeschlossen: Abs. 2 enthält lediglich die Anforderung, daß ein Hinweis auf eine ‚erfolgte' Prüfung zu

---

[31] Vgl. auch *Richter* BB 1977, 1329; ADS Rdn. 89 f; Beck BilKomm-*Ellrott/Spremann* Rdn. 18.

[32] Weitergehend ADS Rdn. 47: Hiernach soll sogar eine Umrechnung in eine fremde Währung nicht als Änderung bei der Wiedergabe eines Jahresabschlusses anzusehen sein.

geben ist; allerdings ist bei einer vor der Pflichtprüfung erfolgenden Publikation oder Reproduktion auf diesen Umstand hinzuweisen.[33]

4. Angabe des Handelsregisters und der Ausgabe des Bundesanzeigers

Bei einer Veröffentlichung oder Vervielfältigung in anderer als der durch Abs. 1 vorgeschriebenen Form ist nach Abs. 2 S. 4 anzugeben, bei welchem Handelsregister und in welcher Nummer des Bundesanzeigers die Offenlegung ggf. erfolgt ist. Die Vorschrift möchte Adressaten einer Wiedergabe eines veränderten, etwa eines verkürzten Jahres- oder Konzernabschlusses in die Lage versetzen, **Einsicht** in die vollständigen Rechnungslegungsunterlagen zu nehmen. Beim Jahresabschluß kleiner und mittelgroßer Kapitalgesellschaften ist die Bestimmung in dem Sinne zu verstehen, daß die das Handelsregister betreffenden Angaben ausreichen; ein Hinweis auf die Bundesanzeigerbekanntmachung ist nicht zu fordern, da diese ihrerseits nur das Handelsregister und die Nummer zu bezeichnen hat, unter der die Unterlagen beim Register eingereicht sind (§ 325 Abs. 1 S. 2). Dagegen sind die zur ‚vollen' Bundesanzeigerpublizität verpflichteten Gesellschaften (große Kapitalgesellschaften und zur Konzernrechnungslegung verpflichtete Gesellschaften) nach Abs. 2 S. 4 zur Angabe auch der Ausgabe des Bundesanzeigers verpflichtet, in der die Unterlagen publiziert sind.[34] 33

Aus Abs. 2 S. 4 geht – anders als aus der Vorgängervorschrift des früheren § 178 Abs. 2 S. 4 AktG – eindeutig hervor, daß eine Veröffentlichung oder Vervielfältigung bereits vor der Offenlegung zulässig ist. In diesem Fall ist nach Abs. 2 S. 4 bei der Wiedergabe des Jahresabschlusses der Hinweis zu geben, daß die **Offenlegung noch nicht erfolgt** ist. Auch die Angabe, daß die Offenlegung demnächst bei einem bestimmten Handelsregister (und ggf. im Bundesanzeiger) erfolge, reicht aus; sie impliziert, daß die Offenlegung noch nicht erfolgt ist.[35] 34

V. Form der Pflichtveröffentlichung bei anderen Unterlagen

Während Abs. 1 Nr. 1 die Form der Pflichtveröffentlichung zunächst nur in bezug auf Jahres- und Konzernabschlüsse nebst Bestätigungs- bzw. Versagungsvermerk regelt, enthält Abs. 3 S. 1 eine **Verweisung** auf diese Vorschrift für weitere nach § 325 Abs. 1 offenzulegende Unterlagen. Da Abs. 3 S. 1 nicht lediglich auf die Rechtsfolgen von Abs. 1 Nr. 1 verweist, sondern die Vorschrift im ganzen in Bezug nimmt (Rechtsgrundverweisung), sind von ihr nur die dort geregelten Fälle der pflichtgemäßen Publizität (Offenlegung oder Veröffentlichung/Vervielfältigung in anderer Form auf Grund des Gesellschaftsvertrages oder der Satzung) erfaßt.[36] 35

Aus der Verweisung auf Abs. 1 Nr. 1 ergibt sich, daß grundsätzlich auch **Lage- und ggf. Konzernlagebericht** so wiederzugeben sind, daß sie den für die Aufstellung maßgeblichen Vorschriften entsprechen (vgl. zu den Anforderungen des Abs. 1 Nr. 1 Rdn. 10 ff). Eine Ausnahme gilt für kleine Kapitalgesellschaften i. S. d. § 267 Abs. 1, die gem. § 326 S. 1 von der Verpflichtung zur Offenlegung des Lageberichts ausgenommen sind. 36

---

33 Vgl. ADS Rdn. 94.

34 Vgl. auch *Richter* BB 1977, 1329, 1330.

35 Vgl. auch Beck BilKomm-*Ellrott/Spremann* Rdn. 18; *Richter* BB 1977, 1329, 1330.

36 Teilweise abweichend ADS Rdn. 112–114: Übereinstimmung mit den Vorlagen auch bei freiwilliger Publikation erforderlich.

37 Auch für die pflichtgemäße Publikation (Offenlegung oder gesellschaftsvertraglich/satzungsmäßig angeordnete Veröffentlichung oder Vervielfältigung) des Vorschlages und des Beschlusses über die **Verwendung des Ergebnisses** verweist Abs. 3 S. 1 auf Abs. 1 Nr. 1. Die offengelegte, veröffentlichte oder vervielfältigte Fassung des Vorschlages und des Beschlusses muß also den ordnungsgemäß erstellten Vorlagen entsprechen. Bei einer Aktiengesellschaft sind der Bilanzgewinn, der an die Aktionäre auszuschüttende Betrag, die in Gewinnrücklagen einzustellenden Beträge, ein Gewinnvortrag und der zusätzliche Aufwand auf Grund des Gewinnverwendungsbeschlusses anzugeben (§ 174 Abs. 2 AktG).

38 Auch für die Aufstellung des **Anteilsbesitzes,** die – obschon Teil des Anhangs – auch bei ‚voller' Bundesanzeigerpublizität nicht im Bundesanzeiger bekanntgemacht werden muß (§ 325 Abs. 2 S. 2), verweist Abs. 3 S. 1 auf Abs. 1 Nr. 1. Die Aufstellung muß also der Vorlage entsprechen (vgl. Rdn. 10), welche wiederum in Übereinstimmung mit den gesetzlichen Anforderungen (§§ 285 Nr. 11, 287) erstellt sein muß.

39 Der **Bericht des Aufsichtsrates** ist in Abs. 3 S. 1 nicht genannt. Viel spricht für die im Schrifttum verbreitete Deutung, daß der Bericht nur auf Grund eines Redaktionsversehens nicht in den Text des Abs. 3 aufgenommen wurde: auch der Bericht des Aufsichtsrates unterliegt der Pflichtpublizität nach § 325 Abs. 1 S. 1. Gründe für eine differenzierte Behandlung von Lage- resp. Konzernlagebericht, Ergebnisverwendungsvorschlag und -beschluß sowie Aufstellung des Anteilsbesitzes auf der einen und Bericht des Aufsichtsrates auf der anderen Seite sind nicht gegeben. Gute Gründe können also für die Annahme einer planwidrigen Regelungslücke und für die auf eine Vergleichbarkeit des ungeregelten mit dem geregelten Sachverhalt gegründete analoge Anwendung des Abs. 3 S. 1 angeführt werden.[37]

VI. Nachträgliche Offenlegung einzelner Unterlagen

40 Abs. 3 S. 2 hat – im Unterschied zu S. 1 – nur die Offenlegung, nicht die anderen Fälle pflichtgemäßer Publizität zum Gegenstand. Die Vorschrift regelt in Ergänzung zu Abs. 1 Nr. 2 (hierzu Rdn. 21 ff) das **Verfahren** bei der nachträglichen Offenlegung einzelner Unterlagen. Bei der nachträglichen Offenlegung des Lage- oder Konzernlageberichts, des Vorschlages über die Verwendung des Ergebnisses, des Beschlusses über seine Verwendung oder der Aufstellung des Anteilbesitzes ist jeweils anzugeben, auf welchen Abschluß sie sich beziehen und wo dieser offengelegt worden ist. Gleiches ist auf Grund einer analogen Anwendung des Abs. 3 S. 2 für die nachträgliche Offenlegung des Berichts des Aufsichtsrates anzunehmen (vgl. Rdn. 39). Schließlich gilt die Verpflichtung zur näheren Bezeichnung des Jahres- oder Konzernabschlusses und des Ortes seiner Offenlegung im Fall der nachträglichen Offenlegung des Bestätigungs- oder des Versagungsvermerkes (Abs. 3 S. 2 2. Hs.).

41 Die Angabe hat „bei" der nachträglichen Offenlegung zu erfolgen. Wo sie zu machen ist, richtet sich nach dem im einzelnen Fall **maßgeblichen Offenlegungsverfahren**: Bei Unternehmen, die der ‚vollen' Bundesanzeigerpublizität unterliegen (hierzu § 325, 21 ff, 28 ff), sind auch die nachträglich offenzulegenden Unterlagen im Bundesanzeiger bekanntzumachen; in diesem Zusammenhang ist der Hinweis nach Abs. 3 S. 2 zu geben. Bei anderen Unternehmen sind die nachträglich offenzulegenden Unterlagen nebst der

37 Im Ergebnis ebenso ADS Rdn. 100, 103; Beck BilKomm-*Ellrott/Spremann* Rdn. 20; *Meyer-Landrut/Miller/Niehus* GmbHG §§ 238–335 HGB, 1555.

nach Abs. 3 S. 2 erforderlichen Angabe zum Handelsregister einzureichen. Im Bundesanzeiger ist nur ein Hinweis auf diese nachträgliche Einreichung bekanntzumachen (vgl. zum Verfahren der nachträglichen Offenlegung schon § 325, 18).

Bei der nachträglichen Offenlegung einzelner Unterlagen ist nach Abs. 3 S. 2 anzugeben, „auf **welchen Abschluß** sie sich beziehen". Erforderlich ist die Angabe der Firma des offenlegenden Unternehmens, die Bezeichnung als Jahres- oder Konzernabschluß sowie die Angabe des Geschäftsjahres oder Stichtages, auf welches/n sich die offengelegten Unterlagen beziehen. Zudem fordert Abs. 3 S. 2 die Angabe, wo der Jahres- oder Konzernabschluß offengelegt worden ist. Bei Unternehmen, die der ‚vollen' Bundesanzeigerpublizität unterliegen, ist die Angabe sowohl der Ausgabe des Bundesanzeigers, in der der Jahres- oder Konzernabschluß bekanntgemacht worden ist, als auch des Handelsregisters, bei dem die Bekanntmachung unter Beifügung der Unterlagen eingereicht worden ist, zu fordern; in anderen Fällen (‚Registerpublizität') reicht die Angabe des Handelsregisters, bei dem die Unterlagen eingereicht worden sind, aus.[38] **42**

§ 329

Prüfungspflicht des Registergerichts

(1) Das Gericht prüft, ob die vollständig oder teilweise zum Handelsregister einzureichenden Unterlagen vollzählig sind und, sofern vorgeschrieben, bekanntgemacht worden sind.

(2) Gibt die Prüfung nach Absatz 1 Anlaß zu der Annahme, daß von der Größe der Kapitalgesellschaft abhängige Erleichterungen nicht hätten in Anspruch genommen werden dürfen, so kann das Gericht zu seiner Unterrichtung von der Kapitalgesellschaft innerhalb einer angemessenen Frist die Mitteilung der Umsatzerlöse (§ 277 Abs. 1) und der durchschnittlichen Zahl der Arbeitnehmer (§ 267 Abs. 5), in den Fällen des § 325a Abs. 1 Satz 5 zusätzlich die Bilanzsumme der Zweigniederlassung und in den Fällen des § 340l Abs. 2 in Verbindung mit Abs. 4 Satz 1 die Bilanzsumme der Zweigstelle des Kreditinstituts verlangen. Unterläßt die Kapitalgesellschaft die fristgemäße Mitteilung, so gelten die Erleichterungen als zu Unrecht in Anspruch genommen.

(3) In den Fällen des § 325a Abs. 1 Satz 4, § 340l Abs. 2 Satz 4 kann das Gericht im Einzelfall die Vorlage einer Übersetzung in die deutsche Spache verlangen.

Übersicht

[38] Vgl. auch – zu den in Abs. 2 S. 4 angesprochenen Fällen freiwilliger Publizität – die Erläuterungen bei Rdn. 33 f.

Schrifttum

Vgl. Angaben zu § 325, ferner
Grönwoldt Das Bilanzrichtlinien-Gesetz und die Pflichten des Registergerichts bei überschuldeter Jahresbilanz, BB 1988, 1494; *Lück* Offenlegungspflichten für die „kleine" GmbH nach dem Bilanzrichtlinien-Gesetz, GmbHR 1987, 42; *Ziegler* Offenlegung des Jahresabschlusses von Kapitalgesellschaften – Einreichung zum Handelsregister, Prüfung des Registergerichts, Rechtspfleger 1988, 231.

I. Prüfung durch das Gericht (Abs. 1)

1 Die Prüfungspflicht des Gerichts nach Abs. 1 bezieht sich auf die **Vollzähligkeit** der beim Registergericht eingereichten Unterlagen, bei großen Kapitalgesellschaften zusätzlich auf deren Bekanntmachung im Bundesanzeiger (§ 325 Abs. 2). Der Umfang der einzureichenden Unterlagen bestimmt sich nach § 325 Abs. 1 bis 3 und umfaßt, unter Anwendung der verschiedenen Erleichterungen, Jahresabschluß mit Anhang, Lagebericht, Bericht des Aufsichtsrats, Vorschlag und Beschluß über die Ergebnisverwendung, ggf. Konzernabschluß mit Anhang und Konzernlagebericht sowie den Bestätigungs- bzw. Versagungsvermerk.

2 Eine Prüfung der **inhaltlichen Richtigkeit** der eingereichten Unterlagen erfolgt nicht. Im Gegensatz zur Rechtslage nach § 177 Abs. 3 Satz 2 AktG a. F. hat das Registergericht nicht zu prüfen, ob der Jahresabschluß offensichtlich nichtig ist. Es ist allerdings zu prüfen, ob es sich überhaupt um einen Jahresabschluß, einen Lagebericht oder die sonst einzureichenden Unterlagen handelt.[1] Dies dürfte jedoch, wenn überhaupt, nur bei äußerst schwerwiegenden Mängeln zur Annahme der Unvollständigkeit führen.[2]

3 Zu prüfen ist jedoch das Vorliegen des **Bestätigungs- oder Versagungsvermerks** (§ 322) bei einer gesetzlich vorgeschriebenen Prüfung, da der Vermerk zu den in § 325 Abs. 1 bzw. Abs. 3 genannten Unterlagen gehört und die Unterlagen anderenfalls nicht vollzählig wären.[3]

4 Das Gericht hat hinsichtlich des Konzernabschlusses (§ 325 Abs. 3) und bei großen Kapitalgesellschaften hinsichtlich des Jahresabschlusses (§ 325 Abs. 2) zu prüfen, ob die vorgeschriebene **Bekanntmachung** im Bundesanzeiger erfolgt ist. Die Vorschrift gilt angesichts des eindeutigen Wortlauts nur für die Bekanntmachung der eingereichten Unterlagen. Das Gericht hat nicht zu prüfen, ob eine Hinweisbekanntmachung nach § 325 Abs. 1 Satz 2, d. h. eine Bekanntmachung im Bundesanzeiger darüber, bei welchem Handelsregister und unter welcher Nummer die Unterlagen eingereicht worden sind, erfolgt ist.[4] Die Prüfung bezieht sich nur darauf, ob die einzureichenden Unterlagen bekanntgemacht worden sind; der Inhalt der Bekanntmachung und die Einhaltung des § 328 werden somit nicht geprüft.[5]

II. Informationsrecht des Gerichtes (Abs. 2)

5 Das Registergericht kann mitunter anhand der vorhandenen bzw. allgemein zugänglichen Informationen die Berechtigung zur Inanspruchnahme größenabhängiger **Erleichterungen** bei der Aufstellung und Offenlegung des Jahresabschlusses nicht

---

1 Begr.RegE BiRiLiG, BTDrucks. 10/317 S. 99 zu § 284 HGB-E.
2 Vgl. ADS Rdn. 8.
3 ADS Rdn. 7; GK⁶-*Marsch-Barner* Rdn. 2; *Lutter/Hommelhoff* Anh. § 42 a Rdn. 27.
4 Beck BilKomm-*Ellrott/Spremann* Rdn. 5; ADS Rdn. 10; *Grönwoldt* BB 1988 1494, 1495; *Ziegler* Rechtspfleger 1988 231, 233.
5 ADS Rdn. 10; MünchKommHGB-*Fehrenbacher* Rdn. 4.

überprüfen. Abs. 2 Satz 1 sieht daher ein Unterrichtungsrecht zur Überprüfung einer Berechtigung zur Inanspruchnahme größenabhängiger Erleichterungen bei der Aufstellung und Offenlegung des Jahresabschlusses vor. Das Gericht kann unter gewissen Voraussetzungen die für die Feststellung des Eingreifens der Erleichterungen erforderlichen Angaben (Umsatzerlöse; durchschnittliche Zahl der Arbeitnehmer) verlangen.

1. Voraussetzungen des Informationsrechts

Das Informationsrecht des Gerichtes setzt voraus, daß die Prüfung nach Abs. 1 Anlaß zur Annahme gibt, daß größenabhängige Erleichterungen zu Unrecht in Anspruch genommen worden sind. Ein Unterrichtungsrecht besteht nicht, wenn ein Unternehmen, dessen Größenklasse zweifelhaft ist, von den Erleichterungen keinen Gebrauch gemacht hat.[6] Anhaltspunkte für eine **unberechtigte Inanspruchnahme** bestehen nicht allein deshalb, weil das Unternehmen für seine Größenklasse keine Nachweise erbracht hat. Es muß sich aus den dem Gericht zugänglichen Informationen ergeben, daß die Größenkriterien des § 267 Abs. 1 bzw. Abs. 2 überschritten sein können. Dafür muß eine begründete Annahme vorliegen.[7] Zweifel an der Berechtigung zur Inanspruchnahme der Erleichterungen können sich aus der Bilanzsumme ergeben. Ohne solche Anhaltspunkte ist das Gericht nicht befugt, eine Überprüfung von Amts wegen vorzunehmen. Die Überprüfung muß im zeitlichen Zusammenhang mit der Prüfung nach Abs. 1, d. h. mit der Einreichung der Unterlagen, stehen.[8] 6

Liegen Anhaltspunkte für die Annahme vor, daß bestimmte Erleichterungen nicht hätten in Anspruch genommen werden dürfen, so steht es im pflichtgemäßen **Ermessen** des Registergerichts, ob dem Verdacht weiter nachgegangen wird oder nicht.[9] 7

2. Inhalt des Informationsrechts

Um den Sachverhalt aufzuklären, kann das Gericht von der Gesellschaft innerhalb einer angemessenen Frist die Mitteilung der **Umsatzerlöse** (§ 277 Abs. 1) und der durchschnittlichen Zahl der **Arbeitnehmer** (§ 267 Abs. 5) verlangen. Das Auskunftsverlangen hinsichtlich der Umsatzerlöse und der Arbeitnehmerzahl beschränkt sich nicht auf das letzte Geschäftsjahr, sondern kann auf mehrere Geschäftsjahre erstreckt werden, soweit dies zur Ermittlung der Größenklasse erforderlich ist.[10] 8

Das Unternehmen hat **keinen Nachweis** hinsichtlich des Vorliegens der Voraussetzungen für die größenabhängigen Erleichterungen zu führen.[11] Das Gericht prüft die Richtigkeit der von der Gesellschaft auf Anfrage nach Abs. 2 Satz 1 gemachten Angaben nicht nach.[12] 9

Die verlangten Angaben werden, da sie nur zur Unterrichtung des Gerichts dienen, nicht zu den für jedermann einsehbaren **Handelsregisterakten** genommen.[13] Das Gesetz sieht keine weiteren Auskunftsrechte für das Registergericht vor. Anders als nach § 2 Abs. 3 PublG kann das Registergericht nach § 329 Abs. 2 keinen Prüfer zur Überprüfung der in Anspruch genommenen Größenklasse bestellen. 10

---

[6] ADS Rdn. 18; MünchKommHGB-*Fehrenbacher* Rdn. 13.

[7] ADS Rdn. 20; MünchKommHGB-*Fehrenbacher* Rdn. 13.

[8] GK[6]-*Marsch-Barner* Rdn. 3.

[9] GK[6]-*Marsch-Barner*, Rdn. 4; vgl. auch Heymann/*Herrmann* Rdn. 3.

[10] *Biener/Berneke* 461;GK[6]-*Marsch-Barner* Rdn. 5.

[11] Gesetzesbegründung, BTDrucks. 10/317 S. 99f zu § 284 HGB-Entwurf; ADS Rdn. 21.

[12] *Ziegler* Rechtspfleger 1988 231, 233; Beck Bil-Komm-*Ellrott/Spremann* Rdn. 8.

[13] Begr. RegE BiRiLiG, BTDrucks. 10/317 S. 99 zu § 284 HGB-Entwurf; ADS Rdn. 22; Beck Bil-Komm-*Ellrott/Spremann* Rdn. 9.

3. Rechtsfolgen

11 Erfolgt die Mitteilung durch das Unternehmen innerhalb der gesetzten Frist, so hat das Verfahren keine weiteren Rechtsfolgen, soweit die Größenkriterien für die Erleichterungen erfüllt sind. Stellt das Gericht hingegen aufgrund der Mitteilung fest, daß bestimmte Erleichterungen zu Unrecht in Anspruch genommen worden sind, so sind die eingereichten Unterlagen zu beanstanden, und die Gesellschaft ist anzuhalten, die Unterlagen entsprechend der für ihre Größenklasse geltenden Vorschriften **nachzureichen**. Vgl. zu den Voraussetzungen der Einleitung eines Ordnungsgeldverfahrens u. Rdn. 16 und § 325 Rdn. 60.

12 Erfolgt die Mitteilung der vom Gericht verlangten Angaben nicht fristgemäß, so gelten gemäß Abs. 2 Satz 2 die Erleichterungen als zu Unrecht in Anspruch genommen. Abs. 2 Satz 2 enthält damit eine **Fiktion** der unberechtigten Inanspruchnahme: Die Erleichterungen gelten als zu Unrecht angenommen, selbst wenn die tatsächlichen Verhältnisse das Gegenteil indizieren; daher bleibt ungeprüft, ob die Größenklasse tatsächlich überschritten ist. Eine Kapitalgesellschaft, die Erleichterungen für kleine oder mittelgroße Kapitalgesellschaften in Anspruch genommen hat, hat bei Versäumnis der fristgemäßen Angaben die Unterlagen **nachzureichen** bzw. die Bekanntmachung im Bundesanzeiger nachzuholen. Um die Frist des Abs. 2 Satz 1 in Gang zu setzen, muß das Gericht eindeutig zum Ausdruck bringen, daß es nach § 329 Abs. 2 vorgeht.[14]

13 Ausgeschlossen sind nur Erleichterungen hinsichtlich des Umfangs der Offenlegung oder der Notwendigkeit der Bekanntmachung. Größenabhängige **Aufstellungserleichterungen** bleiben unberührt. Für diese sind die tatsächlichen Größenverhältnisse zur Bestimmung der Größenklasse maßgeblich.[15]

14 Die Fiktion betrifft nur den jeweils geprüften Jahresabschluß und hat keine Wirkung für die **Zukunft**. Für spätere Jahresabschlüsse sind wieder die tatsächlichen Größenverhältnisse maßgeblich.

15 Eine Beseitigung der Fiktion durch nachträgliche Mitteilung ist nicht möglich, auch nicht mit Zustimmung des Registergerichts. Allerdings soll das Gericht bei Vorliegen ausreichender Gründe die Frist nachträglich verlängern und dadurch die bereits eingetretene Fiktion wieder entfallen lassen können.[16] Eine **Wiedereinsetzung** in den vorigen Stand (§ 22 Abs. 2 FGG) bei Versäumung der Frist dürfte ausscheiden, da die gesetzlich angeordnete Fiktion nicht als Verfügung des Gerichts i.S.v. §§ 19, 22 FGG anzusehen ist.[17]

III. Sanktionen bei Verletzung der Offenlegungspflicht

16 Außer der Fiktion des Abs. 2 Satz 2 gibt es nach bisher geltendem Recht keine wirksamen Sanktionen für den Fall der vollständigen oder teilweisen Verletzung der Offenlegungspflicht bzw. der Nichtabgabe der nach Abs. 2 Satz 1 verlangten Informationen. Gemäß § 335 a Nr. 1 kann gegen Mitglieder des vertretungsberechtigten Organs einer Kapitalgesellschaft bei Nichtbefolgung der Offenlegungspflicht nach § 325 ein **Ordnungsgeld** festgesetzt werden. Die Festsetzung ist in allen Fällen einer Verletzung der Pflichten aus § 325 möglich, d.h. auch in denjenigen einer unberechtigten Inanspruchnahme der in §§ 326 f vorgesehenen Erleichterungen. Wegen

[14] ADS Rdn. 26.
[15] ADS Rdn. 26.
[16] GK^6-*Marsch-Barner* Rdn. 8.
[17] Vgl. ADS Rdn. 26.

Einzelheiten und der früheren, bis zum KapCoRiLiG geltenden Rechtslage wird auf die Erläuterungen zu § 325 verwiesen (§ 325, 62).

Zweifelhaft kann erscheinen, ob die Fiktion des § 329 Abs. 2 Satz 2 den Tatbestand einer **Ordnungswidrigkeit** auszulösen vermag.[18] Gem. § 334 Abs. 1 Nr. 5 handelt ordnungswidrig, wer „bei der Offenlegung, Veröffentlichung oder Vervielfältigung einer Vorschrift des § 328 über Form oder Inhalt" zuwiderhandelt. Mit der Bezugnahme auf „Form oder Inhalt" ist offenbar keine Verengung auf nur einzelne Tatbestände des § 328 bezweckt; vielmehr nimmt § 334 Abs. 1 Nr. 5 mit dieser Formulierung nur den Inhalt der Überschrift des § 328 auf. § 328 Abs. 1 Nr. 1 ordnet die Wiedergabe von Jahres- und Konzernabschluß in der Weise an, „daß sie den für ihre Aufstellung maßgebenden Vorschriften entsprechen, soweit nicht Erleichterungen nach §§ 326, 327 in Anspruch genommen werden." Wer zu Unrecht solche Erleichterungen für sich reklamiert und nicht in der für große Kapitalgesellschaften nach § 325 vorgeschriebenen Weise offenlegt, verstößt gegen § 328 Abs. 1 Nr. 1 und erfüllt den Tatbestand des § 334 Abs. 1 Nr. 5. 17

Dies muß nach der Gesetzessystematik auch bei einem Eingreifen der **Fiktion des Abs. 2** gelten. Nach der Fiktion „gelten die Erleichterungen als zu Unrecht in Anspruch genommen". Dem kann nicht entgegengehalten werden, die Fiktion beziehe sich nur auf die in Abs. 1 in Bezug genommenen Rechtsfragen der Vollzähligkeit und der Notwendigkeit einer Bekanntmachung der Unterlagen.[19] Der Wortlaut dieser Norm gibt keinen Hinweis auf eine solche Einschränkung, und der Gesichtspunkt der Notwendigkeit wirksamer Sanktionen zur Durchsetzung der auf die Bilanzrichtlinien zurückgehenden Vorschriften der §§ 325 ff (vgl. zur Frage der Europarechtskonformität des Regelungssystems § 325, 60) spricht gegen eine einschränkende Interpretation des Abs. 2 S. 2. Bedenken gegenüber einer Anwendung des § 334 Abs. 1 Nr. 5 können nur aus dem Gesichtspunkt der Rechtsstaatlichkeit bestehen, soweit diese Anwendung der Bußgeldvorschrift auf der Grundlage einer Fiktion und nicht auf der Grundlage nachgewiesener Schuld beruht. Indessen bestehen diese Bedenken nicht, wenn Normadressaten der §§ 325 ff schuldhaft den Tatbestand des § 334 Abs. 1 Nr. 5 i. V. m. §§ 328 Abs. 1 Nr. 1, 329 Abs. 2 S. 2 erfüllt haben, indem sie trotz bestehender Möglichkeit die Mitteilung der Umsatzerlöse und der durchschnittlichen Zahl der Arbeitnehmer versäumt haben. 18

Nach § 2 Abs. 1 Satz 2 des Gesetzes über die Auflösung und Löschung von Gesellschaften und Genossenschaften (LöschG) konnte von dem Registergericht ein **Amtslöschungsverfahren** eingeleitet werden, wenn die Offenlegungspflichten für den Jahresabschluß in drei aufeinanderfolgenden Jahren ganz oder teilweise verletzt worden waren, und nicht ein Beteiligter innerhalb von sechs Monaten glaubhaft gemacht hatte, daß die Gesellschaft Vermögen besitzt. Die hierfür vorausgesetzte Verpflichtung zur Offenlegung konnte auch dadurch begründet werden, daß die Fiktion des § 329 Abs. 2 Satz 2 eingreift. § 2 Abs. 1 S. 2 LöschG ist aber mit Verkündung des EGInsO am 18. 10. 1994 **außer Kraft getreten**; das LöschG ist im ganzen zum 1. 1. 1999 aufgehoben worden (hierzu § 325, 63). 19

---

[18] Vgl. zum Meinungsstand ADS Rdn. 28 f; GK^{6}-*Marsch-Barner* Rdn. 9.

[19] **A. A.** offenbar ADS Rdn. 29 und GK^{6}-*Marsch-Barner* Rdn. 9.

Fünfter Unterabschnitt

Verordnungsermächtigung für Formblätter und andere Vorschriften

§ 330

(1) Das Bundesministerium der Justiz wird ermächtigt, im Einvernehmen mit dem Bundesministerium der Finanzen und dem Bundesministerium für Wirtschaft und Technologie durch Rechtsverordnung, die nicht der Zustimmung des Bundesrates bedarf, für Kapitalgesellschaften Formblätter vorzuschreiben oder andere Vorschriften für die Gliederung des Jahresabschlusses oder des Konzernabschlusses oder den Inhalt des Anhangs, des Konzernanhangs, des Lageberichts oder des Konzernlageberichts zu erlassen, wenn der Geschäftszweig eine von den §§ 266, 275 abweichende Gliederung des Jahresabschlusses oder des Konzernabschlusses oder von den Vorschriften des Ersten Abschnitts und des Ersten und Zweiten Unterabschnitts des Zweiten Abschnitts abweichende Regelungen erfordert. Die sich aus den abweichenden Vorschriften ergebenden Anforderungen an die in Satz 1 bezeichneten Unterlagen sollen den Anforderungen gleichwertig sein, die sich für große Kapitalgesellschaften (§ 267 Abs. 3) aus den Vorschriften des Ersten Abschnitts und des Ersten und Zweiten Unterabschnitts des Zweiten Abschnitts sowie den für den Geschäftszweig geltenden Vorschriften ergeben. Über das geltende Recht hinausgehende Anforderungen dürfen nur gestellt werden, soweit sie auf Rechtsakten des Rates der Europäischen Gemeinschaften beruhen.

(2) Absatz 1 ist auf Kreditinstitute im Sinne des § 1 Abs. 1 des Gesetzes über das Kreditwesen, soweit sie nach dessen § 2 Abs. 1, 4 oder 5 von der Anwendung nicht ausgenommen sind, und auf Finanzdienstleistungsinstitute im Sinne des § 1 Abs. 1a des Gesetzes über das Kreditwesen, soweit sie nach dessen § 2 Abs. 6 oder 10 von der Anwendung nicht ausgenommen sind, nach Maßgabe der Sätze 3 und 4 ungeachtet ihrer Rechtsform anzuwenden. Satz 1 ist auch auf Zweigstellen von Unternehmen mit Sitz in einem Staat anzuwenden, der nicht Mitglied der Europäischen Gemeinschaft und auch nicht Vertragsstaat des Abkommens über den Europäischen Wirtschaftsraum ist, sofern die Zweigstelle nach § 53 Abs. 1 des Gesetzes über das Kreditwesen als Kreditinstitut oder als Finanzinstitut gilt. Die Rechtsverordnung bedarf nicht der Zustimmung des Bundesrates; sie ist im Einvernehmen mit dem Bundesministerium der Finanzen und im Benehmen mit der Deutschen Bundesbank zu erlassen. In die Rechtsverordnung nach Satz 1 können auch nähere Bestimmungen über die Aufstellung des Jahresabschlusses und des Konzernabschlusses im Rahmen der vorgeschriebenen Formblätter für die Gliederung des Jahresabschlusses und des Konzernabschlusses sowie des Zwischenabschlusses gemäß § 340a Abs. 3 und des Konzernzwischenabschlusses gemäß § 340i Abs. 4 aufgenommen werden, soweit dies zur Erfüllung der Aufgaben des Bundesaufsichtsamts für das Kreditwesen oder der Deutschen Bundesbank erforderlich ist, insbesondere um einheitliche Unterlagen zur Beurteilung der von den Kreditinstituten und Finanzdienstleistungsinstituten durchgeführten Bankgeschäfte und erbrachten Finanzdienstleistungen zu erhalten.

(3) Absatz 1 ist auf Versicherungsunternehmen nach Maßgabe der Sätze 3 und 4 ungeachtet ihrer Rechtsform anzuwenden. Satz 1 ist auch auf Niederlassungen im Geltungsbereich dieses Gesetzes von Versicherungsunternehmen mit Sitz in

einem anderen Staat anzuwenden, wenn sie zum Betrieb des Direktversicherungsgeschäfts der Erlaubnis durch die deutsche Versicherungsaufsichtsbehörde bedürfen. Die Rechtsverordnung bedarf der Zustimmung des Bundesrates und ist im Einvernehmen mit dem Bundesministerium der Finanzen zu erlassen. In die Rechtsverordnung nach Satz 1 können auch nähere Bestimmungen über die Aufstellung des Jahresabschlusses und des Konzernabschlusses im Rahmen der vorgeschriebenen Formblätter für die Gliederung des Jahresabschlusses und des Konzernabschlusses sowie Vorschriften über den Ansatz und die Bewertung von versicherungstechnischen Rückstellungen, insbesondere die Näherungsverfahren, aufgenommen werden.

(4) In der Rechtsverordnung nach Absatz 1 in Verbindung mit Absatz 3 kann bestimmt werden, daß Versicherungsunternehmen, auf die die Richtlinie 91/674/EWG nach deren Artikel 2 in Verbindung mit Artikel 3 der Richtlinie 73/239/EWG oder in Verbindung mit Artikel 2 Nr. 2 oder 3 oder Artikel 3 der Richtlinie 79/267/EWG nicht anzuwenden ist, von den Regelungen des Zweiten Unterabschnitts des Vierten Abschnitts ganz oder teilweise befreit werden, soweit dies erforderlich ist, um eine im Verhältnis zur Größe der Versicherungsunternehmen unangemessene Belastung zu vermeiden; Absatz 1 Satz 2 ist insoweit nicht anzuwenden. In der Rechtsverordnung dürfen diesen Versicherungsunternehmen auch für die Gliederung des Jahresabschlusses und des Konzernabschlusses, für die Erstellung von Anhang und Lagebericht und Konzernanhang und Konzernlagebericht sowie für die Offenlegung ihrer Größe angemessene Vereinfachungen gewährt werden.

Übersicht

Schrifttum

Vgl. Angaben zu § 325.

I. Einführung

§ 330 **ermächtigt** das Bundesministerium der Justiz, durch Rechtsverordnung 1
Formblätter vorzuschreiben und andere Vorschriften für die Gliederung des Jahresabschlusses, des Konzernabschlusses, des Inhalts des Anhangs, des Konzernanhangs, des Lageberichts oder des Konzernlageberichts zu erlassen. § 330 läßt eine *Abweichung* von den Gliederungsvorschriften der §§ 266, 275 oder von den Vorschriften der §§ 238 bis 315 nur zu, wenn diese aufgrund des Geschäftszweigs erforderlich ist. Die sich aus den Abweichungen ergebenden Anforderungen sollen den Anforderungen für große Kapitalgesellschaften (§ 267 Abs. 3) gleichwertig sein (Abs. 1 Satz 2).

Über das geltende Recht hinausgehende Anforderungen dürfen nur gestellt werden, soweit sie durch EU-Recht gedeckt sind (Abs. 1 Satz 3). Die Vorschrift ist durch das BankBiRiLiG vom 30. 11. 1990,[1] geändert durch das KWG-Änderungsgesetz vom 21. 12. 1992,[2] um den Absatz 2, und durch das VersRiLiG vom 24. 6. 1994[3] um die Absätze 3 und 4 ergänzt worden. Die Ermächtigungen beziehen sich nunmehr ausdrücklich auch auf die Konzernrechnungslegung.

II. Generelle Ermächtigung (Abs. 1)

2 Dem Wortlaut nach gilt die Vorschrift nur für Kapitalgesellschaften. Über § 336 Abs. 3 ist § 330 Abs. 1 jedoch auch für **Genossenschaften** anwendbar. Der gesamte § 330 gilt außerdem für Einzelabschlüsse und Konzernabschlüsse nach dem **PublG** (§§ 5 Abs. 3, 13 Abs. 4 PublG).

3 Abs. 1 gestattet das Vorschreiben von **Formblättern** und von Anforderungen an die **Gliederung** des Abschlusses sowie den Inhalt des Anhangs und Lageberichts im genannten Ausmaß; die Vorschrift erlaubt jedoch keine Abweichungen von den Ansatzvorschriften oder Bewertungsvorschriften oder von den Regelungen über die Prüfung und Offenlegung.[4] Die aufgrund von § 330 erlassenen Formblätter dürfen Abweichungen nur für die branchentypischen Posten vorschreiben. Andere Regelungen i. S. v. § 330 Abs. 1 müssen sich auf branchentypische Besonderheiten beziehen.

4 Voraussetzung der Ermächtigung ist, daß der Geschäftszweig abweichende Regelungen **erfordert**. Beispielsweise können die Aufsichtserfordernisse einheitliche Anforderungen oder andere Abweichungen erforderlich erscheinen lassen. Im übrigen sind die allgemeinen Vorschriften anzuwenden. Die nicht branchenbezogenen Bilanz- oder Erfolgsposten *müssen* in die branchenbezogenen Formblätter übernommen werden.[5]

5 Nach Abs. 1 Satz 2 sollen die sich aus den abweichenden Vorschriften ergebenden Anforderungen den Anforderungen **gleichwertig** sein, die sich für große Kapitalgesellschaften aus den Vorschriften des HGB ergeben. Diese Regelung setzt voraus, daß die Gleichwertigkeit *insgesamt* erreicht ist.[6] Angesichts der Vielzahl der Besonderheiten bestimmter Geschäftszweige gehen einzelne Vorschriften notwendig teilweise über die Bestimmungen des HGB hinaus. Dafür müssen dann andere Vorschriften des Formblatts die Anforderungen des HGB unterschreiten. Jede Formblatt-Verordnung soll insgesamt die gleiche Klarheit und Übersichtlichkeit herbeiführen, die § 243 Abs. 2 für alle Kaufleute voraussetzt. Eine Formblatt-Verordnung kann daher beispielsweise eine tiefere Aufgliederung branchentypischer Posten in bestimmten Geschäftszweigen einerseits und Zusammenfassungen für bestimmte HGB-Posten andererseits anordnen.

6 Ein formblattgebundenes Unternehmen darf im Rahmen des § 265 Abs. 5 **freiwillig** die Einzelposten untergliedern und neuartige Posten einfügen.

---

[1] BGBl. I 1990 S. 2570.
[2] BGBl. I 1992 S. 2211.
[3] BGBl. I 1994 S. 1377.
[4] Beck BilKomm-*Förschle/Kofahl* Rdn. 11; vgl. auch MünchKommHGB-*Fehrenbacher* Rdn. 7.
[5] Beck BilKomm-*Förschle/Kofahl* Rdn. 14.
[6] Begr. RegE BTDrucks. 10/3440 S. 46; Beck BilKomm-*Förschle/Kofahl* Rdn. 25.

III. Über das geltende Recht hinausgehende Anforderungen

Gemäß Abs. 1 Satz 3 können über das geltende Recht **hinausgehende Anforderungen** nur gestellt werden, soweit sie auf Rechtsakten des Rates der EU beruhen. Unter geltendem Recht ist insoweit das Bilanzrecht des HGB mit den ergänzenden Spezialgesetzen zu verstehen.[7] Darüber hinaus gehören zum geltenden Recht auch die allgemein anerkannten Übungen im Geschäftszweig, die beispielsweise in steuerrechtlichen Bestimmungen (§§ 20, 21, 21 a KStG) niedergelegt sind.[8] Geltendes Recht in diesem Sinne umfaßt auch später erlassene Bundesgesetze; § 330 bezieht sich nur auf den Inhalt von Verordnungen, beschränkt jedoch nicht den Gesetzgeber hinsichtlich des Erlasses späterer Gesetze. Rechtsakte des Rates der EU i. S. v. Abs. 1 Satz 3 sind in erster Linie EU-Richtlinien, d.h. vor allem die ergangenen Bilanzrichtlinien. Die Vorschrift umfaßt auch künftige Rechtsakte des Rates. Eine solche dynamische Verweisung wird teilweise aus verfassungsrechtlichen Gründen für bedenklich gehalten.[9] 7

IV. Zusammentreffen von Gliederungsvorschriften

Beim **Zusammentreffen** verschiedener Gliederungsvorschriften sind die Formblätter nach dem Grundsatz des § 265 Abs. 4 zu kombinieren, d.h. der Jahresabschluß ist nach der für einen Geschäftszweig vorgeschriebenen Gliederung aufzustellen und nach der für den anderen Geschäftszweig geltenden Gliederung zu ergänzen. Dies gilt sowohl wenn eine Gesellschaft mehrere Geschäftszweige betreibt, als auch wenn zwei konzernmäßig verbundene Unternehmen an unterschiedliche Fomblattvorschriften gebunden sind.[10] Angesichts der verschiedenen gesetzlichen Tätigkeitsbegrenzungen der formblattgebundenen Unternehmen kommt dies allerdings selten vor.[11] 8

V. Zusatzermächtigung für Kreditinstitute (Abs. 2)

Abs. 2 modifiziert die Ermächtigung für Formblätter und Gliederungs- und Inhaltsvorschriften zu einer Rechtsverordnung betreffend die **Kreditinstitute**. Eine solche Rechtsverordnung bedarf nicht der Zustimmung des Bundesrates, ist jedoch im Einvernehmen mit dem Bundesministerium der Finanzen und im Benehmen mit der Deutschen Bundesbank zu erlassen (Satz 3). Diese generelle Ermächtigung in § 330 Abs. 2 ergänzt die Spezialvorschriften für Kreditinstitute in §§ 340 bis 340l HGB. § 330 Abs. 2 wurde im Rahmen des BankBiRiLiG 1990 eingeführt. Das BankBiRiLiG dient der Angleichung des deutschen Rechts an die EG-Bankbilanzrichtlinie und EG-Bankzweigniederlassungsrichtlinie. Die Ermächtigung des Abs. 2 gilt ungeachtet der Rechtsform der Kreditinstitute (Satz 1). Sie erstreckt sich auch auf Zweigstellen von Kreditinstituten mit Sitz in anderen EU-Staaten (vgl. dazu die Bankzweigniederlassungsrichtlinie), und gemäß Satz 2 auch auf Zweigstellen von Kreditinstituten mit Sitz in Drittstaaten. 9

---

[7] Beck BilKomm-*Förschle/Kofahl* Rdn. 31.

[8] Beck BilKomm-*Förschle/Kofahl* Rdn. 31.

[9] Beck BilKomm-*Förschle/Kofahl* Rdn. 32 unter Hinweis auf BVerfG NJW 1978 1475; vgl. demgegenüber MünchKommHGB-*Fehrenbacher* Rdn. 7, der in Abs. 1 S. 3 keine dynamische Verweisung sondern lediglich eine Klarstellung zum Anwendungsvorrang des EG-Rechts überblickt.

[10] ADS Rdn. 35; Beck BilKomm-*Förschle/Kofahl* Rdn. 15.

[11] Beck BilKomm-*Förschle/Kofahl* Rdn. 15.

10 Abs. 2 Satz 4 enthält **zusätzliche Ermächtigungen**, die über jene des Abs. 1 Satz 1 hinausgehen. Dies betrifft Bestimmungen über die Aufstellung des Jahresabschlusses, des Konzernabschlusses sowie des Zwischenabschlusses (§ 340 a Abs. 3) bzw. Konzernzwischenabschlusses (§ 340 i Abs. 4), und über den Inhalt der Anlage zum Jahresabschluß gemäß § 26 Abs. 1 Satz 1 KWG. Diese Ermächtigung gilt nur, soweit dies zur Erfüllung der Aufgaben des Bundesaufsichtsamts für das Kreditwesen oder der Deutschen Bundesbank erforderlich ist. Die Bankenaufsicht, deren Aufgabe es ist, die Kreditwirtschaft funktionsfähig zu halten und Gläubigerschutzvorschriften zu überwachen, benötigt aussagekräftige Jahresabschlüsse als Grundlage für die Beurteilung der wirtschaftlichen Lage. Dazu kann es insbesondere erforderlich sein, einheitliche Unterlagen zur besseren Beurteilung der von den Kreditinstituten durchgeführten Bankgeschäfte zu erhalten. Neben der Formblatt-Verordnung und den §§ 340 bis 340 l HGB haben Kreditinstitute außerdem hinsichtlich der Vorlage von Jahresabschluß, Lagebericht und Prüfungsberichten beim Bundesaufsichtsamt für Kreditwesen und bei der Bundesbank die Vorschrift des § 26 KWG zu beachten. Dabei können gemäß § 31 KWG Erleichterungen für kleinere Kreditinstitute eingeräumt werden.

11 Von der Verordnungsermächtigung ist durch die allgemeine Verordnung über die Rechnungslegung der **Kreditinstitute** sowie durch eine spezielle Verordnung über die nur für **Genossenschaften** und **Sparkassen** geltende Anlage gemäß § 26 Abs. 1 Satz 1 KWG (s. u. Rdn. 15) Gebrauch gemacht worden.[12]

VI. Zusatzermächtigung für Versicherungsunternehmen (Abs. 3 und 4)

12 Auch im Hinblick auf die Rechnungslegung von Versicherungsunternehmen gibt es – neben den branchenbezogenen Vorschriften der §§ 341 bis 341 o – eine **besondere Ermächtigung** für den Erlaß von Rechtsverordnungen. Die Ermächtigung ist auf Versicherungsunternehmen ungeachtet ihrer Rechtsform anzuwenden (Satz 1) und gilt auch für inländische Niederlassungen von Versicherungsunternehmen, die in EU-, EWR- oder Drittstaaten ansässig sind, soweit zum Betrieb des Direktversicherungsgeschäfts eine Erlaubnis des Bundesaufsichtsamts für das Versicherungswesen erforderlich ist (Satz 2). Eine solche Rechtsverordnung bedarf, im Gegensatz zu der allgemeinen Regelung des Abs. 1, der Zustimmung des Bundesrates und des Einvernehmens des Bundesministeriums der Finanzen (Abs. 3 Satz 3).

13 Die über Abs. 1 Satz 1 hinausgehenden Ermächtigungen des Abs. 3 Satz 4 betreffen einerseits Bestimmungen über die **Aufstellung** des Jahresabschlusses und des Konzernabschlusses und andererseits Vorschriften über den **Ansatz** und die **Bewertung** von versicherungstechnischen Rückstellungen.

14 Für **Kleinunternehmen**, d. h. für Pensionskassen und andere Versicherungsunternehmen mit örtlich oder sachlich begrenzten Mitgliedschaften, beanspruchen die in § 330 Abs. 4 Satz 1 genannten EG-Richtlinien[13] keine Geltung. In der Rechtsverordnung nach Abs. 1 i. V. m. Abs. 3 kann daher gem. Abs. 4 S. 1 bestimmt werden, daß diese kleinen Versicherungsunternehmen ganz oder teilweise von den Vorschriften der §§ 341 bis 341 o befreit werden, soweit dies erforderlich ist, um eine im Verhältnis zur Größe

[12] Zum Inhalt der Verordnung siehe *Krumnow/Sprißler/Bellavite-Hövermann/Kemmer/Steinbrücker* Rechnungslegung der Kreditinstitute.

[13] Artikel 2 der Richtlinie 91/674/EWG in Verbindung mit Artikel 3 der Richtlinie 73/239/EWG oder in Verbindung mit Artikel 2 Nr. 2 oder 3 oder Artikel 3 der Richtlinie 79/267/EWG.

der Versicherungsunternehmen unangemessene Belastung zu vermeiden (Abs. 4 Satz 1). Der Verordnunggeber hat mit § 61 der Verordnung über die Rechnungslegung der Versicherungsunternehmen (Rdn. 15) von der Befreiungsmöglichkeit Gebrauch gemacht.[14]

VII. Formblatt-Verordnungen

Auf der Grundlage des § 330 **gelten** derzeit folgende Verordnungen: 15

- Verordnung über die Gliederung des Jahresabschlusses bei *Verkehrsunternehmen* vom 27. 2. 1968 i. d. F. vom 13. 7. 1988;[15]
- Verordnung über Formblätter für die Gliederung des Jahresabschlusses für *Wohnungsunternehmen* vom 22. 9. 1970 i. d. F. vom 6. 3. 1987;[16]
- *Krankenhaus*-Buchführungsverordnung i. d. F. vom 24. 3. 1987,[17] zuletzt geändert durch Artikel 2 der Verordnung vom 9. Dezember 1997[18] sowie durch das Euro-Einführungsgesetz vom 9. 6. 1998;[19]
- Verordnung über die Rechnungslegung der *Kreditinstitute* vom 10. 2. 1992,[20] zuletzt geändert durch Artikel 3 § 2 des Gesetzes vom 25. 3. 1998[21] sowie durch das Euro-Einführungsgesetz vom 9. 6. 1998;[22]
- Verordnung vom 13. 10. 1993 über die Anlage zum Jahresabschluß von Kreditinstituten, die eingetragene *Genossenschaften* oder *Sparkassen* sind (§ 26 Abs. 1 KWG);[23]
- Verordnung über die Rechnungslegung von *Versicherungsunternehmen* vom 8. 11. 1994,[24] zuletzt geändert durch das Euro-Einführungsgesetz vom 9. 6. 1998;[25]
- *Pflegebuchführungsverordnung* vom 22. 11. 1995,[26] zuletzt geändert durch das Euro-Einführungsgesetz vom 9. 6. 1998.[27]

Verordnungen auf der Grundlage der Ermächtigung des § 330 gelten teilweise auch für Unternehmen der betreffenden Branchen unabhängig davon, ob sie die Rechtsform einer Kapitalgesellschaft aufweisen.

VIII. Rechtsfolgen bei Verletzung von Formblatt-Verordnungen

Nach § 334 Abs. 1 Nr. 6 können Mitglieder des vertretungsberechtigten Organs oder des Aufsichtsrats einer Kapitalgesellschaft mit einer Geldbuße belegt werden, wenn sie einer auf Grund des § 330 Abs. 1 Satz 1 erlassenen Rechtsverordnung, die für einen bestimmten Tatbestand auf die **Bußgeldvorschrift** des § 334 verweist, zuwiderhandeln. Entsprechende Bußgeldvorschriften bestehen für Zuwiderhandlungen gegen Rechtsverordnungen für Kreditinstitute (§ 340n Abs. 1 Nr. 6) und Versicherungsunternehmen (341n Abs. 1 Nr. 6). Die Nichtbeachtung von Formblättern, nach denen der Jahresabschluß zu gliedern ist, kann ebenso wie ein Verstoß gegen allgemeine Gliederungsvorschriften unter den Voraussetzungen des § 256 Abs. 4 AktG zur *Nichtigkeit* des Jahresabschlusses führen; bei der GmbH ist von der entsprechenden Anwendbarkeit dieser Bestimmung auszugehen.[28] 16

---

[14] Vgl. im übrigen zum Inhalt der Verordnung *Budde/Schnicke/Stöffler/Stuirbrink*, Beck'scher Versicherungsbilanz-Kommentar, RechVersV.
[15] BGBl. I 1988 S. 1057.
[16] BGBl. I 1987 S. 770.
[17] BGBl. I 1987 S. 1045.
[18] BGBl. I 1997 S. 2874.
[19] BGBl. I 1998 S. 1242.
[20] BGBl. I 1992 S. 203.
[21] BGBl. I 1998 S. 590.
[22] BGBl. I 1998 S. 1242.
[23] BGBl. I 1993 S. 1705.
[24] BGBl. I 1994 S. 3378.
[25] BGBl. I 1998 S. 1242.
[26] BGBl. I 1995 S. 1528.
[27] BGBl. I 1998 S. 1242.
[28] Beck BilKomm-*Förschle/Kofahl* Rdn. 61; *Biener/Berneke* 398.

Sechster Unterabschnitt
Straf- und Bußgeldvorschriften. Zwangsgelder

Vorbemerkungen

Vor §§ 331 ff

Übersicht

Schrifttum

Kommentare zum Aktiengesetz: *Baumbach/Hueck* Aktiengesetz, 13. Aufl. 1968; *Geilen* Aktienstrafrecht, Sonderdruck aus Kölner Kommentar, 1984; *Geßler/Hefermehl/Eckardt/Kropff* Aktiengesetz, Band VI, §§ 291–410 AktG, 1994; *v. Godin/Wilhelmi* Aktiengesetz vom 6. September 1965, Band 2, §§ 179–410 AktG, 4. Aufl. 1972; *Goutier/Seydel* GmbH-Gesetz, Loseblatt, 1981; *Hopt/Wiedemann* Großkommentar zum Aktiengesetz, 4. Aufl., 8. Lieferung §§ 399–410 AktG 1997; *Biedenkopf/Zöllner* Kölner Kommentar zum Aktiengesetz, Band 3, 1985; *Kropff/Bayer/Bachner/Altmeppen* Münchener Kommentar zum Aktiengesetz, 2. Aufl. 2001; *Otto* Aktienstrafrecht, 1997 (Sonderausgabe der Kommentierung der §§ 399–410 AktG aus: Großkommentar zum Aktiengesetz).

Kommentare zum GmbH-Gesetz: *Baumbach/Hueck* GmbH-Gesetz, 17. Aufl. 2000; *Hachenburg* GmbH-Gesetz, §§ 53–85, 8. Aufl. 1997; *Lutter/Hommelhoff* GmbH-Gesetz,

15. Aufl. 2000; *Meyer-Landrut/Miller/Niehus* GmbH-Gesetz, 1987; *Rowedder* GmbH-Gesetz, 3. Aufl. 1997; *Roth/Altmeppen* Gesetz betreffend die Gesellschaften mit beschränkter Haftung, 3. Aufl. 1997; *Scholz* Kommentar zum GmbH-Gesetz, Band 2, 8. Aufl. 1995.

Kommentare zum Umwandlungsgesetz: *Kallmeyer/Dirksen* Umwandlungsgesetz, 2. Aufl. 2001; *Lutter/Bayer* Umwandlungsgesetz, Kommentar, 1996; *Widmann/Mayer* Umwandlungsgesetz, 4. Aufl. 1998.

Kommentar zum Wettbewerbsrecht: *Baumbach/Hefermehl* Wettbewerbsrecht, 21. Aufl. 1999.

Zu Fragen des allgemeinen Straf- und Strafprozeßrechts: *Appel* Verfassung und Strafe, 1998; *Baumann/Weber/Mitsch* Strafrecht. Allgemeiner Teil, 10. Aufl. 1995; *Erbs/Kohlhaas* Strafrechtliche Nebengesetze, Loseblatt, Stand April 2001; *Jacobs* Strafrecht. Allgemeiner Teil, 2. Aufl. 1991; *Jescheck/Weigend* Lehrbuch des Strafrechts. Allgemeiner Teil, 5. Aufl. 1996; *Joecks* Studienkommentar StGB, 3. Aufl. 2001; *Kleinknecht/Meyer-Goßner* Strafprozeßordnung, 45. Aufl. 2001; *Lackner/Kühl* Strafgesetzbuch 24. Aufl. 2001; *Jähnke/Laufhütte/Odersky* Leipziger Kommentar, Großkommentar, 11. Aufl. 1992 ff; *Maurach/Zipf* Strafrecht AT 1, 8. Aufl. 1992; *Neumann/Puppe/Schild* Nomos-Kommentar zum Strafgesetzbuch, Loseblatt, Stand Mai 2001; *Otto* Grundkurs Strafrecht. Allgemeine Strafrechtslehre, 6. Aufl. 2000; *ders.* Grundkurs Strafrecht. Die einzelnen Delikte, 5. Aufl. 1998; *Schönke/Schröder* Strafgesetzbuch, 26. Aufl. 2001; *Rudolphi/Horn/Günther/Samson* Systematischer Kommentar zum StGB, Band 2 Besonderer Teil (§§ 80–358), Loseblatt, Stand Dez. 2000; *Tröndle/Fischer* Strafgesetzbuch, 50. Aufl. 2001.

Kommentare zum Ordnungswidrigkeitenrecht: *Göhler* Gesetz über Ordnungswidrigkeitengesetz, 12. Aufl. 1998; *Lemke* Heidelberger Kommentar zum Ordnungswidrigkeitengesetz, 1999; *Boujong* Karlsruher Kommentar zum Gesetz über Ordnungswidrigkeiten, 2. Aufl. 2000.

Zu Fragen des Bilanzstrafrechts: *Altgeld* Verschleierung von Aktienbilanzen (1921); *Ammon* Gesellschaftsrechtliche und sonstige Neuerungen im Handelsrechtsreformgesetz, DStR 1998, 1474 ff; *Arnhold* Auslegungshilfen zur Bestimmung der Geschäftslagetäuschung im Rahmen der §§ 331 Nr. 1 HGB, 400 Abs. 1 Nr. 1 AktG, 82 Abs. 2 Nr. 2 GmbHG (1993); *Baetge/Apelt* Konsequenzen des Verstoßes gegen die Offenlegungsvorschriften des HGB, DB 1988, 170 ff; *Bäumer* Handelsstrafrecht (1989); *Bansemer* Steuerhinterziehung im Beitreibungsverfahren, wistra 1994, 327 ff; *Barth* Entwicklung des Bilanzrechts, Bd. 1 (1953); *Beisse* Grundsatzfragen der Auslegung des neuen Bilanzrechts, BB 1990, 2007 ff; *Bertsch* Konzernrechnungslegung von Konzernunternehmen (1995); *Biener/Bernecke* Bilanzrichtlinien-Gesetz (1986); *Binding* Die Normen und ihre Übertretung (1965); *Blumers* Bilanzierungstatbestände und Bilanzierungsfristen im Handelsrecht und Strafrecht (1983); *ders.* Strafbare Verletzung von Bilanzierungspflichten, DStR 1983, 707 ff; *Brunner* Der Täterkreis bei Kartellordnungswidrigkeiten (1986); *Böse* Strafen und Sanktionen im Europäischen Gemeinschaftsrecht (1996); *Bydlinski* Zentrale Änderungen des HGB durch das Handelsrechtsreformgesetz, ZIP 1998, 1169 ff; *Cerny* § 264 a StGB – Kapitalanlagebetrug – Gesetzlicher Anlegerschutz mit Lücken, MDR 1987, 271 ff; *Clausen* Zum Stellenwert des § 164 Abs. 2 HGB, Festschrift Goerdeler (1987), S. 79 ff; *Cobet* Fehlerhafte Rechnungslegung (1991); *Dannecker* Die Verfolgungsverjährung bei Submissionsabsprachen und Aufsichtspflichtverletzungen in Betrieben und Unternehmen, NStZ 1985, 49 ff; *ders.* Die neuere Rechtsprechung des Bundesgerichtshofs zur Bedeutung der Grundsätze „nullum crimen sine lege“ und „ne bis in idem“ für das Wirtschaftsstraf- und Wirtschaftsordnungswidrigkeitenrecht, Rivista Trimestrale di Diritto Penale dell'Economia (1990), 449 ff; *ders.* Das intertemporale Strafrecht (1992); *ders.* Bilanzstrafrecht, in Blumers/Frick/Müller (Hrsg.) Betriebsprüfungshandbuch, Abschnitt K, Stand 1996; *ders.* Strafrecht in der Europäischen Gemeinschaft, JZ 1996, 869 ff; *ders.* Kapitel 15: Kartellstraf- und -ordnungswidrigkeitenrecht, in Wabnitz/Janovsky (Hrsg.) Handbuch des Wirtschafts- und Steuerstrafrechts (2000); *Döllerer* Grundsätze ordnungsmäßiger Bilanzierung, deren Entstehung und deren Ermittlung, BB 1959, 1217 ff; *ders.* Grundsätze ordnungswidriger Bilanzierung – Systematische Fehler in Bilanzen BB 1982, 777 ff; *Dörner* Berichterstattung durch den Abschlußprüfer und Auswirkungen auf die Abschlußprüfung, in Baetge (Hrsg.) Aktuelle Entwicklungen in Rechtsprechung und Wirtschaftsprüfung: Reformbedarf, Perspektiven, internationale Einflüsse (1997) S. 13 ff; *Doralt* (Hrsg.) Probleme des Steuerbilanzrechts (1991); *Doster* Verspätete beziehungsweise unterlassene Bilanzierung im

Insolvenzstrafrecht, wistra 1998, 326ff; *Eibelshäuser* Rückstellungsbildung nach neuem Handelsrecht, BB 1987, 860ff; *Enderle* Blankettstrafgesetze (2000); *Fuller* Das Analogieverbot im Wirtschaftsstrafrecht, DB 1972, 1757ff; *Fischer* Der Mißbrauch einer marktbeherrschenden Stellung (§ 22 GWB) in der Rechtsprechung des Bundesgerichtshofes, ZGR 1978, 235ff; *Forster* Rechnungslegung und Prüfung im Wandel – Bemerkungen aus der Sicht des Wirtschaftsprüfers –, in Bericht über die Fachtagung, Bonn – 19. Oktober 1978; *Franzen/Gast/Joecks* Steuerstrafrecht, 5. Aufl. (2001); *Freund* Urkundenstraftaten (1996); *Fuhrmann* Die Bedeutung des „faktischen Organs" in der Rechtsprechung des Bundesgerichtshofs, in Festschrift Tröndle (1989), S. 139ff; *Geroldt* Par. 314 Absatz I, Ziffer 1 HGB (1927); *Gössweiner* Wesen und Probleme der Bilanzdelikte (1970); *ders./Seiko* Bilanzdelikte und andere Straftaten im kaufmännischen Rechnungswesen (1981); *Gramich* Die Strafvorschriften des Bilanzrichtliniengesetzes, wistra 1987, 157ff; *Großfeld* Bilanzrecht für Juristen – Das Bilanzrichtliniengesetz vom 19.12.1985, NJW 1986, 955ff; *ders.* Bilanzrecht (1997); *Gübel* Die Auswirkungen der faktischen Betrachtungsweise auf die strafrechtliche Haftung faktischer GmbH-Geschäftsführer (1994); *Gustavus* Die Sanktionen bei unterlassener Offenlegung des Jahresabschlusses, ZIP 1988, 1429ff; *Hagenau/Hauser* Die Publizität des Jahresabschlusses – Eine nicht zwingende Vorschrift?, BB 1989, 180ff; *Hammerl* Die Bankrottdelikte – Zur strafrechtlichen und kriminologischen Problematik des einfachen und schweren Bankrotts (§§ 239, 240 KO) (1970); *Hartung* Insolvenzbedrohte und insolvente Mandanten (1990); *ders.* Der Steuerberater und seine Berührungspunkte mit dem Insolvenzstrafrecht, Stbg 1991, 331ff, 384ff, 431ff, 476ff, 524ff; *Hauck* Rechnungslegung und Strafrecht unter besonderer Berücksichtigung der konkursrechtlichen Bilanzdelikte (1987); *Hauser* Jahresabschlußprüfung und Aufdeckung von Wirtschaftskriminalität (2000); *Hefendehl* Vermögensgefährdung und Exspektanzen (1994); *Helmrich* (Hrsg.) Bilanzrichtliniengesetz, amtliche Texte und Entwürfe – Begründungen, Stellungnahmen und Protokolle (1986); *Herzberg* Zur Eingrenzung des vorsatzausschließenden Irrtums, JZ 1993, 1017ff; *Herschel* Zivilrechtliche Bedeutung des strafrechtlichen Analogieverbotes, NJW 1968, 533ff; *Hildesheim* Die strafrechtliche Verantwortung des faktischen Mitgeschäftsführers in der Rechtsprechung des BGH, wistra 1993, 166ff; *Höffner* Wirtschaftsethik und Monopole (1941); *Hommelhoff* Zum Ersatz des deutschen durch den internationalen Konzernabschluß, in Baetge (Hrsg.) Aktuelle Entwicklungen in Rechtsprechung und Wirtschaftsprüfung: Reformbedarf, Perspektiven, internationale Einflüsse (1997) S. 109ff; *Hugger* Zur strafbarkeitserweiternden richtlinienkonformen Auslegung deutscher Strafvorschriften, NStZ 1993, 421ff; *van Hulle* Die Zukunft der europäischen Rechnungslegung im Rahmen einer sich ändernden internationalen Rechnungslegung, WPg 1998, 138ff; *Jansen* Der Bestätigungsvermerk des Abschlußprüfers nach neuem Recht, in Dörner/Menold/Pfitzer (Hrsg.) Reform des Aktienrechts, der Rechnungslegung und Prüfung (1999) S. 679ff; *Jenny/Niedermeyer/Helm/Baumgart* Fälschung und Verschleierung in der Buchhaltung (1963); *Joerden* Grenzen der Auslegung des § 84 Abs. 1 Nr. 2 GmbH-Gesetz, wistra 1990, 1ff; *Kessler* Buchführungs- und Kapitaldelikte (1928); *Kienapfel* Urkunden im Strafrecht (1967); *Kloos* Die Transformation der 4. EG-Richtlinie (Bilanzrichtlinie) in den Mitgliedstaaten der Europäischen Gemeinschaft (1993); *Klussmann* Strafbarkeit sog. Geschäftslagetäuschungen nach § 400 AktG 65, AG 1973, 221ff; *ders.* Geschäftslagetäuschungen nach § 400 AktG (1974); *Knobbe-Keuk* Bilanz- und Unternehmenssteuerrecht, 9. Aufl. (1993); *Kohl* Wirtschaftskriminalität – Wirtschaftsdelikte im Rechnungswesen der Unternehmungen und ihre Bekämpfung (1993); *Kohlmann* Die strafrechtliche Verantwortlichkeit des GmbH-Geschäftsführers (1990); *ders.* Steuerstrafrecht, Loseblatt Stand Nov. 2000; *Kratzsch* Das faktische Organ im Gesellschaftsrecht – Grund und Grenzen einer strafrechtlichen Garantenstellung, ZGR 1985, 506ff; *Küting* Europäisches Bilanzrecht und Internationalisierung der Rechnungslegung BB 1993, 30ff; *ders./Hütten* Der befreiende Konzernlagebericht nach internationalen Vorschriften, WPg 1999, 12ff; *ders./Weber/Ellerich* Handbuch der Rechnungslegung (1990); *Kuhlen* Die Unterscheidung von vorsatzausschließendem und nicht vorsatzausschließendem Irrtum (1987); *Laaths* Das Zeitgesetz gemäß § 2 Abs. 4 StGB unter besonderer Berücksichtigung des Blankettgesetzes (1998); *Langenbeck* Folgen der Vorlage unrichtiger Bücher und Jahresabschlüsse, BBK (Buchführung, Bilanz, Kostenrechnung) (1987) Fach 8, 1053; *Lenz/Ostrowski* Kontrolle und Transparenz im Unternehmensbereich durch die Institution Abschlußprüfung, BB 1997, 1523ff; *Liebl* Die Bundesweite Erfassung von Wirtschaftsstraftaten nach einheitlichen

Gesichtspunkten (1984); *Lenckner* Wertausfüllungsbedürftige Begriffe im Strafrecht und der Satz „nullum crimen sine lege", JuS 1968, 249ff, 304ff; *Lohmeyer* Steuerliche Bilanzdelikte und ihre strafrechtliche Würdigung, GA 1972, 302ff; *ders.* Steuerliche Bilanzdelikte und deren strafrechtliche Folgen, WPg 1990, 314ff; *Löffeler* Strafrechtliche Konsequenzen faktischer Geschäftsführung, wistra 1989, 121ff; *Lück* Anforderungen an die Redepflicht des Abschlußprüfers, BB 2001, 404ff; *Ludewig* Die Einflüsse des „true and fair view" auf die zukünftige Rechnungslegung, AG 1987, 12ff; *Marcus* Bilanzfälschung und Bilanzverschleierung (1968); *Marker* Bilanzfälschung und Bilanzverschleierung (1970); *Marschdorf* Möglichkeiten, Aufgaben und Grenzen des Jahresabschlußprüfers zur Aufdeckung von Wirtschaftsstraftaten im Rahmen der Jahresabschlußprüfung, DStR 1995, 111ff, 149ff; *Maul* Artikel Bestätigungsvermerk, in Krekeler/Tiedemann/Ulsenheimer/Weinmann (Hrsg.) Handwörterbuch des Wirtschafts- und Steuerstrafrechts (HdWiStR) (1986); *ders.* Artikel Buchführungspflicht, in Krekeler/Tiedemann/Ulsenheimer/Weinmann (Hrsg.) Handwörterbuch des Wirtschafts- und Steuerstrafrechts (HdWiStR) (1986); *ders.* Geschäfts- und Konzernlagetäuschungen als Bilanzdelikte, DB 1989, 185ff; *Meyer* Die Strafvorschriften des neuen Aktiengesetzes, AG 1966, 109ff; *ders.* Die Bedeutung der aktienrechtlichen Jahresabschlußprüfung für die Bekämpfung von Buchhaltungs- und Bilanzdelikten (1980); *Moxter* Zum Verhältnis von Steuer- und Handelsbilanz, BB 1997, 195ff; *Möller* Die Berichtigungspflicht nach § 153 Abs. 1 AO und die strafrechtlichen Folgen einer Pflichtverletzung (1996); Müller-Gugenberger/Bieneck (Hrsg.) Wirtschaftsstrafrecht, 3. Aufl. (2000); *Neumann* Rückwirkungsverbot bei belastenden Rechtsprechungsänderungen der Strafgerichte, ZStW 103 (1991), 331ff; *Nelles* Aktienrechtliche Bilanzdelikte (1974); *Neuhäuser* Bilanzdelikte als Deckungshandlungen für zeitlich vor- bzw. nachgelagerte Betrugs- und Insolvenzdelikte (1973); *Niewerth* Die Bedeutung des Strafrechts für Aufgaben und Stellung des Wirtschaftsprüfers (im Druck); *Oberbrinkmann* Statische und dynamische Interpretation der Handelsbilanz (1990); *Oehmichen* Abgrenzungsschwierigkeiten zwischen Bilanzfälschung und Bilanzverschleierung, in Belke/Oehmichen (Hrsg.) Wirtschaftskriminalität (1983) S. 234ff; *Otto* Die Auslegung ambivalenter Normen und ihre Bedeutung für die Strafbarkeit der verdeckten Sacheinlage, Festschrift Gitter (1995) S. 715ff; *ders.* Die Lehre vom Tatbestand und der Deliktsaufbau, Jura 1995, 468ff; *Peemöller/Finsterer/Neubert* Bilanzierung von Unternehmen des Neuen Marktes nach IAS und US-GAAP, BB 1999, 1103ff; *Pfitzer* Aufbau und Inhalt des Prüfungsberichts nach neuem Recht, in Dörner/Menold/Pfitzer (Hrsg.) Reform des Aktienrechts, der Rechnungslegung und Prüfung (1999) S. 649ff; *Pieroth/Schlink* Grundrechte Staatsrecht II, 16. Aufl. (2000); *Puppe* Tatirrtum, Rechtsirrtum, Subsumtionsirrtum, GA 1990, 145ff; *Quink* Die Haftung des handelsrechtlichen Abschlußprüfers BB 1992, 1675ff; *Ransiek* Gesellschaftsrechtliche Bilanzdelikte, in Achenbach/Wannenmacher (Hrsg.) Beraterhandbuch zum Steuer- und Wirtschaftsstrafrecht, Stand 1999, § 23; *ders.* Gesellschaftsrechtliche Straftatbestände, in Achenbach/Wannenmacher (Hrsg.) Beraterhandbuch zum Steuer- und Wirtschaftsstrafrecht, Stand 1999, § 23; *ders.* Unternehmensstrafrecht (1996); *Rebmann/Roth/Hermann* Gesetz über Ordnungswidrigkeiten, Loseblatt Stand April 2000; *Reisner* Die Strafbarkeit von Schein- und Umgehungshandlungen in der EG (1995); *Renaud* Das Recht der Actiengesellschaften (1875); *Richter* Der Konkurs der GmbH aus der Sicht der Strafrechtspraxis, GmbHR 1984, 113ff; *Rittner* Die sogenannte wirtschaftliche Betrachtungsweise in der Rechtsprechung des Bundesgerichtshofs (1975); *Robbers* Rückwirkende Rechtsprechungsänderung, JZ 1988, 481ff; *Roxin* Die Verhinderung der Vollendung als Rücktritt vom beendeten Versuch, Festschrift Hirsch (1999) S. 327ff; *Rückle* Artikel Vorsicht, in Leffson/Rückle/Großfeld (Hrsg.) Handwörterbuch unbestimmter Rechtsbegriffe (HdWbURB) (1986) S. 408ff; *Schäfer* Die Verletzung der Buchführungspflicht in der Rechtsprechung des BGH, wistra 1986, 200ff; *Schedelbauer* Die Gefährdung der Bestandskraft von Jahresabschlüssen durch Bewertungsfehler, DB 1992, 2097ff; *Scheu* Das Börsenstrafrecht und seine Reform (1974); *Schmedding* Unrichtige Konzernrechnungslegung (1991); *Schmidt/Weber-Grellet* Einkommenssteuergesetz, Kommentar, 20. Aufl. (2001); *Schmidt-Busemann* Entstehung und Bedeutung der Vorschriften über Handelsbücher (1977); *Schmidt-Hieber* Verfolgung von Subventionserschleichungen nach Einführung des § 264 StGB, NJW 1980, 322ff; *Schmidt* Konkursverschleppungshaftung und Konkursverursachungshaftung, ZIP 1988, 1497ff; *Schmitt* Ordnungswidrigkeitenrecht (1970); *Schneider* Entwicklungsstufen der Bilanztheorie, WiSt 1974, 158ff; *ders.* Geschichte betriebswirtschaftlicher Theorie (1981);

Schnellenbach Die vorgesehenen Änderungen des Aktienstrafrechts im Regierungsentwurf zum Aktiengesetz 1960 (1963), *Schubert/Hommelhoff* Hundert Jahre modernes Aktienrecht (1985); *dies.* Die Aktienrechtsreform am Ende der Weimarer Republik (1986); *Schüppen* Systematik und Auslegung des Bilanzstrafrechts (1993); *Schulze-Osterloh* Jahresabschluß, Abschlußprüfung und Publizität der Kapitalanlagegesellschaften nach dem Bilanzrichtlinien-Gesetz, ZHR (150) 1986, 532 ff; *Sieben/Matschke/Neuhäuser* Bilanzdelikte (1974); *Siegmann/Vogel* Die Verantwortlichkeit des Strohmanngeschäftsführers einer GmbH, ZIP 1994, 1821 ff; *Stapelfeld* Die Haftung des GmbH-Geschäftsführers für Fehlverhalten in der Gesellschaftskrise (1990); *Stark* Strafbare Handlungen auf dem Gebiete des Aktienrechts (1910); *Stein* Das faktische Organ (1983); *dies.* Die Normadressaten der §§ 64, 84 GmbHG und die Verantwortlichkeit von Nichtgeschäftsführern wegen Konkursverschleppung, ZHR 148 (1984), 207 ff; *Steindorff* Politik des Gesetzes als Auslegungsmaßstab im Wirtschaftsrecht, Festschrift Larenz (1973) S. 217 ff; *Steinmetz* Die verschleierte Sacheinlage im Aktienrecht aus zivil- und strafrechtlicher Sicht (1990); *Stratenwerth* Strafrechtliche Unernehmenshaftung? Festschrift R. Schmitt (1992) S. 295 ff; *Sünner* Folgen der Verletzung von Rechnungslegungs- und Berichtspflichten durch eine Aktiengesellschaft – Auswirkungen des Bilanz-Richtlinien-Gesetzentwurfs, AG 1984, 16 ff; *Teufel* Geister, Kriminalistik 1969, 624 ff; *ders.* Der Buchhaltungs-Defraudant, Kriminalistik 1971, 575 ff, 630 ff; *Tiedemann* Zur legislatorischen Behandlung des Verbotsirrtums im Ordnungswidrigkeiten- und Steuerstrafrecht, ZStW 81 (1969), 879 ff; *ders.* Der Wechsel von Strafnormen und die Rechtsprechung des Bundesgerichtshofes, JZ 1975, 692 ff; *ders.* Wirtschaftsstrafrecht und Wirtschaftskriminalität (1976); *ders.* Handelsgesellschaften und Strafrecht: eine vergleichende Bestandsaufnahme, Festschrift Würtenberger (1977) S. 241 ff; *ders.* Strafrechtliche Grundprobleme im Kartellrecht, NJW 1979, 1849 ff; *ders.* Strafbare Erschleichung von Investitionszulagen durch Aufhebung und Neuabschluß von Lieferverträgen? NJW 1980, 1557 ff; *ders.* Konkursstrafrecht (1985); *ders.* Die Bekämpfung der Wirtschaftskriminalität durch den Gesetzgeber, JZ 1986, 865 ff; *ders.* Artikel Auslegung, in Krekeler/Tiedemann/Ulsenheimer/Weinmann (Hrsg.) Handwörterbuch des Wirtschafts- und Steuerstrafrechts, Loseblatt Stand 1990; *ders.* Artikel Bilanzstrafrecht, in Krekeler/Tiedemann/Ulsenheimer/Weinmann (Hrsg.) Handwörterbuch des Wirtschafts- und Steuerstrafrechts (HdWiStR), Loseblatt Stand 1990; *ders.* Artikel Blankettstrafgesetz, in Krekeler/Tiedemann/Ulsenheimer/Weinmann (Hrsg.) Handwörterbuch des Wirtschafts- und Steuerstrafrechts, Loseblatt Stand 1990; *ders.* Artikel Irrtum über Rechtsfragen, in Krekeler/Tiedemann/Ulsenheimer/Weinmann (Hrsg.) Handwörterbuch des Wirtschafts- und Steuerstrafrechts, Loseblatt Stand 1990; *ders.* Artikel Konkursstrafrecht, in Krekeler/Tiedemann/Ulsenheimer/Weinmann (Hrsg.) Handwörterbuch des Wirtschafts- und Steuerstrafrechts (HdWiStR), Loseblatt Stand 1990; *ders.* Grundgesetz und Strafrecht, in 40 Jahre Grundgesetz (1990) S. 155 ff; *ders.* Zum Stand der Irrtumslehre, insbesondere im Wirtschafts- und Nebenstrafrecht, Festschrift Geerds (1995) S. 195 ff; *Tiedemann/Cosson* Straftaten und Strafrecht im deutschen und französischen Bank- und Kreditwesen (1973); *Ulmer* Überlegungen zur wirtschaftlichen Betrachtungsweise im Kartellrecht, WuW 1971, 878 ff; *ter Vehn* Die Entwicklung der Bilanzauffassungen bis zum HGB, ZfB 1929, 161 ff, 241 ff, 329 ff, 431 ff; *Wahle* Die sogenannte „Handlungseinheit durch Klammerwirkung", GA 1968, 97 ff; Wabnitz/Janovsky (Hrsg.) Handbuch des Wirtschafts- und Steuerstrafrechts (2000); *Weber* Artikel „Unrichtige Wiedergabe und Verschleierung", in Leffson/Rückle/Großfeld (Hrsg.) Handwörterbuch unbestimmter Rechtsbegriffe (HdWbURB) (1986) S. 319 ff; *de Weerth* Die Bilanzordnungswidrigkeiten nach § 334 HGB (1994); *Wimmer* Die zivil- und strafrechtlichen Folgen mangelhafter Jahresabschlüsse bei GmbH und KG, DStR 1997, 1931 ff; *Winkelbauer* Artikel Buchprüfer, in Krekeler/Tiedemann/Ulsenheimer/Weinmann (Hrsg.) Handwörterbuch des Wirtschafts- und Steuerstrafrechts, Loseblatt Stand 1990; *ders.* Artikel Wirtschaftsprüfer, in Krekeler/Tiedemann/Ulsenheimer/Weinmann (Hrsg.) Handwörterbuch des Wirtschafts- und Steuerstrafrechts, Loseblatt Stand 1990; Wirtschaftsprüfer-Handbuch, Bd. I, 12. Aufl. (2000), Bd. II, 10. Aufl. (1992); *WPK* Entwurf eines Gesetzes zur Kontrolle und Transparenz im Unternehmensbereich, WPg 1997, 100 ff; *Worms* Anlegerschutz durch Strafrecht (1987); *Würthwein* Anmerkung zu BGH wistra 1986, 172, wistra 1986, 258 ff; *Zaczyk* Der verschuldete Verbotsirrtum, JuS 1990, 894 ff; *Zimmerer* Die Bilanzwahrheit und die Bilanzlüge (1981); *Zirpins/Terstegen* Wirtschaftskriminalität (1963); *Zybon* Wirtschaftskriminalität und Rechnungswesen, ZfB 1968, 889 ff.

A. Begriff des Bilanzstrafrechts und Überblick über die Straf- und Ordnungswidrigkeitentatbestände der §§ 331 ff HGB

I. Begriff des Bilanzstrafrechts

1 Das Strafrecht kennt keine geschlossene Konzeption des „Bilanzstrafrechts". Dennoch wird, ausgehend von kriminalistischen und kriminologischen Besonderheiten, das Bilanzstrafrecht als eigenständige, das Handels-, Insolvenz- und Betrugsstrafrecht übergreifende Kategorie verstanden, die „Bilanzmanipulationen", „Bilanzfälschungen" und „Bilanzverschleierungen" sowie Geschäftslagetäuschungen umfaßt.[1] Kennzeichnend für das **Bilanzstrafrecht im eigentlichen Sinne** ist die unrichtige, unvollständige oder verschleiernde Bilanzaufstellung sowie das Unterlassen der Aufstellung und das verspätete Aufstellen einer Bilanz. Als **Bilanzstrafrecht im weiteren Sinne** kann das gesamte Strafrecht zum Schutz der kaufmännischen Rechnungslegung bezeichnet werden. Dieses umfaßt zusätzlich zur Verletzung der Bilanzierungspflicht Verstöße gegen die der Bilanzierung vorausgehende und zugrundeliegende Buchführungs- und Inventarisierungspflicht und erstreckt sich über die Bilanz hinaus auch auf die Gewinn- und Verlustrechnung, die zusammen mit der Bilanz den Jahresabschluß bildet, sowie auf den Lagebericht als ergänzende Darstellung des Geschäftsverlaufs und der Lage des Unternehmens. Einzubeziehen sind weiterhin unrichtige Angaben gegenüber den Abschlußprüfern und unrichtige Feststellungen durch die Prüfer, die Verletzung der Grundsätze der Bilanzwahrheit (Bilanzfälschung) und der Bilanzklarheit (Bilanzverschleierung).[2] Das Bilanzstrafrecht betrifft durchgehend die **Handelsbilanz**. Auf diese beziehen sich auch die Strafbestimmungen der §§ 283 Abs. 1 Nrn. 5 bis 7, 283 b StGB, die jedoch nur eingreifen, wenn es zur Eröffnung des Insolvenzverfahrens gekommen ist. Weiterhin, jedoch unabhängig von der wirtschaftlichen Krise, sind die Straf- und Bußgeldtatbestände der §§ 331, 332 und 334 HGB zu nennen, die durch subsidiäre Tatbestände in § 400 Abs. 1 Nr. 1 AktG, § 82 Abs. 2 Nr. 2 GmbHG, § 147 Abs. 2 GenG, § 143 VAG und durch § 313 Abs. 1 Nr. 1 UmwG ergänzt werden.

II. Überblick über die Straf-, Ordnungswidrigkeiten- und Ordnungsgeldtatbestände der §§ 331 ff HGB

2 Die §§ 331 bis 335 a HGB enthalten Sanktionsvorschriften für die Verletzung der in §§ 242 ff HGB geregelten gesetzlichen Verpflichtungen. Diese Vorschriften betreffen zunächst nur die Rechnungslegung von **Kapitalgesellschaften**, werden aber über die Vorschriften der §§ 340 m bis 340 o HGB und §§ 341 m bis 341 o HGB für in anderen Rechtsformen geführte **Kreditinstitute** und **Versicherungsunternehmen** erweitert (Rdn. 115 ff, 118 ff).

3 Die Sanktionsvorschriften des HGB betreffen Straftatbestände (§§ 331 bis 333, 340 m, 341 m HGB), Ordnungswidrigkeitentatbestände (§§ 334, 340 n, 341 n HGB) sowie die Festsetzung von Zwangsgeld (§ 335 HGB) und Ordnungsgeld (§§ 335 a, 340 o, 341 o HGB).

---

[1] Vgl. dazu nur *Schüppen* S. 15 ff m. w. N.
[2] *Tiedemann* Artikel Bilanzstrafrecht S. 1; vgl. auch *Schüppen* S. 41 ff.

1. Straftatbestände

a) § 331 HGB: Unrichtige Darstellung

§ 331 Nr. 1 HGB: Unrichtige Wiedergabe oder Verschleierung der Verhältnisse der Kapitalgesellschaft in der Eröffnungsbilanz, im Jahresabschluß, im Lagebericht oder im Zwischenabschluß nach § 340a Abs. 3 HGB. 4

§ 331 Nr. 2 HGB: Unrichtige Wiedergabe oder Verschleierung der Verhältnisse des Konzerns im Konzernabschluß, Konzernlagebericht oder im Konzernzwischenabschluß nach § 340i Abs. 4 HGB.

§ 331 Nr. 3 HGB: Offenlegung eines unrichtigen Konzernabschlusses oder Konzernlageberichts der nach international anerkannten Rechnungslegungsgrundsätzen, der zum Zweck der Befreiung von der Pflicht, einen nationalen Konzernabschluß oder Konzernlagebericht aufzustellen, erstellt wurde.

§ 331 Nr. 4 HGB: Unrichtige Angaben, unrichtige Wiedergabe oder Verschleierung der Verhältnisse der Kapitalgesellschaft, eines Tochterunternehmens oder des Konzerns in Aufklärungen oder Nachweisen gegenüber einem Abschlußprüfer.

b) § 332 HGB: Verletzung der Berichtspflicht

Verletzung der Berichtspflicht oder Erteilung eines inhaltlich unrichtigen Bestätigungsvermerks durch Abschlußprüfer der Kapitalgesellschaft oder deren Gehilfen. 5

c) § 333 HGB: Verletzung der Geheimhaltungspflicht

Verletzung der Geheimhaltungspflicht durch Abschlußprüfer oder deren Gehilfen. 6

d) § 340m HGB: Strafvorschriften für nicht in der Rechtsform der Kapitalgesellschaft betriebene Kreditinstitute

Anwendung der §§ 331 bis 333 HGB auf nicht in der Rechtsform einer Kapitalgesellschaft betriebene Kreditinstitute und Erstreckung der Anwendbarkeit des § 331 HGB auf die Verletzung von Pflichten durch den Geschäftsleiter (§ 1 Abs. 2 S. 1 KWG) eines nicht in der Rechtsform einer Kapitalgesellschaft geführten Kreditinstituts, durch den Inhaber eines in der Rechtsform eines als Einzelkaufmann betriebenen Kreditinstituts oder durch den Geschäftsleiter im Sinne des § 53 Abs. 2 Nr. 1 KWG (Anhang nach § 333). 7

e) § 341m HGB: Strafvorschriften für nicht in der Rechtsform einer Kapitalgesellschaft betriebene Versicherungsunternehmen

Anwendung der §§ 331 bis 333 HGB auf nicht in der Rechtsform einer Kapitalgesellschaft betriebene Versicherungsunternehmen und Erstreckung der Anwendbarkeit des § 331 HGB auf die Verletzung von Pflichten durch den Hauptbevollmächtigten (§ 106 Abs. 3 VAG; Anhang nach § 334). 8

2. Ordnungswidrigkeitentatbestände

a) § 334 HGB

§ 334 Abs. 1 HGB: Ordnungswidrigkeiten durch Mitglieder des vertretungsberechtigten Organs oder des Aufsichtsrats einer Kapitalgesellschaft mit Ausnahme von Kreditinstituten im Sinne des § 340 Abs. 1 HGB und Versicherungsunternehmen 9 im Sinne des § 341 Abs. 1 HGB bei der Aufstellung und Feststellung oder Offenlegung, Veröffentlichung oder Vervielfältigung bestimmter Abschlüsse und Berichte.

§ 334 Abs. 2 HGB: Erteilung eines Bestätigungsvermerks zu einem Jahresabschluß oder Konzernabschluß durch eine Person oder eine für eine Wirtschafts- oder Buchprüfungsgesellschaft tätige Person, obwohl sie oder die Gesellschaft nicht Abschlußprüfer sein darf (§ 319 Abs. 2 und 3 HGB).

b) § 340n HGB

10 **§ 340n Abs. 1 HGB:** Ordnungswidrigkeiten durch Geschäftsleiter im Sinne des § 1 Abs. 2 S. 1 HGB oder des § 53 Abs. 2 Nr. 1 KWG oder durch Inhaber eines in der Rechtsform des Einzelkaufmanns betriebenen Kredit- oder Finanzdienstleistungsinstituts oder als Mitglied des Aufsichtsrats bei der Aufstellung und Feststellung bestimmter Abschlüsse und Berichte (Anhang nach § 334).

§ 340n Abs. 2 HGB: Erteilung eines Bestätigungsvermerks zu einem Jahresabschluß oder Konzernabschluß durch eine Person, eine Wirtschaftsprüfungsgesellschaft oder einen Prüfungsverband, obwohl die Person, die Gesellschaft oder der Verband nicht Abschlußprüfer eines Kredit- oder Finanzdienstleistungsinstituts sein darf.

c) § 341n HGB

11 **§ 341n Abs. 1 HGB:** Ordnungswidrigkeiten durch Mitglieder des vertretungsberechtigten Organs des Aufsichtsrats oder des Hauptbevollmächtigten (§ 106 Abs. 3 VAG) eines Versicherungsunternehmens bei der Aufstellung und Feststellung bestimmter Abschlüsse und Berichte (Anhang nach § 334).

§ 341n Abs. 2 HGB: Erteilung eines Bestätigungsvermerks zu einem Jahresabschluß oder Konzernabschluß durch eine Person oder eine Wirtschaftsprüfungsgesellschaft, obwohl die Person oder die Gesellschaft nicht Abschlußprüfer eines Versicherungsunternehmens sein darf.

3. Festsetzung von Zwangs- und Ordnungsgeld

a) §§ 335, 335a HGB

12 **§ 335 HGB** sieht die Möglichkeit der Erzwingung der im HGB geregelten Pflichten zur Aufstellung des Jahresabschlusses, des Lageberichts, des Konzernabschlusses und des Konzernlageberichts sowie zur unverzüglichen Erteilung des Prüfungsauftrags, zur Beantragung der gerichtlichen Bestellung des Abschlußprüfers und zur Durchsetzung der gegenüber dem Abschlußprüfer bestehenden Pflichten mittels der Festsetzung eines Zwangsgelds vor.

13 **§ 335a HGB** sieht die Möglichkeit zur Erzwingung der im HGB geregelten Pflichten zur Offenlegung des Jahresabschlusses, des Lageberichts, des Konzernabschlusses und des Konzernlageberichts und anderer Unterlagen der Rechnungslegung der Kapitalgesellschaft sowie der Offenlegung der Rechnungslegungsunterlagen der Hauptniederlassung mittels der Festsetzung eines Ordnungsgeldes vor.

b) §§ 340o, 341o HGB:

14 §§ 340o, 341o HGB erstrecken die Möglichkeiten der §§ 335, 335a HGB zur Festsetzung von Zwangs- und Ordnungsgeld auf Kreditinstitute und Versicherungsunternehmen (Anhang nach § 335b).

B. Historische Entwicklung des Bilanzstrafrechts und -ordnungswidrigkeitenrechts

Das betriebliche Rechnungswesen ist zentraler Bestandteil des Informationssystems einer Unternehmung. Es dient der systematischen Erfassung und Auswertung aller quantifizierten und quantifizierbaren Vorgänge der Unternehmung. Einen wesentlichen Bestandteil der Rechnungslegung stellt die handelsrechtlich normierte Rechnungslegung dar, die in dem durch das Bilanzrichtlinien-Gesetz (BiRiLiG) vom 19.12.1985 (BGBl. 1985 I S. 2355) neu gefaßten Dritten Buch des HGB (§§ 238 bis 342a HGB) geregelt ist. Die Verletzung dieser Vorschriften ist in §§ 331, 332, 334 HGB unter Straf- bzw. Bußgeldandrohung gestellt. Bis zum Inkrafttreten des BiRiLiG waren die Strafvorschriften über das Strafgesetzbuch und das Nebenstrafrecht verteilt. Durch dieses Gesetz wurden sie im Jahre 1985 für Kapitalgesellschaften und Genossenschaften weitgehend vereinheitlicht und um Ordnungswidrigkeitentatbestände ergänzt. Parallele Regelungen finden sich insbesondere im Aktien- und GmbH-Gesetz sowie im Umwandlungsgesetz, denen die §§ 331, 332 HGB vorgehen (näher dazu § 331 Rdn. 121). **15**

I. Entwicklung bis zum 19. Jahrhundert

1. Mittelalter

Schon im 14. Jahrhundert entstand ein differenziertes System von Handelsgesellschaften mit dem Ziel der Risikoverteilung. Insbesondere der aufstrebende Handel der oberitalienischen Städte führte im späten Mittelalter dazu, daß die Zünfte die Pflicht zur Buchführung verallgemeinerten. Allerdings war das Bilanzrecht noch nicht auf eine periodische Erfolgsrechnung ausgerichtet; vielmehr diente die „Schlußbilanz" allein der **Saldenkontrolle** bei der Übertragung von einem vollgeschriebenen in ein neues Hauptbuch. Jedoch läßt sich bereits ab dem 14. Jahrhundert in den Handelsgesellschaften eine gewisse Tendenz zu **regelmäßigen Abrechnungen** erkennen. So weist *Bartolus de Sassoferator* auf den Handelsbrauch hin, daß jeder Gesellschafter auf Abrechnungen am Ende des Jahres dringen könne.[3] Vereinzelt gab es auch Überlegungen zur Publizität der Rechnungslegung, denen die Kaufleute jedoch entgegentraten. So kam *Konrad Preutinger* in einem Rechtsgutachten von 1530 für die Augsburger Großkaufleute zu dem Ergebnis, daß eine jährliche Rechnungslegung schlecht sei, weil niemand verpflichtet sei, sein Vermögen öffentlich bekanntzugeben.[4] Auch Strafdrohungen lassen sich im Zusammenhang mit Rechnungslegungsvorschriften vereinzelt feststellen. So sah die „constitutio del commune di Siena" von 1262 Rechenschaftspflichten unter Gesellschaftern vor und Gefängnisstrafe für diejenigen, die sich weigerten, dieser Verpflichtung nachzukommen.[5] **16**

2. Erste Handelsgesetzgebungen: „Ordonnance de Commerce" und Allgemeines Landrecht für die Preußischen Staaten

Als das erste Handelsgesetzbuch der Welt gilt die französische **„Ordonnance de Commerce"** von 1673, die infolge einer mit zahlreichen Konkursen einhergehenden Wirtschaftskrise erlassen wurde und als Geburtsstunde der externen Rechnungslegung **17**

---

[3] *Schneider* Geschichte S. 442.

[4] *Höffner* Wirtschaftsethik und Monopole S. 59.

[5] *Schneider* Geschichte S. 441.

gilt.[6] Anlaß und Motiv des Gesetzeswerks waren die durch unvollständige und unordentliche Buchführung hervorgerufenen Mißstände im Kreditverkehr und Konkursverfahren.[7] *Jacques Savary*, auf den die Ordonnance im wesentlichen zurückgeht, setzte sich in seinem für die nächsten 150 Jahre führenden Lehrbuch,[8] das zugleich als Kommentar der Ordonnance anerkannt war,[9] eingehend mit dem „Bilanzzweck" auseinander und forderte eine jährliche Inventaraufstellung, damit die Einzelhandelskaufleute vollständige Kenntnis ihrer Geschäfte erhalten und sich über ihre Vermögenslage informieren konnten.[10] Neben der jährlichen Bilanz, die dem Zweck der Gewinnermittlung diente, kannte er die Vermögensbilanz bei Zahlungsunfähigkeit, bei der auch die Waren mit Schätzpreisen bewertet wurden.[11] Die „Ordonnance" griff zwar im wesentlichen das damals bestehende Recht auf, brachte allerdings durch die verbindlich vorgeschriebene zweijährige Inventarerrichtung und die Verpflichtung, den Gläubigern die Handelsbücher im Konkursfall zugänglich zu machen, eine erhebliche Verschärfung der Rechtslage mit sich. Durch die Unterrichtung des Kaufmanns über seinen Gewinn oder Verlust sollte zur Verhinderung von Konkursen beigetragen werden.[12] Ein Verstoß hiergegen konnte im Konkursfall als betrügerischer Bankrott angeklagt und sogar mit Todesstrafe geahndet werden.[13]

18 Die französische Rechtstradition der gesetzlichen Normierung der Rechnungslegung wurde im deutschen Raum durch das **Allgemeine Landrecht für die Preußischen Staaten** (ALR) von 1794 übernommen. Es enthielt eine Kodifikation des gesamten Handelsrechts unter Einschluß der Buchführungspflicht.[14] Das ALR brachte insofern einen Wendepunkt in der Entwicklung der Rechnungslegung, als die Bilanz den Zweck hatte, den ausschüttbaren Periodengewinn zu ermitteln.[15] Außerdem waren Bewertungsregeln vorgegeben, die allerdings nur im Zweifel anzuwenden waren.[16] So waren das Niederstwertprinzip und Abschreibungen auf uneinbringliche bzw. zweifelhafte Forderungen vorgesehen.[17] Auch das ALR enthielt bereits bilanzstrafrechtliche Vorschriften, die im Falle des Konkurses zur Strafbarkeit führten, wenn der Kaufmann es unterlassen hatte, jährlich eine Bilanz zu erstellen und sich infolgedessen in „Unwissenheit über die Lage seiner Umstände" befand (§ 1468 ALR). Auch diese Strafvorschrift sollte der Verhinderung von Konkursen dienen.[18]

II. Die Entwicklung im 19. Jahrhundert bis zur Aktienrechtsreform 1884

19 In Frankreich löste der **„Code de Commerce"** die „Ordonnance de Commerce" ab und übernahm die Vorschriften über die Handelsbücher.[19] Jedoch mußte nunmehr jährlich ein Inventar errichtet werden. Der Begriff der Bilanz wurde nach wie vor nur mit den Konkursvorschriften in Verbindung gebracht. Die Strafvorschriften unterschieden zwischen betrügerischem und einfachem Bankrott.[20] Der Einfluß des Code de

---

6 *Barth* Entwicklung S. 65.
7 *ter Vehn* ZfB 1929, 243, 245; *Schneider* WiSt 1974, 158, 159; *Barth* Entwicklung S. 65.
8 *Savary* Le parfait négociant ou instruction générale pour ce qui regarde le commerce des Marchandises de France & des Pays Etrangers (1675).
9 *ter Vehn* ZfB 1929, 243 ff.
10 *Schneider* Geschichte S. 444 f, 447.
11 *Schneider* Geschichte S. 446 f.
12 *ter Vehn* ZfB 1929, 243, 248.
13 *Schneider* Geschichte S. 96; *Schmidt-Busemann* Handelsbücher S. 25.
14 *ter Vehn* ZfB 1929, 329, 336; *Oberbrinkmann* Interpretation S. 17 ff; *Schmidt-Busemann* Handelsbücher S. 38 ff, jeweils m. w. N.
15 *Schneider* Geschichte S. 96.
16 *ter Vehn* ZfB 1929, 329, 337.
17 *Schneider* WiSt 1974, S. 158, 159.
18 *Hammerl* Bankrottdelikte S. 35 f.
19 *Oberbrinkmann* Interpretation S. 23 ff; *Schmidt-Busemann* Handelsbücher S. 33 ff.
20 *ter Vehn* ZfB 1929, 329, 345 f.

Commerce auf die Handelsgesetze in Europa war weitreichend. Zahlreiche Partikularstaaten übernahmen die darin enthaltenen Regelungen. So bedrohte das **Preußische StGB von 1851** Kaufleute im Falle der Zahlungseinstellung mit Strafe, wenn Manipulationen der Buchführung festgestellt wurden.

Als das **ADHGB im Jahre 1861** verabschiedet und in den Folgejahren in den Staaten **20**
des Deutschen Bundes übernommen wurde, wurde die Pflicht zur jährlichen Inventar- und Bilanzerstellung sowie eine Bewertungsvorschrift eingeführt, nach der sämtliche Vermögensstücke und Forderungen nach dem Wert anzusetzen waren, der ihnen zur Zeit der Aufstellung der Bilanz beizulegen war. In den aktienrechtlichen Regelungen wurde am staatlichen Konzessionssystem festgehalten, das im Falle von Rechtsverstößen zum Entzug der Konzession führen konnte. Strafbestimmungen waren deshalb nicht vorgesehen.[21] Allerdings konnten die Landesgesetzgeber aufgrund eines Vorbehalts Strafbestimmungen erlassen. Hiervon machten einige Länder Gebrauch und führten erstmals bilanzstrafrechtliche Normen außerhalb des Konkursstrafrechts ein, so das Großherzogtum Hessen, das Landgrafentum Hessen und das Königreich Württemberg.[22]

Die **Aktiennovelle von 1870** brachte für die Aktiengesellschaft und die Kommandit- **21**
gesellschaft auf Aktien einen grundlegenden Wandel, indem das Konzessionssystem aufgegeben und eine Registrierung der Aktiengesellschaft und der Kommanditgesellschaft auf Aktien nach Erfüllung bestimmter gesetzlicher Bestimmungen eingeführt wurde (System der Normativbestimmungen). Diese Änderung war mit der Einführung handelsstrafrechtlicher Normen verbunden.[23] Für die persönlich haftenden Gesellschafter und die Aufsichtsratsmitglieder der KGaA sowie für die Mitglieder des Aufsichtsrats und des Vorstands der AG wurde die unwahre oder verschleiernde Darstellung der Gesellschaftsverhältnisse mit Strafe bedroht (Art. 206, 249 ADHGB), um einen Ausgleich für die mit dem Konzessionszwang entfallende unmittelbare Staatskontrolle zu schaffen.

Das **Reichsstrafgesetzbuch von 1871** übernahm in seinen §§ 281ff die Straftat- **22**
bestände des Preußischen StGB von 1851 und schuf damit ein für das gesamte Deutsche Reich einheitliches Konkursstrafrecht.[24] Diese Strafbestimmungen wurden mit der Schaffung der **Konkursordnung von 1877** aus dem Strafgesetzbuch herausgenommen und, verbunden mit einigen Verschärfungen, in der Konkursordnung geregelt.[25] Strafbar waren der betrügerische und der einfache Bankrott, die sich durch das Merkmal der Absicht der Gläubigerbenachteiligung unterschieden. Beide Varianten konnten auch durch Unterlassen, Vernichten oder Unrichtigkeiten in der Führung der Handelsbücher begangen werden.

Mit der **Aktienrechtsreform von 1884** verfolgte der Gesetzgeber unter anderem **23**
die Ziele, die Geschäftslage der Gesellschaft sachgemäßer erkennbar zu machen, die Verantwortlichkeit der mit der Verwaltung und Beaufsichtigung betrauten Personen zivil- und strafrechtlich zu verschärfen und den Aktionären und dem Publikum durch Straf- und Ordnungsvorschriften einen größeren Schutz zu verleihen.[26] Deshalb wurde für die Strafbestimmungen ein gesonderter „Vierter Titel" vorgesehen, der die Regelungen für die KGaA und die AG zusammenfaßte. Nach Art. 249b AktG wurde

---

21 *Marker* S. 3; *Geroldt* S. 9.
22 *Schüppen* S. 70f.
23 *Altgeld* Verschleierung S. 7f; *Stark* S. 11; *Geroldt* S. 9; *Schnellenbach* Vorgesehene Änderungen S. 2f; *Renauld* S. 620ff.
24 *Schmidt-Busemann* Handelsbücher S. 68.
25 *Tiedemann* Konkursstrafrecht Vor § 283 Rdn. 36 m.w.N.; *Schmidt-Busemann* Handelsbücher S. 69ff; *Hammerl* Bankrottdelikte S. 37f.
26 *Schubert/Hommelhoff* Aktienrechtsreform S. 416.

die Geschäftslagetäuschung durch persönlich haftende Gesellschafter der KGaA und Vorstandsmitglieder der AG sowie durch Aufsichtsratsmitglieder und Abwickler beider Gesellschaftsformen unter Strafandrohung gestellt. In der Gesetzesbegründung wurde darauf verwiesen, daß die Vorschriften des Gemeinen Strafrechts auf diesem Gebiete nicht ausreichend gewesen seien, obwohl schon damals zum Teil falsche Angaben ohne Rücksicht darauf, ob dadurch ein Irrtum erregt wurde oder ein Schaden entstanden ist, strafbar waren.

24 Nachdem sich die Aktiengesellschaft nach der Verschärfung der Anforderungen in der Reform von 1884 zu einer relativ komplizierten und kostenaufwendigen Rechtsform entwickelt hatte, bestand Bedarf für die Einführung einer „kleinen" Kapitalgesellschaft. Mit dem **GmbH-Gesetz von 1892** (RGBl. 1892 S. 477) wurde deshalb die „Gesellschaft mit beschränkter Haftung" geschaffen. Auch in diesem Gesetz wurden strafrechtliche Vorschriften aufgenommen; so wurde in § 82 GmbHG (a.F.) die unwahre Darstellung oder Verschleierung der Vermögenslage in „öffentlichen Mitteilungen" mit Strafe bedroht.

25 Im **HGB von 1897** (RGBl. 1897 S. 219) ging es vor allem um eine Anpassung des Handelsrechts an das BGB und weniger um eine Reform des Gesetzes. Dennoch wurde die Gelegenheit zur Änderung einiger Vorschriften genutzt. Die für alle Kaufleute geltenden Vorschriften über die Handelsbücher wurden mit wenigen Änderungen aus dem ADHGB übernommen. Im bilanzstrafrechtlichen Bereich beschränkten sich die Änderungen auf gesetzestechnische Fragen.[27] Eine Bilanzstrafvorschrift fand sich in § 314 HGB (a.F.), der eine Täuschung voraussetzte, jedoch auf eine Vermögensschädigung verzichtete.

III. Die Entwicklung im 20. Jahrhundert bis zum 2. Weltkrieg

26 In der Folgezeit traten zahlreiche, von Unternehmensleitern durch Scheingeschäfte, Bilanzmanipulationen etc. mitverursachte Unternehmenszusammenbrüche auf, bei denen die Eigner häufig ihr gesamtes Kapital verloren. Diese Entwicklung nahm in der Gesamtheit volkswirtschaftlich bedrohliche Dimensionen an. Unter dem Einfluß der Weltwirtschaftskrise wurde die **„Verordnung des Reichspräsidenten über Aktienrecht, Bankenaufsicht und über eine Steueramnestie"** vom 19.9.1931 (RGBl. I S. 493) erlassen. Diese Verordnung brachte besonders in bilanz- und bilanzstrafrechtlicher Hinsicht einschneidende Veränderungen der aktienrechtlichen Bestimmungen des HGB mit sich. So wurde der Begriff des Geschäftsberichts eingeführt und sein Mindestinhalt detailliert vorgeschrieben. Die Bewertungsvorschriften des § 261 HGB a.F. wurden modifiziert, und in neuen Regelungen wurden für die Bilanz und die Gewinn- und Verlustrechnung Gliederungsvorschriften aufgestellt. Eine grundlegende Systemänderung bedeutete die verbindliche Normierung einer Jahresabschlußprüfung durch unabhängige Bilanzprüfer. Die externe Pflichtprüfung trat zur Prüfungspflicht des Aufsichtsrats hinzu und bot eine verbesserte Grundlage für dessen Tätigkeit. Die Richtigkeit und Geheimhaltung des Prüfungsergebnisses wurde durch einen neuen Straftatbestand (§ 318a HGB a.F.) gesichert. Die Strafandrohung des § 314 HGB a.F. für unrichtige Darstellungen im Jahresabschluß wurde erheblich angehoben, indem ein „besonders schwerer Fall" der unwahren Darstellung oder Verschleierung geschaffen wurde, der mit bis zu fünf Jahren Zuchthaus statt zuvor mit bis zu einem Jahr

---

[27] *Schüppen* S. 77.

Zuchthaus bestraft werden konnte. Durch die Weltwirtschaftskrise und die Bankenkrise mitbeeinflußt wurde das **Kreditwesengesetz von 1934** erlassen, das eine allgemeine Bankenaufsicht einführte und auch Strafbestimmungen enthielt. Durch § 50 KWG 1934 war die Vorlage eines unwahren Jahresabschlusses bei einem Kreditinstitut zur Erlangung und Erweiterung eines Kredits – unabhängig vom Zustandekommen des Kreditvertrages – mit Gefängnisstrafe bedroht. Hierbei handelte es sich um eine Vorläufervorschrift des § 265b StGB (Kreditbetrug).[28]

Durch das **Aktiengesetz von 1937** (RGBl. 1937 I S. 107) wurde das Recht der Aktiengesellschaft aus dem HGB herausgelöst und in einem eigenen Gesetz geregelt. In bilanzrechtlicher Hinsicht wurden im wesentlichen die bereits durch die Notverordnung vom 19. 9. 1931 eingetretenen Änderungen, einschließlich der externen Pflichtprüfung des Jahresabschlusses, übernommen. Der Bilanzstraftatbestand der Geschäftslagetäuschung entsprach der bisherigen Regelung in § 314 HGB a. F. Der durch die Notverordnung eingeführte „besonders schwere Fall" wurde in Abs. 2 normiert, die Strafandrohung von fünf auf zehn Jahre Zuchthaus verschärft. **27**

IV. Das Bilanzstrafrecht der Bundesrepublik Deutschland

1. Das Aktiengesetz von 1965

Bilanzrechtlich brachte das Aktiengesetz von 1965 (BGBl. 1965 I S. 1089) in der Sache keine Änderung.[29] Die nunmehr in § 400 AktG 1965 geregelte Strafbarkeit der Geschäftslagetäuschung ergänzte den Bezugspunkt der Berichterstattung um die „Beziehung zu verbundenen Unternehmen", entsprach aber ansonsten der Vorgängerregelung des § 296 AktG 1937. Allerdings wurde der „schwere Fall" wieder abgeschafft und die Strafandrohung mit bis zu drei Jahren auf einen „mittleren Wert" herabgestuft. **28**

2. Das Publizitätsgesetz von 1969

Das im Jahre 1969 verabschiedete „Gesetz über die Rechnungslegung von bestimmten Unternehmen und Konzernen" (Publizitätsgesetz; BGBl. 1969 I S. 1189) verpflichtete Unternehmen einer bestimmten Größe, unabhängig von ihrer Rechtsform und den Eigentumsverhältnissen, zur Offenlegung von Jahresabschlüssen. Die Richtigkeit des veröffentlichten Jahresabschlusses sollte durch einen dem § 400 AktG 1965 nachgebildeten Straftatbestand in § 17 PublG gesichert werden. § 17 PublG wurde zwischenzeitlich an das Bilanzrichtlinien-Gesetz angepaßt und durch eine Bußgeldvorschrift in § 20 PublG ergänzt, die sich weitgehend an § 334 HGB orientiert. **29**

3. Die GmbH-Novelle von 1980

Mit der Neufassung des GmbH-Gesetzes durch die GmbH-Novelle 1980 war für die einschlägige Strafvorschrift des § 82 GmbHG keine Änderung der materiellen Voraussetzungen verbunden. Lediglich die Strafandrohung wurde an das Aktiengesetz angeglichen. **30**

[28] Zur Entwicklung vgl. *Schüppen* S. 80f.

[29] *Schneider* Entwicklungsstufen WiSt 1974, 162.

4. Neugestaltung des Bilanzstrafrechts durch das Bilanzrichtliniengesetz 1985

31 Das BiRiLiG vom 19.12.1985 (BGBl. 1985 I S. 2355) hat die vierte,[30] siebente[31] und achte Richtlinie[32] des Rates der Europäischen Gemeinschaften zur Koordinierung des Gesellschaftsrechts in das deutsche Recht übertragen und das gesamte Recht der Bilanzierung und Rechnungslegung durch Einfügung eines neuen Dritten Buches in das Handelsgesetzbuch zusammenfassend geregelt. Im Hinblick darauf, daß sich das Bilanzrecht nunmehr im wesentlichen aus dem Handelsgesetzbuch ergibt, hat der Gesetzgeber auch die Straf- und Bußgeldvorschriften, die im Zusammenhang mit der Aufstellung, Prüfung und Offenlegung der Bilanzen der Kapitalgesellschaften stehen, **in das Handelsgesetzbuch aufgenommen** (§§ 331, 332, 334 HGB).[33] Die Straf- und Bußgeldvorschriften finden sich im 6. Unterabschnitt des 2. Abschnitts und gelten dementsprechend für alle Kapitalgesellschaften. Dadurch wurden die Regelungen aus den Spezialgesetzen – Aktiengesetz, GmbH-Gesetz und Publizitätsgesetz – in das Handelsgesetzbuch überführt. Die Strafvorschriften spielten bei den Diskussionen um die Umsetzung der EG-Richtlinien keine zentrale Rolle. Die Materialien sprechen vielmehr davon, daß die Vorschrift des § 400 AktG Vorbild für den **Straftatbestand des § 331 HGB** („unrichtige Darstellung") sei. Da Jahresabschluß und Lagebericht künftig überwiegend im Handelsgesetzbuch geregelt seien, erscheine es sachgerecht, auch die Strafvorschrift, „die die nach dem Handelsrecht zu verlangende Aussagekraft für Unterlagen gewährleisten soll", nicht in Spezialgesetzen zu belassen; dort könnten die Strafvorschriften entfallen oder vereinfacht werden.[34] Neu eingeführt wurde mit § 334 HGB ein **Ordnungswidrigkeitentatbestand**, der Verstöße gegen im einzelnen aufgezählte Bilanzierungsvorschriften mit Bußgeldandrohung belegt. Diese für das deutsche Recht neue Regelung beruht auf den Verpflichtungen des Art. 51 Abs. 3 der vierten EG-Richtlinie.

32 Außerdem wurde mit **§ 335 HGB eine Zwangsgeldvorschrift** in Anlehnung an die bereits bestehende Vorschrift des § 407 Abs. 1 AktG eingeführt und auf alle Kapitalgesellschaften ausgedehnt, um die Möglichkeit zu schaffen, durch Androhung und Festsetzung eines Zwangsgeldes die Erfüllung bestimmter bilanzrechtlicher Verpflichtungen zu erzwingen. § 335 HGB wurde durch das Gesetz vom 22.7.1993 (BGBl. 1993 I S. 1282) um die Nr. 7 ergänzt, die die Offenlegung von Unterlagen der Rechnungslegung der Hauptniederlassung durch für die Zweigniederlassung handelnde Personen regelt. Auch durch diese Vorschriften sollte den einschlägigen Vorgaben der vierten, siebenten und achten EG-Richtlinie Rechnung getragen werden.[35]

5. Das Bankbilanzrichtlinien-Gesetz 1990

33 Weitere Reformen des Bilanzrechts betreffen die Bank- und Versicherungsbilanzen. Das Bankbilanzrichtlinien-Gesetz 1990 (BGBl. 1990 I S. 2570) hat das Sonderbilanzrecht der Kreditinstitute nach den EG-rechtlichen Vorgaben der Bankbilanz-Richtlinie vom 8.12.1986 (ABl. 1986 L 372, 1), die die vierte und siebte EG-Richtlinie auf Kreditinstitute, unabhängig von Rechtsform und Größe des Unternehmens unter Berücksichtigung branchenspezifischer Besonderheiten, ausdehnt, und der Bank-

---

[30] Vierte Richtlinie des Rates der Europäischen Gemeinschaften vom 25.7.1978, 78/660/EWG, ABl. EG Nr. L 222 vom 14.8.78 S. 11 ff.

[31] Siebte Richtlinie des Rates der Europäischen Gemeinschaften vom 13.6.1983, 83/349/EWG, ABl. EG Nr. L 193 vom 18.7.1983, S. 1 ff.

[32] Achte Richtlinie des Rates der Europäischen Gemeinschaften vom 10.4.1984, 84/253/EWG, ABl. EG Nr. L 126 vom 12.5.1984, S. 20 ff.

[33] BTDrucks. 10/317, S. 100; 10/3440, S. 46.

[34] *Helmrich* S. 311.

[35] Vgl. vorige Fußnoten.

zweigniederlassungs-Richtlinie vom 13. 2. 1989 (ABl. 1989 L 44, 40), die ausländische Zweigniederlassungen zur Offenlegung der von der Hauptniederlassung aufzustellen den Rechnungsunterlagen verpflichtet, neu geregelt (§§ 340 bis 340 o HGB). In diesem Zusammenhang wurde **§ 331 Nrn. 1 und 2 HGB** erweitert, so daß nunmehr auch die unrichtige Wiedergabe der Verhältnisse der Kapitalgesellschaft im Zwischenabschluß gemäß § 340 a Abs. 3 HGB bzw. im Konzernzwischenabschluß gemäß § 340 i Abs. 4 HGB erfaßt wird. Außerdem verweist **§ 340m S. 1 HGB** auf die Strafvorschriften der §§ 331 bis 333 HGB und erklärt diese Strafvorschriften auf nicht in der Rechtsform einer Kapitalgesellschaft betriebene Kreditinstitute für anwendbar. Nach **§ 340m S. 2 HGB** findet § 331 HGB auch auf Geschäftsleiter und Inhaber von Privatbanken Anwendung.

§ 340n HGB enthält für Kreditinstitute Bußgeldvorschriften, die inhaltlich § 334 HGB entsprechen. Dadurch wird den Besonderheiten des Bilanzrechts bei Finanzinstituten Rechnung getragen; die Bußgeldvorschrift des § 334 HGB findet daher auf Finanzinstitute keine Anwendung (**§ 334 Abs. 4 HGB**).

Außerdem wurde durch **§ 340o HGB** die Geltung der Zwangsgeldvorschrift des § 335 HGB auch für die nicht in der Rechtsform der Kapitalgesellschaft betriebenen Kreditinstitute angeordnet.

Durch Art. 2 BegleitG vom 22. 10. 1997 (BGBl. 1997 I S. 2567) wurden die Regelungen der **§§ 340m bis 340o HGB** auf **Finanzdienstleistungsinstitute** im Sinne des **§ 340 Abs. 4 S. 1 HGB** erstreckt (Rdn. 115 f).[36]

6. Das Kreditwesengesetz-Änderungsgesetz 1992

Im Kreditwesengesetz (KWG) finden sich nur noch Rechnungslegungsvorschriften, **34** die in unmittelbarem Zusammenhang mit der Bankenaufsicht stehen. Durch das KWG-Änderungsgesetz vom 21. 12. 1992 (BGBl. 1992 I S. 2211) erhielten die Straftatbestände der § 331 Nrn. 1 und 2 HGB ihre heutige Fassung, und es wurden die Bußgeldvorschriften für Kreditinstitute (§ 340 n HGB) eingeführt.

7. Das Versicherungsbilanzrichtlinien-Gesetz 1994

Das Versicherungsbilanzrichtlinien-Gesetz 1994 (BGBl. 1994 I S. 1377) hat die **35** Versicherungsbilanz-Richtlinie vom 19. 12. 1991[37] umgesetzt, wodurch die §§ 341 bis 341 o HGB eingeführt wurden.[38] **§ 341m HGB** verweist auf die Strafvorschriften der §§ 331 bis 333 HGB und erweitert ihren Anwendungsbereich auf nicht in der Rechtsform der Kapitalgesellschaft geführte Versicherungsunternehmen. Nach § 341 m S. 2 HGB ist § 331 HGB auf die Verletzung von Pflichten durch den Hauptbevollmächtigten (§ 106 Abs. 3 VAG) anwendbar.

§ 341 n HGB enthält für Organe und Hauptbevollmächtigte eines Versicherungsunternehmens Bußgeldvorschriften, die inhaltlich § 334 HGB entsprechen. Dadurch wird den Besonderheiten des Bilanzrechts bei Versicherungsunternehmen Rechnung getragen; die Bußgeldvorschrift des § 334 HGB findet daher auf Versicherungsunternehmen keine Anwendung (**§ 334 Abs. 4 HGB**).

---

[36] BTDrucks. 11/6275, S. 26.

[37] Richtlinie des Rates der Europäischen Gemeinschaften vom 19.12.1999 über den Jahresabschluß und den konsolidierten Abschluß von Versicherungsunternehmen, 91/674/EWG, ABl. 1991 L 374, 7 ff.

[38] Zu den Überlegungen auf EG-Ebene, eine Ermächtigungs-Richtlinie einzuführen, die die EG-Kommission unter Einschaltung von Ausschüssen zum Erlaß unmittelbar geltender Bilanzrechtsvorschriften ermächtigt, vgl. *Küting* BB 1993, 30.

Durch **§ 341o HGB** wurde die in § 335 HGB für Kapitalgesellschaften vorgesehene Zwangsgeldfestsetzung für Versicherungsunternehmen rechtsformunabhängig eingeführt.

8. Das Kapitalgesellschaften- und Co-Richtlinien-Gesetz 2000

36 Durch das Gesetz zur Durchführung der Richtlinie des Rates der Europäischen Union zur Änderung der Bilanz- und der Konzernbilanzrichtlinie hinsichtlich ihres Anwendungsbereichs (90/605/EWG), zur Verbesserung der Offenlegung von Jahresabschlüssen und zur Änderung anderer handelsrechtlicher Bestimmungen (Kapitalgesellschaften- und Co-Richtlinien-Gesetz – KapCoRiLiG) vom 24.2.2000 (BGBl. 2000 I S. 154) wurde **§ 335 HGB** neu gefaßt und um **§ 335a HGB** ergänzt, weil die bisherige Regelung nach Auffassung des EuGH hinter den EG-rechtlichen Anforderungen zurückgeblieben war (Vor §§ 335 ff Rdn. 8 ff). § 335a HGB sieht die Festsetzung eines Ordnungsgeldes mit einem erhöhten Ordnungsgeldrahmen von 2500,– bis 25000,– Euro statt 5,– bis 10000,– DM vor. Weiterhin wurde **§ 335b HGB** eingeführt, der die §§ 335, 335a HGB auch auf die in § 264a HGB genannten offenen Handelsgesellschaften und Kommanditgesellschaften für anwendbar erklärt. Schließlich wurden die §§ 340o und 341o HGB auf die Neufassung der §§ 335, 335a HGB abgestimmt.

V. Änderungen des Bilanzstrafrechts durch Änderung von in Bezug genommenen außerstrafrechtlichen Gesetz

37 Weiterhin wurde das Bilanzstrafrecht maßgeblich durch außerstrafrechtliche Gesetzesänderungen beeinflußt, auf die die Strafnormen verweisen. Zu nennen ist zunächst das Gesetz zur Verbesserung der Wettbewerbsfähigkeit deutscher Konzerne an Kapitalmärkten und zur Erleichterung der Aufnahme von Gesellschafterdarlehen **(KapAEG)** vom 20.4.1998 (BGBl. 1998 I S. 707), das dem Ziel dient, die Wettbewerbsbedingungen deutscher Unternehmen an ausländischen Kapitalmärkten zu verbessern. Zu diesem Zweck wurden die Konzernrechnungslegungsvorschriften an international anerkannte Grundsätze wie den *International Accounting Standard* (IAS) und die *US-General Accepted Accounting Principles* (US-GAAP) angepaßt. Das Gesetz zur Kontrolle und Transparenz im Unternehmensbereich **(KonTraG)** vom 27.4.1998 (BGBl. 1998 I S. 786) stellt eine Reaktion des Gesetzgebers auf die spektakulären Unternehmenskrisen dar[39] und dient der Öffnung und internationalen Neuausrichtung der Kapitalmärkte.[40] Schließlich ist das Gesetz zur Durchführung der EG-Richtlinie zur Änderung der vierten und siebten EG-Richtlinie, zur Verbesserung der Offenlegung von Jahresabschlüssen und zur Änderung anderer handelsrechtlicher Bestimmungen **(KapCoRiLiG)** vom 13.8.1999 (BGBl. 1999 I S. 154) zu nennen, das eine Ausweitung der Bilanz-, Bilanzstraf- und Bilanzordnungswidrigkeitenvorschriften für Gesellschaften, deren persönlich haftender Gesellschafter eine Kapitalgesellschaft ist, vorsieht. Die bilanzrechtlichen Vorschriften werden durch die Straftatbestände der §§ 331, 332 HGB in Bezug genommen, so daß mit den bilanzrechtlichen Gesetzesänderungen auch Änderungen des Strafrechts einhergehen, deren Umfang allerdings im Detail zu bestimmen ist (§ 331 Rdn. 12, 77, 91 f, 96; § 332 Rdn. 3, 17, 25, 27, 29, 47).

---

[39] Vgl. dazu auch die Insolvenzstatistik des Statistischen Bundesamtes, http://www.statistikbund.de/basis/d/insol/insoltxt.htm.

[40] *Lenz/Ostrowski* BB 1997, 1523.

1. Das Kapitalaufnahmeerleichterungsgesetz (KapAEG)

a) Freistellung der Mutterunternehmen von der Pflicht zur Aufstellung eines deutschen Konzernabschlusses und Konzernlageberichts

Das Gesetz zur Verbesserung der Wettbewerbsfähigkeit deutscher Konzerne an Kapitalmärkten und zur Erleichterung der Aufnahme von Gesellschafterdarlehen soll die Wettbewerbsbedingungen deutscher Unternehmen an ausländischen Kapitalmärkten verbessern. Bestimmte Mutterunternehmen werden von der Pflicht befreit, einen deutschen Konzernabschluß und Konzernlagebericht nach §§ 290, 315 HGB aufzustellen. Die Voraussetzungen der **Befreiung von der Konzernrechnungslegungspflicht** nach § 292a Abs. 1 HGB sind die Erstellung eines Konzernabschlusses und Konzernlageberichts im Sinne des § 292a Abs. 2 HGB, die Abfassung in deutscher Sprache und in Euro und die Offenlegung nach §§ 325, 328 HGB. Bei der Offenlegung muß ausdrücklich auf die Anwendung nicht-deutscher Rechnungslegungsgrundsätze hingewiesen werden (§ 292a Abs. 1 S. 3 HGB). **38**

Die weiteren Voraussetzungen finden sich in § 292a Abs. 2 HGB. Hiernach müssen u.a. die angewandten Rechnungslegungsgrundsätze international anerkannt sein (Nr. 2 lit. a).[41] Nach Ansicht des Gesetzgebers genießen der IAS und die US-GAAP diese internationale Anerkennung.[42] Auf eine formelle Anerkennung durch Börsenzulassungsbehörden wurde verzichtet und allein die faktische Anerkennung als ausreichend angesehen.[43] Wegen der mangelnden Befreiungsmöglichkeit des nationalen Gesetzgebers von der **Einhaltung der EG-Richtlinien** muß der nach IAS oder US-GAAP erstellte Abschluß insbesondere mit den zwingenden Vorschriften der vierten und siebten Richtlinie in Einklang stehen (Nr. 2 lit. b).[44] Die Richtlinienkonformität umfaßt sowohl die Wertansätze als auch deren Darstellung. Weiterhin muß eine **Gleichwertigkeit** des gewählten Rechnungslegungssystems **mit den HGB-Regelungen** vorliegen (Nr. 3).[45] Das Erfordernis der Gleichwertigkeit geht über die Vorgaben der Richtlinien hinaus, da das nationale Recht Anforderungen enthält, die in den EG-Richtlinien nicht vorgesehen sind.[46] **39**

b) Vereinbarkeit des § 292a HGB mit nationalem Verfassungsrecht und Gemeinschaftsrecht

Das KapAEG ist **verfassungsrechtlichen Bedenken** ausgesetzt. Im Hinblick darauf, daß die Öffnungsklausel in § 292a HGB auf international anerkannte Rechnungslegungsgrundsätze privater Gremien wie des IASC oder der FASB verweist, die diese Grundsätze ständig fortentwickeln, handelt es sich um eine **dynamische Verweisung,** die dem Einfluß des nationalen Gesetzgebers entzogen ist, weil dieser keinen Einfluß **40**

---

[41] MünchKommHGB-*Busse von Colbe* § 292a Rdn. 13 weist zutreffend auf die Einführung eines neuen unbestimmten Rechtsbegriffs durch diese Formulierung hin.

[42] BTDrucks. 13/9909, S. 12. A. A. *Peemöller/Finsterer/Neubert* BB 1999, 1103, 1107, die diese Anerkennung nur für die US-GAAP bejahen. Die IAS hätten diese Anerkennung in der Vergangenheit wegen qualitativer Mängel nicht erhalten.

[43] ADS § 292a, 22; Beck BilKomm-*Hoyos/Lechner* § 292a Rdn. 18; *Küting/Hütten* WPg 1999, 12, 15.

[44] BTDrucks. 13/7141, S. 11; *Van Hulle* WPg 1998, 138, 143; Heymann/*Henssler* Vor § 290 Rdn. 17; § 290 Rdn. 1, 8.

[45] MünchKommHGB-*Busse von Colbe* § 292a Rdn. 27.

[46] Z.B. die Kapitalflußrechnung und die Segmentberichterstattung nach § 297 Abs. 1 HGB. MünchKommHGB-*Busse von Colbe* § 292a Rdn. 27. A. A. Ebenroth/Boujong/Joost/*Wiedmann* § 292a Rdn. 18.

auf die Normgebung durch das International Accounting Standards Committee (IASC) und das Financial Accounting Standards Board (FASB) hat.[47] Deshalb wird in dieser Verweisung teilweise ein Verstoß gegen das **Demokratie- und Gewaltenteilungsprinzip** (Art. 20 Abs. 1 und 2 GG) gesehen. Für die Verfassungsmäßigkeit dieser Regelung spricht jedoch, daß der Verweis dadurch inhaltlich eingeschränkt ist, daß die Konzernrechnungslegung im Einklang mit dem Gemeinschaftsrecht stehen[48] und mit dem nationalen System gleichwertig sein muß. Auch die Verweisung in dem Straftatbestand des § 332 Abs. 1 HGB auf § 292a HGB hält den verfassungsrechtlichen Anforderungen des Art. 103 Abs. 2 GG stand (§ 331 Rdn. 93 ff; § 332 Rdn. 34).

2. Das Gesetz zur Kontrolle und Transparenz im Unternehmensbereich (KonTraG)

41 Weiterhin sind die **Neuregelungen der Prüfungspflicht** sowie der **Form und des Inhalts des Prüfungsberichts** zu nennen. Aufgrund der Änderungen des KonTraG ist die Prüfung so anzulegen, daß Unrichtigkeiten und Verstöße gegen gesetzliche Vorschriften und sie ergänzende Bestimmungen des Gesellschaftsvertrags oder der Satzung, die sich auf die Darstellung der Vermögens-, Finanz- und Ertragslage des Unternehmens (§ 264 Abs. 2 HGB) wesentlich auswirken, erkannt werden (§ 317 Abs. 1 S. 3 HGB). Erweitert wurde die Prüfung ferner durch die Pflicht des Abschlußprüfers, den Lagebericht und den Konzernlagebericht darauf zu prüfen, ob die nach § 289 Abs. 1 HGB darzustellenden Risiken der künftigen Entwicklung zutreffend wiedergegeben sind (§ 317 Abs. 2 S. 2 HGB). Hinzugekommen ist außerdem die Pflicht des Abschlußprüfers bei einer Aktiengesellschaft, die Aktien mit amtlicher Notierung ausgegeben hat, im Rahmen der Prüfung zu beurteilen, ob der Vorstand die ihm nach § 91 Abs. 2 AktG obliegenden Maßnahmen in geeigneter Form getroffen hat und ob das danach einzurichtende Überwachungssystem (Risikomanagementsystem) seine Aufgaben erfüllen kann (§ 317 Abs. 4 HGB). Entsprechend den Änderungen der Prüfungspflicht wurden auch die Anforderungen an **Inhalt und Form des Prüfungsberichts** neu geregelt: **§ 321 HGB** wurde vollständig neu gefaßt, weil sich der Bericht in der Praxis häufig auf eine Aufgliederung und Erläuterung der einzelnen Posten des Jahresabschlusses beschränkt hat und so der Aufgabe, den Aufsichtsrat bei der Überwachung des Vorstandes zu unterstützen, nicht gerecht geworden ist.[49] Nach **§ 321 Abs. 1 S. 1 HGB** wird unter besonderer Betonung des risikoorientierten Prüfungsansatzes gefordert, daß der Bericht auch sprachlich besser und damit nicht nur von sachkundigen Aufsichtsratsmitgliedern zu verstehen ist;[50] erstmals enthält die Norm auch Hinweise zur Gliederung des Prüfungsberichts. Hiermit ist eine Ausweitung des Anwendungsbereichs des § 332 HGB verbunden (§ 332 Rdn. 26). Die erhöhten Anforderungen an die Berichterstattung spiegeln sich auch in der Verpflichtung zur **„Vorabstellungnahme"** nach **§ 321 Abs. 1 S. 2 HGB** wider, in der der Prüfer in einem Eingangsteil zum Prüfungsbericht zur Lage des Unternehmens, insbesondere zum Fortbestand und der künftigen Entwicklung, Stellung nehmen muß, sofern die geprüften Unterlagen eine solche Beurteilung erlauben.[51] Die in § 321 Abs. 1 S. 4 HGB a. F. enthaltene sog. **„kleine Redepflicht"** bezüglich nicht unwesentlicher nachteiliger Ver-

---

[47] *Hommelhoff* Konzernabschluß S. 119 m. w. N.

[48] MünchKommHGB-*Busse von Colbe* § 292a Rdn. 5; im Ergebnis ebenso *Niewerth* III.B.3.a.

[49] Begründung des Regierungsentwurfs zu § 321 HGB, abgedruckt bei *Ernst/Seibert/Stuckert* S. 101.

[50] Dieses Gebot findet sich bereits in dem FG 2/88, WPg 1989, 20. Vgl. auch *Pfitzer* S. 654.

[51] Begründung des Regierungsentwurfs zu § 321 HGB, abgedruckt bei Ernst/Seibert/Stuckert S. 102; Ebenroth/Boujong/Joost/*Wiedmann* § 321 Rdn. 14.

änderungen der Vermögens-, Finanz- und Ertragslage des Unternehmens ist entfallen, weil eine Beurteilung der Unternehmenslage auf der Basis vergangenheitsbezogener Zahlen den zukunftsbezogenen Erwartungen der Adressaten des Berichts nicht gerecht werden kann.[52] Dadurch wurde die sog. Erwartungslücke der Anleger mitverursacht. Dennoch kann hieraus nicht der Schluß gezogen werden, eine Darstellung von Veränderungen der Vermögens-, Finanz- und Ertragslage könne zukünftig unterbleiben. Aussagefähige Prüfungsberichte setzen nach wie vor eine **Gesamtdarstellung der Lage des Unternehmens** voraus, wobei auch auf die Vermögens-, Finanz- und Ertragslage einzugehen ist.[53] Dagegen sind die Anforderungen und der Umfang der sog. **„großen Redepflicht" des § 321 Abs. 1 S. 3 HGB** ausgeweitet worden. Nunmehr ist nicht nur über Tatsachen, die für das Unternehmen eine Bestandsgefährdung oder eine erhebliche Beeinträchtigung der Entwicklung darstellen können, zu berichten, sondern auch über Unrichtigkeiten und Verstöße der gesetzlichen Vertreter und Arbeitnehmer gegen gesetzliche Vorschriften, die bei der Durchführung der Prüfung festgestellt wurden.[54] Zusätzliche Prüfungshandlungen werden allerdings nicht verlangt.[55] Der Prüfer hat nach der neuen Rechtslage nicht nur über schwerwiegende, sondern über alle Verstöße gegen gesetzliche Vorschriften zu berichten.[56] Diese erweiterten Anforderungen an die Prüfungs- und Berichtspflicht führen zu einer Ausweitung des Anwendungsbereichs des § 332 HGB, da dieser § 321 HGB in Bezug nimmt (§ 332 Rdn. 44). Im Gegensatz zum Bestätigungsvermerk ist der Prüfungsbericht vertraulich[57] und unterfällt damit dem Straftatbestand des Geheimnisschutzes nach § 333 HGB (§ 333 Rdn. 47).

Durch das KonTraG wurden weiterhin die Pflichten, die sich auf die **Angaben im Anhang** beziehen, ausgeweitet. So verlangt § 285 Nr. 11 HGB weitergehende Angaben zum Beteiligungsbesitz und § 285 Nr. 9 HGB weitergehende Angaben zu den aktiven und ehemaligen Mitgliedern des Geschäftsführungsorgans, eines Aufsichtsrats, eines Beirats oder einer ähnlichen Einrichtung. Außerdem wird die Pflicht des § 289 Abs. 1 HGB, zumindest den Geschäftsverlauf und die Lage der Kapitalgesellschaft so darzustellen, daß ein den tatsächlichen Verhältnissen entsprechendes Bild vermittelt wird, durch das KonTraG dahingehend ergänzt, daß dabei auch auf die Risiken der künftigen Entwicklung einzugehen ist. Durch diese Änderungen wird auch der Anwendungsbereich des § 331 HGB erweitert. Die durch das KonTraG herbeigeführten Gesetzesänderungen erfahren eine – auch strafrechtlich relevante – Relativierung, da der Jahresabschluß nur in den Grenzen des § 264 Abs. 2 HGB frei von wesentlichen falschen Aussagen sein muß (§ 331 Rdn. 42). **42**

Was den **Bestätigungsvermerk** anbetrifft, so unterscheidet sich dieser durch die Abkehr vom Formeltestat in § 322 HGB materiell deutlich von der bisherigen Rechtslage, nach welcher der Wortlaut des Bestätigungsvermerks im wesentlichen vorgegeben war. Damit verändert sich auch der Straftatbestand des § 332 HGB, der die Erteilung eines inhaltlich unrichtigen Bestätigungsvermerks unter Strafandrohung stellt (§ 332 Rdn. 29ff). Die Neuregelung durch das KonTraG gibt den Inhalt nur noch in abstrakter Form vor. Obwohl der Bestätigungsvermerk jetzt eher Berichtscharakter besitzt, ist es bei dessen technischer Bezeichnung als Vermerk geblieben. Die gesetzlich vor- **43**

[52] *Dörner* Berichterstattung S. 21; *Lück* BB 2001, 404, 405.

[53] ADS § 321 Rdn. 118; MünchKommHGB-*Ebke* § 321 Rdn. 32.

[54] ADS § 321 Rdn. 65.

[55] Begr. RegE, BRDrucks. 872/97, S. 76.

[56] *Hauser* S. 108.

[57] ADS § 321 Rdn. 22; *Hauser* S. 102; *WPK* WPK-Mitt. 1997, 100, 103.

gegebene Kernaussage des Testats ist deutlich reduziert und die Formulierung im einzelnen Aufgabe des Abschlußprüfers geworden. Gleichwohl empfiehlt das IDW aus Gründen der Rechtssicherheit im Rechtsverkehr die Verwendung des Formulierungsvorschlags nach IDW PS 400, Anhang 1 (WPg 1999, 641, 653). Nach der Neufassung des § 322 HGB soll der Bestätigungsvermerk auch dem nicht fachkundigen Bilanzleser deutlich machen, daß die gesetzlichen Vorschriften zu erheblichen Einschränkungen der Aussagekraft führen oder solche zumindest ermöglichen können.[58] Deshalb hat auch der Abschlußprüfer zu erklären, daß der Jahres- oder Konzernabschluß aufgrund der bei der Prüfung gewonnenen Erkenntnisse unter Beachtung der Grundsätze ordnungsmäßiger Buchführung ein den tatsächlichen Verhältnissen entsprechendes Bild der Vermögens-, Finanz- und Ertragslage vermittelt (§ 322 Abs. 1 S. 3 HGB).[59] Zusätzliche Ausführungen sind in der Regel nicht erforderlich, da der Bestätigungsvermerk die einzelnen Prüfungsergebnisse in sachgerechter Form zusammenfassen soll.[60] Im Einzelfall können aber zusätzliche Hinweise sachgerecht sein, um die Adressaten auf Besonderheiten aufmerksam zu machen, die bei der Zusammenfassung nicht hinreichend zur Geltung kommen. Dies bezieht sich nach der Neufassung des Gesetzes nicht nur auf Umstände, die einen falschen Eindruck über den Inhalt und die Tragweite der Prüfung und des Bestätigungsvermerks vermitteln.[61] Auf Risiken, die den **Fortbestand des Unternehmens gefährden**, ist gesondert einzugehen. Eine Darstellung nur im Prüfungsbericht genügt nicht.[62] Dadurch soll der Bestätigungsvermerk zur Schließung der sog. Erwartungslücke der Anleger beitragen.[63]

44 Entsprechend der früheren Rechtslage erfordern Einwendungen **Einschränkungen** oder die **Versagung des Bestätigungsvermerks** (§ 322 Abs. 4 HGB). Die unzureichende Ergänzungsregelung findet sich in der Neufassung nicht mehr; die eine Ergänzung auslösenden Sachverhalte sind jetzt von dem erweiterten Aussagegegenstand erfaßt.

45 Obwohl das KonTraG selbst das Strafrecht nicht ändert, nimmt § 332 HGB durch **Verweisungen** ausdrücklich Bezug auf die außerstrafrechtlichen Vorschriften der §§ 321, 322 HGB, so daß im einzelnen zu klären ist, inwieweit das KonTraG Auswirkungen auf den Straftatbestand des § 332 HGB hat (§ 332 Rdn. 26 ff, 29 ff).

3. Das Gesetz zur Durchführung der EG-Richtlinie zur Änderung der vierten und siebten EG-Richtlinie, zur Verbesserung der Offenlegung von Jahresabschlüssen und zur Änderung anderer handelsrechtlicher Bestimmungen (KapCoRiLiG)

46 Das KapCoRiLiG vom 24.2.2000 (BGBl. 2000 I S. 154 ff) bringt dahingehende Neuerungen, daß es im Bereich der Konzernrechnungslegung insbesondere die GmbH/AG & Co. KG wie eine Kapitalgesellschaft als Mutterunternehmen der Konzernrechnungslegung unterwirft und den Kreis der Muttergesellschaften, die den Konzernabschluß nach international anerkannten Grundsätzen aufstellen dürfen (§ 292 a HGB), erweitert. Weiterhin werden die Größenschwellen für Konzerne zur

---

[58] Begr. RegE, BRDrucks. 872/97, S. 78; Beck Bil-Komm-*Budde/Kunz* § 322 Rdn. 9; *Jansen* S. 685.

[59] Dies soll zur Verringerung der Erwartungslücke beitragen, ADS § 322 Rdn. 145.

[60] ADS § 322 Rdn. 135.

[61] MünchKommHGB-*Ebke* § 322 Rdn. 26; Heymann/*Herrmann* § 322 Rdn. 5.

[62] MünchKommHGB-*Ebke* § 322 Rdn. 27; Ebenroth/Boujong/Joost/*Wiedmann* § 322 Rdn. 22; ADS § 322 Rdn. 5.

[63] ADS § 322 Rdn. 168.

Befreiung von der Pflicht zur Konzernrechnungslegung herabgesetzt (§ 293 Abs. 1 HGB) und der Kreis der Unternehmen, die die Befreiung nicht beanspruchen können (§ 293 Abs. 5 HGB), dem des § 292a HGB angepaßt. § 335b HGB erweitert den gesamten strafrechtlichen (§§ 331 bis 333 HGB), bußgeldrechtlichen (§ 334 HGB) sowie zwangs- und ordnungsgeldrechtlichen Schutz (§§ 335, 335a HGB), der für die Kapitalgesellschaften gilt, auf die offenen Handelsgesellschaften und Kommanditgesellschaften im Sinne des § 264a Abs. 1 HGB. Die Verpflichtung hierfür bestand, weil der EuGH[64] beanstandet hatte, daß § 335 HGB a. F. nicht auf Personengesellschaften anwendbar war, bei denen ein persönlich haftender Gesellschafter keine natürliche Person ist (Vor §§ 335ff Rdn. 7ff).

C. Praktische Bedeutung der Bilanzdelikte und Bilanzordnungswidrigkeiten

I. Ausmaß und Ursachen der Bilanzdelikte

1. Ausmaß

Den Bilanzdelikten kommt in der strafrechtlichen Praxis nur **untergeordnete Bedeutung** zu. Die Suche nach Gerichtsentscheidungen, die auf §§ 331 ff HGB beruhen, verläuft nahezu ergebnislos. Statistische Untersuchungen zur Verbreitung und Häufigkeit von Bilanzdelikten fehlen.[65] Auch ein Blick auf die 1974 eingeführte und 1984 abgeschlossene „Bundesweite Erfassung von Wirtschaftsstraftaten nach einheitlichen Gesichtspunkten" läßt auf eine geringe Bedeutung der Bilanzdelikte schließen. So wurden in den Jahren 1974 bis 1981 insgesamt nur 507 Strafverfahren – mit jährlich steigender Tendenz: 1974 36, 1984 101 Verfahren – gegen verantwortliche Personen von **Aktiengesellschaften** durchgeführt.[66] Die überwiegende Anzahl der Verfahren erfolgte wegen Betruges, Bankrotts, Gläubigerbegünstigung, Untreue, Steuerhinterziehung, unlauteren Wettbewerbs usw.[67] Hierbei ist zu berücksichtigen, daß Aktiengesellschaften eine sehr viel geringere Kriminalitätsbelastung aufweisen als die **GmbH**, die an Wirtschaftsstraftaten im Sinne des § 74c GVG in ca. 50 % aller bekannt gewordenen Fälle beteiligt ist; hierzu ist noch eine erhebliche Dunkelziffer hinzuzurechnen.[68] Rückschlüsse auf den Umfang der Bilanzkriminalität sind nur dadurch möglich, daß auf die Straftaten nach dem StGB zurückgegriffen wird, die typischerweise mit Bilanzstraftaten verbunden sind (Rdn. 60ff). In diesen Fällen werden die Verstöße gegen die Straftatbestände des HGB in der Regel eingestellt.[69] Als Straftaten nach dem StGB sind die Untreue, der Betrug, der Kredit- und Subventionsbetrug, die Insolvenzdelikte, die Urkunden- und die Sozialversicherungsdelikte zu nennen; weiterhin werden Bilanzdelikte häufig zusammen mit der Steuerhinterziehung begangen. Bilanzfälschungen und unrichtige Wiedergaben der Verhältnisse von Gesellschaften in anderen Darstellungen werden der Öffentlichkeit oftmals nur bekannt, wenn es zur Insolvenz der Gesellschaft kommt und eine nachträgliche systematische Überprüfung auch und gerade im Hinblick auf die Buchführung vorgenommen wird.[70] 47

---

[64] EuGH BB 1999, 1485.
[65] *Tiedemann* Artikel Bilanzstrafrecht S. 1.
[66] *Liebl* S. 143, 257.
[67] *Liebl* S. 474ff; *Maul* DB 1989, 185, 190f.
[68] Siehe dazu Scholz/*Tiedemann* Vor §§ 82ff Rdn. 2.
[69] *Otto* Aktienstrafrecht, Vor § 399 Rdn. 12.
[70] *Tiedemann* FS Würtenberger S. 253.

2. Spektakuläre Fälle

48 Selbst bei der Rechtsform der Aktiengesellschaft, die keine hohe Kriminalitätsbelastung aufweist, sind grobe Bilanzfälschungen anzutreffen, wie ein Blick auf die besonders spektakulären Fälle zeigt:

a) Vorwurf der Bilanzfälschung

49 Aktiengesellschaft für Beteiligungen an Telekommunikationsunternehmen (AGFB),[71] Balsam AG,[72] Beteiligungsgesellschaft für Gemeinwirtschaft (BGAG),[73] Bremer Vulkan Verbund AG,[74] Coop AG,[75] FlowTex,[76] HypoVereinsbank AG,[77] Klöckner/Humbold/Deutz AG,[78] Metallgesellschaft AG,[79] Schieß AG,[80] Sektkellerei Schloß Wachenheim AG,[81] Stumpf AG,[82] Südmilch AG/Sachsenmilch AG,[83] Telekom AG,[84] VK Mühlen AG.[85]

b) Vorwurf der unrichtigen Darstellung

50 Berliner Bankgesellschaft,[86] Daimler-Benz AG,[87] Holzmann AG.[88]

---

71 Handelsblatt v. 11.9.1996, Nr. 176, S. 17.

72 Handelsblatt v. 12. 10. 1994, Nr. 197, S. 25; v. 6. 10. 1994, S. 1; v. 12. 6. 1996, Nr. 111, S. 9; FAZ v. 21. 4. 1995, Nr. 93, S. 16; v. 25. 4. 1996, Nr. 97, S. 16; SZ v. 24. 11. 1994, S. 31; http://www.spiegel.de/wirtschaft/unternehmen/0,1518,113638,00.html; http://www.spiegel.de/wirtschaft/unternehmen/0,1518,29438,00.html; http://www.spiegel.de/wirtschaft/unternehmen/0,1518,70881,00.html; http://www.spiegel.de/wirtschaft/unternehmen/0,1518,70874,00.html.

73 Handelsblatt v. 6. 9. 1990, Nr. 172, S. 1; 7./8. 9. 1990, Nr. 173, S. 17.

74 Handelsblatt v. 20. 6. 1996; Nr. 127, S. 1, 27; v. 21./22. 6. 1996, Nr. 118, S. 13; v. 23. 9. 1996, Nr. 184, S. 21; v. 25./26. 10. 1996, Nr. 207, S. 22; FAZ v. 21. 6. 1996; Nr. 142, S. 17; http://www.spiegel.de/spiegel/0,1518,102252,99.html.

75 Handelsblatt v. 6. 10. 1994, S. 4; v. 5. 12. 1989, Nr. 234, S. 8; v. 10. 11. 1992; Nr. 218, S. 7; FAZ v. 13. 4. 1991, Nr. 86; S. 15; v. 10.11.1992, Nr. 262, S. 15.

76 http://www.spiegel.de/wirtschaft/unternehmen/0,1518,113638,00.html; http://www.spiegel.de/vorab/0,1518,66557,00.html; http://www.spiegel.de/wirtschaft/unternehmen/0,1518,65680,00.html; http://www.spiegel.de/wirtschaft/unternehmen/0,1518,65046,00.html; http://www.spiegel.de/wirtschaft/unternehmen/0,1518,64706,00.html; http://www.spiegel.de/wirtschaft/unternehmen/0,1518,64379,00.html; http://www.spiegel.de/spiegel/0,1518,64393,00.html; http://www.spiegel.de/wirtschaft/0,1518,173357,00.html; http://www.spiegel.de/spiegel/vorab/0,1518,171826,00.html; http://www.spiegel.de/wirtschaft/0,1518,171036,00.html; http://www.spiegel.de/spiegel/0,1518,171700,00.html; http://www. spiegel.de/wirtschaft/0,1518,159644,00.html; http://www.spiegel.de/wirtschaft/0,1518,152487,00.html; http://www.spiegel.de/spiegel/0,1518,150578,00.html; http://www.spiegel.de/wirtschaft/0,1518,135912,00.html; http://www.spiegel.de/spiegel/vorab/0,1518,128163,00.html;

77 http://www.spiegel.de/wirtschaft/unternehmen/0,1518,49846,00.html; http://www.spiegel.de/spiegel/vorab/0,1518,19170,00.html.

78 Handelsblatt v. 29. 5. 1996, Nr. 102, S. 11; v. 30. 5. 1996, Nr. 103, S. 9; 7./8. 5. 1996, Nr. 108, S. 9; FAZ v. 29. 5. 1996, Nr. 123, S. 15; v. 4. 6. 1996, Nr. 128, S. 21; v. 7. 6. 1996, Nr. 130, S. 20; v. 22. 8. 1996, Nr. 195, S. 17.

79 Handelsblatt v. 3. 3. 1994, Nr. 44, S. 17, v. 4./5. 3. 1994, Nr. 45, S. 21; v. 21. 3. 1994, Nr. 56, S. 21; v. 12. 8. 1996, Nr. 154, S. 10.

80 Handelsblatt v. 1. 6. 1995, Nr. 105, S. 23.

81 Handelsblatt v. 13. 10. 1994, Nr. 198, S. 20; FAZ v. 14. 10. 1994, Nr. 239, S. 20; 16. 11. 1995, Nr. 267, S. 29.

82 FAZ v. 14. 2. 1996, Nr. 38, S. 22; 27. 7. 1996, Nr. 173, S. 14; Handelsblatt v. 23. 7. 1996, Nr. 140, S. 9.

83 FAZ v. 13. 3. 1995, Nr. 61, S. 20; v. 10. 6. 1996, Nr. 132, S. 19; v. 20. 6. 1996, Nr. 141, S. 16; v. 10. 10. 1996, Nr. 236, S. 22; v. 29. 11. 1996, Nr. 279, S. 25; Handelsblatt v. 12. 6. 1996, Nr. 111, S. 15; v. 2. 7. 1996, Nr. 125, S. 18; 29./30. 11. 1996, Nr. 1996, Nr. 232, S. 14.

84 http://www.spiegel.de/spiegel/vorab/0,1518,123128,00.html; http://www.spiegel.de/Spiegel/0,1518,123151.html; http://www.spiegel.de/spiegel/0,1518,121926,00.html; http://www.spiegel.de/spiegel/vorab/0,1518,143972,00.html; http://www.spiegel.de/spiegel/0,1518,143998,00.html.

85 FAZ v. 14. 6. 1996, Nr. 136, S. 19; Handelsblatt v. 17. 6. 1996, Nr. 114, S. 19; 19./20. 7. 1996, Nr. 138, S. 11.

86 Welt am Sonntag v. 10. 6. 2001; http://www.spiegel.de/politik/deutschland/0,1518,135861,00.html.

87 Handelsblatt v. 11. 6. 1996, Nr. 110, S. 13; v. 12. 8. 1996, Nr. 154, S. 13; 23. 12. 1996, Nr. 248,

c) Vorwurf der Untreue

Aktiengesellschaft für Beteiligungen an Telekommunikationsunternehmen (AGFB),[89] Bremer Vulkan Verbund AG,[90] Coop AG,[91] Holzmann AG,[92] Mannesmann AG,[93] Metallgesellschaft AG,[94] MVG Aktiengesellschaft für internationale Mode,[95] Sektkellerei Schloß Wachenheim AG,[96] Standard Elektrik Lorenz AG (SEL),[97] Südmilch AG/Sachsenmilch AG,[98] Thyssen AG.[99] 51

In diesen Verfahren sind keine Verurteilungen nach §§ 331, 332 HGB erfolgt.

3. Ursachen für die geringe praktische Bedeutung der Bilanzstraftatbestände und Bilanzordnungswidrigkeiten

a) Unrichtige Darstellung nach § 331 HGB

Die untergeordnete praktische Bedeutung der Bilanzdelikte liegt darin begründet, 52 daß die Strafverfolgungsorgane immer dann, wenn das deliktische Verhalten zur Verdeckung vorausgehender oder nachfolgender Straftaten verwirklicht wird, den rechtlich schwierigen Straftatbestand der unrichtigen Darstellung gemäß § 331 HGB außer Betracht lassen. Die häufig gleichzeitig einschlägigen Vermögens- oder Insolvenzdelikte sind allgemeiner und in der Regel leichter zu beweisen. Eine Verurteilung erfolgt dann aus der gleichzeitig verwirklichten Norm des StGB, während die reinen Bilanzstraftaten ganz überwiegend eingestellt werden.[100] Hinzu kommt, daß auf dem Gebiet der Abschreibung, der Bewertung und der stillen Reserven nur in eindeutigen Fällen Strafbarkeit gegeben ist (Vor §§ 331 ff Rdn. 90; § 331 Rdn. 42, 49).

b) Unrichtiges Berichten nach § 332 HGB

Bislang findet sich kein veröffentlichtes Urteil, in dem ein Abschlußprüfer wegen 53 einer Straftat nach § 332 HGB verurteilt worden ist.[101] Der zentrale Grund für die untergeordnete praktische Bedeutung des unrichtigen Berichtens nach § 332 HGB liegt darin begründet, daß sich das Tatbestandsmerkmal des „Ergebnisses der Prüfung" ausschließlich auf eine **Abweichung von den subjektiv gefundenen Prüfungsergebnissen** bezieht und nicht auf die objektive Unrichtigkeit des Prüfungsberichts (§ 332 Rdn. 6);[102] außerdem muß dem Abschlußprüfer Vorsatz nachgewiesen werden.

S. 14; FAZ v. 11.6.1996, Nr. 133, S. 18; v. 5.7.1996, Nr. 154, S. 17; 21.12.1996, Nr. 298, S. 15.

88 http://www.spiegel.de/spiegel/0,1518,89651,00.html; http://www.spiegel.de/spiegel/0,1518,53247,00.html; http://www.spiegel.de/wirtschaft/unternehmen/0,1518,59719,00.html; http://www.spiegel.de/spiegel/vorab/0,1518,53228,00.html; http://www.spiegel.de/spiegel/vorab/0,1518,90824,00.html; http://www.spiegel.de/wirtschaft/unternehmen/0,1518,64130,00.html; http://www.spiegel.de/spiegel/0,1518,54218,00.html; http://www.spiegel.de/wirtschaft/unternehmen/0,1518,59946,00.html.

89 Vgl. Fn. 71.

90 Vgl. Fn. 74.

91 Vgl. Fn. 75.

92 Vgl. Fn. 88.

93 Handelsblatt v. 20.8.1996, Nr. 160, S. 9; v. 3.9.1996, Nr. 170, S. 12; FAZ v. 19.8.1996, Nr. 192, S. 17.

94 Vgl. Fn. 79.

95 Handelsblatt v. 26.10.1992, Nr. 207, S. 17.

96 Vgl. Fn. 81.

97 FAZ v. 21.12.1996, Nr. 298, S. 15; v. 14.11.1990, Nr. 266, S. 22; v. 22.5.1991, Nr. 116, S. 21.

98 Vgl. Fn. 83.

99 FAZ v. 9.8.1996, Nr. 184, S. 15; Handelsblatt v. 13.8.1996, Nr. 155, S. 11; v. 2.9.1996, Nr. 169, S. 13.

100 *Otto* Aktienstrafrecht, Vor § 399 Rdn. 12.

101 Ebenso hat die zivilrechtliche Rechtsprechung bislang keinen Abschlußprüfer nach vertraglichen oder vertragsähnlichen Grundsätzen haften lassen. Bei freiwilligen Prüfungen oder anderen Prüfungsanlässen ist dies anders, *Quink* BB 1992, 1681.

102 Beck BilKomm-*Budde/Hense* § 332 Rdn. 11; MünchKommHGB-*Quedenfeld* § 332 Rdn. 17; *Tiedemann* Artikel Bilanzstrafrecht S. 2.

Beide Gesichtspunkte schränken den Anwendungsbereich dieses Straftatbestandes erheblich ein, denn der Wirtschaftsprüfer ist straffrei, solange er das berichtet, was die Prüfung an Ergebnissen hervorgebracht hat. Wie fundiert diese Ergebnisse sind, ist strafrechtlich irrelevant. Das *Balsam*-Verfahren ist, soweit ersichtlich, der einzige Unternehmenszusammenbruch, bei dem auch gegen einen Abschlußprüfer Anklage erhoben worden ist, weil ihm beim Unterlaufen des Kontrollsystems der Kreditgeber eine „herausragende Funktion" bei der Begehung des schweren Betruges zugekommen sei. Das Verfahren gegen ihn endete jedoch mit einem Freispruch. Der zum Sachverständigen bestellte Wirtschaftsprüfer konnte die ineinander verwobenen Geschäfte nur schwer durchschauen und mußte seine Stellungnahme nachträglich in der Hauptverhandlung mehrfach revidieren.[103] Hierin spiegelt sich wider, daß es für die Staatsanwaltschaften und Strafgerichte selbst bei sorgfältiger Arbeitsweise außerordentlich schwierig ist, komplexe Fälle der Wirtschaftskriminalität aufzuklären. Die Beteiligten vermeiden selbst die Durchführung von Zivilverfahren. Strafanträge werden nicht gestellt und außergerichtliche Vergleiche bevorzugt, da der Schaden, der durch einen Prozeß entstünde, von den Beteiligten meist als schwerwiegender als der bereits eingetretene eingeschätzt wird. Schließlich werden freiwillige Prüfungen nicht von § 332 HGB erfaßt (§ 332 Rdn. 12).

c) Geheimnisverrat nach § 333 HGB

54 Die geringe praktische Bedeutung des Geheimnisverrats nach § 333 HGB liegt vor allem darin begründet, daß es sich hierbei um ein **Strafantragsdelikt** handelt. Der Gesellschaft soll dadurch die Möglichkeit gegeben werden, selbst über die Einleitung eines Strafverfahrens zu entscheiden und gegebenenfalls eine (Ruf-)Schädigung der Gesellschaft zu vermeiden.[104] Erfahrungsgemäß sind die geschädigten Gesellschaften bei der Stellung eines Strafantrages sehr zurückhaltend.[105] Zum einen wird die Strafanzeige als nutzlos angesehen, weil sie keine hinreichenden Erfolgsaussichten verspricht. Zum anderen scheut man das Eingeständnis der Schädigung aus Prestigegründen.

d) Bilanzordnungswidrigkeiten nach § 334 HGB

55 Auch die Bilanzordnungswidrigkeiten spielen in der Praxis eine nur untergeordnete Rolle, da in den schwerwiegenderen Fällen eine Straftat vorliegt (§ 334 Rdn. 14, 55, 58, 68) und die Ordnungswidrigkeit dann nach § 20 OWiG hinter diese zurücktritt. Außerdem werden Verstöße den zuständigen Behörden nur selten bekannt. Hinzu kommt, daß die Verfolgung einer Ordnungswidrigkeit dem **Opportunitätsprinzip** unterliegt, so daß es im Ermessen der für die Ahndung zuständigen Behörde steht, eine Sanktion zu verhängen (§ 334 Rdn. 105).

III. Typische Fallgestaltungen und Begehungsformen der Bilanzdelikte

1. Typische Fallgestaltungen

56 Typische Fallgestaltungen der Bilanzdelikte, die zusammen mit anderen Delikten begangen werden, sind **Falschbewertungen**, um entstandene oder drohende Verluste und Zusammenbrüche zu verheimlichen oder um stille Reserven zu bilden. Auch die

---

[103] KK-*Geilen* § 400 Rdn. 7. Vgl. die Fundstellen zum *Balsam*-Verfahren in Fn. 72.

[104] KK-*Geilen* § 404 Rdn. 6.

[105] *Tiedemann* Wirtschaftsstrafrecht, Bd. II, S. 181 ff; *Tiedemann/Cosson* bezeichnen dieses Verhalten als „Binsenweisheit der Wirtschaftskriminalistik", vgl. ebd. S. 5.

Überbewertung oder **Fiktion von Aktiva**, insbesondere von Forderungen zum Zwecke der Kreditierung, ist eine häufig auftretende Fallgestaltung.[106] Daneben wird die Bilanz als allgemeine Kreditbasis für Zwecke des **Gründungs- und Beteiligungsschwindels** manipuliert. Neben formellen Mängeln, die auch in der heutigen Bilanzierungspraxis vorkommen, spielt das Verheimlichen drohender Verluste und Zusammenbrüche eine Rolle.

Folgende kriminelle Verhaltensweisen bestimmen das tatsächliche **Erscheinungsbild der Bilanzdelikte:** *Verfälschen von Belegen und Buchungen*: falsche Angaben über Geschäfte oder die Person des Gläubigers;[107] *erdichtete Buchungsfälle*: Scheinsachverhalte, nicht-buchungsfähige Geschäftsvorfälle, private Entnahmen als Lohnfortzahlungen, willkürliche Abschreibungen;[108] *Nichtverbuchungen*: nicht verbuchte Entnahmen,[109] Unterlassen von Abschreibungen und Wertberichtigungen; Verheimlichen oder Vernichten von Belegen und Büchern;[110] Buchungen ohne Belege;[111] nicht zeitgerechte Verbuchungen und die unrichtige Erfassung der Bestände in Inventuren.[112] **57**

2. Begehungsformen der Bilanzdelikte

Bilanzdelikte können alle Bestandteile und jede einzelne Position eines Jahresabschlusses betreffen.[113] Was die systematische Erfassung der Bilanzdelikte anbetrifft,[114] so kann in Anlehnung an die Tathandlungen des § 331 HGB zwischen „Bilanzfälschung" und „Bilanzverschleierung" unterschieden[115] oder nach den Arten der Bilanzfehler zwischen ergebnisverändernden Falschdarstellungen in Bilanz und GuV einerseits und ergebnisneutralen Falschdarstellungen in der Bilanz und GuV sowie im Geschäftsbericht (Anhang oder Lagebericht) andererseits differenziert werden.[116] Zu den **ergebnisverändernden Falschdarstellungen in Bilanz und GuV** gehören das Einstellen fiktiver Beträge, das Weglassen von Posten, bewußt falsche Wertansätze und die Bilanzierung erfolgswirksamer Umgehungshandlungen wie Scheingeschäfte. **Ergebnisneutrale Falschdarstellungen** in der Bilanz und GuV sind falsche und ungenaue Bezeichnungen und die Vermischung von Posten, die Bilanzierung erfolgsneutraler Umgehungshandlungen wie Scheingeschäfte und Verschiebungen zum Zweck der falschen Darstellung der Risikoverhältnisse, ungerechtfertigte Saldierungen und die Unterlassung notwendiger Kompensationen, unberechtigte und sinnwidrige Gruppenbildungen und mangelhafte Erläuterungen. Ergebnisneutrale Falschdarstellungen im Anhang und Lagebericht sind falsche und unklare Angaben sowie völliges oder teilweises Weglassen gesetzlich geforderter oder sonst notwendiger Angaben. **58**

In Ergänzung hierzu wird eine Einteilung der Bilanzdelikte nach der **Art ihrer Begehung** vorgenommen in *Beurkundung*, d.h. Manipulationen betreffend den Dokumentationsvorgang, *Bewertung*, d.h. Schätzungen, Prognosen, Umgehungs- und Scheingeschäfte, *Benennung*, d.h. unrichtige Bezeichnung der Posten, Nichtein-

[106] *Tiedemann* Artikel Bilanzstrafrecht S. 2.
[107] BGH GA 1961, 358.
[108] RGSt 39, 223ff.
[109] BGH MDR 1981, 100.
[110] BGH NJW 1954, 1010.
[111] BGH GA 1961, 358.
[112] Vgl. dazu *Gößweiner-Seiko* Wirtschaftskriminalität S. 58; *Zirpins/Terstegen* S. 282ff.
[113] *Döllerer* BB 1982, 777ff; *Kessler* S. 21ff, 49ff, 11ff, 126ff.
[114] Eingehend dazu *Marker* S. 66ff; *Nelles* S. 15ff.
[115] Kritisch dazu *Marker* S. 40ff; vgl. auch *Schüppen* S. 20ff.
[116] So *Marker* S. 177ff; ähnlich GoB-*Leffson* S. 243.

haltung von Gliederungsvorschriften und Nichtvornahme gebotener Kompensierungen, *Beurteilungsverstöße*, d. h. unrichtige und verschleiernde schriftliche Angaben im Anhang oder Lagebericht.[117]

59 Orientiert man sich an den **Vorgaben der Straftatbestände**, so kann danach unterschieden werden, ob es sich um Straftaten handelt, deren Begehung sich in der mangelhaften Erstellung des Jahresabschlusses erschöpft („reine Bilanztatbestände"), zu deren Begehung die Erstellung eines mangelhaften Jahresabschlusses notwendigerweise oder doch typischerweise neben anderen Tatbestandsmerkmalen gehört („Bilanzdelikte als notwendige oder typische Tatbestandselemente"), deren Begehung auch durch Erstellung oder Verwendung eines mangelhaften Jahresabschlusses möglich ist („Bilanzdelikte als mögliche Tatbestandselemente") oder deren Begehung in der Praxis häufig mit der Erstellung oder Verwendung eines mangelhaften Jahresabschlusses verdeckt wird oder die als Mittel zur Bilanzmanipulation eingesetzt werden („Bilanzdelikte als Verdeckungshandlungen oder Ergebnisse anderer Straftaten").[118] Zu den „reinen Bilanztatbeständen" gehören § 331 Abs. 1 Nr. 1 HGB und die entsprechenden Vorschriften im Aktien- und GmbH-Strafrecht (§§ 400 Abs. 1 Nr. 1 AktG, 82 Abs. 2 Nr. 2 GmbHG) sowie die Insolvenzstraftatbestände (§§ 283 Abs. 1 Nr. 7, 283b Abs. 1 Nr. 3 StGB). Zu den „Bilanzdelikten als notwendige oder typische Tatbestandselemente" zählen §§ 283 Abs. 1 Nr. 7, 265b StGB und § 88 BörsenG. Zur Gruppe der „Bilanzdelikte als mögliche Tatbestandselemente" gehören die §§ 263, 264, 264a, 267 StGB und zur Gruppe der „Bilanzdelikte als Verdeckungshandlungen oder Ergebnisse anderer Straftaten" §§ 246, 263, 266 StGB, § 370 AO sowie die über das Bilanzdelikt hinausgehenden Insolvenzdelikte.

IV. Straftaten außerhalb des HGB

60 Bilanzstraftaten werden häufig zusammen mit oder in der Folge von sonstigen Straftaten begangen, die unter die Vorschriften des Strafgesetzbuchs fallen. In diesen Fällen führt die unrichtige oder verschleiernde Buchführung auch zu unrichtigen Bilanzen, die Gegenstand des § 331 HGB sind. Wenn ein Abschlußprüfer Straftaten aufdeckt und hierüber nicht berichtet, macht er sich nach § 332 HGB wegen **Verletzung der Berichtspflicht** strafbar; gegebenenfalls kommt auch eine Beteiligung an der Straftat Dritter in Betracht, sofern diese noch nicht beendet ist.

1. Untreue

61 Wenn unrichtige Handelsbilanzen erstellt werden, ist häufig neben den Straftatbeständen der §§ 331f auch der Straftatbestand der Untreue gemäß § 266 StGB in der Form des **Treubruchstatbestandes** erfüllt,[119] wenn dem Täter fremdnützige Dispositionsbefugnisse eingeräumt sind.[120] Nach der seit BGHSt 24, 386 h. M. setzt der Treubruchstatbestand (§ 266 Abs. 1, 2. Alt. StGB) ebenso wie der Mißbrauchstatbestand (§ 266 Abs. 1, 1. Alt. StGB) voraus, daß der Täter verpflichtet ist, fremde Vermögensinteressen wahrzunehmen.[121] Bei § 266 StGB handelt es sich somit bei bei-

---

117 *Schüppen* S. 23 ff.
118 So *Schüppen* S. 28 f.
119 Vgl. dazu *Teufel* Kriminalistik 1969, 624; *ders.* Kriminalistik 1971, 575, 630.
120 Schönke/Schröder/*Lenckner/Perron* § 266 Rdn. 2.
121 Vgl. nur *Lackner/Kühl* § 266 Rdn. 2; LK-*Schünemann* § 266 Rdn. 9, 17, 24; *Tröndle/Fischer* § 266 Rdn. 1a, jeweils m. w. N.; a. A. Schönke/Schröder/*Lenckner/Perron* § 266 Rdn. 2.

den Tatbestandsalternativen ebenfalls um ein Sonderdelikt, das nur von dem Vertretungsberechtigten oder Betreuungspflichtigen begangen werden kann. Nach der Rechtsprechung weist das gesetzliche Tatbestandsmerkmal der **Wahrnehmung fremder Vermögensinteressen** auf Vorgänge von einem gewissen Gewicht und einer gewissen Bedeutung hin; „einfache schuldrechtliche Verpflichtungen“[122] reichen hierfür nicht aus. Anhaltspunkte für das Vorliegen dieses Tatbestandsmerkmals sollen sich aus dem Grad der Selbständigkeit, der Bewegungsfreiheit und der Verantwortlichkeit des Verpflichteten ergeben. Rein mechanische Tätigkeiten erfüllen die Voraussetzungen des Treubruchstatbestands in der Regel nicht.[123] Wenngleich die Rechtsprechung den Täterkreis des Treubruchstatbestands sehr weit ausdehnt,[124] wird einschränkend gefordert, daß die Pflicht zur Wahrnehmung fremder Interessen der typische und wesentliche Inhalt des den Täter mit dem Vermögensinhaber verbindenden Verhältnisses sein müsse.

Weitere Voraussetzung der Untreue ist, daß die Tathandlung, z. B. die unrichtigen Buchungen, eine Beeinträchtigung des zu betreuenden Vermögens zur Folge haben.[125] **62**
Zum Untreuetatbestand gehört nämlich, daß das betreute Vermögen durch eine Untreuehandlung **geschädigt** oder in einer der Schädigung gleichkommenden Weise gefährdet wird.[126] Dies ist nicht nur dann der Fall, wenn durch die unrichtige oder unterlassene Buchung die Geltendmachung begründeter Ansprüche unterbleibt, sondern auch, wenn die Ansprüche, auf die sich die Fehlbuchungen beziehen, mit hinreichender Sicherheit hätten geltend gemacht werden können.[127] Durch dieses Erfordernis wird die reichsgerichtliche Rechtsprechung, die schon in einer unübersichtlichen Buchführung eine schadensgleiche Vermögensgefährdung gesehen hat,[128] auf adäquate Weise eingeschränkt. Selbst dann, wenn eine Buchung mit den Grundsätzen eines ordentlichen Kaufmanns unvereinbar ist, muß noch kein Vermögensschaden vorliegen. So sind z. B. bei der GmbH einverständliche Entnahmen bereits erzielter Gewinne an sich erlaubt, bilden also in der Regel keinen rechtswidrigen Nachteil für die Gesellschaft,[129] da die Gesellschafter einen Anspruch auf den Jahresüberschuß oder den Bilanzgewinn haben. Zwar gibt erst der Feststellungs- oder Gewinnverteilungsbeschluß dem einzelnen Gesellschafter einen klagbaren Anspruch. Doch ist auch die Zahlung von Gewinnvorschüssen zulässig, soweit dies im Gesellschaftsvertrag vorgesehen ist oder von der Gesellschafterversammlung beschlossen wird. Für die strafrechtliche Beurteilung kommt es jedoch nicht darauf an, ob ein förmlicher Beschluß über die Verwendung des Ergebnisses vorliegt. Ein Nachteil liegt selbst dann nicht vor, wenn die entnommenen Beträge zu Tarnungszwecken falsch gebucht werden.[130] Schädliche Folgen im Sinne eines Vermögensnachteils liegen demgegenüber vor, wenn durch die an sich mögliche Entnahme der Gewinne die Existenz der Gesellschaft gefährdet wird. So ist in der Rechtsprechung wiederholt anerkannt worden, daß Entnahmen aus dem Gesellschaftsvermögen trotz Zustimmung aller Gesellschafter als

[122] BGHSt 28, 20, 23.

[123] RGSt 69, 58, 61 f; 146, 148; 279, 280 f; 72, 194; 77, 393; BGHSt 3, 289, 293 f; BGH NStZ 1983, 455; NJW 1991, 2574; vgl. auch die Übersicht über die neuere Rechtsprechung bei *Otto* JZ 1993, 660 f.

[124] Kritisch zur Rechtsprechung Schönke/Schröder/*Lenckner*/*Perron* § 266 Rdn. 24 m. w. N.

[125] BGHR StGB § 266 Abs. 1, nach Teil 31 Verhinderung von Schadensersatzansprüchen; Schönke/Schröder/*Lenckner*/*Perron* § 266 Rdn. 39 ff.

[126] BGHSt 44, 376, 384.

[127] BGHSt 20, 304; BGH NStZ 1996, 543; NStZ 2001, 432.

[128] RGSt 77, 228.

[129] BGHZ 31, 278; BGH NJW 1984, 1037.

[130] So ausdrücklich BGH wistra 1989, 25.

Nachteilszufügung anzusehen sind, wenn sie die Existenz der Gesellschaft durch Entzug der Produktionsgrundlage, deren Liquidität oder sonstige besondere Gesellschaftsinteressen gefährden.[131] Einschränkend bleibt allerdings festzuhalten, daß der BGH nicht fordert, daß sich bei der Aufstellung einer Überschuldungsbilanz ein negativer Saldo ergibt. Dadurch werden erhebliche Probleme, die bei dem für Insolvenzdelikte (§§ 283 ff StGB) erforderlichen Überschuldungsnachweis auftreten, zu Lasten des Täters vermieden. Insbesondere wenn Bewertungsfragen anstehen, muß nämlich im Insolvenzstrafrecht, soweit mehrere Ansichten vertretbar sind, die dem Täter günstigste Entscheidung bei der Feststellung der Überschuldung getroffen werden. Dies bedeutet aber, daß der günstigste Wert anzusetzen ist, so daß häufig eine Überschuldung nicht mit an Sicherheit grenzender Wahrscheinlichkeit festgestellt werden kann.[132] Diese Einschränkung gilt bei § 266 StGB nicht.

63 Die Rechtsprechung hat bei folgenden **Fallkonstellationen** den Untreuetatbestand bejaht: Durch eine große Anzahl unrichtiger Buchungen oder durch eine unterlassene Buchhaltung entstand die Unmöglichkeit einer klaren Auskunft über den Vermögensstand, weshalb eine wirtschaftlich richtige Entscheidung nicht getroffen werden konnte.[133] Die Vermögensgefährdung kann hierbei sowohl durch einzelne Buchungsvorgänge[134] als auch durch eine insgesamt unordentliche, den Vermögensstand verschleiernde Buchführung[135] entstehen. Ebenso liegt ein Vermögensnachteil vor, wenn der Geschäftsführer Umsätze der Firma auf ein verdecktes Konto umleitet.[135a] Sodann sind Manipulationen einer Buchhaltung zur Verschleierung von unberechtigten Entnahmen, um Ersatzansprüche zu unterbinden, als Untreue zu qualifizieren. Gleiches gilt für das pflichtwidrige Ausnutzen eines ohne Zutun des vertretungsberechtigten Organs oder Buchhalters entstandenen Buchungsfehlers, z. B. wenn der geschäftsführende Gesellschafter einer GmbH eine auf sein Darlehenskonto verbuchte Kundenzahlung stehen läßt, so daß der Eindruck entsteht, er habe sein Darlehen zurückgezahlt; in der dadurch verursachten Vermögensgefährdung liegt ein Nachteil der GmbH.[136] Das ist außerdem der Fall, wenn durch eine vorübergehende Nichtverbuchung einer Entnahme ein eventueller Rückforderungsanspruch unbekannt bleibt oder zu Unrecht ein voller Anspruch auf Ausschüttung des Gewinnanteils in der Buchhaltung ausgewiesen wird. Schließlich kann die Vernichtung von Buchhaltungsunterlagen durch ein vertretungsberechtigtes Organ der Gesellschaft eine Untreue darstellen, wenn infolge dieser Handlung Ansprüche der Gesellschaft nicht mehr geltend gemacht werden können.[137] Auch die Einrichtung schwarzer Kassen oder eines „Sonderfonds", durch den ein Teil des zu betreuenden Vermögens abgesondert und so eine ordnungsgemäße Überwachung der Kassenführung durch den Geschäftsherrn verhindert und ihm die freie Verfügung über das Vermögen entzogen wurde, führte zur Strafbarkeit nach § 266 StGB.[138] Wenn durch die vorübergehende Nichtverbuchung einer Entnahme ein Vermögensschaden eintritt, weil ein Rückforderungsanspruch unbeachtet bleibt (§ 93 Abs. 3 Nr. 3 AktG) oder zu Unrecht ein voller Anspruch auf Ausschüttung des Gewinnanteils in der Buchführung ausgewiesen ist,

---

[131] Vgl. die Nachweise bei Schönke/Schröder/*Lenckner/Perron* § 266 Rdn. 21.
[132] Schönke/Schröder/*Stree/Heine* § 283 Rdn. 51.
[133] BGHSt 20, 304.
[134] Vgl. RG NJW 1926, 586; BGHSt 6, 115, 117.
[135] BGHSt 20, 304; BGH NStZ 1996, 543; NStZ 2001, 432; GA 1956, 121; vgl. dazu Schönke/Schröder/*Lenckner/Perron* § 266 Rdn. 45 m. w. N.
[135a] BGH wistra 2000, 136.
[136] BGH GA 1955, 363.
[137] LK-*Schünemann* § 266 Rdn. 146.
[138] BGH GA 1955, 121; BGHSt 20, 304; vgl. auch BGHSt 40, 287.

kommt § 266 StGB zur Anwendung.[139] Gleiches gilt für die Vermischung der Buchhaltung zweier rechtlich selbständiger Gesellschaften, wenn dadurch Ansprüche beeinträchtigt werden.[140] Auch die Entnahme von Beträgen und deren Verschleierung durch einen Vermögensfürsorgepflichtigen ist als Untreue strafbar, wenn dadurch die Geltendmachung von Schadensersatzansprüchen verhindert wird.[141]

2. Betrug

Wenn in Handelsbüchern unrichtige Buchungen oder in Bilanzen Verschleierungen **64**
vorgenommen werden, können solche **Täuschungen** zu einem **Vermögensschaden** in Form einer Vermögensgefährdung führen, wenn der entstandene Rechtsschein für den davon betroffenen Vermögensbestandteil die konkrete Gefahr des endgültigen Verlustes verursacht.[142] Wenn aus den Handelsbüchern Vermögenswerte ausgetragen werden, bedeutet dies in der Regel einen endgültigen Verlust, wenn nicht besondere Umstände für die Entdeckung des Fehlers sprechen. Daher kann auch in einem solchen Verhalten ein strafbarer Betrug liegen.[143] Ferner kann durch eine fehlerhafte Buchung bei einem Kreditinstitut der Anschein einer Schuldentilgung erzeugt werden. Hat der Täter dies beabsichtigt, um sich oder einen Dritten zu bereichern, so liegen die Voraussetzungen des § 263 StGB vor.[144]

3. Kredit- und Subventionsbetrug

Die tatbestandsmäßigen Voraussetzungen des Kredit- und Subventionsbetruges im **65**
Sinne des § 265b StGB können im Falle einer **unrichtigen Buchführung** vorliegen. Beispiele bilden die Erschleichung zinsgünstiger Kredite für mittel- und langfristige Exportfinanzierungen sowie Investitionszulagenbetrügereien, die durch Angabe falscher Bestelldaten[145] oder einer falschen Investitionshöhe begangen werden. Nach § 4 SubventionsG sind Scheingeschäfte und Scheinhandlungen unerheblich. Häufig finden sich in Subventionsverfahren fiktive Exporte mit fingierten Unterlagen zur Erlangung von EG-Erstattungen und Mehrwertsteuererstattungen; auch spielen Scheinfirmen und Scheinstandorte in diesem Zusammenhang eine erhebliche Rolle.[146]

4. Insolvenzdelikte

Weiterhin ist auf die Insolvenzstraftatbestände der §§ 283 Abs. 1 Nrn. 5, 7 lit. a **66**
und b, 283b Abs. 2 Nrn. 1, 3 lit. a und b StGB hinzuweisen, die eine Verletzung der Pflicht zur Aufstellung von Bilanz oder Inventar unter Strafandrohung stellen, wenn das Insolvenzverfahren eröffnet oder die Eröffnung mangels Masse abgelehnt wird (§ 283 Abs. 6 StGB; objektive Strafbarkeitsbedingung). In diesem Rahmen sind als **typische Buchhaltungsmanipulationen**, die zu einer unrichtigen Gewinnermittlung und damit auch zur Abgabe unrichtiger Steuererklärungen führen, zu nennen: die falsche Führung von Geschäftsbüchern, das Verheimlichen von Geschäftseinnahmen, das Verschweigen von Einkünften aus strafbaren Handlungen, die unvollständige Aufzeichnung von Erlösen, die falsche Verbuchung von Geschäftseinnahmen, wenn

---

139 Zu Entnahmen des GmbH-Geschäftsführers vgl. BGH NStZ 1984, 118; BGHSt 30, 127; 28, 371; vgl. aber auch BGHSt 34, 379 bei Einwilligung aller Gesellschafter.

140 BGH GmbHR 1960, 203.

141 BGHR StGB § 266 Abs. 1, nach Teil 31, Verhinderung von Schadensersatzansprüchen.

142 BGHSt 6, 115, 117; 21, 112; 34, 394; BGH NStZ 1995, 232; 1996, 203; 1998, 570.

143 RG JW 1926, 586.

144 Müller-Gugenberger/Bieneck/*Schmidt* § 40 Rdn. 6.

145 *Schmidt-Hieber* NJW 1980, 322.

146 *Reisner* S. 5f, 24f.

Gewinne als Darlehen oder Geschäftseinlagen verbucht werden, die Verschleierung von „Schwarzgeschäften" durch fingierte Rechnungen und gefälschte Belege, die Begehung von Schein- und Umgehungsgeschäften im Zusammenhang mit unvollständigen Angaben. Von praktischer Relevanz sind diesbezüglich auch verdeckte Gewinnausschüttungen, die durch sachlich unzutreffende Buchungen verschleiert wurden (Verbuchung der Gewinnanteile eines Dritten als Geschäftskosten).

67 **§ 283 Abs. 1 Nrn. 5, 6 und 7 StGB** betreffen das **kaufmännische Rechnungswesen**, nämlich die Grundlagen und Mittel der handelsrechtlichen Rechnungslegung. Nach § 238 Abs. 1 HGB ist jeder Kaufmann verpflichtet, Bücher zu führen und in diesen seine Handelsgeschäfte und die Lage seines Vermögens nach den Grundsätzen ordnungsmäßiger Buchführung ersichtlich zu machen. Hierbei gilt zunächst das Vollständigkeits- und Richtigkeitsprinzip, nach dem die Buchführung alle Geschäftsvorfälle fortlaufend und lückenlos erfassen muß. Die Buchführung muß Aufschluß geben über die den Buchungen zugrundeliegenden Geschäfte. Die rein rechnerische Richtigkeit reicht nicht aus. Außerdem muß die Verbuchung zeitgerecht, klar und übersichtlich erfolgen und aufgrund von Belegen nachprüfbar sein. Deshalb stellt auch die Anfertigung falscher Belege eine unordentliche Buchführung dar und ist somit im Falle der Insolvenz strafbar.[147] Durch § 283 Abs. 1 Nrn. 5, 6 und 7 StGB wird dem Umstand Rechnung getragen, daß durch die Selbstinformation des Kaufmanns und durch die damit ermöglichte Kontrolle und Steuerung der Gläubigerschutz gewährleistet wird. Entsprechend dieser Einschätzung der handelsrechtlichen Buchführung als klassischem Prognosemittel zur Vermeidung von Fehlentwicklungen betrifft der Straftatbestand des § 283 Abs. 1 Nr. 5 StGB (Nichtführen oder mangelhaftes Führen von Handelsbüchern) nur die gesetzliche Verpflichtung zur Führung von Handelsbüchern, nicht auch die freiwillige Buchführung, die jedoch – entgegen dem Gesetzeswortlaut – Gegenstand von § 283 Abs. 1 Nr. 6 StGB sein kann.[148] Wer buchführungspflichtig ist und welche Bücher als Handelsbücher anzusehen sind, ergibt sich aus dem Handelsrecht und den handelsrechtlichen Einzelgesetzen (§§ 238 ff HGB). Die Nichtführung oder unordentliche Führung sonstiger Bücher (steuerrechtliche Buchführung) wird durch den Bußgeldtatbestand des § 379 Abs. 1 Nr. 2 AO als Ordnungswidrigkeit erfaßt. Als Abschluß der Buchführung sind Bilanz und Inventar zwar Teil der Buchführung, jedoch unterliegen sie nicht § 283 Abs. 1 Nr. 5 StGB, sondern allein § 283 Abs. 1 Nr. 7 StGB (mangelhafte oder nicht rechtzeitige Bilanzaufstellung; Rdn. 70).[149]

68 **§ 283 Abs. 1 Nr. 5 StGB** stellt das **Nichtführen oder mangelhafte Führen von Handelsbüchern** unter Strafandrohung. Eine gesetzliche Pflicht zum Führen von Handelsbüchern obliegt nur dem Kaufmann, der damit tauglicher Täter ist. Im Falle einer Kapitalgesellschaft wird diese Pflicht nach § 14 Abs. 1 HGB auf die Mitglieder des vertretungsberechtigten Organs übergewälzt. Der Kaufmann braucht seine Buchführungspflicht nicht höchstpersönlich zu erfüllen. Er kann die Pflichterfüllung auf Unternehmensangestellte oder Dritte, insbesondere Steuerberater, übertragen. Im letzteren Fall können sich die Angestellten und Dritten unter den Voraussetzungen des § 14 Abs. 2 S. 1 Nr. 2 StGB selbst als Täter strafbar machen. Daneben bleibt der Unternehmensinhaber selbst als Täter nach § 283 Abs. 1 Nr. 5 StGB strafbar, wenn er vorsätzlich die beauftragte Person nicht ordentlich ausgewählt hat oder sie nicht

147 BGH GA 1956, 348.
148 Schönke/Schröder/*Stree/Heine* § 283 Rdn. 39.
149 LK-*Tiedemann* § 283 Rdn. 94 m. w. N.; Schönke/Schröder/*Stree/Heine* § 283 Rdn. 30.

gehörig überwacht.[150] Strafbarkeit liegt sowohl vor, wenn der Täter die ihm obliegende Buchführung ganz unterläßt (1. Alt.), als auch dann, wenn er die Buchführung so führt oder verändert, daß die Übersicht über seinen Vermögensstand erschwert wird (2. Alt.). Die mangelhafte Buchführung steht der Nichtführung von Handelsbüchern lediglich dann gleich, wenn die Übersicht nur unter erheblichen Schwierigkeiten und unter Aufwendung besonderer Mühen erreicht werden kann. Dieses zusätzliche Erfordernis bezieht sich darauf, ob die Mängel ein im wesentlichen falsches Bild vom Gesamtzustand des Vermögens vermitteln. Entscheidend ist daher, ob ein sachverständiger Dritter sich den erforderlichen Überblick über die Vermögenslage des Schuldners nicht oder nur mit erheblichen Schwierigkeiten beschaffen kann.[151] Die verbreitete Vernachlässigung der Buchführung in der Unternehmenskrise führt in der strafrechtlichen Praxis zur häufigen Anwendung von § 283 Abs. 1 Nr. 5 StGB, wobei dieser Straftatbestand nicht selten auch als Auffangtatbestand wirkt, wenn schwerere Insolvenzdelikte nicht nachweisbar sind.

§ 283 Abs. 1 Nr. 6 StGB stellt das **Entziehen von Handelsbüchern oder sonstigen Unterlagen** unter Strafandrohung. Als Tathandlungen sind das Beiseiteschaffen, Verheimlichen, Zerstören und Beschädigen von Handelsbüchern oder sonstigen Unterlagen erfaßt. Bei allen Tathandlungen genügt es, daß sie sich auf einen Teil der Handelsbücher erstrecken. Der Tatbestand schützt auch die freiwillige, tatsächlich erstellte Buchführung und die entsprechenden Unterlagen gegen Vernichtung und Entziehung vor Ablauf der gesetzlichen Aufbewahrungsfristen. Damit kommen auch freiwillig Buchführende als Täter in Betracht. Durch die Tathandlung muß die Übersicht über den Vermögensstand des Täters erschwert worden sein. Die Pflicht zur Aufbewahrung schließt nicht ohne weiteres eine Pflicht zur Erneuerung zufällig untergegangener Bücher und Belege ein.[152] **69**

§ 283 Abs. 1 Nr. 7 StGB stellt die **mangelhafte oder nicht rechtzeitige Bilanzaufstellung** unter Strafandrohung. Dieser Straftatbestand regelt – ähnlich wie § 283 Abs. 1 Nr. 5 StGB – die mangelhafte Bilanzaufstellung des Kaufmanns, wenn dadurch die Übersicht über seinen Vermögensstand erschwert wird (§ 283 Abs. 1 Nr. 7 lit. a StGB), und das Unterlassen der Aufstellung der Bilanz seines Vermögens oder des Inventars in der vorgeschriebenen Zeit (§ 283 Abs. 1 Nr. 7 lit. b StGB). Dieser Tatbestand wendet sich nur an Personen, die nach dem Handelsrecht bilanzierungs- und inventarpflichtig sind. Die steuerrechtliche Buchführungspflicht ist für § 283 Abs. 1 Nr. 7 lit. a und b StGB ohne Bedeutung. Außerdem wird nur die Bilanz im engeren Sinne erfaßt, wenn nicht das Gesellschaftsrecht auch zur Aufstellung einer Gewinn- und Verlustrechnung verpflichtet. Die Fehlerhaftigkeit der Bilanz kann sich sowohl aus der Unrichtigkeit als auch aus einer Verschleierung ergeben.[153] Hat ein Berater die Aufgabe übernommen, die handelsrechtlichen Bilanzierungspflichten durchzuführen, so muß er auch die Bilanzerstellungsfristen einhalten. Verstößt der Berater hiergegen, so macht er sich strafbar, wenn das Unternehmen in die Krise gerät. **70**

§ 283b Nrn. 1, 2 und 3 StGB stellen die **Verletzung der Buchführungspflicht** unter Strafandrohung. Während der Straftatbestand des Bankrotts (§ 283 StGB) Handlungen bei Überschuldung oder bei drohender oder eingetretener Zahlungsunfähigkeit oder solche, die zur Überschuldung oder Zahlungsunfähigkeit führen, trifft, stellen § 283b Nrn. 1, 2 und 3 lit. a und b StGB bestimmte Buchführungs- und Bilanzverstöße, unabhängig vom Vorliegen einer Unternehmenskrise, unter Strafe. Die Tat- **71**

---

150 RGSt 58, 305; BGH bei *Herlan* GA 1953, 75.
151 RGSt 47, 312.
152 RG JW 1899, 804.
153 Schönke/Schröder/*Stree/Heine* § 283 Rdn. 44.

handlungen des § 283b Nrn. 1, 2 und 3 lit. a und b StGB sind identisch mit den Tathandlungen des § 283 Abs. 1 Nrn. 5, 6 und 7 lit. a und b StGB. Besteht ein nachweisbarer Zusammenhang zwischen dem deliktischen Verhalten und der wirtschaftlichen Krise, so tritt § 283b StGB hinter § 283 StGB zurück. Trotz des fehlenden Erfordernisses einer Ursächlichkeit zwischen der Verletzung der Buchführungspflicht und der Unternehmenskrise ist es auch für § 283b StGB erforderlich, daß es – ebenso wie bei § 283 StGB – schließlich zum Unternehmenszusammenbruch kommt, also die Zahlungen eingestellt werden, das Insolvenzverfahren eröffnet oder der Eröffnungsantrag mangels Masse abgewiesen wird (§§ 283b Abs. 3, 283 Abs. 6 StGB).[154] Zwar sind die Buchführungs- und Bilanzverstöße unabhängig vom späteren Unternehmenszusammenbruch rechtswidrig und strafwürdig, jedoch verzichtet der Gesetzgeber auf eine Bestrafung, wenn es dem Täter gelingt, dem wirtschaftlichen Ruin zu entgehen. Die Nichterstellung der Eröffnungs- oder Jahresabschlußbilanz oder die verspätete Erstellung wird nicht von § 331 HGB erfaßt. Auch hier greifen lediglich die Insolvenzstraftatbestände der §§ 283ff StGB ein. Wenn es nicht zum Unternehmenszusammenbruch kommt, kann lediglich ein Zwangsgeld gemäß § 335 HGB festgesetzt werden (§ 335 Rdn. 6f).

72 Bei den Insolvenzdelikten führt nicht nur **vorsätzliches Verhalten**, sondern auch die **fahrlässige Tatbegehung** zur Strafbarkeit (§§ 283 Abs. 5, 283b Abs. 2 StGB). Die fahrlässige Begehung bei Mängeln der Buchführung und Bilanzierung hängt dabei unmittelbar mit den dem Berater im einzelnen obliegenden Prüfungspflichten zusammen: Hat er die Führung einer Buchhaltung eigenverantwortlich übernommen, so muß er auch die umfangreichen Prüfungs- und Kontrollaufgaben wahrnehmen, die nach den Grundsätzen ordnungsmäßiger Buchführung geboten sind. Übernimmt der Berater die Erstellung der Bilanzen, so ist zu beachten, daß die Bankrottdelikte sich nur auf die Handelsbilanzen beziehen. Wird eine reine Steuerbilanz unrichtig erstellt, so kommt daher eine Bestrafung nur aufgrund der steuerstrafrechtlichen Tatbestände der Abgabenordnung in Betracht (Rdn. 75ff). Regelmäßig werden in der Praxis jedoch Bilanzen erstellt, die zugleich Steuer- und Handelsbilanzen darstellen. Ein Berater, der die Erstellung einer solchen Bilanz übernimmt, kann sich sowohl nach den Bilanzstraftatbeständen der §§ 331, 332 HGB als auch nach § 370 AO (Rdn. 75) strafbar machen.

5. Urkundendelikte

73 Das **Handelsbuch des Kaufmanns** stellt eine **Gesamturkunde** dar.[155] Da die Führung der Handelsbücher nicht nur im eigenen Interesse des Kaufmanns erfolgt, entfällt mit der Eintragung eines Geschäftsvorfalles in ein Handelsbuch die Dispositionsbefugnis des Eintragenden, so daß spätere Eintragungen regelmäßig den Tatbestand der Urkundenfälschung erfüllen.[156] Irrtümliche Eintragungen sind mittels Stornierungen zu bereinigen. Keine Urkundenfälschung liegt dagegen vor, wenn in Geschäftsbüchern hinter den früheren Eintragungen ohne deren Veränderung nachträglich inhaltlich falsche Eintragungen vorgenommen werden.[157] Dies gilt jedoch nicht für Fälle, in denen keine Änderung in den Geschäftsbüchern angebracht werden dürfen.

---

[154] Schönke/Schröder/*Stree/Heine* § 283b Rdn. 7.

[155] RG JW 1936, 1538; RGSt 50, 421; RGSt 69, 398; BGHSt 6, 251; BGHSt 19, 188; OLG Stuttgart GA 1960, 93.

[156] *Kienapfel* S. 95f, 207f; *Freund* Rdn. 292.

[157] RG JW 1935, 2966.

6. Sozialversicherungsdelikte

Die unrichtige Buchführung über die Anzahl der Arbeitnehmer kann zunächst eine Vorbereitungshandlung für eine **unrichtige Beitragsnachweisung** gegenüber der AOK als zuständiger Einzugsstelle sein. Kommt es zur Abgabe unrichtiger Nachweisungen, so stellt dies bezüglich der Arbeitnehmeranteile zur Gesamtsozialversicherung ein Vergehen nach § 266a Abs. 1 StGB oder einen Betrug gemäß § 263 StGB dar.[158] Bezüglich der Arbeitgeberanteile ist nur ein Betrug möglich.[159] **74**

7. Steuerhinterziehung

Die Straftatbestände der §§ 331, 332 HGB betreffen ausschließlich Handelsbilanzen, **75** während unrichtige und unvollständige Angaben in Steuerbilanzen durch den Tatbestand der Steuerhinterziehung (§ 370 AO) erfaßt werden. Die Grundsätze ordnungsmäßiger Buchführung gelten auch für die **Steuerbilanz.**[160] Das BiRiLiG betont den eindeutigen Vorrang der Handels- vor der Steuerbilanz: die handelsrechtliche Gewinnermittlung ist Grundlage der steuerlichen Gewinnermittlung. Dieses Verhältnis wird durch den **Maßgeblichkeitsgrundsatz** bestimmt.[161] Im Hinblick darauf, daß steuerliche Sonderabschreibungen und erhöhte Absetzungen nur in Anspruch genommen werden dürfen, wenn die entsprechenden Wertansätze auch in der Handelsbilanz vorgenommen werden (§ 6 Abs. 3 EStG), wirken die steuerrechtlichen Vorschriften auch auf die Handelsbilanz zurück **(umgekehrte Maßgeblichkeit).**[162] Dies hat zur Folge, daß in der Praxis Bilanz- und Steuerstrafrecht nicht selten zusammentreffen.[163] So dient die Nichtaktivierung erzielter Gewinne in aller Regel dem Zweck, den Unternehmensgewinn aus steuerlichen Gründen gering zu halten. Dies gilt insbesondere, wenn die Handelsbilanz zugleich als Steuerbilanz dient (Einheitsbilanz). Jedoch erfüllt eine unrichtige Buchführung als solche regelmäßig den Tatbestand der Steuerhinterziehung noch nicht, da die Tathandlung des § 370 AO erst die Abgabe einer falschen bzw. einer unterlassenen Abgabe der Steuererklärung ist.

Eine unrichtige Buchhaltung ist in der Regel lediglich **Vorbereitungshandlung** für **76** eine Steuerhinterziehung.[164] Die Ausführung der Tathandlung beginnt erst mit der Vorlage der unrichtigen Buchhaltung bei der Steuerbehörde.[165] Hierdurch können z.B. falsche Zahlen Gegenstand des Prüfungsberichts eines Außenprüfers und des Steuerbescheids werden. In Fällen, in denen die Steuerbehörde zur Ausübung der Steueraufsicht jederzeit Zutritt und der Steuerpflichtige die Bücher zur Einsicht bereit zu halten hat, liegt ein Anfang der Ausführung der Tathandlung schon im Bereithalten der unrichtigen Buchhaltung.[166] Eine Steuerhinterziehung ist auch dann gegeben, wenn ein Steuerpflichtiger es unterläßt, Bücher zu führen und eine Steuererklärung abzugeben. Wenn ein verantwortlicher Mitarbeiter keine Aufzeichnungen über die von ihm durchgeführten Bauvorhaben führt, ohne die der ordentliche Geschäftsführer der GmbH den steuerlichen Verpflichtungen nicht nachkommen kann, kommt Beihilfe zur Steuerhinterziehung in Betracht.[167] Eine Garantenstellung im Rahmen des § 370

---

158 BGH wistra 1984, 66; BGH NStZ 1984, 317.
159 Müller-Gugenberger/Bieneck/*Schmidt* § 40 Rdn. 11.
160 Schmidt/*Weber-Grellet* § 5 Rdn. 28.
161 Schmidt/*Weber-Grellet* § 5 Rdn. 26ff.
162 Schmidt/*Weber-Grellet* § 5 Rdn. 40ff.
163 *Gramich* wistra 1987, 158, 160.
164 *Kohlmann* Steuerstrafrecht § 370 Rdn. 252; *Franzen/Gast/Joecks* Steuerstrafrecht § 370 Rdn. 261.
165 Siehe vorausgehende Fußnote.
166 Müller-Gugenberger/Bieneck/*Schmidt* § 40 Rdn. 12.
167 BGH MDR 1983, 422; BGH wistra 1997, 186.

Abs. 1 Nr. 2 AO zur Berichtigung gemäß § 153 Abs. 1 AO ergibt sich aus den Buchführungs- und Aufzeichnungspflichten nach § 140 AO.[168]

77 Durch **Manipulationen in der Buchhaltung** können Umsatzsteuervoranmeldungen bzw. Umsatzsteuerjahreserklärungen unrichtig sein. Dies ist der Fall, wenn Umsätze in der Buchführung bewußt unvollständig erfaßt werden; durch Scheinrechnungen wird das Vorliegen einer Vorsteuer fingiert.[169] Zwischen der Herstellung von Scheinrechnungen und der von dem beauftragten Steuerberaterbüro erstellten und beim Finanzamt eingereichten unrichtigen Umsatzsteueranmeldung besteht keine Tateinheit. Eine Steuerhinterziehung im Beitreibungsverfahren[170] kann durch Verstecken von Geschäftsbüchern, aus denen sich pfändbare Forderungen ergeben können, begangen werden.

D. Strafrechtliche Grundsatzfragen

I. Dogmatische Einordnung der Straf- und Ordnungswidrigkeitentatbestände

78 Die Straftatbestände der §§ 331 bis 333 HGB sowie die Ordnungswidrigkeitentatbestände der §§ 334, 340n, 341n HGB setzen nicht den Eintritt eines Schadens voraus. Es handelt sich daher durchgängig um **abstrakte Gefährdungsdelikte**, bei denen bereits die bloße Handlung zur Strafbarkeit bzw. Ahndbarkeit führt (§ 331 Rdn. 7, § 332 Rdn. 9, § 333 Rdn. 10; § 334 Rdn. 20). Außerdem handelt es sich durchgängig um **echte Sonderdelikte**, die nur von den im Gesetz abschließend genannten Personen begangen werden können (§ 331 Rdn. 8; § 332 Rdn. 10; § 333 Rdn. 11; § 334 Rdn. 22). Die Straftatbestände der §§ 331 bis 333 HGB können von dritten Personen nicht als Täter (Allein-, Neben-, Mit- oder mittelbarer Täter), sondern nur als **Teilnehmer** – Anstifter oder Gehilfe (§§ 26, 27 StGB) – begangen werden (§ 331 Rdn. 9; § 332 Rdn. 10; § 333 Rdn. 13). Im Ordnungswidrigkeitenrecht gilt nach **§ 14 OWiG** der Einheitstäterbegriff, so daß auch dritte Personen Täter sein können, sofern wenigstens eine sonderpflichtige Person an der Ordnungswidrigkeit beteiligt war (§ 334 Rdn. 5, 24).

79 Wenn eine **Straftat** und eine **Ordnungswidrigkeit** tateinheitlich begangen werden, ist gemäß § 21 OWiG grundsätzlich nur das Strafrecht anzuwenden. Treffen eine Ordnungswidrigkeit und eine Straftat tatmehrheitlich zusammen, so ist gemäß § 82 Abs. 1 OWiG die Verurteilung wegen der Straftat und Ordnungswidrigkeit nebeneinander möglich (§ 334 Rdn. 68, 101).

II. Blankettgesetzcharakter der Straf- und Ordnungswidrigkeitentatbestände

80 Die Straftatbestände der §§ 331, 332 HGB verweisen auf außerstrafrechtliche Normen des HGB und nehmen diese dadurch in Bezug. Damit handelt es sich bei diesen Tatbeständen um (unechte) Blankettstraftatbestände. Dasselbe gilt für die Bußgeldtat-

---

[168] *Kohlmann* Steuerstrafrecht § 370 Rdn. 92ff; *Möller* S. 109f.

[169] BGH DB 1975, 1588; BGH wistra 1994, 268; wistra 1986, 172 mit Anm. *Würthwein* wistra 1986, 258.

[170] *Franzen/Gast/Joecks* Steuerstrafrecht § 370 Rdn. 226ff, insb. 229; *Bansemer* wistra 1994, 327.

bestände des § 334 HGB. Angesichts zahlreicher Divergenzen in Rechtsprechung und Literatur[171] verdient es der Hervorhebung, daß der verbreitete und insbesondere für die strafrechtliche Irrtumslehre bedeutsame Begriff des Blankett(straf)gesetzes vieldeutig ist.

1. Blankettgesetz im staatsrechtlichen Sinne?

Unter einem **Blankettstrafgesetz** werden unter staatsrechtlichem Blickwinkel meist solche Strafgesetze verstanden, bei denen die Ausfüllung des „offenen" Tatbestandes einer anderen Instanz (z. B. dem Landesgesetzgeber oder der Verwaltung) überlassen wird,[172] wie dies nach § 331 Nr. 3 HGB und nach § 334 Abs. 1 Nr. 6 HGB der Fall ist, da diese Vorschriften auf Rechtsverordnungen des Bundesministeriums der Justiz nach § 292 bzw. § 330 Abs. 1 S. 1 HGB verweist (§ 331 Rdn. 86 ff; § 334 Rdn. 21). Bei den übrigen Normen der §§ 331, 332, 334 HGB wird auf Vorschriften desselben Gesetzes – des HGB – verwiesen, so daß der vollständige Straftatbestand ohne weiteres durch **„Zusammenlesen"** innerhalb ein und desselben Gesetzes zu bilden ist.[173] Daher handelt es sich um keine echten Blankettgesetze im staatsrechtlichen Sinne, sondern um **unechte Blankettgesetze**, die verfassungsrechtlich unbedenklich sind.[174] Dieses Zusammenlesen von Verbot oder Gebot und Tatbestandsrahmen stellt letztlich bereits eine Interpretation und Sinnänderung dar, da der Normbefehl in die Beschreibung seiner Übertretung umgewandelt werden muß, so daß sich der Vorsatz des Täters auch hierauf beziehen muß (Rdn. 96). **81**

2. Rechtscharakter und Auslegung der in Bezug genommenen außerstrafrechtlichen Normen

Die durch §§ 331, 332, 334 HGB in Bezug genommenen außerstrafrechtlichen Normen erlangen durch das Zusammenlesen nicht die Rechtsqualität einer Straf- oder Bußgeldnorm.[175] Nur soweit die außerstrafrechtlichen Vorschriften herangezogen werden, um eine straf- oder bußgeldrechtliche Verantwortung zu begründen, nehmen sie an der Rechtsnatur der verweisenden (Straf- bzw. Bußgeld-)Norm teil und müssen in diesem Rahmen an den **strafrechtlichen Maßstäben der Auslegung** und des **Analogieverbots** (Rdn. 85 f) gemessen werden (Rdn. 84 ff). Die Berücksichtigung strafrechtlicher Besonderheiten bei der Auslegung im Straf- und Bußgeldrecht hat zur Folge, daß in handelsrechtlichen Entscheidungen höhere Anforderungen an die Erfüllung der in Bezug genommenen Ver- und Gebote gestellt werden können als in Straf- und Bußgeldentscheidungen. Die strafbewehrten Ge- und Verbote können also enger als die handelsrechtlichen bestimmt werden. **82**

Auch bei dem Verweis des § 331 Nr. 3 HGB auf § 292 a HGB handelt es sich um ein unechtes Blankettgesetz, da es sich bei dem Merkmal **„international anerkannte Rechnungslegungsgrundsätze"** (§ 292 a Abs. 2 lit. a HGB) um ein **normatives Tatbestandsmerkmal** und nicht um eine Blankettverweisung auf (ausländische) Rechtsvorschriften handelt. Die Technik des Zusammenlesens führt unstreitig dazu, daß der **83**

---

[171] Vgl. dazu nur *Enderle* S. 79 ff m. w. N.

[172] *Schmitt* Ordnungswidrigkeitenrecht S. 25; *Tiedemann* Tatbestandsfunktionen S. 94 u. 239 ff, *ders.* Artikel Blankettstrafgesetz S. 1; weitergehend KK-*Rogall* Vor § 1 Rdn. 16.

[173] *Brunner* S. 25, 27; *Schmitt* Ordnungswidrigkeitenrecht S. 24; *Tiedemann* Tatbestandsfunktionen S. 88 ff m. w. N.; a. A. KK-*Rogall* Vor § 1 Rdn. 16.

[174] *Dannecker* in Wabnitz/Janovsky Kapitel 15 Rdn. 31.

[175] Vgl. nur *Dannecker* Das intertemporale Strafrecht S. 476 f m. w. N.

Vorsatz das in Bezug genommene normative Tatbestandsmerkmal umfassen muß. Umstritten ist bei Blankettgesetzen lediglich, ob sich der Irrtum auch auf die Rechtspflicht oder nur auf die in Bezug genommenen Tatbestandsmerkmale beziehen muß. Nach der Rechtsprechung genügt der Vorsatz bezüglich der einzelnen Tatbestandsmerkmale (Rdn. 96).

III. Auslegung und Analogie im Straf- und Ordnungswidrigkeitenrecht

1. Geltung des Art. 103 Abs. 2 GG für Straf- und Ordnungswidrigkeitentatbestände

84 Das Bilanzstraf- und Bilanzordnungswidrigkeitenrecht kennt zahlreiche normative Tatbestandsmerkmale und Generalklauseln, so daß der Auslegung zentrale Bedeutung zukommt. Dennoch kann und soll hier keine allgemeine Auslegungslehre für das Straf- und Ordnungswidrigkeitenrecht gegeben werden. Die h. M. wendet auf Ordnungswidrigkeiten – wie durch Art. 103 Abs. 2 GG geboten[176] – strafrechtliche Grundsätze an, die allerdings im Hinblick auf die nur quasi-strafrechtlichen Rechtsfolgen nicht mit gleicher Stringenz wie im Strafrecht gehandhabt werden müssen.[177]

2. Analogieverbot

85 Nach dem Analogieverbot des Art. 103 Abs. 2 GG ist es im **Strafrecht** unzulässig, den Rechtsgedanken von Normen auf vom Gesetzeswortlaut nicht mehr gedeckte Sachverhalte zu Lasten des Täters anzuwenden. Das Analogieverbot läßt eine Auslegung nur innerhalb des Wortlauts der einschlägigen Rechtsnormen zu. Die Grenze des möglichen Wortsinns darf nicht überschritten werden.[178] Sie ist zugleich bei der verfassungskonformen Auslegung einzuhalten.[179]

86 Nach Art. 103 Abs. 2 GG ist auch im **Ordnungswidrigkeitenrecht** eine Analogie zu Ungunsten des Betroffenen jedenfalls im Besonderen Teil (§ 3 OWiG) unzulässig.[180] Hierbei handelt es sich um eine Konkretisierung des verfassungsrechtlich garantierten Gesetzlichkeitsprinzips.

3. Auslegung und wirtschaftliche Betrachtungsweise

87 Im Vordergrund der Auslegung des Bilanzstrafrechts steht die **teleologische Auslegung**, die auf den Sinn und Zweck der Norm abstellt. Zwar bildet die am Wortlaut der Normen ausgerichtete grammatische Auslegung den Ausgangspunkt der Interpretation. Im Hinblick darauf, daß die unbestimmten Rechtsbegriffe eine extensive Auslegung ermöglichen, führt die **grammatische Auslegung** im Bilanzrecht allerdings häufig zu keinem eindeutigen Ergebnis. Wegen des engen Bezugs zum Bilanzrecht verdient die wirtschaftliche Betrachtungsweise besonderer Beachtung. Sie ist keineswegs auf das Steuerrecht beschränkt, wo sie ihren Ursprung hat,[181] sondern auch im

---

[176] Ständige Rechtsprechung; vgl. nur BVerfGE 38, 348, 371f; BVerfGE 42, 261, 263; BVerfGE 71, 108, 114; BGHSt 42, 79; BayObLG NStZ-RR 1996, 340; KK-*Rogall* § 3 Rdn. 2 m. w. N.

[177] *Göhler* § 3, 1; KK-*Rogall* § 3 Rdn. 1ff; *Tiedemann* Tatbestandsfunktionen S. 197f; zust. *Steindorff* FS Larenz S. 238 f, jeweils m. w. N.

[178] BVerfGE 81, 228, 237; OLG Köln wistra 1993, 116, 117; OLG Koblenz NZV 1994, 83.

[179] KK-*Rogall* § 2 Rdn. 82.

[180] BVerfGE 25, 269, 285; *Göhler* § 3 Rdn. 9; KK-*Rogall* § 3 Rdn. 51ff.

[181] Vgl. *Rittner* Wirtschaftliche Betrachtungsweise S. 13f; *Ulmer* WuW 1971, 878, 879ff.

Strafrecht ist sie als „tatsächliche" oder „faktische" Betrachtungsweise anerkannt.[182] Unter straf- und ordnungswidrigkeitenrechtlichem Blickwinkel ist diese Betrachtungsweise **keineswegs unbedenklich**, da sie mit der grundsätzlich zu befürwortenden Zielsetzung einer Erfassung des „wahren", eigentlichen Gehalts wirtschaftlicher Vorgänge tendenziell die formal-rechtsstaatlichen Sicherungen unterläuft, die vor allem in der Tatbestandsbindung des Straf- und Ordnungswidrigkeitenrechts, aber auch in der (teilweisen) Bindung seiner Begriffe an das Zivilrecht liegen. Die wirtschaftliche Betrachtungsweise sucht insbesondere Normumgehungen und andere, durch „normale" Auslegung nicht oder nur schwer faßbare Erscheinungen in den Griff zu bekommen. Sie findet insbesondere bei der Bestimmung des faktischen Organs einer Kapitalgesellschaft Anwendung (§ 331 Rdn. 26ff). Im Straf- und im Ordnungswidrigkeitenrecht ist die wirtschaftliche oder faktische Betrachtungsweise nur im Rahmen der allgemeinen strafrechtlichen Auslegungsgrenzen, also **innerhalb des Wortlauts** der einschlägigen Rechtsnorm, zulässig. Sie ist daher stets darauf zu überprüfen, ob nicht die Grenze des möglichen Wortsinnes zu Lasten des Täters überschritten wird.[183]

4. Richtlinienkonforme Auslegung

Ziel der neueren Bilanzrechtsänderungen (Rdn. 31ff, 37ff) war die Anpassung des deutschen Bilanzrechts an die EG-Richtlinien. Daher sind die Neuregelungen richtlinienkonform auszulegen, um dem **Vorrang des Gemeinschaftsrechts** bei der Auslegung des nationalen Rechts Rechnung zu tragen.[184] Dabei muß sich die gemeinschaftsrechtliche Auslegung (§ 331 Rdn. 12, 34) innerhalb der anerkannten Auslegungsmethoden bewegen und insbesondere die innerstaatlichen verfassungsrechtlichen Anforderungen berücksichtigen.[185] **88**

5. Verfassungskonforme Auslegung

Die Auslegung muß sich stets an der Verfassung orientieren. Dies bedeutet, daß der semantische Gehalt des Gesetzes nur so festgesetzt werden darf, daß sich kein Widerspruch zu den Normen und Wertentscheidungen der Verfassung ergibt.[186] Wenn eine Auslegung möglich ist, die der Verfassung entspricht, und die Vorschrift auch bei dieser Auslegung noch sinnvoll bleibt, ist diese Auslegung zu wählen.[187] Die verfassungskonforme Auslegung dient daher der Erhaltung einer ansonsten verfassungswidrigen Norm.[188] Allerdings darf die verfassungskonforme Auslegung den „eindeutigen gesetzgeberischen Willen" weder überspielen[189] noch das „gesetzgeberische Ziel in einem wesentlichen Punkt verfehlen oder verfälschen".[190] **89**

Art. 103 Abs. 2 GG gebietet eine enge Handhabung unbestimmter Gesetzesbegriffe im Strafrecht. Dies bedeutet bei Bewertungs- und Prognoseentscheidungen, daß Strafbarkeit nur angenommen werden kann, wenn über das Vorliegen der Strafbarkeitsvoraussetzungen vernünftigerweise nicht mehr gestritten werden kann, die Tatbestandsmäßigkeit also **eindeutig** gegeben ist.[191] Dies wird im Bilanzstrafrecht insoweit **90**

---

[182] Hierzu und zum folgenden auch *Tiedemann* Wirtschaftsstrafrecht I S. 175ff sowie *ders.* NJW 1979, 1849, 1850f und NJW 1980, 1557ff, jeweils m.w.N.

[183] Zutr. *Faller* DB 1972, 1757, 1759.

[184] BGHSt 37, 168, 174ff; BGHSt 37, 333ff; *Dannecker* JZ 1996, 869, 872f; *Hugger* NStZ 1993, 421ff; KK-*Rogall* § 3, 83.

[185] *Böse* S. 431ff; *Dannecker* JZ 1996, 869, 873; *Satzger* S. 549ff.

[186] *Göhler* § 3 Rdn. 8; *Rebmann/Roth/Hermann* § 3 Rdn. 14; KK-*Rogall* § 3 Rdn. 82.

[187] BVerfGE 67, 70, 88f.

[188] Vgl. BVerfGE 33, 52, 70.

[189] BVerfGE 67, 299, 329.

[190] BVerfGE 8, 28, 34.

[191] BGHSt 4, 24, 32; *Lenckner* JuS 1968, 304, 308ff; *Tiedemann* Wirtschaftsstrafrecht I S. 199 sowie NJW 1980, 1557, 1559 m.w.N.

relevant, als diffuse **Randbereiche** der Bilanznorm nicht als straf- und bußgeldbewehrt angesehen werden können.[192] Zwar mag es rechtstheoretisch zutreffend sein, daß es nur eine richtige, aber keine restriktive oder extensive Auslegung gibt. Wenn aber der Sinn des Bestimmtheitsgebotes des Art. 103 Abs. 2 GG nicht nur in einem bloßen Willkürverbot gegenüber der Rechtsprechung gesehen, sondern mit der h. M. als Grundrecht des einzelnen Rechtsunterworfenen verstanden wird, kann die Vorhersehbarkeit und Berechenbarkeit des Auslegungsergebnisses nicht irrelevant sein.

91 Weiterhin können sich aus der Entscheidung des Gesetzgebers, welche Verhaltensweisen er unter Sanktionsandrohung stellt, Rückwirkungen auf die Auslegung der strafrechtlichen und der außerstrafrechtlichen Normen ergeben. Durch straf- und bußgeldrechtliche Normen darf nämlich der Schutz von Rechtsgütern nur verfolgt werden, wenn dabei der **Verfassungsgrundsatz der Verhältnismäßigkeit** beachtet wird. Dieser Maßstab wird bei einer verfassungsrechtlichen Überprüfung auf zwei Ebenen relevant. Zum einen geht es um die Frage, ob bestimmte Verhaltensweisen zum Schutz des Rechtsguts unter Sanktionsandrohung gestellt werden dürfen, weil es sich um tatsächlich strafwürdige und strafbedürftige Verhaltensweisen handelt. Zum anderen geht es darum, ob die Art und Höhe der angedrohten Strafe den verfassungsrechtlichen Anforderungen entspricht.[193] Der Einsatz der Sanktion muß geeignet und erforderlich sein, um das Rechtsgut zu schützen. Außerdem muß die Sanktion angemessen sein; durch dieses Kriterium können insbesondere offensichtlich unhaltbare Ergebnisse korrigiert werden.[194] Diesem Gesichtspunkt muß vor allem bei § 331 Nr. 3 HGB durch eine restriktive Auslegung in Grenzbereichen Rechnung getragen werden, weil dieser Straftatbestand neben vorsätzlichem auch leichfertiges Verhalten unter Sanktionsandrohung stellt. Daher muß es sich um besonders strafwürdiges und strafbedürftiges Verhalten handeln.

6. Einheitliche Auslegung innerhalb des HGB?

92 Die dargestellten Auslegungsmethoden gelten nicht nur für Blankettgesetze, die außerstrafrechtliche Normen in Bezug nehmen (Rdn. 80ff) sondern auch für „eigenständige" Straf- und Bußgeldnormen, die selbst den Normbefehl enthalten wie der Straftatbestand des § 333 HGB (§ 333 Rdn. 1). Bei Blankettstrafgesetzen stellt sich das zusätzliche Problem, daß eine unterschiedliche Auslegung des Bilanzrechts im strafrechtlichen und außerstrafrechtlichen Kontext zu einem Auseinanderfallen des strafrechtlichen und des bilanzrechtlichen Norminhalts führen kann. Es ist ungeklärt, ob eine solche **Normspaltung** zulässig ist oder ob die strafrechtliche Auslegung auf das Bilanzrecht zu übertragen ist. Der Bundesgerichtshof[195] hat diese Frage ausdrücklich offengelassen. Die Praxis plädiert im Interesse der Rechtsklarheit und damit der Rechtssicherheit für eine **einheitliche** und damit einheitlich **„enge" Rechtsanwendung.**[196] Hierfür spricht, daß der Strafaspekt den Norminhalt auch dann mit prägend ist, wenn ein Strafverfahren nicht durchgeführt wird. Die interpretatorische Annahme einer „Normspaltung"[197] sollte daher nach Möglichkeit vermieden werden, obwohl die Normentheorie den Vorrang der außerstrafrechtlichen Norm behauptet und damit

---

[192] Vgl. näher *Tiedemann* Artikel Auslegung S. 1ff; *ders.* in 40 Jahre Grundgesetz, S. 155, 168.
[193] Vgl. BVerfGE 37, 201, 212.
[194] So *Pieroth/Schlink* Rdn. 294.
[195] BGHSt 24, 54; vgl. dazu *Dannecker* Rivista Trimestrale 1990, 449ff.
[196] BGH NJW 1978, 1856; *Fischer* ZGR 1978, 235, 239; vgl. auch BVerfGE 21, 292, 305; eingehend dazu auch *Otto* FS Gitter S. 715ff.
[197] Vgl. *Tiedemann* Wirtschaftsstrafrecht I S. 188.

die Annahme verschiedener Norminhalte durchaus nahelegen könnte.[198] Eine solche Annahme wird auch durch die rechtstheoretische Unterscheidung von Verhaltens- und Sanktionsnorm, also durch die Postulierung der Existenz mehrerer Normen mit unterschiedlichen Adressaten, gestützt. Allerdings weisen die einzelnen Verfahrensarten und Sanktionen Funktionsunterschiede auf, denen Unterschiedlichkeiten des materiellen Rechts entsprechen. Die Differenzierung zwischen strafrechtlichem und außerstrafrechtlichem Norminhalt erscheint daher letztlich unumgänglich, auch wenn sie im Sinne der Rechtssicherheit in der Praxis nach Möglichkeit vermieden werden sollte.

IV. Vorsatz und Irrtum

1. Vorsatzformen

Vorsatz setzt die aktuelle Kenntnis aller objektiver Tatbestandsmerkmale und den **93** Willen zur Tatbestandsverwirklichung voraus. Mit Hilfe dieser beiden Vorsatzelemente können die verschiedenen Vorsatzformen gegeneinander und Vorsatz zu bewußter Fahrlässigkeit abgegrenzt werden. Soweit das Gesetz keine besondere Vorsatzform voraussetzt, reicht **dolus eventualis** aus. Weitere Vorsatzformen betreffen die Wissentlichkeit und die Absicht. **Absicht** setzt ein zielgerichtetes Handeln voraus.[199] Überwiegend reicht bei den §§ 331 bis 333 HGB dolus eventualis aus. Wenn jedoch die bilanzrechtlichen Normen spezielle subjektive Merkmale erfordern wie § 331 Nr. 3 HGB: „zum Zweck der Befreiung", muß Absicht vorliegen, damit eine Ahndung möglich ist (§ 331 Rdn. 100). Ist dies der Fall, so kommt auch eine leichtfertige Begehung in Betracht (§ 331 Rdn. 101).

2. Vorsatz bei Rechtsfragen

Hinsichtlich der Grundlagen und zahlreicher Einzelheiten der Vorsatz- und Irr- **94** tumslehre muß auf die allgemeinen Darstellungen des Straf- und Ordnungswidrigkeitenrechts verwiesen werden.[200] Unter dem Blickwinkel der Beziehung des **Vorsatzes auf Rechtsfragen** ist folgendes hervorzuheben:

a) Vorsatz bei normativen Tatbestandsmerkmalen und außerstrafrechtlichen Verbotsnormen

Der Vorsatz des Täters muß alle objektiven Tatbestandsmerkmale umfassen, un- **95** abhängig davon, ob diese deskriptiver oder normativer Natur sind. Auch für die letzteren Tatbestandsmerkmale ist **volle Bedeutungskenntnis,** wenn auch nur im Sinne einer Parallelwertung in der Laiensphäre, erforderlich. Dies bedeutet, daß der Täter außer der Kenntnis der Tatsachen selbst, die dem Rechtsbegriff zu Grunde liegen, auch Kenntnis des rechtlichen Bewertungsergebnisses, also auch der bilanzrechtlichen Bewertung, haben muß.[201] Auf die richtige Subsumtion unter den rechtlichen Begriff kommt es nicht an.

Die **Rechtsprechung** differenziert heute zwischen **normativen Tatbestandsmerk- 96** **malen**, bei denen eine Parallelwertung des Täters in der Laiensphäre gefordert wird,

---

[198] Vgl. nur *Binding* S. 160; *Herschel* NJW 1968, 533f.

[199] BGHSt 20, 333, 339ff.

[200] Gesamtübersicht auch bei *Tiedemann* Artikel Irrtum über Rechtsfragen S. 1ff.

[201] Vgl. *Tiedemann* NJW 1979, 1849, 1854.

und **Blankettgesetzen**, bei denen der Täter nur die Verwirklichung der Tatbestandsmerkmale der außerstrafrechtlichen Norm kennen und wollen, nicht hingegen Kenntnis des sozialen Bedeutungsgehalts haben muß. Entsprechend weist die Rechtsprechung die Berücksichtigung von Fehlvorstellungen über die Verbotsmaterie generell dem Verbotsirrtum zu. Damit bedarf es keiner Kenntnis des Täters von der rechtlichen Relevanz der Umstände, um ihn bestrafen zu können. Es reicht vielmehr aus, daß er den Irrtum vermeiden konnte. Die Unkenntnis von außerstrafrechtlichen Rechtsnormen würde also nach der Rechtsprechung stets nur zu einem Verbotsirrtum im Sinne des § 17 StGB führen,[202] der in aller Regel vermeidbar ist. Damit könnte der Täter wegen der vorsätzlichen Begehung der Straftat verfolgt und bestraft werden. Auch die **h. M. in der Literatur** geht davon aus, daß die Kenntnis der Verhaltensnormen, die sich an den Täter richten, durch § 17 StGB den Regeln des Verbotsirrtums unterstellt ist. Für den Vorsatz des Täters genüge die Kenntnis des Sachverhalts, der den Tatbestand der strafbewehrten Verhaltensnorm erfüllt.[203] Demgegenüber hat das **Reichsgericht** Normbefehle, die nicht dem Strafrecht angehören, von diesem aber in Bezug genommen werden, als Tatsachen und den Irrtum darüber als „Rechtsirrtum" behandelt, der den Vorsatz ausschließt. Diese Auffassung des Reichsgerichts hat in den letzten Jahrzehnten im Schrifttum eine deutliche Wiederbelebung erfahren,[204] weil bei den Verweisungs- und Blankettbegriffen des Strafrechts in nahezu willkürlicher Weise der Straftatbestand verändert wird, um zu der erwünschten Irrtumsregelung zu kommen. Eine vorsätzliche Zuwiderhandlung wird nur dann bejaht, wenn der Täter die Verbotsmaterie der Zuwiderhandlung kennt. Er muß Kenntnis von Inhalt und Gültigkeit der blankettausfüllenden Norm haben. Ansonsten liegt ein Tatbestandsirrtum gemäß § 16 StGB vor, der das Entfallen des Vorsatzes zur Folge hat.[205] Die **höchstrichterliche Rechtsprechung** hat insbesondere im Bereich des **Steuerstrafrechts**, das ebenso wie das Bilanzstrafrecht auf außerstrafrechtliche Normen verweist, gewisse Durchbrechungen der eigenen Auffassung vorgenommen und Kenntnis der Steuerrechtsnormen gefordert, um vorsätzliches Handeln bejahen zu können. Damit gehört hier die Kenntnis der fraglichen Steuernormen zum Vorsatz.[206] Diese Auffassung ist wegen der sachlichen Nähe von Steuer- und Bilanzstrafrecht auch auf das letztere zu übertragen. Denn die unterschiedliche Behandlung von normativen Tatbestandsmerkmalen und Blankettstrafgesetzen berücksichtigt nicht, daß das normative Element der Verweisung auf außerstrafrechtliche Normen Teil des Tatbestandes und damit auch Bezugspunkt des Vorsatzes ist. Ebenso wie bei normativen Tatbestandsmerkmalen Kenntnis der diese konstituierenden rechtlichen Bewertungen – bei rechtsnormativen Tatbestandsmerkmalen also Kenntnis der Rechtsnormen – erforderlich ist, muß der Täter bei Blankettstrafgesetzen die Ausfüllung der Verweisung laienhaft mitvollzogen haben, d. h. er muß die Normen oder zumindest die Wertungsergebnisse kennen.[207] Nur unter diesen Voraussetzungen kennt der Täter den sozialen Bedeutungsgehalt der Tatumstände und entscheidet sich gegen das geschützte Rechtsgut.[208] Bei Verhaltensnormen, die erst kraft positiven Rechts entstehen, kann deren Kenntnis nicht schon deshalb erwartet werden, weil der Gesetzgeber sie mit Strafe bewehrt hat. Wenn der

---

[202] BGHSt 9, 164, 172; 14, 223, 228.
[203] Vgl. nur den Überblick bei Schönke/Schröder/*Cramer/Sternberg-Lieben* § 15 Rdn. 99 ff.
[204] Näher dazu *Tiedemann* FS Geerds S. 99 ff.
[205] *Herzberg* JZ 1993, 1017 ff; *Kuhlen* Irrtum S. 369 ff; *Puppe* GA 1990, 145 ff; *Tiedemann* FS Geerds S. 95 ff.
[206] BGHSt 5, 90, 92; näher dazu *Tiedemann* ZStW 81 (1969), 879 ff.
[207] *Tiedemann* FS Geerds S. 108.
[208] *Otto* Jura 1995, 475 m. w. N.

Gesetzgeber sich dabei eines Blankettstrafgesetzes bedienen muß, weil er die Verhaltensnorm nicht bündig und in einfachen Ausdrücken formulieren kann, ist dies „das beste Indiz dafür, daß es sich nicht mehr um jenen Grundbestand allgemein anerkannter Verhaltensnormen handelt".[209] Daher muß bei den nicht zum Kernstrafrecht gehörenden Delikten, deren Verbot erst durch den Gesetzgeber geschaffen werden muß (delicta mere prohibita), das Bewußtsein der materiellen Rechtswidrigkeit ausdrücklich festgestellt werden, um Vorsatz bejahen zu können.

b) Verbotsirrtum und Vermeidbarkeit

Verbotskenntnis, d. h. Kenntnis des generellen Verbotenseins der Handlung, und das Unrechtsbewußtsein sind nach h. M. nicht Bestandteil des Vorsatzes. Der **Irrtum über das Verbotensein** des Verhaltens ist nur dann schuldausschließend, wenn der Irrtum **unvermeidbar** war. Diesbezüglich hat der Bundesgerichtshof[210] dargelegt, daß „der Irrtum unüberwindlich (ist), wenn der Täter trotz der ihm nach den Umständen des Falles, seiner Persönlichkeit sowie seinem Lebens- und Berufskreis zuzumutenden Anspannung des Gewissens die Einsicht in das Unrechtmäßige seines Handelns nicht zu gewinnen vermochte. Das setzt voraus, daß er alle seine geistigen Erkenntniskräfte einsetzt und etwa auftauchende Zweifel durch Nachdenken und erforderlichenfalls durch Einholung von Rat beseitigt hat. (...) Hätte der Täter bei gehöriger Anspannung seines Gewissens das Unrechtmäßige seines Tuns erkennen können, so ist sein Verbotsirrtum verschuldet". Wenn der Täter Zweifel hat oder solche für ihn erkennbar sind, entsteht eine Prüfungs- und Erkundigungspflicht.[211] Dies gilt insbesondere für vertretungsberechtigte Organe und Betroffene, die geschäftsführende Tätigkeiten ausüben. Im Bereich des Bilanzrechts müssen insbesondere auf diesem Gebiet qualifizierte Rechtskundige um Rat gefragt werden. Insoweit muß sich der Täter an kompetente, sachverständige Personen oder Stellen wenden, welche die Gewähr für eine objektive, sorgfältige, pflichtgemäße und verantwortungsbewußte Auskunftserteilung bieten.[212] Die Vermeidbarkeit richtet sich auch im Ordnungswidrigkeitenrecht nach diesen zum strafrechtlichen Verbotsirrtum entwickelten Grundsätzen. An die Vermeidbarkeit des Verbotsirrtums stellt die Rechtsprechung meist so scharfe Anforderungen, daß die Vorwerfbarkeit (Schuld) nur ganz ausnahmsweise entfallen wird.[213] An die Erkundigungspflicht werden noch höhere Anforderungen gestellt als an die Vorhersehbarkeit und Vermeidbarkeit bei den Fahrlässigkeitsdelikten.[214] **97**

In der Rechtsprechung ist noch nicht abschließend geklärt, inwieweit die **Nichterkundigung** für den Irrtum **kausal** sein muß, d. h. ob die pflichtgemäße Erkundigung auch zu der Einsicht, Unerlaubtes zu tun, hätte führen müssen. Während der Bundesgerichtshof[215] es zunächst als gleichgültig angesehen hat, welche Auskunft der Täter erhalten hätte, haben sich die Oberlandesgerichte ganz überwiegend für das Kausalitätserfordernis ausgesprochen.[216] Hierfür spricht, daß nur so das potentielle Unrechtsbewußtsein des Täters bezüglich der verfolgten Tat nachgewiesen werden **98**

---

[209] *Puppe* GA 1990, 181.
[210] BGHSt 21, 18, 20.
[211] OLG Düsseldorf NStZ 1981, 444; näher dazu KK-*Rengier* § 11 Rdn. 63 ff.
[212] BGHSt 40, 257, 264; BayObLG NJW 1989, 1744, 1745; krit. dazu *Zaczyk* JuS 1990, 894.
[213] Zutr. Kritik hierzu bereits bei *Schmitt* Ordnungswidrigkeitenrecht S. 34 f.
[214] BGHSt 4, 236, 243; BGHSt 21, 18, 20; krit. dazu KK-*Rengier* § 11 Rdn. 62.
[215] BGHSt 21, 18, 21.
[216] OLG Celle NJW 1977, 1644; OLG Köln wistra 1984, 119, 120; BayObLG NJW 1989, 1744, 1745; OLG Celle wistra 1989, 355, 357; OLG Düsseldorf NuR 1993, 179, 181 f; OLG Hamburg JR 1996, 521, 523 f.

kann. Es wird vermieden, daß jemand lediglich deshalb geahndet wird, weil er etwas objektiv Sinnloses unterlassen hat.[217]

99 Ist der Verbotsirrtum durch Gewissensanspannung oder durch Einholung von Erkundigungen **vermeidbar,** so wird die Zuwiderhandlung als vorsätzlich, jedoch mit der (vom Gesetzeswortlaut nicht erwähnten, aber allgemein anerkannten) Möglichkeit der **Milderung der Strafhöhe,** geahndet.[218] Von dieser Milderungsmöglichkeit sollte **stets** Gebrauch gemacht werden, da auch der vermeidbare Irrtum die Schuld mindert, nämlich dazu führt, daß der Täter sich nicht bewußt gegen das Recht entscheidet.[219]

V. Rückwirkungs- und Milderungsgebot bei Gesetzesänderungen

100 Die zeitliche Geltung der Strafgesetze bestimmt sich nach **§ 2 StGB**, der in Abs. 1 vorsieht, daß sich die Strafe nach dem Gesetz bestimmt, das zur Zeit der Tat gilt. Damit nimmt diese Vorschrift das in Art. 103 Abs. 2 GG verankerte Rückwirkungsverbot auf. Unter dem Begriff des Gesetzes ist der gesamte sachliche Rechtszustand zu verstehen. Eine nachträgliche Verschärfung der Rechtslage darf dem Täter nicht angelastet werden (Rückwirkungsverbot). Wenn die Rechtslage infolge der Gesetzesänderung für den Täter milder wird, muß ihm diese Milderung grundsätzlich zu Gute kommen (Grundsatz der lex mitior). Für Ordnungswidrigkeiten enthält **§ 4 OWiG** eine § 2 StGB entsprechende Vorschrift.[220]

1. Rückwirkungsverbot

a) Änderungen des materiellen Rechts

101 Das Rückwirkungsverbot erfordert, daß die Tat mit Strafe bedroht sein muß, bevor der Täter die Tat begeht. Unstreitig ist, daß sich das Rückwirkungsverbot auf **alle Voraussetzungen der Strafbarkeit**, auch auf Rechtfertigungs- und Schuldausschließungsgründe, sowie auf die **Ausfüllungsnormen von Strafblanketten** bezieht; die Änderung einer Ausfüllungsnorm ändert materiell stets auch die Sanktionsnorm.[221] Die durch die verschiedenen Gesetzesänderungen herbeigeführten Verschärfungen des Bilanzrechts (Rdn. 37ff) dürfen daher nicht zu Lasten eines Täters gehen, der vor Inkrafttreten der Neuregelungen ein strafbares Verhalten beendet hat. Wenn die Verschärfung während der Begehung der Handlung eintritt, ist das bei Beendigung geltende Gesetz anzuwenden (§ 2 Abs. 2 StGB, § 4 Abs. 2 OWiG).[222] Im Falle einer Verschärfung einer Sanktionsdrohung muß das zuvor mildere Gesetz bei der Strafzumessung in der Weise berücksichtigt werden, daß den Tatteilen, die vor der Sanktionsverschärfung lagen, kein größeres Gewicht zukommt, als sie früher hatten.[223] Eine **Änderung der höchstrichterlichen Rechtsprechung** in einer Auslegungsfrage unterliegt nicht Art. 103 Abs. 2 GG und auch nicht § 2 Abs. 1 StGB bzw. § 4 Abs. 1 OWiG.[224]

---

[217] Schönke/Schröder/*Cramer/Sternberg-Lieben* § 17 Rdn. 22; KK-*Rengier* § 11 Rdn. 100 m. w. N.

[218] Vgl. nur Schönke/Schröder/*Cramer/Sternberg-Lieben* § 17 Rdn. 24ff; KK-*Rengier* § 11 Rdn. 125 m. N.

[219] *Roxin* FS Hirsch S. 81ff.

[220] Vgl. dazu KK-*Rengier* § 4 Rdn. 9.

[221] BGHSt 34, 272, 282f; *Dannecker* Das intertemporale Strafrecht S. 461ff, 471ff, 492ff; Schönke/Schröder/*Eser* § 2 Rdn. 10, 23ff.

[222] Näher dazu *Dannecker* Das intertemporale Strafrecht S. 540; *Lackner/Kühl* § 2, 4.

[223] Vgl. BVerfG NStZ 1996, 192.

[224] Vgl. dazu *Neumann* ZStW 103 (1993), 331ff; *Robbers* JZ 1988, 481ff; *Lackner/Kühl* § 2 Rdn. 2; *Dannecker* Das intertemporale Strafrecht S. 364ff m. w. N.

b) Änderungen prozeßrechtlicher Vorschriften

Auch **prozessuale Normen**, so z. B. Vorschriften, die das Strafantragsrecht betreffen, unterliegen nicht dem Rückwirkungsverbot des § 2 Abs. 1 StGB. Diese Normen gelten mit ihrem Inkrafttreten auch für Verfahren, die bereits eingeleitet sind,[225] sofern keine speziellen Übergangsbestimmungen getroffen worden sind. **102**

2. Milderungsgebot

a) Rückwirkungsgebot für das mildere Gesetz

Wird das Gesetz, das bei Beendigung der Handlung gilt, vor der Entscheidung geändert, so ist das **mildeste Gesetz** anzuwenden (§ 2 Abs. 3 StGB, § 4 Abs. 3 OWiG). Diese Vorschriften enthalten ein Rückwirkungsgebot für das mildere Gesetz. Dadurch wird den Anforderungen des Rechtsstaatsprinzips sowie dem Prinzip des Vertrauensschutzes, dem Willkürverbot und dem Verhältnismäßigkeitsgrundsatz Rechnung getragen.[226] Wenn die Tat nach dem späteren Recht nicht mehr strafbar ist, so ist das spätere Recht das mildere, und es darf keine Sanktionierung mehr erfolgen.[227] Ob die Rechtsauffassung auf einer geläuterten Rechtsauffassung beruht, ist ohne Bedeutung. Zu vergleichen sind nicht die abstrakten Tatbestände des früheren und des späteren Rechts, vielmehr ist das konkrete Verhalten unter den in Betracht kommenden Tatbestand des früheren und den des späteren Rechts einzuordnen, um festzustellen, ob eine Bestrafung zulässig ist.[228] Hierbei sind auch die **blankettausfüllenden Normen** zu berücksichtigen.[229] Entsprechendes gilt im Ordnungswidrigkeitenrecht. **103**

Der konkrete Vergleich ist jedoch nur zulässig, wenn feststeht, daß überhaupt ein vergleichbares milderes Gesetz vorliegt. Dies ist nach h. M. nur dann der Fall, wenn die Änderung der einschlägigen Vorschriften die **„Kontinuität des Unrechtstyps"** wahrt.[230] Die Rechtsprechung stellt auf den „Wesenskern" des Delikts ab[231] und bejaht Unrechtskontinuität jedenfalls dann, wenn dasselbe Rechtsgut oder wenigstens übereinstimmende wesentliche Komponenten des Rechtsguts geschützt werden.[232] Die Literatur nimmt diesbezüglich teilweise eine restriktivere Position ein und fordert sowohl Identität des Schutzgutes als auch der jeweiligen Angriffsmodalität.[233] **104**

b) Mehrfache Änderungen

Wenn sich die Rechtslage zwischen der Handlungszeit und dem Zeitpunkt der Entscheidung mehrfach geändert hat, sind auch die zum Ahndungszeitpunkt außer Kraft getretenen Zwischengesetze zu berücksichtigen, wenn sie zu einer milderen Beurteilung des Tatgeschehens führen. **105**

c) Zeitgesetz

§ 2 Abs. 4 StGB regelt für Gesetze, die nur für eine bestimmte Zeit gelten sollen, daß diese auf Handlungen, die während ihrer Geltung begangen sind, auch dann anzu- **106**

---

225 BGHSt 21, 367, 369.

226 *Dannecker* Das intertemporale Strafrecht S. 407 ff.

227 Vgl. BGHSt 20, 116, 119.

228 Vgl. nur Schönke/Schröder/*Eser* § 2 Rdn. 30; *Lackner/Kühl* § 2 Rdn. 3f; *Göhler* § 4 Rdn. 5 a; KK-*Rogall* § 4 Rdn. 26, jeweils m. w. N.

229 OLG Düsseldorf NJW 1991, 710; Schönke/Schröder/*Eser* § 2 Rdn. 26, 37; *Lackner/Kühl* § 2 Rdn. 4; *Göhler* § 4 Rdn. 5 a.

230 Vgl. nur Schönke/Schröder/*Eser* § 2 Rdn. 32; *Lackner/Kühl* § 2 Rdn. 5; KK-*Rogall* § 4 Rdn. 25 m. w. N.

231 BGHSt 26, 167; näher dazu *Dannecker* Das intertemporale Strafrecht S. 503 ff, 511 ff; *Tiedemann* JZ 1975, 692 ff.

232 BGHSt 39, 54, 68.

233 *Lackner/Kühl* § 2 Rdn. 5; *Jescheck/Weigend* § 15 IV 5 Fn. 49.

wenden sind, wenn sie außer Kraft getreten sind.[234] Durch diese Regelung soll erreicht werden, daß Zeitgesetze gegen Ende ihrer Geltungszeit ihre Wirksamkeit nicht verlieren und Beschuldigte nicht dem Versuch unterliegen, das Verfahren zu verzögern.[235] Ein Zeitgesetz liegt vor, wenn der Gesetzgeber entweder einen bestimmten Zeitpunkt oder ein sonstiges in der Zukunft liegendes Ereignis bestimmt hat, an dem das Gesetz außer Kraft treten soll **(Zeitgesetz im engeren Sinn)**,[236] oder wenn das Gesetz für sich ändernde wirtschaftliche oder sonstige zeitbedingte Verhältnisse gedacht ist **(Zeitgesetz im weiteren Sinn)**.[237] Wenn ein Zeitgesetz aufgehoben wird, weil sich die **Rechtsüberzeugung des Gesetzgebers** gewandelt hat, entfällt jeder Grund für die Sanktionierung der Altfälle. Daher greift in diesen Fällen nicht § 2 Abs. 4, sondern § 2 Abs. 3 StGB ein.[238] Gleiches gilt, wenn ein Zeitgesetz durch ein **anderes Zeitgesetz ersetzt** wird, so daß sich der Betroffene auf das mildeste Zeitgesetz berufen kann.[239] § 4 Abs. 4 OWiG entspricht der Regelung des § 2 Abs. 4 StGB. Die Ausführungen zum Strafrecht gelten entsprechend im Ordnungswidrigkeitenrecht.

107 Ein Zeitgesetz im engeren Sinne stellt § 331 Nr. 3 HGB in Verbindung mit § 292 a HGB dar (§ 331 Rdn. 96), weil letztere Vorschrift am 31. 12. 2004 außer Kraft tritt. Dies bedeutet, daß hiernach zu beurteilende Straftaten auch nach dem Außerkrafttreten des § 292 a HGB nicht straflos werden. Vielmehr ist die Tat weiterhin gemäß § 2 Abs. 4 StGB nach § 331 Nr. 3 HGB zu bestrafen.

VI. Bußgeldverhängung gegen juristische Personen und Personenvereinigungen (§ 30 OWiG)

108 § 30 OWiG sieht die Verhängung einer Geldbuße gegen juristische Personen und Personenvereinigungen vor. Diese Vorschrift setzt voraus, daß das vertretungsberechtigte Organ oder eine Person in leitender Stellung eine Straftat oder Ordnungswidrigkeit begangen hat, durch die Pflichten, welche die juristische Person oder Personenvereinigung treffen, verletzt werden oder die juristische Person oder die Personenvereinigung bereichert worden ist oder werden sollte.

1. Sanktionsfähige Verbände

109 § 30 OWiG sieht die Verhängung von Geldbußen gegen **juristische Personen** – AG, KGaA, GmbH, Genossenschaft, eingetragener Verein, selbständige Stiftung – und diesen **gleichgestellte Personen** – nicht rechtsfähige Vereine und Personenhandelsgesellschaften (OHG, KG) – vor.

2. Für den Verband handelnde Personen

110 Als natürliche Personen, deren Handlungen der juristischen Person oder dem Personenverband zugerechnet werden, kommen **vertretungsberechtigte Organe** einer juristischen Person oder ein Mitglied eines solchen Organs, der Vorstand eines nicht rechtsfähigen Vereins oder ein Mitglied des Vorstands eines nicht rechtsfähigen Vereins oder der vertretungsberechtigte Gesellschafter einer Personenhandelsgesellschaft sowie **Prokuristen** und **Handlungsbevollmächtigte in leitender Position** in

---

[234] Eingehend zu Zeitgesetzen *Laaths* passim.
[235] BGHSt 6, 30, 38.
[236] BGHSt 6, 30, 38.
[237] Schönke/Schröder/*Eser* § 2 Rdn. 36 ff.
[238] Vgl. nur Schönke/Schröder/*Eser* § 2 Rdn. 39 f m. w. N.
[239] Schönke/Schröder/*Eser* § 2 Rdn. 40.

Betracht. Bei einer GmbH & Co. KG ist der Geschäftsführer der GmbH das Organ, das für die GmbH & Co. KG handelt.[240] Bei der OHG ist grundsätzlich jedem Gesellschafter Vertretungsmacht eingeräumt (§ 125 Abs. 1 HGB), so daß bereits die Zuwiderhandlung eines einzelnen Gesellschafters die bußgeldrechtliche Verantwortung der Personenvereinigung auslösen kann.

Der Begriff „vertretungsberechtigt" kennzeichnet lediglich die **Organstellung.** **111**
Auf den Umfang der rechtsgeschäftlichen Vertretungsmacht im Einzelfall kommt es nicht an, weil die straf- und ordnungswidrigkeitenrechtlich relevanten Handlungen regelmäßig außerhalb der rechtsgeschäftlichen Vertretung liegen. Hieraus folgt, daß als möglicher Täter auch ein in seiner rechtsgeschäftlichen Vertretungsmacht beschränktes Organmitglied in Betracht kommt.[241] Für die Organstellung ist es unerheblich, ob der Bestellungsakt wirksam ist; auch diesbezüglich ist die faktische Betrachtungsweise maßgeblich.[242] Gleiches gilt für eine fehlerhafte Prokuraerteilung.

3. Anknüpfungstaten

§ 30 OWiG setzt voraus, daß das Organ oder der Vorstand usw. eine Straftat oder **112**
Ordnungswidrigkeit begangen und entweder dadurch eine Pflicht verletzt hat, welche die juristische Person oder Personenvereinigung trifft, oder aber die juristische Person oder Personenvereinigung bereichert ist oder daß ihre Bereicherung beabsichtigt war.

4. Handeln als Organ, Vertreter oder Bevollmächtigter

Der Täter muß „als Organ" oder „als Vorstand" usw. gehandelt haben, d. h. in **113**
Wahrnehmung der Angelegenheiten der juristischen Person oder Personenvereinigung. Durch dieses Erfordernis sollen Handlungen des Organs als Privatperson als Bezugstaten ausgeschlossen werden. Nicht erforderlich ist es, daß das Organ im Rahmen des ihm übertragenen Aufgabenkreises tätig wird. Es reicht aus, daß seine Handlungen in einem **inneren Zusammenhang mit der Organstellung** stehen. Während § 30 Abs. 1, 1. Alt. OWiG eine Handlung voraussetzt, die noch im Geschäfts- und Wirkungskreis der juristischen Person oder Personenvereinigung liegen muß,[243] können nach § 30 Abs. 1, 2. Alt. OWiG auch Handlungen einbezogen werden, die aus dem Geschäftskreis der juristischen Person oder Personenvereinigung herausfallen. Wenn **mehrere Organe** an einer Ordnungswidrigkeit oder Straftat beteiligt sind, kann gleichwohl nur *eine* Geldbuße gegen die juristische Person oder Personenvereinigung festgesetzt werden, weil nur *eine* Tat vorliegt. Hat hingegen ein Organ mehrere real konkurrierende Straftaten oder Ordnungswidrigkeiten begangen, so können mehrere Geldbußen gegen die juristische Person oder Personenvereinigung verhängt werden.

5. Isolierte (selbständige) und anonyme Verbandsgeldbuße

Im einzelnen erfordert § 30 OWiG zwar eine schuldhafte (vorwerfbare) Verwirk- **114**
lichung der Straftat oder Ordnungswidrigkeit des Organs oder Vertreters, läßt aber eine **selbständige Festsetzung der Geldbuße** gegen den Verband zu, wenn wegen der Straftat oder Ordnungswidrigkeit eine natürliche Person nicht verfolgt oder das Verfahren insoweit eingestellt wird (§ 30 Abs. 4 S. 1 OWiG).[244] Aus welchen Gründen die

---

240 BGH NStZ 1986, 79.
241 *Göhler* § 30 Rdn. 13.
242 BGHSt 21, 101.
243 *Göhler* § 30 Rdn. 26 m. w. N.; vgl. auch *Stratenwerth* FS R. Schmitt S. 295, 299, der zusätzlich fordert, daß sich in dem deliktischen Verhalten eine für den jeweiligen Tätigkeitsbereich typische Gefahr verwirklicht.
244 KK-*Rogall* § 30 Rdn. 101.

natürliche Person nicht verfolgt wird, ist unerheblich, es sei denn, daß rechtliche Gründe (wie die Verjährung der Anknüpfungstat) zur Nichtverfolgbarkeit des Organs führen (§ 30 Abs. 4 S. 2 OWiG). Weiterhin ist die Verhängung einer **anonymen Verbandsgeldbuße** möglich, d.h. daß die Identität der natürlichen Person nicht festgestellt werden muß, sofern nur sicher ist, daß eines der Organe vorsätzlich oder fahrlässig gehandelt hat.[245]

E. Sanktionsvorschriften für Kreditinstitute

Schrifttum

Vgl. ergänzend die Literaturhinweise vor Rdn. 1.

Ausschuß für Bilanzierung des Bundesverbandes deutscher Banken e. V. Bankbilanzrichtlinie-Gesetz, 2. Aufl. (1993); *Bank for International Settlements* Discussion Paper on Public Disclosure of Market and Credit Risks by Financial Intermediaries, Basel September 1994; *Bellavite-Hövermann/Prahl* Bankbilanzierung nach IAS (1997); *Bieg* Die externe Rechnungslegung der Kreditinstitute und Finanzdienstleistungsinstitute (1998); *Biener/Berneke* Bilanzrichtlinien-Gesetz (1986); *Birck/Meyer* Die Bankbilanz, 3. Aufl. (1976); *Böcking/Bierschwale* Neue Empfehlungen des Baseler Ausschusses für Bankenaufsicht zur Behandlung von Kreditrisiken, BB 1999, 947 ff; *Bundesverband deutscher Banken e. V.* Banken (1996); *ders.* Fakten, Meinungen, Perspektiven (1997); *ders.* Banken (1998); *ders.* Fakten, Meinungen, Perspektiven (1999); *Claussen* Das neue Rechnungslegungsrecht der Kreditinstitute, DB 1991, 1129 ff; *Deutsche Bundesbank* Das neue Bilanzierungsrecht für Kreditinstitute ab 1993 und seine Auswirkungen auf die monatliche Bilanzstatistik, Monatsbericht Mai 1992, S. 39 ff; *Fitzner/Freiling/Liedtke* Derivatepublizität deutscher Kreditinstitute, WPg 1997, 177 ff; *Göttgens/Schmelzeisen* Bankbilanzrichtlinie-Gesetz (1992); *Hanenberg* Die neuen Vorschriften zur Rechnungslegung der Finanzdienstleistungsinstitute, WPg 1999, 85 ff; *Institut der Wirtschaftsprüfer in Deutschland e. V. (IDW)* Zur Transformation der EG-Richtlinie über den Jahresabschluß und den konsolidierten Abschluß von Banken und anderen Finanzinstituten, WPg 1987, 529 ff; *dass.* Stellungnahme zum Referentenentwurf eines Bankbilanzrichtlinie-Gesetzes (BaBiRiLiG), WPg 1989, 377 ff; *dass.* Rechnungslegung nach International Accounting Standards (1995); *Krumnow* Kommentierung zu IAS 30, in Baetge/Dörner/Kleekämper/Wollmert (Hrsg.) Rechnungslegung nach International Accounting Standards (IAS) (1997); *Krumnow/Sprißler/Bellavite-Hövermann/Kemmer/Steinbrücker* Rechnungslegung der Kreditinstitute – Kommentar zum Bankbilanzrichtliniegesetz und zur RechKredV (1994); *Löcke* Die freiwillige Anwendung von IAS 30 als erster Schritt zu einer kapitalmarktorientierten Bankenrechnungslegung, WPg 1997, 733 ff; *Meyer/Isenmann* Bankbilanzrichtlinie-Gesetz (1993); *Prahl* Die neuen Vorschriften des Handelsgesetzbuches für Kreditinstitute, WPg 1991, 401 ff, 438 ff; *Reker/Pahl/Löcke* Aufstellung eines befreienden Konzernabschlusses und -lageberichts nach International Accounting Standards durch Kreditinstitute, WPg 1998, 527 ff; *Rixen* EG-Bankbilanzrichtlinie transformiert, Die Bank 1990, 638 ff; *ders.* Änderung der Rechnungslegungsvorschriften für Kreditinstitute durch das Bankbilanzrichtliniegesetz, WM 1991, 841 ff; *Szagunn/Haug/Ergenzinger* Gesetz über das Kreditwesen, 6. Aufl. (1997); *Scharpf/Sohler* Leitfaden zum Jahresabschluß nach dem Bankbilanzrichtlinie-Gesetz (1992); *Schwartze* Die Neuregelung der deutschen Bankenrechnungslegung nach den Vorgaben der Europäischen Gemeinschaft, AG 1993, 12 ff; *Treuarbeit AG* (Hrsg.) Bankbilanzierung ab 1993 (1992); *Vortmann* Neues Recht der Bankbilanzierung durch das Bankbilanzrichtlinie-Gesetz, NJW 1991, 2399 ff; *Wagener* Rechnungslegung der Kreditinstitute im Umbruch? ZfgK 1998, 160 ff; *Waschbusch* Die handelsrechtliche Jahresabschlußpolitik der Universalaktienbanken Ziele – Daten – Instrumente (1992).

---

245 *Göhler* § 30 Rdn. 40; KK-*Rogall* § 30 Rdn. 102 ff, jeweils m. w. N.

Der Gesetzgeber hat durch das BankbilanzrichtlinienG vom 30. 11. 1990 (BGBl. I S. 2570; Rdn. 33) mittels Einführung des § 340m S. 1 HGB den Strafrechtsschutz der §§ 331 bis 333 HGB auf Kredit- und Finanzdienstleistungsinstitute erweitert, die nicht in der Form einer Kapitalgesellschaft betrieben werden.[246] Diese Erweiterung war erforderlich, weil im BankrichtlinienG die Kreditinstitute rechtsform- und größenunabhängig verpflichtet wurden, einen Jahresabschluß und einen Lagebericht sowie, wenn sie Mutterunternehmen eines Konzerns sind, einen Konzernabschluß und einen Konzernlagebericht aufzustellen. Diese Pflichten wurden durch Art. 2 BegleitG vom 22. 10. 1997 (BGBl. I S. 2567) auf Finanzdienstleistungsinstitute im Sinne des § 340 Abs. 4 S. 1 HGB erstreckt. Während diese Pflichten bereits zuvor für Kredit- und Finanzdienstleistungsinstitute in der Rechtsform der Kapitalgesellschaft einschlägig und strafbewehrt waren, erweitert **§ 340m HGB** die Anwendbarkeit der **Strafnormen der §§ 331 bis 333 HGB** auch auf nicht in der Rechtsform einer Kapitalgesellschaft betriebene Institute.[247] Dies entspricht dem Grundsatz der Orientierung am Leitbild der großen Kapitalgesellschaft bei der Rechnungslegung der Kreditinstitute.[248] **115**

§ 340n HGB wurde als abschließender **Ordnungswidrigkeitentatbestand** für Kreditinstitute eingeführt (Anhang nach § 334, § 340n Rdn. 2). § 334 HGB findet auf Kreditinstitute wegen der zahlreichen Spezialregelungen für diese Unternehmen keine Anwendung (§ 334 Abs. 4 HGB).[249] § 340n HGB hat also nicht einen lediglich ergänzenden Charakter,[250] sondern normiert abschließend die auf Kreditinstitute anwendbaren Ordnungswidrigkeitentatbestände (§ 340n Rdn. 2). Diese Pflichten wurden durch Art. 2 BegleitG vom 22. 10. 1997 (BGBl. I S. 2567) auf Finanzdienstleistungsinstitute im Sinne des § 340 Abs. 4 S. 1 HGB erstreckt. **116**

§ 340o HGB, der durch das KapCoRiLiG vom 24. 2. 2000 (Anhang nach § 335b, § 340o Rdn. 1) den neu geregelten §§ 335, 335a HGB angepaßt wurde, regelt die **Festsetzung von Zwangs- und Ordnungsgeldern**. Die Vorschrift des § 340o HGB bezieht sich nur auf Kreditinstitute und Finanzdienstleistungsunternehmen, die keine Kapitalgesellschaften sind. Für in der Form der Kapitalgesellschaft betriebenen Unternehmen bleibt es bei der unmittelbaren Anwendbarkeit der §§ 335, 335a HGB.[251] **117**

F. Sanktionsvorschriften für Versicherungsunternehmen

Schrifttum

Vgl. ergänzend die Literaturhinweise vor Rdn. 1.

Altenburger Vorschläge für eine aussagekräftige und willkürfreie Erfolgsrechnung der Versicherungsunternehmen, ZVersWiss 1993, 545 ff; *Budde/Schnicke/Stöffler/Stuirbrink* (Hrsg.) Beck'scher Versicherungsbilanz-Kommentar (1998); *Donath* Die EG-Versicherungsbilanzrichtlinie 91/674/EWG, EuZW 1992, 719 ff; *Ellenbürger/Horbach/Kölschbach* Ausgewählte Einzelfragen zur Rechnungslegung von Versicherungsunternehmen nach neuem Recht, WPg 1996, 41 ff, 113 ff; *Epperlein/Scharpf* Anhangangaben im Zusammenhang mit sogenannten Finanzinnovationen, DB 1994, 1629 ff; *Farny* Buchführung und Periodenrechnung im Versicherungsunter-

---

246 Vgl. dazu BTDrucks. 11/6275, S. 26.

247 MünchKommHGB-*Quedenfeld* § 340m Rdn. 2; *Wiedmann* Bilanzrecht, § 340m Rdn. 1.

248 BHdR/*Bieg* § 340m Rdn. 328; *Krumnow* § 340m Rdn. 1; BoHR/*Maier* § 340m Rdn. 1; MünchKommHGB-*Quedenfeld* § 340m Rdn. 1; Heymann/*Otto* § 340m Rdn. 2; *Wiedmann* Bilanzrecht, § 340m Rdn. 1.

249 MünchKommHGB-*Quedenfeld* § 335b Anh. § 341n Rdn. 1.

250 *Wiedmann* Bilanzrecht § 341n Rdn. 1.

251 MünchKommHGB-*Quedenfeld* § 335b Anh. Vorbem. Vor § 341m; *Wiedmann* Bilanzrecht § 341o Rdn. 1.

nehmen, 4. Aufl. (1992); *Geib* Harmonisierung der Rechnungslegung von Versicherungsunternehmen in der Europäischen Union. Darstellung anhand der Bewertung von Kapitalanlagen, Festschrift Havermann (1995) S. 143; *ders.* Die Pflicht zur Offenlegung des Zeitwertes von Kapitalanlagen der Versicherungsunternehmen nach Umsetzung der Versicherungsbilanzrichtlinie (1997); *Geib/Ellenbürger/Kölschbach* Ausgewählte Fragen zur EG-Versicherungsbilanzrichtlinie (VersBiRiLi), WPg 1992, 177, 221 ff; *Horbach* Der EG-Versicherungsbilanzrichtlinien-Entwurf. Grundfragen der Gestaltung der externen Rechnungslegung von Versicherungsunternehmen (1988); *Husch* Bilanzierung derivativer Finanzinstrumente, in Schebler/Knauth/Simmert (Hrsg.) Einsatz von Finanzinnovationen in der Versicherungswirtschaft (1993) S. 265 ff; *Jannott* Rechnungslegung der Versicherungsunternehmen – Überlegungen zur EG-Versicherungsbilanzrichtlinie, ZVersWiss 1991, 82 ff; *Knauth* Derivative Finanzinstrumente in der Versicherungswirtschaft, Die Bank 1993, 535 ff; *ders./Simmert* Bedeutung derivativer Finanzinstrumente für Versicherungsunternehmen, in Schebler/Knauth/Simmert (Hrsg.) Einsatz von Finanzinnovationen in der Versicherungswirtschaft (1993) S. 1 ff; *Kromschröder* Besonderheiten des Jahresabschlusses der Versicherungsunternehmen, Festschrift Moxter (1994) S. 769 ff; *Perlet* Zur Umsetzung der Versicherungsbilanzrichtlinie in deutsches Recht, Festschrift Moxter (1994) S. 835 ff; *von Treuberg/Angermeyer* Jahresabschluß von Versicherungsunternehmen, in Schitag, Ernst & Young/Deutsche Treuhand AG (Hrsg.) Handbuch zum Versicherungsbilanzrichtlinie-Gesetz und zur RechVersV (1995); *Welzel u. a.* (Hrsg.) Kommentar zu den Rechnungslegungsvorschriften für Versicherungsunternehmen, 2. Aufl. (1991).

118 Als der Gesetzgeber im **Versicherungsbilanzrichtlinien-Gesetz** vom 24. 6. 1994 (BGBl. 1994 I S. 1377) die Versicherungsunternehmen verpflichtete, rechtsform- und größenunabhängig einen Jahresabschluß und einen Lagebericht sowie, wenn sie Mutterunternehmen eines Konzerns sind, einen Konzernabschluß und einen Konzernlagebericht aufzustellen, erweitert er entsprechend den Anwendungsbereich der Strafvorschriften der §§ 331 bis 333 HGB. Während diese Straftatbestände bereits zuvor für Versicherungsunternehmen in der Rechtsform der Kapitalgesellschaft einschlägig waren, erweitert **§ 341m HGB** die Anwendbarkeit der **Strafnormen der §§ 331 bis 333 HGB** auf alle Versicherungsunternehmen, ungeachtet der Rechtsform und Größe.[252] Für Versicherungsunternehmen in der Rechtsform der Kapitalgesellschaft bleibt es bei der Anwendbarkeit der §§ 331 bis 333 HGB.[253]

119 **§ 341n HGB** wurde als abschließender **Ordnungswidrigkeitentatbestand** für Versicherungsunternehmen eingeführt (§ 341n Rdn. 1). § 334 HGB findet auf Versicherungsunternehmen keine Anwendung (§ 334 Abs. 4 HGB).[254] § 341n HGB hat also nicht lediglich ergänzenden Charakter,[255] sondern normiert abschließend die auf Versicherungsunternehmen anwendbaren Ordnungswidrigkeitentatbestände.

120 **§ 341o HGB**, der durch das **KapCoRiLiG** vom 24. 2. 2000 (Vor §§ 331 ff Rdn. 41 ff) den neu geregelten §§ 335, 335a HGB angepaßt wurde, regelt die **Festsetzung von Zwangs- und Ordnungsgeld**. Die Vorschrift des § 341o HGB bezieht sich nur auf Versicherungsunternehmen, die keine Kapitalgesellschaften sind. Für Versicherungsunternehmen in der Form der Kapitalgesellschaft bleibt es daher bei der unmittelbaren Anwendung der §§ 335, 335a HGB.[256]

---

[252] Vgl. dazu BTDrucks. 12/5587 S. 31; *Koller/Roth/Morck* § 341m Rdn. 1.

[253] *Koller/Roth/Morck* § 341m Rdn. 1; MünchKommHGB-*Quedenfeld* § 335b Anh., Vorbem. Vor § 341m; *Wiedmann* Bilanzrecht § 341m Rdn. 1.

[254] MünchKommHGB-*Quedenfeld* § 335b Anh., § 341n Rdn. 1.

[255] *Wiedmann* Bilanzrecht § 341n Rdn. 1.

[256] MünchKommHGB-*Quedenfeld* § 335b Anh., Vorbem. Vor § 341m; *Wiedmann* Bilanzrecht § 341o Rdn. 1.

§ 331
Unrichtige Darstellung

Mit Freiheitsstrafe bis zu drei Jahren oder mit Geldstrafe wird bestraft, wer

1. **als Mitglied des vertretungsberechtigten Organs oder des Aufsichtsrats einer Kapitalgesellschaft die Verhältnisse der Kapitalgesellschaft in der Eröffnungsbilanz, im Jahresabschluß, im Lagebericht oder im Zwischenabschluß nach § 340a Abs. 3 unrichtig wiedergibt oder verschleiert,**
2. **als Mitglied des vertretungsberechtigten Organs oder des Aufsichtsrats einer Kapitalgesellschaft die Verhältnisse des Konzerns im Konzernabschluß, im Konzernlagebericht oder im Konzernzwischenabschluß nach § 340i Abs. 4 unrichtig wiedergibt oder verschleiert,**
3. **als Mitglied des vertretungsberechtigten Organs einer Kapitalgesellschaft zum Zwecke der Befreiung nach den §§ 291, 292a oder einer nach § 292 erlassenen Rechtsverordnung einen Konzernabschluß oder Konzernlagebericht, in dem die Verhältnisse des Konzern unrichtig wiedergegeben oder verschleiert worden sind, vorsätzlich oder leichtfertig offen legt**
oder
4. **als Mitglied des vertretungsberechtigten Organs einer Kapitalgesellschaft oder als Mitglied des vertretungsberechtigten Organs oder als vertretungsberechtigter Gesellschafter eines ihrer Tochterunternehmen (§ 290 Abs. 1, 2) in Aufklärungen oder Nachweisen, die nach § 320 einem Abschlußprüfer der Kapitalgesellschaft, eines verbundenen Unternehmens oder des Konzerns zu geben sind, unrichtige Angaben macht oder die Verhältnisse der Kapitalgesellschaft, eines Tochterunternehmens oder des Konzerns unrichtig wiedergibt oder verschleiert.**

Übersicht

Schrifttum

Achenbach/Wannenmacher (Hrsg.) Beraterhandbuch zum Steuer- und Wirtschaftsstrafrecht, Loseblatt Stand 1999; *Achenbach* Aus der 1987/1988 veröffentlichten Rechtsprechung zum Wirtschaftsstrafrecht, NStZ 1989, 497ff; *Arnhold* Auslegungshilfen zur Bestimmung der Geschäftslagetäuschung im Rahmen der §§ 331 Nr. 1 HGB, 400 Abs. 1 Nr. 1 AktG, 82 Abs. 2 Nr. 2 GmbH (1993); *Beisse* Grundsatzfragen zur Auslegung des neuen Bilanzrechts, BB 1990, 2007ff; *Bertsch* Rechnungslegung von Konzernunternehmen (1995); *Bieneck* Artikel Wirtschaftsprüfer in Krekeler/Tiedemann/Ulsenheimer/Weinmann (Hrsg.) Handwörterbuch des Wirtschafts- und Steuerstrafrechts, Loseblatt Stand 1990; *Biener/Berneke* Bilanzrichtlinien-Gesetz (1986); *Bleckmann* Artikel „Die Richtlinie im Europäischen Gemeinschaftsrecht und im Deutschen Recht", in Leffson/Rückle/Großfeld (Hrsg.) S. 11ff; Blumers/Frick/Müller Betriebsprüfungshandbuch, Loseblatt, Stand 1999; *Brandes* Die Rechtsprechung des Bundesgerichtshofes auf dem Gebiet des Aktienrechts, WM 1992, 465ff; *Bruns* Grundprobleme der strafrechtlichen Organ- und Vertreterhaftung, GA 1982, 1ff; *ders.* Die sog. „tatsächliche" Betrachtungsweise im Strafrecht, JR 1984, 133ff; *Cadus* Die faktische Betrachtungsweise (1984); *Cerny* § 264a StGB – Kapitalanlagebetrug, Gesetzlicher Anlegerschutz mit Lücken, MDR 1987, 271ff; *Cobet* Fehlerhafte Rechnungslegung (1991); *Dannecker* Die Verfolgungsverjährung bei Submissionsabsprachen und Aufsichtspflichtverletzungen in Betrieben und Unternehmen, NStZ 1985, 49ff; *ders.* Bilanzstrafrecht, in Blumers/Frick/Müller (Hrsg.) Betriebsprüfungshandbuch, Abschnitt K, Stand 1990; *ders.* Das intertemporale Strafrecht (1992), S. 161; *ders.* Die Rechtsprechungsänderung zur fortgesetzten Handlung und ihre Konsequenzen für Steuerstrafsachen, in Leitner (Hrsg.) Aktuelles zum Finanzstrafrecht (1998), S. 9ff; *ders.* Der Einfluß des Gemeinschaftsrechts auf das nationale Strafrecht, in Gropp (Hrsg.) Wirtschaftskriminalität und Wirtschaftsstrafrecht in einem Europa auf dem Weg zur Demokratie und Privatisierung (1998) S. 161ff; *ders.* Der Allgemeine Teil eines europäischen Strafrechts als Herausforderung für die Strafrechtswissenschaft, Festschrift Hirsch (1999) S. 141ff; *ders.* Kapitel 8: Die Entwicklung des Wirtschaftsstrafrechts unter dem Einfluß des Europarechts, in Wabnitz/Janovsky (Hrsg.) Handbuch des Wirtschafts- und Steuerstrafrechts (2000); *Dierlamm* Der faktische Geschäftsführer im Strafrecht – Ein Phantom? NStZ 1996, 153ff; *Ernst/Seibert/Stuckert* KonTraG, KapAEG, StückAG, EuroEG (1998); *Forster* Rechnungslegung und Prüfung im Wandel – Bemerkungen aus der Sicht des Wirtschaftprüfers –, in Bericht über die Fachtagung, Bonn 19. Oktober 1978; *Fuhrmann* Die Bedeutung des faktischen Organs der Rechtsprechung des Bundesgerichtshofs, Festschrift Tröndle (1989) S. 139ff; *Geilen* Aktienstrafrecht (1984); *Gramich* Die Änderungen des Bilanzrichtliniengesetzes, wistra 1987, 158ff; *Gröblinghoff* Die Verpflichtung des deutschen Strafgesetzgebers zum Schutz der Interessen der Europäischen Gemeinschaften (1996); *Gübel* Die Auswirkungen der faktischen Betrachtungsweise auf die strafrechtliche Haftung faktischer GmbH-Geschäftsführer (1994); *Hauck* Rechnungslegung und Strafrecht – Unter besonderer Berücksichtigung der konkursstrafrechtlichen Bilanzdelikte (1987); *Heise* Europäisches Gemeinschaftsrecht und nationales Strafrecht – Die Auswirkungen des Vorrangs des Gemeinschaftsrechts und der gemeinschaftsrechtskonformen Rechtsanwendung auf das deutsche materielle Strafrecht (1998); *Henn* Handbuch des Aktienrechts, 6. Aufl. (1998); *Hildesheim* Die strafrechtliche Verantwortung des faktischen Mitgeschäftsführers in der Rechtsprechung des BGH, wistra 1993, 166ff; *Hoyer* Urteilsanmerkung zu OLG Düsseldorf NStZ 1988, 368, NStZ 1988, 369ff; *Jenny/Niedermeyer/Helm/Baumgart* Fälschung und Verschleierung in der Buchhaltung. Die Hintertüren der Buchhaltung 5. Aufl. (1931); *Joerden* Grenzen der Auslegung des § 84 Abs. 1 Nr. 2 GmbH-Gesetz, wistra 1990, 1ff; *Kaligin* Anm. zu BGH, 22. 9. 1982 – 3 StR 287/82, BB 1983, 788ff; *Klussmann* Strafbarkeit sog. Geschäftslagetäuschungen nach § 400 AktG 65, AG 1973, 221ff; *ders.* Geschäftslagetäuschungen nach § 400 AktG 1965, 1975ff; *Kohlmann* Die strafrechtliche Verantwortlichkeit des GmbH-Geschäftsführers (1990); *Kratzsch* Das faktische Organ im Gesellschaftsrecht – Grund und Grenzen einer strafrechtlichen Garantenstellung, ZGR 1985, 506ff; *Kruse* Grundsätze ordnungsmäßiger Buchführung, 3. Aufl. (1978); *Kühl* Der Beitrag der Strafrechtswissenschaft zur Europäisierung des Strafrechts, Festschrift Söllner (2000) S. 613ff; *Küting/Weber* (Hrsg.) Handbuch der Rechnungslegung, 3. Aufl. (1990); *Lang* Grundsätze ordnungsgemäßer Buchführung, in Leffson/Rückle/Großfeld (Hrsg.) S. 221ff; *Leffson* Die Grundsätze ordnungsgemäßer Buchführung, 6. Aufl. (1982); *Leffson/Rückle/Großfeld* (Hrsg.) Handwörterbuch unbestimmter Rechtsbegriffe im Bilanzrecht des HGB (1986); *Löffeler* Strafrechtliche Konsequenzen faktischer Geschäftsführung, wistra 1989, 121ff; *Lutter* Europäisches Unternehmensrecht, 4. Aufl. (1996); *Marker* Bilanzfälschung und Bilanzverschleierung (1970); *Marschdorf* Möglichkeiten, Aufgaben und Grenzen des Jahresabschlußprüfers zur Aufdeckung von Wirtschaftsstraftaten im Rahmen der Jahresabschlußprüfung, DStR 1995, 111ff, 149ff; *Maul* Geschäfts- und Konzernlagetäuschungen als Bilanzdelikte, DB 1989, 185ff; *Montag* Die Anwendung der Strafvorschriften des GmbH-Rechts auf faktische Geschäftsführer (1994); *Moxter* Das System der handelsrechtlichen Grundsätze ordnungsmäßiger Bilanzierung, Festschrift v. Wysocki (1985) S. 17ff; *ders.* Zum Verhältnis von Handelsbilanz und Steuerbilanz, BB 1997, 195ff; *Müller-Gugenberger/Bieneck* (Hrsg.) Wirtschaftsstrafrecht, 3. Aufl. (2000); *Nelles* Aktienrechtliche Bilanzdelikte (1974); *Neudecker* Die strafrechtliche Verantwortlichkeit der Mitglieder von Kollegialorganen (1995); *Neuhäuser* Bilanzkriminalität (1974); *Ordelheide* Internationalisierung der Rechnungslegung deutscher Unternehmen, WPg 1996, 545ff; *Otto* Bankentätigkeit und Strafrecht (1983); *ders.* Urteilsanmerkung zu BGH StV 1984, 461, StV 1984, 462f; *Ransiek* Unternehmensstrafrecht (1996); *ders.* Gesellschaftsrechtliche Bilanzdelikte, in Achenbach/Wannenmacher (Hrsg.) Beraterhandbuch zum Steuer- und Wirtschaftsstrafrecht, Stand 1999; *Richter* Der Konkurs der GmbH aus der Sicht der Strafrechtspraxis, GmbHR 1984, 113ff; *Satzger* Die Europäisierung des Strafrechts (2001); *Schäfer* Zur strafrechtlichen Verantwortlichkeit des GmbH-Geschäftsführers, GmbHR 1993, 717ff; *ders.* Die Verletzung der Buchführungspflicht in der Rechtsprechung des BGH, wistra 1996, 200ff; *Schmedding* Unrichtige Konzernrechnungslegung (1991); *K. Schmidt* Die Strafbarkeit „faktischer Geschäftsführer“ wegen Konkursverschleppung als Methodenproblem, Festschrift Rebmann (1989) S. 419; *Schüppen* Systematik und Auslegung des Bilanzstrafrechts (1992); *ders.* Aktuelle Fragen der Konkursverschleppung durch den GmbH-Geschäftsführer, DB 1994, 197ff; *Sieber* Computerkriminalität und Strafrecht, 2. Aufl. (1980); *Siegmann/Vogel* Die Verantwortlichkeit des Strohmanngeschäftsführers einer GmbH, ZIP 1994, 1821ff; *Stein* Das faktische Organ (1984); *dies.* Die Normadressaten der §§ 64, 84 GmbHG und die Verantwortlichkeit von Nichtgeschäftsführern wegen Konkursverschleppung, ZHR 1984, 207ff; *Thiel* Bilanzrecht, 4. Aufl. (1990); *Tiedemann* Wirtschaftsstrafrecht und Wirtschaftskriminalität (1976); *ders.* Straftatbestand und Normambivalenz – am Beispiel der Geschäftsberichtsfälschung, Festschrift Schaffstein (1975) S. 195ff; *ders.* Die strafrechtliche Vertreter- und Unternehmenshaftung, NJW 1986, 1842ff; *ders.* Die Bekämpfung der Wirtschaftskriminalität durch den Gesetzgeber, JZ 1986, 867ff; *ders.* Gründungs- und Sanierungsschwindel durch verschleierte Sacheinlagen, in Festschrift Lackner (1987) S. 737ff; *ders.* Artikel Bilanzstrafrecht in Krekeler/Tiedemann/Ulsenheimer/Weinmann (Hrsg.) Handwörterbuch des Wirtschafts- und Steuerstrafrechts, Loseblatt Stand 1990; *ders.* Auslegungs- und Methodenprobleme im neuen Wirtschaftsstrafrecht, in Belke/Oemichen (Hrsg.) Aktuelle Fragen des Wirtschaftsstrafrechts in Theorie und Praxis (1983) S. 26ff; *Wahle* Die sogenannte „Handlungseinheit durch Klammerwirkung", GA 1968, 97ff; *Wabnitz/Janovsky* (Hrsg.) Handbuch des Wirtschafts- und Steuerstrafrechts (2000); *Weber* Unrichtige Wiedergabe und Verschleierung, in Leffson/Rückle/Großfeld S. 319ff; *Weimar* Grundprobleme und offene Fragen um den faktischen GmbH-Geschäftsführer, GmbHR 1997, 473ff, 538ff; *Wimmer* Die zivil- und strafrechtlichen Folgen mangelhafter Jahresabschlüsse bei GmbH und KG, DStR 1997, 1931; *Wohlgemuth* Überblick über das System der verbundenen Unternehmen nach dem AktG und nach dem HGB, DStR 1991, 1495ff, 1529ff; *Wollmert/Oser* Befreiender internationaler Konzernabschluß (§ 292a HGB), DB 2000, 729ff; *Zielinski* Zur Verletzteneigenschaft des einzelnen Aktionärs im Klageerzwingungsverfahren bei Straftaten zum Nachteil der Aktiengesellschaft, wistra 1993, 6ff; *Zimmerer* Bilanzwahrheit (1972).

A. Allgemeines

I. Entstehungsgeschichte

§ 331 HGB wurde in Anlehnung an § 400 AktG durch das Bilanzrichtliniengesetz vom 19.12.1985 (BGBl. 1985 I S. 2355) eingeführt. Der Gesetzgeber hat mit dem Gesetz zur Änderung des Gesetzes über das Kreditwesen und anderer Vorschriften über Kreditinstitute vom 21.12.1992 (BGBl. 1992 I S. 2211) § 331 HGB dahingehend ergänzt, daß der von Kreditinstituten vorzulegende Zwischenabschluß nach § 340a Abs. 3 HGB, § 10 Abs. 7 S. 3 KWG und der Konzernzwischenabschluß nach § 340i Abs. 4 HGB, § 10a Abs. 1 S. 2, Abs. 7 S. 3 KWG in gleicher Weise wie der Jahresabschluß und der Konzernabschluß geschützt werden.[1] Schließlich wurde § 331 Nr. 3 HGB durch das KapAEG v. 20.4.1998 (BGBl. 1998 I S. 707) geändert. Durch dieses Gesetz wurde § 292a HGB eingeführt, wonach die Konzernrechnungslegung börsennotierter Unternehmen nach international anerkannten Rechnungslegungsgrundsätzen erfolgen darf. Die Offenlegung eines solchen Konzernabschlusses oder -lageberichts ist für den Fall der Unrichtigkeit unter Strafandrohung gestellt (eingehend zur Entstehungsgeschichte vor §§ 331ff HGB Rdn. 15ff). 1

II. Aufbau des Straftatbestandes

Die Strafvorschrift des § 331 HGB ist § 400 AktG nachgebildet und ergänzt diese Vorschrift. § 331 HGB erfaßt die unrichtige Wiedergabe oder Verschleierung der Verhältnisse der AG, der KGaA und der GmbH bzw. des Konzerns, nicht hingegen der GmbH & Co KG.[2] Die Verpflichtung dieser Gesellschaften zur Publizität, auf die § 331 HGB Bezug nimmt, ergibt sich aus den §§ 325ff HGB. 2

---

1 BTDrucks. 12/3377, S. 48.

2 Für Nichtkapitalgesellschaften vgl. die Vorschriften der §§ 335b, 340m, 341m HGB, die auf § 331 HGB verweisen.

III. Geschütztes Rechtsgut und Schutzbereich

1. Geschütztes Rechtsgut

3 Während das Reichsgericht noch das „öffentliche Interesse an gesunder Entwicklung des Aktienwesens" als das durch den Straftatbestand der Bilanzfälschung geschützte Rechtsgut angesehen hat,[3] sieht die heute h. M. das geschützte Rechtsgut im **Vertrauen in die Richtigkeit und Vollständigkeit der Informationen** über die Verhältnisse der Gesellschaft, insbesondere der gesamten Rechnungslegung von Kapitalgesellschaften,[4] die nach §§ 325 ff HGB vorzulegen sind.

2. Schutzbereich

a) Schutz der Gesellschafter und der Gläubiger

4 Geschützt werden sowohl die **Gesellschafter**[5] als auch die **aktuellen und potentiellen Gläubiger** der Gesellschaft, die sich ein Bild über die Zuverlässigkeit der Gesellschaft machen wollen. Letztlich sollen alle Personen, die zu der Gesellschaft in rechtlicher Beziehung stehen oder in eine solche Beziehung zu ihr treten wollen, in den Schutzbereich einbezogen werden.[6] Hierzu gehören auch die **Arbeitnehmer** der Gesellschaft, die den sonstigen Gläubigern gleichzustellen sind.[7] Hingegen ist die Bundesanstalt für Arbeit nicht geschützt.[8] Bei den potentiellen Gesellschaftern liegt ein Schwerpunkt auf dem Bemühen um die Sicherung des Wertes der Publizität, wodurch in erster Linie auch die Funktionsfähigkeit des Kapitalmarktes gesichert werden soll.[9] Hiermit ist es nicht zu vereinbaren, daß teilweise die Auffassung vertreten wird, daß **Kreditinstitute** nicht zum geschützten Personenkreis gehören sollen, weil sie Zugang zu unveröffentlichten Jahresabschlüssen haben und darüber hinaus regelmäßig zusätzliche Informationen verlangen und deshalb an der veröffentlichten Information ein geringes Interesse hätten.[10] Das allein faktisch geringere Interesse an der Rechnungslegung einer Kapitalgesellschaft rechtfertigt es nicht, diesen Personenkreis aus dem Schutzbereich des Straftatbestandes auszuschließen,[11] zumal § 331 HGB im Bereich der Kreditbeobachtung einen eigenständigen Anwendungsbereich hat.[12] Ebenso wird der **Fiskus**, wie jeder andere Gläubiger, durch § 331 HGB geschützt, auch wenn es in der Praxis äußerst selten vorkommen dürfte, daß sich der Fiskus Informationen aus der Handelsbilanz verschafft. Da der Fiskus nicht darüber entscheiden kann, ob er Gläubiger werden will oder nicht, können für ihn Schäden aufgrund unrichtiger oder unvollständiger Information nur aus unterlassener oder verspäteter Geltendmachung bestehender Ansprüche entstehen.[13]

---

[3] RGSt 38, 198; 41, 301.

[4] Heymann/*Otto* Rdn. 1; Erbs/Kohlhaas/*Schaal* Rdn. 1; *Schüppen* S. 105; *Tiedemann* JZ 1986, 867, 868; Leffson/Rückle/Großfeld/*Weber* S. 320; zum Aktienstrafrecht: Geßler/*Fuhrmann* § 400 Rdn. 2; GKAktG/*Otto* § 400 Rdn. 3; zum GmbH-Strafrecht: Rowedder/*Fuhrmann/Schaal* Vor §§ 82 ff Rdn. 22.

[5] Hierbei kann nicht zwischen den Gesellschaftern der einzelnen Gesellschaftsformen differenziert werden; *Cobet* S. 23.

[6] So schon RGSt 41, 293, 297 f; 43, 407, 415; 64, 422, 424; 67, 345, 351; BGH wistra 1996, 348; Blumers/Frick/Müller/*Dannecker* Betriebsprüfungshandbuch Rdn. 637; Heymann/*Otto* Rdn. 2; Baumbach/Hopt/*Schulze-Osterloh* Anh. § 82 Rdn. 3.

[7] Vgl. nur Heymann/*Otto* Rdn. 2; Erbs/Kohlhaas/*Schaal* Rdn. 1.

[8] *Cobet* S. 25.

[9] *Schüppen* S. 114.

[10] So *Schüppen* S. 115.

[11] So die h.M. vgl. nur MünchKommHGB-*Quedenfeld* Rdn. 2.

[12] *Cobet* S. 21.

[13] *Cobet* S. 26 f.

b) Fehlender Schutz der Gesellschaft

Die Gesellschaft selbst gehört nicht zum Kreis der Schutzadressaten, da sie nicht Informationsempfängerin, sondern Informationsgeberin ist.[14] Die Gesellschaft kann durch eine falsche Darstellung nicht selbst geschädigt werden. Jedoch ist die Richtigkeit der Rechnungslegung institutionell gesichert, indem eine interne Kontrolle durch den Aufsichtsrat gesetzlich verlangt ist. Daher ist die **Kapitalgesellschaft als Institution** in den Schutzbereich des § 331 Abs. 1 Nr. 1 HGB einzubeziehen.[15] 5

3. Schutzgesetz im Sinne des § 823 Abs. 2 BGB

Der Schutz aller aktuellen und potentiellen Gläubiger der Gesellschaft ist vor allem unter dem Gesichtspunkt des zivilrechtlichen Schadensersatzes von Bedeutung. Denn bei § 331 HGB handelt es sich um ein **Schutzgesetz im Sinne des § 823 Abs. 2 BGB**, so daß jeder (vorsätzliche) Verstoß gegen § 331 HGB, der zu einem Schaden geführt hat, den durch den Straftatbestand geschützten Personen zu einem Schadensersatzanspruch verhilft.[16] Der zivilrechtliche Schutz setzt allerdings voraus, daß der Geschädigte durch sein Handeln im Vertrauen auf die Richtigkeit der relevanten Angaben einen Schaden erlitten hat.[17] Aus dem Schutz des Rechtsinstituts der Kapitalgesellschaft (Rdn. 5) folgt nicht, daß die konkret betroffene Gesellschaft einen Schadensersatzanspruch aus § 823 Abs. 2 BGB in Verbindung mit § 331 HGB geltend machen kann.[18] 6

IV. Dogmatische Einordnung der Straftatbestände

1. Deliktsnatur

a) Abstrakte Gefährdungsdelikte

Die Tatbestände des § 331 HGB sind bereits vollendet, wenn der Täter die Verhältnisse der Gesellschaft unrichtig wiedergibt oder verschleiert. Ein Schaden oder auch nur eine konkrete Vermögensgefährdung ist für die Vollendung des Delikts nicht erforderlich.[19] Es muß daher auch keine konkrete Täuschungsabsicht gegenüber einem Bilanzleser vorliegen.[20] Für die Verwirklichung des Tatbestandes reicht bereits die Möglichkeit aus, daß generell jemand getäuscht werden könnte.[21] Es handelt sich daher um ein abstraktes Gefährdungsdelikt,[22] bei dem die potentielle Gefährlichkeit die Vorverlagerung der Strafbarkeit rechtfertigt und es somit auf die Gefährlichkeit der konkreten Verfälschung oder Verschleierung im Einzelfall nicht ankommt.[23] Selbst wenn im Einzelfall eine Gefährdung des Informationsinteresses des geschützten Per- 7

---

[14] *Cobet* S. 21ff; *Gramich* wistra 1987, 158; *Hauck* S. 78ff; Erbs/Kohlhaas/*Schaal* Rdn. 1; Scholz/*Tiedemann* Vor §§ 82ff Rdn. 66; a.A. Heymann/*Otto* Rdn. 2; *Niewerth* II C 5a (2).

[15] *Cobet* S. 23; Scholz/*Tiedemann* § 82 Rdn. 10.

[16] Beck BilKomm-*Budde/Hense* Rdn. 40; MünchKommHGB-*Quedenfeld* Rdn.2; Heymann/*Otto* Rdn. 2.

[17] Vgl. *Brandes* WM 1992, 477.

[18] Erbs/Kohlhaas/*Schaal* Rdn. 1; *Wimmer* DStR 1997, 1931, 1933.

[19] Heymann/*Otto* Rdn. 3; Scholz/*Tiedemann* Vor § 82 ff Rdn. 65.

[20] KK-*Geilen* § 400 Rdn. 5.

[21] *Maul* DB 1989, 186.

[22] So die ganz h.M.; vgl. nur Blumers/Frick/Müller/*Dannecker* Betriebsprüfungshandbuch Rdn. 638; Erbs/Kohlhaas/*Schaal* Rdn. 3; *Gramich* wistra 1987, 158; *Maul* DB 1989, 185; Heymann/*Otto* Rdn. 3; Scholz/*Tiedemann* Vor §§ 82ff Rdn. 65; *Schüppen* S. 174; MünchKommHGB-*Quedenfeld* Rdn. 3; a. A. *Schmedding* S. 15f.

[23] Zur Problematik, daß der Kreis derjenigen, die von einer Rechnungslegung Kenntnis nehmen, ausnahmsweise bestimmt ist, vgl. *Cerny* MDR 1987, 277.

sonenkreises ausgeschlossen ist, liegen die Voraussetzungen des § 331 HGB vor.[24] Um ein Korrektiv zu der weiten Vorverlagerung der Strafbarkeit durch die Ausgestaltung der Norm als abstraktes Gefährdungsdelikt zu schaffen, hat die Rechtsprechung die Tathandlungen auf wesentliche Verstöße gegen die Grundsätze der Wahrheit und Klarheit der Rechnungslegung begrenzt.[25]

b) Sonderdelikte

8 § 331 HGB ist in allen Tatbestandsalternativen ein **echtes Sonderdelikt,**[26] denn tauglicher Täter kann nicht jedermann, sondern nur der im Tatbestand jeweils ausdrücklich genannte Personenkreis – nämlich ein Mitglied des vertretungsberechtigten Organs oder Aufsichtsrats einer Kapitalgesellschaft, ein Mitglied des vertretungsberechtigten Organs oder ein vertretungsberechtigter Gesellschafter eines Tochterunternehmens – sein.[27]

9 Andere als die im gesetzlichen Tatbestand genannten Personen können lediglich **Anstifter** oder **Gehilfe** sein, selbst wenn sie mit der Bilanzerstellung für die Kapitalgesellschaft beauftragt sind.[28] Da es sich bei der Sonderdeliktseigenschaft um ein besonderes persönliches Merkmal handelt, das die Strafbarkeit begründet, ist die Strafe beim Teilnehmer gemäß § 28 Abs. 1 StGB zu mildern. Steuerberater sowie Abschlußprüfer können, da sie nicht zum tauglichen Täterkreis gehören, nicht als Täter, sondern allenfalls als Teilnehmer eine Tatbestandsalternative des § 331 HGB verwirklichen.[29]

c) Täterkreis

10 Eine täterschaftliche Verantwortung kommt nur für die im Gesetz ausdrücklich genannten Personen in Betracht, die für die Rechnungslegung zuständig sind (Rdn. 25). § 331 HGB nennt als mögliche Täter die **Mitglieder des vertretungsberechtigten Organs** einer Kapitalgesellschaft (Nrn. 1 bis 4; Rdn. 15ff, 65, 87, 105), die **Mitglieder des Aufsichtsrats** einer Kapitalgesellschaft (Nrn. 1 und 2; Rdn. 20ff, 65) und die **vertretungsberechtigten Gesellschafter des Tochterunternehmens** einer Kapitalgesellschaft (Nr. 4; Rdn. 105).

11 Auch wenn das Tochterunternehmen eine **Personengesellschaft** (OHG, KG und GbR) ist, können deren vertretungsberechtigte Gesellschafter nach § 331 Nr. 4 HGB Täter sein. Entscheidend ist allein, daß es sich bei dem Mutterunternehmen um eine Kapitalgesellschaft handelt.

2. Vereinbarkeit von § 331 HGB mit den gemeinschaftsrechtlichen Vorgaben der vierten EG-Bilanzrichtlinie

12 Nach **Art. 51 Abs. 3 der vierten EG-Richtlinie zur Angleichung des Gesellschaftsrechts**[30] müssen die Mitgliedstaaten in ihre Rechtsvorschriften geeignete Sanktionen für den Fall aufnehmen, daß der Jahresabschluß oder der Lagebericht der dort

---

[24] *Schmedding* S. 15.

[25] RGSt 29, 308 zu § 314 a.F.; BGH 1 StR 625/80, Urt. V. 10.2.1981; zit. nach *Tiedemann* in Belke/Oehmichen (Hrsg.) S. 35.

[26] Erbs/Kohlhaas/*Schaal* Rdn. 3; Heymann/*Otto* Rdn. 3; *Schmedding* S. 16; Scholz/*Tiedemann* Vor §§ 82ff Rdn. 67f; *Schüppen* S. 174; Baumbach/Hueck/*Schulze-Osterloh* Anh. § 82 Rdn. 2; MünchKommHGB-*Quedenfeld* Rdn. 4; Blumers/Frick/Müller/*Dannecker* Betriebsprüfungshandbuch Rdn. 641; a. A. *Biener/Berneke* Bilanzrichtlinien-Gesetz S. 470.

[27] Ebenroth/Boujong/Joost/*Wiedmann* Rdn. 1.

[28] Scholz/*Tiedemann* Vor §§ 82ff Rdn. 68.

[29] A. A. aber *Biener/Bernecke* S. 470 in bezug auf Steuerberater.

[30] ABl. EG 1978 Nr. L 222, S. 11, 28.

geregelten Gesellschaften nicht entsprechend der vierten und siebten Richtlinie erstellt ist. Sanktionen werden also nur für den Fall der Befreiung von der Prüfungspflicht gefordert. Demgegenüber hat der deutsche Gesetzgeber in § 331 Nr. 1 HGB Strafandrohungen für alle und nicht nur für kleine, befreite Kapitalgesellschaften vorgesehen. Außerdem wird die Verletzung bestimmter Vorschriften zur Aufstellung oder Feststellung des Jahresabschlusses durch § 334 Nr. 1 HGB als Ordnungswidrigkeit erfaßt. Hieraus zieht *Schüppen*[31] den Schluß, daß § 331 Nr. 1 HGB nicht richtlinienkonform sei,[32] zumal die Inkriminierung das verfassungsrechtliche Verhältnismäßigkeitsprinzip verletze. Gegen diese Auslegung spricht jedoch, daß in den Erwägungsgründen der Richtlinie deren Bedeutung für den Schutz der Gesellschafter und Dritter ausdrücklich hervorgehoben und in Art. 51 Abs. 4 der vierten Richtlinie das Erfordernis betont wird, daß der Jahresabschluß ein den tatsächlichen Verhältnissen entsprechendes Bild der Vermögens-, Finanz- und Ertragslage der Gesellschaft vermitteln muß. Wenn aber das Ziel der Richtlinie ist, die Vergleichbarkeit und inhaltliche Richtigkeit der Jahresabschlüsse herzustellen, ist nicht ersichtlich, weshalb § 331 Nr. 1 HGB, der die Manipulation des Jahresabschlusses unter Strafe stellt und damit das gemeinschaftsrechtliche Interesse in besonderer Weise schützt, gegen dieses Interesse verstoßen soll. Die bloße Prüfungspflicht bei großen Gesellschaften stellt keine hinreichende Gewähr für die Wahrheit und Vollständigkeit der Informationen dar und ist deshalb kein Äquivalent für strafrechtliche Sanktionen, die für den Fall einer Verfälschung oder Verschleierung angedroht sind. Der Gesetzgeber hat vielmehr der gemeinschaftsrechtlichen Verpflichtung (Art. 10 EGV) entsprochen, gemeinschaftsrechtliche Interessen ebenso wie nationale Interessen durch wirksame, verhältnismäßige und abschreckende Sanktionen zu schützen[33] und § 331 Nr. 1 HGB vergleichbar mit § 400 Abs. 1 Nrn. 1 und 4 AktG a. F. und § 82 Abs. 2 Nr. 2 GmbHG a. F. ausgestaltet. Außerdem kommt der Tatsache, daß Verletzungen im wesentlichen formeller Bilanzierungsvorschriften mit Geldbuße bedroht sind, keine Aussagekraft für die Rechtsfolgen schwerwiegender Verletzungen des materiellen Bilanzrechts zu.[34] Schließlich enthält § 331 HGB auch kein strengeres Bilanzrecht als jene Richtlinie, da das von der Europäischen Gemeinschaft vorgegebene nationale Bilanzrecht nur durch Strafsanktionen flankiert, nicht aber in sachlich-rechtlicher Hinsicht verschärft wird.

B. Unrichtige Wiedergabe oder Verschleierung der Verhältnisse der Kapitalgesellschaft (§ 331 Nr. 1 HGB)

§ 331 Nr. 1 HGB bedroht mit Strafe, wer als Mitglied des vertretungsberechtigten Organs oder des Aufsichtsrats einer Kapitalgesellschaft die Verhältnisse der Kapitalgesellschaft in der Eröffnungsbilanz, im Jahresabschluß, im Lagebericht oder im Zwischenabschluß nach § 340a Abs. 3 HGB unrichtig wiedergibt oder verschleiert. 13

---

31 *Schüppen* S. 185 ff.

32 Zur Notwendigkeit der gemeinschaftsrechtlichen Auslegung des Bilanzrechts vgl. Leffson/Rückle/Großfeld/*Bleckmann* S. 11, 28; zur richtlinienkonformen Auslegung des Bilanzstrafrechts Vor §§ 331 Rdn. 88; Wabnitz/Janovsky-*Dannecker* 8. Kapitel, Rdn. 90 m. w. N.; vgl. auch *Cobet* S. 4 f.

33 Grundlegend EuGHE 1989, 2965ff – *Griechischer Mais*; *Dannecker* in Gropp (Hrsg.) S. 161, 171; *Gröblinghoff* S. 19f, 34ff; *Kühl* S. 613f; *Satzger* S. 172ff, jeweils m. w. N.

34 So zutreffend Heymann/*Otto* Rdn. 4.

I. Täterkreis

14 Eine täterschaftliche Verantwortung kommt nur für die in § 331 Nr. 1 HGB im Gesetz ausdrücklich genannten Personen in Betracht, die für die Rechnungslegung zuständig sind: Mitglieder des vertretungsberechtigten Organs einer Kapitalgesellschaft und Mitglieder des Aufsichtsrats einer Kapitalgesellschaft.

1. Mitglieder vertretungsberechtigter Organe

15 Täter des § 331 Nr. 1 HGB kann nur eine **natürliche Person** sein, die entweder Mitglied des vertretungsberechtigten Organs oder des Aufsichtsrats ist. Wer zu dem jeweiligen Personenkreis gehört, bestimmt sich nach den gesetzlichen Regelungen für die in Frage stehende Art der Kapitalgesellschaft.

a) Aktiengesellschaft

16 Mitglieder des vertretungsberechtigten Organs der Aktiengesellschaft sind die **Mitglieder des Vorstands** (§ 76 Abs. 2, 3 AktG) einschließlich der **stellvertretenden Vorstandsmitglieder** (§ 94 AktG), sofern diese die Vorstandsgeschäfte wahrnehmen.[35]

17 Auch die **Mitglieder des Aufsichtsrats** sind Normadressaten des § 331 Nr. 1 HGB. Ihre Bestellung richtet sich nach den §§ 95ff AktG. Die Bestellung stellvertretender Aufsichtsratsmitglieder ist bei der AG nach § 101 Abs. 3 S. 1 AktG ausgeschlossen.

18 **Ersatzmitglieder** (§ 101 Abs. 3 S. 2 AktG) sind erst dann taugliche Täter, wenn das bisherige Mitglied ausgeschieden ist und das Ersatzmitglied die Funktion als Aufsichtsratsmitglied tatsächlich ausübt[36].

b) Kommanditgesellschaft auf Aktien

19 Bei der Kommanditgesellschaft auf Aktien sind Mitglieder des vertretungsberechtigten Organs die persönlich haftenden **Gesellschafter** (§§ 278 Abs. 2, 283 AktG).

20 Weiterhin sind die **Mitglieder des Aufsichtsrats** (§§ 278 Abs. 3, 95ff AktG) Normadressaten des § 331 Nr. 1 HGB. **Ersatzmitglieder** (§§ 278 Abs. 3, 101 Abs. 3 S. 2 AktG) müssen nach Ausscheiden des bisherigen Aufsichtsratsmitglieds die Funktion als Aufsichtsratsmitglied tatsächlich ausüben, um taugliche Täter zu sein.

c) GmbH

21 Bei der GmbH sind Mitglieder des vertretungsberechtigten Organs die **Geschäftsführer** (§ 35 Abs. 1 GmbHG) und die **stellvertretenden Geschäftsführer** (§ 44 GmbHG) taugliche Täter.[37]

22 Bei der GmbH ist nur in den durch §§ 1 Abs. 1, 6 Abs. 1 MitbestG, § 77 Abs. 1 BetrVerfG, § 4 MontanmitbestimmungsG, § 5 MitbestimmungsErgG, § 3 Gesetz über Kapitalanlagegesellschaften vorgeschriebenen Fällen von Gesetzes wegen ein Aufsichtsrat erforderlich. Die Mitglieder des **obligatorischen Aufsichtsrats** sowie die

---

[35] Beck BilKomm-*Budde/Hense* Rdn. 18; *Schmedding* S. 75; *Maul* DB 1989, 185, 188; Erbs/Kohlhaas/*Schaal* Rdn. 6; Heymann/*Otto* Rdn. 6; Blumers/Frick/Müller/*Dannecker* Betriebsprüfungshandbuch Rdn. 642.

[36] Erbs/Kohlhaas/*Schaal* Rdn. 7; Heymann/*Otto* Rdn. 15.

[37] Beck BilKomm-*Budde/Hense* Rdn. 18; *Schmedding* S. 75; *Maul* DB 1989, 185, 188; Erbs/Kohlhaas/*Schaal* Rdn. 6; Heymann/*Otto* Rdn. 6; Blumers/Frick/Müller/*Dannecker* Betriebsprüfungshandbuch Rdn. 642.

Ersatzmitglieder, die die Funktion als Aufsichtsrat tatsächlich ausüben, sind taugliche Täter des § 331 Nr. 1 HGB. Auch stellvertretende Aufsichtsratsmitglieder der GmbH[38] haften, wenn sie in der Stellvertretereigenschaft tätig geworden sind.[39]

Inwieweit **freiwillige Aufsichtsräte** der Norm des § 331 Nr. 1 HGB unterliegen, ist danach zu bestimmen, ob diesen die im Aktiengesetz (§§ 90, 105, 110ff, 170ff AktG) vorgesehenen Aufgaben eines Aufsichtsrats übertragen und die hierfür erforderlichen Kontrollrechte eingeräumt sind.[40] Dies ist nach § 52 GmbHG dann der Fall, wenn der Gesellschaftsvertrag nichts anderes bestimmt. In dieser extensiven Auslegung des Tatbestandsmerkmals Aufsichsrat liegt kein Fall der verbotenen Analogie, da das Gesetz nicht vom obligatorischen Aufsichtsrat spricht.[41] 23

d) Kapitalgesellschaft in Liquidation

Bei der Kapitalgesellschaft in Liquidation sind Mitglieder des vertretungsberechtigten Organs der oder die **Abwickler** bzw. **Liquidatoren** (§§ 265 Abs. 1, 290 AktG, § 66 GmbHG).[42] Wenn eine juristische Person als Liquidator bestellt ist, sind die Mitglieder von deren vertretungsberechtigtem Organ gemäß § 14 Abs. 1 Nr. 1, 1. Alt. StGB Normadressat des § 331 Nr. 1 HGB. 24

e) Sonstige Personen

Andere als die in § 331 Nr. 1 HGB ausdrücklich genannten Personen können nicht Täter sein. Leitende, nicht zum Vorstand gehörende Angestellte, Prokuristen und Handlungsbevollmächtigte sind nicht taugliche Täter des § 331 Nr. 1 HGB.[43] Die strafrechtliche Verantwortung kann auch nicht durch § 14 Abs. 2 StGB begründet werden, weil die Bilanzerstellung eine höchstpersönliche Organpflicht (§ 264 Abs. 1 S. 2; § 91 Abs. 1 AktG) ist.[44] Auch Mitglieder sonstiger fakultativer Aufsichtsgremien wie eines Beirats, eines Verwaltungsrats usw. können nicht Täter des § 331 HGB sein.[45] Nicht sonderpflichtige Personen können lediglich Teilnehmer – Anstifter und Gehilfe – sein. Die Strafe ist beim Teilnehmer gemäß § 28 Abs. 1 StGB zu mildern, weil es sich bei der Sonderdeliktseigenschaft um ein besonderes persönliches Merkmal handelt. Die Beihilfe ist bis zur Beendigung der Tat (Rdn. 63) möglich. 25

f) Faktische Betrachtungsweise

Die Bestimmung des Normadressaten erschöpft sich nicht in einer formalen Betrachtungsweise, nach der nur wirksam bestellte und im Handelsregister eingetragene Mitglieder des vertretungsberechtigten Organs taugliche Täter sein können. 26

---

[38] Zur Bestellung stellvertretender Aufsichtsratsmitglieder vgl. Baumbach/Hueck/*Zöllner* § 52 Rdn. 28 ff, insbes. Rdn. 30.

[39] Heymann/*Otto* Rdn. 16.

[40] Blumers/Frick/Müller/*Dannecker* Betriebsprüfungshandbuch Rdn. 643; Baumbach/Hueck/*Schulze-Osterloh* Anh. § 82 Rdn. 8.

[41] Baumbach/Hueck/*Schulze-Osterloh* Anh. § 82 Rdn. 8; a. A. Beck BilKomm-*Budde/Hense* Rdn. 18.

[42] Achenbach/Wannenmacher/*Ransiek* § 23 III Rdn. 255; Erbs/Kohlhaas/*Schaal* Rdn. 6.

[43] Blumers/Frick/Müller/*Dannecker* Betriebsprüfungshandbuch Rdn. 641; Heymann/*Otto* Rdn. 16; MünchKommHGB-*Quedenfeld* Rdn. 11; *Schmedding* S. 81; *Tiedemann* Artikel Bilanzstrafrecht S. 3; a. A. *Biener/Berneke* S. 470; *Maul* DB 1989, 185, 188.

[44] Heymann/*Otto* Rdn. 38 m. w. N.; MünchKommHGB-*Quedenfeld* Rdn. 11; Schönke/Schröder/*Lenckner/Perron* § 14 Rdn. 8.

[45] Beck BilKomm-*Budde/Hense* Rdn. 18; Erbs/Kohlhaas/*Schaal* Rdn. 7; MünchKommHGB-*Quedenfeld* Rdn. 27; Achenbach/Wannenmacher/*Ransiek* § 23 III Rdn. 256.

Für das Handeln als Geschäftsführer kommt es nicht auf die Wirksamkeit der Bestellung zum Geschäftsführer an.[46] Der Begriff des vertretungsberechtigten Organs bestimmt sich auch nach tatsächlichen Kriterien.[47]

aa) Faktischer Geschäftsführer und Vorstand

27 Auch der faktische Geschäftsführer oder Vorstand ist tauglicher Täter des § 331 Nr. 1 HGB. Es ist unstreitig, daß auch ein unwirksamer Bestellungsakt ausreichende Grundlage für die Entstehung der strafrechtlichen Pflichtenstellung ist.[48] Die Tatsache, daß rechtliche Mängel des zivilrechtlichen Bestellungsaktes im Strafrecht unbeachtlich sind, kommt auch in § 14 Abs. 3 StGB zum Ausdruck.[49] Zudem muß der Geschäftsführer nicht notwendig im Handelsregister eingetragen sein.[50] Die Aufnahme der Tätigkeit vor der Eintragung begründet hier bereits die Tätereigenschaft.[51]

Umstritten ist, ob die tatsächliche Übernahme der Geschäftsführer- bzw. Vorstandsstellung ohne einen zumindest **konkludenten Bestellungsakt** ausreicht, um die Strafbarkeit zu begründen.[52] Diese Problematik wird insbesondere im Zusammenhang mit der faktischen Geschäftsführung diskutiert. Nach einer in der Literatur vertretenen Auffassung soll der Verzicht auf einen Bestellungsakt gegen das Bestimmtheitsgebot des Art. 103 Abs. 2 GG verstoßen.[53] Auch zeige § 14 Abs. 3 StGB, daß strafrechtliche Verantwortung wenigstens ein Vertretungs- oder auch Vertragsverhältnis voraussetze, möge es auch unwirksam sein.[54] Keineswegs entspreche die herrschende Praxis hinsichtlich des faktischen Geschäftsführers dem Grundgedanken der in § 14 StGB getroffenen Regelung.[55] Demgegenüber verzichten die Rechtsprechung[56] und ein Teil der Literatur[57] auf jeglichen Bestellungsakt und sehen als Geschäftsführer auch denjenigen an, der, ohne förmlich dazu bestellt oder im Handelsregister eingetragen zu sein, die **Funktion eines Organs** einnimmt, und zwar jedenfalls dann, wenn diese Person in der Gesellschaft alleine bestimmt[58] oder wenn ihr eine beherrschende oder überragende Stellung in der Gesellschaft zukommt.[59] Kriterien für eine solche Stellung, die zumindest teilweise kumulativ vorliegen müssen,[60] können die Bestimmung der Unternehmenspolitik, der Unternehmensorganisation, die Einstellung und Entlassung

---

46 BGHSt 3, 32, 37 f; Rowedder/*Fuhrmann/Schaal* § 82 Rdn. 6; Hachenburg/*Kohlmann* Rdn. 23 Vor § 82; Scholz/*Tiedemann* § 82 Rdn. 41; *Stein* S. 130 ff, 194 ff; zu § 83 a. F. BGHSt 6, 314, 316; für die Genossenschaft RGSt 16, 269, 270 ff; für die AG: RGSt 64, 81, 84.

47 MünchKommHGB-*Quedenfeld* Rdn. 12 ff; Heymann/*Otto* Rdn. 8 ff.

48 RGSt 16, 269, 271; 64, 81, 84; Scholz/*Tiedemann* § 84 Rdn. 27 ff, *Schüppen* S. 146 ff, jeweils m. w. N.

49 GKAktG-*Otto* § 399 Rdn. 22.

50 RGSt 43, 430, 431; *Kratzsch* ZGR 1985, 506; *Löffeler* wistra 1989, 121, 123; MünchKommHGB-*Quedenfeld* Rdn. 16; Scholz/*Tiedemann* § 82 Rdn. 41.

51 RGSt 34, 412 f; MünchKommHGB-*Quedenfeld* Rdn. 16.

52 Bejahend Scholz/*Tiedemann* § 82 Rdn. 42; verneinend Baumbach/Hueck/*Schulze-Osterloh* § 82 Rdn. 77.

53 *Stein* S. 130 ff, 194 ff; *Lutter/Hommelhoff* § 82 Rdn. 2 in Verb. mit § 84 Rdn. 3; *Roth/Altmeppen* § 82 Rdn. 2 in Verb. mit § 84 Rdn. 3 ff; *Ransiek* Unternehmensstrafrecht S. 92 ff; *Hoyer* NStZ 1988, 368, 370.

54 *Stein* S. 194 ff; Schönke/Schröder/*Lenkner/Perron* § 14 Rdn. 42, 43; Achenbach/Wannenmacher/*Ransiek* § 23 III Rdn. 247; kritisch dazu *Fuhrmann* FS Tröndle S. 139, 150 f.

55 So aber BGHSt 31, 118, 123.

56 BGHSt 3, 32, 37; 6, 314, 315; 21, 101, 104; 28, 20, 21; 31, 118, 122; 33, 21, 24; 34, 221, 222; 34, 379, 382.

57 *Fuhrmann* FS Tröndle S. 139 ff; *Schäfer* GmbHR 1993, 722 f; *Cadus* S. 146 f; Heymann/*Otto* Rdn. 8 ff; Müller/Gugenberger/Bieneck/*Schmid* § 30 Rdn. 13 ff, jeweils m. w. N.

58 BGHSt 3, 32, 37 f; 21, 101, 104.

59 BGHSt 31, 118, 122.

60 Nach *Dierlamm* NStZ 1996, 156, müssen 6 dieser 8 Kriterien erfüllt sein, damit eine „überragende Stellung“ vorliegt; zustimmend MünchKommHGB-*Quedenfeld* Rdn. 20.

von Mitarbeitern und die Ausstellung von Zeugnissen, die Gestaltung der Geschäftsbeziehungen zu Vertragspartnern der Gesellschaft einschließlich der Vereinbarung von Vertrags- und Zahlungsmodalitäten, die Entscheidung der Steuerangelegenheiten, Verhandlungen mit Kreditgebern, die Steuerung der Buchhaltung und Bilanzierung sowie eine dem Geschäftsführergehalt entsprechende Vergütung sein. Außerdem muß die Tätigkeit des faktischen Geschäftsführers nach außen erkennbar und auf Dauer angelegt sein.[61]

Die Tatsache, daß andere Personen rechtswirksam zu Organen bestellt sind und umfassende Kompetenzen haben, ist unerheblich.[62] Teilweise wird bereits ein bloßes **Übergewicht in der Geschäftsführung** als ausreichend angesehen.[63] Durch den Verzicht auf einen Bestellungsakt will die Rechtsprechung ungerechte Ergebnisse vermeiden,[64] die insbesondere dann auftreten, wenn die zum Organ bestellten Personen bloße Strohmänner des Herrschenden sind.[65] In diesen Fällen sind neben den formell bestellten Organmitgliedern diejenigen Personen strafrechtlich verantwortlich, die im Einverständnis oder mit Duldung des für die Bestellung zuständigen Gesellschaftsorgans die tatsächliche Stellung eines Geschäftsführers mit den diesem zukommenden Funktionen und Aufgaben einnehmen. Es muß also lediglich eine **„tatsächliche Organbestellung"** in Form eines Einverständnisses der Gesellschafter[66] oder des maßgeblichen Gesellschaftsorgans vorliegen. Gegen diese Auffassung bestehen allerdings Bedenken aufgrund des Bestimmtheitsgebots des Art. 103 Abs. 2 GG:[67] Nur wenn **alle Gesellschafter** und nicht nur eine Mehrheit, die im Rahmen der Gesellschafterversammlung einen wirksamen Beschluß fassen könnte, **einverstanden** sind, reicht ein solches Einverständnis aus, um eine faktische Geschäftsführerstellung zu begründen.[68] Die bloße Tätigkeit neben einem förmlich bestellten Organ, das seinerseits eine Organtätigkeit tatsächlich und zudem nicht nur nachrangig ausübt, ist ein Indiz gegen das Vorliegen einer faktischen Organstellung. Auch das Besetzen einzelner Geschäftsfelder unter Verdrängung des bestellten Organs, das seine sonstigen Aufgaben ausübt, begründet noch keine faktische Organstellung. 28

Der **aktive Alleingesellschafter** bzw. **Mehrheitsgesellschafter** ist solange kein faktisches Gesellschaftsorgan, solange bestellte und tatsächlich als Gesellschaftsorgan nicht nur nachrangig tätige Dritte vorhanden sind. Denn die faktische Betrachtungsweise dient lediglich dazu, Strafbarkeitslücken zu schließen.[69] 29

Die **rückwirkende Beendigung der Organstellung**, die zivilrechtlich möglich ist, läßt die Strafbarkeit unberührt. Wenn der Täter über den Zeitpunkt der Beendigung der Organstellung hinaus seine Aufgaben weiterhin wahrnimmt, bleibt er bis zur tatsächlichen Amtsaufgabe tauglicher Täter.[70] 30

bb) Nicht wirksam entstandene oder noch nicht bestehende Kapitalgesellschaft

Selbst bei einer nicht wirksam entstandenen oder nicht bestehenden Kapitalgesellschaft existieren Mitglieder des vertretungsberechtigten Organs, wenn ein solches 31

61 *Dierlamm* NStZ 1996, 156f.
62 Kritisch dazu *Kratzsch* ZGR 1985, 531ff.
63 BGH StV 1984, 461 mit abl. Anmerkung *Otto*.
64 BGHSt 21, 101, 105.
65 Vgl. BGHSt 21, 101; RGSt 71, 112.
66 BGH wistra 1990, 60; BGHSt 31, 118; 33, 21, 24.
67 Vgl. nur *Ransiek* Unternehmensstrafrecht S. 92ff m. w. N.
68 MünchKommHGB-*Quedenfeld* Rdn. 20; Scholz/*Tiedemann* § 84 Rdn. 30.
69 MünchKommHGB-*Quedenfeld* Rdn. 20.
70 MünchKommHGB-*Quedenfeld* Rdn. 18; Heymann/*Otto* Rdn. 9; Scholz/*Tiedemann* § 84 Rdn. 29.

Amt von einer natürlichen Person ausgeübt wird. Auch die Tatsache, daß die Gesellschaft nichtig ist, bleibt ohne Relevanz.[71] Entscheidend ist, daß der Geschäftsführer oder Vorstand sein Amt **tatsächlich wahrnimmt.**[72]

2. Aus mehreren Personen bestehende vertretungsberechtigte Organe

32 Sind mehrere Mitglieder des vertretungsberechtigten Organs bestellt, so kommt das einzelne Mitglied auch dann als Täter in Betracht, wenn die Gesellschaft nur durch mehrere oder die Gesamtheit der Mitglieder vertreten werden kann. Die interne Ressortzuständigkeit des Handelnden ist strafrechtlich ohne Bedeutung.[73] Wenn die Aufstellung der Rechnungslegung auf einem Mehrheitsbeschluß der Geschäftsführer beruht, beseitigt eine abweichende Stimmabgabe allein die Strafbarkeit nicht;[74] vielmehr ist zusätzlich die Information der Gesellschafterversammlung, gegebenenfalls des Abschlußprüfers und des Aufsichtsrats, erforderlich.[75] Wenn erst die Feststellung durch die Gesellschafterversammlung nach §§ 46 Nr. 1, 42a Abs. 2 GmbHG zur unrichtigen Darstellung oder Verschleierung führt, wird die Täterschaft der Geschäftsführer erst durch die in § 245 HGB vorgeschriebene Unterzeichnung, durch die Mitwirkung an der Offenlegung nach §§ 325ff HGB oder durch eine sonstige Mitteilung der Unterlagen begründet.[76] Dabei muß jedem Einzelnen die Tathandlung nachgewiesen werden, wenn er als (Allein- oder Mit-)Täter belangt werden soll.[77]

II. Gegenstand der Tathandlung

1. Mittel der Darstellung

33 § 331 Nr. 1 HGB betrifft die unrichtige Wiedergabe oder Verschleierung der Verhältnisse in der **Eröffnungsbilanz** (§ 242 Abs. 1 HGB), im **Jahresabschluß** (Jahresabschlußbilanz und Gewinn- und Verlustrechnung, § 242 Abs. 3 HGB), im **Lagebericht** (§§ 264 Abs. 1, 289 HGB) und im **Zwischenabschluß bei Kreditinstituten** (§ 340a Abs. 3 HGB).

34 Problematisch ist, ob auch der **Anhang zum Jahresabschluß** gehört, der – ebenso wie der Jahresabschluß – dazu beitragen soll, ein den tatsächlichen Verhältnissen entsprechendes Bild vom Geschäftsverlauf und der Lage der Kapitalgesellschaft zu vermitteln (§ 289 Abs. 1 HGB). In der Legaldefinition des § 242 Abs. 3 HGB wird der Anhang zwar nicht genannt. Jedoch sieht § 264 Abs. 1 S. 1 HGB vor, daß Anhang und Jahresabschluß eine Einheit bilden. Wendet man also die Legaldefinition des § 242 HGB konsequent an, so ist der Anhang begrifflich nicht vom Jahresabschluß umfaßt. Entscheidend bleibt jedoch die ratio legis, und diese spricht für eine Einbeziehung des

---

[71] RGSt 43, 407, 410, 413 ff.

[72] BGHSt 3, 37 f; BGH GmbHR 1955, 61; BGH bei Herlan GA 1971, 36 und bei Holtz MDR 1980, 453; Rowedder/*Fuhrmann/Schaal* § 82 Rdn. 11; Scholz/*Tiedemann* § 82 Rdn. 41; *Kratzsch* ZGR 1985, 532; *Montag* S. 11ff.

[73] RGSt 13, 235; BGHSt 31, 264, 277; 36, 106, 123ff; BGH wistra 1990, 97, 98; Blumers/Frick/Müller/*Dannecker* Betriebsprüfungshandbuch Rdn. 642; *Schmedding* S. 76; Achenbach/Wannenmacher/*Ransiek* § 23 III Rdn. 249; Heymann/*Otto* Rdn. 7.

[74] *Arnhold* S. 156f; Bonner Hdb-*Maier* Rdn. 13.

[75] Baumbach/Hueck/*Schulze-Osterloh* Anh. § 82 Rdn. 8; vgl. auch MünchKommHGB-*Quedenfeld* Rdn. 21; Achenbach/Wannenmacher/*Ransiek* § 23 III Rdn. 252.

[76] Baumbach/Hueck/*Schulze-Osterloh* Anh. § 82 Rdn. 8.

[77] Zur Strafbarkeit des faktischen Organs vgl. *Cobet* S. 70ff.

Anhangs in den strafrechtlichen Schutz des § 331 Nr. 1 HGB, weil der Anhang für das Verständnis zahlreicher Bilanzpositionen Bedeutung gewinnen kann. Daher sind der Inhalt der Bilanz und der Gewinn- und Verlustrechnung grundsätzlich so zu verstehen, wie es sich aus den Erläuterungen des Anhangs ergibt. Soweit die Angaben im Anhang die Richtigkeit und Vollständigkeit der Bilanz oder der Gewinn- und Verlustrechnung ausnahmsweise nicht beeinflussen und zu einer Verfälschung führen, können sie im Wege der teleologischen Reduktion aus dem Anwendungsbereich des § 331 Nr. 1 HGB ausgenommen werden.[78] Hierfür spricht auch, daß Art. 2 Abs. 1 der vierten EG-Bilanzrichtlinie den Jahresabschluß aus Bilanz, Gewinn- und Verlustrechnung und Anhang bestehend definiert.[79] Da § 331 HGB an das harmonisierte Bilanzrecht anknüpft, ist diese Vorschrift richtlinienkonform auszulegen. Die Intention der Richtlinie würde aber verfehlt, wenn der Anhang nicht mit einbezogen würde, da es nach den gemeinschaftsrechtlichen Vorgaben einen Jahresabschluß der Kapitalgesellschaft nur mit Anhang gibt. Diese Auslegung verstößt auch nicht gegen die Wortlautgrenze (Art. 103 Abs. 2 GG),[80] da § 331 Nr. 1 HGB nicht ausdrücklich auf § 242 Abs. 3 HGB verweist. Daher kann § 264 Abs. 1 HGB zur Auslegung des Begriffs des Jahresabschlusses mit herangezogen werden.

Das **Weglassen von Angaben**, über die gemäß § 286 HGB im Interesse des Staates oder des Unternehmens nicht Bericht zu erstatten ist, führt nicht zur Unvollständigkeit der Wiedergabe.[81] Wenn allerdings im Anhang über solche Umstände berichtet wird, müssen die Angaben richtig sein (Rdn. 44). 35

2. Verhältnisse der Kapitalgesellschaft

Gegenstand der Darstellung sind die Verhältnisse der Gesellschaft, soweit sie in der Eröffnungsbilanz, dem Jahresabschluß und Lagebericht zum Ausdruck kommen. Unter den Verhältnissen der Kapitalgesellschaft werden **alle wirtschaftlichen, sozialen und politischen Umstände**, d.h. Tatsachen, Vorgänge, Daten und Schlußfolgerungen verstanden, die für die Beurteilung der Situation und künftigen Entwicklung tatsächlich von Bedeutung sind.[82] Die Verhältnisse können sich auf die Vergangenheit, die Gegenwart und die Zukunft beziehen. 36

Der Gesetzgeber hat den Begriff der Verhältnisse – in Anlehnung an § 400 AktG – nicht auf „wirtschaftliche Verhältnisse" oder – wie in § 82 Abs. 2 Nr. 2 GmbHG – die „Vermögenslage" beschränkt. Unter der Geltung des Art. 103 Abs. 2 GG ist eine **restriktive Auslegung** geboten und der Begriff der Verhältnisse auf solche Umstände zu beschränken, die als Beurteilungsfaktor für die Einschätzung der Lage, der Funktion, des Erscheinungsbildes oder der Entwicklung der Gesellschaft erheblich sein können.[83] Hierzu gehören auch die Beziehungen zu verbundenen Unternehmen, über die deshalb zu berichten ist.[84] Umstände, die von vornherein für die Einschätzung der wirtschaftlichen Lage und des sonstigen Erscheinungsbildes der Gesellschaft irrelevant sind, erfaßt der Tatbestand nicht.[85] **Klassische Fälle**, die in den Anwendungs- 37

---

78 Heymann/*Otto* Rdn. 20; Baumbach/Hueck/*Schulze-Osterloh* Anh. § 82 Rdn. 4; Scholz/*Tiedemann* § 82 Rdn. 70; vgl. auch *Cobet* S. 50ff sowie *Schüppen* S. 169ff.

79 *Schüppen* S. 197.

80 So aber *Heise* S. 175f.

81 Heymann/*Otto* Rdn. 20.

82 *Gramich* wistra 1987, 158f; Heymann/*Otto* Rdn. 22; Leffson/Rückle/Großfeld/*Weber* S. 321.

83 Heymann/*Otto* Rdn. 22; a.A. Erbs/Kohlhaas/*Schaal* Rdn. 12.

84 Ausschußbericht, BTDrucks. 10/4268, S. 122; *Biener/Berneke* S. 470; Bonner HdB-*Maier* Rdn. 4; Heymann/*Otto* Rdn. 22; Baumbach/Hueck/*Schulze-Osterloh* Anh. § 82 Rdn. 5.

85 Baumbach/Hueck/*Schulze-Osterloh* Anh. § 82 Rdn. 5.

bereich des § 331 Nr. 1 HGB fallen und bereits Gegenstand reichsgerichtlicher Entscheidungen waren, sind die falsche Bewertung von Außenständen, die Aufnahme von fremden, der Gesellschaft nicht gehörenden Gegenständen und die Nichtaufnahme von Vermögensgegenständen oder Schulden in die Bilanz.[86]

38 Angaben, die gemäß § **286 HGB** der Berichterstattungspflicht nicht unterliegen (Rdn. 35), müssen auch im Lagebericht nicht erwähnt werden.[87] Über Tatsachen, die im **Interesse des Staatsschutzes** nicht offen gelegt werden dürfen, darf nicht berichtet werden. Über Tatsachen, die im **Interesse des Unternehmens** keiner Berichtspflicht unterliegen, muß nicht berichtet werden, wohl aber darf hierüber berichtet werden. Freiwillige Angaben müssen jedoch richtig sein (Rdn. 44).

III. Tathandlungen

39 Als Tathandlungen nennt § 331 Nr. 1 HGB die **unrichtige Wiedergabe** und die **Verschleierung** der Verhältnisse der Kapitalgesellschaft.

1. Unrichtige Wiedergabe

a) Unrichtigkeit der Angaben

40 Die Verhältnisse werden dann unrichtig wiedergegeben, wenn die dargestellte wirtschaftliche Situation der in Wirklichkeit bestehenden Sachlage nicht entspricht, weil z. B. fiktive Posten eingestellt, falsche Bezeichnungen gewählt, Überbewertungen vorgenommen oder bestimmte Posten weggelassen werden.[88] Maßgeblich sind also die **objektiven Faktoren.**[89] Der Inhalt der Erklärung ist nach dem **Empfängerhorizont** auszulegen.[90] Entscheidend ist das Verständnis eines bilanzkundigen Lesers.[91] Typische Beispielsfälle sind die Aufnahme fremder Vermögensgegenstände, die Nichtaufnahme der Gesellschaft gehörender Vermögensgegenstände oder gegen die Gesellschaft bestehender Forderungen in die Bilanz sowie Manipulationen des Warenbestandes. Weiterhin sind die Erfassung und Bewertung von Halbfertigprodukten, die Aktivierung immaterieller Vermögensgegenstände und die unzutreffende Vornahme von Wertberichtigungen zu nennen.

aa) Verstöße gegen Bewertungsvorschriften

41 Von der Tathandlung der unrichtigen Wiedergabe werden nicht nur unzutreffende Tatsachen erfaßt, sondern auch Verstöße gegen Bewertungsvorschriften und Bewertungsverbote, da diese Verbote der **Sicherung der Bilanzwahrheit** dienen. Maßstab bei unrichtigen rechtlichen Schlußfolgerungen sind die Vorschriften des Bilanzrechts, die Grundsätze ordnungsmäßiger Buchführung (GoB) und das Gebot, die Vermögens-, Finanz- und Ertragslage der Kapitalgesellschaft richtig auszuweisen. Bewertungen, Schätzungen, Prognosen und Beurteilungen sind im Bilanzrecht häufig erforderlich und reichen von der Schätzung der voraussichtlichen Nutzungsdauer eines

[86] RGSt 36, 436ff; 37, 433ff; 38, 1ff; 41, 293ff; 43, 407ff; 62, 357ff; 64, 422ff; 67, 349ff; vgl. auch *Marker* S. 27f.

[87] *Tiedemann* Artikel Bilanzstrafrecht, S. 6.

[88] Eingehend dazu *Nelles* S. 30 ff.

[89] Beck BilKomm-*Budde/Hense* Rdn. 11; MünchKommHGB-*Quedenfeld* Rdn. 33; Erbs/Kohlhaas/*Schaal* Rdn. 19.

[90] Heymann/*Otto* Rdn. 25.

[91] RGSt 68, 349; KK-*Geilen* § 400 Rdn. 40; *Klussmann* S. 51f; Scholz/*Tiedemann* § 82 Rdn. 154.

Gegenstandes über die Bemessung ungewisser Schulden bis zur Bewertung zweifelhafter Forderungen. Hierbei ist zu berücksichtigen, daß die Bilanzgrundsätze auf gemeinschaftsrechtlichen Vorgaben beruhen und daher richtlinienkonform auszulegen sind (Vor §§ 331ff Rdn. 88).[92]

Die **Bewertungen, Schätzungen, Prognosen** und **Beurteilungen** sind unrichtig, wenn zum einen die tatsächlichen Grundlagen, auf denen sie beruhen, objektiv unrichtig sind. Zum anderen kann die Unrichtigkeit darauf beruhen, daß die aus objektiv richtigen Grundlagen gezogenen tatsächlichen oder rechtlichen Schlußfolgerungen objektiv unrichtig sind. In letzterem Falle ist die Bestimmung der Unrichtigkeit unter strafrechtlichen Gesichtspunkten problematisch. Bewertungen sind zwar dann unrichtig, wenn sie sich nicht im Rahmen der Grundsätze ordnungsmäßiger Buchführung und Bilanzierung halten und das Gebot, die Vermögens-, Finanz- und Ertragslage der Kapitalgesellschaft richtig auszuweisen, nicht erfüllt wird. Soweit aber **Bewertungsunsicherheiten** bestehen, fordert die heute h. M., daß die Angaben evident unrichtig sein müssen. Danach muß die vorgelegte Schlußfolgerung oder Beurteilung nach einheitlichem Konsens der einschlägigen Fachleute unvertretbar sein (Vor §§ 331ff Rdn. 90).[93] Dadurch wird die Überprüfbarkeit der Bewertung erheblich eingeschränkt. Lediglich durch eine restriktive (verfassungskonforme) Auslegung kann aber dem auch für das Bilanzstrafrecht geltenden Grundsatz der Tatbestandsbestimmtheit (Art. 103 Abs. 2 GG) Rechnung getragen werden. Daher wird nur ausnahmsweise eine strafrechtliche Verantwortung vorliegen, wenn im Zusammenhang mit der Berichterstattung im Lagebericht über die voraussichtliche Entwicklung des Unternehmens Voraussagen getroffen werden. Allerdings verliert die restriktive Auslegung im Bilanzstrafrecht, die eine Begrenzung auf eine evident unrichtige Wiedergabe erfordert, durch den **Grundsatz des true and fair view** (§ 264 Abs. 2 S. 2 HGB) an praktischer Relevanz. Denn nach diesem Grundsatz ist ein den tatsächlichen Verhältnissen entsprechendes Bild zu vermitteln; es reicht nicht aus, daß bei der bilanzrechtlichen Bewertung nur die gesetzlichen Vorschriften und die Grundsätze ordnungsmäßiger Buchführung herangezogen werden, vielmehr sind die wirtschaftlichen Transaktionen zusätzlich nach ihrem wirtschaftlichen Gehalt darzustellen.[94] Gerade bei Zweifelsfragen wird man daher zumindest ergänzende Erläuterungen im Anhang oder Lagebericht fordern müssen. Fehlen solche Ausführungen, so ist der Anhang oder der Lagebericht unrichtig.[95] **42**

bb) Erfordernis der Erheblichkeit

Eine Restriktion erfährt der Straftatbestand des § 331 Nr. 1 HGB durch das – dem Gesetzeswortlaut allerdings nicht zu entnehmende – Erfordernis der Erheblichkeit. Im Hinblick darauf, daß nach § 334 Abs. 1 Nr. 1 lit. a bis d HGB Verletzungen bestimmter Rechnungslegungsvorschriften als Ordnungswidrigkeiten geahndet werden können (§ 334 Rdn. 56), ist es erforderlich, nicht erhebliche Verstöße aus dem Anwendungsbereich des § 331 Nr. 1 HGB auszuscheiden.[96] Erst wenn die Pflichtver- **43**

---

92 Heymann/*Otto* Rdn. 28; *Tiedemann* FS Lackner S. 737, 743f.

93 RGSt 49, 363; *Lutter/Hommelhoff* § 82 Rdn. 24; Baumbach/Hueck/*Schulze-Osterloh* Anh. § 82 Rdn. 6; Schönke/Schröder/*Lenckner/Perron* § 265b Rdn. 40; Scholz/*Tiedemann* Vor §§ 82ff Rdn. 74; Erbs/Kohlhaas/*Schaal* Rdn. 19; Leffson/Rückle/Großfeld/*Weber* S. 322f.; vgl. auch *Schmedding* S. 101ff.

94 Heymann/*Jung* § 264 Rdn. 36.

95 Blumers/Frick/Müller/*Dannecker* Betriebsprüfungshandbuch Rdn. 645.

96 Beck BilKomm-*Budde/Hense* Rdn. 20.

letzung so erheblich ist, daß sie zur Unrichtigkeit oder Unvollständigkeit der Darstellung als solcher führt, ist die Grenze der Strafbarkeit erreicht.[97] Jedoch ist es zu eng, bei Gliederungsvorschriften auf die Nichtigkeitsvorschrift des § 256 Abs. 4 AktG abzustellen und nur Verstöße, die zur Nichtigkeit des Jahresabschlusses führen, als erheblich anzusehen.[98]

cc) Freiwillige Angaben

44 Unrichtige Angaben im Sinne des § 331 Nr. 1 HGB liegen auch dann vor, wenn es sich um freiwillige Angaben handelt. Solche Angaben sind vor allem im Anhang und im Lagebericht denkbar, die den Jahresabschluß als selbständiges Informationsinstrument ergänzen. Grenzen für (zutreffend) freiwillige Aussagen, die nach § 331 Nr. 1 HGB nicht verboten sind, können sich aus dem Geheimnisschutz und der Vermögensfürsorgepflicht der Gesellschaftsorgane ergeben, die zur Strafbarkeit wegen Geheimnisverrats (§ 333 HGB) und Untreue (§ 266 StGB; vor §§ 331ff Rdn. 61ff) führen können. Dies ist dann der Fall, wenn die Gefahr besteht, daß durch detaillierte Informationen Konkurrenzunternehmen in die Lage versetzt werden, Maßnahmen nachzuahmen oder ihnen wirksam entgegenzutreten. In solchen Fällen hat der Geheimhaltungsschutz Vorrang vor den Informationsbedürfnissen (§ 333 Rdn. 62).[99]

b) Unvollständigkeit der Angaben

aa) Vollständigkeitsgebot nach §§ 246 Abs. 1, 300 Abs. 2 HGB

45 Im Hinblick darauf, daß in §§ 246 Abs. 1, 300 Abs. 2 HGB der Vollständigkeitsanspruch normiert ist, führt auch das Fehlen einzelner Vermögensgegenstände, Aufwendungen oder Erträge zur **Unrichtigkeit der Darstellung.** Es müssen alle betrieblich genutzten Vermögensgegenstände erfaßt werden, die dem Unternehmen nach wirtschaftlichen Gesichtspunkten zuzurechnen sind. Gegen den Vollständigkeitsanspruch wird auch dann verstoßen, wenn z. B. Bargeldbestände in „schwarzen Kassen" oder Halbfabrikate nicht erfaßt werden. Auch in diesen Fällen handelt es sich um unrichtige Wiedergaben durch positives Tun.[100]

bb) Unterlassen von Angaben nach § 286 HGB

46 Keine hohen Anforderungen bezüglich der Vollständigkeit dürfen an die **Ausführungen im Anhang** gestellt werden, wenn ansonsten die Gefahr bestünde, daß **schützenswerte Interessen der Gesellschaft** ernsthaft tangiert würden. Die Grenzziehung erfolgt durch § 286 Abs. 2 und 3 HGB. Hiernach können die Aufgliederung der Umsatzerlöse nach § 285 Nr. 4 HGB und die Angaben zum Anteilsbesitz ab 20 % nach § 285 Nr. 11 HGB unter bestimmten Voraussetzungen im Interesse des Unternehmens unterbleiben, wenn die ernsthafte (nicht notwendigerweise akute) Gefahr eines erheblichen Nachteils vorliegt, weil aus der Aufgliederung der Umsatzerlöse oder den Angaben zum Anteilsbesitz die Mitbewerber Informationen erhalten würden, die das berichtende Unternehmen oder beteiligte oder verbundene Gesellschaften schädigten. Jedoch besteht Einigkeit darüber, daß die Schutzklauseln des § 286 HGB eng auszulegen sind.[101]

---

97 Heymann/*Otto* Rdn. 22; Leffson/Rückle/Großfeld/*Weber* S. 322.

98 So aber Beck BilKomm-*Budde*/*Hense* Rdn. 21.

99 Blumers/Frick/Müller/*Dannecker* Betriebsprüfungshandbuch Rdn. 647.

100 Blumers/Frick/Müller/*Dannecker* Betriebsprüfungshandbuch Rdn. 646.

101 Vgl. nur Blumers/Frick/Müller/*Dannecker* Betriebsprüfungshandbuch Rdn. 647.

cc) Freiwillige Angaben

Im Falle freiwilliger Angaben kommt dem Vollständigkeitsgebot allenfalls untergeordnete Bedeutung zu. Nur wenn sich aus den freiwilligen Angaben die **konkludente Erklärung** ergibt, daß die Darstellung umfassend ist, und hierdurch ein unrichtiges Bild der Verhältnisse der Gesellschaft vermittelt wird, liegen unrichtige Angaben vor. 47

2. Verschleierung

Eine Verschleierung der Verhältnisse der Kapitalgesellschaft liegt vor, wenn wirtschaftlich bedeutsame Verhältnisse zwar objektiv richtig dargestellt werden, ihre Erkennbarkeit aber so **erheblich erschwert** ist, daß die Gefahr einer unzutreffenden Beurteilung der wirtschaftlichen Situation entsteht.[102] Hierfür ist es erforderlich, daß es sich um **schwerwiegende Verstöße** handelt, weil nur dann die Verhältnisse der Gesellschaft für einen sachverständigen Dritten „nicht oder doch nur schwer" erkennbar sind.[103] Bereits das Reichsgericht[104] hat dargelegt, daß es unzulässig ist, Bilanzen so zu gestalten, daß sie in wesentlichen Punkten ein falsches Bild bieten und den Leser zu falschen Schlüssen über die Ergebnisse des Geschäftsjahres und den Vermögensstand der Gesellschaft zu führen geeignet sind, auch wenn die Aufdeckung der Wahrheit für die Gesellschaft Schaden mit sich bringt. Die Pflicht der Gesellschaftsorgane, die Gesellschaft vor Schaden zu bewahren, muß hinter der Pflicht, die Verhältnisse in der Bilanz wahrheitsgemäß und offen darzustellen, zurücktreten. Der Tatbestand der Bilanzverschleierung ist z. B. erfüllt, wenn wesensfremde Positionen zusammengezogen oder unzulässige Saldierungen vorgenommen werden. Aber auch wenn der sonst mögliche Einblick in die wirkliche Situation des Unternehmens nur durch eine geschickt manipulierte Darstellung verhindert wird, liegt eine Verschleierung vor. 48

3. Abgrenzung zwischen unrichtiger Wiedergabe und Verschleierung

Die Abgrenzung zwischen den Tathandlungen der unrichtigen Wiedergabe und der Verschleierung ist streitig[105] und sollte dahingehend vorgenommen werden, daß die unrichtige Wiedergabe sich auf die **inhaltliche Wahrheit** der Erklärung und deren **Vollständigkeit**, die Verschleierung dagegen auf die **Klarheit und Übersichtlichkeit**, also die Form der Darstellung und insbesondere die Gliederung, bezieht.[106] Der Grundsatz der Bilanzklarheit und Übersichtlichkeit (§ 243 Abs. 2 HGB) verlangt, daß die einzelnen Positionen der Bilanz und der Gewinn- und Verlustrechnung eindeutig bezeichnet und geordnet werden und daß der Abschluß verständlich und übersichtlich ist. Die Bezeichnung aufgelöster stiller Reserven als Einnahmen aus laufendem Geschäftsbetrieb[107] sowie die Voraktivierung künftiger Gewinne[108] sind, weil dabei gegen den Grundsatz der Bilanzwahrheit verstoßen wird, als unrichtige Angaben und nicht als Verschleierung zu bewerten.[109] 49

---

[102] *Arnhold* S. 24f; Beck BilKomm-*Budde/Hense* Rdn. 15; Blumers/Frick/Müller/*Dannecker* Betriebsprüfungshandbuch Rdn. 649; *Klussmann* S. 23ff; *Marker* S. 35ff; Achenbach/Wannenmacher/*Ransiek* § 23 III Rdn. 3; *Schmedding* S. 116ff; Heymann/*Otto* Rdn. 29; Baumbach/Hueck/*Schulze-Osterloh* Anh. § 82 Rdn. 7; Scholz/*Tiedemann* Vor §§ 82ff Rdn. 75; Erbs/Kohlhaas/*Schaal* Rdn. 22.

[103] Zu dieser Einschränkung schon RGSt 68, 346, 349.

[104] RGSt 49, 363f.

[105] Eingehend dazu *Klussmann* S. 23ff; *Marker* S. 35ff; *Schmedding* S. 116ff.

[106] RGSt 37, 434f; *Arnhold* S. 25; MünchKomm-HGB-*Quedenfeld* Rdn. 32; Heymann/*Otto* Rdn. 30; Scholz/*Tiedemann* Vor §§ 82ff Rdn. 74f.

[107] RGSt 62, 360.

[108] RGSt 67, 350f.

[109] *Tiedemann* Artikel Bilanzstrafrecht, S. 5.

50 Die **praktische Bedeutung** der Abgrenzung zwischen unrichtiger Wiedergabe und Verschleierung ist jedoch gering, da angesichts der Normendichte im Bilanzrecht die Verschleierung in aller Regel auch zur Unrichtigkeit führt. Immerhin kann die Alternative der Verschleierung im Einzelfall **verfahrenserleichternde Bedeutung** haben, denn die Berufung des Täters auf eine geschickt manipulierte, aber nicht unrichtige Darstellung führt nicht zur Straffreiheit, sondern zur Bestrafung wegen Verschleierung.[110]

51 In der Strafrechtsprechung zum Bilanzstrafrecht bezüglich der unrichtigen Wiedergabe und der Verschleierung der Verhältnisse der Kapitalgesellschaft spielen vor allem folgende **Beispiele** und **Typengruppen** eine praktische Rolle:[111] Überbewertungen von Vermögensgütern zum Zweck der Verheimlichung drohender Verluste, insbesondere Überbewertungen von Forderungen und Warenbeständen; Einstellungen fiktiver Beträge und Wertansätze durch Aktivierung von Forderungen und Gegenständen, die der Gesellschaft nicht mehr gehören; sonstige Falschbezeichnungen wie z. B. der Ausweis aufgelöster stiller Reserven als Einnahmen aus laufendem Geschäftsbetrieb. Schwerpunkte bilden die besonders häufig auftretenden, oft schwer überprüfbaren und daher manipulationsanfälligen Posten „Vorräte" bei dezentralisierter Lagerhaltung, „Forderungen" bei fehlender Bonität und Wertberichtigung sowie „Verbindlichkeiten", bei denen die Unvollständigkeit kaum feststellbar ist.

4. Darstellung eines zu günstigen oder zu ungünstigen Bildes der Verhältnisse der Kapitalgesellschaft

52 Für das Vorliegen der Tathandlung des § 331 Nr. 1 HGB ist es irrelevant, ob ein zu günstiges oder zu ungünstiges Bild der wirklichen Verhältnisse der Kapitalgesellschaft vermittelt wird, da in beiden Fällen das geschützte Rechtsgut – das Vertrauen in die Richtigkeit und Vollständigkeit der Informationen über die Verhältnisse der Gesellschaft (Rdn. 3) – gleichermaßen verletzt und der geschützte Personenkreis denselben Gefahren ausgesetzt ist.[112] Ein **zu günstiges Bild** der finanziellen Lage des Unternehmens gibt die Bilanz z.B. dann wieder, wenn potentielle Abflüsse der Gesellschaft aus schwebenden Geschäften zu Beginn des nächsten Geschäftsjahres nicht berücksichtigt werden. Eine Korrektur der Ertragslage ist auch dann erforderlich, wenn wesentliche Ergebnisteile aus Hochinflationsländern stammen und deshalb wegen des Scheingewinnanteils ein falsches Bild ergeben. Ein **zu ungünstiges Bild** des Unternehmens kann Gefahren für die Gesellschafter mit sich bringen, wenn z. B. der Aufsichtsrat die Übernahme durch ein Großunternehmen befürchtet und aus diesem Grund einen langjährigen Kunden mit günstigen Konditionen zum Erwerb bewegen möchte. Deshalb bedeutet sowohl die Darstellung eines zu günstigen als auch eines zu ungünstigen Bildes eine Gefährdung des geschützten Rechtsguts (zum geschützten Personenkreis Rdn. 4ff).

---

110 *Klussmann* S. 70ff; Heymann/*Otto* Rdn. 30; vgl. auch KK-*Geilen* § 400 Rdn. 34, 55; GKAktG/*Otto* § 400 Rdn. 20; Erbs/Kohlhaas/*Schaal* Rdn. 22.

111 Vgl. nur den Überblick bei *Jenny/Niedermeyer/Helm/Baumgart* Fälschung und Verschleierung in der Buchhaltung, passim; *Marker* S. 202f; *Nelles* S. 50ff.

112 Beck BilKomm-*Budde/Hense* Rdn. 13; MünchKommHGB-*Quedenfeld* Rdn. 37; Heymann/*Otto* Rdn. 31; Bonner HdB-*Maier* Rdn. 9; Scholz/*Schmidt* Vor §§ 74 Rdn. 74.

5. Tatbegehung durch Unterlassen

Eine Tatbestandsverwirklichung des § 331 Nr. 1 HGB durch Unterlassen[113] kommt nur dann in Betracht, wenn ein Organ- oder Aufsichtsratsmitglied nachträglich von der Fehlerhaftigkeit einer noch korrigierbaren Rechnungslegung erfährt. Die erforderliche **Garantenstellung** (§ 13 StGB) ergibt sich aus der mit der Organstellung verbundenen gesetzlichen **Verpflichtung zur Überwachung.**[114] Dabei sind sowohl gefährliche Verrichtungen als auch Straftaten und Ordnungswidrigkeiten Dritter, die im (vermeintlichen) Interesse des Unternehmens begangen werden, zu verhindern.[115] Daher ist es nicht erforderlich, daß der Täter im Zeitpunkt der Feststellung der Eröffnungsbilanz, des Jahresabschlusses oder des Lageberichts bei pflichtgemäßer und gewissenhafter Prüfung die Unrichtigkeit hätte erkennen können.[116] Dies ist nur Voraussetzung für eine Garantenstellung aus Ingerenz ist. Der Garant ist verpflichtet, die unrichtige Wiedergabe in der Eröffnungsbilanz, dem Jahresabschluß oder dem Lagebericht zu berichtigen. Wenn ein unrichtiger oder verschleiernder Jahresabschluß offengelegt worden ist, muß bei einer großen Gesellschaft eine Anzeige an den Bundesanzeiger und das Registergericht, bei einer kleinen und mittleren Gesellschaft nur eine Anzeige an das Registergericht erfolgen.[117] 53

6. Verspätete oder unterlassene Erstellung

§ 331 Nr. 1 HGB erfaßt die verspätete oder unterlassene Erstellung der Eröffnungsbilanz, des Jahresabschlusses oder des Lageberichts nicht. In diesen Fällen kommt lediglich eine Bestrafung nach **§ 283 Abs. 1 Nrn. 5 und 7 StGB** in Betracht, wenn es zur Zahlungseinstellung, zur Eröffnung des Insolvenzverfahrens oder zur Ablehnung der Eröffnung des Insolvenzverfahrens mangels Masse kommt (Vor §§ 331 ff Rdn. 67 f, 70). Liegt keine Krise der Gesellschaft vor, so kann nur die Strafvorschrift des **§ 283 b StGB** eingreifen (Vor §§ 331 ff Rdn. 71). Subsidiär kommt der Ordnungswidrigkeitstatbestand des § 334 HGB in Betracht. 54

IV. Subjektiver Tatbestand

1. Vorsatz

Der subjektive Tatbestand des § 331 Nr. 1 HGB setzt Vorsatz voraus. Der Täter muß wissen, daß die von ihm vorgelegte Rechenschaft nicht mit den Tatsachen übereinstimmt. Für die Annahme des Vorsatzes genügt es, daß der Täter die Falschdarstellung tatsächlich für möglich hält und dabei billigend in Kauf nimmt, daß die von ihm gegebene Darstellung unrichtig ist (**dolus eventualis;** Vor §§ 331 ff Rdn. 93). Eine Täuschungsabsicht erfordert der Tatbestand nicht. Die vage Hoffnung, die Wiedergabe werde schon richtig oder hinreichend klar sein, entlastet den Täter vom Vorwurf des dolus eventualis nicht.[118] Allerdings reicht der bloße Verzicht auf eine Überprüfung des Abschlusses noch nicht aus, um dolus eventualis bejahen zu können.[119] Wenn ein 55

113 Dazu MünchKommHGB-*Quedenfeld* Rdn. 36; Heymann/*Otto* Rdn. 38; *Tiedemann* Artikel Bilanzstrafrecht, S. 4.

114 *Kühl* Strafrecht. Allgemeiner Teil, 3. Aufl. (2000) § 18 Rdn. 110, 118; *Wessels/Beulke* Strafrecht. Allgemeiner Teil, 31. Aufl. (2001) Rdn. 721.

115 *Rogall* ZStW 98 (1986), 573, 613 ff.

116 So aber Baumbach/Hueck/*Schulze-Osterloh* Anh. § 82 Rdn. 18.

117 Baumbach/Hueck/*Schulze-Osterloh* Anh. § 82 Rdn. 18.

118 Heymann/*Otto* Rdn. 33 m. w. N.

119 Erbs/Kohlhaas/*Schaal* Rdn. 53.

Verpflichteter in „blindem“ Vertrauen die von anderen erstellten Unterlagen in der Überzeugung ihrer Richtigkeit weitergibt – etwa der Aufsichtsrat überprüft den vom Vorstand aufgestellten Jahresabschluß nicht –, liegt darin zwar eine Pflichtverletzung, jedoch begründet diese noch nicht den Vorsatz des Täters.[120] Als Indiz für das Vorliegen bedingten Vorsatzes schlägt *Geilen*[121] folgende „Testfrage“ vor: „Hatte der Täter objektiv Anlaß, an der Richtigkeit des Unterschriebenen zu zweifeln? Sagte er sich in dieser Situation: Ich gebe meine Unterschrift auf jeden Fall?“

56 Besonders problematisch ist die Feststellung des Vorsatzes bei **Bewertungsfragen, Schätzungen, Prognosen** und **Beurteilungen** (Rdn. 42). Hier wird sich der Nachweis in aller Regel nur in besonders krassen Fällen führen lassen.

57 Im Hinblick darauf, daß die fahrlässige Tatbestandsverwirklichung nicht unter Strafe gestellt ist, kommt der **Abgrenzung zwischen bedingtem Vorsatz und bewußter Fahrlässigkeit** entscheidende Bedeutung zu. Hierfür ist die Arbeitsteilung in der Gesellschaft von besonderer Relevanz.[122] Es kann nämlich nicht davon ausgegangen werden, daß jeder, der als Mitglied des vertretungsberechtigten Organs oder des Aufsichtsrats ein Dokument unterschreibt, auch von dessen Inhalt Kenntnis nimmt. Häufig wird sich erst aus Indizien, insbesondere aus anderer Korrespondenz, ergeben, wer den Inhalt der Rechenschaft tatsächlich zur Kenntnis genommen hat.

2. Irrtum

58 Von zentraler Bedeutung für die Strafbarkeit nach § 331 Nr. 1 HGB ist auch die Abgrenzung zwischen Tatbestands- und Verbotsirrtum. Denn während der Tatbestandsirrtum zur Folge hat, daß der Vorsatz entfällt (§ 16 StGB) und infolge mangelnder Strafbarkeit fahrlässigen Verhaltens Straflosigkeit vorliegt, kommt es beim Verbotsirrtum auf die Vermeidbarkeit an (§ 17 StGB); nur bei Unvermeidbarkeit des Irrtums tritt Straflosigkeit ein.

a) Tatbestandsirrtum

59 Die Bestimmung des Tatbestandsirrtums ist bei Strafgesetzen, die außerstrafrechtliche Regelungen – hier bilanzrechtliche Vorschriften – in Bezug nehmen, problematisch (Vor §§ 331ff Rdn. 95f). Umstritten ist insbesondere, inwieweit der Vorsatz Rechtskenntnis voraussetzt.[123] Im Hinblick darauf, daß die Wahrheit einer Darstellung nur vor dem Hintergrund eines bestimmten Informationsziels begriffen werden kann, ist Kenntnis der Wahrheit lediglich möglich, wenn der Täter auch Kenntnis der Rechnungslegungsvorschriften hat.[124] Weiß er nicht, daß über bestimmte Tatsachen im Anhang oder Lagebericht Angaben zu machen sind, oder hält er bestimmte Vermögensgegenstände oder Schulden für nicht bilanzierungsfähig oder nicht bilanzierungspflichtig, so liegt ein Tatbestandsirrtum vor.[125] Hält also der Täter die wiedergegebenen Verhältnisse für richtig, weil er über den Inhalt und den Umfang einer gesellschaftsrechtlichen Norm irrt, der die Verpflichtung zur Wiedergabe der Verhältnisse zu entnehmen ist, so liegt ein den Vorsatz ausschließender Tatbestandsirrtum vor.[126]

---

[120] RG JW 1935, 2247; Heymann/*Otto* Rdn. 33.
[121] KK-*Geilen* § 399 Rdn. 77.
[122] Scholz/*Tiedemann* § 82 Rdn. 182.
[123] Näher dazu Heymann/*Otto* § 332 Rdn. 35.
[124] *Cobet* S. 76 f.
[125] Scholz/*Tiedemann* § 82 Rdn. 180.
[126] Ebenso die h.M. zum Irrtum im Steuerstrafrecht; vgl. nur BGHSt 5, 90, 92.

b) Verbotsirrtum

Ein Verbotsirrtum (Vor §§ 331 ff Rdn. 97 ff) liegt vor, wenn der Täter eine ungünstige Darstellung der Verhältnisse der Gesellschaft für erlaubt hält oder in einem Interessenkonflikt eine unrichtige Wiedergabe oder Verschleierung unzutreffenderweise für zulässig erachtet, so z. B., wenn er irrtümlich annimmt, er dürfe die Lage der Gesellschaft ausnahmsweise deshalb unrichtig darstellen, weil sonst die Kreditgeber nicht zur Sanierung überredet werden könnten.[127] Nach § 17 StGB führt ein Verbotsirrtum nur dann zur Straflosigkeit, wenn der Irrtum unvermeidbar war. Die **Vermeidbarkeit** ist jedoch nur zu bejahen, wenn der Täter alle ihm erkennbaren und erreichbaren Auskunftsquellen genutzt hat, wenn also ein qualifizierter Angehöriger der rechts- oder steuerberatenden Berufe, dem der Sachverhalt vollständig dargelegt wurde, die Art der Rechnungslegung unzutreffenderweise für zulässig erklärt hat.[128] 60

V. Rechtswidrigkeit

Die unrichtige Wiedergabe oder Verschleierung kann nicht durch Einwilligung oder Weisung der Gesellschafter oder des Aufsichtsrats gerechtfertigt werden, weil diese über das durch § 331 HGB geschützte Rechtsgut (Rdn. 3) nicht verfügen können.[129] Auch eine Rechtfertigung durch rechtfertigenden Notstand (§ 34 StGB)[130] kommt allenfalls in ganz atypischen Ausnahmesituationen in Betracht, da sich der Gesetzgeber für den Vorrang der Publizitätspflichten entschieden hat.[131] So stellt sich die Frage, ob in Extremfällen die Gefährdung der Produktionsfortführung und die Arbeitsplatzerhaltung als Ausnahmesituationen ausreichen, um eine Rechtfertigung zu begründen.[132] Damit würde dem vertretungsberechtigten Organ oder Aufsichtsrat jedoch die Möglichkeit eingeräumt, seine schlechte Geschäftsführung zu verheimlichen.[133] Daher müssen atypische Extremfälle vorliegen, die allerdings kaum vorstellbar sind, um zu einer Rechtfertigung zu führen.[134] 61

VI. Vollendung und Beendigung der Tat

1. Vollendung

Der Versuch des § 331 Nr. 1 HGB ist, da es sich nicht um ein Verbrechen handelt, nicht strafbar (§§ 12 Abs. 2, 23 Abs. 1 StGB). Daher muß Vollendung vorliegen, damit sich der Täter strafbar macht. Die Tat ist vollendet, wenn das Rechenwerk oder der Lagebericht mindestens einem der in Frage kommenden Adressaten zugegangen ist,[135] d. h. einer Person, für die das Werk bestimmt ist oder die ein Recht auf Kenntnisnahme hat. Als Adressaten kommen Mitglieder des Aufsichtsrates, Aktionäre, Gesellschafter oder außenstehende Personen in Betracht. Diese Personen müssen nicht Kenntnis 62

---

127 KK-*Geilen* § 400 Rdn. 69.

128 Blumers/Frick/Müller/*Dannecker* Betriebsprüfungshandbuch Rdn. 657; Heymann/*Otto* Rdn. 36.

129 Heymann/*Otto* Rdn. 34; Erbs/Kohlhaas/*Schaal* Rdn. 52; Scholz/*Tiedemann* § 82 Rdn. 165.

130 Allgemein dazu *Dannecker* FS Hirsch, S. 141 ff.

131 So Baumbach/Hueck/*Schulze-Osterloh* Anh. § 82 Rdn. 15.

132 Vgl. dazu *Schmedding* S. 135 f; Scholz/*Tiedemann* § 82 Rdn. 165; vgl. auch *Klussmann* S. 97.

133 *Nelles* S. 152 f; zustimmend *Schmedding* S. 135.

134 Eine Rechtfertigung gänzlich verneinend Heymann/*Otto* Rdn. 34.

135 Beck BilKomm-*Budde/Hense* Rdn. 22; Erbs/Kohlhaas/*Schaal* Rdn. 58.

vom Inhalt des Rechenwerks oder des Lageberichts genommen haben. Es reicht aus, daß sie die Möglichkeit zur Kenntnisnahme hatten.[136] Dabei ist es nicht erforderlich, daß die Rechnungslegung unterzeichnet ist (zu den Konkurrenzen siehe Rdn. 119ff).[137]

2. Beendigung

63 Die Beendigung der Tat tritt noch nicht mit deren Vollendung ein,[138] also mit dem Zugänglichwerden der Darstellung für die Adressaten;[139] entscheidend ist die (erstmalige) Kenntnisnahme eines Adressaten, mit der die Verletzung des Vertrauens vorliegt.[140] Denn die Verletzung des geschützten Vertrauens wird durch die tatsächliche Kenntnisnahme noch vertieft.[141]

C. Unrichtige Wiedergabe oder Verschleierung der Verhältnisse des Konzerns (§ 331 Nr. 2 HGB)

64 § 332 Nr. 2 HGB zielt auf die unrichtige Darstellung bei Aufstellung des Konzernabschlusses, des Konzernlageberichts und Konzernzwischenabschlusses (§ 340i Abs. 4 HGB) ab. Es müssen dementsprechend die Verhältnisse des Konzerns unrichtig wiedergegeben oder verschleiert werden.

I. Täterkreis

65 Nach dem Gesetzeswortlaut des § 331 Nr. 2 HGB kommen – ebenso wie bei § 331 Nr. 1 HGB – als taugliche Täter nur **Mitglieder des vertretungsberechtigten Organs** oder **des Aufsichtsrats** einer Kapitalgesellschaft in Betracht (Rdn. 10). Jedoch kann ein Aufsichtsratsmitglied nicht Täter des § 331 Nr. 2 HGB sein, weil der Aufsichtsrat weder für die Erstellung des Konzernabschlusses oder des Konzernlageberichts verantwortlich, noch zu deren Prüfung verpflichtet ist. Die Aufstellung der Konzernbilanz obliegt allein dem Vorstand des Mutterunternehmens (§ 290 Abs. 1 HGB). Die Einbeziehung der Mitglieder des Aufsichtsrats in den Täterkreis des § 331 Nr. 2 HGB ist daher als gesetzgeberisches Versehen zu werten, das sich daraus erklärt, daß man sich am Täterkreis des § 331 Nr. 1 HGB orientiert hat.[142]

66 Eine Erweiterung des Täterkreises durch § 14 Abs. 2 StGB kommt – ebenso wie bei § 331 Nr. 1 HGB (Rdn. 25) – wegen des Sonderdeliktscharakters des § 331 Nr. 2 HGB nicht in Betracht.[143] Daher können andere als die im Gesetz ausdrücklich genannten Personen allenfalls als Teilnehmer bestraft werden.[144] Die Strafe ist beim Teilnehmer gemäß § 28 Abs. 1 StGB zu mildern.

II. Gegenstand der Tathandlung

67 § 331 Nr. 2 HGB erfaßt als eigenständige Tatbestandsalternative den Konzernabschluß, den Konzernlagebericht und den Konzernzwischenabschluß nach § 340i Abs. 4 HGB als Gegenstand der Tathandlung. Deren Aufstellung ist notwendig und

---

136 Beck BilKomm-*Budde/Hense* Rdn. 23; Heymann/*Otto* Rdn. 37.

137 Baumbach/Hueck/*Schulze-Osterloh* Anh. § 82 Rdn. 16; a. A. *Cobet* S. 80.

138 So aber *Lackner/Kühl* § 78a Rdn. 3 für Tätigkeitsdelikte.

139 So aber Rowedder/*Fuhrmann/Schaal* § 82 Rdn. 50.

140 Scholz/*Tiedemann* § 82 Rdn. 163.

141 Ausführlich zur Beendigung *Dannecker* NStZ 1985, 51 f.

142 *Schmedding* S. 76.

143 Schönke/Schröder/*Lenckner/Perron* § 14 Rdn. 8.

144 Näher dazu *Klussmann* S. 65 f.

erforderlich, weil konzerninterne Vorgänge die Aussagefähigkeit der Einzeldarstellungen über die wirtschaftliche Lage der Konzernmitglieder beeinträchtigen, so daß die Situation des gesamten Konzerns auf deren Grundlage nicht richtig beurteilt werden kann.

1. Begriff des Konzerns

Der Begriff des Konzerns ist in § 18 AktG definiert. Dabei wird zwischen dem **Unterordnungskonzern**, bei dem ein herrschendes und ein oder mehrere abhängige Unternehmen zusammengefaßt sind (§ 18 Abs. 1 S. 1 AktG), und dem **Gleichordnungskonzern**, bei dem rechtlich selbständige Unternehmen unter einheitlicher Leitung zusammengefaßt sind, ohne daß das eine Unternehmen von dem anderen abhängig ist (§ 18 Abs. 2 AktG), differenziert. Aus strafrechtlicher Sicht ist diese Unterscheidung irrelevant.[145] 68

Das Vorliegen der Voraussetzungen eines Konzerns muß **nachgewiesen** werden. Die gesetzliche Vermutung des § 18 Abs. 1 S. 3 AktG, daß zwischen einem abhängigen und einem herrschenden Unternehmen ein Konzern besteht, gilt nur im Gesellschaftsrecht, nicht aber im Strafrecht. Diese Vermutung würde eine Beweisvermutung zu Lasten des Angeklagten darstellen, die mit dem Grundsatz „in dubio pro reo" nicht in Einklang stünde.[146] 69

2. Verhältnisse des Konzerns

Gegenstand der Tathandlung ist die Darstellung der Verhältnisse des Konzerns im Konzernabschluß, bestehend aus Konzernbilanz, Konzern-Gewinn- und -Verlustrechnung und Konzernanhang, im Konzernlagebericht oder im Konzernzwischenabschluß (§§ 290ff, 297ff, 315 HGB), deren Richtigkeit und Klarheit sichergestellt werden sollen. Bezüglich des Tatbestandsmerkmals der „Verhältnisse" kann auf die Ausführungen in Rdn. 36ff verwiesen werden. Auch hier sind **alle wirtschaftlichen, sozialen und politischen Umstände** der Vergangenheit, Gegenwart und Zukunft, die für die Beurteilung der Situation und künftigen Entwicklung tatsächlich von Bedeutung sind, erfaßt. Dabei ist eine **restriktive Auslegung** (Vor §§ 331ff Rdn. 90) geboten und der Begriff der Verhältnisse auf wirtschaftlich relevante Umstände zu beschränken. 70

3. Konzernabschluß, Konzernlagebericht und Konzernzwischenabschluß

Der Tatbestand des § 331 Nr. 2 HGB gilt sowohl für den **Gesamtkonzern-** als auch für den **Teilkonzernabschluß**.[147] Die Pflicht, eine konsolidierte Bilanz zu erstellen, bestimmt sich nach §§ 290ff HGB. Unter den Voraussetzungen des § 290 Abs. 1 oder 2 HGB müssen Mutterunternehmen einen Konzernabschluß und einen Konzernlagebericht aufstellen, wenn nicht eine der Befreiungen der §§ 291 Abs. 1, 293 HGB eingreift. Liegt weder eine einheitliche Leitung nach § 290 Abs. 1 HGB noch eine direkte oder indirekte Kontrollrechtsstellung nach § 290 Abs. 2 HGB vor, besteht keine Verpflichtung zur Aufstellung. Damit kommt auch eine Strafbarkeit nach § 331 Nr. 2 HGB nicht in Betracht. 71

---

145 MünchKommHGB-*Quedenfeld* Rdn. 49; Heymann/*Otto* Rdn. 47; Erbs/Kohlhaas/*Schaal* Rdn. 25.

146 Heymann/*Otto* Rdn. 47; ebenso MünchKommHGB-*Quedenfeld* Rdn. 50; allgemein zur Unzulässigkeit solcher Beweisvermutungen im Strafrecht *Dannecker* in Leitner (Hrsg.), S. 5 ff.

147 *Schmedding* S. 15ff.

a) Konzernabschluß

aa) Verpflichtung zur Aufstellung eines Konzernabschlusses

72 Das Täterverhalten knüpft an die gesetzliche Verpflichtung zur Aufstellung eines Konzernabschlusses und Konzernlageberichts an, §§ 290ff HGB. Fehlt diese gesetzliche Verpflichtung, weil das Mutterunternehmen keinen Sitz im Inland hat, so fallen etwaige unrichtige Wiedergaben oder Verschleierungshandlungen von vornherein nicht unter den Straftatbestand des § 331 Nr. 2 HGB.[148] Denn die Verpflichtung zur Aufstellung eines Konzernabschlusses setzt gemäß § 290 Abs. 1 HGB das Bestehen eines **im Inland ansässigen Mutterunternehmens** in der Rechtsform einer AG, einer KGaA oder einer GmbH und eines Tochterunternehmens voraus, das unter seiner einheitlichen Leitung steht und an dem das Mutterunternehmen mindestens in Höhe von 20% (§ 271 Abs. 1 HGB) beteiligt ist. Darüber hinaus besteht die Verpflichtung zur Konzernrechnungslegung, wenn eines der Kriterien des § 290 Abs. 2 Nrn. 1 bis 3 HGB erfüllt ist: wenn dem Mutter- bei einem Tochterunternehmen die Mehrheit der Stimmrechte der Gesellschafter gehört (Nr. 1), wenn dem Mutterunternehmen das Recht zusteht, die Mehrheit der Mitglieder des Verwaltungs-, Leitungs- oder Aufsichtsorgans zu bestellen oder abzuberufen, und es gleichzeitig Gesellschafter ist (Nr. 2) oder wenn ihm das Recht zusteht, einen beherrschenden Einfluß auf Grund eines mit diesem Unternehmen geschlossenen Beherrschungsvertrags oder auf Grund einer Satzungsbestimmung dieses Unternehmens auszuüben (Nr. 3).

bb) Verpflichtung zur Einbeziehung aller Tochterunternehmen

73 Nach § 294 Abs. 1 HGB sind grundsätzlich alle Tochterunternehmen ohne Rücksicht auf ihren Sitz einzubeziehen. Nur noch ausnahmsweise besteht ein Wahlrecht bezüglich der Einbeziehung von Tochterunternehmen (§ 296 HGB), so daß für international tätige Konzerne ein Weltabschluß gesetzlich vorgeschrieben ist. Soweit Normen wie § 296 HGB, die den Verzicht auf die Einbeziehung von Tochtergesellschaften regeln, die strafbewehrte Pflicht einschränken, ist unter dem Gesichtspunkt der Tatbestandsbestimmtheit (Rdn. 90) eine **extensive Auslegung** solcher Ausnahmevorschriften erforderlich, weil dadurch der Anwendungsbereich des § 331 Nr. 2 HGB eingeengt wird.

cc) Inhalt und Form des Konzernabschlusses

74 Inhalt und Form des Konzernabschlusses bestimmen sich nach §§ 297ff HGB. Der **Konzernabschluß** gemäß § 297 HGB besteht aus der **Konzernbilanz**, der **Konzern-Gewinn- und Verlustrechnung** und dem **Konzernanhang** (der ausdrücklich als Bestandteil der Konzernbilanz genannt wird), die eine Einheit bilden. Insoweit stellt sich hier das Problem, ob der Anhang mit umfaßt ist, anders als beim Jahresabschluß (Rdn. 34) nicht. Der Konzernabschluß soll ein den tatsächlichen Verhältnissen entsprechendes Bild der Vermögens-, Finanz- und Ertragslage des Konzerns vermitteln (§ 297 Abs. 2 S. 2 HGB). § 297 Abs. 3 S. 1 HGB präzisiert den Grundsatz der Bilanzklarheit dahingehend, daß das Bild eines einzigen Unternehmens entstehen soll. Dabei hat das Bilanzrecht des Mutterunternehmens Vorrang (§ 300 HGB). § 298 Abs. 1 HGB verweist für den Konzernabschluß auf die Rechnungslegungsvorschriften der §§ 244 bis 256, 265, 266, 268 bis 275, 277 bis 283 HGB und auf die für die Rechtsform und den Geschäftszweig der in den Konzernabschluß einbezogenen Unternehmen geltenden Vorschriften.

[148] Heymann/*Otto* Rdn. 45.

b) Konzernlagebericht

Auch für den Konzernlagebericht gilt, daß über die tatsächliche Ertrags-, Vermögens- und Finanzlage informiert werden muß (vgl. § 315 Abs. 1 HGB). Während jedoch gemäß § 297 Abs. 2 S. 2 HGB die GoB den Umfang der Informationspflicht begrenzen und als Berichtszeitraum das Geschäftsjahr maßgebend ist, erfordert § 315 Abs. 2 HGB auch weitergehende Informationen über Ereignisse nach Schluß des Geschäftsjahres und über die voraussichtliche Entwicklung des Konzerns. Zum Inhalt des Konzernlageberichts vgl. § 315 Rdn. 14ff. 75

c) Konzernzwischenabschluß

Außerdem erfaßt § 331 Nr. 2 HGB den Konzernzwischenabschluß nach § 340i Abs. 4 HGB, den Kreditinstitute nach § 10a Abs. 1 S. 2, Abs. 7 S. 3 KWG aufstellen können, um Zwischengewinne als haftendes Eigenkapital zu berücksichtigen. 76

d) Fehlende Ausweitung des Gegenstandes der Tathandlung durch das KapAEG

Die Tatbestandmerkmale des „Konzernabschlusses", des „Konzernlageberichts" oder des „Konzernzwischenabschlusses" beziehen sich ausschließlich auf die **handelsrechtliche Konzernrechnungslegung** nach §§ 290 bis 315 HGB und nicht auch auf die nach § 292a HGB vorzulegenden Berichtsinstrumente, die nach den internationalen Rechnungslegungssystemen der IAS oder US-GAAP aufzustellen sind. Denn der durch das KapAEG eingeführte § 292a HGB befreit nur davon, den Konzernabschluß, Konzernlagebericht und Konzernzwischenabschluß aufzustellen. Diese internationalen Abschlüsse sind keine handelsrechtlichen Konzernabschlüsse, ersetzen diese also nicht, § 292a Abs. 1 S. 3 HGB.[149] 77

III. Tathandlungen

1. Unrichtige Wiedergabe und Verschleierung der Verhältnisse des Konzerns

Die Umschreibung der Tathandlungen in § 331 Nr. 2 HGB als unrichtige Wiedergabe oder Verschleierung der Verhältnisse des Konzerns übernimmt die gleichlautende Formulierung des § 331 Nr. 1 HGB. Auch bei der Konzernbilanz reichen Berichtslücken für ein tatbestandsmäßiges Verhalten aus, sofern sie zur Unrichtigkeit, Unvollständigkeit oder Undurchsichtigkeit führen. Im Konzernanhang sind gemäß § 297 Abs. 2 S. 3 HGB zusätzliche Angaben zu machen, wenn „besondere Umstände" dazu führen, daß das geforderte, den tatsächlichen Verhältnissen entsprechende Bild der Vermögens-, Finanz- und Ertragslage des Konzerns nicht vermittelt wird. Solche „besonderen Umstände" bilden z.B. eine langfristige Fertigung[150] oder die Unterhaltung von Betriebsstätten in Hochinflationsländern. Im Hinblick darauf, daß Art. 103 Abs. 2 GG die Bestimmtheit des gesetzlichen Tatbestandes fordert, ist eine **restriktive Auslegung** des Merkmals der „besonderen Umstände" geboten.[151] Maßstab hierfür bildet der bilanzkundige Leser.[152] Diesem wird nur dann kein den tatsächlichen Ver- 78

[149] Heymann/*Henssler* § 290 Rdn. 15; Beck Bil-Komm-*Hoyos/Lechner* § 292a Rdn. 3, 36; *Wollmert/Oser* DB 2000, 729; *Ordelheide* WPg 1996, 545, 546; *Niewerth* III B 5b.

[150] *Forster* Rechnungslegung und Prüfung im Wandel S. 115.

[151] Eingehend dazu *Schmedding* S. 63 ff.

[152] RGSt 68, 349; KK-*Geilen* § 400 Rdn. 40; *Klussmann* S. 51f; Scholz/*Tiedemann* § 82 Rdn. 154.

hältnissen entsprechendes Bild vermittelt, wenn Sachverhalte von außergewöhnlicher und einmaliger Art, für die keine sonstige Erläuterungspflicht besteht, der Bilanzierung zugrunde liegen.

79 Wenn für einen bilanzkundigen Leser nach dem Studium der Konzernbilanz, der Konzern-Gewinn- und -Verlustrechnung und des Konzernanhangs ein unzutreffendes Gesamtbild der Verhältnisse entsteht, liegt Strafbarkeit vor. Bei dieser Gesamtbetrachtung ist der Konzernlagebericht nicht mit heranzuziehen. Vielmehr sollen sowohl der Konzernabschluß (§ 297 Abs. 2 S. 2 HGB) als auch der Konzernlagebericht (§ 315 Abs. 1 HGB) ein den tatsächlichen Verhältnissen entsprechendes Bild vermitteln. Für die Verwirklichung des § 331 Nr. 2 HGB reicht es daher nach dem insoweit eindeutigen Gesetzeswortlaut aus, daß die Verhältnisse des Konzerns entweder im **Konzernabschluß** oder im **Konzernlagebericht** unrichtig wiedergegeben oder verschleiert werden.[153]

2. Erfordernis der Erheblichkeit

80 Außerdem muß die Unrichtigkeit oder Verschleierung der Verhältnisse im Konzern für die Vermittlung des gewünschten Bildes erheblich sein (zum Erfordernis der Erheblichkeit vgl. Rdn. 43, 48).[154] Unrichtigkeit oder Verschleierung der Bilanz erfüllt den objektiven Tatbestand des § 331 Nr. 2 HGB nicht, wenn es sich um „bilanzschönende" Maßnahmen (window-dressing)[155] handelt. Hierzu gehören ergebnisneutrale Darstellungen, deren Unrichtigkeit leicht erkennbar ist. Fehlt es an der Erheblichkeit, so kommt gleichwohl eine Ordnungswidrigkeit nach § 334 HGB in Betracht (§ 334 Rdn. 63, 68).

3. Freiwillige Angaben

81 Werden freiwillige Angaben gemacht, so müssen auch diese richtig sein (Rdn. 44).[156] Im übrigen kann auf die Ausführungen zu den Tathandlungen des § 331 Nr. 1 HGB verwiesen werden (Rdn. 39ff).

IV. Vorsatz

82 § 331 Nr. 2 HGB setzt ebenso wie Nr. 1 vorsätzliches Verhalten voraus. Dolus eventualis (Vor §§ 331ff Rdn. 93) genügt.[157] Eine Täuschungsabsicht ist nicht erforderlich.

V. Rechtswidrigkeit

83 Bezüglich der Rechtswidrigkeit kann auf die Ausführungen bei Rdn. 61 verwiesen werden.

---

153 *Schmedding* S. 121.
154 So RGSt 40, 287; vgl. auch Rowedder/*Fuhrmann/Schaal* § 82 Rdn. 9; Baumbach/Hueck/*Schulze-Osterloh* Anh. § 82 Rdn. 6.
155 Vgl. dazu *Zimmerer* S. 137ff.
156 Blumers/Frick/Müller/*Dannecker* Betriebsprüfungshandbuch Rdn. 648.
157 Siehe dazu oben Rdn. 55ff; vgl. auch *Schmedding* S. 131 ff.

VI. Vollendung und Beendigung der Tat

1. Vollendung

Der Versuch des § 331 Nr. 2 HGB ist nicht strafbar (§§ 12 Abs. 2, 23 Abs. 1 StGB). 84
Das Delikt ist erst mit dem Zugang der Urkunde an einen der bestimmungsgemäßen Adressaten vollendet (Rdn. 62) und damit strafbar (zu den Konkurrenzen siehe Rdn. 119f, 122ff).

2. Beendigung

Die Beendigung der Tat tritt noch nicht mit der Vollendung ein,[158] also mit dem 85
Zugänglichwerden der Darstellung für die Adressaten[159]; entscheidend ist – ebenso wie bei § 331 Nr. 1 HGB – die (erstmalige) Kenntnisnahme eines Adressaten, mit der die Verletzung des Vertrauens vorliegt (Rdn. 63). Denn die Verletzung des geschützten Vertrauens wird durch die Kenntnisnahme noch vertieft.[160]

D. Offenlegung eines unrichtigen Konzernabschlusses oder Konzernlageberichts (§ 331 Nr. 3 HGB)

§ 331 Nr. 3 HGB erfaßt Fälle, in denen Mitglieder des vertretungsberechtigten 86
Organs einer Kapitalgesellschaft einen befreienden Abschluß nach §§ 291, 292a, 292 HGB offenlegen, der die Verhältnisse des Konzerns unrichtig wiedergibt oder verschleiert. § 331 Nr. 3 HGB knüpft somit an die Unterscheidung zwischen Mutterunternehmen an, die verpflichtet sind, einen Konzernabschluß und Konzernlagebericht aufzustellen (§ 290 HGB), und Mutterunternehmen, die einen befreienden Abschluß nach §§ 291, 292a, 292 HGB offenlegen. Die Einführung der Strafvorschrift des § 331 Nr. 3 HGB wurde erforderlich, weil in den Fällen der §§ 291, 292a, 292 HGB Konzernabschlüsse und Konzernlageberichte von Mutterunternehmen auf höherer Stufe an die Stelle von Konzernabschlüssen und Konzernlageberichten von Mutterunternehmen auf niedrigerer Stufe treten können.

I. Täterkreis

Als Täter des § 331 Nr. 3 HGB kommen Mitglieder des vertretungsberechtigten 87
Organs einer Kapitalgesellschaft in Betracht. Dabei kann der Täter sowohl dem Mutterunternehmen, das den Konzernabschluß und den Lagebericht aufgestellt hat, angehören als auch dem befreiten Mutterunternehmen, da beide Unternehmen zur Offenlegung befugt sind. Denn die Offenlegung nach §§ 291, 292a, 292 HGB kann durch jedes der beiden Unternehmen erfolgen.[161] Die Strafdrohung richtet sich demgemäß gegen die Organe beider Gesellschaften, betrifft also sowohl die Organe ausländischer Unternehmen, die ihrerseits die Befreiungstatbestände der §§ 291, 292 HGB in Anspruch nehmen, als auch Organmitglieder deutscher Unternehmen, die von der Befreiungsmöglichkeit des § 292a HGB Gebrauch machen[162].

---

158 So aber *Lackner/Kühl* § 78a Rdn. 3 für Tätigkeitsdelikte.

159 So aber Rowedder/*Fuhrmann/Schaal* § 82 Rdn. 50.

160 Ausführlich zur Beendigung *Dannecker* NStZ 1985, 51f.

161 BTDrucks. 10/3440, S. 46; zur Verantwortlichkeit der Mitglieder des vertretungsberechtigten Organs einer Kapitalgesellschaft als Täter vgl. die Ausführungen oben Rdn. 15 ff.

162 Erbs/Kohlhaas/*Schaal* Rdn. 35.

II. Gegenstand der Tathandlung

88 Gegenstand der Tathandlung sind der Konzernabschluß und der Konzernlagebericht, in denen die Verhältnisse des Konzerns unrichtig wiedergegeben oder verschleiert sind.

1. Befreiende Wirkung von EU/EWR-Konzernabschlüssen (§ 291 HGB)

89 Nach **§ 291 Abs. 1 S. 1 HGB** braucht ein Mutterunternehmen im Sinne des § 290 HGB, das zugleich Tochterunternehmen eines Mutterunternehmens mit Sitz in einem Mitgliedstaat der Europäischen Union oder in einem anderen Vertragsstaat des EWR ist, keinen Konzernabschluß und Konzernlagebericht aufzustellen, wenn das andere Mutterunternehmen einen befreienden Konzernabschluß und Konzernlagebericht einschließlich Bestätigungs- bzw. Versagungsvermerk in deutscher Sprache offenlegt.

2. Rechtsverordnungsermächtigung für befreiende Konzernabschlüsse und Konzernlageberichte (§ 292 HGB)

90 **§ 292 HGB** eröffnet die Möglichkeit befreiender Konzernabschlüsse von Mutterunternehmen mit Sitz außerhalb der Europäischen Union bzw. des EWR, wenn die Konzernabschlüsse und -lageberichte denen nach § 291 HGB gleichwertig aufgestellt und geprüft worden sind. Nach § 292 Abs. 2 HGB reicht eine **gleichwertige Prüfung** durch einen Abschlußprüfer, der nicht nach den europäischen Regelungen geprüft worden ist, aus, wenn dieser eine den gemeinschaftsrechtlichen Anforderungen gleichwertige Befähigung hat. § 292 HGB selbst enthält nur eine Ermächtigung zum Erlaß einer Rechtsverordnung, die die Voraussetzungen der Befreiung im einzelnen regelt (§ 292 Abs. 3 HGB). Auf dieser Ermächtigungsgrundlage wurde die **Konzernabschlußbefreiungsverordnung** vom 15.11.1999 (BGBl. 1991 I S. 2122) erlassen.

3. Befreiender Konzernabschluß und Konzernlagebericht (§ 292 a HGB)

a) International anerkannte Grundsätze der Rechnungslegung

91 Durch das KapAEG vom 20.4.1998 (BGBl. 1998 I S. 707; Vor §§ 331 ff Rdn. 38 ff) wurde § 331 Nr. 3 HGB mit dem Ziel neu gefaßt, dort auch die Offenlegung eines unrichtigen Konzernabschlusses oder Konzernlageberichts, der zum Zweck der Befreiung nach § 292 a HGB erstellt wurde, zu sanktionieren. Die in § 292 a Abs. 2 HGB genannten Voraussetzungen dienen dazu, den Gegenstand der befreienden Rechnungslegung zu konkretisieren. Als **Rechnungslegungssysteme**, die von deutschen Unternehmen am häufigsten in Anspruch genommen werden, sind die **IAS** (Anhang zu § 292 a Rdn. 1 ff) und die **US-GAAP** zu nennen. Diese Regelungssysteme gehören unstreitig zu den „international anerkannten Rechnungslegungsgrundsätzen" des § 292 a Abs. 2 Nr. 2 lit. a HGB.[163]

b) Fehlen eines Äquivalents zum Konzernlagebericht

92 Werden diese beiden Systeme angewendet, so ergeben sich Probleme hinsichtlich des **Konzernlageberichts**, denn in beiden Rechnungslegungssystemen gibt es kein dem Lagebericht vergleichbares Berichtsinstrument.[164] Damit verweist das Tatbe-

---

[163] MünchKommHGB-*Busse von Colbe* § 292 a Rdn. 14; Heymann/*Henssler* § 292 a Rdn. 7; Beck BilKomm-*Hoyos/Lechner* § 292 a Rdn. 18.

[164] Beck BilKomm-*Hoyos/Lechner* § 292 a Rdn. 25; Ebenroth/Boujong/Joost/*Wiedmann* § 292 a Rdn. 8; MünchKommHGB-*Busse von Colbe* § 292 a Rdn. 28.

standsmerkmal „Konzernlagebericht“ auf einen nicht geregelten Sachverhalt. Um gleichwohl die Gleichwertigkeit der Aussagekraft der Berichtsinstrumente zu einem nach nationalem Recht aufgestellten handelsrechtlichen Konzernlagebericht herzustellen, wird der Konzern einen den durch das KonTraG eingeführten Anforderungen entsprechenden Lagebericht erstellen. Dieser Lagebericht tritt aber nicht an die Stelle des nicht existenten Konzernlageberichts, da der dem KonTraG entsprechende Lagebericht nicht nach international anerkannten Rechnungslegungsgrundsätzen erstellt wurde. Es handelt sich vielmehr um einen Lagebericht, der bereits durch § 331 Nr. 2 HGB erfaßt wird. § 331 Nr. 3 HGB ist somit nur auf die nach IAS und US-GAAP aufgestellten **Konzernabschlüsse** anzuwenden.

c) Verfassungsrechtliche Zulässigkeit der dynamischen Inbezugnahme ausländischer Rechnungslegungssysteme durch Strafnormen

Damit stellt sich die Frage nach der verfassungsrechtlichen Zulässigkeit **dynamischer Verweisungen im Strafrecht auf internationale Rechnungslegungsstandards** unter dem Gesichtspunkt des Gesetzlichkeitsprinzips nach Art. 103 Abs. 2 GG. Der Gesetzgeber verweist in § 331 Nr. 3 HGB auf die Vorschrift des § 292a HGB und damit auf nationales Recht. Durch das rechtsnormative Tatbestandsmerkmal des § 292a HGB **„nach international anerkannten Rechnungsgrundsätzen aufgestellt“** verweist diese Norm wiederum auf Standards, die ihren Ursprung zwar im Ausland haben, die aber international und damit auch in der EU und in Deutschland anerkannt sein müssen. Einschränkend wird weiterhin durch § 292a Abs. 2 Nr. 2 lit. b HGB gefordert, daß der Abschluß nur dann befreiende Wirkung hat, wenn er in Einklang mit der Richtlinie 83/349/EWG steht. 93

Die Verweisung des § 292a Abs. 2 Nr. 2 lit. a HGB auf die international anerkannten Rechtsgrundsätze ist eine **dynamische Verweisung,**[165] denn bei den internationalen Rechnungslegungsgrundsätzen handelt es sich um Vorgaben, die einem starken Wandel unterworfen sind und bei der Aufstellung einer Bilanz in ihrer jeweils aktuellsten Fassung anzuwenden sind. Bei den bisher unvollständigen IAS ist dies offensichtlich. Bei der Aufstellung und Offenlegung von Bilanzen ist stets die Fortentwicklung des Rechts zu berücksichtigen. Daher muß auch das Strafrecht auf die anzuwendende bilanzrechtliche Rechtslage verweisen, um Pflichtverstöße unter Sanktionsandrohung zu stellen. Die Inbezugnahme bilanzrechtlicher Vorschriften ist daher auch im Strafrecht eine dynamische Verweisung. Würde man die Inbezugnahme der international anerkannten Rechnungslegungsgrundsätze als statische Verweisung interpretieren, so liefen Rechnungslegung und Strafrecht auseinander und das Strafrecht würde über kurz oder lang jeglichen praktischen Anwendungsbereich verlieren. Damit stellt sich die Frage, ob solche dynamische Verweisungen auf internationale Standards den speziell für das Strafrecht geltenden verfassungsrechtlichen Anforderungen des Art. 103 Abs. 2 GG entsprechen. Solche dynamische Verweisungen sind nach h. M. zulässig, wenn sie sich an eine klar abgegrenzte Berufsgruppe wenden, deren Angehörigen ein Umgang mit komplexen und sich rasch ändernden Rechtsnormen zumutbar ist.[166] Diese Voraussetzungen liegen bei § 331 Nr. 3 HGB vor. 94

Dennoch ist es äußerst zweifelhaft, ob die vom Gesetzgeber gewählte Ausgestaltung des § 331 Nr. 3 HGB im Hinblick auf die Verweisung auf § 292a Abs. 2 Nr. 2 lit. a HGB den Anforderungen des **Art. 103 Abs. 2 GG** an die Bestimmtheit und Vorher- 95

---

[165] MünchKommHGB-*Busse von Colbe* § 292a Rdn. 5; *Niewerth* III B 5c (2) (c).

[166] *Satzger* S. 241 ff.

sehbarkeit von Strafnormen gerecht wird. Das Bundesverfassungsgericht[167] spricht nämlich Art. 103 Abs. 2 GG neben der freiheitssichernden Funktion des Bestimmtheitsgebots – der Bürger soll sich am Strafgesetz orientieren und die möglichen Fälle strafbaren Handelns vorhersehen können – eine **gewaltenteilungssichernde Funktion** zu.[168] Deshalb muß der Gesetzgeber über die wesentlichen Voraussetzungen der Strafbarkeit, d.h. darüber, „ob und in welchem Umfang er ein bestimmtes Rechtsgut, dessen Schutz ihm wesentlich erscheint, gerade mit den Mitteln des Strafrechts verteidigen will",[169] entscheiden. Die Strafbarkeit muß auf Grund des **Gesetzes** vorhersehbar sein. Ob § 331 Nr. 3 HGB in Verbindung mit § 292a HGB diese Voraussetzung erfüllen, ist fraglich. Zwar hat der Gesetzgeber in den §§ 331 Nr. 3, 292a HGB den **Zweck der Sanktionen** hinreichend festgelegt. Jedoch kann der Gesetzgeber auf die von privaten Gremien wie dem IASC oder dem FASB entwickelten und noch zu entwickelnden Rechnungslegungsgrundsätze keinen Einfluß nehmen, so daß sich die Frage nach der Vereinbarkeit mit dem Demokratieprinzip stellt. Die dynamische Verweisung ist jedoch dadurch eingeschränkt, daß die Konzernrechnungslegung im Einklang mit dem EG-Recht stehen (§ 292a Abs. 2 Nr. 2 lit. b HGB) und in ihrer Aussagekraft der handelsrechtlichen Rechnungslegung gleichwertig sein muß (§ 292a Abs. 2 Nr. 3 HGB). Verweisungen des Strafrechts auf das Gemeinschaftsrecht werden von der h.M. als zulässig angesehen.[170] Ob die inhaltliche Begrenzung des § 292a Abs. 2 Nr. 2 lit. b und Nr. 3 HGB bereits ausreicht, um den erhöhten Anforderungen des Art. 103 Abs. 2 GG Rechnung zu tragen, muß bezweifelt werden. Jedenfalls kann die gegenwärtige Rechtslage allenfalls für die Übergangszeit bis Ende 2004 hingenommen werden. Der Gesetzgeber wird dann über eine verfassungsgemäße und zugleich flexible Lösung entscheiden müssen.

d) Übergangscharakter des § 292a HGB

96 § 292a HGB ist als **Übergangsregelung** konzipiert und nach Art. 5 KapAEG nur auf Geschäftsjahre anwendbar, die spätestens am 31.12.2004 enden. Der Gesetzgeber war der Auffassung, daß die endgültige Anpassung der deutschen Rechnungslegung an internationale Standards wegen der grundsätzlichen Bedeutung dieses Schritts und des damit verbundenen Prüfungs- und Erörterungsaufwandes in der betreffenden Legislaturperiode nicht möglich sei.[171] Eine Anpassung der nationalen Vorschriften an die IAS, deren Entwicklung noch nicht abgeschlossen sei, erscheine bislang auch nicht sachgerecht. Die Dringlichkeit des Problems gebiete aber eine rasche Lösung. Angesichts der zeitlichen Begrenzung des § 292a HGB, der am 31.12.2004 außer Kraft tritt, handelt es sich bei § 331 Nr. 3 HGB in Verbindung mit § 292a HGB um ein **Zeitgesetz im engeren Sinne**, das auch nach Außerkrafttreten auf während der Geltungsdauer begangene Straftaten anzuwenden ist (Vor §§ 331ff Rdn. 106f).

III. Tathandlung

1. Offenlegung

97 Der Tatbestand des § 331 Nr. 3 HGB erfordert die **Offenlegung** des Konzernabschlusses oder Konzernlageberichts, in dem die Verhältnisse des Konzerns unrichtig wiedergegeben oder verschleiert worden sind. Unter Offenlegung ist nach der Legal-

---

[167] BVerfGE 75, 329, 341 m.w.N. aus der älteren verfassungsrechtlichen Rechtsprechung.
[168] *Dannecker* Das intertemporale Strafrecht S. 256; *Satzger* S. 247 f.
[169] BVerfGE 71, 108, 115.
[170] *Dannecker* Das intertemporale Strafrecht S. 464f.
[171] *Ernst/Seibert/Stuckert* S. 138.

definition des § 325 Abs. 1 HGB die Einreichung zu einem Register und die Bekanntmachung im Bundesanzeiger zu verstehen. Dabei muß der Täter **zum Zweck der Befreiung** nach §§ 291, 292a HGB oder einer nach § 292 HGB erlassenen Rechtsverordnung handeln, d.h. die Offenlegung muß zielgerichtet zu diesem Zweck erfolgen.[172] Die Offenlegung zu einem anderen Zweck genügt nicht, um den Tatbestand des § 331 Nr. 3 HGB zu erfüllen.

2. Inhaltliche Unrichtigkeit

Zur Bestimmung der **Unrichtigkeit** und der **Verschleierung** kann grundsätzlich auf die Ausführungen zu § 331 Nr. 1 HGB zurückgegriffen werden (Rdn. 40ff, 48). Danach ist die Wiedergabe unrichtig, wenn die Darstellung der geschilderten wirtschaftlichen Situation der Gesellschaft der in Wirklichkeit bestehenden Sachlage nicht entspricht.[173] Eine Verschleierung ist dann gegeben, wenn die wirtschaftlich bedeutsamen Verhältnisse zwar objektiv richtig dargestellt werden, ihre Erkennbarkeit aber so erschwert wird, daß die Gefahr einer unzutreffenden Beurteilung der wirtschaftlichen Situation besteht.[174] Jedoch kann zur Ausfüllung des bei den **Bewertungen, Schätzungen und Prognosen** notwendigen Maßstabes nicht auf die Vorschriften des nationalen Bilanzrechts, die GoB und das Gebot des richtigen Ausweises der Vermögens-, Finanz- und Ertragslage der Gesellschaft zurückgegriffen werden.[175] Zur Ausfüllung ist allein auf die **Rechnungslegungs- und Bewertungsregeln** des ausgewählten **international anerkannten Rechnungslegungssystems** zurückzugreifen. Damit verweist § 331 Nr. 3 HGB in Verbindung mit § 292a HGB nicht mehr auf die Vorschriften des dritten Buches des HGB sowie ergänzend auf die GoB und die Verlautbarungen des IDW, sondern wahlweise auf die **IAS** oder die **US-GAAP**. Wenn man die Zulässigkeit einer Verweisung auf international anerkannte Rechnungslegungsgrundsätze anerkennt (Rdn. 93f), werden über dieses normative Tatbestandsmerkmal Standards in das deutsche Strafrecht übernommen, die von ausländischen, privatrechtlich organisierten Vereinigungen aufgestellt worden sind und in Zukunft aufgestellt werden, ohne daß der nationale Gesetzgeber hierbei mitwirkt oder auch nur Einfluß hat. Denn die h. M. geht davon aus, daß es sich bei der Verweisung in § 292a HGB auf international anerkannte Rechnungslegungssysteme um eine dynamische Verweisung handelt, die entwicklungsoffen ist (§ 292a Rdn. 5). 98

IV. Subjektiver Tatbestand

Strafbarkeit nach § 331 Nr. 3 HGB liegt sowohl bei **vorsätzlichem** als auch bei **leichtfertigem** Verhalten vor. 99

1. Vorsatz

Für die vorsätzliche Verwirklichung des Tatbestandes reicht bezüglich der Tätereigenschaft sowie der Unrichtigkeit und Verschleierung im Konzernabschluß und Konzernlagebericht **dolus eventualis** (Vor §§ 331ff Rdn. 93) aus. Jedoch ist bezüglich der Offenlegung **Absicht** (Vor §§ 331ff Rdn. 93) erforderlich. 100

---

172 Blumers/Frick/Müller/*Dannecker* Betriebsprüfungshandbuch Rdn. 672; Heymann/*Otto* Rdn. 63.

173 Heymann/*Otto* Rdn. 24; MünchKommHGB-*Quedenfeld* Rdn. 32 ff.

174 Heymann/*Otto* Rdn. 27; MünchKommHGB-*Quedenfeld* Rdn. 38.

175 A. A. MünchKommHGB-*Quedenfeld* Rdn. 34, der zur Ausfüllung des § 331 Nr. 3 HGB über den § 331 Nr. 2 HGB auf den § 331 Nr. 1 HGB zurückverweist.

2. Leichtfertigkeit

101 Bei der Leichtfertigkeit handelt es sich um eine qualifiziert fahrlässige, durch eine gesteigerte Unachtsamkeit gekennzeichnete Verhaltensweise, die der groben Fahrlässigkeit des Zivilrechts entspricht.[176] Die Bestrafung nur leichtfertigen Verhaltens in § 331 Nr. 3 HGB rechtfertigt sich daraus, daß vor Genehmigung eines befreienden Abschlusses erwartet werden muß, daß dieser sorgfältig überprüft wird. Auch steht zu befürchten, daß vorsätzliches Verhalten nur selten nachzuweisen sein wird, so daß der Leichtfertigkeitsinkriminierung eine **Auffangfunktion** zukommt. Auch bei leichtfertigem Verhalten muß der Täter **zum Zwecke der Offenlegung**, also mit Absicht, handeln.[177]

V. Rechtswidrigkeit

102 Bezüglich der Rechtswidrigkeit kann auf die Ausführungen bei Rdn. 61 verwiesen werden.

VI. Vollendung und Beendigung der Tat

1. Vollendung

103 Das Delikt ist mit der Offenlegung vollendet. Der erstrebte Zweck der Befreiung muß nicht eingetreten sein. Der Versuch ist nicht strafbar (§§ 12 Abs. 2, 23 Abs. 2 StGB; zu den Konkurrenzen siehe Rdn. 125).

2. Beendigung

104 Die Beendigung der Tat tritt noch nicht mit der Vollendung ein, also mit dem Zugänglichwerden der Darstellung für die Adressaten; entscheidend ist – ebenso wie bei § 331 Nr. 1 HGB (Rdn. 63) – die (erstmalige) Kenntnisnahme eines Adressaten, mit der die Verletzung des Vertrauens vorliegt. Denn die Verletzung des geschützten Vertrauens wird durch die Kenntnisnahme noch vertieft.

E. Unrichtige Angaben sowie unrichtige Wiedergabe oder Verschleierung gegenüber Abschlußprüfern (§ 331 Nr. 4 HGB)

I. Täterkreis

105 Bei § 331 Nr. 4 HGB handelt es sich, ebenso wie bei § 331 Nrn. 1 bis 3 HGB, um ein **Sonderdelikt**. Als taugliche Täter kommen die gemäß § 320 HGB gegenüber Abschlußprüfern zu Nachweisen und Aufklärungen verpflichteten Mitglieder des vertretungsberechtigten Organs der Kapitalgesellschaft (Rdn. 8) oder die gesetzlichen Vertreter eines der Tochterunternehmen im Sinne der § 290 Abs. 1 und 2 HGB, das keine Kapitalgesellschaft zu sein braucht, in Betracht. Andere als die im Gesetz ausdrücklich genannten Personen können nur als Teilnehmer strafbar sein. Die Strafe ist beim Teilnehmer gemäß § 28 Abs. 1 StGB zu mildern.

---

176 Vgl. BGHSt 20, 323 f; 33, 67.

177 Beck BilKomm-*Budde/Hense* Rdn. 33.

II. Gegenstand und Adressat der Tathandlung

1. Gegenstand der Tathandlung

§ 331 Nr. 4 HGB erfaßt das Machen unrichtiger Angaben sowie die unrichtige Wiedergabe oder Verschleierung der Verhältnisse gegenüber dem Abschlußprüfer und will dadurch eine **ordnungsmäßige Prüfung** des Jahresabschlusses, des Lageberichts, des Konzernabschlusses und des Konzernlageberichts ermöglichen. Abweichend von den Straftatbeständen des § 331 Nrn. 1 bis 3 HGB ist das Eingreifen von § 331 Nr. 4 HGB davon abhängig, daß dem Abschlußprüfer ein **Recht auf Auskunft gemäß § 320 HGB** zusteht.[178] Sonderprüfungen sowie freiwillige Prüfungen werden von § 331 Nr. 4 HGB nicht erfaßt.[179] 106

Eine Ausweitung erfährt der Tatbestand dadurch, daß neben der unrichtigen Wiedergabe oder Verschleierung der Verhältnisse auch alle **sonstigen unrichtigen Angaben** erfaßt werden. Praktisch bedeutsam dürfte diese Ausdehnung des Anwendungsbereichs der Norm jedoch nicht sein, da Angaben im Rahmen bestehender Auskunftspflichten in aller Regel die Verhältnisse der Gesellschaft tangieren.[180] 107

2. Aufklärungen und Nachweise

Gegenstand der Tathandlung sind Aufklärungen und Nachweise, die einem Abschlußprüfer der Kapitalgesellschaft, eines verbundenen Unternehmens oder des Konzerns zu geben sind. Die Strafbarkeit ist daher bedingt und begrenzt durch das Auskunftsrecht gemäß § 320 HGB.[181] Als **Aufklärung im engeren Sinne** werden nur Hinweise angesehen, die zur Ausräumung von Zweifeln, Unklarheiten oder Widersprüchen dienen. **Nachweise** sind die vom Prüfer herangezogenen, für die Prüfung erforderlichen Belege wie Bücher, Schriften, Urkunden etc. sowie andere Gegenstände, welche den von der Prüfung erfaßten Bereich belegen, so z. B. Inventurlisten.[182] Den Begriffen der Aufklärung und des Nachweises wird aber bereits im Handelsrecht eine weiterreichende Bedeutung beigemessen, wenn dort darauf abgestellt wird, daß es sich um eine **vom Prüfer benötigte** und zu diesem Zweck vom Täter gemachte **Mitteilung** handeln muß. Dementsprechend muß es sich auch im Bilanzstrafrecht nicht um eine Aufklärung oder einen Nachweis im engeren Sinne handeln. Vielmehr werden alle mündlichen und schriftlichen Stellungnahmen, die zur Durchführung der Prüfung benötigt werden und sich nach Ansicht des Täters auf das Prüfungsergebnis zumindest auswirken können (**Aufklärung im weiteren Sinne**), erfaßt.[183] Nur so kann ein möglichst umfassender Schutz der Informationen durch das Bilanzstrafrecht erreicht und sichergestellt werden, daß alle für die Ermittlung eines sachgerechten Prüfungsergebnisses erforderlichen Angaben richtig, vollständig und klar sind. 108

3. Adressat der Aufklärungen und Nachweise

Adressat der Aufklärungen und Nachweise ist nach dem Gesetzeswortlaut des § 331 Nr. 4 HGB ausschließlich der **Abschlußprüfer**. Im Gegensatz dazu erfassen die §§ 332, 333 HGB auch den Gehilfen des Abschlußprüfers (§ 332 Rdn. 18f; § 333 Rdn. 15). 109

---

178 MünchKommHGB-*Quedenfeld* Rdn. 58; Heymann/*Otto* Rdn. 68.

179 MünchKommHGB-*Quedenfeld* Rdn. 58.

180 So auch KK-*Geilen* § 400 Rdn. 98 zu § 400 I Nr. 3 AktG.

181 Heymann/*Otto* Rdn. 68.

182 BGHSt 13, 382, 383; Blumers/Frick/Müller/*Dannecker* Betriebsprüfungshandbuch Rdn. 676; Heymann/*Otto* Rdn. 69; MünchKommHGB-*Quedenfeld* Rdn. 59.

183 Heymann/*Otto* Rdn. 69.

Aus den unterschiedlichen Regelungen ist jedoch nicht zu folgern, daß unrichtige Angaben gegenüber einem Gehilfen des Abschlußprüfers im Falle des § 331 Nr. 4 HGB straflos sind. Die Erwähnung des Abschlußprüfers in §§ 332, 333 HGB soll lediglich „den thematischen Zusammenhang mit der ihm obliegenden Prüfungsaufgabe" umreißen. Ausreichend sind auch Angaben gegenüber anderen Personen als dem Prüfer, wenn diese der Sphäre des Prüfers zuzurechnen sind.[184] Daher sind auch unrichtige Angaben gegenüber dem Gehilfen des Abschlußprüfers gemäß § 331 Nr. 4 HGB strafbar, wenn sie im Zusammenhang mit der Abschlußprüfung getätigt werden und dadurch das Recht auf Auskunft nach § 320 HGB verletzt wird.

III. Tathandlungen

110 § 331 Nr. 4 HGB nennt als Tathandlungen das **Machen unrichtiger Angaben** sowie die **unrichtige Wiedergabe** oder **Verschleierung** der Verhältnisse der Kapitalgesellschaft, eines Tochterunternehmens oder des Konzerns.

1. Unrichtige Angaben

111 Unrichtige Angaben sind nachprüfbare Aussagen über Tatsachen, deren Inhalt mit der objektiven Wirklichkeit nicht übereinstimmt. In der Regel wird es sich um Tatsachenbehauptungen handeln, denkbar sind aber auch Bewertungen, Schätzungen, Prognosen und Beurteilungen (Rdn. 42). Soweit Bewertungsunsicherheiten bestehen, müssen die Angaben evident unrichtig sein (Vor §§ 331ff Rdn. 90).

2. Unrichtige Wiedergabe und Verschleierung der Verhältnisse

112 Bezüglich der unrichtigen Wiedergabe und Verschleierung der Verhältnisse kann auf die obigen Ausführungen verwiesen werden (Rdn. 40ff, 48).

3. Verweigerung von Angaben

113 Die offene Verweigerung von Angaben ist nicht als unrichtige Angabe zu qualifizieren, denn der Straftatbestand stellt die auf falschen, unklaren oder lückenhaften Informationen beruhende Verfälschung des Prüfungsergebnisses unter Strafe, dient aber nicht der Erzwingung bestimmter Angaben.[185] Hierfür sieht § 335 Nr. 5 HGB die Möglichkeit, ein Zwangsgeld anzudrohen und festzusetzen, vor (§ 335 Rdn. 14).

IV. Subjektiver Tatbestand

1. Vorsatz

114 Der subjektive Tatbestand setzt Vorsatz voraus; **dolus eventualis** (Vor §§ 331ff Rdn. 93) genügt.

2. Irrtum

115 Zur Behandlung des Irrtums kann auf die obigen Ausführungen verwiesen werden (Rdn. 58ff). Im übrigen führt die irrtümliche Annahme des Täters, eine von ihm gegebene Auskunft unterfalle nicht der Auskunftspflicht des § 320 HGB, zum Entfallen des Vorsatzes (§ 16 StGB).[186]

[184] KK-*Geilen* § 400 Rdn. 104; Erbs/Kohlhaas/*Schaal* Rdn. 44.

[185] Heymann/*Otto* Rdn. 74.

[186] Heymann/*Otto* Rdn. 77; a. A. KK-*Geilen* § 400 Rdn. 108.

V. Rechtswidrigkeit

Bezüglich der Rechtswidrigkeit kann auf die Ausführungen bei Rdn. 61 verwiesen werden. 116

VI. Vollendung und Beendigung der Tat

1. Vollendung

Wegen der Ausgestaltung des Straftatbestandes als abstraktes Gefährdungsdelikt ist die Tat **vollendet**, wenn der Abschlußprüfer oder eine der für ihn tätigen Personen die für die Prüfung bestimmten Aufklärungen oder Nachweise erhalten hat. Hierbei reicht der bloße Zugang aus. Eine Kenntnisnahme vom Inhalt ist bei schriftlichen Erklärungen nicht erforderlich, wohl aber bei mündlichen Erklärungen. Es kommt nicht darauf an, daß der Adressat die volle Bedeutung der Erklärung erfaßt hat. Eine Irreführung des Prüfers ist nicht Tatbestandsvoraussetzung des § 331 Nr. 4 HGB (zu den Konkurrenzen siehe Rdn. 127).[187] 117

2. Beendigung

Beendigung der Tat liegt vor, wenn der Abschlußprüfer Kenntnis vom Inhalt der Aufklärungen und Nachweise genommen hat. 118

F. Konkurrenzen

I. Unrichtige Wiedergabe oder Verschleierung der Verhältnisse der Kapitalgesellschaft und des Konzerns (§ 331 Nr. 1 und 2 HGB)

1. Mehrere Falschangaben in einer Erklärung

Mehrere Falschangaben gemäß § 331 Nrn. 1 oder 2 HGB in einer Erklärung werden infolge des inhaltlichen Zusammenhangs mit dem Informationszweck der Eröffnungsbilanz, des Jahresabschlusses, des Lageberichts oder des Zwischenabschlusses durch den Gesetzestatbestand zu einer **rechtlichen Handlungseinheit** verknüpft und stellen deshalb nur *eine* strafbare Handlung dar.[188] 119

2. Mehrere Falschangaben in mehreren Erklärungen

Zwischen § 331 Nr. 1 HGB und § 331 Nr. 2 HGB besteht grundsätzlich *Tatmehrheit*, wenn es sich um mehrere Erklärungen handelt (§ 53 StGB). Wenn ausnahmsweise die beiden Tathandlungen gleichzeitig begangen werden, liegt *Tateinheit* vor (§ 52 StGB).[189] 120

3. Verhältnis der gesellschaftsrechtlichen Strafvorschriften zu § 331 Nr. 1 HGB

§ 82 Abs. 2 Nr. 2 GmbHG ist in bezug auf die Eröffnungsbilanz, den Jahresabschluß, den Lagebericht und den Zwischenabschluß kraft ausdrücklicher gesetzlicher 121

---

[187] Heymann/*Otto* Rdn. 78.

[188] Vgl. für das Aktienstrafrecht KK-*Geilen* § 399 Rdn. 183; für das GmbH-Strafrecht Scholz/*Tiedemann* § 82 Rdn. 183.

[189] *Schmedding* S. 149.

Anordnung (2. Halbsatz) gegenüber § 331 Nr. 1 HGB **subsidiär**; dies gilt auch, wenn die Rechnungslegung veröffentlicht wird.[190] Ebenso ist die Verletzung der Darstellungspflicht gemäß **§ 400 Abs. 1 Nr. 1 AktG** gegenüber § 331 Nr. 1 HGB subsidiär; gleiches gilt für die entsprechende Pflicht des **§ 147 Abs. 2 GenG** und des **§ 17 Nr. 1 PublG**.

4. Verhältnis des § 331 Nr. 1 und 2 HGB zu den Straftatbeständen des Strafgesetzbuchs

122 Wenn die unrichtige Wiedergabe oder Verschleierung in einer Bilanz sowohl unter § 331 Nr. 1 oder 2 HGB als auch unter die **Insolvenzstraftatbestände** der §§ 283ff StGB (Vor §§ 331ff Rdn. 66ff) fällt, liegt Tateinheit vor, denn § 331 Nr. 1 und 2 HGB haben eine andere Schutzrichtung als die §§ 283ff StGB: Während die §§ 283ff StGB die Gläubiger in ihrer Gesamtheit schützen, dient § 331 HGB dem Schutz des Vertrauens in die Richtigkeit der Information über die Verhältnisse der Gesellschaft (Rdn. 3). Ebenso kann Tateinheit zwischen § 331 HGB und der **Urkundenfälschung** (§ 267 StGB; Vor §§ 331ff Rdn. 73) vorliegen, wenn ein Organmitglied nachträglich Änderungen in einem Jahresabschluß vornimmt.[191]

123 Weitere Tatbestände, insbesondere die **allgemeinen Vermögens- und Wirtschaftsdelikte** (Vor §§ 331ff Rdn. 61ff) wie § 246 StGB (Unterschlagung), § 263 StGB (Betrug), § 263a StGB (Computerbetrug), § 264 StGB (Subventionsbetrug), § 265b StGB (Kreditbetrug) oder § 266 StGB (Untreue) stehen in Tateinheit mit § 331 Nr. 1 und 2 HGB, wenn das Geschehen *eine* Handlung („Handlungseinheit") bildet. Die Rechtsprechung erkennt eine „natürliche Handlungseinheit" vor allem dann an, wenn die verschiedenen einzelnen Handlungen von einem einheitlichen Willensentschluß getragen sind.[192] Dies hat zur Folge, daß Tateinheit bejaht wird, wenn eine unrichtige Wiedergabe erfolgt, um die Bilanz zur Begehung eines Subventions-, Kredit- oder Kapitalanlagebetrugs oder zur Täuschung im Rahmen eines Betrugs zu benutzen. Während die auf das einheitliche objektive Erscheinungsbild abstellende Definition der Rechtsprechung noch einigermaßen klare Abgrenzungen ermöglicht, bedeutet die ergänzende Heranziehung der Einheitlichkeit des Willensentschlusses eine Überdehnung des § 52 StGB, die in der Literatur zunehmend auf Ablehnung stößt.[193] Im Schrifttum hat sich inzwischen die Meinung durchgesetzt, daß Idealkonkurrenz zwar nicht die volle Deckung der Handlungen erfordert, die in den zusammentreffenden Tatbeständen vorausgesetzt wird, wohl aber eine „teilweise Identität der Ausführungshandlungen" bei Begehung der objektiven Tatbestände der konkurrierenden Strafgesetze vorliegen muß.[194] Für die Deckung der Tathandlungen kommt es nicht auf die Vollendung, sondern auf die materielle Beendigung an. Wird also eine unrichtige Bilanz unmittelbar nach ihrer Erstellung zur Begehung eines Vermögensdelikts, z.B. eines Betruges, verwendet, ohne daß der Jahresabschluß zuvor der Öffentlichkeit bereits zugänglich war, so liegt mit der Weitergabe des Jahresabschlusses die Irrtumserregung im Rahmen des § 263 StGB und die Veröffentlichung im Rahmen des § 331 Nr. 1 HGB vor; damit ist Tateinheit gegeben (§ 52 StGB). Wird die Bilanz hingegen erst nach Kenntnisnahme der Öffentlichkeit verwendet, so steht das Vermögensdelikt in Realkonkurrenz zu § 331 HGB (§ 53 StGB).

---

190 Scholz/*Tiedemann* § 82 Rdn. 190.

191 Vgl. BGHSt 13, 382.

192 Vgl. die Nachweise bei Schönke/Schröder/*Stree* Vor §§ 52 ff Rdn. 23 ff.

193 Vgl. Schönke/Schröder/*Stree* Vor §§ 52 ff Rdn. 22 m.w.N.

194 Vgl. nur *Jescheck/Weigend* S. 720; Schönke/Schröder/*Stree* § 52 Rdn. 9; jeweils m.w.N.

Tateinheit kann auch entstehen, wenn eine Bilanz von einem Organ nachträglich verändert und später zur Begehung eines Vermögensdelikts verwendet wird. Hierin liegt eine Urkundenfälschung gemäß § 267 StGB. Im Hinblick darauf, daß die Verfälschung einer Urkunde und deren anschließende Verwendung eine einheitliche Urkundenfälschung darstellen[195] und zudem die Urkundenfälschung den Vermögensdelikten (Betrug, Subventions-, Kredit-, Kapitalanlage- und Kursbetrug [§ 88 BörsG]) im Unrechtsgehalt annähernd gleichkommt, werden die an sich selbständigen Handlungen des § 331 HGB – die Täuschung und die unrichtige Wiedergabe in der Bilanz – durch die Urkundenfälschung verbunden.[196] 124

II. Offenlegung eines unrichtigen Konzernabschlusses oder Konzernlageberichts (§ 331 Nr. 3 HGB)

Gehört der den Konzernabschluß oder den Lagebericht Offenlegende der Mutter- 125
gesellschaft an, die den Konzernabschluß oder Lagebericht aufgestellt hat, so ist **Tateinheit** gemäß § 52 StGB zwischen der unrichtigen Wiedergabe nach § 331 Nr. 2 HGB und der Offenlegung nach § 331 Nr. 3 HGB möglich, wenn die unrichtige Wiedergabe bei Offenlegung noch nicht beendet war. Wird ein befreiender Konzernabschluß noch vor Einreichung beim Handelsregister oder vor Bekanntmachung im Bundesanzeiger zur Begehung eines Vermögensdelikts verwendet, so liegt ebenfalls Tateinheit vor.

III. Unrichtige Angaben sowie unrichtige Wiedergabe oder Verschleierung gegenüber Abschlußprüfern (§ 331 Nr. 4 HGB)

§ 331 Nr. 4 HGB ist im Verhältnis zu § 331 Nrn. 1 und 2 HGB die **speziellere** 126
Regelung. Werden dem Abschlußprüfer manipulierte EDV-Listen vorgelegt, so liegt **Tateinheit** gemäß § 52 StGB zwischen § 331 Nr. 4 HGB und § 263 a StGB vor, da der Computerbetrug erst mit dem Eintritt des Schadens beendet ist.

IV. Verhältnis des § 331 HGB zu den Ordnungswidrigkeiten nach § 334 HGB

Die Ordnungswidrigkeitentatbestände des § 334 HGB sind im Verhältnis zu § 331 127
HGB subsidiär,[197] weil Verstöße bereits im Vorfeld der Bilanzfälschung oder -verschleierung verhindert werden sollen (§ 21 OWiG; § 334 Rdn. 100).

G. Strafverfolgung und Rechtsfolgen

I. Verfahrensrechtliche Besonderheiten

1. Offizialdelikte

Alle Straftatbestände des § 331 HGB sind Offizialdelikte. Die Strafverfolgung 128
erfolgt deshalb **von Amts wegen**, wenn ein hinreichender Tatverdacht vorliegt.

---

[195] BGH, GA 1955, 246; *Tröndle/Fischer* § 267 Rdn. 44.

[196] Vgl. dazu *Wahle* GA 1968, 97 ff.

[197] *Tiedemann* Artikel Bilanzstrafrecht S. 7.

2. Zuständigkeit der Wirtschaftsstrafkammer

129 Die Straftatbestände des § 331 HGB sind nach § 74c Nr. 1 GVG **Wirtschaftsstraftaten** und fallen damit in die Zuständigkeit der Schwerpunktstaatsanwaltschaften für Wirtschaftsstrafsachen. Die Anklage wird zum Amtsgericht erhoben oder, bei besonderer Bedeutung des Falles (§ 24 Abs. 1 Nr. 3 GVG), zur Wirtschaftsstrafkammer des Landgerichts. Über die Berufung gegen ein amtsgerichtliches Urteil entscheidet die Wirtschaftsstrafkammer beim Landgericht.[198] Gegen das erstinstanzliche Urteil der Wirtschaftsstrafkammer des Landgerichts ist die Revision zum BGH möglich (§ 135 Abs. 1 GVG in Verbindung mit § 121 GVG).

3. Klageerzwingungsverfahren

130 Im Klageerzwingungsverfahren sind Verletzte im Sinne des § 172 Abs. 1 StPO alle Personen, die von § 331 HGB geschützt werden (Rdn. 4) und im Vertrauen auf die Richtigkeit der Angaben einen Schaden erlitten haben (Rdn. 6).[199]

4. Urteilstenor

131 Im Urteilstenor und nicht nur in den Urteilsgründen ist zum Ausdruck zu bringen, welchen Tatbestand der Täter verwirklicht hat.[200]

II. Verjährung

132 Die **Strafverfolgungsverjährung** tritt nach 5 Jahren ein (§ 78 Abs. 3 Nr. 4 StGB). Sie beginnt mit der Beendigung der Tat (Rdn. 63, 85, 104, 118).

133 Der Ablauf der Verjährungsfristen kann durch die in § 78c StGB genannten Maßnahmen **unterbrochen** werden. Die Verjährung beginnt mit dem Tag der Unterbrechung neu zu laufen (§ 78c Abs. 3 StGB). Jedoch tritt zehn Jahre nach Beendigung der Tat die **absolute Verjährung** ein (§ 78 Abs. 3 S. 2 StGB).

134 Die **Vollstreckungsverjährung** bestimmt sich nach den §§ 79ff StGB. Sie beginnt frühestens mit der rechtskräftigen Verhängung einer Strafe oder Maßregel (§ 11 Abs. 1 Nr. 8 StGB).

III. Rechtsfolgen

1. Strafen

135 Die Strafe ist alternativ **Freiheitsstrafe** von einem Monat bis zu drei Jahren oder **Geldstrafe** zwischen fünf und dreihundertsechzig Tagessätzen (§ 40 Abs. 1 StGB).

136 Hat sich der Täter durch die Tat **bereichert** oder zu bereichern versucht, so kann neben der Freiheitsstrafe eine Geldstrafe verhängt werden (§ 41 StGB). Eine kurzfristige Freiheitsstrafe unter sechs Monaten kann nur ausnahmsweise verhängt werden (§ 47 StGB).

137 Wenn bei einem Teilnehmer die **besonderen persönlichen Merkmale** fehlen, weil er nicht zum Kreis der tauglichen Täter des Sonderdelikts gehört (Rdn. 10), ist die Strafe gemäß § 28 Abs. 1 StGB zu mildern (§ 49 StGB).

---

198 OLG Koblenz MDR 1978, 779; OLG Stuttgart MDR 1982, 252.

199 *Zielinski* wistra 1993, 6, 8.

200 Erbs/Kohlhaas/*Schaal* Rdn. 69; Rowedder/*Fuhrmann/Schaal* § 82 Rdn. 92; Scholz/*Tiedemann* § 82 Rdn. 196.

2. Maßregeln der Besserung und Sicherung

Als Maßregel der Besserung und Sicherung kann ein **Berufsverbot** verhängt werden (§ 70 StGB). Wenn durch die Tat ein Vermögensvorteil erlangt worden ist, kommt die Anordnung des **Verfalls** gemäß §§ 73ff StGB in Betracht. Außerdem finden die Vorschriften über die **Einziehung** gemäß §§ 74ff StGB Anwendung. 138

§ 332
Verletzung der Berichtspflicht

(1) Mit Freiheitsstrafe bis zu drei Jahren oder mit Geldstrafe wird bestraft, wer als Abschlußprüfer oder Gehilfe eines Abschlußprüfers über das Ergebnis der Prüfung eines Jahresabschlusses, eines Lageberichts, eines Konzernabschlusses, eines Konzernlageberichts einer Kapitalgesellschaft oder eines Zwischenabschlusses nach § 340a Abs. 3 oder eines Konzernzwischenabschlusses gemäß § 340i Abs. 4 unrichtig berichtet, im Prüfungsbericht (§ 321) erhebliche Umstände verschweigt oder einen inhaltlich unrichtigen Bestätigungsvermerk (§ 322) erteilt.

(2) Handelt der Täter gegen Entgelt oder in der Absicht, sich oder einen anderen zu bereichern oder einen anderen zu schädigen, so ist die Strafe Freiheitsstrafe bis zu fünf Jahren oder Geldstrafe.

Übersicht

Schrifttum

Vgl. ergänzend die Literaturhinweise zu Vor §§ 331 ff.

Zum Gegenstand und Umfang der Prüfung vgl. die Literaturangaben zu § 317; zum Prüfungsbericht die Angaben zu § 321 und zum Bestätigungsvermerk die Angaben zu § 322.

Im übrigen:

Bieneck Artikel Wirtschaftsprüfer, in Krekeler/Tiedemann/Ulsenheimer/Weinmann (Hrsg.) Handwörterbuch des Wirtschafts- und Steuerstrafrechts, Loseblatt Stand 1990; *Dierlamm* Verletzung der Berichtspflicht gem. § 332 HGB – eine Analyse des gesetzlichen Tatbestandes, NStZ 2000, 130 ff; *Firgau* Artikel Bestätigungsvermerk, in Krekeler/Tiedemann/Ulsenheimer/Weinmann (Hrsg.) Handwörterbuch des Wirtschafts- und Steuerstrafrechts, Loseblatt Stand 1990; IDW PS 400 Grundsätze für die ordnungsgemäße Erteilung von Bestätigungsvermerken, WPg 1999, 641 ff; IDW PS 450 Grundsätze ordnungsgemäßer Berichterstattung bei Abschlußprüfungen WPg 1999, 601 ff; *Krekeler* Strafbarkeit des Abschlußprüfers, StraFo 1999, 217 ff; *Moxter* Die Vorschriften der Rechnungslegung und Abschlußprüfung im Referentenentwurf eines Gesetzes zur Kontrolle und Transparenz im Unternehmensbereich, BB 1997, 722 ff; *Niewerth* Die Bedeutung des Strafrechts für Stellung und Aufgaben des Wirtschaftsprüfers (2002); *Poll* Die Verantwortlichkeit des Abschlußprüfers nach § 323 HGB, BZWiR 1995, 95 ff; *Schulze-Osterloh* Zum Umfang der Berichtspflicht des Abschlußprüfers, in Festschrift v. Wysocki (1985) S. 239 ff; *Tiedemann* Straftatbestand und Normambivalenz am Beispiel der Geschäftsberichtsfälschung, in Festschrift Schaffstein (1975) S. 195 ff; *Winkelbauer* Artikel Buchprüfer, in Krekeler/Tiedemann/Ulsenheimer/Weinmann (Hrsg.) Handwörterbuch des Wirtschafts- und Steuerstrafrechts, Loseblatt Stand 1990; *Völlschau* Die Verantwortlichkeit des aktienrechtlichen Abschlußprüfers (1966).

A. Allgemeines

1 § 332 HGB dient ebenso wie § 331 HGB der Sicherung der Einhaltung zivilrechtlicher Bilanznormen. Beide Vorschriften verzichten auf die Festlegung einer Schutzrichtung, so daß der geschützte Personenkreis durch Auslegung zu bestimmen ist (Rdn. 7). Anders als in § 331 HGB sind bei § 332 HGB die Adressaten die Abschlußprüfer und deren Gehilfen. Damit stellt § 332 HGB gleichzeitig die schärfste Sanktion im Sanktionssystem der berufsrechtlichen Verantwortung des Wirtschaftsprüfers dar.

I. Entstehungsgeschichte

2 Seinen Ursprung findet § 332 HGB in § 318a HGB (1931), der die Pflicht zur Berichterstattung nach § 262e Abs. 1 S. 1 HGB 1931 strafrechtlich sanktionierte. Dabei umfaßte die Strafandrohung nicht die gesamte Tätigkeit des Abschlußprüfers;

die Strafandrohung beschränkte sich auf die Verpflichtung zu einer mit den tatsächlichen Prüfungsfeststellungen des Abschlußprüfers übereinstimmenden Berichterstattung. Bis zum **BiRiLiG** vom 19.12.1985 (Vor §§ 331ff Rdn. 31f) war darunter die Berichtspflicht gegenüber den Organen zu verstehen, mit Inkrafttreten des § 332 HGB fällt nunmehr auch der Bestätigungsvermerk zweifelsfrei darunter.[1] Nachdem der Prüfungsbericht und der Bestätigungsvermerk im HGB geregelt wurden, wollte der Gesetzgeber wegen des Sachzusammenhangs auch die entsprechende Strafvorschrift hier aufnehmen.[2] Der strafrechtliche Schutz wurde durch den Gesetzgeber auf den Bestätigungsvermerk erweitert, weil es ihm unausgewogen erschien, daß der an die Öffentlichkeit gerichtete Bestätigungsvermerk einen geringeren Schutz als der nicht öffentliche Prüfungsbericht genießen sollte.[3] § 332 HGB ist § 403 AktG nachgebildet und stellt in bezug auf Jahresabschluß, Lagebericht, Konzernabschluß und Konzernlagebericht einer Kapitalgesellschaft die **speziellere Regelung** gegenüber § 403 AktG dar (Rdn. 67).[4]

Durch das **KonTraG vom 27.4.1998** (BGBl. 1998 I S. 786) wurden die Pflichten des Abschlußprüfers in §§ 321, 322 HGB erheblich erweitert (Vor §§ 331ff Rdn. 41ff). Da diese Normen von dem Straftatbestand des § 332 HGB in Bezug genommen werden, wurde die Strafbarkeit des Abschlußprüfers entsprechend ausgedehnt.[5] **3**

Mit dem Gesetz zur Änderung des **Gesetzes über das Kreditwesen und anderer Vorschriften über Kreditinstitute** vom 21.12.1992[6] (Vor §§ 331ff Rdn. 34) ergänzte der Gesetzgeber § 332 HGB dahin, daß nunmehr Manipulationen des Zwischenabschlusses nach § 340a Abs. 3 HGB und des Konzernzwischenabschlusses nach § 340i Abs. 4 HGB von Kreditinstituten in gleicher Weise strafrechtlich verfolgt werden können wie Manipulationen des Zwischenabschlusses und des Konzernzwischenabschlusses.[7] **4**

II. Geschütztes Rechtsgut und Schutzbereich

1. Geschütztes Rechtsgut

§ 332 HGB schützt nach h. M. als Rechtsgut das **Vertrauen in den Prüfungsbericht und den Bestätigungsvermerk** und damit in die Richtigkeit und Vollständigkeit der gewissenhaft und unparteiisch durch ein unabhängiges Kontrollorgan geprüften Abschlüsse und Lageberichte.[8] Das Vertrauen in eine gewissenhafte und unparteiische Überwachung der Rechnungslegung durch den Abschlußprüfer garantiert zwar nicht unmittelbar die inhaltliche Richtigkeit der geprüften Abschlüsse und Lageberichte. Der Prüfer ist zu einer mit den tatsächlichen Prüfungsfeststellungen übereinstimmenden Berichterstattung verpflichtet, so daß nur die Richtigkeit der (subjektiven) Feststellungen über die Prüfung garantiert wird. Dennoch dient die Berichtspflicht der Einhaltung der bilanzrechtlichen Vorschriften und der Grundsätze ordnungsmäßiger Buchführung (GoB) sowie der Unterstützung des gesellschafts- **5**

---

[1] Beck BilKomm-*Budde/Hense* Rdn. 1; MünchKommHGB-*Quedenfeld* MüKo Rdn. 15; Heymann/*Otto* Rdn. 1.
[2] BTDrucks. 10/317, S. 101.
[3] BTDrucks. 10/317, S. 101.
[4] *Dierlamm* NStZ 2000, 130, 131.
[5] *Dierlamm* NStZ 2000, 130, 131; *Niewerth* III A 3.
[6] BGBl. I S. 2211.
[7] Vgl. BTDrucks. 12/3377, S. 48.
[8] Heymann/*Otto* Rdn. 2; Blumers/Frick/Müller/*Dannecker* Betriebsprüfungshandbuch Rdn. 625; Geßler/Hefermehl/Eckardt/Kropff/*Fuhrmann* § 403 Rdn. 2; MünchKommHGB-*Quedenfeld* Rdn. 1; Erbs/Kohlhaas/*Schaal* Rdn. 1.

internen Gremiums bei der Aufstellung der Abschlüsse und Lageberichte.[9] Daher ist der Bestimmung des geschützten Rechtsguts durch die h. M. zuzustimmen.

6 Soweit die Auffassung vertreten wird, das Rechtsgut des § 332 HGB sei identisch mit dem des § 331 HGB,[10] widerspricht dies der unterschiedlichen Ausgestaltung der beiden Straftatbestände: Normadressat des § 332 HGB ist nicht wie bei § 331 HGB das Organ der Gesellschaft, in dessen Verantwortung die Erstellung der Informationen liegt, sondern der Abschlußprüfer, der im Rahmen der gesetzlichen Vorschriften die formelle und materielle Richtigkeit der Informationen überprüft und beurteilt und damit in gradueller Hinsicht eine weniger umfassende Verantwortung für die Richtigkeit der Informationen als das Organmitglied der Gesellschaft besitzt. Hinzu kommt, daß § 331 HGB und § 332 HGB eine unterschiedliche Beurteilungsbasis aufweisen: Die Beurteilungsbasis von § 331 HGB ist die objektive Wirklichkeit, die wirkliche Sachlage;[11] demgegenüber bildet für die beiden Tatbestandsalternativen des § 332 HGB das **subjektiv gefundene Prüfungsergebnis** die **Beurteilungsbasis.**[12] Bei § 332 HGB ist es deshalb irrelevant, ob das mitgeteilte Prüfungsergebnis objektiv richtig oder falsch ist, sofern es nur mit dem Inhalt des Berichts über die Prüfung übereinstimmt. Hierin spiegelt sich die gesetzgeberische Wertung wider, den Abschlußprüfer nicht in gleichem Maße wie die zuständigen Gesellschaftsorgane für die inhaltliche Richtigkeit der Angaben in die Verantwortung zu nehmen. Im Hinblick darauf, daß das Rechtsgut des § 331 HGB das Vertrauen in die Richtigkeit der Information ist, schützen die beiden Straftatbestände nicht das gleiche Rechtsgut.

2. Schutzbereich

7 § 332 HGB dient nach h. M. dem **Schutz der Gesellschaft**, ihrer gegenwärtigen und zukünftigen **Aktionäre** oder **Gesellschafter**, der aktuellen und potentiellen **Gesellschaftsgläubiger** sowie dritter Personen, die rechtliche Beziehungen zu der Gesellschaft unterhalten oder aufnehmen wollen.[13] Die **Arbeitnehmer** der Gesellschaft stehen den sonstigen Gläubigern gleich.[14]

3. Schutzgesetz im Sinne des § 823 Abs. 2 BGB

8 § 332 HGB ist zugunsten der in Rdn. 7 genannten Personen Schutzgesetz i. S. d. § 823 Abs. 2 BGB. Der zivilrechtliche Schutz setzt jedoch voraus, daß der Geschädigte durch sein Verhalten im Vertrauen auf die Richtigkeit der relevanten Angaben einen Schaden erlitten hat.[15] Während § 331 HGB jede Unrichtigkeit, insbesondere die Abweichung von den tatsächlichen Verhältnissen betrifft, bezieht sich § 332 HGB nur auf das „Ergebnis der Prüfung", d. h. auf Abweichungen des Berichts von den Prüfungsfeststellungen.[16]

---

9 ADS § 316 Rdn. 8; MünchKommHGB-*Ebke* § 316 Rdn. 22ff; KK-*Geilen* § 403 Rdn. 3.

10 HKHGB-*Ruß* § 331 Rdn. 1; für §§ 400, 403 AktG: GKAktG-*Klug* § 400 Anm. 1, § 403 Anm. 1.

11 Heymann/*Otto* § 331 Rdn. 24; KK-*Geilen* § 400 Rdn. 26; Ebenroth/Boujong/Joost/*Wiedmann* § 331 Rdn. 2; MünchKommHGB-*Quedenfeld* § 331 Rdn. 32ff; Geßler/Hefermehl/Eckardt/Kropff/*Fuhrmann* § 400 Rdn. 4.

12 Heymann/*Otto* Rdn. 15; Ebenroth/Boujong/Joost/*Wiedmann* Rdn. 3; MünchKommHGB-*Quedenfeld* Rdn. 17; Geßler/Hefermehl/Eckardt/Kropff/*Fuhrmann* § 403 Rdn. 9; *Firgau* Artikel Bestätigungsvermerk S. 5; *Tiedemann* Artikel Bilanzstrafrecht S. 6; Blumers/Frick/Müller/*Dannecker* Betriebsprüfungshandbuch Rdn. 627.

13 Blumers/Frick/Müller/*Dannecker* Betriebsprüfungshandbuch Rdn. 625; KK-*Geilen* § 403 Rdn. 2, 5; Heymann/*Otto* Rdn. 3; MünchKommHGB-*Quedenfeld* Rdn. 2; Scholz/*Tiedemann* Vor §§ 82 ff Rdn. 66.

14 A. A. GKAktG-*Klug* § 403 Anm. 2.

15 Vgl. *Brandes* WM 1992, 477.

16 Scholz/*Tiedemann* Vor §§ 82 ff Rdn. 81.

III. Dogmatische Einordnung der Straftatbestände

1. Abstrakte Gefährdungsdelikte

Nach § 332 HGB sind das unrichtige Berichten und das Verschweigen erheblicher Umstände sowie die Erteilung eines inhaltlich unrichtigen Bestätigungsvermerks strafbar. Im Hinblick darauf, daß die Tathandlungen weder zu einem Schaden noch zu einer konkreten Gefahr führen müssen, handelt es sich bei § 332 HGB – ebenso wie bei § 331 HGB (§ 331 Rdn. 7) – um abstrakte Gefährdungsdelikte.[17] 9

2. Sonderdelikt

§ 332 HGB ist in beiden Tatalternativen ein **echtes Sonderdelikt**, da Täter – Allein-, Mit- oder Nebentäter – nur Abschlußprüfer und ihre Gehilfen sein können.[18] 10

B. Grundtatbestand (§ 332 Abs. 1 HGB)

I. Täterkreis

Als taugliche Täter des § 332 Abs. 1 HGB kommen nur **Abschlußprüfer** und ihre **Gehilfen**, d. h. Personen, die den Abschlußprüfer bei seiner Prüfungstätigkeit unterstützen, in Betracht. 11

1. Abschlußprüfer

§ 332 Abs. 1 HGB gilt nur für **Prüfungsanlässe nach dem HGB** und nicht für sonstige Prüfungen. § 332 Abs. 1 HGB erfaßt somit nicht freiwillige Abschlußprüfungen, z. B. bei einer kleinen Kapitalgesellschaft oder einer nicht unter das Publizitätsgesetz fallenden Personengesellschaft.[19] 12

Nach § 319 Abs. 1 HGB kommen als Abschlußprüfer **Wirtschaftsprüfer**[20] und **Wirtschaftsprüfungsgesellschaften**, bei den Jahresabschlüssen und Lageberichten mittelgroßer GmbHs auch **vereidigte Buchprüfer**[21] und **Buchprüfungsgesellschaften** in Betracht. 13

a) Bestellung eines Wirtschaftsprüfers oder vereidigten Buchprüfers zum Abschlußprüfer

Die **Bestellung zum Abschlußprüfer** ist in § 318 HGB geregelt. Der Wirtschaftsprüfer oder vereidigte Buchprüfer wird erst mit Annahme der Wahl zum Abschlußprüfer.[22] Treten bei der Bestellung zum Abschlußprüfer **Rechtsmängel** auf, so sind diese für dessen strafrechtliche Verantwortung irrelevant, sofern nur überhaupt ein Bestellungsakt durch das zuständige Organ vorgenommen wurde und der Täter tatsächlich die entsprechenden Prüfungen vorgenommen hat.[23] Die bloße 14

[17] *Dierlamm* NStZ 2000, 130, 131; Heymann/*Otto* Rdn. 3; *Otto* Aktienstrafrecht § 403 Rdn. 6; Scholz/*Tiedemann* Vor §§ 82 ff Rdn. 65; MünchKommHGB-*Quedenfeld* Rdn. 3; *Schüppen* S. 174 m. w. N.

[18] Vgl. nur Heymann/*Otto* Rdn. 4.

[19] Beck BilKomm-*Budde/Hense* Rdn. 1.

[20] Vgl. dazu *Bieneck* Artikel Wirtschaftsprüfer HdWiStR, S. 1 ff.

[21] Vgl. dazu *Winkelbauer* Artikel Buchprüfer S. 1 ff.

[22] Beck BilKomm-*Budde/Steuber* § 318 Rdn. 14; Heymann/*Herrmann* § 318 Rdn. 2.

[23] MünchKommHGB-*Quedenfeld* Rdn. 9; Heymann/*Otto* Rdn. 9; Erbs/Kohlhaas/*Schaal* Rdn. 7.

Anmaßung einer Prüfungstätigkeit reicht hingegen nicht aus, um eine strafrechtliche Verantwortung zu begründen.[24] Wenn ein vereidigter Buchprüfer entgegen § 319 Abs. 1 HGB, der eine Beschränkung auf mittelgroße Gesellschaften mit beschränkter Haftung und mittelgroße Personenhandelsgesellschaften vorsieht, zum Abschlußprüfer einer AG oder einer großen GmbH gewählt wird, ist er ebenfalls tauglicher Täter nach § 332 HGB.[25] Wenn allerdings eindeutig erkennbar ist, daß eine Person oder Gesellschaft zum Prüfer bestellt wurde, die die Prüferqualifikation nicht besitzt, fehlt es an einem schutzwürdigen Vertrauen, das § 332 HGB schützen soll, beispielsweise wenn ein Steuerberater unter seiner Berufsbezeichnung ein Testat nach § 322 HGB erteilt.

b) Bestellung einer Wirtschafts- oder Buchprüfungsgesellschaft zum Abschlußprüfer

15 Wurde eine **Wirtschafts-** oder **Buchprüfungsgesellschaft** als Prüfer bestellt, so ist Normadressat der für die bestellte Gesellschaft persönlich handelnde Prüfer, der seinerseits über die Qualifikation des Wirtschaftsprüfers oder vereidigten Buchprüfers verfügen muß. Wenn der Prüfer vertretungsberechtigtes Organ der Prüfungsgesellschaft ist, ergibt sich die strafrechtliche Verantwortung aus **§ 14 Abs. 1 StGB**. Ist er nur Angestellter der Prüfungsgesellschaft und von dieser mit der Prüfung betraut, so ergibt sich die strafrechtliche Verantwortung aus **§ 14 Abs. 2 Nr. 2 StGB**.[26] Interne Zuständigkeitsverteilungen sind dabei irrelevant.[27] Personen einer Prüfungsgesellschaft, die nicht gesetzliche Vertreter oder besonders Beauftragte sind, aber gleichwohl bei der Prüfung mitwirken, sind Prüfungsgehilfen, auch wenn sie in der Prüfungsgesellschaft eine leitende Funktion inne haben.[28]

c) Geldbuße gegen juristische Personen und Personenvereinigungen (§ 30 OWiG)

16 Wenn gesetzliche Vertreter der Prüfungsgesellschaft Pflichten verletzen, die primär die Prüfungsgesellschaft betreffen, kann auch eine **Geldbuße gegen die Prüfungsgesellschaft** gemäß § 30 OWiG (vor §§ 331 ff Rdn. 108 ff) verhängt werden.[29]

d) Bestellung ausländischer Prüfer

17 Durch das KapAEG (Vor §§ 331 ff Rdn. 38 ff) wurde die Möglichkeit geschaffen, auch **ausländische Prüfer** gegebenenfalls am Ort eines in Anspruch genommenen Kapitalmarktes auszuwählen. Die Bestellung richtet sich nach § 318 HGB. Eine Zugehörigkeit zu dem in § 319 HGB genannten Personenkreis ist hierfür nicht erforderlich.[30] Auch dieser Prüfer wird erst mit Annahme der Wahl zum Abschlußprüfer und ist damit tauglicher Täter des § 332 HGB.

---

[24] *Krekeler* StraFo 1999, 219; Heymann/*Otto* Rdn. 9.

[25] Beck BilKomm-*Budde/Hense* Rdn. 35; *Krekeler* StraFo 1999, 219.

[26] Beck BilKomm-*Budde/Hense* Rdn. 33; *Dierlamm* NStZ 2000, 130, 131; Blumers/Frick/Müller/*Dannecker* Betriebsprüfungshandbuch Rdn. 688; *Ransiek* § 23 III Rdn. 311.

[27] MünchKommHGB-*Quedenfeld* Rdn. 10.

[28] MünchKommHGB-*Quedenfeld* Rdn. 10.

[29] Vgl. *Otto* Aktienstrafrecht § 403 Rdn. 12.

[30] Heymann/*Henssler* § 292a Rdn. 15; Beck BilKomm-*Hoyos/Lechner* § 292a Rdn. 36.

2. Gehilfen des Abschlußprüfers

Gehilfen des Abschlußprüfers sind Personen, die den Abschlußprüfer in irgendeiner Weise bei seiner Prüfungstätigkeit unterstützen.[31] Hierbei kann es sich um Angestellte und freie Mitarbeiter des Abschlußprüfers handeln.[32] Allerdings muß hier eine **Unterstützung bei der prüfungsspezifischen Tätigkeit** vorliegen. Dies ist bei Schreib- und Hilfskräften sowie bei einfachen Bürokräften nicht der Fall, die bloß unterstützende und keine assistierende Tätigkeit, die sich auf das Prüfungsergebnis und die Erteilung des Bestätigungsvermerks auswirken kann, ausüben.[33] Der durch § 332 HGB gewährte Vertrauensschutz knüpft aber unmittelbar an die Prüfungstätigkeit eines gewissenhaften und unparteiischen Prüfers an.[34] 18

Das strafbare Verhalten des Prüfungsgehilfen liegt nach dem Gesetzeswortlaut darin, daß er „über das Ergebnis der Prüfung falsch berichtet oder erhebliche Umstände im Bericht verschweigt". Allerdings berichtet der Prüfungsgehilfe nicht selbst, da er keinen eigenen Bericht vorlegt, in dem er falsch berichten oder erhebliche Umstände verschweigen könnte. Daher bedarf es einer **Modifikation der Tathandlung** dahingehend, daß der Prüfungsgehilfe, der nur beim Zustandekommen des Berichts in untergeordneter Funktion mitwirkt, den Tatbestand nur dann verwirklicht, wenn er gleichsam in einer einem mittelbaren Täter oder Mittäter entsprechenden Rolle eine falsche oder unvollständige Berichterstattung bewirkt. Er kann den Tatbestand also dadurch verwirklichen, daß er bei der Vorbereitung des vom Abschlußprüfer zu verantwortenden Berichts diesen durch unrichtige Angaben irreführt oder daß er nicht verhindert, daß ein von ihm falsch oder unvollständig erstellter Prüfungsteil vom Prüfer in dessen Bericht übernommen wird.[35] Wenn der Prüfungsgehilfe nicht gemeinschaftlich mit dem Abschlußprüfer die Straftat begeht, weil kein gemeinsamer Tatentschluß vorliegt, wird im Falle vorsätzlichen Verhaltens des Prüfungsgehilfen in der Regel keine Alleintäterschaft, sondern nur eine Beihilfe zur Straftat des Abschlußprüfers vorliegen. 19

Da die Prüfung und die damit zusammenhängenden prüfungsspezifischen Tätigkeiten durch außenstehende Dritte erfolgen, können **Mitarbeiter des geprüften Unternehmens** nicht Prüfungsgehilfen sein.[36] 20

II. Gegenstand der Tathandlung

Gegenstand der Tathandlungen ist zum einen der **unrichtige oder unvollständige Prüfungsbericht** des Abschlußprüfers – hierzu gehört auch ein vorab oder getrennt übermittelter „Teil-Prüfungsbericht", in dem ausnahmsweise über Komplexe, die zum Prüfungsbericht gehören, außerhalb des eigentlichen Prüfungsberichts berichtet wird[37] – und zum anderen der **unrichtige oder unvollständige Bestätigungsvermerk**. Außerhalb des Prüfungsberichts oder Bestätigungsvermerks getroffene Aussagen werden vom Tatbestand des § 332 HGB nicht erfaßt. 21

---

[31] Beck BilKomm-*Budde/Hense* Rdn. 36; Erbs/*Kohlhaas/Schaal* Rdn. 9; Heymann/*Otto* Rdn. 7; *Poll* DZWiR 1995, 95.

[32] Beck BilKomm-*Budde/Hense* Rdn. 36.

[33] Beck BilKomm-*Budde/Hense* Rdn. 36; *Dierlamm* NStZ 2000, 130, 131; Heymann/*Otto* Rdn. 7; MünchKommHGB-*Quedenfeld* Rdn. 9; *Ransiek* § 23 III Rdn. 332; Scholz/*Tiedemann* Vor § 82 ff Rdn. 67; *Tiedemann* Artikel Bilanzstrafrecht S. 3; a. A. Erbs/*Kohlhaas/Schaal* Rdn. 9.

[34] So GKAktG-*Otto* § 403 Rdn. 8 (zu § 403 AktG).

[35] Heymann/*Otto* Rdn. 8; KK-*Geilen* § 403 Rdn. 17.

[36] MünchKommHGB-*Quedenfeld* Rdn. 11; KK-*Geilen* § 403 Rdn. 19; a. A. *v. Godin/Wilhelmi* § 403 AktG Anm. 2.

[37] Beck BilKomm-*Budde/Hense* Rdn. 8.

22 Der Prüfungsbericht des Abschlußprüfers kann sich auf den **Jahresabschluß, Lagebericht, Konzernabschluß** oder **Konzernlagebericht** einer Kapitalgesellschaft oder den **Zwischenabschluß** nach § 340a Abs. 3 HGB oder den **Konzernzwischenabschluß** gemäß § 340i HGB eines Kreditinstituts, auch wenn es nicht in der Rechtsform einer Kapitalgesellschaft betrieben wird, beziehen.

23 Wenn ein Mutterunternehmen gemäß § 292a HGB die Befreiung von den Konzernrechnungslegungsvorschriften des HGB in Anspruch nimmt und einen **Konzernabschluß nach § 292a Abs. 2 HGB** aufstellt, erstreckt sich die befreiende Wirkung nur auf die Einhaltung der Vorschriften der §§ 290 bis 315 HGB. Von anderen Pflichten, insbesondere von der Prüfungspflicht, befreit § 292a HGB nicht.[38] Die Prüfungsanforderungen bei einen befreienden Konzernabschluß ergeben sich auch weiterhin aus § 317 HGB. Die Öffnungsklausel des § 292a Abs. 2 HGB bedeutet also nicht die Übernahme ausländischer Prüfungstechniken und -anforderungen. Der Konzernabschluß ist daher von einem nach § 318 HGB bestellten Konzernabschlußprüfer zu prüfen. Da es sich bei dieser Prüfung um eine Prüfung nach den §§ 316ff HGB handelt, richten sich die Berichts- und Testatpflicht nach §§ 321, 322 HGB.[39] Damit ist der Straftatbestand des § 332 HGB hinsichtlich Prüfungsbericht und Testat auch auf den befreienden Konzernabschluß nach § 292 a HGB anzuwenden. Auch wenn zur Herstellung der Gleichwertigkeit ein handelsrechtlicher **Konzernlagebericht** erstellt wird, ist § 332 HGB anwendbar, denn sowohl Prüfung als auch Testat des Konzernlageberichts erfolgen nach § 317 HGB. Ein nach den international anerkannten Rechnungslegungen dem Konzernlagebericht entsprechendes Äquivalent gibt es nicht (§ 331 Rdn. 92). Weicht der Abschlußprüfer von den handelsrechtlichen Vorgaben ab und testiert er gleichwohl eine Prüfung nach HGB, so liegt ein inhaltlich unrichtiger Bestätigungsvermerk vor, weil die Prüfungsfeststellungen nicht mit dem Testat übereinstimmen.

1. Gegenstand und Umfang der Prüfung

24 Der **Prüfungsbericht** hat die Aufgabe, die Ergebnisse der Prüfung unabhängig und sachverständig zu erläutern.[40] Gegenstand und Umfang der Prüfung richten sich nach **§ 317 Abs. 1 bis 4 HGB**. Der Abschlußprüfer hat seine Prüfung u. a. darauf zu erstrecken, ob die gesetzlichen Vorschriften über die Bilanzierung, Bewertung und Gliederung des Jahresabschlusses eingehalten, die vermerkpflichtigen Angaben im Anhang gemacht und die Bestimmungen des Gesellschaftsvertrages oder der Satzung beachtet worden sind (vgl. § 317 Abs. 1 HGB). Der Lagebericht ist daraufhin zu überprüfen, ob er mit dem Jahres- bzw. Konzernabschluß in Einklang steht und die sonstigen Angaben insgesamt eine zutreffende Vorstellung von der Lage des Unternehmens bzw. Konzerns vermitteln (vgl. § 317 Abs. 2 HGB). Weiterhin erstreckt sich die Prüfung gemäß § 317 Abs. 3 HGB auf die im Konzernabschluß zusammengefaßten Jahresabschlüsse. § 317 Abs. 4 HGB verlangt schließlich – abweichend von der früheren Rechtslage – die Prüfung des **Risikomanagementsystems**, das die gesetzlichen Vertreter einer Aktiengesellschaft nach § 91 Abs. 2 AktG zu errichten haben, um möglichst frühzeitig Risiken und Fehlentwicklungen aufzudecken und um Gefährdungen für den Fortbestand des Unternehmens zu minimieren[41]. Der Prüfer hat in diesem Rah-

[38] ADS § 292a Rdn. 47; Beck BilKomm-*Hoyos/Lechner* § 292a Rdn. 36; *Wollmert/Oser* DB 2000, 729, 734.

[39] ADS § 292a Rdn. 48 f; Ebenroth/Boujong/Joost/*Wiedmann* § 292a Rdn. 21; Beck BilKomm-*Hoyos/Lechner* § 292a Rdn. 36.

[40] Vgl. zur Informationsfunktion des Berichts ADS § 321 Rdn. 32 m. w. N.

[41] Begründung des Regierungsentwurfs zu § 321 HGB, abgedruckt bei *Ernst/Seibert/Stuckert* S. 96.

men zu beurteilen, ob der Vorstand ein adäquates Risikomanagementsystem eingerichtet hat, das die ihm zukommende Funktion erfüllt.[42]

Durch das KonTraG ist der **Umfang der Prüfung erweitert** worden (§ 317 Abs. 1 S. 3 HGB). Nunmehr ist die Prüfung so anzulegen, daß Unrichtigkeiten und Verstöße gegen gesetzliche Vorschriften und sie ergänzende Bestimmungen des Gesellschaftsvertrags oder der Satzung, die sich auf die Darstellung der Vermögens-, Finanz- und Ertragslage des Unternehmens (§ 264 Abs. 2 HGB) wesentlich auswirken, erkannt werden. Allerdings waren schon nach der früheren Rechtslage Hinweise auf Bilanzfälschungen, Bilanzmanipulationen, Untreuehandlungen und Unterschlagungen, die bei der Prüfung auffielen oder für die sich auch nur ein erheblicher Tatverdacht ergab, näher zu untersuchen und im Prüfungsbericht darzulegen. Daher wurde die Neuregelung des § 317 Abs. 1 S. 3 HGB in der Literatur teilweise als redundante und allenfalls klarstellende Regelung angesehen.[43] Jedoch mußte die Prüfung vor Inkrafttreten der Neuregelung nicht planmäßig daraufhin angelegt sein, daß solche Unregelmäßigkeiten aufgedeckt wurden. Die Abschlußprüfung ist trotz der problemorientierten Ausrichtung – in Abgrenzung zur Unterschlagungsprüfung – eine **Ordnungsmäßigkeitsprüfung** geblieben,[44] die der Kontrolle dient, ob die Rechnungslegung den tatsächlichen Verhältnissen im Rahmen der gesetzlichen Vorschriften entspricht. Der Nachweis von Fehlern der gesetzlichen Vertreter in der Rechnungslegung ist kein vorrangiges Ziel der Prüfung.[45] Deshalb ist der Abschlußprüfer auch nicht dafür verantwortlich, wenn bestimmte Informationen für den Bilanzleser aufgrund der Rechnungslegungsgrundsätze fehlen.[46] In strafrechtlicher Hinsicht ist die Neuregelung insofern ohne Bedeutung, als sich § 332 HGB nicht auf die Qualität und Durchführung der Prüfung erstreckt, sondern nur auf das Ergebnis der Prüfung bezieht (Rdn. 6). **25**

2. Berichtspflichten des Abschlußprüfers

Zu den allgemeinen **Berichtspflichten des Abschlußprüfers** gehört, daß nachteilige Veränderungen von wesentlicher Bedeutung besonders aufgeführt und erläutert werden, damit sie nicht unter der Vielzahl der übrigen Angaben untergehen (vgl. § 321 Abs. 1 HGB). Bei Bestandsgefährdung oder wesentlichen Gefahren für die Entwicklung eines geprüften Unternehmens sowie bei schwerwiegenden Verstößen der gesetzlichen Vertreter gegen Gesetz, Gesellschaftsvertrag oder Satzung bestehen nach § 321 Abs. 1 S. 3 HGB besondere Berichtspflichten für den Abschlußprüfer (sog. **große Redepflicht**), die über den eigentlichen Prüfungsauftrag hinaus gehen. Sieht der Prüfer z. B. die Gefahr einer Zahlungsunfähigkeit oder Überschuldung, so muß er hierauf im Prüfungsbericht hinweisen. Ebenso muß er schwerwiegende Rechtsverletzungen der gesetzlichen Vertreter oder Arbeitnehmer wie Insidergeschäfte für eigene Rechnung oder die Annahme von „Schmiergeldern" vermerken. Der Bericht muß richtig sein und darf keine erheblichen Umstände verschweigen. **26**

Die durch das KonTraG neu eingeführte Pflicht, **Gegenstand, Art und Umfang der Prüfung** zu erläutern (§ 321 Abs. 3 HGB), dient nicht als Tätigkeitsnachweis des Abschlußprüfers. Die Angaben sollen die durchgeführten Prüfungshandlungen beschreiben, damit die Tätigkeit des Abschlußprüfers besser beurteilt werden kann.[47] **27**

---

[42] *Graf* BB 2001, 562, 565.
[43] *Moxter* BB 1997, 722 ff.
[44] *Oechsle/Wirth* S. 545 f; MünchKommHGB-*Ebke* § 316 Rdn. 43; Ebenroth/Boujong/Joost/*Wiedmann* § 317 Rdn. 10.
[45] ADS § 322 Rdn. 213.
[46] ADS § 317 Rdn. 142.
[47] Begr. RegE, BRDrucks. 872/97, S. 77.

Eine Divergenz zwischen berichteten, tatsächlich aber nicht durchgeführten Prüfungshandlungen fällt damit nicht unter das objektive Tatbestandsmerkmal des unrichtigen Berichtens und begründet keine Strafbarkeit. Dies steht im Einklang mit der Prämisse, keine strafrechtliche Bewertung der Arbeit des Wirtschaftsprüfers durch § 332 HGB vorzunehmen (Rdn. 6).

28 Der Abschlußprüfer hat den Prüfungsbericht zu **unterzeichnen** und den gesetzlichen Vertretern der Kapitalgesellschaft bzw. des Kreditinstituts **vorzulegen** (§ 321 Abs. 5 HGB).

3. Bestätigungsvermerk

29 Der **Begriff des Bestätigungsvermerks** hat sich durch das KonTraG geändert, so daß die Verweisung in § 332 HGB auf § 322 HGB durch die Neufassung eine andere Ausfüllung erhält. Dies bedeutet, daß der Bestätigungsvermerk mit den durch das KonTraG geschaffenen Bestandteilen zur Ausfüllung des § 332 HGB heranzuziehen ist. Der Begriff „inhaltlich" in § 332 Abs. 1 HGB bedeutet, daß alle in den Formulierungen enthaltenen Aussagen auf ihre Übereinstimmung mit den Prüfungsfeststellungen zu untersuchen sind. Abzugrenzen davon sind die Formalien wie die Angabe von Ort und Tag nach § 322 Abs. 5 HGB. Deren Unrichtigkeit läßt den Bestätigungsvermerk nicht „inhaltlich" unrichtig werden.[48]

30 Der **§ 322 Abs. 1 HGB a.F.** enthielt einen vorformulierten Bestätigungsvermerk. Abweichungen hiervon waren nur in Form von Ergänzungen oder Einschränkungen zulässig. So war der Bestätigungsvermerk nach § 322 Abs. 2 S. 1 HGB a. F. in geeigneter Weise zu ergänzen, wenn zusätzliche Bemerkungen erforderlich erschienen, um einen falschen Eindruck über den Inhalt der Prüfung und die Tragweite des Bestätigungsvermerks zu vermeiden. Die inhaltlichen Aussagen des Vermerks bezogen sich folglich auf die Ordnungsmäßigkeit des Jahresabschlusses/Konzernabschlusses und das Fehlen/Vorhandensein von Gründen für eine Ergänzung im Sinne des § 322 Abs. 2 HGB a. F. Dementsprechend war der Bestätigungsvermerk inhaltlich unrichtig, wenn der Bestätigungsvermerk uneingeschränkt erteilt wurde, obwohl nach dem Prüfungsergebnis Einwendungen zu erheben gewesen wären; wenn der Bestätigungsvermerk versagt oder eingeschränkt wurde, obwohl nach dem Prüfungsergebnis keine Einwendungen zu erheben waren; wenn eine Ergänzung des Bestätigungsvermerks unterblieben ist, obwohl diese erforderlich gewesen wäre, um einen falschen Eindruck über den Inhalt der Prüfung und die Tragweite des Bestätigungsvermerks zu vermeiden.[49] Die **Neufassung des § 322 HGB** gibt demgegenüber die Gegenstände, auf die sich der Vermerk beziehen muß, in einer nicht verbindlichen Reihenfolge vor und räumt dem Abschlußprüfer auch in der Formulierung weitgehende Freiheit ein.[50] Die Angaben in der Überschrift, im einleitenden und beschreibenden Abschnitt sowie das Datum, der Ort und die Unterschrift besitzen lediglich „deklaratorischen Charakter"[51] und machen deshalb den Bestätigungsvermerk nicht inhaltlich unrichtig (Rdn. 29). Ein inhaltlich unrichtiger Bestätigungsvermerk liegt demgegenüber vor, wenn ein Bestäti-

---

[48] Ebenroth/Boujong/*Joost-Wiedmann* § 332 Rdn. 9; Heymann-*Otto* § 332 Rdn. 28; MünchKomm-HGB-*Quedenfeld* § 332 Rdn. 28.

[49] Heymann/*Otto* § 332 Rdn. 24 ff.

[50] Das IDW und die PK hatten bereits in einer gemeinsamen Stellungnahme zum Vorentwurf und Entwurf des Bilanzrichtlinien-Gesetzes jeweils in Abkehr vom Formeltestat einen vorgeschriebenen Mindestinhalt des Bestätigungsvermerks vorgeschlagen, vgl. WPg 1980, 501, 514ff; 1981, 609ff Dennoch empfiehlt das IDW hier aus Gründen der Sicherheit im Rechtsverkehr die Verwendung des Formulierungsvorschlages nach IDW PS 400, Anhang 1, WPg 1999, 641, 653.

[51] ADS § 322 Rdn. 100; MünchKommHGB-*Ebke* § 322 Rdn. 10 ff.

gungsvermerk uneingeschränkt erteilt wird, obwohl nach dem Prüfungsergebnis Einwendungen zu erheben gewesen wären; wenn ein Bestätigungsvermerk eingeschränkt oder versagt wird, obwohl nach dem Prüfungsergebnis keine berechtigten Einwendungen zu erheben gewesen sind; wenn eine Ergänzung im Bestätigungsvermerk unterbleibt, obwohl eine solche angemessen erscheint, um auf eine Besonderheit hinzuweisen, die durch die Zusammenfassung des Prüfungsergebnisses nicht hinreichend zum Ausdruck kommt; wenn ein gesonderter Hinweis auf ein festgestelltes Bestandsrisiko unterbleibt; wenn eine nicht festgestellte Bestandsgefährdung unzutreffend testiert wird. Die Beschreibung von Art und Umfang der Prüfung dient der Verdeutlichung der Abschlußprüfertätigkeit. Sie ist kein Nachweis erbrachter Prüfungshandlungen gegenüber der Öffentlichkeit. Da diese Aussage im Rahmen des Prüfungsberichts so aufgefaßt wird, muß dies für den an die Öffentlichkeit gerichteten Bestätigungsvermerk erst recht gelten.[52]

Der Bestätigungsvermerk schließt die Prüfung ab und faßt das **Ergebnis der Untersuchung** zusammen (§ 322 Abs. 1 HGB). Damit sind die gesetzlich vorgeschriebenen Prüfungshandlungen beendet. Dadurch, daß der Gesetzgeber den Bestätigungsvermerk als Tatmodalität in den Schutzbereich des § 332 HGB aufgenommen hat, genießt der an die Öffentlichkeit gerichtete Bestätigungsvermerk denselben Schutz wie der an den Aufsichtsrat gerichtete Prüfungsbericht.[53] **31**

Nicht in den Bestätigungsvermerk aufzunehmen – und daher auch in § 322 HGB nicht erwähnt – ist das Prüfungsergebnis des **Risikomanagementsystems.** Dies ist folgerichtig, da eine Aussage zum Überwachungssystem außerhalb der eigentlichen Rechnungslegung liegt und die Öffentlichkeit darüber nicht informiert zu werden braucht.[54] **32**

4. Mündliche Erklärungen des Abschlußprüfers

Der Abschlußprüfer hat gemäß § 321 HGB im Prüfungsbericht über das Ergebnis der Prüfung **schriftlich** zu **berichten.** Zweifelhaft ist, ob sich die Tathandlung nur auf den schriftlichen Prüfungsbericht und den schriftlichen Bestätigungsvermerk beziehen kann oder ob auch sonstige, z. B. mündliche Verlautbarungen des Prüfers tatbestandsmäßig sein können. Nach dem Gesetzeswortlaut des § 332 HGB wird der schriftliche Prüfungsbericht lediglich bei der Tathandlung des Verschweigens genannt. *Geilen*[55] vertritt zum Aktienstrafrecht die Ansicht, das Bilanzstrafrecht müsse die Richtigkeit und Vollständigkeit aller, nicht nur der im technischen Sinne als „Prüfungsbericht" anzusehenden Verlautbarungen des Prüfers schützen. Im Hinblick darauf, daß der Gesetzgeber in § 332 Abs. 1 HGB den an die Öffentlichkeit gerichteten Bestätigungsvermerk ausdrücklich als Handlungsobjekt aufgenommen hat, besteht die Notwendigkeit der von *Geilen* geforderten extensiven Auslegung, die im Hinblick auf die Wortlautgrenze des Art. 103 Abs. 2 GG ohnehin fragwürdig ist, nicht mehr,[56] so daß sich die **Tathandlung nur** auf den **schriftlichen Prüfungsbericht** und den **schriftlichen Bestätigungsvermerk** beziehen kann.[57] **33**

---

52 ADS § 321 Rdn. 130 m. w. N.; MünchKommHGB-*Ebke* § 322 Rdn. 16 ff.

53 BTDrucks. 10/317, S. 101; vgl. auch MünchKommHGB-*Quedenfeld* § 331 Rdn. 15.

54 Begr. d. Regierungsentwurfs zu § 317, abgedruckt bei Ernst/Seibert/Stuckert S. 53, 95 f; a. A. *Wolz* Erwartungslücke, WPK-Mitteilungen (1998) S. 122, 131.

55 KK-*Geilen* § 403 Rdn. 10.

56 So im Ergebnis auch Heymann/*Otto* Rdn. 18, der ein „Berichten" im technischen Sinne fordert; vgl. auch Beck BilKomm-*Budde/Hense* Rdn. 9.

57 A. A. Erbs/Kohlhaas/*Schaal* Rdn. 16.

5. Fehlende Strafbarkeit eines unrichtigen Bestätigungsvermerks nach § 292a Abs. 2 Nr. 5 HGB

34 § 332 HGB verweist nicht auf § 292a Abs. 2 Nr. 5 HGB. Daher sind die zusätzlich zu prüfende und testierende **tatsächliche Übereinstimmung mit international anerkannten Rechnungslegungsgrundsätzen** und das Vorliegen der **Voraussetzungen für die befreiende Wirkung** nicht vom Tatbestand des § 332 HGB erfaßt. Angesichts des Wortlauts des § 332 HGB, der ausdrücklich auf § 321 HGB für den Prüfungsbericht und auf § 322 HGB für den Bestätigungsvermerk verweist, steht Art. 103 Abs. 2 GG einer Einbeziehung der zusätzlich zu testierenden Angaben über die international anerkannten Rechnungslegungsgrundsätze, den Einklang mit der vierten und siebenten Richtlinie der EG, die Gleichwertigkeit der Aussagekraft des Abschlusses mit einem den EG-Richtlinien entsprechenden Jahresabschluß und die Erfüllung der Voraussetzungen für die Befreiung entgegen. Dadurch entsteht eine Strafbarkeitslücke, die wegen der Geltung des Analogieverbots nicht geschlossen werden kann.

III. Tathandlungen

35 Der Tatbestand des § 332 HGB nennt als Tathandlungen die **unrichtige Berichterstattung**, das **Verschweigen erheblicher Umstände im Prüfungsbericht** und das **Erteilen eines inhaltlich unrichtigen Bestätigungsvermerks.**[58]

1. Unrichtige Berichterstattung und Verschweigen erheblicher Umstände im Prüfungsbericht

36 Gegenstand der Berichterstattung ist das Ergebnis, das die Prüfung des Jahresabschlusses, Lageberichts, Konzernabschlusses, Konzernlageberichts einer Kapitalgesellschaft oder des Zwischenabschlusses nach § 340a Abs. 3 HGB oder eines Konzernzwischenabschlusses gemäß § 340i HGB eines Kreditinstituts durch den Abschlußprüfer ergeben hat. Ein unrichtiger Bericht des Abschlußprüfers liegt daher nicht vor, wenn die dargestellte wirtschaftliche Situation der in Wirklichkeit bestehenden Sachlage nicht entspricht, sondern nur dann, wenn der **Bericht über das Ergebnis der Prüfung** von den tatsächlich gefundenen (subjektiven) **Prüfungsfeststellungen** abweicht.[59] Dabei bilden die unrichtige Berichterstattung und das Verschweigen erheblicher Umstände einen einheitlichen Tatbestand der Wiedergabe eines unrichtigen Bildes durch den Abschlußprüfer (Rdn. 46).

a) Unrichtige Berichterstattung

37 Der Bericht über das Ergebnis der Prüfung ist unrichtig, wenn er von den Prüfungsfeststellungen abweicht. Maßgeblich ist eine Divergenz zwischen den **tatsächlichen Feststellungen des Prüfers** und dem Bericht über diese. Irrelevant ist hingegen, ob das mitgeteilte Prüfungsergebnis objektiv richtig oder falsch ist, d. h. mit der Wirklichkeit übereinstimmt oder nicht.[60] Geschützt wird nur das Vertrauen in die Richtig-

---

[58] Vgl. dazu *Dierlamm* NStZ 2000, 130, 131; Erbs/*Kohlhaas/Schaal* Rdn. 23; MünchKomm-HGB-*Quedenfeld* Rdn. 12; Heymann/*Otto* Rdn. 13; *Ransiek* § 23 III Rdn. 313.

[59] Beck BilKomm-*Budde/Hense* Rdn. 11; Heymann/*Otto* Rdn. 15; Erbs/Kohlhaas/*Schaal* Rdn. 23; Rowedder/*Fuhrmann/Schaal* Vor §§ 82ff Rdn. 36; Scholz/*Tiedemann* Vor §§ 82 ff Rdn. 81.

[60] Beck BilKomm-*Budde/Hense* Rdn. 11; MünchKommHGB-*Quedenfeld* Rdn. 17 m. w. N.; Heymann/*Otto* Rdn. 15.

keit des Berichts über das Ergebnis der Prüfung (zum geschützten Rechtsgut siehe Rdn. 5f).

Nicht nur tatsächliche Feststellungen können unrichtig wiedergegeben werden. **38**
Wenn vom Prüfer getroffene **Werturteile** keinen hinreichenden Grund in den tatsächlichen Feststellungen finden, verstößt der Prüfer gegen seine Prüfungspflicht und macht unrichtige Angaben.[61] Auch hier kommt es nicht darauf an, ob der Prüfungsbericht den tatsächlichen Verhältnissen der Gesellschaft oder des Konzerns entspricht. Gleiches gilt, wenn der Abschlußprüfer die ihm mitgeteilten Tatsachen überhaupt **nicht geprüft** hat, gleichwohl aber den Prüfungsbericht erstellt.[62] In einem solchen Fall wird die unrichtige Aussage über die Prüfung getroffen, daß eine solche stattgefunden hat, obwohl dies nicht der Wirklichkeit entspricht. Wenn der Abschlußprüfer also infolge einer unzulänglichen Planung und Durchführung der Prüfung Unregelmäßigkeiten nicht aufdeckt und deshalb auch im Prüfungsbericht und im Bestätigungsvermerk nicht darauf hinweisen kann, liegt keine Verletzung der Berichtspflicht vor.

Gegenstand des unrichtigen Berichtens können nur Prüfungsfeststellungen sein. Es **39**
muß sich daher um Angaben handeln, welche die zutreffende Wiedergabe des Prüfungsergebnisses in einer solchen Weise berühren, daß dieses durch die Angaben unrichtig wird. Deshalb muß es sich auch bei der ersten Alternative des Tatverhaltens um **„erhebliche Umstände"** handeln, obwohl nach dem Gesetzeswortlaut nur bei der zweiten Tatbestandsalternative des Verschweigens diese Voraussetzung ausdrücklich normiert ist. Nur Umstände, die das Prüfungsergebnis insgesamt berühren, sind daher tatbestandsrelevant.[63] Zum Begriff der „erheblichen Umstände" kann auf die Ausführungen in Rdn. 44 verwiesen werden. Dabei darf die Erheblichkeit nicht losgelöst von dem konkreten Prüfungsbericht gesehen werden.

Äußerungen, die der Abschlußprüfer während der Prüfung oder bei der Erläute- **40**
rung des Prüfungsberichts, jedoch **außerhalb des Berichts** macht, unterfallen nicht dem Tatbestand des § 332 HGB, da es an dem Objekt fehlt, auf das sich das Vertrauen richtet.[64]

§ 332 HGB setzt voraus, daß über das „Ergebnis der Prüfung" berichtet wird. Das **41**
Prüfungsergebnis kann erst bei Beendigung der Abschlußprüfung feststehen. Daher sind **vorläufige schriftliche Feststellungen und Stellungnahmen** des Abschlußprüfers, die vor dem Ende der Prüfung ergehen, unbeachtlich, wenn die Vorläufigkeit erkennbar ist.[65]

Erkennt der Abschlußprüfer erst nachträglich die Unrichtigkeit, so ist streitig, ob **42**
er sich wegen eines **Unterlassens der Berichtigung** strafbar machen kann. Hierbei kommt es darauf an, daß die Kenntniserlangung der Unrichtigkeit vor Beendigung der Tat erfolgt ist. Beendigung liegt bei § 332 Abs. 1 HGB erst mit Kenntnisnahme von dem Bericht bzw. mit Veröffentlichung des Bestätigungsvermerks vor (Rdn. 59), so daß nach diesem Zeitpunkt ein strafbares Unterlassen nicht mehr in Betracht kommt.[66]

---

[61] Beck BilKomm-*Budde/Hense* Rdn. 11; MünchKommHGB-*Quedenfeld* Rdn. 18; Heymann/*Otto* Rdn. 16.

[62] MünchKommHGB-*Quedenfeld* Rdn. 19; Heymann/*Otto* Rdn. 16; vgl. auch *Dierlamm* NStZ 2000, 130, 132.

[63] Beck BilKomm-*Budde/Hense* Rdn. 13f; MünchKommHGB-*Quedenfeld* Rdn. 12; Heymann/*Otto* Rdn. 17.

[64] Siehe oben Rdn. 21; Beck BilKomm-*Budde/Hense* Rdn. 10; MünchKommHGB-*Quedenfeld* 22; Heymann/*Otto* Rdn. 18.

[65] Beck BilKomm-*Budde/Hense* Rdn. 10.

[66] Enger Scholz/*Tiedemann* Vor §§ 82ff Rdn. 81, der bei diesem Tätigkeitsdelikt von einem Zusammenfallen von Vollendung und Beendigung ausgeht.

b) Verschweigen erheblicher Umstände

43 Beim Verschweigen erheblicher Umstände ist Bezugspunkt des Tatverhaltens wiederum das **Prüfungsergebnis**. Ein Verschweigen erheblicher Umstände liegt vor, wenn der Bericht durch die Nichterwähnung von erheblichen Umständen, die dem Prüfer bei der Prüfung bekannt geworden sind, unvollständig und lückenhaft wird.[67] Dadurch wird der Bericht unrichtig.

44 **Erhebliche Umstände** sind Angaben, die für den Empfänger des Berichts oder für sonstige Personen im Hinblick auf das Prüfungsergebnis bedeutsam sein können. Die Erheblichkeit ist daran zu messen, ob ein Leser des Berichts bei Kenntnis der verschwiegenen Umstände zu einer anderen Beurteilung gekommen wäre.[68] Der Umfang der Prüfungs- und Berichtspflicht ergibt sich aus den §§ 317, 321 HGB. Wenn beispielsweise Pflichtinhalte des Prüfungsberichts fehlen oder eine nachteilige Veränderung der Vermögens-, Finanz- und Ertragslage gegenüber dem Vorjahr sowie Verluste, die das Jahresergebnis nicht unwesentlich beeinflußt haben, nicht aufgeführt und hinreichend erläutert werden, ist ein erheblicher Umstand verschwiegen worden.[69] Erheblich sind weiterhin diejenigen Umstände, welche die in § 321 Abs. 1 S. 3 HGB geregelte **Redepflicht des Abschlußprüfers** auszulösen vermögen, also solche Tatsachen, die den Bestand des geprüften Unternehmens gefährden oder seine Entwicklung wesentlich beeinträchtigen können oder schwerwiegende Verstöße der gesetzlichen Vertreter gegen Gesetz, Gesellschaftsvertrag oder Satzung erkennen lassen. Entscheidend ist stets, daß der weggelassene Umstand sowohl nach allgemeinen Kriterien als auch für den konkreten Prüfungsbericht eine ins Gewicht fallende Bedeutung hat.[70]

45 Das Verschweigen muß im Prüfungsbericht erfolgen. Solange dieser noch nicht erstattet ist, kann § 332 Abs. 1 HGB noch nicht verwirklicht sein. Im Hinblick darauf, daß nur der schriftliche Prüfungsbericht ein unrichtiges Berichten darstellen kann und mündliche Aussagen nicht unter § 332 HGB fallen (Rdn. 33), kann auch eine **mündliche Korrektur** unvollständiger Angaben das Verschweigen im schriftlichen Prüfungsbericht **nicht** heilen. Die Aufdeckung des verschwiegenen Umstandes muß schriftlich im Prüfungsbericht selbst erfolgen,[71] wie dies auch für den Fall der Nachtragsprüfung nach § 316 Abs. 3 S. 2 HGB vorgeschrieben ist. Deshalb schließen mündliche Korrekturen die Strafbarkeit nicht aus.

c) Verhältnis der unrichtigen Berichterstattung zum Verschweigen erheblicher Umstände

46 In der Literatur werden die beiden Tatbestandsalternativen des § 332 HGB unterschiedlich interpretiert. Einer Ansicht zufolge stellen das unrichtige Berichten und das Verschweigen erheblicher Umstände unterschiedliche Tatmodalitäten dar, wobei die letztere ein echtes Unterlassungsdelikt, der Tatbestand insgesamt damit ein kumulatives Mischgesetz sein soll.[72] Die h. M. geht hingegen von einem einheitlichen Tatbestand

---

67 Beck BilKomm-*Budde/Hense* Rdn. 20; Blumers/Frick/Müller/*Dannecker* Betriebsprüfungshandbuch Rdn. 690; MünchKommHGB-*Quedenfeld* Rdn. 24; Heymann/*Otto* Rdn. 21.

68 Ebenroth/Boujong/Roth/*Wiedmann* Rdn. 8.

69 Beck BilKomm-*Budde/Hense* Rdn. 13ff; Blumers/Frick/Müller/*Dannecker* Betriebsprüfungshandbuch Rdn. 690; *Dierlamm* NStZ 2000, 130, 132; Heymann/*Otto* Rdn. 22.

70 Beck BilKomm-*Budde/Hense* Rdn. 14.

71 Beck BilKomm-*Budde/Hense* Rdn. 21; *Dierlamm* NStZ 2000, 130, 132; MünchKommHGB-*Quedenfeld* Rdn. 25.

72 GKAktG-*Klug* § 403 Anm. 1; vgl. auch KK-*Geilen* § 403 Rdn. 23 bzw. Rdn. 40.

der **Wiedergabe eines unrichtigen Bildes durch den Abschlußprüfer** aus, das sowohl durch unrichtige Angaben als auch durch das Weglassen wichtiger Umstände realisiert werden kann.[73] Beide Alternativen schützen die Richtigkeit des Prüfungsberichts, wobei die Abgrenzung zwischen den beiden Tatbestandsalternativen fließend ist. In der zweiten Alternative entsteht ein unrichtiges Gesamtbild dadurch, daß für dieses Bild wichtige Informationen nicht genannt werden. Es ist daher von einem **einheitlichen Tatbestand** auszugehen, dessen zweite Alternative durch konkludentes Verhalten und nicht durch Unterlassen verwirklicht wird.[74]

2. Erteilen eines unrichtigen Bestätigungsvermerks

Der Bestätigungsvermerk ist unrichtig, wenn er nach dem Ergebnis der Prüfung nicht mit diesem Inhalt hätte erteilt werden dürfen. Der erforderliche Inhalt des Bestätigungsvermerks findet seine Grenze in der Prüfungspflicht, wie sie sich aus Gesetz oder Auftrag ergibt. Wenn vom Abschlußprüfer keine Einwendungen zu erheben sind, ist ein **uneingeschränkter Bestätigungsvermerk** in der gesetzlich umschriebenen Form zu erteilen. Der notwendige Inhalt des uneingeschränkten Bestätigungsvermerks ergibt sich aus § 322 Abs. 1 bis 3 HGB. Nach der Neufassung des § 322 HGB durch das KonTraG ist die alleinige Wiedergabe der Kernaussage des § 322 Abs. 1 S. 3 HGB nicht mehr ausreichend; das Prüfungsergebnis ist vielmehr auch abschließend zu beurteilen, § 322 Abs. 1 S. 2 HGB. Der Bestätigungsvermerk muß die Aussagen enthalten, daß keine Einwendungen zu erheben waren und daß der Abschluß aufgrund der bei der Prüfung gewonnenen Erkenntnisse des Abschlußprüfers nach seiner Beurteilung unter Beachtung der Grundsätze ordnungsmäßiger Buchführung ein den tatsächlichen Verhältnissen entsprechendes Bild der Vermögens-, Finanz- und Ertragslage des Unternehmens bzw. Konzerns vermittelt. 47

Eine Erteilung eines inhaltlich **unrichtigen** Bestätigungsvermerks liegt vor, wenn das Ergebnis der Prüfung nicht in der nach § 322 HGB gebotenen Weise zum Ausdruck gebracht wird. Diese Voraussetzung ist erfüllt, wenn der Vermerk nach Überzeugung des Prüfers nach dem Ergebnis der Prüfung überhaupt nicht, nicht ohne Ergänzung, nicht ohne Einschränkung hätte erteilt oder nicht hätte versagt werden dürfen und dies dennoch geschehen ist.[75] Maßgeblich ist also nicht, daß die Prüfung mit dem richtigen Ergebnis abschließt, sondern daß der Prüfer das für richtig gehaltene Ergebnis unverfälscht wiedergibt (Rdn. 6). Geschützt wird nicht das Vertrauen in die Richtigkeit des Prüfungsergebnisses, sondern das **Vertrauen in die Richtigkeit des Berichts** über das Ergebnis der Prüfung. Verschweigt der Prüfer einen Umstand, den er festgestellt zu haben glaubt, so liegen unrichtige Angaben vor, auch wenn der Mangel in Wirklichkeit nicht besteht und die Bilanz inhaltlich richtig ist.[76] 48

Sind die Voraussetzungen für einen uneingeschränkten Bestätigungsvermerk nicht gegeben, so kann der Bestätigungsvermerk trotz Wegfalls des § 322 Abs. 2 S. 1 HGB a. F. **ergänzt** werden, wenn der formelhafte Bestätigungsvermerk, der die Vermögens-, 49

[73] Beck BilKomm-*Budde/Hense* Rdn. 3; *Otto* Aktienstrafrecht § 403 Rdn. 5; Heymann/*Otto* Rdn. 4; MünchKommHGB-*Quedenfeld* Rdn. 12; Ebenroth/Boujong/Joost/*Wiedmann* § 316 Rdn. 2; Geßler/Hefermehl/Eckardt/Kropff/*Fuhrmann* § 403 Rdn. 3.

[74] Beck BilKomm-*Budde/Hense* Rdn. 3; Geßler/Hefermehl/Eckardt/Kropff/*Fuhrmann* § 403 Rdn. 3; Heymann/*Otto* Rdn. 21; Erbs/Kohlhaas/*Schaal* Rdn. 10.

[75] Erbs/Kohlhaas/*Schaal* Rdn. 30.

[76] MünchKommHGB-*Quedenfeld* Rdn. 18; Heymann/*Otto* Rdn. 13; a.A. *Dierlamm* NStZ 2000, 130, 132.

Finanz- und Ertragslage erwähnt, Anlaß zu Mißverständnissen über seine Tragweite geben kann. Denn es entspricht dem Anliegen des Gesetzgebers, die kurzgefaßte Beurteilung dort durch Hinweise zu ergänzen, wo dies sinnvoll erscheint.[77] Erforderlich und zulässig ist eine Ergänzung des Bestätigungsvermerks nur dann, wenn ein besonderer Anlaß für eine Fehlvorstellung der Öffentlichkeit besteht. So ist u. U. auf eine eingetretene Überschuldung oder Zahlungsunfähigkeit hinzuweisen, wenn diese sicher festgestellt ist und Jahresabschluß sowie Lagebericht diesem Umstand bereits Rechnung tragen. Unter bilanzstrafrechtlichen Gesichtspunkten wird man einen hinweisenden Zusatz nach § 322 Abs. 2 HGB als ausreichend ansehen müssen, da die Öffentlichkeit hieraus die drohende Gefahr eindeutig erkennen kann. Wird ein uneingeschränkter Bestätigungsvermerk erteilt, obwohl nach dem Ergebnis der Prüfung Einwendungen zu erheben bzw. Ergänzungen angebracht waren, liegt ein inhaltlich unrichtiger Bestätigungsvermerk vor.

50 Wenn eine Richtigstellung der zu prüfenden Rechnungslegung erforderlich ist, kommt nur eine **Einschränkung** oder **Versagung des Bestätigungsvermerks** nach § 322 Abs. 4 HGB in Betracht. Wird z. B. kein den tatsächlichen Verhältnissen entsprechendes Bild vermittelt, so reicht eine bloße Ergänzung des Bestätigungsvermerks nicht aus. Die Einschränkung oder Versagung ist nur bei wesentlichen Abweichungen vorzunehmen. Die Wesentlichkeit ist insbesondere dann zu bejahen, wenn die Rechtsverletzung nach § 256 Abs. 1 AktG zur Nichtigkeit des Jahresabschlusses führen würde. In diesen Fällen ist streitig, ob generell eine Verpflichtung zur Versagung besteht oder ob der Fehler zur Folge haben muß, daß der Jahresabschluß als Ganzes nicht mehr als ordnungsgemäß gelten kann. Im Hinblick darauf, daß bei einer Einschränkung oder Versagung des Bestätigungsvermerks eine Begründung gegeben werden muß, wird man unter bilanzstrafrechtlichen Gesichtspunkten eine Einschränkung des Bestätigungsvermerks als „inhaltlich richtig" ansehen müssen, sofern deren Tragweite deutlich erkennbar ist. Wird gegen die Pflicht, eine Einschränkung oder Versagung vorzunehmen, verstoßen, so liegt eine Verletzung der Berichtspflicht nach § 332 Abs. 1 HGB vor.[78]

51 Wird die Erteilung eines Bestätigungsvermerks zu Unrecht versagt oder ein **Versagungsvermerk** erteilt, so ist der Tatbestand des § 332 HGB entgegen der h. M.[79] erfüllt, denn gemäß § 322 Abs. 4 S. 2 HGB ist „die Versagung … in den Vermerk, der nicht mehr als Bestätigungsvermerk zu bezeichnen ist, aufzunehmen". Damit handelt es sich um einen Bestätigungsvermerk, der nur im Interesse der Klarheit nicht als solcher bezeichnet werden darf. Er unterfällt deshalb dem Straftatbestand des § 332 HGB.[80]

52 Sofern der Bestätigungsvermerk inhaltlich mit dem Ergebnis der Prüfung übereinstimmt, er jedoch eine **falsche Orts- oder Datumsangabe** enthält, wird dieses Verhalten nicht von § 332 HGB erfaßt (Rdn. 29). Durch diese unrichtigen Angaben wird die inhaltliche Übereinstimmung von Prüfungsergebnis und Bestätigungsvermerk nicht berührt.[81]

---

77 ADS § 322 Rdn. 179.

78 Heymann/*Otto* Rdn. 26.

79 Beck BilKomm-*Budde/Hense* Rdn. 28; *Dierlamm* NStZ 2000, 130, 132; *Krekeler* StraFo 1999, 221; MünchKommHGB-*Quedenfeld* Rdn. 27.

80 Heymann/*Otto* § 331 Rdn. 27.

81 MünchKommHGB-*Quedenfeld* Rdn. 28; Heymann/*Otto* Rdn. 28.

IV. Subjektiver Tatbestand

1. Vorsatz

Bei § 332 Abs. 1 HGB ist nur vorsätzliches Verhalten strafbar; **dolus eventualis** (vor §§ 331 ff Rdn. 93) genügt. Bedingter Vorsatz setzt voraus, daß der Prüfer die Möglichkeit einer unrichtigen Berichterstattung, des Verschweigens erheblicher Umstände oder des Erteilens eines inhaltlich unrichtigen Bestätigungsvermerks nach § 322 HGB erkennt und gleichwohl den Prüfungsbericht erstattet bzw. den Bestätigungsvermerk erteilt.[82] Vom Vorsatz muß auch die Pflicht des Täters, d. h. daß ein unrichtiger Umstand der Prüfungs- oder Berichtspflicht unterliegt, umfaßt sein.[83] Bedingter Vorsatz liegt insbesondere dann vor, wenn der Prüfer Anhaltspunkte dafür vorfindet, daß der Bericht lückenhaft ist, er ihn aber gleichwohl ohne eine weitere Prüfung erstattet.[84] 53

Eine **Täuschungs-** oder **Schädigungsabsicht** ist nicht erforderlich.[85] 54

2. Irrtum

a) Tatbestandsirrtum

Wenn sich der Täter über den Sachverhalt irrt, der die Unrichtigkeit des Prüfungsberichts oder des Bestätigungsvermerks begründet, liegt ein den Vorsatz ausschließender **Tatbestandsirrtum** gemäß § 16 StGB vor. Irrt er sich über die Erheblichkeit eines einzelnen Umstandes, der Eingang in den Prüfungsbericht oder Bestätigungsvermerk findet, so kommt es nach h. M. auf die Parallelwertung in der Laiensphäre an.[86] Verkennt der Täter die Bedeutung dieses Merkmals, so liegt ein Irrtum über ein normatives Tatbestandsmerkmal vor, der den Vorsatz entfallen läßt (Vor §§ 331 ff Rdn. 95 f). 55

b) Verbotsirrtum

Ein Verbotsirrtum (Vor §§ 331 ff Rdn. 97) liegt vor, wenn sich der Täter über die Rechtswidrigkeit seines Verhaltens irrt, so z. B., wenn er der Überzeugung ist, daß ein bestimmtes Ergebnis einer Prüfung das richtige ist und er deshalb darüber berichten darf, ohne die Prüfung vorgenommen zu haben.[87] 56

V. Rechtswidrigkeit

Rechtfertigungsgründe kommen bei § 332 HGB praktisch nicht in Betracht. Wenn gleichwohl ausnahmsweise Gesellschaftsinteressen mit der Berichtspflicht kollidieren, kommt eine Rechtfertigung eines unrichtigen Berichts oder Bestätigungsvermerks nur in extremen Ausnahmefällen in Betracht, denn der Gesetzgeber hat die Berichtspflicht in Kenntnis möglicher Konfliktsituationen statuiert und damit letzteren grundsätzlichen Vorrang eingeräumt. Aus diesem Grund geht die Berichtspflicht des § 332 HGB auch der Geheimhaltungspflicht nach § 333 HGB vor (§ 333 Rdn. 62).[88] Eine Rechtfertigung kommt daher nur bei ganz ungewöhnlichen Ausnahmesituationen in Betracht. 57

---

[82] Beck BilKomm-*Budde/Hense* Rdn. 41; Erbs/*Kohlhaas/Schaal* Rdn. 32; MünchKommHGB-*Quedenfeld* Rdn. 32; Heymann/*Otto* Rdn. 29; vgl. auch *Dierlamm* NStZ 2000, 130, 132.

[83] MünchKommHGB-*Quedenfeld* Rdn. 37.

[84] Heymann/*Otto* Rdn. 29.

[85] Heymann/*Otto* Rdn. 29.

[86] Heymann/*Otto* Rdn. 39; a. A. KK-*Geilen* § 403 Rdn. 39 ff; Beck BilKomm-*Budde/Hense* Rdn. 42.

[87] Heymann/*Otto* Rdn. 40.

[88] MünchKommHGB-*Quedenfeld* Rdn. 30; *Ransiek* § 23 III Rdn. 317; Heymann/*Otto* Rdn. 38.

VI. Vollendung und Beendigung der Tat

1. Vollendung

58 Der Versuch des § 332 Abs. 1 HGB ist nicht strafbar (§§ 12 Abs. 2, 23 Abs. 1 StGB). Für eine Strafbarkeit des Täters muß Vollendung vorliegen. Beim **unrichtigen Berichten** und beim **Verschweigen erheblicher Umstände** im Prüfungsbericht ist die Tat vollendet, wenn der Bericht bei einem gesetzlichen Vertreter der Gesellschaft eingegangen ist. Eine Kenntnisnahme durch den Empfänger ist nicht erforderlich. Auch bei der **Erteilung eines unrichtigen Bestätigungsvermerks** ist der Zugang bei den gesetzlichen Empfängern (§ 321 Abs. 3 HGB) erforderlich. Die abschließende Erteilung, d.h. die Unterzeichnung, reicht noch nicht aus, um Tatvollendung annehmen zu können,[89] denn der Bestätigungsvermerk ist nach § 322 Abs. 5 S. 2 HGB auch in den Prüfungsbericht aufzunehmen.[90] Insofern ist die Vollendung für den Prüfungsbericht und den Bestätigungsvermerk einheitlich zu bestimmen, zumal erst zu diesem Zeitpunkt eine Gefahrensituation für den geschützten Personenkreis (Rdn. 6) entstehen kann.

2. Beendigung

59 Beendigung der Tat liegt beim Prüfungsbericht vor, wenn alle Empfänger den Bericht erhalten und von ihm Kenntnis genommen haben.[91] Beim Bestätigungsvermerk, der an die Öffentlichkeit gerichtet ist, liegt Beendigung erst mit der Veröffentlichung im Handelsregister oder im Bundesanzeiger vor (§ 325 Abs. 1 S. 1 und 2 HGB).

C. Qualifikationstatbestand (§ 332 Abs. 2 HGB)

60 Nach § 332 Abs. 2 HGB wird der in § 332 Abs. 1 HGB vorgesehene Strafrahmen von bis zu drei Jahren auf bis zu fünf Jahren erweitert, wenn der Täter die Handlung **gegen Entgelt** vornimmt oder **in der Absicht, sich oder einen anderen zu bereichern** oder **einen anderen zu schädigen**.

I. Handeln gegen Entgelt

61 Nach der Legaldefinition des § 11 Abs. 1 Nr. 9 StGB ist Entgelt jede in einem **Vermögensvorteil** bestehende Gegenleistung. Hierunter fallen nur vermögenswerte Leistungen wie die Hingabe eines Schecks oder Wechsels, eine Forderungsabtretung oder der Erlaß von Schulden, nicht hingegen immaterielle Vorteile oder sonstige Bevorzugungen und Vergünstigungen.[92] Ob der Täter die Gegenleistung vor oder nach der Tat erhält, ist irrelevant, solange die Gegenleistung nur vor Begehung der Tat vereinbart wurde.[93] Das Erlangen des Entgelts muß lediglich das Ziel sein, das der Täter mit seinem Handeln anstrebt.[94]

[89] MünchKommHGB-*Quedenfeld* Rdn. 39; Erbs/Kohlhaas/*Schaal* Rdn. 40; a. A. Heymann/*Otto* Rdn. 30; Scholz/*Tiedemann* Vor §§ 82 ff Rdn. 81.

[90] IDW PS 450.87; IDW PS 400.82.

[91] MünchKommHGB-*Quedenfeld* Rdn. 40; *Ransiek* § 23 III Rdn. 317.

[92] *Lackner/Kühl* § 11 Rdn. 22; *Dierlamm* NStZ 2000, 130, 133.

[93] Beck BilKomm-*Budde/Hense* Rdn. 45.

[94] Heymann/*Otto* Rdn. 33.

Das Entgelt und die strafbare Handlung müssen in einem **gegenseitigen Abhängigkeitsverhältnis** stehen.[95] Daher ist der Qualifikationstatbestand nicht erfüllt, wenn der Prüfer nur das übliche Honorar erhält[96] oder wenn es zur Vereinbarung des Entgelts erst nach der Tat kommt.[97] 62

II. Bereicherungsabsicht

Bereicherungsabsicht liegt vor, wenn das Verhalten des Täters auf **Erlangung eines rechtswidrigen Vorteils abzielt**. Umstritten ist, ob der angestrebte Vermögensvorteil rechtswidrig sein muß. Dies wird teilweise mit der Begründung verneint, daß sich das erhöhte Unrecht der Qualifikation aus der unzulässigen Verknüpfung zwischen der Pflichtverletzung des Prüfers, in den Vertrauen gesetzt wird, und dem Vorteilsstreben ergebe.[98] Jedoch kann nur das Handeln des Täters um eines Vermögensvorteils willen, auf den er keinen Anspruch hat, die erhöhte Strafe rechtfertigen.[99] Die generelle Vertrauensverletzung wird bereits durch den Grundtatbestand erfaßt. Daher muß der angestrebte Vermögensvorteil rechtswidrig sein. 63

Absicht bedeutet **dolus directus ersten Grades**; dem Täter muß es auf die Erzielung des rechtswidrigen Vermögensvorteils ankommen. Sofern er weitere Beweggründe für sein Verhalten hat, sind diese irrelevant, solange ihn die Bereicherungsabsicht wesentlich motiviert.[100] Bezüglich des Erreichens seines auf Bereicherung gerichteten Ziels reicht es aus, daß der Täter dies für möglich hält. Auch kommt es nicht darauf an, daß die Bereicherung tatsächlich eintritt.[101] 64

III. Schädigungsabsicht

Schädigungsabsicht liegt vor, wenn das Verhalten des Täters darauf gerichtet ist, einem anderen einen Nachteil zuzufügen. Dabei ist umstritten, ob es sich um einen **Vermögensschaden** handeln muß[102] oder ob auch **immaterielle Schäden** ausreichen.[103] Nach dem Gesetzeswortlaut ist diese Einschränkung nicht geboten. Auch der **ideelle Schaden**, z. B. eine öffentliche Bloßstellung, genügt. 65

D. Konkurrenzen

I. Verhältnis der Tatalternativen des § 332 Abs. 1 HGB zueinander

Bei unrichtiger und durch Darstellungslücken in erheblichen Punkten unvollständiger Berichterstattung in ein und demselben Bericht wird das Abschlußprüferdelikt des § 332 HGB nur einmal verwirklicht, denn die verschiedenen Tatalternativen bilden eine **einheitliche Verletzung der Berichtspflicht**.[104] Dies gilt nicht nur für die 66

95 *Lackner/Kühl* § 11 Rdn. 22; Ransiek § 23 III Rdn. 321; Scholz/*Tiedemann* § 85 Rdn. 33.

96 Beck BilKomm-*Budde/Hense* Rdn. 45.

97 Heymann/*Otto* Rdn. 43; Scholz/*Tiedemann* § 85 Rdn. 33.

98 Beck BilKomm-*Budde/Hense* Rdn. 46; *Ransiek* § 23 III Rdn. 321; MünchKommHGB-*Quedenfeld* Rdn. 47.

99 Heymann/*Otto* Rdn. 34; Scholz/*Tiedemann* § 85 Rdn. 34.

100 Heymann/*Otto* Rdn. 35.

101 Heymann/*Otto* Rdn. 36.

102 So Heymann/*Otto* Rdn. 37; *Otto* Aktienstrafrecht § 403 Rdn. 35; SK-*Samson* § 203 Rdn. 53.

103 So KK-*Geilen* § 403 Rdn. 52; Geßler/Hefermehl/Eckardt/Kropff/*Fuhrmann* § 403 Rdn. 17; Kallmeyer/Marsch/*Barner* UmwG § 314 Rdn. 11; *Ransiek* § 23 III Rdn. 321; Schönke/Schröder/*Lenckner* § 203 Rdn. 74; Scholz/*Tiedemann* § 85 Rdn. 35.

104 MünchKommHGB-*Quedenfeld* Rdn. 50.

unrichtige und die aufgrund des Verschweigens erheblicher Umstände lückenhafte Berichterstattung, sondern auch für die Erteilung des inhaltlich unrichtigen Bestätigungsvermerks, der sich wiederum auf einen unrichtigen oder lückenhaften Bericht bezieht.[105]

II. Verhältnis zu § 403 AktG

67 Gegenüber § 403 AktG ist § 332 HGB **lex specialis** bezüglich der hier erfaßten Berichtsinstrumente.

III. Verhältnis zu anderen Delikten

68 Ein Abschlußprüfer, der den Tatbestand des § 332 HGB verwirklicht, kann zugleich Teilnehmer an der unrichtigen Darstellung nach **§ 331 Nrn. 1 bis 3 HGB** sein, wenn er zumindest billigend in Kauf nimmt, daß die falsche Darstellung weiteren Adressaten zugänglich gemacht wird. In einem solchen Fall liegt **Tateinheit** vor.

69 Hat der Abschlußprüfer Kenntnis davon, daß der Bericht zur Begehung eines **Kredit-, Subventions- oder Kapitalanlagebetrugs** oder zur Begehung eines sonstigen **Vermögensdelikts** verwendet werden soll, so steht die Täterschaft oder Teilnahme zu diesen Delikten in **Tateinheit** zu § 332 HGB.[106]

E. Strafverfolgung und Rechtsfolgen

I. Verfahrensrechtliche Besonderheiten

1. Offizialdelikte

70 Die Tatbestände des § 332 HGB sind Offizialdelikte. Die Strafverfolgung erfolgt deshalb **von Amts wegen**, wenn ein hinreichender Tatverdacht vorliegt.

2. Zuständigkeit der Wirtschaftsstrafkammer

71 Die Straftatbestände des § 332 HGB sind nach § 74c Nr. 1 GVG **Wirtschaftsstraftaten** und fallen damit in die Zuständigkeit der Schwerpunktstaatsanwaltschaften für Wirtschaftsstrafsachen. Die Anklage wird beim Amtsgericht erhoben und bei besonderer Bedeutung des Falles (§ 24 Abs. 1 Nr. 3 GVG) bei der Wirtschaftsstrafkammer des Landgerichts. Über die Berufung gegen ein amtsgerichtliches Urteil entscheidet die Wirtschaftsstrafkammer beim Landgericht. Gegen das erstinstanzliche Urteil der Wirtschaftsstrafkammer des Landgerichts ist die Revision zum BGH möglich (§ 135 Abs. 1 in Verbindung mit § 121 GVG).

3. Klageerzwingungsverfahren

72 Im Klageerzwingungsverfahren sind Verletzte im Sinne des § 172 Abs. 1 StPO alle Personen, die vom Schutzbereich des § 332 HGB erfaßt werden (Rdn. 7) und im Vertrauen auf die Richtigkeit der Angaben einen Schaden erlitten haben (Rdn. 8).

---

[105] Heymann/*Otto* Rdn. 43.

[106] Heymann/*Otto* Rdn. 44.

II. Verjährung

1. Strafverfolgungsverjährung

Die Strafverfolgungsverjährung tritt nach 5 Jahren ein (§ 78 Abs. 3 Nr. 4 StGB). Sie beginnt mit der **Beendigung** der Tat (Rdn. 59). Bis zu diesem Zeitpunkt ist auch Beihilfe möglich. 73

Der Ablauf der Verjährungsfristen kann durch die in § 78c StGB genannten Maßnahmen **unterbrochen** werden. Die Verjährung beginnt mit dem Tag der Unterbrechung neu zu laufen (§ 78c Abs. 3 StGB). Jedoch tritt zehn Jahre nach Beendigung der Tat die **absolute Verjährung** ein (§ 78 Abs. 3 S. 2 StGB). 74

2. Vollstreckungsverjährung

Die Vollstreckungsverjährung bestimmt sich nach den §§ 79ff StGB. Sie beginnt frühestens mit der rechtskräftigen Verhängung einer Strafe oder Maßregel (§ 11 Abs. 1 Nr. 8 StGB). 75

III. Rechtsfolgen

1. Strafen

Die Strafe ist alternativ **Freiheitsstrafe** von einem Monat bis zu drei Jahren oder **Geldstrafe** zwischen fünf und dreihundertsechzig Tagessätzen (§ 40 Abs. 1 StGB). Liegen die Voraussetzungen des **Qualifikationstatbestandes** gemäß § 332 Abs. 2 HGB vor, so erhöht sich das Höchstmaß des Strafrahmens auf fünf Jahre. 76

Hat sich der Täter durch die Tat **bereichert** oder zu bereichern versucht, so kann neben der Freiheitsstrafe eine Geldstrafe verhängt werden (§ 41 StGB). Eine kurzfristige Freiheitsstrafe unter sechs Monaten kann nur ausnahmsweise verhängt werden (§ 47 StGB).

Wenn bei einem Teilnehmer die **besonderen persönlichen Merkmale** fehlen, weil er nicht zum Kreis der tauglichen Täter des Sonderdelikts gehört (Rdn. 11), ist die Strafe gemäß § 28 Abs. 1 StGB zu mildern. Die qualifizierenden Merkmale des Handelns gegen Entgelt, in Bereicherungs- und Schädigungsabsicht sind keine persönlichen Merkmale im Sinne des § 28 Abs. 2 StGB, da sie nicht die Pflichtenposition des Täters betreffen. Daher findet § 28 Abs. 2 StGB auf diese Merkmale keine Anwendung.[107] 77

2. Maßregeln der Besserung und Sicherung

Als Maßregel der Besserung und Sicherung kann ein **Berufsverbot** verhängt werden (§ 70 StGB). Wenn durch die Tat ein Vermögensvorteil erlangt worden ist, kommt die Anordnung des **Verfalls** gemäß §§ 73ff StGB in Betracht. Außerdem finden die Vorschriften über die **Einziehung** gemäß §§ 74ff StGB Anwendung. 78

---

107 Heymann/*Otto* Rdn. 42 m. w. N.

§ 333
Verletzung der Geheimhaltungspflicht

(1) Mit Freiheitsstrafe bis zu einem Jahr oder mit Geldstrafe wird bestraft, wer ein Geheimnis der Kapitalgesellschaft, eines Tochterunternehmens (§ 290 Abs. 1, 2), eines gemeinsam geführten Unternehmens (§ 310) oder eines assoziierten Unternehmens (§ 311), namentlich ein Betriebs- oder Geschäftsgeheimnis, das ihm in seiner Eigenschaft als Abschlußprüfer oder Gehilfe eines Abschlußprüfers bei Prüfung des Jahresabschlusses oder des Konzernabschlusses bekannt geworden ist, unbefugt offenbart.

(2) Handelt der Täter gegen Entgelt oder in der Absicht, sich oder einen anderen zu bereichern oder einen anderen zu schädigen, so ist Strafe Freiheitsstrafe bis zu zwei Jahren oder Geldstrafe. Ebenso wird bestraft, wer ein Geheimnis der in Absatz 1 bezeichneten Art, namentlich ein Betriebs- oder Geschäftsgeheimnis, das ihm unter den Voraussetzungen des Absatzes 1 bekanntgeworden ist, unbefugt verwertet.

(3) Die Tat wird nur auf Antrag der Kapitalgesellschaft verfolgt.

Übersicht

Schrifttum

Vgl. ergänzend die Literaturnachweise zu Vor §§ 331 ff und zu § 331.

Amelunxen Spionage und Sabotage im Betrieb (1977); *Arians* Der strafrechtliche Schutz des Geschäfts- und Betriebsgeheimnisses in der Bundesrepublik Deutschland, in Oehler (Hrsg.), Der strafrechtliche Schutz des Geschäfts- und Betriebsgeheimnisses in den Ländern der Europäischen Gemeinschaft sowie in Österreich und der Schweiz I, (1978) S. 307 ff; *Baumbach/Hefermehl* Wettbewerbsrecht, 22. Aufl. (2001); *Brammsen* Die Anzeige von Kartellverstößen im Widerstreit mit dem Schutz von Unternehmensgeheimnissen, in Forschungsinstitut für Wirtschaftserfassung und Wettbewerb (Hrsg.), Schwerpunkte des Kartellrechts (1992/93) S. 77 ff; *Bruns* Das Gespenst der „Insider-Information", ZKW 1969, 882 ff; *Burgstaller* Der strafrechtliche Schutz wirtschaftlicher Geheimnisse, in Ruppe (Hrsg.) Geheimnisschutz im Wirtschaftsleben (1980) S. 5 ff; *Dannecker* Der Schutz von Geschäfts- und Betriebsgeheimnissen, BB 1987, 1614 ff; *Dingeldey* Insider-Handel und Strafrecht (1983); *Druey* Geheimsphäre des Unternehmens (1977); *Fleck* Eigengeschäfte eines Aufsichtsratsmitglieds, Festschrift Heinsius (1991) S. 89 ff; *Gaul* Information und Vertraulichkeit der Aufsichtsratsmitglieder einer GmbH, GmbHR 1986, 296 ff; *v. Gamm* Wettbewerbs- und Wettbewerbsverfahrensrecht, Bd. 1, 5. Aufl. (1987); *Harte-Bavendamm* Schutz von Geschäfts- und Betriebsgeheimnissen, in Gloy (Hrsg.) Handbuch des Wettbewerbsrechts, 2. Aufl. (1997), § 43; *Heldmann* Das deutsche Insider-Gesetz ad portas, ZRP 1990, 393 ff; *Hopt* Die Haftung des Wirtschaftsprüfers – Rechtsprobleme zu § 323 HGB (§ 168 AktG a. F) und zur Prospekt- und Auskunftshaftung – (Teil I), WPg 1986, 461 ff; *Hueck u. a.* (Arbeitskreis Gesellschaftsrecht), Verbot des Insiderhandels (1976); *Kohlmann/Löffeler* Die strafrechtliche Verantwortlichkeit des GmbH-Geschäftsführers (1990); *Kragler* Wirtschaftsspionage, Schutz des Wirtschaftsgeheimnisses Bd. II: Strafrechtlicher Bereich (1982); *Krüger* Der strafrechtliche Schutz des Geschäfts- und Betriebsgeheimnisses im Wettbewerbsrecht (1984); *Lampe* Gutachten zur Neugestaltung des Wettbewerbsstrafrechts, in Bundesminister der Justiz (Hrsg.), Tagungsberichte der Sachverständigenkommission zur Bekämpfung der Wirtschaftskriminalität Bd. VIII (1975) Anl. 10; *ders.* Artikel „Geheimnisverrat" und „Wirtschaftsspionage", in Krekeler/Tiedemann/Ulsenheimer/Weinmann (Hrsg.) Handwörterbuch des Wirtschafts- und Steuerstrafrechts, Loseblatt Stand 1990; *ders.* Schutz des geheimen Know-how (1987); *Lenckner* Aussagepflicht, Schweigepflicht und Zeugnisverweigerungsrecht, NJW 1965, 321 ff; *Liebl* (Hrsg.) Betriebsspionage: Begehungsformen – Schutzmaßnahmen – Rechtsfragen (1987); *Lichtner* Die Verschwiegenheitspflicht des Wirtschaftsprüfers im Vergleich mit den sonstigen rechts- und steuerberatenden Berufen (1999); *Lutter* Information und Vertraulichkeit im Aufsichtsrat, 2. Aufl. (1984); *Maier* Der Schutz des „kritischen" Know-how vor Industriespionage (1992); *Mes* Arbeitsplatzwechsel und Geheimnisschutz, GRUR 1975, 584ff; *Möhrenschlager* Kapitel 16, Schutz von Geschäfts- und Betriebsgeheimnissen, in Wabnitz/Janovsky (Hrsg.), Handbuch des Wirtschafts- und Steuerstrafrechts (2000); *Nastelski* Der Schutz des Betriebsgeheimnisses, GRUR 1957, 1ff; *Oehler* Verrat von Wirtschaftsgeheimnissen, Jahrbuch des Landesamtes für Forschung des Landes Nordrhein-Westfalen (1969) S. 383ff; *Otto* Verrat von Betriebs- und Geschäftsgeheimnissen, § 17 UWG, wistra 1988, 125ff; *Pfeiffer* Der strafrechtliche Verrat von Betriebs- und Geschäftsgeheimnissen nach § 17 UWG, Festschrift Nirk (1992) S. 861ff; *ders.* Verletzung von Geheimhaltungspflichten nach § 85 GmbHG, Festschrift Raisch (1995) S. 255ff; *Platzer* Der Schutz des Unternehmensgeheimnisses in den Mitgliedstaaten der Europäischen Wirtschaftsgemeinschaft (1966); *Probst* Wirtschaftsverrat und Wirtschaftsspionage (1976); *Rogall* Die Verletzung von Privatgeheimnissen (§ 203 StGB), NStZ 1983, 1ff; *Rützel* Illegale Unternehmensgeheimnisse? GRUR 1995, 557ff; *Säcker* Aktuelle Probleme der Verschwiegenheitspflicht der Aufsichtsratsmitglieder, NJW 1986, 803ff; *Schafheutle* Wirtschaftsspionage und Wirtschaftsverrat im deutschen und schweizerischen Strafrecht (1972); *Schünemann* Der strafrechtliche Schutz von Privatgeheimnissen, ZStW Bd. 90 (1978) S. 11ff; *Schubarth* Insidermißbrauch, Gedächtnisschrift Noll (1984) S. 303ff; *Schulz* Die Verletzung der Verschwiegenheitspflicht in strafrechtlichen Nebengesetzen, GA 1962, 274ff; *Seiler* Der strafrechtliche Schutz der Geheimsphäre (1960); *Sieber* Computerkriminalität und Strafrecht. 2. Aufl. (1980); *Stadler* Der Schutz des Unternehmensgeheimnisses im deutschen und U.S.-amerikanischen Zivilprozeß und im Rechtshilfeverfahren (1989); *ders.* Gesetzliche Vorschriften gegen den Mißbrauch von Insider-Informationen, DB 1974, 613ff; *v. Stebut* Geheimnisschutz und Verschwiegenheitspflicht im Aktienrecht (1972); *ders.* Gesetzliche Vorschriften gegen den Mißbrauch von Insiderinformationen, DB 1974, 613ff; *Stoll* Zur Verschwiegenheitspflicht des Wirtschaftsprüfers gegenüber Auftraggebern und geprüften Unternehmen, BB 1998, 785ff; *Taeger* Die Offenbarung von Betriebs- und Geschäftsgeheimnissen (1988); *Teufel* Verrat von Wirtschaftsgeheimnissen, ArchKrim. Bd. 162 (1978) S. 129ff; *Tiedemann* Rechtsnatur und strafrechtliche Bedeutung von technischem Know-how, Festschrift v. Caemmerer (1978) S. 643ff; *ders.* Untreue bei Interessenkonflikten, am Beispiel der Tätigkeit von Aufsichtsratsmitgliedern, Festschrift Tröndle (1989) S. 319ff; *Tiedemann/Dannecker* Examensklausur Strafrecht, Jura 1985, 655ff; *Troller* Immaterialgüterrecht, Bd. 1, 3. Aufl. (1983), Bd. 2, 3. Aufl. (1985); *Tuffner* Der strafrechtliche Schutz von Wirtschaftsgeheimnissen im Staatsschutzrecht und Wettbewerbsrecht (1978); *Ulsenheimer* Zur Strafbarkeit des Mißbrauchs von Insider-Informationen, NJW 1975, 1999ff; *van Venrooy* Das strafrechtliche Risiko des Geschäftsführers bei Verletzung von Geheimhaltungspflichten, GmbHR 1993, 609ff; *Volhard/Weber* Gesellschaftsvertragliche Verschwiegenheits- und Offenbarungspflichten bei der Veräußerung von GmbH-Gesellschaftsanteilen, Festschrift Semler (1993) S. 387ff; *Volk* Strafrecht gegen Insider? ZHR 142 (1978), 1ff; *Wenninger* Die aktienrechtliche Schweigepflicht (1983).

Im übrigen vgl. die Erläuterungen zu § 17 in den einschlägigen Kommentaren zum UWG.

A. Allgemeines

I. Normzweck, Aufbau des Straftatbestandes und Überblick über den strafrechtlichen Geheimnisschutz

1. Normzweck

1 § 333 HGB, der durch das BiRiLiG v. 19.12.1985 (BGBl. 1985 I S. 2355) in das Handelsgesetzbuch eingefügt und dessen Abs. 1 im Jahre 1992 (BGBl. 1992 I S. 2211) geändert wurde (zur Entstehungsgeschichte Vor §§ 331ff Rdn. 31f), statuiert für Abschlußprüfer und ihre Gehilfen eine Schweigepflicht und schützt damit den **Geheimbereich der Kapitalgesellschaft** vor unredlichen Eingriffen in **Wirtschaftsgeheimnisse**. Diese Vorschrift wurde durch das BiRiLiG allgemein für alle Kapitalgesellschaften eingeführt. Sie beruht auf einer weitgehenden Übernahme des § 404 AktG, der die Gesellschaftsgeheimnisse der Aktiengesellschaft schützt, betrifft aber

nur einen Teilbereich des § 404 AktG, weil lediglich die Abschlußprüfer und ihre Gehilfen als taugliche Täter erfaßt sind.

§ 333 HGB verweist nicht auf die außerstrafrechtlichen Pflichten des § 323 HGB, der die zivilrechtliche Verantwortlichkeit des Abschlußprüfers und seiner Gehilfen regelt.[1] Denn die Verschwiegenheitspflichten des § 323 HGB sind weiter als die durch § 333 HGB strafbewehrten Geheimhaltungspflichten.[2] Außerdem verweist der Gesetzgeber durchgängig bei den §§ 331 ff HGB auf außerstrafrechtliche Vorschriften des HGB, wenn auf die außerstrafrechtlichen Pflichten Bezug genommen werden soll. Deshalb ist die in § 333 Abs. 1 HGB statuierte Geheimhaltungspflicht eine originär **strafrechtliche Pflicht**. Es handelt sich somit nicht um ein Blankettgesetz (Vor §§ 331 ff Rdn. 80 ff), sondern um einen Tatbestand mit normativen Tatbestandsmerkmalen.

2. Aufbau des Straftatbestandes

Die Strafvorschrift des § 333 HGB enthält zwei Straftatbestände, die selbständig 2
nebeneinander stehen:[3] In § 333 Abs. 1 HGB wird das **unbefugte Offenbaren** eines Gesellschaftsgeheimnisses und in Abs. 2 S. 2 die **unbefugte Verwertung** eines solchen Geheimnisses erfaßt. § 333 Abs. 2 S. 1 HGB sieht für die Fälle des Abs. 1 einen Qualifikationstatbestand der unbefugten Geheimnisoffenbarung vor, wenn der Täter gegen Entgelt oder mit Bereicherungsabsicht handelt. Damit entsprechen § 333 Abs. 1 und 2 HGB im wesentlichen der Struktur des Geheimnisschutzes im Strafgesetzbuch und im Gesetz gegen den unlauteren Wettbewerb: § 203 StGB schützt Privatgeheimnisse gegen unbefugtes Offenbaren, und § 204 StGB stellt das unbefugte Verwerten solcher Geheimnisse unter Strafandrohung.[4] Während § 333 Abs. 1 und 2 HGB primär dem **vermögensrechtlichen Geheimnisschutz** der Gesellschaft und ihrer Gesellschafter dienen, stehen dagegen bei den §§ 203 und 204 StGB Individualinteressen an der Geheimhaltung bestimmter Tatsachen sowie das allgemeine Vertrauen in die Verschwiegenheit der sonderpflichtigen Personen im Vordergrund.[5]

3. Überblick über gesellschaftsrechtliche Strafvorschriften zum Schutz von Geheimnissen

§ 333 HGB, auch in Verbindung mit §§ 340 m, 341 m HGB (Anhang nach § 333, 3
§ 340 m Rdn. 1; § 341 m Rdn. 1), schützt die **Gesellschaftsgeheimnisse** der Kapitalgesellschaften.[6] Parallele Vorschriften des Geheimnisschutzes sind enthalten in: **§ 85 GmbHG** für die GmbH; **§ 404 AktG** für die Aktiengesellschaft;[7] **§ 151 GenG** für die Genossenschaft; **§ 19 PublG** für dem Publizitätsgesetz unterfallende Unternehmensstrukturen; **§ 138 VAG** für Versicherungsgesellschaften; **§ 315 UmwG** für die an einer Umwandlung beteiligten Personen, die für den betroffenen Rechtsträger tätig werden;[8]

---

1 Eine Verpflichtung zur Verschwiegenheit für den Wirtschaftsprüfer ergibt sich auch aus der berufsrechtlichen Regelung des § 43 Abs. 1 S. 1 WPO.

2 Vgl. dazu BonnerHdR-*Maier* Rdn. 3; *Wiedmann* Rdn. 1.

3 Beck BilKomm-*Budde/Hense* Rdn. 1; Heymann/*Otto* Rdn. 2.

4 Tröndle/*Fischer* § 203 Rdn. 1 ff; LK-Schünemann § 203 Rdn. 1 ff; *Joecks* § 203 Rdn. 1 ff; Nomos/*Jung* § 203 Rdn. 1 ff; Schönke/Schröder/*Lenckner* § 203 Rdn. 1 ff; SK-Samson § 203 Rdn. 1 ff; Lackner/*Kühl* § 203 Rdn. 1 ff.

5 Schönke/Schröder/*Lenckner* § 203 Rdn. 3; *Lackner/Kühl* § 203 Rdn. 1, jeweils m. w. N.

6 Beck BilKomm-*Budde/Hense* Rdn. 1 ff; HKHGB-*Ruß* Rdn. 1; Heymann/*Otto* Rdn. 1 ff; Geßler/Hefermehl/Eckardt/Kropff/*Fuhrmann* § 404 Rdn. 1 ff.

7 Vgl. dazu die Kommentierungen von Geßler/Hefermehl/Eckardt/Kropff/*Fuhrmann* § 404 Rdn. 1 ff; *Geilen* Aktienstrafrecht § 404 Rdn. 1 ff; Geßler/Hefermehl/Eckardt/Kropff/*Fuhrmann* § 404 Rdn. 1 ff; *Otto* Aktienstrafrecht § 404 Rdn. 1 ff.

8 Kallmeyer/*Marsch-Barner* UmwG § 315 Rdn. 1 ff; Lutter/*Kuhlen* UmwG § 315 Rdn. 1 ff.

§ 14 EWIV-Ausführungsgesetz[9] für Europäische Wirtschaftliche Interessenvereinigungen, bei denen, obwohl es sich hierbei um Personenhandelsgesellschaften handelt, Nichtgesellschafter zum Geschäftsführer bestellt werden können.

4 Diesen Straftatbeständen ist gemeinsam, daß sie die unbefugte Offenbarung von Betriebs- und Geschäftsgeheimnissen sowie die unbefugte Verwertung unter Strafandrohung stellen. Während jedoch § 333 HGB Geheimnisschutzverletzungen durch Abschlußprüfer und ihre Gehilfen erfaßt, richten sich die übrigen Strafvorschriften teilweise auch gegen die Mitglieder der vertretungsberechtigten Organe der Gesellschaften und des Aufsichtsrats einschließlich der Abwickler und Liquidatoren und teilweise ausschließlich gegen diesen Personenkreis, so daß § 333 HGB ergänzend Anwendung findet (so z. B. zu § 85 GmbHG). Soweit die Voraussetzungen von § 333 HGB vorliegen und zugleich die Voraussetzungen eines weiteren Geheimnisschutztatbestandes (z. B. § 404 AktG, § 151 GenG, § 315 UmwG und § 138 VAG),[10] sind letztere Tatbestände kraft ausdrücklicher gesetzlicher Anordnung **subsidiär** (Rdn. 68). Wenn das Offenbaren gegen Entgelt oder in der Absicht, sich oder einen anderen zu bereichern oder einen anderen zu schädigen, erfolgt, liegt eine **Qualifikation** (Rdn. 55 ff) vor, die mit derselben Strafe wie das unbefugte Verwerten bedroht ist. Voraussetzung für die Verfolgbarkeit ist bei allen Straftatbeständen, die dem Geheimnisschutz dienen, ein Strafantrag der Gesellschaft oder des Verletzten (Rdn. 71 f).

II. Geschütztes Rechtsgut, Schutzbereich und Deliktsnatur

1. Geschütztes Rechtsgut

5 Der Straftatbestand des § 333 HGB dient dem **Schutz von Wirtschaftsgeheimnissen** der Kapitalgesellschaft, der mit ihr verbundenen Unternehmen im Sinne der §§ 290 Abs. 1 und 2 HGB (Mutter- und Tochterunternehmen), 310 HGB (Gemeinschaftsunternehmen), 311 HGB (assoziierte Unternehmen).[11] Wirtschaftsgeheimnisse sind nicht Sachen, sondern stets Informationen,[12] auch wenn die Informationen in einer Sache verkörpert sind und mit dieser weitergegeben werden. Die auf die Gesellschaft bezogenen Informationen werden vor allem im Hinblick auf ihren **Vermögenswert** strafrechtlich geschützt (Rdn. 25). Hierbei werden durch den wirtschaftlichen Bezug des Geheimnisschutzes alle vermögensrechtlich relevanten Umstände, die zur Geschäftstätigkeit der Kapitalgesellschaft gehören und ihr Ansehen erhöhen, mindern oder erhalten können, umfaßt.[13] Darüber hinaus werden auch **sonstige Informationen** ohne einen wirtschaftlichen Bezug zu der Gesellschaft geschützt (Rdn. 30). Praktische Bedeutung erlangt diese Ausweitung des strafrechtlichen Schutzes über vermögenswerte Informationen hinaus jedoch äußerst selten, da betrieblich geheimen Informationen in aller Regel ein Vermögenswert zukommt. Aus diesem Grund wird überwiegend ein wirtschaftliches Interesse als Voraussetzung eines Geheimnisses gefordert (Rdn. 21). Der wirtschaftliche Bezug ist dabei weit zu verstehen (Rdn. 30).

---

[9] Gesetz v. 14. 4. 1988, BGBl. I S. 514.
[10] Näher dazu Beck BilKomm-*Budde/Hense* Rdn. 25 ff.
[11] MünchKommHGB-*Quedenfeld* Rdn. 1.
[12] MünchKommHGB-*Quedenfeld* Rdn. 1; Heymann/*Otto* Rdn. 4; Erbs/Kohlhaas/*Schaal* Rdn. 1.
[13] Scholz/*Tiedemann* § 85 Rdn. 2.

2. Schutzbereich

6 Wirtschaftsgeheimnisse werden im **Interesse der Gesellschaft und der verbundenen Unternehmen**, daneben aber auch im **Interesse der Gesellschafter und anderer in Betracht kommender Eigner der Kapitalgesellschaft und der verbundenen Unternehmen** geschützt.[14] Dabei bilden die Interessen der Kapitalgesellschaft und die ihrer Gesellschafter sowie die der verbundenen Unternehmen und ihrer Eigner eine untrennbare Einheit.[15]

7 Ein Schutz der **Gesellschaftsgläubiger**[16] und der **Arbeitnehmer**[17] der GmbH ist **nicht** bezweckt, denn die Interessen der Gesellschaftsgläubiger und der Arbeitnehmer werden durch den Geheimnisverrat nicht unmittelbar beeinträchtigt.[18] Sie haben nur ein allgemeines Interesse am Wohlergehen der Gesellschaft und sind durch den Geheimnisbruch deshalb nicht unmittelbar betroffen.[19] Daher stellt der Schutz der Gesellschaftsgläubiger und Arbeitnehmer lediglich einen **Rechtsreflex** dar.[20]

8 Eine selbständige Bedeutung kommt weder dem Schutz des **Vertrauens in die Verschwiegenheit der Abschlußprüfer** und der Prüfungsgehilfen noch dem Schutz des **Vertrauens in die Funktionsfähigkeit der Kapitalgesellschaft** und der anderen Unternehmen zu; auch wenn das jeweilige Vertrauen von § 333 HGB mitgewährleistet wird, ist das Individualinteresse der Gesellschaft und der Gesellschafter vorrangig.[21]

3. § 333 HGB als Schutzgesetz im Sinne des § 823 Abs. 2 BGB

9 § 333 Abs. 1 und 2 HGB sind Schutzgesetze i. S. d. § 823 Abs. 2 BGB **zugunsten der Gesellschaft** sowie **zugunsten der Gesellschafter,**[22] deren Schutz durch den Straftatbestand auch intendiert ist.[23] Allerdings muß der Schadensersatz aus Kapitalerhaltungsgründen grundsätzlich in das Gesellschaftsvermögen und nicht an die Gesellschafter geleistet werden.[24] Die durch § 333 HGB geschützten Interessen sind nicht nur verletzt, wenn der Kapitalgesellschaft oder ihren Gesellschaftern ein materieller Schaden entstanden ist, sondern bereits dann, wenn der Täter aus den ihm bekannt gewordenen Geheimnissen Kapital schlägt.[25] Dies reicht für die Bejahung eines zivilrechtlichen Schadensersatzanspruches aus.

---

[14] Erbs/Kohlhaas/*Schaal* Rdn. 1; MünchKommHGB-*Quedenfeld* Rdn. 1; Heymann/*Otto* Rdn. 4; vgl. auch Geßler/Hefermehl/Eckardt/Kropff/*Fuhrmann* § 404 Rdn. 2; *Otto* Aktienstrafrecht § 404 Rdn. 3; *Pfeiffer* S. 258; Hachenburg/*Kohlmann* § 85 Rdn. 12; Scholz/*Tiedemann* § 85 Rdn. 2; Rowedder/*Fuhrmann/Schaal* § 85 Rdn. 3; a. A. Beck BilKomm-*Budde/Hense* Rdn. 23; *Hopt* WPg 1986, 466; *Lutter/Hommelhoff* § 85 Rdn. 1; *v. Stebut* DB 1974, 615 ff, die die Gesellschafter ausschließen.

[15] MünchKommHGB-*Quedenfeld* Rdn. 1; Heymann/*Otto* Rdn. 4; Erbs/Kohlhaas/*Schaal* Rdn. 1.

[16] So GKAktG-*Klug* § 404 Anm. 2.

[17] So die h. M.; MünchKommHGB-*Quedenfeld* Rdn. 1; Heymann/*Otto* Rdn. 5; a. A. *Geilen* Aktienstrafrecht § 404 Rdn. 11; *Heldmann* ZRP 1990, 393, 395.

[18] Beck BilKomm-*Budde/Hense* Rdn. 23; MünchKommHGB-*Quedenfeld* Rdn. 1; *Ransiek* § 28 III Rdn. 157; Heymann/*Otto* Rdn. 5; Erbs/Kohlhaas/*Schaal* Rdn. 1; a. A. *Geilen* Aktienstrafrecht § 404 Rdn. 11 für die Aktiengesellschaft.

[19] Vgl. Rowedder/*Fuhrmann/Schaal* § 85 Rdn. 1.

[20] Vgl. Scholz/*Tiedemann* § 85 Rdn. 2.

[21] Heymann/*Otto* Rdn. 6; zum Institutionenschutz in bezug auf die GmbH vgl. Hachenburg/*Kohlmann* § 85 Rdn. 12; Scholz/*Tiedemann* § 85 Rdn. 2.

[22] Beck BilKomm-*Budde/Hense* Rdn. 23; MünchKommHGB-*Quedenfeld* Rdn. 2; Heymann/*Otto* Rdn. 8; *Ransiek* § 28 III Rdn. 158; Hachenburg/*Kohlmann* § 85 Rdn. 12.

[23] Zum Schadensersatzanspruch nach § 323 HGB vgl. § 323 Rdn. 25ff sowie Beck BilKomm-*Budde/Hense* § 323 Rdn. 172ff; *Wiedmann* Bilanzrecht Rdn. 14ff.

[24] *Altmeppen/Roth* § 85 Rdn. 3; § 13 Rdn. 29.

[25] Heymann/*Otto* Rdn. 8.

4. Rechtsnatur der Delikte

a) Abstrakte Gefährdungsdelikte

10 Die Tatalternativen des § 333 Abs. 1 und 2 HGB setzen nicht voraus, daß durch die Offenbarung des Geheimnisses oder seiner Verwertung der Gesellschaft ein Schaden entsteht oder eine konkrete Gefährdung eintritt. Es handelt sich daher um abstrakte Gefährdungsdelikte.[26]

b) Sonderdelikte

11 Sowohl das unbefugte Offenbaren nach § 333 Abs. 1 HGB als auch das unbefugte Verwerten nach § 333 Abs. 2 S. 2 HGB sind **echte Sonderdelikte**,[27] da nur die im Gesetz ausdrücklich genannten Personen als Täter (Allein-, Mit-, Neben- oder mittelbarer Täter) in Betracht kommen.

B. Verletzung von Geheimhaltungspflichten

I. Täterkreis

12 Als Täter des § 333 Abs. 1 und des Abs. 2 HGB, der insoweit auf Abs. 1 Bezug nimmt, kommen nur Abschlußprüfer und ihre Gehilfen in Betracht. Damit entspricht der Täterkreis demjenigen des § 332 HGB (§ 332 Rdn. 11 ff). Über §§ 340 m, 341 m HGB (Anhang nach § 333; § 340 m Rdn. 4 ff; § 341 m Rdn. 4 f) gilt § 333 HGB auch für den Abschlußprüfer eines Kreditinstituts oder eines Versicherungsunternehmens und für dessen Gehilfen.

13 Angestellte oder außenstehende Mitarbeiter der Abschlußprüfer können nicht Täter des § 333 HGB, sondern – unter den allgemeinen Voraussetzungen der §§ 26, 27 StGB – lediglich Teilnehmer sein. Die Strafe ist beim Teilnehmer gemäß § 28 Abs. 1 StGB zu mildern (Rdn. 85).

1. Abschlußprüfer

14 Als taugliche Täter kommen zunächst Abschlußprüfer in Betracht. Diesbezüglich kann auf die Ausführungen oben bei § 332 Rdn. 11 ff verwiesen werden.

2. Gehilfe eines Abschlußprüfers

15 Bezüglich der Definition des Gehilfen des Abschlußprüfers kann zunächst auf die Ausführungen unter § 332 Rdn. 18 ff verwiesen werden. Allerdings stellt sich bei § 333 HGB die Frage, ob hier – abweichend zu § 332 HGB – auch bloße **Schreib- oder Hilfskräfte** taugliche Täter sein können. Während die Tathandlung des § 332 HGB, die Verletzung der Berichtspflicht, von einer Sekretärin oder einer sonstigen Hilfsperson nicht verwirklicht werden kann, weil diese Personen über das Ergebnis der Prüfung nicht berichten können (§ 322 Rdn. 18), fehlt es den Hilfspersonen beim Geheimnisverrat nicht an der Möglichkeit, die Tathandlung der Offenbarung oder

---

[26] MünchKommHGB-*Quedenfeld* Rdn. 3; *Ransiek* § 28 Rdn. 132; Heymann/*Otto* Rdn. 9; Erbs/Kohlhaas/*Schaal* Rdn. 3; *Lutter/Hommelhoff* § 85 Rdn. 1; *Rogall*, NStZ 1983, 5; Rowedder/*Fuhrmann/Schal* § 85 Rdn. 4.

[27] MünchKommHGB-*Quedenfeld* Rdn. 4; Heymann/*Otto* Rdn. 9; Baumbach/Hueck/*Schulze-Osterloh* § 85 Rdn. 3; Scholz/*Tiedemann* § 85 Rdn. 3

Verwertung eines Geheimnisses eigenständig zu verwirklichen. Denn der Begriff der Kenntniserlangung „bei Prüfung“ ist weit auszulegen und nicht auf die eigentliche Prüfungstätigkeit im Sinne des § 317 HGB beschränkt (§ 317 Rdn. 7ff). Er umfaßt auch die der Prüfung nachfolgende Anfertigung des Prüfungsberichts. Damit fällt auch die Schreibkraft, die nur bei der Anfertigung des Prüfungsberichts mithilft, nach dem Gesetzeswortlaut in den Anwendungsbereich des § 333 HGB. Dennoch wird in der Literatur teilweise die Auffassung vertreten, daß Hilfspersonen nicht taugliche Täter des § 333 HGB seien.[28] Hiergegen spricht jedoch, daß nur dann ein wirksamer Schutz des **Vertrauens in die Verschwiegenheit des Abschlußprüfers** erreicht werden kann, wenn auch diejenigen Personen in den Kreis der Normadressaten einbezogen werden, die an diesem Vertrauen teilhaben. Hierzu gehört aber jeder, der eine unterstützende Tätigkeit ausübt, welche die Kenntnis fremder Geheimnisse mit sich bringt, sofern nur ein **innerer Zusammenhang zwischen der Tätigkeit des Gehilfen und der berufsspezifischen Tätigkeit des Abschlußprüfers** besteht. Diese Voraussetzungen sind aber auch bei Hilfspersonen des Abschlußprüfers erfüllt, so daß sämtliche berufsmäßig tätigen Helfer des Abschlußprüfers, einschließlich der Hilfs- und Schreibkräfte, taugliche Täter des § 333 HGB sind.[29]

3. Kenntniserlangung bei der Prüfungstätigkeit

Der Täter muß in seiner Eigenschaft als Abschlußprüfer oder Gehilfe des Abschlußprüfers **bei Prüfung des Jahresabschlusses oder des Konzernabschlusses** nach § 316 HGB Kenntnis von dem Geheimnis erlangt haben. Nur auf solche Kenntnisse kann sich das Täterverhalten beziehen. Es kommt darauf an, daß der Täter **in dieser Eigenschaft** die Kenntnis von dem Geheimnis erlangt hat. Zwischen Prüfungstätigkeit und Kenntniserlangung muß ein zeitlicher und funktionaler Zusammenhang (Rdn. 18f) bestehen. **16**

a) Begrenzung des Strafschutzes auf Pflichtprüfungen

§ 333 HGB bezieht sich lediglich auf Prüfungen, die das **HGB vorschreibt**, also auf die Prüfung des Jahresabschlusses oder Konzernabschlusses.[30] Nicht erfaßt ist die Verletzung der Geheimhaltungspflicht bei **freiwilligen Prüfungen** im Eigen- oder Drittinteresse, bei denen nicht die zu prüfende Gesellschaft den Auftrag erteilen muß, so z. B. bei der Durchführung einer Prüfung im Rahmen eines Unternehmenskaufs oder einer Fusion. Die strafrechtliche Verantwortlichkeit des Abschlußprüfers bei freiwilligen Prüfungen, der gegebenenfalls sowohl die Geheimsphäre des Auftraggebers als auch des geprüften Unternehmens zu wahren hat,[31] ergibt sich aus den Vorschriften des allgemeinen Strafrechts[32] oder aus § 404 Abs. 1 Nr. 2 AktG. **17**

b) Zeitlicher Zusammenhang

Die Täterqualifikation des Abschlußprüfers oder seines Gehilfen muß **zum Zeitpunkt der Kenntniserlangung** des Geheimnisses gegeben sein.[33] Wenn der Abschlußprüfer bei der Offenbarung oder Verwertung des Geheimnisses zwar schon **18**

---

[28] So MünchKommHGB-*Quedenfeld* Rdn. 7.

[29] Beck BilKomm-*Budde/Hense* Rdn. 12; Erbs/Kohlhaas/*Schaal* Rdn. 4; *Ransiek* § 28 III Rdn. 158.

[30] Beck BilKomm-*Budde/Hense* Rdn. 3; Erbs/Kohlhaas/*Schaal* Rdn. 6.

[31] Vgl. dazu *Stoll* BB 1998, 785 ff.

[32] Beck BilKomm-*Budde/Hense* Rdn. 3, 10; MünchKommHGB-*Quedenfeld* Rdn. 16.

[33] Beck BilKomm-*Budde/Hense* Rdn. 10; Heymann/*Otto* Rdn. 10.

Abschlußprüfer oder Gehilfe war, diese Funktion aber zum Zeitpunkt der Kenntniserlangung noch nicht oder nicht mehr inne hatte, greift § 333 HGB nicht ein. Wohl aber kommt eine Strafbarkeit nach § 203 StGB in Betracht, wenn der Täter das Geheimnis als Wirtschafts- oder Betriebsprüfer oder als Mitglied des Organs einer Wirtschaftsprüfungs- oder Buchprüfungsgesellschaft oder deren berufsmäßiger Gehilfe (§ 14 StGB) erfahren hat.[34]

c) Funktionaler Zusammenhang

19 Neben dem zeitlichen Zusammenhang ist ein **unmittelbarer funktioneller Zusammenhang** mit der Prüfung erforderlich. Zur Prüfung gehören alle in §§ 316 bis 324 HGB geregelten Tätigkeiten und nicht nur die eigentlichen Prüfungshandlungen im Sinne des § 317 HGB; zur Prüfung gehört auch die Anfertigung des Prüfungsberichts.[35] Für die Kenntniserlangung „bei Prüfung" reicht jeder innere Zusammenhang mit der beruflichen Stellung aus, der auch gegeben ist, wenn der Täter aufgrund seiner Stellung als Abschlußprüfer oder dessen Gehilfe in der Lage war, sich ungehindert Kenntnis zu verschaffen. Eine rein außerdienstliche Kenntniserlangung ohne inneren Zusammenhang zu der beruflichen Stellung reicht demgegenüber nicht aus, selbst wenn die Kenntniserlangung zeitlich während der Prüfung erfolgt. So ist es denkbar, daß der Abschlußprüfer in seiner weiteren Funktion als Steuer- oder Unternehmensberater Kenntnis erlangt. Offenbart er ein ihm in dieser Eigenschaft bekannt gewordenes Geheimnis, so kann er nur nach § 203 StGB strafbar sein, obwohl er zum Zeitpunkt der Kenntniserlangung Abschlußprüfer der Gesellschaft war.

4. Strafbarkeit sonstiger Angestellter

20 Sonstige Angestellte des Abschlußprüfers, die nicht Gehilfe sind, weil sie nur Tätigkeiten ohne inhaltlichen Bezug zur Prüfung (Rdn. 19) ausüben, können nur wegen einer **Beteiligung** an § 333 HGB – Anstiftung oder Beihilfe (§§ 26, 27 StGB) – strafbar sein, sofern eine vorsätzliche und rechtswidrige Haupttat eines Abschlußprüfers oder seines Gehilfen (Rdn. 14ff) vorliegt. Die Strafe ist, da der Anstifter oder Gehilfe nicht sonderpflichtig ist, beim Teilnehmer gemäß § 28 Abs. 1 StGB zu mildern.

II. Gegenstand der Tathandlung: Gesellschaftsgeheimnisse, namentlich Betriebs- und Geschäftsgeheimnisse

21 § 333 HGB schützt „ein Gesellschaftsgeheimnis, namentlich ein Geschäfts- und Betriebsgeheimnis". Der Gesetzeswortlaut ist insoweit identisch mit § 404 AktG und § 85 GmbHG; die genannten Geheimnisschutztatbestände enthalten denselben Geheimnisbegriff, der wiederum aus § 17 UWG entwickelt wurde.[36] Durch die Übernahme dieses Begriffes sind **alle Geheimnisse der Kapitalgesellschaft**, insbesondere solche, die zu ihrem Schutz im Interesse ihrer Wettbewerbsfähigkeit und ihres Ansehens nicht bekannt werden sollen, geschützt (zur Einbeziehung immaterieller Interessen vgl. Rdn. 30). Das **Gesellschaftsgeheimnis** bildet den Oberbegriff zum Geschäfts- und Betriebsgeheimnis (Rdn. 29).

---

[34] Beck BilKomm-*Budde/Hense* Rdn. 10.
[35] Beck BilKomm-*Budde/Hense* Rdn. 12.
[36] Erbs/Kohlhaas/*Schaal* Rdn. 7.

Durch § 333 HGB werden nicht nur die Geheimnisse der Kapitalgesellschaft, die geprüft wird, geschützt, sondern auch **Geheimnisse eines Tochterunternehmens** im Sinne des § 290 Abs. 1 und 2 HGB, eines Gemeinschaftsunternehmens nach § 310 HGB und eines assoziierten Unternehmens nach § 311 HGB. Bei diesen Unternehmen, die keine Kapitalgesellschaft sein müssen, handelt es sich durchgängig um solche, die in den Konzernabschluß einbezogen werden müssen und dürfen. Ferner sind wegen der Angaben nach § 295 Abs. 3 HGB auch diejenigen Tochterunternehmen in den Schutzbereich des § 333 HGB einbezogen, die gemäß § 295 Abs. 1 HGB nicht in den Konzernabschluß einzubeziehen sind.[37] 22

1. Voraussetzungen eines Geheimnisses

Ein Geheimnis ist eine nicht allgemein bekannte Tatsache, bezüglich derer ein individuelles und objektiv anzuerkennendes Geheimhaltungsinteresse besteht. Geheimnisse der Gesellschaft sind daher nicht offenkundige Tatsachen, die das Unternehmen betreffen und bezüglich derer die Gesellschaft ein **objektiv anzuerkennendes Geheimhaltungsinteresse** hat. Weiterhin muß als subjektives Merkmal hinzu kommen, daß die Gesellschaft die Tatsache nicht offenbaren will (**Geheimhaltungswille**). Insofern sind objektive und subjektive Merkmale für das Vorliegen eines Geheimnisses konstitutiv.[38] Wille und Interesse sind nach h. M. zu kombinieren.[39] 23

a) Fehlende Offenkundigkeit

Eine Tatsache ist offenkundig, wenn sie allgemein bekannt oder derart zugänglich ist, daß für jeden Interessierten die Möglichkeit besteht, sich auf lautere Weise Kenntnis von der Tatsache zu verschaffen.[40] Wenn eine Tatsache demgegenüber nur einem eng begrenzten, noch überschaubaren Personenkreis bekannt ist,[41] so daß das Geheimnis nicht dem beliebigen Zugriff Dritter preisgegeben ist, fehlt es an der Offenkundigkeit.[42] Dies bedeutet, daß auch dann, wenn Tatsachen über den Kreis der Personen, für deren Kenntnis sie bestimmt sind, hinaus bekannt geworden sind, weiterhin ein Geheimnis vorliegt, sofern es sich lediglich um eine **relative Bekanntheit** handelt, weil die Tatsache anderen Personen noch unbekannt ist und unbekannt bleiben soll. Erst wenn das Geheimnis **beliebigem Zugriff preisgegeben** ist, führt die Offenkundigkeit zum Entfallen des Geheimnischarakters. Daher bleibt der Geheimnischarakter bestehen, wenn Wirtschaftsprüfer, Steuerberater, Betriebsangehörige, einzelne Kunden oder Lieferanten beispielsweise bei einem Arbeitsvorgang Kenntnis von einem Geheimnis erlangen.[43] Selbst Preislisten und Musterbücher, die den 24

[37] Beck BilKomm-*Budde/Hense* Rdn. 8.

[38] MünchKommHGB-*Quedenfeld* Rdn. 9; Heymann/*Otto* Rdn. 13; Erbs/Kohlhaas/*Schaal* Rdn. 7, jeweils m. w. N.

[39] Vgl. nur BGH GRUR 1961, 40, 43; *Dannecker* BB 1987, 1614, 1615; Rowedder/*Fuhrmann/Schaal* § 85 Rdn. 3; Hachenburg/*Kohlmann* § 85 Rdn. 22; MünchKommHGB-*Quedenfeld* Rdn. 9; *Otto* wistra 1988, 125, 126; *Pfeiffer* FS Nirk S. 861, 866; *v. Stebut* S. 49 f; Scholz/*Tiedemann* § 85 Rdn. 7; *Tiedemann* Wirtschaftsstrafrecht Bd. II S. 42 f; a. A. *Arians* S. 333 ff; *Lutter/Hommelhoff* § 85 Rdn. 4; *Meyer-Landrut* in Meyer-Landrut/Miller/Niehus § 85 Rdn. 4; *Ransiek* § 28 III Rdn. 140, 158; Baumbach/Hueck/*Schulze-Osterloh* § 85 Rdn. 11; näher dazu Rdn. 27.

[40] *Arians* S. 356 ff; MünchKommHGB-*Quedenfeld* Rdn. 10.

[41] RGSt 74, 110, 111.

[42] Vgl. Baumbach/Hueck/*Schulze-Osterloh* § 85 Rdn. 8; Hachenburg/*Kohlmann* § 85 Rdn. 23f; Rodwedder/*Fuhrmann/Schaal* § 85 Rdn. 6; Scholz/*Tiedemann* § 85 Rdn. 11.

[43] RGSt 42, 394, 396; *v. Stebut* S. 12; Geßler/Hefermehl/Eckardt/Kropff/*Fuhrmann* § 404 Anm. 3; *Otto* Aktienstrafrecht § 404 Rdn. 14; Baumbach/Hueck/*Schulze-Osterloh* § 85 Rdn. 8; Hachenburg/*Kohlmann* § 85 Rdn. 24; Rowedder/*Fuhrmann/Schaal* § 85 Rdn. 8; *v. Stebut* Geheimnisschutz S. 12f; Scholz/*Tiedemann* § 85 Rdn. 11.

Kunden vorgelegt werden, verlieren ihre Eigenschaft als Geheimnis nicht, wenn sie nach dem Willen der Geschäftsleitung der Konkurrenz nicht bekannt werden sollen.[44]

b) Objektives Geheimhaltungsinteresse

25 An der relativ unbekannten (nicht offenkundigen) Tatsache muß ein **sachlich begründetes Geheimhaltungsinteresse der Kapitalgesellschaft** bestehen.[45] Dieses objektive Interesse ist gegeben, wenn das Bekanntwerden der Tatsache der Gesellschaft möglicherweise einen materiellen oder immateriellen Schaden zufügt,[46] insbesondere ihre Wettbewerbsfähigkeit beeinträchtigt oder zu einer Ansehensminderung oder einem Vertrauensverlust führt.[47] Würde man auf ein objektives Geheimhaltungsinteresse verzichten und einzig auf den Willen der Gesellschaft abstellen, so läge die Statuierung des strafrechtlich geschützten Tatobjekts allein in der Hand der Gesellschaft und diese könnte den Anwendungsbereich des Straftatbestandes beliebig bestimmen, auch wenn letztlich keine Interessenwidrigkeit vorliegt.[48] Daher kann auf ein objektives Interesse der GmbH an der Geheimhaltung nicht verzichtet werden.[49] Die Sittenwidrigkeit oder Rechtswidrigkeit des Geheimnisses läßt das Geheimhaltungsinteresse nicht entfallen (Rdn. 33). Wenn die Gesellschaft erlischt, entfällt das Geheimnis.[50]

c) Subjektiver Geheimhaltungswille

26 Umstritten ist, ob neben den objektiven Voraussetzungen des Geheimnisses der Geheimhaltungswille der Gesellschaft, d. h. der Wille, andere von der Kenntnis der Information auszuschließen, als subjektives Merkmal hinzukommen muß. Die h. M. bejaht dies[51] und fordert den Willen des Geheimnisinhabers zur Geheimhaltung. Diesem Willen wird für das Vorliegen eines Geheimnisses **konstitutive Bedeutung** beigemessen.[52] Hierbei soll es bei Kapitalgesellschaften grundsätzlich auf den Willen des zuständigen Organs oder des Betriebsleiters ankommen. Allerdings ist umstritten, ob hierfür eine bloße Willensvermutung ausreicht oder ob eine ausdrückliche oder konkludente Erklärung erforderlich ist.[53]

27 Wenn der Geheimhaltungswille der Gesellschaft gefordert wird, entsteht insbesondere bei großen Gesellschaften erhebliche **Rechtsunsicherheit**, da die Geschäftsführer über neue Tatsachen, z. B. Forschungsergebnisse etc., häufig nicht informiert sind und deshalb auch keinen entsprechenden Geheimhaltungswillen begründen können. Insbesondere bei großen Gesellschaften läuft die Feststellung des Geheimhaltungswillens letztlich auf Vorsatzvermutungen und Fiktionen hinaus, mit denen das Erfordernis der nachweisbaren Manifestation des Geheimhaltungswillens umgangen wird,[54] denn eine

---

[44] RGSt 42, 396.
[45] Vgl. nur Beck BilKomm-*Budde/Hense* Rdn. 6.
[46] *Arians* S. 334ff; Geßler/Hefermehl/Eckardt/Kropff/*Fuhrmann* § 404 Anm. 3; *Geilen* Aktienstrafrecht § 404 Rdn. 25; Baumbach/Hueck/*Schulze-Osterloh* § 85 Rdn. 10.
[47] BGH MDR 1996, 918; Heymann/*Otto* Rdn. 15; *Ransiek* § 28 Rdn. 139, 158.
[48] *Lutter* Information S. 129 ff.
[49] Heymann/*Otto* Rdn. 17.
[50] Hachenburg/*Kohlmann* § 85 Rdn. 58; Scholz/*Tiedemann* § 85 Rdn. 29; Baumbach/Hueck/*Schulze-Osterloh* § 85 Rdn. 7.
[51] MünchKommHGB-*Quedenfeld* Rdn. 12; Heymann/*Otto* Rdn. 16, jeweils m. w. N.
[52] Hachenburg/*Kohlmann* § 85 Rdn. 26; Rowedder/*Fuhrmann/Schaal* § 85 Rdn. 6; Scholz/*Tiedemann* Rdn. 7 ff.
[53] Vgl. dazu BGH GRUR 1961, 43; OLG Stuttgart, wistra 1990, 277f; *Brammsen* Anzeige S. 81; Heymann/*Otto* Rdn. 16ff; Hachenburg/*Kohlmann* § 85 Rdn. 26ff; *Pfeiffer* FS Nirk S. 861, 867; Scholz/*Tiedemann* § 85 Rdn. 10; *Otto* Aktienstrafrecht § 404 Rdn. 17.
[54] So zutreffend *Otto* Aktienstrafrecht § 404 Rdn. 18.

konkrete Kenntnis aller geheimhaltungswürdigen Umstände auf der Ebene der Geschäftsleitung entspricht nicht der Realität. Bloße **Vermutungen und Fiktionen** sind jedoch im Strafrecht äußerst fragwürdig. Wenn man das Vorliegen eines Geheimhaltungswillens fordert, um ein Geheimnis zu begründen, und hierfür Vermutungen nicht ausreichen läßt, wird eine fragwürdige Begrenzung des Geheimnisschutzes vorgenommen, denn angesichts der Fülle möglicher Geheimnisse in einem Unternehmen ist eine auf den Einzelfall bezogene Bindung des Willens nicht mehr nachweisbar. Wenn ein angemessener Schutz erreicht werden soll, ist bei Gesellschaftsgeheimnissen auf das Willenselement als konstitutives Merkmal für das Entstehen eines Geheimnisses zu verzichten.[55] Es ist vielmehr davon auszugehen, daß ein Unternehmen grundsätzlich an der Geheimhaltung aller Tatsachen interessiert ist und nur in Ausnahmefällen ein solches Interesse fehlt bzw. durch Entscheidung des zuständigen Organs aufgegeben wird. Damit ist aber nicht mehr der konkrete Wille, sondern das **objektive Geheimhaltungsinteresse** alleiniger Maßstab dafür, ob ein Geheimnis anzunehmen ist. Der Geheimhaltungswille ist Element des Willens, die Unternehmensinteressen zu wahren.[56] Dies hat zur Folge, daß es nicht auf den Geheimhaltungswillen, sondern auf das objektive Unternehmensinteresse ankommt, in dem dieser Wille grundsätzlich angelegt ist, so daß er im Einzelfall nicht nachgewiesen zu werden braucht. **Maßstab** für die Anerkennung eines Geheimhaltungsinteresses ist die **sachgemäße Unternehmensführung.**[57] Ein solches Interesse ist stets gegeben, wenn durch die Offenbarung der Tatsachen dem Unternehmen ein materieller oder immaterieller Schaden drohen könnte,[58] insbesondere wenn die Wettbewerbsfähigkeit bedroht oder eine Ansehensminderung und ein Vertrauensverlust zu befürchten ist.[59] Das Geheimhaltungsinteresse kann im Einzelfall fehlen, wenn sich die Offenbarung z. B. notwendigerweise aus der Teilnahme der Kapitalgesellschaft am Geschäftsverkehr ergibt, so bei der Vermarktung von Know-how einer Kapitalgesellschaft, die im Bereich Forschung und Entwicklung tätig ist.[60]

d) Beseitigung des Geheimnisses durch Äußerung des Offenbarungswillens

Ein Geheimnis wird beseitigt, wenn das zuständige Organ den Willen zur Offen- **28**
barung des Geheimnisses äußert und damit das Geheimhaltungsinteresse aufgibt. Ein solcher Verzicht kann formlos, also auch konkludent erfolgen. Zuständig hierfür sind bei der **Aktiengesellschaft** der Vorstand und der Aufsichtsrat bzw. der Abwickler.[61] Erforderlich ist ein förmlicher Beschluß des Organs. Bei der **GmbH** sind grundsätzlich die Geschäftsführer bzw. Liquidatoren zuständig, die **im Rahmen ihrer Geschäftsführungsbefugnis** hierüber entscheiden können.[62] Daneben können auch die GmbH-Gesellschafter das Unternehmensinteresse bestimmen und damit das Geheimhaltungsinteresse aufgeben.[63] Sie sind nicht darauf beschränkt, Weisungen

[55] So Baumbach/Hueck/*Schulze-Osterloh* § 85 Rdn. 11; *Lutter/Hommelhoff* § 85 Rdn. 4; *Lutter* S. 139.

[56] Vgl. *Otto* Aktienstrafrecht § 404 Rdn. 18.

[57] *Lutter* S. 132; Heymann/*Otto* Rdn. 15.

[58] BGH ZIP 1996, 1342; OLG Hamm ZIP 1988, 218, *Arians* S. 334 ff; Baumbach/Hueck/*Schulze-Osterloh* § 85 Rdn. 10; *Lutter/Hommelhoff* § 85 Rdn. 3; *v. Stebut* S. 43 ff; Scholz/*Tiedemann* § 85 Rdn. 11.

[59] Siehe Rdn. 25.

[60] Vgl. *Altmeppen/Roth* § 85 Rdn. 5; vgl. auch Scholz/*Tiedemann* § 85 Rdn. 20, der in diesem Fall ein tatbestandsausschließendes Einverständnis annimmt, sowie *van Venrooy* GmbHR 1993, 609, 611, der ein Geheimnis aufgrund einer teleologischen Reduktion des § 85 verneint.

[61] MünchKommHGB-*Quedenfeld* Rdn. 12; Heymann/*Otto* Rdn. 18.

[62] Vgl. *Baumbach/Hueck/Schulze-Osterloh* § 85 Rdn. 11; Hachenburg/*Kohlmann* § 85 Rdn. 45; Meyer-Landrut/Miller/Niehus § 85 Rdn. 4; Baumbach/Hueck/*Schulze Osterloh* § 85 Rdn. 11; *van Venrooy* GmbHR 1993, 609, 612 f.

[63] So Baumbach/Hueck/*Schulze-Osterloh* § 85 Rdn. 9.

gegenüber den Geschäftsführern zu erteilen. Im Hinblick darauf, daß die Gesellschafter grundsätzlich die übergeordnete Geschäftsführungskompetenz in der GmbH besitzen, endet die strafrechtliche Geheimhaltungspflicht mit dem Verzicht der Gesellschafter auf Geheimhaltung. Diese Entscheidung findet erst in § 30 Abs. 1 GmbHG eine Grenze, wonach das Stammkapital nicht angegriffen werden darf.

2. Abgrenzung von Gesellschafts-, Betriebs- und Geschäftsgeheimnis

29 § 333 HGB geht von drei Geheimnisgruppen aus: Gesellschafts-, Betriebs- und Geschäftsgeheimnissen. Dabei bildet der Begriff des Gesellschaftsgeheimnisses den Oberbegriff.

a) Gesellschaftsgeheimnis

30 Der Begriff des Gesellschaftsgeheimnisses ist zwar der Oberbegriff zum Betriebs- und Geschäftsgeheimnis. Er ist jedoch insofern weiter als die beiden Unterbegriffe zusammen, als diese lediglich materielle Bezugspunkte erfassen. Hingegen reichen für Gesellschaftsgeheimnisse auch **immaterielle Bezugspunkte** aus, um ein Geheimnis zu bejahen.[64] Für diese Ausweitung des Geheimnisbegriffs spricht, daß die Gesellschaftsform der Kapitalgesellschaft nicht nur zur Verfolgung wirtschaftlicher Zwecke eingesetzt wird, sondern auch von wissenschaftlichen und künstlerischen Vereinigungen gewählt werden kann.[65] Allerdings ist der dadurch erweiterte Anwendungsbereich des § 333 HGB ohne große praktische Bedeutung, da fast jede Offenbarung eines Geheimnisses auch von wirtschaftlicher Bedeutung für die Kapitalgesellschaft ist.[66] Für die Tathandlung des Verwertens, die ein wirtschaftliches Ausnutzen erfordert (Rdn. 40), ist diese Ausweitung des Tatobjekts ohne Bedeutung.

b) Betriebs- und Geschäftsgeheimnis

31 Betriebs- und Geschäftsgeheimnisse setzen **materielle Bezugspunkte** voraus; sie sind danach zu unterscheiden, ob sie zum **technischen** oder zum **kaufmännischen Bereich** gehören.[67] Angesichts der Tatsache, daß beide Geheimnisbereiche gleichermaßen strafrechtlich geschützt sind, bedarf es keiner klaren Abgrenzung der beiden Begriffe.[68] Der Gesetzgeber hat durch die Nennung beider Begriffe nur zum Ausdruck gebracht, daß sämtliche zum kaufmännischen oder technischen Bereich eines Unternehmens gehörenden Geheimnisse geschützt sind.[69] Grenzen kann der Geheimnisschutz in speziellen gesetzlichen Regelungen finden,[70] so in § 22 Abs. 3 ChemikalienG, § 17a Abs. 2 GentechnikG, Art. 16 EG-AltstoffVO und Art. 11 Abs. 1 S. 3 Gefahrguttransportrichtlinie 79/831.

---

64 RGSt 31, 91; BGH ZIP 1996, 1342; OLG Hamm 1988, 218; Baumbach/Hueck/*Schulze-Osterloh* § 85 Rdn. 9; *Lutter/Hommelhoff* § 85 Rdn. 2; Rodwedder/*Fuhrmann/Schaal* § 85 Rdn. 8; Erbs/Kohlhaas/*Schaal* Rdn. 7; *Tiedemann* § 85 Rdn. 12; a. A. *Otto* Aktienstrafrecht § 404 Rdn. 12, der das Geheimnis der Gesellschaft mit dem Wirtschaftsgeheimnis i. S. d. § 17 UWG gleichsetzt.

65 Zur Selbständigkeit des Gesellschaftsrechts gegenüber dem Wettbewerbsrecht, wo durch § 17 UWG immaterielle Geheimnisse nicht geschützt werden, vgl. *v. Stebut* S. 53 ff.

66 Heymann/*Otto* Rdn. 20; Scholz/*Tiedemann* § 85 Rdn. 13; Rowedder/*Fuhrmann/Schaal* § 85 Rdn. 8.

67 Heymann/*Otto* Rdn. 20.

68 RGSt 31, 90, 91; MünchKommHGB-*Quedenfeld* Rdn. 14; Heymann/*Otto* Rdn. 20; Scholz/*Tiedemann* § 85 Rdn. 6.

69 Heymann/*Otto* Rdn. 20; *Otto* Aktienstrafrecht § 404 Rdn. 22.

70 *Otto* Aktienstrafrecht § 404 Rdn. 23.

Beispiele für Betriebs- und Geschäftsgeheimnisse sind: Beteiligungsverhältnisse, Geheimverfahren,[71] Herstellungs-, Behandlungs- und Erledigungsarten,[72] Kalkulationsunterlagen,[73] Kunden und Lieferantenlisten,[74] Lohn- und Gehaltslisten, Mitarbeiterverzeichnisse, Musterzeichnungen,[75] Preisberechnungen,[76] Preislisten,[77] Rezepte, technische Zeichnungen,[78] Unterlagen über geschäftliche Vorhaben und geschäftspolitische Ziele der Gesellschaft wie Fusionspläne, stille Beteiligungen, Gegenstand und Verlauf von Vorstands- und Aufsichtsratssitzungen,[79] Gesellschafterbeschlüsse, Personalakten, beabsichtigte Betriebserweiterungen und -verlegungen, Kreditunterlagen, Bankverbindlichkeiten, Zahlungsbedingungen.[80] 32

3. Schutz rechtswidriger Geheimnisse

Umstritten ist, ob auch rechtswidrige Geheimnisse durch § 333 HGB geschützt werden. Zu nennen sind **rechts- und sittenwidrige Verträge und Straftaten** (Steuer-, Zoll- und Umweltstraftaten, Verstöße gegen das Außenwirtschafts- oder das Kriegswaffenkontrollgesetz sowie die Beteiligung an Kartellabsprachen und strafbaren Submissionsabsprachen).[81] Gegen einen strafrechtlichen Schutz solcher Geheimnisse spricht, daß das Strafrecht nicht zur Verdeckung strafbarer oder sonst rechtswidriger Handlungen beitragen darf.[82] Auch wenn dies nicht generell gilt, wie ein Blick auf den strafrechtlichen Vermögensschutz des rechtswidrig erlangten Besitzes zeigt,[83] ist unter Zugrundelegung der neueren Rechtsprechung des BVerfG, das im Stellen einer Strafanzeige eine grundrechtlich geschützte Wahrnehmung staatsbürgerlicher Rechte sieht, davon auszugehen, daß die **Erstattung einer Strafanzeige** grundsätzlich berechtigt und damit nicht nach § 333 HGB strafbar ist (Rdn. 65). 33

III. Tathandlungen des § 333 Abs. 1 und 2 HGB

§ 333 Abs. 1 HGB stellt das unbefugte Offenbaren unter Strafandrohung, während § 333 Abs. 2 S. 2 HGB das unbefugte Verwerten erfaßt. 34

1. Offenbaren (§ 333 Abs. 1 HGB)

a) Begriff des Offenbarens

Das Offenbaren umfaßt jede **Mitteilung, Weitergabe oder Weiterleitung eines Geheimnisses** an einen anderen, dem das Geheimnis noch nicht bekannt ist.[84] Ein weitergehender Erfolg muß nicht eintreten, da es sich um ein abstraktes Gefährdungs- 35

---

71 BGHZ 16, 174 f.

72 RG JW 1906, 497; BGH NJW 1962, 2059 f; BGH NJW 1969, 464.

73 RG MuW 1914/15, 364; RGSt 225, 136, 137; OLG Düsseldorf GRUR 1954, 74.

74 RG MuW 1912/13, 561; RG MuW 1914/15, 28.

75 RGSt 48, 12, 14.

76 RG MuW 1910/11, 313.

77 RGSt 29, 426, 428.

78 BGH NJW 1958, 671.

79 BGHZ 64, 325.

80 Weitere Beispiele bei *Baumbach/Hefermehl* § 17 UWG Rdn. 9.

81 *Brammsen* Anzeige S. 82 ff; MünchKommHGB-*Quedenfeld* Rdn. 13; Hachenburg/*Kohlmann* § 85 Rdn. 33; Kallmeyer/*Marsch-Barner* § 315 Rdn. 5; *Niemeyer* in Müller-Gugenberger/Bieneck § 33 Rdn. 112; *v. Stebut* S. 45f; Scholz/*Tiedemann* § 85 Rdn. 13; a. A. *Arians* S. 337f; *Rützel* GRUR 1995, 560; *Schafheutle* S. 87; *Tuffner* S. 58ff.

82 So *Arians* S. 337f; *Rützel* GRUR 1995, 560; *Schafheutle* S. 87ff; *Tuffner* S. 58 ff.

83 Vgl. nur Schönke/Schröder/*Eser* § 242 Rdn. 1, 12.

84 RGSt 26, 5, 7; 38, 62, 65; Beck BilKomm-*Budde/Hense* Rdn. 13; MünchKommHGB-*Quedenfeld* Rdn. 17; Heymann/*Otto* Rdn. 22; *Geilen* § 404 Rdn. 41; Geßler/Hefermehl/Eckardt/Kropff/*Fuhrmann* § 404 Rdn. 9; Hachenburg/*Kohlmann* § 85 Rdn. 36; Baumbach/Hueck/*Schulze-Osterloh* § 85 Rdn. 13; Scholz/*Tiedemann* § 85 Rdn. 14.

delikt handelt (Rdn. 10). Ob der andere einen Rechtsanspruch auf die Information hat, spielt erst im Rahmen der Unbefugtheit eine Rolle.[85] Auf die **Kenntnisnahme durch den Dritten** kommt es nicht an, wenn das Geheimnis in einem Schriftstück oder anderweitig verkörpert ist.[86] In diesen Fällen reicht es aus, daß dem Dritten die Kenntnisnahme möglich gemacht wird.[87] Bei mündlichen Mitteilungen ist die Tat mit der Mitteilung vollendet, ohne daß es darauf ankommt, ob der Empfänger das Mitgeteilte verstanden hat.[88]

36 Die **Art und Weise**, wie dem Dritten das Geheimnis zugänglich gemacht wird, ist irrelevant. Bereits die Bestätigung einer Vermutung oder eines Gerüchts kann ein Offenbaren i.S.d. § 333 Abs. 1 HGB sein, weil es zuvor an sicherer Kenntnis gefehlt hat.[89] Auch die Offenbarung eines Geheimnisses an einen seinerseits zur Verschwiegenheit Verpflichteten ist strafbar (Rdn. 47ff).[90]

b) Offenbaren durch Unterlassen

37 Das Offenbaren kann auch durch **Unterlassen** erfolgen, wenn der Geheimhaltungspflichtige es pflichtwidrig zuläßt, daß ein Dritter Einblick in geheime Unterlagen nimmt.[91] Das die Tätereigenschaft begründende Sonderpflichtmerkmal, die Übernahme der Prüfungstätigkeit, begründet zugleich eine Garantenpflicht des Täters.[92]

c) Vollendung und Beendigung der Tat

38 Das unbefugte Offenbaren ist erst mit Eintritt der **Vollendung** strafbar, da der Versuch des § 333 Abs. 1 HGB nicht unter Strafandrohung steht (§§ 12 Abs. 2, 23 Abs. 1 StGB). Vollendung liegt vor, wenn das Geheimnis durch die Handlung des Täters zumindest einem Unbefugten zugegangen ist. Hierbei ist es irrelevant, ob der Empfänger die Mitteilung zur Kenntnis genommen oder bei mündlichen Mitteilungen diese verstanden hat. Bei schriftlichen Mitteilungen liegt Vollendung vor, wenn die Mitteilung so in den Herrschaftsbereich eines unbefugten Dritten gelangt ist, daß diesem die Kenntnisnahme jederzeit möglich ist.[93] Hingegen liegt in dem bloßen Anbieten eines Geheimnisses zum Kauf ohne Bekanntgabe seines Inhalts ein strafloser Versuch.[94]

39 Zur **Beendigung** kommt es mit Kenntnisnahme des Geheimnisses durch die Empfänger,[95] denen das Geheimnis offenbart werden sollte, spätestens jedoch dann, wenn das Geheimnis beliebigem Zugriff preisgegeben ist, auch wenn noch nicht alle Empfänger das Geheimnis zur Kenntnis genommen haben. Denn spätestens mit der Möglichkeit des beliebigen Zugriffs entfällt der Geheimnischarakter (Rdn. 24). Danach ist eine Vertiefung des Unrechts nicht mehr möglich.

---

85 A. A. *Lutter/Hommelhoff* § 85 Rdn. 5, die in dem fehlenden Rechtsanspruch eine Voraussetzung des Offenbarens sehen.

86 Scholz/*Tiedemann* § 85 Rdn. 14; Rowedder/*Fuhrmann/Schaal* § 85 Rdn. 11.

87 RGSt 26, 5, 8; Baumbach/Hueck/*Schulze-Osterloh* § 85 Rdn. 13; Hachenburg/*Kohlmann* § 85 Rdn. 36; *Ransiek* § 28 III Rdn. 158; Scholz/*Tiedemann* § 85 Rdn. 14; a. A. MünchKommHGB-*Quedenfeld* Rdn. 17, der die tatsächliche Kenntnisnahme fordert.

88 Heymann/*Otto* Rdn. 29; MünchKommHGB-*Quedenfeld* Rdn. 29; Hachenburg/*Kohlmann* § 85 Rdn. 70; Scholz/*Tiedemann* § 85 Rdn. 14.

89 RGSt 26, 5, 7; 38, 62, 65; *Säcker* NJW 1986, 805.

90 BayObLG NJW 1995, 1623.

91 *Lutter/Hommelhoff* § 85 Rdn. 5; Scholz/*Tiedemann* § 85 Rdn. 14.

92 MünchKommHGB-*Quedenfeld* Rdn. 17; *Ransiek* § 28 III Rdn. 158, 143; Heymann/*Otto* Rdn. 22.

93 Beck BilKomm-*Budde/Hense* Rdn. 18.

94 Hachenburg/*Kohlmann* § 85 Rdn. 71; Scholz/*Tiedemann* § 85 Rdn. 18.

95 Heymann/*Otto* Rdn. 29.

2. Verwerten (§ 333 Abs. 2 S. 2 HGB)

a) Begriff des Verwertens

Das Verwerten eines Geheimnisses erfordert die über das bloße Innehaben des Geheimnisses hinausgehende wirtschaftliche Ausnutzung des in dem Geheimnis **verkörperten wirtschaftlichen Wertes** zum Zweck der Gewinnerzielung für sich oder einen Dritten.[96] Hierbei ist es für das Verwerten irrelevant, ob der Täter den angestrebten Gewinn tatsächlich erzielt. Ebenso kommt es nicht darauf an, ob der Kapitalgesellschaft ein konkreter Schaden entsteht oder ob deren Verwertungschancen geschmälert werden.[97] Hierunter kann auch der An- oder Verkauf von Aktien auf Grund der im Rahmen der Jahresabschlußprüfung gewonnenen, nicht öffentlich zugänglichen Kenntnis von Unternehmensinterna fallen.[98] **40**

Die Ausnutzung des Geheimnisses zu **ideellen oder politischen Zwecken** ist kein Verwerten im Sinne des § 333 Abs. 2 HGB, sondern kann ein Offenbaren nach § 333 Abs. 1 HGB sein,[99] wenn nämlich das Geheimnis Dritten preisgegeben wird. Deshalb entsteht keine Strafbarkeitslücke.[100] Würde man altruistisches Verhalten ohne Offenbarung gegenüber Dritten gleichwohl als Verwerten betrachten, so würden auch nicht strafwürdige Sachverhalte erfaßt. **41**

Weiterhin ist **Verwertungsabsicht** erforderlich. Dabei ist es unerheblich, ob der Vermögensvorteil als eigener oder für einen anderen erstrebt wird. Die Verwertungsabsicht setzt nicht voraus, daß der Geheimnisträger entreichert oder der erstrebte Vorteil auf Kosten der Kapitalgesellschaft erzielt wird. Die beabsichtigte pflichtwidrige wirtschaftliche Nutzung fremder Geheimnisse stellt einen Mißbrauch einer Vertrauensposition dar. Hierin liegt die Strafwürdigkeit des Verhaltens begründet.[101] Daher kann auch die Ausnutzung von Insiderinformationen, soweit diese dem Geheimnisbegriff unterfallen und die in dem Geheimnis liegenden Chancen realisiert werden, den Tatbestand der Verwertung erfüllen.[102] **42**

b) Verhältnis des Verwertens zum Offenbaren

Wenn sich die Verwertung auf eine **Offenbarung gegen Entgelt** beschränkt, liegt ein qualifizierter Fall des Offenbarens nach § 333 Abs. 2 S. 1 HGB vor (Rdn. 56), der gegenüber dem Verwerten der speziellere Fall ist.[103] Deshalb hat die Verwertung von Geheimnissen nach § 333 Abs. 2 S. 2 HGB nur für Fälle, in denen das Geheimnis ohne Offenbarung wirtschaftlich genutzt wird, eigenständige Bedeutung.[104] **43**

---

[96] MünchKommHGB-*Quedenfeld* Rdn. 20; *Ransiek* § 28 Rdn. 158, 146; Heymann/*Otto* Rdn. 23; Baumbach/Hueck/*Schulze-Osterloh* § 85 Rdn. 42; Hachenburg/*Kohlmann* § 85 Rdn. 38; *Pfeiffer* FS Raisch S. 264; Rowedder/*Fuhrmann/Schaal* § 85 Rdn. 14; Scholz/*Tiedemann* § 85 Rdn. 15; vgl. auch *Lichtner* S. 58.

[97] So die h. M.; vgl. nur MünchKommHGB-*Quedenfeld* Rdn. 20; *Lutter/Hommelhoff* § 85 Rdn. 6; a. A. *Meyer-Landrut*/Miller/Niehus § 85 Rdn. 8.

[98] Küting/Weber/*Sauer* Rdn. 4; *Wiedmann* Bilanzrecht Rdn. 3.

[99] Heymann/*Otto* Rdn. 24; Baumbach/Hueck/*Schulze-Osterloh* § 85 Rdn. 42; Hachenburg/*Kohlmann* § 85 Rdn. 38; *Pfeiffer* FS Raisch S. 264f; Rowedder/*Fuhrmann/Schaal* § 85 Rdn. 14; Scholz/*Tiedemann* § 85 Rdn. 15; a. A. *Ulsenheimer* NJW 1975, 1999, 2001.

[100] Heymann/*Otto* Rdn. 24.

[101] So zutreffend Heymann/*Otto* Rdn. 26.

[102] Heymann/*Otto* Rdn. 26; *v. Stebut* S. 77ff; *Ulsenheimer* NJW 1975, 1999f; a. A. *Pfeiffer* FS Raisch S. 265; Schönke/Schröder/*Lenckner* § 204 Rdn. 5; Scholz/*Tiedemann* § 85 Rdn. 17; *Volk* ZHR 1978, 1 ff.

[103] Heymann/*Otto* Rdn. 25.

[104] *Baumbach/Hueck/Schulze-Osterloh* § 85 Rdn. 42; Scholz/*Tiedemann* § 85 Rdn. 18; *Otto* Aktienstrafrecht § 404 Rdn. 28.

44 Wenn dem Verwerten ein **Offenbaren gegenüber einer dritten Person** vorausgeht, weil sich der Geheimnisträger z.B. das Kapital für die Verwertung beschaffen will, liegt lediglich ein Verwerten des Geheimnisses vor.[105]

c) Vollendung und Beendigung der Tat

45 Das **unbefugte Verwerten** ist erst mit Eintritt der **Vollendung** strafbar, da der Versuch nicht unter Strafandrohung gestellt ist. Vollendung liegt vor, wenn der Täter nach seiner Vorstellung das Geheimnis soweit genutzt hat, daß der Eintritt des erstrebten Erfolges ohne weiteres Zutun nach seiner Ansicht unmittelbar bevorsteht, weil ihm die Gewinnerzielung unmittelbar möglich erscheint.[106] Ob der Täter die mit der Verwertung beabsichtigten Ziele auch tatsächlich erreicht hat, ist irrelevant.[107]

46 Eine **Beendigung** des Verwertens liegt vor, wenn der erstrebte Erfolg eingetreten ist.

3. Befugnis zur Offenbarung oder Verwertung

47 Gegenüber den **Mitgliedern des vertretungsberechtigten Organs** der Kapitalgesellschaft besteht keine Verschwiegenheitspflicht, wenn dem Organ der Prüfungsbericht nach § 321 Abs. 3 HGB als eine innerbetriebliche Angelegenheit vorgelegt wird.[108] Hinzu kommt, daß die Mitglieder des vertretungsberechtigten Organs aufgrund ihrer umfassenden Zuständigkeit und Verantwortung für die Kapitalgesellschaft berechtigt sind, sich über sämtliche Verhältnisse der Gesellschaft zu unterrichten.[109] Keine Verschwiegenheitspflicht besteht auch gegenüber anderen Organen der Kapitalgesellschaft, denen der Prüfungsbericht vorzulegen ist: Bei der AG und der KGaA ist der Prüfungsbericht auch dem **Aufsichtsrat** (§ 170 Abs. 1 S. 2 AktG) sowie bei der GmbH der **Gesellschafterversammlung** (§ 42 Abs. 1 S. 2 GmbHG) und einem obligatorischen Aufsichtsrat (§ 52 GmbHG in Verbindung mit § 170 AktG) vorzulegen. Diese Verpflichtung besteht allerdings nur gegenüber den Organen als Einheit und nicht gegenüber dem einzelnen Mitglied des Organs. Daher besteht gegenüber dem **einzelnen Organmitglied** eine Verschwiegenheitspflicht, sofern der Abschlußprüfer nicht von dem Organ beauftragt oder ermächtigt worden ist, Erklärungen einem einzelnen Organmitglied gegenüber abzugeben. Dies wird regelmäßig beim Vorsitzenden des betreffenden Organs der Fall sein.[110]

48 Zwischen dem Abschlußprüfer und den **Prüfungsgehilfen**, die bei der Prüfung eingesetzt werden, besteht ebenfalls keine Verschwiegenheitspflicht. Zwar ist es geboten, daß der Abschlußprüfer besonders vertrauliche oder persönliche Angelegenheiten selbst bearbeitet. Jedoch handelt es sich hierbei um keine Pflicht, die gemäß § 333 HGB strafbewehrt ist. Bei anderen Mitarbeitern des Abschlußprüfers, die nicht unmittelbar bei der örtlichen Abschlußprüfung mitwirken (z. B. Sekretärinnen und Schreibkräfte des Abschlußprüfers), ist danach zu differenzieren, ob ein sachlicher Grund für ihre Einschaltung besteht (§ 323 Rdn. 4). Nur wenn ein solcher Grund vorliegt, besteht keine Geheimhaltungspflicht. Ansonsten greift § 333 HGB ein.

---

[105] Hachenburg/*Kohlmann* § 85 Rdn. 71; Scholz/*Tiedemann* § 85 Rdn. 18.

[106] Heymann/*Otto* Rdn. 30; Baumbach/Hueck/*Schulze-Osterloh* § 85 Rdn. 47; Hachenburg/*Kohlmann* § 85 Rdn. 69f; Rowedder/*Fuhrmann/Schaal* § 85 Rdn. 27; Scholz/*Tiedemann* § 85 Rdn. 15.

[107] Beck BilKomm-*Budde/Hense* Rdn. 18.

[108] ADS § 323 Rdn. 30 ff, insb. Rdn. 43 ff.

[109] Beck BilKomm-*Budde/Hense* § 323 Rdn. 35.

[110] ADS § 323 Rdn. 45.

Geheimnisverletzungen sind **mit Zustimmung des Geheimnisträgers** erlaubt. **49**
Wenn das zur Erteilung der Offenbarung oder Verwertung befugte Organ von dieser Befugnis Gebrauch macht, wird hierin teilweise ein Tatbestandsausschluß,[111] teilweise ein Rechtfertigungsgrund gesehen.[112] Zutreffenderweise muß unterschieden werden, ob in der Befugniserteilung ein **allgemeiner Offenbarungswille** des Geheimnisträgers zum Ausdruck kommt oder ob lediglich der **Kreis der Geheimnisträger** ausgeweitet werden soll.[113] Im ersteren Falle wird auf den Willen zur Geheimhaltung verzichtet, so z. B. im Falle eines entsprechenden Gesellschafterbeschlusses (Rdn. 28). Damit liegt kein Geheimnis mehr vor, und der Tatbestand des § 333 HGB kann mangels Tatobjekt nicht mehr verwirklicht werden. Soll hingegen die Information gegenüber sonstigen Dritten weiterhin als Geheimnis geschützt bleiben, so entfällt gegenüber den neu in den Kreis der Geheimnisträger Einbezogenen die Unbefugtheit des Offenbarens und damit nach h. M. die Rechtswidrigkeit (Rdn. 60).

IV. Subjektiver Tatbestand

1. Vorsatz

Die Straftatbestände des unbefugten Offenbarens und Verwertens nach § 333 Abs. 1 **50**
und 2 S. 2 HGB setzen vorsätzliches Verhalten voraus. Für das **Offenbaren** reicht **dolus eventualis** (Vor §§ 331 ff Rdn. 93) aus. Dabei muß sich der Vorsatz auf das Vorliegen eines Geheimnisses beziehen, d. h. der Täter muß die das Geheimnis konstituierenden Merkmale kennen und darüber hinaus den sozialen Bedeutungsgehalt des Geheimnisses erfassen. Außerdem muß ihm bewußt sein, daß ihm das Geheimnis in seiner Eigenschaft als Abschlußprüfer bzw. dessen Gehilfe bekannt geworden ist und daß sein Handeln ein Offenbaren oder Verwerten des Geheimnisses ist. So liegt vorsätzliches Verhalten beispielsweise vor, wenn der Täter geheime Unterlagen nicht sicher verwahrt und damit die Einsichtnahme unberechtigter Dritter billigend in Kauf nimmt.

Für das **Verwerten** ist ein lediglich bedingter Vorsatz nicht ausreichend. Hierfür **51**
bedarf es eines zielgerichteten Verhaltens.[114]

2. Irrtum

a) Tatbestandsirrtum

Wenn sich der Täter über den Geheimnischarakter der offenbarten Tatsache oder **52**
darüber irrt, daß ihm das Geheimnis in seiner Funktion als Abschlußprüfer bzw. dessen Gehilfe bekannt geworden ist, liegt ein den Vorsatz ausschließender Tatbestandsirrtum vor (**§ 16 StGB**; Vor §§ 331 ff Rdn. 96).[115] Weiterhin liegt ein Tatbestandsirrtum vor, wenn der Täter davon ausgeht, daß ein von der Geheimhaltungspflicht befreiender Beschluß des vertretungsberechtigten Organs vorliegt.[116]

---

111 MünchKommHGB-*Quedenfeld* Rdn. 21; Hachenburg/*Kohlmann* § 85 Rdn. 44; Schönke/Schröder/*Lenckner* § 203 Rdn. 22; Scholz/*Tiedemann* § 85 Rdn. 19, 22.

112 Geßler/Hefermehl/Eckardt/Kropff/*Fuhrmann* § 404 Rdn. 12.

113 Heymann/*Otto* Rdn. 34f; KK-*Geilen* § 404 Rdn. 76; Baumbach/Hueck/*Schulze-Osterloh* § 85 Rdn. 13; Rowedder/*Fuhrmann/Schaal* § 85 Rdn. 12.

114 Beck BilKomm-*Budde/Hense* Rdn. 19.

115 MünchKommHGB-*Quedenfeld* Rdn. 28; Heymann/*Otto* Rdn. 39.

116 Beck BilKomm-*Budde/Hense* Rdn. 20; *Altmeppen/Roth* § 85 Rdn. 14.

b) Verbotsirrtum

53 Irrt der Täter nur über die Schweigepflicht als solche oder geht er irrig davon aus, seine eigenen Interessen seien vorrangig, so liegt lediglich ein Verbotsirrtum (**§ 17 StGB**) vor (Vor §§ 331 ff Rdn. 97), der nur im Falle der Unvermeidbarkeit zur Straflosigkeit führt.[117] Dabei stellt die Rechtsprechung an die Unvermeidbarkeit sehr hohe Anforderungen. Unvermeidbarkeit kann ausnahmsweise vorliegen, wenn sich der Täter zuvor bei einem qualifizierten Rechtsanwalt kundig gemacht hat (Vor §§ 331 ff Rdn. 97). War der Irrtum vermeidbar, so liegt Strafbarkeit vor. Die Strafe kann jedoch gemäß § 49 Abs. 1 StGB gemildert werden.

3. Irrtum über einen Rechtfertigungsgrund

54 Wenn der Täter den Geheimnischarakter erkennt, aber irrig davon ausgeht, daß ihm die Befugnis zur Offenbarung durch Einwilligung der Kapitalgesellschaft erteilt ist, liegt ein die Strafbarkeit entsprechend § 16 StGB ausschließender Irrtum (**Erlaubnistatbestandsirrtum**) vor, wenn sich der Täter über die tatsächlichen Voraussetzungen der Einwilligung geirrt hat. Hat er hingegen aus den ihm zutreffend bekannten Tatsachen den falschen Schluß gezogen, handelt es sich lediglich um einen Verbotsirrtum in Form des **Erlaubnisirrtums.**

V. Qualifikationstatbestand des § 333 Abs. 2 S. 1 HGB

55 Der in § 333 Abs. 1 HGB vorgesehene **Strafrahmen** von Freiheitsstrafe bis zu einem Jahr oder Geldstrafe wird auf bis zu zwei Jahre Freiheitsstrafe oder Geldstrafe erweitert, wenn der Täter das Geheimnis gegen Entgelt offenbart oder beabsichtigt, sich oder einen anderen zu bereichern oder einen anderen zu schädigen. Diese qualifizierenden Merkmale sind keine persönlichen Merkmale im Sinne des § 28 Abs. 2 StGB (Rdn. 85).

1. Offenbaren gegen Entgelt

56 Ein Offenbaren gegen Entgelt setzt voraus, daß der Täter das Geheimnis gegen eine **geldwerte Gegenleistung** mitteilt. Der Begriff des Entgelts ist in § 11 Abs. 1 Nr. 9 StGB legaldefiniert als „jede in einem Vorteil bestehende Gegenleistung“. Damit scheiden immaterielle Vorteile aus. Jedoch braucht die Gegenleistung nicht in Geld zu bestehen. Vielmehr reichen vermögenswerte Leistungen wie die Hingabe eines Wechsels oder Schecks, eine Forderungsabtretung oder der Erlaß einer Forderung aus. Die entgeltliche Gegenleistung muß im Voraus im Rahmen eines synallagmatischen Zusammenhangs von Tathandlung und Vermögensvorteil stehen, gleichsam als „Kaufpreis“ gefordert oder angeboten worden sein.[118] Ob das Entgelt tatsächlich geleistet wird, ist ohne Bedeutung. Es kommt nur darauf an, daß der Täter das Entgelt angestrebt hat.

57 Ein Offenbaren gegen Entgelt – und kein Verwerten gemäß § 333 Abs. 2 S. 2 HGB – liegt vor, wenn sich die Verwertung auf die Offenbarung gegen Entgelt beschränkt, weil in einem solchen Fall nicht der in dem Geheimnis verkörperte wirtschaftliche Wert realisiert wird; dies ist aber Voraussetzung des Qualifikationstatbestandes des § 333 Abs. 2 S. 2 HGB.[119]

[117] Heymann/*Otto* Rdn. 40; Scholz/*Tiedemann* § 85 Rdn. 32.
[118] Scholz/*Tiedemann* § 85 Rdn. 33; Heymann/*Otto* Rdn. 33.
[119] Scholz/*Tiedemann* § 85 Rdn. 15.

2. Bereicherungsabsicht

Bereicherungsabsicht setzt voraus, daß es dem Täter darauf ankommt, einen rechtswidrigen Vermögensvorteil für sich oder einen anderen zu erlangen (**dolus directus ersten Grades**). Dabei muß sich die Absicht auch auf die Rechtswidrigkeit des angestrebten Vermögensvorteils richten, da ansonsten kaum Fälle des unbefugten Offenbarens denkbar sind, die nicht unter den Qualifikationstatbestand des § 333 Abs. 2 S. 1 HGB fallen. Lediglich das Handeln um eines Vorteils willen, auf den der Täter keinen Anspruch hat, rechtfertigt die erhöhte Strafe des Qualifikationstatbestandes.[120] Wenn der Täter weitere Beweggründe für sein Verhalten hat, schließen diese das Vorliegen der Bereicherungsabsicht nicht aus, solange letztere nur das wesentliche Motiv war. Der Bereicherungserfolg braucht nicht eingetreten zu sein. 58

3. Schädigungsabsicht

Schädigungsabsicht liegt vor, wenn es dem Täter darauf ankommt, daß er einem anderen einen Vermögensnachteil zufügt (**dolus directus ersten Grades**). Es muß ein zielgerichtetes Handeln vorliegen. Die Schädigungsabsicht erfaßt gegenüber der Bereicherungsabsicht insoweit einen eigenständigen Bereich, als der Bereicherung nicht zwingend eine Schädigung eines Dritten entsprechen muß.[121] Auch die auf immaterielle Schäden gerichtete Absicht ist erfaßt, die z. B. bei Kapitalgesellschaften von wissenschaftlichen und künstlerischen Vereinigungen eine Rolle spielen kann.[122] 59

VI. Rechtswidrigkeit

Die Offenbarung und Verwertung müssen unbefugt erfolgen. Bei der Unbefugtheit handelt es sich nach h. M. um das **allgemeine Rechtswidrigkeitsmerkmal**, das nur dann entfällt, wenn ein Rechtfertigungsgrund vorliegt.[123] Wenn in der Befugniserteilung ein allgemeiner Offenbarungswille des Geheimnisträgers zum Ausdruck kommt, entfällt jedoch bereits die Tatbestandsmäßigkeit, da kein Geheimnis mehr vorliegt. Soll hingegen die Information gegenüber sonstigen Dritten weiterhin als Geheimnis geschützt bleiben, so entfällt gegenüber den neu in den Kreis der Geheimnisträger Einbezogenen erst die Rechtswidrigkeit (Rdn. 28, 49). 60

1. Zustimmung des zuständigen Organs

Wenn das zuständige Organ sein Einverständnis mit der Offenbarung des Geheimnisses erklärt, weil es das Geheimhaltungsinteresse aufgeben will, verliert das Geheimnis seinen Geheimnischarakter und ist nicht mehr durch § 333 HGB geschützt (Rdn. 28). Durch das Einverständnis entfällt die **Tatbestandsmäßigkeit** (Rdn. 49). Soll hingegen lediglich der Kreis der Geheimnisträger erweitert werden, so führt die Einwilligung durch das zuständige Organ nach h. M. zu einer **Rechtfertigung** des Verhaltens des Täters. Hierfür kommt es auf die Einwilligung des vertretungsberechtigten Gesellschaftsorgans an. 61

---

120 Ebenso Scholz/*Tiedemann* § 85 Rdn. 34.

121 Heymann/*Otto* Rdn. 37.

122 Scholz/*Tiedemann* § 85 Rdn. 35.

123 Vgl. nur LK-*Schünemann* § 203 Rdn. 119; Lackner/*Kühl* Vor § 201 Rdn. 2; Heymann/*Otto* Rdn. 33; Erbs/Kohlhaas/*Schaal* Rdn. 15; a. A. Schönke/Schröder/*Lenckner* § 203 Rdn. 21, der von einer Doppelfunktion ausgeht.

2. Gesetzliche Auskunfts- und Aussagepflichten

62 Auch gesetzliche Auskunfts- und Aussagepflichten können die Offenbarung eines Geheimnisses rechtfertigen.[124] Der Abschlußprüfer ist bei seiner Tätigkeit zwar nicht Organ der Rechtspflege. Daher handelt er grundsätzlich auch bei Offenbarung eines sittenwidrigen oder illegalen Geheimnisses tatbestandsmäßig. Allerdings ist er gemäß **§ 321 Abs. 1 S. 3 HGB** verpflichtet, über Unrichtigkeiten und Verstöße der gesetzlichen Vertreter oder Arbeitnehmer gegen gesetzliche Vorschriften zu berichten, die er bei der Durchführung der Prüfung festgestellt hat (§ 321 Rdn. 23ff). Die sich aus § 321 HGB ergebenden Berichtspflichten, die jedoch nur gegenüber dem vertretungsberechtigten Organ und anderen Organen der Gesellschaft bestehen (§ 321 Rdn. 49), haben Vorrang vor dem strafbewehrten Verbot des § 333 HGB. Dies gilt jedoch nur für Pflichtangaben, nicht hingegen für freiwillige Angaben. Sonstige Auskunftspflichten wie die **Anzeigepflicht** nach § 138 StGB, die besonders schwerwiegende Straftaten betrifft,[125] sind im Rahmen des rechtfertigenden Notstandes zu berücksichtigen (Rdn. 65).

63 Der Geheimnisverrat nach § 333 HGB gibt kein Zeugnis- oder Auskunftsverweigerungsrecht. Vielmehr rechtfertigt die Aussagepflicht als Zeuge in einem Prozeß oder vor einem parlamentarischen Untersuchungsausschuß das Offenbaren von Geheimnissen,[126] es sei denn, dem Zeugen steht ein **gesetzliches Zeugnisverweigerungsrecht** (§§ 52, 53, 53a StPO) oder ein **Auskunftsverweigerungsrecht** nach § 55 StPO zu.[127] **Frühere Abschlußprüfer** können sich in einem gegen sie geführten Prozeß auf das Zeugnisverweigerungsrecht gemäß § 383 Abs. 1 Nr. 6 ZPO berufen.[128] Wenn der Abschlußprüfer von seiner **Schweigepflicht** durch die Person, zu deren Gunsten diese Pflicht besteht, **entbunden** wird, ist er zur Aussage verpflichtet. Bei der Kapitalgesellschaft sind hierfür die Mitglieder des gesetzlichen Vertretungsorgans in der für die Vertretung erforderlichen Anzahl berechtigt, die Befreiung von der Verschwiegenheitspflicht zu erklären. Im Hinblick darauf, daß die Gesellschaftsgeheimnisse auch im Interesse der Gesellschafter und anderer in Betracht kommender Eigener der Kapitalgesellschaft (Rdn. 6) geschützt werden, kann der Abwickler oder Liquidator nicht wirksam von der Verschwiegenheitspflicht entbunden werden.[129]

3. Wahrung höherrangiger Interessen nach § 34 StGB (rechtfertigender Notstand)

64 Bei der Wahrung eigener Interessen, der Erstattung einer Strafanzeige oder allgemein bei der Wahrung höherrangiger Interessen kann eine Rechtfertigung nach den Grundsätzen des rechtfertigenden Notstandes (§ 34 StGB) in Betracht kommen. Voraussetzung hierfür ist, daß der Täter **eigene schutzwürdige Interessen** gegenüber der Gesellschaft verfolgt und die Offenbarung des Geheimnisses erforderlich ist, um den Nachweis eines Anspruchs zu führen, oder um sich in einem Strafverfahren erfolgreich verteidigen zu können.[130]

---

[124] Heymann/*Otto* Rdn. 36; a. A. MünchKomm-HGB-*Quedenfeld* Rdn. 28, der einen Tatbestandsausschluß bejaht.

[125] Eingehend dazu MünchKommHGB-*Quedenfeld* Rdn. 26.

[126] Scholz/*Tiedemann* § 85 Rdn. 23; *Tiedemann/Dannecker* Jura 1984, 655, 661.

[127] Heymann/*Otto* Rdn. 36; vgl. auch MünchKommHGB-*Quedenfeld* Rdn. 23; Ebenroth/Boujong/Joost/*Wiedemann* Rdn. 1; vgl. auch *Lindner* S. 74ff.

[128] OLG Koblenz WM 1987, 480.

[129] OLG Koblenz NStZ 1985, 425ff; Kleinknecht/*Meyer-Goßner* § 53 StPO Rdn. 46.

[130] BGHSt 1, 366, 368; MünchKommHGB-*Quedenfeld* Rdn. 25; *Ransiek* § 28 III Rdn. 158, 152; Heymann/*Otto* Rdn. 25; Baumbach/Hueck/*Schulze-Osterloh* § 85 Rdn. 23; vgl. auch BGHZ 122, 115, 120.

Weiterhin kommt eine Rechtfertigung bei der **Erstattung einer Strafanzeige** jedenfalls dann in Betracht, wenn weitere Straftaten vergleichbarer Art zu befürchten sind oder die Straftat einen solchen Schweregrad oder ein solches Ausmaß aufweist, daß den öffentlichen Interessen Vorrang vor dem Geheimhaltungsinteresse einzuräumen ist.[131] Insbesondere ist die von *Quedenfeld* vertretene Auffassung abzulehnen, nach der der Abschlußprüfer auch in solchen Fällen stets der Genehmigung durch das jeweils zuständige Organ bedürfe. Wenn er Straftaten eines Vorstandsmitglieds entdecke, habe er dies den übrigen Vorstandsmitgliedern mitzuteilen. Das angesprochene Organ könne dann über die Strafanzeige entscheiden.[132] Angesichts der neueren Rechtsprechung des BVerfG (Beschluß v. 2. 7. 2001 – 1 BvR 2049/00), nach der das Stellen einer Strafanzeige im Regelfall nicht dazu führen kann, daraus einen Grund für eine fristlose Kündigung des Arbeitsverhältnisses abzuleiten, weil die Anzeige eine Wahrnehmung staatsbürgerlicher Rechte darstelle, ist jedoch davon auszugehen, daß diese Auffassung nicht mit dem Grundrecht aus Art. 2 Abs. 1 GG in Verbindung mit dem Rechtsstaatsprinzip vereinbar ist. Vielmehr ist davon auszugehen, daß Strafbarkeit nur bei der Offenbarung von **Bagatellfällen** anzunehmen ist. In den Fällen des § 138 StGB (**Nichtanzeige geplanter Straftaten**) ist die Offenbarung gemäß § 34 StGB gerechtfertigt. 65

Nach den Grundsätzen des § 34 StGB ist auch in **Eil- und Notfällen** zu entscheiden, wenn die Einwilligung des bzw. der Geschäftsführer nicht eingeholt werden kann[133] und ein Handeln **im Interesse Dritter** erforderlich ist. 66

4. Mutmaßliche Einwilligung

Eine mutmaßliche Einwilligung kommt als Handeln **im Interesse des Betroffenen,** das mit der zivilrechtlichen **berechtigten Geschäftsführung ohne Auftrag** eng verwandt ist, und als Handeln zu eigenem, dem Interesse des Betroffenen nicht ernstlich widerstreitenden Nutzen (sog. mangelndes Interesse) in Betracht. Letztere Form der mutmaßlichen Einwilligung hat für § 333 HGB keine Bedeutung, da die Frage, ob der Täter die Einwilligung des Berechtigten voraussetzen durfte, nach den Grundsätzen des Interessenvorrangs zu entscheiden ist, die bereits im Rahmen der Interessenabwägung des § 34 StGB zu treffen war.[134] Nur wenn ein Handeln im Interesse des Betroffenen erfolgt und die Einwilligung nicht eingeholt werden konnte, ist in solchen **Eil- und Notfällen** eine Rechtfertigung nach dem Prinzip der Geschäftsführung ohne Auftrag möglich.[135] 67

VII. Konkurrenzen

1. Gesetzeskonkurrenz

§ 404 AktG, § 151 GenG, § 315 UmwG und § 138 VAG sind gemäß ausdrücklicher Anordnung des Gesetzgebers in diesen Vorschriften subsidiär zu § 333 HGB. Auch geht § 333 HGB den §§ 203, 204 StGB vor.[136] § 19 PublG ist lex specialis zu § 333 HGB. 68

---

[131] *Rützel* GRUR 1995, 560f; KK-*Geilen* § 404 Rdn. 83; *Otto* Aktienstrafrecht § 404 Rdn. 45; *v. Stebut* S. 126; Baumbach/Hueck/*Schulze-Osterloh* § 85 Rdn. 24; weitergehend Scholz/*Tiedemann* § 85 Rdn. 26; *Tiedemann/Dannecker* Jura 1985, 665ff; vgl. auch *Brammsen* Anzeige S. 94.

[132] MünchKommHGB-*Quedenfeld* Rdn. 26.

[133] Heymann/*Otto* Rdn. 37.

[134] Vgl. Heymann/*Otto* Rdn. 38.

[135] Scholz/*Tiedemann* § 85 Rdn. 24.

[136] Schönke/Schröder/*Lenckner* § 203 Rdn. 12.

2. Tateinheit und Tatmehrheit

69 Das unbefugte Offenbaren nach **§ 333 Abs. 1 HGB** und die unbefugte Verwertung eines Geheimnisses nach **§ 333 Abs. 2 Satz 2 HGB** sind selbständige Delikte, die in **Tateinheit** zueinander stehen können.[137] Voraussetzung hierfür ist, daß ein und dieselbe Handlung beide Gesetze verletzt. Erforderlich hierfür und stets ausreichend ist eine teilweise Identität der Ausführungshandlungen.[137a]

70 Tateinheit ist weiterhin mit sonstigen **Delikten des Strafgesetzbuchs** möglich, so mit Unterschlagung (§ 246 StGB) und Untreue (§ 266 StGB), mit Landesverrat (§ 94 StGB), Offenbaren von Staatsgeheimnissen (§ 95 StGB), Preisgabe von Staatsgeheimnissen (§ 97 StGB), landesverräterischer und geheimdienstlicher Agententätigkeit (§§ 98, 99 StGB) sowie mit dem Mißbrauch von Insiderinformationen (§ 38 WpHG).[138] Wenn sich der Täter ein Objekt, in dem das Geheimnis verkörpert ist, zuvor durch eine rechtswidrige Handlung zugeeignet hat, ist die anschließende Verwertung eine **straflose Nachtat.**[139]

C. Strafverfolgung und Rechtsfolgen

I. Verfahrensrechtliche Besonderheiten

1. Strafantragsdelikt

71 Die Verletzung von Geheimhaltungspflichten nach § 333 HGB wird nur verfolgt, wenn die Kapitalgesellschaft einen Strafantrag stellt (**§ 333 Abs. 3 HGB**). Die Ermittlungsbehörden werden nicht von Amts wegen tätig. Ohne einen solchen Antrag können der Abschlußprüfer und/oder sein Prüfungsgehilfe nicht bestraft werden, auch wenn ein besonderes Interesse an der Ahndung besteht. Dadurch wird der Kapitalgesellschaft ermöglicht, selbst darüber zu entscheiden, ob sie die im Strafverfahren nur beschränkt mögliche Geheimhaltung in Kauf nehmen will.

a) Ausübung des Strafantragsrechts

72 Die Ausübung des Strafantragsrechts erfolgt durch die **vertretungsberechtigten Organe** der Kapitalgesellschaft: bei der AG durch den Vorstand (§ 78 AktG), bei der GmbH durch die Geschäftsführer (§ 35 GmbHG), bei der KGaA durch die persönlich haftenden Gesellschafter (§§ 283, 278 Abs. 2 AktG) und bei der Gesellschaft in Liquidation durch die Abwickler bzw. Liquidatoren. Eine Antragsbefugnis auch der in den Konzernabschluß einbezogenen Unternehmen – Tochterunternehmen, Gemeinschaftsunternehmen und assoziierten Unternehmen – sieht das Gesetz nicht vor. Daher können sie keinen wirksamen Strafantrag stellen.

b) Antragsfrist

73 Die Antragsfrist beträgt **drei Monate** und beginnt mit Ablauf des Tages, an dem der Antragsberechtigte von der Tat und der Person des Täters einigermaßen zuverlässige Kenntnis erlangt hat (§ 77b Abs. 2 StGB). Wenn das Organ aus mehreren Personen besteht, ist Kenntnis aller Personen erforderlich, soweit sie ihre Vertretung nur insgesamt ausüben können.[140]

---

[137] Heymann/*Otto* § 333 Rdn. 43; Erbs/Kohlhaas/*Schaal* Rdn. 29.
[137a] BGHSt 7, 149; 43, 317.
[138] Vgl. *Otto* Aktienstrafrecht § 404 Rdn. 53.
[139] Scholz/*Tiedemann* § 85 Rdn. 38.
[140] Beck BilKomm-*Budde/Hense* Rdn. 21.

c) Form des Strafantrags

Die Form des Strafantrags bestimmt sich nach **§ 158 Abs. 2 StPO**. Hiernach muß der Antrag bei einem Gericht oder der Staatsanwaltschaft schriftlich oder zu Protokoll angebracht werden. Wenn das vertretungsberechtigte Organ den Strafantrag stellen will, reicht es aus, daß eines der Mitglieder die Form wahrt und die übrigen dem Strafantrag innerhalb der Antragsfrist mündlich zustimmen oder den Handelnden ermächtigen. Hierbei genügt es, wenn die Zustimmung oder Ermächtigung gegenüber dem Handelnden erklärt wird. **74**

d) Rücknahme des Strafantrags

Eine Rücknahme des Strafantrages ist nach § 77d Abs. 1 StGB – anders als beim Antrag auf Festsetzung eines Zwangsgelds (§ 335 Rdn. 25) und beim Antrag auf Festsetzung eines Ordnungsgeldes (§ 335a Rdn. 23 i.V.m. § 335 Rdn. 25) bis zum rechtskräftigen Abschluß des Strafverfahrens möglich.[141] Das Verfahren ist dann einzustellen. Ein erneuter Strafantrag ist danach nicht mehr möglich (§ 77d Abs. 1 StGB).[142] **75**

e) Verzicht auf den Strafantrag

Ein Verzicht auf den Strafantrag kann als Prozeßhandlung nur gegenüber einer nach § 158 Abs. 2 StPO zuständigen Stelle erklärt werden und ist unwiderruflich. Hingegen ist ein dem Täter gegenüber erklärter Verzicht rechtlich unwirksam. **76**

2. Zuständigkeit der Wirtschaftsstrafkammer

Die Straftatbestände des § 333 HGB sind nach § 74c Nr. 1 GVG **Wirtschaftsstraftaten** und fallen damit in die Zuständigkeit der Schwerpunktstaatsanwaltschaften für Wirtschaftsstrafsachen. Die Anklage wird zum Amtsgericht erhoben oder, bei besonderer Bedeutung des Falles (§ 24 Abs. 1 Nr. 3 GVG), zur Wirtschaftsstrafkammer des Landgerichts. Über die Berufung gegen ein amtsgerichtliches Urteil entscheidet die Wirtschaftsstrafkammer beim Landgericht.[143] Gegen das erstinstanzliche Urteil der Wirtschaftsstrafkammer des Landgerichts ist die Revision zum BGH möglich (§ 135 Abs. 1 in Verbindung mit § 121 GVG). **77**

3. Urteilstenor

Im Urteilstenor und nicht nur in den Urteilsgründen ist zum Ausdruck zu bringen, welchen Tatbestand der Täter verwirklicht hat.[144] **78**

4. Verjährung

a) Strafverfolgungsverjährung

Die Strafverfolgung einer Verletzung des **§ 333 Abs. 1 HGB** verjährt nach drei Jahren (§ 78 Abs. 3 Nr. 5 StGB), die einer Verletzung von **§ 333 Abs. 2 S. 1 und 2 HGB** nach fünf Jahren (§ 78 Abs. 3 Nr. 4 StGB). **79**

Die Verjährung beginnt mit **Beendigung** der Ausführungshandlung (§ 78a S. 1 StGB). Beim **Offenbaren** eines Geheimnisses liegt Beendigung der Tat erst mit **80**

---

141 Beck BilKomm-*Budde/Hense* Rdn. 21; Küting/Weber/*Sauer* Rdn. 5; HKHGB-*Schulze* § 85 Rdn. 5.

142 Beck BilKomm-*Budde/Hense* Rdn. 21.

143 OLG Koblenz MDR 1978, 779; OLG Stuttgart MDR 1982, 252.

144 Rowedder/*Fuhrmann/Schaal* § 82 Rdn. 92; Scholz/*Tiedemann* § 82 Rdn. 196.

tatsächlicher Kenntnisnahme des Geheimnisses durch den Empfänger vor[145] bzw. im Falle des Verkaufs mit der Zahlung des Entgelts, sofern dieses erst nach der Kenntnisnahme erfolgt,[146] ansonsten bei Kenntnisnahme.

81 Bei der **Verwertung** eines Geheimnisses wirft die Bestimmung der Beendigung Schwierigkeiten auf. Hierfür sind alle Handlungen einzubeziehen, bis die Gewinnerzielung abgeschlossen ist (Rdn. 46). Sofern das Geheimnis allerdings bereits zuvor seinen Charakter als solches verliert, weil es einem unbestimmten Personenkreis bekannt geworden ist (Rdn. 24, 39), liegt bereits zu diesem Zeitpunkt eine Beendigung der Tat vor.

b) Strafvollstreckungsverjährung

82 Die Vollstreckungsverjährung bestimmt sich nach den **§§ 79 bis 79b StGB**. Sie beginnt frühestens mit der rechtskräftigen Verhängung einer Strafe oder Maßnahme (§ 11 Abs. 1 Nr. 8 StGB).

III. Rechtsfolgen

1. Strafen

83 Die Strafe ist alternativ **Freiheitsstrafe** von einem Monat bis zu einem Jahr oder **Geldstrafe** zwischen fünf und dreihundertsechzig Tagessätzen (§ 40 Abs. 1 StGB). Liegen die Voraussetzungen des **Qualifikationstatbestandes** gemäß § 333 Abs. 2 HGB vor, so erhöht sich das Höchstmaß des Strafrahmens auf zwei Jahre.

84 Hat sich der Täter durch die Tat **bereichert** oder zu bereichern versucht, so kann neben der Freiheitsstrafe eine Geldstrafe verhängt werden (§ 41 StGB). Eine kurze Freiheitsstrafe unter sechs Monaten kann nur ausnahmsweise verhängt werden (§ 47 StGB).

85 Wenn bei einem Teilnehmer die **besonderen persönlichen Merkmale** fehlen, weil er nicht zum Kreis der tauglichen Täter des Sonderdelikts gehört (Rdn. 12ff), kann die Strafe gemäß § 28 Abs. 1 StGB **gemildert** werden. Die qualifizierenden Merkmale des Handelns gegen Entgelt, in Bereicherungs- und Schädigungsabsicht (Rdn. 55ff) sind keine persönlichen Merkmale im Sinne des § 28 Abs. 2 StGB, da sie nicht die Pflichtenposition des Täters betreffen. Daher findet § 28 Abs. 2 StGB auf diese Merkmale keine Anwendung.[147]

2. Maßregeln der Besserung und Sicherung

86 Als Maßregel der Besserung und Sicherung kommt grundsätzlich die Verhängung eines **Berufsverbots** in Betracht (§ 70 StGB);[148] jedoch werden die Voraussetzungen des § 70 Abs. 1 StGB, daß „die Gesamtwürdigung des Täters und der Tat die Gefahr erkennen läßt, daß er bei weiterer Ausübung des Berufs … erhebliche rechtswidrige Taten der bezeichneten Art begehen wird", in der Praxis nur äußerst selten vorliegen. Wenn durch die Tat ein Vermögensvorteil erlangt worden ist, kommt die Anordnung des **Verfalls** gemäß §§ 73ff StGB in Betracht. Außerdem finden die Vorschriften über die **Einziehung** gemäß §§ 74ff StGB Anwendung.

---

145 *Pfeiffer* FS Raisch S. 263; Rowedder/*Fuhrmann/Schaal* § 85 Rdn. 28.

146 Scholz/*Tiedemann* § 85 Rdn. 44.

147 Heymann/*Otto* Rdn. 42 m. w. N.

148 MünchKommHGB-*Quedenfeld* Rdn. 41.

Anhang nach § 333

§ 340 m
Strafvorschriften

Die Strafvorschriften der §§ 331 bis 333 sind auch auf nicht in der Rechtsform einer Kapitalgesellschaft betriebene Kreditinstitute sowie auf Finanzdienstleistungsinstitute im Sinne des § 340 Abs. 4 Satz 1 anzuwenden. § 331 ist darüber hinaus auch anzuwenden auf die Verletzung von Pflichten durch den Geschäftsleiter (§ 1 Abs. 2 Satz 1 des Gesetzes über das Kreditwesen) eines nicht in der Rechtsform einer Kapitalgesellschaft betriebenen Kreditinstituts oder Finanzdienstleistungsinstituts im Sinne des § 340 Abs. 2 Satz 1, durch den Inhaber eines in der Rechtsform des Einzelkaufmanns betriebenen Kreditinstituts oder Finanzdienstleistungsinstituts im Sinne des § 340 Abs. 2 Satz 1 oder durch den Geschäftsleiter im Sinne des § 53 Abs. 2 Nr. 1 des Gesetzes über das Kreditwesen.

Übersicht

Schrifttum

Vgl. ergänzend die Literaturhinweise zu § 331, § 332, § 333.
Krummow et al. Rechnungslegung der Kreditinstitute, Kommentar zum Bankbilanzrichtlinie-Gesetz und zur RechKredV (KomBankRiLiG) (1994); *Szagunn/Haug/Ergenzinger* Gesetz über das Kreditwesen, 6. Aufl. (1997); *Rixen* Änderung der Rechnungslegungsvorschriften für Kreditinstitute durch das Bankbilanzrichtlinie-Gesetz, WM 1991, 841 ff; *Vortmann* Neues Recht der Bankbilanzierung durch das Bankbilanzrichtlinie-Gesetz, NJW 1991, 2399 ff; *Waschbusch* Funktion, Inhalt und Aufbau des Anhangs von Kreditinstituten nach den neuen Rechnungslegungsvorschriften, DB 1993, 793 ff.

A. Allgemeines

I. Ausweitung der Straftatbestände der §§ 331 bis 333 HGB auf alle Kredit- und Finanzdienstleistungsinstitute

§ 340 m HGB erweitert in Satz 1 den Anwendungsbereich der §§ 331 bis 333 HGB 1
rechtsformbezogen auf **nicht in der Rechtsform der Kapitalgesellschaft betriebene Kredit- und Finanzdienstleistungsinstitute,** also auf die OHG, die KG, die Genos-

senschaft, den Einzelkaufmann, die Körperschaft des öffentlichen Rechts (Sparkassen) und auf Zweigstellen bestimmter ausländischer Unternehmen. In § 340m S. 2 HGB wird der Anwendungsbereich der §§ 331 bis 333 HGB personenbezogen auf den **Geschäftsleiter** im Sinne des § 1 Abs. 2 S. 1 KWG erweitert.[1]

II. Begriff des Kredit- und Finanzdienstleistungsinstituts

1. Kreditinstitut

2 Der Begriff des Kreditinstituts wird in § 340 Abs. 1 S. 1 und Abs. 2 HGB definiert. Erfaßt sind zunächst **Kreditinstitute im Sinne des § 1 Abs. 1 KWG**, soweit sie hiervon nicht nach § 2 Abs. 1, 4 oder 5 KWG ausgenommen sind,[2] sowie die als Kreditinstitute geltenden **inländischen Zweigstellen von Unternehmen mit Sitz außerhalb der EU, des EWR oder gleichgestellter Staaten** gemäß § 53 Abs. 1 KWG. Unter einer Zweigstelle versteht man jede inländische unselbständige Einrichtung eines im Ausland ansässigen Unternehmens, die Bankgeschäfte im Sinne des § 1 Abs. 1 S. 2 KWG betreibt; eine Eintragung der Zweigstelle als Zweigniederlassung ist nicht erforderlich.[3] Die Tochtergesellschaft eines Unternehmens, die ihren Sitz im Ausland hat und Bankgeschäfte im Sinne des § 1 Abs. 1 S. 2 KWG betreibt, ist selbst Kreditinstitut im Sinne des § 1 Abs. 1 KWG; § 53 KWG ist auf ein solches Unternehmen nicht anwendbar.[4] Weiterhin sind einbezogen **private und öffentlichrechtliche Versicherungsunternehmen** sowie **Unternehmen des Pfandleihgewerbes**, soweit sie dieses durch Gewährung von Darlehen gegen Faustpfand betreiben (§ 2 Abs. 1 Nr. 4 und 5 KWG), sofern sie **Bankgeschäfte betreiben**, die nicht zu den ihnen eigentümlichen Geschäften gehören (§ 340 Abs. 2 HGB).

2. Finanzdienstleistungsinstitut

3 Weiterhin werden die Finanzdienstleistungsinstitute im Sinne des § 340 Abs. 4 S. 1 HGB, der seinerseits auf die Legaldefinition für Finanzdienstleistungsinstitute in § 1 Abs. 1 a KWG verweist, erfaßt. Hierbei handelt es sich um Unternehmen, die Finanzdienstleistungen für andere gewerbsmäßig oder in einem Umfang erbringen, der einen in kaufmännischer Weise eingerichteten Geschäftsbetrieb erfordert, und die keine Kreditinstitute sind. § 2 Abs. 6 und 10 KWG nennt wiederum die Ausnahmen zu § 1 Abs. 1 a KWG.

B. Normadressaten

I. Adressaten des § 340m HGB in Verbindung mit §§ 331 bis 333 HGB

4 Die Ausdehnung der Strafvorschriften der §§ 331 bis 333 HGB durch **§ 340m S. 1 HGB** auf Kreditinstitute und Finanzdienstleistungsinstitute, die nicht in der Rechtsform von Kapitalgesellschaften betrieben werden, hat insoweit Konsequenzen für den Kreis der Normadressaten, als in **§ 331 HGB** nur die Mitglieder des vertretungsberechtigten Organs und des Aufsichtsorgans einer Kapitalgesellschaft als Normadressaten genannt werden. Der Gesetzgeber mußte diesen Kreis erweitern, um die entsprechenden Personen in Kreditinstituten und Finanzdienstleistungsinstituten, die

[1] MünchKommHGB-*Quedenfeld* Rdn. 2.
[2] *Krumnow* Rdn. 2.
[3] MünchKommHGB-*Quedenfeld* Rdn. 3.
[4] *Szagunn/Haug/Ergenzinger* § 53 KWG Rdn. 6f.

nicht in der Rechtsform der Kapitalgesellschaft betrieben werden, zu erfassen. Dies sind die Mitglieder des **vertretungsberechtigten Organs einer Nichtkapitalgesellschaft**: bei der OHG und KG die geschäftsführungsberechtigten Gesellschafter, bei der Genossenschaft die Vorstandsmitglieder (§ 24 GenG), bei dem VVaG der Vorstand (§ 29 VAG) und bei den Körperschaften und Anstalten des öffentlichen Rechts die gesetzlich bestimmten geschäftsführungsbefugten Repräsentanten.[5]

§ 340m S. 2 HGB erweitert den Anwendungsbereich des § 331 HGB in personeller Hinsicht zunächst auf den **Geschäftsleiter im Sinne des § 1 Abs. 2 S. 1 KWG** der nicht in der Rechtsform einer Kapitalgesellschaft betriebenen Kreditinstitute und Finanzdienstleistungsinstitute im Sinne des § 340 Abs. 4 S. 1 HGB, weiterhin auf den **Inhaber** der in der Rechtsform des Einzelkaufmanns betriebenen Kreditinstitute oder Finanzdienstleistungsinstitute im Sinne des § 340 Abs. 4 S. 1 HGB sowie auf den **Geschäftsleiter im Sinne des § 53 Abs. 2 Nr. 1 KWG**. Gleiches gilt für die **Leiter von Finanzdienstleistungsinstituten**, soweit diese nicht in der Form einer Kapitalgesellschaft betrieben werden.[6] 5

Nicht erfaßt werden **widerrufliche Geschäftsleiter** im Sinne des § 1 Abs. 2 S. 2 und 3 KWG.[7] 6

1. Geschäftsleiter im Sinne des § 1 Abs. 2 S. 1 KWG

Geschäftsleiter im Sinne des § 1 Abs. 2 S. 1 KWG sind die sog. **geborenen Geschäftsleiter**, d. h. haupt-, neben- oder ehrenamtlich tätige Personen, die nicht kraft Vollmacht, sondern nach Gesetz, Satzung oder Gesellschaftsvertrag zur Geschäftsführung und zur Vertretung eines Kreditinstituts oder eines Finanzdienstleistungsinstituts nach § 340 Abs. 4 S. 1 HGB berufen sind;[8] die bloße Befugnis zur Geschäftsführung oder Vertretung genügt nicht.[9] 7

2. Inhaber der in der Rechtsform des Einzelkaufmanns betriebenen Kreditinstitute oder Finanzdienstleistungsinstitute im Sinne des § 340 Abs. 4 S. 1 HGB

Kreditinstitute oder Finanzdienstleistungsinstitute in der Rechtsform der Einzelfirma bzw. einer stillen Gesellschaft werden von dem Inhaber verantwortlich vertreten. Das KWG rechnet den Inhaber aber nicht zum Kreis der Geschäftsleiter. Daher wird er in § 340m HGB ausdrücklich als Normadressat genannt. 8

3. Zweigstellengeschäftsleiter im Sinne des § 53 Abs. 2 Nr. 1 KWG

Als Zweigstellengeschäftsleiter gelten die von dem ausländischen Unternehmen gemäß § 53 Abs. 2 Nr. 1 S. 2 KWG bestellten natürlichen Personen (mindestens zwei) mit Wohnsitz in der Bundesrepublik Deutschland, die für den Geschäftsbetrieb des Instituts zur Geschäftsführung und Vertretung des Unternehmens befugt sind. Hierbei muß es sich um inländische Zweigstellen von Unternehmen mit Sitz außerhalb der EU und des EWS handeln, die Bankgeschäfte betreiben oder Finanzdienstleistungen erbringen. 9

---

5 *Wiedmann* Bilanzrecht Rdn. 2.

6 MünchKommHGB-*Quedenfeld* § 335b Anhang, § 341m Rdn. 5; *Wiedmann* Bilanzrecht Rdn. 3.

7 MünchKommHGB-*Quedenfeld* Rdn. 5; Heymann/*Otto* Rdn. 2.

8 MünchKommHGB-*Quedenfeld* Rdn. 5 m.w.N.; Heymann/*Otto* Rdn. 3.

9 MünchKommHGB-*Quedenfeld* Rdn. 2; Heymann/*Otto* Rdn. 5.

4. Faktisches Organ

10 Die **Grundsätze zum faktischen Organ** (§ 331 Rdn. 27ff) gelten auch für den Geschäftsleiter und den Zweigstellengeschäftsleiter.[10]

II. Besondere Prüfungsinstitutionen: Prüfungsverband, Prüfungsstelle

11 Der Anwendungsbereich der §§ 332, 333 HGB wird durch **§ 340k HGB** erweitert, der in Abs. 2 und 3 besondere Institutionen für die Prüfung vorsieht.

12 Bei genossenschaftlichen Kreditinstituten oder Kreditinstituten in der Form eines rechtsfähigen wirtschaftlichen Vereins **muß** die Prüfung von dem **Prüfungsverband** durchgeführt werden, dem das Kreditinstitut als Mitglied angehört.

13 Sparkassen **können** ihre Prüfung durch die **Prüfungsstelle eines Sparkassen- und Giroverbandes** durchführen lassen. Für die Prüfer dieser Institutionen gelten uneingeschränkt die §§ 332, 333 HGB, da ihnen nach § 340k Abs. 2, 3 HGB die Prüfereigenschaft nach § 319 HGB zukommt.

C. Tathandlungen und Rechtsfolgen

14 Bezüglich der Tathandlungen nimmt § 340m HGB die §§ 331 bis 333 HGB in Bezug, so daß diesbezüglich vollumfänglich[11] auf die dortigen Ausführungen verwiesen werden kann (§ 331 Rdn. 39ff, 78ff, 97f, 110ff; § 332 Rdn. 35ff; § 333 Rdn. 34ff). Auch die in §§ 331 bis 333 HGB angedrohten Rechtsfolgen sind auf den erweiterten Täterkreis des § 340m HGB anwendbar.

§ 341m

Strafvorschriften

Die Strafvorschriften der §§ 331 bis 333 sind auch auf nicht in der Rechtsform einer Kapitalgesellschaft betriebene Versicherungsunternehmen anzuwenden. § 331 ist darüber hinaus auch anzuwenden auf die Verletzung von Pflichten durch den Hauptbevollmächtigten (§ 106 Abs. 3 des Versicherungsaufsichtsgesetzes).

Übersicht

[10] MünchKommHGB-*Quedenfeld* Rdn. 7.

[11] Erbs/Kohlhaas/*Schaal* Rdn. 15; MünchKommHGB-*Quedenfeld* Rdn. 11; *Wiedmann* Bilanzrecht Rdn. 5.

Schrifttum

Vgl. ergänzend die Literaturhinweise zu § 331, § 332, § 333.
Budde/Schnicke/Stöffler/Stuirbrink (Hrsg.), Beck'scher Versicherungsbilanz-Kommentar (1998); *Prölls* Versicherungsaufsichtsgesetz, 11. Aufl. (1997).

A. Allgemeines

I. Ausweitung der Straftatbestände der §§ 331 bis 333 HGB auf alle Versicherungsunternehmen

§ 341 m HGB erweitert in Satz 1 den Anwendungsbereich der §§ 331 bis 333 HGB 1
rechtsformbezogen auf **nicht in der Rechtsform der Kapitalgesellschaft betriebene Versicherungsunternehmen**, also auf die OHG, die KG, die Genossenschaft, den Einzelkaufmann, die VVaG und die Körperschaft oder Anstalt des öffentlichen Rechts. In § 341 m S. 2 HGB wird der Anwendungsbereich der §§ 331 bis 333 HGB personenbezogen auf die **Hauptbevollmächtigten** im Sinne des § 106 Abs. 3 VAG erweitert.

II. Begriff des Versicherungsunternehmens

Ein Versicherungsunternehmen ist nach der **Legaldefinition des § 341 Abs. 1 HGB** 2
ein Unternehmen, das den Betrieb von Versicherungsgeschäften zum Gegenstand hat, mit Ausnahme der Träger der Sozialversicherung und der in § 341 Abs. 1 S. 2 HGB genannten Sonderunternehmen, die Leistungen nur an Mitglieder oder gesetzlich oder satzungsmäßig begünstigte Personen erbringen oder als nicht rechtsfähige Einrichtungen ihre Aufwendungen im Umlageverfahren decken.

Nach **§ 341 Abs. 2 HGB** sind auch **inländische Niederlassungen** von Versiche- 3
rungsgesellschaften mit Sitz im Ausland Versicherungsunternehmen im Sinne des § 341 Abs. 1 HGB, wenn sie zum Betrieb des Direktversicherungsgeschäfts die Erlaubnis der deutschen Versicherungsaufsichtsbehörde benötigen. Eine Niederlassung im Sinne des § 106 Abs. 2 VAG ist die räumliche Zusammenfassung aller Einrichtungen und Personen, die zur Leitung und Kontrolle des Versicherungsbestandes im Inland erforderlich sind, die eine eigene, auf die deutschen Rechnungslegungsvorschriften abgestimmte Buchhaltung haben muß und im Handelsregister eingetragen ist.[1] Einer **Erlaubnis der deutschen Versicherungsaufsichtsbehörde** bedürfen nach § 110d VAG Versicherungsunternehmen, die ihren Sitz außerhalb der Mitgliedstaaten der EU oder des EWR haben und im Inland das Direktversicherungsgeschäft durch Mittelspersonen betreiben wollen (§ 105 Abs. 1 VAG) oder die ihren Sitz zwar in einem Mitgliedstaat der EU oder des EWR haben und im Inland das Direktversicherungsgeschäft durch eine Niederlassung betreiben wollen, jedoch nicht den Richtlinien des Rats der EG auf dem Gebiet des Versicherungswesens unterliegen (vgl. § 110d VAG). Gleiches gilt für Versicherungsunternehmen, die ihren Sitz in einem EWR-Staat haben, in dem die Bestimmungen der Versicherungsbilanzrichtlinie (Vor §§ 331ff Rdn. 37) noch nicht anzuwenden sind.

---

[1] *Prölss/Reimer/Schmidt* § 106 VAG Rdn. 4.

B. Normadressaten

I. Adressaten des § 341m HGB in Verbindung mit § 331 HGB

4 Durch § 341m S. 1 HGB wird die Anwendbarkeit der Strafvorschriften der §§ 331 bis 333 HGB auf Versicherungsunternehmen, die nicht in der Form einer Kapitalgesellschaft betrieben werden, ausgedehnt. Adressaten sind somit alle **vertretungsberechtigten Organe einer Nicht-Kapitalgesellschaft:** bei der OHG und KG die geschäftsführungsberechtigten Gesellschafter, bei der Genossenschaft die Vorstandsmitglieder (§ 24 GenG), bei der VVaG der Vorstand (§ 29 VAG) und bei Körperschaften und Anstalten des öffentlichen Rechts die gesetzlich bestimmten geschäftsführungsbefugten Repräsentanten.[2]

5 **§ 341m S. 2 HGB** erweitert den Kreis der Normadressaten des § 331 HGB noch auf die **Hauptbevollmächtigten** einer Zweigniederlassung im Sinne des § 106 Abs. 3 VAG. Diese Person muß von dem ausländischen Versicherungsunternehmen zur Wahrnehmung der Aufgaben eines Geschäftsleiters nach § 7a VAG bestellt sein.[3] Weiterhin muß der Hauptbevollmächtigte seinen Wohnsitz und ständigen Aufenthalt in der Bundesrepublik Deutschland haben.[4] Unter § 341m HGB fallen nur Hauptbevollmächtigte von inländischen Niederlassungen der Versicherungsunternehmen, die ihren Sitz nicht in einem Mitgliedstaat der EU oder des EWR haben, sowie Hauptbevollmächtigte von nach **§ 110d VAG erlaubnispflichtigen Niederlassungen** eines EG- oder EWR-Versicherungsunternehmens, nicht hingegen Hauptbevollmächtigte erlaubnisfreier Niederlassungen von Versicherungsunternehmen aus EU- und EWR-Ländern.[5] Die Grundsätze zum faktischen Organ (§ 331 Rdn. 27ff) finden auch auf den Hauptbevollmächtigten Anwendung.[6]

II. Adressaten des § 341m HGB in Verbindung mit §§ 332, 333 HGB

6 Bei **§§ 332, 333 HGB** sind Adressaten die **Abschlußprüfer und die Gehilfen der Abschlußprüfer.**[7] Der Adressatenkreis wird durch § 341m HGB also nicht verändert (zu Einzelheiten vgl. § 332 Rdn. 12ff, 18ff).

C. Tathandlungen und Rechtsfolgen

7 Die vollumfängliche Verweisung des § 340m HGB auf die §§ 331 bis 333 HGB hat zur Folge, daß die in diesen Straftatbeständen genannten Tathandlungen (§ 331 Rdn. 39ff, 78ff, 97f, 110ff; § 332 Rdn. 35ff; § 333 Rdn. 34ff) sowie die angedrohten Rechtsfolgen auf den erweiterten Täterkreis des § 341m HGB anwendbar sind.[8] Insoweit kann auf die Erläuterungen zu §§ 331 bis 333 verwiesen werden.

---

[2] MünchKommHGB-*Quedenfeld* Anhang § 335b, § 341m Rdn. 5.
[3] Näher dazu *Prölss/Reimer/Schmidt* § 106 VAG Rdn. 8.
[4] Näher dazu *Goldberg/Müller* VAW, 1980, § 106 VAG Rdn. 11ff.
[5] Beck VersKomm-*Gnandenberger* Rdn. 6ff, 29ff; Beck BilKomm-*Quedenfeld* Rdn. 6.
[6] Beck BilKomm-*Quedenfeld* Rdn. 6.
[7] *Wiedmann* Bilanzrecht Rdn. 3.
[8] Beck VersKomm-*Gnandenberger* Rdn. 6ff, 29ff.

§ 334
Bußgeldvorschriften

(1) Ordnungswidrig handelt, wer als Mitglied des vertretungsberechtigten Organs oder des Aufsichtsrats einer Kapitalgesellschaft

1. bei der Aufstellung oder Feststellung des Jahresabschlusses einer Vorschrift
   a) des § 243 Abs. 1 oder 2, der §§ 244, 245, 246, 247, 248, 249 Abs. 1 Satz 1 oder Abs. 3, des § 250 Abs. 1 Satz 1 oder Abs. 2, des § 251 oder des § 264 Abs. 2 über Form oder Inhalt,
   b) des § 253 Abs. 1 Satz 1 in Verbindung mit § 255 Abs. 1 oder 2 Satz 1, 2 oder 6, des § 253 Abs. 1 Satz 2 oder Abs. 2 Satz 1, 2 oder 3, dieser in Verbindung mit § 279 Abs. 1 Satz 2, des § 253 Abs. 3 Satz 1 oder 2, des § 280 Abs. 1, des § 282 oder des § 283 über die Bewertung,
   c) des § 265 Abs. 2, 3, 4 oder 6, der §§ 266, 268 Abs. 2, 3, 4, 5, 6 oder 7, der §§ 272, 273, 274 Abs. 1, des § 275 oder des § 277 über die Gliederung oder
   d) des § 280 Abs. 3, des § 281 Abs. 1 Satz 2 oder 3 oder Abs. 2 Satz 1, des § 284 oder des § 285 über die in der Bilanz oder im Anhang zu machenden Angaben,
2. bei der Aufstellung des Konzernabschlusses einer Vorschrift
   a) des § 249 Abs. 1 über den Konsolidierungskreis,
   b) des § 297 Abs. 2 oder 3 oder des § 298 Abs. 1 in Verbindung mit den §§ 244, 243, 246, 247, 248, 249 Abs. 1 Satz 1 oder Abs. 3, dem § 250 Abs. 1 Satz 1 oder Abs. 2 oder dem 251 über Inhalt oder Form,
   c) des § 300 über die Konsolidierungsgrundsätze oder das Vollständigkeitsgebot
   d) des § 308 Abs. 1 Satz 1 in Verbindung mit den in Nummer 1 Buchstabe b bezeichneten Vorschriften oder des § 308 Abs. 2 über die Bewertung,
   e) des § 311 Abs. 1 Satz 1 in Verbindung mit § 312 über die Behandlung assoziierter Unternehmen oder
   f) des § 308 Abs. 1 Satz 3, des § 313 oder des § 314 über die im Anhang zu machenden Angaben,
3. bei der Aufstellung des Lageberichts einer Vorschrift des § 289 Abs. 1 über den Inhalt des Lageberichts,
4. bei der Aufstellung des Konzernlageberichts einer Vorschrift des § 315 Abs. 1 über den Inhalt des Konzernlageberichts,
5. bei der Offenlegung, Veröffentlichung oder Vervielfältigung einer Vorschrift des § 328 über Form und Inhalt oder
6. einer auf Grund des § 330 Abs. 1 Satz 1 erlassenen Rechtsverordnung, soweit sie für einen bestimmten Tatbestand auf diese Bußgeldvorschrift verweist,

zuwiderhandelt.

(2) Ordnungswidrig handelt auch, wer zu einem Jahresabschluß oder einem Konzernabschluß, der auf Grund gesetzlicher Vorschriften zu prüfen ist, einen Vermerk nach § 322 erteilt, obwohl nach § 319 Abs. 2 er oder nach § 319 Abs. 3 die Wirtschaftsprüfungsgesellschaft oder Buchprüfungsgesellschaft, für die er tätig wird, nicht Abschlußprüfer sein darf.

(3) Die Ordnungswidrigkeit kann mit einer Geldbuße bis zu fünfundzwanzigtausend Euro geahndet werden.

(4) Die Absätze 1 bis 3 sind auf Kreditinstitute im Sinne des § 340 und auf Versicherungsunternehmen im Sinne des § 341 Abs. 1 nicht anzuwenden.

Übersicht

Schrifttum zum Gesetz über Ordnungswidrigkeiten *(OWiG)*

Erbs/Kohlhaas/Senge Strafrechtliche Nebengesetze, Bd. III, §§ 111–131 OWiG, Stand Febr. 1999; *Geiger* EUV/EGV, Kommentar, 3. Aufl. (2000); *Göhler* Gesetz über Ordnungswidrigkeiten, 12. Aufl. (1998); *Meier* Gesetz über Ordnungswidrigkeiten (1985); *Mitsch* Recht der Ordnungswidrigkeiten (1995); Großkommentar zum Aktiengesetz, hrsg. v. Hopt/Wiedemann, 4. Aufl., 8. Lieferung §§ 399–410 AktG (1997); *Rebmann/Roth/Herrmann* Gesetz über Ordnungswidrigkeiten, 2. Aufl., 7. Lieferung, Stand März 1996; *Rotberg/Kleinwefers/Bujong/Wille* Ordnungswidrigkeitengesetz, 5. Aufl. (1975); *Scholz* Kommentar zum GmbH-Gesetz, Band 2, 8. Aufl. (1995).

Schrifttum zu § 334

Vgl. ergänzend die Literaturhinweise Vor §§ 331ff.

Dannecker Die Rechtsprechungsänderung zur fortgesetzten Handlung und ihre Konsequenz für Steuerstrafsachen, in Leitner (Hrsg.), Aktuelles zum Finanzstrafrecht (1998) S. 9ff; *Dannecker* Kapitel 15, Kartellstraf- und -ordnungswidrigkeitenrecht, in Wabnitz/Janovski Handbuch des Wirtschafts- und Steuerstrafrechts (2000); *ders.* Die Verletzung von Formal- und Nachweispflichten im deutschen Steuerrecht und Steuerstrafrecht, in Leitner (Hrsg.), Aktuelles zum Finanzstrafrecht, Beiträge der Finanzrechtlichen Tagung Linz 1999 (2000), S. 57ff; *Döllerer*

Grundsätze ordnungsmäßiger Bilanzierung, deren Entstehung und Ermittlung BB 1959, 1217ff; *Katholnigg* Das Gesetz zur Änderung des Gesetzes über Ordnungswidrigkeiten und anderer Gesetze, NJW 1998, 568ff; *Kloos* Die Transformation der 4. EG-Richtlinie (Bilanzrichtlinie) in den Mitgliedstaaten der Europäischen Gemeinschaft (1993); *Leffson* Grundsätze ordnungsmäßiger Buchführung, 7. Aufl. (1987); *Ludewig* Die Einflüsse des „true and fair view" auf die zukünftige Rechnungslegung, AG 1987, 12ff; *Maul* Geschäfts- und Konzernlagetäuschungen als Bilanzdelikte, DB 1989, 185ff; *Nelles* Aktienrechtliche Bilanzdelikte (1974); *K. Schmidt* Handelsrecht, 5. Aufl. (1999); *Tiedemann* Tatbestandsfunktionen im Nebenstrafrecht (1969); *ders.* Artikel Bilanzstrafrecht in Krekeler/Tiedemann/Ulsenheimer/Weinmann (Hrsg.), Handwörterbuch des Wirtschafts- und Steuerstrafrechts, Loseblatt Stand 1990; *de Werth* Die Bilanzordnungswidrigkeiten nach § 334 HGB unter besonderer Berücksichtigung der europarechtlichen Bezüge (1994).

A. Allgemeines

I. Allgemeines zum Ordnungswidrigkeitenrecht

1. Abgrenzung zum Strafrecht

1 § 334 HGB erfaßt Verstöße gegen bestimmte Rechnungslegungsvorschriften für den Jahresabschluß und Konzernabschluß sowie für den Lagebericht und Konzernlagebericht von Kapitalgesellschaften und droht für den Fall der Verletzung die Verhängung einer Geldbuße an. Diese Verstöße werden wegen ihres geringeren Unrechtsgehalts nicht mit Kriminalstrafe geahndet. Dadurch bringt der Gesetzgeber zum Ausdruck, daß es sich um Rechtsgutsbeeinträchtigungen **unterhalb der Grenze der Strafwürdigkeit und Strafbedürftigkeit** handelt.[1] Er bejaht lediglich die **Ahndungswürdigkeit und Ahndungsbedürftigkeit.** Das Verhältnis von Kriminalstrafrecht und Ordnungswidrigkeitenrecht wird heute ganz überwiegend als ein quantitatives gedeutet: Die Ordnungswidrigkeit unterscheidet sich von der Straftat nicht wesensmäßig, sondern nur graduell.[2] Die rein quantitative Abgrenzung gilt aber nur für den Gesetzgeber. Der Rechtsanwender steht dagegen bei der Ordnungswidrigkeit vor einer auch qualitativ vom Strafrecht unterschiedlichen Erscheinung: Die besondere **Rechtsfolge der Geldbuße** als ein aliud zur kriminellen Geldstrafe prägt zugleich mit dem Unwerturteil, welches in ihrer Verhängung liegt, das relevante Unrecht. Dieses erhält nicht nach seiner gleichsam vorbußgeldrechtlichen Eigenart, sondern erst in seiner gesetzgeberischen Ausgestaltung als Ordnungswidrigkeit den Charakter des nicht sozialethisch Bedeutsamen.[3]

2. Besonderheiten des Ordnungswidrigkeitenrechts

a) Vorsatz und Irrtum

2 Als Ordnungswidrigkeit kann nur **vorsätzliches Verhalten** (Vor §§ 331ff Rdn. 94ff) geahndet werden, außer wenn das Gesetz fahrlässiges Verhalten ausdrücklich mit Strafe bedroht (§ 10 OWiG). Eine solche Anordnung enthält § 334 HGB nicht.

---

[1] BVerfGE 8, 197, 207; 27, 18, 28; näher dazu Karlsruher Kommentar-*Bohnert* Einleitung Rdn. 85ff; *Göhler* Vor § 1 Rdn. 2 ff.

[2] *Göhler* Vor § 1 Rdn. 5; *Jescheck/Weigend* S. 59, jeweils m.w.N.

[3] Vgl. dazu *Tiedemann* Tatbestandsfunktionen S. 51, 132, 339 mit Nachw.; zust. *Göhler* Vor § 1 Rdn. 8f.

Die Regelung des **Irrtums** in § 11 Abs. 1 und 2 OWiG entspricht, abgesehen von den üblichen Anpassungen im Sprachgebrauch (wie „Handlung" statt „Tat"), den strafrechtlichen Regelungen der §§ 16 und 17 StGB (Vor §§ 331ff Rdn. 95ff). Daher kann auf die Ausführungen Vor § 331ff Rdn. 78ff verwiesen werden. 3

b) Versuch

Außerdem kann der **Versuch** einer Ordnungswidrigkeit nur geahndet werden, wenn dies im Gesetz ausdrücklich bestimmt ist (§ 13 Abs. 2 OWiG). Im Gegensatz zum Strafrecht ist die Ahndung des Versuchs im Ordnungswidrigkeitenrecht auf wenige Ausnahmefälle beschränkt. Eine ausdrückliche Anordnung der Versuchsstrafbarkeit enthält § 334 HGB nicht, so daß hier keine Versuchsstrafbarkeit besteht. 4

c) Täterschaft und Teilnahme

Das Ordnungswidrigkeitenrecht geht in § 14 OWiG vom **Einheitstäter** aus und unterscheidet, anders als das Strafrecht, nicht zwischen Täterschaft und Teilnahme. Es soll die Rechtsanwendung vereinfacht werden, indem jeder Tatbeteiligte zum Täter wird. Der Einheitstätergedanke macht jedoch nur grundsätzlich die im Strafrecht gebräuchliche Unterscheidung von Täterschafts- und Teilnahmeformen überflüssig: Der BGH setzt für den ordnungswidrigkeitenrechtlichen Begriff der Beteiligung, entsprechend der strafrechtlichen Akzessorietätsregelung (§§ 26, 27 StGB), einen **doppelten Vorsatz** voraus, nämlich nicht nur eine vorsätzliche Mitwirkung bei der Tatbestandsverwirklichung, sondern auch Vorsatz bezüglich einer vorsätzlichen „Haupttat".[4] Damit klammert er die vorsätzliche Beteiligung an einer fahrlässigen Tat aus der Ahndbarkeit aus: Wer vorsätzlich eine fahrlässige Handlung unterstützt, kann nicht geahndet werden. 5

Während § 14 OWiG unstreitig die Differenzierung zwischen Mittäterschaft, Anstiftung und Beihilfe aufhebt,[5] liegen **mittelbare Täterschaft** und **Nebentäterschaft** außerhalb des Regelungsbereichs des § 14 OWiG.[6] Dies bedeutet, daß mittelbarer Täter nur sein kann, wer die erforderliche Täterqualität aufweist. Hat nur das vorsatzlos handelnde sonderpflichtige Werkzeug die Sondereigenschaft, nicht aber der vorsätzlich handelnde Hintermann, so kann das Verhalten des Hintermannes nicht geahndet werden.[7] 6

Besondere persönliche Merkmale (§§ 14 Abs. 1 S. 2, 9 Abs. 1 OWiG), welche die Möglichkeit der Ahndung begründen, müssen nur bei einem der Tatbeteiligten vorliegen, damit eine Ahndung aller Tatbeteiligten möglich ist.[8] 7

d) Konkurrenzen

Das tateinheitliche und tatmehrheitliche Zusammentreffen von Ordnungswidrigkeiten und das Zusammentreffen einer Ordnungswidrigkeit mit einer Straftat bestimmt sich nach §§ 19ff OWiG (Rdn. 99ff). 8

---

[4] BGHSt 31, 309ff.
[5] Vgl. nur OLG Karlsruhe NStZ 1986, 128, 129.
[6] Karlsruher Kommentar-*Rengier* § 14 Rdn. 4, 87ff, 104ff m. w. N.
[7] Karlsruher Kommentar-*Rengier* § 14 Rdn. 95 m. w. N.
[8] Vgl. dazu *de Weerth* S. 122.

3. Durchführung eines Vorabentscheidungsverfahrens im Rahmen des Bußgeldverfahrens

9 Bei der Durchführung eines Bußgeldverfahrens besteht die Möglichkeit eines **Vorabentscheidungsverfahrens** vor dem EuGH nach Art. 234 EG. Gegenstand der Vorabentscheidung sind Fragen der Auslegung des Gemeinschaftsrechts und der Gültigkeit von Rechtsakten der Gemeinschaftsorgane. Wenn nationales Recht, das auf einer EG-Richtlinie beruht, auszulegen ist und dabei für die Entscheidung bedeutsame Zweifel bei der Auslegung der Richtlinie entstehen, können die Gerichte der Mitgliedstaaten dem EuGH die Auslegungsfrage vorlegen (Art. 234 Abs. 2 EG). Es besteht sogar eine Verpflichtung hierzu, soweit es sich um ein Verfahren vor einem Gericht handelt, dessen Entscheidung nicht mehr mit Rechtsmitteln nach innerstaatlichem Recht angefochten werden kann (Art. 234 Abs. 3 EG). Hierbei kommt es nach h. M. darauf an, ob gegen die Entscheidung des konkreten Ausgangsrechtsstreits ein ordentliches Rechtsmittel gegeben wäre.[9]

10 Vorlageberechtigt bzw. -verpflichtet sind nur die Gerichte der Mitgliedstaaten. Der **Begriff des mitgliedstaatlichen Gerichts** ist gemeinschaftsrechtlich zu definieren. Es muß sich um einen Spruchkörper handeln, der auf gesetzlicher Grundlage ständig damit betraut ist, Rechtssachen unabhängig zu entscheiden.[10] Diese Unabhängigkeit fehlt den für die Verhängung der Geldbuße zuständigen Verwaltungsbehörden, welche die Landesregierungen durch Rechtsverordnung bestimmt haben. Daher steht die Möglichkeit der Vorlage einer Rechtsfrage an den EuGH im Rahmen eines Vorabentscheidungsverfahrens nur den **Strafgerichten**, nicht aber den **Verwaltungsbehörden** im Bußgeldverfahren offen.[11]

11 Durch das Vorlageverfahren wird nicht die Zuständigkeit des EuGH zur Anwendung des Gemeinschaftsrechts auf den konkreten Fall begründet. Der EuGH entscheidet nur generell-abstrakt über die Auslegung oder Gültigkeit des Gemeinschaftsrechts. Es ist allein Sache des nationalen Gerichts, den Sachverhalt unter die vom EuGH ausgelegten einschlägigen Gemeinschaftsrechtsnormen zu subsumieren und auf den konkreten Sachverhalt anzuwenden.[12]

II. Entstehungsgeschichte

12 Die Bußgeldtatbestände des § 334 HGB wurden durch das **BiRiLiG** vom 19. 12. 1985 (BGBl. 1985 I S. 2355) in das durch dieses Gesetz neu geschaffene dritte Buch des HGB eingefügt. Vor Inkrafttreten des BiRiLiG fanden sich allein Regelungen, die mit der Vorschrift des **§ 334 Abs. 1 Nr. 5 HGB** vergleichbar sind, nämlich § 405 Abs. 1 Nr. 5 AktG und § 20 PublG. **§ 334 Abs. 1 Nrn. 1 bis 4 HGB** wurden erst durch das BiRiLiG eingeführt. Dadurch wurde der Verpflichtung des Art. 51 Abs. 3 der vierten EG-Richtlinie[13] Rechnung getragen, in der „geeignete Sanktionen" für den Fall der Freistellung der kleinen Kapitalgesellschaft von der Pflichtprüfung vorgeschrieben waren. Dennoch erschien es dem Gesetzgeber angebracht, über die kleinen Kapital-

[9] EuGH Slg. 1964, 1253 – *Costa/ENEL*; Slg. 1982, 3723 – *Morson*; *Geiger* EUV/EGV Art. 234 Rdn. 14.

[10] EuGH Slg. 1993, 1277 – *Corbiau*; Slg. 1997, 1422 – *Landeskrankenanstalten*.

[11] Heymann/*Otto* Rdn. 7; unzutreffend *de Weerth* S. 87ff.

[12] EuGH Slg. 1963, 63ff, insbes. 81 – *Da Costa En Schaake*.

[13] 78/660/EWG, ABl. 1978 L 222 vom 14. 8. 1978 S. 11ff.

gesellschaften hinaus alle Unternehmen einzubeziehen, die ihren Jahresabschluß offenzulegen haben,[14] weil die alleinige Verpflichtung zur Publizität in der Vergangenheit nicht zur Einhaltung der handelsrechtlichen Vorschriften geführt hat.

Durch das **Bankbilanzrichtlinien-Gesetz** vom 30.11.1990[15] und durch das **Versicherungsbilanzrichtlinien-Gesetz** vom 24.6.1994[16] wurden die Ordnungswidrigkeiten, die in Kreditinstituten und Versicherungsunternehmen begangen werden, aus dem Regelungsbereich des § 334 HGB herausgenommen und eigenständig in §§ 340n, 341n HGB (Anhang nach § 334, § 340n Rdn. 1ff; § 341n Rdn. 1ff) geregelt.[17] Durch das „Gesetz zur Anpassung bilanzrechtlicher Bestimmungen an die Einführung des Euro, zur Erleichterung der Publizität für Zweigniederlassungen ausländischer Unternehmen sowie zur Einführung einer Qualitätskontrolle für genossenschaftliche Prüfungsverbände" (Euro-Bilanzgesetz – EuroBilG) vom 10.12.2001 (BGBl. 2001 I S. 3414) wurde die bisherige Bußgeldandrohung von fünfzigtausend Deutsche Mark auf fünfundzwanzigtausend Euro festgesetzt und damit der neuen Währung angepaßt. 13

III. Praktische Bedeutung des § 334 HGB

Der praktische Anwendungsbereich der Bußgeldvorschriften dürfte sich im wesentlichen auf die **nicht prüfungspflichtigen** und auch **nicht freiwillig geprüften kleinen Kapitalgesellschaften** beschränken, weil bei den prüfungspflichtigen Kapitalgesellschaften im Rahmen der Abschlußprüfung derartige Verstöße überwiegend erkannt und korrigiert werden, so daß die vollendeten Verstöße den Behörden in der Regel nicht mehr bekannt werden.[18] Bei schwerwiegenden Verstößen, die bei der Abschlußprüfung nicht erkannt werden, wird regelmäßig auch der Straftatbestand des § 331 HGB verwirklicht sein, so daß die Ordnungswidrigkeit nach § 21 Abs. 1 S. 1 OWiG subsidiär ist und daher nicht zum Tragen kommt.[19] 14

IV. Geschütztes Rechtsgut und Schutzbereich

1. Geschützte Rechtsgüter

a) Das durch § 334 Abs. 1 HGB geschützte Rechtsgut

Das geschützte Rechtsgut der Tatbestände des § 334 Abs. 1 HGB entspricht dem des § 331 HGB (§ 331 Rdn. 3). Geschützt wird also das **Vertrauen in die Richtigkeit und Vollständigkeit der Informationen** über die Verhältnisse der Gesellschaft.[20] Der Schutz des § 334 Abs. 1 HGB weicht von dem durch § 331 HGB gewährten insofern ab, als die Strafvorschrift die Richtigkeit der Informationen der Eröffnungsbilanz, des Jahresabschlusses, des Lageberichts, des Zwischenabschlusses, des Konzernabschlusses, des Konzernlageberichts oder des Konzernzwischenabschlusses selbst sicherstellen will, während die Bußgeldvorschriften der §§ 334 Abs. 1 und 2 HGB nur auf die Vorschriften über den Jahresabschluß, den Konzernabschluß, den Lagebericht und den 15

---

[14] BTDrucks. 10/317 S. 101.

[15] BGBl. 1990 I S. 2570; siehe dazu Vor §§ 331ff Rdn. 33.

[16] BGBl. 1994 I S. 1377; siehe dazu Vor §§ 331ff Rdn. 35.

[17] Vgl. dazu BTDrucks. 11/6275, S. 26.

[18] Küting/Weber/*Sauer* § 334 Rdn. 2.

[19] Siehe dazu Rdn. 100.

[20] *Gramich* wistra 1987, 157, 158; Heymann/*Otto* Rdn. 9; Erbs/Kohlhaas/*Schaal* Rdn. 1; de *Weerth* S. 110.

Konzernlagebericht verweisen. Die Vorschriften über die Eröffnungsbilanz (§ 242 Abs. 1 S. 1 HGB) sowie über die Zwischenabschlüsse werden in den Bußgeldtatbeständen nicht in Bezug genommen; ihre Verletzung ist deshalb nicht nach § 334 Abs. 1 HGB bußgeldbewehrt.[21] Im Gegensatz zu § 331 HGB setzt § 334 HGB nicht ein bestimmtes Erklärungsmittel voraus;[22] vielmehr wird an die Tätigkeiten der Aufstellung, der Feststellung (§ 334 Abs. 1 Nrn. 1 bis 4 HGB) und der Veröffentlichung (§ 334 Abs. 1 Nr. 5 HGB) angeknüpft, die der Entwicklung des Jahres- und Konzernabschlusses aus der laufenden Buchführung heraus dienen. Hieraus kann **nicht** der Schluß gezogen werden, das geschützte Rechtsgut sei das **Vertrauen in die Ordnungsmäßigkeit der Buchführung.** Denn nicht alle Verweisungen des § 334 Abs. 1 HGB beziehen sich auf die Auf- oder Feststellung der Bilanz oder des Jahresabschlusses, wie § 334 Abs. 1 Nr. 5 HGB zeigt, der die Publizitätserfordernisse nach § 328 HGB betrifft. Die Verweisungsnormen machen vielmehr deutlich, daß einzelne Tätigkeiten sanktionsbewehrt sind, um die Richtigkeit des jeweils angestrebten Ergebnisses sicher zu stellen. Daher ist das geschützte Rechtsgut identisch mit dem des § 331 HGB.

b) Das durch § 334 Abs. 2 HGB geschützte Rechtsgut

16 Die Frage nach dem durch § 334 Abs. 2 HGB geschützten Rechtsgut ist umstritten. Nach einer Auffassung soll es dem Rechtsgut des § 332 HGB, dem Vertrauen in den Prüfungsbericht und den Bestätigungsvermerk und damit in die Richtigkeit und Vollständigkeit der gewissenhaft und unparteiisch durch ein unabhängiges Kontrollorgan geprüften Abschlüsse und Lageberichte (§ 332 Rdn. 5), entsprechen.[23] Nach der Gegenansicht soll § 334 Abs. 2 HGB dasselbe Rechtsgut wie § 334 Abs. 1 HGB, das **Vertrauen in die Richtigkeit und Vollständigkeit der Informationen** über die Verhältnisse der Gesellschaft, schützen. Letztere Auffassung wird damit begründet, daß die in Bezug genommenen Vorschriften ihre wesentliche Grundlage in Art. 24 der achten Richtlinie zur Harmonisierung des Gesellschaftsrechts[24] finden und diese Richtlinie in den Begründungserwägungen und in Art. 1 auf die vierte[25] und siebte Richtlinie[26] verweisen.[27] Hinzu kommt, daß § 334 Abs. 2 HGB unmittelbar nur die Unabhängigkeit des Abschlußprüfers, die aufgrund der im Gesetz genannten Ausschlußgründe gefährdet ist, sicherstellen soll. Die Unabhängigkeit des Prüfers ist jedoch letztlich nur ein Mittel, das gewährte Vertrauen in die Richtigkeit und Vollständigkeit der Information nicht zu enttäuschen. Daher dienen § 334 Abs. 1 und 2 HGB einem einheitlichen Rechtsgut, dem Vertrauen in die Richtigkeit und Vollständigkeit der Informationen über die Verhältnisse der Gesellschaft.

2. Schutzbereich

17 Die Richtigkeit der Informationen wird wegen der Haftungsbegrenzung der Kapitalgesellschaften und der damit einhergehenden Gefährdung der Gesellschafter und der Gläubiger geschützt. Selbst Vorschriften wie § 334 Abs. 1 Nr. 1 lit. c HGB in Verbindung mit § 266 HGB (Rdn. 57), der die Gliederung der Bilanz regelt, stehen im

---

[21] Scholz/*Tiedemann* Vor §§ 82 Rdn. 85; *de Weerth* S. 110.
[22] A. A. Scholz/*Tiedemann* Vor §§ 82 Rdn. 83.
[23] Heymann/*Otto* Rdn. 8; Erbs/Kohlhaas/*Schaal* Rdn. 1.
[24] 84/253/EWG; ABl. 1984 L 126 vom 12.4.1984, S. 20ff.
[25] 78/660/EWG; ABl. 1978 L 222 vom 14.8.1978, S. 11ff.
[26] 84/253/EWG; ABl. 1984 L 126 vom 12.5.1984, S. 20ff.
[27] *de Weerth* S. 116.

Vorfeld der Bilanzfälschung oder -verschleierung und dienen damit auch dem **Gläubigerschutz.** Denn die Einhaltung der Gliederungsvorschriften verhindert Bilanzverschleierungen und erleichtert die Bilanzanalyse und vermindert so die Gefahr wirtschaftlicher Fehlentscheidungen.[28]

Der durch § 334 HGB geschützte **Personenkreis** ist einheitlich zu bestimmen. **18**
Obwohl die einzelnen Tatbestände unterschiedliche Entwicklungsstufen des Jahresabschlusses betreffen, geht es stets um die Sicherstellung eines ordnungsgemäßen Jahresabschlusses.[29] Geschützt sind die Aktionäre und **Gesellschafter**, die in größeren Gesellschaften über den Geschäftsgang nicht besser als Fremdkapitalgeber informiert sind, sowie die gegenwärtigen und zukünftigen **Gläubiger.**[30] Aus der Zweckbestimmung der vierten und siebten EG-Richtlinie, die im Rahmen der gemeinschaftsrechtskonformen Auslegung zu berücksichtigen ist, ergibt sich, daß auch sonstige **dritte Personen**, die auf die ordnungsgemäße Erstellung der Bilanz vertrauen, geschützt werden sollen.[31] Die **Gesellschaft** selbst gehört nicht zu dem geschützten Personenkreis.

3. Schutzgesetz im Sinne des § 823 Abs. 2 BGB

Wenngleich § 334 HGB auch dem Schutz der Allgemeinheit dient, handelt es sich **19**
um ein **Schutzgesetz im Sinne des § 823 Abs. 2 BGB**, da jeweils auch die Interessen Einzelner nicht nur als Rechtsreflex geschützt werden.[32]

V. Dogmatische Einordnung

1. Tätigkeitsdelikte/abstrakte Gefährdungsdelikte

Die bußgeldbewehrten Handlungen des § 334 HGB sind **Tätigkeitsdelikte**, da **20**
§ 334 HGB auf Rechtsvorschriften verweist, die sich auf die Tätigkeit der Informationserstellung und -veröffentlichung beziehen.[33] Diese Tatbestände sind **abstrakte Gefährdungsdelikte**, da Verstöße schon im Vorfeld der Bilanzfälschung und -verschleierung verhindert werden sollen.[34]

2. Blankettgesetze

§ 334 HGB verweist auf andere Vorschriften innerhalb des HGB. Lediglich § 334 **21**
Abs. 1 Nr. 6 HGB nimmt Rechtsverordnungen, die auf Grundlage des § 330 Abs. 1 S. 1 HGB erlassen worden sind, in Bezug (Rdn. 70); hierbei handelt es sich deshalb um ein **echtes Blankettgesetz** (Vor §§ 331ff Rdn. 81). Im übrigen werden ausschließlich Normen in Bezug genommen, die von derselben Instanz erlassen worden sind, die auch die Bußgeldvorschriften eingeführt hat. Diese innergesetzlichen Verweisungen sind **unechte Blankettgesetze**,[35] die verfassungsrechtlich unbedenklich sind.[36] Auch

---

[28] Scholz/*Tiedemann* Vor §§ 82ff Rdn. 83; *de Weerth* S. 133, der auf die aus dem Ausland stammenden Personen abstellt, die aufgrund der Bilanzrichtlinien auf eine europaweit einheitliche Postenabfolge vertrauen dürfen.

[29] *de Weerth* S. 117.

[30] BayObLG NJW 1988, 918.

[31] *de Weerth* S. 55; siehe auch Gesetzesbegründung zum BiRiLiG, BTDrucks. 10/317 S. 63; näher dazu de *Weerth* S. 119.

[32] Heymann/*Otto* Rdn. 9.

[33] *de Weerth* S. 112.

[34] Scholz/*Tiedemann* Vor §§ 82ff Rdn. 83.

[35] Beck BilKomm-*Budde*/*Hense* Rdn. 3; Bonner HdR-*Maier* Rdn. 3; Erbs/Kohlhaas/*Schaal* Rdn. 4; *Heymann*/Otto Rdn. 2; MünchKommHGB-*Quedenfeld* Rdn. 2; Erbs/Kohlhaas/*Schaal* Rdn. 4; a. A. Scholz/*Tiedemann* Vor §§ 82ff Rdn. 86; eingehend dazu *de Weerth* S. 107ff.

[36] Wabnitz/Janovsky/*Dannecker* Kapitel 15 Rdn. 31.

hier ist der vollständige Bußgeldtatbestand durch „Zusammenlesen" der verweisenden Norm und der in Bezug genommenen Vorschrift zu bilden. Die außerstrafrechtliche Regelung ist dann nach strafrechtlichen Grundsätzen auszulegen (Vor §§ 331ff Rdn. 82). Außerdem gilt das strafrechtliche Analogieverbot (Vor §§ 331ff Rdn. 85f).

3. Sonderdelikte

22 Sämtliche Handlungen des § 334 HGB können nur von einem eingeschränkten Täterkreis verwirklicht werden. Daher handelt es sich um **echte Sonderdelikte.**[37]

VI. Normadressaten

1. Täterkreis

23 Was den **Täterkreis** anbetrifft, so bezieht sich **§ 334 Abs. 1 HGB** ausschließlich auf **unternehmensinterne Personen**: Organmitglieder des Vorstands und der Geschäftsführung sowie des Aufsichtrats. Hingegen werden von **§ 334 Abs. 2 HGB** nur **unternehmensexterne Personen**, nämlich solche, die unberechtigt als Abschlußprüfer tätig werden, erfaßt.

2. Beteiligung

24 Im Ordnungswidrigkeitenrecht gilt der Einheitstäterbegriff (§ 14 OWiG), nach dem nicht zwischen Täterschaft und Teilnahme unterschieden wird. Daher kommt auch bei Personen, die nicht sonderpflichtig sind, eine Täterschaft im Sinne des Einheitstäterbegriffs in Betracht, wenn diese an der Tat eines Sonderpflichtigen beteiligt sind (Rdn. 5).

VII. Anwendungsbereich und Struktur des § 334 HGB

1. Anwendungsbereich

25 Um auch im Vergleich zu den Strafvorschriften der §§ 331, 332 HGB weniger gravierende Zuwiderhandlungen gegen Form- und Ordnungsvorschriften bei der Bilanzierung zu erfassen, enthält § 334 HGB Bußgeldvorschriften, die die Verhängung von Geldbußen bis zu 25000 Euro vorsehen (§ 334 Abs. 3 HGB). § 334 HGB regelt den **gesamten Ordnungswidrigkeitenbereich zur Rechnungslegung** bei Kapitalgesellschaften.[38] Durch die Einfügung von § 334 Abs. 4 HGB wurde die Rechnungslegung von Kreditinstituten und Versicherungsunternehmen aus dem Geltungsbereich des § 334 HGB ausgenommen und in §§ 340n, 341n HGB geregelt (Anhang nach § 334; § 340n Rdn. 1ff; § 341n Rdn. 1ff).

2. Tatbestandsaufbau

a) Handlungsobjekte

26 Die verschiedenen Absätze des § 334 HGB knüpfen an die Systematik der Bilanzierungsrichtlinien an, die den in Bezug genommenen außerstrafrechtlichen Pflichten zugrunde liegen.

---

[37] Erbs/Kohlhaas/*Schaal* Rdn. 3; Blumers/Frick/Müller/*Dannecker* Betriebsprüfungshandbuch Rdn. 698; Heymann/*Otto* Rdn. 5; *de Weerth* S. 120.

[38] Beck BilKomm-*Budde/Hense* Rdn. 42; MünchKommHGB-*Quedenfeld* Rdn. 3.

§ 334 Abs. 1 HGB nennt die Einzelvorschriften, deren Verletzung durch Mitglieder des vertretungsberechtigten Gesellschaftsorgans oder des Aufsichtsrats von Kapitalgesellschaften Ordnungswidrigkeiten darstellen. Diese Ordnungswidrigkeiten betreffen in Nr. 1 den Jahresabschluß, in Nr. 2 den Konzernabschluß, in Nr. 3 den Lagebericht, in Nr. 4 den Konzernlagebericht, in Nr. 5 die Offenlegung, Veröffentlichung oder Vervielfältigung und in Nr. 6 die Formblätter. 27

§ 334 Abs. 2 HGB richtet sich an den Abschlußprüfer einer prüfungspflichtigen Kapitalgesellschaft, der einen Bestätigungsvermerk erteilt, obwohl ein Ausschlußgrund nach § 319 Abs. 2 oder 3 HGB vorliegt. 28

§ 334 Abs. 4 HGB nimmt Kreditinstitute und Versicherungsunternehmen nach §§ 340 Abs. 1, 341 Abs. 1 HGB aus dem Anwendungsbereich des § 334 Abs. 1 und 2 HGB aus. 29

b) Vorsatz

Die Ordnungswidrigkeiten müssen in allen Fällen des § 334 HGB **vorsätzlich** begangen sein. Auch hier reicht – wie bei den Straftatbeständen der §§ 331 ff HGB – **dolus eventualis** (Vor §§ 331 ff Rdn. 93) aus. Handelt der Täter in Kenntnis der konkreten Gefahr einer Rechtsverletzung, ohne den Sachverhalt zu überprüfen, so liegen die subjektiven Voraussetzungen für eine Ahndung vor. Im Hinblick darauf, daß die in Bezug genommenen Vorschriften ein Teil des gesetzlichen Tatbestands sind, muß der Täter auch Kenntnis von Inhalt und Reichweite dieser Vorschriften haben (Vor §§ 331 ff Rdn. 96).[39] 30

B. Die Tatbestände des § 334 Abs. 1 HGB

I. Täterkreis

1. Vertretungsberechtigte Organe

Nach § 334 Abs. 1 HGB können Täter nur **Mitglieder des vertretungsberechtigten Organs** der Kapitalgesellschaft – in der Regel Vorstand und Geschäftsführer – oder deren **Aufsichtsratsmitglieder** sein. Zu den Organmitgliedern gehören auch die **stellvertretenden Organmitglieder** (§ 94 AktG, § 44 GmbHG).[40] Eine Ausweitung auf andere Personengruppen wie leitende Angestellte oder Mitglieder eines freiwilligen Beirats ist aufgrund des eindeutigen Gesetzeswortlauts ausgeschlossen (Art. 103 Abs. 2 GG).[41] Bezüglich der bußgeldrechtlichen Verantwortung faktischer Organe kann auf die Ausführungen zu § 331 Rdn. 26 ff verwiesen werden. 31

Beim **Aufsichtsrat** ist zwischen dem obligatorischen (Rdn. 33) und dem fakultativen (Rdn. 34) Aufsichtsrat zu unterscheiden. **Ersatzmitglieder des Aufsichtsrats** können nur dann Täter sein, wenn sie an die Stelle eines ausgeschiedenen Mitglieds getreten und so zum Vollmitglied geworden sind.[42] 32

Der **obligatorische Aufsichtsrat** hat bei der AG die Aufgabe, den Jahresabschluß festzustellen (§ 172 AktG). Bei der KGaA obliegt diese Aufgabe der Hauptversammlung (§ 286 Abs. 1 S. 1 AktG). Für die obligatorischen Aufsichtsräte der GmbH wird in den Verweisungsvorschriften (§ 331 Rdn. 22) gerade nicht auf § 172 AktG verwiesen, so 33

---

[39] Heymann/*Otto* Rdn. 31.

[40] *Maul* DB 1989, 185, 188; MünchKommHGB-*Quedenfeld* Rdn. 13; *de Weerth* S. 120.

[41] *Wiedmann* Bilanzrecht Rdn. 1.

[42] MünchKommHGB-*Quedenfeld* Rdn. 15.

daß die Kompetenz zur Feststellung des Jahresabschlusses bei der Gesellschafterversammlung liegt. § 334 Abs. 1 HGB findet somit nur auf die Aufsichtsratsmitglieder einer Aktiengesellschaft Anwendung, da nur diese für die Feststellung des Jahresabschlusses zuständig sind.[43] Konzernabschluß, Lagebericht und Konzernlagebericht werden nicht festgestellt, so daß insoweit eine bußgeldrechtliche Verantwortung des Aufsichtsrats ausscheidet. Für Aufsichtsräte anderer Kapitalgesellschaften als solche in der Rechtsform der Aktiengesellschaft läuft § 334 Abs. 1 HGB somit leer.

34 Der **fakultative Aufsichtsrat** kann nicht Täter des § 334 Abs. 1 HGB sein, da § 52 GmbHG nicht auf § 172 AktG verweist. Selbst wenn dem fakultativen Aufsichtsrat durch Gesellschaftsvertrag die Feststellung des Jahresabschlusses zugewiesen ist, unterliegt diese vertraglich begründete Kompetenz nicht der Sanktionsandrohung des § 334 Abs. 1 HGB, da eine § 82 Abs. 2 Nr. 2 GmbHG entsprechende Regelung für fakultative Aufsichtsgremien fehlt.[44] Diese Rechtslage ist auch mit den EG-Bilanzrichtlinien vereinbar, wenngleich diese eine Gleichstellung von GmbH und KGaA mit der Aktiengesellschaft anstreben, jedoch nicht zwingend vorschreiben. Denn die Täterqualifikation bestimmt sich ausschließlich nach nationalem Recht,[45] und der deutsche Gesetzgeber war bestrebt, nur die **Mindestanforderungen der EG-Richtlinien** in nationales Recht umzusetzen.[46] Im übrigen entspricht die fehlende Bußgeldbewehrung des Aufsichtsrats einer GmbH der Rechtslage nach § 7 PublG, der dem Aufsichtsrat allein die Aufgabe der Prüfung zuweist, so daß dessen Verhalten auch aus diesem Grund nicht nach § 334 Abs. 1 HGB ahndbar ist.[47]

2. Zuständigkeit der vertretungsberechtigten Organe

35 Die **Tathandlungen** des § 334 Abs. 1 Nr. 1 HGB müssen bei **„der Aufstellung oder Feststellung des Jahresabschlusses“** (§§ 242 Abs. 1, 264 Abs. 1 HGB) und die des § 334 Abs. 1 Nrn. 2 bis 4 HGB **„bei der Aufstellung des Konzernabschlusses“** (§ 290 Abs. 1 HGB), **„des Lageberichts“** (§ 289 Abs. 1 HGB) oder **„des Konzernlageberichts“** (§§ 290 Abs. 1, 315 Abs. 1 HGB) erfolgen. Für die Aufstellung sind allein die vertretungsberechtigten Organe der Kapitalgesellschaft zuständig.

II. Zuwiderhandlungen bei der Aufstellung und Feststellung des Jahresabschlusses (§ 334 Abs. 1 Nr. 1 HGB)

36 Die Bußgeldtatbestände des § 334 Abs. 1 Nr. 1 lit. a bis d HGB beziehen sich auf den Jahresabschluß und erfassen Zuwiderhandlungen gegen die Vorschriften über die Form und den Inhalt (lit. a), die Bewertung (lit. b), die Gliederung von Bilanz und GuV (lit. c) oder die in der Bilanz oder im Anhang zu machenden Angaben bei der Aufstellung oder Festsetzung des Jahresabschlusses (lit. d). Die Tathandlungen setzen nicht voraus, daß die Bilanz bereits fertiggestellt ist.[48]

37 Obwohl die Bußgeldnorm auf die handelsrechtlichen Gesetze verweist, ist eine unbesehene Übernahme der handelsrechtlichen Auslegung ins Bilanzordnungswidrigkeitenrecht nicht möglich, soweit es sich um Verstöße gegen Bewertungsvorschriften

---

[43] Blumers/Frick/Müller/*Dannecker* Betriebsprüfungshandbuch Rdn. 698; MünchKommHGB-*Quedenfeld* Rdn. 15.

[44] Beck BilKomm-*Budde/Hense* Rdn. 10; *de Weerth* S. 126f; a. A. MünchKommHGB-*Quedenfeld* Rdn. 16.

[45] Vgl. dazu *de Weerth* S. 19f.

[46] BTDrucks. 10/4268, S. 2.

[47] *Maul* DB 1989, 185, 189.

[48] *de Weerth* S. 127.

handelt. Aufgrund des Art. 103 Abs. 2 GG, der auch im Ordnungswidrigkeitenrecht gilt (Vor §§ 331ff Rdn. 84), rechtfertigen erst eindeutig nicht mehr vertretbare Abweichungen von den gesetzlichen Vorgaben die Verhängung einer Geldbuße.[49]

1. Zuwiderhandlungen gegen Vorschriften über Form und Inhalt (§ 334 Abs. 1 Nr. 1 lit. a HGB)

a) Grundsätze ordnungsmäßiger Buchführung (§ 243 Abs. 1 HGB)

§ 243 Abs. 1 HGB sieht vor, daß der Jahresabschluß von allen Kaufleuten nach den Grundsätzen ordnungsmäßiger Buchführung (GoB) aufzustellen ist.[50] Hiernach ist es erforderlich, daß die Eintragungen in die Handelsbilanz vollständig, richtig und zeitgerecht erfolgen. Die Bewertung ist nur dann richtig, wenn sie sich im Rahmen der GoB bewegt. Als beherrschender Grundsatz ist dabei der Grundsatz der Bilanzwahrheit zu nennen, der die vollständige Erfassung und inhaltlich zutreffende Bezeichnung und Behandlung der einzelnen Bilanzpositionen, d. h. die Richtigkeit in Bezug auf den Bilanzzweck, beinhaltet. Hierauf verweist § 334 Abs. 1 Nr. 1 lit. a HGB. Diese Verweisung ist zulässig, da die GoB nach h. M. als deduktiv zu ermittelnder unbestimmter Rechtsbegriff anzusehen sind.[51] **38**

Seit dem Inkrafttreten des BiRiLiG (Vor §§ 331ff Rdn. 31) sind die meisten GoB **gesetzlich kodifiziert**. Sie finden sich in den §§ 242 bis 256 HGB, so z. B. das Gebot der Bilanzklarheit in § 243 Abs. 2 HGB, das Verrechnungsverbot in § 246 Abs. 2 HGB, das Vollständigkeitsprinzip in § 246 Abs. 1 HGB, die Bilanzidentität in § 252 Abs. 1 Nr. 1 HGB, das Fortführungsprinzip in § 252 Abs. 1 Nr. 2 HGB und das Vorsichtsprinzip in § 252 Abs. 1 Nr. 4 HGB. § 334 Abs. Nr. 1 lit. a HGB verweist explizit nur auf einen Teil dieser Vorschriften. Durch § 334 Abs. 1 Nr. 1 lit. a HGB werden jedoch sämtliche den **Jahresabschluß** betreffenden Grundsätze **ordnungsmäßiger Bilanzierung** in Bezug genommen und nicht nur die GoB im engeren Sinne, also die Regeln für die Dokumentation der Geschäftsvorfälle in der Buchführung (§§ 238, 239 HGB).[52] **39**

Dabei stellt sich die Frage, ob der Begriff der GoB in § 243 Abs. 1 HGB, der sowohl kodifizierte als auch nicht kodifizierte GoB umfaßt, im Rahmen des § 334 Abs. 1 Nr. 1 lit. a HGB restriktiver als in § 243 Abs. 1 HGB auszulegen ist (zur Frage der Normspaltung siehe Vor §§ 331ff Rdn. 92). Denn der Gesetzgeber nimmt in § 334 Abs. 1 Nr. 1 HGB nur einen Teil der kodifizierten Grundsätze ausdrücklich in Bezug. Fraglich ist daher, ob die **weiteren kodifizierten Grundsätze**, auf die § 334 Abs. 1 Nr. 1 HGB nicht ausdrücklich verweist, gleichwohl über § 243 Abs. 1 HGB in Verbindung mit § 334 Abs. 1 Nr. 1 lit. a HGB sanktionsbewehrt sind. Praktische Bedeutung erlangt diese Frage z. B. für die Bilanzidentität (§ 252 Abs. 1 Nr. 1 HGB), das Fortführungsprinzip (§ 252 Abs. 1 Nr. 2 HGB) und das Vorsichtsprinzip (§ 252 Abs. 1 Nr. 4 HGB), da § 334 Abs. 1 Nr. 1 lit. a HGB diese Vorschriften nicht ausdrücklich in Bezug nimmt. Gerade diese Prinzipien gehören jedoch zum Kernbereich der GoB und stellen zentrale Rechtsgrundsätze der Rechnungslegung dar. Daher sind Verstöße hiergegen durch § 334 Abs. 1 Nr. 1 lit. a HGB in Verbindung mit § 243 Abs. 1 HGB bußgeldbewehrt. **40**

---

49 *Tiedemann* Artikel Auslegung, HdWiStR, S. 1ff; siehe dazu auch Vor §§ 331ff Rdn. 90.

50 *Klussmann* S. 26 f, 36 f; *Nelles* S. 26 ff.

51 Grundlegend dazu *Döllerer* BB 1959, 1217, 1220; zur aktuellen Einordnung vgl. *K. Schmidt* Handelsrecht § 15 I 4 a m.w.N.; vgl. auch *Schüppen* S. 154ff.

52 *de Weerth* S. 14.

Weiterhin umfaßt § 243 Abs. 1 HGB die **nicht kodifizierten Grundsätze**, die allerdings seit der Umsetzung der vierten EG-Richtlinie nur noch einen geringen Umfang haben. Zu nennen sind die Grundsätze der Wahrheit und der Willkürfreiheit.

41 § 243 Abs. 1 HGB hat weiterhin im Zusammenhang mit der Schließung vorhandener **Gesetzeslücken** Bedeutung, da er das Bilanzrecht für zukünftig **notwendig werdende Entwicklungen** „geschmeidig" hält, ohne daß der Gesetzgeber jede Detailänderung selbst in die Hand nehmen muß.[53] Auch diese Grundsätze werden über die Inbezugnahme des § 243 Abs. 1 HGB bußgeldbewehrt. Allerdings können Verstöße gegen die nicht kodifizierten Grundsätze nur dann mit Geldbuße geahndet werden, wenn es sich um eindeutige Rechtsverstöße gegen GoB handelt.[54]

b) Grundsatz der Klarheit und Übersichtlichkeit (§ 243 Abs. 2 HGB)

42 Der Verweis in § 334 Abs. 1 Nr. 1 lit. a HGB auf § 243 Abs. 2 HGB hat zur Folge, daß vorsätzliche Verstöße gegen den Grundsatz der Klarheit und Übersichtlichkeit ahndbar sind. Der Jahresabschluß muß für einen sachverständigen Dritten innerhalb angemessener Zeit (§ 238 Abs. 1 S. 2 HGB) verständlich sein.[55] Eine ordnungsmäßige Bilanzierung erfordert insbesondere die eindeutige Bezeichnung der einzelnen Bilanzposten und eine sachgerechte Gliederung. Der Jahresabschluß muß nicht nur formal, sondern auch materiell ordnungsmäßig sein. Zu den Grundsätzen ordnungsmäßiger Bilanzierung, deren Verletzung über den Verweis auf § 243 Abs. 2 HGB ahndbar ist, gehören weiterhin die Bilanzidentität (§ 252 Abs. 1 HGB), die Bilanzkontinuität (§ 252 HGB) und der Grundsatz der Vorsicht (§ 252 Abs. 1 Nr. 4 HGB). Der Grundsatz der Klarheit und Übersichtlichkeit betrifft auch den Anhang. Es muß daher gefordert werden, daß z. B. die Erläuterungen den im Anhang erkennbaren Ordnungskriterien genügen, damit der Zusammenhang zwischen den erläuterten Posten und den Erläuterungen erkennbar ist.[56]

c) Sprache und Währungseinheit (§ 244 HGB)

43 Der Jahresabschluß ist gemäß § 244 HGB in deutscher Sprache und in der ab 1. 1. 1999 geltenden Fassung in Euro aufzustellen. Nach Art. 42 EGHGB ist die Neuregelung erstmals auf das nach dem 31. 12. 1998 endende Geschäftsjahr anwendbar. Der Jahresabschluß durfte letztmals für das im Jahre 2001 endende Geschäftsjahr in DM aufgestellt werden. Verstöße gegen § 244 HGB sind nach § 334 Abs. 1 Nr. 1 lit. a HGB bußgeldbewehrt.

d) Unterzeichnung (§ 245 HGB)

44 Der Jahresabschluß ist vom Kaufmann unter Angabe des Datums, d. h. von Tag, Monat und Jahr, zu unterzeichnen. Die Unterzeichnung hat höchstpersönlich zu erfolgen. Wenn mehrere Geschäftsführer oder Vorstandsmitglieder vorhanden sind, haben sie alle, unabhängig von der Vertretungsregelung in der Gesellschaft, zu unterzeichnen. Zu unterschreiben ist erst der festgestellte Jahresabschluß.[57] Wird hiergegen verstoßen, so kann dieses Verhalten mit Geldbuße geahndet werden.

---

53 *K. Schmidt* Handelsrecht § 15 I 4 c.

54 Blumers/Frick/Müller/*Dannecker* Betriebsprüfungshandbuch Rdn. 701; Heymann/*Otto* Rdn. 15; *Schüppen* S. 158; Scholz/*Tiedemann* Vor §§ 82 Rdn. 87; *de Weerth* S. 144 ff.

55 Näher dazu *Baumbach/Hopt* § 243 Rdn. 4.

56 *Wiedmann* Bilanzrecht § 243 Rdn. 10.

57 MünchKommHGB-*Ballwieser* § 245 Rdn. 5; ADS § 245 Rdn. 8; Beck BilKomm-*Budde/Kunz* § 245 Rdn. 3.

e) Vollständigkeit (§ 246 HGB)

Nach dem Vollständigkeitsgebot, das bezogen auf die Bilanzansätze eine Ausprägung des Grundsatzes der Bilanzwahrheit ist, muß der Jahresabschluß sämtliche Vermögensgegenstände, Schulden, Rechnungsabgrenzungsposten, Aufwendungen und Erträge enthalten, soweit gesetzlich nichts anderes bestimmt ist (§ 246 Abs. 1 HGB). Außerdem dürfen Posten der Aktivseite nicht mit Posten der Passivseite, Aufwendungen nicht mit Erträgen, Grundstücksrechte nicht mit Grundstückslasten verrechnet werden (§ 246 Abs. 2 HGB). Verstöße gegen § 246 Abs. 1 und 2 HGB können gemäß § 334 Abs. 1 Nr. 1 lit. a HGB mit Geldbuße geahndet werden. **45**

f) Inhalt der Bilanz (§ 247 HGB)

§ 247 HGB verlangt in Abs. 1 die Aufgliederung der Bilanz und gibt zur Mindestaufgliederung deren wichtigste Posten vor. Folgende Posten sind in der Bilanz gesondert auszuweisen: Anlagevermögen, Umlaufvermögen, Eigenkapital, Schulden, Rechnungsabgrenzungsposten. Allerdings ist die Aufzählung wegen nicht erwähnter Bilanzierungshilfen, Sonderposten, Korrekturposten zu Aktiva und Korrekturposten zu Passiva unvollständig.[58] Verstöße gegen die in § 247 Abs. 1 HGB genannten Posten können mit Geldbuße geahndet werden. Hingegen sind Verstöße gegen die nicht aufgezählten Posten nicht bußgeldbewehrt. **46**

g) Verrechnungsverbot (§ 248 HGB)

In § 248 HGB sind Bilanzierungsverbote normiert. Nach Abs. 1 dürfen Aufwendungen für die Gründung des Unternehmens und für die Beschaffung des Eigenkapitals nicht als Aktivposten in die Bilanz aufgenommen werden; das gleiche gilt nach Abs. 2 für immaterielle Vermögensgegenstände des Anlagevermögens, die nicht entgeltlich erworben wurden. Verstöße gegen diese Verrechnungsverbote können mit Geldbuße geahndet werden. **47**

h) Rückstellungen für ungewisse Verbindlichkeiten und drohende Verluste (§ 249 Abs. 1 S. 1 HGB)

Nach § 249 Abs. 1 S. 1 HGB sind Rückstellungen für ungewisse Verbindlichkeiten und für drohende Verluste aus schwebenden Geschäften zu bilden. Ein entsprechendes Unterlassen kann nach § 334 Abs. 1 S. 1 lit. a HGB mit Geldbuße geahndet werden. **48**

i) Rückstellungs- und Auflösungsverbot (§ 249 Abs. 3 HGB)

§ 249 Abs. 3 HGB verbietet andere als die in § 249 Abs. 1 und 2 HGB vorgesehenen Rückstellungen. Rückstellungen sind nur zulässig für ungewisse Verbindlichkeiten und für drohende Verluste aus schwebenden Geschäften sowie für im Geschäftsjahr unterlassene Aufwendungen für Instandhaltung oder Abraumbeseitigung (§ 249 Abs. 1 Nr. 1 HGB) und für Gewährleistungen, die ohne rechtliche Verpflichtung erbracht werden (§ 249 Abs. 1 Nr. 2 HGB). Gemäß § 249 Abs. 2 HGB sind Aufwandsrückstellungen zulässig, bei denen es sich um ihrer Eigenart nach genau umschriebene, dem Geschäftsjahr oder einem früheren Geschäftsjahr zuzuordnende Aufwendungen handelt, die am Abschlußstichtag wahrscheinlich oder sicher, aber hinsichtlich ihrer Höhe oder des Zeitpunkts ihres Eintritts unbestimmt sind. Werden sonstige Rück- **49**

---

[58] MünchKommHGB-*Ballwieser* § 247 Rdn. 1.

stellungen gebildet oder Rückstellungen aufgelöst, ohne daß der Grund für deren Bildung entfallen ist, kann dieses Verhalten mit Geldbuße geahndet werden.

j) Aktive und passive Rechnungsabgrenzungsposten (§ 250 Abs. 1 S. 1, Abs. 2 HGB)

50 § 250 Abs. 1 S. 1 HGB dient der periodengerechten Erfolgsermittlung für aktive Rechnungsabgrenzungsposten, d. h. für Ausgaben vor dem Bilanzstichtag, die einen Aufwand für eine bestimmte Zeit danach darstellen. Diese sind – entsprechend dem Vollständigkeitsgebot – zu aktivieren, sofern keine abweichenden Regelungen bestehen.[59] Passive Rechnungsabgrenzungsposten sind Einnahmen vor dem Abschlußstichtag, soweit sie Ertrag für eine bestimmte Zeit nachher darstellen. Sie unterliegen einem Passivierungszwang. Rechtsverstöße hiergegen können mit Geldbuße geahndet werden.

k) Vermerk über Haftungsverhältnisse (§ 251 HGB)

51 § 251 HGB enthält Berichtspflichten für Haftungsverhältnisse oder Eventualverbindlichkeiten, die unter der Bilanz angegeben werden müssen. Dadurch soll auf eventuelle Risiken in Form zukünftiger Vermögensbelastungen aufmerksam gemacht werden. Konstitutiv für die Vermerkpflicht ist, daß es sich weder um eine sichere noch um eine unsichere Verbindlichkeit handelt. Als Ort des Vermerks wird „unter der Bilanz" genannt.

52 Während Kaufleute die Haftungsverhältnisse in *einem* Betrag angeben können, müssen Kapitalgesellschaften jedes einzelne Haftungsverhältnis gesondert angeben (§ 268 Abs. 7 HGB). Da § 334 Abs. 1 lit. a HGB jedoch nur auf § 251 HGB und nicht auch auf § 268 Abs. 7 HGB verweist und letztere Vorschrift auch nicht zum Kernbestand der GoB gehört und deshalb nicht über § 243 Abs. 2 HGB erfaßt ist, kann ein Verstoß gegen diese Vorschrift nicht mit Geldbuße geahndet werden.

m) Erfordernis zusätzlicher Angaben im Anhang (§ 264 Abs. 2 HGB)

53 Weitergehende Konkretisierungen der GoB für Kapitalgesellschaften enthält § 264 Abs. 2 HGB: Der Jahresabschluß hat unter Beachtung und nicht nur im Rahmen der GoB **„ein den tatsächlichen Verhältnissen entsprechendes Bild der Vermögens-, Finanz- und Ertragslage"** zu vermitteln. Dieses Gebot bezieht sich nur auf den Jahresabschluß insgesamt, also auf die Bilanz, die Gewinn- und Verlustrechnung und den Anhang als Einheit, dagegen nicht auf jeden einzelnen Teil. Bei dieser „Generalnorm" der Rechnungslegung[60] handelt es sich um den aus dem englischen Recht stammenden Grundsatz des **true and fair view**, dem eine Vorrangwirkung zukommt.[61] Die Einführung dieses Grundsatzes bedeutet eine deutliche Akzentverschiebung im Bilanzrecht der Kapitalgesellschaften, denn es ist nicht nur ein Einblick in die Vermögens- und Ertragslage, sondern auch in die Finanzlage, d. h. die Finanzierung und insbesondere die zukünftige Liquidität der Gesellschaft, zu geben. Außerdem ist ein den tatsächlichen Verhältnissen entsprechendes Bild zu vermitteln. Dadurch wird die Bedeutung des Vorsichtsprinzips abgeschwächt, wenngleich es nach wie vor Geltung beansprucht (vgl. § 252 Abs. 1 Nr. 4 HGB). Der Gesetzgeber geht in § 264 Abs. 2 HGB von dem

---

[59] Vgl. dazu MünchKommHGB-*Ballwieser* § 250 Rdn. 8 ff.

[60] So *Ludewig* AG 1987, 12.

[61] *Clausen* in Festschrift für Goerdeler, S. 82; *Kloos* S. 129 f.

Grundsatz aus, daß sich das den tatsächlichen Verhältnissen entsprechende Bild schon aus dem Jahresabschluß ergibt, wenn dieser entsprechend den Vorschriften der §§ 238ff HGB und anderer Rechtsnormen sowie unter Beachtung der GoB aufgestellt ist. Wenn der Gesetzgeber daneben den Grundsatz des true and fair view normiert, so ist dieser in erster Linie eine Auslegungshilfe für lückenhafte und auslegungsbedürftige Einzelnormen, insbesondere für den Anhang als ein Korrektiv des Zahlenwerks der Bilanz und der Gewinn- und Verlustrechnung zu verstehen.[62] Der Grundsatz des true and fair view vermag allein aus systematischen Gründen – Vorrang der spezialgesetzlichen Regelungen vor der Generalnorm – nicht eine Abweichung von einer gesetzlichen Bilanzierungsvorschrift zu rechtfertigen.

Im Hinblick darauf, daß der Aussagekraft des Jahresabschlusses insbesondere wegen der Geltung der Bilanzierungsgrundsätze und der Stichtagsbezogenheit der Bilanz Grenzen gesetzt sind, verlangt § 264 Abs. 2 HGB **zusätzliche Angaben im Anhang**, wenn besondere Umstände dazu führen, daß der Jahresabschluß kein den tatsächlichen Verhältnissen entsprechendes Bild vermittelt. Dies ist z. B. dann der Fall, wenn schwebende Verpflichtungen bestehen, da diese nicht aus der Bilanz ersichtlich sind. Ebenso kann bei steigenden Preisen wegen der Geltung des strengen Anschaffungskostenprinzips die Vermögenslage nicht richtig dargestellt werden. Wenn am Jahresende Vorräte mit Rücknahmeverpflichtungen verkauft oder die Verkaufs- oder Einkaufsbemühungen eingeschränkt wurden, kann die Stichtagsbezogenheit der Bilanz ergänzende Ausführungen im Anhang erfordern. Auch eine geschickte Wahl des Stichtages kann bei Saisonbetrieben dazu führen, daß die Vermittlung der tatsächlichen Verhältnisse nur durch Ergänzungen im Anhang gewährleistet werden kann. **54**

Die Generalnorm des § 264 Abs. 2 HGB zielt auf die Gesamtaussage des Jahresabschlusses ab. Hierbei sind Gesamttendenzen aufzuzeigen, Auslegungsfragen zu erörtern und auftretende Lücken zu schließen, um ein den „tatsächlichen Verhältnissen entsprechendes" Gesamtbild zu geben. Der Jahresabschluß darf insgesamt nicht irreführend sein. Ein Verstoß gegen § 264 Abs. 2 HGB führt daher stets zu einer unrichtigen Wiedergabe oder Verschleierung der Verhältnisse und damit zur **Strafbarkeit nach § 331 Nr. 1 HGB** (§ 331 Rdn. 42). Dies hat zur Folge, daß dem **Ordnungswidrigkeitentatbestand** des § 334 Abs. 1 HGB, der zu dem Straftatbestand **subsidiär** ist (§ 21 Abs. 1 S. 1 OWiG), keine praktische Bedeutung zukommt.[63] **55**

2. Zuwiderhandlungen gegen Vorschriften über die Bewertung (§ 334 Abs. 1 Nr. 1 lit. b HGB)

§ 334 Abs. 1 Nr. 1 lit. b HGB droht Geldbußen für den Fall an, daß (vorsätzlich) gegen eine der folgenden Bewertungsvorschriften verstoßen wird, betreffend **56**
- Wertansätze für Vermögensgegenstände gemäß § 253 Abs. 1 S. 1 HGB in Verbindung mit § 255 Abs. 1 oder Abs. 2 S. 1 oder 6 HGB,
- Wertansätze für Verbindlichkeiten, Rentenverpflichtungen und Rückstellungen gemäß § 253 Abs. 1 S. 2 HGB,
- Minderungen der Anschaffungs- und Herstellungskosten für das Anlagevermögen aus planmäßigen Abschreibungen gemäß § 253 Abs. 2 S. 1 und 2 HGB,
- außerplanmäßige Abschreibungen gemäß § 253 Abs. 2 S. 3 HGB mit der Beschränkung des § 279 Abs. 1 S. 2 HGB, wonach § 253 Abs. 2 S. 3 HGB, wenn es sich nicht um eine voraussichtlich dauernde Wertminderung handelt, nur auf Vermögensgegenstände, die Finanzanlagen sind, angewendet werden darf,

---

[62] *Baumbach/Hopt* § 264 Rdn. 14.

[63] *Schüppen* S. 210 f.

- Abschreibungen bei Vermögensgegenständen des Umlaufvermögens und Zeitpunkt der Wertfestsetzung (§ 253 Abs. 3 S. 1 oder 2 HGB),
- das Wertaufholungsgebot bei Wegfall früherer Abschreibungsgründe gemäß § 280 Abs. 1 HGB,
- die Abschreibung der Aufwendungen für die Ingangsetzung und die Erweiterung des Geschäftsbetriebs gemäß § 282 HGB,
- den Wertansatz des Eigenkapitals gemäß § 283 HGB.

Auch hier kann ein tatbestandsmäßiges Verhalten nur bejaht werden, wenn eine eindeutig unvertretbare Bewertung vorliegt.[64] Während jedoch die Auswirkung der unzutreffenden Bewertung bei § 331 HGB erheblich sein muß (§ 331 Rdn. 43), damit eine Strafbarkeit vorliegt, reicht für die Ordnungswidrigkeitentatbestände des § 334 Abs. 1 lit. b HGB ein **Formalverstoß** aus, auch wenn die Falschbewertung in bezug auf den Jahresabschluß nicht erheblich ist. Selbst geringfügige Über- und Unterbewertungen sind mit Geldbuße ahndbar, sofern die Über- oder Unterschreitung eindeutig ist.[65]

3. Zuwiderhandlungen gegen Vorschriften über die Gliederung von Bilanz und GuV (§ 334 Abs. 1 Nr. 1 lit. c HGB)

57 § 334 Abs. 1 Nr. 1 lit. c HGB stellt die Verletzung von Vorschriften über die Gliederung von Bilanz und GuV unter Bußgeldandrohung. Im Einzelnen handelt es sich um folgende Pflichten:
- Angabe entsprechender Beträge des vorhergehenden Geschäftsjahrs bei jedem Bilanzposten gemäß § 265 Abs. 2 HGB,
- Vermerk der Mitzugehörigkeit zu anderen Posten und Ausweis eigener Anteile gemäß § 265 Abs. 3 HGB,
- Gliederung und Ergänzung bei mehreren Geschäftszweigen gemäß § 265 Abs. 4 HGB,
- Änderung von Gliederung und Bezeichnung der einzelnen Posten zum Zweck der Klarheit und Übersichtlichkeit bei Besonderheiten der Kapitalgesellschaft gemäß § 265 Abs. 6 HGB,
- Gliederung der Bilanz gemäß § 266 HGB,
- Darstellung der Entwicklung des Anlagevermögens und des Postens „Aufwendungen für die Ingangsetzung und Erweiterung des Geschäftsbetriebs“ gemäß § 268 Abs. 2 HGB,
- Ausweis eines nicht durch Eigenkapital gedeckten Fehlbetrags gemäß § 268 Abs. 3 HGB,
- Vermerk des Betrags von Forderungen mit bestimmten Restlaufzeiten gemäß § 268 Abs. 4 HGB,
- Vermerk des Betrags von Verbindlichkeiten mit bestimmten Restlaufzeiten gemäß § 268 Abs. 5 HGB,
- gesonderter Ausweis eines Disagios im aktiven Rechnungsabgrenzungsposten gemäß § 268 Abs. 6 HGB,
- gesonderter Ausweis von Haftungsverhältnissen gemäß § 251 HGB gegenüber verbundenen Unternehmen gemäß § 268 Abs. 7 HGB,
- Ausweis des Eigenkapitals gemäß § 272 HGB,

---

[64] Siehe oben Rdn. 37; ebenso Blumers/Frick/Müller/*Dannecker* Betriebsprüfungshandbuch Rdn. 701; Heymann/*Otto* Rdn. 16; Baumbach/Hueck/*Schulze-Osterloh* Anh. § 82 Rdn. 6; Scholz/*Tiedemann* Vor §§ 82 ff Rdn. 87.

[65] MünchKommHGB-*Quedenfeld* § 334 Rdn. 22.

- Ausweis des Sonderpostens mit Rücklageanteil gemäß § 273 HGB,
- gesonderter Ausweis von Rückstellungen für voraussichtliche Steuerbelastungen gemäß § 274 Abs. 1 HGB,
- Gliederung der GuV gemäß § 275 HGB,
- Ausweis bestimmter Posten der Gewinn- und Verlustrechnung gemäß § 277 HGB.

Während beim Verschleiern im Rahmen des Straftatbestandes des § 331 HGB ein **58** erheblicher Rechtsverstoß vorliegen muß (§ 331 Rdn. 48), ist dies bei dem Ordnungswidrigkeitentatbestand des § 334 Abs. 1 Nr. 1 lit. c HGB nicht erforderlich.[66] Jedoch muß ein eindeutiger Verstoß vorliegen (Rdn. 56).

4. Zuwiderhandlungen gegen Vorschriften über in der Bilanz oder im Anhang zu machende Angaben (§ 334 Abs. 1 Nr. 1 lit. d HGB)

§ 334 Abs. 1 Nr. 1 lit. d HGB bedroht die Verletzung der Vorschriften über sonstige **59** Angaben in der Bilanz oder im Anhang mit Geldbuße, nämlich
- die Angabe der aus steuerlichen Gründen unterlassenen Zuschreibungen im Anhang gemäß § 280 Abs. 3 HGB,
- die Angabe der Vorschriften, nach denen die Wertberichtigung gebildet wurde, gemäß § 281 Abs. 1 S. 2 HGB,
- die Auflösung von Wertberichtigungen in bestimmten Fällen gemäß § 281 Abs. 1 S. 3 HGB,
- die Angabe der allein nach steuerrechtlichen Vorschriften vorgenommenen Abschreibungen, soweit nicht aus Bilanz oder GuV ersichtlich, gemäß § 281 Abs. 2 S. 1 HGB,
- die Erläuterungen zur Bilanz und zur GuV gemäß § 284 HGB,
- sonstige Pflichtangaben im Anhang gemäß § 285 HGB.

Kein tatbestandsmäßiges Verhalten liegt vor, wenn nach § 286 Abs. 2 oder 3 HGB **60** der Täter die Aufgliederung der Umsatzerlöse nach § 285 Abs. 4 HGB oder die Angabe des Eigenkapitals und des Jahresergebnisses unterlassen durfte.[67]

III. Zuwiderhandlungen bei der Aufstellung des Konzernabschlusses (§ 334 Abs. 1 Nr. 2 HGB)

Die Bußgeldtatbestände des § 334 Abs. 1 Nr. 2 lit. a bis f HGB betreffen den Konzern- **61** abschluß und erfassen Zuwiderhandlungen gegen die Vorschriften über den Konsolidierungskreis, den Inhalt und die Form, die Konsolidierungsgrundsätze und das Vollständigkeitsgebot, die Bewertung, die Behandlung assoziierter Unternehmen und die im Anhang zu machenden Angaben bei der Aufstellung des Konzernabschlusses.

1. Zuwiderhandlungen gegen Vorschriften über den Konsolidierungskreis (§ 334 Abs. 1 Nr. 2 lit. a HGB)

Die Bußgeldvorschrift des § 334 Abs. 1 Nr. 2 lit. a HGB verweist auf die Vorschrift **62** des § 294 Abs. 1 HGB, nach der in den Konzernabschluß das Mutterunternehmen und alle Tochterunternehmen ohne Rücksicht auf den Sitz der Tochterunternehmen einzubeziehen sind („**Prinzip des Weltabschlusses**"), sofern die Einbeziehung nicht nach

---

[66] MünchKommHGB-*Quedenfeld* § 334 Rdn. 24.
[67] Erbs/Kohlhaas/*Schaal* Rdn. 15; MünchKommHGB-*Quedenfeld* Rdn. 26; Heymann/*Otto* Rdn. 18; Scholz/*Tiedemann* Vor §§ 82ff Rdn. 87.

den §§ 295, 296 HGB unterbleiben darf. Wer als Mitglied des vertretungsberechtigten Organs oder des Aufsichtsrats bei Aufstellung des Konzernabschlusses gegen diese Vorschriften verstößt, kann mit Geldbuße belegt werden.

2. Zuwiderhandlungen gegen Vorschriften über Form und Inhalt (§ 334 Abs. 1 Nr. 2 lit. b HGB)

63 § 334 Abs. 1 Nr. 2 lit. b verweist auf Vorschriften über Inhalt und Form des Konzernabschlusses und droht für die Verletzung folgender Pflichten Geldbußen an:
- Klarheit und Übersichtlichkeit des Konzernabschlusses und Erfordernis zusätzlicher Angaben im Konzernanhang gemäß § 297 Abs. 2 HGB,
- Darstellung der Vermögens-, Finanz- und Ertragslage als wirtschaftliche Einheit sowie Angabe und Begründung von Ausnahmefällen im Konzernanhang gemäß § 297 Abs. 3 HGB,
- Sprache und Währungseinheit gemäß § 298 Abs. 1 HGB in Verbindung mit § 244 HGB,
- die Unterzeichnung gemäß § 298 Abs. 1 HGB in Verbindung mit § 245 HGB,
- die Vollständigkeit gemäß § 298 Abs. 1 HGB in Verbindung mit § 246 Abs. 1 HGB,
- das Verrechnungsverbot gemäß § 298 Abs. 1 HGB in Verbindung mit § 246 Abs. 2 HGB,
- Inhalt der Bilanz gemäß § 298 Abs. 1 HGB in Verbindung mit § 247 HGB,
- Bilanzierungsverbote gemäß § 298 Abs. 1 HGB in Verbindung mit § 248 HGB,
- Rückstellungen für ungewisse Verbindlichkeiten und drohende Verluste aus schwebenden Geschäften gemäß § 298 Abs. 1 HGB in Verbindung mit § 249 Abs. 1 S. 1 HGB,
- Rückstellungsverbot gemäß § 298 Abs. 1 HGB in Verbindung mit § 249 Abs. 3 S. 1 HGB,
- aktive Rechnungsabgrenzungsposten gemäß § 298 Abs. 1HGB in Verbindung mit § 250 Abs. 1 S. 1 HGB,
- passive Rechnungsabgrenzungsposten gemäß § 298 Abs. 1 HGB in Verbindung mit § 250 Abs. 2 HGB,
- Vermerk der Haftungsverhältnisse unter der Bilanz gemäß § 298 Abs. 1 HGB in Verbindung mit § 251 HGB.

Wenn es sich um einen schwerwiegenden Verstoß handelt, wird in der Regel zugleich der Straftatbestand des § 331 Nr. 2 HGB verwirklicht sein (§ 331 Rdn. 80). Die Ordnungswidrigkeit tritt dann gemäß § 21 Abs. 1 S. 1 OWiG hinter dem Straftatbestand zurück (Rdn. 100).

3. Zuwiderhandlungen gegen Vorschriften über Konsolidierungsgrundsätze und das Vollständigkeitsgebot (§ 334 Abs. 1 Nr. 2 lit. c HGB)

64 § 334 Abs. 1 Nr. 2 lit. c HGB verweist auf die Vorschrift des § 300 HGB über die Konsolidierungsgrundsätze und das Vollständigkeitsgebot. Ziel des Konsolidierungsverfahrens ist es, den Konzern so darzustellen, als ob die einzelnen Unternehmen ein einziges Unternehmen wären. Hierbei sind alle Vermögensgegenstände, Schulden, Rechnungsabgrenzungsposten, Bilanzierungshilfen und Sonderposten der Tochterunternehmen vollständig einzubeziehen. Wird gegen eine dieser Pflichten verstoßen, so kann eine Geldbuße verhängt werden.

4. Zuwiderhandlungen gegen Vorschriften über die Bewertung (§ 334 Abs. 1 Nr. 2 lit. d HGB)

§ 334 Abs. 1 Nr. 2 lit. d HGB verweist auf die Vorschrift des § 308 Abs. 1 S. 1 HGB in Verbindung mit den in § 334 Abs. 1 lit. b HGB (Rdn. 56) bezeichneten Vorschriften über die Bewertung der Vermögensgegenstände und Schulden der Tochterunternehmen nach den Bewertungsmethoden des Jahresabschlusses für das Mutterunternehmen. Weiterhin wird § 308 Abs. 2 HGB über die Neubewertung nach der Bewertungsmethode des Konzernabschlusses bei abweichenden Bewertungsmethoden im Jahresabschluß des Mutterunternehmens oder des Tochterunternehmens in Bezug genommen. Wenn gegen eine dieser Pflichten verstoßen wird, kann eine Geldbuße verhängt werden. 65

5. Zuwiderhandlungen gegen Vorschriften über die Behandlung assoziierter Unternehmen (§ 334 Abs. 1 Nr. 2 lit. e HGB)

§ 334 Abs. 1 Nr. 2 lit. e HGB verweist auf § 311 Abs. 1 S. 1 HGB, der in Verbindung mit § 312 HGB die Behandlung assoziierter Unternehmen in der Konzernbilanz regelt. Hiernach ist, wenn von einem in den Konzernabschluß einbezogenen Unternehmen ein maßgeblicher Einfluß auf die Geschäfts- und Finanzpolitik eines nicht einbezogenen Unternehmens ausgeübt wird, diese Beteiligung in der Konzernbilanz unter einem besonderen Posten mit entsprechender Bezeichnung auszuweisen. Wird hiergegen verstoßen, so kann eine Geldbuße verhängt werden. 66

6. Zuwiderhandlungen gegen Vorschriften über die Angaben im Konzern-Anhang (§ 334 Abs. 1 Nr. 2 lit. f HGB)

§ 334 Abs. 1 Nr. 2 lit. f HGB verweist auf die Vorschriften über die im Anhang zu machenden Angaben über Abweichungen von den im Jahresabschluß des Mutterunternehmens angewendeten Bewertungsmethoden gemäß § 308 Abs. 1 S. 3 HGB, über Erläuterungen zur Konzernbilanz und zur Konzern-GuV und Angaben zum Beteiligungsbesitz gemäß § 313 HGB sowie über sonstige Pflichtangaben gemäß § 314 HGB. Wenn gegen eine dieser Pflichten verstoßen wird, kann eine Geldbuße verhängt werden. 67

IV. Zuwiderhandlungen bei der Aufstellung des Lageberichts und des Konzernlageberichts (§ 334 Abs. 1 Nrn. 3 und 4 HGB)

Die Bußgeldtatbestände des § 334 Abs. 1 Nrn. 3 und 4 HGB erfassen Zuwiderhandlungen gegen die Vorschriften, welche die Aufstellung des Lageberichts und des Konzernlageberichts betreffen (§§ 289 Abs. 1, 315 Abs. 1 HGB). Nach § 289 Abs. 1 HGB ist der Geschäftsverlauf und die Lage der Kapitalgesellschaft so darzustellen, daß ein den tatsächlichen Verhältnissen entsprechendes Bild vermittelt wird. Hierbei ist auch auf die Risiken der künftigen Entwicklung einzugehen. Als Maßstab dient der sachkundige, d. h. bilanzkundige Leser.[68] Erst wenn sich dieser Leser in angemessener Zeit kein den tatsächlichen Verhältnissen entsprechendes Bild machen kann, liegt eine Ordnungswidrigkeit vor.[69] Wenn es sich um einen schwerwiegenden Verstoß handelt, 68

---

[68] *Klussmann* S. 51f; MünchKommHGB-*Quedenfeld* Rdn. 34; Scholz/*Tiedemann* Vor §§ 82 Rdn. 78.

[69] Erbs/Kohlhaas/*Schaal* Rdn. 29; Beck BilKomm-*Budde/Hense* Rdn. 15.

wird in der Regel zugleich der Straftatbestand des § 331 Nr. 2 HGB verwirklicht sein (§ 331 Rdn. 80). Die Ordnungswidrigkeit tritt dann gemäß § 21 Abs. 1 S. 1 OWiG hinter dem Straftatbestand zurück (Rdn. 100).

V. Zuwiderhandlungen bei der Offenlegung, Veröffentlichung oder Vervielfältigung (§ 334 Abs. 1 Nr. 5 HGB)

69 § 334 Abs. 1 Nr. 5 HGB bezieht sich auf die Publizitätserfordernisse – Form und Inhalt der Unterlagen bei der Offenlegung, Veröffentlichung und Vervielfältigung des Jahresabschlusses und Konzernabschlusses – nach § 328 HGB, der in Übereinstimmung mit Art. 48 und 49 der vierten EG-Richtlinie[70] und dem darauf verweisenden Art. 38 Abs. 5 der siebten EG-Richtlinie[71] nicht zwischen Jahres- und Konzernabschluß differenziert. Während Verstöße bei erfolgter Offenlegung mit einer Geldbuße geahndet werden können, kann gegen das vertretungsberechtigte Organ, das die Offenlegung gänzlich unterlassen hat, nur ein Ordnungsgeld nach § 335a HGB verhängt werden.

VI. Zuwiderhandlungen gegen eine aufgrund des § 330 Abs. 1 S. 1 HGB erlassene Rechtsverordnung über Formblätter (§ 334 Abs. 1 Nr. 6 HGB)

70 Nach § 334 Abs. 1 Nr. 6 HGB begeht eine Ordnungswidrigkeit, wer entgegen einer auf Grund des § 330 HGB erlassenen Rechtsverordnung des Bundesministers der Justiz über Formblätter und Gliederungsvorschriften für bestimmte Geschäftszweige handelt, soweit in der Rechtsverordnung auf § 334 Abs. 1 Nr. 6 HGB verwiesen wird.[72] Hierbei handelt es sich um ein echtes Blankett-Gesetz (Rdn. 21).

VII. In § 334 Abs. 1 HGB nicht in Bezug genommene Regelungen

71 § 334 HGB verweist nur auf bestimmte Vorschriften der §§ 242ff HGB, während zahlreiche andere Vorschriften nicht in Bezug genommen werden (zur Einbeziehung der Bilanzierungsgrundsätze in den Anwendungsbereich des § 334 Abs. 1 Nr. 1 HGB vgl. Rdn. 38ff).[73] Der Verzicht auf eine Sanktionierung kann auf verschiedene Gründe zurückgeführt werden, die im folgenden dargestellt werden.

1. Vorschriften betreffend Legaldefinitionen, Befreiungen, Erleichterungen und Wahlrechten

72 Vorschriften, die lediglich Definitionen enthalten, sowie solche, die Befreiungen, Erleichterungen oder Wahlrechte enthalten, sind **keine Verbots- oder Gebotsnormen** und können daher nicht bußgeldbewehrt werden. Wenn die Voraussetzungen einer Befreiung oder Erleichterung nicht vorliegen, kommt ein Verstoß gegen die Grundnorm in Betracht, sofern diese bußgeldbewehrt ist.

---

[70] 78/660/EWG, ABl. 1978 L 222 vom 14.8.1978 S. 11ff.

[71] 83/349/EWG, ABl. 1983 L 193 vom 18.7.1983, S. 1ff.

[72] Siehe dazu § 330 Rdn. 70, 80.

[73] Siehe die Zusammenstellung bei Beck BilKomm-*Budde/Hense* Rdn. 25.

Wenn die Pflichten, die an die Inanspruchnahme einer Befreiung, Erleichterung oder eines Wahlrechts geknüpft werden, erst in den Folgejahren nicht eingehalten werden, besteht zwar ein Sanktionsbedürfnis. Da § 334 HGB jedoch keine entsprechende Regelung enthält, kann ein solches Verhalten nicht geahndet werden (Art. 103 Abs. 2 GG).[74] 73

2. Vorschriften mit Pflichten für nicht-sonderpflichtige Personen

Soweit Vorschriften der §§ 242ff HGB Pflichten für Personen enthalten, die nicht Mitglieder des vertretungsberechtigten Organs oder des Aufsichtsrats einer Kapitalgesellschaft oder aber Abschlußprüfer sind, werden diese Vorschriften von § 334 HGB nicht in Bezug genommen, da die Adressaten solcher Normen nicht Täter des § 334 HGB sein können (Rdn. 23f). 74

3. Bestimmungen, die durch § 334 HGB in Bezug genommene Vorschriften konkretisieren oder ausfüllen

Eine Reihe von Bestimmungen dienen lediglich der **Konkretisierung bußgeldbewehrter Vorschriften**, insbesondere der Konkretisierung des **§ 243 Abs. 1 und 2 HGB,** der durch § 334 Abs. 1 Nr. 1 lit. a HGB in Bezug genommen wird. Daher sind diese Verstöße als Verletzung der Grundnorm des § 243 HGB bußgeldbewehrt.[75] 75

Gleiches gilt für Verstöße gegen **§§ 284 Abs. 1 und 313 Abs. 1 HGB,** die für den Anhang eine Art Blankettverweisung enthalten.[76] Sie nehmen sämtliche Normen über die Pflichtangaben im (Konzern-)Anhang in Bezug.[77] Weiterhin verweist das in § 284 Abs. 1 HGB enthaltene Merkmal der „Angaben ..., die zu den einzelnen Posten der Bilanz oder der Gewinn- und Verlustrechnung vorgeschrieben" sind, auf die §§ 268 Abs. 1, 269, 274 Abs. 2, 281 Abs. 2 S. 2, 287 HGB für den Jahresabschluß. Das in § 313 Abs. 1 HGB enthaltene Merkmal der „Angaben ..., die zu einzelnen Posten der Konzernbilanz oder der Konzern-Gewinn- und Verlustrechnung vorgeschrieben" sind, bezieht sich auf die §§ 295 Abs. 3, 299 Abs. 1, 301 Abs. 2 und 3, 306 HGB für den Konzernabschluß. § 284 Abs. 1 HGB verweist mit seinem Erfordernis, daß „Angaben ..., die im Anhang zu machen sind, weil sie in Ausübung eines Wahlrechts nicht in die Bilanz oder in die Gewinn- und Verlustrechnung aufgenommen wurden," inhaltlich auf § 286 Abs. 3 S. 3 HGB für den Jahresabschluß. Gleiches gilt beim Konzernabschluß für das entsprechende Erfordernis in § 313 Abs. 1 HGB, der inhaltlich auf die §§ 296 Abs. 3, 302 Abs. 3 und 304 Abs. 2 HGB Bezug nimmt. Daher sind Verstöße gegen diese Vorschriften als Verletzung der Grundnorm (§ 284 Abs. 1 oder § 313 Abs. 1 HGB) bußgeldbewehrt. 76

4. Ahndungslücken

Unter systematischen Erwägungen ist es fragwürdig, wenn in § 334 Abs. 1 Nr. 1 lit. b HGB nur auf § 279 Abs. 1 S. 2 HGB und nicht auch auf § 279 Abs. 1 S. 1 HGB verwiesen wird. Beide Vorschriften verfolgen das Ziel, die Bildung stiller Reserven zu erschweren, um den Interessen der Anteilseigner an der Gewinnausschüttung Rechnung zu tragen. Während das Verbot des § 279 Abs. 1 S. 2 HGB – betreffend die außerplanmäßige Abschreibung anderer Anlagegüter als Finanzanlagen – bußgeld- 77

---

[74] Beck BilKomm-*Budde/Hense* Rdn. 18.
[75] Beck BilKomm-*Budde/Hense* Rdn. 21.
[76] Beck BilKomm-*Budde/Hense* Rdn. 11.
[77] Vgl. die Zusammenstellung oben Rdn. 59 sowie bei MünchKommHGB-*Ellrott* § 284 Rdn. 40; § 313 Rdn. 34.

bewehrt ist, bleibt der Verstoß gegen das Verbot der **Abschreibung im Rahmen vernünftiger kaufmännischer Beurteilung** (§ 279 Abs. 2 S. 1 HGB) sanktionslos, da die Bußgeldnorm auf diese Vorschrift nicht verweist. Hierin liegt ein Wertungswiderspruch,[78] der allerdings nur selten von praktischer Bedeutung sein wird, weil ein Verstoß gegen § 279 Abs. 1 S. 1 HGB in der Regel eine unrichtige Wiedergabe der Verhältnisse der Kapitalgesellschaft im Sinne von § 331 Nr. 1 HGB darstellt, sofern der Verstoß nicht geringfügig ist.[79]

78 Eine Zweifelsfrage entsteht durch den Verweis des § 331 Abs. 1 Nr. 1 lit. a HGB auf § 264 Abs. 2 HGB. Letztere Vorschrift gebietet, in dem Jahresabschluß ein den tatsächlichen Verhältnissen entsprechendes Bild der Gesellschaft zu vermitteln. Wenn besondere Umstände dazu führen, daß der Jahresabschluß ein solches Bild nicht vermittelt, sind gemäß § 264 Abs. 2 S. 2 HGB **zusätzliche Angaben im Anhang** zu machen. Der Verweis auf § 264 Abs. 2 HGB ist jedoch nur in § 334 Abs. 1 Nr. 1 lit. a HGB enthalten, der allein Verstöße „über Form oder Inhalt" sanktioniert. Verstöße gegen die im Anhang zu machenden Angaben werden in § 334 Abs. 1 Nr. 1 lit. d HGB benannt, jedoch wird hier gerade nicht auf § 264 Abs. 2 S. 2 HGB verwiesen. Damit ist § 264 Abs. 2 S. 2 HGB nicht in den Katalog bußgeldbewehrter Verstöße aufgenommen. Diese Ahndbarkeitslücke erscheint willkürlich[80] und dürfte auf einem Versehen des Gesetzgebers beruhen. Allerdings kommt auch diese Ahndbarkeitslücke nur dann zum Tragen, wenn die fehlenden Angaben im Anhang nicht ohnehin nach § 331 Nr. 1 HGB strafbar sind. Strafbarkeit setzt voraus, daß die Verhältnisse der Kapitalgesellschaft in erheblicher Weise unrichtig wiedergegeben sind (§ 331 Rdn. 43, 48). Nur geringfügige Verstöße bleiben damit sanktionslos.

VIII. Vollendung und Beendigung der Handlung

79 Der Versuch ist nicht ahndbar (§ 13 Abs. 2 OWiG). Daher muß es zur Vollendung der Handlung gekommen sein, damit Ahndbarkeit vorliegt.

1. Aufstellen des Jahres- oder Konzernabschlusses, des Lageberichts oder Konzernlageberichts bzw. Feststellung des Jahresabschlusses (§ 334 Abs. 1 Nrn. 1 bis 4 HGB)

80 Die Handlung erfolgt in den Fällen des § 334 Abs. 1 Nrn. 1 bis 4 HGB während des Aufstellens des Jahresabschlusses, Konzernabschlusses, Lageberichts oder Konzernlageberichts bzw. bei der Feststellung des Jahresabschlusses.

a) Aufstellen

aa) Vollendung

81 Unstreitig ist das Aufstellen eines Abschlusses oder Lageberichts dann vollendet, wenn die Ergebnisse der Buchführung in den Jahresabschluß oder Lagebericht übernommen werden.[81] Umstritten ist hingegen, ob bereits die vorbereitenden Abschlußbuchungen zur Vollendung des Delikts führen. Nach dem Gesetzeswortlaut kommt es jedoch auf das Aufstellen des Abschlusses an. Die dem Aufstellen vorausgehenden

---

[78] Beck BilKomm-*Budde/Hense* Rdn. 24.
[79] Siehe dazu oben § 331 Rdn. 43.
[80] Beck BilKomm-*Budde/Hense* Rdn. 24.
[81] Erbs/Kohlhaas/*Schaal* Rdn. 36; MünchKomm-HGB-*Quedenfeld* Rdn. 47.

Abschlußbuchungen sind daher nicht erfaßt und als reine Vorbereitungshandlungen sanktionslos.[82] Dies bedeutet, daß derjenige, der bei der Buchführung gegen die GoB verstößt, erst mit der **Übernahme der Buchführungsergebnisse in den Jahresabschluß** die Ordnungswidrigkeit des § 334 Abs. 1 Nr. 1 lit. a HGB begeht.[83] Hiergegen wendet sich *de Weerth* mit der Begründung, zum einen würden im Rahmen der vorbereitenden Abschlußbuchungen durch positives Tun die Fehler bewußt gemacht, die zu einem nicht den gesetzlichen Vorschriften entsprechenden Jahresabschluß führen müßten, und zum anderen wäre es mit dem Charakter der Tatbestände des § 334 HGB als Tätigkeitsdelikt unvereinbar, wenn durch das Abstellen auf die Verbuchung der abgeschlossenen Konten der Schwerpunkt der Handlung auf das Unterlassen der Richtigstellung des vorangegangenen Tuns gelegt würde. Diese weite Vorverlagerung der Ahndbarkeit sei vertretbar, da es schwer sei, einen im Rahmen der vorbereitenden Abschlußbuchungen gemachten Fehler wieder aufzudecken.[84] Unabhängig davon, ob diese weitgehende Vorverlagerung im Hinblick auf die Ahndungsbedürftigkeit vertretbar ist, stehen dieser Auffassung der eindeutige Wortlaut des Gesetzes (Art. 103 Abs. 2 GG) und die vom Gesetzgeber nicht angeordnete Versuchsahndbarkeit entgegen.

bb) Beendigung

Beendigung der Handlung liegt mit dem Ende des Aufstellens, d. h. dem Vorlegen des Jahresabschlusses, Konzernabschlusses, Lageberichts bzw. Konzernlageberichts gegenüber den für die Feststellung zuständigen Organen vor.[85] **82**

b) Feststellen

Die Feststellung des Jahresabschlusses ist ein rechtsgeschäftlicher Akt, der durch die Willenserklärung der zuständigen Person(en) zustande kommt. **Vollendung** liegt beispielsweise vor, wenn ein Aufsichtsratsmitglied im Rahmen der Bilanzfeststellung in pflichtwidriger Weise abstimmt.[86] Mit dem Zustandekommen des Beschlusses ist die Handlung **beendet**.[87] **83**

2. Offenlegen, Veröffentlichen oder Vervielfältigen (§ 334 Abs. 1 Nr. 5 HGB)

Die Nichteinhaltung der Vorschriften des § 328 HGB muß bei der Offenlegung, Veröffentlichung oder Vervielfältigung erfolgen. Der Tatbestand ist erst bei Publizierung in einer der drei genannten Arten **vollendet** und zugleich **beendet**.[88] **84**

3. Verstoß gegen eine Formblatt-Verordnung (§ 334 Abs. 1 Nr. 6 HGB)

Die Vollendung bestimmt sich nach der jeweiligen Rechtsverordnung. Ein Verstoß gegen eine Formblatt-Verordnung ist mit der unrichtigen oder unvollständigen Eintragung in das Formblatt sowohl **vollendet** als auch **beendet**.[89] **85**

---

[82] MünchKommHGB-*Quedenfeld* Rdn. 47; a. A. *de Weerth* S. 130.
[83] Erbs/Kohlhaas/*Schaal* Rdn. 36; MünchKommHGB-*Quedenfeld* Rdn. 47.
[84] *de Weerth* S. 126 f.
[85] MünchKommHGB-*Quedenfeld* Rdn. 47; *de Werth* S. 130.
[86] MünchKommHGB-*Quedenfeld* Rdn. 48.
[87] Erbs/Kohlhaas/*Schaal* Rdn. 36f; MünchKommHGB-*Quedenfeld* Rdn. 48; *de Weerth* S. 132f.
[88] MünchKommHGB-*Quedenfeld* Rdn. 49.
[89] MünchKommHGB-*Quedenfeld* Rdn. 50.

C. Die Tatbestände des § 334 Abs. 2 HGB

86 Die Bußgeldvorschrift des § 334 Abs. 2 HGB erfaßt Bestätigungsvermerke nach § 322 HGB zu einem Jahresabschluß oder einem Konzernabschluß, die nach gesetzlichen Vorschriften zu prüfen sind und die ein Abschlußprüfer erteilt, dessen Unabhängigkeit aufgrund eines der im Gesetz genannten Ausschlußgründe (§ 319 Abs. 2 und 3 HGB) gefährdet ist.

I. Täterkreis

1. Täter des § 334 Abs. 2 HGB

87 § 334 Abs. 2 HGB bezieht sich allein auf unternehmensfremde Täter, nämlich die **Abschlußprüfer.**[90] Nur sie können die Handlungen des Abs. 2 als Täter verwirklichen. Dies ergibt sich zwar nicht unmittelbar aus § 334 Abs. 2 HGB, wohl aber aus den in Bezug genommenen Normen des § 319 Abs. 2 und 3 HGB, welche die Eigenschaft des Täters als Abschlußprüfer nach § 319 Abs. 1 HGB voraussetzen. Diese Tatbestände können naturgemäß nicht in der Person von Gehilfen eines Abschlußprüfers verwirklicht werden, da diese keinen Bestätigungsvermerk erteilen.[91]

88 Abschlußprüfer sind **Wirtschaftsprüfer** und Wirtschaftsprüfungsgesellschaften (§ 319 Abs. 1 S. 1 HGB). Bei mittelgroßen GmbHs nach § 267 Abs. 2 HGB kann die Prüfung auch durch einen **vereidigten Buchprüfer** oder eine Buchprüfungsgesellschaft erfolgen (§ 319 Abs. 1 S. 2 HGB). Bei Wirtschafts- und Buchprüfungsgesellschaften wird durch **§ 9 OWiG**, der inhaltlich § 14 StGB entspricht,[92] die Verantwortung der Gesellschaft auf ihre vertretungsberechtigten Organe und die Mitglieder eines solchen Organs (§ 9 Abs. 1 Nr. 1 OWiG) und nach § 9 Abs. 2 Nr. 2 OWiG auf ausdrücklich Beauftragte, welche die dem Inhaber obliegenden Aufgaben in eigener Verantwortung wahrnehmen, überantwortet.

2. Beteiligung

89 Andere Personen als Wirtschaftsprüfer und vereidigte Buchprüfer können nicht (Allein-)Täter sein, denn § 334 Abs. 2 HGB normiert nur Sonderpflichten für Abschlußprüfer. Daher wird die Erteilung des Bestätigungsvermerks nach § 322 HGB durch eine Person, die **nicht Abschlußprüfer** sein kann, nicht erfaßt.[93] Eine **Beteiligung anderer Personen** ist nur möglich, wenn eine der Personen die Sonderdeliktseigenschaft eines Abschlußprüfers aufweist. Nach dem Einheitstäterbegriff sind dann alle Beteiligten Täter (Rdn. 5, 24).

II. Tathandlung

90 Tathandlung ist die Erteilung eines Bestätigungsvermerks nach § 322 HGB trotz Vorliegens einer der in § 319 Abs. 2 und 3 HGB genannten Ausschlußgründe. Letztere Vorschriften statuieren einen Katalog von Ausschlußtatbeständen, die **unwiderlegbare Vermutungen** dafür enthalten, daß ein Wirtschaftsprüfer nicht beruflich unabhängig und unbefangen ist. Diese Vermutungen beanspruchen auch im Ordnungswidrig-

---

[90] *de Weerth* S. 103.
[91] Ebenroth/Boujong/Joost/*Wiedmann* Rdn. 1.
[92] Siehe dazu oben § 332 Rdn. 88, 92.
[93] MünchKommHGB-*Quedenfeld* Rdn. 42; Heymann/*Otto* Rdn. 30.

keitenrecht Geltung und verstoßen nicht gegen den Grundsatz „in dubio pro reo",[94] da der Gesetzgeber bereits den Anschein der Abhängigkeit und der Besorgnis der Befangenheit vermeiden will.

Die berufliche Unabhängigkeit und Unbefangenheit entfällt auch, wenn der **allgemeine Unabhängigkeitsgrundsatz** gemäß §§ 43, 49 WPO tangiert ist. Auf diese Vorschriften verweist § 334 Abs. 2 HGB jedoch nicht, weshalb ein Tätigwerden des Wirtschaftsprüfers in einem solchen Fall nicht bußgeldbewehrt ist. 91

III. Vollendung und Beendigung der Handlung

1. Vollendung

Der Versuch des § 334 Abs. 2 HGB ist nicht ahndbar, da der Gesetzgeber die Ahndbarkeit nicht ausdrücklich normiert hat (§ 13 Abs. 2 OWiG). Ahndbarkeit liegt daher erst mit Vollendung der Handlung vor. Die Handlung nach § 334 Abs. 2 HGB ist vollendet, wenn der Bestätigungsvermerk einem gesetzlichen Vertreter der Gesellschaft zugegangen ist. Die abschließende Erteilung des Bestätigungsvermerks, d. h. die Unterzeichnung, ist nicht ausreichend (§ 332 Rdn. 58). Eine Kenntnisnahme durch die gesetzlichen Vertreter ist hingegen nicht erforderlich. 92

2. Beendigung

Die Beendigung beurteilt sich ebenso wie bei § 332 HGB (§ 332 Rdn. 59) und ist deshalb mit der Veröffentlichung im Handelsregister oder Bundesanzeiger gegeben. 93

D. Sanktionen (§ 334 Abs. 3 HGB)

I. Bußgeldrahmen

Eine Ordnungswidrigkeit nach § 334 HGB kann mit einer Geldbuße von bis zu 25000,– Euro geahndet werden. Das Mindestmaß hat für Taten bis zum 1.3.1998 DM 5,– betragen und beträgt seitdem DM 10,– bzw. 5,– Euro.[95] 94

II. Bußgeldbemessung

Grundlage für die Bemessung der Geldbuße ist nach § 17 Abs. 3 S. 1 OWiG die **Bedeutung der Ordnungswidrigkeit** und der **Vorwurf**, den der Täter trifft. Angesichts der Terminologie des OWiG ist mit dem Begriff des „Vorwurfs" sachlich dasselbe gemeint wie mit der Schuld im Strafrecht und mit der „Bedeutung der Ordnungswidrigkeit" dasselbe wie das strafrechtliche Unrecht.[96] Daneben sind weitere Erwägungen, von denen § 17 Abs. 3 S. 2 OWiG die **wirtschaftlichen Verhältnisse** nennt, mit einzubeziehen. 95

Wenn der Täter aus der Handlung einen rechtswidrigen Vorteil gezogen hat, sieht § 17 Abs. 4 S. 1 OWiG für alle Ordnungswidrigkeiten vor, daß die Geldbuße den **wirtschaftlichen Vorteil**, den der Täter aus der Ordnungswidrigkeit gezogen hat, übersteigen soll, wobei eine Schätzung des Vorteils zulässig ist.[97] Um das Ziel der Vorteils- 96

---

[94] *Dannecker*, in Leitner (Hrsg.), S. 57, 85ff.
[95] *Katholnigg* NJW 1998, 568, 569.
[96] *Göhler* Vor § 1 Rdn. 30 m. w. N.
[97] *Göhler* § 17 Rdn. 43; Karlsruher Kommentar/*Steidorf* § 17 Rdn. 127.

abschöpfung zu erreichen, kann auch der das gesetzliche Höchstmaß von 25000,– Euro (§ 334 Abs. 3 HGB) überschritten werden (§ 17 Abs. 4 S. 2 OWiG). Allerdings wird bei Verstößen nach § 334 HGB in der Regel kein konkreter wirtschaftlicher Vorteil erzielt, der abzuschöpfen wäre,[98] so daß § 17 Abs. 4 S. 1 OWiG keine Bedeutung bei den Bilanzordnungswidrigkeiten hat.

III. Verhängung einer Geldbuße gegen die juristische Person

97 **Neben der Geldbuße** gegen die natürliche Person kann auch gegen die **Kapitalgesellschaft** oder die **Prüfungsgesellschaft** eine Geldbuße gemäß § 30 Abs. 1 Nr. 1 OWiG verhängt werden (Vor §§ 331 ff Rdn. 108 ff).[99] Außerdem kann eine **isolierte Geldbuße** nur gegen die Kapitalgesellschaft oder die Prüfungsgesellschaft verhängt werden (§ 30 Abs. 4 S. 1 OWiG; Vor §§ 331 ff Rdn. 114).[100]

E. Ausschluß der Anwendbarkeit des § 334 Abs. 1 bis 3 HGB auf Kreditinstitute und Versicherungsunternehmen (§ 334 Abs. 4 HGB)

98 Nach § 334 Abs. 4 HGB finden die Abs. 1 bis 3 keine Anwendung auf Kreditinstitute im Sinne des § 340 HGB und auf Versicherungsunternehmen im Sinne des § 341 Abs. 1 HGB. Für diese Unternehmen finden sich in §§ 340n, 341n HGB Sonderregelungen (Anhang nach § 334; § 340n Rdn. 1 ff; § 341n Rdn. 1 ff).

F. Konkurrenzen

I. Konkurrierende Ordnungswidrigkeiten

99 Wenn mehrere Alternativen des § 334 HGB durch ein und dieselbe Handlung verwirklicht werden, liegt – wie im Strafrecht – **Handlungseinheit** gemäß § 19 OWiG vor.[101] Im Falle der **Handlungsmehrheit** ist gemäß § 20 OWiG jede der Geldbußen gesondert festzusetzen. Anders als im Strafrecht gilt im Ordnungswidrigkeitenrecht das **Kumulationsprinzip.** Hiernach werden die Geldbußen zu einer Gesamtgeldbuße addiert.[102]

II. Zusammentreffen einer Straftat mit einer Ordnungswidrigkeit

1. Tateinheitliches Zusammentreffen

100 Wenn eine Straftat und eine Ordnungswidrigkeit **tateinheitlich** begangen werden, ist gemäß § 21 OWiG grundsätzlich nur das Strafrecht anzuwenden. Hierbei handelt es sich um einen gesetzlich ausdrücklich angeordneten Fall der **Subsidiarität**:[103] Die

[98] Beck BilKomm-*Budde/Hense* Rdn. 30.
[99] Beck BilKomm-*Budde/Hense* Rdn. 32; MünchKommHGB-*Quedenfeld* Rdn. 55.
[100] Beck BilKomm-*Budde/Hense* Rdn. 31; Erbs/Kohlhaas/*Schaal* Rdn. 38, 41; MünchKommHGB-*Quedenfeld* Rdn. 55; Heymann/*Otto* Rdn. 38.
[101] MünchKommHGB-*Quedenfeld* Rdn. 54; Heymann/*Otto* Rdn. 34.
[102] MünchKommHGB-*Quedenfeld* Rdn. 54; Heymann/*Otto* Rdn. 34.
[103] MünchKommHGB-*Quedenfeld* Rdn. 53; Heymann/*Otto* Rdn. 35.

Verletzung der Ordnungswidrigkeitsnorm tritt generell hinter dem Unrechtsgehalt der Straftat zurück. Dies gilt nicht nur, wenn die Bußgeldnorm begleitendes Unrecht zur Straftat erfaßt wie beim Zusammentreffen einer Straftat nach den §§ 331, 332 HGB mit einer Ordnungswidrigkeit nach § 334 Abs. 1 HGB, sondern auch dann, wenn die Ordnungswidrigkeit inhaltlich nichts mit der Strafnorm gemeinsam hat und unterschiedliche Rechtsgüter verletzt werden, so z.B. beim Zusammentreffen von § 332 und § 334 Abs. 2 HGB, auch wenn die Unbefangenheit des Abschlußprüfers nichts mit der Erteilung des unrichtigen Bestätigungsvermerks zu tun hatte. Die Ordnungswidrigkeitentatbestände des § 334 HGB sind im Verhältnis zu den §§ 331, 332 HGB somit stets subsidiär.[104] Die zugleich begangene Ordnungswidrigkeit wird deshalb nicht gesondert geahndet. Die nach § 21 Abs. 1 S. 1 OWiG erforderliche Gleichzeitigkeit von Straftat und Ordnungswidrigkeit bedeutet, daß ein Fall der materiellen Tateinheit (natürliche oder rechtliche Handlungseinheit) im Sinne von § 19 OWiG gegeben sein muß. Das Vorliegen *einer* Tat im prozessualen Sinn (§ 264 StPO) reicht nicht aus.[105]

2. Tatmehrheitliches Zusammentreffen

Treffen eine Ordnungswidrigkeit und eine Straftat tatmehrheitlich zusammen, so ist die **Verurteilung wegen der Straftat und Ordnungswidrigkeit nebeneinander** möglich (§ 82 Abs. 1 OWiG),[106] falls nicht das Bußgeldverfahren gemäß § 47 Abs. 2 OWiG eingestellt wird.[107] **101**

Was die **Rechtsfolge** anbetrifft, so richtet sich diese bei gleichzeitigem Vorliegen einer Straftat und einer Ordnungswidrigkeit allein nach der Straftat. Es ist also auf eine einheitliche strafrechtliche Rechtsfolge zu erkennen (§ 21 Abs. 1 S. 1 OWiG). Allerdings kann bei der **Bemessung der Strafe** die Ordnungswidrigkeit straferhöhend berücksichtigt werden. Dies ist insbesondere dann von praktischer Bedeutung, wenn die Ordnungswidrigkeit einen anderen Unrechtsgehalt als die Straftat aufweist.[108] **102**

G. Verfahrensrecht

I. Zuständigkeiten

Sachlich zuständig ist die fachlich in Frage kommende oberste Landesbehörde (§ 36 Abs. 1 Nr. 2 lit. a OWiG) oder eine sonstige Verwaltungsbehörde, die durch die Landesregierung per Rechtsverordnung dazu bestimmt wird (§ 36 Abs. 2 OWiG). Einige Bundesländer haben von der Möglichkeit Gebrauch gemacht, durch Rechtsverordnung die Zuständigkeit auf andere Stellen zu übertragen.[109] Soweit eine solche besondere Zuständigkeitsregelung für § 334 HGB nicht getroffen worden ist, sind die Wirtschaftsministerien der Bundesländer sachlich zuständig. **103**

Die **örtliche Zuständigkeit** bestimmt sich nach dem Bezirk, in dem die Ordnungswidrigkeit begangen oder entdeckt worden ist, oder nach dem Wohnsitz des Täters zum Zeitpunkt der Einleitung des Bußgeldverfahrens (§ 37 Abs. 1 Nrn. 1 und 2 OWiG). Bei der isolierten Ahndung einer juristischen Person bestimmt sich die örtliche Zuständigkeit nach § 88 Abs. 2 S. 2 OWiG. **104**

---

104 *Tiedemann* Artikel „Bilanzstrafrecht" S. 1, 7.
105 BGH wistra 1992, 184; OLG Köln NJW 1982, 296.
106 Karlsruher Kommentar-*Bohnert* § 21 Rdn. 4.
107 MünchKommHGB-*Quedenfeld* Rdn. 53; Heymann/*Otto* Rdn. 35.
108 BGHSt 23, 342, 345.
109 Vgl. die Übersicht bei *Göhler* Anhang B.

II. Opportunitätsgrundsatz

105 Die Behörde entscheidet nach § 47 OWiG nach ihrem **pflichtgemäßen Ermessen**, ob sie die Ordnungswidrigkeit verfolgt. Der sachliche Grund für den Opportunitätsgrundsatz[110] liegt zum einen darin, daß Ordnungswidrigkeiten die Rechtsordnung weniger als Straftaten gefährden und einen geringeren Unrechtsgehalt aufweisen. Zum anderen sind die Geldbußen stärker präventiv ausgerichtet, und durch die beschränkte, aber gezielte Verfolgung bestimmter Verstöße läßt sich das Ziel, eine bestimmte Ordnung durchzusetzen, besser erreichen als durch die Pflicht zur Verfolgung sämtlicher Verstöße. Entschließt sich die Verwaltungsbehörde zum Eingreifen, so verfolgt sie die Ordnungswidrigkeit **von Amts wegen**.

III. Bußgeldverfahren

106 Die Geldbuße wird von der Verwaltungsbehörde durch den Bußgeldbescheid festgesetzt, gegen den der Betroffene innerhalb von zwei Wochen nach Zustellung **Einspruch zum Amtsgericht** einlegen kann (§ 67 Abs. 1 S. 1 OWiG). Gegen die Entscheidung des Amtsgerichts ist unter den Voraussetzungen des § 79 Abs. 1 OWiG die **Rechtsbeschwerde zum Oberlandesgericht**, in Bayern zum Bayerischen Obersten Landgericht (Art. 11 Abs. 2 Nr. 3 AGGVG), zulässig.

IV. Verjährung

107 Die **Verfolgungsverjährung** ergibt sich aus dem gesetzlichen Höchstmaß der Geldbuße von 25000 Euro und beträgt deshalb nach § 31 Abs. 2 Nr. 1 OWiG drei Jahre. Die Verjährung beginnt mit der Beendigung der Handlung.[111]

108 Die **Vollstreckungsverjährung** beträgt bei einer rechtskräftig festgestellten Geldbuße von mehr als DM 10000 bzw. 5000 Euro fünf Jahre, bis zu DM 10000 bzw. 5000 Euro drei Jahre (§ 34 Abs. 2 OWiG).

Anhang nach § 334

§ 340n
Bußgeldvorschriften

(1) Ordnungswidrig handelt, wer als Geschäftsleiter im Sinne des § 1 Abs. 2 Satz 1 oder des § 53 Abs. 2 Nr. 1 des Gesetzes über das Kreditwesen oder als Inhaber eines in der Rechtsform des Einzelkaufmanns betriebenen Kreditinstituts oder Finanzdienstleistungsinstituts im Sinne des § 340 Abs. 4 Satz 1 oder als Mitglied des Aufsichtsrats

1. bei der Aufstellung oder Feststellung des Jahresabschlusses oder bei der Aufstellung des Zwischenabschlusses gemäß § 340a Abs. 3 einer Vorschrift

---

[110] Vgl. dazu *Göhler* § 47 Rdn. 2.

[111] Siehe dazu Rdn. 82ff, 93.

a) des § 243 Abs. 1 oder 2, der §§ 244, 245, 246 Abs. 1 oder 2, dieser in Verbindung mit § 340a Abs. 2 Satz 3, des § 247 Abs. 2 oder 3, der §§ 248, 249 Abs. 1 Satz 1 oder Abs. 3, des § 250 Abs. 1 Satz 1 oder Abs. 2 des § 264 Abs. 2, des § 340b Abs. 4 oder 5 oder des § 340c Abs. 1 über Form oder Inhalt,
b) des § 253 Abs. 1 Satz 1 in Verbindung mit § 255 Abs. 1 oder 2 Satz 1, 2 oder 6, des § 253 Abs. 1 Satz 2 oder Abs. 2 Satz 1, 2 oder 3 dieser in Verbindung mit § 340e Abs. 1 Satz 3, des § 253 Abs. 3 Satz 1 oder 2 des § 280 Abs. 1 in Verbindung mit § 340f Abs. 2 der §§ 282, 283, des § 340e Abs. 1, des § 340f Abs. 1 Satz 2 oder des § 340g Abs. 2 über die Bewertung,
c) des § 265 Abs. 2, 3 oder 4, des § 268 Abs. 3 oder 6, der §§ 272, 273, 274 Abs. 1 oder des § 277 Abs. 3 Satz 2 oder Abs. 4 über die Gliederung,
d) des § 280 Abs. 3, des § 281 Abs. 1 Satz 2, dieser in Verbindung mit § 340f Abs. 2 Satz 2, oder des § 281 Abs. 1 Satz 3 oder Abs. 2 Satz 1, dieser in Verbindung mit § 304f Abs. 2 Satz 2, des § 284 Abs. 1, 2 Nr. 1, 3 oder 5 oder des § 285 Nr. 3, 5 bis 7, 9 Buchstabe a oder b, Nr. 10, 11, 13 oder 14 über die in der Bilanz oder im Anhang zu machenden Angaben oder

2. bei der Aufstellung des Konzernabschlusses oder des Konzernzwischenabschlusses gemäß § 340i Abs. 4 einer Vorschrift
a) 294 Abs. 1über den Konsolidierungskreis,
b) des § 297 Abs. 2 oder 3 oder des § 340i Abs. 2 Satz 1 in Verbindung mit einer der in Nummer 1 Buchstabe a bezeichneten Vorschriften über Form oder Inhalt,
c) des § 300 über die Konsolidierungsgrundsätze oder das Vollständigkeitsgebot,
d) des § 308 Abs. 1 Satz 1 in Verbindung mit den in Nummer 1 Buchstabe b bezeichneten Vorschriften oder des § 308 Abs. 2 über die Bewertung,
e) des § 311 Abs. 1 Satz 1 in Verbindung mit § 312 über die Behandlung assoziierter Unternehmen oder
f) des § 308 Abs. 1 Satz 3, des § 313 oder des § 314 über die im Anhang zu machenden Angaben,
3. bei der Aufstellung des Lageberichts einer Vorschrift des § 289 Abs. 1 über den Inhalt des Lageberichts,
4. bei der Aufstellung des Konzernlageberichts einer Vorschrift des § 315 Abs. 1 über den Inhalt des Konzernlageberichts,
5. bei der Offenlegung, Veröffentlichung oder Vervielfältigung einer Vorschrift des § 328 über Form oder Inhalt oder
6. einer auf Grund des § 330 Abs. 2 in Verbindung mit Abs. 1 Satz 1 erlassenen Rechtsverordnung, soweit sie für einen bestimmten Tatbestand auf diese Bußgeldvorschrift verweist,

zuwiderhandelt.

(2) Ordnungswidrig handelt auch, wer zu einem Jahresabschluß oder einem Konzernabschluß, der auf Grund gesetzlicher Vorschriften zu prüfen ist, einen Vermerk nach § 322 erteilt, obwohl nach § 319 Abs. 2 er, nach § 319 Abs. 3 die Wirtschaftsprüfungsgesellschaft oder nach § 340 k Abs. 2 oder 3 der Prüfungsverband, für die oder für den er tätig wird, nicht Abschlussprüfer sein darf.

(3) Die Ordnungswidrigkeit kann mit einer Geldbuße bis zu fünfundzwanzigtausend Euro geahndet werden.

Übersicht

Schrifttum

Häuslemann Offenlegungspflichten ausländischer Kreditinstitute in Deutschland nach dem Bilanzrichtlinie-Gesetz, WM 1995, 1049ff.

A. Allgemeines

I. Allgemeines zum Ordnungswidrigkeitenrecht

1 Zu den Grundsätzen des Ordnungswidrigkeitenrechts kann auf die Ausführungen Vor §§ 331ff Rdn. 78ff; § 334 Rdn. 2ff verwiesen werden.

II. Entstehungsgeschichte

Nach Ausdehnung der für die Kapitalgesellschaft geltenden Vorschriften über Bilanzierung und Rechnungslegung auf alle Kreditinstitute durch das **Bankbilanzrichtlinien-Gesetz** vom 30.11.1990 (BGBl. 1990 I 2570) konnten die Vorschriften des § 334 HGB wegen der großen Anzahl der abweichenden Regelungen für Kreditinstitute nicht unverändert übernommen werden. Daher wurden die Anwendbarkeit der Ordnungswidrigkeitentatbestände der § 334 Abs. 1 bis 3 HGB auf Kreditinstitute durch § 334 Abs. 4 HGB ausdrücklich ausgeschlossen und die für Kreditinstitute einschlägigen Bußgeldvorschriften in § 340n HGB eigenständig geregelt (Vor §§ 331ff Rdn. 33).[1] § 340n Abs. 1 Nrn. 1 und 2 HGB wurden durch das **Gesetz zur Änderung des Gesetzes über das Kreditwesen und anderer Vorschriften über Kreditinstitute** vom 21.12.1992 (BGBl. 1992 I S. 2211) ergänzt (Vor §§ 331ff Rdn. 34). Nunmehr sind alle bußgeldbewehrten Verstöße gegen Rechnungslegungsvorschriften für Kreditinstitute und Finanzdienstleistungsinstitute aller Rechtsformen ausschließlich in § 340n HGB geregelt.[2] § 340n HGB gilt deshalb – anders als § 340o HGB (Anhang nach § 335b; § 340o Rdn. 2) – auch für Organmitglieder von Kreditinstituten, die in der Form einer Kapitalgesellschaft geführt werden, und hat somit nicht lediglich ergänzenden Charakter für Nichtkapitalgesellschaften.[3] Durch das Gesetz zur Anpassung bilanzrechtlicher Bestimmungen an die Einführung des Euro, zur Erleichterung der Publizität für Zweigniederlassungen ausländischer Unternehmen sowie zur Einführung einer Qualitätskontrolle für genossenschaftliche Prüfungsverbände (Euro-Bilanzgesetz – EuroBilG) vom 10.12.2001 (BGBl. 2001 I S. 3414) wurde die bisherige Bußgeldandrohung von fünfzigtausend Deutsche Mark auf fünfundzwanzigtausend Euro festgesetzt und der neuen Währung angepaßt. 2

III. Geschützte Rechtsgüter und Schutzbereich

Das geschützte Rechtsgut des **§ 340n Abs. 1 und 2 HGB** entspricht dem Rechtsgut der §§ 331 und 334 Abs. 1 und 2 HGB (§ 334 Rdn. 15f). Geschützt wird daher das **Vertrauen in die Richtigkeit und Vollständigkeit der Informationen über die Verhältnisse der Gesellschaft.** Nicht hingegen wird das Vertrauen in den Prüfungsbericht und den Bestätigungsvermerk und damit in die Richtigkeit und Vollständigkeit der gewissenhaft und unparteiisch durch ein unabhängiges Kontrollorgan geprüften Abschlüsse und Lageberichte geschützt. § 340n Abs. 1 und 2 HGB ist insofern **Schutzgesetz im Sinne des § 823 Abs. 2 BGB.**[4] 3

IV. Sonderdelikte

Alle Ordnungswidrigkeitentatbestände können nur von einem eingeschränkten Täterkreis verwirklicht werden. Daher handelt es sich um **echte Sonderdelikte.**[5] 4

---

1 BTDrucks. 11/6275, S. 26.

2 *Krumnow* Rdn. 1; Bonner HdR-*Maier* Rdn. 1; MünchKommHGB-*Quedenfeld* Rdn. 1; Heymann/*Otto* Rdn. 1.

3 *Wiedmann* Bilanzrecht Rdn. 1.

4 Heymann/*Otto* Rdn. 2.

5 Heymann/*Otto* Rdn. 3.

V. Normadressaten

5 Der Täterkreis ist im Rahmen des § 340n Abs. 1 HGB begrenzt auf die **Geschäftsführer im Sinne des § 1 Abs. 2 S. 1 oder des § 53 Abs. 2 Nr. 1 KWG** und die **Inhaber eines in der Rechtsform des Einzelkaufmanns betriebenen Instituts** sowie auf die **Mitglieder des Aufsichtsrats** (§ 334 Rdn. 32ff). § 9 Abs. 2 OWiG, der die Pflichten der Kapitalgesellschaft oder Personenhandelsgesellschaft auf gewillkürte Vertreter überwälzt, findet keine Anwendung.[6]

Nach § 340n Abs. 2 HGB sind die **Abschlußprüfer** eines Kreditinstituts, die gesetzlichen Vertreter einer Wirtschaftsprüfungsgesellschaft oder des Prüfungsverbandes nach § 340k Abs. 2 HGB sowie die Leiter der Prüfungsstellen nach § 340k Abs. 3 HGB taugliche Täter.

B. Ordnungswidrigkeitentatbestände des § 340n Abs. 1 HGB

I. Täterkreis

1. Geschäftsleiter, Einzelkaufmann und Mitglieder des Aufsichtsrats

6 Täter im Rahmen des § 340n Abs. 1 HGB sind die **Geschäftsleiter im Sinne des § 1 Abs. 2 S. 1 oder des § 53 Abs. 2 Nr. 1 KWG** und die Inhaber eines in der Rechtsform des **Einzelkaufmanns** betriebenen Instituts. Die Begriffe des Geschäftsleiters und des Inhabers entsprechen den in § 340m HGB verwendeten, so daß auf die dortigen Ausführungen verwiesen werden kann (§ 340m Rdn. 7f). Weiterhin können die **Mitglieder des Aufsichtsrats** Täter des § 340n HGB sein. Hiervon sind die Mitglieder des obligatorischen Aufsichtsrats erfaßt, nicht hingegen die Mitglieder des fakultativen Aufsichtsrats, wenn diesen bußgeldbewehrte Pflichten im Gesellschaftsvertrag übertragen worden sind.[7] § 9 Abs. 2 OWiG, der die Pflichten der Kapitalgesellschaft oder Personenhandelsgesellschaft auf gewillkürte Vertreter überwälzt, findet keine Anwendung.[8]

7 Von § 340n HGB **nicht erfaßt** sind die **ständigen Vertreter der Zweigniederlassungen** einer ausländischen AG oder GmbH im Sinne des § 13e Abs. 2 Nr. 3 HGB, da § 340n HGB nur die Geschäftsleiter im Sinne des KWG nennt. Eine entsprechende Anwendung des § 340n HGB würde gegen das Analogieverbot des Art. 103 Abs. 2 GG verstoßen, das auch im Ordnungswidrigkeitenrecht gilt (Vor §§ 331ff Rdn. 86).

2. Täterschaft gemäß § 14 OWiG

8 Als **Täter im engeren Sinne** gemäß § 340n Abs. 1 HGB kommen allein die soeben aufgezählten sonderpflichtigen Personen (Rdn. 6) in Betracht. Andere Personen können grundsätzlich nur Teilnehmer sein. Da das Ordnungswidrigkeitenrecht jedoch nicht zwischen Täterschaft und Teilnahme unterscheidet (Einheitstäter), sind auch nicht sonderpflichtige Personen **Täter im weiteren Sinne** (§ 334 Rdn. 5). Voraussetzung hierfür ist allerdings, daß mindestens eine der beteiligten Personen sonderpflichtig ist (§ 334 Rdn. 7, 23ff).

---

6 Heymann/*Otto* Rdn. 4.

7 Siehe § 334 Rdn. 34; a. A *Krumnow* Rdn. 1; MünchKommHGB-*Quedenfeld* Rdn. 1.

8 Heymann/*Otto* Rdn. 4.

II. Tatgegenstand des § 340n Abs. 1 HGB

§ 340n HGB erfaßt neben den in § 334 HGB genannten Tatgegenständen des **Jahresabschlusses**, des **Konzernabschlusses**, des **Lageberichts**, des **Konzernlageberichts**, der **Unterlagen zur Offenlegung, Veröffentlichung oder Vervielfältigung** (§ 334 Rdn. 35) auch den **Zwischenabschluß** gemäß § 340a Abs. 3 HGB in Verbindung mit § 10 Abs. 3 KWG und den **Konzernzwischenabschluß** gemäß § 340i Abs. 4 HGB. 9

III. Tathandlungen des § 340n Abs. 1 HGB

§ 340n Abs. 1 Nr. 1 HGB ahndet **Zuwiderhandlungen bei der Aufstellung des Jahresabschlusses oder des Zwischenabschlusses** gemäß § 340a Abs. 3 HGB. Dabei werden die Ordnungswidrigkeitentatbestände des § 334 HGB an die bankspezifischen Bilanzierungsvorschriften angepaßt. 10

1. Zuwiderhandlungen gegen Vorschriften über Form und Inhalt des Jahresabschlusses (§ 340n Abs. 1 Nr. 1 lit. a HGB)

§ 340n Abs. 1 Nr. 1 lit. a HGB erfaßt die Verletzung der Regelung des § 243 Abs. 1 HGB (Grundsätze ordnungsmäßiger Buchführung, wobei allerdings nur die unzweifelhafte Verletzung eindeutig anerkannter Grundsätze in Betracht kommt; vgl. § 334 Rdn. 38ff, 41) oder des § 243 Abs. 2 HGB (Grundsatz der Klarheit und Übersichtlichkeit), des § 244 HGB (Sprache, Währungseinheit), des § 245 HGB (Unterzeichnung), des § 246 Abs. 1 HGB (Vollständigkeit) oder des § 246 Abs. 2 HGB (Verrechnungsverbot) in Verbindung mit § 340a Abs. 2 S. 3 HGB (Ausnahmen vom Verrechnungsverbot), des § 247 Abs. 2 HGB (Ausweis des Anlagevermögens) oder des § 247 Abs. 3 HGB (Sonderposten mit Rücklageanteil), des § 248 HGB (Bilanzierungsverbote), des § 249 Abs. 1 S. 1 HGB (Rückstellungen für ungewisse Verbindlichkeiten und für drohende Verluste aus schwebenden Geschäften) oder des § 249 Abs. 3 HGB (Verbot nicht gesetzlich vorgesehener Rückstellungen, Voraussetzungen für die Auflösung von Rückstellungen), des § 250 Abs. 1 S. 1 oder Abs. 2 HGB (Ausweis von Rechnungsabgrenzungsposten auf der Aktiv- bzw. Passivseite), des § 264 Abs. 2 HGB (Vermittlung eines den tatsächlichen Verhältnissen entsprechenden Bildes der Vermögens-, Finanz- und Ertragslage im Anhang; vgl. dazu auch § 334 Rdn. 53ff), des § 340b Abs. 4 HGB (echte Pensionsgeschäfte) oder des § 340b Abs. 5 HGB (unechte Pensionsgeschäfte) sowie des § 340c Abs. 1 HGB (Ertrag oder Aufwand aus Finanzgeschäften). 11

Abweichend von § 334 HGB wird nicht auf die Vorschriften der §§ 247 Abs. 1, 251 HGB (Inhalt und Gliederung der Bilanz, Angabe von Verbindlichkeiten und Haftungsverhältnissen) verwiesen. Eine Erweiterung bedeutet die Inbezugnahme von §§ 340b Abs. 4 und 5, 340c HGB. 12

2. Zuwiderhandlungen gegen Vorschriften über die Bewertung (§ 340n Abs. 1 Nr. 1 lit. b HGB)

§ 340n Abs. 1 Nr. 1 lit. b HGB erfaßt die Verletzung der Regelung des § 253 Abs. 1 S. 1 HGB (Wertansätze von Vermögensgegenständen) in Verbindung mit § 255 Abs. 1 HGB (Anschaffungskosten), mit § 255 Abs. 2 S. 1 und 2 HGB (Herstellungskosten) oder mit § 255 Abs. 2 S. 6 HGB (Ausschluß der Vertriebskosten aus den Herstellungskosten), des § 253 Abs. 1 S. 2 HGB (Wertansatz von Verbindlichkeiten), des § 253 13

Abs. 2 S. 1 und 2 HGB (Wertansatz für Vermögensgegenstände des Anlagevermögens, dessen Nutzung zeitlich begrenzt ist) oder des § 253 Abs. 2 S. 3 HGB (außerplanmäßige Abschreibung bei Vermögensgegenständen des Anlagevermögens) in Verbindung mit § 340e Abs. 1 S. 3 HGB (Begrenzung der Anwendung des § 253 Abs. 2 S. 3), des § 253 Abs. 3 S. 1 (Abschreibung von Vermögensgegenständen des Umlaufvermögens) oder des § 253 Abs. 3 S. 2 HGB (Zeitpunkt der Wertfestsetzung), des § 280 Abs. 1 HGB (Zuschreibung von früheren Abschreibungen) in Verbindung mit § 340f Abs. 2 (niedrigere Wertansätze), des § 282 (Abschreibung der Aufwendungen für die Ingangsetzung und Erweiterung des Geschäftsbetriebes), des § 283 HGB (Wertansatz des Eigenkapitals), des § 340e Abs. 1 HGB (Bewertung von Vermögensgegenständen), des § 340f Abs. 1 S. 2 HGB (Betrag der Vorsorgereserven) oder des § 340g Abs. 2 HGB (Zuführungen zu Sonderposten).

Zum relevanten Bewertungsmaßstab vgl. § 334 Rdn. 56.

14 Abweichend von § 334 HGB wird § 253 Abs. 2 S. 3 HGB durch § 340e Abs. 1 S. 3 HGB konkretisiert und das Wertaufholungsgebot des § 280 Abs. 1 HGB durch § 340f Abs. 2 HGB eingeschränkt. Weiterhin werden die bankspezifischen Bewertungsvorschriften der §§ 340e Abs. 1, 340f Abs. 1 S. 2 und 340g Abs. 2 HGB in Bezug genommen.

3. Zuwiderhandlungen gegen Vorschriften über die Gliederung von Bilanz und GuV (§ 340n Abs. 1 Nr. 1 lit. c HGB)

15 § 340n Abs. 1 Nr. 1 lit. c HGB erfaßt die Verletzung der Regelung des § 265 Abs. 2 HGB (Angabe des Betrages des vorhergehenden Geschäftsjahres), des § 265 Abs. 3 HGB (Mitzugehörigkeit zu anderen Posten), des § 265 Abs. 4 HGB (Gliederung bei mehreren Geschäftszweigen), des § 268 Abs. 3 HGB (Ausweis eines nicht durch Eigenkapital gedeckten Fehlbetrages), § 268 Abs. 6 HGB (Ausweis eines nach § 250 Abs. 3 HGB in dem Rechnungsabgrenzungsposten auf der Aktivseite aufgenommenen Unterschiedsbetrages) oder des § 272 HGB (Gliederung des Eigenkapitals), des § 273 HGB (Sonderposten mit Rücklageanteil), des § 274 Abs. 1 HGB (Steuerabgrenzung bei zu niedrigem Steueraufwand im Geschäftsjahr und früheren Geschäftsjahren), des § 277 Abs. 3 S. 2 HGB (Vorschriften zu einzelnen Ertrags- und Aufwandsposten der Gewinn- und Verlustrechnung) oder des § 277 Abs. 4 HGB (außergewöhnliche Erträge und Aufwendungen).

16 Wegen der abweichenden Regelung der Gliederungsvorschriften für Banken in § 340a Abs. 2 S. 1 und 2 HGB gelten die §§ 265 Abs. 6; 266; 268 Abs. 2, 4, 5, 7; 275 HGB nicht und werden deshalb von § 340n HGB nicht in Bezug genommen. Von § 277 HGB, der die GuV betrifft, werden nur Abs. 2 S. 2 und 4 bußgeldbewehrt.

4. Zuwiderhandlungen gegen Vorschriften über in die Bilanz oder den Anhang aufzunehmende Angaben (§ 340n Abs. 1 Nr. 1 lit. d HGB)

17 § 340n Abs. 1 Nr. 1 lit. d HGB erfaßt die Verletzung der Regelung des § 280 Abs. 3 HGB (Angabe und Begründung des Betrages der im Geschäftsjahr aus steuerlichen Gründen unterlassenen Zuschreibungen), des § 281 Abs. 1 S. 2 HGB (Angabe der Vorschriften, nach denen Wertberichtigungen erfolgt sind) in Verbindung mit § 340f Abs. 2 S. 2 HGB (niedrigerer Wertansatz), des § 281 Abs. 1 S. 3 HGB (Auflösung von Wertberichtigungen), des § 281 Abs. 2 S. 1 HGB (Angabe der allein nach steuerlichen Vorschriften vorgenommenen Abschreibungen) in Verbindung mit § 340f Abs. 2 S. 2 HGB (niedrigerer Wertansatz), des § 284 Abs. 1, 2 Nrn. 1, 3 oder 5 HGB (Erläuterung

der Bilanz und der Gewinn- und Verlustrechnung im Anhang) oder des § 285 Nrn. 3, 5 bis 7, 9 lit. a oder b, 10, 11, 13 oder 14 HGB (sonstige Pflichtangaben im Anhang).

Zu beachten ist, daß § 286 HGB das Recht einräumt, bestimmte Angaben im Anhang zu unterlassen (§ 334m Rdn. 60).

5. Zuwiderhandlungen gegen Vorschriften über den Konsolidierungskreis (§ 340n Abs. 1 Nr. 2 lit. a HGB)

§ 340n Abs. 1 Nr. 2 lit. a HGB erfaßt die Verletzung der Regelung des § 294 Abs. 1 HGB (in den Konzernabschluß einzubeziehende Unternehmen). 18

6. Zuwiderhandlungen gegen Vorschriften über Form und Inhalt (§ 340n Abs. 1 Nr. 2 lit. b HGB)

§ 340n Abs. 1 Nr. 2 lit. b HGB erfaßt die Verletzung der Regelung des § 297 Abs. 2 HGB (Klarheit und Übersichtlichkeit des Konzernabschlusses, Beachtung der Grundsätze ordnungsmäßiger Buchführung; Vermittlung eines den tatsächlichen Verhältnissen entsprechenden Bildes der Vermögens-, Finanz- und Ertragslage des Konzerns), des § 297 Abs. 3 HGB (Darstellung der Vermögens-, Finanz- und Ertragslage einbezogener Unternehmen im Konzernabschluß) und des § 340i Abs. 2 S. 1 HGB (anzuwendende Vorschriften auf den Konzernabschluß) in Verbindung mit einer der in § 340n Abs. 1 Nr. 1 lit. a HGB bezeichneten Vorschrift über Form und Inhalt des Abschlusses. 19

7. Zuwiderhandlungen gegen Vorschriften über Konsolidierungsgrundsätze und das Vollständigkeitsgebot (§ 340n Abs. 1 Nr. 2 lit. c HGB)

§ 340n Abs. 1 Nr. 2 lit. c HGB erfaßt die Verletzung der Regelung des § 300 HGB (Konsolidierungsgrundsätze, Vollständigkeitsgebot; § 334 Rdn. 64). 20

8. Zuwiderhandlungen gegen Vorschriften über die Bewertung (§ 340n Abs. 1 Nr. 2 lit. d HGB)

§ 340n Abs. 1 Nr. 2 lit. d HGB erfaßt die Verletzung der Regelung des 308 Abs. 1 S. 1 HGB (einheitliche Bewertung der in dem Konzernabschluß nach § 300 Abs. 2 HGB übernommenen Vermögensgegenstände in Verbindung mit den in § 340n Abs. 1 Nr. 1 lit. b HGB bezeichneten Vorschriften oder des § 308 Abs. 2 HGB (abweichende Bewertungsmethoden bei Mutter- und Tochterunternehmen sowie im Konzernabschluß). 21

9. Zuwiderhandlungen gegen Vorschriften über die Behandlung assoziierter Unternehmen (§ 340n Abs. 1 Nr. 2 lit. e HGB)

§ 340n Abs. 1 Nr. 2 lit. e HGB erfaßt die Verletzung der Regelung des § 311 Abs. 1 S. 1 HGB (Ausweis der Beteiligung an assoziierten Unternehmen) in Verbindung mit § 312 HGB (Wertansatz der Beteiligung an einem assoziierten Unternehmen und Behandlung des Unterschiedsbetrages bei deren Einbeziehung). 22

10. Zuwiderhandlungen gegen Vorschriften über die Angaben im Konzernanhang (§ 340n Abs. 1 Nr. 2 lit. f HGB)

§ 340n Abs. 1 Nr. 2 lit. f HGB erfaßt die Verletzung der Regelung des § 308 Abs. 1 S. 3 HGB (Angabe über Abweichungen von den auf den Jahresabschluß des Mutterunternehmens angewandten Bewertungsmethoden im Konzernanhang), des § 313 23

HGB (Erläuterung der Konzernbilanz und der Konzern-Gewinn- und Verlustrechnung, Angaben von Beteiligungsbesitz) oder des § 314 HGB (sonstige Pflichtangaben im Konzernanhang).

11. Zuwiderhandlungen bei der Aufstellung des Lageberichts (§ 340n Abs. 1 Nr. 3 HGB)

24 § 340n Abs. 1 Nr. 3 HGB regelt Zuwiderhandlungen gegen die Vorschrift des § 289 Abs. 1 HGB über den Inhalt des Lageberichts (vgl. § 334 Rdn. 68).

12. Zuwiderhandlungen bei der Aufstellung des Konzernlageberichts (§ 340n Abs. 1 Nr. 4 HGB)

25 § 340n Abs. 1 Nr. 4 HGB erfaßt Zuwiderhandlungen gegen die Vorschrift des § 315 Abs. 1 HGB über den Inhalt des Konzernlageberichts (vgl. § 334 Rdn. 68).

13. Zuwiderhandlungen bei der Offenlegung, Veröffentlichung oder Vervielfältigung (§ 340n Abs. 1 Nr. 5 HGB)

26 § 340n Abs. 1 Nr. 5 HGB erfaßt Zuwiderhandlungen gegen die Vorschrift des § 328 HGB über Form und Inhalt der Unterlagen bei der Offenlegung, Veröffentlichung und Vervielfältigung des Jahresabschlusses und des Konzernabschlusses. Gegen diese Vorschrift wird nicht verstoßen, wenn überhaupt kein Abschluß vorgelegt wird.[9] In diesem Fall kann nur gegen das vertretungsberechtigte Organ, das die Offenlegung unterlassen hat, ein Ordnungsgeld nach §§ 335a, 340o HGB verhängt werden.

14. Zuwiderhandlungen gegen eine aufgrund des § 330 Abs. 2 in Verbindung mit Abs. 1 S. 1 HGB erlassene Rechtsverordnung (§ 340n Abs. 1 Nr. 6 HGB)

27 § 340n Abs. 1 Nr. 6 HGB erfaßt Zuwiderhandlungen gegen Vorschriften einer Rechtsverordnung nach § 330 Abs. 2 HGB in Verbindung mit § 330 Abs. 1 S. 1 HGB über Formblätter oder eine andere Gliederung des Jahresabschlusses, des Konzernabschlusses, den Inhalt des Anhanges, des Konzernanhangs, des Lageberichts oder des Konzernlageberichts. Voraussetzung der Ahndbarkeit ist, daß die Rechtsverordnung für einen bestimmten Tatbestand auf die Bußgeldvorschrift des § 340n Abs. 1 Nr. 6 HGB verweist. Hier ist die Verordnung über die Rechnungslegung von Kreditinstituten vom 1. 12. 1998 (BGBl. 1998 I S. 3654) zu nennen, die in § 38 Abs. 1 Bußgeldtatbestände für die Aufstellung und Feststellung des Jahresabschlusses enthält. Diese Bußgeldtatbestände sind nach § 38 Abs. 2 auch bei der Aufstellung des Konzernabschlusses anwendbar.[10]

Nach § 38 Abs. 1 dieser Rechtsverordnung handelt ordnungswidrig, wer bei der Aufstellung oder Feststellung des Jahresabschlusses

- entgegen § 2 Abs. 1 S. 1 nicht das vorgeschriebene Formblatt verwendet,
- entgegen §§ 3 bis 5, 6 Abs. 1 S. 1 oder 2, Abs. 2 oder 4 die dort genannten Posten nicht, nicht in der vorgeschriebenen Weise oder nicht mit dem vorgeschriebenen Inhalt ausweist,
- entgegen § 6 Abs. 3 dort genannte Vermögensgegenstände oder Schulden in seine Bilanz aufnimmt,

---

[9] *Häuselmann* WM 1995, 1049, 1054.

[10] MünchKommHGB-*Quedenfeld* § 340n Rdn. 16.

- einer Vorschrift der §§ 9 oder 39 Abs. 4 oder Abs. 5 über die Fristengliederung zuwiderhandelt,
- entgegen § 10 Abs. 1 dort genannte Verbindlichkeiten nicht verrechnet,
- entgegen § 10 Abs. 2 Forderungen oder Verbindlichkeiten verrechnet,
- einer Vorschrift der §§ 12 bis 33 über die einzelnen Posten der in die Bilanz oder die GuV aufzunehmenden Angaben zuwiderhandelt,
- einer Vorschrift der §§ 34 bis 35 über zusätzliche Erläuterungen oder Pflichtangaben zuwiderhandelt,
- einer Vorschrift des § 36 über Termingeschäfte zuwiderhandelt.

C. Der Ordnungswidrigkeitentatbestand des § 340n Abs. 2 HGB

I. Täterkreis

Nach § 340n Abs. 2 HGB ist der **Abschlußprüfer** eines Kreditinstituts tauglicher Täter des § 340n HGB. Hierbei muß es sich um einen **Wirtschaftsprüfer** oder eine Wirtschaftsprüfungsgesellschaft handeln. Bei **Wirtschaftsprüfungsgesellschaften** wird durch § 9 Abs. 1 Nr. 1 OWiG die Verantwortung der Gesellschaft auf ihre vertretungsberechtigten Organe und die Mitglieder eines solchen Organs und durch § 9 Abs. 2 Nr. 2 OWiG auf ausdrücklich Beauftragte, die die dem Inhaber obliegenden Aufgaben in eigener Verantwortung wahrnehmen, übergewälzt. Ein **vereidigter Buchprüfer** ist bei Kredit- und Finanzdienstleistungsunternehmen als Abschlußprüfer ausgeschlossen; § 340k Abs. 1 S. 1, 2. HS HGB schließt diese Möglichkeit nach § 319 Abs. 1 S. 2 HGB aus. 28

II. Tathandlungen

Als Ordnungswidrigkeit wird die Erteilung eines Bestätigungsvermerks nach § 322 HGB zu einem Jahresabschluß oder einem Konzernabschluß erfaßt, der aufgrund gesetzlicher Vorschriften zu prüfen ist, wenn diese Prüfung durch eine Person oder durch eine für eine Wirtschaftsprüfungsgesellschaft oder einen Prüfungsverband nach § 340k Abs. 2 oder 3 HGB tätige Person, obwohl sie oder die Gesellschaft gemäß **§ 319 Abs. 2 oder 3 HGB** nicht Abschlußprüfer sein darf, vorgenommen wird. 29

Nicht erfaßt wird die Erteilung eines Bestätigungsvermerks nach **§ 322 HGB** durch eine Person, die überhaupt nicht Abschlußprüfer sein kann, denn § 340n Abs. 2 HGB normiert nur Sonderpflichten für Abschlußprüfer. Deshalb erfüllt ein vom Bundesaufsichtsamt für das Kreditwesen nach § 28 KWG abgelehnter Prüfer, der gleichwohl einen Bestätigungsvermerk erteilt, den Tatbestand nicht, denn ihm fehlt die Eigenschaft des Abschlußprüfers; er erfüllt deshalb keine Prüferpflichten.[11] 30

III. Sonstige Voraussetzungen der Ahndbarkeit

§ 340n HGB sieht nur für den Fall vorsätzlichen Verhaltens die Verhängung einer Geldbuße vor. Dolus eventualis reicht aus. Bezüglich der weiteren Voraussetzungen der Ahndbarkeit kann auf die Ausführungen zu § 334 HGB verwiesen werden (zum **subjektiven Tatbestand** vgl. die Ausführungen zu § 334 Rdn. 2f, **zum Versuch** § 334 Rdn. 4, 79f, **zu den Konkurrenzen** § 334 Rdn. 100ff). 31

---

[11] MünchKommHGB-*Quedenfeld* § 340n Rdn. 17.

D. Sanktionen

I. Bußgeldrahmen

32 Eine Ordnungswidrigkeit nach § 340n HGB kann mit einer Geldbuße von bis zu 25000,– Euro geahndet werden. Das Mindestmaß hat für Taten bis zum 1.3.1998 DM 5,– betragen und beträgt ab dem 1.3.1998 DM 10,– bzw. 5 Euro.[12]

II. Bußgeldbemessung

33 Grundlage für die Bemessung der Geldbuße ist nach § 17 Abs. 3 S. 1 OWiG die **Bedeutung der Ordnungswidrigkeit** und der **Vorwurf**, der den Täter trifft. Angesichts der Terminologie des OWiG ist mit dem Begriff des „Vorwurfs" sachlich dasselbe gemeint wie mit der Schuld im Strafrecht und mit der „Bedeutung der Ordnungswidrigkeit" dasselbe wie das strafrechtliche Unrecht.[13] Daneben sind weitere Erwägungen, von denen § 17 Abs. 3 S. 2 OWiG die **wirtschaftlichen Verhältnisse** des Täters nennt, mit einzubeziehen.

34 Wenn der Täter aus der Handlung einen rechtswidrigen Vorteil gezogen hat, sieht § 17 Abs. 4 S. 1 OWiG für alle Ordnungswidrigkeiten vor, daß die Geldbuße den **wirtschaftlichen Vorteil** übersteigen soll, wobei eine Schätzung des Vorteils zulässig ist.[14] Um das Ziel der Vorteilsabschöpfung zu erreichen, kann auch das gesetzliche Höchstmaß von 25000,– Euro (§ 334 Abs. 3 HGB) überschritten werden (§ 17 Abs. 4 S. 2 OWiG). Allerdings wird bei Verstößen nach § 340n HGB in der Regel kein konkreter wirtschaftlicher Vorteil erzielt, der abzuschöpfen ist.

III. Verhängung einer Geldbuße gegen die juristische Person

35 **Neben der Geldbuße** gegen die natürliche Person kann auch gegen die **Kapitalgesellschaft** oder die **Prüfungsgesellschaft** eine Geldbuße gemäß § 30 Abs. 1 Nr. 1 OWiG verhängt werden (Vor §§ 331ff Rdn. 108ff).[15] Außerdem kann eine **isolierte Geldbuße** nur gegen die Kapitalgesellschaft oder die Prüfungsgesellschaft verhängt werden (§ 30 Abs. 4 S. 1 OWiG; Vor §§ 331ff Rdn. 114).[16]

E. Verfahrensrecht

36 Bezüglich der weiteren Voraussetzungen der Ahndbarkeit kann auf die Ausführungen zu § 334 HGB verwiesen werden (**zur Zuständigkeit** § 334 Rdn. 103f; **zum Opportunitätsprinzip** § 334 Rdn. 105, **zum Bußgeldverfahren** § 334 Rdn. 106 sowie zur **Verjährung** § 334 Rdn. 107f).

---

12 *Katholnigg* NJW 1998, 568, 569.
13 *Göhler* Rdn. 30 Vor § 1 m.w.N.
14 *Göhler* § 17 Rdn. 43; KK-OWiG *Steidorf* § 17 Rdn. 127.
15 Beck BilKomm-*Budde/Hense* Rdn. 32; MünchKommHGB-*Quedenfeld* Rdn. 55.
16 Beck BilKomm-*Budde/Hense* Rdn. 31; Erbs/Kohlhaas/*Schaal* Rdn. 38, 41; MünchKommHGB-*Quedenfeld* Rdn. 55; Heymann/*Otto* Rdn. 38.

§ 341 n
Bußgeldvorschriften

(1) Ordnungswidrig handelt, wer als Mitglied des vertretungsberechtigten Organs oder des Aufsichtsrats eines Versicherungsunternehmens oder als Hauptbevollmächtigter (§ 106 Abs. 3 des Versicherungsaufsichtsgesetzes)

1. bei der Aufstellung oder Feststellung des Jahresabschlusses einer Vorschrift
   a) des § 243 Abs. 1 oder 2, der §§ 244, 245, 246 Abs. 1 oder 2, dieser in Verbindung mit § 341 a Abs. 2 Satz 3, des § 247 Abs. 3, der §§ 248, 249 Abs. 1 Satz 1 oder Abs. 3, des § 250 Abs. 1 Satz 1 oder Abs. 2, des § 264 Abs. 2, des § 341 e Abs. 1 oder 2 oder der §§ 341 f, 341 g oder 341 h über Form oder Inhalt,
   b) des § 253 Abs. 1 Satz 1 in Verbindung mit § 255 Abs. 1 oder 2 Satz 1, 2 oder 6, des § 253 Abs. 1 Satz 2 oder Abs. 2 Satz 1, 2 oder 3, dieser in Verbindung mit § 341 b Abs. 1 Satz 3, des § 253 Abs. 3 Satz 1 oder 2, des § 280 Abs. 1, der §§ 282, 283, des § 341 b Abs. 1 Satz 1 oder des § 341 d über die Bewertung,
   c) des § 265 Abs. 2, 3 oder 4, des § 268 Abs. 3 oder 6, der §§ 272, 273, 274 Abs. 1 oder des § 277 Abs. 3 Satz 2 oder Abs. 4 über Gliederung,
   d) des § 280 Abs. 3, des § 281 Abs. 1 Satz 2 oder 3 oder Abs. 2 Satz 1, des § 284 oder des § 285 Nr. 1, 2 oder 3 in Verbindung mit § 341a Abs. 2 Satz 4, § 285 Nr. 5 bis 7, 9 bis 14 über die in der Bilanz oder im Anhang zu machenden Angaben oder
2. bei der Aufstellung des Konzernabschlusses einer Vorschrift
   a) des § 294 Abs. 1 über den Konsolidierungskreis,
   b) des § 297 Abs. 2 oder 3 oder des § 341 j Abs. 1 Satz 1 in Verbindung mit einer der in Nummer 1 Buchstabe a bezeichneten Vorschriften über Form oder Inhalt,
   c) des über § 300 über die Konsolidierungsgrundsätze oder das Vollständigkeitsgebot,
   d) des § 308 Abs. 1 Satz 1 in Verbindung mit den in Nummer 1 Buchstabe b bezeichneten Vorschriften oder des § 308 Abs. 2 über die Bewertung,
   e) des § 311 Abs. 1 Satz 1 in Verbindung mit § 312 über die Behandlung assoziierter Unternehmen oder
   f) des § 308 Abs. 1 Satz 3, des § 313 oder des § 314 in Verbindung mit § 341 j Abs. 1 Satz 2 oder 3 über die im Anhang zu machenden Angaben,
3. bei der Aufstellung des Lageberichts einer Vorschrift des § 289 Abs. 1 über den Inhalt des Lageberichts,
4. bei der Aufstellung des Konzernlageberichts einer Vorschrift des § 315 Abs. 1 über den Inhalt des Konzernlageberichts,
5. bei der Offenlegung, Veröffentlichung oder Vervielfältigung einer Vorschrift des § 328 über Form oder Inhalt oder
6. einer auf Grund des § 330 Abs. 3 und 4 in Verbindung mit Abs. 2 Satz 1 erlassenen Rechtsverordnung, soweit sie für einen bestimmten Tatbestand auf diese Bußgeldvorschrift verweist,

zuwiderhandelt.

(2) Ordnungswidrig handelt auch, wer zu einem Jahresabschluß oder einem Konzernabschluß, der auf Grund gesetzlicher Vorschriften zu prüfen ist, einen Vermerk nach § 322 erteilt, obwohl nach § 319 Abs. 2 er oder nach § 319 Abs. 3 die Wirtschaftsprüfungsgesellschaft, für die er tätig wird, nicht Abschlussprüfer sein darf.

(3) Die Ordnungswidrigkeit kann mit einer Geldbuße bis zu fünfundzwanzigtausend Euro geahndet werden.

(4) Verwaltungsbehörde im Sinne des § 36 Abs. 1 Nr. 1 des Gesetzes über Ordnungswidrigkeiten ist bei Ordndungswidrigkeiten nach den Absätzen 1 und 2 das Bundesaufsichtsamt für das Versicherungswesen für die seiner Aufsicht unterliegenden Versicherungsunternehmen. Unterliegt ein Versicherungsunternehmen der Aufsicht einer Landesbehörde, so ist diese zuständig.

Übersicht

Schrifttum

Vgl. die Literaturhinweise zu § 334.

A. Allgemeines

I. Allgemeines zum Ordnungswidrigkeitenrecht

Zu den Grundsätzen des Ordnungswidrigkeitenrechts – Vorsatz und Irrtum, Versuch, Einheitstäterbegriff, Konkurrenzen – kann auf die Ausführungen Vor §§ 331 ff Rdn. 78 ff; § 334 Rdn. 2 ff verwiesen werden. 1

II. Entstehungsgeschichte

Nach Ausdehnung der für die Kapitalgesellschaft geltenden Vorschriften über Bilanzierung und Rechnungslegung auf alle Versicherungsunternehmen durch das **Versicherungsbilanzrichtlinien-Gesetz** vom 24. 6. 1994 (BGBl. 1994 I S. 1377) konnten die Vorschriften des § 334 HGB wegen der großen Anzahl abweichender Regelungen für Versicherungsunternehmen nicht unverändert übernommen werden (Vor §§ 331 ff Rdn. 35). § 334 Abs. 4 HGB schließt daher die Anwendbarkeit der Bußgeldtatbestände des § 334 Abs. 1 und 2 HGB auf Versicherungsunternehmen ausdrücklich aus. Bußgeldbewehrte Verstöße gegen die Rechnungslegungsvorschriften für Versicherungsunternehmen aller Rechtsformen sind nunmehr ausschließlich in § 341n HGB (Anhang nach § 335 b; § 341 n Rdn. 1 ff) geregelt.[1] Durch das Gesetz zur Anpassung bilanzrechtlicher Bestimmungen an die Einführung des Euro, zur Erleichterung der Publizität für Zweigniederlassungen ausländischer Unternehmen sowie zur Einführung einer Qualitätskontrolle für genossenschaftliche Prüfungsverbände (Euro-Bilanzgesetz – EuroBilG) vom 10. 12. 2001 (BGBl. 2001 I S. 3414) wurde die bisherige Bußgeldandrohung von fünfzigtausend Deutsche Mark auf fünfundzwanzigtausend Euro festgesetzt und damit der neuen Währung angepaßt. 2

III. Geschützte Rechtsgüter und Schutzbereich

Das geschützte **Rechtsgut des § 341 n Abs. 1 HGB** entspricht dem Rechtsgut der §§ 331 und 334 Abs. 1 und 2 HGB (§ 334 Rdn. 15 f). Geschützt wird daher das **Vertrauen in die Richtigkeit und Vollständigkeit der Informationen über die Verhältnisse der Gesellschaft**. Nicht hingegen wird das Vertrauen in den Prüfungsbericht und den Bestätigungsvermerk und damit in die Richtigkeit und Vollständigkeit der gewissenhaft und unparteiisch durch ein unabhängiges Kontrollorgan geprüften Abschlüsse und Lageberichte geschützt. § 341 n Abs. 1 und 2 HGB ist insofern **Schutzgesetz im Sinne des § 823 Abs. 2 BGB**.[2] 3

IV. Sonderdelikte

Alle Ordnungswidrigkeitentatbestände des § 341 n HGB können nur von einem eingeschränkten Täterkreis verwirklicht werden. Daher handelt es sich um **echte Sonderdelikte**.[3] 4

---

[1] Heymann/*Otto* Rdn. 1; *Wiedmann* Bilanzrecht Rdn. 1.

[2] Heymann/*Otto* Rdn. 3.

[3] Heymann/*Otto* Rdn. 4.

V. Normadressaten

5 Der Täterkreis ist im Rahmen des **§ 341n Abs. 1 HGB** begrenzt auf die Mitglieder des vertretungsberechtigten Organs und des Aufsichtsrats eines Versicherungsunternehmens sowie auf Hauptbevollmächtigte im Sinne des § 106 Abs. 3 VAG. § 9 Abs. 2 OWiG, der die Pflichten der Kapitalgesellschaft oder Personenhandelsgesellschaft auf gewillkürte Vertreter überwälzt, findet keine Anwendung (Rdn. 6f).

Nach **§ 341n Abs. 2 HGB** sind die **Abschlußprüfer** eines Versicherungsunternehmens, die gesetzlichen Vertreter einer Wirtschaftsprüfungsgesellschaft oder die Mitglieder der Aufsicht einer Landesbehörde taugliche Täter (Rdn. 25).

B. Ordnungswidrigkeitentatbestände des § 341n Abs. 1 HGB

I. Täterkreis

1. Mitglieder des vertretungsberechtigten Organs und des Aufsichtsrats sowie Hauptbevollmächtigte

6 Täter im Rahmen des § 341n Abs. 1 HGB sind die Mitglieder des vertretungsberechtigten Organs (§ 331 Rdn. 15ff; Anhang nach § 333; § 341m Rdn. 4) sowie des Aufsichtsrats eines Versicherungsunternehmens. Hiervon sind die Mitglieder des obligatorischen Aufsichtsrats umfaßt sowie die Mitglieder des fakultativen Aufsichtsrats, sofern letzteren bußgeldbewehrte Pflichten übertragen worden sind. Der Täterkreis des § 341n HGB ist gegenüber dem des § 334 HGB um den **Hauptbevollmächtigten im Sinne des § 106 Abs. 3 VAG** (Anhang nach § 333; § 341m Rdn. 5) erweitert. § 9 Abs. 2 OWiG, der die Pflichten der Kapitalgesellschaft oder Personenhandelsgesellschaft auf gewillkürte Vertreter überwälzt, findet keine Anwendung.[4]

2. Täterschaft gemäß § 14 OWiG

7 Als Täter im engeren Sinne gemäß § 341n Abs. 1 HGB kommen allein die soeben aufgezählten sonderpflichtigen Personen (Rdn. 6) in Betracht. Andere Personen können grundsätzlich nur Teilnehmer sein. Da das Ordnungswidrigkeitenrecht jedoch nicht zwischen Täterschaft und Teilnahme unterscheidet (Einheitstäter), sind auch nicht-sonderpflichtige Personen **Täter im weiteren Sinne** (§ 334 Rdn. 5). Voraussetzung hierfür ist allerdings, daß mindestens eine der beteiligten Personen sonderpflichtig ist (§ 334 Rdn. 7, 31f).

II. Tatgegenstand des § 341n Abs. 1 HGB

8 § 341n erfaßt ebenso wie § 334 HGB die Tatgegenstände des **Jahresabschlusses**, des **Konzernabschlusses**, des **Lageberichts**, des **Konzernlageberichts** sowie **Unterlagen zur Offenlegung, Veröffentlichung oder Vervielfältigung** (§ 334 Rdn. 35).

III. Tathandlungen des § 341n Abs. 1 HGB

9 § 341n Abs. 1 Nr. 1 HGB ahndet **Zuwiderhandlungen bei der Aufstellung des Jahresabschlusses oder des Zwischenabschlusses** gemäß § 340a Abs. 3 HGB. Dabei werden die Ordnungswidrigkeitentatbestände des § 334 HGB an die versicherungs-

[4] Heymann/*Otto* Rdn. 4.

spezifischen Bilanzierungsvorschriften der §§ 341 bis 341 j HGB angepaßt. Insbesondere § 341 a Abs. 2 S. 1 und 2 HGB erklären eine Reihe von Bilanzierungsvorschriften der §§ 265 ff HGB für nicht anwendbar. Dementsprechend sind auch die Bußgeldvorschriften in § 341 n HGB an die versicherungsrechtlichen Vorgaben angepaßt.

1. Zuwiderhandlungen gegen Vorschriften über Form und Inhalt des Jahresabschlusses (§ 341 n Abs. 1 Nr. 1 lit. a HGB)

Durch § 341 n Abs. 1 Nr. 1 lit. a HGB werden Vorschriften über Form und Inhalt des Jahresabschlusses geschützt. Gegenüber § 334 HGB entfallen hier wegen § 341 a Abs. 2 S. 2 HGB die Vorschriften des § 247 Abs. 1 und 2 HGB sowie des § 251 HGB. § 246 Abs. 2 HGB wird durch § 341 Abs. 2 S. 3 HGB eingeschränkt. Zusätzlich werden die §§ 341 e Abs. 1, 2; 341 f; 341 g und 341 h HGB als Normen in Bezug genommen. Damit erstreckt sich die Regelungsweite der Nr. 1 lit. a auf die Verletzung der Regelung des § 243 Abs. 1 HGB (Grundsätze ordnungsmäßiger Buchführung, wobei allerdings nur die unzweifelhafte Verletzung eindeutig anerkannter Grundsätze in Betracht kommt; vgl. § 334 Rdn. 37, 41), des § 243 Abs. 2 HGB (Grundsatz der Klarheit und Übersichtlichkeit), des § 244 HGB (deutsche Sprache, Währungseinheit), des § 245 HGB (Unterzeichnung), des § 246 Abs. 1 HGB (Vollständigkeit), des § 246 Abs. 2 i. V. m. § 341 a Abs. 2 S. 3 HGB (Verrechnungsverbot), des § 247 Abs. 3 HGB (Sonderposten mit Rücklageanteil), des § 248 HGB (Bilanzierungsverbote), des § 249 Abs. 1 S. 1 HGB (Rückstellungen für ungewisse Verbindlichkeiten und für drohende Verluste aus schwebenden Geschäften) oder des § 249 Abs. 3 HGB (Verbot nicht vorgesehener Rückstellungen, Voraussetzungen für die Auflösung von Rückstellungen), des § 250 Abs. 1 oder 2 HGB (Ausweis von Rechnungsabgrenzungsposten auf der Aktiv- bzw. Passivseite), des § 264 Abs. 2 HGB (Vermittlung eines den tatsächlichen Verhältnissen entsprechenden Bildes der Vermögens-, Finanz- und Ertragslage im Anhang; vgl. dazu auch § 334 Rdn. 53 ff), des § 341 e Abs. 1 oder Abs. 2 HGB (Allgemeine Bilanzierungsgrundsätze zur Bildung von versicherungstechnischen Rückstellungen), des § 341 f HGB (Deckungsrückstellungen), des § 341 g HGB (Rückstellung für noch nicht abgewickelte Versicherungsfälle) sowie des § 341 h HGB (Schwankungsrückstellung oder ähnliche Rückstellungen). 10

2. Zuwiderhandlungen gegen Vorschriften über die Bewertung (§ 341 n Abs. 1 Nr. 1 lit. b HGB)

§ 341 n Abs. 1 Nr. 1 lit. b HGB nennt geschützte **Bewertungsvorschriften**. Konkretisiert wird § 253 Abs. 2 S. 3 HGB durch § 341 b Abs. 1 S. 3 HGB. Zusätzlich werden die versicherungsspezifischen Bewertungsvorschriften der §§ 341b Abs. 1 S. 1 und 341d in den Schutz des Ordnungswidrigkeitentatbestandes übernommen. 11

Im einzelnen werden von § 341 n Abs. 1 Nr. 1 lit. b HGB erfaßt: die Verletzung der Regelung des § 253 Abs. 1 S. 1 HGB (Wertansätze von Vermögensgegenständen) in Verbindung mit § 255 Abs. 1 HGB (Anschaffungskosten), mit § 255 Abs. 2 S. 1 und 2 HGB (Herstellungskosten) oder mit § 255 Abs. 2 S. 6 HGB (Ausschluß der Vertriebskosten aus den Herstellungskosten), des § 253 Abs. 1 S. 2 HGB (Wertansatz von Verbindlichkeiten), des § 253 Abs. 2 S. 1 und 2 HGB (Wertansatz für Vermögensgegenstände des Anlagevermögens, deren Nutzung zeitlich begrenzt ist) oder des § 253 Abs. 2 S. 3 HGB (außerplanmäßige Abschreibung bei Vermögensgegenständen des Anlagevermögens) in Verbindung mit § 341 b Abs. 1 S. 3 HGB (Begrenzung der Anwendung des § 253 Abs. 2 S. 3 HGB), des § 253 Abs. 3 S. 1 HGB (Abschreibung von Vermögensgegenständen des Umlaufvermögens) oder des § 253 Abs. 3 S. 2 HGB

(Zeitpunkt der Wertfestsetzung), des § 280 Abs. 1 HGB (Zuschreibung von früheren Abschreibungen), des § 282 HGB (Abschreibung der Aufwendungen für die Ingangsetzung und Erweiterung des Geschäftsbetriebes), des § 283 HGB (Wertansatz des Eigenkapitals), des § 341b Abs. 1 S. 1 HGB (Bewertung nach den für das Anlagevermögen geltenden Vorschriften) oder des § 341d HGB (Anlagestock der fondsgebundenen Lebensversicherung).

Zum relevanten **Bewertungsmaßstab** vgl. § 334 Rdn. 56.

3. Zuwiderhandlungen gegen Vorschriften über die Gliederung von Bilanz und GuV (§ 341n Abs. 1 Nr. 1 lit. c HGB)

12 Die Gliederungsvorschriften erfahren in § 341n Abs. 1 Nr. 1 lit. c HGB wegen § 341a Abs. 2 S. 1 und 2 HGB eine Reduzierung. Es entfallen §§ 265 Abs. 6, 266, 268 Abs. 2, Abs. 4 S. 1, Abs. 5 S. 1 und 2 und Abs. 7 sowie § 275 HGB. Aus § 277 HGB fallen nur noch Abs. 3 S. 2 und Abs. 4 in den von § 341n HGB geschützten Bereich. Im einzelnen sind damit folgende Verstöße noch von § 341n Abs. 1 lit. c HGB erfaßt:

Die Verletzung der Regelung des § 265 Abs. 2 HGB (Angabe des Betrages des vorhergehenden Geschäftsjahres), des § 265 Abs. 3 HGB (Mitzugehörigkeit zu anderen Posten), des § 265 Abs. 4 HGB (Gliederung bei unterschiedlichen Geschäftszweigen), des § 268 Abs. 3 HGB (Ausweis eines nicht durch Eigenkapital gedeckten Fehlbetrages), des § 268 Abs. 6 HGB (Ausweis eines nach § 250 Abs. 3 HGB in den aktiven Rechnungsabgrenzungsposten aufgenommenen Unterschiedsbetrag), des § 272 HGB (Gliederung des Eigenkapitals), des § 273 HGB (Sonderposten mit Rücklagenanteil), des § 274 Abs. 1 HGB (Rückstellung für latente Steuern), des § 277 Abs. 3 S. 2 HGB (Vorschriften zu einzelnen Ertrags- oder Aufwandsposten der Gewinn- und Verlustrechnung) oder des § 277 Abs. 4 HGB (außergewöhnliche Aufwendungen und Erträge).

4. Zuwiderhandlungen gegen Vorschriften über in die Bilanz oder den Anhang aufzunehmende Angaben (§ 341n Abs. 1 Nr. 1 lit. d HGB)

13 Die in der Bilanz oder zum Anhang zu machenden Angaben werden durch § 341a Abs. 2 S. 1 HGB hinsichtlich § 285 HGB eingeschränkt; gleichzeitig entfallen die größenabhängigen Erleichterungen nach § 288 HGB.

Im einzelnen sind noch folgende Verstöße bußgeldbewehrt: Die Verletzung der Regelung des § 280 Abs. 3 HGB (Angabe und Begründung des Betrages der im Geschäftsjahr aus steuerlichen Gründen unterlassenen Zuschreibungen), des § 281 Abs. 1 S. 2 HGB (Angabe der Vorschriften, nach denen die Wertberichtigungen erfolgt sind), des § 281 Abs. 1 S. 3 HGB (Auflösung von Wertberichtigungen gemäß § 254 HGB), des § 281 Abs. 2 S. 1 HGB (Angabe der allein nach steuerrechtlichen Vorschriften vorgenommenen Abschreibungen), des § 284 HGB (Erläuterung der Bilanz und der Gewinn- und Verlustrechnung im Anhang), des § 285 Nrn. 1, 2 oder 3 HGB (sonstige Pflichtangaben im Anhang) in Verbindung mit § 341a Abs. 2 S. 4 HGB (Begrenzung der Geltung des § 285 Nr. 3 HGB) sowie des § 285 Nrn. 5 bis 7 und 9 bis 14 HGB (sonstige Pflichtangaben im Anhang).

14 Zu beachten ist hier, daß § 286 HGB das Recht einräumt, bestimmte Angaben zu unterlassen (§ 334m Rdn. 60).

5. Zuwiderhandlungen gegen Vorschriften über einzubeziehende Unternehmen (§ 341 n Abs. 1 Nr. 2 lit. a HGB)

§ 341 n Abs. 1 Nr. 2 lit. a HGB erfaßt die Verletzung der Regelung des § 294 Abs. 1 HGB (in den Konzernabschluß einzubeziehende Unternehmen). 15

6. Zuwiderhandlungen gegen Vorschriften über Form und Inhalt (§ 341 n Abs. 1 Nr. 2 lit. b HGB)

§ 341 n Abs. 1 Nr. 2 lit. b HGB erfaßt die Verletzung der Regelung des § 297 Abs. 2 HGB (Klarheit und Übersichtlichkeit des Konzernabschlusses, Beachtung der Grundsätze ordnungsmäßiger Buchführung, Vermittlung eines den tatsächlichen Verhältnissen entsprechenden Bildes der Vermögens-, Finanz- und Ertragslage des Konzerns), des § 297 Abs. 3 HGB (Darstellung der Vermögens-, Finanz- und Ertragslage einbezogener Unternehmen im Konzernabschluß) und des § 341 j Abs. 1 S. 1 HGB (anzuwendende Vorschriften auf den Konzernabschluß) in Verbindung mit einer in § 341 n Abs. 1 Nr. 1 lit. a HGB bezeichneten Vorschrift über Form und Inhalt des Abschlusses. 16

7. Zuwiderhandlungen gegen Vorschriften über Konsolidierungsgrundsätze oder das Vollständigkeitsgebot (§ 341 n Abs. 1 Nr. 2 lit. c HGB)

§ 341 n Abs. 1 Nr. 2 lit. c HGB ahndet die Verletzung der Regelung des § 300 HGB, der Konsolidierungsgrundsätze und das Vollständigkeitsgebot enthält (§ 334 Rdn. 64). 17

8. Zuwiderhandlungen gegen Vorschriften über die Bewertung (§ 341 n Abs. 1 Nr. 2 lit. d HGB)

§ 341 n Abs. 1 Nr. 2 lit. d HGB erfaßt die Verletzung der Regelung des § 308 Abs. 1 S. 1 HGB (Grundsatz der einheitlichen Bewertung der in den Konzernabschluß übernommenen Vermögensgegenstände nach § 300 Abs. 2 HGB) in Verbindung mit den in § 341 n Abs. 1 Nr. 1 lit. b HGB bezeichneten Vorschriften oder des § 308 Abs. 2 HGB (abweichende Bewertungsmethoden bei Mutter- und Tochterunternehmen sowie im Konzernabschluß). 18

9. Zuwiderhandlungen gegen Vorschriften über Beteiligungen und maßgeblichen Einfluß (§ 341 n Abs. 1 Nr. 2 lit. e HGB)

§ 341 n Abs. 1 Nr. 2 lit. e HGB sieht die Verhängung einer Geldbuße wegen Verletzung der Regel des § 311 Abs. 1 S. 1 HGB (Ausweis der Beteiligung an assoziierten Unternehmen) in Verbindung mit § 312 HGB (Wertansatz der Beteiligung an einem assoziierten Unternehmen und Behandlung des Unterschiedsbetrages bei deren Einbeziehung) vor. 19

10. Zuwiderhandlungen gegen Vorschriften über im Anhang zu machende Angaben (§ 341 n Abs. 1 Nr. 2 lit. f HGB)

§ 341 n Abs. 1 Nr. 2 lit. f HGB erfaßt die Verletzung der Regelung des § 308 Abs. 1 S. 3 HGB (Anhangangabe zu Abweichungen von den auf den Jahresabschluß des Mutterunternehmens angewandten Bewertungsmethoden im Konzernanhang), des § 313 HGB (Erläuterung im Anhang für die in der Konzernbilanz oder der Konzern-Gewinn- und -Verlustrechnung aufgrund eines Wahlrechts unterlassene Angaben, 20

Angaben von Beteiligungsbesitz) oder des § 314 HGB (sonstige Pflichtangaben im Konzernanhang) in Verbindung mit § 341 j Abs. 1 S. 2 oder 3 HGB (anzuwendende Vorschriften auf den Konzernabschluß).

11. Zuwiderhandlungen bei der Aufstellung des Lageberichts (§ 341 n Abs. 1 Nr. 3 HGB)

21 § 341 n Abs. 1 Nr. 3 HGB erfaßt Zuwiderhandlungen gegen die Vorschrift des § 289 Abs. 1 HGB über den Inhalt des Lageberichts (vgl. § 334 Rdn. 68).

12. Zuwiderhandlungen bei der Aufstellung des Konzernlageberichts (§ 341 n Abs. 1 Nr. 4 HGB)

22 § 341 n Abs. 1 Nr. 4 HGB erfaßt Zuwiderhandlungen gegen die Vorschrift des § 315 Abs. 1 HGB über den Inhalt des Konzernlageberichts (vgl. § 334 Rdn. 68).

13. Zuwiderhandlungen bei der Offenlegung, Veröffentlichung oder Vervielfältigung (§ 341 n Abs. 1 Nr. 5 HGB)

23 § 341 n Abs. 1 Nr. 5 HGB erfaßt Zuwiderhandlungen gegen die Vorschrift des § 328 HGB über Form und Inhalt der Unterlagen bei der Offenlegung, Veröffentlichung und Vervielfältigung des Jahresabschlusses und des Konzernabschlusses. In diesem Fall kann nur gegen das vertretungsberechtigte Organ, das die Offenlegung unterlassen hat, ein Ordnungsgeld nach §§ 335 a, 341 o HGB verhängt werden.

14. Zuwiderhandlungen gegen eine auf Grund des § 330 Abs. 3 und 4 HGB in Verbindung mit Abs. 1 S. 1 erlassenen Rechtsverordnung (§ 341n Abs. 1 Nr. 6 HGB)

24 § 341 n Abs. 1 Nr. 6 HGB erfaßt Zuwiderhandlungen gegen eine aufgrund des § 330 Abs. 3 und 4 HGB in Verbindung mit § 330 Abs. 1 S. 1 HGB erlassene Rechtsverordnung. § 341 n Abs. 1 Nr. 6 HGB wird ausgefüllt durch die Verordnung über die Rechnungslegung der Versicherungsunternehmen.[5] Diese Rechtsverordnung enthält in § 63 Abs. 1 Bußgeldvorschriften im Sinne des § 341 n Abs. 1 Nr. 6 HGB für den Personenkreis des § 341 n Abs. 1 HGB, gegen die bei der Aufstellung und Feststellung des Jahresabschlusses und der Aufstellung des Konzernabschlusses verstoßen werden kann. Nach § 63 dieser Rechtsverordnung handelt ordnungswidrig, wer bei der Aufstellung oder Feststellung des Jahresabschlusses,

- entgegen § 2 S. 1 nicht das vorgeschriebene Formblatt verwendet,
- entgegen §§ 4, 5 Abs. 1 oder 2, § 54 in Verbindung mit § 55 Abs. 1 oder 6 oder § 56 Abs. 1 bis 5, § 55 Abs. 7 oder § 56 Abs. 6 eine Angabe nicht, nicht richtig oder nicht in der vorgeschriebenen Weise macht,
- einer Vorschrift des § 56 über die einzelnen Kosten der Bilanz oder der Gewinn- und Verlustrechnung aufzunehmenden Angaben zuwiderhandelt,
- einer Vorschrift der §§ 51 bis 53 über zusätzliche Erläuterungen, zusätzliche Pflichtangaben oder Angaben im Anhang zuwiderhandelt,
- bei der Aufstellung des Lageberichts einer Vorschrift des § 57 über zusätzliche Angaben zuwiderhandelt,

bei der Aufstellung des Konzernabschlusses – entgegen § 58 Abs. 1 S. 1 nicht das vorgeschriebene Formblatt verwendet,

---

[5] VersKredV vom 8. 11. 1994, BGBl. I S. 3370.

- einer Vorschrift des § 58 Abs. 4 Nr. 2 über die in einzelnen Posten der Konzernbilanz oder der Konzern-Gewinn- und -Verlustrechnung aufzunehmenden Angaben zuwiderhandelt,
- entgegen § 53 Abs. 2 bis 4 eine Angabe nicht oder nicht richtig macht,
- entgegen § 60 eine Angabe nicht in den Konzernlagebericht aufnimmt.

Nach § 63 Abs. 2 dieser Rechtsverordnung ist auch der Verstoß des Abschlußprüfers gegen die gesetzlichen Ausschlußgründe des § 319 Abs. 2 und 3 HGB ahndbar.

C. Der Ordnungswidrigkeitentatbestand des § 341 n Abs. 2 HGB

I. Täterkreis

25 § 341 n Abs. 2 HGB betrifft den Abschlußprüfer. Bei Versicherungsunternehmen kann Abschlußprüfer nur ein **Wirtschaftsprüfer** oder eine Wirtschaftsprüfungsgesellschaft sein, da § 341 k Abs. 1 S. 2 HGB die Prüfung durch einen vereidigten Buchprüfer bzw. eine Buchprüfungsgesellschaft nicht zuläßt. Bei **Wirtschaftsprüfungsgesellschaften** wird durch § 9 Abs. 1 Nr. 1 OWiG die Verantwortung der Gesellschaft auf ihre vertretungsberechtigten Organe und die Mitglieder eines solchen Organs und durch § 9 Abs. 2 Nr. 2 OWiG auf ausdrücklich Beauftragte, die dem Inhaber obliegenden Aufgaben in eigener Verantwortung wahrnehmen, übergewälzt.

26 **Sonstige Personen** können sich nur an einer Handlung des Abschlußprüfers beteiligen. Sie sind in diesen Fällen wegen der Einheitstäterregelung des § 14 OWiG als Täter ahndbar (Rdn. 7).

II. Tathandlungen

27 § 341 Abs. 2 HGB erfaßt die Erteilung eines Bestätigungsvermerks nach § 322 HGB zu einem Jahresabschluß oder zu einem Konzernabschluß, der aufgrund gesetzlicher Vorschriften zu prüfen und zu testieren ist, wenn dieser von einer Person oder einer für eine Wirtschaftsprüfungsgesellschaft tätige Person erteilt wird, obwohl sie oder die Wirtschaftsprüfungsgesellschaft nach **§ 319 Abs. 2 oder Abs. 3 HGB** nicht Abschlußprüfer sein darf. Hingegen ist die Erteilung des Bestätigungsvermerks nach **§ 322 HGB** durch eine Person, die überhaupt nicht Abschlußprüfer sein kann, von § 341 n Abs. 2 HGB nicht erfaßt, denn dieser normiert nur Sonderpflichten für potentielle Abschlußprüfer.

III. Sonstige Voraussetzungen der Ahndbarkeit

28 § 341 n HGB sieht nur für den Fall vorsätzlichen Verhaltens die Verhängung einer Geldbuße vor. Dolus eventualis reicht aus. Bezüglich der weiteren Voraussetzungen der Ahndbarkeit kann auf die Ausführungen zu § 334 HGB verwiesen werden (zum **subjektiven Tatbestand** vgl. die Ausführungen zu § 334 Rdn. 2f, **zum Versuch** § 334 Rdn. 4, 79ff, **zu den Konkurrenzen** § 331 Rdn. 100ff).

D. Sanktionen

I. Bußgeldrahmen

29 Eine Ordnungswidrigkeit nach § 341 n HGB kann mit einer Geldbuße von bis zu 25000,– Euro geahndet werden. Das Mindestmaß hat für Taten bis zum 1.3.1998 DM 5,– betragen und beträgt ab dem 1.3.1998 DM 10,– bzw. 5 Euro.[6]

II. Bußgeldbemessung

30 Grundlage für die Bemessung der Geldbuße ist nach § 17 Abs. 3 S. 1 OWiG die **Bedeutung der Ordnungswidrigkeit** und der **Vorwurf**, den der Täter trifft. Angesichts der Terminologie des OWiG ist mit dem Begriff „Vorwurf" sachlich dasselbe gemeint wie mit der Schuld im Strafrecht und mit der „Bedeutung der Ordnungswidrigkeit" dasselbe wie das strafrechtliche Unrecht.[7] Daneben sind weitere Erwägungen, von denen § 17 Abs. 3 S. 2 OWiG die **wirtschaftlichen Verhältnisse** des Täters nennt, mit einzubeziehen.

31 Wenn der Täter aus der Handlung einen rechtswidrigen Vorteil gezogen hat, sieht § 17 Abs. 4 S. 1 OWiG für alle Ordnungswidrigkeiten vor, daß die Geldbuße den **wirtschaftlichen Vorteil** übersteigen soll, wobei eine Schätzung des Vorteils zulässig ist.[8] Um das Ziel der Vorteilsabschöpfung zu erreichen, kann auch das gesetzliche Höchstmaß von 25000,– Euro (§ 334 Abs. 3 HGB) überschritten werden (§ 17 Abs. 4 S. 2 OWiG). Allerdings wird bei Verstößen nach § 341 n HGB in der Regel kein konkreter wirtschaftlicher Vorteil erzielt, der abzuschöpfen wäre.

III. Verhängung einer Geldbuße gegen die juristische Person

32 **Neben der Geldbuße** gegen die natürliche Person kann auch gegen die **Kapitalgesellschaft** oder die **Prüfungsgesellschaft** eine Geldbuße gemäß § 30 Abs. 1 Nr. 1 OWiG verhängt werden (Vor §§ 331ff Rdn. 108ff).[9] Außerdem kann eine **isolierte Geldbuße** nur gegen die Kapitalgesellschaft oder die Prüfungsgesellschaft verhängt werden (§ 30 Abs. 4 S. 1 OWiG; Vor §§ 331ff Rdn. 114).[10]

E. Verfahrensrecht

33 Die Ordnungswidrigkeiten werden **von Amts wegen** verfolgt. Nach § 341 n Abs. 4 HGB ist für dieses Verfahren eine besondere Zuständigkeitsregelung vorgesehen. Die zuständige Behörde zur Ahndung der Ordnungswidrigkeiten des § 341 n Abs. 1 und 2 HGB ist nach Abs. 4 S. 1 das Bundesaufsichtsamt für das Versicherungswesen, soweit die betroffenen Versicherungsunternehmen seiner Aufsicht unterliegen. Unterliegt das Versicherungsunternehmen der Aufsicht einer Landesbehörde, ist diese nach § 341 n Abs. 4 S. 2 HGB für die Verfolgung der Ordnungswidrigkeit nach dieser Vorschrift zuständig.[11] Über die Einleitung und Durchführung des Verfahrens ist nach dem Opportunitätsgrundsatz zu entscheiden, § 47 OWiG.

34 Im übrigen kann auf die Ausführungen zu § 334 Rdn. 103ff verwiesen werden.

---

6 *Katholnigg* NJW 1998, 568, 569.
7 *Göhler* Rdn. 30 Vor § 1 m.w.N.
8 *Göhler* § 17 Rdn. 43; KKOWiG-*Steidorf* § 17 Rdn. 127.
9 Beck BilKomm-*Budde/Hense* Rdn. 32; MünchKomm-*Quedenfeld* Rdn. 55.
10 Beck BilKomm-*Budde/Hense* Rdn. 31; Erbs/Kohlhaas/*Schaal* Rdn. 38, 41; MünchKomm-*Quedenfeld* Rdn. 55; Heymann/*Otto* Rdn. 38.
11 *Koller/Roth/Morck* § 341 n Rdn. 1.

Vorbemerkung

Vor §§ 335 ff

Übersicht

Schrifttum

Vgl. ergänzend die Literaturhinweise zu Vor §§ 331 ff.

Autenrieth Zwangsgeld bei Verstoß gegen die Veröffentlichungspflicht nach HGB bei kleinen Kapitalgesellschaften? DB 1988, 2581; *Baetge/Apelt* Konsequenzen des Verstoßes gegen die Offenlegungsvorschriften des HGB, DB 1988, 1709; *Bassenge* Tatsachenermittlung, Rechtsprüfung und Ermessensausübung in den registerrechtlichen Verfahren nach §§ 132 bis 144 FGG, Rpfleger 1974, 173; *Bassenge/Herbst* FGG/RPflG, 8. Aufl. (1999); *Bihr* Der Entwurf des Kapitalgesellschaften- und Co.-Richtlinie-Gesetzes (KapCoRiLiG) vom 13. 8. 1999, BB 1999, 1862 ff; *Bohl* Anmerkung zu EuGH Urteil vom 29. 9. 1998, Rs. C-191/95, EuZW 1998, 762 f; *Bork* Anmerkungen zu OLG Düsseldorf, ZIP 1996, 230, EWiR 1996, 265 ff; *Breucha-Schmidberger* Vermeidung von Nachteilen bei Verletzung der Publizitätspflicht, DStZ 1989, 223; *Bumüller/Winkler* Gesetz über die Angelegenheiten der freiwilligen Gerichtsbarkeit, 6. Aufl. (1995); *Crezelius* Jahresabschlußpublizität bei deutscher Kapitalgesellschaft – Besprechung der Entscheidung EuGH DB 1997, 2598 – Daihatsu, ZGR 1999, 252 ff; *de Weerth* Europarechtliche Sanktionierung der unterlassenen Offenlegung des Jahresabschlusses? BB 1998, 366 ff; *ders.* Anmerkung zu EuGH Urteil vom 29. 9. 1998, Rs. C-191/95, BB 1998, 2204 f; *ders.* Anmerkung zu EuGH Urteil vom 22. 4. 1999, Rs. C-272/97, BB 1999, 1487; *Ernst* Die Grundzüge des Referentenentwurfs zum Kapitalgesellschaften- & Co.-Richtlinie-Gesetz, DStR 1999, 903 ff; *Frey* Zur Bilanz-Publizität nach neuem Bilanzrecht, BB 1988, 1784 ff; *Friauf* Die Publizitätspflicht für Gesellschaften mit beschränkter Haftung aus verfassungsrechtlicher Sicht, GmbHR 1985, 245 ff; *ders.* Registerpublizität und Verfassungsrecht, GmbHR 1991, 397 ff; *Gehringer* Anmerkung zu EuGH Urteil vom 29. 9. 1998, Rs. C-191/95, EWS 1999, 65 ff; *Großfeld* Bilanzrecht für Juristen – Das Bilanzrichtlinien-Gesetz vom 19. 12. 1985, NJW 1989, 955 ff; *Gustavus* Die Sanktionen bei unterlassener Offenlegung des Jahresabschlusses, ZIP 1988, 1429 ff; *ders.* Die Offenlegung von Jahresabschlüssen, Steuerberaterkongreß-Report 1988, 369 ff; *Hagenau/Hauser* Die Publizität des Jahresabschlusses – Eine nicht zwingende Vorschrift? BB 1989, 180 ff; *Heni* Transformation der GmbH&Co.-Richtlinie – Neuer Schub für die Konzernrechnungslegung, DStR 1999, 912 ff; *Hirte* Daihatsu: Durchbruch für die Publizität, NJW 1999, 36 ff; *Hofmann* Zwangsgeldverfahren in der freiwilligen Gerichtsbarkeit, Rpfleger 1991, 283 ff; *Hopt* Harmonisierung im europäischen Gesellschaftsrecht – status quo, Probleme, Perspektiven –, ZGR 1992, 265 ff; *Jansen* FGG, Band 2 (1970); *Klein/Pötsch* Referentenentwurf zum Kapitalgesellschaften & Co.-Richtlinien Gesetz, DB 1999, 1509 ff; *Leible* Bilanzpublizität und Effektivität des Gemeinschaftsrechts, ZHR 162 (1998) S. 594 ff; *Lenenbach* Konsequenzen aus der Richtlinienwidrigkeit des § 335 HGB, DZWiR 1998, 265 ff; *Lück* Offenlegungspflicht für die „kleinen" GmbH nach dem Bilanzrichtlinien-Gesetz, GmbHR 1987, 42 ff; *Luttermann* Die „mangelhafte" Umsetzung europäischer Richtlinien – zugleich Besprechung von EuGH EuZW 1998, 45 – Daihatsu, EuZW 1998, 264 ff; *Meilicke* Gestaltungen zur Verminderung der Publizität, DB 1986, 2445 ff; *Meißner* Zwangsgeld bei Verstoß gegen die Veröffentlichungspflichten des HGB, DB 1989, 593, mit Replik von *Autenrieth* DB 1989, 594; *Nassall* Gemeinschaftsrechtliche Staatshaftung für Insolvenzschäden –

Konsequenzen aus den Urteilen des EuGH vom 4.12.1997 und 29.9.1998, WM 1999, 657ff; *Niessen* Zur jüngsten Entwicklung des Bilanzrechts der Europäischen Gemeinschaft, WPg 1991, 193ff; *Rasch* Problem des polizeilichen Zwanges (Zwangsgeld, Ersatzvornahme, Rechtsschutz), DVBl. 1980, 1017ff; *Schön* Anmerkung zu EuGH Urteil vom 4.12.1997 Rs. C-97796 – Daihatsu, JZ 1998, 194f; *Schulze-Osterloh* Anmerkung zu EuGH – ZIP 1997, 2155 –, ZIP 1997, 2157; *ders.* Anmerkung zu EuGH – ZIP 1998, 1716 –, ZIP 1998, 1721ff; *Strobel* Anpassung des HGB-Bilanzrechts an EU-Vorgaben, BB 1999, 1054ff; *ders.* Die neuen EU-Bilanzpflichten für Kapitalgesellschaften & Co. im Rahmen neuer Schwellenwerte und Offenlegungssanktionen, DB 1999, 1025ff; *Tietz-Wartram* Anmerkung zu OLG Rostock – DB 1999, 1107 –, DB 1999 1108f; *Weilbach* Zwangspublizität: EuGH contra deutscher Mittelstand, BB 1998, 210f; *Wilken* Anmerkung zu OLG Düsseldorf 3 Wx 25/95 – Daihatsu, WiB 1996, 489f; *ders.* Anmerkung zu EuGH Urteil vom 4.12.1997 Rs. C-97/96 – Daihatsu, DStR 1998, 215ff; *Zimmer/Eckhold* Das Kapitalgesellschaften & Co.-Richtlinie-Gesetz – Neue Rechnungslegungsvorschriften für eine große Zahl von Unternehmen, NJW 2000, 1361ff.

A. System und Anwendungsbereich der §§ 335 bis 335b HGB

1 Ergänzend zu den Straf- und Ordnungswidrigkeitentatbeständen der §§ 331ff HGB sieht § 335 HGB die Festsetzung eines **Zwangsgeldes** gegen die Mitglieder des vertretungsberechtigten Organs einer Kapitalgesellschaft vor. Die Zwangsgelder dienen der Durchsetzung der **Pflicht zur Aufstellung** eines Jahresabschlusses und eines Lageberichts, zur Aufstellung eines Konzernabschlusses und eines Konzernlageberichts, zur unverzüglichen Erteilung des Prüfungsauftrags an den Abschlußprüfer, zur Stellung des Antrags auf gerichtliche Bestellung des Abschlußprüfers, zur unverzüglichen Vorlegung des Jahresabschlusses und des Lageberichts gegenüber dem Abschlußprüfer und zur Gestattung der Abschlußprüfung.

2 Nach § 335a HGB kann gegen denselben Personenkreis ein **Ordnungsgeld** verhängt werden, um die **Pflicht zur Offenlegung** des Jahresabschlusses, des Lageberichts, des Konzernabschlusses, des Konzernlageberichts und anderer Unterlagen der Rechnungslegung oder zur Offenlegung der Rechnungslegungsunterlagen der Hauptniederlassung durchzusetzen.

3 Sowohl die Zwangsgelder als auch die Ordnungsgelder sind ausschließlich auf die **formelle Erfüllung** der genannten Pflichten gerichtet, ohne daß es auf die materielle Richtigkeit und Vollständigkeit der Pflichterfüllung ankommt. In den Fällen materieller Unrichtigkeit und Unvollständigkeit greifen in der Regel die Ordnungswidrigkeitentatbestände der §§ 334, 340n, 341n HGB (Vor §§ 331ff Rdn. 9ff; § 334 Rdn. 56, 63, 68) und in Fällen der erheblichen Unrichtigkeit, Unvollständigkeit oder Verschleierung die Strafvorschrift des § 331 HGB (in Verbindung mit §§ 340m, 341m HGB) ein (§ 331 Rdn. 43, 48, 80).[1]

4 Die Vorschriften der §§ 335, 335a HGB gelten gemäß §§ 340o, 341o HGB auch für **Kredit- und Versicherungsunternehmen** und gemäß § 335b HGB für **offene Handelsgesellschaften und Kommanditgesellschaften**, bei denen nicht wenigstens eine natürliche Person oder eine offene Handelsgesellschaft, Kommanditgesellschaft oder andere Personengesellschaft mit einer natürlichen Person persönlich haftender Gesellschafter ist oder sich die Verbindung von Gesellschaften in dieser Art fortsetzt (§ 264a HGB). Dadurch wird insbesondere die **GmbH & Co. KG** den Kapitalgesellschaften gleichgestellt.

---

[1] Beck BilKomm-*Budde/Hense* Rdn. 2; MünchKommHGB-*Quedenfeld* Rdn. 3.

B. Entstehungsgeschichte der §§ 335 bis 335b, 340o, 341o HGB

I. Einführung von § 335 HGB

Die Vorschrift des § 335 HGB wurde durch das **BiRiLiG** vom 19.12.1985[2] in Anlehnung an § 407 Abs. 1 AktG eingeführt und auf alle Kapitalgesellschaften ausgedehnt, um die Möglichkeit zu schaffen, durch Androhung und Festsetzung eines Zwangsgeldes die Erfüllung bestimmter bilanzrechtlicher Verpflichtungen zu erzwingen. Im Jahre 1993 wurde § 335 HGB um die Nr. 7 ergänzt, die die Offenlegung von Unterlagen der Rechnungslegung der Hauptniederlassung durch für die Zweigniederlassung handelnde Personen regelt (Gesetz vom 22.7.1993, BGBl. 1993 I S. 1282). Dadurch sollte den einschlägigen Vorgaben der vierten, siebten und achten EG-Richtlinie zum Bilanzrecht Rechnung getragen werden.[3] 5

II. Einführung der Verweisungsnormen der §§ 340o, 341o HGB für Kredit- und Versicherungsunternehmen

Nach Ausdehnung der für die Kapitalgesellschaften geltenden Vorschriften über die Bilanzierung und das Rechnungswesen auf alle Kreditinstitute durch das Bankbilanzrichtlinien-Gesetz vom 30.11.1990[4] übertrug der Gesetzgeber die für Kapitalgesellschaften vorgesehene Möglichkeit der Festsetzung von Zwangsgeldern auf alle **Kreditinstitute**, unabhängig von deren Rechtsform, indem er in **§ 340o HGB** die Geltung des § 335 HGB auch für die nicht in der Rechtsform der Kapitalgesellschaft betriebenen Kreditinstitute anordnete. Durch Art. 2 BegleitG vom 22.10.1997[5] wurde diese Regelung auf **Finanzdienstleistungsinstitute** im Sinne des **§ 340 Abs. 4 S. 1 HGB** erstreckt.[6] Außerdem wurde durch das Versicherungsbilanzrichtlinien-Gesetz vom 24.6.1994 (BGBl. 1994 I S. 1377) die Vorschrift des **§ 341o HGB** eingeführt (Vor §§ 331ff Rdn. 35), die die in § 335 HGB geregelte Möglichkeit der Zwangsgeldfestsetzung gegen Kapitalgesellschaften für Versicherungsunternehmen auch rechtsformunabhängig vorsieht.[7] 6

III. Neufassung des § 335 HGB und Einführung der §§ 335a, 335b HGB durch das KapCoRiLiG

Durch das KapCoRiLiG vom 24.2.2000[8] wurde **§ 335 HGB** neu gefaßt und um **§ 335a HGB** ergänzt. In § 335 HGB war die Möglichkeit der Zwangsgeldfestsetzung zur Durchsetzung der Pflicht zur Offenlegung des Jahresabschlusses, des Lageberichts, des Konzernabschlusses, des Konzernlageberichts und anderer Unterlagen der Rechnungslegung sowie zur Offenlegung der Rechnungslegungsunterlagen der Hauptniederlassung (§ 335 Nr. 6 und 7 HGB) vorgesehen. Die Anforderungen an 7

[2] BGBl. 1985 I S. 2355; Vor §§ 331ff Rdn. 32.

[3] Vierte Richtlinie des Rates der Europäischen Gemeinschaften vom 25.7.1978, 78/660/EWG, ABl. EG Nr. L 222 vom 14.8.78, S. 11–31; siebte Richtlinie des Rates der Europäischen Gemeinschaften vom 13.6.1983, 83/349/EWG, ABl. EG Nr. L 193 vom 18.7.1983, S. 1–17; achte Richtlinie des Rates der Europäischen Gemeinschaften vom 10.4.1984, 84/253/EWG, ABl. EG Nr. L 126 vom 12.5.1984, S. 20–26.

[4] BGBl. 1990 I S. 2570; Vor §§ 331ff Rdn. 33.

[5] BGBl. 1992 I S. 2567.

[6] BTDrucks. 11/6275, S. 26.

[7] BTDrucks. 12/5587, S. 31.

[8] BGBl. 2000 I S. 154; Vor §§ 331ff Rdn. 36.

dieses Beugemittel zur Durchsetzung der Publizitätspflicht haben sich als unzulänglich erwiesen: Einerseits konnten angebliche Gläubiger das **Antragserfordernis** mißbrauchen, da der Antrag des Gläubigers nicht davon abhing, daß ein fälliger Anspruch bestand.[9] Vielmehr konnte jeder einen Antrag stellen, der glaubhaft machte, daß ihm auf Grund eines konkreten Rechtsverhältnisses eine Forderung gegen die Gesellschaft zustand oder zustehen konnte. Andererseits hat sich das Antragserfordernis in der Praxis als nicht geeignet erwiesen, die **Publizitätspflicht effektiv durchzusetzen**, weil der Kreis der Antragsberechtigten – Gesellschafter, Gläubiger, Gesamtbetriebsrat – zu eng war.[10] Dieser Personenkreis machte in der Regel von seinem Strafantragsrecht keinen Gebrauch. Selbst große Kapitalgesellschaften kamen der Publizitätspflicht häufig nicht nach.[11] Deshalb hat das **OLG Düsseldorf**[12] dem EuGH die Frage vorgelegt, ob § 335 S. 1 Nr. 6 HGB in Verbindung mit Satz 2 mit Artikel 6 der ersten Gesellschaftsrichtlinie 68/151/EWG des Rates vom 9. März 1968[13] in Einklang stehe.

8 Der **EuGH** kam mit **Urteil vom 4.12.1997**[14] zu dem Ergebnis, daß ein Zwangsgeldverfahren, das nur auf Antrag von Gläubigern, Gesellschaftern oder einem Betriebsrat eingeleitet werden kann, keine geeignete Maßnahme im Sinne des Artikels 6 der ersten Richtlinie sei, da es nicht allen nach der Richtlinie geschützten Dritten eine Möglichkeit eröffne, die Offenlegung zu erzwingen. Allerdings wurde eine unmittelbare Anwendung des Artikels 6 der ersten Richtlinie[15] verneint, so daß sich in § 335 S. 1 Nr. 6, S. 2 HGB a.F. nicht genannte Dritte nicht auf die Richtlinie berufen und die Offenlegungspflicht nicht durchsetzen konnten.

9 Sodann stellte der **EuGH im Urteil vom 29.9.1998**[16] fest, daß § 335 S. 1 Nr. 6, S. 2 HGB gegen Art. 6 der ersten Richtlinie 68/151/EWG des Rates vom 9.3.1968[17] verstoße, wonach die Mitgliedstaaten der EU verpflichtet sind, geeignete Maßnahmen für den Fall anzudrohen, daß die in Art. 2 Abs. 1 lit. f der genannten Richtlinie vorgeschriebene Veröffentlichung des Jahresabschlusses nicht erfolgt.[18]

10 Der **EuGH**[19] hatte schließlich in einer weiteren Entscheidung beanstandet, daß § 335 HGB a.F. nicht auf Personengesellschaften anwendbar war, bei denen keine natürliche Person persönlich haftender Gesellschafter ist.

11 Diesen Vorgaben trug der deutsche **Gesetzgeber** dadurch Rechnung, daß nunmehr das **Antragsrecht** jedermann zusteht und für die Verletzung der Offenlegungspflichten

---

[9] Vgl. dazu *Gustavus* ZIP 1988, 1429, 1432.

[10] Vgl. dazu Baumbach/Hueck/*Schulze-Osterloh* § 41 Rdn. 139; *Großfeld* NJW 1986, 955, 960; *Gustavus* ZIP 1988, 1429, 1432; *Hopt* ZGR 1992, 265, 291; *Küting* WPK-Mitt. 1992, 146; *Lück* GmbHR 1987, 48f; *Lutter* S. 142; *Niessen* WPg 1991, 193, 199f; *Schulze-Osterloh* ZIP 1997, 2157.

[11] Vgl. dazu *Lenenbach* DZWiR 1998, 265, 266; *Luttermann* EuZW 1998, 264.

[12] OLG Düsseldorf ZIP 1996, 230, 231 mit Anm. *Bork* EWiR 1996, 365f; *Wilken* WiB 1996, 489f.

[13] ABl. EG Nr. L 65 vom 14.3.1968, S. 8ff.

[14] EuGH ZIP 1997, 2155 mit Anm. *Schulze-Osterloh* 2157f; *Hirte* NJW 1999, 36ff; *Schön* JZ 1998, 194f; *de Weerth* BB 1998, 366ff; *Weilbach* BB 1998, 210f; *Wilken* DStR 1998, 215f; vgl. dazu auch *Lenenbach* DZWiR 1998, 265ff; *Leible* ZHR 162 (1998), 594ff; *Luttermann* EuZW 1998, 264ff.

[15] ABl. EG Nr. L 395/36.

[16] EuGH ZIP 1998, 1716 m. Anm. *Schulze-Osterloh* 1721ff; *Bohl* EuZW 1998, 762f; *Gehringer* EWS 1999, 65ff; *Nassall* WM 1999, 657ff; *de Weerth* BB 1998, 2204f; vgl. OLG Rostock DB 1999, 1107 m. Anm.; *Tietz-Wartram* 1108f.

[17] ABl. EG Nr. L 65 vom 14.3.1968, S. 8ff.

[18] EuGH NJW 1998, 129 (*Daihatsu*) mit Anm. *Schulze-Osterloh* ZIP 1997, 2157; *Leible* ZHR 162 (1998), 594; *Schön* JZ 1998, 194; *Crezelius* ZGR 1999, 252; *Hirte* NJW 1999, 36; EuGH ZIP 1998, 1716 mit Anm. *Schulze-Osterloh* 1721ff; nach dieser Entscheidung ist ein an Anträge bestimmter Personen gebundenes Zwangsgeldverfahren nicht mit der EG-Richtlinie konform. EuGH BB 1998, 2200 mit Anm. *de Weerth* DB 1999, 1487; vgl. auch *Gehringer* EWS 1999, 65; *Strobel* BB 1999, 1054, 1056; *ders.* DB 1999, 1025f.

[19] EuGH BB 1999, 1485.

nach §§ 325, 325 a HGB anstelle des Zwangsgeldverfahrens nach § 335 HGB in § 335 a HGB ein einheitliches und eigenständiges **Ordnungsgeldverfahren**[20] mit einem erhöhten Ordnungsgeldrahmen von 2 500,– bis 25 000,– Euro statt 5,– bis 10 000,– DM geschaffen wurde. Die ursprüngliche Absicht, ein Einschreiten des Registergerichts von Amts wegen und als weitere Sanktionsmöglichkeit eine Registersperre einzuführen, wurde nicht umgesetzt.[21] Weiterhin wurde § 335 b HGB eingeführt, der die §§ 335, 335 a HGB auch auf die in § 264 a HGB genannten **offenen Handelsgesellschaften und Kommanditgesellschaften** für anwendbar erklärt. Dadurch wurde den gemeinschaftsrechtlichen Vorgaben der Kapitalgesellschaft & Co. Richtlinie[22] in der Auslegung des EuGH Rechnung getragen.[23] Schließlich wurden die §§ 340 o und 341 o HGB auf die Neufassung der §§ 335, 335 a HGB abgestimmt.

§ 335
Festsetzung von Zwangsgeld

Mitglieder des vertretungsberechtigten Organs einer Kapitalgesellschaft, die

1. **§ 242 Abs. 1 und 2, § 264 Abs. 1 über die Pflicht zur Aufstellung eines Jahresabschlusses und eines Lageberichts,**
2. **§ 290 Abs. 1 und 2 über die Pflicht zur Aufstellung eines Konzernabschlusses und eines Konzernlageberichts,**
3. **§ 318 Abs. 1 Satz 4 über die Pflicht zur unverzüglichen Erteilung des Prüfungsauftrags,**
4. **§ 318 Abs. 4 Satz 3 über die Pflicht, den Antrag auf gerichtliche Bestellung des Abschlußprüfers zu stellen oder**
5. **§ 320 über die Pflichten gegenüber dem Abschlußprüfer**

nicht befolgen, sind hierzu vom Registergericht durch Festsetzung von Zwangsgeld nach § 140a Abs. 1 des Gesetzes über die Angelegenheiten der freiwilligen Gerichtsbarkeit anzuhalten. Das Registergericht schreitet jedoch nur auf Antrag ein; § 14 ist insoweit nicht anzuwenden. Das einzelne Zwangsgeld darf den Betrag von fünftausend Euro nicht übersteigen.

Übersicht

[20] *Zimmer/Eckhold* NJW 2000, 1361, 1367.

[21] Vgl. dazu *Bihr* BB 1999, 1862; *Strobel* BB 1999, 1054; *de Weerth* BB 1999, 1487.

[22] Richtlinie 90/605/EWG, ABl. EG Nr. L 317 vom 16. 11. 1990, S. 60; BTDrucks. 10/5710, S. 2f; siehe dazu *Ernst* DStR 1999, 903ff; *Heni* DStR 1999, 912, 913ff; *Strobel* DB 1999, 1025ff; *Klein/Pötsch* DB 1999, 1509ff; *Bihr* BB 1999, 1862ff.

[23] Zur Problematik der Europarechtskonformität der durch das KapCoRiLiG geschaffenen Rechtslage vgl. *Zimmer/Eckhold* NJW 2000, 1361, 1367f; *Gehringer* EWS 1999, 65, 67.

Schrifttum

Vgl. die Literaturhinweise zu Vor §§ 335ff.

A. Allgemeines

I. Anwendungsbereich des § 335 HGB

1. Sachlicher Anwendungsbereich

1 Die Regelung des § 335 HGB findet auf alle Kapitalgesellschaften Anwendung sowie gemäß § 335b HGB auf die in § 264a HGB genannten offenen Handelsgesellschaften und Kommanditgesellschaften, gemäß § 340o HGB auch auf die nicht in der Rechtsform der Kapitalgesellschaft betriebenen Kredit- und Finanzdienstleistungsinstitute (§ 340 Abs. 4 S. 1 HGB) und gemäß § 341o HGB auf Versicherungsunternehmen (§ 341 Abs. 1 und 2 HGB), die nicht als Kapitalgesellschaft betrieben werden.

2. Zeitlicher Anwendungsbereich

2 Was den zeitlichen Anwendungsbereich anbelangt, so findet § 335 HGB a.F. gemäß Art. 5 Nr. 1 Abs. 1 S. 3 KapCoRiLiG letztmals Anwendung auf Geschäftsjahre, die vor dem 1.1.1999 begonnen haben. Für alle Geschäftsjahre danach gilt § 335 HGB in der Neufassung des Art. 1 Nr. 18 KapCoRiLiG.

II. Erzwingung pflichtgemäßen Verhaltens

Die Vorschrift des § 335 HGB ermöglicht dem Registergericht, die Mitglieder der vertretungsberechtigten Organe einer Kapitalgesellschaft durch Festsetzung eines Zwangsgeldes zur Befolgung der in § 335 S. 1 Nrn. 1 bis 5 HGB angeführten Vorschriften des Handelsgesetzbuchs anzuhalten. Dies gilt nach § 335b HGB auch für die vertretungsberechtigten Gesellschafter der OHG und der KG, wenn diese die Voraussetzungen des § 264a HGB erfüllen. Die in Bezug genommenen Vorschriften bilden eine **abschließende Aufzählung.**[1] Eine Erweiterung der Befugnis zur Festsetzung von Zwangsgeld auf andere Vorschriften scheitert am Vorbehalt des Gesetzes. 3

III. Rechtsnatur des Zwangsgelds und Abgrenzung zur Strafe und Geldbuße

Das Zwangsgeld dient der Erzwingung der in § 335 HGB bezeichneten Handlungen. Um zu kennzeichnen, daß es sich bei Zwangsgeldern nicht um Strafen handelt, bestimmt Art. 5 EGStGB, daß Rechtsnachteile, die nicht bei Straftaten angedroht werden, nicht als Freiheitsstrafe, Haftstrafe, Ordnungsstrafe oder Geldstrafe bezeichnet werden dürfen. Der geänderte Gesetzestext des § 335 HGB drückt den Zweck solcher angedrohter Rechtsnachteile deutlicher als die frühere Normfassung aus: Es geht nicht darum, Gesetzesverstöße durch Strafe zu ahnden. Zweck des Zwangsgeldes ist es vielmehr, bestimmte Pflichten zwangsweise durchzusetzen. Beim Zwangsgeld handelt es sich also um ein **Beugemittel,**[2] das ausschließlich dem Ziel dient, den Widerstand einer zu einer unvertretbaren Handlung verpflichteten natürlichen Person zu brechen und das in den in Bezug genommenen Vorschriften vorgeschriebene Verhalten zu erzwingen. Diese Einordnung des Zwangsgeldes als Beugemittel hat zum einen zur Folge, daß Voraussetzung der Festsetzung nur ein **rechtswidriges**, nicht aber ein schuldhaftes Verhalten der Mitglieder des vertretungsberechtigten Organs der Kapitalgesellschaft ist,[3] und zum anderen, daß sich das Verfahren nicht nach dem Ordnungswidrigkeitengesetz oder der Strafprozeßordnung, sondern nach den Vorschriften des **Gesetzes über die Angelegenheiten der freiwilligen Gerichtsbarkeit** richtet.[4] Außerdem gelten die speziellen strafrechtlichen Grundsätze, insbesondere das **Analogieverbot**, die im Straf- und Ordnungswidrigkeitenrecht zu beachten sind (Vor §§ 331ff Rdn. 84ff), für Zwangsgelder **nicht.**[5] 4

Während das Zwangsgeld auf die **formelle Erfüllung** bestimmter Pflichten gerichtet ist, ohne daß es auf die inhaltliche Richtigkeit und Vollständigkeit ankommt, sind die Verletzungen der materiellen Vorschriften in der Regel als Ordnungswidrigkeiten ahndbar und in den schwerwiegenderen Fällen strafbar.[6] Das Zwangsgeld kann neben der Geldbuße oder Strafe festgesetzt werden; der Grundsatz „ne bis in idem" (Art. 103 Abs. 3 GG), der eine doppelte Sanktionierung verbietet, steht dem nicht entgegen. 5

---

[1] MünchKommHGB-*Quedenfeld* Rdn. 1; Heymann/*Otto* Rdn. 1.

[2] Zur Rechtsnatur des Zwangsgeldes vgl. BVerfG DVBl 1965, 678 ff; *Rasch* DVBl. 1980, 1017, 1021.

[3] Beck BilKomm-*Budde/Hense* Rdn. 3.

[4] Näher dazu unten Rdn. 21ff.

[5] Vgl. MünchKommHGB-*Quedenfeld* Rdn. 7.

[6] Beck BilKomm-*Budde/Hense* Rdn. 2; MünchKommHGB-*Quedenfeld* Rdn. 3.

B. Grundlagen der Zwangsgeldfestsetzung

I. Zwangsgeldbewehrte Pflichten

1. Pflicht zur Aufstellung eines Jahresabschlusses und eines Lageberichts (§ 335 S. 1 Nr. 1 HGB)

6 Die Verpflichtung zur Aufstellung des Jahresabschlusses und des Lageberichts gemäß **§§ 242 Abs. 1 und 2, 264 Abs. 1 HGB** beinhaltet die Pflicht zur Zusammenfassung der Zahlen der Buchführung am Ende des Geschäftsjahres im Rahmen von Gesetz und GoB; von dieser Pflicht werden Entscheidungen über Bilanzierungswahlrechte und Bewertungsfragen im Rahmen einer bewußten Bilanzpolitik und die Bildung oder Auflösung offener Rücklagen mit umfaßt. Diese Aufstellungspflicht ist zwangsgeldbewehrt.

a) Unrichtigkeit und Nichtigkeit des Jahresabschlusses

7 Wenn Unterlagen erstellt werden, die als Jahresabschluß oder Lagebericht angesehen werden können, darf kein Zwangsgeld mehr festgesetzt werden, selbst wenn diese Unterlagen unrichtig oder unvollständig sind. Die **Richtigstellung** oder **Vervollständigung des aufgestellten Jahresabschlusses** kann nicht mittels Zwangsgeld durchgesetzt werden.[7] Jedoch kann bereits die Aufstellung eines unrichtigen oder unvollständigen Jahresabschlusses oder Lageberichts nach § 331 HGB strafbar oder, wenn es sich um eine unerhebliche Unrichtigkeit oder Unvollständigkeit handelt, nach § 334 HGB mit Geldbuße ahndbar sein. Das Unterlassen der Aufstellung eines Jahresabschlusses oder Lageberichts hingegen ist nach letztgenannten Vorschriften weder strafbar noch mit Geldbuße ahndbar; es ist lediglich mit Zwangsgeld bewehrt.[8]

8 Wenn ein Jahresabschluß aufgestellt ist, darf selbst im Falle der **Nichtigkeit** kein Zwangsgeld mehr angedroht und festgesetzt werden.[9] Erst wenn die Nichtigkeit aufgrund einer Klage festgestellt worden ist, lebt die Pflicht zur Aufstellung eines neuen Jahresabschlusses wieder auf; diese Pflicht kann dann wiederum durch die Festsetzung eines Zwangsgelds durchgesetzt werden.[10]

b) Erzwingung der Aufstellung einer GuV, eines Anhangs oder Lageberichts

9 Wenn nur eine Bilanz, nicht jedoch eine **GuV** aufgestellt wird, liegt darin ein Verstoß gegen die in § 242 Abs. 2 HGB statuierte Pflicht. Da § 335 S. 1 Nr. 1 HGB auf diese Vorschrift verweist, kann diese Pflicht mittels eines Zwangsgelds durchgesetzt werden. Dies gilt gleichermaßen, wenn der **Anhang** oder **Lagebericht** fehlt und die Pflicht nicht infolge gesetzlicher Erleichterungen entfällt, denn § 335 S. 1 Nr. 1 HGB verweist ausdrücklich auf § 264 Abs. 1 HGB.[11]

2. Pflicht zur Aufstellung eines Konzernabschlusses und eines Konzernlageberichts (§ 335 S. 1 Nr. 2 HGB)

10 Weiterhin verweist § 335 S. 1 Nr. 2 HGB auf die Pflicht zur Aufstellung eines Konzernabschlusses und Konzernlageberichts gemäß § 290 Abs. 1 und 2 HGB. Hierzu sind nach § 293 Abs. 5 HGB auch Gesellschaften verpflichtet, deren Aktien im

[7] Beck BilKomm-*Budde/Hense* Rdn. 11; MünchKommHGB-*Quedenfeld* Rdn. 5.
[8] MünchKommHGB-*Quedenfeld* Rdn. 14.
[9] BayObLG BB 2000, 1884.
[10] Beck BilKomm-*Budde/Hense* Rdn. 12.
[11] Beck BilKomm-*Budde/Hense* Rdn. 13.

„Freiverkehr" gehandelt werden.[12] Auch hier gilt, daß nur das Unterlassen der Aufstellung mittels Zwangsgeld durchgesetzt werden kann, nicht aber die Richtigstellung oder Vervollständigung eines unrichtigen oder unvollständigen Konzernabschlusses, sofern die Nichtigkeit nicht gerichtlich festgestellt worden ist.

3. Pflicht zur unverzüglichen Erteilung des Prüfungsauftrags (§ 335 S. 1 Nr. 3 HGB)

Gemäß **§ 318 Abs. 1 S. 4 HGB** haben die gesetzlichen Vertreter, bei Zuständigkeit des Aufsichtrats dieser, unverzüglich nach der Wahl des Abschlußprüfers den Prüfungsauftrag zu erteilen. Dadurch soll die zügige Durchführung der Abschlußprüfung bewirkt werden, die ihrerseits Voraussetzung für die Feststellung des Jahresabschlusses ist. Unverzüglichkeit bedeutet ohne schuldhaftes Zögern im Sinne des § 121 Abs. 1 S. 1 BGB. **11**

Die Änderung des § 111 Abs. 2 S. 3 AktG durch das KonTraG vom 27. 4. 1998 (BGBl. 1998 I S. 786) hat zur Folge, daß bei der Aktiengesellschaft und der Kommanditgesellschaft auf Aktien nunmehr der Aufsichtsrat den Prüfungsauftrag erteilt. Während § 318 Abs. 1 S. 4 HGB dieser Änderung Rechnung trägt, indem jetzt „die gesetzlichen Vertreter, bei Zuständigkeit des Aufsichtrats dieser," den Prüfungsauftrag zu erteilen haben, fehlt eine entsprechende Erweiterung des Normadressatenkreises in § 335 HGB. Gleichwohl kann das Zwangsgeld bei der Aktiengesellschaft und der KGaA nunmehr bei Nichtbefolgung gegen die **Mitglieder des Aufsichtsrats** festgesetzt werden, da diese an die Stelle des vertretungsberechtigten Organs getreten sind. Ansonsten liefe § 335 S. 1 Nr. 3 HGB bei der Aktiengesellschaft leer. Diesem Ergebnis steht das strafrechtliche Analogieverbot nicht entgegen, da es bei Zwangsgeldern nicht eingreift (Rdn. 4).[13] **12**

4. Pflicht, den Antrag auf gerichtliche Bestellung des Abschlußprüfers zu stellen (§ 335 S. 1 Nr. 4 HGB)

Gemäß § 318 Abs. 4 S. 3 HGB sind die **gesetzlichen Vertreter** verpflichtet, bei Gericht zu beantragen, den Abschlußprüfer zu bestellen, wenn bis zum Ablauf des Geschäftsjahres kein Abschlußprüfer gewählt worden ist oder ein gewählter Abschlußprüfer die Annahme des Prüfungsauftrags abgelehnt hat, weggefallen ist oder am rechtzeitigen Abschluß der Prüfung verhindert ist und ein anderer Abschlußprüfer nicht gewählt worden ist. Diese gesetzliche Verpflichtung kann mittels Zwangsgelds durchgesetzt werden. Ein Zwangsgeld nach § 335 S. 1 Nr. 4 HGB kann nicht gegen Aufsichtsratsmitglieder festgesetzt werden. **13**

5. Pflichten gegenüber dem Abschlußprüfer (§ 335 S. 1 Nr. 5 HGB)

Nach § **320 HGB** haben die gesetzlichen Vertreter der Kapitalgesellschaft dem Abschlußprüfer den Jahresabschluß und den Lagebericht unverzüglich nach der Aufstellung vorzulegen und ihm zu gestatten, die Bücher und Schriften der Kapitalgesellschaft sowie die Vermögensgegenstände und Schulden zu prüfen. Außerdem müssen die gesetzlichen Vertreter auf Verlangen des Abschlußprüfers alle Aufklärungen und Nachweise vornehmen bzw. erbringen, die für eine sorgfältige Prüfung erforderlich sind. Entsprechende Pflichten bestehen für die gesetzlichen Vertreter einer Kapital- **14**

---

[12] Vgl. LG Wuppertal, Beschluß v. 26. 6. 1996, 15 T 1/96.

[13] MünchKommHGB-*Quedenfeld* Rdn. 7.

gesellschaft, die einen Konzernabschluß aufzustellen hat. Dadurch soll die umfassende und vorbehaltlose Unterstützung des Abschlußprüfers abgesichert werden. Eine Zwangsgeldfestsetzung ist einerseits möglich, wenn jegliche Hilfestellung **verweigert** wird, aber auch dann, wenn trotz grundsätzlicher Auskunftsbereitschaft bestimmte **prüfungserhebliche Bereiche ausgespart** werden.[14] Allerdings findet das Auskunftsverlangen selbst und damit auch die Zwangsgeldfestsetzung in § 320 HGB ihre Grenzen, der in Abs. 2 S. 3 die einschränkende Formulierung enthält, „Soweit es für eine sorgfältige Prüfung notwendig ist, …".[15] Die in der Literatur umstrittene Frage, ob der umfassenden Offenlegungspflicht des § 320 HGB das informationelle Selbstbestimmungsrecht (Art. 2 Abs. 1 GG i. V. m. Art. 1 Abs. 1 GG) entgegensteht, wurde von der höchstrichterlichen Rechtsprechung in Deutschland zunächst verneint,[16] ist jedoch nach dem Urteil des EuGH in der Rechtssache *Daihatsu*[17] nunmehr dahingehend beantwortet, daß der Offenlegungspflicht Vorrang vor dem informationellen Selbstbestimmungsrecht zukommt.[18]

15 Wenn die Pflichten gemäß § 320 HGB nicht vollständig erfüllt werden, ist es nunmehr möglich, daß der Abschlußprüfer den **Antrag auf Einleitung des Zwangsgeldverfahrens** stellt. Dadurch ist das Verfahren gegenüber der bis zum 1. 1. 1999 geltenden Rechtslage, wonach der Abschlußprüfer nicht antragsberechtigt war, erheblich effektiver ausgestaltet.

6. Wegfall von § 335 S. 1 Nrn. 6 und 7 HGB

16 Durch das KapCoRiLiG ist die Möglichkeit der Zwangsgeldfestsetzung zur Durchsetzung der Offenlegungspflicht des Jahresabschlusses, des Lageberichts, des Konzernabschlusses, des Konzernlageberichts und anderer Unterlagen der Rechnungslegung sowie zur Offenlegung der Rechnungslegungsunterlagen der Hauptniederlassung (§ 335 Nr. 6 und 7 HGB a. F.) entfallen. In diesen Fällen kann nunmehr gemäß § 335a HGB ein **Ordnungsgeld** verhängt werden.[19]

II. Adressaten des Zwangsgeldes

1. Mitglieder des vertretungsberechtigten Organs einer Kapitalgesellschaft

17 § 335 HGB sieht die Verhängung von Zwangsgeld gegen die Mitglieder des vertretungsberechtigten Organs einer Kapitalgesellschaft vor. Dies sind bei der **Aktiengesellschaft** die Mitglieder des Vorstands (§§ 76 ff AktG) einschließlich der stellvertretenden Vorstandsmitglieder (§ 94 AktG), sofern diese tatsächlich anstelle der ordentlichen Mitglieder zum Handeln berufen sind,[20] und bei § 335 Nr. 3 HGB die Mitglieder des Aufsichtsrats, bei der **Kommanditgesellschaft auf Aktien** die persönlich haftenden Gesellschafter (§ 408 AktG) und bei der **GmbH** die Geschäftsführer und stellvertretenden Geschäftsführer (§§ 35 ff, 44 GmbHG). Im Fall der Insolvenz ist der Insolvenzverwalter Verpflichteter.[21] Das Zwangsgeld kann nur gegen **natürliche Personen** festgesetzt werden.[22] Auch wenn das Organ eine juristische Person ist – z. B.

---

[14] Beck BilKomm-*Budde/Hense* Rdn. 18.
[15] Näher dazu § 320 HGB Rdn. 17.
[16] BayObLG DB 1995, 316; OLG Köln GmbHR 1991, 423.
[17] EuGH NJW 1998, 129; dazu *Hirte* NJW 1999, 36 ff; *de Weerth* BB 1998, 366 ff.
[18] MünchKommHGB-*Quedenfeld* Rdn. 9.
[19] § 335 a Rdn. 1 ff.
[20] KG KGJ 41, 123.
[21] MünchKommHGB-*Quedenfeld* Rdn. 4; HKHGB-*Ruß* Rdn. 7.
[22] OLG Hamm OLGZ 1989, 1248, 1250.

bei der GmbH & Co. KG oder im Fall der Insolvenz, wenn eine juristische Person als Insolvenzverwalter eingesetzt ist –, kann das Zwangsgeld nicht gegen die juristische Person selbst, sondern nur gegen die für sie handelnden natürlichen Personen festgesetzt werden.[23] Diese Notwendigkeit ergibt sich noch nicht daraus, daß man die Handlungs- und Straffähigkeit der juristischen Person verneint, da es hierauf seit dem Übergang von der Ordnungsstrafe zum Zwangsgeld nicht mehr ankommt. Vielmehr ist die Festsetzung des Zwangsgeldes gegen eine natürliche Person notwendig, weil die Durchsetzung der gegenüber dem Gericht bestehenden Pflichten bei Festsetzung des Zwangsgeldes gegen die Gesellschaft als juristische Person davon abhinge, welche rechtlichen und tatsächlichen Weisungsmöglichkeiten gegenüber dem Vertretungsorgan bestehen.[24] Deshalb hat auch in Fällen, in denen die durchzusetzende Pflicht die Gesellschaft trifft, die Durchsetzung durch Zwangsgeldandrohung gegen ihre Organmitglieder zu erfolgen.

2. Faktisches Organ

Das Zwangsgeld darf gegen ein faktisches Organ[25] nur eingesetzt werden, wenn **18**
zumindest ein (unwirksamer) Bestellungsakt und eine Eintragung ins Handelsregister vorliegen.[26] Nur in diesen Fällen war angestrebt, das faktische Organ zum formell zuständigen Organ der Gesellschaft zu bestellen. Das Tätigwerden eines solchen Organs liegt im Interesse der Kapitalgesellschaft und ihrer Gläubiger. Würde man hingegen auch denjenigen als Adressaten eines Zwangsgelds anerkennen, der sich die faktische Organstellung nur angemaßt hat, so würde dadurch ein an sich unerwünschtes Verhalten durch staatliche Zwangsmittel durchgesetzt. Hinzu kommt, daß das Registergericht nur eine formale Prüfung vornehmen kann, die sich an der Eintragung im Handelsregister orientieren muß. Schließlich handelt es sich bei den durchzusetzenden Pflichten um solche formeller Natur, so daß auch beim Adressaten eine formale Position vorliegen muß und gleichzeitig ausreichend ist.

3. Verweigerung der Mitwirkung

Das Zwangsgeld darf nur gegen die natürlichen Personen festgesetzt werden, **19**
welche die Pflichterfüllung **verweigern**, indessen nicht gegen diejenigen, die zur Mitwirkung bereit, allein aber zur Vornahme der gebotenen Handlung nicht in der Lage sind (impossibilium non est obligatio).[27] In einem solchen Fall bedarf es keines Beugemittels.

4. Wegfall der Organstellung und Verhinderung der Pflichterfüllung

Wenn ein Organmitglied ausscheidet, darf kein Zwangsgeld mehr gegen das Mit- **20**
glied festgesetzt werden, da die Handlungspflicht nicht mehr besteht und auch die Möglichkeit, rechtswirksam tätig zu werden, entfallen ist. Sofern ein Organmitglied längere Zeit an der Erfüllung seiner Pflichten gehindert ist, kann im Zwangsgeldverfahren vorläufig von einer Festsetzung eines Zwangsgeldes abgesehen werden.[28]

---

23 KG JFG 10, 86; vgl. auch Lutter/*Bork* § 316, Rdn. 5; Widmann/Mayer/*Vossius* § 16 Rdn. 11.

24 Vgl. dazu auch oben Rdn. 4.

25 Eingehend dazu § 331 Rdn. 27ff.

26 Generell gegen die Zulässigkeit der Festsetzung eines Zwangsgelds gegen ein faktisches Organ MünchKommHGB-*Quedenfeld* Rdn. 4.

27 OLG Hamm JMBl. NRW 1959, 32; KH RJA 9, 47, 50; vgl. auch Lutter/*Bork* § 316 Rdn. 5; Widmann/Mayer/*Vossius* § 16 Rdn. 10.

28 Beck BilKomm-*Budde/Hense* Rdn. 10.

C. Verfahren der Zwangsgeldfestsetzung

21 Das Verfahren der Zwangsgeldfestsetzung gemäß § 335 HGB ist in den §§ 132 bis 140 a FGG geregelt. Es soll nur in den Grundzügen dargestellt werden; wegen der Einzelheiten wird auf die Kommentierung zum FGG verwiesen.[29]

I. Zuständigkeit

22 Für die Zwangsgeldandrohung und -festsetzung ist das **Registergericht** zuständig (§ 132 Abs. 1 FGG). Dies ist in der Regel das Amtsgericht am Sitz der Kapitalgesellschaft. Nach § 3 Nr. 2 lit. d RPflG sind die nach den gesetzlichen Vorschriften vom Richter wahrzunehmenden Geschäfte des Amtsgerichts – mit Ausnahme der in § 17 RPflG aufgeführten Geschäfte – in Handelssachen im Sinne des 7. Abschnitts des FGG (§§ 132–140 a FGG) dem **Rechtspfleger** übertragen.

II. Antrag auf Zwangsgeldandrohung und -festsetzung

1. Ausweitung der Antragsbefugnis auf jedermann

23 Das Registergericht darf ein Zwangsgeld gemäß § 335 HGB nur festsetzen, wenn ein entsprechender Antrag vorliegt. Diesen Antrag kann **jedermann** stellen, ohne daß es der Darlegung eines berechtigten Interesses bedarf.[30] Die frühere Beschränkung des Antragsrechts auf Gesellschafter der Kapitalgesellschaft, Gläubiger und den Gesamtbetriebsrat bzw., wenn ein solcher nicht bestand, auf den Betriebsrat der Kapitalgesellschaft bzw. auf Gesellschafter und Gläubiger eines Tochterunternehmens sowie des Konzernbetriebsrats wurde durch das KapCoRiLiG beseitigt.[31] Die schon nach früherem Recht Antragsberechtigten nehmen insoweit noch eine Sonderstellung ein, als nur ihnen für die Antragstellung **Prozeßkostenhilfe** gewährt werden kann (§ 140a Abs. 1 S. 3 FGG).[32] Durch diese Begrenzung der Prozeßkostenhilfe soll einer mißbräuchlichen Inanspruchnahme des Antragsrechts entgegengewirkt werden.

24 Ein Tätigwerden des Registergerichts von Amts wegen ist auch nach der neuen Rechtslage nicht zulässig. Insoweit ist § 14 HGB, welcher der Durchsetzung von Handlungen zum Handelsregister dient, nicht anzuwenden (§ 335 S. 2, 2. Hs. HGB).

2. Rücknahme des Antrags

25 Ein gestellter Antrag kann nicht mehr zurückgenommen werden (§ 140 a Abs. 1 S. 2 FGG). Dadurch wird verhindert, daß berechtigte Anträge durch Auskaufen[33] oder durch sonstigen Druck nicht weiter verfolgt werden.[34]

---

[29] Vgl. etwa *Bassenge/Herbst* §§ 132ff; *Jansen* FGG, §§ 132ff.
[30] Amtl. Begründung, BTDrucks. 14/1806, S. 25.
[31] Vgl. dazu *Zimmer/Eckhold* NJW 2000, 1361ff.
[32] MünchKommHGB-*Quedenfeld* Rdn. 13.
[33] Siehe dazu *Großfeld* NJW 1986, 955, 960.
[34] BTDrucks. 10/317 S. 146; OLG Köln BB 1991, 1748, 1749 = EWiR § 335 HGB 1/91, 803, 804 (*Günther*).

III. Androhung und Festsetzung des Zwangsgeldes

1. Androhung des Zwangsgeldes

Nach § 132 Abs. 1 FGG muß das Registergericht nach Eingang des Antrags und nachdem es von einem Sachverhalt, der ein Einschreiten nach § 335 HGB rechtfertigt, glaubhaft Kenntnis erhalten hat, den Mitgliedern des vertretungsberechtigten Organs der Kapitalgesellschaft unter Androhung eines Zwangsgeldes aufgeben, innerhalb einer bestimmten Frist der gesetzlichen Verpflichtung nachzukommen oder die Unterlassung mittels Einspruchs gegen die Verfügung zu rechtfertigen. Glaubhafte Kenntnis ist weniger als Gewißheit.[35] Um diese Kenntnis zu erlangen, ist eine Ermittlung von Amts wegen gemäß § 12 FGG möglich.[36] Vollständig werden Sachverhalt und Rechtslage erst im Einspruchsverfahren geklärt (Rdn. 38). 26

a) Notwendiger Inhalt der Zwangsgeldandrohung

Notwendiger Inhalt der Zwangsgeldandrohung sind die Benennung des Adressaten, die Nennung der gesetzlichen Verpflichtung, die Setzung einer Frist, innerhalb derer der Adressat dieser Verpflichtung nachzukommen hat, die Androhung eines zahlenmäßig bestimmten Zwangsgeldes für den Fall, daß weder die Verpflichtung erfüllt noch Einspruch gegen diese Verfügung eingelegt oder der Einspruch verworfen wird, und die Rechtsbehelfsbelehrung. Fehlt ein notwendiger Bestandteil der Verfügung, so ist die Androhung unwirksam, und es darf kein Zwangsgeld festgesetzt werden, auch wenn die Verfügung bestandskräftig geworden ist. Die Zwangsgeldfestsetzung ist auf eine Beschwerde hin aufzuheben, wenn die formellen oder materiellen Voraussetzungen der Festsetzung nicht vorlagen.[37] 27

Eine **Aussetzung** des Verfahrens ist nach § 127 FGG möglich. 28

b) Bemessung des Zwangsgeldes

Nach § 335 S. 3 HGB darf das einzelne Zwangsgeld den Betrag von **5000 Euro** nicht übersteigen. Die Mindesthöhe des Zwangsgeldes beträgt DM 5,– (Art. 6 Abs. 1 S. 1 EGStGB).[38] Im Falle der **wiederholten Festsetzung** kann stets erneut bis an diese Höchstgrenze herangegangen werden, auch wenn mehrere Zwangsgelder wegen derselben Pflichtverletzung gegen dieselbe Person festgesetzt und verhängt werden. Wenn das Zwangsgeld wegen der Nichtbefolgung mehrerer Pflichten gemäß § 335 S. 1 HGB festgesetzt wird, kann für jede einzelne Handlungspflicht die Höchstsumme festgesetzt werden.[39] Der Wortlaut des § 335 S. 3 HGB, daß das „einzelne" Zwangsgeld den Betrag von 5000 Euro nicht übersteigen darf, steht einer mehrfachen Androhung wegen mehrerer Pflichtverletzungen in ein und demselben Verfahren nicht entgegen,[40] da nur das einzelne Zwangsgeld, das für jede einzelne Pflichtverletzung verhängt werden kann, den Betrag von 5000 Euro nicht übersteigen darf. 29

Die **konkrete Höhe** des Zwangsgeldes richtet sich nach dem öffentlichen Interesse an der Vornahme der Handlung, die erzwungen werden soll, und im Falle einer 30

[35] BayObLGZ 1978, 319, 322; OLG Frankfurt OLGZ 1979, 5, 6; KGJ 30 A 116, 119.

[36] KGJ 27 A 56, 60 = OLGR 8, 242, 243 f.

[37] OLG Hamm Rpfleger 1986, 390, 391.

[38] Die beabsichtigte Anhebung des Mindestzwangsgeldes auf 500 Euro (BTDrucks. 14/1806, S. 25) wurde nicht umgesetzt.

[39] *Otto* Aktienstrafrecht § 407 Rdn. 61; KK-*Zöllner/Keyser* § 407 Rdn. 28; a. A. Beck BilKomm-*Budde/Hense* Rdn. 58; MünchKommHGB-*Quedenfeld* Rdn. 16.

[40] Heymann/*Otto* Rdn. 13; a. A. Beck BilKomm-*Budde/Hense* Rdn. 58.

wiederholten Festsetzung nach dem Maß des Widerstandes, der durch die Beugemaßnahme überwunden werden soll. Weiterhin sind die wirtschaftlichen Verhältnisse des Betroffenen zu berücksichtigen.

31 Die Sanktionen können gegen jeden einzelnen Verpflichteten, gegen alle oder einige verhängt werden. Grundsätzlich ist gegen **alle Mitglieder** des Organs der Kapitalgesellschaft vorzugehen. Dies gilt nicht nur in Fällen, in denen die Verpflichtung von allen gemeinsam erfüllt werden kann, sondern auch dann, wenn nicht alle für das Rechnungswesen zuständig sind,[41] denn die Auswahl der Verpflichteten ist von der Regelung der Vertretungsmacht unabhängig. Einschränkungen können sich aber aus dem Willkürverbot ergeben.

32 Richtet sich das Verfahren gegen mehrere Personen, z. B. gegen mehrere Vorstandsmitglieder einer AG, so können Beträge in **unterschiedlicher Höhe** gegen jede Person, jeweils bis zur Höchstgrenze, festgesetzt werden.

2. Festsetzung des Zwangsgeldes

33 Wenn die Verpflichtung nicht erfüllt und innerhalb der gesetzten Frist auch nicht Einspruch eingelegt wird (Rdn. 36) oder letzterer als unbegründet zurückgewiesen wurde, erfolgt nach Fristablauf gemäß § 133 Abs. 1 FGG die **Festsetzung des Zwangsgeldes** in der angedrohten Höhe. Dem Betroffenen sind die Kosten des Verfahrens aufzuerlegen (§ 138 FGG). Außerdem muß die frühere Verfügung unter Androhung eines erneuten Zwangsgeldes wiederholt werden (§ 133 Abs. 1 FGG); dieses Zwangsgeld kann wieder bis zu 5000 Euro betragen. Auf diese Weise hat das Gericht so lange fortzufahren, bis die gesetzliche Verpflichtung erfüllt oder Einspruch erhoben wird (§ 133 Abs. 2 FGG). Hierin liegt eine Verschärfung gegenüber der bis zum 1.1.1999 geltenden Rechtslage, nach der das Gericht gemäß § 335 S. 7 HGB a. F. von der wiederholten Androhung und Festsetzung eines Zwangsgeldes absehen konnte. Hierbei waren Umstände wie der Zeitablauf und das eventuell entfallene öffentliche Interesse an der Publizität zu berücksichtigen.[42] So kann eine erneute Festsetzung z. B. dann unterbleiben, wenn die Vollstreckung des vorausgegangenen Zwangsgeldes fruchtlos war, die Gesellschaft einen späteren Abschluß eingereicht hat[43] oder wenn mit der Antragstellung ersichtlich Druck zur Durchsetzung eigener Interessen des Antragstellers außerhalb der Publizitätsinteressen ausgeübt werden sollte.[44] Diese Möglichkeit ist nunmehr entfallen, da § 133 FGG kein Ermessen einräumt.

34 Wenn das geforderte pflichtgemäße Verhalten vorgenommen wird, darf kein Zwangsgeld mehr festgesetzt werden. Dies gilt auch, wenn die Pflicht erst **nach Ablauf der gesetzten Frist**, also verspätet erfüllt wird. Die Verfügung ist dann gemäß § 18 FGG aufzuheben, selbst wenn der Festsetzungsbeschluß schon in Bestandskraft erwachsen ist. Die Aufhebung erfolgt **wegen veränderter Umstände**. Wenn die Pflicht erst nach Zahlung oder Vollstreckung des Zwangsgeldes erfüllt wird, besteht kein Anspruch auf Rückzahlung des Zwangsgeldes.

---

[41] Beck BilKomm-*Budde/Hense* Rdn. 10, 58; a. A. *Otto* Aktienstrafrecht § 407 Rdn. 2; Geßler/Hefermehl/Eckhard/Kropff/*Fuhrmann* § 407 Rdn. 11.

[42] OLG Köln BB 1991, 1748, 1749 = EWiR § 335 HGB 1/91, 803, 804 (*Günther*).

[43] BTDrucks. 10/317, S. 146.

[44] OLG Koblenz EWiR § 335 HGB 1/91, 803, 804 (*Günther*).

IV. Rechtsbehelfe

1. Einspruch gegen die Zwangsgeldandrohung

Den Betroffenen stehen im Zwangsgeldverfahren verschiedene Rechtsbehelfe zur Verfügung, wenn das Zwangsgeld angedroht worden ist. Verfügungen, die das Zwangsgeldverfahren nur vorbereiten, sind hingegen unanfechtbar.[45] 35

Gegen die Androhung des Zwangsgeldes ist Einspruch möglich, über den dasjenige Gericht zu entscheiden hat, das die Androhung des Zwangsgeldes erlassen hat. Die Möglichkeit, Einspruch einzulegen, schließt die Beschwerde gegen diese Verfügung (§ 132 Abs. 2 FGG) und die Rechtspflegererinnerung nach § 11 RPflG aus (§ 11 Abs. 3 Satz 1 RPflG). Über den Einspruch entscheidet der Rechtspfleger (§ 3 Nr. 2 lit. d RPflG).[46] 36

Ist der Einspruch **begründet**, so wird die Androhung aufgehoben (§ 135 Abs. 1 FGG). Ist der Einspruch **unbegründet**, wird er verworfen und das angedrohte Zwangsgeld in demselben Beschluß festgesetzt (§ 135 Abs. 2 FGG).[47] Wenn die Zwangsgeldfestsetzung in dem den Einspruch zurückweisenden Beschluß des Gerichts fehlt, kann die Festsetzung nachträglich ergänzt werden.[48] 37

Anders als bei der Androhung des Zwangsgeldes muß sich das Gericht im Einspruchsverfahren **volle Gewißheit** darüber verschaffen, ob eine Pflichtverletzung nach § 335 S. 1 Nrn. 1 bis 5 HGB vorliegt. Sonst darf kein Zwangsgeld verhängt werden.[49] 38

2. Einspruch gegen eine erneute Zwangsgeldandrohung

Wird zunächst kein Einspruch gegen die Zwangsgeldandrohung eingelegt und die Verfügung auch nicht befolgt, so daß ein Zwangsgeld festgesetzt und eine erneute Androhungsverfügung ergeht, kann auch gegen die erneute Verfügung Einspruch eingelegt werden. Ein mündlicher Erörterungstermin ist nicht mehr zwingend vorgeschrieben. Es steht jedoch im Ermessen des Gerichts, einen solchen anzuberaumen und durchzuführen.[50] Bei der Entscheidung über den Einspruch gegen eine wiederholte Androhung kann unter Umständen auch das frühere Zwangsgeld aufgehoben oder herabgesetzt werden (§§ 135 Abs. 3, 136 FGG). Zur Möglichkeit, die Androhungsverfügung nach § 18 Abs. 1 FGG aufzuheben, wenn ein verspäteter Einspruch vorliegt, siehe oben Rdn. 34). 39

3. Sofortige Beschwerde

Gegen den Beschluß des Richters, durch den der Einspruch verworfen und das Zwangsgeld festgesetzt wird, ist die **sofortige Beschwerde** statthaft (§ 139 Abs. 1 FGG). Sie kann aber gemäß § 139 Abs. 1 FGG nicht darauf gestützt werden, die Verfügung, durch die das Zwangsgeld angedroht worden ist, sei nicht gerechtfertigt gewesen (§ 139 Abs. 2 FGG). Hingegen kann geltend gemacht werden, daß die Frist zu kurz oder das Zwangsgeld zu hoch bemessen gewesen sei.[51] 40

---

45 BayObLG Rpfleger 1978, 59; OLG Hamburg DJZ 1934, 876; OLG Hamm OLGZ 1965, 225.

46 Vgl. dazu KG NJW 1959, 1829f.

47 Vgl. dazu auch OLG Düsseldorf GmbHR 1996, 778.

48 KGJ 27 A 72; OLG Düsseldorf JMBl. NRW 1960, 167, 168; OLG Düsseldorf GmbHR 1996, 778.

49 Beck BilKomm-*Budde/Hense* Rdn. 50.

50 BTDrucks. 14/1806, S. 25.

51 OLG Hamm JMBl. NRW 1953, 185.

41 Wenn der Rechtspfleger entschieden hat, ist die **befristete Erinnerung** statthaft (§ 11 Abs. 1 RPflG). Hiergegen ist die **sofortige Beschwerde** nach § 139 Abs. 1 FGG zulässig.

4. Einfache Beschwerde

42 Wenn der Rechtspfleger den Antrag auf Androhung eines Zwangsgeldes zurückweist oder die Verfügung auf Einspruch des Beteiligten gemäß § 135 Abs. 1 FGG aufgehoben wird, ist gegen diese Entscheidung die einfache Beschwerde nach §§ 19, 20 FGG möglich. Nach § 11 Abs. 1 RPflG braucht dieser Beschwerde keine Rechtspflegererinnerung mehr vorauszugehen.

IV. Kosten und Vollstreckung

43 Mit der Festsetzung des Zwangsgeldes sind den Mitgliedern des Organs der Kapitalgesellschaft (und nicht der juristischen Person) gemäß § 138 FGG die **Gerichtskosten** aufzuerlegen.

44 Die **Vollstreckung** erfolgt nach der Justizbeitreibungsverordnung vom 11. 3. 1937 in Verbindung mit der Einforderungs- und Beitreibungsverordnung der Länder. Wenn die der Zwangsgeldandrohung und -festsetzung zugrunde liegende Pflicht vor der Beitreibung erfüllt worden ist, hindert dies die Vollstreckung, weil das Ziel des Zwangsgeldverfahrens erreicht worden ist. Die rechtskräftige Festsetzungsentscheidung ist wegen veränderter Umstände aufzuheben.[52]

§ 335a
Festsetzung von Ordnungsgeld

Gegen die Mitglieder des vertretungsberechtigten Organs einer Kapitalgesellschaft, die

1. § 325 über die Pflicht zur Offenlegung des Jahresabschlusses, des Lageberichts, des Konzernabschlusses, des Konzernlageberichts und anderer Unterlagen der Rechnungslegung oder

2. § 325a über die Pflicht zur Offenlegung der Rechnungslegungsunterlagen der Hauptniederlassung

nicht befolgen, ist wegen des pflichtwidrigen Unterlassens der rechtzeitigen Offenlegung vom Registergericht ein Ordnungsgeld nach § 140a Abs. 2 des Gesetzes über die Angelegenheiten der freiwilligen Gerichtsbarkeit festzusetzen; im Falle der Nummer 2 treten die in § 13e Abs. 2 Satz 4 Nr. 3 genannten Personen, sobald sie angemeldet sind, an die Stelle der Mitglieder des vertretungsberechtigten Organs der Kapitalgesellschaft. Einem Verfahren nach Satz 1 steht nicht entgegen, daß eine in § 335 Satz 1 bezeichnete Pflicht noch nicht erfüllt ist. Das Registergericht schreitet jedoch nur auf Antrag ein; § 14 ist insoweit nicht anzuwenden. Das Ordnungsgeld beträgt mindestens zweitausendfünfhundert und höchstens fünfundzwanzigtausend Euro; § 140a Abs. 2 Satz 4 des Gesetzes über die Angelegenheiten der freiwilligen Gerichtsbarkeit bleibt unberührt.

---

52 Vgl. BayObLGZ 1955, 124, 130; BayObLG DB 1979, 1981.

Übersicht

Schrifttum

Vgl. ergänzend die Literaturhinweise zu Vor §§ 335 ff.
Winter Zum Zweck der Ordnungsmittel, NStZ 1990, 373.

A. Allgemeines

Der Gesetzgeber hat § 335 a HGB durch das KapCoRiLiG vom 24. 2. 2000[1] eingeführt, um den Anforderungen der ersten Bilanzrichtlinie Rechnung zu tragen (Vor §§ 335 ff Rdn. 7 ff).[2] Zu diesem Zweck hat er die bisher in § 335 Nrn. 6 und 7 HGB a. F. geregelten Zwangsmittel zur Durchsetzung der Pflicht zur Offenlegung des Jahresabschlusses, des Lageberichts, des Konzernabschlusses, des Konzernlageberichts und anderer Unterlagen der Rechnungslegung sowie zur Offenlegung der Rechnungslegungsunterlagen der Hauptniederlassung aufgehoben und in § 335 a HGB für die Verletzung dieser Pflichten die Verhängung eines Ordnungsgeldes von 2500 bis höchstens 25000 Euro vorgesehen. Damit ist das Registergericht verpflichtet, bei Nichterfüllung der Offenlegungspflichten ein Ordnungsgeld zu verhängen.[3] Gegenüber der früheren Rechtslage bedeutet das Ordnungsgeld insofern eine Verschärfung, als diese Sanktion auch noch dann vollstreckt werden kann, wenn die geforderte Handlung erbracht ist.[4] 1

---

1 BGBl. 2000 I S. 154.
2 ABl. EG Nr. L 65 vom 14. 3. 1968, S. 8 ff.
3 Der Entwurf des Bundestages sah noch eine Kombination von Zwangsgeld und Ordnungsgeld vor; BTDrucks. 14/1806, S. 24.
4 *Zimmer/Eckhold* NJW 2000, 1361, 1368.

I. Anwendungsbereich des § 335 a HGB

1. Sachlicher Anwendungsbereich

2 Die Regelung des § 335 a HGB findet auf alle Kapitalgesellschaften Anwendung sowie gemäß § 335 b HGB auf die in § 264 a Abs. 1 HGB genannten offenen Handelsgesellschaften und Kommanditgesellschaften, gemäß § 340 o HGB auf die nicht in der Rechtsform der Kapitalgesellschaft betriebenen Kredit- und Finanzdienstleistungsinstitute (Anhang nach § 335 b; § 340 o Rdn. 4 ff) und gemäß § 341 o HGB auf Versicherungsunternehmen, die nicht in der Rechtsform der Kapitalgesellschaft betrieben werden (Anhang nach § 335 b; § 341 o Rdn. 4 ff).

2. Zeitlicher Anwendungsbereich

3 Was den zeitlichen Anwendungsbereich anbetrifft, so findet § 335 Nrn. 6 und 7 HGB a. F. gemäß Art. 5 Nr. 1 Abs. 1 S. 3 KapCoRiLiG letztmals Anwendung auf Geschäftsjahre, die vor dem 1. 1. 1999 begonnen haben. Für alle folgenden Geschäftsjahre gilt § 335 a HGB.

II. Erzwingung pflichtgemäßen Verhaltens

4 Die Vorschrift des § 335 a HGB ermöglicht dem Registergericht, die Mitglieder der vertretungsberechtigten Organe einer Kapitalgesellschaft durch die Verhängung eines Ordnungsgeldes zur Befolgung der in Satz 1 Nrn. 1 und 2 in Bezug genommenen Vorschriften des Handelsgesetzbuchs zu veranlassen. Die in Bezug genommenen Vorschriften bilden ebenso wie bei § 335 HGB (§ 335 Rdn. 3) eine **abschließende Aufzählung.**[5]

III. Rechtsnatur des Ordnungsgeldes und Abgrenzung zum Zwangsgeld

5 Ordnungsmittel, zu denen auch das Ordnungsgeld gehört,[6] sind zu den **reinen Beugemitteln** wie dem Zwangsgeld abzugrenzen: Zwangsmittel sind als nicht-repressive Maßnahmen ausschließlich in die Zukunft gerichtet, d. h. mittels ihres Einsatzes kann nur ein zukünftig noch mögliches Verhalten erzwungen werden (§ 335 Rdn. 4). Ordnungsmittel sollen demgegenüber zugleich einen vorausgegangenen Pflichtverstoß ahnden. Deshalb ist von der Verhängung des repressiven Ordnungsgeldes auch dann nicht abzusehen, wenn das zu erzwingende Verhalten zwischenzeitlich vorgenommen worden ist oder der Adressat der Maßnahme in Zukunft den konkreten Verstoß nicht noch einmal begehen kann. Dieser Vergangenheitsbezug der Ordnungsmittel wird mit der Klassifizierung als „repressiv“ aufgezeigt.[7] Nach der amtlichen Begründung zum Regierungsentwurf des EGStGB stellen Ordnungsmittel **„repressive Rechtsfolgen für einen vorausgegangenen Ordnungsverstoß“** dar.[8] Der Einstufung des Ordnungsmittelrechts im „Randbereich des Strafrechts“[9] hat sich der Bundestagssonderausschuß für die Strafrechtsreform angeschlossen.[10] Angesichts der repressiven Reak-

---

5 MünchKommHGB-*Quedenfeld* Rdn. 1.

6 *Göhler* Vor § 1 Rdn. 40; *Maurach/Zipf* AT Bd. 1, § 1 II A 2; *Baumann/Weber/Mitsch* § 4 I 3; Müller-Gugenberger/Bieneck/*Richter* § 3 Rdn. 9.

7 *Winter* NStZ 1990, 373, 374.

8 BTDrucks. 7/550, S. 195.

9 BTDrucks. 7/550, S. 203, 492.

10 BTDrucks. 7/1261, S. 3.

tion kommt dem Ordnungsgeld inhaltlich gesehen Strafcharakter zu.[11] Es handelt sich um Strafrecht im weiteren Sinne.[12] Daher gelten für Ordnungsmittel die speziellen strafrechtlichen Rechtsgrundsätze (Vor §§ 331 ff Rdn. 84 ff). Dies hat zur Folge, daß Ordnungsmittel nur verhängt werden dürfen, wenn ein **schuldhaftes Verhalten** vorliegt. Das BVerfG billigt selbst den zivilprozessualen Ordnungsstrafen Ähnlichkeit zur eigentlichen Strafe zu und unterstellt sie dem Anwendungsbereich des Schuldgrundsatzes.[13] Das Gericht will jedoch die aufgrund des Schuldprinzips bei der Strafverhängung im Strafverfahren geltenden Standards bei der Verhängung der Ordnungsstrafen nicht zur Anwendung bringen. Es hält deshalb den **Anscheinsbeweis** für zulässig, der den Betroffenen nicht unzumutbar benachteilige, weil er dem Vorgang, der das Ordnungsverfahren auslöse, regelmäßig näher stehe als der Antragsteller und damit besser als dieser in der Lage sei, die entscheidungserheblichen Tatsachen aufzuklären.[14] Nach herkömmlichem Verständnis ist es aber eine Errungenschaft gerade des Schuldgrundsatzes, daß dem Täter die Tat nachgewiesen werden muß und bloße Vermutungen hierfür nicht ausreichen. Ein Anscheinsbeweis ist daher auch im Ordnungsverfahren nicht ausreichend, um die Schuld des Täters als erwiesen zu betrachten.[15]

Dennoch handelt es sich bei dem Ordnungsgeld nicht um **echtes Kriminalstrafrecht**: Zweck ist nicht Sühne von begangenem Unrecht, sondern die Erzwingung eines bestimmten Verhaltens. Im Vordergrund steht dabei der präventive Gedanke, nicht der repressive, und zwar sollen Ordnungsmittel sowohl spezialpräventiv als auch generalpräventiv wirken. Diese Reaktionen auf Zuwiderhandlungen unterliegen nicht den Kautelen, denen das Kriminalstrafrecht unterliegt; insbesondere muß kein Strafverfahren durchgeführt werden.[16] **6**

B. Grundlagen der Verhängung des Ordnungsgeldes

I. Normadressaten

Normadressaten des § 335 a HGB sind wie bei § 335 HGB die Mitglieder der vertretungsberechtigten Organe der Kapitalgesellschaft.[17] Im Fall der Nr. 2 sind dies gemäß § 13 e Abs. 2 S. 4 Nr. 3 HGB die ständigen Vertreter der inländischen Zweigniederlassungen, sobald diese zum Handelsregister angemeldet sind. Bis zur Anmeldung bleiben die gesetzlichen Vertreter der Hauptgesellschaft zuständig.[18] **7**

II. Ordnungsgeldbewehrte Pflichten

Die ordnungsgeldbewehrten Pflichten ergeben sich abschließend aus den **§§ 325, 325 a HGB**, wobei die Erleichterungen für kleine Kapitalgesellschaften nach § 326 HGB zu beachten sind. Im Rahmen des § 326 HGB sind die Offenlegungspflichten allerdings auch für die kleine Kapitalgesellschaft ordnungsgeldbewehrt. Ein Ordnungsgeld kann nicht verhängt werden, wenn **unrichtige** oder **unvollständige Unterlagen** offengelegt werden. In diesen Fällen kann gemäß § 334 Abs. 1 Nr. 5 HGB, der **8**

---

[11] BVerfGE 20, 323, 331; 58, 159, 163.
[12] *Jakobs* Strafrecht, Allgemeiner Teil, 3. Abschn. Rdn. 22.
[13] BVerfGE 58, 159 ff, 162 f (zu § 890 ZPO).
[14] BVerfGE 84, 82, 87 ff.
[15] *Appel* S. 115.
[16] *Jakobs* Strafrecht, Allgemeiner Teil, 3. Abschn. Rdn. 22.
[17] § 335 HGB Rdn. 17 f.
[18] MünchKommHGB-*Quedenfeld* Rdn. 4.

auf § 328 HGB verweist, eine Geldbuße verhängt werden (§ 334 Rdn. 69). § 328 HGB enthält die Vorgaben an die Form und den Inhalt der einzureichenden Unterlagen für die Fälle der Offenlegung, Veröffentlichung und/oder Vervielfältigung.

1. Pflicht zur Offenlegung des Jahresabschlusses, des Lageberichts, des Konzernabschlusses, des Konzernlageberichts und anderer Unterlagen der Rechnungslegung (§ 335 a S. 1 Nr. 1 HGB)

a) Gegenstände der Offenlegungspflicht bei der Kapitalgesellschaft

9 Gegenstand der Offenlegungspflicht sind bei der Kapitalgesellschaft der Jahresabschluß, der Lagebericht und andere Unterlagen der Rechnungslegung. Andere Unterlagen sind nach **§ 325 Abs. 1 HGB** der Bestätigungsvermerk,[19] der Bericht des Aufsichtsrats,[20] der Vorschlag und der Beschluß über die Verwendung des Ergebnisses[21] sowie Änderungen des Jahresabschlusses oder Bestätigungsvermerks.[22] Hierbei sind die Einschränkungen der Offenlegung bei der GmbH und bei Tochterunternehmen zu beachten.[23] Andere Unterlagen müssen nicht offen gelegt werden.

b) Gegenstände der Offenlegungspflicht im Konzern

10 Gegenstand der Offenlegungspflicht sind nach **§ 325 Abs. 3 HGB** bei Konzernen der Konzernabschluß, der Konzernlagebericht, der Bestätigungsvermerk,[24] der Abschluß eines nicht einbezogenen Unternehmens[25] und die nachträglichen Änderungen des Konzernabschlusses.[26] Auch hier sind Befreiungen und Vereinfachungen zu beachten.[27]

c) Freiwillige Publizitätsanforderungen

11 Die auf Gesetz, Gesellschaftsvertrag oder Satzung beruhenden sonstigen Publizitätsanforderungen werden von § 325 HGB nicht erfaßt (Abs. 5)[28] und können daher nicht zur Verhängung eines Ordnungsgeldes nach § 335 a S. 1 Nr. 1 HGB führen.[29]

d) Anforderungen an die Offenlegung

12 § 335 a S. 1 Nr. 1 HGB verweist auf den gesamten **Pflichtenkatalog des § 325 HGB**, der die Anforderungen an die Offenlegung umschreibt. Die Offenlegung setzt sich aus den Elementen der Einreichung der vorgeschriebenen Unterlagen **zum Handelsregister** und der **Bekanntmachung im Bundesanzeiger** zusammen. Für die Ergebnisverwendung der GmbH gilt die Besonderheit, daß die Unterlagen zum Handelsregister des Sitzes der Kapitalgesellschaft (Registerpublizität beim Amtsgericht) eingereicht werden müssen. Anschließend wird im Bundesanzeiger nur bekannt gemacht, bei welchem Handelsregister und bei welcher Nummer die Unterlagen eingereicht sind; die Unterlagen selbst werden nicht bekannt gemacht. Für kleine und mittelgroße Kapitalgesellschaften sind in den §§ 326, 327 HGB **größenabhängige Erleichterungen** bei der Offenlegung vorgesehen; dabei werden an den Umfang und die Form geringere

---

[19] § 325 Rdn. 6.
[20] § 325 Rdn. 9.
[21] § 325 Rdn. 10.
[22] § 325 Rdn. 6.
[23] § 325 Rdn. 8.
[24] § 325 Rdn. 28.
[25] § 325 Rdn. 33.
[26] § 325 Rdn. 6.
[27] § 325 Rdn. 34 ff.
[28] § 325 Rdn. 40 ff.
[29] MünchKommHGB-*Quedenfeld* Rdn. 6.

Anforderungen gestellt. Daneben erlauben die §§ 266 Abs. 1 S. 3, 274a, 276, 288 HGB für kleine und mittelgroße Kapitalgesellschaften die Aufstellung des Jahresabschlusses in einer vereinfachten Form. Erst wenn die Unterlagen beim **Handelsregister** fristgerecht eingereicht sind und die Bekanntmachung im Bundesanzeiger erfolgt ist, sind die Pflichten des § 325 HGB erfüllt.

2. Pflicht zur Offenlegung der Rechnungsunterlagen der Hauptniederlassung (§ 335a S. 1 Nr. 2 HGB)

Weiterhin verweist § 335a S. 1 Nr. 2 HGB auf § 325a HGB. Durch letztere Vorschrift, die in Umsetzung der elften gesellschaftsrechtlichen EG-Richtlinie[30] ergangen ist, hat die Zweigniederlassung im Ausland eine besondere Regelung erfahren.[31] Durch sie wird die Offenlegungsverpflichtung bezüglich Unterlagen aus der Rechnungslegung auf inländische Zweigniederlassungen von Kapitalgesellschaften ausgedehnt, die ihren Sitz oder die Hauptniederlassung in einem anderen Staat der Europäischen Union oder einem Vertragsstaat des Abkommens über den Europäischen Wirtschaftsraum haben. Die Verpflichtung bezieht sich nur auf **Unterlagen der Hauptniederlassung.** Hingegen wird die Offenlegung von Unterlagen aus der Rechnungslegung der Zweigniederlassung nicht verlangt.[32] Nach § 325a Abs. 2 HGB gilt dies nicht für Zweigniederlassungen von Kreditinstituten und Versicherungsunternehmen. **13**

Im Hinblick darauf, daß § 325a HGB die Offenlegung von Unterlagen aus der Rechnungslegung der Hauptniederlassung anordnet, sind diese Unterlagen nicht nach deutschem, sondern nach dem für die Hauptniederlassung geltenden **ausländischen Recht** aufzustellen.[33] Die Verpflichtung zur Offenlegung bezieht sich auf die im Ausland bereits eingereichten und bekanntgegebenen Unterlagen. Auch hier sind freiwillige Unterlagen nicht erfaßt; die Verpflichtung des § 325a HGB bezieht sich nur auf die gesetzlich vorgesehenen Unterlagen (Rdn 11).[34] **14**

Die Unterlagen sind beim **Handelsregister am Sitz der Zweigniederlassung** einzureichen. Wenn mehrere inländische Zweigniederlassungen bestehen, bedarf es nur *einer* Einreichung bei dem Registergericht, bei dem auch die Satzung oder der Gesellschaftsvertrag eingereicht wurde.[35] **15**

III. Schuldhaftes Verhalten

Im Hinblick darauf, daß es sich bei dem Ordnungsgeld um **Strafrecht im weiteren Sinne** handelt (Rdn. 5),[36] darf ein solches Ordnungsgeld im Falle einer Pflichtverletzung nur verhängt werden, wenn ein schuldhaftes Verhalten im Sinne einer vorwerfbaren Pflichtverletzung vorliegt.[37] Dies gilt um so mehr, als das BVerfG selbst die zivilprozessualen Ordnungsmittel dem Anwendungsbereich des Schuldgrundsatzes unterstellt hat (Rdn. 5).[38] **16**

---

[30] EG-Richtlinie 89/666/EWG vom 21.12.1989, ABl. EG Nr. L 395 vom 30.12.1989, S. 36ff (Zweigniederlassungsrichtlinie).
[31] § 325a Rdn. 1.
[32] Näher dazu § 325a Rdn. 9.
[33] § 325a Rdn. 10.
[34] § 325a Rdn. 11.
[35] MünchKommHGB-*Quedenfeld* Rdn. 8.
[36] *Jakobs* Strafrecht, Allgemeiner Teil, 3. Abschn. Rdn. 22.
[37] Siehe oben Rdn. 5; a.A. MünchKommHGB-*Quedenfeld* Rdn. 11.
[38] BVerfGE 58, 159ff, 162f (zu § 890 ZPO).

C. Verfahren der Ordnungsgeldfestsetzung

I. Zuständigkeit

17 Für die Ordnungsgeldandrohung und -festsetzung ist das **Registergericht** zuständig. Dies ist in der Regel das Amtsgericht am Sitz der Gesellschaft bzw. der Zweigniederlassung oder das Registergericht, bei dem die Satzung oder der Gesellschaftsvertrag eingereicht wurden.[39] Nach § 3 Nr. 2 lit. d RPflG sind die nach den gesetzlichen Vorschriften vom Richter wahrzunehmenden Geschäfte des Amtsgerichts – mit Ausnahme der in § 17 RPflG aufgeführten Geschäfte – in Handelssachen im Sinne des 7. Abschnitts des FGG (§§ 132–140 a FGG) dem **Rechtspfleger** übertragen.

II. Antrag auf Festsetzung eines Ordnungsgeldes

1. Antragsbefugnis

18 Eine Festsetzung von Amts wegen ist nicht möglich. Vielmehr ist ein Antrag erforderlich. Der Personenkreis der Antragsberechtigten ist nicht mehr beschränkt, so daß **jedermann** den Antrag stellen kann (§ 140 a Abs. 2 FGG). § 14 HGB findet gemäß § 335 a S. 3, 2. HS. HGB keine Anwendung.

2. Rücknahme des Antrags

19 Ein gestellter Antrag kann nicht mehr zurück genommen werden (§ 140 a Abs. 2 S. 1 in Verbindung mit Abs. 1 S. 2 FGG).

III. Androhung und Festsetzung des Ordnungsgeldes

20 Das Verfahren bestimmt sich nach § 140 a Abs. 2 FGG in Verbindung mit §§ 140 a Abs. 1 S. 2 und S. 6, 132, 133 Abs. 2, 135 bis 139 FGG. Damit entspricht das Verfahren dem Zwangsgeldverfahren. Daher kann auf die Ausführungen zu § 335 HGB (Rdn. 26 ff) verwiesen werden.

21 Eine Abweichung ergibt sich für das Ordnungsgeld insofern, als die Frist für die vorzunehmende Offenlegung auf **sechs Wochen** festzulegen ist (§ 140 a Abs. 2 S. 3 FGG) und ein verhängtes Ordnungsgeld auch **bei verspäteter Pflichterfüllung** beigetrieben werden kann.[40] Nach Verstreichen der Frist ist unverzüglich das erste Ordnungsgeld festzusetzen und diese Festsetzung mit der Androhung eines weiteren Ordnungsgeldes zu verbinden. Nach der Gesetzesbegründung dient dies der Beschleunigung des Verfahrens.[41] Im Falle einer geringfügigen Fristüberschreitung kann das Ordnungsgeld herabgesetzt werden (§ 140 a Abs. 2 S. 4 HGB).

22 Die Gesetzesbegründung geht davon aus, daß der Antrag erst nach Ablauf von 12 Monaten ab Bestehen der Offenlegungspflicht gestellt werden kann;[42] aber nach § 325 Abs. 1 S. 1 HGB besteht die Offenlegungspflicht **unverzüglich**, d. h. ohne schuldhaftes Zögern, nach Vorlage an die Gesellschafter. Das Ausschöpfen der Zwölfmonatsfrist sollte jedoch nur „in begründeten Ausnahmefällen" zulässig sein. Im Hinblick darauf, daß die ordnungsrechtliche Sanktionierung an die Offenlegungspflicht

---

[39] MünchKommHGB-*Quedenfeld* Rdn. 12.
[40] MünchKommHGB-*Quedenfeld* Rdn. 14; siehe auch oben Rdn. 5.
[41] BTDrucks. 14/2353, S. 25.
[42] BTDrucks. 14/2353, S. 25.

anknüpft und diese in § 325 HGB unverzüglich nach Bekanntgabe an die Gesellschafter beginnt, ist ein Ordnungsgeld bereits zu diesem Zeitpunkt auf Antrag zu verhangen.

Das Ordnungsgeldverfahren kann auch durchgeführt werden, wenn die voraus- **23**
gehenden Pflichten des § 335 HGB – Aufstellungspflichten nach Nrn. 1 und 2, Auftragserteilung zur Prüfung nach Nr. 3, Prüferbestellung nach Nr. 4, Pflichten gegenüber dem Prüfer nach Nr. 5 – noch nicht erfüllt sind. Das **Zwangsgeldverfahren** nach § 335 HGB und das **Ordnungsgeldverfahren** nach § 335a HGB können nebeneinander durchgeführt werden.[43]

Auch bezüglich des **Einspruchs** gegen die Ordnungsgeldandrohung und der **24**
sonstigen Rechtsbehelfe sowie bezüglich der **Kosten** und der **Vollstreckung** kann auf die Ausführungen zu § 335 HGB (§ 335 Rdn. 35ff, 43f) verwiesen werden.

§ 335b

Anwendung der Straf- und Bußgeldvorschriften sowie der Zwangs- und Ordnungsgeldvorschriften auf bestimmte offene Handelsgesellschaften und Kommanditgesellschaften

Die Strafvorschriften der §§ 331 bis 333, die Bußgeldvorschriften des § 334, die Zwangs- und Ordnungsgeldvorschriften der §§ 335, 335a gelten auch für offene Handelsgesellschaften und Kommanditgesellschaften im Sinne des § 264a Abs. 1.

Schrifttum

Vgl. die Literaturhinweise zu Vor §§ 333ff, § 331, § 332, § 333, § 334, Vor §§ 335ff.

Nach § 335b HGB, der durch das KapCoRiLiG vom 24.2.2000 (BGBl. 2000 I **1**
S. 154ff) eingeführt wurde, gelten die Straf-, Bußgeld-, Zwangsgeld- und Ordnungsgeldvorschriften der §§ 331ff HGB auch für **offene Handelsgesellschaften und Kommanditgesellschaften im Sinne des § 264a HGB.**

Personengesellschaften, Stiftungen und Genossenschaften, bei denen eine Kapital- **2**
gesellschaft persönlich haftender Gesellschafter ist, werden in Umsetzung der Kapitalgesellschaft & Co.-Richtlinie[1] den Kapitalgesellschaften bezüglich der strengen Bilanzpflichten, der Aufstellung, Prüfung und Offenlegung bis hin zum Konzernabschluß, wie sie in §§ 264ff HGB verankert sind, gleichgestellt.[2]

Mitglieder des vertretungsberechtigten Organs im Sinne der §§ 331, 334, 335, **3**
335a HGB sind jeweils die Mitglieder des vertretungsberechtigten Organs der persönlich haftenden Kapitalgesellschaft, Stiftung oder Genossenschaft, die die OHG oder KG vertritt. Ein bei der OHG oder KG bestehender fakultativer Aufsichtsrat erfüllt die Anforderungen des Täterkreises des § 331 HGB nicht (§ 331 Rdn. 23).

---

[43] MünchKommHGB-*Quedenfeld* Rdn. 1.

[1] Richtlinie 90/605/EWG des Rates vom 8. November 1990 zur Änderung der Richtlinien 78/660/EWG und 83/349/EWG über den Jahresabschluß bzw. den konsolidierten Abschluß hinsichtlich ihres Anwendungsbereichs, ABl. EG Nr. L 317 vom 16.11.1990, S. 60 ff.

[2] BTDrucks. 14/1806, S. 18.

4 Die betroffenen Gesellschaften müssen nach Art. 5 Nr. 2 Abs. 13.1 KapCoRiLiG erstmals für das nach dem 31. 12. 1999 beginnende Geschäftsjahr Jahresabschlüsse und Lageberichte bzw. Konzernabschlüsse und Konzernlageberichte entsprechend § 264a HGB aufstellen.[3] Verstöße gegen diese Pflicht können nach § 335b HGB in Verbindung mit §§ 331, 332, 334, 335, 335a HGB sanktioniert werden.

5 Hinsichtlich der Einzelheiten bezüglich der Voraussetzungen und der Verfahren kann daher auf die Kommentierung der genannten Vorschriften verwiesen werden.

Anhang nach § 335b

§ 340o
Festsetzung von Zwangs- und Ordnungsgeld

Personen, die

1. als Geschäftsleiter im Sinne des § 1 Abs. 2 Satz 1 des Gesetzes über das Kreditwesen eines Kreditinstituts oder Finanzdienstleistungsinstituts im Sinne des § 340 Abs. 4 Satz 1, das nicht Kapitalgesellschaft ist, oder als Inhaber eines in der Rechtsform des Einzelkaufmanns betriebenen Kreditinstituts oder Finanzdienstleistungsinstituts im Sinne des § 340 Abs. 4 Satz 1
   a) eine der in § 335 Satz 1 Nr. 1, 3 bis 5 bezeichneten Vorschriften,
   b) § 325 über die Pflicht zur Offenlegung des Jahresabschlusses, des Lageberichts, des Konzernabschlusses, des Konzernlageberichts und anderer Unterlagen der Rechnungslegung oder
   c) § 340i Abs. 1 Satz 1 oder

2. als Geschäftsleiter von Zweigstellen im Sinne des § 53 Abs. 1 des Gesetzes über das Kreditwesen § 3401 Abs. 1 oder 2 über die Offenlegung der Rechnungslegungsunterlagen

nicht befolgen, sind hierzu vom Registergericht in den Fällen der Nummer 1 Buchstabe a und c durch Festsetzung von Zwangsgeld nach § 335 und in den Fällen der Nummer 1 Buchstabe b und der Nummer 2 durch Festsetzung von Ordnungsgeld nach § 335a anzuhalten.

Übersicht

Schrifttum

Vgl. ergänzend die Literaturhinweise Vor §§ 335ff.
Häuslemann Offenlegungspflichten ausländischer Kreditinstitute in Deutschland nach dem Bilanzrichtlinie-Gesetz, WM 1995, 1049ff.

[3] MünchKommHGB-*Quedenfeld* Rdn. 3.

A. Allgemeines

I. Entstehungsgeschichte

Nach der Ausdehnung der für die Kapitalgesellschaft geltenden Vorschriften über die Bilanzierung und das Rechnungswesen auf alle Kreditinstitute durch das **Bankbilanzrichtlinien-Gesetz** vom 30. 11. 1990 (BGBl. 1990 I S. 2570) hielt es der Gesetzgeber für geboten, die für Kapitalgesellschaften bestehende Möglichkeit, durch Androhung und Festsetzung eines Zwangsgeldes die Erfüllung bestimmter bilanzrechtlicher Verpflichtungen zu erzwingen, auf alle Kreditinstitute unabhängig von deren Rechtsform zu übertragen. Durch Art. 2 **BegleitG** vom 22. 10. 1997 (BGBl. 1997 I S. 2567) wurde der Anwendungsbereich auf Finanzdienstleistungsinstitute im Sinne des § 340 Abs. 4 S. 1 HGB erstreckt. Zwischenzeitlich wurde das Antragserfordernis insoweit ausgeweitet, daß nunmehr jedermann antragsberechtigt ist. § 340o HGB wurde durch das **KapCoRiLiG** vom 24. 2. 2000 (BGBl. 2000 I S. 154) neu gefaßt und der Neuregelung der §§ 335, 335a HGB angepaßt. Er ist erstmals auf Jahres- und Konzernabschlüsse für das nach dem 31. 12. 1998 beginnende Geschäftsjahr anzuwenden (Art. 5 Nr. 2 Abs. 1 S. 2 KapCoRiLiG). 1

II. Funktion des § 340o HGB

Abweichend von der Systematik des § 340n HGB, der eigenständige Bußgeldvorschriften enthält, hat sich der Gesetzgeber bei der Ausgestaltung der Zwangsgeldregelungen für den Weg entschieden, die für die Kapitalgesellschaft geltenden Vorschriften durch § 340o Nr. 1 HGB lediglich dahingehend zu ergänzen, daß sie auch für Kreditinstitute, die keine Kapitalgesellschaft sind, gelten.[1] Für Kapitalgesellschaften gelten weiterhin §§ 335, 335a HGB direkt. 2

Wenn ein Geschäftsleiter oder Inhaber eines in der Form eines Einzelhandelskaufmanns geführten Kreditinstituts die in **§ 340o Nr. 1 lit. a oder c HGB** normierten Pflichten nicht befolgt, kann das Registergericht ein **Zwangsgeld** nach § 335 HGB gegen ihn festsetzen. In den Fällen des **§ 340o Nr. 1 lit b und Nr. 2 HGB** kann ein **Ordnungsgeld** nach § 335a HGB festgesetzt werden. 3

B. Voraussetzungen der Festsetzung eines Zwangsgelds und Ordnungsgelds

I. Normadressaten

Normadressaten des **§ 340o Nr. 1 HGB** sind die **Geschäftsleiter** im Sinne des § 1 Abs. 2 S. 1 KWG (Anhang nach § 333; § 340m Rdn. 7) eines Kreditinstituts (§ 340 Abs. 1 S. 1 HGB) oder Finanzdienstleistungsinstituts (§ 1 Abs. 1a KWG), das nicht Kapitalgesellschaft ist (§ 340 Abs. 4 S. 1 HGB), sowie die Inhaber eines in der Rechtsform des **Einzelkaufmanns** betriebenen Kreditinstituts oder Finanzdienstleistungsinstituts im Sinne des § 340 Abs. 4 S. 1 HGB (Anhang nach § 333; § 340m Rdn. 8). Dieser Personenkreis wird dem entsprechenden Personenkreis bei Kapitalgesellschaften gleichgestellt. 4

[1] *Krumnow* Rdn. 1; Bonner HdR-*Maier* Rdn. 1; MünchKommHGB-*Quedenfeld* Rdn. 4; *Wiedmann* Bilanzrecht, Rdn. 1.

5 **§ 340o Nr. 2 HGB** richtet sich an den **Geschäftsleiter von Zweigstellen ausländischer Unternehmen** im Sinne des § 53 Abs. 1 KWG (Anhang nach § 333; § 340m Rdn. 9). § 340o HGB erfaßt nicht den ständigen Vertreter der Zweigniederlassung einer ausländischen AG oder GmbH im Sinne des § 13e Abs. 2 Nr. 3 KWG, da auf diesen in § 340o HGB nicht verwiesen wird.[2]

II. Durch Zwangsgeld erzwingbare Handlungen

6 In den Fällen des **§ 340o Nr. 1 lit. a oder c HGB** kann ein **Zwangsgeld** festgesetzt werden. **§ 340o Nr. 1 lit. a HGB** nimmt dieselben Pflichten in Bezug, die bei Kapitalgesellschaften nach **§ 335 Nrn. 1, 3 bis 5 HGB** mittels Zwangsgeld durchgesetzt werden können. Daher kann auf die Ausführungen zu § 335 Rdn. 6ff, 11f, 14f verwiesen werden.

7 **§ 340o Nr. 1 lit c HGB** verweist auf § 340i Abs. 1 S. 1 HGB, der für Kreditinstitute die Pflicht zur Aufstellung eines Konzernabschlusses und Konzernlageberichts regelt. Diese Pflicht entspricht inhaltlich der durch **§ 335 Nr. 2 HGB** in Bezug genommenen allgemeinen Verpflichtung zur Aufstellung eines Konzernabschlusses und Konzernlageberichts, die deshalb durch § 340o HGB nicht in Bezug genommen wird. Insoweit kann auf die Ausführungen zu § 335 Rdn. 10 verwiesen werden.

III. Durch Ordnungsgeld erzwingbare Handlungen

8 In den Fällen des **§ 340o Nr. 1 lit. b und Nr. 2 HGB** kann ein **Ordnungsgeld** (Rdn. 3ff) festgesetzt werden. **§ 340o Nr. 1 lit. b HGB** nimmt mit § 340i Abs. 1 S. 1 HGB dieselben Offenlegungspflichten wie § 335a S. 1 Nr. 1 HGB in Bezug. **§ 340o Nr. 2 HGB** verweist außerdem auf die besonderen Offenlegungspflichten von Kreditinstituten nach § 340l Abs. 1 und 2 HGB, wonach Kreditinstitute ungeachtet ihrer Größe und Rechtsform die in den §§ 325 Abs. 2 bis 5, 328 und 329 Abs. 1 HGB genannten **Offenlegungsvorschriften für große Kapitalgesellschaften** beachten müssen. Daher kann auf die Ausführungen zu § 335a Rdn. 8ff verwiesen werden.

C. Verfahren zur Festsetzung eines Zwangsgeldes bzw. Ordnungsgeldes

9 Die Festsetzung eines Zwangs- bzw. Ordnungsgeldes folgt für den Bereich der Kreditinstitute und der Finanzdienstleistungsinstitute durch den Verweis auf §§ 335, 335a HGB den gleichen Voraussetzungen wie bei Kapitalgesellschaften. Nach der durch das KapCoRiLiG gültigen Fassung ist für das jeweils in Bezug genommene Verfahren ausgehend von der verletzten Pflicht zu differenzieren: Liegt ein Verstoß gegen die in **§ 340o Nr. 1 lit. a und c HGB** genannten Pflichten vor, so findet das Zwangsgeldverfahren nach § 335 HGB Anwendung; handelt es sich um einen Verstoß gegen die in **Nr. 1 lit. b und Nr. 2** genannten Verpflichtungen, so ist das Ordnungsgeldverfahren nach § 335a HGB einschlägig. Beide Verfahren werden nur auf Antrag, der mittlerweile von jedermann gestellt werden kann, durchgeführt (§ 335 S. 2 bzw. § 335a S. 3 HGB).

Zu den Einzelheiten der jeweiligen Verfahren vgl. § 335 Rdn. 21ff bzw. § 335a Rdn. 17ff.

---

[2] *Hänselmann* WM 1995, 1049, 1054; MünchKommHGB-*Quedenfeld* Rdn. 3.

§ 341 o

Festsetzung von Zwangs- und Ordnungsgeld

Personen, die

1. als Mitglieder des vertretungsberechtigten Organs einer Versicherungsunternehmens, das nicht Kapitalgesellschaft ist,

a) eine der in § 335 Satz 1 Nr. 1, 3 bis 5 bezeichneten Vorschriften,

b) § 325 über die Pflicht zur Offenlegung des Jahresabschlusses, des Lageberichts, des Konzernabschlusses, des Konzernlageberichts und anderer Unterlagen der Rechnungslegung oder

c) § 341 i Abs. 1 Satz 1 oder

2. als Hauptbevollmächtigter (§ 106 Abs. 3 des Versicherungsaufsichtsgesetzes) § 341 l Abs. 1 über die Offenlegung der Rechnungslegungsunterlagen

nicht befolgen, sind hierzu vom Registergericht in den Fällen der Nummer 1 Buchstabe a und c durch Festsetzung von Zwangsgeld nach § 335 und in den Fällen der Nummer 1 Buchstabe b und der Nummer 2 durch Festsetzung von Ordnungsgeld nach § 335 a anzuhalten.

Übersicht

Schrifttum

Vgl. die Literaturhinweise Vor §§ 335 ff.

A. Allgemeines

I. Entstehungsgeschichte

Nach Ausdehnung der für die Kapitalgesellschaft geltenden Vorschriften über Bilanzierung und Rechnungswesen auf alle Versicherungsunternehmen durch das **Versicherungsrichtlinien-Gesetz** vom 24. 6. 1994[1] hielt es der Gesetzgeber für geboten, die für Kapitalgesellschaften bestehende Möglichkeit, durch Androhung und Festsetzung eines Zwangsgeldes die Erfüllung bestimmter bilanzrechtlicher Verpflichtungen zu erzwingen, auf alle Versicherungsunternehmen, unabhängig von deren Rechtsform, zu übertragen.[2] § 341 o HGB wurde durch **KapCoRiLiG** vom 24. 2. 2000 (BGBl. 2000 I S. 154 ff) neu gefaßt und der Neuregelung der §§ 335, 335 a HGB angepaßt. Er ist erstmals auf den Jahres- und Konzernabschluß für das nach dem 31. 12. 1998 beginnende Geschäftsjahr anzuwenden (Art. 5 Abs. 1 S. 2 KapCoRiLiG). 1

[1] BGBl. 1994 I S. 1377; vgl. dazu Vor §§ 331 ff Rdn. 35.

[2] Vgl. BTDrucks. 12/5587, S. 31.

II. Funktion des § 341 o HGB

2 Abweichend von der Systematik des § 341 n HGB, der eigenständige Bußgeldvorschriften enthält, hat sich der Gesetzgeber bei der Ausgestaltung der Zwangsgeldregelungen für den Weg entschieden, die für die Kapitalgesellschaft geltenden Vorschriften durch § 341 o Nr. 1 HGB lediglich dahingehend zu ergänzen, daß sie auch für Versicherungsunternehmen, die keine Kapitalgesellschaft sind, gelten. Für Kapitalgesellschaften gelten weiterhin §§ 335, 335 a HGB direkt.[3]

3 Wenn ein Mitglied des vertretungsberechtigten Organs eines Versicherungsunternehmens, das nicht Kapitalgesellschaft ist, die in **§ 341 o Nr. 1 lit. a oder c HGB** normierten Pflichten nicht befolgt, kann das Registergericht ein **Zwangsgeld** gegen das Mitglied festsetzen. In den Fällen des **§ 341 o Nr. 1 lit. b und Nr. 2 HGB** kann gegen denselben Personenkreis sowie gegen den Hauptbevollmächtigten ein **Ordnungsgeld** festgesetzt werden.

B. Voraussetzungen der Festsetzung eines Zwangsgelds und Ordnungsgelds

I. Normadressaten

4 Normadressaten des **§ 341 o Nr. 1 HGB** sind die Mitglieder des vertretungsberechtigten Organs des Versicherungsunternehmens, das nicht Kapitalgesellschaft ist. Der Begriff des Versicherungsunternehmens ist in § 341 Abs. 1 S. 1 HGB definiert. Der Personenkreis entspricht dem des § 341 m HGB (Anhang nach § 333; § 341 m Rdn. 4). **§ 341 o Nr. 2 HGB** richtet sich an die Hauptbevollmächtigten im Sinne des § 106 Abs. 3 VAG (vgl. dazu Anhang nach § 333; § 341 m Rdn. 5).

II. Durch Zwangsgeld erzwingbare Handlungen

5 In den Fällen des **§ 341 o Nr. 1 lit. a oder c HGB** kann ein **Zwangsgeld** festgesetzt werden. **§ 341 o Nr. 1 lit. a HGB** nimmt dieselben Pflichten in Bezug, die bei Kapitalgesellschaften nach **§ 335 Nrn. 1, 3 bis 5 HGB** durchgesetzt werden können. Daher kann auf die Ausführungen zu § 335 Rdn. 6 ff, 11 ff verwiesen werden.

6 **§ 341 o Nr. 1 lit. c HGB** verweist auf § 341 i Abs. 1 S. 1 HGB, der für Versicherungsunternehmen die Pflicht zur Aufstellung eines Konzernabschlusses und Konzernlageberichts regelt. Diese Pflicht entspricht inhaltlich der durch **§ 335 Nr. 2 HGB** in Bezug genommenen allgemeinen Verpflichtung zur Aufstellung eines Konzernabschlusses und Konzernlageberichts, die deshalb durch § 341 o HGB nicht in Bezug genommen wird. Bezüglich der zwangsweisen Durchsetzung dieser Pflichten kann auf die Ausführungen zu § 335 Rdn. 10 verwiesen werden.

III. Durch Ordnungsgeld erzwingbare Handlungen

7 In den Fällen des **§ 341o Nr. 1 lit. b und Nr. 2 HGB** kann ein **Ordnungsgeld** (Rdn. 3) festgesetzt werden. **§ 341o Nr. 1 lit. b HGB** nimmt mit § 341 i Abs. 1 S. 1 HGB dieselben Offenlegungspflichten wie § 335 a Nr. 1 HGB in Bezug. **§ 341o Nr. 2**

---

[3] MünchKommHGB-*Quedenfeld* Anhang § 335 b, § 341 o Rdn. 4.

HGB verweist außerdem auf die besonderen Offenlegungspflichten von Versicherungsunternehmen nach § 341l Abs. 1 und 2 HGB, wonach Versicherungsunternehmen ungeachtet ihrer Größe und Rechtsform die in den §§ 325 Abs. 2 bis 5, 328 und 329 Abs. 1 HGB genannten **Offenlegungsvorschriften für große Kapitalgesellschaften** beachten müssen. Daher kann auf die Ausführungen zu § 335a Rdn. 9 verwiesen werden.

C. Verfahren zur Festsetzung eines Zwangsgeldes bzw. Ordnungsgeldes

Die Festsetzung eines Zwangs- bzw. Ordnungsgeldes folgt für den Bereich der **8** Versicherungsunternehmen durch den Verweis auf §§ 335, 335a HGB den gleichen Voraussetzungen wie bei Kapitalgesellschaften. Nach der durch das KapCoRiLiG gültigen Fassung ist für das jeweils in Bezug genommene Verfahren ausgehend von der verletzten Pflicht zu differenzieren: Liegt ein Verstoß gegen die in **§ 341o Nr. 1 lit. a und c HGB** genannten Pflichten vor, so findet das Zwangsgeldverfahren nach § 335 HGB Anwendung; handelt es sich dagegen um einen Verstoß gegen die in **Nr. 1 lit. b und Nr. 2** genannten Verpflichtungen, so ist das Ordnungsgeldverfahren nach § 335a HGB einschlägig. Beide Verfahren werden nur auf Antrag, der mittlerweile von jedermann gestellt werden kann, durchgeführt (§ 335 S. 2 bzw. § 335a S. 3 HGB).

Während für die Bußgeldverhängung nach § 341n Abs. 4 HGB die spezielle **Zuständigkeit** des Bundesaufsichtsamts für Versicherungswesen bzw. der entsprechenden Landesbehörde statuiert wird, fehlt eine entsprechende Regelung für die Festsetzung der Zwangs- und Ordnungsgelder in § 341 o HGB. Daher bleibt es bei der allgemeinen Zuständigkeit des Registergerichts. Hierzu sowie zu den Einzelheiten des jeweiligen Verfahrens vgl. § 335 Rdn. 21ff bzw. § 335a Rdn. 17ff.

Dritter Abschnitt
Ergänzende Vorschriften für eingetragene Genossenschaften

§ 336

Pflicht zur Aufstellung von Jahresabschluß und Lagebericht

(1) Der Vorstand einer Genossenschaft hat den Jahresabschluß (§ 242) um einen Anhang zu erweitern, der mit der Bilanz und der Gewinn- und Verlustrechnung eine Einheit bildet, sowie einen Lagebericht aufzustellen. Der Jahresabschluß und der Lagebericht sind in den ersten fünf Monaten des Geschäftsjahrs für das vergangene Geschäftsjahr aufzustellen.

(2) Auf den Jahresabschluß und den Lagebericht sind, soweit in den folgenden Vorschriften nichts anderes bestimmt ist, § 264 Abs. 1 Satz 3 Halbsatz 1, Abs. 2, §§ 265 bis 289 über den Jahresabschluß und den Lagebericht entsprechend anzuwenden; § 277 Abs. 3 Satz 1, §§ 279, 280, 281 Abs. 2 Satz 1, § 285 Nr. 5, 6 brauchen jedoch nicht angewendet zu werden. Sonstige Vorschriften, die durch den Geschäftszweig bedingt sind, bleiben unberührt.

(3) § 330 Abs. 1 über den Erlaß von Rechtsverordnungen ist entsprechend anzuwenden.

Übersicht

Schrifttum

Bergmann Das neue Bilanzrecht für Genossenschaften, ZfgG 1986, 85; *Meyer/Meulenbergh/Beuthien* Genossenschaftsgesetz, 12. Aufl. (1983); *Großfeld/Reemann* Die neue Genossenschaftsbilanz, Festschrift Goerdeler (1987) S. 149; *Lang/Weidmüller/Meth/Schaffland* Genossenschaftsgesetz, Kommentar, 33. Aufl. (1997); *Strieder* Der Lagebericht bei Kapitalgesellschaften und Genossenschaften, DB 1998, 1677.

I. Vorbemerkungen zum Dritten Abschnitt

Der Dritte Abschnitt des Dritten Buches (§§ 336 bis 339) enthält **rechtsformspezifische Vorschriften zur Rechnungslegung von eingetragenen Genossenschaften (eG).** Die §§ 336 bis 339 sind durch das BiRiLiG v. 19.12.1985 in das HGB eingefügt worden und traten an die Stelle der früheren Rechnungslegungsvorschriften im Genossenschaftsgesetz (§§ 33 bis 33i GenG a. F.). Zwar bestand für Genossenschaften – anders als bei Kapitalgesellschaften – kein unmittelbarer Reformbedarf durch die 4., 7. und 8. EG-Richtlinie, weil diese die Rechtsform der eG nicht erfassen. Der Gesetzgeber des BiRiLiG verfolgte aber auch das Ziel, die Vorschriften über die Rechnungslegung, Prüfung und Offenlegung vollständig für alle Unternehmensformen im Dritten Buch des HGB zu regeln.[1] Den Nebengesetzen (z. B. AktG, GmbHG) sollten dagegen nur noch rechtsformspezische Sonderregelungen vorbehalten bleiben. Um auch die Rechnungslegung bei Genossenschaften an die neuen allgemeinen Vorschriften des HGB anzupassen, sind deshalb auch die entsprechenden Vorschriften aus dem GenG in das HGB übernommen worden.[2] 1

Schon nach den §§ 33 bis 33i GenG a. F. entsprach die Rechnungslegung bei Genossenschaften weitgehend dem Vorbild des Aktiengesetzes. An diesen Rechtszustand hat der Gesetzgeber des BiRiLiG angeknüpft und für Genossenschaften die **weitgehende entsprechende Anwendung der Vorschriften des Zweiten Abschnitts** bestimmt:[3] § 336 Abs. 1 regelt – entsprechend § 264 Abs. 1 – die Aufstellung von Jahresabschluß und Lagebericht bei Genossenschaften. Abs. 2 verweist für den Jahresabschluß und Lagebericht mit gewissen Einschränkungen auf die Rechnungslegungsvorschriften für Kapitalgesellschaften (§§ 264 ff) sowie auf die Formblätter nach § 330. Die §§ 337 bis 339 ergänzen die §§ 264 ff um einige Sonderregelungen: § 337 enthält Sondervorschriften für die Genossenschaftsbilanz, § 338 schreibt zusätzliche rechtsformspezifische Angaben im Anhang vor. Besonderheiten zur Offenlegung des Jahresabschlusses von Genossenschaften finden sich in § 339. 2

II. Aufstellung von Jahresabschluß und Lagebericht, Aufstellungsfrist (Abs. 1)

Genossenschaften unterliegen als gesetzliche Formkaufleute (§ 17 Abs. 2 GenG) zunächst den allgemeinen Buchführungspflichten nach den §§ 238 ff. Danach haben sie gemäß § 242 einen aus Bilanz und Gewinn- und Verlustrechnung bestehenden **Jahresabschluß nach den allgemeinen Vorschriften** aufzustellen. § 336 Abs. 1 S. 1 schreibt zusätzlich die Aufstellung eines **Anhangs** als Teil des Jahresabschlusses sowie eines **Lageberichts** vor. Die Regelung entspricht inhaltlich § 264 Abs. 1 S. 1. 3

Nach § 33 Abs. 1 S. 1 GenG ist der Vorstand zur Aufstellung des Jahresabschlusses und des Lageberichts verpflichtet. In Ergänzung dazu regelt § 336 Abs. 1 S. 2 die **Aufstellungsfrist**. Sie beträgt – abweichend von der Drei-Monats-Frist des § 264 Abs. 1 S. 2 – fünf Monate. Die besondere Frist ist im Zusammenhang des § 48 Abs. 1 S. 1 GenG zu sehen, der eine Beschlußfassung der Generalversammlung über den Jahresabschluß (Feststellung) innerhalb der ersten sechs Monate des folgenden Geschäftsjahres vorschreibt. 4

---

[1] Vgl. dazu Bericht des Rechtsausschusses BT-Drucks. 10/4268 S. 88 ff.

[2] Zur Gesetzgebungsgeschichte vgl. etwa *Bergmann* ZfgG 1986, 85 ff; Bonner HdR-*Hunger* 2.

[3] Vgl. Bericht des Rechtsausschusses BTDrucks. 10/4268, S. 90.

III. Weitgehende entsprechende Anwendung der Rechnungslegungsvorschriften für Kapitalgesellschaften (Abs. 2)

1. Anwendbare Regelungen (Abs. 2 S. 1 1. Halbs.)

5 a) **Grundsatz.** § 336 Abs. 2 bildet die zentrale Regelung für die Rechnungslegung der Genossenschaften. Nach Abs. 2 S. 1 1. Halbs. finden auf den Jahresabschluß und den Lagebericht vorbehaltlich der Einschränkungen nach dem 2. Halbs. die Vorschriften der §§ 264 Abs. 2, 265 bis 289 entsprechende Anwendung. § 336 Abs. 2 setzt die Anwendung der allgemeinen Vorschriften des Ersten Abschnitts (§§ 238 ff) voraus. Diese folgt bereits aus der Formkaufmannseigenschaft der eG (§ 17 Abs. 2 GenG). Unter Einbeziehung dieser allgemeinen Vorschriften und unter Berücksichtigung des § 336 Abs. 2 S. 1 2. Halbs. sind damit auf den Jahresabschluß und den Lagebericht bei Genossenschaften entsprechend anzuwenden:[4]

6 **Allgemeine Vorschriften für alle Kaufleute:**
- Buchführung und Inventar (§§ 238 bis 241)
- Eröffnungsbilanz, Jahresabschluß (§§ 242 bis 245)
- Ansatzvorschriften (§§ 246 bis 251)
- Bewertungsvorschriften (§§ 252 bis 256)
- Aufbewahrungsvorschriften (§§ 257 bis 261)

7 **Ergänzende Vorschriften für Kapitalgesellschaften:**
- Generalklausel (§ 264 Abs. 2)
- Gliederungsvorschriften (§§ 265 bis 278; § 277 Abs. 3 S. 1 braucht nicht angewendet zu werden)
- einzelne Bewertungsvorschriften (§§ 281 bis 283; § 281 Abs. 2 S. 1 braucht nicht angewendet zu werden)
- Anhang (§§ 284 bis 288; § 285 Nr. 5, 6 braucht nicht angewendet zu werden)
- Lagebericht (§ 289)
- Formblätter (§ 330)
- Vorschriften, die durch den Geschäftszweig bedingt sind (§§ 340 ff)

8 **Ergänzende Vorschriften für Genossenschaften:**
- Bilanz (§ 337)
- Anhang (§ 338)
- Offenlegung (§ 339).

9 b) **Größenabhängige Erleichterungen.** Für Genossenschaften gelten auf Grund der Verweisung auf die §§ 264 Abs. 1 S. 3 1. Halbs., Abs. 2, 265 ff auch die größenabhängigen Erleichterungen für Kapitalgesellschaften (§§ 266 Abs. 1, 274a, 276, 288) entsprechend. Nach der Neufassung des Abs. 2 S. 1 1. Halbs. durch das KapCoRiLiG[5] und dem ausdrücklichen Willen des Gesetzgebers[6] können damit kleine Genossenschaften von der Aufstellung eines Lageberichts absehen. Demgegenüber ist eine Fristverlängerung für die Aufstellung des Jahresabschlusses von fünf um einen weiteren auf sechs Monate nicht vorgesehen.

10 c) **Konzernabschluß.** Die Regelungen über den Konzernabschluß (§§ 290 ff) sind aus der Verweisung in § 336 Abs. 2 S. 1 1. Halbs. ausgenommen. Daraus folgt, daß sich eine Pflicht zur Aufstellung eines Konzernabschlusses für Mutterunternehmen in der Rechtsform einer Genossenschaft nur aus § 11 PublG ergeben kann.

---

[4] Zu Änderungen gegenüber dem Rechtszustand vor dem BiRiLiG vgl. etwa *Bergmann* ZfgG 1986, 88 ff.

[5] BGBl. I 2000, 154.

[6] Begr. RegE, BTDrucks. 19/1806 S. 26.

2. Anwendungswahlrechte (Abs. 2 S. 1 2. Halbs.)

§ 336 Abs. 2 S. 1 2. Halbs. nimmt bestimmte für Kapitalgesellschaften geltende Vorschriften von der in Abs. 2 S. 1 1. Halbs. angeordneten zwingenden entsprechenden Anwendung bei Genossenschaften aus. Die dort genannten Regelungen können, müssen aber nicht auf den Jahresabschluß von eG angewandt werden (Anwendungswahlrecht). 11

a) Angabe außerplanmäßiger Abschreibungen (§ 277 Abs. 3 S. 1). Außerplanmäßige Abschreibungen auf Vermögensgegenstände des Anlage- und Umlaufvermögens nach § 253 Abs. 2 S. 3 und Abs. 3 S. 3 müssen von eG nicht gesondert in der Gewinn- und Verlustrechnung ausgewiesen bzw. im Anhang angegeben werden. Diese Ausnahme ist vor dem Hintergrund der wahlweisen Nichtanwendung des § 279 zu sehen. Mit dem Verzicht auf die Einschränkung außerplanmäßiger Abschreibungen gemäß § 279 korrespondiert auch ein Verzicht auf entsprechende Angabepflichten bei außerplanmäßigen Abschreibungen nach § 277 Abs. 3 S. 1. 12

b) Einschränkungen außerplanmäßiger Abschreibungen (§ 279). § 279 enthält eine wichtige Einschränkung außerplanmäßiger Abschreibungen bei Kapitalgesellschaften: Diese dürfen keine Abschreibungen im Rahmen vernünftiger kaufmännischer Vorsicht nach § 253 Abs. 4 bilden, zugleich sind außerplanmäßige Abschreibungen wegen einer vorübergehenden Wertminderung bei Vermögensgegenständen des Anlagevermögens nach § 253 Abs. 2 S. 3 auf Finanzanlagen beschränkt. Schließlich dürfen steuerliche Sonderabschreibungen nach § 254 nur insoweit gebildet werden, als für sie der Grundsatz der umgekehrten Maßgeblichkeit gilt. Alle diese Einschränkungen gelten nach § 336 Abs. 2 S. 1 2. Halbs. nicht für den Jahresabschluß der eG. Auf diese Weise wollte der Gesetzgeber die im früheren Recht enthaltenen bilanziellen Spielräume für die **Innenfinanzierung durch stille Rücklagenbildung** bei Genossenschaften (vgl. § 33c GenG a. F.)[7] auch unter der Geltung des BiRiLiG erhalten.[8] 13

Soweit von dem Anwendungswahlrecht kein Gebrauch gemacht wird, bestimmt sich die Grenze der stillen Rücklagenbildung nach den allgemeinen Vorschriften. Danach ist insbesondere eine willkürliche stille Rücklagenbildung unzulässig (§ 253 Abs. 4). Fraglich ist, ob sich weitere Einschränkungen aus der **Generalklausel** des § 264 Abs. 2 ergeben können („true and fair view"-Prinzip), die auch für Genossenschaften gilt.[9] Dabei ist aber zu beachten, daß die Generalklausel – auch wenn man sie als „overriding principle" versteht – immer im Kontext der Einzelvorschriften auszulegen ist.[10] Dies bedeutet für Genossenschaften, daß die Nichtanwendung des § 279 nicht durch einen Rückgriff auf § 264 Abs. 2 überspielt werden kann.[11] Auch eine Pflicht zu zusätzlichen Angaben (§ 264 Abs. 2 S. 2) kann deshalb nur in atypischen Ausnahmefällen in Betracht kommen.[12] 14

c) Wertaufholungsgebot (§ 280). Für Genossenschaften gilt auch kein zwingendes handelsrechtliches Wertaufholungsgebot nach § 280 Abs. 1. Eine Nichtanwendung 15

---

[7] Zum früheren Recht vgl. etwa Meyer/Meulenbergh/*Beuthien* GenG § 33c, 1.

[8] BTDrucks. 10/4268, S. 123; vgl. zu den Grenzen einer stillen Rücklagenbildung aus genossenschaftsrechtlicher und verfassungsrechtlicher Sicht *Großfeld/Reemann* FS Goerdeler (1987) S. 164 ff.

[9] Vgl. dazu *Großfeld/Reemann* FS Goerdeler (1987) S. 161 ff.

[10] Siehe § 264, 26 ff.

[11] Ebenso *Großfeld/Reemann* FS Goerdeler (1987) S. 163; Beck BilKomm-*Förschle/Kofahl* 20; Bonner HdR-*Hunger* 24, 25.

[12] So auch etwa Beck BilKomm-*Förschle/Kofahl* 19; **a. A.** – für weitergehende Angabepflichten – aber WP-Handbuch I G 9; Heymann/ *Herrmann*, 6 f.

des § 280 in der Handelsbilanz läßt aber die steuerliche Wertaufholungspflicht unberührt.

16 **d) Angabe zu steuerlichen Abschreibungen (§ 281 Abs. 2 S. 1).** Genossenschaften sind von der Pflicht zur Angabe und Begründung der allein nach steuerlichen Vorschriften vorgenommenen Abschreibungen befreit.

17 **e) Angaben nach § 285 Nr. 5 und 6.** Schließlich entfällt bei Genossenschaften die Pflicht zu Angaben im Anhang nach § 285 Nr. 5 (Auswirkungen von steuerlichen Abschreibungen etc.) und § 285 Nr. 6 (Ertragsteuerspaltung).

3. Geschäftszweigbedingte Regelungen (Abs. 2 S. 2)

18 § 336 Abs. 2 S. 2 bestimmt, daß die Anwendung sonstiger „Vorschriften, die durch den Geschäftszweig bedingt sind," unberührt bleibt. Geschäftszweigbedingte Regelungen – z. B. die §§ 340a ff für Kreditinstitute – sollen rechtsformunabhängig für alle Unternehmen gelten, die eine entsprechende Tätigkeit ausüben. Ihre Anwendung auf Genossenschaften ist deshalb nicht von der Verweisung in § 336 Abs. 2 S. 1 eingeschränkt.

IV. Anwendung von Formblättern (Abs. 3)

19 Für Genossenschaften gilt schließlich nach § 336 Abs. 3 auch § 330 entsprechend. § 330 enthält eine Verordnungsermächtigung für Formblätter und Vorschriften über den Inhalt von Anhang und Konzernanhang, soweit solche abweichenden Regelungen für bestimmte Geschäftszweige erforderlich sind. Derartige Formblätter gelten nach §§ 336 Abs. 3, 330 auch für Genossenschaften, soweit diese in dem betreffenden Geschäftszweig tätig sind (z. B. die Verordnung für die Gliederung des Jahresabschlusses für Wohnungsunternehmen v. 6. 3. 1987 für Wohnungsgenossenschaften).

§ 337
Vorschriften zur Bilanz

(1) An Stelle des gezeichneten Kapitals ist der Betrag der Geschäftsguthaben der Genossen auszuweisen. Dabei ist der Betrag der Geschäftsguthaben der mit Ablauf des Geschäftsjahrs ausgeschiedenen Genossen gesondert anzugeben. Werden rückständige fällige Einzahlungen auf Geschäftsanteile in der Bilanz als Geschäftsguthaben ausgewiesen, so ist der entsprechende Betrag auf der Aktivseite unter der Bezeichnung „Rückständige fällige Einzahlungen auf Geschäftsanteile" einzustellen. Werden rückständige fällige Einzahlungen nicht als Geschäftsguthaben ausgewiesen, so ist der Betrag bei dem Posten „Geschäftsguthaben" zu vermerken. In beiden Fällen ist der Betrag mit dem Nennwert anzusetzen.

(2) An Stelle der Gewinnrücklagen sind die Ergebnisrücklagen auszuweisen und wie folgt aufzugliedern:
1. Gesetzliche Rücklage;
2. andere Ergebnisrücklagen; die Ergebnisrücklage nach § 73 Abs. 3 des Gesetzes betreffend die Erwerbs- und Wirtschaftsgenossenschaften und die Beträge, die

aus dieser Ergebnisrücklage an ausgeschiedene Genossen auszuzahlen sind, müssen vermerkt werden.

(3) Bei den Ergebnisrücklagen sind in der Bilanz oder im Anhang gesondert aufzuführen:
1. Die Beträge, welche die Generalversammlung aus dem Bilanzgewinn des Vorjahrs eingestellt hat;
2. die Beträge, die aus dem Jahresüberschuß des Geschäftsjahrs eingestellt werden;
3. die Beträge, die für das Geschäftsjahr entnommen werden.

Übersicht

Schrifttum

Vgl. die Angaben zu § 336.

I. Überblick

1 § 337 enthält verschiedene **Sondervorschriften zum Eigenkapitalausweis** in der Bilanz einer eG. Soweit sie Anwendung finden, verdrängen sie als die spezielleren Regelungen die §§ 272, 283, die nach § 336 Abs. 2 S. 1 1. Halbs. für den Jahresabschluß der Genossenschaften entsprechend gelten. Nach Abs. 1 ist an Stelle des gezeichneten Kapitals (§ 272 Abs. 1) der Betrag der Geschäftsguthaben auszuweisen. Abs. 2 regelt die Gliederung der Ergebnisrücklagen, die an die Stelle der Gewinnrücklagen (§ 272 Abs. 3) treten. Nach Abs. 3 ist darüber hinaus in der Bilanz auch die Entwicklung der Ergebnisrücklagen im Geschäftsjahr darzustellen. Mangels Sonderregelung in § 337 bleibt damit § 272 Abs. 2 (Kapitalrücklage) anwendbar, z. B. bei Eintrittsgeldern der Genossen.[1] Dagegen kommt eine Rücklage nach § 272 Abs. 4 bei Genossenschaften nicht in Betracht, weil ein Erwerb eigener Anteile insoweit ausscheidet.

II. Geschäftsguthaben, rückständige fällige Einzahlungen (Abs. 1)

1. Geschäftsguthaben (Abs. 1 S. 1 und 2)

2 Nach § 337 Abs. 1 ist in der Bilanz der eG unter dem Posten Eigenkapital (§ 266 Abs. 3 Buchst. A. I.) das **„Geschäftsguthaben der Genossen"** auszuweisen. Geschäftsguthaben ist der Betrag, mit dem ein Genosse an der eG finanziell beteiligt ist.[2] Es besteht aus der Einlage (Einzahlung auf den Geschäftsanteil) zuzüglich späterer

[1] *Lang/Weidenmüller/Metz/Schaffland* GenG Anh. § 33, 44.

[2] Vgl. statt aller *Hettrich/Pöhlmann* GenG § 7, 3.

Gewinnzuweisungen. Nach § 7 Nr. 1 GenG muß die Satzung mindestens für ein Zehntel des Geschäftsanteils eine Pflichteinzahlung vorsehen. Verluste werden nicht vom Geschäftsguthaben abgeschrieben, sondern mindern die Ergebnisrücklagen oder werden vorgetragen.[3]

3 Die Geschäftsguthaben der Genossen sind **zu gliedern** in das Geschäftsguthaben
- der verbleibenden Genossen,
- der ausscheidenden Genossen (Abs. 1 S. 2),
- der gekündigten Geschäftsanteile (§ 67b GenG).[4]

4 Noch nicht ausgezahlte Auseinandersetzungsguthaben, Vorauszahlungen auf noch nicht eingetragene Geschäftsanteile und Überzahlungen sind nicht als Geschäftsguthaben, sondern als **Verbindlichkeit** (§ 266 Abs. 3 C. 7.) auszuweisen.[5]

2. Rückständige fällige Einlagen (Abs. 1 S. 3 bis 5)

5 § 337 Abs. 1 S. 3 und 4 gewährt hinsichtlich des Ausweises von rückständigen fälligen Einzahlungen ein **Ausweiswahlrecht**. Diese können entweder nach Abs. 1 S. 3 auf der Passivseite als Geschäftsguthaben ausgewiesen werden, sind dann aber zugleich auf der Aktivseite unter der Bezeichnung „Rückständige fällige Einzahlungen auf Geschäftsanteile" einzustellen. Werden sie dagegen nach Abs. 1 S. 4 nicht als Geschäftsguthaben ausgewiesen, so ist der Betrag bei dem Posten „Geschäftsguthaben" zu vermerken. In beiden Fällen ist der Betrag mit dem Nennwert anzusetzen (Abs. 1 S. 5).

6 **Rückständige Einlagen** sind solche Beträge auf den Geschäftsanteil, für die die Satzung eine Einzahlungspflicht vorsieht (vgl. § 7 Nr. 1 GenG) und die noch nicht geleistet sind. Sie sind erst dann zu aktivieren bzw. beim Posten „Geschäftsguthaben" zu vermerken, wenn sie fällig sind. Die **Fälligkeit** der Pflichteinzahlung bestimmt sich nach dem in der Satzung festgelegten Einzahlungstermin.[6] Soweit für einzelne Raten verschiedene Termine bestimmt sind, ist die Fälligkeit für die einzelnen Raten gesondert zu bestimmen. Rückständige fällige Einlagen haben Forderungscharakter und sind deshalb – ebenso wie eingeforderte ausstehende Einlagen – einer Bewertung zugänglich. Etwaige Abwertungen sind bei dem entsprechenden Aktivposten „Rückständige fällige Einzahlungen auf Geschäftsanteile" vorzunehmen.[7]

III. Gliederung der Ergebnisrücklagen (Abs. 2)

7 Nach § 337 Abs. 2 sind an Stelle der Gewinnrücklagen (§ 272 Abs. 3) die „Ergebnisrücklagen" auszuweisen. Die gesetzliche **Anpassung der Postenbezeichnung** trägt den Besonderheiten der eG gegenüber Kapitalgesellschaften Rechnung. Für die Zuordnung zur Kapital- und „Ergebnisrücklage" kommt es – wie bei § 272 – auf die Herkunft der eingestellten Beträge an. Entsprechend § 272 Abs. 3 S. 1 dürfen also als Ergebnisrücklagen nur solche Beträge ausgewiesen werden, die im Geschäftsjahr oder in früheren Geschäftsjahren aus dem Ergebnis gebildet worden sind. Einzahlungen der Genossen, die nicht Einzahlungen auf Geschäftsanteile darstellen, sind folglich

[3] Beck BilKomm-*Förschle/Kofahl* 7.
[4] Vgl. *Lang/Weidenmüller/Metz/Schaffland* GenG Anh. § 33, 38; *Bergmann* ZfgG 1986, 93.
[5] *Lang/Weidenmüller/Metz/Schaffland* GenG Anh. § 33, 39; Beck BilKomm-*Förschle/Kofahl* 10.
[6] Vgl. näher *Lang/Weidenmüller/Metz/Schaffland* GenG Anh. § 33, 41.
[7] Beck BilKomm-*Budde/Kofahl* 8.

entsprechend § 272 Abs. 2 als Kapitalrücklage auszuweisen (z. B. Eintrittsgelder, verlorene Baukostenzuschüsse).

Die Ergebnisrücklagen sind nach Abs. 2 zu **gliedern** in die 8
- gesetzliche Rücklage,
- andere Ergebnisrücklagen.

Ferner müssen die Ergebnisrücklage nach § 73 Abs. 3 GenG und die Beträge, die 9
aus dieser Ergebnisrücklage an ausgeschiedene Genossen auszuzahlen sind, **gesondert** vermerkt werden.

Mit dem Posten **„Gesetzliche Rücklage"** ist die nach § 7 Nr. 2 GenG zu bildende 10
Rücklage gemeint. Ihre Höhe muß in der Satzung festgelegt werden, das GenG bestimmt keinen Mindestbetrag. Die gesetzliche Rücklage darf nach § 7 Nr. 2 GenG ausschließlich zum Ausgleich eines bilanziellen Verlusts verwendet werden. „Andere Ergebnisrücklagen" sind alle sonstigen neben der gesetzlichen Rücklage gebildeten Rücklagen.

IV. Entwicklung der Ergebnisrücklagen (Abs. 3)

§ 337 Abs. 3 schreibt vor, daß die Entwicklung der Ergebnisrücklagen in der Bilanz 11
dargestellt wird. Eine wahlweise Angabe im Anhang – wie bei den Aktiengesellschaften gemäß § 152 Abs. 3 AktG – ist nach der Neufassung des Abs. 3 durch das KapCoRiLiG[8] nunmehr zulässig. Gesondert aufzuführen sind insoweit:

(1) Einstellungen aus dem Bilanzgewinn des Vorjahrs durch die Generalversammlung,

(2) Einstellungen aus dem Jahresüberschuß des Geschäftsjahrs,

(3) Entnahmen für das Geschäftsjahr.

§ 338
Vorschriften zum Anhang

(1) Im Anhang sind auch Angaben zu machen über die Zahl der im Laufe des Geschäftsjahrs eingetretenen oder ausgeschiedenen sowie die Zahl der am Schluß des Geschäftsjahrs der Genossenschaft angehörenden Genossen. Ferner sind der Gesamtbetrag, um welchen in diesem Jahr die Geschäftsguthaben sowie die Haftsummen der Genossen sich vermehrt oder vermindert haben, und der Betrag der Haftsummen anzugeben, für welche am Jahresschluß alle Genossen zusammen aufzukommen haben.

(2) Im Anhang sind ferner anzugeben:

1. Name und Anschrift des zuständigen Prüfungsverbandes, dem die Genossenschaft angehört;

2. alle Mitglieder des Vorstands und des Aufsichtsrats, auch wenn sie im Geschäftsjahr oder später ausgeschieden sind, mit dem Familiennamen und mindestens einem ausgeschriebenen Vornamen; ein etwaiger Vorsitzender des Aufsichtsrats ist als solcher zu bezeichnen.

[8] BGBl. I 2000, 154.

(3) An Stelle der in § 285 Nr. 9 vorgeschriebenen Angaben über die an Mitglieder von Organen geleisteten Bezüge, Vorschüsse und Kredite sind lediglich die Forderungen anzugeben, die der Genossenschaft gegen Mitglieder des Vorstands oder Aufsichtsrats zustehen. Die Beträge dieser Forderungen können für jedes Organ in einer Summe zusammengefaßt werden.

Übersicht

Schrifttum

Vgl. Angaben zu § 336.

I. Überblick

1 Nach § 336 Abs. 2 S. 1 1. Halbs. finden die §§ 284 ff – vorbehaltlich der Wahlrechte nach § 336 Abs. 2 S. 1 2. Halbs. betreffend die Angaben nach § 285 Nr. 5 und 6 – auf den Jahresabschluß von eG entsprechende Anwendung. § 338 ergänzt die allgemeinen Anhangvorschriften um **rechtsformspezifische Angabepflichten** für den Jahresabschluß von eG. Diese zusätzlichen Angaben betreffen zum einen die Zahl der Genossen und ihre Entwicklung im Geschäftsjahr, die Veränderungen der Geschäftsguthaben und der Haftsummen sowie den Betrag der Haftsumme (Abs. 1). Nach Abs. 2 Nr. 1 sind Name und Anschrift des zuständigen Prüfungsverbandes anzugeben. Abs. 2 Nr. 2 und Abs. 3 enthalten schließlich rechtsformbezogene Modifikationen der allgemeinen Angabepflichten nach § 285 Nr. 10 und 9.

II. Einzelne Zusatzangaben

2 Im Anhang der eG sind nach Abs. 1 S. 1 folgende **Einzelangaben** zu machen:
- die Zahl der im Laufe des Geschäftsjahrs eingetretenen Genossen;
- die Zahl der (zum Ende des Geschäftsjahrs) ausgeschiedenen Genossen;
- die Zahl der am Schluß des Geschäftsjahres der eG angehörenden Genossen.

3 Der Zeitpunkt, ab dem ein Beitritt wirksam ist und ein Genosse der eG **„angehört"**, bestimmt sich nach § 15 GenG (Beitritt und Zulassung). Die Eintragung in die Mitgliederliste hat nur deklaratorische Bedeutung. Durch Kündigung oder Ausschluß scheidet ein Genosse jeweils zum Schluß eines Geschäftsjahres aus. Auch insoweit hat die Eintragung der Kündigung bzw. des Ausschlusses keine Bedeutung für die Wirksamkeit der Maßnahme. Bei der Berechnung der „am Schluß des Geschäftsjahres der eG angehörenden Genossen" sind die zum Ende des Geschäftsjahres ausgeschiedenen Genossen nicht mehr mitzuzählen. Dies folgt aus dem Sinn und Zweck der Angabe, die Zahl der Mitglieder anzugeben, die zu Beginn des neuen Geschäftsjahrs vorhanden sind.[1] Im Fall des Todes eines Mitglieds ist entweder – bei auslaufen-

---

[1] RGZ 56, 425; LG Aachen ZfgG 1955, 240; *Lang/Weidenmüller/Metz/Schaffland* GenG Anh. § 33, 1.

der Mitgliedschaft – das Ausscheiden des Erben zum Schluß des Geschäftsjahrs anzugeben oder es erfolgt – bei unbefristeter Mitgliedschaft – überhaupt keine besondere Angabe. Letzterer Fall ist also so zu behandeln, als habe keine Veränderung bei den Mitgliedern stattgefunden.[2]

Nach Abs. 1 S. 2 sind folgende **Beträge** anzugeben: 4

- der Gesamtbetrag, um den sich die Geschäftsguthaben im Geschäftsjahr vermehrt oder vermindert haben;
- der Gesamtbetrag, um den sich die Haftsummen der Genossen vermehrt oder vermindert haben;
- der Betrag der Haftsummen, für welche am Jahresschluß alle Genossen zusammen aufzukommen haben.

Abs. 2 Nr. 1 schreibt die Angabe von Name und Sitz des zuständigen **Prüfungsverbandes** vor. Bei Doppelmitgliedschaften sind beide Verbände anzugeben und zusätzlich derjenige zu bezeichnen, der die Pflichtprüfung durchführt. 5

Abs. 2 Nr. 2 modifiziert die Angabepflicht nach § 285 Nr. 10 für eG: Lediglich die **Angabe des Vorsitzenden** des Vorstandes und die Angabe der Stellvertreter des Aufsichtsratsvorsitzenden entfallen. 6

Nach § 338 Abs. 3 S. 1 sind an Stelle der in § 285 Nr. 9 vorgeschriebenen Angaben lediglich die **Forderungen** anzugeben, die der eG **gegen Mitglieder des Vorstands oder Aufsichtsrats** zustehen. Im Jahresabschluß von eG müssen somit weder die Bezüge der Mitglieder ihrer Leitungsorgane angegeben werden, noch sind gesonderte Angaben zu „Vorschüssen und Krediten" nebst den wesentlichen Bedingungen zu machen. Hinreichend ist vielmehr die Angabe des Gesamtbetrags der Forderungen der eG gegen Mitglieder von Vorstand oder Aufsichtsrat. Die Angaben können nach Abs. 3 S. 2 für jedes Organ in einer Summe zusammengefaßt werden. 7

§ 339
Offenlegung

(1) Der Vorstand hat unverzüglich nach der Generalversammlung über den Jahresabschluß, jedoch spätestens vor Ablauf des zwölften Monats des dem Abschlußstichtag nachfolgenden Geschäftsjahrs, den festgestellten Jahresabschluß, den Lagebericht und den Bericht des Aufsichtsrats zum Genossenschaftsregister des Sitzes der Genossenschaft einzureichen. Ist die Erteilung eines Bestätigungsvermerks nach § 58 Abs. 2 des Gesetzes betreffend die Erwerbs- und Wirtschaftsgenossenschaften vorgeschrieben, so ist dieser mit dem Jahresabschluß einzureichen; hat der Prüfungsverband die Bestätigung des Jahresabschlusses versagt, so muß dies auf dem eingereichten Jahresabschluß vermerkt und der Vermerk vom Prüfungsverband unterschrieben sein. Ist die Prüfung des Jahresabschlusses im Zeitpunkt der Einreichung der Unterlagen nach Satz 1 nicht abgeschlossen, so ist der Bestätigungsvermerk oder der Vermerk über seine Versagung unverzüglich nach Abschluß der Prüfung einzureichen. Wird der Jahresabschluß oder der Lagebericht nach der Einreichung geändert, so ist auch die geänderte Fassung einzureichen.

---

[2] *Lang/Weidmüller/Metz/Schaffland* GenG Anh. § 337, 2.

(2) Der Vorstand einer Genossenschaft, die die Größenmerkmale des § 267 Abs. 3 erfüllt, hat ferner unverzüglich nach der Generalversammlung über den Jahresabschluß, jedoch spätestens vor Ablauf des zwölften Monats des dem Abschlußstichtag nachfolgenden Geschäftsjahrs, den festgestellten Jahresabschluß mit dem Bestätigungsvermerk in den für die Bekanntmachungen der Genossenschaft bestimmten Blättern bekanntzumachen und die Bekanntmachung zu dem Genossenschaftsregister des Sitzes der Genossenschaft einzureichen. Ist die Prüfung des Jahresabschlusses im Zeitpunkt der Generalversammlung nicht abgeschlossen, so hat die Bekanntmachung nach Satz 1 unverzüglich nach dem Abschluß der Prüfung, jedoch spätestens vor Ablauf des zwölften Monats des dem Abschlußstichtag nachfolgenden Geschäftsjahrs, zu erfolgen.

(3) Die §§ 326 bis 329 über die größenabhängigen Erleichterungen bei der Offenlegung, über Form und Inhalt der Unterlagen bei der Offenlegung, Veröffentlichung und Vervielfältigung sowie über die Prüfungspflicht des Registergerichts sind entsprechend anzuwenden.

Übersicht

I. Einführung

1 § 339 enthält Sonderregelungen für die Offenlegung von Rechnungslegungsunterlagen eingetragener Genossenschaften. **Abweichungen** von den für Kapitalgesellschaften geltenden Anforderungen ergeben sich nicht nur daraus, daß Genossenschaften betreffende Unterlagen beim *Genossenschaftsregister* einzureichen sind, sondern auch in Bezug auf den *Kreis der offenzulegenden Unterlagen* und für das Verfahren der *Bekanntmachung*. Für Kreditgenossenschaften gilt nicht § 339, sondern § 340l (vgl. dort Abs. 3 Satz 2).

II. Offenzulegende Unterlagen (Abs. 1)

2 Nach der Generalversammlung sind unverzüglich der **festgestellte Jahresabschluß**, der **Lagebericht** und der **Bericht des Aufsichtsrates** zum Genossenschaftsregister des Sitzes der Genossenschaft einzureichen (Abs. 1 S. 1). Wird der Jahresabschluß oder der Lagebericht nach Einreichung geändert, so ist auch die geänderte Fassung einzureichen (Abs. 1 S. 5). Ein Gewinnverwendungsvorschlag und -beschluß ist – abweichend von § 325 Abs. 1 – nicht offenzulegen.[1]

3 Eine Pflicht zur Einreichung eines **Bestätigungs- bzw. Versagungsvermerks** besteht gem. Abs. 1 S. 2 nur bei eingetragenen Genossenschaften, bei denen nach § 58 Abs. 2 GenG seine Erteilung vorgeschrieben ist, d. h. bei (i. S. d. Kriterien des § 267 Abs. 3) ‚großen' Genossenschaften. Ist zum Zeitpunkt der Einreichung von Jahresabschluß, Lagebericht und Bericht des Aufsichtsrates die Prüfung noch nicht

[1] *Müller* GenG² Anh. § 33, 1223; Beck Bil-Komm – *Förschle/Kofahl* Rdn. 5.

abgeschlossen, so ist der Bestätigungs- bzw. Versagungsvermerk unverzüglich nach Abschluß der Pflichtprüfung zum Genossenschaftsregister einzureichen (Abs. 1 S. 4).

III. Bekanntmachung bei ‚großen' Genossenschaften (Abs. 2)

Der Vorstand einer Genossenschaft, die die Größenmerkmale des § 267 Abs. 3 erfüllt, hat *zusätzlich* zur Einreichung der Rechnungslegungsunterlagen zum Genossenschaftsregister nach Abs. 1 (Rdn. 2f) den festgestellten Jahresabschluß und den Bestätigungsvermerk bekanntzumachen. In verschiedenen Hinsichten weicht die Bestimmung des Abs. 2 von der für ‚große' Kapitalgesellschaften geltenden Regelungen des § 325 Abs. 2 ab: Die Bekanntmachung hat hier nicht im Bundesanzeiger, sondern in den im Genossenschaftsstatut bestimmten **‚Genossenschaftsblättern'** zu erfolgen; anders als nach § 325 Abs. 2 muß der Lagebericht nicht bekanntgemacht werden. Auch braucht nach § 339 Abs. 2 – anders als nach § 325 Abs. 1 – nicht bekanntgemacht zu werden, bei welchem Register und unter welcher Nummer die Unterlagen eingereicht werden.[2] Andererseits fehlt in § 339 Abs. 2 die in § 325 Abs. 2 S. 2 angeordnete Erleichterung: eine nach §§ 285 Nr. 11, 287 zu erstellende Auflistung des Anteilsbesitzes ist daher von ‚großen' Genossenschaften nicht nur zum Register einzureichen, sondern auch bekanntzumachen. Schließlich besteht eine Abweichung bezüglich des Zeitpunktes der Bekanntmachung: Während bei ‚großen' Kapitalgesellschaften die Rechnungslegungsunterlagen zunächst bekanntzumachen und erst danach zum Handelsregister einzureichen sind, sieht das Gesetz bei ‚großen' Genossenschaften keine solche Reihenfolge vor; sowohl die Einreichung als auch die Bekanntmachung haben „unverzüglich nach der Generalversammlung" zu erfolgen; die Bekanntmachung ist zum Genossenschaftsregister einzureichen (Abs. 2 S. 1 letzter Satzteil). 4

Abweichendes gilt, wenn die Prüfung des Jahresabschlusses im Zeitpunkt der Generalversammlung noch nicht abgeschlossen ist. In einem solchen Fall hat die Bekanntmachung (erst) unverzüglich nach **Abschluß der Prüfung** zu erfolgen (Abs. 2 S. 2). 5

IV. Verweisung auf die §§ 326 bis 329

‚Kleine' (i. S. d. Größenkriterien des § 267 Abs. 1) Genossenschaften müssen nach §§ 339 Abs. 3, 326 nur die Bilanz und den Anhang offenlegen; der Anhang braucht die die Gewinn- und Verlustrechnung betreffenden Angaben nicht zu enthalten.[3] ‚Mittelgroße' Genossenschaften (i. S. d. Größenkriterien des § 267 Abs. 2) haben nach §§ 339 Abs. 3, 327 zwar alle in § 325 Abs. 1 aufgeführten Unterlagen offenzulegen; ihnen kommen aber die für ‚mittelgroße' Kapitalgesellschaften vorgesehenen **Erleichterungen** zugute.[4] Wie bei Kapitalgesellschaften der entsprechenden Größenklassen ist auch bei ‚kleinen' und ‚mittelgroßen' eingetragenen Genossenschaften von der Möglichkeit einer ‚Nachholung' der für die Aufstellung vorgesehenen Erleichterungen auszugehen.[5] 6

---

[2] Lang/Weidmüller-*Schaffland* GenG[33] Anh. § 33: § 339 HGB 1.

[3] Vgl. § 326, 1 ff.

[4] Vgl. zu Einzelheiten § 327, 1 ff.

[5] Vgl. zur Begründung und zur Tragweite dieser Aussage § 326, 6 und § 327, 7.

Für **Form und Inhalt** der im Rahmen der Pflichtpublizität offenzulegenden Unterlagen gelten aufgrund der in Abs. 3 enthaltenen Verweisungen die Bestimmungen des § 328 Abs. 1 und 3.[6] Bei freiwilligen ‚Veröffentlichungen und Vervielfältigungen' sind nach der Verweisung des Abs. 3 die Regelungen des § 328 Abs. 2 zu beachten.[7]

Für die **vom Registergericht vorzunehmende Prüfung**, ob die vollständig oder teilweise zum Handelsregister einzureichenden Unterlagen vollzählig sind und, sofern vorgeschrieben, bekanntgemacht worden sind, gilt aufgrund der Verweisung des Abs. 3 § 329.[8] Das zuständige Gericht ist nach § 10 GenG zu bestimmen.

---

6 Vgl. zu Einzelheiten § 328,10 ff. und 40 ff.
7 Vgl. hierzu § 328, 24 ff.
8 Vgl. zu Einzelheiten § 329, 1 ff.

Vierter Abschnitt

Ergänzende Vorschriften für Unternehmen bestimmter Geschäftszweige

§§ 340–341o

Einführende Hinweise*

zu den Ergänzenden Vorschriften im Vierten Abschnitt des Dritten Buchs betreffend die Rechnungslegung, Prüfung und Publizität

1. für Kreditinstitute und Finanzdienstleistungsinstitute (§§ 340 bis 340o)
2. für Versicherungsunternehmen (§§ 341 bis 341o).

Schrifttum

Eingehende Kommentierungen zu den Ergänzenden Vorschriften der §§ 340 bis 341o in Heymann, HGB, 2. Aufl. 1999 (*Kröll/Balzer; Rohrmann*), zu den §§ 340 bis 340o auch im Münchener Kommentar z. HGB, 2001, Bd. 4 (*Böcking* et al.). Vgl. auch die Literaturhinweise in den Vorbemerkungen vor § 331 (vor Rdn. 1).

Kommentare zur Rechnungslegung der *Kreditinstitute*: *Bieg*, Die externe Rechnungslegung der Kreditinstitute und Finanzdienstleistungsinstitute, 1998; *Krumnow/Sprißler/Bellavite-Hövermann/Kemmer/Steinbrücker*, Rechnungslegung der Kreditinstitute – Kommentar zum Bankbilanzrichtliniengesetz und zur RechKredV, 1994; *Meyer/Isenmann*, Bankbilanzrichtlinie-Gesetz, 1993.

Kommentare zur Rechnungslegung von *Versicherungsunternehmen*: *Budde/Schnicke/Stöffler/Stuirbrink*, Beck'scher Versicherungsbilanz-Kommentar, 1998; *von Treuberg/Angermeyer*, Jahresabschluß von Versicherungsunternehmen, in: Handbuch zum Versicherungsbilanzrichtlinien-Gesetz und zur RechVersV, 1995.

1. Vorbemerkungen

Die Vorschriften des Vierten Abschnitts des Dritten Buches (§§ 340 bis 341o) enthalten eine Reihe von das allgemeine Bilanzrecht **ergänzenden Vorschriften** für Unternehmen bestimmter Geschäftszweige, darunter einerseits für Kreditinstitute und Finanzdienstleistungsinstitute nach Maßgabe der Abgrenzung in § 340, andererseits für Versicherungsunternehmen iSv § 341. Sie zielen darauf ab, die nach allgemeinem Bilanzrecht für große und mittelgroße Kapitalgesellschaften geltenden Vorschriften auf *alle Unternehmen* dieser Geschäftszweige unabhängig von ihrer Rechtsform und Größe zu erstrecken (Rdn. 5). Auch enthalten sie diverse *branchenspezifische Sonderregelungen* für die Ansätze in Bilanz und Gewinn- und Verlustrechnung bzw. für 1

* Der Herausgeber dankt den Herren Kröll und Rohrmann für hilfreiche Hinweise bei Abfassung dieser Einführung.

die Bewertung der Wirtschaftsgüter und Verbindlichkeiten; diese gehen allgemeinen Ansatz- und Bewertungsvorschriften als leges speciales vor. Schließlich bringen sie einen jeweils abschließenden, von § 334 abweichenden Katalog von Ordnungswidrigkeiten in §§ 340n, 341n, der auf die für diese Unternehmen geltenden Spezialregelungen zugeschnitten ist. Gemeinsam ist den ergänzenden Vorschriften, daß sie jeweils auf entsprechende EG-Richtlinien zurückzuführen sind (Rdn. 3, 4) und daher zugleich der Harmonisierung des Bilanzrechts innerhalb der EU aus branchenspezifischer Sicht dienen.

2 Wegen des auf Unternehmen bestimmter Geschäftszweige beschränkten Geltungsbereichs der „Ergänzenden Vorschriften" haben Herausgeber und Verlag sich gegen ihre Kommentierung im Rahmen des Großkommentars zum HGB entschieden und es vorgezogen, statt dessen auf die schon vorliegenden Erläuterungen in zwei HGB-Kommentaren[1] sowie im Spezialschrifttum zu verweisen[2]. Eine eher kursorische Kommentierung, wie sie in anderen HGB-Kommentaren zu finden ist, ließe sich mit den Anforderungen und dem Geltungsanspruch dieses Kommentars nur schwer vereinbaren. Demgegenüber wäre eine umfassende Erläuterung für die große Mehrzahl der Benutzer dieses Kommentars ohne Interesse; auch würde sie den Umfang des Bilanzrechtsbands unverhältnismäßig erweitern. Angesichts dieses Dilemmas erschien der grundsätzliche **Verzicht** auf die Erläuterung dieser Vorschriften die beste Lösung. Eine engbegrenzte *Ausnahme* wurde für die Straf-, Bußgeld- und Zwangsgeldvorschriften der §§ 340 m bis 340o, 341m bis 341o gemacht; ihre Kommentierung ist im Kontext der einschlägigen allgemeinen Vorschriften (§§ 331 bis 335b) in die Erläuterungen einbezogen worden. Hierauf wird verwiesen.

2. Entstehung und Normzweck

3 a) **Vorschriften für Kredit- und Finanzdienstleistungsinstitute**. Die „ergänzenden" Vorschriften der §§ 340 bis 340o für die Rechnungslegung von Kredit- und Finanzdienstleistungsinstituten beruhen auf der Transformation der EG-*Bankbilanzrichtlinie*[3] und der EG-*Bankenzweigniederlassungsrichtlinie*[4] durch das **Bankbilanzrichtlinie-Gesetz** vom 30.11.1990;[5] sie sind zum 1.1.1991 in Kraft getreten. Das **Ziel** der beiden Richtlinien ging einerseits dahin, vor dem Hintergrund der zunehmend grenzüberschreitenden Aktivitäten von Banken und sonstigen Finanzdienstleistern sowie angesichts der besonderen volkswirtschaftlichen Bedeutung des gesamten Sektors die Vergleichbarkeit der Bilanzen der Kreditinstitute innerhalb der EU sicherzustellen. Zum anderen sollten Regelungen geschaffen werden, die den Besonderheiten des Kredit- und Finanzdienstleistungsgeschäfts Rechnung tragen.[6] Indem § 340a die Anwendung der für große Kapitalgesellschaften geltenden Bilanzierungsvorschriften der §§ 264 bis 289 auf *sämtliche Kreditinstitute*, unabhängig von ihrer Rechtsform und Größe, sowie auf die ihnen nach § 340 Abs. 4 gleichgestellten Finanzdienstleistungsinstitute erstreckt, trägt er zugleich den besonderen Bedürfnissen des *Gläubigerschutzes* bei Unternehmen, die in diesen Geschäftszweigen tätig sind, sowie dem

[1] Vgl. zu §§ 340 bis 340o *Kröll/Balzer* in Heymann, HGB, 2. Aufl. 1999, Bd. 2, und *Böcking* et al. in MünchKomm.z.HGB, 2001, Bd. 4; zu §§ 341 bis 341o *Rohrmann* in Heymann aaO (im MünchKomm.z.HGB nicht kommentiert).

[2] Vgl. die Nachweise vor Rdn. 1.

[3] Richtlinie Nr. 86/635 EWG v. 8.12.1986, ABl. EG 1986 L 372/1.

[4] Richtlinie Nr. 89/117/EWG v. 13.2.1989, ABl. EG 1989 L 44/40.

[5] BGBl. I 2570.

[6] Erwägungsgründe, Abs. 3ff, der Bankbilanzrichtlinie (Fn. 3).

branchenspezifischen Umstand Rechnung, daß bei ihnen das Finanzvermögen regelmäßig einen erheblichen Teil der Aktiva ausmacht.

b) **Vorschriften für Versicherungsunternehmen.** Im regelungstechnischen Ansatz und persönlichen Geltungsanspruch weitgehend vergleichbar, hinsichtlich des Inhalts der besonderen Rechnungslegungsvorschriften freilich branchenspezifisch differierend, sind die ergänzenden Vorschriften der §§ 341 bis 341o für Versicherungsunternehmen ausgestaltet. Auch sie beruhen im Kern auf einer EG-Richtlinie, der Richtlinie für den Jahresabschluß und den konsolidierten Abschluß von Versicherungsunternehmen.[7] Sie wurde durch das **Versicherungsbilanzrichtlinie-Gesetz** vom 24.6.1994[8] in deutsches Recht transformiert, ein Artikelgesetz, das zum 1.1.1995 in Kraft getreten ist. **Ziel** dieser Richtlinie und dementsprechend auch des Transformationsgesetzes ist es, angesichts der zunehmend grenzüberschreitenden Betätigung der Versicherungsunternehmen für eine bessere Vergleichbarkeit ihrer Abschlüsse zu sorgen. Zur Erreichung dieses Ziels sollte den branchenbedingten Besonderheiten dieser Unternehmen durch eine Reihe von das allgemeine Bilanzrecht ergänzenden Bestimmungen betreffend einerseits Aufbau- und Ansatzvorschriften für die Abschlüsse der Versicherungsunternehmen, andererseits die Wertansätze der Aktiva und die Bildung versicherungstechnisch bedingter Rückstellungen, Rechnung getragen werden.[9] 4

3. Erweiterung des persönlichen Geltungsbereichs der allgemeinen Rechnungslegungsvorschriften für große Kapitalgesellschaften

Das gemeinsame Kennzeichen beider Normengruppen besteht darin, daß sie die für *große Kapitalgesellschaften* geltenden allgemeinen Rechnungslegungs-, Prüfungs- und Publizitätspflichten auf *sämtliche Normadressaten der §§ 340, 341* **unabhängig von ihrer Größe und Rechtsform** ausdehnen. Die entsprechenden Bestimmungen finden sich für den *Jahresabschluß* und den Lagebericht in §§ 340a, 341a, für den *Konzernabschluß* und den Konzernlagebericht in §§ 340i, 341i. Für die *Abschlußprüfung* ist die Erstreckung des Geltungsbereichs der für große Kapitalgesellschaften geltenden allgemeinen Vorschriften in §§ 340k, 341k, für die *Publizität* der Rechenwerke in §§ 340l, 341l geregelt. Von diesen Sondervorschriften ausgenommen sind nur diejenigen Unternehmen des Kreditwesens und der Versicherungswirtschaft, die entsprechend der in §§ 340, 341 getroffenen Abgrenzung ihres sachlichen Geltungsbereichs wegen des Vorliegens besonderer Umstände nicht davon erfaßt werden. Hinsichtlich der Einzelheiten der Abgrenzung sei auf die einschlägigen Kommentare zu §§ 340, 341 verwiesen. 5

4. Materiellrechtliche Sondervorschriften

a) **Überblick.** Die materiellrechtlichen, der jeweiligen *branchenspezifischen* Ergänzung des allgemeinen Rechts der Rechnungslegung dienenden Vorschriften finden sich für die Kreditinstitute in den §§ 340a bis h und für die Versicherungsunternehmen in den §§ 341a bis h. Sie modifizieren teilweise die allgemeinen Bestimmungen über Bilanzansätze und GuV-Gliederung, teilweise bringen sie besondere Vorschriften für die Bewertung von Wirtschaftsgütern und Verbindlichkeiten im Jahresabschluß der Normadressaten (vgl. Rdn. 7ff). Hinzu kommen besondere Straf- und Bußgeldvorschriften sowie Bestimmungen über Zwangsgelder; sie haben teils Erstreckungs- (§§ 340m, 341m) bzw. Ergänzungsfunktion (§§ 340o, 341o); teilweise – so hinsichtlich 6

[7] Richtlinie Nr. 91/674/EWG v. 19.12.1991, ABl. 1991 L 374/7.

[8] BGBl. I 1377.

[9] Erwägungsgründe, Abs. 4ff, der Versicherungsbilanzrichtlinie (Fn. 7).

der Bußgelder (§§ 340 n, 341 n) – treten sie an die Stelle der allgemeinen Regelungen in § 334 (vgl. dazu Rdn. 2 aE).

7 **b) Kreditinstitute und Finanzdienstleister.** Spezielle, von §§ 266, 275 abweichende Vorschriften für die **Ansätze in Bilanz und GuV** der Unternehmen dieser Geschäftszweige sind in der als Ergänzung zu §§ 340 a bis 340 o ergangenen *Verordnung über die Rechnungslegung der Kreditinstitute und Finanzdienstleistungsinstitute* (RechKredV)[10] und in den dort vorgesehenen *Formblättern* geregelt. Sie orientieren sich primär am Aspekt der „shiftability" der Vermögensgegenstände, d. h. der Möglichkeit, sie vorzeitig zu liquidieren, und sehen statt einer Unterteilung in Anlage- und Umlaufvermögen einen separaten Ausweis einzelner Vermögensgegenstände vor. Ähnliche Besonderheiten existieren für die Gewinn- und Verlustrechnung dieser Institute, wie z. B. Durchbrechungen des Saldierungsverbots für wichtige Bereiche wie den Eigenhandel und die Liquiditätsreserve (§§ 340 c Abs. 1, 2, 340 f Abs. 3) oder bestimmte Verrechnungsmöglichkeiten bei Sicherungsgeschäften (§§ 340 c, 340 h Abs. 2). Für den **Anhang** sind zusätzliche Angaben zu einzelnen, für Kreditinstitute hinsichtlich ihres Umfangs besonders wichtigen Geschäftsarten vorgeschrieben; das gilt z. B. für Termingeschäfte und Fremdwährungsposten (§ 36 RechKredV).

8 Auch hinsichtlich der **Bewertung** bestehen Sonderregelungen für Kredit- und Finanzdienstleistungsinstitute. Da der nach §§ 247 Abs. 1, 266 vorzunehmende gesonderte Bilanzausweis von Anlage- und Umlaufvermögen wegen der Ausnahmeregelung des § 340 a Abs. 2 S. 2 nicht für Kreditinstitute gilt, stellt § 340 e in Abs. 1 S. 1 und 2 ein *Regel-Ausnahme-Verhältnis zur Definition des Anlage- und Umlaufvermögens* für die Zwecke der Bewertung auf. Dabei ist ausschlaggebend, ob die Vermögensgegenstände dazu bestimmt sind, dauernd dem Geschäftsbetrieb des Kreditinstituts zu dienen. Die Regelung des § 340e Abs. 2 enthält eine Durchbrechung des Anschaffungswertprinzips, die es den Kreditinstituten ermöglicht, Buchforderungen zum Nominalwert anzusetzen. § 340 f Abs. 1 S. 1 erlaubt den Kreditinstituten unter Aufgabe des Grundsatzes der Einzelbewertung eine Unterschreitung des Niederstwertprinzips zur Absicherung ihrer branchenspezifischen Risiken durch die Bildung stiller Reserven, während § 340 g im Wege der offenen Risikovorsorge die Bildung eines Sonderpostens für allgemeine Bankrisiken ermöglicht; er hat Eigenkapitalcharakter und ist daher auf der Passivseite der Bilanz auszuweisen.

9 Mit Fragen der **Währungsumrechnung** befaßt sich schließlich § 340 h. Die Notwendigkeit der Umrechnung von Geschäftsvorfällen in ausländischer Währung in *Euro* für die Zwecke ihrer Abbildung im Jahresabschluß folgt aus der auch für Kreditinstitute nach § 244 und § 298 Abs. 1 bestehenden Verpflichtung, den Einzel- und Konzernabschluß in Euro aufzustellen. Während die allgemeinen handelsrechtlichen Rechnungslegungsvorschriften der §§ 238 bis 289 keine Vorschriften zur Währungsumrechnung enthalten, bringt § 340 h eine solche für Kreditinstitute, weil Umrechnungsvorgänge bei ihnen typischerweise von besonderer Bedeutung sind. Die Vorschrift *kombiniert* eine Transformations- und Umrechnungsregel (Abs. 1) mit einer Bewertungsvorschrift (Abs. 2) in der Weise, daß sie sowohl die Umrechnungsobjekte und die bei der Umrechnung anzuwendenden Kurse bestimmt als auch die Behandlung von Aufwendungen und Erträgen aus der Währungsumrechnung in der GuV regelt.[11]

---

10 Vom 11.12.1998, BGBl. I 3654.

11 Vgl. *Kröll/Balzer* (Fn. 1) § 340 h Rdn. 1 mit weit. Nachw., auch zu abw. Ansichten (reine Bewertungsvorschrift).

c) **Versicherungsunternehmen.** Auch für die **Bilanz- und GuV-Ansätze** der Unternehmen dieses Geschäftszweigs sind in einer *Verordnung über die Rechnungslegung von Versicherungsunternehmen* (RechVersV)[12] und in den ihr beigefügten *Formblättern* spezielle Ausweis- und Gliederungsvorschriften erlassen worden. Nach § 341a Abs. 2 S. 3 weichen sie von §§ 266, 275 ab und sollen den Besonderheiten der Versicherungswirtschaft Rechnung tragen. Die Aufstellungsfrist für den Jahresabschluß und den Lagebericht dieser Unternehmen ist in § 341a Abs. 1 von drei auf vier Monate verlängert worden. 10

Die **Bewertung** von Vermögensgegenständen in der Bilanz von Versicherungsunternehmen ist gesondert in §§ 341b bis 341d geregelt. Der Regelungsbedarf hierfür ergibt sich aus dem Umstand, daß die allgemeinen Vorschriften die Bewertung eines Vermögensgegenstands maßgeblich von dessen Zugehörigkeit zum Anlage- oder Umlaufvermögen des betreffenden Unternehmens abhängig machen. Da diese Zuordnung geschäftsgegenstandsmäßig bei Versicherungsunternehmen nicht ohne weiteres möglich ist, wurden in den genannten Sondervorschriften Regelungen darüber getroffen, *welche Vermögensgegenstände bei Versicherungsunternehmen wie Anlagevermögen und welche wie Umlaufvermögen zu bewerten sind.* Hiernach haben Versicherungsunternehmen immaterielle Vermögensgegenstände, soweit sie entgeltlich erworben wurden, Grundstücke, grundstücksgleiche Rechte und Bauten einschließlich der Bauten auf fremden Grundstücken, technische Anlagen und Maschinen, andere Anlagen, Betriebs- und Geschäftsausstattung, Anlagen im Bau und Vorräte nach den für das Anlagevermögen geltenden Vorschriften zu bewerten. Dies gilt auch für *Kapitalanlagen*, soweit es sich hierbei um Beteiligungen, Anteile an verbundenen Unternehmen, Ausleihungen an verbundene Unternehmen oder an Unternehmen, mit denen ein Beteiligungsverhältnis besteht, Namensschuldverschreibungen, Hypothekendarlehen und andere Forderungen und Rechte sowie um sonstige Ausleihungen und Depotforderungen aus dem in Rückdeckung übernommenen Versicherungsgeschäft handelt (§ 341b Abs. 1 S. 2). Auf Kapitalanlagen in Gestalt von Aktien einschließlich der eigenen Anteile, Investmentanteilen sowie sonstigen festverzinslichen und nichtfestverzinslichen Wertpapieren sind die für das Umlaufvermögen geltenden allgemeinen Bewertungsvorschriften anzuwenden. 11

In den §§ 341e bis 341h ist in einem zusammenhängenden Normenkomplex die Bilanzierung von **versicherungstechnischen Rückstellungen** geregelt. Das Versicherungsgeschäft hat typischerweise Nachleistungscharakter, da die Erbringung der vom Versicherer versprochenen Leistung vom Eintritt ungewisser Ereignisse abhängt. Versicherungsunternehmen haben daher in besonderem Ausmaß durch Bildung von Rückstellungen bilanzielle Vorsorge für die zukünftige Leistungserbringung zu treffen. Das Bilanzbild eines Versicherungsunternehmens ist versicherungsgeschäftsbedingt wesentlich durch die Passivseite und die hier ausgewiesenen versicherungstechnischen Rückstellungen bestimmt. Das Gesetz regelt in § 341e Abs. 2 explizit die Bilanzierung von Rückstellungen für Beitragsüberträge, für Beitragsrückerstattungen sowie für drohende Verluste aus dem Versicherungsgeschäft, behandelt diese Regelung jedoch nur als *Beispielkatalog* und ohne Anspruch auf eine abschließende Aufzählung der denkbaren versicherungstechnischen Rückstellungen. Detaillierte Vorschriften enthält das Gesetz alsdann zur Bilanzierung der Deckungsrückstellung (§§ 341f), zur Rückstellung für nicht abgewickelte Versicherungsfälle (§ 341g) sowie zur Schwankungsrückstellung (§ 341h). Wegen der Einzelheiten wird auf die einschlägigen Kommentierungen verwiesen. 12

---

[12] Vom 8.11.1994 BGBl. I 3378.

Fünfter Abschnitt

Privates Rechnungslegungsgremium; Rechnungslegungsbeirat

§ 342

Privates Rechnungslegungsgremium

(1) Das Bundesministerium der Justiz kann eine privatrechtlich organisierte Einrichtung durch Vertrag anerkennen und ihr folgende Aufgaben übertragen:

1. Entwicklung von Empfehlungen zur Anwendung der Grundsätze über die Konzernrechnungslegung,

2. Beratung des Bundesjustizministeriums bei Gesetzgebungsvorhaben zu Rechnungslegungsvorschriften und

3. Vertretung der Bundesrepublik Deutschland in internationalen Standardisierungsgremien.

Es darf jedoch nur eine solche Einrichtung anerkannt werden, die aufgrund ihrer Satzung gewährleistet, daß die Empfehlungen unabhängig und ausschließlich von Rechnungslegern in einem Verfahren entwickelt und beschlossen werden, das die fachlich interessierte Öffentlichkeit einbezieht. Soweit Unternehmen oder Organisationen von Rechnungslegern Mitglied einer solchen Einrichtung sind, dürfen die Mitgliedschaftsrechte nur von Rechnungslegern ausgeübt werden.

(2) Die Beachtung der die Konzernrechnungslegung betreffenden Grundsätze ordnungsgemäßer Buchführung wird vermutet, soweit vom Bundesministerium der Justiz bekanntgemachte Empfehlungen einer nach Absatz 1 Satz 1 anerkannten Einrichtung beachtet worden sind.

Übersicht

Schrifttum zu §§ 342, 342 a

Kommentare zum HGB: *Baumbach/Hopt* Handelsgesetzbuch, 30. Aufl. (2000); Beck'scher Bilanzkommentar, 4. Aufl. (1999); *Heymann* Handelsgesetzbuch, Band III, §§ 238–342 a, 2. Aufl. (1999); Münchener Kommentar zum HGB, Band 4, §§ 238–342 a (2001).

Monographien: *Achleitner* Die Normierung der Rechnungslegung (1995); *Berberich* Ein Framework für das DRSC (im Erscheinen); *Breidenbach* Normensetzung für die Rechnungslegung (1997); *Kramer* True and fair view in der Konzernrechnungslegung (1999); *Luttermann* Unternehmen, Kapital und Genußrechte (1998); *Wüstemann* Generally Accepted Accounting Principles (1999).

Aufsätze: *Achleitner* Private Standardsetzung: Einleitender Diskussionsbeitrag, Kleindiek/Oehler (Hrsg.), Die Zukunft des deutschen Bilanzrechts (2000) S. 127; *Adelt* Internationale Rechnungslegung: Besteht die Notwendigkeit eines neuen Rechnungslegungsstandards? Festschrift Weber (1999) 417; *Baetge/Krumnow/Noelle* Das „Deutsche Rechnungslegungslegungs Standards Committee" (DRSC), DB 2001, 769; *Ballwieser* Chancen und Gefahren einer Übernahme amerikanischer Rechnungslegung, Festschrift Beisse (1997) 25; *ders.* HGB-Konzernabschlußbefreiung und privates Rechnungslegungsgremium, Festschrift Weber (1999) 433; *Bardenz* Durchbruch für das International Accounting Standards Committee? WM 1996, 1657; *Beisse* Normqualität und Normstruktur von Bilanzvorschriften und Standards, BB 1999, 2180; *Biener* Die Standardisierung als neue Möglichkeit zur Fortentwicklung der Rechnungslegung, Festschrift Weber (1999) 451; *ders.* Stand und künftige Entwicklung der Harmonisierung der Vorschriften über die Rechnungslegung und deren Prüfung in der Europäischen Union, Festschrift Kropff (1997) 393; *ders.* Das DRSC: Auftrag und Perspektiven, Kleindiek/Oehler (Hrsg.), Die Zukunft des deutschen Bilanzrechts (2000) S. 55; *Böcking/Orth* Offene Fragen und Systemwidrigkeiten bei den neuen Rechnungslegungs- und Prüfungsvorschriften des KonTraG und des KapAEG, DB 1998, 1873; *Bormann* Internationale Harmonisierung der Rechnungslegung, RIW 1996, 35; *Breidenbach* Aufgaben und Organisation des Deutschen Rechnungslegungs Standards Committee (DRSC), StuB 1999, 641; *Budde* Konzernrechnungslegung nach IAS und US-GAAP und ihre Rückwirkungen auf den handelsrechtlichen Einzelabschluß, Festschrift Beisse (1997) 105; *Budde/Steuber* Globaler Kapitalmarkt und unternehmerische Rechenschaftslegung, Festschrift Peltzer (2001) 39; *dies.* Normsetzungsbefugnis eines deutschen Standard Setting Body, DStR 1998, 1181; *dies.* Rückwirkung des Konzernabschlusses auf den Einzelabschluß, BB 2000, 971; *dies.* Verfassungsrechtliche Voraussetzungen zur Transformation internationaler Rechnungslegungsgrundsätze, DStR 1998, 504; *Busse von Colbe* Ausbau der Konzernrechnungslegung im Lichte internationaler Entwicklungen, ZGR 2000, 651; *ders.* Internationalisierung der

Konzernrechnungslegung börsennotierter Mutterunternehmen durch das KapAEG und das KonTraG, Festschrift Weber (1999) 463; *ders.* Zur Anpassung der Rechnungslegung von Kapitalgesellschaften an internationale Normen, BFuP 1995, 373; *Dawo/Strickmann* Quo vadis deutsches Bilanzrecht - eine Veranstaltungsnachlese, StuB 1999, 372; *Deleker* Ökonomische Überlegungen zur möglichen Übernahme US-amerikanischer Rechnungslegungsgrundsätze, DB 1998, 2047; *Drescher* Gründung eines privaten Rechnungslegungsgremiums in Deutschland – „public versus private standard setting"? StuW 1998, 240; *Ebke* Der Deutsche Standardisierungsrat und das Deutsche Rechnungslegungs Standards Committee: Aussichten für eine professionelle Entwicklung von Rechnungslegungsgrundsätzen, ZIP 1999, 1193; *Engel-Ciric* Vergleichende Betrachtung des Jahresabschlusses nach HGB und US-GAAP, RIW 1998, 775; *Erdbrügger* Die Auswirkung des Einklangserfordernisses auf die praktische Umsetzbarkeit des § 292a HGB, DStR 2001, 99; *Ernst* EU-Verordnungsentwurf zur Anwendung von IAS: Europäisches Bilanzrecht vor weitreichenden Änderungen, BB 2001, 823; *ders.* KonTraG und KapAEG sowie aktuelle Entwicklungen zur Rechnungslegung und Prüfung in der EU, WPg 1998, 1025; *ders.* Zum Stand der Reformüberlegungen im Bilanzrecht: Noch ist nichts entschieden, Kleindiek/Oehler (Hrsg.), Die Zukunft des deutschen Bilanzrechts (2000) S. 41; *Fülbier/Gassen* Entwicklung der deutschen Rechnungslegung für das Jahr 2004, KoR 2001, 180; *Großfeld* Bilanzziele und kulturelles Umfeld, WPg 1994, 795; *ders.* Internationalisierung und internationale Rechnungslegung als Führungsaufgabe, AG 1999, 155; *ders.* Wirtschaftsprüfer und Globalisierung: Zur Zukunft des Bilanzrechts, WPg 2001, 129; *Grund* Internationale Entwicklung und Bilanzrecht – Reform oder Resignation? DB 1996, 1293; *Haller* Die Rolle des International Accounting Standards Committee bei der weltweiten Harmonisierung der externen Rechnungslegung, DB 1993, 1297; *Haller/Eierle* Ideenfindung und -verarbeitung zur Entwicklung von Rechnungslegungstandards beim „Financial Accounting Standards Board", DB 1998 733; *Havermann* Konzernrechnungslegung – quo vadis? WPg 2000, 121; *ders.* Private Regelsetzung aus der Sicht des Handelsbilanzrechts, ZGR 2000, 693; *Hayn/Zündorf* Eine kritische Analyse der Anforderungen an das DRSC im internationalen Vergleich, Festschrift Weber (1999) 481; *Heintzen* EU-Verordnungsentwurf zur Anwendung von IAS: Kein Verstoß gegen Unionsverfassungsrecht, BB 2001, 825; *ders.* Verfassungsrechtliche Anforderungen an das Rechnungslegungsrecht für börsennotierte Unternehmen, KoR 2001, 150; *Hellermann* Private Standardsetzung im Bilanzrecht – öffentlich-rechtlich gesehen, NZG 2000, 1097; *Hennrichs* Ausbau der Konzernrechnungslegung im Lichte internationaler Entwicklungen, ZGR 2000, 627; *Hommelhoff* Europäisches Bilanzrecht im Aufbruch, RabelsZ 62 (1998) S. 382; *ders.* Konzeptionelle Grundfragen einer Bilanzrechtsreform, Kleindiek/Oehler (Hrsg.), Die Zukunft des deutschen Bilanzrechts (2000) S. 141; *Hommelhoff/Schwab* Gesellschaftliche Selbststeuerung im Bilanzrecht – Standard Setting Bodies und staatliche Regulierungsverantwortung nach deutschem Recht, BFuP 1998, 38; *dies.* Staats-ersetzende Privatgremien im Unternehmensrecht, Festschrift Kruse (2001) 693; *Hütten/Brakensiek* „Deutsche" US-GAAP ohne eine SEC – Auto ohne Bremsen?, BB 2000, 870; *Kahle* Europarechtliche Einflüsse auf den Maßgeblichkeitsgrundsatz, StuW 2001, 126; *Kirchhof* Gesetzgebung und private Regelsetzung als Geltungsgrund für Rechnungslegungspflichten? ZGR 2000, 68; *Kleber* Amerikanische Rechnungslegungsgrundsätze: Vorbild für Europa? BFuP 1993, 380; *Kleekämper* Aktuelle Entwicklungen beim IASC, BFuP 1995, 414; *Kleindiek* Gestaltungsaufgaben der Bilanzrechtsreform, ders./Oehler (Hrsg.), Die Zukunft des deutschen Bilanzrechts (2000) S. 1; *Kübler* Fragen und Wünsche des Gesellschafts- und Kapitalmarktrechts an das Recht der Rechnungslegung, ZGR 2000, 550; *Küffner/Hock* Internationalisierung der Rechnungslegung aus der Sicht mittelständischer Unternehmen, BFuP 1998, 57; *Küting* Die Rechnungslegung in Deutschland an der Schwelle zu einem neuen Jahrtausend, DStR 2000, 38; *Küting/Brakensiek* IASC, FASB und DRSC – Ein Kurzporträt dreier Standardsetter, BB 1999, 678; *Küting/Hayn* Der internationale Konzernabschluß als Eintrittskarte zum weltweiten Kapitalmarkt, BB 1995, 662; *Küting/Hütten* Warum denn aus Fehlern anderer lernen – Das DRSC und sein erster Standardentwurf, StuB 1999, 487; *Langenbucher/Blaum* Ist ein deutsches Rechnungslegungsgremium notwendig? BB 1995, 2325; *Luttermann* International Accounting Standards in der Europäischen Union, ZIP 2000, 1318; *Moxter* Deutsches Rechnungslegungs Standards Committee: Aufgaben und Bedeutung, DB 1998, 1425; *ders.* Die Zukunft der Rechnungslegung? DB 2001, 605; *Niehus* Die Zukunft der Standards des

DRSC, DB 2001, 53; *ders.* Perspektiven der deutschen Rechnungslegung, Kleindiek/Oehler (Hrsg.), Die Zukunft des deutschen Bilanzrechts (2000) S. 14; *Pellens/Bonse/Gassen* Perspektiven der deutschen Konzernrechnungslegung, DB 1998, 785; *Pellens/Fülbier* Differenzierung der Rechnungslegungsregulierung nach Börsenzulassung, ZGR 2000, 572; *Pellens/Fülbier/Ackermann* International Accounting Standards Committee: Deutscher Einfluß auf Arbeit und Regelungen, DB 1996, 285; *Pellens/Gassen* Die Bereitstellung von Rechnungslegungssystemen – Eine Aufgabe des Staates oder des Marktes, Festschrift Coenenberg (1998) 633; *dies.* EU-Verordnungsentwurf zur IAS-Konzernrechnungslegung, KoR 2001, 137; *Probst* Mehr angloamerikanische Rechnungslegung in der EG durch geänderte Verfahren? BFuP 1992, 426; *Scheffler* Der Deutsche Standardisierungsrat – Struktur, Aufgaben und Kompetenzen, BFuP 1999, 404; *ders.* Internationale Rechnungslegung und deutsches Bilanzrecht, DStR 1999, 1285; *Schildbach* Öffnung der Jahresabschlüsse für IAS und US-GAAP – ein Fortschritt? StuB 1999, 421; *ders.* Das private Rechnungslegungsgremium gemäß § 342 HGB und die Zukunft der Rechnungslegung in Deutschland, DB 1999, 645; *ders.* Reichweite, Eigenschaften und Legitimation der US-GAAP: Vor überzogenen Erwartungen wird gewarnt! StuB 2000, 192; *Schön* Entwicklung und Perspektiven des Handelsbilanzrechts: vom ADHGB zum IASC, ZHR 161 (1997) S. 133; *ders.* Gesellschafter-, Gläubiger- und Anlegerschutz im Europäischen Bilanzrecht, ZGR 2000, 706; *Schruff* Die internationale Vereinheitlichung der Rechnungslegung nach den Vorschlägen des IASC – Gefahr oder Chance für die deutsche Bilanzierung? BFuP 1993, 400; *Schuppert/Bumke* Verfassungsrechtliche Grenzen privater Standardsetzung – Vorüberlegungen zu einer Theorie der Wahl rechtlicher Regelungsformen (Regulatory Choice), Kleindiek/Oehler (Hrsg.), Die Zukunft des deutschen Bilanzrechts (2000) S. 71; *Schwab* Der Standardisierungsvertrag für das DRSC – Eine kritische Würdigung, BB 1999, 731, 783; *Spanheimer* Spezifische Problemfelder des gesetzlichen Standardisierungsauftrages an den DSR gemäß § 342 Abs. 1 Nr. 1 HGB, WPg 2000, 997; *Strobl* IASC-Rechnungslegung und Gläubigerschutzbestimmungen nach deutschem Recht, Festschrift Clemm (1996) 389; *van Hulle* Die Reform des europäischen Bilanzrechts: Stand, Ziele und Perspektive, ZGR 2000, 537; *Zeitler* „Konservative Bilanzierung" versus IAS – ein verlorener Kampf? Festschrift Beisse (1997) 599; *Zitzelsberger* Überlegungen zur Einrichtung eines Rechnungslegungsgremiums in Deutschland, WPg 1998, 246.

I. Normzweck

Indem der Gesetzgeber das BMJ ermächtigt, ein privates Rechnungslegungsgremium anzuerkennen, reagiert er einerseits auf die internationale Entwicklung im Bilanzrecht (1.); andererseits trägt er den Rahmenbedingungen moderner Rechtsetzung Rechnung (2.). 1

1. Internationalisierung der Rechnungslegung

a) Bilanzrecht und Kapitalmarkt. Die Darstellung der Vermögens-, Finanz- und Ertragslage eines Unternehmens durch ein Rechenwerk fungiert weltweit als ein wichtiges Informationsinstrument, um Investitions- und Desinvestitionsentscheidungen auf den Kapitalmärkten zu unterstützen.[1] Kapitalmärkte sind aber seit langem keine rein nationale Angelegenheit mehr:[2] Im Zuge der Globalisierung der Wirtschaft streben Unternehmen nicht nur die Ausdehnung ihrer geschäftlichen Aktivitäten, sondern in gleicher Weise die Akquisition von Eigenkapital jenseits der eigenen Landesgrenzen an:[3] Dort, wo ein Unternehmen mit seinen Produkten auftritt, will es zugleich als 2

[1] *Budde/Steuber* BB 2000, 971, 975; *Deleker* DB 1998, 2047; *Engel-Ciric* RIW 1998, 775; *Haller* DB 1993, 1297; *Pellens/Gassen* FS Coenenberg 663, 666.

[2] Vgl. *Luttermann* Unternehmen, Kapital und Genußrechte S. 359 mit Beispielen länderübergreifender Kapitalakquisition bereits aus früheren Jahrhunderten.

[3] *Biener* Die Zukunft des deutschen Bilanzrechts 55, 57; *Bormann* RIW 1996, 35, 40; *Grund* DB 1996, 1293; *Havermann* WPg 2000, 121.

Kapitalnachfrager erscheinen. Ziel dieser Bemühungen ist namentlich die US-amerikanische Börse.[4] Werden Aktien dort notiert, steigt zugleich ihr „Tauschwert" für die Unternehmensübernahmen, Verschmelzungen und anderes mehr. Dort werden die Anforderungen an die Darstellung der Vermögens-, Finanz- und Ertragslage von der nationalen Börsenaufsichtsbehörde festgelegt, der *Securities and Exchange Commission* (SEC). Mit der Ausarbeitung entsprechender Rechnungslegungs-Standards hat die SEC das *Financial Accounting Standards Board* (FASB) betraut, dessen Standards als sog. *Generally Accepted Accounting Principles* (US-GAAP) firmieren. Hierbei handelt es sich um ein privates, mehrheitlich von Wirtschaftsprüfern besetztes Gremium.[5] Auch in anderen Ländern ist die Standardsetzung durch private Gremien verbreitet.[6]

3 In dieser grenzüberschreitenden Kapitalnachfrage wurzelt das Interesse global tätiger Unternehmen, sich auf allen Kapitalmärkten der Welt mit einem **einheitlichen Rechenwerk** präsentieren zu können. Dies Interesse besteht zum einen aus Kostengründen: Die Aufstellung mehrerer Rechenwerke erhöht den Aufwand für Wirtschaftsprüfer-Honorare. Zum anderen wird die Vereinheitlichung angezielt, um einer Verunsicherung der Anleger entgegenzuwirken: Diese müssen das Vertrauen in die Rechnungslegung verlieren, wenn ein Unternehmen, wie dies im Konzernabschluß der Daimler Benz AG für das Jahr 1993 der Fall war, nach deutschem Recht einen Konzerngewinn von über 600 Mio., nach amerikanischem Recht einen Konzernverlust von 1,8 Mrd. DM verbucht.[7]

4 Gerade das Beispiel Daimler Benz zeigt, daß die höchst unterschiedlich ausgeformten nationalen Bilanzrechte eine solche weltweit einheitliche Präsentation derzeit nicht erlauben. Die Regeln, welche ein Unternehmen für die zahlenmäßige Abbildung seiner Vermögens-, Finanz- und Ertragslage einzuhalten hat, sind vielmehr durch das jeweilige kulturelle und makroökonomische Umfeld[8] sowie namentlich durch die Art und Weise geprägt, welchen Zielen das jeweilige nationale Bilanzrecht Beachtung schenkt oder gar den Vorrang einräumt: Es mag allein der Aspekt der **Anlegerinformation** in den Blick genommen werden, wie dies bei den Standards des FASB der Fall ist; es mag aber daneben auch der Aspekt der **Kapitalerhaltung** eine Rolle spielen,[9] ein Gesichtspunkt, welcher namentlich im Recht des deutschen Einzelabschlusses eine dominierende Bedeutung erlangt hat.

5 Dem deutschen Konzernabschluß dagegen kommt im Ausgangspunkt ebenfalls ausschließlich Informationsfunktion zu, nicht aber die Funktion, Gewinnausschüttungen im Interesse der Kapitalerhaltung zu begrenzen;[10] doch verweist das Recht des Konzernabschlusses in § 298 Abs. 1 HGB auf die für den Einzelabschluß geltenden

---

[4] *Grund* DB 1996, 1293; *Küting/Hayn* BB 1995, 662, 664; *Schildbach* StuB 2000, 192.

[5] Vgl. *Küting/Brakensiek* BB 1999, 678, 680: 7 Mitglieder, davon 4 Wirtschaftsprüfer und 3 weitere Mitglieder mit „fundierten Erfahrungen in der Bilanzrechtspraxis".

[6] Vgl. *Achleitner* Die Zukunft des deutschen Bilanzrechts 127 f; *Langenbucher/Blaum* BB 1995, 2325, 2330 ff.

[7] Vgl. FAZ v. 12. 12. 1995, S. 23; vgl. zu vergleichbaren Erfahrungen in den Konzernabschlüssen der Hoechst AG in den Jahren 1995 und 1996 *Deleker* DB 1998, 2047.

[8] Eingehend *Großfeld* WPg 1994, 775 ff; vgl. ferner *Bormann* RIW 1996, 35, 40 ff; kurz auch *Kleekämper* BFuP 1995, 414; *Küting/Hayn* BB 1995, 662, 663.

[9] Zu diesen beiden denkbaren Funktionen der Rechnungslegung jüngst *Schön* ZGR 2000, 706, 725 ff, 729 ff.

[10] Siehe zu dieser im Vergleich zum Einzelabschluß begrenzten Funktion des Konzernabschlusses nur *Budde* FS Clemm 81, 103; *Claussen* FS Zimmerer 495, 503; *Hartmann* WPg 1998, 259, 265; *Hommelhoff* RabelsZ 62 (1998) S. 382, 390 mit Fn. 41; *Kramer* True and fair view in der Konzernrechnungslegung 3 f, 33 ff; *Kropff* FS Claussen 659, 663; *Küffner/Hock* BFuP 1998, 57, 70; *Moxter* DB 1998, 1425, 1426; *Schruff* BFuP 1993, 400, 411; *Zitzelsberger* WPg 1998, 246, 250.

Ansatz- und Bewertungsvorschriften. § 298 Abs. 1 HGB folgt dabei einer Vorgabe der EU-Konzernbilanzrichtlinie (Siebte Richtlinie), welche ebenfalls einen Pauschalverweis auf die Vorschriften der Jahresabschlußrichtlinie (Vierte Richtlinie) enthält.[11] Der diametral **entgegengesetzte ideelle Ansatz** beider Bilanzphilosophien – der deutschen einerseits, der amerikanischen andererseits – präjudiziert zahlreiche **Unterschiede im Detail.**[12] Die Aufstellung eines Konzernabschlusses, der einerseits dem HGB, andererseits den US-GAAP in allen Punkten gerecht wird, ist derzeit unmöglich.[13]

b) Internationaler Standardsetter. 1973 wurde das *International Accounting Standards Committee* (IASC) aus der Taufe gehoben, in dem die Vertreter einer Fülle nationaler Standardsetter sich um die Ausarbeitung weltweit anerkennungsfähiger Grundsätze für die Konzernrechnungslegung bemühen.[14] Angestrebt wird namentlich eine Anerkennung der Standards durch die internationale Vereinigung der Börsenaufsichtsbehörden (IOSCO),[15] um in letzter Konsequenz zu erreichen, daß Abschlüsse nach International Accounting Standards (IAS) für die Präsentation an allen Börsenplätzen der Welt nutzbar gemacht werden können. Die IOSCO hat denn auch tatsächlich bereits im Mai 2000 die IAS weltweit für Zwecke grenzüberschreitender Emissionen empfohlen.[16] 6

In Gestalt des IASC wird eine Plattform bereitgestellt, auf der die IAS als „Weltstandard" entstehen sollen und auf dem die nationalen Standardsetter deren Entwicklung inhaltlich zu beeinflussen suchen.[17] Das IASC bemüht sich denn auch um nationalen Pluralismus: An der Standardsetzung wirken Vertreter aus 13 Ländern mit;[18] das IASC nimmt sich zudem mittlerweile verstärkt der Bedürfnisse der Entwicklungsländer an.[19] Gleichwohl ist eine **Dominanz der angloamerikanischen Rechnungslegungsphilosophie** nicht zu leugnen;[20] diese resultiert gerade daraus, daß die Unterstützung der IAS durch die IOSCO angestrebt wird[21] und diese ihrerseits stark durch die SEC beeinflußt wird.[22] Jene Dominanz wird verstärkt durch Absprachen zwischen 7

[11] Näher *Berberich* Ein Framework für das DRSC § 5 B III 1; s. auch § 298, 16.

[12] Zusammenfassend hierzu *Küffner/Hock* BFuP 1998, 57, 61, 71; siehe ferner *Claussen* FS Zimmerer 495, 504 f; *Oser* DStR 1996, 34, 37.

[13] *Budde* FS Beisse 105, 109; *Kropff* FS Claussen 659, 671; *Küffner/Hock* BFuP 1998, 57, 71; *Niehus* FS Havermann 537, 544; *Pellens/Fülbier/Ackermann* DB 1996, 285; *Schruff* BFuP 1993, 400, 413 ff, 421; *Zeitler* FS Beisse 599, 600.

[14] Näher zu Mitgliedern und Zielen des IASC *Haller* DB 1993, 1297; *Küting/Brakensiek* BB 1999, 678.

[15] *Böcking/Orth* DB 1998, 1873, 1876; *Ernst* Die Zukunft des deutschen Bilanzrechts 41, 42; *Pellens/Fülbier/Ackermann* DB 1996, 285.

[16] *Ernst* BB 2001, 823, 824.

[17] Zur Organisation und Arbeitsweise des IASC vgl. § 292 a, Anh. Rdn. 2 ff; ferner *Achleitner* Die Normierung der Rechnungslegung 101 ff; *Bardenz* WM 1996, 1657, 1659 ff; *Breidenbach* Normensetzung für die Rechnungslegung 84 ff; *Haller* DB 1993, 1297, 1298 ff; *Kleekämper* BFuP 1995, 414, 417 ff; *Küting/Brakensiek* BB 1999, 678 ff.

[18] *Bolin* WPg 1990, 482; *Pellens/Fülbier/Ackermann* DB 1996, 285, 286, 291.

[19] *Haller* DB 1993, 1297, 1304.

[20] *Biener* BFuP 1993, 345, 352; *Eisolt* BB 1995, 1127, 1131; *Großfeld* WPg 1994, 795, 801; *Hommelhoff* RabelsZ 62 (1998) 382, 390 mit Fn. 39; *Kleber* BFuP 1993, 380, 383 f; *Kramer* True and fair view in der Konzernrechnungslegung 13 ff; *Luttermann* Unternehmen, Kapital und Genußrechte 449 f; *Niehus* FS Havermann 537, 542; *Pellens/Fülbier/Ackermann* DB 1996, 285, 287; *Schruff* BFuP 1993, 400, 405. Freilich gibt es, wie ein Vergleich zwischen der Sicht einer ordnungsgemäßen Rechnungslegung einerseits durch die Berufsverbände, andererseits durch die Rechtsprechung in den USA zeigt, nicht „die" angloamerikanische Sichtweise (*Wüstemann* Generally Accepted Accountung Principles 83 ff, 89); doch dürfte in einem privaten internationalen Gremium hauptsächlich die Position der Berufsverbände ihren Niederschlag finden.

[21] *Haller* DB 1993, 1297, 1303; *Kleekämper* BFuP 1995, 415, 424; *Pellens/Fülbier/Ackermann* DB 1996, 285, 291.

[22] *Biener* BFuP 1993, 345, 352 f; *Claussen* FS Zimmerer 495, 498; *Haller* DB 1993, 1297, 1304; *Hayn* WPg 1994, 749, 755; *Kleekämper* BFuP 1995, 415, 424; *Pellens/Fülbier/Ackermann* DB 1996, 285, 286.

den vier führenden nationalen Standardsettern (nämlich denen aus USA, Kanada, Großbritannien und Australien) im Vorfeld der Beratungen im IASC, welche den Positionen des anglo-amerikanischen Rechtskreises eine erhöhte Durchschlagskraft verleihen.[23]

8 c) **Europäischer Standardsetter.** Die Europäische Kommission strebt, wie sie in einem im Sommer 2000 veröffentlichten Strategiepapier verlauten läßt,[24] für börsennotierte Unternehmen einen Gleichklang zwischen den Vorschriften aus der Vierten und Siebten Richtlinie und den International Accounting Standards (IAS) an,[25] um auf diese Weise die Vergleichbarkeit der Jahresabschlüsse von Unternehmen im Interesse transparenter Kapitalmärkte zu verbessern.[26] Zu diesem Zweck will die Kommission ein Verfahren einrichten, in dem die IAS als mit den Anforderungen jener EU-Richtlinien konform anerkannt werden. Dies Anerkennungsverfahren soll sich auf zwei Stufen vollziehen:

9 Zunächst soll auf einer sog. **„technischen Ebene"** eine „Gruppe hochqualifizierter Sachverständiger" eingesetzt werden,[27] die einerseits die IAS (gemeint ist wohl: deren Übereinstimmung mit den EU-Richtlinien) „genau prüfen" und sich andererseits an der Standardsetzung durch das IASC beteiligen soll;[28] offenbar soll das auf der technischen Ebene eingesetzten Gremium also die Europäische Union im IASC vertreten. Dabei wird freilich von der Vermutung ausgegangen, daß die IAS mit den EU-Richtlinien harmonieren.[29] Daher erlangt die zweite Stufe des Verfahrens erst dann Bedeutung, wenn das Sachverständigengremium für die *Zurückweisung* eines IAS votiert: Diese Zurückweisung soll auf **„politischer Ebene"** durch eine noch nicht näher definierte Instanz „ratifiziert" werden müssen.[30] Mit dieser Konstruktion soll die Position der EU-Repräsentanten im IASC – nämlich eben jenes auf der technischen Ebene eingesetzten Gremiums – gestärkt werden: Es wird davon ausgegangen, daß es dem Gremium gelingen wird, die Arbeit im IASC so zu gestalten und zum Ergebnis zu führen, daß die einzelnen IAS im Einklang mit den EU-Bilanzrichtlinien stehen.[31] Sollte dies (nach der Vorstellung der Kommission: ausnahmsweise) nicht gelingen, so hat dies die politische EU-Instanz auf Vorlage des EU-Sachverständigengremiums festzustellen.

10 In einem jüngst vorgelegten Verordnungsentwurf hat die EU-Kommission dies Konzept präzisiert und insoweit modifiziert, als nunmehr *jeder* IAS das Anerkennungsverfahren auch auf politischer Ebene durchlaufen soll.[32] Nach Art. 6 dieses Entwurfs in Verbindung mit den dort in Bezug genommenen Regeln über die Rechtsetzung im sog. Komitologieverfahren legt die EU-Kommission ihre Vorschläge zur Annahme jedes einzelnen IAS einem Regelungsausschuß vor, der sich aus Vertretern der Mitgliedstaaten zusammensetzt. Kann sie mit ihrem Vorschlag vor diesem Aus-

[23] Vgl. *Kleekämper* BFuP 1995, 415, 424.
[24] EU-Dokument KOM (2000) 359 vom 13. 6. 2000.
[25] Kommission (Fn. 9) Ziff. 21; dazu auch § 292a, 4 sowie *Hommelhoff/Schwab* FS Kruse 693, 695 f; *Kahle* StuW 2001, 126, 132 f; *Luttermann* ZIP 2000, 1318 ff.
[26] Zu dieser Zielsetzung vgl. Kommission (Fn. 9) Ziff. 2.
[27] Gestaltungsvorschläge für einen von privaten Fachleuten getragenen europäischen Standardsetter bereits bei *Hommelhoff* Die Zukunft des deutschen Bilanzrechts 141, 152 f; *Schön* ZGR 2000, 706, 735 ff.
[28] Zur Notwendigkeit, im IASC einen einheitlichen europäischen Standpunkt zu vertreten, vgl. *van Hulle* ZGR 2000, 537, 547.
[29] Kommission (Fn. 9) Ziff. 21.
[30] Kommission (Fn. 9) Ziff. 25.
[31] Skeptisch insoweit freilich *Niehus* DB 2001, 53, 56.
[32] Verordnungsentwurf von 13. 2. 2001, KOM (2001) 80. Im Internet abrufbar unter http://europa.eu.int/comm/internal_market/en/whatsnew.htm.

schuß nicht durchdringen, so muß sie den EU-Rat anrufen, der den Vorschlag nur mit qualifizierter Mehrheit innerhalb zweier Monate ablehnen kann.[33] Stimmt der Regelungsausschuß dem Kommissionsvorschlag zu oder kommt im EU-Rat keine qualifizierte Mehrheit für die Zurückweisung jenes Vorschlags zustande, so tritt der jeweilige IAS als EU-Verordnung in Kraft, jedoch im Rang unterhalb derjenigen Verordnung, durch welche die Ermächtigung zur Rechtsetzung in diesem Verfahren erteilt wurde.[34] Einen Standard, den sie für nicht mit den EU-Rechnungslegungsrichtlinien vereinbar hält, wird die Kommission von vornherein nicht zur Annahme vorschlagen, so daß auch eine entsprechende Verordnung nicht ergehen wird; die Konsequenz der Zurückweisung eines IAS auf politischer Ebene besteht also schlicht in der Untätigkeit der Rechtsetzungsorgane. Geltendes Recht werden nur diejenigen IAS, welche als Verordnung im genannten Verfahren positiv in Kraft gesetzt werden. Es wird namentlich nicht „dynamisch" auf künftige IAS in ihrer jeweils geltenden Fassung verwiesen, sondern jeder einzelne IAS wird selbständiger Gegenstand des soeben beschriebenen Verfahrens[35] sein.

d) Deutsche Vertretung in internationalen Gremien. In Reaktion auf diesen internationalen Trend, das Recht der Rechnungslegung zu privatisieren, hat der deutsche Gesetzgeber in § 342 die Möglichkeit eröffnet, einen privaten Standardsetter anzuerkennen, der sich gerade auch in die internationalen Verhandlungen einbringen und dort deutsche Interessen vertreten soll (Abs. 1 S. 1 Nr. 3; vgl. unten Rdn. 37 ff). 11

2. Staats-ersetzende Privatgremien und das Grundgesetz

Abgesehen von den internationalen Entwicklungen entspricht die Entscheidung des deutschen Gesetzgebers für ein privates Rechnungslegungsgremium in verfassungsrechtlicher Perspektive einem gewandelten Verständnis des Verhältnisses von Staat und Gesellschaft. 12

a) Das Demokratieprinzip. Standardsetzung im Bilanzrecht ist, sofern die Standards in die Form rechtsverbindlicher Sollenssätze gegossen werden (dazu unten Rdn. 82 ff), funktional Rechtsetzung und damit Ausübung von Staatsgewalt. Solche Gewalt geht nach dem in Art. 20 Abs. 2 S. 1 GG niedergelegten *Demokratieprinzip* vom Volk aus. Nach traditionellem Verständnis folgt aus dieser Vorschrift, daß sämtliche staatlichen Entscheidungsträger ihr Tätigwerden auf eine ununterbrochene, auf das Volk rückführbare Legitimationskette müssen stützen können (sog. *personelle* Legitimation),[36] und daß auch der Inhalt der von ihnen getroffenen Entscheidungen sich als Manifestation des Volkswillens darstellen läßt (sog. *sachliche* Legitimation).[37] Mittel der personellen Legitimation sind namentlich die *Wahl* (des Bundestags durch 13

---

[33] Instruktive Darstellung dieses Verfahrens bei *Ernst* BB 2001, 823, 824.

[34] Vgl. *Heintzen* BB 2001, 825, 827.

[35] Vgl. *Heintzen* BB 2001, 825, 827. Die von *Budde/Steuber* FS Peltzer 39, 52 f auf der Grundlage des Dokuments KOM (2000) 359 geäußerte Befürchtung, die EU plane eine automatische Inkorporation künftiger IAS in europäisches Recht, hat sich daher im Verordnungstext nicht bewahrheitet.

[36] BVerfGE 77, 1, 40; 83, 60, 72 f; *Böckenförde* in Isensee/Kirchhof (Hrsg.), Handbuch des Staatsrechts, Bd. I (1987) § 22 Rdn. 11, 16; *Di Fabio* Produktharmonisierung durch Normung und Selbstüberwachung (1996) 94; *Emde* Die demokratische Legitimation der funktionalen Selbstverwaltung (1991) 42 f; *Mayen* NVwZ 1997, 215, 216; *Papenfuß* Die personellen Grenzen der Autonomie öffentlich-rechtlicher Körperschaften (1991) 145.

[37] *Jestaedt* Demokratieprinzip und Kondominialverwaltung (1993) 270; *Böckenförde* Handbuch des Staatsrechts, Bd. I, § 22 Rdn. 21.

das Volk, Art. 38 Abs. 1 S. 1 GG; des Bundeskanzlers durch den Bundestag, Art. 63 Abs. 1 GG) und die *Ernennung*[38] (der Bundesminister durch den Bundespräsidenten auf Vorschlag des Bundeskanzlers, Art. 64 Abs. 1 GG; der nachgeordneten Bundesbeamten durch den Bundespräsidenten, Art. 60 Abs. 1 GG, oder aufgrund einer entsprechenden Ermächtigung nach Art. 60 Abs. 3 GG durch die Ressortminister oder andere Behörden; soweit der Bundespräsident die Ernennung selbst vornimmt, ist er an Vorschläge des parlamentarisch verantwortlichen Ministers gebunden[39]). Das wichtigste Mittel der sachlichen Legitimation besteht in der Gesetzesbindung von Rechtsprechung und Verwaltung (Art. 20 Abs. 3 GG).[40]

14 Da das Grundgesetz sich für eine **repräsentative Demokratie** entschieden und damit den direkten Einfluß des Volkes auf staatliche Sachentscheidungen verhindert hat, muß es auf jeder Ebene staatlichen Handelns dafür sorgen, daß nicht bestimmte einzelne Bürger oder Gruppen von Bürgern mit ihren (Partikular-)Interessen einen dominierenden Einfluß auf die staatlichen Organe der Gesetzgebung, Verwaltung und Rechtsprechung erlangen können:[41] Die gewählten Repräsentanten des Staates entscheiden für das gesamte Volk, welches sie repräsentieren, und sind ausschließlich dem **Gemeinwohl** verpflichtet.[42] Die personelle Verschiedenheit von Regierenden und Regierten impliziert somit notwendig *Distanz* der Entscheidungsträger zu den Entscheidungsunterworfenen, und sie gewährleistet die *Gleichheit* des Einflusses eines jeden Staatsbürgers: Demokratie im Sinne des Grundgesetzes bedeutet somit *egalitäre distanzierte Herrschaftsausübung.*[43] Das parlamentarische Verfahren zielt darauf ab, den dominanten Einfluß einzelner Interessengruppen zu verhindern;[44] es verbürgt ein Optimum an Vernünftigkeit und Gemeinwohlrichtigkeit.[45]

15 **b) Insbesondere die Standardsetzung im Bilanzrecht.** Den Standards eines privaten Gremiums, welches sich aus Rechnungslegern konstituiert und Empfehlungen ausarbeitet, wie bestimmte Sachverhalte bilanziell abzubilden sind, kommt **keine demokratische Legitimation** zu. Eine solche wird namentlich nicht dadurch vermittelt, daß es sich bei den Mitgliedern des Gremiums um Rechnungsleger (Rdn. 44) handelt; denn die Gesamtheit der Bilanzfachleute läßt sich nicht als „Volk" i. S. d. Art. 20 Abs. 2 S. 1 GG begreifen und kann daher auch keine demokratische Legitimation vermitteln. Das Grundgesetz erkennt „fachliche Teilvölker" nicht als Legitimationssubjekte an; es hat sich nicht für eine Herrschaft der Betroffenen, sondern für eine Herrschaft des gesamten Volkes entschieden.[46]

---

[38] Näher *Schwab* Rechtsfragen der Politikberatung im Spannungsfeld zwischen Wissenschaftsfreiheit und Unternehmensschutz 404.

[39] *Jestaedt* Demokratieprinzip und Kondominialverwaltung 382; *Emde* Die demokratische Legitimation der funktionalen Selbstverwaltung (1991) 349.

[40] Vgl. *Jestaedt* Demokratieprinzip und Kondominialverwaltung 273, 294, 335; *Schmidt-Aßmann* AöR 116 (1991) S. 329, 357; *ders.* Das allgemeine Verwaltungsrecht als Ordnungsidee (1998) 83 f; *Waechter* Geminderte demokratische Legitimation staatlicher Institutionen im Regierungssystem (1994) 35.

[41] *Röhl* Der Wissenschaftsrat 143; *Schmidt-Aßmann* in ders./Hoffmann-Riem (Hrsg), Verwaltungsorganisationsrecht als Steuerungsressource (1997) 9, 56; *Waechter* Geminderte demokratische Legitimation staatlicher Institutionen im Regierungssystem 142.

[42] Vgl. *Trute* Die Forschung zwischen grundrechtlicher Freiheit und staatlicher Institutionalisierung (1994) 225.

[43] *Schmidt-Aßmann* AöR 116 (1991) S. 329, 336, 376.

[44] *Drescher* StuW 1998, 241, 243.

[45] *Kirchhof* ZGR 2000, 681.

[46] Vgl. BVerfGE 83, 60, 72; 77, 1, 40; *Böckenförde* Handbuch des Staatsrechts, Bd. I, § 22 Rdn. 33; Heymann/*Herrmann* §§ 342, 342a, 6; *Jestaedt* Demokratieprinzip und Kondominialverwaltung 207 ff; *Schmidt-Aßmann* Das Allgemeine Verwaltungsrecht als Ordnungsidee 81 f.

Ebensowenig läßt sich die Verbindlichkeit privater Rechnungslegungs-Standards mit **autonomen Legitimationsstrukturen** erklären, etwa in dem Sinne, daß der Staat die Standardsetzung der „Selbstverwaltung der Wirtschaft" überlassen hätte.[47] Die autonome Legitimation erlangt dort Bedeutung, wo der Staat gesellschaftliche Interessenwahrnehmung verfaßt und mit den Möglichkeiten und Instrumenten staatlicher Herrschaft ausstattet, etwa indem er sie zur verbindlichen Entscheidung über gemeinsame Interessen in den Stand setzt,[48] wie dies beispielsweise bei berufsständischen Kammern in Angelegenheiten des Berufsrechts der Fall ist. Autonome Rechtsetzungsgewalt erfordert jedoch einen *autonomiefähigen Personenkreis*. Ihre Grundlage ist ein *besonderes, abgrenzbares Interesse* und ihr Träger daher nicht die unbestimmte Allgemeinheit,[49] sondern eine *sozialhomogene Betroffenengemeinschaft*.[50] Die im Bilanzrecht kulminierenden Interessen lassen sich nicht auf ein derart personell und sachlich abgrenzbares Interesse reduzieren; Rechnungslegung geht vielmehr *jedes* Unternehmen, *jeden* Anleger und *jeden* Gläubiger etwas an; von Rechnungslegungs-Standards ist daher *potentiell jedermann* betroffen.[51] 16

c) **Steuerungsdiskussion.** Staatliche Steuerung nach diesen Vorgaben setzt die Fähigkeit der Entscheidungsträger voraus, sachgerechte Regelungen zu treffen, ohne dafür auf Beiträge Privater zurückgreifen zu müssen. Eben dies ist aber im Staat des beginnenden 21. Jahrhunderts nicht mehr der Fall. Vielmehr machen es die wachsende Komplexität ökologischer, wirtschaftlicher und sozialer Zusammenhänge sowie die damit einhergehende Spezialisierung des verfügbaren Wissens unausweichlich, daß der Staat die **Zusammenarbeit mit gesellschaftlichen Akteuren** sucht, welche den dringend notwendigen Sachverstand bereitstellen können; aus einer *imperativen* wird eine *kooperative* Steuerung. 17

Weil aber jene Akteure keiner Gemeinwohlbindung unterliegen, sondern die Mitwirkung an staatlichen Entscheidungen allein mit dem Motiv suchen, auf diese in ihrem Interesse Einfluß nehmen zu können, muß der Staat die Bereitschaft zur Zusammenarbeit einwerben, indem er den interessierten Gruppen inhaltlich Zugeständnisse macht. Damit droht sich das **Interessengleichgewicht**, welches durch die Strukturen demokratischen Entscheidens gewährleistet werden soll, zugunsten der vom Staat zu Rate gezogenen Interessengruppen zu verschieben; eine ungerechtfertigte Zurücksetzung droht namentlich denjenigen Interessen, welche sich nicht organisieren können, um dadurch erhöhte politische Durchschlagskraft zu erlangen. Die Standardsetzung durch Private kann keine demokratische Legitimation für sich in Anspruch nehmen; allenfalls mag das bestehende Defizit an demokratischer Legitimation dadurch ausgeglichen werden, daß sämtliche divergierenden Interessen in gleicher Weise zur Sprache kommen. Die Gefahr einseitiger Interessenausrichtung ist gerade im Bilanzrecht mit Händen zu greifen: Während die zur Rechnungslegung verpflichteten Unternehmen und ihre Prüfer ihre Interessen in einer Fülle von Verbänden bündeln und sich so für die politische Auseinandersetzung formieren, ist das Interesse der Anleger angesichts ihrer unüberschaubaren Vielzahl weitaus schwieriger und das der 18

[47] So aber *Biener* Aktuelle Entwicklungen in Rechnungslegung und Wirtschaftsprüfung 1, 8; ähnlich *ders.* Die Zukunft des deutschen Bilanzrechts 55, 63.

[48] So die treffende Beschreibung des Hintergrundes der autonomen Legitimation bei *Trute* Die Forschung zwischen grundrechtlicher Freiheit und staatlicher Institutionalisierung 211.

[49] *Emde* Die demokratische Legitimation der funktionalen Selbstverwaltung 381; *Oebbecke* Weisungs- und unterrichtungsfreie Räume in der Verwaltung (1986) 90; *Trute* aaO (vorige Fn.) S. 212 f.

[50] *Papenfuß* Die personellen Grenzen der Autonomie öffentlich-rechtlicher Körperschaften 151.

[51] Ebenso *Hellermann* NZG 2000, 1097, 1098.

Gläubiger praktisch überhaupt nicht organisierbar. Konsequent fehlt es im DRSC an der verfassungsrechtlich zwingend gebotenen ausgewogenen Interessenvertretung (näher Rdn. 49–54).

19 Der Rechtslehre kommt die Aufgabe zu, in einer diesen gewandelten Bedingungen angepaßten Weise den Steuerungsanspruch des Staates neu zu formulieren: Wo der Gesetzgeber in tatsächlicher Hinsicht mit der materiell-inhaltlichen Regelung einer Materie überfordert ist – und das ist im Bilanzrecht der Fall, wie die Vorschriften über die Rechnungslegung in Kreditinstituten (§§ 340 ff) und Versicherungen (§§ 341 ff HGB) zeigen[52] –, muß er sie nicht selbst leisten, sondern darf auf private Steuerungsbeiträge zurückgreifen. Freilich darf er sich nicht gänzlich zurückziehen; vielmehr trifft ihn von Verfassungs wegen die Verantwortung, die Gemeinwohlrichtigkeit derjenigen Regelungen zu gewährleisten, welche unter Beteiligung Privater bei Preisgabe der Distanz und Neutralität verbürgenden demokratischen Legitimationsstränge getroffen werden. Diese sog. **Gewährleistungsverantwortung**[53] manifestiert sich vor allem darin, daß der *Prozeß* privater Regulierung vom Staat moderiert werden muß.[54] Diese Moderation äußert sich insbesondere darin, daß der Staat ein öffentliches und transparentes Verfahren der Standardsetzung einrichten muß (dazu Rdn. 60–75).

20 Aus diesem Befund zieht § 342 richtige Konsequenz, privaten Sachverstand für die Standardsetzung zu rekrutieren; die Einrichtung des DRSC ist als solche nachdrücklich zu begrüßen.[55] In § 342 sind zwei der besagten **prozeduralen Elemente** verankert: Das Gesetz nacht die Anerkennung des privaten Gremiums davon abhängig, daß die Satzung der privaten Einrichtung die Unabhängigkeit der Standardsetzung sowie die Einbeziehung der interessierten Öffentlichkeit gewährleistet (Abs. 1 S. 2; dazu näher unten Rdn. 41 ff). Gänzlich ohne eine **materiellrechtliche Steuerungskomponente** kommt der Gesetzgeber freilich nach überwiegender und richtiger Ansicht nicht aus;[56] er hat vielmehr Vorgaben über die von ihm verfolgten Steuerungsziele und die dabei von ihm gesetzten Prioritäten vorzustrukturieren, um dem privaten Gremium Entscheidungsmaßstäbe an die Hand zu geben (dazu näher Rdn. 90 ff). Die Befragung Sachverständiger ist legitim, um Detailfragen zu regeln, mit denen die staatlichen Rechtsetzungsorgane überfordert sind; zur Auflösung fundamentaler politischer Zielkonflikte sind dagegen nicht Sachverständige, sondern allein Parlament und Regierung berufen.[57]

21 All' diese Vorkehrungen ändern nichts daran, daß den Beiträgen privater Gremien zu staatlicher Rechtsetzung keinerlei demokratische Legitimation zukommt; aber sie

[52] Vgl. zur Unfähigkeit des Gesetzgebers, zeitnahe Bilanzierungsregeln bereitzustellen, auch *Havermann* ZGR 2000, 693, 698; optimistischer aber *Kirchhof* NJW 2001, 1332, 1333.

[53] Ausführlich *Schmidt-Preuß* VVDStRL 56 (1997) S. 160, 205 f; *Schuppert/Bumke* Die Zukunft des deutschen Bilanzrechts 71, 113 ff.

[54] Siehe namentlich *Hesse* JbStVW 1 (1987) S. 55, 71 ff; *Benz* Kooperative Verwaltung (1994) 311 f; *Ritter* in Grimm (Hrsg.), Wachsende Staatsaufgaben – sinkende Steuerungsfähigkeit des Rechts? (1991) 69, 105; *ders.* in Schmidt-Aßmann/Hoffmann-Riem (Hrsg.), Verwaltungsorganisationsrecht als Steuerungsressource (1997) 207, 247 f; *Schuppert* in Hoffmann-Riem/Schmidt-Aßmann (Hrsg.), Konfliktbewältigung durch Verhandlungen (1990) 29, 34; *ders.* Der Staat 28 (1989) S. 91, 100 f.

[55] Diese grundsätzliche Einschätzung wurde auch von dieser Seite – ungeachtet der bereits andernorts erhobenen und hier wiederholten und z. T. ergänzten Kritik an Besetzung, Verfahren und Finanzierung (*Hommelhoff/Schwab* BFuP 1998, 38 ff; *dies.* FS Kruse 693, 701 ff, 704 f; *Schwab* BB 1999, 731 ff, 783 ff) – niemals in Frage gestellt; mißverständlich insoweit die Würdigung diesseitiger Stellungnahmen bei MünchKommHGB-*Ebke* § 342, 18.

[56] Nachweise bei *Hommelhoff/Schwab* BFuP 1998, 38, 47 f; neuestens *Berberich* DRSC §§ 9–11; ausführlich dazu unten Rdn. 90 ff.

[57] Vgl. *Schwab* Politikberatung 467.

stellen sicher, daß das *Ziel* des Demokratieprinzips, eine ausgewogene und vor dem Gemeinwohl verantwortete Entscheidungsfindung mit Auswirkung auf Dritte zu gewährleisten, auch bei Einbeziehung Privater erreicht wird. Private Standards sind als solche nicht Ausübung von Staatsgewalt und bedürfen daher auch keiner demokratischen Legitimation; die Erfordernisse ausgewogener Interessenvertretung und transparenten öffentlichen Verfahrens haben vielmehr sicherzustellen, daß die **staatliche Rezeption** der Standards nicht zu einem überproportionalen Einfluß von Partikularinteressen führt. Solcher Einfluß hebelt nämlich die Gemeinwohlrichtigkeit der distanzierten Ausübung von Staatsgewalt (Rdn. 14) aus und unterminiert damit das Demokratieprinzip.

II. Deutsches Rechnungslegungs Standards Committee als private Einrichtung (Abs. 1 S. 1)

1. Standardisierungsvertrag

§ 342 ermächtigt das Bundesjustizministerium (BMJ), eine private Einrichtung durch Vertrag anzuerkennen. Als eine solche Einrichtung wurde am 17.3.1998 das **Deutsche Rechnungslegungs Standards Committee** (DRSC) gegründet, das sich am 15.5.1998 in der Rechtsform des eingetragenen Vereins konstituierte und mit dem das BMJ am 3.9.1998 einen sog. Standardisierungsvertrag[58] (im folgenden: StandV) schloß.[59] Danach soll das DRSC die in § 342 HGB beschriebenen Aufgaben wahrnehmen (§ 1 Abs. 1 StandV). Der Vertrag enthält einige Vorgaben zu Organisation und Verfahren der Standardsetzung: Standards dürfen nach § 4 Abs. 2 StandV nur dann verabschiedet werden, wenn zuvor ein Entwurf beschlossen und mit einer Frist zur Stellungnahme von mindestens sechs Wochen veröffentlicht worden ist (Nr. 1), die eingegangenen Stellungnahmen ausgewertet und die wesentlichen Einwendungen und Änderungsvorschläge in öffentlicher Sitzung erörtert worden sind (Nr. 2) und im Falle wesentlicher Änderungen des Entwurfs dieser nochmals mit einer Frist zur Stellungnahme von mindestens vier Wochen offengelegt worden ist (Nr. 3). Bei der Zusammensetzung der Gremien soll darauf geachtet werden, daß die Interessen der Bilanzaufsteller, -prüfer und -nutzer gewahrt sind (§ 4 Abs. 4 S. 1 StandV). Mitglied im Standardisierungsgremium oder in Arbeitsgruppen können nur Rechnungsleger sein (§ 4 Abs. 4 S. 2 StandV). § 4 Abs. 3 S. 1 StandV stellt darüber hinaus klar, daß die Standards des DRSC sich nicht über geltendes Recht hinwegsetzen dürfen (dazu ausführlich unten Rdn. 34 f); es soll aber eine sinnvolle Weiterentwicklung der GoB möglich sein (§ 4 Abs. 3 S. 2 StandV). 22

2. Satzung des DRSC

a) **Mitgliedschaft im DRSC e.V.** Mitglied im DRSC kann nach § 4 Abs. 1 der Satzung[60] jede natürliche Person werden, die aufgrund erkennbarer Qualifikation oder Erfahrung auf dem Gebiet der Rechnungslegung den Zielen des Vereins nahe- 23

---

[58] Im Internet abrufbar unter http://www.drsc.de/ger/gasc/_tasks.html. Der Standardisierungsvertrag weist das BMJ als Vertragspartei aus; und dies entspricht auch dem Wortlaut des § 342 Abs. 1 S. 1.

[59] Als Vorbild stand der 1975 geschlossene Normungsvertrag zwischen dem Bundeswirtschaftsministerium und dem Deutschen Institut für Normung Pate; vgl. *Baumbach/Hopt* § 342, 1; Heymann/*Herrmann* §§ 342, 342a, 2; *Schuppert/Bumke* Die Zukunft des deutschen Bilanzrechts 71, 76 f.

[60] Im Internet abrufbar unter http://www.drsc.de/ger/gasc/_tasks.html.

steht (S. 1). Mitglied kann auch jedes Unternehmen (einschließlich freiberuflicher Vereinigungen) werden, sofern die Ausübung der Mitgliedschaft einer Person obliegt, die nach S. 1 Mitglied sein könnte (S. 2); dies ist die notwendige Konsequenz aus der Tatsache, daß nach § 342 Abs. 1 S. 3 die Mitgliedschaftsrechte von juristischen Personen nur durch Rechnungsleger ausgeübt werden dürfen (dazu auch unten Rdn. 80 f). Natürliche Personen, die in einem Arbeits- oder Gesellschaftsverhältnis zu einem solchen Unternehmen oder einer solchen Vereinigung stehen, können selbst nur Mitglied werden, wenn und solange das Unternehmen Mitglied ist (§ 4 Abs. 1 S. 3 der Satzung).

24 Die letztgenannte Bestimmung enthält eine mit § 342 Abs. 1 S. 2 HGB unvereinbare **Beschränkung der Fachöffentlichkeit**: Sie bedeutet, daß **abhängig beschäftigten** Rechnungslegern, namentlich einschlägig qualifizierten Angestellten von Unternehmen, der selbständige Zugang zur Mitgliedschaft ebenso versperrt ist wie Gesellschaftern solcher Unternehmen, namentlich Partnern von Wirtschaftsprüfungs- und Steuerberatungsgesellschaften. Gewiß würde diese Beschränkung einen Sinn ergeben, wenn mit ihr bezweckt würde, eine Überrepräsentanz von Rechnungslegern aus Großunternehmen und großen Prüfungsgesellschaften zu verhindern; denn nach § 12 Abs. 2 der Satzung hat jedes Mitglied eine Stimme. Dies kann indes schon deshalb nicht Sinn der Regelung sein, weil besagten Personen die Mitgliedschaft offensteht, solange „ihr" Unternehmen Mitglied ist (Rdn. 23).

25 Gewiß ist es sachgerecht, wenn die Satzung den Erwerb der Mitgliedschaft von einer **fachlichen Qualifikation** im Bereich der Rechnungslegung abhängig macht; denn Einflußnahme auf das DRSC ohne jeden einschlägigen Sachverstand schadet der Qualität, mit welcher die Aufgaben nach § 342 im DRSC wahrgenommen werden müssen. Soweit aber eine Person, die sich um die Mitgliedschaft bewirbt, eine solche Qualifikation vorweisen kann, muß der Mitgliedsantrag angenommen werden; denn dem DRSC kommt im Bereich seines Tätigwerdens eine **Monopolstellung** zu, welche nach den von der Rechtsprechung aufgestellten Grundsätzen[61] geeignet ist, einen **Aufnahmezwang** zu begründen: Nach § 1 Abs. 1 StandV erkennt das BMJ das DRSC als *die* zuständige Standardisierungsorganisation für Deutschland an; nach § 3 Abs. 2 verpflichtet sich das BMJ, wenn es das DRSC um einen Normungsvorschlag ersucht hat, innerhalb der dafür gesetzten Frist eigene Regelungen weder selbst noch durch Dritte aufzustellen. Konsequent muß der Mitgliedsantrag einer jeden natürlichen Person angenommen werden, welche aufgrund ihrer Qualifikation als Rechnungsleger angesehen werden kann; das DRSC ist nicht berechtigt, den Antrag mit Rücksicht auf § 4 Abs. 1 S. 3 der Satzung abzulehnen. Diese Satzungsbestimmung ist vielmehr nach § 134 BGB nichtig.

26 **b) Organe.** Nach § 6 Abs. 1 der Satzung sind Organe des DRSC der Vorstand (§ 7 der Satzung), der Verwaltungsrat (§ 8 der Satzung) und die Mitgliederversammlung (§§ 11–13 der Satzung). In die Organe – gemeint ist: in den Vorstand und den Verwaltungsrat – können nach § 6 Abs. 2 der Satzung nur Rechnungsleger gewählt werden (zu diesem Begriff unten Rdn. 44).

27 **aa)** Die **Mitgliederversammlung**, welche nach § 11 Abs. 1 der Satzung mindestens einmal im Jahr einzuberufen ist, ist nach § 13 der Satzung für die folgenden Entscheidungen zuständig: Sie wählt und entlastet den Vorstand und den Verwaltungsrat; die Ersatzmitglieder für während der Amtsperiode ausgeschiedene Vorstandsmitgliedern

---

[61] Vgl. BGHZ 29, 344; 63, 282; 93, 151; BGH NJW 1980, 186; NJW 1985, 1214.

werden jedoch durch den Verwaltungsrat gewählt (§ 7 Abs. 1 S. 3 der Satzung). Die Mitgliederversammlung beschließt ferner den Jahresetat, Satzungsänderungen sowie die Auflösung des Vereins. Schließlich wählt sie dessen Abschlußprüfer.

bb) Der **Vorstand** besteht aus vier Mitgliedern, die von der Mitgliederversammlung jeweils auf drei Jahre gewählt werden (§ 7 Abs. 1 S. 1 der Satzung); jedes Vorstandsmitglied ist einzelvertretungsbefugt (§ 7 Abs. 2 S. 1 der Satzung). Beschlüsse im Vorstand werden mit Mehrheit gefaßt (§ 7 Abs. 2 S. 2 der Satzung), wobei dem Vorsitzenden bei Stimmengleichheit der Stichentscheid zukommt (§ 7 Abs. 2 S. 3 der Satzung). Der Vorstand bestellt einen Generalsekretär und legt dessen Aufgaben und Vertretungsbefugnisse fest (§ 7 Abs. 3 der Satzung); ihm obliegt die Buchführung (§ 7 Abs. 4 der Satzung). **28**

cc) Der **Verwaltungsrat**, der aus dem Vorstand und 14 weiteren auf drei Jahre gewählten sowie maximal 5 kooptierten Personen besteht (§ 8 Abs. 1 der Satzung), legt die Grundsätze für die Arbeit des DRSC fest (§ 8 Abs. 3 S. 1 der Satzung) und ist für alle Entscheidungen zuständig, welche nicht ausdrücklich dem Vorstand oder der Mitgliederversammlung zugewiesen sind (§ 8 Abs. 3 S. 3 a. E. der Satzung). Seine wichtigste Aufgabe besteht darin, den Standardisierungsrat (Rdn. 30) zu wählen (§ 8 Abs. 3 S. 3 der Satzung), dem er aber keine Weisungen erteilen darf (§ 8 Abs. 3 S. 2 der Satzung). Des weiteren beschließt er über den Jahresbericht und die Jahresrechnung, genehmigt die Geschäftsordnung des Vorstands, legt der Mitgliederversammlung einen Entwurf über den Jahresetat vor und setzt die Mitgliedsbeiträge fest (§ 8 Abs. 3 S. 3 der Satzung). Der Verwaltungsrat faßt seine Beschlüsse mit einfacher Stimmenmehrheit (§ 8 Abs. 2 S. 2 der Satzung), bei der Wahl des Standardisierungsrats entscheidet er mit 3/4-Mehrheit (§ 8 Abs. 2 S. 5 der Satzung). Seine Beschlußfähigkeit setzt die Anwesenheit mindestens eines Drittels seiner Mitglieder voraus (§ 8 Abs. 2 S. 3 der Satzung). **29**

dd) *Nicht* zu den Organen zählt die Satzung den **Standardisierungsrat** (§ 9 der Satzung) und den **Konsultationsrat** (§ 10 der Satzung). Gleichwohl kommt gerade dem Standardisierungsrat die wichtigste Aufgabe im DRSC zu: Er verkörpert das Gremium, das die in § 342 bezeichneten Aufgaben wahrzunehmen hat und dessentwegen das DRSC als private Einrichtung überhaupt anerkannt wurde. Er besteht aus 7 gewählten Mitgliedern und wird für 4 Jahre, im Gründungsjahr für 3–5 Jahre gewählt (§ 9 Abs. 1 S. 1 der Satzung). Der Standardisierungsrat kann zwei weitere Mitglieder kooptieren (§ 9 Abs. 1 S. 4 der Satzung); sämtliche Mitglieder üben ihr Amt unabhängig aus (§ 9 Abs. 1 S. 3 der Satzung; dazu noch unten Rdn. 45 ff). In der Geschäftsordnung des Standardisierungsrats soll das Verfahren der Standardsetzung nach den international üblichen Grundsätzen geregelt werden (§ 9 Abs. 2 S. 1 der Satzung). Er entscheidet mit einfacher, bei der Kooptation nach § 9 Abs. 1 S. 4 oder bei der Verabschiedung von Standards jedoch mit 2/3-Mehrheit (§ 9 Abs. 2 S. 2 der Satzung). Der Standardisierungsrat tagt bei der Verabschiedung seiner Empfehlungen öffentlich (§ 9 Abs. 2 S. 3 der Satzung); die Geschäftsordnung kann die Teilnahme von einer vorherigen Anmeldung und der Zahlung eines angemessenen Beitrags zur Deckung der durch die Teilnahme entstehenden Mehrkosten abhängig machen sowie eine zahlenmäßige Begrenzung zulassen (§ 9 Abs. 2 S. 4 der Satzung; dazu näher unten Rdn. 64). Der Standardisierungsrat kann zur Vorbereitung seiner Entscheidungen Arbeitsgruppen einsetzen (§ 9 Abs. 3 der Satzung). **30**

Der **Konsultationsrat** wurde eingerichtet, um den beteiligten Kreisen Gelegenheit zu geben, dem Standardisierungsrat ihre Vorstellungen vor grundsätzlichen Entscheidungen unmittelbar vorzutragen (§ 10 Abs. 1 der Satzung). Die Mitgliedschaft **31** steht, diesem Zweck entsprechend, nicht natürlichen Personen offen, ebensowenig einzelnen Unternehmen; Mitglied können vielmehr lediglich Organisationen werden, die als *Berufs- oder Interessenvertretung* von Rechnungslegern, Unternehmen oder Nutzern den Zwecken des Vereins nahestehen. Begründet wird die Mitgliedschaft, indem das Präsidium des Verwaltungsrats (= der Vorstand, § 8 Abs. 1 S. 1 der Satzung) eine solche Organisation in den Konsultationsrat beruft (§ 10 Abs. 3 S. 1 der Satzung). Auch wenn die Satzung dies nicht ausdrücklich vorsieht, wird die jeweilige Organisation nur auf ihren Antrag hin berufen. Denn die Mitgliedschaft im Konsultationsrat ist mit der Verpflichtung verbunden, einen Beitrag zur Kostendeckung zu leisten, dessen Höhe vom Verwaltungsrat festgesetzt wird (§ 10 Abs. 3 S. 2 der Satzung); eine solche Verpflichtung kann einer Organisation nicht gegen ihren Willen aufgedrängt werden.

32 c) **Finanzierung.** Nach § 14 der Satzung wird ein Spendenfonds eingerichtet, dessen Mittel insbesondere für die Arbeit des Standardisierungsrats und dessen Arbeitsgruppen verwendet werden sollen. Die Arbeit des DRSC soll sich also außer durch **Mitgliedsbeiträge** und durch **Erlöse aus Publikationen** dadurch finanzieren, daß Personen oder Organisationen, die den Zwecken des DRSC nahestehen, freiwillig entsprechende Mittel zuführen. Die Notwendigkeit externer Finanzierung der Standardsetzung ist in der Satzung selbst angelegt: Nach deren § 9 Abs. 4 stellt das DRSC Mitarbeiter ein, welche die Arbeit des Standardisierungsrats unterstützen. Namentlich kann dieser seinen Aufgaben ohne eine professionell besetze Hauptgeschäftsstelle nicht nachkommen.[62] § 9 Abs. 5 der Satzung trägt dieser Gegebenheit Rechnung: Dort ist angeordnet, daß die Geschäfte des Standardisierungsrats von dem nach § 7 Abs. 3 der Satzung bestellten Generalsekretär geführt werden. Weitere Kosten entstehen dadurch, daß die Mitgliedschaft im Standardisierungsrat nicht als ehrenamtliche ausgestaltet ist, die Mitglieder dieses Gremiums daher eine Vergütung für ihre Tätigkeit verlangen können; § 1 Abs. 2 der Geschäftsordnung des Standardisierungsrats verweist des Näheren auf insoweit noch zu schließende Beraterverträge.

33 Allein durch Mitgliedsbeiträge (zu deren Höhe unten Rdn. 78) werden diese Kosten nicht zu decken sein; die Zufuhr **externer Mittel** ist unausweichlich vonnöten. Das gilt namentlich für die Vergütung, welche den Mitgliedern des Standardisierungsrats nach den mit ihnen geschlossenen Beraterverträgen gezahlt werden soll: Sie wird aus staatlichen Mitteln nicht gedeckt werden, weil das DRSC dem BMJ im Standardisierungsvertrag versprochen hat, eine tragfähige Finanzierung seiner Arbeit aus eigener Kraft sicherzustellen (§ 1 Abs. 1 S. 2 StandV) und die Aufgaben nach § 342 für das BMJ unentgeltlich wahrzunehmen (§ 1 Abs. 1 S. 3 StandV). Ob die Option, die externe Finanzierung durch **Spenden** zu bewirken, der zweckmäßige Weg ist, bleibt freilich zweifelhaft (näher Rdn. 76 ff).

III. Aufgaben des DRSC (Abs. 1 S. 1)

1. Empfehlungen zur Anwendung der Konzern-GoB (Nr. 1)

34 Das DRSC hat die – von ihm durch den Standardisierungsrat wahrgenommene – Aufgabe, Empfehlungen zur Anwendung der Grundsätze über die Konzernrechnungslegung auszuarbeiten. Diese „Grundsätze" sind, wenn es auch nicht aus-

[62] *Achleitner* Die Normierung der Rechnungslegung 315; ähnlich im Zusammenhang mit einem geplanten Gremium zur Durchsetzung einer gesetzeskonformen Rechnungslegung *Hommelhoff* in Lutter (Hrsg.), Der Wirtschaftsprüfer als Element der Corporate Governance 231, 242.

drücklich gesagt wird, Grundsätze *ordnungsgemäßer Buchführung*.[63] Dies ergibt sich aus dem Zusammenhang mit § 342 Abs. 2 HGB: Dort ist ausgeführt, daß die Beachtung der „die Konzernrechnungslegung betreffenden Grundsätze ordnungsgemäßer Buchführung" vermutet wird, wenn den „Empfehlungen" entsprechend bilanziert worden ist. Die Kompetenz des Standardisierungsrats, derartige Empfehlungen auszusprechen, bedeutet in der Sache die Kompetenz zur **Standardsetzung**.

Mit der Formulierung „Empfehlungen zur *Anwendung*" von GoB stellt das Gesetz klar, daß der Standardisierungsrat *kein* Mandat hat, sich über geltendes Recht hinwegzusetzen; die empfohlenen **Standards** müssen vollumfänglich mit dem (Konzern-)-Bilanzrecht des **HGB vereinbar** sein.[64] Der Standardisierungsrat hat folglich nicht die *Schaffung neuer*,[65] sondern allenfalls die *Interpretation bestehender* GoB zu leisten.[66] Selbst dort, wo die Anwendungsempfehlungen des DSR sich auf neuartige Sachverhalte beziehen, werden keine neuen GoB geschaffen.[67] Vielmehr läßt sich auch insoweit die angemessene Lösung aus dem vorhandenen Normenbestand ableiten;[68] so ist es gelungen, etwa Leasing-Verhältnisse,[69] Investitionszuschüsse[70] oder Finanzierungsinstrumente[71] sachgerecht im Rechenwerk abzubilden. In diesem Lichte ist auch die Bestimmung in § 4 Abs. 3 S. 2 StandV zu sehen, wonach der DSR zu einer „sinnvollen **Weiterentwicklung**" der GoB befugt ist: Damit ist ihm keine Ermächtigung zur Abweichung von den GoB erteilt, sondern lediglich seine Aufgabe unterstrichen worden, neu auftauchende Bilanzierungsprobleme einer Lösung nach den GoB zuzuführen. 35

2. Beratung des BMJ (Nr. 2)

Indem der Gesetzgeber das DRSC mit einer allgemeinen Beratungsfunktion installiert, artikuliert er seinen Bedarf an sachverständiger Beratung jenseits der Konzernrechnungslegung. Diese Beratungsaufgabe ist im Gegensatz zu Nr. 1 gerade **nicht** auf den **Konzernabschluß beschränkt**.[72] Der Standardisierungsrat wird sich folglich in Zukunft auch das Arbeitsfeld des Einzelabschlusses erschließen können und müssen.[73] Die grundstürzenden Neuerungen, welche sich aus der internationalen Rechtsentwicklung für das Bilanzrecht ergeben, werden nicht auf den Konzernabschluß beschränkt bleiben,[74] und dementsprechend müssen Reformbestrebungen 36

[63] So auch Heymann/*Herrmann* §§ 342, 342 a, 3.

[64] *Beisse* BB 1999, 2180, 2182; *Breidenbach* StuB 1999, 641, 643; *Ernst* WPg 1998, 1025, 1030; *Hayn/Zündorf* FS Weber 481, 499; *Scheffler* DStR 1999, 1285, 1291; *Spanheimer* WPg 2000, 997, 998 f; *Zitzelsberger* WPg 1998, 246, 259.

[65] Insoweit richtig *Scheffler* BFuP 1999, 407, 414; ebenso *Breidenbach* StuB 1999, 641, 643.

[66] Vgl. *Ballwieser* FS Weber 433, 443; *Hayn/Zündorf* FS Weber 481, 499.

[67] Zutreffend *Ballwieser* FS Weber 433, 444.

[68] *Hommelhoff* Die Zukunft des deutschen Bilanzrechts 141, 146 f.

[69] Vgl. dazu *Adler/Düring/Schmaltz* Rechnungslegung und Prüfung der Unternehmen, Teilband 1, 6. Aufl. (1995) § 246, 385 ff, § 250, 119 ff; Beck BilKomm-*Budde/Karig* § 246, 26 ff; *Küting/Hellen/Brakensiek* BB 1998, 1465 ff.

[70] Vgl. dazu *Achter/Düring/Schmaltz* Rechnungslegung und Prüfung der Unternehmen, Teilband 1, § 255 HGB Rdn. 56 ff; *Baetge* Bilanzen 214; *Ordelheide* FS Budde 484, 489 f.

[71] Vgl. für Zero-Bonds *Böcking* ZfbF 38 (1986) S. 930 ff; *Ulmer/Ihrig* ZIP 1985, 1169, 1173 ff; kurz auch *Baetge* Bilanzen 334 f; *Döllerer* FS Kropff 107, 135 f; für DAX-Redemption-Bonds *Prahl/Naumann* WPg 1992, 709, 713 f.

[72] *Breidenbach* StuB 1999, 641, 644.

[73] Zuletzt *Baetge/Krumnow/Noelle* DB 2001, 769, 773; *Breidenbach* StuB 1999, 641, 644; *Hayn/Zündorf* FS Weber 481, 496.

[74] *Böcking/Orth* DB 1998, 1873, 1877; *Budde* FS Beisse 105, 120; *Budde/Steuber* BB 2000, 971; *Hommelhoff* Die Zukunft des deutschen Bilanzrechts 141, 143; *Kleekämper* BFuP 1995, 415, 430; *Küting/Hayn* BB 1995, 662, 667; *Luttermann* Unternehmen, Kapital und Genußrechte 369; *Niehus* DB 2001, 53, 55; *Schildbach* FS Moxter 699 ff; *Schön* ZHR 161 (1997) S. 133, 157; *Schulze-Osterloh* in Hommelhoff/Röhricht (Hrsg.), Gesellschaftsrecht (1997) 301 ff; *Zitzelsberger* WPg 1998, 246, 253.

den Einzelabschluß mit einbeziehen;[75] die langfristige Perspektive dürfte in einer privaten Standardsetzung auch für den Einzelabschluß bestehen.[76]

3. Vertretung Deutschlands in internationalen Gremien (Nr. 3)

37 In Nr. 3 kommt ein zentrales Motiv des Gesetzgebers für die Privatisierung der Standardsetzung zum Ausdruck, welches sich mit doppeltem Akzent formulieren läßt: Einerseits soll der Einfluß Deutschlands auf die Standardsetzung in internationalen Gremien gestärkt werden.[77] Gleichzeitig aber soll andererseits das auf internationaler Ebene Ausgehandelte auch Eingang ins deutsche Recht finden: Der bloße „Export“ deutscher Vorstellungen ins Ausland kann kein Selbstzweck sein und würde, wenn er mit einer gleichzeitigen Blockade Deutschlands gegen Anstöße aus anderen Ländern einherginge, die deutschen Vertreter in internationalen Gremien rasch in eine Außenseiterposition manövrieren; denn kein ausländischer Standardsetter wird zugunsten deutscher Interessen Zugeständnisse machen, wenn er nicht seinerseits ein Stück weit mit der Verwirklichung seiner Vorstellungen in Deutschland rechnen kann.[78] Das deutsche Bilanzrecht soll mithin für den **Austausch** mit den Bilanzrechten **anderer Rechtsordnungen** geöffnet werden.

38 Freilich ist damit keine bedingungslose Unterwerfung unter die weltweit dominierenden[79] angloamerikanischen Rechnungslegungsphilosophien gewollt.[80] Namentlich kann keine Rede davon sein, der Standardisierungsrat solle das deutsche Recht der Konzernrechnungslegung an die IAS anpassen.[81] Vielmehr sollen die deutschen Vorstellungen effektiv in den Prozeß des internationalen Abgleichs eingebracht werden; es ist die deutsche Bilanzauffassung zu verteidigen und um Verständnis für sie zu werben;[82] einzig seriöses Ziel kann die Erringung eines vernünftigen **Kompromisses**[83] auf internationaler und dessen Implementation auf nationaler Ebene sein. Die Vertretungsaufgabe nach Nr. 3 wird gesteigerte Bedeutung erlangen, wenn die oben (Rdn. 8 ff) beschriebenen Vorstellungen der EU-Kommission Wirklichkeit werden: Dann wird es für börsennotierte Unternehmen in Europa nur noch europäische Standards geben und nicht mehr genuin deutsche, so daß die Empfehlungskompetenz nach Nr. 1 eine entsprechende Beschneidung erfährt.[84]

39 Um auf internationalem Parkett einen solchen Kompromiß auszuhandeln, hat der deutsche Gesetzgeber die Einrichtung eines nationalen Standardsetters für erforderlich gehalten.[85] Und in der Tat ist seine Entscheidung, die Vertretung Deutschlands

---

[75] *Hommelhoff* Die Zukunft des deutschen Bilanzrechts 141, 144; *Niehus* DB 2001, 53, 57.

[76] *Berberich* DRSC § 6 D II 1 a; *Küting/Hayn* BB 1995, 662, 672; *Niehus* DB 2001, 53, 59.

[77] Deutlich kommt dieser Zusammenhang zum Ausdruck in der Gesetzesbegründung, abgedruckt in ZIP 1998, 402 f; vgl. schon vorher *Langenbucher/Blaum* BB 1995, 2325, 2328; aus neuerer Zeit *Ernst* WPg 1998, 1025, 1031; *Hellermann* NZG 2000, 1097.

[78] *Hellermann* NZG 2000, 1097; *Langenbucher/Blaum* BB 1995, 2325, 2328; *Schwab* BB 1999, 731, 732.

[79] Zur gegenwärtig angenommenen „Benchmark“-Funktion angelsächsischer Rechnungslegungsprinzipien zuletzt *Zitzelsberger* WPg 1998, 246, 247.

[80] *Scheffler* BFuP 1999, 407, 415; *Schwab* BB 1999, 731, 732.

[81] So aber *Biener* Die Zukunft des deutschen Bilanzrechts 55, 63.

[82] Vgl. *Busse von Colbe* BFuP 1995, 373, 390; *Haller* DB 1993, 1297, 1305; *Küting/Hayn* BB 1995, 662, 672; *Pellens/Fülbier/Ackermann* DB 1996, 285, 286, 289, 291.

[83] Siehe schon *Hommelhoff* RabelsZ 62 (1998) S. 382, 401; *Küting/Hayn* BB 1995, 662, 670; *Moxter* FS Budde 419 ff, 424; ähnlich *Bardenz* WM 1996, 1657, 1659; *Claussen* FS Zimmerer 495, 506; *von Rosen* FS Budde 505, 530.

[84] Vgl. *Hommelhoff/Schwab* FS Kruse 693, 702; *Pellens/Gassen* KoR 2001, 137, 141.

[85] Vgl. *Drescher* StuW 1998, 241, 242 f; *Scheffler* BFuP 1999, 407.

einem privaten (§ 342) oder halbstaatlichen (§ 342a) Standardsetter zu überlassen, in sich folgerichtig. Sie baut auf § 292a HGB auf, der international gelisteten deutschen Konzernen die Möglichkeit eröffnet, mit befreiender Wirkung einen IAS- oder US-GAAP-Abschluß zu veröffentlichen.[86] Diese Option ist bis zum Jahre 2004 befristet, trägt mithin den Charakter einer Übergangslösung. Ganz offensichtlich erwartet der Gesetzgeber, daß bis dahin **deutsche Standards** existieren, die **international anerkennungsfähig** sind; und diese können nur von einem nach Maßgabe der §§ 342, 342a HGB eingerichteten Rechnungslegungsgremium herrühren.[87] Internationale Anerkennungsfähigkeit werden deutsche Standards aber nur dann erlangen, wenn sie die Probe der kontroversen Verhandlung mit ausländischen Standards bestanden haben; der Standardsetter ist daher die in erster Linie zur Verhandlungsführung berufene Instanz.

Ob man freilich angesichts der gegenwärtigen Besetzung des Standardisierungsrats **40** auf eine **effektive Vertretung** genuin **deutscher Interessen** setzen kann, darf **bezweifelt** werden (vgl. auch unten Rdn. 53): Für die Vertretung Deutschlands wird in der Sache auf denselben Personenkreis zurückgegriffen, aus dem auch bisher die deutschen Repräsentanten stammten,[88] welche es ihrerseits nicht vermocht haben, eigenständig deutschen Interessen gegenüber den angloamerikanischen zur Durchsetzung zu verhelfen. Zwar mag es das Einflußpotential des Standardisierungsrats verstärken, daß der deutsche Gesetzgeber ihn anerkannt hat.[89] Gerade soweit aber die Mitglieder des Standardisierungsrats einer hauptberuflichen Tätigkeit in größeren Unternehmen oder Prüfgesellschaften nachgehen oder nachgegangen sind, werden sie nicht an eigenständig deutschen, sondern in erster Linie an weltweiter Anerkennung fähigen Standards ein Interesse haben.[90] Das Machtpotential des Standardisierungsrats ist noch zusätzlich dadurch eingeschränkt, daß das DRSC im Gegensatz zum Institut der Wirtschaftsprüfer nicht einmal Mitglied im IASC ist.[91] Die Vertretung Deutschlands durch den Standardisierungsrat kann unter diesen Umständen allenfalls noch unter dem Gesichtspunkt einen Sinn ergeben, daß deutsche *Fachkompetenz* auf internationaler Bühne mitwirkt; dafür aber hätte es des DRSC nicht bedurft.[92]

IV. Anerkennungsvoraussetzungen (Abs. 1 S. 2)

Voraussetzung für die Anerkennung einer privaten Einrichtung ist, daß die **41** Empfehlungen ausschließlich von *Rechnungslegern* beschlossen werden, und zwar *unabhängig* und in einem *Verfahren*, das die interessierte *Öffentlichkeit* einbezieht. Die Einrichtung, nämlich das DRSC, muß die Einhaltung dieser Anforderungen durch ihre Satzung gewährleisten.

86 Diesen Zusammenhang betonen zu Recht schon *Küting/Hayn* BB 1995, 662, 671. Zur Befreiungswirkung nach § 292a vgl. dort Rdn. 9, 49.

87 Siehe Begründung der Beschlußempfehlung des Rechtsausschusses zum KapAEG, abgedruckt in ZIP 1998, 402 f; ferner *Pellens/Bonse/Gassen* DB 1998, 785.

88 *Schildbach* DB 1999, 645, 648; Beispiel: Der Präsident des Standardisierungsrats war auch einer der ersten beiden deutschen Delegierten im DRSC.

89 *Breidenbach* StuB 1999, 641, 644.

90 *Schildbach* DB 1999, 645, 647; ähnlich *Breidenbach* StuB 1999, 641, 644; *Ebke* ZIP 1999, 1193, 1197.

91 *Ebke* ZIP 1999, 1193, 1197.

92 *Ballwieser* FS Weber 433, 445 f.

1. Anwendungsbereich

42 Indem S. 2 von „Empfehlungen" spricht, meint er namentlich die „Empfehlungen" zur Anwendung der **Grundsätze über die Konzernrechungslegung** nach Abs. 1 Nr. 1; und in der Tat ist das Bedürfnis eines öffentlichen und transparenten Verfahrens dort am größten, weil diesen Empfehlungen im Umfang des Abs. 2 in begrenztem Umfang rechtsverbindliche Wirkung zukommt (näher Rdn. 82 ff). Darüber hinaus kann indes auch die **Beratung** des BMJ bei **Gesetzgebungsvorhaben** in konkrete Empfehlungen zur Ausgestaltung von Gesetzesvorlagen münden. Dann entscheidet zwar formell das BMJ darüber, ob die Vorlage der Bundesregierung als Kollegium zur Entscheidung unterbreitet werden soll, diese wiederum, ob sie den Status eines Regierungsentwurfs erlangen, und schließlich der Bundestag darüber, ob dieser Entwurf Gesetz werden soll. Gleichwohl hat keine dieser politischen Instanzen dem im Standardisierungsrat aggregierten Sachverstand etwas entgegenzusetzen. *Faktisch* entscheidet der Standardisierungsrat daher in erheblichem Maße im Gesetzgebungsverfahren mit.

43 Die institutionalisierte Kooperation mit den Gesetzgebungsinstanzen auf dieser Ebene macht es mithin notwendig, daß Unabhängigkeit und Verfahrensöffentlichkeit der Empfehlungen trotz ihrer fehlenden rechtlichen Verbindlichkeit gewährleistet sind, um zu verhindern, daß unter dem Deckmantel der sachverständigen Beratung des Staates eine einseitige Interessenausrichtung in die Gesetzgebung Einzug hält.[93] Die Anforderungen des Abs. 1 S. 2 müssen daher bei Gesetzgebungsvorschlägen ebenso gewährleistet sein. Unabhängigkeit und Verfahrensöffentlichkeit können schließlich Bedeutung erlangen, wenn auf **internationaler Ebene** Verhandlungen über einen **Standard** anstehen und das Ergebnis dieser Verhandlungen **Sachzwänge** auf die nationale Standardsetzung auszuüben droht; dann muß ein den Anforderungen des Abs. 1 S. 2 entsprechenden Verfahrens zunächst durchgeführt werden, um die Position des Standardisierungsrats in internationalen Verhandlungen zu bestimmen. Läßt sich diese Position nicht durchsetzen, so muß im anschließenden nationalen Standardsetzungsverfahren in gleicher Weise öffentlich und unabhängig darüber entschieden werden, ob das international ausgehandelte Ergebnis als im Interesse weltweiter Vereinheitlichung notwendig hingenommen werden soll oder nicht.[94]

44 **2. Der Begriff des Rechnungslegers** ist im Gesetz nicht definiert. Was der Gesetzgeber sich darunter vorgestellt hat, ergibt sich aber aus der Gesetzesbegründung[95] und ist in § 6 Abs. 2 S. 2, 3 der DRSC-Satzung wiederholend niedergelegt: Rechnungsleger sind alle Personen, die mit entsprechender Qualifikation die Handelsbücher oder die sonstigen in § 257 Abs. 1 Nr. 1 HGB bezeichneten Unterlagen für Kapitalgesellschaften oder andere Unternehmen im Anstellungsverhältnis oder freiberuflich führen. Weiterhin sind Rechnungsleger Personen, die als Wirtschaftsprüfer, vereidigter Buchprüfer, Steuerberater, Rechtsanwalt oder mit vergleichbarer Qualifikation auf dem Gebiet der Rechnungslegung prüfend, beratend, lehrend, überwachend oder analysierend tätig sind; dies gilt auch für Personen, die im Bereich der Hochschulen oder staatlichen Stellen tätig sind.

3. Unabhängigkeit

45 Der Gesetzgeber hat sich für die Standardsetzung durch ein privates Gremium entschieden, weil er sich den Sachverstand der beteiligten Kreise nutzbar machen will. Dies impliziert zweierlei:

---

[93] Näher *Schwab* Politikberatung 440 ff m. w. N.

[94] Näher *Schwab* BB 1999, 783, 786 f.

[95] Begründung zum Regierungsentwurf, BTDrucks. 13/10038, S. 46 f; auch abgedruckt in ZIP 1998, 490.

a) Persönliche Unabhängigkeit. Die Mitglieder des Gremiums dürfen sich allein von ihrer **fachlichen Überzeugung** leiten lassen, um ihre persönliche Sachkunde zur Geltung zu bringen; deshalb dürfen sie nicht persönlichen Bindungen unterliegen, deren Einhaltung ihnen möglicherweise die Preisgabe jener Überzeugung abverlangt. §§ 9 Abs. 1 S. 2 DRSC-Satzung und § 1 Abs. 1 S. 1 GeschO DSR bringen dies nochmals explizit zum Ausdruck. Dies ist die individuelle Komponente der Unabhängigkeit. Sie schlägt sich darin nieder, daß die Mitglieder des Standardisierungsrats nicht an Weisungen gebunden sind.[96] § 8 Abs. 3 S. 2 der DRSC-Satzung verbietet ausdrücklich Weisungen des Verwaltungsrats an den Standardisierungsrat; doch gilt das gleiche Verbot für jedes andere Organ im DRSC. Die Mitglieder des Standardisierungsrats dürfen sich auch nicht durch Vertrag mit Dritten Weisungen unterwerfen (§ 1 Abs. 1 S. 2 GeschO DSR). 46

Mit der Weisungsfreiheit wird freilich die individuelle Unabhängigkeit nur in *sachlicher* Hinsicht flankiert.[97] Ebenso wichtig ist es aber, den Mitgliedern des Standardisierungsrats in gleicher Weise die **persönliche Entscheidungsfreiheit** zu erhalten. Diese wird von zweierlei Seiten bedroht: Zum einen mag das Beratungs- und Abstimmungsverhalten von dem Bestreben geleitet sein, Nachteile für das eigene Fortkommen im Hauptberuf abzuwenden;[98] zum anderen mag die Befürchtung Pate stehen, nach Ablauf der Wahlperiode nicht erneut in den Standardisierungsrat berufen zu werden, wenn die Meinungsbildung nicht in einem den potentiellen Wählern genehmen Sinne ausfällt.[99] Zumindest der letztgenannten Möglichkeit sollte dadurch vorgebeugt werden, daß eine Wiederwahl ausgeschlossen wird;[100] die Satzung des DRSC wäre entsprechend zu ändern. 47

b) Institutionelle Interessenbindungen. Darüber hinaus trägt die Unabhängigkeit institutionellen Charakter: Mit zunehmender Spezialisierung des verfügbaren Wissens steigt die Bedeutung von Sachverstand als einer wertvollen Ressource, die von ihren Nutzern gegen Geld eingekauft und für ihre Interessen nutzbar gemacht wird. Sachverständige unterliegen daher Bindungen an die Interessen ihrer Nutzer, die sich nicht notwendig in einer rechtlichen Bindung an dies Interesse niederschlagen, wohl aber das *allgemeine fachliche Vorverständnis* prägen: Ein Wirtschaftsprüfer, der bislang lediglich global agierende Großkonzerne beraten und geprüft hat, betrachtet das Wirtschaftsleben aus der Perspektive derer Bedürfnisse und wird hieran – mit zunehmendem Zeitablauf immer stärker – auch seine Expertise ausrichten. Gleiches gilt von einem Betriebs- oder Volkswirt, der in einem solchen Unternehmen an der Aufstellung der Jahres- und Konzernabschlüsse mitgewirkt hat. Umgekehrt wird der Erfahrungshorizont eines Prüfers mittelständischer Unternehmen dessen Interpretation der GoB mehr in eine diesen Unternehmen gewogene Richtung lenken. Wirklich – d. h. nicht nur persönlich, sondern auch institutionell – „unabhängigen" Sachverstand gibt es, wenn überhaupt, nur noch sehr selten; aus ihm allein wird man kein privates Gremium rekrutieren können. Die Interessenbindung des Sachverstands beeinflußt aber ganz besonders im Bilanzrecht die fachliche Überzeugung; denn die Beurteilung, wie ein betriebswirtschaftlicher Sachverhalt zutreffend im Rechenwerk abzubilden ist, wird maßgeblich durch Wertungen jenseits formallogischer Ableitbarkeit aus den Bilanzzwecken mitbestimmt.[101] 48

---

96 Heymann/*Herrmann* §§ 342, 342a, 5.

97 Darauf weist zu Recht *Ebke* (ZIP 1999, 1193, 1198) hin.

98 *Breidenbach* StuB 1999, 641, 645.

99 *Ebke* ZIP 1999, 1193, 1198.

100 *Ebke* ZIP 1999, 1193, 1198.

101 *Berberich* DRSC § 5 D III, IV; *Hommelhoff/Schwab* BFuP 1998, 38, 41 f; *Moxter* DB 2001, 605, 606; *Schildbach* DB 1999, 645, 651.

49 c) **Ausgewogene Interessenvertretung.** Müssen aber institutionelle Interessenbindungen als in der Praxis unvermeidlich hingenommen werden, so kann die Standardsetzung als Ganzes von solchen Bindungen nur noch dadurch befreit werden, daß die unterschiedlichen **Vorverständnisse** durch eine *ausgewogene Besetzung* des Standardisierungsrats **neutralisiert** werden.[102] Ausgewogenheit bedeutet dabei zum einen *fachbezogene* Repräsentanz:[103] Im Gremium muß Sachverstand aus Theorie *und* Praxis vertreten sein, ferner Sachverstand der Betriebswirtschaft *und* der Juristen. Zum anderen ist *interessenbezogene* Repräsentanz anzuzielen: Sämtliche betroffenen Belange müssen im Standardisierungsrat selbst Fürsprache finden.[104] Dabei reicht es aus, wenn ein Belang durch die Wahrnehmung auch nur *einer* der in Abs. 1 S. 1 Nr. 1–3 aufgeführten Aufgaben berührt wird. Namentlich darf das Gläubigerinteresse nicht deshalb ausgespart bleiben, weil die Standardsetzung nach Nr. 1 auf den Konzernabschluß beschränkt ist und diesem keine Ausschüttungsbemessungsfunktion zukommt; denn Rückwirkungen der Standards auf den Einzelabschluß werden sich nicht vermeiden lassen (oben Rdn. 36). Spätestens die Beratungsaufgabe nach Nr. 2 umfaßt auch den Einzelabschluß.

50 Bei gebotener typisierender Betrachtungsweise[104a] lassen sich die **betroffenen Belange** unterteilen in diejenigen der rechnungslegungspflichtigen Unternehmen und ihrer Prüfer ebenso wie die der Abschluß-Nutzer, namentlich der Anleger und Gläubiger. Keiner dieser Belange darf bei der Besetzung des Standardisierungsrats ausgespart bleiben[105]; der Verzicht auf die Vertretung eines Interesses läßt sich, auch nicht mit dem Hinweis rechtfertigen, der Standardisierungsrat drohe dann arbeitsunfähig zu werden.[106]

51 Die global tätigen **Großkonzerne** sind daran interessiert, sich mit einem einheitlichen Konzernabschluß auf allen Kapitalmärkten der Welt präsentieren zu können; ihnen kommt daher die strikt Anleger-orientierte angloamerikanische Rechnungslegung entgegen. Rechnungsleger aus solchen Unternehmen werden sich daher für eine weitreichende Anpassung der deutschen an internationale Standards interessieren. Das gleiche gilt für ihre Prüfer, typischerweise die großen weltweit tätigen Prüfungsgesellschaften: Sie leben von Aufträgen multinationaler Konzerne und werden daher eine Standardsetzung befürworten, die dieser ihrer Mandantschaft nützt.[107] Demgegenüber hat der **Mittelstand** von der bisherigen eher konservativen Bilanzierung in erheblichem Maße profitiert, weil die Ausschüttungsbegrenzung wichtige Möglichkeiten der Selbstfinanzierung eröffnet hat.[108] Standards auf Kapitalmarktniveau würden die Unternehmen des Mittelstands mit zu komplizierten und konsequent zu teuer handhabbaren Bilanzierungsregeln überziehen.[109]

---

102 *Achleitner* Die Normierung der Rechnungslegung 275 ff; *Breidenbach* Normensetzung für die Rechnungslegung 210; *Ebke* ZIP 1999, 1193, 1198 f; MünchKommHGB-*Ebke* § 342, 12.

103 *Hommelhoff/Schwab* BFuP 1998, 38, 51; *dies.* FS Kruse 693, 704 f; *Schwab* BB 1999, 731, 737; die Forderung nach einer Beteiligung von Juristen stößt freilich in der Bilanzrechtspraxis auf Widerstand; vgl. Diskussionsbericht *Schwab* Die Zukunft des deutschen Bilanzrechts 131, 132 f.

104 *Hommelhoff/Schwab* BFuP 1998, 38, 48.

104a Vgl. *Hommelhoff/Schwab* FS Kruse, S. 693, 701.

105 Die Forderung nach Repräsentanz der Anleger- und Gläubigerinteressen hat jüngst zu Recht auch *Ebke* erhoben (MünchKommHGB § 342, 12).

106 So aber *Biener* FS Weber 455; *Scheffler* BFuP 1999, 407, 416.

107 *Breidenbach* Normensetzung für die Rechnungslegung 209; *Luttermann* Unternehmen, Kapital und Genußrechte 431 f.

108 Vgl. im einzelnen *Küffner/Hock* BFuP 1998, 57, 60 ff; *Schön* ZGR 2000, 706, 732.

109 *Hommelhoff* Die Zukunft des deutschen Bilanzrechts 141, 145; ebenso *Pellens/Fülbier* ZGR 2000, 572, 581, 592 f; *Schön* ZGR 2000, 706, 730 ff; aus diesem Grund für Beschränkung des Anwendungsbereichs von DRSC-Standards auf börsennotierte Unternehmen *Budde/Steuber* BB 2000, 971, 977.

Mittelständische Unternehmen müssen daher mit ihren Belangen im Standardisierungsrat **selbst vertreten** sein – sei es durch einen ihrer Rechnungsleger oder einen ihrer Prüfer. Das gilt namentlich dann, wenn die oben Rdn. 8 ff vorgestellten Pläne der EU-Kommission, IAS für börsennotierte Unternehmen verbindlich einzuführen, Wirklichkeit werden: Dann wird das DRSC eigenständig-nationale Rechnungslegungs-Standards nur noch für nicht börsennotierte – und d. h. typischerweise: mittelständische – Unternehmen erlassen können.[110] Mit Recht ist mit Rücksicht auf diesen Befund eine strategische Ausrichtung des DRSC gefordert worden, welche den Besonderheiten dieser Unternehmen Rechnung trägt.[111] 52

Die **gegenwärtige Besetzung** des Standardisierungsrats wird den soeben skizzierten Anforderungen in keiner Weise gerecht. Seine sieben Mitglieder rekrutieren sich wie folgt: Die Rechnungsleger aus Unternehmen sind mit zwei, der Berufsstand der Wirtschaftsprüfung mit drei Mitgliedern, die Finanzanalysten und die Wissenschaft mit je einem Mitglied vertreten. Da Standards mit 2/3-Mehrheit verabschiedet werden können, sind die beiden Unternehmensvertreter und die drei Wirtschaftsprüfer im Standardisierungsrat zusammen in der Lage, gegen den Willen der übrigen beiden Mitglieder ihre Vorstellungen durchzusetzen.[112] Da sie meist aus größeren Unternehmen und Prüfgesellschaften stammen und ihre Belange tendenziell gleichgerichtet sind, wird die Arbeit des Standardisierungsrats in inhaltlicher Hinsicht letztlich vom Interesse einiger weniger international tätiger Großunternehmen dominiert.[113] Das kommt zum einen für die Standardsetzung nach Nr. 1 zum Ausdruck: die bisher veröffentlichten Standards sind sämtlich von dem Bemühen geleitet, eine Annäherung an IAS und US-GAAP herzustellen.[114] Kaum etwas anderes gilt für die Vertretungsaufgabe nach Nr. 3: Es ist nicht zu erwarten, daß der Standardisierungsrat engagiert für deutsche Interessen in internationalen Gremien eintritt[115]; er wird vielmehr den Großunternehmen den Dienst erweisen wollen, an allen Finanzplätzen der Welt nach gleichen Regeln Rechnung legen zu dürfen. 53

Besonders schwer wiegt, daß bei der Besetzung des Standardisierungsrats die Belange der **Abschlußadressaten**, welche durch die Rechnungslegung *begünstigt* werden sollen, fast vollständig **vernachlässigt** werden;[116] für die Anleger spricht wenigstens ein Finanzanalyst, die Gläubiger wurden dagegen völlig ausgespart. Dagegen überwiegen die Interessen der Bilanzaufsteller und Prüfer, also der zur Rechnungslegung *verpflichteten* Personengruppen.[117] Die gegenwärtige Besetzung des Standardisierungsrats läßt sich auch nicht mit Hinweis auf die in § 342a Abs. 2 vorgesehene Besetzung des Rechnungslegungsbeirats rechtfertigen; denn diese ist ihrerseits unausgewogen (§ 342a Rdn. 6f) und daher § 342a Abs. 2 verfassungswidrig. 54

d) Gesetzlicher Steuerungsauftrag. Eine wesentliche Ursache für den unbefriedigenden Zustand bei der Besetzung des Standardisierungsrats liegt darin, daß der Gesetzgeber es insoweit versäumt hat, seiner Steuerungsaufgabe nachzukommen. Der oben Rdn. 17 ff in seinen Grundlagen entfaltete Auftrag des Staates, die Gemeinwohl- 55

---

110 Vgl. *Hommelhoff/Schwab* FS Kruse 693, 702.
111 *Pellens/Gassen* KoR 2001, 137, 141.
112 *Breidenbach* StuB 1999, 641, 646.
113 Zutreffend *Schildbach* DB 1999, 645, 647; *Küting* Diskussionsbeitrag, referiert bei *Dawo/Strickmann* StuB 1999, 372, 373.
114 Verräterisch insoweit die jüngste Äußerung des Präsidenten des Deutschen Standardisierungsrats, Havermann, das DRSC sei ein nationales „Tochterunternehmen" des neu strukturierten IASC (referiert bei *Fülbier/Gassen* KoR 2001, 180, 182).
115 Zutreffend *Breidenbach* StuB 1999, 641, 644; *Schildbach* DB 1999, 645, 648.
116 Mit Recht kritisch *Breidenbach* StuB 1999, 641, 643.
117 *Schildbach* DB 1999, 645, 647.

verträglichkeit kooperativer Steuerung in Zusammenarbeit mit Privatgremien und zu diesem Zweck eine ausgewogene Besetzung und ein transparentes Verfahren zu gewährleisten, versteht sich als ein aus dem Demokratieprinzip abgeleitetes Verfassungsgebot;[118] § 342 HGB ist daher **verfassungswidrig** und muß folglich vom deutschen Gesetzgeber durch eigene Vorgaben in diesem Sinne ergänzt werden. Es hat sich nämlich mittlerweile die Einsicht durchgesetzt, daß Standards im Bilanzrecht sich nicht in rein sachverständig-betriebswirtschaftlichen Aussagen um die zutreffende Abbildung von Sachverhalten im Jahres- oder Konzernabschluß erschöpfen, sondern in ganz erheblichem Maße auch normative Wertungen enthalten.[119] Überläßt der Gesetzgeber diese Wertungen einem privaten Standardsetter, so muß er selbst darauf achten, daß nicht einzelne Interessen auf Kosten anderer zur Durchsetzung gelangen. Die ausgewogenene Besetzung des Standardisierungsrats hat er selbst zu gewährleisten;[120] er darf sie weder dem Bundesjustizministerium bei der Ausgestaltung des Standardisierungsvertrags[121] noch erst recht der Satzung des DRSC überlassen. § 342 hält den verfassungsrechtlichen Anforderungen auch nicht deshalb stand, weil eine ausgewogene Besetzung und ein transparentes Verfahren sich unter dem Blickwinkel einer verfassungskonformen Auslegung und Anwendung (durch wen?) gewinnen ließen;[122] die Gemeinwohlverträglichkeit kooperativer Steuerung zu garantieren ist vielmehr genuin eigene Aufgabe des Gesetzgebers.

56 Namentlich hat der Gesetzgeber für eine Vertretung derjenigen Interessen zu sorgen, welche sich nicht in Verbänden organisieren können, weil sie einen anonymen und heterogenen Personenkreis betreffen: die Anleger und die Gläubiger. Mangels einer zur Repräsentation geeigneten Interessenvereinigung, welche diese Interessen zusammenfaßt und für die politische Artikulation mobilisiert, hat der Gesetzgeber nach geeigneten **Ersatzrepräsentanten** Ausschau zu halten. Für die Vertretung des **Anlegerinteresses** sind die Schutzvereinigungen der Kleinanleger eher weniger geeignet.[123] Die mehrfach, auch von dieser Seite vorgeschlagene Lösung,[124] einen Vertreter der Börse als Fürsprecher der Anlegerinteressen zu installieren, erweist sich freilich mittlerweile ebenfalls als nicht ganz unproblematisch; denn die Deutsche Börse AG ist nunmehr selbst ein börsennotiertes und damit zur Rechnungslegung verpflichtetes Unternehmen, nimmt also als Akteur im Wirtschaftsleben eine Doppelrolle wahr: zum einen die Funktion als institutionelle Hüterin des Anlegerinteresses, zum anderen aber auch die Rolle des rechnungslegungspflichtigen Unternehmens.[125] Die konsequente Fürsprache für das Anlegerinteresse ist damit nicht mehr in jeder Hinsicht gewährleistet.

57 Mit der im DRSC gewählten Lösung, die Belange der Anleger im Standardisierungsrat durch einen **Finanzanalysten** zu vertreten, ist das Optimum getroffen: Anleger – private wie institutionelle – sind darauf angewiesen, daß die in Einzel- und Konzernabschlüssen bereitgestellte Anlegerinformation von Finanzintermediären,

---

118 Vgl. *Hommelhoff/Schwab* BFuP 1998, 38, 48 ff; *dies.* FS Kruse 693, 700 ff.

119 Siehe näher *Hommelhoff/Schwab* BFuP 1998, 38, 41 f; *Moxter* DB 2001, 605, 606; *Probst* BFuP 1992, 426, 433, 438; *Schildbach* DB 1999, 645, 651; *Siegel* FS Baetge 117, 129; *Wüstemann* Generally Accepted Accounting Principles 41 ff.

120 Zutreffend *Hellermann* NZG 2000, 1097, 1102.

121 Zutreffend *Schuppert/Bumke* Die Zukunft des deutschen Bilanzrechts 71, 125.

122 So aber Heintzen KoR 2001, 150, 154.

123 Näher *Hommelhoff/Schwab* BFuP 1998, 38, 49 f.

124 *Budde/Steuber* Vortrag an der Universität Hohenheim zum 70. Geburtstag von Werner Schülen, nicht veröffentlicht, sub 2a; *Schwab* BB 1999, 731, 734 f.

125 Dazu demnächst *Augsberg* Rechtsetzung zwischen Staat und Gesellschaft (Diss. Heidelberg 2001), im Erscheinen.

eben unter anderem von Analysten, aufbereitet und dadurch verwertbar gemacht wird. Jene Intermediäre können daher auch Divergenzen in den Belangen privater Anleger einerseits, instititutioneller Anleger andererseits in ihrer Person auflösen; sie sind als Dienstleister dem Interesse beider Anlegergruppen gleichermaßen verpflichtet.

Das **Gläubigerinteresse** entzieht sich gänzlich einer Vertretung durch persönlich Betroffene oder Verbände. Namentlich scheiden die Banken als Repräsentanten der Gläubiger aus:[126] Sie sind selbst zur Rechnungslegung verpflichtet und werben als Aktiengesellschaften um die Gunst der Anleger, betreiben also gerade die Rechnungslegung in einer auf deren Bedürfnisse ausgerichteten Weise. Die Fürsprache für das Gläubigerinteresse könnte jedoch dadurch hergestellt werden, daß Personen um die Mitarbeit im Standardisierungsrat ersucht werden, die mit langjähriger praktischer Erfahrung solche Belange wahrnehmen – nämlich Rechtsanwälte oder Betriebswirte, die in Anbetracht ihres Arbeitsfeldes als „Rechnungsleger" angesehen werden können, den (oder zumindest u. a. einen) Schwerpunkt ihrer Tätigkeit auf die Abwicklung von Unternehmensinsolvenzen gelegt haben und aufgrund ihrer Erfahrung mit der Analyse von Bilanzen wissen, welche Fehlentwicklung des Unternehmens am längsten und für die Gläubiger gefährlichsten in der Bilanz verborgen geblieben ist. 58

Der Standardisierungsrat hat bereits damit begonnen, nach § 9 Abs. 3 der DRSC-Satzung **Arbeitsgruppen** einzurichten. Da ein erheblicher Teil der Standardisierungsarbeit in jenen Gruppen geleistet wird, erstrecken sich die Anforderungen an die Vertretung der einschlägigen Interessen auch auf jene Gruppen;[127] § 4 Abs. 4 S. 1 StandV, der eine solche Vertretung für die Zusammensetzung „von Gremien" vorschreibt, ist so zu lesen, daß auch die Arbeitsgruppen darunter fallen. Die gegenwärtige Sitzverteilung (3 Vertreter der Unternehmen, 3 Wirtschaftsprüfer, 1 Hochschullehrer[128]) spart das Interesse der Abschlußadressaten völlig aus; sie ist daher rechtsunverträglich. Die rechtlichen Konsequenzen sind gravierend: Da von einem erheblichen Einfluß der Arbeitsgruppen auf die später vom Standardisierungsrat verabschiedeten Standards ausgegangen werden muß, hat sich das BMJ vor Bekanntmachung eines Standards nach § 342 Abs. 2 der ordnungsgemäßen (= ausgewogenen) Besetzung auch der Arbeitsgruppen zu vergewissern. Sofern (wie gegenwärtig) die Interessen bestimmter Gruppen dominieren, darf ein Standard, auf den eine so besetzte Arbeitsgruppe Einfluß genommen hat, nicht bekanntgemacht werden (Rdn. 94). 59

4. Verfahrensöffentlichkeit

a) Grundsätzliches. Das parlamentarische Gesetzgebungsverfahren verbürgt ein Optimum an Vernünftigkeit und Gemeinwohlverträglichkeit des Gesetzesinhalts.[129] Die Organe der Legislative stellen sich dem Diskurs mit einer aufmerksamen Öffentlichkeit und sind für kritische Anregungen aus dem Kreise der potentiell normunterworfenen Bürger aufgeschlossen. Das Grundgesetz flankiert diese Rahmenbedingungen, indem es die öffentliche Verhandlung im Bundestag vorschreibt (Art. 42 Abs. 1 S. 1 GG) und den Bürger in Art. 5 Abs. 1 GG gerade auch im Interesse des demokratischen Dialogs zur Kundgabe seiner Meinung ermuntert.[130] Die Privatisierung der Rechtsetzung erlaubt keinerlei Aufweichung dieser Gewährleistungen. Standardsetzung darf nicht hinter verschlossenen Türen geschehen. Zu Recht hat der Gesetzgeber 60

126 Vgl. *Schwab* BB 1999, 731, 736 f.
127 Zutreffend *Ebke* ZIP 1999, 1193, 1201.
128 Vgl. *Niehus* DB 2001, 53, 54.
129 *Kirchhof* ZGR 2000, 681.
130 Zu dieser Funktion des Art. 5 Abs. 1 GG vgl. nur BVerfGE 7, 198, 208.

daher in § 342 Abs. 1 S. 2 für die Arbeit des Rechnungslegungsgremiums gefordert, ein Verfahren einzurichten, welches die interessierte Öffentlichkeit einbezieht.[131] Ein solches Verfahren ist in zweierlei Hinsicht geboten: Zum einen trägt es zur **Verbesserung der Sachentscheidung** bei, wenn der Standardisierungsrat gezwungen ist, sich mit Anregungen aus Wissenschaft und Praxis auseinanderzusetzen; zum anderen fungiert das Verfahren als Forum **vorweggenommenen Rechtsschutzes** der potentiell an die Standards gebundenen Unternehmen und Prüfer einerseits, der Abschluß-Nutzer andererseits: Sie können, soweit den Empfehlungen des Standardisierungsrats rechtliche Verbindlichkeit zukommt, diese in einem späteren Gerichtsverfahren nicht mehr in Frage stellen und müssen daher Einwendungen bereits im Verfahren der Standardsetzung selbst vortragen können.

61 b) **Einleitung des Standardsetzungsverfahrens.** Um die interessierte Öffentlichkeit in den Prozeß der Standardsetzung einzubeziehen, muß ihr ein *Anstoß* gegeben werden, sich hieran zu beteiligen, und zwar in Gestalt einer *öffentlichen Ankündigung des Standardisierungsvorhabens.*[132] Da von der Standardsetzung nicht nur diejenigen Personen betroffen sind, die mit Hilfe ihrer Sachkunde das materielle Bilanzrecht anwenden, sondern eine unüberschaubare Vielzahl von Personen (nämlich auch alle potentiellen Anleger und Gläubiger), ist die Ankündigung nicht nur an die Fachöffentlichkeit zu adressieren, sondern an *jedermann.*

62 Der Standardisierungsrat kommt dieser Aufgabe nach, indem er den Diskurs über einen Standard mit der Ausarbeitung eines **Entwurfs** einleitet und diesen auf der Homepage des DRSC **veröffentlicht**, auf der sie jedermann einsehen kann. Von Amts wegen übersandt wird der Entwurf den Mitgliedern des Verwaltungsrats, den Vereinsmitgliedern des DRSC, den Mitgliedern des Konsultationsrats sowie dem BMJ (§ 10 Abs. 2 S. 1 der Geschäftsordnung des Standardisierungsrats – im folgenden: GeschO DSR). Nichtmitgliedern sind die Entwürfe auf Anforderung gegen Ausgleich der Kosten für Vervielfältigung und Übersendung zuzuleiten, soweit sie nicht über die Homepage des DRSC abgerufen werden können (§ 10 Abs. 2 S. 5, 6 GeschO DSR). Damit wird ein hinreichender Anstoß für die Teilnahme am Verfahren gegeben – abgesehen davon, daß die bevorzugte Behandlung der Mitglieder des Konsultationsrats aus grundsätzlichen Erwägungen bedenklich ist (näher Rdn. 68 ff).

63 c) **Einwendungsmöglichkeit Interessierter.** Interessierte können am Verfahren der Standardsetzung teilnehmen, indem sie binnen einer Frist, die vom Standardisierungsrat festgesetzt wird und nach § 4 Abs. 2 Nr. 1 StandV mindestens sechs Wochen betragen muß, Stellungnahmen einreichen. Der Standardisierungsrat hat sich mit den Vorschlägen und Einwendungen tatsächlich inhaltlich auseinanderzusetzen, indem er die Stellungnahmen aus dem Publikum *sachlich verbescheidet.*[133] Dem Standardisierungsrat wird hierdurch kein unzumutbarer Aufwand aufgebürdet:[134] Das Erfordernis individueller Bescheidung von Stellungnahmen bietet als einziges die

[131] Zutreffend *Schuppert/Bumke* Die Zukunft des deutschen Bilanzrechts 71, 121; spezifisch für die Normensetzung im Bilanzrecht auch *Breidenbach* Normensetzung für die Rechnungslegung 215 ff.

[132] *Müller-Foell* Die Bedeutung technischer Normen für die Konkretisierung von Rechtsvorschriften (1987) 84 ff; *Wagner* in Nicklisch/ Schottelius/ Wagner, Die Rolle des wissenschaftlichen und technischen Erkenntnisstandes bei der Genehmigung von chemischen und kerntechnischen Anlagen (1982) 107, 116.

[133] *Schwab* BB 1999, 783.

[134] So aber *Breidenbach* StuB 1999, 641, 646; danach soll eine gemeinsame Erörterung der wesentlichen Einwendungen ausreichen; freilich regt *Breidenbach* (aaO) eine schriftliche und allgemein zugängliche Zusammenfassung der Erörterungen an.

Gewähr, daß der Standardisierungsrat sich tatsächlich mit ihnen in der Sache befaßt. Jedoch müssen die Sitzungen des Standardisierungsrats entgegen anderslautenden Forderungen im Schrifttum[135] nicht öffentlich sein; ohne eine gewisse Vertraulichkeit der Beratungen ist effiziente Arbeit in einem Kollegialorgan nicht denkbar. § 9 Abs. 2 S. 3 der Satzung des Vereins DRSC wählt einen (vertretbaren) Mittelweg: Die auf die Verabschiedung der Standards gerichtete Sitzung ist öffentlich. Was der vertraulichen Beratung bedarf, bleibt mithin (zulässigen) Abklärungen in früheren Verfahrensstadien überlassen.

Nicht akzeptabel ist aber die Ermächtigung an den Standardisierungsrat in § 9 Abs. 2 S. 4 der Satzung, die **Teilnahme an öffentlichen Sitzungen gebührenpflichtig** zu machen: Wenn schon Verfahrensöffentlichkeit geübt wird, muß sie jedermann ohne Rücksicht auf die Finanzkraft zugute kommen. Die genannte Satzungsbestimmung enthält daher eine mit § 342 Abs. 1 S. 2 HGB unvereinbare Beschränkung der interessierten Öffentlichkeit und ist folglich nach § 134 BGB nichtig; werden mit Rücksicht auf sie Gebühren erhoben, so hat sie das DRSC nach § 817 S. 1 BGB zurückzuerstatten, da es mit ihrer Annahme gegen das Gesetz – nämlich § 342 Abs. 1 S. 2 HGB – verstößt. 64

d) Verfahren nach Änderung eines Standardentwurfs. Die Auseinandersetzung mit Stellungnahmen zu einem Standardentwurf mag den Standardisierungsrat veranlassen, den Entwurf zu ändern. § 4 Abs. 2 Nr. 3 StandV ordnet zu Recht an, daß bei „wesentlichen" Änderungen eines Entwurfs dieser in der nunmehrigen Fassung nochmals dem öffentlichen Diskurs zugänglich zu machen ist, indem der Standard offengelegt und Gelegenheit zu Stellungnahmen binnen einer Frist von mindestens vier Wochen gegeben wird. 65

Der **Standardisierungsrat** nimmt für sich in Anspruch, nach freiem **Ermessen** entscheiden zu dürfen, wann eine Änderung in diesem Sinne **„wesentlich"** ist (§ 10 Abs. 4 S. 1 GeschO DSR). Diese Formulierung provoziert **Mißverständnisse**: Gewiß ist es der Standardisierungsrat, von dem die Initiative zur (erneuten) Offenlegung des Standards ausgeht; er muß daher eine Entscheidung darüber treffen, ob Anlaß hierzu besteht. Und gewiß trifft er diese Entscheidung allein im öffentlichen Interesse; Dritte haben auf eine erneute Offenlegung keinen Rechtsanspruch, wie in § 10 Abs. 4 S. 2 GeschO DSR insoweit richtig niedergelegt ist. Das „freie Ermessen" des Standardisierungsrats kann jedoch nicht bedeuten, daß auch das BMJ diese Entscheidung hinnehmen müßte; im Gegenteil: Die Verpflichtung aus § 4 Abs. 2 Nr. 3 StandV, bei wesentlichen Änderungen den Standard erneut offenzulegen, gehört zu den primären Erfüllungspflichten des DRSC gegenüber seinem Vertragspartner, dem BMJ. Das BMJ *hat* somit aus jenem Vertrag einen Rechtsanspruch auf nochmalige Offenlegung. Im Standardisierungsvertrag deutet nichts darauf hin, daß dem DRSC insoweit i. S. d. § 315 BGB ein Leistungsbestimmungsrecht dahin eingeräumt worden wäre, selbst zu bestimmen, wann eine Änderung wesentlich ist und damit die vertragliche Offenlegungspflicht erneut eintritt; deshalb kann im Verhältnis zum BMJ auch nicht von einem „freien Ermessen" des DRSC oder des Standardisierungsrats die Rede sein. 66

Einen solchen **Ermessensspielraum** vertraglich zu gewähren, wäre das BMJ auch **nicht befugt**: Das BMJ darf nur eine Einrichtung anerkennen, welche gewährleistet, daß Empfehlungen in einem Verfahren beschlossen werden, das die interessierte 67

[135] So aber *Zitzelsberger* WPg 1998, 246, 258; ähnlich *Langenbucher/Blaum* BB 1995, 2325, 2335: öffentliche Anhörung.

Öffentlichkeit einbezieht. Zu dieser Einbeziehung gehört ganz wesentlich die nochmalige öffentliche Diskussion über den Standard, wenn der Entwurf in wesentlichen Punkten geändert worden ist. Die erneute Offenlegung eines wesentlich geänderten Standardentwurfs hat daher das BMJ selbst zu gewährleisten – indem es dem DRSC die Verpflichtung hierzu auferlegt und ihre Einhaltung vor Bekanntmachung jedes einzelnen Standards überprüft. Als **„wesentlich"** ist hierbei jede Änderung anzusehen, die es als möglich erscheinen läßt, daß im öffentlichen Diskurs Gesichtspunkte zur Sprache kommen, die im bisherigen Verfahren noch nicht vorgetragen worden sind. In jedem Fall ist „wesentlich" eine Änderung, die den *materiellrechtlichen Umfang der Publizitätspflicht im Konzernabschluß* abweichend vom bisherigen Standardentwurf festlegt; als „unwesentliche" Änderungen lassen sich allenfalls solche bezeichnen, in denen lediglich redaktionelle Korrekturen und sprachliche Klarstellungen vorgenommen werden.

68 e) **Die Rolle des Konsultationsrats.** Die „Einbeziehung der interessierten Öffentlichkeit" nach Abs. 1 S. 2 impliziert, daß jedem der „Öffentlichkeit" zuzurechnenden Rechtssubjekt die *gleichen Teilhaberechte* im Verfahren der Standardsetzung zuwachsen. Die Privilegierung einzelner Personen oder Interessengruppen kommt einem partiellen Ausschluß der übrigen Öffentlichkeit gleich, weil sie den Stellungnahmen der Privilegierten ein vergleichsweise stärkeres Gewicht verleiht.

69 Unter diesem Gesichtspunkt erweist sich der **Konsultationsrat** (§ 10 DRSC-Satzung) in seiner gegenwärtigen Gestalt als ein in hohem Maße problematisches Gremium. Der Konsultationsrat ist nach § 10 Abs. 1 DRSC-Satzung eingerichtet worden, „um den beteiligten Kreisen Gelegenheit zu geben, dem Standardisierungsrat ihre Vorstellungen vor grundsätzlichen Entscheidungen unmittelbar vorzutragen." Nach § 10 Abs. 2 der Satzung können nur **Berufs- oder Interessenverbände** Mitglied des Konsultationsrats werden. Diese sollen also vor dem Standardisierungsrat in besonderer Weise Gehör finden: Eine direkte Diskussion mit dem Standardisierungsrat soll ihnen und *nur* ihnen eröffnet werden.[136] Einzelpersonen wird ein solch' qualifiziertes Forum zum Vortrag von Einwendungen nicht gewährt.[137] Vielmehr bestätigt § 10 Abs. 1 lit. d) GeschO DSR, wonach die Verabschiedung eines Standards von der vorherigen Anhörung des Konsultationsrats abhängig ist, die herausgehobene Stellung dieses Gremiums; die „Anhörung" anderer Personen oder Gremien ist nicht vorgesehen.

70 Die bevorzugte Behandlung der Interessenverbände muß indes gerade in denjenigen Bereichen verhindert werden, in denen wie im Bilanzrecht wichtige einschlägige Interessen (nämlich der Anleger und Gläubiger) nicht (oder allenfalls schwer und unvollkommen) in Verbänden organisiert werden können. Indem § 10 Abs. 2 der Satzung denjenigen Ausschnitt der interessierten Öffentlichkeit in besonderer Weise zur Geltung bringt, der sich in Verbänden organisiert hat, **zementiert** er genau diejenigen **Ungleichgewichte** in der Möglichkeit der Einflußnahme, die im höchst unterschiedlichen Grad der Organisierbarkeit der beteiligten Belange begründet liegen. Aus diesem Grunde ist der Mechanismus der Öffentlichkeitsbeteiligung, wie er in § 10 der Satzung niedergelegt ist, nicht als ein Instrument zur „Einbeziehung der interessierten Öffentlichkeit" nach § 342 Abs. 1 S. 2 anzuerkennen. Gänzlich abgeschafft werden sollte der Konsultationsrat freilich nicht; denn der Vorteil eines direkten Meinungsaustauschs mit dem Standardisierungsrat ginge sonst ohne Not verloren. Jener

---

[136] *Breidenbach* StuB 1999, 641, 646.
[137] Kritisch mit Recht *Breidenbach* StuB 1999, 641, 644.

Meinungsaustausch darf jedoch nicht einzelne einschlägige Belange aussparen; deshalb ist der Konsultationsrat ebenso wie der Standardisierungsrat für Ersatzrepräsentanten von Anleger- und Gläubigerinteressen zu öffnen. § 10 der DRSC-Satzung ist um eine geeignete Bestimmung zu ergänzen; das BMJ hat hierauf hinzuwirken.

f) **Beschlußfassung.** Als Kollegialorgan entscheidet der Standardisierungsrat 71 durch Beschluß, und zwar nach § 9 Abs. 2 S. 2 DRSC-Satzung mit einfacher Mehrheit, bei der Verabschiedung von Standards oder bei der Kooptation von Mitgliedern mit 2/3-Mehrheit. Diese Regelung ist mindestens in bezug auf die Verabschiedung von Standards mißglückt. Ein wichtiges Instrument zur Gewähr eines angemessenen Interessenausgleichs besteht darin, die Majorisierung einzelner Belange durch ad hoc gebildete oder gar stabile Mehrheiten zu verhindern. Daß gegenwärtig ein Standard mit 2/3-Mehrheit beschlossen werden kann und die Unternehmens- und Prüfervertreter im Standardisierungsrat zusammen diese Mehrheit stellen, kann nicht länger hingenommen werden. Vielmehr muß der Gesetzgeber einen breiten Konsens im Gremium anstreben. Anders als bisher wird hier freilich nicht mehr länger gefordert, jeder Standard müsse von einem *einstimmigen* Beschluß im Standardisierungsrat getragen sein.[138] Denn das strenge Einstimmigkeitsprinzip birgt die Gefahr, daß einzelne Mitglieder des Standardisierungsrats ihre Vetoposition mißbrauchen, um einen Standard willkürlich zu blockieren oder ihren Kollegen sachfremde Zugeständnisse abzuringen. Der Gesetzgeber füllt daher seinen Gestaltungsspielraum auch dann noch in zulässiger Weise aus, wenn er, um dies zu vermeiden, die Verabschiedung eines Standards gegen die Stimme *eines* Mitglieds des Standardisierungsrats zuläßt. Eine geringer qualifizierte Mehrheit ist dagegen nicht mehr rechtsverträglich.

g) **Begründungs- und Dokumentationspflicht.** Die Öffentlichkeit ist nicht 72 schon dann i. S. d. § 342 Abs. 1 S. 2 ausreichend einbezogen, wenn der Standardisierungsrat ausgewogen besetzt ist und Außenstehenden Gelegenheit zur Stellungnahme zu seinen Standardentwürfen gegeben hat. Die mit dem Öffentlichkeitserfordernis bezweckte Verbesserung der Sachentscheidung sowie der vorweggenommene Rechtsschutz potentiell Normunterworfener ist vielmehr erst dann gewährleistet, wenn die Standardentwürfe eine **kritische Auseinandersetzung** ermöglichen und eine solche in der Folgezeit auch tatsächlich stattfindet. Daraus ergeben sich weitere Anforderungen an das Verfahren der Standardsetzung: Standardentwürfe müssen *begründet* werden, damit sie von der Öffentlichkeit kritisch überprüft werden können; erst die Begründung bietet Ansatzpunkte für Zustimmung oder Kritik.

Die **Begründung** des Standards hat sich mit abweichenden Standpunkten ausein- 73 anderzusetzen; aus ihr müssen die fachlichen Argumente, die für die Entscheidung ausschlaggebend waren, ebenso ersichtlich sein wie die politischen. Auch der endgültig verabschiedete Standard ist zu begründen. Namentlich hat der Standardisierungsrat seine Bereitschaft, den Vorrang des gesetzlich niedergelegten Bilanzrechts zu respektieren, dadurch zu belegen, daß er in der Begründung jedes einzelnen Standards diesen als **Ableitung aus den deutschen GoB** darzustellen sucht; dies ist in der Vergangenheit gelegentlich zugunsten des Bestrebens, IAS und US-GAAP nach Deutschland zu importieren, vernachlässigt worden.[139] Außerdem muß der Standardi-

---

[138] *Schwab* BB 1999, 783, 784 f.

[139] Namentlich bei den Deutschen Rechnungslegungs Standard Nr. 1 Besonderer Teil (vgl. *Erdbrügger* DStR 2001, 99, 101 ff; *Hommelhoff/Schwab* FS Kruse 693, 705 ff) und Nr. 7 (vgl. *Schwab* DB 2001, 880 ff). Rechtlich zweifelhaft *Niehus* DB 2001, 53, 55 (derzeit Mitglied des Standardisierungsrats) mit dem Eingeständnis, die Vereinbarkeit des DRS 7 mit dem HGB habe sich nur mit „gewisse(n) Verrenkungen" begründen lassen.

sierungsrat gezwungen sein, sich mit den Stellungnahmen in der Sache auseinanderzusetzen; daher ist jede **Einwendung** gegen den Standardentwurf **individuell zu bescheiden** (siehe bereits Rdn. 63). Schließlich ist das **Zustandekommen** des Standards zu **dokumentieren**, um die Erfüllung der Verfahrensanforderungen zu gewährleisten: dabei sind die Namen der Personen anzugeben, die an der Standardsetzung mitgewirkt haben, sowie deren beruflicher Hintergrund, ferner ggf. die Institution, von der sie entsandt sind; des weiteren die Zahl der Stellungnahmen aus dem interessierten Publikum und aus welchen Kreisen sie vorgetragen worden sind. Der Standardisierungsrat verfährt in dieser Hinsicht vorbildlich: Die eingegangenen Stellungnahmen werden mit Nennung des Autors ins Internet eingestellt und geben, vom Standardisierungsrat gewollt, ihrerseits Gelegenheit zu weiteren Diskussionsbeiträgen.[140]

74 **h) Das Verhältnis nationaler zur internationalen Standardsetzung.** Nach § 342 Abs. 1 S. 1 Nr. 3 HGB ist die private Standardsetzung auch darauf angelegt, daß sich zwischen nationaler und internationaler Ebene Wechselwirkungen etablieren. Zum einen soll der Standardisierungsrat Einfluß nehmen auf die Regelsetzung im IASC oder im europäischen Standardsetter, der nach den Vorstellungen der EU-Kommission demnächst inthronisiert werden soll (siehe Rdn. 8 ff); zum anderen sollen die unter dem Einfluß des Standardisierungsrats ausgehandelten internationalen Standards Umsetzung in Deutschland finden. Die internationale Regelsetzung darf und soll also nach dem Willen des Gesetzgebers die nationale beeinflussen. Sobald ein internationaler Standard existiert, wird es dem Standardisierungsrat schwerfallen, einen davon abweichenden deutschen Standard zu empfehlen; selbst das Verfahren der Öffentlichkeitsbeteiligung wird ihn nicht davon abhalten, den auf internationalem Parkett verhandelten Standard in Deutschland zu implementieren. Die bisherige Praxis des Standardisierungsrats legt hiervon beredt Zeugnis ab: Die Begründung sämtlicher **Standards des DRSC** läßt erkennen, daß **maßgeblich die Vereinbarkeit mit IAS und/oder US-GAAP angezielt** wurde. Damit droht das Verfahren der Öffentlichkeitsbeteiligung die ihm zugedachte Funktion einzubüßen, Außenstehenden die Möglichkeit inhaltlicher Einflußnahme zu eröffnen.

75 Eine solche Einflußmöglichkeit kann konsequent nur dann noch sichergestellt werden, wenn die deutsche Öffentlichkeit befragt wird, *bevor* der Standardisierungsrat in die internationalen Verhandlungen über einen Standard eintritt. Es muß mit anderen Worten bereits die **Position**, die der **Standardisierungsrat** bei der Vertretung Deutschlands im **internationalen Standardsetter** vertritt und im Konfliktfall gegen abweichende Vorstellungen anderer Länder zu behaupten sucht, ihrerseits unter Beteiligung der Öffentlichkeit definiert werden. Bei der Einleitung des Verfahrens ist darauf hinzuweisen, daß es noch nicht um den endgültigen Standard geht, sondern nur um *eben jene Position, mit der das Gremium auf internationaler Ebene antritt*. In diesem Stadium muß ein – derzeit nicht vorhandener[141] – nationaler Konsens darüber gefunden werden, inwiefern deutsche Positionen dort verteidigt werden sollen. Sieht sich der Standardisierungsrat sodann nach dem auf internationaler Ebene erzielten Verhandlungsergebnis gezwungen, im Interesse der internationalen Anerkennung einen hiervon abweichenden Standpunkt in Deutschland umzusetzen, so ist das Verfahren von neuem einzuleiten, und zwar *unter Hinweis auf die Diskrepanz zwischen*

---

140 *Niehus* DB 2001, 53, 54.
141 Vgl. *Pellens/Fülbier/Ackermann* DB 1996, 285, 290.

der eigenen Position und dem verabschiedeten internationalen Standard. Dann muß in einem neuen politischen Prozeß auf nationaler Ebene entschieden werden, ob die Zurücksetzung einzelner Belange mit Rücksicht auf internationale Sachzwänge akzeptiert werden soll oder nicht.[142]

5. Finanzierung

Die Arbeit des Standardisierungsrats verursacht erhebliche Kosten (oben Rdn. 32f). **76**
§ 14 DRSC-Satzung sieht daher die Einrichtung eines **Spendenfonds** vor, um Finanzierungsbeiträge jenseits der Mitgliedsbeiträge und der Erlöse aus Publikationen des Standardisierungsrats zu akquirieren. Damit folgt das DRSC internationalen Vorbildern: Die Standardsetzung durch das FASB in den USA und durch das IASC auf internationaler Ebene wird ebenfalls in erheblichem Umfang durch Spenden finanziert. Die Bereitschaft, einen Standardsetter auf diese Weise zu unterstützen, wird typischerweise bei denjenigen Personengruppen gegeben sein, welche sich von der Standardsetzung Vorteile erhoffen; und sie wird so lange bestehen, wie jene Vorteile tatsächlich eintreten. So wird für das FASB bereits ein überproportionaler Einfluß derjenigen Gruppen auf die Standardsetzung beklagt, welche diese hauptsächlich finanzieren: Das FASB habe sich vom Berufsstand der Wirtschaftsprüfer abhängig gemacht.[143] Dieser bringt über 50 % der benötigten Spenden auf.[144] Bilanzaufsteller und Prüfer engagieren sich finanziell weitaus stärker als die Abschluß-Nutzer;[145] und so mancher Spendengeber soll bereits mit seinem Rückzug gedroht haben, falls nicht ein ihm genehmer Standard verabschiedet werde.[146] Auf der Ebene des IASC sieht es kaum besser aus: Neben dem Erlös aus dem Vertrieb von Veröffentlichungen und Beiträgen der Berufsorganisationen der im Board des IASC vertretenen Länder[147] tragen hauptsächlich Spenden zur Kostendeckung bei, die in erster Linie von den wenigen branchenführenden Wirtschaftsprüfungsgesellschaften,[148] andererseits durch Unternehmen aus der angloamerikanischen Rechtssphäre[149] aufgebracht werden.

Dieser Befund sollte davor warnen, die Geldmittel des DRSC in zu hohem Maße **77**
aus Spenden Interessierter zu speisen.[150] Die in Abs. 1 S. 2 geforderte **Unabhängigkeit** der Standardsetzung ist vielmehr auch in **finanzieller Hinsicht** abzusichern: Die Mitglieder des Standardisierungsrats dürfen nicht in die Versuchung geraten, die Belange ihrer Geldgeber zum Nachteil der übrigen Interessen zu bevorzugen. Einen sehr diskutablen Ansatz stellt das britische Modell bereit:[151] Das dortige Accounting Standards Board (ASB) wird zu 1/3 durch den Staat, zu 1/3 durch den Berufsstand und zu 1/3 durch die London Stock Exchange sowie durch die Bank- und Investmentbranche finanziert. In der Tat erscheint eine Teilung der Kosten, die nicht über den Vertrieb von Publikationen ausgeglichen werden können,[152] sachgerecht.[153] Dem Staat ist eine

---

142 Vgl. *Hommelhoff/Schwab* FS Kruse 693, 708f; *Schwab* BB 1999, 783, 786 f.

143 *Luttermann* Unternehmen, Kapital und Genußrechte 389 mit Nachweisen aus dem US-amerikanischen Schrifttum.

144 Genaue Zahlenangaben bei *Langenbucher/Blaum* BB 1995, 2325, 2330; *Luttermann* Unternehmen, Kapital und Genußrechte 389.

145 *Schildbach* StuB 2000, 192, 199.

146 *Schildbach* StuB 2000, 192, 199 f m. w. N.

147 Konkrete Zahlenangaben über den Anteil verschiedener Einnahmequellen am Gesamtaufwand der Arbeit des IASC bei *Bardenz* WM 1996, 1657, 1661; *Pellens/Fülbier/Ackermann* DB 1996, 285, 289.

148 *Haller* DB 1993, 1297, 1301; *Pellens/Fülbier/Ackermann* DB 1996, 285, 289.

149 *Pellens/Fülbier/Ackermann* DB 1996, 285, 289.

150 Ähnlich *Ebke* ZIP 1999, 1193, 1200; *Großfeld* WPg 2001, 129, 132.

151 Vgl. dazu *Langenbucher/Blaum* BB 1995, 2325, 2331.

152 In jenem Vertrieb sehen *Langenbucher/Blaum* BB 1995, 2325, 2335 eine ertragreiche potentielle Einnahmequelle für das Gremium.

153 Vgl. aus dem technischen Sicherheitsrecht

finanzielle Beteiligung anzusinnen:[154] Er profitiert zum einen von der Arbeit des DRSC, weil er eigene Steuerungskapazitäten schont; zum anderen ist es seine Aufgabe, für das Interesse nicht organisierbarer Gruppen einzutreten. Seine Möglichkeiten, in deren Sinne Einfluß zu nehmen, werden durch seine eigene Kostenbeteiligung ein stärkeres Gewicht erhalten. Dem Berufsstand der Wirtschaftsprüfer ist ein Teil der Kosten aufzuerlegen, weil – ähnlich wie im technischen Sicherheitsrecht[155] – privat gesetzte Normen den einzelnen Wirtschaftsprüfer bei der Arbeit entlasten: Er kann sich darauf verlassen, daß der ihm an die Hand gegebene Standard einen rechtlich akzeptablen methodischen Ansatz für die von ihm vorzunehmende Prüfung bereitstellt. Zudem nehmen die Wirtschaftsprüfer durch ihre Beteiligung an der Standardsetzung Einfluß auf die Grundsätze, an deren Beachtung sie selbst möglicherweise später – nämlich ggf. in Haftungsprozessen – gemessen werden. Weitere Kostenträger könnten aus dem Bereich der rechnungslegungspflichtigen Unternehmen und ihrer – u. U. auch sektoral für bestimmte Branchen zuständigen – Interessenverbänden kommen. § 342 verstößt, indem er zur Anerkennung eines privaten Standardretters ermächtigt, ohne dessen finanzielle Ausstattung geregelt zu haben, gegen das Grundgesetz, weil der überproportionale finanzielle Einfluß von Interessengruppen den angemessenen Ausgleich divergierender Belange gefährdet; dieser Ausgleich aber muß institutionell sichergestellt sein, bevor der Staat private Standards in sein Regelungsprogramm aufnimmt (Rdn. 17ff, 49ff).

78 Besorgnis weckt des weiteren die Art und Weise, wie im DRSC die **Mitgliedsbeiträge** gestaffelt sind. Derzeit zahlen natürliche Personen einen jährlichen Beitrag von 500 DM, Prüfgesellschaften je nach Höhe des Jahresumsatzes Beiträge zwischen 5000 und 50000 DM, DAX-Unternehmen 100000, MDAX-Unternehmen 40000 und sonstige Gesellschaften 20000 DM. Diese Beitragsstruktur ist bereits im Ansatz darauf angelegt, börsennotierten Unternehmen den Hauptteil der Finanzierung zuzuweisen. Die Mitgliedschaft ist für solche Unternehmen nur dann von Reiz, wenn der Standardisierungsrat ihren Bedürfnissen entsprechende Standards produziert, weil sich sonst die Investition in die Standardsetzung nicht rechnet.[156] Das Übergewicht des Einflusses weltweit tätiger Großunternehmen erhält dadurch eine zusätzliche Stütze. In gleicher Weise gefährlich erscheint es, die in § 10 Abs. 3 S. 2 DRSC-Satzung niedergelegte Befugnis des Verwaltungsrats, von den dem **Konsultationsrat** angehörigen Interessenverbänden und Berufsorganisationen einen **„Beitrag zur Kostendeckung"** zu erheben, als maßgeblichen Faktor für die Finanzierung des DRSC zu instrumentalisieren und hierin gar eine der „wesentlichen Aufgaben" des Konsultationsrats zu erblicken:[157] Wird jenen Verbänden in dieser Intensität die Finanzierungsverantwortung für das DRSC auferlegt, so werden sie im Gegenzug einen maßgeblichen inhaltlichen Einfluß auf die Standardsetzung auszuüben suchen.

Schmidt-Preuß in Kloepfer (Hrsg.), Selbst-Beherrschung im technischen und ökologischen Bereich (1998) 89, 98: Postulat der dezentralen Mittelaufbringung für private Regelgebung.

154 Vgl. *Hommelhoff/Schwab* FS Kruse 693, 712. Für eine ausschließlich staatliche Finanzierung *Pellens/Bonse/Gassen* DB 1998, 785, 790. *Ebke* (ZIP 1999, 1193, 1200 mit Fn. 95) weist freilich zu Recht darauf hin, daß der Staat die Arbeit des DRSC mittelbar dadurch mitfinanziert, daß er Spenden an das DRSC steuerlich absetzbar stellt.

155 Dazu *Hommelhoff/Schwab* BFuP 1998, 38.

156 Kritisch bereits *Ebke* ZIP 1999, 1193, 1199.

157 So aber *Hayn/Zündorf* FS Weber 481, 498; dagegen mit Recht auch *Ebke* ZIP 1999, 1193, 1200f.

6. Gesetzlicher Steuerungsauftrag

Mit Recht hat es der Gesetzgeber als seine Aufgabe erachtet, von Gesetzes wegen die Unabhängigkeit und Öffentlichkeit der Standardsetzung einzufordern. Bei der Wahrnehmung seines Steuerungsauftrags ist er dabei jedoch auf halbem Wege stehengeblieben, indem er die Maßnahmen, welche im einzelnen die Erfüllung dieser beiden Erfordernisse gewährleisten sollen, nicht selbst geregelt, sondern ihre Ausgestaltung dem Standardisierungsvertrag, der Satzung des DRSC und der Geschäftsordnung des Standardisierungsrats überlassen hat;[158] ebenso wie die Besetzung des Standardisierungsrats hat er von Verfassungs wegen auch das **Verfahren** der Standardsetzung unmittelbar im **Gesetzestext** niederzulegen.[159] Namentlich in finanzieller Hinsicht hätte er das DRSC nicht gänzlich sich selbst überlassen dürfen, sondern selbst eine solide Budgetgrundlage sicherstellen müssen. Was das Verfahren anbelangt, so hätte der Gesetzgeber dessen Eckpunkte selbst regeln müssen;[160] die Niederlegung der wichtigsten Verfahrensschritte im Standardisierungsvertrag ist allenfalls als Übergangslösung hinnehmbar. Eine gesetzliche Regelung des Verfahrens hätte insbesondere die mittlerweile eingetretene Entwicklung verhindern können, daß die beiden aus Unternehmen rekrutierten Rechnungsleger und die drei Wirtschaftsprüfer im Standardisierungsrat zusammen jeden Standard notfalls gegen den Willen der übrigen Mitglieder durchsetzen können. Die Besetzung eines Standardsetters zu regeln ist ebenso genuine Aufgabe des Gesetzgebers wie die Festsetzung etwaiger Mehrheitserfordernisse oder gar einstimmiger Beschlußfassung. Um im Einklang mit der Verfassung zu handeln, muß der Gesetzgeber diese Anforderungen spätestens dann im HGB erfüllen, wenn Ende 2004 die Übergangsregelung in § 292a HGB ausläuft und durch eine auf Dauer angelegte Neuregelung ersetzt wird. **79**

V. Unternehmen und Verbände als Mitglieder des DRSC (Abs. 1 S. 3)

Das private Rechnungslegungsgremium nach § 342 ist als Gremium des **Sachverstands** konzipiert. Jeder auch nur mittelbare Einfluß von Personen, die im Bereich der Rechnungslegung keine fachliche Qualifikation vorweisen können, auf die Arbeit des Standardisierungsrats muß ausgeschlossen bleiben; sonst besteht die Gefahr, daß die sachverständige Überzeugungsbildung im Standardisierungsrat durch sachfremde Überlegungen getrübt wird. Namentlich soll verhindert werden, daß fachfremde Personen Einfluß auf die Wahl des Vorstands und des Verwaltungsrats und damit mittelbar auch des Standardisierungsrats ausüben können.[161] Konsequent kann Mitglied im DRSC nach § 4 Abs. 1 S. 1 der Satzung nur werden, wer aufgrund erkennbarer Qualifikation oder Erfahrung auf dem Gebiet der Rechnungslegung den Zielen des DRSC nahesteht. **80**

Unternehmen müssen ihre **Mitgliedschaftsrechte** nach § 342 Abs. 1 S. 3 durch **Rechnungsleger** ausüben. Dabei steht ihnen frei, wie sie sich den erforderlichen Sachverstand beschaffen: Es muß nicht notwendig ein Rechnungsleger zur Belegschaft des Unternehmens gehören; vielmehr kann sich das Unternehmen auch durch einen externen Dienstleister, etwa den eigenen Steuerberater vertreten lassen. § 4 Abs. 1 S. 2 **81**

---

158 Kritisch mit Recht *Schuppert/Bumke* Die Zukunft des deutschen Bilanzrechts 71, 125 f.

159 Vgl. *Hommelhoff/Schwab* BFuP 1998, 38, 51; *dies.* FS Kruse 693, 707 ff.

160 Zutreffend *Hellermann* NZG 2000, 1097, 1102.

161 Ähnlich Heymann/*Herrmann* §§ 342, 342a, 8.

der Satzung wählt eine etwas weitere Formulierung: Die Mitgliedschaftsrechte von Unternehmen als Mitgliedern des DRSC müssen von einer Person ausgeübt werden, die nach S. 1 auch selbst Mitglied werden könnte, also über eine „erkennbare Qualifikation oder Erfahrung auf dem Gebiet der Rechnungslegung" verfügt. § 4 der Satzung verwendet diese Formel offenbar im Gegensatz zum Begriff des Rechnungslegers, welcher in § 6 Abs. 2 der Satzung im Anschluß an die entsprechende Begriffsbestimmung in der Gesetzesbegründung definiert ist (dazu Rdn. 44). Danach scheint es, als könnte eine Person, die nicht Rechnungsleger ist, aber über eine solche erkennbare Qualifikation oder Erfahrung verfügt, im DRSC als Vertreter eines Mitgliedsunternehmens auftreten. § 342 gibt in Abs. 1 S. 3 klar zu erkennen, daß eine solche Abweichung von Gesetzes wegen nicht geduldet ist: Der Vertreter eines Unternehmens bei der Ausübung von Mitgliedschaftsrechten im DRSC muß *zwingend* ein Rechnungsleger sein.

VI. Vermutung der GoB-Konformität (Abs. 2)

1. Das Anliegen des Gesetzgebers

82 In Abs. 2 ist vorgesehen, daß der Bundesjustizminister „Empfehlungen" – gemeint sind die Empfehlungen nach Nr. 1, also die Standards des DRSC – bekanntzumachen hat. Geschieht dies und entspricht ein Konzernabschluß diesen Standards, so wird vermutet, daß dieser Abschluß mit den die Konzernrechnungslegung betreffenden GoB übereinstimmt. Mit dieser Vermutung bringt der Gesetzgeber das Anliegen zum Ausdruck, daß die bekanntgemachten Standards vor Gericht **grundsätzlich nicht mehr in Frage gestellt** werden sollen: Einen den Standards entsprechenden Konzernabschluß hat das Gericht im Streitfall zu akzeptieren. Die Vermutung ist gewiß widerlegbar;[162] der Aufwand, der zu ihrer Widerlegung betrieben werden muß, ist jedoch beträchtlich: Es muß dargetan werden, daß der zu bilanzierende Sachverhalt atypisch und daher von den Standards vernünftigerweise nicht erfaßt ist oder aber daß der Standard auf wissenschaftlich überholten Erkenntnisgrundlagen beruht.[163]

2. Kein Rechtszwang

83 Darf ein Gericht somit einen den Standards entsprechenden Konzernabschluß bei unwiderlegter „Vermutung" nicht verwerfen, so besteht andererseits kein Rechtszwang, nach jenen Standards zu bilanzieren;[164] diese verkörpern vielmehr *eine* von mehreren möglichen Konkretisierungen der GoB.[165] Wie künftig in der gerichtlichen Praxis verfahren wird, ist damit freilich noch nicht ausgemacht: Erblickt man nämlich den Sinn der „Vermutung" darin, die **faktische Durchsetzung** der vom DSR empfohlenen Standards zu fördern,[166] so wird bald jedes Unternehmen, dessen Konzernabschluß abweichenden Regeln folgt, gedrängt werden, die Übereinstimmung der gewählten Bilanzierung mit den GoB besonders zu belegen, namentlich die Abweichung von den Standards positiv zu rechtfertigen.[167] So wird bereits jetzt vertreten, mit Bekannt-

162 *Ebke* ZIP 1999, 1193, 1202 f; Beck BilKomm-*Budde/Steuber* § 342, 9.

163 Vgl. demnächst *Berberich* DRSC § 6 D III 2.

164 *Busse v. Colbe* FS Weber 463, 475; *Hütten/Brakensiek* BB 2000, 870, 872; *Küting* DStR 2000, 38, 42; *Hellermann* NZG 2000, 1097, 1101; MünchKommHGB-*Ebke* § 342, 21; a. A. *Scheffler* BFuP 1999, 407, 411: Abweichung von DRSC-Empfehlungen nur zulässig, wenn deren fehlende Eignung nachgewiesen ist.

165 *Hellermann* NZG 2000, 1097, 1099.

166 Vgl. *Ernst* WPg 1998, 1025, 1031; *Scheffler* DStR 1999, 1285, 1292; *Spanheimer* WPg 2000, 997, 1004.

167 Vgl. bereits *Hommelhoff/Schwab* FS Kruse 693, 713.

machung nach Abs. 2 erlangten die Standards des DRSC die Qualität von GoB;[168] ausgehend hiervon liegt die Folgerung nur allzu nahe, Abweichungen von den Standards seien Abweichungen von den GoB und als solche unzulässig.

3. Der Begriff „Vermutung"

a) Tatsachen- oder Rechtsvermutung? Rechtswirkungen dieser Art lassen sich mit Hilfe der Rechtsfigur „Vermutung" nicht erklären:[169] Eine Tatsachenvermutung scheidet aus, weil die GoB und ihre Anwendung in erheblichem Maße die Bewertung von Interessen einschließen - einerseits des zur Rechnungslegung Verpflichteten, andererseits die der Abschlußadressaten; diese Bewertung ist einer Tatsachenvermutung nicht zugänglich.[170] Als Rechtsvermutung läßt sich § 342 Abs. 2 HGB ebenfalls nicht begreifen:[171] Gewiß gibt das Gesetz an zahlreichen Stellen zu erkennen, daß aus einer bestimmten Tatsache, beispielsweise der Eintragung eines Rechts in das Grundbuch, auf eine bestimmte Rechtslage, im Beispielsfall auf das Bestehen des Rechts geschlossen werden darf (§ 891 Abs. 1 BGB). Damit ist jedoch die Vermutungsbasis in § 342 Abs. 2 HGB nicht vergleichbar. Dort wird von der Beachtung der Standards auf die Übereinstimmung des Konzernabschlusses mit den GoB, also auf die *Rechtmäßigkeit eines bestimmten Verhaltens* geschlossen und gerade nicht auf ein Recht. Die Beurteilung der Rechtmäßigkeit eines Verhaltens läßt sich nicht vermuten; sie ist originäre Aufgabe des Gerichts. Eben dort soll freilich die „Vermutung" ansetzen: Die Gerichte sollen im Regelfall die Wertungen in den Standards, d. h. die Gewichtung der betroffenen Interessen, als angemessen hinnehmen müssen.[172] Die Standards sollen praktisch wirken wie Rechtsnormen.[173] 84

b) Rechtsetzungs-Ermächtigung oder gesetzliche Verweisung? Bislang erscheint wenig geklärt, welchen Standort diese vom Gesetzgeber gewollte Wirkkraft der Standards in der Dogmatik der Rechtsquellenlehre einnimmt. Versucht der Gesetzgeber, Sollenssätzen außerhalb des Gesetzes dessen Geltungsanspruch zu verleihen, so kommen hierfür zwei Instrumente in Betracht, nämlich die *Ermächtigung* und die *Verweisung*. Ermächtigung bedeutet, daß der Gesetzgeber einer anderen Instanz eine Handlungsform an die Hand gibt, rechtsverbindliche Rechtssätze zu erlassen, die jener Instanz *ohne die Ermächtigung nicht zustünde.*[174] Eine solche Rechtsetzungsermächtigung an das BMJ liegt in Abs. 2 gewiß nicht. Namentlich sollte der Bundesjustizminister in Abs. 2 *nicht* zum Erlaß einer *Rechtsverordnung* ermächtigt werden;[175] dies hätte der Gesetzgeber andernfalls klar im Gesetzeswortlaut zum Ausdruck gebracht. Aber auch als Verweisung des Gesetzes auf die vom BMJ bekanntgemachten Standards läßt sich Abs. 2 nicht begreifen. Verweisungen auf außergesetzliche Sollenssätze sind zum einen denkbar als statische Verweisungen; in einem solchen Fall nimmt das Gesetz auf ein fremdes Normenwerk in einer ganz bestimmten Fassung Bezug.[176] Zum anderen ist die dynamische Verweisung geläufig; sie inkorpo- 85

---

[168] *Baumbach/Hopt* § 342, 2; *Biener* Die Zukunft des deutschen Bilanzrechts 55, 63; Beck Bil-Komm-*Budde/Steuber* § 342, 8.

[169] Zum Folgenden auch *Berberich* DRSC § 6 D II 2a.

[170] *Budde/Steuber* DStR 1998, 1181, 1184; Beck BilKomm-*dies.* § 342, 9; *Ebke* ZIP 1999, 1193, 1202; *Hellermann* NZG 2000, 1097, 1098; *Moxter* DB 1998, 1425, 1427.

[171] So aber *Ebke* ZIP 1999, 1193, 1202; Münch-KommHGB-*Ebke* § 342, 22; zutreffend dagegen *Berberich* DRSC § 6 D II 2 a bb (dort auch zum Folgenden); *Hellermann* NZG 2000, 1097, 1099.

[172] Heymann/*Herrmann* §§ 342, 342 a, 8.

[173] *Beisse* BB 1999, 2180, 2185.

[174] *Brugger* VerwArch 78 (1987) S. 1, 5.

[175] *Biener* FS Weber 451, 458; *Budde/Steuber* DStR 1998, 1181, 1185; *dies.* FS Peltzer 39, 49; Beck BilKomm-*dies.* § 342, 8; *Ebke* ZIP 1999, 1193, 1201; *Ernst* WPg 1998, 1025, 1030.

[176] *Fuß* FS Paulick (1973) 293, 295; *Hömig* DVBl 1979, 307; *Marburger* Die Regeln der Technik

riert das fremde Normenwerk in seiner jeweils geltenden Fassung.[177] Beiden Formen der Verweisung eignet die Wirkung, daß das in Bezug genommene Normenwerk gewissermaßen in das Gesetz *hereingeholt* wird[178] und ihm dadurch eben derjenige unbedingte Geltungsanspruch zuwächst, welcher auch dem verweisenden Gesetz selbst innewohnt. Gerade diese Wirkung soll aber den nach Abs. 2 bekanntgemachten Standards *nicht* zukommen: Diese gelten gerade nicht wie ein Gesetz unbedingt bis zu ihrer förmlichen Aufhebung, sondern verlieren automatisch ihre Gültigkeit bei atypischen Sachverhalten oder Überalterung.

86 **c) Normkonkretisierende Verwaltungsvorschriften als Referenzmodell?** Rechtsnormen mit einem derart eingeschränkten Geltungsanspruch sind freilich der deutschen Rechtsquellentheorie durchaus nicht fremd. Vergleichbare Normen sind aus dem Umwelt- und Technikrecht geläufig als sogenannte *normkonkretisierende Verwaltungsvorschriften*. Mit dem Erlaß von Rechtssätzen, in denen präzise im Detail die Konstruktion von technischen Anlagen normiert oder die Einhaltung bestimmter Schadstoff- oder Lärmgrenzwerte vorgeschrieben wird, ist der parlamentarische Gesetzgeber überfordert, weil er den dafür nötigen Sachverstand weder selbst besitzt, noch die Befragung von Fachleuten angemessen in das Gesetzgebungsverfahren integrieren kann. Das Gesetz beschränkt sich daher auf generalklauselartige Begriffe („Stand der Technik"; „schädliche Umwelteinwirkungen" usw.); die Regelung technischer Details überläßt es der Exekutive, zum Teil in Gestalt von Verordnungsermächtigungen (vgl. z. B. § 7 BImSchG), zum Teil aber auch in Gestalt von Verwaltungsvorschriften (vgl. z. B. § 48 BImSchG). Deren Erlaß macht der Gesetzgeber bisweilen von der Einhaltung eines qualifizierten Verfahrens abhängig, beispielsweise von der Anhörung der beteiligten Kreise (vgl. § 51 BImSchG), und behält sie besonders hohen Instanzen der Exekutive vor, etwa der Bundesregierung, welche ggf. ihrerseits die Zustimmung des Bundesrats einzuholen hat (vgl. § 48 BImSchG). Die Kompetenz, Verwaltungsvorschriften zu erlassen, entspringt der Organisations- und Geschäftsleitungsgewalt des jeweiligen Exekutivorgans;[179] diesem Kompetenztitel entsprechend binden sie grundsätzlich nur verwaltungs*intern* die nachgeordneten Behörden und Amtswalter.[180] Wenn aber der Gesetzgeber eine Verwaltungsinstanz vom Rang der Bundesregierung in einer §§ 48, 51 BImSchG vergleichbaren Weise zum Erlaß von Verwaltungsvorschriften ermuntert und zudem noch besondere Verfahrensgarantien verankert, so muß dies dahin verstanden werden, daß der Inhalt jener Vorschriften ausnahmsweise auch im *Außen*verhältnis, nämlich für den Bürger, verbindlich sein soll.[181] Für solche Vorschriften hat sich der Begriff der **normkonkretisierenden Verwaltungsvorschriften** eingebürgert; seit der Anerkennung dieser Rechtsfigur durch das BVerwG im Jahre 1985[182] hält auch die herrschende Lehre eine derartige Außenverbindlichkeit von Verwaltungsvorschriften für möglich.[183]

---

im Recht (1979) 384; *Nicklisch* NJW 1983, 841, 843; *Schenke* NJW 1980, 743, 744.

177 Vgl. die in der vorigen Fn. Genannten.

178 Vgl. *Brugger* VerwArch 78 (1987) S. 1, 5.

179 *Di Fabio* DVBl 1992, 1338, 1344; *Hendler* DÖV 1998, 481, 488; *Marburger* Die Regeln der Technik im Recht 415; *Ossenbühl* Handbuch des Staatsrechts, Bd. III (1988) § 65 Rdn. 64.

180 *Backherms* JuS 1980, 9, 12; *Di Fabio* Risikoentscheidungen im Rechtsstaat 345 mit Fn. 27, 368; *Dreier* Hierarchische Verwaltung im demokratischen Staat 192.

181 Den Charakter der Verwaltungsvorschriften nach § 48 BImSchG als normkonkretisierende betonen zu Recht OVG Lüneburg NVwZ 1985, 357 f; OVG Münster DVBl 1988, 152, 153; *Jarass* NJW 1987, 1225, 1229; *Krebs* VerwArch 70 (1979) S. 259, 272; *Sendler* UPR 1981, 1, 13.

182 BVerwGE 72, 300.

183 Vgl. zur Frage der Außenverbindlichkeit von Verwaltungsvorschriften außer den in Fn. 163 Genannten z. B. *Di Fabio* DVBl 1992, 1338 ff; *Erbguth* DVBl 1989, 473 ff; *Hill* NVwZ 1989, 401 ff; *Jachmann* DV 28 (1995) S. 17 ff; *Walle-*

Verwaltungsvorschriften – selbst im soeben bezeichneten Sinne „normkonkretisierenden" – kommt indes nicht der gleiche Geltungsanspruch zu wie einer Rechtsverordnung. Während diese erst im Falle ihrer förmlichen Aufhebung außer Kraft tritt, verlieren Verwaltungsvorschriften – intern ebenso wie nach außen hin – bereits ipso iure ihre Gültigkeit, wenn der konkrete Sachverhalt ein in ihnen nicht berücksichtigtes Gefahrenpotential enthält **(atypischer Sachverhalt)** oder sie auf **veralteten** wissenschaftlichen oder technischen **Erkenntnisgrundlagen** beruhen.[184] Es handelt sich also um Rechtsnormen mit ebenso eingeschränktem Geltungsanspruch, wie dies bei den Standards nach § 342 Abs. 2 der Fall ist.[185] **87**

Mit **normkonkretisierenden Verwaltungsvorschriften** lassen sich die vom BMJ bekanntgemachten **Standards** indes **nicht vergleichen**. Verwaltungsvorschriften beziehen ihren Geltungsanspruch aus der Organisations- und Geschäftsleitungsgewalt der sie erlassenden Behörde. Sie dienen dem administrativen Gesetzesvollzug und verstehen sich daher i. S. d. Art. 83 GG als „Ausführung" von Gesetzen; *deshalb* sind die Behörden, allen voran die Bundesregierung und die Landesregierungen, zu ihrem Erlaß befugt, ohne daß es insoweit noch eines besonderen Kompetenztitels bedürfte. Wenn der Gesetzgeber eine Verwaltungsvorschrift als normkonkretisierende auch im Verhältnis zum normunterworfenen Bürger für in begrenztem Umfang rechtsverbindlich erklärt, so ist dies in Rechtsquellen-theoretischer Sicht nicht zu beanstanden:[186] Das Gesetz selbst enthält eine – wenn auch durch die Verwendung unbestimmter Rechtsbegriffe höchst allgemein gehaltene – vollständig ausformulierte Verhaltensanweisung; der Gesetzgeber kann daher auf die Verwaltungsvorschriften in der Weise Bezug nehmen, daß diese nicht kategorisch gelten sollen, sondern unter der Bedingung, daß der konkrete Sachverhalt mit den bei der Standardisierung zugrunde gelegten Annahmen übereinstimmt und die sachverständige Erkenntnisgrundlage nicht mittlerweile überholt ist. Es existiert also erstens in Gestalt der Verwaltungsvorschrift eine Rechtsnorm,[187] zu deren Erlaß die Verwaltungsinstanz aus sich heraus befugt ist; diese gilt zweitens nicht (wie ein Gesetz) unbedingt, sondern nur bei Aktualität der Erkenntnisgrundlage und nur für standardgemäße Sachverhalte; und das Gesetz verleiht ihr drittens auch *nur in diesem Umfang* Rechtsgeltung im Außenverhältnis zwischen Verwaltung und Bürger. Bereits an der ersten dieser drei Annahmen fehlt es bei den nach § 342 Abs. 2 bekanntgemachten Standards des BMJ. Sie dienen im Gegensatz zu den Verwaltungsvorschriften *nicht* dem Gesetzesvollzug durch die Verwaltung; vielmehr soll sogleich die Kompetenz der *Gerichte* zur Fortbildung von GoB beschnitten werden.[188] Das BMJ kann daher für die Bekanntmachung nicht die Kompetenz in Anspruch nehmen, welche ihm aus seiner Organisations- und Geschäftsleitungsgewalt zufließt. Die Standards eignen sich konsequent nicht als Objekt einer gesetzlichen Verweisung. **88**

d) Ergebnis: Kein Rechtsgeltungsanspruch der Standards. § 342 Abs. 2 verstößt daher gegen den verfassungsrechtlich verankerten *numerus clausus der Rechtsnormen*: **89**

---

rath DVBl 1989, 153 ff; ausführlich zum Diskussionsstand mit weiteren Nachweisen *Schwab* Politikberatung 117 ff.

[184] OVG Lüneburg NVwZ 1985, 357, 358; *Badura* FS Bachof (1984) 169, 178; *Breuer* NVwZ 1988, 104, 112; *Brohm* DÖV 1987, 265, 267; *Hendler* DÖV 1998, 481, 490; *Ossenbühl* FS BVerwG (1987) 443, 442.

[185] *Hellermann* NZG 2000, 1097, 1099 f.

[186] Vgl. bereits *Schwab* Politikberatung 147.

[187] Daß auch Verwaltungsvorschriften Rechtsnormen sind, ist mittlerweile zu Recht herrschende Meinung; vgl. z. B. *Emde* Die demokratische Legitimation der funktionalen Selbstverwaltung 54; *Krebs* VerwArch 70 (1979) S. 259, 262, 264; *Marburger* Die Regeln der Technik im Recht 415; *Ossenbühl* Verwaltungsvorschriften und Grundgesetz (1969) 154 ff, 555.

[188] Vgl. *Berberich* DRSC § 6 D III; Heymann/*Herrmann* §§ 342, 342 a, 8.

Die Standards sind selbst nach Bekanntmachung durch das BMJ weder Gesetz (Art. 70 ff GG) noch Rechtsverordnung (Art. 80 GG) noch Verwaltungsvorschrift (vgl. z. B. Art. 84 Abs. 2, 85 Abs. 2 GG). Als Sollenssätze ohne diese Rückbindung in der Rechtsquellenlehre können sie keine Rechtsgeltung erlangen. Die „Vermutung" des § 342 Abs. 2 läuft ins Leere; durch sie kann die gerichtliche Kompetenz zur Fortbildung und Kontrolle der GoB nicht beschnitten werden.[189] Die Gerichte sind daher im Streitfall vollumfänglich befugt (und verpflichtet), die Vereinbarkeit der Standards mit den deutschen GoB zu überprüfen. Der Wechsel vom imperativen zum kooperativen Staat hat nichts daran zu ändern vermocht, daß Entscheidungen, um Rechtsverbindlichkeit zu erlangen, von staatlichen Instanzen förmlich ratifiziert werden müssen, und zwar in den anerkannten Handlungsformen. Private können den *Inhalt* der staatlichen Rechtsetzung maßgeblich beeinflussen; die *Form* rechtlich bindender Regelung bleibt Parlament und Regierung vorbehalten. Da die Verwaltungsvorschrift nach dem Gesagten als Steuerungsinstrument ausscheidet, können die Standards des DRSC Rechtsgeltung nur in Gestalt eines Gesetzes oder einer Rechtsverordnung erlangen. Will daher der Gesetzgeber den Standards des DRSC Bindungswirkung im Gerichtsverfahren beilegen, so muß er § 342 Abs. 2 HGB zur Verordnungsermächtigung erheben und entsprechend umformulieren.

4. Notwendigkeit materiell-inhaltlicher Ergebnissteuerung

90 Allein mit der Festlegung, wie der Standardisierungsrat zu besetzen und welches Verfahren bei der Standardsetzung einzuhalten ist, genügt der Gesetzgeber seiner Steuerungsaufgabe nicht. Vielmehr muß er auch in **inhaltlicher Sicht** zumindest in den **Grundzügen** selbst regeln, welche vom Bilanzrecht betroffenen Interessen mit welchem Gewicht zu berücksichtigen sind.[190] Diese Steuerungsaufgabe folgt zum einen aus den Überlegungen, welche oben Rdn. 17 ff zur Residualverantwortung des Staates bei Kooperation mit privaten Entscheidungsträgern angestellt wurden: Sachverständige dürfen und müssen befragt werden, soweit es um technische Detailfragen geht, mit deren Beantwortung die staatlichen Rechtsetzungsorgane überfordert sind. Grundlegende politische Zielkonflikte müssen aber jene Organe selbst auflösen. Zum anderen gilt für das Verhältnis von Gesetzgeber und privatem Standardsetter erst recht, was für das Verhältnis parlamentarischer zur administrativen Rechtsetzung seit langem anerkannt ist:[191] „Wesentliche" Entscheidungen hat der Gesetzgeber selbst zu treffen.[192] Das Bilanzrecht hat grundlegend divergierende Interessen der zur Rechnungslegung Verpflichteten einerseits, der Abschlußadressaten andererseits miteinander in praktische Konkordanz zu bringen; es gestaltet in wesentlicher Hinsicht die durch Art. 14 GG geschützte Rechtsposition der Anteilseigner und die durch Art. 12 GG geschützte Berufsausübungsfreiheit der rechnungslegungspflichtigen Unterneh-

---

[189] Anders wohl *Hellermann* NZG 2000, 1097, 1099: Vermutung sei als Gesetzesbefehl „ernst zu nehmen". Wie hier für Verfassungswidrigkeit des § 342 II HGB *Budde/Steuber* DStR 1998, 1181, 1184; *dies.* FS Peltzer 39, 50 f; dagegen aber *Heintzen* KoR 2001, 150, 154.

[190] Vgl. *Hommelhoff/Schwab* BFuP 1998, 38, 47 f; *Hellermann* NZG 2000, 1097, 1101.

[191] Vgl. dazu BVerfGE 33, 125, 158 f, 163; 33, 303, 346; 34, 165, 192 f; 40, 237, 249 f; 41, 251, 259 f; 45, 400, 417 f; 47, 46, 78 f; 49, 89, 126 f; 58, 257, 268 ff; 61, 260, 275.

[192] Vgl. bereits *Hommelhoff* FS Odersky (1996) 779, 795; neuestens *Hellermann* NZG 2000, 1097, 1101; wohl auch *Beisse* BB 1999, 2180, 2185; gegen die Anwendung der Wesentlichkeitstheorie auf das Verhältnis zwischen Gesetzgeber und privaten Standardsetter polemisch, aber ohne Begründung *Heintzen* BB 1999, 1050, 1053 mit Fn. 45.

men.[193] Die Gewichtung der einzelnen Interessen ist daher auch aus diesem Grunde genuine Aufgabe des parlamentarischen Gesetzgebers.

91 Wie diese materiell-inhaltliche Steuerung im einzelnen auszusehen hat, ist indes bislang wenig geklärt; erst in jüngster Zeit wurde eine Untersuchung vorgelegt, welche die Ausgestaltung inhaltlicher Steuerung für den Einzelabschluß anhand ausgewählter Einzelfragen aus grundsätzlicher Perspektive beleuchtet.[194] In ihr ist überzeugend herausgearbeitet, daß der **Gesetzgeber** sich bei der von ihm vorzunehmenden **Prioritätensetzung** nicht auf die pauschale Formel zurückziehen darf, es sei bei der Standardsetzung das Interesse einer bestimmten Personengruppe – etwa der Anleger oder der Gläubiger – bevorzugt zu behandeln. Dies scheidet schon deshalb aus, weil die EU-Jahresabschlußrichtlinie (Vierte Richtlinie) den Schutz sowohl der Anleger als auch außenstehender Dritter in den nationalen Bilanzrechten verwirklicht wissen will[195] und die EU-Konzernbilanzrichtlinie (Siebte Richtlinie) für das Recht des Konzernabschlusses im Grundsatz auf das Recht des Einzelabschlusses verweist (Art. 17 Abs. 1 der Siebten Richtlinie).[196] Der Gesetzgeber muß vielmehr **einzelne Grundpflichten selbst im Gesetz niederlegen** und einige Zentralbegriffe selbst definieren. So müssen das Vollständigkeitsgebot (§ 246 Abs. 1 S. 1 HGB),[197] der Einzelbewertungsgrundsatz (§ 252 Abs. 1 Nr. 2 HGB)[198] und die Prämisse der Unternehmensfortführung bei der Bewertung von Vermögensgegenständen (§ 252 Abs. 1 Nr. 2 HGB),[199] wenn der Gesetzgeber sie denn auch im Zeitalter privatisierten Bilanzrechts beibehalten will, von ihm selbst angeordnet werden. Ebenso fällt dem Gesetzgeber die Entscheidung über Aufrechterhaltung oder Preisgabe des Vorsichtsprinzips zu (§ 252 Abs. 1 Nr. 4 HGB).[200]

92 Namentlich ist der Gesetzgeber dazu aufgerufen, eine klare Vorgabe zu treffen, was in der Bilanz abgebildet werden soll: das im Vermögen des Kaufmanns angelegte Potential, dessen **Schulden zu decken**, oder das Potential, künftig **Erträge zu erwirtschaften.** Die Entscheidung für die Abbildung des Schuldendeckungspotentials würde der Kapitalerhaltung und damit dem Gläubigerschutz, die Entscheidung für die Abbildung des Ertragspotentials der Anlegerinformation Priorität einräumen. Der Konflikt beider Bilanzverständnisse kulminiert im Begriff des *Vermögensgegenstandes*, den der Gesetzgeber bislang nicht näher bestimmt hat: Eine auf Kapitalerhaltung angelegte Bilanz wird danach fragen, inwieweit ein Vorteil zum Zwecke der Schuldendeckung wirtschaftlich verwertet werden kann, während eine auf Anlegerinformation angelegte Bilanz auf die Eignung eines Guts abstellen wird, künftig Ertrag zu erbringen. Mit der Begriffsbestimmung des Vermögensgegenstandes ist daher eine grundlegende politische Weichenstellung verbunden; sie ist Aufgabe des Gesetzgebers und kann nicht einem privaten Standardsetter überantwortet werden.[201] Die Entscheidung des deutschen Gesetzgebers für ein statisches, auf die Abbildung des Schuldendeckungspotentials angelegtes oder für ein dynamisches, auf die Quantifizierung des Ertragspotentials gerichtetes Bilanzverständnis wird maßgeblich das künftige Schicksal des Vorsichtsprinzips präjudizieren; in ihm hat der Gesetzgeber bislang die Kapitalerhaltungsfunktion der Bilanz in den Vordergrund gerückt. Des weiteren muß

[193] Näher *Berberich* DRSC § 7 C I, II.
[194] Vgl. zum Folgenden *Berberich* DRSC.
[195] Vgl. *Berberich* DRSC § 5 D III 1.
[196] *Berberich* DRSC § 5 B III 1.
[197] *Berberich* DRSC § 9 A III.
[198] *Berberich* DRSC § 10 A IV.
[199] *Berberich* DRSC § 10 B IV.
[200] *Berberich* DRSC § 10 C V.
[201] Überzeugend *Berberich* DRSC § 9 B III; dagegen will *Niehus* (DB 2001, 53, 56) im Anschluß an den Vorschlag des DRSC zur Reform der Vierten Richtlinie gänzlich auf die Definition des Vermögenswerts in dieser Richtlinie verzichten.

der Gesetzgeber zur Frage Stellung nehmen, welche Rechtspositionen dem Vermögen des Kaufmanns zuzurechnen sind; namentlich hat er zu entscheiden, ob für jene Zurechnung an das zivilrechtliche oder an davon abweichend zu bestimmendes wirtschaftliches Eigentum angeknüpft werden soll.[202]

93 Die Gewichtung der gegenläufigen Interessen erfolgt nach alledem nicht pauschal zugunsten oder zu Lasten der Bilanzadressaten oder einer Gruppe von ihnen; vielmehr fällt es dem Gesetzgeber zu, in einzelnen Problembereichen von grundlegender Bedeutung bald dem Anleger-, bald dem Gläubigerinteresse bevorzugt Raum zu geben. Ebenso ist die Entscheidung, zugunsten des zur Rechnungslegung Verpflichteten **Bilanzierungshilfen** zu gewähren und damit zumindest punktuell sowohl das Informationsinteresse der Anleger als auch das Kapitalerhaltungsinteresse der Gläubiger zurücktreten zu lassen, beim Gesetzgeber monopolisiert.[203] Die Gewichtung ist für jeden vom Gesetzgeber geregelten Bereich so präzise vorzugeben, daß sie dem Standardisierungsrat bei Detailfragen der Bilanzierung die stringente Ableitung einer tragfähigen Lösung erlaubt - wenngleich bereits heute zu betonen ist, daß jene Ableitung ihrerseits niemals gänzlich ohne Wertungen auskommen wird.[204]

5. Prüfungspflicht vor Bekanntmachung

94 Abs. 2 ermächtigt das BMJ, Standards des DRSC nach Abs. 1 S. 1 Nr. 1 bekannt zu machen; das BMJ hat in Ausübung dieser Ermächtigung bereits einige Standards im Bundesanzeiger veröffentlicht.[205] Wenn auch der Versuch des Gesetzgebers, in Gestalt einer „Vermutung“ der GoB-Konformität den bekanntgemachten Standards eine weitreichende *rechtliche* Verbindlichkeit zu verleihen, als gescheitert angesehen werden muß (Rdn. 82 ff), werden diese mit der Autorität des BMJ unterlegten Standards *faktisch* eine erhebliche Breitenwirkung entfalten. Das BMJ, das als Organ der Exekutive seinerseits an Gesetz und Recht gebunden ist, hat daher vor der Bekanntmachung eines Standards dessen **Übereinstimmung mit dem geltenden Recht zu überprüfen.**[206] Das gilt zum einen in verfahrensrechtlicher Hinsicht:[207] Das Erfordernis der Unabhängigkeit und Verfahrensöffentlichkeit nach Abs. 1 S. 2 ist nicht nur Voraussetzung für die Anerkennung des DRSC als privates Rechnungslegungsgremium, sondern in gleicher Weise für die Bekanntmachung eines jeden Standards.[208] Das BMJ hat sich daher bei jedem Standard zu vergewissern, ob der Standardisierungsrat sowie diejenigen Arbeitsgruppen, welche auf den Standard Einfluß genommen haben, ordnungsgemäß besetzt waren und die oben (Rdn. 60 ff) näher beschriebenen Verfahrensschritte akkurat eingehalten worden sind. Zum anderen ist die materielle Gesetzesverträglichkeit der Standards sicherzustellen: Wenn die Einhaltung der die Konzernrechnungslegung betreffenden GoB „vermutet“ werden und diese Vermutung nicht schon am bloßen Votum des Standardisierungsrats, sondern erst und gerade an der Bekanntmachung durch das BMJ anknüpfen soll, so kann die Grundlage der Vermutung nicht in einer unreflektierten Übernahme der Standards, sondern nur in einer materiellen Prüfung durch das BMJ bestehen:[209] Die Vermutung ist deshalb gerechtfertigt, weil eine Instanz vom Rang eines Bundesministeriums die Übereinstimmung mit den GoB

[202] *Berberich* DRSC § 9 A III.
[203] Dazu eingehend *Berberich* DRSC § 9 E.
[204] Zutreffend *Berberich* DRSC § 12 These 10.
[205] Zusammenstellung der bekanntgemachten Standards auf der Website des DRSC, vgl. http://www.drsc.de/ger/standards/index.html, sowie bei MünchKomm-*Ebke* § 342, 19.
[206] *Beisse* BB 1999, 2180, 2185.
[207] Ebenso Heymann/*Herrmann* §§ 342, 342 a, 9.
[208] Überzeugend *Berberich* DRSC sub § 6 D II 1 b.
[209] Vgl. *Hommelhoff/Schwab* FS Kruse 693, 714.

geprüft und bestätigt hat. Ungeachtet dessen, daß die „Vermutung" die ihr zugedachte Wirkung verfehlt hat, darf das BMJ keine Standards bekanntmachen, die inhaltlich nicht mit dem Gesetz vereinbar sind. Diese Prüfungspflicht ist das Gegenstück zur Steuerungsverantwortung des Gesetzgebers: Ebenso wie der Gesetzgeber durch Verfahrensregeln und materielle Rahmenvorgaben die Voraussetzungen für die Gemeinwohlverträglichkeit der Standards in abstracto zu schaffen hat, hat das BMJ die Einhaltung dieser Vorgaben für jeden einzelnen Standard sicherzustellen.[210]

Mit welcher **Intensität** das BMJ diese Prüfung vorzunehmen hat, ist bislang nicht **95**
geklärt. Der vollen ministeriellen Kontrolle unterliegt in jedem Fall die Einhaltung der *Verfahrensvorkehrungen*, welche die Unabhängigkeit der Standards sowie die Einbeziehung der interessierten Öffentlichkeit sicherstellen sollen. Unabhängigkeit und Verfahrensöffentlichkeit sind Voraussetzung nicht nur für die Anerkennung des DRSC als Normungsorganisation, sondern auch für die Bekanntmachung jedes einzelnen Standards.[211] Was die Vereinbarkeit der Standards mit den *materiellrechtlichen* Vorgaben anbelangt, so wurde hier eine Plausibilitätskontrolle für ausreichend gehalten, um die in Abs. 1 S. 1 Nr. 1 angestrebte fachliche Entlastung des BMJ nicht durch eine Überspannung der Prüfungspflichten in Frage zu stellen.[212] Demgegenüber wird neuerdings einer Verpflichtung des BMJ das Wort geredet, die Vereinbarkeit der Standards mit dem gesetzlich niedergelegten Bilanzrecht vollumfänglich zu prüfen; dies zumindest so lange, bis sich die Arbeit des Standardisierungsrats bewährt habe; gerade in der Anfangsphase bestehe die Gefahr, daß aufgrund eines unausgereiften oder uneingespielten Verfahrens eine Beteiligung der Fachöffentlichkeit nicht vollständig gelinge oder sogar unterbunden werde, wodurch wichtige Gesichtspunkte unberücksichtigt bleiben könnten.[213]

Diese Befürchtung hat sich in der bisherigen Arbeit des Standardisierungsrats in **96**
der Tat bewahrheitet; die Besetzung des Standardisierungsrats und das Verfahren der Standardsetzung zementieren ein Ungleichgewicht in der Berücksichtigung von Partikularinteressen (näher Rdn. 53, 68 ff). Das tatsächliche gegenwärtige Geschehen im DRSC rechtfertigt keinerlei Begrenzung der materiellen **Rechtskontrolle** und läßt durchaus auch eine **politische Opportunitätsprüfung** angezeigt erscheinen. Der Rückzug auf eine Plausibilitätskontrolle ist erst gerechtfertigt, wenn gleichwertige Interessenrepräsentanz im Standardisierungsrat und gleichwertiger Zugang zum Standardisierungsverfahren tatsächlich gewährleistet sind. Dies Modell der kontrollierten Rezeption wird an Effektivität gewinnen, wenn das BMJ die Arbeit des Standardisierungsrats dauerhaft begleitet und damit in besonderer Weise in das Zustandekommen der Standards einbezogen wird; dann wird es die Erwägungen des Standardisierungsrats leichter nachvollziehen und daher wirksamer überprüfen können, inwieweit sich die Standards als Ableitungen aus den deutschen GoB darstellen lassen. Zu Recht wird daher gefordert, zwischen BMJ und Standardisierungsrat ein Forum ständiger Kommunikation zu installieren.[214]

---

210 Ähnlich *Schuppert/Bumke* Die Zukunft des deutschen Bilanzrechts 71, 120.

211 Zutreffend *Berberich* DRSC § 6 D II 1b.

212 Vgl. *Hommelhoff/Schwab* BFuP 1998, 38, 51; dem folgend Beck BilKomm-*Budde/Steuber* § 342, 7.

213 Vgl. *Berberich* DRSC § 6 C III 2b.

214 Vgl. *Schuppert/Bumke* Die Zukunft des deutschen Bilanzrechts 71, 123.

§ 342 a
Rechnungslegungsbeirat

(1) Beim Bundesjustizministerium der Justiz wird vorbehaltlich Absatz 9 ein Rechnungslegungsbeirat mit den Aufgaben nach § 342 Abs. 1 Satz 1 gebildet.

(2) Der Rechnungslegungsbeirat setzt sich zusammen aus
1. einem Vertreter des Bundesministeriums der Justiz als Vorsitzendem sowie je einem Vertreter des Bundesministeriums der Finanzen und des Bundesministeriums für Wirtschaft,
2. vier Vertretern von Unternehmen
3. vier Vertretern der wirtschaftsprüfenden Berufe
4. zwei Vertretern der Hochschulen.

(3) Die Mitglieder des Rechnungslegungsbeirats werden durch das Bundesministerium der Justiz berufen. Als Mitglieder sollen nur Rechnungsleger berufen werden.

(4) Die Mitglieder des Rechnungslegungsbeirats sind unabhängig und nicht weisungsgebunden. Ihre Tätigkeit im Beirat ist ehrenamtlich.

(5) Das Bundesministerium der Justiz kann eine Geschäftsordnung für den Beirat erlassen.

(6) Der Beirat kann für bestimmte Sachgebiete Fachausschüsse und Arbeitskreise einsetzen.

(7) Der Beirat, seine Fachausschüsse und Arbeitskreise sind beschlußfähig, wenn mindestens zwei Drittel der Mitglieder anwesend sind. Bei Abstimmungen entscheidet die Stimmenmehrheit, bei Stimmengleichheit die Stimme des Vorsitzenden.

(8) Für die Empfehlungen des Rechnungslegungsbeirats gilt § 342 Abs. 2 entsprechend.

(9) Die Bildung eines Rechnungslegungsbeirats nach Absatz 1 unterbleibt, soweit das Bundesministerium der Justiz eine Einrichtung nach § 342 Abs. 1 anerkennt.

Übersicht

Schrifttum siehe zu § 342.

I. Funktion des Rechnungslegungsbeirats (Abs. 1, 9)

1. Verhältnis zu § 342

§ 342a ordnet an, daß beim BMJ ein Rechnungslegungsbeirat gebildet wird, falls das BMJ nicht nach § 342 ein privates Gremium anerkennt. Der Beirat nach § 342a hätte gebildet werden *müssen*, wenn das BMJ nicht durch Vertrag das DRSC als nationalen Standardsetter anerkannt und mit den Aufgaben des § 342 Abs. 1 S. 1 Nr. 1–3 betraut hätte. Nachdem dies geschehen ist, hat sich die Bildung eines Rechnungslegungsbeirats nach § 342a erübrigt; die Vorschrift ist gegenüber § 342 **subsidiär** (Abs. 9). Solange der Standardisierungsvertrag zwischem BMJ und DRSC nicht gekündigt wird, ist § 342a somit in der Praxis gegenstandslos. 1

2. Institutionalisierte sachverständige Beratung des Staates

Die Funktion des Beirats besteht ebenso wie die des privaten Gremiums nach § 342 darin, die – zu Recht für unverzichtbar gehaltene (§ 342, 20) – Befragung privaten Sachverstands bei der Regelsetzung im Bilanzrecht zu institutionalisieren. Im Gegensatz zum privaten Gremium nach § 342 ist der Beirat organisatorisch in das BMJ eingegliedert, wenngleich seine Mitglieder mehrheitlich aus dem Kreise interessierter Privater rekrutiert werden. Auf Ministerialebene angesiedelte und damit staatsgetragene Expertengremien dieser Art sind aus dem Umwelt- und Technikrecht geläufig; so berät nach §§ 20b ChemG, 52 GefahrstoffVO der aus zahlreichen Mitgliedern interessierter Kreise gebildete sog. Ausschuß für Gefahrstoffe den Bundesarbeitsminister bei der Regelsetzung bezüglich gesundheitsgefährdender Chemikalien am Arbeitsplatz;[1] der nach §§ 11 Abs. 2 GerätesicherheitsG, 30 DampfkesselVO beim Bundesarbeitsministerium gebildete Deutsche Dampfkesselausschuß arbeitet sog. technische Regeln für Dampfkessel aus.[2] Aufgrund ministeriellen Organisationserlasses wurde 1972 beim damals für die Reaktorsicherheit zuständigen Innenministerium der sog. Kerntechnische Ausschuß gebildet, dessen Aufgabe darin besteht, technische Regelwerke für den Bau von Atomkraftwerken aufzustellen.[3] Alle diese Gremien binden privaten Sachverstand organisatorisch an eine Instanz der Exekutive und stehen zu deren Beratung zur Verfügung. 2

II. Zusammensetzung des Beirats und Berufung der Mitglieder (Abs. 2, 3)

Der Rechnungslegungsbeirat soll nach Abs. 2 aus Vertretern dreier Bundesministerien (Justiz, Finanzen, Wirtschaft), vier Rechnungslegern aus Unternehmen, vier Vertretern der wirtschaftsprüfenden Berufe und zwei Vertretern der Hochschulen bestehen (Abs. 2). Die Mitglieder im Beirat werden durch das BMJ berufen (Abs. 3). 3

1. Personelle Berufung und demokratische Legitimation

Das BMJ, das die Mitglieder des Rechnungslegungsbeirats beruft, ist seinerseits demokratisch legitimiert: Der Bundesjustizminister wird vom Bundespräsidenten auf 4

[1] Dazu näher *Di Fabio* Risikoentscheidungen im Rechtsstaat 151 ff; *Schwab* Politikberatung 324 f.

[2] Dazu näher *Rittstieg* Die Konkretisierung technischer Standards im Anlagenrecht (1982) 49 ff; *Marburger/Gebhard* in Endres/Marburger (Hrsg.), Umweltschutz durch gesellschaftliche Selbststeuerung (1993) 1, 21 ff.

[3] Dazu näher *Rittstieg* Die Konkretisierung technischer Standards im Anlagenrecht 85 ff; *Lamb* Kooperative Gesetzeskonkretisierung 120 ff.

grundsätzlich bindenden[4] Vorschlag des Bundeskanzlers ernannt (Art. 64 Abs. 1 GG), dieser seinerseits vom Bundestag (Art. 63 Abs. 1 GG) und jener durch das Volk (Art. 38 Abs. 1 S. 1 GG) gewählt. Es besteht also eine **ununterbrochene persönliche Legitimationskette**, so daß die These naheliegt, die Mitglieder des Rechnungslegungsbeirats seien ihrerseits personell demokratisch legitimiert. Und in der Tat hat das BVerfG die Mitglieder der pluralistisch besetzten Bundesprüfstelle für jugendgefährdende Schriften allein schon deshalb für demokratisch legitimiert gehalten, weil der ressortzuständige Bundesminister sie in ihr Amt berufe[4a].

5 Allein die **persönliche Berufung** kann jedoch nur den drei **Ministerialvertretern** eine hinreichende personelle demokratische Legitimation vermitteln, des weiteren allenfalls noch den zwei Vertretern der Hochschulen, die kraft ihres wissenschaftlichen Selbstverständnisses mit dem Anspruch der Objektivität und Neutralität und damit der Interessendistanz antreten, nicht aber den übrigen Mitgliedern des Beirats (näher Rdn. 8f): Die Unternehmensvertreter und Wirtschaftsprüfer werden gerade nicht mit Blick auf Distanz, sondern gerade wegen ihrer Nähe zu bestimmten Interessenkreisen berufen; und sie werden mit dem Ziel berufen, das aus der Gruppenzugehörigkeit resultierende interessenspezifische Vorverständnis in den Entscheidungsprozeß einzubringen. Die Gremienmitglieder bieten also schon von ihrem *Ursprung* her nicht die Gewähr für Interessendistanz und Ausrichtung am Gemeinwohl und *sollen sie nach dem Sinn der Konstruktion eines pluralistischen Entscheidungsgremiums auch gar nicht bieten.*[5] Vor diesem Hintergrund gewährleistet auch die Berufung der Mitglieder durch einen demokratisch legitimierten Minister nicht die Interessendistanz, die die grundgesetzliche Demokratie zur Voraussetzung für die Legitimität von Herrschaftsausübung erhebt.[6]

2. Ministerialfreier Raum

6 Mit diesem Befund ist freilich noch nicht ein Verstoß des § 342 a gegen das Demokratieprinzip belegt. Ein solcher Verstoß ergibt sich namentlich nicht daraus, daß die Mitglieder des Rechnungslegungsbeirats weisungsfrei entscheiden (Abs. 4). Freilich ist dem Erfordernis personeller demokratischer Legitimation grundsätzlich nicht schon dadurch genügt, daß ein Entscheidungsträger sein Amt auf eine ununterbrochene Kette von Wahlen und Ernennungen zurückführen kann; vielmehr muß er zusätzlich in einem **Verantwortungs- und Rechenschaftszusammenhang** zum legitimationsstiftenden Subjekt stehen. Namentlich ein Bundesminister hat sein Ressort eigenverantwortlich zu führen (Art. 65 S. 2 GG), woraus mit Recht gefolgert wird, daß er seine Amtsführung parlamentarisch verantworten muß.[7] Diese Verantwortung kann ein Minister dort nicht übernehmen, wo ihm das Einschreiten durch Weisung verwehrt ist.[8] Die Einrichtung solcher weisungsfreier (sog. *ministerialfreier*) Räume wird aus diesem Grund von einer verbreiteten Ansicht als Durchbrechung des Prinzips parlamentarischer Verantwortung der Exekutive einer besonderen verfassungsrechtlichen Rechtfertigung für bedürftig gehalten.[9]

---

[4] Vgl. Maunz/Dürig/Herzog GG Art. 64 Rdn. 12–14.

[4a] BVerfGE 83, 130, 149ff.

[5] Vgl. *Schwab* Politikberatung 410; ähnlich bereits *Jestaedt* Demokratieprinzip und Kondominialverwaltung 422.

[6] *Röhl* Der Wissenschaftsrat 143 f; ähnlich *Trute* Die Forschung zwischen grundrechtlicher Freiheit und staatlicher Institutionalisierung 226 f.

[7] *Emde* Die demokratische Legitimation der funktionalen Selbstverwaltung 344 f; *Oebbecke* Weisungs- und unterrichtungsfreie Räume in der Verwaltung 139.

[8] *Loening* DVBl 1954, 173, 176; *Sodan* Kollegiale Funktionsträger als Verfassungsproblem (1987) 390.

[9] So explizit *Böckenförde* Handbuch des Staatsrechts, Bd. I § 22 Rdn. 22, 24; *Jestaedt* Demokratieprinzip

Doch ist gerade bei der Konsultation von Sachverständigengremien eine solche Rechtfertigung gegeben.[10] Sachverständige Expertise reichert die zu treffende Entscheidung um ein demokratischen Legitimationsstrukturen unzugängliches Element der **sachlichen Richtigkeit** an, die aus der fachkundig begründeten Überzeugung der Sachverständigen fließen soll und für deren Gewinnung Weisungen eines fachlich nicht kompetenten Ministers keinen Ertrag bringen, sondern allenfalls schaden. Die staatlichen Organe sind von Verfassungs wegen gehalten, externen Sachverstand zu Rate zu ziehen, wo ohne ihn nicht auszukommen ist; denn nur so werden sie ihrer Aufgabe gerecht, die Kollision von Freiheitsinteressen im Zeitalter raschen Erkenntnisfortschritts angemessen aufzulösen (sog. Gebot des *dynamischen Grundrechtsschutzes*[11]). 7

3. Ausgewogene Besetzung

Diejenigen Mitglieder des Rechnungslegungsbeirats, welche aus dem Kreise der rechnungslegungspflichtigen Unternehmen und der Wirtschaftsprüfer berufen werden, können ihre Tätigkeit deswegen nicht auf den Willen des gesamten Volkes zurückführen, weil sie ihr Entscheidungsverhalten nicht am Gemeinwohl ausrichten, sondern das interessenbedingte Vorverständnis der von ihr repräsentierten Gruppe Betroffener in den Entscheidungsprozeß hineintragen (Rdn. 5). Vor dem Demokratieprinzip hat ihre Mitgliedschaft im Rechnungslegungsbeirat gleichwohl Bestand, wenn die Interessenbindungen durch eine ausgewogene Besetzung neutralisiert werden. Dies hat der Gesetzgeber in Abs. 2 im Ansatz richtig gesehen. Durch eine solche Besetzung muß der Gefahr entgegengewirkt werden, daß die **Belange einzelner Interessierter** (oder der von ihnen repräsentierten Gruppen) zum Nachteil anderer ein **Übergewicht** erlangen. Dies Übergewicht würde sich zwangsläufig im Inhalt staatlicher Entscheidungen, etwa Gesetzesvorlagen des BMJ niederschlagen; denn als institutionalisiertes Organ sachverständiger Beratung des Staates gewinnt der Rechnungslegungsbeirat mit seiner Expertise einen maßgeblichen Einfluß auf die beratene Instanz.[12] Das Demokratieprinzip will Machtverschiebungen zugunsten einzelner Betroffener oder Betroffenengruppen verhindern und gebietet daher eine allseitige Interessenrepräsentanz.[13] 8

In der Durchführung ist die Regelung in Abs. 2 jedoch nur teilweise geglückt. Denn sie spart die eigenständige **Interessenvertretung von Anlegern und Gläubigern**, den Primäradressaten der Rechnungslegung,[14] völlig aus. Allenfalls könnten diese ihre Fürsprecher in den drei Ministerialvertretern finden; eine sichere Gewähr hierfür besteht jedoch nicht, weil jene Vertreter vom Gesetzgeber nicht gezielt als Ersatzrepräsentanten der Abschlußadressaten eingesetzt werden. Die Interessenrepräsentanz ist damit nicht in jeder Hinsicht sichergestellt. Indem insgesamt acht der 13 Mitglieder aus Unternehmensvertretern und Wirtschaftsprüfern rekrutiert werden, ist in jedem Fall ein Übergewicht der zur Rechnungslegung verpflichteten Personengruppen vor- 9

---

und Kondominialverwaltung 329; *Mayen* NVwZ 1997, 215, 217; *Waechter* Geminderte demokratische Legitimation staatlicher Institutionen im Regierungssystem 27, 37.

[10] Vgl. *Schwab* Politikberatung 414.

[11] Grundlegend BVerfGE 49, 89, 137, 140; aus der Literatur *Denninger* Verfassungsrechliche Anforderungen an die Normsetzung im Umwelt- und Technikrecht (1990) Rdn. 137; *Faber* DVBl 1998, 745, 751; *Hill* NVwZ 1989, 401, 407; *Ossenbühl* DÖV 1982, 833, 838.

[12] *Trute* DVBl 1996, 950, 961; *Brohm* Handbuch des Staatsrechts, Band II (1987) § 36 Rdn. 43.

[13] *Hufen* in Grimm (Hrsg.), Wachsende Staatsaufgaben – sinkende Steuerungsfähigkeit des Rechts? (1991) 273, 286; *Ritter* JbStVW 1 (1987) S. 321, 347; *Schneider* VerwArch 87 (1996) S. 38, 47.

[14] HdR-*Baetge/Kirsch* Bd. I a, 4. Aufl. (1995) Grundlagen, Rdn. 279; Beck BilKomm-*Budde/Karig* § 264, 36; Heymann/*Walz* Einl. Handelsbücher Rdn. 51.

programmiert, welche vom Gesetzgeber auch nicht anderweitig – etwa durch Anordnung einstimmiger Beschlußfassung – aufgefangen wird; im Gegenteil entscheidet bei Abstimmungen die einfache Mehrheit (Abs. 7 S. 2), was mangels abweichender Anordnung auch für die Verabschiedung von Standards gilt. Abs. 2 wird damit den Anforderungen des Demokratieprinzips an eine ausgewogene Besetzung des Rechnungslegungsbeirats nicht gerecht; die Vorschrift ist damit **verfassungswidrig.** Allenfalls mag das Defizit in der Ausgewogenheit dadurch kompensiert werden, daß das BMJ im Rahmen der von ihm zu erlassenden Geschäftsordnung (Abs. 5) die Vertretung von Anlegern und Gläubigern im Rechnungslegungsbeirat anordnet;[15] doch wird auch dies allenfalls für eine Übergangszeit hinzunehmen sein: Die Regelung der Besetzung eines beratenden Sachverständigengremiums von der Bedeutung des Rechnungslegungsbeirats ist genuine Aufgabe des parlamentarischen Gesetzgebers (siehe § 342, 55 ff).

4. Rechnungsleger

10 Nach Abs. 3 S. 2 sollen in den Rechnungslegungsbeirat nur **Rechnungsleger** berufen werden. Diese Vorschrift zieht die richtige Konsequenz aus dem Umstand, daß in Gestalt des Beirats externer Sachverstand für staatliche Entscheidungsprozesse fruchtbar gemacht werden soll; jener Sachverstand muß folglich in der Person jedes einzelnen Mitglieds vorhanden sein. Der Begriff des Rechnungslegers bestimmt sich wie in § 342 (siehe dort Rdn. 44).

IV. Rechtsstellung der Mitglieder (Abs. 4)

1. Unabhängigkeit

11 Gerade weil die Mitglieder des Rechnungslegungsbeirats wegen ihres Sachverstands gefragt sind, muß ihre Expertise von jedem fachfremden Einfluß freigehalten werden. Da die Mitglieder wegen des gerade in ihrer Person verkörperten Sachverstands berufen worden sind, soll die Entscheidung im Gremium allein aus ihrer eigenen fachlichen Überzeugung gespeist werden: Die Beratungsaufgabe ist von den Beiratsmitgliedern höchstpersönlich zu erfüllen. Deshalb kann ebenso wie beim privaten Rechnungslegungsgremium nach § 342 (dort Rdn. 46) keinerlei externe Bindung des Mitglieds bezüglich seines Entscheidungsverhaltens im Rechnungslegungsbeirat toleriert werden; Abs. 4 S. 1 bringt dies zum Ausdruck, indem er die Unabhängigkeit der Beiratsmitglieder betont. Wichtigstes Merkmal der individuellen Unabhängigkeit ist die **Freiheit** von jeglichen **Weisungen**; sie stellt Abs. 4 S. 1 ebenfalls klar. Ein Mitglied des Rechnungslegungsbeirats kann sich hinsichtlich seines Verhaltens bei Beratung und Abstimmung auch nicht durch Vertrag dem Einfluß eines außenstehenden Dritten unterwerfen; ein solcher Vertrag wäre nach § 134 BGB nichtig, da das Unabhängigkeitserfordernis Abs. 4 S. 1 insoweit ein gesetzliches Verbot enthält.

2. Ehrenamt

12 Nach Abs. 4 S. 2 ist die Tätigkeit im Rechnungslegungsbeirat ehrenamtlich. Der Gesetzgeber dürfte hier die fiskalische Konsequenz aus der Tatsache gezogen haben, daß er für ein staatsgetragenes Gremium die alleinige Finanzierungsverantwortung

---

[15] Dafür Heymann/*Herrmann* §§ 342, 342 a, 12.

trägt, namentlich kein Spendenfonds existiert, aus dem eine Vergütung der Beiratsmitglieder für ihre Tätigkeit gespeist werden könnte. So ehrenwert es einerseits erscheinen mag, wenn sich hochqualifizierte Bilanzfachleute für eine unentgeltliche Beratung des BMJ zur Verfügung stellen, resultiert doch andererseits gerade hieraus eine **Gefahr für die Ausgewogenheit der Besetzung**. Denn allenfalls große Unternehmen und Prüfungsgesellschaften werden es sich finanziell leisten können, einen in ihren Diensten stehenden Rechnungsleger für die Mitgliedschaft im Beirat abzustellen, anstatt ihn im eigenen Unternehmen einzusetzen. Damit droht die Vertretung der Unternehmen und Wirtschaftsprüfer nach Abs. 2 Nr. 2 und 3 bei den multinationalen Großkonzernen und ihren Prüfern monopolisiert und der Mittelstand mit seinen spezifischen Belangen übergangen zu werden.

V. Innere Ordnung (Abs. 5–7)

1. Verfahren

Das Verfahren, welches der Rechnungslegungsbeirat bei seinen Entscheidungen zu beachten hat, ist im Gesetz nur rudimentär niedergelegt und im übrigen einer vom BMJ zu erlassenden Geschäftsordnung überantwortet (Abs. 5). Dem liegt offenbar die Vorstellung des Gesetzgebers zugrunde, der Rechnungslegungsbeirat unterliege, da organisatorisch in das BMJ integriert, dessen **Organisations- und Geschäftsleitungsgewalt**, welche dem Minister aus Art. 65 S. 2 GG für sein Ressort erwächst. Das überzeugt schon deshalb nur bedingt, weil gerade der Steuerungsanspruch des Ministers angesichts der Weisungsfreiheit des Beirats und seiner Mitglieder stark zurückgenommen wurde; der Beirat verkörpert, wie ausgeführt (oben Rdn. 6f), einen ministerialfreien Raum. Vor allem aber wurde im Zusammenhang mit § 342 gezeigt, daß die Vorkehrungen zu einem öffentlichen Verfahren für Qualität und Ausgewogenheit der Standards wesentliche Voraussetzungen sind und als solche der prozeduralen Steuerungsverantwortung des parlamentarischen Gesetzgebers zufallen (§ 342, 79). Das gilt für den Beirat nach § 342a nicht minder: Der Beirat hat die gleichen Aufgaben zu erfüllen wie das private Rechnungslegungsgremium nach § 342. Seinen Standards soll nach § 342a Abs. 8 die gleiche rechtliche Wirkung zukommen wie den Standards eines privaten Gremiums. Die **staatlichen Rechtsetzungsinstanzen** haben damit ihren materiell-inhaltlichen **Steuerungsanspruch** in gleicher Weise **zurückgenommen** wie in § 342; die parlamentarischen Kontrollzusammenhänge wurden hier ebenso aufgelöst wie dort. Richtigerweise wäre es daher ein Gebot des Demokratieprinzips und der Wesentlichkeitstheorie gewesen, die maßgeblichen Verfahrensschritte für Entscheidungen des Rechnungslegungsbeirats im Gesetz selbst niederzulegen. § 342a Abs. 5 ist daher verfassungswidrig. 13

12. Arbeitsgruppen können vom Beirat nach Abs. 6 eingerichtet werden. Der Vorschrift bedurfte es, weil andernfalls wegen der Höchstpersönlichkeit der Beratungsleistung (Rdn. 11) sämtliche auch nur beratenden Verfahrensschritte und somit auch die Vorbereitung der Entscheidungen von *sämtlichen* Mitgliedern des Rechnungslegungsbeirats vorzunehmen gewesen wären; eine Delegation an Arbeitsgruppen wäre nicht in Betracht gekommen. Abs. 6 befreit somit vom Zwang der Plenarentscheidung; *nicht* befreit die Vorschrift vom Zwang zur höchstpersönlichen Entscheidung überhaupt: Die Arbeitsgruppen dürfen mangels abweichender gesetzlicher Anordnung nur aus Mitgliedern des Rechnungslegungsbeirats bestehen. Außenstehenden darf kein Sitz in einer Arbeitsgruppe zugeteilt werden. Die von den Arbeitsgruppen vorgelegten Ergebnisse können die spätere Sachentscheidung erheb- 14 lich beeinflussen; deshalb muß ihre Zusammensetzung den Anforderungen an eine ausgewogene Besetzung genügen (§ 342, 55). Es wäre Aufgabe des Gesetzgebers gewesen, eine eigene Regelung hinsichtlich der Zusammensetzung der Arbeitsgruppen zu treffen.

3. Beschlüsse

15 Nach Abs. 7 S. 1 ist der Rechnungslegungsbeirat **beschlußfähig**, wenn mindestens zwei Drittel seiner Mitglieder anwesend sind; nach S. 2 entscheidet bei Abstimmungen die einfache Mehrheit, bei Stimmengleichheit die Stimme des Vorsitzenden. Vorsitzender des Beirats ist der vom BMJ entsandte Vertreter (Abs. 2 Nr. 1).

16 **a) Einfache Mehrheit.** Erste Bedenken gegen diese Regelung wurden bereits oben Rdn. 9 angedeutet: Die Wirtschaftsprüfer und Unternehmensvertreter – und damit die Gruppe derjenigen, welche durch die Standards verpflichtet werden sollen – sind zusammen in der Lage, die übrigen Mitglieder des Beirats zu überstimmen. Das Ausmaß der **Gefahr**, die aus dieser Regelung für die **Ausgewogenheit** der Standards resultiert, wird deutlich, wenn man hinzu nimmt, daß die Tätigkeit im Beirat nach Abs. 4 S. 2 ehrenamtlich ist und nur größere Unternehmen und Prüfgesellschaften in der Lage sind, personelle Ressourcen für eine unentgeltliche Beratung des Staates freizustellen (vgl. Rdn. 12): Dann können unter dem Deckmantel sachverständiger Expertise die Standards von den multinationalen Großgesellschaften und den ihnen zumeist nahestehenden Prüfern nach ihrem Belieben und Interesse durchgesetzt werden – eben die Situation, die im Standardisierungsrat nach § 342 bereits Wirklichkeit ist und namentlich dem Mittelstand unzumutbare Mehrbelastungen aufbürden wird (vgl. § 342, 51f).

17 **Richtigerweise** hätte der Gesetzgeber eine Gestaltung wählen müssen, welche die Majorisierung einzelner Belange verläßlich ausschließt. In Betracht kommen zum einen die Möglichkeiten, welche schon zu § 342 (dort Rdn. 71) diskutiert wurden, nämlich das Erfordernis einstimmiger Beschlußfassung oder einer so **hoch qualifizierten Mehrheit**, daß der Widerstand von mindestens zwei Mitgliedern des Beirats das Zustandekommen eines Standards verhindert. Dadurch, daß der Gesetzgeber den Beirat als 13-köpfiges Gremium installiert hat, rückt freilich noch eine dritte Option ins Blickfeld: Sollte es dem Gesetzgeber gelingen, die Repräsentanz im Beirat bei einer (u. E. verfassungsrechtlich gebotenen) Neuregelung des Abs. 2 so zu gestalten, daß jedes Partialinteresse mit mindestens zwei Mitgliedern vertreten ist, so wäre für die Beschlußfassung eine Regelung denkbar, wonach ein Standard mit einer geringer qualifizierten Mehrheit (zu fordern wäre wohl auch hier mindestens 70 %, also die Zustimmung von mindestens 8 der 13 Mitglieder) zustande kommt, sofern mindestens ein Vertreter jedes Interesses zugestimmt hat. Das erforderliche Mehrheitsquorum trüge dann partiell die Züge eines Bänkeprinzips.

18 **b) Beschlußfähigkeit.** Im Grundsatz ist es zu begrüßen, daß der Gesetzgeber die Ausgewogenheit der Standards durch ein vergleichsweise hohes Quorum für die Beschlußfähigkeit sicherzustellen sucht. Dies Ziel wird jedoch durch die getroffene Regelung nur unvollkommen erreicht. Im Gegenteil wird die Vormachtstellung der Unternehmensvertreter und Wirtschaftsprüfer noch zusätzlich verstärkt: Sind sie alle anwesend, so muß nur noch ein weiteres Mitglied vertreten sein, um eine wirksame Entscheidung treffen zu können. Dagegen kann keine Entscheidung getroffen werden, wenn Unternehmensvertreter und Wirtschaftsprüfer der Sitzung geschlossen fernbleiben. Einen effektiven Beitrag zur Sicherung der Ausgewogenheit könnte die Beschlußfähigkeit nur leisten, wenn sie von der Anwesenheit mindestens eines Vertreters jeder einzelnen betroffenen Interessengruppe abhängig gemacht würde; dies

würde zusammen mit der hier geforderten qualifizierten Mehrheit verhindern, daß Kompromisse zum Nachteil einzelner der vertretenen Interessengruppen ausgehandelt werden.

VI. Vermutung der GoB-Konformität (Abs. 8)

Abs. 8 verweist für die Empfehlungen des Rechnungslegungsbeirats auf § 342 Abs. 2. **19**
Gemeint sind die Empfehlungen nach § 342a Abs. 1 i.V.m. § 342 Abs. 1 S. 1 Nr. 1. Standards des Rechnungslegungsbeirats können also ebenso wie solche der privaten Gremien vom BMJ **bekanntgemacht** werden. Das BMJ hat auch hierbei die Ordnungsmäßigkeit des Verfahrens und die Übereinstimmung der Standards mit dem kodifizierten Bilanzrecht zu überprüfen (näher § 342, 94ff). Die Vermutung nach § 342 Abs. 2 soll für Empfehlungen des Rechnungslegungsbeirats ebenso gelten wie für entsprechende Empfehlungen eines vertraglich anerkannten privaten Gremiums. Damit soll Rechtsverbindlichkeit der Standards im oben § 342 Rdn. 82 beschriebenen Umfang hergestellt werden; dies ist dem Gesetzgeber freilich in § 342a ebensowenig geglückt wie in § 342 (vgl. dort Rdn. 84ff): Die Standards bewegen sich außerhalb des numerus clausus verbindlicher Rechtssätze. Namentlich lassen sich auch die Standards des Rechnungslegungsbeirats nicht als normkonkretisierende Verwaltungsvorschriften darstellen oder in ihrem Geltungsanspruch mit ihnen vergleichen; denn sie sind ebenso wie die privaten Standards nach § 342 nicht auf die Steuerung des administrativen Gesetzesvollzugs gerichtet, sondern unmittelbar auf die Regelung von Rechtsverhältnissen zwischen Privaten. Die Kompetenz zur verbindlichen Anordnung solcher Standards kann daher nicht aus der Organisations- und Geschäftsleitungsgewalt des BMJ fließen. Ebensowenig hat § 342a die Standards des Rechnungslegungsbeirats in den Rang einer Rechtsverordnung erhoben:[16] Ihnen fehlt es an dem für die Verordnung charakteristischen unbedingten Geltungsanspruch; denn auch sie stehen ebenso wie die Standards eines privaten Gremiums unter dem Vorbehalt der Überalterung und des atypischen Sachverhalts.

---

[16] Im Ergebnis ebenso Beck BilKomm-*Budde/Steuber* § 342a, 6.

Sachregister

fette Zahlen = §, magere Zahlen = Rdn.